Handbuch des Vertragsarztrechts

Das gesamte Kassenarztrecht

Handbuch des Vertragsarztrechts

Das gesamte Kassenarztrecht

Herausgegeben von

Professor Dr. Friedrich E. Schnapp

Institut für Sozialrecht,
Universität Bochum

Dr. Peter Wigge

Fachanwalt für Medizinrecht, Münster
Lehrbeauftragter an der Universität Münster

2. Auflage

Verlag C. H. Beck München 2006

Zitiervorschlag:
Hess in: *Schnapp/Wigge* Vertragsarztrecht § 16 Rdn. 75

Verlag C. H. Beck im Internet
beck.de

ISBN 3 406 52998 4

Wilhelmstraße 9, 80801 München
Satz und Druck: Druckerei C. H. Beck Nördlingen
(Adresse wie Verlag)

Gedruckt auf säurefreiem, alterungsbeständigem Papier
(hergestellt aus chlorfrei gebleichtem Zellstoff)

Die Bearbeiter

Prof. Dr. Peter Axer
Universität Trier
§§ 8, 10

Prof. Dr. Ulrich Becker, LL.M. (EHI)
Universität München
§ 25

Dr. Ruth Düring
Richterin am Landessozialgericht Nordrhein-Westfalen, Essen
§ 9

Hermann Frehse
Vors. Richter am Landessozialgericht Nordrhein-Westfalen, Essen
§ 23

Dr. Rainer Hess
Gemeinsamer Bundesausschuss, Siegburg
§ 16

Till-Christian Hiddemann
Bundesministerium für Gesundheit und soziale Sicherung, Bonn
§ 15

Dr. Michael Jörg
Richter am Bayer. Landessozialgericht, München
§ 11

Franz Knieps
Bundesministerium für Gesundheit und soziale Sicherung, Bonn
§ 12

Prof. Dr. Stefan Muckel
Universität zu Köln
§ 15

Dr. Thomas Muschallik
Kassenzahnärztliche Bundesvereinigung, Köln
§ 22

Prof. Dr. Volker Neumann
Humboldt-Universität Berlin
§ 13

Peter Peikert
Rechtsanwalt, Dortmund
§ 20

Bearbeiterverzeichnis

Dr. Herbert Schiller
Rechtsanwalt, Augsburg
§§ 5a), 5d)

Ruth Schimmelpfeng-Schütte
Vorsitzende Richterin am Landessozialgericht Niedersachsen, Celle
§ 7

Bernhard Schmidbauer
Rechtsanwalt, Stuttgart
§ 3

Prof. Dr. Friedrich E. Schnapp
Universität Bochum (em.)
§§ 1, 4, 24

Prof. Dr. Matthias Schnath
Evangelische Fachhochschule Rheinland-Westfalen-Lippe, Bochum
§§ 5b), 5c)

Jörn Schroeder-Printzen
Rechtsanwalt, Potsdam
§ 18

Prof. Dr. Otfried Seewald
Universität Passau
§ 21

Dipl.-Psych. Dr. iur. Wolfgang Spellbrink
Richter am Bundessozialgericht, Kassel
§ 14

Dr. Gernot Steinhilper
Rechtsanwalt, Bredenbeck
§ 17

Dr. Peter Wigge
Rechtsanwalt, Münster
§§ 2, 6, 19

Dr. Marion Wille
Rechtsanwältin, Osnabrück
§ 19

Vorwort zur 2. Auflage 2006

Die freundliche Aufnahme des Handbuchs durch Benutzer und durch die Rezensionsliteratur hat es möglich und erforderlich gemacht, bald nach Erscheinen der Erstauflage (2002) eine neue Auflage zu veranstalten. Das ist dem Verlag, den Herausgebern und den Autoren umso leichter gefallen, als die ungebrochene Aktivität des Sozialgesetzgebers den mit dem Vertragsarztrecht wie mit dem übrigen Sozialversicherungsrecht Befassten eine Reihe von Änderungen beschert hat. In erster Linie ist hier zu nennen das GKV-Modernisierungsgesetz (GMG) vom 14. 11. 2003 (BGBl. I S. 2190). Es hat nicht nur – unter teilweiser Aufgabe des Leitbildes der Freiberuflichkeit – mit den Medizinischen Versorgungszentren eine neue Versorgungsform etabliert, die eine Reihe von Rechtsfragen ausgelöst hat, sondern auch weitere Neuerungen mit sich gebracht. So wurde mit der Bildung eines hauptamtlichen Vorstandes und der Verkleinerung der Vertreterversammlung die Organisationsstruktur bei den Kassen(zahn)ärztlichen Vereinigungen gestrafft. Ferner wurden die Versorgung mit Arznei- und Hilfsmitteln sowie die Versorgung mit Zahnersatz neu geordnet. Die gemeinsame Selbstverwaltung auf Bundesebene übt nunmehr der Gemeinsame Bundesausschuss (§ 91 SGB V) aus, der als Institution mit eigener Rechtsfähigkeit an die Stelle der vorher tätigen Einrichtungen getreten ist und auf einer veränderten rechtlichen Grundlage erweiterte Kompetenzen zur Präzisierung des Leistungskatalogs in der gesetzlichen Krankenversicherung verfügt. Ihm obliegt vor allem – auch im Zusammenwirken mit dem (Erweiterten) Bewertungsausschuss – die Neustrukturierung des vertragsärztlichen Vergütungssystems. Eine besondere Rolle spielen dabei die zu entwickelnden Regelleistungsvolumina. Beschlüsse des Gemeinsamen Bundesausschusses sind kraft Gesetzes (§ 91 Abs. 9 SGB V) mit allseitiger Verbindlichkeit ausgestattet.

Aber nicht nur das materielle Recht hat Änderungen erfahren. Im prozessualen Bereich waren zu berücksichtigen: In erster Linie das Siebte Gesetz zur Änderung des Sozialgerichtsgesetzes vom 9. 12. 2004 (BGBl. I S. 3302), das die Gefahr der Rechtswegzersplitterung mit sich bringt, daneben aber auch das Gesetz zur Einordnung des Sozialhilferechts in das Sozialgesetzbuch vom 27. 12 2003 (BGBl. I S. 3022) und das Vierte Gesetz für moderne Dienstleistungen am Arbeitsmarkt vom 24. 12. 2003 (BGBl. I S. 2954), die eine Erweiterung der sozialgerichtlichen Zuständigkeit bewirken. Sie sind sämtlich am 1. 1. 2005 in Kraft getreten.

Herausgeber und Verlag haben die Neuauflage genutzt, um nicht nur eine Überarbeitung und Aktualisierung der bisherigen Beiträge vorzunehmen; das Handbuch ist auch um einige Beiträge erweitert worden, um so seine Nutzbarkeit in der Praxis zu erhöhen. Neu hinzugekommen sind § 6 (Kooperationsformen im Vertragsarztrecht), § 19 (Die Arzneimittelversorgung im Vertragsarztrecht) und § 24 (Staatsaufsicht über die Kassenärztlichen Vereinigungen).

Der besondere Dank der Herausgeber gilt dieses Mal Frau Richterin Manuela Müller (früher: Institut für Sozialrecht an der Ruhr-Universität Bochum) sowie Frau Rechtsanwältin Kerstin Meyer (Deutscher Bundesverband für Logopädie e. V.), die bei der Überarbeitung einzelner Beiträge behilflich waren bzw. Korrekturen gelesen, das Sachverzeichnis erstellt und die abschließende Fassung lektoriert haben.

Wie bei der Erstauflage gilt auch hier unverändert, dass Herausgeber und Autoren für kritische Anregungen und weiterführende Hinweise aufgeschlossen und dankbar sind.

Bochum und Münster, im Februar 2006

Friedrich E. Schnapp
Peter Wigge

Inhaltsübersicht

Abkürzungsverzeichnis

a.	auch
a. A.	andere(r) Ansicht
ÄAppO	Approbationsordnung für Ärzte
abgedr.	abgedruckt
abl.	ablehnend
Abl.	Amtsblatt
ABl EG	Amtsblatt der Europäischen Gemeinschaften Ausgabe C: Mitteilungen und Bekanntmachungen Ausgabe L: Rechtsvorschriften
Abs.	Absatz
AEKV	Arzt-Ersatzkassen-Vertrag
Ärzte-ZV	Zulassungsverordnung für Vertragsärzte
a. F.	alte Fassung
AG	Aktiengesellschaft, Amtsgericht, Ausführungsgesetz
allg.	allgemein
allg. M.	allgemeine Meinung
Alt.	Alternative
ÄM	Ärztliche Mitteilungen (ab 1964 Deutsches Ärzteblatt)
AMG	Arzneimittelgesetz
ÄndG	Änderungsgesetz
Anh.	Anhang
Anl.	Anlage
Anm.	Anmerkung(en)
AOK	Allgemeine Ortskrankenkasse(n)
AöR	Archiv des öffentlichen Rechts (Zeitschrift)
ArGe	Arbeitsgemeinschaft
Art.	Artikel
ArztR	Arztrecht (Zeitschrift)
AT	allgemeiner Teil
Aufl.	Auflage
AVG	Angestelltenversicherungsgesetz
Az.	Aktenzeichen
Bad-Württ, bad-württ	Baden-Württemberg, baden-württembergisch
BÄK	Bundesärztekammer
Banz.	Bundesanzeiger
BÄO	Bundesärzteordnung
Bay, bay	Bayern, bayerisch
BayÄBl	Bayerisches Ärzteblatt
BayLSG	Bayerisches Landessozialgericht
BayObLG	Bayerisches Oberstes Landesgericht
BayVBl	Bayerische Verwaltungsblätter
BayVfGH	Bayerischer Verfassungsgerichtshof
BB	Der Betriebsberater (Zeitschrift)
Bd.	Band
BDSG	Bundesdatenschutzgesetz
Begr.	Begründung
Beil.	Beilage
Bek.	Bekanntmachung
BEL	Bundeseinheitliches Verzeichnis der abrechnungsfähigen zahntechnischen Leistungen
BEMA	Bewertungsmaßstab für die zahnärztlichen Leistungen

bes.	besonders
Beschl.	Beschluss
betr.	betrifft, betreffend
BfArM	Bundesinstitut für Arzneimittel und Medizinprodukte
BG	Berufsgenossenschaft(en)
BGA	Bundesgesundheitsamt
BGB	Bürgerliches Gesetzbuch
BGBl I, II, III	Bundesgesetzblatt Teil I, II, III
BGH	Bundesgerichtshof
BGHSt	Entscheidungen des Bundesgerichtshofs in Strafsachen
BGHZ	Entscheidungen des Bundesgerichtshofs in Zivilsachen
BKK	Die Betriebskrankenkasse (Zeitschrift)
BKVO	Berufskrankheitenverordnung
BMA	Bundesminister(ium) für Arbeit und Sozialordnung
BMÄ	Bewertungsmaßstab für kassenärztliche Leistungen
BMG	Bundesminister(ium) für Gesundheit
BMJ	Bundesminister(ium) der Justiz
BMV-Ä	Bundesmantelvertrag-Ärzte
BMV-Z	Bundesmantelvertrag-Zahnärzte
BMZ	Bewertungsmaßstab für kassenzahnärztliche Leistungen
BOÄ	Berufsordnung für Ärzte
BOZ	Berufsordnung für Zahnärzte
BPflV	Bundespflegesatzverordnung
BR	Bundesrat
Brbg	Brandenburg
BR Deutschland	Bundesrepublik Deutschland
BR-Drucks	Bundesratsdrucksache
Breg	Bundesregierung
Breith	Breithaupt, Sammlung von Entscheidungen aus dem Sozialrecht
Brem, brem	Bremen, bremisch
BSG	Bundessozialgericht
BSGE	Entscheidungen des Bundessozialgerichts
BSHG	Bundessozialhilfegesetz
BT	Bundestag, Besonderer Teil
BT-Drucks	Bundestagsdrucksache
BtMG	Gesetz über den Verkehr mit Betäubungsmitteln
Buchst.	Buchstabe
BVerfG	Bundesverfassungsgericht
BVerfGE	Entscheidungen des Bundesverfassungsgerichts
BVerwG	Bundesverwaltungsgericht
BVerwGE	Entscheidungen des Bundesverwaltungsgerichts
bzw.	beziehungsweise
ca.	circa
DÄBl	Deutsches Ärzteblatt (Zeitschrift)
DAngVers	Die Angestelltenversicherung (Zeitschrift)
DB	Der Betrieb (Zeitschrift)
ders.	derselbe
DGMR	Deutsche Gesellschaft für Medizinrecht
d. h.	das heißt
dies.	dieselbe
Diss.	Dissertation
DJT	Deutscher Juristentag
DKG	Deutsche Krankenhausgesellschaft
DMW	Deutsche Medizinische Wochenschrift (Zeitschrift)
DÖV	Die öffentliche Verwaltung (Zeitschrift)
DOK	Die Ortskrankenkasse (Zeitschrift; ab 1998: Gesundheit und Gesellschaft)
DRG	Diagnosis Related Groups

DRK .... Deutsches rotes Kreuz
DVBl .... Deutsches Verwaltungsblatt (Zeitschrift)

E .... Entwurf
E-AdGO .... Ersatzkassengebührenordnung
ebd. .... ebenda
EBM .... Einheitlicher Bewertungsmaßstab für ärztliche Leistungen
EG .... europäische Gemeinschaften, Einführungsgesetz
entspr. .... entsprechend
Erg.-Lfg. .... Ergänzungslieferung
Erl. .... Erläuterung
ErsK .... Ersatzkasse(n), Die Ersatzkasse (Zeitschrift)
ESVGH .... Entscheidungen des Hessischen Verwaltungsgerichtshofs und des Verwaltungsgerichtshofs in Baden-Württemberg
etc. .... et cetera
EU .... Europäische Union
EuGH .... europäischer Gerichtshof
EuGHE .... Sammlung der Rechtsprechung des Gerichtshofes der Europäischen Gemeinschaften
EuGRZ .... Europäische Grundrechte-Zeitschrift
e. V. .... eingetragener Verein
EWG .... Europäische Wirtschaftsgemeinschaft

f. .... folgende Seite oder folgender Paragraph
ff. .... folgende Seiten oder Paragraphen
Festschr. .... Festschrift
FKZ .... Fremdkassenzahlungsausgleich
Fn. .... Fußnote

G .... Gesetz
G-BA .... Gemeinsamer Bundesausschuss
GbR .... Gesellschaft bürgerlichen Rechts
GBl. .... Gesetzblatt
GCP-V .... Good-Clinical-Practice-Durchführungsverordnung
gem. .... gemäß
GG .... Grundgesetz
ggf. .... gegebenenfalls
GKAR .... Gesetz über Kassenarztrecht
GKV .... Gesetzliche Krankenversicherung
GMG .... GKV-Modernisierungsgesetz
GOÄ .... Gebührenordnung für Ärzte
GOZ .... Gebührenordnung für Zahnärzte
GRG .... Gesetz zur Strukturreform im Gesundheitswesen
GSG .... Gesetz zur Sicherung und Strukturverbesserung der gesetzlichen Krankenversicherung
GVBl. .... Gesetz- und Verordnungsblatt
GVG .... Gerichtsverfassungsgesetz

HAP .... Herstellerabgabepreis
Hbg, hbg .... Hamburg, hamburgisch
HeilpraktG .... Heilpraktikergesetz
Hess, hess .... Hessen, hessisch
HGB .... Handelsgesetzbuch
h. M. .... herrschende Meinung
Hrsg., hrsg. .... Herausgeber, herausgegeben
Hs. .... Halbsatz
HS-KV .... Schulin, Handbuch des Sozialversicherungsrechts, Bd. 1 Krankenversicherungsrecht
HVM .... Honorarverteilungsmaßstab
HWG .... Gesetz über die Werbung auf dem Gebiet des Heilwesens

i. d. F. .... in der Fassung
i. d. R. .... in der Regel
i. e. S. .... im engeren Sinne
IKK .... Innungskrankenkasse, Die Innungskrankenkasse (Zeitschrift)
insbes. .... insbesondere
IaWiG .... Institut für Analität und Wirtschaftlichkeit im Gesundheitswesen
i. S. .... im Sinne
i. S. d. .... im Sinne des
i. V. m. .... in Verbindung mit
i. w. S. .... im weiteren Sinne

JA .... Juristische Arbeitsblätter (Zeitschrift)
JAV .... Jahresarbeitsverdienst
Jb. .... Jahrbuch
JbSozR .... Jahrbuch des Sozialrechts der Gegenwart
Jg. .... Jahrgang
JMBl .... Justizministerialblatt
JR .... Juristische Rundschau (Zeitschrift)
Jura .... Juristische Ausbildung (Zeitschrift)
JuS .... Juristische Schulung (Zeitschrift)
JZ .... Juristenzeitung (Zeitschrift)

KAiG .... Konzertierte Aktion im Gesundheitswesen
KassKomm-*Bearbeiter* ..... Kasseler Kommentar Sozialversicherungsrecht
KBV .... Kassenärztliche Bundesvereinigung
KG .... Kammergericht (Berlin),
KH .... Das Krankenhaus (Zeitschrift)
KHA .... Der Krankenhausarzt (Zeitschrift)
KHE .... Entscheidungen zum Krankenhausrecht
KHG .... Gesetz zur wirtschaftlichen Sicherung der Krankenhäuser und Regelung der Krankenhauspflegesätze (Krankenhausfinanzierungsgesetz)
KHKG .... Krankenhauskostendämpfungsgesetz
KHNG .... Krankenhausneuregelungsgesetz
KK .... Krankenkasse(n)
Komm. .... Kommentar
krit. .... kritisch
KrV .... Die Krankenversicherung (Zeitschrift)
KSVG .... Gesetz über die Sozialversicherung der selbständigen Künstler und Publizisten (Künstlersozialversicherungsgesetz)
KV .... Kassenärztliche Vereinigung
KZBV .... Kassenzahnärztliche Bundesvereinigung
KZV .... Kassenärztliche Vereinigung

LdR .... Lexikon des Rechts
litera .... Buchstabe
LPK .... Lehr- und Praxiskommentar
LSG .... Landessozialgericht
LVA .... Landesversicherungsanstalt(en)

MBO-Ä .... Musterberufsordnung für die deutschen Ärztinnen und Ärzte
MdE .... Minderung der Erwerbsfähigkeit
MDR .... Monatsschrift für deutsches Recht (Zeitschrift)
m.E. .... meines Erachtens
MedR .... Medizinrecht (Zeitschrift)
MedSach .... Der medizinische Sachverständige (Zeitschrift)
Meso .... Medizin im Sozialrecht, Entscheidungssammlung, Loseblatt
MinBl .... Ministerialblatt
MTA .... Medizinisch-technische(r) Assistent(in)
MuWO .... Muster-Weiterbildungsordnung

MVZ .... Medizinisches Versorgungszentrum
m. w. N. .... mit weiteren Nachweisen
m. W. v. .... mit Wirkung vom

Nds, nds .... Niedersachsen, niedersächsisch
n. F. .... neue Fassung
Nachw. .... Nachweis
NICE .... National Institute for clinical Excellence
NJW .... Neue Juristische Wochenschrift
NJW-RR .... NJW-Rechtsprechungs-Report
NVwZ .... Neue Zeitschrift für Verwaltungsrecht (Zeitschrift)
NW, nw .... Nordrhein-Westfalen, nordrhein-westfälisch
NZS .... Neue Zeitschrift für Sozialrecht (Zeitschrift)

o. .... oben
o. a. .... oben angegeben
o. ä. .... oder ähnliches
o. g. .... oben genannt
OLG .... Oberlandesgericht
OVG .... Oberverwaltungsgericht
OWiG .... Gesetz über Ordnungswidrigkeiten

PKV .... Private Krankenversicherung
Prot. .... Protokoll
PrOVG .... Entscheidungen des Preußischen Oberverwaltungsgerichts

RAnz .... Reichsanzeiger
rd. .... rund
RdErl. .... Runderlaß
Rdn. .... Randnummer(n)
Rdschr. .... Rundschreiben
RegE .... Regierungsentwurf
RehaAnglG .... Rehabilitations-Angleichungsgesetz
RGBl I, II .... Reichsgesetzblatt Teil I, II
RhPf, rhpf .... Rheinland-Pfalz, rheinland-pfälzisch
Rspr. .... Rechtsprechung
RVO .... Reichsversicherungsordnung

S. .... Satz, Seite
s. .... siehe
s. a. .... siehe auch
Saarl, saarl .... Saarland, saarländisch
SG .... Sozialgericht(e)
SGb .... Die Sozialgerichtsbarkeit (Zeitschrift)
SGB .... Sozialgesetzbuch
SGB I .... Sozialgesetzbuch – Allgemeiner Teil
SGB III .... Sozialgesetzbuch – Arbeitsförderung
SGB IV .... Sozialgesetzbuch – Gemeinsame Vorschriften für die Sozialversicherung
SGB V .... Sozialgesetzbuch – Gesetzliche Krankenversicherung
SGB VI .... Sozialgesetzbuch – Gesetzliche Rentenversicherung
SGB VII .... Sozialgesetzbuch – Gesetzliche Unfallversicherung
SGB VIII .... Sozialgesetzbuch – Kinder- und Jugendhilfe
SGB IX .... Sozialgesetzbuch – Rehabilitation und Teilhabe behinderter Menschen
SGB X .... Sozialgesetzbuch – Sozialverwaltungsverfahren und Sozialdatenschutz
SGB XI .... Sozialgesetzbuch – Soziale Pflegeversicherung
SGG .... Sozialgerichtsgesetz
SH, sh .... Schleswig-Holstein, schleswig-holsteinisch
Slg. .... Allgemeine Sammlung der Entscheidungen des Europäischen Gerichtshofs

sog.	sogenannte(r)
SozR	Sozialrecht – Entscheidungssammlung, bearbeitet von den Richtern des BSG
SozSich	Soziale Sicherheit (Zeitschrift)
SozVers	Die Sozialversicherung (Zeitschrift)
Sp.	Spalte
StenBer	Stenographische Berichte
StGB	Strafgesetzbuch
StPO	Strafprozeßordnung
str.	streitig
st. Rspr.	ständige Rechtsprechung
SV	Sachverständiger
tsd.	tausend
u.	unten, unter
u.a.	und andere, unter anderem
u. ä.	und ähnliche(s)
unstr.	unstreitig
Urt.	Urteil
USK	Urteilssammlung für die gesetzliche Krankenversicherung
u.U.	unter Umständen
v.	von, vom
v. H.	vom Hundert
VA	Verwaltungsakt
veröff.	veröffentlicht
VersR	Versicherungsrecht (Zeitschrift)
VerwArch	Verwaltungsarchiv (Zeitschrift)
VG	Verwaltungsgericht
VerwRspr.	Verwaltungsrechtsprechung in Deutschland, Sammlung oberstrichterlicher Entscheidungen aus dem Verfassungs- und Verwaltungsrecht
VGH	Verwaltungsgerichtshof
vgl.	vergleiche
VO	Verordnung(en)
VO (EWG) Nr.	Verordnung der EWG Nummer
Vorb.	Vorbemerkung
vorst.	vorstehend
VSSR	Vierteljahresschrift für Sozialrecht (Zeitschrift)
VV	Verwaltungsvorschrift
VVDStRL	Veröffentlichungen der Vereinigung der Deutschen Staatsrechtslehrer
VwGO	Verwaltungsgerichtsordnung
VwVfG	Verwaltungsverfahrensgesetz
WBP	Wissenschaftlicher Beirat Psychologie
WHO	Weltgesundheitsorganisation
WIdO	Wissenschaftliches Institut der Ortskrankenkassen
WRV	Weimarer Reichsverfassung
WzS	Wege zur Sozialversicherung (Zeitschrift)
Zahnärzte-ZV	Zulassungsverordnung für Vertragszahnärzte
z.B.	zum Beispiel
ZfS	Zentralblatt für Sozialversicherung, Sozialhilfe und Versorgung (Zeitschrift)
ZfSH/SGB	Zeitschrift für Sozialhilfe und Sozialgesetzbuch (Zeitschrift)
ZHG	Gesetz über die Ausübung der Zahnheilkunde
ZIAS	Zeitschrift für ausländisches und internationales Arbeits- und Sozialrecht (Zeitschrift)
Ziff.	Ziffer

ZPO .... Zivilprozeßordnung
ZRP .... Zeitschrift für Rechtspolitik (Zeitschrift)
ZSR .... Zeitschrift für Sozialreform (Zeitschrift)
z. T. .... zum Teil
zus. .... zusammen
zust. .... zustimmend

§ 1 Geschichtliche Entwicklung des Vertragsarztrechts

Schrifttum: *Aye,* Das Gesetz über Kassenarztrecht (GKAR), 1955; *Brackmann,* Handbuch der Sozialversicherung einschließlich des Sozialgesetzbuches und angrenzender Gebiete, Band I/1, Allgemeiner Teil, 1985; *Eberle,* Die Entwicklung der GKV zum heutigen Stand, Sozialer Fortschritt 1998, 53 ff.; *Fiedler/Weber,* Medizinische Versorgungszentren, Neue Zeitschrift für Sozialrecht 2004, 358 ff.; *Gabriel,* Die kassenärztliche Frage, 1912; *Gurgel,* Die Entwicklung des vertragsärztlichen und vertragszahnärztlichen Vergütungssystems nach dem zweiten Weltkrieg, 2000; *Heinemann,* Kassenarztrecht, 3. Auflage, 1933; *Henkels (Hrsg.),* Otto Heinemann – Kronenorden Vierter Klasse – Das Leben des Prokuristen Heinemann, 1969; *Krauskopf,* Das Kassenarztrecht, 2. Auflage, 1968; *v. Maydell/Ruland* (Hrsg.), Sozialrechtshandbuch, 3. Auflage, 2003; *Peters,* Die Geschichte der Sozialversicherung, 3. Auflage, 1978; *Sauerborn,* Die Entwicklung des Kassenarztrechtes, Die Ortskrankenkasse 1953, 293 ff.; *Schneider,* Handbuch des Kassenarztrechts, 1994, S. 9 ff.; *Stolleis,* Geschichte des Sozialrechts in Deutschland, 2003; *Wigge,* Medizinische Versorgungszentren nach dem GMG, MedR 2004, 123 ff.

Übersicht

I. Vom Arzt zum Kassenarzt

1. Rechtslage bis zum Inkrafttreten des KVG

1 Bevor das „Gesetz betreffend die Krankenversicherung der Arbeiter" vom 15. 6. 1883 in Kraft trat, war es der Regelfall, dass zwischen Arzt und Patient privatrechtliche Rechtsbeziehungen bestanden. Arzt und Patient schlossen als **freie Vertragspartner** einen Dienstvertrag i. S. d. heutigen § 611 BGB ab.[1] Der Arzt berechnete sein Honorar in der Regel nach der Vermögenslage des Patienten. Zwar gab es zu diesem Zeitpunkt bereits Hilfskassen; diese arbeiteten jedoch nach dem Kostenerstattungsprinzip, so dass zwischen ihnen und den Ärzten keine Rechtsbeziehungen bestanden. Daneben gab es Ärzte, die von den Krankenkassen vertraglich angestellt waren. Außerdem existierten vor 1883 Unterstützungskassen mit Zwangscharakter. Das „Gesetz über die gewerblichen Unterstützungskassen" vom 3. 4. 1854 ermöglichte es den Gemeinden, gewerbliche Arbeitgeber zur Errichtung solcher Kassen zu verpflichten. Die Zwangskassen umfassten aber nur wenige Berufszweige; außerdem musste die Versicherungspflicht von den Gemeinden eigens angeordnet werden.

2. Das „Gesetz betreffend die Krankenversicherung der Arbeiter" von 1883 und seine Neubekanntmachung als „Krankenversicherungsgesetz" (KVG) von 1892

2 **a) Die Veränderungen durch das KVG.** Als am 1. 12. 1884 das „Gesetz betreffend die Krankenversicherung der Arbeiter"[2] in Kraft trat, bestand daher noch kein Bedürfnis, das Verhältnis zwischen den Krankenkassen und den für sie tätigen Ärzten gesetzlich zu regeln. Insofern sah § 46 Abs. 1 Nr. 2 KVG deshalb nur vor, dass die Beziehungen durch einen schriftlichen Vertrag zu regeln seien.

3 1892 wurde das Gesetz als **„Krankenversicherungsgesetz" (KVG)**[3] neu bekanntgemacht. Diese Novelle brachte insofern eine Veränderung, als die Pflichtversicherung für einige Gruppen von Arbeitern eingeführt wurde. Mit Inkrafttreten des KVG gab es ein Dreiecksverhältnis Arzt – Versicherter – Krankenkasse. In § 6 Abs. 1 Nr. 1 KVG wurde der Naturalleistungsgrundsatz (Sachleistungsprinzip) festgelegt; als Leistungen wurden daher die freie ärztliche Behandlung, die Versorgung mit Arzneien und Heilmitteln sowie Krankengeld bei Erwerbsunfähigkeit erbracht. Die Krankenkassen waren demzufolge gezwungen, die ärztliche Versorgung ihrer Mitglieder zu gewährleisten. Dazu mussten sie Verträge mit Ärzten abschließen, die dadurch zu **„Kassenärzten"** wurden. Der Vertrag war ein bürgerlich-rechtlicher Dienstvertrag zwischen Krankenkasse und einzelnem Arzt, in dem auch Art und Höhe des Honorars geregelt waren. Die Krankenkassen, die die Ärzte honorierten, versuchten, ihre Kosten niedrig zu halten, und wählten Ärzte aus, die mit niedrigen Entgelten zufrieden waren. Außerdem versuchten sie, Leistungen auszuschalten, die aus ihrer Sicht überflüssig waren. Der einzelne Arzt konnte daher im Konkurrenzkampf nur bestehen, wenn die Zahl der zugelassenen Ärzte beschränkt wurde.

4 **b) Die Auswirkungen der Veränderungen.** Das „Gesetz betreffend die Krankenversicherung der Arbeiter" von 1883 brachte für die Ärzteschaft kaum Veränderungen. Grund dafür war, dass es nur wenige gesetzlich Versicherte gab (bei Einführung der GKV waren nicht mehr als 10% der Einwohner versichert; der Anteil stieg bis 1895 auf 14,4%) und somit die Haupteinnahmequelle der Ärzte weiterhin in der Behandlung von Privatpatienten bestand. Diese Situation veränderte sich durch Inkrafttreten des KVG 1892 mit der

[1] *Schneider,* Kassenarztrecht, S. 6.
[2] RGBl. I 1883, 73.
[3] RGBl. I 1892, 417.

Pflichtversicherung für weitere Gruppen von Arbeitern drastisch. Aufgrund der dadurch zunehmenden Bedeutung der ärztlichen Versorgung von Kassenpatienten und der erhöhten Anzahl von Ärzten kam es alsbald zum Streit darüber, ob die Krankenkassen dazu verpflichtet waren, mit allen Ärzten ihres Bezirks einen Vertrag abzuschließen (freie Arztwahl), oder ob sie sich auf einzelne Verträge mit nach ihrem freien Ermessen ausgewählten Ärzten beschränken durften (beschränkt freie Arztwahl). Das KVG von 1892 entschied diesen Streit zugunsten der beschränkt freien Arztwahl (§§ 6a, 56a KVG). Dies rief Kritik insbesondere der Ärzte hervor, die nicht zur Kassenpraxis zugelassen waren. Überhaupt wuchs Ende des 19. Jahrhunderts der **Widerstand der gesamten Ärzteschaft** gegen das geltende Kassenarztsystem, was auf die zunehmende wirtschaftliche Bedeutung der Behandlung von Kassenpatienten zurückzuführen war. Die Hauptforderungen der Ärzte waren die Beschränkung des Auswahlrechts der Krankenkassenvorstände, die gem. §§ 6a, 26a KVG über die Zulassung entschieden, zugunsten einer allgemeinen Zulassung und ein Ende des „Diktats" der Vertragsbedingungen durch die Krankenkassenvorstände.

5 **c) Die Organisation der Ärzteschaft.** Ihre Interessen sahen die Ärzte durch die zu dieser Zeit existierenden Standesorganisationen – den Deutschen Ärztevereinsbund, der 1872 aus dem Zusammenschluss der freien örtlichen Ärzteverbände hervorgegangen war, und gesetzliche Standesorganisationen in mehreren Ländern – nur unzureichend repräsentiert. Dies lag insbesondere daran, dass Zusammenschlüsse bis dahin nur auf lokaler Ebene erfolgt waren und die Krankenkassen somit leicht Ärzte fanden, die keiner Organisation angehörten. Dadurch konnten sie die Forderungen der Ärztezusammenschlüsse umgehen. Daher entstand innerhalb der Ärzteschaft der Wunsch nach einer überregionalen Organisation. Um diese Lücke zu füllen, wurde 1900 der „Verband der Ärzte Deutschlands zur Wahrung ihrer wirtschaftlichen Interessen", der sog. Leipziger Verband, besser bekannt als **Hartmannbund,** gegründet.[4] Schon die offizielle Bezeichnung brachte zum Ausdruck, dass es den Ärzten insbesondere um die Wahrung ihrer wirtschaftlichen Interessen ging. Zu deren Durchsetzung waren die Ärzte fest entschlossen, weshalb der Hartmannbund als Kampforganisation gewerkschaftlicher Art konzipiert war. Der Hartmannbund stellte **drei Grundforderungen:** die Einführung der freien Arztwahl, die Gewährung eines Einzelleistungshonorars und den Abschluss von Kollektivverträgen anstelle von Einzelverträgen. Da sich mit diesen Forderungen alle Ärzte identifizieren konnten, erlangte der Hartmannbund einen bedeutenden und ständig wachsenden Einfluss innerhalb der Ärzteschaft.

6 **d) Der Konflikt zwischen Ärzten und Krankenkassen.** Den Zusammenschluss der Ärzte beantworteten die Krankenkassen mit Zusammenschlüssen ihrerseits, weshalb Landes- und Spitzenverbände der existierenden Krankenkassen entstanden. Die Jahre bis 1913 waren gekennzeichnet von heftigen (Interessen-)Auseinandersetzungen zwischen Ärzten und Krankenkassen. Die Ärzte bedienten sich zur Durchsetzung der Forderungen des Hartmannbundes aller Mittel des gewerkschaftlichen Kampfes, insbesondere des Boykotts, der Aussperrung und einer öffentlichen Propaganda durch ärztliche Pressestellen. Besondere Erwähnung verdient in diesem Zusammenhang die **„Cavete-Tafel"**, eine vom Hartmannbund aufgestellte Liste der Krankenkassen, mit denen die Ärzte keine Verträge schließen sollten.

7 Ihren Höhepunkt erreichten die Auseinandersetzungen, als mit den Vorbereitungen der Reform der zu der Zeit noch so genannten Arbeiterversicherung begonnen wurde, die letztlich in den Erlass der Reichsversicherungsordnung mündete. Beide Seiten versuchten, Einfluss auf die Regelung der Kassenarztfrage zu nehmen; die Ärzte traten zeitweilig sogar in einen Streik. Konsequenz dieser heftigen Auseinandersetzungen war, dass die am 19. Juli 1911 verkündete Reichsversicherungsordnung[5] von einer Regelung der Kassenarztfrage im Einzelnen absah. Bestimmt wurde nur, dass die Beziehungen zwischen Ärzten

---

[4] Zur Gründung des Hartmannbundes vgl. *Aye,* Das Gesetz über Kassenarztrecht, S. 16f. sowie *Schneider,* Kassenarztrecht, S. 12ff. und *Krauskopf,* Das Kassenarztrecht, S. 13.

[5] RGBl. I 1911, 509.

und Krankenkassen durch schriftlichen Vertrag zu regeln waren und dass die Kassen die Bezahlung von Nicht-Kassenärzten ablehnen konnten. Immer noch war keine der beiden Seiten bereit, von ihren Forderungen abzurücken. In dieser Situation wuchs jedoch auch der Wille zu einer Verständigung, und Ende des Jahres 1912 bahnten sich Verhandlungen an. Eine Einigung konnte zunächst aber nicht erzielt werden. Das Zweite Buch der Reichsversicherungsordnung (RVO), das die Krankenversicherung regelte, sollte am 1. 1. 1914 in Kraft treten,[6] so dass nach dem Scheitern der Verhandlungen zu befürchten war, dass vielerorts keine vertragliche Grundlage für die kassenärztliche Versorgung bestehen würde. In dieser Situation wurde Ende Dezember 1913 doch noch eine Einigung erreicht und das **Berliner Abkommen**[7] geschlossen. Damit wurde eine vertragliche Grundlage für die kassenärztliche Versorgung nach dem Inkrafttreten des Zweiten Buches der RVO geschaffen.

II. Die RVO im Wandel der Zeit

8 Da das Zweite Buch der RVO kaum Regelungen über das Verhältnis von Ärzten und Krankenkassen traf, wurde dieses nach dem 1. 1. 1914 maßgeblich durch das Berliner Abkommen (BA) bestimmt.

1. Der Inhalt des Berliner Abkommens

9 Aus dem Inhalt des BA war ersichtlich, dass es sich bei ihm um einen mühsam errungenen Kompromiss handelte. Keine der beiden Seiten hatte ihre Forderungen durchsetzen können. Während die Honorarfrage gar nicht geregelt wurde, fanden sich zu den Fragen nach Arzt- und Vertragssystem bedeutsame Bestimmungen. Bezüglich des Arztsystems wurde keine generelle Regelung getroffen; es blieb bei dem System, das die jeweilige Krankenkasse vorsah, also entweder bei der freien oder bei der beschränkt freien Arztwahl. Bei der beschränkt freien Arztwahl wurde der Krankenkasse jedoch das Recht genommen, die Anzahl der Ärzte selbst festzulegen. Dieses Ziel wurde vielmehr durch Einführung einer **Verhältniszahl** erreicht, die das Verhältnis von Kassenärzten zu Versicherten festsetzte und bei 1:1350 bezüglich Einzelpersonen bzw. bei 1:1000 bei Familienbehandlungen lag. Außerdem durften die Krankenkassen nicht mehr einseitig die Ärzte auswählen, die sie zur Behandlung ihrer Mitglieder zulassen wollten. Es wurde ein **Arztregister** eingeführt, und nur die dort eingetragenen Ärzte konnten zur Kassenpraxis zugelassen werden. Die Auswahl der Ärzte aus dem Register erfolgte überdies durch gemeinsame Auswahl nach bestimmten Auswahlregeln. Zur Schlichtung von Streitigkeiten wurde der sog. Registerausschuss gebildet, ein paritätisch besetztes Kollegialorgan.

10 Bezüglich des Vertragssystems hatten sich die Ärzte mit ihrer Forderung nach Kollektivverträgen nicht durchsetzen können. Das BA sah weiterhin den Abschluss von Einzelverträgen vor. Entscheidender Unterschied aber war, dass die Vertragsbedingungen nicht mehr individuell, sondern von einem sog. **Vertragsausschuss** ausgehandelt wurden. Dieser wurde von den örtlichen Vereinigungen beider Seiten gewählt. Bei fehlender Einigung war ein paritätisch besetztes Schiedsamt zur Entscheidung berufen, bei Streitigkeiten aus bereits abgeschlossenen Verträgen ein paritätisch besetztes Schiedsgericht.

11 Um die Durchführung des BA zu sichern und die aus dem BA erwachsenden Streitigkeiten zu entscheiden, wurde ein Zentralausschuss eingesetzt, der aus Vertretern der bei-

---

[6] Vgl. die „Verordnung betreffend die Inkraftsetzung von Vorschriften der Reichsversicherungsordnung" vom 5. 7. 1912 (RGBl. I 1912, 439).

[7] RAnz. 1913 Nr. 285. Vertragspartner waren auf seiten der Ärzte der Deutsche Ärztevereinsbund sowie der Hartmannbund und auf seiten der Kassen der Verband zur Wahrung der Interessen der deutschen Betriebskrankenkassen, der Verband der deutschen Krankenkassen und der Hauptverband der Ortskrankenkassen. Zum Berliner Abkommen eingehend: *Schneider,* Kassenarztrecht, S. 15.

derseitigen Spitzenverbände bestand. Haupterrungenschaft des BA war also die Einführung der **gemeinsamen Selbstverwaltung** im Kassenarztsystem. Anfangs ergaben sich teilweise Schwierigkeiten bei der Umsetzung des BA in die Praxis; insgesamt überwog aber auf beiden Seiten die Verständigungsbereitschaft und der Wille, auf der Grundlage des BA neue Verträge abzuschließen.

2. Der Erste Weltkrieg (1914–1918)

12 Eine endgültige Befriedung des Zustandes wurde durch den Ausbruch des Ersten Weltkrieges verhindert. Die Kassenarztfrage wurde zunächst von den weltpolitischen Ereignissen in den Hintergrund gedrängt, trat aber nach Kriegsende in altbekannter Intensität wieder hervor.

3. Die ersten Nachkriegsjahre

13 Die Lage spitzte sich vor allem deshalb zu, weil Ende 1918 bzw. im Laufe des Jahres 1919 viele Kassenarztverträge ausliefen. Da wiederum keine Einigung zwischen den Parteien erzielt werden konnte, erließen der Rat der Volksbeauftragten und der Staatssekretär im Reichsamt des Innern am 23. 12. 1918 die **„Verordnung über die Sicherung der kassenärztlichen Versorgung bei den Krankenkassen“.**[8] Diese bestimmte, dass dort, wo die Krankenkassen keine Verträge zu angemessenen Bedingungen schließen konnten, § 370 RVO gelten sollte. Dieser ermächtigte die Kassen zur Gewährung von Geld- anstelle von Sachleistungen. Zwar gelang es im Allgemeinen, auf Grund der Verordnung zu Vertragsverlängerungen zu gelangen, jedoch war der Kreis der Pflichtversicherten wiederum ausgedehnt worden. Dies lief den Interessen der Ärzte zuwider, weshalb sie eine relativ geringe Verständigungsbereitschaft aufwiesen. Erschwerend trat noch die einsetzende Geldentwertung hinzu. Aus diesen Gründen verhärteten sich im Jahr 1919 die Fronten zwischen Ärzten und Krankenkassen wieder.

14 In Anbetracht der allgemeinen politischen Lage schien jedoch eine Verständigung ratsam. Daher wurde am 9. 12. 1919 ein **Tarifabkommen** geschlossen, das die Grundlage für die Honorarregelung in der Folgezeit bildete.[9] Auch durch dieses Abkommen konnten jedoch noch nicht einmal für das Folgejahr konstante Verhältnisse geschaffen werden. Durch Verordnung vom 1. 4. 1920 wurde abermals der Kreis der Pflichtversicherten erweitert, worauf die Ärzte mit einem **Generalstreik** ab dem 25. 5. 1920 reagierten. Schon wenige Tage später allerdings schlossen die Spitzenverbände eine Vereinbarung über die entscheidenden Punkte. Deren wesentlicher Inhalt war einmal, dass das Arztsystem grundsätzlich der freien Vereinbarung zwischen Krankenkassen und Ärzten oder ihren Organisationen überlassen wurde. Die freie Arztwahl musste dort, wo sie bestand, aufrecht erhalten werden. Wo sie noch nicht bestand, verpflichteten sich die Krankenkassen, keinen Widerstand gegen ihre Einführung zu leisten. Außerdem wurde neben den Einzelverträgen mit jedem Kassenarzt ein Mantelvertrag mit der Organisation der Kassenärzte abgeschlossen. Die Vergütung war grundsätzlich an den einzelnen Arzt zu leisten, bei Vereinbarung jedoch auch an die kassenärztliche Organisation oder eine gemeinsame Abrechnungsstelle.

15 Die Parteien nahmen überdies Verhandlungen über eine gesetzliche Regelung der Kassenarztfrage auf. Im Rahmen dieser Verhandlungen, in denen über die eigentliche Frage keine Einigkeit erzielt werden konnte, wurde eine Verlängerung des Tarifabkommens vom 9. 12. 1919 bis zum 31. 3. 1922 vereinbart. Außerdem wurde Einigkeit in bezug auf die Bildung eines Zentralschiedsamtes als Rechtsmittelinstanz gegenüber den Entscheidungen

---

[8] RGBl. I 1918, 147.

[9] Zum historischen Fortgang des sog. „Arztstreites“ seit dem Abschluss des Tarifvertrages vgl. die persönlichen Erinnerungen von *Otto Heinemann,* in: Henkels (Hrsg), Kronenorden Vierter Klasse, S. 223 ff.

der Schiedsämter erzielt. Das daraufhin errichtete **Reichsschiedsamt** nahm seine Tätigkeit am 6. 3. 1922 auf, musste sie jedoch schon bald wieder aufgeben, weil die ärztlichen Beisitzer ihre Mitwirkung versagten.

16 Die **Notwendigkeit einer gesetzlichen Regelung** des Verhältnisses zwischen Krankenkassen und Ärzten trat immer deutlicher hervor. Das „Gesetz zur Sicherung der ärztlichen Versorgung bei den Krankenkassen" vom 20. 4. 1922 ermächtigte daraufhin den Reichsarbeitsminister, über § 370 RVO hinaus zu bestimmen, wann die Krankenkassen anstelle von Sachleistungen Geldleistungen gewähren konnten. Das BA lief am 31. 12. 1923 ab, auf eine Verlängerung bestand keine Aussicht. Infolge der ergebnislosen Verhandlungen bestand auch keine Hoffnung, zu einer anderen Vereinbarung zu gelangen. Daher wurde befürchtet, dass ab dem 1. 1. 1924 wieder ein vertragsloser Zustand eintreten könnte. Diese Aussicht bewog die Regierung zum Eingreifen; sie erließ am 30. 10. 1923 die **„Verordnung über Ärzte und Krankenkassen".**[10]

17 Wesentlicher Inhalt der Verordnung war, dass bis zum Erlass anderweitiger Regelungen das Berliner Abkommen weitergelten sollte; es erlangte damit quasi Gesetzeskraft. Weiterhin war die Bildung eines **Reichsausschusses für Ärzte und Krankenkassen** als rechtsetzendes Organ vorgesehen. Er war besetzt mit Vertretern beider Spitzenverbände sowie Unparteiischen und war mit der Befugnis ausgestattet, Richtlinien über die wesentlichen Fragen zu erlassen, namentlich über die Zulassung zur Kassenpraxis, den allgemeinen Inhalt der Arztverträge, die Honorierung und Maßnahmen gegen übermäßige Inanspruchnahme der Krankenhilfe. Außerdem sah die Verordnung Vertragsausschüsse, Schiedsämter und ein Reichsschiedsamt für die Streitschlichtung vor. Jedoch wurde durch den Erlass der Verordnung ein für beide Seiten befriedigender Zustand nicht erreicht; ein Teil der Ärzteschaft reagierte mit fristloser Vertragskündigung auf den Erlass der Verordnung. Die angestrebte gesetzliche Regelung stand außerdem immer noch aus.

4. Die Jahre 1924–1928

18 Wie befürchtet, herrschte zu Beginn des Jahres 1924 tatsächlich vielerorts ein vertragsloser Zustand. Der Reichsarbeitsminister jedoch erinnerte Ärzte und Krankenkassen daran, dass das BA durch § 18 Abs. 2 der Verordnung vom 30. 10. 1923, der seine Weitergeltung anordnete, die Wirkung eines Gesetzes erhalten hatte. Nach dem BA waren aber beide Seiten verpflichtet, bis zum Abschluss neuer Verträge ihre Beziehung unter den bisherigen Bedingungen fortzusetzen. Die Mahnung, dieser Gesetzeslage Rechnung zu tragen, trug zu einer wesentlichen Beruhigung der Lage bei. Der durch die Verordnung vom 30. 10. 1923[11] neugeschaffene Reichsausschuss erließ bereits am 12. 5. 1924 **Richtlinien für den allgemeinen Inhalt der Arztverträge,**[12] die die Zulassung, das Arztsystem, die Vertragsform, die Vergütung, die Überwachung der kassenärztlichen Tätigkeit und die Pflichten der Kassenärzte sowie des Arztausschusses regelten und die Grundlage für die örtlichen Vertragsverhandlungen bildeten. Zur Klärung von Zweifelsfragen trug außerdem das Reichsschiedsamt durch seine Entscheidungen bei. Im Zuge einer Neufassung der RVO, die am 15. 12. 1924 erfolgte,[13] fanden die Regelungen der Verordnung vom 30. 10. 1923 als §§ 368a–368t Eingang in diese Kodifikation.

---

[10] RGBl. I 1923, 1051.

[11] Verordnung über Ärzte und Krankenkassen vom 30. 10. 1923 (RGBl. I 1051).

[12] Hierzu und zu den vom Reichsausschuss in späteren Verhandlungen beschlossenen Richtlinien: *Aye,* Das Gesetz über Kassenarztrecht, S. 25. Durch den Erlass von Richtlinien und – in rechtlich begrenztem Umfang – von Rechtsverordnungen kam der Reichsausschuss seiner Verpflichtung aus § 368c RVO nach, die in der „Regelung der Beziehungen zwischen den Krankenkassen und den Ärzten" bestand. Vgl. zu den Aufgaben des Reichsausschusses sowie zur Frage der Verbindlichkeit der Richtlinien ausführlich *Schneider,* Kassenarztrecht, S. 20f.

[13] RGBl. I 1924, 779.

19 Wegen der zunehmenden Verschlechterung der allgemeinen wirtschaftlichen Lage verpflichteten sich die Spitzenverbände um die Jahreswende 1925/26 zur Einwirkung auf ihre Mitglieder dahingehend, dass Streitigkeiten beigelegt und Kampfmaßnahmen unterlassen würden. Das führte zu einem recht ruhigen Verlauf der Jahre 1926 bis 1928, in denen die Bemühung um eine friedliche Weiterentwicklung des Kassenarztrechts im Vordergrund stand. Daraus resultierte ein Bedürfnis zur Neufassung der Bestimmungen des Reichsausschusses. Diesem Bedürfnis kam der Reichsausschuss durch seine **Beschlüsse vom 14. 11. 1928**[14] nach, in denen er sich u. a. mit den Vertragsrichtlinien, der Zulassungsordnung, der Reichsschiedsamtsordnung und der Geschäftsordnung des Reichsausschusses befasste. Arzt- und Honorierungssystem wurden allerdings damit nicht festgelegt. Die Zulassung stellte damals die „Anerkennung des Anspruchs auf Abschluss eines Vertrages über die Ausübung einer Kassenarztpraxis" dar, die Zulassung bedeutete somit die Befugnis zum Abschluss eines privatrechtlichen Einzelvertrages. Mit den Regelungen, die der Reichsausschuss durch diese Beschlüsse getroffen hatte, war die Entwicklung des Kassenarztrechts zunächst abgeschlossen.

5. Die Weltwirtschaftskrise

20 Erhebliche Schwierigkeiten brachte jedoch die Entwicklung der wirtschaftlichen Lage mit sich. Aufgrund der steigenden Zahl von Arbeitslosen wurde eine Erhöhung der Beiträge zur Arbeitslosenversicherung unumgänglich. Eine Erhöhung der Sozialversicherungsbeiträge insgesamt hätte die Wirtschaft aber nicht verkraften können, weshalb die Krankenkassenbeiträge zwangsläufig herabgesetzt werden mussten. Dieses Ziel vor Augen, verfolgte die Reichsregierung Anfang 1930 Reformpläne zur Verbilligung der Krankenversicherung. Wegen der Auflösung des Reichstags kam ein Beschluss in dessen Plenum jedoch nicht mehr zustande. Der wesentliche Inhalt dieser Reformpläne fand aber Eingang in die **Notverordnung zur Behebung finanzieller, wirtschaftlicher und sozialer Notstände vom 26. 7. 1930,**[15] die vom Reichspräsidenten auf der Grundlage von Art. 48 Abs. 2 WRV erlassen wurde. Das Ziel, die Gesamtausgaben der Krankenversicherung und damit auch die Beiträge zu senken, wurde durch Einführung von Krankenscheingebühren[16] und Arzneikostenbeiträgen angestrebt. Außerdem wurde bestimmt, dass die Krankenpflege das notwendige Maß nicht überschreiten dürfe, und den Kassenärzten wurde eine Pflicht zur wirtschaftlichen Verordnungsweise auferlegt. Die Verhältniszahl wurde mit 1 : 1000 festgesetzt. Diese Regelungen stießen zwar auf erheblichen Widerstand innerhalb der Ärzteschaft, das Ziel der Kostensenkung wurde aber erreicht.

6. Zwischenlösungen

21 **a) Die Notlösung vom 31. 7. 1931.** Die negative Entwicklung der wirtschaftlichen Lage der Krankenkassen war indes noch nicht abgeschlossen. Es mussten daher weitere Mittel zur Senkung der Ausgaben gefunden werden, wobei man nicht umhin kam, auch die Kassenarzthonorare in die allgemeine Kürzung mit einzubeziehen. Aus diesem Grund fanden in den Jahren 1930/31 ständig Verhandlungen zwischen den Spitzenorganisationen unter Beteiligung des Reichsarbeitsministeriums statt, wobei jedoch endgültige Lösungen nicht in Sicht waren. Immerhin verständigte man sich am 31. 7. 1931 auf eine **Zwischenlösung.**[17] Deren wesentlicher Inhalt bestand in der Festlegung von Abschlagszah-

[14] Eine Aufzählung der an diesem Tag erlassenen Richtlinien findet sich bei *Aye,* Das Gesetz über Kassenarztrecht, S. 105 f.

[15] RGBl. I 1930, 321.

[16] Die durch das Gesetz zur Modernisierung der gesetzlichen Krankenversicherung (GMG) vom 14. 11. 2003 (BGBl. I 2190) eingeführte sog. Praxisgebühr ist also keine neue Erscheinung.

[17] Das Abkommen zwischen den Spitzenverbänden der Ärzte und Krankenkassen ist abgedruckt in: BKK 1931, 173 f.

lungen auf die den Ärzten für das Jahr 1930 zustehende Vergütung und in der Bestimmung, dass Verfahren vor den Schiedsstellen u. a. ruhen sollten, bis eine endgültige Lösung gefunden wäre. Der Charakter der Notlösung war offensichtlich. Eine endgültige Regelung musste daher möglichst bald gefunden werden.

22 **b) Die „Vereinbarung über eine neue Regelung der Beziehungen zwischen Ärzten und Krankenkassen" vom 17. 10. 1931.**[18] Aus diesem Grund verhandelten die Spitzenorganisationen weiterhin miteinander. Im Rahmen dieser Verhandlungen bahnte sich eine grundlegende Neuregelung des Kassenarztrechts an. Die Grundpositionen waren allerdings nicht neu: die Krankenkassen wollten sich gegen eine Steigerung der Kosten bei weiterer Zulassung von Ärzten absichern, während die Ärzte nach größerer Freiheit in der ärztlichen Behandlung strebten. Ein Interessenkonflikt innerhalb der Ärzteschaft bestand bezüglich der Frage der Zulassung. Die bereits praktizierenden Ärzte wollten ihre Position erhalten, die Kriegsheimkehrer hingegen strebten ihre Zulassung an. Der Schlüssel zur Lösung des Problems lag in der Bestimmung einer neuen Verhältniszahl, die zwar eine Zulassung neuer Ärzte ermöglichte, auf der anderen Seite aber Einnahmeverluste des einzelnen Arztes mit sich brachte. Am 17. 10. 1931 wurde – unter dem Vorbehalt der Annahme durch die Organe – im Reichsarbeitsministerium die „Vereinbarung über eine neue Regelung der Beziehungen zwischen Ärzten und Krankenkassen" geschlossen. Vorgesehen waren darin u. a. die **Kopfpauschale als Honorarsystem** und eine **Beschränkung der ärztlichen Verordnungskosten** durch Einführung eines Regelbetrags für jeden Versicherten. Die Festlegung der Verhältniszahl wurde den Ärzten selbst überlassen. Aufgrund des internen Konflikts gelangten sie jedoch zu keinem Ergebnis. Daraufhin griff die Regierung vermittelnd ein und schlug die **Senkung der Verhältniszahl auf 1 : 600** vor. Diese Zahl fand letztlich auch Eingang in das Abkommen. Beim Hartmannbund und bei den Verbänden der Ortskrankenkassen traf die Vereinbarung auf Zustimmung, die Verbände der Betriebs-, Innungs- und Landkrankenkassen hingegen lehnten sie ab.

7. Die Neufassung der §§ 368 bis 373 RVO

23 In dieser Situation griff die Regierung ein. Sie erließ am 8. 12. 1931 mit der „Vierten Verordnung des Reichspräsidenten zur Sicherung von Wirtschaft und Finanzen und zum Schutze des inneren Friedens"[19] eine **Notverordnung,** deren Inhalt im wesentlichen dem der Vereinbarung vom 17. 10. des Jahres entsprach. Dazu ergingen als Ausführungs- und Überleitungsbestimmungen des Reichsarbeitsministers eine **Vertrags- und eine Zulassungsordnung.**[20] Hinzu trat die Verordnung über kassenärztliche Versorgung vom 14. 1. 1932,[21] welche die §§ 368 bis 373 RVO neu fasste. Diese Vorschriften brachten nun die **völlige Neuregelung des Kassenarztwesens,** die sich schon zuvor angekündigt hatte. Der kassenärztliche Dienst ging damit endgültig in die **Sphäre des öffentlichen Rechts** über. Bedeutsam war, dass die vielfältigen örtlichen Regelungen vereinheitlicht wurden. Diese **Rechtsangleichung** wurde insbesondere dadurch erreicht, dass für alle Krankenkassen ein einheitliches Vertragssystem geschaffen wurde. Dabei wurde auf der Seite der Ärzte mit der **Kassenärztlichen Vereinigung (KV)** ein neuer Vertragspartner gebildet. Diese war als Körperschaft des öffentlichen Rechts rechtsfähig; ihre Mitglieder waren zwangsweise alle Ärzte eines Bezirks. Zwischen der KV und der Krankenkasse wurde ein Gesamtvertrag geschlossen. Der Inhalt dieses Gesamtvertrags war jedoch insofern vorbestimmt, als die beiderseitigen Landesverbände zuvor Mantelverträge schlossen und Bestimmungen darin für allgemeingültig erklären konnten, die dann zwingend Bestandteil des Gesamtvertrags wurden. Allerdings waren die Mantelvertragsparteien ihrerseits an ein

---

[18] Hierzu eingehend *Schneider,* Kassenarztrecht, S. 26 f.

[19] RGBl. I 1931, 699.

[20] RGBl. I 1932, 2.

[21] RGBl. I 1932, 19.

Mantelvertragsmuster gebunden, das wiederum die Spitzenverbände zuvor ausgehandelt hatten. Damit lag die Entscheidungsbefugnis über den Vertragsinhalt letztlich doch bei den Spitzenverbänden.

24 Eine entscheidende Neuerung erfuhr im Rahmen dieser Reform das **Zulassungswesen.** Während die Zulassung bis dahin für eine oder mehrere Krankenkassen erfolgte, stellte sie nun die Berechtigung dar, in einem bestimmten Bezirk den Gesamtverträgen aller Krankenkassen beizutreten. Dieser Beitritt erfolgte durch schriftliche Erklärung, den sog. Verpflichtungsschein. Ein Einzelvertrag zwischen Krankenkasse und Arzt wurde von nun an nicht mehr geschlossen. Über die Zulassung entschieden das Schiedsamt beim Oberversicherungsamt und als Rechtsmittelinstanz das Reichsschiedsamt.

25 Als **Honorarsystem** wurde einzig das System der kassenärztlichen Gesamtvergütung nach einer Kopfpauschale für zulässig erklärt. Ziel war es, dadurch Wettbewerbsdruck von den Ärzten zu nehmen. Die Kopfpauschale stellte den durchschnittlichen Jahresbedarf für ein Kassenmitglied unter Berücksichtigung der allgemeinen Erfahrungssätze, der besonderen Umstände bei der betreffenden Krankenkasse, der wirtschaftlichen Notwendigkeiten und der Änderungen im Grundlohn dar. Die KV empfing die Gesamtvergütung und verteilte sie unter den Kassenärzten.

26 Die KV trug gegenüber den Krankenkassen die **Gewähr** für die Ordnungsgemäßheit der kassenärztlichen Versorgung. Sie überwachte die Ärzte bei der Erfüllung ihrer Verpflichtungen und war ihnen gegenüber mit **Disziplinarbefugnissen** ausgestattet. Den Ärzten wurde durch das Gesetz die Pflicht zu ausreichender und zweckmäßiger Behandlung der Patienten auferlegt. Ziel dieser Verpflichtung war wiederum, die Ausgaben der Krankenkassen zu begrenzen. Verletzte ein Arzt diese Pflicht, so war er gegenüber der Krankenkasse schadensersatzpflichtig.

27 Die Verordnung war geprägt vom **Gedanken der gemeinsamen Selbstverwaltung.** Ihre Neuregelungen bewirkten Strukturveränderungen im System der Selbstverwaltungsorgane und legten die Kompetenzen neu fest. Der **Reichsausschuss für Ärzte und Krankenkassen,** der aus je fünf Vertretern der beiden Spitzenverbände sowie drei vom Reichsarbeitsminister ernannten unparteiischen Mitgliedern bestand, hatte neben seiner traditionellen Funktion die Aufgabe erhalten, die erforderlichen Ausführungsvorschriften zu den §§ 368 bis 368e RVO zu erlassen und damit zwingendes Recht zu setzen. Außerdem erließ er Richtlinien, welche die Gleichmäßigkeit und Angemessenheit der Vereinbarungen zwischen Ärzten und Krankenkassen gewährleisten sollten. Zur Schlichtung von Streitigkeiten war weiterhin ein **Schiedsamtswesen** vorgesehen. Die Schiedsämter waren dabei grundsätzlich an die Richtlinien des Reichsauschusses gebunden. Für Verfahren und Organisation galt das 10. Buch der ZPO. Aufgabe der Schiedsämter war es auch, die Zulassung zu erteilen. Für Streitigkeiten aus dem Mantelvertrag sowie Berufungen und Revisionen gegen Entscheidungen der Schiedsämter war das Reichsschiedsamt zuständig, das ebenfalls an die Richtlinien des Reichsausschusses gebunden war. Zur Schlichtung wurden zudem mit dem Vertrags- und dem Einigungsausschuss Organe privatrechtlicher Natur geschaffen, denen jedoch keine Entscheidungsbefugnis zukam.

8. Das Kassenarztrecht nach der Machtübernahme von 1933

28 Während das Jahr 1932 von der Umsetzung der neuen gesetzlichen Regelungen im Kassenarztwesen geprägt war, brachte das darauf folgende Jahr auf Grund der Machtübernahme der Nationalsozialisten wiederum einschneidende Neuerungen – insbesondere im Bereich der Selbstverwaltung – mit sich.[22] Kennzeichnend war auch im Kassenarztwesen der Gedanke der **Zentralisierung** und der **Gleichschaltung.** Begonnen wurde damit, dass die staatliche Aufsicht über die Krankenkassen durch Verordnung vom 1. 3. 1933 auf

[22] Persönliche Erinnerungen aus dieser Zentralisierungsphase schildert *Otto Heinemann,* in: Henkels (Hrsg.), Kronenorden Vierter Klasse, S. 259ff.

die Zweckmäßigkeit und die Wirtschaftlichkeit in der Geschäftsführung ausgedehnt und die Krankenkassenverbände aufgrund der Verordnung vom 24. 3. 1933 der Aufsicht des Reichsarbeitsministers unterstellt wurden. Im Mai 1933 folgte der Zusammenschluss der beiden Hauptverbände der Ortskrankenkassen zu einem Reichsverband, und auch die Verbände der Land-, Betriebs- und Innungskrankenkassen nannten sich von da an „Reichsverband".

29 **a) Die „Verordnung über die Kassenärztliche Vereinigung Deutschlands" vom 2. 8. 1933.**[23] Die Zentralisierung setzte sich auch auf Seiten der Kassenärzte fort. Durch die „Verordnung über die Kassenärztliche Vereinigung" des Reichsarbeitsministers vom 2. 8. 1933 wurden die bisherigen bezirklichen KVen durch eine einheitliche **Kassenärztliche Vereinigung Deutschlands (KVD)** abgelöst. Diese rechtsfähige Körperschaft des öffentlichen Rechts wurde zum alleinigen Träger der Beziehungen zwischen Ärzten und Krankenkassen und trat in die Aufgaben und Befugnisse der KVen ein. Der sog. Reichsführer der KVD war der Vorsitzende des Hartmannbundes. Kennzeichnend für die damalige Situation war eine Vereinbarung, die von der KVD und den Krankenkassen-Spitzenverbänden geschlossen wurde und die **Selbstverwaltung der Krankenkassen** zugunsten des sog. „Führerprinzips" faktisch **abschaffte.**

30 **b) Die Zulassungsordnung vom 17. 5. 1934.**[24] Eine drastische Änderung ergab sich im Zulassungswesen insofern, als durch Verordnung vom 17. 5. 1934 das Zulassungswesen **allein in die Hände der Ärzte** gelegt wurde. Die Zulassung stellte einen öffentlich-rechtlichen Akt dar, der den Arzt gegenüber der KVD zur Teilnahme an der kassenärztlichen Versorgung verpflichtete. Voraussetzung für die Erteilung der Zulassung war die Eintragung in das bei der KVD geführte Arztregister. Zulassungsinstanzen waren der Zulassungsausschuss, der Reichszulassungsausschuss und das Reichsschiedsamt, wobei die beiden Ausschüsse Einrichtungen der KVD waren. Vertreter der Krankenkassen waren an diesen Institutionen nicht beteiligt, weshalb diese Regelung auf den Widerstand der Krankenkassen stieß. Das Verhältnis zwischen Krankenkassen und Ärzten war zu dieser Zeit ruhig. Dadurch, dass das Zulassungswesen nun allein der KVD oblag, die Honorarfrage durch das Honorarabkommen vom Juli 1932 geregelt war und sich die allgemeine finanzielle Situation auf Grund des wirtschaftlichen Aufschwungs entspannt hatte, waren alle wesentlichen Streitpunkte entfallen.

31 **c) Weitere Neuregelungen.** In den Jahren bis zum Beginn des Zweiten Weltkrieges folgten noch einige Neuregelungen im Bereich des Kassenarztrechts. Sie alle waren geprägt von dem Gedanken, das System weitestgehend zu zentralisieren und die Selbstverwaltung abzuschaffen. Das sog. **Aufbaugesetz** vom 5. 7. 1934[25] sah vor, dass an die Stelle der bisherigen Organe der Versicherungsträger ein Leiter mit einem Beirat als beratendes Organ trat. Am 1. 4. 1936 trat die **Reichsärzteordnung** vom 13. 12. 1935[26] in Kraft, durch die die bisherigen Verbände der Ärzteschaft, also der Deutsche Ärztevereinsbund und der Hartmannbund, aufgelöst wurden. Statt ihrer entfaltete sich die Reichsärztekammer in Ärztekammern und Bezirksvereinigungen; die KVD war selbständiger Teil der Reichsärztekammer. Durch die **12. Verordnung zur Neuordnung der Krankenversicherung** vom 6. 9. 1937[27] wurden die §§ 414ff. RVO geändert, welche die **Reichsverbände der Krankenkassen** betrafen. Diese wurden zu Körperschaften des öffentlichen Rechts und erhielten nicht nur die Befugnis zum Abschluss und zur Änderung von Ver-

---

[23] RGBl. I 1933, 567.

[24] Erlassen im Rahmen der „Verordnung über die Zulassung von Ärzten zur Tätigkeit bei den Krankenkassen" vom 17. Mai 1934 (RGBl. I 1934, S. 399). Die Zulassungsordnung wurde durch Verordnung vom 8. September 1937 (RGBl. I 1937, S. 937) in einigen Punkten geändert und in neuer Fassung bekannt gemacht.

[25] RGBl. I 1934, 577.

[26] RGBl. I 1935, 1433.

[27] RGBl. I 1937, 964.

trägen mit den Ärztevereinigungen, sondern wurden überdies zur Beilegung von Streitigkeiten, zur Überwachung von Vergütungszahlungen und zur Bestellung der Vertreter und Beisitzer der Krankenkassen in Schiedsämtern und Ausschüssen ermächtigt. Die Reichsverbände schlossen mit der KVD am 18. 3. 1938 den sog. Reichsvertrag über den Regelbetrag, der die bisherigen Bestimmungen außer Kraft setzte. Enthalten war eine Festsetzung von Reichsregelbeträgen für die verschiedenen Arztgruppen, bei deren Überschreitung den einzelnen Arzt grundsätzlich eine Regresspflicht traf. Diese Regresspflicht konnte jedoch durch einseitige Bestimmung des Amtsleiters der KVD „aus besonderen Gründen" entfallen. Von großer Bedeutung war auch der **Vorläufige Reichsvertrag über die kassenärztliche Versorgung** vom 15. 12. 1938.[28] Dieser sah vor, dass die Mantel- und Gesamtverträge zum 31. 12. 1938 außer Kraft treten und Inhalt des Reichsvertrages werden sollten, der damit zum allein gültigen Vertrag wurde. Vorgesehen war außerdem eine **Reichspauschale,** die von den Krankenkassen-Reichsverbänden an die KVD als Gesamtvergütung für sämtliche Mitgliedskassen gezahlt werden sollte. Damit sollte die Zentralisierung des Kassenarztwesens vollendet werden. Zu einer tatsächlichen Einführung der Reichspauschale kam es jedoch auf Grund des Kriegsbeginns nicht mehr.

9. Der Zweite Weltkrieg und die Nachkriegszeit

32 In den Kriegsjahren wurde die Sicherung der ärztlichen Versorgung in Deutschland zum Problem; zu viele Ärzte waren eingezogen worden. In den Nachkriegsjahren resultierten die Schwierigkeiten in erster Linie aus der kriegsbedingt stark erhöhten Patientenzahl, deren Versorgung zu bewerkstelligen war.

33 **a) Die Kriegszeit (1939–1945).** Kennzeichnend für das Kassenarztrecht in den Kriegsjahren war eine Reihe von Vorschriften und Vereinbarungen, die auf Grund der **besonderen Verhältnisse** im Krieg erforderlich wurden. So ordnete der Reichsarbeitsminister bereits einen Tag nach Kriegsbeginn an, bei Bedarf auch den nicht zugelassenen Ärzten die Teilnahme an der kassenärztlichen Versorgung zu gestatten.[29] Wenige Tage später wurde zum Schutz der zum Wehrdienst einberufenen Zulassungsbewerber wiederum durch ministerielle Anordnung die Zulassung zur Kassenpraxis bis auf weiteres gesperrt.[30] Am 20. 9. 1939 wurde die Honorarverteilung während des Krieges so geregelt, dass die Einzelleistungsabrechnung entfiel und das Honorar nach der Anzahl der Behandlungsfälle verteilt wurde **(Krankenscheinpauschale).**[31] Diese Änderung erfolgte durch Anordnung des Reichsführers der KVD. Es folgte noch ein Reihe von Regelungen in den letzten Kriegsjahren, die sich aus den besonderen Umständen erklärten und auch nur in dieser Zeit Bedeutung hatten. Insbesondere die Jahre 1943 bis 1945 waren so sehr vom Kriegsgeschehen geprägt, dass die Weiterentwicklung des Kassenarztrechts in den Hintergrund trat.

34 **b) Die Nachkriegszeit.** Bei Kriegsende ergaben sich auf Grund der größtenteils zerstörten Infrastruktur, der Flucht eines großen Teils der Bevölkerung aus den östlichen Gebieten und der Besatzung durch die Alliierten **völlig neue Verhältnisse** für die Beziehungen zwischen Krankenkassen und Ärzten. Die KVD und die Reichsverbände der Krankenkassen konnten ihre Aufgaben nicht mehr erfüllen, so dass zunächst örtliche Übergangsregelungen geschaffen wurden. Mit zunehmendem Wiederaufbau aber schlossen sich sowohl Krankenkassen als auch Kassenärzte auf Landesebene wieder zusammen, wobei die Vereinigungen nach und nach als Körperschaften des öffentlichen Rechts anerkannt wurden. Zu überörtlichen Regelungen kam es aber erst im Jahr 1947. Das Zulas-

[28] RABl. 1939 IV, S. 11.
[29] Anordnung vom 4. September 1939, RABl. 1939 IV, S. 461.
[30] Durch die Anordnung vom 12. September 1939, RABl. 1939 IV, S. 454.
[31] Durch die sog. „Anordnung über die Honorarverteilung während des Krieges", abgedruckt in DÄ 1939, 612.

sungsverfahren wurde wieder in die Hände **paritätisch besetzter Zulassungsinstanzen** gelegt und damit dem alleinigen Einfluss der Ärzte entzogen. Für die Ärzte, die seit 1945 durch kassenärztliche Dienststellen zugelassen waren oder denen zumindest die Teilnahme an der kassenärztlichen Versorgung gestattet worden war, wurden Übergangsbestimmungen erlassen. Besondere Regelungen waren für Heimkehrer, Vertriebene und Flüchtlinge und Verfolgte des Nationalsozialismus vorgesehen.

35 Erhebliche Auswirkungen hatte die **Währungsumstellung 1948.** Sie hatte sowohl die älteren Kassenärzte als auch die Krankenkassen um einen Großteil ihres Vermögens gebracht. Hinzu kamen die allgemeine Preissteigerung und die kriegsbedingt erhöhte Krankheitshäufigkeit. Die Vergütung richtete sich weiterhin nach der Krankenscheinpauschale; angesichts der stark gestiegenen Zahl von Einzelleistungen konnten die Ärzte in diesem System aber kaum noch angemessene Einkünfte erzielen. Diese Umstände führten dazu, dass die **Honorarfrage** in den Vordergrund trat. Um den Verhandlungen Nachdruck zu verleihen, schlossen sich die Landesstellen der Kassenärztlichen Vereinigungen zu einer Bundesarbeitsgemeinschaft zusammen, woraufhin sich auch bei den Krankenkassenverbänden Bundesorganisationen bildeten. Die Honorarverhandlungen zogen sich über den gesamten Zeitraum von 1948 bis 1953 hin. Das Verhältnis zwischen Ärzten und Krankenkassen war zu dieser Zeit von äußerst heftigen Auseinandersetzungen geprägt.

36 Am 20. 5. 1949 wurde in Hamburg eine neue Ärzteorganisation unter dem Namen **„Hartmannbund“** gegründet, die die Tradition des alten Hartmannbundes übernehmen wollte. Diese Organisation verfolgte radikal die Ärzteinteressen und warf den Kassenärztlichen Vereinigungen vor, den Krankenkassen gegenüber zu nachgiebig zu sein. Dies führte wiederum zu ernsthaften Spannungen innerhalb der Ärzteschaft. Außerdem wurden die Verhandlungen dadurch verkompliziert, dass die vermittelnde Tätigkeit der Schiedsämter fehlte. Ergebnis der Honorarverhandlungen waren **mühsam errungene Vereinbarungen** mit den verschiedenen Krankenkassenverbänden, die zwischen April 1949 und März 1953 geschlossen wurden.

37 Zu dieser Zeit wurde innerhalb der Ärzteschaft auch die alte Forderung nach freier Arztwahl wieder laut und eine weitgehende Reform der Krankenversicherung angestrebt. Außerdem bestand zur Änderung des Zulassungswesens besonderer Anlass insofern, als nach der Auflösung von NSDAP und Wehrmacht viele Ärzte arbeitslos geworden waren, die „Kriegsmedizinstudenten“ mittlerweile ihre Approbation erhalten hatten und die Flüchtlingsärzte aus dem deutschen Osten hinzugekommen waren. Viele von ihnen litten große Not, so dass zumindest eine Herabsetzung der Verhältniszahl angezeigt war. Um ihren Forderungen Nachdruck zu verleihen, betrieben die Ärzteorganisationen eine **Öffentlichkeitsarbeit** in nie da gewesenem Maße, nachdem auf dem Ärztetag 1950 ein gemeinsamer Presse- und Propagandadienst eingerichtet worden war. Durch die Medienberichterstattung brachten die Ärzte die Problematik auch ins Bewusstsein der Öffentlichkeit, so dass die Zeit allgemein durch eine **lebhafte Diskussion** über die zukünftige Gestaltung der Sozialversicherung geprägt war, wenn auch viele Vorschläge keine ernsthafte Diskussionsgrundlage bildeten. Gemeinsam war die Notwendigkeit bundeseinheitlicher Regelungen zwar erkannt worden; die Meinungen über deren Inhalt gingen jedoch weit auseinander.

10. Das „Gesetz über Kassenarztrecht“ vom 17. 8. 1955

38 Diese **bundeseinheitliche Regelung** wurde mit Erlass des „Gesetzes über Kassenarztrecht“ (GKAR) vom 17. 8. 1955,[32] das am 20. 8. 1955 in Kraft trat, geschaffen. Im wesentlichen beinhaltete es eine Änderung der §§ 368–369 RVO, die während der Kriegszeit zurückgestellt worden war und jetzt nachgeholt wurde. Das GKAR stellte nur ein Rahmengesetz dar, dessen Durchführung auf Grund von vertraglichen Vereinbarungen

[32] BGBl. I 1955, 513.

der Beteiligten sowie von Rechtsverordnungen und von Beschlüssen der Bundes- und Landesausschüsse zu erfolgen hatte. Die Grundgedanken des GKAR entsprachen denen der gesetzlichen Regelungen von 1931/32 im wesentlichen, weshalb es keine wirkliche Neuregelung darstellte, sondern vielmehr **historisch Gewachsenes** einheitlich kodifizierte. Die Spitzenverbände der Ärzte und Krankenkassen gaben sich in Vollzug des GKAR neue Satzungen und bildeten die vorgesehenen Organe. Es wurden Vertrags-, Schlichtungs- und Zulassungsorgane sowie Bundes- und Landesausschüsse geschaffen, in denen Ärzte und Krankenkassen Mitwirkungsrechte besaßen. Die unter der nationalsozialistischen Herrschaft entstandene Zentralisierung wurde nunmehr durch ein **föderalistisch aufgebautes System** von Kassenärztlichen Vereinigungen abgelöst.

39 Im Vergütungswesen war vorgesehen, dass die Gesamtvergütung von den Krankenkassen an die Kassenärztlichen Vereinigungen gezahlt wurde, welche sie wiederum – nach einem Verteilungsmaßstab, der im Einvernehmen mit den Krankenkassen festgelegt wurde – an die einzelnen Ärzte verteilte. Eine Verteilung nur nach der Zahl der Krankenscheine (Krankenscheinpauschale) aber war ausdrücklich untersagt. Regelmäßig bestimmte sich die Gesamtvergütung nach der **Kopfpauschale;** durch Vereinbarung im Gesamtvertrag konnte jedoch auch abweichend eine Bestimmung nach Fallpauschale oder Einzelleistung vorgesehen werden. Neu war, dass auch die Vergütung für ärztliche Sachleistungen von nun an grundsätzlich von der Gesamtvergütung umfasst war.

40 Die nähere Regelung des Zulassungswesens überließ das GKAR einer **Zulassungsordnung,**[33] die vom Bundesarbeitsminister mit Zustimmung des Bundesrates erlassen wurde. Deren Inhalt war jedoch in § 368c RVO im wesentlichen bereits vorgegeben. Die **Verhältniszahl** wurde durch das GKAR selbst auf 1:500 festgesetzt und fünf Jahre später vom Bundesverfassungsgericht durch Urteil vom 23. März 1960 (E 11, 30) wegen Verstoßes gegen Art. 12 Abs. 1 GG für verfassungswidrig erklärt. Das Hauptgewicht in der Gestaltung der Verträge lag bei den Bundesorganisationen, die im Bundesmantelvertrag den allgemeinen Inhalt der Gesamtverträge festlegten. Zur Beilegung von Streitigkeiten war ein umfassendes Schlichtungswesen mit Schiedsämtern auf Landes- und Bundesebene vorgesehen.

11. Der Weg zum SGB V

41 Zwischen dem GKAR und der Übernahme des Kassenarztrechts in das SGB V erfolgten noch diverse Gesetzesänderungen, von denen hier nur die wichtigsten genannt seien.

Das **„Gesetz über die Krankenversicherung der Landwirte“** vom 10. 8. 1972[34] sah die Errichtung Landwirtschaftlicher Krankenkassen und Bundesverbände vor. Für diese Verbände galten gem. § 74 Abs. 1 KVLG die §§ 368ff. RVO, so dass sich die rechtliche Ausgestaltung der Krankenversicherung der Landwirte nach den allgemeinen Regeln richtete.

42 Am 28. 12. 1976 wurde das **„Gesetz zur Weiterentwicklung des Kassenarztrechts“ (KVWG)**[35] erlassen. Es führte das Instrument der **Bedarfsplanung** in das Kassenarztrecht ein. Diese sollte der Sicherstellung der ärztlichen Versorgung dienen. Vorgesehen waren Maßnahmen gegen ärztliche Unterversorgung und eine Fortbildungspflicht für Ärzte. Hintergrund für den Erlass des KVWG war das Urteil des Bundesverfassungsgerichts,[36] das in den von § 368a RVO im Jahre 1955 festgesetzten Verhältniszahlen eine nicht gerechtfertigte objektive Berufszulassungsbeschränkung gesehen hatte.

---

[33] Die Zulassungsordnung wurde am 28. Mai 1957 (BGBl. I 572) erlassen. Damit wurden die nach 1945 in den einzelnen Ländern geschaffenen Zulassungsordnungen außer Kraft gesetzt (vgl. dazu Art. 4 § 11 GKAR).

[34] BGBl. I 1972, 1433.

[35] BGBl. I 1976, 3871.

[36] BVerfGE 11, 30.

43 Anstoß für den Erlass des **„Gesetzes zur Dämpfung der Ausgabenentwicklung und zur Strukturverbesserung der gesetzlichen Krankenversicherung“ (KVKG)** vom 27. 6. 1977[37] gab die angespannte Finanzlage nach 1976. Es leitete eine ganze **Reihe von Kostendämpfungsgesetzen** ein. Das KVKG ordnete das Gesamtvertragsrecht neu. § 368 g RVO wurde dahingehend geändert, dass nur noch Gesamt- und Bundesmantelvertrag bestanden, der Landesmantelvertrag fiel weg. Für den Abschluss der Gesamtverträge waren nun anstelle der Krankenkassen deren Landesverbände zuständig. Damit wurden die Rechtsverhältnisse im Kassenarztrecht um eine fünfte Partei erweitert. Mit Art. 1 Nr. 49 KVKG wurde eine „Konzertierte Aktion im Gesundheitswesen“ in die RVO eingebracht. Alle an der gesundheitlichen Versorgung Beteiligten sollten gemeinsam Vorschläge zur Rationalisierung, Effektivitäts- und Effizienzerhöhung im Gesundheitswesen sowie medizinische und wirtschaftliche Orientierungsdaten entwickeln. Eine Ergänzung und Verbesserung der durch das KVKG eingeleiteten Sparmaßnahmen sollte durch **das „Kostendämpfungs-Ergänzungsgesetz“ (KVEG)** vom 22. 12. 1981[38] erreicht werden.

III. Das Fünfte Buch Sozialgesetzbuch

44 Durch die zahlreichen Änderungen war die RVO mittlerweile sehr unübersichtlich geworden. Hinzu kam, dass wesentliche Teile des Krankenversicherungsrechts außerhalb der RVO geregelt waren. Obendrein war die Frage der Kostenreduktion weiterhin aktuell. Aus all diesem ergab sich die Notwendigkeit, das Krankenversicherungsrecht neu zu systematisieren und inhaltlich zu überarbeiten. Mit dem „Gesundheits-Reformgesetz“ trat hierzu Anfang des Jahres 1989 die sog. erste Stufe der Gesundheitsreform in Kraft. Seitdem hat das Recht der GKV seinen Standort im Fünften Buch Sozialgesetzbuch (SGB V).

1. Die Neuordnung durch das „Gesundheits-Reformgesetz“ (GRG) vom 29. 12. 1988[39]

45 Primäres Anliegen des Gesetzgebers war es, die **Beitragsstabilität** dauerhaft zu erhalten und dabei eine bezahlbare medizinische Versorgung der Versicherten zu gewährleisten. Um das angestrebte Ziel zu erreichen, ergriff der Gesetzgeber eine Reihe von Maßnahmen.

46 **a) Maßnahmen zur Kostendämpfung.** Zu den Kernpunkten der Sparmaßnahmen gehörten die **Einführung von Festbeträgen** und die **Möglichkeit, Kürzungen** bei Arznei- und Heilmitteln **vorzunehmen.** Darüber hinaus wurden mit dem GRG Einschränkungen im Leistungsrecht der GKV vorgenommen. Beschränkungen gab es z.B. beim Sterbegeld, beim Zahnersatz und bei den Fahrtkosten. Im Bereich der Leistungserbringung modifizierte das GRG insbesondere das Recht der Teilnahme an der kassenärztlichen Versorgung durch eine Gliederung in haus- und fachärztliche Versorgung. Eine neue Wirtschaftlichkeitsprüfung wurde mit § 106 SGB V statuiert. Die Aufgabe, die Vorgaben des GRG zu verwirklichen, wurde in erster Linie den Selbstverwaltungsorganen übertragen. Trotz des Primärziels der Kostendämpfung führte das GRG die Gesundheitsförderung als Kassenleistung ein, die aber mittlerweile den Sparmaßnahmen zum Opfer gefallen ist. Das angestrebte Ziel wurde jedoch mit dem GRG nicht erreicht. Die Leistungsausgaben in der GKV waren von 1960 bis 1986 auf das ca. 13-fache gestiegen, das Bruttosozialprodukt im selben Zeitraum aber nur auf das Siebenfache. Das GRG war von vornherein **heftiger Kritik** ausgesetzt. Vorgeworfen wurde dem Gesetzgeber, dass er die Organisation der

---

[37] BGBl. I 1977, 1069.
[38] BGBl. I 1981, 1578.
[39] BGBl. I 1988, 2477.

GKV nicht reformiert und im Krankenhaussektor, bei der Arzneimittelversorgung sowie auch im Bereich der Heil- und Hilfsmittel keine umfassende Neugestaltung vorgenommen hätte.

47 **b) Der Gesamtvertrag.** Nach Inkrafttreten des GRG werden die Beziehungen zwischen Ärzten und Krankenkassen nunmehr durch schriftliche **Gesamtverträge** geregelt, die von den KVen und den Verbänden der Krankenkassen abgeschlossen werden (§ 72 Abs. 2 SGB V). In ihnen werden Vergütung und ärztliche Versorgung festgelegt. Beteiligt an der ärztlichen Versorgung sind, neben den Versicherten und dem Vertragsarzt, die KVen sowie die Krankenkassen und ihre Verbände. Die Rechtsbeziehungen der Parteien sind vollständig im SGB V normiert und damit ausnahmslos dem öffentlichen Recht zuzuordnen.

2. Die Wiedervereinigung Deutschlands

48 Das einschneidende geschichtliche Ereignis der Wiedervereinigung Deutschlands blieb auch nicht ohne Auswirkungen auf das Kassenarztrecht. Die Wiedervereinigung wurde am 31. 8. 1990 mit Unterzeichnung des Einigungsvertrages[40] vollzogen. Der Einigungsvertrag traf u.a. Regelungen über die soziale Absicherung der Bevölkerung, insbesondere die Rechtsangleichung. Damit kamen auch auf die GKV erhebliche Aufgaben zu. Obgleich es Bedenken gab, die reformbedürftigen Strukturen zu übernehmen, wurde der **Geltungsbereich des SGB V** durch den Einigungsvertrag auf die neuen Bundesländer **ausgeweitet.** Die diesbezüglichen Überleitungsvorschriften finden sich im 12. Kapitel SGB V. Der Prozess vollzog sich **nicht ohne Schwierigkeiten.** Die Gesundheitssysteme beider deutscher Staaten hatten sich in den Jahren der Trennung weit voneinander entfernt. Es gab zwei grundsätzliche Probleme.

49 Dem Einigungsvertrag lag die politische Entscheidung einer **finanzierungstechnischen Trennung** der beiden deutschen Teile zugrunde, d.h. die Krankenkassen durften Ausgaben für ostdeutsche Versicherte ausschließlich aus deren Beiträgen finanzieren. Für die Folgezeit wurde in den neuen Ländern jedoch ein relativ geringes Beitragsaufkommen erwartet. Damit stellte sich unweigerlich die Frage, wie eine angemessene ambulante ärztliche Versorgung aufgebaut werden sollte, insbesondere, da unmittelbar nach dem Beitritt die Zahl der niedergelassenen Kassenärzte relativ gering war. Um dieses Problem zu lösen, wurde der Kreis der zur Teilnahme an der vertragsärztlichen Versorgung Berechtigten um die im Beitrittgebiet am 1. 1. 1991 bestehenden ärztlich geleiteten kommunalen, staatlichen und freigemeinnützigen Gesundheitseinrichtungen, einschließlich der Einrichtungen des Betriebsgesundheitswesens zeitlich befristet bis zum 31. 12. 1995 erweitert (§ 311 Abs. 2 SGB V). § 311 Abs. 4 SGB knüpfte daran auch die Rechtsstellung der in diesen Einrichtungen tätigen Ärzte an. Das zweite grundlegende Problem bestand in der **Bildung von KVen** in den neuen Bundesländern. Diese hatten damals noch keine handlungsfähigen Organe.

50 Durch die Regelungen der §§ 308ff. SGB V ist es dem Gesetzgeber aber **insgesamt gelungen,** das westdeutsche System der GKV auf die Beitrittsländer zu übertragen, ohne dass es zu spürbaren Verschlechterungen der medizinischen Versorgung kam. Dafür waren allerdings erhebliche Finanztransfers von West nach Ost notwendig.

3. Das „Gesundheitsstrukturgesetz" (GSG) vom 21. 12. 1992[41]

51 Die nächste bedeutsame Maßnahme des Gesetzgebers war der Erlass des „Gesundheits-Strukturgesetzes" (GSG). Dieses bildete nach Erlass des GRG die zweite Stufe der breit angelegten Gesundheitsreform. Durch das GSG wurden die Ersatzkassen vollständig in das System des Kassenarztwesens einbezogen; insbesondere wurde deren Vergütungsgeschehen

---

[40] BGBl. II 1990, 885.
[41] BGBl. I 1992, 2266.

regionalisiert. Der Gesetzgeber hat sich gleichzeitig vom Begriff des „Kassenarztes" verabschiedet. Das GSG spricht nunmehr vom **„Vertragsarzt".** Definiert wird der Begriff des Vertragsarztes als „niedergelassener, im Rahmen des Kassenarztrechts teilnahmeberechtigter Leistungserbringer".

52 Durch das GRG waren die Kosten in der GKV nicht entscheidend gedämpft worden. Daneben hatte der Einigungsprozess einen weiteren Kostenanstieg bewirkt. Die finanzielle Lage der GKV spitzte sich dramatisch zu. Der Beitragssatz hatte sich von 10,6% im Jahr 1991 auf 13,1% im Oktober 1998 erhöht. Dadurch entstand dringender Handlungsbedarf. Da diese Kostenschübe demographisch nicht zu erklären waren, sah der Gesetzgeber **Änderungsbedarf** vor allem bei den Versorgungsstrukturen und der Organisation der GKV. Angesichts dieser Entwicklung wurde das GSG innerhalb von zwei Monaten erstellt und trat am 1. 1. 1993 in Kraft.

53 Darüber hinaus ist das ursprüngliche System der gesetzlichen Klientel-Zuweisung[42] durch das GSG nachhaltigen und tiefgreifenden Änderungen unterzogen worden. Mit der Einführung des **Wettbewerbs** unter den Krankenkassen, was sich u.a. in der **Freiheit der Kassenwahl** durch die Versicherungspflichtigen und -berechtigten manifestiert (§§ 173–175 SGB V), ist der Gesetzgeber seiner Verpflichtung nachgekommen, „die Beitragssatzunterschiede zu begrenzen".[43] Die Organisationsreform machte u.a. eingehende und differenzierte gesetzliche Regeln über Wahlrechte, ihre Ausübung und über Kassenzuständigkeiten (wählbare Kassen) erforderlich. Dabei haben die Vorschriften über „Wahlrechte der Mitglieder" (§§ 173–175 SGB V) das bis dahin geltende System der gesetzlichen Klientelzuweisung nicht nur durch Öffnungsklauseln modifiziert, sondern im Prinzip gänzlich aufgegeben. Regelfall ist seitdem nicht mehr die Mitgliedschaft kraft Gesetzes, sondern die Mitgliedschaft durch Ausübung des Wahlrechts. Gleichzeitig mit diesen Neuerungen wurde mit Wirkung zum 1. 1. 1994 ein **kassenübergreifender Risikostrukturausgleich** eingeführt und die Kassenführung neu organisiert. Der so entstandene **Wettbewerb** der Kassen untereinander verhinderte jedoch in der Folgezeit eine vorausschauend planende und solide Haushaltspolitik; solange der Beitragssatz der einzige „Wettbewerbs"-Parameter ist, verleitet dies einzelne Kassen dazu, einen im Hinblick auf die Ausgaben unrealistischen oder gar unseriösen Beitragssatz in ihrer Satzung auszuweisen.

54 Auch im Bereich der **Versorgungsstrukturen** sah das GSG zwei wesentliche Änderungen vor: die Reformierung der Krankenhausfinanzierung einerseits und Neuregelungen betreffend den ambulanten Bereich andererseits. Exemplarisch für die Neuerungen können angeführt werden: die Förderung der hausärztlichen Tätigkeit, die verschärften Zulassungsregelungen, die Einführung eines Preismoratoriums für Arzneimittel, für die keine Festbeträge bestehen, um so Preiserhöhungen der Pharmaindustrie zu verhindern.

55 Um eine sofortige Kostenentlastung herbeizuführen, budgetierte das GSG – für einen begrenzten Zeitraum – alle Ausgabenblöcke. Von 1993 bis 1995 durften die GKV-Ausgaben nur noch im Gleichklang mit den Einnahmen steigen. Erfasst wurden von dieser **Budgetierung** auch die Verwaltungsausgaben der Krankenkassen. Zunächst schienen die **Auswirkungen** des GSG auf die Finanzlage in der GKV äußerst positiv zu sein; so kam es 1993 zu einem Überschuss. Da die erforderliche Ausgabendisziplin jedoch nicht eingehalten wurde, setzte sich diese Entwicklung nicht weiter fort.

4. Weitere Gesetze

56 Da sich also auch das GSG nicht als dauerhafte Lösung der Finanzierungsprobleme erwiesen hatte, folgte alsbald mit dem Beitragsentlastungsgesetz sowie dem 1. und 2. GKV-

[42] Vgl. beispielsweise für die Betriebskrankenkassen die Formulierung in § 245 III RVO a.F., wonach die im Betrieb Beschäftigten „in die Betriebskrankenkasse gehören". Ähnlich § 174 a.F. SGB V: „... sind Mitglieder dieser Betriebskrankenkasse." Dazu *Schnapp* NZS 2004, 113.

[43] BVerfGE 89, 365.

Neuordnungsgesetz die dritte Stufe der Gesundheitsreform. Intention des **„Beitragsentlastungsgesetzes"** vom 25. 4. 1996[44] war die sofortige Senkung der Lohnzusatzkosten und die Stärkung der Eigenverantwortlichkeit der Versicherten. Die Beiträge wurden für das Jahr 1996 kurzfristig festgeschrieben und sollten ab 1997 um 0,4% jährlich gesenkt werden. Die dadurch verminderten Einnahmen der Krankenkassen sollten durch Leistungskürzungen ausgeglichen werden. Im Jahr 1997 ergingen das **erste** und das **zweite „GKV-Neuordnungsgesetz".**[45] Auch mit ihnen wurde faktisch das Ziel der finanziellen Konsolidierung der Krankenversicherung weiter verfolgt. Allerdings wurde dieses Anliegen nicht offengelegt, sollten die Gesetze doch der Neuordnung von Selbstverwaltung und Eigenverantwortung in der gesetzlichen Krankenversicherung dienen. Auch die neue Regierung machte es sich zur Aufgabe, die Krankenversicherung zu reformieren. Da diese Gesetze anders als die der ersten und zweiten Stufe der Gesundheitsreform nicht im Einvernehmen mit der Opposition verabschiedet worden waren, wurden im Zuge des Regierungswechsels 1998 wesentliche Bestimmungen des Reformpakets wieder revidiert. Hierfür beschloss der Deutsche Bundestag am 19. 12. 1998 das **„GKV-Solidaritätsstärkungsgesetz".**[46] So wurde beispielsweise die Ausgrenzung des Zahnersatzes für jüngere Versicherte aus dem Leistungskatalog der GKV oder die Anhebung der Zuzahlungen für Arzneimittel wieder zurückgenommen. Nicht zurückgenommen wurde hingegen die Absenkung des Krankengeldes. Zwei Jahre später wurden von der Bundesregierung mit der **„GKV-Gesundheitsreform 2000"**[47] erstmals eingehende Strukturreformen im System der GKV angegangen. Hauptziel dieser Reform war die Verbesserung von Qualität und Wirtschaftlichkeit im Gesundheitswesen. Die Stellung des Hausarztes wurde gestärkt, um medizinisch unnötige und unwirtschaftliche Mehrfachkonsultationen zu vermeiden (sog. gate keeper-Modell). Darüber hinaus wurde die sog. **integrierte Versorgung** zur besseren Vernetzung der ambulanten und der stationären Versorgung (sog. managed care-Modell) eingeführt. In der Folgezeit erwies sich dieses Instrument aufgrund der vorgesehenen Verschränkung zwischen dem Sicherstellungsauftrag und der einzelvertraglichen Absprache als unübersichtlich und unberechenbar. Aufgrund dessen erzielte es in der Praxis nicht die vom Gesetzgeber angestrebte Durchbrechung der starren Aufgabenteilung zwischen ambulanter und stationärer Versorgung. Weiteres wichtiges gesetzgeberisches Anliegen war, wie auch schon in den vorangegangenen gesetzlichen Bestrebungen, die Sicherung der Beitragssatzstabilität.

57 Einstweiliger Schlusspunkt der Bemühungen des Gesetzgebers, die strukturellen Mängel der gesetzlichen Krankenversicherung zu beseitigen und so die Effektivität und Qualität der medizinischen Versorgung zu steigern sowie den Beitragssatz stabil zu halten, bildet das **„GKV-Modernisierungsgesetz – GMG"** vom 14. 11. 2003.[48] Zum einen steht das Gesetz in der Tradition klassischer Spargesetze. So wurden neben der in der Öffentlichkeit äußerst umstrittenen Praxisgebühr in Höhe von 10 € pro Quartal neue Regelungen für die von den Versicherten aufzubringenden Selbstbeteiligungen eingeführt. Außerdem wurde der Leistungskatalog der GKV umfassend umgestaltet. Zahlreiche Leistungen wurden ganz aus dem Katalog zu erbringender Leistungen herausgenommen (z.B. Sterbegeld[49] und Entbindungsgeld) andere werden künftig durch Steuern (z.B. Mutterschaftsgeld, Empfängnisverhütung) oder durch einen zusätzlich aufzubringenden Anteil zum allgemeinen, von den Versicherten und ihren Arbeitgebern grundsätzlich jeweils zur Hälfte zu tragenden Beitrag finanziert (z.B. Zahnersatz und Krankengeld). Zum anderen enthält das Gesetz umfassende Regelungen zur Weiterentwicklung der Versorgungsstruk-

[44] BGBl I 1996, 1631.
[45] BGBl. I 1997, 1518 und 1520.
[46] BGBl. I 1998, 3853.
[47] BGBl. I 2000, 2626.
[48] BGBl. I 2003, 2190.
[49] Dazu aber *Schnapp* SGb 2004, 451.

turen im ambulanten Bereich. Hierbei soll insbesondere die **integrierte Versorgung,** die bisher ein Schattendasein geführt hat, weiter ausgebaut werden. Um dieses Ziel zu erreiche wurden die oben angesprochenen Hindernisse beseitigt und der Abschluss der Versorgungsverträge in die alleinige Verantwortung der Vertragspartner gestellt. Um Anreize zur Vereinbarung integrierter Versorgungsverträge zu schaffen, stehen außerdem bis zu 1% der Gesamtvergütung und der Krankenhausvergütung in den KV-Bezirken als sog. „Anschubfinanzierung" zur Verfügung (§ 140d SGB V). Darüber hinaus werden **Medizinische Versorgungszentren** zur ambulanten Versorgung zugelassen.[50] Diese Einrichtungen zeichnen sich durch eine interdisziplinäre Zusammenarbeit von ärztlichen und nichtärztlichen Heilberufen aus, die den Patienten eine Versorgung „aus einer Hand" anbieten sollen. Durch den Ausbau der Versorgungsstrukturen soll ein Wettbewerb zwischen den verschiedenen Versorgungsformen mit dem Ziel ermöglicht werden, dass Patienten jeweils in der ihren Erfordernissen am besten entsprechenden Versorgungsform behandelt werden können. Zudem wurden die Leistungserbringer zu regelmäßiger Fortbildung verpflichtet und ein Institut für Qualität und Wirtschaftlichkeit im Gesundheitswesen gebildet; eine neu eingesetzte Bundesbeauftragte für die Belange der Patientinnen und Patienten soll eine ausreichende Vertretung der Patienteninteressen gewährleisten.

58 Die bisherigen Reformen setzten fast ausschließlich auf der Ausgabenseite und bei den Versorgungsstrukturen der GKV an. Die nächste große Reform wird sich daher voraussichtlich mit der Einnahmeseite befassen. Hier konkurrieren zwei Modelle miteinander. Das insbesondere von der SPD präferierte Konzept der Bürgerversicherung setzt auf eine Einbeziehung bisher nicht versicherungspflichtiger Personen in die GKV (in erster Linie Beamte und Selbständige) und eine Beitragserhebung nicht nur auf Arbeitsentgelte, sondern auf alle erzielten Einnahmen (z.B. Kapiteleinkünfte, Einkünfte aus freier Mitarbeit oder selbständiger Nebentätigkeit). Demgegenüber schlägt die CDU eine Umstellung des GKV-Systems von einem einkommensabhängigen Beitragssystem zu einem einkommensunabhängigen Gesundheitsprämienmodell vor. Die Prämie soll sich dabei aus einem Grundbeitrag und einem Vorsorgebeitrag zusammensetzen; gering verdienende Versicherte sollen einen steuerfinanzierten Beitragszuschuss erhalten. Der Grundbeitrag soll den Krankenkassen dabei Einnahmen in derzeitiger Höhe sichern; mit ihnen soll der heutige Leistungskatalog finanziert und erhalten werden. Der Vorsorgebeitrag soll dem Aufbau eines Kapitalstocks dienen, der künftige Finanzierungsschwierigkeiten der GKV ausgleichen soll.

---

[50] Ausführlich zu den Medizinischen Versorgungszentren: *Wigge* MedR 2004, 123ff.; *Fiedler/Weber* NZS 2004, 358ff.; *Zwingel/Preissler,* Das medizinische Versorgungszentrum, 2005; *Dahm/Möller/Ratzel,* Rechtshandbuch medizinische Versorgungszentren, 2005.

§ 2 Die Rechtsstellung des Vertragsarztes

Schrifttum: *Axer,* Gemeinsame Selbstverwaltung, in: Festschrift 50 Jahre Bundessozialgericht, 2004, S. 339; *Beule,* Rechtsfragen der integrierten Versorgung, 2003; *Butzer,* Verfassungsrechtliche Anmerkungen zum GKV-Gesundheitsmodernisierungsgesetz 2004 (GMG), MedR 2004, 177, *ders.,* § 95 SGB V und die Neuausrichtung des ärztlichen Berufsrechts, NZS 2005, 344; *Hiddemann, Muckel,* Das Gesetz zur Modernisierung der gesetzlichen Krankenversicherung, NJW 2004, 7; *Kasseler Kommentar* zum Sozialversicherungsrecht, Loseblattkommentar, Stand 2005; *Krauskopf,* Soziale Krankenversicherung, Pflegeversicherung, Kommentar, Stand 2005; *Laufs/Uhlenbruck,* Handbuch des Arztrechts, 3. Auflage 2004; *Koch,* Niederlassung und berufliche Kooperation – Neue Möglichkeiten nach der novellierten (Muster-) Berufsordnung der Ärzte, GesR 2005, 241; *Kuhlmann,* Neue Versorgungsmöglichkeiten für Krankenhäuser durch das GMG, Das Krankenhaus 2004, S. 13; *Narr,* Ärztliches Berufsrecht, Loseblattkommentar, Stand 2000; *Neumann,* Die Berufsfreiheit der Leistungserbringer zwischen Eingriff und Teilhabe, in: Festschrift 50 Jahre Bundessozialgericht, 2004, S. 245; *Orlowski/Wasem,* Gesundheitsreform 2004, 2003; *Quaas,* Vertragsgestaltungen zur integrierten Versorgung aus Sicht der Krankenhäuser, VSSR 2004, 175; *Ratzel/Lippert,* Kommentar zur Musterberufsordnung (MBO-Ä), 3. Auflage 2002; *Schallen,* Zulassungsverordnung für Vertragsärzte (Ärzte-ZV), Vertragszahnärzte (Zahnärzte-ZV), Medizinische Versorgungszentren, Psychotherapeuten, 4. Aufl., 2004; *Schnapp,* Untergesetzliche Rechtsquellen im Vertragsarztrecht am Beispiel der Richtlinien, in: Festschrift 50 Jahre Bundessozialgericht, 2004, S. 339, *Tuschen, Trefz,* Krankenhausentgeltgesetz, 2004; *Wenner,* Maßnahmen zur Qualitätssicherung in der vertragsärztlichen Versorgung auf dem Prüfstand der Rechtsprechung, NZS 2001, 1; *Wigge,* Integrierte Versorgung und Vertragsarztrecht, NZS 2001, 66; *ders.,* Legitimation durch Partizipation – Zur verfahrensrechtlichen Beteiligung der Leistungserbringer im Entscheidungsprozess des Bundesausschusses, NZS 2001, S. 578–583 und S. 623–629; *ders.,* Zur Vorgreiflichkeit der Arzneimittelzulassung in der GKV–Verordnungsrechtliche Konsequenzen aus der BSG-Entscheidung zum sog. „Off-Label-Use", PharmR 2002, 305–309 u. 348–355; *ders.,* Medizinische Versorgungszentren nach dem GMG: Zulassung, Rechtsformen, Trägerschaft, MedR 2004, S. 123; *ders.,* Zur Verfassungsmäßigkeit der Beschränkung der Abrechnungsgenehmigung in der Kernspintomographie-Vereinbarung auf die Fachgebiete Radiologie und Nuklearmedizin, NZS 2005, 176; *Ziermann,* Sicherstellung der vertragszahnärztlichen Versorgung durch Medizinische Versorgungszentren, MedR 2004, 540.

Übersicht

I. Der Begriff des Vertragsarztes

1 Nach § 95 Abs. 1 Satz 1 SGB V nehmen an der vertragsärztlichen Versorgung neben den zugelassenen medizinischen Versorgungszentren,[1] den ermächtigten Ärzten und den ermächtigten ärztlichen Einrichtungen die **zugelassenen Ärzte** teil. Die zugelassenen Vertragsärzte bilden mit 130 563[2] Ärzten den weitaus überwiegenden Teil der an der vertragsärztlichen Versorgung teilnehmenden Ärzte und ärztlichen Einrichtungen. Während in § 95 SGB V die Grundzüge der Zulassung der Vertragsärzte normiert sind, werden die Einzelheiten, wie in § 95 Abs. 2 Satz 4 SGB V vorgesehen, in der **Zulassungsverordnung für Vertragsärzte**[3] **(Ärzte-ZV)** geregelt, welche nach § 98 Abs. 1 Satz 2 SGB V von dem Bundesministerium für Gesundheit mit Zustimmung des Bundesrates als Rechtsverordnung erlassen wird.[4] Neben der Zulassung und Ermächtigung regelt die Ärzte-ZV das Nähere über Arztregister, Vertreter,[5] Assistenten,[6] Gemeinschaftspraxen, Bedarfsplanung, Vertragsarztsitz sowie das Verfahren vor den Zulassungs- und Berufungsausschüssen.[7]

---

[1] Eingefügt durch das GKV-Modernisierungsgesetzes (GMG) vom 14. 11. 2003 (BGBl. I S. 2190).

[2] Bezogen auf das Jahr 2003; vgl. Grunddaten zur vertragsärztlichen Versorgung in der Bundesrepublik, 2003, herausgegeben von der Kassenärztlichen Bundesvereinigung.

[3] Zulassungsverordnung für Vertragsärzte (Ärzte-ZV) vom 28. 5. 1957 (BGBl. I, S. 572, berichtigt S. 608), zuletzt geändert durch die 8. Zuständigkeitsanpassungsverordnung vom 25. 11. 2003 (BGBl. I S. 2304, 2343).

[4] Nach § 1 Abs. 3 Ärzte-ZV gilt diese für die Psychotherapeuten, medizinische Versorgungszentren und die dort angestellten Ärzte entsprechend.

[5] Vgl. *Wigge/Frehse* Westfälisches Ärzteblatt 10/2001, 12 f.

[6] Vgl. *Wigge/Frehse* a. a. O., 12 f.

[7] Vgl. auch den verbindlichen Katalog des § 98 Abs. 2 SGB V.

1. Die rechtlichen Wirkungen der Zulassung

2 Die Zulassung des Vertragsarztes ist der umfassende statusbegründende Akt für die Berufsausübung des Vertragsarztes im System der vertragsärztlichen Versorgung. Wenn der Arzt die im SGB V und der Ärzte-ZV normierten Voraussetzungen für die Zulassung erfüllt, hat er einen **Rechtsanspruch** auf die Zulassung als Vertragsarzt.[8] Die Zulassung des Vertragsarztes bewirkt nach § 95 Abs. 3 Satz 1 SGB V, dass der Vertragsarzt **ordentliches Mitglied** der für seinen Kassenarztsitz zuständigen Kassenärztlichen Vereinigung und zur Teilnahme an der vertragsärztlichen Versorgung berechtigt und verpflichtet wird.[9] Mit der Zulassung als Vertragsarzt wird der Vertragsarzt in den der Kassenärztlichen Vereinigung obliegenden Sicherstellungsauftrag zur Durchführung einer ordnungsgemäßen vertragsärztlichen Versorgung eingegliedert und in das System der vertragsärztlichen Versorgung einbezogen. Durch diese Einbindung ist der Vertragsarzt grundsätzlich verpflichtet, sozialversicherte Patienten im Rahmen seiner Zulassung nach Maßgabe der Bedingungen der gesetzlichen Krankenversicherung zu behandeln. Diese Verpflichtung korrespondiert mir der Berechtigung zur Teilnahme an der vertragsärztlichen Versorgung und der Teilnahme an der vertragsärztlichen Honorarverteilung. Für die Teilnahmeberechtigung an der vertragsärztlichen Versorgung ist die außerordentliche Mitgliedschaft in der Kassenärztlichen Vereinigung, die durch die Eintragung in das Arztregister[10] entsteht, nicht ausreichend. § 95 Abs. 3 Satz 2 SGB V ordnet an, dass durch die Zulassung die vertraglichen Bestimmungen über die vertragsärztliche Versorgung für den Vertragsarzt verbindlich sind, also neben den gesetzlichen Bestimmungen insbesondere die von den Kassenärztlichen Vereinigungen erlassenen autonomen Bestimmungen und abgeschlossenen Verträge für den Vertragsarzt Geltung beanspruchen. Die Einbeziehung des Vertragsarztes in die vielfältigen öffentlich-rechtlichen Verpflichtungen und Berechtigungen führt dazu, dass man die vertragsärztliche Zulassung als **höchstpersönliches Recht** zu bewerten hat.[11] Nach der Rechtsprechung des BSG handelt es sich um die Zuerkennung einer öffentlich-rechtlichen Berechtigung, die untrennbar mit der Person des Arztes verbunden ist.[12] Aus dieser Beurteilung folgt zugleich, dass die vertragsärztliche Zulassung kein handelbares Wirtschaftsgut ist. Die Zulassung oder der „Vertragsarztsitz" können daher nicht Gegenstand eines Praxiskaufvertrages sein, da es sich um ein öffentliches und damit unveräußerliches Recht handelte.[13] Vertragsgestaltungen, die ausschließlich die Übertragung des Vertragsarztsitzes zum Gegenstand hatten, sind daher als unzulässig anzusehen.[14]

3 An dieser Beurteilung dürfte sich durch die Einführung der **medizinischen Versorgungszentren (MVZ)** in § 95 SGB V im Rahmen des GMG etwas geändert haben. Für ein MVZ, welches seine Leistungen mit angestellten Ärzten erbringt, bestimmt § 103 Abs. 4a Satz 2 SGB V, dass dieses die vertragsärztliche Zulassung „übernimmt und die Tätigkeit durch einen angestellten Arzt in der Einrichtung weiterführt". Das MVZ hat eine Trägergesellschaft, deren „Gründer" nach § 95 Abs. 1 Satz 3 SGB V nicht selbst medizinische Versorgung durchführen, sondern die Versorgungsaufgaben im Rahmen der vertragsärztlichen Versorgung durch angestellte Ärzte verwirklichen. Das bedeutet, dass in einem MVZ, welches in der Rechtsform einer juristischen Person mit angestellten Ärzten

---

[8] BVerfGE 11, 30 ff.

[9] Einen Überblick über die damit einhergehenden Rechte und Pflichten des Vertragsarztes bietet *KassKomm-Hess* § 95 SGB V Rdn. 58–62.

[10] Zum Arztregister vgl. § 95 a SGB V und §§ 1–10 Ärzte-ZV.

[11] Vgl. *Wigge* NZS 1998, 53 (57).

[12] BSG NZS 2001, S. 160, 161.

[13] BSG NZS 2001, 160 ff.; *Wigge* NZS 1998, 53, 56.

[14] *Möller,* in: Ehlers, Gasser, Hesral, Küntzel, Möller, Preißler, Fortführung von Arztpraxen, 2001, S. 131.

geführt wird, die vertragsärztliche Zulassung an die Trägergesellschaft und nicht mehr an den Arzt gebunden ist. Die Kündigung bzw. ein Ausscheiden des angestellten Arztes aus dem MVZ hat daher nicht den Widerruf der Genehmigung der Anstellung nach § 95 Abs. 2 SGB V für den angestellten Arzt zur Folge, da diese an das MVZ gebunden ist. Für den Fall einer Veräußerung der MVZ-Gesellschaft werden daher automatisch auch die in der Einrichtung vorgehaltenen vertragsärztlichen Zulassungen mitübertragen. Anders als bei niedergelassenen Vertragsärzten kann daher im Rahmen eines MVZ auch die vertragsärztliche Zulassung Gegenstand eines Praxiskaufvertrages sein.

2. Verhältnis der vertragsärztlichen zur privatärztlichen Tätigkeit

4 Durch die Zulassung zur vertragsärztlichen Versorgung ist der Vertragsarzt an die vertragsarztrechtlichen Vorschriften und Verträge gebunden (vgl. § 95 Abs. 3 Satz 2 SGB V). Die für jeden Arzt geltenden Vorschriften des ärztlichen Berufsrecht, der Bundesärzteordnung und weiterer Vorschriften bleiben auch für den Vertragsarzt verbindlich.[15] Neben der vertragsärztlichen Tätigkeit ist es dem Vertragsarzt möglich, privatärztlich tätig zu werden. Die **Privatliquidation** hat vor allem Bedeutung in Fällen, in denen der Patient eine über das Maß des Notwendigen nach §§ 2, 12, 70 SGB V hinausgehende Behandlung wünscht. Der Honoraranspruch des Arztes richtet sich dann nach der GOÄ und nicht nach dem Einheitlichen Bewertungsmaßstab (EBM).[16] Den Beteiligten ist es möglich, nach § 2 GOÄ eine von den Vorgaben der GOÄ abweichende Honorarvereinbarung zu treffen. Diese Honorarvereinbarung darf aber nur nach persönlicher Absprache zwischen Arzt und Zahlungspflichtigem in einer gesonderten schriftlichen Erklärung vor Erbringung der Leistung abgeschlossen werden. Bei der Privatbehandlung gesetzlich Krankenversicherter sind die Vorgaben des Bundesmantelvertrages-Ärzte[17] (BMV-Ä) und des Bundesmantelvertrages-Ärzte-/Ersatzkassen[18] (EKV), welche als allgemeiner Inhalt der Gesamtverträge die vertragsärztliche Versorgung regeln, zu beachten. Nach § 3 Abs. 1 Satz 3 BMV-Ä/§ 2 Abs. 11 Satz 3 EKV können Leistungen, für die eine Leistungspflicht der gesetzlichen Krankenkassen nicht besteht, nur im Rahmen einer Privatbehandlung erbracht werden, über die mit dem Versicherten vor Beginn der Behandlung ein **schriftlicher Behandlungsvertrag** abgeschlossen werden muss. § 18 BMV-Ä/§ 21 EKV schreibt zwingend vor, dass der Vertragsarzt von einem Versicherten eine Vergütung nur unter den in der Vorschrift genannten Voraussetzungen verlangen kann.[19] Nach § 18 BMV-Ä/ § 21 EKV ist es ferner unzulässig, wenn der Vertragsarzt für die Erbringung vertragsärztlicher Leistungen ein Zusatzhonorar verlangt, auch wenn der Arzt seine Leistungen als nicht ausreichend honoriert betrachtet.[20] Das BSG hat in seinem Urteil vom 14. 3. 2001[21] festgesellt, dass der Arzt, der seine die vertragsärztliche Vergütung ganz oder teilweise nicht als ausreichend ansieht, auf seine Zulassung verzichten und seine Dienstleitungen privatärztlich anbieten soll. Erst recht darf der Vertragsarzt nicht eine ausschließlich private Bezahlung für zur vertragsärztlichen Versorgung gehörende Leistungen verlangen. Auch eine Verweigerung der Behandlung auf Krankenschein mit dem Hinweis, der Patient könne sich die in Rechnung gestellten Kosten von der Kasse wieder erstatten lassen, ist unzulässig, da das Wahlrecht zwischen Sachleistung und Kostenerstattung nach § 13 Abs. 2

[15] Insoweit verwenden die Vorschriften den Begriff des „Arztes".

[16] Vgl. hierzu *Taupitz* MedR 1996, 533f.

[17] Vom 19. 12. 1994, DÄBl. 1995, S. 455; zuletzt geändert mit Wirkung zum 1. 4. 2005.

[18] In der ab 1. 7. 1994 geltenden Fassung (DÄBl. 1994, S. 1465); zuletzt geändert mit Wirkung zum 1. 4. 2005.

[19] Vgl. hierzu *Steinhilper/Schiller* MedR 1997, 59f.

[20] Vgl. auch BSG, Urteile vom 14. 3. 2001, Az.: B 6 KA 54/00R, B 6 KA 36/00, B 6 KA 66/00 = MedR 2002, 37ff., 42ff. u. 47ff.

[21] Az.: B 6 KA 54/00 R, MedR 2002, 37 (41).

SGB V ausschließlich dem Versicherten zusteht.[22] Der Vertragsarzt darf die Behandlung eines sozialversicherten Patienten nur in begründeten Ausnahmefällen ablehnen (§§ 13 Abs. 6 Satz 1 BMV-Ä, § 13 Abs. 4 Satz 1 EKV). Für die Arzneimittelverordnung enthalten § 29 Abs. 9 BMV-Ä/§ 15 Abs. 8 EKV die Anordnung der Verwendung eines Privatrezeptes, wenn ein gesetzlich Krankenversicherter die Verordnung von Arzneimitteln verlangt, die aus der Leistungspflicht der gesetzlichen Krankenversicherung ausgeschlossen oder für die Behandlung nicht notwendig sind.

3. Vom Kassenarzt zum Vertragsarzt

5 **a) Historische Zweiteilung: Der Kassenarzt im Primärkassenbereich und der Vertragsarzt im Ersatzkassenbereich.** Das Recht der Beziehungen der Krankenkassen zu den Ärzten in der Gesetzlichen Krankenversicherung ist bis zum 31. 12. 1992 als **„Kassenarztrecht“** bezeichnet worden. **„Kassenarzt“** war danach derjenige niedergelassene Arzt, der zur ärztlichen Versorgung der Versicherten der Primärkassen[23] (Orts-, Betriebs- und Innungskrankenkassen) befugt gewesen ist.[24] Insofern verwendete auch § 72 SGB V in der damals geltenden Fassung den Begriff der **„kassenärztlichen Versorgung“.** Die Begriffe der **„vertragsärztlichen Versorgung“** und des **„Vertragsarztes“** bezogen sich hingegen ausschließlich auf die Versorgung der Versicherten der Ersatzkassen. Schon die begriffliche Unterscheidung verdeutlichte, dass die vertragsärztliche Versorgung zwar im Wesentlichen der kassenärztlichen Versorgung entsprach, aber durch eigenständige Verträge zwischen der Kassenärztlichen Bundesvereinigung und den Verbänden der Ersatzkassen geregelt wurde.[25] So galt das Vertrags- und Vergütungssystem im Kassenarztrecht, das regelmäßig zwischen den auf Bundesebene zu vereinbarenden Bundesmantelverträgen und den auf Landesebene zu schließenden Gesamtverträgen unterschied, für die Ersatzkassen nur entsprechend. Im Gegensatz zu den Verträgen der Primärkassen regelte der Arzt-Ersatzkassen-Vertrag umfassend und bundesweit den Bereich des Vertragsarztrechts.[26] Die formelle Trennung der beiden Versorgungsbereiche zeigte sich auch darin, dass die Ersatzkassenverbände weder an den Bundes- und Landesschiedsämtern noch an den Zulassungs- und Berufungsausschüssen beteiligt waren. Auch im Bereich der Wirtschaftlichkeitsprüfung bestanden für die vertragsärztliche Versorgung eigene Prüfinstitutionen.[27]

6 **b) Zusammenführung und Neudefinition der Versorgungsbereiche durch das Gesundheitsstrukturgesetz.** Durch das Gesundheitsstrukturgesetz (GSG) vom 21. 12. 1992,[28] mit dem insbesondere der ungebremsten Kostensteigerung im Gesundheitssystem entgegengewirkt werden sollte,[29] sind mit Wirkung zum 1. 1. 1993 die bisherigen Unterschiede zwischen vertragsärztlicher und kassenärztlicher Versorgung weitestgehend beseitigt worden.[30] Nach der Gesetzesbegründung zu § 72 SGB V sollten „zur Herstellung gleicher Wettbewerbsbedingungen unter den Kassen und zur Angleichung der Rahmenbedingungen für die ärztliche Versorgung“ die bisher unterschiedlich geregelten Formen der Teilnahme an der kassenärztlichen und vertragsärztlichen Versorgung **vereinheitlicht** und

---

[22] *Steinhilper/Schiller* MedR 1997, 59 f.; *Krasney* NJW 1999, 1745.

[23] Früher auch RVO-Kassen genannt.

[24] Zur früheren vertragsärztlichen Versorgung im Ersatzkassenbereich vgl. *Wigge,* Die Stellung der Ersatzkassen im gegliederten System der gesetzlichen Krankenversicherung nach dem GRG vom 20. 12. 1988, Berlin 1992, S. 297 ff.

[25] *Funk,* HS-KV, § 32 Rdn. 4.

[26] *Hennies* ArztR 1990, 301 (305).

[27] *Wigge* SGb 1993, 158 (164).

[28] BGBl. I, S. 2266.

[29] Zum Gesundheitsstrukturgesetz allgemein vgl. u. a. *Schulte* NZS 1993, 41 ff.; *Zipperer* NZS 1993, 53 ff. und 95 ff.; *Schneider* MedR 1993, 83 ff.

[30] Zu den Neuregelungen ausführlich *Wigge* SGb 1993, 158 f.; *ders.* VSSR 1993, 37 ff.

durchgehend als vertragsärztliche Versorgung bezeichnet werden.[31] Der Gesetzgeber hat sich damit nicht nur begrifflich für die vertragsärztliche Versorgung entschieden und den Begriff der kassenärztlichen Versorgung aufgehoben, sondern auch die Sonderstellung der Ersatzkassen im Kern beseitigt, weil die Vorschriften der vertragsärztlichen Versorgung im SGB V seit dem Gesundheitsstrukturgesetz für die Primär- und die Ersatzkassen gleichermaßen gelten. Diese formelle Rechtsangleichung ist jedoch unvollkommen geblieben, da die Verbände der Ersatzkassen nicht in Körperschaften des öffentlichen Rechts umgewandelt worden, sondern weiterhin privatrechtliche Vereine geblieben sind.[32]

7 **c) Rechtliche Konsequenzen der Neugliederung.** Durch die **Vereinheitlichung** der vertragsärztlichen und kassenärztlichen Versorgung wurde insbesondere eine einheitliche Zulassung zur vertragsärztlichen Versorgung erreicht, die übereinstimmend auf der Grundlage des SGB V in Verbindung mit der Ärzte-ZV erfolgt. Der Arzt-Ersatzkassen-Vertrag hat daher nach dem Willen des Gesetzgebers sein besondere Bedeutung in der vertragsärztlichen Versorgung verloren, als er im Bereich der Leistungen oder der Vergütung abweichende Regelungen treffen kann. Dennoch werden die Bundesmantelverträge seitens der Bundesverbände der Orts-, Betriebs- und Innungskrankenkassen (sog. Primärkassen) und der Verbände der Ersatzkassen mit der Kassenärztlichen Bundesvereinigung jeweils getrennt vereinbart. Die Zulassung zur vertragsärztlichen Versorgung nach § 95 Abs. 3 SGB V bewirkt jedoch seit der Neuregelung auch die Berechtigung zur Teilnahme an der vertragsärztlichen Versorgung der Ersatzkassenversicherten. Zu diesem Zweck wurden die Ersatzkassenverbände in die Zulassungs- und Berufungsausschüsse einbezogen. Des Weiteren sind die Verbände der Ersatzkassen in das Schiedswesen auf Bundes- und Landesebene einbezogen worden. Die Wirtschaftlichkeitsprüfung wird nunmehr einheitlich durch gemeinsame Gremien durchgeführt.[33]

II. Der Vertragsarzt in freier Praxis

1. Berufsausübung nach den Grundsätzen eines freien Berufes

8 Der Arztberuf ist gemäß § 1 Abs. 2 Bundesärzteordnung (BÄO) „seiner Natur nach" ein freier Beruf. Dies gilt jedoch nicht für den Beruf des Krankenhausarztes, weil die Krankenhausärzte – auch die Chefärzte – Angestellte des Krankenhausträgers sind und damit keinen freien Beruf ausüben.[34] Im ambulanten Bereich wird der Arztberuf bisher grundsätzlich als freier Beruf in niedergelassener Praxis ausgeübt. Dies ergibt sich einerseits indirekt aus den Vorschriften des Vertragsarztrechts (z.B. § 98 Abs. 2 Nr. 13 SGB V, §§ 24, 20 Ärzte-ZV) und wird andererseits vom Gesetzgeber auch ohne ausdrückliche gesetzliche Regelung als traditionelles Merkmal der freien Berufe den vertragsarztrechtlichen Vorschriften zugrundegelegt.[35] Die Erhaltung und Fixierung des Berufsbildes des freien Arztberufes als tragendes Element der ambulanten Versorgung wurde durch den Einigungsvertrag vom 31. 8. 1990[36] bestätigt, der für die neuen Bundesländer die Versorgung durch niedergelassene Ärzte in der ambulanten Versorgung explizit vorgab.[37] Dem-

---

[31] BT-Drs. 12/3608, S. 83 (Nr. 30 und 31); zu Bedenken gegen die Wahl des einheitlichen Begriffs der „vertragsärztlichen Versorgung" *Wigge* SGb 1993, 158 (159); *Hess* VSSR 1994, 395 (397); für eine Rechtfertigung der Begriffswahl vgl. *Oldiges* VSSR 1994, 381 (385).

[32] Zur verfassungsrechtlichen Bedenklichkeit *Wigge* VSSR 1993, 37 ff.

[33] Hierzu *Wigge* SGb 1993, 158 f.; *ders.* VSSR 1993, 37 ff.

[34] BVerfGE 16, 286, 294 f.

[35] *Bogs,* in: FS für Wannagat, S. 51 (63 f.); vgl. auch BVerfGE 11, 30 ff.

[36] BGBl. II S. 889.

[37] Vgl. § 311 Abs. 10 SGB V i.d.F. v. 31. 8. 1990 („Die Niederlassung in freier Praxis ist mit dem Ziel zu fördern, dass der freiberuflich tätige Arzt maßgeblicher Träger der ambulanten Versorgung wird").

gegenüber erhielten die in der ehemaligen DDR existierenden Polikliniken, Ambulatorien, Gesundheitszentren, Fachambulanzen nach § 311 Abs. 2 SGB V lediglich Bestandsschutz.

9 Der **freie Beruf** ist ein **Typusbegriff,**[38] d.h. es ist keine eindeutige Definition des Begriffes möglich, sondern lediglich eine Beschreibung, die an Hand typischer Merkmale erfolgt, welche nicht vollständig vorliegen müssen.[39] Zum Wesen des Typusbegriffes freier Beruf gehören ein hohes Maß an Verantwortlichkeit mit eigenem Risiko in wirtschaftlicher Beziehung, eigene Verantwortlichkeit vor allem bei der Ausübung des Berufes und die Erforderlichkeit spezieller Sachkunde.[40]

Auch wenn der Beruf des Vertragsarztes gerade in jüngerer Vergangenheit durch zahlreiche gesetzgeberische Eingriffe zunehmend stärker reglementiert wird, überwiegen dennoch letztendlich zumindest derzeit noch die freiberuflichen Elemente bei niedergelassenen Ärzten.[41]

10 Durch das **GKV-Modernisierungsgesetzes (GMG)** vom 14. 11. 2003[42] sind jedoch ab dem 1. 1. 2004 in der ambulanten, d.h. vertragsärztlichen Versorgung die Grundlagen für veränderte Versorgungsstrukturen durch die Einführung sog. **„medizinischer Versorgungszentren"** gelegt worden. Das Gesetz sieht vor, dass medizinische Versorgungszentren künftig neben Ärzten, Zahnärzten und Psychotherapeuten in der vertragsärztlichen Versorgung zugelassen werden. Die Einführung von medizinischen Versorgungszentren in der GKV stellt eine Abkehr von dem bisher im Vertragsarztrecht geltenden Grundsatz dar, dass die ambulante Versorgung der Versicherten durch freiberuflich tätige Ärzte, Zahnärzte und Psychotherapeuten sichergestellt wird. Die Anstellung von Ärzten in der vertragsärztlichen Versorgung war bisher gemäss § 98 Abs. 2 Satz 1 Nr. 13 SGB V i.V.m. § 32b Abs. 1 Ärzte-ZV nur bei einem Vertragsarzt in seiner Arztpraxis möglich. Die Ausübung ambulanter Heilbehandlung in der Rechtsform einer juristischen Person des Privatrechts mit ausschließlich **angestellten Ärzten** war deshalb bisher, mit Ausnahme der ehemaligen Gesundheitseinrichtungen der DDR nach § 311 Abs. 2 SGB V, rechtlich nicht zulässig. Durch das GMG hat der Gesetzgeber daher den freien Arztberuf als Leitbild der vertragsärztlichen Versorgung aufgegeben, denn die Strukturen der medizinischen Versorgungszentren entsprechen weitgehend den in den neuen Bundesländern fortgeführten Einrichtungen nach § 311 Abs. 2 SGB V, wie die neue Gesetzeslage im GMG zeigt.[43]

2. Persönliche Ausübung der vertragsärztlichen Tätigkeit in eigener Praxis

11 Gemäß § 32 Ärzte-ZV hat der Vertragsarzt die vertragsärztliche Tätigkeit persönlich in freier Praxis auszuüben. Auch die meisten Heilberufs- und Kammergesetze der Länder regelten bisher als Reaktion auf die BGH-Entscheidung zur Zulässigkeit der **Zahnärzte-GmbH,**[44] dass die Ausübung ärztlicher Tätigkeit außerhalb von Krankenhäusern und außerhalb von Krankenanstalten nach § 30 der Gewerbeordnung an die Niederlassung in eigener Praxis gebunden ist, soweit nicht gesetzliche Bestimmungen etwas anderes zulassen oder eine weisungsgebundene ärztliche Tätigkeit in der Praxis niedergelassener Ärzte ausgeübt wird.[45] Die Ausübung ambulanter Heilbehandlung in der Rechtsform einer

---

[38] *Taupitz,* Die Standesordnungen der freien Berufe, 1991, S. 23ff.; *Sodan,* Freie Berufe als Leistungserbringer im Recht der gesetzlichen Krankenversicherung, 1997, S. 63ff.

[39] *Sodan,* a.a.O., S. 64.

[40] *Quaas* MedR 2001, 34 (36).

[41] *Schulin* VSSR 1994, 357 (360).

[42] BGBl. I S. 2190.

[43] Vgl. BT-Drucks. 15/1525, S. 151 (zu Nummer 182, Buchstabe a).

[44] BGH MedR 1994, 152.

[45] Vgl. z.B. § 29 Abs. 2 HeilBerG NW i.d.F. vom 12. 4. 2000 (GV.NW 2000 S. 403ff.) Nachweise zu Parallelbestimmungen in anderen Ländern bei *Ring,* Werberecht der Ärzte, 1999, S. 185

juristischen Person des Privatrechts war deshalb in den meisten Bundesländern rechtlich nicht zulässig. Durch derartige berufsrechtliche Normen durfte der Gesetzgeber das Berufsbild des selbstständigen, in freier Praxis niedergelassenen Arztes regeln und fixierten.[46] Die Bindung der ambulanten ärztlichen Tätigkeit an die **Niederlassung in eigener Praxis** stellte nach der Rechtsprechung eine gemäß Art. 12 Abs. 1 Satz 2 GG zulässige Berufausübungsregelung dar.[47] Das Verbot einer Praxisführung durch eine juristische Person sei durch vernünftige Erwägungen des Gemeinwohls gerechtfertigt. Dazu zähle das legitime Ziel des Gesetzgebers, den praxisführenden Arzt als freien Beruf zu erhalten und zu fixieren.[48] Außerdem biete die Ausübung des Arztberufes in eigener Praxis die letztlich einzige wirkliche Gewähr für eine unbeeinflusste Patienten-Arzt-Beziehung, während sie in dem Bereich der GmbH durch das Dazwischentreten dieser Gesellschaft anonymisiert werde, was dem Grundsatz widerspreche, dass das Rechtsverhältnis zwischen freiem Arzt und Patient höchstpersönlicher Natur ist.[49]

12 Diese landesrechtlichen Verbotsgesetze befinden sich auf dem Prüfstand, nachdem der Gesetzgeber des GMG mit der Einführung von MVZ zum 1. 1. 2004 in § 95 Abs. 1 SGB V bestimmt hat, dass im Bereich der vertragsärztlichen Berufsausübung neben den für Vertragsärzte bisher statthaften Gesellschaftsformen (Gesellschaft bürgerlichen Rechts und Partnerschaftsgesellschaft) auch juristische Personen des privaten und des öffentlichen Rechts als Träger eines Versorgungszentrums auftreten können und – ähnlich wie im Krankenhaus – mit angestelltem Personal ärztliche Leistungen erbringen dürfen.[50]

13 Allerdings ist die Rechtslage nicht eindeutig und mittlerweile bundesweit völlig uneinheitlich. Bisher ist verfassungsrechtlich nicht abschließend geklärt, ob der **Bundesgesetzgeber** berechtigt war, die Organisationsform der MVZ als Annex bzw. wegen des Sachzusammenhangs mit der Sozialversicherung und des im SGB V geregelten Leistungserbringungsrechts gemäß Art. 74 Nr. 12 GG zu regeln oder ob es sich um Regelungen mit primär berufsrechtlichem Einschlag handelt, für die eine ausschließliche **Gesetzgebungskompetenz der Länder** gemäß Art. 70 Abs. 1 GG besteht. Die Länder sind anerkanntermaßen für die allgemeinen gesetzlichen Regelungen des Arztrechts zuständig. Sie können also Regelungen treffen, die alle ärztlichen Tätigkeiten betreffen, sowohl die privatärztliche Behandlung, alle Tätigkeiten des Krankenhausarztes als auch die des niedergelassenen Kassen- und Vertragsarztes.[51]

14 Als Folge der Einführung von MVZ ist auf dem **107. Deutschen Ärztetag** im Jahr 2004 jedoch eine Novellierung der Muster-Berufsordnung der deutschen Ärzteschaft (MBO-Ä) in wesentlichen Bereichen der „ärztlichen Berufausübung" und der „Kooperationsformen" erfolgt, die zwischenzeitlich auch in den meisten Landesärztekammern der verschiedenen Bundesländer umgesetzt worden ist. Durch die neue MBO-Ä wird die bisherige Beschränkung der Rechtsform einer Kooperation von Ärzten auf die Gesellschaft bürgerlichen Rechts (GbR) und die Partnerschaftsgesellschaft durch die Einführung der **sog. Ärztegesellschaft** (§ 23a MBO-Ä) aufgehoben. Nach der neuen MBO-Ä sollen Ärzte alle für den Arztberuf zulässigen Gesellschaftsformen wählen können, wenn ihre eigenverantwortliche, medizinisch unabhängige sowie nicht gewerbliche Berufsausübung

(Tz. 422); in Sachsen-Anhalt und Baden-Württemberg hat allerdings der Landesgesetzgeber den Betrieb einer ambulanten Heilkunde-Kapitalgesellschaft ausdrücklich berufsgesetzlich anerkannt (vgl. z.B. §§ 19 Abs. 3, 20 Abs. 1 Nr. 4 des Gesetzes über die Kammern für Heilberufe im Land Sachsen-Anhalt).

[46] BayVerfGH, DVBl. 2000, 1052ff.

[47] BayVerfGH, a.a.O., 1052ff.; OVG NW, MedR 2001, 150 (151); a.A. *Taupitz,* NJW 1996, 3033ff; *Rieger* MedR 1995, 87ff.

[48] BayVerfGH, a.a.O., 1052 (1054).

[49] OVG NW, a.a.O., 150 (153).

[50] *Orlowski/Wasem,* Gesundheitsreform 2004, Heidelberg 2003, S. 83.

[51] *Clemens,* in: Umbach/Clemens, Grundgesetz, Mitarbeiterkommentar, Bd. I., 2002, Anhang zu Art. 12, Rdn. 21; vgl. jetzt *Butzer,* NZS 2005, 344.

gewährleistet ist. Durch diese Regelung soll es niedergelassenen Ärzten ermöglicht werden, eine Heilkunde-GmbH oder eine Aktiengesellschaft zu gründen. Die Ärztegesellschaft ist jedoch in verschiedenen Ärztekammern nicht umgesetzt worden (z.B. Niedersachsen und Nordrhein). Darüber hinaus steht eine Anpassung und Überarbeitung der Heilberufs- und Kammergesetze der Länder, die die Rechtsgrundlage für die Berufsordnungen der Ärztekammern bilden, in vielen Bundesländern noch aus.[52]

15 Wann dieser rechtliche Schwebezustand abgeschlossen sein wird und wann es bundesweit die Möglichkeit der Gründung von ambulanten ärztlichen Einrichtungen durch juristische Personen geben wird, ist derzeit noch nicht abschätzbar. Allerdings wird man den durch das GMG in der ambulanten, ärztlichen Versorgung eingeleiteten Prozess der Etablierung von juristischen Personen des privaten und des öffentlichen Rechts als Träger von Versorgungseinrichtungen nicht mehr umkehren können. Zusammen mit den übrigen auf dem 107. Deutschen Ärztetag beschlossenen Änderungen im Bereich der ärztlichen Berufsausübung ist jedenfalls in den kommenden Jahren mit einer gravierenden Veränderung der ambulanten Versorgungsstrukturen und damit auch des Vertragsarztrechts zu rechnen, die an dieser Stelle nicht im Detail dargestellt werden können.

3. Eigentumsfähigkeit vertragsarztrechtlicher Positionen

16 Die Zulassung als Vertragsarzt ist die Zuerkennung einer **öffentlich-rechtlichen Berechtigung** durch Stellen staatlicher Verwaltung, nämlich der Zulassungs- und Berufungsausschüsse (§§ 96, 97 SGB V).[53] Die Zulassung bewirkt gemäß § 95 Abs. 3 Satz 1 SGB V, dass der Vertragsarzt zur Teilnahme an der vertragsärztlichen Versorgung berechtigt und verpflichtet ist und ist deshalb der umfassende statusbegründende Akt für die Berufsausübung des Vertragsarztes im System der vertragsärztlichen Versorgung.[54] Der Zulassungsstatus ist zwar ein **eigentumsähnliches Recht.**[55] Er ist jedoch untrennbar mit der Person des Berechtigten verbunden und weder pfändbar noch übertragbar.[56] Aufgrund dessen kann die Zulassung bei Vermögensverfall des Vertragsarztes auch nicht in die Insolvenzmasse fallen.[57] Auf die u.U. abweichende Rechtslage bei MVZ, die ihre Leistungen mit angestellten Ärzten erbringen, ist bereits oben hingewiesen worden.[58]

4. Zulassung am Ort der Niederlassung (Vertragsarztsitz)

17 Nach § 95 Abs. 1 Satz 2 SGB V und § 24 Abs. 1 Ärzte-ZV erfolgt die Zulassung für den Ort der Niederlassung **(Vertragsarztsitz).**[59] Durch die Zulassung wird daher der Vertragsarztsitz begründet. Der Vertragsarzt ist nach § 24 Abs. 2 Satz 1 Ärzte-ZV verpflichtet, grundsätzlich an seinem Vertragsarztsitz seine Sprechstunden abzuhalten. Schließlich muss er nach § 24 Abs. 2 Satz 2 Ärzte-ZV auch den Ort seiner Wohnung so wählen, dass er für die ärztliche Versorgung der Versicherten an dem Vertragsarztsitz zur Verfügung steht.

18 In § 95 Abs. 1 Satz 2 SGB V und § 24 Abs. 1 Ärzte-ZV wird der Begriff des Kassenarztsitzes bzw. Vertragsarztsitzes legaldefiniert als der Ort der Niederlassung als Arzt. Unter

---

[52] In Nordrhein-Westfalen ist eine Änderung des § 29 Abs. 2 HeilBerG NW durch das Änderungsgesetz vom 1. 3. 2005 (GV.NW 2005 S. 148ff.) erfolgt; vgl. hierzu: *Koch,* GesR 2005, 241.
[53] BSG NZS 2001, 160 (161).
[54] *Krauskopf,* in: Laufs, Uhlenbruck, Handbuch des Arztrechts, 243.
[55] BSGE 5, 40 (48); *Wigge* SGb 1993, 158 (161).
[56] BSG NZS 2001, 160 (161).
[57] BSG NZS 2001, 160 (161); LSG NW MedR 1999, 333 (335).
[58] Vgl. oben Rdn. 3.
[59] *Jörg,* Das neue Kassenarztrecht, Rdn. 171.

dem „Ort der Niederlassung" wird zum Teil eine Ortschaft als kleinste Verwaltungseinheit verstanden.[60] Insbesondere der Wortlaut des § 103 Abs. 4 Satz 1 SGB V spricht jedoch dafür, dass der Begriff des Vertragsarztsitzes die **konkrete Praxisanschrift** des Vertragsarztes meint.[61] Dies folgt auch daraus, dass der Ort der Niederlassung, für den der Vertragsarzt die Zulassung beantragt, hinreichend bestimmt sein muss, weil der Vertragsarzt dort gemäß § 24 Abs. 2 Satz 1 Ärzte-ZV seine Sprechstunde abhalten muss. Die Abhaltung von Sprechstunden an einem anderen Ort als dem Vertragsarztsitz stellt eine **Zweigpraxis** dar und bedarf gemäss § 15a Abs. 1 BMV-Ä/EKV der Genehmigung der Kassenärztlichen Vereinigung im Benehmen mit den zuständigen Verbänden der Krankenkassen auf Landesebene.[62] Davon zu unterscheiden ist die Tätigkeit in **„ausgelagerten Praxisräumen"**, die in der vertragsärztlichen Versorgung nicht genehmigungspflichtig ist.[63] Die zuständige Kassenärztliche Vereinigung darf die Genehmigung nur erteilen, wenn die Zweigpraxis zur Sicherung einer ausreichenden vertragsärztlichen Versorgung notwendig ist.[64] Da die Ausübung der vertragsärztlichen Tätigkeit damit an die Niederlassung gebunden ist und es dem Arzt zudem grundsätzlich nicht gestattet ist, an mehreren Stellen Sprechstunden abzuhalten, ergibt sich daraus, dass der Vertragsarzt sich bisher nur an einem Ort niederlassen kann.

19 Nach der **Neufassung der MBO-Ä** durch den 107. Ärztetag im Jahr 2004 ist die Unterscheidung zwischen ausgelagerten Praxisräumen und der bedarfsabhängigen Zweigpraxis allerdings weggefallen. Gemäss § 17 Abs. 2 MBO-Ä wird es nunmehr Ärzten gestattet, über den Praxissitz hinaus an zwei weiteren Orten ärztlich tätig zu sein. Der Arzt hat dazu Vorkehrungen für eine ordnungsgemäße Versorgung seiner Patienten an jedem Ort seiner Tätigkeiten zu treffen. Die Unterscheidung zwischen ausgelagerten Praxisräumen und der bedarfsabhängigen Zweigpraxis gilt daher zur Zeit nur noch im Vertragsarztrecht aufgrund der Vorgaben in § 15a Abs. 1 BMV-Ä/EKV.

20 Ebenso verändert wurde in der MBO-Ä die Vorgabe, dass **Berufsausübungsgemeinschaften** von Ärzten im Sinne von § 22 MBO-Ä (Gemeinschaftspraxis, Ärztepartnerschaft) nach Kapitel D Nr. 8 Abs. 2 „nur zulässig an einem gemeinsamen Praxissitz" sind.[65] Bisher war es daher lediglich Ärzten, die ihrem typischen Fachgebietsinhalt nach nicht regelmäßig unmittelbar patientenbezogen ärztlich tätig sind, erlaubt, sich zu einer Berufsausübungsgemeinschaft auch derart zusammenschließen, dass jeder der Gemeinschaftspartner seine ärztliche Tätigkeit an einem Praxissitz ausübt, der den Mittelpunkt seiner Berufstätigkeit bildet.

21 Nach den Änderungen der MBO-Ä (§ 18 Abs. 1 und 3)[66] besteht nunmehr berufsrechtlich die Möglichkeit, dass Ärzte sich zu mehreren Berufsausübungsgemeinschaften zusammenschließen dürfen und dass die Berufsausübungsgemeinschaft nicht die gesamte Tätigkeit eines Arztes umfassen muss (sog. **Teilgemeinschaftspraxen**). Danach darf nunmehr ein Arzt beispielsweise seine Einzelpraxis beibehalten und für die Erbringung bestimmter Teilleistungen eine Kooperation, die als solche auch nach außen hin angekündigt werden darf, mit Kollegen eingehen. Es können Teil-Gemeinschaftspraxen oder Teilpartnerschaften oder sonstige Teil-Kooperationsgemeinschaften gebildet werden.

---

[60] *Rigizahn* NZS 1999, 427ff.

[61] BSG NZS 2001, 160 (161); *Schiller* NZS 1997, 103 (105f.).

[62] BSG, NZS 1996, 348, 349; *Schallen,* Zulassungsverordnung für Vertragsärzte, Vertragszahnärzte, Medizinische Versorgungszentren, Psychotherapeuten, 2004, Rn. 523.

[63] Vgl. Erläuterungen zu den Änderungen der Bundesmantelverträge – Zweigpraxen und ausgelagerte Praxisräume, in: DÄBl. 2003, A-1306.

[64] BSG, NZS 1996, 348, 349.

[65] (Muster-)Berufsordnung für die deutschen Ärztinnen und Ärzte in der Fassung der Beschlüsse des 100. Deutschen Ärztetages 1997, geändert durch die Beschlüsse des 103. Deutschen Ärztetages 2000.

[66] MBO-Ä i. d. F. des 107. Deutschen Ärztetages 2004.

22 Dies gilt auch für die sog. überregionale oder **überörtliche Praxis,** die bisher berufsrechtlich nicht genehmigungsfähig war.[67] Nunmehr soll dies auch Ärzten, die patientenbezogen arbeiten, ermöglicht werden (vgl. §§ 17 Abs. 2, 18 Abs. 3 MBO-Ä). Voraussetzung für eine solche überörtliche Gemeinschaftspraxis ist berufsrechtlich lediglich, dass an jedem Praxissitz verantwortlich mindestens ein Mitglied der Berufsausübungsgemeinschaft hauptberuflich tätig ist. Durch diese Änderung können z. B. Ärzte, die im Rahmen der integrierten Versorgung tätig sein wollen, sich im Rahmen einer Kooperation zusammenschließen. Aufrechterhalten bleibt allerdings der Grundsatz der freien Arztwahl, der genauso wie schon bislang bei der Gemeinschaftspraxis auch bei allen zukünftigen Kooperationsmodellen gewährleistet sein muss.

23 Im **Vertragsarztrecht** ist die Bildung überörtlicher Gemeinschaftspraxen bisher nach einer Entscheidung des Bundessozialgerichts für sämtliche Arztgruppen, die unmittelbar patientenbezogen tätig sind und damit auch für bestimmte Fachgruppen, die nur auf Überweisung in Anspruch genommen werden können wie Radiologen, Nuklearmediziner und Strahlentherapeuten, nicht möglich. Filialbildungen sollen nach Auffassung des BSG vertragsarztrechtlich nicht zulässig sein, weil sie die regionale KV-bezogene Bedarfsplanung unterlaufen würden.[68] Allerdings kann diese Rechtsauffassung des BSG nach der Änderung der berufsrechtlichen Vorgaben dahingehend eingeschränkt werden, dass nur **KV-bezirksübergreifende Gemeinschaftspraxen** vertragsarztrechtlich wegen einer Gefährdung der Sicherstellung der Versorgung der Versicherten gemäss § 33 Abs. 2 Satz 4 Ärzte-ZV unzulässig sind, während überörtliche Gemeinschaftspraxen in gleichem KV-Bezirk zulässig sind.[69] Dies folgt auch aus der Neufassung des § 15 a BMV-Ä, wonach eine Zweigpraxis im Bezirk der genehmigenden KV liegen muss.[70] In einigen Kassenärztlichen Vereinigungen (z. B. Niedersachsen) hat sich diese Rechtsauffassung bereits in der Praxis der Zulassungsausschüsse durchgesetzt.[71]

5. Zulassungsrechtliche Unvereinbarkeiten mit anderen Tätigkeiten

24 Der Vertragsarzt ist nur in eingeschränktem Masse berechtigt, anderen Tätigkeiten nachzugehen. Gemäß § 20 Abs. 1 Ärzte-ZV ist derjenige zur Ausübung der vertragsärztlichen Tätigkeit nicht geeignet, der wegen eines Beschäftigungsverhältnisses oder wegen einer anderen nichtehrenamtlichen Tätigkeit für die Versorgung der Versicherten **nicht in erforderlichem Masse** zur Verfügung steht. Der Vertragsarzt muss deshalb bereit und in der Lage sein, die vertragsärztliche Tätigkeit – insbesondere durch Abhaltung von Sprechstunden – im üblichen Umfang auszuüben.[72] Es ist dazu nicht erforderlich, dass der Vertragsarzt im Wesentlichen mit seiner vollen Arbeitskraft für die Aufgaben des niedergelassenen Arztes zur Verfügung steht,[73] jedoch darf die wöchentliche Arbeitszeit insgesamt nicht mehr als 13 Stunden betragen.[74] Etwas anderes lässt sich weder mit bedarfsplanungsrechtlichen Gesichtspunkten noch mit der Verpflichtung zur Sicherstellung der vertragsärztlichen Versorgung gemäß § 75 Abs. 1 SGB V rechtfertigen. Bedarfsplanungsrecht und

---

[67] *Schirmer* MedR 1995, 341 (349); BSG, Urt. v. 12. 9. 2001, Az.: B 6 KA 64/00 R, MedR 2002, 365.

[68] Vgl. BSG, Urt. v. 16. 07. 03, Az.: B 6 KA 49/02 R, MedR 2002, 365.

[69] Insofern übereinstimmend mit den Erfordernissen, die das BSG zur Genehmigung einer überörtlichen, nicht unmittelbar patientenbezogen tätigen Gemeinschaftspraxis aufgestellt hat, vgl. BSG Urt. v. 16. 07. 03, Az.: B 6 KA 34/02 R, SozR 3–5520, § 33 Ärzte-ZV, Nr. 2.

[70] *Dahm,* in: Dahm, Möller, Ratzel, Rechtshandbuch Medizinische Versorgungszentren, 2005, 123.

[71] Vgl. *Scholz,* Äbl. Nds 2005, S. 19, 20; *Katschinsky,* Äbl. Nds. 2005 88, 89.

[72] BSGE 26, 14 (14 f.); 81, 143 (149); BSG NZS 2000, 520 (521 f.).

[73] A. A. LSG Berlin, Urt. v. 29. 5. 1996 – L 7 Ka 47/95.

[74] BSG, Urt. v. 30. 1. 2000, Az.: B 6 KA 20/01 R, SozR 3–5520 § 20 Nr. 3; BSG, Urt. v. 5. 2. 2003, Az.: B 6 KA 23/01 R, GesR 2003, 173.

Zulassungsrecht sind zwei unterschiedliche Regelungskomplexe, so dass etwaige bedarfsplanungsrechtliche Verwerfungen allein durch entsprechende Änderungen des Bedarfsplanungsrechts beseitigt werden können.[75] Die Sicherstellung der vertragsärztlichen Versorgung kann auch durch andere Instrumentarien, wie insbesondere Ermächtigungen und Sonderbedarfszulassungen, gewährleistet werden.

25 Darüber hinaus ist gemäß § 20 Abs. 2 Ärzte-ZV der Arzt zur Ausübung der vertragsärztlichen Tätigkeit nicht geeignet, der eine Tätigkeit ausübt, die ihrem Wesen nach mit der Tätigkeit des Vertragsarztes am Vertragsarztsitz nicht zu vereinbaren ist. Damit soll ausgeschlossen werden, dass bei der Zulassung eines Arztes als Vertragsarzt durch eine anderweitig von ihm ausgeübte ärztliche Tätigkeit Interessen- und Pflichtenkollisionen entstehen. Derartige **Interessen- und Pflichtenkollisionen** sind u. a. dann anzunehmen, wenn sich die anderweitige ärztliche Tätigkeit und die vertragsärztliche Tätigkeit vermischen können und dies sich zu einem Nachteil der Versicherten u. a. wegen einer faktischen Beschränkung des Rechts auf freie Arztwahl (§ 76 Abs. 1 Satz 1 SGB V) und zum anderen zum Nachteil der Kostenträger auswirken kann, weil insoweit je nach dem persönlichen Interesse des Arztes Leistungen aus sachfremden Gründen von dem einen zum anderen Bereich verlagert werden können.[76] Bei Ärzten, die weder als Krankenhausarzt noch als Vertragsarzt unmittelbaren Kontakt mit den Patienten haben, wie insbesondere Laborärzten und Pathologen, ist deshalb die Tätigkeit im Krankenhaus ihrem Wesen nach mit der vertragsärztlichen Tätigkeit vereinbar. Interessen- und Pflichtenkollisionen stehen außerdem auch dann einer Zulassung entgegen, wenn nicht gewährleistet ist, dass der Arzt auf Grund seiner anderweitigen Tätigkeit Inhalt und Umfang seiner vertragsärztlichen Tätigkeit und den Einsatz der der Praxis zugeordneten sachlichen und persönlichen Mittel selbst bestimmen kann, wie etwa bei einem Betriebsarzt, der auch bei seiner vertragsärztlichen Tätigkeit von Weisungen seines Arbeitgebers abhängig ist.[77]

26 Nach § 1 Abs. 3 Ärzte-ZV findet § 20 Ärzte-ZV auf die Anstellung von Ärzten in **Medizinischen Versorgungszentren** als Genehmigungsvoraussetzung Anwendung. Gemäß § 20 Ärzte-ZV kommt es mithin darauf an, ob eine für die vertragsärztliche Versorgung ausreichende Beschäftigung im Anstellungsverhältnis gegeben ist und ob eine Inkompatibilität mit der Tätigkeit des angestellten Arztes in der vertragsärztlichen Versorgung einerseits und in einer anderen Tätigkeit bestünde.

27 Soweit es die erste Variante des § 20 betrifft, ist allerdings fraglich, ob für die Beschäftigung von **angestellten Ärzten** in Medizinischen Versorgungszentren zeitliche Vorgaben im Hinblick auf die Beschäftigungsmöglichkeit bestehen. Dies folgt insbesondere daraus, dass gemäß § 101 Abs. 1 Satz 6 SGB V die angestellten Ärzte „entsprechend ihrer Arbeitszeit anteilig" bei der Berechnung des Versorgungsgrades in einer Planungsregion zu berücksichtigen sind. Da mithin ein nur teilzeitbeschäftigter angestellter Arzt nicht einen Versorgungssitz „belegt", dürfte es zulässig sein, angestellte Ärzte ungeachtet des § 20 Abs. 1 Ärzte-ZV in unmittelbarer Anwendung des Rechtsgedankens der gesetzlichen Vorschriften auch teilweise zu beschäftigen.

28 Des weiteren stellt sich die Frage, ob die **Inkompatibilitätsvoraussetzung** – so wie sie bisher in der Rechtsprechung des BSG für die Zulassung von Vertragsärzten interpretiert worden ist – auf die Tätigkeit von Ärzten in Medizinischen Versorgungszentren übertragen werden kann. Diese Frage ist von besonderem Interesse, wenn ein Leistungserbringer ein Medizinisches Versorgungszentrum gründet, der zugleich eine andere Versorgungseinrichtung führt. Diese Situation kann sich z. B. bei einem Krankenhausträger ergeben, der die bei ihm angestellten Krankenhausärzte auch in dem Medizinischen Versorgungszentrum beschäftigen möchte. Bejaht man die Anwendung des § 20 Abs. 2 Ärzte-

---

[75] BSG NZS 2000, 520 (522).

[76] BSG NZS 1998, 444 (445).

[77] BSGE 80, 130 (132); BSG NZS 1998, 444 (445); BSG, Urt. v. 5. 2. 2003, Az.: B 6 KA 22/02 R, SozR 4–2500 § 95 Nr. 2.

ZV nach Maßgabe der dortigen Inkompatibilitätsregelung, so ergeben sich voraussichtlich Einschränkungen für eine beiderseitige Beschäftigung z.B. von Krankenhausärzten im Krankenhaus und in einem Medizinischen Versorgungszentrum zur ambulanten Versorgung. Weder aus dem Gesetz noch aus der Ärzte-ZV auf der Grundlage der jeweiligen analogen Anwendung (§ 72 Abs. 1 Satz 2 SGB V; § 1 Abs. 3 Ärzte-ZV) ergibt sich, dass § 20 Abs. 2 Ärzte-ZV nicht anwendbar wäre.[78]

29 Allerdings wird man im Hinblick auf die **gesetzgeberische Intention** des § 20 Abs. 2 Ärzte-ZV, der Verhinderung einer Interessen- und Pflichtenkollision, zwischen der Tätigkeit eines niedergelassenen Vertragsarztes und eines angestellten Arztes in einem MVZ differenzieren müssen. Angestellte Ärzte in einem MVZ unterliegen den Vorgaben des § 32b Ärzte-ZV und damit nicht dem Anwendungsbereich des § 20 Abs. 2 Ärzte-ZV. Dies lässt sich auch damit begründen, dass die spezifischen Gefahren einer gleichzeitigen Tätigkeit in der vertragsärztlichen Versorgung und im Krankenhausbereich bei angestellten Ärzten nicht gegeben sind.[79] Interessen- und Pflichtenkollisionen sind u.a. dann anzunehmen, wenn sich die anderweitige ärztliche Tätigkeit und die vertragsärztliche Tätigkeit vermischen können und dies sich zu einem Nachteil der Versicherten u.a. wegen einer faktischen Beschränkung des Rechts auf freie Arztwahl (§ 76 Abs. 1 S. 1 SGB V) und zum anderen zum Nachteil der Kostenträger auswirken kann, weil insoweit je nach dem persönlichen Interesse des Arztes Leistungen aus sachfremden Gründen von dem einen zum anderen Versorgungssektor verlagert werden können.[80] Da der angestellte Arzt im MVZ weisungsgebunden ist, kann seine Entscheidung für eine Interessen- und Pflichtenkollision nach § 20 Abs. 2 Ärzte-ZV nicht maßgeblich sein, die des niedergelassenen eigenverantwortlich handelnden Vertragsarztes hingegen schon. Insofern ist daher von der Geltung des § 20 Abs. 2 Ärzte-ZV für niedergelassene Vertragsärzte in einem MVZ weiterhin auszugehen.

III. Vertragsarztrecht und ärztliches Berufsrecht

1. Verhältnis des ärztlichen Berufs- und Weiterbildungsrechts der Landesärztekammern zum Vertragsarztrecht

30 Bisher ist nicht eindeutig geklärt, ob das **Berufsrecht** Vorgaben für das Recht der gesetzlichen Krankenversicherung und damit auch für das Vertragsarztrecht schafft und ob umgekehrt das Vertragsarztrecht für seinen Bereich Aspekte der ärztlichen Berufsausübung regeln darf.[81] Das BSG spricht in diesem Zusammenhang von einer „Gebundenheit der kassenärztlichen Tätigkeit an die Normen des Berufsrechts".[82] Insoweit ist davon auszugehen, dass die Regeln des Berufsrechts nicht zur Disposition des Vertragsarztrechts stehen. Das bedeutet, dass als Rechte und Pflichten des Vertragsarztes grundsätzlich nur solche geregelt werden können, die nicht mit berufsrechtlichen Regeln im Widerspruch stehen.[83] Das BVerfG hat jedoch im Zusammenhang mit der Trennung der haus- und fachärztlichen Versorgung hervorgehoben, dass auf Grund der selbstständigen Bedeutung der Sozialversicherung „eigenständige Regelungen auf Grundlage ihres Auftrages jederzeit möglich sind".[84] Das BVerfG hat in der zitierten Entscheidung die Trennung der haus- und

[78] Vgl. *Wenner* GesR 2004, S. 353, a.A. *Behnsen,* Das Krankenhaus, 2004, 698, 700.

[79] *Dahm,* in: Dahm, Möller, Ratzel, a.a.O., S. 120.

[80] BSG, NZS 1998, 444 (445).

[81] Ausführlich hierzu *Narr,* Ärztliches Berufsrecht, Rdn. W 38 m.w.N. aus der Rechtsprechung.

[82] BSGE 23, 97 (99); 62, 224.

[83] BVerwGE 65, 362 (365).

[84] Vgl. BVerfG, Beschluss vom 17. 6. 1999, Az.: 1 BvR 2507/97, MedR 1999, 560; offengelassen BSG, Urt. v. 12. 9. 2001, Az.: B 6 KA 64/00 R.

fachärztlichen Versorgungsbereiche mit der Begründung als verfassungskonform angesehen, dass die Regelungen lediglich zur Folge hätten, „dass nach Ablauf einer Übergangsfrist bestimmte Positionen des Einheitlichen Bewertungsmaßstabes nicht mehr abgerechnet werden könnten". Einwirkungen auf das ärztliche Handeln mit dem Steuerungsinstrument der Vergütungsregelung seien jedoch schon generell ein zulässiges Mittel der Berufsausübung. Dies gelte erst recht, wenn die Vergütungsregelung bei dem jeweiligen Arzt nur einen Teil der Tätigkeiten betreffe, die ihm nach Berufsrecht offen stehen. Als Konsequenz dieser Entscheidung wird davon auszugehen sein, dass der **Vorrang des Berufsrechts** nur grundsätzlichen Charakter besitzt und der Bundesgesetzgeber unter bestimmten Voraussetzungen in diese Vorrangstellung eingreifen kann.[85] Auch das BVerwG hat das Rangverhältnis in einer Entscheidung, dem Urteil zur Heranziehung zum ärztlichen Notfalldienst vom 9. 7. 1982,[86] kurz angesprochen und festgestellt, dass das Vertragsarztrecht unter die konkurrierende Gesetzgebungskompetenz des Bundes für die Sozialversicherung nach Art. 74 Nr. 12 i. V. m. Art. 72 Abs. 1 GG falle. Zur Begründung führte das Gericht lediglich aus, „die Kassenärzte seien in das öffentlich-rechtliche Versorgungssystem der Krankenversicherung nach der RVO einbezogen. Die danach anzunehmende Kompetenz des Bundes zur Regelung der öffentlich-rechtlichen Pflichten des Vertragsarztes ist gegenüber der Gesetzgebungszuständigkeit des Landes für eine Regelung der allgemeinen Berufsausübung des Kassenarztes eine speziellere Kompetenzzuweisung, die gegenüber der generellen den Vorrang hat."[87]

2. Gesetzgebungskompetenzen

31 **Die Gesetzgebungszuständigkeiten im Bereich des Arztrechts sind zwischen Bund und Ländern verteilt.** Das BVerfG hat in ständiger Rechtsprechung festgestellt, dass Art. 74 Nr. 19 i. V. m. Art. 72 Abs. 1 GG, die dem Bund die konkurrierende Zuständigkeit für die Zulassung zum ärztlichen Beruf zuspricht, dem Bund nicht den Zugang zu einer ausgedehnten Reglementierung des Arztberufs eröffnen.[88] Bei verfassungsrechtlich gebotener wortgetreuer Auslegung der Vorschrift umfasse die Zuständigkeit nur „die Vorschriften, die sich auf Erteilung, Zurücknahme und Verlust der Approbation oder auf die Befugnis zur Ausübung des ärztlichen Berufs beziehe".[89] Die übrigen Regeln des ärztlichen Berufes sind danach auf der Grundlage des Art. 70 GG Sache des Landesgesetzgebers. Insbesondere ist dem Landesgesetzgeber danach grundsätzlich die Regelung der ärztlichen Weiterbildung nach Erteilung der Approbation und damit die gesamte Regelung des Facharztwesens zugeordnet.[90] Von diesem Recht haben die Länder insoweit Gebrauch gemacht, als sie eine **Delegation dieser Rechtsetzungsbefugnisse** auf die Ärztekammern als autonome Körperschaften des öffentlichen Rechts vorgenommen haben.[91] Der Bundesgesetzgeber war jedoch nach der bereits zitierten Entscheidung des BVerfG durch das Berufsrecht

[85] Vgl. auch BVerfG NJW 1999, 841 (843).

[86] BVerwGE 65, 362 (365).

[87] Zu der berechtigten und nachvollziehbaren Kritik an dieser Entscheidung *Friauf,* Bonner Ärztliche Nachrichten, 2000, 3, 5/6; das BSG hat diese Frage in einem ebenfalls die gemeinsame Notfalldienstverordnung betreffenden Urteil vom 28. 10. 1992, Az.: 6 RKa 2/92, SozR 3–2500, § 75 Nr. 2 ausdrücklich offengelassen.

[88] Vgl. insbesondere BVerfGE 33, 125, zuletzt bestätigt durch die „Frischzellen"-Entscheidung vom 16. 2. 2000.

[89] Der Bundesgesetzgeber ist dieser Kompetenz durch den Erlass der Bundesärzteordnung (BÄO) vom 2. 10. 1961 in der Fassung der Bekanntmachung vom 30. 4. 1993 (BGBl. I, S. 512 ff.) nachgekommen. Das SGB V hat der Bundesgesetzgeber auf Grund der Kompetenz des Art. 74 Nr. 12 GG („die Sozialversicherung") erlassen.

[90] Vgl. BVerfGE 33, 125, 155; *Starck* NJW 1972, 1489.

[91] Vgl. z. B. § 36 Abs. 8 HeilberG NW vom 9. 5. 2000 in der Fassung der Bekanntmachung vom 16. 5. 2000 (GV.NW 2000, S. 403 ff.); BSG MedR 1988, 155 (158).

nicht gehindert, Internisten und Kinderärzte gem. § 73 Abs. 1a SGB V zu verpflichten, zwischen hausärztlicher oder fachärztlicher Tätigkeit zu wählen.[92]

32 Von entscheidender Bedeutung könnte die Kompetenzabgrenzung zwischen Bund und Ländern für die Beurteilung der rechtlichen Zulässigkeit der Einführung **medizinischer Versorgungszentren** nach § 95 Abs. 1 SGB V durch das GMG zum 1. 1. 2004 sein. In der Literatur gibt es unterschiedliche Auffassungen zu Frage, ob der Bundesgesetzgeber zu einer Einführung von Einrichtungen der ambulanten ärztlichen Heilbehandlung in der Rechtsform juristischer Personen kompetenzrechtlich berechtigt war.[93] In einzelnen Bundesländern wie Bayern[94] und Sachsen[95] enthielten die Heilberufsgesetze zum Zeitpunkt der Einführung der gesetzlichen Regelung in § 95 Abs. 1 SGB V ein entsprechendes Verbot ohne Erlaubnisvorbehalt. In diesen Bundesländern war es grds. nicht zulässig, eine ärztliche Praxis in der Rechtsform einer juristischen Person des Privatrechts zu führen. In diesen Bundesländern haben zwar die Aufsichtsbehörden die Auffassung vertreten, dass ein MVZ schon begrifflich nicht unter das landesrechtliche Verbot falle, weil es keine „Praxis" darstelle. In Niedersachsen wird dagegen mit dieser Begründung die Genehmigung von MVZ als GmbH oder AG aufsichtsbehördlich beanstandet. Damit verstößt § 95 Abs. 1 SGB V in einzelnen Bundesländern u. U. gegen die Vorgaben der Heilberufs- und Kammergesetze.

33 Hier wird abzuklären sein, ob der Bundesgesetzgeber berechtigt war, diesen Bereich als Annex bzw. wegen des **Sachzusammenhangs mit der Sozialversicherung** und des im SGB V geregelten Leistungserbringungsrechts gemäss Art. 74 Nr. 12 GG zu regeln oder ob es sich um Regelungen mit primär berufsrechtlichem Einschlag handelt. Die Zulassung des MVZ ist sicherlich von der Frage zu unterscheiden, ob Ärzte selbst in solchen juristischen Personen ärztlich tätig sein dürfen. Diese Frage – welche Tätigkeit darf ein Arzt in welchen Konstellationen beruflich ausüben? – ist vom Gegenstand her kaum der Sozialversicherung zuzuordnen. Allenfalls könnte der Zweck der Regelung, nämlich das Ziel, Versorgung „aus einer Hand" zu ermöglichen, für die Bundeskompetenz sprechen, gesetzlich zu regeln, dass Ärzte befugt sind, als Angestellte eines medizinischen Versorgungszentrums ambulante Krankenbehandlung zu leisten.[96] Die danach anzunehmende Kompetenz des Bundes zur Regelung der öffentlich-rechtlichen Pflichten des Vertragsarztes ist gegenüber der Gesetzgebungszuständigkeit des Landes für eine Regelung der allgemeinen Berufsausübung des Vertragsarztes dann eine speziellere Kompetenzzuweisung, die gegenüber der generellen den Vorrang hat.[97]

3. Vertragsärztliche Qualitätssicherung auf berufsrechtlicher Grundlage

34 Das SGB V verpflichtet jeden Leistungserbringer in der gesetzlichen Krankenversicherung und damit auch alle Vertragsärzte, eine dem allgemein anerkannten Standard der medizinischen Erkenntnisse entsprechende Versorgung der Versicherten zu gewährleisten (§§ 2, 70, 76 Abs. 4 SGB V). **Eine wirksame, qualitätsgesicherte medizinische Versorgung** nach dem Maßstab **ärztlicher Qualität** dient in erster Linie der fachlich qualifizierten Patientenversorgung, sie ist in der Regel aber zugleich auch die Voraussetzung für die Erhaltung der Wirtschaftlichkeit und der Leistungsfähigkeit des ambulanten Versorgungssystems. Der Gesetzgeber hat insbesondere mit den §§ 135 ff. SGB V ein **Instrumentarium für eine systematische Qualitätssicherung** zur Verfügung ge-

---

[92] Vgl. BVerfG, Beschluss vom 17. 6. 1999, Az.: 1 BvR 2507/97, MedR 1999, 560.

[93] Vgl. *Butzer,* MedR 2004, 177 ff.

[94] vgl. Art. 18 Abs. 1 Satz 2 Heilberufe-Kammergesetz Bayerns.

[95] vgl. Art. 16 Abs. 4 Heilberufekammergesetz Sachsen.

[96] *Ebsen,* in: Ebsen, Greß, Jacobs, Szecsenyi, Wasem, Vertragswettbewerb in der gesetzlichen Krankenversicherung zur Verbesserung von Qualität und Wirtschaftlichkeit der Gesundheitsversorgung, Gutachten im Auftrag des AOK-Bundesverbandes, 2003, S. 58.

[97] Vgl. BVerwGE 65, 362 (365).

stellt.[98] Die grundsätzlich verbindlichen Vorgaben des Berufsrechts werden im Vertragsarztrecht insbesondere durch die Regelung des § 135 Abs. 2 SGB V konkretisiert, die sich mit der Qualifikation des Arztes, des Praxispersonals und der Praxisräume befasst (sog. Strukturqualität). Die geeigneten Mittel zur Gewährleistung dieser Strukturqualität sind die dem Berufsrecht zuzuordnenden Regelungen über die ärztliche Aus- und Weiterbildung, des Fachkundenachweises für bestimmte Leistungen sowie der Anforderungen an die apparative Ausstattung. Hierzu haben die Partner des Bundesmantelvertrages auf der Grundlage der §§ 11 Abs. 1 BMV-Ä, 39 Abs. 1 EKV, die ihrerseits auf der gesetzlichen Ermächtigung des § 135 Abs. 2 SGB V beruhen, folgende **Qualitätssicherungsvereinbarungen** getroffen: Ultraschall-Vereinbarung, Vereinbarung zur Strahlendiagnostik und -therapie, Kernspintomographie-Vereinbarung,[99] Arthroskopie-Vereinbarung, Vereinbarung zu den Blutreinigungsverfahren, Vereinbarung zur invasiven Kardiologie, Vereinbarung zu Untersuchungen zur Herzschrittmacher-Kontrolle, Richtlinien zur Durchführung von Laboratoriumsuntersuchungen in der vertragsärztlichen Versorgung, Vereinbarung zu Langzeit-EKG-Untersuchungen, Vereinbarung von Qualitätssicherungsmaßnahmen beim ambulanten Operieren und die Vereinbarung zu zytologischen Untersuchungen zur Diagnostik der Karzinome der weiblichen Genitale.[100]

35 Angesichts der in das SGB V aufgenommenen Qualitätssicherungsvorschriften (§§ 135–137d SGB V) und der Ermächtigung der Vertragspartner der Bundesmantelverträge zur Einführung qualitätssichernder Maßnahmen (§ 72 Abs. 2, § 82 Abs. 1 SGB V) sind daher Regelungen denkbar, die die Abrechnungsfähigkeit ärztlicher Leistungen in verstärktem Umfang von der Einhaltung höchster Qualitätsanforderungen abhängig machen. Das BSG und das BVerfG haben dem Gesetzgeber und den Vertragspartnern der Gemeinsamen Selbstverwaltung bei der Einführung qualitätssichernder Maßnahmen einen sog. **Beurteilungsspielraum** eingeräumt, so dass die gesetzgeberische Entscheidung gerichtlich nur eingeschränkt überprüfbar ist.[101] Danach ist ein gewisser „Überschuss" an Qualifikationsanforderungen hinzunehmen, die so weit gehen können, dass einzelne Fachgebiete ohne Übergangsregelung gänzlich von der Abrechenbarkeit bestimmter Leistungen ausgeschlossen werden.[102] Der gänzliche und übergangslose Ausschluss bestimmter Leistungen ist insbesondere dann zulässig und mit Art. 12 Abs. 1 GG vereinbar, wenn es sich nicht um für das betroffene Fachgebiet „wesentliche oder es prägende Leistungen" handelt.[103] Nach Auffassung des Bundesverfassungsgerichts ist es verfassungsrechtlich nicht zu beanstanden, dass zur Abgrenzung abrechnungsfähiger ärztlicher Leistungen auf die für das jeweilige Fachgebiet in der **Weiterbildungsordnung** genannten Inhalte und Ziele der Weiterbildung und die dort genannten Bereiche, in denen **eingehende Kenntnisse,** Erfahrungen und Fertigkeiten erworben werden müssen, abgestellt wird. Ungeachtet der Frage, wie der Kern eines Fachgebietes aus dem Blickwinkel des Berufsrechts zu bestimmen sei und ob die Berufstätigkeit auf diesen **Kernbereich** beschränkt werden dürfe, könne jedenfalls zur Sicherung von Qualität und Wirtschaftlichkeit in der gesetzlichen Krankenversicherung eine Beschränkung auf einen engeren Bereich zulässig sein, für den die Weiterbildungsordnung eingehende Kenntnisse, Erfahrungen und Fertigkeiten vorschreibe.[104]

---

[98] Einen umfassenden Überblick über das gesamte Qualitätssicherungsrecht auf der Grundlage des Berufsrechts bietet *Narr,* Ärztliches Berufsrecht, Rdn. W 41 ff.; *Wigge* ZaeFQ 2002, 65.

[99] Vgl. BSG Urt. vom 31. 1. 2001, Az.: B 6 KA 24/00 R, SozR 3–2500 § 135 SGB V Nr. 16; BVerfG, Beschluss v. 16. 7. 2004, NZS 2005, S. 91 ff.

[100] Ein aktueller Überblick über die Vereinbarungen ist im Internet zu finden bei der Kassenärztlichen Bundesvereinigung unter: www.kbv.de.

[101] Vgl. BSG, Urteil vom 8. 3. 2000, Az.: B 6 KA 12/99 R, NZS 2000, 577; zuletzt Urteil des BSG vom 31. 1. 2001, Az.: B 6 KA 24/00 R.

[102] Vgl. BSG NZS 2000, 577; BSG Urt. v. 18. 3. 1998, Az.: B 6 KA 23/97 R, BSGE 82, 55.

[103] Vgl. BSG a. a. O., 577; BVerfG, Beschluss vom 17. 6. 1999, Az.: 1 BvR 2507/97.

[104] BVerfG, Beschluss v. 16. 7. 2004, NZS 2005, 92.

Die Einführung neuer **Qualifikationsbestimmungen** dient nach Auffassung des BSG der „Sicherstellung der ärztlichen Versorgung der versicherten Bevölkerung mit qualitativ hochwertigen Leistungen" und stellt insoweit ein **besonders wichtiges Gemeinschaftsgut** dar.[105] Das Bundesverfassungsgericht bestätigt mit seiner Entscheidung vom 16. 7. 2004[106] zur Kernspintomographie-Vereinbarung zugleich die Verfassungsmäßigkeit der durch das GKV-Modernisierungsgesetz zum 1. 1. 2004 in § 135 Abs. 2 S. 4 SGB V eingefügten Regelung, mit der die Partner der Bundesmantelverträge berechtigt sind, Regelungen zu treffen, nach denen die Erbringung bestimmter **medizinisch-technischer Leistungen** den Fachärzten vorbehalten ist, für die diese Leistungen zum **Kern ihres Fachgebietes** gehören.[107] Das Bundesverfassungsgericht stellt insoweit fest, dass zur Sicherung von Qualität und Wirtschaftlichkeit in der gesetzlichen Krankenversicherung eine Beschränkung auf den engeren Bereich der fachärztlichen Tätigkeit zulässig ist. 36

IV. Der Vertragsarzt als Leistungserbringer

1. Rechtliche Stellung im Rahmen ärztlicher Behandlung und Verordnung

Nach § 27 Abs. 1 Satz 1 SGB V haben die Versicherten in der gesetzlichen Krankenversicherung **Anspruch auf Krankenbehandlung,** wenn sie notwendig ist, um eine Krankheit zu erkennen, zu heilen, ihre Verschlimmerung zu verhüten oder Krankheitsbeschwerden zu lindern. Der Umfang der Krankenbehandlung ergibt sich aus den Vorschriften der §§ 27 Abs. 1 Satz 2 Nr. 1–6, 27a, 28ff. SGB V. Die einzelnen Erscheinungsformen der Krankenbehandlung sind grundsätzlich als **Sach- oder Dienstleistung** zu erbringen (§ 2 Abs. 2 SGB V). Dem Versicherten wird jedoch in der Regel nur ein **ausfüllungsbedürftiges Rahmenrecht** auf „Behandlung" durch einen Arzt oder auf „Versorgung" mit Arznei-, Heil- und Hilfsmitteln oder erforderlichenfalls mit Krankenhauspflege und weiteren Leistungen zugestanden.[108] Welche konkreten Behandlungsmaßnahmen sich für den erkrankten Versicherten im Einzelnen ergeben, bedarf der näheren Konkretisierung. Insofern verdichtet sich das gesetzliche Rahmenrecht erst dann zum **durchsetzbaren Einzelanspruch,** wenn der an Stelle der Krankenkasse kraft gesetzlichen Auftrags handelnde Vertragsarzt festgelegt hat, welche Sach- oder Dienstleistungen zur Wiederherstellung oder Besserung der Gesundheit notwendig sind.[109] 37

Der Vertragsarzt ist daher die **zentrale Figur der Leistungserbringung** in der gesetzlichen Krankenversicherung.[110] Insofern erfüllt er nicht nur die Leistungsverpflichtung der Krankenkassen, vielmehr begründet und konkretisiert er sie auch. Ihm kommt somit die **„Schlüsselrolle"** bei der Bestimmung des Leistungsanspruchs des Versicherten zu.[111] Der verordnende Arzt muss bei der Verordnung grundsätzlich die gesetzlichen Leistungstatbestände, andere gesetzliche und untergesetzliche Regelungen sowie die Richtlinien des Bundesausschusses berücksichtigen. Eine Verordnung ist für die Einstandspflicht der gesetzlichen Krankenversicherung jedoch grundsätzlich nur dann erforderlich, wenn der Natur der Sache nach eine ärztliche Behandlung notwendig ist.[112] 38

---

[105] Vgl. BSG, a.a.O., 577.

[106] BVerfG, NZS 2005, 92 mit Anm. *Wigge* NZS 2005, S. 176ff.

[107] Vgl. *Wigge* NZS 2005, S. 176ff.

[108] Vgl. hierzu allgemein *Neumann* SGb 1998, 610ff.

[109] Ständige Rechtsprechung des BSG, z.B. BSGE 73, 271 (279ff.); 78, 145 (155); 77, 194 (200, 203).

[110] BSGE 73, 271 (283); 77, 194 (200).

[111] BSG 73, 271 (283); das BSG leitet die Schlüsselrolle des Vertragsarztes aus zahlreichen Bestimmungen des SGB V her; vgl. auch *Wigge,* NZS 1999, 584ff.

[112] BSGE 36, 146.

2. Verhältnis des Vertragsarztes zur Krankenkasse, Kassenärztlicher Vereinigung und anderen Leistungserbringern

39 **a) Verhältnis des Vertragsarztes zur Krankenkasse.** Die Rechtsbeziehungen zwischen den Krankenkassen und den Vertragsärzten werden durch die §§ 72–106 SGB V ausgestaltet. Aus diesen Vorschriften ergibt sich, dass zwischen den Krankenkassen und den Vertragsärzten **keine unmittelbaren Rechtsbeziehungen** bestehen, sondern vielmehr die Kassenärztlichen Vereinigungen zwischengeschaltet sind. Die Kassenärztlichen Vereinigungen haben nach § 75 Abs. 1 Satz 1 SGB V zusammen mit der Kassenärztlichen Bundesvereinigung die vertragsärztliche Versorgung sicherzustellen und den Krankenkassen und ihren Verbänden gegenüber die Gewähr dafür zu übernehmen, dass die vertragsärztliche Versorgung den gesetzlichen und vertraglichen Erfordernissen entspricht (sog. Sicherstellungs- und Gewährleistungsauftrag). Hierdurch stehen die Kassenärztlichen Vereinigungen in einer öffentlich-rechtlichen Verpflichtung gegenüber den Krankenkassen. Zur Erfüllung ihrer Aufgaben schließen die Kassenärztlichen Vereinigungen mit den Verbänden der Krankenkassen Verträge auf Landesebene, die Gesamtverträge nach § 83 SGB V und auf Bundesebene die Bundesmantelverträge (§ 82 Abs. 1 SGB V). Die in den Gesamtverträgen vereinbarte sog. Gesamtvergütung wird von den Krankenkassen für die gesamte ärztliche Versorgung mit befreiender Wirkung an die Kassenärztlichen Vereinigungen geleistet (§ 85 Abs. 1 SGB V) und anschließend von diesen an die Vertragsärzte verteilt (§ 85 Abs. 4 SGB V).

40 **b) Verhältnis des Vertragsarztes zu der Kassenärztlichen Vereinigung.** Das Verhältnis zwischen Vertragsarzt und Kassenärztlicher Vereinigung ist ein durch Gesetz und Satzung ausgestaltetes **öffentlich-rechtliches Mitgliedschaftsverhältnis.** Die **ordentliche Mitgliedschaft** in der Kassenärztlichen Vereinigung entsteht gem. § 95 Abs. 3 SGB V durch die Zulassung zur Teilnahme an der vertragsärztlichen Versorgung. War der Vertragsarzt bereits zuvor in das Arztregister eingetragen, so war er bereits vor der Zulassung außerordentliches Mitglied der für seinen Vertragsarztsitz zuständigen Kassenärztlichen Vereinigung. Für die Teilnahmeberechtigung an der vertragsärztlichen Versorgung ist jedoch ausschließlich die ordentliche Mitgliedschaft maßgeblich.[113] Als Folge der Mitgliedschaft wird das **Satzungsrecht** der Kassenärztlichen Vereinigung für den Vertragsarzt verbindlich.[114] Eine weitere Folge der Mitgliedschaft in der Kassenärztlichen Vereinigung ist die Disziplinargewalt der Disziplinarausschüsse der Kassenärztlichen Vereinigung bei Verstoß gegen die einem Vertragsarzt obliegenden gesetzlichen, vertraglichen oder nach Maßgabe der Satzung auferlegten Pflichten (vgl. § 81 Abs. 5 SGB V). Zu den wesentlichen Rechten des Vertragsarztes zählt der Honoraranspruch gegenüber der Kassenärztlichen Vereinigung nach Maßgabe des Gesamtvertrages und des Honorarverteilungsmaßstabes.

41 **c) Verhältnis des Vertragsarztes zu anderen Leistungserbringern.** Neben der vertragsärztlichen und vertragszahnärztlichen Versorgung wirken eine Vielzahl von **nichtärztlichen Leistungserbringern** an der Versorgung der Versicherten in der GKV mit. Hierbei handelt es sich beispielsweise um die Leistungserbringung durch Krankenhäuser, Apotheker, Heil- und Hilfsmittelerbringer sowie weitere sonstige Leistungserbringer. Die vertragsärztliche Versorgung nimmt innerhalb der Leistungsbereiche der gesetzlichen Krankenversicherung aber eine **Schlüsselstellung** ein, da sie nicht nur die ärztliche Behandlung, sondern auch die **Verordnungen** des Vertragsarztes umfasst, durch die ein Großteil der Leistungsausgaben in anderen Bereichen der gesetzlichen Krankenversicherung ausgelöst wird.[115] Der Umfang der ärztlichen Verordnungsmöglichkeiten ist in § 73 Abs. 2 SGB V entsprechend den leistungsrechtlichen Vorschriften im Dritten Kapitel und

---

[113] *KassKomm-Hess,* § 95 SGB V Rdn. 57.

[114] Zu dem gesetzlich vorgeschriebenen Inhalt der Satzung vgl. § 81 Abs. 1 SGB V.

[115] *KassKomm-Hess* § 73 SGB V Rdn. 12; *Wigge* NZS 1999, 584.

der Leistungserbringungsvorschriften im Vierten Kapitel des SGB V normiert. Danach kommt in Betracht die Verordnung von Arznei- und Verbandmitteln, Heil- und Hilfsmitteln, Krankentransport, Krankenhausbehandlung, Behandlung in Vorsorge- und Rehabilitationseinrichtungen, medizinischen Leistungen der Rehabilitation, Belastungserprobung und Arbeitstherapie, häuslicher Krankenpflege und Soziotherapie. Als Bestandteile der Krankenbehandlung sind die aufgeführten Leistungen als Sach- oder Dienstleistung zu erbringen (§ 2 Abs. 2 Satz 1 SGB V). Ein entsprechender Anspruch des Versicherten wird jedoch erst dadurch begründet, dass ein Vertragsarzt die Leistung verordnet und damit die Verantwortung für die Behandlung übernimmt. Die vertragsärztliche Verordnungstätigkeit ist daher das **Bindeglied** zwischen der ambulanten Behandlung und den anderen Leistungsbereichen der gesetzlichen Krankenversicherung.

42 Die Verordnung des Vertragsarztes löst regelmäßig die Leistungspflicht der Krankenkasse gegenüber dem Versicherten und den Vergütungsanspruch des Leistungserbringers aus.[116] Ein Missbrauch der Verordnungsmacht durch den Vertragsarzt hat nach der jüngeren Rechtsprechung des BGH **strafrechtliche Konsequenzen.** Verordnet daher ein Vertragsarzt zu Lasten der Krankenkasse wissentlich Leistungen, die eindeutig nicht notwendig, nicht ausreichend oder unzweckmäßig sind, missbraucht er seine gesetzlichen Befugnisse und verletzt seine Betreuungspflicht gegenüber dem betroffenen Vermögen der Krankenkasse, d. h. er begeht eine Untreue (§ 266 Abs. 1 StGB). Dies gilt auch, wenn der Vertragsarzt im Zusammenhang mit dem Bezug von Sachkosten und Sprechstundenbedarfsgegenständen umsatzbezogene Rückvergütungen („kick-backs") von Lieferanten und Herstellern erhält, die bei der Abrechnung gegenüber den Krankenkassen nicht an diese weiterleitet.[117]

2. Grundzüge vertragsärztlicher Leistungserbringung

43 Mit der vertragsärztlichen Zulassung hat der Vertragsarzt nach Maßgabe der gesetzlichen und auf Gesetz beruhenden Bestimmungen das Recht und die Pflicht zur Versorgung der gesetzlich Versicherten (vgl. § 95 Abs. 3 SGB V). Damit ist er gleichzeitig an die zahlreichen gesetzlichen und vertraglichen Bestimmungen der vertragsärztlichen Versorgung gebunden. Aber auch die berufs- und weiterbildungsrechtlichen Vorgaben haben unmittelbaren Einfluss auf die Tätigkeit des Vertragsarztes.

44 **a) Verbot der Zuweisung gegen Entgelt.** Der Arzt soll sich nach § 31 MBO-Ä bei seiner Entscheidung, welchem anderen Arzt er Patienten zuweist oder zur Diagnose hinzuzieht, nicht von wirtschaftlichen Erwägungen leiten lassen, sondern diese Entscheidung allein auf Grund medizinischer Erwägungen im Interesse des Patienten treffen.[118] Deshalb verbietet die Vorschrift jegliche **Vorteilsgewährung,** sofern sie in direktem Zusammenhang mit der **Zuweisung von Patienten oder Untersuchungsmaterial**[119] steht. § 31 MBO-Ä untersagt insbesondere sog. **„Koppelgeschäfte",** welche die Höhe der Vergünstigung von der Anzahl der in Auftrag gegebenen Untersuchungen bzw. überwiesenen Patienten abhängig macht.[120] Ein derartiges Verhalten kann gleichzeitig einen Verstoß gegen das Werbeverbot gemäß § 27 MBO-Ä und gegen § 1 UWG darstellen. Eine wei-

---

[116] Dies gilt insbesondere dort, wo Leistungen keinem Genehmigungsvorbehalt durch die Krankenkassen unterliegen (für Arzneimittel vgl. § 29 Abs. 1 BMV-Ä: Danach liegt die Arzneimittelverordnung in der Hand des Vertragsarztes und eine Genehmigung durch die Krankenkasse ist unzulässig); *Wigge* NZS 1999, 584.

[117] BGH NJW 2004, S. 454, 456; BGH NStZ 2004, 568; vgl. auch OLG Hamm, MedR 2005, S. 236, 237 mit Anm. *Steinhilper,* MedR 2005, S. 238 ff.

[118] Vgl. *Ratzel/Lippert,* Kommentar zur Musterberufsordnung der deutschen Ärzte (MBO-Ä), 2002, S. 271.

[119] Der Schwerpunkt der praktischen Anwendung der Vorschrift liegt im Bereich der Zusendung von Untersuchungsmaterial, insbesondere in der Pathologie und der Labormedizin.

[120] BGH MedR 1990, 77.

tere Form der unzulässigen Vorteilsgewährung besteht in der Beteiligung des überweisenden Arztes am Liquidationserlös des die Leistung erbringenden Arztes.[121] § 31 MBO-Ä ist ein Verbotsgesetz im Sinne von § 134 BGB, so dass ein Verstoß die Nichtigkeit des zugrundeliegenden Rechtsgeschäftes bewirkt.[122]

45 Es ist allerdings fraglich, ob derartige Vertragsgestaltungen zukünftig weiterhin berufsrechtlich untersagt werden können, da eine Beteiligung des „zuweisenden" Arztes an den Einnahmen des ausführenden Arztes aufgrund der Änderungen der (Muster-) Berufsordnung für die deutschen Ärztinnen und Ärzte (MBO-Ä) des 107. Deutschen Ärztetages 2004 in Bremen rechtlich möglich sein dürfte. Nach § 19 Abs. 2 MBO-Ä dürfen sich niedergelassene Ärzte zukünftig zu **Teilgemeinschaftspraxen** zusammenschließen. Nach § 18 Abs. 1 MBO-Ä dürfen Praxisinhaber „die für sie oder ihn fachgebietsfremde ärztliche Leistung auch durch einen angestellten Facharzt des anderen Fachgebiets erbringen", wenn der Behandlungsauftrag des Patienten regelmäßig nur von Ärzten verschiedener Fachgebiete gemeinschaftlich durchgeführt werden kann. Sowohl die Teilgemeinschaftspraxis als auch die **Anstellung fachgebietsfremder Ärzte** bergen die Gefahr in sich, dass die zuweisenden Ärzte „legal" an den Honorareinnahmen des auftragnehmenden Arztes beteiligt werden. Insoweit ist es durchaus verständlich, dass diese Regelungen in den Berufsordnungen einzelner Landesärztekammern nicht umgesetzt worden sind. Auch im Vertragsarztrecht würde eine Umsetzung dieser Berufsausübungsregelungen problematisch sein, da sie gerade bei den auf Überweisung in Anspruch zu nehmenden Fachgebieten (z. B. Radiologie und Labormedizin)[123] zu einer **unkontrollierten Mengenausweitung** führen würden, da der die Indikation stellende Vertragsarzt (z. B. ein Orthopäde) durch den angestellten Arzt oder den Mitgesellschafter (z. B. Radiologe) die Ausführung der Leistung in der Hand hätte (Problem der **sog. „Selbstzuweisung"**). Der Gesetzgeber hat jedoch durch verschiedenste Regelungen im SGB V[124] deutlich gemacht, dass er eine medizinisch nicht indizierte Mengenausweitung insbesondere im Bereich der veranlassten medizinisch-technischen Leistungen verhindern will, so dass eine Übernahme dieser berufsrechtlichen Regelungen in der GKV kontraproduktiv erscheint.

46 **b) Beachtung der Fachgebietsgrenzen.** Über das ärztliche Berufs- und Weiterbildungsrecht wirkt sich insbesondere die im Weiterbildungsrecht begründete Verpflichtung des Arztes zur **Begrenzung auf sein Fachgebiet** auf die vertragsärztliche Tätigkeit aus. Die in der jeweiligen **Weiterbildungsordnung** festgelegten **Gebietsgrenzen** bestimmen gleichzeitig den Rahmen der Zulassung für eine bestimmte Gebietsbezeichnung.[125] Das BVerfG hat in dieser Beschränkung auf das Fachgebiet keinen Verstoß gegen die Berufsfreiheit des Art. 12 Abs. 1 GG gesehen.[126] Wegen der nur „grundsätzlichen" Verpflichtung zur Begrenzung auf das Fachgebiet ist dabei eine Toleranzbreite anzuerkennen, innerhalb derer eine vereinzelte fachfremde Tätigkeit akzeptiert werden muss.[127] Diese Toleranzbreite rechtfertigt aber keine regelmäßig systematische fachfremde Tätigkeit, es sei denn, dass bestimmte fachfremde Leistungen zur Durchführung einer bestimmten ärztlichen Untersuchung erforderlich sind und die Versicherten wegen des zeitlichen Zusammenhangs nicht an einen anderen Arzt überwiesen werden können.[128] Für Leistungen, die von der Fachgebietskompetenz nicht gedeckt sind, können Vertragsärzte keine Vergütung beanspruchen,[129] wenn es sich nicht um einen versorgungsbedürftigen Notfall han-

---

[121] *Ratzel/Lippert* a. a. O., S. 272.

[122] Vgl. BGH NJW 1986, 2360.

[123] Vgl. § 13 Abs. 4 BMV-Ä und § 7 Abs. EKV.

[124] Vgl. z. B. § 87 Abs. 2 c und § 135 Abs. 2 Satz 4 SGB V.

[125] Vgl. BSGE 23, 97; 30, 83; 36, 155; 95, 97; 58, 18; BSG MedR 2005, S. 302, 304.

[126] Facharztbeschluss des BVerfGE 33, 125 = NJW 1972, 1504 ff.; bestätigt durch BVerfG NZS 2005, S. 91, 92.

[127] Vgl. BSGE 36, 155 (159).

[128] Vgl. *KassKomm-Hess* § 95 SGB V Rdn. 65; BSG SozR 2200, § 368 a Nr. 20.

[129] BSG, SozR 4–2500 § 95 Nr. 5; BSG MedR 2005, 302.

delt.[130] Insoweit ist die Kassenärztliche Vereinigung auf der Grundlage des § 83 Abs. 3 SGB V i. V. m. § 45 Abs. 2 S. 1 BMV-Ä, § 34 Abs. 4 S. 2 EKV zu sachlich-rechnerischen Richtigstellungen befugt.

c) Persönliche Leistungserbringung. Der ärztliche Beruf ist dadurch geprägt, dass der Arzt grundsätzlich seine **Leistung persönlich erbringen** muss.[131] Das heißt jedoch nicht, dass diese Regel ausnahmslos gilt und jeder Handgriff vom Arzt selbst durchgeführt werden muss. Neben der möglichen **Delegation** von Teilschritten der ärztlichen Leistungen an nichtärztliches Hilfspersonal ist es bei Vorliegen der Voraussetzungen auch möglich, dass sich der leistungserbringende Arzt als Ausnahme von der Regel ärztlicher Unterstützung bedient. Der Grundsatz der persönlichen Leistungserbringung ist in unterschiedlichen (arzt-) rechtlichen Normen verankert (vgl. § 613 BGB, § 19 MBO-Ä, § 4 Abs. 2 GOÄ, § 15 Abs. 1 SGB V, § 22 BPflV, § 15 BMV-Ä/§ 14 Abs. 1 EKV) Vertragsarztrechtlich hat der Arzt seine Tätigkeit grundsätzlich persönlich auszuüben und kann sich nur im Falle der gesetzlich normierten Verhinderungsgründe von einem anderen Arzt vertreten lassen (vgl. § 32 Abs. 1 Ärzte-ZV). Zu beachten ist allerdings nach der jüngsten Rechtsprechung des BSG, dass Vertretungsleistungen, deren Abrechenbarkeit den Nachweis einer besonderen Qualifikation nach § 135 Abs. 2 SGB V erfordern (z. B. Computertomographie), von einem Vertragsarzt nur abgerechnet werden können, wenn auch der Vertreter die erforderliche Qualifikation nachgewiesen hat.[132] Erforderliche Hilfeleistungen anderer Personen sind nach § 15 Abs. 1 SGB V nur zulässig, wenn sie vom Arzt **angeordnet** und von ihm **überwacht** werden. Als ärztliche Leistungen i. S. v. § 28 Abs. 1 SGB V sind sämtliche Verrichtungen anzusehen, die üblicherweise in der Praxis von einem Arzt ausgeführt werden. Diese sind grundsätzlich selbst, also in Person vorzunehmen, soweit gesetzlich nichts anderes geregelt ist. Hilfeleistungen sind danach nur als ärztliche Leistungen anzusehen und damit abrechenbar, soweit eine Delegationsfähigkeit besteht und der Arzt verantwortlich an diesen durch eine je nach Lage des Falles mehr oder weniger intensive persönliche Anleitung oder Beaufsichtigung der Hilfsperson mitwirkt.[133] **47**

§ 44 Abs. 6 BMV-Ä und § 34 Abs. 12 EKV sehen ab dem 1. 1. 2005 eine **arztbezogene Kennzeichnungspflicht** in versorgungsbereichs- und/oder arztgruppenübergreifenden Gemeinschaftspraxen, medizinischen Versorgungszentren und Einrichtungen gemäß § 311 Abs. 2 SGB V vor. Danach müssen alle Leistungserbringer (Ärzte und Psychotherapeuten; angestellt oder zugelassen) ihre abrechenbaren Leistungen kennzeichnen. Dadurch soll gewährleistet werden, dass die persönliche Leistungserbringung durch den jeweils Abrechnungsberechtigten und auch die zeitliche Erbringbarkeit der abgerechneten Leistungen (Plausibilitätsprüfung; § 106 a Abs. 2 SGB V) überprüft werden können. **48**

Die Sondervorschriften des § 15 Abs. 3 BMV-Ä/§ 14 Abs. 1 AEK-V als Ausnahmeregelungen zum Grundsatz der persönlichen Leistungserbringung ermöglichen es, bei vertragsärztlichen gerätebezogenen Untersuchungen Leistungen Dritter als eigene Leistungen abzurechnen, wenn alle Ärzte die notwendige persönliche Qualifikation besitzen **(sog. Leistungserbringungsgemeinschaft).**[134] Möglich ist hier auch die Beschäftigung von angestellten Ärzten gemäß § 32 b Ärzte-ZV sowie die Einbeziehung von ermächtigten Krankenhausärzten in eine derartige Leistungserbringungsgemeinschaft. Ein Verstoß gegen den Grundsatz der persönlichen Leistungserbringung in der vertragsärztlichen Versorgung **49**

---

[130] Zum Vorliegen eines entsprechenden Notfalls vgl. LSG BW MedR 1996, 569.

[131] Einen Überblick über die „Anforderungen an die persönliche Leistungserbringung" in der vertragsärztlichen Versorgung gibt die als Orientierungshilfe von den Spitzenverbänden der Krankenkassen und der Kassenärztlichen Bundesvereinigung veröffentlichte Publikation im Deutschen Ärzteblatt Sonderdruck, Heft 31/32 S. 2197 bis 2199 vom 8. 8. 1988.

[132] vgl. BSG NZS 1998, 540.

[133] Vgl. BSGE 29, 288 (289); 38, 73 (75); LSG NRW NZS 1997, 195.

[134] Vgl. hierzu § 5 Rdn. 13.

führt dazu, dass die betreffenden Leistungen des Arztes nicht abrechenbar sind,[135] so dass ein derartiges Abrechnungsverhalten zugleich den Vorwurf des Abrechnungsbetruges gemäß § 263 StGB begründen kann.[136]

50 Für angestellte Ärzte in einem **medizinischen Versorgungszentrum** (MVZ) nach § 95 Abs. 1 SGB V gilt der Grundsatz der persönlichen Leistungserbringung abgewandelt.[137] Nach der Rechtsprechung des BSG[138] hat der angestellte Arzt „selbstständig und ohne Abhängigkeit von Weisungen und Aufsicht des Praxisinhabers Versicherte (zu) behandeln und hat zahlreiche Pflichten zu erfüllen, die dem Vertragsarzt obliegen". Hieraus wird teilweise geschlossen, dass der **angestellte Arzt** in seinen Rechten und Pflichten – anders als der Assistent – einem Vertragsarzt in einer Gemeinschaftspraxis angenähert sei.[139] Die vertragsärztlichen Pflichten treffen den angestellten Arzt in einem MVZ (einschließlich persönlicher Leistungserbringungspflicht) dann ähnlich wie den Vertragsarzt selbst. Zu prüfen ist aber stets, ob die jeweilige Pflicht das MVZ als Zulassungsobjekt oder den angestellten Arzt trifft. Der Träger des MVZ ist nur in organisatorischen Angelegenheiten (z.B. Ort und Zeit der Leistungserbringung) weisungsberechtigt, nicht dagegen im medizinischen Bereich; ein grundsätzliches Weisungsrecht des ärztlichen Leiters des MVZ gegenüber dem angestellten Arzt dürfte allerdings zu bejahen sein.[140] Der Patient schließt den Behandlungsvertrag mit dem MVZ. Dessen Leitung erstellt – wie in einem Krankenhaus – Dienstpläne für die angestellten ärztlichen Mitarbeiter. Der Patient ist mithin auf den Arzt angewiesen, der zu einem bestimmten Zeitpunkt Dienst hat. Sein Recht auf freie Arztwahl ist insoweit eingeschränkt. Etwas anderes gilt, wenn in einem MVZ auch Vertragsärzte tätig sind. Sie unterliegen in ihrer selbstständigen und eigenverantwortlichen Tätigkeit nicht den Weisungen der Leitung des MVZ.

51 **d) Wirtschaftlichkeitsgebot.** Nach dem im Leistungsrecht und Leistungserbringungsrecht der gesetzlichen Krankenversicherung gleichermaßen geltenden **Wirtschaftlichkeitsgebot** gem. §§ 12, 70 Abs. 1 Satz 2 SGB V muss die ärztliche Versorgung **ausreichend, zweckmäßig und wirtschaftlich** sein und darf das **Maß des Notwendigen** nicht überschreiten. Dabei stehen die vom Gesetz verwandten Begriffe nicht nebeneinander, sondern in einem **untrennbaren Zusammenhang.**[141] Der Begriff „wirtschaftlich" schließt die anderen Kriterien mit ein.[142] Die ärztliche Versorgung kann dann als wirtschaftlich betrachtet werden, wenn der von der Leistung erwartete Erfolg in einem angemessenen Verhältnis zum Aufwand steht. Das Wirtschaftlichkeitsgebot ist jedoch nicht nur maßgebend für das ärztliche Handeln, sondern es ist nach § 72 Abs. 2 SGB V auch Zielvorgabe für die Verträge über die vertragsärztliche Versorgung, die zwischen den Kassenärztlichen Vereinigungen und den Verbänden der Krankenkassen zu schließen sind. Die Wirtschaftlichkeit der ärztlichen Behandlungs- und Verordnungsweise wird nach § 106 SGB V von den Prüfungseinrichtungen überprüft. Verstößt der Vertragsarzt gegen das Gebot der Wirtschaftlichkeit, hat er mit **Honorarkürzungen** oder **Honorarregressen** zu rechnen.

52 **e) Behandlungspflicht.** Der Vertragsarzt hat die Pflicht, im Rahmen seiner Zulassung die Versicherten der gesetzlichen Krankenversicherung und die sonstigen Anspruchsberechtigten nach Maßgabe der gesetzlichen und vertraglichen Bestimmungen des Vertragsarztrechts und des Leistungsrechts zu behandeln, wobei auch die Behandlung von Notfällen und die Teilnahme am vertragsärztlichen Notdienst einbezogen ist. Diese **Behandlungs-**

---

[135] LSG NRW NZS 1997, 195; *Miebach/Patt* NJW 2000, 3377ff.

[136] Vgl. auch *Volk* NJW 2000, 3385ff.; *Gaidzik,* wistra 1998, 329ff.

[137] Für eine Differenzierung der Pflicht zur persönlichen Leistungserbringung bei angestellten Ärzten in einem MVZ: *Zwingel/Preißler,* Das Medizinische Versorgungszentrum, 2005, S. 106.

[138] BSG MedR 1996, 470 (472).

[139] *Möller,* GesR 2004, 456 (457).

[140] Vgl. dazu *Möller,* a.a.O., S. 458 und 460.

[141] *KassKomm-Hess* § 106 SGB V Rdn. 3.

[142] BSGE 17, 79 (84).

pflicht resultiert gemäß § 95 Abs. 3 Satz 1 SGB V aus der Zulassung des Vertragsarztes und den Bestimmungen der Bundesmantelverträge, die für den Vertragsarzt verbindlich sind (§ 95 Abs. 3 Satz 3 SGB V). Für **MVZ** und die dort angestellten Ärzte gilt diese Verpflichtung nach § 95 Abs. 3 Satz 2 SGB V ebenfalls. Der Arzt darf die Behandlung eines Patienten nur in begründeten Ausnahmefällen ablehnen (§§ 13 Abs. 6 Satz 1 BMV-Ä, § 13 Abs. 4 Satz 1 EKV). Eine **Ablehnung der Behandlung** ist möglich bei Überlastung eines Arztes, einer nicht gerechtfertigten Überschreitung des Fachgebietes, einer Störung des Vertrauensverhältnisses im Verlauf einer Behandlung und bei einem Hausbesuch außerhalb des üblichen Praxisbereiches. Die Behandlung eines Notfalles darf der Vertragsarzt unter keinen Umständen ablehnen. Die Verweigerung der Behandlung auf Krankenversichertenkarte oder Krankenschein stellt daher einen schwerwiegenden Verstoß gegen die durch die Zulassung als Vertragsarzt übernommene Pflicht dar. Das BSG hat zudem jüngst entscheiden, dass es gegen vertragsärztliche Pflichten verstößt, wenn der Vertragsarzt die Erbringung vertragsärztlicher Leistungen mit dem Hinweis auf deren mangelnde Rentabilität verweigert bzw. für diese Leistungen eine Zuzahlung verlangt.[143]

53 **f) Sorgfaltspflicht.** Der an der vertragsärztlichen Versorgung teilnehmende Arzt wird durch die Übernahme der Behandlung dem Versicherten gegenüber kraft Gesetzes zur **Sorgfalt nach den Vorschriften des bürgerlichen Vertragsrechts** verpflichtet (§ 76 Abs. 4 SGB V, § 13 Abs. 7 Satz 1 BMV-Ä, § 13 Abs. 2 Satz 1 EKV). Für diese gesetzlich und vertraglich normierte Sorgfaltspflicht ist die rechtliche Qualifizierung des zwischen dem Vertragsarzt und dem Patienten zustande kommenden Behandlungsvertrages unerheblich. Die Sorgfaltspflichten des Arztes umfassen neben der Behandlung nach den anerkannten Regeln der ärztlichen Kunst (vgl. auch § 16 BMV-Ä, § 13 EKV) auch **Aufklärungs- und Dokumentationspflichten** (vgl. § 57 BMV-Ä, § 13 EKV). Bei Verletzung der Sorgfaltspflicht macht sich der Arzt gegenüber dem Patienten **schadensersatzpflichtig.** Bei der vertraglichen Pflichtverletzung hat der Arzt für eigenes Verschulden und das seiner Erfüllungsgehilfen einzustehen (§§ 276, 278 BGB). Bei einer deliktischen Haftung aus unerlaubter Handlung (§ 823 BGB) hat der Arzt auch grundsätzlich für das Verschulden seiner Verrichtungsgehilfen einzustehen, wenn er sich nicht exkulpieren kann (§ 831 BGB). Steht dem Patienten ein Schadensersatzanspruch zu, geht dieser auf die Krankenkasse über, wenn diese auf Grund des Schadensereignisses Sozialleistungen zu erbringen hat (§ 116 SGB X).

54 **g) Bindung an gesetzliche und untergesetzliche Vorgaben.** Die vertragsärztliche Versorgung ist nach § 72 Abs. 2 SGB V im Rahmen der gesetzlichen Vorschriften und der Richtlinien des Gemeinsamen Bundesausschusses durch schriftliche Verträge der Kassenärztlichen Vereinigungen mit den Verbänden der Krankenkassen (sog. **Gesamtverträge**) zu regeln. Den allgemeinen Inhalt dieser Gesamtverträge (vgl. § 83 SGB V) vereinbaren die Kassenärztliche Bundesvereinigung mit den Spitzenverbänden der Krankenkassen in **Bundesmantelverträgen.** Der Inhalt der Bundesmantelverträge ist Bestandteil der Gesamtverträge (§ 82 Abs. 1 SGB V). Die **Richtlinien des Bundesausschusses** sind Bestandteil der Bundesmantelverträge (§ 92 Abs. 8 SGB V). Aus dem Recht und die Pflicht zur Teilnahme an der vertragsärztlichen Versorgung gem. § 95 Abs. 3 SGB V folgt zugleich die Bindung des Vertragsarztes an die gesetzlichen und vertraglichen Bestimmungen der vertragsärztlichen Versorgung einschließlich der Richtlinien des Bundesausschusses der Ärzte und Krankenkassen (§§ 95 Abs. 3 Satz 3, 92 Abs. 7 SGB V). Auch die **Satzungen** der Kassenärztlichen Vereinigungen enthalten verbindliche Vorgaben für die Vertragsärzte als deren Mitglieder (§ 81 Abs. 1 Nr. 4 SGB V). In den Satzungen ist zu regeln, dass die Verträge der Kassenärztlichen Bundesvereinigung und die Richtlinien des Bundesausschusses sowie der Kassenärztlichen Bundesvereinigung für die Mitglieder und die Kassenärztlichen Vereinigungen verbindlich sind (§§ 81 Abs. 3, 92, 75 Abs. 7, 135 SGB V).

---

[143] BSG, Urt. v. 14. 3. 2001, Az.: B 6 KA 54/00 R = BSGE 88, 20; B 6 KA 36/00 R, B 6 KA 67/00 R, MedR 2002, 37 ff., 42 ff. und 47 ff.; s. a. BSG, Beschl. v. 17. 5. 2001, Az.: B 6 KA 8/00 R.

V. Vertragsarzt und Krankenhausarzt

1. Trennung von ambulanter und stationärer Versorgung

55 Betrachtet man die zurückliegenden Gesundheitsreformen, insbesondere das **Gesundheitsstrukturgesetz** vom 21. 12. 1992[144] und das **2. GKV-Neuordnungsgesetz** vom 23. 6. 1997,[145] wird das Bemühen des Gesetzgebers deutlich, unter dem Stichwort der Verbesserung der „Verzahnung zwischen ambulanter und stationärer Versorgung" die traditionell bedingte Trennung beider Versorgungsbereiche aufzulockern. Im Rahmen des Gesundheitsstrukturgesetzes von 1992 wurde dies im Bereich des ambulanten Operierens und der Großgeräte-Planung versucht. Ferner wurde für die vor- und nachstationäre Behandlung ein verbindlicher Rahmen festgelegt.

56 Die Erfahrungen mit sämtlichen Reformgesetzen in der GKV belegen jedoch die Tatsache, dass eine **„Verzahnung"** zwischen ambulanter und stationärer Versorgung nach wie vor schwer umsetzbar ist, solange die Finanzierungsgrundlagen unterschiedlich geregelt sind. Dies gilt insbesondere vor dem Hintergrund der bestehenden Ausgabenbegrenzungsregelungen in der GKV. In Zeiten sektoraler Budgets werden Leistungsverschiebungen zwischen den Versorgungsbereichen zwangsläufig zu einer Verringerung der zur Verfügung stehenden Leistungsvergütung in dem betroffenen Versorgungsbereich führen. Deutlich geworden sind diese Schwierigkeiten bereits im Verfahren der Bereinigung der Gesamtvergütungen im Rahmen der Integrierten Versorgung nach den §§ 140a ff. SGB V.

57 Das traditionelle Recht beschränkte sich bisher auf die Möglichkeit der Erteilung von **Ermächtigungen,** um Krankenhausärzten (§ 116 SGB V) und Krankenhäusern (§§ 117, 118, 120 SGB V) die Teilnahme an der vertragsärztlichen Versorgung zu ermöglichen und auf die belegärztliche Versorgung (§ 121 SGB V), die den niedergelassenen Ärzten die Behandlung von Patienten im Krankenhaus ermöglichen soll. Diese Modelle haben in der Vergangenheit jedoch nur teilweise zu einer verbesserten Verbindung beider Versorgungsbereiche beigetragen.

58 Der Entwurf eines Gesetzes zur Neuordnung der Krankenhausfinanzierung von CDU/DSU und FDP 1997 (KHNG 1997)[146] vom 22. 11. 1995 sah z.B. eine Förderung der belegärztlichen Tätigkeit und der Ermächtigung qualifizierter Fachärzte in Krankenhäusern vor. Dennoch beschränkte der Gesetzentwurf die Verzahnung der Versorgungsbereiche ausdrücklich auf diese Kooperationsformen und die Regelung der **Praxiskliniken.** Eine darüber hinausgehende institutionelle Öffnung der Krankenhäuser für ambulante Behandlungen ist in der Folgezeit in Teilbereichen erfolgt.[147]

59 Das durch das **Fallpauschalengesetz** vom 23. 4. 2002[148] bis zum 1. 1. 2008 im Krankenhausbereich schrittweise einzuführende DRG-System wird das Verhältnis der Versorgungsbereiche zueinander erheblich verändern. Die DRG-Fallpauschalen werden zu einer früheren Entlassung von Patienten und damit teilweise auch zu einer höheren Inanspruchnahme ambulanter Behandlungs- und Pflegemöglichkeiten führen. Soll die Leistung dem Geld folgen, bedeutet dies, dass zukünftig finanzielle Mittel aus dem stationären in den ambulanten Bereich verlagert werden müssen.

60 Mit dem **GKV-Modernisierungsgesetz (GMG)** vom 19. 11. 2004[149] sollen die Fundamente für eine umfassende Reform des Gesundheitswesens gelegt werden. Die geplan-

---

[144] BGBl. I, 2266.

[145] BGBl. I, 1520.

[146] BT-Drs. 13/3062.

[147] Beispielsweise vor- und nachstationäre Behandlung im Krankenhaus (§ 115a SGB V) und ambulantes Operieren im Krankenhaus (§ 115b SGB V).

[148] BGBl. I S. 1412.

[149] BGBl. I. S. 2190.

ten Gesetzesänderungen sollen das Verhältnis von niedergelassenen und Krankenhausärzten, Krankenhäusern, Kassenärztlichen Vereinigungen und Krankenkassen untereinander grundlegend verändern, den Wettbewerb der Gesundheitsakteure untereinander verschärfen und die Sektorengrenzen zukünftig weitgehend beseitigen.

61 In das SGB V wurden durch das GMG insbesondere Vorschriften aufgenommen, die zu einer **verstärkten Öffnung der Krankenhäuser** für den Bereich der ambulanten Versorgung beitragen sollen. Nach § 116b Abs. 2 und 3 SGB V soll für bestimmte Indikationen, hoch spezialisierte Leistungen und schwerwiegende Erkrankungen eine Teilöffnung der Krankenhäuser zur ambulanten Versorgung erfolgen. Im Rahmen von strukturierten Behandlungsprogrammen (DMP) können Krankenhäuser nach § 116b Abs. 1 SGB V für die ambulante Behandlung geöffnet werden. Eine Teilöffnung für Krankenhäuser zur ambulanten Versorgung kann ferner gemäß § 116a SGB V bei Unterversorgung in dem entsprechenden Fachgebiet erfolgen, solange die Kassenärztliche Vereinigung ihren Sicherstellungsauftrag nicht erfüllt. Zu erwähnen ist schließlich die Möglichkeit für zugelassene Krankenhäuser durch die Gründung und Beteiligung an einem **Medizinischen Versorgungszentrum** nach § 95 SGB V ambulante vertragsärztliche Leistungen durch angestellte Ärzte abrechnen zu können.

62 Die Eröffnung eines **Wettbewerbs zwischen den Krankenhäusern und den niedergelassenen Ärzten** um die ambulant zu behandelnden Patienten kann zu höheren Kosten führen, solange die mit öffentlichen Investitionsmitteln finanzierten Krankenhäuser Wettbewerbsvorteile haben, die auf Dauer eine qualitativ hochwertige ambulante Versorgung durch niedergelassene Ärzte gefährdet.[150] Darüber hinaus stellt sich die Frage nach der Verfassungsmäßigkeit der vertragsärztlichen Bedarfsplanung nach § 101 SGB V, wenn der Gesetzgeber zwar den Versorgungsgrad der niedergelassenen Ärzte beschneidet, parallel aber unbegrenzt Krankenhäusern den Zutritt zur ambulanten Versorgung ermöglicht.[151]

2. Zulassung von Krankenhausärzten als niedergelassene Vertragsärzte

63 Kooperationsformen zwischen ambulanter und stationärer Versorgung unterliegen insbesondere **Beschränkungen durch das Vertragsarztrecht.** Nach § 20 Abs. 2 Ärzte-ZV ist ein Arzt für die Ausübung vertragsärztlicher Tätigkeiten nicht geeignet, der eine ärztliche Tätigkeit ausübt, die „ihrem Wesen nach mit der Tätigkeit des Vertragsarztes am Vertragsarztsitz nicht zu vereinbaren ist".

64 Das BSG hat in Bezug auf die **Vermischung von ambulanter und stationärer Tätigkeit** von Ärzten die Vorschrift des § 20 Abs. 2 Ärzte-ZV in mehreren Entscheidungen konkretisiert. Bereits in seiner Entscheidung vom 15. März 1995[152] hat das BSG festgestellt, dass damit unvereinbar die faktische Wahrnehmung der Tätigkeit eines Krankenhausarztes durch einen zur vertragsärztlichen Versorgung zugelassenen Arzt wäre, die nicht in den dafür zulassungsrechtlich vorgesehenen Formen, wie der belegärztlichen Tätigkeit, vorgenommen wird.

65 In einer weiteren Entscheidung vom 5. November 1997[153] hat das BSG diese Aussage dahingehend konkretisiert, dass eine **Interessen- und Pflichtenkollision** in den Fällen besteht, in denen der Vertragsarzt zugleich als Krankenhausarzt bei stationärem Aufenthalt von Patienten unmittelbar in deren Versorgung eingebunden ist. Dies hat das Gericht in seiner Entscheidung ausschließlich für Pathologen verneint. In Betracht kommt diese Ausnahme allerdings auch für Laborärzte und Mikrobiologen, nicht dagegen für Radiologen, Nuklearmediziner und Strahlentherapeuten, da diese Fachgruppen patientenbezogen tätig sind. Für Anästhesisten, die in die narkosemäßige Versorgung aus Anlass von Opera-

[150] BT-Drs. 13/3062, 15.
[151] Vgl. *Wenner,* GesR 2003, S. 129ff.
[152] Vgl. MedR 1996, 86ff.
[153] Vgl. MedR 1998, 279ff.

tionen unmittelbar patientenbezogen sind, hat das BSG die Anwendbarkeit dieser Grundsätze bestätigt.[154]

66 Zulässig ist nach der Rechtsprechung grundsätzlich die **Kooperation** mit einem in Krankenhausräumen niedergelassenen Vertragsarzt mit dem Ziel des Bezuges ärztlicher Leistungen durch das Krankenhaus. Voraussetzung ist allerdings, dass der Arzt nur in geringem Umfang Verpflichtungen zur persönlichen Leistungserbringung gegenüber dem Krankenhaus übernimmt und auch nicht in den Krankenhausbetrieb eingebunden wird, so dass er seinen vertragsärztlichen Verpflichtungen in zeitlicher und persönlicher Hinsicht nachkommen kann. Auch wenn nicht gewährleistet ist, dass der Arzt auf Grund seiner anderweitigen ärztlichen Tätigkeit Inhalt und Umfang seiner vertragsärztlichen Tätigkeit und den Einsatz der der Praxis zugeordneten sachlichen und persönlichen Mittel selbst bestimmen kann, besteht nach Auffassung der Rechtsprechung eine unzulässige Vermischung zwischen beiden Versorgungsbereichen.

3. Zulässige Tätigkeitsformen (Belegarzttätigkeit, Ermächtigung)

67 **a) Belegärztliche Tätigkeit.** Der Gesetzgeber hat sich im SGB V ausdrücklich für eine Förderung des Belegarztwesens ausgesprochen. Nach § 121 Abs. 1 SGB V sowie in den dreiseitigen Verträgen nach § 115 Abs. 2 Nr. 1 SGB V soll auf eine leistungsfähige und wirtschaftliche belegärztliche Versorgung hingewirkt werden. Diese Zielvorgabe kommt ebenfalls in der Bundesrahmen-Empfehlung nach § 115 Abs. 5 SGB V zum Ausdruck. Dort wird u. a. empfohlen, dass der Krankenhausträger prüfen soll, ob die stationäre Versorgung bei gleicher oder besserer Qualität nicht kostengünstiger in Belegabteilungen gewährt werden kann.[155]

68 Durch den Hinweis in § 121 Abs. 1 Satz 1 SGB V auf die **„zugelassenen Krankenhäuser“** wird klargestellt, dass die belegärztliche Tätigkeit jedoch nur an zugelassenen Krankenhäusern i. S. v. § 108 SGB V ausgeübt werden kann.[156] Darüber hinaus ist die Tätigkeit als Belegarzt an einem zugelassenen Krankenhaus an die Kassenzulassung gebunden, da § 121 Abs. 2 SGB V die belegärztliche Tätigkeit wie folgt definiert:

„(2) Belegärzte im Sinne dieses Gesetzbuches sind nicht am Krankenhaus angestellte Vertragsärzte, die berechtigt sind, ihre Patienten (Belegpatienten) im Krankenhaus unter Inanspruchnahme der hierfür bereitgestellten Dienste, Einrichtungen und Mittel vollstationär oder teilstationär zu behandeln, ohne hierfür vom Krankenhaus eine Vergütung zu erhalten.“

69 Das **ärztliche Honorar** für die stationäre Behandlung rechnet der Belegarzt mit der Kassenärztlichen Vereinigung ab, da nach § 121 Abs. 3 SGB V belegärztliche Leistungen aus der vertragsärztlichen Gesamtvergütung vergütet werden.[157] Die nicht der belegärztlichen Behandlung zuzurechnenden stationären Leistungen sind Leistungen des Krankenhauses, für die die Vorschriften der des Krankenhausentgeltgesetzes (KHEntgG)[158] über allgemeine Krankenhausleistungen und Wahlleistungen gelten. Die allgemeinen Krankenhausleistungen werden mit den Pflegesätzen nach § 7 KHEntgG vergütet.[159]

70 Einer **Förderung des Belegarztwesens** stehen in vielen Regionen die zum Teil sehr starren Zulassungsbeschränkungen nach § 103 SGB V im Wege, so dass in einem für Neuzulassungen gesperrten Gebiet die Besetzung einer Belegarztstelle blockiert sein kann,

---

[154] BSG SozR 4–2500, § 95 Nr. 2.

[155] Vgl. *Wigge/Frehse* MedR 2001, 549 (550).

[156] BSG, Urt. v. 15. 5. 1991, Az.: 6 RKa 11/90; *Krauskopf-Knittel* § 121 SGB V Rdn. 2.

[157] Nach § 2 Abs. 1 Satz 2 KHEntgG gehören die Leistungen des Belegarztes nicht zu den Krankenhausleistungen, so dass das dem Belegarzt zustehende Entgelt auch kein Pflegesatz i. S. v. § 2 Nr. 4 KHG ist; vgl. *Tuschen/Trefz,* Krankenhausentgeltgesetz, 2005 Erl. § 2 KHEntgG, S. 179.

[158] In der Fassung des GKV-Modernisierungsgesetzes vom 14. 11. 2003 (BGBl. I S. 2190).

[159] *Renzewitz,* Vertragsärztliche Tätigkeit im Krankenhaus, in: Robbers (Hrsg.), Die Krankenhausbehandlung – Praxiskommentar zur Vertragsgestaltung, Band 5, 1999, S. 47.

wenn kein im Planungsbereich bereits zugelassener Vertragsarzt als Bewerber zur Verfügung steht. Der Gesetzgeber des 2. GKV-NOG vom 23. 6. 1997[160] hat deshalb in § 103 Abs. 7 SGB V die Möglichkeit für Krankenhausträger eröffnet, auch mit einem nicht zugelassenen Arzt einen Belegarztvertrag abzuschließen, soweit sich im Planungsbereich kein Vertragsarzt für die Tätigkeit findet. Der bisher nicht zugelassene Vertragsarzt erhält nach § 103 Abs. 7 Satz 2 SGB V „eine auf die Dauer der belegärztlichen Tätigkeit beschränkte Zulassung". Diese Beschränkung entfällt bei der Aufhebung von Zulassungsbeschränkungen sowie spätestens nach Ablauf von 10 Jahren. § 103 Abs. 7 SGB V macht die Berechtigung des Krankenhausträgers, einen nicht zugelassenen Arzt zum Belegarzt zu bestellen, nicht davon abhängig, aus welchen Gründen ein Belegarztvertrag mit einem im Planungsbereich bereits zugelassenen Vertragsarzt nicht zustande gekommen ist. Aus der gesetzlichen Formulierung („findet") ergibt sich insbesondere keine Verpflichtung des Krankenhausträgers, einem sich bewerbenden Vertragsarzt einen Belegarztvertrag anzubieten, wenn das Krankenhaus diesen nicht für geeignet hält. Soweit ein sachlicher Grund für die Ablehnung eines zugelassenen Vertragsarztes besteht, kann das Krankenhaus daher auch mit einem noch nicht zugelassenen Arzt einen Belegarztvertrag abschließen.[161]

71 Dem Arzt, mit dem der Krankenhausträger den **Belegarztvertrag** abgeschlossen hat, ist die Zulassung zur vertragsärztlichen Versorgung nach § 103 Abs. 7 SGB V zwingend zu erteilen, soweit er die persönlichen Voraussetzungen nach § 39 BMV-Ä bzw. § 31 EKV erfüllt, da er anderenfalls die belegärztliche Tätigkeit nicht ausüben kann (vgl. § 121 Abs. 2 SGB V). Die Zulassung ist in ihrem Bestand jedoch von der Belegarzttätigkeit abhängig und endet deshalb mit einer Beendigung des Belegarztvertrages mit dem betreffenden Krankenhaus.[162] Allerdings kann der Belegarzt die Zulassung mit der Einschränkung nach § 103 Abs. 4 SGB V auf einen Nachfolger übertragen, wenn er dafür die Genehmigung des Krankenhauses und des Zulassungsausschusses erhält.[163]

72 **b) Ermächtigung von Krankenhausärzten.** Nach § 95 Abs. 1 Satz 1 SGB V nehmen neben den zugelassenen Vertragsärzten auch ermächtigte Ärzte und ermächtigte ärztliche Einrichtungen an der vertragsärztlichen Versorgung teil (vgl. auch § 95 Abs. 4 Satz 1 SGB V). Während die Teilnahmeberechtigung an der vertragsärztlichen Versorgung auf Grund der Zulassung bei den Vertragsärzten auf der damit begründeten Mitgliedschaft des Arztes in der Kassenärztlichen Vereinigung beruht, ist demgegenüber die Ermächtigung nicht an eine Mitgliedschaft in der Kassenärztlichen Vereinigung gebunden. Auch die Eintragung in das Arztregister und die damit einhergehende außerordentliche Mitgliedschaft ist keine Voraussetzung für die Ermächtigung. Um die ermächtigten Ärzte und ärztlich geleiteten Einrichtungen an das Vertragsarztrecht zu binden, bestimmen § 95 Abs. 4 Satz 2 und Satz 3 SGB V kraft Gesetzes die Verbindlichkeit der vertraglichen Bestimmungen und bestimmter gesetzlicher Vorschriften über die vertragsärztliche Versorgung.[164] Darüber hinaus enthält die Ärzte-ZV auf der Grundlage des § 98 Abs. 2 Nr. 11 SGB V ergänzende Vorschriften, nach denen für Vertragsärzte geltende Vorschriften auch für ermächtigte Ärzte oder ärztlich geleitete Einrichtungen verbindlich sind (vgl. §§ 31, 31a Ärzte-ZV).[165]

73 Die Ermächtigungen nach §§ 31, 31a Ärzte-ZV sind grundsätzlich von einer Bedarfsprüfung abhängig.[166] Daher kommen Ermächtigungen für Ärzte nur in Betracht bei der

---

[160] BGBl. I, S. 1520.

[161] *Peters-Hencke* § 103 Rdn. 18; *Wagner* MedR 1998, 410 (411).

[162] Vgl. *KassKomm-Hess* § 103 SGB V Rdn. 31.

[163] *Krauskopf* § 103 SGB V Rdn. 13.

[164] § 120 Abs. 1 Satz 1 SGB V verweist für ermächtigte Krankenhausärzte und ärztlich geleitete Einrichtungen auf die für Vertragsärzte geltenden Vergütungsgrundsätze.

[165] Vgl. zu der Besonderheit der Unterwerfung der ermächtigten Ärzte und ärztlich geleiteten Einrichtungen unter die Disziplinargewalt der Kassenärztlichen Vereinigungen *KassKomm-Hess* § 95 SGB V Rdn. 69.

[166] BSG SozR 2200 § 368a Nr. 7.

Durchführung **besonderer Untersuchungs- und Behandlungsmethoden** durch Krankenhausärzte (§ 116 SGB V i.V.m. § 31a Ärzte-ZV), der Abwendung von Unterversorgung und Versorgung eines begrenzten Personenkreises[167] (§ 31 Abs. 1 Ärzte-ZV), der Erbringung bestimmter ärztlicher Leistungen auf Grund von Regelungen des BMV-Ä (§ 31 Abs. 2 Ärzte-ZV) und der vorübergehenden Erbringung von Dienstleistungen durch Ärzte aus EU-Mitgliedsstaaten.

74 Im Wesentlichen werden Ermächtigungen für besondere Untersuchungs- und Behandlungsmethoden an Krankenhausärzte mit **abgeschlossener Weiterbildung** nach § 116 SGB V i.V.m. § 31a Ärzte-ZV erteilt. Für die Erteilung der Ermächtigung kommt es darauf an, ob die vertragsärztliche Versorgung durch die zugelassenen Vertragsärzte ausreichend und zweckmäßig ist und ob das Leistungsangebot der Vertragsärzte diesen Anforderungen genügt, so dass die Ermächtigungen hinsichtlich des Umfanges stark eingeschränkt sind. Die Bedarfsprüfung kann sich auf **quantitative und qualitative Gesichtspunkte** erstrecken,[168] wobei die Zulassungsgremien bei der Feststellung eines Bedarfs einen gerichtlich nur eingeschränkt nachprüfbaren Beurteilungsspielraum besitzen.[169] Das Merkmal des qualitativen Bedarfs erweckt fälschlicherweise den Eindruck, als könnten besondere Versorgungsangebote grundsätzlich eine Ermächtigung von Krankenhausärzten begründen. Nach der Rechtsprechung des BSG genügen aber die niedergelassenen Vertragsärzte auf Grund ihres Aus- und Weiterbildungsstandes regelmäßig dem Versorgungsanspruch auch in qualitativer Hinsicht (sog. formale Betrachtungsweise).[170] Eine besondere Qualifikation des Krankenhausarztes ist daher ausnahmsweise nur dann ausschlaggebend, wenn sie zur ausreichenden ambulanten ärztlichen Versorgung benötigt wird, sie sich in einem besonderen Leistungsspektrum niederschlägt und dieses von den niedergelassenen Vertragsärzten nicht oder nicht ausreichend angeboten wird.[171] Auf die Erteilung der Ermächtigung besteht ein Rechtsanspruch, sofern die gesetzlichen Voraussetzungen vorliegen. Die Ermächtigung ist von den Zulassungsgremien zeitlich, räumlich und ihrem Umfang nach zu beschränken.

75 Ebenso wie die Zulassung des Vertragsarztes beinhaltet die Ermächtigung einen konstitutiv-rechtsgestaltenden Statusakt,[172] so dass eine **rückwirkende Erteilung** nicht in Betracht kommt. Das BSG hatte bisher entschieden, dass niedergelassene Vertragsärzte grundsätzlich nicht zu einer Anfechtung von erteilten Ermächtigungen berechtigt sind, weil die Ermächtigungsnormen keinen auf die Einkommenssicherung des Vertragsarztes gerichteten Schutz entfalten.[173] Das Bundesverfassungsgericht hat dagegen in einer Entscheidung vom 17. 8. 2004 die defensive Konkurrentenklage für niedergelassene Vertragsärzte gegen die Ermächtigung von Krankenhausärzten zugelassen.[174] Die sich aus diesem Urteil ergebenden Veränderungen der Rechtsschutzmöglichkeiten gegen Zulassungsentscheidungen sind erheblich, da zukünftig auch am Verfahren nicht unmittelbar beteiligte Vertragsärzte, für die eine Neuzulassung oder Ermächtigung eine Konkurrenz darstellt, hiergegen klagen können.

76 Neben einer Ermächtigung für Ärzte gibt es auch Ermächtigungen für ärztlich geleitete Einrichtungen **(sog. Institutsermächtigungen),** deren Voraussetzungen für Polikliniken

---

[167] Dies ist nach § 31 Abs. 3 Ärzte-ZV auch durch Ärzte ohne Approbation möglich.

[168] Zu der qualitativen und quantitativen Versorgungslücke vgl. *Schallen,* Zulassungsverordnung für Vertragsärzte (Ärzte-ZV), Vertragszahnärzte (Zahnärzte-ZV), Medizinische Versorgungszentren, Psychotherapeuten, 2004, Rdn. 685.

[169] Zum Inhalt der Kontrolle durch die Gerichte vgl. BSG SozR 5520 § 29 Nr. 5.

[170] BSG, Urteil vom 6. 6. 1984, Az.: 6 RKa 7/83; zum Umfang der Darlegungspflicht des Krankenhausarztes vgl. BSG SozR 3–2500 § 116 Nr. 6.

[171] BSG ArztR 1992, 146.

[172] BSG SozR 3–2500 § 116 Nr. 5, MedR 1994, 454.

[173] Vgl. zuletzt BSG NZS 2000, 518; nach dieser Rechtsprechung des BSG soll eine Ausnahme dann gelten, wenn die Ermächtigung willkürlich erteilt wurde.

[174] BVerfG, Urt. v. 17. 8. 2005, Az.: 1 BvR 378/00 = NZS 2004, 449.

in § 117 SGB V, für Psychiatrische Krankenhäuser in § 118 SGB V und für sozialpädiatrische Zentren in § 119 SGB geregelt sind. Die Institutsermächtigung setzt nach der Rechtsprechung des BSG voraus, dass die vertragsärztliche Versorgung nicht durch eine Ermächtigung von Krankenhausärzten gem. § 116 SGB V sichergestellt werden kann.[175] Das BSG hat darüber hinaus festgestellt, dass der Nachrang von Institutsermächtigungen deren Erteilung auch nur dann zulässt, wenn persönlichen Ermächtigungen von Ärzten rechtlich relevante Hindernisse entgegenstehen.[176] In diesem Zusammenhang ist auch die Wortwahl in § 31 Abs. 1 Ärzte-ZV zu verstehen, wonach die Institutsermächtigung nur in „besonderen" Fällen in Betracht kommt. Eine Institutsermächtigung ist auch dann nicht möglich, wenn ärztliche Leistungen einer Qualitätsprüfung gemäss § 135 Abs. 2 SGB V unterliegen.[177]

4. Niederlassung am Krankenhaus

77 Das Bundessozialgericht hat die Möglichkeit der Kooperation von niedergelassenen Vertragsärzten in Krankenhausräumen mit dem Ziel des Bezuges ärztlicher Leistungen von der Praxis durch das Krankenhaus unter bestimmten Voraussetzungen als mit dem Wesen des Vertragsarztes für grundsätzlich unvereinbar erklärt.[178] Wie bereits oben[179] dargestellt worden ist, verstößt eine Niederlassung am Krankenhaus nicht gegen § 20 Abs. 2 Ärzte-ZV, soweit nicht die faktische Wahrnehmung der Tätigkeit eines Krankenhausarztes durch einen zur vertragsärztlichen Versorgung zugelassenen Arzt erfolgt, die nicht in den dafür zulassungsrechtlich vorgesehenen Formen, wie der belegärztlichen Tätigkeit, vorgenommen wird.

78 Im Gegensatz zu den Vorinstanzen vertrat das BSG insbesondere die Auffassung, dass einer derartigen Zulassung § 20 Abs. 2 Ärzte-ZV nicht entgegensteht. Nach § 20 Abs. 2 Ärzte-ZV ist für die Ausübung vertragsärztlicher Tätigkeit nicht geeignet ein Arzt, der eine ärztliche Tätigkeit ausübt, die ihrem Wesen nach mit der Tätigkeit des Vertragsarztes am Vertragsarztsitz nicht zu vereinbaren ist. Nach Auffassung des BSG wäre im Sinne von § 20 Abs. 2 Ärzte-ZV unvereinbar die **faktische Wahrnehmung der Tätigkeit eines Krankenhausarztes** durch einen zur vertragsärztlichen Versorgung zugelassenen Arzt, die nicht in den dafür zulassungsrechtlich vorgesehenen Formen wie der belegärztlichen Tätigkeit vorgenommen wird.

79 Die Niederlassung eines Vertragsarztes im Krankenhaus stellt **keine wesensmäßige Unvereinbarkeit** mit der normalen vertragsärztlichen Tätigkeit dar. Voraussetzung ist allerdings nach Auffassung des Gerichts, dass der Arzt nur in geringem Umfang Verpflichtungen zur persönlichen Leistungserbringung gegenüber dem Krankenhaus übernimmt und auch nicht in den Krankenhausbetrieb eingebunden wird, so dass er seinen vertragsärztlichen Verpflichtungen in zeitlicher Hinsicht und bezüglich der persönlichen Leistungserbringung nachkommen kann.

80 Nach Auffassung des BSG steht dieser Form der vertragsärztlichen Tätigkeit nicht entgegen, dass ein Teil des in der Praxis tätigen Personals im Wege des **Gestellungsvertrages** von dem Krankenhaus, mit dem die Praxis kooperiert, übernommen wird. Erst dann, wenn der weitaus größte Teil des Personals der vertragsärztlichen Praxis vom Krankenhaus überlassen würde, liegt nach Auffassung des BSG eine eigenverantwortliche Praxisausübung nicht mehr vor.

81 Die Trennung der ambulanten von der stationären Versorgung durch das Vertragsarztrecht wird im Übrigen auch durch das Krankenhausrecht nachvollzogen. So enthalten

[175] BSG MedR 1997, 184.
[176] BSG Urteil vom 26. 1. 2000, B KA 51/98 R.
[177] BSG NZS 1999, 208.
[178] Vgl. BSG MedR 1996, 86 ff.; MedR 1998, 279 ff.
[179] Vgl. oben Rdn. 24–29.

etwa die meisten Bestimmungen der **Krankenhausgesetze der Länder** Vorschriften darüber, dass Ärzte, die weder Belegärzte noch hauptärztlich im Krankenhaus tätige Ärzte des Krankenhauses sind, nur zur ergänzenden Untersuchung und Behandlung tätig werden dürfen, soweit dies im Einzelfall erforderlich ist (vgl. z.B. § 36 Abs. 2 KHG NRW). Um Einzelfälle wird es sich dann nicht mehr handeln, wenn jeder Fall, der in einer Abteilung eines Krankenhauses behandelt wird, auch wenn er individuell immer wieder Besonderheiten aufweist, durch Hinzuziehung von Konsiliarkräften therapiert wird.[180]

5. Modellvorhaben/Integrierte Versorgung

82 Deutlich verstärkte Kooperationsmöglichkeiten zwischen niedergelassenen Vertragsärzten und Krankenhäusern bestehen für den Bereich der Modellvorhaben nach den §§ 63ff. SGB V und in der integrierten Versorgung nach den §§ 140a ff. SGB V.[181]

83 In § 63 Abs. 3 Satz 1 SGB V und § 140b Abs. 4 SGB V ist für beide Bereiche vorgesehen, dass in den vertraglichen Vereinbarungen von den Vorschriften des 4. Kapitels des SGB V und des Krankenhausfinanzierungsgesetzes sowie den nach diesen Vorschriften getroffenen Regelungen abgewichen werden kann. Darüber hinaus gilt aufgrund der Neufassung der Vorschriften über die integrierte Versorgung durch das **GKV-Modernisierungsgesetz** vom 14. 11. 2003[182] nach § 140b Abs. 4 Satz 2 SGB V der Grundsatz der Beitragssatzstabilität nach § 71 Abs. 1 SGB V nicht für Verträge, die „bis zum 31. 12. 2006 abgeschlossen werden". Voraussetzung für die Teilnahme von Leistungserbringern an Modellvorhaben und integrierten Versorgungsformen ist deren Zulassung, soweit eine solche erforderlich ist. Dies ergibt sich im Bereich der Modellvorhaben aus § 64 Abs. 1 SGB V und in der integrierten Versorgung aus § 140b Abs. 1 und 2 SGB V.

84 **Abweichungen vom 4. Kapitel** des SGB V sind allerdings nur insoweit zulässig, als die abweichende Regelung dem Sinn und der Eigenart der integrierten Versorgung entspricht, die Qualität, die Wirksamkeit und die Wirtschaftlichkeit der integrierten Versorgung verbessert oder aus sonstigen Gründen zu ihrer Durchführung erforderlich ist (§ 140b Abs. 4 Satz 1 SGB V). Da jedoch grundsätzlich von den übrigen Bestimmungen abgewichen werden kann, können die Vertragspartner bestimmen, dass teilnehmende Ärzte nicht an die Vorgaben der Zulassungsverordnung für Ärzte (Ärzte-ZV) und der Vergütungsvorschriften im Einheitlichen Bewertungsmaßstab (EBM) gebunden sind. Fraglich ist allerdings, ob durch den Inhalt der Zulassung eine Bindung der Vertragsärzte und der Krankenhäuser an ihren Versorgungsauftrag auch im Bereich von Modellvorhaben und integrierten Versorgungsformen besteht.[183] Verneint man diese zulassungsimmanenten Beschränkungen, besteht für Krankenhäuser und Ärzte im Rahmen von Modellvorhaben und der integrierten Versorgung keine Bindung an die gesetzlichen und untergesetzlichen Vorgaben des Leistungserbringungsrechts im 4. Kapitel des SGB V (§§ 69–140h), der Krankenhausfinanzierungsgesetze des Bundes und der Länder und die Vereinbarungen der Vertragspartner (z.B. Bundesmantel- und Gesamtverträge nach §§ 82, 83 und 87 SGB V, zwei- und dreiseitige Verträge nach §§ 112, 115 SGB V).

85 Der Gesetzgeber hat durch das GMG diese Frage durch die Neuregelung in § 140b Abs. 4 Satz 3 SGB V beantwortet. Danach können sich die Vertragspartner auf der Grundlage ihres jeweiligen Zulassungsstatus darauf verständigen, dass Leistungen in der integrierten Versorgung auch dann erbracht werden, wenn die Erbringung dieser Leistungen vom **Zulassungs- oder Ermächtigungsstatus** des jeweiligen Leistungserbringers nicht gedeckt ist. Dieser Vorschrift ist zu entnehmen, dass die Zulassung lediglich die Voraussetzung für die Teilnahme an der integrierten Versorgung darstellt. Innerhalb des Systems der

[180] *Pant/Prütting*, Krankenhausgesetz Nordrhein-Westfalen, S. 291.
[181] *Wigge* NZS 2001, 17ff., 66ff.
[182] BGBl. I S. 2190.
[183] Vgl. *Wigge* a.a.O., 67.

integrierten Versorgung besteht dagegen keine Bindung mehr an die Zulassung.[184] Die Vertragspartner können deshalb z. B. unabhängig von der Bedarfsplanung nach § 101 SGB V selbst darüber entscheiden, wo und von wem welche Leistungen eines konkreten integrierten Versorgungsangebotes und unbeschadet der sich aus § 39 SGB V ergebenden Rangfolge erbracht werden.[185] Vertragsgrundlage ist gleichwohl der jeweilige Zulassungsstatus des Leistungserbringers insoweit, als nicht Leistungen erbracht werden können, die von keinem der beteiligten Vertragspartner durch ihren Zulassungsstatus abgedeckt sind. Bei Vertragsabschluss können die Vertragspartner daher keinen „fremden Zulassungsstatus" in die integrierte Versorgung einbringen.[186]

VI. Rechtsbeziehungen des Vertragsarztes zum Versicherten

1. Rechte und Pflichten des Vertragsarztes gegenüber dem Versicherten aus dem Behandlungsvertrag

86 Die rechtlichen Beziehungen zwischen dem Vertragsarzt und dem Versicherten werden dadurch begründet, dass sich der Patient in die ärztliche Behandlung begibt. Eine gesetzliche Regelung des ärztlichen Behandlungsvertrages ist nicht vorhanden. Der BGH[187] und Teile des Schrifttums[188] sind der Auffassung, dass der Behandlungsvertrag zwischen Vertragsarzt und Versichertem ebenso wie zwischen Arzt und Privatpatient als **Dienstvertrag** i. S. d. § 611 Abs. 1 BGB zu qualifizieren ist.[189] Nach dieser Ansicht schuldet der Arzt als Hauptleistung zwar die Behandlung nach den Regeln der ärztlichen Kunst, jedoch nicht den Eintritt des Behandlungserfolges als solchen. Mit der Hingabe der Krankenversichertenkarte dokumentierten die Parteien die Befreiung des Versicherten von der Zahlungspflicht und die Verpflichtung des Vertragsarztes, seinen Vergütungsanspruch gegenüber der Kassenärztlichen Vereinigung geltend zu machen. Insbesondere unter Bezugnahme auf § 76 Abs. 4 SGB V wird nach anderer Ansicht die Auffassung vertreten, dass zwischen den Beteiligten keine vertraglichen Beziehungen begründet werden oder nur ein gesetzliches Schuldverhältnis entstehe.[190] Insbesondere das BSG und die überwiegende sozialrechtliche Literatur verneinen ein privatrechtliches Vertragsverhältnis und nehmen ein **gesetzliches Rechtsverhältnis** mit öffentlich-rechtlicher Natur an.[191]

2. Der Behandlungsanspruch des Versicherten und Finanzierungsvorbehalt

87 Die Versicherten der gesetzlichen Krankenversicherung haben gemäss § 27 Abs. 1 Satz 1 SGB V einen Anspruch auf Krankenbehandlung, der als **Sachleistungsanspruch** gegenüber ihrer Krankenkasse besteht (§§ 2 Abs. 2, 27 Abs. 1 Satz 1 SGB V). Nach der Rechtsprechung des BSG[192] besteht der Anspruch allerdings nur in Form eines subjektiv-öffentlichen Rahmenrechtes, das konkretisiert und begrenzt wird durch die Regelungen im Vierten Kapitel des SGB V, insbesondere den Richtlinien des Gemeinsamen Bundesausschusses nach § 92 SGB V. Das BSG vertritt die Auffassung, dass gemäss § 135 Abs. 1

---

[184] *Kuhlmann,* Das Krankenhaus 2004, 13, 17.

[185] *Degener-Hencke,* NZS 2003, 629, 632; *Quaas/Zuck,* Medizinrecht 2005, S. 179.

[186] Vgl. BT-Drs. 15/1525, S. 130.

[187] BGHZ 63, 306 (309); 97, 273.

[188] So u. a. *Schneider,* Handbuch des Kassenarztrechts, Rdn. 1153 f. mit ausführlicher Begründung.

[189] Eine Aufzählung der zu diesem Bereich ergangenen Rechtsprechung und Literatur findet sich bei *Uhlenbruck/Laufs,* in: Laufs/Uhlenbruck, Handbuch des Arztrechts, § 39 Rn. 10.

[190] Vgl. u. a. *Krauskopf,* in: Laufs/Uhlenbruck, a. a. O., § 25 Rdn. 9.

[191] BSGE 59, 172, (177); *Schnapp,* NZS 2001, 337; *Wilk,* Die Rechtsbeziehungen im Vertragsarztwesen unter besonderer Berücksichtigung der Rechtsstellung des Belegarztes 2005, 54 ff.

[192] BSGE 73, 271 (279 ff.); 78, 154 (155); 81, 54 (57 ff.).

SGB V **neue Untersuchungs- und Behandlungsmethoden** in der vertragsärztlichen Versorgung zu Lasten der Krankenkassen nur erbracht werden dürfen, wenn der Gemeinsame Bundesausschuss sie in seinen Richtlinien als zweckmäßig empfohlen hat.[193] Die Wirksamkeitsprüfung, die der Bundesausschuss für neue Untersuchungs- und Behandlungsmethoden im Rahmen der Bewertung nach § 135 Abs. 1 SGB V vornimmt, wird bei Fertigarzneimitteln mit Wirkung für die GKV durch die Prüfung des BfArM im Rahmen des arzneimittelrechtlichen Zulassungsverfahren nach §§ 21 ff. AMG ersetzt, da nach § 34 SGB V Ausschlüsse arzneimittelrechtlich zugelassener Fertigarzneimittel dem Gesetz- oder Verordnungsgeber vorbehalten sind.[194] Die Arzneimittelzulassung nach dem AMG ist jedoch die notwendige Voraussetzung für seine Verordnungsfähigkeit in der gesetzlichen Krankenversicherung. Das BSG hatte zunächst offengelassen, ob nicht bei gravierenden Fällen, etwa zur Behandlung ernsthafter, lebensbedrohender Erkrankungen eine Ausnahme von dem prinzipiellen Verbot der indikationsfremden Verordnung im Bereich der gesetzlichen Krankenversicherung zuzulassen ist, wenn eine Alternative nicht zur Verfügung steht.[195] Mit Urteil vom 19. 3. 2002 hat das BSG in dem sog. „Sandoglobulin-Urteil,[196] den **„Off-label-use"** als zulassungsüberschreitende Einsatz eines Arzneimittels unter bestimmten Umständen als erstattungsfähig anerkannt. Diese Voraussetzungen sind dann anzunehmen, wenn es sich um die Behandlung einer schwerwiegenden Erkrankung handelt, für die keine andere Therapie verfügbar ist und auf Grund der Datenlage die begründete Aussicht auf einen Behandlungserfolg besteht. Davon kann ausgegangen werden, wenn entweder die Erweiterung der Zulassung bereits beantragt ist und die Ergebnisse einer klinischen Prüfung der Phase III veröffentlicht sind, die einen klinisch relevanten Nutzen bei vertretbaren Risiken belegen oder außerhalb eines Zulassungsverfahrens gewonnene Erkenntnisse veröffentlich sind, die über die Qualität und Wirksamkeit des Arzneimittels in dem neuen Anwendungsgebiet zuverlässige, wissenschaftlich nachprüfbare Aussagen zulassen, auf Grund derer in den einschlägigen Fachkreisen Konsens über einen voraussichtlichen Nutzen in dem vorgenannten Sinne besteht. Um die Grundsätze des Off-label-use-Urteils rasch umzusetzen, hat das BMGS mit Erlass vom 17. 9. 2002 die **Expertengruppe** „Off-label" beim **Bundesinstitut für Arzneimittel und Medizinprodukte** (BfArM) eingerichtet (vgl. § 35b Abs. 3 SGB V). Durch die Einfügung des § 35b Abs. 3 SGB V im Rahmen des GKV-Modernisierungsgesetz soll sichergestellt werden, dass diese Nutzungsbewertungen der Expertengruppe dem Gemeinsamen Bundesausschuss zugeleitet werden, welcher diese als Teil der für die Krankenkassen verbindlichen Arzneimittelrichtlinien nach § 91 Abs. 1 SGB V verabschiedet.

88 Der Vertragsarzt hat gemäss § 29 Abs. Satz 2 BMV-Ä nicht die Möglichkeit, sich seine **Arzneimittelverordnungen** vorab genehmigen zu lassen. Er befindet sich insofern in einem Spannungsverhältnis zwischen der Therapiefreiheit und einer etwaigen arzthaftungsrechtlichen Verantwortlichkeit einerseits und den sozialrechtlichen Grenzen des Leistungs- bzw. Leistungserbringerrechtes andererseits. Nach Auffassung des OLG Köln[197] hat der Arzt aus zivil- und strafrechtlicher Sicht ein Arzneimittel auch außerhalb zugelassener Indikationen einzusetzen, wenn dies geboten ist, weil er nicht an den Zulassungsumfang des Arzneimittels, sondern an den jeweiligen aktuellen Stand der medizinischen Erkenntnisse gebunden sei. Die Zulassung eines Arzneimittels binde entsprechend der konkurrierenden Gesetzgebungskompetenz des Bundes nach Art. 74 Abs. 1 Nr. 19 GG nur denjenigen, der ein Arzneimittel in den Verkehr bringt. Demgegenüber ist jedoch einzuwenden, dass sich etwaige generelle Defizite im Gesundheitswesen ebenso wenig zur haf-

---

[193] BSGE 78, 154 (155); 81, 54 (57 ff.).

[194] BSG SozR 3–2500 § 27 Nr. 11.

[195] BSG SozR 3–2500 § 27 Nr. 11.

[196] BSG Urt. v. 19. 3. 2002; Besprechung von *Wigge,* PharmR 2002, S. 305–309 u. S. 348–355; *Niemann,* NZS 2002, 361 ff. und 2004, 254 ff. *Schroeder-Printzen/Tadayon* SGb 2002, 664 ff.

[197] OLG Köln PharmR 1991, 18 ff.; dazu auch *Schimmelpfeng-Schütte,* MedR 2002, 286.

tungsrechtlichen Abwälzung auf den Arzt eignen wie das Krankheitsrisiko.[198] Aus diesem Grund kann prinzipiell das Haftungsrecht für die Behandlung und Versorgung von Kassenpatienten keinen höheren Standard verlangen als den, zu dem das Sozialrecht die Leistungserbringer verpflichtet und an dem es Leistungsansprüche der Patienten aus der GKV misst.[199] Allerdings kann u. U. eine Haftung des Arztes bei einer vorzeitigen Erschöpfung des Budgets auf Grund unrationellem Umgang mit den vorhandenen Mitteln bestehen.[200]

89 In Gestalt des oben beschriebenen subjektiv-öffentlichen Rahmenrechtes hat der Versicherte Anspruch auf alle zum GKV-System gehörenden medizinischen Leistungen. Der Vertragsarzt ist deshalb nicht berechtigt, für vertragsärztliche Leistungen **Zuzahlungen** zu verlangen oder sie ausschließlich als privatärztliche Leistung gegenüber den Versicherten abzurechnen, auch wenn sie im vertragsärztlichen System nicht kostendeckend vergütet werden.[201] Für Leistungen, die nicht Bestandteil der vertragsärztlichen Versorgung sind, muss der Vertragsarzt gemäß § 18 Abs. 1 Nr. 3 BMV-Ä vorher die schriftliche Zustimmung des Versicherten eingeholt und diesen auf die Pflicht zur Übernahme der Kosten hingewiesen haben. Die Kassenärztliche Bundesvereinigung hat in diesem Zusammenhang die sog. **IGEL-Liste** veröffentlicht, die eine Übersicht über ärztliche Leistungen darstellt, die von der Leistungspflicht der gesetzlichen Krankenversicherung nicht umfasst sind, aber ärztlich empfehlenswert oder zumindest ärztlich vertretbar sind.[202] Dem Vertragsarzt ist es freigestellt, diese Leistungen gegenüber dem Patienten anzubieten. Da die **IGEL-Leistungen** aus der Leistungspflicht der gesetzlichen Krankenversicherung ausgeschlossen sind, sind die vom Versicherten für derartige Leistungen aufgewandten Kosten auch grundsätzlich nicht im Rahmen der Kostenerstattung gemäss § 13 Abs. 2 SGB V zu ersetzen. Nach dem Willen des Gesetzgebers und der Rechtsprechung des BSG[203] besteht bis zu einer Entscheidung des Bundesausschusses über die Einbeziehung einer ärztlichen Behandlung grundsätzlich ein Erbringungs- und Kostenübernahmeverbot für derartige Leistungen.

3. Die Ausprägung der freien Arztwahl in der gesetzlichen Krankenversicherung

90 Die Versicherten haben gemäß § 76 Abs. 1 SGB V das **Recht auf freie Arztwahl** unter den an der vertragsärztlichen Versorgung teilnehmenden Ärzten und Einrichtungen. Der Grundsatz der freien Arztwahl lässt es nicht zu, bei einer Überweisung zur Weiter- oder Mitbehandlung an einen anderen Arzt dem Patienten diesen Arzt namentlich vorzuschreiben. Die freie Arztwahl gilt daher auch im Rahmen einer Überweisung.[204] Der Grundsatz der freien Arztwahl unterliegt jedoch auch bei den an der vertragsärztlichen Versorgung teilnehmenden Leistungserbringern nicht unerheblichen Einschränkungen. Aus § 76 Abs. 3 SGB V ergibt sich die grundsätzliche Bindung des Versicherten an die Behandlung durch einen Arzt im Kalendervierteljahr. Nach dem **Mehrkostenvorbehalt** des § 76 Abs. 2 SGB V hat der Versicherte, der ohne zwingenden Grund einen anderen als den nächsterreichbaren an der vertragsärztlichen Versorgung teilnehmenden Arzt in Anspruch nimmt, die Mehrkosten zu tragen. Das **hausärztliche Steuerungsmodell** in § 73 Abs. 3 Satz 2 SGB V, wonach der Versicherte einen Hausarzt wählt, enthält keine Verpflichtung des Versicherten zur Wahl eines Hausarztes[205] und belässt dem Versicherten auch das Recht auf freie Wahl zwischen den zugelassenen Hausärzten.[206]

---

[198] *Steffen,* FS für Geiss 2000, S. 487 (493); *Rumler-Detzel* VersR 1998, 546 (547).
[199] *Deutsch* a. a. O., Rdn. 201; *Laufs* NJW 1999, 2717 (2718); *Steffen* a. a. O., 493.
[200] *Steffen* a. a. O., S. 487 (493); *Rumler-Detzel* a. a. O., 549.
[201] BSG, Urt. v. 14. 3. 2001, Az.: B 6 KA 54/00, B 6 KA 36/00, B 6 KA 67/00.
[202] Dazu eingehend *Krimmel,* Kostenerstattung und individuelle Gesundheitsleistungen, 1998.
[203] Vgl. BSG NZS 1998, 331 ff.; BSG, Beschl. v. 8. 2. 2000, Az.: B 1 KR 18/99 B.
[204] *Wigge* VSSR 1996, 399 (410 f.).
[205] *KassKomm-Hess* § 76 SGB V Rdn. 21.
[206] *Wigge* VSSR 1996, 399 (417).

91 Diese Einschränkungen des Rechtes auf freie Arztwahl sind verfassungsrechtlich nicht zu beanstanden. Das BVerfG hat in seiner **Chefarzt-Entscheidung**[207] die Frage offen gelassen, „ob der Sozialversicherte aus Art. 2 Abs. 1 GG einen Anspruch auf freie Arztwahl herleiten kann“, da die Regelungen der RVO (jetzt: SGB V) Bestandteil der verfassungsmäßigen Ordnung seien und das Grundrecht einzuschränken vermögen. Der Versicherte hat im Rahmen der sozialen Krankenversicherung nur einen Anspruch auf ausreichende ärztliche Versorgung.[208] Das grundrechtsdogmatisch als Abwehrrecht einzuordnende Recht auf freie Wahl der Leistungserbringer steht deshalb unter dem Vorbehalt, dass dem Sozialleistungsträger durch die Wahl des Leistungserbringers keine zusätzlichen Kosten entstehen.[209]

4. Die Rechte des Vertragsarztes gegenüber dem Versicherten

92 § 18 BMV-Ä/§ 21 EKV schreibt zwingend vor, dass der Vertragsarzt von einem Versicherten eine Vergütung nur dann verlangen kann, wenn die **Krankenversicherungskarte** bei der ersten Inanspruchnahme nicht vorgelegt wurde bzw. ein gültiger Behandlungsausweis nicht vorliegt und nicht innerhalb einer Frist von 10 Tagen nach der ärztlichen Inanspruchnahme nachgereicht wird oder wenn und soweit der Versicherte bei Beginn der Behandlung ausdrücklich verlangt, auf eigene Kosten behandelt zu werden und dieses dem Vertragsarzt schriftlich bestätigt.[210]

93 Das Vorgehen mancher Vertragsärzte, Leistungen, die als nicht ausreichend honoriert angesehen werden, nur noch gegen **Privatrechnung** oder **Zuzahlung** anzubieten, hat das BSG in drei Urteilen vom 14. 3. 2001[211] als einen Verstoß gegen grundlegende vertragsärztliche Pflichten gewertet, sofern nicht einer der in § 18 Abs. 3 BMV-Ä/§ 21 Abs. 3 EKV genannten Fälle vorliegt. Das BSG hat festgestellt, dass ein Vertragsarzt auf Grund seiner Zulassung verpflichtet sei, an der Sicherstellung der vertragsärztlichen Versorgung mitzuwirken, indem er grundsätzlich die **typischen Leistungen seines Fachgebietes** anbietet und erbringt.[212] Diese Pflicht besteht nach Ansicht des BSG unabhängig davon, ob möglicherweise einzelne Leistungen **kostendeckend** vergütet werden oder nicht, da die Versicherten mit ihren Beitragszahlungen einen Anspruch auf alle zum System der gesetzlichen Krankenversicherung gehörenden medizinisch notwendigen ärztlichen Leistungen erwerben.

94 Hat ein Versicherter entsprechend § 18 BMV-Ä/§ 21 EKV die **Behandlung auf eigene Kosten** verlangt und schriftlich bestätigt, gibt dies dem Vertragsarzt das Recht, eine Behandlung nach der GOÄ abzurechnen.[213]

95 Bis zu der entsprechenden Änderung durch das GKV-Modernisierungsgesetz vom 14. 11. 2003[214] konnten ausschließlich freiwillig Versicherte[215] und ihre nach § 10 SGB V mitversicherten Familienangehörigen gegenüber ihrer Krankenkasse durch einseitige empfangsbedürftige Willenserklärung anstelle der Sachleistung die **Kostenerstattung** nach § 13 Abs. 2 SGB V gegenüber der Krankenkasse wählen.[216] Pflichtmitglieder erhielten

---

[207] BVerfGE 16, 282 (303f.).

[208] BVerfGE 16, 286 (304).

[209] BVerfGE 16, 286 (304); *Neumann,* Freiheitsgefährdung im kooperativen Sozialstaat, S. 51.

[210] Vgl. hierzu auch *Steinhilper/Schiller* MedR 1997, 59ff.

[211] Az.: B 6 KA 54/00R, B 6 KA 36/00 R und B 6 KA 67/00 = MedR 2002, 37ff., 42ff. u. 47ff.

[212] Vgl. hierzu auch *Schmidbauer* P.u.R. 2001, 120f.

[213] Zu der Kostenerstattung nach § 13 Abs. 2 SGB V vgl. auch *Steinhilper/Schiller* MedR 1997, 385ff.; durch das GKV-Solidaritätsstärkungsgesetz vom 19. 12. 1998 wurde mit Wirkung vom 1. 1. 1999 die Möglichkeit der Kostenerstattung auf freiwillige Mitglieder beschränkt, vgl. dazu *Krasney* NJW 1999, 1745.

[214] BGBl. I S. 2190.

[215] Zur freiwilligen Mitgliedschaft vgl. im Einzelnen §§ 9, 188, 191 SGB V.

[216] *KassKomm-Höfler* § 13 SGB V Rdn. 5c.

dagegen ihre Leistungen ausschließlich nach dem Sachleistungsprinzip. Ab dem 1. 1. 2004 können nunmehr sämtliche Versicherte anstelle der Sachleistung gemäss § 13 Abs. 2 SGB V Kostenerstattung wählen. Außerdem sieht § 13 Abs. 2 Satz 3 SGB V vor, dass eine Beschränkung in der Wahl der Kostenerstattung auf den ambulanten Bereich möglich ist. Das bedeutet, dass der Versicherte stationäre Leistungen weiterhin als Sachleistungen erhalten kann. Nicht möglich ist es allerdings, die Wahl der Kostenerstattung auf bestimmte ambulante Leistungen zu beschränken. Vielmehr hat sich auch eine auf ambulante Leistungen beschränkte Wahl der Kostenerstattung auf sämtliche ambulante Leistungen zu erstrecken.

96 Der Vertragsarzt darf nicht die **Einwilligung** in eine Kostenerstattung verlangen, da das Wahlrecht nach § 13 Abs. 2 SGB V ausschließlich dem Versicherten zusteht.[217] Die Wahl der Kostenerstattung hat für den Versicherten nach der Satzung der Krankenkasse (vgl. § 13 Abs. 2 Satz 8 SGB V) zur Folge, dass er für einen längeren Zeitraum an die Wahl der Kostenerstattung gebunden ist.

97 Bisher war nach § 13 Abs. 2 Satz 2 SGB V die Kostenerstattung bei ärztlichen Leistungen ausgeschlossen, wenn diese nicht von einem zugelassenen Vertragsarzt erbracht wurden. Nach der durch das GMG vorgenommenen Neuregelung des § 13 Abs. 2 SGB V soll es den Versicherten in Ausnahmefällen künftig möglich sein, **nicht zugelassene Leistungserbringer** in Anspruch zu nehmen. Eine Inanspruchnahme solcher Leistungserbringer setzt eine vorherige Zustimmung der Krankenkassen voraus. Im Rahmen ihrer Ermessensentscheidung hat die Krankenkasse dabei medizinische und soziale Aspekte zu berücksichtigen. Eine Genehmigung ist jedoch nur möglich, wenn eine zumindest gleichwertige Qualität der Versorgung wie bei zugelassenen Leistungserbringern gewährleistet ist. Denkbar ist hier z. B. der Fall, dass ein zugelassener Leistungserbringer mit entsprechender indikationsbezogener Qualifikation in angemessener Nähe nicht zur Verfügung steht. Nicht im Vierten Kapitel genannte Berufsgruppen, die nicht die dort aufgeführten Voraussetzungen zur Teilnahme an der Versorgung der Versicherten zu Lasten der Krankenkassen erfüllen, wie z. B. Heilpraktiker, können auch weiterhin nicht in Anspruch genommen werden.[218]

98 Da die Kostenerstattung nur **„anstelle der Sach- oder Dienstleistung“**[219] erfolgt, dürfen Kosten allerdings nur für Leistungen vergütet werden, die auch als Sachleistung erbracht werden können.[220] Die in Rechnung gestellten Leistungen müssen daher i. S. d. §§ 12, 70 SGB V notwendig, wirtschaftlich und verordnungsfähig sein.[221] Daher sind z. B. Kosten für solche Leistungen nicht erstattungsfähig, die vom Gemeinsamen Bundesausschuss nicht gem. § 135 Abs. 1 SGB V anerkannt oder explizit ausgeschlossen worden sind.

---

[217] Vgl. *Plagemann/Niggehoff* a. a. O., Rdn. 224; AG Diepholz NZS 1994, 409.

[218] Vgl. BT-Drs. 15/1525, S. 80.

[219] Nach § 2 Abs. 2 SGB V erhalten die Versicherten die Leistungen grundsätzlich als Sach- oder Dienstleistungen.

[220] Vgl. hierzu *Kasseler Komm- Höfler* § 13 SGB V Rdn. 5 f.

[221] BSG vom 25. 9. 2000, Az.: B 1 KR 24/99.

§ 3 Die Rechtsbeziehungen des Vertragsarztes zur Kassenärztlichen Vereinigung und zu den Krankenkassen (Grundprinzipien des Vertragsarztrechts – Sachleistungsprinzip)

Schrifttum: *Heinemann-Liebold,* Kassenarztrecht, begründet von Gustav Heinemann, fortgeführt von Rolf Liebold und Thomas Zalewski, Loseblattsammlung, Wiesbaden, 5. Auflage, Stand Mai 2004; *Muckel,* Das Sachleistungsprinzip der gesetzlichen Krankenversicherung nach dem 2. GKV-Neuordnungsgesetz, SGb 1998, 385; *Rompf,* Satzungsmäßige Kostenerstattung für Außenseitermethoden aufgrund Erprobungsregeln im Sozialrecht, NZS 1997, 16; *Schirmer,* Zulassungsverordnung für Kassenärzte und Kassenzahnärzte geändert und ergänzt, KrV 1977, 253 ff; *Schnapp,* Sachleistung und Kostenerstattung in der gesetzlichen Krankenversicherung aus dogmatischer und rechtspolitischer Sicht, ErsK 1991, 390; *Schneider,* Handbuch des Kassenarztrechts, Köln, Berlin, Bonn, München 1994; *Schulin,* SGb 1992, 289; *Steinhilper/Schiller,* Privatärztliche Liquidation – Möglichkeiten und Grenzen bei Leistungen für GKV-Patienten, MedR 1997, 59; *Wasem,* Kostenerstattung und Sachleistung aus ökonomischer Sicht, MedR 2000, 472.

Übersicht

I. Das Sachleistungsprinzip in der Gesetzlichen Krankenversicherung

1. Der Grundsatz der Sach- und Dienstleistung

1 Neben den Grundsätzen der Solidarität und der Eigenverantwortung[1] ist das Sachleistungsprinzip eines der wesentlichen Elemente der gesetzlichen Krankenversicherung (GKV) in Deutschland. Nach diesem in § 2 Abs. 2 S. 1 SGB V niedergelegten Grundsatz erhalten Versicherte, von ausdrücklich geregelten Ausnahmen abgesehen, ihre Leistungen prinzipiell als Sach- und Dienstleistungen. Diese Vorgabe zieht sich als roter Faden durch das Recht der gesetzlichen Krankenversicherung seit dessen Anfängen und wurde durch das Gesundheitsreformgesetz[2] mit Wirkung vom 1. 1. 1989 ausdrücklich gesetzlich festgeschrieben. Die in den letzten Jahren erheblich ausgeweiteten Zuzahlungspflichten sowie die Regelungen zur Kostenerstattung in § 13 SGB V stehen dem nicht entgegen.

2 Das Sachleistungsprinzip bedeutet für die Krankenkassen, dass sie die ihren Versicherten die ihnen zustehenden Leistungen in Form von Sach- und Dienstleistungen zur Verfügung stellen müssen. In der Regel erfüllen die Krankenkassen diese Verpflichtung durch Abschluss entsprechender Verträge mit Leistungserbringern,[3] im Ausnahmefall aber auch in Eigenregie durch sogenannte Eigeneinrichtungen.[4] Für die Versicherten hat das Sachleistungsprinzip den großen Vorteil, sich medizinische Leistungen nicht auf dem „freien Markt" selbst beschaffen und vorfinanzieren zu müssen. Ihnen steht ein großes Angebot an (zugelassenen) Leistungserbringern zur Verfügung, zu denen auch ein grundsätzlich freier Zugang besteht. Dieser Grundsatz der „freien Arztwahl" wird in § 76 SGB V näher konkretisiert.[5]

2. Kostenerstattung nach § 13 Abs. 2 SGB V

3 Mit seiner Entscheidung für das Sachleistungsprinzip hat der Gesetzgeber auch klargestellt, dass eine **Kostenerstattung** der Ausnahmefall bleiben soll. § 13 Abs. 1 SGB V sieht dementsprechend vor, dass von Krankenkassen Kosten nur dann erstattet werden dürfen, wenn es im SGB V oder im SGB IX[6] ausdrücklich so vorgesehen ist. Diese Fälle werden im wesentlichen in den Absätzen 2 und 3 des § 13 beschrieben.

4 Diese Festlegung des Vorrangs der Sachleistung hat naturgemäß Folgen sowohl für Krankenkassen und Versicherte wie auch für die Leistungserbringer. Außerhalb der geregelten Ausnahmefälle ist den Kassen dadurch eine Kostenübernahme verwehrt. Wenn daher ein Versicherter sich eine Leistung, die innerhalb des Sachleistungssystems angesiedelt ist, selbst beschafft, d. h. z. B. durch **Inanspruchnahme nichtzugelassener Leistungserbringer** oder durch Privatbehandlung auf seinen eigenen ausdrücklichen Wunsch, besteht kein Anspruch auf Erstattung der daraus resultierenden Kosten, er muss sie vollständig selbst tragen.[7]

5 Für die Leistungserbringer hat diese gesetzgeberische Entscheidung zur Folge, dass sie auf die vorgegebenen systemkonformen Abrechnungswege beschränkt sind und in aller Regel Vergütungsansprüche gegen die Patienten selbst nicht entstehen.

---

[1] Vgl. § 1 Sozialgesetzbuch Fünftes Buch – SGB V, Gesetzliche Krankenversicherung vom 20. 12. 1988; zuletzt geändert durch Artikel 2 des Gesetzes zur Anpassung der Finanzierung von Zahnersatz vom 15. 12. 2004 (BGBl. I S. 3445).

[2] Gesetz zur Strukturreform im Gesundheitswesen (Gesundheitsreformgesetz – GRG) vom 20. 12. 1988, BGBl. I S. 2477.

[3] Zum Begriff der Leistungserbringer vgl. § 69 SGB V.

[4] Vgl. § 140 SGB V.

[5] Vgl. hierzu auch die amtliche Überschrift des § 76 SGB V.

[6] Sozialgesetzbuch (SGB), Neuntes Buch (IX) – Rehabilitation und Teilhabe behinderter Menschen, (Artikel 1 des Gesetzes v. 19. 6. 2001, BGBl. I S. 1046).

[7] BSGE 69, 170 = SozR 3–2200 § 321 Nr. 1.

6 **a) Überblick über die Entwicklung der Kostenerstattung:** Bis zum 31. 12. 1988 sahen die gesetzlichen Regelungen für die Pflichtversicherten der GKV den Sachleistungsgrundsatz ohne Möglichkeit einer Abdingung durch Vereinbarungen vor. Der Weg der Kostenerstattung war damit vollständig versperrt. Besondere abweichende Regeln für freiwillig Versicherte haben ebenfalls nicht bestanden. Zum Teil wurde allerdings vertreten, dass die Krankenkasse in ihrer Satzung für diesen Mitgliederkreis generell die Kostenerstattung vorschreiben dürfe.[8]

7 Mit Inkrafttreten des Gesundheitsstrukturgesetzes[9] zum 1. 1. 1993 wurde freiwilligen Mitgliedern der GKV die Möglichkeit eröffnet, Kostenerstattung zu wählen. Damit sollten die bis dahin bestehenden Unsicherheiten der Rechtslage zur Kostenerstattung beseitigt und letztlich den Krankenkassen im Wettbewerb um diesen Versichertenkreis gleiche Chancen eröffnet werden.[10]

8 Das 2. GKV-Neuordnungsgesetz[11] hat diese Wahlfreiheit ab dem 1. 7. 1997 auf alle Versichertengruppen ausgedehnt. In der Gesetzesbegründung hierzu wird ausgeführt, dass eine Differenzierung bei der Zulässigkeit der Wahl der Kostenerstattung zwischen Pflichtversicherten und freiwillig Versicherten nicht begründbar sei. Außerdem solle die Möglichkeit, Kostenerstattung zu wählen, die Eigenverantwortung und das Kostenbewusstsein der Versicherten stärken.[12]

9 Diese vollständige Freigabe der Kostenerstattungsmöglichkeit ist aber mit dem GKV-Solidaritätsstärkungsgesetz bereits zum 1. 1. 1999 wieder auf den Stand vor dem 1. 1. 1997 zurückgenommen und auf freiwillig Versicherte beschränkt worden.[13] Begründet wurde dieser Schritt zurück mit dem Argument, Kostenerstattung für Pflichtversicherte sei ein dem System einer solidarisch aufgebauten Krankenversicherung fremdes Element.[14]

10 Die im Rahmen dieser Änderung ebenfalls angedachte vollständige Abschaffung der Kostenerstattung, also auch für freiwillig Versicherte, wurde letztlich fallengelassen und sollte (nach den damaligen Vorstellungen des Gesetzgebers) Gegenstand eines später folgenden Strukturreformgesetzes werden. Dies ist allerdings nie, insbesondere auch nicht im GKV-Gesundheitsreformgesetz,[15] umgesetzt worden. Stattdessen hat der Gesetzgeber in einer weiteren Kehrtwende mit dem GKV-Modernisierungsgesetz[16] zum 1. 7. 2001 die Kosterstattung wiederum für alle Versichertengruppen geöffnet, da die Wahlmöglichkeit nur für freiwillig Versicherte als ungerechtfertigtes Privileg betrachtet worden ist.

11 **b) Rechtslage bei der Kostenerstattung seit dem 1. 7. 2001: Wahlberechtigt** für die Kostenerstattung sind nach der aktuellen Fassung des § 13 Abs. 2 SGB V nunmehr alle Mitglieder der gesetzlichen Krankenversicherung sowie deren nach § 10 SGB V mitversicherte Familienangehörige. Dies sind der Ehegatte und die Kinder von Mitgliedern. Sobald diese das 15. Lebensjahr vollendet haben, können sie das Wahlrecht eigenständig ausüben.[17]

---

[8] So BSG SozR 2200 § 182 Nr 74; a. A. aber BSGE 69,170, SozR 3–2200 § 321 Nr 1.

[9] Gesetz zur Sicherung und Strukturverbesserung der gesetzlichen Krankenversicherung (Gesundheitsstrukturgesetz – GSG) vom 21. 12. 1992, BGBl. I S. 2266.

[10] Fraktionsentwurf zum GSG 1993, BT-Drucksache 12/3608.

[11] Zweites Gesetz zur Neuordnung von Selbstverwaltung und Eigenverantwortung in der gesetzlichen Krankenversicherung (2. GKV-Neuordnungsgesetz – 2. GKV-NOG) vom 23. 6. 1997, BGBl. I S. 1520.

[12] BT-Drucksache 13/6087 zum 2. GKV-NOG.

[13] Gesetz zur Stärkung der Solidarität in der gesetzlichen Krankenversicherung (GKV-Solidaritätsstärkungsgesetz – GKV-SolG) vom 19. 12. 1998, BGBl. I S. 3853.

[14] BT-Drucksache 14/24 zum GKV-SolG.

[15] Gesetz zur Reform der gesetzlichen Krankenversicherung ab dem Jahr 2000 (GKV-Gesundheitsreformgesetz 2000) vom 22. 12. 1999, BGBl. I S. 2626.

[16] Gesetz zur Modernisierung der gesetzlichen Krankenversicherung (GKV-Modernisierungsgesetz – GMG) vom 14. 11. 2003 (BGBl. I S. 2190).

[17] Siehe § 36 Abs. 1 SGB I.

12 Die **Wahlmöglichkeit** in § 13 Abs. 2 SGB V sieht vor, dass Versicherte anstelle ihres Sachleistungsanspruchs Kostenerstattung wählen können. Daraus ist nicht zu folgern, dass damit lediglich eine einmalige und unwiderrufliche Wahlentscheidung mit unbefristeter Wirkungsdauer getroffen werden müsste. In Satz 10 der Vorschrift wird hierzu eine Bindungsfrist von mindestens einem Jahr für die getroffene Wahl vorgeschrieben. Nach Ablauf dieses Zeitraumes kann daher der Versicherte aus der Kostenerstattung wieder ausscheiden und in das Sachleistungssystem zurückkehren. Während bislang die Krankenkassen in ihren Satzungen unter anderem auch Bindungsfristen für ihre Versicherten zu regeln hatten, ist dies nunmehr durch den Gesetzgeber direkt erfolgt.

13 Die **Wahlentscheidung** erfordert vom Versicherten eine einseitige empfangsbedürftige Willenserklärung, die gegenüber der Krankenkasse abzugeben ist. Für die in § 13 Abs. 2 S. 10 SGB V festgelegte Mindestzeit ist der Versicherte an diese Entscheidung gebunden. Danach ist ein Widerruf der Wahlentscheidung möglich, wobei die Satzung der Krankenkasse Fristen für die Abgabe der Widerrufserklärung vorgesehen werden können.

14 Die Wahlentscheidung bewirkt eine Festlegung auf die Kostenerstattung „anstelle der Sach- und Dienstleistung". Es können daher nur solche Leistungen von einem Kostenerstattungsanspruch erfasst werden, die auch als Sach- oder Dienstleistung erbringbar wären. Damit gilt der in § 11 SGB V aufgeführte Katalog der Leistungsarten der GKV und deren **Anspruchsgrenzen** vollumfänglich auch für die Kostenerstattung. Leistungen, die nicht Bestandteil der Leistungspflicht der gesetzlichen Krankenkassen sind, können demzufolge auch nicht über die Kostenerstattung beansprucht werden. Ohne ausdrückliche vorherige Zustimmung der Krankenkasse dürfen nicht im System der GKV tätige Leistungserbringer nicht in Anspruch genommen werden, also z. B. ein Arzt, der nicht über eine Zulassung als Vertragsarzt verfügt, § 13 Abs. 2 S. 4 SGB V.[18] Die Zustimmung kann nur erteilt werden, wenn medizinische oder soziale Gründe eine Inanspruchnahme dieser Leistungserbringer rechtfertigen und diese eine Versorgung gewährleisten können, die den Anforderungen in der gesetzlichen Krankenversicherung zumindest gleichwertig ist. Die Gesetzesbegründung nennt hier als denkbaren Anwendungsfall, dass ein zugelassener Leistungserbringer mit entsprechender indikationsbezogener Qualifikation in angemessener Nähe nicht zur Verfügung steht.[19]

15 Mit der eingeräumten Möglichkeit, die Kostenerstattung auf den Bereich der ambulanten Behandlung zu beschränken, kann der Versicherte differenzieren zwischen Kostenerstattung im gesamten ambulanten Bereich (incl. dem Verordnungsgeschehen) und Sachleistungsanspruch für stationäre Leistungen. Nicht mehr zulässig ist allerdings die bislang zumindest geduldete Beschränkung der Kostenerstattung auf bestimmte ausgewählte ambulante Leistungen oder Leistungsbereiche. Die insoweit hier bestehenden Unschärfen in den gesetzlichen Vorgaben wurden teilweise dazu benutzt, insbesondere für den Bereich der Arzneimittelversorgung oder ein konkret definiertes Behandlungsspektrum auf die Kostenerstattung auszuweichen, während im übrigen am Sachleistungssystem festgehalten worden ist. Dabei war die Wahlentscheidung keineswegs immer vom wirklichen Willen des Patienten geprägt, sondern wurde ihm vom Leistungserbringer unter Hinweis auf angeblich bessere Versorgungs- und Behandlungsmöglichkeiten im Rahmen der Kostenerstattung nahe gelegt; eine Argumentation, die schon auf Grund der oben beschriebenen Beschränkungen nicht zutreffend war.

16 Darüber hinaus unterliegt die Leistungserbringung im Rahmen der Kostenerstattung ebenfalls vollumfänglich den Anforderungen des Wirtschaftlichkeitsgebotes. Die Leistungen müssen daher ausreichend, zweckmäßig und wirtschaftlich sein und dürfen das Maß

---

[18] Siehe hierzu auch BSG vom 18. 1. 1996, 1 RK 22/95.

[19] Amtliche Begründung zum Entwurf des GKV-Modernisierungsgesetzes zur Änderung des § 13 Abs. 2 SGB V, BT-Drucksache 15/1525.

des Notwendigen nicht überschreiten.[20] Die Einhaltung des Wirtschaftlichkeitsgebotes ist von den Krankenkassen zu überwachen.

17 Im Gegensatz zur früheren Rechtslage ist für die Leistungen der Kostenerstattung eine **Wirtschaftlichkeitsprüfung** bei den Leistungserbringern nach § 106 SGB V nicht mehr vorgesehen. Als Ausgleich für diese fehlenden Prüfungen haben die Satzungen der Krankenkassen einen Abschlag vom zu erstattenden Betrag vorzusehen. Damit soll der höheren Wahrscheinlichkeit unwirtschaftlicher Leistungserbringung aufgrund fehlender Prüfungen Rechnung getragen werden.

18 Abschläge in ausreichender Höhe sind auch für **Verwaltungskosten** vorzunehmen, die für Kostenerstattungsleistungen gesondert und zusätzlich anfallen, da die Kassen insoweit einen besonderen Aufwand betreiben müssen.

19 Diese Abschläge mindern den Anspruch des Versicherten auf den **Erstattungsbetrag,** der nach § 13 Abs. 2 S. 7 SGB V höchstens in Höhe der Vergütung besteht, die die Krankenkasse bei einer Leistungserbringung als Sachleistung zu tragen gehabt hätte. Damit ist klargestellt, dass die Wahl der Kostenerstattung die Solidargemeinschaft der Versicherten nicht mit höheren Kosten belasten darf. Konsequenterweise hat der Versicherte daher auch bei der Kostenerstattung die in der GKV vorgeschriebenen Zuzahlungen in gleichem Umfang zu leisten; die Erstattungsleistungen der Krankenkasse werden auch um diese Beträge gekürzt.

20 Die konkrete Festlegung des maximalen Erstattungsanspruchs erfolgt im Ergebnis nach § 85 SGB V und den nach dieser Vorschrift abgeschlossenen Gesamt- bzw. Vergütungsverträgen. Da aber in aller Regel Pauschalvergütungen (Kopfpauschalen) vereinbart sind und nur in Ausnahmefällen Einzelleistungs-Vergütungen den Vereinbarungen zu Grunde liegen, ist die konkrete Berechnung des Erstattungsbetrages deshalb unter Umständen mit erheblichen Problemen verbunden.

21 Letztlich bleibt aber festzustellen, dass die Kostenerstattung im System der GKV nur eine Randerscheinung darstellt. So hat weder die Öffnung der Kostenerstattung durch das 2. GKV-NOG noch durch das GKV-Modernisierungsgesetz bei den Versicherten ein weitergehendes Interesse an diesem Thema geweckt. Es stellt sich auch die Frage nach den konkreten Vorteilen, die ein Versicherter durch die Kostenerstattung vermeintlich oder tatsächlich erlangen kann. Die Hoffnung, als „Privatpatient" vom Arzt bevorzugt versorgt zu werden, wird erkauft durch eine z. T. nicht unerhebliche Eigenbeteiligung an den entstehenden Kosten. Jedenfalls bislang konnten die Versicherten von den Vorteilen der Kostenerstattung nicht überzeugt werden.

22 Hinzuweisen ist in diesem Zusammenhang auch darauf, dass Kostenerstattungen nach wie vor auf das Volumen der Gesamtvergütung gemäß § 85 Abs. 2 S. 8 SGB V anzurechnen sind.

3. Kostenerstattung nach § 13 Abs. 3 SGB V

23 Unabhängig von den unter I. 2 dargestellten Beschränkungen der Kostenerstattungsmöglichkeiten nach § 13 Abs. 2 SGB V sieht § 13 Abs. 3 SGB V einen grundsätzlichen Anspruch auf Kostenerstattung für alle Versichertengruppen bei Vorliegen bestimmter Voraussetzungen vor. In Frage kommt dies bei unaufschiebbaren oder bei zu Unrecht abgelehnten Leistungen.

24 **a) Unaufschiebbare Leistungen:** Diese erste Fallgruppe setzt ergänzend voraus, dass von der Krankenkasse eine unaufschiebbare Leistung nicht rechtzeitig erbracht werden konnte. Im Wesentlichen wird diese Alternative in **Notfällen** im Sinne von § 76 Abs. 1 S. 2 SGB V vorliegen, wenn der Versicherte auf die Inanspruchnahme eines nicht zugelassenen Leistungserbringers angewiesen war, z. B., weil ein Vertragsarzt nicht in zumut-

[20] Siehe § 12 Abs. 1 SGB V.

barem zeitlichen Rahmen erreichbar gewesen ist.[21] In Frage kommen hier auch die Fälle eines Systemversagens, z. B. bei Versorgungslücken, wenn systemkonforme Sachleistungen nicht rechtzeitig zur Verfügung stehen.[22]

Dies ist allerdings nicht der Fall, wenn die gewünschte Leistung aus tatsächlichen oder rechtlichen Gründen von der Krankenkasse nicht erbracht werden kann oder darf. Da in diesen Fällen keine rechtswidrige Leistungsverweigerung der Krankenkasse vorliegt,[23] entsteht dementsprechend auch kein Kostenerstattungsanspruch nach § 13 SGB V. **25**

b) Zu Unrecht abgelehnte Leistungen: Nach mittlerweile einhelliger Rechtsprechung kann sich ein Versicherter eine Leistung immer dann selbst beschaffen und dafür von seiner Kasse die Kosten erstattet verlangen, wenn diese seinen Antrag auf Gewährung einer Sachleistung zu Unrecht abgelehnt hat.[24] Zwischen der selbstbeschafften Leistung und der Ablehnung durch die Kasse ist ein direkter kausaler Zusammenhang erforderlich.[25] **26**

Gemeinsame Voraussetzung für beide Fallgruppen ist, dass der Versicherte sich die Leistung selbst beschafft haben muss und zwar außerhalb des gesetzlich vorgesehenen Weges, z. B. durch Inanspruchnahme eines nicht zugelassenen Leistungserbringers.[26] Die Leistung selbst muss sich aber im Rahmen des Leistungsartenkataloges des § 11 SGB V bewegen und im Sinne von § 12 SGB V notwendig sein (§ 13 Abs. 3 S. 1 SGB V). Darüber hinaus muss es sich entweder um eine ärztliche (zahnärztliche) Leistung oder eine ärztlich angeordnete und verantwortete Tätigkeit von Hilfspersonen handeln. **27**

Die Höhe des Erstattungsanspruchs umfasst nach dem Wortlaut des Abs. 3 die durch die Selbstbeschaffung entstandenen Kosten. Im Gegensatz zur Kostenerstattungsregelung des Abs. 2 kann der Anspruch damit auch über den Beträgen liegen, die von der Kasse für eine Sachleistung hätten aufgewendet werden müssen. Dies soll die Versicherten in die Lage versetzen, ohne Befürchtungen übermäßiger Kostenbelastungen anstelle der Sachleistung die benötigte Leistung auf anderem Wege zu erhalten. Damit wäre eine Beschränkung der Erstattungshöhe auf die sogenannten Kassensätze nicht vereinbar. Notwendig ist in jedem Fall allerdings eine ordnungsgemäße Rechnungsstellung durch den Leistungserbringer, d. h. bei einer ärztlichen Leistung unter Anwendung der GOÄ.[27] **28**

Da die Regelung auf die tatsächlich entstandenen Kosten abstellt, muss der Versicherte damit grundsätzlich zunächst in Vorleistung treten. Es ist allerdings möglich, von der Kasse vorab die Freistellung von den Zahlungsverpflichtungen verlangen.[28] **29**

II. Rechtsbeziehungen zwischen Vertragsarzt und Kassenärztlicher Vereinigung

1. Allgemeine Hinweise

Die Berufsausübung des Arztes unterliegt zunächst allgemeinen Vorgaben berufsrechtlicher Natur. Diese berufsrechtlichen Verpflichtungen entfalten ihre Wirkungen auch in der Beziehung des Vertragsarztes zu seiner Kassenärztlichen Vereinigung und finden so Eingang in das mitgliedschaftsrechtliche Rechte- und Pflichtengefüge der vertragsärztlichen Versorgung. Die Grundlagen zur Ausübung der ärztlichen Tätigkeit werden in den Be- **30**

[21] BSGE 34, 172 = NJW 1972, 2244; BSGE 35, 10.

[22] BSGE 34, 172 = NJW 1972, 2244; BSGE 46, 179 = SozR 2200, § 182 Nr. 32; SozR 2200 § 184 Nr. 4; BSGE 53, 144 = SozR 2200 § 182 Nr. 80.

[23] BSGE 79, 53 = SozR 3–2500 § 27 Nr. 7 S. 23.

[24] BSG SozR 2200 § 194 Nr. 5; SozR 2200 § 182 Nr. 86 m. w. N.

[25] BSGE 79, 125 = SozR 3–2500 § 13 Nr. 11.

[26] BSG SozR 2200 § 182 Nr. 86.

[27] BSGE 80, 181 = SozR 3–2500 § 13 Nr. 14; BSG SozR 3–2500 § 13 Nr. 17.

[28] BSGE 80, 181 = SozR 3–2500 § 13 Nr. 14.

rufsordnungen der Landesärztekammern geregelt, die sich im Wesentlichen an die Vorgaben der Musterberufsordnung der Bundesärztekammer[29] halten und gelten allgemein für jeden Arzt, ob zur vertragsärztlichen Versorgung zugelassen oder nicht.

31 So schreibt schon das Berufsrecht für die Ausübung der ärztlichen Tätigkeit in freier Praxis zwingend eine **Niederlassung** vor, d. h. die ärztliche Tätigkeit hat in nicht abhängiger, freiberuflicher Form zu erfolgen. Hierzu müssen regelmäßig Sprechstunden angeboten und auch tatsächlich abgehalten werden. Die örtlich zuständige Ärztekammer ist über den Ort und den Zeitpunkt der Niederlassung zu informieren, ebenso über jede wesentliche Änderung. Das ärztliche Berufsrecht sieht die Praxis als den räumlichen Mittelpunkt der Tätigkeit eines freipraktizierenden Arztes. Dort muss er seine Sprechstunden – abgesehen von etwaigen Notfällen und Hausbesuchen – abhalten. Bislang galt dabei der Grundsatz der Singularniederlassung, d. h. es war nur an einem Praxissitz die Niederlassung und die Ausübung ärztlicher Tätigkeit möglich. Mit der Neufassung der Berufsordnung auf dem 107. Deutschen Ärztetag in Bremen wurde daran zwar grundsätzlich festgehalten, allerdings ist erstmals die Möglichkeit eröffnet worden, über den Praxissitz hinaus an zwei weiteren Orten ärztlich tätig zu sein, sofern für eine ordnungsgemäße Versorgung der Patienten an jedem Ort der Tätigkeit Sorge getragen ist.[30]

32 Zusätzlich erwachsen aus der Zulassung zur vertragsärztlichen Versorgung eine ganze Reihe weiterer Pflichten. Im Ergebnis unterliegt der Vertragsarzt damit nicht nur vollumfänglich den berufsrechtlichen Vorgaben, sondern auch den speziellen Anforderungen der vertragsärztlichen Tätigkeit, die zum Teil über die berufsrechtlichen Pflichten deutlich hinausgehen oder diese auch anpassen oder ergänzen. Als Beispiel sei hier nur das weite Feld der besonderen Qualifikationsvoraussetzungen zu Erbringung bestimmter ärztlicher Leistungen in der vertragsärztlichen Versorgung genannt, die sich in dieser Ausprägung in den berufsrechtlichen Vorgaben nicht wiederfinden. Ein weiteres Beispiel ist die oben dargestellte berufsrechtlich eröffnete Möglichkeit mehrerer Tätigkeitsorte. Diese ist zumindest für die vertragsärztliche Versorgung faktisch ohne weitere Bedeutung. Hier kommt die spezielle Vorgabe der Zulassungsverordnung für Vertragsärzte (Ärzte-ZV)[31] zum Tragen, die eine Niederlassung bzw. Zulassung an einem einzigen Praxissitz zwingend vorschreibt und die für die vertragsärztliche Versorgung als spezialgesetzliche Regelung die Berufsordnung insoweit einschränkt.[32]

33 Trotz seiner starken Einbindung in ein öffentlich-rechtlich organisiertes Versorgungssystem verliert der Vertragsarzt seinen Status als **freiberuflich Tätiger** nicht. Die Tätigkeit des Vertragsarztes ist eben nicht Tätigkeit im öffentlichen Dienst, auch wenn er mit der Behandlung der gesetzlich krankenversicherten Patienten eine nicht zuletzt öffentliche Aufgabe erfüllt. Der ärztliche Beruf ist ein „seiner Natur nach" freier Beruf.[33] Dies gilt in gleichem Maße für den Vertragsarzt. Das BVerfG hat hierzu schon in einer sehr frühen Entscheidung aus dem Jahr 1960 ausgeführt: „Die Krankenversicherung bedient sich des freien Berufs des Arztes zur Erfüllung ihrer Aufgaben; sie baut nicht nur ihr Kassenarztsystem auf dem Arztberufe als einem freien Berufe auf, indem sie das Vorhandensein eines solchen Berufes praktisch und rechtlich voraussetzt und sich zunutze macht, sondern sie belässt auch die Tätigkeit als Kassenarzt im Rahmen dieses freien Berufes".[34]

---

[29] Musterberufsordnung für die deutschen Ärztinnen und Ärzte – MBO-Ä 1997 – in der Fassung der Beschlüsse des 100. Deutschen Ärztetages in Eisenach, DÄBl 94, Heft 37 vom 12. 9. 1997, A-2354ff.; zuletzt geändert durch die Beschlüsse des 108. Deutschen Ärztetages 2005 in Berlin.

[30] § 17 Abs. 2 MBO.

[31] Zulassungsverordnung für Vertragsärzte (Ärzte-ZV) vom 28. 5. 1957 (BGBl. I S. 572; zuletzt geändert durch die Achte Zuständigkeitsanpassungsverordnung vom 25. 11. 2003 (BGBl. I S. 2304).

[32] Vgl. hierzu § 24 Abs. 1 und 2 Ärzte-ZV.

[33] Vgl. § 1 Abs. 2 BÄO.

[34] BVerfGE 11, 30 = NJW 1960, 715.

34 Dabei ist es Aufgabe der Kassenärztlichen Vereinigung, die vertragsärztliche Versorgung durch die ihr angeschlossenen Mitglieder sicherzustellen. Diese sehr weitgehende Einbindung des zugelassenen Vertragsarztes in das GKV-System und damit in ein öffentlich-rechtliches Umfeld hat gelegentlich dazu geführt, den Vertragsarzt als eigenständiges Berufsbild im Sinne von Art. 12 Abs. 1 GG anzusehen. Allerdings ist festzustellen, dass trotz der im GKV-System geltenden Auflagen und Beschränkungen z.B. bei der Behandlungsweise, aber auch im Verordnungssektor, die ihre Begründung in der begrenzten finanziellen Leistungsfähigkeit des Systems haben, die Art der Tätigkeit sich nicht gravierend von der Behandlung von Privatpatienten unterscheidet. Auch in diesem Bereich existieren im übrigen in der Realität ähnliche Beschränkungen, da auch die finanzielle Leistungsfähigkeit der Privatversicherten nicht unbegrenzt ist. Diese doch weitgehende Vergleichbarkeit der ärztlichen Berufsausübung im privatärztlichen und vertragsärztlichen Bereich rechtfertigt letztlich die Feststellung, dass mit der Zulassung zur vertragsärztlichen Versorgung kein Berufswechsel verbunden ist, sondern die vertragsärztliche Tätigkeit nur eine besondere Form der in freier Praxis ausgeübten ärztlichen Tätigkeit darstellt.

2. Zulassungsrechtliche Aspekte

35 **a) Zulassung als klassische Teilnahmeform:** Die Zulassung zur vertragsärztlichen Tätigkeit stellt neben der Ermächtigung die klassische Form der Teilnahme im Vertragsarztrecht dar. Anfänglich war Basis dafür ein Einzelvertrag, der von den Krankenkassen mit dem teilnahmewilligen Arzt abgeschlossen worden ist. Seit Einführung der öffentlich-rechtlichen Struktur des Zulassungsrechts und der Zuständigkeitszuweisung an die hierfür geschaffenen Zulassungsgremien wird die Zulassung zur vertragsärztlichen Versorgung durch Verwaltungsakt ausgesprochen.

36 Erfüllt ein Arzt die von Gesetz bzw. Zulassungsverordnung geforderten Voraussetzungen, besteht grundsätzlich ein Rechtsanspruch auf Zulassung. Insoweit haben die Zulassungsgremien keinen Ermessensspielraum und müssen auf Antrag und wenn bedarfsplanungsrechtliche Beschränkungen nicht entgegenstehen, die Zulassung aussprechen.[35] Der Beschluss ist ein konstitutiv rechtsgestaltender Verwaltungsakt, der insbesondere zur Teilnahme an der vertragsärztlichen Versorgung und zur Behandlung der gesetzlich Krankenversicherten berechtigt und verpflichtet.[36]

37 **b) Zulassungsvoraussetzungen:** Eine der wesentlichen Voraussetzungen für eine angestrebte Zulassung ist die Eintragung des Arztes im **Arztregister,** dessen Errichtung, Form und Inhalte ihre gesetzlichen Grundlagen in den §§ 95 Abs. 2 und 98 Abs. 2 Nr. 5 und 6 SGB V finden. Dieses Register wird bei jeder Kassenärztlichen Vereinigung für ihren Zuständigkeitsbereich geführt und beinhaltet neben allen zugelassenen Ärzten auch sonstige Ärzte, die einen entsprechenden Antrag auf Aufnahme in das Register stellen.[37] Die Entscheidung über den Eintragungsantrag trifft die registerführende Kassenärztliche Vereinigung[38] nach Überprüfung der Eintragungsvoraussetzungen.[39] Dies sind zum einen neben der Antragstellung durch den sich bewerbenden Arzt die Approbation als Arzt und zum anderen der erfolgreiche Abschluss einer mindestens 5-jährigen allgemeinmedizinischen Weiterbildung oder der erfolgreiche Abschluss einer anderen Facharztweiterbildung bzw. der Nachweis einer vergleichbaren Qualifikation im Sinne des § 95a Abs. 4 und 5 SGB V.

38 Mit der Eintragung in das Arztregister allein wird der Arzt aber noch nicht Mitglied der Kassenärztlichen Vereinigung. Eine Berechtigung oder Verpflichtung zur Teilnahme an

[35] BVerfGE 11, 30 (49); 16, 286 (293).
[36] BSGE 20, 86.
[37] § 1 Abs. 2 Ärzte-ZV.
[38] § 3 Abs. 1 Ärzte-ZV.
[39] § 3 Abs. 2 Ärzte-ZV.

der vertragsärztlichen Versorgung entsteht daraus ebenfalls noch nicht. Ordentliches Mitglied wird er erst mit seiner Zulassung,[40] und erst damit entstehen die vertragsärztlichen Bindungen.

3. Mitgliedschaftsrechtliche Aspekte

39 **a) Öffentlich-rechtliches Beziehungsgeflecht:** Der gesamte Bereich der Rechtsbeziehungen zwischen dem Vertragsarzt und seiner Kassenärztlichen Vereinigung findet seine Regelungsgrundlage im wesentlichen in den Vorschriften des SGB V und hier insbesondere in den §§ 69ff. Dieses Beziehungsgeflecht ist öffentlich-rechtlicher Natur.[41] Dementsprechend ist für gerichtliche Auseinandersetzungen aus dem Mitgliedschaftsverhältnis die Sozialgerichtsbarkeit als Teil der öffentlich-rechtlichen Gerichtsbarkeit zuständig,[42] die derartige Streitigkeiten eigenen Fachkammern zuweist.[43]

40 **Beziehungen** entstehen in diesem Rahmen im Wesentlichen zwischen Vertragsarzt und Kassenärztlicher Vereinigung. Dies hat insbesondere Folgen hinsichtlich der Frage der Vergütung. Trotz der durchgeführten Behandlungsmaßnahmen kommt zumindest ein **Vergütungsanspruch des Vertragsarztes gegen die behandelten Versicherten** nicht zustande. Dieser entsteht ausschließlich gegenüber der Kassenärztlichen Vereinigung, mit der vom Arzt auch abzurechnen ist. Soweit Krankenkassen Regressansprüche aus der vertragsärztlichen Tätigkeit des Arztes geltend machen wollen, sind diese nicht direkt an den Arzt zu richten, sondern müssen über die Kassenärztliche Vereinigung bzw. gemeinsam besetzte Prüfgremien realisiert werden.[44]

41 § 76 Abs. 4 SGB V stellt ausdrücklich fest, das die Behandlungsübernahme den Leistungserbringer dem Versicherten gegenüber zur Beachtung der Sorgfalt nach den Vorschriften des bürgerlichen Vertragsrechts verpflichtet. Offenbleiben kann dabei, ob die Behandlungsübernahme zum Abschluss eines zivilrechtlichen **Dienstvertrages** zwischen Arzt und Patient führt oder ob aufgrund der starken öffentlich-rechtlichen Ausprägung eventuelle zivilrechtliche Vertragsbeziehungen zwischen Arzt und Patient überlagert werden. Bei Verletzung der genannten Sorgfaltspflichten können jedenfalls (zivilrechtliche) Schadensersatzansprüche entstehen. Hierbei gelten die allgemeinen Regeln des BGB, also Haftung für eigenes (§ 276 BGB) als auch für Verschulden von Erfüllungsgehilfen (§ 278 BGB) sowie deliktische Haftung nach § 823 BGB. Zivilrechtliche Ansprüche gehen nach § 116 SGB X auf die Krankenkasse über, soweit diese Leistungen erbracht hat, die aufgrund des ärztlichen Fehlverhaltens erforderlich geworden sind.

42 **b) Zwangsmitgliedschaft:** Die Mitgliedschaft in der Kassenärztlichen Vereinigung als Folge der Zulassung zur vertragsärztlichen Versorgung hat **Zwangscharakter.**[45] Eine Wahlmöglichkeit besteht insoweit nicht. Aufgrund der Besonderheiten des Kassenarztrechts und deren Bedeutung für die gesundheitliche Versorgung der Bevölkerung ist eine solche Pflichtmitgliedschaft auch ohne weiteres verfassungsmäßig.[46] Die Kassenärztliche Vereinigung wird durch ihre Mitglieder in die Lage versetzt, ihren gesetzlichen Auftrag aus den §§ 72 und 75 SGB V zur Sicherstellung der vertragsärztlichen Versorgung zu erfüllen. Sie bedient sich hierzu der Leistungsbereitschaft ihrer Mitglieder.

43 Folge dieser Struktur ist für die zugelassenen Ärzte ihre Unterwerfung unter die weitreichende Verbandsgewalt der Körperschaft Kassenärztliche Vereinigung. Diese hat die Befugnis, ihre Mitglieder bei der Erfüllung der ihnen obliegenden Pflichten zu überwachen. Umfasst sind davon alle für die vertragsärztliche Versorgung relevanten Bereiche.

---

[40] § 77 Abs. 3 SGB V.
[41] BVerfGE 11, 30 (39).
[42] § 51 Abs. 1 Nr. 2 SGG.
[43] §§ 10 Abs. 2, 12 Abs. 3 SGG.
[44] Siehe hierzu §§ 48ff. BMV-Ä.
[45] § 95 Abs. 3 SGB V.
[46] BVerfGE 10, 89; 10, 354; 15, 235.

Dabei kann sie erforderlichenfalls auch disziplinarrechtliche Mittel zur Anwendung bringen, um eine ordnungsgemäße Pflichterfüllung sicherzustellen.[47] Zu beachten ist hierbei allerdings, dass berufsrechtliche Aspekte von Verhaltensweisen nicht der Überwachungsbefugnis der Kassenärztlichen Vereinigung unterliegen, sondern diese standesrechtlicher Überprüfung durch die berufsständischen Organisationen vorbehalten sind.

44 Korrespondierend mit der dargestellten Überwachungsbefugnis ist es andererseits auch Aufgabe der Kassenärztlichen Vereinigung, insbesondere gegenüber den Krankenkassen die Rechte ihrer Mitglieder zu wahren und zu vertreten.[48]

45 **c) Rechte- und Pflichtenkatalog:** Die Mitgliedschaft des Vertragsarztes in seiner Kassenärztlichen Vereinigung löst also eine ganze Reihe von Rechten und Pflichten aus, die zum einen im weiteren Sinne aus der Teilnahme an der vertragsärztlichen Versorgung entstehen und im engeren Sinne dem Satzungsrecht der KV[49] entspringen.

46 Die wesentlichen Rechte sind:

- Berechtigung zur Behandlung der GKV-Versicherten sowie sonstiger Anspruchsberechtigter wie z. B. nach BVG oder freier Heilfürsorge.
- Teilnahme an der Gesamtvergütung.
- Beteiligung an der Selbstverwaltung.
- Unterstützung durch die Kassenärztliche Vereinigung gegen Übergriffe der Krankenkassen.

47 Daneben stehen folgende Pflichten:

- Verpflichtung zur Behandlung von GKV-Patienten im Sachleistungssystem.
- Beschränkung der ärztlichen Tätigkeit auf den zugelassenen Vertragsarztsitz.
- Tatsächliche Teilnahme an der vertragsärztlichen Versorgung, d. h. Angebot ausreichender Sprechstunden und Einhaltung derselben.
- Verpflichtung zur regelmäßigen Weiterbildung.
- Teilnahme am organisierten vertragsärztlichen Notfalldienst.

48 **d) Teilnahme an der vertragsärztlichen Versorgung:** Der wichtigste Aspekt in diesem Rechte- und Pflichtenkatalog ist die Berechtigung und gleichzeitige Verpflichtung zur tatsächlichen Teilnahme an der vertragsärztlichen Versorgung, die sich vor allem in der Behandlung der GKV–Versicherten niederschlägt. Das Teilnahmerecht bedeutet zunächst die Möglichkeit für den Vertragsarzt, Versicherte von gesetzlichen Krankenkassen, die ihn aufsuchen und in Anspruch nehmen wollen, auch ohne weitere vertragliche Vereinbarungen mit dem Patienten behandeln zu können. Daraus folgt weiter ein Anspruch auf Vergütung dieser in diesem Rahmen erbrachten Leistungen, der sich aber nicht gegen den Patienten richtet, sondern gegen die Kassenärztliche Vereinigung. Der Vergütungsanspruch besteht dabei nicht unbegrenzt, vielmehr handelt es sich dabei im Ergebnis lediglich um einen Anspruch auf Teilnahme an der Verteilung der Gesamtvergütung, die von den Krankenkassen mit befreiender Wirkung für die gesamte vertragsärztliche Versorgung an die Kassenärztliche Vereinigung bezahlt wird.[50]

49 Im Gegenzug bedeutet die Teilnahmepflicht die tatsächliche Ausübung der vertragsärztlichen Tätigkeit im Rahmen der erteilten Zulassung unter Beachtung aller vertragsärztlichen Pflichten, wie beispielsweise die Erbringung der ärztlichen Leistungen unter Berücksichtigung des allgemein anerkannten Standes der medizinischen Erkenntnisse[51] sowie die Wahrung der Sorgfalt nach den Vorschriften des bürgerlichen Vertragsrechts gegenüber den Patienten.[52]

---

[47] *Heinemann-Liebold,* § 75 SGB V, RN C-75–22. Vgl. hierzu auch § 81 Abs. 5 SGB V, der entsprechende disziplinarrechtliche Regelungen als Muss-Inhalt der KV-Satzung vorschreibt.

[48] § 75 Abs. 2 SGB V.

[49] § 81 Abs. 1 Nr. 4 SGB V.

[50] § 85 Abs. 1 und 4 SGB V.

[51] § 72 Abs. 2 SGB V.

[52] § 76 Abs. 4 SGB V.

50 **e) Verpflichtung zur Behandlungsübernahme:** Die mit der Zulassung verbundene **Verpflichtung zur Behandlungsübernahme** ist sehr weitgehend. Eine Abweisung von Patienten ist dabei nur in wenigen zu begründenden Ausnahmefällen möglich, nämlich, wenn

– die Praxis keine weiteren persönlichen und sächlichen Kapazitäten mehr hat und die Aufnahme zusätzlicher Patienten deshalb nicht möglich ist, oder
– Vorfälle in der Arzt-Patienten-Beziehung das Vertrauensverhältnis derart zerrüttet haben, dass eine Fortsetzung der Behandlung dem Arzt nicht zugemutet werden kann.

51 Keinesfalls ein **Ablehnungsgrund** ist insoweit eine vom Arzt subjektiv als zu niedrig empfundene Vergütung für die durchzuführende Behandlung oder Teile hiervon. Gleiches gilt für den Fall der Ausschöpfung von Punktzahlobergrenzen, wie sie in den Praxisbudgets nach dem Einheitlichen Bewertungsmaßstab (EBM) für die Praxis festgelegt worden sind und die eine maximale durchschnittliche Punktzahl pro Behandlungsfall festschreiben. Weitere Leistungen wären dann zwar praktisch möglich, würden aber die vom Arzt abrechenbare Punktmenge und damit im Ergebnis sein Honorar nicht weiter erhöhen. Das Risiko einer Budgetausschöpfung liegt hier beim Vertragsarzt.

52 Nicht zulässig ist es auch, den Versicherten weg vom Sachleistungssystem in die Kostenerstattung nach § 13 Abs. 2 SGB V zu drängen oder ihn unter Hinweis auf bessere oder schnellere Behandlung zu einer derartigen Wahlentscheidung zu veranlassen, um so die Möglichkeit einer Privatliquidation zu eröffnen.[53]

53 Die Behandlungsverpflichtung wird aber nicht so weit zu fassen sein, dass vom Vertragsarzt jegliche in sein Fachgebiet fallende Leistung auch tatsächlich in seiner Praxis anzubieten ist. So kann er durchaus Leistungen, die in seiner Praxis nicht kostendeckend erbringbar sind, aus seinem Leistungsspektrum ausklammern. Allerdings wäre eine Selektion dahingehend, dass Leistungsbereiche nur noch privat, nicht aber im Sachleistungssystem angeboten werden, als unzulässig abzulehnen.[54] Nach Auffassung des BSG ist der Vertragsarzt auf jeden Fall verpflichtet, die typischen Leistungen seines Fachgebietes anzubieten und zu erbringen.[55]

54 **f) Zuzahlungen:** Eine weitere Folge der vertragsärztlichen Einbindung und der Verpflichtung zur Behandlung der Patienten im Sachleistungssystem ist das Verbot von **Zuzahlungen.** Abgesehen von wenigen gesetzlich bzw. vertraglich ausdrücklich geregelten Ausnahmen darf der Vertragsarzt für seine Tätigkeit vom Patienten keinerlei zusätzliche Zahlungen von seinen Patienten fordern.[56] Der Einzug der sog. Praxisgebühr nach § 28 Abs. 4 SGB V ist hiervon nicht betroffen, da es sich dabei um eine gesetzlich vorgeschriebene Zuzahlung der Versicherten zu ihren Behandlungskosten handelt.[57] Diese ist im übrigen kein zusätzliches Honorar für den Vertragsarzt, sie wird vielmehr von der vertragsärztlichen Vergütung, die von der Kassenärztlichen Vereinigung zur Auszahlung kommt, in Abzug gebracht.

III. Rechtsbeziehungen zwischen Vertragsarzt und Krankenkassen

1. Grundsatz

55 **a) Zusammenarbeit der Leistungserbringer:** In der Verweisungsvorschrift des § 69 SGB V stellt der Gesetzgeber ausdrücklich klar, dass die Vorschriften des Vierten Kapitels

---

[53] Siehe hierzu auch § 18 Bundesmantelvertrag-Ärzte (BMV-Ä).

[54] Vgl. hierzu *Steinhilper/Schiller,* MedR 1997, 59.

[55] BSG vom 14. 3. 2001, B 6 KA 54/00 R = SozR 3-2500 § 95 Nr. 31, auch § 75 Nr. 12.

[56] Siehe hierzu BSG-Urteile vom 14. 3. 2001, B 6 KA 36/00 R und B 6 KA 67/00 R sowie die Regelung in § 18 BMV-Ä.

[57] Die Praxisgebühr wurde durch das GKV-Modernisierungsgesetz – GMG vom 14. 11. 2003 (BGBl. I S. 2190) mit Wirkung vom 1. 1. 2005 in die vertragsärztliche Versorgung eingeführt.

des SGB V mit den §§ 69 bis 140h sowie die §§ 63 und 64 des Dritten Kapitels die Rechtsbeziehungen der Krankenkassen und ihrer Verbände zu Ärzten, Zahnärzten, Psychotherapeuten und anderen Leistungserbringern abschließend regeln sollen. Daneben gelten ergänzend die Vorschriften des Bürgerlichen Gesetzbuches, sofern sie den Regelungen des SGB V nicht widersprechen.

56 In § 72 Abs. 1 Satz 1 SGB V wird hierzu konkretisierend verbindlich die Zusammenarbeit von Ärzten, Zahnärzten, Psychotherapeuten und Krankenkassen zur Sicherstellung der vertragsärztlichen Versorgung der Versicherten vorgeschrieben.

57 **b) Regelungen der Beziehungen:** Trotz dieser Vorgaben mit der Verwendung des Begriffs **„Rechtsbeziehungen"** werden aber weder im SGB V noch an anderer Stelle die Rechtsbeziehungen zwischen Vertragsärzten und Krankenkassen näher geregelt.[58] Wie bereits unter II. dargelegt, steht der Vertragsarzt im Rahmen seiner vertragsärztlichen Berufsausübung im Wesentlichen in rechtlichen Beziehungen mit seiner Kassenärztlichen Vereinigung. Demgegenüber gibt es zu den Krankenkassen, abgesehen von einzelnen Randbereichen, nur wenig Berührungspunkte, insbesondere keine mit direkt von der Kasse gegenüber dem Vertragsarzt durchsetzbaren Rechten oder Pflichten. So wie der Vertragsarzt gegenüber der Kasse keinen Vergütungsanspruch für die am Versicherten erbrachten Leistungen hat, kann die Kasse auf der anderen Seite den Arzt auch nicht direkt zur Behandlung von Versicherten zwingen. Sie müsste den Umweg über die Kassenärztliche Vereinigung bzw. den Zulassungsausschuss wählen, die dann im Rahmen ihrer Disziplinargewalt bzw. ggf. zulassungsrechtlich gegen den Arzt tätig werden. Die aus der Zulassung folgenden Pflichten zur Behandlung, Verordnung von Medikamenten, Heil- oder Hilfsmitteln usw. richten sich zwar an den Vertragsarzt und sind für diesen bindend, geben der Kasse aber kein direkt einklagbares Recht.

58 Es gibt zwar Berührungspunkte, so z.B. bei der Beantwortung von Kassenanfragen oder der Bearbeitung und Einreichung von Anträgen der Versicherten bei der Krankenkasse. Unstimmigkeiten und Differenzen hierbei haben nicht die Folge, dass die Kasse direkt gegen einen Arzt vorgehen könnte. Es ist der Weg über die Kassenärztliche Vereinigung zu wählen, die dann ggf. den Arzt zur Einhaltung seiner Verpflichtungen anhält.

59 Eine direktere Einflussmöglichkeit besteht für die Krankenkasse nur im Bereich der gemeinsamen Selbstverwaltung. Hier sind die Krankenkassen in paritätisch mit Ärztevertretern und Vertretern der Krankenkassen besetzten Gremien gleichberechtigt vertreten und wirken an Entscheidungen mit, die direkt auf den betroffenen Vertragsarzt durchschlagen. Als Beispiel seien hier die Zulassungsgremien genannt[59] oder auch die Ausschüsse zur Überprüfung der Wirtschaftlichkeit nach § 106 SGB V.

60 Auch aus der in § 72 Abs. 1 SGB V vorgeschriebenen Zusammenarbeit zwischen Kassen und Vertragsärzten folgt nichts anderes. Damit wird lediglich die Vorgabe des Gesetzgebers zum Ausdruck gebracht, dass die an der vertragsärztlichen Versorgung beteiligten Leistungserbringer zur Sicherstellung der Versorgung der Versicherten zusammenzuwirken haben. Eine direkte Rechtsbeziehung zwischen einem einzelnen Leistungserbringer und einer Krankenkasse wurde daraus bislang aber nicht abgeleitet.

61 Allerdings hat der BGH in seiner jüngeren Rechtsprechung eine Art „Garantenstellung" und daraus eine Vermögensbetreuungspflicht des Vertragsarztes gegenüber der Krankenkasse bei der Ausstellung von (Medikamenten-) Verordnungen postuliert, deren Verletzung den Straftatbestand der Untreue nach § 266 StGB erfülle.[60] Insoweit handele der Arzt als Vertreter der Krankenkasse und dürfe daher Leistungen, die nicht notwendig, nicht ausreichend oder unzweckmäßig seien, nicht verordnen.

62 Die ist aber ein sehr weitgehender Ansatz, der vor allem auch die Gefahr beinhaltet, dass über die strafrechtliche Schiene das Regelungsgefüge der gemeinsamen Selbstverwal-

---

[58] Vgl. BVerfGE 11, 30 (39).
[59] Vgl. § 95 SGB V i.V.m. der Ärzte-ZV.
[60] BGH, Beschluss vom 25. 11. 2003 – 4 StR 239/03.

tung ausgehebelt wird. Denn das System der vertragsärztlichen Versorgung verfügt über ein ausreichendes und bewährtes eigenes Instrumentarium zum Umgang mit Unwirtschaftlichkeiten bzw. nicht regelkonformem Leistungs- und Verordnungsverhalten.

2. Modellvorhaben

63 Eine gewisse Durchbrechung dieser Systematik der vertragsärztlichen Versorgung stellen die Regelungen des 10. Abschnitts im 3. Kapitel des SGB V dar. Überschrieben mit dem Begriff der „Weiterentwicklung der Versorgung" sollen die §§ 63ff. SGB V den Kassen nicht nur die Möglichkeit eröffnen, sogenannte **Modellvorhaben** unter Abweichung vom ansonsten strikten Regelungskorsett des 4. Kapitels SGB V zu vereinbaren. Nach dem Wunsch des Gesetzgebers soll damit eine Verbesserung der Qualität und Wirtschaftlichkeit der Versorgung im Bereich der Organisation und Finanzierung der Leistungserbringung den Krankenkassen selbst ermöglicht werden. Modellvorhaben können sich außerdem auf die Weiterentwicklung der Leistungen der gesetzlichen Krankenversicherung richten, insbesondere sind hier Leistungen zur Früherkennung von Krankheiten benannt. Insoweit sind Modellvorhaben dann zulässig, wenn tragfähiges Erkenntnismaterial vorliegt, welches die Erwartung rechtfertigt, dass solche Leistungen nach den Vorschriften des SGB V für eine ausreichende, zweckmäßige und wirtschaftliche Versorgung der Versicherten geeignet sind. Damit bleiben Modellvorhaben zu medizinischen Leistungen, deren Nutzen und Risiken insoweit noch nicht hinreichend beurteilt werden können, ausgeschlossen; auch die Durchführung medizinischer Forschungsaktivitäten kann nicht Gegenstand von Modellversuchen sein.[61]

64 Die Krankenkassen können derartige Vereinbarungen direkt mit zugelassenen Leistungserbringern, also auch mit Vertragsärzten, abschließen und dabei die Kassenärztliche Vereinigung als den im GKV-System ansonsten grundsätzlich vorgesehenen Vertragspartner außen vor lassen. Ein derartiger Vertragsabschluß zwischen Kassen und Vertragsärzten bewirkt dann das Entstehen vertraglicher Beziehungen zwischen den Parteien mit der Folge, dass daraus resultierende Rechte und Pflichten auch direkt zwischen den Vertragspartnern geltend gemacht werden können.

65 Bislang sind Modellvorhaben zwischen Kassen und einzelnen Vertragsärzten nur vereinzelt abgeschlossen worden. Grundlage für Modellvorhaben ist in aller Regel ein Vertrag, den eine Kassenärztliche Vereinigung für ihren Bereich mit den Kassen vereinbart hat. Der einzelne Arzt kann dann, sofern er die geforderten Teilnahmevoraussetzungen erfüllt, der Vereinbarung meist formlos beitreten und auf dieser Grundlage entsprechende Leistungen erbringen. Er wird damit aber nicht Vertragspartner. Die Abrechnung erfolgt auf dem üblichen Weg mit der Kassenärztlichen Vereinigung, und bei Verletzung von Verpflichtungen aus der Vereinbarung ist wiederum die Kassenärztliche Vereinigung zuständig, das Verhalten des Arztes ggf. zu sanktionieren. Die Krankenkasse als Vertragspartner der Kassenärztlichen Vereinigung hat auch in dieser Konstellation mangels einer direkten Rechtsbeziehung zum Arzt nur die Möglichkeit, die Kassenärztliche Vereinigung zum Eingreifen anzuhalten.

3. Integrierte Versorgung

66 **a) Sonderstellung im GKV-System:** Eine Sonderstellung nehmen auch die Vorschriften zur integrierten Versorgung nach den §§ 140a bis 140h SGB V hinsichtlich der Rechtsbeziehungen zwischen Krankenkassen und Vertragsärzten ein.

---

[61] Amtliche Begründung zum Entwurf eines Zweiten Gesetzes zur Neuordnung von Selbstverwaltung und Eigenverantwortung in der gesetzlichen Krankenversicherung (2. NOG), BT-Drucksache 13/6087.

Diese Regelungen, als 11. Abschnitt des 4. Kapitels durch das GKV-Gesundheitsreformgesetz 2000[62] in das SGB V aufgenommen, sollen die Beziehungen der Kassen zu den Leistungserbringern in der integrierten Versorgung gestalten und eine die verschiedenen **Leistungssektoren übergreifende Versorgung** der Versicherten ermöglichen.[63] Dazu wird die starre Aufgabenteilung zwischen ambulanter und stationärer Versorgung gezielt durchbrochen, um die Voraussetzungen für stärker an den Versorgungsbedürfnissen der Patientinnen und Patienten orientierten Behandlungen zu verbessern. **67**

b) Vertragspartner: Zur Schaffung der dafür notwendigen Rahmenbedingungen gibt der Gesetzgeber mit diesen Vorschriften den Krankenkassen erstmals umfassend und wesentlich weitergehend als bei Modellvorhaben nach den §§ 63ff. SGB V (siehe oben) die Möglichkeit, Verträge mit einzelnen ambulanten Leistungserbringern bzw. Gruppen von Leistungserbringern abzuschließen. In § 140b Abs. 2 SGB V werden als Vertragspartner der Krankenkassen u.a. neben Krankenhausträgern ausdrücklich auch Gemeinschaften zugelassener Ärzte benannt. **68**

Im Unterschied zu den oben dargestellten Modellvorhaben können also die Kassenärztlichen Vereinigungen nicht Partner von Integrationsverträgen sein. Zur Begründung wird angeführt, dass die Kassenärztlichen Vereinigungen in das System einer einzelvertraglichen Vereinbarung über die Durchführung der Versorgung ohne Veränderung ihrer eigentlichen Aufgabe, der Erfüllung des Sicherstellungsauftrags, nicht einzupassen seien. Sie seien als solche nicht Versorger und managten die Versorgung auch nicht im Rahmen von Einzelverträgen. Unberührt blieben aber ihre Möglichkeiten, im Rahmen des Kollektivvertragssystems die Inhalte einer integrierten Versorgung, auch im Verbund mit anderen Leistungserbringern, mit den Krankenkassen zu vereinbaren. Sie könnten sich dagegen nicht nach ihrer Aufgabenstellung aus dem Sicherstellungsauftrag zur Erbringung von Leistungen zur integrierten Versorgung verpflichten und ggf. für ein Fehlverhalten der die Versorgung unmittelbar durchführenden Leistungserbringer haftungsrechtlich einstehen. Auch seien die Beiträge ihrer Mitglieder ausschließlich dazu gedacht, die gesetzlichen Aufgaben nach dem Sicherstellungsauftrag wahrzunehmen und nicht für das Aushandeln, die Überwachung und die Durchführung der Verträge zur integrierten Versorgung und damit nur für einzelne Mitglieder einzusetzen.[64] **69**

c) Neue Rechtsbeziehungen: Mit Abschluss eines derartigen Integrationsvertrages begibt sich der Arzt in ein völlig neues Rechtsverhältnis zur Krankenkasse. Er ist zwar weiterhin zugelassener Vertragsarzt, was auch für eine Teilnahme an der integrierten Versorgung Grundvoraussetzung ist,[65] und unterliegt damit nach wie vor auch den daraus sich ergebenden Rechten und Pflichten. Zusätzlich folgen aber aus dem **Integrationsvertrag** eine ganze Reihe weitergehender Verpflichtungen. Zwingender Bestandteil des Vertrages ist die Verpflichtung des Arztes zu einer qualitätsgesicherten, wirksamen, ausreichenden, zweckmäßigen und wirtschaftlichen Versorgung der Versicherten.[66] Die Vertragspartner und damit auch die vertragsschließenden Ärzte haben außerdem zu gewährleisten, dass die sich aus den §§ 2 und 11 bis 62 SGB V ergebenden Leistungsansprüche der Versicherten erfüllt werden. Die Vertragspartner übernehmen insoweit auch die Gewähr für die Erfüllung der organisatorischen, betriebswirtschaftlichen sowie der medizinischen und medizinisch-technischen Voraussetzungen für die vereinbarte integrierte Versorgung entsprechend dem allgemein anerkannten Stand der medizinischen Erkenntnisse und des medizinischen Fort- **70**

---

[62] Gesetz zur Reform der gesetzlichen Krankenversicherung ab dem Jahr 2000 (GKV-Gesundheitsreformgesetz 2000) vom 22. Dezember 1999 (BGBl. I S. 2626).

[63] Amtliche Begründung zum Entwurf eines Gesetzes zur Reform der gesetzlichen Krankenversicherung ab dem Jahr 2000 – GKV-Gesundheitsreformgesetz 2000, BT-Drucksache 14/1245.

[64] Amtliche Begründung zum Entwurf eines Gesetzes zur Modernisierung der Gesetzlichen Krankenversicherung (GKV-Modernisierungsgesetz – GMG), BT-Drucksache 15/1525.

[65] Vgl. § 140b Abs. 2 1. Spiegelstrich SGB V.

[66] § 140b Abs. 3 S. 1 SGB V.

schritts. Daneben ist eine sehr umfassende Koordination der beteiligten Leistungserbringer sowie eine allen zugängliche Dokumentation sicherzustellen.[67]

71 Nun sind diese Verpflichtungen, die der Arzt bzw. die Leistungserbringergemeinschaft, der der Arzt angehört, mit Vertragsabschluss übernimmt, nicht unbedingt neu. Zumindest teilweise decken sie sich mit den Pflichten aus der Teilnahme an der vertragsärztlichen Versorgung. Neu ist aber die **direkte vertragliche Verpflichtung** gegenüber den Krankenkassen als Leistungsträger. Wie bereits dargestellt, können die Pflichten, denen der Vertragsarzt aus seinem Zulassungsstatus nachzukommen hat, von den Kassen nicht direkt beim Vertragsarzt eingefordert werden. Entweder ist die Kassenärztliche Vereinigung der Ansprechpartner und muss gegebenenfalls die ihr offenstehenden disziplinarischen Mittel ergreifen oder es müssen die Gremien der gemeinsamen Selbstverwaltung wie Prüfungsausschüsse oder Zulassungsinstanzen tätig werden. In all diesen Fällen erfolgen die Aktivitäten aber nicht auf Grund einer Rechtsbeziehung Kasse – Vertragsarzt.

72 Die Teilnahme an integrierten Versorgungsformen gibt den Kassen nunmehr **direkte Einwirkungsmöglichkeiten** gegen den Vertragspartner Arzt auf Einhaltung der vertraglichen Verpflichtungen. Je nach Ausgestaltung der Verträge können dabei auch Sanktionen bis zum Ausschluss von der Teilnahme an der integrierten Versorgung für den Arzt verbunden sein.

---

[67] § 140b Abs. 3 S. 2 und 3 SGB V.

§ 4 Verfassungsrechtliche Determinanten vertragsärztlicher Tätigkeit

Schrifttum: *Axer,* Der Grundsatz der Honorarverteilungsgerechtigkeit im Kassenarztrecht – zur neueren Judikatur des Bundessozialgerichts, NZS 1995, 536ff.; *ders.,* Normsetzung der Exekutive im Sozialversicherungsrecht, Tübingen 2000; *ders.,* Zur demokratischen Legitimation in der gemeinsamen Selbstverwaltung – dargestellt am Beispiel des Bundesausschusses der Ärzte und Krankenkassen, in: Schnapp (Hrsg.), Funktionale Selbstverwaltung und Demokratieprinzip – am Beispiel der Sozialversicherung, 2001, S. 115ff.; *ders.,* Gemeinsame Selbstverwaltung, Festschrift 50 Jahre Bundessozialgericht, 2004, S. 339ff.; *Bieback,* Rechtliche Probleme von Organisationsstruktur und Selbstverwaltung der Unfallversicherung, in: Heinze/Schmitt (Hrsg.), Festschrift für Gitter, 1995, S. 83ff.; *Bleckmann/Eckhoff,* Der „mittelbare" Grundrechtseingriff, DVBl. 1988, 373ff.; *Blümel,* Verwaltungszuständigkeit, in: Isensee/Kirchhof (Hrsg.), Handbuch des Staatsrechts, Band 4, 1990, § 101; *Bogs,* Freie Zulassung zum freiberuflichen Kassenarztamt unter dem Bonner Grundgesetz, DOK 1983, 722ff.; *Bothe,* Zulassung landesrechtlicher Abfallabgaben, NJW 1998, 2333ff.; *Brackmann,* Zum Begriff der Selbstverwaltung in der Sozialversicherung und ihren verfassungsmäßigen Grundlagen, DOK 1964, 627ff.; *Breuer,* Freiheit des Berufs, in: Isensee/Kirchhof (Hrsg.), Handbuch des Staatsrechts, Band VI, 1989, § 147; *ders.,* Die staatliche Berufsregelung und Wirtschaftslenkung, in: Isensee/Kirchhof (Hrsg.), Handbuch des Staatsrechts, Band VI, 1989, § 148; *ders.,* Die öffentlich-rechtliche Anstalt, VVDStRL 44 (1986), 211ff.; *Burgi,* Selbstverwaltung angesichts von Europäisierung und Ökonomisierung, VVDStRL 62 (2003), 405ff.; *Butzer,* Verfassungsrechtliche Anmerkungen zum GKV-Gesundheitsmodernisierungsgesetz 2004 (GMG), MedR 2004, 177ff.; *Clemens,* Verfassungsrechtliche Anforderungen an untergesetzliche Rechtsnormen, MedR 1996, 432ff.; *ders.,* Regelungen der Honorarverteilung – der Stand der Rechtsprechung des BSG, MedR 2000, 17ff.; *ders.,* Der Kassenarzt im Spannungsfeld zwischen der Meinungsfreiheit und beruflichen Sanktionen, in: Festschrift 50 Jahre Bundessozialgericht, 2004, S. 373ff.; *Di Fabio,* Grundrechte im präzeptoralen Staat – am Beispiel hoheitlicher Informationstätigkeit, JZ 1993, 689ff.; *Dreier* (Hrsg.), Grundgesetz, Band 2, 1998; *Duttge,* Freiheit für alle oder allgemeine Handlungsfreiheit?, NJW 1997, 3353ff.; *Eberle,* Gesetzesvorbehalt und Parlamentsvorbehalt, DÖV 1984, 485ff.; *Ebsen,* Bedarfsorientierte Regulierungen der Zulassung von Leistungserbringern zur Gesetzlichen Krankenversicherung und das Grundrecht der Berufsfreiheit, ZRS 1992, 328ff.; *ders.,* Rechtsquellen, in: Schulin (Hrsg.), Handbuch des Sozialversicherungsrechts, Band 1, Krankenversicherungsrecht, 1994, § 7; *ders.,* Phänomenologie und Problemfelder der Rechtsquellen, in: Schnapp (Hrsg.), Probleme der Rechtsquellen im Sozialversicherungsrecht, Teil I, 1998, S. 13ff.; *Eckhoff,* Der Grundrechtseingriff, Köln 1992; *Ehmke,* Wirtschaft und Verfassung, Karlsruhe 1961; *Engelmann,* Untergesetzliche Normsetzung im Recht der gesetzlichen Krankenversicherung durch Verträge und Richtlinien, NZS 2000, 1ff.; *Epping,* Grundrechte, Berlin 2004; *Frenz,* Das Prinzip widerspruchsfreier Normgebung und seine Folgen, DÖV 1999, 41ff.; *Friauf,* Das Verhältnis zwischen Selbstverwaltung und Aufsicht, DRV 1982, 113ff.; *Hänlein,* Rechtsquellen im Sozialversicherungsrecht, Berlin 2001; *Hellermann,* Die sogenannte negative Seite der Freiheitsrechte, 1993; *Hufen,* Berufsfreiheit – Erinnerung an ein Grundrecht, NJW 1994, 2913ff.; *ders.,* Grundrechte der Leistungserbringer in der gesetzlichen Krankenversicherung und Gestaltungsspielraum des Gesetzgebers, in: Sodan (Hrsg.), Finanzielle Stabilität der gesetzlichen Krankenversicherung und Grundrechte der Leistungserbringer, 2004, S. 27ff.; *H.-P. Ipsen,* Verwaltung durch Subventionen, VVDStRL 25 (1962), 257ff.; *Jarass/Pieroth,* Grundgesetz für die Bundesrepublik Deutschland, 7. Aufl. 2004; *Jörg,* Begrenzungsparameter für untergesetzliche Regelungen im Vertragsarztrecht, in: Wienke/Lippert/Eisenmenger (Hrsg.), Die ärztliche Berufsausübung in den Grenzen der Qualitätssicherung, 1998, S. 123ff.; *Jobs,* Zur Gesetzgebungskompetenz für Umweltsteuern, DÖV 1998, 1039ff.; *Kirchhof,* Staatliche Einnahmen, in: Isensee/Kirchhof (Hrsg.), Handbuch des Staatsrechts, Band IV, 1990, § 88; *Kloepfer,* Der Vorbehalt des Gesetzes im Wandel, JZ 1984, 685ff.; *Kopp/Ramsauer,* Verwaltungsverfahrensgesetz, 8. Aufl. 2003; *Krauskopf,* Soziale Krankenversicherung, Pflegeversicherung, Band 1, Stand: Dezember 2003; *Lege,* Kooperationsprinzip contra Müllvermeidung, Jura 1999, 125ff.; *Maaß,* Fragen der Proportionalität und des verfassungsrechtlichen Gleichheitssatzes bei Wirtschaftlichkeitsprüfung, Regreß und Honorarverteilung in der vertragsärztlichen Praxis, NZS 2000, 109ff.; *Mangoldt, von/Klein/Starck,* Das Bonner Grundgesetz, Band 2, 4. Aufl. 2000; *Maurer,* Kontinuitätsgewähr und

Vertrauensschutz, in: Isensee/Kirchhof (Hrsg.), Handbuch des Staatsrechts, 1988, § 60; *ders.*, Allgemeines Verwaltungsrecht, 14. Aufl. 2002; *Merten,* Vereinsfreiheit, in: Isensee/Kirchhof (Hrsg.), Handbuch des Staatsrechts, Band VI, 1989, § 144; *ders.*, Verfassungsrechtliche Grundlagen, in: Schulin (Hrsg.), Handbuch des Sozialversicherungsrechts, Band 1, Krankenversicherungsrecht, 1994, § 5; *Münch, von* (Hrsg.), Grundgesetz-Kommentar, Band 1, 5. Aufl. 2000 und Band 2, 5. Aufl. 2001; *Neumann,* Ärztliche Berufsfreiheit und Qualitätssicherung, in: Wienke/Lippert/Eisenmenger (Hrsg.), Die ärztliche Berufsausübung in den Grenzen der Qualitätssicherung, 1998, S. 101 ff.; *ders.*, Die Berufsfreiheit der Leistungserbringer zwischen Freiheit und Teilhabe, in: Festschrift 50 Jahre Bundessozialgericht, 2004, S. 245 ff.; *Nierhaus,* Bestimmtheitsgebot und Delegationsverbot des Art. 80 Abs. 1 Satz 2 GG und der Gesetzesvorbehalt der Wesentlichkeitstheorie, in: Festschrift für Stern, München 1997, S. 717 ff.; *Ossenbühl,* Die verfassungsrechtliche Zulässigkeit der Verweisung als Mittel der Gesetzgebungstechnik, DVBl. 1967, 401 ff.; *ders.*, Gesetz und Recht – die Rechtsquellen im demokratischen Rechtsstaat, in: Isensee/Kirchhof (Hrsg.), Handbuch des Staatsrechts, Band III, 1988, § 61; *ders.*, Vorrang und Vorbehalt des Gesetzes, in: Isensee/Kirchhof (Hrsg.), Handbuch des Staatsrechts, Band III, 1988, § 62; *ders.*, Die Richtlinien im Vertragsarztrecht, in: Schnapp (Hrsg.), Probleme der Rechtsquellen im Sozialversicherungsrecht, Teil I, 1998, S. 65 ff.; *Papier,* Art. 12 GG – Freiheit des Berufs und Grundrecht der Arbeit, DVBl. 1984, 801 ff.; *ders.*,Der Wesentlichkeitsgrundsatz – am Beispiel des Gesundheitsreformgesetzes, VSSR 1990, 123 ff.; *Pestalozza,* Der Garantiegehalt der Kompetenznorm – Erläutert am Beispiel der Art. 105 ff. GG, Der Staat 11 (1972), 161 ff.; *Pieroth,* Rückwirkung und Übergangsrecht: Verfassungsrechtliche Maßstäbe für intertemporale Gesetzgebung, 1981; *Pieroth/Schlink,* Grundrechte, Staatsrecht II, 20. Aufl. 2004; *Rengeling,* Gesetzgebungszuständigkeit, in: Isensee/Kirchhof (Hrsg.), Handbuch des Staatsrechts, Band IV, 1990, § 100; *Rompf,* Die Normsetzungsbefugnis der Partner der vertragsarztrechtlichen Kollektivverträge, VSSR 2004, 281 ff.; *Rupp,* Das Grundrecht der Berufsfreiheit in der Rechtsprechung des Bundesverfassungsgerichts, AöR Bd. 92 (1967), S. 212 ff.; *Sachs* (Hrsg.), Grundgesetz, 3. Aufl. 2003; *Schimmelpfeng-Schütte,* Richtliniengebung durch den Bundesausschuß der Ärzte und Krankenkassen und demokratische Legitimation, in: Schnapp (Hrsg.), Probleme der Rechtsquellen im Sozialversicherungsrecht Teil III, 2000, S. 73 ff.; *Schnapp,* Die Verhältnismäßigkeit des Grundrechteingriffs, JuS 1983, 850 ff.; *ders.*, Die Selbstverwaltung in der Sozialversicherung, Festschrift für v. Unruh, 1983, S. 881 ff.; *ders.*, Organisation der gesetzlichen Krankenversicherung, in: Schulin (Hrsg.), Handbuch des Sozialversicherungsrechts, Band 1, Krankenversicherungsrecht, 1994, § 49.; *ders.*, Geltung und Auswirkungen des Gesetzesvorbehalts im Vertragsarztrecht, MedR 1996, 418 ff.; *ders.*, Regelungsinstrumente zur Qualitätssicherung, in: Wienke/Lippert/Eisenmenger (Hrsg.), Die ärztliche Berufsausübung in den Grenzen der Qualitätssicherung, 1998, S. 89 ff.; *ders.*, Wie macht man richtigen Gebrauch von seiner Freiheit?, NJW 1998, 960; *ders.*, Aktuelle Rechtsquellenprobleme im Vertragsarztrecht – Am Beispiel von Richtlinien und Einheitlichem Bewertungsmaßstab, SGb 1999, 62 ff.; *ders.*, Sozialversicherungsrecht, in: Achterberg/Püttner/Würtenberger (Hrsg.), Besonderes Verwaltungsrecht, Band 2, 2. Aufl. 2000, § 26; *ders.*, Kassenschließung trotz fehlerfreier Errichtung?, NZS 2002, 449 ff.; *ders.*, Organisationsreform der Rentenversicherung durch Hochzonung der Entscheidungskompetenzen?, DÖV 2003, 965 ff.; *ders.*, Von der (Un-)Verständlichkeit der Juristensprache, JZ 2004, 473 ff.; *ders.*, Untergesetzliche Rechtsquellen im Vertragsarztrecht – am Beispiel der Richtlinien, Festschrift 50 Jahre Bundessozialgericht, 2004, S. 497 ff.; *ders./Kaltenborn,* Die gemeinschaftliche Berufsausübung niedergelassener Ärzte aus berufsrechtlicher, vertragsarztrechtlicher und verfassungsrechtlicher Perspektive, SGb 2001, 101 ff.; *ders./Kaltenborn,* Verfassungsrechtliche Fragen der „Friedensgrenze" zwischen privater und gesetzlicher Krankenversicherung, 2001; *Schnath,* Bedarfsplanung und Konkurrenzschutz im Kassenarztrecht, St. Augustin 1992; *Schulin,* Verfassungsrechtliche Grundlagen, in: Handbuch des Sozialversicherungsrechts, Band 1, Krankenversicherungsrecht, 1994, § 5; *ders.*, Die Freiheit des Berufs im Sozialrecht, SGb 1989, 94 ff.; *Sendler,* Grundrecht auf Widerspruchsfreiheit der Rechtsordnung? – eine Reise nach Absurdistan?, NJW 1998, 2875 ff.; *Sodan,* Das Prinzip der Widerspruchsfreiheit der Rechtsordnung, JZ 1999, 864 ff.; *ders.*, Die institutionelle und funktionelle Legitimation des Bundesausschusses der Ärzte und Krankenkassen, NZS 2000, 581 ff.; *Stober,* Kassenärztliche Bedarfsplanung und Freiheit der Berufsausübung, MedR 1990, 10 ff.; *Stockhausen,* Ärztliche Berufsfreiheit und Kostendämpfung, Diss. Hamburg 1992; *Tettinger,* Kammerrecht, 1997; *Umbach* (Hrsg.), Grundgesetz: Mitarbeiterkommentar und Handbuch, Band 1, Heidelberg 2002; *Wahl,* Kooperationsstrukturen im Vertragsarztrecht, Berlin 2001; *Weiß,* Der Vertragsarzt zwischen Freiheit und Bindung, NZS 2005, 62 ff.; *Wigge,* Kassenarztrecht im Wandel, SGb 1993, 158 ff.; *Wimmer,* Grenzen der Regelungsbefugnis in der vertragsärztlichen Selbstverwaltung, NZS 1999, 113 ff.; *Wolff/Bachof/Stober,* Verwaltungsrecht, Band 1, 11. Aufl. 1999.

Übersicht

I. Gesetzgebungskompetenzen

1. Art. 74 Abs. 1 Nr. 12 GG – Sozialversicherung

1 Nach Art. 74 Abs. 1 Nr. 12 GG erstreckt sich die konkurrierende Gesetzgebung u. a. auf die Sozialversicherung. Dieser Begriff ist der Rechtsprechung des BVerfG zufolge als weitgefasster „verfassungsrechtlicher Gattungsbegriff" zu verstehen.[1] Gekennzeichnet ist er durch das soziale Bedürfnis nach Ausgleich besonderer Lasten, die Aufbringung der erforderlichen Mittel durch Beiträge der Beteiligten oder Betroffenen[2] und die organisatorische Durchführung durch selbstständige Anstalten oder Körperschaften des öffentlichen Rechts.[3] Der Gesetzgebungsgegenstand ist nicht auf die traditionellen Bereiche der Versicherung gegen Krankheit, Alter, Invalidität, Unfall und Arbeitslosigkeit beschränkt,[4] vielmehr dürfen neue Versicherungsbereiche einbezogen werden, wenn die wesentlichen

---

[1] BVerfGE 11, 105 (111 f.); 75, 108 (146 f.); 87, 1 (34); 88, 203 (313). Das ist schon terminologisch problematisch, da es sich dabei um einen Typus handelt. Vgl. zuletzt *Hase,* Versicherungsprinzip und sozialer Ausgleich, 2000, S. 201 f.; *Butzer,* Fremdlasten in der Sozialversicherung, 2001, S. 155 ff., jeweils m. w. N.

[2] BVerfGE 87, 1 (34).

[3] BVerfGE 11, 105 (111 ff.); 63, 1 (34 f.).

[4] BVerfGE 11, 105 (111 f.).

Strukturmerkmale der klassischen Sozialversicherung gewahrt bleiben.[5] Nicht gleichgesetzt werden darf Sozialversicherung mit „sozialer Sicherung" schlechthin. Anderenfalls würden sämtliche Regelungen mit „sozialem" Gehalt von der Kompetenznorm umfasst.[6]

2 Der Kompetenztitel Sozialversicherung umfasst neben der Finanzierung auch die Leistungserbringung und damit auch das **Vertragsarztrecht.**[7] So ergibt sich aus Art. 74 Abs. 1 Nr. 12 GG die konkurrierende Gesetzgebungszuständigkeit des Bundes zur Regelung der öffentlich-rechtlichen Pflichten des Vertragsarztes, wie etwa die Teilnahme am Notfalldienst.[8]

3 Sozialversicherungsrecht ist nahezu ausschließlich Bundesrecht. Die einschlägigen Kompetenzen in Art. 74 Abs. 1 Nr. 12 GG sind ausnahmslos vom Bund in Anspruch genommen und vom Gesetzgeber weitestgehend ausgeschöpft worden, so dass die Länder insoweit von der Gesetzgebung ausgeschlossen sind. Landesrechtlich erwähnenswert sind jedoch die (Alters-) Versorgungswerke für Freiberufler.[9]

2. Art. 74 Abs. 1 Nr. 19 GG – Zulassung zu ärztlichen und anderen Heilberufen

4 Eine weitere, für den Bereich ärztlicher Tätigkeit maßgebliche Kompetenznorm enthält Art. 74 Abs. 1 Nr. 19 GG. Die Vorschrift bestimmt u.a., dass sich die konkurrierende Gesetzgebung auf die Zulassung zu ärztlichen und anderen Heilberufen und zum Heilgewerbe erstreckt.

5 Zu den ärztlichen Heilberufen i.S.v. Art. 74 Abs. 1 Nr. 19 GG gehören der des Arztes, des Zahnarztes sowie der des Tierarztes.[10] Kein besonderer Beruf ist der des Facharztes.[11] Zu den „anderen Heilberufen" im Sinne dieser Vorschrift zählen der Beruf des Heilpraktikers einschließlich des Psychotherapeuten,[12] die Sprachtherapeuten (Logopäden) und die sog. Heilhilfsberufe, wie etwa der des Geburtshelfers, des Krankenpflegers, des Krankengymnasten, des Masseurs sowie des Diätassistenten.[12a] Die Grenzen zum Heilgewerbe sind fließend. Mit der Einbeziehung eines Teils der Psychotherapeuten in die vertragsärztliche Versorgung (→ § 13) gehören diese nunmehr zur Gruppe der Ärzte, was aber für den Kompetenztitel ohne Auswirkungen bleibt.

6 Der Begriff **„Zulassung"** umfasst im Wesentlichen die Vorschriften, die sich auf Erteilung, Zurücknahme und Verlust der Approbation oder auf die Befugnis zur Ausübung des ärztlichen Berufs beziehen.[13] Auch das der Approbation vorgeschaltete Prüfungswesen wird der Zulassung i.S.d. Nr. 19 zugerechnet.[14] Dies gilt jedoch nicht für hochschulrechtliche Gegenstände wie die Zulassung zum Medizinstudium.[15]

7 Weiterhin nicht der Bundeskompetenz gemäß Art. 74 Abs. 1 Nr. 19 GG zuzurechnen sind alle Fragen, die sich nicht als Zulassungs-, sondern als **Berufsausübungsrecht** darstellen.[16] Dazu gehören das Ärztekammerrecht,[17] die ärztliche Berufsgerichts-

---

[5] BVerfGE 75, 108 (146); 87, 1 (34).

[6] *V. Mangoldt/Klein/Starck-Oeter* Art. 74 Rdn. 128; *Dreier-Stettner* Art. 74 Rdn. 65; *Schnapp,* Sozialversicherungsrecht, Rdn. 12.

[7] Vgl. BVerwGE 65, 362 (365); 99, 10 (12); BSGE 80, 256 (258); *Sachs-Degenhardt* Art. 74 Rdn. 53.

[8] BVerwGE 65, 362 (365).

[9] *Schnapp,* Sozialversicherungsrecht, Rdn. 12.

[10] BVerfGE 33, 125 (154).

[11] BVerfGE 33, 125 (152).

[12] BVerfGE 78, 179 (192); BVerwGE 66, 367 (369).

[12a] S.a. die Aufzählung bei BVerfGE 106, 62 (118f.).

[13] BVerfGE 7, 18 (25); 33, 125 (154f.); 68, 319 (331f.).

[14] *V. Mangoldt/Klein/Starck-Oeter* Art. 74 Rdn. 172 m.w.N.

[15] *Rengeling,* HdbStR IV, § 100 Rdn. 214.

[16] BVerfGE 98, 265 (305 unter 3a); ebenso: *Dreier-Stettner* Art. 74 Rdn. 89.

[17] BVerwGE 39, 110 (112); 41, 261 (262).

barkeit,[18] das Facharztwesen,[19] Gebührenfragen,[20] standesrechtliche Werbeverbote[21] und die Zulassung von Einrichtungen zum ambulanten Schwangerschaftsabbruch.[22]

8 Auf verfassungsrechtliche Zweifel stoßen daher diejenigen Vorschriften, die formal im Vertragsarztrecht angesiedelt sind, aber die ärztliche Berufsausübung betreffen. So enthalten sowohl § 95 SGB V[23] als auch die auf § 98 Abs. 2 Nr. 13 SGB V gestützte Ärzte-ZV sowie die gem. § 101 SGB V erlassenen Bedarfsplanungsrichtlinien berufsrechtliche Vorgaben, die sich auf zulässige Kooperationsformen zwischen Vertragsärzten beziehen.[24] Die Judikate des BVerwG, die das Kassenarztrecht dem Kompetenztitel „Sozialversicherung" zugeschlagen haben, bezogen sich auf „öffentlich-rechtliche Pflichten" der Ärzte. Ob dadurch auch eine Beschränkung ärztlicher Vertragsfreiheit im Bereich des Gesellschaftsrechts gedeckt ist, erscheint zweifelhaft.[25] Es bedürfte jedenfalls des Nachweises, dass die Einschränkung ärztlicher Vertragsfreiheit so eng mit dem System der Leistungserbringung verzahnt ist, dass ein Übergreifen in ein dem Bundesgesetzgeber nicht zugewiesenes Sachgebiet unerlässlich für die Regelung der Materie „Sozialversicherung" ist und die Zuständigkeit der Länder nicht ausgehöhlt wird.[26] In jedem Falle ist der Vorrang des allgemeinen ärztlichen Berufsrechts[27] zu beachten.

3. Delegationsmöglichkeiten

9 Der Bund hat verschiedene Möglichkeiten, andere Stellen zur Rechtsetzung zu ermächtigen. Besonders hervorzuheben sind im Bereich des Vertragsarztrechts die **Delegationen an die „Gemeinsame Selbstverwaltung".** Als „Gemeinsame Selbstverwaltung" wird die gemeinschaftliche Wahrnehmung von Verwaltungsaufgaben durch Sozialversicherungsträger und Leistungserbringer bezeichnet.[28] Dabei kann das Zusammenwirken von Ärzten und Krankenkassen zur Regelung der vertragsärztlichen Versorgung der Ver-sicherten auf Grund gesetzlicher Ermächtigung als Prototyp[29] gemeinsamer Selbstverwaltung bezeichnet werden. Der Gesetzgeber ist nämlich dazu übergegangen, im Vertragsarztrecht in immer größerem Maße Regelungsbefugnisse zur Konkretisierung der gesetzlichen Vorgaben auf die Institutionen der Selbstverwaltung zu übertragen und diesen damit innerhalb des gesetzlich vorgegebenen Rahmens die Feinsteuerung zu überlassen.[30] Beispielhaft seien hier etwa die Vereinbarung eines **einheitlichen Bewertungsmaßstabs** gem. § 87 Abs. 1 SGB V oder der Beschluss der zur Sicherung der ärztlichen Versorgung erforderlichen **Richtlinien** über die Einführung neuer Untersu-

---

[18] BVerfGE 4, 74 (83); 7, 59 (60); 17, 287 (292f.).

[19] BVerfGE 33, 125 (155); 98, 265 (307).

[20] BVerfGE 17, 287 (292); 68, 319 (327).

[21] BVerfGE 71, 162 (172).

[22] BVerwGE 75, 330 (333).

[23] Durch das Gesetz zur Modernisierung der gesetzlichen Krankenversicherung (GKV-Modernisierungsgesetz – GMG) vom 14. 11. 2003 wurde in § 95 SGB V als weitere Versorgungsform das medizinische Versorgungszentrum eingeführt. Diesem ist es nun neben den Vertragsärzten gestattet, an der vertragsärztlichen Versorgung der Versicherten teilzunehmen. Dazu *Wigge* MedR 2004, 123ff.; *Schnapp* NZS 2004, 449ff.

[24] Zu Ersterem vgl. *Butzer* MedR 2004, 177, 178ff. sowie zu den letzten beiden Normen *Schnapp/Kaltenborn* SGb 2001, 101ff.

[25] S.a. *Sodan* NZS 2000, 581 (583); *Butzen* NZS 2005, 344ff.

[26] Vgl. BVerfGE 98, 265 (303).

[27] BSGE 80, 256 (259).

[28] *Engelmann* NZS 2000, 1 (5). Umfassend jüngst *Axer,* FS 50 Jahre Bundessozialgericht, 2004, S. 339ff.

[29] Vgl. zum Begriff *Axer,* Zur demokratischen Legitimation in der gemeinsamen Selbstverwaltung, S. 115 (116).

[30] *Engelmann* NZS 2000, 1.

chungs- und Behandlungsmethoden durch den Gemeinsamen Bundesausschuss gem. § 92 Abs. 1 S. 2 Nr. 5 SGB V genannt.[31]

10 Außerdem ist dem Bund durch **Art. 80 Abs. 1 GG** die Möglichkeit eröffnet, durch Gesetz die Bundesregierung, einen Bundesminister oder die Landesregierungen zum Erlass von **Rechtsverordnungen** zu ermächtigen.[32] Dabei müssen Inhalt, Zweck und Ausmaß der erteilten Ermächtigung im Gesetz bestimmt werden. Weiterhin muss das zum Erlass der Verordnung ermächtigende Parlamentsgesetz mit den in den Art. 70ff. GG niedergelegten Kompetenzen vereinbar sein, d.h. der Bund kann nur in den Bereichen zum Erlass von Verordnungen ermächtigen, in denen er zur Gesetzgebung befugt ist.[33] Nicht nach dem ermächtigenden Gesetz, sondern nach dem Ermächtigungsadressaten bestimmt sich, ob die untergesetzliche Rechtsnorm Bundes- oder Landesrecht ist.[34]

11 Auch die Rechtsetzung durch **Satzung** beruht auf staatlicher Delegation. Hierbei wird selbstständigen, dem Staat „eingegliederten" Organisationen, wie etwa den Sozialversicherungsträgern, vom Gesetzgeber die Befugnis eingeräumt, im umfassenden Rahmen zur Regelung ihrer Angelegenheiten Recht zu setzen, welches sich seinerseits im Rahmen der Gesetze halten muss.[35]

12 Für alle Formen der Rechtssetzungsdelegation gilt, dass sich die Delegatare im Rahmen der Gesetzgebungskompetenz des Bundes halten müssen, da sie anderenfalls in die Gesetzgebungszuständigkeit der Länder eingreifen, was zur Nichtigkeit der jeweiligen Rechtsnorm führt.[36]

II. Verwaltungskompetenzen

13 Bei den Verwaltungskompetenzen geht es darum, wem die Befugnis zur Ausführung der einzelnen Gesetze zukommt.

14 In den **Art. 83ff. GG** ist die Ausführung der Bundesgesetze angesprochen, die dort prinzipiell den Ländern zugewiesen wird. Zur Ausführung gehört der Erlass von Verwaltungsvorschriften, auch soweit sie die Einrichtung der Behörden und das Verwaltungsverfahren regeln, bis hin zu Verwaltungsmaßnahmen für den Einzelfall.[37]

15 Die in der Verfassung festgelegten Verwaltungskompetenzen sind unabdingbares Recht, so dass weder Bund noch Länder über die ihnen zugewiesenen Kompetenzen verfügen können.[38] Daher steht der Berechtigung der Länder, die Bundesgesetze auszuführen, auch eine entsprechende Verpflichtung gegenüber,[39] die notfalls im Wege von Bundesaufsicht

---

[31] Vgl. im Einzelnen § 10; s. im Übrigen zur Rechtsetzung durch verselbständigte Stellen der gemeinsamen Selbstverwaltung *Ebsen* HS-KV, § 7 Rdn. 147ff.; zur verfassungsrechtlichen Bewertung dieser untergesetzlichen Regelungsinstrumentarien: *Clemens* MedR 1996, 432ff.; *Ebsen,* Phänemologie und Problemfelder der Rechtsquellen, S. 11ff.; *Hebeler* DÖV 2002, 936ff.; *Jörg,* Begrenzungsparameter für untergesetzliche Regelungen im Vertragsarztrecht, S. 123ff.; *Neumann,* Ärztliche Berufsfreiheit und Qualitätssicherung, S. 101ff.; *Ossenbühl,* Die Richtlinien im Vertragsarztrecht, S. 65; *Rompf* VSSR 2004, 281ff.; *Schnapp,* Regelungsinstrumente zur Qualitätssicherung, S. 89ff.; *ders.* SGb 1999, 62ff.; *ders.* FS 50 Jahre Bundessozialgericht, S. 497ff.

[32] Vgl. etwa die Ermächtigung in § 34 Abs. 3 SGB V zum Erlass der Verordnung über unwirtschaftliche Arzneimittel in der Gesetzlichen Krankenversicherung.

[33] Vgl. *Dreier-Stettner* Art. 70 Rdn. 45.

[34] BVerfGE 18, 407ff.

[35] Vgl. hierzu eingehend den sog. „Facharztbeschluss" des BVerfG (E 33, 125ff., insb. ab S. 156); sowie: *Achterberg,* Allgemeines Verwaltungsrecht, § 21 Rdn. 32 und *Maurer,* Allgemeines Verwaltungsrecht, § 4 Rdn. 14ff.

[36] Vgl. *v. Mangoldt/Klein/Starck-Heintzen* Art. 71 Rdn. 38ff., 51.

[37] *Jarass/Pieroth-Pieroth* Art. 83 Rdn. 4.

[38] BVerfGE 63, 1 (39).

[39] BVerfGE 37, 363 (385); 55, 274 (318); 75, 108 (150).

(Art. 84 Abs. 3 bis 5, 85 Abs. 4 GG) und Bundeszwang (Art. 37 GG) durchgesetzt werden kann.

16 Die Ausführung der Bundesgesetze erfolgt entweder in Form der sog. **mittelbaren oder der unmittelbaren Verwaltung.** Für den Bereich der **Sozialversicherung,** zu der auch das Vertragsarztrecht gehört,[40] bestimmt das Grundgesetz in **Art. 87 Abs. 2 S. 1 GG,** dass diejenigen sozialen Versicherungsträger als **bundesunmittelbare Körperschaften des öffentlichen Rechts** geführt werden, deren Zuständigkeit sich über das Gebiet eines Landes hinaus erstreckt. Dem Bund steht damit die alleinige **Kompetenz** für die mittelbare (Bundes-)Verwaltung zu,[41] verbunden insbesondere mit der Aufsichtsbefugnis.[42] Die Beteiligung einer Landesbehörde an dieser Verwaltung kommt nur in Betracht, wenn sie aus besonderem sachlichen Grund erfolgt und auf eine eng umrissene Verwaltungsmaterie begrenzt bleibt.[43]

III. Verfassungsrechtliche Vorgaben für Organisationsstrukturen

17 **§ 29 Abs. 1 SGB IV** bestimmt, dass die Träger der Sozialversicherung (Versicherungsträger) rechtsfähige Körperschaften des öffentlichen Rechts mit Selbstverwaltung sind. Soziale Versicherungsträger i. S. d. Vorschrift sind diejenigen Träger öffentlicher Verwaltung, die die Aufgaben der Sozialversicherung i. S. v. Art. 74 Abs. 1 Nr. 12 GG wahrnehmen.[44]

18 Ob diese gegenwärtige Organisationsstruktur der Sozialversicherungsträger verfassungsrechtlich vorgegeben ist, wird nicht einheitlich beurteilt.

19 Einigkeit besteht allerdings darüber, dass aus dem in **Art. 20 GG** verankerten **Sozialstaatsprinzip** die Verpflichtung zur Einrichtung eines sozialen Sicherungssystems folgt und damit die ersatzlose Beseitigung des Sozialversicherungssystems in der Bundesrepublik unzulässig wäre.[45] Darüber hinaus lassen sich den sonstigen in Art. 20 GG enthaltenen Staatsstrukturbestimmungen jedoch keine konkreten Organisationsmodelle für die Sozialversicherung entnehmen.[46]

20 Die gegenwärtige Organisationsstruktur der Sozialversicherungsträger orientiert sich an **Art. 87 Abs. 2 GG,** demzufolge diejenigen sozialen Versicherungsträger als **bundesunmittelbare Körperschaften des öffentlichen Rechts** geführt werden, deren Zuständigkeit sich über das Gebiet eines Landes hinaus erstreckt. Trotz des eindeutigen Wortlauts des Art. 87 Abs. 2 S. 1 GG ist diese Norm in einem umfassenderen Sinn zu verstehen, da nicht nur Körperschaften des öffentlichen Rechts, sondern auch **Anstalten des öffentlichen Rechts (vgl. Art. 86 S. 1 GG)**[47] hierunter subsumiert werden können.[48] Angesichts von § 29 Abs. 1 SGB IV, der die Versicherungsträger zu Körperschaften des öffentlichen Rechts erklärt, ist diese Frage aber von geringer praktischer Bedeutung.

---

[40] S. o. I. 1 zu Art. 74 Abs. 1 Nr. 12 GG.

[41] BVerfGE 21, 362 (371); 39, 302 (315); 63, 1 (41 ff.); *Schnapp* DÖV 2003, 965, 967; *von Mangoldt/Klein/Starck-Burgi* Art. 87 Rdn. 82; *Jarass/Pieroth-Pieroth* Art. 84 Rdn. 2; *Sachs-Dittmann* Art. 84 Rdn. 5; *Sachs-ders.* Art. 87 Rn. 52.

[42] *Sachs-ders.* Art. 87 Rdn. 52.

[43] BVerfGE 63, 1 (36 ff.); *Blümel* HdbStR IV, § 101 Rdn. 112.

[44] *Sachs-ders.* Art. 87 Rdn. 49.

[45] *Dreier-Gröschner* Art. 20 Rdn. 43; *Jarass/Pieroth-Jarass* Art. 20 Rdn. 105 j. m. w. N.

[46] *Schnapp,* HS-KV, § 49 Rdn. 36.

[47] Zur Frage, welche Organisationsformen unter die Terminologie „bundesunmittelbare Körperschaften oder Anstalten des öffentlichen Rechts" im Sinne des Art. 86 S. 1 GG subusmiert werden können, vgl. *von Mangoldt/Klein/Starck-Burgi* Art. 86 Rdn. 51 ff.

[48] Vgl. BVerfGE 63, 1 (34 f.) – für die Versorgungsanstalt der deutschen Bezirksschornsteinfeger; *von Mangoldt/Klein/Starck-Burgi* Art. 87 Rn. 87; *Stern,* Staatsrecht II S. 823; *Breuer* VVDStRL 44 (1986), 211 ff., 236; *Axer,* Normsetzung der Exekutive im Sozialversicherungsrecht, 2000, S. 279 f.

21 Ob durch diese Aussage zugleich eine verfassungsrechtliche Absicherung der körperschaftlichen Struktur der Sozialversicherungsträger – verbunden mit dem Recht der Selbstverwaltung – erfolgt, wird unterschiedlich beurteilt.

22 Der **Rechtsprechung des Bundesverfassungsgerichts** zufolge ist Art. 87 Abs. 2 GG lediglich als **Kompetenznorm** für die Abgrenzung der Verwaltungszuständigkeiten zwischen Bund und Ländern zu verstehen.[49] Die organisatorische Ausgestaltung der Träger der Sozialversicherung sei verfassungsrechtlich nicht gesichert.[50] Das Grundgesetz gebiete keine weitgehende Aufgliederung in selbstständige, voneinander unabhängige und nach dem Selbstverwaltungsprinzip organisierte Versicherungsträger.[51] Der Gesetzgeber könne etwa auch alle Träger der gesetzlichen Krankenversicherung zusammenfassen und in einem Bundesamt für Krankenversicherung als bundesunmittelbarer Körperschaft organisieren.[52]

23 Gegen die Begrenzung des Aussagegehalts des Art. 87 Abs. 2 GG auf eine reine Kompetenzvorschrift und damit für eine **verfassungsrechtliche Absicherung der körperschaftlichen Struktur verbunden mit Selbstverwaltung** spricht, dass auch Kompetenz- bzw. Zuständigkeitsbestimmungen über ihren Zuweisungsgehalt hinaus als „Sekundärgehalte“[53] durchaus eine Sachaussage treffen können.[54] Dabei ist jedoch Zurückhaltung geboten.[55] Ein Beispiel, das nicht aus dem Bereich des Sozialversicherungsrechts herrührt, mag das verdeutlichen: Nach Art. 105 Abs. 1 GG hat der Bund die ausschließliche Gesetzgebung über Zölle und Finanzmonopole. Neben dem Zuweisungsgehalt enthält diese Vorschrift auch eine Sachaussage des Inhalts, dass es Finanzmonopole – obwohl der Musterfall eines Verstoßes gegen Art. 12 Abs. 1 GG – von Verfassungs wegen geben darf. Nur gilt das nicht für Erscheinungsformen und Ausgestaltung im einzelnen, sondern nur im „großen und ganzen“. In vergleichbarer Weise lässt sich – wegen Art. 74 Abs. 1 Nr. 12 und Art. 87 Abs. 2 GG – sagen, dass es die Sozialversicherung und die Träger der Sozialversicherung mit einem Grundbestand an sozialer Selbstverwaltung von Verfassungs wegen geben soll[56] – nur eben nicht in allen jetzt vorhandenen Erscheinungsformen. Es gibt also – anders ausgedrückt – keine institutionelle Garantie des organisatorischen Bestands.

Berücksichtigt man, dass in den Institutionen der mittelbaren Staatsverwaltung die Willensbildung mitgliedschaftlich abläuft, so wird man auch die partizipatorische Mitverwaltung durch Vertreter der Versicherten als gewährleistet ansehen müssen.[57] Bezeichnenderweise wird Art. 87 Abs. 2 GG vielfach ein „unverkennbarer Hinweis“ auf die körperschaftliche Selbstverwaltung in der Sozialversicherung entnommen.[58]

A. A. *Blümel* HdStR IV, § 101 Rdn. 110; *Maunz/Dürig-Lerche* Art. 87 Rn. 160 und 162; *Sachs* Art. 87 Rdn. 54.

[49] BVerfGE 21, 362 (371); *Brackmann* DOK 1964, 627 (629f.).

[50] BVerfGE 36, 383 (393) – Unfallversicherung; 39, 302 (315) – Krankenversicherung.

[51] BVerfGE 36, 383 (393).

[52] BVerfGE 39, 302 (315); 89, 365 (377).

[53] Ausdruck bei *Winkler,* Die verfassungsrechtliche Legitimation der Bundesanstalt für Arbeit zum Erlaß arbeitsförderungsrechtlicher Anordnungen, 1997, S. 112.

[54] BVerfGE 14, 105 (111); *Pestalozza,* Der Staat 11 (1972), S. 161ff.; *Schnapp,* FS für v. Unruh, S. 881 (891); *ders.* DÖV 2003, 965 (970).

[55] *Hänlein,* Rechtsquellen im Sozialversicherungsrecht, 2001, S. 185.

[56] Zuletzt *Burgi* VVDStRL 62 (2003) S. 405ff. (429 m. w. N. in Fn. 116).

[57] *Schnapp,* HS-KV, § 49 Rdn. 43.

[58] *Bieback,* FS für Gitter, S. 83 (99); *Tettinger,* Kammerrecht, 1997, S. 74.

IV. Sonstige Verfassungsprinzipien

1. Gesetzesvorbehalt und Wesentlichkeitstheorie

24 Der **Gesetzesvorbehalt** besagt, dass die Exekutive für bestimmte Tätigkeiten einer formell-gesetzlichen Grundlage bedarf und bestimmte Gegenstände der Rechtsetzung nicht auf die Exekutive übertragbar sind.[59]

25 Zum Teil wird der Gesetzesvorbehalt ausschließlich auf Art. 20 Abs. 3 GG gestützt,[60] welcher die Bindung der vollziehenden Gewalt an Gesetz und Recht bestimmt, zum Teil aus den verfassungsrechtlich verankerten **Prinzipien der parlamentarischen Demokratie, der Rechtstaatlichkeit und den Grundrechten** hergeleitet.[61] Ungeachtet der Unsicherheiten bei der normativen Verankerung besteht über seine prinzipielle Geltung kein Streit.

26 Der Gesetzesvorbehalt verdichtet sich zum **Parlamentsvorbehalt,** soweit der parlamentarische Gesetzgeber selbst handeln muss und die Rechtsetzung nicht delegieren darf.[62] Der Parlamentsvorbehalt ist dann unentbehrlich, wenn das typische parlamentarische Verfahren durchlaufen werden soll,[63] um Transparenz zu gewährleisten, die Beteiligung der Opposition sicherzustellen und die Mitwirkung Betroffener zu ermöglichen.[64]

27 Für den Fall der Grundrechtsbetroffenheit wird nach der **„Wesentlichkeitstheorie"** eine Regelung durch parlamentsbeschlossenes Gesetz als unentbehrlich für alle wesentlichen Fragen angesehen, die die Allgemeinheit betreffen.[65] Dabei erweist sich die „Wesentlichkeit" nicht als fester Begriff, sondern eher als eine Art hermeneutischer Gleitformel. Je nachhaltiger Grundrechte betroffen oder bedroht sind, desto präziser und enger muss die gesetzliche Regelung sein.[66]

28 Es darf jedoch nicht übersehen werden, dass die in den Mittelpunkt der „Wesentlichkeitstheorie" gestellte Grundrechtsbetroffenheit ohne Bezug zu einer im Einzelfall heranzuziehenden Bestimmung ist, obwohl eine an der sachnächsten, spezifischen Grundrechtsvorschrift orientierte Betrachtung erforderlich ist, wenn nicht die positiven Regelungen der Verfassung zur Disposition einer in ihr angelegten Prinzipienargumentation gestellt werden sollen.[67] Die Wesentlichkeitstheorie muss daher mit den **grundrechtlichen Gewährleistungen** und den dort abgestuft geregelten **Sondervorbehalten** abgestimmt werden.[68] So können nach einem Beschluss des BVerfG[69] beispielsweise Normen, welche das Facharztwesen regeln, den Satzungen der Ärztekammern überlassen bleiben. Dies gilt jedoch nicht für sog. „statusbildende Bestimmungen";[70] diese bleiben dem Gesetzgeber vorbehalten. Die Unterscheidung zwischen statusbildenden und nicht-statusbildenden Regelungen hat insbesondere das BSG in seiner Rechtsprechung weiter konkretisiert. Es

---

59 *V. Mangoldt/Klein/Starck-Sommermann* Art. 20 Rdn. 263; zur Vertiefung s. auch *Eberle* DÖV 1984, 485 ff.; *Kloepfer* JZ 1984, 685 ff.; *Ossenbühl* HdbStR III, § 62.

60 BVerfGE 40, 237 (248); 49, 89 (126); *Sachs* Art. 20 Rdn. 114; zur Gegenüberstellung der Begriffe Vorbehalt des Gesetzes und Gesetzesvorbehalt vgl. *Jarass/Pieroth-Jarass* Art. 20 Rdn. 45.

61 *Maurer,* Allgemeines Verwaltungsrecht, § 6 Rdn. 4.

62 *Ossenbühl* HdbStR III, § 62 Rdn. 9; *Wolff/Bachof/Stober,* § 30 Rdn. 16.

63 Vgl. BVerfG NJW 1993, 1379 (1380).

64 BVerfG NJW 1997, 1975 (1977).

65 BVerfGE 49, 89 (126 f.) m. w. N.; 77, 170 (231); 61, 260 (275); zum Verhältnis des Parlamentsvorbehalts und der Rechtsverordnungsermächtigung des Art. 80 Abs. 1 GG vgl. *Nierhaus,* FS f. Stern, S. 717 ff. sowie *Maurer,* Allgemeines Verwaltungsrecht, § 6 Rdn. 11 a.

66 *Maurer,* Allgemeines Verwaltungsrecht, § 6 Rdn. 11.

67 *Schnapp* MedR 1996, 418 (420 f.).

68 *Papier* VSSR 1990, 123 (129).

69 BVerfGE 33, 125 ff.

70 Dieser Ausdruck wurde vom BVerfG (E 33, 125 [126]) geprägt.

hat in seinen Urteilen vom 1. 7. 1998[71] zum Hausarzt-Facharzt-System die Abgrenzung folgendermaßen zusammengefasst: *„Die Bestimmungen des § 73 Ia SGB V ... betreffen den Arzt ... nicht in seinem vertragsärztlichen Zulassungsstatus. Lediglich bestimmte ärztliche Leistungen werden ausschließlich der haus- bzw. fachärztlichen Versorgung zugeordnet und können deshalb nur noch von dem Arzt abgerechnet werden, der im jeweiligen Bereich tätig ist. Der Arzt kann die zum Kern seines Fachgebietes gehörenden, d. h. die für dieses Fachgebiet wesentlichen und es prägenden, Leistungen weiterhin erbringen und abrechnen. Die Beschränkungen wiegen nicht so schwer wie etwa die Bindung des Arztes an sein Fachgebiet ... oder das Labor-Überweisungsverbot ... oder die Versagung von Ermächtigungen für Krankenhausärzte ... Anders als diese Beschränkungen, die der Senat als Eingriffe in den Status des Vertragsarztes qualifiziert hat, stellen z. B. die Versagung des Zugangs zu Großgerätediagnostik für den Radiologen und die Versagung der Drogensubstitution für den Allgemeinarzt ... nicht-statusrelevante Berufsausübungsregelungen dar. In gleicher Weise ist auch der Zwang zur Wahl zwischen haus- und fachärztlicher Versorgung lediglich als nicht-statusrelevant zu qualifizieren ...“*

29 Eine Auseinandersetzung mit der Reichweite des Gesetzesvorbehalts wäre für das **Vertragsarztrecht** entbehrlich, wenn dort § 31 SGB I Anwendung fände, wonach Regelungen über Rechte und Pflichten in den Sozialleistungsbereichen dieses Gesetzbuchs nur getroffen werden dürfen, soweit ein Gesetz es vorschreibt oder zulässt. Da dies jedoch zweifelhaft ist, rekurriert ein Gutteil des Schrifttums unvermittelt auf die „Wesentlichkeitstheorie“.[72]

30 Im Vertragsarztrecht sind nach dem hier zugrundegelegten Verständnis der „Wesentlichkeitstheorie“ die in Art. 12 Abs. 1 GG vorgesehenen Einschränkungsmöglichkeiten von besonderer Bedeutung. Die Verfassungsnorm ist nämlich Prüfungsmaßstab für gesetzliche oder untergesetzliche Beschränkungen der Zulassung zur und für Regelungen der vertragsärztlichen Tätigkeit selbst.[73] Weiteres Objekt verfassungsrechtlichen Interesses im Zusammenhang mit dem Gesetzesvorbehalt sind die Richtlinien des Gemeinsamen Bundesausschusses nach § 92 SGB V.[74]

2. Verhältnismäßigkeitsprinzip (Übermaßverbot)

31 Das **Verhältnismäßigkeitsprinzip,**[75] teilweise auch als Übermaßverbot bezeichnet,[76] bindet grundsätzlich alle staatliche Gewalt, sofern sie subjektive Rechte des Bürgers in irgendeiner Weise beeinträchtigt.[77] Es besteht aus **drei Teilgeboten:** Ein die Rechte des Bürgers beeinträchtigendes Handeln muss **geeignet, erforderlich** und im Einzelfall **angemessen** sein, um den verfolgten öffentlichen Zwecken, die als solche legitim sein müssen, zum Erfolg zu verhelfen.[78] Zweck und Mittel müssen in einem „vernünftigen“ Verhältnis zueinander stehen.[79]

32 **Eignung** (Gebot der Zwecktauglichkeit) ist gegeben, wenn die Wahrscheinlichkeit erhöht wird, dass der angestrebte Erfolg eintritt.[80] Dabei gilt kein Optimierungsgebot, d. h. der angestrebte Erfolg (Zweck, Ziel) muss nicht vollständig, insbesondere nicht in jedem Einzelfall, und auch nicht mit einem Höchstmaß an Wahrscheinlichkeit eintreten.[81]

---

[71] BSG MedR 1999, 476 (478) = USK 98 166 (S. 993 f.) und BSG USK 98 167 (S. 999 f.).

[72] Vgl. *Schnapp* MedR 1996, 418 (420).

[73] Vgl. zu Art. 12 Abs. 1 GG auch unten Rdn. 49 ff. in diesem Kapitel.

[74] Vgl. hierzu *Schnapp* MedR 1996, 418 (422 ff.) m. w. N; *dens.* FS 50 Jahre Bundessozialgericht, S. 497 ff.; *Wimmer* NZS 1999, 113 ff.

[75] Zur verfassungsrechtlichen Verankerung vgl. *Schnapp* JuS 1983, 850 (852 f.).

[76] Zu den Begrifflichkeiten s. *Jarass/Pieroth-Jarass* Art. 20 Rdn. 83, 86.

[77] *Jarass/Pieroth-Jarass* Art. 20 Rdn. 81.

[78] *Dreier-Schulze-Fielitz* Art. 20 Rdn. 168 m. w. N.

[79] BVerfGE 10, 89 (117); 35, 382 (401); 76, 1 (51); BSGE 76, 12 (15).

[80] BVerfGE 30, 292 (316); 33, 171 (187); 67, 157 (173).

[81] *Sachs* Art. 20 Rdn. 150 m. w. N.

In diesem Rahmen billigt das BVerfG dem Gesetzgeber gewissermaßen das Rechtauf einen prognostischen Irrtum zu,[82] so dass es stets nur geprüft hat, ob das eingesetzte Mittel „objektiv untauglich",[83] „objektiv ungeeignet"[84] oder „schlechthin ungeeignet"[85] war.

Die **Erforderlichkeit** (Gebot des Interventionsminimums) der betreffenden Maßnahme ist zu bejahen, wenn kein milderes, den Adressaten weniger belastendes und dennoch gleich geeignetes Mittel zur Erreichung des erstrebten Erfolges gegeben ist.[86] **33**

Das Gebot der **Angemessenheit im Einzelfall** (Gebot der Proportionalität, Verhältnismäßigkeit i.e.S.) verlangt, dass der Eingriff in angemessenem Verhältnis zu dem Gewicht und der Bedeutung des Grundrechts steht.[87] In Beziehung zu setzen ist hierbei die Wertigkeit der verfolgten Gemeinwohlinteressen auf der einen mit dem Maß an Freiheitsverlust auf der anderen Seite.[88] Die Interessen des Gemeinwohls, denen eine Regelung dienen soll, müssen umso gewichtiger sein, je empfindlicher der Einzelne in seiner Freiheit beeinträchtigt wird.[89] **34**

Als Grenze für die Beschränkung von Grundrechten erlangt der Verhältnismäßigkeitsgrundsatz im **Vertragsarztrecht** insbesondere Bedeutung, wenn es um Einschränkungen der ärztlichen Berufsfreiheit i.S.v. Art. 12 Abs. 1 GG geht.[90] **35**

3. Rückwirkungsverbot

Ein **ausdrückliches Rückwirkungsgebot** normiert das Grundgesetz nur in **Art. 103 Abs. 2 GG,** wonach eine Tat nur bestraft werden kann, wenn die Strafbarkeit gesetzlich bestimmt war, bevor die Tat begangen wurde. Aus dieser Regelung kann jedoch nicht geschlossen werden, dass in allen anderen Fällen rückwirkende Regelungen erlaubt wären.[91] **36**

Vielmehr zieht das **Rechtsstaatsprinzip** in den Teilgeboten der Rechtssicherheit und des Vertrauensschutzes Hoheitsakten, die belastend in verfassungsmäßig verbürgte Rechtspositionen eingreifen, enge Grenzen.[92] Die Verfassung schützt nämlich grundsätzlich das Vertrauen darauf, dass die mit abgeschlossenen Tatbeständen verknüpften gesetzlichen Rechtsfolgen bestehen bleiben.[93] **37**

Zu unterscheiden ist mit der Rechtsprechung des Ersten Senats des Bundesverfassungsgerichts zwischen echter und unechter Rückwirkung. **38**

Eine **echte Rückwirkung** liegt vor, wenn das Gesetz nachträglich ändernd in abgewickelte, der Vergangenheit angehörende Tatbestände eingreift.[94] Der Zweite Senat des Bundesverfassungsgerichts hat in diesem Zusammenhang den Terminus **„Rückbewirkung von Rechtsfolgen"** verwandt, um den Umstand zu umschreiben, dass sich der zeitliche Anwendungsbereich einer Norm auf einen Zeitpunkt vor ihrem Inkrafttreten erstreckt.[95] Dieser Fall der Rückwirkung ist grundsätzlich verfassungswid- **39**

---

[82] BVerfGE 25, 1 (12f.); 30, 250 (263).
[83] BVerfGE 16, 147 (181).
[84] BVerfGE 17, 306 (317).
[85] BVerfGE 19, 119 (127).
[86] *V. Mangoldt/Klein/Starck-Sommermann* Art. 20 Rdn. 304.
[87] BVerfGE 67, 157 (173).
[88] *Schnapp* JuS 1983, 850 (854f.).
[89] S. etwa BVerfGE 36, 47 (59); 39, 210 (225); 40, 196 (227).
[90] Vgl. hierzu etwa *Schulin,* HS-KV, § 5 Rdn. 71ff. und Rdn. 49ff. in diesem Kapitel.
[91] *V. Mangoldt/Klein/Starck-Sommermann* Art. 20 Rdn. 284; umfassend *Pieroth,* Rückwirkung und Übergangsrecht.
[92] BVerfGE 63, 343 (356f.); 67, 1 (14).
[93] BVerfGE 30, 367 (385f.).
[94] BVerfGE 30, 367 (386).
[95] BVerfGE 72, 200 (242); 97, 67 (79).

rig,[96] es sei denn, dass das Vertrauen des Betroffenen ausnahmsweise nicht schützenswert ist.[97]

40 Eine **unechte Rückwirkung** ist nach der Rechtsprechung des Ersten Senats des Bundesverfassungsgerichts dann gegeben, wenn eine Norm auf gegenwärtige, noch nicht abgeschlossene Sachverhalte und Rechtsbeziehungen für die Zukunft einwirkt und damit zugleich die betroffene Rechtsposition nachträglich entwertet.[98] In diesem Zusammenhang gebraucht der Zweite Senat des Bundesverfassungsgerichts den Begriff **„tatbestandliche Rückanknüpfung"**, womit gemeint ist, dass der sachliche Anwendungsbereich einer Norm auf bereits vor ihrer Verkündung eingetretene Sachverhalte erstreckt wird.[99] Die unechte Rückwirkung ist grundsätzlich zulässig.[100] Anderes gilt nur dann, wenn das Gesetz einen Eingriff vornimmt, mit dem der Betroffene nicht zu rechnen brauchte, den er also auch bei seinen Dispositionen nicht berücksichtigen konnte, und bei der Abwägung zwischen dem Ausmaß des Vertrauensschadens des einzelnen und der Bedeutung des gesetzlichen Anliegens für das Wohl der Gemeinschaft sein Vertrauen schutzwürdiger als das mit dem Gesetz verfolgte Anliegen ist.[101]

4. Bestimmtheitsgrundsatz

41 Das **Bestimmtheitsgebot** erstreckt sich auf alle **materiellen Rechtsnormen,** insbesondere auch auf das untergesetzliche Satzungsrecht sowie die zum Erlass von Satzungen durch Selbstverwaltungsorgane ermächtigenden Normen und andere Rechtsetzungsermächtigungen.[102] Ihm zufolge müssen die Gesetze und die daraus abgeleiteten Rechtsnormen und Einzelfallentscheidungen hinreichend bestimmt sein.[103] Daran fehlt es, wenn Normen unklar und widersprüchlich bleiben, so dass die Normbetroffenen die Rechtslage nicht erkennen und ihr Verhalten nicht danach einrichten können.[104] Dies ist jedoch nicht zu verwechseln mit bloßer Interpretationsbedürftigkeit einer Norm.[105] Das Ausmaß der Bestimmtheit lässt sich nicht allgemein festlegen.[106] Es existiert vielmehr eine „ganze Skala"[107] von gesetzlichen Tatbestandsmerkmalen mit zunehmender bzw. abnehmender inhaltlicher Bestimmtheit. Je schwerwiegender oder belastender die individuellen Auswirkungen eines Gesetzes sind, desto genauer müssen jedoch die Voraussetzungen vom Gesetzgeber normiert sein.[108] Das Bestimmtheitsgebot wird da verletzt, wo eine willkürliche Handhabung durch die Behörden ermöglicht wird.[109]

---

[96] BVerfGE 30, 367 (385 f.); 95, 64 (86); 97, 67 (78).

[97] Zu den Ausnahmefällen vgl. *Maurer,* HdbStR III, § 60 Rdn. 27 ff.; *v. Mangoldt/Klein/Starck-Sommermann* Art. 20 Rdn. 263.

[98] BVerfGE 95, 64 (86).

[99] BVerfGE 72, 200 (242); 97, 67 (78).

[100] BVerfGE 30, 392 (402 f.); 95, 64 (86).

[101] *V. Münch-Kunig-Schnapp* Art. 20 Rdn. 31 m. w. N. aus der Rechtsprechung.

[102] *Dreier-Schulze-Fielitz* Art. 20 Rdn. 285.

[103] *V. Mangoldt/Klein/Starck-Sommermann* Art. 20 Rdn. 279; zur dogmatischen Verankerung vgl. *Dreier-Schulze-Fielitz* Art. 20 Rdn. 117.

[104] So die ständige Rechtsprechung des BVerfG: BVerfGE 17, 306 (314); 31, 255 (264); 37, 132 (142); 75, 329 (341); 78, 205 (212); 84, 133 (19); 87, 234 (263); 98, 83 (97); 98, 106 (118 f.); 98, 265 (301). Das BVerwG hat sich dieser Rechtsprechung ausdrücklich angeschlossen: vgl. BVerwGE 110, 248 (258); 111, 200 (210). Auch in der Literatur ist diese Auffassung überwiegend auf Zustimmung gestoßen: siehe z. B. *Bothe* NJW 1998, 2333; *Frenz* DÖV 1999, 41 (43 f.); *Jobs* DÖV 1998, 1039 (1043); *Sodan* JZ 1999, 864 (865). Kritik üben *Sendler* NJW 1998, 2875 ff. und *Lege* Jura 1999, 125 (128).

[105] BVerfGE 83, 130 (145); 93, 213 (238).

[106] *Wolff/Bachof/Stober,* Verwaltungsrecht, § 31 Rdn. 13.

[107] So *Maurer,* Allgemeines Verwaltungsrecht, § 7 Rdn. 27.

[108] BVerfGE 93, 213 (238); *Dreier-Schulze-Fielitz* Art. 20 Rdn. 120.

[109] *Jarass/Pieroth-Jarass* Art. 20 Rdn. 61 m. w. N.

42 Um dennoch die Regelung von Sachverhalten zu ermöglichen, die im Zeitpunkt des Normerlasses noch nicht in allen Einzelheiten überschaubar sind, wird dem Gesetzgeber zugestanden, in gewissen Grenzen **unbestimmte Rechtsbegriffe** zu formulieren.[110] Dies gilt insbesondere für die sog. Generalklauseln, die meist in unbestimmten Rechtsbegriffen – wie etwa „öffentliches Wohl", „öffentliches Interesse", „wichtiger Grund"[111] – ausgedrückt sind. Nach **Ansicht des BVerwG** sind unbestimmte Rechtsbegriffe grundsätzlich gerichtlich voll überprüfbar. Ein Ausnahmefall muss durch besondere Gründe gerechtfertigt sein und sich aus der jeweiligen gesetzlichen Regelung entnehmen lassen.[112] Das **BVerfG** ist dieser einschränkenden Rechtsprechung gefolgt und gelangt zu dem Ergebnis, dass ein Beurteilungsspielraum nur dann in Betracht kommt, wenn unbestimmte Rechtsbegriffe wegen der hohen Komplexität und der besonderen Dynamik der geregelten Materie so vage und ihre Konkretisierung im Nachvollzug der Verwaltungsentscheidung so schwierig sind, dass die gerichtliche Kontrolle an die Funktionsgrenzen der Rechtsprechung stößt.[113] Ein Beurteilungsspielraum besteht nach der Rechtsprechung des BVerfG nur in folgenden Fällen: bei Prüfungsentscheidungen,[114] prüfungsähnlichen Entscheidungen, insbesondere im Schulbereich,[115] bei beamtenrechtlichen Beurteilungen,[116] bei Entscheidungen wertender Art durch weisungsfreie, mit Sachverständigen und/oder Interessenvertretern besetzten Ausschüssen,[117] bei Prognoseentscheidungen und Risikobewertungen vor allem im Bereich des Umweltrechts und des Wirtschaftsrechts[118] sowie bei Entscheidungen bezüglich einzelner, dem unbestimmten Rechtsbegriff vorgegebener Faktoren insbesondere verwaltungspolitischer Art.[119]

43 Des Weiteren stellt sich unter dem Gesichtspunkt des Bestimmtheitsgebots die Frage, ob es zulässig ist, wenn der Gesetzgeber im Wege der **Verweisung** auf andere Vorschriften, ggf. auch auf solche anderer Rechtssetzungsorgane, Bezug nimmt. Dabei gilt es, zwei Varianten, nämlich die der statischen und die der dynamischen Verweisung, zu unterscheiden. Als statische Verweisung wird der Fall bezeichnet, in welchem die in Bezug genommene Regelung bei Inkrafttreten der verweisenden Norm bereits galt. Rechtlich geht es dabei lediglich um den Verzicht, den Text der in Bezug genommenen Vorschrift in vollem Wortlaut in die Verweisungsnorm aufzunehmen. Eine gleitende oder dynamische Verweisung ist dagegen gegeben, wenn die Regelung eines Normautors in ihrer jeweils geltenden Fassung in Bezug genommen wird. Das bedeutet, dass auch spätere Änderungen dieses Bezugsobjekts zu Inhalten der verweisenden Norm werden.[120] Beispielhaft seien hier für den vertragsärztlichen Bereich die Richtlinien des Gemeinsamen Bundesausschusses i. S. v. § 92 Abs. 1 SGB V genannt, welche gemäß § 92 Abs. 8

---

[110] Zur Frage der terminologischen Beschaffenheit sog. unbestimmter Rechtsbegriffe vgl. *Schnapp* JZ 2004, 473 ff. Sprachwissenschaft und Rechtstheorie sind sich weitgehend einig, dass es bestimmte (eindeutige) Begriffe nicht gibt; das gilt zumal im Rechtsanwendungsprozess, in welchem der Anwender immer auf einen Komplex von Ausdrücken trifft. Zu Mehrdeutigkeit und Unbestimmtheit (Vagheit) von Begriffen s. a. *Schnapp,* Stilfibel für Juristen, 2004, S. 18 ff.

[111] Weitere Beispiele bei *Wolff/Bachof/Stober,* Verwaltungsrecht, § 31 Rdn. 8 und bei *Maurer,* Allgemeines Verwaltungsrecht, § 7 Rdn. 28.

[112] BVerwGE 94, 307 (309); 100, 221 (225).

[113] BVerfGE 84, 34 (50).

[114] BVerfGE 84, 24 und 59; BVerwGE 99, 74; 104, 203.

[115] BVerwGE 8, 272; 75, 275 und einschränkend BVerfGE 88, 40 (56 ff.).

[116] BVerwGE 21, 127; 60, 245; 61, 176 (185 f.); 80, 224 (225 f.); 92, 147 (149); 97, 128 (129); 106, 263 (266 ff.); 111, 22 (23).

[117] BVerwGE 12, 20; 59, 213; 62, 330 (337 ff.); 72, 195; 91, 211 (215 f.); 99, 371 (377 f.).

[118] BVerwGE 72, 300 (316 f.); 79, 208 (213 ff.); 81, 185 (190 ff.); 82, 295 (299 ff.).

[119] BVerwGE 26, 65 (77); 39, 291 (299): behördliche Stellenplanung als Vorgabe für die Beurteilung des „dienstlichen Bedürfnisses für die Versetzung eines Beamten".

[120] Zur Begriffsbestimmung s. *Schnapp,* Regelungsinstrumente zur Qualitätssicherung, S. 89 (94); *dens.* FS für Krasney, 1997, S. 437 ff.; zur Verweisungsproblematik insgesamt vgl. *Brugger* VerwArch 78 (1987), 1 ff.; *Clemens* AöR 111 (1986), 63 ff.

SGB V Bestandteil der Bundesmantelverträge sind und gemäß § 81 Abs. 3 Nr. 2 SGB V über das Satzungsrecht der jeweiligen Kassenärztlichen Vereinigung für verbindlich bestimmt werden.[121]

44 Während statische Verweisungen unter dem Gesichtspunkt der Bestimmtheit unproblematisch sind, sind dynamische nur dann unbedenklich, wenn die verweisende Norm Inhalt und Reichweite der Verweisung in einem „Normprogramm" erkennen lässt.[122] Der Rechtsunterworfene muss ohne Zuhilfenahme spezieller Kenntnisse die in Bezug genommenen Rechtssätze und deren Inhalt mit hinreichender Sicherheit feststellen können.[123]

5. Verfassungsrechtliche Vorgaben für Handlungsformen?

45 Zu den verfassungsmäßig anerkannten **Rechtsquellen** werden traditionell formelle Gesetze, Rechtsverordnungen und Satzungen gezählt.[124] Von diesen Rechtsetzungsformen weicht das **Vertragsarztrecht** in wesentlichen Punkten ab und bildet ein **Regelungsinstrumentarium eigener Art.**[125] Zu nennen sind in diesem Zusammenhang etwa Bundesmantel- und Gesamtverträge sowie **Richtlinien.**

46 Während die verfassungsrechtliche Zulässigkeit von Bundesmantel- und Gesamtverträgen in der Rechtsprechung des Bundessozialgerichts[126] anerkannt ist, sind insbesondere die Richtlinien des Gemeinsamen Bundesausschusses i. S. v. § 92 SGB V verfassungsrechtlichen Bedenken ausgesetzt.

47 Zum Teil werden die Richtlinien als „halblegale bis illegale Regelungsmechanismen"[127] bezeichnet, weil ein verfassungsrechtlicher Typenzwang für die Formen von Rechtsetzung angenommen wird. Der Staat könne zwar neue Regelungsformen bereitstellen, jedoch dürfe dies nicht dem einfachen Gesetzgeber überlassen werden. Die Kreation neuer Regelungsmechanismen sei vielmehr eine Kompetenz des Verfassungsänderungsgebers.[128]

48 Dem ist jedoch entgegen zu halten, dass die Verfassung kein geschlossenes Rechtsquellensystem erkennen lässt.[129] Vielmehr ist zutreffender Ansatzpunkt für die Beantwortung der Frage nach einem numerus clausus der Rechtsetzungsformen Art. 20 Abs. 2 GG. Dort ist der Gesetzgeber durch den Verfassungsgeber mit Rechtsetzungsmacht ausgestattet worden, die er innerhalb der Schranken der Verfassung nach seinem Belieben ausüben kann. Der Gesetzgeber steht also nicht unter dem Vorbehalt verfassungsrechtlicher Spezialermächtigungen zur Rechtsetzungsdelegation.[130]

V. Grundrechte

1. Art. 12 Abs. 1 GG – Berufsfreiheit

49 **Art. 12 Abs. 1 S. 1 GG** bestimmt, dass alle Deutschen das Recht haben, Beruf, Arbeitsplatz und Ausbildungsstätte frei zu wählen. Nach Art. 12 Abs. 1 S. 2 GG kann die Berufsausübung durch Gesetz oder auf Grund eines Gesetzes geregelt werden.

---

[121] Vgl. hierzu *Schnapp,* Regelungsinstrumente zur Qualitätssicherung, S. 89 (93 ff.).
[122] *V. Mangoldt/Klein/Starck-Sommermann* Art. 20 Rdn. 280.
[123] *V. Münch-Schnapp* Art. 20 Rdn. 29.
[124] Vgl. etwa *Maurer,* Allgemeines Verwaltungsrecht, § 4 Rdn. 1 ff.; *Ossenbühl,* HdbStR III, § 61.
[125] BSGE 81, 73 (82); siehe unten ausführlich § 10.
[126] BSGE 28, 224 (225); 29, 254 (255 ff.); 71, 42 (45 ff.).
[127] *Ossenbühl,* Die Richtlinien im Vertragsarztrecht, S. 65 (83).
[128] *Ossenbühl,* Die Richtlinien im Vertragsarztrecht, S. 65 (73 f.).
[129] Siehe dazu im Einzelnen unten § 10 Rdn. 40 ff. sowie BVerfGE 108, 249 (258); BSGE 81, 54 (64); *Axer,* Normsetzung der Exekutive im Sozialversicherungsrecht, 2000 und *Hänlein,* Rechtsquellen im Sozialversicherungsrecht, 2001.
[130] Vgl. *Schnapp* MedR 1996, 418 (419); s. a. BVerfGE 100, 249 (258).

50 Vom Wortlaut her differenziert Art. 12 Abs. 1 GG zwischen Berufswahl- und Berufsausübungsfreiheit. Dennoch wird die Norm – von vereinzelten Stimmen abgesehen[131] – als **einheitliches Grundrecht der Berufsfreiheit** verstanden, das auch die Berufsausbildung umfasst und dessen einzelne Garantien nicht immer klar voneinander abgrenzbar sind.[132]

51 Unter **Beruf** wird jede auf Dauer berechnete, der Schaffung und Erhaltung einer Lebensgrundlage dienende Tätigkeit verstanden.[133] Arbeitsplatz i. S. v. Art. 12 Abs. 1 GG ist der räumliche Ort, an welchem dem gewählten Beruf nachgegangen wird.[134] Von dem Begriff der Ausbildungsstätte werden solche berufsbezogenen Einrichtungen umfasst, die der Ausbildung für Berufe dienen und dabei über die Vermittlung allgemeiner Schulbildung hinausgehen.[135]

52 Ob die **Tätigkeit des Vertragsarztes** in Abgrenzung zur privatärztlichen Tätigkeit als eigenständiger Beruf i. S. v. Art. 12 Abs. 1 GG zu qualifizieren ist, wird nicht einheitlich beurteilt.

53 **Zum Teil** wird die vertragsärztliche (bzw. früher kassenärztliche) Tätigkeit als **eigenständiger Beruf** eingestuft.[136] Dabei wird darauf abgestellt, dass sowohl in den Augen der Öffentlichkeit als auch der Berufsangehörigen zwischen Vertragsärzten und „Privatärzten" unterschieden werde,[137] die Vertragsärzte in das öffentlich-rechtliche Versorgungssystem eingebunden seien,[138] der Patient gegenüber dem „Privatarzt" persönlich zur Zahlung der Vergütung verpflichtet sei, während der Vertragsarzt lediglich einen Anspruch gegen die Kassenärztliche Vereinigung auf Teilhabe an der Gesamtvergütung habe.[139]

54 Demgegenüber hat das **BVerfG** bereits im sog. **Kassenarzturteil**[140] ausgeführt, dass die vertragsärztliche (bzw. damals kassenärztliche) Tätigkeit nicht als eigenständiger Beruf, sondern als **Ausübungsform des Berufes des frei praktizierenden Arztes** zu verstehen sei. Durch die Ausweitung der „berufswahlnahen" Ausübungsregelung (s. u.) hat die Unterscheidung jedoch an Bedeutung verloren.

55 Die Berufsfreiheit des Art. 12 Abs. 1 GG wird nur für Deutsche i. S. d. Art. 116 GG gewährleistet.[141] Die berufliche **Betätigung von Ausländern** wird allein über Art. 2 Abs. 1 GG geschützt.[142] Wegen des eindeutigen Wortlautes („alle Deutschen") werden auch die EU-Ausländer trotz des in Art. 12 EGV enthaltenen Diskriminierungsverbots nicht vom Schutzbereich des Art. 12 Abs. 1 GG erfasst.[143]

56 **a) Art. 12 Abs. 1 GG im System der Freiheitsrechte.** Art. 12 Abs. 1 GG enthält ein **Freiheitsrecht,** das dem Einzelnen die freie Entfaltung seiner Persönlichkeit zur materiellen Sicherung seiner individuellen Lebensgestaltung ermöglicht.[144] Die Freiheit der **Berufsausübung** gewährleistet eine Reihe von Einzelfreiheiten im Zusammenhang mit den einzelnen Modalitäten der beruflichen Tätigkeit, wie unternehmerische Organisa-

---

131 Vgl. etwa *Hufen* NJW 1994, 2913 (2917).

132 BVerfGE 7, 377 (401 f.); 33, 303 (329 f.); *Sachs-Tettinger* Art. 12 Rdn. 8.

133 BVerfGE 7, 377 (397); 50, 290 (362); 54, 301 (313); BVerwGE 22, 286 (287 ff.).

134 BVerfGE 84, 133 (146).

135 BVerfGE 33, 303 (329 f.); 59, 172 (205 f.).

136 *Bogs* DOK 1983, 722 (731); *Ebsen* ZSR 1992, 328 (332); *Stober* MedR 1990, 10 (11); *Stockhausen,* Ärztliche Berufsfreiheit und Kostendämpfung, S. 50.

137 *Stockhausen,* Ärztliche Berufsfreiheit und Kostendämpfung, S. 50.

138 *Bogs* DOK 1983, 722 (731).

139 *Stockhausen,* Ärztliche Berufsfreiheit und Kostendämpfung, S. 50.

140 BVerfGE 11, 30 ff.

141 *Sachs-Tettinger* Art. 12 Rdn. 18.

142 BVerfGE 78, 179 (196 f.).

143 Ebenso *Sachs-Tettinger* Art. 12 Rdn. 20 zu Art. 12; a. A. *Breuer* HdbStR VI, § 147 Rdn. 21; *Jarass/Pieroth-Jarass,* Art. 12 Rdn. 10.

144 BVerfGE 63, 266 (286); 81, 242 (254).

tionsfreiheit[145] oder die Freiheit der beruflichen Außendarstellung.[146] Die Freiheit der **Berufswahl** umfasst als nach außen wahrnehmbarer Akt der Selbstbestimmung[147] das erstmalige Ergreifen eines Berufs, die Freiheit, einen Zweit- oder Nebenberuf zu wählen,[148] den Beruf zu wechseln,[149] auf das Ergreifen eines Berufes zu verzichten[150] und über die Berufsbeendigung frei zu entscheiden.[151]

57 Es ist anerkannt, dass Art. 12 Abs. 1 GG neben der **abwehrrechtlichen Funktion** in bestimmten Bereichen auch einen **Anspruch auf Teilhabe** grundrechtlich verbürgt.[152] So geht es bei den das Verhältnis der Leistungserbringer zur gesetzlichen Krankenversicherung gestaltenden Regelungen typischerweise nicht um originäre Freiheit, sondern primär um Teilhabe an den Entgeltleistungen der gesetzlichen Krankenversicherung durch die Anerkennung der jeweiligen realen Leistungserbringung als Sach- oder Dienstleistung der gesetzlichen Krankenversicherung.[153]

58 Die Zugangsmöglichkeiten zu einem Beruf sind tatsächlich und rechtlich möglichst offen zu halten und Zugangshindernisse nur insoweit zu errichten, wie es durch ein hinreichend wichtiges öffentliches Interesse geboten ist.[154] So spricht das BVerfG auch von einem **Rechtsanspruch** des freipraktizierenden Arztes **auf Zulassung.**[155]

59 Darüber hinaus hat Art. 12 Abs. 1 GG insbesondere im Prüfungsrecht auch **verfahrensrechtliche Auswirkungen.** So müssen Prüfungsaufgaben so ausgestaltet sein, dass durch sie die Kandidaten, die das Ausbildungsziel erreicht haben, von denen unterschieden werden können, die es nicht erreicht haben. Dafür müssen die Aufgaben objektiv lösbar, verständlich und in sich widerspruchsfrei sein, fachlich nichts Unmögliches verlangen und sich im Rahmen der Prüfungsordnung halten.[156]

60 Ein **Eingriff in die Berufsfreiheit** liegt nach ständiger Rechtsprechung des BVerfG vor, wenn eine Rechtsnorm selbst oder eine darauf gestützte Maßnahme **berufsregelnde Tendenz** hat.[157] Dies ist zunächst bei Regelungen der Fall, die final auf die berufliche Betätigung gerichtet sind wie z. B. Vorschriften, die für die Aufnahme eines Berufs das Bestehen einer Prüfung zum Nachweis beruflicher Kenntnisse und Fähigkeiten verlangen.[158] Die Berufstätigkeit muss aber nicht zwingend unmittelbar betroffen sein. Da Einwirkungen von staatlicher Seite auf Grundrechtspositionen nicht nur im Wege gezielter Eingriffe, sondern auch durch staatliche Planung, Subventionierung oder als Folge der Wahrnehmung von Aufgaben der Leistungsverwaltung bewirkt werden können, kommen auch sog. „faktische" oder „mittelbare" Beeinträchtigungen als grundrechtsrelevanter Eingriff in Betracht.[159] Erforderlich für die Anerkennung einer faktischen Beeinträchtigung ist allerdings, dass ein enger Zusammenhang[160] mit der Ausübung eines Berufes besteht und eine

---

[145] Seit BVerfGE 50, 290 (63). Weitere Nachweise bei *Breuer* HdbStR VI, § 147 Rdn. 23 sowie *Schnapp* NZS 2002, 449 (453).

[146] Vgl. hierzu *Sachs-Tettinger* Art. 12 Rdn. 57 m. w. N.

[147] BVerfGE 7, 377 (403); 13, 181 (185).

[148] BVerfGE 21, 173 (179); 87, 287 (316).

[149] BVerfGE 43, 291 (363); 55, 185 (196); 62, 117 (146).

[150] BVerfGE 58, 358 (364); 68, 256 (267).

[151] BVerfGE 9, 338 (345); 21, 173 (183); 39, 128 (141); 80, 257 (263); 93, 213 (235).

[152] BVerfGE 33, 303 (331).

[153] *Ebsen* ZSR 1992, 328 (334); vgl. auch *Schulin* SGb 1989, 94 ff. Zum Ganzen jüngst *Neumann,* FS 50 Jahre Bundessozialgericht, 2004, S. 245 ff.

[154] BVerwGE 96, 136 (141).

[155] BVerfGE 16, 286 (293).

[156] S. auch BVerfGE 80, 1 ff. zur ärztlichen Prüfung sowie vertiefend zum verfahrensrechtlichen Gehalt im Prüfungsrecht *Sachs-Tettinger* Art. 12 Rdn. 16 ff.

[157] BVerfGE 95, 267 (302).

[158] *Sachs-Tettinger* Art. 12 Rdn. 71 m. w. N.

[159] *Jarass/Pieroth-Jarass* Art. 12 Rdn. 13 a.

[160] BVerfGE 95, 267 (302).

objektiv berufsregelnde Tendenz erkennbar ist oder dass die staatliche Maßnahme als nicht bezweckte, aber vorhersehbare und in Kauf genommene Nebenfolge eine schwerwiegende Beeinträchtigung der beruflichen Betätigungsfreiheit bewirkt.[161] Als Regelung mit einer objektiv berufsregelnden Tendenz hat das BVerfG beispielsweise die Übersicht über unwirtschaftliche Arzneimittel, sog. Negativ-Liste, i.S.v. § 34 Abs. 3 SGB V qualifiziert. Die Verordnung tangiere die Grundrechte der betroffenen Pharmaunternehmen.[162] Ebenso hat das BSG ausgeführt, dass die seinerzeitigen Heil- und Hilfsmittel-Richtlinien für externe Leistungserbringer nicht nur Reflexwirkungen, sondern auch eine objektiv berufsregelnde Tendenz haben.[163] Zu diesem Ergebnis gelangt das **BSG** auch in seinem Vorlagebeschluss an das BVerfG vom 14. 6. 1995 in Bezug auf Arzneimittelhersteller bei der **Festsetzung von Festbeträgen.**[164] Begründet wird diese Ansicht im wesentlichen damit, dass die Festbetragsfestsetzungen geeignet seien, einen erheblichen Umsatzrückgang bei den betroffenen Arzneimittelherstellern zu bewirken.[165] Dieser Auffassung ist das **BVerfG** in seinem Urteil **vom 17. 12. 2002** entgegengetreten.[166] Es führt in den Gründen aus, dass die Festsetzung von Festbeträgen nicht den Schutzbereich des Art. 12 Abs. 1 GG berühre, da deren Auswirkungen auf die Berufsausübung der Arzneimittelhersteller lediglich faktische mittelbare Folgen und damit **bloße Reflexe** der auf das System der gesetzlichen Krankenversicherung bezogenen Regelungen seien.[167]

Das Kriterium der objektiv berufsregelnden Tendenz des BVerfG **ist zunehmender Kritik ausgesetzt.**[168] Die Berechtigung der Kritik lässt sich am Fall der medizinischen Versorgungszentren aufzeigen. Durch das Gesetz zur Modernisierung der gesetzlichen Krankenversicherung (GMG) wurde die Zulassung sog. medizinischer Versorgungszentren zur vertragsärztlichen Versorgung (§ 95 Abs. 1 SGB V) eingeführt. Damit einher ging der Erlass von Vorschriften, welche die medizinischen Versorgungszentren von Restriktionen befreien, welchen die niedergelassenen Vertragsärzte unterliegen. Dies ist beispielsweise dadurch geschehen, dass medizinische Versorgungszentren sich aller zulässigen Organisationsformen bedienen können (§ 95 Abs. 1 S. 2 SGB V). In Bezug auf die Vertragsärzte könnte hierin ein Eingriff in die Berufsfreiheit und zwar unter dem Gesichtspunkt der **Wettbewerbsfreiheit bzw. Wettbewerbsgleichheit** vorliegen. Dabei meint Wettbewerbsgleichheit nicht das Gebot einer Ergebnisgleichheit, wohl aber das Gebot der Einräumung gleicher rechtlicher Chancen zur Teilnahme am Wettbewerb, meint grundrechtlichen Schutz auf „hoheitliche Respektierung der wettbewerblichen Ausgangslage".[169] Die Regelungen über die Zulassung der medizinischen Versorgungszentren greifen nicht selbst und als solche in das Grundrecht der Berufsfreiheit der (bereits) niedergelassenen Vertragsärzte ein; die diese unmittelbar betreffenden Vorschriften bleiben vielmehr unverändert. Gleichzeitig geht aber von den Vorschriften, die die Zulassung der medizinischen Versor-

[161] BVerfGE 13, 181 (186); 95, 267 (302); BVerwG NJW 1996, 3161; vgl. auch *Breuer,* HdBStR VI, § 148 Rdn. 31f. m.w.N., der auf die Kriterien des engen Zusammenhangs und der berufsregelnden Tendenz ersatzlos verzichten und jede spezifische, rechtlich oder faktisch wirkende Betroffenheit des Bürgers bei seiner beruflichen Betätigung als relevante Grundrechtsbeeinträchtigung ansehen will sowie *Schnapp/Kaltenborn,* Verfassungsrechtliche Fragen der „Friedensgrenze" zwischen privater und gesetzlicher Krankenversicherung, 2001, S. 44.

[162] BVerfG NJW 1992, 735 u. 1999, 3404.

[163] BSGE 86, 223 (228f.). Dazu auch *Brink,* Heilmittelerbringer in der Gesetzlichen Krankenversicherung, 2004, S. 105f.

[164] BSG NZS 1995, 502ff.

[165] BSG NZS 1995, 502 (504).

[166] BVerfGE 106, 275 = SGb 2003, 458ff.

[167] BVerfGE 106, 275 (299) = SGb 2003, 458 (461) mit krit. Anm. von *Fahlbusch* SGb 2003, 464ff. (insb. 466).

[168] *Jarass/Pieroth-Jarass* Vorb. vor Art. 1 Rdn. 25, 27; *Sachs-ders.* Vor Art. 1 Rdn. 81, 86; *Papier* DVBl. 1984, 801 (805); *Schnapp* NZS 2002, 449 (453).

[169] Ipsen, VVDStRL 25 (1962), S. 257 (303).

gungszentren regeln, eine die Berufsausübung der Ärzte benachteiligende Wirkung aus. Damit weisen zwar die Vorschriften, die an die medizinischen Versorgungszentren adressiert sind, die in der Rechtsprechung des BVerfG geforderte „berufsregelnde Tendenz" auf, aber eben nur im Hinblick auf die medizinischen Versorgungszentren. Daran wird deutlich, dass die Rechtsprechung des BVerfG – und zwar allein im Hinblick auf Art. 12 Abs. 1 GG – letztlich an dem Kriterium der Finalität festhält, das im Bereich der übrigen Grundrechte längst aufgegeben worden ist. In der allgemeinen Grundrechtsdogmatik wird aber seit längerem nahezu durchweg auf das Kriterium der Finalität – und damit im Bereich der Berufsfreiheit auf das Merkmal der „berufsregelnden Tendenz" – verzichtet. Das Grundgesetz knüpft beim Grundrechtsschutz nicht an ein besonderes Charakteristikum der beeinträchtigenden Maßnahme an, sondern stellt – wie auch Art. 19 Abs. 4 GG erkennen lässt – auf das zu schützende Rechtsgut ab.[170] Der finale Charakter einer hoheitlichen Maßnahme – wie hier das Kriterium der „berufsregelnden Tendenz" – mag als **hinreichende** Bedingung des Grundrechtseingriffs zu werten sein; sie stellt jedoch **keine notwendige** Bedingung dar.[171] Im übrigen ist es im Hinblick auf die grundrechtliche Betroffenheit einerlei, ob die benachteiligende Maßnahme sich unmittelbar gegen den Grundrechtsträger richtet oder – wie hier – ihn erst auf dem „Umweg" erreicht. Diese Wirkung tritt bei den niedergelassenen Ärzten nämlich nicht zufällig oder nebenbei ein, sondern ist das gewollte und sichere Ergebnis der gesetzgeberischen Einflussnahme auf den Wettbewerb: Die Bevorzugung des einen Teilnehmers ist damit nur die Kehrseite der Benachteiligung des anderen; die Kausalkette ist lediglich um ein Glied verlängert.[172]

61 **Art. 12 Abs. 1 S. 2 GG** bestimmt, dass die Berufsausübung durch Gesetz oder auf Grund eines Gesetzes geregelt werden kann. Hierbei sind im Vertragsarztrecht neben den Rechtsverordnungen i. S. v. Art. 80 Abs. 1 GG sonstige (untergesetzliche) Rechtsnormen von besonderer Bedeutung.[173]

62 Da die h. M. Art. 12 Abs. 1 GG als einheitliches Grundrecht der Berufsfreiheit versteht,[174] erstreckt sich auch die Grundrechtsbegrenzung in Art. 12 Abs. 1 S. 2 GG sowohl auf die Berufsausübungs- als auch auf die Berufswahlfreiheit.[175]

63 Trotzdem bedarf es im Hinblick auf die Prüfung der verfassungsrechtlichen Rechtfertigung von Grundrechtseingriffen einer Unterscheidung zwischen Berufsausübung und Berufswahl. Die Reichweite der Begrenzungsmöglichkeit ist nach der vom BVerfG in seinem sog. **Apotheken-Urteil** von 1958[176] entwickelten **„Stufentheorie"** nämlich abhängig davon, in welche der Freiheiten eingegriffen wird.[177] Die Rechtfertigung von

---

[170] *Eckhoff,* Der Grundrechtseingriff, 1992, S. 195.

[171] *Bleckmann/Eckhoff* DVBl. 1988, 373 (377); *Di Fabio* JZ 1993, 689 (695); *Sachs-ders.* Vor Art. 1 Rdn. 86 m. w. N.; *Schnapp* NSZ 2002, 449 (453); weitere Nachweise auch bei *Schnapp/Kaltenborn,* Verfassungsrechtliche Fragen „der Friedensgrenze" zwischen privater und gesetzlicher Krankenversicherung, 2001, S. 44. Zum grundsätzlichen Unterschied: *Joerden,* Logik im Recht, 2005, S. 19 ff.

[172] Dazu BVerfGE 90, 112 (120).

[173] Vgl. etwa § 92 Abs. 1 SGB V, wonach es dem Gemeinsamen Bundesausschuss obliegt, die zur Sicherung der ärztlichen Versorgung erforderlichen Richtlinien über die Gewähr für eine ausreichende, zweckmäßige und wirtschaftliche Versorgung der Versicherten erforderlichen Richtlinien zu beschließen; zur Problematik insgesamt vgl. *Axer,* Exekutive Normsetzung in der Sozialversicherung, 2000; *Clemens* MedR 1996, 432 ff.; *Ebsen,* Phänomenologie und Problemfelder der Rechtsquellen, S. 13 ff.; *Jörg,* Begrenzungsparameter für untergesetzliche Regelungen im Vertragsarztrecht, S. 123 ff.; *Neumann,* Ärztliche Berufsfreiheit und Qualitätssicherung, S. 101 ff.; *Ossenbühl,* Die Richtlinien im Vertragsarztrecht, S. 65; *Schnapp,* Regelungsinstrumente zur Qualitätssicherung, S. 89 ff.; *ders.,* FS 50 Jahre Bundessozialgericht, 2004, S. 497 ff.

[174] Vgl. die Nachweise in Fn. 1.

[175] *Sachs-Tettinger* Art. 12 Rdn. 8.

[176] BVerfGE 7, 377 ff.

[177] *Stockhausen,* Ärztliche Berufsfreiheit und Kostendämpfung, S. 48.

Eingriffen muss sich an umso höherwertigen Gemeinwohlbelangen ausrichten, je stärker die Freiheit der Berufswahl betroffen ist.[178]

64 Reine **Berufsausübungsbeschränkungen** werden bereits durch vernünftige Erwägungen des Gemeinwohls legitimiert.[179]

65 Für besonders schwere Beschränkungen der Freiheit der Berufsausübung hat das BVerfG die Kategorie der **berufswahlnahen Ausübungsregelungen** entwickelt.[180] Die verfassungsrechtliche Rechtfertigung ist dabei an dieselben Voraussetzungen geknüpft wie die verfassungsrechtliche Rechtfertigung bei Regelungen der Berufswahl.[181]

66 Innerhalb der Berufswahlregelungen wird unterschieden zwischen subjektiven und objektiven Berufszulassungsvoraussetzungen. Zu den **subjektiven Zulassungsvoraussetzungen** gehören diejenigen, die eine Berufsaufnahme an das Vorliegen persönlicher Eigenschaften, Fähigkeiten oder Leistungsnachweise knüpfen.[182] Ihre Statuierung bedarf zur Rechtfertigung, dass die Zulassungsvoraussetzungen zum Schutz besonders wichtiger Gemeinschaftsgüter dienen, die der Freiheit des Einzelnen vorgehen.[183]

67 Für die **objektiven Voraussetzungen** zur Berufszulassung gilt demgegenüber, dass sie nicht auf persönliche Qualifikationen des Bewerbers ausgerichtet sind, sondern auf objektive, vom Bewerber nicht beeinflussbare Kriterien abstellen, wie etwa das Vorliegen eines spezifischen Bedürfnisses.[184] Für die objektiven Berufszulassungsvoraussetzungen bestehen die strengsten Rechtfertigungsanforderungen. Die objektiven Zulassungsvoraussetzungen müssen der Abwehr nachweisbarer oder höchstwahrscheinlich schwerwiegender Gefahren für ein überragend wichtiges Gemeinschaftsgut dienen.[185]

68 Kann eine Gefahr für ein besonders wichtiges Gemeinschaftsgut sowohl auf der subjektiven als auch auf der objektiven Stufe bekämpft werden, hat der Gesetzgeber stets die mit einem geringeren Eingriff in die Berufswahlfreiheit verbundenen Mittel der subjektiven Berufszulassungsregelung zu wählen.[186]

69 Die Stufentheorie stellt allerdings nicht etwa selber einen subsumtionsfähigen Rechtssatz dar, sondern ist vielmehr als ein Hilfsmittel zur Beurteilung und Bewertung der Verhältnismäßigkeit unterschiedlich intensiv wirkender Grundrechtseingriffe zu verstehen.[187] So hat das BVerfG selbst die Drei-Stufen-Theorie als Ableitung aus dem Verhältnismäßigkeitsgrundsatz bezeichnet,[188] dessen Grundgedanke dahin geht, dass der Staat den einzelnen Bürger in seiner Freiheitssphäre nur so weit beschränken darf, wie das im gemeinen Interesse erforderlich ist.[189]

70 Hinsichtlich der **Tätigkeit des Vertragsarztes** wird diskutiert, ob durch die Einbindung in das öffentlich-rechtliche System der gesetzlichen Krankenversicherung der **Grundrechtsschutz des Art. 12 Abs. 1 GG** im Hinblick auf Art. 33 GG zurückgedrängt ist. Wäre die vertragsärztliche Tätigkeit dem öffentlichen Dienst zuzurechnen, könnte allein die öffentliche Organisationsgewalt den Stellenplan mit der Folge bestim-

---

[178] BVerfGE 7, 377 (405 ff.); zur Kritik an Einzelaspekten der Drei-Stufen-Theorie vgl. den Überblick bei *Sachs-Tettinger* Art. 12 Rdn. 123 ff.

[179] BVerfGE 65, 116 (125); 70, 1 (28).

[180] BVerfGE 11, 30 (41 f.).

[181] BVerfGE 11, 30 (44) bzw. 12, 144 (148) sowie BVerfGE 82, 209 (230); 103, 172 (184).

[182] *Jarass/Pieroth-Jarass* Art. 12 Rdn. 26.

[183] BVerfGE 13, 97 (107); 59, 302 (316); 93, 213 (235).

[184] Vgl. etwa BVerfGE 7, 377 (415 f.); 11, 30 (43 f.).

[185] BVerfGE 7, 377 (408); 11, 168 (183).

[186] BVerfGE 7, 377 (408).

[187] *Breuer,* HdbStR VI, § 148 Rdn. 9; *Ebsen* ZSR 1992, 328 (329); *Pieroth/Schlink,* Grundrechte, Rdn. 846.

[188] BVerfGE 19, 330 (337); 46, 120 (138); zur verfassungsrechtlichen Herleitung und dogmatischen Struktur des Verhältnismäßigkeitsgrundsatzes *Dreier-Schulze-Fielitz* Art. 20 Rdn. 167 ff. m. w. N.

[189] *Dreier-Schulze-Fielitz* Art. 20 Rdn. 197 m. w. N.; zum Verhältnismäßigkeitsgrundsatz vgl. auch *Schnapp* JuS 1983, 850 ff.

men, dass sich die Berufsfreiheit der Bewerber auf das Recht des gleichen Zugangs zu den öffentlichen Ämtern reduzieren würde.[190]

71 Zum Teil wird der Beruf des Vertragsarztes als „staatlich gebundener Beruf" verstanden,[191] welcher eine Mittelstellung zwischen den sog. freien Berufen und den vollständig in die Staatsorganisation einbezogenen Berufen einnimmt.[192] Hieraus wird gefolgert, dass es dem Gesetzgeber gestattet sein müsse, auch für von ihm selbst gesetzte Gemeinwohlziele sogenannte „objektive" Zugangskriterien zur Teilnahme an der vertragsärztlichen Versorgung zu normieren; wegen der staatlichen Organisationsgewalt müssten für alle Zulassungssperren die Kriterien Anwendung finden, die nach der Stufentheorie für subjektive Zulassungssperren gelten.[193]

72 Der Rechtsprechung des BVerfG zufolge ist die Rechtsstellung des (damals) Kassenarztes kein öffentlicher Dienst i. S. v. Art. 33 Abs. 5 GG, da der Kassenarzt weder Dienstnehmer der Kassenärztlichen Vereinigung sei noch diese ihm seine haftungsrechtliche Verantwortung gegenüber den von ihm behandelten Patienten noch sein wirtschaftliches Risiko abnehme.[194] Zutreffenderweise müsse von einem „freien Beruf mit gewissen öffentlichen Auflagen" gesprochen werden.[195]

73 Sowohl das BSG[196] als auch das BVerfG[197] haben in ihren Entscheidungen aus dem Jahr 1998 offen gelassen, ob die Tätigkeit des Vertragsarztes als freiberufliche Tätigkeit dem uneingeschränkten Schutz des Grundrechts der Berufsfreiheit unterstellt sei oder dem Gesetzgeber wegen der organisatorischen Einbindung des Vertragsarztes in das öffentlich-rechtliche System der gesetzlichen Krankenversicherung und der zunehmenden Überlagerung der freiberuflichen Elemente seiner Tätigkeit durch Elemente eines staatlich gebundenen Berufes weitergehende Eingriffsbefugnisse zuzugestehen seien. Zwischenzeitlich haben beide Gerichte jedoch klargestellt, dass sich *„an der Zuordnung der vertragsärztlichen Tätigkeit zum Schutzbereich des Art. 12 GG ... trotz der zunehmenden Einbindung dieser Ausübungsform des Arztberufes in eine öffentlich-rechtlich (vertragsarztrechtlich) geprägte Pflichtenstellung nichts Grundlegendes geändert"*[198] hat.[199] Damit ist die Linie der Rechtsprechung des BVerfG und des BSG wieder eindeutig.

74 Dieser Rechtsprechung ist zuzustimmen. Im Ergebnis darf aus den öffentlich-rechtlichen Bindungen der vertragsärztlichen Tätigkeit keine Verringerung des Grundrechtsschutzes gefolgert werden. Anderenfalls könnte der Gesetzgeber jede Tätigkeit, an der ein öffentliches Interesse besteht, durch die Statuierung hoheitlicher Regelungen in die Nähe des öffentlichen Dienstes rücken und die Berufsfreiheit des Art. 12 Abs. 1 GG damit letztlich aushöhlen.[200]

75 **b) Einzelfälle. aa) Zugangssperren.** In seinen Entscheidungen vom 23. März 1960 **(Kassenarzturteil)**[201] und 8. Februar 1961 **(Kassenzahnarzturteil)**[202] hat sich das **BVerfG**

---

[190] *Stober* MedR 1990, 10 (11); s. auch *Wigge* SGb 1993, 158 (161).

[191] *Bogs,* DOK 1983, 722 (726 f.); zustimmend: *Ebsen* ZSR 1992, 328 (332).

[192] *Sachs-Tettinger* Art. 12 Rdn. 46.

[193] *Ebsen* ZSR 1992, 328 (332).

[194] BVerfGE 11, 30 (39 f.); ebenso für die kassenzahnärztliche Tätigkeit BVerfGE 12, 144 (147).

[195] Vgl. BVerfGE 7, 377 (398 ff.); 16, 6 (22 ff.); 17, 371 (377 ff.); 47, 285 (319 ff.); BSGE 2, 201.

[196] BSGE 73, 223 (226).

[197] BVerfG NZS 1998, 285 (286).

[198] BSGE 81, 143 (144 f.).

[199] BVerfGE 103, 172 (182 ff.); BVerfG MedR 2001, 639 f.; BSGE 81, 143 (144 f.).

[200] *Rupp* AöR Bd. 92 (1967), S. 212 ff. (222 f.); *Stockhausen,* Ärztliche Berufsfreiheit und Kostendämpfung, S. 52 f.; *Umbach/Clemens-Clemens,* Anhang zu Art. 12 Rdn. 10.

[201] BVerfGE 11, 30 ff.; zur Rechtslage vor Inkrafttreten des Gesundheitsreformgesetzes v. 20. 12. 1988 (BGBl. I, S. 2477) s. auch *Stockhausen,* Ärztliche Berufsfreiheit und Kostendämpfung, sowie zur Rechtslage nach Inkrafttreten des Gesundheitsreformgesetzes *Schnath,* Bedarfsplanung und Konkurrenzschutz im Kassenarztrecht.

[202] BVerfGE 12, 144 ff.

mit der verfassungsrechtlichen Vereinbarkeit der Einrichtung von (damals) Kassen(zahn)arztsitzen auf Grund **gesetzlich festgelegter Verhältniszahlen** mit Art. 12 Abs. 1 GG befasst. Das BVerfG stellte in beiden Fällen die verfassungsrechtliche Unvereinbarkeit der Regelung (§ 368a Abs. 1 S. 1 Nr. 1 und 2 RVO a.F.) mit Art. 12 Abs. 1 GG fest. Dabei ist es davon ausgegangen, dass es sich um Regelungen der Berufsausübung handle, da die Tätigkeit als Kassen(zahn)arzt nur eine besondere Ausübungsform des einheitlichen Berufs des frei praktizierenden (Zahn-) Arztes sei.[203] Allerdings komme § 368a Abs. 1 S. 1 Nr. 1, 2 RVO einer „objektiven Zulassungsvoraussetzung" in Gestalt einer Bedürfnisklausel nahe, da der frei praktizierende (Zahn-) Arzt in aller Regel wirtschaftlich gesehen seinen Beruf ohne Kassenzulassung nicht erfolgreich ausüben könne.[204] Die Regelung könne daher nur gerechtfertigt sein, wenn die Beschränkung der Berufsfreiheit durch besonders wichtige Interessen der Allgemeinheit gefordert werde, die anders nicht geschützt werden können.[205] Solche seien jedoch nicht ersichtlich.

Mit Urteil vom 4. Juni 1964[206] hat das **BSG** entschieden, dass der **Zulassung zur knappschaftsärztlichen Versorgung** keine ebenso weitreichende Bedeutung für die Berufsausübung der Ärzte zukomme wie der Zulassung zur (damals) kassenärztlichen Versorgung. Ein die freiberufliche Tätigkeit anstrebender Arzt sei auch ohne die Zulassung zur ärztlichen Behandlung der Knappschaftsversicherten in der Lage, ein angemessenes Betätigungsfeld zu finden. Das von der Ruhrknappschaft praktizierte Sprengelarztsystem mit seinen strengen Auswahlprinzipien sei deshalb als Berufsausübungsregelung zu qualifizieren, die die Freiheit der Berufswahl unberührt lasse.[207]

Ebenfalls als verfassungsrechtlich gerechtfertigte Berufsausübungsregelung hat das **BVerfG** in seinem sog. **Chefarztbeschluss** vom 23. Juli 1963[208] die Bedürfnisprüfung für die **Beteiligung von leitenden Krankenhausärzten an der ambulanten (damals) kassenärztlichen Versorgung** beurteilt. Maßgebliche Vorschrift ist § 368a Abs. 8 S. 1 RVO i.d.F.d. Gesetzes über Kassenarztrecht v. 17. August 1955[209] gewesen, der die Beteiligung von Krankenhausärzten an der kassenärztlichen Versorgung auf Überweisung durch Kassenärzte nur vorsah, sofern dies zur Gewährleistung einer ausreichenden ärztlichen Versorgung der Versicherten notwendig war. Die Regelung über die Beteiligung greife nicht so stark in die Freiheit der Berufsausübung der Chefärzte ein, dass sie einer objektiven Zulassungsvoraussetzung nahe komme.[210] Deshalb sei die Regelung bereits dann zulässig, wenn sich vernünftige Gründe des Gemeinwohls für sie finden ließen.[211] Solche seien darin zu sehen, dass es im Interesse der bestmöglichen ärztlichen Versorgung der Kassenmitglieder liege, wenn die Chefärzte nur insoweit zur ambulanten Behandlung herangezogen würden, wie dies notwendig sei.

Mit Urteil vom 27. Oktober 1987[212] hat das **BSG** entschieden, dass durch die **Ermächtigung** von (damals) Nichtkassenärzten zur Teilnahme an der kassenärztlichen Versorgung eine Verletzung der bereits zugelassenen Ärzte in ihrem Grundrecht aus Art. 12 Abs. 1 GG nicht bewirkt werde. Das Grundrecht der Berufsfreiheit könne nicht dadurch verletzt werden, dass von einer aus Gründen des öffentlichen Interesses vorgenommenen Beschränkung (hier: grundsätzlich keine kassenärztliche Tätigkeit durch Nichtkassenärzte) Ausnahmen gemacht würden (hier: Beteiligung und Ermächtigung von Nichtkassenärzten in besonderen Fällen). Allerdings verlange der Wertgehalt des Art. 12

[203] BVerfGE 11, 30 (41f.) bzw. 12, 144 (147).
[204] BVerfGE 11, 30 (44) bzw. 12, 144 (148).
[205] BVerfGE 11, 30 (44f.); 12, 144 (148).
[206] BSGE 21, 104ff.
[207] BSGE 21, 104 (112f.).
[208] BVerfGE 16, 286ff.
[209] BGBl. I S. 513.
[210] BVerfGE 16, 286 (296f.).
[211] BVerfGE 16, 286 (297).
[212] BSGE 62, 231 (233f.) = SozR 2200 § 589 Nr. 10.

Abs. 1 GG eine dahingehende Auslegung des **§ 116 SGB V,** dass die Zulassungsgremien auf schwere Beeinträchtigungen der beruflichen Betätigung der niedergelassenen Vertragsärzte Rücksicht zu nehmen hätten.[213]

In zwei Entscheidungen vom 18. März 1998[214] hatte sich das **BSG** mit der verfassungsrechtlichen Vereinbarkeit der Regelungen über die Zulassungsbeschränkungen in überversorgten Gebieten und der ihr zugrundeliegenden **Bedarfsplanung gem. §§ 99 ff. SGB V, 12 ff. Ärzte-ZV** auseinander zu setzen. In beiden Fällen hat das Gericht entschieden, dass die Zulassungsbeschränkungen verfassungsgemäße Regelungen der Berufsausübung i. S. d. Art. 12 Abs. 1 S. 2 GG seien.[215] Diese Auffassung wurde mittlerweile vom BVerfG mit Beschluss vom 27. April 2001[216] bestätigt. Die verfassungsrechtliche Vereinbarkeit von Zulassungsbeschränkungen mit Art. 12 Abs. 1 GG würde sich erst dann als problematisch darstellen, wenn ein Arzt seinen Zulassungswunsch weder an dem von ihm gewünschten Ort noch in einem anderen Planungsbereich verwirklichen könne.[217] Bisher seien jedoch in keiner Arztgruppe für alle Planungsbereiche gleichzeitig Zulassungsbeschränkungen angeordnet worden.[218] Den Regelungen über örtliche Zulassungsbeschränkungen lägen auch ausreichende Erwägungen des Gemeinwohls zugrunde. Es gehe um die Sicherung der finanziellen Stabilität und Funktionsfähigkeit der gesetzlichen Krankenversicherung und damit sogar um einen Gemeinwohlbelang von hoher Bedeutung.[219]

Die gegen **§§ 101 bis 103 SGB V** gerichtete Verfassungsbeschwerde eines Inhabers mehrerer Praxiskliniken hat das **BVerfG** mit Beschluss vom 20. September 1996[220] nicht zur Entscheidung angenommen. Der Beschwerdeführer hatte vorgetragen, dass auf Grund der gesetzlichen Bestimmungen geeignete Ärzte, die an einer Zusammenarbeit in seinen Praxiskliniken interessiert seien, ggf. keine Zulassung erhalten würden und die Kliniken deshalb weder erweitert noch dort frei werdende Vertragsarztsitze wieder besetzt werden könnten. Dies reichte nach Ansicht des BVerfG jedoch nicht aus, um den Beschwerdeführer als rechtlich selbst und unmittelbar betroffen zu qualifizieren. Bei den Auswirkungen der angegriffenen Normen auf den Beschwerdeführer handele es sich lediglich um Reflexwirkungen.

Während der 14a-Senat des **BSG** in seinem Vorlagebeschluss vom 16. Juni 1993[221] die Verfassungsmäßigkeit von **§ 98 Abs. 2 Nr. 12 SGB V i. V. m. § 25 Zahnärzte-ZV** wegen Verstoßes gegen Art. 12 Abs. 1 GG verneint hat, hat der 6. Senat des BSG mit Urteil vom 24. 11. 1993[222] und zuletzt mit Urteil vom 28. 4. 2004[223] hinsichtlich der ebenfalls auf § 98 Abs. 2 Nr. 12 SGB V gestützten wortgleichen Vorschrift in **§ 25 Ärzte-ZV** entschieden, dass die Regelung des **Ausschlusses der über 55 Jahre alten Ärzte von der Zulassung zur vertragsärztlichen Versorgung** verfassungsgemäß sei. In beiden Fällen hat das BSG die Zulassungsaltersgrenze als Berufsausübungsregelung qualifiziert, welche wegen des wirtschaftlichen Angewiesenseins des freipraktizierenden Arztes auf die Kassenzulassung de facto einer Beschränkung der Berufswahlfreiheit nahe komme.[224] Der 14a-Senat hat darauf abgestellt, dass das gewählte Mittel zur Zulassungsbeschränkung ungeeignet sei, das gesetzgeberische Ziel, einer Gefährdung der Wirtschaft-

---

213 BSG SozR 3–2500 § 116 Nr. 20 = 3–1500 § 34 Nr. 40 S. 85.

214 BSGE 82, 41 ff. = SozR 3–2500 § 103 Nr. 2; BSG NZS 1999, 50 ff.

215 BSGE 82, 41 (43); BSG NZS 1999, 50 (51).

216 BVerfG MedR 2001, 639 ff.

217 BSGE 82, 41 (43); BSG NZS 1999, 50 (52).

218 BSGE 82, 41 (43); BSG NZS 1999, 50 (50).

219 BSGE 82, 41 (45); BSG NZS 1999, 50 (52); ferner: BVerfG MedR 2001, 639 f.

220 BVerfG NJW 1997, 793.

221 BSG SGb 1994, 332 ff.

222 BSGE 73, 223 ff.

223 BSG SGb 2004, 417 f.

224 BSG SGb 1994, 332 (335); BSGE 73, 223 (226).

lichkeit der vertragsärztlichen Versorgung entgegenzuwirken, zu erreichen oder zumindest unverhältnismäßig sei.[225] Demgegenüber hat der 6. Senat ausgeführt, dass Wirtschaftlichkeitsprüfungen nur bedingt geeignet seien, dem Kostenanstieg in der Krankenversicherung entgegenzuwirken. Außerdem ergebe sich bei der Gesamtabwägung zwischen der Schwere des Eingriffs in die Berufsfreiheit und dem Gewicht des öffentlichen Interesses an der Erhaltung der Finanzgrundlagen der gesetzlichen Krankenversicherung, dass dem öffentlichen Interesse das größere Gewicht zukomme. Die Zulassungssperre ab dem 55. Lebensjahr treffe bei Ausklammerung der Härtefälle nämlich nur solche Ärzte, die zur Bestreitung ihres Lebensunterhalts nicht mehr auf die Kassenzulassung angewiesen seien.[226]

bb) Beendigungsregelungen. Mit Beschluss vom 28. März 1985[227] hat das **BVerfG** ausgeführt, dass die gemäß § 368a Abs. 6 RVO bestehende Möglichkeit, einem (damals) Kassenzahnarzt die **Kassenzulassung** wegen gröblicher Pflichtverletzung zu **entziehen,** die Berufsfreiheit in einem Maße einschränke, das in seiner Wirkung der Beschränkung der Berufswahl im Sinne des Art. 12 Abs. 1 GG nahe komme.[228] Gröbliche Pflichtverletzungen könnten die Entziehung der Kassenzulassung nur rechtfertigen, wenn sie den Zahnarzt als ungeeignet für die Teilnahme an der kassenärztlichen Versorgung erscheinen ließen. Ungeeignetheit liege in der Regel dann vor, wenn die gesetzliche Ordnung der kassenzahnärztlichen Versorgung durch das Verhalten des Zahnarztes in erheblichem Maße verletzt werde und das Vertrauensverhältnis zu den gesetzlichen Krankenkassen und den Versicherten tiefgreifend und nachhaltig gestört sei.[229] Mit Art. 12 Abs. 1 GG sei es unvereinbar, gegenüber einem Partner einer Gemeinschaftspraxis schon vor Rechtskraft der Zulassungsentziehung deren Sofortvollzug anzuordnen, ohne Feststellungen über persönlich begangene Pflichtwidrigkeiten zu treffen.[230] **76**

Mit Beschluss vom 16. 4. 1998[231] hat das **BVerfG** gegen **§ 95 Abs. 7 SGB V** gerichtete Verfassungsbeschwerden nicht zur Entscheidung angenommen. Die Regelung, nach deren Satz 2 ab dem 1. 1. 1999 die Zulassung grundsätzlich am Ende des Kalendervierteljahres endet, in dem der Vertragsarzt sein **68. Lebensjahr** vollendet, sei mit Art. 12 Abs. 1 GG vereinbar.[232] Die **Altersgrenze** sei eine subjektive Zulassungsbeschränkung und damit zulässig, wenn sie als Voraussetzung zur ordnungsgemäßen Erfüllung des Berufes oder zum Schutz eines besonders wichtigen Gemeinschaftsgutes, das der Freiheit des einzelnen vorgehe, erforderlich sei.[233] § 95 Abs. 7 SGB V diene einem solch besonders wichtigen Gemeinschaftsgut, nämlich der Gesundheit der in der gesetzlichen Krankenversicherung Versicherten. Eine Prüfung der individuellen Leistungsfähigkeit sei verfassungsrechtlich nicht geboten, vielmehr sei eine auf der Grundlage von Erfahrungswerten erlassene generalisierende Regelung nicht zu beanstanden.[234] Das BVerfG lässt hierbei offen, ob die Regelung auch dadurch gerechtfertigt werden könne, dass die angestrebte, zur Finanzierbarkeit der gesetzlichen Krankenversicherung vom Gesetzgeber für erforderlich gehaltene Beschränkung der Vertragsarztzahlen nicht nur zu Lasten der jüngeren Ärzte verwirklicht werden solle.[235] Hierauf stützt das BSG in seinem Urteil vom 25. November 1998[236] die verfassungsrechtliche Vereinbarkeit von § 95 Abs. 7 SGB V mit Art. 12 Abs. 1 GG.

---

[225] BSG SGb 1994, 332 (335).
[226] BSGE 73, 223 (231).
[227] BVerfGE 69, 233 ff.
[228] BVerfGE 69, 233 (244).
[229] BVerfGE 69, 233 (244); ebenso BSGE 60, 76.
[230] BVerfGE 69, 233 (247).
[231] BVerfG SozR 3–2500 § 95 Nr. 7 = NZS 1998, 285 ff.
[232] BVerfG SozR 3–2500 § 95 Nr. 7 = NZS 1998, 285 ff.
[233] BVerfG SozR 3–2500 § 95 Nr. 7 = NZS 1998, 285 (286).
[234] BVerfG SozR 3–2500 § 95 Nr. 7 = NZS 1998, 285 (286).
[235] BVerfG SozR 3–2500 § 95 Nr. 7 = NZS 1998, 285 (286).
[236] BSGE 83, 135 (141).

Nach einem Urteil des BSG vom 30. Juni 2004[237] soll die Altersgrenze von 68 Lebensjahren dagegen nicht gelten, wenn ein Vertragszahnarzt sich bei Krankheit, Urlaub oder Teilnahme an Fortbildungsveranstaltungen durch einen Zahnarzt vertreten lassen will, der diese Altersgrenze bereits überschritten hat. Nach Auffassung des BSG könne nicht angenommen werden, dass ein Zahnarzt, der älter als 68 Jahre ist, unabhängig von Umfang und Dauer der einzelnen Vertretungstätigkeit sowie seiner individuellen Leistungsfähigkeit schlechthin außer Stande sei, die Aufgaben eines Vertreters in einer vertragszahnärztlichen Praxis ordnungsgemäß zu erfüllen.

77 **cc) Qualitätssicherungsmaßnahmen.** Mit Beschluss vom 10. 9. 1979[238] hat das **BVerfG** zu § 368m RVO i. d. F. d. Krankenversicherungs-Weiterentwicklungsgesetzes v. 28. 12. 1976[239] entschieden, dass die **satzungsmäßige** Begründung einer **Pflicht des (damals) Kassenarztes zur Teilnahme an Fortbildungsveranstaltungen** der Kassenärztlichen Vereinigungen jedenfalls dann mit Art. 12 Abs. 1 GG vereinbar sei, wenn die Satzung der Kassenärztlichen Vereinigung vorsehe, dass in hierfür geeigneten Gebieten eine ausreichende Fortbildung auch durch andere Methoden nachgewiesen werden könne.

Wie das **BSG** mit Urteil vom 19. November 1985[240] entschieden hat, verstößt eine Verpflichtung des (damals) Kassenarztes in Richtlinien der Kassenärztlichen Bundesvereinigung, seine **Röntgenaufnahmen nebst Befundberichten der Kassenärztlichen Vereinigung zum Zwecke der Qualitätsprüfung vorzulegen,** nicht gegen Art. 12 Abs. 1 GG.

Eine ebenfalls durch vernünftige Gründe des Gemeinwohls gerechtfertigte Berufsausübungsregelung hat das **BVerfG** in einer Entscheidung vom 10. 4. 2000[241] in der **Verpflichtung zur ziffernmäßigen und damit maschinenlesbaren Erfassung der Diagnose in den Abrechnungsunterlagen** erblickt. Als Gemeinwohlbelang trete neben die Volksgesundheit das funktionierende vertragsärztliche System der gesetzlichen Krankenversicherung. Aus seiner Einbindung in das Vertragsarztsystem folge für den einzelnen Arzt, dass er an einer ordnungsgemäßen und auch kontrollierbaren Abrechnung mitzuwirken habe.

78 **dd) Fachgruppenstrukturen.** Bereits in seinem sog. **Facharztbeschluss** vom 9. Mai 1972[242] hat das **BVerfG** ausgeführt, dass berufsrechtliche Vorschriften, die den als Facharzt Niedergelassenen grundsätzlich von der Ausübung einer allgemeinen ärztlichen Tätigkeit ausschließen, mit Art. 12 Abs. 1 GG vereinbar seien. Allerdings bedürfe es einer dem Verhältnismäßigkeitsgrundsatz entsprechenden Auslegung, so dass nur eine „systematische" Tätigkeit außerhalb des Fachbereichs als berufswidriges Verhalten gewertet werden könne.[243] Das **Gebot, die ärztliche Tätigkeit auf das gewählte Fach zu beschränken,** schließe den Facharzt zwar von solchen ärztlichen Verrichtungen aus, die er nach seiner allgemeinen ärztlichen Ausbildung und Erfahrung ohne weiteres vorzunehmen in der Lage sei und die im Zusammenhang mit der Heranziehung zum Not- und Bereitschaftsdienst auch von ihm erwartet würden;[244] die Begrenzung der Facharzttätigkeit auf das eigene Fach sei jedoch durch vernünftige Erwägungen des Gemeinwohls zu rechtfertigen. Die Fachgebiete seien so abgegrenzt, dass sie eine volle Spezialisierung erforderten. Die Beschränkung auf das Fachgebiet diene deshalb dem Schutz der Patienten.[245]

---

[237] BSG SGb 2004, 475.
[238] BVerfG SozSich 1980, 122f.
[239] BGBl. I S. 3871.
[240] BSGE 59, 172ff.
[241] BVerfG NJW 2001, 883ff.
[242] BVerfGE 33, 125 zu § 39 I der Berufsordnung der Ärztekammer Nordrhein vom 29. Dezember 1956 (MinBl. NW 1957 Sp. 725).
[243] BVerfGE 33, 125 (168).
[244] BVerfGE 33, 125 (164).
[245] BVerfGE 33, 125 (165ff.).

In demselben Beschluss hat das BVerfG dargelegt, dass berufsrechtliche Regelungen, denen zufolge nur das Führen einer Facharztbezeichnung gestattet sei, über das Maß einer zumutbaren und notwendigen Berufsausübungsregelung hinausgingen, soweit das **Führen mehrerer Facharztbezeichnungen** schlechthin untersagt werde.[246] Berufsgerichtliche Verurteilungen, durch die ein Arzt schon deshalb für schuldig befunden werde, weil er zwei von ihm rechtmäßig erworbene Facharztbezeichnungen für verwandte Facharztbereiche nebeneinander geführt habe, seien als Verletzung von Art. 12 Abs. 1 GG zu werten.[247]

Unter Bezugnahme auf den vorgenannten Facharztbeschluss hat das **BSG** mit Urteil vom 13. März 1991[248] darauf abgestellt, dass **Fachgebietsbeschränkungen** als Einschränkungen der Berufsausübung nur gerechtfertigt sein können, wenn durch die damit verbundene Spezialisierung eine zweckmäßige ärztliche Versorgung verbessert werde und die Facharztbereiche vom fachlich-medizinischen Standpunkt aus sachgerecht abgegrenzt seien.[249] Da den Beschränkungen jedoch auch Elemente der Berufswahl innewohnten, sei jede die Einheit des Arztberufs beeinträchtigende Restriktion nicht nur durch vernünftige Erwägungen des Gemeinwohls zu rechtfertigen, sondern auch jede Eingriffsregelung eng auszulegen.[250] Vor diesem Hintergrund sah das Gericht die grundsätzliche Beschränkung einer Anästhesistin auf Überweisungsfälle in Bezug auf die Schmerztherapie als unvereinbar mit Art. 12 Abs. 1 GG an, da es an fachspezifischen Umständen zur Rechtfertigung der Beschränkung fehle.[251]

Wie das **BVerfG** in einer Entscheidung vom 9. 3. 2000[252] ausgeführt hat, wird die Tragweite des Art. 12 Abs. 1 GG nicht hinreichend berücksichtigt, soweit eine **Weiterbildungsordnung** Bestimmungen darüber enthalte, dass **nur die in ihr enthaltenen Facharztbezeichnungen anzuerkennen** seien. Habe der Arzt rechtsförmlich eine fachliche Qualifikation dieser Art erworben, könnten nur Gemeinwohlbelange von erheblichem Gewicht ein Verbot rechtfertigen, auf die Qualifikation hinzuweisen, sofern der Hinweis nicht irreführend sei. Solche Gemeinwohlbelange gebe es jedoch nicht.

Hinsichtlich der Regelungen des **§ 73 Abs. 1 bis 1c SGB V,** wonach sich die vertragsärztliche Versorgung in die **hausärztliche und** die **fachärztliche Versorgung** gliedert, haben sowohl das **BSG** in Urteilen vom 18. Juni 1997[253] und 1. Juli 1998[254] als auch das **BVerfG** mit Beschluss vom 17. Juni 1999[255] ausgeführt, Art. 12 Abs. 1 GG werde nicht verletzt. Bei den Normen handle es sich um verfassungsgemäße Regelungen der Berufsausübung der Vertragsärzte i. S. v. Art. 12 Abs. 1 S. 2 GG. Die Freiheit der Berufswahl werde nicht – auch nicht mittelbar – beeinflusst.[256] Es gehe weder um den reglementierten Zugang zu einer bestimmten Arztgruppe noch zu einem Planungsbereich. Konsequenz sei vielmehr nur, dass bestimmte Positionen des einheitlichen Bewertungsmaßstabes nicht mehr abgerechnet werden könnten. Einwirkungen auf das ärztliche Handeln mit dem Steuerungsinstrument der Vergütungsregelung seien generell ein Mittel zur Regelung der Berufsausübung.[257] Die Regelungen seien durch ausreichende Gründe des

---

246 BVerfGE 33, 125 ff. zu §§ 24, 26, 28 der Berufsordnung Baden-Württemberg vom 26. März 1960 (Ärzteblatt f. Baden-Württemberg 1959, 89; 1960, 168).

247 BVerfGE 33, 125 (171).

248 BSGE 68, 190 ff.

249 BSGE 68, 190 (194).

250 BSGE 68, 190 (192 f.).

251 BSGE 68, 190 (194).

252 BVerfG – 1 BvR 1662/97 – v. 9. 3. 2000, zitiert nach: KZBV (Hrsg.), Zahn & Recht, Nr. 1/00, S. 3 f.

253 BSGE 80, 256 ff. = SozR 3–2500 § 73 Nr. 1.

254 BSG SGb 1998, 468 f.

255 BVerfG NJW 1999, 2730 f.

256 BSGE 80, 256 (260).

257 BVerfG NJW 1999, 2730 (2731).

Gemeinwohls gerechtfertigt. Sie seien zum einen auf das Ziel ausgerichtet, die Finanzierbarkeit der gesetzlichen Krankenversicherung zu sichern. Zugleich solle auch die Qualität der Grundversorgung der Patienten gefördert werden.[258]

Im Jahr 1994 hatte der Bewertungsausschuss für **Laborärzte,** eine sog. überweisungsgebundene Facharztgruppe, eine Regelung beschlossen, wonach diese künftig nicht mehr berechtigt sein sollen, Leistungen auf Überweisung eines „behandelnden" Arztes zu erbringen und dann mit ihrer Kassenärztlichen Vereinigung abzurechnen; vielmehr sollte in diesen Fällen eine privatrechtliche Verrechnung zwischen den Ärzten vorgenommen werden. Der abrechnende Arzt nahm damit – und das war so gewollt – an der Punktmengenbegrenzung teil, die Laborärzte hingegen wurden durch das „Überweisungsverbot" weitgehend von der vertragsärztlichen Versorgung und Honorierung ausgeschlossen, obwohl Laborleistungen weiterhin Bestandteil des vertragsärztlichen Leistungsspektrums blieben. Diese Regelung hat das **BSG** in seinen Urteilen vom 20. 3 .1996[259] sowie vom 23. 3. 1996[260] als Verstoß gegen Art. 12 GG gewertet. Wie das BSG ausführt, handelt es sich bei dem Überweisungsverbot um eine Beschränkung der Berufsfreiheit und betreffe unmittelbar den **Zulassungsstatus** der Laborärzte.[261] Aus diesem Grund greife der Regelungsvorbehalt des Art. 12 Abs. 1 S. 2 GG. Der Gesetzgeber sei bei solchen Eingriffen verpflichtet, die für die Grundrechtsausübung wesentlichen Entscheidungen selbst zu treffen und die Schrankenbestimmung nicht anderen Stellen zu überlassen. Soweit zum Erlass berufsregelnder Vorschriften in untergesetzlichen Normen ermächtigt wird, müsse die gesetzliche Regelung so gefasst sein, dass sie Umfang und Grenzen des Eingriffs deutlich erkennen lasse. Das sei jedoch nicht der Fall.[262]

79 **ee) Vergütungsregelungen.** In seiner Entscheidung vom 10. Mai 1972[263] musste sich das **BVerfG** mit den Verfassungsbeschwerden mehrerer (damals) Kassenärzte auseinandersetzen, deren Honoraranforderungen auf Grund des **Honorarverteilungsmaßstabs** ihrer Kassenärztlichen Vereinigung gekürzt worden waren. Dem Verteilungsmaßstab zufolge wurden vierteljährliche Honorarforderungen nur bis zu einem bestimmten Betrag in voller Höhe vergütet; darüber hinaus gehende Beträge wurden nur noch prozentual abgestaffelt bei der Vergütung berücksichtigt. Sowohl die Ermächtigungsnorm des § 368 Abs. 1 RVO in der Fassung des Gesetzes über Kassenarztrecht vom 17. August 1955[264] als auch die auf sie gestützte **Kürzungsregelung** seien mit Art. 12 Abs. 1 GG vereinbar. Nach Auffassung des BVerfG greift die strittige Kürzungsregelung in ihrer berufsregelnden Auswirkung lediglich in die Freiheit der Berufsausübung im Sinne des Art. 12 Abs. 1 GG ein.[265] Dieser Eingriff sei verfassungsrechtlich gerechtfertigt. Es gehe nicht eigentlich um die Kürzung eines dem Arzt vertragsrechtlich zustehenden Honoraranspruchs, sondern um die Verteilung einer Gesamtvergütung, die im Rahmen eines für den Arzt vorteilhaften öffentlichrechtlichen Sozialsystems auf gesetzlicher Grundlage festgesetzt werde.[266] Mit der Kürzungsregelung könne eine übermäßige Ausdehnung der Kassenarzttätigkeit verhindert und so der Gefahr vorgebeugt werden, dass der Arzt auf Grund einer Überbeschäftigung

---

[258] BVerfG NJW 1999, 2730 (2731); BSGE 80, 256 (261 f.).

[259] BSG MedR 1997, 227 ff.

[260] BSGE 78, 91 ff.

[261] BSGE 78, 91 (93); BSG MedR 1997, 227 (228).

[262] Zu den staatshaftungsrechtlichen Konsequenzen dieser Entscheidung vgl. BGH MedR 2002, 466 ff. = LM H 8/2002 § 839 (A) BGB Nr. 68 mit Anm. von *Schnapp* sowie LG Frankfurt a. M. MedR 2002, 420 ff.; *Kaltenborn* SGb 2002, 659 ff.

[263] BVerfGE 33, 171 ff. zum Honorarverteilungsmaßstab der Kassenärztlichen Vereinigung Nordrhein vom 28. Mai 1960 (Rheinisches Ärzteblatt, Sonderheft vom 28. Juni 1960); vgl. zu Problemstellungen bei der Honorarverteilung in der gesetzlichen Krankenversicherung auch *Maaß* NZS 2000, 109 ff.

[264] BGBl. I, S. 513.

[265] BVerfGE 33, 171 (185).

[266] BVerfGE 33, 171 (185).

für die Versorgung und ärztliche Betreuung der Kassenpatienten nicht mehr ausreichend zur Verfügung stehe.[267] Dementsprechend hat das BVerfG mit Beschluss vom 1. Juli 1991[268] formuliert, dass Art. 12 Abs. 1 GG dem Arzt keinen Anspruch darauf gewähre, unbegrenzt ärztliche Leistungen erbringen und gegenüber der Krankenkasse in Rechnung stellen zu können.

Das **BSG** hat in zahlreichen Urteilen (beispielsweise die Urteile vom 26. 1. 1994,[269] 24. 8. 1994[270] sowie 12. 12. 2001)[271] ebenfalls darauf abgestellt, dass Regelungen in einem **Honorarverteilungsmaßstab,** auf Grund derer **Honorarforderungen** von Ärzten wegen übermäßiger Ausdehnung kassenärztlicher Tätigkeit **begrenzt** werden, als Berufsausübungsregelung zu qualifizieren seien. Solche Regelungen seien durch vernünftige Erwägungen des Gemeinwohls gerechtfertigt, da sie dazu dienten, eine sorgfältige und gründliche Behandlung der Patienten durch eine persönliche Tätigkeit des Kassenarztes zu gewährleisten.[272] Allerdings müsse eine der übermäßigen Ausdehnung der kassenärztlichen Tätigkeit präventiv entgegenwirkende Honorarverteilungsregelung so beschaffen sein, dass sich der Arzt von vornherein darauf einrichten könne, von welchen Grenzbeträgen ab eine übermäßige Ausdehnung seiner Tätigkeit vorliegen werde.[273] Regelungen, die der Notwendigkeit einer vorherigen Festlegung von Grenzwerten nicht gerecht würden, seien kein geeignetes Mittel zur Einschränkung der Berufsausübungsfreiheit.[274]

Mit Urteil vom 8. 5. 1996[275] hat das **BSG** ausgeführt, dass Art. 12 Abs. 1 GG i. V. m. Art. 3 Abs. 1 GG nicht dadurch verletzt werde, dass der **Bewertungsausschuss** ärztliche Leistungen anders – und zum Teil **geringer als zuvor – bewerte,** sofern dies der Begrenzung des Ausgabenanstiegs in der gesetzlichen Krankenversicherung und der dauerhaften Stabilisierung ihrer Finanzlage zu dienen bestimmt sei.[276]

Mit Beschluss vom 17. 6. 1999[277] hat das **BVerfG** die Verfassungsbeschwerde von zur vertragsärztlichen Versorgung zugelassenen Laboratoriumsmedizinern nicht zur Entscheidung angenommen. Diese hatten sich gegen das letztinstanzliche Urteil des BSG[278] gewendet, in welchem ein **Abrechnungsverbot für Laborleistungen,** die **auf Grund einer unmittelbaren Inanspruchnahme durch die Versicherten** erbracht werden, für mit Art. 12 Abs. 1 GG vereinbar gehalten wurde. Soweit gerade aus den Besonderheiten eines medizinisch-diagnostischen Fachgebiets und der in der rheinland-pfälzischen Weiterbildungsordnung verankerten Definition von Laboratoriumsmedizin als „Beratung und Unterstützung der in der Vorsorge und Krankenbehandlung tätigen Ärzte bei der Erkennung von Krankheiten und ihren Ursachen" ein Überweisungsvorbehalt abgeleitet worden sei, sei dies im Hinblick auf Art. 12 Abs. 1 GG nicht zu beanstanden.

2. Art. 3 Abs. 1 GG – Allgemeiner Gleichheitssatz

a) Allgemeines. In Art. 3 Abs. 1 GG ist der allgemeine Gleichheitssatz verankert, demzufolge alle Menschen vor dem Gesetz gleich sind. Die Vorschrift verlangt allgemein **80**

---

[267] BVerfGE 33, 171 (186 f.).

[268] BVerfG SGb 1992, 159; vgl. zu Problemstellungen bei der Honorarverteilung in der gesetzlichen Krankenversicherung auch *Maaß* NZS 2000, 109 ff.

[269] BSG NZS 1994, 381.

[270] BSGE 75, 37 (43).

[271] BSG SozR 3–2500 § 121 Nr. 4.

[272] BSG NZS 1994, 381.

[273] BSG NZS 1994, 381.

[274] BSG NZS 1994, 381 (382). Grundlegend zur Verfassungsmäßigkeit von Honorarkürzung für zahnärztliche Leistungen (im zugrundeliegenden Fall nach § 85 Abs. 4 b SGB V): BSGE 80, 223 (225 ff.); zuletzt zusammengefasst in: BSG MedR 2000, 49 (50).

[275] BSGE 78, 191 ff. = SozR 3–2200 § 368 Nr. 1.

[276] BSGE 78, 191 (197).

[277] BVerfG NJW 1999, 3404.

[278] BSG NJW 1998, 853.

die Rechtsanwendungsgleichheit (Gleichheit vor dem Gesetz) und die Rechtsetzungsgleichheit (Gleichheit des Gesetzes).[279]

Bis zu seiner Entscheidung vom 7. 10. 1980[280] hat das BVerfG die Voraussetzungen einer Verletzung des Gleichheitssatzes kontinuierlich mit der sogenannten Willkürformel umschrieben. Dieser Formel zufolge sei es geboten, „weder wesentlich Gleiches willkürlich ungleich, noch wesentlich Ungleiches willkürlich gleich zu behandeln". Art. 3 Abs. 1 GG ist nach dieser Formel erst dann verletzt, wenn sich ein vernünftiger, sich aus der Natur der Sache ergebender oder sonst wie sachlich einleuchtender Grund für die gesetzliche Differenzierung oder Gleichbehandlung nicht finden lässt.[281] Der Spielraum des Gesetzgebers ende dort, wo die Ungleichbehandlung nicht mehr mit einer am Gerechtigkeitsgedanken orientierten Betrachtungsweise vereinbar sei oder die fundierten allgemeinen Gerechtigkeitsvorstellungen der Gemeinschaft missachte.[282]

Der das Willkürverbot ergänzenden **„neuen Formel"** zufolge ist eine ungleiche Behandlung mehrerer Gruppen von Normadressaten mit dem allgemeinen Gleichheitssatz des Art. 3 Abs. 1 GG nur vereinbar, wenn zwischen ihnen Unterschiede von solcher Art und solchem Gewicht bestehen, dass sie die ungleiche Behandlung rechtfertigen können.[283] Damit müssen Ungleichbehandlung und rechtfertigender Grund in einem angemessenen Verhältnis zueinander stehen.

Im Vergleich mit der bis dahin angestellten bloßen Willkürprüfung bedeutet die „neue Formel" eine erhöhte Kontrolldichte durch einen inhaltlich klareren Maßstab: Genügte nach dem früheren Ansatz irgendein sachlicher (einleuchtender) Grund zur Rechtfertigung einer Ungleichbehandlung, so ist nunmehr auf Art und Gewicht der zwischen den beiden Gruppen bestehenden Unterschiede abzustellen, wobei die rechtliche Unterscheidung zwischen ihnen in den sachlichen Unterschieden eine ausreichende Stütze finden muss.[284] Zu der Variante, die auf die Unterschiede zwischen den ungleich behandelten Gruppen abhebt, ist eine zweite getreten, welche auf die Gründe der Ungleichbehandlung abstellt. Danach ist eine Ungleichbehandlung nur dann verfassungsgemäß, wenn Gründe von solcher Art und solchem Gewicht bestehen, dass sie die Ungleichbehandlung rechtfertigen können.[285] Dies läuft letzten Ende auf eine Verhältnismäßigkeitsprüfung hinaus.[286] Die verfassungsrechtliche Rechtfertigung einer Ungleichbehandlung von Gleichem setzt der „neuen Formel" zufolge voraus, dass sie einen legitimen Zweck verfolgt, zur Erreichung dieses Zwecks geeignet und notwendig ist sowie in einem angemessenen Verhältnis zum Wert des Zwecks steht.[287]

Allerdings wendet das BVerfG die „neue Formel" nicht gleichförmig an. Die Grenzen für den Normgeber werden abhängig vom Regelungsgegenstand und den Differenzierungsmerkmalen bestimmt und können vom bloßen Willkürverbot bis zu einer strengen Bindung an Verhältnismäßigkeitserfordernisse reichen.[288] Je stärker die Ungleichbehandlung ist, umso gewichtiger muss der sie rechtfertigende Grund sein. Dabei wächst die Intensität der Beeinträchtigung, je mehr das Kriterium der Ungleichbehandlung einem der nach Art. 3 Abs. 3 GG verbotenen Kriterien ähnelt, je weniger der Betroffene das Kriterium der Ungleichbehandlung beeinflussen kann und je mehr

---

[279] *Pieroth/Schlink,* Grundrechte, Rdn. 428.

[280] BVerfGE 55, 72ff.

[281] Vgl. BVerfGE 1, 14 (52); 1, 208 (247); 4, 144 (155); 10, 234 (246); 31, 212 (218); 33, 367 (384); 68, 237 (250).

[282] BVerfGE 3, 58 (135f.); 42, 64 (72); 71, 255 (271).

[283] BVerfGE 55, 72 (88), seitdem ständige Rechtsprechung.

[284] BVerfGE 87, 234 (255); siehe auch *Epping,* Grundrechte, 2004, S. 287 (Rdn. 609).

[285] BVerfGE 88, 87 (97).

[286] *Epping,* Grundrechte, 2004, S. 288; *von Münch/Kunig-Gubelt,* Art. 3 Rdn. 14; zur Verhältnismäßigkeitsprüfung s. *Schnapp* JuS 1983, 850ff.

[287] *Pieroth/Schlink,* Grundrechte, Rdn. 438ff.

[288] BVerfGE 88, 87 (96f.); 89, 15 (22f.); 90, 46 (56); 91, 346 (362f.).

die Ungleichbehandlung den Gebrauch grundrechtlich geschützter Freiheiten erschwert.[289]

b) Einzelfälle. aa) Honorarverteilungsgerechtigkeit. In seinem **Facharztbeschluss** vom 10. 5. 1972[290] hatte sich das **BVerfG** mit den Verfassungsbeschwerden verschiedener Kassenärzte auseinanderzusetzen, deren **Honoraranforderungen** auf Grund eines Honorarverteilungsmaßstabs **gekürzt** worden waren. Das BVerfG erblickte in der Regelung keinen Verstoß gegen Art. 3 Abs. 1 GG, obwohl der Honorarverteilungsmaßstab an der Durchschnittspraxis orientiert war und bestehende Unterschiede zwischen den Ärzten unberücksichtigt ließ. Der Gleichheitssatz lasse dem Normgeber nämlich einen weiten Gestaltungsspielraum. Dieser ende erst dort, wo eine ungleiche Behandlung der geregelten Sachverhalte nicht mehr mit einer am Gerechtigkeitsgedanken orientierten Betrachtungsweise vereinbar sei und mangels einleuchtender Gründe als willkürlich beurteilt werden müsse. Dabei könne es vertretbar sein, dass dem Gesetzgeber zunächst eine angemessene Zeit zur Sammlung von Erfahrungen eingeräumt werde und dass er sich in diesem Anfangsstadium mit gröberen Typisierungen und Generalisierungen begnügen dürfe. Anlass zu verfassungsrechtlicher Beanstandung ergebe sich erst, wenn der Gesetzgeber eine spätere Überprüfung und fortschreitende Differenzierung trotz ausreichenden Erfahrungsmaterials für eine sachgerechtere Lösung unterlasse. Der Satzungsgeber habe sich deshalb zunächst an der Durchschnittspraxis orientieren dürfen.[291] Mit Art. 3 Abs. 1 GG sei es ebenso vereinbar, dass in der Honorarbegrenzungsregelung keine Unterschiede zwischen den Fachärzten der verschiedenen Disziplinen gemacht worden seien. Dies ergebe sich daraus, dass die Kürzungsregelung erst bei einem weit überdurchschnittlichen Betrag angesetzt habe, der – mit einer Ausnahme, für die eine günstigere Sonderregelung vorgesehen gewesen sei – von keiner Arztgruppe übertroffen worden sei.[292] **81**

Auch das **BSG** hatte sich mehrfach mit der Vereinbarkeit von Regelungen in Honorarverteilungsmaßstäben mit Art. 3 Abs. 1 GG auseinander zu setzen. Entsprechende Regelungen seien an einem sich aus Art. 12 Abs. 1 i.V.m. Art. 3 Abs. 1 GG ergebenden Gebot der Verteilungsgerechtigkeit zu messen,[293] welches auch als **Grundsatz der Honorarverteilungsgerechtigkeit** bezeichnet wird.[294]

Mit diesem Grundsatz sei es grundsätzlich vereinbar, wenn in einem Honorarverteilungsmaßstab **Teilbudgets („Honorartöpfe")** gebildet würden.[295] Durch sie könne eine Kassenärztliche Vereinigung der Verlagerung einer Mengenausweitung bei einzelnen Arztgruppen auf die Gesamtheit ihrer Vertragsärzte entgegenwirken.[296] Die Bildung gesonderter Honorartöpfe könne außer nach Arztgruppen oder Versorgungsgebieten auch nach Leistungsbereichen zulässig sein.[297]

In seinem Urteil vom 29. 9. 1993[298] erblickte das **BSG** in einer Honorarverteilungsmaßstabsregelung einen Verstoß gegen Art. 12 Abs. 1 GG i.V.m. Art. 3 Abs. 1 GG, die eine **Aufteilung der Gesamtvergütung in Teilbudgets für Grundleistungen, Laborleistungen und sonstige Leistungen** vorsah. Dieser Regelung mangele es an einer

---

[289] *Pieroth/Schlink*, Grundrechte, Rdn. 438ff.

[290] BVerfGE 33, 171ff.

[291] BVerfGE 33, 171 (189f.).

[292] BVerfGE 33, 171 (190f.).

[293] BSGE 73, 131 (138); BSG SozR 3–2500 § 85 Nr. 31.

[294] BSG NZS 1995, 377 (379); BSG SozR 3–2500 § 85 Nr. 31; vgl. auch *Axer* NZS 1995, 536 (540f.), der kritisiert, dass das BSG Art. 12 Abs. 1 GG und Art. 3 Abs. 1 GG vermengt, obwohl letztlich lediglich geprüft werde, ob der allgemeine Gleichheitssatz durch die im Streit stehende Honorarverteilungsregelung verletzt werde. S. ferner *Clemens* MedR 2000, 17ff.

[295] Vgl. etwa BSGE 73, 131ff.; 75, 187ff.; 83, 1ff.; BSG DOK 1996, 240; zuletzt zu sog. Labortöpfen: BSG SozR 3–2500 § 85 Nr. 38. S.a. BSG SGb 2005, 548 m. Anm. *Schnapp*.

[296] BSGE 83, 1 (2); BSG DOK 1996, 240.

[297] BSGE 83, 1 (2); BSG SozR 3–2500 § 85 Nr. 31 S. 237.

[298] BSGE 73, 131ff.

hinreichenden Differenzierung innerhalb der Gruppe der Laborärzte. Die unterschiedslose Vergütung aller Laborleistungen aus dem gleichen Teilbudget mit einem einheitlichen Punktwert verletze den Gleichheitssatz, da damit spezifische Unterschiede zwischen den ausschließlich Auftragsleistungen erbringenden Laborärzten und anderen Laboruntersuchungen ausführenden Ärzten, die ihr Leistungsspektrum im Wesentlichen selbst bestimmen könnten, vernachlässigt würden.[299] Die Nichtberücksichtigung dieser Unterschiede müsse als offensichtlich sachwidrig angesehen werden und könne auch nicht mit dem Gesichtspunkt einer zulässigen Generalisierung und Pauschalierung gerechtfertigt werden.[300]

Auch in seinem Urteil vom 12. 10. 1994[301] hat das **BSG** ausgeführt, dass Honorarverteilungsmodalitäten im Hinblick auf Art. 12 Abs. 1 GG i.V.m. Art. 3 Abs. 1 GG die Unterschiede berücksichtigen müssten, die innerhalb der **Arztgruppen** bestünden, deren Honorierung durch ein **Teilbudget** begrenzt werde. Hieraus könne aber nicht abgeleitet werden, dass außerhalb der Bildung von Teilbudgets die Leistungen einer Arztgruppe mit einem höheren Punktwert vergütet werden müssten, als dies bei anderen Arztgruppen der Fall sei.[302]

Von der Vereinbarkeit einer **Absenkung des Verteilungspunktwerts** unter den Punktwert anderer Arztgruppen als Folge der Bildung von Teilbudgets mit Art. 3 Abs. 1 GG ist das **BSG** weiterhin in seinem Urteil vom 7. 2. 1996[303] ausgegangen.

Mit dem Grundsatz der Honorarverteilungsgerechtigkeit ist es nach einer Entscheidung des **BSG** vom 3. 3. 1999[304] vereinbar, wenn die Grenzen und Vergütungsquoten **endgültig** erst **nach Quartalsschluss** festgelegt werden. Dies sei in den Notwendigkeiten der Honorarverteilung begründet. Die Grenzwerte und Vergütungsquoten müssten sich nach dem Verhältnis der von allen Ärzten abgerechneten – erst nach Quartalsschluss feststehenden – Gesamtpunktzahl zum Gesamtvergütungsvolumen richten. Außerdem müsse diese Festlegung **nicht notwendigerweise durch die Vertreterversammlung** erfolgen. Die Ermächtigung hierzu könne vielmehr **auf den Vorstand übertragen** werden.[305]

In einer Entscheidung vom 29. 9. 1999[306] befasste sich das **BSG** mit der Frage nach einer **Verpflichtung des Bewertungsausschusses, zwischen zugelassenen und ermächtigten Ärzten hinsichtlich der Begrenzung der für Basislaborleistungen berechnungsfähigen Gesamtpunktzahl zu unterscheiden.** Eine solche Verpflichtung könne aus Art. 3 Abs. 1 GG nur dann abgeleitet werden, wenn erkennbar sei, dass unter dem Gesichtspunkt des Angewiesenseins auf Basislaborleistungen signifikante Unterschiede zwischen beiden Gruppen bestünden.

Der Grundsatz der Honorarverteilungsgerechtigkeit wird nach Ansicht des **BSG** in einem Urteil vom 21. Oktober 1998[307] jedoch verletzt, wenn in einem Honorarverteilungsmaßstab eine **am bisherigen Umsatz der Praxis orientierte Bemessungsgrenze** eingeführt wird, bis zu der zahnärztliche Leistungen nach festen Punktwerten vergütet werden, ohne dass zwischen Praxen mit unterdurchschnittlicher und durchschnittlicher oder überdurchschnittlicher Fallzahl differenziert wird.[308] Betroffen sei das Art. 3 Abs. 1

---

[299] BSGE 73, 131 (139).

[300] BSGE 73, 131 (139f.).

[301] BSGE 75, 187ff.

[302] BSGE 75, 187 (191f.); ebenso BSG SozR 3–2500 § 85 Nr. 30; sowie die Parallelentscheidung hierzu: BSG ZfS 1999, 112. Bestätigt von BVerfG NZS 2001, 486.

[303] BSG DOK 1996, 240.

[304] BSG SozR 3–2500 § 85 Nr. 31 S. 238f.

[305] BSG SozR 3–2500 § 85 Nr. 31 S. 240.

[306] BSG – B 6 KA 42/98 R – v. 29. 9. 1999, zitiert nach: KZBV (Hrsg.), Zahn & Recht, Nr. 1/00, S. 23f.

[307] BSGE 83, 52ff. = SozR 3–2500 § 85 Nr. 28.

[308] BSGE 83, 52 (58).

GG innewohnende Differenzierungsgebot. Zwischen kleinen Praxen insbesondere in der Gründungsphase und seit längerem bestehenden etablierten Praxen fänden sich hinsichtlich der Bedeutung des in einem bestimmten in der Vergangenheit liegenden Zeitraum erreichten Umsatzes Unterschiede von solchem Ausmaß und solchem Gewicht, dass sie einer schematischen Gleichbehandlung entgegenstünden.[309]

Laut Urteil des **BSG** vom 20. Januar 1999[310] kommt eine Verletzung des dem Grundsatz der Honorarverteilungsgerechtigkeit immanenten Differenzierungsgebots auch dann in Betracht, wenn die strikt zeitabhängigen Leistungen **ausschließlich psychotherapeutisch tätiger Ärzte** zusammen mit anderen ärztlichen Leistungen nach einem einheitlichen Punktwert honoriert werden. Komme es durch einen Anstieg der Menge der abgerechneten Punkte zu einem Absinken des Punktwerts, sei eine Arztgruppe, die wegen der strikten Zeitgebundenheit der von ihr erbrachten Leistungen die Leistungsmenge nicht ausweiten könne, im Unterschied zu anderen Arztgruppen schwerwiegend benachteiligt.[311]

Nicht als Verstoß gegen Art. 3 Abs. 1 GG hat das BSG mit Urteil vom 19. Dezember 1984[312] Regelungen im Honorarverteilungsmaßstab gewertet, die der begrenzten Vergütung von Laborleistungen Rechnung getragen haben.

Mit Urteil vom 16. Dezember 1986[313] hat das **BSG** entschieden, dass die **schlechtere Honorierung von in Gemeinschaftspraxen tätigen Kassenärzten** gegenüber Einzelärzten bei Laborpunktzahlbegrenzungen im Honorarverteilungsmaßstab im Hinblick auf Art. 3 Abs. 1 GG nicht allein mit der gewählten Organisationsform der Praxis zu rechtfertigen sei.

Demgegenüber erachtete das **BSG** in seinem Beschluss vom 28. Januar 2004[314] solche Regelungen für zulässig, die einen **Aufschlag bei der Fallpunktzahl für Gemeinschaftspraxen** vorsehen. Diesen Regelungen lägen sachliche Erwägungen zugrunde, die dem Grundsatz der Honorarverteilungsgerechtigkeit genügten. Zum einen solle durch solche Regelungen die Tätigkeit in Gemeinschaftspraxen gefördert werden. Zum anderen trügen die Regelungen dem Bemühen Rechnung, den interkollegialen Aufwand bzw. die Kosten für konsiliarische Rücksprachen zwischen den Partnern der Gemeinschaftspraxis abzugelten.

In den historisch gewachsenen **unterschiedlichen Vergütungshöhen für identische Leistungen bei verschiedenen Kassen** könne – wie das **BSG** in einer Entscheidung vom 25. 8. 1999[315] ausgeführt hat – kein Verstoß gegen Art. 3 Abs. 1 GG gesehen werden. Der Gesetzgeber sei erkennbar von einer nach ärztlichen Fachgebieten gegliederten vertragsärztlichen Versorgung ausgegangen, so dass Praxen mit einem geringeren Anteil an Versicherten einer bestimmten Kassenart im Rahmen der Honorarverteilung nicht als eigenständige Arztgruppe zu behandeln seien.

82 **bb) Beendigungsregelungen.** In seinem Beschluss vom 16. 4. 1998[316] hat das **BVerfG** ausgeführt, dass die in **§ 95 Abs. 7 S. 2 SGB V** niedergelegte **Altersgrenze,** wonach die Zulassung zur vertragsärztlichen Versorgung ab 1999 mit Vollendung des 68. Lebensjahres erlischt, nicht gegen Art. 3 Abs. 1 GG verstoße. Der Gesetzgeber werde durch den Gleichheitssatz nicht gehindert, die Berufsausübung des Vertragsarztes im Gegensatz zu derjenigen anderer freier Berufe einer Altersbegrenzung zu unterwerfen. Halte eine zwischen Berufsgruppen differenzierende Regelung dem Maßstab des Art. 12 Abs. 1 GG stand, liege hierin regelmäßig zugleich die ausreichende Rechtfertigung für die vorge-

---

309 BSGE 83, 52 (58).

310 BSGE 83, 205 ff. = SozR 3–2500 § 85 Nr. 29; s. auch BSGE 84, 235 ff.

311 BSGE 83, 205 (212).

312 BSG MedR 1985, 283 ff.

313 BSGE 61, 92 ff. = SozR 2200 § 368 f Nr. 12.

314 Az. B 6 KA 112/03 B.

315 BSG SozR 3–2500 § 85 Nr. 34 = NZS 2000, 368 ff.

316 BVerfG NZS 1998, 285 ff.

nommene Ungleichbehandlung.[317] Außerdem sei nicht ersichtlich, dass die Regelung Ärzte mit deutscher Staatsbürgerschaft im Gegensatz zu solchen aus anderen Staaten der Europäischen Union bei ihrer Tätigkeit als Vertragsärzte im Gebiet der Bundesrepublik Deutschland unter Verstoß gegen Art. 3 Abs. 1 GG ungleich behandeln könnte.[318]

83 **cc) Wirtschaftlichkeitsprüfung.** Nach Auffassung des **BSG** ist die **Wirtschaftlichkeitsprüfung** mittels eines statistischen Vergleichs i. S. v. § 106 Abs. 2 S. 1 Nr. 1 SGB V einer Einzelfallprüfung vorzuziehen, da diese für die Kassenärztliche Vereinigung nicht nur praktikabel, sondern auch kostensparend sei.[319]

Die statistische Wirtschaftlichkeitsprüfung ist in besonderer Weise Anforderungen unterworfen, die sich aus Art. 3 Abs. 1 GG in Fragen von Vergleichbarkeit ergeben.[320]

Die Rechtsprechung zur Bildung von Vergleichsgruppen und der Berücksichtigung von Praxisbesonderheiten ist gekennzeichnet durch eine gewisse „Zurückhaltung“: Eine besondere Praxisausrichtung mache nicht stets einen statistischen Vergleich entsprechend ausgerichteter Praxen erforderlich, die Praxisausrichtung könne auch als Praxisbesonderheit berücksichtigt werden. Ein eingeengter Vergleich sei nur für die Fälle geboten, in denen die besondere Behandlungsmethode eines Arztes ihn nach ärztlichem Berufsrecht zum Führen einer Zusatzbezeichnung berechtigte.[321]

3. Koalitionsfreiheit – Art. 9 Abs. 1 GG

84 **Art. 9 Abs. 1 GG** bestimmt, dass alle Deutschen das Recht haben, Vereine und Gesellschaften zu gründen.

85 Die Nennung von Vereinen und Gesellschaften stellt hierbei nur eine beispielhafte Aufzählung dar, die verdeutlichen soll, dass ein umfassender Freiheitsschutz gewährleistet wird, welcher das gesamte Spektrum des Assoziationswesens von der lose gefügten Bürgerinitiative bis zum hoch-aggregierten Spitzenverband umfasst.[322]

86 Gemeinhin wird unter einer **Vereinigung** als dem Oberbegriff von Vereinen und Gesellschaften jeder **Zusammenschluss** verstanden, zu dem sich eine **Mehrheit natürlicher oder juristischer Personen bzw. Personenvereinigungen zu einem gemeinsamen Zweck freiwillig** zusammenfindet und einer **organisierten Willensbildung** unterwirft.[323] Freiwillig muss der Zusammenschluss deswegen sein, weil in Art. 9 Abs. 1 GG das **Prinzip freier sozialer Gruppenbildung** zum Ausdruck kommt, welches die freiheitliche Ordnung von einem System abgrenzt, in dem das Volk von oben her in ständisch-korporative Gruppen gegliedert wird.[324]

87 Einigkeit besteht darüber, dass Art. 9 Abs. 1 GG nicht nur die Freiheit garantiert, privatrechtliche Vereinigungen zu gründen und ihnen beizutreten, sondern auch – im Sinne einer negativen Komplementärgarantie[325] – ihnen fernzubleiben und aus ihnen wieder auszutreten.[326] Nicht einheitlich wird hingegen beurteilt, inwieweit die negative Vereinigungsfreiheit auch das Recht umfasst, Zwangsvereinigungen fernzubleiben und damit **Zwangsmitgliedschaften,** die stets nur durch die hoheitliche Gewalt begründet werden

---

[317] BVerfG NZS 1998, 285 (287).

[318] BVerfG NZS 1998, 285 (287).

[319] BSG MedR 1987, 134.

[320] *Maaß* NZS 2000, 109 (113).

[321] BSG ArztR 1982, 60 f.; BSG SozR 2200 § 368 e RVO Nr. 4; beide zitiert nach *Maaß* NZS 2000, 109 (112, Fn. 32).

[322] *Pieroth/Schlink,* Grundrechte, Rdn. 721; zur Bestimmung des verfassungsrechtlichen Vereinigungsbegriffs s. auch *Sachs-Höfling* Art. 9 Rdn. 8.

[323] Vgl. statt vieler *Sachs-Höfling* Art. 9 Rdn. 8; *Jarass/Pieroth-Jarass* Art. 9 Rdn. 3.

[324] BVerfGE 38, 281 (303); vgl. auch ausführlich zum Kriterium der Freiwilligkeit *v. Mangoldt/Klein/Starck-Kemper* Art. 9 Rdn. 78 ff.

[325] Vgl. hierzu *Merten,* HdbStR VI, § 144 Rdn. 53 f.

[326] BVerfGE 10, 89 (102); 38, 281 (297 f.).

können, an den in Art. 9 GG vorgesehenen Einschränkungsmöglichkeiten zu messen sind.[327]

88 Der h. M. zufolge ergeben sich die verfassungsrechtlichen Schranken für Zwangsmitgliedschaften in öffentlich-rechtlichen Verbänden nicht aus Art. 9 GG, sondern aus Art. 2 GG.[328] Eine im Vordringen befindliche Auffassung[329] erblickt in der bloßen Statuierung einer Pflichtmitgliedschaft selbst noch keinen Grundrechtseingriff, sondern erst in den mit dem Mitgliedschaftsverhältnis verbundenen konkreten Pflichten, besonders der Beitragspflicht, der Pflicht zum Bezug einer Zeitschrift, etc. Solche Einzelbelastungen sind dann konsequenterweise an den je einschlägigen Grundrechtsbestimmungen zu messen. Das hat Konsequenzen: So legitimiert sich die Beitragspflicht dann nicht mehr aus der Pflichtmitgliedschaft, sondern muss vor dem Hintergrund von Art. 14 Abs. 1, evtl. auch aus Art. 12 Abs. 1 GG gesondert gerechtfertigt werden.[330] Ferner können meinungsrelevante Betätigungen einer Körperschaft nicht die individuelle Freiheitssphäre der einzelnen Mitglieder betreffen, weil sie nicht als Zurechnungssubjekt der Meinungsäußerung in Betracht kommen, sondern der Zwangsverband als juristische Person.[331] Ein Überschreiten des Körperschaftszwecks muss dennoch nicht sanktionslos bleiben. Hiergegen vorzugehen, ist Aufgabe der Staatsaufsicht.[332] Im Schadensfall kommen ggf. Regressansprüche gegen – auch ehrenamtliche – Amtswalter in Betracht.[333]

89 Einschlägig ist die Problematik des Grundrechtsschutzes gegen gesetzlich angeordnete Zwangsmitgliedschaften für den **Vertragsarzt** hinsichtlich seiner Mitgliedschaft in der für seinen Vertragsarztsitz zuständigen **Kassenärztlichen Vereinigung,** welche gemäß § 95 Abs. 3 SGB V mit der Zulassung begründet wird.

4. Allgemeine Handlungsfreiheit – Art. 2 Abs. 1 GG

90 Nach **Art. 2 Abs. 1 GG** hat jeder das Recht auf die freie Entfaltung seiner Persönlichkeit, soweit er nicht die Rechte anderer verletzt und nicht gegen die verfassungsmäßige Ordnung oder das Sittengesetz verstößt.

91 Das Grundgesetz meint in Art. 2 Abs. 1 GG die **Handlungsfreiheit im umfassenden Sinn.**[334] Die allgemeine Handlungsfreiheit schützt nicht einen bestimmten, begrenzten Lebensbereich, sondern jegliches menschliche Verhalten.[335] Wegen dieses weiten Schutzbereichs ist Art. 2 Abs. 1 GG **Auffanggrundrecht** gegenüber den speziellen Grundrechten, d. h. der Einzelne kann sich bei Eingriffen der öffentlichen Gewalt in seine Freiheit auf Art. 2 Abs. 1 GG berufen, soweit der betroffene Lebensbereich nicht durch eine spezielle Grundrechtsvorschrift geschützt ist.[336]

92 Da die allgemeine Handlungsfreiheit von vornherein nur unter dem Vorbehalt der verfassungsmäßigen Ordnung gewährleistet ist, verletzen Beschränkungen auf Grund von

---

[327] So etwa *Pieroth/Schlink,* Grundrechte, Rdn. 730; *Sachs-Höfling,* Art. 9 Rdn. 22.

[328] BVerfGE 10, 354 (361 f.); 15, 235 (239); 38, 281 (297); *Jarass/Pieroth-Jarass* Art. 9 Rdn. 7; *Merten,* HdbStR VI, § 144 Rdn. 58 ff.; *ders.,* HS-KV, § 5 Rdn. 92.

[329] Alle Nachweise bei *Schnapp/Kaltenborn,* Verfassungsrechtliche Fragen der „Friedensgrenze" zwischen privater und gesetzlicher Krankenversicherung, 2001, S. 66 f.

[330] *Kirchhof,* HdbStR IV, § 88 Rdn. 278.

[331] *Hellermann,* Die sogenannte negative Seite der Freiheitsrechte, S. 189.

[332] BVerwGE 64, 115 (118).

[333] Vgl. *Kopp/Ramsauer,* Verwaltungsverfahrensgesetz, § 83 Rdn. 11 f.

[334] BVerfGE 6, 32 (36); 54, 143 (144); 80, 137, 154.

[335] St. Rspr. seit BVerfGE 6, 32 ff.; BVerwGE 45, 224 (227). Die h. M. in der Literatur ist diesem Ansatz gefolgt: *Pieroth/Schlink,* Grundrechte, Rdn. 368; *Schnapp,* NJW 1998, 960; *Erichsen,* HdbStR IV, § 152 Rn. 1; *Dreier-ders.,* Art. 2 Rn. 20; *von Münch/Kunig-Kunig* Art. 2 Rn. 12 ff. A. A. *Ehmke,* Wirtschaft und Verfassung, 1961, S. 34 Anm. 80; *Grimm,* BVerfGE 80, 137 (164 ff.) – „Reiten im Walde"; *Duttge* NJW 1997, 3353 ff.

[336] BVerfGE 6, 32 (37).

formell und materiell der Verfassung gemäßen Vorschriften das Grundrecht nicht.[337] Zur Verfassungsgemäßheit einer entsprechenden Vorschrift gehört jedoch, dass diese dem Grundsatz der **Verhältnismäßigkeit**[338] genügt. Je mehr der gesetzliche Eingriff elementare Äußerungsformen der menschlichen Handlungsfreiheit berührt, umso sorgfältiger müssen die zu seiner Rechtfertigung vorgebrachten Gründe gegen den grundsätzlichen Freiheitsanspruch des Bürgers abgewogen werden.[339]

93 Gegen den Grundsatz der Verhältnismäßigkeit verstößt es nach der Rechtsprechung, wenn der Einzelne durch unnötige Zwangsmitgliedschaften in Anspruch genommen wird. So kann sich bei echter Konkurrenz der einer Körperschaft mit Zwangsmitgliedschaft zugedachten Aufgaben mit solchen, die von frei gegründeten Vereinigungen ebenso gut erfüllt werden können, der in der Pflichtmitgliedschaft liegende Eingriff in die Freiheit des Einzelnen als übermäßig, weil nicht unbedingt erforderlich, und deshalb als verfassungswidrig erweisen.[340]

94 Als verfassungsrechtlich gerechtfertigten Eingriff in die allgemeine Handlungsfreiheit hat das BVerfG etwa die Zwangseingliederung in einen öffentlich-rechtlichen Wasserverband zur Regelung der Wasserwirtschaft,[341] die Pflichtmitgliedschaft der in Bayern tätigen Ärzte bei der Bayerischen Ärzteversorgung[342] sowie die Pflichtzugehörigkeit zu den Industrie- und Handelskammern[343] qualifiziert.

95 Auch die **Zwangsmitgliedschaft der Vertragsärzte in den Kassenärztlichen Vereinigungen** gem. § 95 Abs. 3 SGB V wird als mit dem Grundgesetz vereinbar angesehen, weil nur so die Kassenärztlichen Vereinigungen die Sicherstellung der vertragsärztlichen Versorgung übernehmen könnten.[344]

96 Durch das Gesetz zur Modernisierung der gesetzlichen Krankenversicherung (GMG) vom 14. 11. 2003 wurden sowohl in **§ 35a Abs. 6 S. 2 SGB IV** als auch in **§ 79 Abs. 5 SGB V** Regelungen aufgenommen, wonach die jährliche **Vergütung** der einzelnen Vorstandsmitglieder im Bundesanzeiger **zu veröffentlichen** ist. Bei diesen Regelungen stellt sich die Frage, ob diese gegen das durch Art. 2 Abs. 1 i.V.m. Art. 1 Abs. 1 GG geschützte allgemeine Persönlichkeitsrecht als **Recht auf informationelle Selbstbestimmung** verstoßen.

Dieses umfasst auch die aus dem Gedanken der Selbstbestimmung folgende Befugnis des Einzelnen, grundsätzlich selbst zu entscheiden, wann und innerhalb welcher Grenzen persönliche Lebenssachverhalte offenbart werden.[345] Dabei liegen Grund und Ursachen nicht allein – wie man aufgrund mancher Sachverhaltsgestaltungen annehmen könnte – in den Möglichkeiten elektronischer Datenverarbeitung. Vielmehr schützt das Recht auf informationelle Selbstbestimmung generell vor staatlicher Erhebung und Verarbeitung personenbezogener Daten.[346] Denn: *„Die Möglichkeiten und Gefahren der automatischen Datenverarbeitung haben zwar die Notwendigkeit des Schutzes persönlicher Daten deutlicher hervortreten lassen, sind aber nicht Grund und Ursache ihrer Schutzbedürftigkeit. Das Recht auf informationelle Selbstbestimmung ... ist nicht auf den jeweiligen Anwendungsbereich der Datenschutzgesetze des Bundes und der Länder oder datenschutzrelevanter gesetzlicher Sonderregelungen be-*

---

337 BVerfGE 54, 143 (144); zu den Schranken der Rechte anderer und des Sittengesetzes vgl. *Pieroth/Schlink,* Grundrechte, Rdn. 385ff.

338 S. dazu oben Rdn. 31ff.

339 BVerfGE 17, 306 (314).

340 BVerfGE 38, 281 (298, 303).

341 BVerfGE 10, 89ff.

342 BVerfGE 10, 354ff.

343 BVerfGE 15, 235ff.

344 Vgl. *KassKomm-Hess* § 77 SGB V Rdn. 9; *Krauskopf* § 77 SGB V Rdn. 3. Zu einem anderen Lösungsweg s. oben Rdn. 84ff. in diesem Kapitel.

345 BVerfGE 27, 344 (350f.); 32, 373 (379); 35, 202 (220); 44, 353 (372f.); 54, 148 (155); 56, 37 (41ff.); 63, 131 (142f.); 65, 1 (42); 80, 367 (373); 100, 313 (358f.).

346 BVerfGE 78, 77 (84); *Sachs-Murswiek* Art. 2 Rn. 73; *von Münch/Kunig-Kunig* Art. 2 Rn. 38.

schränkt."[347] Desgleichen ist nicht zwischen wichtigen und unwichtigen, sensiblen oder weniger sensiblen Daten zu unterscheiden, denn *„unter den Bedingungen automatischer Datenverarbeitung [gibt es] kein ‚belangloses' Datum mehr"*.[348]

Damit unterfallen die Angaben, die nach § 79 Abs. 5 SGB V bzw. nach § 35a Abs. 6 S. 2 SGB IV dem Veröffentlichungszwang unterliegen, fraglos dem Schutzbereich des allgemeinen Persönlichkeitsrechts, in welches durch die Pflicht zur Veröffentlichung auch eingegriffen wird. Wie andere Grundrechte, so ist auch das Recht der informationellen Selbstbestimmung nicht schrankenlos gewährleistet. Das BVerfG formuliert insoweit recht pauschal, dass „der Einzelne Einschränkungen seines Rechts auf informationelle Selbstbestimmung im überwiegenden Allgemeininteresse hinnehmen muss".[349] Hierzu erforderlich ist eine verfassungsgemäße gesetzliche Grundlage, *„aus der sich die Voraussetzungen und der Umfang der Beschränkungen klar und für den Bürger erkennbar ergeben und die damit dem rechtsstaatlichen Gebot der* ***Normenklarheit*** *entspricht"*.[350]

Darüber hinaus müssen die fraglichen Regelungen den **Grundsatz der Verhältnismäßigkeit** beachten. Grundrechtseingriffe sind nur dann gerechtfertigt, wenn sie im Hinblick auf einen legitimen Zweck geeignet, erforderlich und angemessen sind.[351] Schon der **Zweck** der fraglichen Regelungen, nämlich die Schaffung von mehr Transparenz, wie es in der amtlichen Begründung heißt, ist als Zweck eines Gesetzes nicht nur zu vage, um den vom BVerfG aufgestellten Anforderungen standhalten zu können, Transparenz als solche ist auch kein anerkennenswertes Gemeingut oder -interesse. Vielmehr weisen die Datenschutzgesetze und die prozeduralen Geheimhaltungsvorschriften in die entgegengesetzte, nach Ansicht des BVerfG verfassungsrechtlich gebotene Richtung.[352] Ferner setzt nämlich ein Zwang zur Angabe personenbezogener Daten voraus, *„dass der Gesetzgeber den Verwendungszweck bereichsspezifisch und präzise bestimmt und dass die Angaben für diesen Zweck geeignet und erforderlich sind"*.[353] Eine Publikation, wie sie die §§ 79 Abs. 5 SGB V und 35a Abs. 6 S. 2 SGB IV vorsehen, macht jedoch die zu veröffentlichenden Daten ganz allgemein verfügbar.

Auch dem **Prinzip der Erforderlichkeit** genügen die Regelungen nicht. Ein vom Gesetzgeber gewähltes, geeignetes Mittel ist dann erforderlich, wenn dieser *„nicht ein anderes, gleich wirksames, aber das Grundrecht nicht oder doch weniger fühlbar einschränkendes Mittel hätte wählen können"*.[354] Als Grund für eine Veröffentlichung ließe sich nur vorstellen, dass dadurch die Feststellung ermöglicht werden soll, ob die Mittelverwendung dem Haushaltsgrundsatz der Wirtschaftlichkeit und Sparsamkeit (§ 78 Abs. 3 S. 3 SGB V i.V.m. § 69 Abs. 2 SGB IV) entspricht. Dessen Einhaltung wird jedoch durch die Haushaltsaufsicht sichergestellt,[355] so dass unter diesem Aspekt eine Veröffentlichung nicht erforderlich ist.

Nach all dem ist damit festzuhalten, dass die Auferlegung einer Pflicht, die bundesweite Veröffentlichung personenbezogener Daten zu dulden, das Recht der betroffenen Vorstandsmitglieder auf informationelle Selbstbestimmung verletzt.

---

[347] BVerfGE 78, 77 (84).
[348] BVerfGE 65, 1 (45).
[349] BVerfGE 65, 1 (44).
[350] BVerfGE 65, 1 (44).
[351] Zusammenfassend *Epping,* Grundrechte, 2004, Rdn. 45; s.a. *Schnapp* JuS 1983, 850ff., 852.
[352] BVerfGE 65, 1 (45).
[353] BVerfGE 65, 1 (46).
[354] BVerfGE 30, 292 (316).
[355] BSGE 86, 203 = MedR 2001, 95ff. mit Anm. von *Schnapp* MedR 2001, 269ff.

VI. Schlussbemerkung

97 Bei der Erörterung der verfassungsrechtlichen Vorgaben für die vertragsärztliche Tätigkeit ist der Darstellung der Rechtsprechung des Bundesverfassungs- und des Bundessozialgerichts relativ breiter Raum gegeben worden. Das ist deshalb geschehen, weil alles, was an Thesen, Auffassungen, Kritik, Vorschlägen und Postulaten formuliert wird, zwar sozialrechtlich virulent, jedoch nicht manifest ist, wenn es nicht das Kasseler bzw. das Karlsruher Nadelöhr passiert hat. Dabei lässt sich bei beiden Gerichten eine gewisse systemstabilisierende Tendenz nicht verkennen,[356] so dass etwa Art. 12 Abs. 1 GG sich als stumpfes Schwert erweist, wenn man ihn gegen Berufsausübungsregelungen vor allem in Gestalt von Honorarkürzungsmaßnahmen in Position bringt, weil dem mit einer gewissen Stereotypie seit BVerfGE 68, 193 (218) die „Sicherung der finanziellen Stabilität der gesetzlichen Krankenversicherung" als dem Gemeinwohl dienende Zielsetzung entgegengehalten wird, welcher sich der Gesetzgeber „nicht einmal entziehen dürfte".[357] Auffällig ist an diesen Entscheidungen, dass in ihnen regelmäßig nicht die Frage nach der besonderen Finanzierungsverantwortlichkeit der jeweils betroffenen Gruppe gestellt wird, eine Frage, die dem Gericht ansonsten nicht fremd ist.[358] Unterlässt man aber die Suche nach einer besonderen Verantwortungsbeziehung, dann ermöglicht dies „beliebige Konfigurationen, die sich der Gesetzgeber fallweise zusammensuchen kann."[359]

98 Aber auch in Bereichen mit verminderter Grundrechtsrelevanz lässt sich oft eine ergebnisorientierte Argumentation beobachten, so, wenn die Richtlinien des Gemeinsamen Bundesausschusses einmal als Satzung,[360] ein anderes Mal als Normsetzungsverträge[361] qualifiziert werden. Das sind in sich wenig überzeugende Konstrukte, die herangezogen werden, um den Richtlinien Wirksamkeit und Verbindlichkeit zu bescheinigen.[362]

99 Das alles lässt sich erklären vor dem Hintergrund einer Rechtsfolgenabschätzung, bei der abgewogen wird zwischen den Folgen einer Nichtigerklärung und denen einer Aufrechterhaltung des normativen Instrumentariums.[363] Dieser Umstand beseitigt aber nicht die Aufgabe einer Suche nach verfassungskonformen Zuständen. Dort, wo eine Neuorientierung sich verfassungsrechtlich als unumgänglich erweist, kann sich für eine gewisse Zeit ein „Übergangsrecht"[364] etablieren, dem Reserve- und Auffangfunktion zukommt und das dazu beiträgt, verfassungsrechtliche Anforderungen und praktische Aufgabenbewältigung eine Zeit lang in der Balance zu halten.

---

[356] Krit. etwa *Schimmelpfeng-Schütte,* Richtliniengebung durch den Bundesausschuss der Ärzte und Krankenkassen, S. 73ff. (91) sowie *Wimmer,* in: Schnapp (Hrsg.), Probleme der Rechtsquellen im Sozialversicherungsrecht, Teil III, 2000, S. 227f.

[357] BVerfGE 68, 193 (218).

[358] BVerfGE 91, 186 (205); 92, 91 (121).

[359] BVerfGE 75, 108 (158).

[360] BSGE 78, 70.

[361] BSGE 81, 54.

[362] Dazu, dass es dieser Konstrukte nicht bedarf, s. *Schnapp,* FS 50 Jahre Bundessozialgericht, 2004, S. 497ff. (500f., 510).

[363] Nur so ist wohl auch zu erklären, dass das BSG (E 86, 16ff.) den Einheitlichen Bewertungsmaßstab (beschlossen am 19. 11. 1996) „gerettet" hat, obwohl eine „tragfähige Rechtsgrundlage" (so die amtl. Begründung zu Nummer 24 [§ 87], BT-Drucks. 13/5724) erst mit dem 2. NOG nachgeliefert wurde. Damit stellt sich das Gericht außerhalb der Linie der übrigen Judikatur; s. etwa BVerfGE 34, 9 (21); OVG NW NVwZ 1995, 395 (396 m. w. N.).

[364] *Ossenbühl* HdbStR III, § 65 Rdn. 42.

§ 5 Die Sicherstellung der vertragsärztlichen Versorgung

A. Aufgaben und Organisationsstrukturen der Kassenärztlichen Vereinigungen[1]

Schrifttum: *Clemens,* Der Kassenarzt im Spannungsfeld zwischen der Meinungsfreiheit und beruflichen Sanktionen, in: Festschrift 50 Jahre BSG, 2004, S. 373 ff.; *Gerst,* Vertragsärzte: Abschied vom Streikrecht, Deutsches Ärzteblatt 1997, S. 826; *Hess,* Kasseler Kommentar, Stand Dez. 04, SGB V §§ 79 ff., *Hiddemann/Muckel,* Das Gesetz zur Modernisierung der gesetzlichen Krankenversicherung, NJW 2004, 7; *Huber,* Allgemeines Verwaltungsrecht, 2. Aufl. 1997; *Maurer,* Allgemeines Verwaltungsrecht, 14. Aufl. 2002; *Schnapp,* in: Merten, Die Selbstverwaltung im Krankenversicherungsrecht, Schriftenreihe der Hochschule Speyer, Band 120, S. 38 ff.; *Schrinner,* Bedeutung, Umfang und Grenzen des Sicherstellungsauftrages der KVen gem. § 75 Abs. 1 SGB V, seine Defizite und deren mögliche Beseitigung, Diss. Bonn 1996; *Sewering,* „Die Freiheit des Arztes" im Kassenarztrecht – eine geschichtliche Betrachtung, Bayer. Ärzteblatt Heft 1/1953 S. 475; *Steinhilper,* Die Kassenärztliche Vereinigung ab 1. 1. 2005 – Zu einigen Grundzügen der Organisationsänderungen nach dem GMG, GesR 2003, 374; *Steinhilper/Schiller,* Maulkorb für KVen und Vertragsärzte? Zur Wahrnehmung ärztlicher Interessen durch die KVen und zur Meinungsfreiheit von Vertragsärzten, MedR 2003, 661 ff.; *Weber,* Die Selbstverwaltung in der Sozialversicherung, SDSRV 1 (1996), S. 27 ff.; *Wenner,* Die Besetzung der Kammern und Senate der Sozialgerichte in Streitverfahren aus dem Kassenarztrecht, NZS 1999, 172; *Wenner,* Vertragsarzt: Hauptberuf oder Nebenjob? GesR 2004, 353.

Übersicht

[1] Im Folgenden KVen abgekürzt.

I. Organisationsstruktur

1. Entstehungsgeschichte der KVen

1 **a) Vom Einzelvertrags- zum Kollektivvertragssystem.** Ein zentrales Element der gesetzlichen Krankenversicherung ist das **Sachleistungs- oder Naturalleistungsprinzip.** Es wurde mit dem Gesetz betreffend die Krankenversicherung der Arbeiter[2] im Jahre 1883 eingeführt und beinhaltete die Verpflichtung der Krankenkassen, ihren Versicherten „freie ärztliche Behandlung" zu gewähren. Dies bedeutete, dass der Versicherte ärztliche Leistungen in Anspruch nehmen konnte, ohne für die Kosten aufkommen oder auch nur – wie bei der Kostenerstattung – in Vorleistung treten zu müssen. Die Krankenkassen mussten zur Erfüllung des Sachleistungsanspruchs ihrer Versicherten dafür sorgen, dass diese ärztliche Behandlung in Anspruch nehmen konnten. Zu diesem Zweck schlossen sie – privatrechtliche – Einzelverträge mit abschlussbereiten Ärzten ab oder sie stellten selbst Ärzte an. Wegen der großen Zahl von abschlussbereiten Ärzten befanden sich die Krankenkassen in einer starken Stellung und konnten die Vertragsbedingungen weitgehend diktieren. Dadurch gerieten die Ärzte zunehmend in eine finanzielle Abhängigkeit von den Krankenkassen. Um ihre Rechtsposition und wirtschaftlichen Interessen wirksam wahrnehmen zu können, schlossen sich die Ärzte zunächst zu lokalen Ärzteverbänden zusammen und im Jahre 1900 zu einem „Kampfverband", dem „Verband der Ärzte Deutschlands zur Wahrnehmung ihrer wirtschaftlichen Interessen" (Leipziger Verband, später Hartmannbund nach seinem Gründer Hermann Hartmann).

2 Ziel dieser Organisation war vor allem die Durchsetzung der unbeschränkten Zulassung zur Kassenpraxis, die Ablösung des Einzelvertrages zwischen Arzt und Krankenkasse durch einen **Kollektivvertrag** (Gesamtvertrag) mit der örtlich zuständigen Ärzteorganisation zur Erreichung einheitlicher und angemessener Vertragsbedingungen sowie die Durchsetzung einer angemessenen Honorierung der einzelnen erbrachten Leistungen (Einzelleistungsvergütung) anstatt der weit verbreiteten Pauschalhonorierung.

3 Die zunehmend härteren Gegensätze zwischen Ärzten und Krankenkassen führten in der Folgezeit zu streikähnlichen Auseinandersetzungen, die den sozialen Frieden empfindlich störten und die Versorgung der sozialversicherten Bevölkerung gefährdeten.

4 Mit dem **Berliner Abkommen** vom 23. 12. 1913[3] sowie mit der Verordnung über Ärzte und Krankenkassen vom 30. 10. 1923[4] versuchte die Regierung auf der Grundlage des Einzelvertragssystems den sozialen Frieden zu sichern durch die Vorgabe fester Verhältniszahlen von Kassenärzten zu Versicherten, die Einrichtung von Arztregistern mit einer Auswahlentscheidung durch paritätisch besetzte Registerausschüsse für die Eintragung in diese Arztregister, die Einrichtung von Vertragsausschüssen für die Vorgabe des Inhaltes von Einzelverträgen und die Einrichtung eines zentralen Ausschusses, des späteren Reichsausschusses für Ärzte und Krankenkassen zur Beschlussfassung von Richtlinien über Zulassungskriterien und Vertragsinhalte.

---

[2] Gesetz betreffend die Krankenversicherung der Arbeiter (KVG) vom 15. 6. 1983 in RGBl I, S. 73.

[3] Die Einzelheiten des Berliner Abkommens sind ausführlich dargelegt bei *Schottmann,* „Die Neuregelung der Beziehungen zwischen Krankenkassen und Ärzten, Berlin 1914 (Sonderdruck aus der Monatsschrift für Arbeiter- und Angestelltenversicherung) zitiert in dem ausführlichen „Überblick über das Kassenarztrecht" in *Liebold/Zalewski,* Kassenarztrecht, Band I Rdn. A 1 ff., A 6.

[4] Verordnung über Ärzte und Krankenkassen vom 30. 10. 1923 – RGBl I, S. 1051.

Mit dem Berliner Abkommen und der Verordnung von 1923 vollzog sich eine Entwicklung weg vom Einzelvertrag zwischen Krankenkasse und Arzt hin zu den **Gesamt- und Mantelverträgen,** die zwischen den Verbänden der Ärzte und Krankenkassen geschlossen wurden. 5

Auch die „Anstellung als Kassenarzt" erfolgte nicht mehr durch die Krankenkasse, sondern durch den gemeinsam von Ärzten und Krankenkassen besetzten Ausschuss. 6

Eine weitere Phase der Entwicklung vom Einzel- zum Gesamtvertrag brachte die Notverordnung des Reichspräsidenten vom 8. 12. 1931.[5] Mit dieser Notverordnung wurden die KVen als genossenschaftliche Zusammenschlüsse zur Wahrung der Rechte der Kassenärzte errichtet, die mit den Krankenkassen bzw. ihren Verbänden Gesamtverträge über den „kassenärztlichen Dienst" schlossen. Bestandteil der Gesamtverträge war der von den Parteien für allgemeingültig erklärte Teil der „Mantelverträge", die die Spitzenverbände der Ärzte und Krankenkassen miteinander schlossen. In einer KV waren die Kassenärzte des Bezirks zusammengeschlossen, d. h., es bestand eine **Zwangsmitgliedschaft.** Die KV hatte die Erfüllung der den Kassenärzten obliegenden Verpflichtungen zu überwachen und nach näherer Bestimmung des Reichsausschusses für Ärzte und Krankenkassen (des späteren Bundesausschusses für Ärzte und Krankenkassen) den Krankenkassen gegenüber die Gewähr zu übernehmen, dass die kassenärztliche Versorgung einschließlich der Verordnungsweise der Ärzte ausreichend und zweckmäßig war. Für die Sicherstellung der ärztlichen Versorgung blieben die Krankenkassen letztlich verantwortlich. Als Vergütung war eine **Kopfpauschale je Mitglied** vorgesehen, die die Krankenkasse in Form einer **Gesamtvergütung mit befreiender Wirkung** an die KV entrichtete. Trotz dieser eindeutig von Kollektivregelungen geprägten Normen hielt die Verordnung den Abschluss eines Einzelvertrages zwischen Arzt und Krankenkasse für erforderlich – durch schriftliche Erklärung des Kassenarztes, dass er dem Gesamtvertrag beitritt. Der uneingeschränkte **Vorrang des Kollektivvertragssystems** wurde letztlich erst durch das Gesetz über das Kassenarztrecht vom 17. 8. 1955[6] festgeschrieben.[7] 7

b) Sachleistungsprinzip heute. Das Sachleistungsprinzip ist seit dem Gesundheitsreformgesetz[8] ausdrücklich in § 2 Abs. 2 SGB V geregelt und galt bis dahin als übernormatives Grundprinzip.[9] Danach erhalten die Versicherten die Leistungen als Sach- und Dienstleistungen, soweit das SGB V oder das SGB IX nichts Abweichendes vorsehen. Über die Erbringung der Sach- und Dienstleistungen schließen die Krankenkassen nach den aktuellen Vorschriften des 4. Kapitels des SGB V (§§ 69–140 h) Verträge mit den Leistungserbringern. Die Krankenkassen können allerdings Leistungen auch selbst erbringen, soweit dies gesetzlich zugelassen ist, so z. B. in § 20 SGB V für Primärprävention und den Arbeitsschutz ergänzende Maßnahmen der betrieblichen Gesundheitsförderung und in § 140 SGB V für Eigeneinrichtungen der Krankenkassen. 8

In der politischen Diskussion wird verschiedentlich die Abschaffung des Sachleistungsprinzips zugunsten von **Kostenerstattung** und **Selbstbeteiligung** gefordert und auch im Hinblick auf die europäischen Grundfreiheiten (freier Warenverkehr gem. Art. 23 ff. EGV und freier Dienstleistungsverkehr gem. Art. 49 ff. EGV) wird seine Zukunftsfähigkeit in Frage gestellt.[10] 9

---

[5] Notverordnung des Reichspräsidenten vom 8. 12. 1931 – RGBl I, S. 699.

[6] Gesetz über Änderungen von Vorschriften des zweiten Buches der RVO vom 17. 8. 1955 – BGBl 1955, S. 513.

[7] Zu alledem: *Schrinner,* a. a. O.; *Sewering,* Bayer. Ärzteblatt Heft 1/1953 S. 475; *Gerst,* Vertragsärzte, Deutsches Ärzteblatt 1997, Heft 13, S. 826.

[8] Gesundheitsreformgesetz (GRG) vom 20. 12. 1988, in Kraft getreten am 1. 1. 1989 – BGBl. S. 2477.

[9] BSGE 96, 170, (173) = SozR 2200 § 21 Nr. 1; BSGE 55, 188; BSG 14. 3. 2001 B 6 KA 54/00 R.

[10] Mit dem freien Dienstleistungsverkehr und der Erstattung von in einem anderen Mitgliedsstaat angefallenen Krankheitskosten (Zahnbehandlung und Brillenkauf) befassen sich die Urteile des Europäischen Gerichtshofes vom 28. 4. 1998 „Raymond Kohll ./. Union des caisses, des maladies" (RS C

2. Rechtsstatus

10 **a) Körperschaft des öffentlichen Rechts.** Die KVen sind heute gem. § 77 Abs. 5 SGB V Körperschaften des öffentlichen Rechts.[11]

11 Die nach der Notverordnung vom 8. 12. 1931 als zwangsweise Zusammenschlüsse der Kassenärzte eines Bezirks zu bildenden KVen hatten diesen Status noch nicht. Erst durch die Verordnung vom 2. 8. 1933[12] wurde die **Kassenärztliche Vereinigung Deutschlands** (KVD) als Körperschaft des öffentlichen Rechts geschaffen, der die einzelnen Kassenärzte unmittelbar angehörten. Die einzelnen KVen der Länder wurden damit unselbstständige Untergliederungen dieser KVD. Mit dem Zusammenbruch 1945 wurde diese Struktur aufgelöst. In den einzelnen Ländern blieben die Landesgeschäftsstellen der KVD als selbstständige KVen weiter tätig.[13]

12 Die Rechtsform der KVen als Körperschaft des öffentlichen Rechts ist damit historisch begründet. Diese Rechtsform ist in der Bundesrepublik Deutschland weit verbreitet:

13 Kommunen, Landkreise, die beiden großen christlichen Kirchen sind in dieser Form organisiert, ebenso wie die Kammern der freien Berufe und die Krankenkassen. Ihnen allen ist gemeinsam, dass sie einen Zusammenschluss von Personen darstellen und es keiner ausdrücklichen Beitrittserklärung zur Körperschaft bedarf, die Mitgliedschaft vielmehr die Folge objektiver Kriterien ist, wie z. B. der Begründung des Hauptwohnsitzes in einer Kommune, der Taufe oder der Ausübung eines freien Berufs. Demzufolge sind auch alle zugelassenen Ärzte und Psychotherapeuten, die im Rahmen der vertragsärztlichen Versorgung in den zugelassenen medizinischen Versorgungszentren tätigen angestellten Ärzte und die an der vertragsärztlichen Versorgung teilnehmenden ermächtigten Krankenhausärzte kraft Gesetzes Mitglieder der für ihren Arztsitz zuständigen KV (§§ 72 Abs. 1 S. 2, 77 Abs. 3, 95 Abs. 3 S. 1 SGB V).

14 Anders als bei einem privatrechtlichen Verein kann ein Mitglied aus der Körperschaft des öffentlichen Rechts nicht austreten, ohne gleichzeitig den diese Mitgliedschaft begründenden Status (zugelassener Vertragsarzt/-psychotherapeut, angestellter Arzt im Medizinischen Versorgungszentrum, ermächtigter Krankenhausarzt) aufzugeben.

15 Über die **Pflichtmitgliedschaft** der Vertragsärzte in den KVen werden insbesondere die von den KVen auf Landesebene abgeschlossenen Verträge über die vertragsärztliche Versorgung für alle Vertragsärzte verbindlich (§ 95 Abs. 3 S. 3 SGB V).

16 Dasselbe gilt für die auf Bundesebene abgeschlossenen Verträge und beschlossenen Richtlinien. Die Verbindlichkeit dieser Regelungen müssen die Satzungen der KVen nach § 81 Abs. 3 SGB V in Transformationsvorschriften festlegen. Die Beschlüsse des Gemeinsamen Bundesausschusses sind zudem gem. § 91 Abs. 9 SGB V u. a. für die an der ambulanten ärztlichen Versorgung teilnehmenden Ärzte verbindlich.

17 Zu den Grundlagen der körperschaftlichen Verfassung öffentlich-rechtlicher Körperschaften gehört, dass sie verfassungsrechtlich nur dann mit Pflichtmitgliedern errichtet werden dürfen, wenn die ihnen übertragene Aufgabe nur auf diese Weise erfüllt werden kann. Dies folgt nach der ständigen Rechtsprechung des Bundesverfassungsgerichts aus Art. 2 Abs. 1 Grundgesetz, der den Bürger grundrechtlich vor einer Zwangsmitgliedschaft in einer öffentlich-rechtlichen Körperschaft schützt, die nicht durch legitime öffentliche

---

– 158/96) und „Nicolas Decker ./. Caisse des maladies des employés privés" (RS C – 120/95); siehe hierzu auch aktuell: Grenzüberschreitende Behandlungsleistungen im Binnenmarkt – 2 Jahre „Kohll" und „Decker" – Tagung der Europäischen Rechtsakademie Trier, Bericht von *Kleine,* NZS 2000, 603.

[11] *Wolff/Bachof,* Verwaltungsrecht II, S. 171 definieren Körperschaften als „Zusammenfassung einer willens- und handlungsfähigen Personenmehrheit, die unabhängig vom Wechsel der Mitglieder eine rechtliche Einheit bildet".

[12] Verordnung vom 2. 8. 1933 – RGBl. I, S. 567.

[13] *Liebold/Zalewski* § 77 Rdn. C 77–1.

Aufgaben gerechtfertigt ist.[14] Hinsichtlich der KVen, ebenso wie der Ärztekammern ist bislang unstreitig, dass der Gesetzgeber bei ihrer Errichtung diese von Art. 2 Abs. 1 GG vorgegebene Grenze eingehalten hat.

18 Mit der Pflichtmitgliedschaft in einer Körperschaft des öffentlichen Rechts korrespondiert ein öffentlich-rechtlicher Anspruch des einzelnen Mitglieds darauf, dass sich die Zwangskörperschaft auf die ihr gesetzlich zugewiesenen Aufgaben beschränkt. Das einzelne Mitglied kann sich gegen solche Eingriffe in seine durch Art. 2 Abs. 1 GG geschützte Handlungsfreiheit wehren, die sich nicht im Wirkungskreis legitimer Aufgaben halten oder bei deren Wahrnehmung nicht dem Gebot der Verhältnismäßigkeit entsprochen wird.[15] Tätigkeiten, die außerhalb des gesetzlichen Aufgabenkreises der Körperschaft liegen, kann dementsprechend nicht nur die Aufsichtsbehörde untersagen, das einzelne Mitglied hat vielmehr auch eine rechtliche Möglichkeit, auf ihre Unterlassung hinzuwirken.

19 Auch für die Beurteilung der Frage, ob einer Körperschaft des öffentlichen Rechts die **Beteiligung am privaten Wirtschaftsleben** als nach wettbewerbsrechtlichen Maßstäben unlauter angelastet werden kann, kommt es nach der Rechtsprechung zum einen darauf an, ob die Körperschaft damit die „Grenzen des zur Erfüllung ihrer Aufgaben sachlich Gebotenen" einhält. Hierzu hat der BGH entschieden, dass das Vorhaben einer KV, Abrechnungs-Software für Zahnärzte eines bestimmten Herstellers an ihre Mitglieder ohne gesonderte Berechnung abzugeben und zu warten, in erheblichem Maße den Wettbewerb privater Anbieter beeinträchtigt und außer Verhältnis zu den Maßnahmen steht, welche zur Erfüllung der Aufgaben einer KZV als öffentlich-rechtlicher Körperschaft erforderlich sind.[16] Zum anderen ist entscheidend, ob sich die Tätigkeit der Körperschaft so auswirkt, dass private Marktteilnehmer vom Markt verdrängt werden, weil die Körperschaft ihre „Amtsautorität" einzusetzen in der Lage ist und so Wettbewerbsvorteile erzielt.[17]

20 Die KVen nehmen – obwohl sie auch genossenschaftliche Funktionen haben (§ 75 Abs. 2 Satz 1 SGB V) – in erster Linie Aufgaben der öffentlichen Verwaltung wahr und sind damit (insoweit) **Behörden** (§ 1 Abs. 2 SGB X).

21 Für die öffentlich-rechtliche **Verwaltungstätigkeit,** die nach dem Sozialgesetzbuch ausgeübt wird, gelten die Vorschriften über das Sozialverwaltungsverfahren und den Sozialdatenschutz im Zehnten Buch des Sozialgesetzbuches (§ 1 Abs. 1 SGB X).

22 Gegenüber ihren Mitgliedern handelt die KV dann, wenn sie einen Einzelfall aus dem Bereich des Vertragsarztrechts regelt, also z.B. mit dem Honorarbescheid, einer sachlich-rechnerischen Richtigstellung, der Erteilung oder Versagung einer besonderen Genehmigung, in Form von Verwaltungsakten (§§ 31 ff SGB X).

23 Im Gegensatz dazu liegt bei Auskünften, Erläuterungen, Ratschlägen, Empfehlungen, Hinweisen in Rundschreiben (weil damit keine Einzelfallregelung getroffen wird), nur schlichtes Verwaltungshandeln vor.

24 Daneben können auch **öffentlich rechtliche Verträge** nach § 53 SGB X abgeschlossen werden. Diese Verträge spielen im Vertragsarztrecht eine wesentliche Rolle z.B. als Gesamtverträge (§ 83 SGB V) oder als Prüfungsvereinbarung (§ 106 Abs. 3 SGB V) zwischen der KV und den Landesverbänden der Krankenkassen oder auch als dreiseitige Verträge (z.B. § 115 und § 117 SGB V).[18]

---

[14] BVerfGE 10, 89, (102f.); 10, 354 (361ff.); BVerfGE 11, 105, (126); 12, 319 (323f.); BVerfGE 15, 235, (239ff.); 33, 54, (64f.); BVerfGE 38, 281, (297f).

[15] BVerwGE 64, 115, (117); 64, 298, (301); ebenso BSG SozR 3–2500 § 75 Nr. 8.

[16] BGH, Urteil vom 8. 7. 1993 – I ZR 174/91 in NJW 1993, (2680ff.).

[17] Zu der grundsätzlichen Befugnis öffentlich-rechtlicher Körperschaften bzw. der „öffentlichen Hand", sich am privaten Wirtschaftsleben zu beteiligen und den dabei zur Anwendung kommenden wettbewerbsrechtlichen Maßstäben sehr instruktiv: OLG Köln, Urt. vom 17. 12. 1999, Az.: 61115/98 in dem Rechtsstreit der KBV und BÄK gegen die TeleMED GmbH wegen des Deutschen Gesundheitsnetzes (DGN) mit einer Vielzahl von Rechtsprechungsnachweisen.

[18] Zur Anwendbarkeit der §§ 53ff SGB X auf Normenverträge und Normsetzungsverträge siehe Axer, Hdb., 1. Aufl. § 7 Rdn. 10.

25 Auch die von der KBV mit den Spitzenverbänden der Krankenkassen abgeschlossenen Bundesmantelverträge (§ 82 Abs. 1 SGB V) mit dem Einheitlichen Bewertungsmaßstab (§ 87 Abs. 1 SGB V) und den Richtlinien des Gemeinsamen Bundesausschusses (§ 92 Abs. 8 SGB V) als Bestandteile sind öffentlich-rechtliche Verträge.

26 Im Hinblick auf die verbindliche Wirkung gegenüber Dritten spricht das BSG insoweit von **Normsetzungsverträgen** als Regelungsinstrumentarium eigener Art und weist darauf hin, dass das dem geltenden Recht zugrunde liegende Konzept eines vertraglichen Zusammenwirkens von Ärzten und Krankenkassen ohne Zuweisung von Normsetzungsbefugnissen an die Vertragspartner nicht auskomme. Es könne seinen Zweck nur erfüllen, wenn die in Gesamtverträgen und Bundesmantelverträgen vereinbarten Regelungen nicht nur die vertragsschließenden Körperschaften, sondern auch die durch sie repräsentierten Vertragsärzte und Versicherten binden würden.[19]

27 Der **Zuständigkeitsbereich einer KV** deckt sich in der Regel mit dem Gebiet eines **Landes** (§ 77 Abs. 1 Satz 1 SGB V). Die Neuregelung durch das GKV-Modernisierungsgesetz[20] knüpft an diesen bereits im bisherigen Recht enthaltenen Grundsatz an und sieht nunmehr vor, dass eine zweite KV in einem Land nur noch dann fortbestehen kann, wenn in dem Bereich dieses Landes mehr als 10 000 Ärzte zugelassen sind. Hierdurch wird sowohl das Fortbestehen sehr kleiner als auch die gesetzliche Einführung zu großer Organisationseinheiten vermieden. Im Ergebnis gibt es in Rheinland-Pfalz künftig nur noch eine (bisher drei: KV Koblenz, KV Trier, KV Pfalz) und auch in Baden-Württemberg nur noch eine KV (dort bisher vier: KV Nordbaden, KV Südbaden, KV Nordwürttemberg, KV Südwürttemberg).

28 **b) Selbstverwaltung.** Die KVen haben das Recht der Selbstverwaltung. Das ist zwar im Gesetz – anders als für die Sozialversicherungsträger, denen § 29 Abs. 1 SGB IV dieses Recht ausdrücklich zuerkennt[21] – so deutlich nicht geregelt. Es ergibt sich jedoch zum einen daraus, dass § 79 Abs. 1 SGB V von der VV als „Selbstverwaltungsorgan" spricht, das bei den KVen gebildet wird. Zum anderen kann das Selbstverwaltungsrecht der KVen daraus gefolgert werden, dass die Aufsicht über die KVen in § 78 Abs. 3 SGB V auf eine **Rechtsaufsicht** beschränkt ist, die typischerweise mit dem Selbstverwaltungsrecht korreliert.[22]

29 *Huber* leitet zudem das Selbstverwaltungsrecht der KVen von dem grundrechtlichen Hintergrund ihrer Bildung ab. Der mit ihr verbundene Eingriff in die Berufsfreiheit ließe sich nämlich ohne den freiheitsfördernden Ansatz der Selbstverwaltung kaum legitimieren.[23]

---

[19] BSG 20. 3. 1996, Az. 6 RKa 62/94 = SozR 3–2500 § 92 SGB V Nr. 6; BSG 16. 9. 1997, Az. 1 RK 28/95 und 1 RK 32/95 = SozR 3–2500 § 135 Nr. 4 und § 92 Nr. 7); BSG 20. 1. 1999, B 6 KA 23/98 R = SozR 3–2500 § 87 Nr. 21 = BSGE 83, 218, BSG 8. 9. 04, B 6 KA 37/03 R, BSG 24. 9. 03, B 6 KA 37/02 = SozR 4–2500 § 87 Nr. 3.

[20] Gesetz zur Modernisierung der gesetzlichen Krankenversicherung (GKV-Modernisierungsgesetz – im folgenden abgekürzt: GMG) vom 14. 11. 2003, in Kraft getreten am 1. 1. 2005, BGBl I S 2190.

[21] § 29 SGB IV: Abs. 1: Die Träger der Sozialversicherung (Versicherungsträger) sind rechtsfähige Körperschaften des öffentlichen Rechts mit Selbstverwaltung.

Abs. 2: Die Selbstverwaltung wird, soweit § 44 nichts Abweichendes bestimmt, durch die Versicherten und die Arbeitgeber ausgeübt.

Das Prinzip, dass die Selbstverwaltung in der Sozialversicherung von den **„Betroffenen" ausgeübt** wird, ist bereits in der „Kaiserlichen Botschaft" vom 17. 11. 1881 enthalten.

Grundsätzlich gilt in der Selbstverwaltung der Sozialversicherung die Priorität der Sozialpartner. Diese wird durch die Beteiligung der Versicherten und der Arbeitgeber in den Selbstverwaltungsorganen verwirklicht.

[22] *Schnapp,* Rechtsaufsicht und Wirtschaftsaufsicht über KVen – ein systemwidriges Steuerungselement?, S. 2; *Weber* SDSRV 1 (1996), 27 ff., allgemein *Huber,* Allgemeines Verwaltungsrecht, S. 151, 158; *Maurer,* Allgemeines Verwaltungsrecht, § 23 Rdn. 19 ff., 45.

[23] *Huber,* Rechtsgutachten zur Neuorganisation der KVen (Entwurf eines Gesetzes zur Reform der gesetzlichen Krankenversicherung ab dem Jahr 2000 (GKV-Gesundheitsreform 2000) vom 23. Juni 1999 in der vom Deutschen Bundestag am 4. November 1999 beschlossenen Fassung) erstellt im

Anders als bei den Kommunen, deren Selbstverwaltungsrecht und damit auch Kernbereich an Eigenverantwortung grundgesetzlich festgeschrieben ist (Art. 28 Abs. 2 GG), ist die Selbstverwaltungsbefugnis der KVen insgesamt nur einfach gesetzlicher Art.[24] **30**

Zum Inhalt des Selbstverwaltungsprinzips hat das BSG – bezogen auf eine Landesversicherungsanstalt – ausgeführt, dass diese als rechtsfähige Körperschaft des öffentlichen Rechts mit Selbstverwaltung ein organisatorisch verselbständigter Teil der Staatsgewalt ist, der grundsätzlich nicht staatlich administrativer Leitung und Mitwirkung, sondern nur staatlicher Rechtsaufsicht unterliegt, soweit nicht ausdrücklich etwas anderes bestimmt ist.[25]

Selbstverwaltung bedeutet danach **Eigenverantwortlichkeit der Aufgabenerfüllung,** die allerdings durch die Bindung an Gesetz und sonstiges für sie maßgebendes Recht weitgehend nur Gesetzesvollzug darstellt. Besteht im Einzelnen eine Bindung an Gesetz und sonstiges Recht nicht oder bildet sie nur den „Rahmen", kann die Selbstverwaltungskörperschaft von ihrer **Satzungsbefugnis** Gebrauch machen. **31**

Diese Satzungsbefugnis ist ein wesentliches Element der Selbstverwaltungskörperschaft, die letztlich ihre Berechtigung und Ermächtigung in der ihr verliehenen Autonomie hat.[26] Nach der Rechtsprechung des Bundesverfassungsgerichts hat die Satzungsautonomie den Sinn, gesellschaftliche Kräfte zu aktivieren und gesellschaftlichen Gruppen die Regelung solcher Angelegenheiten eigenverantwortlich zu überlassen, die sie selbst betreffen und die sie in überschaubaren Bereichen am sachkundigsten beurteilen können. Diese Intention setzt der verliehenen Satzungsautonomie gleichzeitig Grenzen.[27] Dabei sind die Befugnisse für eine autonome Rechtssetzung in den einzelnen Sozialversicherungszweigen sehr unterschiedlich ausgestaltet. Den KVen ist nach Rechtsprechung und Literatur – im Vergleich zu den Sozialversicherungsträgern – prinzipiell ein anderer und angesichts der völlig andersartigen Aufgabenstellung auch ein inhaltlich weiterer Gestaltungsspielraum einzuräumen. Sie haben das Recht und die Pflicht, die Ihnen zugewiesenen Aufgaben weitgehend eigenverantwortlich zu lösen und ihren Bereich normativ zu gestalten. Ihnen steht ein wesentlich weiter gezogener Bereich an Selbstverwaltung und Eigenverantwortung offen. Die KVen sind auch zu dem Zweck gebildet worden, den Kassenärzten die Wahrnehmung ihrer Rechte und die Vertretung ihrer Interessen gegenüber den Krankenkassen auf genossenschaftlicher Grundlage zu ermöglichen. Insbesondere die im Vergleich zu den Sozialversicherungsträgern völlig andersartige Aufgabenstellung verbieten es, die für Sozialversicherungsträger geltenden Grundsätze unbesehen und deckungsgleich zu übertragen. Sachlich gerechtfertigte Abweichungen sind zulässig und beispielsweise von der Aufsicht zu tolerieren.[28] **32**

Ein weiteres Merkmal, das deutlich macht, ob einer Körperschaft des öffentlichen Rechts das Recht der Selbstverwaltung zukommt, ist die Möglichkeit zur eigenverantwortlichen **Gestaltung des Haushalts,** die Berechtigung zu selbstverantwortlichem Finanzgebaren. Für das Haushalts- und Rechnungswesen gelten gem. § 78 Abs. 3 S. 2 SGB V die im Einzelnen aufgeführten Bestimmungen für die Sozialversicherungsträger aus dem SGB IV entsprechend.[29] **33**

Auftrage der Arbeitsgemeinschaft der Vorsitzenden der VVen der KVen unter Hinweis auf: BVerfGE 39, 302 (313) – veröffentlicht in VSSR 2000, 369.

[24] In diesem Sinne auch BVerfG DVBl 1993, 1202 (1203).

[25] BSGE 58, 247 = SozR 1500 § 51 Nr. 38, SozR 3–2200 § 1344 Nr. 1.

[26] *Hauck-Haines-Hauck* K § 194 Rdn. 5.

[27] BVerfGE 33, 125 (156).

[28] So BayLSG, Urt. v. 27. 11. 1958 Nr. L 1 Ka 2/57 = *Breith* 1959, 193 betreffend einen Rechtsstreit der KZVB ./. Freistaat Bayern wegen Handhabung des Aufsichtsrechts (Übergangsgeld) sowie BSG 28. 6. 00, B 6 KA 64/98 R = BSGE 86, 203 = MedR 2001, 95 m. Anm. MedR 2001, 269 und LSG NRW, Urt. v. 20. 12. 1978 – L 1 Ka 27/78; *Schnapp,* Selbstverwaltung im Krankenversicherungsrecht, Schriftenreihe der Hochschule Speyer, Band 120, S. 38.

[29] Die KVen müssen gem. § 81 Abs. 1 S. 3 Nr. 5 SGB V Bestimmungen über die Aufbringung

34 **c) Rechtsaufsicht.** Die KBV und die KVen unterliegen der **Staatsaufsicht.**[30] Nach § 78 Abs. 3 Satz 1 SGB V erstreckt sich die Aufsicht auf die Beachtung von Gesetz und sonstigem Recht.

35 **Gesetz** ist jede Norm formellen und materiellen Rechts. **Sonstiges Recht** sind autonomes Recht wie Satzungsrecht, aber auch die nach der Satzung gem. § 81 Abs. 3 SGB V für verbindlich zu erklärenden Verträge und Richtlinien.[31]

36 Es handelt sich demnach bei der Staatsaufsicht um eine reine Rechtsaufsicht und nicht um eine Fachaufsicht, die sich auch auf die Zweckmäßigkeit von Selbstverwaltungsentscheidungen und Ermessensentscheidungen beziehen würde.

37 § 78 Abs. 3 Satz 2 SGB V bestimmt ergänzend, dass die §§ 88 und 89 SGB IV **entsprechend** gelten. Gemäß § 88 Abs. 1 SGB IV kann die Aufsichtsbehörde die Geschäfts- und Rechnungsführung des Versicherungsträgers prüfen. § 89 SGB IV regelt die Aufsichtsmittel. Sodann regelt § 78 Abs. 3 Satz 3 SGB V, dass für das Haushalts- und Rechnungswesen u.a. die §§ 67 bis 70 Abs. 1 und 5 SGB IV **entsprechend** gelten. Gem. § 69 Abs. 2 SGB IV hat der Versicherungsträger bei der Aufstellung und Ausführung des Haushaltsplanes sicherzustellen, dass er die ihm obliegenden Aufgaben unter Berücksichtigung der Grundsätze der Wirtschaftlichkeit und Sparsamkeit erfüllen kann.

38 Die Formulierung „entsprechende Anwendung“ im verweisenden Rechtssatz bedeutet, dass die einzelnen Elemente des durch die Verweisung geregelten und desjenigen Tatbestandes, auf dessen Rechtsfolgen verwiesen wird, miteinander so in Beziehung zu setzen sind, dass den jeweils nach ihrer Funktion und ihrer Stellung im Sinnzusammenhang des Tatbestandes gleich zu erachtenden Elementen die gleiche Rechtsfolge zugeordnet wird; unsachgemäße Gleichstellungen sind zu vermeiden.[32] Die angeordnete entsprechende Anwendung bedeutet sonach immer eine nach Sinn und Zweck modifizierte Anwendung der in Bezug genommenen Vorschriften.

39 Die **aufsichtsrechtlichen Zuständigkeiten** sind durch das Gesundheitsstrukturgesetz (GSG) vom 21. 12. 1992 in Kraft getreten am 1. 1. 1993 – BGBl Abs. 1 S. 2266 in mehreren Bestimmungen erweitert worden, z.B. durch die Beanstandungsmöglichkeit der Vergütungsvereinbarungen (§ 71 Abs. 4 SGB V), Aufsicht über die Schiedsämter (§ 89 Abs. 5 SGB V) und die Möglichkeit der Aufsicht, die sofortige Vollziehung einer Aufsichtsentscheidung anzuordnen (§ 78 Abs. 3 S. 2 SGB V i.V.m. § 89 Abs. 1 S. 3 SGB IV).

40 Die **Instrumente der Rechtsaufsicht** sind die ihr vorbehaltenen Genehmigungen (Satzung gem. § 81 Abs. 1 Satz 2 SGB V; Grundstückserwerb und Gebäudeerrichtung gem. § 78 Abs. 3 Satz 2 SGB V i.V.m. § 85 Abs. 1 SGB IV), die Prüfung der Geschäfts- und Rechnungsführung (§ 78 Abs. 1 Satz 3 SGB V i.V.m. § 88 SGB IV; § 274 SGB V), die Beanstandung gesetzes- und satzungswidriger Beschlüsse, die Anordnung von Maßnahmen (§ 78 Abs. 3 Satz 2 SGB V i.V.m. § 89 Abs. 1 SGB IV) ein Selbstvornahmerecht der Aufsicht (§ 79a SGB V), sowie die evtl. Anforderung und Beanstandung der Haushaltspläne (§§ 78 Abs. 3 Satz 3 SGB V i.V.m. § 70 Abs. 5 SGB IV).

41 Das BSG hat auf der Grundlage von § 89 SGB IV die von der Aufsichtsbehörde bei Aufsichtsmaßnahmen zu beachtenden Punkte wie folgt herausgearbeitet:

- Einem Verpflichtungsbescheid muss als Ausdruck des Bemühens um eine partnerschaftliche Kooperation zwischen Selbstverwaltung und Aufsicht in der Regel eine Beratung vorangehen;
- Inhalt der Beratung ist zum einen die individualisierte Darlegung der Rechtsauffassung der Aufsichtsbehörde und zum anderen eine Empfehlung an die Selbstverwaltungskörperschaft, die Rechtsverletzung zu beheben;

---

und Verwaltung der Mittel in ihre Satzung aufnehmen. Zur Erhebung von Beiträgen und Gebühren durch die KVen siehe *Schiller* MedR 204, S. 348ff.

[30] Ausführlich hierzu Schnapp, Hdb. § 21 Rdn. 9ff.

[31] *Hess* a.a.O. § 78 Rdn. 5; *Hauck-Haines-Vahldiek* a.a.O. § 78 Rdn. 6.

[32] *Larenz,* Methodenlehre, 6. Aufl. 1991, S. 261.

- Der Selbstverwaltungskörperschaft muss die Möglichkeit eingeräumt werden, den ggf. abweichenden Rechtsstandpunkt darzulegen;
- Die Aufsichtsbehörde muss im Rahmen der Beratung darauf hinwirken, dass die Selbstverwaltungskörperschaft die Rechtsverletzung behebt, indem die hierzu möglichen Maßnahmen aufgezeigt werden;
- Ggf. muss das Entschließungsermessen dargelegt werden.[33]

Bei alledem haben die Aufsichtsbehörden zu beachten, dass sie nur im Sinne einer „maßvollen Aufsichtsführung" tätig werden und zu berücksichtigen, dass das Selbstverwaltungsprinzip durch eine zu enge Aufsichtsführung nicht zu einem inhaltsleeren Begriff wird.[34] Der Verwaltung muss insoweit ein „gehöriger Bewertungsspielraum" verbleiben.[35]

§ 78 Abs. 1 SGB V bestimmt die zuständigen **Aufsichtsbehörden** für die KVen auf Landes- und Bundesebene. Die vom Bundesminister für Gesundheit und Soziale Sicherung über die KBV und von den nach Landesrecht zuständigen Obersten Verwaltungsbehörden – in der Regel den Landesarbeitsministerien[36] – über die KVen geführte Aufsicht kann mangels gesetzlicher Ermächtigung nicht auf untere Behörden delegiert werden.

Daneben verpflichtet nunmehr § 81 a SGB V die KVen und die KBV, ab dem 1. 1. 04 innerhalb ihrer Organisationen verselbständigte Ermittlungs- und Prüfungsstellen zur Bekämpfung von Fehlverhalten im Gesundheitswesen einzurichten.[37]

d) Grundrechtsfähigkeit. Immer wieder – zuletzt im Zusammenhang mit der Neuorganisation der KVen im Entwurf eines Gesetzes zur Reform der gesetzlichen Krankenversicherung ab dem Jahr 2000 (GKV-Gesundheitsreform 2000) – wurde und wird die Frage der Grundrechtsfähigkeit der KVen diskutiert: **42**

Durch die Rechtsprechung des Bundesverfassungsgerichts ist geklärt, dass eine juristische Person des öffentlichen Rechts zumindest insoweit nicht grundrechtsfähig ist, als sie in ihrer Funktion der Wahrnehmung gesetzlich zugewiesener und geregelter öffentlicher Aufgaben durch den von ihr beanstandeten Akt der öffentlichen Gewalt betroffen ist.[38] **43**

Daraus ergibt sich, dass eine KV, wenn sie in ihrer Eigenschaft als Träger öffentlicher Aufgaben und somit als Teil der Staatsverwaltung durch einen Hoheitsakt betroffen ist, nicht Inhaberin von Grundrechten gegen den Staat sein kann.[39] **44**

Dass eine KV insoweit als Körperschaft des öffentlichen Rechts nicht grundrechtsfähig ist, hat das Bundesverfassungsgericht auf die Verfassungsbeschwerde einer KV hin verdeutlicht. Die beschwerdeführende KV hatte sich gegen zwei Urteile des Bundessozialgerichts gewandt, mit denen die Klagen von Kassenärzten gegen die Kürzung von Honoraren auf Grund des von ihr erlassenen Honorarverteilungsmaßstabes Erfolg hatten. Die KV **45**

---

[33] BSG 20. 6. 1990, 1 RR 4/89 = SGb 1991, 141; BSG 19. 12. 1995, 4 R Lw 2/95 = SozR 3–5868 § 85 ALG Nr. 1, BSG 28. 6. 00, B 6 KA 64/98 R; LSG NRW 10. 7. 1991, L 11 KA 21/90.

[34] BSG 20. 6. 1990, 1 RR 4/89; BSG 11. 8. 1992, 1 RR 7/91; BSG 9. 12. 1997, 1 RR 3/94.

[35] BSGE 67, 85 (89). Zum Rechtsschutz gegen Aufsichtsmaßnahmen siehe *Schnapp,* Hdb. § 24 Rdn. 63 ff.

[36] Für die KV Bayerns beispielsweise ist dies gem. Art. 4 Abs. 1 des Gesetzes zur Ausführung des Sozialgesetzbuches (AGSGB) vom 10. 8. 1982 (BayRS 86-7-A) das Bayerische Staatsministerium für Arbeit und Sozialordnung, Familie, Frauen und Gesundheit.

[37] Näheres siehe *Steinhilper* MedR 2005, 11 ff.

[38] Vgl. BVerfE 68, 193 (208).

[39] BVerfGE 62, 354 (369); 70, 1, (16, 18), so zuletzt BVerfG, Nichtannahmebeschluss vom 9. 6. 2004 in NZS 2005, 139 ff.: Gesetzliche Krankenkassen sind als Körperschaften des öffentlichen Rechts mit Selbstverwaltung nicht grundrechtsfähig. Dass die gesetzlichen Krankenkassen nach § 4 Abs. 1 SGB V rechtsfähige Körperschaften des öffentlichen Rechts mit Selbstverwaltung sind, rechtfertigt keine andere Beurteilung. Die Einführung „wettbewerblicher" Elemente in der gesetzlichen Krankenversicherung hat nicht dazu geführt, dass nunmehr die Zuerkennung einer (partiellen) Grundrechtsfähigkeit der Krankenkassen zu erwägen wäre. Auch die Erwägung, die Krankenkassen seien Sachverwalter des einzelnen Mitglieds bei der Wahrnehmung seiner Grundrechte, kann deren Grundrechtsfähigkeit ebenfalls nicht begründen.

machte geltend, das Gericht habe ihr in Art. 2 Abs. 1 GG verankertes Grundrecht auf Honorarverteilung in autonomer Rechtssetzung dadurch verletzt, dass es die von ihr erlassene Satzungsregelung für unwirksam erklärt habe.

46 Das Bundesverfassungsgericht führte zur Begründung seiner Entscheidung wörtlich aus:

„Die Beschwerdeführerin ist nicht Trägerin des von ihr allein als verletzt gerügten Grundrechtes aus Art. 2 Abs. 1 GG ... Die Honorarverteilung nach Maßgabe des Honorarverteilungsmaßstabes, der Gegenstand des sozialgerichtlichen Verfahrens war, obliegt ihr gem § 85 Abs. 4 SGB V als gesetzlich zugewiesene öffentliche Aufgabe. Dass sie hierbei mittelbar auch die Verwirklichung von Grundrechten der in ihr zusammengeschlossenen Ärzte fördert, macht sie im Innenverhältnis nicht regelmäßig zum grundrechtsgeschützten Sachwalter des Einzelnen. Vielmehr nimmt sie als normsetzende Körperschaft hoheitliche Befugnisse gegenüber den in ihr zusammengeschlossenen Mitgliedern wahr. Die ihr eingeräumte Selbstverwaltung bei der Honorarverteilung ist kein Anzeichen für ihre Zuordnung zur Freiheitssphäre des Einzelnen oder für eine Unabhängigkeit vom Staat, die – wie bei Universitäten, Rundfunkanstalten oder Kirchen – zur Grundrechtsfähigkeit führen (vgl. BVerfGE 21, 362 [377]; 68, 193 [207]). Denn dies würde voraussetzen, dass sie als juristische Person den Bürgern zur Verwirklichung ihrer individuellen Grundrechte dient und als eigenständige, vom Staat unabhängige oder jedenfalls distanzierte Einrichtung Bestand hat (vgl. BVerfGE 45, 63 [79]). Demgegenüber ist die Beschwerdeführerin eigens zur Erfüllung der öffentlichen Aufgabe der Sicherstellung der ärztlichen Versorgung der Versicherten durch Gesetz geschaffen (vgl. BVerfGE 70, 1 [16]).“[40]

3. Satzung

47 Als Kernelement des Selbstverwaltungsrechts einer Körperschaft wurde ihre Satzungsautonomie herausgestellt.

48 Dabei ist zu unterscheiden zwischen der Satzung im formellen Sinn und dem Satzungsrecht im materiellen Sinn.

49 Als **Satzungsrecht im materiellen Sinn** sind alle Beschlüsse der VV anzusehen, die mit dem Anspruch auf Verbindlichkeit gegenüber den Mitgliedern der KV gefasst werden, es sei denn es würde von Seiten der VV eine Einzelfallentscheidung in Form eines Verwaltungsakts getroffen, die keinen Rechtsnormcharakter hat. Alle allgemein verbindlichen Beschlüsse der VV, die verbindliche Wirkung gegenüber allen Vertragsärzten oder gegenüber einem bestimmten oder bestimmbaren Teil dieser Vertragsärzte erzeugen, sind Satzungsrecht im materiellen Sinn, da eine Selbstverwaltungskörperschaft wie die KV nur über das Satzungsrecht verbindliche Normen gegenüber ihren Mitgliedern beschließen kann. Satzungsrecht im materiellen Sinn sind beispielsweise die Notfall- oder Bereitschaftsdienstordnung, die Disziplinarordnung, Abrechnungsbestimmungen, die durch die Vertreterversammlung erlassen werden, sowie die Beitrags- und Gebührenordnung.[41]

50 Im Gegensatz dazu steht die **Satzung im formellen Sinn,** sozusagen die „Verfassung der KV“, für die § 81 SGB V den Mindestinhalt festlegt und die ebenfalls von der VV beschlossen werden muss. Für Änderungen kann die Satzung eine qualifizierte Mehrheit vorschreiben (§ 81 Abs. 1 Nr. 7 SGB V). Mangels ausdrücklicher Regelung im Gesetz reicht hingegen für den Erstbeschluss der Satzung die einfache Mehrheit der VV aus.

---

[40] BVerfG 20. 9. 1995 – 1 BvR 597/95 = NZS 1996/237; und im Ergebnis ebenso: BVerfG 27. 9. 00 – 2 BvR 687/00.

[41] *KassKomm-Hess* § 81 SGB V Rdn. 3; *Hauck-Haines* K § 81 Rdn. 3; *Liebold-Zalewski* § 81 SGB V, Rdn. C 81–1. Siehe dazu auch *Schiller,* MedR 2004, S. 348ff.

Der Honorarverteilungsmaßstab, der bis zum Inkrafttreten des GMG am 1. 1. 2004 von der KV im Benehmen mit den Verbänden der Krankenkassen festgesetzt wurde, war ebenfalls Satzungsrecht im materiellen Sinn. Er ist jetzt § 85 Abs. 4 S. 2 SGB V i. d. F. d. GMG bis zum 30. 4. 2004 von der KV mit den Landesverbänden der Krankenkassen und den Verbänden gemeinsam und einheitlich für die Zeit ab dem 1. 7. 2004 zu vereinbaren. Es handelt sich dabei um eine vertragliche Vereinbarung und nicht mehr um autonomes Satzungsrecht. Die Verbindlichkeit des vertraglich vereinbarten Honorarverteilungsmaßstabs ergibt sich aus § 95 Abs. 3 s. 3 SGB V (a. A. wohl *Hess,* Kasseler Kommentar, Rdn. 13 zu § 79).

Nur die Satzung im formellen Sinn bedarf der Genehmigung der Aufsichtsbehörde (§ 81 Abs. 1 Satz 2 SGB V). Verstößt die Satzung oder die Satzungsänderung weder gegen Gesetz oder sonstiges Recht noch – bei Satzungsänderungen – gegen die Bestimmungen der Satzung, so hat sie die Aufsichtsbehörde nach pflichtgemäßem Ermessen zu genehmigen. **51**

Satzungsrecht im materiellen Sinn ist nicht genehmigungspflichtig,[42] unterliegt jedoch der Überprüfung durch die Rechtsaufsichtsbehörde im Hinblick auf die Beachtung von Gesetz und sonstigem Recht (§ 78 Abs. 3 Satz 1 SGB V). **52**

Satzungsrecht im formellen und materiellen Sinn ist zu veröffentlichen, wobei die Art der Bekanntmachung in der Satzung selbst zu regeln ist (§ 81 Abs. 1 Satz 1 Nr. 9 SGB V).[43] **53**

Das von der VV als autonomes Recht beschlossene Satzungsrecht ist „Gesetz" im Sinne des § 77 SGG.[44] **54**

4. Mitgliedschaft

Die (Pflicht-)Mitgliedschaft[45] in der KV knüpfte bis zum Inkrafttreten des GMG am 1. 1. 2004 an die **Eintragung im Arztregister** an, das von ihr für jeden Zulassungsbezirk zu führen ist (§§ 95 Abs. 2 Satz 2, 98 Abs. 2 Nr. 5 SGB V i. V. m. §§ 1 ff. Ärzte-ZV). **55**

Die Eintragung im jeweiligen Arztregister begründete zunächst nur die außerordentliche Mitgliedschaft ohne Teilnahmeberechtigung und Teilnahmeverpflichtung.[46] Diese und damit die ordentliche Mitgliedschaft wurde erst durch die Zulassung als Vertragsarzt für einen Vertragsarztsitz im Geltungsbereich der KV erworben. **56**

Durch das GMG wird diese abgestufte Form der Mitgliedschaft aufgehoben und die außerordentliche Mitgliedschaft beseitigt. Die Eintragung in das Arztregister einer KV begründet damit keinen Mitgliedschaftsstatus mehr. Nach § 77 Abs. 3 i. d. F. d. GMG sind nunmehr die zugelassenen Ärzte, die im Rahmen der vertragsärztlichen Versorgung in den zugelassenen medizinischen Versorgungszentren tätigen angestellten Ärzte und die an der vertragsärztlichen Versorgung teilnehmenden ermächtigten Krankenhausärzte Mitglieder der für ihren Arztsitz zuständigen KV. Auch wenn die Zulassung eines Arztes ruht (§ 26 Ärzte-ZV) bleibt er Mitglied der KV, sein Status als Vertragsarzt bleibt unberührt. Er ist lediglich für die Zeit des Ruhens von seinen vertragsärztlichen Rechten und Pflichten entbunden.[47] **57**

---

[42] So ausdrücklich für eine Not- und Bereitschaftsdienstordnung: BSGE 44, 252, 256 f.

[43] Zur Veröffentlichung von förmlich gesetzten Normen allgemein: BVerfGE 65, 283 (291) und des EBM speziell: BSGE 81, 86 (90) sowie hinsichtlich des BMV-Ä: Axer, Hdb. 1. Aufl., § 7 Rdn. 16.

[44] BSGE 15, 252, 256; 21, 214, 117.

[45] Die Frage der Verfassungsmäßigkeit einer solchen Zwangsmitgliedschaft ist vom BVerfG hinsichtlich verschiedener öffentlich-rechtlicher Körperschaften geprüft und bejaht worden – vgl. BVerfG 29. 7. 1959, 1 BvR 394/58 = BVerfGE 10, 89; BVerfG 25. 2. 1960, 1 BvR 239/52 = BVerfGE 10, 354; BVerfG 19. 12. 1962, 1 BvR 541/97. Umfassende Nachweise bei *Kunig,* in: v. Münch/Kunig (Hrsg.) GG-Kommentar, Bd. 1, 5. Aufl. 2000, Art. 2 Rdn. 29, Stichwort „Zwangsverband". Sie wird unter Berücksichtigung der Eigenart des Vertragsarztrechts und seiner Wertigkeit für die Daseinsvorsorge nahezu der gesamten Bevölkerung als zulässige Regelung der Berufsausübung des Arztes als verfassungskonform angesehen – so *Hess* a. a. O. SGB V § 77 Rdn. 9 unter zusätzlichem Hinweis auf LSG NW 30. 10. 1974, L 1 Ka 17/73.

[46] Die außerordentliche Mitgliedschaft in der KV diente ursprünglich dazu, jüngeren Ärzten, die zu einem späteren Zeitpunkt ihre Zulassung als Vertragsarzt beantragen wollen, Gelegenheit zu geben, bereits vor ihrer Zulassung in den Organen der KV mitzuwirken. Außerordentliche Mitglieder der KV waren aber auch beispielsweise Ärzte, deren Zulassung aus Altersgründen endete (§ 95 Abs. 7 Satz 2 SGB V).

[47] *Liebold-Zalewski* SGB V § 77 Rdn. C 77–10 und Ärzte-ZV § 26 Rdn. E 146; *Schallen,* Ärzte-ZV 4. Aufl. § 26 Rdn. 586; *Wenner* NZS 1999, 172.

58 Die Mitgliedschaft in der KV muss nicht gesondert beantragt werden, sie ist die automatische Folge der Zulassung zur vertragsärztlichen Versorgung – § 95 Abs. 3 Satz 1 und 2 SGB V.

Die Zulassung des medizinischen Versorgungszentrums bewirkt, dass die in dem Versorgungszentrum angestellten Ärzte (automatisch) Mitglieder der für den Vertragsarztsitz des Versorgungszentrums zuständigen KV sind und dass das zugelassene medizinische Versorgungszentrum zur Teilnahme an der vertragsärztlichen Versorgung berechtigt und verpflichtet ist (§ 95 Abs. 3 Satz 2 SGB V).

59 Entsprechendes gilt für die Mitgliedschaft der **Psychotherapeuten** in der KV (§ 72 Abs. 1 Satz 2 SGB V i. V. m. § 1 Abs. 3 Ärzte-ZV). Auch insoweit hat das Gesetz die Differenzierung zwischen ordentlicher und außerordentlicher Mitgliedschaft in der KV aufgegeben

5. Organe

60 Das GMG brachte für die KVen und die KBV eine Neuordnung der inneren Organisation entsprechend der bereits früher erfolgten Neuorganisation im Bereich der gesetzlichen Krankenkassen: Während bis zum Inkrafttreten des GMG Vorstand und VV der KVen und der KBV Selbstverwaltungsorgane waren, wurde durch die in § 79 SGB V i. d. F. d. GMG vorgeschriebene Neustrukturierung die VV zum alleinigen Selbstverwaltungsorgan und der Vorstand „zu einem hauptamtlichen Organ der selbstverwalteten Körperschaft fortentwickelt" (Vorstand als verwaltendes Organ). Dadurch soll eine stärkere „Professionalisierung" der Aufgabenwahrnehmung durch die KVen und die KBV unter gleichzeitiger Straffung der Organisationsstrukturen erreicht werden.[48]

61 **a) Vertreterversammlung.** Die **Mitgliederzahl** der VV ist in der Satzung der KV konkret zu bestimmen (§ 79 Abs. 2 Satz 1 SGB V). Sie wird nunmehr grundsätzlich auf bis zu 30 beschränkt (§ 79 Abs. 2 Satz 2 SGB V). Große KVen können in ihrer Satzung die Mitgliederzahl auf bis zu 40 (bei mehr als 5000 KV-Mitgliedern) oder auf bis zu 50 (bei mehr als 10 000 KV-Mitgliedern) erhöhen (§ 79 Abs. 2 Satz 3 SGB V).

62 Die Mitglieder der KVen wählen **in unmittelbarer und geheimer Wahl** die Mitglieder der VV (§ 80 Abs. 1 Satz 1 SGB V). Es fällt auf, dass im Gegensatz zu § 80 Abs. 1 Satz 2 SGB V in der bis 31. 12. 04 geltenden Fassung in der Neufassung durch das GMG entfallen ist, dass die Mitglieder der VV aus der Mitte der Mitglieder der KVen zu wählen sind. Durch die Tatsache, dass die VV weiterhin **Selbstverwaltungsorgan** ist, dürfte jedoch hinreichend begründet sein, dass auch weiterhin nur Mitglieder der jeweiligen KV für die VV der KV wählbar sind und damit der Streichung der Formulierung „aus ihrer Mitte" in § 80 Abs. 1 Satz 1 SGB V a. F. keine Bedeutung zukommt.

63 Um auch kleineren Facharztgruppen die Möglichkeit der Vertretung zu geben, erfolgt die Wahl zur VV künftig zwingend nach den Vorschriften über die **Verhältniswahl aufgrund von Listen- und Einzelwahlvorschlägen** (§ 80 Abs. 1 Satz 2 SGB V).[49] Die Feststellung, dass beim Mehrheitswahlrecht Minderheitsgruppen im verbandspolitischen Geschehen unterrepräsentiert bleiben können, veranlasste den Gesetzgeber, verbindlich das Verhältniswahlrecht einzuführen.[50]

64 Die **Psychotherapeuten** wählen – als einzig zulässige **Gruppenwahl** – ihre Mitglieder in der VV alleine. Ihnen stehen bis zu 10% der Plätze in der VV zu. Weitere Details der Wahl überlässt der Gesetzgeber den KVen zur Regelung in ihren Satzungen.

---

[48] FraktE – GMG BT-Drs. 15/1525, Begründung A VI 6 und zu Art. 2 Nr. 3 (§ 79) S. 410, 411 zitiert bei *Hess,* KassKomm. § 79 Rdn. 2. Näher zu Organisation und Aufgaben der KVen nach dem GMG, *Steinhilper* GesR 2003, 274 ff.

[49] Bisher war das Wahlverfahren der Satzung überlassen (§ 81 Abs. 1 Satz 3 Nr. 2 SGB V a. F.) und wurde meist als Mehrheitswahl durchgeführt.

[50] Siehe hierzu *Hiddemann/Muckel* NJW 2004, 7, (11).

Weitere feste Mandatskontingente (z. B. für Hausärzte, Fachärzte oder ermächtigte Krankenhausärzte) sieht das Gesetz nicht vor. Die Satzung kann jedoch einen Anteil der jeweiligen Mandate nach der Zahl der jeweiligen Mitglieder festlegen (z. B. Hausärzte und Fachärzte ohne weitere Untergliederung).[51] **65**

Die **VV** ist ärztliches Selbstverwaltungsorgan (§§ 79 Abs. 1, 80 Abs. 1 Satz 1 SGB V). **66**

Ihre **Aufgaben** sind im Gesetz nicht abschließend geregelt (§ 79 Abs. 3: „Die VV hat **insbesondere** …"). Hauptaufgaben der VV sind (neben der Normgebungskompetenz (§ 79 Abs. 3 Satz 1 Nr. 1 SGB) und der Zuständigkeit in Haushalts- und Grundstücksangelegenheiten gem. § 79 Abs. 3 Satz 1 Nr. 4, 5 und 7 SGB V):

- alle Entscheidungen zu treffen, die für die KV von grundsätzlicher Bedeutung sind (§ 79 Abs. 3 Satz 1 Nr. 3 SGB V),
- den Vorstand zu überwachen (§ 79 Abs. 3 Nr. 2 SGB) und
- die Körperschaft gegenüber dem Vorstand und dessen Mitgliedern zu vertreten (§ 79 Abs. 3 Satz 1 Nr. 6 SGB V).

Die VV ist danach berufspolitisches Entscheidungsorgan und damit zuständig für den „Kurs der KV".

Der **Überwachung des Vorstands durch die VV** dienen zwei Instrumente:

- Berichtspflicht

Das Gesetz sieht durch Verweisung auf das SGB IV vor, dass der Vorstand der VV zu berichten hat über die Umsetzung von Entscheidungen von grundsätzlicher Bedeutung, die finanzielle Situation und die voraussichtliche Entwicklung. Außerdem ist dem Vorsitzenden der VV aus sonstigen wichtigen Anlässen zu berichten (§ 79 Abs. 6 SGB V i. V. m. § 35 a Abs. 2 SGB IV).

- Einsichtsrecht

Neben dieser Berichtspflicht des Vorstands ist geregelt, dass die VV sämtliche Geschäfts- und Verwaltungsunterlagen einsehen und prüfen kann (§ 79 Abs. 3 Satz 2 SGB V). **67**

Aus diesen gesetzlichen Vorgaben ergibt sich, dass die VV den Vorstand zwar primär retrospektivvergangenheitsbezogen kontrolliert. In Angelegenheiten von grundsätzlicher Bedeutung für die Körperschaft hat die VV jedoch auch die Möglichkeit der präventiven Überwachung im Sinne einer beratenden Mitwirkung an den wesentlichen Entscheidungen. Sie kann Vorgaben für grundsätzliche Entscheidungen – bezogen auf die Körperschaft – machen. Sie hat insoweit auch eine Leitungsbefugnis[52]

Maßstäbe für die Überwachung der Tätigkeit des Vorstands sind die Ordnungsmäßigkeit, die Rechtmäßigkeit, die Zweckmäßigkeit und die Wirtschaftlichkeit der von ihm getroffenen Entscheidungen.[53] Die Überwachung ist als kollektives Recht der VV zu sehen. Überwacht wird durch die VV der Vorstand und nicht die Geschäftsführung, wobei die VV nicht Vorgesetzter des Vorstands ist und ihm gegenüber keine Einzelweisungen erteilen kann.

Zu beachten ist, dass die Organe VV und Vorstand ihre Aufgaben selbst wahrnehmen müssen und sie auch nicht teilweise auf andere Einrichtungen oder Personen übertragen **68**

[51] Siehe hierzu *Steinhilper* GesR 2003, 274, (275).

[52] Dies ergibt auch ein Vergleich mit der aktiengesellschaftlichen Rechtslage. Nach heute herrschender Meinung kommt auch dem Aufsichtsrat einer Aktiengesellschaft eine Leitungsfunktion zu. Seine Aufgabe ist also nicht nur die vergangenheitsbezogene Kontrolle der Vorstandsarbeit, sondern auch die beratende Mitwirkung an den wesentlichen Unternehmensentscheidungen. Das für das Aktienrecht richtungsweisende ARAG/Garmenbeck-Urteil des Bundesgerichtshofs (BGHZ 135, 244, 254 f) führt insoweit aus: „Die unternehmerische Handlungsfreiheit ist Teil und notwendiges Gegenstück der dem Vorstand und nicht dem Aufsichtsrat unterliegenden Führungsaufgabe. An ihr hat der Aufsichtsrat nur insofern Anteil, wie das Gesetz auch ihm unternehmerische Aufgaben überträgt, wie z. B. bei der Bestellung und Abberufung von Vorstandsmitgliedern oder im Rahmen des § 111 Abs. 4 Satz 2 AktG, d. h. überhaupt überall dort, wo er die unternehmerische Tätigkeit des Vorstands i. S. einer präventiven Kontrolle begleitend mitgestaltet. …"

[53] So beispielsweise *Gessler/Hefermehl,* München 1973 Aktiengesetz § 111 Rdn. 122.

dürfen, was jedoch nicht ausschließt, dass durch Satzung oder Beschluss der VV **Ausschüsse** gebildet werden, die beispielsweise dem Selbstverwaltungsorgan VV zuarbeiten oder vorbereitende Aufgaben übernehmen.[54]

69 Die der VV gesetzlich übertragenen Vertretungs- und Kontrollbefugnisse gegenüber dem Vorstand wirken sich insbesondere auf die Stellung des Vorsitzenden der VV aus, weil die Versammlung als Plenum wohl häufig nicht in der Lage sein wird, die gesetzlichen Funktionen im Detail selbst wahrzunehmen. Der Vorsitzende der VV hat daher nicht mehr nur die Funktion eines Versammlungsleiters, sondern repräsentiert die VV als das verbleibende Selbstverwaltungsorgan in seiner Kontrollfunktion gegenüber dem Vorstand.[55]

70 Die VV ihrerseits wählt in unmittelbarer und geheimer Wahl
- aus ihrer Mitte einen Vorsitzenden und einen stellvertretenden Vorsitzenden[56]
- die Mitglieder des Vorstands
- den Vorsitzenden des Vorstands und den stellvertretenden Vorsitzenden des Vorstands (§ 80 Abs. 2 Satz 1 SGB V).

Gemäß § 35a Abs. 7 SGB IV i.V.m. § 79 Abs. 6 SGB V gilt für eine Amtsenthebung und eine Amtsentbindung eines Mitglieds des Vorstands durch die VV § 59 Abs. 2 SGB IV entsprechend. Gründe für eine Amtsenthebung oder eine Amtsentbindung sind gem. § 35a Abs. 7 Satz 2 SGB IV auch Unfähigkeit zur ordnungsgemäßen Geschäftsführung oder Vertrauensentzug durch die VV, es sei denn, dass das Vertrauen aus offenbar unsachlichen Gründen entzogen worden ist.

71 **b) Vorstand.** Als Mitglieder des Vorstands einer KV und als Vorsitzender des Vorstands der KV kommen auch Nichtmitglieder und Nichtärzte in Betracht.[57] Dies ergibt sich auch aus der besonderen Nebentätigkeitsregelung des § 79 Abs. 4 Satz 4 SGB V für den Fall, dass ein Arzt in den hauptamtlichen Vorstand der KV gewählt wird. Die VV hat bei ihrer Wahl darauf zu achten, dass die Mitglieder des Vorstands die erforderliche **fachliche Eignung** für ihren jeweiligen Geschäftsbereich besitzen (§ 79 Abs. 6 Satz 2 SGB V).

72 Das Gesetz begrenzt die **Zahl der Mitglieder** des Vorstands einer KV ab 1. 1. 2005 auf maximal 3 (§ 79 Abs. 4 Satz 1 SGB V), sieht aber auch einen Stellvertreter vor (§ 80 Abs. 1a SGB V), so dass dem Vorstand mindestens zwei Mitglieder angehören müssen. Ob der Vorstand 2 oder 3 Mitglieder hat, ist in der Satzung der jeweiligen KV festzulegen (§ 81 Abs. 1 Satz 1 Nr. 2 SGB V).[58] Innerhalb der vom Vorstand erlassenen Richtlinien verwaltet jedes Mitglied des Vorstands seinen Geschäftsbereich eigenverantwortlich. Bei Meinungsverschiedenheiten entscheidet der Vorstand; bei Stimmengleichheit entscheidet der Vorsitzende (§ 79 Abs. 6 SGB V i.V.m. § 35a Abs. 1 S. 3 und 4 SGB IV).

73 Der Vorstand verwaltet die KV und vertritt sie gerichtlich und außergerichtlich soweit Gesetz oder sonstiges Recht nichts Abweichendes bestimmen. In der Satzung oder im Einzelfall durch den Vorstand kann bestimmt werden, dass auch einzelne Mitglieder des Vorstands die KV vertreten können (§ 79 Abs. 5 SGB V).

---

[54] So sehen beispielsweise die Satzungen verschiedener KVen teilweise auch fakultativ vor einem Ausschuss zur Überwachung des Vorstands vor (z.B. § 8 Abs. 4 Buchst. q der Satzung der KVB) einen Ausschuss für Vorstandsangelegenheiten (§ 7 Abs. 3 der Satzung der KBV) oder einen Hauptausschuss (z.B. § 14 der Satzung der KVWL mit nur nachgehender Kontrollzuständigkeit) vor.

[55] So *Hess,* KassKomm. § 79 SGB V Rdn. 2.

[56] Einzelne Satzung von KVen sehen vor, dass es neben dem Vorsitzenden der VV zwei Stellvertreter gibt (so § 7 Abs. 4 der Satzung der KVB vom 22. 6. 2002 zuletzt geändert durch Beschluss der VV vom 22. 1. 2005 – Bayer. Staatsanzeiger Nr. 7 vom 18. 2. 2005). Dies kann damit begründet werden, dass die Formulierung in Abs. 2 Nr. 1 „einen Stellvertreter" so zu lesen ist, dass es sich bei „einem" nicht um ein Zahlwort, sondern um einen unbestimmten Artikel handelt. Die Aufsichtsbehörden haben solche Regelungen bisher nicht beanstandet.

[57] Für die aktuelle Amtsperiode sind Nichtärzte beispielsweise in den Vorständen der KV Baden-Württemberg, KV Hamburg, KV Schleswig-Holstein und KV Westfalen-Lippe vertreten.

[58] *Steinhilper* GesR 2003, 374 (376).

Der Vorstand der KV ist demzufolge das maßgebliche Handlungsorgan der KV, ihm obliegt das sog. operative Geschäft nach den inhaltlichen Vorgaben und Entscheidungen der VV. In diesem Rahmen kann er selbst entscheiden. Auf die gesetzlich oder in der Satzung vorgesehene Anhörung Dritter (z.B. der Fachausschüsse gem. § 79b und c SGB V) ist zu achten. **74**

Gemäß § 79 Abs. 4 SGB V gilt für die **Haftung** der Mitglieder der Selbstverwaltungsorgane der KV § 42 Abs. 1 bis 3 SGB IV entsprechend. § 42 Abs. 1 SGB IV betrifft die Haftung bei hoheitlichem Handeln im Außenverhältnis und verweist auf das Amtshaftungsrecht des § 839 BGB und Art. 34 GG. § 42 Abs. 2 und 3 SGB IV sehen die Haftung von Organmitgliedern für den Schaden vor, welcher der Körperschaft aus einer vorsätzlichen oder grob fahrlässigen Verletzung der ihnen obliegenden Pflichten entsteht und regeln die Einschränkung des Verzichts auf Schadensersatzansprüche der Körperschaft. **75**

Spezielle Haftungsfälle sind in anderen Vorschriften eingeführt worden: § 84 Abs. 4b SGB V (Haftung für ordnungsgemäße Umsetzung der Maßnahmen im Zusammenhang mit Arzneimittelvereinbarungen) sowie § 106 Abs. 4b und § 106a Abs. 7 (Haftung für ordnungsgemäße Durchführung von Wirtschaftlichkeits- und Rechtmäßigkeitsprüfungen).

Für eine Amtsenthebung und eine Amtsentbindung eines Mitglieds des Vorstands durch die VV gelten gem. § 79 Abs. 6 SGB V § 35a Abs. 7 i.V.m. § 59 Abs. 2 und 3 SGB IV. Eine **Amtsentbindung** ist danach möglich, wenn ein wichtiger Grund – z.B. persönlicher oder gesundheitlicher Art – vorliegt oder wenn die Voraussetzungen der Wählbarkeit nicht vorgelegen haben oder nachträglich weggefallen sind. **76**

Hingegen setzt die **Amtsenthebung** einen gröblichen Verstoß gegen die Amtspflichten voraus.

c) Kompatibilitäten. Trotz der veränderten Kompetenzen der Organe regelt das Gesetz zur Vereinbarkeit von einem Amt in der VV und im Vorstand ausdrücklich nur – wie bisher –, dass der Vorsitzende der VV und sein Stellvertreter nicht zugleich Vorsitzender oder stellvertretender Vorsitzender des Vorstands sein dürfen (§ 80 Abs. 2 Satz 2 SGB V). **77**

Auf den für die Träger der Sozialversicherung in § 43 Abs. 3 SGB IV geregelten weitergehenden Ausschluss, wonach Mitglieder der VV und ihre Stellvertreter nicht gleichzeitig bei demselben Versicherungsträger Mitglieder des Vorstands oder Stellvertreter sein können, verweist § 79 Abs. 6 SGB V – im Gegensatz zu einer Reihe anderer diesbezüglicher Bestimmungen – ausdrücklich nicht. Dennoch wird die Funktion als Vorstandsmitglied und Mitglied der VV „wegen der bewussten Trennung der Organe" für inkompatibel anzusehen sein, weil sich die Aufgabe des Kontrolleurs und die des Kontrollierten nicht miteinander vereinbaren lassen.[59]

Auch das Bundessozialgericht versteht die Vorschrift des § 80 Abs. 2 Satz 2 SGB V – bezogen auf die Rechtslage vor dem GMG – nicht als abschließende Regelung der Unvereinbarkeit von Amt und Mandant im Bereich der vertragsärztlichen Selbstverwaltung, aufgrund derer eine Satzungsregelung unzulässig wäre, in der weitergehende Inkompatibilitäten festgelegt werden. Das Bundessozialgericht hat vielmehr entschieden, dass § 80 Abs. 2 Satz 2 SGB V a.F. den Mindeststandard der Unvereinbarkeiten bestimmt und Regelungen in der Satzung über weitergehende Unvereinbarkeiten – auch zwischen der Mitgliedschaft in der VV und dem Amt eines Vorstandsmitglieds – nicht ausschließt. Eine rechtlich unzulässige Gestaltungsform stellt hingegen nach Auffassung des Bundessozialgerichts eine Regelung dar, wonach das Mandat eines in den Vorstand gewählten Mitglieds der VV für die Dauer seiner Mitgliedschaft im Vorstand ruht.[60] **78**

---

[59] So *Hess* KassKomm. SGB V § 80 Rdn. 13.

[60] BSG 28. 10. 1992 – 6 RKa 69/91; 28. 8. 1996 – 6 RKa 7/96 = BSGE 71, 187ff. = MedR 1994, 412ff. – andere Ansicht betreffend eine Satzungsregelung mit Inkompatibilitätsregelungen: *Hauck-Haines* SGB V K § 80 Rdn. 5: „§ 80 enthält – im Gegensatz zum bisherigen Recht der

79 Strittig war schon für die Rechtslage vor Inkrafttreten des GMG, ob das Verhältnis der Selbstverwaltungsorgane VV zum Vorstand mit dem des staatlichen Parlaments (Legislative) zur Regierung (Exekutive) vergleichbar ist. Dieser Diskurs wird dadurch erneut entfacht, dass in der Begründung zur Neufassung des § 79 SGB V die VV als „Legislativ- und Kontrollorgan" bezeichnet wird.

Bei der Kontroverse war schon bisher zu berücksichtigen, dass beide Selbstverwaltungsorgane vom Staat übertragene Verwaltungstätigkeit – mittelbare Staatsverwaltung – ausführen. Aber auch für die Binnenstruktur der Selbstverwaltungskörperschaft ist festzustellen, dass im Vergleich zum staatlichen Gesetzgeber die Normgebungsfunktion der VV weniger weitreichend ist, weil – sieht man von der Regelung der inneren Organisation der Körperschaft durch die formelle Satzung und einzelnen Regelungen des materiellen Satzungsrechts ab – die für den einzelnen Vertragsarzt wesentlichen Regelungen von Gremien der gemeinsamen Selbstverwaltung vereinbart bzw. beschlossen werden (Bundesmantelvertrag mit den Bestandteilen EBM und Richtlinien des Gemeinsamen Bundesausschusses, Gesamtvertrag, Bedarfsplanung, Regelungen zur Sicherstellung der Qualität der Leistungserbringung). Die Normgebungsfunktion der VV ist zudem noch dadurch diminuiert worden, dass der Honorarverteilungsmaßstab nach der Neuregelung durch das GMG als Vertrag vereinbart und nicht mehr als materielles Satzungsrecht von der VV beschlossen wird.

80 Für den Abschluss der Verträge mit den Krankenkassen ist hingegen der Vorstand zuständig, weil er die **Vertragskompetenz** bzw. die **Vertretungsmacht** hat, nach außen für die Körperschaft zu handeln.

Es bestehen demnach mehr als noch für die Rechtslage vor Inkrafttreten des GMG Zweifel, die VV als Legislativorgan und den Vorstand als die Exekutive zu bezeichnen. Richtiger erscheint es vielmehr, von einem parallelen Organverhalten VV/Vorstand als gesetzliche Vorgabe auszugehen, auch wenn durch die Neuregelung der Kompetenzen nicht mehr von einer Gleichberechtigung der beiden Organe gesprochen werden kann.[61]

81 **d) Amtsdauer.** Die Mitglieder der VV der KVen und der KBV werden für sechs Jahre gewählt. Die Amtsdauer endet ohne Rücksicht auf den Zeitpunkt der Wahl jeweils mit dem Schluss des 6. Kalenderjahres. Die Gewählten bleiben nach Ablauf dieser Zeit bis zur Amtsübernahme ihrer Nachfolger im Amt (§ 80 Abs. 3 SGB V). Im Gegensatz zu dieser Bestimmung regelte § 80 Abs. 3 i. d. F. vor dem GMG eine solche Kontinuität für die beiden Selbstverwaltungsorgane VV und Vorstand. Für den Vorstand ist jetzt in § 79 Abs. 4 Satz 5 SGB V i. d. F. d. GMG geregelt, dass die Amtszeit 6 Jahre beträgt. Eine Regelung wie in § 80 Abs. 3 Satz 3 SGB V a. F., wonach die Gewählten nach Ablauf dieser Zeit bis zur Amtsübernahme ihrer Nachfolger im Amt bleiben, ist für den Vorstand nicht formuliert. Es stellt sich hier die Frage, ob diese Differenzierung vom Gesetzgeber sehend und wissend vorgenommen wurde und das Erfordernis der Kontinuität so für den Vorstand nicht geregelt werden sollte. Jedenfalls erscheint eine Klarstellung in der Satzung der KV im Sinne der Kontinuität sinnvoll und zulässig.

6. Ausschüsse

82 VV und Vorstand als Organe der vertragsärztlichen Selbstverwaltung sind dem Vereins- und Körperschaftsrecht nachgebildet und durch das GMG am Verhältnis Vorstand – Auf-

---

RVO – keine Inkompatibilität der Mitgliedschaft in der VV und im Vorstand. Mit der Wahl in den Vorstand verlieren daher die Mitglieder der VV nicht diesen Status. Er kann auch nicht durch Satzung entzogen werden, weil es sich um einen sich auf das Gesetz gründenden Status handelt".

[61] In diesem Sinne *Hauck-Haines* K § 79 SGB V Rdn. 3, die die beiden Selbstverwaltungsorgane als kraft Gesetzes gleichberechtigt ansehen; anderer Ansicht: *Liebold-Zalewski* § 79 SGB V Rdn. C 79–4, die die VV als oberstes Organ der Selbstverwaltung, sozusagen als Legislative sehen.

sichtsrat orientiert. Die Regelung im Gesetz ist abschließend, weitere Organe können auch nicht durch Satzung geschaffen werden.[62]

Dies schließt jedoch nicht aus, weitere Gremien mit beratender Funktion zu bilden, die der Vorbereitung der Beschlüsse des Vorstands oder der VV dienen wie z.B. Finanzausschuss, Vertragsausschuss oder auch Satzungsausschuss der VV.

83 Dieser Funktion dienen auch die im Gesetz geregelten **beratenden Fachausschüsse.** So der für die KVen und die KBV zwingend vorgesehene beratende Fachausschuss für Psychotherapie (§ 79b SGB V)[63] und der nur für die KBV vorgeschriebene beratende Fachausschuss für die hausärztliche Versorgung sowie die für KBV und KVen fakultativ möglichen weiteren beratenden Fachausschüsse (§ 79c SGB V).[64]

84 Dem beratenden Fachausschuss für Psychotherapie ist in den die Sicherstellung der psychotherapeutischen Versorgung beruhenden wesentlichen Fragen rechtzeitig Gelegenheit zur Stellungnahme zu geben. Seine Stellungnahme ist in die Entscheidung der Körperschaft einzubeziehen (§ 79b S. 5 und 6). Gesetzlich geregelt ist dies nur für den beratenden Fachausschuss für Psychotherapie. Der Aufgabenumfang der anderen beratenden Fachausschüsse ist in der Satzung der KV frei definierbar, wobei die Regelung des § 79b S. 5 bis 8 entsprechend gelten.

85 Aus den gesetzlichen Regelungen ist zu folgern, dass die beratenden Fachausschüsse kein Initiativrecht haben sondern vielmehr den Status eines anhörungsberechtigten selbstständigen Beratungsausschusses. Dabei bezieht sich die Beratung allein auf die Organe Vorstand und VV und kann der Ausschuss nach außen hin auch nur über diese Organe tätig werden.

86 Das Nähere über die beratenden Fachausschüsse und ihre Zusammensetzung haben die Satzungen der KVen zu regeln (§ 79b Satz 7 und § 79c Satz 4 SGB V).

7. Kassenärztliche Bundesvereinigung

87 Die KVen der Länder bilden gem. § 77 Abs. 4 SGB V auf Bundesebene die KBV. Mitglieder der KBV sind dementsprechend 18 KVen und nicht die Vertragsärzte, Psychotherapeuten, im MVZ angestellte und ermächtigte Krankenhausärzte als Einzelmitglieder.

88 Auch die KBV hat den Rechtsstatus einer Körperschaft des öffentlichen Rechts (§ 77 Abs. 5 SGB V), sie ist demzufolge eine **„Körperschaft von Körperschaften".**[65]

89 Sie verfügt über die gleichen Organe wie die Länder-KVen: eine VV als Selbstverwaltungsorgan und einem hauptamtlichen Vorstand (§ 79 Abs. 1 SGB V), die ebenfalls für sechs Jahre gewählt werden (§ 80 Abs. 3 SGB V).

90 Mitglied der VV der KBV sind der Vorsitzende und jeweils ein Stellvertreter des Vorsitzenden der KVen der Länder. Die Mitglieder der VVen der KVen wählen in unmittelbarer und geheimer Wahl aus ihren Reihen die weiteren Mitglieder der VV der KBV. Die gesetzliche Regelung für die Wahl der Mitglieder in den KVen gilt entsprechend mit der Maßgabe, dass die KVen entsprechend ihrem jeweiligen Anteil ihrer Mitglieder an der Gesamtzahl der Mitglieder der KVen berücksichtigt werden (§ 80 Abs. 1a SGB V).

91 Die **Rechtsaufsicht** über die KBV führt das Bundesministerium für Gesundheit und Soziale Sicherung (§ 78 Abs. 1 und 3 SGB V).

---

[62] *Hess* a.a.O. § 97 SGB V Rdn. 3; *Liebold-Zalewski* § 79 Rdn. C 79–1.

[63] § 79b wurde durch Art. 2 Nr. 7 des Gesetzes über die Berufe des Psychologischen Psychotherapeuten und der Kinder- und Jugendlichenpsychotherapeuten, zur Änderung des Fünften Buches Sozialgesetzbuch u.a. Gesetze vom 16. 6. 1998 (BGBl. I S. 1311) mit Wirkung ab 1. 1. 1999 in das SGB V eingefügt.

[64] § 79c wurde durch Art. 1 Nr. 32, Art. 22 Abs. 5 GKV-Gesundheitsreformgesetz 2000 vom 22. 12. 1999 BGBl. I S. 2626, mit Wirkung ab 1. 1. 2000 in das SGB V eingefügt.

[65] Sog. Bundkörperschaft: *Wolff/Bachof,* VerwR II, 5. Aufl. 1987, S. 16.

92 Die KBV vertritt die Belange der KV-Mitglieder bei Gesetzgebungsverfahren gegenüber der Bundesregierung. Daneben hat sie nur wenige **Aufgaben,** die sie eigenständig – einseitig – erledigen kann:

93 Dazu zählt die Führung des Bundesarztregisters, das eine zentrale Funktion für die **Bedarfsplanung** hat (§ 10 Ärzte-ZV) sowie der Erlass von Richtlinien für die Durchführung der von ihr im Rahmen ihrer Zuständigkeit geschlossenen Verträge und des sog. **Fremdkassenzahlungsausgleichs** (§ 75 Abs. 7 SGB V).

94 Das Gros der Aufgaben hat die KBV im Rahmen der gemeinsamen Selbstverwaltung als Partner der Spitzenverbände der Krankenkassen zu erfüllen:

95 So beim Abschluss des **Bundesmantelvertrages,** dessen Inhalt Bestandteil der Gesamtverträge ist (§ 82 Abs. 1 SGB V). Ebenso vereinbart die KBV mit den Spitzenverbänden der Krankenkassen durch den Bewertungsausschuss als Bestandteil des Bundesmantelvertrags einen einheitlichen Bewertungsmaßstab für die ärztlichen Leistungen (§ 87 SGB V).

96 Weiterhin ist die KBV zuständig für den Abschluss der Rahmenempfehlungen für dreiseitige Verträge zwischen Krankenkassen, Krankenhäusern und Vertragsärzten (§ 115 Abs. 5 SGB V), die Vereinbarung über ambulantes Operieren im Krankenhaus (§ 115b Abs. 1 SGB), die Vereinbarung einheitlicher Qualifikationserfordernisse für ärztliche Untersuchungs- und Behandlungsmethoden (§ 135 Abs. 2 SGB V), die Vereinbarung über die Einführung und Gestaltung der Krankenversichertenkarte (§ 291 Abs. 3 SGB V) sowie die Vereinbarungen über den Datenaustausch zwischen KVen und Krankenkassen (§ 295 Abs. 3 SGB).

97 Schließlich bildet die KBV zusammen mit der Deutschen Krankenhausgesellschaft den Bundesverbänden der Krankenkassen, der Bundesknappschaft und den Verbänden der Ersatzkassen einen **Gemeinsamen Bundesausschuss** (§ 91 Abs. 1 SGB V), der neben einer Verfahrens- und einer Geschäftsordnung (§ 91 Abs. 3 Nr. 1 u. 2 SGB V) die zur Sicherung der ärztlichen Versorgung erforderlichen Richtlinien über die Gewähr für eine ausreichende, zweckmäßige und wirtschaftliche Versorgung der Versicherten beschließt (§ 92 Abs. 1 SGB V).

II. Aufgaben

98 Die KVen haben Aufgaben zu erfüllen, die zum Teil auch in einem Spannungsverhältnis zueinander stehen.

99 Die KVen und die KBV haben die vertragsärztliche Versorgung in dem in § 73 Abs. 2 SGB V bezeichneten Umfang sicherzustellen (**Sicherstellungsauftrag** i. e. S. gem. § 75 Abs. 1 SGB V).

100 Daneben haben Sie den Krankenkassen und ihren Verbänden gegenüber die Gewähr dafür zu übernehmen, dass die vertragsärztliche Versorgung den gesetzlichen und vertraglichen Erfordernissen entspricht (**Gewährleistungsauftrag** gem. § 75 Abs. 1 Satz 1 2. Halbsatz SGB V).

101 Sie haben die Erfüllung der den Vertragsärzten obliegenden Pflichten zu überwachen und die Vertragsärzte – soweit notwendig – unter Anwendung von Disziplinarmaßnahmen zur Erfüllung dieser Pflichten anzuhalten (**Überwachungsauftrag** und **Disziplinarbefugnis** gem. § 75 Abs. 2 SGB V).

102 Mit Zustimmung der Aufsichtsbehörden können die KVen und KBV weitere Aufgaben der ärztlichen Versorgung, insbesondere für andere Träger der Sozialversicherung übernehmen (§ 75 Abs. 6 SGB V).

103 Die KVen und die KBV haben bei alledem aber auch die Rechte der Vertragsärzte gegenüber den Krankenkassen wahrzunehmen (**Rechtswahrnehmungsauftrag** und **Interessenvertretung** gem. § 75 Abs. 2 Satz 1 SGB V).

104 Auf das sich bei der Wahrnehmung dieser Aufgaben möglicherweise ergebende Spannungsverhältnis soll nach Darstellung von Inhalt und Umfang der Einzelnen gesetzlichen Aufträge eingegangen werden.

1. Sicherstellungsauftrag

a) Umfang. Der Umfang des Sicherstellungsauftrags ergibt sich aus § 73 Abs. 2 SGB V. Er beinhaltet danach u.a. die „ärztliche Behandlung" i.S.d. Definition des § 27 Abs. 1 Nr. 1 i.V.m. § 28 Abs. 1 und 3 SGB V. Die durch die KV sicherzustellende ärztliche Behandlung umfasst demzufolge die Tätigkeit des Arztes, die zur Verhütung, Früherkennung und Behandlung von Krankheiten nach den Regeln der ärztlichen Kunst ausreichend und zweckmäßig ist (§ 28 Abs. 1 Satz 1 SGB V). **105**

Die Sicherstellung umfasst auch die vertragsärztliche Versorgung zu den sprechstundenfreien Zeiten (Notdienst – § 75 Abs. 1 Satz 2 SGB V), nicht jedoch die notärztliche Versorgung im Rahmen des Rettungsdienstes, soweit Landesrecht nichts anderes bestimmt.[66] **106**

§ 75 Abs. 3 und 4 SGB V erweitern den Sicherstellungsauftrag der KV um die ärztliche Versorgung von Personen mit dienstrechtlichen Ansprüchen auf freie Heilfürsorge (Bundeswehrangehörige, Bundesgrenzschutzangehörige, Beamte der Bereitschaftspolizei und Zivildienstleistende) und die ärztliche Behandlung von Strafgefangenen in Notfällen. Das Bundesverfassungsgericht hat diese Erweiterung des Sicherstellungsauftrags auf einen Personenkreis, der selbst nicht sozialversichert ist, ausdrücklich für verfassungsgemäß erklärt, mit der Begründung, dass Einrichtungen, die dazu errichtet wurden, um Versorgungsfunktionen für die sozialversicherte Bevölkerung zu übernehmen, auch erweiterte Versorgungsaufgaben für andere vergleichbar schutzbedürftige Personenkreise gesetzlich übertragen bekommen können, ohne sich auf das bei der Errichtung der Körperschaft des öffentlichen Rechts übertragene Aufgabenspektrum berufen zu können.[67] **107**

Das Bundessozialgericht legt den Sicherstellungsauftrag für die KVen sehr weitgehend im Sinne einer „umfassenden Sicherstellungsverantwortung" bzw. einer Gesamtverantwortung der KVen für eine den gesetzlichen und vertraglichen Erfordernissen entsprechende Durchführung der vertragsärztlichen Versorgung aus.[68] **108**

Diese Verantwortung bezieht sich u.a. auch auf Entscheidungen, die sich mit Wirtschaftlichkeitsprüfungen als solchen oder mit Zulassungsanträgen bzw. Zulassungsentziehungsanträgen befassen, bis hin zu den Kostenentscheidungen in diesen Sachen.[69] **109**

Im Hinblick auf diese umfassende Sicherstellungsverantwortung gesteht das Gesetz den KVen u.a. ein umfassendes rechtlich geschütztes Interesse an der Regelung von Zulassungsangelegenheiten zu, was darin zum Ausdruck kommt, dass ihnen neben Antrags- und Beteiligungsrechten im Verwaltungsverfahren (vgl. u.a. § 27 S. 2, § 37 Abs. 2, § 45 Abs. 3 **110**

---

[66] So aber beispielsweise: Art. 21 Abs. 1 Bayerisches Gesetz zur Regelung von Notfallrettung, Krankentransport und Rettungsdienst (Bayerisches Rettungsdienstgesetz – in der Fassung der Bekanntmachung vom 8. 11. 1998 – GVBl S. 9, RS 215-5-1-I).

Art. 21 Abs. 1: Soweit Notfallpatienten nach § 27 Abs. 1 S. 2 Nr. 1 des Fünften Buches Sozialgesetzbuch (Art. 1 des Gesundheitsreformgesetzes vom 20. 12. 1998, BGBl. I S. 2477) – SGB V – in der jeweils geltenden Fassung Anspruch auf ärztliche Behandlung haben, ist diese Gegenstand der vertragsärztlichen Versorgung und von der KVB sicherzustellen (§§ 73, 75 SGB V).

Der Rettungszweckverband und die KVB gewährleisten gemeinsam die Mitwirkung von Ärzten im Rettungsdienst (Notarztdienst). Die Einzelheiten sind in einem Vertrag zu regeln. Die Ärzte müssen über besondere notfallmedizinische Kenntnisse und Erfahrungen verfügen. Die Bayerische Landesärztekammer legt die Befähigungsanforderungen nach Satz 4 fest und bestätigt deren Erwerb durch entsprechende Nachweise. Die Mitglieder der Rettungszweckverbände haben darauf hinzuwirken, dass auch in Krankenhäusern beschäftigte Ärzte, insbesondere Ärzte kommunaler Krankenhäuser, zur Mitwirkung zur Verfügung stehen.

[67] BVerfGE 62, 354 = SozR 2200 § 368n Nr. 25, *Hess* a.a.O. § 75 SGB V Rdn. 37.

[68] BSGE 79, 97, (99f) = SozR 3–5545 § 23 Nr. 1 S. 4; BSGE 78, 284, (285) = SozR 3–2500 § 311 Nr. 4 S. 24; BSG SozR 3–2500 § 119 Nr. 1 S. 2.

[69] BSGE 78, 284, (295) = SozR 3–2500 § 311 Nr. 4 S. 24; BSG SozR 3–2500 § 119 Nr. 1 S. 2.

Ärzte-ZV) in § 96 Abs. 4 S. 1 SGB V ein selbständiges **Anfechtungsrecht gegen die Entscheidungen der Zulassungsgremien** eingeräumt wird.[70]

111 Kraft ihres Sicherstellungsauftrags ist die KV im Rahmen der Honorarverteilung auch gehalten, einer massiven Benachteiligung einzelner Arztgruppen entgegenzuwirken.[71]

112 Eine Sondersituation besteht für das ambulante Operieren insofern, als zur ambulanten Durchführung der in dem Katalog nach § 115b Abs. 1 SGB V genannten Operationen und stationsersetzenden Eingriffe auch die Krankenhäuser zugelassen sind. Die Verantwortung für die Sicherstellung trifft hier nicht die KVen allein. Dass ambulante Operationen jedoch (auch) Bestandteil der vertragsärztlichen Versorgung sind, ergibt sich u. a. aus der Regelung zur Förderung des ambulanten Operierens in § 85 Abs. 3a S. 6 SGB V und daraus, dass der EBM hierzu Leistungsbeschreibungen enthält.[72]

113 Nach § 85 Abs. 1 SGB V entrichten die Krankenkassen nach Maßgabe der Gesamtverträge für die gesamte vertragsärztliche Versorgung mit befreiender Wirkung eine **Gesamtvergütung** an die KV, mit der die den KVen obliegende Sicherstellung der vertragsärztlichen Versorgung finanziell abgegolten wird. Die Zahlung einer Gesamtvergütung ist somit untrennbar mit dem Sicherstellungsauftrag und der Gewährleistungspflicht der KVen gem. § 75 Abs. 1 SGB V verbunden.

114 **b) Adressaten des Sicherstellungsauftrags.** Adressaten des Sicherstellungsauftrags – sozusagen die Auftragnehmer – sind nach § 75 Abs. 1 SGB V die KVen und die KBV. Dass es sich bei der Sicherstellung der vertragsärztlichen Versorgung primär um eine kollektive Pflicht handelt, ergibt sich auch aus § 72 Abs. 1 SGB V. Danach wirken die Mitglieder der KVen (Ärzte, Psychologische Psychotherapeuten sowie Kinder- und Jugendlichen-Psychotherapeuten), aber auch medizinische Versorgungszentren und die Krankenkassen zur Sicherstellung der vertragsärztlichen Versorgung der Versicherten zusammen. Der einzelne zugelassene Vertragsarzt ist zur Teilnahme an dieser vertragsärztlichen Versorgung berechtigt und auch verpflichtet (§ 95 Abs. 3 Satz 1 SGB V). Entsprechendes gilt für das zugelassene medizinische Versorgungszentrum (§ 95 Abs. 3 Satz 2 SGB V) und die ermächtigten Krankenhausärzte (§§ 95 Abs. 4 Satz 1 SGB V). Die KV bedient sich gewissermaßen der an der vertragsärztlichen Versorgung teilnehmenden Ärzte, Psychotherapeuten und medizinischen Versorgungszentren zur Sicherstellung der vertragsärztlichen Versorgung.

115 An der vertragsärztlichen Versorgung nehmen nach § 95 Abs. 1 SGB V zugelassene Ärzte und zugelassene medizinische Versorgungszentren sowie ermächtigte Ärzte und ermächtigte ärztlich geleitete Einrichtungen teil. Dabei ist zu beachten, dass es zunächst den zugelassenen Vertragsärzten (als Kollektiv) obliegt, die vertragsärztliche Versorgung sicherzustellen, ihnen nach der ständigen Rechtsprechung des BSG der Primat für die vertragsärztliche Versorgung zukommt und eine Ermächtigung von Ärzten und – wiederum subsidiär – ärztlich geleiteten Einrichtungen nur in Betracht kommt, wenn Versorgungslücken anders nicht geschlossen werden können.[73]

In Literatur und Rechtsprechung wurde – soweit ersichtlich – noch nicht behandelt, wie die zugelassenen medizinischen Versorgungszentren in diese „Pyramide der Formen der Teilnahme an der vertragsärztlichen Versorgung" einzuordnen sind. Gesetzestext und Systematik dürften jedoch dafür sprechen, dass der zugelassene Vertragsarzt und das zugelassene medizinische Versorgungszentrum als gleichgestellt zu sehen sind und künftig beiden zusammen der Vorrang für die vertragsärztliche Versorgung zukommt.

---

[70] BSG 30. 11. 1994, 6 RKa 32/93 = SozR 3–2500 § 199 SGB V; BSG 29. 9. 1999, B 6 KA 1/99 R = BSGE 85, 1 ff.

[71] BSG 20. 1. 1999, B 6 Ka 46/97 R = BSGE 83, 205 ff.

[72] BSG 14. 3. 2001, B 6 KA 36/00 R = MedR 2002, 42 ff.

[73] BSG 17. 11. 1999, B 6 KA 15/99 R = BSGE 85, 145 ff. = MedR 2000, 520 ff.; 26. 1. 2000, B 6 KA 1753/98 R = SozR 3–2500 § 95 Nr. 22.

116 Die **Teilnahmeverpflichtung** des Vertragsarztes ist zwar gesetzlich verankert; der Umfang seiner Teilnahmepflicht ist aber nicht näher definiert.[74] Sein Recht zur Teilnahme an der vertragsärztlichen Versorgung ist nur teilweise konkretisiert oder begrenzt nach dem Ort der Leistungserbringung oder nach der Art der erbringbaren Leistung (z.B. bei einer Zulassung aufgrund eines Sonderbedarfs oder bei der Ermächtigung eines Krankenhausarztes), nach der Art der erbringbaren Leistung oder nach der Menge der erbringbaren Leistungen, z.B. bei Job-Sharing-Praxen). Gesetzliche oder vertragliche Vorgaben für den **Mindestumfang der Teilnahme** an der vertragsärztlichen Versorgung gibt es demgegenüber nicht.

117 Dennoch ist der Vertragsarzt nach neuerer Rechtsprechung des Bundessozialgerichts verpflichtet, an der Sicherstellung der vertragsärztlichen Versorgung mitzuwirken, indem er grundsätzlich die typischen Leistungen seines Fachgebiets, zu deren Ausführung er berechtigt und in der Lage ist, anbietet und erbringt. Diese Pflicht bestehe unabhängig davon, ob bei dem auf einer Mischkalkulation beruhenden Vergütungssystem unter Berücksichtigung der unterschiedlichen Kostenstrukturen einzelner Praxen, deren Patientenaufkommen und weiterer Gesichtspunkte möglicherweise einzelne ärztliche Leistungen **kostendeckend** vergütet werden oder (vermeintlich oder tatsächlich) nicht.[75]

118 Unter Hinweis auf die mit der Zulassung übernommenen Pflichten hält das Bundessozialgericht den Vertragsarzt auch für nicht befugt, sein Leistungsspektrum beliebig einseitig (nur) gegenüber GKV-Versicherten einzuengen. Der **geteilte Status des Arztes,** der zwar einerseits Vertragsarzt, zugleich aber auch Privatarzt ist, bleibt dabei unberücksichtigt.[76]

119 **c) Durchbrechungen des Sicherstellungsauftrags.** Bis zum Inkrafttreten der Bestimmungen über die **integrierte Versorgung** (§ 140a ff. SGB V i.d.F. des GKV-Gesundheitsreformgesetzes 2000) hat der Gesetzgeber den oben beschriebenen Sicherstellungsauftrag nur in wenigen Fällen und nur – bezogen auf bestimmte inhaltlich abgrenzbare Leistungsbereiche – durchbrochen durch Eröffnung von Direktabrechnungsverhältnissen zwischen Leistungserbringern und Krankenkassen (z.B. bei psychiatrischen Krankenhäusern gem. §§ 118 Abs. 1, 120 Abs. 2 SGB V; bei sozialpädiatrischen Zentren gem. §§ 119, 120 Abs. 2 SGB V; bei vor- und nachstationärer Behandlung im Krankenhaus sowie ambulantem Operieren im Krankenhaus gem. § 112 Abs. 2 Nr. 1b i.V.m. §§ 115a, 115b SGB V) sowie durch Ausnahmetatbestände bezüglich der Bedarfsprüfung als Voraussetzung für die Ermächtigung zur Teilnahme an der vertragsärztlichen Versorgung (z.B. bei psychiatrischen Krankenhäusern, die gem. § 118 Abs. 1 zu ermächtigen sind).

120 Schon die durch das GKV-Gesundheitsreformgesetz 2000 neu in das Gesetz aufgenommene Integrationsversorgung (§ 140a ff. SGB V i.d.F. des GKV-Gesundheitsreformgesetzes 2000) war dadurch gekennzeichnet, dass Gruppen von Vertragsärzten unmittelbare Rechtsbeziehungen zu einzelnen Krankenkassen eingehen konnten (§ 140b Abs. 2 SGB V i.d.F. des GKV-Gesundheitsreformgesetzes 2000) und hierfür von den Kranken-

---

[74] Auch der Rechtsprechung des BSG zur Eignungsvoraussetzung des § 20 Abs. 1 Ärzte-ZV (so z.B.: BSG, 30. 1. 02, B 6 KA 20/01 R = BSGE 89/134 und BSG vom 11. 9. 02, B 6 KA 23/91 R = GesR 2003, 149) ist nicht zu entnehmen, in welchem zeitlichen Umfang der Vertragsarzt für die vertragsärztliche Versorgung zur Verfügung stehen bzw. Sprechstunden anbieten muss. Das BSG hat – orientiert an der Regelung des § 20 Abs. 1 Ärzte-ZV – entscheidend darauf abgestellt, in welchem zeitlichen Umfang der Zulassungsbewerber durch das Beschäftigungsverhältnis in Anspruch genommen wird und ab einer bestimmten zeitlichen Inanspruchnahme unwiderleglich vermutet, dass für die vertragsärztliche Tätigkeit ein hinreichender zeitlicher Rahmen nicht zur Verfügung steht. Der Umfang der vom Bewerber angestrebten oder tatsächlich angezeigten Sprechstunden war dabei ohne Bedeutung (*Wenner* GesR 2004, 353ff.).

[75] BSG 14. 3. 2001, B 6 KA 54/00 R = BSGE 88, 20ff. = MedR 2002, 37ff. und 67/00 R = MedR 2002, 47ff.

[76] Zu dieser Problematik siehe insbesondere *Schiller/Steinhilper* MedR 2001, 29ff.

kassen ein versichertenbezogenes Budget für diejenigen Versicherten zugeteilt bekamen, die diese Form der Versorgung wählen (§ 140c SGB V i.d.F. des GKV-Gesundheitsreformgesetzes 2000). Dabei sollte die Finanzierung durch Verringerung der Gesamtvergütungen und anderer Budgets der vertragsärztlichen Versorgung entsprechend einem in einer Rahmenvereinbarung zwischen Spitzenverbänden und KBV festzulegenden Maßstab erfolgen (§ 140f SGB V i.d.F. des GKV-Gesundheitsreformgesetzes 2000).

121 Der Sicherstellungsauftrag der KVen wurde – worauf die KBV im Gesetzgebungsverfahren wiederholt gegenüber dem BMG hingewiesen hat – dadurch in mehrfacher Hinsicht unmittelbar tangiert, dass die Krankenkassen in direkte Vertragsbeziehungen zu Vertragsärzten treten und ihnen Versorgungsfunktionen übertragen werden, die, soweit es die ärztliche Behandlung i.S.d. § 27 SGB V und die Beschreibung des Leistungsspektrums der vertragsärztlichen Versorgung i.S.d. § 73 SGB V betrifft, eindeutig Teil des Sicherstellungsauftrags der KVen sind. Die Vereinbarung von kombinierten Budgets für diese Integrationsversorgung in den Verträgen zwischen den Krankenkassen und der von ihnen ausgewählten Gruppe von Vertragsärzten und anderen Leistungserbringern verringert die Gesamtvergütung, die die Krankenkassen mit befreiender Wirkung für die Wahrnehmung des Sicherstellungsauftrags an die KVen zu zahlen haben.

122 Durch diese Ausgliederung von Teilen der vertragsärztlichen Versorgung aus dem Mitgliedschaftsverhältnis der Vertragsärzte zur KV in ein unmittelbares, direktes Verhältnis von Vertragsärzten zu einzelnen Krankenkassen und durch die Verlagerung entsprechender Finanzierungsströme in diese Direktbeziehung von Vertragsärzten zu Krankenkassen wird es den KVen unmöglich gemacht, ihren Sicherstellungsauftrag bezogen auf diese Vertragsärzte weiter wahrzunehmen. Die notwendige Beurteilung der Gesamtwirtschaftlichkeit oder Gesamtqualität der Leistungen dieser Vertragsärzte ist als Folge einer Ausgliederung eines Teils der Vertragsarzttätigkeit in eine direkte Vertragsbeziehung zwischen Vertragsarzt und einzelnen Krankenkassen (Einkaufsmodell) nicht mehr möglich.

123 Die Neufassung der Regelungen zur integrierten Versorgung durch das GKV-Modernisierungsgesetz – GMG brachte eine noch weitergehende Ablösung vom Sicherstellungsauftrag:

Krankenkassen und Leistungserbringer schließen danach autonom Verträge über die Versorgung der Versicherten außerhalb des Sicherstellungsauftrags nach § 75 Abs. 1 SGB V. Die Versorgung wird auf einzelvertraglicher Grundlage und nicht im Rahmen eines kollektivvertraglich vereinbarten Normensystems durchgeführt. Die Verantwortung für die Abfassung der vertraglichen Rechte und Pflichten wird allein den Vertragspartnern übertragen. Die KVen sind als potentielle Vertragspartner nicht mehr vorgesehen. Auch wird auf die Anbindung an Rahmenvereinbarungen, die die Spitzenverbände der Krankenkassen gemeinsam und einheitlich mit der KBV im Rahmen des Sicherstellungsauftrags gem. § 140d Abs. 1 SGB V i.d.F. des GKV-Gesundheitsreformgesetzes 2002 schließen sollten, nunmehr verzichtet. Ausdrücklich offen bleibt auch nach der Gesetzesbegründung, ob sich Vertragsärzte von ihrer KV beraten lassen können oder ihre KV mit der Verteilung der Vergütungen oder Vergütungsanteile in der integrierten Versorgung beauftragen können.

Auch wenn dies zu bejahen sein wird aufgrund der Tatsache, dass Ärzte nur dann an der integrierten Versorgung teilnehmen können, wenn sie zur vertragsärztlichen Versorgung zugelassen und damit Mitglied der KV sind, ist nicht zu verkennen, dass die durch das GMG neu geregelte integrierte Versorgung den Sicherstellungsauftrag der KVen in einem bisher nicht da gewesenen Maß durchbricht und es je nach Umfang und Reichweite solcher Verträge den KVen zunehmend schwieriger werden wird, eine flächendeckende oder auch nur ergänzende vertragsärztliche Versorgung sicherzustellen. Dies ist insbesondere dann der Fall, wenn die zur Förderung der integrierten Versorgung aufgewendeten Mittel die sog. Anschubfinanzierung nach § 140d SGB V i.d.F. d. GMG übersteigen und die Gesamtvergütung insoweit bereinigt wird.

124 **d) Maßnahmen, um die Erfüllung des Sicherstellungsauftrags zu gewährleisten. aa) Einbehalt der Gesamtvergütung.** Nach § 85 Abs. 1 SGB V entrichten die

Krankenkassen nach Maßgabe der Gesamtverträge für die gesamte vertragsärztliche Versorgung mit befreiender Wirkung eine Gesamtvergütung an die KV, mit der die den KVen obliegende Sicherstellung der vertragsärztlichen Versorgung finanziell abgegolten wird. Die Zahlung einer Gesamtvergütung ist somit untrennbar mit dem Sicherstellungsauftrag und der Gewährleistungspflicht der KVen gem. § 75 Abs. 1 SGB V verbunden. Diese Verknüpfung bringt auch die Ergänzung des § 75 Abs. 1 SGB V durch das GMG um folgenden Satz 3 zum Ausdruck: „Kommt die KV ihrem Sicherstellungsauftrag aus Gründen, die sie zu vertreten hat, nicht nach, können die Krankenkassen die in den Gesamtverträgen nach § 85 und § 85a vereinbarten Vergütungen teilweise zurückbehalten.“ Die Einzelheiten dazu sind noch von den Partnern der Bundesmantelverträge zu regeln (§ 75 Abs. 1 Satz 4 SGB V).

125 **bb) Bei abgestimmtem Zulassungsverzicht bzw. Verweigerung der vertragsärztlichen Versorgung.** Für den Fall, dass Vertragsärzte (mehr als 50%) durch einen untereinander abgestimmten Zulassungsverzicht oder durch Verweigerung der vertragsärztlichen Versorgung diese gefährden, sieht § 72a SGB V nach Feststellung der Aufsichtsbehörde, die vorher die in Absatz 1 genannten Organisationen anzuhören hat, einen partiellen Übergang des Sicherstellungsauftrags auf die Krankenkassen vor.

§ 72a SGB V korrespondiert mit § 95b SGB V, wonach es mit den Pflichten eines Vertragsarztes nicht vereinbar ist, in einem solchen mit anderen Ärzten aufeinander abgestimmten Verfahren oder Verhalten auf die Zulassung als Vertragsarzt zu verzichten.

126 **cc) Bei Verhinderung von Organen.** Solange und soweit die Wahl der Selbstverwaltungsorgane nicht zustande kommt oder Selbstverwaltungsorgane sich weigern, ihre Geschäfte zu führen, nimmt nach § 79a SGB V auf Kosten der KV oder KBV die Aufsichtsbehörde selbst oder ein von ihr bestellter Beauftragter („Staatskommissar“) deren Aufgaben wahr. Durch diese Regelung soll – so die Gesetzesbegründung – gewährleistet werden, dass die Handlungsunfähigkeit oder Handlungsunwilligkeit der Selbstverwaltungsorgane in der KV nicht die Erfüllung des Sicherstellungsauftrags gefährdet.[77]

2. Gewährleistungspflicht

127 Die KVen und die KBV haben den Krankenkassen und Ihren Verbänden gegenüber die Gewähr dafür zu übernehmen, dass die vertragsärztliche Versorgung den gesetzlichen und vertraglichen Erfordernissen entspricht. Hierunter fällt vor allem die Aufgabe, die Abrechnung der Vertragsärzte und Psychotherapeuten vor der Weitergabe an die Krankenkassen auf sachlich-rechnerische Richtigkeit (§ 75 Abs. 1 S. 1 SGB V i.V.m. § 45 BMV-Ä bzw. § 34 Abs. 4 und 5 AEKV) und **Plausibilität** (§ 106a SGB V i.d.F. d. GMG) zu überprüfen, so dass den Krankenkassen nur solche Leistungen in Rechnung gestellt werden, die nach den jeweils geltenden Gebührenordnungen berechnungsfähig und in sich plausibel sind.

128 Die Bedeutung dieser Gewährleistungsverpflichtung hängt wesentlich davon ab, in welcher Form die Krankenkassen für die vertragsärztlichen Leistungen die Gesamtvergütung bezahlen. Während ihr bei der Bezahlung der Gesamtvergütung auf der Grundlage des Bewertungsmaßstabes nach **Einzelleistungen** große Bedeutung zukommt, verringert sich diese bei der Zahlung der Gesamtvergütung nach **Kopfpauschalen.** Das GMG sieht nun eine Neuregelung des vertragsärztlichen Vergütungssystems vor, verbunden mit einem Übergang von einem System der Pauschalvergütung zu einem System der Vergütung nach **Regelleistungsvolumina** (§§ 85a bis 85c SGB V i.d.F. d. GMG). Mit der Begründung, dass sich damit das mit der Leistungsabrechnung der Ärzte verbundene finanzielle Risiko in erheblichem Umfang auf die Krankenkassen verlagert, hat der Gesetzgeber den Krankenkassen in § 106a Abs. 1 und 3 SGB i.d.F. d. GMG neben den KVen eine weiterge-

---

[77] Zu den Voraussetzungen für die Einsetzung eines Staatskommissars und dem Abschluss eines Honorarvertrages durch diesen: BSG 27. 6. 01 B 6 KA 7/00 R = BSGE 88, 193ff.

hende Verantwortung hinsichtlich der Prüfung der ärztlichen Leistungsabrechnung übertragen.[78]

129 **Sachlich-rechnerische Richtigstellungen** sind auch nachträglich, d.h. nach Erlass des Honorarbescheides und nach Auszahlung des Honorars für das betreffende Quartal zulässig, wobei sich die Aufhebung der ursprünglichen Honorarbescheide auf Grund der im Sinne von § 37 S. 1 SGB I verdrängenden Sondervorschriften des Vertragsarztrechts über das Verfahren der rechnerischen und sachlichen Prüfung bzw. Richtigstellung von Honorarabrechnungen nicht nach der Bestimmung des § 45 SGB X richtet.[79] **Honorarbescheide** ergehen kraft Gesetzes (ohne dass es eines entsprechenden Hinweises bedarf) stets **unter Vorbehalt** und können daher, falls sie rechnerisch oder gebührenordnungsmäßig zu beanstanden sind, ohne die Einschränkungen des § 45 SGB X zurückgenommen und durch die abgewandelte Honorarfestsetzung ersetzt werden.

Den KVen obliegt es auch, die Einhaltung der Pflichten der Vertragsärzte und Psychotherapeuten im Rahmen ihrer vertragsärztlichen Tätigkeit zu überwachen (§ 75 Abs. 2 Satz 2 SGB V). Nötigenfalls kann die KV ihre Mitglieder unter Anwendung von Disziplinarmaßnahmen (Verwarnung, Verweis, Geldbuße bis zu 20000,– DM oder Anordnung des Ruhens der Zulassung bis zu zwei Jahren gem. § 81 Abs. 5 SGB V) zur Erfüllung ihrer Pflichten anhalten.

3. Rechtswahrnehmungsauftrag

130 Die vertragsärztliche Tätigkeit stellt eine Ausübungsform der ärztlichen Betätigung dar; sie erfolgt im Rahmen des auf Grund freier Niederlassung ausgeübten Arztberufs, stellt also keinen eigenständigen Beruf – den des Vertragsarztes – dar.[80]

131 Schon daraus folgt, dass die KVen keine berufsständischen Organisationen mit entsprechenden Rechten sind.[81] Dies besagt indessen nicht, dass ihnen jegliche Wahrnehmung berufsständischer Belange ihrer Mitglieder verwehrt ist. So billigt § 75 Abs. 2 S. 1 SGB V den KVen und der Kassenärztlichen Bundesvereinigung das Recht zu, die Rechte der Vertragsärzte gegenüber den Krankenkassen zu vertreten.

132 Dieses Recht kann man als Ausdruck eines **genossenschaftlichen Zusammenschlusses** der Ärzte mit eher gewerkschaftlichen Zügen sehen, sicherlich entspricht es aber dem Charakter eines **Interessenverbandes.**[82] Für diese Betrachtungsweise spricht nicht zuletzt die oben skizzierte geschichtliche Entwicklung des Kassenarztrechts, die zeigte, dass eine für die Ärzte befriedigende Stellung in der Sozialversicherung im Wege der freien Gestaltung der Vertragsbeziehungen zu den Krankenkassen nicht zu erreichen war.

133 Aus dem Rechtswahrnehmungsauftrag für die KVen (§ 75 Abs. 2 SGB V) folgt kein Anspruch des einzelnen Vertragsarztes auf die Wahrnehmung seiner individuellen rechtlichen und wirtschaftlichen Interessen. Er beinhaltet – wie das BSG entschieden hat – keine Verpflichtung der KV, wirtschaftliche Belange einzelner Ärzte, die keinen Bezug zu dem allgemeinen Interesse der Vertragsärzteschaft an einer gesetzes- und vertragskonformen Entscheidungspraxis aufweisen, im Zulassungsstreit geltend zu machen und zu vertreten.[83]

---

[78] BT-Drs. 15/1525 vom 8. 9. 2003.

[79] BSG, Urteile vom 26. 1. 1994 – Az. 6 RKa 29/91, vom 24. 8. 1994 – Az. 6 RKa 20/93, vom 1. 2. 1995 – Az. 6 RKa 9/94, 6 RKa 12/94 und 6 RKa 13/94, vom 10. 5. 1995 – Az. 6/14a RKa 3/93 und 6 RKa 30/94 sowie vom 17. 8. 1997 – Az. 6 RKa 86/95.

[80] BVerfGE 11, 30 (41); 16, 286 (296); BSGE 23, 97 (98).

[81] So auch LSG Schleswig-Holstein 26. 6. 2000 – Az. L 6 B 61/00 KA ER.

[82] LSG NRW 20. 12. 1978 – Az. L 1 KA 27/78 = SozVers. 1979, 272 unter Hinweis auf *Krauskopf,* Das Kassenarztrecht, 1968, S. 27.

[83] BSG 2. 10. 1996 – Az. 6 BKa 54/95 = SozR 3–2500 § 75 SGB V Nr. 8 mit weiteren Nachweisen aus der Kommentarliteratur. Zu verweisen ist beispielsweise der niedergelassene Vertragsarzt auf die vom BVerfG für zulässig angesehene defensive Konkurrentenklage gegen die Ermächtigung eines Krankenhausarztes zur Teilnahme an der vertragsärztlichen Versorgung, BVerfG in MedR 2004, 680ff mit Anmerkung von *Steinhilper* S. 682ff.

Der Auftrag beschränkt sich indessen auf die Wahrnehmung solcher Rechte und rechtlichen Interessen, die die Vertragsärzteschaft als Ganzes betreffen oder aus anderen Gründen von fallübergreifender Bedeutung sind.

134 Den Umfang des Rechtswahrnehmungsauftrags sieht die Rechtsprechung weit. Er erstreckt sich über die gesetzlich und vertraglich begründeten Rechte zur Teilnahme an der kassenärztlichen Versorgung und das Interesse der Ärzte an einer angemessenen Vergütung ihrer Leistungen.[84] Das Mandat zur Rechtswahrnehmung besteht nicht allein gegenüber den Krankenkassen, sondern in gleicher Weise gegenüber rechtlich verselbständigten Gremien der gemeinsamen Selbstverwaltung von Ärzten und Krankenkassen, denen wie die Zulassungs- oder den Prüfungseinrichtungen – Entscheidungsbefugnisse im Zusammenhang mit der Aufnahme und der Ausübung der vertragsärztlichen Tätigkeit übertragen sind.[85] Die KVen haben die Angelegenheiten der Vertragsärzte aber auch gegenüber den Aufsichtsbehörden und in den Gesetzgebungsverfahren zu vertreten.[86]

135 In Wahrnehmung der Rechte der Vertragsärzte sind die KVen auch zur **Öffentlichkeitsarbeit** befugt und beispielsweise berechtigt, ihre Mitglieder über wirtschaftliche Behandlungs- und Verordnungsweisen zu beraten und sie über Gegenstände der ärztlichen Praxis, medizinische Geräte, Arzneimittel usw. kritisch zu informieren.[87]

136 Die KVen sind auch berechtigt, Aktionen durchzuführen, die auf den Erhalt des sozialen Status der Vertragsärzte im System der gesetzlichen Krankenversicherung gerichtet sind. Im Zuge solcher Aktionen dürfen sie öffentlich Konflikte deutlich machen, die den gesetzlichen Status der Vertragsärzte beeinträchtigen. Auch im Hinblick auf die verwaltungsgerichtliche Rechtsprechung zu den berufsständischen Kammern der Ärzte und Zahnärzte ist den KVen grundsätzlich die Befugnis zuzugestehen, zu sozial- und gesellschaftspolitischen Fragen Stellung zu nehmen, soweit die Stellungnahmen einen Bezug zur vertragsärztlichen Versorgung bzw. vertragsärztlichen Praxis haben und dieser auch erkennbar ist.[88] Dabei haben sie jedoch, ebenso wie die Heilberufe-Kammern objektiv und inhaltlich richtig zu informieren sowie den Grundsatz der Verhältnismäßigkeit und das für alle öffentlich-rechtlichen Körperschaften mit **Zwangsmitgliedschaft** geltende **Gebot politischer Neutralität,** zu beachten. Das Prinzip der Sachlichkeit[89] verbietet den KVen Äußerungen mit unsachlichem oder gar polemischem oder agitatorischem Gehalt. Insbesondere bei Äußerungen, die sich an einen größeren oder unbestimmten Empfängerkreis richten, sind sie gehalten, darauf Rücksicht zu nehmen, dass die Adressaten die vielschichtigen Probleme des Kassenarztrechts und die damit verknüpften Standpunkte und Interessen der Beteiligten möglicherweise nicht genügend überblicken und deshalb leicht zu falschen Schlüssen kommen.[90] Wie alle diese Körperschaften haben nämlich auch die KVen **kein (allgemein-)politisches Mandat.**[91]

---

[84] LSG Baden-Württemberg 21. 8. 1995 – Az. L 5 KA 21/97/95 eA – B = MedR 1995, 505 mit weiteren Nachweisen.

[85] BSG 2. 10. 1996 – Az. 6 BKa 54/95 = SozR 3–2500 § 75 Nr. 8.

[86] SG Stuttgart 14. 11. 2000 – Az. S 5 KA 4825/00 ER und LSG Baden-Württemberg, 24. 07. 01, L 5 KA 5097/00 ER-B = MedR 2002, 212 ff. Siehe hierzu auch *Steinhilper/Schiller:* MedR 2003, 661 ff. und *Clemens,* in Festschrift 50 Jahre BSG, S. 373 ff. mit Ausführungen zu den Befugnissen von KVen zu kollektiven Meinungsäußerungen S. 391 ff.

[87] BVerwG NJW 1980, 656.

[88] LSG NRW 20. 12. 1978 – Az. L 1 KA 27/78 = SozVers. 1979, 272 und zur verwaltungsgerichtlichen Rechtsprechung: BVerwG 17. 12. 1981 – Az. 5 C 56/79 = NJW 1982, 1300; VG Berlin 27. 9. 1991 – Az. 14 A 111/91 = MedR 1993, 76; Enger: BVerwG 24. 9. 1981 – Az. 5 C 53/79 = NJW 1982, 1298.

[89] BVerfGE 15, 238, 41.

[90] LSG NRW, SozVers. 1979, 272 (274).

[91] BGH 13. 5. 1985 AnwZ(B) 49/84 = NJW 1986, 992 unter Hinweis auf die Rechtsprechung des BVerfG und BVerwG zitiert in LSG Schleswig-Holstein 26. 6. 2000 – Az. L 6 B 61/00 KA ER.

137 Das Bundessozialgericht hat aus der Grundstruktur des Kassenarztsystems das Verbot abgeleitet, die therapeutische Beziehung Arzt/Patient mit Fragen der Vergütung der ärztlichen Leistung zu belasten.[92] Das Bundesverfassungsgericht ist allerdings, insbesondere unter Hinweis auf die Berufsfreiheit der Ärzte der Auffassung des BSG nicht gefolgt, dass sich der Grundstruktur des Kassenarztsystems ein so weitreichendes Verbot entnehmen lasse und hat eine gesetzliche Konkretisierung gefordert. Weil eine solche nicht ersichtlich war, hat es die Entscheidung des BSG aufgehoben.[93]

138 Diese Argumentation können die KVen nicht für sich in Anspruch nehmen, weil ihnen – wie oben ausgeführt wurde – ein eigenständiger Grundrechtsschutz mit der daraus fließenden Abwehrmöglichkeit nicht zusteht. Auf die einzelnen Patienten werden jedoch letztlich nur die Vertragsärzte selbst zugehen.

139 Zu beachten ist hierbei, dass solche öffentliche Aktionen jedenfalls die Patienten nicht verunsichern und ihr Vertrauen in eine leistungsfähige Gesundheitsfürsorge nicht erschüttern dürfen.[94]

4. Spannungsverhältnis der gesetzlichen Aufträge

140 Aus den beschriebenen unterschiedlichen Aufgabenstellungen der KVen – Sicherstellungs-, Gewährleistungs- und Überwachungsauftrag mit Disziplinarbefugnis einerseits und Rechtswahrnehmungsauftrag und Interessenvertretung andererseits – sowie den unterschiedlichen Funktionen – hoheitliche, ordnungspolitische einerseits und gewerkschaftsähnliche, genossenschaftliche, z. T. mit Dienstleistungscharakter andererseits – ergibt sich die Doppelfunktion der KVen oder, wie sie verschiedentlich auch bezeichnet wird, ihre Janusköpfigkeit.[95] Beide Aufgabenstellungen und Funktionen sind historisch gewachsen und für die KVen essentiell. Für den Fortbestand der KVen und ihre Akzeptanz bei den Mitgliedern ist entscheidend, dass es gelingt, beide Aufgabenstellungen und Funktionen miteinander in Einklang zu bringen, beispielsweise dadurch, dass die Mitglieder erkennen und akzeptieren, dass die Wahrnehmung ordnungspolitischer Funktionen durch die eigene Selbstverwaltungskörperschaft den wohlverstandenen Interessen aller Mitglieder dient und/oder auch dadurch, dass sie erkennen, dass ein immer höheres Maß an Gerechtigkeit, z. B. Honorarverteilungsgerechtigkeit nur durch immer differenziertere, weniger transparente Regelungen und, damit einhergehend, ein Mehr an Reglementierung und Bürokratisierung erreicht werden kann.

B. Formen der Teilnahme

Schrifttum: *Butzer,* Verfassungsrechtliche Anmerkungen zum GKV-Modernisierungsgesetz 2004 (GMG), MedR 2004, 177; *Kohte,* Die Umgestaltung des Gesundheitswesens in Ostdeutschland, in: Deutscher Sozialrechtsverband (Hrsg.), 10 Jahre nach dem Fall der Mauer – deutsche Einheit auch im Sozialrecht?, 2000, 29 ff.; *Klöcker,* Anmerkung zu BSG-Urteil v. 29. 9. 1999, KH 2000, 562; *Langguth,* Anmerkung zu BSG-Urteil v. 29. 9. 1999, DStR 2000, 836; *Orlowski,* Ziele des GKV-Modernisierungsgesetzes (GMG), MedR 2004, 202; *Rau,* Offene Rechtsfragen bei der Gründung Medizinischer Versorgungszentren?, MedR 2004, 667; *Schnapp,* Konkurrenzschutz für niedergelassene Ärzte gegen medizinische Versorgungszentren?, NZS 2004, 449; *Schnath,* Bedarfsplanung und Konkurrenzschutz

---

[92] BSG 13. 11. 1974 – Az. 6 RKa 42/73 = SozR 2200 § 368 e Nr. 1 = NJW 1975, 1478.

[93] BVerfGE 54, 224 (235).

[94] LSG Baden-Württemberg 21. 8. 1995 – Az. L 5 KA 2179/95, e. A. B. = MedR 1995, 505 ff.

[95] LSG Schleswig-Holstein a. a. O. spricht von „Doppelfunktion"; SG München 3. 8. 1998 – Az. S 42 KA 5175/98 ER von „Janusköpfigkeit"; in der standespolitischen Diskussion ist verschiedentlich auch von der „guten KV" und von der „bösen KV" die Rede.

im Kassenarztrecht, Diss. Bochum 1992; *Steinhilper,* Anmerkung zum BVerfG-Beschluss v. 17. 8. 2004, MedR 2004, 682; *Wigge,* Medizinische Versorgungszentren nach dem GMG, MedR 2004, 123; *Ziermann,* Sicherstellung der vertragszahnärztlichen Versorgung durch Medizinische Versorgungszentren, MedR 2004, 540.

Übersicht

I. Überblick

1 § 95 SGB V unterscheidet zwischen **Zulassung** und **Ermächtigung** zur **Teilnahme an der vertragsärztlichen Versorgung** (Abs. 1 Satz 1, Abs. 3 Sätze 1 und 2, Abs. 4 Satz 1 Satz 1). Die Zulassung vermittelt über das Recht zur Teilnahme hinaus die ordentliche Mitgliedschaft in der KV (vgl. dazu § 2 I. 1. und § 5a) I. 4.); außerordentliche Mitglieder sind die im Arztregister eingetragenen zulassungswilligen Ärzte (vgl. § 5a) I. 4.).

2 Die vertragsärztliche deckt im Wesentlichen die **ambulante ärztliche Versorgung** im Rahmen der GKV ab. Freilich werden Teile derselben auch außerhalb von KV und vertragsärztlicher Gesamtvergütung sichergestellt: **Ambulante Operationen im Krankenhaus,** § 115b, insbesondere Abs. 2 Sätze 1 und 4 SGB V,[96] ambulante Versorgung durch Krankenhäuser in deren **Hochschulambulanzen** (§ 117) und im Rahmen der **strukturierten Behandlungsprogramme bei chronischen Krankheiten,** § 116b Abs. 1 i. V. m. § 137f, **hochspezialisierte Leistungen von Krankenhäusern** nach § 116b Abs. 2 und 5 Satz 1, Leistungen der **psychiatrischen Institutsambulanzen und sozialpädiatrischen Zentren,** §§ 118, 119, 120 Abs. 2 SGB V. Die **vor- und nachstationäre ambulante Behandlung durch Krankenhäuser** im Rahmen des § 115a SGB V ist rechtlich hingegen Teil der nach KHG zu beurteilenden stationären Versorgung (§ 115a Abs. 3 Satz 1 SGB V). Umgekehrt sind Teile der **stationären Versorgung** in die vertragsärztliche Tätigkeit einbezogen: **Belegärztliche Tätigkeit** am Krankenhaus, § 121 SGB V, und die Betreuung in **Praxiskliniken,** § 115 Abs. 2 Nr. 1 SGB V.

3 Überliefertes **Leitbild** der vertragsärztlichen Versorgung (vgl. § 2 IV) ist in Anknüpfung an das (bisherige)[97] ärztliche Berufsrecht der persönlich verantwortliche, **freiberuflich niedergelassene** Arzt,[98] im Unterschied zu mehr oder weniger kapitalistisch betriebenen

---

[96] Vgl. dazu dreiseitiger Vertrag vom 23. 3. 1993, DÄ 1993, A 1995, und BSG SGb 1999, 462 = ZfS 1999, 276 = KH 2000, 119 m. zust. Anm. *Klöcker;* beachte aber § 115b SGB V-2000: Erweiterung auf **stationsersetzende Eingriffe,** Katalog in mehrseitigem Vertrag auf Bundesebene.

[97] Vgl. zum Stand der berufsrechtlichen Regelungen *Butzer* MedR 2004, 177, 178f.; *Wigge* MedR 2004, 123, 124.

[98] So für das Beitrittsgebiet § 311 Abs. 10 SGB V in der bis zum 31. 12. 2000 geltenden Fassung; zur Geschichte der vernetzten Versorgung im Beitrittsgebiet und ihrer Transformation im Rahmen

Einrichtungen mit angestellten Ärzten (und ggfs. Angehörigen weiterer Heilberufe). Dieses Leitbild erfährt durch § 95 Abs. 1 i. d. F. des GMG freilich eine programmatische Relativierung[99] wegen der nunmehr möglichen Zulassung **medizinischer Versorgungszentren** (vgl. unten zu II.2.) mit u. U. angestellten Ärzten. Die ärztlich geleitete Einrichtung war bislang nur als Ausnahme (vgl. Rdn. 26) im Rahmen des Ermächtigungsrechts in der ambulanten Versorgung bekannt, vgl. § 95 Abs. 4 SGB V.

4 **Teilnahme an der vertragsärztlichen Versorgung** meint jenseits des Zulassungsrechts die Berechtigung und Verpflichtung, die ambulante ärztliche Behandlung im Rahmen und nach Maßgabe der Pflichten der GKV durchzuführen; aus der Sicht des einzelnen Arztes richtet sich das Interesse **primär** auf die **Teilhabe an der Gesamtvergütung,** die die KVen mit befreiender Wirkung für die Wahrnehmung ihres eigenständigen Sicherstellungsauftrags erhalten (§§ 85 Abs. 1, 75 Abs. 1 Satz 1 SGB V). Es gibt aber auch einzelne besondere Teilnahmeformen mit **direkter Vergütung** durch die Krankenkassen außerhalb von KV und Gesamtvergütung. Gegenstück zum Recht auf Teilnahme ist die **Bindung an die vertraglichen und Richtlinien-Bestimmungen** in der vertragsärztlichen Versorgung einschließlich der Herrschaft der Disziplinargewalt der KV (§ 95 Abs. 3 Satz 3, Abs. 4 Sätze 2 und 3, § 81 Abs. 5 SGB V).

5 Regiert wird die Teilnahme im Wesentlichen nach Maßgabe des § 98 SGB V durch die Ärzte-ZV und einen entsprechenden, die Zulassung oder Ermächtigung aussprechenden Beschluss des **Zulassungsausschusses.**

II. Teilnahme von Vertragsärzten

6 (Zugelassene) Vertragsärzte und medizinische Versorgungszentren üben ihre Tätigkeit am Vertragsarztsitz aus, dem Ort ihrer Niederlassung, § 95 Abs. 1 Satz 4 SGB V.

7 Vertragsärzte werden nur als **Fachärzte** zugelassen (vgl. auch § 24 Abs. 3 Ärzte-ZV); § 95 Abs. 2 Nr. 1 i. V. m. § 95 a Abs. 1 Nr. 2 SGB V verlangt auch für Allgemeinärzte eine entsprechende Weiterbildung im Sinne des Berufsrechts.[100]

1. Hausärztliche und fachärztliche Versorgung

8 Der Vertragsarzt oder das medizinische Versorgungszentrum (vgl. § 73 b Abs. 2 Nr. 2) nehmen entweder an der **hausärztlichen oder der fachärztlichen** Versorgung teil, § 73 Abs. 1 Satz 1 SGB V. Diese zwingende Vorgabe ist nach der Rechtsprechung nicht verfassungswidrig.[101]

9 a) Die **hausärztliche Versorgung** hat Lotsen- und Koordinierungsfunktion, vgl. § 73 Abs. 1 Satz 2. Zu diesem Zweck erlaubt § 73 Abs. 1 b SGB V, mit widerruflicher Einwilligung des Versicherten[102] Behandlungsdaten und Befunde an andere Leistungserbringer weiterzugeben und von ihnen anzufordern.

10 „Der Versicherte wählt einen Hausarzt"; § 76 Abs. 3 Satz 2 SGB V; sanktioniert ist diese Feststellung nicht. § 65 a Abs. 2 ermöglicht es den Krankenkassen zur Etablierung

---

des § 311 SGB V vgl. *Kohte,* Die Umgestaltung des Gesundheitswesens in Ostdeutschland, in: Dt. Sozialrechtsverband (Hrsg.), 10 Jahre nach dem Fall der Mauer – deutsche Einheit auch im Sozialrecht?, Wiesbaden 2000, 29, 46 ff.

[99] Zutreffend, wenn auch rechtstatsächlich gegenwärtig noch zu pointiert, *Wigge* MedR 2004, 123, 124; *Ziermann* MedR 2004, 540. Zur Zielsetzung des GMG *Orlowski* MedR 2004, 202 ff.

[100] Vgl. dazu BSG SozR 3–2500 § 95 Nr. 19 und oben § 2 III; zu den europarechtlichen Besonderheiten in § 95 a Abs. 4 und 5 SGB V vgl. § 24.

[101] BSG SozR 3–2500 § 73 Nr. 1 und BVerfG SozR 3–2500 § 73 Nr. 3.

[102] Wegen der generellen datenschutzrechtlichen Wirkung der Einwilligung dürfte die Regelung überflüssig sein.

des Hausarztmodells freilich, Versicherten einen Bonus zu gewähren, wenn sie sich verpflichten, sonstige ärztliche Leistungen nur auf Überweisung durch den gewählten Hausarzt in Anspruch zu nehmen (vgl. auch § 73b Abs. 1: „hausarztzentrierte Versorgung").

11 Zur hausärztlichen Versorgung gehören nach § 73 Abs. 1a Satz 1 **Allgemeinärzte** (– bei Spezialisierung Zulassung ausschließlich zur fachärztlichen Versorgung möglich, Satz 5), **Kinderärzte** (mit Schwerpunktbezeichnung kumulativ auch fachärztliche Versorgung, Satz 4), **Internisten ohne Schwerpunktbezeichnung,** die die hausärztliche Versorgung gewählt haben, Ärzte, die am 31. 12. 1999 an der hausärztlichen Versorgung teilnehmen, und Ärzte mit einem § 95a Abs. 4 und 5 entsprechendem EU-Diplom.

Die **wirtschaftliche Position** der Hausärzte im innerärztlichen Verteilungskampf ist wesentlich gestützt durch § 85 Abs. 4: Die Gesamtvergütung hat die Unterscheidung zwischen hausärztlicher und fachärztlicher Versorgung bei der Honorarverteilung, die gemeinsam mit den Krankenkassen zu regeln ist, zu berücksichtigen; dafür hat der Bewertungsausschuss in seinen Vorgaben sicherzustellen, dass der in den Jahren 1996ff. einmal erreichte Vergütungsanteil in Zukunft nicht unterschritten wird.

12 b) Die besonderen vertragsärztlichen Regelungen der **fachärztlichen Versorgung** sind zunächst die Kehrseite der zu a) geschilderten: Alle Vertragsärzte außer den zu Rdn. 11 genannten gehören der fachärztlichen Versorgung an, unterfallen dem geschilderten Vergütungsregime. Zur Ausbildung von weiteren gruppenspezifischen Vergütungsregelungen.

13 § 24 Abs. 3 Ärzte-ZV bringt zum Ausdruck, dass der Facharzt jenseits des Berufsrechts vertragsärztlich auf die **Leistungen des Fachgebiets beschränkt** ist, für das er zugelassen ist; Leistungen auf Fachgebieten, für die keine Zulassung besteht, sind nach ständiger Rspr. des BSG nicht abrechenbar.

2. Ärztliche Kooperationen

14 Gesetzlicher Regelfall ist die Einzelpraxis.

15 Für die gemeinsame Ausübung der vertragsärztlichen Tätigkeit – **Gemeinschaftspraxis** – fordern §§ 98 Abs. 2 Nr. 13 SGB V, 33 Abs. 2 Satz 2 Ärzte-ZV eine Genehmigung des Zulassungsausschusses, die nur bei Beeinträchtigung der Versorgung oder aus berufsrechtlichen Gründen versagt werden darf, § 33 Abs. 2 Satz 4 Ärzte-ZV.

16 Die bloße **Praxisgemeinschaft** (gemeinsame Nutzung von Räumen, Einrichtungen und Beschäftigung von Hilfspersonal) bedarf lediglich der Anzeige an die KV, § 33 Abs. 1 Ärzte-ZV.

17 Die **Anstellung eines Arztes** ist im Rahmen der §§ 95 Abs. 9, 98 Abs. 2 Nr. 13 SGB V, § 32b Ärzte-ZV auf der Grundlage der Genehmigung durch den Zulassungsausschuss zulässig. Sie ist in doppelter Hinsicht beschränkt: Es dürfen nur entweder ein ganztags oder zwei je halbtags beschäftigte Ärzte angestellt werden (§§ 95 Abs. 9 SGB V, § 32b Abs. 1 Ärzte-ZV); außerdem ist die Anstellung in einer Gemeinschaftspraxis ausgeschlossen, § 33 Abs. 1 Satz 3 Ärzte-ZV.

Diese an das bisherige Berufsrecht[103] anknüpfenden Regelungen stehen in auffälligem Kontrast zu den Möglichkeiten der Gestaltung ärztlicher Tätigkeiten im Rahmen der nunmehr zulässigen medizinischen Versorgungszentren.[104]

3. Zulassung von Personengesellschaften oder juristischen Personen, insbesondere medizinischen Versorgungszentren

18 Das Vertragsarztrecht kannte bis 2003 nur die persönliche Zulassung des einzelnen Arztes. Eine Ausnahme bildete lediglich § 311 Abs. 2 SGB V für das Beitrittsgebiet: Die

---

[103] Vgl. die kurze Zusammenfassung bei *Butzer,* MedR 2004 177, 178f.

[104] Vgl. Medizinrechtsausschuss des Dt. Anwaltsvereins MedR 2005, 30, 32; *Schnapp* NZS 2004, 449, 450.

dort am 1. 10. 1992 existenten „Gesundheitseinrichtungen" und Fachambulanzen mit ihren angestellten Ärzten waren kraft Gesetzes zur – hier ausdrücklich so genannten: – ambulanten Versorgung zugelassen; die Zulassung konnte durch den Zulassungsausschuss lediglich widerrufen werden, wenn eine ordnungsgemäße und wirtschaftliche Versorgung durch die Einrichtung nicht möglich war.

19 Aufgrund der Neufassung des § 95 SGB V durch das GMG können seit dem 1. 1. 2004 auch **medizinische Versorgungszentren** mit selbstständigen oder angestellten Ärzten an der vertragsärztlichen Versorgung teilnehmen, und zwar in **jeder zulässigen Organisationsform** (§ 95 Abs. 1 Satz 3, 1. Hs.). Der Regelung wird durchweg neben ihrer sozialversicherungsrechtlichen auch standesrechtliche Bedeutung bei- und deswegen eine verfassungsrechtliche Kollision mit den Länderzuständigkeiten für das Berufsrecht der Heilberufe zugemessen.[105] Das dürfte der Relativität der beiden Regelungsbereiche nicht gerecht werden; schon wegen des drohenden Ergebnisses ist im Wege verfassungskonformer Auslegung davon auszugehen, dass es bei der vorgreiflichen Geltung des Landesheilberufs- und berufständischen Rechts bleibt.[106] Die Zulässigkeit der Organisationsform wird dem Wortlaut des § 95 Abs. 1 nach nicht durch das SGB V selbst bestimmt. Freilich geht von der sozialversicherungsrechtlichen Zulassung ein erheblicher faktischer Druck zur Anpassung des berufsständischen Rechts aus. Die tatsächliche Einführung der Versorgungszentren ist in zulassungsgesperrten Gebieten an das Freiwerden von Arztsitzen gebunden, *arg e* § 95 Abs. 2 Satz 8 SGB V.

Gegen die rein kapitalistische Ausrichtung der medizinischen Versorgungszentren baut § 95 Abs. 1 Satz 3, 2. Hs. eine Sperre ein, indem die Gründung (– und Betreibung[107] –) des Zentrums nur von einem auf Grund von Zulassung, Ermächtigung oder Vertrag bereits teilnehmenden Leistungserbringer unternommen werden darf.

20 Die medizinischen Versorgungszentren zielen auf die strukturelle Unterfütterung der **integrierten Versorgung**[108] (§§ 140 a ff.). Sie sind deshalb als **fachübergreifende ärztlich geleitete Einrichtungen** definiert, § 95 Abs. 1 Satz 2, 1. Hs. Der etwas schillernde Begriff „fachübergreifend"[109] schließt wegen der Zwecksetzung der Vorschrift erkennbar auch die Zusammenarbeit mit nicht-ärztlichen Heilberufen ein.[110]

4. Teilnahmeformen für Vertragsärzte außerhalb von KV und Gesamtvergütung

21 a) Im Falle, dass ein freiwillig gesetzlich Versicherter **Kostenerstattung** gewählt hat (§ 13 Abs. 2 SGB V), rechnet der Vertragsarzt seine Vergütung in Höhe der ansonsten von der Krankenkasse zu tragenden Gebühren direkt mit dem Versicherten ab.

22 b) Andere Vergütungs- und Finanzierungsformen sind im Rahmen von **Modellvorhaben** nach den §§ 63 ff. SGB V denkbar. Zu den Einzelheiten vgl. § 11 Rdn. 7 ff.

23 c) Gemeinschaften zugelassener Vertragsärzte konnten seit dem 1. 1. 2000 mit Krankenkassen unter Einbeziehung sonstiger Leistungssektoren Verträge über eine **integrierte Versorgung** schließen, die eine Vergütung im Rahmen von Gesamt- oder Teilbudgets beinhalten (vgl. §§ 140 a ff. SGB V und § 12 Rdn. 51 ff.). Dazu war eine Rahmenvereinbarung zwischen Spitzenverbänden der Krankenkassen und Kassenärztlicher Bundesvereinigung zu erarbeiten, § 140 d SGB V-2000.

---

[105] *Butzer* MedR 2004, 177, 178 ff.; *Rau* MedR 2004, 667 ff.; *Wigge* MedR 2004, 123, 1245 f.; *Ziermann* MedR 2004, 540, 541 f.

[106] Der Vorschlag des Medizinrechtsausschusses des Dt. Anwaltsvereins MedR 2005, 30, § 95 Abs. 1 Satz 3, 1. Hs. um die Einschränkung zu ergänzen „soweit landesrechtliche Vorschriften über die ärztliche Berufsausübung nicht entgegenstehen", dürfte deshalb nur klarstellender Natur sein.

[107] So klarstellend der Medizinrechtsausschuss des Dt. Anwaltsvereins MedR 2005, 30.

[108] Vgl. *Orlowski* MedR 2004, 202, 203.

[109] Dazu Medizinrechtsausschuss des Dt. Anwaltsvereins MedR 2004, 30.

[110] So auch *Butzer* MedR 2004, 177, 179.

Durch das GMG ist seit dem 1. 10. 2004 die Etablierung integrierter Versorgungsformen von der strukturellen Ausgestaltung der vertragsärztlichen Versorgung abgekoppelt worden.[111] Sie unterliegt nunmehr **allein der Entscheidung der Krankenkassen** und bezieht alle Leistungserbringer ein (§§ 140a Abs. 1, 140b Abs. 1). Der Sicherstellungsauftrag der KVen ist in Bereichen der integrierten Versorgung ausgeschlossen, § 140a Abs. 1 Satz 2.

III. Teilnahme im Rahmen von Ermächtigungen

24 Ermächtigung ist die Berechtigung und Verpflichtung zur Teilnahme an der vertragsärztlichen Versorgung, § 95 Abs. 4 Satz 1 SGB V; ihr fehlt im Unterschied zur Zulassung die Begründung der Mitgliedschaft in der KV (vgl. oben Rdn. 1). In der Regel ist sie sachlich und/oder patientenorientiert auf einen Ausschnitt der vertragsärztlichen Leistungen, zusätzlich zeitlich beschränkt, vgl. § 31 Abs. 7 Satz 1 Ärzte-ZV. Selbstredend kann sie nicht für Leistungen erteilt werden, die nicht zum Leistungskatalog der gesetzlichen Krankenversicherung gehören.[112] Ihre Grenze ist stets das, was der zu Ermächtigende tatsächlich kann und krankenversicherungsrechtlich darf.[113]

25 Zu den Kriterien der Prüfung eines entsprechenden Bedarfs vgl. unten zu c) Rdn. 35ff.

26 Die Ermächtigung kann sich an einen **Arzt** persönlich oder auch an eine **ärztlich geleitete Einrichtung** richten (§ 95 Abs. 4 Satz 1 SGB V); für letztere ist sie also jenseits der medizinischen Versorgungszentren die einzige mögliche Grundlage der Teilnahme an der vertragsärztlichen Versorgung. Die **persönliche Ermächtigung** hat schon grundsätzlich **Vorrang** vor einer Institutsermächtigung (vgl. § 98 Abs. 2 Nr. 11: „in besonderen Fällen");[114] die Institutsermächtigung scheidet immer für Leistungen aus, die in besonders engem Zusammenhang mit der persönlichen ärztlichen Qualifikation stehen.[115]

27 Ob die Ermächtigung durch **Gesetz** oder **Beschluss des Zulassungsausschusses** erfolgt, richtet sich nach ihren besonderen Fällen, die in den § 98 Abs. 2 Nr. 11, §§ 31, 31a Ärzte-ZV und §§ 116ff. SGB V normiert sind.

1. Ermächtigung durch Gesetz

28 Eine **gesetzliche Institutsermächtigung** zur psychiatrischen und psychotherapeutischen Behandlung besteht für **Allgemeinkrankenhäuser mit selbstständigen, fachärztlich geleiteten psychiatrischen Abteilungen mit regionaler Versorgungsverpflichtung** für diejenige Gruppe von Kranken, die durch dreiseitigen Vertrag zwischen Spitzenverbänden der Krankenkassen, KBV und DKG bestimmt wird, § 118 Abs. 2. Die Vorschrift erstreckt den besonderen Versorgungsauftrag dieser Krankenhausabteilungen für die flächendeckende Versorgung seelisch Kranker ohne Zulassungsverfahren auf die GKV.

2. Anspruch auf Ermächtigung

29 Einen **Anspruch auf Ermächtigung** durch den Zulassungsausschuss haben:

a) **Psychiatrische Krankenhäuser** mit der Maßgabe, die Behandlung auf diejenigen Patienten auszurichten, die wegen Art ihrer Erkrankung oder wegen zu großer Entfernung zu geeigneten Ärzten auf deren Behandlung angewiesen sind, § 118 Abs. 1 SGB V.

---

[111] Vgl. *Orlowski* MedR 2004, 202, 203f.

[112] BSG SozR 3–2500 § 118 Nr. 1; BSG 29. 9. 1999 B 6 KA 20/99 B.

[113] BSG SozR 3–2500 § 116 Nr. 14.

[114] BSG 9. 6. 1999 – B 6 KA 25/98; 29. 9. 1999 – B 6 KA 20/99 B; 1. 7. 1998 SozR 3–5520 § 31 Nr. 8; 2. 10. 1996 SozR 3–5520 § 31 Nr. 6.

[115] BSGE 79, 159 = SozR 3–5520 § 31 Nr. 5.

b) **Polikliniken der Hochschulen** zur Sicherstellung der Forschung, Lehre und Ausbildung nach Maßgabe dreiseitiger Verträge zu Einzelheiten der Durchführung, § 117 Abs. 1 SGB V. Nach der Rechtsprechung[116] kann die Ermächtigung weiter gehen als die Forschungs- und Lehraufgaben der Hochschulklinik reichen. Freilich sind auch die Hochschulkliniken nicht von dem Erfordernis freigestellt, ihre besondere Befähigung für den umschriebenen Leistungskatalog nachzuweisen.[117]

c) **Sozialpädiatrische Zentren,** sofern die Ermächtigung für die Sicherstellung einer ausreichenden sozialpädiatrischen Behandlung notwendig ist, § 119 Abs. 1 Satz 2 SGB V. Diese Behandlung muss über das Leistungsangebot von Pädiatern und Frühförderstellen hinausgehen, *arg e* § 119 Abs. 2 SGB V.

d) **Einrichtungen der Behindertenhilfe mit einer ärztlich geleiteten Abteilung** sind in dem Umfang zu ermächtigen, die die ausreichende ambulante Versorgung von Versicherten mit geistiger Behinderung in diesen Einrichtungen erfordert, § 119a SGB V.

e) **Krankenhausärzte mit abgeschlossener Facharztausbildung,** sofern eine ausreichende ärztliche Versorgung ohne die besonderen Untersuchungs- und Behandlungsmethoden oder Kenntnisse dieses Arztes nicht sichergestellt ist, § 116 Satz 2 SGB V.

3. Ermessensermächtigung

30 Alle weiteren Ermächtigungen stehen im **pflichtgemäßen Ermessen des Zulassungsausschusses.** Das pflichtgemäße Ermessen richtet sich auf die Sicherstellung der ausreichenden und zweckmäßigen Versorgung. Adressaten sind gem. §§ 98 Abs. 11, 116ff. SGB V Ärzte, insbesondere in Krankenhäusern und Einrichtungen der beruflichen Rehabilitation, und in besonderen Fällen ärztlich geleitete Einrichtungen. Das BSG (oben Rdn. 26) entnimmt dieser Formulierung den Vorrang der persönlichen vor der institutionellen Ermächtigung. Ebenso wird man ihr im Rahmen persönlicher Ermächtigungen einen Vorrang von Ärzten in Krankenhäusern und Einrichtungen der beruflichen Rehabilitation vor der Ermächtigung sonstiger Ärzte entnehmen können.

31 Zum Sonderfall der Ermächtigung des Krankenhauses bei festgestellter Unterversorgung, § 116a SGB V, vgl. unten zu § 5c) 2. c)

4. Insbesondere: Ermächtigung von Krankenhäusern/Krankenhausärzten

32 Die Einbeziehung der medizinischen Kompetenzen des Krankenhauses in die ambulante Versorgung ist der praktisch bedeutsamste Fall der Ermächtigung. Die Ermächtigung des angestellten Krankenhausarztes hängt an der **Zustimmung des Krankenhausträgers,** § 116 Satz 1 SGB V; der Krankenhausträger wickelt die Vergütung unter Abrechnung seiner Verwaltungs- und Sachkosten ab, § 120 Abs. 1 Satz 3 SGB V.

33 Versuchen von Krankenhausträgern und/oder -ärzten, diese Regelungen im Anblick verschärfter Wettbewerbsbedingungen am Gesundheitsmarkt auszunutzen, um entweder Institutsermächtigungen oder Ermächtigungen des angestellten Arztes herbeizuführen, ist das BSG mit dem Leitsatz entgegengetreten, dass **Rechtsmissbrauch** die Ermächtigung ausschließe: Schränkt das Krankenhaus etwa ambulante Operationen gezielt ein, um eine entsprechende Ermächtigung des leitenden Krankenhausarztes zu bewirken, so ist die Ermächtigung genauso unzulässig[118] wie dann, wenn die Klinik die Zustimmung zur Ermächtigung des Krankenhausarztes verweigert, um eine Institutsermächtigung zu erlangen.[119]

---

116 BSG SozR 3–5520 § 31 Nr. 9.

117 BSG SozR 3–5520 § 31 Nr. 7.

118 BSG SozR 3–2500 § 116 Nr. 19 = ZfS 1999, 276 = SGb 1999, 462.

119 BSGE 82, 216 = SozR 3–5520 § 31 Nr. 9; vgl. auch BSGE 79, 158 = SozR 3–5520 § 31 Nr. 5.

34 Zur Abwehr von Eindringen sonstiger Ärzte in die vertragsärztliche Versorgung können nach Auffassung des LSG NW nur hauptberuflich tätige Krankenhausärzte, nicht aber Belegärzte oder nebenamtlich tätige Krankenhausärzte ermächtigt werden.[120]

IV. Konkurrentenklagen

35 Die Rechtsregeln über die Teilnahme an der vertragsärztlichen Versorgung haben wegen der rationierenden Funktion des SGB V im Gesundheitsmarkt ihre eigene verfahrensrechtliche Bedeutung im Hinblick auf die Zulässigkeit von Konkurrentenklagen. Nach überbrachter Dogmatik[121] gewährt eine Norm nur dann das Klagerecht gegen die Zulassung eines Wettbewerbers, wenn sie im allgemeinen Interesse die Position des Klägers jenseits von dessen Wettbewerbsinteressen schützt. In seiner jüngeren Rechtsprechung[122] ist das BSG der Auffassung, dass eine solche Drittwirkung des Zulassungsrechts gegenüber Ermächtigungen von anderen Ärzten ausgeschlossen ist. Dem Vertragsarzt ist die Klage erst eröffnet, wenn die Ermächtigung geradezu willkürlich erfolgt ist.[123]

36 Der Vertragsarzt hatte demnach auch keinen Anspruch gegen seine KV, in seinem Interesse gegen eine Ermächtigung einzuschreiten.[124]

37 Wettbewerbsschutz folgt dann allein aus § 1 UWG; dem Vertragsarzt steht ein Anspruch auf Ersatz des Schadens zu, den ihm ein ermächtigter Arzt dadurch verursacht, dass er Leistungen jenseits seiner Ermächtigung erbringt.[125]

Diese ausschließlich an den rechtlichen Normzwecken des SGB V und dem Willkürverbot des Art. 3 GG orientierte Dogmatik hat das BVerfG[126] nunmehr verworfen. Zwar gewähre das Grundgesetz keinen generellen Schutz vor Wettbewerb; eine Wettbewerbsveränderung durch Einzelakt beeinträchtige das Grundrecht der Berufsfreiheit aus Art. 12 GG aber stets dann, wenn sie mit erheblichen Konkurrenznachteilen einhergehe und im Zusammenhang mit staatlicher Planung und Verteilung staatlicher Mittel stehe. Im Anschluss an seine Rechtsprechung zum Krankenhausrecht[127] hat das BVerfG deswegen aus Art. 12 GG hergeleitet, dass dem in § 116 S. 2 SGB V und § 31 a Abs. 3 ZV-Ärzte angeordneten Vorrang der niedergelassenen Vertragsärzte vor dem Hintergrund restriktiver Bedarfsplanung und limitierter Gesamtvergütungen drittschützende Wirkung zukommt, deshalb für den Vertragsarzt den Klageweg gegen Ermächtigungen eröffnet.

Ob sich diese Rechtsprechung jenseits des Verhältnisses Vertragsarzt – ermächtigter Arzt auf weitere Teilnahmestreitigkeiten ausdehnen lässt,[128] hängt insbesondere davon ab, welche Bedeutung der einfachgesetzlichen Ausgangslage in der Beschlussbegründung letztlich zukommt: Das BVerfG stellt u. a. auf den „Vorrang“ ab, den „das System der gesetzlichen Krankenversicherung ... den Vertragsärzten gegenüber anderen Ärzten garantiert“.[129] Ein solcher Vorrang lässt sich indes jenseits des Ermächtigungsrechts nur schwer ausmachen; insbesondere ist er im Verhältnis der Vertragsärzte zu medizinischen Versorgungszentren[130] in § 95 Abs. 1 SGB V nicht zu finden. Es bleibt abzuwarten, ob das BVerfG seine Rechtsprechung in dem Sinne weiterentwickelt, dass eine besondere Betroffenheit zugelassener

---

[120] 13. 1. 1999 – L 11 KA 185/98 – rechtskräftig –.

[121] Dazu *Schnath,* Bedarfsplanung und Konkurrenzschutz im Kassenarztrecht, 1992.

[122] Seit E 68, 291 = SozR 3–1500 § 54 Nr. 7; vgl. auch BSG SozR 3–1500 § 54 Nr. 30.

[123] BSG MedR 2004, 595; MedR 2000, 245 mit insoweit kritischer Anm. *Langguth* DStR 2000, 836; zust. *Klöcker* KH 2000, 562.

[124] BSG 2. 10. 1996 SozR 3–2500 § 75 Nr. 8.

[125] BSG SozR 3–2500 § 116 Nr. 17.

[126] Beschluss vom 17. 8. 2004 – 1 BvR 378/00 –, MedR 2004, 680, m. Anm. *Steinhilper.*

[127] BVerfG NZS 2004, 199.

[128] Vgl. Überblick bei *Steinhilper* MedR 2004, 682, 683 f.

[129] BVerfG MedR 2004, 680, 682 li. Sp.

[130] Dazu bereits *Schnapp* NZS 2004, 449, 451 f.

Wettbewerber durch Einzelakte in staatlich rationierten Märkten generell den Weg zur Konkurrentenklage öffnet.

C. Die vertragsärztliche Bedarfsplanung

Schrifttum: *Bonvie,* Aktuelle Fragen des ärztlichen Berufsrechts, MedR 2002, 338; *Fiedler,* Zum Nachbesetzungsverfahren unter besonderer Berücksichtigung von Praxisgemeinschaften und anderen Kooperationen, NZS 2003, 574; *Gleichner,* Job-Sharing in der Vertragsarztpraxis: Die geänderten Richtlinien, MedR 2000, 399ff.; *Haage,* Bedarfsplanung in der GKV-Gesundheitsreform 2000, MedR 2000, 262ff.; *Kasseler Kommentar,* Sozialversicherungsrecht, Stand: März 2000; *Klöcker,* Anmerkung zu BSG-Urteil v. 29. 9. 1999, KH 2000, 562; *Langguth,* Anmerkung zu BSG-Urteil v. 18. 3. 1998 (SozR 3–2500 § 103 Nr. 2), DStR 2000, 650; *Peters* (Hrsg.), Handbuch der Krankenversicherung. Teil II – Sozialgesetzbuch V, Stand: Nov. 2000; *Pitschas,* Beziehungen zwischen Leistungserbringern und Krankenkassen, insbesondere vertragsärztliche Versorgung, JbSozR Gegenwart 15 (1993), 285ff.; *Rieger,* Fortführung der Arztpraxis nach GSG – Verfassungsrechtliche Aspekte: Zulassungsverfahren, Verkehrswert der Praxis und Altersbegrenzung im Lichte der Berufsfreiheit und der Eigentumsgarantie, MedR 1994, 213ff.; *Ruland,* Anmerkung zu BSG-Urteil v. 18. 3. 1998 (SozR 3–2500 § 103 Nr. 2), JuS 2000, 509; *Schnath,* Bedarfsplanung und Konkurrenzschutz im Kassenarztrecht, Diss. Bochum, 1992; *Spielmeyer,* Ausschreibung und Wiederbesetzung eines Vertragsarztsitzes in einer Gemeinschaftspraxis, SGb 1997, 314ff.; *Steiner,* Das Bundesverfassungsgericht und die Volksgesundheit, MedR 2003, 1; *Steinhilper,* Fortführung der Arztpraxis nach GSG – Praxisnachfolge in gesperrten Gebieten, MedR 1994, 227ff.; *Volbers,* Maßnahmen zur künstlichen Befruchtung im Leistungskatalog der GKV, SdL 1990, 243ff.; *Wannagat/Eichenhofer* (Hrsg.), Sozialgesetzbuch. Kommentar zum Recht des Sozialgesetzbuchs. Gesetzliche Krankenversicherung, Stand: Okt. 2000; *Wertenbruch,* Veräußerung und Vererbung des Anteils an einer vertragsärztlichen Berufsausübungsgesellschaft (Partnerschaft und BGB-Gesellschaft), MedR 1996, 485ff.

Übersicht

I. Zwischen Markt und Staat

1 Jede Form der bedarfsorientierten Planung von Berufschancen ist aus **verfassungsrechtlichen Gründen prekär,** wenn sie nur aus dem Bereich der Verwaltung eigentlich staatlicher Aufgaben hinaus in den Bereich des gesellschaftlichen Wettbewerbs hinein wirkt. Dort ist stets Art. 12 GG berührt, während hier, im staatlichen „Binnenbereich",

Bedarfsplanung selbstverständlich, nämlich eine Notwendigkeit des öffentlichen Haushaltsregimes ist (vgl. nur für die Sozialversicherung § 69 Abs. 2 SGB IV – Grundsätze der Sparsamkeit und Wirtschaftlichkeit – und § 67 Abs. 2 SGB IV – Stellenpläne –). Diesem verfassungsrechtlichen Ausgangspunkt liegt auf der Sachebene, nämlich auf der Ebene der Frage nach der optimalen Steuerung der Güterversorgung, die Dichotomie zwischen der Idee des Marktes und der Idee funktioneller Staatstätigkeit zugrunde: Einerseits optimale Versorgung durch eigennützigen Wettbewerb, in dem der Markt als „unsichtbare Hand" (Adam Smith) für den größtmöglichen Nutzen Aller sorge, andererseits hoheitliche und sparsame Sicherstellung aller Funktionen, in denen der Markt versagt: Insoweit geht es also um Vorstellungen von **Marktversagen.** Sie wird im Vertragsarztrecht begründet in der These eines Marktungleichgewichts auf Grund **anbieterdominierter Nachfrage.** Die dichotome Sachebene findet sich verfassungsrechtlich wieder in dem Gegensatz zwischen der Grundrechtsbestimmung des Art. 12 GG, die Berufsfreiheit verheißt, und der Dogmatik zulässiger Eingriffe in dieses Freiheitsrecht: Hier sind Aussagen zur **Verhältnismäßigkeit** verlangt.

2 Doch damit ist die juristische Transposition noch nicht abgeschlossen; drittens fragt sich nämlich, inwieweit die juristische Dogmatik **politisches Ermessen** und die Möglichkeit unterschiedlicher, weil letztlich spekulativer Antworten auf die Sachfrage im Rahmen eines **Beurteilungsspielraums** respektiert. Hier geht es darum, ob das Bundesverfassungsgericht[131] Annahmen des Gesetzgebers, die Verwaltungsgerichte Annahmen der Exekutivorgane achten, nämlich auf rein rechtliches Besserwissen verzichten.

3 Letztere Ebene ist ihrerseits faktisch durchzogen von der Ausgestaltung der Steuerung der vertragsärztlichen Versorgung durch ihre besondere korporatistische Organisation als **„gemeinsame"** Regulierung durch Verbände der Krankenkassen und der Kassenärztlichen Vereinigungen; rechtlich geht es damit um die rechtsstaatliche Zulässigkeit solcher historisch gewachsener, durch die Gesetzgebung bleibend **als funktional erachteter „Selbstverwaltung".**

4 Die Rechtsprechung des **BSG** hat die seit 1989 in das SGB V eingeführten Regelungen zur Bedarfsplanung für **verfassungsgemäß** erachtet.[132] Das **BVerfG** hat in bemerkenswert knapper Art und Weise bestätigt, dass der Gesetzgeber dem Gesichtspunkt der angebotsinduzierten Nachfrage im Gesundheitswesen im Interesse der finanziellen Stabilisierung der GKV im Rahmen des ihm eingeräumten sozialpolitischen Gestaltungsspielraums durch Regelungen zur Bekämpfung einer Überversorgung Raum geben darf.[133]

II. Derzeitige Formen vertragsarztrechtlicher Bedarfsplanung

5 Rechtlich sind die Ebenen zu unterscheiden, auf denen – in der ihr je eigenen Form – bedarfsorientierte Beschränkungen der Teilhabe des Arztes an der vertragsärztlichen Versorgung greifen: Am formell schärfsten wirkt die Anordnung der **Zulassung auf Grund von gesetzlich festgelegten Verhältniszahlen;** sie ist nach § 102 Abs. 1 SGB V bereits **seit dem 1. 1. 2003** (Art. 1 Nr. 42 GKV-GesundheitsreformG 2000) vorgesehen und wird vom Gesetz als eigentliche **Bedarfszulassung** bezeichnet.[134] Weniger schneidend wirken die nach wie vor praktizierten Regelungen zur Bekämpfung von **Überversorgung** nach den §§ 101, 103 SGB V: Die Steuerungsüberlegungen sind auf der **Grundlage tatsächlicher Entwicklungen** (Stichtag 31. 12. 1990 gem. § 101 Abs. 1 Satz 3

[131] Dazu *Steiner* MedR 2003, 1.

[132] BSG SozR 3–2500 § 103 Nr. 1; SozR 3–2500 § 103 Nr. 2 mit zust. Anm. *Langguth* DStR 2000, 650, und *Ruland* JuS 2000, 509; vgl. auch die übrige Rechtsprechung zu Art. 12 GG im Kassenarztrecht BSG SozR 3–2500 § 98 Nr. 3; SozR 3–2500 § 98 Nr. 4; SozR 3–2500 § 95 Nr. 18; BVerfG SozR 3–2500 § 95 Nr. 16.

[133] BVerfG, Kammer-Beschluss (!) vom 27. 4. 2001, MedR 2001, 639, 640.

[134] Vgl. dazu auch *Haage* MedR 2000, 262.

SGB V) im Grundsatz dem Bundesausschuss übertragen (§ 101 SGB V) und von den Landesausschüssen räumlich, arztgruppen- und kassenartenbezogen verbindlich zu konkretisieren (§ 103 Abs. 1 und 2 SGB V). Freilich hat der Bundesausschuss seinerseits die Kriterien für Überversorgung in seiner Bedarfsplanungs-Richtlinie-Ärzte, zuletzt geändert am 15. 6. 2004,[135] bis zur Festsetzung von Verhältniszahlen für die Mehrzahl der Arztgruppen fortentwickelt. Relative Überversorgung kann sich aus der Sicht von **Unterversorgung** in einem Bezirk zeigen; der Landesausschuss kann dann nämlich – als letztes Mittel – benachbarte Bezirke im Interesse der Förderung des Angebots im Mangelgebiet sperren (§ 100 Abs. 2 SGB V).

6 Sorgen im Zulassungsrecht mithin feststellende Beschlüsse der Landesausschüsse für verbindliche Vorgaben, so haben die Zulassungsausschüsse im **Recht der Ermächtigung** eigene Einschätzungen der Versorgungslage anzustellen und umzusetzen (§§ 31 Abs. 1 und 31 a Abs. 1 Satz 2 Ärzte-ZV). Ganz aus dem Vertragsarztrecht hinaus führt § 121 a SGB V, der die auch unter Bedarfsgesichtspunkten, Abs. 2 Nr. 2, zu erteilende Genehmigung zur **Durchführung künstlicher Befruchtungen** der zuständigen Landesbehörde vorbehält.

III. Bedarfsgeplante Zulassung

1. Das Bedarfsplanungsverfahren

7 Entsprechend deren Sicherstellungsauftrag, § 75 Abs. 1 SGB V, münden alle institutionellen und substantiellen Vorgaben für die Bedarfsplanung in den **Bedarfsplan,** den die **Kassenärztliche Vereinigung** für ihren Bereich (§ 12 Abs. 2 Ärzte-ZV) aufstellt, anpasst und **veröffentlicht** (§ 99 Abs. 1 SGB V). Jenseits eigentlich vertragsärztlicher Vorgaben sind allgemeine gesundheitspolitische Belange, nämlich solche der Raumordnung, der Landes- und der Krankenhausplanung zu berücksichtigen, der Bedarfsplan daher nicht nur mit den Kassenverbänden, sondern auch mit den zuständigen Landesbehörden abzustimmen. Mit den Kassenverbänden ist Einvernehmen zu erzielen; anderenfalls hat der Landesausschuss über seine Beratungsfunktion hinaus über den Bedarfsplan zu entscheiden, § 99 Abs. 2 und 3 SGB V. Auf der Grundlage des § 98 Abs. 2 Nr. 8 SGB V enthalten die §§ 12–14 Ärzte-ZV weitere Vorgaben zum Verfahren, insbesondere zusätzliche Informations- und Hinzuziehungspflichten ggü. kommunalen Verbänden und anderen Sozialversicherungsträgern.

8 Maßgeblich für die Bedarfsplanung sind aber insbesondere die **Richtlinien des Bundesausschusses,**[136] § 99 Abs. 1 Satz 1 SGB V, die für den Fall der Überversorgung durch § 101 SGB V näher programmiert sind, während sich eine Kompetenz für die Richtliniensetzung zur Bekämpfung von Unterversorgung lediglich aus § 92 Abs. 1 Nr. 9 SGB V ergibt. Während die Nrn. 3.–5. der Bedarfsplanungs-Richtlinien-Ärzte des Bundesausschusses Vorschriften über Planungsunterlagen und die räumlichen Grundlagen der Planung enthalten, stellt Nr. 6 als allgemeines Kriterium für den bedarfsgerechten Versorgungsgrad (§ 101 Abs. 1 Nr. 1 SGB V) das der **arztgruppenspezifischen Verhältniszahl** auf, und zwar unter Bezugnahme auf die am 31. 12. 1990 herrschende Versorgungsdichte (vgl. Nr. 8. der Richtlinie und § 101 Abs. 1 Satz 3 SGB V). Überschreitet eine Arztgruppe der berufsständischen Weiterbildungsordnung, für die bislang keine Verhältniszahl existiert, bundesweit erstmals die Zahl von 1000, hat der Bundesausschuss in die Prüfung einzutreten, ob im Interesse der Planungsziele eine Erfassung innerhalb der Bedarfsplanung notwendig ist, § 101 Abs. 2 Nr. 2 SGB V. Zur arztgruppenspezifischen Verhältniszahl hinzu tritt das Kriterium der **Ausgewogenheit zwischen hausärztlicher und fachärztlicher Versorgungsstruktur,** § 101 Abs. 1 Nr. 2 SGB V; nach § 101 Abs. 5 Sätze 2 und 3

---

[135] Vgl. Internetseite des Gemeinsamen Bundesausschusses *www.g-ba.de.*

[136] Zur Zulässigkeit der Definition der Planungsbezirke durch den Bundesausschuss vgl. BSG vom 28. 6. 2000, MedR 2001, 265.

SGB V sind die Verhältniszahlen für die nunmehr als eigene Arztgruppe zu behandelnden Hausärzte und für diean der fachärztlichen Versorgung teilnehmenden Internisten nach Stand vom 31. 12. 1995 festzusetzen.

9 Die arztgruppenspezifische Verhältniszahl dient zur Bestimmung von Unter- wie von Überversorgung gleichermaßen. Die derzeit geltenden regionalspezifischen Verhältniszahlen für 13 Arztgruppen ergeben sich aus der Tabelle in Nr. 12 der Richtlinien (zwischen 1474 Einwohner/Arzt für die Gruppe Hausärzte in ländlichen Kreisen und 156813 Einwohner/Arzt für die Gruppe der Radiologen, ebf. in ländlichen Kreisen).

2. Unterversorgung

10 a) Als **Kriterium der Unterversorgung** normiert der 6. Abschnitt der Bedarfsplanungsrichtlinie den Bedarfsplan, der von den Verhältniszahlen der Richtlinien lediglich „auszugehen", im Zweifel aber den tatsächlichen Bedarf auszuweisen hat (Nrn. 27, 28 und insbesondere 31); sind vorgesehene Vertragsarztsitze nicht nur vorübergehend nicht zu besetzen und tritt dadurch eine unzumutbare Erschwernis in der Inanspruchnahme ärztlicher Leistungen ein, die auch durch Ermächtigungen nicht behoben werden kann, liegt Unterversorgung vor. Letztere wird **vermutet** bei Unterschreiten des geplanten Bedarfs um **25 v.H. in der allgemein-, um 50 v.H. in der fachärztlichen Versorgung,** Nr. 29 der Richtlinie.

11 b) Zum **weiteren Verfahren** sieht die Richtlinie bei Anhalt für eine (drohende, vgl. dazu Nr. 29 Satz 2 und Nr. 30) Unterversorgung zunächst eine gemeinsame Feinplanung von KV und Krankenkassen-Verband vor (Nr. 30); bejahendenfalls ist der **Landesausschuss** zu benachrichtigen, der spätestens innerhalb von drei Monaten zu entscheiden hat (Nrn. 32, 33 und § 16 Abs. 1 Ärzte-ZV). Dessen Entscheidung richtet sich zunächst auf die **Feststellung der Unterversorgung** (§§ 100 Abs. 1 SGB V und 16 Abs. 2 Ärzte-ZV).

12 c) Die **Rechtsfolgen festgestellter Unterversorgung** sind:

Die festgestellte Unterversorgung fordert zunächst die betroffene **Kassenärztliche Vereinigung:** Sie ist vom Landesausschuss unter Setzung einer **angemessenen Frist** für die Beseitigung der Unterversorgung zu informieren (§ 100 Abs. 1 S. 2 SGB V, § 16 Abs. 2 Satz 1 Ärzte-ZV); dabei kann der Landesausschuss bereits Maßnahmen empfehlen (§ 16 Abs. 1 Satz 2 Ärzte-ZV). Die Kassenärztliche Vereinigung, die ohnehin bedarfsgerecht ausgewiesene Vertragsarztsitze nach der Zeit einer Verwaisung von sechs Monaten auszuschreiben hat (§ 15 Ärzte-ZV), kann nunmehr alle ihr zu Gebote stehenden **geeigneten Maßnahmen** ergreifen (§ 100 Abs. 2 Satz 1 SGB V); dazu wird insbesondere die finanzielle Förderung gehören.

Die **Zulassungsausschüsse** sind nunmehr berufen, **Krankenhäusern** auf deren Antrag eine **Ermächtigung** zur ambulanten Versorgung für das entsprechende Fachgebiet zu erteilen, § 116b SGB V.

13 Dauert die (drohende) Unterversorgung nach Fristablauf an, so hat der Landesausschuss **Zulassungsbeschränkungen** in anderen, nicht unterversorgten Plangebieten anzuordnen (§ 100 Abs. 2 SGB V, § 16 Abs. 3 Ärzte-ZV). Die betroffenen Zulassungsausschüsse sind zuvor anzuhören (ebenda). Die Beschlussalternativen sind in § 16 Abs. 4 Ärzte-ZV bestimmt: allgemeine Zulassungssperre oder Zulassungssperre für bestimmte Arztgruppen. Der Beschluss ist für die Vertragsärzteschaft zu veröffentlichen (§ 16 Abs. 7 Ärzte-ZV).

14 Der Beschluss ist für die Zulassungsausschüsse **verbindlich** (§§ 100 Abs. 2 SGB V, 16 Abs. 3 Ärzte-ZV). Im Ermessenswege kann der Zulassungsausschuss eine **Ausnahme** machen, wenn die Ablehnung der Zulassung im gesperrten Gebiet für den Arzt eine **unbillige Härte** darstellte (§ 16 Abs. 5 Ärzte-ZV). Ob eine unbillige Härte vorliegt, ist Rechtsfrage.[137]

---

[137] Vgl. dazu in anderem Zusammenhang etwa BSG SozR 3–5520 § 25 Nr. 1; SozR 3–2500 § 25 Nr. 3.

3. Überversorgung

15 a) Hinsichtlich der Kriterien der Überversorgung ist die **derzeitige** von der bereits für die Zeit **ab dem 1. 1. 2003 angekündigten Rechtslage** zu unterscheiden.

16 Derzeit ist Ausgangspunkt für Überversorgung die zu Rdn. 8 beschriebene, an tatsächliche Verhältnisse anknüpfende **arztgruppenspezifische Verhältniszahl;** Überversorgung liegt vor, wenn sie durch die örtliche Verhältniszahl, zu ermitteln nach den Nrn. 14–19 der Richtlinie, um 10% überschritten wird (§ 101 Abs. 1 Satz 2 SGB V, § 16b Abs. 1 Satz 2 Ärzte-ZV und Nrn. 15 und 20 der Richtlinie).

17 Bereits seit dem 1. 1. 2003 könnte die Zulassung auf Grund von neuen, normativ begründeten Verhältniszahlen erfolgen, die aber noch gesetzlich festzulegen sind (§ 102 Satz 1 SGB V in der ab 1. 1. 2000 geltenden Fassung). Das Bundesministerium für Gesundheit und Soziale Sicherung hat den Auftrag, durch ein wissenschaftliches Institut die erforderliche Datengrundlage für die Verhältniszahlen erstellen zu lassen (§ 102 Abs. 2 SGB V). Regelnd wirkt diese Norm erst in Zukunft mit der gesetzlichen Festlegung der Verhältniszahlen.[138] Ihr Programm richtet sich auf die Abwehr von Vertrauen in die Weitergeltung derzeitiger Berufszugänge (BT-Drs. 12/3608, S. 72).

18 b) Das **Verfahren** im Übrigen liegt in der Hand des Landesausschusses – er hat die Überversorgung von Amts wegen festzustellen und infolge dessen **Zulassungsbeschränkungen** zu verhängen, § 103 Abs. 1 SGB V, § 16b Abs. 1 Satz 1 und Abs. 2 Ärzte-ZV, konkretisiert hinsichtlich Arztgruppe, Planungsbereich und unter Berücksichtigung von Besonderheiten bei Kassenarten, § 103 Abs. 2 SGB V. Der Landesausschuss hat die Notwendigkeit der Zulassungsbeschränkungen – mindestens im Halbjahresrhythmus, § 16b Abs. 3 Ärzte-ZV – zu überwachen und ggfs. zu reagieren, § 103 Abs. 3 SGB V.

19 Die Zulassungsbeschränkungen sind amtlich bekannt zu machen, § 16b Abs. 4 Ärzte-ZV. Das BSG sieht die Bekanntmachung indes nicht als Wirksamkeitserfordernis an; die Zulassungsbeschränkung wirke bereits, wenn sie dem Zulassungsausschuss bekannt gemacht sei.[139]

20 c) Die **Zulassung in wegen Überversorgung gesperrten Bezirken** ist grundsätzlich **ausgeschlossen;** auch die Verlegung eines Vertragsarztsitzes dorthin oder der Fachgruppenwechsel in eine gesperrte Arztgruppe sind nicht zulässig.[140] Eine allgemeine Härtefallregelung wie im Falle von Zulassungsbeschränkungen wegen unterversorgten Gebieten (§ 16 Abs. 5 Ärzte-ZV und oben Rdn. 14) fehlt.

21 **Ausnahmen** gelten lediglich aus Gründen der Qualitätssicherung (§ 101 Abs. 1 Nr. 3 SGB V), im Interesse des job-sharings (§ 101 Abs. 1 Nrn. 4 und 5 SGB V), bei Praxisnachfolge (§ 103 Abs. 4 SGB V) und – in sehr engen Grenzen – bei Aufnahme einer belegärztlichen Tätigkeit (§ 103 Abs. 7 SGB V).

22 aa) Eine **qualitätsbezogene Sonderbedarfsfeststellung** durch den Zulassungsausschuss ist nach Nr. 24 der Bedarfsplanungs-Richtlinie denkbar angesichts folgender nicht nur vorübergehender (Nr. 24 Satz 2 der Richtlinie) Versorgungslücken:

- lokale Versorgungslücke in Teilen eines großstädtischen oder großräumigen Planungsbezirks (Buchst. a); hier darf die Zulassung auf einen bestimmten Ort im Planungsbezirk eingeschränkt werden (Nr. 25);
- Mängel an Ärzten mit besonderen nachgewiesenen und anerkannten Schwerpunkten innerhalb einer Arztgruppe (Buchst. b);

---

[138] BVerfG (Kammerbeschluss) NJW 1997, 792 zu der im GSG vom 21. 12. 1992 angekündigten Zulassung nach Verhältniszahlen.

[139] BSG SozR 3–2500 § 103 Nr. 1, mit zweifelhaftem Hinweis auf § 19 Abs. 1 Satz 2 Ärzte-ZV, so zutreffend Wannagat-*Francke* SGB V § 103 Rdn. 11.

[140] BSG SozR 3–5520 § 24 Nr. 3; LSG Berlin MedR 1994, 335 einschränkend wegen Besonderheiten Berlins.

- Mangel an spezialisierten Gemeinschaftspraxen besonderen Versorgungsauftrags (Buchst. c);
- Mangel an Praxen mit dem Schwerpunkt ambulantes Operieren (Buchst. d).

(In den letztgenannten Fällen darf die Zulassung für fünf Jahre mit der Einschränkung auf die Abrechnung der einschlägigen Leistungen verbunden werden, Nr. 25 der Richtlinie.)

- Mangel an wohnortnahen Dialysepraxen (Buchst. e).

Die Übertragung der Feststellung der Sonderbedarfskriterien auf den Bundesausschuss, dem hier im Unterschied zu den gesetzlich weitgehend vorgegebenen Faktoren für die Bestimmung der bedarfsgerechten Verhältniszahlen ein weiterer Entscheidungsspielraum offen steht, hält das **BSG** für unbedenklich.[141] **23**

bb) Zusätzliche **Beschäftigungsmöglichkeiten** niederlassungswilliger Ärzte desselben Fachgebiets[142] eröffnen § 101 Abs. 1 Nrn. 4 und 5 SGB V unter der Voraussetzung der **Selbstbeschränkung auf den bisherigen Praxisumfang.** Dann ist sowohl die Bildung einer **Gemeinschaftspraxis** (dazu auch § 101 Abs. 3 SGB V) als auch die Anstellung **eines ganztags oder zweier halbtags beschäftigter Ärzte** möglich. Zu Einzelheiten der Fachgebietsidentität äußert sich Nr. 23b der Bedarfsplanungs-Richtlinie; die Nrn. 23c–23f erhalten detaillierte Vorgaben für die Berechnung der einzuhaltenden Leistungsmengenobergrenzen. Für die Anstellung von Ärzten bestimmt Nr. 3 der Angestellte-Ärzte-Richtlinie des Bundesausschusses Vorgaben für die Bemessung der nicht wesentlichen Überschreitung des bisherigen Praxisumfangs i. S. d. § 101 Abs. 1 Nr 5 SGB V. Der Einstieg über die Zulassung zur Gemeinschaftspraxis ist nach § 101 Abs. 3 Satz 2 SGB V insofern privilegiert, als Akzessorietät und Mengenbegrenzung für längstens 10 Jahre gelten.[143] **24**

cc) Die **Praxisnachfolge** durch Praxiskauf in zulassungsbeschränkten Bezirken[144] ermöglicht § 103 SGB V im Rahmen der Abs. 4–6 bei Enden einer Zulassung durch **Erreichen der Altersgrenze, Tod, Verzicht oder Entziehung** (§ 103 Abs. 4 Satz 1 SGB V). Dagegen sind weder Ruhen noch Verlegung des Vertragsarztsitzes noch Konkurs[145] hinreichend. In jedem Falle muss nicht nur die Zulassung, sondern auch eine vertragsärztliche Praxis noch bestehen.[146] Umstritten ist, ob der Verzicht unter der aufschiebenden Bedingung des Verkaufs erklärt werden kann.[147] **25**

Für zulassungsgeeignete Bewerber führt die Kassenärztliche Vereinigung eine **Warteliste,** Abs. 5. **26**

Auf **Antrag** des Vertragsarztes oder seiner Erben schreibt die Kassenärztliche Vereinigung den Vertragsarztsitz aus; nach **BSG**[148] steht das Antragsrecht wegen § 103 Abs. 6 Satz 1 SGB V auch den verbliebenen Partnern einer Gemeinschaftspraxis zu. Die Meinung, in diesem Falle bleibe dem Vertragsarzt bzw. seinen Erben kein eigenes Antragsrecht,[149] widerspricht der Systematik des § 103 SGB V: Abs. 4 Satz 4 berücksichtigt ausdrücklich die Konstellation, in der die Praxisnachfolge in eine Gemeinschaftspraxis auf Antrag des ausscheidenden Vertragsarztes erfolgen soll; die Interessen der verbleibenden Partner sind durch § 103 Abs. 6 Satz 2 SGB V geschützt. **27**

---

[141] SozR 3–2500 § 101 Nr. 1; vgl. auch SozR 3–2500 § 103 Nr. 2.

[142] Dazu BSG SozR 3–5520 § 32b Nr. 2.

[143] Vgl. auch *Gleichner* MedR 2000, 399.

[144] Dazu auch *Bonvie* MedR 2002, 338, 344.

[145] LSG NW NJW 1997, 2427.

[146] BSG SozR 3–2500 § 103 Nr. 5.

[147] Bejahend: Peters-*Hencke* § 103 SGB V Rdn. 12, Wannagat-*Francke* § 103 SGB V Rdn. 27; ablehnend KassKomm-*Hess* § 103 SGB V Rdn. 21.

[148] SozR 3–2500 § 103 Nr. 3; ebenso *Fiedler* NZS 2003, 574, 578.

[149] Vgl. dazu *Steinhilper* MedR 1994, 228, 232; *Wertenbruch* MedR 1996, 492; *Spielmeyer* SGb 1997, 315f.; offengelassen von BSG a. a. O.

28 In dieser Regelung findet auch die Zulässigkeit der **Verschmelzung von Anteilen einer Gemeinschaftspraxis** im Wege der Praxisnachfolge ihre Stütze.[150] Für die ausnahmsweise Zulassung zur Gemeinschaftspraxis nach § 101 Abs. 1 Nr. 4 SGB V ist das von Abs. 3 Satz 4 ausdrücklich angenommen.

29 Unter mehreren Bewerbern **wählt der Zulassungsausschuss nach pflichtgemäßem (Abwägungs-)Ermessen** aus (§ 103 Abs. 4 Satz 3 SGB V). Abzuwägen sind berufliche Eignung einschließlich Approbationsalter und Dauer der ärztlichen Tätigkeit der Bewerber, ggfs. familiäre oder Verbindungen der gemeinsamen Berufsausübung zum bisherigen Vertragsarzt (Abs. 4 Satz 4, bei vorheriger Zulassung des Bewerbers zur Gemeinschaftspraxis in zulassungsbeschränkten Gebieten die Ausübung der Gemeinschaftspraxis allerdings erst nach fünf Jahren, § 101 Abs. 3 Satz 4), Dauer der Eintragung in die Warteliste (Abs. 5 Satz 3), Interessen der in einer Gemeinschaftspraxis verbleibenden Partner (Abs. 6 Satz 2), die wirtschaftlichen Interessen des bisherigen Vertragsarztes oder seiner Erben nur im Rahmen des Verkehrswertes der Praxis (Abs. 4 Satz 6).

30 Wegen des in diesen Regelungen zum Ausdruck kommenden Schutzes der wirtschaftlichen Interessen des ausscheidenden Vertragsarztes sind Zulassungsverfahren und **zivilrechtliche Praxisübergabe** aufeinander abzustimmen; im Zweifel ist die Zulassung erst zu erteilen, wenn der Bewerber bereit ist, den angemessenen, also sich im Rahmen des Verkehrswertes bewegenden Kaufpreis zu zahlen.[151]

31 Die Zulassung des Bewerbers ist **Verwaltungsakt mit Drittwirkung** gegen den ausscheidenden Vertragsarzt bzw. dessen Erben und gegen die abgelehnten Bewerber, ggfs. auch gegen die Partner der Gemeinschaftspraxis; alle sind klagebefugt.[152] Widerspruch und Klage haben aufschiebende Wirkung, §§ 96 Abs. 4 Satz 2 SGB V, 97 Abs. 1 Nr. 4 SGG. Die Anordnung der sofortigen Vollziehung liegt wegen der Kontinuität der Versorgung in der Praxis indes im öffentlichen Interesse.[153]

32 **Verfassungsrechtlich** sind die Bestimmungen unbedenklich. Die Vorgaben für die Ausübung des Auswahlermessens durch den Zulassungsausschuss sind wünschenswert deutlich.[154] Die wirtschaftlichen Interessen des ausscheidenden Arztes und seiner Erben sind durch einen Erlös nach Verkehrswert einerseits umfassend geschützt, andererseits vernünftig beschränkt, weil die Erzielung eines Monopolpreises nicht schutzwürdig ist. Damit bereits ist auch der von Art. 6 Abs. 1 GG verlangte Familien- und Eheschutz gewährleistet – die Weitergabe öffentlich-rechtlich abgesicherter beruflicher Positionen ist weder hier noch sonst Familienprivileg.[155] Die weitergehende Berücksichtigung von familiären Bindungen in § 103 Abs. 4 Satz 4 SGB V ist freilich legitimes gesetzgeberisches Ziel.

§ 103 Abs. 4a SGB V ermöglicht den **Wechsel** von der Zulassung als Vertragsarzt zur Gründung und Betreibung eines **medizinischen Versorgungszentrums** in zulassungsbeschränkten Gebieten. Die Schaffung zusätzlicher Arztstellen ist dadurch freilich nicht möglich: Die Neufassung des 8. Abschnitts der Bedarfsplanungs-Richtlinie[156] geht von einem Umrechnungsfaktor von 1,0 für vollbeschäftigte Ärzte in Versorgungszentren im Verhältnis zu den Vertragsarztzahlen bei der Bestimmung der Verhältniszahlen aus.

---

[150] Zutreffend KassKomm-*Hess* § 103 SGB V Rdn. 27; anders Wannagat-*Francke* § 103 SGB V Rdn. 41.

[151] BSG vom 20. 8. 1999 – B 6 KA 14/99 B.

[152] Vgl. BSG vom 5. 11. 2003 MedR 2004, 697 mit weiteren Einzelheiten; *Schnath*, Bedarfsplanung und Konkurrenzschutz im Kassenarztrecht 1992, 165 ff.; *Dahm* MedR 1994, 225 f.; *Steinhilper* MedR 1994, 231 f.

[153] LSG Bad-Württ MedR 1997, 143; LSG Berlin MedR 1997, 518.

[154] A. A. *Rieger* MedR 1994, 214.

[155] Anders im Ergebnis *Pitschas* JbSozRGegenwart 15 (1993), 291; zu weit auch Wannagat-*Francke* § 103 SGB V Rdn. 34, 44.

[156] Vom 15. 6. 2004, vgl. Internetseite des Gemeinsamen Bundesausschusses *www.g-ba.de*

dd) **Belegärzte** (vgl. § 121 Abs. 2 SGB V) erhalten nach § 103 Abs. 7 SGB V in gesperrten Bezirken ausnahmsweise eine (zehn Jahre nur akzessorisch wirkende, Satz 3, 1. Hs.) Zulassung, wenn es einem Krankenhaus zuvor nicht im Wege der Ausschreibung gelingt, einen im Planungsbereich niedergelassenen Vertragsarzt als Belegarzt zu gewinnen. **33**

d) Kommt der Landesausschuss bei seiner regelmäßigen Überprüfung der Zulassungssperre (vgl. oben Rn. 18) zu dem Schluss, dass Überversorgung nicht mehr besteht, sieht Nr. 23 der Bedarfsplanungsrichtlinie eine **Entsprerrung mit der Auflage** vor, dass Neuzulassungen nur **in den Grenzen bis zur Überversorgung** erfolgen dürfen. Satz 2 sieht für die Neuzulassungen das zeitliche Prioritätsprinzip vor: Zulassung nach der Reihenfolge des Eingangs der Anträge beim Zulassungsausschuss. Ob dieses Kriterium den Anforderungen des Art. 12 GG genügt, ist umstritten.[157] Jedenfalls will auch das insofern zweifelnde LSG Nieders.-Bremen das Prioritätsprinzip bis zur Neuregelung im Interesse der Funktionsfähigkeit der Versorgung weiterhin gelten lassen. **34**

IV. Bedarfsorientierte Voraussetzungen der Ermächtigung

Zur Ermächtigung allgemein vgl. § 5b) und § 2 V (Vertragsarzt und Krankenhausarzt).

Das Recht der Ermächtigung ist regiert durch die §§ 116ff. SGB V und – im Zusammenspiel mit § 98 Abs. 2 Nrn. 11f. SGB V – durch die §§ 31, 31a Ärzte-ZV. Sie zeigt sich im wesentlichen als Instrument zur **Ergänzung des Versorgungsangebots** der zugelassenen Vertragsärzte. Deswegen verdichten sich die entsprechenden Regelungen zu einem Anspruch auf Ermächtigung, soweit und solange eine ausreichende ärztliche Versorgung der Versicherten ohne die besonderen Untersuchungs- und Behandlungsmethoden oder Kenntnisse des zu Ermächtigenden nicht sichergestellt wird (§§ 116 Satz 2, 1 Satz 2 Ärzte-ZV für Krankenhausfachärzte, § 118 Abs. 1 Satz 2, 2. Hs. SGB V für psychiatrische Abteilungen an Allgemeinkrankenhäusern, § 119 Abs. 1 Satz 2, 2. Hs. SGB V für sozialpädiatrische Zentren). Bedarfsgesichtspunkte für die Ermächtigung sind einmal **Mangelsituationen,** also ein fehlendes Leistungsangebot in Bereichen, die im Prinzip durch Vertragsärzte abgedeckt werden und werden können, andererseits **Ergänzung des vertragsärztlichen Angebots auf Grund spezieller Kenntnisse und/oder Methoden,** die insbesondere in Krankenhäusern repräsentiert sind. **35**

Sicheres Indiz für die Notwendigkeit einer Ermächtigung im Sinne eines Vertragsärzte-mangels ist der Fall der **Unterversorgung** (vgl. Rdn. 10ff. und § 116a SGB V). Allerdings sind dafür ausschlaggebend nicht allein die Verhältniszahlen der Bedarfsplanungs-Richtlinie, sondern die festzustellende tatsächliche Mangellage.[158] Hier ist die Ermächtigung von Nicht-Vertragsärzten sogar vorrangiges Mittel ggü. dem Einsatz von Zulassungsbeschränkungen in anderen Planbezirken (Rdn. 13); entsprechend sieht § 31 Abs. 1 Buchst. a) Ärzte-ZV den Fall drohender oder bestehender Unterversorgung als allgemeinen Ermächtigungsgrund vor. Ebenso eindeutiges Anzeichen für einen Bedarf an Ermächtigungen stellen jene **qualitätsbezogenen Versorgungslücken** dar, angesichts derer ausnahmsweise eine Zulassung selbst in überversorgten Gebieten wegen eines qualitätsbezogenen Sonderbedarfs möglich ist (oben Rdn. 22). **36**

Einen **personengruppenbezogenen Sonderbedarf** erkennt das Gesetz in § 31 Abs. 1 Buchst. b) Ärzte-ZV beispielhaft in Reha-Einrichtungen oder in abgelegenen Betrieben; der besondere Bedarf besteht hier in der Lebenssituation, die die Inanspruchnahme der allgemeinen vertragsärztlichen Versorgung behindern mag. **37**

Um **patientenbezogene Sonderbedarfe** geht es in den §§ 118, 119, 119a SGB V: Generelle, nämlich gesetzlich vorgeschriebene Einbeziehung der psychiatrischen Fachkli- **38**

---

[157] Bejahend Thür. LSG MedR 2003, 702; verneinend LSG Nieders.-Bremen MedR 2004, 339 i vgl. auch *Bonvie* MedR 2002, 338, 343.

[158] BSG SozR 3–2500 § 97 Nr. 2.

niken in die ambulante Versorgung im Hinblick auf die besonderen Bedarfe und die allgemeine Versorgungslage psychisch Kranker; besondere Förderung der sozialpädiatrischen Zentren in § 119, die besondere Versorgungssituation von Versicherten mit geistiger Behinderung nach § 119a SGB V.

39 Im Übrigen geht es bei der Ermächtigung um die **spezifische Ergänzung des Leistungsangebots:**

40 Auf der Grundlage von § 31 Abs. 1 Buchst. b) Ärzte-ZV erlaubt § 5 Abs. 1 BMV-Ä die Ermächtigung im Rahmen eines **bestimmten Leistungskatalogs** zur Sicherstellung der vertragsärztlichen Versorgung; Abs. 2 nennt in diesem Rahmen die **zytologische Diagnostik von Krebserkrankungen** und die ambulanten Untersuchungen und Beratungen im Rahmen der **Mutterschaftsvorsorge,** für die eine Ermächtigung ohne Bedarfsprüfung erteilt werden kann.

41 Alles Weitere, insbesondere die Ermächtigung von Fachärzten aus dem Krankenhaus (§§ 116 SGB V, 31a Ärzte-ZV), ist Sache der **konkreten Bedarfsprüfung** vor Ort durch den Zulassungsausschuss, der einen gerichtlich nur bedingt nachprüfbarer **Beurteilungsspielraum** hat.[159] Er wird sich von der Überlegung leiten lassen, ob nach den örtlichen Verhältnissen die notwendigen medizinischen Leistungen ohne unzumutbare Schwierigkeiten von den Versicherten bei zugelassenen Vertragsärzten in Anspruch genommen werden können. Ergibt die Sachaufklärung, dass besondere Kenntnisse, Untersuchungs- und Behandlungsmethoden von den Vertragsärzten nicht angeboten werden, so ist ein erreichbarer Facharzt am Krankenhaus zu ermächtigen, § 31a Abs. 2 Ärzte-ZV.

V. Bedarfsorientierte Genehmigung zur Durchführung künstlicher Befruchtungen, § 121a SGB V

42 Maßnahmen zur Durchführung künstlicher Befruchtungen im Sinne des § 27a SGB V[160] dürfen zu Lasten der GKV nur durchgeführt werden durch Ärzte oder ärztlich geleitete Einrichtungen, denen die zuständige oberste Landesbehörde eine u.a. bedarfsabhängige, § 121a Abs. 2 Nr. 2 SGB V, Genehmigung erteilt hat. Entgegen dem ersten Anschein des § 121a Abs. 3 Satz 1 SGB V ist die Ablehnung der Genehmigung ein Verwaltungsakt, der das Klagerecht auslöst;[161] klargestellt ist allerdings, dass die Beurteilung der Bedarfslage nur eingeschränkt nachprüfbar ist, der Landesbehörde insoweit vielmehr ein Beurteilungsspielraum zusteht.[162]

D. Zulassungsverfahren

Schrifttum: *Friederichs,* Berufungsausschuss ohne Vorsitzenden – Rechtsfolgen, MedR 1994, 433; *Jacobs,* Die Entziehung der Zulassung als Vertragsarzt, 1994; *Kamps,* Die(Voll)zulassung nach partieller Öffnung des Planungsbereichs, MedR 2004, 40; *Liebold/Zalewski,* Kassenarztrecht, Kommentar, 5. Aufl., Stand: Februar 2000; *Plagemann,* Sonderbedarfszulassung – Eine kritische Bestandsaufnahme zur Handhabung der Bedarfsplanungs-Richtlinie-Ärzte und -Zahnärzte, MedR 1998, 85ff.; *Rigizahn,* Der Rechtsbegriff „Vertragsarztsitz", NZS 1999, 427; *Schallen,* Zulassungsverordnung für Vertragsärzte, Vertragszahnärzte, Medizinische Versorgungszentren und Psychotherapeuten, 4. Aufl. 2004; *Schiele/Rosset,* Der Sofortvollzug bei Drittwidersprüchen gegen die vertragsärztliche Zulassung,

---

[159] BSG SozR 3–2500 § 101 Nr. 1.

[160] Dazu *Volbers* SdL 1990, 243.

[161] Vgl. *Schnath,* Bedarfsplanung und Konkurrentenschutz im Kassenarztrecht, 154f. m.w.N.

[162] Zu den zusätzlichen Voraussetzungen des SGB V für eine Sonderbedarfszulassung gem. § 101 Abs. 1 Nr. 3 ohne eigene Bedarfsermittlung vgl. LSG NW MedR 2001, 52.

MedR 1995, 31; *Schiller,* Niederlassung, Praxissitz, Vertragsarztsitz, ausgelagerte Praxisräume, Zweigpraxis, NZS 1997, 105; *Schnapp,* Konkurrentenschutz für niedergelassene Ärzte gegen medizinische Versorgungszentren, NZS 2004, 449.; *Schwinge,* Gelten für ärztliche Berufsgerichte die Vorschriften für Ausschließung und Ablehnung der Gerichtspersonen? SGb 1977, 373; *Spellbrink,* Einstweiliger Rechtsschutz vor den Sozialgerichten in Zulassungssachen gem. § 96 Abs. 4 SGB V, MedR 1999, 304; *Steinhilper,* Aufschiebende Wirkung von Widerspruch und Klage, MedR 2003, 433; *Ratzel,* Medizinische Versorgungszentren, ZMGR 2004, 63; *Steinhilper,* Medizinisches Versorgungszentrum, VPP 2004, 652; *Wigge,* Medizinische Versorgungszentren nach dem GMG, MedR 2004, 123.

Übersicht

I. Zuständigkeit der Zulassungsausschüsse – Übersicht

1 Gemäß § 96 Abs. 1 SGB V errichten die KVen und die Landesverbände der Krankenkassen sowie die Verbände der Ersatzkassen Zulassungsausschüsse für Ärzte bzw. für Zahnärzte zur Beschlussfassung und Entscheidung in Zulassungssachen.

2 Entgegen dem Wortlaut dieser Bestimmung entscheiden die Zulassungsausschüsse aber nicht nur über Zulassungen von Ärzten zur vertragsärztlichen Versorgung, sie treffen vielmehr auch eine Reihe von weiteren Entscheidungen, die in unmittelbarem oder mittelbarem Zusammenhang mit der Zulassung von Vertragsärzten stehen.

3 Dabei ist zu beachten, dass das Nähere über die Teilnahme an der vertragsärztlichen Versorgung sowie die zu ihrer Sicherstellung erforderliche Bedarfsplanung (§ 99 SGB V) und die Beschränkung von Zulassungen die **Zulassungsverordnungen** regeln. Der zwingende Inhalt der Zulassungsverordnungen ist in § 98 Abs. 2 Nrn. 1 bis 15 SGB V aufgelistet. Die Zulassungsverordnungen werden vom Bundesministerium für Gesundheit und Soziale Sicherung mit Zustimmung des Bundesrates als Rechtsverordnungen erlassen (§ 98 Abs. 1 Satz 2 SGB V).[163]

---

[163] Der Verordnungsgeber hatte von den Ermächtigungen, die bereits die RVO enthielt, durch Erlass von Zulassungsordnungen für Kassenärzte und Kassenzahnärzte Gebrauch gemacht. Der Gesetzgeber des GRG hat diese Rechtsverordnungen in eine Zulassungsverordnung für Kassenärzte und eine Zulassungsverordnung für Kassenzahnärzte umgewandelt (vgl. Art. 18 und Art. 19 GRG), wobei Art. 55 GRG ausdrücklich darauf hinweist, dass die auf Grund der in den genannten Artikeln geänderten Bestimmungen der Zulassungsverordnungen wieder durch Rechtsverordnung geändert oder aufgehoben werden können. Eine „Versteinerung“ der durch Gesetz geänderten Teile der Rechtsverordnungen sollte dadurch vermieden werden – so die Begründung zu Art. 55 GRG. Auch das GSG und das GMG haben einzelne Bestimmungen der Ärzte-ZV geändert und diese Gesetze haben ebenfalls geregelt, dass eine Änderung oder Aufhebung dieser Bestimmungen durch Rechtsverordnung möglich ist (Art. 9 und 24 GSG sowie Art. 16 und 34 GMG). Das Bundessozialgericht hat sich in zwei Urteilen vom 16. 7. 2003 (B 6 KA 34/02 R und B 6 KA 49/02 R) mit der Rechtsqualität der Vorschriften der Ärzte-ZV befasst. Es sieht sie insgesamt (also auch die unveränderten Bestimmungen) trotz ihrer Inkorporierung in eine Rechtsverordnung als Recht im Rang eines formellen Gesetzes, weil sie zu einem Teil im formellen Gesetzgebungsverfahren geändert und im übrigen vom Gesetzgeber (insgesamt) in seinen Willen aufgenommen wurden. Die sog. „Entsteinerungsklauseln“ in Art. 55 GRG, 24 GSG und 34 GMG betreffen danach nur die Möglichkeit einer künftigen Änderung von Bestimmungen der Ärzte-ZV und beziehen sich nicht auf die aktuelle Rechtsqualität dieser Bestimmungen. Konsequenterweise müssen die Bestimmung der Ärzte-ZV, an deren Verfassungsmäßigkeit ein Gericht Zweifel hat, gem. Art. 100 GG dem Bundesverfassungsgericht bzw., wenn es sich um die Verletzung der Verfassung eines Landes handelt, dem für Verfassungsstreitigkeiten zuständigen Gericht des Landes vorgelegt werden. Siehe zur rechtlichen Qualifikation der Ärzte-ZV und zur Problematik einer Aufspaltung des Rechtswegs und einer unterschiedlichen Verwerfungskompetenz der Gerichte: *Pawlita,* Besprechung des Urteils des BSG v. 16. 7. 2003 B 6 KA 34/02 R, SGb 2004, 234 (241); *Wenner,* Vertragsarzt: Hauptberuf oder Nebenjob? GesR 2004, 353, 354; hierzu auch *Hauck/Haines* Sozialgesetzbuch V, Kommentar § 98 Rdn. 4.

Hinzuweisen ist in diesem Zusammenhang auch darauf, dass die Vorschriften des Vierten Kapitels des SGB V (§§ 69 bis 140h), soweit sie sich auf Ärzte beziehen, entsprechend für Zahnärzte, Psychotherapeuten und medizinische Versorgungszentren gelten, sofern nichts Abweichendes bestimmt ist (§ 72 Abs. 1 Satz 2 SGB V). Ebenso gilt die Ärzte-ZV auch für Psychotherapeuten, medizinische Versorgungszentren und die dort angestellten Ärzte und Psychotherapeuten entsprechend (§ 1 Abs. 3 Ärzte-ZV). 4

Die Entscheidungen, für die die Zulassungsausschüsse zuständig sind, sollen im Überblick dargestellt werden, bevor auf die von den Zulassungsgremien (Zulassungsausschüsse und Berufungsausschüsse) zu beachtenden Verfahrensvorschriften eingegangen wird: 5

1. Zulassung von Vertragsärzten

a) Zulassung. Die Zulassung eines Arztes zur vertragsärztlichen Versorgung erfolgt bei Vorliegen der Voraussetzungen des § 95 Abs. 2 SGBV auf einen schriftlichen **Antrag** hin, in dem die in § 18 Abs. 1 Satz 2 Ärzte-ZV genannten Angaben zu machen und dem die in § 18 Abs. 1 Satz 3 und Abs. 2 Ärzte-ZV aufgelisteten Unterlagen beizufügen sind. 6

Eine positive Entscheidung über den Antrag setzt voraus, dass der Zulassung keine gesetzlichen Gründe entgegenstehen. Als solche kommen ausschließlich in Betracht: 7

- Zulassungsbeschränkungen gem. § 103 SGB V i.V.m. § 16b Ärzte-ZV für den Bereich, in dem der Vertragsarztsitz liegt, den der Arzt gem. § 18 Abs. 1 Ärzte-ZV angegeben hat.
- Vollendung des 55. Lebensjahres (§ 98 Abs. 2 Nr. 12 SGB V i.V.m. § 25 Ärzte-ZV).
- Nichteignung oder Ungeeignetheit des Arztes (§ 98 Abs. 2 Nr. 10 SGB V i.V.m. §§ 20, 21 Ärzte-ZV).
- Wiederzulassung nach kollektivem Verzicht auf die Zulassung vor Ablauf der Frist von sechs Jahren (§ 95b Abs. 2 Ärzte-ZV).

Über den Zulassungsantrag entscheidet der Zulassungsausschuss durch **Beschluss** (§ 19 Abs. 1 Satz 1 Ärzte-ZV). 8

Wegen Zulassungsbeschränkungen kann ein Antrag nur dann abgelehnt werden, wenn diese bereits bei Antragstellung angeordnet waren (§ 19 Abs. 1 Satz 2 Ärzte-ZV).[164] 9

b) Festsetzung des Zeitpunktes, bis zu dem die vertragsärztliche Tätigkeit aufzunehmen ist. Wird der Vertragsarzt zugelassen, so ist in dem Beschluss der Zeitpunkt festzusetzen, bis zu dem die vertragsärztliche Tätigkeit aufzunehmen ist (§ 19 Abs. 2 Satz 1 Ärzte-ZV). Üblicherweise wird dem Arzt für die Aufnahme seiner Tätigkeit eine Frist von drei Monaten eingeräumt. 10

Liegen wichtige Gründe vor (z.B. Krankheit, Verzögerung der Fertigstellung der Praxisräume, aber auch Anfechtung der Zulassung durch Dritte mit aufschiebender Wirkung), kann der Zulassungsausschuss auf Antrag des Arztes nachträglich (aber innerhalb der vom Zulassungsausschuss im Bescheid zunächst gesetzten Frist) einen späteren Zeitpunkt festsetzen (§ 19 Abs. 2 Satz 2 Ärzte-ZV). 11

In einem von Zulassungsbeschränkungen betroffenen Planungsbereich muss die vertragsärztliche Tätigkeit gem. § 19 Abs. 3 Ärzte-ZV innerhalb von drei Monaten nach Zustellung des Beschlusses über die Zulassung aufgenommen werden. Andernfalls endet die Zulassung. *Schallen*[165] hält diese Regelung mangels Rechtsgrundlage für unwirksam. Er argumentiert, die Tatbestände für das Enden der Zulassung seien in § 95 Abs. 7 SGB V abschließend beschrieben. Für den Fall, dass der Vertragsarzt die vertragsärztliche Tätigkeit nicht aufnimmt, sei in § 95 Abs. 6 ausschließlich die Entziehung der Zulassung vorgesehen. Diese Argumentation überzeugt nicht. Insbesondere ist nicht erkennbar, dass die 12

---

[164] Zu alledem: *Schallen* § 19 Ärzte-ZV Rdn. 458ff.

[165] *Schallen,* Zulassungsverordnung für Vertragsärzte, 3. Aufl. (2000), § 19 Ärzte-ZV Rdn. 386. In der 4. Aufl. (2004) seines Kommentars wirft Schallen nunmehr die Frage nach der Rechtsgrundlage für das Enden der Zulassung auf: § 19 Ärzte-ZV Rdn. 469.

Regelung in § 95 Abs. 7 SGB V in der Weise abschließend ist, dass nicht ein weiterer Grund für das Enden der Zulassung auf Grund der weitgehenden Ermächtigung in § 98 Abs. 1 SGB V („... regeln das Nähere über die Teilnahme ... und die Beschränkungen von Zulassungen.") in der Ärzte-ZV geregelt werden könnte.[166]

13 Eine Verlängerungsmöglichkeit sieht die Regelung des § 19 Abs. 3 Ärzte-ZV – im Gegensatz zu der in § 19 Abs. 2 Satz 2 Ärzte-ZV – nicht vor. Problematisch ist jedoch der Fall, dass gegen eine Zulassung nach § 19 Abs. 3 Ärzte-ZV **Widerspruch** eingelegt wird. In diesem Fall ist es dem zugelassenen Arzt im Hinblick auf die aufschiebende Wirkung des Widerspruchs nicht möglich, die Tätigkeit innerhalb der Dreimonatsfrist ab Zustellung des Beschlusses aufzunehmen. Liefe auch in diesem Fall die Dreimonatsfrist ab Zustellung des Beschlusses, wäre die Frist meist abgelaufen, bevor der Arzt wegen der aufschiebenden Wirkung des Widerspruchs die Tätigkeit aufnehmen kann. Wegen dieses widersinnigen Ergebnisses ist die Bestimmung so zu interpretieren, dass immer dann, wenn Widerspruch gegen die Zulassung eingelegt wird, die Dreimonatsfrist ab Bestands- bzw. Rechtskraft der Zulassung zu laufen beginnt.[167]

14 **c) Entscheidung über den Vertragsarztsitz und das Fachgebiet, für das der Vertragsarzt zugelassen ist.** Zu entscheiden hat der Zulassungsausschuss auch über den Vertragsarztsitz (§ 95 Abs. 1 Satz 4 SGB V; § 18 Abs. 1 Satz 2 i. V. m. § 24 Abs. 1 Ärzte-ZV) und das Fachgebiet, für das der Vertragsarzt zugelassen ist (§ 18 Abs. 1 Satz 2 i. V. m. § 24 Abs. 3 Ärzte-ZV). Vertragsarztsitz ist dabei – in Übereinstimmung mit der Rechtsprechung des Bundessozialgerichts – gleichzusetzen mit der konkreten Praxisanschrift.[168]

2. Weitere Entscheidungen im Zusammenhang mit der Zulassung von Vertragsärzten

15 **a) Ausschluss der Zulassung wegen Vollendung des 55. Lebensjahres bzw. Entscheidung über das Vorliegen eines Härtefalles.** Wie oben ausgeführt wurde, hat der Zulassungsausschuss von Amts wegen zu prüfen, ob der Zulassungsbewerber das 55. Lebensjahr bereits vollendet hat und wenn dies der Fall ist, die Zulassung abzulehnen – es sei denn, es liegt ein Härtefall vor (§ 98 Abs. 2 Nr. 12 SGB V i. V. m. § 25 Ärzte-ZV).

16 Der 6. Senat des Bundessozialgerichts sieht die **Alterszugangsgrenze** bei Ärzten als verfassungsmäßig an[169] und hat den Vorlagebeschluss des ehedem für das Vertragszahnarztrecht zuständigen 14a-Senats aufgehoben.[170] Mit dem dennoch von älteren Zulassungsbewerbern vorgetragenen Argument, die Alterszugangsgrenze sei verfassungswidrig, können diese bei den Zulassungsgremien kein Gehör finden, weil diese von der Verfassungsmäßigkeit eines Gesetzes (dies gilt auch für Rechtsverordnungen) solange auszugehen haben, wie das Gesetz oder die Rechtsverordnung nicht (ganz oder teilweise) von dem dafür zuständigen Bundesverfassungsgericht für verfassungswidrig erklärt worden sind.

17 Der Zulassungsausschuss muss aber Antragstellern, die das 55. Lebensjahr vollendet haben, die Zulassung in Ausnahmefällen erteilen, wenn dies zur **Vermeidung unbilliger Härten** erforderlich ist. Bei dem Begriff der „unbilligen Härte" handelt es sich um einen

[166] Auch *Liebold/Zalewski* gehen in ihrem Kommentar von der Rechtsgültigkeit des § 19 Abs. 3 Ärzte-ZV aus: *Zalewski/Liebold* § 19 Ärzte-ZV Randbemerkung E 109a ebenso *Hesral,* in: Ehlers, Praxis der Fortführung von Arztpraxen, Kapitel 3 Rdn. 172.

[167] So im Ergebnis auch *Schallen* § 19 Ärzte-ZV Rdn. 470 und *Hesral,* in: Ehlers, Praxis der Fortführung von Arztpraxen, Kapitel 3 Rdn. 172.

[168] BSG 20. 12. 95, BSGE 77, 188, 189, BSG 29. 9. 99, BSGE 85, 16; BSG 10. 5. 00 B 6 KA 67/98 R; *Schiller* NZS 1997, 105; *Rigizahn* NZS 1999, 427.

[169] BSG 24. 11. 1993 BSGE 73, 223 = SozR 3–5520 § 25 Nr. 1 sowie SozR 3–2500 § 98 Nr. 3 und 29. 9. 1999 B 6 KA 22/99 R für den ärztlichen Bereich und 18. 12. 1996 BSGE 80, 9 = SozR 3–2500 § 98 Nr. 4 für den zahnärztlichen Bereich; BVerfG 20. 3. 01 1 BvR 491/96 = BVerfGE 103, 172 = SozR 3–5520 § 25 Nr. 4.

[170] BSG MedR 1997, 135.

unbestimmten Rechtsbegriff, der der vollen gerichtlichen Nachprüfung unterliegt. Liegt eine unbillige Härte vor, hat der Zulassungsausschuss dem Antragsteller die Zulassung zu erteilen.

b) Ruhen der Zulassung. Die Zulassung ruht auf Beschluss des Zulassungsausschusses, wenn der Vertragsarzt seine Tätigkeit nicht aufnimmt oder nicht ausübt, ihre Aufnahme aber in angemessener Frist zu erwarten ist und Gründe der Sicherstellung der vertragsärztlichen Versorgung nicht entgegenstehen. Die Zulassung ruht auch auf Antrag eines Vertragsarztes, der in den hauptamtlichen Vorstand nach § 79 Abs. 1 gewählt worden ist[171] (§ 95 Abs. 5 SGB V i. V. m. § 26 Abs. 1 Ärzte-ZV). **18**

Tatsachen, die das Ruhen der Zulassung bedingen können, haben der Vertragsarzt, die KV, die Krankenkassen und die Landesverbände der Krankenkassen sowie die Verbände der Ersatzkassen dem Zulassungsausschuss mitzuteilen (§ 26 Abs. 2 Ärzte-ZV). **19**

In dem Beschluss ist die Ruhenszeit festzusetzen (§ 26 Abs. 3 Ärzte-ZV). **20**

Als angemessene Zeit, nach der spätestens die vertragsärztliche Tätigkeit wiederaufgenommen werden muss, werden grundsätzlich zwei Jahre angesehen. Dieser Zeitraum orientiert sich an dem, der längstens für das Ruhen der Zulassung als Disziplinarmaßnahme vorgesehen ist (§ 81 Abs. 5 Satz 2 SGB V). **21**

c) Entziehung der Zulassung. Die Zulassung ist zu entziehen, wenn ihre Voraussetzungen nicht oder nicht mehr vorliegen, der Vertragsarzt die vertragsärztliche Tätigkeit nicht aufnimmt oder nicht mehr ausübt oder seine vertragsärztlichen Pflichten gröblich verletzt (§ 95 Abs. 6 SGB V). **22**

Liegt eine dieser Voraussetzungen vor, so hat der Zulassungsausschuss **von Amts wegen** über die Entziehung der Zulassung zu beschließen (§ 27 Satz 1 Ärzte-ZV). **23**

Auch eine Zulassung, die mangels Eintritts einer Bedingung nicht wirksam geworden ist, kann entzogen werden. So z. B. wenn ein Arzt unter der Bedingung zur vertragsärztlichen Versorgung zugelassen wird, dass er sein Beschäftigungsverhältnis im Krankenhaus beendet und die Zulassung nicht wirksam wird, weil die Beendigung nicht erfolgt.[172]

Die Entziehung der Zulassung kann aber auch von der KV, den Landesverbänden der Krankenkassen sowie den Verbänden der Ersatzkassen beim Zulassungsausschuss unter Angabe der Gründe **beantragt** werden (§ 27 Satz 2 Ärzte-ZV). **24**

Erbringt ein Vertragsarzt den durch das GMG neu in § 95 d SGB V geregelten **Fortbildungsnachweis** nicht spätestens zwei Jahre nach Ablauf des Fünfjahreszeitraums, soll die KV unverzüglich beim Zulassungsausschuss einen Antrag auf Entziehung der Zulassung stellen (§ 95 d Abs. 3 Satz 7 SGB V).

d) Verzicht auf die Zulassung. Der Verzicht auf die Zulassung ist eine einseitige, empfangsbedürftige Willenserklärung, die keiner Annahme bedarf und deshalb mit Zugang beim Zulassungsausschuss wirksam wird (§ 130 BGB).[173] **25**

Das bedeutet, dass der Arzt, der eine entsprechende Erklärung abgegeben hat, sich von ihr nicht mehr lösen kann.[174] **26**

Die Verzichtserklärung ist grundsätzlich bedingungsfeindlich und nicht widerrufbar, wohl aber anfechtbar (z. B. wegen Irrtums gem. § 119 BGB). **27**

Vom oben angesprochenen Wirksamwerden der **Verzichtserklärung** ist das Wirksamwerden des Verzichts zu unterscheiden: Der Verzicht auf die Zulassung wird mit dem Enden des auf den Zugang der Verzichtserklärung des Vertragsarztes beim Zulassungsaus- **28**

---

[171] Der letzte Halbsatz wurde durch Art. 1 Nr. 74 Buchstabe d GMG angefügt und tritt gem. Art. 37 Abs. 8 GMG am 1. 1. 2005 in Kraft.

[172] Zur Entziehung der Zulassung als Alternative zur deklaratorischen Feststellung des Endes der Zulassung bei Nichteintritt einer aufschiebenden Bedingung: BSG vom 5. 2. 2003 – 6 RKa 22/02 R in SGb 2003, 683 mit Anmerkung S. 686 ff.

[173] BSG 8. 5. 96, 6 RKa 20/95, S. II.

[174] BSG SozR 5503 Art. 2 § 6; BSGE 78, 175.

schuss folgenden Kalendervierteljahres wirksam (§ 28 Abs. 1 Satz 1 Ärzte-ZV).[175] Mit dieser Regelung soll verhindert werden, dass plötzlich eine größere Anzahl von Ärzten kurzfristig die Teilnahme an der vertragsärztlichen Versorgung beendet und dadurch Sicherstellungsprobleme entstehen. Die Frist kann jedoch verkürzt werden, wenn der Vertragsarzt nachweist, dass für ihn die weitere Ausübung der vertragsärztlichen Tätigkeit für die gesamte Dauer oder einen Teil der Frist unzumutbar ist (§ 28 Abs. 1 Satz 2 Ärzte-ZV).

29 Probleme bereitet das Wirksamwerden der Verzichtserklärung und ihre **Bedingungsfeindlichkeit** bei der Regelung der Praxisnachfolge in § 103 Abs. 4 SGB V. Nach dem Wortlaut dieser Bestimmung ist nämlich u. a. der Verzicht auf die Zulassung Voraussetzung dafür, dass die KV auf Antrag des Vertragsarztes den Vertragsarztsitz in den für ihre amtlichen Bekanntmachungen vorgesehenen Blättern ausschreibt und damit das Nachbesetzungsverfahren in Gang kommt. Fände sich in diesem Verfahren – aus welchem Grund auch immer – kein Nachfolger, hätte der abgebende Arzt unwiderruflich auf seine Zulassung verzichtet und könnte selbst die vertragsärztliche Praxis nicht mehr weiterbetreiben. Um dieses unbillige und dem durch die gesetzlichen Regelungen beabsichtigten Eigentumsschutz zuwiderlaufende Ergebnis zu vermeiden, muss es für die Ausschreibung als ausreichend angesehen werden, wenn der abgebende Arzt zunächst seine Verzichtsabsicht bekundet und erst dann endgültig auf seine Zulassung verzichtet, wenn die Zulassung des Nachfolgers bestands- bzw. rechtskräftig ist.[176]

30 **e) Enden der Zulassung aus anderen Gründen.** Endet die Zulassung aus den anderen Gründen, wie sie in § 95 Abs. 7 und in § 95 d Abs. 3 Satz 7 SGB V genannt sind, so ist der Zeitpunkt ihres Endes durch Beschluss des Zulassungsausschusses festzustellen (§ 28 Abs. 1 Satz 3 Ärzte-ZV).

Diese Gründe sind:

- Tod,
- Wegzug aus dem Bezirk des Vertragsarztsitzes,
- Vollendung des 68. Lebensjahres: grundsätzliches Enden der Zulassung am Ende des Quartals, in dem der Vertragsarzt sein 68. Lebensjahr vollendet. Bei Vorliegen der Voraussetzungen gem. § 95 Abs. 7 Satz 4 SGB V verlängert der Zulassungsausschuss die Zulassung entsprechend,[177]
- Nichterbringen des Fortbildungsnachweises spätestens zwei Jahre nach Ablauf des Fünfjahrszeitraums (§ 95 d Abs. 3 Satz 7 SGB V).

Das Bundessozialgericht billigt in ständiger Rechtsprechung den Zulassungsgremien die Befugnis zu, **deklaratorische Entscheidungen** über das Ende der Zulassung bzw. das Ende einer Gemeinschaftspraxis zu treffen, um Rechtssicherheit herzustellen und für alle an der vertragsärztlichen Versorgung Beteiligten Klarheit darüber zu schaffen, ob ein Arzt (noch) berechtigt ist, vertragsärztlich tätig zu werden.[178] In § 28 Abs. 1 Satz 3 Ärzte-ZV ist den Zulassungsgremien ausdrücklich die Befugnis zugesprochen worden, den Zeitpunkt der Beendigung der Zulassung in den in § 95 Abs. 7 SGB V genannten Fällen festzustellen.

---

[175] Zur Differenzierung zwischen der Wirksamkeit des Verzichts (als Erklärung) und seinem Wirksamwerden BSG 8. 5. 96, 6 RKa 16/95.

[176] *Schallen* § 28 Ärzte-ZV Rdn. 625; *Hesral* a. a. O. Kapitel 3 Rdn. 83.

[177] Zur Verfassungsmäßigkeit der Beendigungsaltersgrenze: BVerfG 31. 3. 98 1 BvR 2167/93 und 1 BvR 2198/93 sowie BSG SozR – 2500 § 95 Nr. 18 und für Psychotherapeuten BSG 8. 11. 00 B 6 KA 55/00 R = BSGE 87, 184.

[178] Vgl. z. B. BSGE 83, 135, 138 = SozR 3–2500 § 95 Nr. 18 S. 65 zur Beendigung der vertragsärztlichen Tätigkeit nach Erreichen der Altersgrenze sowie BSGE 78, 175, 183 = SozR 3–5407 Art. 33 § 3 a Nr. 1 Satz 10 zum Zulassungsverzicht.

3. Zulassung von medizinischen Versorgungszentren und damit im Zusammenhang stehende Entscheidungen

a) Zulassung von medizinischen Versorgungszentren. Medizinische Versorgungszentren sind fachübergreifende ärztlich geleitete Einrichtungen, in denen Ärzte, die in das Arztregister eingetragen sind, als angestellte oder Vertragsärzte tätig sind.[179] Die medizinischen Versorgungszentren können sich aller zulässigen Organisationsformen bedienen; sie können von den Leistungserbringern, die aufgrund von Zulassung, Ermächtigung oder Vertrag an der medizinischen Versorgung der Versicherten teilnehmen, gegründet werden. Die Zulassung erfolgt für den Ort der Niederlassung als medizinisches Versorgungszentrum (§ 95 Abs. 1 SGB V). Anträge auf Zulassung eines medizinischen Versorgungszentrums sind abzulehnen, wenn bei Antragstellung für die dort tätigen Ärzte Zulassungsbeschränkungen nach § 103 Abs. 1 Satz 2 SGB V angeordnet sind (§ 95 Abs. 2 Satz 8 SGB V). 31

Die Zulassung des medizinischen Versorgungszentrums bewirkt, dass die in dem Versorgungszentrum angestellten Ärzte Mitglieder der für den Vertragsarztsitz des Versorgungszentrums zuständigen KV sind, und dass das zugelassene medizinische Versorgungszentrum insoweit zur Teilnahme an der vertragsärztlichen Versorgung berechtigt und verpflichtet ist (§ 95 Abs. 3 Satz 2 SGB V).

b) Enden der Zulassung. Die Zulassung eines medizinischen Versorgungszentrums endet mit dem Wirksamwerden eines Verzichts, der Auflösung oder mit dem Wegzug des zugelassenen medizinischen Versorgungszentrums aus dem Bezirk des Vertragsarztsitzes (§ 95 Abs. 7 Satz 2 SGB V). 32

c) Entziehung der Zulassung. Die Zulassung für ein medizinisches Versorgungszentrum ist zu entziehen, wenn ihre Voraussetzungen nicht oder nicht mehr vorliegen, das medizinische Versorgungszentrum die ärztliche Tätigkeit nicht aufnimmt oder nicht mehr ausübt und seine vertragsärztlichen Pflichten gröblich verletzt. Einem medizinischen Versorgungszentrum ist die Zulassung auch dann zu entziehen, wenn die Gründungsvoraussetzung, wie sie § 95 Abs. 1 Satz 3 2. Halbsatz SGB V beschreibt (Teilnahme des das medizinische Versorgungszentrum gründenden Leistungserbringers an der medizinischen Versorgung der Versicherten aufgrund von Zulassung, Ermächtigung oder Vertrag) nicht mehr vorliegt (§ 95 Abs. 6 SGB V). 33

d) Anstellung eines Arztes in einem zugelassenen medizinischen Versorgungszentrum. Auch die Anstellung eines Arztes in einem zugelassenen medizinischen Versorgungszentrum bedarf gem. § 95 Abs. 2 Satz 6 SGB V der Genehmigung des Zulassungsausschusses. Die Genehmigung ist zu erteilen, wenn die Voraussetzungen des § 95 Abs. 2 Satz 5 SGB V erfüllt sind, d. h. insbesondere der anzustellende Arzt in das Arztregister eingetragen ist. Anträge auf Genehmigung der Anstellung eines Arztes in einem zugelassenen medizinischen Versorgungszentrum sind abzulehnen, wenn bei Antragstellung für die dort tätigen Ärzte Zulassungsbeschränkungen nach § 103 Abs. 1 Satz 2 SGB V angeordnet sind. 34

Verzichtet ein Vertragsarzt in einem Planungsbereich, für den Zulassungsbeschränkungen angeordnet sind, auf seine Zulassung, um in einem medizinischen Versorgungszentrum tätig zu werden, so hat der Zulassungsausschuss die Anstellung zu genehmigen (§ 103 Abs. 4a SGB V).

[179] Streitig ist z. Zt. nach wie vor, in welcher Form Vertragsärzte – einzeln oder in Gemeinschaftspraxis – in einem MVZ tätig werden können, insbesondere ob sie über das MVZ abrechnen oder mit diesem nur kooperieren dürfen. Gesetzestext (§ 95 Abs. 1 S. 2 SGB V) und Begründung („Es ist auch möglich, dass Vertragsärzte mit dem medizinischen Versorgungszentrum zusammenarbeiten und Einrichtungen des Zentrums mitnutzen, soweit dies mit den für die vertragsärztliche Tätigkeit geltenden rechtlichen Bestimmungen vereinbar ist“) stehen hier in einem gewissen Widerspruch; siehe hierzu auch *Schallen* § 18 Ärzte-ZV, Rd.-Nr. 381.

4. Genehmigungen

35 Der Zulassungsausschuss ist daneben für eine Reihe von Genehmigungen im Zusammenhang mit der Zulassung von Vertragsärzten zuständig.

36 **a) Fachgebietswechsel.** Ein Vertragsarzt darf das Fachgebiet, für das er zugelassen ist, nur mit vorheriger Genehmigung des Zulassungsausschusses wechseln (§ 24 Abs. 3 Ärzte-ZV).

Die Genehmigung kann dann erteilt werden, wenn in dem Planungsbereich, in dem der Vertragsarzt zugelassen ist und der Fachgebietswechsel stattfinden soll, das Fachgebiet, in das der Vertragsarzt wechseln will, nicht gesperrt ist, oder aber der Vertragsarzt eine Vertragsarztpraxis nach § 103 Abs. 4 SGB V fortführt oder aber eine Sonderbedarfszulassung für das neue Fachgebiet möglich ist.[180] Letztlich unterscheiden sich die Kriterien für einen Fachgebietswechsel nicht von denen für eine Neuzulassung.

37 **b) Verlegung des Vertragsarztsitzes.** Den Antrag eines Vertragsarztes auf Verlegung seines Vertragsarztsitzes hat der Zulassungsausschuss zu genehmigen, wenn Gründe der vertragsärztlichen Versorgung dem nicht entgegenstehen (§ 24 Abs. 4 Ärzte-ZV). In diesem Fall hat der Vertragsarzt einen Rechtsanspruch auf die Genehmigung. Oben wurde zur Entscheidung des Zulassungsausschusses über den Vertragsarztsitz (§ 5d I 1 Buchstabe c) ausgeführt, dass der Vertragsarztsitz mit der konkreten Praxisanschrift gleichzusetzen ist. Demzufolge stellt jede Änderung der Praxisanschrift eine genehmigungspflichtige Verlegung des Vertragsarztsitzes dar.

38 Generell ist eine Verlegung des Vertragsarztsitzes nur innerhalb des Zulassungsbezirks möglich, weil nur insoweit die Zuständigkeit des Zulassungsausschusses gegeben ist. Der Wechsel in einen anderen Planungsbereich ist nur möglich, wenn entweder dieser nicht gesperrt oder aber ein Ausnahmetatbestand wie Praxisnachfolge oder Sonderbedarfszulassung gegeben ist. Innerhalb des Planungsbereiches oder in einen anderen nicht gesperrten Planungsbereich kann nur gewechselt werden, wenn Gründe der vertragsärztlichen Versorgung dem nicht entgegenstehen.[181]

39 **c) Ausnahmeregelungen im Zusammenhang mit der Trennung der Versorgungsbereiche.** Die vertragsärztliche Versorgung gliedert sich in eine hausärztliche und in eine fachärztliche Versorgung (§ 73 Abs. 1 SGB V).

An der **hausärztlichen Versorgung** nehmen gem. § 73 Abs. 1a Satz 1 Allgemeinärzte, Kinderärzte, Internisten ohne Schwerpunktsbezeichnung, die die Teilnahme an der hausärztlichen Versorgung gewählt haben, Ärzte, die nach § 95a Abs. 4 und 5 Satz 1 in das Arztregister eingetragen sind und Ärzte, die am 31. 12. 2000 an der hausärztlichen Versorgung teilgenommen haben, teil **(Hausärzte).**

Die übrigen Fachärzte nehmen an der **fachärztlichen Versorgung** teil.

40 Der Zulassungsausschuss kann zum einen für Kinderärzte und Internisten ohne Schwerpunktsbezeichnung eine von § 73 Abs. 1a Satz 1 SGB V abweichende befristete Regelung treffen, wenn eine bedarfsgerechte Versorgung nicht gewährleistet ist. Zum anderen kann der Zulassungsausschuss Allgemeinärzten und Ärzten ohne Gebietsbezeichnung, die im Wesentlichen spezielle Leistungen erbringen, auf deren Antrag die Genehmigung zur ausschließlichen Teilnahme an der fachärztlichen Versorgung erteilen (§ 73 Abs. 1a Sätze 3 bis 5 SGB V).

41 **d) Gemeinschaftspraxis.** Die gemeinsame Ausübung vertragsärztlicher Tätigkeit, die nur unter Vertragsärzten zulässig ist (Gemeinschaftspraxis), bedarf der vorherigen Genehmigung des Zulassungsausschusses (§ 33 Abs. 2 Ärzte-ZV).

---

[180] BSG 18. 3. 1998 NZS 1999, 50 und LSG BaWü MedR 1997, 470. Nicht als Fachgebietswechsel, sondern als „verzichtsähnlichen Akt“ beurteilt das Bundessozialgericht die Beschränkung eines für zwei Fachgebiete zugelassenen Vertragsarztes (Chirurgie und Orthopädie) auf nur ein Fachgebiet: BSG 26. 1. 00 B 6 KA 53/98 R = MedR 2004, 114.

[181] BSG 28. 6. 00 B 6 KA 27/99 R = MedR 2004, 118. In diesem Sinne schon früher *Preißler,* MedR 2001, 543.

Die KV und die Landesverbände der Krankenkassen sowie die Verbände der Ersatzkassen sind vor der Beschlussfassung zu hören. **42**

Die Genehmigung darf nur versagt werden, wenn die Versorgung der Versicherten beeinträchtigt wird oder landesrechtliche Vorschriften der ärztlichen Berufsausübung entgegenstehen. **43**

Solche Vorschriften sind in erster Linie die von den Landesgesetzgebern erlassenen **Heilberufe-Kammergesetze** und die von den Landesärztekammern auf der Basis dieser Gesetze als Satzungsrecht beschlossenen **Berufsordnungen.** Diese orientierten sich bisher weitgehend an den zum Zwecke der Einheitlichkeit der Berufsordnungen vom Deutschen Ärztetag als Empfehlung beschlossenen (Muster-)Berufsordnungen.[182] **44**

Für die Gemeinschaftspraxis, die eine Berufsausübungsgemeinschaft im Sinne der (Muster)Berufsordnung ist, finden sich Regelungen in § 22 sowie Abschnitt D II Nrn. 7 und 8 sowie Abschnitt D I Nr. 9 ff.[182] **45**

Als berufsrechtliche Regelung, die immer wieder einmal der Genehmigung einer Gemeinschaftspraxis entgegensteht, ist auf Abschnitt D II Nr. 8 Satz 3 (Muster-)Berufsordnung zu verweisen.[182] Danach dürfen Ärzte nur einer (einzigen) Berufsausübungsgemeinschaft und damit Gemeinschaftspraxis angehören.[183] Sieht man beispielsweise – was durch das Bundessozialgericht zwischenzeitlich entschieden ist – die überörtliche Gemeinschaftspraxis für nicht patientenbezogene Fachgebiete (wie z. B. Labor oder Pathologie) innerhalb eines KV-Bezirks als vertragsarztrechtlich zulässig an,[184] steht einem Zusammenschluss von Gemeinschaftspraxen zu einer überörtlichen Gemeinschaftspraxis in diesen Fachgebieten jedenfalls diese berufsrechtliche Regelung entgegen. **46**

---

182 Der 107. Deutsche Ärztetag 2004 hat u. a. die die beruflichen Kooperationen betreffenden Bestimmungen in §§ 17 bis 23, Kapitel D II Nr. 7 bis 11 M-BO novelliert. Dem Arzt ist es danach gestattet, über den Praxissitz hinaus an zwei weiteren Orten ärztlich tätig zu sein (§ 17 Abs. 2 M-BO 04). Zulässige Kooperationsformen sind Berufsausübungsgemeinschaften, Organisationsgemeinschaften, medizinische Kooperationsgemeinschaften und Praxisverbünde (§ 18 Abs. 1 M-BO 04). Nach der Neufassung der M-BO kann künftig eine Berufsausübungsgemeinschaft auch auf einzelne Leistungen beschränkt sein (sog. Teilgemeinschaftspraxis). Desgleichen sieht die (Muster-) Berufsordnung vor, dass Ärzte für ihre berufliche Zusammenarbeit alle für den Arztberuf zulässigen Gesellschaftsformen wählen können, wenn ihre eigenverantwortliche, medizinisch unabhängige sowie nicht gewerbliche Berufsausübung gewährleistet ist. Ärzte sind demnach nicht mehr auf die Rechtsform der BGB-Gesellschaft und Partnerschaftsgesellschaft beschränkt (§ 18 Abs. 2 M-BO 04). Desgleichen darf der Arzt nach der M-BO 04 auch mehreren Berufsausübungsgemeinschaften angehören (§ 18 Abs. 3 Satz 1 M-BO 04 im Gegensatz zu Kapitel D II Nr. 8 Abs. 1 Satz 4 M-BO 97). Die M-BO 04 sieht nun auch eine Berufsausübungsgemeinschaft mit mehreren Praxissitzen (sog. überörtliche Gemeinschaftspraxis) vor (§ 18 Abs. 3 Satz 2 M-BO 04 im Gegensatz zu Kapitel D II Abs. 2 M-BO 97, die eine überörtliche Berufsausübungsgemeinschaft nur für Ärzte vorsah, die ihrem typischen Fachgebietsinhalt nach regelmäßig nicht unmittelbar patientenbezogen ärztlich tätig sind). Es ist hierbei jedoch zu beachten, dass die Musterberufsordnung kein geltendes Recht ist. Es handelt sich bei der vom Deutschen Ärztetag beschlossenen M-BO – wie die Bezeichnung bereits zum Ausdruck bringt – um eine Vorlage für „eine möglichst einheitliche Regelung der ärztlichen Berufspflichten und der Grundsätze für die ärztliche Tätigkeit (so § 2 der Satzung der Bundesärztekammer). Rechtswirkung entfaltet die Berufsordnung erst, wenn sie durch die jeweilige Delegiertenversammlung der Landesärztekammern als Satzung beschlossen und von dem zuständigen Aufsichtsministerium genehmigt wurde. Das Ergebnis der Diskussion und Beschlussfassung auf der Delegiertenversammlung der einzelnen Landesärztekammern und der sich daran anschließenden rechtsaufsichtlichen Überprüfung kann naturgemäß zum jetzigen Zeitpunkt nicht vorhergesagt werden. Erst wenn dieses Procedere durchlaufen ist, kann verbindlich gesagt werden, welche neuen Kooperationen künftig unter berufsrechtlichen Aspekten zulässig sind. Es wird deshalb an dieser Stelle davon abgesehen, den Text an die M-BO 2004 anzupassen. Stattdessen soll es bei den Ausführungen bleiben, die sich auf die derzeit gültigen und – soweit ersichtlich – einheitlichen berufsrechtlichen Bestimmungen beziehen.

183 So ausdrücklich bestätigt: BSG 16. 7. 2003 B 6 KA 49/02 R.

184 So BSG 16. 7. 2003 B 6 KA 34/02 R.

47 Zur Verdeutlichung ist hier darauf hinzuweisen, dass sich diese Ausführungen nur auf die Genehmigungen der Gemeinschaftspraxis von bereits zugelassenen Ärzten beziehen und davon die Fälle der Zulassung zum Zwecke der gemeinschaftlichen Berufsausübung bei Zulassungsbeschränkungen zu unterscheiden sind. Die Entscheidung darüber richtet sich nach den Bestimmungen der **Bedarfsplanungs-Richtlinien** (§ 101 Abs. 1 Nr. 4 SGB V i.V.m. Nr. 23a der Bedarfsplanungs-Richtlinien-Ärzte).[185] Eine wesentliche Genehmigungsvoraussetzung dabei ist, dass sich die Partner der (geplanten) Gemeinschaftspraxis gegenüber dem Zulassungsausschuss zu einer Leistungsbegrenzung verpflichten, die den bisherigen Praxisumfang nicht wesentlich überschreitet und die verbindliche Feststellung des Zulassungsausschusses hierzu (sog. „Job-Sharing- Gemeinschaftspraxis").

48 In dem zitierten Urteil des Bundessozialgerichts zu den Zulassungsvoraussetzungen einer überörtlichen Gemeinschaftspraxis (Fußnote 142) stellt der Senat auch klar, dass die Zulassungsgremien eine Prüfungskompetenz auch hinsichtlich des Inhalts der **vertraglichen Vereinbarung** haben. Er tritt damit Auffassungen in der Literatur entgegen, die aus der Unterscheidung von gesellschaftsrechtlicher Gestaltung und öffentlich-rechtlicher Berechtigung mit der Folge, dass eine Gemeinschaftspraxis beendet wird, wenn ein Arzt seine Tätigkeit tatsächlich beendet (unabhängig davon, ob er dazu gesellschaftsrechtlich berechtigt war),[186] die Schlussfolgerung gezogen haben, die Genehmigung nach § 33 Abs. 2 Ärzte-ZV sei von den gesellschaftsrechtlichen Vereinbarungen gänzlich unabhängig und könne sogar ohne solche Vereinbarungen erteilt werden.[187]

49 Der Senat hat bereits in seinem Urteil vom 29. 9. 1999[188] der Auffassung zugestimmt, dass das Fehlen eines **schriftlichen Vertrages** über die Aufnahme einer Gemeinschaftspraxis zwischen ihren potentiellen Mitgliedern ein wichtiges Indiz dafür darstellt, dass sich die Partner überhaupt nicht – auch nicht mündlich – über die gemeinschaftliche Ausübung der ärztlichen Tätigkeit geeinigt hätten. Der Senat führt diese Rechtsprechung dahin fort, dass der Abschluss eines Vertrages und dessen schriftliche Fixierung allein zwischen den Partnern der Gemeinschaftspraxis notwendige Voraussetzung für die Genehmigung einer gemeinsamen Berufsausübung auf der Grundlage des § 33 Abs. 2 Ärzte-ZV ist. Der Vertrag oder die Verträge über die geplante Kooperation müssen vollständig den Zulassungsgremien vorgelegt werden.[189]

Die Genehmigung zur Führung einer Gemeinschaftspraxis ist ein **Statusakt,** der grundsätzlich – außer im Fall der Nichtigkeit oder des eindeutigen Rechtsmissbrauchs – nur mit Wirkung für die Zukunft beseitigt werden kann. § 45 SGB X ist auf vertragsärztliche Statusakte nicht anwendbar.[190]

50 **e) Anstellung eines Arztes.** Der Vertragsarzt kann einen ganztags beschäftigten Arzt oder höchstens zwei halbtags beschäftigte Ärzte desselben Fachgebiets anstellen. Die Anstellung bedarf der Genehmigung des Zulassungsausschusses.

51 Die Antragsvoraussetzungen und materiellen Genehmigungsvoraussetzungen ergeben sich aus §§ 95 Abs. 9, 101 Abs. 1 Satz 1 Nr. 5, 98 Abs. 2 Nr. 13 SGB V i.V.m. § 32b Ärzte-ZV und den Angestellten-Ärzte-Richtlinien.[191]

---

[185] Richtlinien des Bundesausschusses der Ärzte und Krankenkassen über die Bedarfsplanung sowie die Maßstäbe zur Feststellung von Überversorgung und Unterversorgung in der vertragsärztlichen Versorgung (Bedarfsplanungs-Richtlinien-Ärzte) in der Fassung vom 9. 3. 93 (BAnz Nr. 110a vom 18. 6. 93) zuletzt geändert am 15. 6. 04, veröffentlicht im BAnz Nr. 165 vom 2. 9. 04, in Kraft getreten am 1. 1. 2004.

[186] Zur deklaratorischen Feststellung des Zulassungsausschusses hinsichtlich des Endes einer Gemeinschaftspraxis: BSG SozR 3–2200 § 368c Nr. 1 S. 5ff.

[187] Siehe hierzu *Pawlita* SGb 2004, 234 (243).

[188] BSGE 85, 1, 8.

[189] So BSG vom 16. 7. 2003 B 6 KA 34/02 R (S. 14 des Urteilsumdrucks) und *Engelmann* ZMGR 2004, 3 (9); *Schallen,* Ärzte-ZV § 33 Rdn. 837.

[190] BSG, Beschluss vom 12. 12. 2003 – B 6 KA 65/03 B.

[191] Richtlinien über die Beschäftigung von angestellten Praxisärzten in der Vertragsarztpraxis („An-

52 Wesentlich ist auch hier – ebenso wie bei der Job-Sharing-Gemeinschaftspraxis – die Verpflichtung zur Leistungserbringung für die Arztpraxis und die verbindliche Feststellung des Zulassungsausschusses hierzu.

5. Ermächtigungen von Ärzten, ärztlich geleiteten Einrichtungen und Instituten

53 Der Zulassungsausschuss ist auch zuständig für die Ermächtigung zur Teilnahme an der vertragsärztlichen Versorgung von Ärzten, insbesondere in Krankenhäusern und Einrichtungen der beruflichen Rehabilitation oder in besonderen Fällen von ärztlich geleiteten Einrichtungen (§§ 116, 98 Abs. 2 Nr. 11 SGB V i. V. m. §§ 31, 31 a Ärzte-ZV).

54 Dabei ist die in § 95 Abs. 1 SGB V beschriebene Palette der Teilnahmeformen an der vertragsärztlichen Versorgung und die von der Rechtsprechung verdeutlichte **Rangfolge** zu berücksichtigen: Danach ist die ambulante vertragsärztliche Versorgung in erster Linie durch niedergelassene Vertragsärzte und zugelassene medizinische Versorgungszentren zu gewährleisten. Verbleibende Versorgungslücken, die die Heranziehung weiterer Ärzte erfordern, sind auf der Grundlage des § 116 SGB V i. V. m. § 31 a Ärzte-ZV vorrangig durch Ermächtigung von Krankenhausärzten zu schließen. In zweiter Linie sind sie gemäß § 31 Abs. 1 Ärzte-ZV durch Ermächtigung weiterer Ärzte zu beseitigen. Erst danach können unter den Voraussetzungen des § 31 Abs. 1 Buchst. a und b Ärzte-ZV ärztlich geleitete Einrichtungen im Wege sog. Institutsermächtigungen an der vertragsärztlichen Versorgung beteiligt werden.[192]

55 In Fortführung seiner bisherigen Rechtsprechung betont das Bundessozialgericht in einem neueren Urteil, dass die Erteilung von Institutsermächtigungen anstelle möglicher persönlicher Ermächtigungen – ohne dass es auf die Vorrangfrage ankommt – in solchen Bereichen überhaupt ausgeschlossen ist, in denen Leistungen nur von in bestimmter Weise qualifizierten Ärzten erbracht und abgerechnet werden dürfen und daher ein enger Zusammenhang zwischen der persönlichen ärztlichen Qualifikation und der Berechtigung zur Leistungserbringung besteht.[193]

6. Besondere Entscheidungen des Zulassungsausschusses

56 **a) Auswahlentscheidung und Zulassung eines Arztes im Rahmen der Praxisnachfolge.** Wenn die Zulassung eines Vertragsarztes in einem Planungsbereich, für den Zulassungsbeschränkungen angeordnet sind, durch Erreichen der Altersgrenze, Tod, Verzicht oder Entziehung endet und die Praxis von einem Nachfolger fortgeführt werden soll und demzufolge der Kassenarztsitz ausgeschrieben worden ist, hat der Zulassungsausschuss unter mehreren Bewerbern den Nachfolger nach pflichtgemäßem Ermessen auszuwählen (und zuzulassen). Bei der Auswahl der Bewerber hat der Zulassungsausschuss die berufliche Eignung, das Approbationsalter und die Dauer der ärztlichen Tätigkeit zu berücksichtigen, ferner, ob der Bewerber der Ehegatte, ein Kind, ein angestellter Arzt des bisherigen Vertragsarztes oder ein Vertragsarzt ist, mit dem die Praxis bisher gemeinschaftlich ausgeübt wurde. **Wirtschaftliche Interessen** des die Praxis abgebenden Vertragsarztes oder seiner Erben sind nur insoweit zu berücksichtigen, als der Kaufpreis die Höhe des Verkehrswertes der Praxis nicht übersteigt (§ 103 Abs. 4 und 6 SGB V).

57 **b) Sonderbedarfszulassungen im gesperrten Planungsbereich.** Der Zulassungsausschuss darf unbeschadet der Anordnung von Zulassungsbeschränkungen durch den

---

gestellte-Ärzte-Richtlinien") in der Fassung vom 1. 10. 1997 (BAnz Nr. 9, S 372 vom 15. 1. 1998) zuletzt geändert am 22. 10. 2001 (BAnz Nr. 20 vom 30. 1. 2002) in Kraft getreten am 31. 1. 2002.

[192] BSG SozR 3-5520 § 31 Nr. 5 S. 9f; BSG SozR 3-5520 § 31 Nr. 9 S. 38; BSG SozR 3-5520 § 31 Nr. 8 S. 27.

[193] BSG 26. 1. 2000 B 6 KA 51/98 R.

Landesausschuss dem Zulassungsantrag eines Vertragsarztes stattgeben, wenn eine oder mehrere der folgenden Ausnahmen vorliegen:[194]

58 aa) **lokaler Versorgungsbedarf** in Teilen eines großstädtischen Planungsbereichs oder eines großräumigen Landkreises,

59 bb) **besonderer Versorgungsbedarf,** wie er durch den Inhalt des Schwerpunkts, einer fakultativen Weiterbildung oder einer besonderen Fachkunde für das Fachgebiet nach der Weiterbildungsordnung umschrieben ist,[195]

60 cc) Bildung einer Gemeinschaftspraxis mit **spezialistischen Versorgungsaufgaben** (z. B. kardiologische oder onkologische Schwerpunktpraxen),[196]

61 dd) Versorgungslücke bei der Erbringung **ambulanter Operationen.**

62 Die Einzelheiten hierzu ergeben sich aus § 101 Abs. 1 Nr. 3 SGB V i. V. m. Nr. 24 a bis e der Bedarfsplanungs-Richtlinien-Ärzte.[197]

63 Die Zulassung gem. Nr. 24 Bedarfsplanungs-Richtlinien-Ärzte darf im Falle des Buchstaben aa) an den Ort der Niederlassung gebunden und in den Fällen der Buchstaben bb) bis dd) mit der Maßgabe erfolgen, dass für den zugelassenen Vertragsarzt nur die ärztlichen Leistungen, welche im Zusammenhang mit dem Ausnahmetatbestand stehen, für eine Übergangszeit von fünf Jahren abrechnungsfähig sind.

64 Das Gesetz regelt neben diesen Fällen einen weiteren Fall der Sonderbedarfszulassung in § 103 Abs. 7 SGB V. Es handelt sich hierbei um die der **belegärztlichen Tätigkeit** akzessorische Zulassung des Arztes, mit dem ein Krankenhausträger einen Belegarztvertrag abgeschlossen hat.[198]

65 Diese Zulassung ist auf die Dauer der belegärztlichen Tätigkeit beschränkt. Die Beschränkung entfällt bei Aufhebung der Zulassungsbeschränkungen, spätestens nach Ablauf von zehn Jahren.

66 **c) Zulassung im entsperrten Bereich.** Kommt der Landesausschuss auf Grund der weiteren Entwicklung im Planungsbereich nach einer erstmaligen Feststellung der Überversorgung zu dem Ergebnis, dass die Überversorgung nicht mehr besteht, so wird die Zulassungsbeschränkung aufgehoben. Es können dann so viele Ärzte zugelassen werden, bis für die betroffene Arztgruppe wieder Überversorgung eingetreten ist. Über die Zulassungsanträge ist nach Maßgabe der Reihenfolge ihres Eingangs beim Zulassungsausschuss zu entscheiden (Nr. 23 Bedarfsplanungs-Richtlinien-Ärzte). Diese Regelung wird bildlich mit „Windhundprinzip" beschrieben.

67 Damit ein Antrag berücksichtigt werden kann, kommt es darauf an, dass er zum Zeitpunkt der Entscheidung des Zulassungsausschusses entscheidungsreif, insbesondere vollständig ist.[199]

---

[194] Zur Verfassungsmäßigkeit von Sonderbedarfszulassungen: BVerfG 27. 4. 2001 1 BvR 1282/99; Zu den Voraussetzungen der einzelnen Varianten von Sonderbedarfszulassungen: BSG 28. 6. 2000 B 6 KA 35/99 R; Hess LSG 31. 5. 2000, L 7 KA 1415/99 (anhängig BSG B 6 KA 63/00 R) BayLSG 14. 2. 2001, L 12 KA 21/99; LSG BaWü 24. 1. 1996, L 5 Ka 2261/94; *Plagemann* MedR 1998, S. 85 ff.

[195] BSG 13. 3. 97 6 RKa 43/96.

[196] LSG NRW 21. 2. 96 L 11 Ka 143/95.

[197] Richtlinien des Bundesausschusses der Ärzte und Krankenkassen über die Bedarfsplanung sowie die Maßstäbe zur Feststellung von Überversorgung in der vertragsärztlichen Versorgung (Bedarfsplanungs-Richtlinien-Ärzte); siehe Fußnote 144.

[198] BSG 14. 3. 01 B 6 KA 34, 35 und 37/00 R.

[199] BayLSG 26. 11. 1997, L 12 Ka 141/96 siehe hierzu auch: *Kamps* MedR 2004, 40 ff.

II. Vorschriften für die Zulassungs- und Berufungsausschüsse

1. Rechtsgrundlagen

Die Errichtung der Zulassungs- und Berufungsausschüsse (Zulassungsgremien), ebenso wie die Bestellung ihrer Mitglieder und das Verfahren in und vor diesen Gremien ist in §§ 96ff. SGB V geregelt. Einzelheiten dazu finden sich in der Zulassungsverordnung für Vertragsärzte (§ 98 Abs. 2 Nrn. 1 bis 4 SGB V i. V. m. §§ 34ff. Ärzte-ZV). **68**

Als Spezialbestimmungen haben die Verfahrensvorschriften der Ärzte-ZV für Vertragsärzte Vorrang vor den Bestimmungen des Zehnten Buches Sozialgesetzbuch – Verwaltungsverfahren. Soweit in der Ärzte-ZV Regelungen allerdings nicht getroffen sind, sind die Bestimmungen des SGB X anzuwenden (§ 37 SGB I). **69**

2. Errichtung und Besetzung der Zulassungsgremien sowie Bestellung ihrer Mitglieder

Zur Beschlussfassung und Entscheidung in Zulassungssachen errichten die KVen und die Landesverbände der Krankenkassen sowie die Verbände der Ersatzkassen für den Bezirk jeder KV oder für Teile dieses Bezirks (Zulassungsbezirk – § 11 Abs. 1 Ärzte-ZV) einen **Zulassungsausschuss** für Ärzte (§ 96 Abs. 1 SGB V). **70**

Die Zulassungsausschüsse bestehen aus sechs **Mitgliedern** und zwar aus je drei Vertretern der Ärzte[200] und der Krankenkassen sowie aus Stellvertretern in der nötigen Zahl (§§ 96, Abs. 2 SGB V i. V. m. § 34 Abs. 1 Ärzte-ZV.[201] Im Übrigen kommen als „Vertreter der Ärzte" auch Nichtärzte in Betracht. **71**

Den **Vorsitz** im Zulassungsausschuss führt abwechselnd ein Vertreter der Ärzte und der Krankenkassen. Über den Modus des Wechsels, z. B. von Sitzung zu Sitzung oder jährlich, können sich die Mitglieder des Zulassungsausschusses verständigen. **72**

Daneben errichten die KVen und die Landesverbände der Krankenkassen sowie die Verbände der Ersatzkassen für den Bezirk jeder KV einen **Berufungsausschuss** für Ärzte. Sie können nach Bedarf mehrere Berufungsausschüsse für den Bezirk einer KV oder einen gemeinsamen Berufungsausschuss für die Bezirke mehrerer KVen errichten (§ 97 Abs. 1 SGB V). **73**

Die Berufungsausschüsse bestehen aus einem Vorsitzenden mit der Befähigung zum Richteramt und – ebenso wie die Zulassungsausschüsse – aus je drei Vertretern der Ärzte und der Krankenkassen (§§ 97 Abs. 1, 98 Abs. 2 Nr. 1 i. V. m. § 35 Ärzte-ZV). **74**

Einzelheiten der Bestellung der Mitglieder sind in § 96 Abs. 2 Satz 2 SGB V und § 34 Abs. 2 Ärzte-ZV geregelt, auf die § 97 Abs. 2 Satz 4 SGB V und § 35 Abs. 2 Ärzte-ZV für den Berufungsausschuss verweisen. **75**

In gleicher Weise einheitlich geregelt ist für die Zulassungsgremien, dass die Mitglieder **weisungsfrei** sind (§ 96 Abs. 2 Satz 4 und 5 i. V. m. § 97 Abs. 2 Satz 4 Ärzte-ZV für den **76**

---

[200] BSG 25. 11. 1998, SozR 3–2500 § 116 Nr. 18, NZS 1999, 520; *Schallen* § 34 Ärzte-ZV Rdn. 890f.

[201] Die Regelung, nach der ein Vertreter der Ärzte außerordentliches Mitglied der KV sein muss (§ 96 Abs. 2 Satz 3 SGB V in der bis zum 31. 12. 2004 gültigen Fassung) ist mit Wirkung ab 1. 1. 2005 aufgehoben worden (Art. 1 Nr. 76a i. V. m. Art. 37 Abs. 8 GMG). Dies ist die Folge der Neuregelung in § 77 Abs. 3 SGB V, wonach die Unterscheidung des bisherigen Rechts nach ordentlichen und außerordentlichen Mitgliedern aufgehoben und der Mitgliederkreis auf zugelassene Ärzte, in zugelassenen medizinischen Versorgungszentren tätige Ärzte und die ermächtigten Krankenhausärzte begrenzt wird. Die Rechtsänderung hat nicht zur Folge, dass die außerordentlichen Mitglieder kraft Gesetzes aus den Zulassungsgremien ausscheiden. Sie bleiben vielmehr Mitglieder in diesen. Lediglich die gesetzliche Vorgabe, dass ein außerordentliches Mitglied der KV in den Zulassungsgremien vertreten sein muss, entfällt.

Berufungsausschuss) und dass die Tätigkeit ein **Ehrenamt** ist, für das es lediglich eine Entschädigung gibt (§ 34 Abs. 7 i. V. m. § 35 Abs. 2 Ärzte-ZV).

77 Die **Amtsdauer** der Mitglieder beträgt vier Jahre und endete erstmals mit dem 31. 12. 1961 und dementsprechend wieder am 31. 12. 2005 (§ 34 Abs. 3 Ärzte-ZV).

78 Das einzelne Mitglied scheidet aus den Zulassungsgremien aus mit dem Tod, durch Niederlegung des Ehrenamts, mit schriftlicher Erklärung gegenüber dem Zulassungsausschuss (§ 34 Abs. 6 Ärzte-ZV) oder durch Abberufung aus wichtigem Grund durch die Stelle, durch die es bestellt ist (§ 34 Abs. 5 Ärzte-ZV). Die Tätigkeit eines außerordentlichen Mitglieds in einem Zulassungsgremium endet zudem mit seiner Zulassung (§ 34 Abs. 5 Satz 2 Ärzte-ZV). Scheidet ein Mitglied vorzeitig aus, so erfolgt eine Neubestellung. Die Amtsdauer neu bestellter Mitglieder endet mit der Amtsdauer der übrigen (§ 34 Abs. 4 i. V. m. Abs. 3 Ärzte-ZV).

79 Mitglieder eines Zulassungsausschusses können nicht gleichzeitig Beisitzer in dem für den Zulassungsausschuss zuständigen Berufungsausschuss sein (§ 35 Abs. 3 Ärzte-ZV). Hingegen stehen diese und auch andere Bestimmungen der gleichzeitigen Mitwirkung in mehreren Zulassungs- bzw. Berufungsausschüssen nicht entgegen.

Durch das GMG wurde in das SGB V neu aufgenommen die Beteiligung von Interessenvertretungen der Patientinnen und Patienten: In den Zulassungsausschüssen und den Berufungsausschüssen erhalten, soweit Entscheidungen über die ausnahmsweise Besetzung zusätzlicher Vertragsarztsitze nach § 101 Abs. 1 Satz 3 oder über die Ermächtigung von Ärzten und ärztlich geleiteten Einrichtungen betroffen sind, die auf Landesebene für die Wahrnehmung der Interessen der Patientinnen und Patienten und der Selbsthilfe chronisch kranker und behinderter Menschen maßgeblichen Organisationen ein Mitberatungsrecht; die Organisationen benennen hierzu sachkundige Personen. Die Zahl der sachkundigen Personen soll höchstens der Zahl der von den Krankenkassen entsandten Mitgliedern in diesen Gremien entsprechen (§ 140f SGB V). Die **Patientenvertreter** in den Zulassungsgremien haben ein Mitberatungs-, nicht hingegen ein Stimmrecht, d. h. sie können an der Verhandlung und Beratung der Zulassungsgremien, nicht jedoch an der Beschlussfassung teilnehmen.

80 Die **Geschäfte der Zulassungsgremien** werden bei den KVen geführt (§ 96 Abs. 3 i. V. m. § 97 Abs. 2 Satz 4 SGB V).

81 Die Aufsicht (nur) über diese Geschäftsführung führen die für die Sozialversicherung zuständigen obersten Verwaltungsbehörden der Länder (§ 97 Abs. 5 Satz 1 SGB V).

3. Besetzung der Ausschüsse in Zulassungssachen der Psychotherapeuten

82 In Zulassungssachen der Psychotherapeuten und der überwiegend oder ausschließlich psychotherapeutisch tätigen Ärzte (§ 101 Abs. 4 Satz 1 SGB V) treten im Zulassungsausschuss und Berufungsausschuss – abweichend von der oben dargestellten Regelung – an die Stelle der Vertreter der Ärzte Vertreter der Psychotherapeuten und der Ärzte in gleicher Zahl. Dabei muss unter den Psychotherapeuten mindestens ein Kinder- und Jugendlichenpsychotherapeut sein (§ 95 Abs. 13 Satz 1 SGB V).

83 Diesen Vorgaben und dem Erfordernis, dass unter den Vertretern der Ärzte in den Zulassungsgremien ein außerordentliches Mitglied sein muss (§ 96 Abs. 2 Satz 3 SGB V) konnte nur mit wenigstens zwei Vertretern der Ärzte (einem ordentlichen und einem außerordentlichen Mitglied) und zwei Vertretern der Psychotherapeuten (davon mindestens ein Kinder- und Jugendlichenpsychotherapeut) und vier Vertretern der Krankenkassen Rechnung getragen werden.[202]

84 Auch wenn diese Lösung mit den Bestimmungen in § 34 Abs. 1 und § 35 Abs. 1 Ärzte-ZV (je drei Vertreter der Ärzte und der Krankenkassen) kollidiert, wurden gegen sie in der

---

[202] Siehe hierzu Fußnote 160; § 96 Abs. 2 Satz 3 SGB V wurde mit Wirkung ab 1. 1. 2005 aufgehoben (vgl. Art. 37 Abs. 8 GMG).

Rechtsprechung und Literatur keine Bedenken erhoben. Schallen bezeichnet sie in seinem Kommentar als „normberichtigende Rechtsfortbildung.“[203]

4. Rechtsnatur der Zulassungsgremien

85 Zulassungs- und Berufungsausschüsse sind als Gremien der gemeinsamen Selbstverwaltung von Ärzten und Krankenkassen nach der Rechtsprechung des Bundessozialgerichts rechtlich und organisatorisch verselbständigt, also nicht den KVen als Rechtsträger zugeordnet.[204] Als solche sind sie auch **Behörden** im Sinne des § 1 Abs. 2 SGB V, **beteiligungsfähig** im Verwaltungsverfahren (§ 10 Nr. 3 SGB X) und **parteifähig** im sozialgerichtlichen Verfahren (§ 70 Nr. 4 i.V.m. § 51 Abs. 2 Satz 1 Nr. 2 SGG).

86 Das Verfahren vor dem Berufungsausschuss ist – wie das Bundessozialgericht schon wiederholt ausgeführt hat – **kein Widerspruchsverfahren** gem. §§ 78, 83ff. SGG, sondern ein **besonderes Verwaltungsverfahren.**[205] Die Regelung des § 97 Abs. 3 Satz 2 SBG V, dass es als Vorverfahren i.S.d. § 78 SGG „gilt“, macht deutlich, dass dieses Verfahren an die Stelle des Widerspruchsverfahrens nach §§ 78, 83ff. SGG treten soll. Hierin liegt eine Sonderregelung i.S.d. § 78 Abs. 2 Nr. 1 SGG, wonach durch Gesetz für besondere Fälle bestimmt werden kann, dass ein Vorverfahren nicht erforderlich ist. Die Verweisung des § 97 Abs. 3 Satz 1 SGB V auf nur zwei Vorschriften aus dem Abschnitt über das Widerspruchsverfahren – nämlich auf die Bestimmungen des § 84 Abs. 1 SGG über die Monatsfrist und des § 85 Abs. 3 SGG über den Erlass des abschließenden Überprüfungsbescheides – wäre im Übrigen überflüssig, wenn das Verfahren vor dem Berufungsausschuss ohnehin ein Widerspruchsverfahren gem. §§ 78, 83ff. SGG wäre.[206] Auch die Regelungen der §§ 44ff. Ärzte-ZV mit Unterschieden gegenüber den Regelungen der §§ 83ff. SGG zeigen, dass ein besonderes Verwaltungsverfahren geschaffen werden sollte.[207]

Der Berufungsausschuss entscheidet trotz seiner Zugehörigkeit zur Sphäre der vollziehenden Gewalt im Sinne des Art. 20 Abs. 2 GG in einem formalisierten Verfahren, das an gerichtliche Verfahrensregelungen angelehnt ist. In der Person des Vorsitzenden, der nach § 97 Abs. 2 Satz 1 SGB V über die Befähigung zum Richteramt verfügen muss, ist das für gerichtliche Entscheidungen konstitutive Element der Neutralität gegenüber den Beteiligten und ihren Belangen verwirklicht.[208]

5. Ablauf des Verfahrens vor den Zulassungsgremien

87 **a) Tätigwerden auf Antrag oder von Amts wegen.** Die Verfahren vor dem Zulassungsausschuss werden in der Regel durch entsprechende **Anträge** (z.B. auf Zulassung gem. § 18ff. Ärzte-ZV, auf Entziehung der Zulassung gem. § 27 Satz 2 Ärzte-ZV, auf Genehmigung einer Gemeinschaftspraxis gem. § 33 Abs. 2 Satz 2 Ärzte-ZV, auf Ermächtigung gem. § 31 und § 31a Ärzte-ZV, auf Genehmigung eines angestellten Arztes gem. § 32b Abs. 2 Satz 2 Ärzte-ZV) eingeleitet.

---

[203] *Schallen* § 34 Ärzte-ZV Rdn. 894.

[204] BSG 21. 6. 1995 – 6 RKa 54/94 und 1. 7. 1998 – B 6 KA 98/97 R.

[205] BSG 15. 4. 1986 – 6 RKa 25/84, 29. 10. 1986 – 6 RKa 32/86, BSG SozR 3–2500 § 96 Nr. 1 S. 5 und BSG 9. 6. 1999 – B 6 KA 76/97 R mit weiteren Nachweisen.

[206] BSG SozR 3–2500 § 96 Nr. 1 S. 5.

[207] BSG 9. 6. 1999 – B 6 KA 76/97 R – siehe hierzu auch § 5d II 6d (Rechtsbehelfsbelehrung).

[208] So BSG 11. 12. 2002 – B 6 KA 32/01 R; zur Bedeutung des Vorsitzenden des Berufungsausschusses siehe *Friederichs* MedR 1994, 433f. mit dem Hinweis, dass, solange kein Vorsitzender des Berufungsausschusses berufen ist, zwingend ein Stillstand der Verwaltungs- und Rechtspflege eintritt. Mit der Frage, ob der Berufungsausschuss als „Gericht“ im Sinne des GG zu sehen ist und dementsprechend die für ärztliche Berufsgerichte geltenden Vorschriften für Ausschließung und Ablehnung von Gerichtspersonen gelten, befasst sich *Schwinge* SGb 1977, 373ff.

88 In Einzelfällen hat der Zulassungsausschuss aber auch **von Amts wegen** tätig zu werden (Beschluss über das Ruhen der Zulassung gem. § 26 Ärzte-ZV oder die Entziehung der Zulassung gem. § 27 Satz 1 Ärzte-ZV) oder aber mit einem feststellenden/**deklaratorischen Beschluss**/Bescheid auf Erklärungen von Vertragsärzten oder auf veränderte tatsächliche Verhältnisse zu reagieren (z.B. Enden der Zulassung gem. § 28 Abs. 1 Satz 3 Ärzte-ZV oder Enden einer Gemeinschaftspraxis gem. § 33 Abs. 2 Ärzte-ZV).

89 **b) Gebührenpflichtige Anträge.** In § 46 Abs. 1a mit d Ärzte-ZV sind eine Reihe gebührenpflichtiger Anträge aufgezählt. Für sie gilt allgemein, dass über sie erst nach Entrichtung der Gebühr verhandelt werden darf und bei Nichtentrichtung der Gebühr innerhalb der gesetzten Frist der Antrag als zurückgenommen gilt, es sei denn, der Vorsitzende stundet die Gebühr, gewährt also einen Zahlungsaufschub. Das bedeutet, dass mit der Anforderung der Gebühr auch deren Höhe, die Zahlungsfrist und die Folgen ihrer Nichteinhaltung zu vermerken sind (§ 38 Ärzte-ZV für die Anträge zum Zulassungsausschuss und § 45 Abs. 1 Ärzte-ZV für die Widersprüche beim Berufungsausschuss).

90 Die Gebühren werden mit der Stellung des Antrags bzw. Einlegung des Widerspruchs fällig. Bei Rücknahme des Antrages oder des Widerspruchs verbleibt es daher bei der Zahlungsverpflichtung des Arztes.[209]

91 **c) Verfahrensgrundsätze.** Für die Zulassungsgremien gilt der **Untersuchungsgrundsatz** nach dem Verwaltungsverfahrensgesetz (SGB X). Danach ermittelt die Behörde den Sachverhalt von Amts wegen. Sie bestimmt Art und Umfang der Ermittlungen. An das Vorbringen und an die Beweisanträge der Beteiligten ist sie nicht gebunden. Die Behörde hat alle für den Einzelfall bedeutsamen, auch die für die Beteiligten günstigen Umstände zu berücksichtigen (§ 20 Abs. 1 und 2 SGB X). In diesem Zusammenhang ist die Bestimmung in § 39 Ärzte-ZV zu lesen, nach der der Zulassungsausschuss die ihm erforderlich erscheinenden **Beweise** erhebt (für den Berufungsausschuss gilt sie gem. § 45 Abs. 3 Ärzte-ZV entsprechend) – zu ergänzen ist dabei: „Im Rahmen der Entscheidungserheblichkeit". Dabei können sich die Zulassungsgremien der in § 21 Abs. 1 Satz 2 Nrn. 1 bis 4 SGB X aufgeführten Beweismittel bedienen. Diese Aufzählung ist allerdings nicht abschließend, wie durch die Formulierung „insbesondere" zum Ausdruck kommt.

92 Zu beachten ist aber auch, dass für **Zeugen,** die die Zulassungsgremien laden, mangels einer entsprechenden Rechtsvorschrift keine Pflicht zur Aussage besteht, sie brauchen nicht einmal vor den Zulassungsgremien zu erscheinen. Unter den Voraussetzungen des § 22 SGB X ist jedoch die Vernehmung durch das Sozialgericht möglich.[210]

93 In den Sitzungen der Zulassungsgremien hat der Vorsitzende darauf hinzuwirken, dass der Sachverhalt ausreichend geklärt wird. Die Mitglieder der Zulassungsgremien haben ein Frage- und Antragsrecht, das dadurch eingeschränkt ist, dass Fragen und Anträge „sachdienlich" sein müssen (§ 40 Satz 5 Ärzte-ZV). Man wird sicher im Einzelfall über die Sachdienlichkeit streiten können; zu unterbinden hat der Vorsitzende aber auf jeden Fall, beispielsweise durch Entziehung des Wortes im Rahmen der Verhandlungsführung, dass Ausschussmitglieder bei Fragen und Anträgen bereits ihre Meinung über den Ausgang des Verfahrens kundtun. Sonst könnte der Eindruck der Befangenheit entstehen.

94 Zu beachten sind auch in den Verfahren vor den Zulassungsgremien der aus dem Rechtsstaatsgebot abgeleitete **Anspruch auf rechtliches Gehör** (§ 24 SGB X) und der auf **Akteneinsicht** durch Beteiligte (§ 25 SGB X).

95 Das Anhörungsrecht kann nur wahrgenommen werden, wenn die Beteiligten von allen für die Entscheidung maßgeblichen Tatsachen (Ergebnis einer Umfrage bei den Ärzten, durch die KV eingeholte Gutachten, Niederschriften über die gerichtliche Einvernahme von Zeugen, Äußerungen anderer Beteiligter usw.) Kenntnis erlangt haben und wenn ihnen ausreichend Zeit verbleibt, sich mit ihnen auseinander zusetzen.

---

[209] *Schallen* § 46 Ärzte-ZV Rdn. 1026.

[210] BayLSG 19. 3. 99 L 12 B 202/98 KA.

d) Verfahrensbeteiligte. Eine Spezialregelung dazu, wer die am Verfahren vor den Zulassungsgremien Beteiligten sind, findet sich in der Ärzte-ZV nicht. Anhaltspunkte ergeben sich jedoch aus den Regelungen betreffend die Ladung zur mündlichen Verhandlung (§ 37 Abs. 2 Ärzte-ZV) und betreffend die zum Widerspruch gegen Entscheidungen des Zulassungsausschusses Berechtigten (§ 96 Abs. 4 SGB V). In beiden Vorschriften sind die KV, die Landesverbände der Krankenkassen und die Verbände der Ersatzkassen sowie die an dem Verfahren beteiligten Ärzte genannt. Als letztere kommen – in Übereinstimmung mit § 12 SGB X – in Betracht: die antragstellenden Ärzte und die Antragsgegner (z. B. bei Antrag auf Entziehung der Zulassung), aber auch diejenigen Vertragsärzte, an die die Zulassungsgremien den Verwaltungsakt richten wollen oder gerichtet haben (§ 12 Abs. 1 Nr. 2 SGB X). Das können beispielsweise die Partner einer Gemeinschaftspraxis sein, wenn einer dem Zulassungsausschuss mitteilt, dass er die Gemeinschaftspraxis nicht mehr fortführt und daraufhin der Zulassungsausschuss mit einem deklaratorischen Beschluss das Ende der Gemeinschaftspraxis feststellt.[211] **96**

Im Falle der **Nachbesetzung eines Vertragsarztsitzes** gem. § 103 Abs. 4 SGB V sind neben dem aus der vertragsärztlichen Versorgung ausscheidenden Vertragsarzt bzw. dessen Erben sämtliche in der Liste der KV eingetragenen (und noch an der Nachfolgezulassung interessierten) Bewerber Beteiligte. Beteiligte sind weiterhin die bisherigen Partner der Gemeinschaftspraxis des ausscheidenden Vertragsarztes, weil deren Interessen durch die Nachbesetzung ebenfalls berührt werden.[212] **97**

Nicht Beteiligte sind bei der Neuzulassung bzw. Sonderbedarfszulassung eines Arztes oder Ermächtigung eines Krankenhausarztes die in dem Planungsbereich bereits zugelassenen Vertragsärzte, weil eine allenfalls sich dadurch ergebende wirtschaftliche Betroffenheit hierfür nicht ausreicht. Dementsprechend wurde auch in der Rechtsprechung des Bundesgerichts für einen Dritt- bzw. Konkurrentenwiderspruch bzw. eine entsprechende Klage die Widerspruchs- bzw. Klagebefugnis verneint.[213] Etwas anderes gilt jedoch dann, wenn sich ein bereits im Planungsbereich zugelassener Vertragsarzt am Ausschreibungsverfahren und den Verhandlungen mit dem Krankenhausträger nach § 103 Abs. 7 SGB V rechtzeitig und ernsthaft beteiligt und gegen eine für ihn negative Entscheidung Widerspruch einlegt. In diesem Fall bejaht auch das Bundessozialgericht – in Annäherung an die offensive Konkurrentenklage – die Klagebefugnis und damit zwangsläufig auch die Widerspruchsbefugnis.[214] **98**

Nunmehr hat das Bundesverfassungsgericht in einem Beschluss vom 17. 8. 2004 entschieden, dass dann, wenn einem Krankenhausarzt eine Ermächtigung erteilt wird, an der vertragsärztlichen Versorgung teilzunehmen, davon betroffene niedergelassene Vertragsärzte eine gerichtliche Überprüfung dieser Ermächtigung verlangen können. Das Bundesverfassungsgericht hält in diesem Fall eine sog. **defensive Konkurrentenklage** und nicht nur die bloße Willkürkontrolle für zulässig. Es begründet diese Entscheidung damit, dass dem in § 116 Satz 2 SGB V und § 31 a Abs. 1 Satz 2 Ärzte-ZV gesetzlich angeordneten Vorrang der niedergelassenen Vertragsärzte im Lichte des Grundrechts aus Art. 12 Abs. 1 GG vor dem Hintergrund restriktiver Bedarfsplanung und limitierten Gesamtvergütung auch drittschützende Wirkung in dem Sinne zukommt, dass diese Ärzte befugt sind, Krankenhausärzte begünstigende Ermächtigungsentscheidungen gerichtlich anzufechten.[215] **99**

---

[211] Anderer Ansicht: *Schallen,* der nur den beschränkt zugelassenen Vertragsarzt, der mit einem anderen Vertragsarzt in einer Gemeinschaftspraxis verbunden ist, als Beteiligten sieht, weil dieser im Hinblick auf das Enden seiner Zulassung in seiner Rechtsstellung unmittelbar betroffen ist – *Schallen,* § 37 Ärzte-ZV Rdn. 919.

[212] BSG 25. 11. 98 B 6 KA 70/97 R.

[213] BSG 29. 9. 99 SozR 3–1500 § 54 Nr. 40.

[214] BSG 14. 3. 01 B 6 KA 34, 35 und 37/00 R.

[215] BVerfG 17. 8. 04, MedR 2004, 680 ff. mit Anmerkung von *Steinhilper* a. a. O, S. 682 in der er sich mit dem Anwendungsbereich und den Auswirkungen auseinandersetzt und letztlich zu dem Ergebnis kommt, dass die Zulässigkeit der defensiven Konkurrentenklage nicht auf das Verhältnis

100 **e) Sitzungen und mündliche Verhandlungen.** Die Zulassungsgremien beschließen in Sitzungen (für den Zulassungsausschuss § 36 Satz 1 Ärzte-ZV, der gem. § 45 Abs. 3 Ärzte-ZV für den Berufungsausschuss entsprechend gilt). Zu den Sitzungen lädt der Vorsitzende unter Angabe der Tagesordnung ein (§ 36 Satz 2 Ärzte-ZV). Er hat dabei die Zweiwochenfrist gem. § 37 Abs. 2 Ärzte-ZV zu beachten.

101 Der Arzt kann an den Sitzungen allein oder mit einem Bevollmächtigten oder Beistand teilnehmen oder sich vertreten lassen (§ 13 SGB X).

102 Es kann auch in Abwesenheit Beteiligter verhandelt werden, falls in der Ladung darauf hingewiesen ist (§ 37 Abs. 2 Satz 2 Ärzte-ZV).

103 Die Sitzung ist **nicht öffentlich** (§ 40 Satz 1 Ärzte-ZV). Für ihren Verlauf gilt § 40 Satz 2 Ärzte-ZV. Über jede Sitzung ist eine Niederschrift zu fertigen, die den in § 42 Ärzte-ZV beschriebenen Inhalt haben soll und von dem Vorsitzenden zu unterzeichnen ist (§ 42 Satz 3 Ärzte-ZV).

104 Aus der rechtlichen Vorgabe, dass die Zulassungsgremien in Sitzungen beschließen, ergibt sich, dass sie ihre Beschlüsse nicht im Umlaufverfahren oder per telefonische Absprache der Mitglieder fassen dürfen. Dies ist allenfalls zulässig, wenn der Ausschuss in einer vorangegangenen Sitzung zu einer abschließenden Meinungsbildung gekommen ist, die endgültige Beschlussfassung aber noch z. B. von der Einholung einer Auskunft abhängig machte.

105 Ist über Zulassungen oder Entziehungen von Zulassungen zu entscheiden, haben die Zulassungsgremien eine **mündliche Verhandlung** anzuberaumen. In allen anderen Fällen steht es im Ermessen des Zulassungsausschusses, ob er eine mündliche Verhandlung anberaumt (§ 37 Abs. 1 Satz 1 Ärzte-ZV: „kann der Zulassungsausschuss eine mündliche Verhandlung anberaumen").

106 Während die bisher in diesem Abschnitt dargestellten Regelungen der §§ 36 bis 43 Ärzte-ZV allesamt für das Verfahren vor dem Berufungsausschuss entsprechend gelten, sieht § 45 Abs. 2 Ärzte-ZV eine Sonderregelung gegenüber der Regelung in § 37 Abs. 1 Satz 1 Ärzte-ZV vor: Der Widerspruch gegen eine Zulassung oder Entziehung der Zulassung kann dann ohne mündliche Verhandlung zurückgewiesen werden, wenn der Berufungsausschuss die Zurückweisung einstimmig beschließt.

107 Dies dürfte – wie Schallen zu Recht anmerkt – die Ausnahme bilden und nur dann in Betracht kommen, wenn die Zurückweisung des Widerspruchs aus formellen Gründen (z. B. wegen Versäumung der Rechtsbehelfsfrist) geschieht.[216]

108 Soll ohne mündliche Verhandlung entschieden werden, ist weder zu laden noch sind die Verfahrensbeteiligten von der Sitzung zu verständigen.

109 **f) Beratung und Beschlussfassung.** Beratung und Beschlussfassung der Zulassungsgremien erfolgen in Abwesenheit der am Verfahren Beteiligten. Die Anwesenheit eines von der KV bestellten Schriftführers für den Zulassungsausschuss ist zulässig (§ 41 Abs. 1 für den Zulassungsausschuss und entsprechend für den Berufungsausschuss nach § 45 Abs. 3 Ärzte-ZV).

110 Beschlüsse können nur bei vollständiger Besetzung des Zulassungsausschusses gefasst werden.

111 Die Zulassungsausschüsse beschließen mit einfacher Stimmenmehrheit (also wenigstens im Verhältnis 4: 2). Bei Stimmengleichheit gilt ein Antrag als abgelehnt (§ 96 Abs. 2 Satz 6 i. V. m. § 97 Abs. 2 Satz 4 SGB V).

112 Stimmenthaltung ist unzulässig (§ 41 Abs. 2 Satz 2 Ärzte-ZV). Über den Hergang der Beratungen und über das Stimmenverhältnis ist Stillschweigen zu bewahren (§ 41 Abs. 3 Ärzte-ZV).

113 **g) Ausschluss wegen Befangenheit und Besorgnis der Befangenheit.** Mitglieder der Zulassungsgremien können von der Mitwirkung an der Beschlussfassung wegen Be-

---

„Vertragsarzt – ermächtigter Krankenhausarzt" begrenzt bleibt. In diesem Sinne auch *Schnapp* NZS 2004, 449 ff.

[216] *Schallen* § 45 Ärzte-ZV Rdn. 1023.

fangenheit ausgeschlossen sein. Der Ausschluss wegen der in § 16 Abs. 1 SGB X genannten Gründe gilt kraft Gesetzes. Lediglich die in Abs. 1 Nrn. 3 und 5 genannten Gründe gelten gem. § 16 Abs. 2 Satz 2 SGB X für die Verfahren vor den Zulassungsgremien nicht. In den Zulassungseinrichtungen darf nicht tätig werden, wer durch die Entscheidung einen unmittelbaren Vorteil oder Nachteil erlangen kann (z.B. der künftige Gemeinschaftspraxispartner im Rahmen des Zulassungsverfahrens eines Arztes).

114 In einem Verwaltungsverfahren der Zulassungsgremien darf auch nicht jemand tätig werden, bei dem die Besorgnis der Befangenheit besteht (§ 17 Abs. 2 i.V.m. § 16 Abs. 4 SGB X). Insoweit handelt es sich um einen Auffangtatbestand insbesondere für die fehlende Unvoreingenommenheit, d.h., wenn der begründete Verdacht besteht, dass das betreffende Ausschussmitglied sich bei seiner Entscheidung von unsachlichen Motiven leiten lassen wird.

115 Über die Ausschließung nach § 17 Abs. 2 i.V.m. § 16 Abs. 4 SGB X hat der Zulassungs- bzw. Berufungsausschuss durch Beschluss zu entscheiden. Der Betroffene darf an dieser Entscheidung nicht mitwirken. Das ausgeschlossene Mitglied darf bei der weiteren Beratung und Beschlussfassung nicht zugegen sein (§ 16 Abs. 4 Satz 2 bis 4 SGB X); stattdessen hat sein Stellvertreter tätig zu werden.

6. Ergebnis des Verfahrens

116 **a) Beschluss.** Das Ergebnis des Verfahrens ist in einem Beschluss niederzulegen, dessen unabdingbarer Inhalt in § 41 Abs. 4 Satz 2 bis 4 Ärzte-ZV festgelegt ist.

117 **b) Nebenbestimmungen.** Das Bundessozialgericht hat es bisher offen gelassen, ob die Entscheidung über die Zulassung zur vertragsärztlichen Versorgung, auf die i.S. des § 32 Abs. 1 SGB X ein Anspruch besteht, ohne ausdrückliche gesetzliche Regelung mit einer Nebenbestimmung (Befristung, Bedingung, Widerrufsvorbehalt, Auflage) verbunden werden darf.[217]

Hinsichtlich einer Auflage, durch die dem von der Zulassung begünstigten Arzt ein bestimmtes Tun im Sinne des im Sinne des § 32 Abs. 2 Nr. 4 SGB X aufgegeben wird, bestehen nach Auffassung des Bundessozialgerichts keine Bedenken.[218]

118 Da es sich bei den Entscheidungen der Zulassungsgremien, insbesondere Zulassungen, Ermächtigungen und Genehmigung in der Regel um sog. **„gebundene Entscheidungen"** ohne Ermessensspielraum handelt, ist gem. § 32 Abs. 1 SGB X eine Nebenbestimmung nur dann zulässig, wenn sie entweder durch Rechtsvorschrift zugelassen ist oder wenn sie sicherstellen soll, dass die gesetzlichen Voraussetzungen des Verwaltungsakts erfüllt werden.

119 Durch Rechtsvorschrift zugelassen sind z.B.
- die Auflage der Aufnahme der vertragsärztlichen Tätigkeit im gesperrten Planungsbereich innerhalb von drei Monaten nach Zustellung des Beschlusses über die Zulassung (§ 19 Abs. 3 Ärzte-ZV)

---

[217] BSG 17. 11. 1999 B 6 KA 30/99 R betreffend die Zulassung eines MKG-Chirurgen durch den Zulassungsausschuss für Zahnärzte mit der Maßgabe, dass die Zulassung automatisch ende, wenn ihm die vertragsärztliche Zulassung erteilt wurde. Das Bundessozialgericht hat diese auflösende Bedingung im Zulassungsbescheid inhaltlich als rechtswidrig angesehen. Offen geblieben ist die Frage auch in dem Urteil vom 5. 11. 2003 B 6 KA 2/03 R = MedR 2004, 405 mit einer Anmerkung von *Steck*.

[218] BSG 5. 11. 2003 B 6 KA 2/03 R. In dieser Entscheidung ging es darum, dass einem Facharzt für Psychiatrie und Psychotherapeutische Medizin vom beklagten Berufungsausschuss aufgegeben wurde, seine Wohnung so zu wählen, dass die Entfernung zur Praxis nicht mehr als 15 km betrage bzw. die Dauer der Fahrzeit zwischen beiden Orten 15 Minuten nicht überschreite.

Eine solche Auflage zum Dienstsitz, der sog. vertragsärztlichen Residenzpflicht, hält das Bundessozialgericht dem Grunde nach für Rechtens, die konkreten Vorgaben zur Sicherung der Verpflichtung aus § 24 Abs. 2 Satz 2 Ärzte-ZV jedoch als zu weitgehend (Erreichbarkeit der Praxis von der Wohnung aus innerhalb von 30 Minuten ausreichend!).

- die Festsetzung des Zeitpunkts im Zulassungsbescheid, bis zu dem im ungesperrten Planungsbereich die vertragsärztliche Tätigkeit aufzunehmen ist (§ 19 Abs. 2 Ärzte-ZV)
- die Zulassung unter der Bedingung, dass ein Arzt, der gem. § 20 Abs. 1 und 2 Ärzte-ZV für die Ausübung vertragsärztlicher Tätigkeit ungeeignet ist, den der Eignung entgegenstehenden Grund spätestens innerhalb von drei Monaten nach Unanfechtbarkeit seiner Zulassung beseitigt (§ 20 Abs. 3 Ärzte-ZV)[219]
- die Ermächtigung zeitlich, räumlich und ihrem Umfang nach zu bestimmen, d.h., u.a. auch zu befristen (§ 31 Abs. 7 Ärzte-ZV)
- die Auflage in einer Sonderbedarfszulassung, dass der Arzt nur die ärztlichen Leistungen erbringen darf, die im Zusammenhang mit dem Ausnahmetatbestand stehen, für eine Übergangszeit von fünf Jahren (Nr. 25 der Bedarfsplanungs-Richtlinien-Ärzte)
- die Dauer der Beschäftigung eines Assistenten und die Genehmigung zu befristen gem. § 32 Abs. 2 Satz 3 und Widerrufsvorbehalt gem. § 32 Abs. 2 Satz 4 Ärzte-ZV.

120 Zur Sicherstellung der Erfüllung der gesetzlichen Voraussetzungen eines Verwaltungsaktes werden z.B.

- Ermächtigungen mit Widerrufsvorbehalt versehen für den Fall, dass ihre Voraussetzungen nicht oder nicht mehr vorliegen oder dass der ermächtigte Arzt seine Pflichten aus der Ermächtigung gröblich verletzt
- Gemeinschaftspraxisgenehmigungen mit der Auflage versehen, dass sich die Gemeinschaftspraxismitglieder auf das Fachgebiet beschränken müssen, für das sie jeweils zugelassen sind
- Assistentenbeschäftigungen mit der Auflage versehen, dass sie nicht zur Vergrößerung der Vertragsarztpraxis dienen dürfen (§ 32 Abs. 3 Ärzte-ZV).

121 Nebenbestimmungen sind in der Regel für den Adressaten belastend im Rechtssinne. Sie müssen daher entsprechend in dem Bescheid begründet werden. Die Begründung muss so ausführlich sein, dass der Adressat in die Lage versetzt wird, zu prüfen, ob ihm die Nebenbestimmung zu Recht auferlegt worden ist, ob also die Einlegung eines Rechtsbehelfs gegen den Erlass der Nebenbestimmung Erfolgsaussichten bietet.

122 **c) Begründung.** Die nach § 41 Abs. 4 Satz 3 Ärzte-ZV erforderliche Begründung des Beschlusses darf sich nicht in allgemeinen Floskeln und in Behauptungen erschöpfen. Sie hat sich vielmehr mit den Tatsachen auseinander zusetzen, die erkennbar erhebliches Gewicht für die Entscheidung haben (Beweisergebnis, Vortrag der Beteiligten).

123 Bei **Ermessensentscheidungen,** z.B. Auswahlentscheidung im Rahmen des Nachbesetzungsverfahrens gem. § 103 Abs. 4 SGB V, muss die Begründung auch alle Gesichtspunkte erkennen lassen, von denen die Behörde bei ihrer Ermessensausübung ausgegangen ist (§ 35 Abs. 1 Satz 3 SGB X). Besondere Anforderungen an die Begründung werden dann gestellt, wenn ein Antrag eines Beteiligten abgelehnt wird. Eine ordnungsgemäße Begründung besteht immer aus der nachvollziehbaren, aus sich heraus verständlichen vollständigen Darstellung des Sachverhalts und einer auf diesem Sachverhalt beruhenden schlüssigen rechtlichen Beurteilung.

124 **d) Rechtsbehelfsbelehrung.** Die Rechtsbehelfsbelehrung umfasst gem. § 41 Abs. 4 Satz 4 Ärzte-ZV die Belehrung über die Zulässigkeit des Rechtsbehelfs, die einzuhaltende Frist und den Sitz des zuständigen Berufungsausschusses.

---

[219] Bei dieser Einschränkung handelt es sich um eine Nebenbestimmung in der Rechtsform einer – aufschiebenden – Bedingung (§ 32 Abs. 2 Nr. 2 SGB X). Nach der Rechtsprechung ist es auch bei der Beanstandung derart unselbständiger, einem gebundenen Verwaltungsakt beigefügter Nebenbestimmungen zulässig, (nach Durchführung eines Vorverfahrens) isoliert gegen diese Bestimmungen im Wege der Anfechtungsklage vorzugehen (BSGE 89, 134, 136f mit weiteren Rechtsprechungs- und Kommentar-Literaturnachweisen sowie BSG 5. 2. 2003 – 6 RKa 22/02 R = SGb 2003, 683, 684, insbesondere auch zur Abgrenzung Auflage – aufschiebende und auflösende Bedingung. Zur Rechtsfolge des Nichteintritts der aufschiebenden Bedingung: deklaratorische Feststellung des Endes der Zulassung oder Entziehung der Zulassung siehe auch Fußnote 131).

125 Das Erfordernis des § 44 Ärzte-ZV, dass der Widerspruch binnen eines Monats mit Angabe von Gründen einzulegen ist, unterliegt nach der Rechtsprechung des Bundessozialgerichts keinen Gültigkeitszweifeln.[220]

Eine Verschärfung liegt im Vergleich zu den Regelungen des SGG über das Verfahren nur insoweit vor, als binnen der Monatsfrist auch **Gründe anzugeben** sind. Demgegenüber braucht ein Widerspruch nach den § 83ff. SGG nicht begründet zu werden; es erfolgt vielmehr unabhängig vom Vorliegen einer Widerspruchsbegründung eine volle Überprüfung des angefochtenen Verwaltungsakts. Die Rechtsbehelfsbelehrung des Zulassungsausschusses muss das von den allgemeinen Regelungen über das Widerspruchsverfahren abweichende Erfordernis, dass binnen der Monatsfrist auch die Gründe anzugeben sind, in unmissverständlicher Weise zum Ausdruck bringen.[221] Die Erschwerung durch die Regelung des § 44 Ärzte-ZV betrifft nur einen Einzelpunkt und erschwert den Rechtsschutz nicht unverhältnismäßig. Dem Personenkreis, der typischerweise von Entscheidungen in Zulassungsangelegenheiten gem. §§ 95ff., 99ff. SGB V i.V.m. der Ärzte-ZV betroffen ist, ist die Angabe von Gründen binnen der Monatsfrist ohne weiteres zuzumuten.[222] Ist die Belehrung unterblieben oder unrichtig erteilt, ist die Einlegung des Rechtsbehelfs innerhalb eines Jahres seit der Zustellung des Beschlusses zulässig (§ 66 Abs. 2 SGG). Nach der Funktion einer Rechtsbehelfsbelehrung ist es für diese Rechtsfolge allgemein ohne Belang, wer konkret Adressat des Bescheides ist. Zu § 66 Abs. 2 SGG (und entsprechenden Vorschriften in der Verwaltungsgerichtsordnung und Finanzgerichtsordnung) ist durchweg anerkannt, dass die gesetzlich vorgesehenen Folgen einer unrichtigen Rechtsmittelbelehrung selbst dann eintreten, wenn der Adressat – z.B. aufgrund eigener Sachkunde – die Unrichtigkeit erkannt hat.[223]

126 **e) Zustellung.** Die Beschlüsse der Zulassungseinrichtungen sind zuzustellen. Dabei gelten gem. § 65 Abs. 2 SGB X die jeweiligen landesrechtlichen Vorschriften über das Zustellungsverfahren.

127 Der Zulassungsausschuss kann beschließen, dass auch andere Stellen (nicht Personen) Abschriften des Beschlusses erhalten, wenn sie ein berechtigtes Interesse nachweisen (§ 41 Abs. 5 Satz 2 Ärzte-ZV), also z.B. die Ärztekammer, eine andere KV, ein anderer Zulassungsausschuss, Staatsanwaltschaft und Gerichte.

128 **f) Beschlüsse, die das Verfahren selbst betreffen.** Beschlüsse, die das Verfahren selbst betreffen, also sog. unselbständige Verfahrenshandlungen, wie z.B. Vertagungen, Beschlüsse über die Durchführung einer Beweisaufnahme usw. müssen nicht begründet

---

[220] BSG v. 9. 6. 1999, B 5 KA 76/97 R = SozR 3–5520 § 44 Nr. 1, auf das das LSG Schleswig-Holstein in seiner Entscheidung v. 18. 12. 2002, L 4 KA 25/01 hinweist. Das Bundesverfassungsgericht hat in einer einstweiligen Anordnung vom 25. 5. 2001 1 BvR 848/01 darauf hingewiesen, dass zu prüfen sein wird, „ob die mittelbar angegriffene Vorschrift des § 44 der Zulassungsordnung für Vertragszahnärzte … von der Ermächtigung in § 98 Abs. 2 Nr. 3 SGG gedeckt ist und mit § 97 Abs. 3 S. 1 SGB V, der ohne Einschränkung auf § 84 Abs. 1 SGG verweist, in Einklang steht". Mit Beschluss vom 11. 12. 2001 hat das Bundesverfassungsgericht nach weiterer Entscheidung im Ausgangsverfahren die Gegenstandslosigkeit der einstweiligen Anordnung festgestellt.

[221] BSG v. 21. 5. 2003 – B 6 KA 20/03 B und 16. 7. 2003 – B 6 KA 77/02 B.

[222] BSG MedR 2000, 198ff. unter Hinweis auf LSG NRW, Breithaupt 1992, 174ff, so auch LSG Rheinland-Pfalz, Urt. v. 21. 11. 2002, L 5 KA 73/01, in dem es um den Widerspruch eines Vertragsarztes gegen die gegenüber einem Praxispartner erfolgte Rücknahme der Zulassung ging. Dieses Urteil ist nicht rechtskräftig. Das BSG hat auf die Beschwerde des Klägers hin die Revision gegen das Urteil zugelassen (BSG, B.v. 16. 7. 2003, B 6 KA 12/03 B). Das BSG wird sich demzufolge mit der Frage befassen, ob das Erfordernis, für den Widerspruch binnen eines Monats Gründe anzugeben (§ 44 S. 1 Ärzte-ZV), auch für denjenigen gilt, der am Verwaltungsverfahren nicht beteiligt war, vielmehr nur den Bescheid zugestellt erhalten hat (Az. für das Revisionsverfahren: B 6 KA 69/03 R).

[223] Vgl. BSG v. 14. 10. 55–2 RU 16/54 = BSGE 1, 254, BVerwG v. 13. 12. 78 – 6 C 77/78 = BVerwGE 57, 188, BFH v. 12. 2. 1987 – V R 116/86 = BFHE 149, 120.

und mit einer Rechtsbehelfsbelehrung versehen werden. Sie sind nicht isoliert, sondern nur zusammen mit der Entscheidung in der Hauptsache anfechtbar.

7. „Widerspruchsverfahren"

129 **a) Besonderes Verwaltungsverfahren.** Das Verfahren vor dem Berufungsausschuss ist kein Widerspruchsverfahren gem. §§ 78, 83ff. SGG, sondern ein besonderes Verwaltungsverfahren.[224] Die Regelung des § 97 Abs. 3 Satz 2 SGB V, dass es als Vorverfahren i.S.d. § 78 gilt, macht deutlich, dass dieses Verfahren an die Stelle des Widerspruchsverfahrens nach §§ 78, 83ff. SGG treten soll.

130 **b) Für die Einlegung des Widerspruchs zuständige Stelle.** Die Anrufung des Berufungsausschusses erfolgt durch die Einlegung eines Widerspruches innerhalb einer Frist von einem Monat nach Zustellung der Entscheidung des Zulassungsausschusses (§ 97 Abs. 3 SGB V i.V.m. § 84 Abs. 1 SGG).

131 Nach § 44 Ärzte-ZV ist der Widerspruch schriftlich oder zur Niederschrift der Geschäftsstelle des Berufungsausschusses beim Berufungsausschuss einzulegen. Ein Problem ergibt sich daraus, dass nach § 84 Abs. 1 SGG, auf den § 97 Abs. 3 SGB V verweist, der Widerspruch bei der Stelle einzureichen ist, die den Verwaltungsakt erlassen hat; das ist der Zulassungsausschuss. Da jedoch in Zulassungssachen ein Abhilfeverfahren durch den Zulassungsausschuss nicht vorgesehen ist, macht die Einlegung des Widerspruchs beim Zulassungsausschuss keinen Sinn. Zu Recht wird in der Literatur verschiedentlich darauf hingewiesen, dass die Rechtsunsicherheit, die aus den unklaren gesetzlichen Regelungen resultiert, nicht zu Lasten des Widerspruchsführers gehen darf. Demzufolge ist der Widerspruch als rechtsgültig anzusehen, der einer der beiden Vorschriften genügt.[225]

132 **c) Begründungspflicht.** Das Erfordernis des § 44 Ärzte-ZV, dass der Widerspruch binnen eines Monats mit Angabe von Gründen zu erheben ist, stellt eine zulässige Sonderregelung gegenüber den Vorschriften des SGG über das Widerspruchsverfahren dar.[226]

8. Aufschiebende Wirkung des Widerspruchs

133 Die Anrufung des Berufungsausschusses hat aufschiebende Wirkung (§ 96 Abs. 4 Satz 2 SGB V). Ob dies auch für **unzulässige Widersprüche** gilt, ist in Literatur und Rechtsprechung strittig.[227] Nach dem Wortlaut von § 96 Abs. 4 Satz 2 SGB V ist die aufschiebende Wirkung lediglich von der Einlegung des Widerspruchs („Anrufung" des Berufungsausschusses) abhängig, nicht aber von dessen Zulässigkeit.[228] Zudem sprechen Gründe der Rechtssicherheit dafür, dass auch unzulässige Widersprüche aufschiebende Wirkung haben, weil die Frage der Zulässigkeit des Widerspruchs erst der Berufungsausschuss – zwangsläufig erst einige Zeit nach Einlegung des Widerspruchs – entscheidet und bis dahin die Wirkung des Widerspruchs nicht ungeklärt bleiben kann.

134 Der Widerspruch bewirkt, dass der angefochtene Verwaltungsakt noch keine Rechtswirkung entfaltet (Suspensiveffekt). Weder kann der Adressat von den Rechten eines ihn begünstigenden Verwaltungsaktes Gebrauch machen, noch treffen ihn die Pflichten aus einem ihn belastenden angefochtenen Verwaltungsakt. Behörde und Arzt müssen sich so verhalten, wie wenn der Verwaltungsakt noch nicht wirksam wäre. Die aufschiebende Wirkung kann jedoch nur den Eingriff in bestehende Rechtspositionen hemmen, nicht aber die Rechtsstellung des Widerspruchsführers über die ohne den angefochtenen Bescheid bestehende Rechtsposition hinaus verbessern.

---

[224] BSG SozR 3–2500 § 96 Nr. 1 S. 3–5; ebenso betreffend Beschwerdeausschüsse: BSGE 72, 214, 220 = SozR 3–1300 § 35 Nr. 5 S. 11.

[225] *KassKomm-Hess* § 96 SGB V Rdn. 13; *Schallen* § 44 Rdn. 970.

[226] BSG 9. 6. 99 B 6 KA 76/97 R, MedR 2000, 198ff.

[227] *Meyer-Ladewig,* SGG, § 86 Rdn. 7a.

[228] SG Nürnberg 24. 11. 97 S 17 VR 224/97 Ka 5.

Beispielsweise wird beim Widerspruch gegen die Entziehung der Zulassung der Arzt so behandelt, wie wenn er noch zugelassen wäre. Anders hingegen, wenn ein Arzt gegen die Ablehnung seines Zulassungsantrages Widerspruch einlegt: Da der Arzt nicht bereits zur vertragsärztlichen Tätigkeit zugelassen ist, wird er auch nicht auf Grund seines Widerspruchs so behandelt, wie wenn er zugelassen wäre. **135**

Der Widerspruch gegen einen feststellenden, d. h., **deklaratorischen Bescheid** hat ebenfalls aufschiebende Wirkung insoweit, als dass der angefochtene Bescheid in seiner Feststellung neutralisiert wird. Da es sich bei deklaratorischen Verwaltungsakten jedoch immer nur um die Bestätigung des unmittelbar auf Grund der materiellen Rechtslage bestehenden Rechtszustandes handelt, ist der Widerspruchsführer entsprechend dieser bestehenden materiellen Rechtslage zu behandeln. Dies bedeutet im Ergebnis, dass der Widerspruch gegen den feststellenden Verwaltungsakt die materielle Rechtsposition des Widerspruchsführers nicht verbessert. **136**

Dies soll anhand eines Beispiels verdeutlich werden: Auf den Verzicht des Vertragsarztes auf dessen Zulassung erlässt der Zulassungsausschuss einen Bescheid, mit dem er das Ende der Zulassung am Ende des auf den Zugang der Verzichtserklärung folgenden Kalendervierteljahres feststellt. Legt der Arzt gegen diesen Bescheid Widerspruch ein, so endet seine Zulassung dennoch unmittelbar auf Grund der Bestimmung des diese Rechtsfolge selbst festlegenden § 28 Abs. 1 Satz 1 Ärzte-ZV.[229] **137**

9. Anordnung der sofortigen Vollziehung

a) Rechtslage bis zum 2. 1. 2002. Gemäß § 97 Abs. 4 SGB V konnte der Berufungsausschuss und nicht schon der Zulassungsausschuss die sofortige Vollziehung seiner Entscheidung anordnen. **138**

Für den Fall, dass der Berufungsausschuss dies nicht tat, konnte das Gericht gem. § 97 Abs. 3 SGG die Vollziehung der angefochtenen Entscheidung anordnen. Dem Zulassungsausschuss hatte der Gesetzgeber ausdrücklich keine Befugnis zur Anordnung der sofortigen Vollziehung seiner Entscheidung zugebilligt.[230] Nachdem es meist einige Zeit dauert, bis der Berufungsausschuss über den Widerspruch entscheidet, wurde im Hinblick auf die Rechtsschutzgarantie des Art. 19 Abs. 4 GG die Zulässigkeit einer **einstweiligen Anordnung** beim Sozialgericht diskutiert.[231] **139**

Voraussetzung für die Anordnung der sofortigen Vollziehung gem. § 97 Abs. 4 SGB V ist, dass das öffentliche Interesse gegenüber den privaten Interessen des betroffenen Arztes überwiegt. Die Entscheidung hierüber trifft der Berufungsausschuss nach pflichtgemäßem Ermessen. Dabei ist das öffentliche Interesse an der sofortigen Vollziehung mit der Sicherstellung einer ordnungsgemäßen vertragsärztlichen Versorgung der Versicherten zu begründen.[232] **140**

Die Anordnung des Sofortvollzugs einer **Zulassungsentziehung** setzt nach der Rechtsprechung des Bundesverfassungsgerichts ein besonderes öffentliches Interesse voraus, das über dasjenige hinausgeht, das die Zulassungsentziehung an sich schon rechtfertigt. Der Sofortvollzug der Zulassungsentziehung muss notwendig sein und alsbald eine konkrete Gefahr für wichtige Gemeinschaftsgüter abwehren.[233] Mit der veröffentlichten **141**

---

[229] SG Hamburg 16. 12. 93, 3 EA 73/93 zur aufschiebenden Wirkung eines Widerspruchs gegen die deklaratorische Feststellung des Endens der Zulassung. Zur aufschiebenden Wirkung von Widerspruch und Klage im Vertragsarztrecht ausführlich *Steinhilper,* MedR 2003, 433 ff.

[230] SG Dortmund 20. 4. 99 S 26 KA 131/99 ER.

[231] Für die Zulässigkeit: LSG BaWü 3. 12. 96 MedR 1997, 141 und *Stock* NJW 1999, 2704; a. A.: LSG NRW 15. 3. 94 L 11 S 42/93 unter Hinweis auf den Wortlaut des § 97 Abs. 1 Nr. 4 SGG.

[232] BayLSG 1. 2. 82 L 12 B 13/81.

[233] BVerfGE 69, 233 = SozR 2200 § 368 a Nr. 12; zu Recht weist das BayLSG darauf hin, dass es ausnahmsweise auch möglich ist, dass sich aus den Tatsachen, die den Erlass des Verwaltungsakts rechtfertigen, auch das besondere Interesse an der sofortigen Vollziehung herleiten lässt. „Eine Iden-

Rechtsprechung der Sozialgerichtsbarkeit ist davon auszugehen, dass bei einer die fehlende Eignung für die vertragsärztliche Tätigkeit begründenden gröblichen Verletzung vertragsärztlicher Pflichten regelhaft ein öffentliches Interesse am sofortigen Vollzug der Entscheidung des Berufungsausschusses auf Entziehung der Vertragsarztzulassung besteht.[234] Ist eine Entziehung der Zulassung wegen Drogen- oder Alkoholsucht erfolgt, wird in der Regel das öffentliche Interesse überwiegen, weil sich daraus eine Gefahr für die dem Vertragsarzt anvertrauten Patienten ergibt.

142 Bei Abrechnungsmanipulationen des Vertragsarztes wird der Sofortvollzug der Zulassungsentziehung grundsätzlich wohl nicht den Anforderungen des Bundesverfassungsgerichts entsprechen[235] und geht die sozialgerichtliche Rechtsprechung überwiegend davon

---

tität von Erlassinteresse und Vollzugsinteresse besteht etwa dann, wenn die Art und Schwere der Pflichtwidrigkeit die Notwendigkeit indiziert, alsbald konkrete Gefahren für wichtige Gemeinschaftsgüter abwehren zu müssen" (BayLSG 25. 8. 97 unter Hinweis auf LSG Baden-Württemberg, MedR 1994, 418f. unter Bezugnahme auf die Rechtsprechung des BVerfG 69, 233, 245 und mit weiteren Nachweisen).

[234] KassKomm-*Hess* § 97 SGB V Rdn. 5 unter Hinweis auf BayLSG 12. 2. 80, L 12 B 70/79.

[235] Das Bundesverfassungsgericht führt in seinem Beschluss vom 25. 5. 01, 1 BvR 848/01 folgendes aus: „… Hätte die Verfassungsbeschwerde keinen Erfolg, hätte die Kassenzahnärztliche Vereinigung noch für eine Weile hinnehmen müssen, dass die Beschwerdeführerin ihre Leistungen im Rahmen der vertragszahnärztlichen Versorgung weiterhin erbringen und abrechnen kann. Auch vor dem Hintergrund, dass der Beschwerdeführerin gravierendes Fehlverhalten im Rahmen der Leistungserbringung und -abrechnung vorgeworfen wird, kann ein längerfristiger Nachteil der Kassenzahnärztlichen Vereinigung nicht angenommen werden. Über die endgültige Aufrechterhaltung der Zulassungsentziehung wird im Hauptsacheverfahren entschieden. Der Kassenzahnärztlichen Vereinigung stehen bis dahin für die Absicherung eventuell befürchteter finanzieller Nachteile Maßnahmen wie z. B. die sachlich-rechnerische Richtigstellung, vorläufige Honorareinbehalte oder ein Antrag auf Überprüfung der Wirtschaftlichkeit der Behandlungsweise zur Verfügung …". Auch in dem Beschluss vom 7. 7. 75, 1 BvR 186/75 = NJW 1975, 1457, mit der der Sofortvollzug der Zulassungsentziehung ausgesetzt wurde, weist das Bundesverfassungsgericht darauf hin, dass die KV in der Zwischenzeit zur Vermeidung von weiteren Abrechnungsmanipulationen den Abrechnungen der Beschwerdeführerin erhöhte Aufmerksamkeit widmen muss.

Diese Rechtsprechung des Bundesverfassungsgerichts verkennt die Systematik und Komplexität der Honorarabrechnung des Vertragsarztes, die es faktisch und umsetzungstechnisch erschwert, Fehler in einer Abrechnung festzustellen. Weil die Kassenärztlichen Vereinigungen und die Krankenkassen kaum verlässliche Möglichkeiten haben, angeschriebene Leistungen darauf zu überprüfen, ob sie wirklich erbracht worden sind, müssen sich die Vertragspartner im Ergebnis auf die Ehrlichkeit und Sorgfalt von Vertragsärzten verlassen, zu deren Grundpflichten eine peinlich genaue und gewissenhafte Honorarabrechnung gehört, BSG 24. 11. 93 = BSGE 73, 234 = MedR 1994, 206 mit weiteren Nachweisen.

Zu Recht weist *Martens* in einer Anmerkung zu dem Beschluss des Bundesverfassungsgerichts vom 7. 7. 75 auf die großen praktischen Schwierigkeiten einer solchen schadensvorbeugenden Überprüfung hin. Wörtlich führt er aus: „Bedenklich erscheint der Satz der Begründung, es werde bei Fortführung der Praxis lediglich die KÄV dadurch besonders belastet, dass sie den Abrechnungen der Ärztin fortan erhöhte Aufmerksamkeit widmen müsse. Dabei wird übersehen, dass in dem Massenbetrieb der Honorarabrechnungen tausender von Ärzten man einer einzelnen Abrechnung unmöglich besonderes Augenmerk zuwenden kann. Selbst wenn man es versuchte, so wäre es ein fruchtloses Unterfangen. Denn wenn ein Kassenarzt bei seinen Quartalsabrechnungen nicht besondere Verdachtsmomente aufkommen lässt (z. B. eine fortgesetzt auffällige Überschreitung des durchschnittlichen Behandlungsfallwertes seiner Fachgruppe) so ist nicht zu erkennen, worauf die erhöhte Aufmerksamkeit sich denn richten solle. Falschabrechnungen werden erfahrungsgemäß nur durch Zufall entdeckt. KÄV und Krankenkassen haben mangels konkreter Verdachtsgründe kaum Möglichkeiten, angeschriebene Leistungen darauf zu prüfen, ob sie wirklich erbracht worden sind. Sie müssen sich praktisch blindlings auf die Ehrlichkeit und Sorgfalt der Kassenärzte verlassen, zu deren Grundpflichten die peinlich genaue und gewissenhafte Honorarabrechnung gehört (BSG, Betriebskankenkasse 1973, 70). Ob die Fortführung der Praxis Patienten gefährdet, ist bei gröblicher Pflichtverletzung durch Falschabrechnung ohne Belang" (*Martens* NJW 1976, 1143).

aus, dass die bloßen finanziellen Interessen von KV und Krankenkassen die Anordnung der sofortigen Vollziehung nicht rechtfertigen und zudem die KVen die Abrechnung eines solchen Vertragsarztes verstärkt kontrollieren könnten.[236]

143 Falls ein im **Nachbesetzungsverfahren** übergangener Bewerber gegen den Bescheid des Zulassungsausschusses Widerspruch einlegt, kann der zugelassene Bewerber die vertragsärztliche Tätigkeit nicht aufnehmen und deshalb die Praxis des ausscheidenden Vertragsarztes auch nicht fortführen. In diesem Fall kann der Berufungsausschuss nach verbreiteter Auffassung die sofortige Vollziehung seiner Entscheidung im überwiegenden Interesse des ausgeschiedenen Vertragsarztes bzw. dessen Erben anordnen, weil es im öffentlichen Interesse liegt, den Verfall des Praxiswertes zu verhindern.[237]

144 **b) Rechtslage nach der Änderung des SGG am 2. 1. 2002.** Zum 2. 1. 2002 hat das SGG[238] den einstweiligen Rechtsschutz erstmals umfassend normiert. Danach haben Widerspruch und Klage grundsätzlich aufschiebende Wirkung (§ 86a Abs. 1 SGG) – so wie es bisher schon bei Rechtsmitteln gegen Bescheide der Zulassungsgremien der Fall war.[239]

Die aufschiebende Wirkung entfällt gem. § 86a Abs. 2 Nr. 5 SGG in den Fällen, in denen die sofortige Vollziehung im öffentlichen Interesse oder im überwiegenden Interesse eines Beteiligten ist und die Stelle, die den Verwaltungsakt erlassen oder über den Widerspruch zu entscheiden hat die sofortige Vollziehung mit schriftlicher Begründung des besonderen Interesses an der sofortigen Vollziehung anordnet.

145 Diese Neuregelung wirft die Frage auf, ob nunmehr auch der **Zulassungsausschuss,** der den Verwaltungsakt erlassen hat, seine Entscheidung für sofort vollziehbar erklären kann.

Dies ist im Ergebnis zu bejahen: sachliche Gründe, weshalb die spezialgesetzliche Regelung für die Entscheidungen des Berufungsausschusses in § 97 Abs. 4 SGB V die Anwendung der grundsätzlichen Regelungen in § 86a Abs. 2 Nr. 5 SGG ausschließen sollte, sind ebenso wenig erkennbar wie Indikatoren dafür, dass der Gesetzgeber dies wollte.[240] Im Gegenteil: der Gesetzgeber wollte ausweislich der Materialien[241] den einstweiligen Rechtschutz verbessern und umfassend regeln.

146 Hierzu hätte es auch nicht ausgereicht – wie vorgeschlagen[242] – den Zulassungsausschuss in den Anwendungsbereich des § 97 Abs. 4 SGB V aufzunehmen, denn der vorläufige Rechtschutz gem. § 86a Abs. 2 Nr. 5 SGG geht weiter als der in § 97 Abs. 4 SGB V geregelte: die sofortige Vollziehung ist danach auch **im überwiegenden Interesse eines Beteiligten möglich.** Mit dieser Regelung kann auch der oben beschriebenen besonderen Situation Rechnung getragen werden, dass ein Dritter erkennbar unbegründet gegen die Entscheidung des Zulassungsausschusses in einem Nachbesetzungsverfahren vorgeht, und – ohne Sofortvollzug der Entscheidung des Zulassungsausschusses – das Tätigwerden des zugelassenen hindern würde.

147 Dass die Regelung des § 97 Abs. 4 SGB V nicht ausreicht, um den verfassungsrechtlichen Anforderungen aus Art. 19 Abs. 4 GG bei Drittanfechtungen Rechnung zu tra-

---

[236] Rechtsprechungsnachweise hierzu bei *Liebold/Zalewski* § 97 SGB V Rdn. C 97–4 und *KassKomm-Hess,* § 97 SGB V Rdn. 5ff.

[237] So *Schallen* (3. Aufl.) § 44 Ärzte-ZV Rdn. 827f.; siehe hierzu auch *Schiele/Rosset* MedR 1995, 311 und *Spellbrink* MedR 1999, 304.

[238] Vom 17. 8. 2001 (BGBl I S. 2144); zu den Materialien s. BT-Drucksache 14/5943. Durch dieses Gesetz wurden u. a. die §§ 86a und 86b in das SGG eingefügt.

[239] Siehe dazu *Steinhilper* MedR 2003, 433.

[240] So im Ergebnis auch: *Hollich* MedR 2002, 235 (241).

[241] BT-Drucksache 14/5943.

[242] LSG NRW 4. 9. 2002, L 10 B 2/02 KA ER, GesR 2003, 76f., das zu dem Ergebnis kommt, dass der Gesetzgeber den einstweiligen Rechtsschutz in Zulassungs- und Ermächtigungssachen durch das 6. SGG-ÄndG nicht ändern und insbesondere auch nicht verbessern wollte und demzufolge vorläufiger Rechtsschutz nicht schon gegen Entscheidungen des Zulassungsausschusses gewährt werden kann.

gen, verdeutlicht auch ein Beschluss des Bundesverfassungsgerichts, in dem es wörtlich heißt:

„Das Sozialgericht verkennt die Bedeutung und Tragweite von Art. 19 Abs. 4 GG, in dem es seine Entscheidung nach summarischer Prüfung allein auf das fehlende öffentliche Interesse stützt und damit die für die Entscheidungen des Berufungsausschusses nach § 97 Abs. 4 SGB V geltenden Voraussetzungen anwendet, obwohl diese Vorschrift auf andere Konfliktlagen zugeschnitten ist; auf die hier vorliegende Konstellation einer Drittanfechtung ist sie weder unmittelbar noch sinngemäß anwendbar. Soweit ein Dritter im Klageverfahren geltend macht, durch den gegenüber den Begünstigten erlassenen Verwaltungsakt beschwert zu sein, hat sich das Sozialgericht im einstweiligen Rechtschutzverfahren mit der Frage auseinander zusetzen, ob die sofortige Vollziehung geboten ist, um den Eindruck schwerer und unzumutbarer, anders nicht abwendbarer Nachteile für den Begünstigten zu vermeiden, oder ob den Belangen des anfechtenden Dritten der Vorrang gebührt. Innerhalb dieses Abwägungsprozesses ist auch Raum für die Berücksichtigung des öffentlichen Interesses (vgl. die zukünftige Regelung in § 86a SGG i. d. F. des 6. Gesetzes zur Änderung des Sozialgerichtsgesetzes ...)“.[243]

---

[243] BVerfG-Beschluss vom 12. 12. 2001 – 1 BvR 1571/00, NZS 2002, 368.

§ 6 Kooperationsformen im Vertragsarztrecht

Schrifttum: *Ahrens,* Praxisgemeinschaften in Ärztehäusern mit Fremdgeschäftsführung – Voraussetzungen und Grenzen ärztlichen Unternehmertums, MedR 1992, S. 141 f.; *Behnsen,* Medizinische Versorgungszentren – die Konzeption des Gesetzgebers, in: Das Krankenhaus, 2004, S. 602 und S. 698, *Burghardt/Dahm,* Investive Beteiligungen von Ärzten und Nichtärzten im Bereich der Heilberufe, MedR 1999, 485; *Butzer,* Nullbeteiligungsgesellschaften unter Ärzten, MedR 2001, S. 604, *Cramer,* Fortführung der Arztpraxis nach GSG – Der Gesellschaftsvertrag: Die Abfindung – Nullbeteiligungspartnerschaften, MedR 1994, 237; *Dahm,* Die überörtliche Berufsausübungsgemeinschaft, AusR 2000, 134; *Dahm, Möller, Ratzel,* Rechtshandbuch Medizinische Versorgungszentren, 2005; *Ehlers* (Hrsg.), Fortführung von Arztpraxen, 2. Aufl., 2001, *Engelmann,* Kooperative Berufsausübung von Ärzten und Vertragsärzten, in: Festschrift 50 Jahre Bundessozialgericht, 2004, S. 429, *ders.,* Die Gemeinschaftspraxis im Vertragsarztrecht, ZMGR 2004, 1; *Ehmann,* Praxisgemeinschaft/Gemeinschaftspraxis, MedR 1994, 141; *Ganster,* Freier Beruf und Kapitalgesellschaft – das Ende der freien Professionen?, 2000; *Häußermann, Dollmann,* Die Ärztegesellschaft mbH, MedR 2005, S. 255; *Klaßmann,* Umsatzsicherung und Kosteneinsparungen durch Krankenhauskooperationen: steuerliche Komponenten einer Kooperation, Das Krankenhaus 2000, 453; *Klose,* Zulässigkeit von Kapital- und Personengesellschaften für Ärzte und andere Heilberufe ab 2004, BB 2003, 2702; *Koch,* Niederlassung und berufliche Kooperation – Neue Möglichkeiten nach der novellierten (Muster-)Berufsordnung der Ärzte, GesR 2005, 241; *Kuhlmann,* Die Finanzierung stationärer Krankenhausleistungen als Bestandteil einer Integrationsversorgung, Das Krankenhaus, 2004, S. 607; *Möller,* Rechtliche Probleme von „Nullbeteiligungsgesellschaften" – Wieviel wirtschaftliches Risiko muss sein?, MedR 1999, 493; *ders.,* Beitritt zur Gemeinschaftspraxis – persönliche Haftung für Altverbindlichkeiten, MedR 2004 S. 69; *Narr,* Ärztliches Berufsrecht, 1997; *Nentwig, Bonvie, Hennings,* Das Partnerschaftsgesellschaftsgesetz, 1995; *Preißler, Zwingel,* Medizinisches Versorgungszentrum: Rechtliche Rahmenbedingungen für Gründung und Betrieb, 2004; *Quaas, Zuck,* Medizinrecht, 2005; *Ratzel/Lippert,* Kommentar zur Musterberufsordnung der deutschen Ärzte (MBO-Ä), 3. Aufl., 2002; *Renzewitz,* Vertragsärztliche Tätigkeit im Krankenhaus, in Robbers (Hrsg.), Die Krankenhausbehandlung – Praxiskommentar zur Vertragsgestaltung, Band 5, 1999, 93; *Saenger,* Gesellschaftsrechtliche Gestaltung ärztlicher Kooperationen, NZS 2001, 234; *Schallen,* Zulassungsverordnung für Vertragsärzte (Ärzte-ZV), Vertragszahnärzte (Zahnärzte-ZV), Medizinische Versorgungszentren, Psychotherapeuten, 4. Aufl., 2004; *Schnapp/Kaltenborn,* Die gemeinschaftliche Berufsausübung niedergelassener Ärzte aus berufsrechtlicher, vertragsarztrechtlicher und verfassungsrechtlicher Perspektive, SGb 2001, 101; *Schirmer,* Berufsrechtliche und kassenarztrechtliche Fragen der ärztlichen Berufsausübung in Partnerschaftsgesellschaften, MedR 1995, 341 und 383; *Scholz,* Neuerungen im Leistungserbringerrecht durch das GKV-Modernisierungsgesetz, GesR 2003, S. 369; *Sodan,* Verfassungsrechtliche Anforderungen an Regelungen gemeinschaftlicher Berufsausübung von Vertragsärzten, NZS 2001, 169; *Stein,* Betrug durch vertragsärztliche Tätigkeit in unzulässigem Beschäftigungsverhältnis?, MedR 2001, 124; *Taupitz,* Die Standesordnungen der freien Berufe, 1991; *ders.,* Integrative Gesundheitszentren: neue Formen interprofessioneller ärztlicher Zusammenarbeit, MedR 1993, 367; *Wagner,* Der niedergelassene Arzt im Krankenhaus, Das Krankenhaus, 1997, 171; *Wenner,* Vertragsarzt: Hauptberuf oder Nebenjob? – Zur Zulässigkeit von beruflichen Betätigungen neben der vertragsärztlichen Tätigkeit, GesR 2004, S. 353; *Wertenbruch,* Die vertragliche Bindung der Kassenarztzulassung eines Gesellschafters an die Ärztepersonengesellschaft, NJW 2003, S. 1904; *Wigge,* Vertragsarzt- und berufsrechtliche Anforderungen an Gemeinschaftspraxisverträge, NZS 2001, 293; *ders.,* Medizinische Versorgungszentren nach dem GMG: Zulassung, Rechtsformen, Trägerschaft, MedR 2004, S. 123; *Zuck,* Rechtsprobleme des Outsourcing im medizinischen Bereich des Krankenhauses, f&w 1997, 161.

Übersicht

I. Medizinische Berufsausübungs- und Organisationsgemeinschaften

1 Ärztliche Kooperationen sind heute in vielfältigen Gestaltungsformen anzutreffen, nachdem das ärztliche Berufsrecht, insbesondere auf Grund der wirtschaftlichen Notwendigkeiten, einem verstärkten Liberalisierungsprozess ausgesetzt ist.[1] Spätestens seit dem sog. Facharztbeschluss des BVerfG vom 10. Mai 1972[2] hat sich darüber hinaus die Erkenntnis durchgesetzt, dass die **berufs- und vertragsarztrechtlichen Beschränkungen** des Organisationsrahmens und der Organisationsformen ärztlicher Kooperationen Einschränkungen der Berufsausübungsfreiheit des Arztes nach Art. 12 Abs. 1 GG darstellen, die zu ihrer verfassungsrechtlichen Legitimierung dem Verhältnismäßigkeitsgrundsatz genügen müssen.[3] Die heute nach wie vor bestehenden Vorgaben in der Gestaltung ärztlicher Kooperationsformen beruhen auf dem besonderen Selbstverständnis des Arztberufes in der Niederlassung, welches sich aus seiner historischen Entwicklung erklärt. Nach traditioneller, aber ins Wanken geratene Auffassung[4] wird der Arztberuf nicht gewählt und ausgeübt in Gewinnerzielungsabsicht; der Arzt ist vielmehr vor allem dazu berufen, kranken Menschen zu helfen.[5] Auf dieser Prämisse beruht die rechtliche Auffassung, dass die ärztliche Tätig-

---

[1] Übersicht bei *Narr,* Ärztliches Berufsrecht, Rdn. B 425.

[2] BVerfGE 33, 171 ff.

[3] *Narr,* a. a. O., Rdn. B 425; *Schnapp/Kaltenborn* SGb 2001, 101 (106); *Schnapp* AusR 2001, 108 (111); *Sodan* NZS 2001, 169 (175).

[4] Kritisch *Narr,* a. a. O., Rdn. B 10.

[5] Vgl. *Ehmann* MedR 1994, 141 m. w. N.

keit keine gewerbliche Tätigkeit, sondern ein **sog. freier Beruf**[6] ist, welcher Dienstleistungen „höherer Art" anbietet. Diese rechtliche Auffassung hat Vor- und Nachteile. Zunächst vor allem den Vorteil, dass die Einkünfte aus ärztlicher Tätigkeit nicht der Gewerbesteuer und nur begrenzt der Umsatzsteuer unterliegen. Die traditionelle Auffassung hat unter anderem aber auch den Nachteil, dass die ärztliche Tätigkeit nicht in Form einer OHG oder KG betrieben werden darf, weil diese Gesellschaften dem Betrieb eines Handelsgewerbes vorbehalten, das heißt stets vom Zweck der Gewinnerzielung beherrscht sind. Daraus folgt auch die Verpflichtung des Arztes bei der Beschäftigung von Mitarbeitern, eigenverantwortlich und leitend an der Leistungserbringung mitzuwirken und der Leistungserbringung sein persönliches Gepräge zu geben.[7]

2 Die Einführung von **medizinischen Versorgungszentren** in der GKV durch das GKV-Modernisierungsgesetzes (GMG) vom 14. 11. 2003[8] ab dem 1. 1. 2004 stellt eine Abkehr von dem bisher im Vertragsarztrecht geltenden Grundsatz dar, dass die ambulante Versorgung der Versicherten durch freiberuflich tätige Ärzte, Zahnärzte und Psychotherapeuten sichergestellt wird. Die Anstellung von Ärzten in der vertragsärztlichen Versorgung war bisher gemäß § 98 Abs. 2 Satz 1 Nr. 13 SGB V i. V. m. § 32b Abs. 1 Ärzte-ZV nur bei einem Vertragsarzt in seiner Arztpraxis möglich. Die Ausübung ambulanter Heilbehandlung in der Rechtsform einer juristischen Person des Privatrechts mit ausschließlich angestellten Ärzten war deshalb bisher grundsätzlich rechtlich nicht zulässig.

3 Während bisher bis auf wenige Ausnahmen sämtliche **Heilberufs- und Kammergesetze der Länder** davon ausgingen, dass die Erbringung von ärztlichen Leistungen im ambulanten Bereich, anders als im Krankenhaus, an die Niederlassung in eigener Praxis gebunden ist,[9] wird nunmehr in medizinischen Versorgungszentren der angestellte Arzt als ein tragendes Versorgungselement eingeführt und die ärztliche Berufsausübung in der Rechtsform von juristischen Personen des privaten und des öffentlichen Rechts zugelassen. Bisher bestand dagegen in der Gesundheitspolitik dahingehend Konsens, dass die ambulante Versorgung ausschließlich durch niedergelassene Ärzte sicherzustellen ist, auch wenn der Bundesgerichtshof bereits in einem Urteil vom 30. 11. 1977 feststellte, dass der Abschluss von Verträgen über die ambulante Heilbehandlung durch eine juristische Person zulässig ist.[10]

4 Unter Hinweis auf Art. 12 Abs. 1 GG stellte der BGH fest, dass es aufgrund der Gewerbefreiheit keiner speziellen gesetzlichen Erlaubnis zum Betrieb einer juristischen Person bedarf, die die **Heilbehandlung durch angestellte Ärzte** ausüben möchte. Art. 12 Abs. 1 GG gewährleiste aber auch den bei der juristischen Person angestellten Ärzten deren in dieser Form gewählte Berufsausübung, da Art. 12 Abs. 1 GG nicht zwischen dem selbständig und dem unselbständig ausgeübten Beruf unterscheide.[11] Für den Grundrechtsschutz aus Art. 12 Abs. 1 GG könne es ferner keinen Unterschied machen, ob ein angestellter Klinik-Arzt seinen Beruf bei stationärer oder – im Zuge einer neuen Entwicklung – bei ambulanter Heilbehandlung ausübt, etwa in dem Bestreben, auch insoweit für Diagnose und/oder Therapie die Vorteile einer breiteren wirtschaftlichen Basis und besserer personeller und sächlicher Voraussetzungen, als eine Einzelpraxis sie bieten kann, zu nutzen. Art. 12 Abs. 1 GG umfasst nicht nur traditionelle oder gar rechtlich fixierte, sondern auch sich neu entwickelnde Formen der Berufsausübung, solange nicht vorrangige Gemeinschaftsinteressen – insbesondere gesundheitspolitischer Natur – entgegenstehen.

---

[6] Vgl. hierzu *Taupitz,* Die Standesordnungen der freien Berufe, 1991, S. 23 ff.; *Sodan,* Freie Berufe als Leistungserbringer im Recht der gesetzlichen Krankenversicherung, S. 63 ff.

[7] *Narr* a. a. O., Rdn. B 12; BVerfGE 43, 58 (73); BSGE 20, 52 (55).

[8] BGBl. I S. 2190.

[9] Vgl. z. B. § 29 Abs. 2 HeilBerG NW i. d. F. vom 12. 4. 2000 (GV.NW 2000 S. 403 ff.).

[10] BGH NJW 1978, S. 589, 591.

[11] BGH a. a. O., S. 591 unter Hinweis auf BVerfGE 7, 377, 397.

5 In der Konsequenz dieser älteren Rechtsprechung erklärte der BGH in einem Urteil vom 25. 11. 1993 die **GmbH als Organisationsform** zahnheilkundlicher Tätigkeit grundsätzlich als zulässig.[12] Das Urteil stellte fest, dass es an einer Regelung fehle, „die die beklagte GmbH an der hier in Frage stehenden Berufswahl hindert" und verneinte – anders als beim Apotheker [13] eine hinreichende gesetzliche oder gewohnheitsrechtliche Fixierung des (zahn-)ärztlichen Berufsbildes, so dass eine Untersagung der (Zahn-)Ärzte-GmbH schon wegen des Gesetzesvorbehalts in Art. 12 Abs. 1 S. 2 GG nicht in Betracht komme. Aufgrund dieses BGH-Urteils wurden in den meisten Bundesländern gesetzliche Regelungen in den Heilberufs- und Kammer-Gesetzen mit unterschiedlichem Wortlaut geschaffen, wonach es nicht statthaft ist, eine ärztliche Praxis in der Rechtsform einer juristischen Person des privaten Rechts zu führen.

6 Auch wenn gegen diese **Verbotsregelungen** eingewandt wurde, dass diese insbesondere unter dem Blickwinkel des Gleichheitssatzes und des Verhältnismäßigkeitsgrundsatzes solange verfassungsrechtlich bedenklich sind,[14] wie gewerblich und in der Form einer GmbH betriebene Krankenhäuser gleichartige Leistungen anbieten dürfen,[15] wurde bisher das Verbot einer Praxisführung durch eine juristische Person von den Gerichten als durch vernünftige Erwägungen des Gemeinwohls gerechtfertigt angesehen. Dazu zählt nach Ansicht der Gerichte das legitime Ziel des Gesetzgebers, den praxisführenden Arzt als freien Beruf zu erhalten und zu fixieren.[16] Außerdem biete die Ausübung des Arztberufes in eigener Praxis die letztlich einzige wirkliche Gewähr für eine unbeeinflusste Patienten-Arzt-Beziehung, während sie in dem Bereich der GmbH durch das Dazwischentreten dieser Gesellschaft anonymisiert werde, was dem Grundsatz widerspreche, dass das Rechtsverhältnis zwischen freiem Arzt und Patient höchstpersönlicher Natur sei.[17] Die Bindung der ambulanten ärztlichen Tätigkeit an die Niederlassung in eigener Praxis stelle eine gemäß Art. 12 Abs. 1 Satz 2 GG zulässige Berufausübungsregelung dar.[18]

7 Die Erhaltung und Fixierung des Berufsbildes des freien Arztberufes als tragendes Element der ambulanten Versorgung wurde durch den **Einigungsvertrag vom 31. 8. 1990**[19] bestätigt, der für die neuen Bundesländer die Versorgung durch niedergelassene Ärzte in der ambulanten Versorgung explizit vorgab.[20] Demgegenüber erhielten die in der ehemaligen DDR existierenden Polikliniken, Ambulatorien, Gesundheitszentren, Fachambulanzen nach § 311 Abs. 2 SGB V lediglich Bestandsschutz. Durch das GMG hat der Gesetzgeber den freien Arztberuf als Leitbild der ambulanten Versorgung aufgegeben, denn die Strukturen der medizinischen Versorgungszentren entsprechen weitgehend den in den neuen Bundesländern fortgeführten Einrichtungen nach § 311 Abs. 2 SGB V, wie die neue Gesetzeslage im GMG zeigt.[21]

8 Als Reaktion auf die Einführung gewerblich geprägter Gesundheitsstrukturen (medizinische Versorgungszentren, integrierte Versorgung) in der ambulanten Versorgung durch das GMG hat der **107. Deutsche Ärztetag 2004** in Bremen neben weitreichenden Liberalisierungen im Bereich der ärztlichen Berufsausübung sog. Ärztegesellschaften zugelassen.

---

[12] Vgl. BGH MedR 1994, S. 152.

[13] Vgl. § 8 ApothG.

[14] Vgl. *Taupitz,* MedR 1995, S. 475/478; *Rieger,* MedR 1995, S. 87.

[15] Vgl. *Taupitz,* a. a. O., S. 478; *Rieger,* a. a. O., S. 89.

[16] BayVerfGH, DVBl. 2000, 1052, 1054.

[17] OVG NW, MedR 2001, 150, 153.

[18] BayVerfGH, DVBl. 2000, 1052ff.; OVG NW, MedR 2001, 150, 151.

[19] BGBl. II S. 889.

[20] Vgl. § 311 Abs. 10 SGB V i. d. F. v. 31. 8. 1990 („Die Niederlassung in freier Praxis ist mit dem Ziel zu fördern, dass der freiberuflich tätige Arzt maßgeblicher Träger der ambulanten Versorgung wird.").

[21] Vgl. BT-Drucks. 15/1525, S. 151 (zu Nummer 182, Buchstabe a); § 311 Abs. 2 SGB V bestimmt daher auch, dass für diese Einrichtungen im übrigen die Vorschriften über medizinische Versorgungszentren entsprechend gelten.

9 Ärzte können daher zukünftig auch in der Form einer juristischen Person des Privatrechts (z. B. AG oder GmbH) ambulant ärztlich tätig sein, soweit eine Umsetzung der Bestimmung über die **Ärztegesellschaft** in § 23a Musterberufsordnung (MBO-Ä) in den Berufsordnungen der jeweiligen Landesärztekammern erfolgt. Dies ist mittlerweile in verschiedenen Kammerbezirken (z. B. Westfalen-Lippe, Hamburg, Mecklenburg Vorpommern) geschehen, während andere Ärztekammern im Rahmen der Novellierung ihrer Berufsordnungen bewusst auf die Einführung der Ärztegesellschaft verzichtet haben (z. B. Nordrhein, Niedersachsen).

10 Daneben haben zwischenzeitlich auch verschiedene Bundesländer ihre Heilberufs- und Kammergesetze den berufsrechtlichen Anforderungen an die Ausübung der ambulanten ärztlichen Tätigkeit in einer **„Heilkunde-GmbH"** angepasst (z. B. Nordrhein-Westfalen).[22]

11 Das bisher geprägte Bild der ambulanten ärztlichen Versorgung durch freiberuflich niedergelassene Ärzte wird damit zukünftig durch andere Einrichtungen ergänzt, die in der Rechtsform von Aktiengesellschaften, GmbH's, OHG's oder KG's auftreten und neben Ärzten auch von anderen Trägern wie Krankenhäusern, Apotheken und anderen Gesundheitsberufen betrieben werden können. Auch die **Beteiligung gewerblicher Unternehmen,** Investoren und anderer Kapitalgeber wird durch die Lockerung der landesgesetzlichen und berufsrechtlichen Vorgaben zunehmend möglich sein.

12 Allerdings ist festzustellen, dass die **Liberalisierung der Versorgungsstrukturen** wie bei anderen staatlich regulierten Märkten nicht in einem Schritt und ohne rechtliche Hemmnisse zu erwarten ist. Dies wird deutlich wenn man die unterschiedlichen Regelungen in den Heilberufs- und Kammergesetzen der Bundesländer und den Berufsordnungen der jeweiligen Ärztekammern betrachtet. Diese sind teilweise mit den Vorgaben für die Medizinischen Versorgungszentren (MVZ) nach § 95 SGB V nicht vereinbar.

1. Herkömmliche Kooperationsformen unter Ärzten

13 Die kooperative Berufsausübung zwischen Ärzten ist seit der Änderung der **Musterberufsordnung der deutschen Ärzte (MBO-Ä)** von 1997[23] in erheblich größeren Varianten zulässig. Eine fast vollständige Liberalisierung der Vorschriften über die ärztliche Berufsausübung hat der 107. Deutsche Ärztetag 2004 in Bremen beschlossen und dementsprechend die MBO-Ä in wesentlichen Bereichen der ärztlichen Berufsausübung verändert. Die Umsetzbarkeit dieser berufsrechtlichen Änderungen im Vertragsarztrecht ist jedoch noch nicht absehbar, da die Regelungen der Ärzte-ZV geändert werden müssten und auch Bedarfsplanungsgesichtspunkte einer Übernahme teilweise entgegenstehen. Ob und in welchem Umfang eine Anpassung des Vertragsarztrechts an die neuen berufsrechtlichen Vorgaben erfolgen wird, kann zum heutigen Zeitpunkt nicht beantwortet werden. Die Entwicklung ist daher abzuwarten.[24]

Für das **Vertragsarztrecht** und für die Abrechnung vertragsärztlicher Leistungen in ärztlichen Kooperationen gilt bisher die Beschränkung des § 33 Abs. 2 Ärzte-ZV. Danach ist eine gemeinsame vertragsärztliche Tätigkeit nur im Rahmen einer Gemeinschaftspraxis zulässig.

---

[22] in Nordrhein-Westfalen ist eine Änderung des § 29 Abs. 2 HeilBerG NW durch das Änderungsgesetz vom 1. 3. 2005 (GV.NW 2005 S. 148ff.) dahingehend erfolgt, dass die Erbringung ambulanter heilkundlicher Leistungen durch angestellte Ärzte einer juristischen Person zulässig ist, soweit dies das entsprechende Kammerrecht vorsieht; vgl. hierzu: *Koch,* GesR 2005, 241.

[23] Vgl. Dt. Ärzteblatt 1997, A-2354.

[24] Zum Zeitpunkt der Fertigstellung dieses Manuskripts lag dem Verfasser der 1. Arbeitsentwurf eines Gesetzes zur Änderung des Vertragsarztrechts (Vertragsarztrechtsänderungsgesetz-VÄG), Stand: 8. 8. 2005 aus dem BMGS vor, der neben Vorschriften zur Liberalisierung der vertragsärztlichen Tätigkeit niedergelassener Ärzte auch Vorschriften zur Weiterentwicklung der Rechtsgrundlagen für die Gründung medizinischer Versorgungszentren enthält.

14 Die **Gemeinschaftspraxis** ist durch die Rechtsprechung in Abgrenzung zur Praxisgemeinschaft dahingehend definiert worden, dass sie die gemeinsame Ausübung ärztlicher Tätigkeit durch mehrere Ärzte des gleichen oder ähnlichen Fachgebietes in gemeinsamen Räumen mit gemeinsamer Praxiseinrichtung, gemeinsamer Karteiführung und Abrechnung sowie mit gemeinsamen Personal auf gemeinsame Rechnung darstellt.[25]

15 Eine Gemeinschaftspraxis kann sowohl zwischen ausschließlich privatärztlich tätigen Ärzten als auch Vertragsärzten gebildet werden.[26] Sowohl für die privatärztliche als auch die vertragsarztrechtliche Gemeinschaftspraxis gilt bisher, dass diese nur in der Rechtsform der **Gesellschaft bürgerlichen Rechts** (§§ 705ff. BGB) sowie seit Einführung des Partnerschaftsgesellschaftsgesetzes (PartGG) vom 25. 7. 1994[27] als **Partnerschaftsgesellschaft** geführt werden können.[28]

16 Die gemeinsame Berufsausübung muss der Ärztekammer angezeigt werden (§ 18 Abs. 6 MBO-Ä). Nach der bisher geltenden MBO-Ä durfte ein Arzt nur einer **Berufsausübungsgemeinschaft** angehören. Damit war bereits berufsrechtlich die Beteiligung eines Arztes an mehreren Gemeinschaftspraxen ausgeschlossen. Mit dieser Regelung sollte unterbunden werden, dass ein Arzt an mehreren Orten die Heilkunde ausübt.[29] Nach den Änderungen der MBO-Ä durch den 107. Ärztetag im Jahre 2004 besteht nunmehr berufsrechtlich die Möglichkeit (§ 18 Abs. 1 und 3 MBO-Ä), dass Ärzte Mitglied in mehreren Berufsausübungsgemeinschaften sein können. Eine Berufsausübungsgemeinschaft muss darüber hinaus nicht die gesamte Tätigkeit eines Arztes umfassen (sog. Teilgemeinschaftspraxen). Danach darf nunmehr ein Arzt beispielsweise seine Einzelpraxis beibehalten und für die Erbringung bestimmter Teilleistungen eine Kooperation, die als solche auch nach außen hin angekündigt werden darf, mit Ärzten einer anderen Berufsausübungsgemeinschaft eingehen. Es können Teil-Gemeinschaftspraxen oder Teilpartnerschaften oder sonstige Teil-Kooperationsgemeinschaften gebildet werden.

17 Der Regelung dürfte im vertragsärztlichen Bereich in vielen Planungsbereichen die **Bedarfsplanung** entgegenstehen, da für eine Niederlassung an einem anderen Ort zulassungsrechtlich eine weitere Niederlassung erforderlich ist. Darüber hinaus kollidiert die Regelung zur Zeit mit der Pflicht des Vertragsarztes seine volle Arbeitskraft nach § 20 Abs. 1 Ärzte-ZV an einem Ort der Niederlassung einzusetzen. Die Präsenzpflicht fordert für niedergelassene Vertragsärzte darüber hinaus nach § 24 Abs. 2 Ärzte-ZV, dass der Fahrtweg des Arztes zwischen Wohnung und Praxis nicht mehr als 30 Minuten beträgt.[30] Über die KV-Grenzen ist darüber hinaus ebenfalls heute eine zusätzliche vertragsärztliche Tätigkeit nicht möglich, da das BSG fordert, dass alle Mitglieder einer Gemeinschaftspraxis derselben Kassenärztlichen Vereinigung angehören.[31]

18 Ein Vertragsarzt darf eine Gemeinschaftspraxis nur mit einem anderen Vertragsarzt betreiben; die vertragsärztliche Gemeinschaftspraxis bedarf der **Genehmigung durch den Zulassungsausschuss** (vgl. § 33 Abs. 2 ÄrzteZV).

19 In vertragsarztrechtlicher Hinsicht ist von besonderer Bedeutung, dass die gemeinsame Ausübung der vertragsärztlichen Tätigkeit bereits dann und unabhängig von den zivil-

---

[25] Vgl. BSGE 23, 170 (171); BSGE 55, 97 (104); BGHZ 97, 273 (277); BSG MedR 1993, 279; *Henke* NJW 1974, 2035 (2037); *Ahrens* MedR 1992, 141f.; *Taupitz* MedR 1995, 475 (478).

[26] *Nentwig/Bonvie/Hennings,* Das Partnerschaftsgesellschaftsgesetz, 1995, S. 125f.; *Schallen,* Zulassungsverordnung für Vertragsärzte (Ärzte-ZV) Vertragszahnärzte (Zahnärzte-ZV), Medizinische Versorgungszentren, Psychotherapeuten, 2004, S. 293.

[27] BGBl. I, S. 744.

[28] § 18 Abs. 5 Musterberufsordnung der deutschen Ärzte (MBO-Ä); vgl. *Schirmer* MedR 1995, 347 und 388; *Nentwig/Bonvie/Hennings,* a.a.O., Rdn. 703; *Saenger* NZS 2001, 234 (235); *Engelmann,* in: Festschrift 50 Jahre Bundessozialgericht, 2004, S. 443.

[29] *Nentwig/Bonvie/Hennings,* a.a.O., S. 46.

[30] Vgl. BSG, Urt. v. 05. 11. 03, Az.: B 6 KA 2/03 R, GesR 2004, S. 242.

[31] Vgl. BSG, Urt. v. 16. 07. 03, Az.: B 6 KA 49/02 R, MedR 2004, S. 114.

rechtlichen Bestimmungen des Gesellschaftsvertrages endet, wenn nur einer der Partner dem Zulassungsausschuss die Beendigung anzeigt. Unerheblich ist daher, ob die zivilrechtliche Kündigung gegenüber dem anderen Partner der Gemeinschaftspraxis wirksam ist und sich der kündigende Partner eventuell schadensersatzpflichtig macht.[32] Einer besonderen Feststellung des Zulassungsausschusses über den Zeitpunkt der **Beendigung der gemeinsamen Ausübung** vertragsärztlicher Tätigkeit bedarf es nicht. Allerdings bleibt es dem Zulassungsausschuss unbenommen, von einer Beendigung der gemeinsamen vertragsärztlichen Tätigkeit erst zum Ende des laufenden Quartals auszugehen, in dem die Auflösung erklärt wird.[33]

20 Begriffsnotwendig für die Gemeinschaftspraxis ist die jederzeit austauschbare ärztliche Leistung. Demzufolge war bisher eine Gemeinschaftspraxis auch nur unter Ärzten des gleichen Gebietes oder nahe **verwandter Fachgebiete** zulässig, da nur solche Ärzte sich fachlich und rechtlich jederzeit in ihrer ärztlichen Tätigkeit vertreten können. Das Erfordernis des gleichen oder zumindest ähnlichen Fachgebietes zur Bildung einer Gemeinschaftspraxis war bedingt dadurch, dass die zusammenarbeitenden Ärzte die fachliche Fähigkeit und das Recht haben mussten, auf demselben Fachgebiet ärztliche Leistungen zu erbringen, weil sie sonst den Patienten des anderen nicht behandeln durften. Bei Gemeinschaftspraxen in der Rechtsform der BGB-Gesellschaft oder Partnerschaftsgesellschaft ist jedoch jeder Partner Vertragspartner des Patienten und daher zur persönlichen Leistung auf Wunsch des Patienten verpflichtet.[34] Die von einzelnen Ärztekammern gefolgerte These der Fachidentität oder zumindest Fachverwandtheit für Gemeinschaftspraxen dürfte überholt sein, da bei verständiger Würdigung des Inhalts des Behandlungsvertrages zwischen Patient und ärztlichen Gemeinschaftspraxispartnern die Leistungspflicht und ihre Erfüllung jeweils nur im Rahmen der beruflichen Befugnisse von den Partnern übernommen werden kann, auch wenn insoweit alle für die Ausführung einzustehen haben.[35] Außerdem kann diese Voraussetzung seit der Einführung von medizinischen Versorgungszentren in § 95 SGB V, die nach den gesetzlich Voraussetzungen **„fachübergreifende Einrichtungen"** sind, nicht mehr ernsthaft gefordert werden. Der Einheitliche Bewertungsmaßstab (EBM) und die Bundesmantelverträge gehen daher von der Existenz fachübergreifender Gemeinschaftspraxen aus.[36] Ärzte mit verschiedenen Fachgebieten, zumindest solche mit verwandten Fachgebieten, dürfen bereits seit einem Urteil des BSG aus dem Jahre 1983[37] sog. fachübergreifende Gemeinschaftspraxen bilden. Die Genehmigung zur gemeinschaftlichen Praxisführung wird in diesen Fällen nur mit der Einschränkung erteilt, dass jeder beteiligte Arzt seine Fachgebietsgrenzen einhält und den Patienten das Recht auf freie Arztwahl gewährleistet bleibt. Soweit der andere in der Gemeinschaftspraxis beteiligte Arzt zur Behandlung des Patienten nicht berechtigt ist, soll der zuständige Arzt seine Leistung persönlich für sich allein und nicht als Leistung der Gemeinschaftspraxis abrechnen können.[38]

21 Im Vergleich zur Gemeinschaftspraxis ist die **Praxisgemeinschaft** eine beschränkte Form der Zusammenarbeit, beschränkt auf die sachlichen und persönlichen Mittel der Praxis.[39] In bezug auf ihre ärztliche Tätigkeit bleiben die Ärzte in einer Praxisgemeinschaft völlig selbständig. Jeder führt in teils gemeinsamen Räumen – meist behält jeder sein eigenes Behandlungszimmer – seine eigene Praxis mit seinem eigenen Patientenstamm, das

---

[32] BSG MedR 1993, S. 279 = SozR 2200 § 368c Nr. 1; *Luxenburger/Möller/Ratzel,* Orthopädie 1997, S. 18, 19.

[33] *Schallen,* a. a. O., Rdn. 710.

[34] *Nentwig/Bonvie/Hennings,* a. a. O., S. 45.

[35] *Schirmer,* a. a. O., S. 349.

[36] Vgl. § 44 Abs. 6 BMV-Ä; § 34 Abs. 12 EKV.

[37] Vgl. BSGE 55, 97, *Ehmann* a. a. O., S. 145.

[38] Vgl. *Ehmann* a. a. O., S. 145, Rdn. 28.

[39] *Luxenburger,* in: Schriftenreihe der Arbeitsgemeinschaft Medizinrecht im DAV, Band 2, 2000, S. 69.

heißt, die einzelnen Patienten werden grundsätzlich immer von demselben Arzt behandelt. Juristisch betrachtet schließt der Patient seinen Behandlungsvertrag mit einem Arzt ab, nicht etwa mit beiden Ärzten oder mit der aus zwei oder mehreren Ärzten bestehenden Gesellschaft bürgerlichen Rechts. Eine Vertretung des Arztes durch den anderen Arzt der Praxisgemeinschaft ist – wie auch bei Einzelpraxen – nach § 32 Abs. 1 Ärzte-ZV nur zulässig im Falle der Abwesenheit des Praxisinhabers (z. B. urlaubs- oder krankheitsbedingt). Eine Praxisgemeinschaft kann man somit verstehen und definieren als Gesamtheit der sächlichen (Räume, Stühle, Tische, Geräte) und persönlichen (Mitarbeiter) Mittel, mit denen mehrere freiberuflich tätige Ärzte ihren Beruf ausüben.

22 Die Partner der Praxisgemeinschaft haften für die **Rechtsgeschäfte** und sonstigen Handlungen, die sie in Verfolgung des Gesellschaftszwecks vornehmen, als Gesamtschuldner. Schaffen also die Partner einer Praxisgemeinschaft gemeinsam ein Röntgengerät an, so haftet jeder dem Verkäufer auf die Kaufsumme.

23 Nicht selten wird die Zuordnung von sächlichen und persönlichen Mitteln mehrerer Ärzte einem gemeinsamen Gesellschaftsvermögen auf eine sog. **Apparategemeinschaft** beschränkt sein, die auch außerhalb der einzelnen Praxisräume bestehen kann. Auch der Zusammenschluss mehrerer Ärzte zu einer solchen Apparategemeinschaft bildet rechtlich eine Form der Gesellschaft des bürgerlichen Rechts und stellt eine besondere Form der Praxisgemeinschaft dar. Für die Anschaffungen, Instandhaltungskosten, Löhne und Gehälter der Mitarbeiter solcher Apparategemeinschaften haften die Ärzte dieser Gemeinschaften gleichfalls als Gesamtschuldner.

24 Als besondere Form der Praxisgemeinschaft erkennt das Vertragsarztrecht über § 105 Abs. 2 SGB V die **Laborgemeinschaften** an, bei denen sich Ärzte gleicher oder verschiedener Fachgebiete zur Anschaffung und zum Betrieb von Laborgeräten außerhalb ihrer Praxis zusammenschließen, um dort alle in der eigenen Praxis an eigenen Patienten anfallenden Laborleistungen unter wechselnder oder ständig gleicher Aufsicht zu erbringen.[40] Die in Laborgemeinschaften erbrachten Leistungen werden, in Abweichung zu dem in § 15 BMV-Ä/§ 14 EKV niedergelegten Grundsatz der persönlichen Leistungserbringung, von den dort zusammengeschlossenen Ärzten als eigene Leistung abgerechnet. Die vertragsarztrechtliche Zulässigkeit dieses Verfahrens für bestimmte Laborleistungen des EBM (Kapitel O I und O II) richtet sich nach den Vorgaben in § 25 BMV-Ä/§ 28 EKV, die die Laborrichtlinien der KBV für die Durchführung von Laboruntersuchungen in der vertragsärztlichen Versorgung vom 11. 7. 1987 abgelöst haben.[41] Damit fehlt es derzeit in der vertragsärztlichen Versorgung an gesetzlich oder vertraglich fixierten Regelungen über den Begriff der Laborgemeinschaft sowie die Anforderung an deren Organisation und Leitung, wie dies in den früheren Laborrichtlinien der Fall war.[42]

25 Ausschließlich im Bereich des Vertragsarztrechts existiert dagegen die Rechtsfigur der **Leistungserbringungsgemeinschaft.**[43] Als Ausnahme von der Pflicht zur persönlichen Leistungserbringung ermöglichen § 15 Abs. 3 BMV-Ä/§ 14 Abs. 2 EKV Zusammenschlüsse von Vertragsärzten zur Erbringung „gerätebezogener Untersuchungsleistungen“ mit der Maßgabe, dass die ärztlichen Untersuchungsleistungen nach fachlicher Weisung durch einen der beteiligten Ärzte persönlich in seiner Praxis oder in einer gemeinsamen Einrichtung durch einen gemeinschaftlich beschäftigten angestellten Arzt nach § 32b Ärzte-ZV erbracht werden. Die Leistungen sind persönliche Leistungen des jeweils anweisenden Arztes, der an der Leistungserbringungsgemeinschaft beteiligt ist. Abweichend von dem Grundsatz, dass auch bei gerätebezogenen Untersuchungsleistungen jeder Arzt

---

[40] *Narr,* a. a. O., Rdn. B 437; *KassKomm-Hess* § 105 Rdn. 3.

[41] *Narr,* a. a. O., Rdn. B 438.

[42] Vgl. DÄBl. 1992, A-716; *KassKomm-Hess* § 105 Rdn. 3; zu den Anforderungen an privatärztliche Laborgemeinschaften nach § 4 Abs. 2 GOÄ, vgl. *Möller* MedR 1994, 10 ff.; *Zuck* VersR 1996, 1315.

[43] Für den privatärztlichen Bereich gilt die insoweit abweichende GOÄ.

die Leistung persönlich zu erbringen hat,[44] kann daher durch die Bildung der Leistungserbringungsgemeinschaft eine nicht selbstständig erbrachte Leistung abgerechnet werden, obwohl diese nicht von dem Arzt selbst, sondern durch einen anderen Vertragsarzt und sogar von den eigenen Praxisräumlichkeiten entfernt erbracht worden ist. Entscheidende Voraussetzung ist allerdings, dass die für die Erbringung **gerätebezogener Untersuchungsleistungen** auf der Grundlage von § 135 Abs. 1 oder Abs. 2 SGB V ergangenen Anforderungen an die Fachkunde des Arztes (§ 11 BMV-Ä/§ 39 EKV) von allen Mitgliedern der Leistungserbringungsgemeinschaft bzw. dem angestellten Arzt nach § 32b Ärzte-ZV erfüllt werden. Bei der Leistungserbringungsgemeinschaft handelt es sich um eine Praxisgemeinschaft in der Form der (partiellen) Apparategemeinschaft,[45] bei dem ein Teil der Berufsausübung ausgelagert worden ist, um kostspielige Geräte, Räumlichkeiten und Personal gemeinschaftlich nutzen zu können.[46] Der anderen Auffassung, die insoweit von einer „Teilgemeinschaftspraxis" spricht,[47] wird zu Recht entgegengehalten, dass es für die Annahme einer (Teil-)Gemeinschaftspraxis an der „erforderlichen Vergemeinschaftung des Zwecks" i. S. eines gemeinsamen Gesellschaftszwecks fehlt[48] und dass es für dieses Rechtsinstitut bisher keine Rechtsgrundlage im geltenden Vertragsarztrecht gibt.[49]

26 Die Gemeinschaftspraxis unterscheidet sich von einer Praxisgemeinschaft im Wesentlichen dadurch, dass auch und vor allem die ärztliche Tätigkeit vergesellschaftet ist, das heißt, dass die Tätigkeit des einzelnen Arztes nicht an seinen Patienten für sich selbst erfolgt, sondern an den Patienten der Gesellschaft für die Gesellschaft, ebenso wie der Krankenhausarzt seine Leistung an das Krankenhaus erbringt und die Leistung an den Patienten rechtlich als eine Leistung des Krankenhauses zu betrachten ist. Der Anspruch auf Arzthonorar gegen den Patienten oder gegen dessen Kasse steht daher auch nicht dem einzelnen Arzt, sondern der Gesellschaft zu, aus der die Gemeinschaftspraxis besteht. Bei einer Gemeinschaftspraxis erstreckt sich die **gesamtschuldnerische Haftung** über Verbindlichkeiten hinaus, die aus der gemeinsamen Anschaffung von Praxiseinrichtungen und aus der Anstellung gemeinsamen Personals entstehen, unter Umständen auch auf die aus der ärztlichen Tätigkeit evtl. entstehenden Verpflichtungen, z. B. auch auf Schadensersatzansprüche, die aus der fehlerhaften Behandlung eines Patienten durch einen Praxispartner entstanden sind.

2. Vertragsarzt- und berufsrechtliche Vorgaben zivilrechtlicher Gestaltung

27 Wie andere verkammerte freie Berufe unterliegen Ärzte im Rahmen ihrer Tätigkeit zunächst dem Berufsrecht. Sie haben deshalb grundsätzlich die **Vorgaben in der Berufsordnung,** der Weiterbildungsordnung und anderem Satzungsrecht ihrer Ärztekammer zu beachten. Seit der Entscheidung des Bundesverfassungsgerichts zum Facharztwesen vom 9. Mai 1972[50] sind darüber hinaus in verstärktem Umfang die Heilberufs- bzw. Kammergesetze der Länder zu beachten. Diese haben die Aufgabe, die wesentlichen Bestimmungen für die Heilberufskammern autonom zu regeln und damit die gesetzlichen Rahmenbedingungen für die ärztliche Berufsausübung vorzugeben. Aufgrund der Einbeziehung der meisten niedergelassenen Ärzte in die vertragsärztliche Versorgung der gesetzlichen Krankenversicherung ist darüber hinaus auch das Vertragsarztrecht bei der Ausgestaltung von ärztlichen Kooperationen im niedergelassenen Bereich zu beachten. Für den Bereich der Gemeinschaftspraxis macht dies bereits der Genehmigungsvorbehalt in § 33 Abs. 2 Ärzte-ZV deutlich.

---

[44] Vgl. LSG NW NZS 1997, 195 ff.
[45] *Luxenburger,* a. a. O., S. 70.
[46] *Dahm* AusR 2000, 134 (138).
[47] *Narr,* a. a. O., Rdn. B 436.
[48] *Möller* MedR 1998, 61; *Luxenburger* a. a. O., S. 71.
[49] *Steinhilper* NZS 1995, 565.
[50] BVerfGE 33, 125 ff.

28 **a) Gebot der eigenverantwortlichen freiberuflichen Tätigkeit.** Der Arztberuf im ambulanten Bereich ist grundsätzlich ein freier Beruf, der in niedergelassener Praxis ausgeübt wird. Dies ergibt sich einerseits, zumindest indirekt, aus Vorschriften des Vertragsarztrechts (z. B. § 98 Abs. 2 Nr. 13 SGB V, §§ 24, 20 Ärzte-ZV) und wurde vom Gesetzgeber auch ohne ausdrückliche gesetzliche Regelung als traditionelles Merkmal der freien Berufe den vertragsarztrechtlichen Vorschriften zugrundegelegt.[51] Der Gesetzgeber hat zwar durch die Einführung der **medizinischen Versorgungszentren** in § 95 SGB V zu erkennen gegeben, dass daneben vertragsärztliche Leistungen auch durch juristische Personen erbracht werden dürfen, und das ärztliche Berufsrecht ermöglicht in den meisten Ärztekammern den Zusammenschluss von Ärzten in sog. Ärztegesellschaften. Für den niedergelassenen freiberuflich tätigen Arzt und den Vertragsarzt gelten jedoch nach wie vor bestimmte berufs- und vertragsarztrechtliche Vorgaben, die ihn von anderen ambulanten Leistungserbringern unterscheiden.

29 Im Sinne dieses Berufsbildes des niedergelassenen (Vertrags-)Arztes ist sowohl eine ärztliche als auch **übermäßige wirtschaftliche Abhängigkeit** von Bedeutung.

30 Nach der Rechtsprechung des BSG ist es für die Ausübung des ärztlichen Berufes in eigener Praxis einerseits unerheblich, ob dem Arzt das Eigentum an dem Gebäude oder dem Gebäudeteil zusteht, in dem sich die Praxisräume befinden, oder wie die **Eigentumsverhältnisse** an der Geräte- und Materialausstattung der Praxis gestaltet sind.[52] Entscheidend soll allein sein, dass der Arzt in der Praxis seine ärztliche Berufstätigkeit in eigener Verantwortung ausführen kann. Damit ist es rechtlich vereinbar, eine Arztpraxis z. B. in Räumen und mit Einrichtungsgegenständen auszuüben, die von einem Krankenhausträger oder einer Besitzsgesellschaft zur Verfügung gestellt werden.

31 So ist etwa die Bildung von **Besitzgesellschaften** mehrerer Ärzte untereinander zulässig, deren einziger Zweck darin besteht, berufsrechtlich und kassenarztrechtlich zulässigen Zusammenschlüssen von Ärzten, die zur gemeinsamen Berufsausübung erforderlichen Räume, Einrichtungen, Geräte, Material und Personal zur Verfügung zu stellen. Solche Besitzgesellschaften können auch in der Form von Handelsgesellschaften betrieben werden.[53]

32 Häufig beschränken sich in diesen Fällen die Verträge zwischen dem Unternehmen und dem Arzt aber nicht auf die Vereinbarung einer angemessenen Miete oder Pacht, sondern enthalten eine **Verpflichtung zur Honorarbeteiligung** oder gar Honorarabführung gegen Gehaltszahlung. Im letzten Fall handelt es sich um ein verdecktes Beschäftigungsverhältnis mit der Folge der Nichteignung zur Ausübung vertragsärztlicher Tätigkeit. Eine solche Honorarbeteiligung gefährdet die Unabhängigkeit des Arztes in seiner fachlichen Entscheidung insbesondere in der Einhaltung des Wirtschaftlichkeitsgebotes und ist daher mit dem Wesen vertragsärztlicher Tätigkeit nicht zu vereinbaren.[54] In einem solchen Fall würde eine verdeckte Gesellschaftsgründung von Arzt und Nichtarzt zur gemeinsamen Berufsausübung vorliegen, die mit den Grundsätzen der Ausübung eines freien Berufes nicht zu vereinbaren ist. Dies geht auch ausdrücklich aus dem Berufsrecht hervor, welches die Zusammenarbeit mit Nichtärzten nur in eingeschränktem Umfange zulässt[55] und darüber hinaus eine Weisungsbefugnis Dritter gegenüber dem Arzt ausdrücklich ausschließt.

33 Die Abhängigkeit des Arztes von Dritten in seiner Praxis führt deshalb in der Regel zur **Nichteignung als Vertragsarzt** gemäß § 20 Abs. 2 Ärzte-ZV. Soweit gleichzeitig eine Einflussmöglichkeit Dritter auf die Entscheidung des Arztes im ärztlichen Bereich besteht, ist das Gebot der persönlichen Leistungserbringung verletzt. Hatte die vertragliche Konzeption zum Ziel, eine Mitbeteiligung zuweisender Ärzte am Gesamthonorar zu errei-

---

[51] *Ahrens,* a. a. O. S. 141, 144.

[52] BSGE 35, 247.

[53] *KassKomm-Hess* § 98 SGB V Rdn. 46.

[54] Vgl. *Hess,* a. a. O., § 95 SGB V Rdn. 43.

[55] Vgl. § 23 b Abs. 1 der Musterberufsordnung der Deutschen Ärzte (MBO-Ä).

chen, ist damit gleichzeitig ein Verstoß gegen das Verbot der Zuweisung gegen Entgelt gegeben.[56]

Schließlich binden § 17 Abs. 1 MBO-Ä sowie die Kammer- und Heilberufsgesetze der Länder nach wie vor die ärztliche Tätigkeit außerhalb von Krankenhäusern und Privatkrankenanstalten grundsätzlich an die **Niederlassung in eigener Praxis.**[57] Das bedeutet in vertragsarztrechtlicher Hinsicht, dass der Vertragsarzt seine Tätigkeit persönlich in freier Praxis ausüben muss und nicht in einem Beschäftigungsverhältnis stehen darf. (§ 32 Abs. 1 S. 1, 20 Abs. 1 Ärzte-ZV). Diesen Anforderungen genügt nach Auffassung des OLG München ein Praxisübernahmevertrag nicht, nach welchem der Veräußernde weiterhin Vertragsarzt bleibt und als Gegenleistung 30% der Kassenarzthonorare erhält, weil der Erwerber über keine Kassenzulassung verfügt. Ein derartiger Vertrag ist gemäß § 134 BGB wegen Gesetzesverstoßes nichtig.[58] 34

b) Rechtliche Anforderungen an die Ausgestaltung von Gemeinschaftspraxisverträgen. Für die gesamte ärztliche Tätigkeit als niedergelassener Arzt enthalten zunächst die Bestimmungen in den §§ 17–26 MBO-Ä wesentliche Bestimmungen über die zulässigen Formen der Zusammenarbeit. § 18 Abs. 5 regelt ausdrücklich den sog. Berufsrechtsvorbehalt, wonach die Bestimmungen der MBO-Ä, die die Regelungen des Partnerschaftsgesellschaftsgesetzes (PartGG) einschränken, vorrangig sind. Gleiches gilt für das Verhältnis der MBO-Ä zu den Bestimmungen des Bürgerlichen Gesetzbuches und damit auch zu den §§ 705ff. BGB.[59] Wesentliche Vorgaben für die Ausgestaltung der Gemeinschaftspraxis finden sich in § 17 MBO-Ä, der den Regelungen in den Heilberufs- bzw. Kammergesetzen der Länder nachgebildet worden ist.[60] 35

Für die vertragsärztliche Tätigkeit sieht **§ 33 Abs. 2 Ärzte-ZV** eine eigenständige Regelung der Voraussetzungen vor, unter denen eine gemeinsame Tätigkeit von Vertragsärzten zulässig ist. Sie ist danach nur zulässig zwischen Vertragsärzten und bedarf der vorherigen Genehmigung durch den Zulassungsausschuss. Die Genehmigung der Gemeinschaftspraxis darf nur unter der Voraussetzung versagt werden, dass die Versorgung der Versicherten beeinträchtigt wird oder landesrechtliche Vorschriften über die ärztliche Berufsausübung entgegenstehen. 36

Die vertragsärztliche Gemeinschaftspraxis steht damit unter einem **sog. Verbot mit Erlaubnisvorbehalt.** Der Gesetzgeber verbietet grundsätzlich eine gemeinsame Tätigkeit von Vertragsärzten, jedoch nicht, weil sie generell unterbleiben soll, sondern weil vorweg behördlich geprüft werden soll, ob sie im Einzelfall gegen bestimmte materiell-rechtliche Rechtsvorschriften verstößt. Verläuft die Prüfung positiv und ergibt sich, dass die Betätigung mit dem materiellen Recht im Einklang steht, dann ist die Genehmigung zu erteilen.[61] Die Genehmigung der vertragsärztliche Gemeinschaftspraxis stellt daher, wie die vertragsärztliche Zulassung als solche, einen Verwaltungsakt dar, der unter den Voraussetzungen formeller und materieller Rechtmäßigkeit steht und von dem Gesellschaftsvertrag zu trennen ist.[62] 37

Hieraus folgt, dass die vertragsarztrechtlichen Vorgaben im SGB V und insbesondere in der Ärzte-ZV über den Genehmigungsvorbehalt in § 33 Abs. 2 Ärzte-ZV auf die **gesellschaftsrechtliche Gestaltungsbefugnis** der Vertragspartner einwirken.[63] Gegenstand der Prüfung durch den Zulassungsausschuss können darüber hinaus die Bestimmungen der Heilberufs- bzw. Kammergesetze der Länder sowie die Berufs- und Weiterbildungsordnungen der Ärztekammern sein, wie der Verweis in § 33 Abs. 2 Ärzte-ZV bestätigt. 38

---

[56] § 31 MBO-Ä.
[57] Vgl. z. B. § 29 Heilberufsgesetz NW.
[58] OLG München NJW-RR 1998, 1441.
[59] *Ratzel/Lippert,* Kommentar zur Musterberufsordnung der Deutschen Ärzte (MBO), S. 137.
[60] Vgl. etwa § 29 Abs. 3 HeilberG NW.
[61] *Maurer,* Allgemeines Verwaltungsrecht, Rdn. 51; *Engelmann* a. a. O., S. 435.
[62] *Wigge* NZS 1998, 53 (56).
[63] *Manssen,* Privatrechtsgestaltung durch Hoheitsakt, 1994, S. 276; *Wigge* NZS 2001, 293 (297).

39 Andererseits ist das **Vorhandensein eines Gesellschaftsvertrages** Voraussetzung für das Bestehen einer Gemeinschaftspraxis und damit auch seiner grundsätzlichen Genehmigungsfähigkeit, wie das BSG betont hat.[64] Der Gemeinschaftspraxisvertrag muss deshalb den Anforderungen genügen, die auf Grund berufs- und vertragsarztrechtlicher Bestimmungen an diese Form der ärztlichen Berufsausübung gestellt werden, damit die Genehmigungsfähigkeit nach § 33 Abs. 2 SGB V eintritt. Darüber hinaus ist der Gesellschaftsvertrag nach Auffassung des BSG im Hinblick darauf, dass der Zulassungsausschuss bei der Genehmigung einer Gemeinschaftspraxis prüfen muss, dass die mit der Genehmigung der gemeinsamen Berufsausübung verbundenen Rechte und Pflichten ordnungsgemäß wahrgenommen werden, den Zulassungsgremien vollständig vorzulegen.[65]

40 § 32 Abs. 1 Ärzte-ZV schreibt für die Ausübung der vertragsärztlichen Tätigkeit vor, dass diese „persönlich in freier Praxis auszuüben" ist. Diese Bestimmung beinhaltet die grundsätzliche Beschränkung für den Vertragsarzt, **angestellte Ärzte** zu beschäftigen. Ausnahmen hiervon sind nur in dem gesetzlich zugelassenen Umfang möglich.[66] Darüber hinaus darf der Vertragsarzt nach § 20 Abs. 1 Ärzte-ZV nicht in einem Beschäftigungsverhältnis stehen.[67]

41 Das Merkmal „in eigener Praxis niedergelassen" ist vom Bundessozialgericht in einer Entscheidung vom 16. 3. 1973 dahingehend ausgelegt worden, dass es hierfür in erster Linie darauf ankommt, dass die ärztliche Tätigkeit eigenverantwortlich gestaltet werden kann. Die **eigenverantwortliche Gestaltung ärztlicher Tätigkeit** schließe deshalb ein, dass der medizinische Auftrag nach eigenem Ermessen gestaltet werden kann und der Arzt die Möglichkeit hat, über die räumlichen und sächlichen Mittel, ggf. auch über den Einsatz von Hilfspersonal disponieren oder zumindest an der Disposition mitwirken zu können.[68]

42 Dagegen setze die „Niederlassung in eigener Praxis" nicht die Verfügungsgewalt des Eigentümers voraus. Für die Ausübung des ärztlichen Berufes in eigener Praxis sind deshalb die **Vermögensverhältnisse** in Bezug auf das Gebäude sowie Geräte- und Materialausstattung der Praxis unerheblich, solange der Arzt in der Praxis seine ärztliche Berufstätigkeit in voller eigener Verantwortung ausführen kann.[69]

43 Eine andere Frage ist dagegen, in welchem Umfang zum Merkmal der Niederlassung in eigener Praxis die **Übernahme des typischen Unternehmerrisikos** gehört. Für den Vertragsarzt hat das BSG in der bereits zitierten Entscheidung auf die Eingehung eines finanziellen Verlustrisikos mit der Begründung verzichtet, dass dieses Merkmal auf die Frage des Kapitaleinsatzes abziele und deshalb für den Bereich der sozialen Dienstleistungen, zu dem das Gesundheitswesen zu rechnen sei, nicht als entscheidend angesehen werden könne.[70] Statt dessen stellt das BSG auf die Tragung eines wirtschaftlichen Risikos ab, das der Arzt übernimmt, wenn „es maßgebend von seiner Arbeitskraft abhängt, in welchem Umfang seine freiberufliche Tätigkeit Einkünfte erbringt.[71]

44 Nach Auffassung des BSG ist deshalb die Übernahme des eigenen Unternehmerrisiko Voraussetzung für die Annahme einer freiberuflichen Niederlassung in eigener Praxis. Im Bereich der „sozialen Dienstleistungen" wird dieses unternehmerische Risiko primär durch den **Einsatz der persönlichen Arbeitskraft** und weniger durch Kapitaleinsatz geprägt. Auch wenn diese Einschätzung auf Grund des gestiegenen Kapitaleinsatzes bei den meisten ärztlichen Fachgruppen nicht mehr uneingeschränkt zutrifft, ist davon auszugehen, dass der niedergelassene Facharzt seine Vergütung im Wesentlichen aufgrund der

---

[64] BSG, Urt. v. 29. 9. 1999, Az.: B 6 KA 1/99 R = SozR 3–2500 § 103 SGB V, Nr. 5, S. 26 (35).
[65] *Engelmann* a. a. O., S. 449, 450; BSG SozR 4–5520 § 33 Nr. 2.
[66] *Schulin* VSSR 1994, 357 (369).
[67] BSGE 21, 121; 26, 15; 81, 149.
[68] BSGE, 35, 247 (250).
[69] BSG, a. a. O., 250.
[70] BSG, a. a. O., 252.
[71] BSG, a. a. O., 252.

von ihm persönlich erbrachten und abgerechneten Leistungen erhält.[72] Damit ist er nach wie vor freiberuflich tätig und im Gegensatz zur gewerblichen Tätigkeit überwiegend von seiner persönlichen Arbeitskraft abhängig.[73] Auch die aktuelle Rechtsprechung des BSG geht davon aus, dass Kennzeichen der selbstständigen Tätigkeit insbesondere die Übernahme des Unternehmerrisikos ist.[74]

45 Als problematisch sind deshalb Gebrauchsüberlassungen durch Dritte, insbesondere berufsfremder Personen im Wege von **Umsatz- oder Gewinnbeteiligungen** anzusehen.[75] Vertragsgestaltungen, deren Ziel es ist, Dritte (Einzelpersonen oder Gesellschaften) mittelbar durch eine gewinnorientierte Miete oder Pacht am Gewinn des Arztes aus der ärztlichen Berufstätigkeit zu beteiligen, sind unzulässig, weil sie die Unabhängigkeit des Arztes in seiner fachlichen Entscheidung und insbesondere in der Einhaltung des Wirtschaftlichkeitsgebotes gefährden.[76] Dies gilt insbesondere dann, wenn eine gänzliche oder überwiegende Gewinnabschöpfung durch den Dritten unter Auszahlung eines fest vorgesehenen Gewinnanteils oder eines Fixums erfolgt.[77] Demgegenüber ist Kennzeichen einer Ärztegesellschaft (§ 23a MBO-Ä) und eines medizinischen Versorgungszentrums (§ 95 SGB V) in der Rechtsform einer juristischen Person (z.B. GmbH, AG), dass die Einnahmen aus der ärztlichen Tätigkeit der dort angestellten Ärzte der Gesellschaft zustehen. Es bleibt abzuwarten, ob durch diese rechtlichen Änderungen in der Organisationsform ambulanter ärztlicher Leistungserbringung zukünftig auch die **gesellschaftsrechtlichen Gestaltungsmöglichkeiten für niedergelassene Ärzte** verändert werden.

46 Mit einer vergleichbaren Interessenlage des Arztes wird seitens der Bundesärztekammer[78] und der überwiegenden Auffassung in der medizinrechtlichen Literatur eine **Beteiligung am materiellen und immateriellen Gesellschaftsvermögen** und dem unternehmerischen Risiko der Gemeinschaftspraxis gefordert. Dies setzt gleichzeitig voraus, dass eine Beteiligung am immateriellen und materiellen Vermögen sowie am Gewinn und Verlust der Gemeinschaftspraxis stattfindet.[79] Obwohl das BSG bis heute über die Frage der Zulässigkeit der dauerhaften **„Nullbeteiligung“** nicht offiziell entschieden hat, hat der Vorsitzende des für das Vertragsarztrecht zuständige 6. Senates in mehreren Beiträgen deutlich gemacht, dass das „Hineinwachsen“ eines Mitglieds einer Gemeinschaftspraxis in eine Beteiligung am immateriellen und materiellen Vermögen nach Auffassung des BSG vertragsarztrechtlich erforderlich ist.[80]

47 Eine fehlende Beteiligung am materiellen und immateriellen Vermögen der Praxis ist danach vertragsarztrechtlich problematisch, wie ein Blick auf die Bestimmungen des **Nachbesetzungsverfahrens** in § 103 Abs. 4–6 SGB V deutlich macht. Das BSG hat in einer Entscheidung vom 29. 9. 1999 festgestellt, dass das Nachbesetzungsverfahren zugunsten eines Praxisnachfolgers in einer Gemeinschaftspraxis nur durchgeführt werden kann, wenn ein vom Eigentumsschutz des Art. 14 GG erfasster Praxiswert vorhanden ist, der auf einen Nachfolger übertragen werden kann.[81] Noch nicht abschließend geklärt ist

---

[72] BGH MedR 1994, 152 (153).

[73] *Wank,* Arbeitnehmer und Selbständige, S. 128.

[74] BSGE 83, 246 (251).

[75] Vgl. hierzu *Ratzel/Lippert,* a.a.O., S. 33; *KassKomm-Hess* § 95 Rdn. 43.

[76] Vgl. *KassKomm-Hess* § 95 Rdn. 43; *Burghardt/Dahm* MedR 1999, 485 (491); BGH, DStR 1995, 1722 m. Anm. *Goette.*

[77] Vgl. *Ratzel,* a.a.O., S. 197; BGHZ 75, 217 = 90% des ärztlichen Gewinns; OLG München NJW-RR 1998, 1441; BayObLG MedR 2001, 206 (209).

[78] Bundesärztekammer, Abgrenzungsfragen zwischen ärztlicher Gemeinschaftspraxis und der Beschäftigung von Ärzten als Arbeitnehmern, DÄBl. 1990, A-1388.

[79] *Ahrens* MedR 1992, 141 (143); *Narr,* a.a.O., Rdn. B 432; *KassKomm-Hess* § 95 Rdn. 46; *Cramer* MedR 1994, 237 (239); *Saenger* NZS 2001, 234 (238); *Wigge* NZS 2001, 293 (295).

[80] Vgl. *Engelmann* a.a.O., S. 452–457; *ders.* ZMGR 2004, 3, 11.

[81] Az.: B 6 KA 1/99 R = SozR 3–2500 § 103 SGB V, Nr. 5 S. 26, 31; *Möller,* in: Schriftenreihe der Arbeitsgemeinschaft Medizinrecht im DAV, Band 2, 2000, 54.

die Frage, welche sozialversicherungsrechtlichen Auswirkungen von einer gesellschaftsvertraglichen Ausgestaltung eines Gemeinschaftspraxisvertrages ausgehen, in der Vertragsärzten die typischen Gesellschafterrechte vorenthalten werden und das gesamte Gepräge des Vertragsverhältnisses eher für die **Annahme eines Beschäftigungsverhältnisses** als für die Annahme einer Gesellschafterstellung spricht.[82] Dies gilt insbesondere seit der Reform des § 7 Abs. 4 SGB IV durch das „Gesetz zu Korrekturen in der Sozialversicherung und zur Sicherung der Arbeitnehmerrechte" vom 19. 12. 1998, der auch auf die Beschäftigung von Ärzten Anwendung findet.[83] Es spricht jedoch einiges dafür, dass das BSG diese Frage dahingehend entscheiden wird, dass im Falle einer fehlenden vermögenswerten Beteiligung eines ausscheidenden Vertragsarztes aus einer Gemeinschaftspraxis, der dieser länger als drei Jahre angehört hat, ein Praxissubstrat fehlt, so dass der Vertragsarztsitz nicht nachbesetzt werden kann.[84]

48 Ein Gemeinschaftspraxisvertrag, der den beschriebenen gesellschaftsrechtlichen, vertragsarztrechtlichen und berufsrechtlichen Anforderungen nicht entspricht, ist nicht genehmigungsfähig nach § 33 Abs. 2 Ärzte-ZV mit der Folge, dass eine in Unkenntnis dieses Umstandes genehmigte Gemeinschaftspraxis von Anfang an nicht bestanden hat. Ein derartiger Umstand kann etwa dadurch eintreten, dass die Vertragspartner dem Zulassungsausschuss einen Vertrag vorlegen, der jedoch in den relevanten Punkten durch einen Zusatzvertrag abgeändert worden ist. Soweit derartige **Zusatzverträge** den Zulassungsausschüssen bewusst vorenthalten wurden hat dies zur Folge, dass die Genehmigung der Gemeinschaftspraxis auf rechtswidrigen Umständen beruhte, so dass neben den vertragsarzt- und berufsrechtlichen Konsequenzen auch strafrechtliche Folgen drohen können.[85]

3. Die überörtliche Gemeinschaftspraxis

49 In der Vergangenheit durften nur Ärzte, die nicht unmittelbar patientenbezogen tätig waren, wie z.B. Pathologen und Labormediziner, sog. überörtliche Gemeinschaftspraxen gründen. Hierbei handelt es sich um Berufsausübungsgemeinschaften, die nicht an einem einzigen gemeinsamen Praxissitz, sondern an mehreren Praxisstandorten gemeinschaftlich tätig sind, ihre Leistungen gemeinsam abrechnen und ihre Tätigkeit im Außenverhältnis auf Praxisschildern, Briefköpfen gemeinsam ankündigen. Nach der Änderung der MBO-Ä durch den **107. Ärztetag in Bremen im Jahr 2004** soll dies nunmehr auch Ärzten, die patientenbezogen arbeiten, ermöglicht werden (vgl. §§ 17 Abs. 2, 18 Abs. 3 MBO-Ä). Voraussetzung für eine solche überörtliche Gemeinschaftspraxis ist berufsrechtlich lediglich, dass an jedem Praxissitz verantwortlich mindestens ein Mitglied der Berufsausübungsgemeinschaft hauptberuflich tätig ist. Durch diese Änderung können z.B. Ärzte, die im Rahmen der integrierten Versorgung tätig sein wollen, sich im Rahmen einer Kooperation zusammenschließen. Aufrechterhalten bleibt allerdings der Grundsatz der freien Arztwahl, der genauso wie schon bislang bei der Gemeinschaftspraxis auch bei allen zukünftigen Kooperationsmodellen gewährleistet sein muss. Die bisherige Unterscheidung zwischen Zweigpraxis und ausgelagerten Praxisteilen wurde in der MBO-Ä aufgegeben.

50 Im Vertragsarztrecht war die Bildung überörtlicher Gemeinschaftspraxen nach der **Rechtsprechung des Bundessozialgerichts** für sämtliche Arztgruppen, die unmittelbar patientenbezogen tätig sind und damit auch für bestimmte Fachgruppen, die nur auf Überweisung in Anspruch genommen werden können wie Radiologen, Nuklearmediziner und Strahlentherapeuten aufgrund der Vorgaben in § 33 Abs. 2 Ärzte-ZV bisher nicht mög-

---

[82] Vgl. hierzu *v. Hoyingen-Huene* NJW 2000, 3233 ff.; *Bauer/Baeck/Schuster* NZA 2000, 863 ff.

[83] *Kamps* DÄBl. 1999, A-1050; *Wigge/Frehse* Westfälisches Ärzteblatt 10/2001, 12.

[84] *Engelmann* a. a. O., S. 456.

[85] OLG Koblenz MedR 2001, 144 ff.; *Stein* MedR 2001, 124 ff.; *Wagner/Hermann* NZG 2000, 520.

lich.[86] Allerdings hat das BSG seine Entscheidung darauf gestützt, dass eine überörtliche Gemeinschaftspraxis, d. h. der Betrieb einer vertragsärztlichen Praxis an mehreren Standorten, zum damaligen Zeitpunkt gegen die berufsrechtlichen Vorgaben verstieß. Insoweit hat es in einer anderen Entscheidung vom gleichen Tag die Bildung einer laborärztlichen Praxis, die an verschiedenen Praxissitzen innerhalb desselben KV-Bezirkes tätig sein wollte, für zulässig erklärt.[87] Laborärzten und anderen Ärzte, „die ihrem typischen Fachgebietsinhalt nach regelmäßig nicht unmittelbar patientenbezogen ärztlich tätig sind", war ein derartiger Zusammenschluss bereits nach den damaligen berufsrechtlichen Bestimmungen nicht versagt. Ebenso wenig ist dies jedoch nach der Änderung des ärztlichen Berufsrechts heute allen anderen Fachgruppen verboten, so dass bereits nach der Rechtsprechung des BSG eine überörtliche Gemeinschaftspraxis heute grundsätzlich genehmigungsfähig ist. In einigen Kassenärztlichen Vereinigungen (z. B. Niedersachsen) hat sich diese Rechtsauffassung bereits in der Praxis der Zulassungsausschüsse durchgesetzt.[88]

51 Voraussetzung ist allerdings nach der Rechtsprechung, dass sich die vertragsärztliche Tätigkeit einer Gemeinschaftspraxis an mehreren Standorten innerhalb **desselben KV-Bezirkes** und nicht über dessen Grenzen hinaus vollzieht. Außerdem kann die Führung einer Gemeinschaftspraxis an verschiedenen Standorten im Hinblick auf § 33 Abs. 2 Satz 4 Ärzte-ZV dann versagt werden, wenn gerade die Existenz verschiedener Praxisstandorte die Versorgung der Versicherten zumindest mittelbar verschlechtern würde. Das bedeutet, dass der überörtliche Zusammenschluss der Praxen nicht dazu führen darf, dass für die Versorgung der Versicherten an bestimmten Standorten notwendige Leistungen nicht mehr oder nicht mehr in der erforderlichen Zeit bzw. Qualität erbracht werden.

52 Weiterhin nicht zulässig ist dagegen in vertragsarztrechtlicher Hinsicht die **Beteiligung eines Arztes an mehreren Gemeinschaftspraxen** oder dass eine vertragsärztliche Gemeinschaftspraxis als Bestandteil einer weiteren Berufsausübungsgemeinschaft betrieben wird, obwohl diese Formen der Zusammenarbeit berufsrechtlich nunmehr ausdrücklich zugelassen worden sind. Das BSG begründet seine Haltung damit, dass solche Formen der gemeinsamen Berufsausübung nicht der Zielvorstellung des § 33 Abs. 2 Satz 1 Ärzte-ZV entsprechen, denn in diesem Fall wären die unabdingbaren Voraussetzungen einer Gemeinschaftspraxis wie das Bestehen nur eines Patientenstammes und nur einer Abrechnungsnummer nicht gegeben. **Filialbildungen** ärztlicher Berufsausübungsgemeinschaften über die Grenzen der jeweiligen KV hinaus sind nach Auffassung des BSG vertragsarztrechtlich auch deshalb unzulässig, weil sie die regionale KV-bezogene Bedarfsplanung unterlaufen würden.[89]

53 Der Bildung einer Gemeinschaftspraxis mit verschiedenen Praxissitzen innerhalb desselben KV-Bezirkes steht die Vorschrift über die Genehmigung von **Zweigpraxen** sowie anzeigepflichtiger **ausgelagerter Praxisteile** in § 15 a BMV-Ä/EKV nicht entgegen. Nach § 15 a Abs. 1 BMV-Ä/EKV stellt die Abhaltung von Sprechstunden an einem anderen Ort als dem Vertragsarztsitz eine Zweigpraxis dar und bedarf der Genehmigung der Kassenärztlichen Vereinigung im Benehmen mit den zuständigen Verbänden der Krankenkassen auf Landesebene. Die zuständige Kassenärztliche Vereinigung darf die Genehmigung nur erteilen, wenn die Zweigpraxis zur Sicherung einer ausreichenden vertragsärztlichen Versorgung notwendig ist.[90] Im Gegensatz zur Zweigpraxis ist bei einem Zusammenschluss mehrerer Praxisstandorte zu einer überörtlichen Gemeinschaftspraxis der Bedarf an dem jeweiligen Standort als gegeben anzusehen, da die beteiligten Vertragsärzte bereits über eine vertragsärztliche Zulassung verfügen. Zum anderen bestanden die Vorschriften der § 15 a BMV-Ä/EKV zum Zeitpunkt der Entscheidungen des BSG zur überörtlichen Gemein-

[86] Vgl. BSG, Urt. v. 16. 7. 2003, Az.: B 6 KA 49/02 R, MedR 2004, 114.
[87] Vgl. BSG, Urt. v. 16. 7. 2003, Az.: B 6 KA 34/02 R, MedR 2004, 118.
[88] Vgl. *Scholz,* Äbl. Nds 2005, S. 19, 20; *Katschinsky,* Äbl. Nds. 2005 88, 89.
[89] Vgl. BSG, Urt. v. 16. 7. 2003, Az.: B 6 KA 49/02 R; MedR 2004, 114.
[90] BSG, NZS 1996, 348, 349; *Schallen,* a. a. O., 2004, Rn. 532.

schaftspraxis vom 16. 7. 2003 und haben dort keine Berücksichtigung gefunden. Dem BSG ist dieser Gesichtspunkt sicherlich nicht entgangen, da die Vorschriften in § 15a BMV-Ä/EKV erst aufgrund der vom BSG entwickelten Grundsätze zur Genehmigung von Zweigpraxen in die Bundesmantelverträge eingefügt worden sind.[91]

4. Vertragliche Vereinbarungen im sog. Nachbesetzungsverfahren

54 Bei dem **Ausscheiden eines Partners** aus einer Gemeinschaftspraxis haben die verbleibenden Partner ein großes Interesse daran, dass der Vertragsarztsitz des Ausscheidenden in der Gemeinschaftspraxis verbleibt und durch einen ihnen genehmen Nachfolger übernommen wird. Nach dem Wortlaut des § 103 Abs. 4 und 6 SGB V ist die sozialrechtliche Rechtsposition der verbleibenden Partner jedoch nur schwach.

55 Das BSG hat die Position der verbleibenden Partner deutlich verstärkt, indem es ihnen in seinem Urteil vom 25. 11. 1998 ein eigenes **Ausschreibungsrecht** zuerkannt hat.[92] Das BSG hat das Ausschreibungsrecht der verbleibenden Praxispartner zu Recht aus dem Regelungszweck, der den Vorschriften des § 103 Abs. 4–6 SGB V zu Grunde liegt, hergeleitet. Mit § 103 Abs. 4 SGB V soll den Erfordernissen des Eigentumsschutzes aus Art. 14 Abs. 1 GG Rechnung getragen werden, indem dem Inhaber einer Praxis deren wirtschaftliche Verwertung auch in einem für Neuzulassungen gesperrten Planungsbereich ermöglicht werden soll.[93] Der wirtschaftliche Wert des Anteils am Gesellschaftsvermögen wächst bei einer Gemeinschaftspraxis, die nach dem Ausscheiden eines Partners und dem Ende von dessen Zulassung bestehen bleibt, auf Grund der üblichen Vertragsgestaltung in der Regel den in der Praxis verbleibenden Partnern zu. Vor diesem Hintergrund und im Hinblick auf den Regelungszweck, dem Inhaber der Rechtsposition deren wirtschaftliche Verwertung zu ermöglichen, ist es konsequent, dass neben dem ausscheidenden Partner auch den verbleibenden Partnern die Befugnis zuerkannt wird, die Ausschreibung des Vertragsarztsitzes zu beantragen.[94]

56 Das BSG geht dabei von dem Regelfall aus, dass eine **Anwachsung des Gesellschaftsanteils** bei den verbleibenden Partnern gesellschaftsrechtlich vorgesehen ist, auch wenn dies im Einzelfall vertraglich nicht vereinbart worden ist. Würde man die Antragsbefugnis für die verbleibenden Partner an den Verhältnissen im Einzelfall ausrichten, müsste die Kassenärztliche Vereinigung oder der Zulassungsausschuss im Einzelfall prüfen, ob nach dem Gesellschaftsvertrag der Anteil des ausscheidenden Partners tatsächlich den verbleibenden Partnern zuwächst oder ob etwa der ausscheidende Partner des Recht zur Veräußerung seines Anteils hat. Eine solche Überprüfung bei unter Umständen komplizierten gesellschaftsrechtlichen Verhältnissen zu fordern, wäre wenig praktikabel und entspräche zum anderen nicht dem Wesen gesetzlicher Regelungen, die sich typischerweise am Regelfall orientieren. Besondere gesellschaftsrechtliche Verhältnisse können daher dazu führen, dass der Erlös aus der Veräußerung des Praxisanteils jemand anderem zusteht als dem, der die Ausschreibung des Vertragsarztsitzes beantragt hat.

57 Für die vertragliche Gestaltung von Gemeinschaftspraxisverträgen bedeutet dies, dass die in der Gemeinschaftspraxis **verbleibenden Partner** ein eigenes Antragsrecht haben, auch wenn dieses in dem Gesellschaftsvertrag nicht ausdrücklich festgelegt worden ist. Das Ausschreibungsrecht steht den verbleibenden Partnern allerdings nur dann zu, wenn die Zulassung des Ausscheidenden endet, d. h. wenn er diese nicht verlegt und sich nicht an einem anderen Standort innerhalb des Planungsbereiches niederlässt. In den Fällen, in

---

[91] BSG, NZS 1996, 348.

[92] BSG MedR 1999, 382.

[93] *Wigge* SGb 1993, 158 (161) unter Hinweis auf BSGE 5, 40 (48) („Zulassungsrechtsstellung in der Hand des Zulassungsinhabers").

[94] Vgl. *Spielmeyer* SGb 1997, 314 (315); *Hesral,* in: Ehlers (Hrsg.), Fortführung von Arztpraxen, 2001, 114 m. w. N.

denen keiner der in § 103 Abs. 4 SGB V genannten Beendigungsgründe (Erreichen der Altersgrenze, Tod, Verzicht, Zulassungsentziehung) eingreift, wird das Ausschreibungsverfahren nicht durchgeführt, so dass auch nach der Entscheidung des BSG keine Verpflichtung des ausscheidenden Partners besteht, seinen Vertragsarztsitz in der Gemeinschaftspraxis zu belassen und bei der Übertragung der Zulassung auf einen Arzt nach Wahl der verbleibenden Partner mitzuwirken.

58 **Vertragliche Vereinbarungen** in Gemeinschaftspraxisverträgen sind deshalb grundsätzlich unter den Voraussetzungen eines Ausscheidens nach § 103 Abs. 4 SGB V zulässig. Die Wirksamkeit einer derartigen zivilrechtlichen Verpflichtung hat das OLG Hamm bestätigt.[95] Eine solche Vereinbarung ist nach Auffassung des OLG Hamm insbesondere nicht sittenwidrig nach § 138 Abs. 1 BGB, da es die wirtschaftlichen Interessen der Vertragsärzte, die in der Gemeinschaftspraxis verbleiben, rechtfertigen, sich eine entsprechende schuldrechtliche Zusage geben zu lassen, die die wirtschaftliche Grundlage der beruflichen Tätigkeit bildet.

59 Demgegenüber sind vertragliche Klauseln in Gemeinschaftspraxisverträgen nicht unproblematisch, die die **Verpflichtung** des aus der Gemeinschaftspraxis ausscheidenden Arztes begründen, in jedem Fall seine Zulassung zugunsten der verbleibenden Partner **zur Ausschreibung** zu bringen und auf diese zu verzichten. Eine derartige Regelung kann insbesondere in Zeiten der Bedarfsplanung unverhältnismäßig sein. Der BGH hat hierzu in zwei Urteilen vom 22. Juli 2002[96] ausgeführt, dass eine gesellschaftsvertragliche Regelung, die dem neu eingetretenen Vertragsarzt für den Fall, dass er freiwillig aus der Gemeinschaftspraxis ausscheidet, die Pflicht auferlegt, einen Antrag auf Ausschreibung des vakant werdenden Kassenarztsitzes zu stellen, jedenfalls dann nicht gegen § 138 Abs. 1 BGB i.V.m. Art. 12 Abs. 1 GG verstößt, wenn der Ausscheidende wegen der relativ kurzen Zeit seiner Mitarbeit die Gemeinschaftspraxis noch nicht entscheidend mitprägen konnte. Der BGH hat in den entschiedenen Verfahren die wirtschaftlichen Interessen der in der Gemeinschaftspraxis verbleibenden Partner an deren Erhalt höher bewertet als die des ausscheidenden Arztes. In einem Fall war der ausscheidende Partner ein Jahr und neun Monate in der Gemeinschaftspraxis tätig. In dem anderen Verfahren befand sich der Arzt noch in der einjährigen **Probezeit** und war bisher am Gewinn und Verlust sowie am Vermögen der Gesellschaft nicht beteiligt. Nach Ansicht des BGH würde in diesen Fällen die Aufnahme eines neuen Partners in eine Praxis zum unkalkulierbaren Risiko, könnte der ausscheidende Arzt seine Zulassung mit der Folge des Verlustes des Vertragsarztsitzes für die aufnehmende Praxis mitnehmen. Insofern sei der Zulassungsverzicht bei einer Zugehörigkeit zu einer Gemeinschaftspraxis unterhalb eines Zeitraumes von zwei Jahren für den ausscheidenden Partner auch zumutbar. Nicht entschieden sind damit Fallkonstellationen, bei denen ein Vertragsarzt seine Zulassung in eine bestehende Gemeinschaftspraxis eingebracht hat oder eine längere Zugehörigkeit zur Gemeinschaftspraxis besteht.

60 Zivilrechtliche Vereinbarungen, die die **Übertragung des Ausschreibungsrechts** eines Vertragsarztrechts zum Inhalt haben, sind jedoch ausschließlich im Rahmen von bestehenden Gemeinschaftspraxen zulässig, da nach § 103 Abs. 6 SGB V nur diese Rechtsform (vgl. § 33 Abs. 2 Ärzte-ZV) einen besonderen Schutz im Nachbesetzungsverfahren genießt. Vereinbarungen etwa, nach denen ein Vertragsarzt seinen im Praxisnachfolgeverfahren erworbenen Vertragsarztsitz in eine Gemeinschaftspraxis verlegen soll, obwohl dieser noch gar nicht zur Gemeinschaftspraxis gehört, sind demnach unzulässig.[97] Durch derartige Regelungen wird der gesetzgeberische Zweck der Nachfolgeregelung in § 103 Abs. 6 SGB V unterlaufen, die bestehende Gemeinschaftspraxis in ihrem bisherigen Zu-

---

[95] OLG Hamm, MedR 2000, 427 (428), mit Anm. *Wigge/Kleinke,* 429f.; OLG Stuttgart MedR 2001, 519ff.; *Möller,* in: Ehlers (Hrsg.), Fortführung von Arztpraxen, S. 131f.

[96] Az.: II ZR 265/00, GesR 2002, 60 und II ZR 90/01, GesR 2002, 91.

[97] OLG Köln, Urt. v. 22. 9. 1999, Az.: 13 U 47/99.

stand fortzuführen.[98] Diese Auffassung entspricht der sozialgerichtlichen Rechtsprechung, wonach ein Bewerber aus dem Auswahlverfahren ausscheidet, der die Praxis als Nachfolger nicht fortführen will, da § 103 Abs. 4 SGB V nicht bezweckt, dass Zulassungen zu einem Handelsgut verkommen, sondern intendiert, dass die konkrete Praxis fortgeführt wird.[99] Die Zulassung oder der „Vertragsarztsitz" können nicht Gegenstand des Praxiskaufvertrages sein, da es sich um ein öffentliches und damit unveräußerliches Recht handelt.[100]

Gesetzlich nicht eindeutig geregelt ist bisher, ob und unter welchen Bedingungen ein Vertragsarztsitz bei Einbindung eines Vertragsarztes in ein medizinisches Versorgungszentrum nach § 95 SGB V mit dem Ziel nachbesetzt werden kann, den Vertragsarztsitz in dem MVZ zu erhalten. Aufgrund der Vergleichbarkeit eines solchen „Freiberufler"-MVZ mit einer Gemeinschaftspraxis nach § 33 Abs. 2 Ärzte-ZV wird man die in § 103 Abs. 4 und 6 SGB V enthaltenen und von der Rechtsprechung aufgestellten Grundsätze zur Nachbesetzung eines Vertragsarztsitzes in einer Gemeinschaftspraxis entsprechend anzuwenden haben. Das bedeutet, dass auch der MVZ-Träger ein Recht zur Ausschreibung des Vertragsarztsitzes hat und seine Interessen bei der Bewerberauswahl angemessen zu berücksichtigen sind.[101]

II. Medizinische Versorgungszentren

1. Einführung

61 Im Zuge des GMG[102] ist seit dem 1. 1. 2004 in der ambulanten, d. h. vertragsärztlichen Versorgung die Grundlage für veränderte Versorgungsstrukturen durch die Einführung sog. „medizinischer Versorgungszentren" (MVZ) geschaffen worden. Das Gesetz sieht vor, dass MVZ künftig neben Ärzten, Zahnärzten und Psychotherapeuten in der vertragsärztlichen Versorgung zugelassen werden. Den Charakter dieser Einrichtungen als **neue Versorgungsform** beschreibt der Gesetzgeber in der Gesetzesbegründung wie folgt:

> „Diese Einrichtungen zeichnen sich durch eine interdisziplinäre Zusammenarbeit von ärztlichen und nichtärztlichen Heilberufen aus, die den Patienten eine Versorgung aus einer Hand anbieten. Medizinische Versorgungszentren müssen unternehmerisch geführt und von zugelassenen Leistungserbringern gebildet werden. Dabei können Freiberufler und Angestellte in diesen Zentren tätig sein. Die medizinischen Versorgungszentren werden – wie niedergelassene Ärzte – im Rahmen der vertragsärztlichen Bedarfsplanung zugelassen. Damit angestellten Ärztinnen und Ärzten von medizinischen Versorgungszentren der Weg in die eigene Niederlassung nicht erschwert oder verbaut wird, ist die Zulassung nach fünf Jahren für eine eigene freiberufliche Tätigkeit nutzbar."[103]

62 Die Einführung von MVZ in der GKV stellt eine Abkehr von dem bisher im Vertragsarztrecht geltenden Grundsatz dar, dass die ambulante Versorgung der Versicherten durch freiberuflich tätige Ärzte, Zahnärzte und Psychotherapeuten sichergestellt wird. Die **Anstellung von Ärzten** in der vertragsärztlichen Versorgung war bisher gemäß § 98 Abs. 2 Satz 1 Nr. 13 SGB V i. V. m. § 32b Abs. 1 Ärzte-ZV nur bei einem Vertragsarzt in seiner Arztpraxis möglich. Die Ausübung ambulanter Heilbehandlung in der Rechtsform einer juristischen Person des Privatrechts mit ausschließlich angestellten Ärzten war deshalb bisher grundsätzlich rechtlich nicht zulässig. Während bisher bis auf wenige Ausnahmen sämtliche Heilberufs- und Kammergesetze der Länder davon ausgehen, dass die Erbringung von ärztlichen Leistungen, anders als im Krankenhaus, an die Niederlassung in eigener Pra-

---

[98] *Wigge/Kleinke,* a. a. O., S. 430.
[99] LSG Nordrh.-Westf., MedR 1999, 237 (240).
[100] BSG, NZS 2001, 160 ff.; *Wigge* NZS 1998, 53 (56).
[101] Vgl. *Dahm, Möller, Ratzel,* Rechtshandbuch Medizinische Versorgungszentren, 2005, S. 206.
[102] Vom 14. 11. 2003, BGBl. I, S. 2190.
[103] BT-Drucks. 15/1525, S. 74.

xis gebunden ist, wird nunmehr in MVZ der angestellte Arzt als tragendes Versorgungselement eingeführt und die ärztliche Berufsausübung in der Rechtsform von Kapital- und Handelsgesellschaften zugelassen. Die Strukturen der MVZ entsprechen den in den neuen Bundesländern fortgeführten Einrichtungen der ehemaligen DDR nach § 311 Abs. 2 SGB V (Polikliniken, Gesundheitszentren), die bisher lediglich Bestandsschutz genießen.

2. Begriffsdefinition

Nach § 95 Abs. 1 SGB V nehmen zukünftig an der vertragsärztlichen Versorgung zugelassene Ärzte und zugelassene MVZ sowie ermächtigte Ärzte und ermächtigte ärztlich geleitete Einrichtungen teil. MVZ sind nach der Definition in § 95 Abs. 1 Satz 2 SGB V „fachübergreifende ärztlich geleitete Einrichtungen, in denen Ärzte, die in das Arztregister nach Absatz 2 Satz 3 Nr. 1 eingetragen sind, als Angestellte oder Vertragsärzte tätig sind". **63**

Kennzeichen eines MVZ sind nach dieser Definition folgende **Organisationsmerkmale:** **64**
- fachübergreifende Einrichtung,
- ärztlich geleitet,
- Tätigkeit von Ärzten als Angestellte und/oder niedergelassene Vertragsärzte.

a) Fachübergreifende Tätigkeit. Der Begriff der fachübergreifenden Tätigkeit ist zunächst in zweierlei Hinsicht abzugrenzen. Sie kann einerseits das Verhältnis der Ärzte untereinander in bezug auf ihren Facharztstatus betreffen. Andererseits kann darunter auch die Zusammenarbeit zwischen Ärzten mit anderen Gesundheitsberufen (Krankenhäuser, Heil- und Hilfsmittelerbringer, Apotheken etc.) verstanden werden.[104] **65**

Eine **fachübergreifende Zusammenarbeit** zwischen Vertragsärzten ist bereits heute in sog. fachübergreifenden Gemeinschaftspraxen möglich, wenngleich nach der Rechtsprechung hier die Einschränkung besteht, dass es sich um verwandte Facharztgruppen handeln muss.[105] Die Genehmigung zur gemeinschaftlichen Praxisführung nach § 33 Abs. 2 Ärzte-ZV wird in diesen Fällen mit der Einschränkung erteilt, dass jeder beteiligte Arzt seine Fachgebietsgrenzen einhält und den Patienten das Recht auf freie Arztwahl gewährleistet bleibt. Gegen die von den meisten Ärztekammern gefolgerte These der Notwendigkeit der Fachidentität oder zumindest Fachverwandtheit von Gemeinschaftspraxen spricht allerdings, dass bei verständiger Würdigung des Inhalts des Behandlungsvertrages zwischen Patient und ärztlichen Gemeinschaftspraxispartnern die Leistungspflicht und ihre Erfüllung ohnehin jeweils nur im Rahmen der beruflichen Befugnisse von den Partnern übernommen werden kann, auch wenn insoweit alle für die Ausführung einzustehen haben.[106] Im Bereich der MVZ dürfte diese Diskussion deshalb keine Rolle spielen, weil der **Behandlungsvertrag mit dem Patienten,** wie im Krankenhaus,[107] ausschließlich mit dem Versorgungszentrum und nicht mit den angestellten Ärzten zustande kommt. Die berufsrechtlichen Vorgaben der gemeinsamen Berufsausübung sowie die vertragsärztlichen Bestimmungen für Gemeinschaftspraxen sind auf angestellte Ärzte nicht anwendbar. Das MVZ ist daher in dem Umfang zur Leistung gegenüber dem Patienten in dem Umfang der dort vertretenen fachärztlichen Bereiche berechtigt. Die in den Weiterbildungsordnungen der Ärztekammern niedergelegte Verpflichtung zur Einhaltung der Fachgebietsgrenzen gilt auch für die angestellten Ärzte eines MVZ. **66**

Zu beachten ist in diesem Zusammenhang allerdings die Trennung der vertragsärztlichen Versorgung gemäß § 73 Abs. 1 SGB V in die **haus- und fachärztliche Versorgung** und die daraus resultierende Verpflichtung des Bewertungsausschusses in § 87 Abs. 2a SGB V sicherzustellen, dass „Leistungen der hausärztlichen Versorgung nur von **67**

---

[104] *Orlowski, Wasem,* Gesundheitsreform 2004, 2003, S. 83; *Wigge,* MedR 2004, S. 123, 126.
[105] Vgl. BSGE 55, 97, *Ehmann* MedR 1994, S. 145.
[106] *Schirmer* MedR 1995, S. 349.
[107] Vgl. BGH NJW 1984, S. 1820.

den an der hausärztlichen Versorgung teilnehmenden Ärzten und Leistungen der fachärztlichen Versorgung nur von den an der fachärztlichen Versorgung teilnehmenden Ärzten abgerechnet werden dürfen. Die Trennung in „Hausarzt- und Facharzt-Fälle" ist durch das GMG in § 87 Abs. 2a Satz 4 und 5 SGB V dahingehend erweitert worden, dass die Umsetzung dieser Regelungen u.a. verfahrensrechtlich sichergestellt wird. Da in einem MVZ sowohl hausärztlich als auch fachärztlich ausgerichtete angestellte Ärzte tätig sein können, ist sicherzustellen, dass das Versorgungszentrum diese Leistungen im Rahmen der Abrechnung getrennt aufführt.

68 Eine **interdisziplinäre Zusammenarbeit** zwischen Ärzten und anderen Gesundheitsberufen ist berufsrechtlich in sog. medizinischen Kooperationsgemeinschaften[108] zulässig, wobei auch hier ein „gleichgerichteter oder integrierender diagnostischer oder therapeutischer Zweck" bei der Heilbehandlung vorausgesetzt wird. Für das MVZ mit angestellten Ärzten gelten diese berufsrechtlichen Beschränkungen voraussichtlich nicht, da es sich um eine neue Form der ambulanten ärztlichen Tätigkeit handelt, die bisher in den Berufsordnungen der Landesärztekammern nicht geregelt ist. Da Träger eines MVZ neben Ärzten auch andere zugelassene Leistungserbringer wie Krankenhäuser, Heil- und Hilfsmittelerbringer und Apotheker sein können, handelt es sich auch nicht um eine Organisationsform, für den das ärztliche Berufsrecht kompetenzrechtlich zuständig ist. Soweit Träger und Gesellschafter eines MVZ dagegen ausschließlich Ärzte sind, kann es sich bei einem MVZ, in Abhängigkeit von der gewählten Rechtsform, um eine Berufsausübungsgemeinschaft (§ 18 MBO-Ä) oder Ärztegesellschaft (§ 23a MBO-Ä) handeln.

69 Die Zulassung des MVZ erfolgt gemäß §§ 71, 95 SGB V ausschließlich zur vertragsärztlichen, d.h. ambulanten Versorgung der Versicherten. Auch wenn daher z.B. ein Krankenhaus Träger des MVZ sein kann, ist es nicht berechtigt, im Rahmen dieser Einrichtung stationäre Leistungen nach § 39 SGB V zu erbringen.

70 **b) Ärztlich geleitete Einrichtung.** Der Begriff der **ärztlich geleiteten Einrichtung** in § 95 Abs. 1 Satz 2 SGB V findet sich bereits im Zusammenhang mit den ermächtigten Einrichtungen nach Satz 1, die Leistungen der ambulanten Behandlung anbieten. Der ärztliche Leiter in einem MVZ ist vergleichbar mit dem **ärztlichen Dienst im Krankenhaus.** Die meisten Krankenhausgesetze der Länder regeln Funktion und Aufgabenbereich des ärztlichen Dienstes, so dass es für Krankenhäuser keiner zusätzlichen Regelungen im SGB V bedarf. Für den Bereich medizinischer Versorgungszentren bestehen derartige Regelungen nicht, so dass eine Konkretisierung des Begriffs in § 95 Abs. 1 SGB V hilfreich gewesen wäre.

71 Im Bereich des Krankenhauses vertritt **der leitende Arzt** eine oder u.U. auch mehrere Fachabteilungen oder in seinem Funktionsbereich sein Fachgebiet medizinisch selbständig. Er ist verantwortlich für Diagnostik und Therapie bei allen Patienten seiner Abteilung oder seines Funktionsbereichs. Er trägt rechtlich die Gesamtverantwortung für die ärztliche Versorgung der Patienten und ist in diagnostischer und therapeutischer Hinsicht fachlich weisungsberechtigter Vorgesetzter des ärztlichen wie des medizinisch-technischen Personals.[109] In medizinischen Fragen sind leitende Ärzte vom Weisungsrecht des Krankenhausträgers unabhängig.[110] Nicht weisungsgebunden sind Ärzte dann, wenn sie fachlich, d.h. im Rahmen der medizinischen Maßnahmen in der Abteilung weder der Autorität noch der Aufsicht anderer unterworfen sind. Diese Vorgabe ist im Krankenhaus unverzichtbar.[111] Außerhalb der medizinischen Kompetenz unterliegt der leitende Arzt,

---

[108] Vgl. § 23b Musterberufsordnung der deutschen Ärzte (MBO-Ä); in der bis 2004 geltenden Fassung der MBO-Ä war die Med. Kooperationsgemeinschaft in § 22 i.V.m. Kapitel D Nr. 9 geregelt.

[109] Vgl. *Genzel,* in: Laufs/Uhlenbruck, Handbuch des Arztrechts, 2002, S. 833; *Wern,* Die arbeitsrechtliche Stellung des leitenden Krankenhausarztes, 2005, S. 6.

[110] Vgl. z.B. § 36 Abs. 1 Satz 1 KHG NW.

[111] *Pant/Prütting,* Krankenhausgesetz Nordrhein-Westfalen, 2000, § 36 Rdn. 8.

wie alle übrigen Bediensteten des Krankenhauses auch, den Weisungen des Krankenhausträgers. Der Krankenhausträger ist insbesondere für die Auswahl des leitenden Arztes zuständig.

72 Die **Grundsätze des ärztlichen Dienstes im Krankenhaus** sind auf den Bereich medizinischer Versorgungszentren übertragbar. Danach ist in einem MVZ mindestens ein leitender Arzt zu bestimmen, der vom Träger des MVZ weisungsunabhängig ist und die Gesamtverantwortung für die von den angestellten Ärzten erbrachten ärztlichen Leistungen trägt. Hierzu gehören u. a. auch die ordnungsgemäße Abrechnung, die Führung der ärztlichen Unterlagen über Patienten, die Erstellung von Arztberichten sowie die Beachtung der einschlägigen Rechtsvorschriften, insbesondere des Vertragsarztrechts.

73 **c) Tätigkeit von Ärzten als Angestellte und/oder niedergelassene Vertragsärzte.** Im Gegensatz zu der Formulierung des § 95 Abs. 1 SGB V in dem Gesetzentwurf der Regierungskoalition zum sog. Gesundheitssystemmodernisierungsgesetz vom 16. 6. 2003[112] und den dort noch als **„Gesundheitszentren"** bezeichneten Einrichtungen, lässt sich dem Wortlaut der Vorschrift des § 95 Abs. 1 SGB V in der endgültigen Gesetzesfassung vom 14. 11. 2003 nicht mehr eindeutig entnehmen, ob in einem MVZ die ärztlichen Leistungen gegenüber dem Patienten ausschließlich durch angestellte Ärzte oder auch durch Vertragsärzte erbracht werden können.

74 Der Gesetzestext spricht davon, dass MVZ Einrichtungen sind, in denen Ärzte, die in das Arztregister eingetragen sind, „als **Angestellte oder Vertragsärzte** tätig sind". Ob mit dem Begriff der „Tätigkeit" für einen Vertragsarzt auch die zulassungsrechtliche Eingliederung unter einer einheitlichen Arztnummer mit dem MVZ oder etwa nur eine kooperative Zusammenarbeit mit diesem, wie mit anderen Leistungserbringern wie Krankenhäusern und Heilmittelerbringern gemeint ist, lässt der Gesetzestext offen. Die Gesetzesbegründung stellt dagegen fest, dass die MVZ „ihre vertragsärztlichen Leistungen durch angestellte Ärzte" erbringen. Für Vertragsärzte verweist die Gesetzesbegründung lediglich auf die Möglichkeit, mit den MVZ zusammenzuarbeiten und Einrichtungen des Zentrums mitzunutzen, soweit dies mit den für die vertragsärztliche Tätigkeit geltenden rechtlichen Bestimmungen vereinbar ist.[113] Die Formulierung in der Begründung könnte dafür sprechen, dass Vertragsärzte ihre Leistungen nicht als Teil eines MVZ mit angestellten Ärzten erbringen und über dessen Arztnummer abrechnen können, sondern lediglich berechtigt sind, mit diesem kooperativ zusammenzuarbeiten.

75 Aufgrund der vom Gesetzgeber in § 95 Abs. 1 SGB V gewählten Formulierung „in denen Ärzte, die in das Arztregister nach Absatz 2 Satz 3 Nr. 1 eingetragen sind, als Angestellte **oder** Vertragsärzte tätig sind" ist die Vorschrift allerdings dahingehend zu verstehen, dass auch ein Zusammenschluss von Vertragsärzten als MVZ zugelassen werden kann. Folgt man dieser Auslegung, so sind **verschiedene Konstellationen** denkbar, unter denen ein MVZ betrieben werden kann:
- MVZ ausschließlich mit angestellten Ärzten,
- MVZ ausschließlich unter Vertragsärzten,
- MVZ mit Vertragsärzten und angestellten Ärzten.

76 Sämtliche dieser Konstellationen werden in der Rechtspraxis der Zulassungsausschüsse genehmigt. Allerdings gelten für MVZ die von Vertragsärzten gegründet werden, um dort auch ärztliche Leistungen zu erbringen, andere Bedingungen als für MVZ die ihre Leistungen ausschließlich durch angestellte Ärzte erbringen.

77 **aa) MVZ unter Vertragsärzten.** Daneben kann ein MVZ auch durch eine **„Freiberufler"-Gesellschaft** (BGB-Gesellschaft, Partnerschaftsgesellschaft) „gegründet" werden, die den Versorgungsauftrag sowohl durch die in dieser Gesellschaft zugelassenen Vertragsärzte (Gemeinschaftspraxis) als auch durch angestellte Ärzte erfüllt.

---

[112] BT-Drs. 15/1170, Nr. 47 a, S. 42.
[113] Vgl. BT-Drs. 15/1525, S. 108 (Zu Nummer 74, Buchstabe a).

78 Für Vertragsärzte, die ein solches „Freiberufler"-MVZ gründen und dort ärztliche Leistungen erbringen und über das MVZ abrechnen, gelten weiterhin die Beschränkungen des Vertragsarztrechts gemäß § 98 Abs. 2 Satz 1 Nr. 13 i. V. m. § 33 Abs. 2 Ärzte-ZV und des ärztlichen Berufsrechts über die zugelassenen Rechtsformen der gemeinsamen Berufsausübung.[114] Neben die Gemeinschaftspraxis nach § 33 Abs. 2 Ärzte-ZV als bereits im Vertragsarztrecht anerkannte Form der gemeinsamen Berufsausübung tritt daher das **medizinische Versorgungszentrum für Vertragsärzte.** Für niedergelassene Vertragsärzte hat diese Konstruktion folgende Rechtsfolgen:

- die Begrenzung der Anzahl der angestellten Ärzte (ein ganztags oder zwei halbtags beschäftigte Ärzte) nach § 32b Satz 1 Ärzte-ZV gilt nach Satz 2 nicht,
- die mit einer Anstellung eines Arztes in einer Gemeinschaftspraxis nach § 32b Ärzte-ZV generell verbundene Leistungsobergrenze nach § 101 Abs. 1 Nr. 5 SGB V i. V. m. Nr. 1.3 Angestellten-Ärzte-Richtlinien von max. zusätzlich 3 v. H. gilt nicht,
- der angestellte Arzt im MVZ wird gemäß § 95 Abs. 2 SGB V in vollem Umfang auf die Bedarfsplanung angerechnet, während dies für den angestellten Arzt nach § 101 Abs. 1 Nr. 5 SGB V nicht gilt,
- ein Vertragsarzt, der in einem MVZ tätig wird, bringt seine Zulassung nicht gemäß § 103 Abs. 4a SGB V ein, sondern bleibt Zulassungsinhaber. Das MVZ wird nicht Inhaber der Zulassung,
- Konsequenz dieser Regelung ist allerdings, dass ein Vertragsarzt nach einer fünfjährigen Tätigkeit in einem MVZ nach § 103 Abs. 4a Satz 4 SGB V keine zusätzliche Zulassung erhält, da diese Regelung ausschließlich für angestellte Ärzte gilt.[115]

79 Von Bedeutung als Zulassungsvoraussetzung für ein MVZ unter Vertragsärzten ist schließlich die Vorschrift des § 33 Abs. 2 Ärzte-ZV, die bestimmt, dass die gemeinsame Ausübung vertragsärztlicher Tätigkeit nur unter Vertragsärzten zulässig ist. Soweit daher **Vertragsärzte** nicht nur als **Gründer und Betreiber eines MVZ** auftreten, sondern dort auch ärztliche Leistungen wie im Rahmen einer ärztlichen Gemeinschaftspraxis erbringen und abrechnen, wird eine Zulassung seitens des Zulassungsausschusses für ein derartiges MVZ nur erteilt werden, wenn dort ausschließlich Ärzte (Vertragsärzte und angestellte Ärzte i. S. v. § 95 Abs. 1 SGB V) Mitglied dieser Einrichtung sind. Das bedeutet, dass ein solches MVZ nicht mit anderen Leistungserbringern fachübergreifend unter einer gemeinsamen Zulassung, sondern ausschließlich im Rahmen einer Kooperation, zusammenarbeiten kann.

80 Für niedergelassene Vertragsärzte ist auch nach dem neuen ärztlichen Berufsrecht, anders als bei den in einem MVZ gemäß § 95 Abs. 1 SGB V angestellten Ärzten, weiterhin von der **Geltung der berufsrechtlichen Voraussetzungen** zur Gründung von sog. medizinischen Kooperationsgemeinschaften nach § 23b MBO-Ä auszugehen. Danach dürfen niedergelassene Ärzte mit anderen medizinischen Berufen gerade nicht im Sinne einer gemeinsamen Berufsausübung zusammenarbeiten, sondern müssen wie in einer sog. Organisationsgemeinschaft sicherstellen, dass die Verantwortungsbereiche gegenüber den Patienten getrennt bleiben,[116] was auch eine getrennte Abrechnung der Leistungen impliziert.

---

[114] Sowohl für die privatärztliche als auch die vertragsarztrechtliche Gemeinschaftspraxis gilt, dass diese nur in der Rechtsform der Gesellschaft bürgerlichen Rechts (§§ 705 ff. BGB) sowie seit Einführung des Partnerschaftsgesellschaftsgesetzes (PartGG) vom 25. 7. 1994 (BGBl. I, S. 744) als Partnerschaftsgesellschaft geführt werden können (vgl. § 22 i. V. m. Kap. D Nr. 8 Abs. 1 Musterberufsordnung der deutschen Ärzte (MBO-Ä); *Schirmer* MedR 1995, 347 und 388; *Nentwig, Bonvie, Hennings,* Das Partnerschaftsgesellschaftsgesetz, 1995, Rdn. 703. Bisher nicht geklärt ist die Frage, ob zukünftig eine Ärztegesellschaft nach § 23a MBO-Ä als Gemeinschaftspraxis gemäß § 33 Abs. 2 Ärzte-ZV genehmigt werden kann.

[115] Vgl. *Schirmer,* in: KBV, Rundschreiben der Rechtsabteilung zu medizinischen Versorgungszentren, Stand: 12. 1. 2004.

[116] *Ratzel/Lippert,* MBO-Ä, 2002, S. 337.

bb) MVZ einer juristischen Person mit angestellten Ärzten. Ein MVZ, welches seine Leistungen **ausschließlich mit angestellten Ärzten** erbringt, unterliegt dagegen den unter Punkt aa) dargestellten Besonderheiten und Einschränkungen nicht. Einem solchen MVZ liegt folgende Konstruktion zugrunde: **81**

Das MVZ hat eine Trägergesellschaft, deren „Gründer" (Gesellschafter) nicht selbst die medizinische Versorgung durchführen, sondern die Versorgungsaufgaben im Rahmen der vertragsärztlichen Versorgung durch angestellte Ärzte verwirklichen. Entscheidend ist, dass der **Unternehmenszweck** Heilbehandlung im Rahmen der vertragsärztlichen Versorgung durch approbierte Ärzte vorsieht, welche in das Arztregister eingetragen sind.

Weiter entscheidend ist, dass der **Schuldner des Behandlungsvertrages** nicht ein Nicht-Arzt ist, der persönlich für die Erfüllung haftet (Privatperson). Es kommen daher nur gesellschaftsrechtliche Formen in Betracht, bei denen der Berufsträger (= Arzt), entsprechend § 1 BÄO zwar für einen anderen (die Gesellschaft), aber im Verhältnis zum Patienten eigenverantwortlich und selbständig (bzw. als „Erfüllungsgehilfe" eines Berufsträgers) nicht gewerblich oder kaufmännisch handelt.[117] **82**

In Betracht kommen daher nur **juristische Personen des Privatrechts** (GmbH, AG). Dagegen kommen Handelsgesellschaften (OHG, KG) voraussichtlich wegen § 1 BÄO nicht in Betracht. Nach dieser Vorschrift ist der ärztliche Beruf kein Gewerbe, sondern ein freier Beruf. Die Personenhandelsgesellschaften des Handelsrechts setzen jedoch den Betrieb eines gewerblichen Unternehmens voraus, woran es bei den freien Berufen fehlt. Die Erbringung der ärztlichen Versorgung durch approbierte Ärzte als Handelsgeschäft wird daher als unzulässig angesehen.[118] Dies gilt auch für alle nichtärztlichen Gründer; sie bedürfen des „Rechtsmantels" der juristischen Person. **83**

Der Gesellschaftsvertrag darf keine medizinischen **Weisungsbefugnisse** der Gesellschafter gegenüber den angestellten Ärzten vorsehen. Dies widerspricht § 95 Abs. 3 Satz 2 SGB V (Teilnahme an der vertragsärztlichen Versorgung durch die angestellten Ärzte).[119] **84**

Das Erfordernis der **ärztlichen Leitung** und der **fachübergreifenden Versorgung** muss im Gesellschaftsvertrag geregelt werden. Daraus folgt: **85**

Mindestens ein Geschäftsführer einer GmbH bzw. Vorstandsmitglied einer AG muss ein Arzt sein. Ein Angehöriger eines anderen Berufs kann zwar auch Geschäftsführer sein, darf aber keine „medizinischen" Weisungen für die vertragsärztliche Versorgung erteilen; solche sind jedoch erforderlich, wenn die ärztliche Leitung die Wahrnehmung der vertragsärztlichen Pflichten gewährleisten muss. Es müssen mindestens zwei Ärzte verschiedener Fachgebiete angestellt sein.[120]

Für die angestellten Ärzte eines MVZ gelten die berufs- und vertragsarztrechtlichen **Vorgaben der ärztlichen Leistungserbringung** in dem gleichen Umfang wie für den Vertragsarzt, soweit diese auf ihn anwendbar sind.[121] So hat auch der angestellte Arzt die Fachgebietsgrenzen nach der jeweiligen Weiterbildungsordnung einzuhalten. Für die Abrechnung spezieller Untersuchungs- und Behandlungsmethoden benötigt der angestellte Arzt, der die Leistung eigenverantwortlich durchführt, die notwendigen Fachkundenachweise nach den Qualitätssicherungsvereinbarungen gemäß § 135 Abs. 2 SGB V, um eine **86**

---

[117] *Schirmer,* in: KBV, Rundschreiben der Rechtsabteilung zu medizinischen Versorgungszentren, Stand: 12. 1. 2004.

[118] *Schirmer,* in: KBV, Rundschreiben der Rechtsabteilung zu medizinischen Versorgungszentren, Stand: 12. 1. 2004; einschränkend: *Klose,* BB 2003, S. 2702.

[119] *Schirmer,* in: KBV, Rundschreiben der Rechtsabteilung zu medizinischen Versorgungszentren, Stand: 12. 1. 2004.

[120] *Schirmer,* in: KBV, Rundschreiben der Rechtsabteilung zu medizinischen Versorgungszentren, Stand: 12. 1. 2004.

[121] Auch für den im MVZ angestellten Arzt bestimmt § 95 Abs. 3 Satz 3 SGB V, dass „die vertraglichen Bestimmungen über die vertragsärztliche Versorgung" verbindlich sind; vgl. hierzu *Dahm, Möller, Ratzel,* a. a. O., S. 233 ff.

entsprechende Abrechnungsgenehmigung von der Kassenärztlichen Vereinigung zu erhalten, die regelmäßig personenbezogen erteilt wird.[122]

3. Zulassungsstatus und -verfahren

87 **a) Zulassungsverfahren.** Die Formalien des Zulassungsverfahrens für ein MVZ sind, wie für Vertragsärzte, in der **Zulassungsverordnung für Vertragsärzte** (Ärzte-ZV) geregelt.[123] Der Geltungsbereich der Verordnung ist in § 1 Abs. 3 ausdrücklich auf MVZ erweitert worden. Allerdings hat es der Gesetzgeber bisher unterlassen, die Vorschriften der Ärzte-ZV auch im Detail den Besonderheiten der MVZ anzupassen.[124]

88 Um die **Zulassung nach § 95 SGB V** kann sich ein MVZ bewerben, dessen Ärzte in das Arztregister nach § 1 Ärzte-ZV eingetragen sind. Die Anstellung eines Arztes in einem zugelassenen MVZ bedarf der Genehmigung des Zulassungsausschusses. Daraus folgt, dass für den Betrieb eines MVZ gegenüber dem Zulassungsausschuss zwei Zulassungstatbestände zu erfüllen sind (1. Zulassung des MVZ; 2. Genehmigung der Anstellung). Aufgrund der Verpflichtung zur fachübergreifenden Tätigkeit, ist die Zulassung für das MVZ nur dann zu erteilen, wenn mindestens zwei angestellte Ärzte oder zwei niedergelassene Vertragsärzte unterschiedlicher Fachrichtungen vorhanden sind, die in dem Versorgungszentrum tätig werden können.

89 Sofern in MVZ angestellte Ärzte tätig werden sollen, ist die **Genehmigung der Anstellung** eine Zulassungsvoraussetzung. Ohne genehmigte Anstellung von Ärzten (§ 95 Abs. 2 Satz 5 SGB V) kann das MVZ nicht zugelassen werden. Die entsprechenden Genehmigungsvoraussetzungen müssen zum Zeitpunkt der Zulassung vorliegen.

90 **b) Geltung der Bedarfsplanung.** Die Änderungen in § 95 Abs. 2 SGB V stellen sicher, dass die für die Zulassung von Vertragsärzten notwendige **Eintragung in das Arztregister** (Approbation und Facharztweiterbildung) auch für angestellte Ärzte in medizinischen Versorgungszentren gilt. Darüber hinaus ist die Bedarfsplanung nach § 103 SGB V bei der Genehmigung des medizinischen Versorgungszentrums zu berücksichtigen. Die Zulassung des MVZ sowie die spätere Anstellung weiterer Ärzte sind nur zulässig, wenn der Planungsbereich für die jeweiligen Arztgruppen nicht wegen Überversorgung gesperrt ist. Die in den zugelassenen MVZ angestellten Ärzte und Vertragsärzte werden bei der **Feststellung des Versorgungsgrades** mitberücksichtigt (vgl. § 101 Abs. 4).

91 Eine Ausnahme gilt allerdings für Arztgruppen, bei denen nach dem Stand vom 31. Dezember 1990 bundesweit eine Zahl von weniger als 1000 Vertragsärzten an der vertragsärztlichen Versorgung teilgenommen hat. Für diese Arztgruppen werden gemäß Nr. 7 der Bedarfsplanungs-Richtlinien-Ärzte Allgemeine Verhältniszahlen nicht bestimmt (§ 101 Abs. 2 Nr. 2 SGB V). Zu diesen in Nr. 7 der Bedarfsplanungs-Richtlinien-Ärzte nicht genannten Arztgruppen gehören u. a. Ärzte für Laboratoriumsmedizin, Mikrobiologie und Infektionsepidemiologie, Nuklearmedizin, Pathologie, Strahlentherapie und Transfusionsmedizin, die gemäß § 13 Abs. 4 BMV-Ä bzw. § 7 Abs. 4 EKV nur auf Überweisung in Anspruch genommen werden können.

92 Der **Gemeinsame Bundesausschuss** prüft in Abständen von zwei Jahren, welche weiteren Arztgruppen entsprechend ihrer zahlenmäßigen Entwicklung oder aufgrund der Änderung der fachlichen Ordnung (§ 101 Abs. 2 Nr. 1 SGB V) in die Planung einbezogen werden.

---

[122] BSG SozR 3–2500 § 72 Nr. 8 und BSG SozR 3–2500 § 135 Nr. 9.

[123] In der Fassung vom 14. 11. 2003, BGBl. I S. 2190.

[124] Im BMGS wird ein Gesetz zur Änderung des Vertragsarztrechts (Vertragsarztrechtsänderungsgesetz-VÄG; Stand: 8. 8. 2005) vorbereitet, der neben Vorschriften zur Liberalisierung der vertragsärztlichen Tätigkeit niedergelassener Ärzte auch Vorschriften zur Weiterentwicklung der Rechtsgrundlagen für die Gründung medizinischer Versorgungszentren enthalten soll.

c) Rechtsfolgen der Zulassung des MVZ. Mit der Zulassung des MVZ werden die dort zulässigerweise angestellten Ärzte (Genehmigung des Zulassungsausschusses) **Mitglieder der Kassenärztlichen Vereinigung.** Die Mitgliedschaft bleibt für die Dauer der Anstellung bestehen. Dementsprechend unterliegen sowohl der Ärztliche Leiter als auch die übrigen angestellten Ärzte der disziplinarrechtlichen Überwachung durch die Kassenärztliche Vereinigung hinsichtlich ihrer jeweiligen Pflichtenstellung. Bei Pflichtenverstößen ist dementsprechend zu prüfen, ob der Ärztliche Leiter gegen seine Pflicht verstoßen hat, die Einhaltung der vertragsärztlichen Pflichten der übrigen angestellten Ärzte zu überwachen. Hinsichtlich der angestellten Ärzte ist zu prüfen, ob diese individuell gegen eine vertragsärztliche Pflicht verstoßen haben, welche ihnen obliegt. Verstöße, die von zugelassenen Vertragsärzten vorgenommen werden, unterliegen ebenfalls der entsprechenden disziplinarrechtlichen Beurteilung. **93**

Die **Arztwahlfreiheit** der Versicherten erstreckt sich grundsätzlich gemäß § 76 SGB V auf das MVZ als Institution; sie dürfte sich – mit Ausnahme beteiligter zugelassener Vertragsärzte – nicht auf die einzelnen Ärzte erstrecken können. Für das MVZ gelten im übrigen die bundesmantelvertraglichen Regelungen, wie sie auch für Vertragsärzte vorgesehen sind, entsprechend. **94**

Vertragsarztrechtlich ist das MVZ verpflichtet, die angestellten Ärzte anzuhalten, in gleichem Umfang wie Vertragsärzte am ärztlichen **Not- und Bereitschaftsdienst** in der vertragsärztlichen Versorgung teilzunehmen. Auch diese Verpflichtung ist gegebenenfalls durch eine Auflage im Zulassungsbescheid sicherzustellen. **95**

Das zugelassene MVZ hat einen **„Vertragsarztsitz"** am Ort seiner Niederlassung (§ 95 Abs. 1 Satz 4 SGB V). Dementsprechend gelten alle rechtlichen Bestimmungen, die einen Bezug zum Sitz des MVZ haben. Dies gilt insbesondere für Rechtswirkungen, die sich aus den bedarfsplanungsrechtlichen Bestimmungen ergeben. Die Sitzbestimmung bedeutet zugleich, dass das MVZ unbeschadet der sich möglicherweise aus gesellschaftsrechtlichen Bestimmungen ergebenden Zulässigkeit von **Filialbildungen** außerhalb seines Sitzes keine weiteren Einrichtungen zur ambulanten Versorgung der Versicherten haben kann, es sei denn, es handelt sich um eine zulässige ausgelagerte Praxisstätte oder um eine genehmigte Zweigpraxis.[125] **96**

Abrechnungstechnisch ist das MVZ wie eine fachübergreifende Gemeinschaftspraxis zu behandeln. Das bedeutet zunächst, dass sämtliche vertragsärztlichen Leistungen, die in dem MVZ erbracht werden unter einer **einheitlichen Vertragsarztnummer** abgerechnet werden.[126] Dies gilt auch für die Leistungen der angestellten Ärzte. Darüber hinaus gelten die vergütungsrechtlichen Besonderheiten für Gemeinschaftspraxen nach dem Einheitlichen Bewertungsmaßstab (EBM) und dem Honorarverteilungsvertrag (HVV; bisher: Honorarverteilungsmaßstab) auch für MVZ. **97**

d) Genehmigung der Anstellung. aa) Rechtsfolgen der Anstellung. Verzichtet ein Vertragsarzt mit dem Ziel der Anstellung in einem MVZ auf seine vertragsärztliche Zulassung (§ 103 Abs. 4a Satz 1), so geht der Vertragsarztsitz unter. Mit dem **Eintritt in das medizinische Versorgungszentrum** „überträgt" der betreffende Vertragsarzt seine Zulassung auf das MVZ und erhält eine Anstellung. **98**

Das bedeutet im Falle seines Ausscheidens aus MVZ, dass er anders als in einer Gemeinschaftspraxis oder einem MVZ unter Vertragsärzten seine Zulassung nicht „mitnehmen" und gemäß § 24 Abs. 4 Ärzte-ZV an einen anderen Standort verlegen kann. Das **Ausscheiden** eines angestellten Arztes aus einem MVZ hat daher zwingend die Beendigung der Teilnahme an der vertragsärztlichen Tätigkeit zur Folge. **99**

---

[125] Vgl. BT-Drs. 15/1525, S. 108 (zu Nummer 74); eine Anpassung der vertragsärztlichen Vorgaben zugunsten sog. überörtlicher Gemeinschaftspraxen in der Zukunft dürfte sich auch zugunsten der Zulässigkeit von Filialbildungen bei MVZ innerhalb eines KV-Bezirkes auswirken.

[126] *KassKomm-Hess,* 2004, § 95 SGB V, Rdn. 9b.

100 **bb) Bedarfsunabhängige Zulassung nach 5 Jahren.** Eine Ausnahme gilt ausschließlich gemäß § 103 Abs. 4a Satz 4 SGB V nach einer **Tätigkeit von mindestens 5 Jahren** im MVZ. In diesem Fall erhält ein angestellter Arzt im Falle seines Ausscheidens aus einem MVZ, für den Fall des Bestehens von Zulassungsbeschränkungen, auf Antrag eine vertragsärztliche Zulassung in demselben Planungsbereich. Diesen zulassungsrechtlichen Besonderheiten ist bei der Gestaltung von Arbeitsverträgen mit angestellten Ärzten im MVZ Rechnung zu tragen.

101 Die Privilegierung nach § 103 Abs. 4a Satz 4 SGB V gilt jedoch nur für Ärzte, die erstmalig zugelassen worden sind und eine Anstellung in einem MVZ angenommen haben. Für angestellte Ärzte, die aufgrund der Nachbesetzung einer frei gewordenen vertragsärztlichen Zulassung in einem MVZ tätig geworden sind, gilt diese Möglichkeit zum Erhalt einer **„bedarfsunabhängigen" Zulassung** dagegen nicht. Fraglich ist, ob auch ein Arzt, der seine vertragsärztliche Zulassung gemäß § 103 Abs. 4a Satz 1 SGB V in ein MVZ „eingebracht" hat, nach einer fünfjährigen Tätigkeit Anspruch auf den Erhalt einer vertragsärztlichen Zulassung hat. Aufgrund der Tatsache, dass sowohl der Gesetzestext als auch die Gesetzesbegründung nur für den Fall der Nachbesetzung einer vertragsärztlichen Zulassung nach § 103 Abs. 4 SGB V nach 5 Jahren Tätigkeit des angestellten Arztes keine zusätzliche Zulassung vorsehen, ist davon auszugehen, dass die Privilegierung auch für den Fall der Einbringung nach § 103 Abs. 4a Satz 1 SGB V gilt.

102 **cc) Bedarfsplanungs-Richtlinien (Voll-/Teilzeitbeschäftigung).** Das MVZ hat nach den **„Bedarfsplanungs-Richtlinien-Ärzte"**[127] darauf zu achten, dass der angestellte Arzt nur in dem genehmigten Umfang tätig ist (schon aus Gründen der Einhaltung der Bedarfsplanung). Nach Nr. 38 der Bedarfsplanungs-Richtlinien-Ärzte können je (Vertragsarzt-)Stelle maximal vier **teilzeitbeschäftigte Ärzte** mit einem Anrechnungsfaktor von je 0,25 angestellt werden. Nach Nr. 38 sind grundsätzlich für die Feststellung des Versorgungsgrades genehmigte angestellte Ärzte in MVZ mit dem Faktor 1 zu berücksichtigen, soweit sie vollbeschäftigt sind. Teilzeitbeschäftigte Ärzte sind bei der Feststellung des örtlichen Versorgungsgrades der ambulanten Versorgung nach Maßgabe des konkreten Beschäftigungsumfangs in der ambulanten Versorgung zu berücksichtigen. Dabei gelten folgende Anrechnungsfaktoren:

Vertraglich vereinbarte Arbeitszeit	Anrechnungs-Faktor
bis 10 Stunden pro Woche	0,25
über 10 bis 20 Stunden pro Woche	0,5
über 20 bis 30 Stunden pro Woche	0,75
über 30 Stunden pro Woche	1,0

Werden Arbeitsstunden pro Monat vereinbart, ist der Umrechnungsfaktor 4,348 zur Errechnung der Wochenarbeitszeit anzuwenden.

103 **e) Praxisnachfolge, Nachbesetzungsverfahren. aa) Beteiligung des MVZ am Ausschreibungsverfahren.** Endet die Zulassung eines Vertragsarztes mit Erreichen der Altersgrenze bzw. aus anderen in § 103 Abs. 4 Satz 1 genannten Gründen, kann auch ein MVZ sich um die **Fortführung der vertragsärztlichen Tätigkeit** bemühen (§ 103 Abs. 4a Satz 2 SGB V).

104 Wird unter Einhaltung der Bedingungen von Ausschreibung und Auswahlverfahren das MVZ vom Zulassungsausschuss zur Übernahme der bisherigen Arztpraxis berechtigt, so muss das MVZ die „Vertragsarztpraxis" durch die **Anstellung eines zusätzlichen Arztes** im MVZ realisieren. Es ist nicht zulässig, durch Arbeitszeitverschiebungen innerhalb des Teams der bereits angestellten Ärzte die Fortführung der Praxis zu realisieren. Dies ergibt sich aus Gründen der Gleichbehandlung mit niedergelassenen Bewerbern um die Fortführung der Praxis, da sonst das MVZ einen Wettbewerbsvorteil hat. Bei der Bewerbung um den ausgeschriebenen Vertragsarztsitz hat das medizinische Versorgungszentrum den

[127] V. 9. 3. 1993, zuletzt geändert am 16. 3. 2004 – BAnz. Nr. 143 v. 3. 8. 2004, S. 1753.

Arzt zu benennen, der die Praxis innerhalb des Versorgungszentrums fortführen soll. Eine „anonyme" Bewerbung ist nicht zulässig.

105 Die **Beibehaltung der bisherigen Vertragsarztpraxis** als einer „Filiale" mit einem angestellten Arzt des MVZ ist im Gesetz nicht vorgesehen. Diese Möglichkeit käme nur in Betracht, wenn die Voraussetzungen für die Führung einer Zweigpraxis gegeben wären und dafür die Genehmigung erteilt wird (gemäß den Bestimmungen des § 15a BMV-Ä/EKV).

106 Bei der Entscheidung des Zulassungsausschusses über die Fortführung einer Praxis, bei der sich ein MVZ mit der Übernahme der Versorgungsfunktion durch einen angestellten Arzt und andere niederlassungswillige Bewerber, welche die Praxis am Ort der bisherigen Praxistätigkeit oder in deren räumlichen Nähe fortzuführen beabsichtigen, bewerben, muss das **Sicherstellungsinteresse** mit Blick auf die Patienten und deren räumliche Versorgungsbedürfnisse abgewogen werden. Liegt das MVZ nicht am Ort der bisherigen Arztpraxis, würde dort durch die Nicht-Fortführung an diesem Ort jedoch eine Versorgungslücke entstehen, so ist einem Bewerber, der als niedergelassener Arzt zugelassen werden will, der Vorzug zu geben, es sei denn, es sprechen Gründe gegen die Person des Bewerbers. Gibt es außer dem MVZ keinen weiteren Bewerber, der eine Niederlassung anstrebt, käme gegebenenfalls – wenn die Versorgungsbedürfnisse dies erfordern – eine Fortführung der Praxis als Zweigpraxis des MVZ durch einen zusätzlich angestellten Arzt in Betracht.

107 **bb) Nachbesetzungsverfahren im MVZ.** Nach § 103 Abs. 4a SGB V kann ein Vertragsarzt auf seine Zulassung verzichten, um in einem MVZ tätig zu werden. In diesem Fall hat der Zulassungsausschuss die Anstellung zu genehmigen; eine Fortführung der Praxis ist dagegen nicht möglich. Soll die vertragsärztliche Tätigkeit in den Fällen der **Beendigung der Zulassung** nach § 103 Absatz 4 Satz 1 SGB V von einem Praxisnachfolger weitergeführt werden, kann die Praxis auch in der Form weitergeführt werden, dass ein MVZ den Vertragsarztsitz übernimmt und die vertragsärztliche Tätigkeit durch einen angestellten Arzt in der Einrichtung weiterführt. Daneben erhält ein Arzt nach einer Tätigkeit von mindestens fünf Jahren in einem MVZ unbeschadet der Zulassungsbeschränkungen auf Antrag eine vertragsärztliche Zulassung in dem betreffenden Planungsbereich. Gleichzeitig darf das MVZ die durch den Wechsel in die Freiberuflichkeit in dem Zentrum frei werdende Arztstelle nach § 103 Abs. 4a Satz 5 SGB V nachbesetzen. Ist der angestellte Arzt auf der Arztstelle nicht mehr tätig, weil ihm z.B. gekündigt wurde oder er aus anderen Gründen nicht mehr im MVZ tätig ist, kann der Träger des MVZ die **Nachbesetzung** zeitnah **„freihändig"** ohne Durchführung des Ausschreibungs- und Auswahlverfahren der Zulassungsgremien gemäß § 103 Abs. 4 SGB V durchführen. Das MVZ kann den Zulassungsgremien einen Nachfolger auf der Arztstelle benennen. Diese haben die Genehmigung der Anstellung auszusprechen, soweit dieser Arzt die Genehmigungsvoraussetzungen erfüllt.[128]

108 Die **Privilegierung der angestellten Ärzte** in einem MVZ in Verbindung mit der Nachbesetzungsmöglichkeit der frei werdenden Arztstellen durch das Zentrum ist jedoch auf die Einstellung zum Zwecke der Neugründung oder der Erweiterung der medizinischen Angebotspalette des MVZ beschränkt, denn nur in diesen Fällen ist eine derartige Förderung angesichts der damit verbundenen Vergrößerung der Überversorgung in dem betreffenden Planungsbereich vertretbar.[129] Ärzte, die auf Grund einer Nachbesetzung nach § 103 Abs. 4 Satz 5 in einem MVZ tätig sind, erhalten daher nach fünf Jahren Tätigkeit keine Zulassung, sondern können diese nur im Falle der Öffnung des Planungsbereiches oder im Praxisnachfolgeverfahren nach § 103 Abs. 3 SGB V erhalten.

109 Klarzustellen ist auch, dass der Erhalt der vertragsärztlichen Zulassung nach mindestens fünfjähriger Tätigkeit nur für den Zulassungsinhaber selbst gilt und nicht für den **Job-Sharing-Partner** nach § 101 Abs. 1 Satz 1 Nr. 4 SGB V. Für Ärzte, die auf der Grundlage

---

[128] Vgl. ausführlich bei *Dahm, Möller, Ratzel,* a.a.O., S. 205.

[129] Vgl. BT-Drs. 15/1525, S. 112 (Zu Nummer 80, Buchstabe c).

von Nr. 23a der Bedarfsplanungs-Richtlinien-Ärzte mit einem Vertragsarzt oder einem angestellten Arzt in einem MVZ eine auf die Dauer der gemeinsamen Tätigkeit beschränkte Zulassung erhalten haben (Job-Sharing), werden die Beschränkung und die Leistungsbegrenzung nach § 101 Abs. 3 Satz 2 SGB V erst nach „zehnjähriger gemeinsamer Tätigkeit" aufgehoben.

110 Die Privilegierungsregelung des § 103 Abs. 4a Satz 4 SGB V – wonach der angestellte Arzt nach einer Tätigkeit von mindestens fünf Jahren in einem MVZ, dessen Sitz in einem Planungsbereich liegt, für den **Zulassungsbeschränkungen** angeordnet sind, unbeschadet der Zulassungsbeschränkungen zulassungsfähig (als niedergelassener Vertragsarzt) ist – kann ein in einem MVZ angestellter Arzt nur in Anspruch nehmen, wenn er im zurückliegenden Zeitraum von fünf Jahren mindestens mit dem Faktor 0,75 auf den Versorgungsgrad angerechnet worden ist (vgl. Nr. 39 Bedarfsplanungs-Richtlinien-Ärzte). Dies gilt wegen der Auswirkungen auf die Versorgungsgradberechnung in dem mit Zulassungsbeschränkungen betroffenen Bezirk.

111 Die Nachbesetzungsregelung nach § 103 Abs. 4a Satz 7 SGB V begründet des weiteren ein Nachbesetzungsrecht **nur im zeitlichen Umfang** des ausgeschiedenen Arztes, aufgrund der vorherigen Anrechnung des ausgeschiedenen Arztes auf den Versorgungsgrad im Umfang seiner Tätigkeit (vgl. Nr. 38a Bedarfsplanungs-Richtlinien-Ärzte).

112 Neben der zuvor angesprochenen Nachbesetzung kommt auch eine **„Teil-Nachbesetzung"** im Sinne des § 103 Abs. 4a Satz 7 in Betracht, wenn ein im MVZ angestellter Arzt seine zeitliche Tätigkeit reduziert und im Rahmen des reduzierten Umfangs ein weiterer Arzt angestellt werden soll. In diesem Falle bedarf es ebenfalls einer Genehmigung des Zulassungsausschusses, die im Hinblick auf bestehende Zulassungsbeschränkungen allerdings zu erteilen ist, wenn die durch die Reduzierung der Arbeitszeit des bereits angestellten Arztes eröffnete Anrechnungskapazität für einen weiteren Arzt (mit der in den Bedarfsplanungs-Richtlinien künftig vorgesehenen Mindestzeit) ohne Erhöhung des Versorgungsgrades, welcher zuvor bestanden hat, möglich ist.

4. Gesellschaftsformen

113 Nach § 95 Abs. 1 Satz 3 SGB V können sich MVZ „aller zulässigen **Organisationsformen**" bedienen. Nach der Gesetzesbegründung können sie als juristische Person, z.B. als GmbH oder als Gesamthandgemeinschaft (BGB-Gesellschaft), gegründet werden. Mit der Einschränkung auf „zulässige" Organisationsformen wird klargestellt, dass damit anderweitige entgegenstehende gesetzliche Vorgaben nicht aufgehoben oder eingeschränkt werden sollen,[130] obwohl dies gerade im Verhältnis zu den Heilberufs- und Kammergesetzen möglicherweise der Fall ist.

114 Es stellt sich daher die Frage, ob weitere gesetzliche oder untergesetzliche Einschränkungen bzgl. der Organisationsform existieren, in der ärztliche Tätigkeiten erbracht werden können. Für juristische Personen, insbesondere Kapitalgesellschaften (GmbH, AG) geht die Rechtsprechung schon seit langem davon aus, dass die von ihnen mit Hilfe angestellter Ärzte durchgeführte Heilbehandlung zulässig ist.[131] Dagegen ist die Ausübung der ärztlichen Tätigkeit im Rahmen eines Handelsgewerbes nach § 1 Abs. 2 HGB nicht zulässig, da § 1 Abs. 2 BÄO bestimmt, dass der ärztliche Beruf kein Gewerbe ist. Damit scheiden die **Gesellschaftsformen des Handelsrechts** (OHG, KG) für MVZ als zulässige Organisationsform voraussichtlich aus.[132] Anders als Apothekern, denen der Betrieb einer Apotheke gemäß § 8 ApoG in der Rechtsform einer OHG ausdrücklich erlaubt wird,

---

[130] *Schirmer,* in: KBV, Rundschreiben der Rechtsabteilung zu medizinischen Versorgungszentren, Stand: 12. 1. 2004.

[131] BGH NJW 1978, S. 589, 591; BGH MedR 1994, S. 152, 154; Narr, Ärztliches Berufsrecht, 2000, S. 80.1.

[132] *KassKomm*-Hess, § 98 SGB V, Rn. 46; a. A. Klose, BB 2003, S. 2702.

betreiben Ärzte kein Handelsgewerbe. Demgegenüber ist der Apotheker, der eine Apotheke betreibt, Vollkaufmann nach § 1 Abs. 1 HGB, so dass die Bestimmungen des HGB auf öffentliche Apotheken unmittelbare Anwendung finden.[133] Ob eine etwaige Unzulässigkeit der Handelsgesellschaft als Organisationsform für MVZ auch für nichtärztliche Träger gilt, weil Gegenstand der Leistungserbringung nach § 95 Abs. 1 SGB V ärztliche Leistungen sind, ist zur Zeit nicht geklärt.

115 Die Gründung als **Partnerschaftsgesellschaft** nach dem PartGG scheidet dort aus, wo Träger des MVZ keine freien Berufe (z.B. Ärzte oder Apotheker) sind, da sich nach § 1 Abs. 1 PartGG nur Angehörige freier Berufe in dieser Rechtsform zusammenschließen können. Welche Rechtsform für ein MVZ die beste ist, wird aus der Sicht des Zentrums von den wirtschaftlichen und steuerrechtlichen Anforderungen des jeweils konkreten Unternehmenskonzepts und den zu beteiligenden Gesellschaftern abhängen. Aus der Sicht der Kostenträger ist jedoch sicherlich die Rechtsform zu bevorzugen, die den geforderten interdisziplinären Charakter dieser Einrichtungen verwirklicht und die Beteiligungsverhältnisse der Betreiber transparent macht.

116 Aufgrund der Tatsache, dass **Gründung und Fortbestand** des MVZ davon abhängig sind, dass dieses nur von im System der GKV befindlichen Leistungserbringern betrieben wird, muss der Zulassungsausschuss die Gesellschafts- und Anstellungsverträge auch daraufhin überprüfen können, ob diese Voraussetzungen von dem Träger eingehalten worden sind und zukünftig beibehalten werden. Von der Gründung von juristischen Personen mit verschleierten Beteiligungsverhältnissen externer Personen oder Gesellschaften, wie sie bereits im Zusammenhang mit Gemeinschaftspraxen bekannt geworden sind, muss gewarnt werden, da der Zulassungsausschuss sich die Gesellschaftsverträge vorlegen und sich die Einhaltung der Genehmigungsvoraussetzungen nach § 95 SGB V von dem Träger schriftlich zusichern lässt. Die Rechtsfolgen eines entsprechenden Verstoßes können u.a. eine Zulassungsentziehung gemäß § 95 Abs. 6 Satz 2 SGB V und Honorarrückforderungen sein.

117 Zulässig und empfehlenswert ist die Gründung einer **Besitzgesellschaft** neben dem MVZ, die für die Anmietung oder den Ankauf von Gebäuden einschließlich deren Ausstattung, medizinisch-technischen Geräten, Sprechstundenbedarf und die Anstellung des Personals zuständig sein kann. Diese Betriebsgesellschaft kann einem oder mehreren MVZ die notwendige Ausstattung durch Nutzungsüberlassungs- und Mietverträge zur Verfügung stellen. Der Träger der Besitzgesellschaft kann mit dem oder den MVZ identisch sein. Da es sich jedoch nicht um eine Berufsausübungs- oder Organisationsgemeinschaft handelt, können sich an der Besitzgesellschaft auch berufsfremde Einzelpersonen oder Gesellschaften beteiligen. Nach der Rechtsprechung des BSG ist es für den Vertragsarzt unerheblich, ob dem Arzt das Eigentum an dem Gebäude oder dem Gebäudeteil zusteht, in dem sich die Praxisräume befinden, oder wie die Eigentumsverhältnisse an der Geräte- und Materialausstattung der Praxis gestaltet sind.[134] Wie bei Vertragsärzten hängt die Zulässigkeit einer derartigen Besitzgesellschaft und deren vertragliche Verknüpfung mit dem MVZ allerdings davon ab, dass die Besitzgesellschaft keinen entscheidenden Einfluss auf die Berufsausübung und die wirtschaftliche Betätigung des Versorgungszentrums erhält.[135] Dies wäre z.B. denkbar, wenn die Geschäftsführung von Versorgungszentrum und Besitzgesellschaft personell zusammenfallen würde. Insoweit wird es auch in diesem Bereich auf die konkrete Ausgestaltung der Verträge zwischen dem Versorgungszentrum und der Besitzgesellschaft ankommen.

118 Die maßgebliche Neuerung des § 95 Abs. 1 SGB V besteht darin, dass im Bereich der ärztlichen Berufsausübung neben den für Vertragsärzte bisher statthaften Gesellschaftsformen künftig auch juristische Personen des privaten und des öffentlichen Rechts als Träger

---

[133] *Schiedermair, Pieck,* Apothekengesetz, 1981, § 1 Rdn. 142.
[134] BSGE 35, 247.
[135] Vgl. *KassKomm-Hess,* § 95 SGB V Rn. 43.

eines MVZ auftreten können und – ähnlich wie im Krankenhaus – mit angestelltem Personal ärztliche Leistungen erbringen.[136] Bisher wurden in der vertragsärztlichen Versorgung nur Rechtsformen zugelassen, bei denen der **niedergelassene Arzt** als alleinverantwortlicher Träger eines Heilberufes im Vordergrund stand, so dass eine vertragsärztliche Zulassung nur von approbierten Ärzten beantragt werden konnte. Dieser Grundsatz wurde nicht verletzt, wenn mehreren Ärzte der Betrieb einer Gemeinschaftspraxis genehmigt wurde, da auch in diesem Fall grundsätzlich jeder einzelne Arzt als Vertragspartner des Patienten auftrat. Die **Zulassung von juristischen Personen** führt dagegen dazu, dass die ambulante ärztliche Tätigkeit nicht mehr in der Verantwortung der niedergelassenen Ärzte, sondern der juristischen Person erbracht wird, die sich hierzu angestellter Ärzte bedienen muss. Bei Rechtsformen, bei denen nicht der niedergelassene Arzt als alleinverantwortlicher Leistungserbringer zugelassen wird, besteht jedoch die Gefahr des Fremdeinflusses auf die ärztliche Tätigkeit und damit auf das Arzt-Patienten-Verhältnis. Der Gesetzgeber begegnet diesen Gefahren weitgehend dadurch, dass MVZ nur als ärztlich geleitete Einrichtungen geführt werden dürfen und ausschließlich von Leistungserbringern, die an der MVZ der Versicherten der GKV teilnehmen, gegründet und betrieben werden dürfen.

119 Darüber hinaus ist der Einwand, dass etwa die **Haftungsbeschränkung** bei **einer GmbH** mit der gewissenhaften ärztlichen Berufsausübung und der daran geknüpften Haftungserwartung der Patienten nicht zu vereinbaren sei, vor dem Hintergrund der bewährten Behandlungsstrukturen in Krankenhäusern nicht tragend. Auch zwischen dem angestellten Arzt eines MVZ und dem Patienten besteht ein Behandlungsverhältnis. Wenngleich es keinen Vertrag als Grundlage hat, begründet die Deliktshaftung doch Sorgfalts- und Ersatzpflichten, so dass ein Patient, der Ersatz für einen Körperverletzungsschaden verlangt, durch die Einschaltung einer GmbH haftungsrechtlich nicht schlechter gestellt wird. Eher kann es sich positiv auswirken, dass er neben dem angestellten Arzt mit dem Träger des MVZ einen zusätzlichen Haftungsschuldner erhält.[137]

5. Trägerschaft

120 § 95 Abs. 1 Satz 3 SGB V schreibt vor, dass ein MVZ nur von solchen **Leistungserbringern,** die auf Grund von Zulassung, Ermächtigung oder Vertrag an der medizinischen Versorgung der Versicherten teilnehmen, gegründet werden kann. Durch die Beschränkung auf die im System der gesetzlichen Krankenversicherung tätigen Leistungserbringer soll sichergestellt sein, dass eine primär an medizinischen Vorgaben orientierte Führung der Zentren gewährleistet wird. Diese **Gründungsvoraussetzung** ist auch Voraussetzung für den Forbestand des Zentrums, d. h. dem Zentrum ist nach § 95 Abs. 6 die Zulassung zu entziehen, wenn in die Trägergesellschaft Gesellschafter aufgenommen werden, die keine Leistungserbringer im Sinne des § 95 Abs. 1 Satz 3, zweiter Halbsatz sind. Das Verbot der Beteiligung externer Personen oder Gesellschaften an einem MVZ entspricht der im ärztlichen Berufs- und Vertragsarztrecht geltenden Rechtslage. Auch im Bereich ärztlicher Einzel- oder Gemeinschaftspraxen werden Gebrauchsüberlassungen durch Dritte, insbesondere berufsfremder Personen im Wege von Umsatz- oder Gewinnbeteiligungen als unzulässig angesehen.[138] Vertragsgestaltungen deren Ziel es ist, Dritte (Einzelpersonen oder Gesellschaften) mittelbar durch eine gewinnorientierte Miete oder Pacht am Gewinn des Arztes aus der ärztlichen Berufstätigkeit zu beteiligen, sind unzulässig, weil sie die Unabhängigkeit des Arztes in seiner fachlichen Entscheidung und insbesondere in der Einhaltung des Wirtschaftlichkeitsgebotes gefährden.[139]

---

[136] *Orlowski/Wasem* a. a. O., S. 83.

[137] Vgl. *Katzenmeier,* MedR 1998, S. 113, 116, *Ganster,* Freier Beruf und Kapitalgesellschaft – das Ende der freien Professionen?, 2000, S. 230; *Nentwig, Bonvie, Hennings,* a. a. O., S. 22.

[138] Vgl. hierzu *Ratzel/Lippert* a. a. O., S. 277 ff.; *KassKomm-Hess,* § 95 Rn. 43, § 95 Rn. 43.

[139] BGH, DStR 1995, 1722 m. Anm. *Goette;* OLG München NJW-RR 1998, S. 1441.

Mit der Einführung von MVZ wird allerdings sämtlichen in der GKV zugelassenen, ermächtigten oder vertraglich eingebundenen Leistungserbringern die Möglichkeit eingeräumt, ärztliche Leistungen durch eine juristische Person anzubieten. Soweit es sich hierbei um **medizinische Heil- und Hilfsberufe,** wie approbierte Ärzte, Apotheker oder Physiotherapeuten und zugelassene Krankenhäuser handelt, ist insbesondere durch zusätzliche gesetzliche Regelungen sichergestellt, dass diese „eine primär an medizinischen Vorgaben orientierte Führung der Zentren gewährleisten". Dagegen ist dies bei sog. Managementgesellschaften, die nun gemäß § 140b Abs. 1 Satz 1 Nr. 1 SGB V als Vertragspartner in der integrierten Versorgung vorgesehen sind und bei nicht zugelassenen Leistungserbringern, die jedoch nach § 13 Abs. 2 SGB V zukünftig mit Zustimmung der Krankenkassen in Anspruch genommen werden können, regelmäßig nicht der Fall. **121**

III. Krankenhauskooperationen

1. Formen der Zusammenarbeit zwischen Vertragsarzt und Krankenhaus

Mit der seit dem „Gesetz zur Reform der gesetzlichen Krankenversicherung ab dem Jahr 2000" vom 22. 12. 1999 (GKV-Gesundheitsreformgesetz 2000)[140] vorgenommenen Änderung der Krankenhausfinanzierung und der bis zum 1. 1. 2003 in § 17b Abs. 3 KHG vorgesehenen bundesweiten Einführung der sog. **„Diagnosis Related Groups"** (DRG) im Krankenhausbereich nimmt der wirtschaftliche Druck auch auf die Krankenhäuser weiter zu. Insbesondere in Funktionsabteilungen ohne eigenen Abteilungspflegesatz und mit teurer technischer Ausstattung wird die Frage der Reduzierung von Fixkosten auch in Zukunft immer wichtiger werden. Vor dem Hintergrund der oben beschriebenen vergleichbaren Interessenlage bei niedergelassenen Vertragsärzten werden **„Outsourcing-Maßnahmen"**[141] unter dem Stichwort der Privatisierung von Krankenhausabteilungen zunehmend diskutiert. Zweck der Privatisierung ist die bessere Ausnutzung von teurer Medizintechnik durch Behandlung von ambulanten und stationären Patienten in einer im Krankenhaus errichteten Vertragsarztpraxis. Die Krankenhausabteilung wird aufgelöst und die Versorgung der stationären Patienten erfolgt durch die im Krankenhaus niedergelassenen Vertragsärzte. Das Krankenhaus und der Vertragsarzt können hierdurch eine bessere Ausnutzung der Fixkosten und damit eine Kostenentlastung erreichen. Eine solche Praxis hat zudem einen Imagegewinn und Wettbewerbsvorteile durch die Anbindung an den „Großkunden" Krankenhaus. Die gesetzlichen Änderungen im Rahmen der Gesundheitsreform 2000 sprechen zudem für eine verstärkte Verlagerung und Zentralisierung der Leistungserbringung an den Standort Krankenhaus. **122**

Alternativ zur Ausgliederung der Krankenhausabteilung kommen jedoch daneben vielfältige **schuldrechtliche Vertragsbeziehungen** in Form von Kooperations-, Nutzungsüberlassungs- oder Leistungserbringungsverträgen in Betracht, bei dem die niedergelassenen Vertragsärzte oder die Krankenhausärzte ärztliche Leistungen an ambulanten bzw. stationären Patienten erbringen, die bisher vom Krankenhaus erbracht wurden. Dabei kann die Erbringung der medizinischen Leistungen an den Geräten des niedergelassenen Vertragsarztes, des Krankenhauses oder an gemeinsam vom Krankenhaus und den Vertragsärzten angeschafften Geräten erfolgen. Die Abrechnung ambulanter Leistungen erfolgt durch den niedergelassenen Vertragsarzt, während stationäre Leistungen durch das Krankenhaus abgerechnet und die Aufwendungen dem Vertragsarzt erstattet werden. Bei allen Formen der kooperativen Zusammenarbeit zwischen Vertragsärzten und Krankenhäusern sind die **Vorgaben des ärztlichen Berufs- und Vertragsarztrechts,** insbesondere des **123**

---

[140] BGBl. I S. 2626.
[141] *Zuck* f & w 1997, 161; *Preißler* MedR 1994, 379 ff.

Zulassungsrechts[142] sowie die Bestimmungen der Krankenhausgesetze der Länder zu beachten.[143]

2. Niederlassung am/im Krankenhaus

124 Das Bundessozialgericht hat die Möglichkeit der **Kooperation** von niedergelassenen Vertragsärzten in Krankenhausräumen mit dem Ziel des Bezuges ärztlicher Leistungen von der Praxis durch das Krankenhaus unter bestimmten Voraussetzungen als mit dem Wesen des Vertragsarztes grundsätzlich für vereinbar erklärt.[144] Wie bereits oben dargestellt worden ist, verstößt eine Niederlassung am Krankenhaus nicht gegen § 20 Abs. 2 Ärzte-ZV, soweit nicht die faktische Wahrnehmung der Tätigkeit eines Krankenhausarztes durch einen zur vertragsärztlichen Versorgung zugelassenen Arzt erfolgt, die nicht in den dafür zulassungsrechtlich vorgesehenen Formen, wie der belegärztlichen Tätigkeit, vorgenommen wird.

125 Im Gegensatz zu den Vorinstanzen vertrat das BSG insbesondere die Auffassung, dass einer derartigen Zulassung § 20 Abs. 2 Ärzte-ZV nicht entgegensteht. Nach § 20 Abs. 2 Ärzte-ZV ist für die Ausübung vertragsärztlicher Tätigkeit nicht geeignet ein Arzt, der eine ärztliche Tätigkeit ausübt, die ihrem Wesen nach mit der **Tätigkeit des Vertragsarztes** am Vertragsarztsitz nicht zu vereinbaren ist. Nach Auffassung des BSG wäre im Sinne von § 20 Abs. 2 Ärzte-ZV unvereinbar die faktische Wahrnehmung der Tätigkeit eines Krankenhausarztes durch einen zur vertragsärztlichen Versorgung zugelassenen Arzt, die nicht in den dafür zulassungsrechtlich vorgesehenen Formen wie der belegärztlichen Tätigkeit vorgenommen wird.

126 Die Niederlassung eines Vertragsarztes im Krankenhaus stellt nach Auffassung des Bundessozialgerichts **keine wesensmäßige Unvereinbarkeit** mit der normalen vertragsärztlichen Tätigkeit dar. Voraussetzung ist allerdings nach Auffassung des Gerichts, dass der Arzt nur in geringem Umfang Verpflichtungen zur persönlichen Leistungserbringung gegenüber dem Krankenhaus übernimmt und auch nicht in den Krankenhausbetrieb eingebunden wird, so dass er seinen vertragsärztlichen Verpflichtungen in zeitlicher Hinsicht und bezüglich der persönlichen Leistungserbringung nachkommen kann.

127 Aus **gesellschaftsrechtlicher Sicht** ist insbesondere von Bedeutung, dass das BSG nicht beanstandet hat, dass der Arzt als Mitgesellschafter der von dem Krankenhaus gegründeten Apparategemeinschaft in der Rechtsform der GmbH beteiligt war. Die Mitgesellschafterfunktion werde durch § 20 Abs. 2 Ärzte-ZV nicht berührt, da es sich hierbei nicht um eine ärztliche Tätigkeit handele. Im Übrigen stehe die Funktion als Mitgesellschafter der ordnungsgemäßen Ausübung der vertragsärztlichen Tätigkeit im Hinblick auf die Präsenzpflicht und die Pflicht zur persönlichen Leistungserbringung nicht entgegen.

3. Der Kooperationsvertrag

128 Inhalt und Umfang der beabsichtigten Zusammenarbeit vereinbaren der Arzt und der Krankenhausträger in einem schuldrechtlichen Vertrag, dem Kooperationsvertrag. Soweit darüber hinaus gemeinsame Ziele, wie etwa die Anschaffung von Geräten (z. B. CT oder MRT) verfolgt werden und dieses in dem Vertrag vereinbart wird, stellt die Vereinbarung darüber hinaus einen **Gesellschaftsvertrag** einer Gesellschaft bürgerlichen Rechts dar (§§ 705 ff. BGB).[145]

---

[142] Vgl. *Pfeiffer* Das Krankenhaus 2000, 449 ff.

[143] Z. B. § 36 Abs. 2 KHG NW; vgl. *Pant/Prütting,* Krankenhausgesetz Nordrhein-Westfalen, 2000, 291.

[144] Vgl. BSG, MedR 1996, 86 ff. u. BSG, MedR 1998, 279 ff.

[145] *Renzewitz,* Vertragsärztliche Tätigkeit im Krankenhaus, in: Robbers (Hrsg.), Die Krankenhausbehandlung – Praxiskommentar zur Vertragsgestaltung, Band 5, 1999, 93; *Wagner* Das Krankenhaus 1997, 171 (172).

129 Die Kooperation stellt eine freiwillige **Zusammenarbeit der Vertragspartner** unter Beibehaltung ihrer rechtlichen und wirtschaftlichen Selbständigkeit und Unabhängigkeit dar. Auch wenn durch die Kooperation sowohl der Vertragsarzt als auch das Krankenhaus bei der Erfüllung der eigenen Aufgaben profitieren sollen und insbesondere eine wirtschaftlichere Auslastung teurer medizinischer Großgeräte erreicht werden soll, werden durch die Kooperation auch gegenseitige Abhängigkeiten geschaffen, die zu Unstimmigkeiten führen können. Dem Vertragsarzt ist daher anzuraten, die schriftlichen Vereinbarungen mit dem Krankenhausträger eingehend und im Detail zu regeln, da auf Grund der getroffenen Investitionsentscheidung und der i. d. R. langfristigen Laufzeit der Verträge eine Umorientierung kaum möglich sein wird.

4. Die Stellung des Vertragsarztes gegenüber dem Krankenhaus

130 Der Vertragsarzt wird im Rahmen seiner Niederlassung am Krankenhaus ausschließlich freiberuflich tätig, d. h. er erbringt eigene ärztliche Leistungen an eigenen Patienten oder Patienten des Krankenhauses und rechnet diese selbständig ab. Nach der Rechtsprechung des BSG ist grundsätzlich Voraussetzung für eine **Tätigkeit eines niedergelassenen Arztes am Krankenhaus,** dass er zu diesem weder in einem Anstellungsverhältnis noch in einem arbeitnehmerähnlichen Verhältnis steht.[146] Dies ergibt sich bisher, zumindest indirekt, aus Vorschriften des Vertragsarztrechts (z. B. § 98 Abs. 2 Nr. 13 SGB V, §§ 20, 24, 32 Ärzte-ZV). Mit diesen vertragsarztrechtlichen Voraussetzungen sind Vertragsgestaltungen in Kooperationsverträgen mit Krankenhausträgern unvereinbar, die den Arzt in seiner ärztlichen, aber auch wirtschaftlichen Entscheidungsfreiheit über Gebühr einschränken.

131 Problematisch sind daher vertragliche Vereinbarungen mit dem Krankenhausträger, bei denen die Gebrauchsüberlassung der Praxisräume und/oder die Mitnutzung von medizinisch-technischen Geräten im Wege von Umsatz- oder Gewinnbeteiligungen erfolgt.[147] Vertragsgestaltungen, deren Ziel es ist, den Krankenhausträger mittelbar durch eine **gewinnorientierte Miete oder Pacht** am Gewinn des Arztes aus der ärztlichen Berufstätigkeit zu beteiligen, sind daher u. U. nach § 134 BGB nichtig, weil sie die Unabhängigkeit des Arztes in seiner fachlichen Entscheidung und insbesondere in der Einhaltung des Wirtschaftlichkeitsgebotes gefährden. Dies gilt insbesondere dann, wenn eine gänzliche oder überwiegende Gewinnabschöpfung durch den Dritten unter Auszahlung eines fest vorgesehenen Gewinnanteils oder eines Fixums erfolgt. Die Bemessung des Nutzungsentgeltes für die Überlassung von medizinisch-technischen Geräten des Krankenhauses an den Vertragsarzt zur Durchführung von Untersuchungen an eigenen Patienten sollte deshalb, ebenso wie der Mietzins im Mietvertrag, auf der Grundlage der tatsächlichen Nutzung und auf einer betriebswirtschaftlich kalkulierten Grundlage erfolgen.

132 Durch den Kooperationsvertrag wird der niedergelassene Arzt darüber hinaus in vielfältiger Weise in den Krankenhausbetrieb eingegliedert. Auch hier ist darauf zu achten, dass diese Bindungen nur in dem Umfang akzeptiert werden, wie sie für eine kooperative Berufsausübung auf Seiten des Krankenhauses erforderlich sind. Vertragliche Regelungen, die etwa in den **Zulassungsstatus** des niedergelassenen Vertragsarzt eingreifen, wie etwa ein Recht des Krankenhauses auf „Nachbesetzung" des Vertragsarztsitzes im Falle des Ausscheidens des Vertragsarzt aus der Kooperation, sind unzulässig.

133 Die Zusammenarbeit des niedergelassenen Vertragsarztes mit einem Krankenhausarzt im Sinne einer Arbeitsteilung ist im Rahmen der vertragsarzt- und berufsrechtlichen Vorgaben zulässig. Ein Krankenhausarzt, der über keine Ermächtigung verfügt, kann den niedergelassenen Vertragsarzt in seiner Abwesenheit vertreten. Zu beachten ist allerdings, dass er bei Kassenpatienten nach der Rechtsprechung des BSG die **Qualifikationsvorausset-**

---

[146] BSG, MedR 1996, 86 ff. u. BSG, MedR 1998, 279 ff.
[147] BGHZ 75, 217; OLG München, NJW-RR 1998, 1441.

zungen nach § 135 Abs. 2 SGB V erfüllen muss; z. B. nach der Kernspintomographievereinbarung.[148]

5. Der Umfang der ärztlichen Leistungen

134 Gegenstand der Kooperationsvereinbarung mit dem Krankenhaus können sowohl ambulante **privat- und vertragsärztliche Leistungen** als auch stationäre Leistungen sein. Während die Untersuchung und Behandlung ambulanter Patienten, wie auch sonst in der niedergelassenen Praxis, durch den Vertragsarzt auf eigene Rechnung gegenüber den Patienten oder zu Lasten der Kassenärztlichen Vereinigung erfolgt, wird der Vertragsarzt gegenüber stationären Patienten im Auftrag des Krankenhauses tätig.

135 Dies wird insbesondere dann der Fall sein, wenn der Vertragsarzt die **Krankenhausabteilung** übernommen hat oder das Krankenhaus keine eigene medizinische Abteilung in der betreffenden Fachrichtung vorhält. In diesem Fall erhält der niedergelassene Arzt eine Vergütung vom Krankenhaus. Teilweise ist gegen diese Form der Leistungserbringung eingewandt worden, dass sie gegen die belegärztlichen Zulassungsvoraussetzungen nach dem Bundesmantelvertrag-Ärzte (BMV-Ä) und der Krankenhausfinanzierungsgesetze der Länder verstößt (sog. **„schwarzer Belegarzt-Vertrag"**). Voraussetzung für eine Belegarzttätigkeit ist jedoch, dass es sich um eigene stationäre Patienten des niedergelassenen Arztes handelt. Demgegenüber wird der Arzt in diesem Fall gerade nicht für eigene Patienten, sondern im Auftrag des Krankenhauses tätig.

136 Den Umfang der von dem Vertragsarzt für das Krankenhaus zu erbringenden Leistungen und die hierfür zu zahlende Vergütung sollten die Parteien in einem gesonderten Leistungserbringungsvertrag vereinbaren.

6. Arbeits- und steuerrechtliche Aspekte

137 In arbeitsrechtlicher Hinsicht ist bei der Übernahme einer Krankenhausabteilung § 613a BGB zu beachten, der eine gesetzliche Regelung des **Betriebsüberganges** und seine Auswirkung auf das Arbeitsverhältnis der betroffenen Arbeitnehmer enthält. Ein Betriebsübergang hat als gesetzliche Folge, dass der Erwerber, also der Arzt, mit allen Rechten und Pflichten in die Arbeitsverhältnisse eintritt; d. h. dass die Beschäftigungsverhältnisse der betreffenden Abteilung des Krankenhauses auf den niedergelassenen Arzt übergehen. Eine Kündigung des Arbeitsverhältnisses aus Anlass des Betriebsüberganges ist nach § 613a Abs. 4 BGB rechtsunwirksam.

138 Unberührt bleibt das Kündigungsrecht aus anderen Gründen. Eine **betriebsbedingte Kündigung** seitens des Krankenhauses ist allerdings nur zulässig, wenn in den übrigen Betriebsteilen des Krankenhauses keine ausreichenden Arbeitsplätze mehr vorhanden sind. Insofern sollte unbedingt bei der vertraglichen Gestaltung Wert darauf gelegt werden, dass seitens des Arztes keine Verpflichtung zur Übernahme des Personals besteht bzw. das Krankenhaus sich verpflichtet, das in der Abteilung vorhandene Personal anderweitig einzusetzen.

139 Soweit im Falle einer Kooperation mit dem Krankenhaus das Krankenhauspersonal im Wege eines **Personalgestellungsvertrages** und die medizinischen Geräte aufgrund eines **Nutzungsüberlassungsvertrages** dem niedergelassenen Arzt zur Verfügung gestellt werden, ist zu klären, ob sich aus der Personalgestellung steuerrechtliche Nachteile für das Krankenhaus ergeben.[149]

140 Bei Personalüberlassungen zwischen Praxis und Krankenhaus ist zu prüfen, ob hierdurch eine genehmigungspflichtige Arbeitnehmerüberlassung vorliegt. Die Zulässigkeit einer Ar-

---

[148] BSG, NZS 1998, 540.

[149] Vgl. BFH Urt. v. 18. 1. 2005, Az.: V R 35/02 und BFH Urt. v. 6. 4. 2004, I R 85/04, GesR 2005, S. 352; vgl. auch *Cramer* Der Radiologe 2005, M 31.

beitnehmerüberlassung ist im Wesentlichen durch das **Arbeitnehmerüberlassungsgesetz** (AÜG) geregelt. Danach liegt eine erlaubnispflichtige Arbeitnehmerüberlassung vor, wenn ein Arbeitgeber einem Dritten (Entleiher) Arbeitnehmer gewerbsmäßig zur Arbeitsleistung überlässt, ohne damit Arbeitsvermittlung nach § 35 SGB III zu betreiben. Eine „gewerbsmäßige" Arbeitnehmerüberlassung liegt jedoch nur dann vor, wenn eine selbstständige, auf Gewinnerzielung gerichtete Tätigkeit vorliegt. Von dieser ist jedoch im Falle der Ausgliederung einer Krankenhausabteilung nicht auszugehen, da die Ursache der Personalgestellung ausschließlich in der organisatorischen Regelung der medizinischen Leistungserbringung liegt.

141 Schließlich ist zu beachten, dass im Zusammenhang mit der Ausgliederung von Krankenhausabteilungen sowie der gegenseitigen Kooperation an vorhandenen medizinischen Geräten und der Personalgestellung vielfältige **steuerrechtliche Fragestellungen** zu beantworten sind,[150] so dass die Kooperation auf jeden Fall unter diesem Aspekt gesondert geprüft werden muss. Dies gilt insbesondere im Hinblick auf eine etwaige gewerbliche Tätigkeit, da hierdurch unter Umständen die gesamten ärztlichen Leistungen nach der **sog. Abfärbetheorie** umsatz- und gewerbesteuerpflichtig werden können.[151]

---

[150] *Renzewitz* a. a. O.; 96 ff.; *Klaßmann* Das Krankenhaus 2000, 453 ff.

[151] *Michels* Der Frauenarzt 1993, 536 ff.; *Wien* DStZ 1998, 753 (754); *Sauren* DStZ 1997, 1634 ff.; BFH BStBl. 1996 II, 264; BMF BStBl. 1997 I, 566.

§ 7 Bundes- und Landesausschüsse

Schrifttum: *Hess/Venter,* Das Gesetz über Kassenarztrecht, 1955; *Krauskopf,* Soziale Krankenversicherung Pflegeversicherung, 2001; *Peters,* Handbuch der Krankenversicherung, Teil II, 15. Aufl. 1954; *Peters,* Krankenversicherung, Handbuch der Krankenversicherung, Teil II Band 3, 18. Aufl. 1985, Stand: 31. 1. 1988; *Schimmelpfeng-Schütte,* Richtliniengebung durch den Bundesausschuß der Ärzte und Krankenkassen und demokratische Legitimation, Neue Zeitschrift für Sozialrecht 1999, 530 ff.; *dies.,* Richtliniengebung durch den Bundesausschuß der Ärzte und Krankenkassen und demokratische Legitimation, in: Schnapp (Hrsg.), Bochumer Schriften zum Sozialrecht, Band 6, Probleme der Rechtsquellen im Sozialversicherungsrecht, Teil III, 2000; *dies.,* in: Schnapp/Wigge, Vertragsarztrecht 2002; *dies.,* Der Arzt im Spannungsfeld der Inkompatibilität der Rechtssysteme, MedizinRecht 2002, 286 ff.; *dies.,* Gesundheitsmodernisierungsgesetz (GMG) und Gestaltungsspielraum des Gesetzgebers, GesundheitsRecht 2004, 1 ff.; *Schnapp,* Untergesetzliche Rechtsquellen im Vertragsarztrecht – am Beispiel der Richtlinien, in Festschrift 50 Jahre Bundessozialgericht 2004, S. 497 ff.; *Schraeder/Schulte/Brucker,* Die deutsche Krankenversicherung, Band 1, 1931; *Sodan,* Normsetzungsverträge im Sozialversicherungsrecht, in: Schnapp (Hrsg.), Probleme der Rechtsquellen im Sozialversicherungsrecht Teil I, 1998, S. 37 ff.

Übersicht

I. Entstehungsgeschichte der Bundesausschüsse

1. Rechtslage bis 1945

1 Die Entwicklung des Bundesausschusses der Ärzte und Krankenkassen reicht in die Zeit nach dem 1. Weltkrieg zurück. Ähnlich wie heute kämpften die Ärzte um Selbständigkeit, Mitbestimmung und höhere Honorare. Das führte zu massiven Auseinandersetzungen mit den Krankenkassen. Eine ernsthafte Krise der Krankenversicherung drohte. Im Reichstag erhoben sich Stimmen, die scharfe behördliche Maßnahmen forderten. Dem Hauptverband der Ortskrankenkassen und dem späteren Hartmannbund gelang es jedoch, einen gemeinsamen Vorschlag für eine Selbstverwaltungslösung vorzulegen, der eine behördliche Einmischung auf ein mögliches Minimum begrenzen sollte und der die Grundlage der von der Reichsregierung erlassenen **VO über Ärzte und Krankenkassen vom 30. 10. 1923** (RGBl. I S. 1051) bildete.[1]

2 § 1 dieser VO sah zur Regelung der Beziehungen zwischen den Krankenkassen und den Ärzten die Bildung eines **Reichsausschusses für Ärzte und Krankenkassen** vor. Er bestand aus 13 Mitgliedern. Zehn der Mitglieder wurden je zur Hälfte und für fünf Jahre von den für das Reichsgebiet bestehenden Spitzenverbänden der Ärzte und der Krankenkassen gewählt. Die drei weiteren Mitglieder ernannte der Reichsarbeitsminister nach Anhörung der Spitzenverbände als unparteiische Mitglieder. Sie waren – im Gegensatz zu den Mitgliedern aus den Kreisen der Ärzte und Krankenkassen und im Gegensatz zur heutigen Regelung – an Weisungen des Reichsarbeitsministers gebunden. Da diese Unparteiischen praktisch den Ausschlag gaben, lag die eigentliche Macht beim Reichsarbeitsminister. Der Reichsausschuss agierte als engerer und weiterer Ausschuss. Dem engeren Ausschuss gehörten die von den Spitzenverbänden gewählten Mitglieder an; zum weiteren Ausschuss zählten auch die unparteiischen Mitglieder. Die Geschäftsordnung des Reichsausschusses bestimmte, welche Angelegenheiten von grundsätzlicher Bedeutung dem weiteren Ausschuss vorbehalten waren.

3 Aufgabe des Reichsausschusses war nach § 5 der VO die Aufstellung von **Richtlinien zur Sicherung gleichmäßiger und angemessener Vereinbarungen zwischen Krankenkassen und Ärzten.** Namentlich sollten die Zulassung der Ärzte, der allgemeine Inhalt der Arztverträge, die ärztliche Vergütung, Sicherungen gegen übermäßige Inanspruchnahme der Krankenhilfe durch die Versicherten und durch die Ärzte geregelt werden. Die Richtlinien sollten sich schließlich darauf erstrecken, „wie durch den Nachweis freier Kassenarztstellen und Warnung vor Zuzug an überfüllte Plätze auf eine planmäßige Verteilung der Kassenärzte über das Reichsgebiet hingewirkt werden kann" (§ 5 Abs. 3 der VO). Der Reichsausschuss war als ein Organ der kassenärztlichen Selbstverwaltung konzipiert, der beim Reichsarbeitsminister zusammentrat. Er sollte autonomes Recht zur Regelung der Beziehungen zwischen den Krankenkassen und Ärzten setzen. Die Rechtsnatur seiner Richtlinien war (auch das entspricht der heutigen Situation) umstritten.[2] Der Reichsausschuss nahm alsbald seine Tätigkeit auf.

---

[1] *Hess/Venter,* Kassenarztrecht, S. 24.
[2] *Peters,* Krankenversicherung, 1954, S. 413.

4 Bereits Ende 1924 wurde die Konzeption des Reichsausschusses aus der VO über Ärzte und Krankenkassen vom 30. 10. 1923 als § 368a bis § 368f in die Neufassung der RVO vom 15. 12. 1924 (RGBl. I S. 779) aufgenommen. Im Jahre 1932 erfolgte eine Neuregelung. Mit der **VO über kassenärztliche Versorgung vom 14. 1. 1932** (RGBl. I S. 19) wurden die bisherigen Vorschriften der §§ 368a bis 368f RVO zu den §§ 368f bis 368i RVO neuer Fassung. Die neue Fassung brachte neben redaktionellen Änderungen einige gewichtige Neuregelungen.

5 Die wichtigste Änderung betraf die **Rechtsnatur der Entscheidungen des Reichsausschusses.** Die VO über Ärzte und Krankenkassen vom 30. 10. 1923 (deckungsgleich mit § 368e RVO idF vom 15. 12. 1924) hatte den Reichsausschuss lediglich zur Aufstellung von „Richtlinien" berechtigt (§ 5). Mit der Neufassung des § 368i RVO vom 14. 1. 1932 erübrigte sich der Streit um die Rechtsnatur dieser Richtlinien. Denn nach § 368i Abs. 1 RVO neuer Fassung hatte der **Reichsausschuss** die erforderlichen Ausführungsbestimmungen zu den §§ 368 bis 368b, 368d und 368e zu erlassen. Damit war die Richtlinienkompetenz des Reichsausschusses in eine Ermächtigung zum Erlass rechtsverbindlicher **Bestimmungen mit Gesetzeskraft** umgewandelt worden. Teil dieser Änderung war die Zustimmungspflicht und die Einführung der Ersatzvornahme durch den Reichsarbeitsminister (§ 368i Abs. 2 und 2 RVO idF vom 14. 1. 1932).

6 Tatsächlich aber hatte der Reichsausschuss keine Möglichkeit mehr, die ihm zugewiesenen Gesetzgebungskompetenzen auszuüben. Schon ab 1933 wurde er nicht mehr ordnungsgemäß besetzt und war deshalb **beschlussunfähig.** So blieb es in den folgenden Jahren. Die Tätigkeit des Reichsausschusses war beendet. An seine Stelle trat der **Reichsarbeitsminister.** Er übte sein **Recht zur Ersatzvornahme** nach § 368i Abs. 3 RVO idF vom 14. 1. 1932 aus und nahm die Befugnisse des Reichsausschusses wahr.[3] Bereits am 2. 8. 1933 (RGBl. I S. 567) erließ er eine VO über die Kassenärztliche Vereinigung Deutschlands und eine Zulassungsverordnung vom 17. 5. 1934 idF der VO vom 23. 10. 1934 (RGBl. I S. 1066).

7 Für **Zahnärzte und Dentisten** war die vorkonstitutionelle Rechtslage grundsätzlich anders. Ein Reichsausschuss für Zahnärzte und Krankenkassen existierte nicht.

2. Rechtslage nach dem 2. Weltkrieg

8 Nach dem 2. Weltkrieg gab es Bestrebungen, an die Einrichtung des Reichsausschusses anzuknüpfen.[4] In der britischen Zone bildete sich bereits 1947 ein Vorläufiger Ausschuss für Ärzte und Krankenkassen mit einer eigenen Geschäftsordnung.[5] Hessen, amerikanisch besetzt, folgte im April 1949.[6] Der Versuch des Wirtschaftsrates des Vereinigten Wirtschaftsgebietes in Frankfurt am Main im Juni 1949, durch ein Gesetz über die Regelung der Beziehungen zwischen Ärzten, Zahnärzten, Dentisten und Krankenkassen den Reichsausschuss für Ärzte mit den in § 368i RVO vorgesehenen Befugnissen wieder zu errichten, scheiterte an der fehlenden Zustimmung der alliierten Kontrollkommission. Die Sache wurde an die inzwischen gebildete Bundesrepublik Deutschland verwiesen.[7]

3. Das GKAR

9 Am 17. 8. 1955 verabschiedete der Deutsche Bundestag nach intensiven Vorarbeiten das **Gesetz über Änderungen von Vorschriften des Zweiten Buches der RVO und**

---

[3] *Peters,* Krankenversicherung, 1954, S. 433.

[4] DOK 1949, 293.

[5] Sozialversicherungsanordnung Nr. 15 vom 30. 7. 1947, Arbeitsblatt für die britische Zone 1947, 241.

[6] Erlass vom 26. 4. 1949, Staatsanzeiger 1949, 195, DOK 1949, 293.

[7] *Hess/Venter,* Kassenarztrecht, S. 44.

zur Ergänzung des SGGs – das GKAR (BGBl. I S. 513). Es trat am 18. 8. 1955 in Kraft. Das GKAR schuf in §§ 368 o und 368 p RVO die Rechtsgrundlagen für den **Bundesausschuss der Ärzte und Krankenkassen** und den **Bundesausschuss der Zahnärzte und Krankenkassen.**

10 § 368 o RVO regelte neben weiteren Verfahrensfragen insbesondere die **Besetzung** der Ausschüsse. So gehörten den Ausschüssen je 15 Mitglieder an. Zu drei Unparteiischen, von denen einer den Vorsitz innehatte, kamen sechs Vertreter der Ärzte (Zahnärzte) und sechs Kassenvertreter (drei Vertreter der Ortskrankenkassen, je ein Vertreter der Betriebskrankenkassen, der Innungskrankenkassen und der Landkrankenkassen). Im Gegensatz zum Reichsausschuss bestand zwischen den unparteiischen Mitgliedern der Bundesausschüsse und der Regierung keine Abhängigkeit. Vielmehr sollten sich die KÄV/KZV und die Verbände der Krankenkassen über die Unparteiischen einigen. § 368 o Abs. 3 Satz 2 RVO sah nur für den Fall der Nichteinigung eine Berufung durch den seinerzeit zuständigen Bundesarbeitsminister vor; auch diese Berufung aber erfolgte auf Vorschlag der Vertragspartner.

11 § 368 p RVO regelte die **Kompetenzen** der Bundesausschüsse. Sie hatten die zur Sicherung der kassenärztlichen Versorgung erforderlichen Richtlinien für eine ausreichende, zweckmäßige und wirtschaftliche Versorgung der Kranken zu beschließen, insbesondere über die Einführung neuer Untersuchungs- und Heilmethoden, die Gewährung ärztlicher Sachleistungen, die Versorgung mit Zahnersatz, die Verordnung von Arznei- und Heilmitteln, die Verordnung von Krankenhauspflege, die Beurteilung der Arbeitsunfähigkeit.

12 Wie Peters[8] im Einzelnen darlegt, war nach den Gesetzesmaterialien ursprünglich daran gedacht, die Bundesausschüsse mit den Kompetenzen auszustatten, die dem Reichsausschuss gemäß § 368 i Abs. 1 RVO idF vom 14. 1. 1932 zugestanden hatten. Demzufolge sah der Regierungsentwurf vor, dass die Bundesausschüsse „Bestimmungen" zur Sicherung einer den Vorschriften des Gesetzes entsprechenden kassenärztlichen Versorgung beschließen sollten. Auch der Entwurf der Regierungsparteien sprach noch von „Bestimmungen" der Bundesausschüsse, wie auch die Beratungen des 28. und 14. BT-Ausschusses zeigen. Im Gegensatz hierzu wies jedoch der Unterausschuss des Rechtsausschusses darauf hin, dass mit einer solchen Kompetenz den Bundesausschüssen praktisch die Konkretisierung der in § 182 RVO normierten Leistungspflicht der Krankenkassen gegenüber den Versicherten übertragen werde. Daraufhin wurde vorgeschlagen, nicht von **„Bestimmungen"**, sondern von **„Richtlinien"** der Bundesausschüsse zu sprechen. Diese Anregung wurde Gesetz. Aus Rechtsgründen sollten die Bundesausschüsse lediglich zum Erlass von Richtlinien, nicht jedoch zum Erlass von Bestimmungen ermächtigt werden. Mit der Beschränkung der Bundesausschüsse auf den Erlass von Richtlinien entfiel eine **Verbindlichkeit ihrer Entscheidungen** nicht nur **gegenüber den Versicherten,** sondern auch gegenüber den Selbstverwaltungsorganen und ihren Mitgliedern. Letzteren gegenüber sollten die Richtlinien aber verbindlich sein. Deshalb war eine entsprechende **Verbindlichkeitserklärung der Richtlinien gegenüber den Selbstverwaltungsorganen und ihren Mitgliedern** erforderlich. Sie wurde durch die Einfügung des § 368 p Abs. 3 idF sichergestellt. Nach dieser Vorschriften haben die KVen und die Verbände der Krankenkassen in ihren Satzungen Bestimmungen aufzunehmen, nach denen die „Richtlinien von ihren Mitgliedern beachtet werden sollen".

4. Entwicklung bis zum SGB V

13 Die gesellschaftlichen Veränderungen in den kommenden Jahrzehnten mit dem Wiederaufbau, dem wirtschaftlichen Aufschwung und der Konsolidierungsphase beeinflussten auch die GKV. Der Leistungsumfang der GKV wurde entsprechend den gesellschaftlichen

[8] *Peters,* Krankenversicherung, 1985, S. 1852 Rdn. 7 a.

Bedürfnissen wiederholt erweitert. Konsequenz war ein **Aufgabenzuwachs auch der Bundesausschüsse.** So wies das 2. KrV-ÄndG vom 21. 12. 1970 (BGBl. I S. 1770) den Bundesausschüssen mit Wirkung vom 1. 1. 1971 die Richtlinienkompetenz für die Maßnahmen der Früherkennung zu. Diese Richtlinien sollten auf einer breiten Akzeptanz beruhen und daher auch von den **Ersatzkassen** mitgetragen werden. Zu diesem Zwecke sah das Gesetz neben den bisherigen ordentlichen 15 Mitgliedern zusätzlich die Mitwirkung von zwei Ersatzkassenvertretern als außerordentlichen Mitgliedern in den Bundesausschüssen vor. Mit zwei weiteren Vertretern der (Zahn)Ärzte zur Wahrung der Parität bestand die große Besetzung der Bundesausschüsse aus 19 Mitgliedern. Das Gesetz über die Angleichung der Leistungen zur Rehabilitation vom 7. 8. 1974 (BGBl. I S. 1881) ermächtigte den Bundesausschuss der Ärzte und Krankenkassen mit Wirkung vom 1. 10. 1974 zum Erlass von Richtlinien über die Verordnung von Maßnahmen der **Belastungserprobung und Arbeitstherapie.** Eine entsprechende Pflicht zum Richtlinienerlass bestand für Verträge über medizinische, berufsfördernde und ergänzende Leistungen zur **Rehabilitation.** Mit dem Strafrechtsänderungsgesetz vom 22. 8. 1975 (BGBl. I S. 2289) umfasste der Aufgabenbereich des Bundesausschusses mit Wirkung vom 1. 12. 1975 außerdem den Erlass von Richtlinien für **Empfängnisregelungen und Schwangerschaftsabbrüche.**

14 Der wirtschaftliche Aufschwung führte nicht nur zur Steigerung der Versorgungsqualität und zu medizinischem Fortschritt. Es ergaben sich auch Überversorgungen, Überkapazitäten und Unwirtschaftlichkeiten. Die Finanzlage der GKV verschlechterte sich. Wiederholt versuchte der Gesetzgeber, die Kosten in den Griff zu bekommen. Er bediente sich dabei auch der Bundesausschüsse. So wies das Krankenversicherungs-Weiterentwicklungsgesetz vom 19. 12. 1976 (BGBl. I S. 2593) den Bundesausschüssen mit Wirkung vom 1. 1. 1977 den Bereich der Bedarfsplanung zu. Nach § 368p Abs. 7 RVO sollten die Bundesausschüsse die für die **Bedarfsplanung** in der kassenärztlichen Versorgung erforderlichen Richtlinien beschließen, die insbesondere einheitliche und vergleichbare Grundlagen, Maßstäbe und Verfahren bei der Ermittlung und Feststellung des Standards und des Bedarfs an ärztlicher Versorgung gewährleisten sollten und nach denen die Landesausschüsse den Eintritt einer ärztlichen Unterversorgung oder unmittelbar drohenden Unterversorgung zu beurteilen hatten. Ebenfalls der Kostenbegrenzung diente die Änderung des § 368p Abs. 1 Satz 2 RVO durch das Krankenversicherungs-Kostendämpfungsgesetz vom 27. 6. 1977 (BGBl. I S. 1069). Die Richtlinien der Bundesausschüsse über die Verordnung von **Arznei- und Heilmitteln** sollten die Arznei- und Heilmittel so zusammenzustellen, dass dem Arzt der Preisvergleich und die Auswahl therapiegerechter Verordnungsmengen ermöglicht würde. Das Kostendämpfungs-Ergänzungsgesetz vom 22. 12. 1981 (BGBl. I S. 1578) gab dem Bundesausschuss der Zahnärzte und Krankenkassen in § 368p Abs. 1 Satz 4 RVO auf, in Richtlinien über die Versorgung mit **Zahnersatz und Zahnkronen** auch Art und Umfang der in typischen Fällen ausreichenden, zweckmäßigen und wirtschaftlichen Form der Versorgung einschließlich der zahntechnischen Leistungen, insbesondere durch Modelle, festzulegen.

5. Das SGB V

15 Fast 35 Jahre, bis Ende 1988, galten die Vorschriften der RVO und damit auch die §§ 368o bis 368q. Seit Beginn der 80er Jahre waren die Ausgaben der gesetzlichen Krankenversicherung trotz aller gesetzgeberischen Bemühungen schließlich derartig gestiegen, dass gravierende gesundheits-, sozial- und beschäftigungspolitische Folgen befürchtet wurden. Eine Strukturreform der gesetzlichen Krankenversicherung wurde als unerlässlich angesehen.[9] Am 20. 12. 1988 verabschiedete der Bundestag das GRG (BGBl. I S. 2477), das die Vorschriften der RVO über die **GKV als Fünftes Buch in das Sozialgesetzbuch**

[9] BT-Drucks 11/2237 S. 132.

einfügte. Am 1. 1. 1989 traten mit dem SGB V die §§ 90 bis 94 an die Stelle der §§ 368o bis 368q RVO.

16 § 90 betraf die Landesausschüsse, §§ 91, § 92 Organisation und Aufgabenbereich der beiden Bundesausschüsse (des Bundesausschusses der Ärzte und Krankenkassen und der Zahnärzte und Krankenkassen), § 93 die Übersicht über ausgeschlossene Arzneimittel und § 94 das Wirksamwerden der Richtlinien der Bundesausschüsse. Eine grundlegende Reform der Struktur der Bundesausschüsse brachte das GRG nicht. Allerdings wurden die Kompetenzen der Bundesausschüsse erneut erweitert. Denn der Katalog der Zuständigkeiten der Bundesausschüsse in § 92 Abs. 1 SGB V ist seitdem im Gegensatz zur früheren RVO-Regelung nicht abschließend. Durch die Formulierung in § 92 Abs. 1 Satz 2: Die Bundesausschüsse sollen **„insbesondere"** die aufgeführten Richtlinien beschließen, besteht für die Bundesausschüsse nach dem Gesetzeswortlaut die Möglichkeit, bei Bedarf über die enumerativ aufgeführten Richtlinien hinaus weitere Richtlinien zu beschließen. Weiteren Kompetenzzuwachs erhielten die Bundesausschüsse durch die Regelung des § 135 Abs. 1 SGB V iVm § 92 Abs. 1 Satz 2 Nr. 5. Sie ermächtigt die Bundesausschüsse zu Empfehlungen für die Qualitätssicherung bei neuen **Untersuchungs- und Behandlungsmethoden.** Eine wichtige Neuregelung gegenüber den RVO-Vorschriften war schließlich § 92 Abs. 7 (heute Abs. 8), wonach die Richtlinien der Bundesausschüsse **Bestandteil der Bundesmantelverträge** sind.

17 Seit ihrem Inkrafttreten am 1. 1. 1989 haben die §§ 90ff. SGB V zahlreiche Änderungen erfahren. Insbesondere hat das **2. GKV-NOG** vom 23. 6. 1997 (BGBl. I S. 1520) die Zuständigkeiten des Bundesausschusses der Ärzte und Krankenkassen bei der Gestaltung der ambulanten Versorgung der Versicherten nochmals entscheidend vergrößert. Seine Kompetenz, Empfehlungen über die Anerkennung des diagnostischen und therapeutischen **Nutzens einer neuen Methode** abzugeben, wurden um die Prüfung auch ihrer medizinischen **Notwendigkeit** und ihrer **Wirtschaftlichkeit** erweitert (§ 135 Abs. 1 Satz 1 SGB V). Darüber hinaus hat das 2. GKV-NOG die Empfehlungskompetenz beider Bundesausschüsse über die Anerkennung des Nutzens, der Notwendigkeit und Wirtschaftlichkeit nicht mehr auf die neuen vertragsärztlichen und vertragszahnärztlichen Leistungen beschränkt, sondern auch auf die Leistungen ausgedehnt, die **bereits erbracht** werden (§ 135 Abs. 1 Satz 2 SGB V).

18 Trotz der wiederholten Änderungen des SGB V konnte der Gesetzgeber die Fehlentwicklungen innerhalb der GKV nicht steuern. Bereits elf Jahre nach dem GRG, das die Strukturen der GKV dauerhaft erneuern sollte, hat er mit dem **GKV-2000 vom 22. 12. 1999** (BGBl. I S. 2626) eine weitere Gesundheitsreform verabschiedet.[10] Auch das GKV-2000 war als grundlegende Strukturreform gedacht, hat diesen Anspruch aber nicht erfüllt. So hat der Gesetzgeber vier Jahre später und begleitet von heftigen öffentlichen Diskussionen das **GMG vom 14. 11. 2003** (BGBl. I S. 2190) erlassen. Es trat am 1. 1. 2004 in Kraft und hat wesentliche Änderungen in Bezug auf die Bundesausschüsse gebracht.

6. Ersetzung der bis 31. 12. 2003 bestehenden Bundesausschüsse durch den Gemeinsamen Bundesausschuss

19 Seit 1955 gab es **die beiden „klassischen" Bundesausschüsse:** den der Ärzte und Krankenkassen und den der Zahnärzte und Krankenkassen. Beide Bundesausschüsse hatten einen unparteiischen Vorsitzenden und zwei weitere unparteiische Mitglieder. Ursprünglich kamen sechs Vertreter der (Zahn)Ärzte und sechs Vertreter der Krankenkassen hinzu. Jeder Bundesausschuss war also mit insgesamt **15 Mitgliedern** besetzt. Das Kostendämpfungs-Ergänzungsgesetz vom 22. 12. 1981 (BGBl. I S. 1578) erhöhte die Mitgliederzahl auf 17, das GRG vom 20. 12. 1988 (BGBl. I S. 2477) auf 21 Mitglieder.

[10] Vgl. *Schimmelpfeng-Schütte* in: Schnapp/Wigge, Vertragsarztrecht 2002, S. 158.

Seit dem Gesetz über die Berufe des Psychologischen Psychotherapeuten und des Kinder- und Jugendlichenpsychotherapeuten zur Änderung des SGB V und anderer Gesetze vom 16. 6. 1998, in Kraft seit 1. 1. 1999 (BGBl. I S. 1311) gab es außerdem den **Bundesausschuss der Psychotherapeuten,** der **23 Mitglieder** hatte und für die Richtlinien der psychotherapeutischen Versorgung zuständig war.[11] Neben einem zusätzlichen Ersatzkassenvertreter als Repräsentanten der Krankenkassen gehörten ihm auf Seiten der Leistungserbringer fünf psychotherapeutisch tätige Ärzte und fünf Psychotherapeuten an.

Das GKV–2000 vom 22. 12. 1999 (BGBl. I S. 2626) schuf in § 137c Abs. 2 SGB V mit dem neuen **„Ausschuss Krankenhaus“** einen weiteren Bundesausschuss. Er bestand aus neun Vertretern der Krankenkassen, fünf Vertretern der Krankenhäuser, vier Vertretern der Bundesärztekammer sowie dem Vorsitzenden des Bundesausschusses der Ärzte und Krankenkassen, also aus insgesamt **19 Mitgliedern.**[12]

Das GKV-2000 vom 22. 12. 1999 sah in § 137e Abs. 1 SGB V schließlich mit dem **Koordinierungsausschuss** einen weiteren Ausschuss vor. Ihm gehörten die Vorsitzenden der Bundesausschüsse als Mitglieder an.[13]

Das GMG vom 14. 11. 2003 hat mit Wirkung vom 1. 1. 2004 den **Gemeinsamen Bundesausschuss** geschaffen (Art. 35 § 6 Abs. 1 Satz 1 GMG). Sämtliche bisherigen Bundesausschüsse sind durch ihn ersetzt worden. Er ist Rechtsnachfolger der bisherigen Bundesausschüsse (Art. 35 § 6 Abs. 1 Satz 2 GMG). Der Gemeinsame Bundesausschuss hat alle versorgungsrelevanten Entscheidungen zu treffen, die den bisherigen Ausschüssen oblagen. Darüber hinaus hat das GMG dem Gemeinsamen Bundesausschuss weitere Aufgaben zugewiesen. Die Regelungsmacht für nahezu alle Versorgungsbereiche der GVK konzentriert sich jetzt in einem einzigen Gremium.

Der Gesetzgeber hat den Gemeinsamen Bundesausschuss damit zu einem **gewaltigen Machtzentrum in Deutschland** gemacht. Angesichts der Tatsache, dass knapp 90% der bundesdeutschen Bevölkerung in der GKV krankenversichert sind, hat der Gemeinsame Bundesausschuss entscheidenden Einfluss nicht nur auf die GKV, sondern auf die Entwicklung des gesamten deutschen Gesundheitswesens. Das erstaunt: Ist doch der Gemeinsame Bundesausschuss ein mit Funktionären besetzter Ausschuss, dessen Mitglieder keinerlei demokratische Verantwortung in Form einer möglichen Abwahl tragen und dessen Entscheidungen in Patt-Situationen vom Vorsitzenden allein getroffen werden.

II. Organisation des Gemeinsamen Bundesausschusses

1. Rechtsstellung

20 Nach § 91 Abs. 1 Satz 2 SGB V ist der Gemeinsame Bundesausschuss **rechtsfähig.** Diese Regelung ist neu. Für die früheren Bundesausschüsse gab es eine solche gesetzliche Regelung nicht. Welche Rechtsform der Gemeinsame Bundesausschuss allerdings besitzt, sagt das Gesetz nicht. Ob er eine Anstalt des öffentlichen Rechts oder ein Aliud ist, bleibt offen.

2. Besetzung mit stimmberechtigten Mitgliedern

21 Die Bildung des Gemeinsamen Bundesausschusses erfolgt nach § 91 Abs. 1 SGB V durch die KBV und die KZBV, die DKG, die Bundesverbände der Krankenkassen, die Bundesknappschaft und die Verbände der ErsK. Der Gemeinsame Bundesausschuss entscheidet als Plenum und in besonderen Besetzungen. Dem Gemeinsamen Bundesausschuss

---

[11] Vgl. *Schimmelpfeng-Schütte* in: Schnapp/Wigge, Vertragsarztrecht 2002, S. 160.

[12] Vgl. *Schimmelpfeng-Schütte* in: Schnapp/Wigge, Vertragsarztrecht 2002, S. 160.

[13] Vgl. *Schimmelpfeng-Schütte* in: Schnapp/Wigge, Vertragsarztrecht 2002, S. 160.

gehören stets **jeweils 21 stimmberechtigte Mitglieder** an. Das Plenum besteht nach § 91 Abs. 2 Satz 1 SGB V aus dem unparteiischen Vorsitzenden und 2 weiteren unparteiischen Mitgliedern, 4 Vertretern der KBV, einem Vertreter der KZBV, 4 Vertretern der DKG, 3 Vertretern der AOK, 2 Vertretern der ErsK, je einem Vertreter der BKK, der IKK, der landwirtschaftlichen Krankenkassen und der Knappschaftlichen Krankenversicherung. Die besondere Besetzung des Gemeinsamen Bundesausschusses variiert gemäß § 91 Abs. 4 bis 7 SGB V nach dem jeweils betroffenen Versorgungsbereich. Bei sämtlichen Entscheidungen des Gemeinsamen Bundesausschusses wirken die drei unparteiischen Mitglieder und die Vertreter der Krankenkassen mit, während die Besetzung auf der Seite der Leistungserbringer wechselt.

3. Beteiligungsberechtigte Personen

22 Neben den stimmberechtigten Mitgliedern gehören dem Gemeinsamen Bundesausschuss weitere Personen an. Grundsätzlich neu ist das Beteiligungsrecht von **Patientenorganisationen** (§ 140f SGB V). Organisationen, die auf Bundesebene für die Wahrnehmung der Interessen der Patienten und der Selbsthilfe chronisch kranker und behinderter Menschen maßgeblich sind, benennen sachkundige Personen, die ein Mitberatungsrecht im Gemeinsamen Bundesausschuss haben. In bestimmten Versorgungsbereichen stehen ihnen auch Antragsrechte zu (§ 140f Abs. 2 Satz 4 SGB V). Die betroffenen Organisationen sind der Deutsche Behindertenrat, die Bundesarbeitsgemeinschaft der PatientInnenstellen, die Deutsche Arbeitsgemeinschaft Selbsthilfegruppen e. V. und der Verbraucherzentrale Bundesverband e. V. (§ 2 Abs. 1 Patientenbeteiligungsverordnung vom 19. 12. 2003, BGBl. I S. 2753). Die Zahl der von den Organisationen benannten sachkundigen Personen soll 9 nicht überschreiten.

Insgesamt gehören dem Gemeinsamen Bundesausschuss mit stimmberechtigten Mitgliedern und beteiligungsberechtigten Personen also **knapp 50 Personen** an. Hinzu kommen deren Stellvertreter.

4. Berufung der stimmberechtigten Mitglieder

23 An der Berufung der Mitglieder hat sich gegenüber dem alten Recht im Grundsatz nichts geändert. Die beteiligten Verbände sollen sich über den unparteiischen Vorsitzenden und die beiden weiteren Unparteiischen und ihre Stellvertreter **einigen** (§ 91 Abs. 2 Satz 2 SGB V). Kommt eine Einigung nicht zustande, erfolgt die Berufung durch das BMGS im Benehmen mit den Verbänden (§ 91 Abs. 2 Satz 3 SGB V).

Die Vertreter der Ärzte und ihre Stellvertreter werden von den KBVen, die Vertreter der Krankenhäuser und ihre Stellvertreter von der DKG und die Vertreter der Krankenkassen und ihre Stellvertreter von den Verbänden der Krankenkassen **bestellt.**

Es gibt eine nach § 368o Abs. 3 RVO erlassene VO über die Amtsdauer, Amtsführung und Entschädigung der Mitglieder der Bundesausschüsse und Landesausschüsse der Ärzte (Zahnärzte) und Krankenkassen vom 10. 11. 1956 idF der ÄnderungsVO vom 12. 3. 1980 (BGBl. 1956 I S. 861; 1980 I S. 282). Diese VO ist durch Art. 18 GMG vom 14. 11. 2003 (BGBl. I S. 2190, 2248f.) geändert worden und heißt nun: „Verordnung über die Amtsdauer, Amtsführung und Entschädigung der Mitglieder des Gemeinsamen Bundesausschusses und der Landesausschüsse der Ärzte (Zahnärzte) und Krankenkassen (Ausschussmitglieder-Verordnung – AMV)". Sie enthält **keine Regelung über die Berufung** der Ausschussmitglieder, sondern in §§ 3 und 4 lediglich Bestimmungen über Ende, Abberufung und Niederlegung des Amtes als Ausschussmitglied. Nach welchen Regeln die Mitgliedsberufung erfolgt, wer, unter welchen Voraussetzungen und in welcher Weise berufen werden kann, ist ungeregelt. Sämtliche Organisationen sind in der Auswahl der Mitglieder des Gemeinsamen Bundesausschusses daher völlig frei. Sie können jeden aus ihrer Sicht geeigneten Kandidaten benennen.

5. Amtsführung, Amtsdauer, Auslagenerstattung

24 Nach § 91 Abs. 2 Satz 5 Satz 1 i.V.m. § 90 Abs. 3 Satz 1 und 2 SGB V führen die Ausschussmitglieder ihr Amt als **Ehrenamt** und sind an Weisungen nicht gebunden.

Nach § 91 Abs. 2 Satz 7 i.V.m. § 90 Abs. 3 Satz 4 SGB V soll das BMGS durch Rechtsverordnung mit Zustimmung des Bundesrates und nach Anhörung der KB(Z)V und der Krankenkassenverbände das Nähere über die Amtsdauer, Amtsführung und die Erstattung der baren Auslagen und die Entschädigung für Zeitaufwand der Ausschussmitglieder sowie über die Verteilung der Kosten bestimmen. Das ist durch die **Ausschussmitgliederverordnung,** zuletzt geändert durch Art. 18 GMG, geschehen.

6. Geschäftsordnung

25 Der Gemeinsame Bundesausschuss hat sich am 13. Januar 2004 eine **Geschäftsordnung** gegeben (BAnz. S. 1630). Nach § 24 Abs. 1 Satz 1 Geschäftsordnung unterhält er zur Erledigung der laufenden Geschäfte eine eigene Geschäftsstelle. Auch das ist neu. Die laufenden Geschäfte des früheren Bundesausschusses der Ärzte und Krankenkassen wurden von der Geschäftsstelle der KBV erledigt. Die Geschäftsstelle des Gemeinsamen Bundesausschusses ist mit einem hauptamtlichen Geschäftsführer zu besetzen (§ 24 Abs. 1 Sätze 2 und 3 Geschäftsordnung).

7. Unterausschüsse

26 Die eigentliche Arbeit der früheren Bundesausschüsse der Ärzte und Krankenkassen wurde in sog. **Arbeitsausschüssen** erledigt. Die Arbeitsausschüsse hörten Sachverständige an, zogen Unterlagen sowie gutachtliche Stellungnahmen bei und sprachen aufgrund dieser Vorarbeiten Empfehlungen für die Beschlussfassung durch die Bundesausschüsse aus. Da der Auswahl der Sachverständigen und den übrigen Vorarbeiten stets eine erhebliche Bedeutung für die abschließende Entscheidung zukommt, sind in den Arbeitsausschüssen die Weichen für die Beschlüsse des Bundesausschusses gestellt worden.

Ab 1. 1. 2004 bestimmt § 91 Abs. 3 Satz 1 Nr. 2 SGB V, dass der Gemeinsame Bundesausschuss eine **Geschäftsordnung** zu beschließen hat, in der er Regelungen seiner Arbeitsweise zu treffen hat, insbesondere zur Vorbereitung der Richtlinienbeschlüsse durch Einsetzung von Unterausschüssen. Das Gesetz sieht anstelle der früheren Arbeitsausschüsse nun zwar Unterausschüsse vor. Das Arbeitsprinzip ist jedoch das Gleiche geblieben. Nach wie vor soll die eigentliche Arbeit nicht im Gemeinsamen Bundesausschuss, sondern in den untergeordneten Gremien geleistet werden. Das ergibt sich aus der Geschäftsordnung des Gemeinsamen Bundesausschusses, der die Unterausschüsse regelt.

Nach § 21 Abs. 1 kann der Gemeinsame Bundesausschuss zur Vorbereitung seiner Beratungen und Beschlussfassungen **Unterausschüsse einsetzen** (Satz 1). Er bestimmt die Notwendigkeit eines Unterausschusses, dessen Aufgabenstellung, die Erteilung von Aufträgen einschließlich des zeitlichen Rahmens für ihre Erledigung und die Zusammensetzung (Satz 2). Er kann den Unterausschuss insbesondere beauftragen, Beschlussempfehlungen oder -entwürfe, Berichte, Gutachten oder Antworten auf Einzelfragen zu erstellen (Satz 3).

Hinsichtlich der **Besetzung** bestimmt § 21 Geschäftsordnung, dass ein Unterschuss paritätisch zu besetzen ist und zehn Mitglieder nebst Stellvertretern hat (Abs. 3 Satz 1). Mindestens die Hälfte der Mitglieder müssen Mitglieder des Gemeinsamen Bundesausschusses oder deren Stellvertreter sein (Abs. 3 Satz 3). Die Mitglieder des Unterausschusses bestimmen aus ihrer Mitte einen Vorsitzenden und einen stellvertretenden Vorsitzenden (Abs. 5 Satz 1). Jedes Mitglied kann einen Stellvertreter oder einen Mitarbeiter seines Verbandes beratend zu den Sitzungen hinzuziehen (Abs. 6 Satz 3). Zur Teilnahme an den Sitzungen der Unterausschüsse sind die unparteiischen Mitglieder des Gemeinsamen Bundesausschusses, das BMGS und bis zu fünf Patientenvertreter berechtigt, im Bereich der Qualitätssicherung bei zugelassenen Krankenhäusern auch Vertreter des Verbandes der privaten Krankenversicherung, der BÄK und des Deutschen Pflegerates (Abs. 7, 8, 13). Mitarbeitern des Qualitätsinstituts soll der Unterausschuss ein Teilnahmerecht einräumen; die Teilnahme kann insbesondere für Beratungen über die Vergabe von Aufträgen an das Institut ausgeschlossen werden (Abs. 9).

Wesentliche **Aufgabe** des Unterausschusses ist die Beratung. Ein Unterausschuss fasst keine Beschlüsse. Er berät grundsätzlich in Sitzungen, die nicht öffentlich sind (§ 22 Abs. 1 Geschäftsordnung). Zu seinen Beratungen kann der Unterausschuss durch einvernehmlichen Beschluss Experten als Sachverständige hinzuziehen (§ 21 Abs. 11 Satz 2). Zur Beantwortung von Einzelfragen kann er gutachtliche Stellungnahmen einholen (§ 21 Abs. 12). Bei seinen Beratungen soll der Unterausschuss Konsens anstreben; er fasst das Ergebnis seiner Beratungen zusammen und legt es dem Gemeinsamen Bundesausschuss vor (§ 22 Abs. 2 Satz 1, 2 Geschäftsordnung). Der Verlauf der Beratungen und die Beratungsunterlagen sind vertraulich zu behandeln; Verlautbarungen der Unterausschüsse über die Medien sind unzulässig (§ 22 Abs. 2 Satz 5, 6 Geschäftsordnung).

27 Die Anzahl der Unterausschüsse ist nicht begrenzt. Der Gemeinsame Bundesausschuss hat die am 31. 12. 2003 bestehenden **13 Arbeitsausschüsse** als **Unterausschüsse** übernommen. Ihre Aufgabengebiete sind die Bereiche: Prävention, Familienplanung, Ärztliche Behandlung, Psychotherapie, Arzneimittel, Heil- und Hilfsmittel, Krankenhausbehandlung und Krankentransport, Qualitätsbeurteilung, Bedarfsplanung, Soziotherapie, Häusliche Krankenpflege, Rehabilitation und Arbeitsunfähigkeit. Angesichts des erheblich erweiterten Aufgabenbereiches des Gemeinsamen Bundesausschusses wird es bei 13 Unterausschüssen wohl nicht bleiben.

8. Beschlussfassung

28 Hat der Unterausschuss seine Arbeitsergebnisse dem Gemeinsamen Bundesausschuss zugeleitet, trifft dieser seine Beschlüsse. Der Gemeinsame Bundesausschuss entscheidet nach seiner Geschäftsordnung grundsätzlich in **Sitzungen,** nur ausnahmsweise im schriftlichen Verfahren (§ 12). Er beschließt mit der Mehrheit der anwesenden Stimmberechtigten (§ 17). Auf Antrag muss die Sitzung vor der Abstimmung zum Zweck gesonderter Beratung unterbrochen werden. Beratungen und Beschlussfassungen sind nicht öffentlich (§ 18). Der Hergang der Beratungen, das Stimmenverhältnis und die Beratungsunterlagen sind vertraulich zu behandeln.

9. Rechtsaufsicht

29 Die **Rechtsaufsicht** über den Gemeinsamen Bundesausschuss liegt jetzt beim BMGS (§ 91 Abs. 10 SGB V). Dementsprechend sind die Richtlinien des Gemeinsamen Bundesausschusses dem BMGS vorzulegen (§ 94 Abs. 1 SGB V). Dieses kann sie innerhalb von zwei Monaten beanstanden. Kommen die für die Sicherstellung der Versorgung erforderlichen Beschlüsse nicht oder nicht innerhalb einer vom BMGS gesetzten Frist zu Stande oder werden Beanstandungen des BMGS nicht innerhalb der vom ihm gesetzten Frist behoben, erlässt das BMGS die Richtlinien. Das BMGS hat also die Möglichkeit der **Ersatzvornahme.** Die Richtlinien sind im Bundesanzeiger bekanntzumachen.

III. Aufgaben des Gemeinsamen Bundesausschusses

1. Richtlinien

30 Der Gemeinsame Bundesausschuss ist in erster Linie zuständig für den Erlass von Richtlinien. Nach § 92 Abs. 1 Satz 1 SGB V beschließt er die zur Sicherung der (zahn)ärztlichen Versorgung erforderlichen Richtlinien über die **Gewähr für eine ausreichende, zweckmäßige und wirtschaftliche Versorgung der Versicherten.** Sie sollen nach § 72 Abs. 2 SGB V der Gewährleistung der Versorgung der Versicherten dienen unter Berücksichtigung des allgemein anerkannten Standes der medizinischen Erkenntnisse und einer angemessenen Vergütung der (zahn)ärztlichen Leistungen.

§ 92 Abs. 1 Satz 2 Nrn. 1 bis 12 SGB V benennt die **einzelnen Versorgungsbereiche:**
- ärztliche Behandlung,
- zahnärztliche Behandlung einschließlich der Versorgung mit Zahnersatz sowie kieferorthopädischer Behandlung,
- Maßnahmen zur Früherkennung von Krankheiten,
- ärztliche Betreuung bei Schwangerschaft und Mutterschaft,
- Einführung neuer Untersuchungs- und Behandlungsmethoden,
- Verordnung von Arznei-, Verband-, Heil- und Hilfsmitteln, Krankenhausbehandlung, häusliche Krankenpflege und Soziotherapie,
- Beurteilung der Arbeitsunfähigkeit,
- Verordnung von im Einzelfall gebotenen Leistungen zur medizinischen Rehabilitation und Beratung über Leistungen zur medizinischen Rehabilitation, Leistungen zur Teilhabe am Arbeitsleben und ergänzende Leistungen zur Rehabilitation,
- Bedarfsplanung,
- medizinische Maßnahmen zur Herbeiführung einer Schwangerschaft,
- Maßnahmen der Empfängnisverhütung, des Schwangerschaftsabbruchs und Sterilisation,
- Verordnung von Krankentransporten.

Diese Aufzählung ist nicht abschließend, wie die gesetzliche Formulierung „insbesondere" in § 92 Abs. 1 Satz 2 SGB V belegt. Die Richtlinienkomptenz des Gemeinsamen Bundesausschusses umfasst **nahezu alle Bereiche der GKV.** Seine Kompetenzen sind stetig erweitert worden. Doch nach wie vor fehlt vielen der gesetzlichen Ermächtigungen die hinreichende **Bestimmtheit in Bezug auf Inhalt, Zweck und Ausmaß.** Die Vorgaben in § 92 Abs. 1 Satz 1 Halbsatz 1 SGB V: „Sicherung der ärztlichen Versorgung" und „Gewähr für eine ausreichende, zweckmäßige und wirtschaftliche Versorgung der Versicherten" geben keinen substantiierten Handlungsrahmen für den Gemeinsamen Bundesausschuss. In § 92 Abs. 1 Satz 1 Halbsatz 3 SGB V wird ihm überdies völlig freie Hand gelassen. Danach kann der Gemeinsame Bundesausschuss „die Erbringung und Verordnung von Leistungen oder Maßnahmen einschränken oder ausschließen, wenn nach dem allgemein anerkannten Stand der medizinischen Erkenntnisse der diagnostische oder therapeutische Nutzen, die medizinische Notwendigkeit oder die Wirtschaftlichkeit nicht nachgewiesen sind."

Der Gemeinsame Bundesausschuss ist das Machtzentrum der GKV. Er ist der eigentliche **Gesetzgeber innerhalb der GKV.** Seine rechtliche und wirtschaftliche Macht ist enorm. Sie wird von ihm extensiv genutzt, wie z.B. die Aufstellung von Qualitätsanforderungen für die Erbringung bestimmter Leistungen im Krankenhaus (§ 137c Abs. 1 SGB V) belegt. Seine Macht wird noch größer durch den Umstand, dass der Gemeinsame Bundesausschuss nicht den Kontrollen unterliegt wie der parlamentarische Gesetzgeber.

Im Einzelnen umfasst die Richtlinienkompetenz des Gemeinsamen Bundesausschusses **insbesondere Richtlinien** über:
- Individualprophylaxe bei Zahnerkrankungen (§ 22 Abs. 5),
- Früherkennung, insbesondere von Herz-Kreislauf- und Nierenerkrankungen sowie der Zuckerkrankheit (§ 25 Abs. 4 Satz 2, 3 sowie Abs. 5 Satz 1, 2),
- Kinderuntersuchung (§ 26 Abs. 2),
- künstliche Befruchtung (§ 27a Abs. 4),
- implantologische Leistungen (§ 28 Abs. 2 Satz 9),
- psychotherapeutische Behandlung (§ 28 Abs. 3 Satz 1),
- kieferorthopädische Behandlung (§ 29 Abs. 4),

- therapeutische Sehhilfen (§ 33 Abs. 1 Satz 6),
- Kontaktlinsen (§ 33 Abs. 3 Satz 2),
- Sehhilfen für Versicherte, die das 14. Lebensjahr vollendet haben (§ 33 Abs. 4),
- nicht verschreibungspflichtige Arzneimittel (§ 34 Abs. 1 Satz 2),
- Lifestyle-Arzneimittel (§ 34 Abs. 1 Satz 9),
- unwirtschaftliche Arzneimittel (§ 34 Abs. 3 Satz 4),
- Heil- und Hilfsmittel (§ 34 Abs. 4 Satz 5),
- Arzneimittelfestbeträge (§ 35 Abs. 1, 1a und 2),
- Soziotherapie (§ 37a Abs. 2),
- Festsetzung der Regelversorgung für Zahnersatz einschließlich Zahnkronen und Suprakonstruktionen (§ 56),
- Zuzahlungs-Belastungsgrenze (§ 62 Abs. 1 Satz 4),
- Bedarfsplan Überversorgung (§ 101 Abs. 1),
- Kriterien für die Anwendung der Verhältniszahlen auf ärztliche Zusammenschlüsse (§ 102 Abs. 1 Satz 3),
- Katalog hochspezialisierter Leistungen etc. für ambulante Behandlung durch Krankenhäuser, Notwendigkeit von Überweisungen, sächliche und personelle Anforderungen an die ambulante Leistungserbringung des Krankenhauses (§ 116b Abs. 4),
- Hinweise zur Austauschbarkeit von Darreichungsformen von Arzneimitteln (§ 129 Abs. 1a),
- Bewertung von neuen Untersuchungs- und Behandlungsmethoden (§ 135 Abs. 1 Satz 1),
- Bewertung bereits erbrachter vertragsärztlicher Leistungen (§ 135 Abs. 1 Satz 2),
- Kriterien zur Qualitätsbeurteilung in der vertragsärztlichen Versorgung (§ 136 Abs. 2),
- Qualitätssicherung in der vertragsärztlichen Versorgung (§ 136a Abs. 1),
- Qualitätssicherung in der vertragszahnärztlichen Versorgung (§ 136b Abs. 1),
- Qualitätssicherung bei zugelassenen Krankenhäusern (§ 137 Abs. 1),
- Bewertung von Untersuchungs- und Behandlungsmethoden im Krankenhaus (137c Abs. 1),
- Empfehlungen für die Qualitätssicherung bei neuen Heilmitteln (§ 138).

Die bis zum 31. 12. 2003 bestehenden Bundesausschüsse haben eine Fülle von Richtlinien erlassen.[14] **Sie gelten über den 31. 12. 2003 hinaus weiter** und können vom Gemeinsamen Bundesausschuss geändert oder aufgehoben werden (Art. 35 § 6 Abs. 4 GMG).

Unverzüglich nach seiner Errichtung hat der Gemeinsame Bundesausschuss seine Arbeit aufgenommen und inzwischen bereits u. a. folgende **Beschlüsse** gefasst:

- Krankentransport-Richtlinie vom 22. 1. 2004 (BAnz. S. 1342), in Kraft ab 1. 4. 2004;
- Richtlinien zur Definition schwerwiegender chronischer Krankheiten gemäß § 62 SGB V vom 22. 1. 2004 (BAnz. S. 1343), in Kraft ab 1. 4. 2004;
- Chroniker-Richtlinien vom 16. 3. 2004 (BAnz. S. 13719) in Kraft ab 1. 7. 2004;
- Arzneimittel-Richtlinien vom 16. 3. 2004 (BAnz. S. 8905) in Kraft ab 16. 3. 2004;
- Arzneimittel-Richtlinien, Anlage 2 (Aktualisierung der Festbetragsgruppen) vom 16. 3. 2004 (BAnz. S. 8561) in Kraft ab 22. 4. 2004;
- Arzneimittel-Richtlinien, Anlage 2 (Aufteilung der Festbetragsgruppen in rezeptfrei/rezeptpflichtig) vom 16. 3. 2004 (BAnz. S. 14901) in Kraft ab 1. 5. 2004;
- Rehabilitations-Richtlinien vom 16. 3. 2004 (BAnz. S. 6769) in Kraft ab 1. 4. 2004.
- Die Richtlinien können im Internet abgerufen werden unter: www.g-ba.de.

2. Weitere Aufgaben des Gemeinsamen Bundesausschusses

31 Die Zuständigkeit des Gemeinsamen Bundesausschusses beschränkt sich nicht auf den Erlass von Richtlinien. Ihm obliegen **weitere Aufgaben:**

---

[14] Vgl. *Schimmelpfeng-Schütte* in: Schnapp/Wigge, Vertragsarztrecht 2002, S. 161f.

- Stellungnahme bei Erlass der Rechtsverordnung zu Arzneimittelfestbeträgen (§ 35a Abs. 1 Satz 2),
- Erteilung von Informationen und Auskünften für den Erlass von Rechtsverordnungen zu Arzneimittelfestbeträgen (§ 35a Abs. 4),
- Beauftragung der Nutzenbewertung von Arzneimitteln (§ 35b i.V.m. § 139b Abs. 1, 1),
- Erteilung von Informationen und Hinweisen für die Verordnung von Arznei-, Verband und Heilmitteln (§ 73 Abs. 8 Satz 2),
- Herausgabe evidenzbasierter Patienteninformationen (§ 91 Abs. 3 Satz 3),
- Zusammenstellung von Übersichten über ausgeschlossene Arzneimittel (§ 93 Abs. 1),
- Beiziehung von Daten und Auskünften von pharmazeutischen Unternehmern zur Arzneimitteltransparenz (§ 131 Abs. 4 Satz 1),
- Förderung der Qualitätssicherung in der Medizin (§ 137b),
- Empfehlung gegenüber dem BMGS für die Abgrenzung der Versichertengruppen, Behandlungsprogramme bei chronischen Krankheiten (§ 137f Abs. 1),
- Empfehlung gegenüber dem BMGS zur Ausgestaltung von Behandlungsprogrammen bei chronischen Krankheiten (§ 137f Abs. 2).

3. Errichtung eines Qualitätsinstituts

32 Ziel des GMG vom 14. 11. 2003 war es u.a., mehr **Transparenz** innerhalb der GKV schaffen.[15] Das ist nicht erreicht worden. Im Gegenteil: Das GMG hat zahlreiche neue Institutionen geschaffen, die die Zuständigkeitsverteilungen innerhalb der GKV noch unklarer und unsicherer machen. Eine dieser neuen Einrichtungen ist das Institut für Qualität und Wirtschaftlichkeit im Gesundheitswesen (Qualitätsinstitut). Es ist in §§ 139a bis 139c SGB V geregelt.

Die **Aufgaben** des Qualitätsinstituts legt § 139a Abs. 3 SGB V fest. Danach wird das Qualitätsinstitut zu Fragen von grundsätzlicher Bedeutung für die Qualität und Wirtschaftlichkeit der im Rahmen der GKV erbrachten Leistungen insbesondere auf folgenden Gebieten tätig: Recherche, Darstellung und Bewertung des aktuellen medizinischen Wissensstandes zu diagnostischen und therapeutischen Verfahren bei ausgewählten Krankheiten, Erstellung von wissenschaftlichen Ausarbeitungen, Gutachten und Stellungnahmen zu Fragen der Qualität und Wirtschaftlichkeit der im Rahmen der GKV erbrachten Leistungen unter Berücksichtigung alters-, geschlechts- und lebenslagenspezifischer Besonderheiten, Bewertung evidenzbasierter Leitlinien für die epidemiologisch wichtigsten Krankheiten, Abgabe von Empfehlungen zu Disease-Management-Programmen, Bewertung des Nutzens von Arzneimitteln, Bereitstellung von verständlichen allgemeinen Informationen für alle Bürger zur Qualität und Effizienz in der Gesundheitsversorgung. Weitere Aufgaben können hinzu kommen. Denn nach der gesetzlichen Formulierung „insbesondere" ist der Katalog des § 139 Abs. 3 SGB V nicht abschließend.

Das Qualitätsinstitut soll nach § 139a Abs. 1 SGB V vom Gemeinsamen Bundesausschuss als fachlich unabhängiges, rechtsfähiges, wissenschaftliches Institut für Qualität und Wirtschaftlichkeit im Gesundheitswesen gegründet werden, dessen **Träger der Gemeinsame Bundesausschuss** ist. Dieser kann hierzu eine Stiftung des privaten Rechts errichten. Das ist inzwischen geschehen.

Im Sommer 2004 hat der Gemeinsame Bundesausschuss die Stiftung mit dem Namen **„Stiftung für Qualität und Wirtschaftlichkeit im Gesundheitswesen"** gegründet und die Satzung vom 17. 6. 2004 beschlossen. Die Stiftung ist Trägerin des **„Instituts für Qualität und Wirtschaftlichkeit im Gesundheitswesen"** nach § 139a Abs. 1 SGB V. Organe der Stiftung sind der Gemeinsame Bundesausschuss (für Beschlüsse zur Änderung der Satzung und Aufhebung der Stiftung), der Stiftungsrat und der Vorstand (§ 4 Abs. 1

[15] BT-Drucks 15/1525 S. 71.

Satzung). Der **Stiftungsrat** besteht nach der Satzung aus insgesamt 12 Personen, die überwiegend dem Gemeinsamen Bundesausschuss angehören; der Vorsitzende des Gemeinsamen Bundesausschusses gehört dem Stiftungsrat mit beratender Stimme an (§ 5 Abs. 1 Satzung). Der Stiftungsrat bestellt vier Mitglieder des Vorstands (§ 5 Abs. 2 Satz 2 Satzung). Ein weiteres Mitglied wird vom BMGS benannt (§ 6 Abs. 1 Satz 2 Satzung). Der **Vorstand** der Stiftung bestellt einen Leiter des Qualitätsinstituts nebst seinem Stellvertreter (§ 7 Abs. 2 und 3 Satzung).

Beratende Gremien des Qualitätsinstituts sind das Kuratorium und der Wissenschaftliche Beirat (§ 4 Abs. 2 Satzung). Das **Kuratorium** (§ 8 Satzung) besteht aus 30 Mitgliedern. Sie erhalten die durch das Qualitätsinstitut an den Gemeinsamen Bundesausschuss herausgegebenen Empfehlungen von grundsätzlicher Bedeutung und haben Gelegenheit zur Abgabe von Stellungnahmen. Das Kuratorium tritt in der Regel einmal jährlich zu einer Sitzung zusammen. Der **Wissenschaftliche Beirat** (§ 9 Satzung) besteht aus bis zu sechs Wissenschaftlern. Sie sollen die Institutsleitung in grundsätzlichen Fragen beraten. Die **Leitung des Qualitätsinstituts** verantwortet die Durchführung der Aufgaben des Instituts nach §§ 139a und 139b SGB V (§ 7 Abs. 5 Satzung). Dabei hat das Institut die nach § 91 Abs. 3 SGB V vom Gemeinsamen Bundesausschuss beschlossenen Verfahrensregelungen (siehe unten III. 4.) zu beachten.

Die Errichtung des Qualitätsinstituts wirft **zahlreiche Fragen** auf. Zum einen verblüfft die vom Gesetz gewählte Rechtskonstruktion. Zum anderen ist ein weiterer erheblicher Machtzuwachs des Gemeinsamen Bundesausschusses festzustellen. Es fragt sich, welchen Platz das Qualitätsinstitut innerhalb der GKV einnimmt.

Zweck der Stiftung ist nach § 2 Abs. 2 Satzung die Förderung von Wissenschaft und Forschung sowie die Förderung des öffentlichen Gesundheitswesens (Satz 1). Der Stiftungszweck wird ausschließlich durch die Errichtung und Unterhaltung des Qualitätsinstituts verwirklicht (Satz 2). Demgemäß soll also auch das Qualitätsinstitut mit seinen Aufgaben nach § 139a Abs. 3 SGB V der **Förderung von Wissenschaft und Forschung sowie der Förderung des öffentlichen Gesundheitswesens** dienen. Dieser Auftrag impliziert die Frage nach der Funktion des Qualitätsinstituts in der GKV.

Bekanntermaßen hat **die GKV keinen Auftrag zur Förderung von Wissenschaft und Forschung.** Vielmehr lehnen die Krankenkassen eine Kostenerstattung z.B. bei individuellen Heilversuchen und beim Off-Label-Use regelmäßig mit dem Hinweis ab, die GKV sei nicht verpflichtet, die Forschung zu fördern. Die **GKV ist auch nicht identisch mit dem „öffentlichen Gesundheitswesen".** Das öffentliche Gesundheitswesen umfasst deutlich mehr als die GKV. Daher stellt sich die Frage, aus welchen Gründen der Gesetzgeber nicht das BMGS mit der Errichtung eines Instituts mit einer derartig umfassenden, für das gesamte Gesundheitswesen in Deutschland bedeutsamen Aufgabe betraut hat. Offensichtlich scheut die Politik davor zurück, die Aufgaben eines Qualitätsinstituts in eigener Regie zu übernehmen und den Eindruck entstehen zu lassen, dass medizinischer Fortschritt staatlich reglementiert wird. Daher wird auch diese Aufgabe dem Gemeinsamen Bundesausschuss übertragen. Ihm wird freie Hand in der Wahl der Rechtsform des Qualitätsinstituts und in der Art und Weise der Finanzierung gelassen. Der Gesetzgeber hält es lediglich für „zweckdienlich", das Qualitätsinstitut zur Wahrung seiner Unabhängigkeit von einer durch den Gemeinsamen Bundesausschuss zu gründenden Stiftung des privaten Rechts errichten zu lassen.[16] Doch unabhängig ist das Qualitätsinstitut nach seiner Konzeption keinesfalls. Das belegt der Umstand, dass Gründung und Trägerschaft des Qualitätsinstituts beim Gemeinsamen Bundesausschuss liegen. Seine Mitglieder besetzen mehrheitlich den Stiftungsrat. Der Stiftungsrat bestellt vier der fünf Mitglieder des Vorstandes, der seinerseits wiederum die Institutsleitung bestellt. Es gibt weitere enge Verflechtungen zwischen dem Gemeinsamen Bundesausschuss und dem Qualitätsinstitut, die

[16] BT-Drucks. 15/1525 S. 127.

belegen, dass das Qualitätsinstitut tatsächlich eine Einrichtung des Gemeinsamen Bundesausschusses ist.[17]

Die Errichtung des Qualitätsinstituts bedeutet für den Gemeinsamen Bundesausschuss – neben seiner Funktion als der eigentliche Gesetzgeber innerhalb der gesetzliche Krankenversicherung – einen weiteren erheblichen Machtzuwachs. Das Qualitätsinstitut ist nicht geschaffen worden, um dem Gemeinsamen Bundesausschuss die **Arbeit zu erleichtern.** Zur Bewältigung seiner Aufgaben nach § 92 Abs. 1 SGB V hat der Gemeinsame Bundesausschuss die Möglichkeit, Unterausschüsse einzusetzen. Er verfügt also schon über einen großen Stab von Mitarbeitern und kann ihre Zahl durch die Einsetzung neuer Unterausschüsse beliebig erweitern. Für die Bewältigung seiner Arbeit ist der Gemeinsame Bundesausschuss auf die Unterstützung durch ein Qualitätsinstitut also nicht angewiesen.

Die Errichtung des Qualitätsinstituts hat vielmehr vor allem das Ziel, medizinische Wissenschaft und Forschung sowie das öffentliche Gesundheitswesen in Deutschland zu steuern. Die Kontrollfunktion hierüber liegt letztlich beim Gemeinsamen Bundesausschuss. Damit wird die Machtposition des Gemeinsamen Bundesausschusses über seinen bisherigen Aufgabenbereich hinaus erheblich erweitert. **Der Einfluss des Gemeinsamen Bundesausschusses soll nun nicht mehr auf die GKV beschränkt bleiben, sondern Wissenschaft, Forschung und öffentliches Gesundheitswesen erfassen.** Bezeichnender Weise heißt das Qualitätsinstitut demgemäß: Institut für Qualität und Wirtschaftlichkeit im „Gesundheitswesen" (§ 139a Abs. 1 Satz 1 SGB V, § 2 Abs. 2 Satz 1 Satzung). Es soll nach § 139a Abs. 3 Nr. 6 SGB V für alle „Bürgerinnen und Bürger" Informationen zur Qualität und Effizienz in der Gesundheitsversorgung bereit stellen, nicht etwa nur für die „Versicherten".

Das Qualitätsinstitut soll daneben (u. a.) **Bewertungen evidenzbasierter Leitlinien** für die epidemiologisch wichtigsten Krankheiten vornehmen (§ 139a Abs. 3 Nr. 3 SGB V). Damit wird dem Qualitätsinstitut eine Zuständigkeit zugewiesen, die vor allem in der Verantwortung der **Ärzte und ihrer Fachgesellschaften** liegt. Sie sind es, die kraft ihrer Fachkompetenz und praktischen Berufserfahrung ärztliche Leitlinien erlassen. Das soll nun anders werden. Leitlinien für die epidemiologisch wichtigsten Krankheiten sollen jetzt von einem behördenähnlichen Gremium, eben dem Qualitätsinstitut, bewertet werden. Das wirft eine Fülle von Problemen auf. Es fragt sich schon, ob das Qualitätsinstitut diese Arbeit überhaupt sachkundig leisten kann. Aufgrund seiner behördenähnlichen Struktur dürfte ihm die erforderliche Flexibilität zur Bewertung von Leitlinien fehlen. Denn Leitlinien sind permant am medizinischen Fortschritt auszurichten. Es ist auch zweifelhaft, ob das Qualitätsinstitut über die Sachkunde verfügt, die den ärztlichen Fachgesellschaften mit einer Vielzahl von Wissenschaftlern aus allen Bereichen der Medizin zur Verfügung steht. Im Übrigen kann nicht davon ausgegangen werden, dass die ärztlichen Fachgesellschaften ihre standesrechtliche Aufgabe, Leitlinien zu erstellen und am medizinischen Fortschritt auszurichten, dem Qualitätsinstitut überlassen werden.

Es ist somit zu befürchten, dass es in Deutschland für die ärztliche Behandlung bestimmter Krankheiten in Zukunft **zwei unterschiedliche Leitlinien** geben wird: die Leitlinien der ärztlichen Fachgesellschaften und die Leitlinien des Qualitätsinstituts. Sind aber die Leitlinien der ärztlichen Fachgesellschaften und die des Qualitätsinstituts nicht deckungsgleich, kann der Vertragsarzt im Rahmen der Behandlung seiner Patienten in unlösbare Pflichtenkollisionen kommen. Beachtet er die Leitlinien der ärztlichen Fachgesellschaften, drohen ihm vertragsärztliche Konsequenzen. Folgt er den Leitlinien des Qualitätsinstituts, muss er mit zivilrechtlichen Folgen des Arzthaftungsrechts rechnen.[18]

Nach den Gesetzesmaterialien hat das Qualitätsinstitut die Aufgabe, „den **dynamischen Prozess der Fortentwicklung der medizinischen und pflegerischen Leistungen** zu

---

[17] Vgl. hierzu vor allem die Gesetzesmaterialien BT-Drucks. 15/1525 S. 127 ff.

[18] Vgl. zur Inkompatibilität ärztlicher Pflichten: *Schimmelpfeng-Schütte* GesR 2004, 1, 5.

sichern und die kontinuierliche Einbeziehung neuer wissenschaftlicher Erkenntnisse in eine qualitativ gesicherte Leistungserbringung zu gewährleisten.“[19] Es ist schon in sich widersprüchlich, ein Institut mit dem Ziel zu errichten, „den dynamischen Prozess der Fortentwicklung der medizinischen und pflegerischen Leistungen zu sichern“. Denn die Sicherung eines dynamischen Prozesses muss unweigerlich zu seinem Stillstand und zur Kontrolle führen. Schon nach seiner Zielsetzung, aber auch von seiner Struktur her wird das Qualitätsinstitut medizinischen Fortschritt daher eher bremsen als fördern. Ebenso wie der Gemeinsame Bundesausschuss wird auch das Qualitätsinstitut dazu beitragen, die GKV vom medizinischen Fortschritt abzukoppeln. Medizinischer Fortschritt wird in der GKV kaum mehr stattfinden.

4. Verfahrensordnung

33 Nach **§ 91 Abs. 3 Nr. 1 SGB V** idF des GMG ist der Gemeinsame Bundesausschuss nun ausdrücklich ermächtigt, eine **Verfahrensordnung** zu beschließen. In ihr sind insbesondere zu regeln: 1. die methodischen Anforderungen an die wissenschaftliche sektorenübergreifende Bewertung des Nutzens, der Notwendigkeit und der Wirtschaftlichkeit von Maßnahmen als Grundlage für Beschlüsse, 2. die Anforderungen an den Nachweis der fachlichen Unabhängigkeit von Sachverständigen und 3. das Verfahren der Anhörung zu den jeweiligen Richtlinien, insbesondere die Feststellung der anzuhörenden Stellen, die Art und Weise der Anhörung und deren Auswertung.

34 Der frühere Bundesausschuss der Ärzte und Krankenkassen hat eine **„Verfahrensordnung des Bundesausschusses der Ärzte und Krankenkassen zur Durchführung von Anhörungen“** vom 1. Oktober 1997 erlassen, die zuletzt am 10. 4. 2000 geändert worden ist (BAnz 1997 S. 13722 und 14566, BAnz 2000 S. 8182). Sie regelt die Anhörung der Organisationen, denen vor einer Entscheidung des Gemeinsamen Bundesausschusses Gelegenheit zur Stellungnahme zu geben ist und gilt über den 31. 12. 2003 hinaus weiter (Art. 35 § 6 Abs. 4 GMG). Damit ist § 91 Abs. 3 Nr. 1 Alternative 3 SGB V Rechnung getragen.

35 Neben dieser Verfahrensordnung hat der frühere Bundesausschuss der Ärzte und Krankenkassen eine **weitere Verfahrensordnung** erlassen. Sie ist von ihm allerdings nicht als Verfahrensordnung bezeichnet worden. Sie war Bestandteil der „Richtlinien über die Einführung neuer Untersuchungs- und Behandlungsmethoden und über die Überprüfung erbrachter vertragsärztlicher Leistungen gemäß § 135 Abs. 1 i.V.m. § 92 Abs. 1 Satz 2 Nr. 5 SGB V“ vom 1. 10. 1997 (**NUB-Richtlinien,** BAnz. S. 15232). Der Bundesausschuss der Ärzte und Krankenkassen hat die NUB-Richtlinien am 10. 12. 1999 als „Richtlinien über die Bewertung ärztlicher Untersuchungs- und Behandlungsmethoden gemäß § 135 Abs. 1 SGB V“ (**BUB-Richtlinien,** BAnz. 2000 S. 460) neu gefasst. Auch die BUB-Richtlinien gelten über den 31. 12. 2003 hinaus weiter (Art. 35 § 6 Abs. 4 GMG).

Der Gesetzgeber hat den Gemeinsamen Bundesausschuss in § 91 Abs. 3 Nr. 1 Alternative 1 SGB V zwar ermächtigt, eine Verfahrensordnung zu den methodischen Anforderungen an die Bewertung von Maßnahmen zu beschließen. Die Ziff. 6 bis 8 BUB-Richtlinien sind als Verfahrensordnung in diesem Sinne zu qualifizieren. Gleichwohl ergeben sich erhebliche Probleme. Denn die Ermächtigung in § 91 Abs. 3 Nr. 1 Alternative 1 SGB V entspricht nicht dem **verfassungsrechtlichen Bestimmtheitsgebot,** das ein für alle Ermächtigungen geltendes Gebot der Rechtsstaatlichkeit ist. Ungeachtet der Rechtsnatur der Richtlinien[20] gilt es auch für Ermächtigungen an den Gemeinsamen

---

[19] BT-Drucks. 15/1525 S. 127.

[20] Zur Rechtsnatur der Richtlinien vgl. ausführlich *Schnapp,* Untergesetzliche Rechtsquellen im Vertragsarztrecht – am Beispiel der Richtlinien, in Festschrift 50 Jahre Bundessozialgericht, 2004, S. 497 ff. (499 ff.) m. w. N. sowie *Schimmelpfeng-Schütte* NZS 1999, 530.

Bundesausschuss. Es ist Aufgabe des Gesetzgebers, in Bezug auf Inhalt, Zweck und Ausmaß der methodischen Anforderungen substantiierte Vorgaben zu machen, hat er doch andere Regelungsgegenstände der vertragsärztlichen Versorgung bis ins kleinste Detail geregelt (vgl. z.B. für den Zahnersatz § 56 Abs. 2 SGB V oder die Gesamtvergütung § 85 SGB V).

§ 91 Abs. 3 Nr. 1 Alternative 1 SGB V ermächtigt zwar zum Erlass einer „Verfahrens"-ordnung. Der Regelungsgegenstand, zu dem ermächtigt wird, betrifft jedoch keinesfalls nur das **Verfahren** vor dem Gemeinsamen Bundesausschuss, sondern geht weit darüber hinaus. Mit der Regelung der methodischen Anforderungen an die Bewertung von Untersuchungs- und Behandlungsmaßnahmen werden die **materiell-rechtlichen Voraussetzungen** für die Anerkennung von Untersuchungs- und Behandlungsmethoden normiert. Damit werden die Weichen für ihre Einbeziehung in die vertragsärztliche Versorgung gestellt. Die Regelung der methodischen Anforderungen hat also erhebliche Außenwirkungen.

36 Das belegen die Ziff. 6 bis 8 BUB-Richtlinien, in denen der Bundesausschuss Bestimmungen zur Bewertung von Untersuchungs- und Behandlungsmethoden nach § 135 Abs. 1 SGB V getroffen hat. Ziff. 6 regelt das „Verfahren der Überprüfung". Ziff. 7 („Kriterien") legt die Unterlagen fest, die bei der Überprüfung des Nutzens, der Notwendigkeit und der Wirtschaftlichkeit einer Methode vorliegen müssen. Ziff. 8 („Bewertung der Unterlagen") schließlich ordnet diese Unterlagen einzelnen Evidenzstufen zu. Ob eine Untersuchungs- und Behandlungsmaßnahme vom Gemeinsamen Bundesausschuss anerkannt wird, hängt entscheidend davon ab, ob sie den von ihm in Ziff. 6 bis 8 BUB-Richtlinien festgesetzten methodischen Anforderungen entspricht. Je höher die Anforderungen des Gemeinsamen Bundesausschusses sind, desto geringer ist die Chance der Anerkennung. Da die Ermächtigungsnorm des § 91 Abs. 3 Nr. 1 Alternative 1 SGB V keine Vorgaben in Bezug auf Inhalt, Zweck und Ausmaß der Voraussetzungen einer Anerkennung macht, steht es **im völligen Belieben des Gemeinsamen Bundesausschusses, die Einbeziehung von Untersuchungs- und Behandlungsmethoden in die GKV zu steuern.** Er kann die Anforderungen erleichtern oder erschweren. Damit bestimmt er nach eigenen Vorstellungen, inwieweit medizinischer Fortschritt Einzug in die GKV hält. Das hat nicht nur erhebliche Bedeutung im Blick auf Art. 12 GG, sondern auch für den einzelnen Versicherten (Art. 2 Abs. 2 Satz 1 GG). Seine Chance, mit einer neuen Untersuchungs- und Behandlungsmethode behandelt zu werden, sind geringer, je höher die methodischen Anforderungen des Gemeinsamen Bundesausschusses sind.

37 So ist nach Ziff. 6.4. Satz 1 BUB-Richtlinien der Nutzen einer Methode in der Regel durch mindestens eine **Studie der Evidenzklasse I** zu belegen. Liegt bei der Überprüfung einer Methode eine Studie dieser Evidenzklasse nicht vor, entscheidet der Gemeinsame Bundesausschuss aufgrund der Unterlagen der bestvorliegenden Evidenz. Der Gemeinsame Bundesausschuss hat die Evidenzstufe I wie folgt definiert (Ziff. 8.1, 8.2 BUB-Richtlinien): „Evidenz aufgrund wenigstens einer randomisierten, kontrollierten Studie, durchgeführt und veröffentlicht nach international anerkannten Standards (z.B.: „Gute klinische Praxis" -GCP-, Consort)". Der Gemeinsame Bundesausschuss verlangt zum Nachweis des Nutzens einer Untersuchungs- und Behandlungsmethode in der Regel also eine Studie der Evidenzklasse I, mithin wenigstens eine randomisierte, kontrollierte Studie. Mit dieser Regelung vermindert sich für sämtliche Untersuchungs- und Behandlungsmethoden die Chance einer Anerkennung durch den Gemeinsamen Bundesausschuss, wenn sie den Nachweis ihres Nutzen nicht durch wenigstens eine randomisierte, kontrollierte Studie belegen können. Es ist bekannt, dass **der Durchführung von randomisierten, kontrollierten Studien erhebliche Schwierigkeiten** entgegenstehen können. Sie sind rechtlicher, ethischer, finanzieller und tatsächlicher Art. Vor diesem Hintergrund erscheint es verfassungsrechtlich (Art. 2 Abs. 2 Satz 1 GG) bedenklich, wenn der Gemeinsame Bundesausschuss in der Regel eine Studie der Evidenzklasse I zum Nachweis des Nutzens, der Notwendigkeit und Wirtschaftlichkeit verlangt. Versicherte mit seltenen

Erkrankungen, für die Studien der Evidenzklasse I regelmäßig nicht vorliegen, haben somit eine nur geringe Chance auf eine Behandlung mit neuen Therapien.

Demgemäß ist das **BVerfG** in seinem Beschluss vom 19. 3. 2004[21] zu Recht davon ausgegangen, dass der Gemeinsame Bundesausschuss die Anforderungen an die Evidenz der zu fordernden Wirksamkeitsnachweise – jedenfalls bei seltenen Erkrankungen – überspannt hat.

38 Das **BSG hat hierin bislang kein Problem gesehen.** Im Urteil vom 19. 2. 2003[22] hat das BSG ausgeführt, es sei Aufgabe des Bundesausschusses, sich einen Überblick über die veröffentlichte Literatur und die Meinung der einschlägigen Fachkreise zu verschaffen und danach festzustellen, ob ein durch wissenschaftliche Studien hinreichend untermauerter Konsens über die Qualität und Wirksamkeit der in Rede stehenden Behandlungsweise bestehe. Die BUB-Richtlinien mit der darin enthaltenen Verfahrenordnung trügen dieser Aufgabenstellung Rechnung, indem sie im Einzelnen regelten, welche Unterlagen für die Überprüfung heranzuziehen seien, nach welchen Kriterien die Bewertung zu erfolgen habe und welche Voraussetzungen für eine Anerkennung der Methode erfüllt sein müssten. Das BSG hält das Verfahren vor dem Bundesausschuss und damit auch die Verfahrensordnung in den BUB-Richtlinien für „ordnungsgemäß". Es weist im Leitsatz ausdrücklich darauf hin, dass eine auf der Grundlage der BUB-Richtlinien getroffene Entscheidung des Bundesausschusses keiner inhaltlichen Überprüfung durch die Gerichte unterliege.

39 Diese Entscheidung kann nicht befriedigen. Die methodischen Anforderungen an die Bewertung des Nutzens, der Notwendigkeit und der Wirtschaftlichkeit von Untersuchungs- und Behandlungsmaßnahmen haben erhebliche Bedeutung für ihre Anerkennung durch den Gemeinsamen Bundesausschuss. Ihre Festsetzung steht nicht im Belieben des Gemeinsamen Bundesausschusses, sondern **unterliegt der richterlichen Kontrolle.** Dasselbe gilt für die Frage, ob die Ermächtigung in § 91 Abs. 3 Nr. 1 SGB V dem Bestimmtheitsgebot entspricht.

IV. Bindungswirkung der Richtlinien des Gemeinsamen Bundesausschusses

1. Gesetzliche Verbindlichkeitserklärung

40 Das GMG hat § 91 SGB V neu gefasst. § 91 Abs. 9 SGB V bestimmt jetzt, dass die Beschlüsse des Gemeinsamen Bundesausschusses für die Versicherten, die Krankenkassen und für alle an der ambulanten ärztlichen Versorgung teilnehmenden Leistungserbringer und die zugelassenen Krankenhäuser verbindlich sind. Eine gesetzliche Ausnahme gilt nur für die Beschlüsse zu Entscheidungen nach § 137b SGB V (Förderung der Qualitätssicherung in der Medizin) und zu Empfehlungen nach § 137f SGB V (strukturierte Behandlungsprogramme bei chronischen Krankheiten). Die Gesetzesmaterialien begründen diese **Verbindlichkeitsregelung** nicht, sondern geben nur den Gesetzeswortlaut wieder.[23]

Die verfassungsrechtliche Problematik der Normsetzungsbefugnis des Gemeinsamen Bundesausschusses bleibt von der Verbindlichkeitserklärung in § 91 Abs. 9 SGB V unberührt. Denn an den **rechtsstaatlichen und demokratischen Defiziten, die gegenüber einer Normsetzungsbefugnis der früheren Bundesausschüssen gelten gemacht worden sind,**[24] **hat sich durch das GMG nichts geändert. Sie bestehen auch in Bezug auf den Gemeinsamen Bundesausschuss.** Die Gesetzesmaterialien zum

[21] BVerfG 19. 3. 2004 GesR 2004, 246.
[22] BSG 19. 2. 2003 SozR 4–2500 § 135 Nr. 1.
[23] BT-Drucksache 15/1525, S. 107.
[24] Vgl. u. a. *Schimmelpfeng-Schütte* NZS 1999, 530ff.

GMG äußern sich zu diesem Problem nicht; sie begründen die Regelung in § 91 Abs. 9 SGB V nicht, sondern wiederholen lediglich den Gesetzeswortlaut.[25]

Die Richtlinien des Gemeinsamen Bundesausschusses betreffen unmittelbar oder mittelbar alle an der ambulanten GKV Beteiligten: die Leistungserbringer, die Krankenkassen und die Versicherten. Die **Rechtswirkung der Richtlinien** für die Beteiligten ist jedoch unterschiedlicher Natur.

2. Gegenüber den Vertrags(zahn)ärzten

41 Gegenüber den an der vertragsärztlichen Versorgung beteiligten (Zahn)Ärzten enthalten die Richtlinien **bindendes Recht.**[26] Die bindende Wirkung der Richtlinien wird auf mehrere Weise sichergestellt. Nach § 92 Abs. 8 SGB V sind des Gemeinsamen Bundesausschusses Bestandteil der **Bundesmantelverträge.** Diese sind ihrerseits nach § 95 Abs. 3 Satz 3 SGB V für den Vertrags(zahn)arzt, den im zugelassenen medizinischen Versorgungszentrum angestellten Arzt, das zugelassene Versorgungszentrum und nach § 95 Abs. 4 Satz 2 SGB V auch für die ermächtigten (Zahn)Ärzte und die ermächtigten (zahn)ärztlichen Einrichtungen verbindlich. Zum anderen ergibt sich die Verbindlichkeit über die **Satzung.** Denn nach § 81 Abs. 3 Nr. 2 SGB V müssen die Satzungen der KVen Bestimmungen enthalten, nach denen die Richtlinien nach § 75 Abs. 7, § 92 und §§ 136a und 136b Abs. 1 und 2 SGB V für die KVen und ihre Mitglieder verbindlich sind. Die Rechtsnormqualität der normativen Teile der vertrags(zahn)ärztlichen Kollektivverträge ist allgemein anerkannt. Der Vertrags(zahn)arzt ist also strikt an die Richtlinien gebunden.

Ein Vertragsarzt darf nur diejenigen Leistungen erbringen, die in den vertragsärztlichen Regelwerken vorgesehen sind. Das schließt die Richtlinien des Gemeinsamen Bundesausschusses ein. Er ist sowohl hinsichtlich der neuen Untersuchungs- und Behandlungsmethoden als gegebenenfalls auch in Bezug auf die ärztliche Qualifikation[27] strikt an die Richtlinien des Gemeinsamen Bundesausschusses gebunden. Das kann ihn in eine **erhebliche Pflichtenkollisionen** bringen.

42 Nach **Vertragsarztrecht** darf er eine neue Methode erst anwenden, wenn sie vom Gemeinsamen Bundesausschuss anerkannt und im Bundesanzeiger bekannt gemacht worden ist.[28] Alle anderen neuen Untersuchungs- und Behandlungsmethoden scheiden aus, die vom Gemeinsamen Bundesausschuss abgelehnten Methoden ebenso wie die Methoden, die noch nicht geprüft worden sind. Nach der zivilgerichtlichen Rechtsprechung zum **Arzthaftungsrecht** muss der Vertragsarzt jedoch nach medizinischem Standard behandeln und in eigener Verantwortung prüfen und entscheiden, ob die von ihm gewählte Behandlungsmethode dem medizinischen Standard entspricht. Ist das der Fall, und gibt es keine andere gleichwertige Therapie, ist er haftungsrechtlich verpflichtet, die neue Methode anzuwenden. Der Vertragsarzt befindet sich also in einer **Zwickmühle.** Nach Vertragsarztrecht darf er eine vom Gemeinsamen Bundesausschuss (noch) nicht anerkannte neue Methode nicht anwenden, selbst wenn sie dem medizinischen Standard entspricht. Nach Zivilrecht muss er es tun.[29]

3. Gegenüber den nichtärztlichen Leistungserbringern

43 In der rechtlichen Beurteilung der Auswirkungen der Richtlinien für die nichtärztlichen Leistungserbringer ist ein grundsätzlicher Wandel zu verzeichnen. Innerhalb dieser Gruppe ist zu differenzieren zwischen den Leistungserbringern, die durch Zulassung, Be-

---

[25] BT-Drucksache 15/1525, S. 107.

[26] Zur Rechtsstellung des Vertrags(zahn)arztes in der GKV vgl. auch *Sodan,* Bochumer Schriften zum Sozialrecht, Band 6, S. 185.

[27] BSG, SozR 3–2500 § 135 Nr. 21.

[28] BSG, SozR 3–2500 § 92 Nr. 12.

[29] Zu allem u. a. *Schimmelpfeng-Schütte* MedR 2002, 286 mwN.

teiligung, Ermächtigung oder Vertrag in die GKV einbezogen sind (z.B. Masseure, Krankengymnasten, Logopäden) und den Leistungserbringern, die rechtlich nur in mittelbaren Beziehungen zu den Krankenkassen stehen (z.B. die Arzneimittelhersteller). Allgemein anerkannt ist, dass die Richtlinien Handlungsanweisungen nur an ihre **unmittelbaren Adressaten** enthalten. Hat ein nichtärztlicher Leistungserbringer bestimmte Richtlinien bei seiner Zulassung, Beteiligung oder im Vertrag als bindend anerkannt, so ist er unmittelbar an sie gebunden. Ist das aber nicht der Fall, haben die Richtlinien für ihn keine unmittelbare rechtliche Wirkung. Sie können aber sehr wohl ganz erhebliche mittelbare wirtschaftliche Bedeutung für ihn haben.

44 Zunächst hat das BSG diesen **mittelbaren Auswirkungen** nur vereinzelt rechtliche Bedeutung beigemessen.[30] Im Jahr 1988[31] hat es den Anspruch eines **Arzneimittelherstellers** gegen den Bundesausschuss auf Änderung der Arzneimittel-Richtlinien ebenso verneint wie zwei Jahre später[32] den Anspruch eines staatlich anerkannten **Masseurs und medizinischen Bademeisters** auf Änderung der Heil- und Hilfsmittel-Richtlinien. Ebenfalls im Jahr 1990[33] wurde der Anspruch einer **Herstellerin von Hustensaft** auf Änderung der Arzneimittel-Richtlinien abgelehnt, weil kein besonderes Rechtsverhältnis im System der GKV bestehe wie etwa aus einer Mitgliedschaft, Zulassung, Beteiligung, Ermächtigung oder einem Vertrag und sich ein Anspruch auch nicht aus dem Grundrecht der Berufsfreiheit oder aus der Gewährleistung des Eigentums ergebe.

45 Das BVerfG hat diese Rechtsauffassung nicht geteilt. Seine Entscheidung vom 25. 2. 1999[34] betraf die Verfassungsbeschwerde mehrerer **Pharmaunternehmen.** Nach Auffassung des BVerfG liegt ein Eingriff in die Berufsfreiheit nicht erst dann vor, wenn die berufsregelnde Maßnahme unmittelbare Wirkung entfaltet, sondern schon dann, wenn die Maßnahme in einem engen Zusammenhang mit der Berufsausübung steht und, wie die Veröffentlichung einer Präparatsübersicht, objektiv eine berufsregelnde Tendenz hat. In seiner **Diätassistenten**-Entscheidung vom 28. 6. 2000[35] hat sich der 6. Senat des BSG nun zu Recht ausdrücklich dieser Auffassung angeschlossen. Der 3. Senat des BSG ist dem in seinem Urteil vom 31. 8. 2000[36] zur Eintragung von **Magnetfeldtherapie-Geräten in das Hilfsmittelverzeichnis** gefolgt.

46 Dieselbe Auffassung lag einigen bedeutsamen **kartellrechtlichen Entscheidungen** der Zivilgerichte zugrunde. So hat das OLG München in seinem Urteil vom 11. 11. 1999[37] ebenfalls in diesem Sinne über die wettbewerbs- und kartellrechtliche Zulässigkeit der Arzneimittel-Richtlinien entschieden, mit denen der Bundesausschuss der Ärzte und Krankenkassen bestimmte Präparate von der Verordnungsfähigkeit ausgeschlossen hatte: Auch wenn das klagende **Pharmaunternehmen** von dem Ausschluss seiner Produkte in den Arzneimittel-Richtlinien nicht unmittelbar, sondern nur mittelbar betroffen sei, bestehe doch ein Anspruch aus § 1 UWG. Denn es bestehe die Gefahr, dass bei den verbliebenen Arzneimitteln wegen des reduzierten Wettbewerbsdrucks bestehende Preisgestaltungsräume nicht zu Preissenkungen genutzt werden könnten. Der Bundesausschuss werde mit den Arzneimittel-Richtlinien bewusst, und zwar in Überschreitung seiner Kompetenzen nach § 12 Abs. 1, 31 Abs. 1, § 34, § 92 Abs. 1 SGB V zu Zwecken des Wettbewerbs tätig.

47 Politische Konsequenz dieser zivilgerichtlichen Rechtsprechung war eine **Ausschaltung der Zivilgerichtsbarkeit für Streitigkeiten aus dem Wettbewerbs- und**

[30] Vgl. BSG 14. 6. 1995 NZS 1995, 502 und BSG 16. 7. 1996 BSGE 79, 41.
[31] BSG 20. 9. 1988 BSGE 64, 78 = SozR 1500 § 51 Nr. 50.
[32] BSG 1. 10. 1990 BSGE 67, 251 = SozR 3–2500 § 92 Nr. 2.
[33] BSG 1. 10. 1990 „Die Leistungen" 1992, 315 = USK 90107.
[34] BVerfG 25. 2. 1999 NZS 1999, 338.
[35] BSG 28. 6. 2000 BSGE 86, 223 = SozR 3–2500 § 92 Nr. 11.
[36] BSG 31. 8. 2000 BSGE 87, 105 = SozR 3–2500 § 139 Nr. 1.
[37] Az.: U (K) 4428/99 nicht veröffentlicht.

Kartellrecht im Verhältnis zu den Leistungserbringern durch das GKV-2000 vom 22. 12. 1999 (BGBl. I S. 2626). Ihre bisher bestehende ausschließliche Zuständigkeit für kartellrechtliche Rechtsstreitigkeiten wurde geändert. Über Streitigkeiten, die in Angelegenheiten nach dem SGB V entstehen, entscheiden nach § 69 SGB V i. d. F. des GKV-2000 ab 1. 1. 2000 die Gerichte der Sozialgerichtsbarkeit, und zwar ausschließlich nach den Vorschriften der §§ 63, 64, 69ff. SGB V, dem Krankenhausfinanzierungsgesetz und den hiernach erlassenen Rechtsvorschriften. Gemäß § 51 Abs. 2 Satz 2 SGG idF GKV-2000 finden die **§§ 87 und 96 GWB** ab diesem Zeitpunkt keine Anwendung mehr. Dementsprechend haben sowohl der BGH mit Beschluss vom 14. 3. 2000[38] als auch das BSG mit Urteil vom 25. 9. 2000[39] entschieden, dass ab 1. 1. 2000 für entsprechende Streitigkeiten die Sozialgerichte zuständig sind. Die Ausschaltung der zivilgerichtlichen Rechtsprechung geht ganz offensichtlich auf die Kritik des früheren Bundesausschusses der Ärzte und Krankenkassen an den wettbewerbsrechtlichen Entscheidungen der Zivilgerichte zurück, die sich der Gesetzgeber zu eigen gemacht hat. Er hat nun Vorsorge getroffen, dass künftig das BSG als letzte Instanz über die Wettbewerbsfragen der GKV entscheidet.

48 Weitere Konsequenz war der **materiell-rechtliche Ausschluss des deutschen Wettbewerbs- und Kartellrechts** im Verhältnis zu den Leistungserbringern.[40] Nach Auffassung des BSG im Urteil vom 25. 9. 2001[41] ist auf die Beziehungen der Krankenkassen zu den Leistungserbringern seit dem 1. 1. 2000 das nationale Wettbewerbsrecht (GWB und UWG) auch materiell-rechtlich nicht mehr anwendbar. Der Wegfall wettbewerbsrechtlicher Unterlassungsansprüche führe aber nicht dazu, dass die Leistungsanbieter keine Abwehransprüche gegen diskriminierendes Verhalten der Krankenkassen gelten machen könnten. Nach der Rechtsprechung des BSG können Unterlassungsansprüche nun auf die Verletzung der Art. 12 und 3 GG gestützt werden.

49 Insgesamt lässt sich feststellen, dass die Beziehungen der nichtärztlichen Leistungserbringer gegenüber den Richtlinien des Gemeinsamen Bundesausschusses gemessen an deren wirtschaftlichen Bedeutung für diesen Personenkreis im Gesetz **nicht angemessen geregelt** sind. Die Richtlinien steuern über die Regelung der Verordnungsfähigkeit auch den Leistungsumfang vieler nichtärztlicher Leistungserbringer, weil sie von der ärztlichen Verordnung abhängig sind. Gleichwohl haben die nichtärztlichen Leistungserbringer im Gemeinsamen Bundesausschuss weder Stimmrechte noch Beteiligungsrechte. Ihnen wird lediglich ein **Recht zur Stellungnahme** zu den Richtlinien eingeräumt, die dann in die Entscheidungen des Gemeinsamen Bundesausschusses einbezogen werden soll (z. B. für Hebammen und Entbindungspfleger § 92 Abs. 1b; für pharmazeutische Unternehmer und Apotheker § 92 Abs. 3a; für Leistungserbringer von Heilmitteln § 92 Abs. 6 Satz 2; für Leistungserbinger von Hilfsmitteln und Hilfsmittelhersteller § 92 Abs. 7a Satz 1 SGB V).

4. Gegenüber den Versicherten

50 Die bindende Wirkung der Richtlinien gegenüber den Versicherten ist nach wie vor höchst umstritten. Sie ist durch die **Einfügung des § 91 Abs. 9 SGB V durch das GMG keinesfalls geklärt** worden. Denn § 91 Abs. 9 SGB V bestimmt lediglich, dass die Beschlüsse des Gemeinsamen Bundesausschusses für die Versicherten verbindlich sind. An den rechtsstaatlichen und demokratischen Defiziten einer Normsetzungsbefugnis des Gemeinsamen Bundesausschusses gegenüber den Versicherten hat sich gegenüber den frühe-

---

[38] BGH 14. 3. 2000 EBE/BGH 2000, 130 = NJW 2000, 1058. Vgl. aber BGH 26. 11. 2002 NJW 2003, 1192: Wendet sich eine KK mit einer Presseerklärung gegen ein von ihr beanstandetes Verhalten einer KV, ist für die Unterlassungsklage der KV nach wie vor der Rechtsweg zu den ordentlichen Gerichten eröffnet.

[39] BSG 25. 9. 2001 BSGE 89, 24 = SozR 3–2500 § 69 Nr. 1.

[40] Zum europäischen Wettbewerbsrecht: EuGH 16. 3. 2004, C-264/01, C-306/01, C-354/01 und C-355/01 (noch nicht veröffentlicht).

[41] BSG 25. 9. 2001 BSGE 89, 24 = SozR 3–2500 § 69 Nr. 1.

ren Bundesausschüssen nichts geändert. Das Gegenteil ist der Fall. Die Defizite haben sich durch die Konzentration der bisherigen Bundesausschüsse zu einem Gemeinsamen Bundesausschuss und die Zuweisung weiterer Aufgaben an den Gemeinsamen Bundesausschuss eher verschärft. Die **verfassungsrechtliche Problematik der Normsetzungsbefugnis** des Gemeinsamen Bundesausschusses gegenüber den Versicherten muss daher weiterhin als ungeklärt angesehen werden. Die Entscheidung des **BVerfG in dem Verfahren Az.: 1 BvR 347/98** bleibt abzuwarten.

51 Das BSG hat den Richtlinien der Bundesausschüsse nach § 368p RVO lange Zeit keine bindende Wirkung gegenüber den Versicherten beigemessen. So hat es z.B. im Urteil vom 22. 7. 1981[42] bei der Ablehnung einer Heilmethode in den Richtlinien des Bundesausschusses ausgeführt: Die Krankenkasse sei im Verhältnis zu ihren Vertragspartnern zwar verpflichtet, die Leistung gegenüber dem Versicherten abzulehnen. Das gelte aber nur dann, wenn der Versicherte nicht nachweisen könne, dass in seinem Fall die Anspruchsvoraussetzungen vorlägen. Nach dieser Rechtsprechung hatten die **Richtlinien keine normative Wirkung für die Versicherten.** Sie hatten **über das Gleichbehandlungsgebot des Art. 3 Abs. 1 GG lediglich eine mittelbare Bedeutung** für die Versicherten, weil die Richtlinien von den Krankenkassen faktisch beachtet und angewandt werden. Diese Rechtsprechung gewährleistete viele Jahrzehnte lang die Symmetrie zwischen Leistungsrecht und Leistungserbringungsrecht. Sie stellte einerseits die Gleichbehandlung der Versicherten sicher, machte es andererseits aber auch möglich, die individuellen Besonderheiten eines konkreten Behandlungsfalles zu berücksichtigen. Entsprechend Art. 3 Abs. 1 GG wurde Gleiches gleich und Ungleiches ungleich behandelt. Auf diese Weise konnte den Rechten des Versicherten aus Art. 2 Abs. 2 Satz 1 GG ebenso Rechnung getragen werden wie der ärztlichen Therapiefreiheit, der Methodenvielfalt und einer Entwicklungsoffenheit im medizinischen Bereich.

52 Nachdem diese Rechtsprechung eine Ausgewogenheit zwischen Leistungsrecht und Leistungserbringungsrecht mehr als 40 Jahre sicherstellen konnte, hat der **6. Senat des BSG,** der Kassenarztsenat, mit seiner Methadon-Entscheidung vom 20. 3. 1996[43] eine völlige Kehrtwendung vollzogen. Er hat die Bundesausschüsse als Anstalten des öffentlichen Rechts qualifiziert, die mit den Richtlinien **bindendes Satzungsrecht** nicht nur für Vertragsärzte und Krankenkassen, sondern auch gegenüber den Versicherten setzen. Dem hat sich der **1. Senat,** der Senat für Krankenversicherungsrecht, in mehreren Urteilen vom 16. 9. 1997[44] im Ergebnis nicht nur angeschlossen, sondern ist noch einen gravierenden Schritt weitergegangen. Er hat entschieden, dass die Leistungspflicht der Krankenkassen für neue Untersuchungs- und Behandlungsmethoden solange ausgeschlossen ist, bis sie in den Richtlinien als zweckmäßig anerkannt worden sind. Der 1. Senat leitet diese Bindungswirkung im Gegensatz zum 6. Senat nicht aus einer Satzungsbefugnis der Bundesausschüsse ab. Er verleiht den Richtlinien vielmehr die Qualität von **Normsetzungsverträgen.** Die Richtlinien der Bundesausschüsse seien Teil eines umfassenden Gefüges untergesetzlicher Normen, die von den zur Sicherstellung der vertragsärztlichen Versorgung gebildeten Körperschaften der Krankenkassen und Ärzte auf Grund gesetzlicher Ermächtigung gemeinsam zu dem Zweck erlassen würden, die ambulante ärztliche Versorgung der Versicherten zu gewährleisten. Die dabei praktizierte Rechtssetzung durch Normsetzungsverträge zwischen Krankenkassenverbänden und KVen sowie durch die ergänzenden Regelungen ihrer gemeinsamen Gremien hätten in der GKV eine lange, in die vorkonstitutionelle Zeit zurückreichende Tradition. In seinem Urteil vom 9. 12. 1997[45] zu

---

[42] BSGE 52, 71.

[43] BSGE 78, 70.

[44] Vgl. z.B. BSGE 81, 54.

[45] BSGE 81, 240 = SozR 3–2500 § 27 Nr. 9; vgl. auch BSG 30. 9. 1999 SozR 3–2500 § 27 Nr. 11 zum Ausschluss der Schwellkörper-Autoinjektionstherapie (SKAT) durch die Arzneimittel-Richtlinien und BSG 16. 11. 1999 NJW 2000, 2765 zum Ausschluss der Fußpflege durch die Heil-

den Arzneimittel-Richtlinien hat der 1. Senat allerdings einschränkend betont, dass sich die Ermächtigung zur verbindlichen Regelung nur auf den Erlass von Vorschriften zur Sicherung einer ausreichenden, zweckmäßigen und wirtschaftlichen Arzneimittelversorgung bezieht, dem Bundesausschuss aber nicht die Befugnis gibt, selbst Inhalt und Grenzen des Arzneimittelbegriffs festzulegen. Wenig später hat der **6. Senat** des BSG mit Urteil vom 18. 3. 1998[46] eine Verbindlichkeit der Richtlinien gegenüber den Versicherten dann aus einer kontinuierlichen **ununterbrochenen Legitimationskette** abgeleitet. Wenn zwei Körperschaften zur Satzungsgebung legitimiert seien und verbindliche Richtlinien gegenüber ihren Mitgliedern treffen könnten, dann erstrecke sich die Bindungswirkung auch auf die Mitglieder der jeweils nachgeordneten Körperschaften. Daher könnte der Bundesausschuss Richtlinien mit bindender Wirkung sowohl für die KVen und ihre Mitglieder (die Vertragsärzte) als auch für die Krankenkassen und ihre Mitglieder (die Versicherten) erlassen.

53 Diese Rechtsprechung ist in Rechtswissenschaft und Rechtsprechung zu Recht auf **heftige Kritik** gestoßen.[47] Rechtswissenschaft und Rechtsprechung haben darauf hingewiesen, dass die Richtlinien gegenüber den Versicherten schon deshalb kein Satzungsrecht darstellen, weil die Satzungsautonomie nach der Rechtsprechung des BVerfG[48] auf die Regelung solcher Angelegenheiten begrenzt ist, die die betroffenen gesellschaftlichen Gruppen selbst betreffen und die sie in überschaubaren Bereichen am sachkundigsten beurteilen können. Die Richtlinien des Gemeinsamen Bundesausschusses gehen über diese Grenzen hinaus. Sie sind für die Versicherten **keine Selbstverwaltung, sondern „Fremdverwaltung".** Denn nach wie vor sind die Versicherten im Gemeinsamen Bundesausschuss nicht repräsentiert.

54 Gemäß § 140f SGB V sind nun zwar **Patientenorganisationen** im Gemeinsamen Bundesausschuss vertreten, die für die Wahrnehmung der Interessen der Patientinnen und Patienten und der Selbsthilfe chronisch kranker und behinderter Menschen einstehen. Patientenvertreter sind jedoch keine Repräsentanten der **Versicherten.** Sie werden nicht von den Versicherten gewählt, sondern von ihren Organisationen „benannt" (§ 141f Abs. 2 Satz 3 SGB V). Hinzu kommt ein Kontrollrecht des Gemeinsamen Bundesausschuss über die maßgeblichen Organisationen (§ 2 Patientenbeteiligungsverordnung vom 19. 12. 2003, BGBl. S. 2753). Schließlich sind die Patientenvertreter im Gemeinsamen Bundesausschuss nicht stimmberechtigt. Sie haben lediglich Beteiligungsrechte.

55 Der Aufgabenkatalog des Gemeinsamen Bundesausschusses, der nahezu die gesamte ambulante GKV umfasst, ist im Übrigen gegenüber den Versicherten **nicht satzungsfähig.** Die Satzungsautonomie taugt nicht zu einer Rechtsetzung beliebigen Ausmaßes. Vielmehr können anstaltliche Satzungen nach der **Wesentlichkeitstheorie** nur Regelungen ohne erhebliches Gewicht, nicht aber wesentliche Entscheidungen für wesentliche Lebensbereiche treffen. Das ist nach der verfassungsrechtlichen Wesentlichkeitstheorie je nach der Bedeutung der Regelung dem Gesetz- oder Verordnungsgeber vorbehalten. Nach der Wesentlichkeitstheorie darf der Staat seine Normsetzungsbefugnis nicht in beliebigem Umfang außerstaatlichen Stellen überlassen. Er ist als Gesetzgebungsorgan gewählt und muss seine parlamentarische Verantwortung wahrnehmen, auch wenn er Gefahr läuft, wegen unpopulärer Entscheidungen nicht wiedergewählt zu werden. Der Staat darf seine Normset-

---

und Hilfsmittel-Richtlinien sowie BSG 3. 4. 2001 BSGE 88, 51 = SozR 3–2500 § 27a Nr. 2 und BSGE 88, 62 = SozR 3–2500 § 27a Nr. 3 zum Ausschluss der intracytoplasmatischen Spermainjektion (ICSI).

[46] SozR 3–5520 § 24 Nr. 3.

[47] LSG Niedersachsen 23. 2. 2000 Breith. 2000, 525 zum Ausschluss der intracytoplasmatischen Spermainjektion (ICSI) durch die Richtlinien zur künstlichen Befruchtung und LSG Niedersachsen-Bremen vom 16. 7. 2003 Breith 2003, 769 zu Viagra; *Schimmelpfeng-Schütte* NZS 1999, 530 mwN aus Rechtsprechung und Rechtswissenschaft; *dies.,* Bochumer Schriften zum Sozialrecht, Band 6, S. 73.

[48] BVerfGE 33, 125.

zungsbefugnis nicht in beliebigem Umfang außerstaatlichen Stellen überlassen und sich damit seiner parlamentarischen Verantwortung entziehen.[49]

56 Für die Rechtsetzung durch sog. Legitimationsketten und durch Normsetzungsverträge gilt Entsprechendes. Voraussetzung für Letzteres ist eine **wirksame Verbindlichkeitserklärung,** die hier fehlt. Sie würde zumindest voraussetzen, dass der von der Regelung betroffene Personenkreis das Recht und die tatsächliche Möglichkeit hat, durch demokratisch gewählte Vertreter an dem Abschluss der Normsetzungsverträge mitzuwirken. Das ist bei den Patientenvertretern im Gemeinsamen Bundesausschuss jedoch nicht der Fall.

57 Die Rechtsprechung des BSG hat Konsequenzen, die über die bisherigen Strukturreformen des Gesetzgebers weit hinausgehen. Sie hat entscheidend dazu beitragen, dass der Gemeinsame Bundesausschuss zum **Machtzentrum der GKV** schlechthin werden konnte. Darüber hinaus hat die Rechtsprechung des BSG die dynamische GKV in eine Katalog-Krankenversicherung umgewandelt. Weder die RVO noch das SGB V haben einen Krankheitsbegriff vorgegeben. Bislang ist der **Krankheitsbegriff** der GKV stets dynamisch, d.h. offen, definiert worden. Unter Krankheit iSd GKV wird ein regelwidriger, d.h. vom Leitbild des gesunden Menschen abweichender Körper- oder Geisteszustand verstanden, der die Notwendigkeit einer ärztlichen Heilbehandlung und/oder Arbeitsunfähigkeit zur Folge hat. Behandlungsbedürftigkeit liegt vor, wenn nach den Regeln der ärztlichen Kunst, gemessen an dem jeweiligen Stand der medizinischen Wissenschaft, eine Behandlung zur Heilung, Besserung oder Verhütung einer Verschlimmerung des anomalen Zustandes oder von Krankheitsbeschwerden möglich ist.[50] Die Dynamik des Krankheitsbegriffes hat es der GKV ermöglicht, die vielfältigsten Lebenssachverhalte zu erfassen und medizinischen Fortschritt einzubeziehen. Seit den 70er Jahren hat der Gesetzgeber zwar immer wieder versucht, die sog. Kostenexplosion der GKV durch Gesetzesänderungen in den Griff zu bekommen. Trotz erheblichen Kostendrucks hat er es aber vermieden, die dynamische GKV kraft Gesetzes in eine statische Krankenversicherung umzuwandeln, d.h. in eine Krankenversicherung, für die feste **Leistungskataloge** gelten. Eine solche Umwandlung setzt eine allgemeine Debatte voraus, die der Gesetzgeber bislang offensichtlich nicht führen will. Diese Arbeit hat ihm das BSG abgenommen. Durch seine Rechtsprechung, die die Leistungspflicht der Krankenkassen für neue Untersuchungs- und Behandlungsmethoden ausnahmslos von der Anerkennung durch den Gemeinsamen Bundesausschuss abhängig macht, hat sich **die dynamische GKV ohne entsprechende Gesetzesreform und damit ohne Verantwortlichkeit des parlamentarischen Gesetzgebers in eine statische Krankenversicherung** umgewandelt, deren Leistungspflicht in Leistungskatalogen festgelegt ist. Das widerspricht den demokratischen und rechtsstaatlichen Prinzipien unserer Verfassung.

Daher erscheint es richtig, nach wie vor der früheren Rechtsprechung des BSG zu folgen und die Richtlinien des Gemeinsamen Bundesausschusses gegenüber den Versicherten als **Empfehlungen** zu qualifizieren. Sie haben über die Selbstbindung der sie anwendenden Krankenkassen, d.h. über Art. 3 Abs. 1 GG, eine lediglich mittelbare Wirkung für die Versicherten.[51]

58 Dem widerspricht es nicht, dass die Richtlinien gegenüber den Vertragsärzten bindend sind. Vielmehr ergibt der **Kostenerstattungsanspruch des § 13 Abs. 3 Satz 1 SGB V** nur dann einen Sinn, wenn die Richtlinien einerseits gegenüber den Versicherten und andererseits gegenüber den Vertragsärzten unterschiedliche Wirkungen haben. § 13 Abs. 3 Satz 1 SGB V setzt voraus, dass der Vertragsarzt eine nicht abrechnungsfähige Leistung erbracht hat, die gleichwohl in die Leistungspflicht der Krankenkasse fällt. Das ist logisch nur möglich, wenn die Richtlinien für Vertragsarzt und Versicherten nicht in gleicher Weise

---

[49] BVerfGE 44, 322.
[50] Zu allem z.B. *Krauskopf,* Krankenversicherung, § 27 SGB V, Rdn. 4ff. m.w.N.
[51] So LSG Niedersachsen 23. 2. 2000 Breith. 2000, 525.

bindend sind. Sinn und Zweck des Kostenerstattungsanspruchs nach § 13 Abs. 3 Satz 1 SGB V ist es, in besonderen Fällen Leistungen zu ermöglichen, die im Vertragsarztrecht einschließlich der Richtlinien des Gemeinsamen Bundesausschusses nicht vorgesehen sind. § 13 Abs. 3 Satz 1 SGB V ermöglicht über die Kostenerstattung den Schutz des Lebens und der körperlichen Unversehrtheit des Versicherten (Art. 2 Abs. 2 Satz 1 GG). Zugleich ist § 13 Abs. 3 Satz 1 SGB V die Lösung, die unsere Rechtsordnung anbietet, um unausweichliche und rechtsstaatswidrige Pflichtenkollisionen für den Vertragsarzt zu vermeiden.

5. Gegenüber den Krankenkassen

59 Im Verhältnis zu den Krankenkassen sind die Richtlinien nach allgemeiner Ansicht **bindendes Recht.**[52] Werden die Richtlinien des Gemeinsamen Bundesausschusses gegenüber den Versicherten aber als Empfehlungen fachkundiger Gremien eingestuft, dann kann eine Bindungswirkung gegenüber den Krankenkassen nur bedeuten, dass sie bei der Leistungsgewährung gegenüber den Versicherten **lediglich grundsätzlich** an die Richtlinien gebunden sind. Die Richtlinien des Gemeinsamen Bundesausschusses sind der Maßstab ihres Verwaltungshandelns nach Art. 3 Abs. 1 GG. Die Krankenkassen müssen nach Art. 3 Abs. 1 GG Gleiches gleich, d. h. gemäß den Richtlinien, und Ungleiches ungleich, d. h. in Abweichung von den Richtlinien, bescheiden. Das ist die Konsequenz aus der verfassungskonformen Interpretation der Richtlinienkompetenz des Gemeinsamen Bundesausschusses gemäß § 92 Abs. 1 SGB V.

6. Rechtsfolgen bei gesundheitsschädlichen Richtlinien

60 Die Bindungswirkung der Richtlinien gegenüber den Vertrags(zahn)ärzten beschränkt die (zahn)ärztliche **Therapiefreiheit.** Stellen sich die nach den Richtlinien vorgeschriebenen Untersuchungs- und Behandlungsmethoden im Nachhinein als gesundheitsschädlich heraus, können Schäden bei den Patienten auftreten. Nach der Rechtsprechung des BVerfG können daraus **Aufopferungsansprüche** des Betroffenen resultieren.[53] Im Rechtsstreit einer Versicherten auf volle Kostenübernahme bei Zahnersatz, der nach Angaben der betroffenen Klägerin wegen ihrer früherer Zahnersatzversorgung mit gesundheitsschädlichem Material erforderlich geworden war, hat sich das BSG dieser Auffassung angeschlossen. Es hat entschieden, dass dem Versicherten unter bestimmten Voraussetzungen ein Aufopferungsanspruch gegen seine Krankenkasse zusteht, wenn der behandelnde Vertragszahnarzt bei Einhaltung der Regeln der zahnärztlichen Kunst nach den Richtlinien nur eine bestimmte Untersuchungs- oder Behandlungsmethode anwenden durfte und dadurch die Gesundheit des Versicherten geschädigt worden ist.[54]

V. Der Gemeinsame Bundesausschuss im sozialgerichtlichen Verfahren

1. Beteiligtenfähigkeit des Gemeinsamen Bundesausschusses

61 Zu den Streitigkeiten in Angelegenheiten der gesetzlichen Krankenversicherung nach § 51 Abs. 1 Nr. 2 SGG, über die die Gerichte der Sozialgerichtsbarkeit entscheiden, gehören auch die Entscheidungen des Gemeinsamen Bundesausschusses. Nach § 91 Abs. 1 Satz 2 SGB V ist der Gemeinsame Bundesausschuss rechtsfähig. Im sozialgerichtlichen Verfahren ist er nach § 70 Nr. 1 SGG **beteiligtenfähig.**[55]

---

[52] BSG 30. 5. 1969 BSGE 29, 254 = SozR Nr. 6 zu § 368g RVO.

[53] BVerfG 14. 8. 1998 NJW 1999, 857.

[54] BSG 6. 10. 1999 SozR 3–2500 § 30 Nr. 10.

[55] Vgl. zum früheren Bundesausschuss der Ärzte und Krankenkassen: BSG 20. 9. 1988 BSGE 64, 78 = SozR 1500 § 51 Nr. 50.

Klagt ein **Leistungserbringer** auf Aufhebung oder Änderung einer Richtlinie des Gemeinsamen Bundesausschusses, so ist diese Klage gegen den Gemeinsamen Bundesausschuss zu richten. Da die Beschlüsse des Gemeinsamen Bundesausschusses keine Verwaltungsakte sind, ist richtige Klageart in diesen Fällen die **echte Leistungsklage** nach § 54 Abs. 5 SGG.[56] Für Klagen gegen die Zusammenstellung der Arzneimittel nach § 92 Abs. 2 SGB V gelten nach § 92 Abs. 3 SGB V die Vorschriften über die **Anfechtungsklage** mit den dort geregelten Einschränkungen. Ob in Fällen dieser Art auch Vertragsärzte oder (nur) die betroffenen Anhörungsberechtigten klagebefugt sind, erscheint angesichts der fehlenden Normenkontrollklage im Sozialgerichtsverfahren in der Literatur problematisch.[57] **62**

Begehrt ein **Versicherter** eine Leistung, die vom Gemeinsamen Bundesausschuss nicht anerkannt ist, wird er regelmäßig (außer bei Ermessensleistungen) **eine Anfechtungs- und Leistungsklage** nach § 54 Abs. 1, Abs. 4 SGG gegen den ablehnenden Bescheid/Widerspruchsbescheid seiner Krankenkasse erheben. In diesen Verfahren ist der Gemeinsame Bundesausschuss nicht nach § 75 Abs. 2 SGG notwendig beizuladen, weil keine Identität des Streitgegenstandes im Verhältnis Versicherter/Krankenkasse zum Gemeinsamen Bundesausschuss besteht. Die Richtlinienkompetenz des Gemeinsamen Bundesausschusses ist lediglich eine – wenn auch wichtige – Vorfrage der Entscheidung.[58] **63**

2. Rechtswegfragen

Durch das GKV – 2000 vom 22. 12. 1999 (BGBl. I S. 2626) ist mit Wirkung vom 1. 1. 2000 die Vorschrift des § 51 Abs. 2 Satz 2 SGG eingefügt worden, wonach die **§§ 87 und 96 UWG** keine Anwendung finden. Damit ist für Wettbewerbsstreitigkeiten nicht mehr die Zivilgerichtsbarkeit, sondern die Sozialgerichtsbarkeit zuständig. Mit dieser Zuständigkeitsänderung ist die Hoffnung des Gesetzgebers verknüpft, die Position des Gemeinsamen Bundesausschusses zu stärken und Entscheidungen wie die des OLG München vom 11. 11. 1999[59] zu vermeiden. **64**

VI. Die Landesausschüsse

1. Entstehungsgeschichte

a) Rechtslage bis 1945. Schon die **VO über Ärzte und Krankenkassen vom 30. 10. 1923** (RGBl. I S. 1051) sah in § 7 Satz 1 die Möglichkeit der Bildung von Landesausschüssen für Ärzte und Krankenkassen vor. Auf gemeinsamen Antrag konnte die oberste Verwaltungsbehörde unparteiische Mitglieder in den Landesausschuss entsenden, für den dann die Vorschriften des Reichsausschusses galten. **Landesausschüsse und Reichsausschuss waren miteinander verzahnt.** Nach § 8 Satz 1 der VO vom 30. 10. 1923 konnten die Landesausschüsse einerseits Richtlinien aufstellen, die die Richtlinien des Reichsausschusses ergänzten. Wenn es nach den besonderen Verhältnissen des Landes nötig war, waren nach § 8 Satz 2 auch abweichende Richtlinien möglich. Im Falle des Fehlens einer zentralen Festsetzung der ärztlichen Vergütung trat der Landesausschuss für seinen Landesbezirk an die Stelle des Reichsausschusses (§§ 6, 9). Andererseits hatte der Reichsausschuss gegenüber den Richtlinien eines Landesausschusses ein Beanstandungsrecht (§ 8 Satz 3). **65**

Für die Einrichtung von Landesausschüssen bestand damals offensichtlich kein nennenswerter Bedarf. Nur **Bayern** und **Baden** machten von der Möglichkeit der Einsetzung von **66**

---

[56] BSG 1. 10. 1990 USK 90 107.

[57] *Krauskopf,* a. a. O. § 92 Rdn. 15 f.

[58] LSG Niedersachsen 23. 2. 2000 Breith. 2000, 525.

[59] U (K) 4428/99 nicht veröffentlicht.

Landesausschüssen Gebrauch.[60] Der Bayerische Landesausschuss ist durch Verordnung vom 31. 3. 1934 ausdrücklich aufgehoben worden. Der Badische Landesverband übte seit 1933 keine Tätigkeit mehr aus.

67 **b) Rechtslage nach 1945.** Nach dem 2. Weltkrieg gab es bis zum Inkrafttreten des GKAR am 18. 8. 1955 keine Landesausschüsse. Gemäß dem förderalistischen Aufbau der Bundesrepublik Deutschland sah das **GKAR vom 17. 8. 1955** (BGBl. I S. 513) in § 368 o Abs. 1 RVO neben den Bundesausschüssen auch Landesausschüsse der Ärzte (Zahnärzte) und Krankenkassen vor. Ihre Zusammensetzung entsprach der der Bundesausschüsse.

68 Die Landesausschüsse hatten nach § 368 q RVO verschiedene **Aufgaben.** Zum einen sollten sie die bezirkliche und örtliche enge Zusammenarbeit zwischen Ärzten und Krankenkassen sowie das Zusammenwirken des vertrauensärztlichen Dienstes mit Ärzten und Krankenkassen fördern. Darüber hinaus konnten sie für ihren Bezirk Richtlinien aufstellen, die diejenigen der Bundesausschüsse nach den bezirklichen Bedürfnissen ergänzten. Einer besonderen **Genehmigung** bedurften diese Richtlinien im Gegensatz zu früherem Recht nicht. Es bestand auch kein **Beanstandungsrecht,** weder eines Bundesausschusses noch des BMA oder des BMG. Den zuständigen obersten Verwaltungsbehörden der Länder oblag nach § 368 o Abs. 6 Satz 1 lediglich die Aufsicht über die Geschäftsführung der Landesausschüsse. Schließlich sollten die Landesausschüsse Anregungen geben für die Durchführung von Maßnahmen nach § 187 Nrn. 2 und 4 RVO (Fürsorge für Genesende und Krankheitsverhütung) und für die Zusammenarbeit der KVen und der Krankenkassen mit den übrigen Trägern der Sozialversicherung und den Gesundheitsämtern auf dem Gebiet der allgemeinen Krankheitsverhütung und der Gesundheitspflege.

2. Das SGB V

69 Das **GRG** regelte die Landesausschüsse mit Wirkung vom 1. 1. 1990 in § 90 SGB V. § 90 SGB V ist an die Stelle der Vorgängervorschriften der § 368 o Abs. 1 Satz 1, Abs. 2, 4, 5 und 6 Satz 1, § 368 q RVO getreten. § 90 SGB V ist bis heute im Wesentlichen unverändert geblieben. Das GMG vom 23. 11. 2003 enthält keine Regelungen in Bezug auf die Landesausschüsse.

70 **a) Organisation.** Hinsichtlich der **Besetzung** der Landesausschüsse hat § 90 SGB V gegenüber § 368 o Abs. 2 Satz 1 RVO die Zahl der Ausschussmitglieder durch Einbeziehung der Ersatzkassenvertreter von 15 auf **19 Mitglieder** erhöht. Jeder Landesausschuss war und ist bis heute ebenso wie der GemBA mit drei Unparteiischen und paritätisch mit Vertretern der (Zahn)Ärzten und Krankenkassen besetzt. Im Unterschied zum GemBA haben die Landesausschüsse aber nicht 21, sondern nur 19 Mitglieder, weil die knappschaftliche Krankenversicherung nicht vertreten ist. Die **Organisation** der Landesausschüsse entspricht der Organisation des Gemeinsamen Bundesausschusses. Auf die Unparteiischen sollen sich die K(Z)V und die Krankenkassenverbände einigen. Im Falle der Nichteinigung nimmt die Berufung die für die Sozialversicherung zuständige oberste Verwaltungsbehörde des Landes im Benehmen mit der K(Z)V und den Landesverbänden der Krankenkassen vor. Die Vertreter der (Zahn)Ärzte und der Krankenkassen werden durch ihre entsendenden Organisationen bestellt.

71 **b) Aufgaben.** Die Kompetenzen der Landesausschüsse haben sich gegenüber der RVO-Regelung entscheidend geändert. Im Unterschied zu § 368 q RVO haben sie kein Auswahlermessen mehr hinsichtlich ihrer Tätigkeiten. Vielmehr bestimmen sich ihre Aufgaben gemäß § 90 Abs. 4 Satz 1 abschließend nach dem SGB V. Ihr Aufgabenbereich ist auf bestimmte Zuständigkeiten beschränkt. Hierzu gehören **Beratungs-, Empfehlungs- und Entscheidungskompetenzen.** Beiden Landesausschüssen, den ärztlichen und den zahnärztlichen, obliegt die Beratung der **Bedarfspläne** zur Sicherstellung der vertrags(zahn)ärztlichen Versorgung (§ 99 Abs. 3 SGB V iVm § 99 Abs. 1 SGB V) und die

---

[60] *Schraeder/Schulte/Brucker,* Krankenversicherung, 1931, S. 641.

Aufstellung und Fortentwicklung des Bedarfsplanes, wenn eine Einigung zwischen den K(Z)Ven, den Landesverbänden der Krankenkassen und den Verbänden der Ersatzkassen nicht zustande kommt (§ 99 Abs. 3 SGB V iVm § 99 Abs. 2 SGB V). Im ersten Fall haben die Landesausschüsse lediglich eine beratende Funktion, im zweiten Fall kommt ihren Entscheidungen die Funktion einer Schiedsentscheidung zu.[61] Die Landesausschüsse der Ärzte und Krankenkassen haben außerdem die Aufgabe festzustellen, dass in bestimmten Gebieten eines Zulassungsbezirks eine ärztliche **Unterversorgung** eingetreten ist oder eine **Unterversorgung** droht (§ 100 Abs. 1 SGB V). Ferner müssen sie Zulassungsbeschränkungen mit verbindlicher Wirkung für die Zulassungsausschüsse anordnen, wenn trotz Maßnahmen einer KV oder trotz anderer geeigneter Maßnahmen die Sicherstellung der vertragsärztlichen Versorgung nicht gewährleistet ist und die Unterversorgung auch nach Fristablauf andauert (§ 100 Abs. 2 SGB V). Schließlich obliegt ihnen die Feststellung, ob eine Überversorgung vorliegt (§ 103 Abs. 1 Satz 1, § 101 Abs. 5 Satz 5 SGB V). Ist das der Fall, dann hat der Landesausschuss der Ärzte und Krankenkassen nach den Vorschriften der Ärzte-ZV und unter Berücksichtigung der Richtlinien des Gemeinsamen Bundesausschusses Zulassungsbeschränkungen anzuordnen (§ 103 Abs. 1 Satz 1 SGB V).

3. Die Landesausschüsse im Verwaltungs- und Gerichtsverfahren

72 Die Landesausschüsse sind Organisationen der gemeinsamen Selbstverwaltung. Als solche sind sie nach allgemeiner Ansicht **Behörden** iSd § 1 Abs. 2 SGB X. Ihre Maßnahmen sind aber keine Verwaltungsakte, weil sie keine unmittelbaren Rechtswirkungen iSd § 31 Satz 1 SGB X nach außen entfalten. Sie sind zwar fähig, am sozialgerichtlichen Verfahren **beteiligt** zu sein, § 70 Abs. 4 iVm § 51 Abs. 2 Satz 1 Nr. 2 SGG. In einem Rechtsstreit eines Zahnarztes gegen den Berufungsausschuss auf Zulassung zur vertragszahnärztlichen Versorgung kann ein Landesausschuss daher Beteiligter sein. Für die Einlegung von **Rechtsmitteln** aber fehlt ihm die erforderliche materielle Beschwer. Denn den Landesausschüssen steht weder eine eigene Regelungshoheit zur Aufstellung von Bedarfsplänen zu, noch haben sie auf Grund einer normativen Regelung des Vertrags(zahn)arztrechts die Verantwortung oder Mitverantwortung für die rechtmäßige Durchführung der vertrags(zahn)ärztlichen Versorgung.[62] Ihre Maßnahmen sind daher auch nicht selbständig mit Rechtsbehelfen anfechtbar.

---

[61] BSG 3. 12. 1977 BSGE 81, 207 = SozR 3–2500 § 101 Nr. 2.
[62] BSG 3. 12. 1997 BSGE 81, 207 = SozR 3–2500 § 101 Nr. 2.

§ 8 Das Kollektivvertragsrecht in der vertragsärztlichen Versorgung

Schrifttum: *Axer,* Normsetzung der Exekutive in der Sozialversicherung, 2000; *ders.,* Gemeinsame Selbstverwaltung, in: FS 50 Jahre Bundessozialgericht, 2004, S. 339 ff.; *Becker,* Kooperative und konsensuale Strukturen in der Normsetzung, 2005; *Boerner,* Normenverträge im Gesundheitswesen, 2003; *Castendiek,* Der sozialversicherungsrechtliche Normsetzungsvertrag, 2000; *Ebsen,* Rechtsquellen, in: Schulin (Hrsg.), HS-KV, § 7; *ders.,* Phänomenologie und Problemfelder der Rechtsquellen, in: Schnapp (Hrsg.), Probleme der Rechtsquellen im Sozialversicherungsrecht, Teil I, 1998, S. 13 ff.; *Engelmann,* Untergesetzliche Normsetzung im Recht der gesetzlichen Krankenversicherung, NZS 2000, 1 ff., 76 ff.; *Flüchter,* Kollektivverträge und Konfliktlösungen im SGB V, 2000; *Hänlein,* Rechtsquellen im Sozialversicherungsrecht, 2001; *Heinze,* Die Vertragsstrukturen des SGB V, SGb 1990, 173 ff.; *Hufen,* Zur verfassungsrechtlichen Beurteilung der Gebietsabgrenzung Hausarzt/Facharzt in § 73 SGB V, 1997; *Joussen,* Die Legitimation zur Normsetzung in der Exekutiven, besonders im Vertragsarztrecht, durch Normenverträge, SGb 2004, S. 334 ff.; *Lepsius,* Verfassungsrechtliche und dogmatische Probleme der sachlich-rechnerischen Richtigstellung im Kassenarztrecht, VSSR 1998, 95 ff.; *Link/de Wall,* Verfassungsanforderungen an die Honorarverteilung im Vertragsarztrecht – insbesondere im Blick auf ärztliche Minderheitsgruppen, VSSR 2001, 69 ff.; *Neumann,* Einführung in das Tagungsthema: Ursprung und Ausstrahlung der Konflikte im untergesetzlichen Vertragsarztrecht, MedR 1996, 389 ff.; *Rompf,* Die Normsetzungsbefugnis der Partner der vertragsarztrechtlichen Kollektorverträge, VSSR 2004, S. 281 ff.; *Roters,* Die gebotene Kontrolldichte bei der gerichtlichen Prüfung der Richtlinien des Bundesausschusses der Ärzte und Krankenkassen, 2003; *Schirmer,* Verfassungsrechtliche Probleme untergesetzlicher Normsetzung im Kassenarztrecht, MedR 1996, 404 ff.; *Sicker,* Normenhierarchie im Arztrecht, 2005; *Sodan,* Normsetzungsverträge im Sozialversicherungsrecht, NZS 1998, 305 ff.; *Wahl,* Kooperationsstrukturen im Vertragsarztrecht, 2001; *Wimmer,* Rechtsstaatliche Defizite im vertragsärztlichen Berufsrecht, NJW 1995, 1577 ff.; *ders.,* Verfassungsrechtliche Anforderungen an untergesetzliche Rechtsetzung im Vertragsarztrecht, MedR 1996, 425 ff.; *ders.,* Grenzen der Regelungsbefugnis in der vertragsärztlichen Selbstverwaltung, NZS 1999, 113 ff.

Übersicht

I. Kollektivvertragliche Regelungen im Vertragsarztrecht

1 Verträge prägen das Vertragsarztrecht. In Verträgen regeln die Zusammenschlüsse der Ärzte und der Krankenkassen zur Erfüllung des Sicherstellungsauftrages die **Erbringung von Sach- und Dienstleistungen** durch „Vertragsärzte"[1] gegenüber den Versicherten. Im Rahmen der gesetzlichen Vorschriften und der Richtlinien des Gemeinsamen Bundesausschusses verpflichtet der Gesetzgeber die Kassenärztlichen Vereinigungen und die Verbände der Krankenkassen, die vertragsärztliche Versorgung durch schriftliche Verträge so zu regeln, „dass eine ausreichende, zweckmäßige und wirtschaftliche Versorgung der Versicherten unter Berücksichtigung des allgemein anerkannten Standes der medizinischen Erkenntnisse gewährleistet ist und die ärztlichen Leistungen angemessen vergütet werden".[2]

2 Beruhte in den Anfangstagen der gesetzlichen Krankenversicherung die ärztliche Leistungserbringung auf einem zwischen Arzt und Krankenkasse geschlossenen **Individualvertrag,** so verloren einzelvertragliche Regelungen in der Folgezeit an Bedeutung zugunsten von Kollektivvereinbarungen. Beginnend mit dem Berliner Abkommen von 1913, den Verordnungen der Reichsregierung von 1923/24 und den Notverordnungen von 1931/32 etablierte sich im Vertragsarztrecht der **Kollektivvertrag** als Steuerungsinstrument.[3] An das insbesondere in der Weimarer Zeit ausgeformte kollektivvertragliche Regelungssystem knüpfte die Bundesrepublik nach dem 2. Weltkrieg an und baute es in der Folgezeit aus.[4] Das hochentwickelte Kollektivvertragssystem des Vertragsarztrechts hatte Vorbildfunktion für die Regelung der Leistungserbringung in anderen Bereichen der gesetzlichen Krankenversicherung[5] und beeinflusste die Ausgestaltung der Leistungserbringung in der sozialen Pflegeversicherung.[6]

3 Mit der Stärkung kollektivvertraglicher Elemente in der vertragsärztlichen Versorgung einher ging die Verlagerung der Rechtsbeziehungen zwischen Arzt und Krankenkassen vom Privatrecht in das Öffentliche Recht. Waren die Individualverträge und das Berliner Abkommen von 1913 noch dem Privatrecht zuzuordnen, wurden mit den Verordnungen der Reichsregierung von 1923/24 und den Notverordnungen von 1931/32 die Rechtsbeziehungen zwischen Arzt und Krankenkassen zunehmend in das Öffentliche Recht überführt. Allgemeiner Ansicht entspricht es inzwischen, die Kollektivverträge des Vertragsarztrechts von ihrer Rechtsnatur her als **öffentlich-rechtlich** anzusehen.[7]

4 Mit der Ermächtigung von Ärzten und Krankenkassen, die vertragsärztliche Leistungserbringung gemeinsam zu regeln, verfolgt der Gesetzgeber das Ziel einer effektiven und effizienten ärztlichen Versorgung. Indem er sich des Sachverstandes der Beteiligten bedient und sie verpflichtet, ihre oftmals gegensätzlichen Interessen mittels Vertrag auszugleichen,

---

[1] Zum Begriff „Vertragsarzt", der den früher gebräuchlichen des Kassenarztes ersetzt: *Hess* VSSR 1994, 395 ff.; *Oldiges* VSSR 1994, 381 ff.; *Schulin* VSSR 1994, 357 ff.; *Tiemann* VSSR 1994, 407 ff.

[2] § 72 Abs. 2 SGB V.

[3] Zur geschichtlichen Entwicklung statt vieler: *Axer,* in: FS 50 Jahre Bundessozialgericht, 2004, S. 339 (342 ff.); *Schneider,* Handbuch des Kassenarztrechts, 1994, Rdn. 16 ff.; *Schmitt,* Leistungserbringung durch Dritte im Sozialrecht, 1986, S. 123 ff.; siehe auch oben § 1.

[4] Überblick bei *Schneider,* Handbuch des Kassenarztrechts, 1994, Rdn. 112 ff.; siehe auch oben § 1.

[5] Vgl. *Heinze* SGb 1990, 173 ff.; *Schmitt,* in: Schulin (Hrsg.), HS-KV, § 30 Rdn. 1 ff.; *Sodan* NZS 1998, 305 (306 f.).

[6] Zum Vertragsrecht der Pflegeversicherung: *Neumann,* in: Schulin (Hrsg.), HS-PV, § 21; *ders.,* Normenvertrag, Rechtsverordnung oder Allgemeinverbindlichkeitserklärung, 2002; *Udsching* NZS 1999, 473 ff.; siehe auch *Kessler-Jensch,* Die Richtlinien im SGB XI, 2004.

[7] Statt vieler: *Boerner,* Normenverträge im Gesundheitswesen, S. 109 ff.; *KassKomm-Hess,* § 82 SGB V Rdn. 7, 9; *Sodan* NZS 1998, 305 (307); *Schneider,* Handbuch des Kassenarztrechts, 1994, Rdn. 694. – Zum Verhältnis von Privatrecht und öffentlichem Recht im Sozialrecht allgemein: *Axer,* in: SDSRV 51, 2003, 111 ff.

soll eine sachgerechte Leistungserbringung gewährleistet werden.[8] Die Befugnis von Ärzten und Krankenkassen, auf Grund gesetzlicher Ermächtigung an die jeweiligen Zusammenschlüsse kollektiv Recht zu setzen, firmiert als **„gemeinsame Selbstverwaltung".**[9] Gemeinsame Selbstverwaltung bezeichnet idealtypisch das verbandliche Zusammenwirken von Sozialversicherungsträgern und Leistungserbringern, die, obwohl prinzipiell unterschiedliche Interessen verfolgend, vom Gesetzgeber gemeinsam mit der Erfüllung einer Verwaltungsaufgabe betraut sind.

5 Das Vertragsarztrecht kennzeichnet ein **„mehrstufiger Kollektivismus":**[10] Auf Bundesebene vereinbaren die Kassenärztliche Bundesvereinigung und die Spitzenverbände der Krankenkassen im Rahmen der Richtlinien des Gemeinsamen Bundesausschusses durch Bundesmantelvertrag den allgemeinen Inhalt der Gesamtverträge;[11] auf Landesebene schließen die Kassenärztlichen Vereinigungen mit den Landesverbänden der Krankenkassen und den Verbänden der Ersatzkassen Gesamtverträge.[12] Damit gibt der Bundesmantelvertrag die Grundsätze vertragsärztlicher Versorgung bundeseinheitlich vor, während die Gesamtverträge auf dieser Grundlage die konkrete Ausgestaltung für den jeweiligen Geltungsbereich vornehmen. Kommen die Verträge nicht zustande, so erfolgt die Festsetzung des Vertragsinhalts regelmäßig durch paritätisch besetzte, um unparteiische Mitglieder erweiterte Schiedsämter.[13]

6 Das System der Kollektivverträge und die dahinter stehende Idee der gemeinsamen Selbstverwaltung sieht sich gerade in den letzten Jahren starker **Kritik** ausgesetzt.[14] Kritisiert wird insbesondere der starke Einfluss der Zusammenschlüsse der Ärzte und eine damit verbundene Verkrustung und Ineffizienz des Systems mangels wettbewerblicher Strukturen bei der Leistungserbringung. Vorgeschlagen wird etwa die Auflösung oder zumindest eine Kompetenzbeschneidung der Kassenärztlichen Vereinigungen. An die Stelle des Kollektivvertrags soll ein **individualvertragliches System** treten, in dem jede Krankenkasse individuell mit einem Arzt oder einem Netz von Ärzten einen Vertrag über die Behandlung ihrer Versicherten schließt. Da im Vorfeld der Beratungen über das GKV-Modernisierungsgesetz entsprechende Vorschläge auf große Resonanz stießen, wurde erwartet, dass sich der Gesetzgeber in weitem Umfang von der gemeinsamen Selbstverwaltung und vom Kollektivvertragssystem verabschieden würde.[15] Der Gesetzgeber hat sich jedoch im Grundsatz weitgehend für eine Beibehaltung des bisherigen Systems entschieden,[16] auch wenn einzelvertragliche Elemente nunmehr stärker vorgesehen sind, etwa im Bereich der integrierten Versorgung[17] oder beim Abschluss von Verträgen mit bestimmten ausländischen Leistungserbringern.[18]

---

[8] Vgl. BSGE 83, 205 (208).

[9] Dazu *Axer,* in: Schnapp (Hrsg.), Funktionale Selbstverwaltung und Demokratieprinzip – am Beispiel der Sozialversicherung, 2001, S. 115 ff.; *ders.,* in: FS 50 Jahre Bundessozialgericht, 2004, S. 339 ff.; *Becker,* in: Münsterische Sozialrechtsvereinigung (Hrsg.), 7. Münsterische Sozialrechtstagung, 2001, S. 122 ff.; *Francke,* in: FS Schefold 2001, S. 29 ff.; *Offermanns* SF 1995, 166 ff.; *H. Schneider,* Die gemeinsame Selbstverwaltung im Kassenarztrecht, Diss. jur., Würzburg, 1973. – Kritik am Begriff etwa bei *Schulin,* in: ders. (Hrsg.), HS-KV, § 6 Rdn. 97 ff.; *Wimmer* MedR 1996, 425 (479); *Schnapp* StWStP 1998, 149 (158).

[10] Begriff schon bei *Richter,* Das Kassenarztrecht von 1931/32, 1932, S. 93.

[11] § 82 Abs. 1 S. 1 SGB V.

[12] § 83 S. 1 SGB V.

[13] Dazu unten § 9. – Zum Gestaltungsspielraum des Schiedsamtes BSGE 86, 126 (134 ff.).

[14] Kritik etwa bei *Glaeske/Lauterbach/Rürup/Wasem,* Weichenstellungen für die Zukunft – Elemente einer neuen Gesundheitspolitik, Veröffentlichungen der Friedrich-Ebert-Stiftung, Gesprächskreis Arbeit und Soziales, 2001; *Haft* ZRP 2002, 457 ff.

[15] In diese Richtung noch BT-Drucks. 15/1170, S. 57 f.

[16] Vgl. dazu etwa *Hiddemann/Muckel* NJW 2004, 7 f.; *Orlowski* MedR 2004, 202 ff.

[17] § 140 a ff. SGB V.

[18] § 140 e SGB V.

II. Kollektivverträge als Normenverträge

7 Die Kollektivverträge des Vertragsarztrechts regeln die ärztliche Leistungserbringung. Sie sind Ausfluss des die gesetzliche Krankenversicherung prägenden **Sachleistungsprinzips.**[19] Danach gewähren die Krankenkassen dem Versicherten die im Krankheitsfall erforderlichen Leistungen regelmäßig in Form von Sach- und Dienstleistungen.[20] Sach- und Dienstleistungen erbringen die Krankenkassen jedoch nur ausnahmsweise in Form von Eigeneinrichtungen.[21] Im Regelfall bedienen sie sich zur Erbringung der Leistungen gegenüber den Versicherten sogenannter Leistungserbringer, zu denen neben den Krankenhäusern oder den Heil- und Hilfsmittelerbringern insbesondere die Ärzte zählen. Die Ärzte sind zusammengeschlossen in Kassenärztlichen Vereinigungen, die ihrerseits die Kassenärztliche Bundesvereinigung bilden.[22] Mit diesen als Körperschaften des öffentlichen Rechts organisierten Vereinigungen schließen die Verbände der Krankenkassen Verträge über die Art und Weise der Leistungserbringung und über die Vergütung der erbrachten ärztlichen Leistungen ab. Diese Verträge unterliegen dem **öffentlichen Recht.** Nach § 69 S. 3 SGB V können jedoch **Vorschriften des Bürgerlichen Gesetzbuches** analog auf die Verträge angewandt werden, soweit dies mit den im SGB V geregelten vertragsärztlichen Aufgaben und Pflichten vereinbar ist.[23]

1. Die Rechtswirkungen der Kollektivverträge

8 Die auf Bundes- und Landesebene von den Verbänden geschlossenen Verträge besitzen Verbindlichkeit für die Krankenkassen und für die Vertragsärzte. Die Bindungswirkung regelt der Gesetzgeber ausdrücklich auf unterschiedlichen, zumeist verschlungenen Wegen durch unmittelbare Geltungsanordnung („... mit Wirkung für ...“),[24] durch Inkorporation („... sind Bestandteil ...“)[25] oder durch die Pflicht, Vorschriften in die Satzungen aufzunehmen, welche die Verbindlichkeit der Verträge erklären („... muss Bestimmungen enthalten, dass ... verbindlich sind“).[26] Der Verbindlichkeitswirrwarr, den der Gesetzgeber damit produziert, ist allerdings nicht notwendig, um die **Bindungswirkung der Verträge** zu begründen. Bereits auf Grund der gesetzlichen Ermächtigung zur Regelung der vertragsärztlichen Versorgung durch Bundesmantel- oder Gesamtvertrag erlangen die vertraglichen Vorschriften Verbindlichkeit.[27] Aus der gesetzlichen Ermächtigung an die Verbände zur Regelung der vertragsärztlichen Versorgung resultiert der staatliche Geltungsbefehl, so dass es weiterer Verbindlichkeitsanordnungen nicht mehr bedarf; diese haben nur deklaratorischen Charakter.[28]

9 Bindungswirkung zeitigen die Kollektivverträge nicht nur gegenüber den Krankenkassen und Ärzten, sondern ebenfalls gegenüber den Versicherten. In Anlehnung an die neuere Rechtsprechung des Bundessozialgerichts zur Bindungswirkung von Richtlinien

---

[19] Vgl. BSGE 88, 193 (197f.); siehe auch BVerfGE 106, 275 (309f.); zum Sachleistungsprinzip oben § 3.

[20] § 2 Abs. 2 SGB V.

[21] Vgl. § 140 SGB V.

[22] § 77 SGB V. – Zu den Kassenärztlichen Vereinigungen als Körperschaften des öffentlichen Rechts *Kluth* MedR 2003, 123ff.

[23] Zur Anwendbarkeit des Bürgerlichen Gesetzbuches *Boerner,* Normenverträge im Gesundheitswesen, S. 348ff.

[24] § 83 S. 1 SGB V.

[25] § 82 Abs. 1 S. 2 SGB V; vgl. auch § 106 Abs. 3 S. 1 SGB V, § 106a Abs. 5 S. 3 SGB V.

[26] § 210 Abs. 2 SGB V.

[27] Zu den Gründen für die Verbindlichkeitsanordnungen unten § 10.

[28] Vgl. *Axer,* Normsetzung der Exekutive, S. 67ff.

des Gemeinsamen Bundesausschusses[29] konkretisieren die Verträge über die Leistungserbringung den gesetzlichen Leistungsanspruch des Versicherten auf Behandlung im Krankheitsfall. Aus der im Sachleistungsprinzip gründenden Konnexität von Leistungserbringungsrecht und Leistungsrecht folgt, dass das Leistungserbringungsrecht den **Leistungsanspruch des Versicherten** im Rahmen der gesetzlichen Vorschriften ausgestaltet. Indem der Bundesmantelvertrag kraft gesetzlicher Anordnung Bestimmungen über die Modalitäten der Leistungserbringung für Krankenkassen und Vertragsärzte trifft und beispielsweise die Erbringung bestimmter Leistungen auf hierfür spezialisierte Arztgruppen begrenzt, regelt er den Anspruch des Versicherten und beschränkt diesen auf bestimmte Ärzte. Dem Bundesmantelvertrag oder den Gesamtverträgen kommt Bindungswirkung über die Vertragsparteien hinaus zu; sie haben normativen Charakter.

2. Normenvertrag und Normsetzungsvertrag

10 Die Kollektivverträge des Vertragsarztrechts enthalten abstrakt-generelle Regelungen. Sie sind damit **Normenverträge.** Im Vertragsarztrecht findet sich statt dessen häufig der Begriff des Normsetzungsvertrages,[30] doch sind Normenvertrag und **Normsetzungsvertrag** streng voneinander zu trennen. Normsetzungsverträge sind im Unterschied zu Normenverträgen darauf gerichtet, den Vertragspartner zum Erlass oder zur Abänderung einer Norm zu verpflichten. Während Normenverträge selbst Normen setzen, begründen Normsetzungsverträge die Pflicht zum Normenerlass durch eine Vertragspartei. Beispiele für Normsetzungsverträge sind Verträge, die eine Gemeinde zum Erlass eines Bebauungsplanes oder eines Flächennutzungsplanes verpflichten.

11 Für Normenverträge und Normsetzungsverträge gelten unterschiedliche Regelungen. Auf Normenverträge sind die Vorschriften der §§ 53ff. SGB X über den öffentlich-rechtlichen Vertrag nicht anwendbar; andernfalls bedürfte es etwa der schriftlichen Zustimmung der am Vertragsschluss nicht beteiligten Ärzte, Krankenkassen und Versicherten nach § 57 Abs. 1 SGB X zur Wirksamkeit des Vertrages, weil dieser in ihre Rechte eingreift.[31] Der Anwendungsbereich der **Vorschriften über den öffentlich-rechtlichen Vertrag** beschränkt sich auf Verfahren, welche die öffentlich-rechtliche Verwaltungstätigkeit regeln, anders gewendet: auf Verwaltungsverfahren. Als Verwaltungsverfahren definiert das SGB X „die nach außen wirkende Tätigkeit der Behörden, die auf die Prüfung der Voraussetzungen, die Vorbereitung und den Erlass eines Verwaltungsaktes oder auf den Abschluss eines öffentlich-rechtlichen Vertrages gerichtet ist."[32] Der Begriff des Verwaltungsverfahrens erfasst – wie die Gleichsetzung von Verwaltungsakt und öffentlich-rechtlichem Vertrag zeigt – **nur Verfahren zum Erlass von Einzelfallregelungen,** so dass sich die Vorschriften des SGB X über das Verwaltungsverfahren nicht auf untergesetzliche Normsetzung erstrecken. Öffentlich-rechtliche Verträge im Sinne der Legaldefinition in § 53 Abs. 1 SGB X sind nur solche Vereinbarungen, die ein Rechtsverhältnis, d. h. die sich aus einem konkreten Sachverhalt ergebenden rechtlichen Beziehungen eines Rechtssubjekts zu einem anderen oder zu einer Sache[33] begründen, ändern oder aufheben und insbesondere anstelle eines Verwaltungsaktes ergehen. Durch den Begriff „Rechtsverhältnis" und die Bezugnahme auf den Verwaltungsakt kommt die Beschränkung des öf-

---

[29] BSGE 78, 70 (74ff.); 81, 54 (55ff.); 81, 73 (74ff.); 81, 240 (242); 82, 41 (47); BSG Breithaupt 2000, 251 (259f.). – Die Bindungswirkung der Richtlinien gegenüber den Versicherten ist nunmehr ausdrücklich in § 91 Abs. 9 SGB V angeordnet.

[30] BSGE 70, 240 (243); 83, 218 (219); *Ebsen,* in: Schulin (Hrsg.), HS-KV, § 7 Rdn. 110f.; *Sodan* NZS 1998, 305ff.

[31] Das Bundessozialgericht verneint die Anwendung des § 57 Abs. 1 SGB X zu Recht, obwohl es grundsätzlich von der Geltung der §§ 53ff. SGB X ausgeht (E 71, 240 [243f.]).

[32] § 8 SGB X.

[33] *Krause/von Mutius/Schnapp/Siewert-Siewert,* Gemeinschaftskommentar zum Sozialgesetzbuch-Verwaltungsverfahren (GK-SGB X 1), 1991, § 53 SGB X Rdn. 27.

fentlich-rechtlichen Vertrages als Handlungsform auf die Regelung konkret-individueller Sachverhalte deutlich zum Ausdruck.

12 Entgegen allgemeiner Ansicht in der vertragsärztlichen Literatur und Rechtsprechung[34] sind die Vorschriften über den öffentlich-rechtlichen Vertrag nicht auf die Normenverträge des Vertragsarztrechts anwendbar. Als Vertrag, der nicht zur Setzung von Normen verpflichtet, sondern selbst Normen enthält, gelten für ihn die Anforderungen, die Verfassung und Gesetz an den Erlass abstrakt-genereller Regelungen richten, nicht hingegen die Vorschriften über den einen Einzelfall regelnden öffentlich-rechtlichen Vertrag.

3. Normative und schuldrechtliche Regelungen

13 Die Normenverträge des Vertragsarztrechts enthalten über abstrakt-generelle Vorschriften hinaus Regelungen, die nur Rechte und Pflichten der Vertragsparteien betreffen. Die Vorschriften über die Kündigung des Bundesmantelvertrages gelten beispielsweise nur für die vertragsschließenden Parteien, für die Kassenärztliche Bundesvereinigung und für die Spitzenverbände der Krankenkassen. Vergleichbar dem Tarifvertrag im Arbeitsrecht[35] lassen sich bei den Normenverträgen im Vertragsarztrecht daher ein **schuldrechtlicher (obligatorischer)** und ein **normativer Teil** unterscheiden.[36] Da die Bedeutung des normativen Teils quantitativ und qualitativ überwiegt und dieser das Wesen des Vertrages ausmacht, ist es gerechtfertigt, insgesamt von einem Normenvertrag zu sprechen, selbst wenn nicht jede Regelung des Vertrages normativ wirkt.

4. Normenverträge des Vertragsarztrechts als Tarifverträge?

14 Kollektive Normsetzung, wie sie das Vertragsarztrecht kennt, ist in diesem Umfang den anderen Gebieten des Verwaltungsrechts unbekannt und allenfalls dem **Tarifvertragsrecht des Arbeitsrechts** vergleichbar, dem der Begriff des Normenvertrages entstammt.[37] Obwohl der Vergleich mit dem Tarifvertrag naheliegt[38] und in einigen Punkten durchaus zutreffend ist, unterscheiden sich Tarifverträge einerseits und Normenverträge im Vertragsarztrecht andererseits grundlegend. Während Tarifverträge **Ausfluss privatautonomer Gestaltung** der Vertragsparteien – Gewerkschaften und Arbeitgeber – sind, bindet der Gesetzgeber die Vertragsparteien der Normenverträge im Vertragsarztrecht in ein öffentlich-rechtliches Regelungssystem ein und bedient sich ihrer zur Erledigung der **Verwaltungsaufgabe „Krankenversicherung“.** Die Normenverträge des Vertragsarztrechts gründen überdies nicht in der verfassungsrechtlich durch die Koalitionsfreiheit[39] gewähr-

---

[34] Vgl. BSGE 70, 240 (243f.); 71, 42 (45); BSG SozR 3–2500, § 87 SGB V Nr. 18; *Funk,* in: Schulin (Hrsg.), HS-KV, § 32 Rdn. 14; *Peters-Hencke,* § 82 SGB V Rdn. 3ff.; *Schneider,* Handbuch des Kassenarztrechts, Rdn. 695; *Sodan* NZS 1998, 305 (307); zumindest eine analoge Anwendung befürwortet *von Wulffen-Engelmann,* SGB X, 5. Aufl. 2005, § 53 Rdn. 4c; wie hier dagegen *Castendiek,* Der sozialversicherungsrechtliche Normsetzungsvertrag, S. 42ff. – Trotz grundsätzlich befürworteter Anwendung der §§ 53ff. SGB X auf den Normenvertrag verneint *Boerner* NJW 2000, 2718f. (vgl. auch *ders.,* SGb 2000, 393ff.; *ders.,* Normenverträge im Gesundheitswesen, S. 113ff.) unter Hinweis auf § 69 SGB V die Anwendbarkeit der Vorschriften über den verwaltungsrechtlichen Vertrag.

[35] Zum Tarifvertrag vgl. nur: *Lieb,* Arbeitsrecht, 8. Aufl. 2003, Rdn. 473ff.; *Löwisch,* Arbeitsrecht, 7. Aufl. 2004, S. 70ff.; *Söllner/Waltermann,* Grundriß des Arbeitsrechts, 13. Aufl. 2003, S. 127ff.

[36] Zum schuldrechtlichen Teil der Normenverträge und deren Einordnung in die Typologie der Schuldverträge *Boerner* Normenverträge im Gesundheitswesen, S. 347ff.

[37] Grundlegend: *Hueck* JherJb 73 (1923), 33ff.; *Sinzheimer,* Der kooperative Arbeitsnormenvertrag, Erster Teil 1907; Zweiter Teil 1908.

[38] Vgl. *Schirmer* MedR 1996, 404 (406); *Neumann* MedR 1996, 398f.

[39] Art. 9 Abs. 3 GG. Zur Verortung der Tarifautonomie in Art. 9 Abs. 3 GG: BVerfGE 44, 322 (341); 50, 290 (367); 84, 212 (224); 94, 268 (283).

leisteten Tarifautonomie, so dass eine Rechtfertigung der Normsetzung – direkt oder analog – aus Art. 9 Abs. 3 GG ausscheidet.[40]

III. Der Bundesmantelvertrag

15 Im Bundesmantelvertrag vereinbaren die Kassenärztliche Bundesvereinigung und die Spitzenverbände der Krankenkassen, zu denen die Bundesverbände der Krankenkassen, die Deutsche Rentenversicherung Knappschaft – Bahn – See, die Verbände der Ersatzkassen und die Seekrankenkasse zählen,[41] auf Bundesebene die allgemeinen Grundsätze über die vertragliche Versorgung.[42] Zur Durchführung des Vertrages ermächtigt der Gesetzgeber die Kassenärztliche Bundesvereinigung zum Erlass von Richtlinien.[43] In ihnen ist insbesondere die überbezirkliche Durchführung der vertragsärztlichen Versorgung und der Zahlungsausgleich hierfür zwischen den Kassenärztlichen Vereinigungen zu regeln (Fremdkassenausgleich).[44]

16 Für den ärztlichen[45] Bereich existieren **zwei Bundesmantelverträge:** zum einen der Bundesmantelvertrag-Ärzte, den die Kassenärztliche Bundesvereinigung mit dem AOK-Bundesverband, dem Bundesverband der Betriebskrankenkassen, dem Bundesverband der Innungskrankenkassen, dem Bundesverband der landwirtschaftlichen Krankenkassen, der See-Krankenkasse und der Bundesknappschaft geschlossen hat;[46] zum anderen der Arzt/Ersatzkassen-Vertrag (Bundesmantelvertrag-Ärzte/Ersatzkassen), den die Kassenärztliche Bundesvereinigung mit den privatrechtlichen Verbänden der Angestellten-Krankenkassen und der Arbeiter-Ersatzkassen vereinbart hat.[47] In den unterschiedlichen Verträgen spiegelt sich die historische Sonderstellung der Ersatzkassen wider.[48] Von Gesetzes wegen wäre es zulässig, sowohl nur einen einheitlichen, kassenübergreifenden Bundesmantelvertrag zu schließen als auch mit jedem einzelnen Spitzenverband gesondert eine Vereinbarung zu treffen.[49] Soweit die privatrechtlichen Ersatzkassenverbände zum Abschluss von Normenverträgen ermächtigt werden, handeln sie als Beliehene.[50]

17 Die jeweiligen Verträge sind zu veröffentlichen. Im Unterschied zu den Richtlinien des Gemeinsamen Bundesausschusses[51] normiert das Gesetz allerdings keine Pflicht, den Bundesmantelvertrag zu publizieren. Die Rechtslage beim Bundesmantelvertrag weist insoweit auf ein allgemeines Problem bei den Normenverträgen hin, für die zumeist gesetzliche Vorschriften zur **Publikation** fehlen. Die Publikationspflicht besteht jedoch schon aus verfassungsrechtlichen Gründen. Das **Rechtsstaatsprinzip** verlangt die Publikation von

---

[40] BSGE 81, 73 (84); *Castendiek,* Der sozialversicherungsrechtliche Normsetzungsvertrag, S. 68; *Clemens* MedR 1996, 432; *Lepsius* VSSR 1998, 95 (103f.); *Link/de Wall* VSSR 2001, 69 (74); *Sodan* NZS 1998, 305 (308); *Wimmer* MedR 1996, 425f.; anders dagegen: *Hänlein,* Rechtsquellen im Sozialversicherungsrecht, S. 385ff.; *Schirmer* MedR 1996, 404 (406ff.).

[41] § 213 SGB V. Zu den Spitzenverbänden der Krankenkassen *Reiter,* Entstehungsgeschichte, Aufgaben und Organisation der Spitzenverbände der Krankenkassen nach dem SGB V, 1996.

[42] § 82 Abs. 1 SGB V.

[43] § 75 Abs. 7 SGB V. Dazu unten § 10.

[44] Zu den Richtlinien der Kassenärztlichen Bundesvereinigung unten § 10.

[45] Zum zahnärztlichen Bereich unten § 22.

[46] BMV-Ä vom 19. 4. 1994.

[47] EKV-Ä vom 1. 7. 1994.

[48] *Rehkopf,* in: Schulin (Hrsg.), HS-KV, § 2 Rdn. 1ff. Zur Stellung der Ersatzkassen allgemein: *Wigge,* Die Stellung der Ersatzkassen im gegliederten System der gesetzlichen Krankenversicherung nach dem GRG vom 30. 12. 1988, 1992.

[49] *Schneider,* Handbuch des Kassenarztrechts, 1994, Rdn. 696.

[50] Dazu unten § 10 Rdn. 5. – A.A. *Flüchter,* Kollektivverträge und Konfliktlösung im SGB V, S. 216.

[51] § 94 Abs. 2 SGB V.

Normen in einer Weise, dass die Betroffenen sich verlässlich und ohne unzumutbare Erschwernisse vom Inhalt der jeweiligen Norm Kenntnis verschaffen können.[52] Zu Recht bejaht das Bundessozialgericht „aus zwingenden Gründen der Rechtssicherheit" in einer jüngeren Entscheidung die Pflicht zur Veröffentlichung des Einheitlichen Bewertungsmaßstabes,[53] der von Gesetzes wegen Bestandteil des Bundesmantelvertrages ist.[54] Das Gericht fordert, „dass alle Änderungen des EBM sowie der auf ihm beruhenden Vertragsgebührenordnungen BMÄ und E-GO im DÄ, dem offiziellen Organ der Bundesärztekammer und der KÄBV, oder in Beilagen zu dieser Zeitschrift veröffentlicht worden sind und veröffentlicht werden".[55]

1. Die Regelungsbefugnis

18 Die Regelungsbefugnis der Parteien des Bundesmantelvertrages erstreckt sich grundsätzlich auf die vertragsärztliche Versorgung in ihrem gesamten Umfang. Aufgrund ausdrücklicher gesetzlicher Anordnung haben sich die Vertragsparteien dabei „im Rahmen der gesetzlichen Vorschriften und der Richtlinien des Gemeinsamen Bundesausschusses" zu bewegen.[56] Den Richtlinien des Gemeinsamen Bundesausschusses, die nach § 92 Abs. 8 SGB V selbst Bestandteil des Bundesmantelvertrages sind, kommt damit **Vorrang** zu, so dass abweichende vertragliche Bestimmungen rechtswidrig sind. Vorrang besitzen neben Gesetz[57] und Richtlinie zudem Rechtsverordnungen, nicht dagegen die Satzungen der Krankenkassen und ihrer Verbände sowie die Satzungen oder der Honorarverteilungsmaßstab[58] der Kassenärztlichen Vereinigungen und der Kassenärztlichen Bundesvereinigung; diese gehen im Rang nach.

19 Eine Begrenzung der Regelungsbefugnis folgt ferner aus der Funktion des Bundesmantelvertrages, den **allgemeinen Inhalt der Gesamtverträge** festzulegen.[59] Der Bundesmantelvertrag hat sich demnach auf „allgemeine" Regelungen der vertragsärztlichen Versorgung zu beschränken, während der Gesamtvertrag diese ausfüllt und die Einzelheiten der vertragsärztlichen Versorgung auf der Grundlage des Bundesmantelvertrages regelt. Unter bundesstaatlichen Gesichtspunkten ist die damit verbundene Einwirkungsmöglichkeit von Verwaltungseinheiten der Bundesebene auf solche der Landesebene zulässig.[60]

20 Die Abgrenzung der Regelungskompetenzen von Bundesmantel- und Gesamtvertrag erfolgt in dreifacher Weise: durch spezielle gesetzliche Zuweisungen bestimmter Materien an die jeweilige Regelungsebene, durch die Funktion des Mantelvertrages, als „Mantel" den allgemeinen Inhalt zu bestimmen, verbunden mit dem Verbot umfassender Regelungen, sowie durch den unterschiedlichen räumlichen Geltungsbereich im Bundesstaat mit der Konsequenz, dass der Bundesmantelvertrag für Regelungen regionaler Besonderheiten Platz lassen muss. Der Bundesmantelvertrag hat sich auf **Rahmenvorschriften** zu beschränken und darf nur soweit dies sachlich geboten ist in Einzelheiten gehende Regelungen bundeseinheitlich treffen. Detaillierte Regelungen sind etwa gerechtfertigt, um eine gleichmäßige[61] vertragsärztliche Versorgung zu gewährleisten. Der **Rahmencharakter** des

---

[52] Vgl. dazu: BVerfGE 65, 283 (291); *Dreier-Schulze-Fielitz,* Grundgesetz, Kommentar, Bd. II, 1998, Art. 20 (Rechtsstaat) Rdn. 189; *von Mangoldt/Klein/Starck-Sommermann,* Grundgesetz, Kommentar, Bd. 2, 5. Aufl. 2005, Art. 20 Rdn. 302.

[53] BSGE 81, 86 (90f.).

[54] § 87 Abs. 1 S. 1 SGB V.

[55] BSGE 81, 86 (90f.).

[56] § 72 Abs. 2 SGB V.

[57] Dazu BSGE 78, 91 (95f.).

[58] Vgl. BSGE 88, 20 (29).

[59] § 82 Abs. 1 S. 1 SGB V.

[60] *Ebsen,* in: Schulin (Hrsg.), HS-KV, § 7 Rdn. 122ff.; *ders.,* in: Schnapp (Hrsg.), Probleme der Rechtsquellen im Sozialversicherungsrecht, Teil I, 1998, S. 13 (30ff.).

[61] Zu diesem Erfordernis § 70 Abs. 1 S. 1 SGB V.

Bundesmantelvertrages gelangt textlich zum Ausdruck in der gesetzlichen Ermächtigung an die Vertragspartner des Bundesmantelvertrages, in „Rahmenvereinbarungen" den Inhalt und die Durchführung der Strukturverträge zu regeln, die von den Gesamtvertragsparteien „unter Berücksichtigung regionaler Bedürfnisse" geschlossen werden können.[62]

2. Der Vertragsinhalt

21 Der Bundesmantelvertrag enthält Bestimmungen über den Umfang und den Inhalt der vertragsärztlichen Versorgung und regelt deren Durchführung einschließlich der Abrechnung vertragsärztlicher Leistungen und der Überprüfung der Abrechnungen. Das Spektrum der im Bundesmantelvertrag getroffenen Vereinbarungen reicht von Regelungen über die belegärztliche Versorgung[63] bis hin zur Zusammenarbeit mit dem medizinischen Dienst.[64] Regelungsschwerpunkt bilden die **Pflichten der Vertragsärzte,**[65] etwa die persönliche Leistungserbringung,[66] die Einhaltung von Sprechstunden[67] oder die Dokumentation der Befunde, Behandlungsmaßnahmen und der veranlassten Leistungen unter Angabe des Behandlungstages.[68] Geregelt wird weiterhin das Verfahren der Überweisungen,[69] der Abrechnung vertragsärztlicher Leistungen,[70] die Erbringung und Abrechnung von Laborleistungen,[71] die Verordnung von Krankenhausbehandlung, häuslicher Krankenbehandlung oder von Arzneimitteln[72] sowie die Ausstellung von Bescheinigungen über Arbeitsunfähigkeit.[73]

22 Die beispielhafte Auflistung des Vertragsinhalts zeigt, dass die Vorschriften des Bundesmantelvertrags auf das Verhältnis des Vertragsarztes zum Versicherten einwirken und dessen gesetzlichen Leistungsanspruch präzisieren. Überdies begründet der Bundesmantelvertrag ausdrücklich **Pflichten für den Versicherten.** Dieser hat einen Anspruch auf Krankenbehandlung nur, wenn er seine Krankenversicherungskarte oder einen anderen gültigen Behandlungsausweis vorlegt;[74] bei Nichtvorlage der Krankenversicherungskarte hat er die Leistungen des Arztes selbst zu vergüten.[75] Geregelt wird im Bundesmantelvertrag zudem näher die Art und Weise der Zahlung der Praxisgebühr sowie ihres Einzugs.[76]

3. Die „Bestandteile" des Bundesmantelvertrages

23 Kraft gesetzlicher Anordnung ist Bestandteil des Bundesmantelvertrages neben den Richtlinien des Gemeinsamen Bundesausschusses der Einheitliche Bewertungsmaßstab.[77]

---

[62] § 73 a Abs. 2 S. 1 SGB V.

[63] §§ 38 ff. BMV-Ä. – Zur Sonderzulassung von Belegärzten BSGE 88, 6 ff.

[64] § 62 BMV-Ä.

[65] Zur Behandlungspflicht des Vertragsarztes vgl. BSGE 88, 20 (28 f.).

[66] § 15 BMV-Ä. Vgl. dazu LSG NRW, NZS 1997, 195 ff.; zur Frage der Leistungsverweigerung bei unrentablen Leistungen *Wimmer* NZS 2000, 588 ff.

[67] § 17 BMV-Ä.

[68] § 57 BMV-Ä.

[69] § 24 BMV-Ä. – Zu vertraglichen Überweisungsvorbehalten, etwa § 13 Abs. 4 BMV-Ä *Boerner,* Normenverträge im Gesundheitswesen, S. 312 ff., 342 ff.

[70] §§ 42 ff. BMV-Ä. – Dazu BSGE 89, 62 ff.; 89, 90 ff.; zu diesen Entscheidungen *Axer* DÖV 2003, 271 ff.

[71] § 25 BMV-Ä.

[72] §§ 26 ff. BMV-Ä.

[73] § 31 BMV-Ä.

[74] § 13 BMV-Ä; vgl. auch §§ 19 f. BMV-Ä.

[75] Vgl. § 18 Abs. 8 BMV-Ä.

[76] § 18 BMV-Ä. – Zur Praxisgebühr *Hagedorn* SGb 2004, 404 ff.; *Linke* NZS 2004, 186 ff.; *Rixen* SGb 2004, 2 ff.; *Weimar/Elsner,* GesR 2004, 120 ff.

[77] § 87 Abs. 1 S. 1 SGB V. Zur Zulässigkeit von Vereinbarungen zur Umsetzung und Änderung des EBM BSGE 87, 112 (114 ff.).

Der **Einheitliche Bewertungsmaßstab** legt als Leistungsverzeichnis Umfang und Inhalt der abrechnungsfähigen Leistungen in der vertragsärztlichen Versorgung fest.[78] Der Erlass obliegt nicht den Vertragsparteien des Bundesmantelvertrags, sondern dem Bewertungsausschuss, der sich aus sieben von der Kassenärztlichen Bundesvereinigung bestellten Vertretern sowie je einem Vertreter der Bundesverbände der Krankenkassen, der Deutschen Rentenversicherung Knappschaft – Bahn – See und der Verbände der Ersatzkassen zusammensetzt;[79] bei Nichteinigung entscheidet der um einen unparteiischen Vorsitzenden und vier weitere unparteiische Mitglieder erweiterte Bewertungsausschuss.[80]

24 Auf Grund der gesetzlichen Zuweisung an den Bewertungsausschuss, den Einheitlichen Bewertungsmaßstab aufzustellen, besteht für die Vertragsparteien des Bundesmantelvertrages insoweit eine **Regelungssperre,** doch hält das Bundessozialgericht die Vertragsparteien grundsätzlich für berechtigt, die Voraussetzungen für die Erbringung bestimmter Leistungen in der vertragsärztlichen Versorgung festzulegen und damit die Regelungen des Einheitlichen Bewertungsmaßstabes hinsichtlich der Abrechenbarkeit in ihm enthaltener Leistungen zu ergänzen.[81] Dem Einheitlichen Bewertungsmaßstab kommen die Rechtswirkungen eines Bundesmantelvertrages zu;[82] er besitzt **Vorrang** gegenüber den Gesamtverträgen und nach bundessozialgerichtlicher Rechtsprechung ebenfalls gegenüber den Honorarverteilungsmaßstäben der Kassenärztlichen Vereinigungen.[83]

25 Bestandteil des Bundesmantelvertrages sind auf Grund ausdrücklicher Inbezugnahme im Bundesmantelvertrag weitere, von den Vertragsparteien besonders geschlossene Verträge. Diese beziehen sich punktuell auf bestimmte Materien der vertragsärztlichen Versorgung. Nach § 1 Abs. 2 BMV-Ä sind Teil des **Bundesmantelvertrages:** die Psychotherapievereinbarung, die Vordruckvereinbarung, die Vereinbarung über Qualitätssicherung,[84] die Vereinbarung zur Gestaltung und bundesweiten Einführung der Krankenversichertenkarte, die Vereinbarung über die hausärztliche Versorgung,[85] der Vertrag über den Datenaustausch auf Datenträgern,[86] eine Vereinbarung über die Abrechnung von Fremdfällen zwischen Kassenärztlichen Vereinigungen und Krankenkassen sowie die Vereinbarung über besondere Versorgungsaufträge. Diesen Vereinbarungen kommen die gleichen Rechtswirkungen wie dem Bundesmantelvertrag zu.[87]

26 Der gesonderte Abschluss beruht regelmäßig auf speziellen gesetzlichen Ermächtigungen, die neben die generelle Ermächtigung zum Erlass des Bundesmantelvertrages treten und diese insoweit modifizieren. **Spezialgesetzliche Ermächtigungen** finden sich beispielsweise für die haus- und fachärztliche Versorgung,[88] für die Organisation der vertragsärztlichen Versorgung, einschließlich der in diesem Zusammenhang erforderlichen Vordrucke und Nachweise,[89] für die Qualitätssicherung,[90] für die Einzelheiten der bundesweiten Ein-

---

[78] § 87 Abs. 2 S. 1 SGB V. – Zum Einheitlichen Bewertungsmaßstab unten § 10; § 16.

[79] § 87 Abs. 3 SGB V. – Zum Erlasszeitpunkt BSGE 86, 16 (19ff.).

[80] § 87 Abs. 4, 5 SGB V.

[81] BSG SozR 3–2500 § 72 SGB V Nr. 8.

[82] BSGE 71, 42 (48); 78, 98 (99).

[83] BSGE 86, 16 (24f.). A.A. *Krause,* in: Schnapp, Probleme der Rechtsquellen im Sozialversicherungsrecht, Teil I, 1998, S. 99 (109ff.).

[84] Zur vertraglichen Qualitätssicherung *Boerner,* Normenverträge im Gesundheitswesen, S. 306ff., 338ff.

[85] Zu dieser BSGE 80, 256ff.

[86] Zu diesen Verträgen BSG SozR 3–2500 § 85 SGB V Nr. 32.

[87] BSGE 79, 159 (167).

[88] § 73 Abs. 1c SGB V.

[89] § 87 Abs. 1 S. 2 SGB V.

[90] § 135 Abs. 2 SGB V. Zu den Vereinbarungen im Bereich der Qualitätssicherung: *KassKomm-Hess,* § 135 SGB V Rdn. 9ff.; *Krauskopf-Knittel,* § 135 SGB V Rdn. 16ff.; zur Arthroskopie-Vereinbarung BSG SozR 3–2500 § 135 SGB V Nr. 15.

führung und Gestaltung der Krankenversicherungskarte,[91] für die Praxisgebühr[92] oder für Einzelheiten über die Abrechnung ärztlicher Leistungen sowie den Datenträgeraustausch.[93] In den speziellen Normsetzungsermächtigungen präzisiert das Gesetz Inhalt, Zweck und Ausmaß der vertraglichen Regelungsbefugnis.

4. Gestaltungsmöglichkeiten durch Bundesmantelvertrag

27 Der Gesetzgeber gibt der Kassenärztlichen Bundesvereinigung und den Spitzenverbänden mit dem Instrument des Bundesmantelvertrags **weitreichende Gestaltungsmöglichkeiten** für die vertragsärztliche Versorgung. Durch bundesmantelvertragliche Vereinbarung können die Vertragspartner die Erbringung bestimmter Leistungen auf hierfür spezialisierte Arztgruppen beschränken und damit andere Arztgruppen von der Abrechenbarkeit dieser Leistungen zu Lasten der gesetzlichen Krankenversicherung ausschließen.[94] Innerhalb eines Fachgebietes kann die Ausführung und Abrechenbarkeit von Leistungen an die Erfüllung besonderer Voraussetzungen gebunden werden, wenn diese Leistungen wegen der Anforderungen an ihre Ausführung oder wegen der Neuheit des Verfahrens besonderer Kenntnisse und Erfahrungen (Fachkundenachweis) sowie einer besonderen Praxisausstattung oder weiterer Anforderungen an die Strukturqualität bedürfen.[95]

28 Trotz der für die Vertragsparteien bestehenden Möglichkeit, das **Grundrecht der Berufsfreiheit** einschneidend zu beschränken, hat die Rechtsprechung bisher die jeweiligen gesetzlichen Regelungen und die auf dieser Grundlage erfolgende Normsetzung durch Vertrag in weitem Umfang unbeanstandet gelassen.[96] Beispielsweise wurde weder in der Gliederung der vertragsärztlichen Versorgung in einen haus- und einen fachärztlichen Versorgungsbereich[97] noch in der Zytologie-Vereinbarung[98] ein Verfassungsverstoß gesehen. Dabei beschränkt sich die Rechtsprechung zumeist auf die inhaltliche, am Maßstab der Grundrechte ausgerichtete Kontrolle der jeweiligen Vorschriften, während sie der Form der Normsetzung durch Bundesmantelvertrag weniger Aufmerksamkeit widmet.

29 Allerdings hat das Bundessozialgericht in den Entscheidungen zur verfassungsrechtlichen Zulässigkeit der Normsetzung in Form von Richtlinien durch den Bundesausschuss allgemein die **verfassungsrechtliche Vereinbarkeit** des Kollektivvertrages bejaht.[99] Obwohl das gesamte System kollektivvertraglicher Normsetzung in wesentlichen Punkten von den herkömmlichen, verfassungsrechtlich anerkannten Rechtsetzungsformen abweiche, bestünden keine rechtlichen Bedenken gegen die Zulässigkeit des Kollektivvertrages als Regelungsinstrument der Leistungserbringung. Zudem weist das Gericht auf „die Bedeutung des Normsetzungsvertrages für die Funktionsfähigkeit des bestehenden KV-Systems und damit für einen besonders wichtigen Bereich des Gemeinschaftslebens"[100] hin: „Zwar sind die historisch gewachsenen Strukturen der „gemeinsamen Selbstverwaltung" von Ärzten und KKn im Unterschied zu den Strukturen des kollektiven Arbeitsrechts verfassungsrechtlich nicht garantiert und könnten vom einfachen Gesetzgeber beseitigt werden. Dazu

---

[91] § 291 Abs. 3 SGB V.

[92] § 43b Abs. 2 S. 4 SGB V.

[93] § 295 Abs. 3 SGB V.

[94] BSG, SozR 3–2500 § 72 SGB V Nr. 8.

[95] BSGE 82, 55 (58ff.); BSG SozR 3–2500 § 72 SGB V Nr. 8. – Zur Kernspintomographie-Vereinbarung *Goecke/von Hammerstein* NZS 2004, 23ff.

[96] BSGE 80, 256ff.; 82, 55ff.

[97] BSGE 80, 256ff.; BVerfG SozR 3–2500 § 73 SGB V Nr. 3. Zur Abgrenzung Hausarzt/Facharzt statt vieler: *Ebsen* VSSR 1996, 351ff.; *Heinze* MedR 1996, 252ff.; *Hufen,* Zur verfassungsrechtlichen Beurteilung der Gebietsabgrenzung Hausarzt/Facharzt in § 73 SGB V.

[98] BSGE 82, 55ff.

[99] Vgl. insbesondere BSGE 81, 73 (82ff.). – Jüngst grundlegend zur Frage der verfassungsrechtlichen Zulässigkeit: BSG GesR 2005, 307ff.; mit Anm. *Rixen* ebda., 433ff.

[100] BSGE 81, 73 (84).

müssten jedoch tragende Grundsätze des bisherigen Systems der gesetzlichen KV aufgegeben und die Modalitäten der Leistungserbringung völlig umgestaltet werden. Dass derart weitreichende Einschnitte mit erheblichen Auswirkungen auf die sozialpolitische Gestaltungsfreiheit des Gesetzgebers von Verfassungs wegen gefordert seien, kann angesichts der in die vorkonstitutionelle Zeit zurückreichenden Tradition und der jahrzehntelangen Akzeptanz des umstrittenen Regelungskonzepts nicht angenommen werden."[101]

30 Selbst wenn sich gegenüber der Form des Normenvertrages keine grundsätzlichen verfassungsrechtlichen Bedenken erheben, weil das Grundgesetz **keinen numerus clausus der Normsetzungsformen** kennt und unter **demokratischen Gesichtspunkten** die Normsetzung durch die Verbände von Ärzten und Krankenkassen zulässig ist,[102] bleibt immer zu prüfen, ob die jeweilige gesetzliche Ermächtigung den grundgesetzlichen Anforderungen an die Bestimmtheit der Übertragung von Normsetzungskompetenzen genügt.

31 Das Grundgesetz verlangt für die Ausübung von Normsetzungskompetenzen durch Verträge auf Grund gesetzlicher Ermächtigung eine nach **Inhalt, Zweck und Ausmaß** bestimmte Delegationsvorschrift. Der Gesetzgeber muss von Verfassungs wegen selbst den Gegenstand der Regelungsbefugnis, ihren Umfang und ihr Ziel derart festlegen, dass für den ermächtigten Normsetzer erkennbar ist, was er regeln soll, wieweit seine Normsetzungsbefugnis reicht, welche Mittel er einsetzen darf und welche Zwecke er verfolgen soll.[103] Eine unbegrenzte, pauschale Ermächtigung an die Verbände der Ärzte und Krankenkassen, die vertragsärztliche Versorgung zu regeln, genügt ohne präzisierende gesetzliche Vorgaben regelmäßig nicht den verfassungsrechtlichen Bestimmtheitsanforderungen. Daher bedarf es spezieller Vorgaben für den Erlass von Bundesmantelverträgen, die selbst wiederum den Anforderungen an Inhalt, Zweck und Ausmaß entsprechen müssen.[104] Zu Recht fordert das Bundessozialgericht für ein im Bundesmantelvertrag geregeltes Verbot, bestimmte Basislaboruntersuchungen auf Überweisung erbringen zu lassen, eine besondere gesetzliche Ermächtigung:[105] „Nachdem durch die Regelungen zum Überweisungsverbot unzweifelhaft bestehende, im Gesetz angelegte Strukturen des Kassenarztrechts modifiziert werden, müssen jedenfalls an die Ermächtigungsgrundlage höhere Anforderungen gestellt werden, als sie die Globalermächtigung in § 72 Abs. 2 SGB V erfüllt."

32 Bei der Prüfung der Bestimmtheitsanforderungen verfährt das Bundessozialgericht tendenziell eher großzügig. Bei **statusrelevanten Berufsausübungsregelungen** ist der Gesetzgeber allerdings verpflichtet, die für die Grundrechtsbeschränkung wesentlichen Entscheidungen selbst zu treffen und die Schrankenbestimmung nicht anderen Stellen zu überlassen.[106] Soweit zum Erlass untergesetzlicher Normen ermächtigt wird, verlangt das Gericht, dass die gesetzliche Regelung Umfang und Inhalt des Eingriffs deutlich erkennen lässt.[107] Handelt es sich dagegen nicht um statusrelevante Regelungen, so ist das Gericht der Ansicht, der Gesetzgeber könne die maßgeblichen Entscheidungen dem untergesetzlichen Normsetzer „in weitem Umfang" überlassen.[108] Dabei bleiben Voraussetzungen und Grenzen mangels eindeutigem Maßstab unklar.

---

[101] BSGE 81, 73 (84).

[102] Vgl. dazu *Axer,* Normsetzung der Exekutive in der Sozialversicherung, S. 153ff., 239ff., 310ff.; siehe auch BSG GesR 2005, 307ff., sowie unten § 10.

[103] Dazu im Einzelnen *Axer,* Normsetzung der Exekutive in der Sozialversicherung, S. 362ff.

[104] Zum Vertrag über die hausärztliche Versorgung *Axer,* Normsetzung der Exekutive in der Sozialversicherung, S. 382ff.

[105] BSGE 78, 91 (95ff.).

[106] Vgl. BSGE 82, 55 (59f.); vgl. auch: BSG GesR 2005, 307 (310).

[107] BSGE 82, 55 (60) unter Hinweis auf BSGE 76, 59 (61); 78, 91 (94); BVerfGE 33, 125 (160); 58, 257 (268); 82, 209 (224); vgl. auch BSG SozR 3–2500 § 72 SGB V Nr. 8.

[108] BSGE 82, 55 (60).

IV. Der Gesamtvertrag

1. Zustandekommen

33 Die zumeist für das Gebiet eines Bundeslandes errichteten Kassenärztlichen Vereinigungen[109] schließen mit den Landesverbänden der Krankenkassen und den Verbänden der Ersatzkassen Gesamtverträge.[110] Als Gesamtvertrag ist jeder Vertrag anzusehen, der im Rahmen der gemeinsamen Selbstverwaltung die von den Krankenkassen für die gesamte vertragsärztliche Vergütung an die jeweilige Kassenärztliche Vereinigung mit befreiender Wirkung zu leistende Gesamtvergütung verbindlich regelt.[111] Zu den Gesamtverträgen rechnen auch **Rahmengesamtverträge,** in denen Krankenkassenbundesverbände mit der Kassenärztlichen Bundesvereinigung Fragen der Gesamtvergütung für das Gebiet mehrerer Bundesländer verbindlich regeln, soweit auf Landesebene zwischen den Kassenärztlichen Vereinigungen und den Landesverbänden der Krankenkassen nichts anderes vereinbart worden ist.[112] **Gesamtverträge** werden grundsätzlich zwischen den Verbänden der Krankenkassen und den Verbänden jeder Kassenart einzeln schriftlich vereinbart.[113] Die Ersatzkassen und Ersatzkassenverbände haben mangels eigener Landesverbände für die auf Landesebene abzuschließenden Gesamtverträge einen Bevollmächtigten mit Abschlussbefugnis zu benennen.[114] Problematisch ist die **Abschlusskompetenz** für Krankenkassen, deren Einzugsbereich sich über den Bereich einer Kassenärztlichen Vereinigung hinaus erstreckt, doch haben sich hierfür in der Praxis Lösungen gefunden.[115]

2. Die Regelungsbefugnis

34 Die **Regelungsbefugnis** der Gesamtvertragsparteien erstreckt sich auf die vertragsärztliche Versorgung insgesamt.[116] Begrenzt wird sie insoweit, als sie sich im Rahmen der gesetzlichen Vorschriften, der Richtlinien des Gemeinsamen Bundesausschusses und der auf Grund Gesetzes erlassenen Rechtsverordnungen bewegen muss. Da der Inhalt des Bundesmantelvertrages zudem Bestandteil des Gesamtvertrages ist, dürfen Vorschriften des Gesamtvertrages diesem nicht widersprechen;[117] abweichende Vorschriften sind rechtswidrig.

35 Der Gesetzgeber ermächtigt durch spezielle Vorschriften die Gesamtvertragsparteien zur Regelung einzelner Sachbereiche. In Gesamtverträgen ist zu vereinbaren, inwieweit **Maßnahmen zur Vorsorge und Rehabilitation,** soweit sie nicht zur vertraglichen Versorgung gehören, Bestandteil der vertragsärztlichen Versorgung sein können.[118]

36 In Gesamtverträgen können die Kassenärztlichen Vereinigungen mit den Landesverbänden der Krankenkassen und den Verbänden der Ersatzkassen weiterhin Versorgungs- und Vergütungsstrukturen vereinbaren, die dem vom Versicherten gewählten Hausarzt oder einem von ihm gewählten Verbund haus- und fachärztlich tätiger Vertragsärzte Verant-

---

[109] Zu den Ausnahmen: *Brackmann-Hinz,* Kap. I–135.

[110] § 83 S. 1 SGB V.

[111] BSG SGb 2003, 745 (748).

[112] BSG SGb 2003, 745 ff. mit Anmerkung *Treftz* ebda., 750 f.

[113] *KassKomm-Hess,* § 83 SGB V Rdn. 5.

[114] § 212 Abs. 5 S. 4 SGB V.

[115] Vgl. dazu im Einzelnen *KassKomm-Hess,* § 82 SGB V Rdn. 10, § 83 SGB V Rdn. 7 ff.; *Peters-Hencke,* § 83 SGB V Rdn. 2 ff.

[116] Zur Frage, ob Auswirkungen des Risikostrukturausgleichs bei der Vereinbarung der Gesamtvergütung berücksichtigt werden können, BSG SGb 2004, 429 ff. mit Anmerkungen von *Axer* ebda., 436 ff. und *Schrinner* ebda., 439.

[117] BSGE 63, 163 (164); 70, 285 (288).

[118] § 73 Abs. 3 SGB V.

wortung übertragen für die Gewährleistung der Qualität und Wirtschaftlichkeit der vertragsärztlichen Versorgung sowie der ärztlich verordneten und veranlassten Leistungen insgesamt oder für inhaltlich definierte Teilbereiche dieser Leistungen.[119] Diese sogenannten **Strukturverträge** erlauben die Einführung neuer Versorgungs- und Vergütungsstrukturen.

37 Gesamtvertragliche Regelungen sind ferner vorgesehen im Bereich der **hausarztzentrierten Versorgung.**[120] In den Gesamtverträgen ist das Nähere über den Inhalt der hausarztzentrierten Versorgung zu normieren. Insbesondere sind die besonderen Anforderungen an die sächlichen und personellen Anforderungen der hausarztzentrierten Versorgung sowie die Abrechnung der Vergütung für die in diesem Bereich erbrachten Leistungen zu vereinbaren.[121] Ausdrücklich lässt der Gesetzgeber auch bundesmantelvertragliche Regelungen zu.[122] Diese gehen dann vor.

38 Weiterer Regelungsinhalt der Gesamtverträge ist die Vereinbarung von **besonderen Versorgungsaufträgen,** deren Durchführung bestimmte qualitative oder organisatorische Anforderungen an die Vertragsärzte stellt.[123] Damit können die Gesamtvertragspartner spezielle Versorgungsaufträge ausgestalten, die sich von der Regelversorgung durch besondere Anforderungen an die Strukturqualität oder die Art und Weise der Leistungserbringung unterscheiden. Zu regeln sind insoweit im Gesamtvertrag insbesondere die Fragen der Vergütung[124] sowie des Anspruchs eines Vertragsarztes auf Durchführung der besonderen Versorgungsaufträge.[125] Bundesmantelvertragliche Regelungen werden auch in diesem Bereich ausdrücklich zugelassen.[126]

39 Schließlich, und hier liegt ein Schwerpunkt gesamtvertraglicher Regelungsbefugnis, haben die Vertragsparteien im Gesamtvertrag die **Höhe der Gesamtvergütung** zu vereinbaren, die die einzelne Krankenkasse für die gesamte vertragsärztliche Versorgung mit befreiender Wirkung an die Kassenärztliche Vereinigung entrichtet.[127] Bei der Vereinbarung der Gesamtvergütung ist von den Vertragsparteien der gesetzlich normierte Grundsatz der **„angemessenen Vergütung“**[128] zu beachten. Die Verpflichtung, ärztliche Leistungen angemessen zu vergüten,[129] hat nach Ansicht des Bundessozialgerichts eine rein objektiv-rechtliche Bedeutung und begründet kein subjektives Recht des einzelnen Vertragsarztes auf ein bestimmtes, angemessenes Honorar für die einzelne Leistung oder die ärztliche Tätigkeit insgesamt.[130] Ausnahmen von diesem Grundsatz sind allenfalls möglich, wenn durch eine zu niedrige Vergütung ärztlicher Leistungen das Versorgungssystem als Ganzes und als Folge davon auch die berufliche Existenz der an dem Versorgungssystem teilnehmenden Ärzte gefährdet wird.[131] Zu Recht ist im Schrifttum

---

[119] § 73a SGB V. Zu den Strukturverträgen: *Krauskopf-Krauskopf,* § 73a SGB V Rdn. 2ff.; *Noftz* VSSR 1997, 393 (418ff.); *Orlowski* BKK 1997, 110; *Schirmer* MedR 1997, 431 (437ff.).

[120] § 73b SGB V.

[121] § 73b Abs. 3 S. 1, 2 SGB V. – Zum möglichen Inhalt entsprechender Regelungen vgl. BT-Drucks. 15/1525, S. 97.

[122] § 73b Abs. 3 S. 3 SGB V.

[123] § 73c SGB V.

[124] § 73c Abs. 1 S. 2 SGB V.

[125] § 73c Abs. 2 SGB V.

[126] § 73c Abs. 1 S. 3 SGB V.

[127] § 85 Abs. 1 SGB V. – Zur Gesamtvergütung unten § 16; zur Bindung an den Grundsatz der Beitragssatzstabilität BSGE 86, 126 (135ff.).

[128] § 72 Abs. 2 SGB V.

[129] Zur Problematik, die Angemessenheit zu bestimmen: *Isensee* VSSR 1995, 321 (328, 340ff.); *Link/de Wall* VSSR 2001, 69 (80ff.); *Maaß* NZS 1998, 13ff.; *ders.* NZS 2000, 109 (117ff.); *Schneider* SGb 2004, 143ff.

[130] Vgl. nur BSG SozR 3–2500 § 72 Nr. 5; jüngst zur Frage der angemessenen Vergütung: BSG GesR 2005, 307ff.

[131] Vgl. dazu BSG GesR 2005, 307ff.

die Rechtsprechung auf Kritik gestoßen, denn sie berücksichtigt zu wenig, dass der Vertragsarzt schon von Verfassungs wegen ein subjektives Recht auf angemessene Vergütung besitzt.[132]

V. Arzneimittelvereinbarung, Richtgrößenvereinbarung, Rahmenvorgaben

40 Die Landesverbände der Krankenkassen und die Verbände der Ersatzkassen vereinbaren gemeinsam und einheitlich mit der Kassenärztlichen Vereinigung zur Sicherstellung der vertragsärztlichen Versorgung mit Arznei- und Verbandsmitteln[133] bis zum 30. November für das jeweils folgende Kalenderjahr eine sog. Arzneimittelvereinbarung.[134] Inhalt der Vereinbarung ist die Bestimmung eines Ausgabenvolumens für die insgesamt von Vertragsärzten veranlassten Leistungen, die Festlegung von Versorgungs- und Wirtschaftlichkeitszielen und von Kriterien für Sofortmaßnahmen zur Einhaltung des vereinbarten Ausgabenvolumens im laufenden Kalenderjahr.[135] Die Krankenkassen müssen die Vereinbarung „gemeinsam und einheitlich" schließen. Dies bedeutet, dass sich die Verbände einigen müssen und unterschiedliche Vereinbarungen getrennt nach Kassenart unzulässig sind.[136] Die **Arzneimittelvereinbarung** ist, obwohl sie vergleichbar dem Gesamtvertrag auf Landesebene abgeschlossen wird, wegen der gemeinsam und einheitlich zu treffenden Entscheidung nicht unmittelbarer Bestandteil des Gesamtvertrages. Überschreitet oder unterschreitet allerdings das tatsächliche Ausgabenvolumen für Arznei- und Verbandsmittel das vereinbarte Ausgabenvolumen, ist die Über- bzw. Unterschreitung Gegenstand der Gesamtverträge.[137]

41 Über den Inhalt der Arzneimittelvereinbarung für das jeweils folgende Kalenderjahr vereinbaren die Kassenärztliche Bundesvereinigung und die Spitzenverbände der Krankenkassen gemeinsam und einheitlich **Rahmenvorgaben.**[138] Die Rahmenvorgaben haben die Arzneimittelverordnungen zwischen den Kassenärztlichen Vereinigungen zu vergleichen und zu bewerten. Eine Abweichung von den Rahmenvorgaben durch die Vertragsparteien der Arzneimittelvereinbarung ist nur zulässig, soweit dies durch die regionalen Versorgungsbedingungen begründet ist.[139] Rahmenvorgaben sind ebenfalls für die Inhalte der Informationen und Hinweise nach § 73 Abs. 8 SGB V vorgesehen.[140]

42 Ein vergleichbares Regelungssystem sieht das Gesetz bei der Vereinbarung des **Richtgrößenvolumens** vor.[141] Die Vertragspartner der Arzneimittelvereinbarung vereinbaren für das auf das Kalenderjahr bezogene Volumen der je Arzt verordneten Arznei- und Ver-

[132] *Isensee* VSSR 1995, 321 (346ff.); *Sodan/Gast* NZS 1998, 497 (503f.); *Wimmer* MedR 1998, 533ff.; *ders.*, NZS 1999, 480ff. – Zum Gleichbehandlungsgrundsatz als Vorgabe für die Verteilung der Gesamtvergütung *Reuther* VSSR 2003, 155ff.

[133] Nach § 84 Abs. 8 S. 1 SGB V sind die Regelungen des § 84 Abs. 1–7 SGB V für Arznei- und Verbandsmittel „unter Berücksichtigung der besonderen Versorgungs- und Abrechnungsbedingungen im Heilmittelbereich" entsprechend auch für Heilmittel anzuwenden.

[134] § 84 Abs. 1 SGB V. – Vgl. dazu *Francke* VSSR 2004, 299 (303ff.).

[135] § 84 Abs. 1 S. 2 SGB V. – Zum Inhalt der Vereinbarungen im Einzelnen *Hauck/Haines-Engelhard* § 84 SGB V Rdn. 43ff.

[136] *Hauck/Haines-Engelhard* § 84 SGB V Rdn. 34. – Zur Frage des Vorgehens bei Nichteinigung *Hauck/Haines-Engelhard* § 84 SGB V Rdn. 35.

[137] § 84 Abs. 3 SGB V.

[138] § 84 Abs. 7 SGB V. – Dazu *Hauck/Haines-Engelhard* § 84 SGB V Rdn. 146ff.

[139] Dazu *Hauck/Haines-Engelhard* § 84 SGB V Rdn. 150.

[140] § 84 Abs. 7 S. 1 SGB V.

[141] Zu Begriff und Funktion der Richtgrößen sowie zum Inhalt der Richtgrößenvereinbarung *Hauck/Haines-Engelhard* § 84 SGB V Rdn. 98ff.

bandsmittel arztgruppenspezifische fallbezogene Richtgrößen als Durchschnittswerte unter Berücksichtigung der Arzneimittelvereinbarung.[142] Für die Richtgrößenvereinbarung beschließen die Kassenärztliche Bundesvereinigung und die Spitzenverbände der Krankenkassen gemeinsam und einheitlich „mit verbindlicher Wirkung" die Gliederung der Arztgruppen, das Nähere zum Fallbezug und die altersgemäße Gliederung der Patientengruppen.[143] Ferner können die Vertragspartner Empfehlungen für die Richtgrößenvereinbarung abgeben.[144]

VI. Wirtschaftlichkeits- und Abrechnungsprüfung

43 Das GKV-Modernisierungsgesetz gestaltete die vertragsärztliche Wirtschaftlichkeits- und Abrechnungsprüfung neu.[145] Kollektivverträge sind sowohl auf Landesebene als auch auf Bundesebene vorgesehen, wobei auf Bundesebene der Gesetzgeber von zu vereinbarenden Richtlinien spricht, so dass entsprechende Verträge als **Richtlinienverträge** bezeichnet werden können. Die Richtlinienverträge geben den Inhalt der auf Landesebene zu schließenden Verträge verbindlich vor.

44 Nach § 106 Abs. 2 S. 4 SGB V können die Landesverbände der Krankenkassen und die Verbände der Ersatzkassen gemeinsam und einheitlich mit den Kassenärztlichen Vereinigungen über die gesetzlich vorgesehenen **Wirtschaftlichkeitsprüfungen**[146] hinaus Prüfungen ärztlicher und ärztlich verordneter Leistungen nach Durchschnittswerten oder anderen arztbezogenen Prüfungsarten vereinbaren. Ferner ist der Inhalt und die Durchführung der Beratungen von Vertragsärzten durch den Prüfungsausschuss und die Prüfung der Wirtschaftlichkeit vertraglich zu regeln.[147] Dabei sind die von der Kassenärztlichen Bundesvereinigung und den Spitzenverbänden der Krankenkassen auf Bundesebene vereinbarten Richtlinien zum Inhalt und zur Durchführung der Zufälligkeitsprüfung Bestandteil des auf Landesebene zu schließenden Vertrages.[148] Der Richtlinienvertrag soll eine bundesweit einheitliche Durchführung der Wirtschaftlichkeitsprüfung gewährleisten[149] und gibt insoweit verbindlich den Rahmen vor, in dem auf Landesebene die vertraglichen Regelungen erfolgen können. In den Prüfungsvereinbarungen ist ferner festzulegen, unter welchen Voraussetzungen Einzelfallprüfungen durchgeführt und pauschale Honorarkürzungen vorgenommen werden sowie die Durchführung von Einzelfallprüfungen seitens des Prüfungsausschusses auf Antrag der Kassenärztlichen Vereinigung, einer Krankenkasse oder ihres Verbandes.[150]

45 Im Rahmen der Abrechnungsprüfung vereinbaren die Kassenärztlichen Vereinigungen und die Landesverbände der Krankenkassen sowie die Ersatzkassenverbände auf Landesebene näheres zum Inhalt und zur Durchführung der Abrechnungsprüfungen sowie zu den Sanktionen bei Verstößen gegen die Abrechnungsbestimmungen.[151] Dabei sind die auf Bundesebene zwischen der Kassenärztlichen Bundesvereinigung und den Spitzenverbänden zu **vereinbarenden Richtlinien** über Inhalt und Durchführung der Abrech-

[142] § 84 Abs. 6 SGB V. – Dazu *Hauck/Haines-Engelhard* § 84 SGB V Rdn. 123, 151 ff.
[143] § 84 Abs. 7 S. 4, 5 SGB V.
[144] § 84 Abs. 7 S. 6 SGB V. – Dazu *Hauck/Haines-Engelhard* § 84 SGB V Rdn. 157, der die Empfehlungen allerdings als nicht verbindlich bezeichnet.
[145] §§ 106, 106 a SGB V. – Vgl. dazu BT-Drucks. 15/1525, S. 113 ff.; *Auktor,* in: Kruse/Hänlein (Hrsg.), Das neue Krankenversicherungsrecht, 2004, Rdn. 440 ff.; *Orlowski/Wasem,* Gesundheitsreform 2004, 2003, S. 108 ff.; unten § 17.
[146] § 106 Abs. 2 S. 1 SGB V.
[147] § 106 Abs. 3 S. 1 SGB V.
[148] § 106 Abs. 3 S. 1 SGB V.
[149] BT-Drucks. 15/1525, S. 114.
[150] § 106 Abs. 3 S. 3 SGB V.
[151] § 106 a Abs. 5 SGB V.

nungsprüfung[152] Bestandteil des Vertrages.[153] Die vereinbarten Richtlinien sollen eine nach bundesweit einheitlich festgelegten Kriterien durchzuführende Abrechnungsprüfung und damit auch eine Gleichbehandlung der Ärzte gewährleisten.[154]

VII. Modellvorhaben

46 Zur Verbesserung der Qualität und der Wirtschaftlichkeit der Versorgung können die Krankenkassen und ihre Verbände mit den in der gesetzlichen Krankenversicherung zugelassenen Leistungserbringern oder Gruppen von Leistungserbringern Vereinbarungen über **Modellvorhaben** zur Weiterentwicklung der Verfahrens-, Organisations-, Finanzierungs- und Vergütungsformen der Leistungserbringung treffen.[155] Diese Verträge sind schon auf Grund abweichender Regelung der Abschlusskompetenz keine Gesamtverträge.[156] Die Vertragsparteien besitzen bei der Vereinbarung von Modellvorhaben einen weiten Gestaltungsspielraum und können etwa von den Vorschriften über die Leistungserbringung nach den §§ 69ff. SGB V abweichen.[157] Die Krankenkassen können ferner Modellvorhaben zu Leistungen zur Verhütung und Früherkennung von Krankheiten sowie zur Krankenbehandlung vereinbaren, die nach den Vorschriften des SGB V oder hiernach getroffener Regelungen keine Leistungen der Krankenversicherung sind.[158] Allerdings sind nur solche Leistungen möglich, über deren Eignung als Leistung der Krankenversicherung der Gemeinsame Bundesausschuss keine ablehnende Entscheidung getroffen hat.[159] Im Bundesmantelvertrag können die Kassenärztliche Bundesvereinigung und die Spitzenverbände der Krankenkassen Grundsätze zur Durchführung von Modellvorhaben vereinbaren.[160]

VIII. Verträge über die integrierte Versorgung

47 Ein Kernelement der GKV-Gesundheitsreform 2000 war die Einführung der integrierten Versorgung.[161] Mit der **integrierten Versorgung** verfolgte der Gesetzgeber das Ziel, sektorenübergreifende Versorgungsstrukturen anstelle der bisherigen überwiegend sektoral geprägten Versorgung zu installieren.[162] Neue, vernetzte, die unterschiedlichen Angebote integrierende Versorgungsangebote sollten eine **ganzheitliche Versorgung** der Versicherten sowie eine verbesserte Versorgungsqualität und Versorgungseffizienz bewirken. Die starre Aufgabenteilung zwischen ambulanter und stationärer Versorgung wurde durchbrochen, um die Voraussetzung für eine stärker an den Versorgungsbedürfnissen der Patienten orientierte Behandlung zu schaffen.[163] Allerdings erwiesen sich die Regelungen zur integrierten Versorgung in der Praxis zur Verfolgung der gesetzgeberischen Ziele als nur

---

[152] § 106a Abs. 6 SGB V.

[153] § 106a Abs. 5 S. 3 SGB V.

[154] BT-Drucks. 15/1525, S. 119.

[155] § 63 Abs. 1 SGB V; § 64 SGB V. – Zu den Zielen und Inhalten von Modellvorhaben: *Noftz* VSSR 1997, 393 (416ff.); *Schirmer* MedR 1997, 431 (434ff.); zur Freiwilligkeit als Voraussetzung einer Teilnahme an Modellvorhaben BSGE 90, 84 (88ff.).

[156] *Noftz* VSSR 1997, 393 (417); *Schirmer* MedR 1997, 431 (436).

[157] § 63 Abs. 3 SGB V.

[158] § 63 Abs. 2 SGB V.

[159] § 63 Abs. 4 SGB V. – Zu den Modellvorhaben unten § 12.

[160] § 64 Abs. 2 SGB V.

[161] §§ 140a ff. SGB V; zur integrierten Versorgung nach der GKV-Gesundheitsreform: *Becker* NZS 2001, 505ff.; *Pfeiffer* VSSR 2004, 149ff.; *Quaas* VSSR 2004, 175ff.; *Rehborn* VSSR 2004, 157ff.; *Wigge* NZS 2001, 17ff.; 66ff.

[162] Zu den Zielen: *Orlowski* BKK 2000, 191ff.

[163] BT-Drucks. 14/1245, 91.

beschränkt tauglich, und ihre Wirkungen blieben eher gering. Das GKV-Modernisierungsgesetz ordnete daher die integrierte Versorgung neu und verzichtete dabei insbesondere auf das Institut der kollektivvertraglichen Rahmenvereinbarung.[164] Die integrierte Versorgung beruht nunmehr auf einem rein individualvertraglichen System.[165]

48 Bei den Verträgen über die integrierte Versorgung handelt es sich um öffentlich-rechtliche Verträge im Sinne des § 53 SGB X.[166] Die Vertragsparteien[167] können in der Integrationsvereinbarung das gesamte **Leistungserbringungsrecht der §§ 69 ff. SGB V suspendieren,** soweit das „dem Sinn und der Eigenart der integrierten Versorgung entspricht, die Qualität, die Wirksamkeit und die Wirtschaftlichkeit der integrierten Versorgung verbessert oder aus sonstigen Gründen zu ihrer Durchführung erforderlich ist".[168] Damit steht zwar das „Wie" der Versorgung zur Disposition der Vertragspartner, nicht jedoch der Umfang der gegenüber den Versicherten zu erbringenden Leistungen. Die Vertragspartner haben die Erfüllung der gesetzlichen Leistungsansprüche der Versicherten in dem Maß zu gewährleisten, zu dem die jeweiligen Leistungserbringer gesetzlich verpflichtet sind.[169] Der **Leistungsanspruch** des Versicherten in der Integrationsversorgung bleibt mit dem in der „Normalversorgung" **identisch.** In den Integrationsverträgen müssen sich die Vertragspartner der Krankenkassen zu einer qualitätsgesicherten, wirksamen, ausreichenden, zweckmäßigen und wirtschaftlichen Versorgung der Versicherten verpflichten.[170] Leistungen dürfen in der integrierten Versorgung nur erbracht werden, sofern der Gemeinsame Bundesausschuss keine ablehnende Entscheidung getroffen hat.[171]

IX. Die dreiseitigen Verträge

49 Um die Trennung von ambulanter und stationärer Behandlung zu überwinden und eine nahtlose, leistungsfähige und wirtschaftliche Versorgung der Versicherten durch Vertragsärzte und Krankenhäuser zu gewährleisten, sieht das Gesetz den Abschluss dreiseitiger Verträge vor.[172] Diese werden von den Landesverbänden der Krankenkassen und den Verbänden der Ersatzkassen, den Kassenärztlichen Vereinigungen und den Landeskrankenhausgesellschaften bzw. den Vereinigungen der Krankenhäuser im jeweiligen Land geschlossen. Sie sind **öffentlich-rechtlicher Natur,**[173] denn sie präzisieren Rechte und Pflichten im öffentlich-rechtlich geregelten Leistungserbringungsrecht und konkretisieren den öffentlich-rechtlichen Leistungsanspruch des Versicherten. Auf Grund ihrer Bindungswirkung über die vertragsschließenden Parteien hinaus, die unabhängig von der speziellen gesetzlichen Verbindlichkeitsanordnung in § 115 Abs. 2 S. 2 SGB V besteht, kommt ihnen die Qualität als **Normenvertrag** zu. Dies gilt ebenso für die dreiseitigen Vergütungsvereinbarungen über die vor- und nachstationäre Behandlung[174] und für die dreiseitigen Verträge zur Regelung des ambulanten Operierens.[175]

---

[164] Zu den Gründen BT-Drucks. 15/1525, S. 131 f.
[165] Zu den Gründen BT-Drucks. 15/1525, S. 129 ff.
[166] Vgl. *Becker* NZS 2001, 505 (510); *Krauskopf-Knittel,* § 140 b SGB V Rdn. 15 f.
[167] Vgl. § 140 b SGB V.
[168] § 140 b Abs. 4 S. 1 SGB V.
[169] § 140 b Abs. 3 S. 2 SGB V.
[170] § 140 b Abs. 3 S. 1 SGB V.
[171] § 140 b Abs. 3 S. 4 SGB V.
[172] § 115 SGB V. – Vgl. allgemein *Hess* SDSRV 38 (1994), 49 ff.; siehe auch unten § 15.
[173] A. A. *Schlichtner-Wicker,* Die dreiseitigen Verträge nach § 115 SGB V, 1994, S. 315 ff.
[174] § 115 a Abs. 3 SGB V.
[175] § 115 b SGB V.

X. Rechtsschutz gegen Kollektivverträge

50 Da das Sozialgerichtsgesetz eine **Normenkontrolle** entsprechend § 47 VwGO nicht explizit regelt, entspricht es allgemeiner Ansicht, die gesetzliche Überprüfung von Kollektivverträgen auf eine Inzidentkontrolle zu beschränken.[176] Der Vertragsarzt kann danach die Rechtmäßigkeit eines Normenvertrages gerichtlich nur mittels einer Klage gegen den auf der Grundlage des Vertrages ergangenen Ausführungsakt inzident überprüfen lassen. In der Rechtsprechung des Bundessozialgerichts lässt sich allerdings die Tendenz erkennen, über die **Feststellungsklage** Rechtsschutz gegen Normen zu gewähren, sofern ein effektiver inzidenter Rechtsschutz unmöglich ist.[177] Soweit das Klagebegehren auf die Verpflichtung des Normgebers zum Erlass einer Norm mit bestimmtem Inhalt gerichtet ist, soll eine Leistungsklage möglich sein.[178]

51 Bei der Überprüfung von Kollektivverträgen nimmt das Bundessozialgericht insbesondere im Hinblick auf den **Einheitlichen Bewertungsmaßstab** seine Kontrollkompetenz zurück und gesteht dem jeweiligen Normsetzer einen **weiten Gestaltungsspielraum** zu.[179] Auf Grund der spezifischen Struktur und der Art ihres Zustandekommens seien die von Ärzten und Krankenkassen im Einheitlichen Bewertungsmaßstab gemeinsam vereinbarten Normen **nicht in vollem Umfange gerichtlich** überprüfbar. Das Gericht beschränkt die Kontrolle im Wesentlichen darauf, ob der Bewertungsausschuss den ihm zustehenden Entscheidungsspielraum überschritten oder seine Bewertungskompetenz missbräuchlich ausgeübt hat.[180] Das vom Bewertungsausschuss geschaffene System autonomer Leistungsbewertung könne seinen Zweck nur erfüllen, wenn Eingriffe von außen grundsätzlich unterblieben. Den Gerichten sei es deshalb verwehrt, eine im Einheitlichen Bewertungsmaßstab vorgenommene Bewertung als rechtswidrig zu beanstanden, weil sie den eigenen Vorstellungen von der Wertigkeit der Leistung und Angemessenheit der Vergütung widerspreche, selbst dann, wenn diese auf betriebswirtschaftlichen Gutachten beruhten, in denen eine günstigere Bewertung gefordert werde.[181] Damit entzieht das Gericht den Einheitlichen Bewertungsmaßstab weitgehend gerichtlicher Kontrolle. Allerdings scheint das Gericht in einer neueren Entscheidung[182] nunmehr strengere Maßstäbe anzulegen und die Kontrolle zu intensivieren.

---

[176] Vgl. dazu mit Nachweisen: *Axer* NZS 1997, 10 (11); *Engelmann* NZS 2000, 1, 76 (83); *Papier,* in: Schnapp (Hrsg.), Probleme der Rechtsquellen im Sozialversicherungsrecht, Teil I, 1998, S. 85 ff.; *Schnapp* NZS 1997, 152 ff.; siehe auch unten § 10 Rdn. 70 f.

[177] Deutlich BSGE 83 (118 ff.); 90, 61 (64).

[178] BSGE 90, 61 (64 f.) unter Hinweis auf BSGE 86, 223 (225).

[179] BSGE 83, 205 (208); 88, 126 (133 f.); 89, 259 (264). – Allgemein zur gerichtlichen Kontrolldichte bei untergesetzlichen Normen am Beispiel der Richtlinien grundlegend *Roters,* Die gebotene Kontrolldichte bei der gerichtlichen Prüfung der Richtlinien des Bundesausschusses der Ärzte und Krankenkassen, S. 115 ff.; zur Kontrolle eines Schiedsspruchs BSG SGb 2004, 429 ff. mit Anmerkung *Axer* ebda, S. 436 ff.

[180] BSGE 79, 239 (245 f.); 83, 205 (208). Kritik an der Rechtsprechung bei *Wimmer* NZS 2001, 287 ff.

[181] BSGE 83, 205 (208).

[182] BSGE 89, 259 (264 ff.); vgl. auch LSG NW NZS 2004, 443. – Zur Entscheidung des Bundessozialgerichts *Wahl* MedR 2003, 569 ff.

§ 9 Das Schiedswesen

Schrifttum: *Axer,* Normsetzung der Exekutive in der Sozialversicherung, 2000; Bochumer Kommentar zum Sozialgesetzbuch Allgemeiner Teil, 1979; *Düring,* Das Schiedswesen in der gesetzlichen Krankenversicherung, 1992; *Ebsen,* Rechtsquellen, in: Schulin (Hrsg.), Handbuch des Sozialversicherungsrechts, Band 1, Krankenversicherungsrecht, 1994, § 7; *Hauck/Haines,* Sozialgesetzbuch SGB V, Stand: 1. 6. 2004; Kasseler Kommentar, Sozialversicherungsrecht Band 1, Stand: August 2004; *Joussen,* Die Rechtsnatur der Entscheidungsbefugnis des Schiedsamts nach § 89 SGB V, SGb 2003, 200 ff.; *Krauskopf,* Soziale Krankenversicherung, Stand: Dezember 2003; *Liebold/Zalewski,* Kassenarztrecht Bd. 1, 5. Aufl., Stand: Januar 2004; *Maurer,* Allgemeines Verwaltungsrecht, 15. Aufl. 2004; *Maaßen/Schermer/Wiegand/Zipperer,* Gesetzliche Krankenversicherung, Stand Februar 2003; *Meyer-Ladewig,* SGG, 7. Aufl. 2002; *Peters,* Handbuch der Krankenversicherung, Stand: September 2000; *Schmiedl,* Das Recht des vertrags(zahn)ärztlichen Schiedswesens, 2002; *Schnapp,* Amtsrecht und Beamtenrecht, 1977; *ders.,* Das Verwaltungsverfahren im Kassenarztrecht, SGb 1985, 89 ff.; *ders.,* Rechtsetzung durch Schiedsämter und gerichtliche Kontrolle von Schiedsamtsentscheidungen, in: Schnapp (Hrsg.), Probleme der Rechtsquellen in der Sozialversicherung Teil II, 1999, S. 77 ff.; *ders.,* Gesamtverträge und Schiedsverfahren im Ersatzkassenbereich, NZS 2003, 1 ff.; *ders.,* Müssen Schiedsämter bei ihren Entscheidungen die Auswirkungen des Risikostrukturausgleichs berücksichtigen?, NZS 2003, 337 ff.; *ders.* (Hrsg.), Handbuch des sozialrechtlichen Schiedsverfahrens, 2004; *von Wulffen,* SGB X, 5. Aufl. 2005; *Zeihe,* Sozialgerichtsgesetz, Stand: 1. April 2003.

Übersicht

I. Die Funktion der Schiedsämter

1 Das Schiedswesen in der gesetzlichen Krankenversicherung besteht seit dem Berliner Abkommen vom 23. 12. 1913, einem Vertrag zwischen den Spitzenverbänden der Krankenkassen und Verbänden der Ärzteschaft.[1] Eine normative Regelung erfolgte erstmals 1923 in der „Verordnung über Ärzte und Krankenkassen.[2] 1924 wurden die Vorschriften, welche die Schiedsämter betreffen, in die RVO eingefügt.[3] Das Gesundheitsreformgesetz vom 20. 12. 1988 fasste die in der Zwischenzeit mehrfach geänderten §§ 368h und 368i RVO zu § 89 SGB V zusammen. **§ 89 SGB V** wurde in der Folgezeit mehrfach geändert,[4] zuletzt durch das Gesetz zur Modernisierung der gesetzlichen Krankenversicherung (GKV-Modernisierungsgesetz – GMG) vom 14. 11. 2003 sowie durch Verordnung vom 25. 11. 2003.[5] Ergänzt wird die Vorschrift durch die Schiedsamtsverordnung (SchAVO) vom 28. 5. 1957, zuletzt novelliert 1998.[6]

2 Die Schiedsämter gemäß § 89 SGB V setzen Verträge über die vertragsärztliche Versorgung fest, wenn die Parteien sich nicht über den Inhalt eines Kollektivvertrages einigen können. Das Schiedswesen dient damit der **Schlichtung** für den Fall, dass kein Konsens erzielt werden kann.[7] Hierdurch wird das Entstehen eines vertragslosen Zustands im System der vertragsärztlichen Versorgung vermieden. Die Installierung der Schiedsämter ist konsequente Folge der gesetzgeberischen Entscheidung, dass die Sicherstellung der Versorgung Aufgabe der gemeinsamen Selbstverwaltung ist.[8] Das Schiedsamt ist aber stets nur **Subsidium** gegenüber den Parteien, in deren Hände der Gesetzgeber primär die Vertragsgestaltung gelegt hat. In der Vertragsfestsetzung erschöpft sich auch die Funktion der Schiedsämter. Sie haben keine judikativen Funktionen wie die Schiedsgerichte, die etwa in § 101 ArbGG oder in § 187 Abs. 1 VwGO vorgesehen sind. Es gibt auch keine instanzielle Gliederung zwischen Landes- und Bundesschiedsamt, beide haben vielmehr unterschiedliche Zuständigkeitsbereiche. Parallelinstitutionen existieren in zahlreichen anderen sozialrechtlichen Bereichen, so für die vertraglichen Beziehungen im Krankenhausbereich die Schiedsstellen gemäß § 114 SGB V sowie die Schiedsstelle gemäß § 76 SGB XI, die zuständig ist für Vereinbarungen der Landesverbände der Pflegekassen mit den Vereinigungen der Träger der Pflegeeinrichtungen im Land.[9]

II. Kompetenzen der Schiedsämter gemäß § 89 SGB V

3 § 89 SGB V unterscheidet die **Bundesschiedsämter** gemäß § 89 Abs. 4 SGB V, die von den Kassenärztlichen Bundesvereinigungen (KBV), den Bundesverbänden der Kranken-

---

[1] Beilage Nr. 5 des Ministerial-Blatts der Preußischen Handels- und Gewerbeverwaltung 1914, S. 85–87; ausführlich zur Historie *Düring* Schiedswesen, S. 39ff.; *Schmiedl* Schiedswesen, S. 24ff.

[2] RGBl. I S. 1051ff.

[3] RGBl. I S. 779ff.

[4] Zweites Gesetz zur Änderung des Fünften Buches Sozialgesetzbuch vom 20. 12. 1991 BGBl. I S. 2325, Gesundheitsstrukturgesetz vom 21. 12. 1992 BGBl. I S. 2266, 2. GKV-Neuordnungsgesetz vom 23. 6. 1997 BGBl. I S. 1520, GKV-Solidaritätsstärkungsgesetz vom 19. 12. 1998 BGBl. I S. 3853, 6. SGG ÄndG vom 17. 8. 2001 BGBl. I S. 2144, Siebente Zuständigkeitsanpassungs-Verordnung vom 29. 10. 2001 BGBl. I S. 2785.

[5] BGBl. I S. 2190, BGBl. I S. 2304.

[6] Dritte Verordnung zur Änderung der Schiedsamtsverordnung vom 7. 4. 1998, BGBl. I S. 719, redaktionelle Änderungen durch Art. 19 des GKV-Modernisierungsgesetzes vom 14. 11. 2003 BGBl. I S. 2190 sowie Art. 4 Abs. 71 des Kostenrechtmodernisierungsgesetzes vom 5. 5. 2004 BGBl. I S. 718.

[7] Vgl. BSGE 20, 73, 76 = SozR Nr. 1 zu § 368h RVO.

[8] *Liebold/Zalewski* § 89 SGB V Rdn. C 89–1.

[9] Umfassend zum Schiedswesen im Sozialrecht: *Schnapp* Handbuch des sozialrechtlichen Schiedsverfahrens, 2004.

kassen, der Bundesknappschaft und den Verbänden der Ersatzkassen errichtet werden, und die **Landesschiedsämter** nach § 89 Abs. 2 SGB V, die von den Kassenärztlichen Vereinigungen (KVen) einerseits und den Landesverbänden der Krankenkassen sowie den Verbänden der Ersatzkassen andererseits für den Bereich einer oder mehrerer Kassenärztlicher Vereinigungen errichtet werden. Es wird jeweils ein Schiedsamt für die **vertragsärztliche** und die **vertragszahnärztliche** Versorgung gebildet. Für den Bereich der **zahntechnischen Leistungen der Zahntechniker** gibt es gemäß § 89 Abs. 7 und 8 SGB V eigene Schiedsämter auf Bundes- und Landesebene. Die Geschäftsführung, d.h. die Erledigung verwaltungstechnischer Aufgaben wie etwa die Aktenführung und die Durchführung von Schreibarbeiten, Ladungen etc. für die Schiedsämter, ist sowohl auf Bundes- als auch auf Landesebene bei den Verbänden der Ortskrankenkassen angesiedelt, § 11 SchAVO, sofern nicht ausschließlich andere Kassenarten betroffen sind.

4 Die Zuständigkeit der Schiedsämter knüpft an die jeweilige Vertragsebene an. Für Verträge auf **Bundesebene** ist das Bundesschiedsamt, für Verträge auf **Landesebene** sind die Landesschiedsämter zuständig. Die **örtliche Zuständigkeit** richtet sich nach den Bezirken der KVen. Es kann für die Bezirke mehrerer KVen gemäß § 1 Abs. 4 SchAVO ein Schiedsamt errichtet werden. Von dieser Möglichkeit wird in einigen Bundesländern mit mehreren KVen, so etwa in NRW, auch Gebrauch gemacht.

5 Schiedsfähig nach § 89 Abs. 1 Satz 1 SGB V sind nur solche Verträge über die vertragsärztliche Versorgung, deren Abschluss **gesetzlich vorgeschrieben** ist. Die gesetzliche Installation eines Schlichters, die besonderen Befugnisse der Aufsichtsbehörden und die Nachwirkungsanordnung des § 89 Abs. 1 Satz 4 SGB V machen deutlich, dass es sich um Materien handelt, die nach der Vorstellung des Gesetzgebers zwingend der Regelung bedürfen.[10] Im Hinblick auf die Funktion des Schiedsamtes, den sozialen Frieden zwischen Ärzten und Krankenkassen zu sichern und Konfliktsituationen zu beseitigen, ist seine Zuständigkeit im Zweifel aber weit zu ziehen.[11] So sind etwa auch Nebenfragen wie der Streit über die Kosten des Verfahrens der Wirtschaftlichkeitsprüfung schiedsamtsfähig.[12]

6 Nicht in den Kompetenzbereich der Schiedsämter fallen generell die im SGB V vorgesehenen Verträge, die keine **Verträge über die vertrags(zahn)ärztliche Versorgung** sind. Hierzu zählen etwa die Verträge gemäß § 75 Abs. 3 und 4 SGB V über die Versorgung bestimmter Personenkreise außerhalb der gesetzlichen Krankenversicherung oder dreiseitige Verträge nach § 117 Abs. 1 Satz 3 SGB V.

1. Bundesschiedsamt

7 Das Bundesschiedsamt ist für die Festsetzung der gemäß § 82 Abs. 1 SGB V abzuschließenden **Bundesmantelverträge** zuständig, die den allgemeinen Inhalt der Gesamtverträge festlegen. Nach § 87 Abs. 1 Satz 2 SGB V müssen die Bundesmantelverträge auch Regelungen über die Organisation der vertragsärztlichen Versorgung, insbesondere Vordrucke und Nachweise, enthalten. Weiter fallen in die Zuständigkeit des Bundesschiedsamtes gemäß § 84 Abs. 7 Satz 1 SGB V die Rahmenvorgaben für die Inhalte der **Arzneimittelvereinbarungen** nach § 84 Abs. 1 SGB V sowie für die Inhalte und Informationen nach § 73 Abs. 8 SGB V, Vereinbarungen über die **Qualitätssicherung** gemäß § 135 Abs. 2 SGB V, über die Einführung und **Ausgestaltung der Krankenversichertenkarte** nach § 291 Abs. 3 SGB V, über die Ausgestaltung der **Übermittlung von Leistungsdaten** gemäß § 295 Abs. 3 SGB V sowie Vereinbarungen über **Inhalt und Umfang der haus-**

---

[10] Vgl. BSG, Beschluss vom 10. März 2004 – B 6 KA 113/03 B; BSG SozR 4–2500 § 83 Nr. 1; *KassKomm-Hess* § 89 Rdn. 9; *Hauck/Haines-Vahldieck* K 89 Rdn. 9; *Peters-Hencke* § 89 Rdn. 3; *Düring* Schiedswesen, S. 133.

[11] Vgl. BSG SozR 4–2500 § 83 Nr. 1.

[12] Vgl. BSGE 61, 146, 147 = SozR 2200 § 368h Nr. 4.

ärztlichen Versorgung gemäß § 73 Abs. 1c SGB V. Ein um Vertreter der Deutschen Krankenhausgesellschaft erweitertes Bundesschiedsamt ist zuständig für die Festsetzung von Vereinbarungen über **ambulantes Operieren im Krankenhaus,** § 115b Abs. 3 SGB V. Das Bundesschiedsamt für die vertragszahnärztliche Versorgung ist nach § 57 Abs. 1 Satz 9 SGB V zuständig für die Bestimmung der Höhe der Vergütungen für die **zahnärztlichen Leistungen bei zahnprothetischen Regelversorgungen.**

8 Zwar Bestandteil des Bundesmantelvertrages, aber dennoch **nicht schiedsamtsfähig** ist der **einheitliche Bewertungsmaßstab** gemäß § 87 SGB V. Hier wird im Fall der Nichteinigung nicht das Schiedsamt tätig, sondern gemäß § 87 Abs. 4 SGB V der erweiterte Bewertungsausschuss als besonderes Schlichtungsorgan. Ebenfalls nicht schiedsamtsfähig sind die **Richtlinien der Bundesausschüsse** nach § 92 SGB V. Ist ein Konsens hier nicht zu erzielen, erlässt gemäß § 94 Abs. 1 Satz 3 SGB V das Bundesministerium für Gesundheit und Soziale Sicherung die Richtlinien.

9 Im Bereich der **zahntechnischen Leistungen** ist das Bundesschiedsamt gemäß § 89 Abs. 7 SGB V zuständig im Fall der Nichteinigung über ein bundeseinheitliches Verzeichnis der abrechnungsfähigen zahntechnischen Leistungen gemäß § 88 Abs. 1 SGB V. § 57 Abs. 2 Satz 9 SGB V begründet seine Zuständigkeit für die Festsetzung der Beträge für die **zahntechnischen Leistungen bei zahnprothetischen Regelversorgungen.**

2. Landesschiedsämter

10 In den Zuständigkeitsbereich der Landesschiedsämter fallen die zwischen den Landesverbänden der Krankenkassen, den Verbänden der Ersatzkassen, der Bundesknappschaft und den Kassenärztlichen Vereinigungen abzuschließenden **Gesamtverträge,** § 83 SGB V, wobei naturgemäß den Vereinbarungen der **Gesamtvergütung** und ihrer Veränderung nach § 85 SGB V besondere Bedeutung zukommt, ferner Vereinbarungen über **Arznei- und Heilmittelbudgets** sowie **Richtgrößen** nach § 84 SGB V. Die Vereinbarungen über das **Verfahren zur Prüfung der Wirtschaftlichkeit** gemäß § 106 Abs. 3 SGB V sind zwar nicht Bestandteil der Gesamtverträge, sie sind jedoch nach der Rechtsprechung des BSG als Verträge über die kassenärztliche Versorgung anzusehen.[13] Dementsprechend hat das Bundessozialgericht auch die Schiedsamtsfähigkeit einer Vereinbarung über die **Kosten der Wirtschaftlichkeitsprüfung** bejaht und dies mit einem Umkehrschluss begründet: Wenn nur der einheitliche Bewertungsmaßstab aus dem Zuständigkeitsbereich der Schiedsämter herausgenommen ist, ist für alle übrigen einer Vereinbarung zugänglichen Fragen die Zuständigkeit der Schiedsämter gegeben. Da es keinen enumerativen Zuständigkeitskatalog gibt, ist im Zweifel die Schiedsfähigkeit eines gesetzlich vorgesehenen Vertrages anzunehmen.[14]

11 Das Landesschiedsamt für die **zahntechnische Versorgung** gemäß § 89 Abs. 8 SGB V ist im Fall der Nichteinigung über die Vergütung für die nach dem bundeseinheitlichen Verzeichnis abrechnungsfähigen Leistungen nach § 88 Abs. 2 SGB V zuständig. Es entscheidet ferner im Streitfall über die Höchstpreise für die zahntechnischen Leistungen bei den Regelversorgungen nach § 56 Abs. 2 SGB V, § 57 Abs. 2 Satz 1 SGB V.

III. Rechtsnatur der Schiedsämter

12 Die Bezeichnung „Schiedsamt" ist für die rechtliche Qualifizierung wenig aussagekräftig. Das Schiedsamt ist weder eine juristische Person des öffentlichen Rechts noch Organ einer Körperschaft. Weil es nicht für eine juristische Person, sondern ausschließlich in originärer Zuständigkeit tätig wird, ist es auch keine Behörde im organisationsrechtlichen

[13] BSGE 61, 146 = SozR 2200 § 368h Nr. 4; s. a. *KassKomm-Hess* § 89 SGB V Rdn. 5.

[14] *Hauck/Haines-Vahldiek* K § 89 SGB V Rdn. 7.

Sinn.[15] Die Schiedsämter nehmen jedoch Aufgaben der öffentlichen Verwaltung wahr und sind damit **Behörden im verwaltungsverfahrensrechtlichen Sinne** gemäß § 1 Abs. 2 SGB X.[16] Ihre Tätigkeit stellt sich als Vollzug von Bundesrecht in mittelbarer Staatsverwaltung dar.[17] Ob die Schiedsämter Behörden im verwaltungsprozessualen Sinne sind, kann offen bleiben. Die Frage dürfte im Ergebnis zu verneinen sein, weil im sozialgerichtlichen Verfahren ebenso wie für die VwGO das Rechtsträgerprinzip gilt, wonach grundsätzlich Beteiligte diejenige juristische Person ist, der das Handeln einer Behörde zugerechnet wird[18] und das Schiedsamt diese organisationsrechtlichen Kriterien nicht erfüllt. Die Schiedsämter sind aber jedenfalls kraft Gesetzes **gemäß § 70 Nr. 4 SGG beteiligtenfähig.** Zu den dort genannten Gremien zählen auch die Schiedsämter.[19] Die Beteiligtenfähigkeit im Sinne des § 70 Nr. 4 SGG erfordert weder Rechtsfähigkeit noch organisatorische Eigenständigkeit, sondern lediglich ein gewisses Maß an Verselbständigung des Entscheidungsgremiums gegenüber den Trägerinstitutionen.[20]

IV. Besetzung der Schiedsämter

13 Die Schiedsämter bestehen aus unparteiischen Mitgliedern einerseits und Vertretern der Vertragsparteien andererseits. Die Bundes- und Landesschiedsämter haben je **einen unparteiischen Vorsitzenden und zwei weitere unparteiische Mitglieder, § 89 Abs. 2 Satz 4, Abs. 4 Satz 2 SBG V.** „Unparteiisch" bedeutet, dass diese Personen keiner der das Schiedsamt bildenden Körperschaften angehören dürfen, sei es als Mitglied oder im Rahmen eines Dienstverhältnisses.[21] Über die unparteiischen Mitglieder sollen die Parteien sich einigen (§ 89 Abs. 3 SGB V). Für das Einigungsverfahren zwischen den Kassenverbänden verweist § 89 Abs. 3 Satz 2 SGB V auf § 213 Abs. 2 SGB V. Da die unparteiischen Mitglieder, insbesondere die Vorsitzenden, maßgeblichen Einfluss auf den Ausgang des Verfahrens haben, treten bei der Einigung über diese Personen oft Schwierigkeiten auf. Kommt eine Einigung nicht zustande, wird daher gemäß § 89 Abs. 3 Satz 4 SGB V eine gemeinsame Liste aufgestellt, die mindestens zwei Vorsitzende bzw. unparteiische Mitglieder und deren Stellvertreter enthalten muss. Kann auch über diese Kandidaten keine Einigung erzielt werden, entscheidet das Los: § 89 Abs. 3 Satz 5 SGB V. Das Gesetz enthält damit zwar ausführliche Regelungen zur Bestellung der unparteiischen Mitglieder im Konfliktfall, gleichwohl kann das Fehlen von Fristen und genauer Vorgaben zum Losverfahren zu Verzögerungen bei der Einrichtung des Schiedsamtes führen.[22]

14 Anders als noch die RVO fordert § 89 SGB V nicht mehr, dass der Vorsitzende die Befähigung zum Richteramt haben muss. Praktisch ist dies dennoch weitgehend der Fall. Die **formale Qualifikation** dürfte angesichts der Komplexität der Materie wünschenswert, aber ohne ergänzenden Bezug zu den rechtlichen und wirtschaftlichen Besonderheiten des Kollektivvertragssystems des Vertragsarztrechtes nicht einmal ausreichend sein.

---

[15] Ausführlich dazu *Düring* Schiedswesen, S. 56ff.; *Schnapp* Probleme der Rechtsquellen im Sozialversicherungsrecht Teil II, S. 81; nicht nachvollziehbar *Schmiedl* Schiedswesen, S. 111ff., der mit erheblichem konstruktiven Aufwand das Schiedsamt als Organ der atypischen teilrechtsfähigen Anstalt „Schiedsamt" qualifiziert.

[16] BSGE 20, 74, 75 = SozR Nr. 1 zu § 368h RVO; *Hauck/Haines-Vahldiek* K § 89 SGB V Rdn. 19; *Peters-Hencke* § 89 SGB V Rdn. 20a; *Düring,* Schiedswesen, S. 62; *Schnapp* SGb 1985, 89, 91.

[17] Vgl. *Schnapp* NZS 2003, 1, 4, 5.

[18] Vgl. *Meyer-Ladewig* SGG, § 70 Rdn. 4.

[19] Vgl. *Meyer-Ladewig* SGG, § 51 Rdn. 15 und § 70 Rdn. 5; *Zeihe* SGG, § 51 Rdn. 7g.

[20] Vgl. BSGE 90, 61, 63 = SozR 3–2500 § 87 Nr. 35 für den Bewertungsausschuss.

[21] *Düring* Schiedswesen, S. 92 m.w.N.

[22] Kritisch auch *Liebold/Zalewski* § 89 SGB V Rdn. C 89–32.

15 Hinzu kommen **Vertreter der Ärzte und Psychotherapeuten bzw. Zahnärzte und der Krankenkassen in gleicher Zahl.** Geht es um die Festsetzung eines Vertrages, der nicht alle Kassenarten betrifft, wirken nur Vertreter der betroffenen Kassenarten mit, wobei abweichende Vereinbarungen der Kassenverbände möglich sind: § 89 Abs. 2 Sätze 3 und 4 SGB V. Da das Gesetz für die Personen der Vertreter keine besonderen Zugangskriterien statuiert, muss es sich z.B. bei den Vertretern der Ärzteschaft nicht notwendig um zugelassene Vertragsärzte handeln. Ebenso wenig müssen die Vertreter der Krankenkassen Bedienstete oder Organmitglieder sein.[23] Die Auswahl der Mitglieder ist in das Belieben der Beteiligten gestellt.[24] In den Regelungen zur Binnenstruktur der Körperschaften finden sich regelmäßig Bestimmungen darüber, wer das Mitglied im Schiedsamt bestellt. So werden die Vertreter der Ärzte im Bundesschiedsamt gemäß § 11 Abs. 2 Nr. 5 der Satzung der Kassenärztlichen Bundesvereinigung[25] von der Vertreterversammlung gewählt. Die Klage eines Verbandes gegen die durch einen anderen Verband vorgenommene Bestellung wäre mangels Betroffenheit in eigenen Rechten unzulässig.[26]

16 Die **absolute Zahl** der Mitglieder bestimmt das SGB V nicht. Die SchAVO setzt in § 1 Abs. 1 fest, dass entsprechend der Zahl der beteiligten Krankenkassen jeweils sieben Vertreter der Ärzte und der Krankenkassen zu bestellen sind. Entsprechendes gilt für das Bundesschiedsamt gemäß § 89 Abs. 4 SGB V. Jeder Vertreter hat zwei Stellvertreter (§ 1 Abs. 1 und 3 Satz 2 SchAVO). Bei der Entscheidung über einen Vertrag, der nicht alle Kassenarten betrifft, verringert sich die Zahl der Mitglieder auf beiden Seiten (§ 89 Abs. 2 Satz 3 SGB V; § 1 Abs. 2 SchAVO). Sie kann i.ü. für die Landesschiedsämter durch Vereinbarung verringert werden, die Zahl von zwei Vertretern darf aber in keinem Fall unterschritten werden: § 1 Abs. 1 Satz 3 und 4, Abs. 2 Satz 2 SchAVO.

17 Die Schiedsämter für den **zahntechnischen Bereich** gemäß § 89 Abs. 7 und 8 SGB V bestehen aus je siebzehn Mitgliedern. Sie werden vom Verband Deutscher Zahntechniker-Innungen einerseits und den Spitzenverbänden der Krankenkassen andererseits bestellt. Für die Zusammensetzung des Landesschiedsamts gemäß § 89 Abs. 8 SGB V bestimmt das Gesetz, dass sieben Mitglieder von den Innungsverbänden der Zahntechniker,[27] je ein Vertreter von den Landesverbänden der Krankenkassen und zwei von den Verbänden der Ersatzkassen zu bestellen sind.

18 Das Gesetz konstituiert eine **Pflicht** der beteiligten Körperschaften, an der Errichtung der gesetzlich vorgesehenen Schiedsämter **mitzuwirken.** Kommen die Körperschaften ihrer Pflicht nicht nach, so rechtfertigt dies Aufsichtsmaßnahmen nach § 89 SGB IV.[28]

V. Rechtsstellung der Mitglieder

19 Die Mitglieder sind wirksam bestellt, wenn sie ihr Amt angenommen haben. § 2 SchAVO bestimmt für die unparteiischen Mitglieder ausdrücklich, dass sie als bestellt gelten, sobald sie sich den beteiligten Körperschaften gegenüber zur **Amtsübernahme** bereit erklärt haben. Im Interesse der Rechtssicherheit ist eine schriftliche Erklärung zu fordern. Eines weiteren statusbegründenden Aktes, etwa einer förmlichen Ernennung, bedarf es nicht. Die Vertreter der Beteiligten gelten als bestellt, wenn sie gegenüber der Geschäftsstelle des Schiedsamtes oder gegenüber den übrigen Beteiligten benannt wurden. Die Bereitschaft zur Ausübung des Amtes kann regelmäßig unterstellt werden und bedarf keines besonderen Nachweises.

---

[23] *Liebold/Zalewski* § 89 SGB V Rdn. C 89–30.

[24] Ausführlich hierzu *Düring* Schiedswesen, S. 89, 90 m.w.N.

[25] DÄ Heft 38 vom 17. 9. 2004.

[26] *Düring* Schiedswesen, S. 90.

[27] Zum Begriff des (Landes-) Innungsverbandes und zum Problem der Außenseiterstreckung siehe BSG SozR 3–2000 § 88 Nr. 3 = SGb 2003, 630 m. krit. Anm. von *Schnapp*.

[28] *Düring* Schiedswesen, S. 84.

20 Die Mitgliedschaft in einem Schiedsamt ist gemäß § 89 Abs. 3 Satz 7 SGB V ein **Ehrenamt,** d. h. ein öffentliches Amt, das nebenberuflich und grundsätzlich unentgeltlich ausgeübt wird.[29] Eine Verpflichtung zur Übernahme des Amtes besteht nicht.[30] Für die Parteivertreter kann sich allenfalls eine Verpflichtung aus den vertraglichen Beziehungen mit der bestellenden Körperschaft ergeben. Die Mitglieder des Schiedsamtes erhalten lediglich Reisekosten, Ersatz ihrer Barauslagen sowie einen Pauschbetrag für Zeitverlust (§§ 7 ff. SchAVO).[31] Die Körperschaften tragen jeweils die Kosten für die von ihnen entsandten Mitglieder; die Kosten für die unparteiischen Mitglieder und die Kosten der Geschäftsführung tragen die Vertragsparteien je zur Hälfte (§ 12 SchAVO).

21 Mit der Übernahme des Amtes ist gemäß § 6 SchAVO das Mitglied im Interesse der Funktionsfähigkeit des Schiedsamtes **zur Teilnahme** an den Sitzungen bzw. zur Benachrichtigung des Stellvertreter im Verhinderungsfall **verpflichtet.** Korrespondierend zur Anwesenheitspflicht bestehen Mitwirkungsrechte wie das Recht zur Anwesenheit bei den Sitzungen, auf freie Rede und Befragung der Beteiligten sowie auf Teilnahme an den Abstimmungen.

22 Die Mitglieder sind nach § 89 Abs. 3 Satz 8 SGB V **an Weisungen nicht gebunden.** Da aber die Vertreter der Beteiligten gerade als Interessenvertreter der entsendenden Vertragspartei fungieren, ist die gesetzlich statuierte Weisungsfreiheit für sie weitgehend substanzlos.[32]

23 Die **Amtsdauer** beträgt grundsätzlich vier Jahre (§ 3 SchAVO), in den Fällen des Losentscheides gemäß § 89 Abs. 3 Satz 5 SGB V lediglich ein Jahr. Danach erhalten die Beteiligten erneut die Gelegenheit, einvernehmlich die unparteiischen Mitglieder zu bestimmen. Die Amtsdauer der während der Amtsperiode hinzugetretenen Mitglieder endet mit dem Ablauf der Amtsperiode (§ 3 Satz 2 SchAVO). Eine Beschränkung auf eine bestimmte Anzahl von Amtsperioden gibt es nicht.[33]

24 Die Mitgliedschaft endet durch **Ablauf der Amtszeit,** durch Amtsniederlegung oder durch Abberufung. Die Möglichkeit zur jederzeitigen **Amtsniederlegung** ist die Kehrseite der mitwirkungsbedürftigen Bestellung.[34] Voraussetzung ist lediglich eine Erklärung gegenüber der für die Bestellung zuständigen Behörde (§ 5 Satz 1 SchAVO). Die Amtsniederlegung der unparteiischen Mitglieder muss schriftlich gegenüber den beteiligten Körperschaften erklärt werden und ist der Aufsichtsbehörde mitzuteilen: § 5 Sätze 4 und 5 SchAVO.

25 Die **Abberufung** der unparteiischen Mitglieder ist gemäß § 4 Abs. 1 SchAVO nach Anhörung der beteiligten Körperschaften bei Vorliegen eines wichtigen Grundes möglich. Ein **wichtiger Grund** ist in Anlehnung an die insbesondere im Gesellschafts- und Arbeitsrecht vorgenommene Konkretisierung dieses unbestimmten Rechtsbegriffs dann anzunehmen, wenn Tatsachen vorliegen, die unter Berücksichtigung aller Umstände und unter Abwägung der Interessen der Beteiligten das Verbleiben eines unparteiischen Mitgliedes für mindestens einen Beteiligten unzumutbar machen.[35] Ein solcher Grund wird z. B. dann vorliegen, wenn es tatsächliche Anhaltspunkte für eine fehlende Neutralität des Vorsitzenden oder der weiteren unparteiischen Mitglieder gibt.[36] Es kann aber auch z. B. längere Krankheit ein wichtiger Grund für die Abberufung darstellen. Zuständig für die Abberufung ist die jeweilige Aufsichtsbehörde gemäß § 89 Abs. 5 SGB V. Die Vertreter der

[29] S. hierzu BSG SozR 3–2500 § 80 Nr. 4.

[30] Vgl. auch § 82 VwVfG; ausführlich *Düring* Schiedswesen, S. 93 m. w. N.

[31] Zur Entschädigung des Schiedsamtsvorsitzenden BSG Beschluss vom 27. 6. 2001 – B 6 KA 86/00 B; kritisch *Schnapp* Probleme der Rechtsquellen im Sozialversicherungsrecht Teil II, S. 84.

[32] *Schnapp* a. a. O., S. 83 f.; vgl. auch *Liebold/Zalewski* § 89 SGB V Rdn. C 89–30.

[33] *Düring* Schiedswesen, S. 95.

[34] *Düring* Schiedswesen, S. 97.

[35] *Düring* Schiedswesen, S. 97.

[36] *Schnapp* Probleme der Rechtsquellen im Sozialversicherungsrecht Teil II, S. 84.

Ärzte und Krankenkassen können ohne weiteres von der bestellenden Körperschaft abberufen werden (§ 4 Abs. 2 Satz 1 SchAVO).[37] Im Interesse der Funktionsfähigkeit des Schiedsamtes bleibt ihre Mitgliedschaft bis zur Bestellung eines Nachfolgers bestehen (§ 4 Abs. 2 Satz 2 SchAVO).

VI. Verfahren vor den Schiedsämtern

1. Verfahrenseinleitung

26 Ein Schiedsverfahren wird gemäß § 89 Abs. 1 Satz 1 SGB V durchgeführt, wenn ein Vertrag über die Kassenärztliche Versorgung ganz oder teilweise nicht zustande kommt. Denkbar ist der Fall, dass überhaupt kein Vertrag zwischen den Parteien besteht, z.B. bei der Einführung neuer Leistungsarten oder beim Ablauf eines befristeten Vertrages. In diesen Fällen beginnt das Schiedsamtsverfahren mit dem von einer Vertragspartei gestellten **Antrag,** eine Einigung über den Inhalt eines Vertrages herbeizuführen: § 13 Abs. 1 SchAVO. Der verfahrenseinleitende Antrag ist schriftlich bei dem Vorsitzenden des Schiedsamts zu stellen und hat eine umfassende Darstellung des Sachverhaltes zu enthalten. Es muss deutlich daraus hervorgehen, über welche Punkte keine Einigung erzielt werden konnte: § 14 SchAVO. Nur ein dergestalt hinreichend bestimmter Antrag setzt ein Verfahren formell in Gang.[38] Ansonsten könnte die für die Durchführung des Verfahrens gesetzlich zur Verfügung stehende Zeit in bedenklicher Weise verkürzt werden. Der Eingang des verfahrenseinleitenden Antrags markiert nämlich den Beginn der **Dreimonatsfrist** nach § 89 Abs. 1 Satz 3 und Abs. 1a Satz 2 SGB V, nach deren fruchtlosem Ablauf gemäß § 89 Abs. 1 Satz 5 und Abs. 1a Satz 3 SGB V die zuständige Aufsichtsbehörde zunächst eine weitere Frist bestimmt, nach deren erfolglosem Ablauf sie den Vertragsinhalt selbst festsetzen darf.

27 Im Fall der **Kündigung** eines Vertrages ist durch die Mitteilungspflicht gemäß § 89 Abs. 1 Satz 2 SGB V, § 13 Abs. 2 SchAVO sichergestellt, dass das Schiedsamt von diesem Sachverhalt Kenntnis erlangt. Es hat **von Amts wegen** tätig zu werden, wenn bis zum Ablauf der Kündigungsfrist kein neuer Vertrag zustandegekommen ist. Das Schiedsamt hat **kein Entschließungsermessen** darüber, ob es tätig wird.[39] Es kann ein Tätigwerden nur dann ablehnen, wenn die rechtlichen Voraussetzungen dafür nicht vorliegen. Der die Eröffnung des Verfahrens ablehnende Beschluss kann sodann vom Sozialgericht überprüft werden.[40]

28 Ein Verfahren vor dem Schiedsamt kann auch dadurch eingeleitet werden, dass eine Partei den **Wegfall der Geschäftsgrundlage** geltend macht.[41] Vielfach enthalten die Verträge über die vertragsärztliche Versorgung Anpassungsklauseln oder Klauseln über Neuverhandlungen bei erheblichen Veränderungen der tatsächlichen Verhältnisse. Auf ein hierauf gestütztes Anpassungsbegehren hin muss das Schiedsamt tätig werden.[42] Fehlt eine solche Klausel, kann daraus nicht per se gefolgert werden, dass eine Änderung während der Laufzeit eines Vertrages ausgeschlossen ist.[43] Ob bei Vereinbarungen mit längerer Laufzeit bewusst mögliche Veränderungen der Vertragsgrundlagen in Kauf ge-

[37] Vgl. BSGE 52, 193ff. zu Prüfungs- und Beschwerdeausschüssen.

[38] Die abweichende Ansicht von *Schmiedl* (Schiedswesen, S. 161, 162), wonach bei inhaltlich unzureichendem Antrag das Verfahren auszusetzen und auf eine Substantiierung hinzuwirken ist, wird der verfahrensrechtlichen Bedeutung des Antrags insbesondere nach der Normierung der Ersatzvornahme nicht gerecht.

[39] Vgl. BSGE 20, 73, 76 = SozR Nr. 1 zu § 368h RVO.

[40] *Düring* Schiedswesen, S. 100.

[41] Vgl. hierzu *KassKomm-Hess* § 89 SGB V Rdn. 12f.

[42] Vgl. BSG SozR 4–2500 § 83 Nr. 1.

[43] *Düring* Schiedswesen, S. 103.

nommen werden, kann nur im Wege der Auslegung ermittelt, aber nicht stets unterstellt werden.[44] Eine Gesetzesänderung kann z.B. so gravierende Auswirkungen auf vertragliche Regelungen haben, dass einer Vertragspartei das Festhalten am Vertrag nicht zugemutet werden kann. Gemäß § 59 Abs. 1 SGB X führt der Wegfall der Geschäftsgrundlage primär zur Anpassung des Vertrages. Eine solche vorzunehmen ist aber nicht Aufgabe des Schiedsamtes, das nicht zur Auslegung von Verträgen berufen ist, sondern nur „vertragsstiftend" tätig wird, wenn ein vertragsloser Zustand droht. Wenn sich allerdings aus dem Wegfall der Geschäftsgrundlage ein **Kündigungsrecht** ergibt, weil ein Festhalten am Vertrag für eine Partei unzumutbar ist, kann das Schiedsamt gemäß § 89 Abs. 1 Satz 2 SGB V tätig werden.[45] Besteht Streit darüber, ob ein Kündigungsrecht besteht, ist dies zunächst im sozialgerichtlichen Verfahren zu klären.[46] Das gilt auch für den Fall einer Anfechtung.[47]

29 Gemäß § 89 Abs. 1a SGB V kann ein Verfahren auch durch die **Aufsichtsbehörde** eingeleitet werden, wenn entgegen der gesetzlichen Verpflichtung keine Vertragspartei einen Antrag nach § 13 Abs. 1 SchAVO stellt. Diese Regelung soll sicherstellen, dass gesetzlich vorgeschriebene Vertragsabschlüsse nicht durch die Vertragspartner verhindert oder verzögert werden.[48] Die Ausübung des Rechts zur Antragstellung steht im Ermessen der Aufsichtsbehörde. Sie muss zuvor die Vertragsparteien auffordern, ihr Antragsrecht nach § 89 Abs. 1 SGB V innerhalb einer angemessenen Frist selbst auszuüben. Als angemessen wird eine Frist von mindestens einem Monat anzusehen sein.[49] Eine wirksame Anrufung des Schiedsamtes durch die Aufsichtsbehörde setzt nicht voraus, dass die Anrufung im Konflikt mit den Gesamtvertragsparteien erfolgt.[50]

30 Die Regelungen zur Verfahrenseinleitung stehen innerhalb des durch Sinn und Zweck des Schiedsverfahrens vorgegebenen Rahmens zur **Disposition der Beteiligten.**[51] So können sie die Durchführung eines Einigungsverfahrens mit einem Vermittlungsvorschlag, wie es in § 368h Abs. 1 a.F. RVO vorgesehen war, verbindlich vereinbaren. Das entspricht dem Selbstverwaltungsgedanken und der damit verbundenen Autonomie der Beteiligten.

31 Bis zur Festsetzung eines neuen Vertrages gelten die Bestimmungen des bisherigen Vertrages gemäß § 89 Abs. 1 Satz 4 SGB V **vorläufig weiter.** Das ist nicht nur bei einem gekündigten, sondern auch bei einem befristeten Vertrag der Fall.[52]

2. Gang des Verfahrens

32 Nach der **Vorbehaltsklausel** des § 37 SGB I gelten für die Schiedsämter als Behörden gem. § 1 Abs. 2 SGB X die Vorschriften des SGB X, soweit sich nicht aus dem zweiten bis neunten Teil des Sozialgesetzbuches etwas Abweichendes ergibt. Dass § 37 SGB I von Sozialleistungsbereichen spricht, steht seiner Anwendung nicht entgegen. Dies ist lediglich darauf zurückzuführen, dass diese Bereiche im Sozialversicherungsrecht im Vordergrund stehen.[53] Bestandteil der besonderen Teile des SGB X i.S. des § 37 SGB I

---

[44] So aber *KassKomm-Hess* § 89 SGB V Rdn. 12, der auf die Möglichkeit von Teilkündigungsvorbehalten und Befristungen verweist.

[45] *Düring* Schiedswesen, S. 103.

[46] Vgl. *Liebold/Zalewski* § 89 SGB V Rdn. C 89–18.

[47] *Düring,* Schiedswesen, S. 103.

[48] Vgl. Begründung zum GSG BT-Drucks. 12/3608 S. 90; kritisch *Liebold/Zalewski* § 89 SGB V Rdn. C 89–13.

[49] Vgl. *Krauskopf* § 89 SGB V Rdn. 14.

[50] BSG SozR 4–000.

[51] *Düring* Schiedswesen, S. 104.

[52] *Liebold/Zalewski* § 89 SGB V Rdn. 89–14; *Peters-Hencke* § 89 SGB V Rdn. 10; *Düring* Schiedswesen, S. 101.

[53] *Düring* Schiedswesen, S. 107.

sind auch die zu diesen Gesetzen erlassenen Rechtsverordnungen.[54] Danach gehen die Vorschriften der auf der Grundlage von § 89 Abs. 6 SGB V erlassenen **Schiedsamtsverordnung**[55] den Vorschriften des SGB X vor. Dass damit einem förmlichen Gesetz subsidiärer Charakter gegenüber einer Rechtsverordnung und damit rangniedrigerem Recht beigemessen wird, ist im Hinblick auf die im Gesetz selbst getroffene Anordnung verfassungsrechtlich unbedenklich.[56] § 37 Satz 1 SGB I verhält sich im Übrigen nicht zur Rangfrage, sondern enthält eine **spezielle Kollisionsregel** für den Fall, dass mehrere Rechtsnormen unterschiedlicher Genese für denselben Sachverhalt Geltung beanspruchen.[57]

33 Maßgeblich für den weiteren Gang des Verfahrens sind damit die Regelungen der Schiedsamtsverordnung. An den wesentlichen Verfahrensgrundsätzen wird deutlich, dass es sich beim Schiedsamtsverfahren um ein **Verwaltungsverfahren,** aber um ein z. T. **justizförmig** ausgestaltetes Verfahren handelt.[58]

34 Die Schiedsämter entscheiden auf Grund mündlicher Verhandlung (§ 16 Satz 1 SchAVO). Hier haben die in allen Prozessordnungen geltenden Grundsätze der **Unmittelbarkeit** und der **Mündlichkeit** Eingang gefunden.[59] Die Grundlagen der Entscheidung müssen Gegenstand der mündlichen Verhandlung gewesen sein, die Kernstück des Schiedsverfahrens ist. Auch eine etwaige Beweiserhebung durch Heranziehung von Zeugen und Sachverständigen gem. § 17 SchAVO hat in der mündlichen Verhandlung vor dem Schiedsamt stattzufinden.

Finden im Rahmen eines Schiedsverfahrens mehrere Sitzungen statt, so kann das Schiedsamt auch **in unterschiedlicher Besetzung** tagen. Das ergibt sich im Umkehrschluss aus der in § 5 SchAVO statuierten Pflicht der Mitglieder, bei Verhinderung ihren Stellvertreter zu benachrichtigen.[60]

35 Die Sitzungen sind – wie für ein Verwaltungsverfahren typisch – nichtöffentlich. Es gilt aber der Grundsatz der **Parteiöffentlichkeit.** Die Vertragsparteien sind gemäß § 16 Abs. 1 2. Halbsatz SchAVO zu der mündlichen Verhandlung zu laden. Es kann jedoch auch in Abwesenheit Beteiligter verhandelt werden, wenn in der Ladung auf diese Möglichkeit hingewiesen worden ist: § 16 Abs. 1 Satz 2 SchAVO. Zweifelhaft kann sein, welche Personen seitens der beteiligten Körperschaften zugelassen sind, ob etwa auch einzelne Mitglieder oder deren Vertreter teilnahmeberechtigt sind. Damit würde aber der Grundsatz der Nichtöffentlichkeit verletzt. Beteiligte des Verfahrens sind nur die vertragsschließenden Körperschaften, die durch ihren Vorstand vertreten werden. Die Parteiöffentlichkeit beschränkt sich auf die gesetzlichen Vertreter sowie die Bevollmächtigten der Vertragsparteien.[61] In der Praxis wird das Problem oft einvernehmlich zwischen den Beteiligten gelöst, indem sich die Beteiligten rügelos auf eine „Überrepräsentanz" einlassen.[62]

36 Ferner gilt der **Amtsermittlungsgrundsatz.**[63] Das Schiedsamt hat den Sachverhalt von Amts wegen zu ermitteln und stellt die entscheidungserheblichen Tatsachen selbst fest. Das wird darin deutlich, dass nach § 15 SchAVO die Vertragsparteien auf Verlangen des Schiedsamtes die für die Entscheidung erforderlichen Unterlagen vorzulegen haben und nach § 17 SchAVO Zeugen und Sachverständige vom Schiedsamt ohne vorherigen Antrag einer Partei

---

[54] Vgl. BSGE 59, 212, 213 = SozR 2200 § 368 n Nr. 40; BSG SozR 3–2500 § 85 Nr. 2.

[55] Zuletzt geändert durch die Dritte Verordnung zur Änderung der Schiedsamtsordnung vom 7. April 1998 BGBl. 1998, 719.

[56] Vgl. BVerfGE 8, 155, 169 ff.; *Boch Komm-Schnapp* § 37 Rdn. 2.

[57] *Schnapp* Amtsrecht, S. 193; *ders.,* SGb 85, 89, 93.

[58] *Düring* Schiedswesen, S. 107.

[59] *Düring* Schiedswesen, S. 108; *Schnapp* Probleme der Rechtsquellen im Sozialversicherungsrecht Teil II, S. 86.

[60] *Düring* Schiedswesen, S. 108.

[61] *Düring* Schiedswesen, S. 109.

[62] *Schnapp* Probleme der Rechtsquellen im Sozialversicherungsrecht Teil II, S. 86 f.

[63] BSGE 20, 73, 80 = SozR Nr. 1 zu § 368 h RVO.

hinzugezogen werden können. Die Vorschriften schließen nicht aus, dass das Schiedsamt gem. § 21 Abs. 1 SGB X weitere Maßnahmen zur Sachverhaltsaufklärung ergreift, etwa Auskünfte bei anderen Behörden einholt.[64] Mit dem Untersuchungsgrundsatz korrespondiert gem. § 21 Abs. 2 SGB X, § 15 SchAVO eine Mitwirkungspflicht der Beteiligten. Die Mitwirkungslast der Beteiligten bildet regelmäßig die Grenze der Amtsermittlungspflicht.[65] Vorbereitende Maßnahmen führt grundsätzlich der Vorsitzende mit Hilfe der Geschäftsstelle durch. Dem Schiedsamt stehen keine Zwangsmittel etwa zur Durchsetzung einer Vorlagepflicht oder zur Sanktionierung der Nichteinhaltung einer gesetzten Frist zu Gebote. Allerdings verwirken die Beteiligten, die ihrer Mitwirkungspflicht nicht nachkommen, das Recht, eine mangelnde Sachaufklärung zu rügen.[66]

37 Nur mit erheblichen Einschränkungen gilt die **Dispositionsmaxime,** wonach grundsätzlich Beginn, Gegenstand und Ende des Verfahrens in den Händen der Parteien liegen. Der Gegenstand der Verfahren ist durch § 89 Abs. 1 SGB V in Verbindung mit den besonderen Vorschriften zu den Verträgen über die vertragsärztliche Versorgung vorgegeben. Auch die Antragstellung liegt nach der Einfügung des § 89 Abs. 1a SGB V nicht mehr ausschließlich in den Händen der Vertragsparteien. Sie können aber durch eine Einigung dem Schiedsamt das Verfahren jederzeit entziehen.[67] Sie können auch noch nach Ergehen des Schiedsspruches eine von ihm abweichende Vereinbarung treffen.[68]

38 Im Schiedsamtsverfahren gibt es **kein Beratungsgeheimnis.**[69] Zwar erfolgen nach § 18 Abs. 2 SchAVO Beratung und Beschlussfassung in Abwesenheit der Vertreter der Vertragsparteien. Insofern ähnelt die Regelung über die Entscheidungsfindung dem gerichtlichen Verfahren. Das Beratungsgeheimnis ist aber nicht, wie etwa in §§ 41 Abs. 3, 45 Abs. 3 Ärzte-ZV für die Zulassungsgremien, ausdrücklich erwähnt. Es fehlt auch bei dem mit Parteivertretern besetzten Schiedsamt am Schutzzweck, dem das Beratungsgeheimnis etwa im gerichtlichen Verfahren dient, nämlich dem Schutz der Unabhängigkeit der Richter. Die Parteien haben ein berechtigtes Interesse daran, über das Verhalten der von ihnen bestellten Vertreter, aber auch der übrigen Mitglieder informiert zu werden.[70] Transparenz kann hier nur die Effizienz des Verfahrens steigern.

VII. Abschluss des Verfahrens

1. Dreimonatsfrist

39 Das Schiedsamt hat innerhalb von drei Monaten den Vertragsinhalt festzusetzen (§ 89 Abs. 1 Satz 1 und 3 SGB V). Für den Bereich der zahnprothetischen Regelversorgung wird die Frist auf zwei Monate (§ 57 Abs. 1 Satz 9 SGB V) und einen Monat (§ 57 Abs. 2 Satz 9 SGB V) verkürzt. Die Frist beginnt mit dem Eingang des den Anforderungen des § 14 SchAVO entsprechenden Antrags auf Vertragsfestsetzung oder mit dem auf den Ablauf eines Vertrages folgenden Tag (§ 13 SchAVO). Es handelt sich um eine **Ordnungsfrist,** deren Überschreitung die Rechtmäßigkeit des Schiedsspruches nicht berührt.[71] Während eine Fristüberschreitung bislang allenfalls die Möglichkeit einer Untätigkeitsklage oder einer Dienstaufsichtsbeschwerde eröffnete,[72] ist nunmehr in § 89 Abs. 1 Satz 5

---

[64] *Düring* Schiedswesen, S. 113.

[65] Vgl. BSGE 51, 58, 64 = SozR 2200 § 368h Nr. 3.

[66] *Schnapp* Probleme der Rechtsquellen im Sozialversicherungsrecht Teil II, S. 87 m.w.N.

[67] Vgl. BSGE 51, 58, 61 = SozR 2200 § 368h Nr. 3; BSGE 86, 126, 131 = SozR 3–2500 § 85 Nr. 37; *Peters-Hencke* § 89 SGB V Rdn. 10.

[68] BSGE 51, 58, 61 = SozR 2200 § 368h Nr. 3; BSGE 86, 126, 131 = SozR 3–2500 § 85 Nr. 37.

[69] *Schnapp* Probleme der Rechtsquellen im Sozialversicherungsrecht Teil II, S. 88; *Liebold/Zalewski* § 89 SGB V Rdn. C 89–30; *Düring* Schiedswesen, S. 111.

[70] Vgl. *Liebold/Zalewski* § 89 SGB V Rdn. C 89–30.

[71] BSGE 20, 73, 79 zu § 368h Abs. 2 Satz 2 RVO = SozR Nr. 1 zu § 368h RVO.

[72] BSG a.a.O.

SGB V vorgesehen, dass die zuständige Aufsichtsbehörde eine **weitere Frist** bestimmt, nach deren Ablauf sie selbst im Wege der **Ersatzvornahme** den Vertragsinhalt festsetzt. Die Dauer der Nachfrist gibt das Gesetz nicht vor, sie wird je nach Regelungsbereich und Stand des Verfahrens unterschiedlich zu bemessen sein, um den Parteien der Kollektivverträge vorrangig eine Regelung in Selbstverwaltung zu ermöglichen. Eine Monatsfrist wird in den meisten Fällen als angemessen anzusehen sein.

2. Entscheidungsfindung

40 Das Schiedsverfahren wird in der Regel beendet durch einen Schiedsspruch. Es kann bei der Entscheidungsfindung über alle zur Entscheidung stehenden Sachfragen oder über einzelne Punkte getrennt abgestimmt werden.[73] Gemäß § 18 Abs. 1 SchAVO gilt das **Mehrheitsprinzip,** d. h. das Schiedsamt entscheidet mit einfacher Mehrheit der Stimmen. Eine Stimmengleichheit bei voller Besetzung des Schiedsamtes ist ausgeschlossen, weil die Stimmenthaltung gem. § 18 Abs. 1 Satz 2 SchAVO unzulässig ist.

41 Das Schiedsamt ist beschlussfähig, wenn alle Mitglieder oder ihre Stellvertreter anwesend sind: § 16a Abs. 1 Satz 1 SchAVO. Die vom Vorsitzenden festzustellende und zu protokollierende **Beschlussfähigkeit** gilt für die Dauer der Sitzung, solange die unparteiischen Mitglieder und mehr als die Hälfte der übrigen Mitglieder anwesend bleiben (§ 16a Abs. 1 Satz 2 SchAVO). Bei fehlender Beschlussfähigkeit ist innerhalb von 14 Tagen eine erneute Sitzung einzuberufen, bei der die Beschlussfähigkeit nur noch die Anwesenheit des Vorsitzenden oder seines Stellvertreters sowie mehr als der Hälfte der Mitglieder voraussetzt (§ 16a Abs. 2 SchAVO). Hierauf ist in der Ladung zur erneuten Sitzung ausdrücklich hinzuweisen.

3. Schiedsspruch

42 Der Schiedsspruch ist gegenüber den Verfahrensbeteiligten ein **Verwaltungsakt** im Sinne des § 31 SGB X.[74] Für die Mitglieder der Vertragsparteien ist die Entscheidung ein **Normsetzungsvertrag.**[75] Sie ist gemäß § 19 SchAVO schriftlich zu erlassen, zu begründen und den Parteien zuzustellen. Die Abfassung und Begründung ist Aufgabe des Vorsitzenden. Die Begründung muss gemäß § 35 Abs. 1 Satz 2 SGB X die wesentlichen tatsächlichen und rechtlichen Gründe erkennen lassen, die das Schiedsamt zu seiner Entscheidung bewogen haben.[76] Es müssen insbesondere die Gesichtspunkte deutlich werden, die maßgeblich für die Ausfüllung des Beurteilungs- und Ermessensspielraums waren. § 19 Satz 1 SchAVO schreibt eine **Rechtsbehelfsbelehrung** vor, deren Fehlen die Rechtsfolge des § 66 Abs. 2 SGG nach sich zieht. Für die Wirksamkeit des Schiedsspruches ist im Hinblick auf § 19 SchAVO sowie § 37 Abs. 5, 39 Abs. 1 SGB X auf die **Zustellung** abzustellen. Es ist in den Verfahren vor den Ausschüssen im Vertragsarztrecht üblich, dass der Beschluss bei Anwesenheit der Betroffenen mündlich bekanntgegeben wird; auf Grund des Zustellungserfordernisses ist aber maßgeblicher Zeitpunkt der Bekanntgabe die Zustellung der schriftlichen Fassung. Dabei ist die Wirksamkeit nach der jeweiligen Zustellung an den einzelnen Beteiligten zu beurteilen.[77]

43 Das Verfahren vor den Schiedsämter ist **gebührenpflichtig.** Gem. § 20 SchAVO wird für die Festsetzung eines Vertrages durch das Schiedsamt eine Gebühr von 200 bis

---

[73] *Düring* Schiedswesen, S. 118.

[74] BSGE 20, 73 = SozR Nr. 1 zu § 368h RVO; BSG SozR 3–2500 § 85 Nr. 20; BSGE 91, 153, 155 = SozR 4–2500 § 85 Nr. 3; vgl. auch *Joussen* SGb 2003, 200, 204.

[75] *Schnapp* Rechtsquellen des Sozialversicherungsrechts Teil II, S. 82; *Ebsen* HS-KV, § 7 Rdn. 15; *Axer* Normsetzung der Exekutive in der Sozialversicherung, S. 96ff. spricht von „Normenvertrag"; vgl. auch *ders.*, Hdb., § 7 Rdn. 9.

[76] Vgl. BSGE 51, 58, 64 = SozR 2200 § 368h Nr. 3.

[77] Vgl. *von Wulffen* § 39 SGB X Rdn. 4 m. w. N.

600 Euro erhoben. Die Gebühr wird gem. § 21 SchAVO fällig, sobald das Schiedsamt den Vertragsinhalt festgesetzt oder sich das Verfahren auf andere Art und Weise erledigt hat. Sie ist von den beteiligten Vertragsparteien je zur Hälfte zu tragen (§ 22 SchAVO), wobei mehrere Körperschaften auf Seiten eines Vertragspartners gesamtschuldnerisch gem. §§ 421 ff. BGB haften.

VIII. Regelungsmacht der Schiedsämter

1. Gestaltungsfreiheit wie Vertragsparteien

44 Der normative Ausgangspunkt für die Bestimmung der Regelungsmacht der Schiedsämter ist § 89 SGB V, wonach das Schiedsamt an die Stelle der Vertragsparteien tritt. Daraus folgt, dass den Schiedsämtern grundsätzlich dieselbe Gestaltungsfreiheit wie den Vertragspartnern selbst zukommt.[78] Der Vertragsfreiheit der Parteien entspricht damit ein ebenso großer Gestaltungsspielraum des Schiedsamtes. Umgekehrt kann Inhalt eines Schiedsspruches nur sein, was die Beteiligten in freier Vereinbarung hätten regeln können.[79] Gegenständlich eingegrenzt ist die Regelungsmacht der Schiedsämter insoweit, als nur Verträge schiedsfähig sind, die die vertragsärztliche Versorgung i. S. des § 73 SGB V betreffen und die vom Gesetz zwingend vorgeschrieben sind. Bei der Vertragsfestsetzung hat das Schiedsamt zahlreiche unbestimmte Rechtsbegriffe zu konkretisieren. Dabei verbleibt ihm nach der Rechtsprechung des BSG **ein nicht völlig objektivierbarer Beurteilungsspielraum.**[80] Damit wird dem Umstand Rechnung getragen, dass das Schiedsamt prognostisch und mit nicht exakt quantifizierbaren Größen arbeitet, wobei es nur darum gehen kann, eine von mehreren vertretbaren Lösungen zu finden.[81] Darüber hinaus hat das Schiedsamt ein **Gestaltungsermessen,** das dem der Vertragspartner entspricht.[82] Soweit das Gesetz eine Güterabwägung verlangt, kann die Festsetzung des Schiedsamtes nur auf Ermessensfehler überprüft werden.[83] So ist eine Vertragsfestsetzung wegen Ermessensnichtgebrauchs fehlerhaft, wenn das Schiedsamt sich trotz eines rechtlich bestehenden Gestaltungsspielraums in seiner Entscheidung als gebunden ansieht.[84]

2. Grenzen des Gestaltungsspielraums

45 Die Grenzen des Gestaltungsspielraums ergeben sich aus den für die Vertragsparteien geltenden **gesetzlichen Vorgaben.** Der Schiedsspruch muss auch bei der Gewichtung der maßgeblichen Kriterien die gesetzlichen Vorgaben beachten. So stellt der Grundsatz der **Beitragssatzstabilität** nach § 71 Abs. 1 i. V. m. § 85 Abs. 3 Satz 2 SGB V eine verbindliche gesetzliche Vorgabe für Vergütungsvereinbarungen und damit auch für die Festsetzungen der Schiedsämter dar.[85] Es sind daher die Grenzen des Beurteilungsspielraums nicht eingehalten, wenn ein Schiedsamt von der Gleichrangigkeit aller in § 85 Abs. 3 SGB V für die Veränderung der Gesamtvergütung genannten maßgeblichen Fak-

---

[78] St. Rspr. des BSG: BSGE 86, 126, 134, 135 = SozR 3–2500 § 85 Nr. 37; BSG SozR 3–2500 § 85 Nr. 20; BSGE 52, 58, 62 = SozR 2200 § 368 h Nr. 3; E 36, 151, 153 = SozR Nr. 7 zu § 368 g RVO; E 20, 73, 76 = SozR Nr. 1 zu § 368 h.

[79] BSGE 20, 73, 76 = SozR Nr. 1 zu § 368 h; E 52, 253, 254 = SozR 2200 § 368 g Nr. 9.

[80] BSGE 20, 73, 77 = SozR Nr. 1 zu § 368 h; E 51, 58, 63, 64 = SozR 2200 § 368 h Nr. 3; BSGE 86, 126, 135 = SozR 3–2500 § 87 Nr. 37; BSG Urteil vom 10. 5. 2000 – B 6 KA 19/99 R –.

[81] Vgl. BSG Urteil vom 10. 5. 2000 – B 6 KA 19/99 R –.

[82] BSGE 20, 73, 76 = SozR Nr. 1 zu § 368 h.

[83] *Düring,* Schiedswesen, S. 150; kritisch zur Überprüfung am klassischen Katalog möglicher Ermessensfehler *Schnapp,* Probleme der Rechtsquellen im Sozialversicherungsrecht Teil II, S. 95.

[84] BSG SozR 3–2500 § 85 Nr. 20.

[85] BSGE 86, 126, 125 = SozR 3–2500 § 85 Nr. 37; BSG, Urteil vom 10. 5. 2000, B 6 KA 19/99 R.

toren ausgeht.[86]Außerhalb des durch § 85 Abs. 3 SGB V vorgegebenen Rahmens für die Festlegung von Gesamtvergütungen liegt eine Festsetzung, die Auswirkungen des **Risikostrukturausgleichs** berücksichtigt.[87]

46 Ausgangsbasis für die Festsetzung einer Vergütungsvereinbarung ist die letzte vorangehende gemeinsame Regelung der Vergütung der Beteiligten oder ein früherer Schiedsspruch. Beide haben nach der Rechtsprechung des BSG die **Vermutung der Angemessenheit** für sich.[88] Angesichts der Fülle vertretbarer Quantifizierungen und Wertungen der zu berücksichtigenden Faktoren wird der Einschätzung derer, die es unmittelbar angeht, der Vorrang eingeräumt.[89] Die Vermutung ist nur dann entkräftet, wenn der Schiedsspruch auf offensichtlichen Irrtümern, insbesondere der Verwertung sachfremder Gesichtspunkte beruht.[90] Für die Zeit der strikten Budgetierung konnte die Vermutung nur für eine Gesamtvergütung gelten, die sich innerhalb der gesetzlich vorgegebenen Ausgabenobergrenze hielt.[91]

47 Gemäß § 86 Abs. 2 SGB V sollen bei Abschluss der Gesamtverträge die mit Zustimmung der Vertreter der gesetzlichen Krankenversicherung und der Vertragsärzte abgegebenen **Empfehlungen der Konzertierten Aktion** berücksichtigt werden. Zur „Berücksichtigung" gehört grundsätzlich, dass Gesichtspunkte in Betracht gezogen werden und eine sachliche Auseinandersetzung mit ihnen erfolgt, nach pflichtgemäßer Abwägung aber davon abgewichen werden darf.[92] § 86 Abs. 2 SGB V gestattet ein Abweichen nur, wenn besondere regionale Verhältnisse oder besondere Verhältnisse der Kassenarten dies erfordern und der Grundsatz der Beitragssatzstabilität nicht gefährdet wird.

48 Die Landesschiedsämter sind an die Bestimmungen des übergeordneten Bundesmantelvertrages gemäß § 87 Abs. 1 SGB V gebunden.[93] **Mantelverträge** sind nach § 82 Abs. 1 Satz 2 SGB V Bestandteil der Gesamtverträge, so dass sich der dort festgelegte Inhalt der Gestaltung durch die Vertragsparteien und damit auch des Schiedsamtes entzieht.

49 Es ist fraglich, ob das Schiedsamt an den **übereinstimmenden Parteiwillen** in Teilbereichen gebunden ist. Das BSG verneint dies im Hinblick darauf, dass nach dem Gesetz das Schiedsamt ohne jede Einschränkung verpflichtet ist, den Inhalt eines Vertrages festzusetzen.[94] Im Hinblick auf die subsidiäre Funktion der Schiedsämter dürfte eine gewisse Zurückhaltung aber angemessen sein. Die Problematik wird im Übrigen dadurch entschärft, dass die Parteien jederzeit nach dem Ergehen des Schiedsspruchs eine abweichende Vereinbarung[95] und über einzelne unstreitige Punkte vorab gesonderte Teilvereinbarungen treffen können.[96]

50 Das BSG hält ausgehend von einem uneingeschränkten Gestaltungsspielraum auch das **Vergütungssystem** für schiedsamtsfähig.[97] Damit könnte das Schiedsamt etwa auch den Übergang von einer Einzelleistungsvergütung zur Kopfpauschale oder umgekehrt voll-

---

[86] Anders zum Stellenwert der Beitragssatzstabilität noch BSGE 20, 73, 77 = SozR Nr. 1 zu § 368h RVO.

[87] BSGE 91, 153 = SozR 4–2500 § 85 Nr. 3; vgl. auch *Schnapp,* NZS 2003, 337ff.

[88] BSGE 20, 73, 84 = SozR Nr. 1 zu § 368h RVO; BSGE 51, 58, 63 = SozR 2200 § 368h Nr. 3.

[89] Vgl. BSGE 20, 73, 84 = SozR Nr. 1 zu § 368h RVO.

[90] BSG a. a. O.

[91] LSG NW Urteil vom 23. 3. 2000 – L 11 KA 123/98 –.

[92] BSGE 86, 126, 137 = SozR 3–2500 § 85 Nr. 37 und BSG Urteil vom 10. 5. 2000 – B 6 KA 19/99 R – unter Bezugnahme auf BSGE 70, 285, 296 = SozR 3–2500 § 122 Nr. 3.

[93] BSGE 20, 73, 81 = SozR Nr. 1 zu § 368h RVO; E 52, 253 = SozR 2200 § 368g Nr. 9.

[94] BSGE 20, 53, 76, 77 = SozR Nr. 1 zu § 368h RVO; a. A. *Peters-Hencke* § 89 Rdn. 6f.

[95] BSGE 51, 58, 61 = SozR 2200 § 368h Nr. 3; BSG SozR 3–2500 § 85 Nr. 37; *Liebold/Zalewski* § 89 SGB V Rdn. C 89–24; s. a. §§ 115b Abs. 3 Satz 4, 112 Abs. 4 SGB V.

[96] *Liebold/Zalewski* § 89 SGB V Rdn. C 89–9.

[97] BSGE 20, 73, 78 = SozR Nr. 1 zu § 368h RVO.

ziehen. Der Einwand, damit gehe eine zu weitgehende präjudizielle Wirkung einher,[98] überzeugt nicht. Zum einen kann ein solcher Übergang, wie das BSG argumentiert, auch kostenneutral vollzogen werden, zum anderen ist das Schiedsamt nicht auf kurzfristige Maßnahmen beschränkt.

51 Ebenso wäre ein Schiedsamt nicht gehindert, eine gesetzlich nicht vorgesehene **Ausgabenobergrenze** im Schiedsspruch festzulegen. Eine Selbstbeschränkung in Fragen von grundsätzlicher Bedeutung dürfte gleichwohl der gesetzlichen Funktion angemessen sein und im Interesse aller Beteiligten liegen.[99] Es ist deshalb auch nicht zu beanstanden, wenn ein Schiedsamt die von ihm zu Recht als grundlegend angesehene Festsetzung einer Ausgabenobergrenze auf Antrag nur einer Vertragsseite abgelehnt hat.[100]

52 Eine bestimmt **Laufzeit** ist für den Schiedsspruch nicht vorgesehen. Zur Vertragsfestsetzung gehört grundsätzlich auch die Festlegung des Vertragsbeginns und der Vertragsdauer. Ebenso wie eine Vereinbarung der Vertragsparteien kann der Schiedsspruch **auch Rückwirkung** haben.[101]

IX. Aufsicht

1. Zuständigkeiten

53 Die Aufsicht über die Schiedsämter auf Bundesebene führt gemäß § 89 Abs. 5 Satz 2 SGB V das **Bundesministerium für Gesundheit und Soziale Sicherung.** Zuständig für die Aufsicht über die Landesschiedsämter sind gemäß § 89 Abs. 5 Satz 1 SGB V die für die Sozialversicherung zuständigen **obersten Verwaltungsbehörden der Länder,** d.h. die Ministerien bzw. Senatoren. Im Fall eines länderübergreifenden Schiedsamtes ist in analoger Anwendung des § 78 Abs. 2 SGB V die Verwaltungsbehörde zuständig, in deren Bereich das Landesschiedsamt seinen Sitz hat.[102] Von dem gesetzlich vorgegebenen Kompetenzgefüge kann nicht abgewichen werden. Es kann insbesondere nicht dadurch unterlaufen werden, dass auf dem Umweg der Beanstandung gegenüber einem aufsichtsunterworfenen Versicherungsträger der Spruch eines einer anderen Aufsichtsbehörde unterworfenen Schiedsamtes beanstandet wird.[103]

2. Überprüfungsmaßstab und Aufsichtsmittel

54 § 89 Abs. 5 Satz 3 SGB V stellt klar, dass es sich um eine reine **Rechtsaufsicht** handelt. Das entspricht der in §§ 87ff. SGB IV festgelegten Rechtslage für die Versicherungsträger und gem. § 78 Abs. 3 SGB V auch für die Kassenärztlichen Vereinigungen. Die Aufsichtsbehörden können damit bei der Überprüfung eines Schiedsspruches nicht ihr „Gestaltungsermessen" an die Stelle desjenigen der Vertragspartner bzw. des Schiedsamtes setzen.[104]

55 Entscheidungen der Schiedsämter über Vergütungen der Leistungen gem. §§ 57 Abs. 1 und 2, 83 und 85 SGB V sind den Aufsichtsbehörden vorzulegen, die die Entscheidungen bei einem Rechtsverstoß binnen 2 Monaten nach Vorlage beanstanden können (§ 89 Abs. 5 Satz 4 und 5 SGB V). Auch dies entspricht der Rechtslage für die Vertragsparteien gem. § 71 Abs. 4 SGB V. Durch die seit dem 1. 1. 1993 geltende **Vorlagepflicht** soll die

---

[98] *Liebold/Zalewski* § 89 SGB V Rdn. C 89–21; vgl. auch *Krauskopf* § 89 SGB V Rdn. 10.

[99] Vgl. auch *KassKomm-Hess* § 89 SGB V Rdn. 16; *Maaßen/Schermer/Wiegand/Zipperer-Wiegand* § 89 SGB V Rdn. 18.

[100] Vgl. LSG NW Urteil vom 23. 3. 2000 – L 11 KA 123/98 –.

[101] *Peters-Hencke* § 89 SGB V Rdn. 12; *Krauskopf* § 89 SGB V Rdn. 17.

[102] *Liebold/Zalewski* § 89 SGB V Rdn. C 89–36; *Peters-Hencke* § 89 SGB V Rdn. 26.

[103] Vgl. *Schnapp* NZS 2003, 1, 3.

[104] BSG SozR 3–2500 § 85 Nr. 37; zur Unterscheidung zwischen Rechts- und Fachaufsicht vgl. *Schnapp,* in: Schulin Handbuch des Sozialversicherungsrechts § 52 Rdn. 11ff.

Beachtung des Grundsatzes der Beitragssatzstabilität sichergestellt werden.[105] Aus dem Regelungszusammenhang folgt, dass vorlagepflichtig das entscheidende Schiedsamt ist. Wären etwa auch die Parteien des Gesamtvertrages vorlagepflichtig,[106] könnten auch andere als die in § 89 Abs. 5 SGB V genannten Aufsichtsbehörden zuständig sein.[107] Für den Fristbeginn ist grundsätzlich auf die **formelle Vorlage** abzustellen, nicht etwa auf eine im Streitfall nur schwer nachvollziehbare vorherige Kenntniserlangung.[108]

56 Angesichts der Beurteilungs- und Ermessensspielräume des Schiedsamtes beschränkt sich die aufsichtsrechtliche Kontrolle des Schiedsspruchs ebenso wie die gerichtliche Überprüfung auf die Feststellung, ob der Sachverhalt zutreffend und umfassend ermittelt, die Grenzen des **Beurteilungsspielraums** eingehalten und ggf. das **Gestaltungsermessen** sachgerecht ausgeübt wurde.[109] Einer reinen Rechtsprüfung unterliegen das Verfahren sowie die organisationsrechtlichen Fragen, z. B. die der Bestellung und Abberufung von Mitgliedern oder der Abrechnung der Kosten.[110] Wird eine **Beanstandung** ausgesprochen, steht dies der vorläufigen Wirksamkeit eines Schiedsspruches nicht entgegen.[111] Die Beanstandung impliziert eine Rüge verbunden mit einem Aufhebungsverlangen und verpflichtet das Schiedsamt zu einer erneuten Entscheidung.[112] Die Verpflichtung kann nur gegenüber dem Schiedsamt, nicht gegenüber den Vertragspartnern bestehen, weil diese keine unmittelbare Einwirkungsmöglichkeit auf den Schiedsspruch haben.[113]

57 Mit dem GKV-Modernisierungsgesetz vom 14. November 2003[114] wurde zum 1. Januar 2004 eine bedeutsame Erweiterung der Befugnisse der Aufsichtsbehörde eingeführt. Nach dem neu eingefügten § 89 Abs. 1 Satz 5 SGB V setzt die zuständige Aufsichtsbehörde den Vertragsinhalt fest, wenn das Schiedsamt nicht innerhalb von drei Monaten zu einem Schiedsspruch kommt und auch innerhalb einer von der Aufsichtsbehörde gesetzten Frist den Vertragsinhalt nicht festsetzt. Diese Befugnis zur Nachfristsetzung und anschließenden **Ersatzvornahme** besteht gemäß § 89 Abs. 1a Satz 3 SGB V auch für den Fall, dass das Schiedsamt bereits auf Initiative der Aufsichtsbehörde tätig wurde. In der amtlichen Begründung heißt es hierzu, die Regelung diene der Verbesserung der Schiedsamtsregelungen.[115] Die Möglichkeit der Ersatzvornahme erhöht den Druck auf das Schiedsamt und damit mittelbar auf alle Beteiligten, zeitnah und im Wege der Selbstverwaltung zu einer Regelung zu gelangen. Die Beteiligten haben nur noch innerhalb einer begrenzten Zeitspanne die Chance, ihre Vertragsbeziehungen eigenständig zu gestalten.

X. Rechtsschutzmöglichkeiten

1. Rechtsweg

58 Für Klagen gegen den Schiedsspruch ist das **Sozialgericht** zuständig. Es handelt sich um eine Streitigkeit in Angelegenheiten der gesetzlichen Krankenversicherung i. S. des

---

[105] S. Begr. des Gesetzentwurfs BT-Drucks. 12/3608 S. 83; zuvor beschränkte sich die Aufsicht auf die Geschäftsführung der Schiedsämter.

[106] So *Krauskopf* § 89 SGB V Rdn. 27.

[107] Vgl. *Schnapp* NZS 2003, 1, 3.

[108] BSGE 86, 126, 134 = SozR 3–2500 § 85 Nr. 37.

[109] BSGE 86, 126, 134, 135 = SozR 3–2500 § 85 Nr. 37; BSG Urteil vom 10. 5. 2000 – B 6 KA 19/99 R –.

[110] Vgl. *Liebold/Zalewski* § 89 SGB V Rdn. C 89–36.

[111] Vgl. BSG SozR 3–2500 § 71 Nr. 1; anders noch im Zeitraum der strikten Budgetierung vgl. BT-Drucks. 12/3608 S. 158 zu Art. 31.

[112] Vgl. *Schnapp,* Rechtsetzung durch Schiedsämter und gerichtliche Kontrolle von Schiedsamtsentscheidungen, S. 77 (96).

[113] Vgl. *Schnapp,* NZS 2003, 1, 3.

[114] BGBl. I S. 2190.

[115] BT-Drucks. 15/1525 S. 106.

§ 51 Abs. 1 Nr. 2 SGG.[116] Das Sozialgericht entscheidet in der in § 12 Abs. 3 Satz 1 SGG vorgesehenen Besetzung mit einem Vorsitzenden und je einem ehrenamtlichen Richter aus den Kreisen der Krankenkassen und der Vertragsärzte. Dass über die Rechtmäßigkeit der Festsetzungen der Schiedsämter für den zahntechnischen Bereich das Gericht mit einem Vertragszahnarzt als ehrenamtlichem Richter entscheidet, ist im Hinblick auf deren besondere Sachkunde verfassungsrechtlich unbedenklich.[117] Die örtliche Zuständigkeit richtet sich gem. § 57a SGG grundsätzlich nach dem Sitz der Kassen(zahn)ärztlichen Vereinigung für Streitigkeiten auf Landesebene, für Streitigkeiten auf Bundesebene nach dem Sitz der Kassen(zahn)ärztlichen Bundesvereinigung.

2. Klagearten

59 Gegen den Schiedsspruch kann von den Vertragspartnern **Anfechtungs- und Verpflichtungsklage** gemäß § 54 Abs. 1 Satz 1 SGG erhoben werden.[118] Da die Schiedsämter einen nur begrenzt justitiablen Gestaltungsspielraum haben, kann das Gericht nicht selbst eine Festsetzung vornehmen; es kann nur ein **Bescheidungsurteil** ergehen, mit dem das Schiedsamt zur erneuten Entscheidung unter Beachtung der Rechtsauffassung des Gerichts verurteilt wird. Eine Klage auf Festsetzung eines bestimmten Vertragsinhaltes ist nicht zulässig.[119] Eine Verpflichtungsklage kann auch erhoben werden, wenn das Schiedsamt ein Tätigwerden ablehnt, weil nach seiner Auffassung die Voraussetzungen für ein Schiedsverfahren nicht vorliegen. In Betracht kommt ferner eine **Nichtigkeitsklage** gem. § 55 Abs. 1 Nr. 4 SGG, die gem. § 89 SGG an keine Frist gebunden ist. Ihre Begründetheit beurteilt sich nach § 40 SGB X.

60 Schließlich kann **Untätigkeitsklage** nach § 88 SGG erhoben werden, wenn das Schiedsamt nicht innerhalb von drei Monaten den Vertragsinhalt festsetzt.[120] Abweichend von § 88 Abs. 1 Satz 1, 2. Halbsatz SGG ist bereits das Verstreichen der **Dreimonatsfrist** ausreichend für die Zulässigkeit einer Untätigkeitsklage.[121] Nach der Einfügung des § 89 Abs. 1 Satz 5 SGB V dürfte dieser Möglichkeit allerdings kaum noch praktische Relevanz zukommen.

61 **Klagebefugt** sind nur diejenigen, deren Vertragsbeziehungen durch die Festsetzungen des Schiedsamtes betroffen sind, nicht etwa einzelne Vertragsärzte oder Kassen.[122] Das gilt auch für eine Festsetzung durch die Aufsichtsbehörde. Drittbetroffene können mangels Zulässigkeit einer Normenkontrollklage einen Schiedsspruch nur inzidenter gerichtlich überprüfen lassen, wenn sie durch einen auf dem Schiedsspruch beruhenden Verwaltungsakt beschwert sind.[123]

62 Die Klage ist gegen das gem. § 70 Nr. 4 SGG **beteiligtenfähige** Schiedsamt zu richten, das durch seinen Vorsitzenden gerichtlich vertreten wird (§ 71 Abs. 4 SGG).

63 Die nicht klagenden Vertragspartner sind zum Verfahren notwendig **beizuladen** (§ 75 Abs. 2 SGG), weil über die Verbindlichkeit des Schiedsspruchs nur einheitlich entschieden werden kann.

64 Ein **Vorverfahren** findet wegen der Eigenart des Schiedsspruchs als Normsetzungsvertrag nicht statt.[124] § 19 SchAVO setzt diesen Umstand voraus, wenn es dort heißt, die Be-

---

[116] Vgl. *Meyer/Ladewig,* SGG, § 51 Rdn. 15; *Zeihe,* SGG, § 51 Rdn. 7g.

[117] Vgl. BSGE 56, 215, 217.

[118] BSG SozR 3–2500 § 85 Nr. 20.

[119] BSGE 20, 73 = SozR Nr. 1 zu § 368h RVO.

[120] Vgl. BSGE 20, 73, 79 = SozR Nr. 1 zu § 368h RVO.

[121] *Düring,* Schiedswesen, S. 102.

[122] BSGE 86, 126, 131ff. = SozR 3–2500 § 85 Nr. 37; *Liebold/Zalewski* § 89 SGB V Rdn. C 89–27; *KassKomm-Hess* § 89 SGB V Rdn. 18; *Düring,* Schiedswesen, S. 143.

[123] *Peters-Hencke* § 89 SGB V Rdn. 17a.

[124] H.M. *KassKomm-Hess* § 89 Rdn. 18; *Liebold/Zalewski* § 89 SGB V Rdn. C 89–41; *Peters-Hencke* § 89 SGB V Rdn. 16.

teiligten seien über die Zulässigkeit der Klage, die einzuhaltende Frist und den Sitz des zuständigen Sozialgerichts zu belehren.

65 Der Klage kommt gemäß § 86a Abs. 2 Nr. 4 SGG, § 89 Abs. 1 Satz 5, Abs. 1a Satz 3 SGB V grundsätzlich **keine aufschiebende Wirkung** zu. Das Schiedsamt kann gemäß § 86a Abs. 3 SGG die sofortige Vollziehung ganz oder teilweise aussetzen. Nach § 86b Abs. 1 Nr. 2 SGG kann das Gericht der Hauptsache auf Antrag die aufschiebende Wirkung ganz oder teilweise anordnen.

66 Gem. § 89 Abs. 5 Satz 6 SGB V gelten die Vorschriften über die Anfechtungsklage für Klagen der Vertragspartner gegen **Beanstandungen der Aufsichtsbehörde** entsprechend. Daraus ergibt sich eine Klagebefugnis der einzelnen Vertragspartner gegen Maßnahmen der Aufsichtsbehörde gegenüber dem Schiedsamt.[125] Nach Auffassung des BSG[126] ist das Schiedsamt mangels eigener Beschwer selbst nicht klagebefugt.[127] Anders als etwa den Zulassungsgremien seien den Schiedsämtern keine originären Aufgaben übertragen. Das Schiedsamt werde nur subsidiär an Stelle der Vertragspartner tätig, bei denen sich materiell die Folgen der schiedsamtlichen Regelungen auswirken würden und die jederzeit durch freie Vereinbarung dem Schiedsspruch den Boden entziehen könnten. Diese Argumentation überzeugt nicht. Die Beanstandung der Aufsichtsbehörde richtet sich gegen das Schiedsamt. Dieses wird zwar anstelle der Vertragsparteien tätig, es ist ihm aber die besondere Kompetenz zur Durchführung eines Schlichtungsverfahrens gesetzlich zugewiesen. Wo sich die Folgen von Verwaltungshandeln rechtlich und tatsächlich auswirken, kann demgegenüber kein Kriterium für die Frage sein, ob sich ein gesetzlich vorgesehenes und im Prozess beteiligungsfähiges Gremium gegen rechtswidrige Eingriffe der Aufsichtsbehörde in den rechtssatzmäßig zugewiesenen Kompetenzbereich wehren kann. Aus der gesetzlichen Kompetenzzuweisung folgt auch ein entsprechendes Abwehrrecht des Schiedsamtes.[128]

67 Entsprechendes gilt auch für die nunmehr in § 89 Abs. 1 Satz 5 SGB V vorgesehene **Fristsetzung** durch die Aufsichtsbehörde. Etwa durch eine unangemessen kurze Frist kann in den Kompetenzbereich des Schiedsamtes eingegriffen werden. Ist allerdings die Kompetenz zur Beendigung des vertragslosen Zustandes auf die Aufsichtsbehörde übergegangen, wie § 89 Abs. 1 Satz 5 SGB V dies vorsieht, sind von einer Entscheidung nur noch die Vertragsparteien betroffen. Die Festsetzung des Vertragsinhalts im Wege der **Ersatzvornahme** tritt an die Stelle der Entscheidung des Schiedsamtes, das selbst nicht mehr Adressat dieses Aufsichtsmittels ist.

68 Einzelne **Verfahrenshandlungen** sind grundsätzlich nicht selbstständig anfechtbar. Auch im sozialgerichtlichen Verfahren gilt der in § 44a VwGO zum Ausdruck kommende Grundsatz, dass Verfahrenshandlungen, die lediglich der Vorbereitung einer Entscheidung dienen, nicht selbstständig angefochten werden können.[129] Bei der Qualifikation des Schiedsspruches als Verwaltungsakt ist es konsequent, vorangehende Verfahrenshandlungen als unselbstständige Maßnahmen anzusehen. Sie dienen lediglich der Vorbereitung einer Entscheidung und können nur zusammen mit dieser überprüft werden. Eine Ausnahme kommt nur dort in Betracht, wo die streitige Maßnahme Beeinträchtigungen bewirkt, die auch durch ein Obsiegen im Hauptsacheverfahren nicht oder nicht ausreichend wieder gutgemacht werden können.[130]

69 Gesondert anfechtbar ist indes die **Kostenentscheidung,** die anders als im gerichtlichen Verfahren nicht Bestandteil der Hauptsacheentscheidung ist und nach § 20 SchA-

[125] *KassKomm-Hess* § 89 SGB V Rdn. 29.

[126] BSGE 86, 126, 134, 135 = SozR 3–2500 § 85 Nr. 37.

[127] So auch *KassKomm-Hess* § 89 SGB V Rdn. 29; *Maaßen/Schermer/Wiegand/Zipperer-Wiegand* § 89 SGB V Rdn. 3.

[128] Vgl. *Schnapp,* Probleme der Rechtsquellen im Sozialversicherungsrecht Teil II, S. 97; *Liebold/Zalewski* § 89 SGB V Rdn. C 89–41; *Hencke* in: Peters § 89 SGB V Rdn. 18.

[129] BSGE 56, 215, 219; BSG SozR 1500 § 144 Nr. 39.

[130] BSGE 56, 215, 219, 220.

VO allein vom Vorsitzenden erlassen wird. Sie stellt einen selbstständigen Verwaltungsakt dar.[131] Es handelt sich um eine Ermessensentscheidung, die auf Ermessensfehler überprüft werden kann.

70 Die einzelnen Mitglieder können ihre **Rechte aus der Mitgliedschaft** wie etwa das Recht auf Teilnahme an Sitzungen und Abstimmungen im Wege der Feststellungsklage geltend machen. Insofern liegt eine ähnliche Konstellation wie bei Kommunalverfassungsstreitverfahren vor.

3. Kontrolldichte

71 Die gerichtliche Kontrolle der Festsetzung von Vergütungsvereinbarungen durch das Schiedsamt ist auf die Prüfung beschränkt, ob der Entscheidung **zutreffend ermittelte Tatsachen** zugrundegelegt worden sind, ob das Schiedsamt die Grenzen des ihm zustehenden **Beurteilungsspielraum** eingehalten und sein **Gestaltungsermessen** – soweit ihm ein solches zukommt – sachgerecht ausgeübt hat.[132] Das BSG billigt den Schiedsämtern wegen ihrer besonderen Sachkunde und Funktion einen von der Justiz **nicht substituierbaren Eigenbereich** zu. Weil Schiedssprüche auf Interessenausgleich angelegt sind und Kompromisscharakter haben, sind sie nur in formeller Hinsicht darauf zu überprüfen, ob der zu Grunde gelegte Sachverhalt in einem fairen Verfahren unter Wahrung des rechtlichen Gehörs ermittelt wurde und der Schiedsspruch die Gründe für das Entscheidungsergebnis hinreichend erkennen lässt. Inhaltlich beschränkt sich die Kontrolle darauf, ob der ermittelte Sachverhalt zutrifft und die maßgeblichen Rechtsmaßstäbe beachtet wurden.[133] Damit steht die Schiedsamtsentscheidung in einer Reihe mit anderen Entscheidungen wertender bzw. prognostischer Art durch mit Interessenvertretern besetzte Ausschüsse.[134] Die beschränkte Überprüfbarkeit ist konsequente Folge des dem Schiedsamt zugebilligten Gestaltungsspielraums, der dem der Vertragspartner entspricht.

72 In vollem Umfang überprüft wird im gerichtlichen Verfahren die Einhaltung der **Kompetenzgrenzen** sowie der **Verfahrensvorschriften.** Es gilt insofern § 42 SGB X. Bei einer unzureichenden Sachverhaltsaufklärung oder einer fehlerhaften Besetzung des Schiedsamtes ist die Entscheidung damit aufzuheben. Das Bundessozialgericht geht allerdings in entsprechender Anwendung des § 295 ZPO davon aus, dass eine Verfahrensrüge nicht mehr erhoben werden kann, wenn die Parteien in der nächsten mündlichen Verhandlung rügelos verhandeln. Dies gelte allerdings nur für Verfahrensvorschriften, auf deren Einhaltung eine Partei verzichten könne.[135]

---

[131] *Düring,* Schiedswesen, S. 153.

[132] BSG SozR 3–2500 § 85 Nr. 37; BSG Urteil vom 10. 5. 2000 – B 6 KA 19/99 R –; *Düring,* Schiedswesen, S. 149f.

[133] Vgl. BSGE 91, 153, 156; SozR 4–0000.

[134] Vgl. *Maurer* Allgemeines Verwaltungsrecht, § 7 Rdn. 40ff.

[135] BSGE 51, 58, 59 = SozR 2200 § 368h Nr. 3; E 52, 253 = SozR 2200 § 368g Nr. 9.

§ 10 Das Normsetzungsinstrumentarium im Vertragsarztrecht

Schrifttum: *Axer,* Normsetzung der Exekutive in der Sozialversicherung, 2000; *ders.,* Zur demokratischen Legitimation in der gemeinsamen Selbstverwaltung – dargestellt am Beispiel des Bundesausschusses der Ärzte und Krankenkassen, in: Schnapp (Hrsg.), Funktionale Selbstverwaltung und Demokratieprinzip – am Beispiel der Sozialversicherung, 2001, S. 115 ff.; *ders.,* Selbstverwaltung in der Gesetzlichen Krankenversicherung, Die Verwaltung 35 (2002), S. 377 ff.; *ders.,* Gemeinsame Selbstverwaltung, in: FS 50 Jahre Bundessozialgericht, 2004, S. 339 ff.; *Becker,* Kooperative und konsensuale Strukturen in der Normsetzung, 2005; *Boerner,* Normenverträge im Gesundheitswesen, 2003; *Borchert,* Normsetzungskompetenzen im Sozialrecht, NZS 2004, S. 287 ff.; *Butzer/Kaltenborn,* Die demokratische Legitimation des Bundesausschusses der Ärzte und Krankenkassen, MedR 2001, S. 333 ff.; *Castendiek,* Versichertenbeteiligung im Normenkonzept der Richtlinien des Bundesausschusses, NZS 2001, S. 71 ff.; *Clemens,* Normstrukturen im Sozialrecht – Unfallversicherungs-, Arbeitsförderungs- und Kassenarztrecht, NZS 1994, S. 337 ff.; *Di Fabio,* Verlust der Steuerungskraft klassischer Rechtsquellen, NZS 1998, S. 449 ff.; *Ebsen,* Rechtsquellen, in: Schulin (Hrsg.), HS-KV, § 7; *ders.,* Der Behandlungsanspruch des Versicherten in der gesetzlichen Krankenversicherung und das Leistungsrecht, in: FS Krasney, 1997, S. 81 ff.; *ders.,* Phänomenologie und Problemfelder der Rechtsquellen, in: Schnapp (Hrsg.), Probleme der Rechtsquellen im Sozialversicherungsrecht, Teil I, 1998, S. 13 ff.; *Engelmann,* Untergesetzliche Normsetzung im Recht der gesetzlichen Krankenversicherung, NZS 2000, S. 1 ff., 76 ff.; *Hänlein,* Rechtsquellen im Sozialversicherungsrecht, 2001; *Hart* (Hrsg.), Ärztliche Leitlinien, 2000; *Hase,* Verfassungsrechtliche Bewertung der Normsetzung durch den Gemeinsamen Bundesausschuss, MedR 2005, S. 391 ff.; *Hebeler,* Verfassungsrechtliche Probleme „besonderer" Rechtsetzungsformen funktionaler Selbstverwaltung, DÖV 2002, S. 936 ff.; *Hiddemann,* Die Richtlinien des Bundesausschusses der Ärzte und Krankenkassen als Rechtsnormen, BKK 2001, S. 187 ff.; *Joussen,* Die Legitimation zur Normsetzung in der Exekutiven, besonders im Vertragsarztrecht, durch Normenverträge, SGb 2004, S. 334 ff.; *Koch,* Normsetzung durch Richtlinien des Bundesausschusses der Ärzte und Krankenkassen, SGb 2001, S. 109 ff., 166 ff.; *Neumann,* Anspruch auf Krankenbehandlung nach Maßgabe der Richtlinien des Bundesausschusses?, NZS 2001, S. 515 ff.; *Ossenbühl,* Richtlinien im Vertragsarztrecht, NZS 1997, S. 497 ff.; *Papier,* Der Wesentlichkeitsgrundsatz – am Beispiel des Gesundheitsreformgesetzes, VSSR 1990, S. 123 ff.; *Plantholz,* Funktionelle Selbstverwaltung des Gesundheitswesens im Spiegel der Verfassung, 1998; *Quaas/Zuck,* Medizinrecht, 2005; *Rolfs,* Neue Untersuchungs- und Behandlungsmethoden, in: FS 50 Jahre Bundessozialgericht, 2004, S. 475 ff.; *Roters,* Die gebotene Kontrolldichte bei der gerichtlichen Prüfung der Richtlinien des Bundesausschusses der Ärzte und Krankenkassen, 2003; *Schimmelpfeng-Schütte,* Richtliniengebung durch den Bundesausschuß der Ärzte und Krankenkassen und demokratische Legitimation, NZS 1999, S. 530 ff.; *Schirmer,* Verfassungsrechtliche Probleme der untergesetzlichen Normsetzung im Kassenarztrecht, MedR 1996, S. 404 ff.; *Schmidt-Aßmann,* Grundrechtspositionen und Legitimationsfragen im öffentlichen Gesundheitswesen, 2001; *Schnapp,* Geltung und Auswirkungen des Gesetzesvorbehalts im Vertragsarztrecht, MedR 1996, S. 418 ff.; *ders.,* Die Richtlinien im Kassenarztrecht (§ 92 SGB V) auf dem verfassungsrechtlichen Prüfstand, in: FS Krasney, 1997, S. 438 ff.; *ders.,* Untergesetzliche Rechtsquellen im Vertragsarztrecht – am Beispiel der Richtlinien, in: FS 50 Jahre Bundessozialgericht, 2004, S. 497 ff.; *Schwerdtfeger,* Die Leistungsansprüche des Versicherten im Rechtskonkretisierungskonzept des SGB V, NZS 1998, S. 49 ff., 97 ff.; *Sickor,* Normenhierarchie im Amtsrecht, 2005; *Sodan,* Die institutionelle und funktionelle Legitimation des Bundesausschusses der Ärzte und Krankenkassen, NZS 2000, S. 581 ff.; *Wahl,* Kooperationsstrukturen im Vertragsarztrecht, 2001; *Wimmer,* Rechtsstaatliche Defizite im vertragsärztlichen Berufsrecht, NJW 1995, S. 1577 ff.; *ders.,* Verfassungsrechtliche Anforderungen an untergesetzliche Rechtsetzung im Vertragsarztrecht, MedR 1996, S. 425 ff.; *ders.,* Grenzen der Regelungsbefugnis in der vertragsärztlichen Selbstverwaltung, NZS 1999, S. 113 ff.

Übersicht

I. Die Vielfalt normativer Steuerungsinstrumente

1 Das Vertragsarztrecht weicht in seinem Normsetzungsinstrumentarium „in wesentlichen Punkten von den herkömmlichen, verfassungsrechtlich anerkannten Rechtsetzungsformen ab und bildet ein Regelungsinstrumentarium eigener Art".[1] Neben den **traditionellen Rechtsquellen** „Gesetz, Rechtsverordnung, Satzung, Verwaltungsvorschrift"[2] kennt das Vertragsarztrecht eine **Vielzahl untergesetzlicher Normsetzungsformen,** die dem Öffentlichen Recht im Übrigen unbekannt sind. Die zentralen Steuerungsinstrumente, die der Gesetzgeber den Ärzten und Krankenkassen zur Regelung der vertragsärztlichen Versorgung an die Hand gibt, entziehen sich weitgehend einer Einordnung in den herkömmlichen Rechtsquellenkanon. Bundesmantelvertrag, Gesamtvertrag oder Richtlinie lassen sich bruchlos weder als Rechtsverordnung noch als Satzung oder als Verwaltungsvorschrift qualifizieren.[3]

2 Untergesetzlichen Normsetzungsinstrumenten kommt quantitativ und qualitativ erhebliche Bedeutung für das Vertragsarztrecht zu, weil das Parlamentsgesetz oftmals nur allgemein gehaltene und „sehr vage"[4] Regelungen trifft. Selbst wenn für einzelne Sachbereiche detaillierte gesetzliche Vorschriften existieren – hingewiesen sei nur auf die Vorschrift des § 85 SGB V über die Berechnung und Verteilung der Gesamtvergütung –, bleibt die **Re-**

---

[1] BSGE 81, 73 (82) in Bezug auf die Richtlinien und das Normenvertragssystem.

[2] Zur Rechtsquellenlehre *Ossenbühl,* in: HStR III, § 61 Rdn. 1 ff.; *ders.,* in: Erichsen (Hrsg.), Allgemeines Verwaltungsrecht, 12. Aufl. 2002, § 5 ff.; *Wallerath,* Allgemeines Verwaltungsrecht, 5. Aufl. 2000, § 3 Rdn. 1 ff.

[3] Eine Qualifikation der Richtlinie als „anstaltliche Satzung" nimmt vor BSGE 78, 70 (80 ff.); anders dagegen BSGE 81, 73 (82) „Regelungsinstrumentarium eigener Art".

[4] BSGE 81, 73 (78).

gelungsdichte angesichts der Grundrechtsrelevanz des Vertragsarztrechts[5] insgesamt gering. Die entscheidende Frage nach den zu erbringenden Leistungen im Krankheitsfall beantwortet das Gesetz allenfalls ansatzweise, wenn es den Leistungsumfang auf eine ausreichende, zweckmäßige, wirtschaftliche und notwendige Versorgung[6] beschränkt und – wie häufig – auf weitere präzisierende gesetzliche Vorschriften verzichtet. Statt selbst den Umfang der Leistungen klar zu bestimmen, delegiert der Gesetzgeber die Entscheidung in weitem Umfang an Ärzte und Krankenkassen, deren Verbände er zur Normsetzung ermächtigt. Die Kompetenz zur Normsetzung überträgt er den Beteiligten im Gesundheitswesen unter Hinweis auf den Gedanken der Selbstverwaltung, der im Vertragsarztrecht unter dem Begriff der **gemeinsamen Selbstverwaltung** von Ärzten und Krankenkassen eine besondere Ausprägung gefunden hat.[7]

3 Die von Ärzten und Krankenkassen erlassenen Verträge und Richtlinien legen nicht nur die im Verhältnis von Krankenkassen und Ärzten zu erbringenden Leistungen fest, sondern sie konkretisieren nach Ansicht der neueren Rechtsprechung des Bundessozialgerichts zudem verbindlich den gesetzlich geregelten **Leistungsanspruch des Versicherten** und bestimmen dessen Inhalt.[8] Der gesetzliche Leistungsanspruch im Dritten Kapitel des SGB V ist danach nur ein „ausfüllungsbedürftiges Rahmenrecht", welches sich erst bei einer entsprechenden Richtlinienregelung durch den Gemeinsamen Bundesausschuss zu einem subjektiv-öffentlichen Recht verdichtet.[9] Ob die Leistungspflicht der Krankenkassen die Akupunktur bei Neurodermitis,[10] die „immuno-augmentative Therapie" bei Multipler Sklerose,[11] die „Jomol-Therapie" bei Krebserkrankung,[12] die „Laser-Ginko-Therapie" bei chronischen Ohrgeräuschen[13] oder die Bioresonanztherapie[14] umfasst, ergibt sich aus den Richtlinien des Gemeinsamen Bundesausschusses.

4 Der Rückzug des Gesetzgebers gerade bei der Umschreibung des Leistungsumfangs im Krankheitsfall erweckt den Eindruck, dieser verfolge eine **„umgekehrte Wesentlichkeitstheorie",**[15] indem er den Regelungsspielraum der Ärzte und Krankenkassen stetig erweitert und überdies neuartige Steuerungsinstrumente kreiert, deren Normeigenschaft und Bindungswirkung oftmals diffus bleibt. Die Entwicklung neuer Rechtsquellen bei gleichzeitigem Verschleiern von Inhalt und Funktion führt dazu, dass **Rechtssicherheit und Rechtsklarheit** im Vertragsarztrecht Schaden nehmen. Aufgabe von Rechtspraxis und Rechtswissenschaft ist es daher, zunächst die Bindungswirkung vor allem der neuartigen, von den herkömmlichen Rechtsquellen abweichenden Steuerungsinstrumente zu ermitteln und ihre Qualität als exekutive Norm festzustellen.

---

[5] Siehe oben § 4.

[6] Vgl. § 12 Abs. 1 SGB V.

[7] Vgl. dazu *Axer,* in: Schnapp (Hrsg.), Funktionale Selbstverwaltung und Demokratieprinzip – am Beispiel der Sozialversicherung, S. 115ff.; *ders.,* in: FS 50 Jahre Bundessozialgericht, S. 339ff.

[8] BSGE 78, 70 (74ff.); 81, 54 (55ff.); 81, 73 (74ff.); 81, 240 (242); 82, 41 (47ff.); BSG Breithaupt 2000, 251 (259f.).

[9] BSGE 73, 271 (280); 78, 70 (85); 81, 54 (60f.); 81, 245 (248); BSG MedR 1998, 230 (233).

[10] BSG MedR 1998, 230ff.

[11] BSGE 81, 73ff.

[12] BSG SozR 3–2500 § 31 SGB V Nr. 5; kritisch dazu *Schwerdtfeger* SGb 2000, 154ff. Dazu wiederum BSG SozR 3–2500 § 135 SGB V Nr. 14 – Aktiv-spezifische Immuntherapie.

[13] BSG SozR 3–2500 § 13 SGB V Nr. 17. – Zum Ausschluss von Viagra aus der Leistungspflicht: *Schneider-Danwitz/Glaeseke* MedR 1999, 164ff.; *Zuck* NZS 1999, 167ff.

[14] BSG NZS 2004, 99ff.

[15] Der Begriff stammt von *Salzwedel* bezogen auf das Umweltrecht (zit. nach *Wahl* VBlBW 1988, 387 (391 mit Fn. 40).

II. Bestandsaufnahme exekutiver Normsetzungsinstrumente

5 Exekutive Normen sind die von Regierung und Verwaltung im institutionellen Sinn erlassenen abstrakt-generellen Regelungen.[16] Zur Verwaltung rechnen auch privatrechtlich organisierte Vereinigungen, sofern sie durch gesetzliche Ermächtigung in die Erfüllung der Verwaltungsaufgabe „Krankenversicherung" einbezogen sind und ihnen damit organisationsrechtlich die Stellung eines **Beliehenen** zukommt.[17] Die privatrechtlich organisierten Ersatzkassenverbände, die Deutsche Krankenhausgesellschaft oder sonstige privatrechtlich organisierte Verbände der Leistungserbringer handeln als Beliehene, wenn der Gesetzgeber ihnen die Befugnis zuweist, Verträge über die Erbringung von Leistungen in der gesetzlichen Krankenversicherung abzuschließen.

6 Das Verständnis von „Norm" als abstrakt-genereller Regelung knüpft an den traditionellen Normbegriff an. Durch das Kriterium **„abstrakt-generell"** erfolgt die Abgrenzung zum Einzelakt,[18] durch das Kriterium der Regelung die Unterscheidung gegenüber unverbindlichem, schlicht-hoheitlichem staatlichen Handeln. Normen sind danach sowohl Verwaltungsvorschriften, die, selbst wenn man ihnen nur **Innenwirkung** beimisst, Verbindlichkeit besitzen, als auch Vorschriften, deren Befolgungspflicht umfangmäßig beschränkt ist. Erlaubt der Normsetzer im Einzelfall ein Abweichen vom Inhalt oder fordert er nur ein „Berücksichtigen" oder ein „Beachten" des jeweiligen Inhalts, berührt dies den die Norm kennzeichnenden Verbindlichkeitsanspruch nicht. Zwar wird in diesen Fällen der Umfang der Befolgungspflicht modifiziert, im jeweils festgelegten Umfang besteht jedoch strikte Bindung, so dass der staatliche Rechtsgeltungsanspruch insoweit unbedingt bestehen bleibt.

7 Von Gesetzes wegen sind daher zu berücksichtigende **Empfehlungen über eine angemessene Veränderung der Gesamtvergütung** nach § 86 SGB V, **Rahmenempfehlungen zu Vorsorge- und Rehabilitationsmaßnahmen** nach § 111b SGB V oder **Rahmenempfehlungen zu den dreiseitigen Verträgen** nach § 115 SGB V als Normen zu qualifizieren.[19] Dies gilt im Ergebnis ebenso für die **Vergleichslisten** nach § 73 Abs. 8 SGB V, durch die die Kassenärztlichen Vereinigungen und die Kassenärztliche Bundesvereinigung sowie die Krankenkassen die Vertragsärzte über preisgünstige, verordnungsfähige Leistungen informieren sowie nach dem allgemein anerkannten Stand der medizinischen Erkenntnisse Hinweise zu Indikationen und therapeutischem Nutzen geben.[20] Problematisch im Hinblick auf ihre Qualifikation sind die **Nutzenbewertungen für Arzneimittel nach § 35b SGB V** durch das Institut für Qualität und Wirtschaftlichkeit im Gesundheitswesen.[21] Diese werden dem Gemeinsamen Bundesausschuss „als Empfehlungen zur Beschlussfassung" zugeleitet;[22] Klagen gegen die Nutzenbewertungen sind allerdings gesetzlich ausgeschlossen,[23] weil – so die gesetzliche Begründung[24] – die Nutzenbewertungen unmittelbar keine rechtlichen Wirkungen entfalten. Doch erscheint es fraglich,

---

[16] Zum Begriffsverständnis *Axer,* Normsetzung der Exekutive in der Sozialversicherung, S. 26ff.

[17] *Axer,* Normsetzung der Exekutive in der Sozialversicherung, S. 32ff.; *Heintzen,* VVDStRL 62 (2003), 220 (241f.); in diese Richtung ebenfalls *Joussen,* SGb 2004, 334 (338); vgl. auch: BSG GesR 2005, 307 (318). – Das Bundesverfassungsgericht (E 106, 275 (305)) qualifiziert die Verbände der Ersatzkassen bei der Festbetragsfestsetzung als „beliehene juristische Personen des Privatrechts".

[18] Zur Abgrenzung am Beispiel der Festbetragsfestsetzung BVerfGE 106, 275 (305f.). Das Gericht geht von einer Allgemeinverfügung aus.

[19] Dazu *Axer,* Normsetzung der Exekutive in der Sozialversicherung, S. 109ff.

[20] Zu den Vergleichslisten allgemein *Francke* VSSR 2002, 299 (306, 309f.); *Koenig/Meurer/Hentschel* PharmR 2004, 207ff.

[21] § 139a SGB V. – Zum Institut für Qualität und Wirtschaftlichkeit im Gesundheitswesen *Kruse,* in: Hänlein/Kruse (Hrsg.), Das neue Krankenversicherungsrecht, 2004, Rdn. 529ff.

[22] § 35b Abs. 2 S. 1 SGB V.

[23] § 35b Abs. 4 SGB V.

[24] BT-Drucks. 15/1525, S. 89.

ob die Nutzenbewertungen ein rechtliches Nullum sind. Dagegen spricht bereits der gesetzlich vorgesehene Empfehlungscharakter sowie die gesetzliche Regelung als solche, die für die Erarbeitung der Bewertungen zu veröffentlichende einheitliche Methoden fordert[25] und ein gesondertes Verfahren bei „Off-Label-Use"[26] unter Zustimmung des betroffenen pharmazeutischen Unternehmens anordnet.[27] Keine Normen sind trotz ihrer erheblichen praktischen Bedeutung[28] **Mustersatzungen,** denn ihnen fehlt der die Norm kennzeichnende Verbindlichkeitsanspruch.

8 Der Frage nach der Qualifikation vertragsärztlicher Steuerungsinstrumente als exekutive Norm kommt grundlegende Bedeutung zu. Normen unterscheiden sich in **Erlassvoraussetzungen, Rechtmäßigkeitsanforderungen und Rechtsschutz** von Einzelakten sowie von unverbindlichem und von privatautonomem Handeln. Für die in der Praxis auftretenden Fragen nach Voraussetzungen und Grenzen einzelner Steuerungsinstrumente werden durch die Einordnung eines Steuerungsinstruments in der Gruppe exekutiver Normen die Weichen für die rechtliche Beurteilung gestellt, selbst wenn exekutive Normen im Einzelnen wiederum unterschiedlichen rechtlichen Regeln folgen und etwa eine Rechtsverordnung anderen Erlassvoraussetzungen als eine Satzung unterliegt oder eine Rechtsverordnung eine andere Bindungswirkung zeitigt als eine Verwaltungsvorschrift.

1. Die Rechtsverordnung

9 Ermächtigungen zum Erlass von Rechtsverordnungen durch das Bundesministerium für Gesundheit und Soziale Sicherung sind im Vertragsarztrecht noch immer vergleichsweise spärlich geregelt. Sie betreffen etwa den Erlass von Organisationsvorschriften,[29] die Erhöhung des Ausgabenvolumens bei Ereignissen mit erheblicher Folgewirkung für die medizinische Versorgung,[30] die Anerkennung der Interessenvertretungen von Patienten und Patientinnen[31] oder die Arznei-,[32] Heil- und Hilfsmittelversorgung.[33] Unter Zustimmung des Bundesrates wird das Bundesministerium für Gesundheit und Soziale Sicherung überdies ermächtigt, das Nähere über die Teilnahme an der vertragsärztlichen Versorgung sowie die zu ihrer Sicherstellung erforderliche Bedarfsplanung und die Beschränkung von Zulassungen durch Rechtsverordnung zu regeln.[34] Die **Zulassungsverordnung,** deren Mindestinhalt gesetzlich vorgeschrieben ist,[35] normiert die subjektiven und objektiven Voraussetzungen für die Zulassung und die Ermächtigung. Sie stellt insoweit die wichtigste Rechtsverordnung im Bereich des Vertragsarztrechts dar.[36] Obwohl mit der Zulassungsverordnung zum Teil erhebliche Beschränkungen der Berufsfreiheit verbunden sind, erheben sich in der Rechtsprechung keine grundsätzlichen Bedenken gegen Form und Inhalt der Zulassungsverordnung.[37]

10 Änderungen der Zulassungsverordnung erfolgen oftmals durch Parlamentsgesetz im Rahmen sogenannter Artikelgesetze. In diesen nimmt der Gesetzgeber selbst anstelle des Ministeriums Änderungen der Rechtsverordnung vor, so dass die jeweilige geänderte oder

---

[25] § 35 b Abs. 1 S. 3 SGB V.

[26] Zum „Off-Label-Use" BSGE 89, 184 ff.; *Francke/Hart* SGb 2003, 653 ff.; *Niemann* NZS 2004, 254 ff.

[27] § 35 b Abs. 3 SGB V.

[28] KassKomm-*Peters,* § 194 SGB V Rdn. 5.

[29] Etwa § 89 Abs. 6 SGB V für die Schiedsämter; § 90 Abs. 3 S. 4 SGB V für die Landesausschüsse.

[30] § 84 Abs. 9 SGB V.

[31] § 140 g SGB V.

[32] § 34 Abs. 2, 3 SGB V.

[33] § 34 Abs. 4 SGB V.

[34] § 98 SGB V.

[35] § 98 Abs. 2 SGB V.

[36] Dazu oben § 5 b, d, § 6.

[37] BSGE 20, 52 (53 f.); 23, 170 (171 f.); aus neuerer Zeit zur Zulassungsverordnung etwa: BSGE 89, 134 ff.; BSG NJW 2004, 1820 ff.; BSG SGb 2004, 235 ff.

neu eingefügte Bestimmung **Gesetzesrang** besitzt. Regelmäßig sieht das Artikelgesetz allerdings auch eine sog. Entsteinerungsklausel vor, die den Verordnungsgeber ermächtigt, Vorschriften mit Gesetzesrang zu ändern, so dass die vom Ministerium geänderten Vorschriften wieder Verordnungsrang besitzen. Zwar wird ein entsprechendes Vorgehen grundsätzlich als verfassungsrechtlich zulässig angesehen,[38] doch stellen sich vielfältige Fragen im Hinblick auf die unterschiedliche Zuordnung von Vorschriften als förmliches Gesetz oder Rechtsverordnung im Rahmen eines als Rechtsverordnung bezeichneten Regelungswerkes mit Konsequenzen insbesondere für den Rechtsschutz, der für ein Parlamentsgesetz anders als für eine Rechtsverordnung ausfällt. Nach Ansicht des Bundessozialgerichts partizipieren an der Qualifikation als förmliches Gesetz nicht nur die Teile einer Rechtsverordnung, die ausdrücklich durch ein Gesetz geändert worden sind, sondern auch solche, die der Gesetzgeber unverändert gelassen, im Zuge von Normtextänderungen aber in seinen Willen aufgenommen hat.[39] Die Frage, wann der Gesetzgeber den Inhalt einer Verordnung in seinen Willen aufgenommen hat, beantwortet sich danach, ob er seinen Bestätigungswillen im Gesetz selbst zu erkennen gegeben hat oder ob sich ein solcher Wille aus dem engen sachlichen Zusammenhang zwischen unveränderten und geänderten Normen erschließen lässt.[40] Ein Indiz dafür ist, dass ein begrenztes und überschaubares Rechtsgebiet durchgreifend geändert wird und veränderte und unveränderte Normen eng miteinander zusammen hängen.[41] Werden diese Maßstäbe angelegt, so ergibt sich nach Ansicht des Bundessozialgerichts, dass der Gesetzgeber die Zulassungsverordnung insgesamt in seinen Willen aufgenommen hat.[42]

11 Die vergleichsweise geringe Zahl von Rechtsverordnungsermächtigungen im Vertragsarztrecht belegt den Vorrang der Normsetzung durch Ärzte und Krankenkassen. Die **unmittelbare Staatsverwaltung** besitzt nach der Konzeption des Gesetzes nur beschränkt Normsetzungsbefugnisse und ist oftmals nur **subsidiär zum Handeln berufen,** wenn Ärzte und Krankenkassen nicht rechtzeitig oder rechtswidrig handeln. Zwar sind die Richtlinien des Gemeinsamen Bundesausschusses dem Bundesministerium für Gesundheit und Soziale Sicherung vorzulegen, jedoch kann das Ministerium erst nach Beanstandung und Fristsetzung selbst anstelle des Gemeinsamen Bundesausschusses Richtlinien erlassen.[43] Das Beanstandungsrecht gibt dem Ministerium allerdings weitreichende Einwirkungs- und Überwachungsmöglichkeiten. Diese sind selbst bei Annahme einer bloßen Rechtsaufsicht[44] größer als es auf den ersten Blick scheinen mag, denn Prüfungsmaßstab für das Ministerium ist die Gewähr einer ausreichenden, zweckmäßigen und wirtschaftlichen Versorgung der Versicherten durch die Richtlinien. Angesichts dieser unbestimmten Rechtsbegriffe verschwimmt die Unterscheidung von **Rechtmäßigkeits- und Zweckmäßigkeitskontrolle,** und das Beanstandungsrecht erscheint eher als Mitwirkungsrecht denn als repressives Aufsichtsrecht. Erlässt das Ministerium anstelle des Gemeinsamen Bundesausschusses Normen, handelt es sich nicht um Rechtsverordnungen, sondern um Richtlinien,[45] so dass die Vorschriften über Richtlinien im Hinblick auf Änderung, Aufhebung und Rechtsschutz Anwendung finden.

---

[38] Vgl. dazu BSGE 70, 167 (172); BSG SGb 2004, 235 (237 f.), mit Anm. *Pawlita* ebda., 241 ff.; *Isensee,* Kassenarztmonopol und nichtärztliche Leistungserbringer, 1995, S. 71 f.; *Peters-Hencke,* § 98 SGB V Rdn. 2 ff.; allgemein BVerfG DVBl. 2003, 1148 (1149); BVerwGE 117, 313 (317 ff.); *Uhle,* Parlament und Rechtsverordnung, 1999, S. 92 ff., 169 ff., 289 ff., 403 ff.

[39] BSG SGb 2004, 235 ff., mit Anm. *Pawlita* ebda., 241 ff.; zu der Frage der Änderung einer Rechtsverordnung durch Gesetz jüngst grundlegend: BVerfG, B. v. 13. 9. 2005, 2 BvF 2/03.

[40] BSG SGb 2004, 235 (237).

[41] BSG SGb 2004, 235 (237).

[42] BSG SGb 2004, 235 (237).

[43] § 94 SGB V.

[44] Eine Rechtsaufsicht bejahen etwa: *Kaltenborn* VSSR 2000, 249 (266 f.); *Hauck/Haines-Vahldiek,* § 94 Rdn. 4; a. A. *Schwerdtfeger* NZS 1998, 49 (52).

[45] KassKomm-*Hess,* § 94 SGB V Rdn. 4; *Liebold/Zalewski,* § 94 SGB V, C 94–3.

2. Die Satzung

12 Den Kassenärztlichen Vereinigungen, der Kassenärztlichen Bundesvereinigung, den Krankenkassen sowie deren Landes- und Bundesverbänden[46] kommt auf Grund gesetzlicher Ermächtigung die **Befugnis zur Satzungsgebung** zu. Den Inhalt der Satzungen gibt der Gesetzgeber weitgehend vor. Im Krankenversicherungsrecht fehlt eine dem Kommunalrecht vergleichbare Generalermächtigung, nach der die jeweilige Verwaltungseinheit durch Satzung ihre eigenen Angelegenheiten regeln kann.[47] Statt dessen schränkt der Gesetzgeber durch präzise Ermächtigungen den Leistungsspielraum erheblich ein, so dass **„Autonomie"**, verstanden als Recht zur Selbstgesetzgebung, d. h. zur eigenverantwortlichen Regelung der eigenen Angelegenheiten, allenfalls partiell vorliegt. Die Satzung ist weniger ein Instrument der Selbstverwaltung denn ein **Organisationsstatut** zum Vollzug einer höchst detaillierten Sozialversicherungsgesetzgebung, gleichsam nach Art einer delegierten Staatsaufgabe.[48]

13 **a) Die Satzungen der Krankenkassen.** Den Mindestinhalt der genehmigungsbedürftigen[49] Satzung gibt das Gesetz vor.[50] Danach kommt dem Verwaltungsrat als dem für den Satzungsbeschluss zuständigen Organ[51] neben organisatorischen Fragen die Entscheidung über die Beitragshöhe[52] sowie über Art und Umfang der Leistungen zu. Allerdings sind diese auf den ersten Blick weitreichenden **Entscheidungskompetenzen durch Satzungsbeschluss stark eingeschränkt:** Die Berechnung des Beitrags und damit letztlich dessen Höhe ist gesetzlich vorgegeben;[53] Leistungen über den gesetzlich zwingend vorgeschriebenen Umfang hinaus darf die Satzung nur vorsehen, wenn dies gesetzlich zugelassen ist;[54] Satzungsregelungen über Art und Umfang bereits durch Gesetz bestimmter Leistungen sind allenfalls in Form einer Bezugnahme durch wörtliches Gesetzeszitat zulässig;[55] Leistungen, zu denen das Gesetz verpflichtet, können durch Satzung nicht ausgeschlossen werden.[56] Eine Satzungsbestimmung über ein Modellvorhaben, wonach die Versicherten Leistungen der häuslichen Krankenpflege nur durch einen von der Krankenkasse selbst betriebenen Pflegedienst in Anspruch nehmen können, ist beispielsweise nach Ansicht des Bundessozialgerichts unzulässig.[57] Da zudem die Binnenstruktur der Krankenkassen ebenfalls gesetzlich vorgeprägt ist, bleibt der Gestaltungsspielraum der Krankenkassen auf Grund des dicht geknüpften normativen Netzes gering. Auch wenn das GKV-Modernisierungsgesetz in einzelnen Bereichen den Spielraum der Krankenkassen erweitert hat, etwa durch die Zulassung von Bonussystemen[58] oder durch die Möglichkeit, Individualverträge mit Leistungserbringern abzuschließen, ist den Krankenkassen damit keine

---

[46] Zur Organisationsstruktur dieser Verwaltungseinheiten *Schnapp,* in: Schulin (Hrsg.), HS-KV, § 49 Rdn. 75ff., 181ff., 204ff.; speziell zu verfassungsrechtlichen Fragen einer Organisationsreform bei Kassenärztlichen Vereinigungen *Huber* VSSR 2000, 369ff.

[47] Vgl. etwa § 7 Abs. 1 S. 1 GO NW.

[48] In Anlehnung an die klassische, vom Bundesverfassungsgericht rezipierte Formulierung (E 39, 302 (314)) von *Weber* SDSRV 1 (1966), 27 (30); vgl. auch: BVerfG, NZS 2005, 139 (140). – Zur Bedeutung der Selbstverwaltung in der gesetzlichen Krankenversicherung *Axer,* Die Verwaltung 35 (2002), 377ff.

[49] § 195 SGB V. – Zur Genehmigungserteilung: BSGE 64, 124 (129f.); 70, 149 (150); 76, 93 (94).

[50] § 194 Abs. 1 SGB V. – Allgemeine Bestimmungen zur Satzungsgebung durch Sozialversicherungsträger finden sich im SGB IV, insbesondere in den §§ 33f. SGB IV.

[51] § 197 Abs. 1 Nr. 1 SGB V.

[52] § 194 Abs. 1 Nr. 4 SGB V.

[53] § 21 SGB IV. – Vgl. zur Beitragsbemessung durch Satzung BSGE 89, 213ff.

[54] § 194 Abs. 2 S. 2 SGB V. – Vgl. etwa § 44 Abs. 2 SGB V: Krankengeld bei freiwillig Versicherten; § 65a SGB V: Bonus für gesundheitsbewusstes Verhalten.

[55] BSGE 89, 227ff.

[56] § 194 Abs. 2 S. 1 SGB V.

[57] BSGE 90, 84ff.

[58] § 65a SGB V.

den Gemeinden vergleichbare Autonomie eingeräumt, über die eigenen Angelegenheiten selbstverantwortlich zu entscheiden.[59]

b) Die Satzungen der Bundes- und Landesverbände. Die Satzungen der Landes- und Bundesverbände haben neben **organisatorischen Regelungen** die Rechte und Pflichten der Mitglieder sowie die Aufbringung und Verwendung der Mittel festzulegen.[60] Von Gesetzes wegen müssen die Satzungen der Landesverbände ferner Bestimmungen darüber enthalten, dass die von den Bundesverbänden abzuschließenden Verträge und die Richtlinien für die Landesverbände und ihre Mitgliedskassen verbindlich sind.[61] Damit soll die Verbindlichkeit der auf Bundesebene geschlossenen Normenverträge und der Richtlinien des Gemeinsamen Bundesausschusses gesichert werden. Satzungsbefugnisse auf Grund spezieller Ermächtigungen bestehen zudem im finanziellen Bereich.[62] Der Satzungsbeschluss obliegt dem Verwaltungsrat;[63] zur Wirksamkeit der Satzung ist die Genehmigung durch die jeweils zuständige Behörde erforderlich.[64] Der staatlichen Genehmigung bedarf ebenfalls die Satzung der privatrechtlich organisierten Ersatzkassenverbände.[65] **14**

c) Die Satzungen der Kassenärztlichen Vereinigungen. Für die von der Vertreterversammlung zu beschließende, genehmigungsbedürftige[66] Satzung gibt das Gesetz den Mindestinhalt vor.[67] Neben **organisatorischen Regelungen,** etwa über die Wahl der Selbstverwaltungsorgane[68] oder die Beschränkung der Öffentlichkeit in der Vertreterversammlung,[69] verpflichtet der Gesetzgeber den Satzungsgeber zur Aufnahme von Vorschriften, nach denen die auf Bundesebene abgeschlossenen Verträge, die dazu ergangenen Beschlüsse, die Bestimmungen über die überbezirkliche Durchführung der vertragsärztlichen Versorgung und den Zahlungsausgleich sowie bestimmte Richtlinien für die Kassenärztliche Vereinigung und ihre Mitglieder verbindlich sind.[70] Ferner müssen die Satzungen Regelungen über die Fortbildung auf dem Gebiet der vertragsärztlichen Tätigkeit[71] und über **Disziplinarmaßnahmen gegen Vertragsärzte**[72] enthalten. Da die Kassenärztlichen Vereinigungen gesetzlich verpflichtet sind, die Gewähr dafür zu übernehmen, dass die vertragsärztliche Versorgung den gesetzlichen und vertraglichen Erfordernissen entspricht,[73] können sie allgemein auf Grund der Satzungsautonomie Regelungen treffen, soweit diese zur Sicherstellung der vertragsärztlichen Versorgung einschließlich des Notdienstes[74] erforderlich sind.[75] Eine im Rahmen der Satzungsbefugnis beschlossene **Notfalldienstordnung** **15**

---

[59] Deutlich zur Stellung der Krankenkassen BVerfG, NZS 2005, 139ff.

[60] § 210 Abs. 1 S. 3 SGB V – für die Landesverbände; § 216 S. 3 SGB V i.V.m. § 210 Abs. 1 S. 3 SGB V – für die Bundesverbände.

[61] § 210 Abs. 2 SGB V.

[62] Etwa § 262 Abs. 1, Abs. 4 S. 3 SGB V – Gesamtrücklage; §§ 265, 265a SGB V – Umlage, finanzielle Hilfe.

[63] § 210 Abs. 1 S. 1 SGB V für die Landesverbände; § 216 S. 1 SGB V für die Bundesverbände.

[64] § 210 Abs. 1 S. 2 SGB V für die Landesverbände; § 216 S. 2 SGB V für die Bundesverbände.

[65] § 212 Abs. 5 S. 3 SGB V. – Zur Satzungsbefugnis der Ersatzkassenverbände: *Peters-Peters,* § 212 SGB V Rdn. 15ff.

[66] Zur Klage auf Erteilung einer Genehmigung BSGE 79, 105ff.

[67] § 81 SGB V.

[68] Zu den Anforderungen an satzungsrechtliche Wahl- und Inkompatibilitätsregelungen: BSGE 71, 175ff.; 71, 187ff.; 79, 105 (107ff.); 81, 268 (270ff.).

[69] BSG SozR 3-2500 § 81 SGB V Nr. 3.

[70] § 81 Abs. 3 SGB V.

[71] § 81 Abs. 4 SGB V.

[72] § 81 Abs. 5 SGB V. – Dazu BSG SozR 3-2500 § 81 SGB V Nr. 6; BSG *Breithaupt* 2001, 868ff.

[73] § 75 Abs. 1 S. 1 SGB V.

[74] § 75 Abs. 1 S. 2 SGB V.

[75] *Ebsen,* in: Schulin (Hrsg.), HS-KV, § 7 Rdn. 74f.; *Funk,* in: Schulin (Hrsg.), HS-KV, § 32 Rdn. 33f.

bedarf allerdings nach Ansicht des Bundessozialgerichts nicht der Genehmigung.[76] Von der Satzung im Sinne des § 81 SGB V zu unterscheiden ist der auf Grund spezieller gesetzlicher Regelung in § 85 Abs. 4 SGB V ergehende Honorarverteilungsmaßstab, durch den die Kassenärztliche Vereinigung die Verteilung der Gesamtvergütung regelt.

16 **d) Die Satzung der Kassenärztlichen Bundesvereinigung.** Satzungsbefugnisse stehen schließlich der Kassenärztlichen Bundesvereinigung zu. Bei der Satzung der Bundesvereinigung handelt es sich im Wesentlichen um ein **Organisationsstatut.** Geregelt werden insbesondere Zahl und Amtsdauer der Mitglieder, die Mitgliedschaft in der Vertreterversammlung, die Aufgaben der Vertreterversammlung und die Wahl des Vorsitzenden sowie des Vorstandes.

3. Die Verwaltungsvorschriften

17 Verwaltungsvorschriften sind abstrakt-generelle Regelungen, die innerhalb der Verwaltungsorganisation von übergeordneten Verwaltungsinstanzen oder Vorgesetzten an nachgeordnete Behörden, Verwaltungsstellen oder Bedienstete ergehen und dazu dienen, Organisation und Handeln der Verwaltung näher zu bestimmen.[77] Als **allgemeine Weisungen** verstanden, ergehen Verwaltungsvorschriften ohne gesetzliche Ermächtigung allein auf Grund der Organisations- und Geschäftsleitungsgewalt der übergeordneten Stelle. Nach überkommener, allerdings nicht unumstrittener Ansicht besitzen Verwaltungsvorschriften Bindungswirkung nur nach „innen“ im Umfang der **Organisations- und Geschäftsleitungsgewalt,** nicht aber gegenüber dem Bürger, für den sie jedoch Verbindlichkeit und damit Außenwirkung über den Gleichheitssatz erlangen sollen, oder gegenüber den Gerichten, weil sie nicht als „Gesetz und Recht“ i. S. d. Art. 20 Abs. 3 GG bzw. als „Gesetz“ i. S. v. Art. 97 Abs. 1 GG gelten und somit nicht Maßstab der gerichtlichen Kontrolle sein können.[78]

18 Eine stärkere Bindungswirkung wird **normkonkretisierenden Verwaltungsvorschriften** zugestanden.[79] Normkonkretisierende Verwaltungsvorschriften sind Normen, die in Ausfüllung eines der Verwaltung zugestandenen Beurteilungsspielraums ergehen. Soweit ein Beurteilungsspielraum der Verwaltung besteht, soll eine normkonkretisierende Verwaltungsvorschrift vorliegen, die entsprechend der Lehre vom **Beurteilungsspielraum** gerichtlich nur beschränkt überprüfbar ist. Doch begegnen der Figur der normkonkretisierenden Verwaltungsvorschrift Bedenken:[80] Zum einen ist ihr Anwendungsbereich insbesondere in Abgrenzung zur norminterpretierenden Verwaltungsvorschrift nicht exakt bestimmbar, zum anderen vermag sie die generelle Problematik der Bindungswirkung von Verwaltungsvorschriften nicht zu lösen, sondern schafft durch ihre Verbindung mit der auf den Einzelakt bezogenen Lehre vom Beurteilungsspielraum neue Probleme. Gegenüber einer Qualifikation vertragsärztlicher Normen als normkonkretisierende Verwaltungsvorschriften ist daher Skepsis geboten. Keine normkonkretisierenden Verwaltungsvorschriften sind die Richtlinien des Gemeinsamen Bundesausschusses.[81]

---

[76] BSGE 44, 252 (255 ff.); KassKomm-*Hess,* § 81 SGB V Rdn. 4; a. A. *Ebsen,* in: Schulin (Hrsg.), HS-KV, § 7 Rdn. 75: Zur Sicherstellung des Notdienstes: KassKomm-*Hess,* § 75 SGB V Rdn. 22 ff.; *Krauskopf-Krauskopf,* § 75 SGB V Rdn. 6 ff.

[77] *Ossenbühl,* in: HStR III, § 65 Rdn. 4; *ders.,* in: Erichsen (Hrsg.), Allgemeines Verwaltungsrecht, § 6 Rdn. 31.

[78] Vgl. dazu mit weiteren Nachweisen auf den Streitstand *Axer,* Normsetzung der Exekutive in der Sozialversicherung, S. 181 ff.; siehe auch *von Bogdandy,* Gubernative Rechtsetzung, 2000, S. 449 ff.

[79] Zur normkonkretisierenden Verwaltungsvorschrift statt vieler: *Di Fabio* DVBl. 1992, 1338 ff.; *Erbguth* DVBl. 1989, 473 ff.; *Jachmann,* Die Verwaltung, Bd. 28 (1995), 17 ff.; *Wallerath* NWVBl. 1989, 513 ff. Aus der verwaltungsgerichtlichen Rechtsprechung: BVerwGE 107, 338 (340 ff.) mit weiteren Nachweisen; siehe auch zur Verwaltungsvorschrift jüngst: BVerwGE 121, 103 ff.

[80] Vgl. *Axer,* Normsetzung der Exekutive in der Sozialversicherung, S. 411 ff.

[81] A. A. *Schirmer* MedR 1989, 267 (276). *Di Fabio* NZS 1998, 449 (451 ff.) spricht in Bezug auf die Richtlinien von einer „Normzwischenschicht“.

19 Als Verwaltungsvorschriften sind trotz abweichender Begrifflichkeit **Durchführungsanweisungen, Rundschreiben oder Grundsätze** anzusehen, soweit sie auf der Organisations- und Geschäftsleitungsgewalt einer übergeordneten Instanz beruhen. Keine normative Wirkung besitzen die von den Spitzenverbänden der Krankenkassen erarbeiteten Rundschreiben zur einheitlichen Rechtsauslegung und Verwaltungspraxis, denn es fehlt an der Weisungsbefugnis der Spitzenverbände gegenüber den Krankenkassen. Dagegen kommt Normqualität denjenigen Regelungen der Spitzenverbände zu, die diese auf Grund gesetzlicher Ermächtigung „gemeinsam und einheitlich" treffen.[82] Doch lassen sich die Festbetragsfestsetzungen[83] oder das Hilfsmittelverzeichnis[84] als Beispiel gemeinsamer und einheitlicher Entscheidungen wegen ihres Erlasses auf Grund gesetzlicher Ermächtigung nicht als Verwaltungsvorschriften qualifizieren.

4. Die Richtlinien

20 **a) Richtlinien des Gemeinsamen Bundesausschusses.** Der Gemeinsame Bundesausschuss[85] beschließt auf Grund gesetzlicher Ermächtigung „die zur Sicherung der ärztlichen Versorgung erforderlichen Richtlinien über die Gewähr für eine ausreichende, zweckmäßige und wirtschaftliche Versorgung der Versicherten".[86] Die Richtlinien des Gemeinsamen Bundesausschusses besitzen **Bindungswirkung** für die Krankenkassen und den Vertragsarzt. Die Verbindlichkeit ordnet der Gesetzgeber auf verschlungenen Wegen durch Verweisungen[87] ausdrücklich an. Die Richtlinien sind Bestandteil des Bundesmantelvertrages[88] und zugleich Inhalt der Gesamtverträge, weil der Bundesmantelvertrag kraft Gesetzes Teil der Gesamtverträge ist.[89] Insoweit partizipieren die Richtlinien dann an der gesetzlich angeordneten Bindungswirkung des Gesamtvertrages gegenüber den Krankenkassen und den Ärzten sowie den medizinischen Versorgungszentren.[90] Überdies müssen die Satzungen der Kassenärztlichen Vereinigungen Bestimmungen enthalten, nach denen die auf Bundesebene abzuschließenden Verträge für die Kassenärztlichen Vereinigungen und ihre Mitglieder verbindlich sind,[91] sowie Vorschriften, nach denen die Richtlinien die Kassenärztlichen Vereinigungen und ihre Mitglieder binden.[92]

21 Dieser zum Teil doppelten Verbindlichkeitsanordnung – getreu dem Motto „Doppelt genäht, hält besser" – bedarf es jedoch nicht, um Bindungswirkung zu erreichen, denn die normative Verbindlichkeit der Richtlinien folgt unmittelbar aus der gesetzlichen Ermächtigung zum Richtlinienerlass.[93] Die gesetzliche Ermächtigung enthält den **staatlichen Geltungsbefehl** und bildet den Grund für die Bindungswirkung der Richtlinien. Ebenso wie es bei einer Rechtsverordnung oder einer Satzung keiner ausdrücklichen Anordnung ihrer Verbindlichkeit bedarf – etwa in der Weise, dass eine Rechtsverordnung für die sich im räumlichen Geltungsbereich aufhaltenden Personen oder eine kommunale Satzung für die Einwohner einer Gemeinde Geltung beansprucht –, erfordert die Bindungswirkung einer Richtlinie **keine explizite Verbindlichkeitserklärung.**

---

[82] Dazu *Axer,* Normsetzung der Exekutive in der Sozialversicherung, S. 129 ff.
[83] § 35 SGB V. – Zur Festbetragsfestsetzung vgl. BVerfGE 106, 275 ff.
[84] § 128 SGB V. – Zum Hilfsmittelverzeichnis BSGE 87, 105 ff.; *Zuck* MedR 2003, 335 ff.
[85] § 91 SGB V; zum Gemeinsamen Bundesausschuss oben § 7; zu seinen Vorläufern, insbesondere zum Ausschuss Krankenhaus und zum Koordinierungsausschuss *Axer* VSSR 2002, 215 ff.; zum Bundesausschuss der Ärzte und Krankenkassen *Roters,* Die gebotene Kontrolldichte bei der gerichtlichen Prüfung der Richtlinien des Bundesausschusses der Ärzte und Krankenkassen, S. 41 ff.
[86] § 92 Abs. 1 S. 1 SGB V.
[87] Zur Verweisungstechnik: *Schnapp,* in: FS Krasney, 1997, S. 437 ff.; *ders.,* SGb 1999, 62 (63 ff.).
[88] § 92 Abs. 8 SGB V.
[89] § 82 Abs. 1 S. 2 SGB V.
[90] § 83 S. 1 SGB V – für die Krankenkassen; § 95 Abs. 3 S. 3 SGB V – für den Vertragsarzt.
[91] § 81 Abs. 3 Nr. 1 SGB V.
[92] § 81 Abs. 3 Nr. 2 SGB V.
[93] Vgl. auch *Ebsen,* in: FS Krasney, 1997, S. 81 (89).

22 Die ausdrücklichen Verbindlichkeitsanordnungen lassen sich aus dem ursprünglich privatrechtlichen Charakter vertragsärztlicher Regelungen erklären. Als privatrechtliche Normen verstanden, bedurfte es eines speziellen staatlichen Geltungsbefehls, um die Verbindlichkeit über den Kreis der am Richtlinienerlass unmittelbar Beteiligten bzw. der kraft zivilrechtlicher Vertretungsmacht Gebundenen zu begründen. Die **privatrechtlichen Wurzeln** wirken in Form der gesetzlichen Geltungsanordnungen noch fort, obwohl sich das System der vertragsärztlichen Leistungserbringung von seinen privatrechtlichen Grundlagen gelöst hat und inzwischen **öffentlich-rechtlich** ausgestaltet ist. Als hoheitliche, auf staatlicher Ermächtigung beruhende Normsetzung bedürfen die Richtlinien des Gemeinsamen Bundesausschusses aber keiner speziellen Verbindlichkeitsanordnung mehr, so dass diese nur deklaratorischen Charakter haben.

23 Trotzdem hat der Gesetzgeber nunmehr in § 91 Abs. 9 SGB V eine weitere ausdrückliche gesetzliche Verbindlichkeitsanordnung getroffen. Danach sind die Beschlüsse des Gemeinsamen Bundesausschusses mit Ausnahme der Beschlüsse zu Entscheidungen nach § 137b SGB V und zu Empfehlungen nach § 137f SGB V für die Versicherten, die Krankenkassen und für die an der ambulanten ärztlichen Versorgung teilnehmenden Leistungserbringer und die zugelassenen Krankenhäuser verbindlich. Doch hat diese Verbindlichkeitsanordnung, soweit sie nicht Ausnahmen von der Bindungswirkung vorsieht, nur deklaratorischen Charakter. Bereits im Wortlaut der gesetzlichen Ermächtigung gelangt zum Ausdruck, dass der Inhalt der vertragsärztlichen Versorgung **verbindlich gegenüber den Versicherten** geregelt werden soll: Gemäß § 92 Abs. 1 S. 1 SGB V beschließt der Gemeinsame Bundesausschuss die zur Sicherung der ärztlichen Versorgung erforderlichen Richtlinien über die Gewähr für eine ausreichende, zweckmäßige und wirtschaftliche Versorgung der Versicherten.

24 Nach der Konzeption des SGB V stehen **Leistungserbringungsrecht und Leistungsrecht** auf Grund des Sachleistungsprinzips in einem wechselbezüglichen Verhältnis. Der Leistungsanspruch des Versicherten im Krankheitsfall beschränkt sich grundsätzlich auf Sach- und Dienstleistungen, zu deren Erbringung die Krankenkassen mit den Leistungserbringern Verträge schließen.[94] Das Leistungserbringungsrecht dient somit der Erfüllung des auf Sachleistung gerichteten Leistungsanspruchs. Dem Gemeinsamen Bundesausschuss kommt dabei auf Grund gesetzlicher Ermächtigung die Aufgabe zu, das „Nähere" über die Erbringung der Leistungen zu regeln. Maßstab für die Ausgestaltung des Leistungserbringungsrechts ist insoweit der sich aus dem Dritten Kapitel des SGB V ergebende Leistungsanspruch des Versicherten,[95] denn das Leistungsrecht hat Vorrang gegenüber dem Leistungserbringungsrecht als **„dienendem"** Recht zur Erfüllung des Leistungsanspruchs.[96] Problematisch ist daher die Ansicht des Bundessozialgerichts, das Leistungsrecht gewähre nur ein **„Rahmenrecht"** auf Krankenbehandlung, welches sich erst bei einer entsprechenden Richtlinienregelung durch den Gemeinsamen Bundesausschuss zu einem subjektiv-öffentlichen Recht verdichte.[97]

25 Die Annahme der Verbindlichkeit der Richtlinien entspricht inzwischen[98] – wenn auch mit unterschiedlichen Begründungen – ständiger Rechtsprechung des Bundessozialgerichts.[99] Die Bindungswirkung besteht sowohl gegenüber Versicherten als auch gegenüber

---

[94] § 2 Abs. 2 SGB V.

[95] Vgl. §§ 27ff. SGB V.

[96] A. A. BSGE 81, 54 (60f.); 81, 73 (78f.).

[97] BSGE 73, 271 (280); 78, 70 (85); 81, 54 (60f.); 81, 73 (78f.); 81, 245 (248); BSG MedR 1998, 230 (233). Positive Beurteilung bei *Noftz* VSSR 1997, 393 (430ff.); Kritik dagegen etwa bei *Heberlein* VSSR 1999, 123 (143f.); *Neumann* SGb 1998, 609ff.; *Rolfs,* in: FS 50 Jahre Bundessozialgericht, S. 475 (493ff.); siehe dazu auch *Neumann* NZS 2001, 515ff., sowie unten § 13.

[98] Anders noch die frühere Rechtsprechung: BSGE 35, 10 (14); 38, 35 (37f.); 63, 102 (104f.); 67, 251 (253f.).

[99] BSGE 78, 70 (74ff.); 81, 54 (55ff.); 81, 73 (74ff.); 81, 240 (242); 82, 41 (47f.); BSG, SozR 3–2500

Leistungserbringern, die nicht im Gemeinsamen Bundesausschuss vertreten sind.[100] Die Richtlinien besitzen damit Bindungswirkung gegenüber sogenannten **„Außenseitern“,**[101] etwa den Arzneimittelherstellern, den Heilmittelerbringern oder den Nicht-Vertragsärzten.

26 **b) Richtlinien und Beschlüsse der Kassenärztlichen Bundesvereinigung.** Die Kassenärztliche Bundesvereinigung hat im Interesse einer bundeseinheitlichen Versorgung der Versicherten Richtlinien aufzustellen über die Durchführung der von ihr geschlossenen Verträge (sog. **Vertragsrichtlinien**) sowie über die Betriebs-, Wirtschafts- und Rechnungsführung der Kassenärztlichen Vereinigungen.[102] Ebenfalls ist in Richtlinien zu regeln die überbezirkliche Durchführung der vertragsärztlichen Versorgung und der Zahlungsausgleich hierfür zwischen den Kassenärztlichen Vereinigungen (sog. **Fremdkassenausgleich**).[103] Die jeweiligen Richtlinien besitzen Normqualität.[104] Anstelle von Richtlinien können über die Auslegung von Verträgen Beschlüsse gefasst werden.[105] Diese besitzen normative Qualität entsprechend den Richtlinien, so dass es sich letztlich nur um eine andere Bezeichnung handelt. Entsprechendes gilt für die „Bestimmungen“ über die überbezirkliche Versorgung.[106] Die Richtlinien nach § 75 Abs. 7 SGB V besitzen Bindungswirkung unabhängig von der gesetzlichen Verpflichtung, ihre Verbindlichkeit für die Kassenärztlichen Vereinigungen und deren Mitglieder in den Satzungen der Kassenärztlichen Vereinigungen anzuordnen,[107] allein schon auf Grund der gesetzlichen Ermächtigung zum Erlass.[108]

5. Die Normenverträge

27 Die Beziehungen von Krankenkassen und Ärzten werden in weitem Umfang vertraglich geregelt durch **Bundesmantelverträge,** durch **Gesamtverträge** oder durch **dreiseitige Verträge.**[109] Der Abschluss der Verträge obliegt regelmäßig den Zusammenschlüssen der Krankenkassen und der Ärzte, anders gewendet: den Landes- und Bundesverbänden der Krankenkassen einerseits und den Kassenärztlichen Vereinigungen sowie der Kassenärztlichen Bundesvereinigung andererseits. Die Kollektivverträge sind verbindlich für die Krankenkassen und für die Ärzte. Die **Bindungswirkung** folgt nicht erst aus den im Vertragsarztrecht normierten speziellen gesetzlichen Verbindlichkeits- und Inkorporationsordnungen, sondern entsprechend der Rechtslage bei den Richtlinien bereits aus der gesetzlichen Ermächtigung selbst. Indem der Gesetzgeber die jeweiligen Zusammenschlüsse zur vertraglichen Konkretisierung der Leistungserbringung ermächtigt, gibt er ihnen die Befugnis, verbindlich Normen zu erlassen. Bindungswirkung zeitigen die Ver-

---

§ 92 SGB V Nr. 7; BSG MedR 1998, 230ff.; BSG Breithaupt 2000, 251 (259f.); vgl. auch LSG NRW NZS 2000, 245 (246).

[100] Siehe nur BSGE 82, 41 (48).

[101] Vgl. dazu: BSGE 86, 223 (227ff.); *Plantholz,* Funktionelle Selbstverwaltung des Gesundheitswesens im Spiegel der Verfassung, S. 222ff.; *Zuck* NZS 1999, 167 (170); a.A. noch BSGE 67, 251 (255); LSG NW NZS 2000, 245 (247f.).

[102] § 75 Abs. 7 SGB V.

[103] § 75 Abs. 7 S. 2 SGB V. – Zum Fremdkassenausgleich: *Krauskopf-Krauskopf,* § 75 SGB V Rdn. 23; KassKomm-*Hess* § 75 SGB V Rdn. 44; *Peters-Hencke,* § 75 SGB V Rdn. 37.

[104] *Peters-Hencke,* § 75 Rdn. 35.

[105] § 81 Abs. 3 SGB V spricht von „Verträgen und dazu gefassten Beschlüssen“ (Nr. 1) sowie von „Richtlinien nach § 75 Abs. 7“ (Nr. 2). Zur praktischen Bedeutung der Beschlüsse im Verhältnis zu den Richtlinien *Krauskopf-Krauskopf,* § 75 SGB V Rdn. 22.

[106] § 81 Abs. 3 Nr. 1 SGB V. Zum Normencharakter der Bestimmungen *Liebold/Zalewski,* Kassenarztrecht, § 75 SGB V, C 75–39.

[107] § 81 Abs. 3 Nr. 1 SGB V.

[108] Vgl. *Ebsen,* in: Schulin (Hrsg.), HS-KV, § 7 Rdn. 107.

[109] Zu den Normenverträgen im Einzelnen *Boerner,* Normenverträge im Gesundheitswesen; siehe auch oben § 8.

träge ebenfalls gegenüber den Versicherten, weil sie deren Leistungsanspruch inhaltlich ausgestalten.[110]

6. Die Festsetzungen der Schiedsämter

28 Kommt ein Vertrag nicht oder nur teilweise zustande, sieht das Gesetz die Bestimmung des Vertragsinhalts durch regelmäßig paritätisch besetzte, um unparteiische Mitglieder erweiterte Schiedsämter vor.[111] Die Festsetzungen der Schiedsämter werden – mit Ausnahme des Schiedsspruchs der Landesschiedsstellen nach dem Krankenhausfinanzierungsgesetz[112] – als Verwaltungsakte angesehen.[113] Die Qualifizierung als **Verwaltungsakt** schließt eine Zuordnung zum Kreis exekutiver Normen nicht aus, denn den Festsetzungen der Schiedsämter kommen sowohl die Rechtswirkungen eines Verwaltungsaktes als auch einer vertraglichen Vereinbarung zu. Der Schiedsspruch setzt den Vertragsinhalt nicht nur gegenüber den Vertragsparteien fest, sondern ebenfalls gegenüber am Vertragsschluss nicht beteiligten Personen. Als Bestandteil des Vertrages teilt der Schiedsspruch dessen Rechtsnatur und partizipiert an den vertraglichen Wirkungen.[114] Soweit ein Schiedsspruch den Inhalt einer normativ wirkenden Bestimmung festsetzt, erweist er sich daher gegenüber den Vertragsadressaten als **Norm,** gegenüber den Vertragsparteien dagegen als Verwaltungsakt. Der Schiedsspruch hat damit eine **Doppelnatur:** zum einen ist er Norm, zum anderen Verwaltungsakt.[115]

7. Einheitlicher Bewertungsmaßstab und Honorarverteilungsmaßstab

29 Der vom Bewertungsausschuss[116] als Bestandteil des Bundesmantelvertrages[117] erlassene Einheitliche Bewertungsmaßstab bestimmt den Inhalt der abrechnungsfähigen Leistungen und ihr wertmäßig in Punkten ausgedrücktes Verhältnis zueinander.[118] Als **Leistungsverzeichnis** legt er normativ Umfang und Inhalt der abrechnungsfähigen Leistungen fest und „beeinflusst" den Vergütungsanspruch der Vertragsärzte, indem er die Voraussetzungen für eine leistungsgerechte Verteilung der Gesamtvergütung unter den Vertragsärzten schafft.[119] Das Bundessozialgericht wertet zu Recht die Aufnahme von Leistungspositionen in den einheitlichen Bewertungsmaßstab sowie die erstmalige Festsetzung als Akte der **Normsetzung.**[120] Soweit es sich um Beschlüsse des erweiterten Bewertungsausschusses handelt, kommt diesen vergleichbar den Festsetzungen des Schiedsamtes eine Doppelnatur zu: Ge-

---

[110] Dazu oben § 8 Rdn. 9, 22.

[111] § 89 SGB V.

[112] BVerwGE 94, 301 (303 ff.). Vgl. dazu *Heinze/Wagner,* Die Schiedsstelle des Krankenhausfinanzierungsgesetzes, 1989.

[113] BSGE 20, 73 (75); BSG SGb 2004, 429 (432). – Zu den Schiedsamtsprüchen allgemein: *Düring,* Das Schiedswesen in der gesetzlichen Krankenversicherung, 1992; *Joussen* SGb 2003, 200 ff.; *Schnapp,* in: *ders.,* Probleme der Rechtsquellen im Sozialversicherungsrecht, Teil II, 1999, S. 77 ff.; *ders.,* (Hrsg.), Handbuch des sozialrechtlichen Schiedsverfahrens, 2004; *Schmiedl,* Das Recht des vertrags(zahn)ärztlichen Schiedswesens, 2002; siehe auch oben § 9.

[114] *Engelmann,* in: Hart (Hrsg.), Ärztliche Leitlinien, S. 199 (208).

[115] Vgl. dazu mit weiteren Nachweisen: *Axer,* Normsetzung der Exekutive in der Sozialversicherung, S. 96 ff.; *ders.,* SGb 2004, 436 (437); *Joussen,* SGb 2003, 200 (205); *Schmiedl,* Das Recht des vertrags(zahn)ärztlichen Schiedswesens, 2002, S. 193 ff.

[116] § 87 Abs. 3 SGB V.

[117] § 87 Abs. 1 S. 1 SGB V. – Zum Verhältnis der Normsetzungskompetenzen von Bewertungsausschuss und (Gemeinsamem) Bundesausschuss *Ziermann* VSSR 2003, 175 ff.

[118] Zur Steuerungsfunktion des Einheitlichen Bewertungsmaßstabes BSGE 81, 86 (92 f.); zum Erlasszeitpunkt BSGE 86, 16 (19 ff.); zur Zulässigkeit von Umsetzungsvereinbarungen BSGE 87, 112 ff.

[119] BSGE 78, 91 (105).

[120] BSGE 79, 239 (245); vgl. auch BSGE 78, 191 (196); 81, 86 (89); 84, 247 (251); 89, 259 (263); siehe auch BGH SGb 2002, S. 676 ff., mit Anm. *Kaltenborn* SGb 2002, S. 659 ff.; *Schnapp* LM § 839 Nr. 68; LSG NW NZS 2004, 443.

genüber den an der Normsetzung im Bewertungsausschuss beteiligten Institutionen ergehen sie als Verwaltungsakt, im Verhältnis zu den nicht beteiligten Personen und Institutionen sind sie als Normen zu qualifizieren.[121]

30 Die Verteilung der Gesamtvergütung durch die Kassenärztlichen Vereinigungen erfolgt auf der Grundlage und nach Maßgabe des **Honorarverteilungsmaßstabes.** Dieser wurde bis zum GKV-Modernisierungsgesetz durch die jeweilige Kassenärztliche Vereinigung im Benehmen[122] mit den Verbänden der Krankenkassen erlassen.[123] Nunmehr ist der Honorarverteilungsmaßstab vertraglich zwischen den Landesverbänden der Krankenkassen und den Ersatzkassenverbänden einerseits und der Kassenärztlichen Vereinigung andererseits zu vereinbaren.[124] Damit bezweckt der Gesetzgeber, die Krankenkassen stärker als bisher in die Mitverantwortung für eine leistungsgerechte Honorarverteilung zu nehmen.[125] Für die Honorarverteilung sind Art und Umfang der Leistungen der Vertragsärzte zu Grunde zu legen.[126] Vorzusehen sind ferner Regelungen, die eine übermäßige Ausdehnung der vertragsärztlichen Tätigkeit verhindern.[127] Durch die Festlegung von arztgruppenspezifischen Grenzwerten, bis zu denen die erbrachten Leistungen nach festen Punktwerten vergütet werden (sog. **Regelleistungsvolumina**),[128] soll den Ärzten Kalkulationssicherheit gegeben werden.[129] Zugleich wird aber eine über die Grenzwerte hinausgehende Leistungsausdehnung begrenzt. Überschreitet der Arzt den jeweiligen Grenzwert, hat der Honorarverteilungsmaßstab eine Vergütung nach abgestaffelten Punktwerten vorzusehen.[130] Bestandteil des Honorarverteilungsmaßstabes sind kraft gesetzlicher Anordnung[131] die vom Bewertungsausschuss getroffenen Regelungen über die Kriterien zur Verteilung der Gesamtvergütung.[132]

31 Auf der Grundlage des Honorarverteilungsmaßstabes setzt die Kassenärztliche Vereinigung durch Verwaltungsakt die Höhe der Vergütung des einzelnen Arztes fest.[133] Als **abstrakt-generelle** Regelung bindet der Honorarverteilungsmaßstab die Kassenärztliche Vereinigung und alle an der vertragsärztlichen Versorgung teilnehmenden zugelassenen und ermächtigten Ärzte. Der Honorarverteilungsmaßstab ist als exekutive Norm zu qualifizieren.[134]

8. Der Bedarfsplan

32 Die Kassenärztlichen Vereinigungen haben im Einvernehmen mit den Landesverbänden der Krankenkassen und den Verbänden der Ersatzkassen sowie im Benehmen mit den zuständigen Landesbehörden nach Maßgabe der vom Gemeinsamen Bundesausschuss erlas-

---

[121] BSGE 90, 61 (62 f.).

[122] Zur Bedeutung der Benehmensherstellung BSGE 29, 111 (113); 75, 37 (40 ff.). Zur Zulässigkeit der nachträglichen Herstellung des Benehmens BSG SozR 3–2500 § 85 SGB V Nr. 31.

[123] § 85 Abs. 4 SGB V a. F. Zur Unzulässigkeit einer Regelung, nach der ein Arzt sein vertragsärztliches Leistungsangebot von der kostendeckenden Vergütung einzelner ärztlicher Leistungen abhängig machen darf: BSG Breithaupt 2001, 875 (877 ff.).

[124] § 85 Abs. 4 S. 2 SGB V.

[125] Zu den Gründen für die Einbeziehung: BT-Drucks. 15/1525, S. 101.

[126] § 85 Abs. 4 S. 3 SGB V. – Zum Grundsatz der leistungsproportionalen Verteilung des Honorars BSGE 89, 173 (175).

[127] § 85 Abs. 4 S. 6 SGB V.

[128] § 85 Abs. 4 S. 7 SGB V. – Zu den Änderungen ab dem 1. 1. 2007 vgl. § 85 b SGB V.

[129] BT-Drucks. 15/1525, S. 101.

[130] § 85 Abs. 4 S. 8 SGB V.

[131] § 85 Abs. 4 S. 10 SGB V.

[132] Zu den Einzelheiten der Honorarverteilung unten § 16.

[133] Zur Honorarverteilung durch Verwaltungsakt BSGE 89, 62 ff.; 89, 90 ff.; zu diesen Entscheidungen *Axer* DÖV 2003, 271 ff.; zur Honorarverteilung siehe auch BSG GesR 2005, 307 (308 ff.) mit Anm. *Rixen* ebda., 433 ff.

[134] Zur Normeigenschaft BSGE 43, 247 (248); 46, 140 (144); vgl. auch BSGE 89, 173 (181); BayVerfGH NZS 2004, 264 ff.

senen **Bedarfsplanungsrichtlinien**[135] auf Landesebene einen Bedarfsplan zur Sicherstellung der vertragsärztlichen Versorgung aufzustellen und diesen der jeweiligen Entwicklung anzupassen.[136] Der **Bedarfsplan** umfasst „die Summe der Feststellungen und Beurteilungen der räumlichen Ist- und Sollverteilung der Anbieter von ambulanten ärztlichen Leistungen auf der Basis von zielorientierten, nach definierten individuellen Kriterien ermittelten Feststellungen über das bedarfsgerechte Verhältnis von Angebot und Nachfrage nach diesen Leistungen".[137]

33 Ob dem Bedarfsplan die Eigenschaft einer Rechtsnorm zukommt, ist umstritten. Zumeist wird ihm die Qualität als Rechtsnorm oder als Verwaltungsakt abgesprochen, weil es sich um eine rein verwaltungsinterne Bedarfsanalyse und Versorgungsplanung handele,[138] andererseits gibt es Stimmen, die einen Normcharakter nicht ausschließen.[139] Die Einordnung des Bedarfsplanes bereitet schon deshalb Schwierigkeiten, weil der Gesetzgeber eine eindeutige Zuordnung unterlässt und der Begriff **„Plan"** keine bestimmte Rechtsform bezeichnet.[140] Daher kann eine Zuordnung nur im Hinblick auf den jeweiligen konkreten Plan erfolgen. Vergleiche, wie sie für den Bedarfsplan häufig zum **Krankenhausbedarfsplan**[141] gezogen werden, sind mit Vorsicht zu behandeln, weil neben Gemeinsamkeiten große Unterschiede bestehen. Der Bedarfsplan enthält, ebenso wie der Krankenhausbedarfsplan, eine Bedarfsanalyse, weil er den Bedarf an Ärzten und ärztlich geleiteten Einrichtungen feststellt, der zur Sicherstellung der ärztlichen Versorgung erforderlich ist. Im Unterschied zum Krankenhausbedarfsplan benennt er aber nicht den Kreis der Ärzte und ärztlich geleiteten Einrichtungen, die konkret die ärztliche Versorgung übernehmen sollen. Der Bedarfsplan spricht ferner nicht selbst Zulassungsbeschränkungen bei Über- oder Unterversorgung aus, vielmehr entscheiden darüber die Landesausschüsse.[142]

34 Trotzdem besitzt der Bedarfsplan **normative Wirkung.** Weist der Bedarfsplan einen Bedarf an Vertragsärzten für einen bestimmten Versorgungsbezirk aus und werden dort über einen Zeitraum von mehr als sechs Monaten Vertragsarztsitze nicht besetzt, so hat die Kassenärztliche Vereinigung die Vertragsarztsitze auszuschreiben.[143] Damit zeitigt der Bedarfsplan Bindungswirkung gegenüber den Kassenärztlichen Vereinigungen. Normative Wirkung kommt dem Bedarfsplan ebenfalls für die Feststellung einer Über- oder Unterversorgung zu. Zwar obliegt die Feststellung einer Über- oder Unterversorgung den Landesausschüssen der Ärzte und Krankenkassen, die den Bedarfsplan beraten und im Falle der Nichteinigung zwischen den Kassenärztlichen Vereinigungen, den Landesverbänden der Krankenkassen und den Verbänden der Ersatzkassen beschließen,[144] doch bildet der Bedarfsplan die Grundlage der Entscheidung. Für die Feststellung, ob eine Unter- oder Überversorgung vorliegt, besitzt der Bedarfsplan insoweit Bindungswirkung, als ein Abweichen des Landesausschusses begründet und gerechtfertigt werden muss.[145] Schließlich haben die

---

[135] Zu den Bedarfsplanungsrichtlinien BSGE 82, 41 ff.; 86, 242 ff. Zur Bedarfsplanung allgemein *Ebsen,* in: FS Hoppe, 2000, S. 723 (738 ff.).

[136] § 99 Abs. 1 S. 1 SGB V.

[137] *Schneider,* Handbuch des Kassenarztrechts, 1994, Rdn. 367.

[138] *Peters-Hencke,* Handbuch der Krankenversicherung, § 99 SGB V Rdn. 3; KassKomm-*Hess,* § 99 SGB V Rdn. 7.

[139] Vgl. *Krauskopf-Krauskopf,* § 99 SGB V Rdn. 19: „vertragliche Festsetzungen mit Normcharakter".

[140] Zur Frage, ob eine eigenständige Handlungsform „Plan" existiert: *Maurer,* Allgemeines Verwaltungsrecht, 15. Aufl. 2004, § 16 Rdn. 13 ff.; *Ossenbühl* JuS 1979, 685; *Wolff/Bachof/Stober,* Verwaltungsrecht I, 11. Aufl. 1999, § 56 Rdn. 1 ff.

[141] Zum Krankenhausbedarfsplan: BVerwGE 60, 269 (272 ff.); 62, 86 (95 ff.); BSG, NZS 1997, 276 f.

[142] § 100 SGB V bei Unterversorgung; § 103 SGB V bei Überversorgung.

[143] § 15 Ärzte-ZV.

[144] § 99 Abs. 2, 3 SGB V.

[145] Vgl. *Schneider,* Handbuch des Kassenarztrechts, Rdn. 408: „... wobei allerdings nicht zu verkennen ist, dass die ärztlichen Vereinigungen zwar von den Vorgaben des Bedarfsplans abweichen können, diesen aber bei ihren Entscheidungen zugrunde zu legen haben."

Kassenärztlichen Vereinigungen „entsprechend den Bedarfsplänen" alle geeigneten Maßnahmen zu treffen, um die Sicherstellung der vertragsärztlichen Versorgung zu gewährleisten.[146] Der Bedarfsplan bildet somit die verbindliche Grundlage für die Beurteilung des Versorgungsstandes.[147]

9. Die Leitlinien

35 Leitlinien treffen Aussagen über die angemessene ärztliche Vorgehensweise bei speziellen gesundheitlichen Problemen.[148] Sie sind wissenschaftlich begründete und praxisorientierte **Entscheidungs- und Orientierungshilfen.** Ihr Zweck liegt in der Qualitätssicherung ärztlichen Handelns.[149] Entwickelt werden Leitlinien insbesondere von privaten wissenschaftlichen medizinischen Fachgesellschaften, die in der Arbeitsgemeinschaft der Wissenschaftlichen Medizinischen Fachgesellschaften zusammengeschlossen sind.[150]

36 Als von privaten Verbänden aufgestellten Handlungsempfehlungen kommt ihnen im Vertragsarztrecht[151] **keine Verbindlichkeit** zu. Den jeweiligen Organisationen fehlt es an der gesetzlichen Befugnis, im Recht der gesetzlichen Krankenversicherung Leitlinien als exekutive Normen zu erlassen. Verbindlichkeit können Leitlinien nur erlangen, wenn sie Regelungsinhalt einer exekutiven Norm werden,[152] etwa der Gemeinsame Bundesausschuss ihren Inhalt in Richtlinien umsetzt,[153] oder auf sie im Gesetz oder in einer untergesetzlichen Norm verwiesen wird.[154] Bei einer **Verweisung** auf Leitlinien stellen sich die allgemeinen Fragen einer Bezugnahme auf Regelungen anderer Normsetzer unter dem Gesichtspunkt der Normenklarheit und der Unterwerfung unter fremde (private) Normsetzungsgewalt.[155]

III. Verfassungsrechtliche Anforderungen an das Normsetzungsinstrumentarium

37 Verfassungsrechtliche Bedenken richten sich seit einigen Jahren vor allem gegen die Zulässigkeit der gemeinsamen Normsetzung von Ärzten und Krankenkassen. Im Kreuzfeuer der Kritik steht dabei die Richtlinienkompetenz des nunmehr Gemeinsamen Bundesausschusses.[156] Bezweifelt wird die Zulässigkeit von Normsetzung in Form der Richt-

---

[146] § 105 Abs. 1 SGB V.

[147] Vgl. *Hauck/Haines-Klückmann,* § 99 SGB V Rdn. 10.

[148] Zu den Leitlinien mit weiteren Nachweisen der Sammelband von *Hart* (Hrsg.), Ärztliche Leitlinien. Vgl. auch: *Hart* MedR 1998, 8 ff.; *ders.,* MedR 2001, 1 ff.; *ders.,* VSSR 2002, S. 265 ff.; *Mengel,* Sozialrechtliche Rezeption ärztlicher Leitlinien, 2004; *Ollenschläger/Kirchner/Fiene* Der Internist 2001, 473 ff.; *Wigge* MedR 2000, 574 (578 ff.).

[149] Zur Qualitätssicherung unten § 21.

[150] Dazu *Vosteen,* in: Hart (Hrsg.), Ärztliche Leitlinien, S. 23 ff.

[151] Zur Bedeutung für die zivilrechtliche Haftung: *Hart,* in: *ders.,* (Hrsg.), Ärztliche Leitlinien, S. 137 ff.; *Dressler,* ebd., S. 161 ff.

[152] *Francke,* in: Hart (Hrsg.), Ärztliche Leitlinien, S. 171 (184 ff.); zur möglichen Bedeutung im Prozess als „antizipierte Sachverständigengutachten" *Engelmann,* ebd., S. 199 (217 f.).

[153] Zum Verhältnis von Richtlinien und Leitlinien *Jung,* in: Hart (Hrsg.), Ärztliche Leitlinien, S. 221 (233 ff.).

[154] Allgemein zur Transformation medizinischer Normsetzung *Pitschas,* in: Hart (Hrsg.), Ärztliche Leitlinien, S. 239 ff.; vgl. auch *Francke* SGb 2000, 159 (161 ff.).

[155] Vgl. dazu: *Breuer* AöR 101 (1976), 46 ff.; *Brugger* VerwArch 78 (1987), S. 1 ff.; *Clemens* AöR 111 (1986), 63 ff.; *Schnapp,* in: FS Krasney, S. 438 (443 ff.).

[156] Kritik an der Rechtsprechung und Zweifel an der verfassungsrechtlichen Zulässigkeit der Richtlinienkompetenz des Bundesausschusses insbesondere bei: *Ossenbühl* NZS 1997, 497 ff.; *ders.,* Verfassungsrechtliche Fragen des Regelungsinstrumentariums in der gesetzlichen Krankenversicherung, Rechtsgutachten, 1998, Typoskript, S. 31 ff.; *Schimmelpfeng-Schütte* NZS 1999, 530 ff.; *Wimmer* NZS

linien, weil das Grundgesetz von einem abgeschlossenen, auf Rechtsverordnung, Satzung und Verwaltungsvorschrift **beschränkten Katalog untergesetzlicher Normsetzungsformen** ausgehe und damit eine Normsetzung in anderen Formen verbiete. Zudem fehle es den Zusammenschlüssen von Ärzten und Krankenkassen an der **demokratischen Legitimation** zur Normsetzung. Soweit es sich um wesentliche Fragen der vertragsärztlichen Versorgung handele, obliege die Normsetzungskompetenz vor dem Hintergrund der **Wesentlichkeitstheorie** dem Gesetzgeber, bei unwesentlichen der demokratisch verantwortlichen Exekutive, im Vertragsarztrecht dem Bundesministerium für Gesundheit und Soziale Sicherung. Schließlich erheben sich Bedenken in Bezug auf **Erlassverfahren, fehlende Begründung** und **unzureichende Publikation.**

1. Numerus clausus der Normsetzungsformen?

38 Das Grundgesetz kennt weder einen eigenen Abschnitt über exekutive Normsetzungsformen noch listet es die traditionellen Rechtsquellen „Rechtsverordnung, Satzung, Verwaltungsvorschrift" als Normsetzungsformen systematisch auf. Die Satzung wird – obwohl ihre grundgesetzliche Anerkennung außer Streit steht – textlich erst gar nicht erwähnt; Rechtsverordnung und Verwaltungsvorschrift werden zwar genannt, jedoch nicht im Zusammenhang eines Kapitels „exekutive Normsetzung", sondern im Kontext mit und als Annex zu anderen Regelungen. Die Rechtsverordnung wird am Ende des Abschnitts über das Gesetzgebungsverfahren als Folgeregelung zum Parlamentsgesetz normiert,[157] während die Verwaltungsvorschrift im Zusammenhang mit dem bundesstaatlichen Vollzug von Parlamentsgesetzen Erwähnung findet.[158]

39 Statt eines präzisen Formenkatalogs finden sich im Grundgesetz nur einzelne, verstreute Regelungen über exekutive Rechtsquellen, die **kein geschlossenes System** erkennen lassen. Ein geschlossenes, auf exakter und trennscharfer Begriffsbildung beruhendes grundgesetzliches Rechtsquellensystem wäre aber Voraussetzung für die Annahme eines Typenzwangs. Statt dessen misst die Verfassung den überkommenen Rechtsquellen keine besondere Aufmerksamkeit zu und zeigt sich **formenoffen.** Zu Recht stellt das Bundesverfassungsgericht, dessen frühere Rechtsprechung häufig als Beleg für einen verfassungsrechtlichen Typenzwang dient,[159] in einer Entscheidung aus dem Jahre 1999 zum Erlass von Verwaltungsvorschriften durch die Bundesregierung als Kollegium fest: „Das Grundgesetz stellt der vollziehenden Gewalt weder einen abschließenden Katalog bestimmter Handlungsformen zur Verfügung noch werden ausdrücklich erwähnte Handlungsformen inhaltlich im Einzelnen definiert."[160]

40 Formenoffenheit des Grundgesetzes in Bezug auf exekutive Normsetzung bedeutet allerdings nicht, dass die Verfassung sich dieser gegenüber indifferent verhält, keine Maßstäbe setzt und den Erlass exekutiver Normen in das Belieben des ermächtigenden Gesetzgebers und der Verwaltung stellt. Doch bildet statt der Form der **Geltungsgrund** exekutiver Normen den Ausgangspunkt für die Beurteilung der verfassungsrechtlichen Zulässig-

---

1999, 113 (117ff.); *ders.*, MedR 1997, 225ff.; *ders.*, MedR 1996, 425ff.; *von Zeschwitz*, in: Freundesgabe für Söllner, 1990, S. 645ff.; vgl. auch: *Butzer/Kaltenborn* MedR 2001, 333ff.; *Castendiek* NZS 2001, 71ff.; *Di Fabio* NZS 1998, 449ff.; *Gitter/Köhler-Fleischmann* SGb 1999, 1ff.; *Hänlein*, Rechtsquellen im Sozialversicherungsrecht, S. 453ff.; *Hebeler* DÖV 2002, 936ff.; *Koch* SGb 2001, 109ff., 166ff.; *Krauskopf-Knittel*, § 92 SGB V Rdn. 41f.; *Papier* VSSR 1990, 123 (128ff.).

[157] Art. 80, 82 GG. Daneben finden sich Regelungen über die Rechtsverordnung in Art. 109 Abs. 4 S. 2, 3, 4 GG (Rechtsverordnungsermächtigung im Falle der Störung des gesamtwirtschaftlichen Gleichgewichts) und Art. 129 Abs. 1 GG (Fortgelten vorkonstitutionellen Rechts).

[158] Art. 84 Abs. 2 GG; Art. 85 Abs. 2 S. 1 GG; Art. 86 S. 1 GG; Art. 87b Abs. 2 S. 2 Hs. 2 GG; Art. 108 Abs. 7 GG. Daneben findet sich eine Regelung in Art. 129 GG (Fortgelten vorkonstitutionellen Rechts).

[159] Dazu *Axer*, Normsetzung der Exekutive in der Sozialversicherung, S. 157ff.

[160] BVerfGE 100, 249 (258).

keit exekutiver Normen. Die Begrenzung exekutiver Normsetzung erfolgt nicht über einen Typenzwang und die Beschränkung auf die traditionellen Normsetzungsformen, sondern von den Geltungsgründen her.[161] Das Grundgesetz unterscheidet dabei drei Geltungsgründe: die **Normsetzung kraft verfassungsrechtlichen Gestaltungsspielraums,** die **Normsetzung kraft gesetzlicher Ermächtigung** und die **Normsetzung kraft Organisations- und Geschäftsleitungsgewalt.**

41 In den Geltungsgründen spiegeln sich die traditionellen exekutiven Rechtsquellen wider, ohne dass sich die Geltungsgründe allerdings auf diese beschränken. **Normsetzung kraft gesetzlicher Ermächtigung** kann nicht nur in Form der Rechtsverordnung, sondern ebenso durch Normenvertrag oder durch Richtlinien erfolgen. Dies bedeutet, dass Richtlinien oder Normenverträge nicht schon deshalb verfassungsrechtlich unzulässig sind, weil sie sich nicht in die traditionelle Rechtsquellentypik von Rechtsverordnung, Satzung und Verwaltungsvorschrift einfügen.

42 Untergesetzliche Normsetzung beruht im Vertragsarztrecht – abgesehen von den aus der Organisations- und Geschäftsleitungsgewalt resultierenden Vorschriften – auf gesetzlicher Ermächtigung. Ein **verfassungsrechtlich verbürgter Gestaltungsspielraum** zur autonomen Normsetzung existiert für die Zusammenschlüsse von Ärzten und Krankenkassen nicht, weil es an einer grundgesetzlichen Garantie sozialer Selbstverwaltung vergleichbar der kommunalen fehlt und sich mangels Grundrechtsfähigkeit der Zusammenschlüsse[162] kein Gestaltungsspielraum vergleichbar dem der Universitäten, Rundfunkanstalten oder Kirchen grundrechtlich begründen lässt.[163]

2. Das Demokratieprinzip

43 Das Demokratieprinzip fordert für die Ausübung von Staatsgewalt eine ununterbrochene Legitimationskette vom Volk zu den mit staatlichen Aufgaben betrauten Organen und Amtswaltern.[164] Der von Verfassungs wegen notwendige Zurechnungszusammenhang „zwischen Volk und staatlicher Herrschaft wird vor allem durch die Wahl des Parlaments, durch die von ihm beschlossenen Gesetze als Maßstab der vollziehenden Gewalt, durch den parlamentarischen Einfluss auf die Politik der Regierung sowie durch die grundsätzliche Weisungsgebundenheit der Verwaltung gegenüber der Regierung hergestellt".[165] Die Wege, um einen effektiven Einfluss des Volkes auf die Ausübung der Staatsgewalt zu gewährleisten, sind damit verschieden. „Legitimationsmodi" im Sinne des Art. 20 Abs. 2 S. 1 GG sind die **personelle und die materielle Legitimation.**[166]

44 **a) Personelle Legitimation** verlangt eine ununterbrochene, vom Volk ausgehende Legitimationskette zu dem mit der Wahrnehmung staatlicher Aufgaben betrauten Amtswalter.[167] Dieser besitzt uneingeschränkte personelle Legitimation, „wenn er verfassungsgemäß sein Amt im Wege einer Wahl durch das Volk oder das Parlament oder dadurch erhalten hat, dass er durch einen seinerseits personell legitimierten, unter Verantwortung

---

[161] Dazu und zum Folgenden ausführlich *Axer,* Normsetzung der Exekutive in der Sozialversicherung, S. 225ff.

[162] Zur Grundrechtsunfähigkeit von Krankenkassen BVerfG NZS 2005, 139ff.

[163] Dazu *Axer,* Normsetzung der Exekutive in der Sozialversicherung, S. 238ff.

[164] BVerfGE 47, 253 (272ff.); 83, 60 (71f.); 89, 155 (182); 93, 37 (66f.); 107, 59 (87).

[165] BVerfGE 83, 60 (72).

[166] Zu den Legitimationsformen: BVerfGE 83, 60 (72f.); 93, 37 (66f.); 107, 59 (87ff.); BVerwGE 106, 64 (75); *Böckenförde,* in: HStR II, § 24 Rdn. 14ff.; *Jestaedt,* Demokratieprinzip und Kondominialverwaltung, 1993, S. 265ff.; *Kluth,* Funktionale Selbstverwaltung, 1997, S. 357ff.; *ders.,* in: Schnapp (Hrsg.), Funktionale Selbstverwaltung und Demokratieprinzip – am Beispiel der Sozialversicherung, 2001, S. 17ff.; *Schmidt-Aßmann* AöR 116 (1991), 329 (355ff.), jeweils mit weiteren Nachweisen.

[167] Vgl. nur *Böckenförde,* in: HStR II, § 24 Rdn. 16; kritisch gegenüber dem Erfordernis einer ununterbrochenen Legitimationskette: *Dederer* NVwZ 2000, 403ff.

gegenüber dem Parlament handelnden Amtsträger oder mit dessen Zustimmung bestellt ist."[168] Vermittelt wird personelle Legitimation durch individuelle Bestellungsakte.[169]

45 **Materielle Legitimation** fordert die inhaltliche Rückführbarkeit der Ausübung von Staatsgewalt auf das Volk. Das Grundgesetz sieht zur Vermittlung zwei Wege vor: „Zum einen durch die Verankerung des Gesetzgebungsrechts beim Parlament als dem durch unmittelbaren Wahlakt legitimierten Repräsentationsorgan des Volkes und die Bindung aller anderen staatlichen Organe an die so beschlossenen Gesetze (Art. 20 Abs. 3 GG), zum anderen durch eine sanktionierte demokratische Verantwortlichkeit, einschließlich der dazu gehörigen Kontrolle, für die Art der Wahrnehmung der eingeräumten Aufgaben".[170] Gesetzesbindung auf der einen Seite, demokratische Verantwortlichkeit und Weisungsabhängigkeit auf der anderen Seite sind die Grundformen materieller Legitimation.

46 **b) Das Legitimationsniveau.** Personelle und materielle Legitimation sind auf das gleiche Ziel, die **effektive demokratische Legitimation** staatlichen Handelns, bezogen und insoweit miteinander verbunden.[171] Zwischen beiden Legitimationsformen existiert kein Verhältnis der Über- und Unterordnung. Angesichts des identischen Ziels genießt weder die personelle noch die materielle Vermittlung demokratischer Legitimation Vorrang.[172] Beide Formen stehen in einem **Austauschverhältnis** und können sich gegenseitig substituieren bis hin zur Totalsubstitution.[173] In dem Maße, in dem es an der einen Legitimationsform fehlt, ist eine Kompensation durch die andere möglich: „Aus verfassungsrechtlicher Sicht entscheidend ist nicht die Form der demokratischen Legitimation staatlichen Handelns, sondern deren Effektivität; notwendig ist ein bestimmtes Legitimationsniveau."[174]

47 Maßstab für die Bestimmung des erforderlichen Legitimationsniveaus, d.h. für den erforderlichen Grad und für die notwendige Dichte der Rückführbarkeit staatlicher Entscheidungen, bildet die vom Grundgesetz errichtete **Organisationsstruktur.** Organisationsmodell des Grundgesetzes für die Verwaltung ist die Ministerialverwaltung.[175] Diese stellt das Regelmodell demokratischer Verwaltung dar; sie ist der Prototyp administrativer Organisation, an dem sich Regelniveau und Regelmodus demokratischer Legitimation ablesen lassen. Abweichungen von diesem Regelmodell bedürfen verfassungsrechtlicher Rechtfertigung.

48 Das für Normsetzung kraft gesetzlicher Ermächtigung erforderliche verfassungsrechtliche Legitimationsniveau gibt die Vorschrift des Art. 80 GG über die Rechtsverordnung

---

[168] BVerwGE 106, 64 (75); vgl. auch BVerfGE 83, 60 (73), 107, 59 (87f.).

[169] BVerfGE 47, 253 (273); 77, 1 (40); *Böckenförde,* in: HStR II, § 24 Rdn. 16; *Plantholz* SGb 1997, 549 (552).

[170] *Böckenförde,* in: HStR II, § 24 Rdn. 21.

[171] BVerwGE 106, 64 (74).

[172] Anderer Ansicht: *Emde,* Die demokratische Legitimation der funktionalen Selbstverwaltung, 1991, S. 46; *Kluth,* Funktionale Selbstverwaltung, 1997, S. 358f.; *Oebbecke,* Weisungs- und unterrichtungsfreie Räume in der Verwaltung, 1986, S. 76f., 84; wie hier dagegen etwa: *Jestaedt,* Demokratieprinzip und Kondominialverwaltung, 1993, S. 281ff.; *Plantholz,* Funktionelle Selbstverwaltung des Gesundheitswesens im Spiegel der Verfassung, 1998, S. 93f.

[173] Zur Frage, ob eine vollständige Substitution möglich ist, bejahend: *Jestaedt,* Demokratieprinzip und Kondominialverwaltung, 1993, S. 283f.; *Plantholz,* Funktionale Selbstverwaltung des Gesundheitswesens im Spiegel der Verfassung, 1998, S. 93 mit Fn. 234. Anderer Ansicht: BVerwG NVwZ 1999, 870 (873); *Böckenförde,* in: HStR II, § 24 Rdn. 23. – Das Bundesverfassungsgericht verlangt für den Bereich der funktionalen Selbstverwaltung keine lückenlose personelle Legitimationskette (E 107, 59 (94)).

[174] BVerfGE 83, 60 (72); vgl. auch BVerfGE 93, 37 (67); 107, 59 (87).

[175] Ausführliche Herleitung bei *Jestaedt,* Demokratieprinzip und Kondominialverwaltung, 1993, S. 302ff., 329ff. – Zur Frage, ob es daneben noch ein weiteres Legitimationsmodell in Form autonomer Legitimation durch Selbstverwaltung gibt, und zur praktischen Bedeutung dieser Frage *Plantholz,* Funktionelle Selbstverwaltung des Gesundheitswesens im Spiegel der Verfassung, 1998, S. 105ff., 114ff.

vor. Dort normiert das Grundgesetz explizit die **Erlassvoraussetzungen für die Normsetzung kraft gesetzlicher Ermächtigung** anhand der Rechtsverordnung. Danach sind zum Erlass von Rechtsverordnungen als Erstdelegatare mit Bundesregierung, Bundesminister und Landesregierungen nur Stellen mit hoher personeller demokratischer Legitimation vorgesehen, während im Wege der Subdelegation[176] auch nachgeordnete Bundes- und Landesbehörden, juristische Personen des öffentlichen Rechts und – allerdings umstritten – beliehene „Private“,[177] d.h. Normsetzer mit geringerer personeller Legitimation, in Betracht kommen. Allerdings richtet der Verfassunggeber an die **Subdelegation** strengere Anforderungen als an die Erstdelegation: die Subdelegation bedarf der ausdrücklichen Zulassung durch das ermächtigende Gesetz, eine vorweggenommene Subdelegation ist unzulässig und der Erstdelegatar kann, weil die Subdelegation nicht devolvierend wirkt, die Normsetzungsbefugnis jederzeit wieder an sich ziehen.[178]

49 Soweit Ärzte und Krankenkassen gemeinsam zur Normsetzung berufen sind, ist die personelle Legitimation regelmäßig defizitär. Dies zeigt deutlich das **Beispiel des Gemeinsamen Bundesausschusses.** Schon auf Grund des Bestellungsmodus seiner Mitglieder bereitet die Rückführbarkeit seiner Entscheidungen auf das Volk Schwierigkeiten, unbeschadet der Tatsache, dass ein Teilvolk von Versicherten und Ärzten kein ausreichendes **Legitimationssubjekt** darstellt.[179] „Volk“ im Sinne des Art. 20 Abs. 2 GG meint allein die Gesamtheit der (Staats-)Bürger als offene und in diesem Sinne unbestimmte Allgemeinheit.[180] Bezugspunkt der demokratischen Legitimation des Gemeinsamen Bundesausschusses bildet aber – wenn auf die Wahlen zu den Krankenkassen und zu den Kassenärztlichen Vereinigungen abgestellt wird – nicht eine unbestimmte Allgemeinheit, sondern eine besondere Betroffenengruppe, d.h. ein **Teil- bzw. Verbandsvolk.**

50 Selbst wenn ein nach funktions- und interessenbestimmten Merkmalen abgegrenztes Teilvolk – wie es zum Teil vertreten wird[181] – verfassungsrechtlich als Legitimationssubjekt genügen sollte, setzt dies voraus, dass die vertretende Verwaltungseinheit ausschließlich oder zumindest ganz überwiegend eigene Belange eines **homogen zusammengesetzten, abgrenzbaren Teilvolks** vertritt.[182] Überschreiten dagegen die Aufgaben den Interessenkreis der Betroffenen nach Umfang und Gewicht, fehlt die personell-demokratische Legitimation, denn es handelt sich nicht mehr um die Erledigung eigener Angelegenheiten durch die Betroffenen mittels von diesen demokratisch gewählter Organe.[183]

51 Den Gemeinsamen Bundesausschuss können weder die Versicherten noch die nichtärztlichen Leistungserbringer personell-demokratisch legitimieren.[184] Während dies für die nichtärztlichen **„außenstehenden“ Leistungserbringer** mangels Vertreter im Gemeinsamen Bundesausschuss augenscheinlich ist, fehlt es nicht an Versuchen, personelle Legi-

---

[176] Art. 80 Abs. 1 S. 4 GG.

[177] Zum Kreis der möglichen Subdelegatare: *Axer,* Normsetzung der Exekutive in der Sozialversicherung, S. 170, 296f., 425f. – Gegen eine Einbeziehung der Beliehenen: *Becker,* Kooperative und konsensuale Strukturen in der Normsetzung, 2005, S. 392ff.; *Bonner-Kommentar-Nierhaus,* Art. 80 Abs. 1 Rdn. 259; *Ossenbühl,* in: HStR III, § 64 Rdn. 30.

[178] *Ossenbühl,* in: HStR III, § 64 Rdn. 32.

[179] Vgl. dazu: *Böckenförde,* in: HStR II, § 24 Rdn. 33; *Emde,* Die demokratische Legitimation der funktionellen Selbstverwaltung, 1991, S. 322ff.; *Jestaedt,* Demokratieprinzip und Kondominialverwaltung, 1993, S. 216ff.; *Kluth,* Funktionale Selbstverwaltung, 1997, S. 369ff.; *Schmidt-Aßmann* AöR 116 (1991), 329 (349f.) jeweils mit weiteren Nachweisen auch auf die Gegenansicht.

[180] Statt vieler: BVerfGE 83, 37 (55); BVerwGE 106, 64 (77).

[181] Vgl. BVerwGE 106, 64 (77); BVerwG NVwZ 1999, 870 (874).

[182] BVerwGE 106, 64 (77); BVerwG NVwZ 1999, 870 (874).

[183] So die Kriterien für die Zulässigkeit von Satzungsautonomie in der Facharzt-Entscheidung BVerfGE 33, 125 (157).

[184] Zum Fehlen einer homogenen Betroffenengruppe *Ossenbühl* NZS 1997, 497 (503).

timation durch die Versicherten über die Krankenkassenvertreter zu begründen.[185] Doch steht bereits die grundsätzlich paritätische Zusammensetzung der Krankenkassenorgane auf Grund einer Versicherten- und Arbeitgeberwahl der Annahme einer ausschließlichen Versichertenlegitimation der Krankenkassen entgegen. Überdies bedeutet die Vermittlung demokratischer Legitimation durch die unter demokratischen Auspizien bedenkliche Versichertenwahl – hingewiesen sei nur auf die Problematik der Friedenswahl[186] – mittels einer mehrfach gestuften Wahl- und Bestellungskette „Krankenkasse, Landes- und Bundesverband" eine **„homöopathische Verdünnung"**[187] der demokratischen Legitimation, die die personelle Legitimation gegen Null tendieren lässt.[188] Dadurch, dass die Mitglieder, d.h. noch nicht einmal alle Versicherten, idealtypisch im Rahmen der Sozialversicherungswahlen ihre Vertreter in den Verwaltungsrat der Krankenkasse wählen, dieser einen Vertreter in den Landesverband entsendet, der wiederum Vertreter für den Bundesverband bestimmt, der dann schließlich den bzw. die Vertreter in den Gemeinsamen Bundesausschuss bestellt, wird allenfalls in sehr schwachem Maße personelle Legitimation vermittelt.

52 Auf Grund der defizitären personellen Legitimation genügt die gemeinsame Normsetzung durch Ärzte und Krankenkassen nicht den Anforderungen, die das Grundgesetz in Art. 80 an das demokratische Legitimationsniveau für Normsetzung auf Grund gesetzlicher Ermächtigung stellt. Doch wäre dies unbeachtlich, wenn das Grundgesetz selbst ein Abweichen von diesen Anforderungen akzeptierte und eine Normsetzung durch die Verbände von Ärzten und Krankenkassen zuließe. Dafür bedürfte es eines verfassungsrechtlichen Titels, d.h. einer grundgesetzlichen Rechtfertigung. Diese ergibt sich aus Art. 87 Abs. 2 GG.

53 **c) Art. 87 Abs. 2 GG als Rechtfertigung der Normsetzung.** Gemäß Art. 87 Abs. 2 GG werden als bundesunmittelbare Körperschaften des öffentlichen Rechts diejenigen sozialen Versicherungsträger geführt, deren Zuständigkeitsbereich sich über das Gebiet eines Landes hinaus erstreckt; reicht der Zuständigkeitsbereich nicht über drei Länder hinaus, können soziale Versicherungsträger als landesunmittelbare Körperschaften geführt werden. Erscheint damit die Regelung in Art. 87 Abs. 2 GG als **Kompetenz- und Organisationsnorm,**[189] so beschränkt sich ihr Regelungsgehalt nicht darauf, den bundesstaatlichen Verwaltungsvollzug und die Form der organisatorischen Durchführung festzuschreiben.

54 Der Vorschrift des Art. 87 Abs. 2 GG lässt sich entnehmen, dass Normsetzung durch soziale Versicherungsträger – wobei der Begriff weit zu verstehen ist und sowohl Dachverbände[190] als auch der Gemeinsame Bundesausschuss[191] erfasst werden – unmittelbar auf Grund gesetzlicher Ermächtigung **mit dem Demokratieprinzip vereinbar** ist, anders gewendet: dass die Ausübung von Staatsgewalt durch verselbstständigte Verwaltungseinheiten unmittelbar auf Grund gesetzlicher Ermächtigung in der Sozialversicherung keinen

---

[185] BSGE 78, 70 (81f.); 82, 41 (46f.); *Clemens* NZS 1994, 337 (344f.); *Engelmann* NZS 2000, 1 (7), 76 (81).

[186] Dazu *Muckel,* in: Schnapp (Hrsg.), Funktionale Selbstverwaltung und Demokratieprinzip – am Beispiel der Sozialversicherung, 2001, S. 151ff.; *Schnapp,* in: FS Knut Ipsen, 2000, S. 807ff.; *Wimmer* NZW 2004, 3369ff.

[187] *Schwerdtfeger* SDSRV 34 (1991), 123 (143); siehe auch: *ders.,* SDSRV 38 (1994), 27 (45).

[188] *Wimmer* NZS 1999, 113 (118), weist zudem noch auf die Problematik der unparteiischen Mitglieder hin, die niemanden vertreten.

[189] BVerfGE 63, 1 (35).

[190] Weites Verständnis etwa bei *von Mangoldt/Klein/Starck-Burgi,* Grundgesetz, Kommentar, Bd. 3, 4. Aufl. 2001, Art. 87 Rdn. 70. Vgl. für die Rentenversicherung: *Axer,* Verfassungsrechtliche Fragen einer Organisationsreform in der Rentenversicherung, 2000, S. 16f.; *Ebsen,* in: Schulin (Hrsg.), HS-RV, § 4 Rdn. 16ff.; *Krebs,* Verfassungsrechtliche Zulässigkeit der Organisationsreform der Deutschen Rentenversicherung, 1999, S. 10f.; in diese Richtung ebenso: *Boecken* DRV 1999, 714 (720ff.).

[191] *Axer,* Normsetzung der Exekutive in der Sozialversicherung, S. 276ff.

Verstoß gegen das Demokratieprinzip darstellt. Zwar garantiert die Vorschrift **keine soziale Selbstverwaltung** vergleichbar der kommunalen,[192] jedoch erlaubt sie ein Abweichen von den Anforderungen insbesondere an die personell-demokratische Legitimation, weil der Verfassunggeber in ihr zum Ausdruck bringt, dass Entscheidungen durch soziale Versicherungsträger auf Grund gesetzlicher Ermächtigung dem Grunde nach verfassungsverträglich sind. Art. 87 Abs. 2 GG rechtfertigt eine Normsetzung auf Grund gesetzlicher Ermächtigung unmittelbar durch soziale Versicherungsträger.

55 Die Zulässigkeit einer Normsetzung durch soziale Versicherungsträger folgt schon aus dem Wortlaut des Art. 87 Abs. 2 GG. Selbst wenn das Grundgesetz den Begriff **„Körperschaft des öffentlichen Rechts"** nicht in einem technischen, der juristischen Begriffsbildung entsprechenden Sinne verwendet,[193] gibt die Formulierung zu erkennen, dass eine Durchführung der Sozialversicherung durch verselbstständigte Verwaltungseinheiten, denen typischerweise eigene Entscheidungsbefugnisse zustehen, von Verfassungs wegen unbedenklich ist.[194] Dem entspricht die historische Auslegung. Die Beratungen des Parlamentarischen Rates zu den **sozialen Versicherungsträgern** erfolgten auf der Grundlage eines bereits in der Weimarer Zeit entwickelten Systems selbstständiger Verwaltungseinheiten in der Sozialversicherung, denen die Befugnis zur Normsetzung zukam. Kassenärztliche Vereinigungen schlossen schon in der Weimarer Zeit Normenverträge über die vertragsärztliche Versorgung mit den Verbänden der Krankenkassen,[195] der Reichsausschuss für Ärzte und Krankenkassen besaß Richtlinienbefugnisse,[196] es existierten Schiedsämter sowie Vertragsausschüsse[197] und die Sozialversicherungsträger konnten auf gesetzlicher Grundlage Satzungen und sonstiges autonomes Recht erlassen.[198]

56 An das **sozialversicherungsrechtliche System der Weimarer Zeit** knüpfte der Verfassunggeber an. Im Parlamentarischen Rat erhoben sich gegen den Vollzug der Sozialversicherung durch verselbstständigte Verwaltungseinheiten, die sich aus den am System Beteiligten zusammensetzten, keine Bedenken.[199] Die verfassungsrechtliche Vereinbarkeit des sozialversicherungsrechtlichen Systems der Weimarer Zeit wurde nicht in Zweifel gezogen, sondern es wurde gerade aufbauend auf diesem die Kompetenz- und Organisationsfrage in Art. 87 Abs. 2 GG geregelt.

57 Das **Bundesverfassungsgericht** weist in seinem für Fragen der demokratischen Legitimation der funktionellen Selbstverwaltung grundlegenden **Beschluss zur demokratischen Legitimation von Wasserverbänden**[200] ausdrücklich auf die historische Entwicklung und deren Bedeutung für die verfassungsrechtliche Beurteilung hin. Der Verfassunggeber – so das Gericht unter ausdrücklicher Nennung auch des Art. 87 Abs. 2 GG – hat bei Inkrafttreten des Grundgesetzes vorhandene, historisch gewachsene Organisationsformen zur Kenntnis genommen und durch ihre Erwähnung ihre **grundsätzliche**

---

[192] Vgl. zu dieser Frage *Axer,* Normsetzung der Exekutive in der Sozialversicherung, S. 269ff. – Eine Garantie sozialer Selbstverwaltung aus Art. 87 Abs. 2 GG bejaht etwa *Boecken* MedR 2000, 165 (173f.).

[193] Dazu *Axer,* Normsetzung der Exekutive in der Sozialversicherung, S. 282ff.

[194] Das Bundesverfassungsgericht (E 107, 59 (90)) formuliert allgemein: „In einem Staat, der den Gedanken der Selbstverwaltung bejahe und in seiner Gesetzgebung weitgehend verwirkliche, könne die Wahl der Organisationsform einer Körperschaft nicht als solche verfassungswidrig sein."

[195] *Richter,* Das Kassenarztrecht von 1931/32, 1932, S. 61ff.

[196] *Richter,* in: FS Ehrenberg, 1927, S. 6 (99ff.).

[197] *Richter,* Sozialversicherungsrecht, 1931, S. 226.

[198] Zu den Normsetzungsbefugnissen der Krankenversicherungsträger *Richter,* Sozialversicherungsrecht, 1931, S. 75f., 207.

[199] Vgl. auch *Emde,* Die demokratische Legitimation der funktionalen Selbstverwaltung, 1991, S. 368f., 371ff., 454.

[200] BVerfGE 107, 59ff.; zu dieser Entscheidung *Jestaedt* JuS 2004, 649ff.; *Musil* DÖV 2004, 116ff. – Kritisch gegenüber einer Übertragbarkeit der Entscheidung auf den Gemeinsamen Bundesausschuss *Schnapp,* in: FS 50 Jahre Bundessozialgericht, S. 497 (504ff.).

Vereinbarkeit mit der Verfassung anerkannt.[201] In dem wenige Tage nach der Entscheidung zu den Wasserverbänden ergangenen **Beschluss zur Festsetzung von Festbeträgen** für Arzneimittel und Hilfsmittel[202] durch die Spitzenverbände der Krankenkassen äußert das Bundesverfassungsgericht – anders als der Vorlagebeschluss des Bundessozialgerichts – auch keine Bedenken hinsichtlich der demokratischen Legitimation der Spitzenverbände zur Festsetzung der Festbeträge. Die gesetzlich eingeräumte Befugnis zur Festsetzung verstößt nach Ansicht des Gerichts nicht gegen Art. 20 GG. Selbst wenn es sich bei der Festsetzung nur um eine Allgemeinverfügung und um keinen Akt der Normsetzung handeln sollte, bedarf auch diese als amtliches Handeln mit Entscheidungscharakter der demokratischen Legitimation. Zudem erwähnt das Bundesverfassungsgericht in seinem Beschluss auch die Richtlinien des Bundesausschusses,[203] die Voraussetzung für die Festbetragsfestsetzung durch die Spitzenverbände sind, und äußert in diesem Kontext keine Zweifel an der demokratischen Legitimation des Bundesausschusses beim Richtlinienerlass.

58 Aus der grundgesetzlichen Anknüpfung an die historische Entwicklung der Sozialversicherung, wie sie in Art. 87 Abs. 2 GG, aber auch im Begriff **„Sozialversicherung"** in Art. 74 Abs. 1 Nr. 12 GG zum Ausdruck gelangt, den das Bundesverfassungsgericht in Anlehnung an die „klassische" Sozialversicherung bestimmt,[204] folgt die verfassungsrechtliche Rechtfertigung der Ausübung von Staatsgewalt durch verselbstständigte Verwaltungseinheiten. Voraussetzung dafür ist allerdings, dass Organisation und Durchführung der Sozialversicherung in ihren Strukturen dem Bild der Weimarer Zeit entsprechen.

59 Normsetzung auf Grund gesetzlicher Ermächtigung unmittelbar durch verselbstständigte Verwaltungseinheiten ist daher zulässig, wenn diese strukturell Entsprechung im Sozialversicherungssystem der Weimarer Zeit findet. Dies bedeutet nicht, dass die Organisationsform, die Zusammensetzung und die Befugnisse einzelner Verwaltungseinheiten oder die Bindungswirkung der kraft Gesetzes erlassenen Normen deckungsgleich mit denen der Weimarer Zeit sein müssen und damit jede auch nur geringfügige Änderung des vertragsärztlichen Normsetzungssystems oder eine Übertragung vertragsärztlicher Strukturen auf andere Sozialversicherungszweige ausgeschlossen wäre. Ausreichend ist eine **Vergleichbarkeit im Grundsätzlichen,** denn das Grundgesetz hat mit Art. 87 Abs. 2 GG eine Systementscheidung für die Sozialversicherung in Form verselbstständigter Verwaltungseinheiten getroffen und nicht einen historischen Zustand in allen Einzelheiten und mit all seinen Detailregelungen zementieren wollen, so dass eine **Fort- und Weiterentwicklung des Sozialversicherungssystems** unmöglich wäre. Dementsprechend umfasst der verfassungsrechtliche Sozialversicherungsbegriff nach Ansicht des Bundesverfassungsgerichts[205] nicht nur die traditionelle Sozialversicherung, sondern auch neue Lebenssachverhalte, sofern die neuen Sozialleistungen in ihren wesentlichen Strukturelementen, insbesondere in der organisatorischen Durchführung und hinsichtlich der abzudeckenden Risiken, dem Bild entsprechen, das durch die „klassische" Sozialversicherung geprägt ist. Gefordert ist nicht Identität, sondern Entsprechung in der Struktur.

60 Soziale Versicherungsträger können unmittelbar auf Grund gesetzlicher Ermächtigung Normen erlassen, sofern die Rechtsetzungsbefugnis auf den **Bereich der Sozialversicherung** beschränkt bleibt, eine wie in der Weimarer Zeit übliche staatliche **Rechtsaufsicht** existiert[206] und die gesetzliche Ermächtigung den Anforderungen genügt, die das Grund-

[201] BVerfGE 107, 59 (90).
[202] BVerfGE 106, 275 ff.
[203] BVerfGE 106, 275 (306).
[204] BVerfGE 75, 108 (146).
[205] BVerfGE 75, 108 (146).
[206] Zum Erfordernis einer Aufsicht durch personell demokratisch legitimierte Amtswalter allgemein BVerfGE 107, 59 (94, 97 f.).

gesetz an **Inhalt, Zweck und Ausmaß** einer Rechtsverordnungsermächtigung stellt.[207] Ferner muss die ermächtigte Verwaltungseinheit in Organisation, Zusammensetzung und Funktion strukturell mit **Organisationsformen der Weimarer Zeit vergleichbar** sein, d. h. die Betroffenen repräsentieren und ihren Sachverstand bündeln.[208] Dies schließt es nicht aus, neue Zusammenschlüsse zu bilden, sofern diese sich in das traditionelle Bild sozialversicherungsrechtlicher Organisation einfügen lassen.

3. Die Bestimmtheit der gesetzlichen Ermächtigung

61 Die Anforderungen an die Bestimmtheit gesetzlicher Ermächtigungen zum Normerlass ergeben sich aus der Vorschrift des Art. 80 Abs. 1 S. 2 GG. Danach bedarf der Erlass einer Rechtsverordnung einer nach Inhalt, Zweck und Ausmaß bestimmten gesetzlichen Ermächtigung. Mit dieser auf die Rechtsverordnung als Prototyp der Normsetzung kraft gesetzlicher Ermächtigung bezogenen Vorschrift benennt das Grundgesetz allgemein den **Bestimmtheitsmaßstab** für auf Grund gesetzlicher Ermächtigung erlassene Normen.

62 Den einzelnen Merkmalen der Bestimmtheitstrias in Art. 80 Abs. 1 S. 2 GG kommt bei der Beurteilung der Bestimmtheit gesetzlicher Ermächtigung eigenständige Bedeutung zu:[209] **„Inhalt"** bezieht sich auf den Gegenstand der exekutiven Norm und beantwortet die Frage nach dem „Was"; **„Zweck"** meint die Ziele, die der exekutive Normsetzer zu verfolgen hat, und beantwortet die Frage nach dem „Wozu"; **„Ausmaß"** bezieht sich auf den Umfang der Normsetzungsbefugnis und beantwortet die Frage nach dem „Wieweit".

63 „Inhalt, Zweck und Ausmaß" muss der Gesetzgeber derart festlegen, dass der exekutive Normsetzer den Gegenstand, den Umfang und das Ziel, das er verfolgen soll, erkennen kann und für den Bürger der Inhalt der zu erlassenden Norm voraussehbar ist. Die **Grundstrukturen** der untergesetzlichen Normen müssen sich in einer Weise aus dem Gesetz ergeben, dass „zwischen den normativen Vorgaben und dem vom „Sekundärnormgeber" (weiter) zu konkretisierenden Rahmeninhalt kein derart unbestimmtes Umsetzungsfeld verbleibt, dass der verfassungsrechtliche Zweck der Rechtssicherheit vereitelt werden würde".[210] Inhalt und Ausmaß der Verordnungsbefugnis müssen durch Auslegung der Ermächtigungsnorm bestimmt werden können, während für die Ermittlung des Zwecks auf das Gesetz insgesamt zurückgegriffen werden kann.[211]

64 Umstritten ist, ob neben der Bestimmtheitstrias der Parlamentsvorbehalt zusätzliche Anforderungen an die gesetzliche Ermächtigung stellt. **Parlamentsvorbehalt und Bestimmtheitstrias** setzen beide Maßstäbe für die Regelungsdichte des formellen Gesetzes, das zur exekutiven Normsetzung ermächtigt. Jener begründet für „wesentliche" Gegenstände[212] eine Delegationssperre oder zumindest erhöhte Anforderungen an die Regelungsdichte, diese bindet die Delegation an eine nach Inhalt, Zweck und Ausmaß begrenzte gesetzliche Ermächtigung. Während jener damit eine Ermächtigung der Exekutive zur Regelung wesentlicher Materien verbietet, lässt diese exekutive Normsetzung auch

---

[207] Im Einzelnen dazu *Axer,* Normsetzung der Exekutive in der Sozialversicherung, S. 310ff. – Das Bundesverfassungsgericht (E 107, 59 (94)) verlangt im Hinblick auf Wasserverbände, „dass die Aufgaben und Handlungsbefugnisse der Organe in einem von der Volksvertretung beschlossenen Gesetze ausreichend vorherbestimmt sind ...".

[208] Zum Bundesausschuss *Axer,* in: Schnapp (Hrsg.), Funktionale Selbstverwaltung und Demokratieprinzip – am Beispiel der Sozialversicherung, S. 115ff.: Zur demokratischen Legitimation der vertraglichen Normsetzung im Vertragsarztrecht jüngst: BSG GesR 2005, 307ff., mit Anm. *Rixen* ebda., 433ff.

[209] Dazu *Axer,* Normsetzung der Exekutive in der Sozialversicherung, S. 362ff.

[210] BSGE 67, 256 (266f.).

[211] Vgl. dazu *Axer,* Normsetzung der Exekutive in der Sozialversicherung, S. 376ff.

[212] Vgl. zu der dem Parlamentsvorbehalt zugrundeliegenden Wesentlichkeitstheorie BVerfGE 49, 89 (126f.); 83, 130 (142). Kritik an der Unbestimmtheit des Wesentlichkeitskriteriums etwa bei *Kloepfer* JZ 1984, 685ff.; *Ossenbühl,* in: HStR III, § 62 Rdn. 44ff., jeweils mit weiteren Nachweisen.

zur Regelung wesentlicher Gegenstände zu und verlangt eine nach Inhalt, Zweck und Ausmaß bestimmte Ermächtigung für „Wesentliches" wie „Unwesentliches".

65 Zwei Ansichten stehen sich im Grundsatz gegenüber, um das Verhältnis von Art. 80 Abs. 1 S. 2 GG zum Parlamentsvorbehalt zu bestimmen, ohne dass das Bundesverfassungsgericht bisher eindeutig Stellung bezogen hat.[213] Einerseits wird die **funktionelle Selbstständigkeit** von Bestimmtheitsgebot und Parlamentsvorbehalt vertreten, mit der Folge, dass beide Institute kumulativ Maßstab für die Delegation sind; andererseits werden Bestimmtheitstrias und Parlamentsvorbehalt als **identische Institute** angesehen mit der Folge, dass jene den alleinigen Maßstab bildet, wobei allerdings zum Teil an den Bestimmtheitsgrad bei Wesentlichkeit höhere Anforderungen gestellt werden und damit der Parlamentsvorbehalt auf die Auslegung der Bestimmtheitstrias einwirkt. Da das Grundgesetz in Art. 80 Abs. 1 S. 2 eine spezielle Regelung für die Bestimmtheit der gesetzlichen Ermächtigung bei der Übertragung von Normsetzungskompetenzen trifft, liegt es nahe, auf die spezielle grundgesetzliche Vorschrift anstatt auf den in seiner Herleitung und Begründung sowie in seinem Umfang zweifelhaften allgemeinen Parlamentsvorbehalt[214] zu rekurrieren. Auch wenn der **Parlamentsvorbehalt** für **„Wesentliches"** inzwischen zum staats- und verwaltungsrechtlichen Allgemeingut gehört, besteht angesichts der speziellen grundgesetzlichen Regelung kein Bedürfnis für eine die spezielle Vorschrift überspielende Anwendung des Parlamentsvorbehalts auf die Normsetzung kraft gesetzlicher Ermächtigung.

66 In der Rechtsprechung des Bundessozialgerichts finden sich nur wenige Entscheidungen, in denen untergesetzliche Normen mangels ausreichender gesetzlicher Ermächtigung als unwirksam angesehen werden.[215] Allgemein fordert das Gericht auf der Grundlage der Wesentlichkeitstheorie, dass bei **statusrelevanten Berufsausübungsregelungen** der Gesetzgeber die für die Grundrechtsbeschränkung wesentlichen Entscheidungen selbst trifft.[216] Ermächtigt er im Kontext statusrelevanter Regelungen zum Erlass exekutiver Normen, muss die gesetzliche Vorschrift so gefasst sein, dass sie Umfang und Grenzen des Eingriffs deutlich erkennen lässt. Soweit es sich nicht um statusrelevante Regelungen handelt, kann der Gesetzgeber die maßgeblichen Entscheidungen dem untergesetzlichen Normgeber **in weitem Umfang** überlassen.[217] Wieweit die Befugnis unter dem Gesichtspunkt der Bestimmtheit reichen kann und welcher Maßstab zugrunde zu legen ist, bleibt unklar.[218] In einigen Entscheidungen stellt das Gericht nunmehr auf die Anforderungen der Bestimmtheitstrias ab und verlangt eine nach Inhalt, Zweck und Ausmaß bestimmte Ermächtigung.[219]

4. Erlassverfahren, Begründung, Publikation

67 Die verfassungsrechtlichen Vorgaben im Hinblick auf Erlassverfahren, Begründung und Publikation für die Normsetzung kraft gesetzlicher Ermächtigung im Vertragsarztrecht ergeben sich aus einem Vergleich mit den grundgesetzlichen Anforderungen an Form und Verfahren beim Erlass von Rechtsverordnungen als Prototyp der Normsetzung kraft gesetzlicher Ermächtigung. Dementsprechend ist das **Zitiergebot**[220] zu beach-

---

[213] Überblick bei: *Cremer* AöR 122 (1997), 251 ff.; *von Danwitz,* Die Gestaltungsfreiheit des Verordnungsgebers, 1989, S. 86 ff.; *Nierhaus,* in: FS Stern, 1997, S. 717 (720 ff.); *Staupe,* Parlamentsvorbehalt und Delegationsbefugnis, 1986, S. 142 ff., jeweils mit weiteren Nachweisen.

[214] Vgl. *Axer,* Normsetzung der Exekutive in der Sozialversicherung, S. 348 ff.

[215] Etwa: BSGE 67, 256 (266 ff.); 78, 91 (95 f.).

[216] BSGE 82, 41 (59 f.); vgl. auch: BSG GesR 2005, 307 (310).

[217] BSGE 82, 41 (60).

[218] Vgl. etwa BSGE 86, 16 (20 f.).

[219] BSGE 78, 70 (83 f.); 82, 41 (48 f.); andererseits aber BSGE 86, 16 (20 f.).

[220] Vgl. für die Rechtsverordnung Art. 80 Abs. 1 S. 3 GG. Zum Erlassverfahren untergesetzlicher Normen im Krankenversicherungsrecht *Axer* NZS 2001, 225 (229 ff.); vgl. auch *Wigge* NZS 2001, 578 ff.

ten[221] und die von Ärzten und Krankenkassen erlassenen Normen sind zu publizieren.[222] Die **Publikation** muss von Verfassungs wegen in einer Weise erfolgen, dass die Betroffenen sich verlässlich und ohne unzumutbare Erschwernisse vom Inhalt der jeweiligen Norm Kenntnis verschaffen können.[223] Ausreichend ist – wie für die Richtlinien des Gemeinsamen Bundesausschusses gesetzlich geregelt[224] – beispielsweise eine Veröffentlichung im Bundesanzeiger.[225] **In-Kraft-Treten** kann eine auf Grund gesetzlicher Ermächtigung erlassene Vorschrift erst, wenn das ermächtigende Gesetz in Kraft getreten ist.[226]

68 Für das **Erlassverfahren** gibt das Rechtsstaatsprinzip Mindestanforderungen vor.[227] Dazu gehört, dass das Verfahren sachgerecht in Bezug auf den jeweiligen Regelungsgegenstand durchgeführt wird. Es muss zwecktauglich sein und ferner den von der Norm Betroffenen auch aus Gründen der Grundrechtsrelevanz des Verfahrens **Beteiligungsmöglichkeiten** geben, etwa in Form von Anhörungsrechten.[228] Unter rechtsstaatlichen Gesichtspunkten soll allerdings kein Anspruch darauf bestehen, dass der Bundesausschuss die Befürworter einer neuen Untersuchungs- und Behandlungsmethode in einer mündlichen Verhandlung anhört.[229] Ebenso wird – insoweit zu Recht – ein verfassungsrechtlicher Grundsatz abgelehnt, dass Akte staatlich delegierter Rechtsetzung nur unter Kontrolle der **Öffentlichkeit** gesetzt werden dürfen.[230] Nach Erlass einer Regelung bestehen für den Normsetzer **Beobachtungs- und Reaktionspflichten,** wenn sich herausstellt, dass der Zweck der Regelung ganz oder teilweise nicht erreicht oder verfehlt wurde.[231]

69 Selbst wenn sich eine allgemeine Pflicht, den Erlass untergesetzlicher Normen zu begründen, der Verfassung schwerlich entnehmen lässt,[232] kann im Einzelfall von Verfassungs wegen eine **Begründungspflicht** bestehen, wenn ohne Begründung die rechtliche Kontrolle einer Norm unmöglich ist und damit die Garantie des effektiven Rechtsschutzes (Art. 19 Abs. 4 GG) und das Rechtsstaatsprinzip verletzt werden.[233] Wenn der Gesetzgeber beispielsweise den Gemeinsamen Bundesausschuss verpflichtet, die Stellungnahmen

---

[221] A. A. BSGE 86, 16 (20), für den EBM-Ä.; BSGE 89, 173 (181) für einen Honorarverteilungsmaßstab.

[222] Dazu *Axer,* Normsetzung der Exekutive in der Sozialversicherung, S. 396 ff. – Das Bundesverfassungsgericht (E 106, 275 (307)) weist im Hinblick auf die Festbetragsfestsetzung ausdrücklich auf die Veröffentlichungspflicht hin.

[223] Vgl. BVerfGE 65, 283 (291).

[224] § 94 Abs. 2 SGB V.

[225] Zur Publikation des Einheitlichen Bewertungsmaßstabes: BSGE 81, 86 (90); zur Publizität der Verwaltungstätigkeit Kassenärztlicher Vereinigungen: BSG SozR 3–2500 § 81 SGB V Nr. 4. Allgemein zur Publikation autonomen Rechts in der Sozialversicherung *Leube* NZS 1999, 330 ff.

[226] Vgl. *Ossenbühl,* HStR III, § 64 Rdn. 70; a. A. BSGE 86, 16 (20 f.).

[227] Vgl. dazu allgemein: *Dreier-Schulze-Fielitz,* Grundgesetz, Kommentar, Bd. II, 1998, Art. 20 (Rechtsstaat), Rdn. 190 ff.; *Sachs-Sachs,* Grundgesetz, 3. Aufl. 2003, Art. 20 Rdn. 162 ff.; vgl. auch BVerfGE 106, 275 (308) für die Festbetragsfestsetzung.

[228] Vgl. dazu *Engelmann* NZS 2000, 1, 76 (82 f.) für den Richtlinienerlass; aus der Rechtsprechung BSGE 86, 223 (240 ff.); 87, 105 (106 ff.).

[229] BSG SozR 3–2500 § 13 SGB V Nr. 17.

[230] BSG SozR 3–2500 § 81 SGB V Nr. 3.

[231] BSGE 83, 1 (4 f.) für den Honorarverteilungsmaßstab; vgl. auch BSGE 89, 259 (269 f.).

[232] Zur Frage eines Begründungszwangs: *von Danwitz,* Die Gestaltungsfreiheit des Verordnungsgebers, 1989, S. 136 f.; *Kischel,* Die Begründung, 2003, S. 63 ff., 304 ff.; *Lücke,* Begründungszwang und Verfassung, 1987, S. 11 ff., 37 ff., 63 ff., 214 ff.; *Bonner-Kommentar-Nierhaus,* Art. 80 GG Rdn. 400 ff.; *Ossenbühl,* in: HStR III, § 64 Rdn. 66 ff.; *von Mangoldt/Klein/Starck-Sommermann,* Grundgesetz, Kommentar, Bd. 2, 5. Aufl. 2005, Art. 20 Rdn. 306.

[233] Nach Ansicht des Bundessozialgerichts brauchen Akte der Rechtsetzung grundsätzlich nicht begründet zu werden (E 88, 126 (136 f.); 89, 259 (266)). Sofern allerdings Grundrechtsbeeinträchtigungen von „gewisser Intensität" vorliegen, „muß der Normgeber Annahmen und Wertungen, die ihn zur Schaffung einer Regelung bestimmt haben, spätestens in einem Gerichtsverfahren offenlegen" (E 88, 126 (137); vgl. auch E 89, 259 (266 f.); BSG SozR 4–2500 § 87 SGB V Nr. 1).

bestimmter Verbände der Leistungserbringer beim Richtlinienerlass einzubeziehen,[234] bedarf es einer Begründung durch den Gemeinsamen Bundesausschuss, denn ohne diese wäre gerichtlich nicht kontrollierbar, ob die Stellungnahmen einbezogen wurden.

IV. Rechtsschutz gegen exekutive Normen

70 Das Sozialgerichtsgesetz kennt keine der Vorschrift des § 47 VwGO vergleichbare Regelung, die eine **Normenkontrolle** generell zulässt. Nur vereinzelt existieren gesetzliche Vorschriften, die eine Klage gegen Normen zulassen, etwa zugunsten der Arzneimittelhersteller in Bezug auf die Festbetragsfestsetzung oder die Zusammenstellung von Arzneimitteln durch Richtlinien.[235] Allgemeiner Ansicht entspricht es daher, den Rechtsschutz auf eine **Inzidentprüfung** im Rahmen der Klage gegen einen auf der Grundlage der Norm ergangenen Ausführungsakt zu beschränken. Fehlt ein solcher Ausführungsakt, besteht keine Rechtsschutzmöglichkeit.[236] Doch lässt sich in der Rechtsprechung des Bundessozialgerichts die Tendenz erkennen, eine **Feststellungsklage**[237] zuzulassen, wenn Rechtsschutz ansonsten unmöglich wäre.[238] Die Feststellungsklage mit dem Ziel, die Nichtanwendung oder Nichtanwendbarkeit einer Norm festzustellen,[239] ermöglicht es somit, exekutive Normen auf ihre Wirksamkeit hin gerichtlich überprüfen zu lassen, wenn nur auf diese Weise **effektiver Rechtsschutz** erlangt werden kann und ein berechtigtes Interesse[240] des jeweiligen Klägers an der baldigen Feststellung besteht. So kann beispielsweise mittels Feststellungsklage die Unwirksamkeit einer durch Rechtsverordnung der Landesregierung herbeigeführten Vereinigung von Krankenkassen durch die bisherigen Krankenkassen vor den Sozialgerichten geltend gemacht werden.[241] Zielt dagegen das Klagebegehren auf die Verpflichtung des Normgebers zum Erlass einer Norm mit einem bestimmten Inhalt, so soll eine allgemeine Leistungsklage möglich sein.[242]

71 Verstößt eine Norm gegen höherrangiges Recht,[243] hat dies regelmäßig zur Konsequenz, dass die Norm ab dem Zeitpunkt ihres Inkrafttretens nichtig ist.[244] Dies gilt sowohl für die Kollision untergesetzlicher Rechtsvorschriften mit gesetzlichen Bestimmungen als auch bei Verstoß exekutiver Normen gegen Vorschriften des Grundgesetzes. Bei Verstößen gegen den Gleichbehandlungsgrundsatz (Art. 3 Abs. 1 GG) nimmt das Gericht insofern eine Ausnahme von obigem Grundsatz an, als es nicht die **Nichtigkeit** sondern nur die **Unvereinbarkeit** der Norm mit dem Grundgesetz feststellt und den jeweiligen Normgeber zu einer grundgesetzkonformen Neuregelung verpflichtet.[245] Bei der Neu-

---

[234] Vgl. etwa § 92 Abs. 3a SGB V.

[235] Vgl. § 35 Abs. 7 SGB V – Festbetragsfestsetzung; 92 Abs. 3 SGB V – Arzneimittelzusammenstellung.

[236] Zum Streitstand: *Axer* NZS 1997, 10 (11); *Engelmann* NZS 2000, 1, 76 (83); *Papier,* in: Schnapp (Hrsg.), Probleme der Rechtsquellen im Sozialversicherungsrecht, Teil I, 1998, S. 85 ff.; *Schnapp* NZS 1997, 152 ff.; siehe auch *Sodan* NVwZ 2000, 601 ff.

[237] § 55 Abs. 1 Nr. 1 SGG.

[238] Vgl. *Axer* NZS 1997, 10 (11 ff.); *Engelmann* NZS 2000, 1, 76 (83). Zur Zulässigkeit einer Leistungsklage auf Aufnahme eines Heilmittels in die Heil- und Hilfsmittelrichtlinien BSGE 86, 223 (224 f.).

[239] BSGE 90, 61 (64).

[240] Zu den Anforderungen: BSGE 83, 118 (122 f.); vgl. auch BSGE 78, 91 (92 f.); BSG SozR 3–2500 § 85 SGB V Nr. 32.

[241] BSGE 83, 118 ff.

[242] BSGE 90, 61 (64 f.) unter Hinweis auf BSGE 86, 223 (225).

[243] Zur gerichtlichen Kontrolldichte bei untergesetzlichen Normen grundlegend *Roters,* Die gebotene Kontrolldichte bei der gerichtlichen Prüfung der Richtlinien des Bundesausschusses der Ärzte und Krankenkassen, S. 115 ff.

[244] BSGE 83, 218 (222); vgl. auch: BSG MedR 2000, 51 f.; BSGE 86, 16 (25).

[245] BSGE 83, 218 (222 f.). – Zu weiteren Fällen bloßer Unvereinbarkeit BSG MedR 2000, 51 f.

regelung muss der jeweilige Normgeber die Ungleichbehandlung nicht nur für die Zukunft, sondern auch für die Vergangenheit jedenfalls bezüglich der noch nicht bestandskräftig entschiedenen Fälle beseitigen; bis zur Neuregelung der Rechtslage darf die verfassungswidrige Norm nicht mehr angewandt werden.[246] Das Bundessozialgericht nimmt für sich die Kompetenz in Anspruch, über den konkreten Streit hinaus, weitergehende allgemeine Hinweise zur künftigen rechtlichen Beurteilung einer Norm zu geben, eventuell sogar einen konkreten Termin zu nennen, ab dem von der Unwirksamkeit einer Rechtsnorm auszugehen ist.[247]

---

[246] BSGE 83, 218 (223f.).
[247] BSGE 89, 259 (267ff.); vgl. dazu *Wahl* MedR 2003, 569ff.

§ 11 Der Umfang der vertragsärztlichen Versorgung

Schrifttum: *Eicher,* Kosmetische Eingriffe als GKV-Leistung, DOK 1989, 757 ff.; *Enderlein,* Der Begriff „allgemein anerkannter Stand der medizinischen Erkenntnisse" im SGB V, VSSR 1992, 123 ff.; *Francke,* Richtlinien, Normsetzungsverträge und neue Behandlungsmethoden im Rechtskonkretisierungskonzept des Bundessozialgerichts, SGb 1999, 5 ff.; *Gitter/Köhler-Fleischmann,* Gedanken zur Notwendigkeit und Wirtschaftlichkeit von Leistungen in der gesetzlichen Krankenversicherung und zur Funktion des Bundesausschusses der Ärzte und Krankenkassen, SGb 1999, 1 ff.; *Gunder,* Zahlmeister Krankenkasse – Bindungswirkung ärztlicher Entscheidungen, ErsK 1996, 405 ff.; *Hart,* Ärztliche Leitlinien – Definitionen, Funktionen, rechtliche Bewertungen, MedR 1998, 8 ff.; *Kukla,* Einbindung der stationären Hospizversorgung in das medizinisch-pflegerische Versorgungsangebot, KrV 1997, 357 ff.; *Lübken/Wöhrmann,* Finanzierung von Hospizen, ErsK 1998, 178 ff.; *Meydam,* Die Konkretisierung des Anspruchs auf Krankenhausbehandlung durch Leistungen des Krankenhauses, SGb 1997, 101 ff.; *Neumann,* Der Anspruch auf Krankenbehandlung – ein Rahmenrecht?, SGb 1998, 609 ff.; *Noftz,* Leistungsrecht und Leistungserbringungsrecht nach Inkrafttreten des 2. GKV-Neuordnungsgesetzes, VSSR 1997, 393 ff.; *Ossenbühl,* Richtlinien im Vertragsarztrecht, NZS 1997, 497 ff.; *ders.,* Die Richtlinien im Vertragsarztrecht, in: Schnapp (Hrsg.), Probleme der Rechtsquellen im Sozialversicherungsrecht, Teil I, Band 1, 1998, 65 ff.; *Papier,* Der Wesentlichkeitsgrundsatz – am Beispiel des Gesundheitsreformgesetzes, VSSR 1990, 123 ff.; *Schneider-Danwitz/Glaeske,* Viagra. Der Bundesausschuss der Ärzte und Krankenkassen – ein „kleiner Gesetzgeber"?, MedR 1999, 164 ff.; *Schulin,* Mitgliedschaft, Versicherungsverhältnis und Versicherungsfall nach neuem Krankenversicherungsrecht, KrV 1989, 215 ff.; *Schwerdtfeger,* Die Leistungsansprüche der Versicherten im Rechtskonkretisierungskonzept des SGB V (Teil 2) NZS 1998, 97 ff.; *Steinhilper/Schiller,* Privatärztliche Liquidation – Möglichkeiten und Grenzen bei Leistungen für GKV-Patienten, MedR 1997, 59 ff.; *Töns,* Mitgliedschaft, Versicherungsverhältnis und Versicherungsfall nach neuem Krankenversicherungsrecht, KrV 1990, 32 ff.; *Ulsenheimer,* Qualitätssicherung und risk-management im Spannungsverhältnis zwischen Kostendruck und medizinischen Standard, MedR 1995, 438 ff.; *Wimmer,* Rechtsstaatliche Defizite im vertragsärztlichen Berufsrecht, NJW 1995, 1577 ff.; *ders.,* Anmerkung zu BSG, Urt. v. 20. 3. 1996 – 6 Rka 62/94, MedR 1997, 225 ff.; *Wulffen, von,* Besondere Therapiemethoden in der Rechtsprechung des Bundessozialgerichts, SGb 1996, 250 ff.; *Zipperer,* Wichtige strukturelle Änderungen für Ärzte, Zahnärzte und Versicherte im Gesundheitsstrukturgesetz, NZS 1993, 53 ff.; *Zuck,* Die Behandlungsmethoden, Arznei- und Heilmitteltherapien der (anerkannten) Besonderen Therapierichtungen, NZS 1999, 313 ff.

Übersicht

I. Zusammenhang zwischen Leistungsrecht und Umfang der vertragsärztlichen Versorgung

1. Strukturprinzipien der gesetzlichen Krankenversicherung

1 **a) Sachleistungsprinzip. aa) Grundsatz.** Das Sachleistungsprinzip der gesetzlichen Krankenversicherung, das von fundamentaler Bedeutung[1] ist, besagt, dass die Versicherten[2] die Leistungen als Sach- und Dienstleistungen erhalten **(Verschaffungspflicht der Krankenkasse)** und die Krankenkasse anstelle der Sach- und Dienstleistung Kosten nur erstatten darf, soweit es dieses Buch vorsieht (§§ 2 Abs. 2, 13 Abs. 1 SGB V). Dienstleistungen sind alle Formen persönlicher Betreuung und Hilfe, Sachleistungen das Zurverfügungstellen von Sachen mit Ausnahme von Geld. Das Sachleistungsprinzip dient dem Schutz der Versicherten vor mangelnder ärztlicher Versorgung wegen zu hoher finanzieller Belastung[3] (d.h. eine Vorfinanzierung der Leistungen entfällt), der Steuerung der Leistungserbringung und der Sicherstellung einer wirtschaftlichen und von den Beitragszahlern finanzierbaren ärztlichen Versorgung. Nach § 70 SGB V ist das Ziel der Sicherstellung eine bedarfsgerechte und gleichmäßige, dem allgemein anerkannten Stand der medizinischen Erkenntnisse entsprechende Versorgung der Versicherten. Im Zusammenwirken zwischen Leistungsrecht (§§ 11ff. SGB V) und Leistungserbringungsrecht (§§ 69ff. SGB V) ist die Bedeutung des Sachleistungsprinzips zu erkennen;[4] denn das Sachleistungsprinzip setzt ein funktionierendes System der Leistungserbringung voraus, das eine effektive Qualitäts- und Wirtschaftlichkeitsgarantie zulässt.[5] Der Gesetzgeber hat in den jüngsten Reformen des Rechts der gesetzlichen Krankenversicherung (GRG, GSG, GMG) die Förderung der Wirtschaftlichkeit der ärztlichen Versorgung angestrebt. Der Sachleistungsgrundsatz gibt ihm die Möglichkeit, hierauf Einfluss zu nehmen.

2 **bb) Kostenerstattung.** Als Ausnahme vom Sachleistungsgrundsatz ist Kostenerstattung[6] nur in den gesetzlich normierten Fällen zulässig (§ 13 Abs. 1 SGB V). Die Klage eines Arztes auf Zulassung eines Versicherten auf Kostenerstattung ist unzulässig.[7] Beschaffen die Versicherten, wenn sie nur Anspruch auf Sachleistungen haben, sich die Leistungen selbst, d.h. außerhalb der vom Sachleistungssystem vorgesehenen Wege und Verfahren, dürfen die Krankenkassen die dabei entstehenden Kosten in der Regel nicht erstatten.[8] Denn das Leistungssystem der gesetzlichen Krankenversicherung kann seine Aufgabe nur erfüllen, wenn die Personen und Einrichtungen, deren Hilfe sich die Krankenkassen bei der Leistungserbringung bedienen, von den Versicherten auch in Anspruch genommen werden. Die gesetzlich normierten Fälle der Kostenerstattung sind in den besonderen leistungsrechtlichen Vorschriften geregelt (§ 14 (Teilkostenerstattung für Angestellte bzw. Beamten der Krankenkassen und ihrer Verbände), § 18 (Kostenübernahme bei Behandlung im Ausland), § 37 Abs. 4 (häusliche Krankenpflege), § 38 Abs. 4 SGB V (Haushaltshilfe)). Auch bei Modellvorhaben kommt Kostenerstattung in Betracht (§§ 63, 64 SGB V). Nach der Neufassung des § 13 Abs. 2 SGB V durch das GMG können Versicherte anstelle der Sach- oder Dienstleistungen Kostenerstattung wählen. Sie sind vor der Wahl durch ihre Krankenkasse zu beraten. Die Versicherten sind an die Wahl mindestens ein Jahr gebunden. Sie

---

[1] BSG SozR 3–5555 § 12 Nr. 3; BSG ZfS 2001, 178; BSGE 69, 70.
[2] Zu den Patientenrechten vgl. *Schneider,* MedR 2000, 497.
[3] BSG SozR 2200 § 182 Nr. 74.
[4] BSGE 55, 158; BSGE 69, 170.
[5] BSG SozR 2200 § 184 Nr. 4; BSGE 55, 158.
[6] Allgemeine zum Verhältnis zwischen Kostenerstattung und Sachleistung vgl. *Wasem,* MedR 2000, 472.
[7] BSG NZS 2000, 103.
[8] BSGE 69, 170.

haben die Möglichkeit, die Wahl auf den Bereich der ambulanten Behandlung zu beschränken; in diesem Fall bleibt es bei der stationären Behandlung bei dem Sachleistungsgrundsatz. Die Option der Kostenerstattung erstreckt sich auf alle ambulanten Leistungen, eine Beschränkung auf bestimmte Leistungen ist nicht möglich. Nicht im 4. Kapitel des SGB V genannte Leistungserbringer, z.B. nicht zugelassene Ärzte oder Krankenhäuser oder andere Einrichtungen, dürfen nach vorheriger Zustimmung der Krankenkassen in Anspruch genommen werden; sie kann erteilt werden, wenn medizinische oder soziale Gründe eine Inanspruchnahme dieser Leistungserbringer rechtfertigen und eine zumindest gleichwertige Versorgung gewährleistet ist. Die Inanspruchnahme von Leistungserbringern im Wege der Kostenerstattung, die auf ihre Zulassung verzichtet haben (§ 95 Abs. 3 Satz 1 SGB V), ist nicht möglich. Der Anspruch auf Erstattung besteht höchstens in Höhe der Vergütung der Sachleistung; die Krankenkassen haben in der Satzung das Verfahren der Kostenerstattung zu regeln und hierbei ausreichende Abschläge für Verwaltungskosten und fehlende Wirtschaftlichkeitsprüfungen sowie vorgesehene Zuzahlungen in Abzug zu bringen.

3 Meist im Zusammenhang mit der **Inanspruchnahme nicht zugelassener Leistungserbringer** bzw. bei Erbringung von Leistungen neuer Untersuchungs- bzw. Behandlungsmethoden oder nach der **Außenseitermedizin** ist der allgemeine Kostenerstattungsanspruch des § 13 Abs. 3 SGB V von Bedeutung. Er setzt entweder voraus, dass eine Krankenkasse eine unaufschiebbare Leistung nicht rechtzeitig erbringen konnte oder eine Leistung zu Unrecht abgelehnt hat und dadurch Versicherten für die selbstbeschaffte Leistung Kosten entstanden sind.[9] Die Krankenkasse hat die Kosten in der entstandenen Höhe zu erstatten, soweit die Leistung notwendig war. Unaufschiebbare Leistungen sind krankenversicherungsrechtliche Notfälle (§ 76 Abs. 1 Satz 2 SGB V) und andere dringliche Bedarfslagen wie Systemstörungen und Versorgungslücken.[10] Ein Systemversagen kann vorliegen, wenn ärztliche Leistungserbringer ihre Informationspflichten nicht oder unzureichend erfüllen, so dass Versicherte in schutzwürdigem Vertrauen eine vom Leistungserbringer veranlasste Leistung außerhalb der gesetzlichen Krankenversicherung als Kassenleistung in Anspruch nehmen.[11] Eine Systemstörung ist jedoch nicht gegeben, wenn sich aus dem Versicherungsverhältnis selbst Leistungsschranken ergeben.[12] Im Falle einer unaufschiebbaren Leistung werden Kosten nur erstattet, wenn es dem Versicherten nicht möglich oder nicht zuzumuten war, sich vor der Leistungsbeschaffung mit der Kasse in Verbindung zu setzen.[13]

4 Die ständige Rechtsprechung des BSG[14] hat zu der zweiten Alternative des § 13 Abs. 3 SGB V gleichfalls entschieden, dass Kosten für eine selbstbeschaffte Leistung, soweit sie nicht unaufschiebbar war, nicht zu erstatten sind, wenn der Versicherte sich die Leistung besorgt, ohne zuvor mit seiner Krankenkasse Kontakt aufzunehmen und deren Entscheidung abzuwarten. Denn den Krankenkassen muss zur Vermeidung von Missbräuchen vorab die Prüfung ermöglicht werden, ob die beanspruchte Behandlung im Rahmen der vertragsärztlichen Versorgung bereitgestellt werden kann und, falls dies nicht möglich ist, ob sie zum Leistungsumfang der gesetzlichen Krankenversicherung gehört, insbesondere den Anforderungen der Geeignetheit, Zweckmäßigkeit und Wirtschaftlichkeit der Leistungserbringung genügt (§§ 12, 70 SGB V).

---

[9] Die fehlende generelle Qualifikation eines Therapeuten zur Ausübung der Heilkunde steht einem Kostenerstattungsanspruch entgegen [Für BSG vom 10. 2. 2004 – B 1 UR 10/03/B BSGE 53, 144], ebenso selbstbeschaffte Leistungen, die nach ihrer Art nicht als Sachleistungen zu erbringen sind (z.B. wegen § 135 Abs. 1 SGB V), BSGE 86, 54.

[10] BSGE 34, 172; BSGE 53, 144.

[11] BSG vom 23. 10. 1996 4 RK 2/96; BSG SozR 3–2500 § 39 Nr. 5.

[12] *KassKomm-Höfler* § 13 SGB V, Rdn. 8.

[13] BSG SGb 2001, 672; BSG Breithaupt 2004, 182.

[14] BSG SozR 3–2200 § 182 RVO Nr. 15; BSG SozR 3–2500 § 12 Nr. 4; BSG SozR 3–2500 § 33 Nr. 15.

Auch ein **Herstellungsanspruch** kann zur Kostenerstattung führen, wenn die Krankenkasse gegenüber dem Versicherten ihre Betreuungspflicht verletzt. Sie muss, insbesondere bei entsprechender Anfrage eines Versicherten, die in Betracht kommenden Therapeuten benennen oder die Möglichkeiten zur Inanspruchnahme der gesetzlichen Leistungen aufzeigen.[15]

5 **cc) Privatärztliche Liquidation.** Bei der aus der Berufsausübungsfreiheit (Art. 12 GG) resultierenden Möglichkeit eines Vertragsarztes, auch bei Versicherten der gesetzlichen Krankenkassen privatärztlich zu behandeln, sind die Grenzen dieser Art ärztlichen Handelns von Bedeutung; denn mit der Zulassung wird der Vertragsarzt nicht nur berechtigt, sondern auch verpflichtet, an der vertragsärztlichen Versorgung teilzunehmen und den Versorgungsauftrag zu erfüllen (§§ 95 Abs. 3, 72 SGB V). Wenn ein Versicherter der gesetzlichen Krankenkassen vor Behandlungsbeginn die Krankenversichertenkarte (§ 291 SGB V) oder einen Krankenschein vorlegt,[16] hat er einen Anspruch auf eine quantitativ und qualitativ ausreichende, zweckmäßige und medizinisch notwendige vertragsärztliche Behandlung nach dem aktuellen Stand der allgemein anerkannten medizinischen Erkenntnisse (§§ 2 Abs. 1, 12, 28 SGB V), ohne dass der Vertragsarzt schon deswegen ein Wahlrecht zu einer privatärztlichen Behandlung hat. Erst wenn der Versicherte freiwillig (d.h. ohne Drängen oder Irreführung durch den Vertragsarzt über Art und Umfang der Kassenleistungen) und ausdrücklich vor Behandlungsbeginn eine privatärztliche Therapie wünscht, kommt eine Liquidation nach der GOÄ in Betracht. Eine privatärztliche Abrechnung ist gleichfalls zulässig, wenn die Krankenversichertenkarte nicht vorgelegt worden ist bzw. ein gültiger Behandlungsausweis nicht vorliegt und nicht innerhalb einer Frist von 10 Tagen nach der ersten Inanspruchnahme nachgereicht wird (§§ 18 Abs. 8 BMV-Ä,[17] 21 Abs. 8 EKV-Ä).[18]

6 Vor Abschluss eines privaten, schriftlichen Behandlungsvertrages hat der Vertragsarzt unter dem Gesichtspunkt des SGB V folgendes zu beachten: Er muss vor Behandlungsbeginn den gesetzlich Versicherten darauf hinweisen, welche Leistungen die gesetzliche Krankenversicherung bei der konkreten Behandlung vorsieht, die der Versicherte beanspruchen kann und dass er in der Regel keine Kostenerstattung für diese Leistungen erhält.[19] Bei einer aus mehreren selbstständig abrechenbaren Teilen bestehenden Therapie kann ein Teil als vertragsärztliche und der andere Teil als privatärztliche Leistung erbracht werden.[20]

7 Der Vertragsarzt darf wegen des Versorgungsauftrags die Sicherstellung der vertragsärztlichen Versorgung nicht gefährden, d.h. er muss die wesentlichen, in sein Fachgebiet fallenden Leistungen als Kassenleistungen vorhalten. Er kann aber andere, unrentable Leistungen einstellen (z.B. ambulante Operationen).[21] Finanzielle Aspekte (z.B. Honorierung) berechtigen einen Vertragsarzt nicht, einem Versicherten gesetzlich vorgesehene Leistungen nur außerhalb des vertragsähnlichen Versorgungssystems zukommen zu lassen oder gänzlich zu verweigern.[22] Aus dem Versorgungsauftrag ergibt sich die Verpflichtung, den Versicherten an einen anderen Arzt zu überweisen, der die Leistung zu Lasten der gesetzlichen Krankenkassen erbringt. Aber auch bei der Abrechnung nach der GOÄ[23] unterliegt

---

[15] BSG SozR 2200 § 182 Nr. 80; BSGE 65, 56; BSG SozR 2200 § 182 Nr. 57; *Gagel,* SGb 2000, 517.

[16] In dringenden Fällen kann die Krankenversichertenkarte oder der Krankenschein oder Berechtigungsschein nachgereicht werden (§ 15 Abs. 5 SGB V).

[17] I.d.F. vom 19. 12. 1994 (DÄBl. 1995 Heft 9 S. 455).

[18] I.d.F. vom 7. 6. 1994 (DÄBl. 1994 Heft 28/29 S. 1465.

[19] Zu den Ausnahmen siehe oben lit. bb).

[20] Z.B. die Behandlung wird zu Lasten der gesetzlichen Krankenversicherung abgerechnet, die Arzneimittel werden durch Privatrezept verordnet (vgl. BSGE 34, 248).

[21] *Steinhilper/Schiller* MedR 1997, 59.

[22] BSG ZfS 2001, 178.

[23] Zu den Wirksamkeitsvoraussetzungen einer Honorarvereinbarung vgl. BGH MedR 2001, 258.

der Vertragsarzt den Restriktionen des § 2 GOÄ (abweichende Vereinbarungen).[24] Der Vertragsarzt hat den Versicherten vor den finanziellen Nachteilen zu warnen und auf die Kosten einer privatärztlichen Behandlung hinzuweisen.[25] Die Rechtsfolgen einer unzulässigen Privatliquidation sind Disziplinarmaßnahmen (Verwarnung, Verweis, Geldbuße, Ruhen der Zulassung oder der vertragsärztlichen Beteiligung bis zu zwei Jahren, § 81 Abs. 5 SGB V) und im Wiederholungsfall oder bei gravierenden Verstößen ein Ausschluss von der vertragsärztlichen Versorgung.[26] Unabhängig davon ist der Vertragsarzt zur Rückzahlung des Privathonorars verpflichtet (§§ 18 Abs. 9 BMV-Ä, 21 Abs. 9 EKV-Ä).

8 **b) Wirtschaftlichkeitsgebot.** Das Wirtschaftlichkeitsgebot des § 12 Abs. 1 SGB V, das inhaltlich mit dem für die Leistungserbringung geltenden § 70 Abs. 1 SGB V übereinstimmt, ist eine Grundsatznorm des SGB V, die den Inhalt und Umfang der Leistungen der gesetzlichen Krankenversicherung bestimmt und sich daher auf die einzelnen Leistungsnormen auswirkt. Es reguliert das Spannungsverhältnis zwischen den zwei Grundkräften der Krankenversicherung: Dies sind einerseits die auf die Gesundheit ausgerichtete Individualmedizin, die zusammen mit dem medizinisch-technischen Fortschritt und den ökonomischen Interessen der Leistungserbringer zu einem nahezu unbegrenzten Mittelbedarf führt und andererseits die finanziellen Interessen der Beitragszahler und der Volkswirtschaft. Das Wirtschaftlichkeitsgebot hat daher eine doppelte Funktion; es soll einen qualitativ ausreichenden Leistungsstandard sichern und die Leistungen der Krankenkassen auf das Notwendige beschränken.[27] Das Wirtschaftlichkeitsgebot betrifft zunächst die Leistung als solche und dann die Anwendung der Leistung im konkreten Behandlungsfall. Dies bedeutet, dass die Verwendung einer dem Wirtschaftlichkeitsgebot im Allgemeinen genügenden Therapie im konkreten Behandlungsfall unwirtschaftlich sein kann, weil andere, gleichermaßen wirksame, aber kostengünstigere Behandlungsmöglichkeiten zur Verfügung stehen. Das Wirtschaftlichkeitsgebot steht, da das SGB V Versorgungsrecht und gleichzeitig Qualitäts- und Wirtschaftlichkeitsrecht ist,[28] mit seinen **Teilgeboten der ausreichenden, zweckmäßigen und notwendigen Versorgung** jeweils in engem Zusammenhang mit § 2 Abs. 1 Satz 3 SGB V, wonach Qualität und Wirksamkeit der Leistungen dem allgemein anerkannten Stand der medizinischen Erkenntnisse zu entsprechen und den medizinischen Fortschritt zu berücksichtigen haben. Betrifft das Wirtschaftlichkeitsgebot die Leistung als solche, wird es durch die Richtlinien der Bundesausschüsse (§§ 92ff. SGB V), die Rahmenempfehlungen über (ambulante und stationäre) Vorsorge- und Rehabilitationsleistungen (§ 111b SGB V) und über die Krankenhausbehandlung (§ 112 Abs. 5 SGB V) sowie die Richtlinien zu Verfahren und Maßnahmen der Qualitätssicherung im ambulanten (§§ 135ff. SGB V) und stationären (§§ 137ff. SGB V) Bereich konkretisiert. Die Richtlinien gemäß §§ 92ff. SGB V gelten auf Grund von Strukturunterschieden nur im ambulanten Bereich.[29] Weitere Konkretisierungen enthalten die Bundesmantel- und Gesamtverträge selbst. Das Wirtschaftlichkeitsgebot gliedert sich in die Teilgebote der ausreichenden, zweckmäßigen und wirtschaftlichen Versorgung, die das **Maß des Notwendigen** nicht überschreiten darf. Diese Teilgebote stehen in einem inneren Zusammenhang. Sie werden vorrangig geprägt durch ärztliche Leistungsstandards, deren Verletzung zu haftungsrechtlichen und strafrechtlichen Konsequenzen führt.[30]

---

[24] *Steinhilper/Schiller* MedR 1997, 59.

[25] BGH NJW 1983, 2630; *Schiller/Steinhilper,* MedR 2001, 29; *Roos,* NZS 1997, 465; *Schirmer,* MedR 1997, 431; *Füllgraf,* NJW 1984, 2619.

[26] BSG SozR 3–2500 § 15 Nr. 3 (Nichteignung für die Teilnahme am Delegationsverfahren).

[27] *KassKomm-Höfler* § 12 SGB V, Rdn. 2 m. w. N.

[28] *Hart* MedR 1998, 8.

[29] *Hart* MedR 1998, 8: Im stationären Bereich gelten die Leitlinien insbesondere der Fachgesellschaften, denen sozialrechtlich die Funktion einer Hilfe bei der Feststellung des anerkannten Standes der medizinischen Erkenntnisse unter Berücksichtigung des medizinischen Fortschritts zukommt.

[30] BayLSG Urteil vom 19. 4. 2001 L 4 KR 63/99.

2. Korrespondierende Normen

9 **a) Normaufbau. aa) Leistungsrecht.** §§ 11–66 SGB V enthalten das Leistungsrecht, d.h. die Ansprüche der Versicherten gegen ihre Krankenkasse, das die Grundlage des Gegenstands der vertragsärztlichen Versorgung bildet (§ 73 SGB V). Kernstück des Leistungsrechts sind die Leistungen zur Verhütung und Früherkennung von Krankheiten (§§ 20ff., 25ff. SGB V), die Leistungen bei Krankheit (§ 27ff. SGB V), wie z.B. die Krankenbehandlung, das Krankengeld sowie Fahrkosten und Härtefälle. Die Krankenbehandlung untergliedert sich in die ärztliche/zahnärztliche Behandlung einschließlich der Versorgung mit Zahnersatz, die Versorgung mit Arznei-, Verband-, Heil- und Hilfsmitteln, häusliche Krankenpflege und Haushaltshilfe, Krankenhausbehandlung, medizinische Leistungen zur Rehabilitation sowie Belastungserprobung und Arbeitstherapie. Außerdem enthalten andere Gesetze bestimmte Teile des Leistungsrechts wie §§ 195–200 RVO die Leistungen bei Schwangerschaft und Mutterschaft und §§ 8ff. KVLG 1989 Besonderheiten des Leistungsrechts der landwirtschaftlichen Krankenversicherung. Die Änderungen des Rechts der gesetzlichen Krankenversicherungen durch das GKV-Modernisierungsgesetz (GMG) vom 14. 11. 2003,[31] das am 1. 1. 2004 in Kraft getreten ist, sind auch für den Vertragsarzt bedeutsam, da sie nicht nur die eigenen, sondern auch die verordneten und veranlassten Leistungen und somit den Umfang der gesamten vertragsärztlichen Versorgung betreffen, d.h. die Änderungen des Leistungsrechts,[32] neuen Gestaltungsmöglichkeiten der Selbstverwaltung[33] und die Änderungen der Versorgungs- und Vergütungsformen[34] beeinflussen den Umfang der vertragsärztlichen Versorgung. Das Entbindungsgeld und die Leistungen bei Sterilisation, die nicht aus medizinischen Gründen geboten ist, sind aus dem Leistungskatalog gestrichen worden; die Kosten müssen vom Versicherten künftig selbst getragen werden. Der Anspruch auf Sehhilfen wird auf Kinder und Jugendliche bis zur Vollendung des 18. Lebensjahres und schwer sehbeeinträchtigte Versicherte begrenzt (§ 33 Abs. 1 SGB V); der Bundesausschuss hat hierfür am 1. 12. 2003 den Indikationsrahmen beschlossen. Maßnahmen der künstlichen Befruchtung (§ 27a SGB V) werden grundsätzlich nur noch für drei Therapieversuche bezuschusst und es gelten Altersgrenzen (Anspruch erst ab Vollendung des 25. Lebensjahres, kein Anspruch für Frauen, die das 40. Lebensalter und für Männer, die das 50. Lebensalter vollendet haben). Außerdem müssen die Versicherten einen Eigenanteil von 50 v.H. tragen. Nicht verschreibungspflichtige Arzneimittel (z.B. Kopfschmerzmittel, Hustensaft) und Arzneimittel zur Erhöhung der Lebensqualität (z.B. Potenzsteigerung, Appetithemmer, Nikotinentwöhnung) können nicht mehr zu Lasten der gesetzlichen Krankenkassen verordnet werden (§ 34 Abs. 1 SGB V); Ausnahmen gelten für Kinder unter 12 Jahren, Jugendliche mit Entwicklungsstörungen und Schwerkranke sowie nach Maßgabe der Arzneimittel-Richtlinien (AMR). Fahrkosten für Taxi- und Mietwagenfahrten werden in der ambulanten Versorgung grundsätzlich nicht mehr vergütet (§ 60 Abs. 1 SGB V); Ausnahmen gelten nur noch nach vorheriger Genehmigung durch die Krankenkassen in besonderen Ausnahmefällen, die vom Bundesausschuss der Ärzte und Krankenkassen bestimmt werden. Mittelbar sind die Vertragsärzte auch durch höhere Zuzahlungen der Versicherten betroffen (§ 61 SGB V), die grundsätzlich 10 v.H. des Abgabepreises (der Leistung) betragen, mindestens jedoch 5 EUR und höchstens 10 EUR; allerdings nicht mehr als die Kosten des Mittels. Abweichend hiervon werden als Zuzahlungen zu stationären Maßnahmen (Krankenhausaufenthalt, stationäre Vorsorge- und Rehabilitationsleistungen) je Kalendertag 10 EUR für maximal 28 Tage pro Jahr erhoben, bei Heilmitteln und häuslicher Krankenpflege beträgt die Zuzahlung 10 v.H. der Kosten sowie 10 EUR je Verordnung. Bei ärztlicher, zahnärztlicher oder psy-

---

[31] BGBl. I 2003 S. 2190.

[32] *Chavet,* KrV 2003, 329.

[33] *Chavet,* a.a.O.

[34] *Metzinger,* KrV 2003, 334.

chotherapeutischer Versorgung beträgt die Zuzahlung 10 EUR je Quartal; bei einer Behandlung auf Überweisung entfällt die Zuzahlung zB bei (§ 28 Abs. 4 SGB V.), ebenso Verhütung von Zahnerkrankungen (§ 22 SGB V), Gesundheitsuntersuchungen (§ 25 SGB V) und Schutzimpfungen (§ 23 Abs. 9 SGB V). Die neuen Zuzahlungsregelungen greifen generell bei der Abgabe von Arznei-, Heil- und Hilfsmitteln bzw. bei der Inanspruchnahme von Leistungen nach dem 31. 12. 2003 ein. Auf den Tag der Verordnung oder Feststellung der Notwendigkeit der Leistungen kommt es nicht an. Der Leistungserbringer hat die Zuzahlung einzubehalten und mit seinem Vergütungsanspruch zu verrechnen. Zu dem **leistungsberechtigten Personenkreis** gehören neben den Versicherten die nicht Versicherungspflichtigen im Sinne des § 264 SGB V; dies sind u. a. Arbeits- und Erwerbslose, die nicht gesetzlich gegen Krankheit versichert sind, andere Hilfeempfänger sowie die vom BMGS bezeichneten Personenkreise. Der zuständige Sozialhilfeträger erstattet der Krankenkasse die Aufwendungen zuzüglich einer Verwaltungskostenpauschale; er kann bei Anhaltspunkten für die Annahme einer unwirtschaftlichen Leistungserbringung von der Krankenkasse eine entsprechende Überprüfung verlangen.

10 Den krankenversicherungsrechtlichen Tatbeständen ist als allgemeine Leistungsvoraussetzung das Bestehen eines Versicherungsverhältnisses, d. h. die (mitgliedschaftliche) Zugehörigkeit des Versicherten zu einer Krankenkasse,[35] und eines Versicherungsfalls gemeinsam. Versicherungsfall ist das Ereignis, das bei seinem Eintritt spezifische Gefährdungen und Nachteile für den Versicherten mit sich bringt, gegen die die Versicherung Schutz bieten soll.[36] Auslösender Umstand für die Krankenbehandlung (§ 27 SGB V) sind der **Versicherungsfall Krankheit,**[37] nach Maßgabe des § 11 Abs. 2 SGB V und der entsprechenden Anspruchsnormen auch die Behinderung und die Pflegebedürftigkeit. Krankheit, der wichtigste Versicherungsfall des SGB V, ist, abweichend vom medizinischen Verständnis, ein regelwidriger körperlicher oder geistiger Zustand, der entweder Behandlungsbedürftigkeit oder Arbeitsunfähigkeit oder beides zur Folge hat.[38] Für die Feststellung der Regelwidrigkeit ist vom Leitbild des gesunden Menschen auszugehen, der zur Ausübung der normalen körperlichen und psychischen Funktionen in der Lage ist.[39] Nur eine erhebliche Abweichung von diesem Maßstab begründet eine Regelwidrigkeit.[40, 41] Auf natürliche Entwicklung beruhende Schwächezustände oder Beschwerden stellen daher keine Krankheit dar, es sei denn, sie überschreiten das übliche Maß.

11 Ein hinreichend konkreter Krankheitsverdacht weist dagegen auf einen regelwidrigen Körper- oder Gesundheitszustand hin, so dass er Anlass für Diagnoseleistungen sein kann.[42] Behandlungsbedürftigkeit besteht, wenn durch den regelwidrigen Gesundheitszustand die körperlichen oder geistigen Funktionen derart eingeschränkt sind, dass ihre Wiederherstellung der ärztlichen Hilfe bedarf.[43] Die Behandlungsbedürftigkeit, die Behandlungsfähigkeit einschließt, ist anhand der Behandlungsziele zu prüfen; dies sind das Erkennen zum Zweck der Therapie, das Heilen des regelwidrigen körperlichen oder geistigen Zustandes, wobei hier konkrete Maßnahmen zur Besserung genügen, die Verhütung einer Verschlimmerung, Linderung von Beschwerden (§ 27 Abs. 1 Satz 1 SGB V). Die bloß auf allgemeine Erwägungen gestützte hypothetische Möglichkeit eines Heilerfolges

---

[35] BSGE 45, 11; abweichend BSGE 49, 163, *Schulin* KrV 1989, 215, *Töns* KrV 1990, 32, die die Mitgliedschaft als Grundlage des Versicherungsverhältnisses annehmen.

[36] BSGE 32, 270; *KassKomm-Höfler* § 27, Rdn. 7.

[37] BSGE 85, 36; BSGE 90, 289, 290.

[38] BSGE 16, 177; BSGE 19, 179; *KassKomm-Höfler* § 27, Rdn. 9 m. w. N.; *Jörg,* Diss. Hamburg, 1999, S. 37 ff. m. w. N.

[39] Eine erektile Dysfunktion kann eine behandlungsbedürftige Krankheit i. S. d. gesetzlichen Krankenversicherung sein, vgl. BSGE 85, 36.

[40] BSGE 39, 167; BSGE 59, 119; *Jörg,* a. a. O.

[41] Bloße kosmetische Defizite sind keine Krankheit.

[42] BSGE 51, 115.

[43] BSGE 30, 151; BSGE 35, 10; BSGE 48, 258.

führt nicht zu einer Leistungspflicht der Krankenkasse.[44] Nach der Rechtsprechung gehört zu dem letztgenannten Behandlungsziel ebenso die Lebensverlängerung für eine begrenzte Zeit.[45] Gemäß § 11 Abs. 2 SGB V stellen bei medizinischen und ergänzenden Leistungen zur Rehabilitation die Vorbeugung, Beseitigung, Besserung einer drohenden Behinderung oder Pflegebedürftigkeit bzw. die Verhütung ihrer Verschlimmerung gleichfalls Ziele der Krankenbehandlung dar. Die Krankenbehandlung muss die Krankheit gezielt mit den spezifischen ärztlichen Mitteln bekämpfen; allgemeine gesundheitserhaltende Maßnahmen, die der privaten Lebensgestaltung zuzurechnen sind, lösen eine Leistungspflicht der Krankenkassen nicht aus. § 27 Abs. 1 Satz 3, 4 SGB V stellen klar, dass zur Krankenbehandlung außerdem Leistungen für psychisch Kranke und Leistungen bei Zeugungs- und Empfängnisunfähigkeit zählen. Die Krankenkassen sind allerdings nicht verpflichtet, zur Behebung psychischer Störungen die Kosten für einen im Normbereich liegenden Körperzustand oder einen kosmetischen Eingriff zu tragen[46] bzw. die Kosten für einen Amalgamaustausch bei unklaren gesundheitlichen Beschwerden zu übernehmen.[47]

12 Der Leistungsanspruch des Versicherten steht lediglich unter dem Vorbehalt der Notwendigkeit i. S. d. § 27 Abs. 1 SGB V und dem Wirtschaftlichkeitsgrundsatz (§ 12 Abs. 1 SGB V) als übergreifende Norm.[48]

13 **bb) Leistungserbringungsrecht.** § 73 Abs. 2 SGB V regelt entsprechend dem Leistungsrecht den Umfang der vertragsärztlichen Versorgung und gliedert das Tätigkeitsfeld des Vertragsarztes in die ärztliche Behandlung, die zahnärztliche Behandlung einschließlich der Versorgung mit Zahnersatz, die kieferorthopädische Behandlung nach Maßgabe des § 28 Abs. 2 SGB V, Maßnahmen zur Früherkennung von Krankheiten, ärztliche Betreuung bei Schwangerschaft und Mutterschaft, Verordnung von medizinischen Leistungen der Rehabilitation, Belastungserprobung und Arbeitstherapie, Anordnung von Hilfeleistung anderer Personen, Verordnung von Arznei-, Verband-, Heil- und Hilfsmitteln, Krankentransporten sowie Krankenhausbehandlung oder Behandlung in Vorsorge- und Rehabilitationseinrichtungen, Verordnung häuslicher Krankenpflege, Ausstellung von Bescheinigungen und Erstellung von Berichten, die die Krankenkassen oder der Medizinische Dienst zur Durchführung ihrer gesetzlichen Aufgaben oder die Versicherten für den Anspruch auf Fortzahlung des Arbeitsentgelts benötigen, ärztliche Maßnahmen zur Herbeiführung einer Schwangerschaft nach § 27 a Abs. 1 SGB V und ärztliche Maßnahmen nach den §§ 24 a, 24 b SGB V (Empfängnisverhütung, Schwangerschaftsabbruch und Sterilisation).

14 **cc) Rangverhältnis.** Durch die ausdrückliche Bezugnahme des § 73 Abs. 2 SGB V auf Vorschriften des Leistungsrechts hat der Gesetzgeber den Vorrang des Leistungsrechts – auch bei Außenseitermethoden[49] – gegenüber dem Leistungserbringerrecht angedeutet.[50] Er ergibt sich ferner aus dem Normzweck und funktionalen Zusammenhang beider Rechtsgebiete, da das Hauptziel der vertragsärztlichen Versorgung die Realisierung des Sachleistungsanspruch[51] der Versicherten ist (§§ 2 Abs. 2, 72 Abs. 1 SGB V) sowie daraus, dass das Leistungsrecht Parlamentsgesetz ist, während das Leistungserbringungsrecht als Normkomplex der gemeinsamen Selbstverwaltung überwiegend auf untergesetzlichem

---

[44] BSGE 85, 56.

[45] BSGE 47, 83; zur rechtlichen Situation von Koma-Patienten, *Ankermann,* MedR 1999, 387 m. w. Nachw.

[46] BSGE 72, 96 (Distraktionsepiphyseolyse).

[47] BSGE 85, 56.

[48] Zum Behandlungsanspruch vgl. außerdem *Ebsen,* Der Behandlungsanspruch des Versicherten in der gesetzlichen Krankenversicherung und das Leistungserbringungsrecht, Festschrift für Otto Krasney, 1997, 81 ff.

[49] *Von Wulffen* SGb 1996, 250.

[50] So richtet z. B. der Umfang der vertragszahnärztlichen Versorgung sich ausdrücklich nach „Maßgabe" des § 28 Abs. 2 SGB V (vgl. § 73 Abs. 2 Nr. 2 SGB V).

[51] Ausfluss des Sachleistungsprinzips ist die Notwendigkeit zur Gestaltung eines Vertragssystems mit den Leistungserbringern, *Maaßen* ua, vor § 275 SGB V, Rdn. 10.

Recht beruht.[52] Nach Gitter ergeben sich die Leistungsansprüche des Versicherten aus §§ 11–66 SGB V, ohne dass diese Vorschriften unter dem Vorbehalt des Leistungserbringungsrechts stehen.[53]

Das BSG hat mit den Urteilen vom 16. 12. 1993 und 20. 3. 1996[54] im Hinblick auf § 2 Abs. 2 SGB V eine Dominanz des Leistungsrechts gegenüber dem Recht der Leistungserbringung abgelehnt. Die jüngste Rechtsprechung des BSG[55] nimmt unter Abkehr von der bis dahin ständigen höchstrichterlichen Rechtsprechung[56] einen Vorrang[57] des Leistungserbringungsrechts gegenüber dem Leistungsrecht an, d. h. Inhalt und Umfang des Behandlungsanspruchs bestimmen sich nach Maßgabe der Vorschriften des Leistungserbringungsrechts, z. B. der Richtlinien der Bundesausschüsse der Ärzte und Krankenkassen.[58]

15 **b) Normdichte. aa) Rahmenrechte.** Die neuere Rechtsprechung des BSG hat in mehreren Entscheidungen[59] den **Anspruch auf Krankenbehandlung** als subjektiv-öffentlich-rechtliches Rahmenrecht postuliert. Danach enthalten §§ 27 ff. SGB V und die damit im Zusammenhang stehenden Vorgaben des anerkannten Standes der medizinischen Erkenntnisse und des medizinischen Fortschritts sowie des Wirtschaftlichkeitsgebots (§§ 2 Abs. 1 Satz 3, 12 SGB V) nur Teilelemente einer Krankenbehandlung; sie sind subjektiv-rechtlich bewehrte, final orientierte Zweckprogramme.[60]

16 Die Konkretisierung und Erfüllung des Rechts auf Krankenbehandlung ist grundsätzlich der vertragsärztlichen Versorgung übertragen (§§ 72, 73, 75, 92 SGB V) bzw. bei der stationären Versorgung dem Krankenhausarzt. Die Bundesausschüsse der Ärzte und Krankenkassen sind dazu bestellt, durch Richtlinien zur Sicherung der vertragsärztlichen Versorgung abstrakt-generelle Maßstäbe zur Beurteilung dessen aufzustellen, was im Einzelfall zweckmäßig, erforderlich und wirtschaftlich ist, und fortzuschreiben bzw. zu korrigieren. Innerhalb dieser Grenzen hat der Vertragsarzt die Kompetenz, das Recht des Versicherten zu konkretisieren. Mit der konkreten Behandlung bzw. Verordnungen durch den Vertragsarzt schlägt das Rahmenrecht des Versicherten in einen Anspruch auf eben diese Behandlung oder dieses Arznei-, Heil- oder Hilfsmittel um. Das **Rahmenrecht verdichtet sich** zum Anspruch auf Behandlung, wenn nur eine dem Stand der medizinischen Erkenntnisse entsprechende Methode eine reale Chance zur Erreichung des Behandlungsziels bietet; im Übrigen markiert es die äußeren Grenzen für die Leistungsverpflichtungen des Krankenversicherungsträgers.[61] Dies hat Auswirkungen auf das Recht der Leistungserbringung, insbesondere auf die Konkretisierung des Behandlungsanspruchs durch die Vertragsärzte und auf die rechtliche Bewertung der **Richtlinien des Bundesausschusses der Ärzte und Krankenkassen.**[62]

---

[52] *Neumann* SGb 1998, 609 ff.

[53] *Gitter* SGb 1999, 1 ff.; vgl. im Übrigen: *Ossenbühl* NZS 1997, 497; *Wimmer* NJW 1995, 1577; *ders.*, MedR 1997, 225; *Papier* VSSR 1990, 123; *Schulin*, HS-KV, § 106, Rdn. 105; *ders.* SGb 1984, 585.

[54] SozR 3–2500 § 12 SGB V Nr. 4 (Heil- und Hilfsmittelrichtlinien); BSGE 78, 70 = MedR 1997, 123 (Methadon).

[55] BSGE 73, 271; BSG SozR 3–2500 § 92 Nr. 6 (Methadon); BSG vom 16. 9. 1997 BSGE 81, 54 (immunbiologische Therapie); BSG vom 16. 9. 1997 1 RK 32/95 (immuno-augmentative Therapie); BSGE 86, 54 = NZS 2001, 259 (autologe Tumorvakzine).

[56] BSGE 63, 102; BSGE 64, 255; BSGE 76, 24; BSG SozR 3–2500 § 13 Nr. 2; BSG SozR 3–2200 § 182 Nr. 13.

[57] Zustimmend *Schlenker* NZS 1998, 411.

[58] Zur Kritik vgl. *Francke* SGb 1999, 5, der auf den Vorrang des Gesetzes hinweist.

[59] BSGE 73, 271 = SozR 3–2500 § 13 Nr. 4; BSG SozR 3–2500 § 13 Nr. 13; BSG SozR 3–2500 § 39 Nr. 3; BSG SozR 3–2500 § 39 Nr. 4; BSG SozR 3–2500 § 92 Nr. 6; BSG vom 16. 9. 1997 BSGE 81, 54 = SozR 3–2500 § 135 Nr. 4; BSG vom 16. 9. 1997 BSGE 81, 73 = SozR 3–2500 § 92 Nr. 7.

[60] Zur Kritik: *Francke* SGb 1999, 5.

[61] BSG SozR 3–2500 § 92 Nr. 6; BSG SozR 3–2500 § 27 Nr. 5; BSGE 73, 271.

[62] Zur Literatur: *Neumann* SGb 1998, 609; *Noftz* VSSR 1997, 393; *Meydam* SGb 1997, 101; *Schulin* SGb 1994, 579; *Gundlach* ErsK 1996, 405.

17 **aaa) Bedeutung im Leistungsrecht.** Die frühere Rechtsprechung des BSG (vgl. Übersicht von *Großbölting/Schnieder,* MedR 1999, 405) stellte diese Richtlinien in etwa auf die Stufe von Verwaltungsvorschriften, d.h. sie erzeugten eine Selbstbindung der Krankenkassen, konnten jedoch den gesetzlichen Behandlungsanspruch des Versicherten nicht einschränken.[63] Sie legte den Richtlinien wegen des medizinischen Sachverstandes der Bundesausschüsse und deren ausgewogenen Entscheidungen eine Vorrangstellung gegenüber ärztlichen Gutachten im sozialgerichtlichen Prozess bei, mit der Folge einer Verschärfung der Beweislast, der Einschränkung der richterlichen Nachprüfung (Kontrolldichte) und der Harmonisierung von Leistungsrecht und Leistungserbringungsrecht.[64] Trat eine Kollision zwischen Leistungsrecht und Leistungserbringungsrecht ein, z.B. bei einer Behandlung nach Außenseitermethoden, kam für den Versicherten ein Kostenerstattungsanspruch in Frage. Mit der Begründung des Behandlungsanspruchs als Rahmenrecht wurde der Anspruch des Versicherten (§ 27 Abs. 1 Abs. 1 Satz 1 SGB V) umgestaltet zu einer offenen Wertungsnorm,[65] die durch die vertragsärztliche Behandlung konkretisiert wird. Trotzdem hielt die Rechtsprechung an der Stellung der Richtlinien als Verwaltungsbinnenrecht fest, das den gesetzlichen Behandlungsanspruch des Versicherten nicht einschränken konnte.

18 **bbb) Bedeutung im Leistungserbringungsrecht.** Die Rechtsprechung des BSG hat mit den Urteilen vom 16. 9. 1997[66] und 3. 12. 1997[67] den Vorrang des Leistungserbringungsrechts vor dem Leistungsrecht mit der Begründung eingeführt, § 135 SGB V (Qualitätssicherung der vertrags(zahn)ärztlichen Versorgung) lasse die Kostenerstattung als Ausnahme zur Sachleistung für eine Behandlung nach Außenseitermethoden nur noch bei einem Versagen des gesetzlichen Leistungssystems zu. Ein derartiger Systemmangel liege vor, wenn das Anerkennungsverfahren durch die Bundesausschüsse der Ärzte und Krankenkassen trotz Erfüllung der formalen und inhaltlichen Voraussetzungen nicht oder nicht rechtzeitig durchgeführt werde. Der Inhalt und Umfang des Sachleistungsanspruchs wird geprägt durch die Richtlinien der Bundesausschüsse und Krankenkassen, die dem Leistungserbringungsrecht angehören. Da ein Anspruch auf Kostenerstattung durch den Inhalt und Umfang des Sachleistungsanspruchs bestimmt wird, hat diese Rechtsprechung auch Auswirkungen auf das gesamte System der Krankenbehandlung.

19 Nach Neumann folgt daraus,[68] dass zum einen der Vertragsarzt hoheitlich tätig und zu einem staatlich gebundenen Beruf wird, ohne dass eine Beleihung – wie erforderlich[69] – durch Gesetz oder auf Grund einer gesetzlichen Ermächtigung erfolgt. Diese Folgerung hat im Übrigen auch für die Krankenhäuser zu gelten, die gleichfalls die Krankenbehandlung (hier bei der Krankenhausbehandlung, § 39 SGB V) konkretisieren. Dies kollidiert mit der Selbstständigkeitsgarantie der freigemeinnützigen und kirchlichen Träger der Krankenhäuser (vgl. § 17 Abs. 3 Satz 2 SGB I); das BVerfG hat hierzu festgestellt, dass die Tätigkeit als beliehener Träger mit dieser Selbständigkeit unvereinbar ist.[70] Zum anderen wird der Rechtsschutz des Versicherten verkürzt, d.h. er wird mangels eines sozialgerichtlichen Normenkontrollverfahrens auf einen Kostenerstattungsanspruch (§ 13 Abs. 3 SGB V) verwiesen und die Gerichte der Sozialgerichtsbarkeit sind weitgehend dem Normsetzungsermessen der Bundesausschüsse ausgeliefert.

---

[63] BSGE 35, 10; BSGE 52, 70; BSGE 63, 102; BSGE 67, 251; BSGE 73, 66.

[64] BSGE 38, 35; BSGE 52, 70; BSGE 52, 134; BSGE 63, 102; BSGE 73, 66; BSGE 76, 194; vgl. *Neumann* a.a.O.

[65] *Neumann* a.a.O.

[66] BSGE 81, 54 = SozR 3–2500 § 135 Nr. 4; BSGE 81, 73 = SozR 3–2500 § 92 Nr. 7.

[67] USK 97149.

[68] A.a.O.; ebenso *Francke* SGb 1999, 5 und *Schwerdtfeger* NZS 1998, 97.

[69] BVerfGE 40, 237 (250f.).

[70] BVerfGE 22, 180 (203f.).

bb) Untergesetzliche Rechtsnormen (Verträge, Satzungen, Richtlinien). Der Ausgestaltung des gesetzlichen Leistungsanspruchs des Versicherten dienen nach der Rechtsprechung des BSG die Regelungen des Vertragsarztrechts (§§ 69ff. SGB V). Damit sollen der Gesetz- und Verordnungsgeber entlastet und die Krankenkassen und ärztlichen Leistungserbringer in eine legislatorische Verantwortung genommen werden.[71] § 72 Abs. 2 SGB V begründet den Sicherstellungsauftrag der Ärzte und Krankenkassen und gestaltet ihn inhaltlich folgendermaßen aus: Die vertragsärztliche Versorgung ist im Rahmen der gesetzlichen Vorschriften und der Richtlinien der Bundesausschüsse der Ärzte und Krankenkassen so zu regeln, dass eine ausreichende, zweckmäßige und wirtschaftliche Versorgung der Versicherten unter Berücksichtigung des allgemein anerkannten Standes der medizinischen Erkenntnisse gewährleistet ist und die ärztlichen Leistungen angemessen vergütet werden. Die Krankenkassen schließen zur Erfüllung des Sicherstellungsauftrags Kollektivverträge mit den Leistungserbringern. Dadurch werden im Verhältnis der Krankenkassen zu den Leistungserbringern die Leistungen an die gewandelten Erkenntnisse der medizinischen Wissenschaft angepasst. Der detaillierte Inhalt der Krankenbehandlung, d.h. der Behandlungsanspruch des Versicherten und die korrelierende Behandlungspflicht des Vertragsarztes, wird auf Grund einer Normdelegation des Gesetzgebers auf untergesetzlicher Ebene geregelt. **20**

Während nach dem Urteil des BSG vom 16. 12. 1993[72] diese Richtlinien dem Innenbereich der am Leistungserbringungsrecht beteiligten Rechtssubjekte zuzuordnen sind und damit als Verwaltungsbinnenrecht das Rahmenrecht des Versicherten nur faktisch konkretisieren, geht das BSG mit dem Urteil vom 20. 3. 1996[73] unter ausdrücklicher Aufgabe der überkommenen Unterscheidung von Leistungsrecht und Leistungserbringungsrecht von einer rechtlichen Konkretisierung aus, da nach Ansicht des 6. Senats die Richtlinien **Satzungen**[74] eines Selbstverwaltungsorgans, d.h. einer teilrechtsfähigen Anstalt des öffentlichen Rechts, mit unmittelbarer Rechtswirkung auch für die **Versicherten** sind. Auch wenn eine gesetzliche Verbindlicherklärung für die Versicherten fehlt, steht dies einer Rechtsbindung nicht entgegen, da die Versicherten die Leistung bloß passiv entgegennehmen. Das Gesetz orientiert sich am realen Ablauf der Leistungserbringung durch die Vertragsärzte. Bedenken gegen die fehlende demokratische Legitimation[75] durch die Versicherten hat das BSG nicht: Sie werden durch die Vertreter der Krankenkassen hinreichend repräsentiert.[76] Dagegen wird eingewendet, dass es an der Homogenität der Interessen der Vertragsärzte, Krankenkassen und Versicherten fehlt und die Vertreter der Krankenkassen nicht durch die Versicherten demokratisch legitimiert sind.[77] **21**

Der 1. Senat des BSG hat die Außenwirkung der Richtlinien mit einer langen, vorkonstitutionellen Legitimation des Kollektivvertragssystems begründet, in das die Richtlinien eingebettet sind.[78] Kennzeichen der untergesetzlichen Rechtssetzung ist das „bargaining" von Verbänden, deren gemeinsames Ziel eine qualitätsgesicherte und wirtschaftliche Krankenversicherung ist, die aber auch Interessengegensätze austragen müssen.[79] Dem wird entgegengehalten, dass es eine derartige vorkonstitutionelle Tradition[80] nicht gibt, weil **22**

---

[71] *Engelmann,* NZS 2000, 1ff., 76ff.

[72] BSGE 73, 272.

[73] BSG SozR 3–2500 § 92 Nr. 6.

[74] A.A BSG vom 14. 6. 1995 3 RK 20/94 (Arzneimittelfestbeträge), weil damit Art. 80 GG unterlaufen werden könnte; für einen numerus clausus untergesetzlicher Normen vgl. *Ossenbühl* NZS 1997, 497; für auch andere Formen der Rechtssetzung vgl. *Ebsen* VSSR 1990, 57.

[75] Hierzu *Ebsen* VSSR 1990, 57.

[76] Zum Meinungsstand *Francke* SGb 1999, 5.

[77] *Schneider-Danwitz/Glaeske* MedR 1999, 164; *Ossenbühl* NZS 1997, 497.

[78] Zustimmend *Schlenker* NZS 1998, 414.

[79] Vgl. *Francke* SGb 1999, 5; Zum Entscheidungsmonopol des Bundesausschusses der Ärzte und Krankenkassen für Arzneimittel und neue medizinische Verfahren, *Wigge,* MedR 1999, 524.

[80] Zur geschichtlichen Entwicklung des Kassenarztrechts vgl. *Jörg* S. 3ff.

zumindest bis 1989 das Leistungs- und Leistungserbringungsrecht ohne eine Minderung des Versichertenanspruchs zu einem bloßen Rahmenrecht und ohne Vorrang des Leistungserbringungsrechts ausgekommen sind.[81]

23 Diese Auffassung der Rechtsprechung ist in der Literatur umstritten: Nach *Gitter* und *Schnapp* haben die **Richtlinien der Bundesausschüsse** keine unmittelbare Rechtswirkung,[82] nach *Ossenbühl* sind sie gegenüber Versicherten nicht verbindlich.[83] Sie besitzen nur Innenwirkung in den Verträgen und gelten ausschließlich im Rechtsverhältnis zwischen Krankenkassen und Leistungserbringern; sie haben dagegen keine Auswirkungen auf den Leistungsanspruch des Versicherten bei Eintritt des Versicherungsfalles.[84] Legt man diesen Richtlinien rechtsgestaltende Wirkung auch im Außenverhältnis bei, d.h. in den Rechtsbeziehungen des Versicherten zur Krankenkasse, bestehen verfassungsrechtliche Bedenken: Weitere Einschränkungen der persönlichen Freiheit des Versicherten, die schon durch die Pflichtmitgliedschaft gegeben sind, dürfen nur durch das verfassungsrechtlich vorgesehene gesetzgebende Organ erfolgen; ferner ist das Äquivalenzprinzip verletzt, weil durch die Richtlinien Leistungen aus der gesetzlichen Krankenversicherung ausgegrenzt werden, die bisher zum anerkannten Stand der medizinischen Versorgung gehört haben. Schließlich wird auch rechtswidrig in die Berufsfreiheit der Ärzte und Hersteller von Heil- und Hilfsmitteln und medizinisch-technischer Geräte eingegriffen.[85]

24 Die Richtlinien sind nicht in Einklang zu bringen mit dem numerus clausus zulässiger Rechtssetzungsformen[86] und dem Parlamentsvorbehalt.[87] Sie sind nach *Ossenbühl* auch nicht Bestandteil eines traditionell überkommenen generellen Regelungskonzepts; denn es gab ein derartiges vorkonstitutionelles Konzept nicht und es war folglich nicht Gegenstand der Verfassungsberatungen und auch kein Thema der Verfassungsgebung.[88]

25 *Wimmer* und *Ossenbühl* kritisieren[89] die Zuordnung der Bundesausschüsse zu der Typik einer Anstalt und den Eingriff der Richtlinien in den Grundrechtsbereich (Art. 12 GG) externer Leistungserbringer, wofür unter Berücksichtigung der Wesentlichkeitsrechtsprechung des BVerfG die demokratische Legitimation fehlt. **Anstaltliche Satzungen** dürfen nur Regelungen ohne erhebliches Gewicht enthalten und sich nur außerhalb des Kernbereichs der Daseinsvorsorge bewegen, es sei denn, die Betroffenen sind durch demokratisch gebildete Organe legitimiert.[90] Hieran fehlt es, da die Versicherten in diesem Gremium trotz Bindung an die Beschlüsse nicht vertreten sind, die Vertreter der Ärzte und Krankenkassen bestellt (vgl. § 90 Abs. 1 SGB V), aber nicht gewählt werden und die drei unparteiischen Mitglieder durch Einigung der Kassenärztlichen Bundesvereinigung und der Kassenverbände zu Mitgliedern werden.

26 *Schwerdtfeger* führt als Ausgleich des Demokratiedefizits der Bundesausschüsse die Fachaufsicht des Bundesministers für Gesundheit über die Bundesausschüsse (§ 94 SGB V) sowie dessen Negativlistenkompetenz (§ 34 Abs. 3, 4 SGB V a.F.) an. Den Bundesausschüssen ist damit für die Erstellung von Hilfsmittelverzeichnissen und den Ausschluss von

---

[81] *Schneider-Danwitz/Glaeske* MedR 1999, 164.

[82] *Gitter* SGb 1999, 1ff.; *Schnapp* SGb 1999, 62ff.

[83] *Ossenbühl* NZS 1997, 497.

[84] *Gitter* SGb 1999, 1ff.

[85] Zur verfassungsrechtlichen Kritik ferner: *Ossenbühl*, in: Schnapp, Probleme der Rechtsquellen im Sozialversicherungsrecht, Teil I, Band 1, 1998, 65ff.

[86] Damit liegt nach *Ossenbühl* (NZS 1997, 497) auch ein Verstoß gegen die Gewaltenteilung vor; siehe auch *Wimmer* MedR 1996, 425; *ders.*, NJW 1995, 1577.

[87] *Ossenbühl* NZS 1997, 497.

[88] *Ossenbühl* NZS 1997, 497.

[89] *Wimmer* MedR 1997, 225ff.; *derselbe,* NZS 1999, 113; *Ossenbühl* NZS 1997, 497; vgl. auch *Schwerdtfeger* NZS 1998, 49ff.; *Schwerdtfeger* Schriftenreihe des Deutschen Sozialrechtsverbandes, Band 38, 1994, 27ff.; *Jörg*, in Wienke/Lippert/Eisenmeger, Die ärztliche Berufsausübung in den Grenzen der Qualitätssicherung, 1997, 123ff.

[90] *Ossenbühl* NZS 1997, 498.

Arzneimitteln wegen §§ 34, 128 SGB V und der Zulassungsregelungen des AMG keine (konkurrierende) Kompetenz verliehen.[91] Generelle Konkretisierungskompetenzen bezüglich des Rahmenrechts der Versicherten haben nicht die gemeinsame Selbstverwaltung der Vertragsärzte und Krankenkassen, die Verbände der Krankenkassen bzw. die Krankenkassen selbst[92] und die vertragsärztliche Selbstverwaltung.[93]

27 Nach der Auffassung von *Papier* genügen die Richtlinien nicht dem verfassungsrechtlichen Vorbehaltsgebot; entsprechende Regelungen können nur in Form von Rechtsverordnungen getroffen werden.[94] *Wigge* hat verfassungsrechtliche Bedenken, dass die (BuB)-Richtlinien und die entsprechende Praxis des Bundesausschusses zu einem Ausschluss des medizinischen Fortschritts (§ 2 Abs. 1 Satz 3 SGB V) führen können und damit gegen den Verhältnismäßigkeitsgrundsatz verstoßen.[95]

28 **c) Sozialgerichtliche Kontrolle.** Die gerichtliche Kontrolle der Entscheidungen der Bundesausschüsse wird durch deren Normsetzungsermessen entsprechend eingeschränkt.[96] Die unbestimmten Rechtsbegriffe im Krankenversicherungsrecht wie z. B. Wirtschaftlichkeit oder Notwendigkeit haben eine rechtliche und eine medizinische Komponente.[97] Während das BSG mit dem Amalgamurteil vom 8. 9. 1993[98] nur die medizinischen Gesichtspunkte von der gerichtlichen Nachprüfbarkeit ausgeschlossen hat, geht die höchstrichterliche Rechtsprechung mit den Urteilen vom 16. 9. 1997[99] bezüglich neuer Untersuchungs- und Behandlungsmethoden weiter: Eine sachliche Nachprüfung der Wirtschaftlichkeit i. w. S. ist nur vorgesehen, wenn eine Stellungnahme der Bundesausschüsse noch nicht vorliegt.[100] Im Übrigen ist die richterliche Kontrolle stark eingeschränkt. Da das Rahmenrecht des Versicherten nach der Rechtsprechung des BSG[101] „die leistungsrechtlichen Vorgaben stark verdünnt",[102] ist das Ermessen sehr weit. Die gerichtliche Kontrolle ist darauf beschränkt, ob der Gleichheitssatz und die Grundsätze eines rechtsstaatlichen Verfahrens beachtet worden sind. Hierzu gehört auch die Prüfung, ob die fragliche Behandlungsmethode in der medizinischen Praxis und der Fachdiskussion so verbreitet ist, dass die Bundesausschüsse hierüber hätten entscheiden müssen.[103] Eine weitere Inhaltskontrolle findet nach dieser Rechtsprechung nicht statt; denn es ist nach Ansicht des BSG nicht der Sinn eines Gerichtsverfahrens, die Erkenntnisse der medizinischen Wissenschaft voranzutreiben oder in wissenschaftlichen Auseinandersetzungen Position zu beziehen.[104] D. h. die Gerichte haben bei der Prüfung, ob der geltend gemachte Anspruch mit dem Wirtschaftlichkeitsgebot und den Implikationen des § 2 Abs. 1 Satz 3 SGB V zu vereinbaren ist, nichts mehr zu subsumieren,[105] solange nicht eine Ermessenskontrolle angezeigt ist.

---

[91] *Schwerdtfeger* NZS 1998, 49 ff., 97 ff.

[92] §§ 2 Abs. 4, 70 Abs. 1 Satz 2 SGB V enthalten keine ausdrückliche Ermächtigungen, sondern nur Aufgaben.

[93] §§ 75 Abs. 1, 77 Abs. 1 SGB V enthalten gleichfalls keine Ermächtigungen, sondern nur Aufgaben; außerdem fehlt hier die demokratische Legitimation durch die Versicherten (vgl. BSG SozR 3–2500 § 92 Nr. 6).

[94] *Papier* VSSR 1990, 123; ebenso BSG vom 14. 6. 1995 3 RK 20/94; *Schwerdtfeger* NZS 1998, 49.

[95] *Wigge,* MedR 2000, 574.

[96] Kritisch hierzu *Francke* (SGb 1999, 5), der auf die Whyl-Entscheidung des BVerwG (BVerwGE 72, 300) verweist, das einen Beurteilungsspielraum und die Standardisierungsbefugnis durch normkonkretisierende Verwaltungsvorschriften anerkannt und diesen zugleich durch sachbezogene Kriterien begrenzt hat.

[97] *Schneider-Danwitz/Glaeske* MedR 1999, 164.

[98] BSGE 73, 66.

[99] Z. B. NZS 1998, 331; BSGE 81, 73.

[100] Siehe unten IV. 1. a) bb).

[101] BSGE 81, 73.

[102] *Neumann* SGb 1998, 609.

[103] Zur Kritik an dem tatsächlichen Verbreitungsgrad vgl. *Wigge,* MedR 1999, 524.

[104] BSGE 81, 73; BSG vom 20. 11. 2003 B1 KR 55/02 B; BSG NZS 2004, 99.

[105] *Schwerdtfeger* NZS 1998, 49 ff.

29 Das BSG hat mit den Urteilen vom 9. 12. 1997[106] und vom 30. 9. 1999[107] bezüglich der Arzneimittel-Richtlinien die Entscheidungsbefugnis des Bundesausschusses der Ärzte und Krankenkassen insoweit beschränkt, als dieser auf Grund der Ermächtigung in § 92 Abs. 1 Satz 2 Nr. 6 SGB V nicht befugt ist, Inhalt und Grenzen des Begriffs Krankheit und des Arzneimittelbegriffs festzulegen.

30 Es ist zwar möglich, dass ein Vertragsarzt ungeachtet einer negativen oder fehlenden Entscheidung der Bundesausschüsse die fragliche Behandlungsmethode anwendet. Er geht allerdings das Risiko einer Kürzung seines Honoraranspruches oder eines Regresses ein. Er wird daher eine Privatbehandlung durchführen. Rechtsschutz gegen eine Verweigerung einer vertragsärztlichen Behandlung durch den Vertragsarzt wegen entgegenstehender oder fehlender Entscheidungen der Bundesausschüsse kann ein Versicherter mangels einer abstrakten Normenkontrolle im SGG erlangen, wenn er, nachdem er sich mit der Krankenkasse ins Benehmen gesetzt hat, sich die Leistung als Privatpatient selbst beschafft und vorfinanziert und anschließend Kostenerstattung nach § 13 Abs. 3 SGB V geltend macht.[108]

31 Steht der Behandlungsanspruch des Versicherten unter dem Vorbehalt des Leistungserbringungsrechts und damit der Richtlinien der Bundesausschüsse, wäre nach *Gitter* die Rechtsschutzgarantie des Art. 103 Abs. 1 GG verletzt, da der Versicherte im Zeitpunkt der Entscheidung des Bundesausschusses mangels Beschwer nicht klagen kann und später bei Eintritt der Krankheit und Versagen der Leistung durch die Krankenkasse an die Entscheidung des Bundesausschusses gebunden wäre.[109]

II. Leistungskonkretisierung durch den Vertragsarzt

1. Stellung des Vertragsarztes im Vollzug des Leistungsanspruchs

32 Die Vertragsärzte haben auf Grund des Sachleistungsprinzips eine Schlüsselstellung im Prozess der Leistungserbringung, die allerdings durch untergesetzliche Rechtsnormen (z. B. Richtlinien des Bundesausschusses der Ärzte und Krankenkassen) eingeengt wird. Während §§ 8ff. SGB X im Grundmodell der Leistungsabwicklung im Sozialrecht von einer Antragstellung durch den Bürger, Ermittlung durch die Verwaltung und anschließender Entscheidung durch Verwaltungsakt ausgehen (verwaltungsverfahrensrechtliches Modell), wird im Recht der gesetzlichen Krankenversicherung die Leistung als verfahrensrechtliche Konsequenz des Sachleistungsprinzips i. d. R. ohne Einschaltung der Krankenkasse erbracht. §§ 15 Abs. 2, 3, 73 Abs. 2 SGB V ermächtigen die Vertragsärzte, für die Krankenkassen verbindliche Feststellungen über das Vorliegen einer Krankheit als Grundvoraussetzung der meisten Leistungsansprüche konkludent zu befinden[110] und den Inhalt des Behandlungsanspruches, der nur als Rahmenrecht existiert, zu konkretisieren (Rechtskonkretisierungskonzept).[111] Einzige Voraussetzung ist die Aushändigung des Krankenscheins bzw.

---

[106] BSGE 81, 240.

[107] BSGE 85, 36 = NJW 2000, 2764 (SKAT-Therapie).

[108] *Neumann* SGb 1998, 610ff., der darauf hinweist, dass diese Verfahrensweise dem vorkonstitutionellen, vom BVerfG abgelehnten (BVerfGE 58, 300, 324) Grundsatz „dulde und liquidiere" ähnelt.

[109] *Gitter* SGb 1999, 1ff.; nach der Ansicht von *Francke* (SGb 1999, 5) erfordert die eingeschränkte gerichtliche Kontrolle der Entscheidungen der Bundesausschüsse aus rechtsstaatlichen und demokratischen Gründen eine Sicherstellung der Transparenz der Verfahrensabschnitte, Publizität der Entscheidungsbegründungen und Beteiligung der Versicherten, Patienten und Öffentlichkeit.

[110] Eine verwaltungsrechtliche Entscheidung findet also nicht statt, sondern nur eine Konkretisierung, vgl. *Neumann* a. a. O.; *Schwerdtfeger* NZS 1998, 97ff.

[111] *Neumann* a. a. O.; BSGE 73, 271 (Verordnung eines Heilmittels); BSG SGb 1996, 660 (Verordnung eines Arzneimittels); BSG SGb 1997, 127 (Krankenhausbehandlung); BSG vom 21. 8. 1996 3 RK 2/96 (Krankenhauswanderer).

der Krankenversichertenkarte. Nach der ständigen Rechtsprechung des BSG entscheidet der Vertragsarzt anstelle der Krankenkasse konkludent mit der konkreten Behandlung, der Festlegung der künftigen Behandlungsschritte, der Verordnung bestimmter Arznei-, Heil- und Hilfsmittel als ein mit öffentlich-rechtlicher Rechtsmacht beliehener Verwaltungsträger über den Behandlungsanspruch und zwar auch darüber, ob die Behandlung wirtschaftlich ist (§ 12 SGB V) und den Regeln der ärztlichen Kunst (§ 28 SGB V) entspricht.[112] Die Krankenkasse ist somit an die erbrachte Tätigkeit des Vertragsarztes und dessen medizinische Erkenntnisse gebunden; sie ist in diesem Stadium gehindert, in das Vertrauensverhältnis zwischen Arzt und Versicherten einzugreifen. Bedenken gegen die Zweckmäßigkeit, Notwendigkeit und Wirtschaftlichkeit des vertragsärztlichen Tuns werden im Verfahren der Wirtschaftlichkeitsprüfung (§ 106 SGB V) – ohne Beteiligung des Versicherten – verfolgt. D. h. der Leistungserbringer ist für die Leistungsgewährung verantwortlich.[113]

33 Es gibt im Geltungsbereich des Wirtschaftlichkeitsgebots eine nicht subsumtionsfähige Bandbreite offener Wertungen, in der es nur um die Frage geht, ob die Leistungen nach den Regeln der ärztlichen Kunst, den Erkenntnissen der medizinischen Wissenschaft und der ärztlichen Therapiefreiheit vertretbar sind. Hier ist allein der Vertragsarzt verantwortlich und die Krankenkasse ist nicht befugt, gegen die Entscheidungen des Vertragsarztes Einwendungen oder Einreden zu erheben. Eine Leistungskonkretisierung durch die Krankenkasse hätte wegen des Grundsatzes der Selbstbindung der Verwaltung bei der Ermessensausübung (Art. 3 GG) auch Auswirkungen auf andere Fälle und würde wegen eines Eingriffs in einen bereits durch den Vertragsarzt festgelegten Leistungsanspruch gegen den Vorbehalt des Gesetzes verstoßen (§ 31 SGB I). Wenn unbestimmte Gesetzesbegriffe so unbestimmt sind, dass eine hinreichende Auslegung und Subsumtion nicht mehr möglich sind, wie das beim final formulierten Zweckprogramm des § 12 Abs. 1 SGB V der Fall ist, dann geben sie keine ausreichende Befugnis zu Einzeleingriffen.[114]

34 Überschreitet die ärztliche Maßnahme dagegen die nicht unter § 12 SGB V subsumtionsfähige Bandbreite offener Wertungen und verstößt sie daher gegen das Wirtschaftlichkeitsgebot (§ 12 SGB V), ist sie gegenüber dem Versicherten zunächst gültig, wie auch ein rechtswidriger Bewilligungsbescheid einer Krankenkasse gültig wäre.[115] Allerdings darf der Vertragsarzt Leistungen, die jenseits der Bandbreite offener Wertungen nach den Regeln der ärztlichen Kunst oder dem Wirtschaftlichkeitsgebot nicht ausreichend, unzweckmäßig oder nicht erforderlich sind oder gegen eine Verordnung gem. § 34 Abs. 2–4 SGB V oder eine geltende Richtlinie des Bundesausschusses der Ärzte und Krankenkassen verstößt, nicht zu Lasten der Krankenkasse erbringen.[116]

35 Die Korrektur bereits erbrachter unwirtschaftlicher Leistungen erfolgt im Rahmen der Wirtschaftlichkeitsprüfung gem. § 106 SGB V ausschließlich im Verhältnis des Vertragsarztes zur Kassenärztlichen Vereinigung und zur Krankenkasse durch Prüfungseinrichtungen.[117] Dies gilt auch, wenn der Versicherte Kostenerstattung gem. § 13 Abs. 2 SGB V wählt, da auch hier der Vertragsarzt Leistungserbringer ist. Der Versicherte genießt in der Regel Vertrauensschutz gegen einen Ersatzanspruch der Krankenkasse wegen rechtswidriger Erbringung einer Sachleistung (§§ 50 Abs. 2 Satz 2, 45 Abs. 2 Satz 1, 2 SGB X). Fortlaufende Leistungen werden nur solange endgültig erbracht, bis die Krankenkasse ge-

---

[112] BSGE 73, 271; BSG SozR 3–2500 § 39 Nr. 3; BSG SozR 3–2500 § 13 Nr. 12.

[113] Vgl. *Neumann* a. a. O., der darauf hinweist, dass damit der Leistungserbringer zum beliehenen Unternehmer und zu einem Verwaltungsträger i. S. v. § 1 Abs. 2 SGB X würde; verfahrensrechtliche Konsequenzen (Entscheidung durch Verwaltungsakt und Beklagtenstellung) werden aber durch die Konstruktion des Rahmenrechts und des Rechtskonkretisierungskonzepts vermieden.

[114] *Schwerdtfeger* NZS 1998, 97.

[115] *Schwerdtfeger* NZS 1998, 97.

[116] *Schwerdtfeger* NZS 1998, 97.

[117] BSGE 73, 271; BSG SozR 3–2500 § 39 Nr. 3; *Schwerdtfeger* NZS 1998, 97.

genüber dem Versicherten eine Einrede oder Einwendung erhoben hat.[118] Für nach diesem Zeitpunkt erbrachte Leistungen kann sie von dem Versicherten nach Maßgabe der §§ 50 Abs. 2, 45 Abs. 2 SGB X Ersatz verlangen oder dessen geltend gemachten Anspruch (§ 13 Abs. 2 SGB V) zurückweisen.[119]

36 Soweit die Leistungen durch Ärzte eingeleitet, aber noch nicht erbracht worden sind, kann die Krankenkasse im Verhältnis zum Versicherten (und nicht gegenüber dem Vertragsarzt oder Krankenhaus) Einwendungen oder Einreden geltend machen.[120] Rechtsvernichtende Einwendungen betreffen das Bestehen eines Anspruchs; Einreden, deren Vorbringen im Ermessen der Krankenkasse steht, lassen den Anspruch unberührt, verhindern aber seine Durchsetzbarkeit. Aus dem Wirtschaftlichkeitsgebot (§ 12 SGB V) können sich nach dem BSG Einwendungen und Einreden ergeben:[121] Die Einwendungen betreffen Leistungen, die nicht notwendig oder finanziell unwirtschaftlich (im engeren Sinne) sind (vgl. § 12 Abs. 1 Satz 2 SGB V: Können Versicherte nicht beanspruchen). Die Einreden beziehen sich auf die übrigen Elemente des Wirtschaftlichkeitsgebots, nämlich die ausreichenden und zweckmäßigen Leistungen.

37 In bestimmten Fällen hängt allerdings die Leistungsgewährung nach Begutachtung durch den MDK (§ 275 Abs. 2, 3 SGB V) von einer vorherigen Bewilligung durch einen Verwaltungsakt der Krankenkasse ab,[122] d. h. hier findet, wie § 275 Abs. 1 bis 3 SGB V zu entnehmen ist, das Antragsverfahren statt (§§ 18, 23, 24, 27 Abs. 2, 33, 37 Abs. 1, 40, 41 sowie Dialysebehandlung, § 275 Abs. 3 Nr. 3 SGB V).

2. Konkretisierungsmaßstäbe der vertragsärztlichen Versorgung

38 **a) Funktion.** Die Konkretisierungsmaßstäbe finden sich, gegliedert nach dem Maß ihrer Verbindlichkeit, in Empfehlungen (geringster Verbindlichkeitsgrad: Abweichung immer möglich), Leitlinien (Abweichung im begründeten Einzelfall möglich) und in den Richtlinien der Bundesausschüsse sowie den übrigen Teilen der Verträge, soweit diese der Sicherung der Qualität ärztlichen Handelns und dem Schutz der Patienten dienen (prinzipiell keine Abweichung zulässig). Hierzu gehören die Gesamtverträge, Bundesmantelverträge (§§ 82, 83 SGB V), die Rahmenempfehlungen und -verträge gem. §§ 125, 131, 132a, 135a, 139 SGB V. Ihnen ist gemeinsam, dass sie institutionell gesetzte, methodische oder sachliche Regeln guten medizinischen Handelns sind, die in einem geordneten Verfahren zustande gekommen sind. Ihr Verbindlichkeitsgrad ist in erster Linie eine Funktion medizinisch-fachlicher Bewertungen.[123] In ihnen kommt der Standard der Medizin zum Ausdruck, der durch wissenschaftliche Erkenntnis, ärztliche Erfahrung und professionelle Akzeptanz gekennzeichnet ist. Er trifft eine allgemeine Aussage über die gute Prävention und die gute Diagnose sowie Behandlung von Erkrankungen und legt somit die (wandelbaren) Anforderungen an die Qualität ärztlicher Handlungen nach dem jeweiligen Stand der Wissenschaft und der klinischen Praxis fest. Je sicherer die Basis der ärztlichen Erkenntnis ist, desto verbindlicher ist ein Standard für ärztliches Handeln.[124] Damit setzt die medizinische Wissenschaft durch normative Aussagen die qualitativen Standards, während die rechtlichen Vorschriften daran Sanktionen und ihre Durchsetzbarkeit anknüpfen.

39 Die Einhaltung der Qualitätsstandards ist Voraussetzung für die Erbringung und Abrechnung der vertragsärztlichen Leistungen (§ 135 Abs. 1 SGB V).

---

[118] BSG SozR 3–2500 § 39 Nr. 3.
[119] *Schwerdtfeger* NZS 1998, 97.
[120] *Schwerdtfeger* NZS 1998, 97.
[121] BSGE 73, 271.
[122] BSGE 73, 271; *Francke* SGb 1999, 5.
[123] *Hart* MedR 1998, 8.
[124] *Hart* MedR 1998, 8.

b) Wissenschaftlichkeit. Qualität und Wirksamkeit der ärztlichen Leistungen haben dem allgemein anerkannten Stand der medizinischen Erkenntnisse zu entsprechen und den medizinischen Fortschritt zu berücksichtigen (§ 2 Abs. 1 Satz 3 SGB V). Dies bedeutet, dass die ärztlichen Leistungen einem bestimmten Qualitätsstandard entsprechen und wirksam sein müssen. Der allgemein anerkannte Standard der medizinischen Erkenntnisse schließt Leistungen aus, die mit wissenschaftlich nicht anerkannten Methoden erbracht werden. Welche Leistungen bzw. Methoden dem allgemein anerkannten Stand der medizinischen Erkenntnisse entsprechen, bestimmt die Medizin selbst.[125] Die Freiheit von Forschung und Lehre garantiert einen von staatlicher Fremdbestimmung freien Bereich autonomer Verantwortung als Abwehrrecht.[126] Die insoweit bestehende Staatsfreiheit bedeutet eine Nichtidentifikation des Staates mit wissenschaftlichen Standorten.[127] Die Behörden und Gerichte haben sich auf eine rechtsstaatlich notwendige normative Gestaltung und Kontrolle zu beschränken.[128] **40**

Die allgemeine Anerkennung wissenschaftlicher Standards ist gegeben, wenn sie quantitativ durch die überwiegende Mehrheit in der medizinischen Forschung und qualitativ durch einen hohen Grad an Fachkompetenz belegt ist. Über Qualität und Wirksamkeit der Methode müssen zuverlässige, wissenschaftlich nachprüfbare Aussagen gemacht werden; von einzelnen, nicht ins Gewicht fallenden Gegenstimmen abgesehen, muss über die Zweckmäßigkeit der Therapie Konsens bestehen.[129] Dies setzt nach dem BSG voraus, dass über die Methode zuverlässige Feststellungen in einer wissenschaftlichen Beweisführung vorliegen.[130] Die Therapie muss in einer für die sichere Beurteilung ausreichenden Zahl von Behandlungsfällen erfolgreich gewesen sein; dies muss sich aus wissenschaftlich einwandfrei geführten Statistiken über die Zahl der behandelten Fälle und die Wirksamkeit der Methode ablesen lassen.[131] Eine medizinische Erkenntnis erfüllt z.B. diese Voraussetzungen, wenn sie Regelungsgegenstand einer Leitlinie ist. Diese ist eine normierte Erkenntnis der Medizin über methodische und inhaltliche Regeln für richtiges individuell-praxisorientiertes ärztliches Handeln.[132] Leitlinien repräsentieren zu dem jeweiligen Zeitpunkt den Stand der medizinischen Wissenschaft und der ärztlichen Erfahrung, der praktischen Bewährung der Mittel und Methoden sowie deren professionelle Akzeptanz durch die Ärzte. Sie sind zwar grundsätzlich verbindlich, berechtigen bzw. verpflichten aber den Arzt, in begründeten Ausnahmefällen hiervon abzuweichen.[133] **41**

Insbesondere in medizinisch umstrittenen Fragen (z.B. Schädlichkeit von Amalgam) ist es nach dem BSG nicht die Aufgabe der Gerichte, durch die Auswahl von Sachverständigen oder die juristische Bewertung von naturwissenschaftlichen Lehrmeinungen für die eine oder andere Position Partei zu ergreifen oder durch Gutachten den Fortschritt der medizinischen Erkenntnis voran zu treiben.[134] **42**

Ärztliche Leistungen, die der Außenseiter- und Paramedizin zuzurechnen sind, unterliegen in der vertragsärztlichen Leistungserbringung dem Erlaubnisvorbehalt der Bundesausschüsse. Sie dürfen in der vertragsärztlichen Versorgung zu Lasten der Krankenkassen erst erbracht werden, wenn die Bundesausschüsse der Ärzte und Krankenkassen sie in Form einer Richtlinie gem. § 92 Abs. 1 Satz 2 Nr. 5 SGB V empfohlen haben (§ 135 Abs. 1 Nr. 1 SGB V). **43**

---

[125] *Hauck/Haines-Noftz* § 2 SGB V Rdn. 60; *Hart* MedR 1998, 8.
[126] BVerfGE 35, 79; 47, 327; 90, 1.
[127] *Hauck/Haines-Noftz* Rdn. 60; BSGE 81, 54; *Kriele* NJW 1976, 355.
[128] *Hauck/Haines-Noftz* § 2 Rdn. 60 m. w. N.
[129] *Enderlein* VSSR 1992, 123.
[130] BSGE 84, 90.
[131] BSGE 76, 194 = SozR 3–2500 § 27 Nr. 5.
[132] *Hauck/Haines-Noftz* § 2 Rdn. 65 m. w. N.
[133] *Hauck/Haines-Noftz* § 2 Rdn. 65.
[134] BSGE 85, 56 (Amalgam); BSGE 81, 54.

44 **c) Medizinischer Fortschritt.** Der Beurteilungsmaßstab medizinischer Fortschritt (§ 2 Abs. 1 Satz 3 SGB V) verpflichtet die gesetzliche Krankenversicherung in der Ausgestaltung ihrer Leistungen hierauf Rücksicht zu nehmen. Die Versicherten sollen am medizinischen Fortschritt in Form besserer und erfolgsversprechender Leistungen der medizinischen Wissenschaft teilhaben. Damit sollen die neuen, wissenschaftlich gesicherten Erkenntnisse der Diagnostik und Therapie Eingang in das Leistungsangebot der Vertragsärzte finden. Dies ist nach der Rechtsprechung des BSG[135] regelmäßig der Fall, wenn die Leistungen vom Bundesausschuss der Ärzte und Krankenkassen in den BUB-Richtlinien anerkannt sind (§§ 92 Abs. 1 Satz 2 Nr. 5, 135 Abs. 1 Nr. 1 SGB V). Hat der Bundesausschuss hierüber nicht entschieden, müssen über die Qualität und Wirksamkeit der neuen Methode zuverlässige, wissenschaftlich nachprüfbare Aussagen gemacht werden können[136] oder, falls dies nicht möglich ist, ist vorauszusetzen, dass die neue Methode sich in der ärztlichen Praxis und in der medizinischen Fachdiskussion durchgesetzt hat.[137] Der Beurteilungsmaßstab des medizinischen Fortschritts verpflichtet die Krankenkassen aber nicht, den medizinischen Fortschritt zu finanzieren oder für Leistungen einzustehen, die nicht ausreichend erprobt sind oder sich nicht bewährt haben.[138]

45 Die Bestimmung des Erkenntnis – und Fortschrittsstandes in der Medizin ist Gegenstand der medizinischen Evaluation; hierfür stehen die Evidenz i. S. v. Zuverlässigkeit und Reproduzierbarkeit und die Akzeptanz, d. h. die Befürwortung durch eine große Mehrheit der medizinischen Experten, zur Verfügung.[139] Diese neuen, wissenschaftlich fundierten Erkenntnisse äußern sich in ärztlichen Leitlinien und Standards.[140] Ein Standard repräsentiert den jeweiligen Stand naturwissenschaftlicher Erkenntnisse und ärztlicher Erfahrung, der zur Erreichung des ärztlichen Behandlungszieles erforderlich ist und sich in der Erprobung bewährt hat.[141]

46 **d) Regeln der ärztlichen Kunst.** Die in § 28 Abs. 1 Satz 1 SGB V als Maßstab der ärztlichen Behandlung genannten Regeln der ärztlichen Kunst stellen die anerkannten Grundsätze und Methoden der Medizin dar sowie die berufsethischen Grundsätze. Die ärztliche Behandlung muss daher auf medizinisch-wissenschaftlichen Erkenntnissen beruhen.[142] Die Behandlung muss generell wirksam sein – dies ist bei dem im EBM enthaltenen Leistungen der Fall – und dem gebotenen Qualitätsstandard entsprechen.[143] Innerhalb dieser Grenzen hat der Arzt Therapiefreiheit. Die Standesethik steht nicht isoliert neben dem Recht, sondern wirkt in die rechtlichen Beziehungen zum Patienten hinein.[144] Auch wenn sie zu einem großen Teil mit den rechtlichen Pflichten übereinstimmt, stellt sie ein spezifisches und oft detailliertes Regelungssystem bereit, das vom Arzt die Abwägung von Gütern verlangt. Soweit die Berufsethik mit den rechtlichen Pflichten kongruent ist, fordert sie, dass der Arzt die Ge- und Verbote des Rechts im Licht der berufsethischen Maßgaben erfüllt.[145]

47 **e) Wirtschaftlichkeit im konkreten Behandlungsfall.** Das Wirtschaftlichkeitsgebot (§ 12 Abs. 1 SGB V) enthält die nicht scharf voneinander abgegrenzten Teilgebote der ausreichenden, zweckmäßigen, das Maß des Notwendigen nicht übersteigenden und wirt-

---

[135] BSGE 81, 73.

[136] BSGE 84, 90; BSGE 76, 194.

[137] BSG 81, 54; BSGE 76, 194; zur Kritik hierzu *Wigge,* MedR 2000, 574.

[138] Begründung zum GRG, BT-Drucksache 11/2237 vom 3. 5. 1988, S 157; ferner BSGE 81, 54.

[139] Einzelheiten hierzu *Hauck/Haines-Noftz* § 2 Rdn. 64, m. w. N.

[140] *Hauck/Haines-Noftz* § 2 Rdn. 65 m. w. N.

[141] *Carstensen* DÄBL 1989, A2431, 2432; *Laufs* in Laufs/Uhlenbruck, Handbuch des Arztrechts, 1999, § 3, Rdn. 16.

[142] Zum Verhältnis zu § 2 Abs. 1 SGB V *von Wulffen* SGb 1996, 250; *Biehl/Ortwein* SGb 1991, 529; *Hart* MedR 1998, 8.

[143] *Hauck/Haines-Noftz* § 2 Rdn. 66; *KassKomm-Höfler* § 28, Rdn. 8.

[144] BVerfGE 52, 131.

[145] *Laufs* in: Laufs/Uhlenbruck, Handbuch des Arztrechts, 1999, § 4, Rdn. 10.

schaftlichen (i. e. S.) Versorgung. Es untersteht dem allgemeinen, für Krankenkassen, Leistungserbringer und Versicherte geltenden Grundgebot des § 2 Abs. 4 SGB V, wonach die Leistungen wirksam und wirtschaftlich erbracht werden müssen und nur im notwendigen Umfang in Anspruch genommen werden dürfen. Das Erfordernis der Wirksamkeit der Leistungen in dieser Vorschrift korrespondiert mit dem allgemein anerkannten Stand der medizinischen Erkenntnisse und dem medizinischen Fortschritt (§ 2 Abs. 1 Satz 3 SGB V). Das Teilgebot der Zweckmäßigkeit der Versorgung (§ 12 Abs. 1 Satz 1 SGB V) stellt gleichfalls eine Verbindung zu § 2 Abs. 1 Satz 3 SGB V und § 28 Abs. 1 Satz 1 SGB V her, da zweckmäßige ärztliche Leistungen voraussetzen, dass sie dem allgemein anerkannten Stand der medizinischen Erkenntnisse entsprechen und den medizinischen Fortschritt berücksichtigen sowie in Einklang mit den Regeln der ärztlichen Kunst stehen.[146] Somit ist das Teilgebot der Zweckmäßigkeit der Schlüsselbegriff, der das Leistungsrecht mit dem Leistungserbringungsrecht verbindet.

48 Die Einhaltung des Wirtschaftlichkeitsgebotes liegt sowohl im Interesse des versicherten Patienten, als auch der **Solidargemeinschaft** der Versicherten. Das Wirtschaftlichkeitsgebot ist daher entsprechend dieser Doppelnatur anspruchsbegründend und zugleich anspruchsbegrenzend. Es ist insgesamt oder mit einzelnen Teilgeboten in zahlreichen Normen des Leistungsrechts und Leistungserbringungsrechts entweder ausdrücklich im Sinne einer Verstärkung erwähnt (z.B. §§ 13 Abs. 3, 27 Abs. 1 Satz 1, 28 Abs. 1 Satz 1, 33 Abs. 1 Satz 1, 39 Abs. 1 Satz 2, 70, 72 Abs. 2, 84 Abs. 1 Satz 3 Nr. 4, 87 Abs. 2, 92 Abs. 1 Satz 1, 106, 121 Abs. 1 Satz 1, 135 Abs. 1 Satz 1 Nr. 1 SGB V) oder die Normen verweisen indirekt darauf (z.B. in § 73 Abs. 4 Satz 1 SGB V: Vorrang der ambulanten Versorgung; § 75 Abs. 1 Satz 1 SGB V: „gesetzliche Erfordernisse").

49 Streitig ist, ob das Wirtschaftlichkeitsprinzip mit seinen Teilgeboten ein unbestimmter Rechtsbegriff ohne Beurteilungsspielraum[147] oder mit Beurteilungsspielraum[148] ist oder ein ärztliches Ermessen eröffnet.[149] Die neue Rechtsprechung des BSG nimmt eine Beurteilungsermächtigung an, die durch untergesetzliche Normen z.B. in Verträgen und Richtlinien konkretisiert wird.[150]

50 Normzweck des Wirtschaftlichkeitsgebots ist die Rationalisierung (nicht Rationierung)[151] der Leistungen unter dem Aspekt der Effizienz und Effektivität, d.h. es sollen die medizinisch notwendigen Leistungen zur Verfügung gestellt und die Leistungen be- und ausgegrenzt werden, auf die ohne Beeinträchtigung einer bedarfsgerechten Versorgung verzichtet werden kann.

51 **aa) Ausreichende Versorgung.** Die vertragsärztliche Versorgung ist ausreichend, wenn sie nach Art und Umfang hinreichende Chancen für einen Heilerfolg bietet.[152] Hiermit soll ein Mindeststandard der Leistungen geboten werden, der übereinstimmt mit dem allgemein anerkannten Standard der medizinischen Erkenntnisse sowie den Regeln der ärztlichen Kunst und auch den medizinischen Fortschritt berücksichtigt (§§ 2 Abs. 1 Satz 3, 28 Abs. 1 SGB V).

52 Ausreichende Versorgung bedeutet, dass Leistungsinhalt und -umfang, bezogen auf das Leistungsziel (§§ 11, 27 SGB V) nach den Regeln der ärztlichen Kunst (§ 28 Abs. 1 SGB V) Erfolgschancen (§ 2 Abs. 1 Satz 3 SGB V) für das Erreichen des Leistungsziels haben.[153] Dem Versicherten soll eine Mindestversorgung garantiert werden, weil u.U.

---

[146] Zum Verhältnis von Leistungsstandards zum Wirtschaftlichkeitsgebot *Ulsenheimer* MedR 1995, 438.

[147] *Igl* in: GK-SGB V, § 12 Rdn. 12; *KassKomm-Höfler* § 12 Rdn. 5; frühere Rechtsprechung des BSG: z.B. BSGE 19, 123.

[148] *Eicher* DOK 1989, 757.

[149] BSG USK 8919.

[150] BSGE 73, 271; BSGE 78, 70; BSGE 81, 73; BSG USK 97149.

[151] *Hauck/Haines-Noftz* § 2 Rdn. 16 m.w.N.

[152] BSGE 55, 188.

[153] BSGE 55, 158; *Hauck/Haines-Noftz* § 2 Rdn. 18.

eine zu geringe oder qualitativ unzureichende ärztliche Versorgung das Behandlungsziel nicht erreichen kann (quantitative Untergrenze der ärztlichen Versorgung).

53 **bb) Zweckmäßige Versorgung.** Das Teilgebot der zweckmäßigen ärztlichen Versorgung erfordert den Einsatz von Diagnoseverfahren, Therapien und die Verwendung von Arznei –, Heil – und Hilfsmitteln, die in der medizinischen Praxis allgemein anerkannt sind und sich bei dem vorliegenden Krankheitsbild bewährt haben. Hierzu gehören die Behandlungen, die von der medizinischen Wissenschaft generell als wirksam anerkannt worden sind (Schulmedizin); ferner im Falle eines Systemversagens die medizinischen Maßnahmen, die sich in der Praxis durchgesetzt haben.[154] Konkretisierungen, insbesondere zu den neuen Untersuchungs- und Behandlungsmethoden, enthalten die Richtlinien der Bundesausschüsse der Ärzte und Krankenkassen (§ 92 Abs. 1 SGB V).[155]

54 Die zweckmäßige Versorgung verlangt also den Einsatz hinreichend wirksamer Mittel.[156] Sie müssen auf Grund einer prognostischen ärztlichen Einschätzung dem allgemein anerkannten Stand der medizinischen Erkenntnisse entsprechen,[157] mit den Regeln der ärztlichen Kunst vereinbar sein und den medizinischen Fortschritt berücksichtigen. Dies ist der Fall, wenn der Arzt in den **BUB-Richtlinien**[158] (früher NUB-Richtlinien) oder anderen Richtlinien des Bundesausschusses der Ärzte und Krankenkassen anerkannte Therapien oder im EBM genannte Leistungen wählt und diese auch im konkreten Behandlungsfall geeignet und zweckgerichtet sind, den Leistungserfolg (§§ 11, 27 SGB V) zu erreichen.[159] D.h. das Teilgebot der Zweckmäßigkeit setzt eine generelle und konkrete Wirksamkeitsprüfung durch den Arzt voraus. Sind die ärztlich eingesetzten Mittel generell unzweckmäßig, kommt es auf die Prüfung des Einzellfalles nicht mehr an. Die Feststellung „wer heilt, hat Recht", also eine retrospektive Beurteilung des Behandlungsgeschehens, ist kein Argument für den Nachweis der Zweckmäßigkeit, da zum Heilerfolg oft auch nicht mit der ärztlichen Behandlung in Zusammenhang stehende Ursachen führen können. Das BSG stellt auf die generelle Wirksamkeit ab und geht dem Einwand der Besserung des Gesundheitszustandes nicht mehr nach.[160] Überdies kann die auf allgemeine Erwägungen gestützte hypothetische Möglichkeit eines Heilerfolges die Leistungspflicht der gesetzlichen Krankenversicherung nicht begründen, auch dann nicht, wenn nachträglich geltend gemacht wird, die Behandlung sei im konkreten Fall erfolgreich gewesen.

55 Eine Ausnahme von dem Erfordernis der spezifischen Behandlung einer Krankheit bildet die **mittelbare Behandlung.** Sie ist eine Therapie eines im Normbereich liegenden oder nicht behandlungsbedürftigen Zustandes, um eine andere Störung zu beheben. Das BSG verlangt hier eine spezielle Rechtfertigung für den Eingriff.[161] Es hat die Krankenkassen z.B. von der Verpflichtung freigestellt, eine Operation zu finanzieren, um eine psychische Störung zu beseitigen[162] oder intakte Amalgamfüllungen, die nicht zu einer (nachgewiesenen) Gesundheitsstörung geführt haben, gegen ein anderes Füllmaterial auszutauschen.[163]

56 **cc) Notwendige Versorgung.** Notwendig im Sinne einer Obergrenze der vertragsärztlichen Versorgung sind nur die Leistungen und Verordnungen, die nach Art und Umfang unentbehrlich, unvermeidlich und unverzichtbar sind.[164] Hierbei ist auf den Leistungszweck abzustellen, der insbesondere in der Erkennung und Heilung einer Krankheit

---

[154] S. Abschn IV 1 bb.
[155] S Abschn IV 1 bb.
[156] BSG vom 6. 10. 1999 B 1 KR 13/97 R; BSGE 70, 24.
[157] BSGE 76, 194 = SozR 3–2500 § 27 Nr. 5.
[158] BAnz. 2000 Nr. 56 S. 4602.
[159] BSGE 84, 90; BSGE 81, 54.
[160] BSGE 85, 56 (Amalgam); BSGE 76, 194 = SozR 3–2500 § 27 Nr. 5.
[161] BSGE 85, 56 (Amalgam).
[162] BSGE 72, 96; BSGE 82, 158.
[163] BSGE 85, 56 (Amalgam).
[164] BSG SozR 2200 § 182b Nr. 26.

und in der Verhütung einer Verschlimmerung sowie in der Linderung von Krankheitsbeschwerden und Verlängerung des Lebens[165] für eine begrenzte Zeit besteht (§§ 11 Abs. 1, 2, 27 Abs. 1 Satz 1 SGB V). Im Zusammenhang mit diesem Teilgebot stellt sich auch die Frage der Leistungszuständigkeit der gesetzlichen Krankenversicherung im Verhältnis zur Sozialhilfe, deren Ziel der Ausgleich der Bedürftigkeit in Bezug auf den allgemeinen Lebensunterhalt oder aktuelle besondere Bedarfe (z. B. Gesundheit) ist.

57 Entstehen durch die Wahl einer aufwändigeren Versorgung Mehrkosten, hat der Versicherte diese selbst zu tragen. Eine derartige Teilung der Kosten zwischen Krankenkasse und dem Versicherten setzt allerdings voraus, dass die Leistung teilbar ist und die Grundleistung als wesentlicher Teil dem Leistungskatalog der gesetzlichen Krankenversicherung angehört.[166] Dieser Grundsatz, der in einigen Vorschriften des Leistungsrechts enthalten ist (§§ 33 Abs. 3 Satz 3, 39 Abs. 2 SGB V), ist nicht anzuwenden, wenn die Mehrleistung ein „aliud" zur Grundleistung ist.

58 **dd) Wirtschaftlichkeit im engeren Sinne (i. e. S.).** Bestehen mindestens zwei Behandlungsmöglichkeiten, die gleichermaßen die Teilgebote einer ausreichenden, zweckmäßigen und notwendigen Versorgung erfüllen, stellt sich die Frage der Wirtschaftlichkeit i. e. S. Es ist die ärztliche Maßnahme wirtschaftlich i. e. S., die den angestrebten Leistungszweck mit dem geringsten finanziellen Aufwand erreicht. Hierbei geht es nicht ausschließlich um eine ökonomische Kosten-Nutzen-Analyse; in die Überlegungen sind auch qualitative Aspekte wie Art, Dauer und Nachhaltigkeit des Heilerfolges einzubeziehen.[167]

59 Der Teilbegriff Wirtschaftlichkeit erfordert somit eine Gesamtabwägung zwischen Kosten und Heilerfolg (Kosten-Nutzen-Vergleich). Wirtschaftlich ist danach die Heilbehandlung, bei der die günstigste Kosten-Nutzen-Relation besteht. Bei den Kosten sind der Gesamtpreis der zu erbringenden Leistung, bei dem Nutzen die Art, Dauer und Nachhaltigkeit des Heilerfolgs, aber auch die Dauer der Behandlung und die Gefährdung des Patienten zu berücksichtigen. Stehen in diesem Sinne mehrere gleichermaßen ausreichende, zweckmäßige und notwendige Heilbehandlungen zur Verfügung, kommt es vorrangig auf den Preis an. Der Vergleich ist aber nur mit von der Krankenkasse geschuldeten Leistungen zu ziehen.[168] D. h ein Kostenvergleich außervertraglicher Leistungen mit von den Krankenkassen zu übernehmenden Leistungen ist hier sinnlos.[169]

60 **f) Humanität.** Trotz der Verrechtlichung der Medizin und der Kommerzialisierung des Arztberufs darf der Sinn ärztlichen Handelns nicht übersehen werden, nämlich das Bemühen, dem Kranken zu helfen. Dabei ist die ärztliche Leistung geprägt von dem Gebot der Nächstenliebe und der Humanität.[170] § 70 Abs. 2 SGB V verpflichtet die Krankenkassen und Leistungserbringer durch geeignete Maßnahmen auf eine humane Krankenbehandlung ihrer Versicherten hinzuwirken. Auch wenn in dieser Vorschrift weitgehend ein Programmsatz zu sehen ist, der das Verhältnis des Arztes zum Patienten betrifft, lassen sich doch daraus in der vertragsärztlichen Versorgung Vorgaben für die Anwendung schonender Untersuchungs- und Behandlungsmethoden, die Leistungserbringung in stationären Hospizen (§ 39 a SGB V) und die Bereitstellung ausreichender personeller und sächlicher Ausstattung bei ambulanten Operationen ableiten.

---

[165] BSGE 47, 83.
[166] BSG SozR 3–2500 § 30 Nr. 7; BSG vom 3. 12. 1997 6 RKa 40/96.
[167] BSGE 52, 79; BSGE 52, 134; BSGE 64, 255; *Hauck/Haines-Noftz* § 2 Rdn. 23.
[168] BSGE 55, 188; BSGE 76, 101; BSG SozR 3–2500 § 13 Nr. 9.
[169] BSG vom 26. 7. 2004 B 1 KR 30/04 B; BSGE 79, 125.
[170] *Laufs* in: Laufs/Uhlenbruck, Handbuch des Arztrechts, 1999, § 39, Rdn. 7 m. w. N.

III. Ärztliche Leistungserbringung

1. Arztmonopol

61 Nach § 15 Abs. 1 Satz 1 SGB V wird die ärztliche oder zahnärztliche Behandlung von Ärzten oder Zahnärzten erbracht, d.h. von Personen mit staatlicher Approbation als Arzt oder Zahnarzt entsprechend dem ärztlichen Berufsrecht (Arztvorbehalt).[171] Normzweck ist das Bestreben des Gesetzgebers, die Erkenntnisse der medizinischen Wissenschaft zur Grundlage der medizinischen Versorgung zu machen (vgl. § 2 Abs. 1 Satz 3 SGB V) sowie ausreichende Ausbildung, Kontrolle und Überwachung der Heilpersonen zu gewährleisten.[172] Die Krankenbehandlung umfasst nicht nur die ärztliche Behandlung einschließlich Psychotherapie durch Ärzte, sondern auch die psychotherapeutische Behandlung, die durch psychologische Psychotherapeuten und Kinder- und Jugendlichenpsychotherapeuten erbracht wird, soweit sie zur psychotherapeutischen Behandlung zugelassen sind (§§ 27 Abs. 1 Satz 2 Nr. 1, 28 Abs. 3 Satz 1 SGB V). Die psychotherapeutische Behandlung kann aber auch durch Vertragsärzte entsprechend den Richtlinien gem. § 92 SGB V durchgeführt werden (§ 28 Abs. 3 Satz 1 SGB V).

62 Das Arztmonopol steht in engem Zusammenhang mit der grundsätzlichen Verpflichtung des Vertragsarztes zur persönlichen Leistungserbringung[173] (§ 32 Abs. 1 Satz 1 Ärzte-ZV; § 32 Zahnärzte-ZV).

63 Nach der Art der Leistungen ist zu unterscheiden zwischen den nicht delegationsfähigen, generell delegationsfähigen und im Einzelfall delegationsfähigen Leistungen. Nicht delegationsfähig sind Leistungen, die wegen ihrer Schwierigkeiten, Gefährlichkeit oder Unvorhersehbarkeit etwaiger Reaktionen ärztliches Fachwissen erfordern (Diagnostik, Untersuchungen, Beratung, Operationen, ferner schwierige Injektionen, Infusionen und Blutentnahmen). Generell delegationsfähig an nichtärztliche Mitarbeiter sind u.a. Laborleistungen, Röntgenleistungen, Dauerkatheterwechsel und der Wechsel einfacher Verbände. Zu den im Einzelfall delegationsfähigen Leistungen gehören Injektionen, Infusionen und Blutentnahmen, sofern ein persönliches Tätigwerden des Arztes nach Art und Schwere des Eingriffs nicht erforderlich ist und der nichtärztliche Mitarbeiter die erforderliche Qualifikation, Zuverlässigkeit und Erfahrung aufweist.[174]

64 Eine Ausnahme vom **Gebot der persönlichen Leistungserbringung** ist die Regelung, wonach der Vertragsarzt mit Genehmigung des Zulassungsausschusses einen ganztags beschäftigten Arzt bzw. zwei halbtags beschäftigte Ärzte anstellen kann (§§ 32, 32b Ärzte-/Zahnärzte-ZV)[175] sowie die Zulässigkeit der Praxisvertretung nach Maßgabe der §§ 32, 32a Zahnärzte-ZV.

2. Hilfstätigkeit anderer Personen

65 Eine weitere Ausnahme vom Arztmonopol sind unselbstständige **Hilfeleistungen** anderer Personen (z.B. Praxishelferinnen, medizinisch-technischer Assistent(inn)en),[176] die nur in beschränktem Umfang zulässig sind (§ 73 Abs. 2 Nr. 6 SGB V). Die delegations-

---

[171] Bundesärzteordnung, Approbationsordnung für Ärzte, Gesetz über die Ausübung der Zahnheilkunde; Approbationsordnung für Zahnärzte.

[172] BSGE 48, 47; BSGE 53, 144; BSG SozR 2200 § 182 Nr. 48.

[173] Dazu *Steinhilper,* Persönliche Leistungserbringung in der ambulanten vertragsärztlichen Versorgung, in Halbe/Schirmer, Handbuch. Kooperationen im Gesundheitswesen (Rechtsformen und Gestaltungsmöglichkeiten), 2005.

[174] *Uhlenbruck* in Laufs/Uhlenbruck, Handbuch des Arztrechts, 1999, § 47, Rdn. 4f.; *Peikert,* MedR 2000, 352.

[175] Vgl. Art. 33 § 3 Abs. 3, 4 GSG; *Zipperer* NZS 1993, 53.

[176] Vgl. Gesetz über technische Assistenten in der Medizin (MTA-Gesetz) vom 2. 8. 1993 (BGBl. I S. 1402).

fähigen Hilfeleistungen müssen vom Arzt angeordnet und unter seiner Verantwortung erbracht werden (§ 15 Abs. 1 Satz 2 SGB V). Der Arzt muss daher persönlich die Hilfsperson je nach den Erfordernissen anleiten und überwachen sowie den Behandlungserfolg kontrollieren.[177]

66 Es ist weiter zu differenzieren zwischen den unselbstständigen, d.h. fachlich angewiesenen und beaufsichtigten, Hilfeleistungen (z.B. durch Sprechstundenhilfe), die Teil der ärztlichen Behandlung sind,[178] und den selbstständigen, d.h. eigenverantwortlichen, Hilfstätigkeiten anderer Heilberufe (z.B. die Erbringung ärztlich verordneter Heilmittel durch Masseure, Krankengymnasten, Fußpfleger). Je nach den medizinischen Erfordernissen hat der Arzt die in der Praxis tätige Hilfsperson anzuleiten und zu überwachen und den Behandlungserfolg zu kontrollieren.[179] Auch außerhalb der ärztlichen Praxis müssen Hilfspersonen bezüglich der Behandlungstätigkeit kontrolliert werden.[180]

67 Ein weiterer Fall zulässiger Hilfstätigkeit[181] ist die Delegation psychotherapeutischer Leistungen an nichtärztliche Psychotherapeuten[182] und Psychagogen entsprechend den Psychotherapie-Richtlinien[183] und der Psychotherapie-Vereinbarung[184] sowie die Erbringung zahntechnischer Leistungen durch selbstständig tätige Zahntechniker (§ 88 SGB V).[185]

68 Die o.g. Hilfeleistungen sind zu unterscheiden von den verordneten **Drittleistungen,** die vom Arzt zwar veranlasst werden, deren Leistungserbringung aber außerhalb der vertragsärztlichen Versorgung stattfindet (z.B. Apotheker).[186]

69 Keine ärztliche Behandlung ist die ärztlich verordnete, aber nicht überwachte häusliche Anwendung medizinischer Geräte.[187]

3. Teilnahmeberechtigung an der vertragsärztlichen Versorgung

70 Der Arztvorbehalt als Grundvoraussetzung für die Krankenbehandlung[188] wird modifiziert durch § 95 Abs. 1 SGB V, wonach an der vertragsärztlichen Versorgung zugelassene und ermächtigte Ärzte sowie ermächtigte ärztlich geleitete Einrichtungen teilnehmen. Gesetzliche Grundlage für die Ermächtigung von Krankenhausärzten mit abgeschlossener Weiterbildung ist § 116 SGB V. Daraus ergibt sich eine grundsätzliche Teilnahmepflicht an der vertragsärztlichen Versorgung, nämlich die Versicherten nach Maßgabe der Bedingungen der gesetzlichen Krankenversicherung zu behandeln.[189] Andere approbierte Ärzte oder nicht zugelassene ärztlich geleitete Einrichtungen dürfen sich nur in Notfällen im Rahmen der vertrags- oder vertragszahnärztlichen Versorgung betätigen (§ 76 Abs. 1 Satz 2 SGB V). Zur ärztlichen Behandlung gehört außerdem gem. § 73 Abs. 1 Satz 2

---

[177] BSG SozR Nr. 1 zu § 122 RVO; BSG SozR 2200 § 182 Nr. 48; BSG SozR 2200 § 368 Nr. 4; BSGE 29, 27.

[178] BSG SozR Nr. 1 zu § 122 RVO.

[179] BSG SozR Nr. 1 zu § 122 RVO; BSG SozR 2200 § 182 Nr. 48.

[180] BSGE 23, 176; BSGE 29, 27; BSGE 39, 288 (Auftragslabor).

[181] Z.B. Leistungen der physikalischen Therapie, Sprachtherapie, Beschäftigungstherapie (BSGE 29, 27).

[182] Zur selbstständigen Leistungserbringung durch Psychotherapeuten vgl. Nr. 3 und Kap. 14.

[183] S. hierzu die Psychotherapie-Richtlinien (zum früheren Recht) vom 3. 7. 1987 (BAnz. Nr. 156, Beil Nr. 156a), geändert am 17. 12. 1996 (BAnz. 1997, S. 2946); wegen der Einbeziehung der Psychotherapeuten in die vertragsärztliche Versorgung sind die Psychotherapie-Richtlinien mit Wirkung zum 1. 1. 1999 neu gefasst worden, BAnz. 1999 Nr. 6; hierzu *Woggon* KrV 1999, 53; *Behnsen* KrV 1998, 70.

[184] BSGE 48, 47; BSG SozR 2200 § 182 Nr. 48; BSGE 72, 227; BSG SozR 3–5540 § 4 Nr. 1.

[185] BGH ArztR 1973, 45.

[186] BSGE 33, 30.

[187] BSGE 37, 130 (Ultraschall-Vernebler).

[188] BSGE 53, 144.

[189] Zu den Grenzen der Behandlungsverweigerung vgl. *Hecker,* MedR 2001, 224; zur Behandlungsverweigerung vgl. *Krieger,* MedR 1999, 519.

SGB V die ambulante Behandlung von psychischen, aber auch somatischen Störungen, in einem in den Psychotherapie-Richtlinien zugelassenen Behandlungsverfahren.[190]

71 Durch das am 1. 1. 1999 in Kraft getretene Psychotherapeutengesetz vom 16. 6. 1998 (BGBl. I S. 1311 i.d.F. vom 19. 12. 1998 BGBl. I S. 3859) werden die Psychotherapeuten in die vertragsärztliche Versorgung integriert. Sie wurden bis dahin auf Grund der Psychotherapie-Richtlinien des Bundesausschusses der Ärzte und Krankenkassen im Delegationsverfahren tätig. Das BVerfG hat für Recht erkannt, dass die Aufhebung der Delegationsberechtigung wie eine Zulassungsentziehung zur vertragsärztlichen Versorgung auch verfahrensmäßigen Anforderungen, wie z.B. der aufschiebenden Wirkung von Widerspruch und Klage, entsprechen muss.[191]

IV. Vertragsärztliche Tätigkeit

1. Leistungsarten

72 **a) Ärztliche Untersuchungs- und Behandlungsmethoden (§ 73 Abs. 2 Nr. 1 SGB V). aa) Leistungsinhalt.** Nach dem Leistungsrecht ist die ärztliche Behandlung die Tätigkeit des Arztes, die zur Verhütung, Früherkennung und Behandlung von Krankheiten nach den Regeln der ärztlichen Kunst ausreichend und zweckmäßig ist (§ 28 Abs. 1 Satz 1 SGB V); zur Behandlung gehört auch die vom Arzt angeordnete und von ihm verantwortete Hilfeleistung anderer Personen (§ 28 Abs. 1 Satz 2 SGB V). Hieran knüpft das Vertragsarztrecht durch § 73 Abs. 2 Nr. 1 SGB V an, so dass die vertragsärztliche Behandlung die Verhütung, Früherkennung und Behandlung von Krankheiten nach den Regeln der ärztlichen Kunst einschließlich der Anordnung der Hilfeleistungen anderer Personen umfasst.[192]

72a Nach § 28 Abs. 4 SGB V zahlen Versicherte ab 1. 1. 2004, die das 18. Lebensjahr vollendet haben, für jede erste Inanspruchnahme eines an der ambulanten ärztlichen, zahnärztlichen oder psychotherapeutischen Versorgung teilnehmenden Leistungserbringers, die nicht auf Überweisung aus demselben Kalendervierteljahr erfolgt, als Zuzahlung 10 EUR (§ 61 Satz 2 SGB V) an den Leistungserbringer. Die Gebühr fällt also bei Inanspruchnahme von Vertragsärzten, medizinischen Versorgungszentren, ermächtigten Ärzten oder ärztlich geleiteten Einrichtungen, Krankenhäusern nach § 116b SGB V und an der integrierten Versorgung (§ 140b SGB V) sowie hausarztzentrierten Versorgung (§ 73b SGB V) teilnehmenden Leistungserbringern an. Eine Weiterbehandlung auf Grund einer im vergangenen Quartal ausgestellten Überweisung löst eine neue Praxisgebühr aus. Sie ist mehrmals zu entrichten, wenn die Behandlung sich über mehrere Quartale hinzieht, dagegen spielen die Art, Anzahl der Erkrankungen und Häufigkeit der Arztbesuche im Kalendervierteljahr keine Rolle. Der Gesetzgeber will damit die Eigenverantwortung der Versicherten stärken; aus sozialen Gründen wird die zusätzliche Beteiligung der Versicherten an der Konsolidierung der Finanzen der gesetzlichen Krankenversicherung in bestimmten Ausnahmefällen reduziert. Die Zuzahlung darf zusammen mit weiteren Zuzahlungen 2 v.H., bei chronisch Kranken 1 v.H. des Bruttoeinkommens nicht übersteigen (§ 62 Abs. 1 SGB V). Sie fällt nicht an für die Inanspruchnahme von Schutzimpfungen gem. § 23 Abs. 9 SGB V, Gesundheitsuntersuchungen (§ 25 SGB V), zahnärztlichen Untersuchungen nach § 55 Abs. 1 Satz 4, 5 SGB V, Maßnahmen zur Schwangerschaftsvorsorge (§ 196 Abs. 1 RVO, § 23 Abs. 1 KVLG). Soweit Versicherte Kostenerstattung gewählt haben, wird die Zuzahlung von der Krankenkasse in Abzug gebracht (§ 13 Abs. 2 Satz 9 SGB V). § 43b Abs. 2 SGB V regelt den Zahlungsweg für die Zuzahlung. Der Leistungserbringer hat sie einzubehalten; sein Vergütungsanspruch gegenüber der Krankenkasse,

---

[190] *Hauck/Haines-Klückmann* § 73, Rdn. 26a.
[191] BVerfG vom 22. 12. 1999 1 BvR 1657/99; s auch *Kingreen* NZS 2000, 105.
[192] § 73 Abs. 2 Nr. 3, 6 SGB V hat daher nur klarstellende Funktion.

Kassen(zahn)ärztlichen Vereinigung verringert sich dementsprechend. In der Höhe der einbehaltenen Praxisgebühren verringert sich auch die an die Kassen(zahn)ärztliche Vereinigung zu entrichtende Vergütung. Für die übrigen Zuzahlungen gilt § 43b Abs. 1 SGB V: Die Leistungserbringer haben die Zahlungen einzuziehen und mit ihrem Vergütungsanspruch zu verrechnen. Zahlt der Versicherte trotz gesonderter schriftlicher Aufforderung durch den Leistungserbringer nicht, hat die Krankenkasse die Zahlung einzuziehen.

bb) Neue Untersuchungs- und Behandlungsmethoden. Das am 1. 1. 1989 durch das Gesundheitsstrukturgesetz (GRG)[193] in Kraft getretene SGB V enthält in § 2 Abs. 1 unter Bezugnahme auf das Wirtschaftlichkeitsgebot (§ 12 SGB V) die Regelung, dass Behandlungsmethoden, Arznei- und Heilmethoden der besonderen Therapierichtungen nicht ausgeschlossen sind. **Qualität und Wirksamkeit** der Leistungen haben dem allgemein anerkannten[194] Stand der medizinischen Erkenntnisse zu entsprechen und den medizinischen Fortschritt zu berücksichtigen.[195] Ergänzend findet sich in § 34 Abs. 2 SGB V (später § 34 Abs. 3 SGB V i. d. F. des Gesundheitsstrukturgesetzes: Ausgeschlossene Arznei-, Heil-, und Hilfsmittel) der Hinweis, dass zu den besonderen Therapierichtungen[196] die Homöopathie, Phytotherapie und die Anthroposophie zählen. Nach der Gesetzesbegründung zu § 2 Abs. 1 SGB V[197] sind Leistungen ausgeschlossen, die mit wissenschaftlich nicht anerkannten Methoden erbracht werden. Neue Verfahren, die nicht ausreichend erprobt sind, oder Außenseitermethoden (paramedizinische Verfahren), die zwar bekannt sind, aber sich nicht bewährt haben, lösen keine Leistungspflicht der Krankenkassen aus. Es ist nicht die Aufgabe der Krankenkassen, die medizinische Forschung zu finanzieren. Das gilt auch dann, wenn neue Methoden im Einzelfall zu einer Heilung der Krankheit oder Linderung der Krankheitsbeschwerden führen.[198] **73**

Weitere gesetzliche Vorgaben enthalten das für Versicherte, Krankenkassen und Leistungserbringer gleichermaßen geltende **Wirtschaftlichkeitsgebot** als übergreifende Norm im Leistungs- und Leistungserbringungsrecht (§§ 12, 70 SGB V), wonach sich die Leistungen auf das Ausreichende, Zweckmäßige, Wirtschaftliche und Notwendige (Teilgebote) beschränken, sowie das Gebot einer humanen Krankenbehandlung (§ 70 Abs. 2 SGB V). § 28 SGB V bindet den Behandlungsstandard an die Regeln der ärztlichen Kunst und § 135 SGB V sieht in seiner Neufassung[199] vor, dass neue Untersuchungs- und Behandlungsmethoden zu Lasten der Krankenkassen nur erbracht werden dürfen, wenn die Bundesausschüsse der Ärzte und Krankenkassen in Richtlinien Empfehlungen abgegeben haben über die Anerkennung des diagnostischen und therapeutischen Nutzens der neuen Methode sowie deren medizinische Notwendigkeit und Wirtschaftlichkeit – auch im Vergleich bereits zu Lasten der Krankenkassen erbrachter Methoden – nach dem jeweiligen Stand der wissenschaftlichen Erkenntnisse in der jeweiligen Therapierichtung. Rechtssystematisch lassen sich diese gesetzlichen Zielvorgaben den o. g. Teilgeboten des Wirtschaftlichkeitsprinzips (§§ 12, 70 SGB V), insbesondere der Maxime der Zweckmäßigkeit, zuordnen. Das Wirtschaftlichkeitsgebot soll nicht nur die Solidargemeinschaft der Versicherten angesichts der knappen finanziellen Mittel vor unnötigen Ausgaben bewahren, sondern ihnen auch einen quantitativen und qualitativen Standard der ärztlichen Versor- **74**

[193] BGBl. I 2477.

[194] Vgl. hierzu die Urteile des BSG vom 16. 9. 1997 BSGE 81, 54 = SozR 3–2500 § 135 Nr. 5; BSGE 81, 73 = SozR 3–2500 § 92 Nr. 7.

[195] *Schirmer* in GK-SGB V, § 2 SGB V Rdn. 30f.; *KassKomm-Höfler* § 12 SGB V, Rdn. 16ff.; *Peters-Schmidt*, Handbuch der Krankenversicherung, § 27 SGB V, Rdn. 308; *Biehl/Ortwein* 1991, 529; *Schulin/Enderlein* ZSR 1990, 506; *Kirsten* SGb 1991, 237; *Schulin* ZSR 1994, 546; *Markgraf* DOK 1990, 670.

[196] Hierzu ausführlich *Zuck* NJW 1991, 2933; *ders.*, NZS 1999, 313.

[197] BT-Drucks 11/3480, 30, 49.

[198] Allgemein zu den besonderen Therapierichtungen *Zuck* NJW 1991, 2933.

[199] Gesetz vom 23. 6. 1997 (BGBl. I 1520).

gung garantieren. Damit gelten für die Krankenbehandlung höchst unterschiedliche Merkmale,[200] die sich zum Teil ausschließen.

75 In § 92 Abs. 1 Satz 2 Nr. 5 SGB V wird der Bundesausschuss der Ärzte und Krankenkassen verpflichtet, in Richtlinien über die Einführung neuer Untersuchungs- und Behandlungsmethoden zu beschließen (früher NUB-Richtlinien, nunmehr BUB-Richtlinien).[201] Deren Entscheidungen genießen aber keinen Bestandsschutz, da der Bundesausschuss auf Grund einer späteren Prüfung die positive Empfehlung mit Wirkung für die Zukunft rückgängig machen kann (§ 135 Abs. 1 Satz 2 SGB V). Nach § 92 Abs. 8 SGB V sind die Richtlinien Bestandteil der Bundesmantelverträge.

76 Die Entscheidung über die medizinisch ausreichende, zweckmäßige und notwendige Behandlung hat grundsätzlich zunächst der Vertragsarzt zu treffen,[202] d.h. er **konkretisiert** den Behandlungsanspruch des Versicherten auf bestimmte ärztliche Leistungen. Der Vertragsarzt kann aber bei einem Verstoß gegen den Wirtschaftlichkeitsgrundsatz, z.B. bei Nichtbeachtung der BUB- oder Arzneimittel-Richtlinien, Honorarkürzungen und Regressen sowie Disziplinarmaßnahmen[203] ausgesetzt sein (§§ 106, 81 Abs. 5 SGB V).

77 Bei der Prüfung eines Behandlungs- bzw. Kostenerstattungsanspruchs ist zu **differenzieren** zwischen der allgemeinen Wirksamkeit der fraglichen Methode und der Zweckmäßigkeit (d.h. Geeignetheit, Wirksamkeit) dieser Methode im konkreten Behandlungsfall, auch wenn bei beiden gedanklichen Schritten der gleiche Prüfungsmaßstab, nämlich das Gebot der Wirtschaftlichkeit (§ 12 SGB V), heranzuziehen ist. Dies hat zur Folge, dass bei ärztlichen Behandlungen nach den Methoden der Schulmedizin und der o.g. besonderen Therapierichtungen[204] i.S.d. Anthroposophie, Homöopathie und Phytotherapie (anders aber bei arzneimittelrechtlichen Beschränkungen) ein allgemeiner Wirksamkeitsnachweis der Methode regelmäßig nicht gefordert wird,[205] aber die Anwendung der Methode im konkreten Fall gegen das Wirtschaftlichkeitsgebot verstoßen kann. Handelt es sich dagegen um eine ärztliche Therapie nach der übrigen Außenseitermedizin müssen die allgemeine Wirksamkeit der Methode und die Wirksamkeit im konkreten Behandlungsfall, d.h. der Anwendung, ausreichend belegt sein. Eine Unaufklärbarkeit der Zweckmäßigkeit im Einzelfall geht stets nach den allgemeinen Regeln der Feststellungslast zum Nachteil des Versicherten.

78 Das BSG hat mit den Urteilen vom 16. 9. 1997[206] im Bereich der ambulanten Versorgung[207] die Rechtsprechung zu den NUB-Richtlinien (nunmehr BUB-Richtlinien) weiterentwickelt. Danach handelt es sich bei diesen Richtlinien (§ 92 Abs. 1 Satz 2 Nr. 5 SGB V) um untergesetzliche Rechtsnormen, die in Verbindung mit § 135 Abs. 1 SGB V verbindlich festlegen, welche neuen Untersuchungs- und Behandlungsmethoden Gegenstand der Leistungspflicht der Krankenkassen sind. Das BSG entnimmt § 135 Abs. 1 SGB V bezüglich neuer Untersuchungs- und Behandlungsmethoden ein Verbot mit Erlaubnisvorbehalt und leitet daraus ein Entscheidungsmonopol der Bundesausschüsse ab.

---

[200] *Von Wulffen* a.a.O.

[201] BAnz. 2000 Nr. 56, S. 4602.

[202] BSG SozR 3–2500 § 13 Nr. 4.

[203] BSG SozR 3–2500 § 2 Nr. 2.

[204] Das BSG nimmt eine besondere Therapierichtung erst an, wenn ein umfassendes Konzept (einzelne Maßnahmen genügen nicht) zur Behandlung verschiedener Erkrankungen vorliegt, das sich von der Schulmedizin abgrenzt, auf einem eigenen weltanschaulichen Denkansatz beruht und durch größere Teile der Ärzteschaft und weite Bevölkerungskreise anerkannt ist (BSG vom 16. 9. 1997 BSGE 81, 54; ferner BSGE 79, 41); hierzu auch *Schlenker* NZS 1998, 411.

[205] Falls nicht die Bundesausschüsse bei der Überprüfung des diagnostischen und therapeutischen Nutzens sowie der medizinischen Notwendigkeit und Wirtschaftlichkeit eine negative Empfehlung abgegeben haben (§ 135 Abs. 1 Satz 3 SGB V).

[206] BSGE 81, 73 (immuno-augmentative Therapie).

[207] Sie gilt also nicht für die stationäre Versorgung der Versicherten in Krankenhäusern und Rehabilitationseinrichtungen.

Neue[208] Untersuchungs- und Behandlungsmethoden sind solange von der Abrechnung zu Lasten der Krankenkassen und damit von der vertragsärztlichen Versorgung ausgeschlossen, bis sie von den Bundesausschüssen als zweckmäßig anerkannt worden sind.[209] Die Übertragung von Rechtssetzungsbefugnissen auf die Bundesausschüsse der Ärzte und Krankenkassen ist nach dem BSG mit dem Grundgesetz vereinbar. Maßnahmen zur Behandlung einer Krankheit, die so selten auftritt, dass ihre systematische Erforschung praktisch ausscheidet, sind vom Leistungsumfang der gesetzlichen Krankenversicherung nicht allein schon deshalb ausgeschlossen, weil der Bundesausschuss der Ärzte und Krankenkassen dafür keine Empfehlung abgegeben hat oder weil das dabei verwendete, in Deutschland nicht zugelassene Arzneimittel im Einzelfall aus dem Ausland beschafft werden muss.[210]

79 Diese Konstruktion ist in der Literatur aus verschiedenen Gründen kritisiert worden.[211] Die wesentlichen **verfassungsrechtlichen** Argumente sind, dass die Bundesausschüsse der Ärzte und Krankenkassen keine rechtsfähigen Anstalten oder Körperschaften des öffentlichen Rechts mit eigener Rechtssetzungsbefugnis sind, sondern lediglich Kooperationsgremien ohne Satzungsbefugnis. Außerdem sind die Richtlinien keine untergesetzlichen Rechtsnormen; denn für die Annahme von Rechtsverordnungen oder Satzungen fehlt es an einer Subdelegation bzw. einer Satzungsbefugnis und der numerus clausus zulässiger Rechtssetzungsformen[212] steht der Konstruktion eines weiteren Normtyps entgegen. Schließlich werden gegen die Rechtsnormverbindlichkeit der Richtlinien Einwendungen unter dem Gesichtspunkt der Wesentlichkeitstheorie im Zusammenhang mit der Berufsfreiheit (Art. 12 GG), der Unzulässigkeit dynamischer Verweisungen als Ausdruck des Rechtsstaatsprinzips (Art. 20 GG) und ein Verstoß gegen das Demokratieprinzip (Art. 20 GG) erhoben, da die Mitglieder der Bundesausschüsse der Ärzte und Krankenkassen mit Hilfe der Richtlinien über die Art der Leistungsansprüche der Versicherten bestimmen, aber von diesen demokratisch nicht legitimiert sind. Angegriffen wird auch die Auffassung des BSG,[213] dass die NUB-Richtlinien (jetzt BUB-Richtlinien) durch die Aufnahme in die Bundesmantelverträge dieselbe Rechtsnormqualität wie diese Verträge erhalten. Dem steht die Bezeichnung Richtlinie entgegen, der der Gesetzgeber in § 135 Abs. 1 SGB V die Bedeutung von Empfehlungen beilegt. Angesichts der erheblichen verfassungsrechtlichen Bedenken verdient die frühere Auffassung des BSG Beachtung, die in den Richtlinien maßgebende medizinische Erfahrungssätze gesehen hat, die unter Berücksichtigung des allgemein anerkannten Standes der medizinischen Erkenntnisse generalisierende Aussagen über die Effektivität und Effizienz einzelner Untersuchungs- und Behandlungsmethoden treffen.[214] Zu berücksichtigen ist auch, dass die Möglichkeiten zur Beseitigung der o.g.

---

[208] § 135 Abs. 1 Satz 2, 3 SGB V erweitert die Prüfungs- und Entscheidungskompetenz der Bundesausschüsse auf die zu Lasten der Krankenkassen erbrachten vertrags(zahn)ärztlichen Leistungen, ob sie hinsichtlich ihres diagnostischen und therapeutischen Nutzens der Methode, deren medizinischer Notwendigkeit und Wirtschaftlichkeit dem jeweiligen Stand der wissenschaftlichen Erkenntnisse entsprechen. Bei der Abgrenzung neuer von bereits anerkannten Behandlungsmethoden ist auf das Behandlungskonzept in seiner Gesamtheit und nicht auf die einzelnen medizinischen Maßnahmen abzustellen, BSGE 81, 54; BSG vom 2. 3. 1999 B 1 KR 32/98 B. Neue Laboruntersuchungsverfahren stellen nicht notwendig neue Untersuchungsmethoden i. S. d. § 135 SGB V dar, vgl. BSGE 84, 247.

[209] *Schlenker* NZS 1998, 411.

[210] BSGE 93, 236.

[211] *Wimmer*, a. a. O.; *Wimmer* NJW 1995, 1577; *Wimmer* MedR 1996, 425; *Papier* VSSR 1990, 123; *von Zezschwitz*, Freundesgabe für A. Söllner, 1990, 645; *Hill* NJW 1982, 2104; *Clemens* MedR 1996, 432; *Krause* VSSR 1990, 107; *Jörg* in Wienke ua, Die ärztliche Berufsausübung in den Grenzen der Qualitätssicherung, S. 123; s. auch Rdn. 23ff.

[212] S. aber § 10, Rdn. 38ff.; BVerfGE 100, 249, 258, Festschrift 50 Jahre BSG, 2004, 459.

[213] BSG SozR 3–2500 § 92 Nr. 6 = MedR 1997, 123; *Hess* in: Kasseler Kommentar, § 92 SGB V, Rdn. 4, 21.

[214] BSGE 63, 163 = SozR 2200 § 368p Nr. 2; BSG SozR 3–2500 § 106 Nr. 18.

verfassungsrechtlichen Defizite sehr begrenzt sind. Dies gilt z. B. für den Erlass der BUB-Richtlinien in Form einer Bundesverordnung oder die Abstimmung über dieser Richtlinien als Satzungsnormen durch die Vertragsärzte und Versicherten. Die mit den Urteilen vom 16. 9. 1997 eingeleitete neue Rechtsprechung des BSG zu den Richtlinien hat überdies zur Folge, dass den Gerichten in den wesentlichen Streitfragen der Anwendung des Wirtschaftlichkeitsgebots im Recht der gesetzlichen Krankenversicherung der Entscheidungsspielraum erheblich beschnitten wird; die Gerichte haben zumeist nur die Ansicht der Bundesausschüsse der Ärzte und Krankenkassen zu vollziehen, ohne dass diese eine Begründung für ihre Entscheidung angegeben haben.[215] Gitter wendet gegen diese Entscheidungen des BSG ein, dass das Antragsverfahren und die Entscheidungsfindung der Bundesausschüsse unklar sind.[216] Francke sieht in diesen Entscheidungen des BSG die Einführung eines Zulassungsverfahrens für persönliche Dienstleistungen, das kompetenzrechtliche (Art. 12 Abs. 1 Nr. 12 GG) sowie berufsrechtliche (Art. 12 Abs. 1 GG, Art. 2 Abs. 1, 2 GG) Fragen aufwirft und eine angemessene Verfahrensgestaltung erfordert.[217]

80 Diese, in der sozialrechtlichen Literatur erhobenen Bedenken sind allerdings in einem Rechtsstreit, in dem es um einen Behandlungs- bzw. Kostenerstattungsanspruch eines Versicherten geht, nicht prozessentscheidend. Selbst wenn den BUB-Richtlinien keine Rechtsnormqualität beizulegen ist, sind sie nach der o. g. früheren höchstrichterlichen Rechtsprechung als maßgebende **medizinische Erfahrungssätze** anzusehen.[218] Die Frage der Wirksamkeit der Richtlinien ist allerdings in vertragsärztlichen Verfahren von Bedeutung (z. B. Disziplinarverfahren).

81 Der **Vorzug der neuen Rechtsprechung** des BSG zu den neuen Untersuchungs- und Behandlungsmethoden liegt aber darin, dass sie in Verfahren über ärztliche Behandlungen, die nicht oder noch nicht der wissenschaftlich anerkannten Medizin angehören, für eine einheitliche Rechtsanwendung und ein hohes Maß an Rechtssicherheit und Rechtsklarheit für Versicherte, Ärzte und Krankenkassen gesorgt hat. Im Einzelnen: Das BSG hat in den Urteilen vom 16. 9. 1997[219] zu den neuen Untersuchungs- und Behandlungsmethoden unter Fortführung des Remedacen-Urteils[220] über **zwei Fallkonstellation** entschieden,[221] nämlich die Bundesausschüsse haben eine verbindliche (positive oder negative) Stellungnahme oder sie haben keine Stellungsnahme abgegeben. Nach dem BSG schließt § 135 Abs. 1 SGB V die Leistungspflicht der Krankenkassen für eine neue[222] Untersuchungs- und Behandlungsmethode solange aus, bis diese vom zuständigen Bundesausschuss der Ärzte und Krankenkassen als zweckmäßig anerkannt wird.[223] D. h. auch bei

---

[215] Gesetzgeber und Verwaltung unterliegen dagegen einer Begründungspflicht; in einem Rechtsstreit wird daher von den Gerichten häufig eine Begründung der Bundesausschüsse angefordert.

[216] *Gitter* SGb 1999, 1 ff.

[217] *Francke* SGb 1999, 5.

[218] BSGE 63, 163 = SozR 2200 § 368 p Nr. 2; BSG SozR 3–2500 § 106 Nr. 18.

[219] BSGE 81, 54 = SozR 3–2500 § 135 Nr. 4 SGB V.

[220] SozR 3–2500 § 27 Nr. 5 = BSGE 76, 194: Danach gehört eine Behandlungsmethode erst dann zum Leistungsumfang der gesetzlichen Krankenversicherung, wenn die Erprobung abgeschlossen ist und über Qualität und Wirksamkeit der neuen Methode zuverlässige, wissenschaftlich nachprüfbare Aussagen gemacht werden können. Sie setzt einen Erfolg der Behandlungsmethode in einer für die sichere Beurteilung ausreichenden Zahl von Behandlungsfällen voraus. Dabei muss sich der Erfolg aus wissenschaftlich einwandfrei geführten Statistiken über die Zahl der behandelten Fälle und die Wirksamkeit der neuen Methode ablesen lassen.

[221] Zum Verhältnis zum Remedacen-Urteil *Zuck* NZS 1999, 313.

[222] „Neu" ist nach dem BSG jede Untersuchungs- und Behandlungsmethode, die noch nicht als abrechnungsfähige ärztliche Leistung im Einheitlichen Bewertungsmaßstab (EBM) enthalten ist (vgl. Ziff. 5 NUB-Richtlinien; Ziff. 2.1 Richtlinien über die Bewertung ärztlicher Untersuchungs- und Behandlungsmethoden gemäß § 135 Abs. 1 SGB V – BUB-Richtlinien, BAnz. 2000 Nr. 56 S. 4602.

[223] Zur Rechtspflicht zur Antragstellung an den Bundesausschuss bei neuen und umstrittenen Verfahren: *Schlenker* NZS 1998, 411; *ders.*, zu den Auswirkungen der Außenseitermedizin auf den Leistungswettbewerb der Krankenkassen.

fehlender Entscheidung der Bundesausschüsse ist die Anwendung einer neuen Untersuchungs- und Behandlungsmethode zu Lasten der Krankenkassen in der Regel ausgeschlossen. Damit unterliegen echte Neulandverfahren der Medizin und altbekannte Außenseitermethoden dem Beurteilungsmonopol der Bundesausschüsse.[224] Die Beurteilungsmaßstäbe der Bundesausschüsse beruhen auf einer „Evidence Based Medicine“,[225] also auf einem medizinischen Leistungsstandard durch wissenschaftlich gesicherte Behandlungsleitlinien, die eine zweckmäßige (§ 12 Abs. 1 Satz 1 SGB V) ärztliche Versorgung der Versicherten im Einzelfall gewährleisten sollen.

82 Hat der Bundesausschuss über die Anerkennung einer neuen Methode ohne sachlichen Grund nicht oder nicht rechtzeitig entschieden, kann ausnahmsweise ein Kostenerstattungsanspruch des Versicherten nach § 13 Abs. 3 SGB V in Betracht kommen, wenn die Wirksamkeit der Methode festgestellt wird. Das BSG hat in einem derartigen Fall des **Systemversagens** gefordert, dass die Wirksamkeit der neuen Untersuchungs- und Behandlungsmethode in einer für die sichere Beurteilung ausreichenden Zahl von Behandlungsfällen auf Grund wissenschaftlich einwandfrei geführter Statistiken belegt werden muss.[226] Maßgebend ist der Zeitpunkt der tatsächlich durchgeführten Behandlung,[227] ein später erbrachter Wirksamkeitsnachweis ändert am Abrechnungsverbot nichts, muss aber zu einer entsprechenden Empfehlung führen.[228] Lässt sich die Wirksamkeit aus medizinischen Gründen nur begrenzt objektivieren, hängt die Einstandspflicht der Krankenkasse davon ab, ob sich die fragliche Methode in der Praxis und in der medizinischen Fachdiskussion durchgesetzt[229] hat.[230] Davon ist auszugehen, wenn die Methode in der medizinischen Fachdiskussion eine breite Resonanz gefunden hat und von einer erheblichen Zahl von Ärzten angewandt wird. Der Konsens über die Zweckmäßigkeit einer Behandlungsmethode ist das äußerlich feststellbare Merkmal des ausreichenden Nachweises der Wirksamkeit und der allgemeinen Anerkennung in den Fachkreisen.[231] Der Bundesausschuss entscheidet nicht selbst über den medizinischen Nutzen der Methode. Er hat sich vielmehr einen Überblick über die veröffentlichte Literatur und die Meinung der einschlägigen Fachkreise zu verschaffen und danach festzustellen, ob ein durch wissenschaftliche Studien hinreichend untermauerter Konsens über die Qualität und Wirksamkeit der Behandlungsweise besteht.[232] Während für das BSG im Remedacen-Urteil ein wissenschaftlich geführter Erfolgsnachweis[233] entscheidend war, hat es mit der neuen Rechtsprechung weitgehend eine prozedurale Lösung angewendet, die die Gerichte von medizinisch-fachlichen Entscheidungen entlastet[234] und den Bundesausschüssen die in der Regel für Krankenkassen und Gerichte maßgebende Entscheidung überantwortet.[235] Die Grundsätze des Remedacen-Urteils können somit nur noch zum Zuge kommen, wenn bei fehlender Anerkennung durch den Bundesausschuss ein Systemmangel[236] vorliegt und sich die Wirksamkeit der neuen Untersuchungs- oder Behand-

---

[224] *Schlenker* NZS 1998, 411.

[225] *Schlenker* NZS 1998, 411; *Zuck* NZS 1999, 313.

[226] Bestätigt durch BSGE 86, 54 = NZS 2001, 203 und BSG KrV 2000, 177 (autologe Tumorvakzine).

[227] BSG SozR 3–2500 § 135 Nr. 12; BSGE 86, 54.

[228] BSG SozR 3–2500 § 135 Nr. 12.

[229] Die Gerichte entscheiden hier also nach anderen Kriterien als die Bundesausschüsse.

[230] Zustimmend *Zuck* NZS 1999, 313; *Schlenker* NZS 1998, 411.

[231] BSG vom 23. 2. 2004 B 1 KR 28/02 B.

[232] BSG NZS 2004, 99.

[233] Kritisch hierzu *Hart* MedR 1998, 8; ferner *Laufs/Uhlenbruck*, Handbuch des Arztrechts, 1999, § 65, Rdn. 5ff.

[234] Kritisch zum „judical self restraint“ des BSG: *Schlenker* NZS 1998, 411.

[235] *Franck*, SGb 1999, 5.

[236] Z. B. Verzögerung oder Nichtentscheidung aus Willkür oder sachfremden Erwägungen; hierzu auch *Schlenker* NZS 1998, 411.

lungsmethode mit den dort genannten Beweismitteln und -anforderungen tatsächlich objektivieren lässt.

83 Bei **Arzneimitteln** ist zunächst zu differenzieren, ob die Verordnung, d. h. die Verwendung im konkreten Krankheitsfall,[237] ein zulassungspflichtiges oder zulassungsfreies Medikament betrifft.[238] Die Arzneimittelzulassung wird nicht generell, sondern nur für bestimmte Anwendungsgebiete erteilt.[239] Fehlt die erforderliche arzneimittelrechtliche Zulassung, d. h. wurde sie nicht beantragt oder abgelehnt, darf das Medikament nach der ständigen Rechtsprechung des BSG in der gesetzlichen Krankenversicherung nicht verordnet werden.[240] D. h. ein Versicherter hat weder einen entsprechenden Sachleistungsanspruch noch einen Kostenerstattungsanspruch. Der Ausschluss nicht zugelassener Arzneimittel ist verfassungsrechtlich unbedenklich.[241] Der Arzt ist jedoch in seiner Entscheidung frei, ob er ein zugelassenes Arzneimittel außerhalb des Rahmens der erteilten Zulassung verordnen bzw. anwenden will.[242] Allerdings hat das BSG mit Urteil vom 30. 9. 1999[243] unter Auseinandersetzung mit den vorangegangenen Urteilen[244] und in teilweisem Widerspruch dazu entschieden, dass sich die Leistungspflicht der gesetzlichen Krankenversicherung grundsätzlich nicht auf den nicht zulassungsentsprechenden Einsatz eines Arzneimittels erstreckt; denn hierfür ist die Wirksamkeit des Präparates nicht nachgewiesen und das Recht der Arzneimittelzulassung könnte umgangen werden. Eine Ausnahme von dem prinzipiellen Verbot der indikationsfremden Verordnung von Arzneimitteln im Recht der gesetzlichen Krankenversicherung ist im Rahmen der ambulanten[245] Behandlung nur in gravierenden Fällen möglich, wenn etwa eine lebensbedrohliche Erkrankung vorliegt und eine Alternative nicht zur Verfügung steht. Dieser sog. „Off-Label-Use" setzt voraus, dass es bei einer schweren Krankheit keine Behandlungsalternative gibt und nach dem Stand der wissenschaftlichen Erkenntnis die begründete Aussicht besteht, dass mit dem Medikament ein Behandlungserfolg erzielt werden kann.[246]

84 Ist eine Zulassung nicht erforderlich (z. B. bei Rezepturarzneimitteln), kann die Anwendung des Präparats die Qualität einer Behandlungsmethode i. S. v. § 135 Abs. 1 Satz 1 SGB V haben. Dies ist nach dem BSG anzunehmen, wenn der medizinischen Vorgehensweise ein eigenes **theoretisch-wissenschaftliches Konzept** zugrunde liegt, das sie von anderen Therapieverfahren unterscheidet und das ihre systematische Anwendung in der Behandlung bestimmter Krankheiten rechtfertigen soll.[247] Derartige Arzneimittel, die eine neue Methode verkörpern (§ 135 Abs. 1 Satz 1 SGB V), dürfen nur nach Prüfung und Empfehlung durch den Bundesausschuss der Ärzte und Krankenkassen angewendet werden.

85 **cc) Vertragsärztliche Tätigkeit in stationären Hospizen.** Unheilbar kranke Versicherte, die keiner Krankenhausbehandlung bedürfen und im Haushalt oder in der Familie ambulant nicht versorgt werden können, werden gem. § 39 a SGB V[248] in Hospizen stationär bzw. teilstationär u. a. palliativ-medizinisch behandelt.[249] Mit dem Hospizgedanken verfolgt der Gesetzgeber das Ziel, diesen Kranken in der letzten Lebensphase durch

---

[237] *Zuck* NZS 1999, 313.
[238] SozR 3–2500 § 34 Nr. 5.
[239] BSGE 85, 86 (SKAT-Therapie) = NJW 2000, 2764.
[240] BSGE 82, 233; BSGE 72, 252; BSG SozR 3–2500 § 31 Nr. 3.
[241] BVerfG NJW 1997, 3085.
[242] BGH NJW 1996, 1593.
[243] BSGE 85, 36 (SKAT-Therapie) = NJW 2000, 2764.
[244] BSGE 72, 252 (Goldnerz-Aufbaucreme); BSG SozR 3–2500 § 31 Nr. 3 (Edelfosin); BSGE 76, 194 (Remedacen); BSG BSGE 82, 233 (Jomol).
[245] Bei der stationären Behandlung stellt sich dieses Problem nicht.
[246] BSGE 89, 184.
[247] BSGE 82, 233.
[248] Eingefügt durch Gesetz vom 23. 6. 1997 (BGBl. I 1520) mit Wirkung vom 1. 1. 1997.
[249] Zu den weiteren Leistungen gehört z. B. die geistig-seelische Betreuung durch Seelsorger.

Sterbebegleitung ein menschenwürdiges Leben bis zum Tod zu ermöglichen. Hospize sind kleine, interdisziplinäre Einrichtungen, in denen neben Unterkunft und Verpflegung auch Pflege sowie eine geistig-seelische Sterbebegleitung vorgesehen ist. Die palliativ-medizinische Behandlung, die vorwiegend in der Linderung von Krankheitsbeschwerden besteht (§ 27 Abs. 1 Satz 1 SGB V), wird ambulant von Vertragsärzten erbracht und ist Teil der ambulanten vertragsärztlichen Versorgung gem. §§ 73ff. SGB V. Sie kann auch psychotherapeutische Leistungen und Maßnahmen nichtärztlicher Hilfskräfte nach Maßgabe des § 15 Abs. 1 SGB V einschließen. Art und Umfang dieser Versorgung vereinbaren die Spitzenverbände der Krankenkassen gemeinsam und einheitlich mit den für die Wahrnehmung der Interessen der Hospize maßgeblichen Spitzenorganisationen (§ 39a Satz 4 SGB V). Die Versicherten haben darüber hinaus keinen Anspruch auf stationäre Versorgung im Hospiz als Sach- und Dienstleistung, sondern erhalten hierzu lediglich einen Zuschuss nach Maßgabe der Satzung der Krankenkasse.[250]

dd) Ambulante Operationen. Ambulante Operationen können sowohl im Krankenhaus (§§ 39, 107, 115b SGB V), als auch in der vertragsärztlichen Praxis (§§ 27 Abs. 1 Satz 2 Nr. 1, 28 Abs. 1 Satz 1 SGB V) zu Lasten der gesetzlichen Krankenkassen erbracht werden. Der Gesetzgeber will ambulante Operationen fördern, die geeignet sind, eine stationäre Aufnahme von Patienten zu vermeiden.[251] Die Versicherten können aber auch ein Krankenhaus unmittelbar, d.h. ohne Überweisung, zur ambulanten Durchführung einer Operation aufsuchen.[252] Gegen diese Möglichkeit sprechen unter Umständen die medizinischen Erfordernisse einer umfassenden und qualifizierten Vorbereitung und Nachsorge, die je nach der Infrastruktur der Krankenhäuser ohne Beteiligung der niedergelassenen Ärzte nicht möglich ist.[253] **86**

ee) Belegärztliche Tätigkeit.[254] Die belegärztlichen Leistungen gehören gleichfalls zur vertragsärztlichen Tätigkeit. Belegärzte sind nicht am Krankenhaus angestellte Vertragsärzte, die berechtigt sind, ihre Patienten (Belegpatienten) im Krankenhaus unter Inanspruchnahme der hierfür bereitgestellten Dienste, Einrichtungen und Mittel vollstationär oder teilstationär zu behandeln, ohne hierfür vom Krankenhaus eine Vergütung zu erhalten (§§ 121 Abs. 2 SGB V, § 18 Abs. 1 KHEntgG). Allgemeine Voraussetzungen für die Abrechnung belegärztlicher Leistungen sind die vertragsärztliche Zulassung[255] (§ 95 Abs. 1, 3 SGB V), die Berechnung des Belegpflegesatzes (§ 13 Abs. 2 BPflV) oder des Pflegesatzes ohne Arztkostenanteil (§ 8 Satz 1, 2 BPflV), die Anerkennung als Belegarzt gem. §§ 39, 40 BMV-Ä und das Fehlen von Gründen, die der Eignung als Belegarzt entgegenstehen. Eine Anerkennung als Belegarzt erfordert, dass die stationäre Tätigkeit des Vertragsarztes nicht das Schwergewicht seiner Gesamttätigkeit bildet, sondern gegenüber der ambulanten Tätigkeit von nebengeordneter Bedeutung ist. Die Eignung als Belegarzt fehlt, wenn der Arzt auf Grund anderer Tätigkeiten oder aus in seiner Person liegenden Gründen die stationäre Versorgung der Patienten nicht gewährleisten kann, ferner, wenn wegen der weiten Entfernung des Krankenhauses von seiner Wohnung oder Praxis die ordnungsgemäße Versorgung der ambulant und stationär zu betreuenden Versicherten nicht mehr gewährleistet ist. Die belegärztlichen Leistungen werden aus der vertragsärztlichen Gesamtvergütung vergütet (§ 121 Abs. 3 Satz 1 SGB V). Dies schließt nicht aus, dass **87**

---

[250] Zu § 39a SGB V insgesamt vgl. *Kukla* KrV 1997, 357; *Lübken/Wörhmann* ErsK 1998, 178.

[251] § 85 Abs. 3a Satz 6 SGB V regelt eine Erhöhung des Teils der Gesamtvergütungen, der auf die im EBM Abschn. B VI und B VII aufgeführten Zuschläge für Leistungen des ambulanten Operierens sowie die damit verbundenen Operations- und Anästhesieleistungen entfällt.

[252] *Dierks,* in: Graf-Baumann/Hirsch/Weißauer/Welter, Ambulantes Operieren, 1994, S. 123; *Kass-Komm-Hess* § 115b, Rdn. 8.

[253] *Dierks,* a.a.O.

[254] Dazu Thomas-Wilk, Die Rechtsbeziehungen im Vertragsarztwesen unter besonderer Berücksichtigung der Rechtsstellung des Belegarztes, 2005.

[255] Siehe auch § 103 Abs. 7 SGB V, wonach über neue Belegarztverträge zusätzliche Vertragsarztsitze in gesperrten Planungsbereichen geschaffen werden können (beschränkte Zulassung).

der Belegarzt für andere Leistungen vom Krankenhausträger eine Vergütung erhält (z. B. konsiliarische Beratung). Zu den Leistungen des Belegarztes zählen seine persönlichen Leistungen, der ärztliche Bereitschaftsdienst für Belegpatienten, die von ihm veranlassten Leistungen nachgeordneter Ärzte des Krankenhauses, die bei der Behandlung seiner Belegpatienten in demselben Fachgebiet wie der Belegarzt tätig werden und die von ihm veranlassten Leistungen von Ärzten und ärztlich geleiteten Einrichtungen außerhalb des Krankenhauses. Bei den Vergütungsvereinbarungen wird berücksichtigt, dass der Belegarzt zur Erbringung seiner stationären Leistungen Krankenhauseinrichtungen und das Personal des Krankenhauses in Anspruch nimmt, deren Kosten bereits im Pflegesatz des Krankenhauses enthalten sind. Dem Belegarzt werden daher in der Regel nicht alle im EBM enthaltenen Leistungen vergütet, sondern nur diejenigen, die über einen bestimmten Mindestgebührenwert hinausgehen und bei der Inanspruchnahme von technischen Geräten des Krankenhauses wird ein prozentualer Abschlag vorgenommen. Die Vergütung belegärztlicher Operationen erfolgt seit dem 1. 4. 2005 in Abschn. 31 EBM mit einem Abschlag von 50 v. H. gegenüber der ambulanten Vergütungspunktzahl. Da der Belegarzt dem Krankenhausträger die Kosten des ihm zur Verfügung gestellten ärztlichen Dienstes erstatten muss, werden diese Leistungen in die Vergütung des Belegarztes eingerechnet (pauschalierte Kostenerstattung beziehungsweise Assistenzgebühren).

88 **b) Zahnärztliche Behandlung einschließlich der Versorgung mit Zahnersatz, kieferorthopädische Behandlung nach Maßgabe des § 28 Abs. 2 SGB V (§ 73 Abs. 2 Nr. 2 SGB V).** Die vertragszahnärztliche Tätigkeit umfasst die Leistungen gem. § 28 Abs. 2 Sätze 1–3 SGB V (Verhütung, Früherkennung und Behandlung von Zahn-, Mund- und Kieferkrankheiten nach den Regeln der zahnärztlichen Kunst) mit einer Mehrkostenregelung und die kieferorthopädische Behandlung (§ 29 SGB V) unter Beachtung der Leistungsmodifikationen des § 28 Abs. 2 Sätze 6 ff. SGB V (grds. Altersgrenze, grds. Ausschluss funktionsanalytischer und funktionstherapeutischer Maßnahmen sowie implantologischer Leistungen)[256] Zahnersatz, Zahnkronen und Suprakonstruktionen (implantatgestützter Zahnersatz) sind seit 1. 1. 2005 nicht mehr im regulären Leistungsspektrum der gesetzlichen Krankenversicherung. Die Leistungen gehören nunmehr zu den von den Krankenkassen anzubietenden, aber allein von den Versicherten zu finanzierenden Satzungsleistungen (§§ 55 ff. SGB V). Die zahnärztliche Behandlung erfasst allerdings weiterhin die Begleitleistungen zum Zahnersatz, nämlich die konservierend-chirurgischen Leistungen und Röntgenleistungen, die im Zusammenhang mit Zahnersatz, Zahnkronen und Suprakonstruktionen erbracht werden (siehe auch § 30 Abs. 2 Satz 2 SGB V aF). § 275 Abs. 2 Nr. 5 SGB V sieht eine Prüfung des MDK zur Unaufschiebbarkeit des Zahnersatzes aus medizinischen Gründen vor. Zur zahnärztlichen Tätigkeit gehören gleichfalls die Verordnung, Anpassung und Überprüfung des Zahnersatzes, aber nicht die Anfertigung.[257] Der vertragszahnärztlichen Versorgung ist auch die Verhütung von Zahnerkrankungen zuzurechnen (Gruppen- und Individualprophylaxe, §§ 21, 22 SGB V).[258]

89 **c) Maßnahmen zur Früherkennung von Krankheiten (§ 73 Abs. 2 Nr. 3, Abs. 6 SGB V).** Hierunter fallen Gesundheitsuntersuchungen zur Früherkennung von Krankheiten, insbesondere von Herz-, Kreislauf- und Nierenerkrankungen sowie der Zuckerkrankheit, außerdem zur Früherkennung von Krebserkrankungen und Kinderuntersuchungen (§§ 25, 26 SGB V). Einzelheiten enthalten die Gesundheitsuntersuchungs-

---

[256] Kasseler Kommentar-Höfler, § 28, Rdnr. 13 a–d.

[257] BSGE 23, 176; BSGE 25, 116.

[258] Der Bundesausschuss der Zahnärzte und Krankenkassen hat zur vertragszahnärztlichen Versorgung vier Richtlinien erlassen: Behandlungs-Richtlinien i. d. F. vom 7. 12. 1962, geändert durch Beschluss vom 24. 7. 1998 (BAnz. Nr. 177), Individualprophylaxe-Richtlinien vom 12. 3. 1993 (BAnz. Nr. 91 S. 4535); Zahnersatz-Richtlinien vom 25. 10. 1977 (BAnz. Nr. 230 S. 1), geändert durch Bekanntmachung vom 20. 12. 1996 (BAnz. 1997 Nr. 17 S. 706), Richtlinien für kieferorthopädische Behandlung vom 5. 11. 1993 (BAnz. 1994 Nr. 10 S. 288).

Richtlinien, Krebsfrüherkennungs-Richtlinien und Kinder-Richtlinien des Gemeinsamen Bundesausschusses.[259] Diese Richtlinien haben gem. § 25 Abs. 5 SGB V zu regeln, dass die Durchführung der Maßnahmen nach § 25 Abs. 1 und 2 von einer Genehmigung der Kassenärztlichen Vereinigung abhängig ist, wenn es zur Sicherung der Qualität der Untersuchungen geboten ist, dass Ärzte mehrerer Fachgebiete zusammenwirken oder die teilnehmenden Ärzte eine Mindestzahl von Untersuchungen durchführen, besondere technische Einrichtungen vorhalten oder besonders qualifiziertes nichtärztliches Personal einsetzen müssen. Außerdem sind Kriterien für die Bemessung des Versorgungsbedarfs festzulegen, so dass eine bedarfsgerechte räumliche Verteilung gewährleistet ist. Die Auswahl der Ärzte durch die Kassenärztliche Vereinigung auf Grund ihrer Qualifikation und der Lage ihres Praxissitzes erfolgt in einem, gleichfalls in den Richtlinien zu regelnden Ausschreibungsverfahren. Die Genehmigung kann befristet und mit Auflagen versehen werden. Mit dieser Neuregelung im GMG geht es um eine Verbesserung der Strukturqualität und der Kooperation der Ärzte. Anlass hierfür war die Umsetzung des Mammographie-Screenings in den Leistungskatalog der gesetzlichen Krankenversicherung.[260] Maßnahmen zur Früherkennung von Krankheiten gehören nicht zur vertragsärztlichen Versorgung, wenn sie im Rahmen der Krankenhausbehandlung oder der stationären Entbindung (z.B. Neugeborenenerst- und Neugeborenenbasisuntersuchung) durchgeführt werden, es sei denn, die ärztlichen Leistungen werden von einem Belegarzt erbracht (§ 73 Abs. 6 SGB V). Wird vom Krankenhausträger ein Vertragsarzt hinzugezogen, hat dieser seine Leistungen gegenüber dem Krankenhausträger abzurechnen; das Honorar wird aus dem Pflegesatz gezahlt. Wird ein Vertragsarzt von einem Belegarzt hinzugezogen, ist die Leistung Gegenstand der vertragsärztlichen Versorgung und gegenüber der Kassenärztlichen Vereinigung abzurechnen.

90 **d) Ärztliche Betreuung bei Schwangerschaft und Mutterschaft (§ 73 Abs. 2 Nr. 4 SGB V).** Der Inhalt der ärztlichen Leistungen ergibt sich aus §§ 179 Nr. 3, 195–199 RVO (ärztliche Betreuung, Versorgung mit Arznei-, Verband- und Heilmitteln, stationäre Entbindung, Verordnung häuslicher Pflege und Haushaltshilfe) und den Mutterschafts-Richtlinien des Bundesausschusses der Ärzte und Krankenkassen.[261]

91 **e) Verordnung von Leistungen zur medizinischen Rehabilitation (§ 73 Abs. 2 Nr. 5 SGB V).** §§ 42 (Belastungserprobung und Arbeitstherapie), 43 (ergänzende Leistungen zur Rehabilitation) SGB V regeln hierzu den leistungsrechtlichen Inhalt. § 43 Abs. 1 Nr. 1 SGB V enthält als Generalklausel in Verbindung mit §§ 44 Abs. 1 Nr. 2 bis 6, 53, 54 SGB IX ergänzende Ermessensleistungen der medizinischen Rehabilitation, die nach Art oder Schwere der Behinderung erforderlich sind, um das Ziel der Rehabilitation zu erreichen oder zu sichern. Durch die Verweisung auf die og Vorschriften des SGB IX werden die dort genannten Leistungen Gegenstand der Krankenversicherung; dies sind unter dem Gesichtspunkt des Leistungsrechts Reha-Sport, Funktionstraining, Reisekosten, Betriebs- oder Haushaltshilfe und Kinderbetreuungskosten. § 43 Abs. 1 Nr. 2 SGB V ist die Rechtsgrundlage für Patientenschulungen, § 43 Abs.1 Nr.2 SGB V ist die Rechtsgrundlage für Patientenschulungen, § 43 Abs. 2 SGB V ermöglicht den Krankenkassen, sozialmedizinische Nachsorgemaßnahmen für chronisch kranke oder schwerstkranke Kinder zu erbringen. Die Krankenkassen entscheiden nach den medizinischen Erfordernissen

---

[259] Gesundheitsuntersuchungs-Richtlinien vom 24. 8. 1989, BABl 1989 Heft 10, S 4, geändert durch Bekanntmachung vom 8. 1. 1999 (BAnz. 61/1999); Krebsfrüherkennungs-Richtlinien vom 26. 4. 1976 (BAnz. Nr. 214/1976 Beilage Nr. 28), geändert durch Bekanntmachung vom 25. 5. 1994 (BAnz. 160/1994); Kinder-Richtlinien vom 26. 4. 1976 (BAnz. 214/1976 Beilage Nr. 28) geändert am 10. 12. 1999 (BAnz. Nr. 56); Richtlinien zur Jugendgesundheitsuntersuchung vom 26. 6. 1998 (BAnz. 159/1998), geändert durch Bekanntmachung vom 23. 10. 1998 (BAnz. 16/1999).

[260] BT-Drucksache 15/1525, S. 82f.

[261] Mutterschafts-Richtlinien vom 10. 12. 1985 (BAnz. 1986 Nr. 60a) geändert durch Bekanntmachung vom 23. 10. 1998 (BAnz. 16/1999).

des Einzelfalles nach gutachterlicher Prüfung der vertragsärztlichen Verordnung durch den MDK über Art, Dauer, Umfang, Beginn, Durchführung, Wiederholung der Maßnahmen der Rehabilitation (§ 275 Abs. 1 Nr. 2 SGB V); es handelt sich hier um Ermessensleistungen.

92 § 42 SGB V enthält die gegenüber anderen leistungsrechtlichen Normen (z.B. § 15 Abs. 1 Nr. 3 SGB VI) subsidiären Maßnahmen der vertragsärztlich verordneten Belastungserprobung und Arbeitstherapie, die in Vorsorge- und Rehabilitationseinrichtungen erbracht werden können (§ 107 Abs. 2 SGB V).[262]

93 **f) Anordnung der Hilfeleistungen anderer Personen (§ 73 Abs. 2 Nr. 6 SGB V).** Hilfeleistungen anderer Personen sind Teil der Behandlung des Vertragsarztes, wenn sie unter seiner Anordnung und Verantwortung selbstständig erbracht werden (§ 15 Abs. 1 SGB V). Im Gegensatz zur Verordnung ist der Vertragsarzt bei der Anordnung auch für die Leistungsdurchführung unter dem Gesichtspunkt der Wirtschaftlichkeit verantwortlich.

94 **g) Verordnung von Arznei-, Verband-, Heil- und Hilfsmitteln, Krankentransporten sowie Krankenhausbehandlung oder Behandlung in Vorsorge- oder Rehabilitationseinrichtungen (§ 73 Abs. 2 Nr. 7 SGB V). aa) Allgemeines.** Die Vorschrift setzt eine vertragsärztliche Verordnung voraus, wenn nach der Natur der Sache eine vertragsärztliche Betreuung geboten[263] oder eine ärztliche Mitwirkung rechtlich vorgesehen ist (z.B. Verschreibung von Arzneimitteln).[264] Im Notfall ist auch eine Selbsteinweisung (also ohne ärztliche Verordnung) in ein Krankenhaus möglich.

95 **bb) Arzneimittel.** Da Versicherte gem. § 31 SGB V Anspruch (als durch ärztliche Verordnung konkretisierungsbedürftiges Rahmenrecht) auf Versorgung mit apothekenpflichtigen (§§ 43ff. AMG) Arzneimitteln[265] haben, soweit diese in der vertragsärztlichen Versorgung verordnungsfähig sind, ist der Tätigkeitsbereich des Vertragsarztes insoweit beschränkt.

95a Die Arzneimittelversorgung bestimmt sich ab 1. 1. 2004 leistungsrechtlich nach den §§ 31, 34 SGB V i.d.F. des GMG. Nach § 31 Abs. 1 SGB V haben Versicherte Anspruch auf Versorgung mit apothekenpflichtigen Arzneimitteln, soweit die Arzneimittel nicht nach § 34 SGB V oder durch Richtlinien nach § 92 Abs. 1 Nr. 6 SGB V (Arzneimittel-Richtlinien – AMR) ausgeschlossen sind, und auf Versorgung mit Verbandmitteln, Harn- und Blutteststreifen. Arzneimittel sind nach der Rechtsprechung des BSG Substanzen, deren bestimmungsgemäße Wirkung und konkreter Verwendungszweck darin liegt, Krankheitszustände zu erkennen, zu heilen oder zu lindern, wobei eine nur mittelbare Wirkung nicht schadet.[266] Arzneimittel, die von der Definition des § 2 Abs. 1 AMG erfasst werden, sind zugleich auch Arzneimittel im Sinne der §§ 27, 31 SGB V. Hierbei ist die grundsätzliche Bindung an die Anwendungsgebiete der arzneimittelrechtlichen Zulassung zu beachten.[267] Das Arzneimittelrecht enthält jedoch für das SGB V keine umfassende Tatbestandswirkung, sondern nur eine negative Vorgreiflichkeit in dem Sinne, dass dasjenige, das arzneimittelrechtlich nicht zulässig ist, auch von den Krankenkassen nicht geleistet werden darf.[268] Dies gilt auch, wenn einem Arzt das In-Verkehr-Bringen eines selbst hergestellten Arzneimittels behördlich untersagt worden ist, er es aber einem anderen Arzt für Behandlungszwecke liefert.[269] Wegen der Leistungsgrundsätze der §§ 2, 12 SGB V

---

[262] *Kass-Komm-Hess*, § 73 SGB V, Rdn. 26.

[263] BSGE 36, 146.

[264] BSGE 19, 270; dagegen ist die Bestimmung der Sehschärfe eine handwerkliche Leistung, die ärztliches Fachwissen nicht erfordert (BSGE 36, 146).

[265] Nicht Säuglingsnahrung BSG SozR 3–2500 § 27 Nr. 10 unter Aufgabe von BSG vom 27. 9. 1994 s RKn 9/92.

[266] BSGE 28, 158; BSGE 46, 179; BSGE 72, 252; BSGE 81, 240.

[267] Zum ausnahmsweise zulässigen Off-Label-Use, siehe Rdn. 83.

[268] BSG vom 27. 9. 2005 B 1 KR 6/04 R, noch nicht veröffentlicht; BSGE 82, 233.

[269] BSG SozR 3–2500 § 13 Nr. 7; anders aber bei Abgabe an eigenen Patienten, hier kann der Erlaubnisvorbehalt des § 135 SGB V eingreifen.

(allgemein anerkannter Stand der medizinischen Erkenntnisse, Wirtschaftlichkeitsgebot, medizinischer Fortschritt)[270] führt nicht alles, was arzneimittelrechtlich erlaubt ist, zur Leistungspflicht der Krankenkassen. Klinische Studien zur Erprobung von noch nicht zugelassenen Arzneimitteln sind als Krankenhausbehandlung von den Krankenkassen in der Regel nicht zu vergüten.[271] Die Grenzen des Sachleistungsanspruchs liegen bei Rezepturarzneimitteln im Erlaubnisvorbehalt des § 135 SGB V (Empfehlung des Gemeinsamen Bundesausschusses)[272] und bei Fertigarzneimitteln im Ausschluss gem. § 34 SGB V einschließlich Rechtsverordnung bzw. durch die AMR des Gemeinsamen Bundesausschusses. Bei einem Fertigarzneimittel, das dem Versicherten bestimmungsgemäß in einem besonderen Verfahren verabreicht wird (z.B. kalte Laserbehandlung im Auge) darf die Krankenbehandlung zu Lasten der Krankenkassen nur erfolgen, wenn das Medikament über eine arzneimittelrechtliche Zulassung verfügt und wenn der Gemeinsame Bundesausschuss der Ärzte und Krankenkassen eine entsprechende Empfehlung ausgesprochen hat.[273] Der Gemeinsame Bundesausschuss hat in den AMR auch Regeln, dass in medizinisch notwendigen Fällen bestimmte Aminosäuremischungen, Eiweißhydrolysate, Elementardiäten und Sondennahrung ausnahmsweise in die Versorgung mit Arzneimitteln einbezogen werden. Auch bestimmte arzneimittelähnliche apothekenpflichtige Medizinprodukte sind in die Versorgung einbezogen, d.h. Medizinprodukte, die vor dem Inkrafttreten des Medizinproduktgesetzes am 1. 1. 1995 vom Arzneimittelgesetz (AMG) erfasst waren (§ 3 Nr. 1, 2 Medizinproduktegesetz, § 2 Abs. 1 AMG). Der Vertragsarzt kann durch die AMR ausgeschlossene Arzneimittel ausnahmsweise in medizinisch begründeten Einzelfällen mit Begründung verordnen. Arzneimittel, deren Versorgungsausschluss in den AMR einer gesetzlichen Vorgabe folgt, kann der Vertragsarzt jedoch nicht verordnen.[274] Für Arzneimittel, für die ein Festbetrag (§§ 35, 35a SGB V) festgesetzt ist, trägt nach § 33 Abs. 2 SGB V die Krankenkasse die Kosten bis zur Höhe dieses Betrages, für andere Arzneimittel die vollen Kosten, jeweils abzüglich der vom Versicherten zu leistenden Zuzahlungen und der Abschläge gem. §§ 130, 130a SGB V (Rabatte der Apotheken, pharmazeutischen Unternehmer) sowie der Abschläge der pharmazeutischen Großhändler). Versicherte, die das 18. Lebensjahr vollendet haben, leisten gem. § 31 Abs. 3 SGB V der abgebenden Stelle zu jedem zu Lasten der Krankenkasse verordneten Arznei- und Verbandmittel als Zuzahlung 10 v.H. des Abgabepreises, mindestens 5 EUR und höchstens 10 EUR, jedoch nicht mehr als die Kosten des Mittels. Dies gilt auch für in die Arzneimittelversorgung einbezogene Medizinprodukte. Bei Harn- und Blutteststreifen fällt eine Zuzahlung nicht an.

95 b § 34 SGB V regelt als Ausnahmevorschrift den Ausschluss von der Arzneimittelversorgung, lässt aber auch hiervon Ausnahmen zu und bestimmt somit wieder den Inhalt des § 31 SGB V: Nicht verschreibungspflichtige Arzneimittel sind von der Versorgung nach § 31 SGB V ausgeschlossen (§ 34 Abs. 1 Satz 1 SGB V), da sie sich im unteren Preissegment befinden und daher die Herausnahme aus der Leistungspflicht sozial vertretbar ist.[275] Dies gilt nicht für Kinder bis zum vollendeten 12. Lebensjahr und Jugendliche mit Entwicklungsstörungen bis zum vollendeten 18. Lebensjahr (§ 34 Abs. 1 Satz 5 SGB V), soweit nicht andere Ausschlussgründe (z.B. Negativliste) greifen. Der Gemeinsame Bundesausschuss hat in den AMR jedoch festzulegen, welche nicht verschreibungspflichtigen Arzneimittel, die bei der Behandlung schwerwiegender Erkrankungen als Therapiestandard gelten, zur Anwendung bei diesen Erkrankungen ausnahmsweise verordnet werden können. Hiervon sind nach den Motiven des Gesetzgebers Fertigarzneimittel betroffen,

---

[270] Siehe Rdnrn. 8, 40, 44.
[271] BSGE 93, 137.
[272] Siehe Rdn. 73ff., 84.
[273] BSGE 93, 236.
[274] BT-Drucksache 15/1525, S. 84.
[275] BT-Drucksache 15/1525, S. 86.

die unverzichtbare Standardwirkstoffe für die Behandlung schwerwiegender Erkrankungen (z. B. Krebs, Herzinfarkt) enthalten.[276] Dabei ist die Therapievielfalt zu gewährleisten und Arzneimittel der besonderen Therapierichtung, insbesondere der Anthroposophie, Homöopathie und Phytotherapie, sind zu berücksichtigen. Ausgeschlossen sind außerdem für Versicherte, die das 18. Lebensjahr abgeschlossen haben, Arzneimittel zur Anwendung bei Erkältungskrankheiten und grippalen Infekten einschließlich der hierbei anzuwendenden Husten- und Schmerzmittel, Mund- und Rachentherapeutika (ausgenommen bei Pilzinfektion), Abführmittel und Arzneimittel gegen Reisekrankheit (§ 34 Abs. 1 Satz 6 SGB V). Generell ausgeschlossen sind gem. § 34 Abs. 1 Satz 7 SGB V Arzneimittel, bei deren Anwendung eine Erhöhung der Lebensqualität im Vordergrund steht (z. B. Behandlung der erektilen Dysfunktion, Steigerung der sexuellen Potenz,[277] Mittel zur Raucherentwöhnung, Abmagerung und Verbesserung des Haarwuchses); hierzu gehören auch Arzneimittel, die nicht oder nicht zur Behandlung von Krankheiten eingesetzt werden oder die zur Behandlung natürlicher Alterungsprozesse oder kosmetische Befunde angewandt werden. Die Abgrenzung zu Arzneimitteln, bei denen eine medizinisch notwendige diagnostische oder therapeutische Wirkung im Vordergrund steht, ist in den AMR zu regeln. Von der Ausschlussregelung bleibt jedoch der Anspruch nach § 24a SGB V (Empfängnisverhütung) unberührt. Durch Rechtsverordnungen können unwirtschaftliche Arzneimittel ausgeschlossen werden; dies sind z. B. Mittel, die für das Therapieziel nicht die erforderlichen Bestandteile enthalten oder deren Wirkung oder therapeutischer Nutzen nicht ausreichend beurteilt werden kann; für die danach nicht ausgeschlossenen Arzneimittel gelten weiterhin die AMR (§ 34 Abs. 3 SGB V). Gemäß § 34 Abs. 4 SGB V besteht eine entsprechende Möglichkeit auch für Heil- und Hilfsmittel von geringerem oder umstrittenem therapeutischen Nutzen oder geringem Abgabepreis. Hiermit stellt der Gesetzgeber unter Bezugnahme auf die höchstrichterliche Rechtsprechung[278] klar, dass subsidiär zur Befugnis des Verordnungsgebers nach § 34 Abs. 3 SGB V auch der Richtliniengeber (§ 92 SGB V) Leistungsausschlüsse zur Regelung der wirtschaftlichen Verordnungsweise in der ärztlichen Praxis treffen kann. D. h. solange und soweit der Verordnungsgeber nicht von seiner Regelungskompetenz zum Verordnungsausschluss von Arznei-, Heil- und Hilfsmitteln Gebrauch gemacht hat, ist der Richtliniengeber zur Regelung bis zum Leistungsausschluss berechtigt.

95 c Nach § 73 Abs. 5 SGB V sollen der Vertragsarzt und die ermächtigte ärztlich geleitete Einrichtung bei der Verordnung von Arzneimitteln die Preisvergleichsliste (§ 92 Abs. 2 SGB V) beachten. Sie können auf dem Verordnungsblatt oder in einem elektronischen Datensatz ausschließen, dass die Apotheken ein preisgünstigeres wirkstoffgleiches Arzneimittel abgeben. Bei Verordnung eines Arzneimittels, das den Festbetrag (§§ 35, 35a SGB V) überschreitet, hat der Arzt den Versicherten auf die Pflicht zur Übernahme der Mehrkosten hinzuweisen. § 73 Abs. 8 SGB V stellt sicher, dass der Arzt die Informationen erhält, die ihm eine wirtschaftliche und qualitätsgesicherte Verordnung erleichtern. Sie können sich auf ausgewählte Arzneimittel beziehen und sollen bezüglich der Anwendungsgebiete der amtlichen Fachinformation entsprechen.

95 d Der Versicherte kann jede Apotheke frei wählen, mit der ein Rahmenvertrag gem. § 129 Abs. 2 SGB V besteht, d. h. die Arzneimittel als Sachleistung abgibt; hiervon bleibt sein Recht unberührt, sich gegenüber der Krankenkasse zu verpflichten, z. B. in vereinbarten Versorgungsformen und in der integrierten Versorgung ausgewählte Apotheken in Anspruch zu nehmen (§ 31 Abs. 1 Satz 5 SGB V). Die Verordnung[279] von arzneimittel-

---

[276] BT-Drucksache 15/1525, S. 86.

[277] Zu Viagra vgl. BSG vom 10. 5. 2005 B 1 KR 25/03 R – SGb 2005, 399; Az des BVerfG: 1 BvR 1778/05.

[278] BSG vom 18. 11. 1999 b 1 KR 9/97 R (medizinische Fußpflege); BSG vom 30. 9. 1999 B 8 KN 9/98 KRR (SKAT-Therapie).

[279] BSGE 79, 257; zur Abgabe eines Arzneimittels durch den Arzt vgl. BSG SGb 2000, 312.

rechtlich zulassungspflichtigen Arzneimitteln, die im Zeitpunkt der vertragsärztlichen Verordnung (noch) nicht zugelassen sind, führt nicht zu einer Leistungspflicht der Krankenkassen.[280] Ein in Deutschland nicht zugelassenes Arzneimittel darf trotz seiner Zulassung in einem anderen Mitgliedstaat der EU nicht zu Lasten der gesetzlichen Krankenversicherung verordnet werden, wenn es weder das zentrale noch das dezentrale europarechtliche Anerkennungsverfahren durchlaufen hat.[281] Ein zugelassenes Arzneimittel kann grundsätzlich nicht zu Lasten der Krankenversicherung in einem Anwendungsgebiet verordnet werden, auf das sich die Zulassung nicht erstreckt. Hiervon kann ausnahmsweise abgewichen werden, wenn es bei einer schweren Krankheit keine Behandlungsalternative gibt und nach dem Stand der wissenschaftlichen Erkenntnis die begründete Ansicht besteht, dass mit dem Medikament ein Behandlungserfolg erzielt werden kann (off-label-use).[282] Außerdem hat der Vertragsarzt die arztgruppenspezifisch vereinbarten Richtgrößen für das Volumen verordneter Arzneimittel (§ 84 Abs. 3 SGB V) zu beachten. Vorschriften über das Ausstellen von Rezepten enthalten die Vordruckvereinbarung (Anlage zum Bundesmantelvertrag), die ArzneimittelverschreibungsVO[283] und die BetäubungsmittelverschreibungsVO.[284] Mit der Übergabe des von einem Vertragsarzt ausgestellten Kassenrezepts durch den Versicherten an den Apotheker wird die Krankenkasse zur Zahlung verpflichtet.[285]

96 **cc) Heil- und Hilfsmittel.** Der Anspruch des Versicherten auf Heilmittel bestimmt sich nach § 32 SGB V. **Heilmittel** sind Dienstleistungen,[286] die anders als Arzneimittel überwiegend äußerlich auf den menschlichen Organismus einwirken.[287] Sie müssen verordnet worden sein, wenn die Kosten von der Krankenkasse übernommen werden sollen.[288] § 129 Abs. 1 SGB V enthält eine beispielhafte Aufzählung. Bei der Bewertung neuer Heilmittel hat der Gemeinsame Bundesausschuss der Ärzte und Krankenkassen in gleicher Weise wie bei der Bewertung neuer Behandlungsmethoden neben dem therapeutischen Nutzen auch die medizinische Notwendigkeit und Wirtschaftlichkeit zu berücksichtigen.[289] Heilmittel sind zuzahlungspflichtig (§ 32 Abs. 2 SGB V). Der Anspruch ist durch § 34 Abs. 4 und 5 SGB V insofern eingeschränkt, als durch Rechtsverordnung für Heilmittel von geringem oder umstrittenem therapeutischen Nutzen oder geringem Abgabepreis Kosten nicht übernommen werden; ebenso ist die Kostenübernahme ausgeschlossen (§ 34 Abs. 5 SGB V), wenn Heilmittel im Anwendungsgebiet der ausgeschlossenen Arzneimittel verwendet werden (§ 34 Abs. 1–3 SGB V); insoweit ist von Bedeutung, ob ein entsprechender Ausschluss durch die Arzneimittel-Richtlinien vorliegt (z.B. bei therapeutisch nutzlosen Bädern). Der Anspruch auf Heilmittel wird außerdem durch die Heilmittel-Richtlinien konkretisiert (§§ 32 Abs. 1 Satz 2, 34 Abs. 4 Satz 5 SGB V). Ein Anspruch auf Versorgung mit **Hilfsmitteln,** wozu Hörhilfen sowie Körperersatzstücke zählen, besteht, wenn sie im Einzelfall erforderlich sind, um den Erfolg der Krankenbehandlung zu sichern oder eine Behinderung auszugleichen[290] und diese Gegenstände nicht Gebrauchsgegenstände des täglichen Lebens sind (§ 33 SGB V). Der Behinderungsausgleich setzt unmittelbar oder auch mittelbar an der Behinderung an, um die beeinträchtigte Körperfunktion herzustellen oder zu erleichtern; er kann sich auch auf die lebensnotwendigen Grundbedürfnisse (z.B. elementare Körperpflege, körperlicher und geistiger

---

[280] BSG vom 10. 6. 1997 1 BK 43/96; BSG SozR 3–2500 § 31 Nr. 3.

[281] BSG SGb 2004, 415.

[282] BSGE 89, 184.

[283] I.d.F. der Bek. vom 30. 8. 1990 (BGBl. I 1866, geändert durch die VO vom 13. 6. 1991 (BGBl. I 1241).

[284] Vom 16. 12. 1981 (BGBl. I 1427, i.d.F. vom 24. 6. 1994 BGBl. I 1416, 1418).

[285] BSGE 77, 194.

[286] Vgl. Rdschr. der Spitzenverbände vom 22. 12. 1988.

[287] BSGE 28, 158; BSGE 42, 16; BSGE 72, 252.

[288] BSG vom 23. 11. 1998 B 1 KR 19/98 B; BSGE 79, 257.

[289] BSG SozR 3–2500 § 138 Nr. 2.

[290] BSG USK 96175; BSG ErsK 2000, 469.

Freiraum, Teilnahme am gesellschaftlichen Leben, Informationsbedürfnis)[291] erstrecken, nicht aber auf die darüber hinausgehenden Folgen auf beruflichen, gesellschaftlichen und privaten Gebiet.[292]

97 Das GMG hat ab 1. 1. 2004 die Leistungen eingeschränkt, d. h. es besteht grundsätzlich kein Anspruch auf Sehhilfen mehr. Ausnahmen gelten für Sehhilfen für Jugendliche bis zur Vollendung des 18. Lebensjahres sowie für schwer Sehbehinderte. Unter die Leistungsbegrenzung fallen ebenso nicht therapeutische Sehhilfen nach Maßgabe der Richtlinien des Gemeinsamen Bundesausschusses. Bei schwer sehbehinderten Erwachsenen besteht Anspruch auf Sehhilfen, wenn entsprechend der von der WHO empfohlenen Klassifikation des Schweregrades der Sehbeeinträchtigung (WHO Technical Report Series No. 518, 1973) auf beiden Augen eine Sehbeeinträchtigung mindestens der Stufe 1 vorliegt. Nach dem Kodierungsschlüssel gemäß der internationalen statistischen Klassifikation der Krankheiten und verwandten Gesundheitsprobleme, (ICD-10) betrifft dies Versicherte, die unter Sehschwäche oder Blindheit beider Augen oder unter Sehschwäche des einen und Blindheit des anderen Auges leiden (Diagnoseschlüssel H 54.0,1,2).[293] Für die noch bestehende Versorgung mit Sehhilfen kann nach §§ 33 Abs. 2, 36 SGB V ein Festbetrag festgesetzt werden. Die Festbeträge werden künftig auf Bundesebene durch die Spitzenverbände der Krankenkassen, erstmalig bis 31. 12. 2004, bestimmt; bis dahin gelten die auf Landesebene festgesetzten Festbeträge weiter. Darüber hinaus wird der Leistungsanspruch durch die Regelungen auf Grund der Rechtsverordnungsermächtigung (§ 34 Abs. 4 SGB V) und die Richtlinie nach § 92 SGB V konkretisiert. Der Vertragsarzt hat also bei der Verordnung[294] die Heil- und Hilfsmittel-Richtlinien des Gemeinsamen Bundesausschusses der Ärzte und Krankenkassen,[295] die Negativliste gem. § 34 Abs. 4 SGB V der ausgeschlossenen Heil- und Hilfsmittel, die Festbeträge für Hilfsmittel (§ 36 SGB V) und die arztgruppenspezifischen Richtgrößen für das Volumen verordneter Heilmittel (§ 84 Abs. 3 SGB V) zu beachten. Das BSG hat entschieden, dass der Ausschluss der medizinischen Fußpflege aus der vertragsärztlichen Versorgung in den Heil- und Hilfsmittel-Richtlinien durch die gesetzliche Ermächtigung nicht gedeckt ist.[296] Der Vertragsarzt ist, auch bezüglich der Wirtschaftlichkeit, nur für das Ausstellen der Verordnung, aber nicht für die abgegebene Leistung selbst verantwortlich. Die Versorgung mit Heil- und Hilfsmitteln durch die Krankenkassen erfolgt auf der Grundlage der §§ 124, 126–128 SGB V (Zulassung und Verträge). Die Krankenkassen können in geeigneten Fällen die Erforderlichkeit eines Hilfsmittels durch den MDK prüfen lassen (§ 275 Abs. 3 Nr. 2 SGB V).

98 **dd) Krankenhausbehandlung.** Krankenhausbehandlung wird gem. § 39 Abs. 1 Satz 1 SGB V in zugelassenen Krankenhäusern (§ 108 SGB V) vollstationär, teilstationär, vor- und nachstationär (§ 115 a SGB V) sowie ambulant (§ 115 b SGB V) erbracht.[297] Vollstationäre Behandlung setzt voraus, dass das Behandlungsziel (Erkennung, Heilung der Krankheit, Verhütung einer Verschlimmerung, Linderung von Krankheitsbeschwerden) nicht durch die anderen Leistungsformen einschließlich häuslicher Krankenpflege erreicht werden kann (§§ 39 Abs. 1 Satz 2, 73 Abs. 4 Satz 1 SGB V). Andere Gründe (Pflegefall, Verwahrung, Verhinderung von Verwahrlosung u. ä.) rechtfertigen nicht die Aufnahme in ein

---

[291] *KassKomm-Höfler,* § 33 SGB V; Rdn. 11 ff. mit ausführlicher Darstellung der Rechtsprechung des BSG.

[292] Zur Abgrenzung von den allgemeinen Pflegemitteln vgl. BSG Kompass 1999, 249; BSGE 85, 287 = NZS 2000, 512.

[293] BT-Drucksache 15/1525.

[294] Der Versicherte hat ein Wahlrecht unter gleichermaßen wirtschaftlichen Hilfsmitteln, vgl. BSG USK 9969, USK 9970.

[295] Heil- und Hilfsmittel-Richtlinien i. d. F. vom 17. 6. 1992 (BAnz. 183 b/1992), geändert durch Bekanntmachung vom 18. 2. 1998 (BAnz. Beilage Nr. 115 a).

[296] BGSE 85, 132.

[297] Der Bundesausschuss der Ärzte und Krankenkassen hat hierzu die Krankenhauspflege-Richtlinien vom 26. 2. 1982 erlassen (BAnz. 125/1982 Beilage Nr. 32).

Krankenhaus. Vielmehr muss entsprechend den Grundsätzen zu § 12 SGB V die stationäre Krankenhausbehandlung erforderlich sein, weil die Behandlung rufbereite Ärzte, geschultes Pflegepersonal und die apparative Mindestausstattung eines Krankenhauses voraussetzt. Die ärztliche Verordnung muss ein bestimmtes Krankenhaus nennen (§ 39 Abs. 2 SGB V). Die medizinische Notwendigkeit der Krankenhausbehandlung ist bei der Verordnung zu begründen und in der Verordnung sind in geeigneten Fällen auch die beiden nächsterreichbaren, für die vorgesehene Krankenhausbehandlung geeigneten Krankenhäuser anzugeben (§ 73 Abs. 4 Sätze 2, 3 SGB V). Der Vertragsarzt hat bei der Verordnung das Verzeichnis der stationären Leistungen und Entgelte zu berücksichtigen (§§ 39 Abs. 3, 73 Abs. 4 Satz 4 SGB V). Der nach § 137c SGB V eingerichtete Ausschuss „Krankenhaus" legt fest, ob eine Untersuchungs- oder Behandlungsmethode in der stationären Versorgung die gesetzlich geforderten Qualitätsstandards erfüllt.[298] Die Entscheidung, ob einem Versicherten Krankenhausbehandlung zusteht, obliegt der Krankenkasse und nicht dem einweisenden Arzt oder dem Krankenhaus. Hat ein Arzt gegenüber dem Versicherten zum Ausdruck gebracht, die von ihm durchgeführte oder veranlasste Krankenhausbehandlung werde im Rahmen des Sachleistungssystems kostenfrei erbracht, muss die Krankenkasse sich dieses Verhalten zurechnen und die Leistung gegen sich gelten lassen. Soweit die Leistungsvoraussetzungen tatsächlich nicht vorgelegen haben, kann sie sich auf eine mögliche Pflichtverletzung des Leistungserbringers nur diesem gegenüber berufen. Diese Grundsätze gelten nicht, wenn der Versicherte wusste oder wissen musste, dass der Leistungsanspruch nicht bestand oder die Entscheidung über die Leistungsgewährung der Krankenkasse vorbehalten war.[299]

99 **ee) Behandlung in Vorsorge- und Rehabilitationseinrichtungen.** Anspruchsgrundlage für die stationäre Behandlung in zugelassenen Vorsorge- und Rehabilitationseinrichtungen (§§ 107 Abs. 2, 111 SGB V) sind §§ 23 Abs. 4 (medizinische Vorsorgeleistungen) und 40 Abs. 2, 41 (medizinische Rehabilitationsmaßnahmen) SGB V. Hierzu hat der Gemeinsame Bundesausschuss der Ärzte und Krankenkassen die Rehabilitationsrichtlinien[300] erlassen, die eine verbindliche Vorgabe für die Rahmenempfehlungen der Spitzenverbände gem. § 111a SGB V enthalten. Die Krankenkassen bestimmen nach §§ 23 Abs. 5, 40 Abs. 3 SGB V nach den medizinischen Erfordernissen die Einzelheiten der in ihrem Ermessen liegenden Leistungen, insbesondere Art, Dauer, Umfang, Beginn, Durchführung, Wiederholung der Leistung und die Einrichtung; die Leistungen gem. § 40 Abs. 2 SGB V sind gegenüber den entsprechenden Leistungen anderer Sozialversicherungsträger grundsätzlich nachrangig (§ 40 Abs. 4 SGB V). Der MDK hat die Notwendigkeit der Leistungen zu prüfen (§ 275 Abs. 2 Nr. 1 SGB V). Nach der Neuregelung des § 43 Abs. 2 SGB V kann die Krankenkasse in unmittelbarem Anschluss an eine Krankenbehandlung (z.B. Akutversorgung in einer Kinderklinik) oder stationäre Rehabilitation sozialmedizinische Maßnahmen für chronisch kranke oder schwerstkranke Kinder, die das 12. Lebensjahr noch nicht vollendet haben, erbringen oder fördern, wenn die Nachsorge wegen der Art, Schwere und Dauer der Krankheit notwendig ist, um den stationären Aufenthalt zu verkürzen oder die anschließende ambulante ärztliche Behandlung zu sichern (z.B. bei Überforderung der Eltern oder Betreuungspersonen). Zum Leistungsinhalt gehören die Koordinierung der verordneten Leistungen im häuslichen Bereich und die Anleitung und Motivation unter Einbeziehung der Angehörigen und ständigen Betreuungspersonen. Näheres hinsichtlich Inhalt und Qualität der Maßnahmen bestimmen die Spitzenverbände der Krankenkassen.

100 **ff) Krankentransporte.** Nach der durch das GMG geänderten Vorschrift des § 60 SGB V übernimmt die Krankenkasse Fahrkosten nur noch, wenn sie im Zusammenhang mit Leistungen der Kasse aus zwingenden medizinischen Gründen notwendig sind. Fahrten

---

[298] BSGE 90, 289.

[299] BSGE 82, 158 = SozR 3–2500 § 39 Nr. 5.

[300] Rehabilitations-Richtlinien vom 17. 12. 1975 BAnz. 1976 Nr. 55.

zur ambulanten Behandlung bedürfen einer vorherigen Genehmigung der Krankenkasse und werden unter Abzug der Zuzahlung (§ 61 Satz 1 SGB V) nur in ganz besonderen Ausnahmefällen übernommen, die in den Richtlinien des Gemeinsamen Bundesausschusses (§ 92 Abs. 1 Satz 2 Nr. 12 SGB V) festgelegt sind. Auch Kosten für Verlegungsfahrten zwischen Krankenhäusern können nur bei zwingender medizinischer Erforderlichkeit (z. B. Notfall) oder bei einer mit Einwilligung der Kasse erfolgten Verlegung in ein wohnortnahes Krankenhaus übernommen werden. Bei der Verordnung von Krankentransporten ist der Vertragsarzt an die Richtlinien des Bundesausschusses der Ärzte und Krankenkassen[301] gebunden. Mit Ausnahme von Notfällen ist stets eine vertragsärztliche Verordnung erforderlich. Die Versorgung der Versicherten mit Krankentransportleistungen sind Sachleistungen, die von Vertragsunternehmen durchgeführt werden (§ 133 SGB V). Das Leistungsrecht (§ 60 SGB V) und die Richtlinien differenzieren nach den Leistungsanlässen und Beförderungsmitteln, wobei hier auch der Einsatz eines Rettungshubschraubers geregelt ist.

101 **h) Verordnung häuslicher Krankenpflege (§ 73 Abs. 2 Nr. 8 SGB V).** Nach § 37 Abs. 1, 2 SGB V sind drei Arten der häuslichen Krankenpflege zu unterscheiden: (1) Die „Krankenhausersatzpflege" (§ 37 Abs. 1 Satz 1 SGB V) setzt ein, wenn die medizinisch notwendige Krankenhausbehandlung nicht durchführbar ist oder durch häusliche Krankenpflege vermieden oder verkürzt wird.[302] Sie umfasst die Grund-,[303] Behandlungspflege[304] und hauswirtschaftliche Versorgung[305] und wird i. d. R. für bis zu vier Wochen gewährt; in begründeten Ausnahmefällen ist eine längere Leistungsdauer möglich, wenn dies vom MDK festgestellt worden ist (§§ 37 Abs. 1 Satz 4, 275 Abs. 2 Nr. 4 SGB V). (2) Die „Behandlungssicherungspflege" (§ 37 Abs. 2 Satz 1 SGB V) dient der Sicherung des Ziels einer ambulanten Behandlung i. S. d. § 27 SGB V. Sie umfasst nur die o. g. Maßnahmen der Behandlungspflege. (3) Die „satzungsmäßige Mehrleistung" (§ 37 Abs. 2 Satz 2, 3 SGB V) gestattet Krankenkassen, im Falle der „Behandlungssicherungspflege" außerdem Grundpflege und hauswirtschaftliche Versorgung zu erbringen und auch Dauer und Umfang dieser Leistungen in der Satzung zu regeln. Gemeinsame Voraussetzung dieser Arten der häuslichen Krankenpflege ist außerdem, dass eine im Haushalt lebende Person den Kranken in dem erforderlichen Umfang nicht pflegen und versorgen kann (§ 37 Abs. 3 SGB V). Durch das GMG wurde § 37 Abs. 2 SGB V noch ergänzt: Das An- und Ausziehen von Kompressionsstrümpfen ab Kompressionsklasse 2 gehört auch dann zur Behandlungspflege, wenn der Hilfebedarf bei der Feststellung der Pflegebedürftigkeit (§§ 14, 15 SGB XI) zu berücksichtigten ist. Versicherte, die nicht auf Dauer in Einrichtungen nach §§ 71 Abs. 2, 4 SGB XI untergebracht sind, erhalten Behandlungspflege auch dann, wenn der Haushalt nicht mehr besteht und ihnen zur Durchführung der Behandlungspflege nur ein vorübergehender Aufenthalt in einer Einrichtung bzw. Unterkunft zur Verfügung gestellt wird. Damit soll sichergestellt werden, dass allein stehende Wohnungslose Behandlungspflege erhalten können und unnötige Krankenhausbehandlung vermieden wird. Es wird aber auch klargestellt, dass bei Daueraufenthalt ohne eigenen Haushalt (z. B. in Heimen) weiterhin kein Anspruch auf Behandlungspflege besteht.[306] In § 37 Abs. 5 SGB V wird die Zuzahlung (§ 61 Satz 3 SGB V) für Versicherte, die das 18. Lebensjahr vollendet haben, geregelt.

---

[301] Krankentransport-Richtlinien i. d. F. vom 17. 6. 1992 BAnz. 183 b S. 19; zum Rücktransport aus dem Ausland BSGE 83, 285.

[302] BSG SozR 3–2500 § 37 Nr. 1.

[303] Hierzu gehören die pflegerischen Leistungen nichtmedizinischer Art (z. B. Körperpflege, Hygiene).

[304] Dies sind die medizinischen Hilfeleistungen (z. B. Anlegen von Verbänden, Injektionen, Einreibungen).

[305] Z. B. Ernährung, Reinigung der Wohnung, Versorgung der Wäsche.

[306] BT-Drucksache 15/1525, S. 90.

i) Ausstellung von Bescheinigungen und Erstellung von Berichten (§ 73 Abs. 2 Nr. 9 SGB V). Die Vorschrift betrifft zum einen Bescheinigungen und Berichte, die die Krankenkassen oder der MDK (§ 275 SGB V) zur Durchführung ihrer gesetzlichen Aufgaben benötigen. Die Übersendung derartiger medizinischer Unterlagen durch Vertragsärzte ist Bestandteil der vertragsärztlichen Versorgung.[307] Dies sind alle Vordrucke, Bescheinigungen und Berichte, die in den Bundesmantelverträgen, in der Vordruckvereinbarung oder in sonstigen Verträgen mit den Spitzenverbänden der Krankenkassen vereinbart worden sind. Außerdem gehören hierzu alle von den Krankenkassen und dem MDK angeforderten Auskünfte und Berichte, nicht aber die auf Bitte eines Versicherten angefertigten Berichte und Bescheinigungen. Zum anderen umfasst die vertragsärztliche Versorgung auch die Bescheinigungen, die die Versicherten für den Anspruch auf Fortzahlung des Arbeitsentgelts benötigen, d. h. das Ausstellen der Arbeitsunfähigkeitsbescheinigungen gem. §§ 44, 45 SGB V.[308] Die Vergütung der unter § 73 Abs. 2 Nr. 9 SGB V fallenden Bescheinigungen und Berichte ist in den Bundesmantelverträgen bzw. im EBM geregelt.[309] 102

j) Medizinische Maßnahmen zur Herbeiführung einer Schwangerschaft nach § 27 a Abs. 1 SGB V (§ 73 Abs. 2 Nr. 10 SGB V). Mit diesen gesetzlichen Vorschriften ist die künstliche Befruchtung unter den Voraussetzungen des § 27 a Abs. 1 Nr. 1–5 SGB V (insbesondere ärztliche Feststellung, Erfolgsaussicht, Ehe und Verwendung der Ei- und Samenzellen der Ehegatten) Gegenstand des Leistungsrechts. Durch das GMG ist der Leistungsinhalt ab 1. 1. 2004 aus Gründen der Begrenzung der Ausgaben auf das medizinisch Notwendige geändert worden: Die Zahl der Versuche wird auf drei reduziert, ein Anspruch auf Sachleistungen besteht nur für Versicherte, die das 25. Lebensjahr vollendet haben; ein Anspruch besteht nicht für weibliche Versicherte, die das 40. Lebensjahr, und für männliche Versicherte, die das 50. Lebensjahr vollendet haben. Vor Behandlungsbeginn ist der Krankenkasse ein Behandlungsplan zur Genehmigung vorzulegen. Sie übernimmt 50 v. H. der mit dem Behandlungsplan genehmigten Kosten, die bei ihrem Versicherten durchgeführt werden. Da es sich um eine Sachleistung handelt, ist die GOÄ nicht anwendbar.[310] Die Leistungserbringer (Vertragsärzte, ermächtigte Ärzte, ermächtigte ärztlich geleitete Einrichtungen, zugelassene Krankenhäuser) bedürfen der Genehmigung der zuständigen Landesbehörde zur Durchführung der künstlichen Befruchtung (§ 121 a SGB V). Der Gemeinsame Bundesausschuss der Ärzte und Krankenkassen hat hierzu Richtlinien erlassen.[311] Die Kryokonservierung vorsorglich gewonnener imprägnierter Eizellen für die mögliche Wiederholung eines Versuchs der Befruchtung ist keine von der Krankenkasse zu leistende Maßnahme.[312] 103

k) Maßnahmen der Empfängnisverhütung, des Schwangerschaftsabbruchs und der Sterilisation (§ 73 Abs. 2 Nr. 11 SGB V). Die ärztliche Beratung über Fragen der Empfängnisregelung (§ 24 a SGB V) und der nicht rechtswidrige Schwangerschaftsabbruch sowie die durch Krankheit erforderliche Sterilisation (§ 24 b SGB V) sind gleichfalls Gegenstand der vertragsärztlichen Versorgung. Die Leistungen bei einer nicht rechtswidrigen Sterilisation sind aus dem Leistungskatalog durch das GMG gestrichen worden, da sie zur persönlichen Lebensplanung zählen.[313] 104

---

[307] BSG USK 97127.

[308] Vgl. hierzu die Arbeitsunfähigkeitsrichtlinien des Bundesausschusses der Ärzte und Krankenkassen i. d. F. vom 3. 9. 1991 (BABl. Nr. 11/1991).

[309] BSG WzS 1997, 381.

[310] BT-Drucksache 15/1525, S. 83.

[311] Richtlinien über die künstliche Befruchtung vom 14. 8. 1990 (BABl. 1990 Heft 12, S. 21).

[312] BSGE 86, 174.

[313] Vgl. hierzu die Richtlinien des Bundesausschuss der Ärzte und Krankenkassen zur Empfängnisregelung und zum Schwangerschaftsabbruch vom 10. 12. 1985 (BAnz. 1986 Nr. 60 a S. 17), geändert durch Bekanntmachung vom 23. 10. 1998 (BAnz. 16/1999).

105 **l) Verordnung der Soziotherapie (§ 73 Abs. 2 Nr. 12 SGB V).** Mit Gesetz vom 22. 12. 1999 (BGBl. I 2626) wurde mit Wirkung zum 1. 1. 2000 im Hinblick auf die Leistung der Soziotherapie (§ 37a SGB V) der Umfang der vertragsärztlichen Versorgung entsprechend erweitert. Danach haben Versicherte, die wegen schwerer psychischer Erkrankung nicht in der Lage sind, ärztliche oder ärztlich verordnete Leistungen selbstständig in Anspruch zu nehmen, Anspruch auf Soziotherapie, wenn dadurch Krankenhausbehandlung vermieden oder verkürzt wird oder wenn diese geboten, aber nicht ausführbar ist. Die Soziotherapie umfasst im Rahmen der vom Gemeinsamen Bundesausschuss der Ärzte und Krankenkassen zu erlassenden Richtlinien (§ 37a Abs. 2 SGB V) die im Einzelfall erforderliche Koordinierung der verordneten Leistungen sowie Anleitung und Motivation zu deren Inanspruchnahme. Die Indikationen, bei denen die Soziotherapie zur Anwendung kommt, stellen keinen abschließenden Katalog, sondern typische Beispielsfälle dar. Die Richtlinien sollen auch fachliche und organisatorische Regelungen enthalten. Der Anspruch besteht für höchstens 120 Stunden innerhalb von drei Jahren je Krankheitsfall. Die Verordnung dieser Leistung und die Erstellung des Behandlungsplanes sind Teil der vertragsärztlichen Versorgung. Der Vertragsarzt erarbeitet unter Beteiligung des Leistungserbringers der Soziotherapie (§ 132b SGB V) und des Versicherten einen Behandlungsplan, der verschiedene Elemente wie Heilmittel, häusliche Krankenpflege usw. umfasst. Der Gesetzgeber will mit der Soziotherapie wiederkehrende Krankenhausaufenthalte vermeiden (sog. „Drehtüreffekt“).[314] Mit der Neuregelung des § 37a Abs. 3 wird ab 1. 1. 2004 für Versicherte, die das 18. Lebensjahr vollendet haben, eine Zuzahlung je Kalendertag der Leistungsinanspruchnahme von 10 v.H., höchstens 10 EUR und mindestens 5 EUR erhoben. Es wird hier wegen der Möglichkeit des unterschiedlichen Leistungsumfangs auf den Gesamtaufwand je Tag der Leistungsinanspruchnahme abgestellt.

2. Überweisungen

106 **a) Zweck.** Überweisungen bezwecken die Abklärung eines Krankheitsbilds oder die Fortsetzung der Therapie. Der Vertragsarzt kann in der Regel noch Vorliegen eines gültigen Behandlungsausweises oder der Krankenversichertenkarte – einen anderen Vertragsarzt (nicht Vertragszahnarzt) oder ermächtigten Arzt bzw. eine ermächtigte ärztlich geleitete Einrichtung sowie eine nach § 311 Abs. 2 Satz 1 und 2 SGB V zugelassene Einrichtung oder ein medizinisches Versorgungszentrum auf dem vorgesehenen Formular, auf dem die (Verdachts-)Diagnose und Art der Überweisung anzugeben sind, zur Behandlung des Versicherten veranlassen (§ 24 BMV-Ä, § 27 AEKV). In der Regel ist nur die Überweisung an einen anderen Arzt eines anderen Fachgebiets zulässig. Ausnahmsweise ist eine Überweisung an einen Arzt des gleichen Fachgebiets gestattet zur Inanspruchnahme besonderer Untersuchungs- und Behandlungsmethoden, die vom behandelnden Arzt nicht durchgeführt werden, außerdem, wenn der Versicherte während der Krankheit den Aufenthaltsort wechselt, oder zur Fortsetzung einer abgebrochenen Behandlung. Überweisungen durch eine ermächtigte Krankenhausfachambulanz sind nicht zulässig, wenn die betreffenden Leistungen in dieser Einrichtung erbracht werden können oder in Polikliniken und Ambulatorien als verselbstständigte Organisationseinheiten desselben Krankenhauses erbracht werden. Zur Gewährleistung der freien Arztwahl soll die Überweisung grundsätzlich nicht auf den Namen eines bestimmten Arztes, sondern auf eine (Teil)-Gebiets- oder Zusatzbezeichnung ausgestellt werden. Ausnahmsweise ist eine namentliche Überweisung zulässig zur Durchführung bestimmter Untersuchungs- oder Behandlungsmethoden. Es bestehen Informationspflichten des überweisenden Arztes an den auf Überweisung tätigen Arzt und umgekehrt über die Behandlung.

107 **b) Arten.** Es sind nach Zweck und Umfang der Behandlung mehrere Arten der Überweisung zu unterscheiden. Die Überweisung zur Ausführung von Auftragsleistungen er-

[314] BT-Drucksache 14/1245, S 35b.

fordert die Definition der Leistungen nach Art und Umfang (Definitionsauftrag) oder eine Indikationsangabe mit Empfehlung der Methode (Indikationsauftrag). Hierunter fallen Leistungen des Kapitels 32 BMÄ und von entsprechenden laboratoriumsmedizinischen Leistungen des Kapitels 1.7. Für die Notwendigkeit der Auftragserteilung ist der auftragserteilende Arzt verantwortlich; die Wirtschaftlichkeit ist vom auftragsausführenden Arzt zu gewährleisten. Bei Unklarheiten ist dieser Arzt zur Rücksprache mit dem überweisenden Arzt verpflichtet. Eine Überweisung zur **Konsiliaruntersuchung** dient gleichfalls der Diagnostik; der Umfang der Leistungen wird vom Überweisungsempfänger unter dem Gesichtspunkt der Wirtschaftlichkeit bestimmt. Eine Überweisung zur **Mitbehandlung** erfolgt zur Durchführung begleitender oder ergänzender diagnostischer bzw. therapeutischer Leistungen. Auch hier trägt der Überweisungsempfänger die wirtschaftliche Verantwortung. Bei einer Überweisung zur **Weiterbehandlung** übernimmt der Überweisungsempfänger die gesamte weitere Diagnostik und Therapie und damit auch die Verpflichtung zur Beachtung des Wirtschaftlichkeitsgebotes.

V. Dokumentationstätigkeit

108 Zur vertragsärztlichen Tätigkeit gehört auch die Dokumentationstätigkeit. Der Vertragsarzt hat Bescheinigungen und Berichte für die Krankenkassen und den MDK zu erstellen, die diese Stellen für die Durchführung ihrer Aufgaben und den Anspruch des Versicherten auf Fortzahlung des Arbeitsentgelts benötigen (§§ 73 Abs. 2 Nr. 9, 275 SGB V). Ferner bestehen Berichts- und Auskunftspflichten des Vertragsarztes gegenüber den Krankenkassen, Kassenärztlichen Vereinigungen und den mit der Datenverarbeitung beauftragten Stellen. Die Verpflichtung zur Aufzeichnung und Weitergabe von Daten, die aus der Erbringung, Verordnung sowie Abgabe von Versicherungsleistungen entstehen und die für diese Stellen zu ihrer Aufgabenerfüllung notwendig sind, ergibt sich aus §§ 294, 294a, 295 i.V.m. § 292 SGB V. Diese Vorschriften regeln Aufzeichnungs- und Mitteilungspflichten der Leistungserbringer gegenüber den Krankenkassen und Kassenärztlichen Vereinigungen, die Leistungen, Diagnosen, Befunde und andere Daten betreffen. In den Arbeitsunfähigkeitsbescheinigungen ist in dem für die Krankenkassen bestimmten Abschnitt die Diagnose anzugeben (§ 295 Abs. 1 Nr. 1 SGB V).

109 § 73 Abs. 1b SGB V enthält die datenschutzrechtliche Grundlage für die Datenerhebung und Datennutzung durch den Hausarzt. Das Gesetz vom 22. 12. 1999 (BGBl. I S 2626) erweitert und verstärkt die Dokumentationsbefugnis des Hausarztes. Er darf bei anderen Leistungserbringern die den Versicherten betreffenden Behandlungsdaten und Befunde erheben. Die Leistungserbringer müssen den Versicherten nach seinem Hausarzt fragen und ihm diese Daten übermitteln. Sie können bei dem Hausarzt und anderen Leistungserbringern (z.B. Heilmittelerbringer oder Erbringer häuslicher Krankenpflege) Daten erheben und für die Behandlung verarbeiten und nutzen. Der Hausarzt ist berechtigt und verpflichtet, die Daten und Befunde an andere behandelnde Leistungserbringer zu übermitteln und hat auch bei einem Hausarztwechsel dem neuen Hausarzt die gespeicherten Unterlagen vollständig zu übermitteln. Die o.g. Formen der Datenverarbeitung setzen eine schriftliche Einwilligung des Versicherten voraus, die widerrufen werden kann, sowie die Nutzung der Daten und Befunde zum Zwecke der Dokumentation und weiteren Behandlung.

VI. Arten der vertragsärztlichen Versorgung

1. Allgemeines

110 Die vertragsärztliche Versorgung gliedert sich in die hausärztliche und fachärztliche Versorgung (§ 73 Abs. 1 Satz 1 SGB V).[315] Die Abgrenzung erfolgt, da die Versicherten direkten Zugang auch zu den Gebietsärzten haben (§ 76 Abs. 1 Satz 1 SGB V), nach der Versorgungsfunktion.[316] Daher kann die Inanspruchnahme von Fachärzten grundsätzlich nicht von einer hausärztlichen Überweisung abhängig gemacht oder der Zugang zu ihnen erschwert werden. § 73 Abs. 1 Satz 2 Nr. 1 SGB V in der Neufassung durch das GMG verdeutlicht für die hausärztliche Versorgung die Regelung des § 2 Abs. 1 Satz 2 SGB V, dass in Bezug auf eine ganzheitliche Sicht und die psychosomatischen Gesundheitsstörungen, Behandlungsmethoden, Arznei- und Heilmittel der besonderen Therapieeinrichtungen nicht ausgeschlossen sind. § 73 SGB V bietet aus kompetenzrechtlichen Gründen (vgl. Art. 74 Nr. 12 GG) keine Handhabe, berufsrechtliche Fragen zu regeln, insbesondere nicht Inhalte und Grenzen der ärztlichen Fachgebiete zu bestimmen oder zu verändern. Die Vertragsärzte haben bei der Zulassung Gelegenheit, sich für die hausärztliche oder fachärztliche Funktion zu entscheiden.

2. Hausärztliche und fachärztliche Versorgung

111 **a) Inhalt.** § 73 Abs. 1 Satz 2 Nr. 1–4 SGB V regelt die Querschnittsaufgaben des an der **hausärztlichen** Versorgung teilnehmenden Arztes. Es handelt sich um die fortgesetzte ärztliche Betreuung in Diagnostik und Therapie in Kenntnis des häuslichen und familiären Umfeldes des Versicherten, die Koordination diagnostischer, therapeutischer und pflegerischer Maßnahmen, die Dokumentation wesentlicher Behandlungsdaten und Befunde sowie die Einleitung oder Durchführung präventiver und rehabilitativer Maßnahmen und die Integration nichtärztlicher Maßnahmen in die ärztliche Behandlung. Die Vorschrift ist außerdem die Grundlage für die hausärztliche Grundvergütung (§ 87 Abs. 2a Satz 3 SGB V) und die Abgrenzung zur fachärztlichen Versorgung. Wählt der Versicherte keinen Hausarzt (§ 76 Abs. 3 Satz 2 SGB V), entfällt die vertragsärztliche Dokumentationspflicht gem. § 73 Abs. 1 Satz 2 Nr. 3, Abs. 1a SGB V unbeschadet sonstiger berufsrechtlicher Aufzeichnungspflichten, die auf vertraglichen, deliktischen und standesrechtlichen Grundlagen beruhen.[317]

112 **b) Teilnahme.** An der hausärztlichen Versorgung nehmen gem. § 73 Abs. 1a SGB V Allgemein- und Kinderärzte, Internisten ohne Schwerpunktbezeichnung, die die Teilnahme an der hausärztlichen Versorgung gewählt haben, Ärzte, die nach § 95a Abs. 4 und 5 Satz 1 SGB V in das Arztregister eingetragen sind (Praktischer Arzt; EG-Diplome), und die Ärzte teil, die am 31. 12. 2000 an der hausärztlichen Versorgung teilgenommen haben. Der Zulassungsausschuss kann für Kinderärzte und Internisten ohne Schwerpunktbezeichnung eine abweichende befristete Regelung treffen, wenn eine bedarfsgerechte Versorgung nicht gewährleistet ist. Die mit Gesetz vom 22. 12. 1999 neu gefasste Vorschrift (BGBl. I S. 2626) bezweckt vorrangig und langfristig entsprechend dem Differenzierungsmodell die Sicherstellung der hausärztlichen Versorgung durch die künftig fünfjährig weitergebildeten Allgemeinärzte. Diesen Ärzten sind die praktischen Ärzte gleichgestellt, die bis 31. 12. 1995 auf Grund einer mindestens zweijährigen landesrechtlich geregelten Zusatzausbildung diese Bezeichnung erworben haben (§ 95a Abs. 4 SGB V) sowie Ärzte mit einem Befähigungsnachweis entsprechend der EG-Richtlinie über die

---

[315] Zur Verfassungsmäßigkeit BVerfG, Beschl. vom 17. 6. 1999 – 1 BvR 2507/97; BSGE 80, 256; BSG USK 98166.

[316] *Krauskopf*, in: Laufs/Uhlenbruck, Handbuch des Arztrechts, 1999, § 29, Rdn. 3.

[317] *Uhlenbruck*, in: Laufs/Uhlenbruck, Handbuch des Arztrechts, 1999, § 59, Rdn. 1ff.

Ausbildung in der Allgemeinmedizin vom 15. 9. 1986 (vgl. 75/362/EWG; § 95a Abs. 5 Satz 1 SGB V).

113 Wie bisher können Internisten ohne Schwerpunktsbezeichnung auch weiterhin die hausärztliche Versorgung wählen – tun sie es nicht, werden sie ohne weiteres der fachärztlichen Versorgung zugeordnet –, die Wahl vom fachärztlichen zum hausärztlichen Versorgungsbereich und umgekehrt wird jedoch künftig zulassungs- und planungsrechtlich einem Fachgebietswechsel gleichgestellt (§ 24 Abs. 3 Ärzte-ZV). Kinderärzte mit und ohne Schwerpunktsbezeichnung nehmen zwar an der hausärztlichen Versorgung teil; Kinderärzte mit Schwerpunktsbezeichnung (z. B. Kinderkardiologie) können aber zusätzlich ohne Nachweis eines besonderen Versorgungsbedarfes an der fachärztlichen Versorgung teilnehmen. Internisten ohne Schwerpunktsbezeichnung können gleichfalls kumulativ auf Grund einer Entscheidung des Zulassungsausschusses (befristet) an der fachärztlichen Versorgung teilnehmen, solange ein entsprechender Bedarf vorliegt.

114 Die übrigen Fachärzte nehmen an der fachärztlichen Versorgung teil. Der Zulassungsausschuss kann Allgemeinärzten und Ärzten ohne Gebietsbezeichnung (§ 95a Abs. 4, 5 Satz 1 SGB V), die im Wesentlichen spezielle Leistungen (z. B. Proktologie, Phlebologie) erbringen, auf deren Antrag die Genehmigung zur ausschließlichen Teilnahme an der fachärztlichen Versorgung erteilen.[318]

115 **c) Vertragsgestaltung und Vergütungsregelung.** Die Spitzenverbände der Krankenkassen und die Kassenärztliche Bundesvereinigung vereinbaren einheitlich (vgl. § 213 Abs. 2 SGB V) das Nähere über Inhalt und Umfang der hausärztlichen Versorgung (§ 73 Abs. 1c SGB V). Hierbei sind die in § 73 Abs. 1 bis 1b SGB V gemachten gesetzlichen Vorgaben sowie die Gebietsgrenzen der Weiterbildungsordnungen der Ärztekammern für Allgemeinärzte, Kinderärzte und Internisten zu beachten. Der Auftrag ist mit dem Vertrag über die hausärztliche Versorgung vom 6. 9. 1993 erfüllt worden. Das BSG hat den in § 6 dieses Vertrages enthaltenen Vergütungsausschluss der bis 31. 12. 2002 vom Hausarzt erbringbaren medizinisch-technischen Leistungen neben der hausärztlichen Grundvergütung bestätigt, die Abhängigkeit dieser Vergütung von einem Mindestanteil abgerechneter Grundleistungen von 30% dagegen aufgehoben.[319] Die Teilnahme eines Vertragsarztes an der hausärztlichen bzw. fachärztlichen Versorgung kann ein legitimes Diffenrenzierungskriterium bei der Bildung von festen Honorarkontingenten darstellen.[320]

116 **d) Hausarztzentrierte Versorgung.** Die in § 73b SGB V geregelte Versorgungsform ermöglicht den Versicherten ab 1. 1. 2004, nach einer schriftlichen Verpflichtung gegenüber der Krankenkasse, ambulante fachärztliche Leistungen nur auf Überweisung durch den gewählten Hausarzt in Anspruch zu nehmen. Sie sind an diese Verpflichtung und grundsätzlich an die Wahl ein Jahr gebunden. Die Krankenkassen haben zur Sicherstellung mit besonders qualifizierten zugelassenen Hausärzten und zugelassenen medizinischen Versorgungszentren, nach öffentlicher Ausschreibung Verträge zu schließen, ohne dass ein Anspruch auf Vertragsabschluss besteht. Die Qualifikationsanforderungen, insbesondere die die Anforderungen nach § 73 Abs. 1b und 1c SGB V (Dokumentations- und Übermittlungspflichten zwischen Hausärzten und anderen Leistungserbringern) übersteigenden besonderen sächlichen und personellen Anforderungen und die Vergütung sowie die Bereinigung der Gesamtvergütung (§§ 85, 85a SGB V) sind in den Gesamt- bzw. Bundesmantelverträgen zu regeln. Derartige Qualitätsanforderungen können die Ausrichtung der ärztlichen Behandlung an evidenzbasierten Leitlinien (einschließlich einer rationalen Pharmakotherapie), die Teilnahme an Qualitätszirkeln (z. B. Fallkonferenzen), die Dokumentation von Qualitätsindikatoren, Einführung eines zertifizierten praxisinternen Qualitätsmanagements und die Fortbildung (z. B. in Palliativmedizin, Schmerztherapie und die

[318] Vgl. BT-Drucksache 14/1245.
[319] BSG SozR 3-2500 § 87 Nr. 17.
[320] BSG vom 16. 5. 2001 B 6 KA 16/01 B.

Behandlung geriatrischer Krankheitsbilder) betreffen. Für die Versicherten wird das Nähere zur Teilnahme in den Satzungen der Krankenkassen bestimmt.

VII. Integrierte Versorgung

117 § 140a Abs. 1 SGB V i.d.F. des GMG gibt den Krankenkassen ab 1. 1. 2004 die Möglichkeit, außerhalb des Sicherstellungsauftrags (§ 75 Abs. 1 SGB V) Einzelverträge über eine verschiedene Leistungssektoren übergreifende Versorgung der Versicherten oder eine interdisziplinär-fachübergreifende Versorgung mit in § 140b SGB V genannten Leistungserbringern (z.B. zugelassene Ärzte/Zahnärzte, zugelassene Krankenhäuser und Rehabilitationseinrichtungen bzw. deren Gemeinschaften, Trägern von medizinischen Versorgungszentren, Apotheken) abzuschließen. Soweit die Versorgung danach durchgeführt wird, sind der Sicherstellungsauftrag und die Bindung an das Kollektivvertragssystem eingeschränkt. Dadurch übernehmen die Vertragspartner die Verantwortung für die Versorgung der Versicherten. Für die Anschubfinanzierung muss jede Krankenkasse in den Jahren 2004 bis 2006 bis zu 1 v.H. der Gesamtvergütung sowie von den Rechnungen der Krankenhäuser für die voll- und stationäre Versorgung einbehalten. Werden diese Mittel nicht innerhalb von drei Jahren für die integrierte Versorgung verwendet, sind sie an die Kassenärztlichen Vereinigungen und einzelnen Krankenhäuser auszuzahlen (§ 140b SGB V). Mit dieser Versorgungsform verspricht der Gesetzgeber sich Wettbewerb der Kassen und eine Verbesserung der diagnostischen und therapeutischen Abläufe sowie der Zusammenarbeit in der ärztlichen Versorgung. Ob dadurch Einsparungen erzielt werden, wird allerdings auf Grund der Ergebnisse der bisherigen Projekte bezweifelt.

VIII. Medizinische Versorgungszentren

118 An der vertragsärztlichen Versorgung vorrangig teilnahmeberechtigt sind neben den zugelassenen Ärzten (Vertragsärzten) auch die zugelassenen medizinischen Versorgungszentren. Dies sind fachübergreifende ärztlich geleitetet Einrichtungen, in denen Ärzte, die in das Arztregister eingetragen sind, als Angestellte oder Vertragsärzte tätig sind (§ 95 Abs. 1, 2 SGB V). Sie können sich aller zulässigen Organisationsformen (z.B. BGB-Gesellschaft, GmbH) bedienen. Sie können von Leistungserbringern, die auf Grund von Zulassung (z.B. Vertragsärzte, Krankenhäuser, Heilmittelerbringer), Ermächtigung oder Vertrag (Apotheken, häusliche Krankenpflege) an der vertragsärztlichen Versorgung teilnehmen, gegründet werden. In den medizinischen Versorgungszentren soll durch Förderung der Kooperation unterschiedlicher ärztlicher Leistungserbringer und nichtärztlicher Leistungserbringer eine umfassende medizinische Versorgung „aus einer Hand" angeboten werden; junge Ärzte sollen an der vertragsärztlichen Versorgung teilnehmen können, ohne die mit einer Praxisgründung verbundenen wirtschaftlichen Risiken einzugehen. Die Zulassung eines medizinischen Versorgungszentrums erfolgt durch den Zulassungsausschuss für den Ort der Betriebsstätte. Gem. § 72 Abs. 1 SGG gelten für die medizinischen Versorgungszentren auch die Vorschriften für Vertragsärzte, sofern nichts Abweichendes bestimmt ist.

§ 12 Neue Versorgungsformen

Schrifttum: *Amelung/Schumacher,* Managed Care – Neue Wege im Gesundheitsmanagement, 3. Auflage, 2004; *AOK- Bundesverband* (Hrsg.), Versorgung neu gestalten, 2004; *Arnold/Lauterbach/Preuß* (Hrsg.), Managed Care – Ursachen, Prinzipen, Formen und Effekte, 1997; *Arnold/Paffrath* (Hrsg.), Krankenhausreport 1997 – Schwerpunkt: Sektorübergreifende Versorgung, 1997; *Arnold/Paffrath* (Hrsg.), Krankenhausreport 1996 – Schwerpunkt: Managed Care, 1997; *Badura/Hart/Schellschmidt* (Hrsg.), Bürgerorientierung im Gesundheitswesen, 1999; *Baumann/Stock,* Managed Care – Impulse für die GKV, 1996; *Becker,* Rechtliche Rahmenbedingungen der integrierten Versorgung – Ein Aufriss und neun Thesen, NZS 2001, 505 ff.; *Baumberger,* So funktioniert Managed Care – Anspruch und Wirklichkeit der integrierten Gesundheitsversorgung in Europa, 2001; *Beske/Hallauer,* Das Gesundheitswesen in Deutschland, 3. Auflage 1999; *Bien,* Managed- Care – Neue Vertrags- und Versorgungsformen in der Krankenversicherung, ZFSH/SGB 2000, 387 ff.; *Bill,* Gesetzliche Krankenversicherung und Wettbewerb im Lichte des GKV-Gesundheitsreformgesetzes 2000, Die Sozialgerichtsbarkeit 2000, 359 ff.; *Bischoff-Everding/Hildebrandt,* Integrierte Versorgung als Baustein für eine moderne Wirtschaft in den neuen Bundesländern – Eine erste Bewertung, Studie im Auftrag des Bundesamts für Bauwesen und Raumordnung, 2005; *Bundesministerium für Gesundheit und Soziale Sicherung* (Hrsg.), Nachhaltigkeit in der Finanzierung der Sozialversicherungssysteme – Bericht der Kommission, 2003; *Bundesverband Managed Care,* Checkliste zur Integrierten Versorgung, 2004; *Butzer,* Verfassungsrechtliche Anmerkungen zum GKV-Modernisierungsgesetz 2004 (GMG), MedR 2004, 177 ff.; *Dahm,* Vertragsgestaltung bei integrierter Versorgung am Beispiel „Prosper – Gesund im Verbund" – Rechtsgrundlagen der Integrierten Versorgung, vertragliche Umsetzung, Durchführungs- und Gestaltungshinweise, MedR 2005, 121 ff.; *DGB-Bundesvorstand* (Hrsg.), Die Krankenkassen und die neuen Versorgungsformen im Gesundheitswesen, 2004; *Dieffenbach/Landenberger/von der Weiden* (Hrsg.), Kooperation in der Gesundheitsversorgung – Das Projekt „VerKET" – Praxisorientierte regionale Versorgungsketten, 2002; *Ebsen/Knieps,* Krankenversicherungsrecht, in: von Maydell/Ruland (Hrsg.), Sozialrechtshandbuch, 3. Auflage, 2004, 813 ff.; *Eichhorn/Schmidt-Rettig* (Hrsg.), Chancen und Risiken von Managed Care – Perspektiven der Vernetzung des Krankenhauses mit Arztpraxen, Rehabilitationskliniken und Krankenkassen, 1998; *Eissing/Kuhr/Noelle* (Hrsg.), Arbeitsbuch für die Integrierte Gesundheitsversorgung – Aktuelles zum Gesundheitsmodernisierungsgesetz 2003, 2003; *Evers/Schaeffer* (Hrsg.), Case-Managemend in Theorie und Praxis, 2000; *Feuerstein/Kuhlmann* (Hrsg.), Rationierung im Gesundheitswesen, 1998; *Francke/Hart,* Bürgerbeteiligung im Gesundheitswesen, 2001; *Francke/Hart,* Charta der Patientenrechte, 1999; *Härter/Loh/Spies* (Hrsg.), Gemeinsam entscheiden – erfolgreich behandeln, 2005; *Haubrock/Hagmann/Nerlinger,* Managed Care – Integrierte Versorgungsformen, 2000; *Hennies,* Die Versorgung chronisch Kranker, sozialrechtlich analysiert, Die Sozialgerichtsbarkeit 2000, 581 ff.; *Hiddemann/Muckel,* Das Gesetz zur Modernisierung der gesetzlichen Krankenversicherung, NJW 2004, 7 ff.; *Hildebrandt/Domdey/Fuchs,* Disease Management, Die Ersatzkasse 1996 50 ff.; *Hildebrandt/Hesselmann,* Patientenrecht und Partizipation: Wahl- und Abwahlmöglichkeiten der Patienten und Versicherten im Zusammenhang mit integrierten Versorgungsformen, Sozialer Fortschritt 2000, 130 ff.; *Hohmann,* Gesundheits-, Sozial und Rehabilitationssysteme in Europa – Solidarität auf dem Prüfstand, 1998; *Hurrelmann/Laaser* (Hrsg.), Handbuch Gesundheitswissenschaften, 2. Auflage 2003; *Jacobs/Schräder,* Wettbewerb als Motor der Integration?, in: Arnold/Klauber/Schellschmidt (Hrsg.), Krankenhausreport 2002, 2002, 103 ff.; *Kingreen,* Wettbewerbliche Aspekte des GKV-Modernisierungsgesetzes, MedR 2004, 188 ff.; *Knieps,* Die Folgen der GKV-Neuordnungsgesetze für Patienten, Beitragszahler und Krankenkassen, DOK 1997, 407 ff.; *Korenke,* Innovativer Wettbewerb in Folge integrierter Versorgung in der gesetzlichen Krankenversicherung, Sozialer Fortschritt 2001, 268 ff.; *KV Berlin* (Hrsg.), Integrationsversorgung mit oder ohne KV, KV-Blatt Berlin Extra 2004; *Lankers,* Erfolgsfaktoren von Managed Care auf europäischen Märkten, Bonn 1997; *Lauterbach/Schrappe* (Hrsg.), Gesundheitsökonomie, Qualitätsmanagement und Evidence-based Medicine, 2. Auflage, 2003; *Leimböck,* Die soziale Krankenversorgung zwischen Staat, Markt und Wettbewerb, 2000; *Marckmann/Liening/Wiesing* (Hrsg.), Gerechte Gesundheitsversorgung, 2003; *Mielck,* Soziale Ungleichheit und Gesundheit, 2000; *Mühlbacher,* Integrierte Versorgung – Management und Organisation, 2002; *Neuffer,* Managed Care – Umsetzbarkeit des Konzepts im deutschen Gesundheitswesen, 1997; *Neumann,* Solidarische Wettbewerbsordnung statt Vertragsarztrecht?; NZS 2002, 561 ff.; *Oldiges,*

Strukturverträge und Erprobungsregelungen, DOK 1997, 710 ff.; *OECD,* Health Data, 2005 (CD-Rom); *Orlowski,* Ziele des GKV-Modernisierungsgesetzes (GMG), MedR 2004, 202 ff.; *Orlowski,* Integrationsversorgung, BKK 2000, 191 ff.; *Orlowski,* Strukturverträge – Perspektiven und Grenzen, BKK 1997, 240 ff.; *Orlowski/Wasem,* GKV-Modernisierungsgesetz 2003, 2003; *Pfaff/Schrappe/Lauterbach/Engelmann/Halber* (Hrsg.), Gesundheitsversorgung und Disease Management, 2003; *Preuß/Räbiger/Sommer* (Hrsg.), Managed Care-Evaluation und Performance des Managements integrierter Versorgungsmodelle – Stand der Entwicklung in der EU, der Schweiz und den USA, 2002; *Rachold* (Hrsg.), Neue Versorgungsformen und Managed Care – Ökonomische Steuerungsmaßnahmen der Gesundheitsversorgung, 2000; *Riedel/Schmidt/Heffner,* Leitfaden zur Integrierten Versorgung aus der Praxis – Rechtliche Grundlagen, Pfaderstellung, Konzeptionen und Mustervertrag, 2004; *Rieger,* Vernetzte Praxen, MedR 1998, 75 ff.; *Rosenbrock/Gerlinger,* Gesundheitspolitik, 2004; *Salfeld/Wettke,* Die Zukunft des deutschen Gesundheitswesens – Perspektiven und Konzepte, Berlin u. a. 2001; *Schirmer,* Berufsrechtliche und kassenarztrechtliche Fragen der ärztlichen Berufsausübung in Partnerschaftsgesellschaft, MedR 1995 341 ff. und 383 ff.; *Sachverständigenrat zur Begutachtung der Entwicklung im Gesundheitswesen* Jahresgutachten, 1987 ff.; *Schirmer,* Das Kassenarztrecht im 2. GKV-Neuordnungsgesetz, MedR 1997, 431 ff.; *Schneider u. a.,* Gesundheitssysteme im internationalen Vergleich 1998 und 2005; *Schönbach,* Zielorientierung des GKV-Wettbewerbs durch Integrierte Versorgung, BKK 1998, 479 ff.; *Schrinner,* Bedeutung, Umfang und Grenzen des Sicherstellungsauftrags der Kassenärztlichen Vereinigungen gemäß § 75 Abs. 1 SGB V, seine Defizite und deren mögliche Beseitigung – Dissertation, Bonn 1996; *Schulz-Nieswandt/Kurscheid,* Integrationsversorgung – Eine Einführung für die gesundheitsökonomische, pflegewissenschaftliche und sozialpolitische Ausbildung, 2004; *Schumpelick/Vogel* (Hrsg.), Grenzen der Gesundheit, 2004; *Schwartz u. a.* (Hrsg.), Das Public Health Buch, 2. Auflage 2003; *Schwiedernoch/Özyurt,* Integrierte Versorgung – Ein Managed-Care-Ansatz in Deutschland, 2004; *Seitz,* Sektorübergreifendes Integrationsmanagemend durch Managed Care, 2002; *Stegmüller,* Wettbewerb im Gesundheitswesen – Konzeptionen zur 3. Reformstufe der gesetzlichen Krankenversicherung, 1996; *von Stillfried,* Integrationsversorgung – Innovationspotenzial und Risiken, Sozialer Fortschritt 2000, 175 ff.; *Tophoven/Lieschke* (Hrsg.), Integrierte Versorgung – Entwicklungsperspektiven für Praxisnetze, 2003; *Udsching,* Probleme der Verzahnung von ambulanter und stationärer Krankenhausbehandlung, NZS 2003, 411 ff.; *Wasem/Ebsen/Szeczeny,* Vertragswettberwerb in der GKV zur Verbesserung von Qualität und Wirtschaftlichkeit in der Gesundheitsversorgung – Gutachten im Auftrag des AOK-Bundesverbandes in: AOK-Bundesverband (Hrsg.), AOK im Dialog Band 13, 2003, 145 ff.; *Weiss,* Gesundheitsmanagement, 1997; *Wigge,* Erprobungsregelungen außerhalb des Budgets, MedR 1996, 172 ff.; *Wigge,* Integrierte Versorgung und Vertragsarztrecht, NZS 2001 17 ff. und 66 ff.; *Wille* (Hrsg.), Zur Rolle des Wettbewerbs in der gesetzlichen Krankenversicherung – Gesundheitsversorgung zwischen staatlicher Administration, korporativer Koordination und marktwirtschaftlicher Steuerung, 1999; *Windhorst,* Die Integrierte Versorgung in der gesetzlichen Krankenversicherung: Gefahr oder Chance für die Gesundheitsversorgung, 2002; *World Health-Organisation,* The World HealthReport, Jährlich.

Übersicht

I. Die gesundheitspolitische Diskussion um die Neugestaltung von Versorgungsstrukturen und Versorgungsprozessen

1 Mit rund 11 Prozent des Bruttoinlandsprodukts steht Deutschland hinter den USA gleichauf mit der Schweiz und Frankreich an der Spitze derjenigen Staaten, die beträchtliche Mittel für das Gesundheitswesen aufwenden.[1] Trotz vergleichsweise hoher Aufwendungen für Gesundheit artikulieren aber viele Stimmen Zweifel an der **Effektivität der Versorgung** und an der **Effizienz des Mitteleinsatzes.**[2] Zwar ist man in Deutschland seit langem überzeugt, das beste oder zumindest eines der besten Gesundheitssysteme der Welt zu besitzen,[3] doch lässt sich der Eindruck nicht wegwischen, dass einem hohen Mitteleinsatz nur begrenzte Versorgungsergebnisse gegenüberstehen. Das Bild, die Deutschen zahlten für ein Luxusmodell, erhielten aber im Ergebnis allenfalls einen Mittelklassewagen, ist populäre Beschreibung der Ergebnisse von internationalen Vergleichen[4] und nationalen Analysen.[5] Unabhängig vom ordnungs- und parteipolitischen Standpunkt kommen die meisten Politiker, Wissenschaftler und Akteure des Gesundheitswesens bei weitgehend gleich lautenden Analysen zum Ergebnis, dass die Produktivität im deutschen Gesundheitswesen erhöht werden muss, ehe man neue Finanzierungsquellen für das Gesundheitswesen erschließt.[6] Während über versicherungsrechtliche Fragen, wie die Bestimmung des versicherten Personenkreises, die Ausgestaltung der Beitragsbemessung oder die Ausformung des Leistungskatalogs, kontrovers diskutiert wird,[7] scheint man sich weitgehend einig zu sein, die **Beziehungen zwischen Krankenkassen und Leistungserbringern** zu flexibilisieren. Auslöser dafür ist die Feststellung, dass in Deutschland **Über-, Unter- und Fehlversorgung** nebeneinander existieren.[8] Überkapazitäten in städtischen Ballungsgebieten konnten trotz verstärkter Regulierung nicht abgebaut werden, während in ländlichen Gebieten nicht nur der neuen Bundesländer (Haus-)Ärztemangel droht. Erhebliche Varianzen in der Versorgung lassen sich medizinisch kaum erklären.[9] Die Administrierung der staatlichen oder korporatistischen Bedarfsplanung hat sich als ungeeignet erwiesen, Kapazitäten an Bedarf und Bedürfnisse der Patienten sowie an die Möglichkeiten der Medizin anzupassen. Internationale Vergleiche zeigen, dass Deutschland eine hohe Arzt- und Bettendichte, eine hohe Fallzahl, einen hohen Verbrauch an Medikamenten und Medizinprodukten, eine lange Verweildauer in stationären Einrichtungen und andere aufwendige **Input-Parameter** aufweist, ohne bessere **Output-Resultate** – zum Beispiel eine geringe Mortalität oder Morbidität, höhere Qualitätsstandards, geringere Komplikationsraten – auszuweisen.[10] Auch die Zufriedenheit von Patienten, Versicherten, Ärzten

---

[1] *OECD Health Data,* 2005 (CD-Rom).

[2] Exemplarisch die Gutachten des Sachverständigenrates zur Begutachtung der Entwicklung des Gesundheitswesens, 1987 ff. (insbesondere 2001).

[3] *Beske/Hallauer,* Das Gesundheitswesen in Deutschland, 3. Auflage 1999.

[4] *World Health Organisation,* The World Health Report 2000 – Health Systems: Improving Performance. Aus deutscher Sicht: *Hohmann,* Gesundheits-, Sozial- und Rehabilitationssysteme in Europa; Schneider u. a., Gesundheitssysteme im internationalen Vergleich, 1998 und 2005.

[5] Klassisch der Endbericht der Bundestags-Enquete-Kommission „Strukturreform der GKV" , BT-Drs. 11/6380. Zur neueren Diskussion beispielhaft: *Rosenbrock/Gerlinger,* Gesundheitspolitik.

[6] Dazu *Leiter,* in: Arnold/Paffrath (Hrsg.); Krankenhausreport 1997, 73 unter Hinweis auf eine breit angelegte McKinsey-Studie.

[7] Exemplarisch für die Auseinandersetzung zwischen den Befürwortern einer Bürgerversicherung und den Anhängern einer einkommensunabhängigen Kopfpauschale der Bericht der sog. Rürup-Kommission: BMGS, Nachhaltigkeit in der Finanzierung der Sozialversicherungssysteme.

[8] Sachverständigenrat für die Begutachtung der Entwicklung im Gesundheitswesen, Jahresgutachten 2001.

[9] *Lauterbach/Schrappe,* Gesundheitsökonomie, Qualitätsmanagement und Evidence Based Medicine.

[10] Siehe Fußnoten 1, 4 und 6.

und anderen Beschäftigten im Gesundheitswesen scheint rückläufig zu sein. Die Anzeichen für ungewollte und unsystematische Rationierungen mehren sich.[11] Der professionelle Widerstand gegen eine evidenzbasierte Medizin, eine übergreifende Qualitätssicherung und ein patientenorientiertes Risikomanagement schwächt sich ab, ist aber bei Funktionären des Gesundheitswesens noch weitgehend verbreitet.

2 Neben der von vielen Beteiligten geäußerten oft unspezifischen Kritik am „System" werden weiterhin spezifische Fehlentwicklungen in der Gestaltung der Versorgungsstrukturen und in der Steuerung der Versorgungsprozesse festgestellt, die trotz jetzt fast dreißigjähriger Kostendämpfungspolitik mit einigen „Jahrhundertreformen" und zahlreichen weiteren Gesetzesvorhaben bisher nicht behoben werden konnten. In erster Linie wird hierfür die strenge **Abschottung der einzelnen Versorgungsbereiche**[12] verantwortlich gemacht. Dies gilt nicht nur für die im internationalen Bereich einmalige Trennung von ambulanter und stationärer Versorgung mit Vorhaltung einer doppelten Facharztstruktur, sondern auch für die Gräben zwischen Akutversorgung und Rehabilitation sowie zwischen medizinischer und pflegerischer Versorgung und sozialer Betreuung. Auch die Auseinanderentwicklung von hausärztlicher und fachärztlicher Versorgung wird kritisch hinterfragt. Folge der starken „Zergliederung" des deutschen Gesundheitswesens, die sich in gesetzlich vorgeschriebenen Begrenzungen der Organisations- und Betriebsformen der Leistungserbringung sowie in nicht kompatiblen Finanzierungs- und Honorierungssystemen in den unterschiedlichen Sektoren manifestiert, ist eine sektorale Betrachtungsweise von ganzheitlichen Versorgungsproblemen. Diagnose und Behandlung werden zwar innerhalb des Sektors optimiert, die Schnittstellen zu jeweils anderen Sektoren werden dabei aber vernachlässigt. Gerade an diesen **Schnittstellen** entstehen häufig Wartezeiten, Doppeluntersuchen, Behandlungsdiskontinuitäten und Fehlentscheidungen.[13] Aus der ganzheitlichen Perspektive eines Patienten werden seine Probleme so zerteilt, dass sie ins jeweilige Versorgungssegment passen. Auf dem Rücken der Patienten werden Gruppenegoismen und Interessenkonflikte zwischen den Akteuren in den unterschiedlichen Versorgungssektoren ausgetragen. Dies gilt nicht nur für politische Konflikte, sondern speziell auch für professionelle Differenzen. Statt sich für eine Gesamtbetrachtung zu öffnen, mauern sich viele Akteure im jeweiligen Versorgungssegment ein oder versuchen Terrain in anderen Versorgungssegmenten ohne Rücksicht auf die Patientenbedürfnisse zu gewinnen. Der **Wandel des Krankheitsspektrums** hin zu Erkrankungen mit chronisch degenerativem Verlauf, eine zunehmende Multimorbidität im Alter und die wachsenden Möglichkeiten in Medizin, Pflege und Betreuung stoßen an die Grenzen einer sektoralen, häufig extrem spezialisierten Betrachtungsweise. Der **Mangel an Kommunikation, Koordination und Kooperation** im Gesundheitswesen wird beim Übergang von der Industrie – zur Dienstleistungsgesellschaft und der Weiterentwicklung zur Informations- und Wissensgesellschaft besonders spürbar. Das Gesundheitswesen schottet sich ab gegen Erkenntnisse aus anderen Branchen und Ländern.[14]

3 Die Defizite in der Versorgung, insbesondere das anreiz- und interessengeleitete Fehlverhalten vieler Akteure, wurden beispielhaft für chronische Krankheitsbilder und für Ver-

[11] *Feuerstein/Kuhlmann,* Rationierung im Gesundheitswesen; *Marckmann/Liening/Wiesing,* Gerechte Gesundheitsversorgung; *Schumpelick/Vogel,* Grenzen der Gesundheit.

[12] AOK-Bundesverband, Versorgung neu gestalten; *Baumann/Stock,* Managed Care; DGB-Bundesvorstand, Die Krankenkassen und die neuen Versorgungsformen im Gesundheitswesen; *Eichhorn/Schmidt-Rettig,* Chancen und Risiken von Managed-Care; *Lankers,* Erfolgsfaktoren von Managed Care in Europa; *Salfeld/Weltke;* Die Zukunft des deutschen Gesundheitswesens.

[13] *Becker/Hensgen,* Das Krankenhaus 2000, 275 (276). Siehe auch die Beiträge in *Schwartz,* Das Public Health Buch; *Hurrelmann/Laaser,* Handbuch Gesundheitswissenschaft.

[14] *Amelung/Schumacher,* Managed Care; *Arnold/Lauterbach/Preuß,* Managed Care; *Neuffer,* Managed Care; *Preuß/Räbiger/Sommer,* Managed Care; *Rachold,* Neue Versorgungsformen und Managed Care. Aus ausländischer Sicht: *Baumberger,* So funktioniert Managed Care; *Leimböck,* Die soziale Krankenversorgung zwischen Staat, Markt und Wettbewerb.

sorgungsprobleme besonders gefährdeter Bevölkerungsgruppen aufgearbeitet, wobei Probleme beim Zugang zu Gesundheitsleistungen in Deutschland noch immer tabuisiert werden.[15] Auf der anderen Seite ist nicht zu verkennen, dass für Diabetes, Asthma, Rheuma, Hypertonie, Herzinsuffizienz, Schlaganfall, koronare Herzerkrankungen oder psychische Erkrankungen **sektorübergreifende, evidenzbasierte Versorgungskonzepte**[16] im Vordringen sind und auch spezifischen Versorgungsproblemen von Kindern, Jugendlichen, jungen Familien, gesundheitlich exponierten Menschen, Migranten, älteren und hoch betagten Personen ebenso mehr Aufmerksamkeit geschenkt wird wie den Geschlechterfragen in der Gesundheitsversorgung.[17] Die Umsetzung **neuer Versorgungskonzepte,** an deren Entwicklung neben den professionellen Akteuren in der Regel auch die Betroffenen in Form von Selbsthilfegruppen und Patientenvertretern beteiligt sind,[18] scheitert in der Praxis weniger am fehlenden Willen reformbereiter Akteure als an unterschiedlichen Finanzierungssystemen und -anreizen in den einzelnen Sektoren und an juristischen Hindernissen eines noch weitgehend ständischem Gedankengut verhafteten Gesundheitsrechts.

4 Der Gesetzgeber hat die Unzufriedenheit vieler Versicherter und Patienten, aber auch professioneller Leistungserbringer mit der strukturellen Verkrustung des deutschen Gesundheitswesens registriert und – zumindest für den sozialrechtlichen Bereich – weit reichende Flexibilisierungsmöglichkeiten geschaffen. Er hat darüber hinaus mit der integrierten Versorgung ein neues Versorgungsleitbild kreiert, das bewusst nicht als Provisorium angelegt ist, sondern eine neue Angebotsform der Regelversorgung sein soll. Er hat bei neuen Versorgungsformen auf die vielfach kritisierte Regelungstiefe verzichtet und den Akteuren im Gesundheitswesen mehr **Spielraum für differenzierte Versorgungsansätze** eingeräumt. Speziell den korporatistischen Akteuren, die vielfach als eine Hauptursache für die Erstarrung im deutschen Gesundheitswesen angesehen werden, wurden dabei Grenzen gesetzt. Sie können neue Versorgungsformen aktiv fördern und gegebenenfalls auch an ihnen teilnehmen. Sie können diese aber nicht mehr verhindern. Das Initiativ- und Abschlussrecht steht bei den meisten neuen Versorgungsformen den einzelnen Krankenkassen einerseits, einzelnen oder Gruppen von Leistungserbringern andererseits zu. Die etablierten Grenzen zwischen Kassen und Kassenarten wurden dabei ebenso durchbrochen wie die sektorale Ausrichtung der Versorgung. Auch wenn manche Stimmen nicht müde werden, die alte Ordnung über andere Instrumente, wie das Wettbewerbs- und Kartellrecht, das Leistungsrecht, das Gesellschaftsrecht oder vor allem das Berufsrecht zu bewahren und immer wieder ihr Heil auch im europäischen Recht suchen,[19] können an der prinzipiellen **Umorientierung der Gesundheitspolitik** zu neuen Versorgungsformen kaum Zweifel artikuliert werden. Die politischen Auseinandersetzungen kreisen nicht mehr um das Ob der Veränderung der alten Ordnung, sondern nur noch um das Wie. Ordnungspolitisch gibt es kaum eine Alternative dazu, dass der Gesetzgeber sich im Interesse größerer Stabilität und besserer Steuerungsfähigkeit auf eine **Rahmengebung** beschränkt und Regelungstiefe wie Regelungsdichte deutlich zurücknimmt.[20] Die korporatistischen Akteure werden damit nicht überflüssig, dürfen aber nicht länger die Herausbildung neuer Versorgungsformen blockieren oder behindern. Ihre öffentlichen Aufgaben werden künftig darin bestehen, das notwendigerweise Einheitliche für alle Versorgungsformen zu regeln. Hierzu zählen unter anderem die finanzielle Stabilisierung des Gesundheitswesens, die Gewährleistung von Standards für die Qualität und Effizienz der

---

[15] Siehe aber auch *Mielck,* Soziale Ungleichheit und Gesundheit.

[16] *Pfaff/Schrappe/Lauterbach/Engelmann/Halber,* Gesundheitsversorgung und Disease Management; *Hildebrandt/Domdey/Fuchs,* Ersatzkasse 1996, 50 sowie die Beiträge des 1. Kongresses der Deutschen Gesellschaft für Disease Management am 9. 6. 2004 im Supplement 1 zu Heft 6/2005 von Gesundheitsökonomie & Gesundheitsmanagement.

[17] Exemplarisch die Beiträge bei *Schwartz* (Fn. 13); *Hurrelmann/Laaser* (Fn. 13).

[18] *Härter/Loh/Spies,* Gemeinsam entscheiden – erfolgreich behandeln, 2005.

[19] Differenzierend *Becker* in diesem Handbuch; *Wigge* NZS 2001, 17 und 66.

[20] *Ebsen/Knieps,* Krankenversicherungsrecht, in: von Maydell/Ruland, Sozialrechtshandbuch, 813 (839).

Versorgung oder die Sanktionierung von Regelverletzungen. Schon bei der Bedarfsplanung oder bei der Gestaltung der Vergütungs- und Honorierungssysteme ist es fraglich, ob diese dauerhaft zu den Aufgaben der korporatistischen Akteure gehören oder ob nicht ein schrittweiser Übergang auf die einzelwirtschaftliche Ebene denkbar und erwünscht ist.[21] Wer Letzteres präferiert, wird allerdings hohe Ansprüche an Transparenz und Fairness stellen sowie Risikoselektion aktiv verhindern müssen. Die **Wettbewerbsordnung** für die Gesundheitsversorgung die Krankenversicherung hat deshalb mit gesundheitspolitischen Zielen, positiven Anreizen und spürbaren Sanktionen bei Regelverletzungen eine zentrale Bedeutung für die Entwicklung und Implementierung neuer Versorgungsformen.[22]

5 Die **einzelwirtschaftliche Ebene,** die im komplexen Gesundheitswesen nicht unbedingt identisch ist mit einzelnen Krankenkassen oder einzelnen Leistungserbringern, sondern stärker von **managementfähigen Netzwerken** geprägt sein sollte, wird zur entscheidenden Steuerungsebene des Gesundheitswesens werden. Wettbewerb in den Vertragsbeziehungen zwischen Krankenkassen und Leistungserbringern ist – trotz aller politischen Risiken für Solidarität, Humanität und Gleichbehandlung – perspektivisch das wichtigste Steuerungsinstrument für die meisten Akteure der Gesundheitspolitik, das der Komplexität und der Innovationsfähigkeit des Gesundheitswesens am ehesten gerecht wird. Ein geordneter **Vertragswettbewerb** kann zu einer neuen Vielfalt von Organisationsformen und Finanzierungsanreizen in der Versorgung führen. Seine Ausprägungen werden wiederum das Berufsrecht, das Wettbewerbs- und Kartellrecht sowie das Leistungsrecht nicht unverändert lassen.

6 Trotz zahlreicher Gesundheitsreformen ist noch immer nicht absehbar, wie schnell diese Entwicklungen wohin führen werden. Eine Vielfalt von Initiativen, in denen sich etablierte korporatistische Akteure in Konkurrenz zu privaten Anbietern als Dienstleister, Konzeptentwickler, Berater und Manager betätigen, testet die Marktfähigkeit neuer Versorgungsformen bei Versicherten, Patienten, Krankenkassen und Leistungserbringern.[23] Während bei Leistungserbringern die Stärkung der professionellen Identität und die Realisierung von Vergütungs- und Gewinnchancen im Vordergrund stehen, ist aus Sicht der Kassen und ihrer Versicherten die Steigerung von Qualität und Effizienz der Versorgung prioritär. Patienten werden ebenfalls den Qualitätsaspekt, aber auch den Zugang zu neuen Versorgungsformen hoch gewichten. Sie werden schließlich auf die Befriedigung spezieller Bedürfnisse und auf die Generierung von Zusatznutzen achten. Da keine der neuen Versorgungsformen auf Zwang beruht, werden all diejenigen, die diesen Formen Interesse entgegenbringen, Überzeugungsarbeit bei ihrer jeweiligen Klientel leisten müssen. Der Patient, der Versicherte, die einzelne Krankenkasse oder der einzelne Leistungserbringer werden deshalb in den Mittelpunkt der Steuerung der **Veränderungsprozesse im Gesundheitswesen** rücken.[24] Dies hat nicht nur Einfluss auf Rechtsbeziehungen und Finanzströme im deutschen Gesundheitswesen, sondern stellt die Grundstruktur des deutschen Gesundheitswesens ebenso wie professionelle Identitäten und Philosophien in Frage. Zumindest auf Sicht wird wettbewerblichen Initiativen Vorrang vor gleichen Lösungen für alle eingeräumt. Inwieweit dies den **gleichen Zugang zu Gesundheitsleistungen,** die Einheitlichkeit der Versorgung oder einheitliche Standards bei der Qualität der Versorgung gefährdet, wird man sorgsam beobachten müssen. Als Totschlagargument gegen neue Versorgungsformen taugen diese Bedenken nicht. Für die politische Weiterentwicklung des Gesundheitswesens wird es darauf ankommen, die Versorgungsformen sorgfältig zu **evaluieren,** sie aber auch in Beziehung zu den Defiziten und Mängeln etablierter Versorgungsformen zu setzen.

---

[21] *Wasem/Ebsen/Szeczeny,* Vertragswettbewerb in der GKV, in: AOK-Bundesverband, AOK im Dialog, Band 13, 145 ff.; *Kingreen* MedR 2004, 1188 (191 f.), *Becker* NZS 2001, 505.

[22] *Wille,* Zur Rolle des Wettbewerbs in der gesetzlichen Krankenversicherung; *Leimböck* (Fn. 14); *Neumann* NZS 2002, 561. Kritisch: *Stegmüller,* Wettbewerb im Gesundheitswesen.

[23] *Lankers* (Fn. 12); *Amelung/Schumacher* (Fn. 14).

[24] *Hildebrandt/Hasselmann* Sozialer Fortschritt 2000, 130.

II. Modellvorhaben zur Weiterentwicklung der Versorgung (§§ 63ff. SGB V)

7 Anstelle der Rechtsgrundlagen für Erprobungsregelungen, die bereits mit dem Gesundheits-Reformgesetz vom 20. 12. 1988 (BGBl. I S. 2477) in das SGB V aufgenommen worden waren und die erst nach dem Gesundheits-Strukturgesetz vom 21. 12. 1992 (BGBl. I S. 2266) größere Aufmerksamkeit bei Krankenkassen und Leistungserbringern gefunden hatten, setzte das zweite GKV-Neuordnungsgesetz vom 23. 6. 1997 (BGBl. I S. 1520) mit Wirkung zum 1. 7. 1997 neue Regelungen zur Weiterentwicklung der Versorgung, die mit dem GKV-Modernisierungsgesetz vom 14. 11. 2003 (BGBl. I S. 2180) ergänzt und modifiziert worden sind. Der Grundgedanke dieser Regelung blieb allerdings erhalten: Krankenkassen sollten die Möglichkeit zu neuartigen Vertragsbeziehungen mit Leistungserbringern erhalten, gegebenenfalls auch über das geltende Recht hinaus neue Leistungen, Maßnahmen und Verfahren zu erproben und das Gesamtsystem der GKV weiter zu entwickeln. Nach langem ideologischem Streit um Kostenerstattung, Beitragsrückerstattung und Selbstbehalt,[25] die mit dem 2. GKV-Neuordnungsgesetz eingeführt und mit dem GKV-Solidaritätsstärkungsgesetz vom 19. 12. 1998 (BGBl. I, S. 3853) wieder gestrichen worden waren, wurden mit dem GKV-Modernisierungsgesetz **versichertenbezogene Instrumente** nunmehr als Regelelemente (vgl. §§ 13, 53, 54 SGB V) übernommen. Seit 1997 wurden die Vorschriften zur Weiterentwicklung der Versorgung in allen Reformschritten überarbeitet, aber nicht grundsätzlich verändert. Insbesondere wurden den Aspekten des Datenschutzes Rechnung getragen (siehe § 63 Abs. 3a SGB V) und Modellvorhaben auf die elektronische Kommunikation einschließlich der Finanzierung einer persönlichen elektronischen Gesundheitsakte (§§ 67 und 68 SGB V) erstreckt. Die im Gesundheits-Reformgesetz 2000 vom 22. 12. 1999 (BGBl. I S. 2626) eingeräumte Möglichkeit, einen Versichertenbonus in der hausärztlichen Versorgung auszuschütten (§ 65a SGB V), wurde mit dem GKV-Modernisierungsgesetz vollständig neu gefasst und auf Maßnahmen der Prävention, die hausarztzentrierte Versorgung nach § 73b SGB V, strukturierte Behandlungsprogramme bei chronischen Krankheiten nach § 137f SGB V und die integrierte Versorgung nach § 140a SGB V ausgeweitet. Dieser **Bonus für gesundheitsbewusstes Verhalten** kann in ermäßigten Beiträgen oder reduzierten Zuzahlungen sowie in sonstiger Form erfolgen. Einzelheiten müssen in der Satzung der jeweiligen Krankenkasse geregelt werden. Bei Maßnahmen der betrieblichen Gesundheitsförderung durch Arbeitgeber können sowohl der Arbeitgeber als auch die teilnehmenden Versicherten einen Bonus erhalten. Aufwendungen für Versichertenboni müssen mittelfristig aus Einsparungen und Effizienzsteigerungen, die durch diese Maßnahmen erzielt werden, finanziert werden. Krankenkassen müssen alle drei Jahre über diese Einsparungen gegenüber der zuständigen Aufsichtsbehörde Rechenschaft ablegen. Können die Krankenkassen keine **Einsparungen nachweisen,** müssen die entsprechenden Boni gestrichen werden. Beitragssatzerhöhungen zur Finanzierung von Bonusregelungen sind unzulässig. Daraus dürfte auch zu folgern sein, dass mögliche Beitragssatzsenkungen, zu denen die Kasse nach § 220 Abs. 4 SGB V verpflichtet ist, nicht durch Boni konterkariert werden dürfen. Schließlich manifestierte der Gesetzgeber seine Zweifel an der **Patientenorientierung** von Krankenkassen und Leistungserbringern,[26] in dem er die Spitzenverbände der Krankenkassen zur Förderung von Einrichtungen zur Verbraucher- und Patientenberatung verpflichtet (§ 65b SGB V). Die Unterstützung der Versicherten bei Behandlungsfehlern (§ 66 SGB V) firmiert noch immer unter Modellvorhaben, ist aber längst Standard bei vielen Krankenkassen.

---

[25] Dazu *Knieps* DOK 1997, 407.

[26] *Badura/Hart/Schellschmidt;* Bürgerorientierung des Gesundheitswesens; *Francke/Hart;* Bürgerbeteiligung im Gesundheitswesen; *Francke/Hart,* Charta der Patientenrechte, *Härter/Loh/Spies* (Fn. 18).

1. Allgemeine Grundsätze für Modellvorhaben

8 Wie bei anderen neuen Versorgungsformen regelt das SGB V nur wenige Grundsätze für Modellvorhaben im Gesetz selbst und schafft stattdessen einen erweiterten Handlungsrahmen für die Akteure auf einzelwirtschaftlicher und korporatistischer Ebene, der durch vertragliche Vereinbarungen auszufüllen ist. Entscheidender Unterschied zur bisherigen Regelversorgung ist bei neuen Versorgungsformen die Zuweisung der Vertragskompetenzen. Das Initiativ- und Abschlussrecht für Modellvorhaben zur **Weiterentwicklung der Verfahrens-, Organisations-, Finanzierungs- und Vergütungsformen** der Leistungserbringung spricht § 63 Abs. 1 SGV V primär den Krankenkassen und ihren Verbänden zu. Aber auch Kassenärztliche Vereinigungen können nach § 63 Abs. 6 SGB V entsprechende Modellvorhaben initiieren. Beide Seiten müssen sich dabei im Rahmen ihrer **gesetzlichen Aufgabenstellung** bewegen. § 63 SGB V begründet keine neuen Aufgabenzuweisungen über die Verbesserung der Qualität und Wirtschaftlichkeit der Versorgung hinaus.[27] Eine solche Aufgabenstellung dürfte jedoch äußerst umfassend zu verstehen sein, so dass Zweifel an der Zulässigkeit von Modellprojekten zur Umsteuerung von der stationären in die ambulante Versorgung[28] unangebracht sind, zumal der Gesetzgeber die Subsidiarität der stationären Versorgung ausdrücklich in § 39 Abs. 1 Satz 2 SGB V normiert hat. Während Kassenärztliche Vereinigungen Modellvorhaben grundsätzlich mit den Krankenkassen und ihren Verbänden vereinbaren müssen, können Krankenkassen diese auch selbst ohne Verträge mit Leistungserbringern durchführen. Das gilt insbesondere für Modellvorhaben zu Leistungen zur Verhütung oder Früherkennung von Krankheiten sowie zur Krankenbehandlung, die keine Leistungen des SGB V sind (§ 63 Abs. 2 SGB V). Damit sollen vor allem solche Leistungen erprobt werden können, von denen zu erwarten ist, dass sie sich für eine ausreichende, zweckmäßige und wirtschaftliche Versorgung der Versicherten eignen. Leistungen, deren Gefahren und Risiken noch nicht hinreichend beurteilt werden können oder medizinischer **Forschungsaktivitäten** bedürfen, dürfen nicht über Modellvorhaben organisiert und finanziert werden. Gleiches gilt für die biomedizinische Forschung sowie die Forschung zur Entwicklung und Prüfung von Arzneimitteln und Medizinprodukten (§ 63 Abs. 4 Satz 2 SGB V). Schließlich stellt § 63 Abs. 4 Satz 1 SGB V klar, dass Leistungen, für die der Gemeinsame Bundesausschuss gemäß § 91 SGB V im Rahmen von Beschlüssen über die Einführung **neuer Untersuchungs- und Behandlungsmethoden** in der ambulanten Versorgung (§ 92 Abs. 1 Satz 2 Nr. 5 SGB V) oder bei der Bewertung von Untersuchungs- und Behandlungsmethoden in der stationären Versorgung (§ 137c Abs. 1 SGB V) bereits eine ablehnende Entscheidung getroffen hat, nicht Gegenstand von Modellvorhaben werden dürfen. Hat der Bundesausschuss noch keine Entscheidung oder eine negative Entscheidung nur deshalb getroffen, weil ausreichende Unterlagen für eine Beurteilung der neuen Leistungen nicht vorgelegen haben, ist ein Modellvorhaben denkbar, wenn wenigstens hinreichendes Erkenntnismaterial zu Nutzen und Risiken der Leistungen vorliegt und Bedarf an zusätzlichem Erkenntnisgewinn (beispielsweise zur Verbesserung der Evidenz) besteht.[29]

9 Bei der Durchführung von Modellvorhaben sind das 4. Kapitel des SGB V über die Beziehungen der Krankenkassen zu den Leistungserbringern (§§ 69–140h SGB V), das 10. Kapitel über Versicherungs- und Leistungsdaten, Datenschutz und Datentransparenz desselben Gesetzes (§§ 284 bis 305b SGB V) mit Ausnahme des ausdrücklich ausgenommenen § 284 Abs. 1 Satz 5 SGB V, das Krankenhausfinanzierungsgesetz (KHG), das Krankenhausentgeltgesetz (KEG) sowie die nach diesen Vorschriften getroffenen Regelungen (wie z.B. die Entgeltverordnung im Krankenhaus) disponibel. Da die Abweichungsmöglichkeiten vom allgemeinen Vertragsrecht auch die Regelungen für **Eigeneinrichtungen** der

---

[27] *Krauskopf* Rdn. 5 vor §§ 63–68 SGB V.
[28] *Wigge* MedR 1996, 172 (174).
[29] So schon BT-Drucks. 13/6087, S. 27; *Krauskopf* § 63 SGB V Rdn. 19.

Krankenkassen betreffen (§ 140 SGB V), können diese neue Einrichtungen jenseits der Restriktionen des § 140 Abs. 2 SGB V im Wege von Modellvorhaben einrichten und betreiben. Für alle Modellvorhaben gilt der Grundsatz der **Beitragssatzstabilität** entsprechend (§ 63 Abs. 3 Satz 1, 2. Halbsatz SGB V). Der Grundsatz wird nicht verletzt, wenn die mit einem Modellvorhaben verbundenen Mehraufwendungen durch nachzuweisende **Einsparungen** aufgrund der in diesem Vorhaben vorgesehenen Maßnahmen ausgeglichen werden (§ 63 Abs. 3 Satz 2 SGB V). Da komplexere Modellvorhaben Investitionen mit strukturellen Veränderungen verlangen, dürfte es ausreichend sein, wenn diese Einsparungen nicht sofort sondern im Laufe der Realisierung des Modells eintreten.[30] Ein solcher „Return on Investment" darf allerdings nicht von Zufälligkeiten abhängen, sondern muss angestrebtes Ziel des Modellvorhabens sein. Da Ziele, Dauer, Art und allgemeine Vorgaben zur Ausgestaltung von Modellvorhaben sowie die Bedingungen für die Teilnahme von Versicherten in der Satzung der Kasse festzulegen sind, deren Änderungen ebenso den zuständigen Aufsichtsbehörden vorzulegen sind wie Verträge nach § 64 Abs. 1 SGB V, empfiehlt es sich, das Verhältnis von Investitionen und Einsparungen in einem übersichtlichen Businessplan zu regeln. Soweit Einsparungen die Mehraufwendungen für Modellvorhaben überschreiten, können diese an teilnehmende Versicherte (§ 63 Abs. 3 Satz 3 SGB V) und je nach Vertragsgestaltung wohl auch an teilnehmende Leistungserbringer ausgeschüttet werden.

10 Modellversuche sind im Regelfall auf längstens acht Jahre zu befristen (§ 63 Abs. 5 Satz 2 SGB V). Wird von Vorschriften des 10. Kapitels des SGB V abgewichen, sind sie auf höchstens fünf Jahre zu **befristen** (§ 63 Abs. 5 Satz 4 SGB V). Da die Flexibilisierung in Modellvorhaben der Weiterentwicklung der Versorgung dient, müssen Krankenkassen oder ihre Verbände eine wissenschaftliche Begleitung und Auswertung der Modellvorhaben im Hinblick auf die Erreichung der Ziele nach allgemein anerkannten wissenschaftlichen Standards veranlassen und von unabhängigen Sachverständigen zu erstellende Berichte über die Ergebnisse der Auswertung veröffentlichen (§ 65 SGB V). Damit trägt der Gesetzgeber in diesem Bereich der breiten Forderung nach besserer **Evaluation** der Gesundheitsversorgung im Allgemeinen und neuen Lösungsansätzen im Besonderen Rechnung. Während die Evaluation auch durch eigene Bedienstete der Krankenkassen erfolgen kann, sofern die Einhaltung der wissenschaftlichen Standards gewährleistet ist, muss die Ergebnisberichterstattung durch externe Sachverständige erfolgen.[31] Aus der Auswertung muss sich ablesen lassen, ob die anvisierten Ziele erreicht worden sind und welche Auswirkungen auf Qualität und Kosten der Versorgung beobachtet werden können. Entsprechendes gilt natürlich für Modellvorhaben von Kassenärztlichen Vereinigungen.

11 Den besonderen Belangen des **Datenschutzes** hat der Gesetzgeber im Gesetz vom 21. 8. 2002 (BGBl I, S. 3352) Rechnung getragen. § 63 Abs. 3a SGB V lässt informationstechnische und organisatorische Abweichungen der Datenverwendung, einschließlich der Erweiterung der Befugnisse zur Erhebung, Arbeit und Nutzung von Personen bezogenen Daten, grundsätzlich zu. Allerdings darf von den datenschutzrechtlichen Bestimmungen nur mit schriftlicher Einwilligung des Versicherten und nur in dem Umfang abgewichen werden, der erforderlich ist, um die Ziele des Modellvorhabens zu erreichen. Dazu ist der Versicherte vorab schriftlich zu unterrichten. Dessen **Einwilligung** muss sich auf Zweck, Inhalt, Art, Umfang und Dauer der Erhebung, für Arbeit und Nutzung seiner personenbezogenen Daten sowie deren Beteiligten erstrecken. Die Einwilligung kann der Versicherte jederzeit widerrufen. Soweit die Krankenversichertenkarte und später die elektronische Gesundheitskarte in Modellvorhaben in erweitertem Umfang genutzt werden soll, dürfen zusätzlich gewonnene Daten nur getrennt von den bisher auf den Karten aufgeführten Daten erhoben und verarbeitet werden (§ 63 Abs. 3a Satz 5 SGB V). Personenbezogene Daten, die abweichend von den Vorschriften des 10. Kapitels des SGB V erho-

[30] Ähnlich *Krauskopf* § 63 SGB V Rdn. 18.
[31] *KassKomm-Höfler* § 65 SGB V Rdn. 4 und 5.

ben, verarbeitet oder genutzt worden sind, müssen nach Ablauf des Modellvorhabens unverzüglich gelöscht werden. Vor Beginn des Modellvorhabens sind Abweichungen vom 10. Kapitel dem jeweils zuständigen Bundes- oder Landesbeauftragten für den Datenschutz anzuzeigen (§ 63 Abs. 5 Satz 5 SGB V). Mit dieser Vorschrift wird den besonderen Belangen des Datenschutzes, die in Deutschland vor allem in öffentlich-rechtlichen Versicherungs- und Versorgungssystemen, kaum aber gegenüber der privaten Versicherungswirtschaft artikuliert werden, entsprochen. Ob diese Form des Datenschutzes einer wirksamen Steuerung des Gesundheitswesens förderlich ist, soll an dieser Stelle nicht erörtert werden.

12 Auch wenn andere Rechtsbereiche – wie insbesondere das **Berufsrecht** der Ärzte und andere Heilberufe oder das **Wettbewerbs- und Kartellrecht** – durch die Regelungen für Modellvorhaben zur Weiterentwicklung der Versorgung nicht unmittelbar tangiert werden, sind entsprechende Rechtsnormen im Lichte der Vorschriften der §§ 63ff. SGB V auszulegen.[32] Insbesondere dürfte es nicht zulässig sein, durch untergesetzliche Normen der ärztlichen Selbstverwaltung Gestaltungsmöglichkeiten aus dem SGB V auszuhebeln. Andererseits wirkt das Berufsrecht im Ergebnis dort präjudiziell für die Gestaltungsmöglichkeiten aus dem SGB V, wo konkrete Gebote und Verbote für das ärztliche Handeln ausgesprochen werden. Allgemein hat die Neufassung des § 69 SGB V[33] klargestellt, dass die Regelung der Beziehungen von Krankenkassen zu Leistungserbringern – auch im Verhältnis zu Dritten – abschließend sind. Für wettbewerbs- und kartellrechtliche Einschränkungen gibt es damit kaum Raum. Gegebenenfalls besteht sogar die Pflicht, Einschränkungen aus dem Berufsrecht,[34] die mit den Versorgungsentscheidungen des SGB V nicht im Einklang stehen, den sozialrechtlichen Regelungen anzupassen.

2. Vereinbarungen mit Leistungserbringern

13 Während § 63 SGB V offen lässt, mit wem Krankenkassen die Weiterentwicklung der Versorgung erproben können, und den Kassenärztlichen Vereinigungen annähernd gleichgerichtete Möglichkeiten einräumt, bestimmt § 64 Abs. 1 SGB V, dass Einzelne oder Gruppen von Leistungserbringern mit den Krankenkassen in Vertragsbeziehungen treten können. Soweit die ärztliche Behandlung im Rahmen der vertragsärztlichen Versorgung betroffen ist, können sie mit einzelnen Vertragsärzten, Gemeinschaften von Vertragsärzten oder mit Kassenärztlichen Vereinigungen Verträge über die Durchführung von Modellvorhaben schließen. Eine Beteiligung der Kassenärztlichen Vereinigungen in Modellvorhaben ist also möglich, aber nicht zwingend. Vielmehr können Krankenkassen oder ihre Verbände auch Vorhaben mit Einzelnen oder Gruppen von Vertragsärzten durchführen, ohne dass hierdurch der **Sicherstellungsauftrag** der Kassenärztlichen Vereinigungen tangiert wird.[35] Kritiker einer solchen Regelung, die den § 75 SGB V sehr eng auslegen, sehen in der Nichtbeteiligung der Kassenärztlichen Vereinigungen den ersten Schritt zur Abschaffung des Sicherstellungsauftrags. Sie übersehen allerdings, dass nach § 72 SGB V bereits heute Ärzte, Zahnärzte, Psychotherapeuten und Krankenkassen zur Sicherstellung der vertragsärztlichen Versorgung der Versicherten zusammenwirken. Die inhaltliche Ausfüllung des Sicherstellungsauftrages ist heute keineswegs alleinverantwortlich der Selbstverwaltung der Vertragsärzte überlassen, sondern in aller Regel Gegenstand von Regelungen und Verträgen der **gemeinsamen Selbstverwaltung.**[36] Auch dürften sich Rahmenbedingungen von Modellvorhaben (Evaluierung, Befristung) kaum dazu eignen, Versorgungs-

---

[32] Ähnlich *Rieger* MedR 1998, 75; *Schirmer* VSSR 1998, 279 (294). Kritisch *Butzer,* in: MedR 2004, 177 (186ff.).

[33] *Wigge,* NZS 2001, 66 (69).

[34] Dazu v. a. *Schirmer* MedR 1995, 341 und 383.

[35] *Becker/Hensgen,* Das Krankenhaus 2000, 275; *Wigge* NZS 2001, 17 (19).

[36] Siehe dazu die Beiträge von *Schiller, Schnath* und *Wigge* in diesem Handbuch sowie *Schrinner,* Bedeutung, Umfang und Grenzen des Sicherstellungsauftrags; *KassKomm-Hess* § 75 SGB V Rdn. 35ff.

politik grundsätzlich an den Kassenärztlichen Vereinigungen vorbei zu organisieren. Dies gilt insbesondere vor dem Hintergrund, dass Krankenkassen nur mit zugelassenen Leistungserbringern kontrahieren können (§ 64 Abs. 1 Satz 1 SGB V). Ob aus der Beschränkung auf zugelassene Leistungserbringer auch eine Beschränkung auf die inhaltliche Reichweite der jeweiligen **Zulassung** gefolgert werden kann, ist fraglich. Angesichts des Normzwecks der §§ 63ff SGB V, die Innovationsfähigkeit des Gesundheitswesens zu verbessern, erscheint es sinnvoll, in Modellvorhaben auch die Grenzen der Teilnahmeberechtigung an der vertragsärztlichen Versorgung gem. § 95 SGB V zu erweitern. Andererseits fehl es im § 63 SGB V an einer klaren Regelung wie in § 140b Abs. 4 Satz 3 SGB V, wo für die integrierten Versorgung eine vertragliche Abweichung vom Zulassungs-, Ermächtigungs- oder Teilnahmeberechtigungsstatus ermöglicht wird. Die bewusste Förderung neuer Versorgungsformen einschließlich der Disease-Management-Programme macht es erforderlich, die strukturellen Grenzen im Gesundheitswesen auch über Modellvorhaben zu überwinden und prozesssteuernde Funktionen des Hausarztes, des niedergelassenen Facharztes und des Krankenhausarztes in Kooperation mit anderen Berufen und Einrichtungen des Gesundheitswesens neu zu justieren.[37] Insoweit verlangen also die §§ 63ff. SGB V eine großzügige Auslegung, zumal Regelungen zu den Voraussetzungen und den Bedingungen für die Teilnahme von Vertragsärzten sowie die Festlegung einer Höchstzahl der zu beteiligenden Ärzte in einer Vereinbarung zwischen den Spitzenverbänden der Krankenkassen und der Kassenärztlichen Bundesvereinigung getroffen werden können. Diese Rahmenregelung soll gemäß 64 Abs. 2 SGB V Eingang in die Bundesmantelverträge finden. Angesichts des eindeutigen Wortlauts „können" ist – anders als in der Gesetzesbegründung formuliert[38] – nicht von einer entsprechenden Verpflichtung der Kassenseite auszugehen.[39] Da die Vergütung der Teilnehmer an Modellvorhaben in der Regel durch Budgetbereinigung gem. § 64 Abs. 3 SGB V erfolgt, ist der Abschluss solcher Vereinbarungen jedoch empfehlenswert. Er kann die Sicherheit erhöhen, dass Modellvorhaben nicht zur Ausweitung von Budgets und Gesamtvergütungen genutzt werden.

14 § 64 Abs. 3 Satz 1 SGB V schreibt eine Verringerung der Gesamtvergütung, der Budgets oder der Ausgabenvolumina entsprechend der Zahl und der Risikostruktur der am Modellvorhaben teilnehmenden Versicherten im Verhältnis zur Gesamtzahl der Versicherten vor. Die Vorschrift ist ein Versuch, die Finanzmittel im Gesundheitswesen nach dem Bedarf zu steuern und zur Bedarfsbestimmung die Risikostruktur der Versicherten heranzuziehen. Die Vorschrift stellt klar, dass auch die Budgets der teilnehmenden Krankenhäuser einem geringeren Leistungsumfang anzupassen sind. Da diese Verpflichtung nur für Krankenhäuser gilt, die an Modellvorhaben teilnehmen, können vielfach Einsparungen, die durch Vermeidung von Krankenhauseinweisungen realisiert werden, nicht unmittelbar dem Modellvorhaben zugeordnet und an Ärzte sowie Versicherte ausgeschüttet werden.[40] Kommt über die **Ausgabenbereinigung** oder über die Verringerung der Ausgabenvolumina keine Einigung zustanden, verweist § 64 Abs. 3 Satz 2 SGB V die betreffenden Kassen oder ihre Verbände auf das Schiedsverfahren.

15 Zur Vermeidung einer unkoordinierten **Mehrfachinanspruchnahme von Vertragsärzten** durch die Versicherten, die trotz gegenteiliger Empirie immer wieder im Zusammenhang mit der Ablösung des Krankenscheins durch die Krankenversichertenkarte nach § 291 SGB V gebracht wird, können ebenfalls Modellvorhaben im Rahmen des § 64 Abs. 1 SGB V vereinbart werden (§ 64 Abs. 4 SGB V). Ein Versicherter, der in einem Quartal einen zweiten Arzt ohne Überweisung oder zur Einholung einer Zweitmeinung in Anspruch nimmt, kann bei diesem Vertragsarzt auf die Kostenerstattung verwiesen

---

[37] *Hildebrandt/Domdey/Fuchs* Ersatzkasse 1996, 50; *Tacke/Lauterbach* in: Arnold/Paffrath, Krankenhaus-Report 1997, 157.

[38] BT-Drucks. 14/1245.

[39] *KassKomm-Höfler* § 64 SGB V Rdn. 4 spricht von einer Soll-Vorschrift.

[40] Zu den Schwierigkeiten *Krauskopf* § 64 SGB V Rdn. 8–10.

werden. Da der Gesetzgeber selbst bei einer solchen Mehrfachinanspruchnahme an der Wirtschaftlichkeit zweifelt, dürfte sowohl die Leistungserbringung als auch ihre Abrechnung und Erstattung nicht mehr dem Gebot der Wirtschaftlichkeit (§§ 2 Abs. 4, 12 Abs. 1 SGB V) entsprechen.[41] Da die freie Arztwahl unter den Vertragsärzten, ärztlich geleiteten Einrichtungen und ermächtigten Ärzten nach § 76 Abs. 1 SGB V durch eine Regelung im Gesamtvertrag oder im Bundesmantelvertrag insoweit beschränkt werden kann, als eine Direktinanspruchnahme eines spezialisierten Versorgungsangebots nicht sinnvoll erscheint, können die Vertragsparteien eines entsprechenden Modellvorhabens auch Anreize und Sanktionen entwickeln, die differenzierte Wirkungen bei unkoordinierten Mehrfachinanspruchnahmen vorsehen. So wäre auch ein Vergütungsabschlag bei einer Behandlung durch einen vertragsärztlichen Spezialisten ohne Überweisung möglich. Dass solche Regelungen nach Einführung der Praxisgebühr gem. § 28 Abs. 4 SGB V noch größere Steuerungswirkungen entfalten, erscheint zweifelhaft.[42]

III. Besondere Versorgungsformen (§§ 73a–73c SGB V)

16 Obwohl mit der Ausweitung von Modellvorhaben und der Einführung der integrierten Versorgung neue Möglichkeiten zur Flexibilisierung der Vertragsbeziehungen zwischen Krankenkassen und Leistungserbringern geschaffen wurden, hat der Gesetzgeber auch dem Bedürfnis nach **kollektivvertraglicher Weiterentwicklung der Versorgungsstrukturen** Rechnung getragen. Er hat die bereits mit dem 2. GKV-Neuordnungsgesetz mit Wirkung zum 1. 7. 1997 eingeführten Strukturverträge (§ 73a SGB V) im GKV-Modernisierungsgesetz durch eine hausarztzentrierte Versorgung (§ 73b SGB V) und besondere Versorgungsaufträge (§ 73c SGB V) ergänzt. Während die Kassenärztlichen Vereinigungen und die Landesverbände der Krankenkassen bei Strukturverträgen alleinige Vertragspartner sind, ist deren Einbindung in die hausarztzentrierte Versorgung und in besondere Versorgungsaufträge nur mittelbar geregelt. Zwar sieht das Gesetz die Regelung von Einzelheiten in den Gesamtverträgen vor, doch haben die Krankenkassen gewisse **Auswahlmöglichkeiten** unter den zur ambulanten Versorgung zugelassenen Leistungserbringern. §§ 73b und c SGB V genießen also eine Art Zwitterstellung zwischen kollektivvertraglichen Regelungen und einzelwirtschaftlichen Vereinbarungen. Ob die Stellung dazu beiträgt, neue Versorgungsformen zu etablieren, hängt wesentlich vom Verhalten der Kassenärztlichen Vereinigungen ab. Aufgeschreckt durch größere Integrationsverträge und damit verbundenen Macht- und Kontrolleinfluss – wie etwa beim kombinierten Hausarzt-/Hausapotheker-Vertrag der Barmer Ersatzkasse – bekunden sowohl die Kassenärztliche Bundesvereinigung als auch etliche Kassenärztliche Vereinigungen ihr Interesse, hausarztzentrierte oder integrierte Versorgungskonzepte kollektivvertraglich umzusetzen und dabei auch auf qualitätsbezogene Selektionswünsche der Krankenkassen einzugehen. Die §§ 73a – 73c SGB V könnten somit die Grundlage für den Versuch bilden, dass gewachsene Vertragsarztsystem von innen heraus zu reformieren.[43]

1. Strukturverträge

17 Gemäß § 73a Abs. 1 Satz 1 SGB V haben die Vertragspartner der Gesamtverträge nach § 83 SGB V die Möglichkeit, jenseits der zeitlich befristeten Modellvorhaben längerfristig orientierte Strukturverträge abzuschließen. Solche Strukturverträge zielen auf zwei Entwicklungsrichtungen ab: Zum einen kann der vom Versicherten gewählte **Hausarzt** (vgl. § 73 Abs. 1–1c SGB V) Verantwortung für die Gewährleistung von Qualität und Wirt-

[41] *KassKomm-Höfler* § 64 SGB V Rdn. 6.
[42] Skeptisch schon *Krauskopf* § 64 SGB V Rdn. 12.
[43] *Hiddemann/Muckel* NJW 2004, 7 (8f.); *Orlowski* MedR 2004, 202 (203f.).

schaftlichkeit der vertragsärztlichen Versorgung sowie der ärztlich verordneten oder veranlassten Leistungen insgesamt oder von inhaltlich definierten Teilbereichen dieser Leistungen übernehmen. Die Regelung geht über § 76 Abs. 3 Satz 2 SGB V hinaus, der allgemein als deklaratorisch mit Konsequenzen nur für die Datenübermittlung betrachtet wird.[44] Eine rechtliche Verpflichtung des Versicherten, sich einen Hausarzt zu wählen und diesen auch bei Erstbehandlung aufzusuchen, ist daraus nicht zu begründen. Lediglich durch freiwillige Entscheidungen des Hausarztes und des Versicherten, an einem Strukturvertrag teilzunehmen, kann sich eine zeitlich oder inhaltlich näher bestimmte Verpflichtung zur Inanspruchnahme des gewählten, nicht aber eines obligatorisch zugewiesenen Hausarztes ergeben.[45]

18 Als zweite Alternative kommt ein vom Versicherten gewählter **Verbund aus haus- und fachärztlich tätigen Vertragsärzten** in Betracht. Der vom Gesetzgeber gewählte Begriff „vernetzte Praxen" hat sich dafür in der Praxis nicht durchgesetzt. Diese werden allgemein als **Arztnetze** oder **Praxisnetze** bezeichnet.[46] Kennzeichnend für diese Verbünde ist die freiwillige Wahl des Versicherten und der freiwillige Zusammenschluss von Ärzten unterschiedlicher Fachrichtungen, die für einen vertraglich festgelegten oder vom Versicherten gewählten Zeitraum die Verantwortung oder zumindest eine Teilverantwortung für die Versorgung des Versicherten übernehmen.[47]

19 Die innere Ausgestaltung von Hausarztmodellen und vernetzten Praxen erfolgt in erster Linie durch den jeweiligen Strukturvertrag selbst. Der Vertrag setzt auf den geltenden gesetzlichen und vertraglichen Bestimmungen auf. § 73a SGB V erteilt anders als die §§ 63 und 140a SGB V **keinen Dispens vom Vertragsrecht** des SGB V oder von den Krankenhausfinanzierungsgesetzen. Allerdings ist aus der Regelung die Erwartung des Gesetzgebers zu lesen, dass weitergehende qualitative und wirtschaftliche Regelungen vertraglich vereinbart werden. Diese können von erweiterten Präsenz- und Dokumentationspflichten über eine verbesserte Kommunikation und Kooperation unter den teilnehmenden Ärzten sowie mit anderen Gesundheitsberufen oder die Verpflichtung zur Einholung von Zweitmeinungen vor bestimmten Entscheidungen bis hin zur Beachtung netzinterner Positivlisten, Teilnahme an Qualitätszirkeln oder internen Wirtschaftlichkeitsprüfungen reichen.[48] Der Fantasie der Vertragspartner stehen hier viele Wege offen. Da anders als bei Modellvorhaben oder bei der integrierten Versorgung keine Loslösungen von den geltenden Rahmenbedingungen beabsichtigt ist, werden berufs-, datenschutz-, kartell- und wettbewerbsrechtliche Beschränkungen enger als bei diesen Versorgungsformen zu ziehen sein. Allerdings ist auch hier eine innovations- und kooperationsfreundliche Auslegung entsprechender Vorschriften geboten.[49]

20 Hausarzt- oder Verbundverträge bilden die Grundlage für qualitative und/oder wirtschaftliche Optimierung der Versorgung. Sie sind auf eine Übernahme von **Versorgungsverantwortung** gerichtet, die über die vertragsärztliche Behandlung und die Verordnung veranlasster Leistungen oder Produkte durch einen einzelnen Vertragsarzt hinausgehen.[50] Im Hausarztmodell übernimmt der vom Versicherten gewählte Hausarzt eine umfassende **Koordinierungsfunktion („Hausarzt als Lotse"),** die bis zu einer Gate-Keeper-Stellung ausgebaut werden kann.[51] Dies gibt dem Hausarzt aber nicht das Recht, alle Leistungen grundsätzlich selbst zu erbringen. Er bleibt zur Hinzuziehung an-

---

[44] *Kötter* in LPK-SGB V § 76 Rdn. 13.

[45] *Hauck-Klückmann* § 73 SGB V Rdn. 19; *Kötter* in LPK-SGB V § 73 Rdn. 13.

[46] *Tophoven/Lieschke,* Integrierte Versorgung – Entwicklungsperspektiven für Praxisnetze; *Bausch/Stock* G + G 3/2000, 22; *Häussler/Bohm* Sozialer Fortschritt 2000, 127.

[47] *KassKomm-Hess* § 73a SGB V Rdn. 5.

[48] Beispiele *KassKomm-Hess* § 73a SGB V Rdn. 6; *Hauck-Klückmann* § 73a SGB V Rdn. 13; *Orlowski* BKK 1997, 240 (241 f.), *Schirmer,* VSSR 1978, 278.

[49] *Rieger,* MedR 1998, 75; *Schirmer* VSSR 1998, 279 (294).

[50] *KassKomm-Hess* § 73a SGB V Rdn. 6; ausführlich *Hauck-Klückmann* § 73a SGB V Rdn. 13.

[51] *Krauskopf* § 73a SGB V Rdn. 5.

derer Vertragsärzte durch Überweisung oder zur Konsultation sowie zur Verordnung und Veranlassung sämtlicher erforderlichen Leistungen einschließlich der Krankenhausbehandlung, der Rehabilitation und der Pflege verpflichtet. Ihn trifft aber eine erhöhte Verpflichtung, aktiv für eine wirksame und effiziente Versorgung der ihn wählenden Patienten während des gesamten Behandlungsablaufs Sorge zu tragen.

21 Im Rahmen von vernetzten Praxen ist die **Gesamtverantwortung** interdisziplinär ausgestaltet. Über ermächtigte Ärzte oder ärztlich geleitete Einrichtungen (§ 95 Abs. 4 Satz 1 SGB V) oder Belegärzte (§ 121 SGB V) kann die Versorgungsverantwortung sogar sektorübergreifend ausgerichtet sein. Zwar ist die Veranlassung von Drittleistungen und die Verordnung von Arznei-, Heil- und Hilfsmitteln bereits im Rahmen der regulären vertragsärztlichen Versorgung selbstverständlich, doch kann **eine gezielte Steuerung des Veranlassungs- und Verordnungsverhaltens** vereinbart werden;[52] exklusive Ein- und Anbindungen sonstiger Leistungserbringer, speziell einzelner Krankenhäuser, dürften vom Wortlaut des § 73a SGB V aber nicht gedeckt sein.[53] Wer eine formelle Einbindung anderer Leistungserbringer, speziell der Krankenhäuser will, muss den Weg über Modellvorhaben oder integrierte Versorgung gehen.

22 § 73a Abs. 1 Satz 1 SGB V schreibt nicht vor, dass Teilnehmer an Strukturverträgen die Gesamtverantwortung übernehmen müssen. Die Begrenzung auf inhaltlich definierte Teilbereiche ermöglicht sowohl eine Ausgrenzung einzelner Leistungsbereiche als auch eine inhaltliche Fixierung auf bestimmte Krankheitsarten oder bestimmte Personengruppen.[54] So können Hausärzten beispielsweise ein besonderes **Fall- oder Case-Management** übertragen werden.[55] Vernetzte Praxen können dies ebenso übernehmen und zudem die **Prozesssteuerung,** insbesondere bei der Versorgung chronisch Kranker, übernehmen und die Schnittstellen zur stationären Versorgung und zur Rehabilitation und Pflege optimal bedienen.[56]

23 § 73a Abs. 1 Satz 2 SGB V gibt den Vertragspartnern eines Strukturvertrags, der im Regelfall kassenartenspezifisch ausgestaltet ist, die Möglichkeit ein (kombiniertes) **Budget** zu vereinbaren. Das Budget umfasst die Aufwendungen für die von den beteiligten Vertragsärzten erbrachten Leistungen. In die Budgetverantwortung können die veranlassten Ausgaben für Arznei-, Verband- und Heilmittel sowie für weitere Leistungsbereiche einbezogen werden. Dabei können die Vertragspartner für die Vergütung vertragsärztlicher Leistungen von den nach § 87 SGB V betroffenen **Leistungsbewertungen** abweichen (§ 73a Abs. 1 Satz 4 SGB V). Dadurch können die im Strukturvertrag konkretisierte Versorgungsverantwortung und die daraus abgeleitete Finanzierungsverantwortung enger miteinander verknüpft werden. Da bei einem Strukturvertrag die Finanzierungsformen für andere als vertragsärztliche Leistungserbringer nicht modifizierbar sind, kann ein kombiniertes Budget nur ein virtuelles Budget sein.[57] Nähere Vorgaben, wie die Budgetberechnung zu erfolgen hat, enthält § 73a SGB V nicht. Deshalb ist auch eine Anbindung an die Risikoprofile des Risikostrukturausgleichs möglich, aber nicht zwingend. Eine Budgetvereinbarung dürfte nur dann Wirkung entfalten, wenn die Teilnahme einer größeren Gruppe von Versicherten gewährleistet ist.[58] Soweit im Strukturvertrag nichts anderes geregelt ist, rechnet der teilnehmende Vertragsarzt nach dem Einheitlichen Bewertungsmaßstab (EBM) ab. Dann gilt für ihn auch der allgemeine **Honorarverteilungsmaßstab.**[59] Wird

---

[52] *Hauck-Klückmann* § 73a SGB V Rdn. 11.

[53] *Schirmer* VSSR, 1998, 279 (303).

[54] *KassKomm-Hess* § 73a SGB V Rdn. 6.

[55] Beispiele bei *Amelung/Schumacher* (Fn. 14), Grundlegend *Evers/Schaeffer,* Care Management in Theorie und Praxis.

[56] Beispiele bei *Tophoven/Lieschke* (Fn. 46); *Eichhorn/Schmidt-Rettig* (Fn. 12).

[57] *KassKomm-Hess* § 73a SGB V Rdn. 7; grundlegend *Schönbach* BKK 1994, 390.

[58] *Krauskopf* § 73a SGB V Rdn. 7.

[59] *Kötter* in: LPK-SGB V § 73a SGB V Rdn. 11.

allerdings ein Budget vereinbart, kann der konkrete Verteilungspunktwert je nach Budgetausschöpfung vom Punktwert der Vertragsärzte abweichen, die nicht am Strukturvertrag teilnehmen. Ein Konterkarieren des Strukturvertrages durch den Honorarverteilungsmaßstab wäre gesetzeswidrig.[60] Wird ein Budget vereinbart, muss der Strukturvertrag auch regeln, welche Konsequenzen Unter- und Überschreitungen auf die Vergütung im Praxisnetz haben. Außerdem muss geregelt werden, wie die Inanspruchnahme von Leistungserbringern außerhalb des Praxisverbundes auf die Budgetverantwortung wirkt und wie die Qualität der Versorgung unter Budgetbedingungen sichergestellt wird. Weder der Strukturvertrag selbst noch darin mögliche Budgetvereinbarungen dürfen den Grundsatz der Beitragssatzstabilität beeinträchtigen. § 73 Abs. 1 Satz 1 2. Halbsatz SGB V verweist ausdrücklich auf § 71 Abs. 1 SGB V.

24 Zur **Teilnahme** an einem Strukturvertrag kann ein Vertragsarzt nicht gezwungen werden. Auch dürfte nur schwerwiegende Pflichtverletzungen einen **Ausschluss** von einem solchen Vertrag rechtfertigen. Problematisch ist aber die Frage, ob der einzelne Vertragsarzt ein subjektives Recht auf Teilnahme am Strukturvertrag hat.[61] Dieses dürfte ausgeschlossen sein, sofern dadurch der Vertragszweck gefährdet wird oder wenn sachliche Gründe für eine Zugangsbegrenzung sprechen.[62] Ob das Berufsrecht der Ärzte oder das allgemeinen Wettbewerbs- und Kartellrecht können herangezogen werden, um Ärzten einen Zugang zu vernetzten Praxen zu ermöglichen, muss im Einzelfall geprüft werden. Es scheint kaum denkbar, dass ein Trittbrettfahrer, der in der Anfangszeit das Risiko scheut, später über diesen Umweg in der Aufnahme in ein Netz erzwingen kann. Umgekehrt dürfte der willkürliche Ausschluss eines Vertragsarztes, der die objektiven Bedingungen zur Teilnahme am Strukturvertrag erfüllt, nicht zu rechtfertigen sein, es sei denn, die Krankenkasse begrenzt die Zahl der Teilnehmer von vornherein aus nachvollziehbaren Gründen.

25 Auch die Teilnahme von Versicherten ist freiwillig. Weil sie keine Einschränkungen der freien Arztwahl auf sich nehmen müssen, werden sie oft gar nicht bemerken, dass sie einen speziell verpflichteten Hausarzt oder eine vernetzte Praxis gewählt haben. Positive Anreize wie **Boni** oder Sanktionen mit dem Verweis auf Kostenerstattung sind in Strukturverträgen nicht regelbar. § 73a SGB V ist in der Vorschrift des § 63a SGB V über Boni ausdrücklich nicht erwähnt. Wer Anreize für Versicherte schaffen will, muss auf die §§ 63, 73b oder 140a ff. SGB V zurückgreifen.

26 Die Einbindung in das herkömmliche System der vertragsärztlichen Versorgung unterstreicht § 73a Abs. 2 SGB V, der den Vertragspartnern der Bundesmantelverträge ermöglicht, **Rahmenvereinbarungen** zum Inhalt und zur Durchführung der Strukturverträge zu treffen, die von den Gesamtvertragspartnern unter Berücksichtigung regionaler Bedürfnisse ausgestaltet werden können. Mit einer solchen Vereinbarung könnte insbesondere unerwünschten Folgen einer zu starken Ausdifferenzierung der Versorgung durch kassenartenbezogene Strukturverträge entgegengewirkt werden. Im Gegenzug müssen die Vertragspartner auf Bundesebene die rechtlichen Voraussetzungen zur Durchführung von Strukturverträgen in den **Bundesmantelverträgen** schaffen. Dies gilt etwa für die Steuerung von Budgets und Richtgrößen oder den Fremdkassenausgleich zwischen den Kassenärztlichen Vereinigungen.[63]

27 § 73a SGB V regelt nur bruchstückhaft, wie das Verhältnis zur „sonstigen" vertragsärztlichen Versorgung aussehen soll. Seine Entstehung war geprägt von Modellüberlegungen des AOK-Bundesverbands und des BKK-Bundesverbands sowie von ersten Praxisnetzen in einzelnen Kassenärztlichen Vereinigungen.[64] Angesichts der Ausdifferenzierung von neuen

---

[60] *KassKomm-Hess* § 73a SGB V Rdn. 8.
[61] *Schirmer* VSSR 1998, 278 (302).
[62] *Hauck-Klückmann* § 73a SGB V Rdn. 18.
[63] *KassKomm-Hess* § 73a SGB V Rdn. 9.
[64] *Krauskopf* § 73a SGB V Rdn. 10; siehe auch *Baumann-Stock* (Fn. 12).

Versorgungsformen erscheint die Begrenzung auf bestimmte **Betriebsformen** überholt. Schließlich ist es bedauerlich, dass die gesundheitspolitisch und -ökonomisch sinnvolle Förderung des **ambulanten Operierens** durch den Gesetzgeber verloren gegangen ist. Allein das Bemühen, dass kein Vertragsarzt benachteiligt wird, reicht nicht aus, sinnvolle gesetzliche Regelungen zu gestalten. Ob sich die vergleichsweise restriktive Versorgungsform des Strukturvertrages neben anderen neuen Versorgungsformen künftig noch behaupten kann, erscheint angesichts der unvollkommenen Normierung und des geringen Gestaltungsanreizes für Krankenkassen und Leistungserbringer zweifelhaft.

2. Hausarztzentrierte Versorgung

28 Mit dem GKV-Modernisierungsgesetz hat der Gesetzgeber die Krankenkassen verpflichtet, ihren Versicherten eine qualitativ **besonders hoch stehende hausärztliche Versorgung** zu gewährleisten, und ihnen zugleich einen erweiterten Spielraum in der einzelvertraglichen Ausgestaltung des hausärztlichen Versorgungsgeschehens im kollegtivvertraglichen Rahmen gegeben. Hierzu haben die Krankenkassen mit zugelassenen Hausärzten, die die kollektivvertraglich festgelegten besonderen Qualitätserfordernisse erfüllen, mit Gemeinschaften dieser Hausärzte oder mit zugelassenen medizinischen Versorgungszentren, die die Erbringung der hausärztlichen Leistungen unter Beachtung dieser Qualitätserforderungen gewährleisten, Einzelverträge zu schließen. Ein Anspruch auf Vertragsabschluss besteht nicht (§ 73b Abs. 2 Satz 1 SGB V).

29 Einzelheiten der Qualitätsanforderungen werden in den **Gesamtverträgen** geregelt (§ 73b Abs. 3 SGB V). Besondere Bedeutung gewinnt diese Versorgung dadurch, dass Versicherte sich schriftlich verpflichten können, fachärztliche Leistungen in der ambulanten Versorgung nur auf **Überweisung** ihres gewählten Hausarztes in Anspruch zu nehmen. An die Wahl des Hausarztes und an diese Verpflichtung sind Versicherte ein Jahr gebunden. Allerdings dürfen sie bei Vorliegen eines wichtigen Grundes ihren **Hausarzt wechseln** (§ 73b Abs. 1 SGB V). Ein solcher wichtiger Grund kann sowohl beim Versicherten als auch beim Hausarzt liegen.[65] Will der Versicherte weiterhin von den Vorteilen der hausarztzentrierten Versorgung profitieren, muss er zu einem Hausarzt wechseln, der ebenfalls an der hausarztzentrierten Versorgung teilnimmt. Sanktionen bei Pflichtverletzungen der Versicherten oder des Vertragsarztes nennt das Gesetz unmittelbar nicht, können sich aber durchaus aus Einzelheiten der zu Grunde liegenden Vereinbarungen ergeben. Auch dürfte es zulässig sein, dass ein direkt in Anspruch genommener Facharzt die Behandlung ohne Überweisung verweigert, wenn ihm die Teilnahme des Versicherten an der hausarztzentrierten Versorgung bekannt ist.[66] Kontrollieren wird sich dies erst lassen, wenn die neu einzuführende elektronische Gesundheitskarte beispielsweise Informationen über den Zuzahlungsstatus preisgibt.

30 Mit der Schaffung von Anreizen für die hausarztzentrierte Versorgung war keine Durchlöcherung des **Sicherstellungsauftrages** der Kassenärztlichen Vereinigungen beabsichtigt. Ob die Ablehnung eines Teilnahmeanspruchs für jeden Hausarzt die Grenzen der Berufsfreiheit tangiert, erscheint zweifelhaft. Denn Vertragsärzte haben keinen Anspruch darauf, eine bestimmte Patientenklientel zu bekommen, bzw. zu behalten. Grenzen des Verfassungsrechts könnten jedoch dann tangiert werden, wenn Krankenkassen starken (wirtschaftlichen) Druck auf ihre Mitglieder ausüben, sich nur noch in hausarztzentrierte Versorgungsmodelle einzuschreiben.[67] Davon scheint die Wirklichkeit noch weit entfernt zu sein.

31 Einer **Diskriminierung** von Hausärzten wirkt § 73b Abs. 2 Satz 3 2. Halbsatz SGB V entgegen, indem er die Krankenkasse verpflichtet, die Hausärzte zur Abgabe eines Ange-

---

[65] *KassKomm-Hess* § 73b SGB V Rdn. 5.
[66] *KassKomm-Hess* § 73b SGB V Rdn. 7.
[67] *KassKomm-Hess* § 73b SGB V Rdn. 10.

bots unter Bekanntgabe **objektiver Auswahlkriterien** in Form einer öffentlichen Ausschreibung aufzufordern. Dies heißt nicht, dass die Krankenkassen ein Vertragsangebot ausschreiben, sondern nur, dass diese verpflichtet sind, die Hausärzte aufzufordern, ein solches Angebot abzugeben. Die objektiven Auswahlkriterien bestimmen sich aus den gesamtvertraglichen Vorgaben gemäß § 73b Abs. 3 SGB V. Das gilt insbesondere für Qualitätsanforderungen, die so ausgestaltet sein müssen, dass bereits zugelassene Hausärzte sie erfüllen können. Für eine zahlenmäßige Begrenzung müssen plausible Bedarfskriterien angegeben werden. Eine zahlenmäßige Begrenzung darf nicht dazu missbraucht werden, Hausärzte, die die objektiven Kriterien erfüllen und im Schwerpunkt bisher Patienten der vertragsschließenden Krankenkasse betreuen, von der hausarztzentrierten Versorgung auszuschließen. Dies gilt insbesondere dann, wenn die Krankenkasse eine marktbeherrschende Stellung hat.[68] Gegen die Ablehnung eines Vertragsangebots kann der betroffene Hausarzt vor den Sozialgerichten klagen.

32 Durch die Einbindung der hausarztzentrierten Versorgung in die gesamtvertraglichen Regelungen bleibt diese Versorgungsform Teil der vertragsärztlichen Regelversorgung. Ihre Grundstrukturen werden kassenartenübergreifend für die am Gesamtvertrag beteiligten Krankenkassen vereinbart. Allerdings gelten für diejenigen, die an einem Hausarztmodell teilnehmen wollen, **besondere personelle und sachliche Anforderungen.** Diese können z. B. in der Ausrichtung der ärztlichen Behandlung an evidenzbasierten Leitlinien, in der Gewährleistung einer rationalen Pharmako-Therapie, in der Verpflichtung zur Teilnahme an Qualitätszirkeln und Fallkonferenzen zum interprofessionellen Austausch oder zur Entwicklung und Dokumentation von Qualitätsindikatoren, in der Einführung eines zertifizierten praxisinternen Qualitätsmanagements, in der Fortbildung in patientenzentrierter Gesprächsführung und psychosomatischer Grundversorgung oder im Erwerb von Grundkenntnissen in der Palliativmedizin, der Schmerztherapie, der Behandlung von Alterserkrankungen oder geriatrischer Krankheitsbilder liegen. Auch die Erfüllung bestimmter sachlicher Anforderungen, wie der Betrieb eines modernen Dokumentationssystems oder die Nutzung einer hausarztadäquaten Praxissoftware, mit der beispielsweise Qualitätsindikatoren angezeigt werden können, kann vereinbart werden.[69]

33 In den Gesamtverträgen sind Regelungen zu treffen, wie die hausarztzentrierte Versorgung zu vergüten ist. Dabei ist auch vertraglich zu vereinbaren, ob und wie diese **Vergütung** auf die in den Gesamtverträgen oder in den morbiditätsorientierten Regelleistungsvolumina vereinbarten Vergütungen anzurechnen ist. Eine Regelung im Bundesmantelvertrag ist möglich (§ 73b Abs. 3 Satz 2 und 3 SGB V). In der Regel werden nur solche Leistungen gesondert vergütet, die zusätzlich zu den regulären und nach dem Einheitlichen Bewertungsmaßstab abzurechnenden hausärztlichen Leistungen anfallen. Eine spezielle Anrechnung auf die Gesamtvergütung ist nur dann denkbar, wenn nach Maßgabe des Gesamtvertrages auch die reguläre hausärztliche Versorgung in eine außerhalb der hausärztlichen Gesamtvergütung bzw. der Regelleistungsvolumina vereinbarte Vergütungssystematik fällt.[70]

3. Besondere Versorgungsaufträge

34 Mit dem GKV-Modernisierungsgesetz hat der Gesetzgeber besondere Vereinbarungen zur Förderung der Qualität in der vertragsärztlichen Versorgung auf dem Wege des Gesamtvertrags und subsidiär auf der Einzelvertragsebene ermöglicht. Mit der Einfügung des § 73c SGB V greift er das Konzept der Kassenärztlichen Bundesvereinigung für differenzierte Kollektivverträge auf. Damit solle eine inhaltliche **Differenzierung der Qualitäts-**

[68] *KassKomm-Hess* § 73b SGB V Rdn. 12–13.
[69] *KassKomm-Hess* § 73b SGB V Rdn. 17–21.
[70] *KassKomm-Hess* § 73b SGb V Rdn. 24.

anforderungen innerhalb des Kollektivvertragssystems sowie auf der Einzelvertragsebene möglich werden. Faktisch wird damit eine **zweite Vertragsebene** jenseits der durch die Zulassung zur vertragsärztlichen Versorgung bestimmten Teilnahmeberechtigung über besondere **Versorgungsaufträge,** deren Durchführung besondere qualitative oder organisatorische Anforderungen stellt, etabliert.

35 Besondere Versorgungsaufträge beziehen sich nicht auf Leistungen, die bereits im herkömmlichen Vertragsarztrecht und dem daraus abgeleiteten Regelwerk verankert sind, sondern müssen vielmehr zusätzlichen **Anforderungen** genügen. Diese können sich auf besondere Organisations- und Kooperationsformen beziehen oder eine besondere Prozesssteuerung beinhalten. Insbesondere dürfen erhöhte Qualitätsanforderungen – zum Beispiel Teilnahme an Qualitätszirkeln oder Fallkonferenzen, besondere Praxisausstattungen, Mindestfrequenzen – vereinbart werden. Dies gilt sowohl für besondere gesetzlich vorstrukturierte Aktivitäten, wie die Teilnahme an Disease-Management- oder Screening-Programmen, als auch für Kooperations- und Integrationsformen, die schwerpunktmäßig beispielsweise auf hoch spezialisierte Leistungen ausgerichtet sein können (zum Beispiel Schwerpunktpraxen für Diabetologie, Rheumatologie, Onkologie, Schmerz).[71] Damit wird es Kassenärztlichen Vereinigungen möglich, Kooperations- und Integrationsprojekte zu initiieren, bei denen sie selbst Vertragspartner sein können und die nah an die integrierte Versorgung gemäß §§ 140a ff. SGB V kommen.

36 Die vertragliche Basis von besonderen Versorgungsaufträgen ist der **Gesamtvertrag** (§ 73c Abs. 1 Satz 1 SGB V). Im Gegensatz zu § 73b SGB V, der für die Vertragspartner verpflichtend ist, enthält § 73c Abs. 1 Satz 1 SGB V keinen Abschlusszwang. Folglich kann eine entsprechende Regelung im Gesamtvertrag auch nicht im **Schiedsverfahren** erzwungen werden. Wenn eine gesamtvertragliche Regelung getroffen ist, muss diese auch bestimmen, ob Vertragsärzte, die die vereinbarten Anforderungen erfüllen, einen Anspruch auf Durchführung der Versorgungsaufträge haben (§ 73c Abs. 2 Satz 1 SGB V). Wird eine solche Vereinbarung nicht geschlossen, können Krankenkassen direkt mit Vertragsärzten Verträge zur Durchführung der besonderen Versorgungsaufträge schließen. Dann müssen die Krankenkassen die Abgabe entsprechender Angebote durch die Vertragsärzte **öffentlich ausschreiben** und **objektive Auswahlkriterien** bekannt geben. Insoweit entspricht diese Regelung den Vorgaben für die hausarztzentrierte Versorgung in § 73b SGB V.

37 Soweit eine gesamtvertragliche Regelung vereinbart wird, muss diese auch bestimmen, wie die Erfüllung besonderer Versorgungsaufträge zu vergüten ist. Dabei ist auch zu regeln, ob und wie diese **Vergütung** auf in den Gesamtverträgen nach § 85 oder § 85a SGB V vereinbarte Vergütungen anzurechnen ist (§ 73c Abs. 1 Satz 2 SGB V). Eine Einbeziehung in die Gesamtverträge ist möglich. So entspricht die Vergütungsregelung weitgehend der in § 73b Abs. 3 Satz 2 SGB V. Allerdings bedarf sie einer ausdrücklichen Vereinbarung, die nicht über das Schiedsamt erzwungen werden kann. Eine solche Vergütungsregelung kann selbstverständlich ergebnisorientierte Vergütungsanteile enthalten, die beispielsweise auf der Basis von Zielvereinbarungen ermittelt werden. Aber auch pauschalierte Vergütungen sowie neue Vergütungsformen sind möglich.

IV. Integrierte Versorgung (§ 140a ff. SGB V)

38 Mit dem GKV-Gesundheitsreformgesetz 2000 wurde in das IV. Kapitel des SGB V über die Beziehung der Krankenkassen gegenüber den Leistungserbringern ein neuer 11. Abschnitt eingefügt, der die Beziehungen in der integrierten Versorgung regelt. Damit soll die bisherige starre Aufgabenteilung zwischen den einzelnen Versorgungsbereichen gezielt

---

[71] *KassKomm-Hess* § 73c SGB V Rdn. 4.

durchbrochen werden, um die Voraussetzungen für eine an den **Versorgungsbedürfnissen der Patienten** orientierten Behandlung zu verbessern. Hierzu bedarf es nach Auffassung des Gesetzgebers integrierter Versorgungsformen zwischen Haus- und Fachärzten, zwischen ärztlichen und nicht-ärztlichen Leistungserbringern, zwischen der ambulanten und der stationären Versorgung. Es müsse besonders darauf geachtet werden, dass medizinische Rehabilitationsmaßnahmen den ihnen zukommenden Stellenwert erhalten.[72] Der Gesetzgeber geht damit bewusst das Wagnis ein, neben die bisherige Regelversorgung eine neue Versorgungsform zu setzen, die einerseits nicht allein auf dem Willen und der Fähigkeit der Akteure zur korporatistischen Erneuerung des Gesundheitswesens baut, andererseits aber nicht den zeitlich befristeten Charakter eines Modellvorhabens hat.[73] Integration ist also eine zweite Form der Regelversorgung. Den Argumenten aus der Vertragsärzteschaft, die Integrationsaufgaben ließen sich im bisherigen gesetzlichen Rahmen verwirklichen, wurde dabei ebenso wenig Beachtung geschenkt wie massiven Attacken gegen ein **vermeintliches Einkaufsmodell** der Krankenkassen. Angesichts der strukturellen Erstarrung im deutschen Gesundheitswesen sollen nach dem Willen des Gesetzgebers Krankenkassen die gesetzliche Möglichkeit erhalten, Verträge mit einzelnen bzw. Gruppen von Leistungserbringern, insbesondere Vertragsärzten und Krankenhäusern, abzuschließen. Die Absicht des Gesetzgebers war es ein neues Leitbild der Versorgung zu schaffen, das sowohl die **Orientierung an den Bedürfnissen der Patienten verkörpert,** als auch die **professionelle Identität** der Ärzte und anderer Gesundheitsberufe in den Vordergrund rückt.

39 Die Erwartungen des Gesetzgebers haben sich in den Jahren 2000 bis 2003 nicht erfüllt.[74] Die Gründe hierfür sind vielfältig. Die ärztlichen Korporationen haben hinhaltenden Widerstand gegen die Einführung von Integrationsverträgen geleistet, obwohl sie nach altem Recht Vertragspartner dieser Versorgungsformen seien konnten. Die Verbände der Krankenkassen haben entgegen ihrer verbalen Bekundungen zur Förderung des Wettbewerbs zwischen Leistungserbringern weitgehend einheitlich und gemeinsam agiert und sich nicht gescheut, Initiativen auf örtlicher Ebene zu diskreditieren. Zwar kam es alsbald zu einer **Rahmenvereinbarung** gemäß § 140d SGB V a.F., die den Übergang von der korporatistischen zur einzelwirtschaftlichen Steuerung des Versorgungsgeschehens erleichtern sollte,[75] doch führte der konkrete Inhalt dieser Rahmenvereinbarung faktisch zum Erliegen entsprechender Aktivitäten auf der einzelwirtschaftlichen Ebene. Hierzu trugen sicherlich auch Hemmnisse im ärztlichen Berufsrecht sowie die komplizierte Budgetbereinigung gemäß § 140f SGB V a.F. bei. Auch fehlte es an ausreichenden finanziellen Anreizen, die notwendigen Investitionen in neue Geschäftsmodelle zu tätigen. Die Instabilität der politischen und rechtlichen Rahmenbedingungen sowie das Drohpotenzial der korporatistischen Akteure hielten aktionsbereite Vertragspartner vom Abschluss von Integrationsverträgen zurück.

40 Die neuen Vorschriften führten zwar zu einer lebhaften akademischen Debatte über die Übertragbarkeit von **Managed Care** Elementen aus anderen Staaten,[76] insbesondere den USA, praktische Konsequenzen wurden daraus jedoch kaum gezogen.[77] Die Akteure des

---

[72] BT-Drs. 14/1245, S. 91.

[73] *Wigge* NZS 2001, 17 und 66 (71); *Korenke,* Sozialer Fortschritt 2001, 268 (271 ff.).

[74] Exemplarisch *Rosenbrock/Gerlinger* (Fn. 5), 231 ff.

[75] Vgl. Deutsches Ärzteblatt 2000, A 3364, Kritisch zu Verfahren und Inhalt *Wigge,* NZS 2001, 17 (20 ff.) und 66 (70 f.); *Zuck,* NJW 2000, 3404.

[76] Neben den in Fn. 12 und 14 genannten siehe *Seitz,* Sektorübergreifendes Integrationsmanagement durch Managed Care; *Windhorst,* Die integrierte Versorgung in der gesetzlichen Krankenversicherung; *Bien,* ZFSH/SGB 2000, 387; *Kingreen* MedR 2004, 188.

[77] Siehe aber *Bundesverband Managed Care,* Checkliste zur integrierten Versorgung; *Bischoff-Everding/Hildebrandt,* Integrierte Versorgung als Baustein für eine moderne Wirtschaft in den neuen Bundesländern; *Dieffenbach/Landenberger/von der Weiden,* Kooperation in der Gesundheitsversorgung – Das Projekt „VerKET"; *Eissing/Kuhr/Noelle,* Arbeitsbuch für die integrierte Versorgung; *Dahm,*

Gesundheitswesens zogen sich auf ihre übliche Grundhaltung zurück, der Gesetzgeber müsse nachbessern. Dies hatte er mit dem GKV-Modernisierungsgesetz getan und weitgehend alle sozialrechtlichen **Hindernisse** für einen Abschluss von Integrationsverträgen beseitigt. Die Vorschriften wurden drastisch abgespeckt, so dass der Spielraum für eigenständige und flexible Lösungen heute weitaus größer ist als nach dem bis 2004 geltenden Recht. Auf eine Rahmenvereinbarung auf Spitzenverbandsebene wurde ebenso verzichtet wie auf eine allzu detaillierte Budgetbereinigungssystematik. Kassenärztliche Vereinigungen, die nicht müde wurden, den Sicherstellungsauftrag ohne Abstriche für sich zu reklamieren, ohne genau zu beschreiben, wie sie diesen insgesamt rund um die Uhr an allen Tagen des Jahres zu erfüllen haben,[78] wurden als potenzielle Vertragspartner der integrierten Versorgung ausgeschlossen, weil sie direkt oder indirekt vielfach Aktivitäten zum Abschluss von Integrationsverträgen behindert hatten. Vor allem aber wurde eine Anschubfinanzierung für die Jahre 2003 bis 2006 in Höhe von 1% der Budgets für ambulante und stationäre Versorgung geschaffen, die potenziellen Vertragspartnern den Einstieg in die integrierte Versorgung erleichtern sollte. Kritik an der zeitlichen Begrenzung erscheint in so weit als abwegig, da von den Befürwortern der integrierten Versorgung immerwährend deren effizienzsteigernde Wirkung hervorgerufen wurde. Spätestens nach einer Anschubphase müssen sich Integrationsmodelle über ihre Wirtschaftlichkeit legitimieren.

1. Zur Definition der integrierten Versorgung

41 Die Einweisungsvorschrift des § 140a Abs. 1 SGB V verzichtet bewusst auf eine Legaldefinition der integrierten Versorgung. Sie sieht als Mindestvoraussetzungen entweder eine über verschiedene Leistungssektoren übergreifende Versorgung der Versicherten oder eine interdisziplinär-fachübergreifende Versorgung vor. Angesichts der zunehmenden Spezialisierung und Subspezialisierung der Ärzte, der Ausweitung von Behandlungsmöglichkeiten in niedergelassenen Praxen und den Erfordernissen einer kontinuierlichen Behandlung unter Einschluss der Rehabilitation ist also das entscheidende Kriterium für die Anerkennung als integrierte Versorgung, dass sie **sektorübergreifend** und/oder **interdisziplinär** ausgestaltet ist. Eine ursprünglich angedachte Verpflichtung, Hausärzte zwingend in jedes die ambulante Versorgung berührende Integrationsvorhaben einzubeziehen, ist nicht Gesetz geworden. Dies schließt aber natürlich nicht aus, dass Hausärzte im Zentrum der integrierten Versorgung stehen. Es ist aber auch möglich, dass die integrierte Versorgung lediglich die Zahnbehandlung umfasst oder dass Integrationsverträge zwischen Krankenhäusern und Rehabilitationseinrichtungen geschlossen werden. Insoweit ist es auch denkbar und sinnvoll, hoch spezialisierte Behandlungen z.B. bei AIDS oder Krebs, Multiple Sklerose oder Mukoviszidose mittels Integrationsverträgen zu regeln.

42 Das konkrete **Versorgungsangebot** und insbesondere das **Schnittstellenmanagement** zwischen den Versorgungsbereichen werden nicht im Gesetz selbst geregelt, sondern bleibt den Verträgen zwischen den Partnern der integrierten Versorgung überlassen.[79] Angesichts der **Vielfalt** sich herausbildender neuer Versorgungsformen und der permanenten **Fortentwicklung** im Versorgungsmanagement[80] ist diese Zurückhaltung des Gesetzgebers nicht nur verständlich, sondern geboten. Zu oft gehen detaillierte Festlegungen an der Versorgungswirklichkeit vorbei und bleiben deshalb ohne jede politische Relevanz. Angesichts der konkreten Erfahrungen hat der Gesetzgeber die Versorgung bewusst allein

---

MedR 2005, 121. Zukunftsweisend: *Wasem/Ebsen/Sceczeny* (Fn. 21); *Schulz-Nieswandt/Kurscheid,* Integrationsversorgung; *Schwiedernoch/Özyurt,* Integrierte Versorgung.

[78] Exemplarisch KV-Berlin KV-Blatt Extra 2004; differenzierend: *von Stillfried* Sozialer Fortschritt 2000, 175; *Schrinner,* Bedeutung, Umfang und Grenzen des Sicherstellungsauftrags der Kassenärztlichen Vereinigungen; *Windhorst* (Fn. 76).

[79] *Krauskopf-Knittel* § 140a SGB V Rdn. 3.

[80] siehe *Amelung/Schumacher* (Rdn. 14); *Haubrock/Hagemann/Nerlinger* (Rdn. 12).

auf eine einzelvertragliche Grundlage und nicht im Rahmen eines kollektivvertraglich vereinbarten Normensystems geschaffen. Er hat sich ausdrücklich dafür ausgesprochen, auf die Anbindung der integrierten Versorgung an das kollektivvertragliche Versorgungsgeschehen zu verzichten und den Sicherstellungsauftrag der Kassenärztlichen Vereinigungen insoweit einzuschränken (§ 140a Abs. 1 Satz 2 SGB V). Die Überlegung, ob die Forcierung der integrierten Versorgung den **Sicherstellungsauftrag** der Kassenärztlichen Vereinigungen faktisch zu einer leeren Hülle mache,[81] erscheint so lange deplaziert, wie die integrierte Versorgung quantitativ keinen nennenswerten Anteil am Versorgungsgeschehen hat. Klagen der Kassenärztlichen Vereinigungen gegen die vermeintliche Aushöhlung des Sicherstellungsauftrages und gegen die Anschubfinanzierung dürften politisch wie juristisch leer laufen.

2. Der Versicherte in der Schlüsselposition

43 Die Teilnahme der Versicherten an der integrierten Versorgung ist freiwillig (§ 140a Abs. 2 Satz 1 SGB V). Angebote zur integrierten Versorgung müssen deshalb Bedarf, Bedürfnisse und Präferenzen unterschiedlicher Versicherter abbilden. Da sich Versorgungsangebote primär an kranke Versicherte richten, sind **Selektionsanreize** im Hinblick auf junge und wohlhabende Versicherte allenfalls begrenzt wirksam. Bei einem stärker ausdifferenzierten Angebot ist zu erwarten, dass insbesondere kranke Versicherte von Integrationsangeboten Gebrauch machen, selbst wenn diese Angebote nicht alle Indikationen, Fallkonstellationen und Leistungssegmente abdecken. Das Recht auf freie **Arztwahl** des § 76 SGB V gilt prinzipiell auch in der integrierten Versorgung. Die Neufassung des § 140c Abs. 1 Satz 3 SGB V spricht für eine freiwillig gewählte Einschränkung der Arztwahlfreiheit.[82] Gewähren Krankenkassen nach Maßgabe ihrer Satzung ihren Versicherten für die Teilnahme an der integrierten Versorgung einen Bonus gemäß § 65a SGB V, dürfte ein solcher Bonus aber nicht bezahlt werden, wenn Versicherte die Teilnahmebedingungen für die Integrationsversorgung nicht eingehalten und damit vereinbarte Wahlbeschränkungen nicht beachtet haben.

44 Versicherte haben nach § 140a Abs. 3 SGB V das Recht, von ihrer Krankenkasse umfassend über alle vertraglichen Vereinbarungen zur integrierten Versorgung, die daran teilnehmenden Leistungserbringer, die dort erbrachten besonderen Leistungen und die vereinbarten Qualitätsstandards informiert zu werden. Dieses Recht auf **umfassende Information** besteht auch gegenüber den teilnehmenden Leistungserbringern und ihren Zusammenschlüssen. Es geht über allgemeine Informationen hinaus.[83] Im Prinzip wird damit anerkannt, dass Krankenkassen alle Versicherten – nicht nur die Teilnehmer an integrierten Versorgungsformen – auf diese Versorgungsformen und daran teilnehmende Leistungserbringer besonders aufmerksam machen dürfen und sollen. Angesichts der praktischen Notwendigkeit, die Teilnahme an der integrierten Versorgung in der Regel durch Einschreibung zu beurkunden, muss deshalb den Krankenkassen gestattet sein, die Informationen mit modernen **Marketinginstrumenten** zu erfüllen. Auch die gezielte Ansprache Einzelner oder auch Gruppen von Versicherten, für deren Versorgungsprobleme Integrationsangebote entwickelt und vereinbart werden, muss aufgrund dieser Informationsverpflichtung zulässig sein. Der Versicherte darf allerdings nicht bedrängt werden, an einem Integrationsvorhaben teilzunehmen.

45 Die Daten eines Versicherten, der an der integrierten Versorgung teilnimmt, sind besonders geschützt. Ein behandelnder Leistungserbringer darf aus der gemeinsamen Dokumentation nach § 140b Abs. 3 SGB V die diesen Versicherten betreffende Behandlungsdaten und -befunde nur dann abrufen, wenn der Versicherte ihm gegenüber seine

---

[81] *KV Berlin* (Fn. 78).

[82] *Krauskopf-Knittel* § 140a SGB V Rdn. 5 unten Hinweis auf BT-Drucks. 15/1525 S. 131.

[83] *Hauck-Engelhard* § 140a SGB V Rdn. 32.

ausdrückliche **Einwilligung** erteilt hat und die Information für den konkret anstehenden Behandlungsfall genutzt werden soll. Außerdem muss der Leistungserbringer zu dem Personenkreis gehören, der nach § 203 Strafgesetzbuch zur Geheimhaltung verpflichtet ist. Der Versicherte muss diese Einwilligung also vor der Behandlungsaufnahme ausdrücklich oder konkludent erteilen. Die Einwilligung bleibt so lange wirksam, bis der Versicherte sie widerruft oder der Behandlungsablauf wegen der gleichen Erkrankung abgeschlossen ist. Die unveränderte Regelung des § 140a Abs. 2 Satz 2 SGB V trägt damit der besonderen datenschutzrechtlichen Sensibilität sowie dem Gedanken einer stärkeren Mitwirkung des Patienten bei der Behandlung Rechnung. Der Patient kann also gegenüber einem Leistungserbringer die **Einsichtnahme** in seine persönlichen **Daten** ganz oder teilweise verweigern, muss aber dann damit rechnen, dass der Leistungserbringer dann seine Leistung verweigert. Ob man so weit gehen kann, einer nicht gerechtfertigten Verweigerung der Einwilligung zu Datennutzung einen Grund zur Versagung von Leistungen aufgrund der Verletzung der Mitwirkungspflichten nach §§ 60ff. SGB I zu sehen,[84] muss allerdings bezweifelt werden.

3. Vertragliche Vereinbarungen auf der einzelwirtschaftlichen Ebene

46 Da die wesentlichen Inhalte der integrierten Versorgung nicht durch Gesetz, sondern durch Verträge zwischen Krankenkassen auf der einen Seite und den im § 140b Abs. 1 SGB V abschließend aufgeführten Leistungserbringern sowie deren Gemeinschaften auf der anderen Seite bestimmt werden, kommt den konkreten Vereinbarungen in den Integrationsverträgen entscheidende Bedeutung zu. Das GKV-Modernisierungsgesetz hat den Kreis der potenziellen **Vertragspartner** erweitert. Ärzte und Zahnärzte sowie sonstige nach dem SGB V zur Versorgung der Versicherten berechtigte Leistungserbringer können sich jetzt auch einzeln an der Integrierten Versorgung beteiligen. Außerdem können Krankenkassen auch mit Trägern von **medizinischen Versorgungszentren** und sogar mit Trägern, die nicht selbst Versorger sind, sondern eine Versorgung durch dazu berechtigte Leistungserbringer anbieten, Verträge zur Integrierten Versorgung schließen.[85] Es wird also erstmals ein Vertragsabschluss mit **Managementgesellschaften** möglich.[86] Damit sind vielfältigere Vertragsgestaltungen als bisher denkbar, zumal nach der Spezialregelung des § 129 Abs. 5b SGB V Apotheken an vertraglich vereinbarten Versorgungsformen beteiligt werden können. Entsprechende Angebote sind öffentlich auszuschreiben. Im Übrigen sind alle sonstigen zur Versorgung zugelassenen Leistungserbringer und deren Gemeinschaften vertragsfähig. Zwar können die Krankenkassen nur mit zugelassenen Leistungserbringern Verträge abschließen, doch ist der Zulassungsstatus der einzelnen Leistungserbringer insoweit disponibel (§ 140b Abs. 4 Satz 3 SGB V). Daher begrenzen Bedarfsplanungs- und Zulassungsrecht die Auswahl der Leistungserbringer, nicht aber den Inhalt der Versorgung. Die Vertragsparteien sind zwingend zur Erfüllung der **Leistungsansprüche** der Versicherten gemäß dem Wirtschaftlichkeitsgebot der §§ 2, 11, 62 SGB V sowie dem allgemeinen Leistungsrecht verpflichtet. Sie müssen sich auch in der integrierten Versorgung zu einer qualitätsgesicherten, wirksamen, ausreichenden, zweckmäßigen und wirtschaftlichen Versorgung der Versicherten verpflichten (§ 140b Abs. 3 SGB V).

47 § 140b Abs. 4 SGB V räumt den Vertragspartnern weitreichende **Gestaltungsspielräume** ein und erlaubt ein Abweichen von **zwingenden Vorgaben des Vertragsrechts** aus dem SGB V, dem Krankenhausfinanzierungs- und dem Krankenhausentgeltgesetz sowie daraus abgeleiteten Vorschriften, soweit die abweichende Regelung dem Sinn und der Eigenart der integrierten Versorgung entspricht, die Qualität, die Wirk-

[84] *Hauck-Engelhard* § 140a SGB V Rdn. 28.
[85] *Krauskopf-Knittel* § 140b SGB V Rdn. 4.
[86] *Orlowski/Wasem,* GKV-Modernisierungsgesetz 2003, 92.

samkeit und die Wirtschaftlichkeit der Versorgung verbessert oder aus sonstigen Gründen aus ihrer Durchführung erforderlich ist. Vertragspartner der individuellen Vereinbarungen müssen die Gewähr dafür übernehmen, dass sie die organisatorischen und betriebswirtschaftlichen sowie die medizinischen und medizinischen Voraussetzungen für die vereinbarte Versorgung entsprechend dem allgemein anerkannten Stand der medizinischen Erkenntnisse und des medizinischen Fortschritts erfüllen. Sie müssen eine am Versorgungsbedarf der Versicherten orientierte Zusammenarbeit zwischen allen an der Versorgung Beteiligten organisieren, einschließlich der **Koordination** zwischen den verschiedenen Versorgungsbereichen und einer ausreichenden **Dokumentation,** die allen an der integrierten Versorgung Beteiligten im jeweils erforderlichen Umfang zugänglich sein muss. Das Ziel ist eine ganzheitliche Versorgung der Patienten, die integrierte Versorgungsangebote wählen.[87] Leistungen, die der Gemeinsame Bundesausschuss explizit abgelehnt hat, können nicht Gegenstand der Versorgung sein, wohl aber solche, über die der Gemeinsame Bundesausschuss (beispielsweise mangels hinreichender Erkenntnisse) noch nicht abschließend entschieden hat.[88]

48 Ein **Beitrittsrecht Dritter** gegen den Willen der Vertragspartner ist nunmehr durch § 140b Abs. 5 SGB V ausdrücklich ausgeschlossen, damit das Vertragsverhältnis von Leistung und Gegenleistung nicht aus dem Gleichgewicht gebracht werden kann.[89] In wieweit sich aus verfassungsrechtlichen Erwägungen Beitrittsrechte herleiten lassen,[90] kann so lange offen bleiben, wie die integrierte Versorgung quantitativ eine geringe Rolle spielt. Dies heißt natürlich nicht, dass Dritte nicht gleiche oder ähnliche Vereinbarungen treffen können. Nach der Neuregelung des § 140b Abs. 2 SGB V sind damit Kassenärztliche Vereinigungen zweifelsfrei von der vertraglichen Beteiligung an der integrierten Versorgung ausgeschlossen. Der Gesetzgeber sieht sie weder als Versorger noch als Manager derselben. Ob daraus auch folgt, dass Kassenärztliche Vereinigungen nicht im Auftrag von einzelnen Ärzten und Ärztevereinigungen beratend oder mitwirkend tätig werden können, ist damit noch nicht entschieden. Zwar sah sich der Gesetzgeber veranlasst, in der Begründung der Vorschrift ausdrücklich darauf hinzuweisen, dass die Beiträge der Mitglieder von Kassenärztlichen Vereinigungen ausschließlich dazu erhoben werden, die gesetzlichen Ausgaben nach dem Sicherstellungsauftrag wahrzunehmen und nicht für das Aushandeln und die Überwachung oder die Durchführung von Verträgen zur integrierten Versorgung und damit nur für einzelne Mitglieder einzusetzen.[91] Da die niedergelassenen Ärzte als Teilnehmer an der Integrationsversorgung Vertragsärzte bleiben und nicht von ihren vertragsärztlichen Pflichten entbunden werden, ist jedoch nichts dagegen einzuwenden, dass **Kassenärztliche Vereinigungen** im Rahmen ihrer Beratung und Interessenvertretung dieser Mitglieder ihre gesetzliche Aufgabentätigkeit auch im Rahmen der integrierten Versorgung erfüllen.[92] Im Übrigen ist darauf hinzuweisen, dass die Kassenärztlichen Vereinigungen die Möglichkeit haben, über die Erprobungsregelungen der §§ 63ff. SGB V und die besonderen Versorgungsformen der §§ 73a bis 73c SGB V kollektivvertragliche Regelungen zu treffen oder den Rahmen für einzelvertragliche Vereinbarungen zu setzen. Von weitergehenden Vertragsabschlussmöglichkeiten hat der Gesetzgeber bewusst abgesehen, da Kassenärztliche Vereinigungen in der Vergangenheit nicht zu den uneingeschränkten Befürwortern der integrierten Versorgung zählten und abschlussbereite Vertragsärzte mit vielfältigen Mitteln an Integrationsverträgen zu hindern suchten.

---

[87] *Orlowski* BKK 2000, 191.
[88] *Hauck-Engelhard* § 140b SGB V, Rdn. 43 gegen *Krauskopf-Knittel* § 140b SGB V Rdn. 8.
[89] BT-Drs. 15/1525 S. 130f.
[90] *Krauskopf-Knittel* § 140b SGB V Rdn. 17ff.; *Kingreen* MedR 2004, 188 (196f.); *Windhorst* (Fn. 76), 152f. gegen *Udsching,* NZS 2003, 411 (417).
[91] BT-Drs. 15/1525 S. 130.
[92] *Krauskopf-Knittel* § 140b SGb V Rdn. 7.

49 Der Lockerung des Verbandsmonopols auf der Anbieterseite entspricht die Abschlusskompetenz der einzelnen Krankenkasse auf Seiten der Kostenträger. Natürlich können Krankenkassen ihre **Verbände** zum Vertragsabschluss bevollmächtigen und sich durch sie in den Verhandlungen vertreten lassen (vgl. §§ 211 Abs. 2 Nr. 3, 217 Abs. 2 Nr. 3 SGB V), sie müssen dies aber nicht. Auch müssen nicht alle der in § 140b Abs. 1 SGB V genannten Leistungserbringer an einem **Integrationsvertrag** beteiligt sein. Ein Verbindung von Ärzten gleicher Fachrichtung oder von sonstigen Leistungserbringern dürfte jedoch kaum der Integration der Versorgung verpflichtet sein. Verträge, an denen keine Krankenkasse beteiligt ist, sind ebenfalls kein Fall der integrierten Versorgung. Daraus, dass der Gesetzeswortlaut den einzelnen Leistungserbringern das Vertragsabschlussrecht einräumt, kann nicht geschlossen werden, dass auch der einzelne Vertragsarzt oder -zahnarzt einen Integrationsvertrag alleine abschließen kann. Ein **Anspruch auf Teilnahme** wird ein einzelner Leistungserbringer in der Regel ebenfalls nicht geltend machen können. Das gilt jedenfalls dann, wenn kein tatsächlicher Bedarf besteht und sachgerechte materielle Auswahlkriterien beachtet werden. Solange **Auswahlentscheidungen** nach Kriterien von Wirtschaftlichkeit, Leistungsfähigkeit und Zuverlässigkeit getroffen werden, dürfte auch der Umweg über das Wettbewerbs- und Kartellrecht keinen Teilnahmeanspruch begründen.[93] Beitrittsrechte gegen den Willen der Vertragspartner schließt § 140b Abs. 6 SGB V ausdrücklich aus. Umgekehrt kann auch nicht der Schutz der Exklusivität reklamiert werden. Konkurrierende Krankenkassen oder Leistungserbringer können jederzeit gleiche Vertragsbedingungen vereinbaren.

50 Im Bezug auf Qualität und Wirtschaftlichkeit gelten wenigstens die Normen der bisherigen Regelversorgung. Die Erwartung des Gesetzgebers gehen jedoch dahin, dass höhere **Qualitätsstandards** vereinbart werden und Rationalisierungspotenziale erschlossen werden. Hierin liegt die eigentliche **Vertragsfreiheit** von managementfähigen Zusammenschlüssen, Versorgungsaufträge entsprechend dem Bedarf, den Bedürfnissen und den Präferenzen von Versicherten und Patienten genauer zu beschreiben und ohne übersteigerte Regulierung durch selbstbestimmte Anreize effektiv und effizient zu erfüllen.[94] Als zweite „Säule der Regelversorgung" soll die integrierte Versorgung durchaus andere Wege gehen als die kollektivvertragliche Versorgung, die gemeinschaftlich und einheitlich auf der Kassenseite und sektoral in monopolistischen und oligopolistischen Korporationen mit rechtlicher oder faktischer Zwangsmitgliedschaft mehrheitsfähig sein müssen.

4. Vergütung und Budgetbereinigung

51 Um vertraglich definierte Versorgungsziele zu erfüllen, haben die Vertragsparteien insbesondere bei der Vereinbarung der Vergütung erhebliche Spielräume. Hier herrscht prinzipiell Vertragsfreiheit (§ 140c Abs. 1 Satz 1 SGB V). Allerdings schreibt § 140c Abs. 1 Satz 2 SGB V vor, dass sämtliche Leistungen, die von den teilnehmenden Versicherten im Rahmen des vertraglichen Versorgungsauftrags in Anspruch genommen werden, aus der Vergütung der **integrierten Versorgungsformen** zu vergüten sind, selbst wenn diese nicht von Leistungserbringern erbracht werden, die an der integrierten Versorgung teilnehmen. Die **Vergütung** folgt insoweit nicht der tatsächlich erbrachten, sondern der vereinbarten Leistung.[95] Das Gesetz lässt offen, ob Vergütungen für **Leistungen außerhalb der Integrationsversorgung** von den teilnehmenden Leistungserbringern an die Kasse zurück zuzahlen sind oder direkt an die in Anspruch genommenen Leistungserbringer zu zahlen sind. Damit werden Doppelvergütungen vermieden und Anreize für teilnehmende

---

[93] *Krauskopft-Knittel* § 140b SGB V Rdn. 19f.; *Kingreen* MedR 2004, 188 (192); *Windhorst* (Fn. 76); *Wigge* NZS 2001, 17 (24). Siehe auch BSGE 67, 251 (255).

[94] *Richard* Arbeit und Sozialpolitik 1–2/2001, 8.

[95] *Hauck-Engelhard* § 140c SGB V Rdn. 9.

Ärzte gesetzt, Versicherte an die integrierte Versorgung zu binden. Ob Struktur und Höhe der Vergütungen so zu wählen sind, dass die im herkömmlichen System verbliebenen Leistungserbringer nicht benachteiligt werden dürfen,[96] erscheint angesichts der klaren Zielbestimmung, der Förderung von Qualität und Wirtschaftlichkeit der Versorgung durch Kommunikation, Koordination und Kooperation zweifelhaft. Umsteuerung im Gesundheitswesen wird stets in Besitzstände etablierter Leistungserbringer eingreifen. § 140c Abs. 1 Satz 3 SGB V stellt zudem klar, dass Versicherte nicht nach eigenem Belieben die freiwillig gewählte integrierte Versorgung verlassen und Leistungen bei nicht teilnehmenden Leistungserbringern beanspruchen dürfen. Die **Inanspruchnahme Dritter** ist nur zulässig, wenn Versicherte an diese Leistungserbringer überwiesen werden oder der Integrationsvertrag selbst sie zu dieser Inanspruchnahme berechtigt. Aus dieser Regelung folgt zwingend, dass Krankenkassen die Leistungsanteile bei der Inanspruchnahme Dritter festhalten dürfen, um entsprechende Vergütungsbestandteile auszugrenzen. Ob bei der berechtigten Inanspruchnahme Dritter der Vergütungsanspruch gegen die Kassenärztliche Vereinigung oder gegen die Integrationspartner besteht, dürfte im Einzelfall und nach den jeweiligen Umständen zu beurteilen sein.[97]

52 § 140c Abs. 2 SGB V ermöglicht den vertragsschließenden Parteien der integrierten Versorgung, für Teile oder für die gesamte Versorgung der teilnehmenden Versicherten **Budgetverantwortung** zu übernehmen. Damit wird der britische Gedanke des Fundholdings, der Eingang in amerikanische oder schweizer Managed-Care-Verträge fand, auch in Deutschland realisierbar. In diesem Fall muss das Budget die Zahl der teilnehmenden Versicherten und deren Risikostruktur sowie ergänzende Morbiditätskriterien berücksichtigen. Hierzu bietet es sich an, die Profile des Risikostrukturausgleichs zu nutzen, die gegebenenfalls nach sozialen und medizinischen Kriterien weiter ausdifferenziert werden können. Auch dürfte es zulässig sein, bestimmte Risiken völlig aus der Budgetverantwortung herauszunehmen, die Budgetverantwortung der Höhe nach zu begrenzen oder diese mit Elementen der Rückversicherung zu kombinieren.[98] Der Grundsatz der Beitragssatzstabilität gilt für Verträge, die bis zum 31. Dezember 2006 abgeschlossen werden, nicht (§ 140d Abs. 4 Satz 2 SGB V).

53 Die Neufassung des § 140d SGB V übernimmt weitgehend den Rahmen für eine **Budgetbereinigung** des früheren § 140f SGB V. Das Gesetz schreibt zwingend vor, dass die ärztliche Gesamtvergütung nach § 85 SGB V – ab dem Jahr 2007 der Behandlungsbedarf nach § 85a Abs. 2 Satz 1 Nr. 1 SGB V – und die Ausgabenvolumina für Arznei- und Heilmittel in der ambulanten Versorgung zu bereinigen sind. Bei der Bereinigung der Gesamtvergütung sind Zahl und Risikostruktur der Versicherten zwingend zu berücksichtigen. Andere Morbidiätskriterien sollen berücksichtigt werden. Nehmen Krankenhäuser an der integrierten Versorgung teil, werden die im Gesamtbetrag nach den §§ 3 und 4 des Krankenhausentgeltgesetzes und im § 6 der Bundespflegesatzverordnung enthaltene Leistungen weiterhin aus dem Krankenhausbudget finanziert. Insoweit wird in den Jahren 2004 bis 2006 die Bereinigung des Krankenhausbudgets ausgesetzt. Aus der Integrationsvergütung können nur solche Leistungen finanziert werden, die zusätzlich erbracht werden. § 140d Abs. 2 Satz 3 SGB V hat klar gestellt, dass Fragen der Budgetbereinigung schiedsamtsfähig sind.[99] Weitere Einzelheiten zur Budgetausgrenzung regelt das Gesetz nicht. Daher wird das Verhältnis der Integrationsversorgung zur kollektivvertraglichen Regelversorgung weiterhin durch eine Reihe von Streitfragen belastet werden.

---

[96] *Hauck-Engelhard* § 140c SGB V Rdn. 11 ff.

[97] *Krauskopf-Knittel* § 140c SGB V Rdn. 5.

[98] *Orlowski* BKK 2000, 191 (194 f.).

[99] So schon *Wigge,* NZS 2001, 17 (21) zum alten Recht.

5. Anschubfinanzierung

54 Neben dem temporären Versicht auf den Grundsatz der **Beitragssatzstabilität** (§ 140b Abs. 4 Satz 2 SGB V) hat der Gesetzgeber als finanziellen Anreiz zum Durchbruch der integrierten Versorgung eine pauschale Anschubfinanzierung in den Jahren 2004 bis 2006 aus den Budgets für vertragsärztliche und für stationäre Leistungen ermöglicht. Zur Finanzierung der gemäß § 140c Abs. 1 Satz 1 SGB V vereinbarten Integrationsvergütungen kann die vertragsschließende Kasse bis zu 1% der ärztlichen Gesamtvergütung sowie der Rechnungen der einzelnen Krankenhäuser für voll- und teilstationäre Versorgung einbehalten, soweit diese Mittel zur Umsetzung von Integrationsverträgen erforderlich sind. Diese Mittel sollen in dem Bezirk der Kassenärztlichen Vereinigungen, deren Gesamtvergütung gekürzt wird, verwendet werden, dürfen aber natürlich auch für überregionale Projekte verwendet werden. Mittel, die nicht innerhalb von drei Jahren für die Integrationsversorgung verwendet worden sind, müssen am Ende des Jahres 2006 zurückgezahlt werden. Damit werden die Anreize erhöht, solche Mittel auch tatsächlich für Integrationsverträge zu verwenden.

55 Die **Anschubfinanzierung** hat zu heftigen politischen und juristischen Kontroversen geführt. Gegner des pauschalen Abzugs sind vor allem diejenigen, die sich an der integrierten Versorgung nicht beteiligen wollen oder dürfen. Besonders umstritten ist die Frage, ob Krankenkassen Beträge einbehalten dürfen, ohne entsprechende Integrationsverträge abgeschlossen und bei der Bundesgeschäftsstelle Qualitätssicherung registriert[100] oder veröffentlicht zu haben. Während das Landessozialgericht Brandenburg in einem Beschluss vom 1. 11. 2004 (Az.: L 5 B 105/04 KA ER) aus der Rückzahlungspflicht für nicht in Anspruch genommene Beträge geschlossen hat, dass es auf den Abschluss von Integrationsverträgen nicht ankomme, hat das Sozialgericht für das Saarland in einem Beschluss vom 14. 12. 2004 (Az.: S 2 ER 89/04 KA) darauf abgestellt, dass ein konkreter Integrationsvertrag vorliegen müsse. Alle Beschlüsse sind im Wege des einstweiligen Rechtschutzes ergangen. Das saarländische Sozialgericht stellt insbesondere auf den Wortlaut der Vorschrift ab, wonach der Einbehalt von Mitteln nur zulässig sei, wenn diese zur Umsetzung von geschlossenen Verträgen erforderlich seien. Der Gesetzgeber hat nämlich im Laufe des Gesetzgebungsverfahrens § 140d Abs. 1 Satz 1 SGB V so verändert, dass die Anschubfinanzierung nicht als zusätzliche Finanzreserve zeitweise einbehalten wird, sondern tatsächlich der Förderung der integrierten Versorgung dienen soll.[101] Insoweit spricht viel für die Auslegung des saarländischen Sozialgerichts.[102] Ob die Anschubfinanzierung über das Jahr 2006 hinaus verlängert oder gar erweitert wird, muss der Gesetzgeber entscheiden. Hingewiesen sei jedoch darauf, dass die Anschubfinanzierung nicht dazu gedacht ist, das Leistungsvolumen auszuweiten, sondern Qualität und Effizienz der Versorgung zu verbessern. Insoweit müssen sich Projekte kritisch hinterfragen lassen, die dauerhaft auf zusätzliche Finanzmittel angewiesen sind.

V. Chancen und Risiken für neue Versorgungsformen

56 Eine vergleichende Analyse der rechtlichen Rahmenbedingungen für Modellvorhaben, besondere Versorgungsformen und integrierte Versorgung (Tabelle) lässt erkennen, dass die konkrete Ausgestaltung neuer Versorgungsformen mehr von politischer Opportunität

[100] Die Spitzenverbände der Krankenkassen, die Kassenärztliche Bundesvereinigung und die Deutsche Krankenhausgesellschft haben sich auf die BQS als zentrale Registrierungsstelle geeinigt, um praktische Probleme bei der Umsetzung des § 140d Abs. 1 SGB V zu mildern.

[101] BT-DRs. 15/1525 S. 131.

[102] A. A. *Krauskopf-Knittel* § 140d SGB V Rdn. 5.

als von rechtlicher Klarheit geprägt ist. Gemeinsam ist allen Vertragstypen, dass die starren gesetzlichen Vorgaben zu Gunsten kreativer, an den konkreten Versorgungsformen orientierter Lösungen aufgelockert worden sind. Der Gesetzgeber trifft Entscheidungen nicht selbst, sondern überlässt sie entweder der gemeinsamen Selbstverwaltung oder den Vertragsparteien auf der einzelwirtschaftlichen Ebene. Die Dominanz der Kassenärztlichen Vereinigungen und der Verbände der Krankenkassen in allen Fragen der ambulanten vertragsärztlichen Versorgung ist abgeschwächt worden. Krankenkassen, einzelne oder Gruppen der Leistungserbringer erhalten mehr Spielraum für eigene versorgungspolitische Initiativen. Regelungstiefe und Regelungsdichte des Vertragsrechts, die dieses Gebiet in allen Versorgungsbereichen zu einer Sache für wenige Spezialisten gemacht haben, wurden deutlich zu Gunsten einer erweiterten Vertragsautonomie reduziert. Da weder Versicherte noch Leistungserbringer zur Teilnahme an neuen Versorgungsformen gezwungen werden können, ist die Marktfähigkeit neuer Versorgungsformen der wichtigste Parameter von Erfolg oder Misserfolg. Der Illusion, neue Versorgungsformen ließen sich ohne Beeinträchtigung bisheriger Versorgungsformen durchsetzen, sollte niemand erliegen. So lange sich versorgungspolitische Prioritäten nicht in veränderten Anreizsystemen niederschlagen, werden die Spannungen zwischen der etablierten sektoral ausgerichteten Ordnung und den neuen, auf das Management neuer Anbieter oder einzelner Indikationen ausgerichteter Versorgungsformen nicht restlos aufzulösen sein. Ob die rechtlichen Rahmenbedingungen ausreichend Spielraum für alle versorgungspolitisch gewünschten Vorhaben bieten,[103] muss die Praxis zeigen. Die heute bestehenden Spielräume eröffnen eine Vielzahl von Chancen. Ihre Risiken, insbesondere im Hinblick auf gleichen Zugang auf Versorgung und gleicher Versorgungsqualität für alle Bürgerinnen und Bürger erscheinen beherrschbar, zumal die Varianzen in der kollektivvertraglichen Regelversorgung kaum dokumentiert werden.

57 Die Erweiterung der rechtlichen Rahmenbedingungen in den beiden letzten Gesundheitsreformen wird die Diskussion um deutsche Erscheinungsformen von Managed Care neuen Auftrieb geben.[104] Die Akteure des deutschen Gesundheitswesens werden sich nicht länger den Managementerfahrungen anderer Branchen entziehen können. Ziele und Methoden des operativen Managements werden Strukturen, Prozesse und Inhalte der Versorgung verändern.[105] Leistungserbringer werden die Organisation ganzer Versorgungsprozesse in den Mittelpunkt ihres Handelns stellen müssen, statt auf die Maximierung von Einzelleistungen ohne Rücksicht auf Schnittstellen zu anderen Leistungserbringern fixiert zu sein. Die Krankenkassen sind gefordert, neue Produkte und neue Vertragstypen in Angriff zu nehmen, zu erproben und einzusetzen. Die Patienten werden mehr Wahlmöglichkeiten erhalten. Von denen können sie nur Gebrauch machen, wenn ausreichende Transparenz über Angebote, Qualität und Service geschaffen wird. Krankenkassen, Leistungsanbieter und neue Marktteilnehmer müssen neue Geschäftsmodelle für Gruppen von Versicherten entwickeln. Eine Segmentierung der Angebote und neue Arbeitsteilungen sollen nicht der Risikoselektion Vorschub leisten, sondern problemadäquate Lösungsansätze in einer ausdifferenzierten Gesellschaft fördern. Die Selbstverwaltung bleibt in der Verantwortung für die Sicherung einer flächendeckenden qualitativ hochwertigen Versorgung. Der Staat trägt schließlich die Verantwortung für die Wahrung der Sozialstaatlichkeit, die Funktionsfähigkeit des Gesamtsystems und die Schaffung einer auf die Verfolgung gesundheitspolitischer Ziele ausgerichteten fairen Wettbewerbsordnung.[106]

---

[103] *Windhorst* (Fn. 76) 155 f.; *Neumann* NZS 2002, 561.

[104] Siehe vor allem die in Fn. 12 und 74 Genannten sowie den Ende 2005 erscheinenden Krankenhausreport 2005 mit dem Schwerpunktthema Integrierte Versorgung.

[105] Beispiele bei *Weiss*, Gesundheitsmanagement, 1997.

[106] *Richard* Arbeit und Sozialpolitik 1–2/2001, 8 (12 f.).

Vergleich Modellvorhaben – Besondere Versorgungsformen – Integrierte Versorgung

Typ	Modellvorhaben	Besondere Versorgungsformen	Integrierte Versorgung
Rechtsgrundlage	§§ 63–66 SGB V	§§ 73 a–c SGB V	§§ 140 a–d SGB V
Vertragspartner	1. Krankenkassen und ihre Verbände 2. Kassenärztliche Vereinigungen 3. Einzelne oder Gruppen von Leistungserbringern	1. Landesverbände der Krankenkassen bzw. Ersatzkassenverbände 2. Kassenärztliche Vereinigungen 3. Krankenkassen und einzelne Vertragsärzte (subsidiär und nach „Ausschreibung" in §§ 73 b und c)	1. Krankenkassen (können sich ggf. durch ihre Verbände vertreten lassen) 2. Einzelne oder Gemeinschaften von Vertragsärzten bzw. sonstigen Leistungserbringern 3. Medizinische Versorgungszentren 4. Managementgesellschaften 5. Träger von zugelassenen Krankenhäusern, Rehabilitations- und Vorsorgeeinrichtungen 6. Versorgungsgemeinschaften
Teilnahme der Kassenärztlichen Vereinigung	Möglich	Zwingend (§ 73 a) oder prioritär (§§ 73 b und c)	Ausgeschlossen, aber Beratungsrecht
Gestaltungsformen	Alle	1. Hausarztmodelle, Arztnetze u. ä. (§ 73 a) 2. hausarztzentrierte Versorgung (§ 73 b) 3. besondere Versorgungsformen (§ 73 c)	Alle Integrationsformen
Dauer	Höchstens 8 Jahre	Unbegrenzt	Unbegrenzt
Evaluation	Pflicht	Keine Vorgabe	Möglich, aber Dokumentationspflicht für alle Leistungserbringer
Rahmenvereinbarungen	Möglich über KBV und Spitzenverbände im BMV	Möglich über KBV und Spitzenverbände im BMV	Nicht gewünscht
Bonus für Versicherte	Möglich	Bei Teilnahme an hausarztzentrierter Versorgung möglich.	Möglich
Bindung an Vertragsrecht	Nein	Zum Teil	Nein

Fortsetzung nächste Seite

Typ	Modellvorhaben	Besondere Versorgungsformen	Integrierte Versorgung
Rechtsgrundlage	§§ 63–66 SGB V	§§ 73 a–c SGB V	§§ 140 a–d SGB V
Vergütung	Freie Gestaltung mit Budgetbereinigung	Weitgehende Gestaltungsfreiheit mit sektoralen oder übergreifenden Budgetvereinbarungen Abweichungen vom EBM möglich.	Weitgehende Gestaltungsfreiheit mit Budgetvereinbarungen und Budgetbereinigung (Gilt auch für nicht beteiligte Leistungserbringer, die von teilnehmenden Versicherten in Anspruch genommen werden)
Bindung an Betragssatzstabilität	Ja	Ja	Bis 2006 ausgeschlossen

§ 13 Das Verhältnis des Leistungsrechts zum Vertragsarztrecht

Schrifttum: *Axer,* Normsetzung der Exekutive in der Sozialversicherung, 2000; *Behnsen,* Die Definitionsmacht des Bundesausschusses der Ärzte und Krankenkassen, KrV 1999, S. 264ff.; *Binder u. a.,* Sozialgerichtsgesetz. Handkommentar, 2003; *Busch,* Das Verhältnis des Art. 80 Abs. 1 S. 2 GG zum Gesetzes- und Parlamentsvorbehalt, 1992; *Bogs,* Das Grundrecht der Berufsfreiheit im Spiegel des Arztsystems, in: Festschrift *Thieme,* 1993, S. 715; *Bürck,* Verfassungsrechtliche Probleme der Zulassung als Kassenarzt, MedR 1989, S. 63ff.; *Butzer/Kaltenborn,* Die demokratische Legitimation des Bundesausschusses der Ärzte und Krankenkasssen, MedR 2001, 333; *Cremer,* Art. 80 Abs. 1 Satz 2 GG und Parlamentsvorbehalt, AöR 122 (1997), S. 248ff.; *Di Fabio,* Verlust der Steuerungskraft klassischer Rechtsquellen, NZS 1998, S. 449ff.; *Dreier,* Grundgesetz, Band 2, 1998; *Ebsen,* Autonome Rechtsetzung in der Sozialversicherung und der Arbeitsförderung als Verfassungsproblem, VSSR 1990, S. 57ff.; *ders.,* Bedarfsorientierte Regulierungen der Zulassung von Leistungserbringern zur Gesetzlichen Krankenversicherung und das Grundrecht der Berufsfreiheit, ZSR 1992, S. 328ff.; *ders.,* Rechtsquellen, in: *Schulin* (Hrsg.), Handbuch des Sozialversicherungsrechts, Band 1, Krankenversicherungsrecht, 1994, § 7; *ders.,* Der Behandlungsanspruch des Versicherten in der gesetzlichen Krankenversicherung und das Leistungserbringungsrecht, in: Festschrift *Krasney,* 1997, S. 81; *ders.,* Sicherheit und Durchsetzbarkeit von Leistungsansprüchen, Sozialrecht aktuell 3/2000, S. 3; *Engelmann,* Untergesetzliche Normsetzung im Recht der gesetzlichen Krankenversicherung durch Verträge und Richtlinien, NZS 2000, S. 1 (Teil 1) und S. 76 (Teil 2); *Erbguth,* Normkonkretisierende Verwaltungsvorschriften, DVBl 1989, S. 473ff.; *Estelmann/Eicher,* Die Leistungspflicht der gesetzlichen Krankenversicherung vor dem Hintergrund der Pluralität ärztlicher Therapien, SGb 1991, S. 247ff.; *Francke,* Richtlinien, Normsetzungsverträge und neue Behandlungsmethoden im Rechtskonkretisierungskonzept des BSG, SGb 1999, S. 5ff.; *ders.,* Normsetzung durch die „Gemeinsame Selbstverwaltung" nach dem SGB V, in: Bovenschulte u. a., Demokratie und Selbstverwaltung in Europa, FS *Schefold,* 2001, S. 29; *Friauf,* Zur Rolle der Grundrechte im Interventions- und Leistungsstaat, DVBl 1971, S. 674ff.; *Funk,* Vertragsarztrecht, in: *Schulin* (Hrsg.), Handbuch des Sozialversicherungsrechts, Band 1, Krankenversicherungsrecht, 1994, § 32; *Hänlein,* Rechtsquellen im Sozialversicherungsrecht, 2001; *Hebeler,* Verfassungsrechtliche Probleme „besonderer" Rechtsetzungsformen funktionaler Selbstverwaltung, DÖV 2002, 936; *Henke,* Das subjektive öffentliche Recht, 1968; *Jarass/Pieroth,* Grundgesetz für die Bundesrepublik Deutschland, 4. Aufl. 1997; *Jörg,* Begrenzungsparameter für untergesetzliche Regelungen im Vertragsarztrecht, in: *Wienke/Lippert/Eisenmenger* (Hrsg.), Die ärztliche Berufsausübung in den Grenzen der Qualitätssicherung, 1998; *Kötter,* Die Steuerung der ambulanten ärztlichen Versorgung im Recht der gesetzlichen Krankenversicherung, 2000; *Krasney/Udsching,* Handbuch des sozialgerichtlichen Verfahrens, 3. Aufl. 2002; *Krebs,* Baurecht, in: *Schmidt-Aßmann* (Hrsg.), Besonderes Verwaltungsrecht, 10. Aufl. 1996, S. 299; *Maunz/Dürig,* Grundgesetz, Stand: August 2000; *Maurer,* Allgemeines Verwaltungsrecht, 14. Aufl. 2002; *Mayer,* Deutsches Verwaltungsrecht, Band 1, 3. Aufl. 1924; *Meydam,* Die Konkretisierung des Anspruchs auf Krankenhausbehandlung durch Leistungen des Krankenhauses, SGb 1997, S. 101; *Münch, von/Kunig* (Hrsg.), Grundgesetz-Kommentar, Band 1, 5. Aufl. 2000; *Neumann,* Freiheitsgefährdung im kooperativen Sozialstaat, 1992; *ders.,* Die institutionelle Förderung als Instrument der Sozialplanung und Steuerung der Leistungserbringer, SDSRV 43 (1998), S. 7; *ders.,* Der Anspruch auf Krankenbehandlung – ein Rahmenrecht?, SGb 1998, S. 609; *ders.,* Der Vorrang des Gesetzes im Leistungserbringungsrecht der gesetzlichen Krankenversicherung, in: Friedrich E. Schnapp (Hrsg.), Probleme der Rechtsquellen im Sozialversicherungsrecht, Teil II, 1999, S. 43; *Ossenbühl,* Verwaltungsvorschriften und Grundgesetz, 1968; *ders.,* Satzung, in: Isensee/Kirchhof (Hrsg.), Handbuch des Staatrechts der Bundesrepublik Deutschland, Band. 3, 2. Aufl. 1996, § 66; *ders.,* Richtlinien im Vertragsarztrecht, NZS 1997, S. 497; *Richter/Bohlken,* Zur Frage des Genehmigungsvorbehalts bei Leistungen der häuslichen Krankenpflege, NZS 2000, S. 236; *Sachs,* Grundgesetz-Kommentar, 2. Aufl. 1999; *Schimmelpfeng-Schütte,* Richtliniengebung durch den Bundesausschuß der Ärzte und Krankenkassen und demokratische Legitimation, NZS 1999, S. 530; *Schlenker,* Das Entscheidungsmonopol des Bundesausschusses für neue medizinische Verfahren und Außenseitermethoden, NZS 1998, S. 411; *Schmidt-Bleibtreu/Klein,* Kommentar zum Grundgesetz, 9. Aufl. 1999; *Schmidt-De Caluwe,* Das Behandlungsverhältnis zwischen Vertragsarzt und sozialversichertem Patienten, VSSR 1998, S. 207; *Schnapp,* Aktuelle Rechtsquellenprobleme im Vertragsarztrecht, SGb 1999, S. 62; *ders.,* Muss ein Vertragsarzt demokratisch legitimiert sein?, NZS 2001, 337; *ders.,* Untergesetzliche Rechtsquellen im Vertragsarztrecht – am Beispiel der Richtlinien, in:

v. Wulffen/Krasney (Hrsg.), FS 50 Jahre BSG, 2004, S. 497; *Schneider,* Handbuch des Vertragsarztrechts, 1994; *Schulin,* Rechtliche Grundprinzipien der gesetzlichen Krankenversicherung und ihre Probleme, in: *ders.* (Hrsg.), Handbuch des Sozialversicherungsrechts, Band 1, Krankenversicherungsrecht, 1994, § 6; *Schwartz/Jung,* Vorüberlegungen für mittelfristige Reformschritte in der Gesetzlichen Krankenversicherung, Sozialer Fortschritt 4/2000, S. 70; *Schwerdtfeger,* Die Leistungsansprüche des Versicherten im Rechtskonkretisierungskonzept des SGB V, NZS 1998, S. 49 (Teil 1) und S. 97 (Teil 2); *Siewert,* Das Vertragsarztrecht, 5. Aufl. 1994; *Spellbrink,* Die Rechtsstellung des Psychotherapeuten nach dem Psychotherapeutengesetz, NZS 1999, S. 1; *Staupe,* Parlamentsvorbehalt und Delegationsbefugnis, 1986; *Steege,* Die Konkretisierung des Krankenbehandlungsanspruchs im Sachleistungssystem der gesetzlichen Krankenversicherung in: v. Wulffen/Krasney (Hrsg.), FS 50 Jahre BSG, 2004, S. 517; *Steinhilper,* Anmerkung zu OLG Hamm 22. 12. 2004, MedR 2005, 236; *Trenk-Hinterberger,* Die Rechtsstellung der Leistungserbringer als Subventionsempfänger, in: SDSRV 43 (1998), S. 33; *Ulsenheimer,* Der Vertragsarzt als Sachwalter der Vermögensinteressen der gesetzlichen Krankenkassen?, erscheint in MedR 2005; *Umbach/Clemens,* Sozialrecht und Verfassungsrecht, VSSR 1992, S. 265; *Wagner/Erbguth,* Bauplanungsrecht, 2. Aufl. 1996; *Wahl,* Kooperationsstrukturen im Vertragsarztrecht, 2001; *Wallerath,* Anmerkung zu BSG 10. 12. 1991, SGb 1992, S. 508; *Wannagat,* Sozialgesetzbuch, Stand: Mai 1998; *Wimmer,* Anmerkung zu BSG 20. 3. 1996, MedR 1997, S. 224; *Wolff/Bachof,* Verwaltungsrecht I, 9. Aufl. 1974; *Wolff/Bachof/Stober,* Verwaltungsrecht II, 5. Aufl. 1987.

Übersicht

I. Begriffsbestimmungen und Problemaufriss

1. Leistungsrecht

1 Der Begriff Leistungsrecht[1] bezeichnet das Recht der Sozialleistungen. Eine Legaldefinition der Sozialleistung gibt es nicht. § 11 SGB I, der diesen Begriff in einem Klammer-

[1] Verwendet, aber nicht definiert wird der Begriff im Zweiten Titel des Dritten Abschnitts des SGB I: „Grundsätze des Leistungsrechts“.

zusatz verwendet, ist die Aussage zu entnehmen, dass die sozialen Rechte durch Sozialleistungen verwirklicht werden, und zwar durch die Gewährung von Geld-, Sach- oder Dienstleistungen. Eine Sozialleistung ist der Inbegriff der Vorteile, die nach den Vorschriften des SGB dem einzelnen Berechtigten zugute,[2] und zwar unmittelbar[3] zugute kommen sollen. Das Leistungsrecht der gesetzlichen Krankenversicherung umfasst die im Dritten Kapitel in den §§ 11–68 SGB V geregelten „Leistungen der Krankenkasse".[4] § 11 Abs. 1 SGB V stellt klar, dass die Versicherten „Anspruch" auf diese Leistungen haben, und § 38 SGB I bestimmt, dass der Sozialleistungsträger zur unbedingten Erfüllung der Sozialleistungsansprüche verpflichtet ist.

2. Vertragsarztrecht

2 Das Vertragsarztrecht ist die Summe derjenigen Normen, die die Rechtsbeziehungen der Krankenkassen und ihrer Verbände zu den bei der Verwirklichung der vertragsärztlichen Versorgung tätig werdenden Personen und Einrichtungen regeln.[5] Diese Personen und Einrichtungen erbringen Leistungen zu Lasten der Krankenkassen für die Versicherten, so dass das Vertragsarztrecht – wie der Titel des Vierten Kapitels des SGB V klarstellt – ein Teilbereich des Leistungserbringungsrechts ist.[6] Geregelt ist das Vertragsarztrecht vor allem in den §§ 72–106 SGB V, aber auch in anderen Titeln des Leistungserbringungsrechts wie in den §§ 115–123 und 135–139 SGB V.[7]

3 Zum Vertragsarztrecht gehören die diversen **untergesetzlichen Normen** der sog. **„gemeinsamen Selbstverwaltung"** von Kassenärztlichen Vereinigungen und Verbänden der Krankenkassen. Für diese Normen gilt eine Beobachtung, die zur Gesetzlichen Krankenversicherung im Allgemeinen gemacht wurde, in besonderer Weise: Es gibt kaum ein anderes Rechtsgebiet, für das der Gesetzgeber „eine solche Vielfalt von Formen gestufter und arbeitsteiliger Erzeugung rechtlicher Regelungs- und anderer Steuerungsmedien geschaffen hat".[8] Vielfältig sind auch die Normtypen, die Auswirkungen auf das Leistungsrecht zeitigen. Bereits der von den Kassenärztlichen Bundesvereinigungen und den Spitzenverbänden der Krankenkassen abgeschlossene Bundesmantelvertrag lässt mit der Regelung von Modalitäten der ärztlichen Leistungserbringung und von Pflichten der Versicherten deren Leistungsanspruch nicht unberührt. Der Bundesmantelvertrag gibt den allgemeinen Inhalt der auf Landesebene vereinbarten Gesamtverträge vor, die ebenfalls Rechte und Pflichten der Versicherten begründen. Der von den Partnern des Bundesmantelvertrages durch den Bewertungsausschuss zu vereinbarende Einheitliche Bewertungsmaßstab legt fest, welche ärztliche Leistungen zu Lasten der Krankenkassen abgerechnet werden können, und bestimmt damit zugleich den Inhalt der ärztlichen Versorgung auch im Verhältnis zu den Versicherten.[9] Selbst die Qualitätssicherungs-Vereinbarungen nach § 135 Abs. 2 SGB V betreffen zumindest mittelbar durch die Regelung der Strukturqualität der vertragsärztlichen Versorgung die Rechte der Versicherten.[10] Auswirkungen auf das Leistungsrecht haben insbeson-

---

[2] So die amtliche Begründung BT-Drucks. 7/868, S. 24.

[3] Die Unmittelbarkeit dient der Abgrenzung zur Sozialsubvention. Vgl. dazu *Neumann,* SDSRV 43 (1998), S. 7 (9); *Trenk-Hinterberger,* ebenda, S. 33 (36). Zur „Unmittelbarkeit der Bedarfsbefriedigung" s. BSGE 55, 188 (193).

[4] Allerdings lassen sich einzelne Vorschriften des Leistungsrechts – wie etwa § 135 SGB V – auch in leistungserbringungsrechtlichen Abschnitten finden. Kritisch dazu *Schnapp* SGb 1999, 62 (64 f.).

[5] *Siewert,* Vertragsarztrecht, S. 36; *Schneider,* Handbuch, Rdn. 9.

[6] *Funk,* HS-KV, § 32 Rdn. 6.

[7] § 69 Satz 1 SGB V bezieht §§ 63, 64 SGB V in das Leistungserbringungsrecht ein.

[8] *Ebsen,* HS-KV, § 7 Rdn. 3.

[9] § 87 Abs. 1 und 2 SGB V. Informativ zur Auswirkung auf das Leistungsrecht *Ebsen* Sozialrecht aktuell 3/2000, 3 (4 f.).

[10] *Engelmann* NZS 2000, 1 (3).

dere die Richtlinien des Gemeinsamen Bundesausschusses nach § 92 SGB V (früher: Bundesausschüsse der (Zahn-) Ärzte und Krankenkassen). Von besonderer Brisanz ist § 135 Abs. 1 SGB V, der die Erbringung neuer Untersuchungs- und Behandlungsmethoden zu Lasten der Krankenkassen erst dann zulässt, wenn der Bundesausschuss diese Methoden in Richtlinien nach § 92 Abs. 1 Satz 2 Nr. 5 SGB V als vertragsärztliche Leistungen empfohlen hat. Das 2. GKV-NOG hat diesen Auftrag um die Ermächtigung zur Überprüfung auch „alter" Methoden erweitert. Demnach werden künftig alle Methoden ärztlicher Untersuchung und Behandlung mit Wirkung auch für die Versicherten bewertet, so dass in Zukunft wohl nicht mehr von „NUB-", sondern von „Bewertungsrichtlinien" zu sprechen ist[11]. Auf die herausgehobene Stellung der Richtlinien weist bereits der gesetzliche Sicherstellungsauftrag mit der Bestimmung hin, dass die vertragsärztliche Versorgung „im Rahmen der gesetzlichen Vorschriften und der Richtlinien" zu regeln sei.[12]

4 Die Auswirkungen des untergesetzlichen Vertragsarztrechts auf das Leistungsrecht werden bei einer neuen Regelungstechnik besonders deutlich. Der Gesetzgeber relativiert die in der ursprünglichen Systematik des Gesetzes durchgehaltene Trennung von **leistungs- und vertragsarztrechtlichen Normenkomplexen,** indem er in leistungsrechtlichen Normen auf das untergesetzliche Vertragsarztrecht, insbesondere auf die Richtlinien des Gemeinsamen Bundesausschusses, verweist.[13] Ziel dieser Verweise ist die Präzisierung der leistungsrechtlichen Anspruchsnormen. Die Normen, auf die verwiesen wird, bleiben unbeschadet ihrer Auswirkungen auf das Leistungsrecht Normen des Vertragsarztrechts.

3. Leistungsrecht und Vertragsarztrecht

5 **a) Kollisionen zwischen gleichrangigen Normen.** Das Verhältnis von Leistungsrecht und Vertragsarztrecht ist weitgehend unproblematisch, soweit das Vertragsarztrecht parlamentsgesetzlich geregelt ist und beide Rechte gleichrangig sind. Es ist zwar richtig, dass das Leistungserbringungsrecht als zweckbestimmtes Recht der Erfüllung des Leistungsrechts dient. Diese Funktion mag bei der systematischen Auslegung des Gesetzes einmal dazu führen, dass vermeintliche Normenkonflikte zugunsten des Leistungsrechts entschieden werden (vgl. Jörg § 11 Rn. 14). Jedoch folgt daraus kein „qualitativer Vorrang des Leistungsrechts".[14] Die Anmerkung, das Vertragsarztrecht sei als Leistungserbringungsrecht nicht „minderwertig",[15] ist so evident richtig, dass sie überflüssig ist. **Kollisionen zwischen leistungs- und vertragsarztrechtlichen Normen,** die sich nicht durch Auslegung vermeiden lassen, sind nach den allgemeinen methodischen Regeln für Konflikte zwischen gleichrangigen Normen aufzulösen, nämlich nach der „lex posterior"- und der „lex specialis"-Regel.[16] Da solche Normkollisionen zwar denkbar, aber nicht eben häufig sind, scheiden sie aus der weiteren Betrachtung aus.

6 **b) Kollisionen zwischen Parlamentsgesetz und untergesetzlichen Normen.** *Schnapp* hat jüngst ausgeführt, es sei „nicht ersichtlich", wie es überhaupt zu Kollisionen zwischen dem Leistungsrecht und dem untergesetzlichen Vertragsarztrecht kommen könne[17]. Wenn Richtlinien „rechtlich im übrigen beanstandungsfrei[18]" sind, kommt es in der

---

[11] *Hänlein*, Rechtsquellen, S. 458.

[12] § 72 Abs. 2 SGB V.

[13] Vgl. z.B. §§ 27a Abs. 4, 28 Abs. 2 Satz 9, 28 Abs. 3, 29 Abs. 4, 30 Abs. 1 Satz 5, 30 Abs. 4 S. 11, 31 Abs. 1 S. 2, 33 Abs. 3 S. 2, 34 Abs. 1 S. 9, 35 Abs. 1, 37a Abs. 2 SGB V.

[14] So eine Formulierung in BSGE 78, 70 (95) – Methadon.

[15] BSGE 81, 54 (62) – immunbiologische Therapie; 81, 73 (80) – immuno-augmentative Therapie.

[16] Zum Verhältnis der beiden Regeln BGHZ 114, 218 (226f.); vgl. auch BVerwGE 85, 289 (292f.).

[17] *Schnapp*, FS Bundessozialgericht, S. 509.

[18] *Schnapp*, FS Bundessozialgericht, S. 507, nennt in Fn. 49 als vom Richtliniengeber zu beachtende Vorgaben „Fragen der Besetzung und des Verfahrens, aber auch der Konkordanz mit den Maßstäben der §§ 12 Abs. 1, 70 Abs. 1, 72 Abs. 2 SGB V". M. E. ist kein Grund zu erkennen, warum nicht auch Vorgaben des Leistungsrechts zu beachten sind.

Tat nicht zu Kollisionen. Die neuere Rechtsprechung lehrt jedoch, dass Kollisionen zwischen Richtlinien und parlamentsgesetzlichem Leistungsrecht nicht eben selten sind (s. unten Rdn. 38–41). Das kann auch nicht anders sein, weil im Gemeinsamen Bundesausschuss nicht nur der reine medizinische Sachverstand, sondern auch Interessen präsent sind (s. unten Rdn. 37). Eine Regel für solche Kollisionen ist der als Bestandteil der **Gesetzmäßigkeit der Verwaltung** in Art. 20 Abs. 3 GG verankerte Vorrang des Gesetzes, der besagt, dass der in der Form des Gesetzes geregelte Staatswille rechtlich jeder anderen staatlichen Willensäußerung vorgeht[19] und dem Gesetz die Eigenschaft zukommt, staatliche Willensäußerungen niedrigeren Ranges „rechtlich zu hindern oder zu zerstören".[20] Der Vorrang des Gesetzes ist eine Kollisionsregel, die Verstöße untergesetzlicher Rechtsnormen und Rechtsakte gegen das Parlamentsgesetz mit der Nichtigkeitsfolge sanktioniert.[21] Der Vorrang des Leistungsrechts folgt also aus dem schlichten Sachverhalt, dass es Parlamentsgesetz ist, während die Regelungen der gemeinsamen Selbstverwaltung zur Leistungserbringung untergesetzliche Normen sind.[22] Da das untergesetzliche Vertragsarztrecht typischerweise in das Leistungsrecht hineinragt, ist diese Regelungstechnik in Ansehung des Vorrangs des Gesetzes nur insoweit unbedenklich, als dadurch die unbestimmten Rechtsbegriffe der Anspruchsnormen des SGB V näher beschrieben werden.

7 Der Gesetzgeber zeigt sich zunehmend bemüht, durch Bezugnahmen im Leistungsrecht auf das untergesetzliche Vertragsarztrecht Kollisionen der beiden Rechte zu vermeiden. Dabei bedient er sich unterschiedlicher Regelungstechniken. Eine Technik ist die Normierung des Anspruchs des Versicherten auf eine bestimmte Leistung bei gleichzeitiger Bestimmung, dass der Gemeinsame Bundesausschuss das „Nähere über Art, Umfang und Nachweis" der Leistungen regelt.[23] Eine andere Regelungstechnik ist die Normierung eines grundsätzlichen Anspruchs bei gleichzeitigem Ausschluss bestimmter Leistungsinhalte und der zusätzlichen Ermächtigung des Bundesausschusses, Ausnahmen von eben diesem Ausschluss zuzulassen.[24] Hier reißt also der Gesetzgeber „Löcher" in das Leistungsrecht und drückt zugleich dem Bundesausschuss „Nadel und Zwirn" in die Hand, um einige dieser „Löcher" zu stopfen. Diese Regelungstechnik stellt deutlicher noch als die erste klar, dass nach dem Willen des Gesetzgebers die Richtlinien für das Leistungsrecht und damit für die Versicherten verbindlich sein sollen. Die diversen Regelungsaufträge unterscheiden sich – abgesehen von der verfassungsrechtlichen Legitimation – nicht von Ermächtigungen der Verwaltung zur Normsetzung durch Rechtsverordnung oder Satzung. Diese Gesetzgebungstechnik vermag freilich nicht den vom Vorrang des Gesetzes gebotenen Grundsatz abzuschwächen, dass normsetzendes Verwaltungshandeln nicht gegen höherrangiges Recht verstoßen darf.[25] Dieser Grundsatz würde sogar dann gelten, wenn der Gesetzgeber dem Vorschlag folgen sollte, schon in der Anspruchsdefinition des § 11 Abs. 1 SGB V klarzustellen, dass der Gemeinsame Bundesausschuss die Leistungsinhalte in Richtlinien näher regelt.[26] Der Richtliniengeber darf die vorrangigen Vorgaben des Leistungsrechts nicht überschreiten. Insoweit besteht kein Unterschied zwischen Richtlinien,

---

[19] *Mayer,* S. 68.

[20] BVerfGE 8, 155 (169); 40, 237 (247).

[21] BVerfGE 8, 155 (169); 40, 237 (247); 56, 216 (241 f.); *Dreier-Schulze-Fielitz,* Art. 20 R Rdn. 83. *Sachs,* Art. 20 Rdn. 118 versteht dagegen den Gesetzesbegriff im „Vorrang des Gesetzes" in einem materiellen Sinne und begründet den Vorrang des formellen Gesetzes vor niederrangigem Recht mit der Verfassungsbindung der Gesetzgebungsfunktion.

[22] *Schulin,* HS-KV, § 6, Rdn. 105; *Estelmann/Eicher* SGb 1991, 247 (256).

[23] § 22 Abs. 5 SGB V. Vgl. auch §§ 25 Abs. 4 Satz 2, 26 Abs. 2, 27 a Abs. 4, 28 Abs. 3 Satz 1, 29 Abs. 4, 37 a Abs. 2 SGB V.

[24] § 28 Abs. 2 Satz 9, 30 Abs. 1 Satz 5, 31 Abs. 1 Satz 2, 33 Abs. 3 Satz 2, 34 Abs. 1 S. 9 SGB V.

[25] *Jarass/Pieroth-Jarass,* Art. 20 Rdn. 27; *Dreier-Schulze-Fielitz,* Art. 20 R Rdn. 87.

[26] *Schwartz/Jung* Sozialer Fortschritt 4/2000, 70 (73).

die ihre Ermächtigungsgrundlage auch im Leistungsrecht haben, und solchen, die ausschließlich auf § 92 SGB V gestützt werden.[27]

4. Die Regelungen des untergesetzlichen Vertragsarztrechts als Rechtsnormen

8 Das Bundessozialgericht wertet in seiner neueren Rechtsprechung die **Richtlinien des Bundesausschusses** als Rechtsnormen.[28] Die Literatur stimmt dieser Wertung überwiegend zu.[29] Den Einwand, es fehle im Verhältnis zu den Versicherten an einer Verbindlichkeitsanordnung[30], hat der Gesetzgeber mit § 91 Abs. 9 SGB V entkräftet[31]. Von der Wertung als Rechtsnorm ist die Frage nach der verfassungsrechtlichen, insbesondere demokratischen Legitimation dieser Rechtsnormen zu unterscheiden. In der Literatur überwiegen die Zweifel an der Verfassungsmäßigkeit der untergesetzlichen Regelungen.[32] Für die Gerichte bleiben solche Zweifel rechtsfolgenlos. Erst wenn ein Gericht das ermächtigende Gesetz für verfassungswidrig „hält“, ist die Aussetzung des Verfahrens und die Vorlage beim BVerfG nach Art. 100 Abs. 1 S. 1 GG zulässig[33]. Die folgenden Ausführungen gehen davon aus, dass jedenfalls die Richtlinien Rechtsnormen sind, und unterstellen unbefragt ihre demokratische Legitimation. Denn diese Legitimation ist eine Sache, das Verhältnis des parlamentsgesetzlichen Leistungsrechts zum untergesetzlichen Leistungserbringungsrecht und damit der Vorrang des Gesetzes eine andere.

II. Vom Vorrang des Gesetzes zum „Rahmenrecht“

1. Die Rechtsprechung bis zum „Methadon-Urteil“

9 Dass das untergesetzliche Vertragsarztrecht dem parlamentsgesetzlichen und damit vorrangigen Leistungsrecht nicht widersprechen dürfe, war für die Senate des BSG lange Zeit eine verfassungsrechtliche Selbstverständlichkeit. Die einschlägigen Entscheidungen zeigen, dass die Rechtswirkung der Richtlinien wie die von Verwaltungsvorschriften bestimmt wurde (Jörg § 11 Rn. 17). Die Richtlinien erzeugten lediglich eine **Selbstbindung** der beteiligten Körperschaften, hätten jedoch keine normative Bedeutung für das Rechtsverhältnis des Versicherten zur Krankenkasse,[34] d. h. sie könnten den Anspruch auf eine ausreichende, zweckmäßige und das Maß des Notwendigen nicht überschreitende Krankenbehandlung nicht verkürzen.[35] Wenn sie gegen das höherrangige Leistungsrecht verstoßen, seien sie unwirksam. Das sind klare Aussagen zum Vorrang des parlamentsgesetzlichen Leistungsrechts. Allerdings problematisieren diese Entscheidungen zugleich die aus dem Vorrang des Gesetzes folgende Pflicht der Gerichte zur Überprüfung der Festle-

---

[27] Im Ergebnis ebenso *Engelmann* NZS 2000, S. 76 (82).

[28] BSGE 78, 70 (74f.) – Methadon; 81, 54 (63) – immunbiologische Therapie; 81, 73 (80f.) – immuno-augmentative Therapie; 82, 41 (46f.) – Bedarfsplanung;

[29] Anders *Schimmelpfeng-Schütte* NZS 1999, 530 (535): „fachkundige Äußerungen“; *Di Fabio* NZS 1998, 449 (454): „kooperativ zustandegekommene Normzwischenschichten“; *Wimmer* MedR 1997, 224 (227): „keine normative Wirkung“.

[30] *Ossenbühl* NZS 1997, 497 (499).

[31] GKV-Modernisierungsgesetz (GMG) v. 25. 11. 2003 (BGBl. I S. 2190). *Schnapp*, FS Bundessozialgericht, S. 510f., bestreitet den Sinn der Anordnung der Verbindlichkeit, da die Versicherten nicht Adressaten der Richtlinien seien. Wenn § 34 Abs. 1 SGB V a. F. den Versicherten einen Anspruch auf Arzneimittel einräumte, die Krankenkasse aber die Gewährung von Viagra wegen einer entgegenstehenden Richtlinie ablehnte, dann war diese Richtlinie auch für den Versicherten verbindlich.

[32] Nachweise bei *Axer* § 10 Rdn. 38–69; *Hebeler*, DÖV 2002, 936; *Butzer/Kaltenborn*, MedR 2001, 333.

[33] BSG 19. 2. 2003 NZS 2004, 99 (101) – Bioresonanztherapie.

[34] BSGE 35, 10 (13f.); 52, 70 (73f.).

[35] BSGE 63, 102 (104); 67, 251 (254); 73, 66 (70).

gungen und Stellungnahmen medizinischer Experten. Deshalb wird den Richtlinien ein gewisses Prae eingeräumt, indem etwa für Abweichungen von sachverständigen Stellungnahmen die Beweislast verschärft wird,[36] die Anforderungen an den Nachweis der Unvereinbarkeit mit den gesetzlichen Leistungskriterien erhöht werden,[37] nachhaltig betont wird, dass die untergesetzlichen Normen nicht gegen zwingendes Gesetzesrecht verstoßen dürfen,[38] oder das Leistungserbringungsrecht mit dem Leistungsrecht für den Regelfall harmonisiert wird.[39] Der Vorrang des Gesetzes wurde durch diese vorsichtige Zurücknahme der gerichtlichen Kontrolldichte aber nicht beseitigt. Vielmehr hielt das Bundessozialgericht daran fest, dass im Falle einer Kollision des umfassenden Anspruchs auf ausreichende und zweckmäßige Krankenbehandlung mit restriktiven Bestimmungen des untergesetzlichen Vertragsarztrechts dem Versicherten ein Anspruch auf Kostenerstattung erwuchs, der insbesondere bei den sog. „Außenseiter-Methoden" und besonderen Therapierichtungen zum Tragen kam. Der Kassenarzt durfte grundsätzlich auch die durch die Arzneimittel-Richtlinien ausgeschlossenen Arzneimittel verordnen, wenn er nachweisen konnte, dass die dem Ausschluss zugrundeliegenden Erfahrungssätze nicht dem gegenwärtigen Kenntnisstand entsprachen.[40]

2. Vom Vorrang zum Gleichrang

10 Eine **Wende** wurde durch das **Methadon-Urteil** eingeleitet. Der 6. Senat qualifizierte die gemäß § 92 Abs. 1 Satz 1 Hs. 1 SGB V erlassenen Methadon-Substitutions-Richtlinien als Rechtsnormen, die für die Vertragsärzte, die Krankenkassen und die Versicherten normativ verbindlich seien. Die Begründung stellt insbesondere auf die Funktion der Richtlinien ab, „die Verpflichtung der Vertragsärzte zu einer wirtschaftlichen Behandlungs- und Verordnungsweise mit den Ansprüchen der Versicherten zu koordinieren".[41] Die Richter postulierten zwar eine „Einheit von Leistungs- und Leistungserbringungsrecht", halten aber gleichwohl am Vorrang des Gesetzes und damit am Erfordernis fest, „dass die untergesetzlichen Normen des Leistungserbringungsrechts nicht im Widerspruch zu gesetzlichen Regelungen etwa des Leistungsrechts oder auch des Verfahrensrechts stehen dürfen".[42] Der 1. Senat knüpfte in zwei Entscheidungen aus dem September 1997 zu den gemäß § 135 Abs. 1 SGB V erlassenen NUB-Richtlinien an diese Rechtsprechung an, betonte dabei aber die „Verzahnung" von Leistungsrecht und Leistungserbringungsrecht so stark, dass im Ergebnis beide Rechte als gleichrangig erscheinen. Tragender Pfeiler der Argumentation, die hier nicht im Einzelnen nachgezeichnet werden muss,[43] ist die These, dass die leistungsrechtlichen Ansprüche der Versicherten bloße Rahmenrechte seien, die sich erst dann zu durchsetzbaren Einzelansprüchen verdichten würden, wenn der kraft gesetzlichen Auftrags handelnde Leistungserbringer festgelegt habe, welche Sach- oder Dienstleistungen notwendig seien[44]. Wenn das Leistungserbringungsrecht aber den leistungsrechtlichen Rahmen in materieller und formeller Hinsicht absteckt,[45] lässt sich in der Tat sagen, dass diese Rechtsprechung zu einem „Vorrang des Leistungserbringungsrechts vor dem Leistungsrecht" führt.[46]

---

[36] BSGE 52, 70 (74).

[37] BSGE 52, 134 (138f.); 76, 194 (198).

[38] BSGE 38, 35 (38); 73, 66 (70).

[39] BSGE 63, 102 (105).

[40] BSGE 63, 133 (166f.).

[41] BSGE 78, 70 (76f.) – Methadon.

[42] BSGE 78, 70 (85) – Methadon.

[43] Dazu *Neumann* in: Schnapp, S. 45–47.

[44] Pointiert bezeichnen *Butzer/Kaltenborn* MedR 2001, 333 (334) das Rahmenrecht als „Ausgangspunkt für das hochkomplexe System des Vertragsarztrechts".

[45] BSG 16. 9. 1997–1 RK 28/95, S. 10f. des Umdrucks – immunbiologische Therapie.

[46] *Francke* SGb 1999, 5 (6); *Jörg* § 11 Rn. 18.

III. Die Entdeckung des „Rahmenrechts“

1. Die Gewährung und Erbringung von Leistungen

11 Die These, dass der Anspruch auf Krankenbehandlung lediglich ein durch das untergesetzliche Vertragsrecht aufzufüllendes **„Rahmenrecht auf Behandlung“** sei,[47] wurde bereits vor der Qualifikation der Richtlinien als Rechtsnormen entwickelt. Das „Rahmenrecht“ ist die Antwort auf ein durch das Spannungsverhältnis von Leistungsrecht und Leistungserbringungsrecht aufgeworfenes Problem, das in der Schwierigkeit gründet, den Anspruch des Versicherten auf Krankenbehandlung, die grundsätzliche Therapiefreiheit des Arztes und die Verantwortung der Krankenkasse für die Erbringung der Leistung aufeinander abzustimmen.

12 Der Rechtsanspruch des Versicherten auf Leistungen der gesetzlichen Krankenversicherung ist gegen die Krankenkasse gerichtet, die im Verwaltungsverfahren nach den §§ 8ff. SGB X von Amts wegen die Voraussetzungen des Leistungsanspruchs ermittelt und die Leistung durch Verwaltungsakt gewährt.[48] Zugleich wird in diesem Verwaltungsakt bestimmt, wer die Leistung erbringt, und die Übernahme der durch die Leistungserbringung entstehenden Kosten erklärt („Kostenübernahmeerklärung“). Diese verwaltungsverfahrensrechtliche Gestaltung der Leistungsabwicklung gilt grundsätzlich auch für die Gewährung von Krankenhausbehandlung,[49] wobei das Krankenhausvertragsrecht schon seit längerem Regelungen vorsieht, die die unaufschiebbare Notfallaufnahme mit dem Verwaltungsverfahrensrecht kompatibel machen.[50] Eine gesetzliche Einschränkung dieses aus dem Sachleistungsprinzip folgenden Grundmodells[51] ist § 15 Abs. 2 SGB V, der die unmittelbare Inanspruchnahme der ärztlichen Behandlung zulässt, wenn der Versicherte dem Vertragsarzt vor Beginn der Behandlung die Krankenversichertenkarte bzw. den Krankenschein aushändigt. Damit entfallen der Antrag gemäß § 19 Satz 1 SGB IV und die Leistungsbewilligung durch die Krankenkasse. Der Anspruch des Versicherten auf ärztliche Behandlung bleibt jedoch ein Sachleistungsanspruch, für dessen Erfüllung die Krankenkasse grundsätzlich verantwortlich ist.[52] Die primäre Verantwortung der Kasse zeigt sich insbesondere dann, wenn das untergesetzliche Vertragsarztrecht ein spezielles Genehmigungsverfahren für bestimmte Leistungen einrichtet. Dann nämlich nimmt die Kasse lediglich Rechte wahr, die ihr ohnehin zustehen.[53]

2. Konkretisierung statt Entscheidung

13 Die primäre Verantwortung der Krankenkasse für die „(allgemeinen) gesetzlichen Anspruchsbedingungen“[54] wurde im Urteil des 4. Senats vom 16. 12. 1993 aufgegeben. Der Anspruch auf Krankenbehandlung enthalte nur Teilelemente einer gesetzlichen Anspruchs-

---

[47] BSGE 81, 245 (248) – kieferorthopädische Behandlung.

[48] BSGE 73, 271 (181).

[49] BSGE 63, 107 (108f.); 82, 158 (161). – Das BSG schien eine Zeit lang unter Berufung auf das „Rahmenrecht“ mit diesem gesetzlichen Modell der Leistungsgewährung brechen zu wollen: BSG 23. 4. 1996 SozR 3–2500 § 39 Nr. 3, S. 9; BSG 21. 8. 1996 SozR 3–2500 § 39 Nr. 4, S. 19f.; vgl. auch BSG SozR 3–2500 § 30 Nr. 8 S. 32f.

[50] Nachweise bei *Neumann,* Freiheitsgefährdung, S. 260f.

[51] Das Sachleistungsprinzip ist mit der Selbstbeschaffung der Leistung und der nachträglichen Kostenerstattung grundsätzlich unvereinbar. Ausführlich *Neumann,* Freiheitsgefährdung, S. 243–249. Die Frage nach der Zulässigkeit eines angeblichen „Genehmigungsvorbehalts“ der Kassen ist schon im Ansatz verfehlt. Vgl. *Richter/Bohlken* NZS 2000, 236.

[52] BSGE 65, 94 (97).

[53] BSGE 65, 94 (97f.).

[54] BSGE 65, 94 (98).

grundlage, sei nur ein **„sog. Anspruch dem Grunde nach"**, ein „subjektiv-öffentlich-rechtliches Rahmenrecht".[55] Das Gesetz habe die Konkretisierung dieses Rahmenrechts der kassenärztlichen Versorgung übertragen. Das verwaltungsverfahrensrechtliche Modell wird „durch ein in sich geschlossenes und als abschließend konzipiertes Rechtskonkretisierungskonzept" ersetzt:[56] Der Versicherte habe gegen die Krankenkasse einen Anspruch auf Ausstellung einer Krankenversicherungskarte, die ihn berechtige, einen frei gewählten Kassenarzt in Anspruch zu nehmen. Bis hierher stimmt die Leistungsabwicklung mit der unmittelbaren Inanspruchnahme überein. Neu ist die Aussage, dass die Krankenkasse sich die Tätigkeit des Vertragsarztes grundsätzlich als eigene zurechnen lassen müsse und rechtlich an seine medizinische Erkenntnis gebunden und gehindert sei, in das Vertrauensverhältnis zwischen dem Versicherten und dem Vertragsarzt einzugreifen.[57] Nicht mehr die Krankenkasse, sondern der ermächtigte Vertragsarzt entscheidet (konkludent) mit Wirkung für die Kasse über das Rahmenrecht[58] und ist damit auch für die Erbringung der Leistung verantwortlich. Die Krankenkasse ist nur noch verpflichtet, den Versicherten von den Aufwendungen der Konkretisierung freizustellen.[59] Sie ist nicht mehr Sozialleistungsträger i.S. des § 12 SGB I, sondern Kostenträger.

IV. Kritik des „Rahmenrechts"

1. Eröffnung von Beurteilungsspielräumen

14 Das Rahmenrecht wird als „Chiffre" für gerichtlich nur eingeschränkt überprüfbare Beurteilungsspielräume verstanden.[60] Auf dieses Verständnis deutet schon die erste grundlegende Entscheidung des 4. Senats hin.[61] Zum einen wird darin mit der Betonung des medizinisch-wissenschaftlichen Sachverstands der Anschluss an die im Technik- und Umweltrecht gebräuchlichen Rezeptionsbegriffe gesucht, die angeblich zu gerichtlich nur begrenzt kontrollierbaren normativen Vorgaben ermächtigen.[62] Zum anderen wird die Sachkunde des heterogen zusammengesetzten und gesetzlich autorisierten Bundesausschusses unterstrichen und damit auf die gerichtlich nur beschränkt kontrollierbaren Entscheidungen von Sachverständigengremien Bezug genommen.[63]

15 Das Rahmenrecht schießt jedoch weit über die mit Beurteilungsermächtigen verbundenen Ziele hinaus. Der Ansatz des 1. Senats benötigt keine Beurteilungsspielräume mehr, weil § 135 Abs. 1 SGB V die Leistungspflicht der Kassen solange ausschließen soll, bis die **neuen Untersuchungs- und Behandlungsmethoden** vom Bundesausschuss anerkannt werden. Da den Gerichten die inhaltliche Überprüfung der Richtlinien untersagt ist, gelangt das Leistungsrecht mit oder ohne Beurteilungsspielräume nicht mehr zur Anwendung.

16 Es ist zudem zweifelhaft, ob unbestimmte Rechtsbegriffe des Leistungsrechts des SGB V wirklich einen Beurteilungsspielraum eröffnen. Art. 19 Abs. 4 GG stellt den Grundsatz auf, dass die Konkretisierung unbestimmter Rechtsbegriffe Sache der Gerichte ist, die die Rechtsanwendung der Verwaltung uneingeschränkt zu überprüfen haben. Nur ausnahmsweise sind unbestimmte Rechtsbegriffe wegen der hohen Komplexität oder besonderen Dynamik der geregelten Materie so vage und ihre Konkretisierung so schwierig, dass die gerichtliche Kontrolle an die Funktionsgrenzen der Rechtsprechung stößt und der Verwaltung ein begrenzter

---

[55] BSGE 73, 271 (280).
[56] BSGE 73, 271 (281).
[57] BSGE 73, 271 (281 f.).
[58] BSG 23. 4. 1996 SozR 3–2500 § 39 Nr. 3, S. 9.
[59] BSG 21. 8. 1996 SozR 3–2500 § 39 Nr. 4, S. 19 f.
[60] *Wahl,* Kooperationsstrukturen, S. 63.
[61] BSGE 73, 271 (287 f.).
[62] *Maunz-Dürig-Schmidt-Aßmann,* Art. 19 Abs. 4 Rdn. 203 f.
[63] *Erbguth* DVBl. 1989, 473 (485 f.); *Maurer* § 7 Rdn. 40; *Wolff/Bachof,* VerwR I, § 31 Ic S. 194.

Entscheidungsspielraum zuzubilligen sein mag.[64] Die Sozialgerichte haben über viele Jahrzehnte den Richtlinien richterliche Kontrolle entgegengesetzt. Es mag sein, dass die Dynamik des medizinischen Fortschritts diese Kontrolle schwieriger gemacht hat und die Gerichte im Regelfall nicht mehr ohne sachverständigen Rat auskommen. Solche praktischen Schwierigkeiten allein sind aber kein Grund, den durch Art. 19 Abs. 4 GG gewährleisteten Rechtsschutz einzuschränken.[65] Zu Recht stellt das LSG Niedersachsen fest, dass eine Verweigerung des Rechtsschutzes mit dem Argument der Überforderung mit der verfassungsrechtlichen Aufgabe der Gerichte nicht in Einklang steht.[66] Es wäre in der Tat so etwas wie ein „rechtsstaatliches Waterloo“, wenn der Gesetzgeber seine Verantwortung dem Bundesausschuss zuschieben und die Rechtsprechung sich ihrer Verantwortung wegen ihrer „Überforderung“ entziehen dürfte.[67]

2. Der Vertragsarzt als Beliehener

17 Konkretisiert und erfüllt werde das Rahmenrecht – so der 4. Senat – von dem **„mit der erforderlichen Rechtsmacht beliehenen“ Kassenarzt.**[68] Auch ist von der Zuweisung einer „Kompetenz“ die Rede.[69] Andere Senate meiden die Begriffe „Beleihung“ und „Kompetenz“ und sprechen von einer gesetzlichen Ermächtigung zur Entscheidung über den Leistungsanspruch.[70] Es kommt nicht darauf an, wie diese Übertragung genannt wird. Auch wenn der 4. Senat die vermeintlich unverfängliche Formulierung „mit Rechtsmacht ausgestattet“ gewählt hätte, würde das nichts daran ändern, dass im **Rechtskonkretisierungskonzept** der Kassenarzt Regelungen über ein subjektiv-öffentlichen Recht des Versicherten treffen soll und diese Regelungen für die Krankenkasse und den Versicherten verbindlich sein sollen[71]. Diese Verbindlichkeit kann nur durch eine hoheitliche Tätigkeit bewirkt werden. Eine hoheitliche Tätigkeit von Privatpersonen bzw. juristischen Personen des Privatrechts macht eine Beleihung oder eine Verwaltungshilfe erforderlich. Die Verwaltungshilfe scheidet aus, da das Rahmenrecht ja gerade eine selbstständige Tätigkeit des Leistungserbringers ermöglichen soll. Also liegt eine Beleihung mit Hoheitsrechten vor.[72]

18 Der dem Vertragsarzt zugewiesene Rechtsstatus als ein mit öffentlich-rechtlicher Rechtsmacht beliehener Verwaltungsträger hat erhebliche Auswirkungen im **Strafrecht.** Verordnet ein Vertragsarzt zu Lasten der Krankenkasse wissentlich Leistungen, die eindeutig nicht notwendig, nicht ausreichend oder unzweckmäßig sind, missbraucht er seine gesetzlichen Befugnisse und verletzt seine Betreuungspflicht gegenüber dem betroffenen Vermögen der Krankenkasse, d. h. er begeht eine Untreue (§ 266 Abs. 1 StGB)[73].

---

[64] BVerfGE 84, 34 (49f.).

[65] BVerfGE 84, 34 (55).

[66] LSG Niedersachsen 23. 2. 2000 NZS 2001, 32 (37).

[67] *Schimmelpfeng-Schütte* NZS 1999, 530 (534).

[68] BSGE 73, 271 (281; vgl. auch 278 oben). Instruktiv zu dieser Rechtsprechung und ihren Folgeproblemen *Steege,* FS Bundessozialgericht, S. 519f.

[69] BSGE 73, 271 (280 unten).

[70] BSG SozR 3–2500 § 39 Nr. 3 S. 9; BSG SozR 3–2500 § 39 Nr. 4 S. 20.

[71] Das Gegenargument von *Schnapp* NZS 2001, 337 (339), der Vertragsarzt nehme rechtlich relevante Maßnahmen nicht im Verhältnis zum Versicherten, sondern nur im Verhältnis zur Krankenkasse vor, überzeugt mich nicht. Denn er soll ja ermächtigt sein, über das Rahmenrecht zu entscheiden, also über das Rechtsverhältnis zwischen Krankenkasse *und Versichertem.*

[72] So im Ergebnis auch *Spellbrink* NZS 1999, S. 1 (2): Der Vertragsarzt werde zu einem „Quasi-Amtswalter“, der „an Stelle der Krankenkasse kraft gesetzlichen Auftrags“ handelt. Vgl. auch *Ebsen,* FS *Krasney,* S. 96; *Schmidt-De Caluwe* VSSR 1998, 207 (226): „schlicht-hoheitlich“; *Kötter,* Steuerung, S. 201: „amtsähnliche Stellung“; *Mrozynski* in: *Wannagat,* § 27 SGB V Rdn. 5.

[73] BGHSt 25. 11. 2003–4 StR 239/03, insbes. Rdn. 5 und 21; vgl. auch OLG Hamm 22. 12. 2004, MedR 2005, 236 m. krit. Anmerkung *Steinhilpner; Ulsenheimer,* Vertragsarzt (erscheint in MedR 2005).

19 Die verwaltungs- und prozessrechtlichen Folgen der Beleihung sind fatal.[74] Der beliehene Kassenarzt wird zu einer Behörde im Sinne des § 1 Abs. 2 SGB X.[75] Die für die Krankenkasse verbindliche Konkretisierung des **subjektiv-öffentlichen Rahmenrechts** des Versicherten ist nichts anderes als eine etwas blumige Umschreibung für eine Entscheidung. Wenn der beliehene Kassenarzt verbindlich entscheidet, dann spricht alles dafür, dass diese Entscheidung ein Verwaltungsakt ist. Wer ist Widerspruchs- und Aufsichtsbehörde? Gegen wen sind eventuelle Klagen zu richten? Nach den Grundsätzen des allgemeinen Verwaltungsrechts gegen den Beliehenen, also gegen den Vertragsarzt.[76] Und die von *Schnapp* aufgeworfene Frage nach der **demokratischen Legitimation des Vertragsarztes** kommt nicht aus der „Werkstatt theoretischer Konstruktivisten des Sozialrechts", sondern ist die stimmige Folge eines unstimmigen Konzepts[77].

20 Fatal sind die Rechtsfolgen einer Beleihung auch und vor allem für den **verfassungsrechtlichen Status des Vertragsarztes.** In der Literatur wurde und wird immer wieder einmal die Meinung vertreten, dass der Vertragsarzt einen staatlich gebundenen Beruf ausübe.[78] Dieser eingeschränkte grundrechtliche Status wird von der neueren Verfassungsrechtsprechung Berufen zugewiesen, die Staatsfunktionen wahrnehmen.[79] Bisher war es so, dass der Vertragsarzt zwar vielfältigen öffentlich-rechtlichen Bindungen unterlag, aber nicht hoheitlich tätig war, so dass die erwähnte Meinung eine Außenseiterposition geblieben war. Nach dem Rechtskonkretisierungskonzept übt der Vertragsarzt als Beliehener jedoch Staatsfunktionen aus, so dass die Außenseiterposition von der höchstrichterlichen Rechtsprechung bestätigt wird. Ohne einen Federstrich des Gesetzgebers ist der Vertragsarzt zu einem staatlich gebundenen Beruf geworden.

21 Eine **Beleihung** muss durch Gesetz oder auf Grund einer gesetzlichen Ermächtigung erfolgen.[80] Zwar ist auch in der Rechtsprechung zum Rahmenrecht von einer gesetzlichen Ermächtigung die Rede, eine konkrete Norm wird aber nicht genannt. Die These, dass die Normen zur Sicherstellung der vertragsärztlichen Versorgung implizit eine solche Ermächtigung abgeben,[81] lässt sich bestreiten. Bis zur Entdeckung des Rahmenrechts war nie die Rede davon, dass der Vertragsarzt hoheitlich tätig sei. Noch befremdlicher ist die Vorstellung, dass die gesetzliche Ermächtigung irgendwie aus dem Sachleistungsprinzip folge.[82] Diesem Prinzip wurden zwar in seiner langen Geschichte allerlei Aussagen zugeschrieben. Eine Ermächtigung zu einer Beleihung der Leistungserbringer mit öffentlich-rechtlichen Kompetenzen habe ich darunter aber nicht gefunden.

3. Verkürzung des Rechtsschutzes

22 **a) Inzidentkontrolle.** Die Versicherten können nach der Ablehnung einer beantragten Leistung durch die Krankenkasse grundsätzlich den durch § 13 Abs. 3 SGB V eröffneten Weg der Selbstbeschaffung beschreiten und anschließend eine Leistungsklage auf Erstat-

---

[74] So auch *Schnapp* SGb 1999, 62 (65f.).

[75] *Maurer,* § 23 Rdn. 56 und 59; *Meydam,* SGb 1997, 101 (104), erkennt das Problem, spricht aber dem Krankenhaus die Eigenschaft einer Behörde ab.

[76] *Maurer,* § 23 Rdn. 59; *Wolff/Bachof/Stober,* VerwR II, § 104 Rdn. 10.

[77] *Schnapp* NZS 2001, 337.

[78] *Bürck* MedR 1989, 63 (68); *Ebsen* ZSR 1992, 328 (332). Vgl. auch *Bogs,* FS *Thieme,* S. 715 (718f.): „Dreiviertelbeamter".

[79] BVerfGE 73, 280 (293).

[80] *Ossenbühl,* Verwaltungsvorschriften, S. 268f. (270f.); *Maurer,* § 23 Rdn. 58; *Steege* FS Bundessozialgericht, S. 524. – Das Erfordernis einer gesetzlichen Ermächtigung leuchtet insbesondere dann ein, wenn durch die Beleihung wie hier die gesetzliche Zuständigkeitsordnung geändert wird. Denn nach der Lehre vom organisationsrechtlichen Gesetzesvorbehalt bedürfen Zuständigkeitsregelungen grundsätzlich einer gesetzlichen Grundlage. *Maurer,* § 21 Rdn. 66; BVerfGE 40, 237 (250f.).

[81] BSGE 73, 271 (281).

[82] BSG SozR 3–2500 § 39 Nr. 3 S. 9; BSG SozR 3–2500 § 39 Nr. 4 S. 20.

tung der verauslagten Kosten erheben. Dadurch wird eine Inzidentkontrolle des untergesetzlichen Vertragsarztrechts möglich. Allerdings ist dieser Weg nicht immer gangbar. Nicht jeder Versicherte wird kostenintensive Maßnahmen vorfinanzieren können, und die erforderlichen Vermögensdispositionen können so erheblich sein, dass der Vertragsarzt möglicherweise das Inkassorisiko scheut. Solche Konstellationen lassen sich jedoch durch eine einstweilige Anordnung nach § 86b Abs. 2 SGG lösen. Zwar darf durch eine einstweilige Anordnung die Entscheidung in der Hauptsache nicht vorweggenommen werden. Jedoch wird bei unaufschiebbaren Leistungen ein Abwarten für den Antragsteller unzumutbar, wenn anders effektiver Rechtsschutz nicht zu erlangen ist.[83]

23 Der Rechtsschutz des Versicherten gegen Regelungen des untergesetzlichen Vertragsarztrechts könnte also im Regelfall durch die Inzidentkontrolle nach Selbstbeschaffung oder in Ausnahmefällen durch eine einstweilige Anordnung gewahrt werden. Beide Wege werden jedoch durch die Rechtsprechung zum „Rahmenrecht“ erheblich eingeengt bzw. versperrt. Bereits bei der „Entdeckung“ des Rahmenrechts im Jahre 1993 wurde erkannt, dass mit der Verdünnung des Anspruchs auf Krankenbehandlung in eine offene Wertungsnorm eine erhebliche Zurücknahme der gerichtlichen Kontrolle des untergesetzlichen Vertragsarztrechts einhergeht. Diese Zurücknahme wurde offensiv damit verteidigt, dass die Rechtsprechung nicht berufen sei, in medizinisch-wissenschaftlichen Auseinandersetzungen ihre am Einzelfall mittels ausgewählter Sachverständigen gefundene medizinische Ansicht an die Stelle des Regelungswerkes des vom Gesetz autorisierten besonders sachkundigen Bundesausschusses zu setzen.[84] In einem der September-Urteile des 1. Senats heißt es, dass die Gerichte zu überprüfen haben, ob die Richtlinien in einem rechtsstaatlichen Verfahren formal ordnungsgemäß zustande gekommen sind und mit dem „Zweck der gesetzlichen Ermächtigung“ in Einklang stehen.[85] Geprüft wird also nicht die Übereinstimmung mit der Ermächtigungsnorm, sondern nur der Einklang mit deren „Zweck“. Diese **geringe Kontrolldichte** wird noch einmal verdünnt: Der leistungsrechtliche Anspruchsrahmen werde durch das Leistungserbringungsrecht in formeller und materieller Hinsicht abgesteckt; außerhalb dieses Rahmens habe der Versicherte grundsätzlich keine Leistungsansprüche.[86] Wenn er keinen leistungsrechtlichen Primäranspruch hat, kann er auch keinen Anspruch auf Kostenerstattung haben.[87] Folglich ist er nicht klagebefugt und für den vorläufigen Rechtsschutz fehlt ihm der Anordnungsanspruch.

24 In der neueren Rechtsprechung wird das Wort „Rahmenrecht“ zwar nicht mehr oder nur noch gelegentlich[88] verwendet. Der 1. Senat hält aber daran fest, dass die NUB-Richtlinien den Umfang der den Versicherten von den Krankenkassen geschuldeten Leistungen verbindlich bestimmen: „Die Feststellung, dass eine ... vertragsärztliche Behandlung dem geforderten Versorgungsstandard entspricht, obliegt nach dem Gesetz nicht der einzelnen Krankenkasse und – von dem Sonderfall eines „Systemversagens“ abgesehen – auch nicht den Gerichten, sondern dem Bundesausschuss der Ärzte und Krankenkassen“.[89] Ein Sonderfall des **Systemversagens** wird konstatiert, wenn das in § 135 Abs. 1 SGB V vorgesehene Anerkennungsverfahren nicht oder nicht zeitgerecht durchgeführt wird.[90] Dann hängt der Anspruch davon ab, ob die Wirksamkeit der Methode „aus wissenschaftlich einwandfrei geführten Statistiken“[91] abgelesen werden kann oder ob die

---

[83] *Binder* in Binder u. a., SGG, § 86b Rdn. 39f. Zurückhaltend gegenüber Ausnahmen vom Vorwegnahmeverbot im sozialgerichtlichen Verfahren *Udsching* in: *Krasney/ders.*, V Rdn. 41.

[84] BSGE 73, 271 (288).

[85] BSGE 81, 73 (85).

[86] BSGE 81, 54 (61).

[87] So auch *Schimmelpfeng-Schütte* NZS 1999, 530 (531).

[88] BSG 20. 11. 2001 – B 1 KR 31/99 R, Rdn. 18.

[89] BSG 19. 2. 2002 NZS 2003, 206 (207f.) – Colon-Hydro-Therapie.

[90] BSGE 81, 54 (65).

[91] BSGE 76, 194 (199); 81, 54 (66).

Methode sich in der medizinischen Praxis durchgesetzt hat.[92] In allen anderen Fällen führt das Rahmenrecht dazu, dass über die Inzidentkontrolle kein Rechtsschutz gegen das untergesetzliche Vertragsarztrecht zu erlangen ist.[93]

25 **b) Normenkontrolle.** In der Sozialgerichtsbarkeit wurde lange Zeit eine Normenkontrolle untergesetzlicher Rechtsnormen generell und ausnahmslos abgelehnt. Eine Wende brachten die durch einen Kammerbeschluss des BVerfG[94] beeinflussten Entscheidungen des 14a. Senats vom 1. 7. 1992[95] und vom 13. 1. 1993.[96] Seither ist anerkannt, dass das Gebot effektiven Rechtsschutzes des Art. 19 Abs. 4 GG die Möglichkeit einer Klage auf Überprüfung von Rechtsnormen eröffnet, wenn kein anderweitiger Rechtsschutz möglich ist und die Verfassungsbeschwerde die einzige Klagemöglichkeit wäre[97].

26 Die erste Voraussetzung von **Art. 19 Abs. 4 GG** ist, dass ein Akt der „öffentlichen Gewalt“ vorliegt. Die Streitfrage, ob auch die Legislative zur „öffentlichen Gewalt“ zählt,[98] braucht nicht entschieden zu werden, da jedenfalls die exekutive Normsetzung „öffentliche Gewalt“ ist.[99] Denn die Verwaltung im organisatorischen Sinne ist in allen ihren Ausprägungen dem Rechtsschutzgebot unterworfen, ohne dass es auf die Zuordnung zur Eingriffs- oder Leistungsverwaltung[100] oder auf die Handlungsform[101] ankommt. Dies gilt auch für die aus der Ministerialverwaltung ausgelagerte „mittelbare Staatsverwaltung“, also auch für die funktionale Selbstverwaltung und damit für den Bundesausschuss der Ärzte und Krankenkassen. Auch wenn der Bundesausschuss nach zutreffender Ansicht keine eigene Rechtspersönlichkeit hat, wird er doch als eine Behörde im Sinne des § 1 Abs. 2 SGB X tätig.[102] Die untergesetzliche Normsetzung des Bundesausschusses ist also ein Akt öffentlicher Gewalt.

27 Die zweite Voraussetzung des Gebots effektiven Rechtsschutzes ist die Möglichkeit der Verletzung eines subjektiven Rechts. Dabei ist zu bedenken, dass Art. 19 Abs. 4 GG die Rechte, zu deren Verteidigung er geschaffen wurde, nicht begründet, sondern voraussetzt.[103] Der Konstruktion des Rahmenrechts liegt aber gerade die Behauptung zugrunde, dass der Anspruch auf Krankenbehandlung kein subjektives-öffentliches Recht sei. Zu den „eigenen Rechten“ im Sinne von Art. 19 Abs. 4 Satz 1 GG gehören die Grundrechte. Zwar gewährt Art. 2 Abs. 2 Satz 1 GG nach herkömmlicher Dogmatik und überwiegender Auffassung keinen Anspruch des Bürgers auf Krankenbehandlung[104] und ein Eigentumsschutz dieses Anspruchs lässt sich mit der Rechtsprechung des BVerfG zum Schutz sozialversicherungsrechtlicher Positionen durch Art. 14 GG kaum begründen[105]. Jedoch schützt die Handlungsfreiheit des Versicherten aus Art. 2 Abs. 1 GG die „Freiheit zur

---

[92] BSGE 81, 54 (68f.). Kritisch zu diesem Kriterium *Schlenker* NZS 1998, 411 (415f.).

[93] Für *Behnsen* KrV 1999, 264 (267) ist selbst dieser rudimentäre Rechsschutz eine Überschreitung des „Abstinenzgebots der Gerichte“.

[94] BVerfG NJW 1992, 735.

[95] BSGE 71, 42.

[96] BSGE 72, 15.

[97] Einzelheiten bei *Castendiek* in *Binder* u.a., SGG, § 55 Rdn. 34–38.

[98] Gegen eine Einbeziehung der Legislative in den Schutzbereich BVerfGE 31, S. 364 (367f.). Ebenso *Jarass/Pieroth-Jarass,* Art. 19 Rdn. 25; *Schmidt-Bleibtreu/Klein,* Art. 19 Rdn. 26. Für eine Einbeziehung *von Münch/Kunig-Krebs,* Art. 19 Rdn. 56; *Sachs-Krüger,* Art. 19 Rdn. 123.

[99] *Dreier-Schulze-Fielitz,* Art. 19 Rdn. 39; *Jarass/Pieroth-Jarass,* Art. 19 Rdn. 24.

[100] *Schmidt-Bleibtreu/Klein,* Art. 19 Rdn. 26.

[101] *Dreier-Schulze-Fielitz,* Art. 19 Rdn. 39.

[102] Das gilt erst recht, wenn der vom 6. Senat des BSG, E 78, S. 70 (80f.), vorgenommenen Einordnung des Bundesausschusses als Anstalt gefolgt wird.

[103] BVerfGE 15, 275 (281); 51, 176 (185); 61, 82 (110); 69, 1 (49).

[104] BVerfG (Kammer) 5. 3. 1997 NJW 1997, 3084; BSGE 81, 54 (72); 73, (85).

[105] Immerhin hat das BSG in einer Entscheidung den Anspruch auf Krankengeld dem Schutzbereich des Art. 14 Abs. 1 GG unterstellt. BSG 10. 12. 1991 SGb 1992, 508 (510f.) mit Anmerkung *Wallerath.*

Auswahl unter Arznei- und Hilfsmitteln, die ihnen als Sachleistung zur Verfügung gestellt werden“.[106] Für andere Leistungen gilt nichts anderes.

c) Subjektives Recht oder Zweckprogramm? Die – abgesehen vom Ausnahmefall des Systemversagens – in der Konstruktion des Rahmenrechts angelegte Umgehung des Gebots effektiven Rechtsschutzes ist alles andere als eine unbeabsichtigte Nebenfolge. Das belegt die aufwändige Begründung, warum der Anspruch auf Krankenbehandlung kein eigenes Recht im Sinne des Art. 19 Abs. 4 Satz 1 GG sei. Der Gesetzgeber habe sich in § 27 Abs. 1 SGB V auf die Normierung „subjektiv-rechtlich bewehrte(r) Zweckprogramme“ beschränkt, da sich die Dynamik der medizinischen Erkenntnis einer parlamentsgesetzlichen Fixierung in „Wenn-Dann-Sätzen“ weitgehend entziehe.[107] Die Trennschärfe der Unterscheidung zwischen Zweck- bzw. Finalprogrammen und Konditionalprogrammen, die vor allem im Planungsrecht anzutreffen ist,[108] darf nicht überschätzt werden. Denn einerseits kann die Gesetzesbindung konditionalprogrammierter Normen durch Ermessen und unbestimmte Rechtsbegriffe erheblich gelockert werden, andererseits sind die meisten Zweckprogramme als Konditionalprogramme formulierbar. Deshalb wird der Unterscheidung eine eher rechtstheoretische als rechtsdogmatische Bedeutung eingeräumt.[109] Es kommt hinzu, dass die Anspruchsnormen des SGB V konditionalprogrammiert sind: Wenn jemand krank ist, dann hat er Anspruch auf ausreichende, notwendige und zweckmäßige Behandlung in den Grenzen des Wirtschaftlichkeitsgebots. Jedenfalls darf die Umbennung der Anspruchsnormen in „Zweckprogramme“ die differenzierte Arbeit am Gesetz nicht ersetzen und seinen Wortlaut nicht überspielen.[110] **28**

Der Wortlaut des Leistungsrechts ist klar: Versicherte haben Anspruch auf die Leistungen. Dennoch bezeichnet der 4. Senat diesen Anspruch als einen „sog. Anspruch dem Grunde nach“, der nur Teilelemente einer gerichtlich durchsetzbaren Anspruchsgrundlage im Sinne des § 194 Abs. 1 BGB enthalte.[111] Gemeint ist, dass das „subjektiv öffentlich-rechtliche Rahmenrecht“ ein Recht sei, dem der Anspruch, d.h. die Klagbarkeit, fehle. Der Sinn dieser Anleihe bei der Theorie des subjektiv-öffentlichen Rechts ist nicht einsichtig.[112] Denn die Schutznormtheorie wird erst benötigt, wenn dem Wortlaut nicht eindeutig zu entnehmen ist, ob die Norm dem Bürger ein subjektives Recht einräumt oder nicht.[113] Der 4. Senat bemüht die Lehre aber zum Nachweis, dass Normen entgegen ihrem Wortlaut – also gewissermaßen als „falsa demonstratio“ des Gesetzgebers – keine subjektiven Rechte sind. Damit verstößt er gegen den methodischen Grundsatz, dass rechtstheoretische Argumente nicht den Wortlaut der Norm überspielen dürfen. **29**

Wie problematisch die rahmenrechtliche Konstruktion ist, zeigt die Auslegungsregel, dass im Zweifel diejenige Interpretation eines Gesetzes den Vorzug verdient, die dem Bürger einen Rechtsanspruch einräumt.[114] Diese Regel ist zwar nicht unumstritten geblieben,[115] steht aber dem Grundrecht des Art. 19 Abs. 4 GG näher als eine Rechtsprechung, die gegen den Gesetzeswortlaut aus einem Rechtsanspruch eine „leere Hülse“[116] macht. Außerdem ist bei der Bestimmung des Schutzumfangs einer einfachgesetzlichen Norm der **30**

---

[106] BVerfGE 106, 275 (305) – Festbeträge, E 97, 271 (286). Vgl. auch BSGE 78, 70 (84).

[107] BSGE 73, 273 (280).

[108] *Wagner/Erbguth*, Bauplanungsrecht, Rdn. 223; *Krebs* in: *Schmidt-Aßmann*, S. 357 f.

[109] Nach *Krebs* in: *Schmidt-Aßmann*, S. 357, ist die Unterscheidung nur von entscheidungs- und organisationstheoretischem Interesse. Vgl. auch *Francke* SGb 1999, 5 (6): „rechsmethodische Begriffe und heuristische Interpretationen“.

[110] *Francke* SGb 1999, 5 (6).

[111] BSGE 73, 273 (278–280).

[112] *Neumann* SGb 1998, S. 609 (612).

[113] *Maunz-Dürig-Schmidt-Aßmann,* Art. 19 Abs. 4 Rdn. 137.

[114] BVerfGE 15, 275 (281 f.); 51, 176 (186).

[115] Zum Meinungsstand *Maunz-Dürig-Schmidt-Aßmann,* Art. 19 Abs. 4 Rdn. 143–145, der die Regel in einfachen Verwaltungsrechtsverhältnissen für anwendbar hält.

[116] *Jörg* in: *Wienke/Lippert/Eisenmenger*, S. 123 (140).

Einfluss der Grundrechte zu beachten. Eine „epochemachende Bedeutung“[117] kommt insoweit der Fürsorgerechts-Entscheidung des BVerwG zu, in der insbesondere mit Art. 1 Abs. 1 GG begründet wird, dass eine objektivrechtlich formulierte Norm des Leistungsrechts einen Rechtsanspruch vermittelt.[118] Es ist kein Grund ersichtlich, warum dieser zum Fürsorgerecht entwickelte Grundsatz nicht für die Leistungsnormen des Krankenversicherungsrechts gelten sollte. Schließlich haben die Versicherten die Leistungen mit ihren Beiträgen finanziert. Nicht unerwähnt darf bleiben, dass das Rahmenrecht in frontalem Widerspruch zur von § 2 Abs. 2 SGB I gebotenen „möglichst weitgehenden“ Verwirklichung sozialer Rechte steht.

31 Das Rahmenrecht ist eine brüchige dogmatische Figur, die hochproblematische Rechtswirkungen zeitigt und erheblichen verfassungsrechtlichen Bedenken ausgesetzt ist. Wenn der Bestand der gesetzlichen Krankenversicherung wirklich durch den Anspruch auf Krankenbehandlung gefährdet sein sollte, dann ist es die Aufgabe des Gesetzgebers und nicht die der Rechtsprechung, diesen Anspruch zu streichen.

V. Die Grenzen exekutiver Rechtsetzung

1. Bestimmtheit der Ermächtigungsgrundlage

32 Exekutive Rechtsetzung bedarf nicht nur irgendeiner parlamentsgesetzlichen Ermächtigung, sondern einer hinreichend bestimmten. Die Anforderungen an die Dichte der Ermächtigungsnorm lassen sich nicht unabhängig von der verfassungsrechtlichen Legitimation des untergesetzlichen Vertragsarztrechts bestimmen, so dass auf diejenigen Ansätze in Literatur und Rechtsprechung, die nicht zu seiner Verfassungswidrigkeit gelangen, kurz einzugehen ist.

33 Ein Ansatz rechtfertigt die fehlende **personelle demokratische Legitimation der Sozialversicherungsträger** mit Art. 87 Abs. 2 GG, der dem Parlament ermöglicht, abweichend von Art. 80 Abs. 1 Satz 1 GG verselbstständigte Verwaltungseinheiten der Sozialversicherung zur Normsetzung zu ermächtigen. Folgerichtig werden die Anforderungen an die gesetzliche Ermächtigung nach Art. 80 Abs. 1 Satz 2 GG bestimmt, d. h. das Gesetz muss Inhalt, Zweck und Ausmaß bestimmen.[119] Ein anderer Ansatz wertet die Richtlinien als Satzung und kompensiert die fehlende materielle Autonomie, d. h. die Regelung eigener Angelegenheiten durch die betroffenen Bürger, durch die Bindung des Satzungsgebers an die strengen Anforderungen des Art. 80 Abs. 1 Satz 2 GG.[120] Die Bestimmtheitstrias des Art. 80 Abs. 1 Satz 2 GG ist das Leitbild exekutiver Rechtsetzung, an dem auch diejenigen Ansätze, die die Regelungen des Vertragsarztrechts als Rechtsnormen sui generis werten, gebunden sind.

34 Maßstäbe für die Regelungsdichte des ermächtigenden Gesetzes liefert auch die **Wesentlichkeitstheorie,** die für wesentliche Materien eine Delegationssperre (Parlamentsvorbehalt) oder zumindest erhöhte Anforderungen an die Bestimmtheit des ermächtigenden Gesetzes („vorbehaltsrechtliches Bestimmtheitsgebot“)[121] begründet.[122] Die Wesentlichkeitstheorie weist einen rechtsstaatlichen und einen demokratischen Begründungsstrang auf. Nach der ersten Variante bezeichnet „wesentlich“ die Bedeutsamkeit einer Materie für die Verwirklichung der Grundrechte, nach der zweiten Variante ihre politische Bedeutsamkeit und Umstrittenheit. Dass auch die Sozialleistungsansprüche des Bürgers

---

[117] *Henke* S. 118; *Friauf* DVBl. 1971, 674 (676).

[118] BVerwGE 1, 159 (161).

[119] *Axer,* Normsetzung, S. 299–309.

[120] *Ebsen* VSSR 1990, 57 (61); *ders.,* in: *Schulin,* HS-KV, § 7 Rdn. 19; *Umbach/Clemens* VSSR 1992, 265 (292); BSGE 78, 70 (80). Zur Kritik dieses Ansatzes *Hänlein,* Rechtsquellen, S. 59–64.

[121] *Staupe,* S. 136–148.

[122] Grundlegend BVerfGE 58, 257 (274).

wesentliche Fragen sein können, lehrt eine Entscheidung des BVerfG, die den Gesetzgeber verpflichtet, im Bereich der Kriegsopferversorgung Regelungen, die für die Betroffenen existentielle Bedeutung haben können, im Wesentlichen selbst zu bestimmen.[123]

35 Das Verhältnis des vorbehaltsrechtlichen Bestimmtheitsgebots zur **Bestimmtheitstrias des Art. 80 Abs. 1 Satz 2 GG** ist wenig geklärt[124]. Das BVerfG verfährt überwiegend so, dass es die Anforderungen der Bestimmtheitstrias nach der Wesentlichkeit der Regelungsmaterie ausrichtet.[125] Hier genügt die Feststellung, dass die Anforderungen an die Ermächtigungen des SGB V zur untergesetzlichen Normsetzung jedenfalls nicht hinter Art. 80 Abs. 1 Satz 2 GG zurückbleiben dürfen. Das BSG hat in der Entscheidung zu den Bedarfsplanungs-Richtlinien eine brauchbare Kombinationsformel aufgestellt: Die Richtlinien seien zulässig, wenn ihnen „gesetzliche Vorschriften zugrunde liegen, die deren Inhalt, Zweck und Ausmaß vorgeben und in denen die wesentlichen Fragen geregelt sind".[126] Diese Aussage ist für das Verhältnis von Leistungsrecht und untergesetzlichem Vertragsarztrecht verallgemeinerbar. Ganz in diesem Sinne hat das LSG Niedersachsen festgestellt, dass die Regelungskompetenz des Bundesausschusses nach § 92 Abs. 1 SGB V einem grundlegenden Bereich im Verhältnis von Staat und Bürger gilt, für den die Wesentlichkeitstheorie zur Anwendung gelangt.[127]

2. Beachtung der Ermächtigungsgrundlage

36 Das untergesetzliche Vertragsarztrecht füllt den Anspruch auf Krankenbehandlung aus bzw. „konkretisiert" ihn. Man mag diese Wirkung bezeichnen wie man will, wenn nur der schlichte rechtliche Sachverhalt beachtet wird, dass der Erlass von exekutiven Rechtsnormen Rechtsetzung ist und einer parlamentsgesetzlichen Ermächtigungsgrundlage bedarf, die der Rechtsetzer nicht überschreiten darf.[128] Zuständig für die Überprüfung der Vereinbarkeit der Richtlinien und anderen untergesetzlichen Normen des Vertragsarztrechts mit den parlamentsgesetzlichen Ermächtigungsnormen sind im Wege der Inzidentkontrolle[129] die Sozialgerichte, die für den Fall, dass die Rechtsnorm die Grenzen der Ermächtigung überschreitet, ihre Nichtigkeit feststellen. Diese Grenzen werden nicht nur von der ausdrücklichen Ermächtigungsnorm, sondern von allen zu der jeweiligen Regelungsmaterie gehörenden Normen des Leistungsrechts gezogen.

37 Es ist zwar richtig, dass dem **Gemeinsamen Bundesausschuss** wie jedem Setzer exekutiven Rechts ein **Gestaltungsspielraum** zukommt,[130] da Normsetzung mehr ist als der bloße Nachvollzug gesetzlich vorformulierter Entscheidungen.[131] Jedoch ist jede Ermächtigung begrenzt, und die Rechtsprechung hat darüber zu wachen, „dass die ermächtigte Instanz sich innerhalb dieser gesetzlichen Umfriedung bewegt und nicht etwa neues Recht schafft, sondern das vorhandene Gesetzesrecht lediglich verdeutlicht und konkretisiert".[132]

---

[123] BVerfGE 56, 1 (21).

[124] Zum Meinungsstand s. *Busch*, S. 113 ff.

[125] *Cremer* AöR 122 (1997), 248 (267).

[126] BSGE 82, 41 (48), das insoweit „engmaschige Gesetzesvorgaben" verlangt. Anders *Busch*, S. 133: Art. 80 Abs. 1 S. 2 GG als Sonderregelung, die den Parlamentsvorbehalt im Verhältnis zwischen Gesetz und Rechtsverordnung verdrängt.

[127] LSG Niedersachsen 23. 2. 2000 NZS 2001, 32 (36). Das Gericht begründet damit sogar eine Delegationssperre.

[128] Zum Erfordernis einer hinreichend deutlichen „Konkretisierungskompetenz" *Schwerdtfeger* NZS 1998, 97 (98).

[129] S. oben IV 3 a.

[130] BSGE 81, 73 (85).

[131] *Maunz-Dürig-Schmidt-Aßmann,* Art. 19 Abs. 4 Rdn. 217; *Dreier-Schule-Fielitz,* Art. 19 Abs. 4 Rdn. 91; *v. Münch/Kunig-Krebs,* Art. 19 Rdn. 65. Zum Satzungsermessen *Ossenbühl,* HbStR III, § 66 Rdn. 47 f.

[132] *Schnapp* SGb 1999, 62 (65).

Die Weite der „gesetzlichen Umfriedung" ist spezifisch für jede Ermächtigungsnorm zu ermitteln.[133] Dieser Anforderung wird die globale Aussage, es könne nicht der Sinn eines Gerichtsverfahrens sein, die Erkenntnisse der medizinischen Wissenschaft voranzutreiben oder in der wissenschaftlichen Auseinandersetzung Position zu beziehen,[134] nicht gerecht. Diese Aussage ist zudem in mehrfacher Hinsicht fragwürdig. Die Gerichte müssen häufig in wissenschaftlichen und politischen Auseinandersetzungen eine Entscheidung treffen, man denke nur an Entscheidungen über die Gefährlichkeit technischer Anlagen wie Atomkraftwerken. Es ist auch nicht einzusehen, warum nur der Gemeinsame Bundesausschuss kompetent sein soll, den Streit der Mediziner zu entscheiden, nicht aber die Sozialgerichte mit Hilfe von Sachverständigen.[135] Vor allem ist zu bedenken, dass es bei der Entscheidung über die Verordnungsfähigkeit von Leistungen nicht nur um den medizinischen Sachverstand, sondern auch um **handfeste materielle Interessen** geht.[136] Zu Recht weist das LSG Niedersachsen auf die „Entstehung und Ergänzung der sog. IGEL-Liste" hin.[137] Es mag ja sein, dass der Bundesausschuss eine vergleichsweise „lobbyfeste Institution" ist.[138] Die Kontrolle seiner Entscheidungen durch die Gerichte wäre dann eine Gewähr, dass er das auch bleibt.

38 Es gibt in der neueren Rechtsprechung **Anzeichen für eine strengere Kontrolle** des untergesetzlichen Vertragsarztrechts am Maßstab des parlamentsgesetzlichen Leistungsrechts. So hat der 1. Senat wenige Monate nach den Entscheidungen vom September 1997 eine vorsichtige Korrektur an seiner Rechtsprechung zum Rahmenrecht angebracht. Er hält zwar daran fest, dass die vom Bundesausschuss erlassenen Arzneimittel-Richtlinien den Umfang und die Modalitäten der Versorgung mit verbindlicher Wirkung auch für die Versicherten regeln, betont aber zugleich unter Hinweis auf die ältere Rechtsprechung, dass der Bundesausschuss nicht die Befugnis hat, Inhalt und Grenzen des Arzneimittelbegriffs festzulegen. Deshalb macht die Feststellung Sinn, dass der Bundesausschuss den Rahmen seiner „Rechtsetzungsermächtigung" nicht überschritten habe.[139]

39 Noch deutlicher wird die **Rückbesinnung auf den Vorrang des Leistungsrechts** in einem Urteil des 8. Senats.[140] Darin wird dem Bundesausschuss die Befugnis abgesprochen, über Inhalt und Grenzen des Krankheitsbegriffs zu bestimmen und dadurch Leistungseinschränkungen, die dem SGB V nicht zu entnehmen seien, vorzunehmen. Einige Instanzgerichte haben unter Berufung auf diese Rechtsprechung den Ausschluss der Verordnungsfähigkeit von Viagra durch die Arzneimittelrichtlinien für rechtswidrig erklärt.[141] Der Gesetzgeber hat auf diese Rechtsprechung mit dem Ausschluss von Arzneimitteln, „bei deren Anwendung eine Erhöhung der Lebensqualität im Vordergrund steht", aus der Verordnungsfähigkeit reagiert.[142]

---

[133] Da diese Prüfung die exakte Kenntnis der Ermächtigungsgrundlage voraussetzt, gilt das Zitiergebot des Art. 80 Abs. 1 Satz 3 GG auch für die Richtlinien. *Axer,* Normsetzung, S. 397.

[134] BSGE 81, 54 (69).

[135] *Schlenker* NZS 1998, 411 (415).

[136] *Ossenbühl* NZS 1997, 497 (503; *Schimmelpfeng-Schütte* NZS 1999, 530 (532f.).

[137] LSG Niedersachsen 23. 2. 2000 NZS 2001, 32 (35f.).

[138] *Behnsen* KrV 1999, 264 (269).

[139] BSGE 81, 240 (242) – Diätkost.

[140] BSGE 85, 36 (45) – erektile Dysfunktion.

[141] LSG Niedersachsen-Bremen 20. 8. 2003 – L 4 KR 24/02, Rdn. 33f.; LSG Nordrhein-Westfalen 27. 3. 2003 – L 5 KR 200/02, Rdn. 34; SG Aachen 10. 9. 2002 – S 13 KR 20/02, Rdn. 20; SG Dortmund 26. 7. 2002 – S 24 KN 81/01 KR, Rdn. 18; SG Lüneburg 28. 2. 2000 NJW 2000, 2766.

[142] § 34 Abs. 1 S. 7 SGB V in der Fassung des GKV-Modernisierungsgesetzes vom 14. 11. 2003 (BGBl. I S. 2190). S. 8 nennt beispielhaft Arzneimittel, die zur Behandlung der erektilen Dysfunktion dienen. Der Bundesausschuss wird in S. 9 ermächtigt, in Richtlinien nach § 92 Abs. 1 S. 2 Nr. 6 SGB V „das Nähere" zu regeln.

Der 8. Senat gibt weiter zu erwägen, ob dem Ausschuss nicht auch für Wirtschaftlichkeitsfragen ein stark eingeschränkter Entscheidungsspielraum zukomme, da bereits der Verordnungsgeber gemäß § 34 Abs. 3 SGB V legitimiert sei, das Wirtschaftlichkeitsgebot umzusetzen.[143] In diesem Zusammenhang wird dargelegt, dass die gesetzliche Ermächtigungsnorm dem Ausschuss bei den NUB-Richtlinien einen weiteren Gestaltungs- und Beurteilungsspielraum einräumt als bei den Arzneimittelrichtlinien. Der 1. Senats knüpft an diese Linie mit der Feststellung an, dass der Bundesausschuss nicht zum Erlass von Verordnungsverboten bei Heilmitteln ermächtigt sei, da die Verordnungsermächtigung des § 34 Abs. 4 und 5 SGB V eine anderweitige, abschließende Regelung sei.[144] Auch die Instanzgerichte zeigen dem Bundesausschuss die **Grenzen seiner Normsetzungsbefugnis** auf. So legt das LSG Niedersachsen dar, dass dem Bundesausschuss die Kompetenz sowohl für eugenische Entscheidungen als auch für die Anordnung von Rationierungsmaßnahmen fehlt.[145] Und das SG Köln stellt in einem Verfahren des einstweiligen Rechtsschutzes nach einer summarischen Prüfung des medizinischwissenschaftlichen Sachverhalts fest, dass der Bundesausschuss mit dem Ausschluss der Hyperbaren Sauerstofftherapie die „Grenzen seines Bewertungsraumes" überschritten habe.[146] **40**

Eine noch weiter gehende Einschränkung der Normsetzungsbefugnis des Bundesausschusses hat der 1. Senat in einer Entscheidung vom 19. 2. 2003 vorgenommen. Danach darf der Ausschuss bei den Empfehlungen nach § 135 Abs. 1 SGB V nicht selbst über den medizinischen Nutzen der Methode urteilen. Vielmehr hat er nur die Aufgabe, sich einen Überblick über die veröffentlichte Literatur und die Meinung der einschlägigen Fachkreise zu verschaffen und danach festzustellen, ob ein durch wissenschaftliche Studien hinreichend untermauerter Konsens über die Qualität und Wirksamkeit der in Rede stehenden Behandlungsweise besteht.[147] Wenn der Ausschuss nur feststellen darf, was in der medizinischen Praxis angesagt ist, kann von einer „normativen Gestaltungsfreiheit[148]" nicht mehr die Rede sein. Da eine **Normsetzung ohne Normsetzungsermessen** wenig Sinn macht, könnte es sein, dass die Wertung der Richtlinien als Rechtsnormen nicht das letzte Wort des BSG bleibt[149]. **41**

Den referierten Entscheidungen ist gemeinsam, dass sie die im „rahmenrechtlichen Rechtskonkretisierungskonzept" angezeigte Einschränkung des Rechtsschutzes revidieren und zum Vorrang des parlamentsgesetzlichen Leistungsrechts zurückfinden. Was das BVerfG zur Festbetragssetzung gesagt hat, gilt auch für das untergesetzliche Vertragsarztrecht: Die gerichtliche Kontrolle ist geeignet, die **Rechte der Versicherten zu wahren.**[150] **42**

VI. Ergebnis

Das untergesetzliche Vertragsarztrecht, insbesondere das Richtlinienrecht, darf die Vorgaben des parlamentsgesetzlichen Leistungsrechts nicht überschreiten. Die Verdünnung **43**

---

143 BSGE 85, 36 (45f.). Zum Verhältnis von § 92 Abs. 1 Satz 2 Nr. 6 zu § 34 Abs. 2 und 3 SGB V *Schwerdtfeger* NZS 1998, 49 (52f.).

144 BSGE 85, 132 (141f.).

145 LSG Niedersachsen 23. 2. 2000 NZS 2001, 32 (38); SG Köln, Beschluss vom 31. 7. 2000 – S 19 KA 191/00 ER.

146 SG Köln, Beschluss vom 31. 7. 2000 – S 19 KA 191/00 ER.

147 BSG 19. 2. 2003 NZS 2004, 99 (100) – Bioresonanztherapie.

148 BSG 6. 11. 2002 – B 6 KA 39/01 R, Rdn. 22.

149 *Francke* schlägt vor, die Richtlinien als normkonkretisierende Verwaltungsvorschriften zu werten und dem Ausschuss eine Standardisierungsbefugnis einzuräumen, die strikt an die parlamentsgesetzliche Ermächtigung gebunden und von den Gerichten zu kontrollieren ist. *Ders.* in: *Bovenschulte*, S. 45. Die Figur der normkonkretisierenden Verwaltungsvorschrift ist jedoch dogmatisch unklar und nach wie vor umstritten. Eine Alternative wäre die Wertung als antizipiertes Sachverständigengutachten.

150 BVerfGE 106, 275 (310).

des Rechts auf Krankenbehandlung in ein bloßes „Rahmenrecht" vermag diesen aus dem Vorrang des Gesetzes folgenden Grundsatz nicht umzustoßen. Denn das „Rahmenrecht" ist eine brüchige dogmatische Konstruktion, die hochproblematische Rechtswirkungen zeitigt und erheblichen verfassungsrechtlichen Bedenken ausgesetzt ist. Es ist die Aufgabe der Sozialgerichte, die Vereinbarkeit des untergesetzlichen Vertragsarztrechts mit den parlamentsgesetzlichen Ermächtigungsnormen und anderen leistungsrechtlichen Vorgaben vor allem im Wege der Inzidentkontrolle zu überprüfen und im Falle einer Überschreitung dieser Vorgaben seine Nichtigkeit festzustellen. Die mit dem „Rahmenrecht" bezweckte Zurücknahme der gerichtlichen Kontrolle ist mit dem Gebot eines effektiven Rechtsschutzes (Art. 19 Abs. 4 GG) nicht zu vereinbaren.

§ 14 Die Leistungserbringung durch psychologische Psychotherapeuten

Schrifttum: *Benesch,* Enzyklopädisches Wörterbuch Klinische Psychologie und Psychotherapie, 1995; *Behnsen/Bernhardt,* Psychotherapeutengesetz, 1999; *Behnsen,* Die Neuordnung der psychotherapeutischen Versorgung SGb 1998, 565 und 614; *dies.,* Was bringt die Neuordnung der psychotherapeutischen Versorgung dem Versicherten der GKV?, KrV 1988, 70; *Boerner,* Die Übergangsvorschriften zum Psychotherapeutengesetz im Lichte der Grundrechte, ZFSH/SGB 1996, 132 ff.; *Butzmann,* Die Voraussetzungen der Approbation als Psychologischer Psychotherapeut gem. § 2 Abs. 2 PsychThG – ein Fall der Inländerdiskriminierung, NJW 2000, 1773 ff.; *Engelhard,* Probleme des Zugangs zum System der gesetzlichen Krankenversicherung, VSSR 2000, 317 ff.; *Faber/Haarstick,* Kommentar Psychotherapie-Richtlinien, 6. Aufl. 2003; *Falk,* Das Psychotherapeutengesetz – Meilenstein oder Stoperstein, KrV 2000, 27 ff.; *Fäh/Fischer* (Hrsg.), Sinn und Unsinn in der Psychotherapieforschung, 1998; *Francke,* Wissenschaftlich anerkannte psychotherapeutische Verfahren nach § 1 Abs. 3 Satz 1 PsychThG, MedR 2000, 447 ff.; *ders.,* Wissenschaftlich anerkannte psychotherapeutische Verfahren – Zur Auslegung der Wissenschaftlichkeitsklausel gemäß § 1 Abs. 3 Satz 1 PsychThG, Gutachten, 1999; *Freud,* Die Frage der Laienanalyse (1926) in: ders., Darstellungen der Psychoanalyse, Fischer TB 6016; *Freudenberg,* Zeitfenster und familiäres Engagement, PuR 2001, 174; *Gay,* Freud – Eine Biographie für unsere Zeit, 2000, Fischer TB 50303; *Gersch,* Psychotherapeutenkammern, PuR 2001, 72; *Gleiniger,* Übergangsrechtliche Zulassungen und Ermächtigungen approbierter Psychotherapeuten, NZS 2000, 486 ff.; *Godry,* Psychotherapeutenkammern – Daumenschrauben oder gelobtes Land?, PuR 2001, 15 ff.; *Grawe/Donati/Bernauer,* Psychotherapie im Wandel – von der Konfession zur Profession, 4. Aufl. 1999; *Grawe,* Psychotherapie und Statistik im Spannungsfeld zwischen Wissenschaft und Konfession, Zeitschrift für klinische Psychologie, 24, 1995, 216 ff.; *ders.,* Psychotherapieforschung zu Beginn der neunziger Jahre, Psychologische Rundschau 1992, 132; *ders.,* Konfrontation, Abwehr und Verständigung, Psychologische Rundschau 1992, 174; *Haage,* Berufsrechtliche Beurteilung des neuen Psychotherapeutengesetzes, MedR 1998, 294 ff.; *Heigl-Evers/Heigl/Otto/Rüger* (Hrsg.), Lehrbuch der Psychotherapie, 3. Aufl. 1997; *Hellhammer,* Wie wissenschaftlich ist die Psychotherapieforschung?, Psychologische Rundschau 1992, 168; *Herrmann,* Bedarfsunabhängige Zulassung und Beschäftigungsverhältnis, SGb 1999, 685 ff.; *Hoffmann,* Bewunderung, etwas Scham und verbliebene Zweifel. Anmerkungen zu Klaus Grawes Psychologieforschung zu Beginn der neunziger Jahre, Psychologische Rundschau 1992, 163; *Hiddemann,* Neuordnung der Psychotherapie, BKK 1998, 354 ff.; *Jaeggi,* Zu heilen die zerstoßenen Seelen. Die Hauptrichtungen der Psychotherapie und ihre Menschbilder, 1995, rororo 60352; *Jerouschek,* PsychThG Kommentar 2004; *Kiene,* Komplementäre Methodenlehre der klinischen Forschung, Cognition-based Medicine, 2001; *ders.,* Kassenerstattung und wissenschaftlicher Wirksamkeitsnachweis, MedR 1997, 313 ff.; *Kleine-Cosack,* Psychotherapeutenvergütung im Kreuzfeuer der Kritik, PuR 2001, 105 ff.; *Kingreen,* Berufsbildfixierung und Übergangsrecht: Die Neuordnung der psychotherapeutischen Versorgung im Lichte der Grundrechte, VSSR 2000, 1 ff.; *Kraiker/Peter,* Psychotherapieführer, 5. Aufl. 1998; *Kriz,* Grundkonzepte der Psychotherapie, 4. Aufl. 1994; *Margraf,* Psychotherapie: Ideologie und Forschung, ErsK 1996, 162 ff.; *Nilges,* Das Psychotherapeutengesetz – Zwischenbilanz und Ausblick, PuR 2001, 4 und 54; *ders.,* Grundriss des Psychotherapeutenrechts, 2003; *Petermann* (Hrsg.), Psychotherapieforschung, 1977; *Plagemann/Kies,* Approbation und Zulassung von Psychotherapeuten nach neuem Recht, MedR 1999, 413 ff.; *Plagemann/Klatt,* Recht für Psychotherapeuten, 1999; *Pulverich,* Psychotherapeutengesetz, Kommentar, 3. Aufl. 1999; *Rath,* Vergütung psychotherapeutischer Leistungen, MedR 2001, 60 ff.; *Redeker,* Gutachterliche Stellungnahme zum negativen Votum des wissenschaftlichen Beirats nach § 11 PsychThG über Gesprächspsychotherapie, Bonn 1999; *Rogers,* Therapeut und Klient, Fischer TB 42250; *Schallen,* Zulassungsverordnung für Vertragsärzte, Vertragszahnärzte und Psychotherapeuten, 4. Aufl. 2004; *Schirmer,* Eingliederung der Psychologischen Psychotherapeuten und Kinder- und Jugendlichenpsychotherapeuten in das System der vertragsärztlichen Versorgung, MedR 1998, 435 ff.; *Schwarz,* Das Psychotherapeutengesetz aus der Sicht der Psychologischen Psychotherapeuten, VSSR 2000, 291 ff.; *Spellbrink,* Der wissenschaftliche Beirat nach § 11 PsychThG, PuR 2001, 112; *ders.,* Welche Anforderungen stellt das Gesetz an die theoretische Ausbildung eines psychologischen Psychotherapeuten? PuR 2001, 9; *ders.,* Approbation als psychologischer Psychotherapeut gemäß § 12 PsychThG ohne universitären Abschluß im Studienfach Psychologie?, NVwZ 2000, 141 ff.; *ders.,* Das Vertragsrecht im SGB XI –

ein Modell für die Eingliederung der Leistungserbringer in die Sozialversicherung, KrV 1999, 237 ff.; *ders.*, Die Rechtsstellung der Psychotherapeuten nach dem Psychotherapeutengesetz – zugleich eine Einführung in das Psychotherapeutengesetz, NZS 1999, 1 ff.; *Sprengell*, § 95 Abs. 10 und 11 Satz 1 Nr. 3 SGB V im Lichte von Art 12 Abs. 1 GG, SGb 1999, 286 ff.; *Steinhilper*, Psychologische Psychotherapeuten, in: Rieger (Hrsg.), Lexikon des Arztrechts, 2. Aufl. 2001; *ders.*, Vergütung der psychotherapeutischen Leistungen im System der gesetzlichen Krankenversicherung, VSSR 2000, 349 ff.; *Stellpflug*, Berufsausübung der Psychologischen Psychotherapeuten und Kinder- und Jugendlichenpsychotherapeuten im Sinne der Heilberufs- und Kammergesetze, MedR 2005, 71 ff.; *Stock*, Erste Rechtsprechung zum Psychotherapeutengesetz, NJW 1999, 2702 ff.; *ders.*, Die Situation der Psychotherapeuten ohne Psychologiediplom nach den Entscheidungen des Bundesverfassungsgerichts vom 16. 3. 2000 und 23. 6. 2000, MedR 2003, 554 ff.; *Tausch/Tausch*, Gesprächspsychotherapie, 9. Aufl. 1990; *Tittelbach*, Zur Auslegung der für Psychotherapeuten geltenden Übergangsregelungen des § 95 Abs. 10 Nr. 3 bzw. Abs. 11 Nr. 3 SGB V, SGb 1999, 397 ff.; *Tschuschke/Heckrath/Tress* (Hrsg.), Zwischen Konfusion und Makulatur – zum Wert der Berner Psychotherapie – Studie von Grawe, Donati und Bernauer, 1997; *Weller*, Drohender Notstand in der psychotherapeutischen Versorgung von Krankenversicherten abgewendet, KrV 1998, 135 ff.; *Wenner*, Auswirkungen des Weiterbildungsrechts auf das Vertragsarztrecht, GesR 2002, 1 ff.; *ders.*, Vertragsarzt – Hauptberuf oder Nebenjob?, GesR 2004, 353.

Übersicht

I. Die Rechtsstellung der Psychotherapeuten vor Inkrafttreten des PsychThG

1. Das Verhältnis von Ärzten und Psychotherapeuten

1 Mit der Rechtsstellung des Psychotherapeuten muss es eine besondere Bewandtnis haben, denn sieht man die Gliederung des vorliegenden Handbuchs durch, so zeigt sich, dass weder der Orthopäde noch der Internist oder Chirurg oder sonstige „Fach"-Ärzte einen eigenen Abschnitt erhalten, der Psychotherapeut aber wohl. Ein Grund für diese **Sonderstellung des Psychotherapeuten** ist, dass es seit Anbeginn der modernen Psychotherapie, die im Wesentlichen mit der Entwicklung der Psychoanalyse durch *Sigmund Freud* zusammen fällt,[1] ein Problem war, wer Psychotherapie ausüben darf und welche (akademische?) Vorbildung ein Psychotherapeut haben muss.

2 Berühmt wurde dabei *Freuds* Schrift „Die Frage der Laienanalyse", in der er 1926 zugunsten des mit einem Kurpfuscherprozess überzogenen Analytikers *Theodor Reik* (einem Literaturwissenschaftler, der über *Flaubert* promoviert hatte) Stellung bezog und deutlich machte, dass ein Studium der Medizin weder Voraussetzung für die Tätigkeit eines Psychoanalytikers sei, ja vielmehr die Psychoanalyse sich dagegen wehren sollte, von der Medizin „verschluckt" zu werden.[2] Zwar wurde unter anderem auf Grund der Schrift *Freuds* die Anklage gegen *Reik* fallengelassen, den weiteren Kampf gegen die Vereinnahmung der Psychoanalyse durch die Medizin hat *Freud* aber wohl verloren. Insbesondere in den Vereinigten Staaten wurde in der Folgezeit versucht, jeden Laien = Nichtarzt aus der Psychoanalyse zu drängen, wobei insbesondere der Freudsche Gedanke auf der Strecke blieb, dass das Medizinstudium in keiner Weise die Ausbildung zum Psychoanalytiker ersetzen könne.

3 Nur am Rande vermerkt sei Freuds Aperçu aus der zitierten Schrift, dass in einer geselligen Runde wohl jeder schweigen würde, der sich nicht im Besitz von Fachkenntnissen weiß, wenn eine physikalische oder chemische Frage aufgeworfen wird. Sobald das Thema aber auf Fragestellungen der Psychologie käme, würde sich jeder ohne zu zögern als „Fachmann" gerieren, denn „Jedermann hat sein Seelenleben und darum hält sich jedermann für einen Psychologen". Hiermit sind aber zugleich **Trennungslinien** oder Definitionen angemahnt, die einen Buchabschnitt über psychologische Psychotherapeuten wieder rechtfertigen, ja notwendig machen. Solche Trennungslinien betreffen Fragen wie: Wer – außer dem Arzt – soll als Psychotherapeut tätig sein dürfen? Welche Vor- und Ausbildung ist von dieser Person zu fordern? Oder soll das Arztmonopol seit weiland § 122 RVO bestehen bleiben, das heilkundliche Tätigkeit im Rahmen der gesetzlichen Krankenversicherung in die ausschließliche Zuständigkeit des Arztes verweist?

4 Die folgenden Ausführungen werden sich folglich nicht mit dem **ärztlichen Berufsrecht** und hierbei insbesondere dem ärztlichen Weiterbildungsrecht beschäftigen. Nach der (Muster-)Weiterbildungsordnung des 106. Deutschen Ärztetags 2003 in Köln kann ein Arzt zum einen eine **Facharztbezeichnung** in den Gebieten „Psychiatrie und Psychotherapie" (Abschnitt B Nr. 26) oder „Psychosomatische Medizin und Psychotherapie" (Abschnitt B Nr. 2) erwerben. Zum anderen kann sich ein Arzt zur Erlangung des Rechts zum Führen einer Zusatzbezeichnung weiterbilden, die zusammen mit einer fachlich einschlägigen Gebietsbezeichnung geführt werden darf (vgl. §§ 2 Abs. 4, 3 Abs. 3 Muster-WBO). Abschnitt Ç nennt hier als zulässige **Zusatzbezeichnung** „Psychoanalyse" und „Psychotherapie". Würde man nun im Einzelnen die Voraussetzungen für eine Weiterbildung von Ärzten im Bereich Psychotherapie referieren (etwa anhand der Abschnitte B und C der (Muster-)Weiterbildungsordnung des 106. Deutschen Ärztetags), so wäre in der Tat fraglich, warum nicht auch beispielsweise die Voraussetzungen des Erwerbs der Facharztbezeichnung Neurochirurgie oder der Zusatzbezeichnung Naturheilverfahren in diesem Handbuch darzustellen sind.

5 Insofern handelt es sich aber bei der (Muster-)Weiterbildungsordnung um unproblematisches Binnenrecht der Ärztekammern. Hinsichtlich des Weiterbildungsrechts darf aber nicht verkannt werden, dass das ärztliche Weiterbildungsrecht mit der Facharztprüfung im vertragsärztlichen Leistungs- und Abrechnungssystem dazu führt, dass der Facharzt sich

---

[1] Hierzu *Kriz,* Grundkonzepte der Psychotherapie, S. 7 ff.; instruktiv zu den Grundbegriffen der Psychotherapie auch: *Kraiker/Peter,* Psychotherapieführer und *Jaeggi,* Zu heilen ...

[2] Zu den Hintergründen *Gay,* Freud Eine Biographie, S. 549 ff.

dann auch auf Leistungen dieses Fachgebiets beschränken muss – zugleich ist er aber auch verpflichtet, die wesentlichen Leistungen dieses Fachgebiets anbieten und erbringen zu können.[3] Diese **Beschränkung auf ein Fachgebiet** kommt auch in § 18 Ärzte-ZV zum Ausdruck. Das PsychThG geht nun, worauf *Wenner*[4] zutreffend hingewiesen hat, eher davon aus, dass es sich bei den Psychotherapeuten um eine einheitliche Berufsgruppe handelt, die nicht noch in weitere Untergruppen von Fachpsychotherapeuten aufgespalten werden sollte. Dies spricht gegen die Überlegung, allein die auf landesrechtlicher Grundlage ergehenden Weiterbildungs- und Spezialisierungsregelungen der Psychotherapeutenkammern könnten dazu führen, dass auch bundesrechtlich Auswirkungen auf den krankenversicherungsrechtlichen Zulassungsstatus anzuerkennen seien. Der Bundesgesetzgeber müsste hier schon das PsychThG ändern, wenn die Zulassung von Psychotherapeuten zur KV jeweils nur bezogen auf ein bestimmtes Fachgebiet innerhalb der Psychotherapie erfolgen sollte.[5] Etwas anderes gilt möglicherweise im Bereich der Approbationsvoraussetzungen und ganz sicher im Bereich der psychotherapeutischen Fortbildung. Hier dürfte den Psychotherapeutenkammern auf Landesebene eine autonome Regelungsbefugnis zustehen (vgl. noch unten II 1b) cc)).

6 Das am 1. Januar 1999 in Kraft getretene PsychThG beinhaltete insofern eine kleine Revolution, als mit dem PsychThG auch im Rahmen der gesetzlichen Krankenversicherung des SGB V der Psychotherapeut als eigenständiger Heilberuf neben dem Arzt in vollem Umfang anerkannt wurde. Der gesamte Fortschritt an Rechtssicherheit und -klarheit, den das PsychThG[6] insbesondere in seinem berufsrechtlichen Teil mit sich brachte, wird aber nur verständlich, wenn im Folgenden zunächst die Rechtsstellung der **nichtärztlichen Psychotherapeuten bis zum 31. 12. 1998** kurz skizziert wird. Dabei wird der Begriff des nichtärztlichen Psychotherapeuten hier bewusst eingeführt, weil es neben den Diplompsychologen zahlreiche weitere Personen- und Berufsgruppen gab, die beanspruchten, Psychotherapie auszuüben, jeweils ohne Arzt zu sein.

2. Die Rechtsstellung der nichtärztlichen Psychotherapeuten

7 **a) Die berufsrechtliche Stellung.** Nach dem Rechtszustand vor dem 1. 1. 1999 gab es nur zwei rechtmäßige Formen der Ausübung von Heilkunde, den **Arzt und** den **Heilpraktiker.** § 1 Abs. 1 des Heilpraktikergesetzes (HPG) bestimmt, dass, wer die Heilkunde ausüben will, ohne als Arzt bestallt zu sein, dazu der Erlaubnis bedarf. Ausübung von Heilkunde ist nach § 1 Abs. 2 HPG jede berufs- oder gewerbsmäßig vorgenommene Tätigkeit zur Feststellung, Heilung oder Linderung von Krankheiten, Leiden oder Körperschäden bei Menschen, auch wenn sie im Dienste von anderen ausgeübt wird. Die Ausübung von Heilkunde von Personen ohne ärztliche Approbation wird damit unter einen gefahrenabwehrrechtlichen Erlaubnisvorbehalt gestellt. Verstöße gegen den Erlaubnisvorbehalt lösen nach § 5 HPG strafrechtliche Folgen aus. Die Durchführung einer Psychotherapie stellt zweifelsohne die Ausübung von Heilkunde dar.

8 Da es keinen gesetzlich anerkannten Heilberuf „Psychotherapeut" gab, war nach der ständigen Rechtsprechung des Bundesverwaltungsgerichts[7] daher auch der akademisch ausgebildete Diplompsychologe gehalten, eine **Erlaubnis nach dem HPG** einzuholen

---

[3] BSGE 88, 20 (25) = SozR 3–2500 § 75 Nr. 12.

[4] *Wenner* GesR 2002, 1 (4).

[5] *Wenner,* Fn. 4.

[6] Allgemein zum PsychThG: *Behnsen/Bernhardt,* Psychotherapeutengesetz; *Plagemann/Klatt,* Recht für Psychotherapeuten; *Pulverich,* Psychotherapeutengesetz; orientierende Zeitschriftenbeiträge von *Behnsen* SGb 1998, 568, 614; *dies.* KrV 1998, 70; *Haage* MedR 1998, 291; *Hiddemann* BKK 1998, 354; *Nilges* PuR 2001, 4 und 2001, 54; *Schirmer* MedR 1998, 435; *Spellbrink* NZS 1999, 1; *Steinhilper* LdA 2001; *Weller* KrV 1998, 135.

[7] BVerwGE 35, 308; BVerwGE 91, 356 (358); BVerwG NJW 1984, 1414.

und sich der entsprechenden Prüfung zu stellen, wobei die Anforderungen regional erheblich differieren konnten. Das Bundesverfassungsgericht hat diese Praxis ausdrücklich gebilligt, die Psychotherapeuten allerdings von dem in § 1 Abs. 3 HPG statuierten Zwang, auch die Berufsbezeichnung „Heilpraktiker" zu führen, befreit.[8] Übte ein akademisch ausgebildeter Diplompsychologe Psychotherapie aus, ohne im Besitz einer Heilpraktikerzulassung zu sein, so stand er somit in Gefahr, sich strafbar zu machen. Weiterhin hing auch die Vergütung aus einem privatrechtlichen Dienstvertrag über Psychotherapie von der Zulassung als Heilpraktiker ab, da der zivilrechtliche Vertrag über Psychotherapie gegen ein gesetzliches Verbot (§ 134 BGB i.V.m. § 5 HPG) verstieß, wenn der Therapeut nicht über eine Heilpraktikererlaubnis verfügte. Der Vergütungsanspruch des nicht als Heilpraktiker zugelassenen nichtärztlichen Psychotherapeuten war mithin zivilrechtlich nicht durchsetzbar.[9]

9 Andererseits hatte die gesetzliche Nicht-Regelung des Berufsbilds Psychotherapeut aber auch zur Konsequenz, dass jedermann **ohne jede weitere Vorbildung** sich nach seiner Heilpraktikerzulassung **„Psychotherapeut"** nennen und als solcher tätig werden konnte. Diese von arbeitslosen Lehrern, Diplomsoziologen, Erziehern, Theologen und anderen Berufsgruppen wahrgenommene Möglichkeit beschneidet das PsychThG radikal, da nur noch Diplompsychologen als nichtärztliche Psychotherapeuten approbiert bzw. zugelassen werden können und das Gesetz nunmehr zur Klarstellung nur noch von psychologischen (und nicht allgemeiner von nichtärztlichen) Psychotherapeuten spricht.

10 **b) Die sozialversicherungsrechtliche Stellung des Psychotherapeuten.** Psychotherapeutische Leistungen (auch soweit sie von Ärzten erbracht wurden) sind nur sehr zögerlich und erstaunlich spät in die früher sogenannte „kassenärztliche" ambulante Versorgung einbezogen worden. So hat das BSG für den Bereich der Krankenversicherung wohl erstmals 1970(!) mit voller Deutlichkeit den **Krankheitswert von Neurosen** anerkannt.[10] Die Integration der Leistungserbringer für den Bereich Psychotherapie in die Versorgung der sozialversicherten Patienten erfolgte sodann über die Psychotherapie-Richtlinien des Bundesausschusses der Ärzte und Krankenkassen.

11 Nach den **Psychotherapie-Richtlinien** vom 3. 7. 1987 wurden unter B. die in der Krankenversicherung zulässigen Behandlungs- und Anwendungsformen geregelt. Nach diesen Richtlinien waren **zugelassene Behandlungsformen** lediglich **psychoanalytisch** begründete **Verfahren** und die **Verhaltenstherapie.** Dabei wurde innerhalb des psychoanalytischen Formenkreises zwischen der analytischen Psychotherapie und tiefenpsychologisch fundierter Psychotherapie unterschieden. Auch die Tiefenpsychologie beruht auf den Grundannahmen der Krankheits- und Neurosenlehre der Psychoanalyse, allerdings erfolgt die Anwendung dieser Kenntnisse konfliktzentriert. Teilweise wird deshalb auch von den **drei Richtlinien-Therapien** gesprochen, wobei die Tiefenpsychologie im eigentlichen Sinne aber keine Schule darstellt. Der Bundesausschuss (jetzt: Gemeinsamer Bundesausschuss) stellt auch fest, für welche Verfahren und Techniken die Erfordernisse der Psychotherapie-Richtlinien als nicht erfüllt gelten. In **Anlage 1** der Richtlinien stellte der Bundesausschuss sodann unter Ziffer 4 fest, dass sechs therapeutische Methoden: Gesprächspsychotherapie, Gestalttherapie, Logotherapie, Psychodrama, respiratorisches Biofeedback und Transaktionsanalyse den Erfordernissen nicht genügen. An diesen Ausschlüssen und den drei zugelassenen RichtlinienTherapien halten auch die Psychotherapie-Richtlinien in ihrer neuesten Fassung vom 11. 12. 1998 unverändert fest.[11]

12 Nach G II der früheren Psychotherapie-Richtlinien beschränkte sich schon nach dem bisherigen Rechtszustand die Zugangsmöglichkeit zur Versorgung in der gesetzlichen Kran-

---

[8] BVerfG NJW 1988, 2290 (2291).

[9] OLG München NJW 1984, 1826 (1827).

[10] BSGE 31, 279, 281; vgl. aber bereits BSGE 21, 189.

[11] Abgedruckt etwa bei *Behnsen/Bernhardt* (Fn. 6); grundlegend *Faber/Haarstrick,* Kommentar Psychotherapie-Richtlinien.

kenversicherung Versicherter auf Diplompsychologen. Die Zusammenarbeit von Ärzten und Diplompsychologen erfolgte gemäß H. I. der Psychotherapie-Richtlinien im sogenannten **Delegationsverfahren.** Das Nähere über die Durchführung der psychotherapeutischen Versorgung war sodann nach I. der Richtlinien in den **Psychotherapievereinbarungen** zwischen der Kassenärztlichen Bundesvereinigung und den Bundesverbänden der Krankenkassen zu regeln. Im Delegationsverfahren nach §§ 4, 7 Anlage 1 zum EKV-Ä/ Anlage 5 zum BMV-Ä stand der Diplompsychologe unter der Aufsicht des Arztes, in dessen Belieben es stand, einen Psychologen bei der Behandlung hinzuzuziehen und der den Antrag über eine Behandlung für den Diplompsychologen letztlich in der Hand behielt. Der nichtärztliche Psychotherapeut fungierte insofern als **Hilfsperson des Arztes,** was von Diplompsychologen zwar kritisiert, von der Rechtsprechung des BSG aber mit zutreffenden Argumenten akzeptiert wurde.[12]

13 Das PsychThG bricht insofern mit Arztvorbehalt und Delegationsverfahren, als der **psychologische Psychotherapeut** vom Patienten direkt aufgesucht werden kann, selbst zugelassen wird und bis auf das Erfordernis eines ärztlichen Konsiliarberichts nach § 28 Abs. 3 Satz 2 SGB V **eigenverantwortlich** die Psychotherapie durchführt. Den Psychotherapie-Richtlinien kommt aber weiterhin große Bedeutung zu, weil PsychThG und SGB V an mehreren Stellen auf diese Richtlinien verweisen (vgl. etwa die Übergangsvorschriften in § 12 Abs. 1 PsychThG und § 95 Abs. 10 und 11 SGB V). Insoweit wirkt auch der apodiktische Ausschluss von sechs therapeutischen Richtungen in der Anlage 1 der Psychotherapie-Richtlinien fort, als Therapeuten, die keine Richtlinien-Psychotherapie durchführten (etwa Gesprächspsychotherapeuten nach *Rogers* oder Gestalttherapeuten) nicht gemäß § 95 Abs. 10 und Abs. 11 SGB V übergangsrechtlich zugelassen oder ermächtigt werden können.

14 Neben der Richtlinien-Psychotherapie im Delegationsverfahren entwickelte sich ein zweites System der Leistungserbringung, indem einzelne Krankenkassen mit Leistungserbringern oder deren Verbänden **direkt Verträge** (ohne Einschaltung der Kassenärztlichen Vereinigungen) abschlossen. Eine Vorreiterrolle spielte hier die Techniker Krankenkasse, die **unter Umgehung der KBV** mit dem Berufsverband Deutscher Psychologen (BDP) eine Vereinbarung abschloss. Die Innungs- und Betriebskrankenkassen schlossen 1994 ebenfalls Empfehlungsvereinbarungen mit dem Deutschen Psychotherapeutenverband ab. Die KBV erhob wegen dieser Vereinbarungen Unterlassungsklagen gegen die Krankenkassen. Das LSG Nordrhein-Westfalen stellte durch Urteile vom 23. 10. 1996[13] die Rechtswidrigkeit dieser „TK-Regelung“ bzw. Empfehlungsvereinbarung außerhalb des Delegationsverfahrens fest, da sie gegen grundlegende Normen des Vertragsarztrechts verstoßen würden. Die Krankenkassen wurden verurteilt, es zu unterlassen, entsprechende psychotherapeutische Leistungen an ihre Versicherten zu gewähren. Diese Verträge oder weitere Individualvereinbarungen waren oftmals auch nicht auf die drei anerkannten Richtlinien-Therapiemethoden oder auf Diplompsychologen beschränkt. § 12 Abs. 3 PsychThG trägt diesem „zweiten Regelleistungssystem“ im Rahmen der Psychotherapie (so genannte **Erstattungspsychotherapie**) Rechnung.

15 Aus Vorstehendem wird deutlich, dass der Gesetzgeber des PsychThG nicht die Augen vor dem wild gewucherten und **ungesteuert gewachsenen System Psychotherapie** verschließen konnte. Zwar wirkt das PsychThG vorrangig in die Zukunft und schafft unstreitig Rechtsklarheit und Sicherheit für künftige Therapeutengenerationen, die jetzt ihr Psychologiestudium oder ihre Therapieausbildung beginnen. Andererseits mussten aber auch Regelungen gefunden werden, wie und ob die bislang psychotherapeutisch Tätigen in das neu etablierte, gesetzlich geregelte System Psychotherapie übernommen werden. **Probleme des Übergangsrechts** stellen sich zum einen bei den anderen akademischen Psychotherapeuten (wie Soziologen, Theologen etc.), denen eine Approbation (auch

---

[12] BSG SozR 3–2500 § 15 Nr. 1; BSG SozR 3–2500 § 15 Nr. 3; BSG SozR 3–5520 § 31 Nr. 5.
[13] LSG NRW NZS 1997, 434; LSG NRW, Urteil vom 23. 10. 1996 – L 11 Ka 51/96 –.

übergangsrechtlich) versagt und für die das Berufsbild psychologischer Psychotherapeut nunmehr praktisch verschlossen wird (s. hierzu unten II. 1. c). Zum anderen für Therapeuten, die übergangsrechtlich eine bedarfsunabhängige Zulassung zur vertragsärztlichen Versorgung begehrten, die aber auf Grund der finanziellen und rechtlichen Unsicherheiten vor Inkrafttreten des PsychThG den Aufbau einer voll eingerichteten Praxisstruktur gescheut oder versäumt haben (vgl. im Einzelnen II. 2. b). So begrüßenswert das PsychThG insgesamt war, hat es doch im Übergangsrecht einige (vielleicht vermeidbare) **Härten für Alt-Therapeuten** mit sich gebracht. Diese Härten sind auch durch die Rechtsprechung des BVerwG (betr. die Approbation) und des BSG (betr. die Zulassung zur vertragsärztlichen Versorgung) nicht gemildert werden.

II. Die Rechtsstellung des psychologischen Psychotherapeuten nach dem PsychThG

1. Die Approbation und ihre Voraussetzungen

16 **a) Die Qualifikationserfordernisse nach §§ 2, 5, 6, 8 PsychThG i.V.m. PsychThAPrV.** § 1 Abs. 1 Satz 1 PsychThG bestimmt, dass wer die heilkundliche Psychotherapie unter der Berufsbezeichnung psychologische Psychotherapeutin oder psychologischer Psychotherapeut oder die heilkundliche Kinder- und Jugendlichentherapie unter der Berufsbezeichnung Kinder- und Jugendlichen-Psychotherapeutin oder Kinder- und Jugendlichen-Psychotherapeut ausüben will, der Approbation bedarf. Die Approbation bedeutet die **staatliche Erlaubnis** zur Ausübung eines akademischen Heilberufs. Daneben ist auch die vorübergehende Ausübung des Berufs auf Grund einer befristeten Erlaubnis zulässig (§ 1 Abs. 1 Satz 2 i.V.m. § 4 PsychThG). Nach § 1 Abs. 1 Satz 3 PsychThG darf die Bezeichnung Psychotherapeut von anderen Personen als Ärzten, psychologischen Psychotherapeuten oder Kinder- und Jugendlichen-Psychotherapeuten nicht geführt werden. Artikel 4 PsychThG ergänzt dieses Verbot durch eine Änderung des § 132a StGB **(Missbrauch von Berufsbezeichnungen).** Das unrechtmäßige Verwenden der in § 1 Abs. 1 PsychThG genannten drei Berufsbezeichnungen ist nunmehr strafbewehrt.

17 § 2 PsychThG regelt im Einzelnen die **Voraussetzungen einer Approbation.** Nach § 2 Abs. 1 Nr. 2 PsychThG ist die Approbation unter anderem dann zu erteilen, wenn der Antragsteller die vorgeschriebene Ausbildung abgeleistet und die staatliche Prüfung bestanden hat. Nach § 5 Abs. 1 PsychThG dauern die Ausbildungen in Vollzeitform mindestens drei, in Teilzeitform mindestens fünf Jahre. Die **Ausbildung** besteht aus einer praktischen Tätigkeit, die von theoretischer und praktischer Ausbildung begleitet und die mit Bestehen der staatlichen Prüfung abgeschlossen wird. Nach § 5 Abs. 2 PsychThG ist Voraussetzung für den Zugang zu der Ausbildung nach § 5 Abs. 1 PsychThG grundsätzlich ein **mit Abschlussprüfung bestandenes Psychologiestudium** an einer Universität oder gleichstehenden Hochschule, wobei die Abschlussprüfung das Fach klinische Psychologie einschließen muss. Nur für die Ausbildung zum Kinder- und Jugendlichen-Psychotherapeuten genügt gemäß § 5 Abs. 2 Nr. 2b PsychThG ein Studienabschluss in Pädagogik oder Sozialpädagogik. Die Ausbildung kann nach § 6 PsychThG nur in Einrichtungen absolviert werden, die als **Ausbildungsstätten** von der nach Landesrecht zuständigen Behörde (§ 10 Abs. 4 PsychThG) **anerkannt** sind, sowie an Hochschulen. § 6 Abs. 2 PsychThG nennt sechs Anforderungen, die von Ausbildungsstätten zu erfüllen sind. § 6 Abs. 2 PsychThG fordert hierbei unter anderem, dass ausreichend für die Ausbildung geeignete Patienten nach Zahl und Art und ausreichend Ausbilder (psychologische Psychotherapeuten, qualifizierte Ärzte) zur Verfügung stehen.

18 Aufgrund der Ermächtigung in § 8 PsychThG hat das BMG die **Ausbildungs- und Prüfungsverordnung** für psychologische Psychotherapeuten (PsychTh-APrV) vom 18. 12. 1998 (BGBl. I 3749) erlassen. Nach § 8 Abs. 3 Nr. 1 PsychThG i.V.m. § 1

PsychTh-APrV erfolgt die Ausbildung auf der Grundlage von Ausbildungsplänen und erstreckt sich auf die Vermittlung von eingehenden Grundkenntnissen in wissenschaftlich anerkannten psychotherapeutischen Verfahren sowie auf eine vertiefte Ausbildung in einem dieser Verfahren. Die Ausbildung umfasst nach § 1 Abs. 3 PsychTh-APrV mindestens 4200 Stunden und besteht aus praktischer Tätigkeit (§ 2), einer theoretischen Ausbildung (§ 3),[14] einer praktischen Ausbildung mit Krankenbehandlungen unter Supervision (§ 4) sowie einer Selbsterfahrung, die die Ausbildungsteilnehmer zur Reflexion eigenen therapeutischen Handelns befähigen soll (§ 5). Die zukünftige Ausbildung in eigens zugelassenen Ausbildungsstätten soll, worauf der Verordnungsgeber ausdrücklich hinweist, eine postgraduale Ausbildung sein, die auf einem abgeschlossenen (klinischen) Psychologiestudium aufbaut. Deshalb kommt auch eine **Anrechnung von Studienleistungen** auf die Ausbildung **künftig** in der Regel **nicht** in Betracht.[15]

19 Nach § 8 Abs. 4 PsychThG i. V. m. § 8 PsychTh-APrV ist eine schriftliche und mündliche staatliche Prüfung bei der nach Landesrecht zuständigen Behörde (§ 7 Abs. 1 PsychTh-APrV) abzulegen, die sich auf **eingehende Grundkenntnisse** in den wissenschaftlich anerkannten psychotherapeutischen Verfahren und schwerpunktmäßig auf das Verfahren, das Gegenstand der vertieften Ausbildung gewesen ist, erstreckt. Damit ist einem einseitigen Schulenmonismus ein gewisser Riegel vorgeschoben, was insbesondere an psychoanalytischen Lehrinstituten Staub aufwirbeln dürfte. Abgesichert wird dieser **Ausbildungspluralismus** weiterhin durch § 8 Abs. 4 Satz 2 PsychThG i. V. m. § 9 PsychTh-APrV, nach denen mindestens zwei Mitglieder der staatlichen Prüfungskommission nicht Lehrkräfte derjenigen Ausbildungsstätte sein dürfen, an der die Ausbildung erworben wurde.

20 **b) Die wissenschaftliche Anerkennung psychotherapeutischer Verfahren. aa)** Dreh- und Angelpunkt der Anerkennung einer Ausbildung als Voraussetzung der Approbation ist der **Rechtsbegriff des wissenschaftlich anerkannten psychotherapeutischen Verfahrens.** Bereits § 1 Abs. 3 PsychThG definiert als Psychotherapie i. S. des PsychThG jede mittels wissenschaftlich anerkannter psychotherapeutischer Verfahren vorgenommene Tätigkeit zur Feststellung, Heilung oder Linderung von Störungen mit Krankheitswert, bei denen Psychotherapie indiziert ist. Nach § 6 Abs. 2 Nr. 1 PsychThG sind Einrichtungen unter anderem dann als Ausbildungsstätten anzuerkennen, wenn in ihnen Patienten, die an psychischen Störungen mit Krankheitswert leiden, nach wissenschaftlich anerkannten psychotherapeutischen Verfahren stationär oder ambulant behandelt werden. Und schließlich verwenden die Vorschriften des § 8 PsychThG hinsichtlich des Inhalts der Ausbildungen und Prüfungen den Begriff des „wissenschaftlich anerkannten psychotherapeutischen Verfahrens" (§ 8 Abs. 3 Nr. 1, Abs. 4 PsychThG).

21 Das PsychThG führt insofern einen **neuen Rechtsbegriff** ein, der sich von § 2 Abs. 1 Satz 3, § 70 Abs. 1 Satz 1 und § 72 Abs. 2 SGB V unterscheidet. Diese Normen machen die sozialversicherungsrechtliche Leistungsgewährung im Rahmen der Krankenbehandlung davon abhängig, dass die Behandlung dem „allgemein anerkannten Stand der medizinischen Erkenntnisse" entsprechen muss. Auf eine ähnliche Formulierung hat der Gesetzgeber des PsychThG wohlweislich verzichtet, weil es einen entsprechenden allgemein anerkannten Standard zur **Bewertung der Wirksamkeit von Psychotherapie** gegenwärtig noch nicht gibt.[16] Dementsprechend stand für den Gesetzgeber bei der Formulierung der Forderung,

---

[14] Zu den Anforderungen an eine theoretische Ausbildung vgl. im Einzelnen *Spellbrink* PuR 2001, 9.

[15] So die Motive des Verordnungs-Gebers BR-Drucks. 881/98 S. 30.

[16] Vgl. nur *Benesch,* Enzyklopädisches Wörterbuch Klinische Psychologie und Psychotherapie, Stichwort: Psychotherapieforschung; *Czogalik/Enke,* Allgemeine und Spezielle Wirkfaktoren in der Psychotherapie in: Heigl-Evers u. a., Lehrbuch der Psychotherapie; *Jaeggi* (Fn. 1); vgl. jetzt auch *Kriz,* Gutachten über den Begriff der Wissenschaftlichkeit in der Psychotherapie, 2003; Sonderdruck des Schweizerischen Berufsverbands für Angewandte Psychologie; vgl. auch *Petermann,* Psychotherapieforschung; vgl. auch in Fn. 80, die Nachweise zur sog. Grawe-Kontroverse.

eine Therapiemethode müsse „wissenschaftlich anerkannt" sein, die **Missbrauchsabwehr** eindeutig im Vordergrund. § 1 Abs. 3 PsychThG sollte ausdrücklich keine Aufzählung der zulässigen psychotherapeutischen Verfahren enthalten. „Weiterentwicklungen in diesem Bereich sollen nicht ausgeschlossen werden. Gerade im Rahmen der beruflichen Definition psychotherapeutischer Tätigkeiten ist es nicht angezeigt, Verfahren auszugrenzen".[17]

Es ist von daher äußerst zweifelhaft, ob der Gesetzgeber mit § 1 Abs. 3 PsychThG eine Überprüfung der Wirksamkeit von Therapien intendiert hat. Zu berücksichtigen ist ferner, dass das Kriterium der wissenschaftlichen Anerkennung zunächst den berufsrechtlichen Zugang zur Approbation steuern will und noch nichts über die Zulassung zur vertragsärztlichen Versorgung aussagt. Auch aus Gründen des durch Art 12 Abs. 1 GG geschützten Grundrechts der Berufswahl dürften mithin die **approbationsrechtlichen Voraussetzungen** hinsichtlich der wissenschaftlichen Anerkennung einer Therapiemethode **nicht zu hoch** angesetzt werden.[18] Der Verfasser[19] hat hierzu unter entsprechender Heranziehung der Kriterien des BSG hinsichtlich alternativer Heilmethoden, für die der Bundesausschuss noch keine Entscheidung getroffen hat,[20] gefordert, dass das psychotherapeutische Verfahren in der **Fachdiskussion** eine **breite Resonanz** gefunden hat und von einer **erheblichen Zahl von Therapeuten angewandt** wird. Alle psychotherapeutischen Verfahren mit einer solchen hinreichenden Verbreitung sollten für die Approbation als psychologischer Psychotherapeut ausreichen. Auch aus dem Wortsinn des in § 1 Abs. 3, § 6 Abs. 2 Nr. 1, § 8 Abs. 3 Nr. 1, Abs. 4, § 11 PsychThG verwandten Begriffs der „Anerkennung" kann ja im Übrigen bereits ein Abstellen des Gesetzgeber auf ein soziologisches Kriterium – die Tatsache, dass die Methode empirisch im System Psychotherapie hinreichend verbreitet ist – geschlossen werden. Ein Wirksamkeitsnachweis im eigentlichen Sinne wird hingegen durch die genannten Vorschriften des PsychThG gerade nicht gefordert,[21] was durch die Tatsache erhellt wird, dass das SGB V und das PsychThG jeweils von anderen Begrifflichkeiten ausgehen (vgl. nur § 2 Abs. 1 Satz 3 SGB V). **22**

bb) In mehrfacher Hinsicht problematisch erweist sich in diesem Zusammenhang die in § 11 PsychThG vorgesehene **Institution des wissenschaftlichen Beirats.**[22] Soweit nach dem PsychThG die wissenschaftliche Anerkennung eines Verfahrens Voraussetzung für die Entscheidung der zuständigen Landesbehörde ist, soll die Behörde in Zweifelsfällen ihre Entscheidung auf der Grundlage eines Gutachtens eines wissenschaftlichen Beirats treffen, der gemeinsam von der auf Bundesebene zuständigen Vertretung der psychologischen Psychotherapeuten und Kinder- und Jugendlichen-Psychotherapeuten sowie der ärztlichen Psychotherapeuten in der Bundesärztekammer gebildet wird. **23**

Nach der Gründung der Bundespsychotherapeutenkammer war es notwendig geworden, die Errichtung und Zusammensetzung des Wissenschaftlichen Beirats Psychologie (WBP) neu zu regeln, da nunmehr eine auf der „Bundesebene zuständige Vertretung der psychologischen Psychotherapeuten" i. S. d. § 11 Satz 1 PsychThG existierte (zur Errichtung und Zusammensetzung des WBP aufgrund des Gründungsprotokolls vom 17. 8. 1998 in der Zeit bis Ende 2003 vgl. die erste Auflage dieses Handbuchs § 13 Rdn. 25ff.). Die Bundesärztekammer und die Bundespsychotherapeutenkammer schlossen am 1. 11. 2003 eine Vereinbarung[23] über den WBP, nach deren § 3 der Beirat aus 12 Mitgliedern besteht, von denen jeweils sechs von jeder Vertragspartei für die Dauer von 5 Jahren be- **24**

[17] So wörtlich BT-Drucks. 13/8035 S. 14.

[18] Ähnlich *Francke* MedR 2000, 447 (452).

[19] *Spellbrink* NZS 1999, 1, 5; ebenso: *Pulverich,* Psychotherapeutengesetz, 53; zustimmend auch *Jerouschek* § 1 Rdn. 30ff.

[20] Grundlegend BSGE 81, 54 (70).

[21] Anders *Francke* MedR 2000, 447, insb. 449f.; wie hier *Redeker,* Gutachterliche Stellungnahme zu § 11 PsychThG vom 29. 12. 1999.

[22] Vgl. hierzu *Spellbrink* PuR 2001, 112.

[23] DÄBl. 2003, Heft 49, A-3266f.

rufen werden. Der Vorsitz alterniert. Die gewählte paritätische Besetzung folgt nicht zwingend aus dem Wortlaut des § 11 PsychThG, der hinsichtlich der Vorgaben für die Besetzung wesentlich unpräziser ist als etwa § 91 SGB V hinsichtlich des Gemeinsamen Bundesausschusses. Es ist auch nicht unproblematisch, wenn hinsichtlich der vom WBP beanspruchten umfassenden Prüfungskompetenz gerade im berufsrechtlichen Bereich Angehörige eines fremden Berufs – hier die Ärzte – über die wissenschaftliche Anerkennung eine Psychotherapiemethode mitbefinden. Jedenfalls ist der umgekehrte Fall – psychologische Psychotherapeuten entscheiden über das ärztliche Berufsrecht mit – nicht vorgesehen.

25 Um seine Verfahrensweisen und Entscheidungsprozesse transparent zu machen, hat der WBP die „Anforderungen an einzureichende Dokumentationen zur Beurteilung psychotherapeutischer Verfahren",[24] die „Mindestanforderungen für die Begutachtung von Wirksamkeitsstudien im Bereich der Psychotherapie"[25] und die „Definition der Anwendungsbereiche von Psychotherapie bei Kinder und Jugendlichen"[26] sowie bei Erwachsenen[27] veröffentlicht. Wie schon aus der Verwendung der Formulierung „Begutachtung von Wirksamkeitsstudien" folgt, dehnt der WBP seine Aufgabenstellung und Kompetenz deutlich über den Wortlaut und die Funktion des § 11 PsychThG hinausgehend aus. Für Studien, die nach dem 1. 1. 1990 publiziert wurden, werden fünf Kriterien benannt,[28] die allesamt auf das **Kriterium der Wirksamkeit** abzielen u. a. „outcome- Messung"; Ergebnis i. S. von Effektivität etc. In einem im Internet veröffentlichten Glossar des WBP wird zum Punkt „Begutachtung von Psychotherapie durch den WBP" ausgeführt: „Die Praxis der Begutachtung von Psychotherapie durch den WBP als „wissenschaftliche" hat ihren Schwerpunkt auf der Klärung, ob für ein bestimmtes Verfahren ein hinreichender Wirksamkeits- und Unbedenklichkeitsnachweis als Krankenbehandlungsmethode erbracht wurde. Die Wirksamkeit muss dabei in mehreren Anwendungsbereichen gesichert sein".

26 **Der WBP überschreitet** damit schon inhaltlich **seinen Prüfauftrag,** der durch §§ 1 Abs. 3 und 11 PsychThG umschrieben ist.[29] Es geht hier ausschließlich um die ebenfalls vom WBP in dem Glossar angedeutete „Unbedenklichkeit" einer Methode i. S. der Gefahrenabwehr. Vorbereitet werden soll ja die berufsrechtliche Entscheidung einer Sonderordnungsbehörde. Die Wirksamkeit einer psychotherapeutischen Methode wird in § 92 Abs. 1 Satz 1 SGB V für den Krankenversicherungsbereich zutreffend umschrieben mit den Worten: Nachweis des diagnostischen oder therapeutischen Nutzens nach dem allgemein anerkannten Stand der medizinischen Erkenntnisse. Es stellt sich hier dann sofort die Frage, welcher Entscheidungsspielraum noch dem Gemeinsamen Bundesausschuss nach § 92 Abs. 5 Satz 2 SGB V verbleibt, wenn die gesamte krankenversicherungsrechtliche Wirksamkeitsdebatte bereits vor dem WBP geführt wird. Insofern ist es auch problematisch, wenn in den Psychotherapie-Richtlinien unter B I. 3. 1. die wissenschaftliche Anerkennung durch den WBP zur Voraussetzung der Anerkennung einer Therapiemethode im Bereich der gesetzlichen Krankenversicherung gemacht wird. Dabei scheinen die Handelnden insgesamt zu verkennen, dass der Begriff der „wissenschaftlichen Anerkennung" in § 1 Abs. 3 PsychThG gerade deshalb vom Gesetzgeber eingeführt wurde, weil es im Rahmen der beruflichen Definition psychotherapeutischer Tätigkeiten nicht angezeigt sei, Verfahren auszugrenzen.[30] Nur vor diesem Hintergrund macht auch die „Stufung" des Zugangs zur gesetzlichen Krankenversicherung über die Schritte Approbation, Eintragung ins Arztregister und Zulassung (vgl. sogleich II 2a) einen Sinn. Denn wenn mit der Ap-

---

[24] DÄBl. 1999, Heft 15, A-1015 f.
[25] DÄBl. 2004, Heft 101, A-369.
[26] DÄBl. 2000, Heft 33, A-2190.
[27] DÄBl. 2002, Heft 46, A-3132.
[28] DÄBl. 2004, Heft 101, A-369.
[29] So schon *Spellbrink* PuR 2001, 112.
[30] So BT-Drucks. 13/8035 S 14.

probation bereits der Fachkundenachweis i. S. des Krankenversicherungsrechts (vgl. den Wortlaut des § 95c Abs. 1 SGB V, der ausdrücklich von Approbation und Fachkundenachweis spricht) geführt und gefordert wird, erübrigen sich weitgehend die Abgrenzungen zwischen Berufs- und Krankenversicherungsrecht. Schließlich ist es schwer nachvollziehbar, wieso der Gemeinsame Bundesausschuss weiterhin unter verfassungsrechtlichem Rechtfertigungsdruck wegen seiner mangelnden demokratischen Legitimation stünde, obwohl die Richtlinienkompetenz und Zusammensetzung dieses Ausschusses in §§ 91f. SGB V wesentlich präziser geregelt ist als die Kompetenz des WBP in § 11 PsychThG, der sich seine **Zuständigkeiten** eher schleichend **usurpiert** hat.

27 Der WBP hat nach § 11 PsychThG einen Gutachtensauftrag. Diesen **Gutachtensauftrag** erfüllt er für die Approbationsbehörden in Zweifelsfällen. Die Approbationsbehörden sollen ihre Entscheidungen auf der Grundlage dieser Gutachten fällen. Der WBP hat daher keine andere Stellung als jeder andere Gutachter, der für Gerichte oder Behörden eine fachkundige Meinungsäußerung abgibt. Der WBP hat aber keine eigene Entscheidungskompetenz und auch keinerlei Rechtsanspruch darauf, dass irgendwer – sei es die Approbationsbehörde oder eine Psychotherapeutenkammer – dem Gutachten folgt. Dies ergibt sich schon aus einem Vergleich mit der Bindungswirkung, die das Gesetz beispielsweise den Richtlinien des Gemeinsamen Bundesausschusses beilegt (§ 91 Abs. 9 und § 92 Abs. 8 SGB V). Die Gutachten des WBP sind demgegenüber – wie jedes andere Gutachten auch – für niemand bindend. Von daher sind die bislang veröffentlichten oder erstellten Gutachten des WBP zur
- Systemischen Therapie[31]
- Gesprächspsychotherapie[32]
- Neuropsychologischen Therapie[33]
- Psychodramatherapie[34]

allenfalls insoweit approbationsrechtlich relevant, als sie unter dem Gesichtspunkt der Gefahrenabwehr Bedenken gegen diese Therapierichtungen aufwerfen würden. Der WBP verwirft aber beispielsweise die Therapierichtungen Systemische Therapie oder Psychodrama nun ausschließlich wegen fehlender nachgewiesener Wirksamkeit. Dies ist jedoch kein Kriterium, auf das die Approbationsbehörde abstellen darf. Ausschließlich auf Gutachten des WBP über die Wirksamkeit (und eben nicht die Gefährlichkeit) gestützte Approbationsablehnungen dürften einer rechtlichen Überprüfung daher kaum standhalten.

28 **cc)** Ebenso wenig sind die jetzt auf Landesebene auf der Basis der jeweiligen landesrechtlichen Heilkunde – oder Kammergesetze in allen Bundesländern errichteten Psychotherapeutenkammern[35] an die Vorgaben des WBP gebunden. Diese Kammern stellen einen rein berufsrechtlichen Zwangszusammenschluss aller approbierten Psychotherapeuten dar, wobei allenfalls streitig ist, ob – und in welchem Umfang[36] – für die Mitgliedschaft der Beruf auch tatsächlich ausgeübt werden muss oder ob der bloße Wohnsitz im Gebiet der Kammer ausreichend ist.[37] Voraussetzung einer Mitgliedschaft in der Psychotherapeutenkammer ist in jedem Falle aber die Approbation des Therapeuten i. S. d. §§ 1, 2, 5, 6, 8 PsychThG durch die landesrechtlich bestimmte Approbationsbehörde. Dies zeigt zugleich, dass die Psychotherapeutenkammern auf diese Entscheidung der Approbationsbehörde keinen (oder jedenfalls nur

---

[31] DÄBl. 2000, Heft 97, A-60.

[32] DÄBl. 2000, Heft 97, A-61 und 2002, Heft 45, A-3047.

[33] DÄBl. 2000, Heft 3333, A-2188.

[34] DÄBl. 2001, Heft 66, A-348.

[35] Hierzu *Godry* PuR 2001, 15; *Gersch* PuR 2001, 71 ff.; neuerdings *Stellpflug* MedR 2005, 71.

[36] Teilzeittätigkeit eines approbierten Psychotherapeuten in einem Kinderschutzzentrum als Basis des vollen Kammerbeitrags: VG Schleswig Urteil vom 10. 8. 2004 – 2 A 176/03 –; vgl. auch *Stellpflug* (Fn. 35).

[37] Zur verfassungsrechtlichen Zulässigkeit von Zwangszusammenschlüssen in Kammern: BVerfGE 10, 89; BVerfGE 15, 235; BVerfGE 38, 281.

faktischen) Einfluss haben. Die Kammern entscheiden mithin nicht über den Zugang zum Beruf, die Statusentscheidung verbleibt bei der Approbationsbehörde.

29 Hinsichtlich des Weiterbildungsrechts – einem der wichtigsten Betätigungsfelder der Kammern im ärztlichen Bereich – ist bereits angedeutet worden (oben Rdn. 5), dass das PsychThG nicht vorsieht, dass der einheitliche Beruf des psychologischen Psychotherapeuten in einzelne – dem ärztlichen Facharzt entsprechende – **Fachpsychotherapeutenbezeichnungen** aufgelöst werden kann und soll. Das schließt es jedoch nicht aus, dass die Kammern die Fortbildung ihrer Mitgliedern in **Fortbildungsordnungen** autonom regeln können. Den Kammern steht hierbei – bei der Regelung der Fortbildungsinhalte – eine weitgehende **Satzungsautonomie** zu. Der WBP hat dabei keinerlei rechtliche Befugnis, auf diese autonomen Satzungsregelungen Einfluss zu nehmen. Eine Grenze findet die Satzungsautonomie der berufsrechtlichen Kammern allenfalls darin, dass die einzelnen Zwangsmitglieder nicht gezwungen werden dürfen, sich in offensichtlich gefährlichen Methoden (Exorzismus etc.) fortzubilden. Dann würde die Kammer in die allgemeine Handlungsfreiheit ihrer Zwangsmitglieder eingreifen. Hinsichtlich der vom WBP in ihrer Wirksamkeit angezweifelten Methoden wie Psychodrama etc dürften hingegen keinerlei Bedenken gegen eine Aufnahme in Fortbildungsordnungen bestehen. Diese Methoden sind nach Überzeugung des Verfassers im Rechtssinne gem. § 1 Abs. 3 und § 11 PsychThG wissenschaftlich anerkannt, so dass deren Wirksamkeit (ausschließlich) ein krankenversicherungsrechtliches Problem darstellt, über das der Gemeinsame Bundesausschuss zu befinden hat.

30 **c) Berufsrechtliches Übergangsrecht.** § 12 PsychThG sieht für vier Gruppen von Therapeuten approbationsrechtliche Übergangsvorschriften vor. Nach § 12 Abs. 1 PsychThG erhalten alle Psychotherapeuten die Approbation, die am 1. Januar 1999 im Rahmen des Delegationsverfahrens nach den Psychotherapie-Richtlinien an der Behandlung von gesetzlich Krankenversicherten mitwirken oder die Qualifikation für eine solche Mitwirkung erfüllen. Das Gleiche gilt nach § 12 Abs. 1 Satz 2 PsychThG für Personen, die die Voraussetzungen für eine solche Mitwirkung innerhalb der nächsten drei (bei Vollzeitausbildung) bzw. fünf Jahre (bei Teilzeitausbildung) erwerben. § 12 Abs. 2 PsychThG betrifft in der DDR ausgebildete „Fachpsychologen in der Medizin“.

31 Nach **§ 12 Abs. 3 PsychThG** können auch Personen mit einer bestandenen Abschlussprüfung im Studiengang Psychologie approbiert werden, wenn sie zwischen dem 1. 1. 1989 und dem 31. 12. 1998 mit einer Gesamtdauer von mindestens sieben Jahren an der Versorgung von Versicherten einer Krankenkasse mitgewirkt haben oder ihre Leistungen von einem privaten Krankenversicherungsunternehmer oder der Beihilfe vergütet wurden. § 12 Abs. 3 PsychThG betrifft also die im Wege der **Kostenerstattungspsychologie** von Krankenkassen „auf eigene Faust“ vergüteten Psychologen. Erforderlich ist weiterhin, dass die Antragsteller in dem genannten Zeitraum 4000 Stunden psychotherapeutische Berufstätigkeit oder 60 dokumentierte und abgeschlossene Behandlungsfälle sowie mindestens 140 Stunden theoretischer Ausbildung in wissenschaftlich anerkannten Verfahren nachweisen (§ 12 Abs. 3 Satz 2 Nr. 1 und Nr. 2 PsychThG). Hinsichtlich der theoretischen Ausbildung war umstritten, inwieweit eine **theoretische Ausbildung** Anerkennung finden konnte, die bereits während des **regulären Psychologiestudiums** absolviert worden war. Die KBV ging hierzu in einem Rundschreiben vom 18. 8. 1998[38] davon aus, dass übergangsrechtlich lediglich 25 Theoriestunden aus einem Psychologiestudium auf den geforderten Theorienachweis von 140 bzw. 280 (§ 12 Abs. 4 PsychThG) Stunden angerechnet werden könnten. Die Approbationsbehörden haben hier offensichtlich teilweise recht großzügig „normale“ Studienleistungen als Theorienachweise im Rahmen des § 12 Abs. 3 und Abs. 4 PsychThG anerkannt.[39] Diese Anerkennung durch die Approbationsbehörde führte

---

[38] Abgedruckt bei *Behnsen/Berhardt,* Psychotherapeutengesetz 197.

[39] Vgl. die Fallgestaltungen in den Urteilen des LSG Nordrhein-Westfalen vom 10. 3. 2004 – L10 KA 35/03 – und vom 21. 7. 2004 – L 10 KA 42/03. Vom BSG durch Urteile vom 31. 8. 2005 (BGKA 59/04 R und BGKH 68/0482) bestätigt (vgl. auch Fn. 50).

im anschließenden krankenversicherungsrechtlichen Zulassungsverfahren zu Streit, weil die KV diese Entscheidungen der Approbationsbehörde bei der Prüfung der Eintragung ins Arztregister gem. § 95c Abs. 1 SGB V wieder in Frage stellte bzw. sich nicht an die positive Entscheidung über die Approbation gebunden fühlte und auf dem Erfordernis **postgraduell erworbener Theoriestunden** beharrte (hierzu sogleich II 2a)).

32 Obwohl das Gesetz hier in § 12 Abs. 3 Satz 1 PsychThG von „psychotherapeutischer Berufstätigkeit" spricht, kann für die Approbation nicht jede beliebige Tätigkeit in irgendeinem Verfahren genügen. Geht man von der hier vertretenen großzügigen Auslegung des Begriffs der „wissenschaftlichen Anerkennung" im PsychThG aus, so ist für die approbationsrechtliche Übergangsregelung in § 12 Abs. 3 Satz 2 Nr. 1 PsychThG diese Anforderung ebenfalls aufzustellen. Es wäre jedenfalls – auch unter Gesichtspunkten des Patientenschutzes – kaum vertretbar, eine Approbation bei Nachweis irgendeiner **„psychotherapeutischen Berufstätigkeit"** auszusprechen, die im Niveau noch unter der Schwelle der wissenschaftlichen Anerkennung i.S. des § 1 Abs. 3 PsychThG liegt. Andererseits zeigt § 12 Abs. 3 PsychThG gerade, dass die Approbation nicht von Kenntnissen in und der Durchführung von Richtlinien Psychotherapie abhängen soll. § 12 Abs. 4 PsychThG enthält schließlich Übergangsrecht für Angestellte oder Beamte. Auch hier ist für den Nachweis bisheriger Tätigkeit in die Begriffe „psychotherapeutische Behandlung" oder „psychotherapeutische Berufstätigkeit" wieder das Qualifikationsmerkmal der wissenschaftlichen Anerkennung der Therapiemethode hineinzuinterpretieren.

33 Insgesamt wird im PsychThG als Qualifikationsgrunderfordernis auf ein **abgeschlossenes Psychologiestudium** abgestellt. Das PsychThG wird in der Zukunft zu einer Vereinheitlichung des Psychologiestudiums führen, das dann auch eine gezieltere Vorbereitung auf die therapeutische Tätigkeit darstellen wird. Allenfalls problematisch könnte es sein, dass das PsychThG in § 12 lediglich Personen mit abgeschlossenem Psychologiestudium übergangsrechtlich den Genuss einer Approbation zukommen lässt. Für alle bisher als Psychotherapeuten tätigen Theologen, Erzieher etc. **fällt** damit **der Beruf** übergangslos **weg,** auch wenn ihre Tätigkeit etwa von der Beihilfe oder einzelnen Krankenkassen bislang vergütet wurde. Dies kann im Einzelfall zu unbilligen Härten führen, da das Diplom in Psychologie nach bisherigem Rechtszustand nicht notwendigerweise zu einer höheren Basisqualifikation für eine psychotherapeutische Tätigkeit führen musste als ein anderer sozialwissenschaftlicher Studiengang mit entsprechendem Studienabschluss.

34 Bislang war es durchaus üblich, universitätsbezogen **unterschiedliche Schwerpunkte der Ausbildung** zum Diplompsychologen zu setzen. Dies war im Übrigen für das BSG[40] eine der wesentlichen Gründe, die Gleichstellung von Ärzten und Psychologen de lege lata abzulehnen. Zutreffend hat das BSG ausgeführt, dass das Diplom in Psychologie bislang auch erworben werden konnte, ohne dass vertiefte Kenntnisse in klinischer Psychologie und Psychotherapie im Studium vermittelt wurden. So wurde etwa an Technischen Universitäten der **Schwerpunkt** des Studiums eher auf die Bereiche **Statistik** oder Experiment gelegt. Auffallend ist in diesem Zusammenhang auch, dass bei der Frage des Nachweises von 140 Stunden theoretischer Ausbildung zum Erhalt einer übergangsrechtlichen Approbation (unter anderem in § 12 Abs. 3 Satz 2 Nr. 2 PsychThG) durchaus auf Studienleistungen während des Psychologiestudiums zurückgegriffen wurde.[41] Geht man davon aus, dass die Ausbildung zum Psychotherapeuten grundsätzlich eine nachuniversitäre sein soll, so ist zu fragen, welchen besonderen Wert für den Beruf Psychotherapeut ein („altes", etwa an einer TU abgelegtes) Diplom in Psychologie hat, wenn zusätzlich die im Rahmen eines solchen Grund-Studiums abgeleisteten Theoriestunden auch noch in vollem Umfang als Theorieausbildung für den postgradualen Beruf des Psychotherapeuten anerkannt werden.

---

[40] BSG SozR 3–2500 § 15 Nr. 2, 21.

[41] So insb. SG Köln, Urteil vom 3. 5. 2000 – S 19 KA 86/99 –; hierzu *Spellbrink* PuR 2001, 9; zutreffend SG Frankfurt/Main, Beschluss vom 21. 12. 1999 – S 27 KA 3776/99 ER – und Beschluss vom 17. 3. 2000 – S 27 KA 251/00 ER –.

35 Gegebenenfalls werden § 12 Abs. 3 und Abs. 4 PsychThG hier **verfassungskonform** um eine Übergangsregelung für einzelne Nichtpsychologen mit entsprechenden Nachweisen zu **ergänzen** sein. Der Verfasser[42] hatte hierzu vorgeschlagen, alle akademischen Psychotherapeuten, die auch Psychologie studiert und die sonstigen Qualifikationsnachweise erbracht haben, übergangsrechtlich zu approbieren. Dies kann auch im Wege einer verfassungskonformen Auslegung der Übergangsvorschriften in § 12 Abs. 3 PsychThG erfolgen. Dieser Auffassung sind einige Verwaltungsgerichte gefolgt.[43] Das Bundesverfassungsgericht[44] hat hingegen in Eilentscheidungen zu erkennen gegeben, dass es die Fixierung des Berufsbilds auf Diplompsychologen verfassungsrechtlich wohl nicht beanstanden wird. Diese (tendenziell vorläufigen) Entscheidungen des BVerfG haben in der Folgezeit eine Eigendynamik entwickelt, so dass sich bald der Eindruck durchsetzte, an dem Ausschluss von Nicht-Diplompsychologen könne und dürfe verfassungsrechtlich nicht mehr gezweifelt werden.[45] Spätestens mit dem **Urteil des BVerwG vom 9. 12. 2004**[46] dürften die **Chancen sonstiger Akademiker** auf eine Approbation als psychologischer Psychotherapeut im Streitfall **gegen Null tendieren.** Das BVerwG hat sich bei seiner, den Anspruch eines Diplom-Sozialpädagogen verneinenden, Entscheidung auch mit dem Vorschlag des Verf auseinandergesetzt, in jedem Einzellfall die konkreten Kenntnisse und Qualifikationen des (akademischen) Therapeuten zu überprüfen. Ein solches Vorgehen scheitere jedoch an „an den Grundsätzen des Praktikabilität und Verwaltungsvereinfachung", so das BVerwG.

2. Die sozialversicherungsrechtliche Stellung des psychologischen Psychotherapeuten

36 **a) Bedarfsabhängige Zulassung nach §§ 95, 95 c SGB V.** Künftig können sich Psychotherapeuten nach § 95 Abs. 2 SGB V um die Zulassung bewerben, soweit sie die Voraussetzungen des neuen § 95 c SGB V erfüllen (§ 95 Abs. 1 Satz 3 Nr. 1 SGB V), d.h. in das Arztregister eingetragen sind. Die Eintragung in das Arztregister setzt nach § 95 c SGB V einerseits die Approbation (nach § 2 oder § 12 PsychThG) voraus. Zusätzlich ist ein **Fachkundenachweis** erforderlich. Der Fachkundenachweis setzt nach § 95 c Satz 2 Nr. 1 SGB V für den nach § 2 Abs. 1 PsychThG approbierten Psychotherapeuten voraus, dass dieser die **vertiefte Ausbildung** nach § 8 Abs. 3 Nr. 1 PsychThG in einem durch den Gemeinsamen Bundesausschuss nach § 92 Abs. 6 a SGB V **anerkannten Behandlungsverfahren** erfolgreich abgeschlossen hat.

37 § 95 c Satz 2 Nr. 2 SGB V stellt dieselbe Voraussetzung (vertiefte Ausbildung in einem Richtlinienverfahren) für auf Grund von EU-Diplomen oder nach § 2 Abs. 3 PsychThG approbierte Therapeuten auf. Schließlich betrifft § 95 c Satz 2 Nr. 3 SGB V die Psychotherapeuten, die die Approbation nach § 12 PsychThG (Übergangsrecht) erlangt haben. Diese erbringen den Fachkundenachweis dadurch, dass sie die für eine Approbation geforderten Voraussetzungen in einem Richtlinienverfahren des Bundesausschusses erbringen. Hier ist also auch der Fall denkbar, dass die Approbation auf Grund eines Nichtrichtlinienverfahrens (Erstattungspsychotherapie) erteilt wurde und die für eine Approbation in Richtlinienverfahren geforderten Voraussetzungen erst nachträglich erbracht werden. Auch § 95 c Satz 2 Nr. 3 SGB V zeigt mithin, dass die Voraussetzungen für Approbation und Kassenzulassung auseinanderfallen können.

---

[42] *Spellbrink* NVwZ 2000, 145; vgl. auch *Butzmann* NJW 2000, 1773 und *Stock* NJW 1999, 2702; kritisch aber *Falk* KrV 2000, 27.

[43] Nachweise bei *Spellbrink* und *Stock* (Fn. 27).

[44] BVerfG NJW 1999, 2729; BVerfG NJW 1999, 2730; BVerfG NJW 2000, 1779; hierzu *Stock* MedR 2003, 554 ff.

[45] Beispielsweise bei *Immen* in: Jerouschek, PsychThG, § 12 Rdn. 14 ff.

[46] – 3 C 11/04 –.

38 In diesem Zusammenhang wurde die Frage virulent, **inwieweit die KV,** die die Arztregistereintragung als Vorstufe und Voraussetzung der eigentlichen späteren Zulassung vornimmt, **an die Entscheidung(en) der Approbationsbehörde gebunden** ist. Hierbei ist zwischen den beiden Tatbestandsvoraussetzungen einer Eintragung in das Arztregister gem. § 95c Satz 1 SGB V zu differenzieren. Die Tatsache, dass die nach § 95c Satz 1 Nr. 1 SGB V erforderliche Approbation gem. §§ 2, 12 PsychThG vorliegt, steht als solche nicht mehr in der Prüfkompetenz der KV. Etwas anderes ist es mit dem Fachkundenachweis gem. § 95c Satz 1 Nr. 2 SGB V. Dieser wird – jedenfalls bei Richtlinienverfahren – ja im Approbationsverfahren zumindest implizite mitgeprüft. Das BSG hat hierzu eine vermittelnde Position eingenommen.[47] Grundsätzlich sind die Zulassungsgremien an die durch die Approbationsbehörden erteilte Approbation gebunden. Allerdings muss diese Approbation auch bestandssicher sein und darf nicht von der Approbationsbehörde selbst wieder in Frage gestellt worden sein.[48] Auch darf die KV bei ihrer Entscheidung Rechenfehler der Approbationsbehörde berichtigen.[49] Letzterer Gesichtspunkt wurde vom LSG Nordrhein-Westfalen weit ausgelegt. Die Approbationsbehörde hatte im Rahmen der Approbationsentscheidung während eines (normalen) Psychologiestudiums absolvierte Theoriestunden als Nachweise anerkannt. KV und LSG[50] haben diese – approbationsrechtlich bereits gewürdigten Theoriestunden – wegen des grundsätzlichen Erfordernisses einer **postgraduellen Ausbildung** zulassungsrechtlich wieder in Frage gestellt und die **Eintragung ins Arztregister** wegen des fehlenden Fachkundenachweises abgelehnt. Die Prüfungskompetenz der KV im Rahmen des § 95c SGB V erstrecke sich auch darauf, ob die erforderliche Stundenzahl „nachgewiesen" sei. Obwohl damit die Prüfkompetenz der KV bei der Eintragung ins Arztregister wieder stark erweitert wird, ist dem LSG im Ergebnis wohl zuzustimmen. Wenn man – wie hier – strikt zwischen der letztlich polizeirechtlichen Approbation und der krankenversicherungsrechtlichen Zulassung unterscheidet, so besteht gerade nicht die Gefahr eines Kompetenzwirrwarrs oder einer Vermengung von Zuständigkeiten.[51] Vielmehr ist es aus verfassungsrechtlichen Gründen (Art. 12 Abs. 1 GG) geradezu geboten, bei der Approbation großzügiger zu verfahren als bei einer Zulassung zur Versorgung in der gesetzlichen Krankenversicherung.

39 Soweit § 95c Satz 2 Nr. 3 SGB V als Voraussetzung für die Arztregistereintragung eines nach § 12 PsychThG approbierten Therapeuten ausdrücklich vorschreibt, dass er „die für die Approbation geforderte" Qualifikation in einem Richtlinienverfahren nachweist, wird aus diesem Wortlaut der Norm zu recht abgeleitet, dass ein Bewerber diese spezifische Richtlinienfachkunde nicht bereits zum Zeitpunkt der Approbation besitzen musste.[52]

---

[47] BSG, Urteil vom 6. 11. 2002 = SozR 3–2500 § 95c Nr. 1 und Urteil vom 5. 2. 2003 = SozR 4–2500 § 95 Nr. 4.

[48] So BSG SozR 4–2500 § 95 Nr. 4 – ausländischer Studienabschluss in Psychologie wurde zunächst anerkannt, dann wieder angefochten; vgl. hierzu auch die Anm. von *Peikert* GesR 2003, 115 und *Tittelbach* SGb 2003, 529.

[49] BSG SozR 3–2500 § 95c Nr. 1.

[50] LSG Nordrhein- Westfalen, Urteil vom 10. 3. 2004 – L 10 KA 35/03 – Urteil vom 21. 7. 2004 – L 10 KA 42/03. Das BSG hat durch Urteile vom 31. 8. 2005 die beiden LSG-Urteile bestätigt (BG KA 59/04 R und B 6 KH 68/04 R). Wie auch vom Verf oben im Text ausgeführt, hat das BSG klargestellt, dass die Bindungswirkung der Approbation einer eigenständigen Prüfung der spezifisch krankenversicherungsrechtlichen Erfordernisse einer Zusatzausbildung nach dem Verfahren der Psychotherapie-Richtlinien durch die KV nicht entgegensteht. Zugleich hat das BSG damit – impliziert – klargestellt, dass der Fachkundenachweis für die Eintragung Psychologischer Psychotherapeuten in das Arztregister **nur mit** einer **postgradualen Ausbildung** erbracht werden kann.

[51] So *Tittelbach* SGb 2003, 529f.

[52] LSG Nordrhein-Westfalen, Urteil vom 21. 11. 2003 – L 10 KA 82/92 – in Revision beim BSG unter B 6 KA 10/04 R; die beklagte KV hat in der Sitzung des BSG am 31. 8. 2005 ihre Revision gegen das Urteil des LSG zurückgenommen, nachdem das BSG nur deutlich gemacht hatte, dass die

Vielmehr kann dieser spezielle Fachkundenachweis in einem Richtlinienverfahren auch noch später nachgeholt werden. Auch letzteres spricht dafür, dass die Bindung der KV an die Entscheidung der Approbationsbehörde hinsichtlich des Fachkundenachweises nicht allzu strikt ausgelegt werden darf. Schließlich hat das BSG klargestellt,[53] dass der Fachkundenachweis gem. § 95c Satz 1 Nr. 2 SGB V über die Ausbildung in einem Richtlinienverfahren auch anzuerkennen ist, wenn die Ausbildung bei einem nicht von der KBV anerkannten Ausbildungsinstitut (aber eben in einem Richtlinienverfahren) durchgeführt wurde.

40 Diese **(künftige) Zulassung** wird **bedarfsabhängig** erfolgen. Nach § 101 Abs. 4 Satz 1 SGB V bilden Psychotherapeuten und ausschließlich psychotherapeutisch tätige Ärzte eine Arztgruppe i. S. des § 101 Abs. 2 SGB V. Bei **Überversorgung** können also bestimmte Planungsbereiche gesperrt werden. Dabei ist der allgemeine bedarfsgerechte Versorgungsgrad erstmals zum Stand vom 1. 1. 1999 zu ermitteln. Bis zum 31. 12. 2008 ist nach § 101 Abs. 4 Satz 3 SGB V in den Bedarfsplanungsrichtlinien aber lediglich sicherzustellen, dass jeweils mindestens ein Versorgungsanteil in Höhe von 40 v. H. den Psychotherapeuten bzw. den ausschließlich psychotherapeutisch tätigen Ärzten vorbehalten bleibt.

41 Im Zulassungsverfahren und bei der Bedarfsplanung bilden die Psychologischen Psychotherapeuten und die Kinder- und Jugendlichenpsychotherapeuten eine Gruppe gem. § 101 Abs. 4 SGB V i. V. m. Nrn. 22a und 22b Abs. 3 bis 5 Bedarfsplanungs-Richtlinien – Ärzte. Eine **Sonderbedarfszulassung** im Hinblick auf einen spezifischen Mangel an Kinder- und Jugendlichen-Psychotherapeuten ist hier denkbar,[54] weil ein Fehlen von solchen nicht beliebig durch Erwachsenentherapeuten kompensiert werden kann. Zu diskutieren wäre hier auch eine Sonderbedarfszulassung, wenn die Geschlechterverteilung bei den bereits zugelassenen Therapeuten völlig einseitig wäre.

42 **b) Bedarfsunabhängige Zulassung bzw. Ermächtigung nach § 95 Abs. 10 und Abs. 11 SGB V.** § 95 Abs. 10 und Abs. 11 SGB V schaffen zulassungsrechtliches **Übergangsrecht.** Die nach § 95 Abs. 10 SGB V zugelassenen, bzw. die nach § 95 Abs. 11 SGB V ermächtigten Psychotherapeuten werden **bedarfsunabhängig** zugelassen, d. h., es besteht uneingeschränkte Niederlassungsfreiheit. Für die Zulassung nach § 95 Abs. 10 SGB V ist Voraussetzung, dass bis zum 31. 12. 1998 die Approbation nach § 12 PsychThG und der Fachkundenachweis nach § 95c Satz 2 Nr. 3 SGB V erfüllt sind und ein Zulassungsantrag gestellt wurde. Dies bedeutet, dass die Approbationsvoraussetzungen in Richtlinienverfahren nach den alten Psychotherapie-Richtlinien erbracht werden mussten, anders hätte der Fachkundenachweis nach § 95c Satz 2 Nr. 3 SGB V bis zum 31. 12. 1998 nicht erbracht werden können. Weiterhin ist erforderlich, dass die Approbationsurkunde bis zum 31. 3. 1999 vorlag und der Psychotherapeut in der Zeit vom 25. 6. 1994 bis 24. 6. 1997 (so genanntes **Zeitfenster**) an der ambulanten psychotherapeutischen Versorgung der Versicherten der gesetzlichen Krankenversicherung teilgenommen hat (§ 95 Abs. 10 Nr. 2 und Nr. 3 SGB V).

43 § 95 Abs. 11 SGB V sieht als weitere Teilnahmeform an der Versorgung der gesetzlich Krankenversicherten eine zeitlich auf maximal fünf Jahre **befristete Ermächtigung** vor. Die Ermächtigung nach § 95 Abs. 11 SGB V betrifft diejenigen Psychotherapeuten, die die Voraussetzungen für die Approbation nicht in einem Richtlinienverfahren nach den Psychotherapie-Richtlinien des Bundesausschusses erworben haben. Auch sie müssen, ebenso wie bei der Zulassung, die Approbationsurkunde bis zum 31. 3. 1999 vorgelegt und in der Zeit vom 25. 6. 1994 bis 24. 6. 1997 (Zeitfenster) an der ambulanten psychotherapeutischen Versorgung der gesetzlich Krankenversicherten teilgenommen haben

---

für den Fachkundenachweis gem. § 95c Satz 2 Nr. 3 SGB V erforderlichen Qulifikationen auch noch nach dem 31. 12. 1998 erbracht werden können.

[53] Beschluss vom 28. 4. 2004 – B 6 KA 110/03 B –.

[54] Zum insoweit bestehenden Beurteilungsspielraum der Zulassungsgremien: BSGE 86, 242 (250) = SozR 3–2500 § 101 Nr. 5.

(§ 95 Abs. 11 Satz 1 Nrn. 2 und 3 SGB V). Da die Zulassung nach § 95 Abs. 10 SGB V einen Fachkundenachweis in einem Richtlinienverfahren voraussetzt (§ 95 Abs. 10 Satz 1 Nr. 1 i. V. m. § 95c Satz 2 Nr. 3 SGB V), muss der zunächst ermächtigte Psychotherapeut diesen Fachkundenachweis gemäß § 95 Abs. 11 Satz 3 SGB V im Wege der Nachqualifikation erbringen. Bei Nachweis des erfolgreichen Abschlusses der **Nachqualifikation** hat der Zulassungsausschuss auf Antrag die Ermächtigung in eine Zulassung umzuwandeln (§ 95 Abs. 11 Satz 4 SGB V). Die Ermächtigung des Psychotherapeuten erlischt bei Beendigung der Nachqualifikation, spätestens aber fünf Jahre nach Erteilung der Ermächtigung.

44 Übergangsrechtlich eine der **umstrittensten Fragen** war, welche inhaltlichen Anforderungen an eine **Teilnahme** des Therapeuten an der ambulanten psychotherapeutischen Versorgung von Versicherten der gesetzlichen Krankenversicherung **im so genannten Zeitfenster** (Zeitraum vom 25. 6. 1994 bis 24. 6. 1997) zu stellen waren. Teilweise wurden hierzu sehr großzügige Auffassungen vertreten.[55] Das Bundessozialgericht hat durch **Urteile vom 8. 11. 2000**[56] demgegenüber eine restriktivere Auslegung des Begriffs der Teilnahme im Zeitfenster vorgenommen. Die **wesentlichen Überlegungen** in den **BSG-Urteilen** vom 8. 11. 2000 lassen **sich wie folgt zusammenfassen:**

45 Bei der Auslegung des § 95 Abs. 10 SGB V und seiner Tatbestandsmerkmale ist zu berücksichtigen, dass die psychologischen Psychotherapeuten durch das PsychThG **in das bestehende System der vertragsärztlichen Versorgung** integriert und demgemäß auch in die vertragsärztliche Bedarfsplanung einbezogen worden sind. Danach können Psychotherapeuten – ebenso wie Vertragsärzte – Zulassungen grundsätzlich nur in solchen Planungsbereichen erhalten, für die keine Zulassungssperren wegen Überversorgung angeordnet worden sind. Das SGB V geht somit vom **Regelfall der bedarfsabhängigen Zulassung** auch für Psychotherapeuten aus. Die vertragsärztliche Bedarfsplanung ist, wie das BSG bereits entschieden hat,[57] verfassungsgemäß. Das gilt auch für die Einbeziehung der neu zuzulassenden Psychotherapeuten, weil damit unter anderem das Ziel verfolgt wird, eine gleichmäßige Versorgung mit psychotherapeutischen Leistungen im gesamten Bundesgebiet zu gewährleisten.

46 **Eine Ausnahme** von der bedarfsabhängigen Zulassung, nämlich eine bedarfsunabhängige Zulassung, auch wenn der Planungsbereich an sich wegen Überversorgung gesperrt ist, hat der Gesetzgeber gemäß § 95 Abs. 10 SGB V **nur für eine bestimmte Gruppe** von Psychotherapeuten vorgesehen, für die die Verweisung auf eine bedarfsabhängige Zulassung eine unbillige Härte darstellen würde. Bei der genannten Vorschrift handelt es sich um eine Härtefallregelung, die an das Vorhandensein einer **schützenswerten Substanz** anknüpft, die **in dem Zeitfenster** bestanden haben oder geschaffen worden sein muss. Diejenigen Psychotherapeuten, die in dem Zeitfenster schon in relevantem Umfang an der Behandlung der Versicherten der gesetzlichen Krankenversicherung beteiligt waren, sollen die Möglichkeit erhalten, weiterhin an dem Ort ihrer Niederlassung tätig zu sein, selbst wenn der Planungsbereich überversorgt ist. Dem Verständnis der Vorschrift als **Härtefallregelung** entspricht es, dass das Gesetz – anders als etwa bei der an berufsrechtliche Voraussetzungen anknüpfenden Bestimmung des § 95 Abs. 10 Satz 1 Nr. 1 SGB V – nicht selbst strikte zeitliche Vorgaben für eine Teilnahme festlegt, sondern mit dem unbestimm-

[55] *Gleiniger* NZS 2000, 486; *Kingreen* VSSR 2000, 1; *Plagemann/Kies* MedR 1999, 415; *Sprengell* SGb 1999, 286; *Tittelbach* SGb 1999, 397; generell zu Fragen des Übergangsrechts bereits *Boerner* ZfSH/SGb 1996, 132.

[56] B 6 KA 22/00 R; B 6 KA 44/00 R; B 6 KA 46/00 R; B 6 KA 51/00 R; BSGE 87, 158 = B 6 KA 52/00 R = SozR 3–2500 § 95 Nr. 25; 36 KA 52/00 R = BSGE 87, 158 = SozR 3-2500 § 95 Nr. 25; die Aussagen im Text folgen im Wesentlichen BSGR 87, 158 = SozR 3–2500 § 95 Nr. 25. Die Entscheidung BSG BSGE 87, 184 = SozR 3–2500 § 95 Nr. 26 betrifft die Frage, inwieweit die Altersgrenzen im Kassenarztrecht (55 Jahre, bzw. 68 Jahre, vgl. § 95 Abs. 7 SGB V bzw. § 98 Abs. 2 Nr. 12 SGB V) auch für psychologische Psychotherapeuten gelten. Hierzu § 6 des Handbuchs. Zu BSGE 87, 158 vgl. die sehr kritische Anmerkung von *Plagemann* SGb 2001, 577.

[57] BSGE 82, 41.

ten Rechtsbegriff der „Teilnahme" an der Versorgung eine flexible, dem Einzelfall gerecht werdende Handhabung ermöglicht. Daraus folgt zugleich, dass eine Gesamtbetrachtung aller für die Teilnahme an der psychotherapeutischen Versorgung maßgeblichen Umstände erforderlich ist, zu denen unter anderem auch die Ableistung einer **gewissen Behandlungsstundenzahl** gehört.

47 Für das Vorliegen eines Härtefalls müssen danach bestimmte Voraussetzungen erfüllt sein. Das SGB V stellt in Abs. 10 Satz 1 Nr. 3 zunächst auf die ambulante psychotherapeutische Versorgung der Versicherten der gesetzlichen Krankenversicherung ab. Damit haben bei der Prüfung der Teilnahmevoraussetzung alle diejenigen Behandlungen auszuscheiden, die für andere Kostenträger erbracht worden sind. Es sind auch nur solche Behandlungen einzubeziehen, die sich im Rahmen der in der gesetzlichen Krankenversicherung **zugelassenen Behandlungsmethoden** gehalten haben. Denn nur diese Behandlungen durften gegenüber der KV bzw. den Krankenkassen abgerechnet werden.

48 Mit der Verwendung des Begriffs der „Teilnahme" an der ambulanten Versorgung nimmt das Gesetz auf die die vertragsärztliche Tätigkeit kennzeichnende Behandlung **in niedergelassener Praxis** Bezug. Nur für diejenigen Psychotherapeuten, die in der Vergangenheit eine Praxis aufgebaut und in der Bindung an den Ort dieser Praxis ihre berufliche Tätigkeit entfaltet haben, kann es eine unzumutbare Härte bedeuten, wenn sie ihre Behandlungstätigkeit künftig an einem anderen, von Zulassungsbeschränkungen nicht betroffenen Ort fortsetzen müssten. Schutzwürdig ist nur die Fortführung der im Zeitfenster bestehenden oder gegründeten Praxis an einem bestimmten Ort mit einer bestimmten Praxisanschrift.

49 Sowohl aus der Voraussetzung „Tätigkeit in niedergelassener Praxis" als auch aus der gesetzlichen Orientierung am Leitbild der vertragsärztlichen Tätigkeit folgt weiter, dass nur **eigenverantwortlich durchgeführte Behandlungen,** die von dem Psychotherapeuten gegenüber der KV oder im Kostenerstattungsverfahren gegenüber den gesetzlichen Krankenkassen abgerechnet worden sind, für die Erfüllung des Teilnahmebegriffs Berücksichtigung finden können. Behandlungsstunden im Ausbildungsverhältnis und in angestellter Tätigkeit sind nicht heranzuziehen. Soweit in niedergelassener Praxis Behandlungen ausschließlich im Beauftragungsverfahren, also bei noch nicht abgeschlossener Weiterbildung zum Delegationspsychotherapeuten erbracht wurden, kann mit diesen allein nicht die Voraussetzung der Teilnahme erfüllt werden.

50 Die Teilnahme an der ambulanten psychotherapeutischen Versorgung muss nicht im gesamten Drei-Jahres-Zeitraum des § 95 Abs. 10 Satz 1 Nr. 3 SGB V nachgewiesen sein. Nach der Gesetzesbegründung reicht auch ein **kürzerer Zeitraum** aus. Dieser kann in Fällen, in denen eine Praxis Ende 1996 oder zu Beginn des Jahres 1997 gegründet worden ist, auch ein halbes Jahr unterschreiten.

51 Die bisherige Behandlungstätigkeit von Versicherten der gesetzlichen Krankenversicherung muss **vom Umfang her** die **berufliche Tätigkeit** mit **geprägt** haben bzw. objektiv nachvollziehbar darauf ausgerichtet gewesen sein. Nur dann bedeutet die Beendigung der bisher ausgeübten Tätigkeit im Delegations- bzw. Kostenerstattungsverfahren eine unzumutbare Härte. Diese allein rechtfertigt die Privilegierung dieser Gruppe von Psychotherapeuten gegenüber allen anderen Berufsangehörigen, denen zugemutet wird, sich auch außerhalb ihres bisherigen Lebensmittelpunkts um eine Zulassung zu bemühen. Erforderlich ist somit, dass der Betroffene in der Zeit nach Gründung der Praxis einen bestimmten **Mindestumfang an Behandlungsstunden** erbracht hat.

52 Dieser Umfang ist **nicht** in erster Linie an einer **exakten Stundenzahl,** sondern vielmehr daran zu messen, ob zumindest in der letzten Zeitspanne vor dem maßgeblichen Stichtag (24. 6. 1997) die berufliche Tätigkeit des Betroffenen auf die Behandlung in der eigenen, niedergelassenen Praxis ausgerichtet war, die berufliche Lebensplanung also erkennbar auf die Tätigkeit als niedergelassener Psychotherapeut hin orientiert war. Das kann grundsätzlich angenommen werden, wenn zumindest in den letzten Monaten vor dem Stichtag der Behandlungsumfang gegenüber Versicherten der gesetzlichen Krankenkassen

annähernd einer halbtägigen Tätigkeit entsprochen hat und diese Behandlungen nicht gegenüber anderen Tätigkeiten – sei es in einem abhängigen Beschäftigungsverhältnis, sei es gegenüber einem anderen Kostenträger – von untergeordneter Bedeutung gewesen sind.

Die Orientierung der Zulassungsgremien an einem **Behandlungsumfang** im so genannten **Zeitfenster von 250 Stunden** in einem halben bis einem Jahr während des Zeitfensters hält sich innerhalb der vom BSG vorgenommenen Konkretisierung des Begriffs der Teilnahme, wobei das BSG allerdings davon ausgeht, dass die 250 Behandlungsstunden in einem Halbjahreszeitraum erbracht worden sein müssen. Der Nachweis von 250 Behandlungsstunden, die sich **gleichmäßig auf alle drei Jahre** des Zeitfensters verteilen, würde demgegenüber **nicht ausreichen.** Bis Ende 1996 oder Anfang 1997 neu gegründeten Praxen kann dann, wenn alle Umstände auf eine berufliche Orientierung i.S. einer Tätigkeit in niedergelassener Praxis hindeuten – z.B. Kündigung der Beschäftigung oder Reduzierung des Beschäftigungsumfangs, Anmietung von Praxisräumen für einen längeren Zeitraum – eine rechtlich relevante Teilnahme auch dann gegeben sein, wenn im letzten Vierteljahr des Zeitfensters durchschnittlich 15 Behandlungsstunden pro Woche nachgewiesen sind. **53**

Der für die Beurteilung der Teilnahme **maßgebliche Stichtag** ist der **24. 6. 1997.** Der Gesetzgeber hat auf einen bei der Verabschiedung des Gesetzes abgelaufenen Zeitpunkt abgestellt, um eine **Welle von neuen Niederlassungen** kurz vor dem Inkrafttreten der Neuregelung **zu verhindern.** Das ist angesichts der Erfahrungen mit den Zulassungsbeschränkungen im ärztlichen Bereich im Zusammenhang mit dem Gesundheitsstrukturgesetz 1993 nicht zu beanstanden. Daran ändert auch der Umstand nichts, dass der am 24. 6. 1997 eingebrachte Gesetzentwurf noch keine dem geltenden Recht entsprechende Zulassungsbeschränkung für bereits tätige Psychotherapeuten enthielt. **54**

Das BSG hat mit diesen Gesichtspunkten im Einzelfall **„harte" Kriterien** für einen Übergang von psychologischen Psychotherapeuten in das Vertragsarztsystem aufgestellt. Kritisch anzumerken bleibt auch, dass das BSG wesentlich strengere Anforderungen an die bisherige psychotherapeutische Tätigkeit gestellt hat, als sie in der Praxis der Zulassungsinstanzen und Sozialgerichte (ganz zu schweigen von der Literatur) üblich waren. Nur die Hartnäckigkeit einzelner Kassenärztlicher Vereinigungen hat die Verfahren vor das BSG gebracht, während zwischenzeitlich in anderen Bezirken zahlreiche Therapeuten mit Tätigkeiten im Zeitfenster weit unterhalb der vom BSG am 8. 11. 2000 entwickelten Schwellen problemlos zugelassen worden sind. Insgesamt fällt auf, dass das **BSG von dem Leitbild des bereits etablierten Vertragsarztsystems ausgeht** und dessen Anforderungsstrukturen in die Vergangenheit zurückverlagert. Dabei berücksichtigt das BSG nicht hinreichend, in welcher ökonomischen und rechtlichen Unsicherheit Diplom-Psychologen vor Inkrafttreten des PsychThG tätig waren. Durch seine Auslegung des Merkmals „teilgenommen haben" in § 95 Abs. 10 Nr. 3 SGB V hat das BSG die wirtschaftliche Eigeninitiative bzw. den Mut der Therapeuten prämiert, die sich früher in eigener Praxis niedergelassen haben, ohne sicher sein zu können, jemals einen vertragsarztähnlichen Status zu erhalten. Dies sind aber letztlich berufs- und sozialpolitische Argumente. Verfassungsrechtlich werden die Entscheidungen des BSG vom 8. 11. 2000 kaum angreifbar sein. Dementsprechend hat das BVerfG auch die Verfassungsbeschwerde gegen die Entscheidung BSGE 87, 158 nicht zur Entscheidung angenommen,[58] so dass die soeben referierten Grundsätze zumindest Rechtssicherheit geschaffen haben. **55**

Das BSG hat seine, durch die Urteile vom 8. 11. 2000 eingeschlagene, übergangsrechtliche Linie konsequent fortgesetzt und in der Folgezeit zahlreiche Beschwerden gegen die Nichtzulassung der Revision in Urteilen von LSGen über die Auslegung der Kriterien des § 95 Abs. 10 Nr. 3 SGB V zurückgewiesen. So hat das BSG zu § 95 Abs. 10 Nr. 3 SGB V entschieden, dass **56**

---

[58] BVerfG, Beschluss vom 3. 4. 2001 – 1 BvR 462/01 – = PuR 2001, 121; vgl. auch BVerfG, Beschluss vom 22. 3. 2001 – 1 BvR 409/01 –.

- Behandlungen von Angehörigen der Bundeswehr[59]
- als Supervisor geleistete Stunden[60]
- die Durchführung von Raucherentwöhnungstherapien[61]
- besondere Härten (hier: Pflege der Mutter)[62]
- Behandlungen, die im Innenverhältnis für einen anderen Therapeuten, der seinerseits ausschließlich in unmittelbaren Rechtsbeziehungen zu den Kostenträgern stand[63]

nicht als Teilnahme an der psychotherapeutischen Versorgung der Versicherten gewertet werden können.

57 Rechtliche Bewegung in das Übergangsrecht der bedarfsunabhängigen Zulassung könnte allerdings nochmals durch die **Europäische Kommission** kommen. Diese hat im Dezember 2004 beschlossen, in einem Vertragsverletzungsverfahren gemäß Art. 226 EGV den **Europäischen Gerichtshof** anzurufen.[64] Die Kommission geht davon aus, dass das Übergangsrecht des PsychThG insofern gegen Art. 43 EGV über die Niederlassungsfreiheit verstößt, als nur Zeiten im deutschen Kassensystem dazu dienen können, in den Genuss einer bedarfsunabhängigen Zulassung als Psychotherapeut zu gelangen. Die Kommission hat klargestellt, dass die Argumente der deutschen Behörden in ihrer Antwort auf die mit Gründen versehene Stellungnahme der Kommission vom Dezember 2001 nicht akzeptabel seien. Die deutschen Behörden hatten geltend gemacht, dass die Betroffenen mittels der Übergangsbestimmunen lediglich die Genehmigung erwirken könnten, weiterhin unter derselben Berufsadresse zu praktizieren. Selbst wenn dies zuträfe, seien die Bestimmungen jedenfalls so ausgelegt worden, dass Psychotherapeuten mit gleichwertiger Berufserfahrung im Rahmen anderer europäischer Sozialversicherungssysteme diskriminiert worden seien.

58 **c) Weitere Probleme des Zulassungsrechts.** Aus den Entscheidungen des BSG vom 8. 11. 2000 wird mithin insgesamt deutlich, dass das BSG auch übergangsrechtlich von dem **Bild eines einem Vertragsarzt ähnlichen,** freiberuflichen Psychotherapeuten mit eigener Praxis, die zugleich wesentliche Erwerbsgrundlage des Therapeuten sein soll, ausgeht. Dieses Bild des „hauptberuflichen" Vertragsarztes bzw. Vertragspsychotherapeuten hat das BSG konsequent auch bei einer weiteren Fragestellung durchgesetzt, die insbesondere in der Übergangszeit relevant war:[65] Welchen zeitlichen Umfang muss die psychotherapeutische Tätigkeit in der eigenen Praxis erreichen und bis zu welchem Zeitrahmen darf der zugelassene Therapeut noch **in einem weiteren Beschäftigungsverhältnis** (etwa als Hochschullehrer, Erziehungsberater etc.) stehen? Diese Frage wurde deshalb mit Inkrafttreten des PsychThG virulent, weil zahlreiche Inhaber von Planstellen an Universitäten oder im öffentlichen Dienst (im weiteren Sinne) eine Zulassung zur vertragsärztlichen Versorgung als psychologischer Psychotherapeut beantragten, ohne gleichzeitig das („sichere") Beschäftigungsverhältnis kündigen zu wollen.

59 Nach § 20 Abs. 1 Ärzte-ZV der, – wie die gesamte **Ärzte-ZV** gemäß § 1 Abs. 3 Ärzte-ZV – für Psychotherapeuten „entsprechend" gilt, ist für die Ausübung vertragsärztlicher Tätigkeit nicht geeignet ein Arzt, der wegen eines Beschäftigungsverhältnisses oder wegen anderer nicht ehrenamtlicher Tätigkeit für die Versorgung der Versicherten **persönlich nicht in erforderlichem Maße zur Verfügung steht.** Zwar hat das BSG hierzu 1997

---

[59] Beschluss vom 20. 10. 2004 – B 6 KA 5/04 B –.

[60] Beschluss vom 28. 4. 2004 – B 6 KA 116/03 B –.

[61] Beschluss vom 28. 4. 2004 – B 6 KA 125/03 B –.

[62] Beschluss vom 20. 10. 2004 – B 6 KA 50/04 B –; vgl. zur Berücksichtigung familiärer Besonderheiten *Freudenberg* PuR 2001, 192.

[63] Beschluss vom 28. 4. 2004 – B 6 KA 127/03 B –.

[64] Vgl. Eureport social 2005, S. 11; das BSG hat in dem Beschwerdeverfahren B 6 KA 73/04 am 23. 2. 2005 offensichtlich aus diesen – europarechtlichen – Gründen die Revision zugelassen.

[65] Vgl. hierzu *Wenner* GesR 2004, 353 (353 ff.); generell zum Zulassungsrecht *Engelhard* VSSR 2000, 317; zum Sonderproblem der Ermächtigung universitärer Institutsambulanzen gem. § 117 Abs. 2 SGB V vgl. BSG SozR 4–2500 § 117 Nr. 2.

noch klargestellt, dass aus § 20 Abs. 1 Ärzte-ZV nicht abgeleitet werden könne, der Vertragsarzt müsse seine gesamte Arbeitskraft der vertragsärztlichen Tätigkeit widmen.[66] Da der konkrete Kläger als Chefarzt nur unter 20 Wochenstunden gebunden war, stand er nach Auffassung des BSG in ausreichendem Maße für die vertragsärztliche Versorgung zur Verfügung, zumal er als Pathologe keine unmittelbar patientenbezogene Tätigkeit ausübte und Pathologen auch nicht der Bedarfsplanung unterlagen.

60 Das BSG hat diese Perspektive in einem grundlegenden Urteil vom 30. 1. 2002[67] geändert. Im Vordergrund seiner Betrachtungsweise steht nunmehr die Beanspruchung durch das (zusätzliche) Beschäftigungsverhältnis. Auf die Angaben des Zulassungsbewerbers, welchen zeitlichen Einsatz in der vertragsärztlichen Versorgung er sich selbst zutraut, und auf die Glaubhaftigkeit seiner Angaben kommt es nicht mehr an. Entscheidend ist allein, in welchem Ausmaß der Bewerber durch das Beschäftigungsverhältnis in Anspruch genommen wird, was etwa durch die Vorlage des Arbeitsvertrages objektivierbar ist. Ab einer bestimmten zeitlichen Inanspruchnahme wird unwiderleglich vermutet, dass für die vertragspsychotherapeutische Tätigkeit ein hinreichender zeitlicher Rahmen nicht zur Verfügung steht.

61 Gerade im Bereich der psychotherapeutischen Versorgung hat das BSG den maximal zeitlich zulässigen Rahmen **mit einem Drittel der üblichen,** regelmäßigen wöchentlichen **Arbeitszeit** angesetzt.[68] Die zeitliche Grenze liegt für die Jahre 2001 und 2002 also bei **13 Stunden wöchentlich.** Durch die Zugrundelegung solcher „harten" Zeitgrenzen wird verdeutlicht, dass die vertragsärztliche Tätigkeit des Therapeuten der Hauptberuf sein muss.[69] Dem ist uneingeschränkt zuzustimmen. Zum einen folgt die Fixierung auf den Beruf des niedergelassenen Vertragspsychotherapeuten als Hauptberuf aus den Zwängen und Erfordernissen der Bedarfsplanung. Diese geht im Wesentlichen davon aus, dass jeder an der Versorgung teilnehmende Arzt oder Psychotherapeut seine volle Arbeitskraft den gesetzlich Krankenversicherten widmet. Würden in weitem Umfang Teilzeittherapeuten zugelassen, so hätte dies Systemstörungen zur Folge, weil die Interessen von Ärzten, die noch einer anderen Beschäftigung nachgehen, ganz andere sein können als die von Vollzeitvertragstherapeuten. Das BSG hat in der Folge dieser Grundsatzentscheidung sodann auch die Beschwerden zahlreicher Hochschullehrer zurückgewiesen, die ihr Beschäftigungsverhältnis als Hochschullehrer neben der vertragstherapeutischen Tätigkeit fortsetzen wollten.[70]

62 Außerdem müssen **Interessen- und Pflichtenkollisionen ausgeschlossen** sein. Die Nebentätigkeit muss gem. § 20 Abs. 2 Ärzte-ZV „ihrem Wesen nach" mit der vertragspsychotherapeutischen Tätigkeit vereinbar sein. Zwischen der abhängigen Beschäftigung und der vertragspsychotherapeutischen Tätigkeit dürfen keine Wechselwirkungen zu befürchten sein, etwa hinsichtlich der Rekrutierung von Patienten für die eigene Praxis oder hinsichtlich der Verlagerung von Leistungen und Vergütungen von dem einen in den anderen Bereich. Deshalb kann ein Therapeut, der in einer psychotherapeutischen Beratungsstelle tätig ist (und sei es auch mit weniger als einem Drittel der üblichen Arbeitszeit), nicht zur vertragspsychotherapeutischen Tätigkeit zugelassen werden.[71] Vereinbar sind hingegen Tätigkeiten ohne direkten Patientenkontakt, wie zB rein administrative oder organisatorische Tätigkeiten, wozu etwa die Tätigkeit beim TÜV oä gehören dürften.

---

[66] BSGE 81, 143 (149).

[67] BSGE 89, 134 = SozR 3–5520 § 20 Nr. 3.

[68] BSGE 89, 134 (142) = SozR 3–5520 § 20 Nr. 3; bestätigt durch BSG SozR 3–5520 § 20 Nr. 4.

[69] Vgl. *Wenner* GesR 2004, 353 (355), auch instruktiv zu abweichenden Literaturmeinungen.

[70] BSG Beschluss vom 12. 12. 2002 – B 6 KA 61/02 –; vom 28. 4. 2004 – B 6 KA 116/03 B – und vom 28. 4. 2004 – B 6 KA 75/03 B –.

[71] So BSGE 89, 134 (144 f.) = SozR 3–5520 § 20 Nr. 3; vgl. auch BSGE 80, 130 (132) = SozR 3–5520 § 20 Nr. 2, S 12 ff.; vgl. auch BSG SozR 4–2500 § 95 Nr. 2 – schmerztherapeutisch tätiger Anästhesist.

63 Hinsichtlich der weiteren Bestimmungen der Ärzte-ZV gelten für Psychotherapeuten im Grundsatz keine Ausnahmen. So hat das BSG die für Vertragsärzte geltende **Altersgrenze von 68 Jahren** auch auf Psychologische Psychotherapeuten angewendet.[72] Auch findet die 55 Jahresgrenze des § 25 Ärzte-ZV jedenfalls für alle Zulassungen nach dem 1. 1. 1999 Anwendung.[73] Auch hinsichtlich der **Residenzpflicht** des § 24 Abs. 2 Ärzte-ZV gelten nur insoweit Sonderregelungen, als der Psychotherapeut seine Praxis lediglich innerhalb von 30 Minuten von seinem Wohnsitz aus erreichen können muss.[74]

3. Die Integration der psychologischen Therapeuten in die gesetzliche Krankenversicherung

64 **a) Mitgliedschaft in der Kassenärztlichen Vereinigung.** Die bereits mehrfach betonte Gleichstellung der Psychotherapeuten mit den Vertragsärzten zeigt sich auch in der vollständigen **Übernahme des KV-Modells** bei der Integration des neuen Berufsstands Psychotherapeut in das System der gesetzlichen Krankenversicherung. Nichts hätte den Gesetzgeber gehindert, die Psychotherapeuten über Verträge direkt mit den Krankenkassen ähnlich den Leistungserbringern von Heilmitteln entsprechend §§ 124ff. SGB V zuzulassen. Auch das Recht der gesetzlichen Pflegeversicherung kennt keine **Zwangskörperschaft der Leistungserbringer.**[75] Mit dem PsychThG hat der Gesetzgeber sich demgegenüber dafür entschieden, die Leistungserbringer (Vertragsärzte und Psychotherapeuten) in Kassenärztlichen Vereinigungen zusammenzuschließen, die als Körperschaften des öffentlichen Rechts für die Leistungserbringer handeln.

65 Die Zulassung zur psychotherapeutischen Versorgung der sozialversicherten Patienten bewirkt gemäß § 95 Abs. 3 SGB V, dass der Psychotherapeut **Mitglied der** für seinen Praxissitz zuständigen **Kassenärztlichen Vereinigung** wird. § 79b SGB V bestimmt, dass bei jeder KV und der KBV ein **beratender Fachausschuss** für Psychotherapie gebildet wird. Dieser Ausschuss besteht aus fünf psychologischen Psychotherapeuten und einem Kinder- und Jugendlichen-Psychotherapeuten sowie Vertretern der Ärzte in gleicher Zahl. Dem Ausschuss ist nach § 79b Satz 5 SGB V vor Entscheidungen der Kassenärztlichen Vereinigungen und der KBV in den die Sicherstellung der psychotherapeutischen Versorgung berührenden wesentlichen Fragen rechtzeitig Gelegenheit zur Stellungnahme zu geben. Die **Stellungnahmen** sind sodann in die Entscheidungen einzubeziehen. Welchen Einfluss es auf die Rechtmäßigkeit einer Entscheidung hat, wenn der Fachausschuss nicht angehört wurde, lässt das Gesetz allerdings offen. Durch § 79b SGB V wird den Psychotherapeuten – entsprechend der unter I. 1. hervorgehobenen Sonderstellung dieser Fachgruppe – als einziger Gruppe in den Kassenärztlichen Vereinigung eine solche **Sonderstellung** eingeräumt. Andererseits lässt die Einrichtung des Fachausschusses die institutionellen Entscheidungsstrukturen innerhalb der KV unverändert, denn gemäß § 79b Satz 8 SGB V bleiben die Befugnisse insbesondere der Vertreterversammlung unberührt, so dass die Nichtbeteiligung des Fachausschusses (etwa vor Erlass eines HVM) die Rechtmäßigkeit der Entscheidung der Vertreterversammlung wohl nicht berührt.

66 Nach § 80 Abs. 1 Satz 3 SGB V wählen die Psychotherapeuten getrennt aus ihrer Mitte und getrennt von den übrigen Mitgliedern in unmittelbarer und geheimer Wahl ihre Mitglieder in die Vertreterversammlungen. Die Psychotherapeuten sind dabei im Verhältnis ihrer Zahl zu den übrigen Mitgliedern vertreten, jedoch höchstens mit einem Zehntel

---

[72] BSGE 87, 184 = SozR 3–2500 § 95 Nr. 26.

[73] Zum Übergangsrecht vgl. allerdings § 47 Abs. 2 Ärzte-ZV; zur Wiederzulassung über 55 bei vorherigem Ausscheiden wegen Krankheit etc.: BSG SozR 3–2500 § 98 Nr. 3 und BSG SozR 3–5520 § 25 Nr. 3.

[74] BSG SozR 4–5520 § 24 Nr. 1; vgl. auch BSG Beschluss vom 28. 4. 2004 – B 6 KA 89/03 B –; Auflage, die Entfernung zwischen Wohnung und Praxis auf 18 Minuten zu verringern.

[75] Hierzu *Spellbrink* KrV 1999, 237.

der Mitglieder der Vertreterversammlung (§ 80 Abs. 1 Satz 3 SGB V). Die Regelung des Wahlrechts bleibt weiterhin den Satzungen der KV überlassen. Der Gesetzgeber hatte ursprünglich – um die Chancengleichheit zu verbessern –[76] in § 80a SGB V einen zwingenden Übergang aller **Wahlen zur Vertreterversammlung** zum Verhältniswahlrecht vorgeschrieben. Die Psychotherapeutenquote von 10 v.H. bei Beibehaltung des Mehrheitswahlrechts in den Satzungen beruht erst auf Beschlüssen des 14. Ausschusses.[77] Auch die weiteren Änderungen in § 72 Abs. 1, § 95 Abs. 2 Satz 3 Nr. 1 SGB V etc unterstreichen die Angleichung des Psychotherapeuten an die Stellung des Vertragsarztes.

67 **b) Zur Rolle des Gemeinsamen Bundesausschusses bei der Leistungserbringung durch Psychotherapeuten.** Die Rechtsstellung und die verfassungsrechtlichen Probleme des Gemeinsamen Bundesausschusses wurden bereits in § 7 dieses Handbuches eingehend erörtert. Deshalb soll hier nur auf die **Besonderheiten im Rahmen des Themenbereichs Psychotherapie** eingegangen werden. Kritikern des Bundesausschusses wurde im Rahmen der psychotherapeutischen Versorgung zunächst durch einen Hinweis auf den neuen § 91 Abs. 2a SGB V begegnet.[78] In der Tat hatte das PsychThG insofern eine fundamentale Veränderung der Bundesausschussstruktur mit sich gebracht, als erstmals für einen bestimmten Versorgungsbereich **ein eigener Bundesausschuss** gebildet wurde. Die Leistungserbringerbank des Bundesausschusses wurde hier ausschließlich mit psychotherapeutisch tätigen Ärzten und Psychotherapeuten besetzt, wobei zur Herstellung voller Parität die Anzahl der Mitglieder dieses besonderen Bundesausschusses auf 20 erhöht wurde, damit Ärzte und Psychotherapeuten mit je fünf Vertretern teilnehmen können (normaler Bundesausschuss: 9 Vertreter der Vertragsärzte, 9 Kassenvertreter).

68 Mit dem GKV-Modernisierungsgesetz wurde der frühere Bundesausschuss zum 1. 1. 2004 in Gemeinsamer Bundesausschuss (GBA) umbenannt und auch die Tiefe und Strukturiertheit der Regelungen in §§ 91, 92 SGB 5 erhöht. Beispielsweise ist jetzt in § 91 Abs. 9 SGB V ausdrücklich klargestellt, dass die Richtlinien des GBA für Versicherte/Patienten, Leistungserbringer und Krankenkassen unmittelbar verbindlich sind. Eine solche Regelung hinsichtlich der Geltungsanordnung enthält § 11 PsychThG hinsichtlich des WBP gerade nicht. § 91 Abs. 5 Satz 2 SGB V sieht in Fortsetzung des alten § 91 Abs. 2a SGB V weiterhin einen **eigenständigen GBA für Psychotherapie** vor. Bei Beschlüssen zu Richtlinien über die psychotherapeutische Versorgung sind als Vertreter der KBV fünf psychotherapeutisch tätige Ärzte und fünf Psychotherapeuten sowie ein zusätzlicher Vertreter der Ersatzkassen zu benennen. Der Gesetzgeber anerkennt also nach wie vor die Notwendigkeit eines Bundesausschusses mit spezifischer Fachkompetenz für den Spezialbereich „Psychotherapie“. Das Argument der besonderen Sachnähe des Bundesausschusses Psychotherapie kann allerdings auch in sein Gegenteil gewendet werden. Wenn der Gesetzgeber es für erforderlich hält, einen eigenen Bundesausschuss zu schaffen und in diesem auch noch die besondere Parität zwischen Ärzten und Psychotherapeuten gesondert normieren muss, so kann hieraus auch gefolgert werden, dass die **spezifische Sachkunde des alten Bundesausschusses** vor Inkrafttreten des PsychThG gerade **für den Bereich Psychotherapie anzuzweifeln ist,** zumal hier lediglich Kassenärzte entschieden haben, deren vorrangige Kenntnisse sicher nicht auf dem diffizilen Gebiet der Psychotherapieforschung und der vergleichenden Bewertung von Verfahren lagen. Mithin setzt gerade die Neuregelung des § 91 Abs. 2a SGB V bzw. jetzt § 91 Abs. 2 Satz 5 SGB V den alten Bundesausschuss unter dem Gesichtspunkt spezifischer Fachkunde Zweifeln aus. Insofern begegnet auch das PsychThG bereits Bedenken, indem es in § 95 Abs. 10 und Abs. 11 SGB V für die praktisch wichtige bedarfsunabhängige Zulassung und Ermächtigung an die alten Psychotherapie-Richtlinien anknüpft.

---

[76] BT-Drucks. 13/8035 S. 20.

[77] BT-Drucks. 13/9212; vgl. auch BSGE 81, 268, insb. 273ff.

[78] So *Weller* KrV 1998, 136; *Behnsen* KrV 1998, 70.

69 Darüber hinaus ergeben sich aber auch weitere Bedenken aus der **Sachnatur** des Regelungsgegenstandes **„Psychotherapie".** Auf diesem Gebiet herrscht nach wie vor ein heftiger **Schulenstreit,** wobei durchaus angezweifelt wurde, ob auf Grund der unterschiedlichen Therapieziele und Menschenbilder ein direkter Effizienzvergleich der Methoden überhaupt möglich ist. Wäre dem so, so würde sich die Entscheidung des Bundesausschusses jeweils als reine **„Machtfrage"** darstellen, wobei auffällt, dass zunächst nur die (weitgehend von Ärzten beherrschten) psychoanalytischen Verfahren durch den Bundesausschuss gebilligt wurden.

70 Trotz der prinzipiell zu begrüßenden Tatsache, dass der Gesetzgeber einen eigenen GBA – Psychotherapie in § 91 Abs. 5 Satz 2 SGB V vorsieht, bleibt natürlich das Faktum, dass Mitglied dieses GBA nur werden kann, wer bereits zugelassen ist. Insofern entscheiden also die Vertreter der Richtlinienpsychotherapie über die Zulassung weiterer (konkurrierender) Methoden zum System GKV.

71 Fordert man mit dem BSG eine **statistische Absicherung von Heilmethoden,**[79] so führt andererseits kein gedanklicher Weg an den Arbeiten des Berner Psychologieprofessors *Grawe* vorbei. Dieser hat mit seiner Arbeitsgruppe seit Beginn der 90er Jahre – teilweise unter großem publizistischen Aufsehen – die gesamte Psychotherapieforschung ausgewertet und eine Wirksamkeitsbeurteilung der einzelnen Therapiemethoden vorgenommen.[80] Anhand einer Sekundäranalyse von allen bis 1983/1984 je durchgeführten Wirksamkeitsuntersuchungen auf dem Gebiet der Psychotherapie gelangt *Grawe* zu einer Einteilung der psychotherapeutischen Methoden in vier Kategorien, wobei für die erste Gruppe jeglicher Wirksamkeitsnachweis aussteht und aufsteigend für die vierte Gruppe auf Grund einer großen Zahl kontrollierter Wirksamkeitsuntersuchungen zweifelsfrei nachgewiesene Wirksamkeit festgestellt wird.

72 Nach den Untersuchungen von *Grawe* und anderen, die nach Überzeugung des Verfassers exakt den Anforderungen des BSG an den statistischen Nachweis der Wirksamkeit von Heilmethoden entsprechen,[81] fällt etwa die Gesprächspsychotherapie nach *Carl Rogers*[82] als eine der wenigen Methoden in die Gruppe 4 (mit empirisch nachgewiesener Wirksamkeit), während die analytische Psychologie nach *C. G. Jung* zu dem Kreis der Methoden gehört, für die jeder Wirksamkeitsnachweis fehlt (Gruppe 1). Erhebliche Bedenken meldet *Grawe* zudem bei der Wirksamkeit von psychoanalytischer Therapie bei psychosomatischen Störungen an. Hier erweist sich die Gesprächstherapie in signifikanter Weise als wirksamer. Diese Befunde weisen eindeutig in die Richtung, dass z.B. der **Ausschluss der Gesprächspsychotherapie** nach *Rogers* **durch die Anlage 1** der alten Psychotherapie-Richtlinien **unhaltbar** ist, wenn man gerade den statistischen Wissenschaftsbegriff des BSG zugrunde legt. Folgt man andererseits der Kritik an *Grawe,*[83] so könnte die Aufnahme der Psychotherapie in den Leistungskatalog der gesetzlichen Krankenversicherung vielleicht umgekehrt dazu führen, dass das BSG seinen positivistischen Standpunkt nochmals überdenken muss.

73 Zu berücksichtigen ist, dass gerade an diesen Ausschluss einer Therapiemethode durch ein (auch nach Ansicht des Gesetzgebers nicht fachkundig besetztes Gremium – Argument aus § 91 Abs. 2a bzw. jetzt § 91 Abs. 5 Satz 2 SGB V –) weitgehende berufsrechtliche und damit auch sozialversicherungsrechtliche Folgen geknüpft werden. Von daher wird gerade das PsychThG und insbesondere die Anwendung von § 95 Abs. 10 und § 95c Abs. 2 Nr. 1

---

[79] BSGE 76, 194; kritisch *Kiene* MedR 1997, 313; methodologisch überzeugend neuerdings *ders.*, Komplementäre Methodenlehre der klinischen Forschung.

[80] *Grawe/Donati/Bernauer,* Psychotherapie im Wandel – von der Konfession zur Profession; *ders.*, Zeitschrift für klinische Psychologie 1995, 216; *ders.*, Psychologische Rundschau 1992, 132 und 174; zur Kontroverse vgl. auch *Hellhammer,* Psychologische Rundschau 1992, 168 und *Hoffmann,* Psychologische Rundschau 1992, 163; grundlegend *Margraf* ErsK 1996, 162; kritisch hierzu und instruktiv: *Fäh/Fischer,* Psychotherapieforschung, 1988 und *Tschuschke/Heckrath/Tress,* Konfusion.

[81] Insb. in BSGE 76, 194, (199).

[82] Vgl *Rogers,* Therapeut und Klient; sowie *Tausch/Tausch,* Gesprächspsychotherapie.

[83] S. *Fäh/Fischer* und *Tschuschke/Heckrath/Tress* (Fn. 49).

SGB V in der Gerichtspraxis notwendigerweise dazu führen, dass die Sozialgerichte doch eine Fachdiskussion führen, bzw. eine **inhaltliche Überprüfung der Entscheidung des Bundesausschusses** vornehmen müssen. Eine solche Schiedsrichterrolle der Rechtsprechung für innermedizinische Konflikte will der 1. Senat des BSG demgegenüber gerade abwenden.[84] Angesichts der ohnehin stark angezweifelten Rechtsstellung des Bundesausschusses (vgl. § 7 in diesem Handbuch) wäre jedenfalls die Akzeptanz vom eigenen **wissenschaftlichen Ansatz des BSG her** kaum vertretbarer Entscheidungen dieses Gremiums durch die Gerichte schwer vorstellbar.

74 Gerade die soeben dargestellte (Rdn. 71) Gesprächspsychotherapie wird in nächster Zeit dazu führen, dass der GBA verstärkt seine eigenen rechtlichen Voraussetzungen und Kompetenzen reflektieren muss. Die Gesprächstherapie war seit 1999 Gegenstand von Überprüfungen durch den WBP gem. § 11 PsychThG. Hatte der WBP zunächst die Wirksamkeit von Gesprächstherapie noch in Zweifel gezogen,[85] so geht nunmehr auch der WBP[86] in seinem Gutachten zum Nachantrag der Gesellschaft für wissenschaftliche Gesprächspsychotherapie (GwG) vom 16. 9. 2002 davon aus, dass diese Therapie in vollem Umfang im Erwachsenenbereich ihre Wirksamkeit nachgewiesen hat. Da diese Prüfung eigentlich dem GBA oblegen hätte und gerade nicht dem WBP gem. § 11 PsyhThG, bleibt dem GBA aufgrund der usurpierten Kompetenz des WBA eigentlich nur noch der notarielle Nachvollzug einer Entscheidung, die ein hierzu gesetzlich nicht legitimierter Gutachterausschuss getroffen hat. Der **GBA** hat nun seinerseits das **Beratungsthema Gesprächspsychotherapie im Bundesanzeiger vom 6. 10. 2004** veröffentlicht und auch einen **strukturierten Fragenkatalog** zur Gesprächstherapie herausgegeben. Dieser strukturierte Fragenkatalog begegnet seinerseits aber wieder erheblichen Bedenken. Offensichtlich besteht bei Gremien im Vertragsarztrecht eine generelle Tendenz, die eigenen Kompetenzen auszuweiten bzw. zu überschreiten.

75 Der GBA hätte hier Gelegenheit gehabt, den WBA in seine kompetenzrechtlichen Schranken zu weisen. Stattdessen verschiebt er seinen Prüfauftrag auf die Fragestellung, ob die Gesprächstherapie über die bereits zugelassenen Richtlinienmethoden hinaus einen **zusätzlichen Nutzen für die GKV bringt** bzw. zu einer **Verbesserung der Versorgung** beiträgt. So lauten die Fragen in dem Fragenkatalog des GBA zur Gesprächspsychotherapie beispielsweise: 2. „Ist eine Verbesserung der Patientenversorgung durch die Gesprächspsychotherapie im Vergleich zu den nach Abschnitt B I 1 der Psychotherapie-Richtlinien genannten Verfahren nachweisbar?" Nach § 92 Abs. 1 Satz 1 2. HS SGB V ist es Aufgabe des GBA, die Erbringung von Leistungen einzuschränken, wenn nach dem allgemeinen Stand der medizinischen Erkenntnisse der therapeutische Nutzen, die medizinische Notwendigkeit oder die Wirtschaftlichkeit nicht nachgewiesen sind. Auch § 2 Abs. 1 SGB V oder § 70 Abs. 1 SGB V sprechen jeweils lediglich allgemein davon, dass eine Methode dem „allgemein anerkannten Stand der medizinischen Erkenntnisse" entsprechen muss. Diesen krankenversicherungsrechtlichen begrifflichen Voraussetzungen der Zulassung von Heilmethoden inhärent ist also eine **reine Wirksamkeitsprüfung.** Eine **Überlegenheitsprüfung,** wie sie der GBA – Psychotherapie fordert, ist dem Gesetz fremd. Andernfalls müsste jede neue Behandlungsmethode nicht nur nachweisen, dass sie wirkt, sondern auch, dass sie besser wirkt als bereits zugelassene oder etablierte Methoden. Zu Recht haben Vertreter der Gesprächspsychotherapie diese Anforderungen des GBA als überzogen bzw. verfehlt bezeichnet. Erklärbar kann dieses Verhalten allenfalls dadurch werden, dass der GBA sich nicht nur als Vollzugsorgan des WBP gem. § 11 PsychThG verstehen wollte, der seinerseits entgegen der Begriffsbestimmung in § 1 Abs. 3 PsychThG – „wissenschaftlich anerkannte psychotherapeutische Verfahren" – die Wirksamkeit von psychotherapeutischen Methoden prüft.

---

[84] BSGE 81, 54 (69).

[85] Gutachten des WBP, DÄBl. 2000, Heft 1–2, A-61.

[86] DÄBl. 2002, Heft 45, A-2188.

76 **c) Die Vergütung psychotherapeutischer Leistungen.**[87] Mit der Integration in die KV folgt auch der Zahlungsfluss für psychotherapeutische Leistungen dem KV-Modell (vgl. § 16 des Handbuchs). Die Krankenkassen überweisen mit befreiender Wirkung die Gesamtvergütung an die jeweils regional zuständige KV. **Die KV verteilt** die **Gesamtvergütung** an ihre Mitglieder entsprechend den Regelungen in dem **Honorarverteilungsmaßstab** (HVM), der als Satzung von der Vertreterversammlung der KV beschlossen wird. Zwischen dem Psychotherapeuten und dem sozialversicherten Patienten hätte nur insofern eine Vergütungsbeziehung bestanden, als nach § 28a SGB V ursprünglich vorgesehen war, dass Versicherte, die das 18. Lebensjahr vollendet haben, zu den Kosten der psychotherapeutischen Behandlung eine **Zuzahlung** von zehn Deutsche Mark je Sitzung an den Leistungserbringer zu erbringen haben.

77 **aa)** Das BSG hat wesentliche Aussagen zur zulässigen Honorargestaltung im HVM gerade in Bezug auf die Vergütung von Psychotherapeuten getroffen. Dabei sind mehrere Zeiträume zu unterscheiden. Die geradezu legendär gewordenen **10-Pfennig-Urteile**[88] sind zunächst vorrangig maßgeblich für die Zeit vor Inkrafttreten des PsychThG am 1. 1. 1999. Andererseits enthalten sie **Grundaussagen über die Honorarverteilungsgerechtigkeit in Bezug auf die besondere Stellung des Psychotherapeuten,** die bis heute (2005) nachwirken und auch maßgeblich dazu beitrugen, dass das BSG 2004 den Beschluss des Bewertungsausschusses vom 16. 2. 2000 für rechtswidrig erklärte.[89] Deshalb ist es nach wie vor wichtig, genau zu analysieren, aus welchen Gründen das BSG gefordert hatte, dass die KV die psychotherapeutischen Leistungen mit einem Punktwert von 10-Pfennigen stützen müsse.

78 Allerdings gilt diese Stützungsverpflichtung nur für zeitabhängige Leistungen der so genannten großen Psychotherapie nach Abschnitt G IV EBM-Ä. Diese Leistungen dürfen erst erbracht werden, wenn die Krankenkasse sie bezogen auf den einzelnen Patienten genehmigt hat. Gerade wegen der Kombination von **Zeitgebundenheit** und **Genehmigungsbedürftigkeit** unterscheiden sich diese Leistungen von allen anderen vertragsärztlichen Leistungen, denn nur diese Kombination führt dazu, dass Vertragsärzte bzw. Vertragspsychotherapeuten insoweit weder den Leistungsumfang noch die in einem bestimmten Zeitraum maximal abrechenbare Punkte nachhaltig beeinflussen können. Wo diese beiden Kriterien nicht erfüllt sind, etwa bei anamnestischen oder exploratorischen Leistungen nach Nrn. 860/861 EBM-Ä oder den probatorischen Sitzungen nach Nr. 870 EBM-Ä, ist hingegen keine Punktwertgarantie erforderlich. Keinesfalls fordert das BSG mithin – wie teilweise in der Öffentlichkeit fälschlicherweise unterstellt wurde – einen bestimmten Punktwert für die „sprechende Medizin" insgesamt.

79 Weiterhin ist erforderlich, dass die ausschließlich psychotherapeutisch tätigen Ärzte **90% ihres Gesamtleistungsbedarfs** aus Leistungen nach Abschnitt G IV EBM-Ä erzielen, wobei allenfalls bei der Heranziehung zu Notdiensten Ausnahmeregelungen denkbar sind. Dieses Kriterium – 90% Anteil der psychotherapeutischen Leistungen an den Gesamtleistungen – hat der Gesetzgeber vom BSG übernommen, als er zum 1. 1. 2000 in § 85 Abs. 4 Satz 4 SGB V den Begriff der „ausschließlich psychotherapeutisch tätigen Ärzte" einführte.[90] Das BSG hat zwar für diese auf die Arztgruppe bzw. die Gruppe der Psychotherapeuten bezogenen Aussagen (die praxisindividuellen Verhältnisse bleiben dabei außer Betracht[91] auch sehr konkrete Berechnungen vorgenommen, um den Verstoß gegen das Gleichheitsgebot des Art 3 Abs. 1 GG zu begründen. Es hat dabei unter Ansetzung von durchschnittlichen Arbeitszeiten und eines Praxiskostensatzes von 40,2% und unter Heranziehung anderer Arztgruppen und deren Einkommensverhältnissen sehr detaillierte Aussa-

[87] Hierzu *Steinhilper* VSSR 2000, 349; *Kleine-Cosack* PuR 2001, 105 und *Rath* MedR 2001, 60.
[88] BSGE 83,205 = SozR 3–2500 § 85 Nr. 29; BSGE 84, 235 = SozR 3–2500 § 85 Nr. 33.
[89] BSGE 92, 87 =SozR 4–2500 § 85 Nr. 8; vgl. schon BSGE 89, 1 = SozR 3–2500 § 85 Nr. 41.
[90] Explizit BT-Drucks. 14/1977 S. 165; hierzu BSG SozR 3–2500 § 85 Nr. 35, 279f.
[91] So BSGE 84, 235 (246) = SozR 3–2500 § 85 Nr. 33.

gen über das erforderliche Einkommen und die Punktwerthöhe gemacht, die wohl auch in Zukunft generell für psychologische Psychotherapeuten Geltung beanspruchen können.

80 Hieraus folgt aber nicht, dass dem Psychotherapeuten **für alle Zeiten ein Punktwert** von **10,0 Pfennig** gleichsam höchstrichterlich zugebilligt worden wäre. Das BSG hat auch klargestellt, dass nicht unabhängig von der weiteren Umsatz- und Ertragsentwicklung im gesamten vertragsärztlichen Bereich den ausschließlich psychotherapeutisch tätigen Vertragsärzten auf Dauer ein Punktwert in Höhe von 10,0 Pfennig für die zeitabhängigen Leistungen zu garantieren wäre.[92] Das BSG führt aus: „Soweit die Entwicklung der Honorierung ärztlicher Leistungen in der Zukunft – sei es als Folge des Zuganges weiterer Leistungserbringer, sei es als Folge eines Anstiegs der Menge der erbrachten Leistungen – zu einem **generellen Rückgang der Überschüsse** aus vertragsärztlicher Tätigkeit führen sollte, kann sich die Rechtslage anders darstellen. Das Gleichbehandlungsgebot gebietet nicht die Aufrechterhaltung eines Vergütungsniveaus für die psychotherapeutisch tätigen Ärzte, das möglicherweise höher liegt als das anderer Arztgruppen."[93]

81 **bb)** Für das Jahr 1999 galten hingegen andere Grundsätze. hier hatte der Gesetzgeber in **Art. 11 PsychThG** selbst detaillierte Regelungen über die Vergütung der Psychotherapeuten für das erste Jahr nach Inkrafttreten des PsychThG getroffen (zu Art. 11 PsychThG vgl. auch meinen Beitrag in der Vorauflage Rdn. 74ff.). Das BSG hat Art. 11 PsychThG für verfassungsgemäß gehalten, auch soweit die Regelung dazu führte, dass der Therapeut im Jahre 1999 mit seinem Punktwert weit unter den geforderten 10 Pfennigen blieb.[94] Art. 11 PsychThG etabliere als typische Übergangsregelung einen gesetzlichen Honorartopf. Die Gesichtspunkte der Honorarverteilungsgerechtigkeit spielten nur im Rahmen der Überprüfung von Honorarverteilungsmaßstäben eine Rolle, nicht hingegen bei einer Honorarregelung, die der Gesetzgeber hier zulässigerweise selbst getroffen habe.

82 **cc)** Für Zeiträume ab dem 1. 1. 2000 war durch das GKV- Gesundheitsreformgesetz 2000 in § 85 Abs 4 SGB V – die Rechtsgrundlage für den Erlass von Honorarverteilungsmaßstäben – ein neuer Satz 4 eingefügt worden, nach dem im Verteilungsmaßstab Regelungen zur Vergütung der Leistungen der Psychotherapeuten und der ausschließlich psychotherapeutisch tätigen Ärzte zu treffen sind, **die eine angemessene Höhe der Vergütung je Zeiteinheit gewährleisten.** Diese Norm gilt im Grundsatz auch noch im Jahre 2005. Weiterhin war durch das GKV-RefG 2000 die Rolle des **Bewertungsausschusses** bei der Bestimmung der Vergütung der Psychotherapeuten extrem gestärkt worden. Nach § 85 Abs. 4a Satz 1 letzter HS SGB V bestimmte der Bewertungsausschuss erstmalig bis zum 28. 2. 2000 den Inhalt der nach § 85 Abs. 4 Satz 4 SGB V zu treffenden Regelungen. Die Bestimmung des Inhalts des jeweils regionalen HVM wurde also hinsichtlich der Psychotherapeutenvergütung auf den Bewertungsausschuss übertragen. Maßgeben wurde hier zunächst der **Beschluss vom 16. 2. 2000,**[95] dessen Rechtmäßigkeit im Lichte der Grundsätze der 10-Pfennig-Rechtsprechung schon bald bezweifelt wurde.[96] Durch Urteil vom 28. 1. 2004[97] hat das BSG den Beschluss des Bewertungsausschusses vom 16. 2. 2000 für rechtswidrig erklärt und dabei im wesentlichen zunächst seine Grundaussagen aus den 10-Pfennig-Urteilen wiederholt. Im Wesentlichen hat das Gericht beanstandet, dass der Bewertungsausschuss an den Ist-Umsätzen der Therapeuten im Jahre 1998 angeknüpft hatte, die jedoch noch auf der Basis zu niedriger (rechtswidriger) Punkt-

---

[92] BSGE 84, 235 (242) = SozR 3–2500 § 85 Nr. 33.

[93] (Fn. 92).

[94] BSGE 90, 111 = SozR 3–2500 § 85 Nr. 49; die Verfassungsbeschwerde hiergegen blieb erfolglos: BVerfG, Beschluss vom 30. 4. 2003 – 1 BvR 664/03 –.

[95] DÄBl. 2000, C-451.

[96] Das BSG machte im Prinzip schon in seinem Urteil vom 12. 9. 2001 – BSGE 89, 1 = SozR–2500 § 85 Nr. 41 deutlich, dass der Beschluss des Bewertungsausschusses vom 16. 2. 2000 rechtswidrig ist.

[97] BSGE 92, 87 = SozR 4–2500 § 85 Nr. 8.

werte – unter Außerachtlassung der 10-Pfennig-Urteile – errechnet worden waren. Letztlich wurde hierdurch die Benachteiligung der Psychotherapeuten fortgeschrieben. Anstelle eines Kostensatzes von 40,2% sah der Beschluss vom 16. 2. 2000 einen fixen Kostenhöchstbetrag von 66 000 DM vor. Die Auswirkungen dieser starren Obergrenze auf den Punktwert sind beträchtlich. Um den fiktiven Maximalumsatz i. S. der Modellberechnung des BSG von 224 460 DM erreichen zu können, bedarf es bei der Annahme eines Kostensatzes von 40,2% eines Punktwerts von 10 Pfennigen, während bei Annahme eines „oberen Grenzbetrages 66 000 DM" ein Punktwert von 8,9 Pfennigen ausreichen würde.[98]

83 Als Reaktion auf das Urteil des BSG vom 28. 1. 2004 hat der **Bewertungsausschuss am 29. 10. 2004**[99] die Regelungen über die Vergütung für psychotherapeutische Leistungen für den gesamten Zeitraum ab 1. 1. 2000 bis 31. 3. 2005 völlig neu geregelt und dabei alle dazwischenliegenden Beschlüsse vom ab dem 16. 2. 2000 aufgehoben. Der Beschluss enthält eine komplizierte sog **Beschlussarchitektur (Ziffer 2.1.)** mit Regelungen für die Zeiträume ab 1. 1. 2000 bis 31. 12. 2000, 1. 1. 2001 bis 31. 12. 2001, 1. 1. 2002 bis 30. 6. 2003, 1. 7. 2003 bis 30. 6. 2003 und ab 1. 7. 2004. Zum 1. 4. 2005 ist schließlich ein neuer EBM 2000 plus in Kraft getreten und die ärztliche Vergütung vollständig neu geregelt worden (vgl. hierzu § 16 des Handbuchs). Ob dieser Beschluss vom 29. 10. 2004 seinerseits in vollem Umfang den Anforderungen der Rechtsprechung des BSG genügt, bleibt noch abzuwarten. Kritisch ist zu sehen, dass hinsichtlich der Höhe der Betriebsausgaben wiederum fixe Höchstbeträge vorgesehen sind, was das BSG am 28. 1. 2004 doch gerade beanstandet hatte.

84 **dd)** In jedem Falle führt der neue Beschluss des Bewertungsausschusses vom 29. 10. 2004 dazu, dass alle Quartale ab I/2000 neu abzuwickeln und zu berechnen sind, soweit der Vertragspsychotherapeut den jeweiligen Honorarbescheid angefochten hat. Da erhebliche Nachvergütungen erforderlich werden können, stellt sich die Frage, wie die jeweilige KV diese **Nachzahlungen finanzieren** soll, weil entsprechende Rückstellungen in der Regel wohl nicht gebildet wurden. Die Krankenkassen könnten versucht sein, darauf hinzuweisen, dass sie die jeweilige Gesamtvergütung gem. § 85 Abs. 1 SGB V mit „befreiender Wirkung" an die KV gezahlt hätten, so dass eine Nachschusspflicht ihrerseits nicht in Betracht käme. Das BSG hat hierzu in einem anderen Zusammenhang Hinweise gegeben. Das Schiedsamt des Landes Thüringen hatte für das Jahr 1999 Krankenkassen und KV in Höhe von jeweils 50 v. H. zur Tragung der Nachzahlungen verpflichtet.[100] Obwohl das BSG ausdrücklich betont hat, dass es Schiedssprüche nur in begrenztem Umfang überprüft, kann die 50 zu 50 Kostenteilung ein gangbarer Weg sein, zumal sich ggf. angerufene Schiedsämter jedenfalls an den vom BSG aufgezeigten Weg halten werden.

85 Auch dem Vertragstherapeuten, der seine Honorarbescheide nicht angefochten hat, kann unter Berücksichtigung der neuen Rechtslage möglicherweise ein höheres Honorar für die Vergangenheit zustehen. Allerdings ist hier zu beachten, dass das Vertragsarzthonorar keine Sozialleistung darstellt und damit ein Anspruch auf Aufhebung des Honorarbescheids nach § 44 Abs. 1 SGB X ausscheidet.[101] Maßgebend ist § 44 Abs. 2 SGB X. Hiernach ist ein rechtswidriger Verwaltungsakt nur mit Wirkung für die Zukunft aufzuheben. Nach § 44 Abs. 2 Satz 2 SGB X steht die Rücknahme mit Wirkung für die Vergangenheit- die den Psychotherapeuten hier einzig interessieren wird – **im Ermessen der KV.** Bei dieser Ermessensentscheidung hat das BSG der KV weitgehende Ermessensspielräume zugestanden. Die KV kann jeweils geltend machen, die finanziellen Interessen ihrer Mitglieder insgesamt verböten eine Nachhonorierung im Einzelfall. Gerade in

---

[98] So bereits BSGE 89, 1 (4) = SozR 3–2500 § 85 Nr. 41, S 330; BSGE 92, 87 (98) = SozR 4–2500 § 85 Nr. 8.

[99] DÄBl. 2004, Heft 46, A-3133.

[100] BSG SozR 4–5500 Art. 11 Nr. 1.

[101] BSGE 82, 50 =SozR 3–1300 § 44 Nr. 23.

Fällen klagender Psychotherapeuten haben einzelne Landessozialgerichte[102] mittlerweile aber von den KVen eingehendere Begründungen und Ermessenserwägungen eingefordert, warum im Einzelfall eine nachgehende Vergütung für frühere Quartale gem. § 44 Abs. 2 Satz 2 SGB X nicht möglich gewesen sein soll. Dabei wurde auch diskutiert, inwieweit die KV nicht zumindest eine teilweise Befriedigung des Vertragstherapeuten in Betracht ziehen müsse. Das BSG ist diesem Ansatz nicht gefolgt[103] und hat vielmehr seine bisherige Rechtsprechung[104] ausdrücklich bestätigt. Soweit die KV die Belastung der Gesamtvergütung mit Nachzahlungen für die Vergangenheit so gering wie möglich hält und deshalb regelmäßig bestandskräftige Honorarbescheide nicht für die Vergangenheit zurücknimmt, macht sie von dem ihr in § 44 Abs. 2 Satz 2 SGB X angeräumten Ermessen rechtmäßig Gebrauch.

---

[102] LSG Niedersachsen-Bremen, Urteil vom 1. 12. 2004 – L3 KA 4/04 –; ähnlich LSG Baden-Württemberg Urteile vom 12. 11. 2003 – L 5 KA 4387/02 – und – L 5 KA 4408/02.

[103] Urteil vom 22. 6. 2005 – BGKA 21/04 R.

[104] Vgl. Fn. 101

§ 15 Rechtsbeziehungen zwischen Vertragsärzten und stationären Einrichtungen

Schrifttum: *Altendorfer/Merk/Jensch,* Das Medizinische Versorgungszentrum, Rechtliche, wirtschaftliche und steuerliche Grundlagen eines MVZ, 2004; *Axer,* Normsetzung der Exekutive in der Sozialversicherung. Ein Beitrag zu den Voraussetzungen und Grenzen untergesetzlicher Normsetzung im Staat des Grundgesetzes, 2000; *Ballast,* Integrierte Versorgung zwischen Anspruch uns Wirklichkeit, Die Ersatzkasse 2004, 201 ff.; *Becker/Hensgen,* Integrierte Versorgung – Innovation oder Rückbesinnung auf historische Wurzeln, Das Krankenhaus 2000, 1 ff.; *Behnsen,* Medizinische Versorgungszentren, die Konzeption des Gesetzgebers (Teil 1 und 2), das Krankenhaus 2004, 602 ff., 698 ff.; *Beule,* Integrierte Versorgung nach neuem Recht, GesR 2004, 209 ff.; *Boerner,* Normenverträge im Gesundheitswesen, 2003; *Bohle/Grau,* Vertragsarzt und MVZ, das Krankenhaus 2004, 885 ff.; *Engelmann,* Zweigpraxen und ausgelagerte Praxisräume, GesR 2004, 113 ff.; *ders.,* Untergesetzliche Normsetzung im Recht der gesetzlichen Krankenversicherung durch Verträge und Richtlinien (Teil 1 und 2), NZS 2000, 1 ff. und 76 ff.; *Hänlein,* Rechtsquellen im Sozialversicherungsrecht, 2001; *Hiddemann/Muckel,* Das Gesetz zur Modernisierung der gesetzlichen Krankenversicherung, NJW 2004, 7 ff.; *H. Lang,* Die Vergütung der Vertragsärzte und Psychotherapeuten im Recht der gesetzlichen Krankenversicherung, 2001; *Laufs/Uhlenbruck,* Handbuch des Arztrechts, 3. Aufl. 2002; Kasseler Kommentar, Sozialversicherungsrecht, Band 1, 2004; Kassenärztliche Bundesvereinigung (Hrsg.), Grunddaten der vertragsärztlichen Versorgung in der Bundesrepublik Deutschland, 2002/2003; *Knispel,* Die Rechtsbeziehungen der Krankenkassen zu den nichtärztlichen Leistungserbringern im Lichte der Rechtsprechtung des BSG; NZS 2004, 623 ff.; *Krauskopf,* Soziale Krankenversicherung, Pflegeversicherung, München, 2004; *Liebold/Zalewski,* Kassenarztrecht, 2004; *Maaß,* Die Entwicklung des Vertragsarztrechts 2002 und 2003, NZS 2004, 19 ff.; *ders.,* Die Entwicklung des Vertragsarztrechts 2003 und 2004, NZS 2005, 9 ff.; *Michalski/Römermann,* Vertrag der Partnerschaftsgesellschaft, 3. Aufl. 2002; *Muckel,* Kostenerstattung der Krankenkasse bei vorgetäuschter Krankheit, JuS 1998, 408 ff.; *ders.,* Sozialrecht, 2003; *Orlowski,* Integrationsversorgung, Die Betriebskrankenkasse 2000, 191 ff.; *ders.,* Medizinische Versorgungszentren, Gesundheits- und Sozialpolitik 2004 Heft11/12, 60 ff.; *Peters* (Hrsg.), Handbuch der Krankenversicherung, Teil II – Sozialgesetzbuch V, 2003; *Pflugmacher,* Vertragsrecht/Zulässige und sinnvolle Kooperation, Chirurgenmagazin, 2004, 40 ff.; *Preißler,* Die Praxisklinik nach § 115 SGB V. Versuch einer Begriffsbestimmung, MedR 1992, 263 ff.; *Schallen,* Zulassungsverordnung für Vertragsärzte, Vertragszahnärzte, Medizinische Versorgungszentren, Psychotherapeuten, 4. Aufl. 2004; *Schirmer,* Berufsrechtliche und kassenarztrechtliche Fragen der Berufsausübung in Partnerschaftsgesellschaften (Teil 1 und 2), MedR 1995, 341 ff., 383 ff.; *Schulin* (Hrsg.), Handbuch des Sozialversicherungsrechts, Band 1, Krankenversicherungsrecht, München, 1994; *Umbach/Clemens* (Hrsg.), Grundgesetz, Mitarbeiterkommentar und Handbuch, 2002; *A. Wahl,* Kooperationsstrukturen im Vertragsarztrecht, 2001; *Waltermann,* Sozialrecht, 4. Aufl. 2004; *Wigge,* Integrierte Versorgung und Vertragsarztrecht (Teil 1 und 2), NZS 2001, 17 ff. und 66 ff.; *ders.,* Medizinische Versorgungszentren nach dem GMG, MedR 2004, 123 ff.

Übersicht

I. Vorbemerkung

Der Versicherte hat in der gesetzlichen Krankenversicherung nach § 27 Abs. 1 SGB V einen allgemeinen Anspruch auf Krankenbehandlung, der durch weitere Vorschriften zu den einzelnen Leistungen näher konkretisiert wird.[1] Der Anspruch umfasst insbesondere[2] die einzelnen in § 27 Abs. 1 SGB V enumerativ aufgeführten Elemente. Der Anspruch richtet sich zwar gegen die Krankenkasse, zentrale Figur im Leistungsgeschehen des SGB V ist jedoch der Vertragsarzt.[3] Er erbringt die unmittelbaren ambulanten ärztlichen Leistungen. In der überwiegenden Zahl der in § 27 Abs. 1 SGB V genannten Fällen ist die Verordnung durch den Vertragsarzt notwendige Voraussetzung für die Inanspruchnahme der dort genannten Leistungen.[4] Die verordneten Leistungen werden von anderen Leistungserbringern erbracht. Im Folgenden werden die Rechtsbeziehungen zu den stationären Einrichtungen dargestellt. Wegen der Unterschiede im einzelnen wird differenziert zwischen den Rechtsbeziehungen des Vertragsarztes zum Krankenhaus (unten II.) und den Rechtsbeziehungen des Vertragsarztes zu stationären und ambulanten Vorsorge- und Rehabilitationseinrichtungen (III.). Abschließend werden die bei der Zusammenarbeit der Beteiligten zu beachtenden allgemeinen berufs- und gesellschaftsrechtlichen Vorgaben angesprochen (IV.). 1

II. Rechtsbeziehungen des Vertragsarztes zum Krankenhaus

1. Die Funktion der Krankenhauseinweisung durch den Vertragsarzt

Der Anspruch auf Krankenhausbehandlung ergibt sich aus §§ 11 Abs. 1 Nr. 4, 27 Abs. 1 Satz 2 Nr. 5, 39 Abs. 1 Satz 2 SGB V.[5] Krankenhausbehandlung ist im SGB V nur als Komplexleistung beschrieben. D. h. sie umfasst alle Leistungen, die im Einzelfall für die Versorgung des Versicherten nötig sind, insbesondere ärztliche Behandlung, Krankenpfle- 2

---

[1] Vgl. *KassKomm-Höfler*, SGB V, § 27 Rdn. 6 m. w. N.; zu den umstrittenen Einzelfragen um die exakte Grundlage des Leistungsanspruchs *Axer*, Normsetzung der Exekutive in der Sozialversicherung, 2, 69 ff.

[2] Zur Krankenbehandlung zählt auch der in § 27 Abs. 1 SGB V nicht gesondert aufgeführte Anspruch auf Soziotherapie (§ 37 a SGB V), der durch das „Gesetz zur Reform der gesetzlichen Krankenversicherung ab dem Jahr 2000 (GKV-Gesundheitsreform 2000) v. 22. 12. 1999, BGBl. I S. 2626, mit Wirkung zum 1. Januar 2000 eingeführt worden ist. Die Richtlinien des Bundesausschusses über die Durchführung von Soziotherapie in der vertragsärztlichen Versorgung vom 23. 8. 2001 sind veröffentlicht im Bundesanzeiger Nr. 217 v. 21. 11. 2001; abgedruckt auch in der Sammlung *Aichberger* – Ergänzungsband, Gesetzliche Krankenversicherung. Soziale Pflegeversicherung, hrsg. von *Engelmann*, Nr. 523.

[3] Dem Vertragsarzt sind nach § 72 Abs. 1 Satz 2 SGB V die medizinischen Versorgungszentren und für ihre jeweiligen Leistungsbereiche die zugelassenen Zahnärzte und Psychotherapeuten gleichgestellt, darüber hinaus sind die zur vertragsärztlichen Versorgung ermächtigten Ärzte sowie die zur vertragsärztlichen Versorgung ermächtigten ärztlich geleiteten Einrichtungen (§ 95 Abs. 1 Satz 1 SGB V) dem Vertragsarzt weitgehend gleichgestellt.

[4] Das ergibt sich aus den Vorschriften des § 73 Abs. 2 Satz 1 Nr. 5, 7, 8 und 12 SGB V, die für die in § 27 Abs. 1 Satz 2 SGB V genannte Versorgung mit Arznei-, Verband-, Heil- und Hilfsmitteln sowie die häusliche Krankenpflege, Krankenhausbehandlung und medizinische sowie ergänzende Leistungen der Rehabilitation und Soziotherapie ausdrücklich die vertragsärztliche Verordnung vorsehen, vgl. hierzu näher BSGE 73, 271, 283 = SozR 3–2500 § 13 Nr. 4; zu den Rechtsbeziehungen der Krankenkassen zu den nichtärztlichen Leistungserbringern grundsätzlich *Knispel* NZS 2004, 623 ff.

[5] Vgl. BSG NZS 1997, 228, 229 = SozR 3–2500 § 39 Nr. 4; zum Leistungsanspruch auch *H. Lang*, Die Vergütung der Vertragsärzte und Psychotherapeuten im Recht der gesetzlichen Krankenversicherung, 2001, S. 19 m. w. N.

ge, Versorgung mit Arznei-, Heil- und Hilfsmitteln, Unterkunft und Verpflegung (§ 39 Abs. 1 Satz 3 SGB V).[6] Voraussetzung für die Verwirklichung des Anspruchs auf Krankenhausbehandlung ist grundsätzlich deren **Verordnung durch den Vertragsarzt.**[7] Ausnahmen von diesem Vertragsarztvorbehalt gibt es nur in unaufschiebbaren Notfällen, in denen auch ein anderer Arzt, ggf. auch ein Arzt des aufnehmenden Krankenhauses, die Krankenhausbehandlung veranlassen kann.[8] Die rechtlichen Grundlagen für die Verordnung von Krankenhausbehandlung finden sich in § 73 Abs. 2 Nr. 7 SGB V, wo die Verordnung von Krankenhausbehandlung als Teil der vertragsärztlichen Versorgung aufgeführt wird, sowie in § 73 Abs. 4 SGB V, wo weitere Voraussetzung für die Verordnung und formale Anforderungen an sie festgelegt werden. Insbesondere hat der Vertragsarzt den Grundsatz „ambulant vor stationär" zu beachten, d. h. Krankenhausbehandlung darf nur verordnet werden, wenn eine ambulante Versorgung der Versicherten nicht ausreicht (§ 73 Abs. 4 Satz 1 SGB V). Weitere Ausführungsbestimmungen finden sich in § 26 Bundesmantelvertrag-Ärzte (BMV-Ä)[9] sowie den Richtlinien des Bundesausschusses der Ärzte und Krankenkassen über die Verordnung von Krankenhausbehandlung.[10]

3 Fraglich kann aber sein, ob und inwieweit die ärztliche Einweisung den Leistungsanspruch auf Krankenhausbehandlung mit bindender Wirkung konkretisiert, oder ob noch ein **Prüfungs- und Genehmigungsrecht der Krankenkasse** verbleibt.[11] Das BSG hat in einem Urteil vom 16. Dezember 1993[12] mit Blick auf die vertragsärztliche Verordnung von Krankengymnastik entschieden, dass die Krankenkassen an die medizinischen Entscheidungen eines ordnungsgemäß handelnden Vertragsarztes gebunden sind und keinen eigenständigen Entscheidungs- und Bewilligungsspielraum mehr haben. Der Vertragsarzt hat danach das Recht und die Funktion, die konkreten Inhalte des gesetzlich nur als Rahmenrecht in § 27 SGB V beschriebenen Anspruchs auf Krankenbehandlung für die

---

[6] Mit Wirkung vom 1. Januar 2000 ist durch die „GKV-Gesundheitsreform 2000" (vgl. Fn. 2) die Vorschrift des § 137 SGB V über die Bewertung von Untersuchungs- und Behandlungsmethoden im Krankenhaus eingeführt worden, die durch das Gesetz zur Modernisierung der gesetzlichen Krankenversicherung (GKV-Modernisierungsgesetz – GMG, BGBl. I S. 2190) zum 1. Januar 2004 erneut geändert wurde. Ziel der Regelung ist es, den Inhalt der Krankenhausbehandlung näher zu konkretisieren. Der Gemeinsame Bundesausschuss nach § 91 SGB V überprüft nach der Vorschrift die in der stationären Versorgung erbrachte Methoden darauf hin, ob sie für eine ausreichende, wirtschaftliche und zweckmäßige Versorgung der Versicherten erforderlich sind. Ergibt die Überprüfung, dass die Methode nicht diesen Kriterien entspricht, so darf sie im Rahmen der Krankenhausbehandlung nicht zu Lasten der gesetzlichen Krankenversicherung erbracht werden. Der Gemeinsame Bundesausschuss und seine Vorgängerorganisation für die stationäre Versorgung, der Ausschuss Krankenhaus nach § 137c SGB V a. F., haben seit 2000 eine Reihe von Methoden aus der stationären Versorgung ausgeschlossen. Zu nennen sind etwa die Protonentherapie in einigen Indikationen oder die hyperbare Sauerstofftherapie. Im Einzelnen sind die ausgeschlossenen Methoden unter www.g-ba.de nachgewiesen.

[7] Die Terminologie ist uneinheitlich. Während § 39 Abs. 2 SGB V von „Einweisung" spricht, ist in § 73 Abs. 2 Nr. 7 SGB V und § 73 Abs. 4 SGB V von „Verordnung" die Rede; zur Notwendigkeit einer Verordnung bei Inanspruchnahme der Leistungen der Krankenbehandlung nach § 27 SGB V bereits o. Fn. 4.

[8] Vgl. hierzu *KassKomm-Höfler,* SGB V, § 39 Rdn. 40; *Peters-Schmidt,* Hdb., SGB V, § 39 Rdn. 99ff.

[9] Abgedruckt in der Sammlung *Aichberger* – Ergänzungsband, Gesetzliche Krankenversicherung. Soziale Pflegeversicherung, hrsg. von *Engelmann,* Nr. 550.

[10] Richtlinien in der Fassung vom 24. März 2003, veröffentlicht im Bundesanzeiger Nr. 188 S. 22577, abgedruckt auch in der Sammlung *Aichberger* – Ergänzungsband, Gesetzliche Krankenversicherung. Soziale Pflegeversicherung, hrsg. von *Engelmann,* Nr. 475.

[11] Zur Konkretisierung des Leistungsanspruch durch den Vertragsarzt: BSGE 73, 271 = SozR 3–2500, § 13 Nr. 4; insbes. zur Krankenhausbehandlung, BSG NJW 1989, 2350; BSGE 82, 158 = SozR 3–2500, § 39 Nr. 5; hierzu ausführlich *KassKomm-Höfler,* SGB V, § 39 Rdn. 40; *A. Wahl,* Kooperationsstrukturen im Vertragsarztrecht, 2001, S. 65ff.; passim.

[12] BSGE 73, 271 = SozR 3–2500 § 13 Nr. 4.

Krankenkasse und den Versicherten bindend festzulegen.[13] Dieses sog. Rechtskonkretisierungskonzept[14] hat das BSG in einem Urteil vom 9. Juni 1998[15] im Hinblick auf die Verordnung von Krankenhausbehandlung präzisiert und einschränkend klargestellt, dass der Arzt nicht berechtigt ist, eine vollständige rechtsverbindliche Entscheidung über die Leistungspflicht der Krankenkasse zu treffen. Das Recht des Vertragsarztes zur Konkretisierung des Leistungsanspruchs bezieht sich bei der Krankenhausbehandlung nur auf die fachlich-medizinischen Inhalte, die Letztentscheidung im Hinblick auf das rechtliche Bestehen von Leistungsansprüchen obliegt der zur Leistung verpflichteten Krankenkasse.[16] Die Rechtsmacht des Vertragsarztes zur Konkretisierung kann durch Regelungen des Leistungserbringungsrechts, z. B. durch Genehmigungsvorbehalte der Krankenkassen, eingeschränkt werden.[17]

4 Nach diesen Regeln ist das Rechtskonkretisierungskonzept auf die Entscheidung über **das „Ob" von Krankenhausbehandlung** nicht anwendbar, da gesetzliche und untergesetzliche Regelungen Abweichendes enthalten.[18] Das folgt zum einen daraus, dass der Anspruch auf Krankenhausbehandlung zusätzlich zur vertragsärztlichen Verordnung noch von einer Erforderlichkeitsprüfung durch das Krankenhaus abhängt (§ 39 Abs. 1 Satz 2 SGB V) und zum anderen aus der Vorschrift des § 112 Abs. 2 Nr. 1 SGB V, die zweiseitige vertragliche Regelungen zur Kostenübernahme durch die Krankenkassen vorsieht. Die Zusage der Kostenübernahme setzt eine Prüfung und Bejahung des Anspruchs durch die Krankenkassen voraus.[19] Mit § 112 Abs. 2 Nr. 1 SGB V hat der Gesetzgeber deutlich gemacht, dass grundsätzlich nur durch die Bewilligung der Krankenkasse der Anspruch des Versicherten auf Krankenhausbehandlung begründet wird.[20] Bestehen Zweifel an der

---

[13] Die Krankenkassen können nach dem Urteil lediglich die Einwendung der Unwirtschaftlichkeit nach § 12 Abs. 1 Satz 2 SGB V und die Einreden der Unzweckmäßigkeit und Nichterforderlichkeit nach § 12 Abs. 1 Satz 1 SGB V erheben, BSGE 73, 271, 282 = SozR 3–2500 § 13 Nr. 4.

[14] So der Begriff in BSGE 73, 271, 281 = SozR 3–2500 § 13 Nr. 4. Dazu auch o. *Neumann* § 12 Rdn. 13. Das Rechtskonkretisierungskonzept gilt nur eingeschränkt für nichtärztliche Psychotherapeuten. Diese sind zwar seit dem 1. Januar 1999 durch das „Gesetz über die Berufe des psychologischen Psychotherapeuten und des Kinder- und Jugendlichenpsychotherapeuten zur Änderung des 5. Buches Sozialgesetzbuch und anderer Gesetze" vom 16. Juni 1998, BGBl. I 1998 S. 1311, und die damit verbundene Integration in die vertragsärztliche Verordnung im Wesentlichen den Ärzten gleichgestellt. Einschränkungen bestehen jedoch bei der Verordnung von Leistungen, da nichtärztliche Psychotherapeuten keine Verordnungen von Leistungen anderer Leistungserbringer vornehmen dürfen (vgl. § 73 Abs. 2 Satz 2 SGB V).

[15] BSGE 82, 158 = SozR 3–2500 § 39 Nr. 5.

[16] Zu dieser in der Praxis nicht einfachen Abgrenzung BSGE 82, 158, 161 f. = SozR 3–2500 § 39 Nr. 5.

[17] BSGE 73, 271, 278 = SozR 3–2500 § 13 Nr. 4; zu den Genehmigungsvorbehalten durch die Krankenkassen ausführlich BSGE 78, 70, 87 f. = SozR 3–2500 § 92 Nr. 6; ferner BSGE 82, 158, 162. Genehmigungsvorbehalte gibt es etwa nach § 27 Abs. 3 BMV-Ä (Fundstelle o. Fn. 9) und nach Abschnitt V der Richtlinien des Bundesausschusses über die Verordnung von häuslicher Krankenpflege (abgedruckt in der Sammlung *Aichberger* – Ergänzungsband, Gesetzliche Krankenversicherung. Soziale Pflegeversicherung, hrsg. von *Engelmann,* Nr. 515). Nach einer Arzneimittelverordnung ist eine Genehmigung dagegen immer unzulässig (§ 29 Abs. 1 BMV-Ä; § 15 Abs. 1 EKV-Ä).

[18] BSGE 82, 158, 162 = SozR 3–2500 § 39 Nr. 5; vgl. auch *Schmidt* in: Peters, Hdb., SGB V, § 39 Rdn. 302.

[19] In den Verträgen nach § 112 Abs. 2 Nr. 1 SGB V sind in allen Bundesländern weitgehend vergleichbare Vorgaben für die Kostenübernahmeerklärung der Krankenkassen geregelt, die der Versicherte bei Aufnahme in das Krankenhaus vorzulegen hat, vgl. etwa § 9 des „Vertrages gemäß § 112 Abs. 1 SGB V zu § 112 Abs. 2 Nr. 1 SGB V – allgemeine Bedingungen der Krankenhausbehandlung" in Baden-Württemberg v. 1. November 2001, nachgewiesen unter www.krankenhaus-aok.de.

[20] Vgl. *Peters-Schmidt,* Hdb., SGB V, § 39 Rdn. 302 m. w. N.; so auch BSG NJW 1989, 2350, 2351; *Muckel,* Sozialrecht, § 8 Rdn. 126 m. w. N.; zu den möglichen Ausnahmen, etwa bei Notfalleinweisung durch den Vertragsarzt, vgl. *KassKomm-Höfler,* SGB V, § 39 Rdn. 40.

Notwendigkeit einer Krankenhausbehandlung – etwa bei unterschiedlichen Auffassungen zwischen einweisendem Vertragsarzt und aufnehmendem Krankenhausarzt – hat die Krankenkasse bei der endgültigen Entscheidung über die Leistungsgewährung den medizinischen Dienst der Krankenkasse zur Begutachtung einzuschalten (vgl. § 275 Abs. 1 Nr. 1 SGB V).[21]

Für die **Einzelheiten der stationären Versorgung** gilt jedoch das beschriebene Rechtskonkretisierungskonzept. D. h. dem Krankenhausarzt obliegt wie dem Vertragsarzt in der ambulanten Versorgung, den Anspruch des Versicherten auf Behandlung im Krankenhaus durch die nach seiner Einschätzung notwendigen Behandlungsmaßnahmen fortlaufend zu konkretisieren.[22]

2. Die Rechtsbeziehungen zwischen Vertragsarzt und Krankenhaus im Einzelnen

5 Nach der Systematik des Leistungserbringungsrechts bestehen grundsätzlich keine unmittelbaren Rechtsbeziehungen zwischen Vertragsärzten und Krankenhäusern. Der Vertragsarzt steht in unmittelbarer Beziehung nur zur Kassenärztlichen Vereinigung, der er als ordentliches Mitglied kraft gesetzlicher Anordnung angehört (§ 77 Abs. 3 SGB V), und zu den Versicherten. Zwischen Vertragsarzt und Versichertem besteht nach überkommener, aber inzwischen stark bestrittener Auffassung ein zivilrechtlicher Dienstvertrag nach § 611 BGB; gleiches gilt für die Beziehung zwischen Krankenhaus und Versichertem.[23] Zwischen den Vertragsärzten und den Krankenhäusern bestehen aber **mittelbare Rechtsbeziehungen.** Dazu kommt es durch dreiseitige Verträge[24] und Rahmenempfehlungen zwischen Krankenkassen, Krankenhäusern und Vertragsärzten. Durch sie werden Vertragsärzte und Krankenhäuser rechtlich miteinander verknüpft. Maßgeblich ist insoweit § 115 SGB V. In Absatz 1 dieser Norm ist geregelt, dass die Landesverbände der Krankenkassen und die Verbände der Ersatzkassen gemeinsam und die Kassenärztlichen Vereinigungen mit der Landeskrankenhausgesellschaft oder mit den Vereinigungen der Krankenhausträger im Land Verträge abzuschließen haben, deren Ziel es ist, durch enge Zusammenarbeit zwischen Vertragsärzten und zugelassenen Krankenhäusern eine nahtlose ambulante und stationäre Behandlung der Versicherten zu gewährleisten. Die Vertragsinhalte sind in § 115 Abs. 2 SGB V im Einzelnen aufgeführt. Der Vertragsschluss über die in § 115 Abs. 2 SGB V aufgeführten Regelungsgegenstände ist obligatorisch. Der Gestaltungsspiel-

---

[21] Zur Klärung der Notwendigkeit von Krankenhausbehandlung besteht auch die Möglichkeit der vorstationären Behandlung nach § 115 a SGB V, vgl. hierzu Rdn. 10.

[22] BSG NZS 1997, 228 = SozR 3–2500 § 39 Nr. 4; BSGE 86, 166 = SozR 3–2500 § 112 Nr. 1; vgl. auch *Muckel* JuS 1998, 408, 410; § 2 Abs. 7 der Richtlinien über die Verordnung von Krankenhausbehandlung (Krankenhausbehandlungs-Richtlinen) o. Fn. 10; zu den Grenzen der Konkretisierung des Leistungsanspruchs durch den Krankenhausarzt während der stationären Behandlung auch BSG NJW 1997, 1657 = SozR 3–2500 § 39 Nr. 3.

[23] Für Dienstvertrag: BGHZ 76, 259, 261; 97, 273, 276; 100, 363, 367; *KassKomm-Hessl,* SGB V, § 72 Rdn. 16; uneinheitlich das BSG: während BSG NZS 1997, 228, 229 = SozR 3–2500 § 39 Nr. 4 für die Rechtsbeziehungen zum Krankenhaus von einer „zivilrechtlichen Prägung" der Rechtsbeziehungen ausgeht, lehnt das BSG im Verhältnis zwischen Vertragsarzt und Versichertem einen zivilrechtlichen Vertrag ab, vgl. BSG 33, 158, 160; 59, 172, 177 = SozR § 368 Nr. 9; näher zum Ganzen *Muckel,* Sozialrecht, § 8 Rdn. 148 ff.; *Waltermann,* Sozialrecht, Rdn. 198 m. w. N.; *Schnapp* NZS 2001, 337, 338; *Lang,* Die Vergütung der Vertragsärzte (o. Fn. 5), S. 20 ff.

[24] Die Verträge müssen – anders als die Richtlinien des Bundesausschusses (vgl. § 94 Abs. 2 SGB V) – nicht im Bundesanzeiger veröffentlicht werden. Auch gibt es keine Veröffentlichung in den allgemein zugänglichen Textsammlungen. Im Folgenden werden die Verträge daher – soweit erforderlich – im Wortlaut wiedergegeben oder es wird der Nachweis im Internet angeführt. Eine rechtsdogmatische Analyse der verschiedenen im Gesetz vorgesehenen Verträge findet sich bei *Wahl,* Kooperationsstrukturen (o. Fn. 11), 292 ff., 346 ff. m. w. N.

raum der Vertragspartner ist durch die Vorgaben des SGB V und die untergesetzlichen Normen der Bundesmantelverträge[25] begrenzt.

6 Es ist in den dreiseitigen Verträgen zunächst die **Förderung des Belegarztwesens** zu regeln (§ 115 Abs. 2 Satz 1 Nr. 1 SGB V). Nach der Definition des Gesetzes in § 121 Abs. 2 SGB V sind Belegärzte nicht am Krankenhaus angestellte Vertragsärzte, die berechtigt sind, ihre Patienten im Krankenhaus unter Inanspruchnahme der hierfür bereitgestellten Dienste vollstationär oder teilstationär zu behandeln, ohne hierfür vom Krankenhaus eine Vergütung zu erhalten. Die Vergütung erfolgt aus der vertragsärztlichen Gesamtvergütung (§ 121 Abs. 3 SGB V). Weitere Anforderungen an Belegärzte sind in §§ 39ff. Bundesmantelvertrag-Ärzte (BMV-Ä) sowie in §§ 31ff. des Bundesmantelvertrages-Ärzte/Ersatzkassen (EKV-Ä)[26] geregelt. So darf insbesondere die stationäre Tätigkeit nicht den Schwerpunkt der Gesamttätigkeit des Vertragsarztes bilden. Er muss in erforderlichem Umfang der ambulanten Versorgung zur Verfügung stehen (§ 39 Abs. 2 BMV-Ä, § 31 Abs. 2 EKV-Ä). Wohnung und Praxis des Arztes müssen so nahe am Krankenhaus gelegen sein, dass die Versorgung der ambulanten und stationären Patienten gesichert ist (§ 39 Abs. 4 Nr. 3 BMV-Ä, § 31 Abs. 4 Nr. 3 EKV-Ä). Weiter muss durch die Belegärzte ein ärztlicher Bereitschaftsdienst für die Belegpatienten vorgehalten werden (§ 39 Abs. 5 und 6 BMV-Ä, § 31 Abs. 5 und 6 EKV-Ä). Die gesetzlichen und untergesetzlichen Vorgaben sowie die Vorgaben des dreiseitigen Vertrages nach § 115 Abs. 2 SGB V sind die Grundlage des zwischen Krankenhaus und Vertragsarzt abzuschließenden Belegarztvertrages.[27] Die von der Deutschen Krankenhausgesellschaft, der Bundesärztekammer und der Kassenärztlichen Bundesvereinigung verabschiedeten „Beratungs- und Formulierungshilfen Belegarztvertrag/Kooperativer Belegarztvertrag“[28] enthalten detaillierte Musterverträge, die weitgehend in der Praxis übernommen werden. Eine Besonderheit zur Förderung des Belegarztwesens enthält das Zulassungsrecht in § 103 Abs. 7 SGB V: Kommt in einem Planungsbereich, der wegen Überversorgung für Neuzulassungen gesperrt ist, ein Belegarztvertrag mit einem im Planungsbereich niedergelassenen Vertragsarzt nicht zu Stande, so kann der Krankenhausträger mit einem bisher nicht im Planungsbereich niedergelassenen Arzt einen Belegarztvertrag schließen.[29] Der Arzt erhält eine auf die Dauer der belegärztlichen Tätigkeit beschränkte Zulassung. Die Zulassung wandelt sich spätestens nach 10 Jahren in eine unbeschränkte Zulassung um. § 121 SGB V sowie die beschriebenen untergesetzlichen Normen der Bundesmantelverträge regeln abschließend, in welcher Form ein Vertragsarzt als Belegarzt im Rahmen der vertragsärztlichen Versorgung zu Lasten der vertragärztlichen Gesamtvergütung in einem Krankenhaus tätig sein kann.

---

[25] Zur Fundstelle des Bundesmantelvertrages-Ärzte (BMV-Ä) siehe Fn. 9; der Bundesmantelvertrag Ärzte/Ersatzkassen (EKV-Ä) ist abgedruckt in der Sammlung *Aichberger* – Ergänzungsband, Gesetzliche Krankenversicherung. Soziale Pflegeversicherung, hrsg. von *Engelmann,* Nr. 600; zum Regelungsumfang der Bundesmantelverträge vgl. BSG USK 9121: dort hat das BSG entschieden, dass die Regelungen zur Anerkennung von Belegärzten im BMV-Ä und EKV-Ä getroffen werden können, da dem Gesetz nicht zu entnehmen sei, dass die Regelungen zur Anerkennung von Belegärzten den Verträgen nach § 115 Abs. 1 SGB V vorbehalten seien.

[26] Zu Fundstellen vgl. Fn. 9 bzw. 25.

[27] Zu den Vertragsbeziehungen im Einzelnen vgl. *Genzel* in: Laufs/Uhlenbruck, Handbuch des Arztrechts, § 90 Rdn. 71ff.

[28] Deutsche Krankenhausgesellschaft (Hrsg.), 3. Aufl. 1996; auch nachgewiesen unter www.bundesaerztekammer.de; vgl. auch die bereits 1959 zwischen Deutscher Krankenhausgesellschaft, Kassenärztlicher Bundesvereinigung und Bundesärztekammer abgeschlossene Vereinbarung über die „Grundsätze der Gestaltung von Verträgen zwischen Krankenhausträgern und Belegärzten“, DÄBl. 1959, 47.

[29] Vgl. hierzu BSGE 88, 6, 12f. = SozR 3–2500 § 103 Nr. 6. Das BSG bestätigt die Freiheit des Krankenhausträgers beim Abschluss von Belegarztverträgen, gibt dem Träger jedoch auf, zumindest zu prüfen, ob ein im gesperrten Planungsbereich niedergelassener Arzt ein geeigneter Vertragspartner sein kann und dies dem Zulassungsausschuss darzulegen. Die Einhaltung dieser Vorgaben kann ein im Planungsbereich niedergelassener Bewerber im Verfahren vor den Zulassungsgremien überprüfen lassen.

Darüber hinaus kann der Vertragsarzt jedoch über dienstvertragliche Vereinbarungen außerhalb der vertragärztlichen Versorgung mit dem Krankenhaus eine Zusammenarbeit vereinbaren. Es ist dabei zu prüfen, ob die vertragarztrechtlichen Anforderungen an die Vereinbarkeit der Nebentätigkeit mit der vertragärztlichen Tätigkeit (§ 20 Ärzte-ZV) und ggf. krankenhausrechtliche Bestimmungen der Länder verletzt sind (vgl. im Einzelnen u. Rdn. 30ff.).

7 Nach § 115 Abs. 2 Nr. 1 SGB V ist in den dreiseitigen Verträgen weiter die Behandlung in **Praxiskliniken** zu regeln. Praxiskliniken sind Einrichtungen, in denen die Versicherten durch Zusammenarbeit mehrerer Vertragsärzte ambulant und stationär versorgt werden (§ 115 Abs. 2 Nr. 1 SGB V).[30] Die Praxiskliniken sind Krankenhäuser i. S. von § 107 Abs. 1 SGB V. Damit sie Krankenhausbehandlung zu Lasten der gesetzlichen Krankenversicherung erbringen können, muss mit ihnen ein Versorgungsvertrag geschlossen werden (vgl. §§ 108 Nr. 3, 109 SGB V).[31] In den nach § 115 Abs. 2 Nr. 1 SGB V zu schließenden dreiseitigen Verträgen ist zudem bundesweit geregelt, dass bei Errichtung von Praxiskliniken die Vorgaben der Krankenhausplanung in den jeweiligen Ländern zu beachten sind.[32] Durch diese Einschränkungen werden zwar Parallelstrukturen zu den übrigen Krankenhäusern vermieden, da bei Abschluss eines Versorgungsvertrages zunächst zu prüfen ist, ob der Versorgungsbedarf durch ein bereits zugelassenes Krankenhaus abgedeckt ist.[33] Gleichzeitig ist die notwendige Beachtung der Vorgaben der Krankenhausplanung jedoch der Grund dafür, dass das Instrument der Praxisklinik nur wenig genutzt wird, weil die bereits zugelassenen Plankrankenhäuser die Versorgung im kurzstationären Bereich, für den die Praxiskliniken in Frage kommen, weitgehend sicherstellen.[34]

8 Weiter ist in den dreiseitigen Verträgen die **gegenseitige Unterrichtung von Krankenhäusern und Vertragsärzten** über die Behandlung der Patienten sowie die Überlassung und Verwendung von Krankenunterlagen zu regeln (§ 115 Abs. 2 Satz 1 Nr. 2

---

[30] Zum Begriff der Praxisklinik *Preißler* MedR 1992, 263ff.

[31] Vgl. *KassKomm-Hess,* SGB V, § 115 Rdn. 5; zwischen Krankenhäusern und Krankenkassen gestalten sich die Rechtsbeziehungen wie folgt: Nach § 112 SGB V schließen die dort genannten Verbände der Krankenkassen Verträge mit der Landeskrankenhausgesellschaft oder mit den Vereinigungen der Krankenhausträger im Land, um die Krankenhausbehandlung in dem jeweiligen Bundesland sicherzustellen (sog. Sicherstellungsverträge). Die Verträge regeln insbesondere die Kostenübernahme, die Abrechnung der Entgelte, die Überprüfung der Dauer und der Notwendigkeit der Krankenhausbehandlung (§ 112 Abs. 2 Satz 1 SGB V). Sie sind für die Krankenkassen und die zugelassenen Krankenhäuser verbindlich (§ 112 Abs. 2 Satz 2 SGB V). Die für die Versorgung zugelassenen Krankenhäuser sind gemäß §§ 108, 109 Abs. 1 Satz 2 SGB V die Hochschulkliniken, die Krankenhäuser, die in den Krankenhausbedarfsplan des Landes aufgenommen worden sind (Plankrankenhäuser), sowie die Krankenhäuser, die einen Versorgungsvertrag mit den Landesverbänden der Krankenkassen und den Verbänden der Ersatzkassen abgeschlossen haben. Bei Hochschulkliniken gilt die Aufnahme der Hochschule in das Hochschulverzeichnis gemäß § 4 Hochschulbauförderungsgesetz, bei Plankrankenhäusern die Aufnahme in den Krankenhausplan nach § 8 Krankenhausfinanzierungsgesetz als Abschluss des Versorgungsvertrages (so § 109 Abs. 1 Satz 2 SGB V).

[32] Vgl. etwa § 2 Abs. 2 des Vertrages über Belegarztwesen und Praxiskliniken von Nordrhein-Westfalen v. 9. September 1996, wonach „die Vorgaben der Krankenhausplanung zu beachten" sind. Gleiche oder ähnliche Formulierungen finden sich auch in den Verträgen anderer Bundesländer.

[33] Vgl. *KassKomm-Hess,* SGB V, § 108 Rdn. 3.

[34] Darin, dass die Praxiskliniken sich in die Krankenhausplanung der Länder einfügen, besteht auch der wesentliche Unterschied zu den „ambulanten Praxiskliniken", die in § 116a SGB V eines Entwurfes eines „Krankenhaus-Neuordnungsgesetzes" im Jahre 1996 (BT-Drucks. 13/3062) vorgesehen waren. Die ambulanten Praxiskliniken sollten nicht Krankenhäuser sein (vgl. die Begründung zu § 116a SGB V). Ihr Ziel sollte es vielmehr gerade sein, im kurzstationären Bereich eine Konkurrenz zu den Krankenhäusern aufzubauen, auch wenn das parallele Strukturen bedeutet hätte. Um dies zu verhindern, wurde im parlamentarischen Verfahren der Antrag gestellt, die Praxiskliniken in die Krankenhausbedarfsplanung der Länder einzubeziehen (BR-Drucks. 372/1/96). Das Gesetzgebungsvorhaben ist wegen des Widerstandes im Bundesrat nicht weiterverfolgt worden.

SGB V). Neben der wechselseitigen Aushändigung der Patientenunterlagen und der Krankenhausberichte[35] bei Einweisung und Entlassung ist in den Verträgen die Beratung des Krankenhauses hinsichtlich der ambulanten Nachbehandlung, insbesondere einer ambulanten Nachbehandlung mit Arzneimitteln geregelt.[36]

9 Weiterer Regelungsgegenstand der dreiseitigen Verträge ist die Zusammenarbeit von Vertragsärzten und Krankenhäusern bei der **Gestaltung und Durchführung eines ständig einsatzbereiten Notdienstes** (vgl. § 115 Abs. 2 Satz 1 Nr. 3 SGB V). Es handelt sich hierbei um den als Teil des Sicherstellungsauftrages der Kassenärztlichen Vereinigungen geregelten Auftrag, die vertragsärztliche Versorgung zu den üblicherweise sprechstundenfreien Zeiten sicherzustellen (§ 75 Abs. 1 Satz 2 SGB V). Der Notdienst im Rahmen der vertragsärztlichen Versorgung ist damit zu unterscheiden von der Versorgung medizinischer Notfälle (ambulante Notfallbehandlung), die durch Rettungsdienst oder Vertragsarzt in das Krankenhaus eingeliefert werden.[37] Auf der Grundlage des § 115 Abs. 2 Satz 1 Nr. 3 SGB V haben die Vertragspartner aber die Möglichkeit, unter Beteiligung der Vertragsärzte die organisatorische Einbeziehung von Krankenhausambulanzen in den ambulanten Notfalldienst der kassenärztlichen Vereinigungen zu regeln.[38] Allerdings gibt die Regelung den Vertragspartnern nicht die Kompetenz, über die gesetzlichen Ermächtigungstatbestände hinaus (§§ 116ff. SGB V und §§ 31f. Zulassungsverordnung für Vertragsärzte – Ärzte-ZV), weitere Krankenhausärzte oder Krankenhauseinrichtungen im Rahmen des Notdienstes zur Teilnahme an der vertragsärztlichen Versorgung zu ermächtigen.

10 Ein weiterer Regelungsauftrag bezieht sich auf die **Durchführung einer vor- und nachstationären Behandlung** (§ 115 Abs. 2 Satz 1 Nr. 4 SGB V). Das Nähere zur vor- und nachstationären Behandlung ist in § 115a SGB V geregelt. Die dreiseitigen Verträge können auf der Basis der gesetzlichen Vorgaben die Behandlung inhaltlich modifizieren.[39] Bei der vorstationären Behandlung wird die Erforderlichkeit der vollstationären Krankenhausbehandlung geprüft (§ 115a Abs. 1 Nr. 1 SGB V) mit dem möglichen Ergebnis, dass das Krankenhaus ggf. an den einweisenden Arzt zurückverweisen kann. Damit soll Missbrauch vermieden werden, der durch Einweisung in das Krankenhaus allein zum Zwecke der Verlagerung der Kosten entstehen kann.[40] Die nachstationäre Behandlung dient der Sicherung des stationären Behandlungserfolges (§ 115a Abs. 1 Nr. 2 SGB V). Systematisch

---

[35] In § 5 Abs. 1 und 2 des Vertrages in Nordrhein-Westfalen über die gegenseitige Unterrichtung über die Behandlung der Patienten sowie über die Überlassung und Verwendung von Krankenunterlagen vom 10. Dezember 1990 ist geregelt, dass am Tag der Entlassung dem weiterbehandelnden Vertragsarzt ein vorläufiger Abschlussbericht mit Diagnose, Entlassungsgrund, Therapieangaben, möglichen Rehabilitationsmaßnahmen sowie der Beurteilung der Arbeitsfähigkeit zu übermitteln ist, ein abschließender Bericht ist unverzüglich nachzureichen. In den meisten anderen Bundesländern bestehen ähnliche Vertragsregelungen.

[36] So ist etwa in § 6 Abs. 1 des Vertrages in Nordrhein-Westfalen über die gegenseitige Unterrichtung über die Behandlung der Patienten sowie über die Überlassung und Verwendung von Krankenunterlagen vom 10. Dezember 1990 geregelt, dass der „behandelnde Krankenhausarzt im vorläufigen Entlassungsbericht den Wirkstoff/Generic-Namen sowie nachrichtlich den Namen der im Krankenhaus verwendeten Medikamente in der gewählten Darreichungsform und Dosierung angibt". In den meisten anderen Bundesländern bestehen ähnliche Vertragsregelungen.

[37] Vgl. *KassKomm-Hess,* SGB V, § 115 Rdn. 7; ferner BSG SozR 3–1500 § 166 Nr. 6, wonach die Vergütung der ambulanten Notfallbehandlung in Krankenhäusern nicht dem Regelungsbereich des § 115 Abs. 2 Satz 1 Nr. 3 SGB V zugewiesen ist.

[38] Vgl. *KassKomm-Hess,* SGB V, § 115 Rdn. 7.

[39] Ausdrücklich ist allerdings in § 115 Abs. 2 Satz 1 Nr. 4 SGB V geregelt, dass in den Verträgen von den in § 115a Abs. 2 Sätze 1 bis 3 SGB V geregelten Fristen der vor- und nachstationären Behandlung (grds. drei Behandlungstage innerhalb von fünf Tagen bei der vorstationären Behandlung, sieben Behandlungstage innerhalb von 14 Tagen bei der nachstationären Behandlung) abgewichen werden kann.

[40] Vgl. *KassKomm-Hess,* SGB V, § 115 Rdn. 8.

sind die vor- und nachstationäre Behandlung der Krankenhausbehandlung zuzuordnen,[41] d. h. insbesondere, dass die Vergütung nicht aus der vertragsärztlichen Gesamtvergütung (§ 85 Abs. 1 SGB V) zu entrichten ist.

11 Schließlich sind in den Verträgen die **allgemeinen Bedingungen der ambulanten Behandlung im Krankenhaus** zu regeln (§ 115 Abs. 2 Satz 1 Nr. 5 SGB V). Die Regelung gibt den Vertragspartnern nicht die Kompetenz, über die Ermächtigungstatbestände der § 116ff. SGB V und §§ 31f. Zulassungsverordnung für Vertragsärzte (Ärzte-ZV) hinaus weitere Krankenhausärzte oder Krankenhauseinrichtungen zur Teilnahme an der vertragsärztlichen Versorgung zu ermächtigen. Es kann in den Verträgen jedoch präziser als in §§ 116ff. SGB V und §§ 31f. Ärzte-ZV festgelegt werden, welche Rechte und Pflichten Krankenhäuser und deren Ärzte bei der Durchführung ambulanter Versorgung haben.[42]

12 Zentrale Vorschrift, mit der die Verknüpfung der Vertragsärzte und Krankenhäuser geregelt wird, ist § 115 Abs. 2 Satz 2 SGB V. Danach sind die gem. § 115 Abs. 1 Satz 1 SGB V geschlossenen **Verträge unmittelbar verbindlich** für die von den Vertragspartnern repräsentierten Krankenkassen, Vertragsärzte und die zugelassenen Krankenhäuser.[43] Die Verträge sind somit sog. Normverträge.[44] Normverträge sind neben den Richtlinien des Bundesausschusses der Ärzte und Krankenkassen das zentrale Steuerungsinstrument des Leistungsgeschehens in der gesetzlichen Krankenversicherung. Sie versetzen die unmittelbar Beteiligten (Ärzte, Krankenkassen und ggf. Krankenhäuser) in die Lage, die inhaltliche Konkretisierung der gesetzlichen Rahmenvorgaben vorzunehmen.[45] Für den Fall, dass ein Vertrag nach § 115 Abs. 1 SGB V nicht zustande kommt, bietet § 115 Abs. 3 SGB V den Vertragspartnern die Möglichkeit, den Vertragsinhalt durch die Landesschiedsstelle nach § 114 SGB V feststellen zu lassen. Weiter besteht die Möglichkeit, dass die Landesregierung durch Rechtsverordnung die Vertragsinhalte nach § 115 Abs. 1 SGB V festlegt, wenn die Verträge nicht zustande kommen (§ 115 Abs. 4 SGB V).[46]

---

[41] *Peters-Hencke,* Hdb., SGB V, § 15a Rdn. 2.

[42] *KassKomm-Hess,* SGB V, § 115 Rdn. 10.

[43] Diese Verbindlichkeit gilt auch für Krankenhäuser, die weder der als Vertragspartner angesprochenen Landeskrankenhausgesellschaft noch der alternativ als Vertragspartner angesprochenen Vereinigung der Krankenhausträger im Land angehören. Zu den hiermit verbundenen verfassungsrechtlichen Problemen vgl. *KassKomm-Hess,* SGB V, § 112 Rdn. 12. Im Ergebnis ist *Hess* darin zuzustimmen, dass die Geltungsanordnung solange rechtlich hinnehmbar ist, wie die große Mehrheit der Krankenhäuser durch die genannten Einrichtungen erfasst ist.

[44] So der Begriff bei *Engelmann* NZS 2000, 1ff. und 76ff.

[45] Weitere Normverträge sind die Gesamtverträge (§ 83 Abs. 1 SGB V), in denen insbesondere die zu entrichtenden Gesamtvergütungen für die ambulante Versorgung festgelegt werden (§ 85 Abs. 1 SGB V), sowie die auf Bundesebene zwischen Kassenärztlicher Bundesvereinigung und Spitzenverbänden der gesetzlichen Krankenkassen zu schließenden Bundesmantelverträge (§ 82 Abs. 1 Satz 2 SGB V). Wesentlicher Bestandteil der Bundesmantelverträge ist der einheitliche Bewertungsmaßstab (EBM), in dem der „Inhalt der abrechnungsfähigen Leistungen und ihr wertmäßiges, in Punkten ausgedrücktes Verhältnis zueinander" (§ 87 Abs. 2 Satz 1 SGB V) festzulegen ist. Die normative Wirkung dieser Verträge folgt aus §§ 82 Abs. 1 Satz 2, 83 Abs. 1 Satz 1, 95 Abs. 3 Satz 2 SGB V, §§ 81 Abs. 3 Nr. 1, 210 Abs. 2 SGB V; zu weiteren Einzelheiten zur einfachgesetzlichen Geltungsanordnung sowie zu den grundsätzlichen Problemen der Rechtmäßigkeit der Normsetzung durch Richtlinien des Bundesausschusses der Ärzte und Krankenkassen und durch Normverträge vgl. *Boerner,* Normenverträge im Gesundheitswesen, 127ff.; *Engelmann* NZS 2000, 1, 3f. m.w.N.; *Lang,* Die Vergütung der Vertragsärzte (o. Fn. 5), 19, 35ff.; *Wahl,* Kooperationsstrukturen (o. Fn. 11), 313ff., 357ff., passim.

[46] Soweit ersichtlich, ist eine solche Rechtsverordnung bisher noch nicht erlassen worden. § 115 Abs. 4 Satz 2 SGB V stellt klar, dass ein Vertragsschluss oder ein Schiedsverfahren auch über das in Satz 1 genannte Datum des 31. 12. 1990 hinaus so lange möglich bleibt, bis die Landesregierung eine Rechtsverordnung erlassen hat.

13 Um einen bundesweit möglichst koordinierten Vertragsabschluss der auf Landesebene abzuschließenden dreiseitigen Verträge nach § 115 SGB V zu gewährleisten, gibt § 115 Abs. 5 SGB V den Spitzenverbänden der Krankenkassen vor, gemeinsam mit der Kassenärztlichen Bundesvereinigung und der Deutschen Krankenhausgesellschaft oder den Bundesverbänden der Krankenhausträger auf Bundesebene **Rahmenempfehlungen zum Inhalt der Verträge** abzuschließen. Eine solche Empfehlung besteht für die Verträge nach § 115 Abs. 2 Satz 1 Nr. 1 SGB V (Belegarztwesen, Praxiskliniken) und § 115 Abs. 2 Satz 1 Nr. 2 SGB V (gegenseitige Unterrichtung und Überlassung von Krankenhausunterlagen).[47]

14 Die in § 115 Abs. 2 SGB V angeordneten vertraglichen Regelungsgegenstände stellen keinen abschließenden Katalog der möglichen Vertragsgegenstände dar. Es ist in § 115 Abs. 2 SGB V lediglich angeordnet, in welchen Fällen ein Vertragsschluss stattfinden muss. Darüber hinaus können zum einen die Partner des dreiseitigen Vertrages weitere Felder der Zusammenarbeit von Vertragsärzten und Krankenhäusern regeln,[48] zum anderen können auch Vertragsärzte und Krankenhäuser auf Grund der ihnen zustehenden Vertragsautonomie innerhalb der Grenzen des Vertragsarztrechts weitere Formen der Kooperation vereinbaren (vgl. hierzu u. Rdn. 30ff. m.w.N.).

15 Die vertraglichen, in § 115 Abs. 2 SGB V angeordneten Felder der Zusammenarbeit sowie die im Rahmen des geltenden Vertragsarztrechts bestehenden Möglichkeiten stellen im Vergleich zu früherem Recht punktuelle Verbesserungen der Bedingungen für die Zusammenarbeit von stationärer und ambulanter Versorgung dar. Sie beinhalten jedoch keine grundsätzliche Lösung des als „mangelnde Verzahnung"[49] diskutierten Problems der **Trennung von stationärer und ambulanter Versorgung.**[50] Das liegt daran, dass die Sektorentrennung weiterhin besteht und stationäre und ambulante Versorgung weitgehend unabhängig voneinander erbracht werden. So kann etwa der konkrete medizinische Leistungsinhalt unterschiedlich sein. Eine Behandlungsmethode, die in der ambulanten Versorgung vom Bundesausschuss der Ärzte und Krankenkassen gemäß § 135 Abs. 1 Satz 1 Nr. 1 SGB V wegen fehlender Wirtschaftlichkeit ausgeschlossen worden ist, kann, da es in der stationären Versorgung eine vergleichbare Vorschrift lange Zeit nicht gab, hier unter Umständen noch erbracht werden. Dies sollte durch den auf Grund der Regelungen der GKV-Gesundheitsreform 2000 zu errichtenden Ausschuss Krankenhaus (§ 137c Abs. 2 SGB V a.F.), dessen Aufgabe es nach § 137c Abs. 1 Satz 1 SGB V a.F. war, den Leistungskatalog in der stationären Versorgung zu überprüfen und Leistungen ggf. aus der Versorgung auszuschließen,[51] und den Koordinierungsausschuss (§ 137e SGB V a.F.), der u.a. nach § 137e Abs. 4 SGB V Empfehlungen in sektorübergreifenden Angelegenheiten abzugeben hatte, soweit wie möglich vermieden werden. Die beiden Ausschüsse sind mit dem GKV-Modernisierungsgesetz wieder abgeschafft worden. Die Aufgabe der Überprüfung des Leistungskataloges in der stationären Versorgung ist dem Gemeinsamen Bundesausschuss übertragen worden, der in der Besetzung bestehend aus sieben Vertretern der Deutschen Krankenhaugesellschaft, sieben Vertretern der Krankenkassen sowie drei unparteiischen Mitgliedern zu entscheiden hat (§ 91 Abs. 7 i.V.m. Abs. 1 und Abs. 2

---

[47] Rahmenempfehlungen vom 30. Januar 1991 (Belegarztwesen/Praxiskliniken) und vom 8. August 1990 (Gegenseitige Unterrichtung und Überlassung von Krankenunterlagen).

[48] Dies folgt daraus, dass nach § 115 Abs. 2 SGB V die dreiseitigen Verträge „insbesondere" die im weiteren in § 115 Abs. 2 SGB V genannten Regelungen zu treffen haben. Allerdings hat es über diesen Katalog hinaus gehende Verträge, soweit ersichtlich, bisher nicht gegeben.

[49] Vgl. hierzu etwa die Begründung zum „Gesetz zur Reform der gesetzlichen Krankenversicherung ab dem Jahr 2000 (GKV-Gesundheitsreform 2000)", BT-Drucks. 14/1245 S. 55f.

[50] Soweit überprüfbar, werden die in § 115 Abs. 2 SGB V genannten Möglichkeiten zur Abschwächung der Trennung nur eingeschränkt genutzt; so stagniert etwa die Zahl der Belegärzte seit 1993 bei ca. 6000 bundesweit, vgl. hierzu: Kassenärztliche Bundesvereinigung (Hrsg.), Grunddaten der vertragsärztlichen Versorgung in der Bundesrepublik Deutschland, 2002/2003, Übersicht I 28.

[51] Einzelheiten o. Fn. 6.

SGB V). Im übrigen bleibt es bei dem bereits in § 137c SGB V a.F. für den damaligen Ausschuss Krankenhaus festgelegten Verfahren, wonach nunmehr der Gemeinsame Bundesausschuss auf Antrag eines Spitzenverbandes der Krankenkassen, der Deutschen Krankenhausgesellschaft oder eines Bundesverbandes der Krankenhausträger Untersuchungs- und Behandlungsmethoden daraufhin zu überprüfen hat, ob sie für eine ausreichende, zweckmäßige und wirtschaftliche Versorgung erforderlich sind. Die Beschlussfassung erfolgt durch Richtlinien (§ 137c Abs. 1 Satz 1 SGB V).[52]

3. Besonderheiten auf Grund der Neuregelungen zur integrierten Versorgung

16 Als Beitrag zur Lösung des beschriebenen Problems mangelnder Verzahnung sind durch die „GKV-Gesundheitsreform 2000" Regelungen zur **integrierten Versorgung** (§§ 140a ff. SGB V) eingeführt worden, die auf Grund von Verträgen eine sektorenübergreifende Versorgung oder eine interdisziplinär fachübergreifende Versorgung der Versicherten ermöglichen sollen (§ 140a Abs. 1 Satz 1 SGB V). Das hat für den Bereich der Zusammenarbeit von Vertragsärzten und Krankenhäusern besondere Bedeutung, weil über die nur mittelbar bestehenden Verknüpfungen insbesondere durch § 115 Abs. 2 SGB V hinaus eine sektorenübergreifende vertragliche Kooperation ermöglicht wird.[53] Von der integrierten Versorgung ist nach deren Einführung im Jahr 2000 nicht in nennenswertem Umfang Gebrauch gemacht worden. Durch das GKV-Modernisierungsgesetz[54] sind daher Vereinfachungen in den Bereichen vorgenommen worden, die sich für entsprechende Integrationsverträge als hinderlich erwiesen haben.[55]

17 Die mögliche inhaltliche **Ausgestaltung der integrierten Versorgungsformen** ist im Gesetz nicht ausdrücklich vorgegeben und lässt sich nur im Rückschluss aus den gesetzlich geregelten Grenzen der vertraglichen Gestaltungsmöglichkeiten ermitteln. Klar ist das Ziel, nämlich die Durchbrechung der starren Aufgabenteilung der Versorgungssektoren, insbesondere von ambulanter und stationärer Versorgung, durch sektorenübergreifende oder interdisziplinär fachübergreifende Vertragsschlüsse (§ 140a Abs. 1 Satz 1 SGB V).[56] Vertragliche Gestaltungsspielräume bestehen im gesamten Leistungserbringungsrecht (§§ 69–140h SGB V), also den Vorschriften, die die Leistungsbeziehungen zwischen Leistungserbringern und Krankenkassen regeln (§ 140b Abs. 4 SGB V). Auch das gesamte Krankenhausfinanzierungsrecht steht zur Disposition der Vertragsparteien (§ 140b Abs. 4 SGB V). Die Frage der Vergütung muss im Integrationsversorgungsvertrag geregelt werden (§ 140c SGB V). Dabei können die Verträge die Übernahme gemeinsamer Budgetverantwortung vorsehen (§ 140c Abs. 2 SGB V) mit der Folge, dass bei sparsamer Mittelverwendung die Überschüsse den Integrationspartnern zu Gute kommen können.[57] Mit dem GKV-Modernisierungsgesetz ist die Finanzierung der integrierten Versorgung durch die Neufassung von § 140d SGB V vereinfacht worden. Bisher musste die vertragsärztliche Gesamtvergütung um die Aufwendungen für die integrierte Versorgung „bereinigt" werden. Eine entsprechende Regelung hatte die Rahmenvereinbarung vorzusehen (§ 140d Abs. 1 Satz 2 Nr. 4 SGB V a.F.).[58] Auch diese sehr komplizierte

---

[52] Zur Normqualität der Richtlinien vgl. o. Fn. 45 m.w.N., zu den bereits ausgeschlossenen Methoden vgl. o. Fn. 6; grundsätzlich zur Entwicklung der Richtlinien *Maaß* NZS 2004, 19ff.; *ders.*, NZS 2005, 9ff.

[53] Zu den Möglichkeiten der integrierten Versorgung, vgl. *Becker/Hensgen,* Das Krankenhaus 4/2000, 1ff.; *Orlowski* BKK 2000, 191ff.; *Wigge* NZS 2001, 17ff. und 66ff. m.w.N.

[54] Vgl. o. Fn. 6.

[55] Vgl. hierzu *Hiddemann/Muckel* NJW 2004, 1, 7ff., 8; *Ballast,* Die Ersatzkasse, 2004, 221ff., *Beule* GesR 2004, 209ff.

[56] Vgl. Entwurf eines „Gesetzes zur Reform der gesetzlichen Krankenversicherung ab dem Jahr 2000 (GKV-Gesundheitsreform 2000)", BT-Drucks. 14/1245, Begr. zu § 140a, S. 91.

[57] Vgl. hierzu *Orlowski,* o. Fn. 53, 194.

[58] Die Rahmenvereinbarung ist abgedruckt in DÄBl. 2000, B-2829.

Vorschrift hat dazu beigetragen, dass die integrierte Versorgung nur sehr eingeschränkt genutzt wurde. Die neue Fassung von § 140d Abs. 1 SGB V sieht eine Anschubfinanzierung ohne „Bereinigung" der Gesamtvergütung vor. Danach stehen bis zum Jahre 2006 jeweils 1 v. H. der vertragsärztlichen Gesamtvergütung sowie 1 v. H. der Rechnungsbeträge der einzelnen Krankenhäuser für voll- und teilstationäre Leistungen der integrierten Versorgung zur Verfügung. Nur für den Fall, dass die Mittel der integrierten Versorgung den in § 140d I SGB V genannten Betrag übersteigen, bedarf es weiterhin einer Bereinigung der Gesamtvergütung (§ 140d Abs. 2 Satz 1 SGB V).[59]

18 Eine wichtige Neuregelung sieht auch der § 140b Abs. 4 Satz 3 SGB V vor. Danach können sich „die Vertragspartner der integrierten Versorgung auf der Grundlage ihres jeweiligen Zulassungsstatus für die Durchführung der integrierten Versorgung darauf verständigen, dass Leistungen auch dann erbracht werden können, wenn die Erbringung dieser Leistungen vom Zulassungs- oder Ermächtigungsstatus des jeweiligen Leistungserbringers nicht gedeckt ist." Für die **Krankenhäuser** stellt sich insbesondere die Frage, inwieweit sie nach dieser Vorschrift im Rahmen der integrierten Versorgung durch Vertrag **für die ambulante Versorgung geöffnet** werden können. Unter Berücksichtigung der Begründung des § 140b Abs. 4 Satz 3 SGB V ist es nicht möglich, dass die Beteiligten über einen ihnen nicht zustehenden Zulassungsstatus verfügen und sich diesen Status „vertraglich" aneignen. Das Leistungsfeld für die integrierte Versorgung werde bei Vertragsschluss von dem Zulassungsstatus abgesteckt, den die Vertragspartner in die integrierte Versorgung einbringen.[60] Konkret bedeutet dies, dass Krankenhäuser dann Leistungen der ambulanten fachärztlichen Versorgung erbringen dürfen, wenn ein Vertragsarzt der gleichen Fachrichtung an der integrierten Versorgung teilnimmt. Der Umfang der vom Zulassungsstatus nicht gedeckten Tätigkeit ist dabei beschränkt. Es darf jedenfalls nicht dazu kommen, dass über den Integrationsvertrag ohne die Beschränkungen der Bedarfsplanung mit dem an der Integrationsversorgung teilnehmenden Krankenhaus ein zusätzlicher ambulanter Leistungserbringer in das System gelangt. Die Möglichkeit, vom Zulassungsstatus nicht gedeckte Leistungen zu erbringen, wird sich daher auf Fälle der wechselseitigen Vertretung etc. beschränken.[61]

19 **Eine Reihe gesetzlicher Vorschriften sind auch im Rahmen der integrierten Versorgung nicht disponibel.** So steht das ärztliche Berufsrecht nicht zur Disposition

[59] Nach einem Beschluss des Landessozialgerichts für das Land Brandenburg vom 1. November 2004, Az.: L 5 B 105/04 KA ER kann die Krankenkasse 1% der Gesamtvergütung zumindest vorläufig auch dann einbehalten, wenn zum Zeitpunkt der Einbehaltung noch keine Verträge nach § 140b SGB V abgeschlossen worden sind.

[60] Vgl. die Begründung zum Entwurf eines Gesetzes zur Modernisierung der gesetzlichen Krankenversicherung (GKV-Modernisierungsgesetz-GMG), BT-Drucks. 15/1570 S. 130.

[61] Anderenfalls käme es zu Widersprüchen mit der vertragsärztlichen Bedarfsplanung (§ 101 ff. SGB V), so *Orlowski,* o. Fn. 53, 193; kritisch hierzu *Ballast,* o. Fn. 55, 223; siehe hierzu auch den Beschluss des BVerfG vom 17. August 2004, GesR 2004, 470 ff., in dem das Gericht ausgeführt hat, dass Ermächtigungen von Krankenhäusern in die grundrechtlich geschützte Berufsfreiheit der Vertragsärzte eingreifen. Erwähnenswert an dem Beschluss ist insbesondere, dass das Gericht eine Betroffenheit in der Berufsfreiheit nicht nur bei den zulassungswilligen Ärzten sieht, die durch die Zulassungsbeschränkungen an ihrer Berufsausübung gehindert werden, sondern erstmals anerkennt, dass die Zulassungsbeschränkungen auch Schutzwirkungen zu Gunsten der bereits zugelassenen Ärzte entfalten. Konkret führt das Gericht aus: „Die Ermächtigung eines Krankenhausarztes ... greift in die Berufsausübungsfreiheit eines Vertragsarztes ein, der in demselben räumlichen Bereich die gleichen Leistungen anbietet, indem sie die Erwerbsmöglichkeiten über das dem Vertragsarztrecht immanente Maß hinaus einschränkt. Bei einem regulierten Markt können auch Einzelentscheidungen, die das erzielbare Entgelt beeinflussen, die Freiheit der Berufsausübung beeinträchtigen." Derartige Eingriffe seien nur dann „mit Artikel 12 GG vereinbar, wenn sie auf einer gesetzlichen Grundlage beruhen und durch ausreichende Gründe des Gemeinwohls gerechtfertigt werden". Das BVerfG hat mit dieser Rechtsprechung die Bedeutung der Berufsfreiheit aus Art. 12 GG, jedenfalls aus dem Blickwinkel der bereits zugelassenen Ärzte, gestärkt.

der Vertragsparteien. Weitere Einschränkungen sind in § 140b Abs. 3 SGB V geregelt. Danach dürfen auch innerhalb der Integrationsversorgung nur solche Leistungen erbracht werden, über deren Eignung als Leistung der Krankenversicherung die Bundesausschüsse der Ärzte und Krankenkassen und der Ausschuss Krankenhaus keine ablehnende Entscheidung getroffen haben (§ 140b Abs. 3 Satz 4 SGB V).[62] Die integrierte Versorgung muss jedoch nicht das gesamte Leistungsspektrum des SGB V abdecken. Sie kann sich auch auf bestimmte Krankheiten beschränken, wenn zum Beispiel für deren Behandlung eine sektorübergreifende Struktur notwendig ist.[63] Beispielhaft kann hier die Versorgung von Diabetikern oder Rheumapatienten erwähnt werden, da in diesen Fällen häufige Wechsel zwischen ambulanter und stationärer sowie zwischen ärztlicher und nichtärztlicher Versorgung typisch sind. Eine enge Zusammenarbeit dieser Sektoren vermag den Behandlungsverlauf zu rationalisieren.

20 Die möglichen **Vertragspartner integrierter Versorgungsformen** sind in § 140b Abs. 2 SGB V aufgeführt. Durch das GKV-Modernisierungsgesetz[64] ist der Kreis der potentiellen Vertragspartner erweitert worden. Ärzte sind nicht mehr wie bisher nur als Mitglieder einer Gemeinschaft zum Vertragsschluss berechtigt, sondern können auch als einzelne Ärzte Verträge über integrierte Versorgung schließen (§ 140b Abs. 1 Nr. 1 SGB V). Auch können nicht nur die Leistungserbringer selbst, sondern auch Träger, die nicht selbst die Versorgung durchführen, Vertragspartner sein (§ 140b Abs. 1 Nr. 4 SGB V). So kann eine Trägergesellschaft in beliebiger Rechtsform, etwa als GmbH, mit den Kassen einen Integrationsvertrag schließen. Die Gesellschaft muss dann die vereinbarten Leistungen mit Hilfe der zur Versorgung berechtigten Leistungserbringer (z. B. Vertragsärzte und zugelassene Krankenhäuser) anbieten.[65] Der Vorteil kann in einer möglichen Arbeitsteilung liegen, in der die Gesellschaft etwa die Management-Aufgaben übernimmt, während die Leistungserbringer sich auf die medizinischen Tätigkeiten konzentrieren. Schließlich können auch die Träger der neu geschaffenen medizinischen Versorgungszentren nach § 95 Abs. 1 SGB V (dazu noch u. Rdn. 22ff., Verträge über eine integrierte Versorgung schließen (§ 140b Abs. 1 Nr. 3 SGB V).

21 Eine weitere wichtige Neuregelung findet sich in § 140a Abs. 1 Satz 2 SGB V. Danach ist, soweit eine integrierte Versorgung durchgeführt wird, der **Sicherstellungsauftrag der Kassenärztlichen Vereinigungen (§ 75 Abs. 1 SGB V) eingeschränkt.** Gleichzeitig ist durch die Neuregelung die Verpflichtung zum Abschluss einer Rahmenvereinbarung zwischen den Spitzenverbänden der Krankenkassen und der Kassenärztlichen Bundesvereinigung (§ 140d SGB V a. F.) entfallen, in der für die Vertragspartner bindend die Rahmenbedingungen der integrierten Versorgung geregelt waren. Im Ergebnis bedeutet dies nach neuem Rechtszustand eine Entkoppelung von vertragsärztlicher und integrierter Versorgung.[66] Die Vertragsparteien können, ohne dass die Kassenärztliche Vereinigung oder die Kassenärztliche Bundesvereinigung die Möglichkeit zur Einflussnahme hat, Verträge abschließen und damit die Sicherstellung der Versorgung teilweise übernehmen. So kann z. B. die kardiologische Versorgung von Versicherten einer Krankenkasse in einer Region durch eine Integrationsversorgung mit Krankenhäusern und Vertragsärzten sicher-

---

[62] Vgl. *Orlowski,* o. Fn. 53, 194; nicht eindeutig geregelt ist, wie mit neuen Untersuchungs- und Behandlungsmethoden zu verfahren ist, über die der Bundesausschuss noch keine (also auch keine ablehnende) Entscheidung getroffen hat. Nach dem in der Vorschrift des § 140b Abs. 3 Satz 4 SGB V zum Ausdruck kommenden Regelungsziel, mit der Integrationsversorgung kein Experimentierfeld für neue medizinische Methoden zu schaffen, dürften solche Methoden – wie in der Normalversorgung – auch nicht in der Integrationsversorgung regelhaft zur Anwendung kommen. Für solche Überprüfungen neuer Leistungen stehen die Regelungen über Modellvorhaben in §§ 63ff. SGB V zur Verfügung.

[63] So *Becker/Hensgen,* das Krankenhaus 4/2000, 1f.

[64] Vgl. o. Fn. 6.

[65] BT-Drucks. 15/1525 S. 129f.

[66] BT-Drucks. 15/1570 S. 130.

gestellt werden. Die Kassenärztlichen Vereinigungen sind in dem durch die Integrationsversorgung sichergestellten Umfang nicht mehr zur Sicherstellung verpflichtet, die Vertragärzte unterliegen in diesem Umfang nicht mehr den kollektivvertraglichen Vorgaben. Endet der Vertrag, so gelten wieder die allgemeinen Regelungen zur Sicherstellung, d.h. der Sicherstellungsauftrag der Kassenärztlichen Vereinigungen lebt wieder auf. Die Krankenkassen können damit temporär die Sicherstellung übernehmen und müssen nicht dauerhaft und flächendeckend die Versorgung der Versicherten gewährleisten.[67]

4. Medizinische Versorgungszentren

22 Einen wichtigen Beitrag zur besseren Verzahnung von ambulanter und stationärer Versorgung stellt die mit dem GKV-Modernisierungsgesetz geschaffene neue Versorgungsform der **medizinischen Versorgungszentren** (MVZ, § 95 Abs. 1 SGB V) dar.[68] Dadurch bieten sich insbesondere für die Krankenhäuser neue Möglichkeiten, durch Gründung eines MVZ an der vertragsärztlichen Versorgung teilzunehmen und ambulante und stationäre Versorgung besser zu verzahnen. MVZ sind nach der Legaldefinition des § 95 Abs. 1 Satz 2 SGB V „fachübergreifende ärztlich geleitete Einrichtungen, in denen Ärzte, die in das Arztregister … eingetragen sind, als Angestellte oder Vertragsärzte tätig sind."

23 MVZ können von „Leistungserbringern, die auf Grund von Zulassung, Ermächtigung oder Vertrag an der Versorgung teilnehmen, gegründet werden" (§ 95 Abs. 3 Satz 3 Halbs. 2 SGB V). **Krankenhäuser sind,** wenn sie nach § 108 SGB V zur stationären Versorgung zugelassen sind, **zur Gründung eines MVZ berechtigt.**[69] Gleiches gilt für stationäre Vorsorge- und Rehabilitationszentren, mit denen die Krankenkassen nach § 111 Abs. 2 SGB V einen Versorgungsvertrag abgeschlossen haben.

24 Nach der Legaldefinition des § 95 Abs. 1 Satz 2 SGB V können im MVZ sowohl Angestellte als auch Vertragsärzte tätig sein. Zunächst kommt für die Krankenhäuser die **Gründung eines MVZ mit angestellten Ärzten** (§ 95 Abs. 1 Satz 2 letzter Halbs. 1. Alt. SGB V) in Frage. Konkret bedeutet dies, dass die Krankenhäuser eine Trägergesellschaft gründen, die dann die Zulassung erhält und mit angestellten Ärzten die ärztlichen Leistungen erbringt. Zur Gründung eines MVZ dürfen sich die gründungsberechtigten Leistungserbringer „aller zulässigen Organisationsformen" bedienen (§ 95 Abs. 1 Satz 3 Halbs. 1 SGB V). Das Günstigste wird bei der Gründung eines MVZ mit angestellten Ärzten die Gründung einer GmbH sein, deren Gesellschaftszweck die Erbringung ambulanter ärztlicher Leistungen ist. Das MVZ muss ärztlich geleitet sein (§ 95 Abs. 1 Satz 2 SGB V). Bei Gründung einer GmbH ist es daher sinnvoll, einen ärztlichen Geschäftsführer zu bestellen, der die Weisungsbefugnis gegenüber den angestellten Ärzten besitzt.[70]

---

[67] Vgl. *Hiddemann/Muckel,* o. Fn. 55, 8.

[68] Grundsätzlich *Wigge* MedR 2004, 123ff.; *Orlowski,* Gesundheits- und Sozialpolitik 2004, Heft 11/12, 60ff.

[69] Die gründungsberechtigten Leistungserbringer müssen nicht zur vertragsärztlichen Versorgung zugelassen sein. Vgl. hierzu auch die Begründung, die ausdrücklich die zugelassenen Krankenhäuser als gründungsberechtigte Leistungserbringer erwähnt, BT-Drucks. 15/1525 S. 108.

[70] Kein Problem stellt bei der Gründung eines MVZ mit angestellten Ärzten – anders als bei der Tätigkeit mit Vertragsärzten (vgl. hierzu o. Rdn. 29) – das Berufsrecht der Bundesländer dar. Zum Streit könnte dies aber insbesondere im Hinblick auf die Frage führen, ob die vertragsarztrechtlich mögliche Gründung eines MVZ in der Rechtsform der juristischen Person des Privatrechts auch berufsrechtlich möglich ist. Die Kammer- und Heilberufsgesetze der Länder sind trotz der im einzelnen unterschiedlichen Formulierungen so zu interpretieren, dass sie die Gründung eines MVZ in der Rechtsform einer juristischen Person des Privatrechts dann zulassen, wenn das MVZ mit angestellten Ärzten betrieben wird; so *Behnsen,* das Krankenhaus, 2004, 698 mit einem Überblick über die landesrechtlichen Regelungen im einzelnen; auch Deutsche Krankenhausgesellschaft (DKG), (Hrsg.), Hinweise zur Gründung medizinischer Versorgungszentren, S. 13.

25 **MVZ werden im Rahmen der Bedarfsplanung zur Versorgung zugelassen.** D.h. ein MVZ kann seine Leistungen nur in den Fachgebieten erbringen, für die in dem betreffenden Planungsbereich, in dem der Vertragsarztsitz des MVZ liegt, keine Zulassungssperren angeordnet sind (§ 95 Abs. 2 Satz 8 SGB V). Eine Ausnahme von diesem Grundsatz besteht in folgenden Fällen: In dem MVZ lässt sich ein Arzt anstellen, der in diesem Planungsbereich bisher als Vertragsarzt tätig war und der unter Verzicht auf seine Zulassung in dem MVZ als angestellter Arzt tätig wird (§ 103 Abs. 4a Satz 1 SGB V). Das MVZ übernimmt im Wege der Praxisübergabe die Praxis eines in dem betreffenden Planungsbereich niedergelassenen und aus der Versorgung ausscheidenden Vertragsarztes (§ 103 Abs. 4a Satz 2 SGB V).

26 Das MVZ muss ein **fachübergreifendes Leistungsspektrum** anbieten (§ 95 Abs. 1 Satz 2 SGB V). Das SGB V und die Materialien hierzu geben keinen abschließende Hinweis darauf, wie der Begriff fachübergreifend zu interpretieren ist. Allerdings spricht der Zweck der Vorschrift, den Versicherten eine Versorgung „aus einer Hand" anzubieten,[71] für eine weite Auslegung. Aus medizinischer Sicht ist es durchaus sinnvoll, wenn ein multimorbider Patient z.B. die Leistungen eines Facharztes für Innere Medizin mit Schwerpunkt Kardiologie und eines Facharztes Internisten für Innere Medizin mit Schwerpunkt Pneumologie[72] unter dem Dach eines MVZ in Anspruch nehmen kann. Daher erfüllt, ausgehend von den Definitionen der (Muster-)Weiterbildungsordnung der Bundesärztekammer,[73] die Tätigkeit von Ärzten mit verschiedenen Gebietsbezeichnungen (z.B. Gebiet Anästhesiologie und Gebiet Augenheilkunde), mit verschiedenen Facharztbezeichnungen (z.B. Facharzt für Allgemeine Chirurgie und Facharzt für Orthopädie und Unfallchirurgie) aber auch – was strittig ist – mit verschiedenen Facharztbezeichnungen mit Schwerpunkten das Merkmal fachübergreifend. [74] Bedeutung hat dies insbesondere im Bereich der Inneren Medizin, wo es eine ganze Reihe von Facharztbezeichnungen mit Schwerpunkten gibt (z.B. Facharzt für Innere Medizin mit Schwerpunkt Angiologie, Facharzt für Innere Medizin mit Schwerpunkt Gastroenterologie etc.).[75]

27 Für die Gründung eines MVZ durch ein Krankenhaus ist von erheblicher Bedeutung, ob und inwieweit ein **im Krankenhaus angestellter Arzt gleichzeitig in einem MVZ als angestellter Arzt tätig** sein kann. Hier stellt sich die Frage, inwieweit die Vorschrift des § 20 Ärzte-ZV, die die Vereinbarkeit von vertragsärztlicher und weiterer Tätigkeit regelt, auf die gleichzeitige Tätigkeit in MVZ und Krankenhaus Anwendung findet. Zunächst folgt aus § 1 Abs. 3 Ärzte-ZV, dass die gesamte Zulassungsverordnung grundsätzlich auch auf die MVZ Anwendung findet.[76] Allerdings dürfte § 20 Abs. 1 Ärzte-

---

[71] BT-Drucks. 15/1525 S. 108.

[72] So die Bezeichnungen in Abschnitt B Nr. 12.2 der (Muster-)Weiterbildungsordnung der Bundesärztekammer (Stand Mai 2004), Nachgewiesen unter www.bundesaerztekammer.de. Die (Muster-)Weiterbildungsordnung bildet die Empfehlungsgrundlage für die Weiterbildungsordnungen der Landesärztekammern, in denen verbindlich die Regelungen getroffen werden. Regelmäßig wird die (Muster-)Weiterbildungsordnung inhaltsgleich umgesetzt. Zum Zeitpunkt des Abschlusses dieses Manuskriptes war jedoch eine Umsetzung noch nicht in allen Bundesländern erfolgt. Zur Auslegung des Begriffs „fachübergreifend" nach der bisherigen (Muster-)Weiterbildungsordnung vgl. u. Fn. 75.

[73] Vgl. o. Fn. 72.

[74] So auch *Altendorfer/Merk/Jensch,* Das Medizinische Versorgungszentrum, S. 20ff.; *Behnsen,* das Krankenhaus, 2004, 602, 605f.

[75] Solange die neue (Muster-)Weiterbildungsordnung nicht in allen Bundesländern umgesetzt ist (o. Fn. 72 dort auch zum Umsetzungsstand) gilt die bisherige (Muster-)Weiterbildungsordnung von 1992, mit Ergänzungen aus den Jahren 1993, 1996 und 1997 (nachgewiesen unter www.bundesaerztekammer.de) weiter. Auch dort wird zwischen Gebieten und Schwerpunkten differenziert (vgl. § 2). Bei Zusammenschluss von Ärzten mit verschiedenen Schwerpunkten – etwa im Bereich der Inneren Medizin – ist das Tatbestandsmerkmal „fachübergreifend" i.S.d. § 95 Abs. 1 SGB V auch nach der bisherigen (Muster-)Weiterbildungsordnung erfüllt.

[76] A.A. *Schallen,* Zulassungsverordnung für Vertragsärzte, Vertragszahnärzte, Medizinische Versorgungszentren Psychotherapeuten, Rdn. 787.

ZV auf die gleichzeitige Tätigkeit in einem MVZ und im Krankenhaus keine Anwendung finden. Die Vorschrift regelt, dass für die Ausübung der vertragsärztlichen Tätigkeit ein Arzt nicht geeignet ist, der wegen eines Beschäftigungsverhältnisses für die vertragärztliche Tätigkeit nicht in erforderlichem Umfang zur Verfügung steht. Damit soll einer Gefährdung der Sicherstellung wegen zeitlicher Unvereinbarkeit weiterer Beschäftigungen mit der vertragsärztlichen Tätigkeit begegnet werden.[77] Jedoch ist in § 101 Abs. 1 Satz 6 SGB V für die MVZ ausdrücklich bestimmt, dass „bei der Berechnung des Versorgungsgrades die in einem medizinischen Versorgungszentrum angestellten Ärzte entsprechend ihrer Arbeitszeit anteilig zu berücksichtigen" sind. Der Gesetzgeber hat damit Teilzeittätigkeit in einem MVZ und damit auch eine mögliche anderweitige Tätigkeit neben der Tätigkeit im MVZ ausdrücklich zugelassen.[78] Der möglichen Gefährdung der Sicherstellung der Versorgung durch anderweitige Tätigkeit wird dadurch begegnet, dass der Arzt nur entsprechend seinem Beschäftigungsanteil im MVZ in der Bedarfsplanung berücksichtigt wird.[79] Der Zulassungsausschuss hat daher bei der Genehmigung der Anstellung eines Arztes nicht zu prüfen, ob der Arzt der vertragsärztlichen Versorgung in erforderlichem Umfang zur Verfügung steht.[80]

28 Unklar ist, ob auch die Vorschrift des § 20 Abs. 2 Ärzte-ZV auf die gleichzeitige Tätigkeit von Ärzten in MVZ und Krankenhaus anzuwenden ist. Nach der Vorschrift ist für eine vertragsärztliche Tätigkeit nicht geeignet ein Arzt, „der eine ärztliche Tätigkeit ausübt, die ihrem Wesen nach mit der Tätigkeit des Vertragsarztes am Vertragsarztsitz nicht zu vereinbaren ist." Das BSG hat in einer Reihe von Entscheidungen zu § 20 Abs. 2 Ärzte-ZV die gleichzeitige Tätigkeit von Vertragsärzten im Krankenhaus und in der vertragsärztlichen Versorgung bei patientenbezogener Tätigkeit wegen der damit verbundenen Interessen- und Pflichtenkollision grundsätzlich ausgeschlossen (zur Rechtsprechung im einzelnen u. Rdn. 32). Würde man diese Rechtsprechung auf das MVZ übertragen, dann wäre eine **Personenidentität von Ärzten des Krankenhauses und des MVZ** regelmäßig ausgeschlossen. Gegen eine Anwendung von § 20 Abs. 2 Ärzte-ZV spricht jedoch, dass der Gesetzgeber durch die Konzeption des MVZ, insbesondere die Zulassung der Krankenhäuser als berechtigte Gründer, eine enge Verzahnung von Krankenhäusern und MVZ angestrebt hat. Eine sinnvolle Verzahnung kann jedoch nur durch Nutzung auch der personellen Ressourcen erreicht werden.[81] § 20 Abs. 2 Ärzte-ZV ist daher nicht anzuwenden, ein Arzt kann somit als Angestellter sowohl im MVZ als auch im Krankenhaus tätig sein.

29 Neben der beschriebenen Tätigkeit von angestellten Ärzten im MVZ sieht das Gesetz auch die Möglichkeit vor, dass **Vertragsärzte im MVZ** tätig sind (§ 95 Abs. 1 Satz 2 letzter Halbs. 2. Alt. SGB V). Für die Zusammenarbeit von Krankenhäusern und Vertragsärzten stellt sich die Frage, ob eine Kombination der beiden Varianten (Leistungserbringung durch Vertragsärzte und durch angestellte Ärzte) möglich ist. Konkret stellt sich die Frage, ob ein **Vertragsarzt mit einem Krankenhaus** (dieses erbringt die Leistungen durch angestellte Ärzte, die dann auch im MVZ angestellt werden) für das MVZ **vertragsärztliche Leistungen erbringen kann.** Zunächst könnte fraglich sein, ob § 33

[77] Grundlegend BSGE 89, 134, 140 = SozR 3–5520 § 20 Nr. 3 S. 24.

[78] Vgl. auch die Begründung zu § 101 Abs. 1, BT-Drucks. 15/1525 S. 111.

[79] Der Gemeinsame Bundesausschuss hat dies in Nr. 38 der Bedarfsplanungs-Richtlinien-Ärzte in der Form berücksichtigt, dass Ärzte in MVZ bei einer Arbeitszeit von bis zu 10 Stunden mit dem Faktor 0,25, bei 10 bis 20 Stunden mit dem Faktor 0,5, bei 20 bis 30 Stunden mit dem Faktor 0,75 und bei über 30 Stunden mit dem Faktor 1,0 berücksichtigt werden; Bedarfsplanungs-Richtlinien-Ärzte in der Fassung vom 9. März 1993, zuletzt geändert am 15. Juni 2004, veröffentlicht im Bundesanzeiger Nr. 165 vom 2. September 2004 (S. 19 677), auch abgedruckt in der Sammlung *Aichberger* – Ergänzungsband, hrsg. von *Engelmann,* Nr. 430.

[80] Zum selben Ergebnis – allerdings mit anderer Begründung – kommt *Schallen,* o. Fn. 76, Rdn. 787.

[81] So *Behnsen,* o. Fn. 70, 700.

Abs. 2 Satz 1 Ärzte-ZV dem entgegensteht. Die Vorschrift regelt, dass eine gemeinsame Berufsausübung nur unter Vertragsärzten möglich ist. Nach § 1 Abs. 3 Ärzte-ZV gilt die Ärzte-ZV jedoch für die MVZ entsprechend. Daraus ergibt sich, dass nach den Regelungen der Ärzte-ZV eine gemeinsame vertragsärztliche Tätigkeit von Vertragsarzt und einem Krankenhaus zum Zwecke des gemeinsamen Betriebs eines MVZ möglich ist.[82] Diese Rechtsfolge ergibt sich darüber hinaus auch aus folgendem: Nach § 95 Abs. 1 Satz 3 Halbs. 2 SGB V können MVZ von den Leistungserbringern, die auf Grund von Zulassung, Ermächtigung oder Vertrag an der medizinischen Versorgung teilnehmen, gegründet werden. Hierzu zählen u.a. Vertragsärzte und Krankenhäuser.[83] Die gemeinsame Gründung eines MVZ durch Vertragsärzte und Krankenhäuser ist also möglich. Die gemeinsame Gründung eines MVZ macht jedoch nur dann Sinn, wenn auch die gemeinsame Leistungserbringung durch die Gründungsberechtigten für das MVZ, also durch den Vertragsarzt und das Krankenhaus, möglich ist.[84] Hätte der Gesetzgeber etwas anderes gewollt, so hätte er dies in der Formulierung von § 95 Abs. 1 SGB V zum Ausdruck bringen müssen.[85] § 95 Abs. 1 SGB V und § 33 Abs. 2 Satz 1 i.V.m. 1 Abs. 3 Ärzte-ZV ermöglichen also, zunächst nur nach den Regelungen des Vertragsarztrechts, dass der Vertragsarzt unter Beibehaltung seines Status gemeinsam mit dem Krankenhaus für das MVZ vertragsärztliche Leistungen erbringt. Problematisch könnte diese Kooperation jedoch im Hinblick auf die (Muster-)Berufsordnung für die deutschen Ärztinnen und Ärzte (MBO-Ä)[86] sein, die als Empfehlungsgrundlage für die Berufsordnungen der Landesärztekammern dient. Nach § 18 Abs. 1 MBO-Ä dürfen sich „Ärzte zu Berufsausübungsgemeinschaften ... zusammenschließen." Berufliche Kooperation ist somit nur zwischen Ärzten, also zwischen natürlichen Personen möglich. Es kommt also zu einem Konflikt zwischen den Regelungen des Vertragsarztrechtes, die eine gemeinsame Berufsausübung von Vertragsarzt und Krankenhaus ermöglichen und den Regelungen des Berufsrechts, die einer solchen Kooperation entgegenstehen. Fraglich ist, wie dieser Konflikt aufzulösen ist. Unstreitig ist, dass das Vertragsarztrecht das Berufsrecht einschränken kann. So ist es etwa möglich, dass ein Arzt, der bestimmte Qualitätsanforderungen nicht erfüllt, von der Leistungserbringung zu Lasten der gesetzlichen Krankenversicherung ausgeschlossen wird, obwohl ihm die Leistungserbringung nach den Regelungen des Berufsrechts erlaubt ist.[87] Bei der hier diskutierten Konstellation (nach dem Vertragsarztrecht ist eine Berufsausübungsgemeinschaft zwischen Vertragsarzt und Krankenhaus möglich, nach dem Berufsrecht ist sie es nicht) handelt es sich jedoch nicht um eine das Berufsrecht einschränkende Regelung, sondern um einen Regelung, die im Vertragsarztrecht etwas ermöglicht, was

---

[82] A.A. *Orlowski,* o. Fn. 68, 66.

[83] BT-Drucks. 15/1525 S. 108.

[84] *Bohle/Grau,* das Krankenhaus, 2004, 885 ff., 886.

[85] *Bohle/Grau,* o. Fn. 84, 886.

[86] (Muster-)Berufsordnung für die deutschen Ärztinnen und Ärzte (MBO-Ä) in der Fassung der Beschlüsse des 100. deutschen Ärztetages 1997, zuletzt geändert durch die Beschlüsse des 107. Deutschen Ärztetages 2004, DÄBl. 2004, A-1578, auch nachgewiesen unter www.bundesaerztekammer.de. Die (Muster-)Berufsordnung dient als Empfehlungsgrundlage für die Berufsordnungen der Landesärztekammern, in denen verbindlich die berufsrechtlichen Regelungen getroffen sind. Regelmäßig wird die (Muster-)Berufsordnung mit allenfalls geringfügigen Änderungen umgesetzt. Zum Zeitpunkt des Abschlusses dieses Manuskriptes war eine Umsetzung noch nicht bundesweit erfolgt, von einer Umsetzung ist jedoch auszugehen, zum Umsetzungsstand: *Bohle/Grau,* o. Fn. 84, 885 ff. Dasselbe würde jedoch auch bei Weitergeltung der bisherigen MBO-Ä gelten (DÄBl. 1997, B-1920), die in Abschnitt D Nr. 8 Abs. 1 ebenfalls nur Berufsausübungsgemeinschaften zwischen Ärzten ermöglicht.

[87] Vgl. BVerfG NJW 2004, 3689, m.w.N. Das BVerfG hat hier ausgeführt: „Das Vertragsarztrecht knüpft zwar grundsätzlich an das Berufsrecht an, ist aber in seinen Anforderungen nicht notwendig deckungsgleich mit ihm. Vielmehr können sich aus dem System der gesetzlichen Krankenversicherung Besonderheiten ergeben, die weiterreichende Einschränkungen ermöglichen"; vgl. auch BVerfG NJW 1999, 2730 m.w.N.

dem Berufsrecht widerspricht. Im Ergebnis ist den Autoren zuzustimmen, die die bundesrechtlichen Regelungen des Vertragsarztrechts den berufsrechtlichen Regelungen der Länder jedenfalls dann vorgehen lassen, wenn „sich die vertragsarztrechtlichen Regelungen als notwendige Voraussetzung für die Funktionsfähigkeit des Versorgungssystems gesetzliche Krankenversicherung erweisen."[88] Ist dies der Fall, ist das Berufsrecht einschränkend dahin auszulegen, dass sich der Arzt, wenn er von der Möglichkeit des Vertragsarztrechts Gebrauch macht, nicht in Widerspruch zum Berufsrecht setzt. Überträgt man dies auf den hier diskutierten Fall (Vertragsarzt geht eine Berufsausübungsgemeinschaft mit einem Krankenhaus ein), so müsste nachgewiesen werden, dass diese Berufsausübungsgemeinschaft notwendige Voraussetzung für die Funktionsfähigkeit der gesetzlichen Krankenversicherung ist. Als ein zentrales Problem der Versorgung in der gesetzlichen Krankenversicherung gilt die mangelnde Verzahnung zwischen ambulanten und stationärem Sektor (vgl. hierzu o. Rdn. 15). Um diese Verzahnung zu ermöglichen, ist es von großer Bedeutung, dass Krankenhäuser und Vertragsärzte gemeinsam Leistungen erbringen können. Den Beteiligten wird so ermöglicht, die stationären und ambulanten Versorgungsangebote aufeinander abzustimmen. In der notwendigen Verzahnung von ambulantem und stationärem Sektor ist somit der legitimierende Grund für einen Vorrang der Regelungen des Vertragsarztrechts vor den Regelungen des Berufsrechts zu sehen. Insofern ist es sowohl nach den Regelungen des Vertragsarztrechts als auch auf Grund der beschriebenen einschränkenden Auslegung nach den Regelungen des Berufsrechts möglich, dass Vertragsärzte und Krankenhäuser gemeinsam für ein MVZ vertragsärztliche Leistungen erbringen.

5. Stationäre Behandlung durch niedergelassene Vertragsärzte

30 Neben den Möglichkeiten der Krankenhäuser, über Gründung oder Beteiligung an einem MVZ an der ambulanten Versorgung teilzunehmen, stellt sich die Frage, inwieweit umgekehrt eine **stationäre Behandlung durch niedergelassene Vertragsärzte** möglich ist. Geregelt ist für diese Form der Zusammenarbeit zunächst die belegärztliche Tätigkeit nach § 121 SGB V, die die stationäre Tätigkeit von Vertragsärzten im Rahmen der vertragsärztlichen Versorgung regelt (vgl. hierzu o. Rdn. 6). In der Praxis ist es durchaus üblich, dass Vertragsärzte auf der Basis vertraglicher Regelungen über die belegärztliche Tätigkeit hinaus weitere Leistungen für Krankenhäuser erbringen, die von diesen direkt vergütet werden.[89] Fraglich ist, ob solchen Kooperationen rechtliche Hindernisse entgegenstehen. Die Regelungen zur belegärztlichen Tätigkeit stellen zunächst kein Hindernis dar. § 121 SGB V regelt den Fall, dass ein Vertragsarzt ärztlich im Krankenhaus tätig ist und seine ärztlichen Leistungen aus der vertragsärztlichen Gesamtvergütung zu vergüten sind (§ 121 Abs. 3 SGB V). Der Regelung kann jedoch nicht entnommen werden, dass damit andere Formen der Kooperation zwischen niedergelassenen Ärzten und Krankenhäusern ausgeschlossen sind. Eingeschränkt sind die Kooperationsmöglichkeiten der Krankenhäuser mit Vertragsärzten jedoch durch Landesrecht in Brandenburg und in Nordrhein-Westfalen. In § 25 Abs. 2 Satz 2 LKG Brandenburg und in § 36 Abs. 2 Satz 2 KHG NRW ist bestimmt, dass Ärzte, die weder belegärztlich noch hauptamtlich im Krankenhaus tätig sind, dort nur ergänzende Untersuchungen und Behandlungen durchführen dürfen.

31 Einschränkungen können sich weiter aus § 20 Ärzte-ZV ergeben, der die **Vereinbarkeit von vertragsärztlicher und anderweitiger Tätigkeit** regelt (vgl. o. Rdn. 27 f.). Im Hin-

---

[88] So ausdrücklich *Engelmann* GesR 2004, 113, 117; *Clemens* in: Umbach/Clemens, GG, Anhang zu Art. 12 Rdn. 49 ff.

[89] Vgl. zum Ganzen *Nösser,* das Krankenhaus, 2004, 736 f.; zum Sonderfall des ambulanten Operierens durch Vertragsärzte im Auftrag des Krankenhauses vgl. *Pflugmacher,* Chirurgenmagazin, 2004, 40 ff.

blick auf die Vorschrift des § 20 Abs. 1 Ärzte-ZV, nach der der Vertragsarzt der vertragsärztlichen Versorgung in erforderlichem Umfang zur Verfügung stehen muss, sind die von der Rechtsprechung des BSG hierzu festgelegten zeitlichen Obergrenzen zu beachten. Als Faustformel kann danach festgehalten werden, dass ein Vertragsarzt dann der vertragsärztlichen Versorgung in erforderlichem Umfang zur Verfügung steht, wenn seine anderweitig Beschäftigung nicht mehr als 1/3 der üblichen wöchentlichen Arbeitszeit beträgt.[90]

32 Fraglich ist auch bei der stationären Tätigkeit von Vertragsärzten – wie bei der gleichzeitigen Tätigkeit von Ärzten im Krankenhaus und im MVZ (vgl. o. Rdn. 28) – ob die Vorschrift des § 20 Abs. 2 Ärzte-ZV einer **gleichzeitigen Tätigkeit eines Vertragarzt im Krankenhaus** entgegensteht. Nach der Vorschrift ist für eine vertragsärztliche Tätigkeit nicht geeignet ein Arzt, „der eine ärztliche Tätigkeit ausübt, die ihrem Wesen nach mit der Tätigkeit des Vertragsarztes am Vertragsarztsitz nicht zu vereinbaren ist." Die Rechtsprechung des BSG hat die Grenze dort gezogen, wo sich die anderweitige und die vertragsärztliche Tätigkeit vermischen können und dies zu einer faktischen Beeinträchtigung des Rechts auf freie Arztwahl des Versicherten führen kann, sowie Leistungsverlagerungen zum Nachteil des jeweiligen Kostenträgers bewirkt werden können.[91] Legt man den Maßstab des BSG an, so steht einer Kooperation dann nichts entgegen, wenn sichergestellt ist, dass lediglich eine einzelfallbezogene Zusammenarbeit erfolgt, der Arzt nicht überwiegend Patienten behandelt, die er selbst ins Krankenhaus eingewiesen hat und – soweit möglich – sichergestellt wird, dass der Arzt die Patienten nicht dazu anhält, die Behandlung ambulant in seiner Vertragsarztpraxis fortzuführen. Zu beachten ist jedoch auch, dass der Gesetzgeber der Verzahnung von ambulanter und stationärer Versorgung einen großen Stellenwert beimisst und diesen Gedanken in den Reformgesetzen der vergangenen Jahre immer mehr gestärkt hat.[92] Die Zulassungsausschüsse haben diese gesetzgeberische Leitentscheidung zu beachten und sind gehalten, den § 20 Abs. 2 Ärzte-ZV nicht zu restriktiv im Hinblick auf eine mögliche Zusammenarbeit von Vertragsärzten und Krankenhausärzten auszulegen.

III. Rechtsbeziehungen des Vertragsarztes zu Rehabilitations- und Vorsorgeeinrichtungen

1. Vorsorge- und Rehabilitationsleistungen

33 Die wesentlichen **Vorsorge- und Rehabilitationsleistungen des SGB V** sind in § 23 SGB V (Vorsorgeleistungen) und § 40 SGB V (Rehabilitationsleistungen) geregelt.[93] Der Versicherte hat einen Rechtsanspruch auf die allgemeinen, wohnortbezogenen Vor-

---

[90] BSGE 89, 134, 140 = SozR 3–5520 § 20 Nr. 3 S. 24. m. w. N.

[91] Grundlegend BSGE 76, 59 = SozR 3–5520 § 20 Nr. 1 m. w. N.; auch BSGE 81, 143 wo klargestellt wird, dass bei einem Arzt, der keine patientenbezogene Tätigkeit ausübt (z. B. Arzt für Pathologie), die Tätigkeit als angestellter Krankenhausarzt eine gleichzeitige Zulassung zur vertragsärztlichen Versorgung nicht von vorneherein ausschließt.

[92] Vgl. etwa die Regelungen zur Integrierten Versorgung, §§ 140 a ff. SGB V, hierzu näher o. Rdn. 16 ff.; sowie die durch das GKV-Modernisierungsgesetz (o. Fn. 6) eingeführte Möglichkeit der Krankenhäuser, Verträge über die Erbringung bestimmter ambulanter Leistungen zu schließen, § 116 b SGB V.

[93] Neben den genannten Leistungen sind in diesem Zusammenhang noch die medizinische Vorsorge und Rehabilitation für Mütter (Müttergenesungskuren) nach §§ 24, 41 SGB V, die Leistungen zur Früherkennung von Krankheiten (§§ 25 f. SGB V) und die ergänzenden Leistungen zu Rehabilitation nach § 43 SGB V zu nennen. Das „Sozialgesetzbuch – Neuntes Buch – (SGB IX), Rehabilitation und Teilnahme behinderter Menschen" v. 19. 6. 2001, das am 1. Juli 2001 in Kraft getreten ist (BGBl. I S. 1046), enthält primär Regelungen, die die Koordinierung der verschiedenen Regelungen zur Eingliederung Behinderter betreffen. Die Ausführungen unter Rdn. 33 ff. werden durch die Neuregelungen nicht berührt; vgl. Gesetzentwurf BT-Drucks. 14/5074.

sorgeleistungen nach § 23 Abs. 1 SGB V.[94] Der Vertragsarzt konkretisiert grundsätzlich mit bindender Wirkung gegenüber den Krankenkassen diesen Anspruch im Wege der Verordnung.[95] Daneben bestehen im Bereich der Vorsorge und Rehabilitation eine Reihe von Ermessensleistungen der Krankenkassen. Im Einzelnen sind dies die ambulanten Vorsorgekuren nach § 23 Abs. 2 SGB V,[96] die stationäre Vorsorge nach § 23 Abs. 4 SGB V, die ambulante Rehabilitation nach § 40 Abs. 1 SGB V sowie die stationäre Rehabilitation nach § 40 Abs. 2 SGB V. Die Verordnung des Vertragsarztes hat bei diesen Ermessensleistungen die Rolle einer Therapieempfehlung, d. h. die Krankenkassen entscheiden über die Leistungsgewährung mit Hilfe des medizinischen Dienstes der Krankenkassen, § 275 Abs. 1 Nr. 2 SGB V.[97]

34 Die **rechtlichen Vorgaben für die Leistungserbringer** sind uneinheitlich. Die ambulante Vorsorgekur nach § 23 Abs. 2 SGB V ist in anerkannten Kurorten zu erbringen (§ 23 Abs. 2 Satz 1 SGB V). Im Übrigen gilt der zwischen Kassenärztlicher Bundesvereinigung und den Spitzenverbänden der Krankenkassen abgeschlossene Kurarztvertrag.[98] Die zugelassenen Kurärzte[99] haben danach das Recht, die kurärztliche Versorgung vor Ort zu konkretisieren. Die stationäre Vorsorge und Rehabilitation nach § 23 Abs. 4 SGB V und § 40 Abs. 2 SGB V kann nur in Einrichtungen erbracht werden, mit denen die Krankenkassen nach § 111 SGB V einen Versorgungsvertrag über die Erbringung dieser stationären Leistungen abgeschlossen haben (§§ 23 Abs. 4, 40 Abs. 2 SGB V i.V.m. § 111 Abs. 1 SGB V). Die ambulante Rehabilitation nach § 40 Abs. 1 SGB V ist nicht im Recht der Leistungserbringung näher ausgeführt worden.[100] Sie kann nach § 40 Abs. 1 Alt. 1 SGB V entweder in Einrichtungen, mit denen ein Versorgungsvertrag nach § 111 SGB V über die Erbringung stationärer Vorsorge- und Rehabilitationsleistungen geschlossen wurde, erbracht werden oder (seit dem 1. Januar 2000) nach § 40 Abs. 1 Alt. 2 SGB V in einer wohnortnahen Einrichtung. Das BSG hat zur Erbringung der Leistungen in einer wohnortnahen Einrichtung entschieden, dass wegen des Fehlens einer näheren leistungserbringungsrechtlichen Regelung jede geeignete Einrichtung einen Anspruch auf Vertragsschluss hat. Eine Verweigerung des Vertragsabschlusses aus Bedarfsgesichtspunkten ist in diesem Fall nicht möglich.[101]

---

[94] Vgl. *Krauskopf,* SozKV, § 23 Rdn. 2.

[95] Zum sog. Rechtskonkretisierungskonzept oben Rdn. 3f.

[96] Die bis zum Inkrafttreten der „GKV-Gesundheitsreform 2000" zum 1. Januar 2000 in § 40 Abs. 1 SGB V geregelte ambulante Rehabilitationskur wird wegen der inhaltlichen Erweiterung des Vorsorgebegriffs in § 11 Abs. 2 SGB V künftig als ambulante Vorsorgekur erbracht, vgl. hierzu „Entwurf eines Gesetzes zur Reform der gesetzlichen Krankenversicherung ab dem Jahr 2000", BT-Drucks. 14/1245, Begr. zu § 40 SGB V, S. 66.

[97] Näher *Krauskopf-Baier,* SozKV, § 275 Rdn. 4, 7.

[98] Für die Primärkassen: Vertrag über die kurärztliche Behandlung (Kurarztvertrag-Primärkassen) vom 16. Januar 2001, DÄBl. 2001, B-537; für die Ersatzkassen: Vertrag über die kurärztliche Behandlung (Kurarztvertrag-Ersatzkassen) vom 16. Januar 2001, DÄBl. 2001, B-530; gesetzliche Rechtsgrundlage für den Vertrag ist § 73 Abs. 3 SGB V. Danach ist in den Gesamtverträgen zu vereinbaren, inwieweit Leistungen der Vorsorge und Rehabilitation Gegenstand der vertragsärztlichen Versorgung sind und in diesem Zusammenhang die ärztliche Tätigkeit regeln, hierzu *KassKomm-Hess,* SGB V, § 73 Rdn. 33; *Peters-Hencke,* Hdb., SGB V, § 73 Rdn. 38.

[99] Es müssen nicht notwendigerweise Vertragsärzte sein, zu den Anforderungen an den Kurarzt vgl. § 9 der Kurarztverträge (o. Fn. 98).

[100] Der zunächst im Entwurf eines „Gesetzes zur Reform der gesetzlichen Krankenversicherung ab dem Jahr 2000 (GKV-Gesundheitsreform 2000)", BT-Drucks. 14/1245, vorgesehene § 125a SGB V sah vor, dass Leistungen der ambulanten wohnortnahen Rehabilitation nur in Einrichtungen, die einen Versorgungsvertrag nach § 111 SGB V abgeschlossen haben, erbracht werden sollten. Die Vorschrift ist nicht Gesetz geworden, da der Erlass der Norm nur mit Zustimmung des Bundesrates hätte erfolgen können.

[101] BSG SozR 3–2500 § 40 Nr. 3 zum Vertragsschluss mit Rehabilitationseinrichtungen; siehe auch BSG SozR 3–2500 § 109 Nr. 7 zum Vertragsschluss mit Krankenhäusern. Das BSG macht in

2. Mittelbare Rechtsbeziehungen zwischen Vertragsarzt und Vorsorge-/Rehabilitationseinrichtung

35 Unmittelbare Rechtsbeziehungen zwischen den Vertragsärzten und den Erbringern von Rehabilitations- und Vorsorgeleistungen bestehen nicht. Eine **Verpflichtung zur Zusammenarbeit** zwischen Vertragsärzten und den Vorsorge- und Rehabilitationsleistungserbringern wird aber über die nach § 111a SGB V abzuschließenden Rahmenempfehlungen[102] vom Gesetzgeber verlangt. Danach haben die Spitzenverbände der Krankenkassen mit den für die Wahrnehmung der Interessen der ambulanten und stationären Vorsorge- und Rehabilitationseinrichtungen maßgeblichen Spitzenorganisationen Rahmenempfehlungen abzugeben, in denen Inhalt und Umfang der Zusammenarbeit mit Vertragsärzten und Krankenhäusern zu regeln sind (§ 111a Satz 2 Nr. 5 SGB V). Auf Grund ihres empfehlenden Charakters sind die Vereinbarungen allerdings nicht verbindlich.

36 Auch können **Rehabilitations- und Vorsorgeeinrichtungen Partner eines Vertrages zur integrierten Versorgung** sein (§ 140b Abs. 1 2. Spiegelstrich SGB V). Sie sind dann, wie oben im Einzelnen dargestellt,[103] in das System der Integrierten Versorgung einbezogen mit den entsprechenden Rechtsbeziehungen zu den anderen Leistungserbringern, insbesondere den Vertragsärzten.

IV. Berufs- und gesellschaftsrechtliche Vorgaben

37 Neben den Vorgaben des Vertragsarztrechts sind für die Zusammenarbeit von Ärzten untereinander und mit nichtärztlichen medizinischen Leistungserbringern auch die berufs- und gesellschaftsrechtlichen Rahmenbedingungen zu beachten. Diese sind bei allen Formen der Zusammenarbeit, insbesondere auch bei den Vereinbarungen zur Integrationsversorgung und bei Gründung eines medizinischen Versorgungszentrums (MVZ; vgl. hierzu bereits o. Rdn. 16ff. u. 22ff.) zu beachten. Sie können nicht von den Vertragspartnern abbedungen werden. Maßgeblich für die berufsrechtlichen Rahmenbedingungen ist neben den Heilberufsgesetzen der Länder (vgl. hierzu o. Fn. 70 m.w.N.) die von der Bundesärztekammer erlassene **„(Muster-)Berufsordnung für die deutschen Ärztinnen und Ärzte“** (MBO-Ä),[104] die als Empfehlungsgrundlage für die Berufsordnungen der Landesärztekammern dient, in denen verbindlich die Regelungen zur Zusammenarbeit getroffen werden. Für die Kooperation von Vertragsärzten untereinander und mit anderen Leistungserbringern sind die §§ 18ff. MBO-Ä maßgeblich. § 18 Abs. 1 MBO-Ä regelt, dass sich „Ärzte zu Berufsausübungsgemeinschaften …, zu medizinischen Kooperationsgemeinschaften und Praxisverbünden zusammenschließen dürfen.“ Für die Kooperation

---

diesen Urteilen grundsätzliche Ausführungen zu der Frage, inwieweit die Krankenkassen berechtigt sind, einen Vertragsschluss über die Erbringung von Leistungen mit dem Argument abzulehnen, es bestehe kein Bedarf für weitere Leistungserbringer. Im Wesentlichen ergibt sich folgendes: Grundsätzlich kann, weil das Grundrecht der Berufsfreiheit nach Art. 12 Abs. 1 GG betroffen ist, bei der Entscheidung über den Abschluss eines Vertrages nach Bedarf nur differenziert werden, wenn ein Gesetz dies ausdrücklich gestattet. Selbst wenn dies der Fall ist, ist zusätzlich zu prüfen, inwieweit einerseits die Leistungserbringer den Bedarf bestimmen können (Stichwort: angebotsinduzierte Nachfrage) und somit die Menge der Leistungserbringer unmittelbar Auswirkung auf die Ausgabenentwicklung der GKV hat bzw. inwieweit andererseits die Krankenkassen bei der Entscheidung über die Leistungsgewährung einer finanziellen Mehrbelastung begegnen können. Je größer die Einflussmöglichkeiten der Krankenkassen hier sind, desto schwieriger ist es, Vertragsabschlüsse aus Gründen des Bedarfs zu verweigern; vgl. hierzu auch BSGE 81, 189.

[102] Gemeinsame Rahmenempfehlung für ambulante und stationäre Vorsorge- und Rehabilitationsleistungen auf der Grundlage des § 111a SGB V vom 12. Mai 1999.

[103] O. Rdn. 16ff.

[104] Fundstelle o. Fn. 72, dort auch zum Umsetzungsstand.

von Vertragsärzten und Krankenhäusern ist fraglich, ob ein Vertragsarzt mit einem Krankenhaus ein MVZ gründen und der Vertragsarzt als solcher zusammen mit dem Krankenhaus für das MVZ Leistungen erbringen darf. Dies ist sowohl vertragsarztrechtlich als auch berufsrechtlich möglich (vgl. im Einzelnen o. Rdn. 29).

38 Die **Kooperation von Ärzten mit Angehörigen anderer medizinischer Berufe** ist in § 23b MBO-Ä geregelt. Ärzte können sich nach dieser Vorschrift auch mit „selbstständig tätigen und zur eigenverantwortlichen Berufsausübung befugten Berufsangehörigen anderer akademischer Heilberufe oder staatlicher Ausbildungsberufe im Gesundheitswesen ... zur kooperativen Berufsausübung zusammenschließen (Medizinische Kooperationsgemeinschaft)." Ziel einer solchen Zusammenarbeit ist, dass die in der Kooperationsgemeinschaft Verbundenen einen „gleichgerichteten oder integrierenden diagnostischen oder therapeutischen Zweck bei der Heilbehandlung ... durch räumlich nahes und koordiniertes Zusammenwirken aller Beteiligten erfüllen können" (§ 23b Abs. 1 Satz 3 MBO-Ä).[105] Die Gemeinsamkeit darf sich nicht in einer unverbundenen Tätigkeit verschiedener Berufe erschöpfen, sondern muss von einem gemeinsamen integrativen Zweck geprägt sein.[106]

39 Durch die Beschlüsse des 107. Deutschen Ärztetages in Bremen sind die **gesellschaftsrechtlich zulässigen Organisationsformen für die Kooperationen von Ärzten untereinander** und mit anderen Fachberufen geändert worden. Waren nach der bisherigen MBO-Ä ausdrücklich nur die Gesellschaft bürgerlichen Rechts und die Partnerschaftsgesellschaft nach dem Partnerschaftsgesellschaftsgesetz möglich (D II Nr. 8 und 9 MBO-Ä 1997),[107] so enthält der maßgebliche § 18 Abs. 2 Satz 1 MBO-Ä keine Beschränkung mehr. Ärzte dürfen danach „ihren Beruf einzeln oder gemeinsam in allen für den Arztberuf zulässigen Gesellschaftsformen ausüben, wenn ihre eigenverantwortliche, medizinisch unabhängige sowie nicht gewerbliche Berufsausübung gewährleistet ist."[108] Zulässige Organisationsformen sind nach wie vor insbesondere die Gesellschaft bürgerlichen Rechts und die Partnerschaftsgesellschaft (hierzu im Einzelnen u. Rn. 40). Darüber hinaus dürfen Ärzte unter bestimmten Voraussetzungen künftig auch in der Form der juristischen Person des Privatrechts – etwa als GmbH – ärztlich tätig sein (Ärztegesellschaft, vgl. § 23a MBO-Ä). Gesellschafter einer Ärztegesellschaft können dabei nur Ärzte und Angehörige anderer medizinischer Heilberufe sein (Einzelheiten in § 23b Abs. 1 MBO-Ä). Es muss zusätzlich gewährleistet sein, dass die Gesellschaft verantwortlich von einem Arzt geleitet wird, die Geschäftsführer mehrheitlich Ärzte sind, die Mehrheit der Gesellschaftsanteile und der Stimmrechte Ärzten zusteht, Dritte am Gewinn nicht beteiligt sind und eine ausreichende Berufshaftpflicht für jeden in der Gesellschaft tätigen Arzt besteht (§ 23a Abs. 1 Satz 2 MBO-Ä). Die Tragweite dieser Regelung für die vertragsärztliche Versorgung ist allerdings beschränkt. Die Regelung führt nicht dazu, dass etwa vertragsärztliche Gemeinschaftspraxen oder medizinische Versorgungszentren, in denen Ärzte als Vertragsärzte tätig sind (§ 95 Abs. 1 Satz 2 letzter Halbs. 2. Alt SGB V, vgl. hierzu o. Rdn. 29), in der Rechtsform einer GmbH betrieben werden können. Denn die ärztliche Tätigkeit in einer GmbH ist gesellschaftsrechtlich nur in einem Anstellungsverhältnis, entweder als Geschäftsführer (§ 6 GmbHG) oder als angestellter Arzt, möglich. Die vertragsärztliche Tätigkeit ist jedoch nach der Rechtsprechung des BSG an die „Niederlassung in eigener Praxis" gebunden. Eine eigene Praxis ist nach der Rechtsprechung durch eigene Einrichtung, eigene Karteiführung und Abrechnung, eigenes Personal und die Tätigkeit auf eigene Rechnung geprägt.[109] Eine Tätigkeit als Vertragsarzt in eigener Praxis kann somit nicht

---

[105] Einzelheiten hierzu bei *Schirmer* MedR 1995, 341, 348.

[106] Vgl. *Schirmer,* o. Fn. 105, 348.

[107] DÄBl. 1997, B-1920.

[108] Fundstelle o. Fn. 72, dort auch zum Umsetzungsstand.

[109] Zu den Anforderungen der Niederlassung in eigener Praxis vgl. BSG MedR 2004, 118 = SozR 4–2500, § 98 Nr. 1; so auch BSGE 55, 97, 104 jeweils m. w. N., die Entscheidungen beziehen sich

gleichzeitig eine Angestelltentätigkeit in einer als GmbH betriebenen Ärztegesellschaft sein. Vertragsärztliche Tätigkeit und Angestelltentätigkeit – und damit die Tätigkeit als Vertragsarzt in einer GmbH – schließen sich aus. Insofern beschreibt die Regelung des § 23a MBO-Ä für die vertragsärztliche Versorgung deklaratorisch nur eine mögliche Ausprägungsform der medizinischen Versorgungszentren, nämlich die der Leistungserbringung mit angestellten Ärzten (§ 95 Abs. 1 Satz 2 letzter Halbs. 1. Alt. SGB V, vgl. o. Rdn. 24), deren Zulässigkeit sich jedoch auch unmittelbar aus § 95 Abs. 1 SGB V i. V. m. den Heilberufsgesetzen der Länder (vgl. im Einzelnen o. Rdn. 24 und Fn. 70) ergibt.[110]

40 **Gängigste gesellschaftsrechtliche Organisationsformen** für die Kooperation von Vertragsärzten bleiben daher die Gesellschaft bürgerlichen Rechts und die Partnerschaftsgesellschaft nach dem Partnerschaftsgesellschaftsgesetz (PartGG).[111] Den gesellschaftsrechtlichen Zweck der Partnerschaftsgesellschaft beschreibt § 1 Abs. 1 PartGG: „Die Partnerschaft ist eine Gesellschaft, in der sich Angehörige Freier Berufe zur Ausübung ihrer Berufe zusammenschließen." Die Partnerschaftsgesellschaft ist damit eine spezielle Gesellschaftsform für Freiberufler. Sie ist strukturell zwischen der Gesellschaft bürgerlichen Rechts und den Kapitalgesellschaften angesiedelt. Die Partnerschaftsgesellschaft ist rechtsfähig gemäß § 7 PartGG i. V. m. § 124 Abs. 1 HGB.[112] Sie kann nach Eintragung unter ihrem Namen in das Partnerschaftsregister Rechte erwerben und Verbindlichkeiten eingehen, Eigentum und andere dingliche Rechte an Grundstücken erwerben, vor Gericht klagen und verklagt werden. Wesentlicher praktischer Vorteil gegenüber der Gesellschaft bürgerlichen Rechts ist die Haftungsbegrenzung. So ist nach § 8 Abs. 2 PartGG die Haftung in der Form beschränkt, dass, wenn nur einzelne Partner mit der Bearbeitung eines Auftrages befasst waren, auch nur sie für berufliche Fehler neben der Partnerschaft haften. Anders als bei der Gesellschaft bürgerlichen Rechts findet somit keine unbeschränkte gesamtschuldnerische Haftung aller Partner der Gesellschaft statt. Andererseits geht die Haftungsbegrenzung nicht so weit wie bei der GmbH, bei der die Haftung auch des Fehlverhaltens einzelner Gesellschafter grundsätzlich nur auf das Gesellschaftsvermögen begrenzt ist (§ 13 Abs. 2 GmbHG).[113]

---

auf Gemeinschaftspraxen, gelten aber hinsichtlich der Anforderungen an die Führung einer Praxis auch für Einzelpraxen; im Ergebnis so auch *Behnsen,* o. Fn. 70, 699; vgl. hierzu auch § 17 Abs. 1 MBO-Ä, der die ärztliche Tätigkeit außerhalb von Krankenhäusern an die „Niederlassung in einer Praxis" knüpft; a.A. *Bohle/Grau* o. Fn. 84, 886.

[110] Zu den Heilberufsgesetzen der Länder vgl. o. Fn. 70.

[111] Gesetz über die Partnerschaftsgesellschaften Angehöriger Freier Berufe v. 25. Juli 1994; BGBl. I 1994 S. 1744; hierzu auch *Schirmer,* o. Fn. 105, 341 ff.; vgl. auch *Michalski/Römermann,* Kommentar zum Partnerschaftsgesellschaftsgesetz.

[112] Zur Rechts- und Parteifähigkeit der (Außen)-GbR aber BGH NJW 2001, 1056.

[113] Zur Möglichkeit der Haftungsbeschränkung ausführlich *Michalski/Römermann,* o. Fn. 111, zu § 8; *Altendorfer/Merk/Jensch,* o. Fn. 74, 29 ff.

§ 16 Die Honorargestaltung im Vertragsarztrecht

Schrifttum: *Axer,* Normenkontrolle und Normerlaßklage in der Sozialgerichtsbarkeit, NZS 1997, 10 ff.; *Clemens,* Regelungen der Honorarverteilung – Der Stand der Rechtsprechung des BSG, MedR 2000, 17 ff.; *Schönbach,* Aktualisierung der Kopfpauschalen, BKK 2000, 517 ff.; *Steinhilper/Schiller,* Privatärztliche Liquidation – Möglichkeiten und Grenzen bei Leistungen für GKV-Patienten, MedR 1997, 59 ff.; *Stillfried, von,* Integrationsversorgung – Innovationspotenzial und Risiken, Sozialer Fortschritt 2000, 175 ff.; *Schmiedl,* Das Recht des Vertragsarztes auf angemessene Vergütung in Zeiten der Budgetierung, MedR 2002, 116.

Übersicht

I. Die Grundzüge des vertragsärztlichen Vergütungssystems

1 Der **Behandlungsvertrag** zwischen Patient und Arzt ist ein Dienstvertrag, in dem sich der Arzt zur Erbringung der im Einzelfall notwendigen ärztlichen Leistungen und der Patient bzw. der für ihn Zahlungspflichtige zur Vergütung dieser Leistungen auf der Grundlage der amtlichen Gebührenordnung für Ärzte (GOÄ) verpflichten (§§ 612, 615 BGB i.V.m. § 1 GOÄ). An dieser bürgerlich-rechtlichen Einordnung des Behandlungsvertrages ändert sich nichts, wenn sich der Patient gegen das Risiko von Krankheit privat versichert. Seine Zahlungspflicht gegenüber dem Arzt bleibt bestehen; gegenüber seiner PKV oder bei Wahlentscheidung für Kostenerstattung als gesetzlich Versicherter auch gegenüber seiner KK (§ 13 Abs. 2 SGB V) hat er einen Anspruch auf volle oder teilweise Erstattung der eingereichten Arztliquidation nach Maßgabe des Versicherungsvertrages bzw. der KK-Satzung **(Kostenerstattungsprinzip).** Dieses Kostenerstattungsprinzip wird in § 13 SGB V i.d.F. GMG jetzt allen Versicherten der GKV für die ambulante Behandlung als alternative Wahlmöglichkeit zur Sachleistung jeweils mit bindender Wirkung für ein Jahr angeboten. Grundsätzlich anders gestalten sich die Rechtsbeziehungen zwischen Patient und Arzt jedoch, wenn der Patient in der GKV versichert ist und keine Kostenerstattung gewählt hat. Jetzt schiebt sich die KK des Versicherten in das zweiseitige Behandlungsverhältnis hinein, da sie gesetzlich dem Versicherten die ärztliche Behandlung als Naturalleistung schuldet und sich daher der Zahlungsanspruch des Arztes nicht mehr gegen den Versicherten, sondern gegen dessen KK richtet **(Sachleistungsprinzip)** (dazu § 3). Die KK ihrerseits darf jedoch, von gesetzlich definierten – im GMG allerdings erheblich erweiterten – Ausnahmen (§§ 63, 64, 73b, c, 116b, 140, 140a ff. SGB V) abgesehen, selbst keine behandelnden Ärzte unter Vertrag nehmen; die **Sicherstellung** der den Versicherten von ihrer KK geschuldeten ärztlichen Behandlung ist vielmehr gesetzlich den KV übertragen, die sie mit Hilfe ihrer Mitglieder, den zugelassenen Vertragsärzten und Vertragspsychotherapeuten, den zugelassenen Medizinischen Versorgungszentren, deren angestellte Ärzte Mitglieder der KV sind, sowie dazu ermächtigten Ärzten und ermächtigten ärztlich geleiteten Einrichtungen erbringen **(vertragsärztliche Versorgung)** (dazu § 5). Die einzelne KK entrichtet für die vertragsärztliche Versorgung ihrer Versicherten mit befreiender Wirkung eine **Gesamtvergütung** an die KV, aus der diese die Leistungen der vertragsärztlichen Versorgung im Wege der **Honorarverteilung** zu vergüten hat. Ausgenommen hiervon sind Hochschulambulanzen und psychotherapeutische Ausbildungsambulanzen (§ 117), ermächtigte psychiatrische Institutsambulanzen (§ 118 SGB V), sozialpädiatrische Zentren (§ 119 SGB V), deren Leistungen unmittelbar von den KK vergütet werden (§ 120 Abs. 2 SGB V). Der Vergütungsanspruch des Vertragsarztes richtet sich demgegenüber im **Kollektivvertragssystem** nicht gegen die KK des Versicherten, sondern ausschließlich gegen die für ihn zuständige KV (dazu § 5). Nur soweit eine KK Einzelverträge mit Vertragsärzten auf der Grundlage von §§ 63, 64, 73b, c, 140a SGB V abschließt **(Einzelvertragssystem),** richtet sich der Vergütungsanspruch des Vertragsarztes hieraus unmittelbar gegen die KK als Vertragspartner, soweit im Einzelvertrag nichts anderes vereinbart ist.

1. Sicherstellungsauftrag und Gesamtvergütung

2 Der Sicherstellungsauftrag der KV mit daraus resultierender Gewährleistungspflicht für eine ordnungsgemäße Versorgung gegenüber den KK einerseits (§ 75 Abs. 1 SGB V) und die Zahlung einer Gesamtvergütung durch die KK mit befreiender Wirkung an die KV für die vertragsärztliche Versorgung ihrer Versicherten andererseits (§ 85 Abs. 1 SGB V) **bedingen sich** grundsätzlich im Verhältnis zueinander. Jedenfalls in ihrer jetzigen gesetzlichen Ausprägung wäre der Sicherstellungsauftrag ohne Gesamtvergütung für die KV

nicht darstellbar, wie auch umgekehrt für die KK die Zahlung einer Gesamtvergütung an die KV ohne Übernahme einer entsprechenden Gewährleistungspflicht für die ordnungsgemäße Versorgung nicht zumutbar wäre.

3 **a)** Die KK muss sich darauf verlassen können, dass sie nicht von Leistungserbringern der vertragsärztlichen Versorgung unmittelbar auf Zahlung in Anspruch genommen werden kann. Soweit die KV die Versorgung ihr gegenüber sicherzustellen hat, ist sie der alleinige Zahlungspflichtige gegenüber den Leistungserbringern. Die Zahlung der Gesamtvergütung erfolgt deswegen **„mit befreiender Wirkung"** gegenüber diesen Leistungserbringern. Ausnahmen hiervon müssen gesetzlich bestimmt sein (dazu Rdn. 1, 4), da sie Auswirkung auf die Höhe der Gesamtvergütung haben.

4 **b)** Die KK muss sich auch darauf verlassen können, dass die KV ihrer **Gewährleistungspflicht** für eine ordnungsgemäße Versorgung nachkommt, da sie diese Versorgung ihren Versicherten gesetzlich schuldet und hierfür die vereinbarte Gesamtvergütung an die KV zahlt. Anderenfalls kann ein **„Systemfehler"** entstehen, der die KK berechtigt, sich zu Lasten der Gesamtvergütung die Leistung selbst zu beschaffen.[1] Auch der an der vertragsärztlichen Versorgung teilnehmende Leistungserbringer (dazu § 5) darf deswegen seine Zahlungsansprüche grundsätzlich nur an die KV und nicht an den Versicherten richten, da er durch seine Kassenzulassung oder Ermächtigung eine Verpflichtung zur Teilnahme an der vertragsärztlichen Versorgung übernommen hat (§ 95 Abs. 3, 4 SGB V). **Privatliquidationen** von Vertragsärzten oder Vertragspsychotherapeuten gegenüber gesetzlich Versicherten sind daher für **Leistungen der GKV** nur unter den gesetzlichen (§ 13 Abs. 2 SGB V: Wahlentscheidung des freiwillig Versicherten für Kostenerstattung; §§ 28 Abs. 2, 55 Abs. 4 SGB V: Wahl von über die Kassenleistung hinausgehenden Zahnfüllungen, Zahnersatz) oder den im Bundesmantelvertrag vereinbarten Voraussetzungen erlaubt (§ 18 Abs. 8 BMV-Ä, § 21 Abs. 1 BMV-Z, § 21 Abs. 8 AEKV: ausdrückliches schriftlich bestätigtes Verlangen des Versicherten, auf eigene Kosten behandelt zu werden).[2] Eine HVM-Regelung, wonach ein Vertragsarzt grundsätzlich nicht verpflichtet sein soll, eine in seiner Praxis verfügbare Leistung als vertragsärztliche Leistung anzubieten, weil sie von ihm zu den Vergütungssätzen des HVM nicht kostendeckend erbracht werden kann, verstößt gegen diese Gewährleistungspflicht der KV; sie musste als rechtswidrig aufgehoben werden, da sie den Umfang der Mitwirkungspflicht des einzelnen Vertragsarztes an der vertragsärztlichen Versorgung von dessen subjektiver Investitionsentscheidung und damit verbundener Kostenbelastung für einzelne von ihm erbrachte Leistungen abhängig gemacht hätte.[3] Aus dem gleichen Grund darf aber auch ein Vertragsarzt Leistungen, die er in seiner Praxis als solche vorhält, nicht mit der Begründung für ihn nicht kostendeckender Vergütungssätze der vertragsärztlichen Versorgung einem Versicherten als Sachleistung der GKV verweigern oder ihre Erbringung von einer Zuzahlung abhängig machen,[4] bzw. sie ihm gleichzeitig als privat nach der GOÄ zu bezahlende Behandlung anbieten.[5] Die massive innerärztliche Kritik an beiden Entscheidungen verkennt dieses notwendige Ineinandergreifen von Sicherstellungsauftrag bzw. Gewährleistungspflicht der KV und Mitwirkungspflicht des einzelnen Vertragsarztes an deren Erfüllung auf Grund seiner Kassenzulassung.[6] Zumindest für Leistungen, die den medizinisch notwendigen Versorgungsinhalt seines Fachgebietes prägen und vom Vertragsarzt deswegen in seiner Praxis auch vorgehalten werden, kann seine Dispositionsbefugnis aufgrund individueller Kostenkalkulationen zu Gunsten oder zu Lasten der Leistungserbringung im Sachleis-

---

[1] BSGE 53, 144 = SozR 2300 § 182 Nr. 80; 35, 10 = SozR Nr. 7 zu § 368d RVO.
[2] Dazu *KassKomm-Hess* § 95 Rdn. 60 ff.; *Steinhilper/Schiller* MedR 1997, 59.
[3] BSGE 88, 20 = SoR 3–2500 § 75 Nr. 12 = MedR 2002, 37 m. Anm. v. *Steinhilper/Schiller.*
[4] BSG SoZ 3–2500 § 81 Nr. 7 = MedR 2002, 42 m. Anm. v. *Peikert.*
[5] BSG MedR 2002, 47 m. Anm. v. *Steinhilper/Schiller.*
[6] A. A. *Steinhilper/Schiller* MedR 2001, 29 ff.

tungssystem nicht anerkannt werden, wenn das dargestellte Ordnungssystem des Kassenarztrechtes nicht grundsätzlich in Frage gestellt werden soll.[7]

5 **c)** Die KV muss sich ihrerseits darauf verlassen können, dass die KK für alle ihre Mitglieder die vereinbarte Gesamtvergütung an sie entrichtet, und nur in den Fällen und in dem Umfange mit der Gesamtvergütung zu verrechnende **Kostenerstattungen** an Versicherte leistet, in denen sie gesetzlich gem. §§ 13 Abs. 2, SGB V dazu berechtigt ist (§ 85 Abs. 2 S. 8 SGB V). Dies galt bis zum 31. 12. 2001[8] wegen der gesetzlich vorgeschriebenen Kürzung der Gesamtvergütungen bei einer Überschreitung des Arznei-, Verband- und Heilmittelbudgets gem. § 84 Abs. 1 S. 3 SGB V (alt) auch für von den KK insoweit geleistete Kostenerstattungen, die den budgetrelevanten KK-Ausgaben zuzurechnen waren (§ 84 Abs. 1 S. 6 SGB V (alt)). Es muss insoweit allerdings festgestellt werden, dass diese gesetzlich schon immer geforderte Verrechnung von Kostenerstattungen der Krankenkassen mit der von ihnen gezahlten Gesamtvergütung nie praktiziert wurde, weil die KK mit entspr Daten belegte Ansprüche nicht gestellt haben.

6 **d)** Die KV muss sich aber auch darauf verlassen können, dass die KK nicht an ihr vorbei Verträge über die ärztliche Behandlung mit Leistungserbringern abschließt und diese außerhalb der Gesamtvergütung zusätzlich vergütet, da solche **Direktverträge** in den Sicherstellungsauftrag eingreifen und das Ordnungsgefüge der vertragsärztlichen Versorgung (Rdn. 4) empfindlich stören. Die durch das GKV-GRG 2000 in §§ 63, 64 SGB V über zeitlich befristete Modellvorhaben und in §§ 140a ff. SGB V über **Integrationsverträge** eröffnete Möglichkeit der KK, mit Vertragsärzten direkte Verträge abzuschließen und sie außerhalb der Gesamtvergütung zu vergüten, war für Integrationsverträge in eine Rahmenvereinbarung zwischen KBV und Spitzenverbände der KK eingebunden, die aus den unter I. 2b genannten Gründen ein sehr kompliziertes und daher nie praktiziertes Verfahren zur Bereinigung der Gesamtvergütung für die Partner der Gesamtverträge vorschrieb (dazu Rdn. 87–89). Die gesetzliche Grundlage für den Abschluss einer solchen Rahmenvereinbarung ist durch die Neufassung der § 140a entzogen worden.

2. Wechselwirkung von EBM, HVM und Gesamtvergütung

7 Die **Komplexität** des vertragsärztlichen Vergütungssystems ergibt sich aus dem notwendigen Ineinandergreifen der drei genannten Regelungsinstrumente als Grundlage für das dem einzelnen Vertragsarzt für seine Leistung zustehende Honorar (dazu auch Rdn. 38). Dabei ist bisher ausschließlich der EBM auf Bundesebene kassenartenübergreifend beschlossen, während jede der 23 KV (ab 1. 1. 2005: 17) einen eigenen HVM als Satzung beschließt bzw. ab 1. 7. 2004 gem. § 85 Abs. 4 S. 2 SGB V i. d. F. GMG mit den KKVerb vertraglich vereinbart (dazu Rdn. 102, 103), diesen i. d. R. getrennt auf Primärkassen und ErsK anwendet und mit jeder Kassenart in regionalen Gesamtverträgen mit Wirkung für die beteiligten KK kassenspezifische Gesamtvergütungen vereinbart. So gesehen gibt es nicht ein, sondern eine **Vielzahl vertragsärztlicher Vergütungssysteme,** deren einzige gemeinsame Klammer der EBM ist, der allerdings durch ergänzende Beschlüsse des Bewertungsausschusses gem. § 85 Abs. 4a SGB V i. d. F. GMG in seiner Bindungswirkung gegenüber den Partnern der Gesamtverträge im Hinblick auf die mit §§ 85a–d eingeleitete Neustrukturierung der vertragsärztlichen Vergütung erheblich verstärkt und ausgeweitet wurde (dazu Rdn. 53–55).[9]

---

[7] Zum verfassungsrechtlichen Problem der Einschränkung des Vergütungsanspruches durch die Budgetierung der Gesamtvergütung und die Einführung von Praxisbudgets, *Schmiedl* MedR 2002, 116.

[8] Durch das Gesetz zur Abschaffung der Arznei- und Heilmittelbudgets v. 19. 12. 2001, BGBl. I S. 3773, wurden diese kollektive Ausgleichspflicht der Gesamtvergütung abgeschafft.

[9] BSG SozR 2200 § 368f Nr. 9; SozR 3–2500 § 85 Nr. 4; *KassKomm-Hess* § 85 Rdn. 56.

a) Eine spiegelbildliche Abbildung des EBM in der Honorarverteilung hat es nur in der Zeitphase zwischen 1965 und 1987 regional und nach Kassenarten unterschiedlich gegeben, als die Gesamtvergütung nach **Einzelleistungen** vereinbart wurde. Dies galt insbesondere für die auf Bundesebene vereinbarte **Ersatzkassengebührenordnung** (E-GO), die anders als der gesetzlich damals nur für den Primärkassen-Bereich geltende HVM unmittelbare Vergütungsansprüche der Ärzte begründete. Jede Leistung der E-GO war mit einem bundeseinheitlichen Punktwert in DM vereinbart und wurde dem Vertragsarzt nach Abzug der Verwaltungskostenumlage durch die KV als solcher nach Prüfung seiner Abrechnung auf sachlich/rechnerische Richtigkeit und Wirtschaftlichkeit ausbezahlt. Die Ersatzkassenvergütung war daher bei der KV, vergleichbar der Funktion einer privatärztlichen Verrechnungsstelle, ein **„durchlaufender Posten"** (dazu Rdn. 98). 8

b) Mit dem Inkrafttreten eines neuen kassenartenübergreifenden EBM (§ 368g Abs. 4 RVO i.d.F. KVKG 1987) wurde die Gesamtvergütung bundesweit auf **Kopfpauschalen** je Mitglied umgestellt, deren Ausgangsbetrag sich je KK aus der vorherigen nach Einzelleistung berechneten Gesamtvergütung umgerechnet auf die Ausgaben je Mitglied getrennt nach Allgemeinversicherten und Rentnern ergab. Diese Form der Berechnung der Gesamtvergütung gilt mit geringen Variationen bis heute fort (dazu Rdn. 61). Dabei hat die in der Zeit von 1993–1995 und ab 1997 gesetzlich und in der Zwischenphase vertraglich unter dem „Diktat" der Beitragssatzstabilität stehende Anbindung der jährlichen Veränderungsraten der Gesamtvergütungen an die Grundlohnsummenentwicklung systematisch zur Abkoppelung der Kopfpauschalen von der nach wie vor im Formblatt 3 auf der Grundlage des EBM erfassten Leistungsbedarfsentwicklung geführt. Alle **Risiken** steigender Arztzahlen, veränderter Morbidität, Leistungsverlagerungen aus dem stationären in den ambulanten Bereich und eines wachsenden Einsatzes der Medizintechnik einschließlich medizinisch-technischer Großgeräte wurden damit auf die Honorarverteilung verlagert und haben zu entsprechend sinkenden Verteilungspunktwerten geführt (dazu Rdn. 105ff.). 9

c) Völlig in Unordnung geraten ist das Verhältnis zwischen Gesamtvergütung und Leistungsbedarf durch die mit dem GSG eingeführte Wahlfreiheit der Versicherten unter den meisten bestehenden KK. Der dadurch seit 1997 ausgelöste Wechsel einer Vielzahl von Versicherten zu beitragsgünstigen KK hat die zu Zeiten der Bildung der Kopfpauschalen noch geschlossenen Versichertengemeinschaften aufgelöst. Insbesondere „gute Risiken" wechselten die KK; „schlechte Risiken" blieben. Die ursprünglich am Leistungsbedarf einer geschlossenen Versichertengemeinschaft ausgerichteten Kopfpauschalen einer KK wurde damit vollends von der sich als Folge des Kassenwechsels jährlich wandelnden **Versichertenstruktur** abgekoppelt.[10] Dies hat insgesamt zu Einbußen in der Höhe der Gesamtvergütungen einer KV geführt, da einige der beitragsgünstigen KK um bis zu 50% niedrigere – historisch aus deren ursprünglichem Versichertenbestand Grundlohn gebunden gewachsene – Kopfpauschalen zahlen, während die KK mit den bei ihnen verbleibenden „schlechten Risiken" ihre Kopfpauschalen nicht entsprechend nach oben anpassen und sich dabei auf die gesetzlich im GKV-GRG 2000 festgelegten höchst zulässigen Veränderungsraten gem. § 71 Abs. 2, 3 SGB V berufen. 10

d) Die KK ihrerseits vergleichen die von ihnen auf der vorstehenden Grundlage an die KV als Gesamtvergütung je Mitglied geleisteten Kopfpauschalen mit den ihnen aus dem gesetzlich ebenfalls mit dem GSG eingeführten **Risikostrukturausgleich** (RSA) unter allen KK intern zustehenden Ausgleichszahlungen. Dieser RSA beseitigt die Einnahmenunterschiede unter den KK, soweit sie auf unterschiedlichen Grundlöhnen der Versicherten dieser KK, Geschlecht, Alter und Durchschnittsausgaben für definierte Risikogruppen (DMP) basieren. Er führt zu erheblichen internen Zahlungen unter den KK mit guten bzw. schlechten Risiken. Rechtlich besteht kein Zusammenhang zwischen RSA und Gesamtvergütung. Die vertragsärztliche Gesamtvergütung geht als solche nicht einmal in die Berechnung des RSA ein, weil sie sich als Kopfpauschale je Mitglied nicht auf 11

---

[10] *Schönbach* BKK 2000, 517.

Leistungsausgaben je Versicherten umrechnen lässt. Zunehmend wird die sich aus dem RSA für ErsK und BKK ergebenden Zahlungsverpflichtungen jedoch wirtschaftlich in Schiedsamtverfahren zur Begründung gegenüber § 71 Abs. 3 SGB V niedrigerer Zuwachsraten eingebracht. Das Landesschiedsamt Nds. hatte einem solchen Begehren einer BKK entsprochen.[11] Damit hätte sich der RSA indirekt negativ auf die Gesamtvergütungen der KV ausgewirkt, es sei denn, die Schiedsämter würden die von nicht im RSA ausgleichspflichtigen KK zu zahlenden Gesamtvergütungen über die Veränderungsraten des § 71 Abs. 3 SGB V hinaus erhöhen.[12]

12 Diese völlige **Vernachlässigung des Versorgungsbedarfes** einer Versichertengemeinschaft bei der Weiterentwicklung der Kopfpauschalen in den letzten zwölf Jahren verbunden mit der seit 1997 durch die Wahlfreiheit der Versicherten und den RSA eingetretenen systematischen Veränderung der Versichertenstrukturen der KK und der damit in einigen KV einhergehenden systematischen Absenkung der insgesamt für die vertragsärztliche Versorgung bei unveränderter Versichertenzahl zur Verfügung stehenden Kopfpauschalen verstößt schon systematisch, d.h. losgelöst von den konkreten Auswirkungen im einzelnen Gesamtvertrag gegen den in § 72 Abs. 2 SGB V verankerten **Grundsatz der Angemessenheit der Vergütung**[13] (dazu Rdn. 19–26). Sie lässt nämlich eine kausale Beziehung zwischen dem medizinischen Versorgungsbedarf einer Versichertengemeinschaft und der Berechnung der dafür notwendigen Vergütung gar nicht mehr zu; er wird deswegen auch statistisch von Seiten der KK nicht mehr erstellt. Durch das Gesetz zur Reform des RSA v. 14. 12. 2001, BGBl. I 3465, ist zwar der RSA mit der Zielsetzung neu strukturiert worden, die Morbidität der Versicherten stärker in den RSA einzubinden; die notwendige Umstrukturierung der vertragsärztlichen Gesamtvergütung auf eine kassenartenübergreifend äquivalente Vergütungsstruktur ist jedoch in Rücksichtnahme auf die wirtschaftliche Situation von KK mit einer Häufung schlechter Risiken unterblieben.[14] Erst das GMG v. 14. 11. 2003, BGBl I 2190, hat diesen weitergehenden Reformbedarf erkannt und in §§ 85 a–d SGB V innerhalb einer Zeitspanne von drei Jahren eine Ablösung pauschalierter ausschließlich Grundlohn gebunden veränderter Kopfpauschalen je Mitglied einer KK durch ein morbiditätsorientiertes Vergütungssystem – wie folgt – vorgeschrieben:

13 **e) §§ 85 a–d i. V. m. § 87 Abs. 2 a i. d. F. GMG** beinhaltet eine **grundsätzliche Neustrukturierung der ärztlichen Gesamtvergütung** auf der Grundlage eines zum 1. 1. 2005 (verschoben auf den 1. 4. 2005) in Kraft tretenden neuen EBM ab dem 1. 1. 2007. Damit sollen die seit dem 1. 1. 1993 durch § 85 Abs. 3 a–c i. d. F. GSG gesetzlich auf Mitglieder bezogenen Kopfpauschalen basierenden Gesamtvergütungsbudgets stufenweise abgeschafft und das finanzielle Risiko einer morbiditätsbedingten Mengenausweitung der abgerechneten ärztlichen Leistungen auf die KK verlagert werden (FraktE-GMG BT-Drucks. 15/1525 zu §§ 85 a–d). Die Begründung des FraktE-GMG weist auf die den Beitragssatz der GKV seit Jahrzehnten stabilisierende Wirkung der bisherigen vertragsärztlichen Gesamtvergütung hin und begründet den Reformbedarf mit negativen Auswirkungen auf die Qualität und Wirtschaftlichkeit der medizinischen Versorgung im System der GKV. Damit die KK dem mit dieser Reform verbundenen erhöhten Finanzierungsrisiko wirksam begegnen können, hat das GMG die Plausibilitätsprüfung der ärztlichen Abrechnung strin-

---

[11] Landesschiedsamt Nds. Schiedsspruch v. 11. Juli 2000; das BSG hat mit Urteil v. 16. Juli 2003, BSGE 91, 153 = SozR 4–2500 § 85 Nr. 3 eine solche Berücksichtigung von Auswirkungen des RSA auf die Vereinbarung der Gesamtvergütung für unzulässig erklärt; dazu auch *Schnapp* NZS 2003, 337.

[12] So das Landesschiedsamt Nds. in einem 2. Spruch v. 13. Dezember 2000; beide Schiedssprüche wurden aufsichtsrechtlich beanstandet, der AOK-Schiedsspruch auch wegen Verstoßes gegen § 71 Abs. 2 SGB V (zur gerichtlichen Klärung Fn. 11).

[13] Zur verfassungsrechtlichen Problematik von Gesamtvergütungsbudgets und deren Auswirkungen auf die angemessene Vergütung, *Schmiedl* MedR 2002, 116.

[14] Zur Notwendigkeit einer solchen Umstellung *Hansen/von Stillfried* DÄBl. 2000, A-3470.

genter ausgestaltet und die KK stärker darin eingebunden (§ 106 a), die Wirtschaftlichkeitsprüfung grundsätzlich durch gemeinsam finanzierte unabhängige Prüfeinrichtungen neu geordnet (§ 106) und eine stärkere Komplexierung und Pauschalierung von Leistungen des EBM vorgeschrieben (§ 87 Abs. 2 a). Wesentlicher Grund für die **Ablösung einer Mitglieder bezogenen Kopfpauschale durch eine Versicherten bezogene an der Morbidität ausgerichtete Vergütungsstruktur** dürfte aber eher das politische Bestreben gewesen sein, **mehr Wettbewerb** in den Vertragsbeziehungen zwischen KK und Leistungserbringern durch **Einzelverträge** der KK insbesondere in der Integrationsversorgung nach §§ 140 a ff. zu eröffnen. Diesem Bestreben stehen Mitglieder bezogene Kopfpauschalen, die mit befreiender Wirkung für die gesamte vertragsärztlichen Versorgung an die KV bezahlt werden, diametral entgegen. Der auf den mitversicherten Familienangehörigen als Versicherte entfallende Anteil an der für ihn mit gezahlten Kopfpauschale ist nämlich rechnerisch nicht ermittelbar sondern mit ihm fiktiv abgegolten. Die Ausgliederung der auf einen Versicherten entfallende Anteil an der für ihn (mit)geleisteten Kopfpauschale bei Wahl der Integrationsversorgung ist somit nicht oder nur unter erheblichen Schwierigkeiten möglich. Der Gesetzgeber hat in Erkenntnis dieser nicht lösbaren Budgetbereinigung auch für das Krankenhausbudget nach § 140 d Abs. 1 SGB V zur Anschubfinanzierung der politisch parteiübergreifend geforderten stärker integrierten Versorgungsstrukturen eine pauschale Reduzierung der vertragsärztlichen Gesamtvergütungen und der Krankenhausbudgets um bis zu einem Prozent (1 v. H.) vorgesehen, wenn die KK entsprechend hohe Ausgaben für die integrierte Versorgung durch den Abschluss entsprechender Verträge nach §§ 140 a ff. nachweisen (§ 140 d Abs. 1 SGB V i. d. F. GMG). Die Befristung der Anschubfinanzierung in § 140 d Abs. 1 SGB V bis 2006 erfolgt deswegen erkennbar in der Erwartung, dass ab 2007 diese Bereinigungsprobleme durch eine neue Struktur der vertragsärztlichen Gesamtvergütung und durch die Einführung des Fallpauschalsystems für die stationäre Versorgung gelöst sein werden (FraktE-GMG BT-Drucks. 15/1525 zu § 85 a).

14 **e) Zeitplan.** Die Neustrukturierung des vertragsärztlichen Vergütungssystems soll in folgenden Teilschritten erfolgen:

aa) Neustrukturierung des EBM gem. § 87 Abs. 2 S. 1–3, Abs. 2 a S. 1, 2, 5, 6, 9 SGB V i. d. F. GMG bis zu 30. 6. 2004 (Beschluss des erweiterten Bewertungsausschusses v. 13. 5. 2004 m. W. v. 1. 1. 2005; verschoben auf den 1. 4. 2005);

bb) Beschlussfassung des Bewertungsausschusses über ein international anerkanntes **Risikoklassifizierungsverfahren zur Ermittlung der Morbiditätsstruktur** der Versicherten einer KK nach diagnosebezogenen Risikoklassen und Relativgewichten eines hiernach standardisierten Behandlungsbedarfes je Versicherten gegenüber dem durchschnittlichen Behandlungsbedarf je Versicherten bis zum 31. 3. 2004 verschoben auf den 1. 4. 2005) gem. § 85 a Abs. 5 S. 6 SGB V;

cc) Bundeseinheitliche Vorgabe der Kriterien für die Vereinbarung **arztgruppenbezogener Regelleistungsvolumen** (RLV) durch den Bewertungsausschuss bis zum 30. 6. 2005 gem. § 85 b Abs. 4 S. 3 SGB V;

dd) Vereinbarung arztgruppenbezogener RLV und Punktwerte nach §§ 85 a Abs. 2, 85 b Abs. 4 S. 1, 2 SGB V für das Jahr 2006 mit gleichzeitiger Vereinbarung einer Gesamtvergütung nach § 85 Abs. 1 S. 1 SGB V als **Obergrenze** für die Weiterentwicklung des Vergütungsvolumens unter Beachtung der gesetzlichen Veränderungsraten des § 71 (§ 85 c Abs. 1 SGB V);

ee) Einführung des **Wohnortprinzips** auch für die KK, die bisher die Gesamtvergütung nach dem Kassensitzprinzip (§ 83 S. 2 SGB V) vereinbart haben, für das Jahr 2006 gem §§ 85 Abs. 1, Abs. 2 S. 1 SGB V i. d. F. Art. 2 Nr. 7 GMG;

ff) Vereinbarung eines HVM für 2006 gem. § 85 Abs. 4 S. 2 SGB V auf der Grundlage der für 2006 vereinbarten arztgruppenbezogenen RLV nach § 85 a Abs. 2 (§ 85 c Abs. 3 i. V. m. Abs. 1, § 85 a Abs. 2 SGB V);

gg) Gemeinsame **Feststellung des durchschnittlichen Punktwertes in 2006** durch KV und KK-Verbände zum 31. 10. 2006, der sich kassenübergreifend jeweils gewichtet mit den vereinbarten Leistungsmengen ergibt, wobei die Obergrenze des § 71 zur Wahrung der Beitragssatzstabilität insoweit nicht gilt (§ 85 d S. 2 SGB V);

hh) Vereinbarung arztgruppenbezogener RLV nach § 85 a Abs. 1–3 SGB V für die vertragsärztliche Vergütung **ab 1. 1. 2007** in Weiterentwicklung der für 2006 vereinbarten arztgruppenbezogenen RLV nach den Kriterien des § 85 a Abs. 4 SGB V zusammen mit der Vereinbarung eines kassenübergreifend bezogen auf das Jahr 2006 festgestellten durchschnittlichen Punktwertes gem. § 85 c S. 1 SGB V (§ 85 c S. 4);

ii) Bestimmung von **arztbezogenen RLV** durch die KÄV gem. § 85 b Abs. 2, 3 SGB V auf der Grundlage einer mit den KK-Verbänden einheitlich und gemeinsam zu treffenden Vereinbarung erstmals für die vertragsärztliche Vergütung ab 1. 1. 2007;

jj) Vereinbarung von arztgruppenbezogenen RLV und von Punktwerten unter Wahrung des in § 85 a Abs. 4 SGB V für die vertragsärztliche Versorgung neu definierten Grundsatzes der Beitragssatzstabilität für die Folgejahre und Festsetzung von arztbezogenen RLV durch die KV auf dieser Grundlage.

Unabhängig von dieser Neustrukturierung der vertragsärztlichen Vergütung nach arztguppen- bzw. arztbezogenen RLV können für die in § 85 a Abs. 6 SGB V genannten Leistungsgruppen **abweichende Vergütungsvereinbarungen** getroffen werden, wobei der Bewertungsausschuss die Kriterien zur Bereinigung von Relativgewichten für die morbiditätsbezogenen Risikoklassen trifft.

15 **g) Grundsätzliche Umstellungskriterien.** Die **Komplexität des Umstellungsprozesses** ergibt sich aus dem notwendigen Ineinandergreifen mehrerer Korrekturfaktoren gegenüber der bisherigen vertragsärztlichen Gesamtvergütung und der Notwendigkeit, die auf den einzelnen Versicherten nach einem standardisierten Verfahren ermittelten Risikofaktoren und auf ihrer Grundlage morbiditätsbezogen vereinbarten Vergütungen der KK an die KÄV auf den einzelnem Vertragsarzt und die Morbiditätsstruktur seiner sozialversicherten Patienten über die Honorarverteilung herunterzubrechen.

16 **aa) Korrekturfaktoren.** Die für das Jahr 2004 vereinbarten Gesamtvergütungen für die vertragsärztliche Versorgung spiegeln nicht mehr den **medizinischen Versorgungsbedarf** der Vers einer KK wieder (FraktE-GMG BT-Drucks. 15/1525 zu § 85 d). Sie sind seit 1992 (für das Beitrittsgebiet 1. Halbjahr 1992) gesetzlich als Kopfpauschale je Mitglied definiert in ihrer Veränderung ges an die durchschnittliche Veränderungsrate der beitragspflichtigen Einnahmen aller KK gebunden (§ 85 Abs. 3 a–c i. d. F. GSG), obwohl seit 1995 ebenfalls durch das GSG in §§ 176 ff. den Versicherten weitgehende Wahlfreiheit unter den gesetzlichen KK eingeräumt wurde und insbes. die „guten Risiken" hiervon Gebrauch gemacht haben (vgl. *Schönbach* BKK 2000, 517; s. a. Rdn. 9, 10). Eine Umstellung einer solchen von der Morbiditätsstruktur einer KK abgekoppelten Gesamtvergütung auf eine morbiditätsbezogene Vergütungsstruktur setzt zunächst eine **Risikoadjustierung der Gesamtvergütungen** unter allen KK voraus. Sie wird gem. § 85 d SGB V in 2007 durch die gesetzliche Festlegung eines durchschnittlichen kassenübergreifenden Punktwertes auf der Grundlage des für 2006 nach Maßgabe des neuen EBM ermittelten Leistungsbedarfes vorgenommen (FraktE-GMG a. a. O.).

Zusätzlich bedarf eine solche auf den Versicherten ausgerichtete morbiditätsbezogene Vergütungsstruktur einer **Einführung des Wohnortprinzips** auch für bereichseigene KK. Sie erfolgt auf der Grundlage von §§ 85 Abs. 1, Abs. 2 S. 1 i. d. F. Art. 2 Nr. 7 GMG i. V. m. § 85 c Abs. 2 SGB V für das Jahr 2006 (FraktE-GMG BT-Drucks. 15/1525 zu § 83).

17 **bb) Umrechnungsfaktoren.** Es war eine politische Vorgabe des parteiübergreifenden Konsenses zu Eckpunkten für das GMG, zwar das **Morbiditätsrisiko** auf die KK zu verlagern, aber nicht das **Arztzahlrisiko** (Eckpunkte für ein GKV-Modernisierungsgesetz). Daraus ergab sich die Notwendigkeit, für die Vertragsbeziehung der KK-Verbände zu den KV eine ausschließlich auf die Morbiditätsstruktur der Versicherten einer KK ausgerichtete Vergütungsstruktur zunächst unabhängig von der Arztzahl zu definieren. Dies erfolgt in § 85 a SGB V durch das arztgruppenbezogene RLV, das z. B. der Arztgruppe der Gynä-

kologen insgesamt einen sich aus der Morbiditätsstruktur der versicherten Frauen einer KK und dem EBM als Bewertungsgrundlage ermittelten medizinischen Versorgungsbedarf zuordnet. Deswegen regelt § 85a Abs. 2–5 SGB V.

- ein bundeseinheitliches Verfahren zur Bildung diagnosebezogener Risikoklassen für Versicherte mit vergleichbarem Behandlungsbedarf und Relativgewichten, die eine verlässliche wissenschaftlich belegte Aussage zur Relation eines auf die Diagnose(n) bezogenen standardisierten Behandlungsbedarfes zum durchschnittlichen Behandlungsbedarf aller Versicherten einer Grundgesamtheit gestatten,
- Kriterien zur Aufteilung dieses ermittelten medizinischen Versorgungsbedarfes auf die Arztgruppen, die in Anlehnung an die Weiterbildungsordnungen der ÄK und dem medizinischen Versorgungsauftrag festgelegt werden sowie
- Kriterien für die Ermittlung von Veränderungen dieser Morbiditätsstruktur und deren Berücksichtigung bei der Weiterentwicklung der Vergütung (§ 85a Abs. 5 SGB V).

Regional erfolgt auf dieser bundeseinheitlichen Vorgabe durch die KK-Verbände und die KÄV die entsprechende Umsetzung anhand der eigenen Datenlage und zusätzlich die Vereinbarung entsprechender arztgruppenbezogener RLV und eines von den KK im RLV voll und bei dessen Überschreitung abgestaffelt zu vergütenden Punktwertes.

Diese losgelöst von der Arztzahl einer Arztgruppe und deren Veränderung ausschließlich nach Maßgabe der Morbiditätsstruktur der Vers einer KK vereinbarte arztgruppenbezogene Vergütung muss in einer **zweiten Stufe** auf die Vertragsärzte etc. verteilt werden. Dies geschieht nach Maßgabe von § 85 b SGB V durch die Bildung arztbezogener RLV, die jetzt die Zahl der in einer Arztgruppe an der Versorgung teilnehmenden Ärzte berücksichtigt und durch Absenkung des vereinbarten Punktwertes bei Überschreitung des RLV auf 10 v.H. Anreize für die Abrechnung darüber hinausgehender Leistungen weitgehend nimmt. Wenn diese Verteilung nicht wie bisher nur nach dem abgerechneten Leistungsbedarf, sondern konsequent auch unter Berücksichtigung der Morbiditätsstrukturen der in einer Vertragsarztpraxis betreuten Patienten erfolgen soll, dann muss entsprechend § 85b Abs. 3 S. 2 Nr. 4 SGB V die im arztguppenbezogenen RLV erfasste Versichertenmorbidität bei der Berechnung des arztbezogenen RLV berücksichtigt werden. Darin liegt das Problem der Berücksichtigung der Versicherten-Morbidität auf zwei verschiedenen Ebenen (Arztgruppe/Vertragsarzt), deren Notwendigkeit sich aber zwangsläufig dann ergibt, wenn nur das Morbiditätsrisiko und nicht das Arztzahlrisiko auf die KK verlagert werden soll (Rdn. 66).

18 **cc)** Entscheidend für das Funktionieren dieses Systems ist deswegen die Bildung geeigneter Risikoklassen zur Erfassung der Morbidität der Versicherten und die Beschlussfassung eines **geeigneten Klassifikationsverfahrens** nach § 85a Abs. 5 S 2 SGB V zur Findung der Relativgewichte durch den Bewertungsausschuss mit deren Hilfe die Morbidität einer Versichertengemeinschaft im Voraus möglichst exakt abgebildet werden kann. Bei erkennbar abweichender Entwicklung muss eine Anpassung der arztgruppenbezogenen RLV zeitnah möglich sein. Probleme können sich aus einer nicht morbiditätsbedingten Fallzahlentwicklung durch Chipkartenmissbrauch ergeben. Insoweit müssen daher bis 2006 geeignete Instrumente zu dessen Eindämmung oder zumindest kausaler Zuordnung vereinbart werden.

3. Grundsatz der Angemessenheit der Vergütung

19 **a)** § 72 Abs. 2 SGB V verpflichtet die Partner der Gesamtverträge, die vertragsärztliche Versorgung im Rahmen der gesetzlichen Vorschriften und der Richtlinien der Bundesausschüsse so zu regeln, dass eine ausreichende, zweckmäßige und wirtschaftliche Versorgung der Versicherten unter Berücksichtigung des allgemein anerkannten Standards der medizinischen Erkenntnisse gewährleistet ist und die ärztlichen Leistungen angemessen vergütet werden. Es wurde bereits dargelegt (Rdn. 10–12), dass im derzeitigen Vergütungssystem der **Versorgungsbedarf** der Versicherten wegen der gesetzlichen Abkoppelung der Kopfpauschalen von dem auf Grundlage des EBM ermittelten Leistungsbedarf und wegen der Veränderung der Versichertenstrukturen keine Rolle mehr spielt (Ausnahmen bestehen für „ausgedeckelte Leistungen“, dazu Rdn. 63). Die Angemessenheit der Vergütung müsste deswegen danach beurteilt werden, ob und inwieweit durch diese ausschließlich an der Beitragssatzstabilität der einzelnen KK ausgerichteten Kopfpauschalen eine dem heutigen medizinischen Standard entsprechende medizinische Versorgung zu für die Ärzte angemessenen Vergütungsbedingungen gewährleistet werden kann.[15] Die **Datenlage im GKV-System** lässt dazu jedoch gesicherte Aussagen derzeit nicht zu. Weder gibt es gesicherte Daten über die Morbidität noch gibt es gesicherte Daten über Umfang, Notwendigkeit und richtige Bewertung der für den einzelnen Versicherten erbrachten Leistungen noch gibt es gesicherte medizinische Standards, die den Versorgungsbedarf für die Behandlung bestimmter Erkrankungen definieren. Die Ursache hierfür liegt u.a. im Recht des Versicherten auf uneingeschränkte Inanspruchnahme von Vertragsärzten mit seiner Krankenversichertenkarte und dem datenschutzrechtlichen Verbot der personenbezogenen Erfassung diagnosebezogener Leistungsdaten der vertragsärztlichen Versorgung.[16] Die bislang allein zulässige Verarbeitung anonymisierter Behandlungsfalldaten lässt keine gesicherten Erkenntnisse über den versichertenbezogenen Versorgungsbedarf zu. Der derzeitige EBM ist wegen seiner nicht durchgehend für alle Arztgruppen und alle Leistungspositionen einheitlichen Bewertungsstruktur auch nur bedingt geeignet, den derzeitigen ärztlichen Leistungsbedarf nach einheitlichen Kriterien zu erfassen. Die KBV hat daher eine **Reform des EBM** mit arztgruppenbezogener Struktur und einheitlicher Kalkulationsgrundlage initiiert, der ergänzt werden soll durch eine ebenfalls alle Arztgruppen in gleicher Weise bindende Mengensteuerung und einen versichertenbezogenen Morbiditätsindex zur Erfassung des Versorgungsbedarfes.[17] Sie ist vom erweiterten Bewertungsausschuss am 13. 5. 2004 beschlossen worden und soll am 1. 4. 2005 in Kraft treten (dazu Rdn. 55).

20 **b)** Die **Vertragsärzte** sehen jeweils für sich auf Grund des budget-bedingten Punktwertverfalls den Grundsatz der Angemessenheit der Vergütung verletzt und verklagen zunehmend ihre KV auf höhere Vergütungen mit einem festen für sie kalkulierbaren Punktwert. Daraus hat sich eine zunehmend differenzierte **Rechtsprechung** entwickelt, aus der sich folgende Leitsätze entnehmen lassen:

21 **aa)** Es ist Aufgabe der Gesamtvertragspartner, dafür Sorge zu tragen, dass ärztliche Leistungen so vergütet werden, dass ein funktionierendes Versorgungssystem ermöglicht wird.[18] Dieser **objektivrechtlichen Verpflichtung der Vertragspartner** entspricht aber im Allgemeinen **kein subjektives Recht** des einzelnen Vertragsarztes auf Vergütung in einer bestimmten Höhe. Etwas anderes gilt nur dann, wenn durch eine zu niedrige Vergütung ärztlicher Leistungen das vertragsärztliche Versorgungssystem als Ganzes und als Folge davon auch die berufliche Existenz der daran teilnehmenden Vertragsärzte gefährdet wird (BSG a.a.O.).

22 **bb)** Aus der mangelnden **Rentabilität einer Arztpraxis** oder eines einzelnen Behandlungsbereiches lassen sich keine Rückschlüsse auf die Angemessenheit der Vergütung ziehen; die Rentabilität einer Praxis gehört vielmehr zum Berufsrisiko des freiberuflich tätigen Vertragsarztes.[19] Spezialisiert sich ein Vertragsarzt innerhalb eines Teilgebietes in einer Spezialpraxis auf wenige ausgewählte Leistungen (hier: endoskopische Leistungen

---

[15] Dazu *Schmiedl* MedR 2002, 116.

[16] M.W.v. 1. 1. 2004 schreibt § 295 SGB V i.d.F. GMG die arzt- und versichertenbezogene Übermittlung von Abrechnungsdaten auch für die vertragsärztliche Versorgung vor.

[17] *Köhler* DÄBl. 2000, A-3388; *von Stillfried,* Sozialer Fortschritt, 2000, 175; *Hansen/von Stillfried* DÄBl. 2000, A-3470.

[18] BSGE 68, 291, 297 = SozR 3–1500 § 54 Nr. 7; SozR 3–5533 Nr. 763 Nr. 1.

[19] BSGE 75, 187 = SozR 3–2500 § 72 Nr. 5 = NZS 1995, 377; BSG SozR 3–5530 Allg. Nr. 1; SozR 3–2500 § 92 Nr. 6.

im Teilgebiet Gastroenterologie), so muss er das Risiko selbst tragen, dass ein wirtschaftlicher Ausgleich zwischen einer größeren Zahl von Leistungen nicht mehr möglich ist.[20]

23 **cc)** Der Grundsatz der Angemessenheit der Vergütung begründet auch in der **Honorarverteilung** kein subjektives Recht auf einen garantierten Punktwert.[21] Dies gilt auch für Ärzte, die ausschließlich auf Überweisung tätig sind und deren Leistungsvolumen daher weitgehend durch den Überweisungsauftrag bestimmt wird.[22] Der Anspruch des Arztes ist vielmehr auf die sachgerechte Verteilung der in ihrer Höhe begrenzten Gesamtvergütung beschränkt. Angemessenheit der Vergütung bedeutet insoweit Honorarverteilungsgerechtigkeit und bezieht sich deswegen auf die Vertretbarkeit von **Punktwertdifferenzen,** wie sie sich insbesondere aus der Topfbildung für Arztgruppen ergeben (dazu Rdn. 106).

24 **dd)** Eine Ausnahme macht das BSG für **gutachtenpflichtige, zeitgebundene und genehmigungspflichtige psychotherapeutische Leistungen** bei ausschließlich oder überwiegend (90 v. H.) psychotherapeutisch tätigen Ärzten und Psychotherapeuten. Ihnen steht ein **fester Honorarverteilungspunktwert** zu, der nach Abzug der Praxiskosten bei Vollauslastung der Praxis einen Honorarüberschuss vergleichbar mit anderen Arztgruppen (z. B. Allgemeinärzte, Nervenärzte) ermöglicht.[23] Begründet wird diese Sonderregelung mit der fehlenden Möglichkeit dieser Ärzte/Psychotherapeuten, ihre Leistungsmenge wegen der Zeitgebundenheit der Psychotherapie ausweiten zu können. Diese Rechtsprechung hat ihren Niederschlag in § 85 Abs. 4 S. 4 SGB V i. d. F. GKV-GRG gefunden (dazu Rdn. 49). Für die Zeitspanne von 1996 bis 1998, d. h. bis zum Zeitpunkt des Inkrafttretens des PsychThG v. 16. 6. 1998, BGBl. I 1311, mit dem für das Jahr 1999 geltenden Ausgabenbudget für psychotherapeutische Leistungen, bejaht das BSG grundsätzlich einen Rechtsanspruch auf eine Vergütung mit 10 Pfennig, vorbehaltlich nachgewiesener erheblicher regionaler Abweichungen gegenüber den der Berechnung des BSG zugrunde gelegten Umsatzentwicklungen.[24] Das BSG hat seine Rechtsprechung auch für die Zeit nach Aufhebung dieses spezifischen „Psychotherapeuten-Budgets" ab 2000 aufrechterhalten und auch seine Berechnungsformel für die Ermittlung des Verteilungspunktwertes bekräftigt[25] (dazu Rdn. 51).

25 **ee)** Der Grundsatz der Angemessenheit der Vergütung gilt auch für den EBM. Der **Bewertungsausschuss** darf keine willkürlichen, unter keinem Gesichtspunkt sachgerechten Regelungen treffen.[26] Die Sozialgerichte können jedoch die Angemessenheit der Vergütung ärztlicher Leistungen nicht selbst bestimmen, da sie damit in ein umfassendes **Tarifgefüge** eingreifen würden.[27] Korrekturen am EBM hat die Rechtsprechung deswegen nur vereinzelt vorgenommen (Verpflichtung zur Einführung einer Leistungsposition für Infusionen bei Säuglingen und Kleinkindern;[28] unzulässige Begrenzung einer Leistungsposition auf eine Arztgruppe, die auch andere nach ihrem Weiterbildungsrecht zulässiger Weise erbringen können).[29]

---

[20] BSG SozR 3–2500 § 92 Nr. 6.

[21] BSG SozR 3–2500 § 85 Nr. 30.

[22] BSGE 83, 1 = SozR 3–2500 § 85 Nr. 26 = NZS 1999, 366.

[23] BSGE 83, 52 = SozR 3–2500 § 85 Nr. 29, 33, 35; BSG, Urt. v. 12. 9. 2001 – B 6 KA 8/01 R.

[24] BSGE 89, 1 = SozR 3 – 2500 § 85 Nr. 41.

[25] Unter Aufhebung der Beschlüsse des Bewertungsausschusses vom 16. 2. 2000, DÄBl. 2000, A-3291, BSGE MedR 2004, 396.

[26] BSGE 83, 218 = SozR 3–2500 § 87 Nr. 21; 83, 205 = SozR 3–2500 § 87 Nr. 29; 79, 239 = SozR 3–2500 § 87 Nr. 14; 46, 140 = SozR 5533 Nr. 45 Nr. 1; BSG SozR 3–2500 § 87 Nr. 1, 2, 5, 12; USK 88162.

[27] BSGE 79, 239, 245 = SozR 3–2500 § 87 Nr. 14.

[28] BSGE 46, 140.

[29] BSGE 83, 218 = SozR 3–2500 § 87 Nr. 21; BSG, Urt. v. 26. 1. 2000 – B 6 KA 59/98 R (USK 2000-97).

26 Die **Ausgabenbudgetierung** der vertragsärztlichen Gesamtvergütung hat das BSG unter Hinweis auf die Rechtsprechung des BVerfG (BVerfGE 82, 209) zum hohen Gemeinwohlbelang der Sicherung der Beitragssatzstabilität in der GKV als grundsätzlich rechtmäßig angesehen,[30] wobei sich das BSG mit den unter 2. dargestellten Verwerfungen noch nicht auseinandersetzen musste.

Insgesamt ergibt sich aus dieser Rechtsprechung,

- dass nur bei einer nachgewiesenen **Systemstörung** der vertragsärztlichen Versorgung als Folge einer systematischen Unterbewertung ärztlicher Leistungen ein **subjektives Recht** von Vertragsärzten auf Höherbewertung ihrer Leistungen mit entsprechender Erhöhung der Gesamtvergütung entstehen kann,
- die Gesamtvertragspartner zwar objektiv verpflichtet sind, auf die Angemessenheit der Vergütung zur Gewährleistung der Funktionsfähigkeit der vertragsärztlichen Versorgung zu achten, die **Beitragssatzstabilität** jedoch gesetzliche Ausgabenbegrenzungen rechtfertigt und
- sich damit die Angemessenheit der Vergütung abgesehen von der Schaffung ausgewogener **Punktzahlrelationen** im EBM in der Praxis letztlich in der Honorarverteilung als **Grundsatz der leistungsproportionalen Verteilung** und der **Honorarverteilungsgerechtigkeit** erschöpft (dazu Rdn. 113–115).[31]

II. Der Einheitliche Bewertungsmaßstab für ärztliche Leistungen

27 „Der einheitliche Bewertungsmaßstab bestimmt den Inhalt der abrechnungsfähigen Leistungen und ihr wertmäßiges, in Punkten ausgedrücktes Verhältnis zueinander; soweit möglich, sind die Leistungen mit Angaben für den zur Leistungserbringung erforderlichen Zeitaufwand zu versehen" (§ 87 Abs. 2 S. 1 SGB V i. d. F. GMG).

Der EBM ist nach diesem Gesetzeszitat für den Vertragsarzt und alle anderen an der vertragsärztlichen Versorgung teilnehmenden Leistungserbringer die **bundeseinheitlich verbindliche Abrechnungsgrundlage.** Nur die im EBM enthaltenen Leistungspositionen dürfen abgerechnet werden. Es gibt nicht wie in § 6 GOÄ die Möglichkeit der **Bildung analoger Bewertungen.** Der EBM ist aber keine **Gebührenordnung** wie die GOÄ. Er enthält anders als diese keine berechnungsfähigen Gebühren, sondern in Punktzahlen ausgedrückte wertmäßige Relationen, die keine Aussage zur Höhe der Vergütung treffen. Der EBM ist daher als verbindliches Leistungsverzeichnis ein wesentlicher Teil des vertragsärztlichen Vergütungssystems. Seine Funktionen in diesem Vergütungssystem sind jedoch wesentlich davon abhängig, inwieweit er Eingang in die Berechnung der vertragsärztlichen Gesamtvergütung findet (dazu Rdn. 61, 63) und in welchem Umfange er auch die Honorarverteilung der KV an die an der vertragsärztlichen Versorgung teilnehmenden Ärzte und ärztlich geleiteten Einrichtungen prägt (dazu Rdn. 98, 106).

1. Die rechtliche Einordnung des EBM

28 KBV und Spitzenverbände der KK vereinbaren den EBM durch den Bewertungsausschuss als Bestandteil der BMV-Ä-Z (§ 87 Abs. 1 S. 1 SGB V). Daraus lassen sich für die rechtliche Einordnung des EBM vier Schlussfolgerungen ziehen:

a) Der EBM gilt **Kassenarten übergreifend.** Die Übertragung der Vereinbarung des EBM durch die Vertragspartner der BMV-Ä-Z an einen Bewertungsausschuss hat nur den einen Grund, die ursprüngliche Trennung der Vergütungssysteme in einen **BMÄ** für den Primärkassen-Bereich und eine **E-GO** für die ErsK zu beseitigen und ein einheitliches Leistungsverzeichnis mit einheitlichen Bewertungsrelationen verbindlich vorzugeben.[32]

---

[30] BSG SozR 3–2500 § 85 Nr. 30.
[31] Dazu auch *Funk* MedR 1994, 314.
[32] FraktE KVKG BT-Drucks. 8/166 S. 28/29.

Der formale Fortbestand eines BMÄ und einer **E-GO** hat seine Ursache in der Vereinbarung einiger weniger unterschiedlicher **Abrechnungsbestimmungen** zum EBM, die nicht zwingender Bestandteil des EBM sind und daher für Primärkassen und ErsK gesondert vereinbart werden können (insbesondere Anlage 1 E-GO mit einer bundeseinheitlichen Abrechnungsgrundlage für belegärztliche Leistungen, die für Primärkassen regional als Anlage zum jeweiligen Gesamtvertrag geregelt ist). Der **Bema** für die vertragszahnärztliche Versorgung gilt seit jeher in vollem Umfang einheitlich für Primär- und ErsK.

29 **b)** Der Bewertungsausschuss handelt **für die Vertragspartner der Bundesmantelverträge,** da sein Beschluss rechtlich als vertragliche Vereinbarung gewertet wird. Der Bewertungsausschuss ist damit in seinem Status nicht gleichzusetzen mit anderen Ausschüssen der gemeinsamen Selbstverwaltung, die eigenständige Aufgaben wahrnehmen und deren Weisungsunabhängigkeit gegenüber den ihre Mitglieder entsendenden Körperschaften gesetzlich gewährleistet ist (§§ 90 Abs. 3, 91 Abs. 2, 96 Abs. 2, 97 Abs. 2 SGB V). Der Bewertungsausschuss ist der verlängerte Arm der Vertragspartner.[33] Soweit die jeweiligen Vorstände der KK oder der KV/KZV zuständig für den Abschluss von Verträgen sind, haben sie auch das Recht ihre Vertreter in den Bewertungsausschuss zu entsenden und sie an Weisungen zu binden, es sei denn die Satzung bestimmt ausdrücklich etwas anderes.[34]

30 **c)** Als Bestandteil der BMV-Ä-Z teilt der EBM deren rechtliche Einordnung als **Rechtsnorm.** Klagen gegen den EBM sind daher grundsätzlich unzulässig, es sei denn es besteht ein besonderes Rechtsschutzbedürfnis für eine Feststellungsklage.[35] An der vertragsärztlichen Versorgung teilnehmende Ärzte und ärztlich geleitete Einrichtungen sind grundsätzlich auf den Weg der Anfechtungsklage gegen den Honorarbescheid verwiesen, in der incidenter die Rechtmäßigkeit des EBM als Abrechnungsgrundlage mit entschieden wird.[36]

31 **d) Inhaltlich** ist der EBM zunächst ein Leistungsverzeichnis mit Punktzahlen. Da die Punktzahlen **Bewertungsrelationen** unter den einzelnen Leistungen festlegen sollen, bedarf es jedoch im EBM ergänzender Aussagen darüber,
- welche **Kosten** in die Punktzahlbewertung einbezogen werden bzw. neben der betreffenden Leistungsposition gesondert berechnungsfähig sein sollen
- welche Leistungen als **Bestandteil** einer anderen Leistung angesehen werden und deswegen in deren Bewertung eingehen.

Die **Allgemeinen Bestimmungen** und sie ergänzende Vorbemerkungen zu einzelnen Kapiteln oder Anmerkungen zu einzelnen Leistungspositionen enthalten die insoweit notwendigen Regelungen.

32 **e)** Die Leistungspositionen des EBM sind m.W.v. 1. 1. 2004 soweit möglich mit Angaben für den zur Leistungserbringung erforderlichen Zeitaufwand des Vertragsarztes zu versehen (§ 87 Abs. 1 SGB V i.d.F. GMG). Diese Neuregelung ergänzt die auf Kostenkalkulation basierenden Bewertungen des EBM um eine Zeitkomponente. Sie ist als kalkulatortischer Zeitwert eine notwendige Ergänzung der Bewertung, da die bei sorgfältiger Leistungserbringung durchschnittlich erforderliche Zeit notwendiger Teil der Leistungsbewertung ist. Auch ohne ausdrückliche Erwähnung im Gesetz sind auf Grund von Angaben der Berufsverbände und Fachgesellschaften Zeitangaben bereits bisher – allerdings unsystematisiert – in die Bewertungsdiskussion eingeflossen. Der zum 1. 4. 2005 in Kraft tretende neue EBM (EBM 2000 plus) enthält jetzt systematisch einheitlich entwickelte Kriterien für die Berücksichtigung der Zeitdauer bei der Leistungsbewertung. Ob eine solche kalkulatorischen Zwecken dienende Zeiterfassung, die von Durchschnittswerten

---

[33] *KassKomm-Hess* § 85 Rdn. 18.
[34] BSGE 73, 131 = SozR 3–2500 § 85 Nr. 4.
[35] *Axer* NZS 1997, 1.
[36] BSG SozR 3–2500 § 87 Nr. 4; SozR 3–2500 § 135 Nr. 11; BSGE 29, 254 = SozR Nr. 6 zu § 368 g.

ausgehen muss, gleichzeitig eine tragfähige Grundlage für die Abrechnungsprüfung nach § 106a Abs. 2 S. 4 SGB V i. d. F. GMG sein kann, wird die Praxis erweisen müssen.

2. Anpassung von Leistungsverzeichnis und Bewertungen

33 Als verbindliche Abrechnungsgrundlage für die an der vertragsärztlichen Versorgung teilnehmenden Ärzte und ärztlich geleiteten Einrichtungen erfordert insbesondere der Ausschluss analoger Bewertungen (Rdn. 27) eine **regelmäßige Anpassung** des EBM an die medizinische Entwicklung. § 87 Abs. 2 S. 2 SGB V verpflichtet deswegen die Vertragspartner bzw. den Bewertungsausschuss den EBM in bestimmten Zeitabständen daraufhin zu überprüfen, ob die Leistungsbeschreibungen und ihre Bewertungen noch dem **Stand der medizinischen Wissenschaft und Technik** sowie dem **Erfordernis der Rationierung** im Rahmen wirtschaftlicher Leistungserbringung entsprechen.

34 **a)** Die Anpassung an den jeweiligen Stand der Wissenschaft und Technik bezieht sich auf den Leistungsanspruch des Versicherten, wie er in § 28 SGB V für die ärztliche, zahnärztliche und psychotherapeutische Behandlung unter Bezugnahme auf die **„Regeln der ärztlichen Kunst"** definiert und in der Verpflichtung der Vertragspartner gem. §§ 70 Abs. 1, 72 Abs. 2 SGB V zur **„Berücksichtigung des allgemein anerkannten Standes der medizinischen Erkenntnisse"** in das Recht der Leistungserbringung übertragen ist. § 2 Abs. 1 S. 3 SGB V definiert für die Leistungen der GKV allgemein, dass Qualität und Wirksamkeit der Leistungen dem allgemein anerkannten Stand der medizinischen Erkenntnisse zu entsprechen haben und den **medizinischen Fortschritt** zu berücksichtigen haben. **Behandlungsmethoden der besonderen Therapierichtungen** sind ausdrücklich dadurch nicht ausgeschlossen (§ 2 Abs. 1 S. 2 SGB V); S. 3 bezieht sich jedoch auch auf sie und erfordert deswegen eine Beurteilung unter Einbeziehung der Besonderheiten der anthroposophischen, homöopathischen und phytotherapeutischen Therapierichtung (analog § 33a Abs. 7 S. 6 SGB V). Str. ist in diesem Zusammenhang insbesondere die Aufnahme der zeitintensiven homöopathischen Erstanamnese als eigenständige Leistung in den EBM, da die Anamneseerhebung mit Ausnahme des psychiatrischen Status (EBM – Nr. 820) in der jeweiligen arztgruppenbezogenen Ordinationsgebühr (EBM – Nr. 1) enthalten ist.[37] **Außenseitermethoden** sind demgegenüber keine Leistungen der GKV und daher auch nicht in den EBM aufzunehmen.[38]

35 **b)** Bei der **Aufnahme neuer Leistungen** und bei **Herausnahme bestehender Leistungspositionen** bedarf es einer Abstimmung mit der **Zuständigkeit des Gemeinsamen Bundesausschusses (G-BA)** zur Abgabe von Empfehlungen „über die Anerkennung des diagnostischen und therapeutischen Nutzens neuer Untersuchungs- und Behandlungsmethoden sowie deren Nutzen und Wirtschaftlichkeit – auch im Vergleich zu bereits zu Lasten der KK erbrachen Methoden – nach dem jeweiligen Stand der wissenschaftlichen Erkenntnisse in der jeweiligen Therapierichtung" (§ 135 Abs. 1 SGB V) einschließlich der Überprüfung bisher abrechenbarer Leistungen auf Erfüllung dieser Kriterien. Die Zuständigkeit des G-BA bezieht sich auf Methoden und ist dann grundsätzlich der Entscheidung der Bewertungsausschüsse vorzuschalten, wenn nicht nur eine Leistung, sondern die dahinter stehende **wissenschaftliche Methode** neuartig bzw. umstritten ist. Der Bewertungsausschuss ist an die Beurteilung des G-BA gebunden, entscheidet aber eigenständig über die daraus für den EBM zu ziehenden Konsequenzen. So muss er u. U. den Vertragsärzten ausreichende Übergangsfristen zur Amortisation im Vertrauen auf den Bestand einer Leistungsposition angeschaffter Geräte einräumen, wenn diese Position gem. einer Empfehlung des G-BA gestrichen werden soll. Da der G-BA seine Entscheidung gem. § 135 Abs. 1 SGB V ohne Berücksichtigung finanzieller Auswirkungen auf die Gesamtvergütung oder Honorarverteilung trifft, muss der Bewertungsausschuss beurteilen, ob

[37] BSGE MedR 2003, 242.
[38] BSG SozR 3–2500 § 27 Nr. 5.

für die Aufnahme einer neuen Leistung ein ausreichender Vergütungsrahmen zur Verfügung steht. Soweit erforderlich muss er die Streichung – insbesondere durch die neue Leistung – obsolet gewordener Leistungspositionen, die Neubewertung von Leistungen unter dem Gesichtspunkt von Rationalisierungsmöglichkeiten und soweit gesetzlich zulässig (§ 71 Abs. 1 S. 2, Abs. 2 S. 2, § 85 Abs. 2a, Abs. 3a S. 4 SGB V) auch eine gezielte Erhöhung der Gesamtvergütung in Erwägung ziehen (so jetzt ausdrücklich § 85 Abs. 3 S. 3 SGB V i.d.F. GMG). Daraus sich ergebende zeitliche Verschiebungen in der Berücksichtigung von Empfehlungen der Bundesausschüsse durch Aufnahme neuer Leistungen in den EBM sind rechtmäßig.[39]

36 **c)** Das **Erfordernis der Rationalisierung** im Rahmen wirtschaftlicher Leistungserbringung bezieht sich insbesondere auf Anforderungen an die Auslastung medizinisch-technischer Geräte und Rationalisierungsmöglichkeiten durch ärztliche Zusammenschlüsse. Eine gesicherte Entscheidungsgrundlage hierfür kann nur auf Grund betriebswirtschaftlich gestützter Kalkulationen geschaffen werden, wobei außer ökonomischen Kriterien Belange der Sicherstellung (für die Versicherten zumutbare Entfernung) berücksichtigt werden müssen. § 87 Abs. 2a S. 1 HS 2 SGB V i.d.F. GMG sieht m.W.v. 1. 1. 2004 ausdrücklich die Bildung von Fallpauschalen im EBM vor, die dem fallbezogenen Zusammenwirken von Ärzten unterschiedlicher Fachrichtungen in kooperativen Versorgungsformen Rechnung tragen (z.B. ambulante OP-Zentren).

3. Die Entwicklung des EBM

37 Das Leistungsverzeichnis und die Bewertungsrelationen im EBM wurden zunächst der **E-Adgo** entnommen.[40] In dieser Struktur war der EBM auch Grundlage der zum 1. 1. 1983 in Kraft getretenen Neufassung der GOÄ.[41] Neu aufgenommene Leistungen wurden in ihrer Bewertungsrelation an bestehenden vergleichbaren Leistungen ausgerichtet. Diese **„historische" Findung von Bewertungsrelationen** hat zum Vorwurf einer Technik-Lastigkeit der Bewertungen und einer Unterbewertung von Gesprächsleistungen geführt. Die seit 1985 einsetzende zunächst vertragliche Bindung der Gesamtvergütungen an die Grundlohnsummenentwicklung hat den Reformbedarf des EBM erhöht und zu einer ersten grundlegenden Reform des EBM zum 1. 10. 1987 geführt.[42] Die gesetzlichen Auflagen des GSG in § 87 Abs. 2a, b SGB V zu einer grundsätzlichen Neustrukturierung des EBM (vorrangige Bildung von Leistungskomplexen; Einführung hausarztspezifischer Leistungen mit einer hausärztlichen Grundvergütung; Laborreform mit Umschichtung von Einsparungen zur Verbesserung der hausärztlichen Vergütung, abgestaffelte Bewertung von Großgeräte-Leistungen) haben beginnend mit einer Laborreform und einer Verbesserung der hausärztlichen Vergütung zum 1. 4. 1994[43] zu einer erneuten grundlegenden Reform des EBM zum 1. 1. 1996 geführt, in der erstmals **betriebswirtschaftliche Kalkulationen** in Modellpraxen zur Ermittlung der Bewertungsrelationen durchgeführt wurden.[44] Das in der ergänzenden Vereinbarung zur EBM-Reform festgelegte Ziel der Stützung eines Punktwertes durch Einhaltung eines Punktzahlvolumens auf dem Niveau des Gesamtpunktzahlbedarfes des Jahres 1994[45] wurde aber grundlegend verfehlt.[46] Dies führte zur **Einführung mengenbegrenzender Maßnahmen** in den EBM zunächst in Form von

---

[39] BSGE 79, 239 = SozR 3–2500 § 87 Nr. 14 zur Stoßwellenlithotripsie.
[40] EBM i.d.F.v. 21. 3. 1978; *Fiedler* DÄBl. 1978, 1471.
[41] GOÄ i.d.F.v. 12. 11. 1982, BGBl. I S. 1522.
[42] EBM 1988, DÄBl., Heft 13 v. 26. 3. 1987.
[43] DÄBl. 1993, A-2552; DÄBl. 1993, A-3448.
[44] EBM 1996, DÄBl., Heft 45 v. 10. 11. 1995.
[45] Ergänzende Vereinbarung zur EBM-Reform v. 14. 9. 1995, DÄBl. 1995, A-2585.
[46] Kölner Kommentar zum EBM (Stand 1. 7. 1997) Einführung 3.2 Rdn. 1; *KassKomm-Hess* § 87 Rdn. 17a.

Teilbudgets für definierte Leistungsbereiche[47] und zum 1. 7. 1997 in Form von Praxisbudgets.[48] Die rückwirkende Einführung der Teilbudgets zum 1. 1. 1996 ist durch das BSG aufgehoben worden.[49] Anhaltende Verwerfungen im Labor durch Koppelungsgeschäfte zwischen beziehbaren Laborleistungen und Leistungen des Speziallabors haben zum 1. 7. 1999 zu einer weiteren Laborreform geführt.[50] Zum 1. 4. 2005 ist auf der Grundlage von § 87 SGB V i. d. F. GMG eine erneute EBM-Reform in Kraft getreten, die den erweiterten gesetzlichen Auflagen des GKV-GRG 2000 (Trennung des EBM in hausärztliche und fachärztliche Leistungskapitel);[51] und des GMG (dazu Rdn. 39) Rechnung tragen und der eine durchgehende betriebswirtschaftliche Kalkulation aller Leistungen durch Übernahme eines in der Schweiz über einen Zeitraum von nahezu zehn Jahren entwickelten EDV-gestützten Kalkulationssystems zu Grunde liegt (EBM-Reform 2000 plus).[52]

4. Die Funktionen des EBM

38 Der EBM ist in § 87 Abs. 2a–2d SGB V zunehmend mit gesetzlichen Auflagen verbunden worden, die über eine zur Leistungsbewertung notwendige Regelung hinaus die Leistungsstrukturen betreffen (hausärztliche Grundvergütung, Trennung in hausärztliche und fachärztliche Leistungen, kooperative Versorgungsstrukturen, zahnärztliche Versorgungsstruktur) oder die der Mengensteuerung dienen (Leistungskomplexbildung, Fallpauschalen, Bildung von Obergrenzen, Abstaffelungen, veranlasserbezogene Budgets). Diese erweiterte Steuerungsfunktion des EBM hat auch das BSG in seiner neueren Rechtsprechung unterstrichen.[53] Der EBM ist danach **Teil eines komplexen Vergütungssystems,** das zusammen mit Gesamtvertrag und HVM so ineinander greifen muss, dass die Anforderungen des § 72 Abs. 2 SGB V erfüllt werden können. Dabei können Vergütungsgrundsätze, die aus Sachgründen für den Gesamtbereich der GKV geregelt werden müssen oder sollten, nur über den EBM verwirklicht werden. Als bundesweit für alle Kassenarten verbindliche Vergütungsgrundlage muss der EBM daher über **ergänzende Bewertungsformen** wie Komplexgebühren, Gebührenpauschalen, Abstaffelungsregelungen und ähnliche mengen- und fallzahlbegrenzende Maßnahmen die Wirtschaftlichkeit der Leistungserbringung fördern und Verteilungseffekte mit dem Ziel der angemessenen Vergütung ärztlicher Leistungen auch im Verhältnis der Arztgruppen zueinander ansteuern können (BSG a. a. O.). Im EBM kann die Abrechnungsfähigkeit vertragsärztlicher Leistungen auch von dem Nachweis einer besonderen Fachkunde abhängig gemacht werden.[54] Soweit sich entsprechende Qualifikationen aus der Anerkennung zum Führen einer Arztbezeichnung durch die Ärztekammer ergeben, sind diese grundsätzlich anzuerkennen (dazu auch Rdn. 25 Fn. 29). Gemäß §§ 85a Abs. 2 S. 4, 85b Abs. 1 i. V. m. § 87 Abs. 2, 2a SGB V i. d. F. GMG ist zum 30. 6. 2004 (realisiert zum 1. 4. 2005 durch Beschl. des erweiterten Bewertungsausschusses v. 13. 5. 2004 (dazu Rdn. 39) verschoben auf den 1. 4. 2005) ein neuer EBM zu beschließen, der die Grundlage des bis zum 31. 12. 2006 gem. §§ 85a–d SGB V i. d. F. GMG zu realisierenden neuen morbiditätsorientierten vertragsärztlichen Vergütungssystems werden soll (Rdn. 64–66).

---

[47] Folgevereinbarung zur ergänzenden Vereinbarung v. 7. 8. 1996, DÄBl. 1996, A-2815.

[48] DÄBl. 1997, A-860; Vereinbarung zur Einführung von Praxisbudgets v. 1. 7. 1997, DÄBl. 1997, A-403.

[49] BSGE 81, 86 = SozR 3–2500 § 87 Nr. 18.

[50] DÄBl. 1999, A-68.

[51] Auf der Basis des bisherigen EBM mit Beschl. v. 20. 6. 2000 zum 1. 10. 2000 eingeführt DÄBl. 2000, A-1920.

[52] *Köhler* DÄBl. 2000, A-3388.

[53] BSGE 78, 98 = SozR 3–2500 § 87 Nr. 12; 81, 86 = SozR 3–2500 § 87 Nr. 18; BSG SozR 3–2500 Nr. 20; BSG ArztR 2000, 315.

[54] BSGE 78, 98 = SozR 3–2500 § 87 Nr. 12.

39 Die gem. Beschl. des erweiterten Bewertungsausschusses v. 13. 5. 2004, Teil A, (DÄ 2004, A-2553ff.) zum 1. 4. 2005 in Kraft tretende EBM-Reform erfüllt durch die Neustrukturierung des vertragsärztlichen Leistungsverzeichnisses und durch eine zeit- und kostenbezogene Bewertung dieser Leistungen die folgenden in § 87 Abs. 2, 2a SGB V enthaltenen Anforderungen:
- Angaben des erforderlichen Zeitaufwandes für vertragsärztliche Leistungen gem. § 87 Abs. 2 S. 1 SGB V;
- Berücksichtigung des wirtschaftlichen Nutzens (Auslastung) eingesetzter medizinisch-technischer Geräte gem. § 87 Abs. 2 S. 2 SGB V;
- Zusammenfassung ärztlicher Leistungen zu Leistungskomplexen und Fallpauschalen gem. § 87 Abs. 2a SGB V;
- Gliederung der Leistungen der fachärztlichen Versorgung gem. § 87 Abs. 2a S. 5 SGB V.

40 Die **erweiterte Steuerungsfunktion** des EBM schlägt sich insbesondere in folgenden obligatorischen oder in das Ermessen des Bewertungsausschusses gestellten EBM-Regelungen nieder:

a) Zusammenfassung ärztlicher Leistungen zu **Leistungskomplexen** (§ 87 Abs. 2a S. 1 SGB V): dabei ist zu unterscheiden zwischen **ablaufbezogenen** Leistungskomplexen (z.B. Betreuung einer Schwangeren, EBM – Nr. 01770) und **arztgruppenbezogenen** Leistungskomplexen (z.B. Zusammenfassung im Behandlungsfall regelmäßig anfallender Leistungen in arztgruppenbezogenen Ordinationsgebühren, z.B. EBM – Nr. 03110). Neu ist die Verpflichtung nach § 87 Abs. 2a S. 1 SGB V i.d.F. GMG, bei der Bildung von Leistungskomplexen die Besonderheiten kooperativer Versorgungsformen zu berücksichtigen. Damit soll der erhöhte Behandlungsaufwand im Behandlungsfall berücksichtigt werden, der sich aus dem Zusammenwirken von mehreren Ärzten im solchen Kooperationen ergibt (FraktE-GMG, BT-Drucks. 15/1525 zu Nr. 66 Buchst. d) aa)).

41 **b)** Zusammenfassung ärztlicher Leistungen zu **Fallpauschalen** (§ 87 Abs. 2a S. 1, 2 SGB V i.d.F. GMG): die Zielsetzung ist zunächst die gleiche wie bei Leistungskomplexen. Zusätzlich sollen aber solche Fallpauschalen insbesondere dem fallbezogenen Zusammenwirken von Ärzten verschiedener Fachrichtungen in solchen kooperativen Versorgungsformen Rechnung tragen (S. 1 HS. 2); hierfür sollen Mindestanforderungen an die institutionelle Ausstattung der Kooperation als Abrechnungsvoraussetzung festgelegt werden (S. 2 HS. 2). Generell sind für Fallpauschalen Regelungen zu dem dabei zu erbringenden Leistungsumfang zu treffen (S. 2 HS. 1). Derartige fachübergreifende Fallpauschalen sind im neuen EBM ab 1. 4. 2005 insbesondere für ambulante Operationen analog den bei stationärer Behandlung festgesetzten Fallpauschalen (DRG) enthalten. Für die Leistungsanteile von Chirurgen, Anästhesisten etc. hieran sind entsprechende Aufteilungsschlüssel festgelegt.

42 **c)** Einführung einer **hausärztlichen Grundvergütung** für die dem Hausarzt gem § 73 Abs. 1 SGB V obliegenden Koordinierungsfunktionen (§ 87 Abs. 2a S. 3 SGB V; EBM – Nr. 03000); hierfür ist der in § 85 Abs. 3a S. 8 SGB V seit 1995 eingeführte Zuschlag zur Gesamtvergütung zu verwenden (§ 87 Abs. 2a S. 8 SGB V). Die gem. § 87 Abs. 2a S. 7 i.d.F. GMG für die KV bestehende Verpflichtung, die Abrechnung dieser Position im Quartal nur einem vom Versicherten gewählten Hausarzt zu ermöglichen, ist ohne Änderung der Krankenversichertenkarte oder weitergehender Erlaubnis der KV zur Verarbeitung versichertenbezogener Daten rechtssicher nicht durchführbar.

43 **d)** Verbindliche Zuordnung der Leistungspositionen entweder in **Leistungen der hausärztlichen oder der fachärztlichen Versorgung** unbeschadet der Bildung gemeinsam abrechenbarer Leistungen (§ 87 Abs. 2a S. 5 SGB V i.d.F. GMG): vorläufig realisiert durch Beschluss des Bewertungsausschusses v. 20. 6. 2000, DÄ 2000, A-1920; neu geregelt in der zum 1. 4. 2005 in Kraft tretenden EBM-Reform 2000 plus[55] mit einer

[55] DÄBl. 2000, A-1920.

dann verbindlichen arztgruppenbezogenen **Gliederung der fachärztlichen Leistungen** mit der Zuordnung jeweils von einer Arztgruppe ausschließlich abrechnungsfähiger Leistungen (§ 87 Abs. 2a S. 5 HS. 2 SGB V i.d.F. GMG; bei der Bestimmung der Arztgruppen nach S. 5 ist gem. S. 6 der Versorgungsauftrag der jeweiligen Arztgruppe in der vertragsärztlichen Versorgung zu Grunde zu legen, was zu Abweichungen gegenüber dem in der Weiterbildungsordnung der Ärztekammer definierten Fachgebiet führen kann (FraktE- GMG, BT-Drucks. 15/1525 zu Nr. 66 Buchstb. d), dd)).

44 **e) Abgestaffelte Bewertungen** der von einem Vertragsarzt in einem bestimmten Zeitraum erbrachten Leistungen, wobei sie insbesondere für medizinisch-technische Leistungen im EBM vorzusehen sind (§ 87 Abs. 2a S. 9 SGB V i.d.F. GMG): bisher nur realisiert im Labor (EBM Abschnitte 32.1, 32.2). Abgestaffelte Bewertungen dienen insbesondere dazu, nach Deckung der Fixkosten medizinisch-technischer Leistungen die Bewertung an den verbleibenden variablen Kosten auszurichten. Dadurch unterscheiden sich Abstaffelungen im EBM von Abstaffelungen im HVM als Maßnahme zur Vermeidung einer übermäßigen Ausdehnung der vertragsärztlichen Tätigkeit.

45 **f)** Arztgruppenbezogene oder arztindividuelle **Obergrenzen für die Menge von Leistungen** oder von Gruppen von Leistungen, die von einer Arztpraxis in einem bestimmten Zeitraum abrechenbar sind (§ 87 Abs. 2a S. 8 SGB V i.d.F. GKV-GRG 2000): Sie bilden derzeit noch das Kernelement der Mengensteuerung im EBM durch

- **arztgruppenbezogene fallzahlabhängige Praxisbudgets,** die kalkulatorisch auf der Ermittlung nach Arztgruppen differenzierter Kostensätze und einem für alle Arztgruppen identischen Ansatz für das Arzteinkommen, umgerechnet auf eine arztgruppenbezogene Fallpunktzahl, multipliziert mit der Zahl der Fälle gegliedert in drei Fallzahlbereiche basieren (Allgemeine Bestimmung A I Teil B EBM mit den Anlagen 2, 3 alt)
- **leistungsbezogene fallzahlabhängige Zusatzbudgets** für an besondere Qualifikationen oder an einen besonderen Versorgungsbedarf gebundene Leistungen, deren Fallpunktzahl sich aus dem für das 1. Halbjahr 1996 regional ermittelten arztgruppenbezogenen Leistungsbedarf je Fall ergibt (Allgemeine Bestimmung A I Teil B EBM mit Anlage 4 alt)[56] und
- **leistungsgruppenbezogene Teilbudgets** für MRT/CT Leistungen, die dem Arzt unter einer fallzahlabhängigen Obergrenze die Auswahl unter beiden Untersuchungsmethoden basierend auf der Scan- bzw. Frequenzzahl ermöglichen (Abschnitt 25.1 Nr. 7 EBM).

Die Regelung in § 87 Abs. 2a S. 8 ist unter Hinweis auf die in § 85 Abs. 4 S. 6–8 SGB V i.d.F. GMG neu geschaffenen Regelungen zur Vereinbarung arztgruppenspezifischer Grenzwerte (Regelleistungsvolumen (RLV)) gestrichen worden; die im EBM bisher enthaltenen Begrenzungsregelungen wirken jedoch bis zur Vereinbarung entsprechender RLV fort (Beschluss des erweiterten Bewertungsausschusses v. 13. 5. 2004 Teil B; dazu Rdn. 55).

46 **g)** Regelungen zur **Begrenzung veranlasster medizinisch-technischer Leistungen** auf den medizinisch notwendigen Umfang (§ 87 Abs. 2c SGB V i.d.F. GMG): sie löst die nicht praktikable bisherige Großgeräteregelung in Abs. 2c ab. Für **Laborleistungen** besteht bereits auf der Grundlage von § 87 Abs. 2b SGB V eine veranlasserbezogene Vergütungsregelung in Form eines **Budget-Bonus Modells.** Nicht beim Leistungserbringer sondern beim Veranlasser von Laborleistungen wird unter Einbeziehung seines Eigenlabors ein arztgruppenbezogenes Punktzahlkontingent (Fallpunktzahl multipliziert mit der Fallzahl) gebildet, aus dem er den Laborbedarf seiner Praxis – ausgenommen definierte kostenaufwändige Laboraufträge – decken soll. Überschreitet der Arzt dieses Punktzahlkontingent, wird ein Teil des Budgetbetrages, der ihm bei Einhaltung des Budgets als zusätzliche Einnahme zusteht, gekürzt (Abschnitt 32.1, 32.2 EBM). Zusätzlich zu Abs. 2c

[56] Das BSG hat mit Urt. v. 16. 5. 2001, SozR 3–2500 § 87 Nr. 30, 31 die rechtliche Zulässigkeit solcher qualifikationsgebundener und bedarfsabhängiger Zusatzbudgets anerkannt.

i. d. F. GMG sieht § 87 Abs. 2 S. 2 HS. 2 SGB V für die Überprüfung beschlossener Bewertungen eine Verpflichtung zur Berücksichtigung des Aspektes der wirtschaftlichen Nutzung **(Geräteauslastung)** der zur Leistungserbringung eingesetzten medizinisch-technischen Geräte vor. Lässt sich in Einzelpraxen unter dieser Vorgabe eine wirtschaftliche Nutzung nicht erreichen, soll die Bewertung auf die Leistungserbringung in kooperativen Versorgungsformen abstellen (FraktE-GMG, BT-Drucks. 15/1525 zu Nr. 66 Buchst. c, bb).

47 **h)** Regelungen, die einem mit der **Behandlung bestimmter Versichertengruppen** verbundenen Aufwand des Arztes Rechung tragen sollen unter gleichzeitiger Bestimmung der betreffenden Versichertengruppen (§ 87 Abs. 2 S. 3 SGB V i. d. F. GMG): Gedacht ist an den gesteigerten Aufwand aus der Betreuung chronisch kranker oder behinderter Versicherter, der sich nach Einführung eines morbiditätsbezogenen Vergütungssystems versichertenbezogen erfassen und bewerten lässt. Entsprechende Regelungen im EBM sollten aber bereits zu 30. 6. 2004 erstmalig getroffen worden sein (§ 87 Abs. 2 S. 4 SGB V i. d. F. GMG).

48 **i)** gesetzliche Auflage zur **Neustrukturierung des Bema** bis zum 31. 12. 2001 mit der Zielsetzung einer „ursachengerechten, zahnsubstanzschonenden und präventionsorientierten Versorgung" (§ 87 Abs. 2d SGB V): umgesetzt durch die Bema-Reform v. 4. 6. 2003, ZM 12, 2003 S. 30.

5. Die erweiterten Funktionen des Bewertungsausschusses

49 Bereits durch das GKV-GRG 2000 wurden dem Bewertungsausschuss in § 85 Abs. 4a SGB V zusätzliche Aufgaben übertragen, die in die Gestaltungsmöglichkeit der regionalen HVM unmittelbar verbindlich eingreifen.[57] Diese neuen Aufgaben beziehen sich nicht auf den EBM und dienen auch nicht der Ausprägung seiner erweiterten Steuerungsfunktion (Rdn. 38 ff.). Sie beziehen sich vielmehr zum Einen auf die Aufteilung der bisher einheitlich und umfassend vereinbarten Gesamtvergütung in **verselbstständigte Vergütungsanteile für die hausärztliche und für die fachärztliche Versorgung** und verpflichten die KV, diese Aufteilung in die HVM zu übernehmen (§ 85 Abs. 4 S. 1 HS. 2 SGB V). Zum Anderen hat der Bewertungsausschuss inhaltliche Vorgaben für HVM-Regelungen zur Gewährleistung einer angemessenen Höhe der Vergütung für **zeitgebundene Leistungen von Psychotherapeuten und ausschließlich psychotherapeutisch tätigen Ärzten** zu beschließen (§ 85 Abs. 4a S. 1 HS. 2 i. V. m. Abs. 4 S. 4 SGB V). Schließlich ist dem Bewertungsausschuss grundsätzlich die Möglichkeit eingeräumt worden, **bundeseinheitliche Kriterien** zur Verteilung der Gesamtvergütungen verbindlich für die HVM der KV vorzugeben. Die **„Honorarverteilungshoheit"** der KV als solche (dazu Rdn. 100) wurde dadurch aber nicht tangiert, da sich Kriterien nur auf die Festlegung von Verteilungsinstrumenten, nicht aber auf deren eigenständige Anwendung durch die KV bezogen haben.

50 **a)** Die **Aufteilung der Gesamtvergütung** wurde durch Beschl. v. 16. 2. 2000[58] entsprechend den gesetzlichen Vorgaben in § 85 Abs. 4a S. 2, 3 SGB V geregelt. Zugrunde gelegt wurde dabei der Gesamtleistungsbedarf in Punkten des Jahres der Zeitspanne von 1996–1999, in dem der hausärztliche Anteil am höchsten war (durchgehend 1996 mit Ausnahme der KV Nds. und Saarl.: 1997). Wegen gesetzlicher und vertraglicher Sonderregelungen wurde

- das auf die hausärztliche Grundvergütung entfallende Vergütungsvolumen wegen der Punktwertabsicherung durch das 4. SGB V-ÄndG (§ 85 Abs. 4a S. 1 i. d. F. 4. SGB V-ÄndG)

---

[57] Zur unmittelbaren Rechtsverbindlichkeit der Beschlüsse nach § 85 Abs. 4a, BSG, Urt. v. 28. 1. 2004 – B 6 KA 25/03 R –.

[58] DÄBl. 2000, A-558; durch Beschl. v. 20. 6. 2000, DÄBl. 2000, A-1920, ist der Teilungsfaktor für 2000 fortgeschrieben und seine Überprüfung in 2001 vereinbart worden.

– das Punktzahlvolumen des Labors wegen der gesetzlichen Sonderegelung in § 85 Abs. 4a S. 2 i.d.F. GSG (Umschichtung von Einsparungen zu Gunsten der hausärztlichen Versorgung) und
– das Punktzahlvolumen der von Hausärzten noch bis Ende 2002 abrechnungsfähigen fachärztlichen Leistungen (KO-Leistungen gem. § 6 Hausarztvertrag v 6. 9. 1993)[59]

vor Anwendung des Trennungsfaktors herausgenommen, um die gesetzlich bzw. vertraglich jeweils gewollte Zuordnung zu gewährleisten. Weitere eingeforderte Ausnahmen insbesondere für die Psychotherapie konnten aus rechtlichen Gründen nicht gemacht werden.

51 **b)** Die Höhe der Vergütung der von Psychotherapeuten und ausschließlich psychotherapeutisch tätigen Ärzten erbrachten zeitgebundenen, gutachterpflichtigen und durch die KK **genehmigungspflichtigen psychotherapeutischen Leistungen** wurde ebenfalls durch Beschl. v. 16. 2. 2000 (Fn. 25) geregelt. Dabei hat der Bewertungsausschuss die Systematik der Rechtsprechung des BSG zur Angemessenheit der Vergütung (Rdn. 24) übernommen, jedoch – anders als in der Modellberechnung des BSG – der Berechnung des Verteilungspunktwertes nicht einen fiktiven bundeseinheitlichen Umsatz einer optimal ausgelasteten psychotherapeutischen Praxis zugrundegelegt; vielmehr hat er ausgehend vom regionalen durchschnittlichen Umsatz psychotherapeutischer Praxen des Jahres 1998 mit einem an der optimalen Auslastung von Allgemeinarztpraxen ausgerichteten Korrekturfaktor (1,47) diese Berechnung regionalisiert. Zur Ermittlung der Praxiskosten von Psychotherapeuten und ausschließlich psychotherapeutisch tätigen Ärzten wurde zudem ein eigenständiges Verfahren mit einem Kostenhöchstbetrag von 66000,– DM und einem Kostenmindestbetrag von 32000,– DM beschlossen.[60] Das für die Zeit vor 1999 ergangene Urteil des BSG v. 12. 9. 2001 (Fn. 23) hat den Bewertungsausschuss veranlasst, eine modifizierte Neuberechnung der Vergütung psychotherapeutischer Leistungen zum 1. 7. 2002 vorzunehmen. Das BSG hat mit Urteilen v. 28. 1. 2004 – B 6 KA 52/03 R; B 6 KA 53/03 R – den Beschl. des Bewertungsausschusses v. 16. 2. 2000 aufgehoben und auch den modifizierten Beschl. v. 1. 7. 2002 für nicht sachgerecht erklärt.[61] Dabei legt das BSG seiner Rechtsprechung auch für die Zeit nach Aufhebung der psychotherapeutischen Ausgabenbudgets ab 2000 seine – sowohl vom Gesetzgeber des GRG 2000 als auch vom Bewertungsausschuss im Grundsatz übernommene – Modellberechnung für die Vergütung psychotherapeutischer Leistungen durch Psychotherapeuten und ausschließlich psychotherapeutisch tätige Ärzte zu Grunde, weil sich die für sie maßgebende Vergütungssituation nicht grundsätzlich geändert habe. Allerdings wird als Folge der gesetzlichen Teilung der Gesamtvergütung in einen hausärztlichen und einen fachärztlichen Vergütungsanteil durch das GKV-GRG 2000 die Bezugnahme in der Modellberechnung auf die allgemeinärztliche Nettovergütung aufgegeben und ein Vergleich mit der Berufsgruppe der Nervenärzte angeregt. Der Bewertungsausschuss muste daher rückwirkend zum 1. 1. 2000 die Berechnungsgrundlagen insoweit anpassen, wobei des BSG ausdrücklich mögliche Auswirkungen auf die Höhe der Gesamtvergütung nicht ausgeschlossen hat.[62]

52 § 85 Abs. 4 S. 4 SGB V i.d.F. GMG hat die durch das BSG dezidiert als Ausnahmeregelung für ausschließlich oder ganz überwiegend **zeitgebundene, gutachten- und genehmigungspflichtige psychotherapeutische Leistungen** erbringende Psychotherapeuten und Ärzte begründete Sonderregelung gesetzlich auf **Fachärzte für Kinder- und Jugendpsychiatrie und -psychotherapie, Fachärzte für Nervenheilkunde und Fachärzte für Psychiatrie** ausgeweitet und den Bewertungsausschuss verpflichtet, bis zum 29. 2. 2004 (erfolgt zum 1. 4. 2005 durch die EBM-Reform) die entsprechenden Vorgaben für die Honorarverteilung zu beschließen (§ 85 Abs. 4a S. 1 HS. 2 SGB V

---

[59] DÄBl. 1993, A-2716.

[60] Beschl. v. 16. 2. 2000, a.a.O. und Beschl. v. 1. 12. 2000, DÄBl. 2000, A-3291.

[61] BSG, Urt. v. 28. 1. 2004, MedR 2004, 396.

[62] BSG, Fn. 61.

i. d. F. GMG). Die Leistungen dieser Arztgruppen sollen generell mit festen Verteilungspunktwerten vergütet werden, auch wenn die betreffenden Ärzte nicht ausschließlich oder überwiegend psychotherapeutisch tätig werden (FraktE-GMG, BT-Drucks. 15/1525 zu Nr. 64 Buchst. h, bb). Die vom BSG bewusst eng definierten Bedingungen für die von ihm eingeführte Sonderregelung treffen somit auf die Leistungserbringung durch diese Arztgruppen nicht zu. Unter dem verfassungsrechtlichen Gebot der Gleichbehandlung (Art. 3 Abs. 1 GG) und dem daraus abgeleiteten Gebot der Verteilungsgerechtigkeit bestehen deswegen verfassungsrechtlich erhebliche Bedenken gegen diese den bis 2007 durch § 71 SGB V budgetierten fachärztlichen Gesamtvergütungsanteil zusätzlich belastende Neuregelung, es sei denn, die ohnehin nach dem GMG vorgeschriebene EBM-Reform lässt eine verfassungskonforme Regelung über differenzierte arztgruppenbezogene RLV zu.

53 **c)** Zusätzlich zu diesen fortbestehenden bzw. modifizierten Regelungskompetenzen des Bewertungsausschusses sind ihm in § 85 Abs. 4a SGB V i. d. F. GMG im Hinblick auf die gem. §§ 85a–d SGB V i. d. F. GMG stufenweise bis 2007 zu realisierende **Neustrukturierung des vertragsärztlichen Vergütungssystems** (dazu Rdn. 64–66) folgende Zuständigkeiten übertragen worden:

- **inhaltliche Vorgaben für HVM-Maßnahmen** zur Vermeidung einer übermäßigen Ausdehnung der Tätigkeit des Vertragsarztes, insbesondere
- Vorgaben zur **Festlegung arztgruppenspezifischer Grenzwerte,** bis zu denen die von einer Arztpraxis erbrachten Leistungen mit festen Punktwerten zu vergüten sind (Regelleistungsvolumina [RLV]) und
- für den Fall der Überschreitung von RLV Vorgaben für die **Abstaffelung** der vereinbarten Punktwerte.

54 Die nach § 85 Abs. 4a S. 1 SGB V i. d. F. GMG vom Bewertungsausschuss über die Beschlussfassung des EBM hinaus zu beschließenden **bundeseinheitlichen Vorgaben** für die regionalen HVM sind nach § 85 Abs. 4 S. 10 SGB V i. d. F. GMG Bestandteil der an die Stelle der Beschlussfassung durch die KV tretenden HVM-Vereinbarung nach § 85 Abs. 4 S. 2 SGB V i. d. F. GMG. Dies entspricht in seiner rechtlichen Bindungswirkung der Vereinbarung des Bundesmantelvertrages als „allgemeiner Inhalt der Gesamtverträge" (§ 82 Abs. 1 SGB V). Die entsprechenden Beschlüsse auf der Grundlage der erweiterten Regelungskompetenz des Bewertungsausschusses sollten bis zum 29. 2. 2004 erstmals getroffen werden. Sie sind in Verbindung mit der Beschlussfassung des neuen EBM vom erweiterten Bewertungsausschuss jedoch am 13. 5. 2004 beschlossen worden und treten gemeinsam mit diesem zum 1. 4. 2005 in Kraft. Diese zeitliche Verzögerung ist durch das in § 87 Abs. 4 SGB V für den Fall der nicht einstimmigen Beschlussfassung auch für Beschlüsse nach § 85 Abs. 4a SGB V vorgeschriebene Verfahren vor dem erweiterten Bewertungsausschuss – zumindest bis zum 1. 1. 2005 – gedeckt.

55 Wesentlicher Inhalt des jetzt erst zum 1. 4. 2005 in Kraft tretenden Beschlusses des erweiterten Bewertungsausschusses vom 13. 5. 2004 (Teil B) ist die **Umstellung der HVM auf arztgruppenbezogene RLV** gem. § 85 Abs. 4 S. 6–8 SGB V i. d. F. GMG. Sie erfolgt durch

- die Bildung arztgruppenbezogener Gesamtvergütungsanteile (Arztgruppentöpfe ggf. getrennt für Primär- und ErsK) spätestens zum 31. 12. 2005 für definierte Arztgruppen auf der Grundlage eines kalkulatorischen Leistungsbedarfs in Punkten, die dem einzelnen Arzt dieser Arztgruppe als Punktzahlvolumen für arztgruppenspezifische Leistungen zugewiesen werden (Anlagen 1 u. 2); dabei bleibt die grundsätzliche Trennung in die Gesamtvergütungsanteile der hausärztlichen und der fachärztlichen Versorgung bestehen (Teil B Abschnitt 1, 5),
- die Definition dieses Punktzahlvolumens durch arztgruppenbezogene Grenzwerte für eine KV-bezogene Fallpunktzahlobergrenze und für eine KV-bezogene Fallzahlobergrenze, innerhalb derer die Leistungen mit dem kalkulatorischen Punktwert von 5, 11 EUR vergütet werden (Teil B Abschnitt 2.2, 3),

– die Definition von Leistungen für diese Arztgruppen, die zwar aus dem Arztgruppentopf (ggf. unter Bildung von Untertöpfen), nicht aber aus dem RLV vergütet werden und die Definition von Leistungen, die für diese Arztgruppen außerhalb des Arztgruppentopfes vergütet werden (Teil B Abschnitt 4.1, 4.2),
– Sonderregelungen mit Punktzahlzuschlägen für Gemeinschaftspraxen und Medizinische Versorgungszentren sowie die Handhabung von Doppelzulassungen (Teil B Abschnitt 3.2.2, 3.2.3, 3.3.1, 3.3.1.1, 3.3.1.2),
– Abstaffelungsregelungen bei Überschreiten der Fallpunktzahlobergrenze in Abhängigkeit von der Fallzahlobergrenze (Teil B Abschnitt 3.2.1).

Für Arztgruppen, für die eine Bildung arztgruppenbezogener RLV nicht erfolgt, sind im Honorarverteilungsvertrag die Vergütung mit dem kalkulatorischen Punktwert und etwaige Begrenzungsmaßnahmen zu regeln (Teil B Abschnitt 2.1). Für ermächtigte Krankenhäuser, ermächtigte Krankenhausärzte, ermächtigte Institutionen und angestellte Ärzte können Sonderregelungen vereinbart werden (Teil B Abschnitt 2.2, Anlage 1).

6. Verfahren zur Leistungsdefinition und -bewertung im EBM

56 Das Verfahren zur Beschussfassung des EBM nach § 87 Abs. 2ff. SGB V und der erweiterten Funktionen gem. § 85 Abs. 4a SGB V erfolgt in drei Stufen:

– Zunächst erarbeitet der im Gesetz selbst nicht vorgesehene **„Arbeitsausschuss des Bewertungsausschusses"** eine Beschussvorlage für den Bewertungsausschuss. Dieses Arbeitsgremium ist neben Mitgliedern des Bewertungsausschuss mit Vertretern der Geschäftsführungen der KBV und der Spitzenverbände der KK besetzt.
– Der **Bewertungsausschuss** nach § 87 Abs. 3 SGB V in der Besetzung mit sieben von der KBV und sieben von den Spitzenverbänden der KK jeweils für ihre Kassenart bestellten Vertretern entscheidet über die im zugeleiteten Beschlussvorlage. Er hat sich eine Geschäftsordnung gegeben, die bestimmte Sollfristen für die Termineinladung und die Zusendung von Beschlussvorlagen vorsieht und auch eine schriftliche Abstimmung zulässt. Der Bewertungsausschuss tagt wechselnd unter einem Vorsitz der Ärzteseite und der Kassenseite. Beschlüsse kommen nur **einstimmig** zustande; schon eine Stimmenthaltung führt zur Ablehnung der Beschlussvorlage oder eines gestellten Antrages.
– Scheitert eine Beschlussfassung im Bewertungsausschuss an der geforderten Einstimmigkeit, entscheidet auf Verlangen von mindestens zwei Mitgliedern des Bewertungsausschusses der „erweiterte Bewertungsausschuss" gem. § 87 Abs. 4 SGB V über die Beschlussvorlage. Er setzt sich aus den Mitgliedern des Bewertungsausschusses und zwei von der KBV sowie einem von den Bundesverbänden der KK und der Bundesknappschaft und einem von den Verbänden der ErsK benannten unparteiischen Mitgliedern sowie einem unparteiischen Vorsitzenden, auf den sich entweder die Vertragspartner einigen oder der aus einer Vorschlagsliste durch Los bestimmt wird (§ 89 Abs. 3 SGB V). Der erweiterte Bewertungsausschuss setzt mit der Mehrheit seiner Mitglieder die Vereinbarung (den EBM bzw. seine Änderung) als Bestandteil der BMV-Ä-Z fest (§ 87 Abs. 5 SGB V). Entsprechendes gilt auch für Beschlüsse auf der Grundlage von § 85 Abs. 4a SGB V.

57 Im Hinblick auf die Bedeutung der Entscheidungen des Bewertungsausschusses für die Neuordnung des vertragsärztlichen Vergütungssystems ist im § 87 Abs. 6 SGB V i.d.F. GMG dem **BMG** sowohl ein **Beanstandungsrecht** hinsichtlich gefasster Beschlüsse mit dem Recht der **Ersatzvornahme** bei Nichtbehebung innerhalb gesetzter Frist oder ein Recht der Ersatzvornahme bei nicht erfolgter Beschlussfassung innerhalb gesetzter Frist als auch alternativ ein Recht zur **Anrufung des erweiterten Bewertungsausschusses** eingeräumt worden. Dem BMG sind nicht nur die gefassten Beschlüsse des Bewertungsausschusses, sondern auch die zu Grunde liegenden Beratungsunterlagen vorzulegen. Die Kosten einer Ersatzvornahme und der hierzu ggf. erforderlichen Datenerhebung oder Gutachtenerstellung haben die Spitzenverbände der Krankenkassen und die KBV/KZBV jeweils zur Hälfte zu tragen.

III. Die vertragsärztliche Gesamtvergütung

1. Höhe und Arten der Berechnung

58 „Die Gesamtvergütung ist das **Ausgabenvolumen** für die Gesamtheit der zu vergütenden vertragsärztlichen Leistungen; sie kann als Festbetrag oder auf der Grundlage des Bewertungsmaßstabes nach Einzelleistungen, nach einer Kopfpauschale, nach einer Fallpauschale oder nach einem System berechnet werden, das sich aus der Verbindung dieser oder weiterer Berechnungsarten ergibt" (§ 85 Abs. 2 S. 2 SGB V). „Soweit die Gesamtvergütung auf der Grundlage von Einzelleistungen vereinbart wird, ist der **Betrag des Ausgabenvolumens** nach Satz 2 zu bestimmen sowie eine Regelung zur Vermeidung der Überschreitung dieses Betrages zu treffen" (§ 85 Abs. 2 S. 7 SGB V).

Aus § 85 Abs. 2 S. 2 und 7 SGB V ergibt sich, dass
- die Vertragspartner jede denkbare Art der Gesamtvergütung wählen können
- der EBM Grundlage der Berechnung sein kann, aber nicht zwingend sein muss
- das Ausgabenvolumen außer bei einer Vereinbarung der Gesamtvergütung als Festbetrag oder nach Einzelleistungen Ergebnis einer Berechnung ist und der Betrag des Ausgabenvolumens nur in den beiden Ausnahmen im Voraus zu vereinbaren ist.

59 Insbesondere § 85 Abs. 2 S. 7 SGB V war Ausdruck des politischen Willens, die im 2. GKV-NOG 1997 durch die damalige Regierungskoalition eingeleitete Ablösung der im GSG für die Jahre 1993 bis 1995 gesetzlich eingeführten „gedeckelten" Gesamtvergütung (§ 85 Abs. 3a, 3b SGB V) durch Regelleistungsvolumina (§ 85 Abs. 2 i.d.F. 2. GKV-NOG) wieder aufzuheben und zu einer weitestgehend betragsmäßig als Kopfpauschale je Mitglied definierten Gesamtvergütung zurückzukehren. Diese politische Zielrichtung wird mit dem GMG durch die in § 85a SGB V vorgesehene stufenweise bis zum 1. 1. 2007 erfolgende **Umstellung der vertragsärztlichen Gesamtvergütung auf eine morbiditätsbezogene Vergütungsstruktur** abgelöst. Politischer Grund hierfür ist der im GMG breiter als bisher angelegte Vertragswettbewerb insbesondere durch Integrationsverträge, der sich mit einer für die gesamte vertragsärztliche Versorgung als Kopfpauschale je Mitglied gezahlten Gesamtvergütung nicht vereinbaren lässt. Darüber hinaus zwingt auch die im selben Zeitraum vorgesehene Umstellung der Krankenhausvergütung auf diagnosebezogene Fallpauschalen (DRG) zu einer ebenfalls an der Morbidität und am Versorgungsbedarf ausgerichteten Vergütung vertragsärztlicher Leistungen.

60 Die jetzt seit 12 Jahren bestehende, mit dem GSG 1993 eingeführte **Gesamtvergütungsstruktur** wird aber noch bis Ende 2006 auf der Grundlage von § 85 Abs. 1–3 SGB V Bestand haben. Dabei findet aber sukzessiv durch die auf arztgruppenbezogene Leistungszuordnung zugeschnittene EBM-Reform zum 1. 4. 2005 (dazu Rdn. 55), die **Umstellung der HVM auf arztgruppenbezogene Regelleistungsvolumina** (RLV) nach § 85 Abs. 4 S. 7, 8 SGB V (dazu Rdn. 116ff.) und durch eine versichertenbezogene Erfassung und Bewertung der Morbiditätsstruktur der Versicherten einer Krankenkasse anhand dieses EBM eine Veränderung der Vergütungsstrukturen unterhalb der fortbestehenden Kopfpauschalen je Mitglied statt. Dadurch soll es ermöglicht werden, in 2006 die Honorarverteilung nach morbiditätsgewichteten arztgruppenbezogenen RLV vorzunehmen und ab 2007 die Kopfpauschalen durch Vereinbarung dieser RLV mit festen Punktwerten als neue Vergütungsstruktur abzulösen. Dieser Zeitplan ist äußerst ambitioniert und bereits durch die gegenüber den gesetzlichen Vorgaben verspätete Inkraftsetzung der EBM-Reform zum 1. 4. 2005 gefährdet.

Im Folgenden werden die systematischen Unterschiede der gem. § 85 Abs. 1–3 SGB V möglichen Strukturen der Gesamtvergütung dargestellt und sowohl die Einordnung der zur Zeit üblichen Gesamtvergütungsvereinbarungen als auch der nach §§ 85a–d SGB V ab 2007 zu erwartenden Vergütungsvereinbarungen in diese Systematik aufgezeigt.

61 **a)** Schon wegen der vom BSG aufgezeigten **Bedeutung des EBM** als einzigem bundeseinheitlichen Steuerungsinstrument wäre es sinnvoll gewesen, die Gesamtvergütungen auf der Grundlage des damit bundeseinheitlich ermittelbaren Leistungsbedarfs zu vereinbaren und auch notwendige Mengenbegrenzungen daran auszurichten, ob die Leistungsentwicklung dem medizinischen Versorgungsbedarf entspricht. Dem entsprach auch die gesetzliche Definition der **Kopfpauschale** in § 368f Abs. 2 RVO i.d.F. GKAR. Diese Kopfpauschale war jeweils auf der Grundlage des für das Vorjahr ermittelten durchschnittlichen Jahresbedarfs eines versicherten Mitgliedes einschließlich seiner mitversicherten Angehörigen für das Folgejahr zu vereinbaren. Das **Morbiditätsrisiko** wurde daher zeitverschoben um ein Jahr in dem gemeinsam von KV und KK oder durch das Schiedsamt festgestellten Umfang durch die KK übernommen. Demgegenüber trägt die seit 1988 vertraglich und aufsetzend auf der Gesamtvergütungsvereinbarung für 1992 gesetzlich durch das GSG 1993 unter dem Ausgabendruck der GKV in allen Gesamtverträgen gehandhabte Berechnung der Gesamtvergütung nach einer Kostenpauschale je Mitglied **deutliche Züge eines Festbetrages je Mitglied.** Seit nunmehr 17 Jahren wird die Veränderung der Gesamtvergütungen nicht mehr nach dem gem. dem vereinbarten Formblatt 3 auf der Grundlage des EBM ermittelten Leistungsbedarf bestimmt, sondern nahezu ausschließlich nach der Entwicklung der beitragspflichtigen Einnahmen der GKV (Rdn. 9). Die Vereinbarung der Gesamtvergütung als **Festbetrag** der Gesamtausgaben einer Krankenkasse scheidet wegen des für beide Seiten nicht mehr kalkulierbaren Risikos der **Mitgliederentwicklung** einer Krankenkasse und des jeweiligen Anteils mitversicherter Familienangehöriger[63] in der Praxis aus.

62 **b)** Eine Vereinbarung der Gesamtvergütung nach **Fallpauschalen** hat es in der Vergangenheit nur vorübergehend im Labor gegeben. Im EBM sind aber insbesondere in Form der Praxisbudgets, Zusatzbudgets und veranlasserbezogenen Budgets (Rdn. 45) Bewertungsformen enthalten, die auf den **Behandlungsfall** abstellen, sich aber nur im HVM auswirken (Rdn. 108). Der Behandlungsfall ist in § 18 Abs. 2 BMV-Ä, § 9 Abs. 2 BMV-Z definiert als die gesamte von demselben Arzt innerhalb desselben Kalendervierteljahres an demselben Kranken vorgenommene Behandlung, wobei ambulante und stationäre belegärztliche Behandlung als getrennte Behandlungsfälle gewertet werden. Der Behandlungsfall ist vom **Krankheitsfall** (Behandlungsleistungen bezogen auf eine Erkrankung) ebenso zu unterscheiden wie von Abschnitt B 1 GOÄ, der für die **Privatliquidation** die Behandlung einer Erkrankung im Zeitraum eines Monats nach der jeweils ersten Inanspruchnahme als Behandlungsfall definiert. Die Vereinbarung der Gesamtvergütung nach Fallpauschalen wird insbesondere von Seiten der KK abgelehnt, da die Entwicklung der Fallzahlen für sie kaum beeinflussbar und über die Krankenversichertenkarte auch manipulierbar ist. Der Begriff der Fallpauschale in § 85 Abs. 2 S. 2 HS. 2 SGB V als eine zulässige Struktur der Gesamtvergütung ist auch nicht identisch mit demselben in § 87 Abs. 2 S. 1 SGB V i.d.F. GMG für eine vorgeschriebene Struktur der Definition und Bewertung von Leistungen im EBM verwandten Begriff. Eine Fallpauschale als vereinbarte Form der Gesamtvergütung ist unabhängig davon an die KV zu zahlen, welche Leistungen bei einem Versicherten in einem Behandlungsfall erbracht werden; dessen medizinische Versorgung ist mit befreiender Wirkung gegenüber der KV durch die leistungsunabhängig vereinbarten und für jeden neuen Behandlungsfall anfallenden Fallpauschalen abgegolten. Eine Fallpauschale als Leistungsposition im EBM beinhaltet demgegenüber eine Zusammenfassung und bewertungsmäßige Abgeltung definierter ärztlicher Leistungen in einer Pauschale unabhängig davon, in welchem Umfange sie in einem Behandlungsfall als medizinisch notwendig erbracht werden müssen.

---

[63] Zur Rechtswidrigkeit der Berücksichtigung der Mitgliederentwicklung in 1992/1993 als Folge von § 85 Abs. 3c i.d.F. GSG/BSG SozR 3–2500 § 85 Nr. 17.

63 **c)** Ein direkter Bezug der Gesamtvergütung sowohl zum EBM als auch zum HVM besteht nach wie vor, soweit für bestimmte Leistungen mit den KK eine **Vergütung nach Einzelleistungen** vereinbart ist (Rdn. 8). Dies ist nach geltendem Recht zulässig bzw. ausdrücklich vorgesehen

- bei der Substitutionsbehandlung Drogenabhängiger (Art. 14 Abs. 4 GKV-SolG, § 85 Abs. 2c i. d. F. GKV-GRG 2000);
- bei gesetzlichen Vorsorge- und Früherkennungsmaßnahmen (Art. 14 Abs. 4 GKV-SolG, § 71 Abs. 1 S. 2 i. d. F. GKV-GRG 2000); die Vergütung der in Art. 14 Abs. 4 GKV-SolG genannten Impfleistungen außerhalb der gedeckelten Gesamtvergütung wird weitgehend auf dieser Grundlage fortgesetzt;
- bei Dialysesach- und -dienstleistungen, die außerhalb des EBM – Abschnitt 13.3.6 vertraglich mit Dialyseeinrichtungen vereinbart sind (§ 85 Abs. 3a S. 4 SGB V); dabei sind die jährlichen Zuwachsraten der Vergütungssätze an die Veränderung der beitragspflichtigen Einnahmen gebunden Abs. 3a S. 4 HS. 2;
- bei ambulanten Operationen, für die auf Grund bisheriger Strukturverträge (Art. 13, 14 GKV-SolG i. V. m. § 73a) oder auf der Grundlage von § 71 Abs. 2 S. 2 SGB V eine Einzelleistungsvergütung vereinbart ist;
- bei den in Abschnitt 32.3 EBM jeweils aufgelisteten bundeseinheitlichen Kostensätzen für Laborleistungen;
- die Vergütung der hausarztzentrierten Versorgung nach § 73b Abs. 3 S. 2 sowie die Vergütung besonderer Versorgungsaufträge nach § 73c Abs. 1 S. 2, soweit sie außerhalb der vertragsärztlichen Gesamtvergütung gesamtvertraglich vereinbart wird.

§ 85 Abs. 2 S. 7 SGB V findet in den genannten Fällen i. d. R. nur bei der Punktwertvereinbarung Anwendung. Die in den Gesamtverträgen für die betr. Leistungspositionen des EBM vereinbarten Punktwerte werden an die Vertragsärzte nach Abzug der Verwaltungskosten durch die KV nach Maßgabe des HVM ausgezahlt.

64 **d)** Die künftig ab dem 1. 1. 2007 vorgesehene Vergütungsstruktur kommt einer Einzelleistungsvergütung insoweit wieder nahe, als jede im EBM aufgeführte Leistung – ihre ordnungsgemäße und wirtschaftliche Erbringung unterstellt – mit dem vereinbarten bzw. abgestaffelten Punktwert von einer Krankenkasse für ihren Versicherten an die KV vergütet werden muss. Diese Vergütung wird dadurch aber nicht zum „durchlaufenden Posten“ wie bis 1988 bei der E-Adgo (Rdn. 98). Das auf Grund einer Morbiditätsgewichtung der Versicherten einer Krankenkassenart vereinbarte arztgruppenbezogene RLV begrenzt nämlich gem. § 85 Abs. a Abs. 2 SGB V dasjenige **Punktzahlvolumen,** das mit dem vereinbarten Punktwert zu vergüten ist. Über die **ermittelte Morbidität** der Versicherten einer Krankenkasse und den daraus abgeleiteten medizinischen Versorgungsbedarf hinaus kann nur eine Vergütung mit einem auf 10 v. H. des vereinbarten Wertes abgestaffelten Punktwert erfolgen, es sei denn, es wird auf Grund eines entsprechend vereinbarten Kriteriums ein erforderlicher außergewöhnlicher Versorgungs- und Vergütungsbedarf nachgewiesen (§ 85a Abs. 3 S. 2, 3).

65 Die **Erfassung der Morbiditätsstruktur** der Versicherten einer Krankenkasse und des damit verbundenen Behandlungsbedarfs erfolgt gem. § 85a Abs. 5 SGB V auf der Grundlage **diagnosebezogener Risikoklassen** für Versicherte mit vergleichbarem Behandlungsbedarf, die nach einem durch den Bewertungsausschuss bis zum 31. 3. 2004 (eingeführt auf der Grundlage der Beschlussfassung von 16. Mai 2004 zum 1. 4. 2005) festzulegenden international anerkannten, für die vertragsärztliche Versorgung geeigneten Klassifikationsverfahren und nach dem gem. § 295 Abs. 1 S. 2 SGB V geltenden Diagnoseschlüssel (ICD 10) zu bilden sind. Der Bewertungsausschuss hat gleichzeitig für die einzelnen Risikoklassen **Relativgewichte** zu bestimmen, welche die Abweichung des standardisierten Behandlungsbedarfs je Versicherten in einer dieser Risikoklassen vom durchschnittlichen Behandlungsbedarf je Versicherten der Grundgesamtheit (z. B. 1, 5 gegenüber 1) wiedergeben (§ 85a Abs. 5 S. 3 SGB V). Hierfür ist eine umfangreiche **pseudonymisierte versichertenbezogene Erhebung und Auswertung von Diag-**

nose- und Leistungsdaten erforderlich, die vom Bewertungsausschuss durchzuführen (§ 85 a Abs. 5 S. 4 SGB V) und deren Bereitstellung gem. § 295 Abs. 3 SGB V durch die Partner des BMV zu vereinbaren ist.

66 Die augenscheinliche **Komplexität dieser Umstellung** von einer rein ökonomischen Bestimmung der vertragsärztlichen Gesamtvergütung als an die beitragspflichtigen Einnahmen gebundene Kopfpauschale je Mitglied auf eine morbiditätsbezogene Vergütung für den risikoadjustierten Behandlungsbedarf eines Versicherten resultiert aus der politisch ausdrücklich vorgegebenen Ausgliederung der Arztzahlentwicklung als Kriterium für die Weiterentwicklung der vertragsärztlichen Vergütung (FraktE-GMG, BT-Drucks. 15/1525). Das **Arztzahlrisiko** soll explizit nach der politischen Abstimmung zwischen Regierungskoalition und Opposition nicht von den Krankenkassen, sondern weiterhin von der KV getragen werden (Eckpunkt eines GKV-Modernisierungsgesetzes). Deswegen bedarf es einer ausschließlich auf den Versicherten bezogenen Ermittlung seines durchschnittlichen standardisierten Behandlungsbedarfs als Grundlage der Berechnung und Weiterentwicklung einer morbiditätsbezogenen Vergütung. Wird die Morbidität und deren Veränderung jeweils richtig erfasst, steigt oder sinkt die Vergütung der vertragsärztlichen Versorgung unabhängig von der Arztzahlentwicklung. In gleicher Weise verändern sich die arztgruppenbezogenen RLV bei Verschiebungen des morbiditätsbezogenen Behandlungsbedarfs zwischen den Arztgruppen. Insbesondere Morbiditätsveränderungen, die sich aus dem DRG-Vergütungsystem des Krankenhauses durch Verweildauerverkürzung ergeben, werden durch dieses Vergütungssystem erfasst und berücksichtigt. Probleme ergeben sich – von der Komplexität der Ermittlung abgesehen – aus der Berücksichtigung einer Fallzahlentwicklung, die durch Chipkartenmissbrauch entsteht.

67 **e)** Eine **zu viel gezahlte Gesamtvergütung** ist im Verhältnis der Partner der Gesamtverträge auszugleichen; die KK haben insoweit – anders als bei einem sonstigen Schaden – keine direkten **Erstattungsansprüche** gegen die an der vertragsärztlichen Versorgung teilnehmenden Ärzte und Einrichtungen. Ob eine Überzahlung vorliegt, richtet sich nach der Berechnungsart der Gesamtvergütung. Wird die Gesamtvergütung nach **Einzelleistungen** berechnet (Rdn. 63) hat die KK einen Anspruch auf Rückzahlung gegen die KV, wenn abgerechnete Leistungen nicht oder nicht ordnungsgemäß erbracht wurden,[64] und zwar auch dann, wenn der KV ein Rückgriff gegen den Arzt nicht mehr möglich ist.[65] Die KV kann sich demgegenüber wegen ihrer Gewährleistungspflicht nicht auf Wegfall der Bereicherung berufen.[66] Es gilt in analoger Anwendung von § 45 SGB I eine vierjährige Verjährungsfrist.[67] Geht das Risiko der Leistungshäufigkeit aber bei **Kopfpauschalen** etc zu Lasten der Vertragsärzte (Rdn. 61), erhöht sich auf Grund von Rückgriffen der KV oder von Prüfinstanzen gegen den Arzt der Verteilungspunktwert zugunsten aller Vertragsärzte; die KK hat keinen Erstattungsanspruch gegen die KV, da sie nicht die einzelne Leistung vergütet, sondern die gesamte Versorgung unabhängig von der Zahl der erbrachten Leistungen mit der Kopfpauschale abgilt.[68] Erstattungsansprüche der KV gegenüber dem Arzt richten sich nach § 45 Abs. 2 SGB X, wobei Voraussetzung die Rücknahmefähigkeit des Honorarbescheides ist.[69] Die ab 1. 1. 2007 vorgeschriebene Vergütung nach arztgruppenbezogenen RLV führt dazu, dass sich Erstattungsansprüche der Krankenkassen gegen die KV richten, jedoch nur mit dem Punktwert zu erstatten sind, der innerhalb oder außerhalb des RLV jeweils von den KK an die KV vergütet wurde.

---

[64] BSGE 61, 19 = SozR 2200 § 368f Nr. 11; 69, 158 = SozR 3–1300 § 11 Nr. 1; BSG SozR 3–2500 § 85 Nr. 3.

[65] BSG SozR 3–2500 § 75 Nr. 16.

[66] BSGE 61, 19 = SozR § 368f Nr. 11.

[67] BSGE 69, 158 = SozR 3–1300 § 113 Nr. 1.

[68] BSGE 66, 1 = SozR § 368f Nr. 16.

[69] BSG SozR 3–2500 § 75 Nr. 6.

2. Veränderungsrate der Gesamtvergütung

68 § 71 Abs. 2, 3 SGB V bindet die Weiterentwicklung von Vergütungsvereinbarungen und damit auch die gesamtvertraglich zu vereinbarenden Veränderungen der Gesamtvergütungen ab dem 1. 1. 2000 an gesetzlich vorgegebene Veränderungsraten als Obergrenze.[70] Maßgebend sind die durchschnittlichen Veränderungsraten der **beitragspflichtigen Einnahmen** aller Mitglieder der Krankenkassen des gesamten Bundesgebietes, es sei denn, die gesondert ermittelte Veränderungsrate Ost übersteigt die entsprechende Veränderungsrate West; dann gilt die jeweils maßgebende Veränderungsrate. Die Berechnung der Veränderungsraten für das jeweilige Kalenderjahr erfolgt auf Grund der Ermittlung der durchschnittlichen Veränderungsraten für die zweite Hälfte des Vorjahres und die erste Hälfte des aktuellen Jahres gegenüber dem entsprechenden Vorjahreszeitraum. Grundlage sind die Quartalsergebnisse der KK nach KV 45.

Die Veränderung der Gesamtvergütung hinkt damit der wirtschaftlichen Entwicklung hinterher, soweit diese positiv ist, oder sie führt zu massivem Druck der KK auf Vertragsabschlüsse unterhalb der zulässigen Obergrenze, soweit die wirtschaftliche Entwicklung negativ ist.

69 **a) Überschreitungen** der gesetzlichen Veränderungsraten sind bezogen auf die Gesamtvergütungen nur zulässig

- in dem unter Rdn. 61 aufgezeigten Rahmen;
- soweit damit verbundene Mehrausgaben durch vertraglich abgesicherte oder bereits nachgewiesene **Einsparungen in anderen Leistungsbereichen** ausgeglichen werden (§ 71 Abs. 2 S. 2 SGB V); die sektorale Abschottung der einzelnen Versorgungsbereiche, die durch die vorstehende Regelung überwunden werden soll, erschwert aber gerade den Nachweis solcher Einsparungen;
- wenn nach Ausschöpfung von Wirtschaftlichkeitsreserven die notwendige medizinische Versorgung ohne Beitragssatzerhöhungen nicht zu gewährleisten ist (**Grundsatz der Beitragssatzstabilität;** § 71 Abs. 1 S. 1 SGB V); insoweit hat der SV-Rat für die KAiG jährlich, erstmals bis zum 15. 4. 2001 ein Gutachten zu erstellen, das im Hinblick auf eine bedarfsgerechte Versorgung Bereiche mit Über-, Unter- und Fehlversorgung sowie Möglichkeiten zur Ausschöpfung von Wirtschaftlichkeitsreserven aufzeigen und bewerten soll (§ 142 Abs. 2 S. 1 SGB V).
- für **Integrationsverträge** gem. §§ 140a ff. SGB V, soweit Sinn und Eigenart der integrierten Versorgung dies erfordern und Qualität, Wirksamkeit und Wirtschaftlichkeit der integrierten Versorgung dadurch verbessert werden (§ 140b Abs. 4 SGB V).

70 **b)** Gegenüber der aufgezeigten gesetzlichen Veränderungsrate des § 71 SGB V als Obergrenze der Weiterentwicklung von Gesamtvergütungen treten die in § 85 Abs. 3 SGB V genannten **Veränderungskriterien** zurück. Dies gilt insbesondere für Abs. 3 S. 2, wonach der Grundsatz der Beitragssatzstabilität in Bezug auf das Ausgabenvolumen für die Gesamtheit der zu vergütenden vertragsärztlichen Leistungen zu beachten ist (Rdn. 61). Auch gegenüber dieser Bindung gelten die unter Rdn. 63 genannten Ausnahmen.

71 Die Berücksichtigung von **Praxiskosten und Arbeitszeit** in Abs. 3 S. 1 bezieht sich nicht auf die einzelne Arztpraxis, sondern auf Veränderungen in der Kostenstruktur der vertragsärztlichen Versorgung und auf die für die vertragsärztliche Versorgung aufzuwendende Arbeitszeit. Über beide Kriterien soll auch der medizinische Fortschritt und die veränderte Morbidität in die Veränderung der Gesamtvergütung Eingang finden können (Sieben-Punkte-Erklärung des BMA zum KVKG, BR Stenographischer Bericht 443. Sitzung S. 184).

---

[70] Art. 14 GKV-SolG enthielt bereits für 1999 eine Bindung an die Entwicklung der beitragspflichtigen Einnahmen des Jahres 1998, wobei als Aufsatzjahr 1997 mit der Maßgabe zugrunde gelegt wurde, dass für 1998 als Sockel für 1999 auch nur die Entwicklung der beitragspflichtigen Einnahmen des Jahres 1998 berücksichtigungsfähig waren.

72 **Art und Umfang der ärztlichen Leistungen** sollen gem. Abs. 3 S. 1 aber nur insoweit berücksichtigungsfähig sein, als sie auf einer **gesetzlichen oder satzungsmäßigen Leistungsausweitung** beruhen. Beispiel hierfür ist das PsychotherapeutenG,[71] das **Psychotherapeuten** und die von ihnen erbrachte psychotherapeutische Behandlung in die vertragsärztliche Versorgung integriert hat, allerdings gleichzeitig begrenzt auf das Jahr 1999 ein psychotherapeutisches Ausgabenbudget unter Einbeziehung der von den KK vorher für die Erstattungspsychotherapie aufgewandten Finanzmittel eingeführt hat (Art. 11 PsychThG). Die Entwicklung der psychotherapeutischen Versorgung nach Inkrafttreten dieses G hat jedoch auch wegen der Rechtsprechung des BSG zur Angemessenheit der Vergütung (Rdn. 24, 51) zu einem wesentlich höheren Finanzbedarf geführt. Dies belastet wegen der Zuordnung der Psychotherapeuten und ausschließlich psychotherapeutisch tätigen Ärzte zu der fachärztlichen Versorgung (§ 73 Abs. 1a S. 2 i.V.m. § 72 Abs. 1 S. 2 SGB V) ausschließlich den durch das GKV-GRG gebildeten fachärztlichen Gesamtvergütungsanteil (Rdn. 49–51). Insbesondere in den neuen Bundesländern führt dies zu einem massiven Punktwertverfall in der fachärztlichen Versorgung, sodass sich unter Anwendung des Grundsatzes der Beitragssatzstabilität (Rdn. 69) wegen nicht mehr vorhandener Wirtschaftlichkeitsreserven die berechtigte Frage nach einer notwendigen Anhebung der Gesamtvergütung wegen gesetzesmäßiger Leistungsausweitung stellt.[72]

73 **c)** Die Reform des vertragsärztlichen Vergütungssystems nach §§ 85a–d SGB V hebt den **Grundsatz der Beitragssatzstabilität** nach § 71 SGB V nicht auf, modifiziert ihn aber in seiner Anwendung beginnend mit dem Jahr 2006 erheblich. Als erste Stufe dieser Reform sind erstmals für das Jahr 2006 arztgruppenbezogene RLV und Punktwerte auf der Grundlage der Kriterien des § 85a Abs. 2 SGB V (dazu Rdn. 165 ff.) zu vereinbaren. Diese Vereinbarung hat aber die **fortbestehende Obergrenze** für die Weiterentwicklung der Gesamtvergütung nach § 85 Abs. 3 S. 2 i.V.m. § 71 SGB V uneingeschränkt zu beachten (§ 85c Abs. 1 SGB V). Deswegen bedarf es auch noch keiner Abstaffelungsregelung bei Überschreiten der vereinbarten arztgruppenbezogenen RLV, da der vereinbarte Punkwert unter der Obergrenze ohnehin floatet (§ 85c Abs. 1 HS. 2, FraktE-GMG, BT-Drucks. 15/1525 zu Nr. 65).

74 **d)** Auch für die ab 1. 1. 2007 nach § 85a Abs. 4 S. 2 SGB V als zweite Stufe zu vereinbarende **Veränderung des morbiditätsbedingten Behandlungsbedarfs** als Grundlage der von den Krankenkassen an die KV zu zahlenden Vergütung für die vertragsärztliche Versorgung ist der Grundsatz der Beitragssatzstabilität zu beachten. Der vereinbarte Behandlungsbedarf gilt dabei aber ausdrücklich – anders als in 2006 nach § 85c Abs. 1 HS. 2 – nach § 85a Abs. 4 S. 2 HS. 2 SGB V als notwendige medizinische Versorgung nach § 71 Abs. 1 S. 1 SGB V.

Ein **Anstieg oder ein Rückgang des Behandlungsbedarfs** ist daher unabhängig von der Veränderungsrate der beitragspflichtigen Einnahmen vergütungsrelevant und bestimmt allein das arztgruppenbezogene RLV nach Zahl und Morbidität der Versicherten einer Krankenkasse (§ 85a Abs. 2 S. 2 Nr. 1, 2 i.V.m. Abs. 4 S. 2 Nr. 1 SGB V). Daneben sind sowohl Erweiterungen als auch Einschränkungen des gesetzlichen und satzungsmäßigen Leistungsumfanges der Krankenkassen entsprechend ihren Auswirkungen auf den Leistungsumfang der GKV zu berücksichtigen. Für den nach § 85a Abs. 2 S. 2 Nr. 3 SGB V jeweils zu vereinbarenden Punktwert ist der Grundsatz der Beitragssatzstabilität zu beachten. Die bisherige Bindung der Gesamtvergütung an ein beitragssatzstabil zu vereinbarendes Ausgabenvolumen für die Gesamtheit der zu vergütenden Leistungen nach dem bis zum 31. 12. 2006 geltenden § 85 Abs. 3 S. 2 SGB V entfällt aber als zwingende Folge der Regelung in § 85a Abs. 4 S. 2 HS. 2 SGB V. Die Kompensation eines steigenden oder sinkenden Behandlungsbedarfs über die Punktwertvereinbarung wäre demnach

---

[71] V. 16. 6. 1998, BGBl. I S. 1311.

[72] *KassKomm-Hess* § 85 Rdn. 49.

mit HS. 2 nicht vereinbar. Der Punktwert ist vielmehr insbesondere unter Berücksichtigung der Praxiskosten-Entwicklung zu vereinbaren.

75 **e) Ausgangszeitraum für Punktwertvereinbarungen** für das Jahr 2007 ist ein sich für das Jahr 2006 aus den von einer KÄV mit den verschiedenen Kassenverbänden abgeschlossenen Gesamtverträgen **kassenübergreifend – gewichtet nach Leistungsmengen – ergebender durchschnittlicher Punktwert** (§ 85d S. 1 SGB V). Damit werden die eingangs aufgezeigten Verwerfungen zwischen den durch Kassenwettbewerb veränderten Versichertenstrukturen einer Krankenkasse und den jeweils historisch aus den Versichertenstrukturen des Jahres 1992 abgeleiteten Kopfpauschalen je Mitglied (Rdn. 10–12) einmalig ausgeglichen, ohne das Gesamtvolumen der von den einzelnen Krankenkassen vereinbarten Gesamtvergütungen zu verändern. Dies erfordert u.a. eine Ausweitung des Wohnortprinzips auf alle – auch überbereichliche – Krankenkassen (dazu Rdn. 81). § 71 wird für diesen kasseninternen Ausgleichs- und Risikoadjustierungsprozess ausdrücklich ausgeschlossen, damit sich eine Krankenkasse, die gegenüber ihrem bisherigen kasseneigenen Punktwert einen höheren durchschnittlichen Punktwert mit daraus resultierender höherer Gesamtvergütung zahlen muss, nicht auf die Obergrenze des § 71 berufen kann.

3. Vereinbarung im Gesamtvertrag für die beteiligten Krankenkassen

76 Die Gesamtvergütungen werden in den Gesamtverträgen der KV und der Landesverbände der KK sowie der Verbände der ErsK mit Wirkung für die beteiligten KK vereinbart (§§ 82 Abs. 2, 83 Abs. 1, 85 Abs. 2 S. 1 SGB V). Dabei hat jede KK ihre eigene historisch gewachsene und in § 85 Abs. 3a SGB V für West-KK und Abs. 3b für Ost-KK weitgehend als Kopfpauschale definierte Gesamtvergütung (Rdn. 9), auch wenn die im Gesamtvertrag vereinbarten Veränderungsraten einheitlich für alle beteiligten KK gelten (Rdn. 68). Diese scheinbar technische Regelung hat sich bisher auf die einzelnen Kassenarten sehr unterschiedlich ausgewirkt, da die **Mitgliederstruktur** der einzelnen KK je nach Kassenart sehr unterschiedlich ist.

Bei den **Ortskrankenkassen** ist die Verbandsebene durch die Konzentration der einzelnen AOK auf Landesebene mit Ausnahme in NRW deckungsgleich mit jeweils einer KK, die gem. § 207 Abs. 4 SGB V die Funktion des Landesverbandes wahrnimmt und mit der KV dieses Landes bzw. bei mehreren KV im Lande mit jeder dieser KV für deren Bereich eine Gesamtvergütung vereinbart.

Bei den bundesweiten **Ersatzkassen** hat die **Regionalisierung der Vertragsabschlüsse** auf die Ebene einer jeden KV durch entsprechende Landesbevollmächtigte (§ 212 Abs. 5 S. 4 SGB V) zur Folge, dass für die ErsK-Versicherten im Bereich einer jeden KV eine regionale Gesamtvergütung je Mitglied vereinbart wird. Ausnahmen bestehen für regionale ErsK, mit denen die KV die Gesamtvergütung vereinbart, in deren Bereich sie ihren Sitz hat.

Für die **Betriebskrankenkassen** (BKK) bestand bis zum Inkrafttreten des Wohnortprinzips (dazu Rdn. 80) auch bei **bundesweiten Krankenkassen** keine vergleichbare Regionalisierung der Gesamtvergütungsvereinbarungen. Die Gesamtvergütung wurde vielmehr durch die KV mit dem Landesverband der BKK vereinbart, deren Mitglied auf Grund des Sitzes ihrer Verwaltung die Einzelne auch bundesweite BKK ist. Ausnahmen bestanden für die sogenannten **Bundesgesamtvertragskassen** (Dienstbetriebe des Bundes), die Mitglieder des Bundesverbandes der BKK sind; die Gesamtvergütung für diese BKK wurde mit der KV vereinbart, in deren Bereich die KK ihren Sitz hat.

Eine vergleichbare Regelung besteht für die **Bundesknappschaft** (BKn).

Die Vertragsgestaltung bei den **Innungskrankenkassen** (IKK) erfolgte bisher vergleichbar wie bei den BKK, wobei nicht im selben Ausmaße bereichsübergreifende KK bestehen.

77 **a)** Der Abschluss von **Gesamtvergütungsvereinbarungen für überbereichliche KK** durch eine KV hatte zur Folge, dass die Gesamtvergütung für die Versicherten dieser

KK an diese KV insgesamt ausgezahlt wurde, auch wenn ein großer Teil oder sogar der größte Teil der Versicherten gar nicht im Bereich dieser KV, sondern in anderen Bundesländern bzw. KV-Bereichen leben. Die Vergütung von Leistungen für die in anderen Bundesländern lebenden Versicherten durch die dort zugelassenen Vertragsärzte erfolgte ausschließlich im Wege des **„Fremdkassenzahlungsausgleiches"** (FKZ) nach den gem. § 75 Abs. 7 S. 1 SGB V durch die KBV erlassenen Richtlinien (Rdn. 78).

78 **aa)** Dieser FKZ dient primär dazu, für Versicherte, die sich vorübergehend außerhalb ihres Wohnsitzes in einem anderen KV-Bereich aufhalten und von dort an der vertragsärztlichen Versorgung teilnehmenden Ärzten und Einrichtungen versorgt werden, eine Abrechnungsbasis über die eigene KV mit der KV zu schaffen, die für den betr. Versicherten die Gesamtvergütung vereinbart und erhalten hat. Dabei gilt im Bereich der vertragsärztlichen Versorgung der Grundsatz: Leistungsrecht am Leistungsort; Zahlungsrecht am Zahlungsort. Der Vertragsarzt erhält seine Leistung durch seine KV in gleicher Weise vergütet wie für bereichseigene Fälle. Der Ausgleich der Vergütungen unter den KV erfolgt in einem von der KBV verwalteten **Clearing-Verfahren,** in dem nur noch Salden unter den KV durch Zahlung ausgeglichen werden. Dabei wird als Folge der budgetierten Gesamtvergütungen mit Ausnahme von Laborleistungen und zytologischen Leistungen nicht mehr nach einem durchschnittlichen Punktwert, sondern nach einem durchschnittlichen Fallwert ausgeglichen.

79 **bb)** Durch den auf Grund der **Wahlfreiheit der Versicherten** verstärkt erfolgten Wechsel zu beitragsgünstigen, bundesweit geöffneten BKK hatte sich diese Verlagerung der Gesamtvergütung aus dem Wohnsitzbereich der Versicherten in die für den Sitz der KK zuständige KV erheblich gesteigert. In vielen KV basierten z. T. mehr als 20 v. H. des Honorarverteilungsvolumens aus Zahlungen aus dem FKZ, wobei die im Clearing-Verfahren der FKZ-Richtlinien geleisteten Zahlungen für Fremdfälle häufig niedriger waren als die aus den selbst vereinbarten Gesamtvergütungen resultierenden Punktwerte für eigene Fälle. Das BSG hat jedoch eine **Differenzierung im Honorarverteilungspunktwert** zwischen bereichseigenen Fällen und bereichsfremden Fällen für unzulässig erklärt, weil dies zu willkürlichen Ergebnissen bei Vertragsärzten einer KV führen würde, die wegen der Nähe ihrer Praxis zu einer Landes- oder KV-Grenze viele Fremdfälle behandeln.[73] Es bestand daher ein elementares Interesse der KV, für bereichseigene und bereichsfremde Fälle eine vergleichbar hohe Vergütung zu erhalten, da anderenfalls wegen der Notwendigkeit zur Bildung eines einheitlichen Verteilungspunktwertes dieser i. d. R. unterhalb des aus eigenen Fällen erzielbaren Punktwertes lag. Hinzu tritt das Interesse jeder KV, für möglichst viele im eigenen KV-Bereich wohnenden Versicherten Gesamtvergütungen mit den KK selbst vereinbaren zu können, da nur auf diesem Wege zusätzliche Vergütungen z. B. für Modellvorhaben und Strukturverträge nach §§ 63, 64, 73a zur Qualitätsverbesserung umfassend für diese Versicherten vereinbart werden konnten. Die FKZ-Richtlinien der KBV vom 7. 12. 2000 garantierten deswegen zur Vermeidung weiterer Verwerfungen bereits ab 1. 7. 2000 für bereichsübergreifende KK einen einheitlichen Punktwert für alle Behandlungsfälle unabhängig vom Ort der Leistungserbringung.[74]

80 **b)** Durch das **Gesetz zur Einführung des Wohnortprinzips** bei Honorarvereinbarungen für Ärzte und Zahnärzte v. 17. 12. 2001, BGBl. I 3526, ist für **überbereichliche Betriebs- und Innungskrankenkassen,** deren Zuständigkeitsbereich über den KV-Bereich am Sitz der Kasse hinausgeht, die bisherige zentrale Vertragszuständigkeit dieser KV abgelöst worden durch die regionale Zuständigkeit der KV am Wohnsitz eines Mitgliedes dieser Kasse. Die bisher einheitlich vereinbarte Gesamtvergütung wird demgemäß aufgeteilt auf Gesamtvergütungen für die im Bereich einer KV wohnhaften Mitglieder solcher überbereichlicher Krankenkassen; sie werden zwischen der „Wohnort-KV" und dem für sie zuständigen Landesverband der Betriebs- oder Innungskrankenkassen im

[73] BSG SozR 3–2500 § 85 Nr. 16.
[74] Nicht veröffentlicht.

jeweiligen Gesamtvertrag nach § 83 Abs. 1 SGB V vereinbart, auch wenn die überbereichliche KK nicht Mitglied dieses Landesverbandes ist (§ 217 Abs. 4 SGB V sieht ein Abstimmungsverfahren zwischen der KK und den Landesverbänden vor). Für die Bundesknappschaft, die Seekrankenkasse, regionale Ersatzkassen und für den Bundesverband der landwirtschaftlichen Krankenkassen kann mit der KBV ein abweichendes Verfahren vereinbart werden (§ 82 Abs. 3 SGB V). Da sich die Einführung des Wohnortprinzips auf das Mitglied und nicht auf den Versicherten bezieht, erfolgt die Vergütung vertragsärztlicher Leistungen für mitversicherte Familienangehörige, deren Wohnsitz außerhalb der Wohnsitz-KV des Mitgliedes liegt, nach wie vor über den Fremdkassenzahlungsausgleich (Rdn. 78).

81 **§ 85c Abs. 2 i. V. m. § 83 SGB V** erweitert m. W. v. 1. 1. 2006 das Wohnortprinzip auf **alle Krankenkassen.** Grund hierfür ist das neue, auf die Morbidität der Versicherten bezogene arztgruppenbezogene RLV, das zur versichertenbezogenen Erfassung der Morbidität eine vergleichbare Zuordnung der Versicherten aller Krankenkassen nach deren Wohnort im jeweiligen Bereich einer KV erfordert. Über den mangels einer solchen Zuordnung vorzunehmenden FKZ (Rdn. 77) ließe sich diese morbiditätsbezogene Bildung von RLV für die darin einbezogenen Vertragsärzte einer KV nicht realisieren.

82 **c)** Bis zum 31. 12. 2000 war Deutschland in **zwei Versorgungsgebiete geteilt** (§§ 308ff. SGB V). Dementsprechend gab es gesonderte zwischen den KV-Ost und den Ost-KK vereinbarte Gesamtvergütungen für die Versicherten der Ost-KK, die auf der Basis des § 85 Abs. 3b SGB V im Jahre 1993 als Kopfpauschalen errechnet waren und um die Veränderungsraten der beitragspflichtigen Einnahmen der Ost – KK jährlich weiterentwickelt wurden. Das Gesamtvergütungsniveau der Ost – KV liegt bei ca. 75 v. H. des Westniveaus. Wegen der negativen Entwicklung der beitragspflichtigen Einnahmen Ost wurden die KV im Jahre 1999 in Art. 14 Abs. 2 GKV-SolG zu einem **internen Finanzausgleich** in Höhe der Differenz der Entwicklung der beitragspflichtigen Einnahmen West (1,66 v. H.) zur bundesdurchschnittlichen Veränderungsrate (1,34 v. H.) verpflichtet.[75] Der Ausgleich wurde durch Richtlinien der KBV v 9. 3. 2000 geregelt und ist inzwischen abgeschlossen. Art. 21 § 1 GKV-GRG 2000 hat diesen internen KV-Ausgleich West-Ost zur Grundlage einer Bereinigung der Gesamtvergütungsbasis im Jahr 2000 mit entsprechender Anhebung des Sockels für die KV – Ost und Absenkung des Sockels für die KV-West gemacht. Auf der Grundlage dieser **Sockelbereinigung** entwickeln sich die Gesamtvergütungen West und Ost jeweils getrennt nach der ab 1. 1. 2000 anzuwendenden bundeseinheitlichen Veränderungsrate der beitragspflichtigen Einnahmen fort (§ 71 Abs. 2, 3 SGB V; Rdn. 68).

83 **d)** Soweit **überbereichliche Krankenkassen** insbesondere nach der Öffnung für alle Versicherten auch Versicherte aus den neuen Bundesländer haben, musste auch insoweit die Trennung Deutschlands in zwei Versorgungsgebiete beachtet werden. Dies führte zur Bildung getrennter Kopfpauschalen für Ost-Versicherte und West-Versicherte mit entsprechender Trennung der KK selbst in eine Westkasse und eine sogenannte 99 – Kasse mit jeweils eigenem Institutionenkennzeichen und eigener VKNr (§ 85 Abs. 3a–c SGB V). Entsprechend erfolgte auch der FKZ (Rdn. 77) getrennt für Ost- und West-Versicherte.

84 **e)** Durch G zur **Rechtsangleichung** in der GKV v 22. 12. 1999, BGBl I 2657, wurde die Trennung in zwei Versorgungsgebiete zu 1. 1. 2001 aufgehoben; der Risikostrukturausgleich unter den KK wird in mehreren Stufen einheitlich für alle KK in Deutschland angewandt. Auf die Rechtsbeziehungen zu den Leistungserbringern soll dies aber ausdrücklich keinen Einfluss haben (§ 313a Abs. 3 SGB V); insbesondere erfolgt keine parallele Angleichung des Vergütungsniveaus der Gesamtvergütungen. Durch das Gesetz zur Einführung des Wohnortprinzips (a. a. O.) wurde m. W. v. 1. 1. 2002 für die sogenannten 99-Kassen (Rdn. 83) vielmehr die getrennte Ermittlung der wohnortbezogenen Gesamtvergütungen für West und Ost vorgeschrieben (Art. 2 § 1 Abs. 2) und für die Ost-

---

[75] *KassKomm-Hess* § 85 Rdn. 46.

Vergütungen nur eine Angleichung über zeitlich auf die Jahre 2002–2004 begrenzte, jedoch ausdrücklich an Einsparungen in anderen Leistungsbereichen gekoppelte Zuschläge von je 3 v. H., höchstens jedoch 6 v. H., vorgesehen (Art. 3).

85 **f)** Die im RechtsangleichungsG vorgesehene Angleichung des Vergütungsniveaus Ost/West über Einsparungen insbesondere in den im Verhältnis zu den Westausgaben höheren Ostausgaben für Arzneimittel hat nicht funktioniert. Der Vergütungsabstand ist nahezu unverändert geblieben. Durch § 85 Abs. 3d SGB V i. d. F. GMG ist daher m. W. v. 1. 1. 2004 für die Jahre 2004–2006 ein **erneuter Gesamtvergütungsausgleich** zwischen den KÄV West und den KÄV Ost gesetzlich vorgeschrieben. Die Gesamtvergütungen West werden in dieser Zeitspanne schrittweise um insgesamt 0,6 v. H. sockelwirksam abgesenkt; die Gesamtvergütungen Ost werden in derselben Zeitspanne schrittweise um insgesamt 3,8 v. H. sockelwirksam angehoben. Da für 2007 die sich aus den Kopfpauschalen je Mitglied ergebenden Gesamtvergütungsbudgets durch morbiditätsbezogene arztgruppenbezogene RLV und einen auf der Basis 2006 errechneten durchschnittlichen Punktwert über alle Kassen (Rdn. 75) abgelöst werden sollen, wirkt sich der abgesenkte bzw. angehobene Vergütungssockel in 2007 entsprechend auf den jeweiligen durchschnittlichen Punktwert aus. Ab 2008 ist jedenfalls rechtlich keine wechselseitige Bindung an die Ausgleichsregelung mehr gegeben und ein weiterer KV-interner Vergütungsausgleich systematisch mit der neuen Vergütungsstruktur mangels eines Gesamtvergütungsbudgets auch nicht mehr systemkonform durchführbar. § 313a Abs. 3 SGB V ist in § 85 Abs. 3d S. 2 SGB V deswegen bezogen auf die Ausgleichsregelung außer Kraft gesetzt worden, weil diesmal anders als im Jahre 1999 (Rdn. 82) der Ausgleich nicht durch die KV, sondern über den Risikostrukturausgleich unter den KK nach § 313a SGB V abgewickelt wird.

4. Gesamtvergütungsbereinigung bei Einzelverträgen der Krankenkassen

86 Das GMG eröffnet weitergehend als das GKV-GRG 2000 den KK die Möglichkeit, außerhalb der vertragsärztlichen Gesamtvergütung mit einzelnen Vertragsärzten oder Gemeinschaften von Vertragsärzten Einzelverträge abzuschließen und die darin vereinbarte Leistung auch gesondert zu vergüten. Im Einzelnen handelt es sich um folgende Regelungen:

- **Integrationsverträge** nach §§ 140a ff. SGB V;
- Verträge über die **hausarztzentrierte Versorgung** nach § 73b Abs. 2 SGB V;
- Verträge über eine **auftragsgebundene spezialisierte Versorgung** nach § 73c Abs. 2 SGB V;
- Verträge über die **Erbringung hochspezialisierter ambulanter Leistungen** oder die **ambulante Behandlung** seltener oder mit besonderen Behandlungsverläufen verbundene Erkrankungen **am Krankenhaus** nach § 116b SGB V;
- Modellvorhaben (wie bisher) nach § 63, 64 SGB V.

87 **a)** Die Anforderungen an **sektorübergreifende Integrationsverträge** einzelner KK mit Gruppen von Leistungserbringern sind durch §§ 140a ff. SGB V i. d. F. GMG erheblich gelockert worden. Damit soll der Einzelvertragswettbewerb der KK mit Leistungserbringern gefördert und der politisch parteiübergreifend gewollten Förderung integrierter Versorgungsstrukturen endlich zum Durchbruch verholfen werden. Die Kassenärztlichen Vereinigungen als Träger des kollektivvertraglich geregelten Sicherstellungsauftrages können – auch optional – nicht mehr Vertragspartner von Integrationsverträgen sein; die in § 140d SGB V als Klammer zum Sicherstellungsauftrag enthaltene Rahmenvereinbarung zwischen KBV und Spitzenverbänden ist entfallen. Integrationsverträge umfassen auch **Vergütungsvereinbarungen,** die sämtliche von den Versicherten in Anspruch genommenen Leistungen der Integrationsversorgung und damit auch die von daran beteiligten Vertragsärzte erbrachten Leistungen umfassen (§ 140c SGB V). Die zwischen KBV und Spitzenverbänden der KK gem. § 140d SGB V (alt) zur Integrationsversorgung abgeschlossene **Rahmenvereinbarung** vom 27. 10. 2000 sah deswegen Regelungen zur

Bereinigung der Gesamtvergütungen vor, die sicherstellen sollten, dass Gesamtvergütungen entsprechend einem festzulegenden Maßstab bereinigt werden, soweit die budgetzugehörigen Leistungsbereiche Bestandteil der integrierten Versorgung geworden sind.[76] § 140d Abs. 1 SGB V i.d. F. GMG will jetzt mit einer **Anschubfinanzierung** von bis zu 1 v.H. der vertragsärztlichen Gesamtvergütungen und der Krankenhausbudgets für die voll- und teilstationäre Versorgung für die Jahre 2004 bis 2006 die Schwierigkeiten einer auf den einzelnen Vertrag bezogenen Gesamtvergütungs- und Krankenhausbudget-Bereinigung überbrücken und für KK und Leistungserbringer wirtschaftliche Anreize zum Abschluss von Integrationsverträgen setzen. Der Abzug des Gesamtvergütungs-/Krankenhausbudgetanteils erfolgt deswegen unabhängig davon, ob und welche Vertragsärzte oder Krankenhäuser an einem Integrationsvertrag, der nach § 140b z.B. auch mit Reha-Einrichtungen, Krankengymnasten etc. abgeschlossen werden kann, als Leistungserbringer umfasst. Die KK, die zur Finanzierung eines Integrationsvertrages zum Abzug nach § 140d Abs. 1 S. 1 SGB V verpflichtet ist, hat lediglich nachzuweisen, dass die von ihr einbehaltenen Mittel zur Finanzierung von ihr abgeschlossener Integrationsverträge erforderlich sind und entsprechend zur Finanzierung hierfür vereinbarter Vergütungen (und nicht Verwaltungskosten etc.) verwendet wurden. Dabei ist entsprechend Abs. 1 S. 3 auch für Krankenhäuser ein Regionalbezug des Mitteleinsatzes auf den Bezirk der KÄV, an die die verringerte Gesamtvergütung gezahlt wurde, gegeben. Die KBV, die DKG und die Spitzenverbände der KK haben sich in Abstimmung mit dem BMGS auf eine Clearingstelle bei der BQS zur Klärung entsprechender Voraussetzungen durch Übermittlung der abgeschlossenen Verträge verständigt. Nicht innerhalb von drei Jahren entsprechend dieser Regelung durch eine KK einbehaltene, aber nicht verwendete Mittel sind anteilsmäßig an die KV und die Krankenhäuser auszuzahlen (§ 140d Abs. 1 S. 3 SGB V).

88 § 140d Abs. 2–4 SGB V regelt die Finanzierung von Vergütungen der Integrationsversorgung, die über die Anschubfinanzierung hinausgehen. Abs. 2 sieht für die vertragsärztliche Versorgung insoweit faktisch das **Bereinigungsverfahren** vor, das in der Rahmenvereinbarung (Rdn. 87) vereinbart war.

- Für die Versicherten, welche die medizinische Versorgung nach Maßgabe eines Integrationsvertrages wählen, wird derjenige Betrag aus der Gesamtvergütung ausgegliedert, den diese Versicherten in den letzten vier verfügbaren Quartalen ihrer KK an Ausgaben in der vertragsärztlichen Versorgung verursacht haben (Ausgliederung mit dem kassenseitigen Punktwert vor Honorarverteilungsmaßnahmen; **Rucksackverfahren**).
- Dieser Betrag wird in der Folgezeit wie die Gesamtvergütung selbst in seiner Höhe weiterentwickelt; scheidet ein Versicherter aus der Integrationsversorgung aus, fällt der ausgegliederte Betrag wieder in die Gesamtvergütung zurück.

Dabei ist gem. § 140c Abs. 1 S. 2 SGB V – im Gegensatz zur bisherigen Rahmenempfehlung – auch die **Inanspruchnahme externer,** nicht in den Integrationsvertrag eingebundener, **Leistungserbringer** aus der für die integrierte Versorgung vereinbarte Vergütung durch die integrierte Versorgungsgemeinschaft zu finanzieren; eine Abrechnungsbefugnis externer vertragsärztlicher Leistungserbringer gegenüber der KV entfällt damit. Die Probleme unkoordinierter Direktinanspruchnahmen und Notfallbehandlungen löst diese Vorschrift aber nicht. Dies führt trotz Gesamtvergütungsabzug für die Integrationsversorgung zu einer zusätzlichen Belastung der Gesamtvergütung, die nur vermieden werden kann, wenn entsprechend der aufgehobenen Rahmenvereinbarung die Versichertenkarte des betreffenden Versicherten für die integrierte Versorgungseinrichtung ein Institutionen-Kennzeichen erhält.

Ab 2007 entfällt nach Maßgabe der §§ 140d, 85a–d) nicht nur die Anschubfinanzierung, sondern auch das komplizierte Bereinigungsverfahren. Nach § 140d Abs. 2 S. 2 ist dann das morbiditätsbezogene RLV um die damit bisher finanzierten Morbiditätsanteile (Behandlungsbedarf) des Versicherten zu bereinigen, soweit sie als Versorgungsbedarf in

[76] DÄV 2000, Heft 49, S. A-3364.

die integrierte Versorgung eingehen. Da der Zeitplan wahrscheinlich nicht eingehalten werden kann, ist mit einer Verlängerung der Anschubfinanzierung zu rechnen.

89 Die **Vergütung der Integrationsversorgung** durch die KK ist grundsätzlich im Integrationsvertrag frei vereinbar (§ 140c Abs. 1 S. 1 SGB V). Es bestehen jedoch einige Besonderheiten gegenüber der vertragsärztlichen Gesamtvergütung:

- der Grundsatz der Beitragssatzstabilität gilt für Verträge, die bis zum 31. 12. 2004 abgeschlossen werden, nicht (§ 140b Abs. 4 S. 2 SGB V); damit soll den KK die Finanzierung erhöhter Anfangsinvestitionen in der Startphase einer integrierten Versorgung ermöglicht werden;
- aus der Vergütung für die integrierten Versorgungsformen sind sämtliche Leistungen zu vergüten, die von teilnehmenden Versicherten im Rahmen des vertraglichen Versorgungsauftrages in Anspruch genommen werden und zwar auch dann, wenn der Versicherte externe Leistungserbringer auf Überweisung oder aus sonstigen berechtigten Gründen in Anspruch nimmt;
- im Integrationsvertrag übernehmen die daran beteiligten Leistungserbringer einen vertraglich zu definierenden **Sicherstellungsauftrag** für die medizinische Versorgung derjenigen Versicherten, die diese Versorgungsform wählen (§ 140b Abs. 3 SGB V); damit ist die **Übernahme von Budgetverantwortung** der integrierten Versorgungsgemeinschaft für den übernommenen Versorgungsauftrag auch insoweit verbunden, als Drittleistungen zu seiner Erfüllung in Auftrag gegeben werden (§ 140c Abs. 1, 2 SGB V).

Die Vergütungsform ist damit zwar gesetzlich nicht vorgegeben; die vorstehenden gesetzlichen Anforderungen lassen sich aber sachgerecht nur durch eine Versicherten- oder Fallpauschale, ggf. modifiziert durch bestimmte Risikozuschläge regeln. Nur eine derart pauschalierte Vergütungsform erfüllt auch den Zweck der integrierten Versorgung, der gerade nicht die Fortsetzung sektoraler Vergütungsstrukturen beinhaltet, sondern durch eine übergreifende Vergütung Spielräume für Einsparungen durch möglichst effiziente Strukturen der Leistungserbringung eröffnen soll.

90 **b)** Für die **hausarztzentrierte und auftragsbezogene Versorgung** (§§ 73b, c SGB V) ist in den Gesamtverträgen zu regeln, wie der einzelvertraglich durch die KK vereinbarte Versorgungsauftrag zu vergüten ist. Für die auftragsbezogene Versorgung gilt dies allerdings nur dann, wenn der Versorgungsauftrag nicht gesamtvertraglich vereinbart ist (§ 73c Abs. 2 S. 1 u. 2 SGB V). Dabei ist insbesondere gesamtvertraglich zu regeln, ob und inwieweit die Vergütung aus der Gesamtvergütung durch die KV erfolgt und ggf. welche Leistungen außerhalb durch die KK gesondert und in welcher Höhe gezahlt werden. Für die hausarztzentrierte Versorgung bietet es sich an, die hausärztliche Versorgung als solche weiterhin innerhalb der Gesamtvergütung mit den dafür spezifisch im EBM zu schaffenden Leistungspositionen (§ 87 Abs. 2a S. 4, 5) zu vergüten und zusätzliche Leistungen (z.B. Doku-, Koordinationspauschale) außerhalb der Gesamtvergütung mit einer ggf. individuell mit der jeweiligen KK vereinbarten **Zusatzpauschale** zu bezahlen. Anderenfalls wäre die nach § 85a Abs. 4, 5 SGB V auch für die hausärztliche Versorgung notwendige Erfassung des morbiditätsbezogenen Behandlungsbedarfs vor erhebliche Probleme gestellt. Soweit die Vergütung der hausarztzentrierten Versorgung einzelvertraglich ohne Beteiligung der KV vereinbart wird, ist sie vom Vertragsarzt unmittelbar mit der KK gem. § 295 Abs. 1b SGB V abzurechnen. Für die auftragsbezogene Versorgung bieten sich bei gesamtvertraglicher Vereinbarung Leistungskomplexe oder Fallpauschalen an, die unter Bereinigung der Gesamtvergütung über die KV mit denjenigen Vertragsärzten/MVZ abgerechnet werden, welche die Leistungsvoraussetzungen nach § 73c Abs. 2 S. 1 SGB V erfüllen. Um die auch für die fachärztliche Versorgung nach § 85a Abs. 4, 5 SGB V notwendige Erfassung der Morbiditätsstruktur der Versicherten einer KK nicht zu gefährden, sollte sich auch insoweit eine einzelvertragliche Vergütungsvereinbarung außerhalb der Gesamtvergütung auf eine Zusatzvergütung beschränken.

c) Für die **Erbringung ambulanter Leistungen** oder Behandlungen **am Krankenhaus** können die KK gem. § 116b SGB V auf der Grundlage der Richtlinien des Gemeinsamen Bundesausschusses Einzelverträge abschließen und darin auch die Vergütung regeln. Dabei hat die Vergütung derjenigen für vergleichbare vertragsärztliche Leistungen zu entsprechen. Eine Regelung zu Bereinigung der Gesamtvergütung ist gesetzlich nicht vorgesehen und auch nicht zu rechtfertigen, solange die Berechtigung zum Abschluss solcher Einzelverträge – anders als die Ermächtigung nach § 116 SGB V – nicht an eine Bedarfsprüfung gebunden ist. Ebenso fehlt eine Regelung zur Bereinigung der Krankenhausbudgets als Folge der dadurch ermöglichten vorzeitigen Verlagerung stationär erbrachter Behandlungen in den ambulanten Bereich. Entsprechende Einzelverträge sind von den KK daher eigenständig zu finanzieren. Sie beziehen sich auf die Einbeziehung von Krankenhäusern in strukturierte Behandlungsprogramme nach § 137f SGB V (DMP) (z.B. Brustkrebs), die ambulante Erbringung hochspezialisierter Leistungen (z.B. Brachytherapie) und die ambulante Behandlung seltener Erkrankungen (z.B. Mukoviszidose) oder Erkrankungen mit besonderen Verläufen (z.B. onkologische Erkrankungen). 91

d) Ergänzt werden diese Einzelvertragskomponenten jeweils um das Element der **strukturierten Behandlungsverträge (DMP)** als Teil des Risikostrukturausgleiches nach Maßgabe der RSAV und deren Anlagen (derzeit: Diabetes, Brustkrebs, Koronare Herzerkrankung und Asthma). Hierfür stehen den KK neben den Gesamtverträgen mit der KV auch die gen. Einzelvertragstypen zur Verfügung. 92

e) Im **Einzelvertragswettbewerb** der KK zu erwarten sind **Kombinationen** aus den vorstehend dargestellten Vertragstypen mit Anreizen für Versicherte, Ärzte, Krankenhäuser etc., diese Vertragstypen auch tatsächlich für sich in Anspruch zu nehmen. Folgende Konstellationen sind insbes. denkbar: 93

- Angebot hausarztzentrierter Versorgung verbunden mit einer Ermäßigung der Praxisgebühr nach § 65a Abs. 2 SGB V als Anreiz für die Versicherten und Angebot zur Vereinbarung einer Einschreibe- und Doku-Pauschale in DMP sowie einer Koordinationspauschale für die gesteigerte Koordinationsverantwortung des Hausarztes in dieser Versorgungsform als Anreiz an die Hausärzte und deren Verbände;
- Angebot zum Abschluss integrierter Versorgungsverträge mit Gruppierungen von Hausärzten und ausgewählten Facharztgruppen insbesondere in MVZ auch gemeinsam mit Krankenhäusern, verbunden mit einer Ermäßigung der Praxisgebühr und/oder der Arzneimittelzuzahlungen als Anreiz für die Versicherten und aufgrund der 1-v.H.-Regelung und Befreiung von der Beitragssatzstabilität erhöhter Fallpauschalen mit Gewinnanreizen als Angebot an die Leistungserbringer;
- Angebot an Krankenhäuser zum Abschluss integrierter Versorgungsverträge für den Fall eines vom Krankenhaus darzustellenden Kooperationsverbundes mit Reha-Einrichtungen, MVZ oder Vertragsarztstrukturen zur ambulanten Nachbehandlung nach DRG-bedingt kurzer stationärer Akutbehandlung verbunden mit Einschreibe- und Doku-Pauschale in DMP und erhöhter Fallpauschale je „eingeschriebenen" Versicherten als Anreiz für die Leistungserbringer.

Weitere Kombinationen von Vertragstypen mit Bonusgewährungen an Versicherte nach § 65a z.B. als ermäßigte Zuzahlung für Arznei-, Heil- und sonstige Mittel sind denkbar.

Resultat einer solchen Vielzahl wettbewerblich ausgerichteter Versorgungs- und Vergütungsstrukturen ist ein **politisch gewünschter Vertragswettbewerb** im Verhältnis der KK zu den Leistungserbringern. Qualitätsverbesserungen oder Preisvorteile hieraus sind bislang nicht erkennbar, werden aber nach der Konzeption des Gesetzes auch erst langfristig erwartet. Es bestehen aber unverkennbar eine **Vielzahl von Schnittstellenproblemen** zwischen den verschiedenen Vertragstypen, der Regelversorgung und deren verschiedenen Vergütungsstrukturen. die nicht gerade die Übersichtlichkeit des Gesamtsystems fördern und Tür und Tor für Manipulationen öffnen. 94

5. Schiedsverfahren

95 Das Kassenarztrecht kennt bezogen auf Gesamtvergütungsvereinbarungen **keinen vertragslosen Zustand.** Es gibt daher auch nicht das Mittel des Arbeitskampfes zur Durchsetzung von Vergütungsansprüchen. Kommt eine Einigung der Gesamtvertragspartner über die Gesamtvergütung oder deren Veränderung nicht zustande, setzt das **Schiedsamt** gem. § 89 Abs. 1 SGB V den Vertragsinhalt mit Wirkung für die Vertragsparteien innerhalb von drei Monaten fest. Dies gilt sowohl im Falle einer dem Schiedsamt schriftlich mitzuteilenden Kündigung (Abs. 1 S. 2) als auch für den Fall des Ablaufes eines befristeten Vertrages mit anschließender Neufestsetzung (Abs. 1 S. 1). Bis zum Schiedsspruch gilt die bisherige Gesamtvergütungsvereinbarung vorläufig weiter (Abs. 1 S. 3). Die muss auch für den Fall des Ablaufes einer befristeten Gesamtvergütungsvereinbarung gelten.[77] Anstelle der Vertragspartner kann auch die zuständige Aufsichtsbehörde mit Wirkung für die Vertragspartner das Schiedsamt anrufen, wenn diese untätig bleiben (Abs. 2). (Zum Schiedswesen im Einzelnen s. § 9.) Für Einzelverträge (dazu Abschnitt 4) gibt es kein Schiedsverfahren. Insoweit entscheidet der Markt, ob und zu welchen Bedingungen Verträge zustande kommen, geändert werden oder fortbestehen.

IV. Der Honorarverteilungsmaßstab

96 „Die Kassenärztliche Vereinigung verteilt die Gesamtvergütungen an die Vertragsärzte; in der vertragsärztlichen Versorgung verteilt sie die Gesamtvergütungen getrennt für die Bereiche der hausärztlichen und der fachärztlichen Versorgung" (§ 85 Abs. 4 S. 1 SGB V).

„Abweichend von § 85 Abs. 4 und 4a werden die vertragsärztlichen Leistungen ab dem 1. Januar 2007 von der Kassenärztlichen Vereinigung im Rahmen von arztbezogenen Regelleistungsvolumina auf der Grundlage des einheitlichen Bewertungsmaßstabes (§ 87 Abs. 1) vergütet; die Zuweisung der arztbezogenen Regelleistungsvolumina an die Vertragsärzte und ermächtigten Ärzte obliegt der Kassenärztlichen Vereinigung" (§ 85b Abs. 1 S. 1 SGB V).

Beide Zitate verdeutlichen den bereits in den Vorkapiteln dargestellten **Strukturwandel im vertragsärztlichen Vergütungssystem.** Er liegt zum einen in der Abkehr vom Begriff der „Gesamtvergütung", der allerdings in seiner bisherigen rechtlichen Bedeutung häufig fehlinterpretiert wird, weil er die Abgeltung der gesamten durch die KK geschuldeten Versorgung mit befreiender Wirkung an die KV definiert, nicht aber – wie aus § 85 Abs. 2 S. 2 HS. 1 SGB V missverständlich geschlossen – deren Ausgestaltung als zu vereinbarendes Gesamtausgabenvolumen einer KK. Zum anderen tritt an die Stelle der Verteilung der Gesamtvergütung die Vergütung der vertragsärztlichen Leistungen auf der Grundlage des EBM nach einem vereinbarten Punktwert, der allerdings durch arztbezogene Regelleistungsvolumen begrenzt wird, deren Zuweisung an die Vertragsärzte der KV obliegt.

97 Der Gesamtvertrag zwischen der KV und dem jeweiligen Landesverband der KK bzw. dem Verband der ErsK bestimmt derzeit und nach § 85a Abs. 1 SGB V noch bis einschließlich 2006 als Gesamtvergütung das **Finanzvolumen,** das der KV zur Vergütung der an der vertragsärztlichen Versorgung teilnehmenden Ärzte und Einrichtungen zur Verfügung steht (Rdn. 9, 61). Der EBM wirkt sich derzeit auf die Höhe dieser Gesamtvergütung nur insoweit aus, als sie nach Einzelleistungen berechnet wird (Rdn. 63). Für 2004 und 2005 bleibt die Berechnung des pauschalierten Teils der Gesamtvergütung als Kopfpauschale je Mitglied bestehen (§ 85 Abs. 1, 3 SGB V). Bis einschließlich 2006 gilt diese unabhängig vom EBM vereinbarte Gesamtvergütung nach § 85c Abs. 1 SGB V

[77] *KassKomm-Hess* § 89 Rdn. 13.

noch als Obergrenze des Vergütungsvolumens der KK für die damit abgegoltene Versorgung. Auf dieser Grundlage ergibt sich aus dem gegenüber jeder einzelnen KK durch die KV erstellten Leistungsnachweis nach EBM (Formblatt 3) lediglich ein so genannter **„kassenseitiger Punktwert“.** Das ist der Punkwert, der sich rechnerisch aus der Division des als Kopfpauschale vereinbarten Teiles der Gesamtvergütung dieser KK durch das für deren Versicherte erbrachte, in Punktzahlen ausgedrückte Leistungsvolumen nach sachlich/rechnerischer Prüfung und nach Wirtschaftlichkeitsprüfung ergibt. Für die Honorarverteilung hat dieser kassenseitige Punktwert keine Bedeutung, weil die Gesamtvergütung nach Maßgabe des HVM nicht getrennt für jede KK an die Ärzte verteilt wird, sondern ab dem 1. 1. 2002 wegen der Einführung des Wohnortprinzips (Rdn. 80) mit kassenartenbezogenen Verteilungspunktwerten erfolgt.[78] Bei getrennter Verteilung besteht kein Anspruch eines Vertragsarztes gegen die KV auf Ausgleichung der Punktwertdifferenz.[79] Für die einzelne KK ergibt sich aus diesem Punktwert, wie sich die gezahlte pauschalierte Gesamtvergütung zum Versorgungsbedarf ihrer Versicherten verhält.

1. Rechtsnatur des HVM

98 **a) Funktion.** Der HVM der KV bestimmt die Rechtsbeziehungen zu den an der vertragsärztlichen Versorgung teilnehmenden Ärzten und Einrichtungen, soweit es deren Vergütungsanspruch für die von ihnen erbrachten Leistungen betrifft. Diese Rechtsbeziehung zwischen KV und Leistungserbringern der vertragsärztlichen Versorgung ist **eigenständig** gegenüber der Gesamtvergütungsvereinbarung zwischen KV und KK. Die von den KK an die KV geleistete Gesamtvergütung ist kein **durchlaufender Posten** an die Leistungserbringer bei der KV, sondern wird von dieser nach Maßgabe des von ihr im Benehmen mit den Verbänden der KK beschlossenen bzw. ab 1. 7. 2004 im Einvernehmen mit diesen vereinbarten HVM an diese verteilt (§ 85 Abs. 4 S. 1, 2 SGB V). Dies ist evident bei einer als Pauschale vereinbarten Gesamtvergütung, die nach Einzelleistungen verteilt wird (Rdn. 61). Auch bei Vereinbarung der Gesamtvergütung nach Einzelleistungen (Rdn. 63) bestehen jedoch diese eigenständigen Rechtsbeziehungen, wie sich insbesondere im Falle von Erstattungsansprüchen wegen nicht oder nicht ordnungsgemäß erbrachter Leistungen zeigt (Rdn. 67). Auch bei Vereinbarung eines Teiles der Gesamtvergütung nach Einzelleistungen auf der Grundlage des EBM bestehen für 2004 und 2005 keine rechtlichen Bindungen des HVM an die Bewertungsrelationen des EBM,[80] weil bei der Honorarverteilung noch andere Gesichtspunkte als die Bewertung einzelner Leistungen zu berücksichtigen sind (z. B. Fallwert-/Fallzahlbegrenzungen; dazu Rdn. 38). Deswegen hat der Vertragsarzt insoweit auch keinen betragsmäßig im Voraus definierten Vergütungsanspruch für seine Leistungen, sondern einen **Anspruch auf Teilnahme an der Honorarverteilung** nach Maßgabe des HVM. Es besteht aber wegen § 87 Abs. 2 S. 1 SGB V eine rechtliche Bindung des HVM an das Verzeichnis der „abrechnungsfähigen Leistungen“ des EBM und wegen § 85 Abs. 4a S. 1 SGB V und der Rechtsprechung des BSG zur mengensteuernden Funktion des EBM (Fn. 54) auch eine Bindung der im EBM bzw. zum EBM vom Bewertungsausschuss beschlossenen Steuerungsinstrumente.

99 Diese **Steuerungswirkung des EBM und ihn ergänzender Beschlüsse des Bewertungsausschusses** für die regionalen HVM ist durch das GMG erheblich erweitert worden:

- Der nach § 87 Abs. 2, Abs. 2a SGB V bis zum 30. 6. 2004 neu zu beschließende – tatsächlich aber am 16. 5. 2004 m. W. v. 1. 1. 2005 neu beschlossene, jetzt zum 1. 4.

[78] Die begrenzte Zahl der Versicherten einer Krankenkasse, für die nach dem Wohnortprinzip eine gesonderte Gesamtvergütung vereinbart wird, würde bei gesonderter Verteilung u. U. zu extrem niedrigen oder hohen Punktwerten führen.

[79] BSG SozR 3–2500 § 85 Nr. 34.

[80] BSG SozR 2200 § 368f Nr. 9, 14; SozR 3–2500 § 85 Nr. 4.

2004 in Kraft tretende EBM 2000 Plus – ist die verbindliche Grundlage zur **Vereinbarung des Behandlungsbedarfs** der Versicherten und des **Regelleistungsvolumens einer Arztgruppe** als Punktzahlvolumen (§ 85a Abs. 2 S. 4 SGB V).

- Der Bewertungsausschuss beschließt erstmalig bis zum 30. 6. 2005 ein verbindliches **Verfahren zur Bestimmung der Morbiditätsstruktur** und des damit verbundenen Behandlungsbedarfs in Form diagnosebezogener Risikoklassen für Versicherte mit vergleichbarem Behandlungsbedarf nach einem international anerkannten Klassifikationsverfahren auf der Grundlage der vertragsärztlichen Behandlungsdiagnosen nach § 295 Abs. 1 S. 2 SGB V (§ 85a Abs. 5 S. 1 Nr. 1, S. 2 SGB V). Darin sind Relativgewichte für die einzelnen Risikoklassen festzulegen; sie geben jeweils die Abweichung des standardisierten Behandlungsbedarfs je Versicherten einer Risikoklasse (ausgedrückt als Punktzahlvolumen nach EBM) vom durchschnittlichen Behandlungsbedarf je Versicherten der Grundgesamtheit (= 1) wieder. In den regionalen HVM können diese Relativgewichte nach Maßgabe festgestellter Besonderheiten der Versorgungsregion relativiert werden.
- Der Bewertungsausschuss gibt auch das Verfahren zur Aufteilung dieses morbiditätsbezogenen Behandlungsbedarfs auf die von ihm im EBM nach § 87 Ab. 2a S. 6 SGB V definierten Arztgruppen verbindlich vor (§ 85a Abs. 5 S. 1 Nr. 2 SGB V); dazu dient insbesondere die im neuen EBM streng nach Arztgruppen erfolgte Zuordnung von EBM-Positionen, die es erlaubt, den in einem Punktzahlvolumen nach EBM ermittelten standardisierten Behandlungsbedarf je Versicherten einer Risikoklasse und die entsprechenden Relativgewichte auf die jeweiligen arztgruppenspezifischen EBM-Positionen bzw. bei arztgruppenübergreifenden Positionen auf die jeweiligen Abrechnungsanteile einer Arztgruppe aufzuteilen. Der für die einzelnen Positionen festgelegte Zeitbedarf erlaubt die **Vereinbarung arztgruppenbezogener RLV als Grenzwert des von einem Arzt dieser Arztgruppe sachgerecht erbringbaren Punktzahlvolumens.**
- Der Bewertungsausschuss bestimmt auch verbindlich das Verfahren zur Bestimmung von **Veränderungen der Morbiditätsstrukturen** und deren **Auswirkungen auf die Relativgewichte,** auf die arztgruppenspezifischen Anteile hieran und auf die arztgruppenbezogenen RLV. Dadurch kommt es je nach der Morbiditätsentwicklung zu Veränderungen im Gesamtpunktzahlvolumen, dessen Aufteilung auf die einzelnen Arztgruppen und in den arztgruppenbezogenen RLV.
- Der Bewertungsausschuss hat schließlich auch die **Kriterien zur Bereinigung der von ihm festgestellten Relativgewichte** zu bestimmen, wenn in regionalen Vergütungsvereinbarungen für die in § 85a Abs. 6 SGB V genannten Leistungsbereiche von § 85a Abs. 2 SGB V abweichende Regelungen getroffen werden. Diese **Möglichkeit abweichender Vergütungsvereinbarungen** begrenzt sich auf Vorsorge- und Früherkennungsmaßnahmen nach §§ 23 und 25 SGB V, Leistungen bei der Substitutionsbehandlung von Drogenabhängigen nach § 85 Abs. 2a SGB V, die Versorgung in medizinischen Versorgungszentren nach § 95, ambulante Operationen und stationsersetzende Eingriffe nach § 115b SGB V und strukturierte Behandlungsprogramme nach § 137g SGB V.

Die den Partnern der Gesamtverträge verbleibende **eigenständige Regelungskompetenz zur Vereinbarung regionaler Vergütungen** ist somit begrenzt auf die Punktwertvereinbarung nach § 85a Abs. 2 S. 2 Nr. 3 SGB V, ggf. abweichende Vereinbarungen der Relativgewichte und abweichende Vergütungsregelungen für die in § 85a Abs. 6 SGB V genannten Leistungsbereiche; im Übrigen sind bundeseinheitliche Vorgaben des Bewertungsausschusses regional umzusetzen.

Die Honorarverteilungshoheit unterhalb der Ebene der Vergütungsvereinbarung ist für die Bildung arztbezogener RLV durch § 85b Abs. 4 S. 2, 3 SGB V vergleichbar eingeschränkt (dazu Rdn. 49).

b) Rechtsstatus. Die KV hat den HVM bisher nach Maßgabe ihrer Satzung durch Beschluss ihrer Vertreterversammlung festgesetzt (§ 85 Abs. 4 SGB V in der bis zum 31. 12. 2004 geltenden Fassung). Als für alle Vertragsärzte/Vertragspsychotherapeuten über ihre Mitgliedschaft in der KV normativ verbindliche Regelung war dieser HVM selbst rechtlich aber auch als **Satzung im materiellem Sinn** einzustufen.[81] Er war aber nicht Satzung im formellen Sinn, da er in § 81 Abs. 1 SGB V nicht als Bestandteil der von der Aufsichtsbehörde zu genehmigenden formellen Satzung genannt ist. Für die zur Teilnahme an der vertragsärztlichen Versorgung ermächtigten Ärzte und Einrichtungen erfolgte die Vergütung aus der vertragsärztlichen Gesamtvergütung gem. § 120 Abs. 1 SGB V „nach den für Vertragsärzte geltenden Grundsätzen". Dies beinhaltet die Anwendung des HVM, soweit in den Gesamtverträgen nicht auf der Grundlage von § 120 Abs. 3 SGB V Sonderregelungen getroffen worden waren.[82] Die HVM der KV vergüteten i. d. R. die Leistungen ermächtigter Polikliniken und ermächtigter ärztlich geleiteter Einrichtungen, mit denen gem. § 120 Abs. 3 S. 1 SGB V Pauschalen vereinbart worden sind vor der Verteilung an Vertragsärzte und ermächtigte Ärzte nach den vereinbarten Kostensätzen.[83] Diese Regelung ist durch direkte Abrechnungsbeziehungen zwischen KK und Hochschulkliniken ersetzt worden (§ 120 Abs. 2 SGB V). Die Einordnung des HVM als Satzung im materiellem Sinn hatte zur Folge, dass er als Rechtsnorm mit der Anfechtungsklage nicht gerichtlich angegriffen werden konnte und seine rechtliche Überprüfung i. d. R. nur im Zusammenhang mit dem Honorarbescheid der KV erfolgen konnte.[84] Bei nachgewiesenem Rechtsschutzbedürfnis konnte im Einzelfall eine Feststellungsklage zulässig sein.[85] Aus der Rechtsnatur des HVM als Satzung resultierte auch ein Gestaltungsspielraum der KV bei seiner inhaltlichen Ausgestaltung, wobei der Grundsatz der Honorarverteilungsgerechtigkeit zu beachten ist.[86] **100**

c) Benehmensherstellung. Der bisherige HVM bedurfte zu seiner rechtlichen Wirksamkeit der Herstellung des Benehmens mit den Verbänden der KK (§ 85 Abs. 4 S. 2 SGB V). Ohne diese wäre er unwirksam gewesen.[87] Erforderlich war dafür aber nicht das **Einvernehmen,** sondern das ernsthafte Bemühen einer **Verständigung** mit den KK-Verbänden über den Inhalt des HVM und seiner Änderung (BSG a. a. O.). Erhebliche Einwände oder Bedenken der KK-Verbände durften deswegen nicht einfach übergangen werden; aufgetretene Differenzen waren nach Möglichkeit in gemeinsamen Beratungen zu bereinigen. Blieben dennoch unüberbrückbare Meinungsverschiedenheiten, gab allerdings der Wille der KV den Ausschlag. Dabei war nach der Rechtsprechung des BSG das Einvernehmen mit der **Vertreterversammlung** als dem für die Beschlussfassung des HVM zuständigen Organ herzustellen.[88] Möglich war allerdings eine nachträgliche Benehmensherstellung mit der KV auch nach dem Beschluss der Vertreterversammlung.[89] Ohne diese Möglichkeit hätte das Verfahren bei Änderungsanträgen im Verlauf einer Sitzung nur mit Sitzungsunterbrechungen und permanenter Anwesenheit entsprechend bevollmächtigter KK-Vertreter ablaufen können. **101**

d) HVM-Vereinbarung. M. W. v. 1. 7. 2004 ist der HVM durch die KV mit den Landesverbänden der KK und den Verbänden der ErsK erstmalig bis zum 30. 4. 2004 vertraglich gemeinsam und einheitlich zu vereinbaren (§ 85 Abs. 4 S. 2 SGB V i. d. F. GMG); für die ersten beiden Quartale des Jahres 2004 gilt der zum 31. 12. 2003 bestehende HVM unverändert fort. Die Rechtsnatur des HVM als eigenständige, von der Vergü- **102**

[81] *Clemens* MedR 2000, 17.
[82] *KassKomm-Hess* § 120 Rdn. 4.
[83] *KassKomm-Hess* § 85 Rdn. 54.
[84] *KassKomm-Hess* § 85 Rdn. 52.
[85] *Axer* NZS 1997, 1.
[86] BSG, Urt. v. 10. 12. 2003, SozR 4–2500 § 85 Nr. 5.
[87] BSGE 29, 111 = SozR Nr. 12 zu § 368f RVO; BSG SozR 3–2500 § 85 Nr. 7, 11, 31.
[88] BSG SozR 3–2500 § 85 Nr. 7.
[89] BSGE 77, 288 = SozR 3–2500 § 85 Nr. 11; BSG SozR 3–2500 § 85 Nr. 31.

tungsvereinbarung zu trennende normative Regelung wird durch diese Neuregelung nicht tangiert (dazu Rdn. 98). Der vereinbarte HVM ist aber nicht mehr materielles Satzungsrecht, sondern **schiedsfähiges kollektives Vertragsrecht.** Die bisherige Honorarverteilungshoheit der KV wird abgelöst durch die Vertragszuständigkeit der gemeinsamen Selbstverwaltung. Soweit der Vorstand der KV nach Maßgabe der KV-Satzung zuständig für den Abschluss von Verträgen ist, verlagert sich auch die Zuständigkeit zur Regelung der Honorarverteilung von der Vertreterversammlung auf den Vorstand, wobei unabhängig von der Zuständigkeitsregelung in der Satzung der rechtsgültige Vertragsabschluss des HVM nur durch den Vorstand aus seiner Zuständigkeit zur rechtsgeschäftlichen Vertretung der KV erfolgen kann. Satzungsregelungen mit einer nach wie vor auf die Vertreterversammlung zugeschnittenen Kompetenz zur Beschlussfassung von Vorgaben für den HVM binden den Vorstand daher nur intern, beeinträchtigen aber nicht die Rechtsgültigkeit eines von ihm abgeschlossenen HVM-Vertrages.

103 Die Neuregelung hat für die KV zur Folge, dass das wesentliche Element der ärztlichen Selbstverwaltung – die **Honorarverteilungshoheit** – verloren geht; sie hat für die KK-Verbände die Konsequenz, dass sie voll mitverantwortlich werden für die Honorarverteilung und für die sich aus den drei Elementen EBM, Vergütungsvereinbarung und Honorarverteilung zusammensetzenden Vergütung der vertragsärztlichen Tätigkeit. Ab 1. 1. 2007 wird die HVM-Vereinbarung als Folge der dann in Kraft tretenden **vertraglichen Vergütungsvereinbarungen** nach §§ 85a Abs. 1, 85b Abs. 4 SGB V abgelöst durch eine von der KV nach Maßgabe von § 85b Abs. 1 SGB V mit dem vereinbarten Punktwert im Rahmen von ihr zuzuweisender arztbezogener RLV an die Vertragsärzte vergütet.

2. Instrumente der Honorarverteilung

104 Der HVM diente lange Zeit neben dem Abzug der Verwaltungskostenumlage und der Zuführung von Finanzmitteln in einen Sicherstellungsfond (z. B. für die Organisation des Notfalldienstes) nahezu ausschließlich dazu, einer **übermäßigen Ausdehnung der Kassenpraxis** insbesondere durch Regelungen der Fallzahlbegrenzung (Abstaffelung) zu begegnen (§ 85 Abs. 4 S. 6 SGB V; Rdn. 110). Im Übrigen wurde die Gesamtvergütung nach Einzelleistungen auf der Grundlage des EBM mit einem variablen Punktwert verteilt, der sich quartalsweise aus der Summe der Kopfpauschalen und der Zahl der nach sachlich/rechnerischer Prüfung und Wirtschaftlichkeitsprüfung anerkannten Gesamtpunktzahlen ergab (Rdn. 9, 61). Die Honorarverteilung erfolgte somit weitestgehend (Ausnahme: Labor) gem. § 85 Abs. 4 S. 3 SGB V nach **Art und Umfang der Leistungen** der Vertragsärzte unter voller Berücksichtigung der zunehmend kritisierten Punktzahl-Bewertungsrelationen im EBM (dazu Rdn. 37).

105 Mit zunehmender **Pauschalierung der Gesamtvergütungen** und Begrenzung der Veränderungsraten auf die Entwicklung der beitragspflichtigen Einnahmen (Rdn. 9, 61) wurden – insbesondere nach der mit massiven Leistungsausweitungen verbundenen EBM-Reform 1996 (Rdn. 37) – die HVM als Mittel zur Verteilung eng begrenzter Finanzvolumen auf eine stetig zunehmende Zahl von Vertragsärzten umstrukturiert und um immer stringentere Verteilungsinstrumente ergänzt. Im Grundsatz folgen diese Instrumente der Erkenntnis, dass ein begrenztes, nicht mehr am Versorgungsbedarf ausgerichtetes **Finanzbudget** wegen der Gefahr eines dramatisch verfallenden Punktwertes nicht mehr nur nach Einzelleistungen an die Vertragsärzte verteilt, sondern seinerseits auch nur in budgetierter Form an die Ärzte weitergegeben werden kann.

Daraus haben sich verschiedene Instrumente der Honorarverteilung entwickelt, die von der Rechtsprechung auch grundsätzlich als zulässig angesehen werden, in den einzelnen KV und KZV aber jeweils in sehr unterschiedlicher Form und Ausprägung angewandt werden:[90]

---

[90] Dazu grundsätzlich *Clemens* MedR 2000, 17.

106 **a) Arztgruppentöpfe.** Sie teilen die Gesamtvergütung vor der Ausschüttung von Honorar an den einzelnen Arzt zunächst in getrennte Finanzvolumen (Töpfe) für einzelne Arztgruppen auf, die sich aus der jeweiligen Zulassung des Arztes für die verschiedenen **Fachgebiete der Weiterbildungsordnung** ergeben, aber auch für bestimmte Leistungsgruppen fachgebietsübergreifend erfolgen können (ambulantes Operieren, Labor). Auch eine Kombination aus beidem ist zulässig, wobei die Differenzierung sachgerecht erfolgen muss.[91] Für **ambulante Operationen** folgt die Zulässigkeit der Bildung eines gesonderten Verteilungstopfes aus der gesetzlichen Regelung über zweckgebundene Budgetzuschläge gem. § 85 Abs. 3a S. 6 SGB V.[92] Folge solcher Topfbildungen sind **unterschiedliche Verteilungspunktwerte,** die Ausdruck einer unterschiedlichen „Mengendynamik" in den verschiedenen Arztgruppen sind. Gerade vor den negativen Auswirkungen unterschiedlichen Verhaltens von Arztgruppen unter Budgetbedingungen auf einen allgemeinen Punktwertverfall soll die Topfbildung schützen;[93] sie verstößt deswegen als solche auch nicht gegen die Bewertungsvorgaben des EBM, da sie nicht auf **Bewertungskorrekturen** gerichtet ist sondern aus sachgerechten Gründen der Honorarverteilung erfolgt.[94] Die Bindung von Leistungen an eine **Überweisung** durch andere Ärzte steht einer Topfbildung nicht entgegen, da auch sie dem Schutz vor einem Punktwertverfall durch eine exzessive Überweisungspraxis dient.[95]

107 Der **Gesetzgeber** hat mit dem auf das Jahr 1999 befristeten Psychotherapeutenbudget und mit der ab 1. 1. 2000 geltenden Aufteilung der Gesamtvergütung in einen hausärztlichen und einen fachärztlichen Anteil selbst arztgruppenspezifische Honorartöpfe für die Honorarverteilung geschaffen (Rdn. 50, 51). Dies hat einerseits den Vorteil einer **bundeseinheitlichen Regelung** gegenüber einer Zergliederung in dreiundzwanzig Einzelregelungen; andererseits greifen diese bundeseinheitlichen Vorgaben aber in sich über Jahre hinweg sehr unterschiedlich gestaltende regionale Strukturen ein und verändern sie einseitig zugunsten einer Gruppierung, ohne auf die regional höchst unterschiedlichen negativen Auswirkungen auf andere Rücksicht zu nehmen. Dies gilt insbesondere für die **neuen Bundesländer,** auf die – wegen der dort bestehenden Besonderheiten – solche bundeseinheitlichen Vorgaben sowohl in der Psychotherapie als auch in der fachärztlichen Versorgung vom Gesetzgeber so nicht vorhergesehene Auswirkungen haben. Derartige Töpfe sind spätestens mit der Vergütungsvereinbarung für das Jahr 2006 aufzugeben, da sie der dann zwingend vorgegebenen Vereinbarung morbiditätsgebundener arztgruppenbezogener RLV widersprechen würden (§ 85c Abs. 1 SGB V).

108 **b) Praxisbudgets.** Diese sind für sechzehn Arztgruppen durch den **EBM** einschließlich der Zusatzbudgets zur Berücksichtigung von Praxisbesonderheiten vorgegeben (Rdn. 45). Sie basieren auf bundeseinheitlichen, u.a. in einer bundesweiten Kostenerhebung ermittelten **Kostensätzen** für jede Arztgruppe und auf einer für alle Arztgruppen identischen kalkulatorischen Vorgabe für das **Arzteinkommen.** Damit soll unter Budgetbedingungen eine bessere Verteilungsgerechtigkeit unter den Arztgruppen erreicht werden. Nachteilig wirkt sich aus, dass mangels ausreichender Kostengrundlage nicht alle Arztgruppen erfasst werden konnten, die Kostengrundlage für einige Arztgruppen um-

---

[91] BSGE 83, 1 = SozR 3–2500 § 85 Nr. 26 = NZS 1999, 366 für CT- und MRT-Leistungen von Radiologen; zur Zulässigkeit von Teilbudgets im Labor BSG SozR 3–2500 § 85 Nr. 4.

[92] BSG SozR 3–2500 § 85 Nr. 10, 12.

[93] S.a. *Clemens* MedR 2000, 17 (18).

[94] BSGE 83, 1; BSG SozR 3–2500 § 85 Nr. 24.

[95] BSGE 83, 1; BSG SozR 3–2500 § 85 Nr. 24, 30 für Laborärzte und Radiologen; die Durchführung einer Wirtschaftlichkeitsprüfung wird durch die Bildung von Praxisbudgets nicht tangiert, BSG, Urt. v. 15. 5. 2002 – B 6 KA 30/00 R –; Früherkennungsuntersuchungen, deren Durchführung und Steigerung der Inanspruchnahme ausdrücklich gefördert werden soll, dürfen im HVM keiner Punktzahlobergrenze unterworfen werden, BSG, Urt. v. 11. 9. 2002 – B 6 KA 30/01 R –.

stritten und Gegenstand von Rechtsstreitigkeiten ist sowie Zusatzbudgets und budgetfreie Einzelleistungen nach wie vor unterschiedliche Spielräume für die einzelnen Arztgruppen schaffen.[96]

Die KV haben zudem die Praxisbudgets in ihre HVM unterschiedlich integriert. Die meisten wenden sie unter **Beibehaltung der Arztgruppentöpfe** (Rdn. 106) erst bei der Ausschüttung des Honorars an den einzelnen Arzt an und stabilisieren damit den Verteilungspunktwert in der jeweiligen Arztgruppe, ohne die Einkommensunterschiede unter den Arztgruppen zu tangieren. Wenige KV stellen ihren HVM unter Verzicht auf Arztgruppentöpfe ganz auf diese Praxisbudgets ein und ergänzen sie für weitere Arztgruppen unter Verwendung regionaler Kostengrundlagen und um eine Mengenbegrenzung bei budgetfreien Leistungen (z. B. durch Abstaffelungen oder Individualbudgets (Rdn. 109)). Soweit Budgetüberschreitungen dazu führen, dass für zusätzlich erbrachte Leistungen keine zusätzliche Vergütung erfolgt, bedeutet dies nicht, dass diese Leistungen nicht vergütet werden, sondern dass der Punktwert für die insgesamt durch das Budget abgegoltenen Leistungen entsprechend sinkt.[97] Bei der Festlegung der Praxiskostensätze für die Berechnung der Praxisbudgets im EBM handelt es sich um normative Regelungen und nicht um Tatsachenfeststellungen; die Kostensätze müssen jedoch regelmäßig überprüft und ggf. angepasst werden.[98] Die Praxisbudgets des EBM sind mit dessen Neufassung zum 1. 1. 2005 auch als Folge der Neufassung von § 87 Abs. 2a S. 9 SGB V durch das GMG und der darin ausdrücklich erfolgten Streichung von Praxisbudgets als Bestandteil des EBM aufgehoben worden. Sie werden entsprechend der Begr. des FraktE-GMG (BT-Drucks. 15/1525 zu § 87 Abs. 10) abgelöst durch arztgruppenbezogene RLV als Teil der HVM-Vereinbarung nach § 85 Abs. 4 S. 6–8 und entsprechender Vorgaben des Bewertungsausschusses nach § 85 Abs. 4a S. 1 HS. 2 SGB V (Beschl. v. 13. 5. 2004 Teil B Abschnitt 1 ff.). Bis zur Herstellung des Morbiditätsbezuges für das Jahr 2006 (§ 85c Abs. 1 SGB V) sind dabei **fließende Übergänge** denkbar.

109 **c) Individualbudgets.** Diese finden insbesondere im HVM der KZV Anwendung und dienen dort der Beibehaltung der bisher mit den KK vereinbarten Punktwerte unter Budgetbedingungen. Das BSG hat diese Verteilungsstruktur, die nicht den durchschnittlichen Punktzahlaufwand aller Zahnärzte, sondern die Praxisumsätze des einzelnen Zahnarztes in der Vergangenheit zur Grundlage einer Kontingentierung von Punktzahlen macht, grundsätzlich für zulässig erklärt.[99] Begründet wird dies mit der Homogenität zahnärztlicher Praxisstrukturen, die nach Abschluss der Anlaufphase einer Praxis relativ konstante Patientenzahl und Behandlungsumfang erwarten lässt. Der Grundsatz der Honorarverteilungsgerechtigkeit (Rdn. 115) gebietet es allerdings, neu zugelassenen Zahnärzten das Erreichen des durchschnittlichen Umsatzniveaus zu ermöglichen, auf dem sie dann allerdings festgehalten werden dürfen.[100] Zusätzlich muss durch eine Härtefallklausel einer unvorhergesehenen Veränderung der Praxisstruktur (Ausfall eines Kollegen; Aufnahme operativer Tätigkeit) Rechnung getragen werden können (BSG a. a. O.). Die für die ärztliche Vergütung in § 85a–d SGB V vorgeschriebene Neuordnung tangiert den Fortbestand von Individualbudgets in der zahnärztlichen Versorgung nicht (§ 85a Abs. 1 HS. 2 SGB V) Vergleichbare HVM-Strukturen in der vertragsärztlichen Versorgung[101] müssen an die neue Vergütungs- und Verteilungsstruktur angepasst werden.

---

[96] Zur Berechnung der Zusatzbudgets: BSG Fn. 98; zu den Anforderungen an die Abrechnungsfähigkeit von Zusatzbudgets, BSG, Urt. v. 24. 9. 2003 – B 6 KA 31/02 R –, MedR 2004, 334.

[97] BSGE 78, 98 = SozR 3–2500 § 87 Nr. 12; BSGE 89, 173 = SozR 3–2500 § 85 Nr. 45; BSG, Urt. v. 13. 3. 2002, SozR 3–2500 § 85 Nr. 48; BSG, Urt. v. 24. 9. 2003 – B 6 KA 31/02 R –.

[98] BSG, Urt. v. 15. 5. 2002 – B 6 KA 33/01, MedR 2003, 586.

[99] BSGE 81, 213 = SozR 3–2500 § 85 Nr. 23; BSGE 83, 52 = SozR 3–2500 § 85 Nr. 28 = NZS 1999, 362; BSG SozR 3–2500 § 85 Nr. 27.

[100] BSG SozR 3–2500 § 85 Nr. 27, 28.

[101] BSG SozR 3–2500 § 85 Nr. 31.

d) Fallzahlbegrenzungen. Wesentliche Aufgabe des HVM bleibt die Steuerung der Fallzahlentwicklung in der Honorarverteilung, da insoweit weder der EBM noch die auf den Fallwert ausgerichtete Wirtschaftlichkeitsprüfung (dazu § 18) hierauf Einfluss nehmen können. Die zur Berechnung der Praxisbudgets in den EBM eingeführten drei Fallzahlbereiche (Abschnitt A I 2 EBM-alt) dienen der Schaffung sachgerechter Bewertungsrelationen insbesondere für Praxen mit kleiner und übergroßer Fallzahl,[102] nicht aber der Verhütung einer übermäßigen Ausdehnung der Kassenpraxis. Folgende Instrumente zur Fallzahlbegrenzung sind von der Rechtsprechung bisher anerkannt worden: **110**

- **Abstaffelung** der Vergütung bei extremer Überschreitung der Durchschnittsfallzahl (100%),[103] Überschreitung einer Kombination aus Punktzahl (120%) und Fallzahl (100%),[104] Überschreitung eines arztgruppenspezifischen Punktzahlgrenzvolumens (100%);[105]
- **Begrenzung** des Punktzahlvolumens oder eines Leistungsbereichs einer Praxis auf ein Individualbudget mit begrenzten Zuwachsraten für die Fallzahlentwicklung (Rdn. 109). Fallzahlbegrenzungen dürfen nicht kassenartenbezogen erfolgen, sondern müssen Primär- und ErsK umfassen.[106] Die Fallzahlbegrenzung als Maßnahme gegen eine übermäßige Ausdehnung der Kassenpraxis ist nach Maßgabe des § 85 Abs. 4 S. 6–8 SGB V insbesondere Gegenstand der Bildung von Grenzwerten für die Punktzahlanforderungen als RLV. Die Fallzahlbegrenzungsregelungen der HVM sind der Neuordnung des vertragsärztlichen Vergütungssystems anzupassen.

111 Unzulässig sind Honorarverteilungsregelungen, wenn sie in ihren Auswirkungen für den Vertragsarzt nicht hinreichend **im voraus bestimmbar** sind, weil sie sich an künftigen Fachgruppendurchschnitten der Honoraranforderungen aller Vertragsärzte ausrichten, die erst nach Abschluss des betreffenden Abrechnungsquartals ermittelt werden.[107] Auf HVM-Maßnahmen gegen eine übermäßige Ausdehnung der Kassenpraxis muss sich der Vertragsarzt einstellen und seine Praxis darauf ausrichten können; eine Sanktion im Nachhinein kollidiert mit der Wirtschaftlichkeitsprüfung (BSG a. a. O.). Zulässig ist aber – entsprechend der jetzt erfolgten gesetzlichen Regelung in § 85 Abs. 4 – die Festlegung von **Grenzwerten** für die Zahlung fester bzw. abgestaffelter Punktwerte nach Abschluss des Quartals, da erst dann das hierfür relevante Gesamtpunktzahlvolumen feststeht.[108] Dabei kann die betreffende Entscheidung und die Ausnahme-Entscheidung bei atypischen Fällen dem Vorstand der KV übertragen werden.[109]

112 **e) Regelleistungsvolumen.** § 85 Abs. 4 S. 7, 8 i. d. F. GKV-GRG 2000 hat für die Honorarverteilung ein neues **Instrument der kombinierten Fallpunktzahl- und Fallzahlbegrenzung** eröffnet, das im 2. GKV-NOG als neue Form der Regelgesamtvergütung vorgesehen war (§ 85 Abs. 2 i. d. F. GKV-NOG), durch das GKV-SolG aber wieder aufgehoben und durch die bis zum 31. 12. 2003 geltende Fassung des § 85 Abs. 2 SGB V ersetzt worden war (Rdn. 58). Es beinhaltet die Festlegung arztgruppenbezogener Punktzahlkontingente, die nach festen Punktwerten verteilt werden und sich aus Fallpunktzahl- und Fallzahlgrenzwerten zusammensetzen. Wird einer dieser Grenzwerte überschritten, erfolgt jeweils eine Abstaffelung der Punktwerte für die darüber hinaus abgerechneten Punktzahlen. Das Konzept des EBM-Reform 2000 plus ging bei seiner Entwicklung durch die KBV von der Ablösung der Praxisbudgets (Rdn. 108) durch

---

[102] Zur Notwendigkeit der Berücksichtigung der Fallzahl bei Fallwertbegrenzungen in der Honorarverteilung BSG SozR 3–2500 § 85 Nr. 7.
[103] BSG USK 6740; USK 6741.
[104] BSG SozR 2200 § 368f Nr. 14 = NJW 1988, 2324.
[105] BSG SozR 3–2500 § 85 Nr. 8.
[106] BSG USK 87 189.
[107] BSGE 75, 37 = SozR 3–2200 § 368f Nr. 3.
[108] BSG SozR 3–2500 § 85 Nr. 31.
[109] BSGE 83, 52 = SozR 3–2500 § 85 Nr. 28 = NZS 1999, 362; BSGE 81, 213 = SozR 3–2500 § 85 Nr. 23.

ein solches Steuerungsinstrument auf der Grundlage eines Beschlusses des Bewertungsausschusses gem. § 85 Abs. 4a S. 1 SGB V aus. Das GMG hat dieses Konzept aufgegriffen und als morbiditätsbezogene Vergütungsstruktur eigenständig weiterentwickelt (dazu Rdn. 13, 55).

3. Grundsatz der leistungsproportionalen Verteilung

113 Das BSG hat zwar den KV die unter Abschnitt 2 aufgeführten Instrumente der Honorarverteilung eingeräumt und ihnen dabei einen entsprechenden Gestaltungsspielraum zugestanden. Der vom BSG aufgestellte Grundsatz der leistungsproportionalen Verteilung erfordert jedoch sachlich gerechtfertigte Gründe für ein Abweichen von der gleichmäßigen Honorarverteilung nach § 85 Abs. 4 S. 3 SGB V (Rdn. 105). Neben der aufgezeigten Zulässigkeit zur Bildung von Arztgruppentöpfen und zur Einführung von Individualbudgets sowie der Verpflichtung zur Übernahme der im EBM bereits verankerten Praxisbudgets sind daher insbesondere Vorgaben in den Gesamtverträgen bei der Honorarverteilung zu beachten.[110] Dem Grundsatz widerspricht wegen der willkürlichen Benachteiligung von im Grenzbereich einer KV zugelassenen Vertragsärzte eine getrennte **Verteilung von Fremdkassenleistungen** aus einem Honorartopf, der nur aus den der KV hierfür zufließenden Vergütungen gespeist wird (dazu Rdn. 79).[111] Unzulässig ist auch eine ausschließlich an der durchschnittlichen Vergütung pro Behandlungsfall anknüpfende Honorarverteilung, welche die **Fallzahlen** außer acht lässt und sich deswegen kontraproduktiv auf Praxen mit hoher Fallzahl und niedrigem Fallwert bzw niedriger Fallzahl und hohem Fallwert auswirkt.[112]

114 Die **unterschiedlichen Verteilungspunktwerte** als Folge der Bildung von Arztgruppentöpfen verstoßen als solche nicht gegen den Grundsatz der leistungsproportionalen Verteilung. Die KV ist auch grundsätzlich nicht verpflichtet, Honorarrückgänge einer Arztgruppe durch Anhebung des Punktwertes oder durch Ausgleichszahlungen entgegenzuwirken.[113] Der Verteilungspunktwert einer Arztgruppe darf jedoch als Folge der Bildung solcher Arztgruppentöpfe nicht unter Kostenniveau absinken, da dann der **Grundsatz der Angemessenheit der Vergütung** verletzt wäre (dazu Rdn. 19ff.).[114] Die KV trifft deswegen eine **Beobachtungspflicht** hinsichtlich der Auswirkung von ihr getroffener Verteilungsregelungen daraufhin, ob sie ggf. vom Grundsatz der leistungsproportionalen Verteilung abweichen. Ist eine ursprünglich gerechtfertigte Regelung offensichtlich sachwidrig oder für die Beteiligten unzumutbar geworden, so muss sie geändert werden. Für überweisungsgebundene Leistungen besteht dabei Anlass zur Überprüfung und Korrektur, wenn der Punktwert im Topf 15 v. H. und mehr niedriger ist als der für den größten Teil der übrigen Leistungen.[115] Für Psychotherapeuten und ausschließlich psychotherapeutisch tätige Ärzte besteht für zeitgebundene gutachten- und genehmigungspflichtige psychotherapeutische Leistungen die Verpflichtung zur Vergütung mit einem angemessenen Punktwert (Rdn. 24, 51).

---

[110] BSG SozR 3–2500 § 85 Nr. 4, 11; BSG SozR 2200 § 368f Nr. 9 zu gesamtvertraglich vereinbarten Fall-Kopfpauschalen für das Labor; BSG SozR 3–2500 § 85 Nr. 10, 12 zur zweckgebundenen Verteilung gesetzlicher Budgetzuschüsse für ambulantes Operieren.

[111] BSG SozR 3–2500 § 85 Nr. 16.

[112] BSG SozR 3–2500 § 85 Nr. 7.

[113] BSG SozR 3–2500 § 85 Nr. 12; BSG Urt. v. 10. 12. 2003 – B 6 KA BSG Urt. v. 10. 3. 2004 – B 6 KA 3/03 R – Praxen mit unterdurchschnittlicher Fahlzahl müssen die Möglichkeit haben, denn Fallzahldurchschnitt zu erreichen.

[114] BSG SozR 3–2500 § 85 Nr. 12, 24, 26, 32.

[115] BSGE 83, 1 = SozR 3–2500 § 85 Nr. 26; BSG SozR 3–2500 § 85 Nr. 32; BSG, Urt. v. 16. 5. 2001 – B 6 KA 47/00 R –.

4. Gebot der Honorarverteilungsgerechtigkeit

115 Aus Art. 12 Abs. 1 i.V.m. Art. 3 Abs. 1 GG folgt das Gebot der Verteilungsgerechtigkeit, das insbesondere dann zu beachten ist, wenn die Honorarverteilung nach Arztgruppen differenziert erfolgt.[116] Die typischerweise auch **innerhalb von Arztgruppen** bestehenden Unterschiede müssen durch entsprechende Differenzierungen beachtet werden, wobei eine typisierende Regelung zulässig ist und in der Anfangsphase einer durch EBM-Reformen bedingten Neuregelung komplexer Sachverhalte auch eine grob typisierende Regelung zulässig ist, um zunächst Erfahrungen zu sammeln.[117] Geboten ist unter diesem Gesichtspunkt der notwendigen Differenzierung bei der Honorarverteilung eines Teilbudgets „Labor" die Unterscheidung in der Vergütung i.d.R. rationalisierungsfähiger Leistungen des aus Laborgemeinschaften beziehbaren Praxislabors und des i.d.R. als Auftragsleistung durch Laborärzte erbrachten Speziallabors.[118]

5. Ablösung des HVM durch eine Vergütungsvereinbarung

116 EBM und HVM in der für 2005 gesetzlich durch §§ 85 Abs. 4, 87 Abs. 2, 2a SGB V i.d.F. GMG geprägten Neufassung sind auf die **Neustrukturierung des vertragsärztlichen Vergütungssystems zum 1. 1. 2007** (§ 85a, b SGB V) ausgerichtet. Der HVM dient dabei unter dem bis einschließlich 2006 fortbestehenden Dach einer budgetierten Gesamtvergütung dazu, die Strukturen morbiditätsbezogener arztgruppenbezogener RLV vertraglich so zu gestalten, dass sie für 2006 mit vereinbarten Punktwerten als neue Vergütungsstruktur ausgabenneutral eingeführt und für 2007 mit einem risikoadjustierten kassenübergreifenden einheitlichen Punktwert die Kopfpauschale je Mitglied als Berechnungsgrundlage der vertragsärztlichen Gesamtvergütung ablösen können. Der HVM für 2005 löst dabei die bisherigen Fallzahl und Fallpunktzahl begrenzenden HVM-Regelungen durch RLV ab. Der HVM für das Jahr 2006 basiert gem. § 85c Abs. 1 SGB V bereits auf den in Rdn. 55 dargestellten morbiditätsgewichteten arztgruppenbezogenen RLV als neue Basis zur Berechnung der Vergütung vertragsärztlicher Leistungen durch die KK, enthält jedoch noch keine morbiditätsbezogenen arztbezogenen RLV, wie sie erst ab 2007 als von der KV zuzuweisende Vergütung vorgesehen sind (§ 85b SGB V). **Ab dem 1. 1. 2007** bestimmt sich die Vergütung der Vertragsärzte/MVZ nach folgenden Regelungen:

117 **a) Arztbezogene Regelleistungsvolumina.** Sie unterscheiden sich in ihrer Systematik von den nach § 85a Abs. 2 S. 2 Nr. 2 SGB V gesamtvertraglich vereinbarten arztgruppenbezogenen RLV dadurch, dass sie auch arztgruppenbezogen, aber kassenarten- und kassenübergreifend durch entsprechende Gewichtung der kassenartenbezogen, vereinbarten, arztgruppenbezogenen RLV nach der Zahl und der Morbidität der Versicherten aller beteiligten KK zusammengeführt und dem einzelnen Vertragsarzt nach der Morbiditätsstruktur seiner sozialversicherten Patienten durch die KV zugewiesen werden (§ 85b Abs. 2 S. 1, Abs. 3 S. 1, S. 2 Nr. 1, 3, 4, 5 SGB V) Dabei werden ergänzend auf der Grundlage der im EBM enthaltenen Zeitwerte für die meisten ärztlichen Leistungen Kapazitätsgrenzen je Arbeitstag für das bei gesicherter Qualität zu erbringende Leistungsvolumen je Arzt festgelegt.

118 **b) Arztgruppenbezogene Regelpunktwerte.** Sie unterscheiden sich in ihrer Systematik von den nach § 85a Abs. 2 S. 2 Nr. 3 SGB V gesamtvertraglich vereinbarten

[116] BVerfGE 98, 49, 62; BSG SozR 3–2500 § 85 Nr. 4, 10, 11, 12, 23; BSGE 83, 1 = SozR 3–2500 § 85 Nr. 26.

[117] BVerfGE 33, 171, 189; BSG SozR 3–2500 § 85 Nr. 4 zum Labor-Teilbudget.

[118] BSG SozR 3–2500 § 85 Nr. 4; diese undifferenzierte Handhabung des Labor-Teilbudgets ist durch die zum 1. 7. 1999 in Kraft getretene Laborreform beseitigt worden (Kapitel O EBM-alt, DÄBl. 1998, A-68).

Punktwerten dadurch, dass sie kassenarten- und kassenübergreifend durch entsprechende Gewichtung der kassenartenbezogen vereinbarten Punktwerte zu einem einheitlichen Punktwert zusammengeführt werden (§ 85b Abs. 2 S. 1, Abs. 3 S. 2 Nr. 2, 5 SGB V).

119 **c) Zu- und Abschläge nach dem Wohnortprinzip.** Sie betreffen diejenigen Versicherten, die mit Wohnsitz außerhalb des Bezirks der KV von Vertragsärzten der KV behandelt wurden und diejenigen Versicherten, die mit Wohnsitz in der KV von Vertragsärzten außerhalb der KV behandelt wurden (§ 85b Abs. 3 S. 3 SGB V).

120 **d) Berücksichtigung der Besonderheiten ärztlicher Zusammenschlüsse.** Die arztbezogenen RLV müssen ggf. für ärztliche Zusammenschlüsse zur gemeinsamen Berufsausübung (Gemeinschaftspraxen/MVZ) wegen der Konzentration des „Behandlungsfalles" auf mehrere Ärzte anders gewichtet werden als für Einzelpraxen, die in einer Praxisgemeinschaft kooperieren und entsprechend getrennte Behandlungsfälle haben. Dem trägt § 85b Abs. 3 S. 4 SGB V durch eine entsprechende Regelungskompetenz Rechnung.

121 **e) Rücklagen zur Berücksichtigung der Arztzahlentwicklung.** Die KV kann solche Rücklagen nach § 85b Abs. 3 S. 5 SGB V bilden, um einer Zunahme der Arztzahlen Rechnung zu tragen. Diese Regelung ist Ausdruck des bei der KV verbleibenden Arztzahlrisikos (dazu Rdn. 15, 66).

122 **f) Abstaffelung des Regelpunktwertes.** Die Regelung zur Abstaffelung des arztgruppenbezogenen RLV in § 85a Abs. 3 S. 2 SGB V erfordert zwingend eine Folgeregelung für das arztbezogene RLV, wenn die Vergütung mit dem vereinbarten Punktwert gesichert werden soll. Je nach Entwicklung der Arztzahl in einer Arztgruppe deckt das arztbezogene RLV jedoch eine größere oder kleinere Spanne an Punktzahlen ab, die mit dem gewichteten Regelpunktwert aller KK vergütet werden. Wird dieses arztbezogene RLV von einem Vertragsarzt überschritten, wird diesem Arzt/MVZ/ermächtigten Arzt die überschreitende Leistungsmenge nur noch mit einem Punktwert von 10 v. H. des Regelpunktwertes vergütet. Durch diese radikale Reduzierung des Punktwertes sollen Anreize zur Überschreitung des RLV vermieden werden. Allerdings kann nach Maßgabe einer Vereinbarung der Gesamtvertragspartner bei einer außergewöhnlich starken Erhöhung der Zahl der von einem Vertragsarzt/MVZ/ermächtigten Arzt behandelten Versicherten eine abweichende Regelung vereinbart werden (§ 85b Abs. 2 S. 2, 3 SGB V).

123 **g) Regelungsebenen, Rechtsmittel.** Die KV bestimmt die arztbezogenen RLV und weist sie dem Vertragsarzt etc. durch rechtsmittelfähigen Bescheid zu. Die Rechtmäßigkeit der RLV-Zuweisung kann daher mit den Rechtsmitteln des Widerspruchs und der Klage rechtlich überprüft werden. Dabei ist der Zuweisungsbescheid nicht identisch mit dem Honorarbescheid, da dem Vertragsarzt etc. sein RLV vor Beginn des Abrechnungsquartals bekannt gegeben werden muss. Die Grundlagen für die Zuweisung von RLV durch die KV sind zwischen ihr und den Verbänden der KK gemeinsam und einheitlich unter Beachtung der Kriterien nach § 85b Abs. 3 SGB V zu vereinbaren (§ 85b Abs. 4 S. 1 SGB V). Der Bewertungsausschuss hat aber bis zum 30. 6. 2005 hierfür die wesentlichen Vorgaben nach § 85 Abs. 4 S. 3 SGB V zu beschließen. Diese Vorgaben werden kraft Gesetzes **Bestandteil der Vereinbarung nach Abs. 4 S. 1** und wirken auf diesem Wege **bundeseinheitlich** (§ 85b Abs. 4 S. 2 SGB V). Dies betrifft insbesondere

- die Festlegung des auf der Grundlage der Zeitansätze im EBM für die einzelnen insbesondere arztgruppenbezogenen Leistungspositionen **der Bemessung von arztbezogenen RLV nach § 85b Abs. 2 S. 1 SGB V zugrunde zu legenden Zeitraums;** er muss sich an leistungsfähigen Arztpraxen und an den Anforderungen einer in ihrer Qualität gesicherten Leistungserbringung ausrichten; nach § 85b Abs. 4 S. 6 SGB V soll dabei aber auch gewährleistet bleiben, dass eine kontinuierliche Versorgung der Versicherten sichergestellt ist.
- die Definition der Arztgruppen auf der Grundlage der gem. § 87 Abs. 2a SGB V für den EBM maßgebenden Regelung; maßgebend ist danach der **Versorgungsauftrag** der vertragsärztlichen Versorgung und nicht unbedingt die Weiterbildungsordnung der

Ärztekammer, obwohl schon aus Gründen der Praktikabilität von ihr und den darin festgelegten Gebieten etc. auszugehen ist;

- das **Verfahren zur Berechnung der arztbezogenen RLV** gegenüber den Vertragsärzten etc. nach Maßgabe der Kriterien in Abs. 3 S. 2 Nr. 1–7;
- Die **Kriterien zur Bestimmung der Morbiditätsstruktur** der von dem jeweiligen Vertragsarzt in den jeweils vier zurückliegenden Quartalen behandelten Versicherten als Grundlage für die Berechnung seines RLV; dabei ist das für die arztgruppenbezogenen RLV vereinbarte Klassifikationsverfahren und die auf seiner Grundlage festgelegten Relativgewichte anzuwenden; außergewöhnliche Fallzahlzunahmen im laufenden Behandlungsquartal, die aufgrund dieser auf zurückliegende Quartale bezogenen Berechnung nicht erfasst sind, können nach Maßgabe der vertraglichen Vereinbarung nach § 85b Abs. 2 S. 3 SGB V berücksichtigt werden;
- die Höhe der **Kapazitätsgrenzen je Arbeitstag** für das bei gesicherter Qualität zu erbringende Leistungsvolumen je Arzt als Grundlage einer Qualitätsprüfung nach § 106a SGB V;
- das Verfahren zur Bemessung der sich aus dem **Wohnortprinzip** ergebenden Zu- oder Abschläge vom RLV nach Abs. 3 S. 3.

124 Diese bundeseinheitlichen Vertragsinhalte der regionalen Vergütungsvereinbarungen schränken die **Vertragsautonomie der Gesamtvertragspartner** auch auf der bisherigen HVM-Ebene erheblich ein (zur Gesamtvertragsebene Rdn. 73–75): Sie konzentriert sich auf die Aufbereitung der für die Anwendung bundeseinheitlicher Kriterien notwendigen Daten zur Berechnung und Zuweisung arztbezogener RLV und zur Ermittlung des jeweiligen Regelpunktwertes. Vertraglicher Gestaltungsspielraum besteht für die Leistungsbereiche, die gem. § 85a Abs. 6 SGB V aus den arztgruppenbezogenene RLV ausgegliederten Leistungsbereichen und auf Vergütungsvereinbarungen zu hausarztzentrierten und auftragsbezogenen Versorgungsstrukturen nach §§ 73b, c SGB V. Diesem Nachteil regionaler Kompetenzeinbußen steht der Vorteil bundeseinheitlich gleicher arztgruppenbezogener Vergütungsstrukturen unabhängig vom KV-Bereich der Vertragsarztzulassung gegenüber. Es gibt dann nicht mehr die häufig von einzelnen Arztguppen beklagten, manchmal nur durch einen Straßenzug getrennten fundamentalen HVM-Unterschiede in der Vergütungsstruktur. Regionale Besonderheiten in der Morbiditätsstruktur der Versicherten lassen sich durch abweichende Vereinbarung der Relativgewichte gem. § 85a Abs. 5 (dazu Rdn. 99) berücksichtigen. Die Punkwertvereinbarung bleibt als wesentliches Element regionaler Vergütungsstrukturen auf der Grundlage eines bundeseinheitlichen Leistungskataloges der GKV und eines bundeseinheitlichen Bewertungsmaßstabes für die Vergütung vertragsärztlicher Leistungen voll in der Verantwortung der Gesamtvertragspartner.

125 Rechtlich entfällt somit ab dem 1. 1. 2007 die bisherige **Trennung in einen Gesamtvertrag und einen HVM.** Sie wird abgelöst durch die gesamtvertragliche Vergütungsvereinbarung, die mit allen Gesamtvertragspartnern einheitlich und gemeinsam zutreffende Vereinbarung zur Bildung arztbezogener Regelleistungsvolumina und durch darauf basierende Zuteilungsbescheide der KV an die Vertragsärzte. Die über die eigentliche Honorarverteilung mit dem HVM der KV als Satzungsrecht zugewiesenen Regelungen nach § 85 Abs. 4 SGB V zur Bestimmung von Abrechnungsfristen und -belegen sowie zur Verwendung von Vergütungsanteilen für Verwaltungsaufwand und Sicherstellungsaufgaben bleiben als Teil der Satzungskompetenz der KV bestehen (§ 85b Abs. 1 S. 3 SGB V). Dies gilt insbesondere für die Beschlussfassung und Finanzierung von Sicherstellungsmaßnahmen nach § 105 SGB V.

126 Die Neuregelung der Vergütungsstrukturen der vertragsärztlichen Versorgung nach § 85a–d SGB V gelten nicht für die **vertragszahnärztliche Versorgung** (§§ 85a Abs. 1 HS. 2, 85b Abs. 1 S. 4 SGB V). Insoweit gilt § 85 SGB V über den 1. 1. 2004 hinaus fort. § 85 Abs. 4b enthält m.W.v. 1. 1. 2005 Folgeregelungen, die sich aus der Umstrukturierung der Leistungspflicht der GKV auf befundorientierte Festzuschüsse nach §§ 55–58 SGB V m.W.v. 1. 1. 2005 ergeben.

6. Sonderregelungen

127 Im jeweiligen HVM einer KV müssen einige Sondertatbestände berücksichtigt werden, die sich aus **besonderen Formen der Teilnahme** an der vertragsärztlichen Versorgung ergeben:

128 **a)** Auch das aus belegärztlicher Tätigkeit erzielte Kassenhonorar ist nach den Grundsätzen des § 85 Abs. 4 SGB V zu verteilen.[119] Zur Vermeidung einer übermäßigen **Kassenpraxis** aus einer **Belegarzttätigkeit** enthalten die HVM häufig Richtwerte zur Begrenzung der Vergütung auf den Betrag, der der ärztlichen Versorgung einer bestimmten Zahl belegter Betten entspricht. Dies ist zulässig.[120]

129 **b)** Bei der Anwendung von Begrenzungsregelungen dürfen **Gemeinschaftspraxen** nicht mit Einzelpraxen gleichgesetzt werden, da dies eine ungerechtfertigte Schlechterstellung wäre.[121]

130 **c) Ermächtigte Krankenhausärzte** sind in die Honorarverteilung grundsätzlich einbezogen. Bei Fallzahlbegrenzungen, die sich an der durchschnittlichen Fallzahl der Arztgruppe ausrichten, dürfen ihre Fälle jedoch wegen der damit verbundenen Verfälschung der Fallzahlen zugelassener Ärzte nicht einbezogen werden.[122]

7. Inkrafttreten

131 Während für Veränderungen im **EBM,** soweit sie nicht ausschließlich die Vertragsärzte begünstigen, zur Gewährleistung einer ausreichenden **Vorlaufzeit** für den davon betroffenen Vertragsarzt i. d. R. eine Bekanntmachung mit einer Frist von einem Quartal vor Inkrafttreten gefordert wird,[123] besteht für den **HVM** keine allgemein verbindliche Zeitvorgabe. Die sofortige und auch rückwirkende Anwendung einer Honorarverteilungsregelung wird als zumutbar angesehen, wenn auf sie vorher zeitgerecht hingewiesen wurde, der Vertragsarzt aus sonstigen Gründen damit rechnen musste oder für sie eine die ordnungsgemäße Behandlung der Patienten beeinträchtigende übermäßige Praxisausweitung erkennbar war.[124] Das kurzfristige Inkrafttreten eines HVM wird auch dann als rechtmäßig angesehen, wenn der betroffene Arzt nicht darlegen kann, welche erst später vorgenommene Praxisumstellung bei einer früheren Bekanntmachung entsprechend früher vorgenommen worden wäre.[125]

---

[119] BSG, Urt. v. 12. 12. 2001 – B 6 KA 5/01 R –.
[120] BSGE 26, 164 = SozR Nr. 10 zu § 368 f RVO; USK 6739.
[121] BSGE 61, 92 = SozR 2200 § 368 f Nr. 12.
[122] BSG USK 8364 = ArztR 1984, 119.
[123] BSGE 81, 86 = SozR 3–2500 § 87 Nr. 18.
[124] BSGE 81, 86 = SozR 3–2500 § 87 Nr. 18; BSG USK 8364.
[125] BSG SozR 2200 § 368 f Nr. 15 = NJW 1988, 2327; USK 87 189.

§ 17 Die Abrechnung vertragsärztlicher Leistungen durch die KV

Schrifttum: *Beeretz,* Abrechnungsprüfung in der vertragsärztlichen Versorgung, ZMGR 2004, 103ff.; *Bollmann,* Abrechnung vertragsärztlicher Leistungen, Fremdkassenausgleich und Honorarverteilung, in: KBV (Hrsg.), Die vertragsärztliche Versorgung im Überblick, 3. Aufl., Köln 2005, S. 475ff.; *Clemens,* Sachlich-rechnerische Richtigstellung, in: Schulin (Hrsg.), Handbuch des Sozialversicherungsrechts, Bd. 1, 1994, S. 899ff.; *Clemens,* Regelungen der Honorarverteilung – Der Stand der Rechtsprechung des BSG, MedR 2000, 17ff.; *Dahm* Falschabrechnung, in: Rieger (Hrsg.), Lexikon des Arztrechts, 2. Aufl., 2004; *Dahm/Möller/Ratzel* Rechtshandbuch Medizinische Versorgungszentren, Berlin 2005; *Ehlers* (Hrsg.), Disziplinarrecht und Zulassungsentziehung, 2001; *Ehlers* (Hrsg.), Wirtschaftlichkeitsprüfung, 2. Aufl., München 2002; *Hess/Klakow-Franck* (Hrsg.), Igel-Kompendium für die Arztpraxis, Köln 2005; *Isensee,* Das Recht des Kassenarztes auf angemessene Vergütung, VSSR 1995, 321ff.; *Isringhaus/Kroel/Wendland,* Medizinisches Versorgungszentrum (MVZ-Beratungshandbuch), Erftstadt 2004; *Kamps,* Die hausarztzentrierte Versorgung gemäß § 73b SGB V, ZMGR 2004, 91ff.; *Luckhaupt,* Das vertragsärztliche Vergütungssystem nach dem GMG, GesR 2004, 266ff.; *Maaß,* Die Angemessenheit der Vergütung der vertragsärztlichen Leistung, NZS 1998, 13ff.; *Peikert,* Persönliche Leistungserbringungspflicht, MedR 2000, 352ff.; *Preißler,* Grenzen des Gestaltungsermessens in Honorarverteilungsmaßstäben, MedR 1996, 162ff.; *Quaas/Zuck,* Medizinirecht, 2005; *Rath,* Vergütung psychotherapeutischer Leistungen, MedR 2001, 60ff.; *Rixen,* Die Stellen zur Bekämpfung von Fehlverhalten im Gesundheitswesen, ZFSH/SGB 2005, 131ff.; *Schirmer,* Eingliederung der psychologischen Psychotherapeuten und Kinder- und Jugendlichenpsychotherapeuten in das System der vertragsärztlichen Versorgung, MedR 1998, 435ff.; *Spieß,* Sanktionen gegen die Verletzung kassenärztlicher Pflichten nach dem SGB V, SGb 1989, 368ff.; *Spoerr,* Haben Ärzte ein Recht auf angemessenes Honorar?, MedR 1997, 342ff.; *Steinhilper,* Vergütung psychotherapeutischer Leistungen im System der gesetzlichen Krankenversicherung, VSSR 2000, 349ff.; *ders.,* Persönliche Leistungserbringung, in: Rieger (Hrsg.), Lexikon des Arztrechts, 2. Aufl. 2001; *ders.,* Aufschiebende Wirkung von Widerspruch und Klage im Vertragsarztrecht, MedR 2003, 433ff. (Ergänzung: MedR 2004, 253ff.); *ders.,* Persönliche Leistungserbringung in der ambulanten vertragsärztlichen Versorgung, in: Halbe/Schirmer (Hrsg.), Kooperationen im Gesundheitswesen, Heidelberg 2005, Beitrag E 1200; *ders.,* Stellen zur Bekämpfung von Fehlverhalten im Gesundheitswesen, MedR 2005, 131ff.; *Till,* Weiterentwicklung der Rechtsprechung zu den „Fachgebietsgrenzen", MedR 1985, 267ff.; *Ulsenheimer,* Der Vertragsarzt als Sachwalter der Vermögensinteressen der gesetzlichen Krankenkassen, MedR 2005, 622ff.; *v. Stillfried/Ryll,* Umsetzbarkeit morbiditätsbezogener Regelleistungsvolumen in der vertragsärztlichen Versorgung. Erste empirische Ergebnisse, Gesundheits- und Sozialpolitik 11–12/2004, 36ff.; *Wehebrink* Plausibilitätsprüfung: Die Praxisgemeinschaft als „faktische Gemeinschaftspraxis", NZS 2005, 400ff.; *Wiesner,* Die Aufhebbarkeit von Honorarbescheiden im Vertragsarztrecht, SGb 1997, 150ff.; *Wigge,* Integrierte Versorgung und Vertragsarztrecht (Teil 1), NZS 2001, 17ff.; *ders.,* Medizinische Versorgungszentren nach dem GMG, MedR 2004, 123ff.; *Wimmer,* Der Rechtsanspruch von Vertragsärzten auf angemessene Vergütung, MedR 1998, 533ff.; *ders.,* Die sozialgerichtliche Kontrolldichte des Einheitlichen Bewertungsmaßstabes, NZS 2001, 287ff.; *Zwingel/Preißler,* Das Medizinische Versorgungszentrum. Rechtliche Rahmenbedinungen für Gründung und Betrieb, Köln 2004.

Übersicht

I. Sachleistungsprinzip und Vergütungsanspruch

1 Bei einer privatärztlichen Behandlung hat der Patient einen Anspruch auf ärztliche Leistung unmittelbar an den Privatarzt und der Arzt einen Honoraranspruch unmittelbar an den Patienten (Behandlungsvertrag – i. d. R. Dienstvertrag nach §§ 610ff. BGB). Im System der **gesetzlichen Krankenversicherung (GKV)** gilt demgegenüber das Prinzip der **Dienst- und Sachleistungen** (§ 2 Abs. 2 Satz 1 SGB V), und zwar im Bereich der ambulanten Versorgung für folgende Leistungserbringer: zugelassene Vertragsärzte, ermächtigte Ärzte, ermächtigte ärztlich geleitete Einrichtungen (§§ 117 Abs. 1 und 2, 118, 119 SGB V), zugelassene und ermächtigte Psychologische Psychotherapeuten sowie Kinder- und Jugendlichenpsychotherapeuten, Medizinische Versorgungszentren (§ 95 Abs. 2 SGB V),[1] aber auch Nichtvertragsärzte und Krankenhäuser in Notfällen sowie – in den neuen Bundesländern – zugelassene Einrichtungen nach § 311 SGB V (u. a. Polikliniken) sowie ermächtigte Fachwissenschaftler der Medizin.[2, 3] Daraus folgt, dass diese keinen Vergütungsanspruch unmittelbar gegenüber dem Patienten oder der Krankenkasse (Primär- und Ersatzkasse) haben, sondern ihre Leistungen nur **bei der KV abrechnen** können.[4] Das

[1] S. dazu aus der inzwischen vielfältigen Literatur statt aller *Wigge* MedR 2004, 133ff., *Zwingel/Preißler,* Das Medizinische Versorgungszentrum (Rechtliche Rahmenbedingungen für Gründung und Betrieb, Köln 2004; *Isringhaus/Kroel/Wendland,* Medizinisches Versorgungszentrum (MVZ-Beratungshandbuch/Fuftstadt 2004; *Dahm/Möller/Ratzel,* Rechtshandbuch Medizinische Versorgungszentren, Berlin u. a. 2005.

[2] Dieser Personenkreis ist bei einer KV abrechnungsberechtigt. Der Einfachheit halber wird im Folgenden abkürzend vom „Vertragsarzt" gesprochen; der Begriff umschließt dabei auch die durch das Psychotherapeutengesetz in die vertragsärztliche Versorgung aufgenommenen Psychologischen Psychotherapeuten sowie Kinder- und Jugendlichenpsychotherapeuten (zu dieser Thematik anschaulich und umfassend *Schirmer* MedR 1998, 435ff.).

[3] Der Umfang dieser Leistungen richtet sich nach § 73 Abs. 2 SGB V. Zur „historischen Entwicklung des Sachleistungsprinzips in der gesetzlichen Krankenversicherung" s. statt aller *Kellers* gleichnamige Abhandlung, Bern 1997; s. auch § 3 Rdn. 1f.; zum Umfang vertragsörtlicher Leistungen s. oben § 11 m. w. N.

[4] Der Honoraranspruch richtet sich gegen die KV (subjektiv-öffentliches Recht) nach Maßgabe des Gesamtvertrages und des jeweiligen Honorarverteilungsmaßstabes bzw. seit 1. 7. 2004 des Honorar-

Gleiche gilt bei Leistungen für Patienten sog. „sonstiger Kostenträger“.[5] Auch hier bezahlt der Patient das Honorar für die Leistung nicht unmittelbar an den Arzt; vielmehr werden die jeweiligen (z. T. anders gestalteten) Abrechnungs- oder sog. Berechtigungsscheine bei der KV zur Abrechnung eingereicht, und diese zahlt das ärztliche Honorar an den Vertragsarzt.

2 Dieser Grundsatz war bis 31. 12. 2003 bei freiwillig Versicherten und mitversicherten Familienmitgliedern durchbrochen, die nach § 13 Abs. 2 SGB V **Kostenerstattung** wählten. In diesem Fall richtete sich der Honoraranspruch des Arztes nach GOÄ unmittelbar gegen den GKV-Patienten. Der Patient selbst hatte lediglich einen Erstattungsanspruch in Höhe der „EBM-Vergütung“ gegenüber seiner gesetzlichen Krankenkasse.[6] Inzwischen hat der Gesetzgeber durch das GMG das Wahlrecht der Kostenerstattung zum 1. 1. 2004 wieder auf alle GKV-Versicherten ausgedehnt (Art. 1 Nr. 1 Nr. 4a, 37 Abs. 1). Das Wahlrecht steht nur den Versicherten zu; die Krankenkassen haben sie bei dieser Frage zu beraten (§ 13 Abs. 2 S. 2 SGB V). Die Krankenkassen sind verpflichtet, das Verfahren der Kostenerstattung in ihren Satzungen zu regeln (S. 8), bestimmte Abschläge zu berücksichtigen und Zuzahlungen vom Versicherten zu verlangen. Der Versicherte ist an seine Wahlentscheidung (i. d. R. auf die ambulante Behandlung beschränkt; S. 3) für ein Jahr gebunden (S. 10). Der Kostenerstattungsanspruch des Versicherten, der unmittelbar an die Krankenkasse zu richten ist, ist auf die Höhe der Vergütung begrenzt, die bei einer Sachleistung nach EBM angefallen wäre (S. 7).[7] Der Arzt stellt dem Patienten seine ärztlichen Leistungen nach der GOÄ in Rechnung.

Abrechnungswege auch anderer Art ließ bisher die **„integrierte Versorgung“**[8] zu (§§ 140a ff. SGB V i. V. m. der sog. Rahmenvereinbarung[9] der Spitzenverbände der Kran-

---

vereilungsvertrages (§ 85 Abs. 4 SGB V). Etwas anderes gilt, wenn der GKV-Patient mit einem Vertragsarzt vor Behandlungsbeginn eine privatärztliche Behandlung schriftlich vereinbart hat (§ 18 Abs. 1 Nr. 2 BMV-Ärzte). In diesem Fall richtet sich der Honoraranspruch nach GOÄ unmittelbar gegen den Patienten, da er insoweit außerhalb des Systems der vertragsärztlichen Versorgung behandelt wird.

Entsprechendes (Abrechnung nach oder in Anlehnung an GOÄ) gilt bei sogenannten „individuellen Gesundheitsleistungen“ (IGeL), die per Definition keine vertragsärztlichen Leistungen sind (s. zu diesem Leistungsbereich *Krimmel,* Kostenerstattung und Individuelle Gesundheitsleistungen, Köln 1998; ferner *Hermann/Filler/Roscher,* IGel-Liste, 3. Aufl., Landsberg 2004 und *Hess/Klakow-Franck* (Hrsg.), IGel-Kompendium für die Arztpraxis, Köln 2005. Zur Abrechnung von IGeL-Leistungen s. auch *Krüger* ZMGR 2005, 173. – Zu den Rechtsbeziehungen zwischen Krankenkassen (einschließlich Verbänden), den Versicherten/Patienten sowie den KVen und Vertragsärzten s. sehr anschaulich *Ebsen* in: Festschrift für Krasney, München 1997, 81 (87), ferner oben § 3.

[5] Sammelbegriff für Kostenträger, die weder Primär- noch Ersatzkassen sind, insbesondere Sozialämter, Bundeswehr, Bundesgrenzschutz, Polizei (z. B. NRW), sowie die zuständigen Behörden für Asylbewerber, Sozialversicherungsabkommen (BWG), Bundesbehandlung (KOV), Bundesentschädigungsgesetz, Zivildienst aber auch Post (für Postbeamte Mitglieder A). Die Leistungen werden nach BMÄ oder EGO vergütet. Soweit Leistungen sonstiger Kostenträger nach GOÄ zu vergüten sind, werden sie nicht über die KV abgerechnet. – Nach dem GMG wickelt der Sozialhilfeträger ab 1. 1. 2004 den Sachleistungsanspruch der meisten Hilfeberechtigten über eine gesetzliche Krankenkasse ab (§ 264 SGB V).

[6] Das Verfahren der Kostenerstattung war durch das 2. GKV-NOG v. 23. 6. 1997 (BGBl. I S. 1520) übergangsweise auf alle GKV-Versicherten ausgedehnt (1. 7. 1997), durch das GKV-Solidaritätsstärkungsgesetz v. 19. 12. 1998 (BGBl. I 3853) aber wieder abgeschafft worden (1. 1. 1999). S. zur damaligen Rechtslage *Steinhilpner/Schiller* MedR 1997, 385 ff.

[7] Sehr eingehend zur wechselnden gesetzlichen Regelung der Kostenerstattung als Ausnahme vom ansonsten in der GKV geltenden Sachleistungsprinzip s. die gut dokumentierte Kommentierung zu § 13 von *Noftz,* in: Hauck/Noftz (Hrsg.), SGB V (Gesetzliche Krankenversicherung), Berlin 2005. *Wasem* (MedR 2000, 472 ff.) bezweifelt, ob sich die Effizienz der Patientenversorgung durch den Wechsel vom Sachleistungs- zum Kostenerstattungsprinzip erhöht.

[8] Zu diesem Leistungsbereich s. statt aller *Wigge* NZS 2001, 17 ff. und 66 ff. m. w. N.; s. auch oben § 12.

[9] Veröffentlicht in DÄBl. 2000, A-3364 ff.

kenkassen mit der KBV). Inzwischen hat der Gesetzgeber zum 1. 1. 2004 die integrierte Versorgung allein den Krankenkassen zugeordnet (Vertragsabschluss und auch die Abrechnung), so dass nach dem Gesetzeswortlaut die KVen an der Abrechnung nicht mehr beteiligt sind. Bei der **„hausarztzentrierten Versorgung"** (§ 73b SGB V; neu eingeführt durch das GMG zum 1. 1. 2004) ist nach wie vor strittig, ob die Vergütung über die KKen mit den Krankenkassen erfolgen darf oder über die Krankenkassen erfolgen muss.[10]

II. Die Gesamtverträge als Grundlage des Honoraranspruchs des Vertragsarztes

3 Die KBV vereinbart mit den Spitzenverbänden der Krankenkassen den allgemeinen Inhalt der Gesamtverträge.[11] Die KVen schließen daraufhin mit den Landesverbänden der Krankenkassen und den Verbänden der Ersatzkassen die einzelnen **Gesamtverträge** über die vertragsärztliche Versorgung (§ 85 Abs. 1 SGB V) und die Krankenkassen entrichten nach diesem Vertrag eine **Gesamtvergütung mit befreiender Wirkung** an die KV. Geraten die Krankenkassen in Verzug, fallen keine Verzugszinsen an, aber Prozeßzinsen (Urteil BSG v. 28. 9. 2005 – BGKA 71/04). Mit dieser Vergütung werden die Kosten für die gesamte vertragsärztliche Versorgung abgegolten, soweit sie nach dem Gesetz sicherzustellen ist.

4 Die Gesamtvergütung kann u. a. berechnet werden (s. § 85 Abs. 2 SGB V) als:

- Einzelleistungsvergütung (Vereinbarung eines festen Punktwertes für die im EBM festgesetzten Punktzahlen)
- Festbetrag (vereinbarter fester EUR-Betrag)
- Kopfpauschale (errechnet aus einem Pauschalbetrag für den Bedarf eines Versicherten multipliziert mit der Zahl der Mitglieder der Krankenkasse)
- Fallpauschale (durchschnittlich anfallender Aufwand an ärztlichen Leistungen pro Behandlungsfall)
- ab 2007 nach Regelleistungsvolumina.[12]

Daneben gibt es zahlreiche Mischformen (zu weiteren Einzelheiten s. oben § 16).

5 Die KV teilt die Gesamtvergütung (nach Abzug der Verwaltungskosten) auf ihre Mitglieder nach den jeweiligen Leistungsanforderungen auf, bisher nach dem **Honorarverteilungsmaßstab**[13] (HVM; s. dazu oben § 15), seit 1. 7. 2004 nach dem **Honorarverteilungsvertrag** (HVV; § 85 Abs. 4 SGB V), der nunmehr zwischen den Krankenkassen und den KVen einheitlich und gemeinsam zu vereinbaren ist. Die Aufteilung der Gesamtvergütung in Vergütungsanteile für die hausärztliche und die fachärztliche Versorgung (§ 85 Abs. 4 S. 1 i. V. m. § 73 SGB V) ist dabei zu berücksichtigen. Durch die Abrech-

---

[10] S. dazu *Kamps* ZMGR 2004, 91 ff. (insbes. S. 99). Zum vertragsärztlichen Vergütungssystem nach dem GMG s. auch *Luckhaupt* GesR 2004, 266 ff.

[11] § 82 Abs. 1 SGB V. Die Verträge bündeln die einzelnen Mitgliedskassen der Landesverbände (BSG v. 28. 9. 2005 – BGKA 71/04). – Zum Recht der Kollektivverträge s. oben § 8, zum Gesamtvertrag und der Gesamtvergütung ergänzend § 16.

[12] Das Gesetz sieht ab 1. 1. 2006 arztgruppenbezogene (§§ 85 a, 85 c SGB V) und ab 1. 1. 2007 arztbezogene Regelleistungsvolumina vor (§ 85 b SGB V). Zur „Umsetzbarkeit morbiditätsbezogener Regelleistungsvolumina in der vertragsärztlichen Versorgung" s. – mit ersten empirischen Ergebnissen – *v. Stillfried/Ryll,* Gesundheits- und Sozialpolitik 2004, Heft 12/13, S. 36 ff. Zur Struktur der Regelleistungsvolumina s. oben § 16 Rdn. 13 f.

[13] Zum Gestaltungsspielraum der KV beim HVM s. *Preißler* MedR 1996, 162 ff.; zur Rechtsprechung des BSG dazu s. die Übersicht bei *Clemens* MedR 2000, 17 ff. Als Steuerungsinstrumente hatten sich u. a. entwickelt Regelungen zu Individual- oder Teilbudgets, Abstaffelungen, Interventionspunktwerten, Fachgruppentöpfen, Fallzahlzuwachsbegrenzungen. Neu eingeführt wurde ab 1999 die Möglichkeit für Regelleistungsvolumina. Davon wurde kaum Gebrauch gemacht. Durch das GMG sind sie nunmehr im Honorarverteilungsvertrag verbindlich festzulegen (§§ 85 a–d SGB V).

nung seiner Leistungen verdichtet sich die Anwartschaft des Vertragsarztes auf Teilhabe an der Honorarverteilung über die Entscheidung der KV zu einem konkreten Vergütungs- oder Honoraranspruch.[14] Dem Vertragsarzt steht kein subjektives (einklagbares) Recht auf eine angemessene Vergütung oder auch nur auf einen bestimmten Punktwert zu.[14a]

III. Einreichung der Abrechnungsunterlagen bei der KV

1. Allgemeines

6 Um an Honorarverteilung teilhaben zu können, muss der Patient dem Vertragsarzt vor Beginn der Behandlung seine **Krankenversichertenkarte** (§ 291 SGB V) vorlegen. Die darauf erfassten Daten (u.a. Personalien mit Versichertenstatus, Krankenkasse, Versichertennummer, Gültigkeitsdatum) sind Grundlage für Vordrucke (z.B. Überweisungsschein, Rezepte) sowie für die Abrechnungsunterlagen des Arztes. Am Ende des Quartals fasst der Vertragsarzt alle bei GKV-Patienten erbrachten ärztlichen Leistungen zusammen und reicht die Abrechnungsunterlagen bei der KV zur Abrechnung ein. Nach § 295 Abs. 4 SGB V sind die Vertragsärzte seit 1. 1. 2005 verpflichtet, „die für die Abrechnung der (ärztlichen) Leistungen notwendigen Ausgaben der kassenärztlichen Vereinigung im Wege elektronischer Datenübertragung oder maschinell verwertbar auf Datenträgern zu übermitteln". Zu übermitteln sind die Angaben aus der Krankenversichertenkarte, die Behandlungsart, die Diagnose (nach ICD 10) oder der Behandlungsgrund (Auftrag), die Gebührennummer nach dem EBM, das Datum der Leistungserbringung sowie die Arztidentifikation. Einzelheiten dazu hat die KBV zum 1. 1. 2005 geregelt (§ 295 Abs. 4 S. 2 SGB V, abgedruckt in DÄBl. 2005, S. A 1843). Bisher konnten die Abrechnungsdaten auch manuell auf Vordrucken eingetragen werden; dies ist nicht mehr möglich. Soweit Vertragsärzte oder andere abrechnungsberechtigte Leistungserbringer Verträge zur integrierten Versorgung (§ 140a ff. SGB V oder zur hausarztzentrierten Versorgung (§ 73b Abs. 2 SGB V) abgeschlossen haben, sind die Abrechnungsdaten an die jeweiligen Krankenkassen ebenfalls im Wege elektronischer Datenübertragung oder maschinell verwertbar (nach einer Regelung der Spitzenverbände der Krankenkassen) zu übermitteln (§ 295 Abs. 1b SGB V). Die KVen haben den Krankenkassen ebenfalls „im Wege der elektronischen Datenübertragung oder maschinell verwertbar auf Datenträgern" zu übermitteln (§ 295 Abs. 2 SGB V) die Krankenkasse, die Versichertennummer, den Versichertenstatus, die Arztnummer (auch des überweisenden Arztes), die Art der Inanspruchnahme, Art der Behandlung, Tag der Behandlung, die abgerechneten Gebührenpositionen mit Diagnosen, die Kosten der Behandlung sowie Zuzahlungen nach § 28 Abs. 4 SGB V (sog. Praxisgebühr). Spätestens zum 1. 1. 2006 soll nach den Vorstellungen des Gesetzgebers (§ 291a SGB V) „zur Verbesserung von Wirtschaftlichkeit, Qualität und Transparenz der Behandlung" die **„elektronische Gesundheitskarte"** mit erweitertem Datenumfang (Abs. 3) eingeführt werden. Abrechnungsfähig sind nur Leistungen, die in den EBM aufgenommen sind. Die Abrechnung von Leistungen nach sog. Analogziffern (wie z.B. bei der GOÄ; § 6 Abs. 2) ist unzulässig.

7 Für die Einreichung der Abrechnungsunterlagen setzen die KVen (unterschiedliche) **Fristen.** Werden diese Fristen überschritten, muss der Arzt mit **Honorarabzügen** rechnen (Grundlage: HVM oder gesonderte Abrechnungsrichtlinien). Legt der Vertragsarzt

[14] Vgl. zur Anwartschaft auf Teilhabe an der Gesamtvergütung BSG NZS 1995, 502; s. auch *Schnapp* in: Festschrift für Krasney, 1997, 437 (458) m.w.N. und *Hess,* oben § 16 Rdn. 23.

[14a] So die st. Rspr. und neuerdings gefestigte (auch verfassungsrechtlich begründete) Auffassung des BSG (s. Entscheidugnen vom 9. 12. 2004; führendes Urteil abgedruckt in MedR 2005, 561; s. auch schon BSGMedR 2005, 366 = SGb 2005, 547 m. krit. Anm. *Schnapp).* Zur Sondersituation der Vergütung genehmigungsbedürftiger psychotherapeutischer G IV-Leistungen s. BSGE 83, 205; 84, 235; 92, 87.

seine Abrechnung regelmäßig verspätet vor, verstößt er gegen vertragsärztliche Pflichten. Dies kann disziplinarrechtlich geahndet werden. **Rechnet** der Arzt über längere Zeit überhaupt **nicht ab,** kann seine Zulassung entzogen werden (gröbliche Pflichtverletzung). Der Arzt schadet sich bei verspäteter oder fehlender Abrechnung zwar finanziell zunächst selbst; er erschwert oder verhindert jedoch auch den zeitlichen Ablauf der Abrechnung anderer. Hinzu kommt, dass die Notwendigkeit seiner Verordnungen von den Krankenkassen nicht überprüft werden kann, solange nicht Informationen über die ärztliche Behandlung der Patienten vorliegen.

2. Sammelerklärung des Arztes (sog. Vierteljahreserklärung)

8 Mit den Behandlungsausweisen oder der Abrechnungsdiskette hat der Arzt vierteljährlich an die KV schriftlich auch die sachliche Richtigkeit der Abrechnung zu bestätigen (kurz: **Vierteljahreserklärung** oder **Sammelerklärung;** Grundlage: §§ 35 Abs. 2, 42 Abs. 3 BMV-Ärzte, §§ 34 Abs. 1, 35 Abs. 3 BMV-Ersatzkassen). Die Texte dieser Erklärung weichen in den KVen teilweise voneinander ab. Reichweite und juristische Bewertung dieser Vierteljahreserklärung werden daher unterschiedlich gesehen. Nach der einen Auffassung versichert der Arzt damit lediglich, die den Krankenkassen in Rechnung gestellten ärztlichen Leistungen persönlich erbracht zu haben oder dass sie von einem berechtigten Vertreter oder von einem durch die KV genehmigten Assistenten erbracht und ordnungsgemäß abgerechnet worden sind. Nach anderer Auffassung umschließt die Erklärung auch die Versicherung, die jeweiligen Richtlinien für die Erbringung ärztlicher Leistungen (z.B. Mutterschaftsrichtlinien) und Genehmigungen eingehalten bzw. beachtet zu haben. Damit würde letztlich auch erklärt werden, eine genehmigungspflichtige Leistung sei nur dann erbracht worden, wenn auch die erforderliche Genehmigung vorliegt.

9 Das **BSG** misst der Vierteljahreserklärung des Arztes eine **weitreichende Bedeutung** bei.[15] Nach seiner Auffassung ist die sog. Sammelerklärung eigenständige Voraussetzung für die Entstehung des Anspruches eines Vertragsarztes auf Vergütung der von ihm erbrachten Leistungen. Der Arzt garantiert damit die Richtigkeit seiner eingereichten Unterlagen. Diese **Garantiefunktion** ist nach Auffassung des Gerichts unverzichtbar, da die Angaben des Arztes angesichts des erheblichen Kontrollaufwandes nur in begrenztem Umfang überprüfbar sind. Das vertragsärztliche Abrechnungssystem beruht deshalb auf dem Vertrauen, dass der Arzt die Behandlungsausweise zutreffend ausfüllt bzw. durch sein Personal ausfüllen lässt. An anderer Stelle hat das BSG daher von der Pflicht des Arztes zur ordnungsgemäßen Leistungserbringung und zur „peinlich genauen Abrechnung“ als einer Grundpflicht des Arztes gesprochen.[16]

10 Aus der Funktion der Sammelerklärung folgert das BSG weiter, dass die **Garantiefunktion entfällt,** wenn sich (auch nur in einzelnen Fällen) deren **Unrichtigkeit** herausstellt (es sei denn, es handelt sich um ein schlichtes Versehen).[17] Bei Wegfall der Garantiefunktion dieser Erklärung hat der Arzt auch keinen Anspruch auf Festsetzung des Honorars im angemeldeten Umfang. Ist das Honorar schon festgesetzt, so ist die KV dann nicht nur berechtigt, sondern in der Regel auch verpflichtet, den Honorarbescheid nachträglich aufzuheben, das Honorar neu festzusetzen und überhöht ausgezahlte Beträge zurückzufordern.

11 Sind einzelne Abrechnungsteile falsch, so ist die Sammelerklärung **als Ganzes unrichtig.** Dies führt zu einer Umkehr der Beweislast: Der Arzt muss nachweisen, in welchem Umfang er Leistungen dennoch ordnungsgemäß erbracht und abgerechnet hat. Voraussetzung für die Umkehr der Beweislast ist allerdings, dass die unrichtigen Angaben des Arztes mindestens

---

[15] BSG SozR 3–5550 § 35 Nr. 1 = MedR 1998, 338.

[16] BSGE 43, 250 (255); BSGE 66, 6 (8); BSG SozR 3–2500 § 95 Nr. 4. In diesem Sinne auch LSG NRW, Urt. vom 28. 4. 1999 – L 11 KA 16/99 –.

[17] BSG SozR 3–5550 § 35 Nr. 1.

grob fahrlässig erfolgt sind. Insoweit folgt das BSG dem Grundgedanken aus § 45 Abs. 2 Satz 3 Nr. 2 SGB X. Die Aufhebung der ursprünglichen Honorarbescheide richtet sich allerdings nicht nach dieser Bestimmung, sondern nach den Sondervorschriften des Vertragsarztrechts über die sachlich-rechnerische Richtigstellung der Honorarabrechnung.[18]

12 Das Gericht bezeichnet den Wegfall der Garantiefunktion als verhältnismäßig; denn dem Arzt steht nicht etwa kein Anspruch auf Vergütung der erbrachten Leistungen zu; vielmehr hat die KV nach Aufhebung der unrichtigen Honorarbescheide das Honorar neu festzusetzen. Insoweit steht ihr ein **Schätzungsermessen** zu. Nach Auffassung des BSG ist es nicht zu bestanden, wenn die KV in diesen Fällen dem Arzt ein Honorar in Höhe des Fachgruppendurchschnitts zugesteht. Etwas anderes gilt nur, wenn sich die Unrichtigkeit erkennbar nur auf einen abgrenzbaren Teil der Honorarabrechnung bezieht.

13 Erweist sich eine Sammelerklärung als mindestens grob fahrlässig unrichtig, so ist die KV zur Aufhebung der Honorarbescheide für dieses Quartal bei allen Kassen und Kassenarten berechtigt, mag sich die Unrichtigkeit auch nur bei einer Kasse oder Kassenart ergeben haben. Das BSG folgert dies daraus, dass die Sammelerklärung für alle Kassen und Kassenarten abgegeben wird.

14 Das BSG hatte schon früh sog. **Tagesprofile** als grundsätzlich geeignet angesehen, um Verstöße gegen die Verpflichtung zur peinlich genauen Leistungsabrechnung zu belegen.[19] Sind Tagesprofile erstellt und belegen diese die Fehlerhaftigkeit der Abrechnung des Arztes (unter zeitlichen Gesichtspunkten, also Nichterbringbarkeit oder nicht leistungslegendengerechte Erbringung der ärztlichen Leistungen), so bedarf es nach Auffassung des BSG nicht mehr eines zusätzlichen Nachweises, welche einzelne abgerechnete Leistung gegenüber welchem Patienten nicht – wie abgerechnet – erbracht worden ist. Die Beweislast kehrt sich somit um. Der Arzt muss nachweisen, welche Leistungen er erbracht hat. Inzwischen hat der Gesetzgeber die arztbezogene Überprüfung vom Umfang der je Tag abgerechneten Leistungen im Hinblick auf den damit verbundenen Zeitaufwand (Plausibilitätsprüfungen) gesetzlich näher geregelt (§ 106a SGB V; eingeführt durch das GMG zum 1. 1. 2004; näher dazu unten Rdn. 30ff.).

IV. Sachlich-rechnerische Prüfung der Abrechnungsunterlagen des Vertragsarztes durch die KV

15 Nach § 75 Abs. 1 SGB V haben die KVen (neben der KBV) die vertragsärztliche Versorgung im gesetzlich bestimmten Umfange (§ 73 Abs. 2 SGB V) sicherzustellen; sie haben den Krankenkassen gegenüber zu gewährleisten, dass die vertragliche Versorgung den gesetzlichen und vertraglichen Erfordernissen entspricht. Aus **Sicherstellungsauftrag** und **Gewährleistungspflicht** folgt die Verpflichtung, die eingereichten Abrechnungsunterlagen des Vertragsarztes zu überprüfen und bei Fehlern die Honorarabrechnung zu korrigieren. Die **sachlich-rechnerische** Richtigstellung[20] besteht nach dem BSG darin, die

---

[18] BSG SozR 3–5550 § 35 Nr. 1 unter Hinweis auf BSGE 74, 44 (45ff.); BSG SozR 3–1300 § 45 Nr. 22; BSG SozR 3–2500 § 76 Nr. 2 und BSG SozR 3–5525 § 32 Nr. 1.

[19] BSGE 73, 234 = SozR 3–2500 § 95 Nr. 4; ebenso LSG Bad.-Württbg. SGb 1992, 265ff. m. kritischer Anm. v. *Schneider;* zustimmend indessen *Weber/Droste* NJW 1992, 2281 (2286); s. auch unten Rdn. 30ff.

Sehr umfassend dazu neuerdings auch Urt. des BSG vom 8. 3. 2000 – B 6 KA 16/99 R – (BSGE 86, 30 = NZS 2001, 213); erg. s. BSG SozR 3–5550 § 35 Nr. 1; der BSG-Rechtsprechung folgend u. a. LSG NRW MedR 2004, 464. Diese generelle Geeignetheit von Zeitprofilen für Indizienbeweise belegt indessen nicht, dass Zeitprofile auch im Rahmen der Wirtschaftlichkeitsprüfung nach § 106 SGB V geeignet sind; zutreffend insoweit *Spellbrink* NZS 1993, 304 und *Weber/Droste,* a.a.O., 2287. Zur früheren Beurteilung von Tagesprofilen s. *Clemens,* in: Schulin (Hrsg.), Handbuch des Sozialversicherungsrechts, Band 1, 1994, S. 904 m. w. N.

[20] Zu dieser Thematik nach bisheriger Rechtslage mit zahlreichen Literatur- und Rechtsprechungsnachweisen *Clemens,* a.a.O. (FN 19), S. 899ff.

Abrechnungen des Arztes rechnerisch und bezüglich der ordnungsgemäßen Anwendung der Gebührenordnung sowie andere Bestimmungen (z. B. Verträge, Richtlinien) zu prüfen und ggf. berichtigen. Der Prüfungsumfang betrifft die Gebührenordnung, den HVM (s. dazu § 16 Rdn. 96 ff.) sowie andere Abrechnungsbestimmungen. Der Inhalt dieser Prüf- und Berichtigungspflicht war bisher nicht näher geregelt. Die Pflicht zur sachlich-rechnerischen Prüfung der vom Arzt eingereichten Abrechnungsunterlagen ist (durch das GMG) seit 1. 1. 2004 in § 106 a Abs. 2 S. 1 SGB V als Teil der sog. **Abrechnungsprüfung** (vgl. Überschrift des Gesetzes) gesetzlich ausdrücklich verankert. Die Prüfung ist Aufgabe der KV.[21] Den Krankenkassen obliegt seit 1. 1. 2004 ergänzend die Prüfung (§ 106 a Abs. 3 SGB V), des Bestehens und des Umfangs der Leistungspflicht, der Plausibilität der abgerechneten Leistungen in Bezug auf die angegebenen Diagnosen, der in Anspruch genommenen Ärzte und der Zahlung der „Praxisgebühr" (Zuzahlung nach § 28 Abs. 4 SGB V). Auch die (paritätisch besetzten) Prüfgremien nach § 106 SGB V können weiterhin über sachlich-rechnerische Richtigstellungen mit entscheiden. Die Abrechnungsfragen dürfen dabei im Vergleich zur Wirtschaftlichkeitsprüfung aber nur eine deutlich untergeordnete Rolle spielen (Randzuständigkeit).[22] Eine zusätzliche Zuständigkeit der KV auch für Wirtschaftlichkeitsprüfungen gibt es demgegenüber nicht.

16 Der Honoraranspruch des Arztes gegen die KV wird fällig, sobald die KV die Höhe des Anspruches nach sachlich-rechnerischer Richtigstellung und bei quartalsgleicher Wirtschaftlichkeitsprüfung nach dieser Prüfung nach § 106 SGB V (s. dazu unten) festgestellt hat. Damit der Arzt seine Praxis bis zum Abschluss dieser Prüfungen und Honorarfestsetzung finanzieren kann, erhält er am Ende eines jeden Monats des laufenden Quartals **Abschlagszahlungen,** i. d. R. 25% des zu erwartenden Honorarumsatzes, der aus den Vorquartalswerten oder auch aus Zwischenmeldungen zu den Fallzahlen des laufenden Quartals abgeleitet wird.

1. EBM und HVM/HVV als Abrechnungsgrundlage

17 Im Bereich der gesetzlichen Krankenkassen sind nur Leistungen abrechenbar, die im **EBM** (mit Leistungslegende und Punktbewertung) erfasst sind. Der neue EBM 2005 ist zum 1. 4. 2005 in Kraft getreten mit einer Übergangsphase bis Ende 2005.[23] Der EBM gliedert sich in sechs Abschnitte: Allgemeine Bestimmungen, arztgruppenübergreifende allgemeine Leistungen, arztgruppenübergreifende spezielle Leistungen, Kostenpauschalen und drei Anhänge. Zum 1. 1. 2007 werden sog. **Regelleistungsvolumina** (artbezogen) als Vergütungsgrundlage gegenüber dem Vertragsarzt auf der Grundlage des EBM 2005 eingeführt werden (s. § 85 b Abs. 1 S. 1 SGB V).[24] Zum 1. 7. 2004 hätte ein neuer Honorarverteilungsvertrag (statt des bisherigen HVM der jeweiligen KV) vereinbart werden müssen (Vorgabe aus § 85 Abs. 4 SGB V). Aufgrund von Übergangsregelungen gelten die

---

[21] Jetzt ausdrücklich geregelt: § 106 a Abs. 2 S. 1 SGB V; bisher aber schon st. Rspr. s. BSGE 27, 146; 42, 268; 57, 151; 60, 69; 68, 93.

[22] BSGE 60, 69; 68, 93; 72, 271 = NZS 1994, 39.

Es darf sich dabei nicht um komplizierte, schwierige Auslegungs- und Abrechnungsfragen handeln. *Clemens,* a.a.O. (FN 19), S. 908 hält eine sachlich-rechnerische Kürzung von mehr als 20% nicht mehr für eine bloße Randfrage. Zur „dritten Säule" (Schadensregreß) s. *Clemens,* ebenda, S. 961 ff. m. w. N.

[23] Grundlage: §§ 87, 85 b SGB V. Veröffentlicht im DÄBl. 2004, A-2553 und A-3133 mit weiteren Aktualisierungen (u. a. DÄBl. 2005, A-614, A-693, A-698, A-701, A-857, A-1007, A-1622. – Zur Entstehungsgeschichte, Struktur und zu den Anwendungsproblemen des EBM 2005 s. u. a. *Kallenberg* GesR 2005, 97 ff.; s. auch *Quaas/Zuck,* Medizinrecht 2005, § 20 II, ferner oben § 16 Rdn. 28 ff.

[24] Arztbezogene Regelleistungsvolumina sind die von einem Arzt in einem bestimmten Zeitraum abgerechneten Leistungsmengen, die mit einem festen Punktwert vergütet werden (§ 85 b Abs. 2 S. 1 SGB V). Zur näheren Erläuterung s. oben § 16 Rdn. 112, 117 f.

bisherigen Honorarverteilungsmaßstäbe jedoch bis einschließlich Quartal 1/2005 weiter. Statt der gesetzlich ab 1. 4. 2005 vorgesehenen Regelleistungsvolumina konnte unter den Vertragsparteien auch die Fortgeltung des bisherigen Steuerungselemente (im HVM) vereinbart werden, sofern sie in ihren Auswirkungen denen der Regelleistungsvolumina gleichkamen (s. Beschluss des Bewertungsausschusses vom 29. 10. 2004 – DÄBl. 2004, S. A-3129).

18 Aufgabe der KV ist es daher zunächst, die Übereinstimmung der zur Abrechnung angemeldeten Leistungen mit dem EBM zu überprüfen. Angesichts der Vielzahl der abgerechneten Leistungen ist dies praktisch nur bedingt möglich. Insoweit darf sich die KV auf die **Sammelerklärung** des Arztes verlassen, mit der die Richtigkeit der Leistungserbringung und die Ordnungsmäßigkeit der Abrechnung bestätigt wird (s. dazu oben Rdn. 8ff.). Die KV hat jedoch unabhängig davon Budgetgrenzen, Abstaffelungsregelungen, Fallzahlbegrenzungen etc. des EBM und des HVM und ab 1. 4. 2004 des HVV (vgl. § 85 Abs. 4 SGB V) zu berücksichtigen. Zum 1. 7. 1997 waren in den Allgemeinen Bestimmungen des EBM (A I Teil B) **Praxis- und Zusatzbudgets** eingeführt worden,[25] ferner **qualifikationsgebundene Zusatzbudgets** (Ziff. 4.1) und **Zusatzbudgets** (Ziff. 4.3), um Versorgungsschwerpunkte abzudecken (vgl. die Vereinbarung zwischen den Spitzenverbänden der Krankenkassen und der KBV vom 19. 11. 1996). Von den Teilbudgets gab es Befreiungen, ferner Budgeterweiterungen (Ziff. 4 der Vereinbarung zur Weiterentwicklung des EBM vom 7. 6. 1996[26]) zur Vermeidung von Härtefällen. Auch der HVM konnte zur Fallwert- oder Fallzahlbegrenzung **Individualbudgets** vorsehen.[27] Neben Budgetgrenzen, die sich aus dem EBM und ergänzend aus dem HVM oder jetzt HVV ergeben, neben Abstaffelungsregelungen etc. hat die KV bei der Abrechnung auch vom Arzt **selbstauferlegte Leistungsobergrenzen** bei der Abrechnung zu berücksichtigen. Zu solchen hat sich z.B. der Arzt zu verpflichten, der nach § 101 Abs. 1 Nr. 5 SGB V im **Jobsharing** einen Arzt anstellt. Die Leistungsobergrenze der Praxis (zulässiges Punktzahlvolumen) wird quartalsbezogen vom Zulassungsausschuss so festgelegt, dass die in einem entsprechenden Vorquartal gegenüber dem Vertragsarzt anerkannten Punktzahlforderungen um **nicht mehr als 3%** überschritten werden. Die Leistungsobergrenze kann auf Antrag verändert werden.[28] Die KV muß auch prüfen, ob ein (genehmigter) Assistent in einer Vertragsarztpraxis die übermäßige Leistungsausdehnung dieser Praxis aufrechterhält oder zur übermäßigen Ausdehnung beiträgt (§ 32 Abs. 3 Ärzte-ZV). Honorarteile jenseits dieser Grenze (ein Mehr von 25%) sind zurückzufordern (BSG Urteil v. 28. 9. 2005 – B 6 KA 14/04).

19 Steigende Arztzahlen und die Ausweitung der Leistungsmenge („Hamsterrad") haben zu einem ständigen Punktwertverfall geführt, der durch die Budgetierung nur vorübergehend gestoppt wurde. Vertragsärzte fragen daher, ob ihre Leistungen noch angemessen vergütet werden. Nach ständiger Rechtsprechung[29] trifft die Pflicht zu einer angemes-

---

[25] Kritisch zur Legitimation des Bewertungsausschusses, zur bisherigen Rechtsprechung des BSG zur Überprüfbarkeit des EBM sowie zu verfassungsrechtlichen Bedenken gegen die Entscheidungen des Bewertungsausschusses *Wimmer* NZS 2001, 287ff. Diesen Bedenken ist das BSG mit seinen Entscheidungen vom 9. 12. 2004 (führendes Verfahren: B 6 KA 44/03 = MedR 2005, 538) entschieden entgegengetreten. Zum Spannungsverhältnis zwischen EBM und HVM oben § 16 Rdn. 27ff und 96ff.

[26] DÄBl. 1996, A-2815ff. Zu Praxis- und Zusatzbudgets im EBM s. *Hesral* NZS 2000, 596 mit ausführlichen Rechtsprechungsnachweisen.

[27] Rechtsgrundlage: § 85 Abs. 4 SGB V (BSG Urt. v. 3. 3. 1999 MedR 2000, 153ff. = SozR 3–2500 § 85 Nr. 31). Erg. s. BSG v. 13. 3. 2002 – B 6 KA 1/01, 15/01 R und 35/01 R –. Generell zur bisherigen Rechtsprechung des BSG zur Honorarverteilung s. die Übersicht bei *Clemens* MedR 2000, 17ff.

[28] Vgl. dazu *Gleichner* MedR 2000, 399ff.

[29] BSGE 75, 187ff. = NJW 1995, 3075; Urt. v. 3. 3. 1999 SozR 3–2500 § 85 Nr. 30. Zum teilweise gegenläufigen Standpunkt in der Literatur s. insbes. *Wimmer* MedR 1998, 533; *ders.*, MDR 2001, 361; erg. s. die Übersicht bei *Quaas/Zuck* Medizinrecht, 2005, § 20 Rdn. 68. – Die Pflicht zur

senen Vergütung nach § 72 Abs. 2 SGB V zunächst die Vertragsparteien; diese müssen eine **angemessene Gesamtvergütung** vereinbaren (zur Gesamtvergütung s. oben § 16 Rdn. 58ff.). Hieraus kann der Arzt selbst keinen (subjektiven) Rechtsanspruch auf eine angemessene Honorierung seiner Leistungen ableiten. Nach Auffassung des BSG kommt dem Gebot der angemessenen Vergütung lediglich eine „objektiv-rechtliche Bedeutung in dem Sinne zu, dass den Vertragsparteien der vertragsärztlichen Versorgung aufgegeben wird, bei deren Ausgestaltung auch die angemessene Vergütung der ärztlichen Leistung zu berücksichtigen". Das **BSG** hat diesen Grundsatz am 9. 12. 2004 in insgesamt 19 Entscheidungen ausdrücklich bestätigt und ausführlich begründet (führendes Verfahren B 6 KA 44/03 – abgedruckt in MedR 2005, 561; erg. s. insbes. das Verfahren B 6 KA 84/03 R). Danach genügen die Ermächtigungsgrundlagen des SGB V für Honorarvergütungsmaßstäbe und dem EBN dem Parlamentsvorbehalt und dem verfassungsrechtlichen Bestimmheitsgebot. Die Vertragspartner der Bundesmantelverträge verfügen über eine ausreichende demokratische Legitimation für diese untergesetzlichen Regelungen. § 72 Abs. 2 SGB V ist nur eine von mehreren gesetzlichen Vorgaben für gesamtvertragliche Regelungen; die Vorschrift eignet sich nicht als Anspruchsgrundlage für eine bestimmte Höhe der Vergütung des einzelnen Vertragsamts. Es besteht insoweit also kein subjektiver Anspruch des Arztes gegenüber der KV. Etwas anderes käme nur dann in Betracht (Ausfluss aus Art. 12 Abs. 1 GG), wenn durch eine zu niedrige Vergütung ärztlicher Leistungen das vertragsärztliche Versorgungssystem als Ganzes aber zumindest in Teilbereichen gefährdet wäre.

20 Von diesem Grundsatz war das BSG bisher nur bei der Bewertung der Vergütung genehmigungspflichtiger zeitabhängiger psychotherapeutischer Leistungen (Kapitel G IV EBM) abgewichen.[30] Unter dogmatischen Gesichtspunkten war demgegenüber schon mehrfach für alle Leistungen ein subjektives Recht des Arztes auf eine angemessene Honorierung gefordert worden.[31]

21 Der EBM enthält Leistungslegenden, die nicht immer begriffsscharf sind. Dies hat seit jeher zu Auslegungsfragen geführt. Der EBM ist dabei nicht als Ganzes oder in Teilen durch eine **Normenkontrollklage** anfechtbar. Vielmehr ist die Richtigkeit der Auslegung der Leistungslegende einer Gebührennummer des EBM vom Gericht incidenter bei der Klage gegen den Honorar- oder den Honorarkorrekturbescheid zu überprüfen. Den Gerichten steht dabei nur ein enger Auslegungsspielraum zu. Maßgeblich ist der Wortlaut der jeweiligen Leistungslegende. Das Gericht kann allenfalls Lücken in einer Regelung

---

Vereinbarung einer angemessenen Vergütung ist gesetzliche Pflicht, allerdings nur ein objektiv-rechtlicher Grundsatz. Die Angemessenheit der Vergütung wird dabei erst unterschritten, wenn durch die Vergütung nicht etwa nur einzelne Vertragsarztpraxen wirtschaftlich gefährdet sind, sondern die vertragsärztliche Versorgung als Ganzes (s. dazu auch § 16 Rdn. 23ff.). Es besteht für die KVen auch keine Pflicht, einen kassenarztübergreifenden Honorarausgleich für strukturschwache Praxen im HVM vorzusehen (LSG Hamburg, 18. 3. 1998 – II KA 387/94).

[30] BSGE 83, 205 = SozR 3–2500 § 85 Nr. 29 = MedR 2000, 377ff. m. Anm. von *Boni;* erg. s. Urt. des BSG v. 12. 9. 2001 – B 6 KA 58/00 R u. B 6 KA 8/01 R –; zur Vergütung psychotherapeutischer Leistungen s. auch *Steinhilper* VSSR 2000, 349ff. m.w.N; *Rath* MedR 2001, 60ff.; *Kleine-Cosack* P.u.R. 2001, 105ff. Zur Nachvergütung psychotherapeutischer Leistungen hatte der Bewertungsausschuss dafür eine neue Berechnungsformel vorgelegt (Beschl. v. 16. 2. 2000 = DÄBl. 2000, A-555). Auch dieser Beschluss ist vom BSG beanstandet worden (MedR 2004, 396). Am 29. 10. 2004 hat der Bewertungsausschuss daher erneut beschlossen (DÄBl. 2004, A-2554 und A-3133); zur Entwicklung s. u.a. *Steinhilper,* Psychologische Psychotherapeuten, in: Rieger (Hrsg.), Lexikon des Arztrechts, 2. Aufl., Heidelberg 2001, Beitrag 4430, insbes. Rdn. 56ff.

[31] So insbes. *Isensee* VSSR 1995, 321ff. und besonders vehement unter umfassender verfassungsrechtlicher Würdigung (Art. 12 Abs. 1 und Art. 14 Abs. 1 GG) *Wimmer* MedR 1998, 533ff., wonach der Vertragsarzt gegen die KV einen Rechtsanspruch auf angemessene Vergütung nach §§ 72 Abs. 2, 85 Abs. 3 Satz 1 und Abs. 4 SGB V hat. A.A. *Hess* VSSR 1995, 367; *Funk* MedR 1994, 314ff.; *Schneider* SGb 1995, 321ff. Zu dieser Thematik s. auch *Maaß* NZS 1998, 20ff. und *Spoerr* MedR 1997, 1ff.

aufzeigen (Folge: Verurteilung zur Neubescheidung), aber nicht teleologisch oder historisch auslegen oder ergänzen. Erfreulich ist insoweit, dass der EBM 2005 (1391 Gebührennummern) 16000 schriftlich dokumentierte Gebührenausschlüsse normiert, so dass insoweit mehr Rechtsklarheit geschaffen sein dürfte.

2. Regelwerk

22 Über ein EDV-Programm (sog. **Regelwerk;** von KV zu KV unterschiedlich) werden Unstimmigkeiten in der Abrechnung des Arztes **formal überprüft** und ggf. korrigiert. Sind bestimmte Leistungen nach dem EBM nebeneinander nicht abrechenbar (z.B. GNR 119 nicht neben GNR 118), so wird bei Unverträglichkeit jeweils die niedriger bewertete GNR gelöscht. Evtl. Zuschläge werden als Bestandteil der Bezugs-GNR berücksichtigt. Diese Korrekturen werden in dem Honorarbescheid i.d.R. ausgewiesen. In einzelnen KVen müssen solche Honorarberichtigungen angesichts der Offensichtlichkeit oder wegen ihrer Geringfügigkeit in ihren Auswirkungen im Honorarbescheid nicht ausdrücklich erwähnt und quantifiziert werden. Dem Vertragsarzt wird insoweit eine Überprüfungs- und gesonderte Widerspruchsmöglichkeit genommen.

23 Das Regelwerk besteht – technisch betrachtet – aus formalisierten Regeln, die dem EBM entnommen sind. Das Regelwerk (geordnete Zusammenfassung aller Regeln) muss ständig aktualisiert werden. Im Regelwerk sind nicht alle Unverträglichkeiten erfassbar; andererseits gibt es eine Fülle von Musskorrekturen (z.B.: GNR im Leistungsquartal ungültig; GNR unverträglich zum Abrechnungsgebiet oder zur Scheinuntergruppe; Zuschlagsleistung ohne Bezugsgebührennummer; Wegegebühren ohne Besuche oder Visite).

3. Zulassung oder Ermächtigung als erste Abrechnungsvoraussetzung

24 Die KV hat zunächst zu überprüfen, ob die eingereichten Abrechnungsunterlagen von einem in ihrem Bereich (noch) zugelassenen oder ermächtigten Arzt stammen. Bei Vertragsärzten erweist sich diese Prüfung in der Regel nicht als schwierig. Bei ermächtigten Ärzten ist auch der Ermächtigungsumfang zu prüfen. Abrechnungsfähig sind nur Leistungen im Rahmen des Ermächtigungskataloges des ermächtigten Arztes (Ausnahme: Notfallbehandlung). Zu den statusrechtlichen Bedingungen,[32] die Abrechnungsvoraussetzung sind, zählen auch die Genehmigung einer Gemeinschaftspraxis oder eines MVZ durch den Zulassungsausschuss und die Genehmigung eines Assistenten oder Vertreters. Hat ein Arzt sich seine Zulassung erschlichen (z.B. durch gefälschte Unterlagen), ist rückwirkend die Zulassung zu entziehen;[33] ein Honoraranspruch für zwischenzeitlich erbrachte Leistungen besteht nicht. Dasselbe gilt, wenn der Arzt (aus welchen Gründen auch immer) rückwirkend auf seine Zulassung verzichtet. Strittig ist, ob ein Vergütungsanspruch bestehen bleibt, wenn dem Arzt nach § 27 Ärzte-ZV i.V.m. § 95 Abs. 6 SGB V für die Zukunft (Regelfall) die Zulassung entzogen wird. Die KV hat u.a. auch zu prüfen, ob eine Praxisgemeinschaft „faktisch" wie eine Gemeinschaftspraxis gelebt wird. Dies kann zu medizinisch nicht notwendigen Doppelbehandlungen führen. Nach § 11 Abs. 2 der Richtlinie zur Abrechnungsprüfung nach § 106a SGB V (DÄBl. 2004, S. A-2255 u. 3135) gelten bei versorgungsbereichsgleichen Praxisgemeinschaften Patientenidentitäten ab 20% als auffällig, bei versorgungsbereich übergreifenden ab 30% (zu dieser Problematik s. neuerdings *Wehebrink* NZS 2005, 400; erg. s. *Krafczyk* MedR 2003, 313).

25 Seit 1. 7. 1997 (2. GKV-Neuordnungsgesetz) kann auch ein **angestellter Arzt** desselben Fachgebietes im Rahmen des **Jobsharing** in einer Vertragsarztpraxis (Einzelpraxis, Gemeinschaftspraxis, MVZ) tätig sein (§ 101 Abs. 1 Nr. 5 SGB V). Dieser ist nicht selbst

---

[32] Zur Teilnahme an der vertragsärztlichen Versorgung s. ausführlich oben *Schnath* § 5b, zum Zulassungsverfahren oben *Schiller* § 5d.

[33] BSG SozR 2200, § 368f Nr. 1; erg. s. BSG 76, 153 = NJW 1996, 3102.

abrechnungsberechtigt. Dasselbe gilt für Weiterbildungs- und Entlastungsassistenten. Der Honoraranspruch für deren Leistungen steht dem jeweiligen Praxisinhaber zu. Etwas anderes gilt für einen **Gemeinschaftspraxispartner,** der als Jobsharing-Partner tätig ist (§ 101 Abs. 1 Nr. 4 SGB V); seine Leistungen werden als Honorarforderungen der Gemeinschaftspraxis abgerechnet.

4. Prüfung der Abrechnung unter dem Gesichtspunkt der Qualitätssicherung

26 Der Vertragsarzt ist zu einer Leistung verpflichtet, die den allgemein anerkannten Standard der medizinischen Erkenntnisse entspricht (§§ 2, 70, 76 Abs. IV SGB V). Zahlreiche ärztliche Untersuchungs- und Behandlungsmethoden bedürfen daher einer besonderen **fachlichen Qualifikation** und/oder einer besonderen (genehmigungsbedürftigen) **apparativen Ausstattung** (z. B. CT- und MRT-Geräte). Leistungen aus diesen Bereichen und auf solchen Geräten sind nur abrechnungsfähig, wenn der Praxisinhaber der KV die jeweilige fachliche Qualifikation und die Ordnungsmäßigkeit der benutzten Geräte nachgewiesen hat (wirksam erst ab tatsächlicher Genehmigung durch die KV; keine Rückwirkung), sofern diese Maßnahmen der Qualitätssicherung (Prozess- und Ergebnisqualität) ausdrücklich als Abrechnungsvoraussetzung formuliert sind. Grundlage für solche Abrechnungsvoraussetzungen sind u. a. § 115b Abs. 2 SGB V (ambulantes Operieren im Krankenhaus) und § 135 Abs. 2 SGB V (Strukturqualität) i. V. mit den Vereinbarungen der Partner der Bundesmantelverträge (z. B. Zytologie-Richtlinien, Vereinbarung über die ambulante Behandlung chronisch Kranker, über Strahlendiagnostik und -therapie, über Ultraschalluntersuchungen, Kernspintomographie, über das ambulante Operieren etc.) und auch § 135a SGB V (Verpflichtung zur Qualitätssicherung); erg. s. §§ 136, 136a, 137b, 137f, 139a SGB V.

27 **Abrechnungsverbote** für Ärzte, die die entsprechenden Voraussetzungen nicht erfüllen, hat das BSG als verfassungsgemäß eingestuft (Vorrang des öffentlichen Interesse an einer qualitativ hoch stehenden ärztlichen ambulanten Versorgung).[34] Die KV hat daher den jeweiligen Fachkundenachweis sowie die Geeignetheit der vorgehaltenen medizinischen Geräte zu überprüfen. Fehlt eine Genehmigung oder ein genehmigtes Gerät, ist das Honorar für dennoch zur Abrechnung eingereichte Leistung abzusetzen, mag die Untersuchung/Behandlung des Patienten auch erfolgreich gewesen sein, so dass die Krankenkassen ihren Sachleistungspflicht erfüllt haben. Erbringt ein **Vertreter** eines Vertragsarztes Leistungen, die eines speziellen Fachkundenachweises oder einer besonderen Abrechnungsgenehmigung bedürfen, so muss auch der Vertreter über diese Qualifikation verfügen; andernfalls ist die Leistung (Ausnahme: Notfallbehandlung) nicht abrechenbar.[35] Umgekehrt: Verfügt der Vertreter über Qualifikationen, die der Praxisinhaber nicht besitzt (z. B. Sonographiegenehmigung), so erweitert diese Qualifikation des Vertreters nicht das abrechenbare Leistungsspektrum des Praxisinhabers. Entsprechende Beschränkungen gelten bei der Anstellung eines Arztes nach Jobsharing-Bedingungen (§ 101 Abs. 1 Nr. 5 SGB V). Der Partner einer Gemeinschaftspraxis nach § 101 Abs. 1 Nr. 4 SGB V (Jobsharing) darf demgegenüber über die Gemeinschaftspraxis all die Leistungen abrechnen, für die er fachlich qualifiziert ist.

5. Prüfung der Einhaltung der Fachgebietsgrenzen nach der Weiterbildungsordnung

28 Nach dem Berufsrecht (jeweilige Berufsordnung der Ärztekammer; s. dazu oben § 2 Rdn. 30) ist ein Arzt berechtigt, nur Leistungen innerhalb seines Fachgebietes abzurechnen. Die Grenzen des Fachgebiets werden durch die jeweilige Weiterbildungsordnung bestimmt. Die **Fachgebietsgrenze** legt mithin fest, in welchem Umfang ein Vertragsarzt ärztliche Leistungen zu Lasten der GKV erbringen und abrechnen darf. Leistungen außer-

---

[34] BSG SozR 3–2500 § 135 Nr. 10; s. auch schon BSGE 82, 55.

[35] BSG NZS 1998, 540.

halb des Fachgebietes darf er nicht abrechnen,[36] auch wenn er die erforderlichen Kenntnisse zur Erbringung der Leistungen nachgewiesen hat.[37] Ausnahmen hiervon[38] gibt es nur bei der Notfallbehandlung und bei sogenannten Annexleistungen.[39] Eine ärztliche Leistung wird nicht dadurch fachfremd, dass sie nicht an eigenen Patienten, sondern auf Überweisung von Fachkollegen für deren Patienten erbracht wird (so ausdrücklich BSG 19. 9. 2001 – B 6 KA 89/00 R).

6. Prüfung der Einhaltung des Grundsatzes der persönlichen Leistungserbringung

29 Im Vertragsarztrecht gilt der **Grundsatz der persönlichen Leistungserbringung.**[40] Dieser Grundsatz ist an verschiedenen Stellen geregelt, allerdings äußerst unvollständig (s. § 15 Abs. 1 SGB V, § 28 Abs. 1 SGB V, § 32 Ärzte-ZV, § 15 Abs. 1 BMV-Ärzte = § 14 Abs. 1 BMV-Ersatzkassen; für Laborleistungen: § 25 BMV-Ärzte = § 28 BMV-Ersatzkassen; erg. s. die Neufassung des § 19 Abs. 2 MBO).[41] Der Grundsatz gilt nicht nur für Vertragsärzte, sondern auch für ermächtigte Ärzte, soweit sie im Rahmen ihres Ermächtigungskataloges an der vertragsärztlichen Versorgung teilnehmen.[42] Die KVen dürfen nur Leistungen abrechnen, die der Arzt persönlich erbracht oder bei zulässiger Delegation an geeignetes ärztliches oder nicht ärztliches Personal ausreichend fachlich überwacht hat. In der Vierteljahreserklärung wird daher vom Arzt stets die Zusicherung verlangt, die Grundsätze der persönlichen Leistungserbringung eingehalten zu haben (Hauptinhalt der Vierteljahreserklärung). Eine ergänzende Kontrolle durch die KV erweist sich in der Praxis als schwierig. Dies gilt insbesondere bei ermächtigten Ärzten. Die Verlockung ist groß, dass diese auch bei der ambulanten Versorgung ärztliches und nicht ärztliches Personal des Krankenhauses hinzuziehen, das ihnen bei der stationären Behandlung ohnehin untersteht. Um die Einhaltung der persönlichen Leistungserbringungspflicht bei ärztlichen Kooperationsverfahren überprüfen zu können, sehen die **Bundesmantelverträge** für versorgungsbereichs- und/oder arztgruppenübergreifende Gemeinschaftspraxen sowie für MVZs seit 1. 1. 2005 eine arztbezogene **Kennzeichnungspflicht** (für ärztliche Behandlungen und Verordnungen) vor (§ 37 Abs. 3 BMV-Ä = § 22 Abs. 3 BMV-EK und § 44 Abs. 6 BMV-Ä = § 34 Abs. 12 BMV-EK).

7. Plausibilitätsprüfungen

30 Im **Übergang zum neuen EBM** vom 1. 1. 1996 hatten nahezu alle KVen die Plausibilität der abgerechneten Leistungen ihrer Mitglieder geprüft.[43] Äußerer Anlass war die

[36] BSGE 23, 97; 30, 83; 36, 155; 38, 204; 58, 18; 62, 204; 84, 290. Zu den Auswirkungen des Weiterbildungsrechts von Ärzten und Psychotherapeuten auf das Vertragsarztrecht s. *Wenner* NZS 2002, 1 ff. (mit einer umfassenden Übersicht der Rechtsprechung des BSG).

[37] Die Beschränkung der ärztlichen Tätigkeit auf ein Fachgebiet nach der Weiterbildungsordnung verstößt nicht gegen Art. 12 GG (Berufsfreiheit; BVerfG NJW 1972, 1504 ff.).

[38] *Till* MedR 1985, 267 ff.

[39] BVerfG 9. 1. 1984 – 1 BvR 1219/83; s. a. BSG MedR 1988, 159 ff.

[40] Dazu *Peikert* MedR 2000, 253 ff. sowie *Steinhilper,* in: Rieger (Hrsg.), Lexikon des Arztrechts, 2. Aufl. 2001 (Stichwort: Persönliche Leistungserbringung); *ders.,* Persönliche Leistungserbringung in der ambulanten vertragsärztlichen Versorgung, in: Halbe/Schirmer (Hrsg.): Handbuch Kooperationen im Gesundheitswesen, Heidelberg 2005, Beitrag E 1200.

[41] Der Grundsatz der persönlichen Leistungserbringung wurde durch BÄK und KBV in einer gemeinsamen Erklärung konkretisiert (DÄBl. 1988, A-2197 ff.); diese Erklärung bedarf zur Anpassung an geänderte Verhältnisse der Überarbeitung.

[42] Das Erfordernis der persönlichen Leistungserbringung in der vertragsärztlichen Versorgung ist auch durch das BVerfG (BVerfGE. 11, 30 ff.) und das BSG (z. B. BSGE 39, 288 ff.) abgesichert.

[43] Grundlage: § 83 Abs. 2 SGB V i. d. F. des GRG v. 2000 (BT-Drucks. 14/2369 S. 10). Zu den Rechtsgrundlagen und den bisherigen Erfahrungen mit der Plausibilitätsprüfung s. *Steinhilper,* Plausibilitätsprüfung, in: Rieger (Hrsg.) Lexikon des Arztrechts, 2. Aufl., Heidelberg, 2001 ff. (Beitrag 4160).

Höherbewertung der Gesprächs- und Untersuchungsleistungen. Überprüft wurde, ob sich an einzelnen Arbeitstagen für nicht delegationsfähige vertragsärztliche Leistungen ein auffallend hoher Zeitbedarf ergab (Tagesprofile), oder ob der arbeitstägliche durchschnittliche Zeitbedarf für nicht delegationsfähige vertragsärztliche Leistungen im Quartal so hoch war (Quartalsprofil), so dass entweder an Spitzentagen oder im Quartalsdurchschnitt das Volumen der abgerechneten Leistungen nicht erbringbar erschien.

31 Der Zeitbedarf wurde anhand sog. **Tagesprofile**[44] und **Quartalsprofile** ermittelt. Den Tagesprofilen wurden **Zeitvorgaben** zugrunde gelegt,

- die sich entweder aus dem EBM selbst ergaben (z. B. GNR 10, 11, 17),
- oder die die jeweilige KV den ärztlichen Leistungen, die nach dem EBM nicht mit Mindestzeiten versehen sind, auf Grund des Erfahrungswissens den einzelnen Leistungen als Mindestzeiten zugeordnet hatte. Die Zeitvorgaben der einzelnen KVen unterschieden sich teilweise.[45] Die KBV hatte alle zeitabhängigen ärztlichen Leistungen, die im EBM nicht mit Zeitvorgaben versehen sind, mit einem Zeitkorridor versehen (Empfehlung für die KVen). Die jeweilige Mindestzeit sollte dabei den Tagesprofilen zugrundegelegt werden. Das BSG ging in seinen Entscheidungen von Januar (BSGE 83, 205 = NZS 2000, 159 = SozR 3–2500 § 85 Nr. 29) und August 1999 (BSGE 84, 235 = SozR 3–2500 § 85 Nr. 33 = ArztR 2000, 123) für die Berechnung der Vergütung zeitabhängiger genehmigungspflichtiger G IV-Leistungen in einer Psychotherapiepraxis von 36 Stunden pro Woche und 43 Arbeitswochen pro Jahr aus. Diese Zeiten bilden jedoch nicht eine Obergrenze der Erbringbarkeit therapeutischer Leistungen; sie dürfen also den Zeitprofilen nicht kurzerhand zugrundegelegt werden (s. *SG Stuttgart,* 24. 7. 2001 – S 11 KA 603/00 – u. a.). Leistungen oberhalb dieser Grenzen dürfen nicht ohne weiteres sachlich-rechnerisch berichtigt werden, sondern sind zu vergüten, soweit ihre Erbringung nicht implausibel ist. Die Implausibilität richtet sich nach den allgemeinen Kriterien, die die KV für die Plausibilitätsprüfung (anderer) ärztlicher Leistungen aufgestellt hat.

Für Plausibilitätsprüfungen sind die Zeitvergaben für das jeweilige Abrechnungsquartal maßgablich; spätere Änderungen brauchen nicht (rückwirkend) berücksichtigt zu werden (BSG MedR 2004, 464).

32 Die KBV hatte **„Verfahrensgrundsätze für Plausibilitätsprüfungen“** erarbeitet.[46] Darin sind die Schritte der Plausibilitätsprüfungen vom Anfangsverdacht bis hin zu den Folgeverfahren (auch Abgabe an die Staatsanwaltschaft), feste Zuständigkeiten, rechtliches Gehör des Betroffenen etc. geregelt. Die KVen hatten sich diesem Grundsatzpapier angeschlossen. Ziel war es, einheitliche Grundlagen für ein ordnungsgemäßes Prüfverfahren zu gewährleisten, das transparent ist, Rechtssicherheit für die KVen schafft und zudem Grundlage für die Zusammenarbeit mit den Krankenkassen und der Justiz bei der Aufklärung von Abrechnungsmanipulationen bildet. Aufgrund der „Verfahrensgrundsätze der KBV für Plausibilitätsprüfungen“ waren in den einzelnen KVen (regionale) **„Verfahrensordnungen“** verabschiedet worden (für die KVWL s. Westfälisches Ärzteblatt 12/2001 – Sonderheft). Als Empfehlung hatte die KBV auch **Zeitvorgaben** für EBM-Leistungen mit Arzt-Patienten Kontakt erarbeitet.

---

[44] Zur Zulässigkeit von Tagesprofilen zum Nachweis von Verstößen gegen den Grundsatz der persönlichen Leistungserbringung und damit zum Nachweis gröblicher Pflichtverletzungen s. u. a. LSG Stuttgart SGb 1992, S. 265 ff.; BSG in SozR 3–2500 § 95 Nr. 4 S. 13 m. w. N. (auch der kritischen Stimmen). Eindeutig insoweit mittlerweile auch das BSG, Urt. vom 8. 3. 2000 (BSGE 86, 304 = NZS 2001, 213 ff. = SozR 3–2500 § 83 Nr. 1).

[45] Nach Auffassung des SG Saarland (Urt. v. 20. 8. 1998 – S 2 KA 154/97) stand den KVen bei der Zeitbewertung der Leistungen ein Beurteilungsspielraum zu, so dass Mindestzeiten nicht etwa bundeseinheitlich sein mussten (so auch LSG NRW MedR 2004, 464 = GesR 2004, 479 und später BSG SozR 3–2500, § 106 Nr. 26).

[46] DÄBl. 2001, S. A-1027. Erg. s. die sog. Indikationsliste, nach der künftig die KVen bundeseinheitlich Abrechnungsauffälligkeiten überprüfen sollen, abgedruckt in DÄBl. 2001, A-1520.

Zum 1. 1. 2004 wurde die **Plausibilitätsprüfung** unter Hinweis auf die Rechtsprechung des BSG[47] neu geregelt[48] (§ 106a Abs. 2 SGB V; der bisherige § 83 Abs. 2 SGB V wurde gestrichen). Die Plausibilitätsprüfung ist jetzt Teil der sog. **Abrechnungsprüfung** (vgl. Überschrift im Gesetz); sie obliegt (allein) den KVen (Abs. 2).[49] **33**

KBV und Spitzenverbände der Krankenkassen haben gemeinsam und einheitlich **Richtlinien** zur Durchführung dieser Prüfungen zu vereinbaren (§ 106a Abs. 6 S. 1 SGB V). Die Richtlinien[50] traten am 1. 4. 2005 in Kraft. Ergänzend ist das Nähere zu Inhalt und Durchführung dieser Prüfungen auf Länderebene zu vereinbaren (Abs. 5).[51] **34**

Plausibilitätsprüfungen sind nach dem Gesetz Verfahren, bei denen der für die ärztliche Leistung erforderliche Zeitaufwand je Tag (durch Tagesprofile) und/oder je Quartal (durch Quartalsprofile) zu erfassen und zu bewerten ist (Abs. 2). Die **Zeitvorgaben** dazu sind in Anhang 3 des EBM 2005 erfasst. Die Prüfzeiten sind Mindestzeiten in dem Sinne, dass sie auch unter Berücksichtigung der besonderen Kenntnisse und Erfahrungen des Arztes, optimierter Arbeitsabläufe in der Praxis etc. kaum unterschritten werden können.[52] Bei den Zeitvorgaben sind voll delegierbare Leistungen nicht berücksichtigt; bei teildelegierbaren Leistungen ist nur der Zeitanteil berücksichtigt, den der Arzt im unmittelbaren Patientenkontakt selbst erbringen muss. **35**

In den Richtlinien zur Plausibilitätsprüfung (vgl. Rdn. 34) haben die Vertragsparteien Obergrenzen für die Auffälligkeit von Honorarabrechnungen festgelegt. Danach (§ 8) ist eine Abrechnung pro **Arbeitstag** implausibel, wenn Leistungen von **12 Stunden und mehr** abgerechnet werden (Abs. 3). Bei einer **Quartalsüberprüfung** gilt eine Abrechnung als implausibel ab **780 Stunden** (Abs. 3 i. V. m. Abs. 4 und 5).[53] Unzulässig ist es, den Zeitbedarf für Gespräche zwischen Arzt und Patienten bei technischen Leistungen (z. B. Sonographie) gesondert zu erfassen und zu einer gesondert abrechenbaren Gesprächsleistung zu addieren (so für die bisherige Rechtslage schon BSG MedR 2004, 464). Nach § 12 Abs. 3 der Richtlinien sind bei einem erhöhten Stundenaufkommen zu berücksichtigen die Beschäftigung eines angestellten Arztes und/oder Assistenten, Job-sharing-Partners und Vertreterfälle nach Muster 19 der Vordruckvereinbarung. Um arztbezogen auch bei ärztlichen Kooperationen prüfen zu können, haben die BMVe zum 1. 4. 2005 für MVZs, fachübergreifende und versorgungsbereichsübergreifende Gemeinschaftspraxen Kennzeichnungspflichten eingeführt.[54] **36**

Das **BSG** hatte die Plausibilitätsprüfungen durch die KVen im Zusammenhang mit der Höherbewertung von Gesprächsleistungen (Einführung des EBM zum 1. 1. 1996) zuvor ausdrücklich für **zulässig** erklärt und **Zeitprofile** als geeignetes **Beweismittel** bezeichnet.[55] Nach Auffassung des Gerichts gibt es neben der Wirtschaftlichkeitsprüfung nach **37**

---

[47] Grundsatzentscheidung BSGE 86, 30 = NZS 2001, 213 ff.; s. auch LSG NRW MedR 2004, 464 ff. Erg. s. Fn. 44 und Rdn. 31.

[48] Zur neuen Rechtslage s. *Steinhilper* MedR 2004, 597 ff.; ferner *ders.*, in Rieger (Hrsg.), Lexikon des Arztrechts, 2. Aufl. Heidelberg 2004, Plausibilitätsprüfungen (Beitrag 4160) Rdn. 28 ff.

[49] Den Krankenkassen obliegen nach Abs. 3 andere (im Vergleich zur bisherigen Rechtslage) umfangreiche Prüfaufgaben. Sie sind berechtigt, diese auf die KV (durch Vertrag) zu übertragen.

[50] DÄBl. 2004, A-2555 und A-3135.

[51] Vgl. z. B. für Westfalen-Lippe Westfälisches Ärzteblatt, Heft 12/2004, S. 19.

[52] Von bloßen Aufgreifkriterien mit Exkulpationsmöglichkeiten für den Arzt geht offenbar *Beeretz* ZMGR 2004, 103 (104) aus. Richtig ist, dass schon vor Inkrafttreten des EBM die vereinbarten Prüfzeiten in Teilbereichen als „unrealistisch" eingestuft wurden. Mit Korrekturen ist zu rechnen. Sie müssten dann allerdings konsequenterweise auch zu Absenkungen der sog. Kalkulationszeiten für das Honorar, als zu geringeren Leistungsbewertungen und damit zu geringeren Honoraren führen.

[53] Für Ermächtigte gilt eine Obergrenze von 156 Stunden (Abs. 3).

[54] §§ 37 Abs. 3, 44 Abs. 6 BMV-Ä = §§ 22 Abs. 3, 34 Abs. 12 BMV-EK (s. DÄBl. 2005, A-776).

[55] Urt. v. 8. 3. 2000, s. Fn. 38; s. auch Beschl. v. 6. 9. 2000 (B 6 KA 17/00) und 9. 10. 2000 (B 6 KA 22/00 B). Wie unterschiedlich die durch eine Plausibilitätsprüfung feststellbaren Sachverhalt sein können und welche Maßnahmen einschlägig sind (Wirtschaftlichkeitsprüfung/sachlich-rechnerische Berichtigung) veranschaulichen die der BSG-Rechtsprechung zugrundeliegenden Beispiele sehr deutlich.

§ 106 SGB V und der sachlich-rechnerischen Berichtigung[56] nach § 83 Abs. 2 SGB V (jetzt: § 106a Abs. 2 SGB V) kein weiteres, eigenständiges Honorarberichtigungsverfahren in der Form der Plausibilitätskontrolle. Die Plausibilitätsprüfung der KV ist vielmehr eine weitere **zulässige Prüfmethode.**

38 Ergeben sich bei dieser Prüfung **keine Auffälligkeiten,** so ist die Abrechnung wie beantragt durchzuführen. Können die angemeldeten Leistungen in dem angegebenen Umfang **nicht** oder nicht nach der Leistungslegende **erbracht** worden sein (Falschabrechnung), ist die Abrechnung unrichtig und daher sachlich-rechnerisch von der KV zu **korrigieren.** Die Vierteljahres-Erklärung des Arztes verliert ihren Erklärungswert. Der implausible Teil der Leistungen des Arztes ist nicht zu vergüten. Die Berechnung des Schadens erwies sich unter der Geltung von Praxis- und Zusatzbudgets als schwierig; uneinheitliche Berechnungen waren die Folge. Gesetz und Richtlinien geben auch jetzt keine klaren Vorgaben. Das BSG hat jedoch zur Schadensberechnung für die Wirtschaftlichkeitsprüfung unter Budgetbedingungen ein Schema erstellt (Abzug unwirtschaftlich erbrachter Leistungen vom budgetierten Honorar).[57] Diese Rechtsprechung müsste auf die Schadensberechnung bei implausibler Abrechnung übertragbar sein. Ist das Honorar schon ausbezahlt, ist der Teil für die implausiblen Leistungen zurückzufordern (dazu unten Ziffer 8).

Ergibt die Plausibilitätsprüfung, dass die Leistungen ordnungsgemäß erbracht sind, in dem angegebenen Umfang aber **medizinisch nicht notwendig** waren, so ist die KV nicht zu einer Honorarberichtigung berechtigt. Sie ist verpflichtet, die dafür zuständigen Prüfgremien nach § 106 SGB V zur eigenständigen Prüfung der Wirtschaftlichkeit (§§ 2, 12, 72 Abs. 2 SGB V) zu unterrichten. In dem Umfang, in dem die Abrechnung unwirtschaftlich ist, sind **Honorarkürzungen** angezeigt (s. dazu unten V).

8. Honorarberichtigungsbescheid

39 Hat die KV die Honorarabrechnung des Arztes rechnerisch und sachlich geprüft und dabei Fehler festgestellt, so ist die Abrechnung zu berichtigen. Angesichts der Komplexibilität des EBM und als Folge z. T. nicht trennscharfer Leistungsbeschreibungen bei einzelnen Gebührennummern (z. T. generalklauselähnlicher Formulierungen), sind Fehlinterpretationen und Falschansätze bei der Honorarabrechnung nicht ausgeschlossen. Ein Vergütungsanspruch des Arztes besteht jedoch nicht für nicht oder (nach der Leistungslegende) nicht vollständig erbrachte Leistungen oder z. B. bei Leistungen, die gegen das Gebot der persönlichen Leistungserbringung (s. dazu Rdn. 29) verstoßen. Nicht abrechnungsfähig sind auch höherwertige Leistungen, wenn nur eine geringer bewertete tatsächlicherbracht wurde oder wenn der Arzt statt der tatsächlich erbrachten (nicht zulässigen) Leistung eine andere Leistung ansetzt. Anders als bei der GOÄ (§ 6 Abs. 2) sind auch analoge Bewertungen unzulässig bei ärztlichen Leistungen, die nicht im EBM erfasst sind. Der EBM 2005 sieht erfreulich klar bei den ca. 1400 Gebührenpositionen ca. 16 000 Abrechnungsausschlüsse (also unzulässige Nebeneinanderabrechnungen) ausdrücklich vor. Ein Vergütungsanspruch entfällt auch, wenn die bei der Strukturqualität (§ 135 Abs. 2 SGB V) geforderten qualifikatorischen und/oder apparativen Voraussetzungen fehlen. Liegen solche Abrechnungsmängel/-fehler vor, ist das Honorar zu berichtigen.

40 Der **Honorarberichtigungsbescheid** (Verwaltungsakt) muss konkret angeben, welche Gebührennummern, und zwar wie oft und aus welchem Grund gestrichen wurden (Erfordernis aus dem Bestimmtheitsgrundsatz). Zu den Widerspruchs- und Klagemöglichkeiten des Arztes s. unten VI.

---

[56] Zuständig schon bisher (allein) die KV (so schon *Wigge* AusR 1998/5, 3 ff.; jetzt ausdrücklich gesetzlich geregelt (§ 206a Abs. 2 SGB V).

[57] BSG SozR 4–2500 § 106 Nr. 4 = Breith. 2004, 612 im Anschluss an BSG SozR 3–2500 § 87 Nr. 32.

V. Wirtschaftlichkeitsprüfung nach § 106 SGB V und ihr Zusammenhang mit der Honorarabrechnung

1. Allgemeine Wirtschaftlichkeitsprüfung nach Durchschnittswerten (§ 106 Abs. 2 Nr. 1 SGB V)

41 Die Vertragsärzte unterliegen dem Wirtschaftlichkeitsgebot bei der Behandlung von GKV-Patienten und bei Verordnungen (§§ 2 Abs. 2, 12, 72 Abs. 2 SGB V). Ihre Leistungen müssen danach „notwendig", „ausreichend" und "zweckmäßig" sein. Die Abgrenzung mag für den Arzt im einzelnen gelegentlich schwierig sein; die Rechtsprechung hat dazu jedoch eine feste Grundsätze[58] entwickelt, an der der Vertragsarzt in der **Wirtschaftlichkeitsprüfung** nach § 106 SGB V gemessen wird. Diese Wirtschaftlichkeitsprüfung (Aufgabe der gemeinsamen Selbstverwaltung zwischen Krankenkassen und KVen) wurde vom Gesetzgeber aufgrund empirischer Erhebungen in der bisherigen Ausgestaltung als unzureichend eingestuft[59] und daher zum 1. 1. 2004 grundlegend umgestaltet (§ 106 SGB V i. d. F. des GMG v. 14. 11. 2004, BGBl. I 2190).[60]

42 Prüfungs- und Beschwerdeausschuss wurden neu organisiert (jeweils unabhängige Vorsitzende); ein unabhängige Geschäftsstelle[61] war einzurichten; die bisherige Durchschnittswertprüfung wurde als Regelprüfmethode abgeschafft (ist aber nach wie vor unter den Vertragsparteien vereinbar); Vorstände der KVen und der Verbände der Krankenkassenverbände haften für die ordnungsgemäße Durchführung der Wirtschaftlichkeitsprüfung im gesetzlichen Umfang. Die Wirtschaftlichkeitsprüfung ist auf der Basis der elektronisch übermittelten Daten durchzuführen (Ausnahme: bei Zweifeln an der Richtigkeit ggf. Stichprobenprüfung der Originale; s. dazu neuerdings BSG Urteil v. 2. 11. 2005 – B 6 KA 63/04 R). Übergangsvorschriften fehlen.

43 Im Vordergrund der Wirtschaftlichkeitsprüfung stehen nach dem gesetzlichen Willen nunmehr die **Zufälligkeitsprüfung** (Stichprobenprüfung; § 106 Abs. 2 S. 1 Nr. 2 SGB V; s. dazu die Richtlinien in: DÄBl. 2005, s. A-3287) und die **Richtgrößenprüfung** (§ 106 Abs. 2 S. 1 Nr. 1 SGB V; zu den Voraussetzungen der Richtgrößenprüfung s. neuerdings ausführlich BSG Urteil vom 2. 11. 2005 – BGKA 63/04 R). Gleichwertig neben die bisherige Prüfung mit der Möglichkeit der Honorarkürzung (bei unwirtschaftlicher Behandlung) und dem Regress (bei unwirtschaftlicher Verordnung von Arzneimitteln, Heil- und Hilfsmitteln) tritt nunmehr die Beratung der Vertragsärzte (§ 106 Abs. 1a SGB V). Die sog. Durchschnittsprüfung ist vom Gesetzgeber als Regelprüfmethode abgeschafft, ist aber unter den Vertragsparteien (Krankenkassen und KV) in der Prüfvereinbarung weiterhin vereinbar.

---

[58] Zur Rechtsprechung der bisherigen (und wohl fortgeltenden) Rechtsprechung zur Wirtschaftlichkeitsprüfung s. *Spellbrink,* Wirtschaftlichkeitsprüfung im Kassenarztrecht, 1994; *Raddatz,* Die Wirtschaftlichkeit der kassenärztlichen und kassenzahnärztlichen Versorgung in der Rechtsprechung (WKR), 2001 ff.; unter Einbeziehung schon der Neuregelungen der Wirtschaftlichkeitsprüfung ab 2204 s. *Peikert* oben § 18; *Dahm,* Wirtschaftlichkeitsprüfung (Beitrag 5560), in: Rieger (Hrsg.), Lexikon des Arztrechts, 2. Aufl., Heidelberg 2001 ff. Ausführlich auch unten § 20 m. w. N.

[59] Vgl. Begründung des 13. Ausschusses für Gesundheit und soziale Sicherung (BT-Drucks. 15/1525).

[60] Zur Neugestaltung der Wirtschaftlichkeitsprüfung durch das GMG s. *Filler* GesR 2004, 502 ff.; *ders.,* Die Wirtschaftlichkeit in der vertragsärztlichen Versorgung und die Wirtschaftlichkeitsprüfung, in: KBV (Hrsg.): Die vertragsärztliche Versorgung im Überblick, 2. Aufl., Köln 2005, S. 345 ff. S. auch ausführlich unten § 20.

[61] S. dazu die Wirtschaftlichkeitsprüfungs-Verordnung – WiPrüfVO – vom 9. 1. 2004 – BGBl. I S. 204 ff. Erg. s. die einzelnen Prüfvereinbarungen, die zwischen den Länder-KVen und den Verbänden der Krankenkassen zu vereinbaren sind (für Westfalen-Lippe s. z. B. die Prüfvereinbarung vom 1. 1. 2004; (abgedruckt in Westf. Ärzteblatt 9/2004, S. 55 ff.).

Wegen weiterer Einzelheiten zur Verfahrensweise (insbesondere die vergleichsweisen Vereinbarungen zur Abwendung von Regressen) wird auf den Beitrag von *Peikert* (oben § 20) verwiesen.

44 Gegen Prüfbescheide des Prüfungsausschusses (Honorarkürzung) ist **Widerspruch** möglich (des betroffenen Arztes, aber auch der KV und der Krankenkassen bzw. deren Verbände). Das Widerspruchsverfahren gilt als Vorverfahren zu einem sozialgerichtlichen Verfahren (§ 78 SGG). Die Folgen von Widerspruch und Klage im sozialverwaltungs- und sozialgerichtlichen Verfahren sind durch das 6. SGG-Änderungsgesetz[62] erstmals umfassend geregelt worden. Während in Anlehnung an die Regelungen in der VWGO Widerspruch und Klage nach dem SGG (§ 86a Abs. 1) grundsätzlich aufschiebende Wirkung haben, gelten für die Wirtschaftlichkeitsprüfung zwei wichtige (gesetzlich geregelte) Ausnahmen:

45 Die **aufschiebende Wirkung** des Widerspruchs gegen einen Bescheid des Beschwerdeausschusses **entfällt**
- bei einem Bescheid zur Honorarkürzung wegen unwirtschaftlicher Behandlungsweise (§ 106 Abs. 5 S. 7 SGB V)
- bei einem Bescheid mit Regress wegen Überschreitung der Richtgrößen (§ 106 Abs. 5a S. 4 i. V. m. S. 9 sowie mit § 84 Abs. 3 SGB V).

46 Bei **quartalsgleicher Prüfung** entfaltet der Widerspruch gegen eine Honorarkürzung ebenfalls keine aufschiebende Wirkung (§ 85 Abs. 4 S. 9 SGB V); die auf der Wirtschaftlichkeitsprüfung beruhende Kürzung ist dann nämlich Teil der Honorarfestsetzung, gegen die nach § 85 Abs. 4 S. SGB V der Widerspruch keine aufschiebende Wirkung entfaltet. Bei quartalsversetzter Wirtschaftlichkeitsprüfung und Bescheidung tritt demgegenüber bei Widerspruch gegen den Kürzungsbescheid aufschiebende Wirkung ein.[63]

47 Prüfbescheide müssen bei vermuteter Rechtswidrigkeit vom Arzt **gesondert angefochten** werden. Die Ergebnisse der Prüfbescheide fließen zwar in den sog. Honorarbescheid als Buchungsposten mit ein. Der Widerspruch gegen den Honorarbescheid (der KV) ist jedoch nicht (zugleich auch) Widerspruch gegen die Honorarkürzung oder den Regress (des Prüfungsausschusses). Haben Widerspruch und/oder Klage des Arztes Erfolg, sind die erstrittenen Honorarteile nachzuzahlen. **Verzugs-** oder zumindest **Prozeßzinsen** stehen dem Arzt nach ständiger Rechtsprechung **nicht** zu (s. BSG 77, 219 (226); SGb 2000, 680; erg. s. von Wulffen/*Engelmann,* SGB X, Kommentar, 5. Aufl. 2005, § 61 Rdn. 4b). Dies gilt, auch wenn das BSG inzwischen in seinem Urteil vom 28. 9. 2005 (B 6 KA 71/04 R) eine Verzinzungspflicht bejaht hat für den Fall, daß eine Krankenkasse der KV die Gesamtvergütung ganz oder teilweise nicht rechtzeitig bezahlt (und zwar Verzugszinsen, falls solche vertraglich ausdrücklich vereinbart sind, jedenfalls aber Prozeßzinsen ab Klageerhebung).

VI. Honorarbescheid und Klagemöglichkeiten

48 Nach der sachlich-rechnerischen Prüfung erlässt die KV einen **Honorarbescheid,** der das Honorar des Arztes festsetzt. Der Honorarbescheid steht dabei „unter dem gesetzlichen Vorbehalt einer nachträglichen sachlichen und/oder rechnerischen Berichtigung".[64] In den Honorarbescheid können für bestimmte, eng umgrenzte Sachverhalte zusätzlich Vorbehalte aufgenommen werden (s. dazu unten 49f.). Erweist sich ein Honorarbescheid im

---

[62] V. 17. 8. 2001 (BGBl. I S. 2144; zu den Materialien s. BT-Drucks. 14/5943).

[63] Bei der Richtgrößenprüfung gelten aufgrund des ABAG z. T. (übergangsweise) Besonderheiten. S. insoweit den Beitrag *Steinhilper* MedR 2004, 253ff. mit einer übersichtlichen Tabelle (Ergänzung zu MedR 2004, 433ff.). Dort finden sich auch Ausführungen zu dem unterschiedlich beurteilten Sonderfall des Widerspruchs bei einem Arzneimittelregress nach Einzelfallprüfung (s. einerseits LSG NRW MedR 2003, 476 und *Kuhlen* NJW 2002, 3155ff. anderseits).

[64] BSG SozR 3–2500 § 85 SGB V Nr. 2, S. 10.

Nachhinein als unrichtig, ist er (ganz oder teilweise) aufzuheben; ein neuer Bescheid ist zu erlassen. Rechtsgrundlage dafür ist einerseits § 82 Abs. 1 SGB V und für Plausibilitätskontrollen § 106a Abs. 2 SGB V (bis 31. 12. 2003: § 83 Abs. 2)[65] jeweils i. V. m. §§ 45 Abs. 2 BMV-Ärzte = 34 Abs. 4 BMV-EK. Diese Vorschriften berechtigen die KVen, im Rahmen der sachlich-rechnerischen Richtigstellung ursprüngliche Honorarbescheide aufzuheben. Die sachlich-rechnerische Berücksichtigung ist rückwirkend längstens vier Jahre zulässig.[66] Fordert die KV Honorar(-teile) zurück, muss der Arzt damit rechnen, dass die **Krankenkassen** ergänzend **Schadensersatz** geltend machen für Folgekosten, insbesondere Kosten für die Verordnung von Medikamenten, Heil- und Hilfsmitteln, aber auch Kosten für stationäre Behandlung, falls diese dem als implausibel erkannten Teil der Leistungserbringung zuzuordnen sind.

49 Korrekturbedarf besteht in der Regel, wenn sich nachträglich herausstellt, dass die Voraussetzungen für die Vergütung ärztlicher Leistungen nicht oder nicht in vollem Umfang gegeben waren. Eine KV ist jedoch auch dann zur Berichtigung von Honorarbescheiden berechtigt, wenn sich deren Unrichtigkeit nicht aus dem Verhalten des Arztes, sondern aus KV-Gründen ergibt (z. B. unsichere, nur vorläufige Berechnungsgrundlagen für die Honorarverteilung). Nach Auffassung des BSG (Entscheidungen vom 31. 10. 2001 – B 6 KA 76/00 R und B 6 KA 16/00 R; BSGE 89, 62 (72)) können die KVen teilweise **nur vorläufig das Honorar verteilen,** wenn der exakte Umfang des Honoraranspruchs des einzelnen Arztes zum Zeitpunkt des Honorarbescheides noch nicht feststeht oder nicht feststehen kann. Ohne Bindung an die gesetzlichen Bestimmungen über die Aufhebung von Verwaltungsakten (§ 44 Abs. 1 SGB X) sind die KVen (und auch die Gremien der Wirtschaftlichkeitsprüfung) berechtigt, Honorarbescheide **nachträglich** zu **korrigieren.** Korrekturbedarf kann sich auch aus Gründen ergeben, die der Rechtssphäre der KV zuzuordnen sind. Zahlt die KV daher Honorare aus, bevor die tatsächlichen und normativen Grundlagen der Honorarverteilung endgültig geklärt sind, dürfen die Honorarbescheide in dem Umfang, in dem sie von den Unklarheiten beeinflusst werden können, nicht bindend werden. Anderenfalls könnte die KV die Honorarbescheide nachträglich nicht mehr korrigieren und eventuelle Überzahlungen nicht mehr zurückfordern. Nachzahlungen gingen zu Lasten späterer Quartale. Bei einer Gemeinschaftspraxis haften alle Mitglieder der KV gegenüber als Gesamtschuldner.[67]

50 Nach Auffassung des BSG bestehen Möglichkeiten für einen **Vorbehalt** im Honorarbescheid jedoch nur beschränkt. In dem jeweiligen Honorarbescheid muss die KV hinreichend deutlich machen, aus welchen Gründen der Bescheid lediglich vorläufig ist. Der Vorbehalt (Vorläufigkeit des Bescheides) darf sich nur auf begrenzte Teile des Honorarbescheides und damit wirtschaftlich auf kleinere Teile der Honorarforderung beziehen (BSG ArztR 2003, 165). Nach der Entscheidung des BSG müssten auch mehrere Vorbehalte zulässig sein. In den entschiedenen Fällen betraf der Vorbehalt die Rechtmäßigkeit der rückwirkenden Budgetierung. Von Amts wegen darf allerdings ein Honorarbescheid

---

[65] Anders (§ 44 Abs. 1 i. V. m. § 1 Abs. 1 SGB X) die frühere h. M.; s. statt aller *Jörg,* Das neue Kassenarztrecht 1993, Rdn. 21 ff. m. w. N. und BSG MedR 1990, 363 ff.). Die st. Rspr. des BSG und auch die Literatur (s. statt aller *Sodan* NZS 2003, 131 ff. m. w. N.) folgen dem nicht mehr (BSG MDR 1994, 1229 f. = BSGE 74, 44; s. auch BSG SozR 3–1300 § 45 Nr. 22 und SozR 3–2500 § 76 Nr. 2 und neuerdings erneut BSG MedR 2005, 52 (56)). Allerdings seien die Grundgedanken des § 45 Abs. 2 und 4 zu berücksichtigen (BSG a. a. O.). Allgemein zur Aufhebung von Honorarbescheiden im Vertragsarztrecht s. *Wiesner* SGb 1997, 150 ff. m. w. N., ferner neuerdings *Dahm,* Honorarberichtigung, in: Rieger (Hrsg.), Lexikon des Arztrechts, 2. Aufl., Heidelberg, 2001 ff. (Beitrag 2570 m. w. N.).

[66] BSGE 89, 90, 103; so auch LSG Bayern ArztRecht 2000, 288. Bei Betrug verlängert sich die Verjährungsfrist (10 oder 30 Jahre); s. BSG SozR 3–3535 Nr. 119, S. 2.

[67] Dies gilt auch für die fachgebietsübergreifende Gemeinschaftspraxis (BSG SozR 3–3500 § 85 SGB V Nr. 47, S. 399).

aus Gründen der Rechtssicherheit und des Vertrauensschutzes nur innerhalb von vier Jahren nach der vorläufigen Honorarfestsetzung nachträglich richtiggestellt werden.[68]

51 Der Honorarbescheid ist mit **Rechtsmittelbelehrung** zu versehen. Gegen den Honorarbescheid ist Widerspruch möglich. Über den Widerspruch entscheidet der Vorstand der KV. Bleibt der Widerspruch erfolglos, kann der Arzt Klage vor dem Sozialgericht erheben. Berufung und Revision sind möglich (s. dazu unten § 23, bei Honorarnachzahlungen besteht kein Verzinsungsanspruch des Amtes; s. Rdn. 47). Widerspruch und Klage gegen den Bescheid zur Honorarfestsetzung sowie Änderung oder Aufhebung haben **keine** aufschiebende Wirkung (§ 85 Abs. 4 S. 9 SGB V). Dasselbe gilt für Bescheide zur Honorarrückforderung.[69]

52 Hat der Arzt einem Honorarbescheid widersprochen, so kann er den Überprüfungsumfang inhaltlich **begrenzen** (z. B. um das Kostenrisiko einzuschränken; vgl. BSG MedR 2005, Heft 12). Nach dieser Beschränkung kann der Widerspruch nach Ablauf der Widerspruchsfrist nicht mehr erweitert werden.

53 Legt der Arzt zunächst ohne Begrenzung Widerspruch ein (z. B. mit dem Text *„Gegen den Bescheid vom ... lege ich hiermit Widerspruch ein“)*, ist der gesamte Inhalt des Bescheides zu überprüfen. Begründet der Arzt seinen Widerspruch mit Teilaspekten, war bisher streitig, ob dadurch der Streitgegenstand hierauf wirksam begrenzt war. Das BSG hat dazu am 23. 2. 2005 zwei Grundsatzentscheidungen getroffen (Az.: B 6 KA 45/03 R = MedR 2005, Heft 12 und B 6 KA 77/03). Legt der Arzt danach zunächst undifferenziert Widerspruch gegen einen Bescheid ein, so ist der Bescheid in all seinen widerspruchsfähigen Teilen auf Richtigkeit zu überprüfen. Auch das Gericht hat die Pflicht und Möglichkeit, im späteren Klageverfahren alle Gesichtspunkte des Bescheides auf ihre Rechtmäßigkeit hin zu überprüfen. Der Widerspruchsführer ist nicht verpflichtet, seinen Widerspruch (auch auf Nachfrage der KV) auf bestimmte Sachverhalte oder Rechtsfrage zu begrenzen. Der Arzt hat aber jederzeit die Möglichkeit, seinen ursprünglichen weiten Widerspruch **nachträglich** (auch im Klageverfahren) auf bestimmte Überprüfungsgegenstände inhaltlich zu **begrenzen.** Dies setzt eine ausdrückliche Erklärung voraus. Eine bloße Teilbegründung **begrenzt** den Widerspruch inhaltlich noch nicht. Ferner: Nachvergütungsbescheide sind nicht zwangsläufig Gegenstand des Widerspruchs gegen einen Quartalshonorarbescheid. Dieser Bescheid ersetzt, ändert oder ergänzt den Quartalsbescheid nicht. Er muss also ggf. gesondert angefochten werden, andernfalls hat auch das Gericht nicht die Möglichkeit, die Nachvergütung auf ihre Rechtmäßigkeit hin zu überprüfen.

54 Prüfen die Prüfgremien nach § 106 SGB V die Wirtschaftlichkeit der Behandlungs- und Verordnungsweise **quartalsgleich** und ergeben sich daraus Honorarkürzungen, werden diese bei der vorläufigen Honorarfestsetzung mit berücksichtigt. Der Honoraranspruch des Arztes mindert sich um die Honorarkürzung im Rahmen der Wirtschaftlichkeitsprüfung. Gegen die Honorarkürzung nach § 106 SGB V kann der Arzt Widerspruch beim Berufungsausschuss einlegen. Es ist nicht ausreichend, gegen den Honorarbescheid, der diese Honorarkürzung bei der vorläufigen Honorarfestsetzung berücksichtigt, Widerspruch einzulegen.

55 Wird **quartalsversetzt** geprüft, ist das Honorar für das laufende Quartal nach der sachlich-rechnerischen Prüfung festzusetzen. Die Honorarkürzung nach § 106 SGB V für das

---

[68] Bay LSG ArztR 2000, 289 m. w. N.

[69] So ausdrücklich LSG NRW MedR 2003, 598 = GesR 2003, 115. Das Gericht begründet dies zutreffend u. a. damit, dass Honoraraufhebung und -rückforderung einheitliche Vorgänge seien; zudem hätte auch nach bisheriger Rechtslage (§ 96 Abs. 2 SGG) der Widerspruch gegen einen Honorarbescheid noch gegen einen Rückforderungsbescheid aufschiebende Wirkung entfaltet. In diesem Sinne ferner auch LSG Rheinl.-Pfalz MedR 2005, 614 m. Anm. *Dahm* und schon LSG Nieders.-Bremen MedR 2004, 512. Aus der Lit. keine aufschiebende Wirkung des Wiederspruchs) s. *Steinhilper* MedR 2003, 433 (434) und *ders.,* MedR 2004, 253 (254 f.) sowie *Jolitz* NJW 2002, Heft 13, S. XIV. Dieser Auffassung tritt *Dahm* entgegen (MedR 2003, 600 und in: Rieger (Hrsg.): Lexikon des Arztrechts, 2. Aufl., Heidelberg, 2001 ff., Honorarberichtigung (Beitrag 2570) Rdn. 30); a. A. auch *Kuhlen* NJW 2002, 3155 und AusR 2002, 65; erg. s. *Schlarmann/Buchner* NJW 2002, 665.

frühere Quartal wird in einem zweiten Bescheid gesondert festgesetzt und bei Folgehonorarbescheiden berücksichtigt. Zum 2. 1. 2002 wurde durch das 6. SGG-ÄndG (BGBl. I S. 2144) der einstweilige Rechtsschutz im Verwaltungsverfahren und Sozialgerichtsverfahren (in Anlehnung an die VwGO) neu geregelt. Nach § 86a Abs. 1 SGG haben danach Widerspruch und Anfechtungsklage grundsätzlich aufschiebende Wirkung. Für das Vertragsarztrecht **entfällt** die aufschiebende Wirkung nach § 86a Abs. 2 Nr. 2 SGG (gesetzliche Ausnahme) u.a. bei der Honorarfestsetzung sowie Änderung und Aufhebung (§ 85 Abs. 4 S. 9 SGB V).[70]

VII. (Vorsorgliche) Honorareinbehaltungen

56 Zur Sicherung von Rückforderungsansprüchen konnte die KV nach alter Rechtslage (bis Ende 2001) **Honorarteile** des Arztes unter bestimmten Voraussetzungen **vorübergehend einbehalten.** Dies galt z.B., wenn

- ein Arzt z.B. zu Unrecht Leistungen abgerechnet hat,
- sein Honorar nachträglich sachlich rechnerisch oder nach § 106 SGB V gekürzt wird,
- er für mehrere zurückliegende Quartale mit einem Regress im Rahmen der Wirtschaftlichkeitsprüfung belegt wird und zu befürchten ist, dass er den Gesamtbetrag später nicht bezahlen kann,
- er aus der vertragsärztlichen Versorgung ausscheidet und mit noch nicht abgeschlossenen Rückforderungs- oder Regressverfahren belastet ist,
- ein Vertragsarzt ausscheidet, sein Konto aber (z.B. wegen überhöhter Vorauszahlungen) ein Schuldsaldo aufweist.

Inzwischen besteht in den meisten Fällen keine Notwendigkeit mehr für eine gesonderte Honorareinbehaltung (gesonderter Beschluss), da die meisten Kürzungen und sonstigen Abzüge schon bei der Honorarfestssetzung berücksichtigt werden können.

57 Grundlage dieser Honorareinbehaltungen **spezielle Regelungen** der jeweiligen KV (z.B. Satzung, HVM oder besondere Abrechnungsrichtlinien).[71] Erforderlich ist ein Beschluss des Vorstandes (Verwaltungsakt). Gegen diesen Einbehaltungsbescheid sind Widerspruch und ggf. Klage vor den Sozialgerichten möglich.

58 Die Honorareinbehaltung muss in ihrem Anlass und Umfang **verhältnismäßig** sein. Im Zweifel muss der Arzt seine Vertragsarztpraxis auch bei einbehaltenen Honorarteilen noch weiterführen können (als angemessen kann dabei ein Einbehaltungsprozentsatz von 20 angesehen werden). Das einbehaltene Honorar darf die Höhe des zu sichernden Betrages nicht übersteigen. Bietet der Arzt andere Sicherungen an (z.B. Bankbürgschaft), so haben diese angesichts des ansonsten eintretenden Liquiditätsverlustes beim Vertragsarzt Vorrang vor der Honorareinbehaltung. Werden die Schulden des Arztes getilgt oder entfällt die Forderung gegen den Arzt (ganz oder teilweise), deretwegen Honorarteile vorsorglich einbehalten worden waren, so ist die Honorareinbehaltung (ganz oder teilweise) wieder aufzuheben und der einbehaltene Betrag auszuzahlen; Verzugs- oder Prozeßzinsen fallen nicht an (s. Rdn. 47).

VIII. Folgeverfahren nach unrichtiger Honorarabrechnung

59 Wird das Honorar des Arztes sachlich-rechnerisch berichtigt, so führt dies in aller Regel zu keinem weiteren Verfahren. Hat der Arzt jedoch in Kenntnis der Nichtabrechenbarkeit

---

[70] Zur aufschiebenden Wirkung von Widerspruch und Klage im Vertragarztrecht nach dem 6. SGG-ÄndG s. *Steinhilper* MedR 2003, 433ff. mit Ergänzung in MedR 2004, 253ff.

[71] Ermächtigungsgrundlage für solche Regelungen war § 81 Abs. 1 S. 3 Nr. 4 SGB V; so auch *Schnapp* in: Festschrift für Gitter, S. 684ff.; HVM-Regelungen hält er allerdings für nicht ausreichend, da deren Rechtsgrundlage (§ 84 Abs. 4 SGB V; Honorarverteilung) diesen Sachverhalt nicht erfasse.

von Leistungen diese wissentlich und willentlich oder grob fahrlässig angesetzt, so kommen neben der Honorarberichtigung in Betracht:

60 **1. Disziplinarverfahren.** Rechnet ein Arzt in Kenntnis der Nichtabrechenbarkeit von Leistungen diese dennoch schuldhaft ab, so verstößt er durch die Fehlabrechnung gegen vertragsärztliche Pflichten („Pflicht zur peinlich genauen Abrechnung"; Zuständigkeit: Kassenärztliche Vereinigung; § 81 Abs. 5 SGB V i. V. m. der jeweiligen Disziplinarordnung).[72] Dies gilt sowohl bei „leichtem" Abrechnungsbetrug als auch bei implausibler Honorarabrechnung. Auch die verspätete Abgabe der Abrechnungsunterlagen an die KV kann als Verstoß gegen vertragsärztliche Pflichten disziplinarrechtlich geahndet werden.

61 **2. Entziehungsverfahren.** Rechnet der Arzt Leistungen in betrügerischer Absicht ab, so verstößt er i. d. R. gröblich gegen vertragsärztliche Pflichten. Belegt diese Pflichtverletzung, dass der Arzt nicht (mehr) geeignet ist, an der vertragsärztlichen Versorgung teilzunehmen (nachhaltige Störung des Vertrauensverhältnisses zwischen Arzt und KV oder Krankenkasse), so ist nach der Rechtsprechung[73] seine Zulassung zu entziehen[74] (Zuständigkeit: Zulassungsinstanzen der gemeinsamen Selbstverwaltung; vgl. §§ 34 ff. Ärzte-ZV). Auf ein Verschulden des Arztes kommt es hierbei nicht an.[75]

62 **3. Ermittlungs- und Strafverfahren.** Stellt die KV fest, dass ein Arzt betrügerisch[76] Honorarteile abgerechnet hat, so steht es in ihrem pflichtgemäßen Ermessen, die Ermittlungsbehörde hierüber zu unterrichten, um die strafrechtliche Erheblichkeit überprüfen zu lassen. Eine gesetzliche oder anderweitige Anzeigepflicht bestand bisher nicht.[77] Zum 1. 1. 2004 hat der Gesetzgeber jedoch sowohl die Krankenkassen als auch die KVen verpflichtet, „Stellen zur Bekämpfung von Fehlverhalten im Gesundheitswesen" einzurichten (§§ 197 a und 81 a SGV V).[78] Ergibt deren Prüfung, dass ein „Anfangsverdacht auf strafbare Handlungen mit nicht nur geringfügiger Bedeutung für die gesetzliche Krankenversicherung bestehen sollte" (Abs. 4), „sollen" die Ermittlungsbehörden vom Vorstand „unverzüglich" unterichtet werden.

---

[72] § 81 Abs. 5 SGB V i. V. m. der jeweiligen Satzung/Disziplinarordnung der KV; Maßnahmekatalog: Verwarnung, Verweis, Geldbuße, Ruhen der Zulassung (max. 2 Jahre). Zu den Disziplinarverfahren s. oben § 18 und *Ehlers* (Hrsg.), Disziplinarrecht und Zulassungsentziehung, 2001. Zur Zulässigkeit von Disziplinarausschüssen bei den KVen s. Urt. des BSG v. 14. 3. 2001 – B 6 A 36/00 R und B 6 A 67/00 R – Zu den Disziplinarverfahren s. auch unten § 18.

[73] BVerfG NJW 1985, 2187; s. auch BSG (st. Rspr.) USK 80102; BSGE 15, 177; s. auch SGb 1990, 499 ff. (m. zust. Anm. v. *Schimmelpfeng-Schütte*). Zum Begriff der gröblichen Pflichtverletzung s. auch *Spieß* SGb 1989, 368 ff.

[74] § 95 Abs. 6 SGB V i. V. m. der Ärzte-ZV; s. dazu auch *Ehlers* (Hrsg.), a.a.O. (Fn. 72).

[75] Vgl. *Schallen* Zulassungsverordnung für Vertragsärzte, Vertragszahnärzte, Medizinische Versorgungszentren, Psychotherapeuten, 4. Aufl. 2004, Rdn. 486 (im Vordergrund steht der Schutz des vertragsärztlichen Versorgungssystems). Erg. s. *Ehlers* (Hrsg.), a. a. O. (Fn. 72).

[76] Zum Abrechnungsbetrug s. neuerdings *Dahm* in: Rieger (Hrsg.), Lexikon des Arztrechts, 2. Aufl. 2001 (Stichwort: Falschabrechnung) m. w. N.; ferner *Herffs*, Der Abrechnungsbetrug des Vertragsarztes, 2002; *Kondziela,* Kriminalistik, 2004, 377; *Grunst* NStZ 2004, 533 ff. Zur Frage, ob der Vertragsarzt Sachwalter der Vermögensinteressen der Krankenkassen ist (so BGH MedR 2004, 613 und OLG Hamm MedR 2005, 236 m. krit. Anm. *Steinhilper),* s. neuerdings *Ulsenheimer* MedR 2005, 622 ff. m. w. N.

[77] S. *Steinhilper* (Hrsg.): Arzt und Abrechnungsbetrug, Heidelberg 1988, S. 12 Fn. 29. S. in diesem Zusammenhang aber die Indikationsliste, nach der die KV Auffälligkeiten ihrer Mitglieder prüfen sollten (DÄBl. 2001, A-1520).

[78] S. dazu *Steinhilper* MedR 2005, 131 ff.; *Rixen* ZFSH/SGB 2005, 131 ff.; *Pierburg* Die BKK 2004, 487 ff. Die Bedeutung, Effizienz und Präventivwirkung dieser neu zu schaffenden Stellen wird von den Autoren bisher angesichts ohnehin bestehender Kontrollaufgaben als relativ gering eingestuft. Kritisch auch *Rixen* a. a. O.; er bezeichnet die Stellen als „sozialrechtliches" Vorschaltverfahren zur Gewinnung strafprozessualer Verdachtslagen".

4. Approbationsverfahren. Bei Abrechnungsbetrug des Arztes und anderen gravierenden Verstößen ist auch ein Verfahren zum Entzug der Approbation denkbar (Zuständigkeit: Approbationsbehörde).[79] **63**

5. Berufsgerichtliches Verfahren. Rechnet ein Arzt betrügerisch Honorarteile ab, so ist auch ein berufsgerichtliches Verfahren möglich (Zuständigkeit: Ärztekammer).[80] **64**

6. Keine Bindungswirkung des Strafverfahrens. Die Verfahren sind nebeneinander und auch zeitgleich möglich. Eine rechtliche Bindungswirkung besteht nicht, weder dem Grund noch der Höhe nach. In aller Regel wird jedoch das Ergebnis des Ermittlungs- und Strafverfahrens im übrigen Verfahren de facto zu Grunde gelegt, da die Träger der übrigen Verfahren über geringere Ermittlungsmöglichkeiten verfügen als die Strafverfolgungsbehörden. Auch die Schadensberechnungen von Staatsanwaltschaft oder Gericht binden weder den Zulassungs- und Disziplinarausschuß noch die KV. Für die Höhe der Rückforderung des sozialrechtlichen Schadens durch die KV kommt es z.B. – anders als beim Betrug – nicht auf ein Verschulden des Arztes an; zudem gelten andere Verjährungsfristen als im Strafverfahren. **65**

Zum Zusammenhang der Ermittlungsverfahren mit Folgeverfahren s. die beiden folgenden **Übersichten.** **66**

67

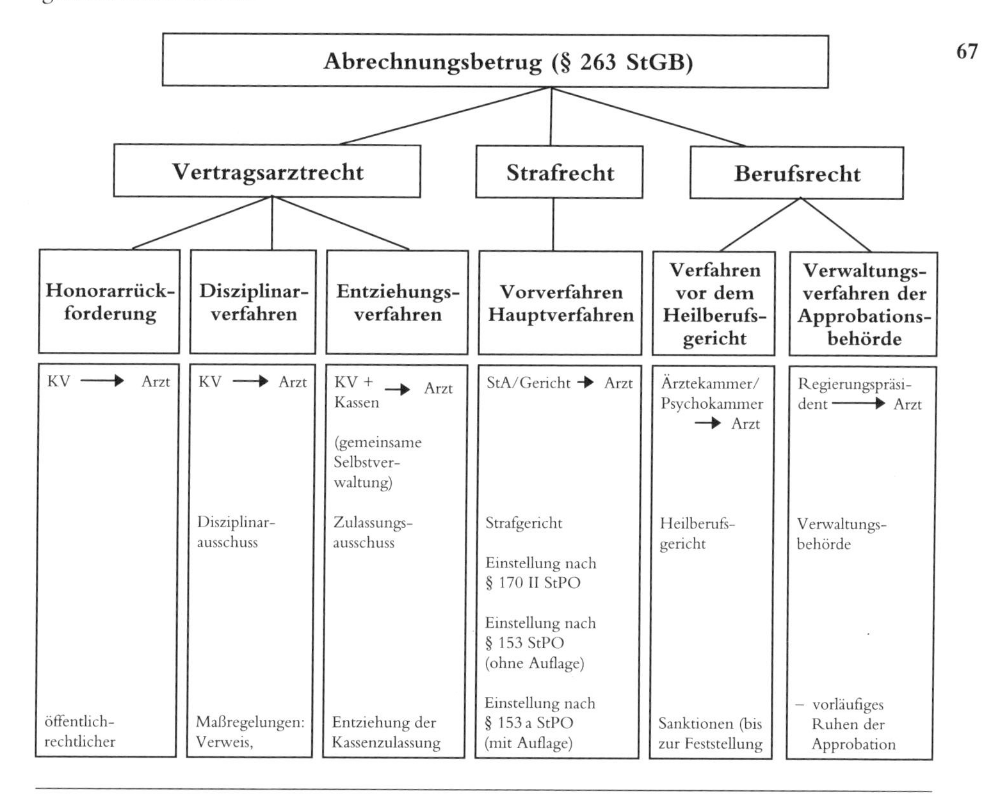

[79] Grundlage für den Widerruf und das vorläufige Ruhen der Approbation sind §§ 5 Abs. 2, 3 Abs. 1 sowie § 6 Abs. 1 BÄO. Voraussetzung sind Unwürdigkeit oder Unzuverlässigkeit des Arztes (zu diesen Voraussetzungen eingehend *Braun/Gründel* MedR 2001, 396ff. m.w.N.); die Maßnahme muss verhältnismäßig sein (BVerfGE 25, 201 (202); bejaht bei Abrechnungsbetrug OVG NRW MedR 1988, 104ff.).

[80] Grundlage: die jeweiligen Heilberufsgesetze der Länder. Zu dieser Thematik *Becker*, Berufsgerichtliche und kassenarztrechtliche Ahndung ärztlicher Pflichtverletzungen unter besonderer Berücksichtigung der Rechtslage in Nordrhein-Westfalen, Diss. Bochum 1991 m.w.N.; erg. s. neuerdings *Rehborn* GesR 2004, 170ff.

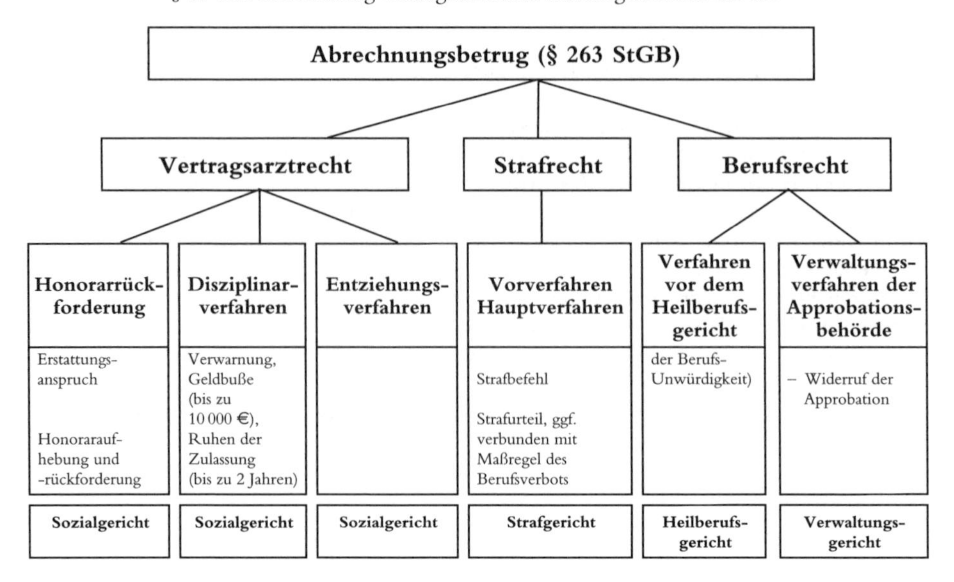

68

Honorarbetrug

Justitielle Erledigung und Folgeverfahren

Erledigung / Verfahren	Einstellung			Strafbefehl	Urteil	
	§ 170 II StPO	§ 153 StPO	§ 153 a StPO		Freispruch	Verurteilung
Disziplinarverfahren	?	×	×	×	?	×
Entziehungsverfahren				×		×
Honorarrückforderung	×	×	×	×	?	×
Heilberufsgerichtliches Verfahren			?	×		×
Approbationsverfahren			?	×		×

§ 18 Disziplinarverfahren

Schrifttum: *Becker,* Berufsgerichtliche und kassenarztrechtliche Ahndung ärztlicher Pflichtverletzungen unter besonderer Berücksichtigung der Rechtslage in Nordrhein-Westfalen, Diss. Bochum 1991; *Ehlers/Hesral/Reinhold/Steinhilper/von Strachwitz-Helmstatt,* Disziplinarrecht und Zulassungsentziehung, 2001; *Harenburg,* Klagerecht der Kassen(zahn)ärztlichen Vereinigung gegen Disziplinarausschuss – Zulässiger In-Sich-Prozeß, GesR 2004, 407ff.; *Steinhilper,* Disziplinarverfahren der Kassenärztlichen Vereinigungen, in: Rieger (Hrsg.), Lexikon des Arztrechts, 2. Aufl. 2001; *Steinhilper/Schiller,* Maulkorb für KVen und Vertragsärzte? Zur Wahrnehmung ärztlicher Interessen durch KVen und zur Meinungsfreiheit von Vertragsärzten, MedR 2003, 661ff.; *Till,* Disziplinarmaßnahmen im Kassenarztrecht nach Inkrafttreten des Gesundheitsreformgesetzes (SGB V), SGb 1990, 179ff.; *Zuck,* § 22 Disziplinarverfahren/Zulassungsentziehung in: Quaas/Zuck, Medizinrecht 2005.

Übersicht

I. Einleitung

1 Das Disziplinarverfahren ist im SGB V nur sehr eingeschränkt geregelt; rechtliche Bedenken bestehen hiergegen nach Auffassung des BSG[1] nicht. Nach § 81 Abs. 5 SGB V muss in den Satzungen der K(Z)V'en das Verfahren zur Verhängung von Maßnahmen gegen Mitglieder enthalten sein, die ihre vertragsärztlichen Pflichten nicht oder nicht ordnungsgemäß erfüllen. Im Übrigen wurde durch den Gesetzgeber der abschließende Katalog[2] von möglichen Disziplinarmaßnahmen – Verwarnung, Verweis, Geldbuße bis zu 10000 €, Ruhen der Zulassung bzw. der Beteiligung bis zu zwei Jahren – in § 81 Abs. 5 SGB V aufgeführt.

2 Fast alle K(Z)V'en haben in der Satzung selbst das Disziplinarrecht nicht geregelt, vielmehr wird in den jeweiligen Satzungen darauf hingewiesen, dass eine **eigenständige Disziplinarordnung** existiere. Diese Verfahrensweise ist zulässig.[3] Das systematische

[1] BSG SozR 3–2500 § 81 Nr. 7 m. w. N. auch zu der anderen Auffassung.

[2] *KassKomm-Hess,* SGB V, § 81 Rdn. 27; *Schneider,* Handbuch des Kassenarztrechts, Rdn. 835; vgl. auch BSG SozR 3–2500 § 81 Nr. 7; MedR 2002, 47 m. Anm. *Steinhilper/Schiller* MedR 2002, 51.

[3] *Peters-Henke,* SGB V, § 81 Rdn. 29; BSG SozR 3–2500 § 81 Nr. 7; vgl. im Übrigen die Übersicht über die einzelnen Disziplinarregelungen der KVen bei *Ehlers* (Hrsg.), Disziplinarrecht und Zulassungsentziehung, Anhang.

Ausgliedern des Disziplinarrechts unmittelbar aus der Satzung in eine eigene Disziplinarordnung führt jedoch nicht dazu, dass das Disziplinarrecht nicht mehr originäres Satzungsrecht ist; Änderungen der Disziplinarordnung stellen damit immer auch Änderungen der Satzung dar, die von der Vertreterversammlung zu beschließen ist (§ 81 Abs. 1 Satz 1 SGB V) und der Genehmigung der Aufsichtsbehörde bedarf (vgl. § 81 Abs. 1 Satz 2 SGB V).

3 Der § 81 Abs. 5 SGB V sieht die Schaffung von **Disziplinarausschüssen** nicht vor, vielmehr obliegt die Disziplinargewalt den K(Z)V'en selbst. In realiter sehen die Disziplinarordnungen der K(Z)V'en regelmäßig die Errichtung von Disziplinarausschüssen vor. Die Rechtsprechung[4] hat es als zulässig, wenn nicht sogar als geboten angesehen, dass die disziplinarischen Aufgaben an einen besonderen und unabhängigen Ausschuss übertragen werden. Die Berechtigung hierzu ergibt sich aus dem Recht der Selbstverwaltung; im Übrigen soll durch die Ausgliederung der Disziplinargewalt aus dem Vorstand in einen Ausschluss erreicht werden, dass die Entscheidungen frei sind von sachfremden Erwägungen.[5] Wenn allerdings ein Disziplinarausschuss eingerichtet ist, wird dieser letztlich für den Vorstand der K(Z)V tätig.[6] Die Trennung von Disziplinarausschuss und K(Z)V hat zur Konsequenz, dass die K(Z)V gegen den Disziplinarausschuss wegen Nichteröffnung eines Disziplinarverfahrens klagen kann.[7]

4 **Aufgabe des Disziplinarrechts** ist es, das Mitglied zur ordnungsgemäßen Erfüllung seiner vertragsärztlichen Pflichten zu veranlassen; damit hat das Disziplinarrecht eine präventive Zielrichtung; Vergeltung und Sühne spielen im Disziplinarrecht keine Rolle.[8] Gleichzeitig kommt die K(Z)V ihrer Verpflichtung zur Sicherstellung der – ordnungsgemäßen – vertragsärztlichen Versorgung (§ 75 Abs. 1 SGB V) nach, wenn sie auf ein Mitglied durch eine Disziplinarmaßnahme dahingehend eingewirkt hat, sich wieder an die Regeln der vertragsärztlichen Versorgung zu halten.[9] Es soll mithin erreicht werden, dass in Gegenwart und Zukunft die gesetzlichen Vorgaben des Vertragsarztrechtes durch die der Disziplinargewalt Unterworfenen erfüllt werden.[10] Es besteht somit gleichzeitig die Möglichkeit, eine strafrechtliche Verurteilung neben eine Disziplinarmaßnahme zu stellen.[11]

II. Verstoß gegen vertrags(zahn)ärztliche Pflichten

1. Mitglieder

5 Der **Disziplinargewalt** unterliegen nach § 81 Abs. 5 Satz 1 SGB V nur die **Mitglieder** der K(Z)V, eine Differenzierung zwischen ordentlichen oder außerordentlichen Mitgliedern wird nicht vorgenommen,[12] so dass beide Gruppen von Mitgliedern erfasst werden. Ordentliche Mitglieder sind zugelassene Vertragsärzte (§ 95 Abs. 3 Satz 1 i. V. m. § 77 Abs. 3 Satz 1 SGB V) oder Ärzte, die in den Einrichtungen nach § 311 Abs. 2 SGB V beschäftigt sind (§ 311 Abs. 4 Buchst. a) Nr. 2 SGB V). Außerordentliche Mitglieder sind die Ärzte, die nur im Arztregister eingetragen nicht jedoch zugelassen sind (§ 77 Abs. 3 Satz 2 SGB V), so dass die in einem Medizinischen Versorgungszentrum angestellten Ärzte

---

[4] BSG SozR Nr. 3 zu § 368 m RVO m. w. N.; SozR 3–2500 § 81 Nr. 7; a. A. noch SG Düsseldorf Breith 1959, 197.

[5] BSG SozR Nr. 3 zu § 368 m RVO.

[6] *Krauskopf,* SGB V, § 81 Rdn. 21.

[7] BSG 28. 1. 2004 – B 6 KA 4/03 R –.

[8] BSG SozR 3–2500 § 81 Nr. 6.

[9] *Zuck* in: Quaas/Zuck § 22 Rdn. 9.

[10] BSGE 61, 1, 2, 4 = SozR 2200 § 368 a Nr. 16; BSG SozR 3–2500 § 81 Nrn. 6, 8.

[11] BSG SozR 3–2500 § 81 Nr. 6; *GKV-Komm-Wiegand,* SGB V, § 81 Rdn. 13 b m. w. N.

[12] *Till* SGb 1990, 179 (180).

außerordentliche Mitglieder sind (vgl. § 95 Abs. 1 Satz 1 SGB V). Da bei der Ermächtigung (§ 116 SGB V; § 31 a Ärzte-ZV) eines Arztes die Eintragung in das Arztregister nicht erforderlich ist, wäre dieser Arzt nicht von der Disziplinargewalt erfasst. Um dieses Ergebnis zu vermeiden, bestimmt § 95 Abs. 4 Satz 3 SGB V, dass § 81 Abs. 5 SGB V entsprechend auch für ermächtigte Ärzte sowie für ermächtigte ärztlich geleitete Einrichtungen[13] entsprechend gilt.[14] Die Trennung zwischen außerordentlichen und ordentlichen Mitgliedern wird mit Wirkung zum 1. 1. 2005 aufgrund der Änderung von § 77 Abs. 3 SGB V aufgegeben, so dass nur noch Mitglieder existieren. Diese sind die zugelassenen, die in Medizinischen Versorgungszentren angestellten und die ermächtigen Ärzte. Letztlich ändert sich hierdurch für das Disziplinarrecht nichts Wesentliches, denn durch diese Änderung fallen nur die in das Arztregister eingetragenen und nicht zugelassenen und auch nicht in einem Medizinischen Versorgungszentrum angestellten Ärzte weg. Bei den ermächtigten ärztlich geleiteten Einrichtungen kann sich die Einrichtung das Verhalten der tätigen Ärzte nicht zurechnen lassen, da im Disziplinarrecht nicht die zivilrechtliche Haftung für den Erfüllungsgehilfen gilt; es muss vielmehr eine originäre Pflichtverletzung der Einrichtung selbst vorliegen (Organisations-, Auswahl-, Anleitungs- oder Überwachungsverschulden).[15] Der Disziplinargewalt der K(Z)V'en unterliegen nicht die Medizinischen Versorgungszentren sowie die Einrichtungen nach § 311 Abs. 2 SGB V, da sie selbst keine Mitglieder der K(Z)V'en sind. Gleichfalls unerfasst bleiben Verstöße von Krankenhausärzten bei der Leistungserbringung auf Grundlage von § 116b SGB V – ambulante Behandlung im Krankenhaus –, weil diese Leistungen nicht auf der Grundlage einer Ermächtigung, sondern auf der Basis einer vertraglichen Vereinbarung unmittelbar mit den Krankenkassen erbracht werden.

6 Die disziplinarische Ahndung eines Verstoßes gegen die vertragsärztlichen Pflichten kann auch dann nicht mehr durchgeführt werden, wenn die **Mitgliedschaft** bei der K(Z)V **geendet** hat. Das BSG[16] geht sogar davon aus, dass bereits dann, wenn der Arzt – z. B. wegen einer Zulassungsentziehung – aus dem Kreis der an der vertragsärztlichen Versorgung teilnehmenden Ärzte ausgeschieden ist, eine Disziplinarmaßnahme nicht mehr möglich sein soll. Begründet wird dies mit der Präventivfunktion des Disziplinarrechts. Dies erscheint bedenklich, da § 81 Abs. 5 SGB V auch die außerordentlichen Mitglieder erfasst, die nicht mehr an der vertragsärztlichen Versorgung teilnehmen, aber noch im Arztregister eingetragen sind. Gegen diese – außerordentlichen – Mitglieder ist daher nach der eindeutigen Formulierung im Gesetz eine Disziplinarmaßnahme grundsätzlich möglich; wegen der „Zucht- und Erziehungsfunktion" einer Disziplinarmaßnahme muss hier jedoch bei der Auswahl der Maßnahme entsprechende Vorsicht ausgeübt werden.

7 Es stellt sich noch die kompetenzrechtliche Frage, wie zu verfahren ist, wenn ein Arzt, der in dem Bereich einer K(Z)V eine ahndungswürdige Handlung vorgenommen hat und vor Abschluss des Verfahrens in den Bereich einer anderen K(Z)V wechselt. Dabei stellt sich die Frage, ob bei einem **Wechsel des K(Z)V-Bereiches** die alte K(Z)V noch eine Disziplinarmaßnahme aussprechen kann, obwohl auf Grund des Wechsels diese nicht mehr zuständig ist, oder ob die „neue" K(Z)V berechtigt ist, den Verstoß, der nicht in ihrem Zuständigkeitsbereich begangen worden ist, zu ahnden. Das Gesetz gibt hierzu keine klare Antwort; auch die Disziplinarordnungen lassen diese Frage in der Regel unbe-

---

[13] Institutsermächtigungen ergeben sich aus § 31 Abs. 1 Ärzte-ZV; § 116 a SGB V – ambulante Behandlung durch Krankenhäuser bei Unterversorgung –; § 117 SGB V – Hochschulambulanzen –; § 118 SGB V – Psychiatrische Institutsambulanzen –; § 119 SGB V – Sozialpädiatrische Zentren.

[14] Vgl. auch LSG Bayern, 4. 6. 2003 – L 12 KA 150/01 – unveröffentlicht.

[15] *Till* SGb 1990, 179 (180); wohl a. A. *Peters-Henke,* § 81 SGB V, Rdn. 28; speziell zu der Zulässigkeit einer Disziplinarmaßnahme gegenüber einer ärztlich geleiteten Einrichtung, die in der Trägerschaft einer Körperschaft des öffentlichen Rechts steht, vgl. *KassKomm-Hess,* SGB V, § 95 Rdn. 69.

[16] BSG SozR 3–2500 § 81 Nr. 6; SozR 2200 § 368 a Nr. 16; *Reinhold* ArztuR 1991 Nr. 16, 6, 8 m. w. N.

antwortet. Dem Sinn und Zweck des Disziplinarverfahrens[17] ist jedoch zu entnehmen, dass eine Ahndung grundsätzlich möglich sein muss, weil ansonsten ein Anhalten des Mitglieds zur Beachtung der vertragsärztlichen Pflichten nicht mehr möglich wäre. Wegen des Grundsatzes aus Art. 103 Abs. 2 GG des Verbotes der Doppelbestrafung („ne bis in idem"), der innerhalb des Disziplinarrechts auch gilt,[18] steht fest, dass nicht beide K(Z)V'en berechtigt sind, den gleichen Pflichtenverstoß disziplinarisch zu beurteilen. Da die bisherige K(Z)V wegen der fehlenden Mitgliedschaft nicht mehr berechtigt ist, eine Disziplinarmaßnahme auszusprechen, kann nur noch von der neuen K(Z)V eine Prüfung des Sachverhaltes mit dem Ausspruch einer Disziplinarmaßnahme durchgeführt werden. Dabei hat sie hinsichtlich des Verstoßes gegen die vertragsärztlichen Pflichten das materielle Recht der ehemals zuständigen K(Z)V anzuwenden, das Verfahrensrecht richtet sich allerdings nach dem Recht der nunmehr zuständigen K(Z)V.[19]

2. Pflichten

8 Das Gesetz verlangt ohne weitere Bestimmung der Einzelheiten eine nicht oder nicht ordnungsgemäße Erfüllung der vertragsärztlichen Pflichten. Diese gesetzliche Formulierung findet sich sodann in den jeweiligen Vorschriften der K(Z)V'en wieder. Damit ist noch nicht geklärt, was exakt damit gemeint ist. Die **Pflichten des Mitglieds** einer K(Z)V ergeben sich auch nicht aus dem Disziplinarrecht, sondern aus den gesamten Vorschriften des Vertragsarztrechtes. Hierbei handelt es sich um die Regelungen aus

- dem Gesetz,
- der Satzung der K(Z)V sowie den auf Grund von Satzungsrecht der K(Z)V sich ergebenden weiteren untergesetzlichen Vorschriften,[20]
- den Verträgen, die die K(Z)V'en mit den Krankenkassen abgeschlossen haben,
- den Bundesmantelverträgen,[21]
- den Richtlinien des Gemeinsamen Bundesausschusses.[22]
- Nach der Auffassung des BSG[23] besteht des Weiteren die nicht ausdrücklich normierte vertragsärztlich Verpflichtung, in Ausübung der vertragsärztlichen Tätigkeit keine Gesetzesverstöße zu begehen, seien es solche gegen strafrechtliche oder gegen berufsrechtliche Vorschriften. Im Übrigen besteht für den Arzt die Verpflichtung der vertrauensvollen Zusammenarbeit mit den Institutionen des Vertragsarztrechtes, weshalb unsachliche Äußerungen zu unterlassen sind, die eine Zusammenarbeit mit diesen Institutionen erschweren oder unmöglich machen könnten,[24] sofern diese Äußerungen im Einzelfall nicht durch Art. 5 Abs. 1 GG gedeckt sind.[25]

---

[17] Vgl. Rdn. 4 m. w. N.

[18] *Peters-Henke,* SGB V, § 81 Rdn. 34.

[19] Vgl. dazu umfassend *Becker,* Berufsgerichtliche und kassenarztrechtliche Ahndung ärztlicher Pflichtverletzungen unter besonderer Berücksichtigung der Rechtslage in Nordrhein-Westfalen, S. 177 ff.

[20] *Zuck* in: Quaas/Zuck § 22 Rdn. 26 m. w. N.

[21] *Heinemann/Liebold,* SGB V, § 81 Rdn. C 81–40; *Schneider,* Handbuch des Kassenarztrechts, Rdn. 834.

[22] *Noftz/Schirmer* SGB, SGB V, § 81 Rdn. 10.

[23] BSG 25. 9. 1997 – 6 BKa 54/96 – unveröffentlicht; vorhergehend Bayerisches LSG, Urteil vom 22. 5. 1996 – L 12 Ka 511/95 – unveröffentlicht (Hierbei handelte es sich um beleidigende Äußerungen eines Zahnarztes gegenüber den Mitgliedern der Prüfungseinrichtungen innerhalb der Wirtschaftlichkeitsprüfung; diese Äußerungen wurden gegenüber dem Vorstand der KZV wiederholt).

[24] BSG, a. a. O., unter Bezugnahme auf BSG, 8. 7. 1981 – USK 81 172 –.

[25] BSG SozR 3–2500 § 81 Nr. 8; 20. 10. 2004 – B 6 KA 67/03 R – Rdn. 27; siehe dazu auch *Steinhilper/Schiller* MedR 2003, 661, 664 ff. sowie *Hesral* in: Ehlers (Hrsg.), Disziplinarrecht und Zulassungsentziehung, Rdn. 54 ff. m. w. N.

Diese soeben beschriebene **Erweiterung der vertragsärztlichen Pflichten** bezogen auf Gesetzesverstöße ist im höchsten Maße bedenklich. Hierdurch würden die Pflichten des Mitgliedes wesentlich erweitert und das Disziplinarrecht würde im Ergebnis konturenlos werden. Im Übrigen besteht auch kein Bedarf an dieser Ausweitung des Disziplinarrechts, da das allgemeine Strafrecht und das Berufsrecht hier eine ausreichende Ahndung eines entsprechenden Verhaltens ermöglichen.[26] Daher kann ein Verhalten außerhalb der vertragsärztlichen Tätigkeit auch nicht für einen Pflichtenverstoß innerhalb der vertragsärztlichen Versorgung herangezogen werden.[27] Aus systematischen Überlegungen heraus können auch Pflichtverstösse innerhalb der integrierten Versorgung (§§ 140a ff. SGB V) nicht durch die K(Z)V'en geahndet werden, da diese Tätigkeiten ausserhalb der Aufgabenwahrnehmung der K(Z)V'en liegen. Der Gesetzgeber[28] hat hier ausdrücklich eine Zuständigkeit der K(Z)V'en innerhalb des Sicherstellungsauftrages verneint, so dass diese Körperschaften wegen ihrer fehlenden Aufgabenstellung auch nicht erreichen können, Sinn und Zweck des Disziplinarrechts zu erfüllen.

9 Aus der Rechtsprechung und der Literatur sind folgende – nicht abschließende – **Beispiele** anzuführen, bei denen ein **Verstoß gegen die vertragsärztlichen Pflichten** bejaht wurde:
- Verstöße gegen das Wirtschaftlichkeitsprinzip, wobei hier regelmäßig auf bestandskräftige Bescheide der Prüfgremien zurückgegriffen wurde,[29] auch bei Vergleichen innerhalb der Wirtschaftlichkeitsprüfungs-Verfahren existiert eine Bindungswirkung bezüglich des Verstoßes gegen das Wirtschaftlichkeitsprinzip;[30]
- Fehlendes Ausführen eines Hausbesuches im Rahmen des ärztlichen Notfalldienstes bei telephonisch nicht zu klärender Diagnose;[31]
- Verstoß gegen den Grundsatz der persönlichen Leistungserbringung;[32]
- Verstoß gegen die Pflicht der „peinlich" genauen Leistungsabrechnung;[33]
- Verstoß gegen die Pflicht der ordnungsgemäße Dokumentation;[34]
- Routinemäßige Erbringung fachfremder Leistungen;[35]
- Ausstellen von unrichtigen Arbeitsunfähigkeitsbescheinigungen[36]
- Unterlassung der Beantwortung in sachlich begründeter und in gehöriger Form formulierten Bitten und Aufforderungen einer K(Z)V, bestimmte Unterlagen zu übersenden;[37]
- bewusstes unzutreffendes Ausfüllen für die vertragsärztliche Versorgung vorgesehenen Vordrucken[38] bzw. das Verändern von Formularen für die vertragsärztliche Versorgung;[39]

---

[26] SG Karlsruhe SGb 1958, 368, 370 (Verstoß gegen die Schweigepflicht; Verstoß gegen den Grundsatz des kollegialen Verhaltens); *KassKomm-Hess,* SGB V, § 81 Rdn. 27.

[27] A. A. *Zuck* in: Quaas/Zuck § 22 Rdn. 10 unter Bezugnahme auf BSG USK 89111.

[28] BT-Drucks. 15/1525 S. 129ff.

[29] BSG SozR 2200 § 368a Nr. 15 (im Zusammenhang mit einer Zulassungsentziehung wegen gröblicher Pflichtverletzung); 28. 8. 1996 – 6 BKa 22/96 – unveröffentlicht; SozR 3–2500 § 81 Nr. 6; LSG Berlin 13. 6. 1990 – L 7 Ka 3/89 – unveröffentlicht.

[30] BSG 28. 8. 1996 – 6 BKa 22/96 – unveröffentlicht.

[31] SG Hannover ArztR 1989, 328.

[32] Bayerisches LSG 15. 1. 1997 – L 12 Ka 111/95 – unveröffentlicht.

[33] LSG Baden-Württemberg MedR 1995, 39 (40); Bayerisches LSG ArztR 1988, 126, 127 m. Anm. *Debong;* SG Düsseldorf ArztuR 1991, Nr. 21, 78.

[34] LSG Baden-Württemberg, a. a. O.

[35] BSG 20. 10. 2004 – B 6 KA 67/03 R – Rdn. 18.

[36] *GKV-Komm-Wiegand* § 81 Rdn. 11.

[37] BSG SozR 3–2500 § 81 Nr. 9; 4–1500 § 70 Nr. 1; 20. 3. 1996 – 6 BKa 1/96 – unveröffentlicht; LSG Saarland 1. 4. 1998 – L 3 Ka 19/96 – unveröffentlicht; vgl. wegen der Frage der Schweigepflicht im Zusammenhang mit Auskunftsersuchen von KKen und dem Problem der Pflichtenkollision im übrigen LSG Celle NJW 1980, 1352 mit kritischer Anmerkung von *Sendler* NJW 1980, 2776.

[38] LSG Nordrhein-Westfalen MedR 1985, 286ff.

[39] LSG Baden-Württemberg MedR 1996, 476, 478.

- Ausstellen von Arbeitsunfähigkeitsbescheinigungen ohne ärztliche Untersuchung;[40]
- Verlangen von Zuzahlungen für ambulante Operationen[41] oder für weitere Leistungen, die grundsätzlich in der Praxis vorgehalten werden[42] oder bei denen ein gebührenrechtlicher Abrechnungsausschluss besteht;[43]
- Abrechnung von homöopathischen Leistungen nur auf Grund einer Privatliquidation;[44]
- regelmäßiges Überschreiten der Abrechnungstermine für die Honorarabrechnung, sofern nicht eine Fristverlängerung gewährt wurde;[45]
- Verstoss gegen die Präsenz- bzw. Residenzpflicht;[46]
- Verweigerung der Mitwirkung bei Qualitätssicherungsmaßnahmen[47]
- Willkürliche Antragstellung im Bereich der kieferorthopädischen Behandlung anstatt der Einholung eines Obergutachtens;[48]
- unzulässiger Betrieb einer Zweigpraxis;[49]
- Schließung der Praxis wegen Ausschöpfung des individuellen Abrechnungsvolumens.[50]

3. Verschulden

10 Eine Disziplinarmaßnahme kann nur dann ausgesprochen werden, wenn der Verstoß gegen die vertragsärztlichen Pflichten schuldhaft begangen wurde.[51] Hierbei ist entweder **Vorsatz** oder **Fahrlässigkeit** erforderlich.[52] Selbst wenn der Vertrags(zahn)arzt nicht unmittelbar handelt, sondern die fragliche Tätigkeit (z.B. Erstellung der Abrechnung durch die Arzthelferin) überträgt, entfällt seine Pflicht nicht, sie wechselt vielmehr in eine unmittelbare Überwachungspflicht des Mitarbeiters, so dass ein Verstoß gegen diese Überwachungspflicht des Mitarbeiters ihm als schuldhaftes Verhalten angerechnet wird.[53] Wenn ein (Zahn)arzt mehrfach auf seine Pflichten hingewiesen wurde, kann er sich innerhalb des Disziplinarverfahrens auch nicht auf einen „Rechtsirrtum" berufen.[54]

4. Rechtsfolgen des schuldhaften Pflichtverstoßes

11 Sofern ein schuldhafter Pflichtverstoß vorliegt, ist an eine Disziplinarmaßnahme zu denken. § 81 Abs. 5 Sätze 2 und 3 SGB V hat einen abschließenden Katalog von Disziplinarmaßnahmen:
- Verwarnung
- Verweis
- Geldbuße bis 10000 €
- Ruhen der Zulassung bis zu 2 Jahre.

---

[40] LSG Celle NJW 1985, 700f.; vgl. auch *GKV-Komm-Wiegand* § 81 Rdn. 11.

[41] BSG SozR 3–2500 § 81 Nr. 7; vgl. hierzu und zur Frage der Ablehnung von Patienten der GKV ausführlich *Steinhilper* in: Rieger (Hrsg.), Lexikon des Arztrechts, Gliederungsnummer 1485 Rdn. 48ff.

[42] BSG MedR 2002, 47 m. Anm. *Steinhilper/Schiller* MedR 2002, 51; 14. 3. 2001 – B 6 KA 76/00 B und B 6 KA 77/00 B – unveröffentlicht.

[43] SG Hamburg, 30. 4. 2003 – S 27 KA 129/02 – unveröffentlicht.

[44] LSG Baden-Württemberg MedR 1993, 116ff.; SG Freiburg, 25. 8. 1999 – S 1 KA 1209/98 –, hierzu auch BSG, 17. 5. 2001 – B 6 KA 8/00 R – beide unveröffentlicht.

[45] LSG Baden-Württemberg ArztR 1991, 299f.

[46] BSG SozR 4–5520 § 24 Nr. 1.

[47] BSG 20. 10. 2004 – B 6 KA 67/03 R – Rdn. 24.

[48] LSG Niedersachsen, 27. 6. 2001 – L 3 KA 181/00 – unveröffentlicht.

[49] LSG Niedersachsen, 12. 2. 2003 – L 3 KA 312/02 und L 3 KA 364/02 – unveröffentlicht.

[50] BT-Drucks. 15/1525 S. 99 – Zu Nummer 59 (§ 81) – Einführung von § 81 Abs. 1 Nr. 9 SGB V.

[51] BSG MedR 2002, 47 m. Anm. *Steinhilper/Schiller* MedR 2002, 51.

[52] LSG Berlin, 13. 6. 1990 – L 7 Ka 3/89 – unveröffentlicht.

[53] LSG Baden-Württemberg MedR 95, 39f.

[54] BSG MedR 2002, 47 m. Anm. *Steinhilper/Schiller* MedR 2002, 51.

Die Verwarnung stellt eine Missbilligung eines bestimmten Tuns oder Unterlassens des Arztes dar, die mit der Aufforderung versehen ist, dies zukünftig zu unterlassen. Der Verweis als stärkere Maßnahme ist eine Tadel eines bestimmten Verhaltens,[55] während die Geldbuße bzw. das Ruhen der Zulassung die härtesten Maßnahmen des Disziplinarausschusses sind. Ein Ruhen der Zulassung kommt in Betracht, wenn das Vertrauensverhältnis zur K(Z)V oder den Krankenkassen empfindlich gestört ist;[56] hierbei ist der Grundsatz der Verhältnismäßigkeit zu beachten, da das Ruhen ultima ratio ist. Beim Ausspruch der Disziplinarmaßnahme können nicht mehrere Disziplinarmaßnahmen gleichzeitig verhängt werden.[57] Unanfechtbar gewordene Beschlüsse in Disziplinarangelegenheiten werden nach § 6 Abs. 3 Ärzte-ZV zu den Registerakten des Arztregisters genommen; dies gilt nicht für Verwarnungen. Nach Ablauf von fünf Jahren, nachdem der Beschluss unanfechtbar geworden ist, ist er aus den Registerakten zu entfernen und zu vernichten.

5. Abgrenzung des Disziplinarrechts vom Berufs- und Strafrecht; Verhältnis zur Zulassungsentziehung

12 Neben dem Disziplinarrecht innerhalb des Vertragsarztrechts existieren noch Sanktionsmöglichkeiten aus berufsrechtlicher oder strafrechtlicher Sicht. Grundsätzlich ist es möglich, dass ein Lebenssachverhalt, der einen Verstoß gegen das StGB, die Berufsordnung und gegen die vertragsärztlichen Pflichten darstellt, entsprechend auf der jeweiligen Ebene zu ahnden,[58] ein Verstoß gegen den Grundsatz „ne bis in idem" ist darin nicht festzustellen.[59] Dabei sind jedoch der Grundsatz der Verhältnismäßigkeit und die jeweiligen verfahrensrechtlichen Besonderheiten zu beachten.

13 Die **Entziehung der Zulassung** zur vertragsärztlichen Versorgung nach § 95 Abs. 6 SGB V wegen gröblicher Pflichtverletzung ist eine Verwaltungsmaßnahme zur Sicherstellung der vertragsärztlichen Versorgung;[60] daher besteht zunächst keinerlei Berührungspunkte zwischen dem Disziplinarrecht und der Zulassungsentziehung.[61] Lediglich unter dem Gesichtspunkt der Verhältnismäßigkeit kann es sich im Einzelfall – als Ausnahme – ergeben, dass eine Zulassungsentziehung unverhältnismäßig;[62] weil eine Disziplinarmaßnahme nicht vorher ausgesprochen wurde.[63]

III. Verfahren vor dem Disziplinarausschuss

1. Allgemeine Verfahrensgrundsätze

14 Das Disziplinarverfahren wird auf **Antrag** des Vorstands der K(Z)V beim Disziplinarausschuss eingeleitet. Die Krankenkassen sind nicht berechtigt, die Durchführung eines Disziplinarverfahrens beim Disziplinarausschuss zu beantragen, sie haben nur die Möglich-

---

[55] *Peters-Hencke,* SGB V, § 81 Rdn. 40.

[56] *Zuck* in: Quaas/Zuck § 22 Rdn. 31.

[57] BSG SozR 3–2500 § 81 Nr. 6.

[58] BSG SozR 2200 § 368a Nr. 16; SozR 3–2500 § 81 Nr. 6; *Peters-Hencke,* SGB V, § 81 Rdn. 34 m. w. N.

[59] LSG Rheinland-Pfalz, 23. 3. 2000 – L 5 KA 22/99 – unveröffentlicht; bestätigt durch BSG SozR 3–2500 § 81 Nr. 7; *Hesral* in: Ehlers (Hrsg.), Disziplinarrecht und Zulassungsentziehung, Rdn. 192.

[60] BSGE 34, 252, 253 = SozR Nr. 36 zu § 368a RVO; BSG KVRS A-6000/10.

[61] SozR 4–1500 § 70 Nr. 1.

[62] BSGE 61, 1 = SozR 2200 § 368a Nr 16; SozR 3–2500 § 81 Nr. 8.

[63] BSGE 62, 127 = SozR 2200 § 368m Nr. 3; 20. 6. 1989 – 6 BKa 6/89 –; LSG Bayern, 19. 3. 2003 – L 12 KA 84/02 und daran anschließend BSG, 5. 11. 2003 – B 6 KA 54/03 – sämtlich unveröffentlicht.

keit, bei der K(Z)V die Durchführung eines Disziplinarverfahrens anzuregen bzw. zu beantragen (§ 60 BMV-Ä; § 51 EKV-Ä; § 29 BMV-Z; Anlage 6 EKV-Z). Sofern auf Grund von Maßnahmen der Krankenkassen das Disziplinarverfahren eingeleitet wurde, sind die Krankenkassen von dem Ergebnis des Disziplinarverfahrens zu unterrichten. Die Krankenkassen selbst haben keinen Anspruch auf Einleitung eines gerichtlichen Verfahrens gegen den Vertragsarzt, wenn dieser seine vertragsärztlichen Pflichten verletzt hat.[64] Ob eine K(Z)V einen Antrag auf Einleitung eines Disziplinarverfahren stellt, steht in ihrem Beurteilungsspielraum. Sie ist nicht verpflichtet, jeden Pflichtenverstoß zwingend zu verfolgen; auf der anderen Seite ist die K(Z)V auch nicht verpflichtet, beim Vorliegen eines schuldhaften Pflichtverstoß eine Beratung durchzuführen, sie kann sofort die Einleitung eines Disziplinarverfahrens beantragen.[65]

15 Unter dem Gesichtspunkt des **rechtlichen Gehörs** ist der Betroffene vor Einleitung des Disziplinarverfahrens anzuhören (§ 24 SGB X)[66] und ihm auch Einsicht in die Verwaltungsakte zu gewähren (§ 25 SGB X). Ferner hat der Disziplinarausschuss vom **Amts wegen** den Sachverhalt umfassend zu **ermitteln,** um festzustellen, ob ein schuldhafter Pflichtverstoß vorliegt. Sollten bestandskräftige Entscheidungen vorliegen, die den Pflichtenverstoß inhaltlich feststellen, vorliegen, wie es beispielsweise in der Wirtschaftlichkeitsprüfung der Fall ist, ist eine inhaltliche Überprüfung der dort festgestellten Sachverhalte nicht mehr möglich.[67] Anders ist es jedoch, wenn die den Pflichtenverstoß feststellenden vorhergegangenen Verfahren durch einen Vergleich beendet worden sind, da der Vergleich nach § 54 SGB X immer ein gegenseitiges Nachgeben verlangt; dann hat der Disziplinarausschuss den Sachverhalt von Amts wegen selbst zu ermitteln.[68] Zu der Amtsermittlung zählt auch die Pflicht, die Frage des Umfangs des Verschuldens umfassend zu klären. Für das **Verwaltungsverfahren sind** die Vorschriften des SGB X anzuwenden, sofern nicht in der Disziplinarordnung etwas anderes speziell geregelt ist (vgl. § 37 SGB I); ein Rückgriff auf die StPO ist ausgeschlossen, so dass die Frage des Ausschlusses von Personen oder die Frage der Besorgnis der Befangenheit sich ausschließlich nach §§ 16f. SGB X richtet;[69] im Einzelfall können jedoch auch die streng formalisierten Verfahrensordnungen – z. B. Disziplinarordnung des Bundes bzw. StPO – zur Auslegung der Disziplinarordnung der K(Z)V herangezogen werden.[70] Bei der Amtsermittlung ist im Einzelfall der Disziplinarausschuss ebenfalls verpflichtet, Zeugen zu vernehmen oder Sachverständige anzuhören.

16 Die Einleitung bzw. die Durchführung eines Disziplinarverfahrens ist **zeitlich nicht unbeschränkt** möglich. Der schuldhafte Pflichtverstoß darf nicht zu lange zurückliegen; üblicherweise gehen die Disziplinarordnungen der K(Z)V'en davon aus, dass die Einleitung eines Disziplinarverfahrens ausgeschlossen ist, wenn etwa seit dem Bekanntwerden der Verfehlung/Pflichtverstoß zwei Jahre vergangen sind oder wenn seit der Verfehlung/Pflichtverstoß unabhängig von der Frage der Kenntnis fünf Jahre verstrichen sind. Bei den Verfehlungen, die gleichzeitig einen Straftatbestand erfüllen – z. B. Abrechnungsbetrug –, verjährt die Verfehlung/Pflichtverletzung nicht vor dem Zeitpunkt, an dem die Verfolgungsverjährung eingetreten ist. Der Beginn der Zweijahresfrist hinsichtlich des Bekanntwerdens beginnt aber erst dann, wenn der Vorstand der K(Z)V den Lebenssachverhalt in der Form erkannt hat, dass hier eine Verfehlung/Pflichtverletzung vorliegt.[71]

---

[64] LSG Berlin MedR 2003, 121 m. Anm. *Steinhilper.*

[65] BSG SozR 3–2500 § 81 Nr. 6.

[66] LSG Nordrhein-Westfalen, 9. 10. 1996 – L 11 Ka 185/95 – unveröffentlicht.

[67] BSG SozR Nr. 36 zu § 368a RVO.

[68] A. A. LSG Berlin, 11. 8. 2004 – L 7 KA 56/02 – unveröffentlicht – zu der Frage der Feststellung der Unwirtschaftlichkeit bei Abschluss eines Vergleiches, in dem lediglich die Kürzungshöhe innerhalb einer Wirtschaftlichkeitsprüfung reduziert wurde.

[69] LSG Hessen, 28. 3. 1977 – L 7 Ka 226/77 – unveröffentlicht.

[70] LSG Nordrhein-Westfalen, 9. 10. 1996 – L 11 Ka 185/95 – unveröffentlicht.

[71] BSG SozR 3–2500 § 81 Nr. 1.

Durch die Antragstellung beim Disziplinarverfahren wird üblicherweise die Verjährung unterbrochen. Wird der Bescheid im späteren Verfahren zum Zwecke der Neubescheidung aufgehoben oder zurückgenommen und durch einen neuen Bescheid ersetzt, ist dies zulässig und es gelten die verjährungsrechtlichen Wirkungen der Antragstellung.[72]

17 Regelmäßig sind die Disziplinarausschüsse mit Vertretern der Ärzte/Zahnärzte besetzt. Häufig ist es auch vorgesehen, dass der **Vorsitzende ein Volljurist** – Jurist mit der Befähigung zum Richteramt – sein muss. Sofern dies nicht vorgesehen ist, liegt darin kein Verstoß gegen höherangiges Recht. Es muss nicht zwingend ein Volljurist den Vorsitz des Disziplinarausschusses führen.[73]

18 Vor dem Disziplinarausschuss kann sich der Betroffene **anwaltlich vertreten** lassen. Sofern er dieses tut, kann er nicht verlangen, dass ihm die Kosten des Anwalts erstattet werden, sofern eine Disziplinarmaßnahme gegen ihn nicht ausgesprochen wurde, es sei denn in der Disziplinarordnung ist Gegenteiliges geregelt.[74] Ein Rückgriff auf § 63 SGB X ist nicht möglich, weil es sich bei dem Disziplinarverfahren nicht um ein Widerspruchsverfahren handelt, das erfolgreich beendet wurde.[75]

19 Von der Frage der Erstattung der Anwaltskosten abzugrenzen ist die Frage, ob bei einer Ahndung eines Pflichtenverstoßes dem Betroffenen auch die **Kosten des Verfahrens** auferlegt werden können, was in einer Vielzahl von Disziplinarordnungen so geregelt ist. Die Instanzgerichte und die Literatur[76] gehen davon aus, dass dies zulässig ist. In einem Beschluss des BSG[77] wurde diese Auffassung unter Berufung auf § 81 Abs 5 Satz 1 SGB V bestätigt. In dieser Entscheidung ist aber ein Widerspruch zu der Rechtsprechung des BSG zum Ausschluss von § 63 SGB X innerhalb der Wirtschaftlichkeitsprüfung[78] bzw. bei der sachlich-rechnerischen Berichtigung[79] zu sehen. Dort hatte das BSG ausdrücklich wegen der Fragen des Verwaltungsverfahrens darauf hingewiesen, dass trotz § 37 SGB I keine Abweichung von dem Grundsatz der Kostenerstattung nach § 63 SGB X möglich ist. Diese Rechtsprechung muss auch für den Fall der Kostenfreiheit nach § 64 SGB X bezüglich des Disziplinarverfahrens gelten.

2. Begründung des Disziplinarbescheides

20 Der Disziplinarbescheid ist ein **Verwaltungsakt** im Sinne von § 31 SGB X. Dieser muss wegen § 33 SGB X nicht schriftlich sein.[80] Da jedoch in der Regel der Disziplinarbescheid schriftlich gefasst wird, ist er auch nach § 35 SGB X zu begründen. Die Begründung kann nach § 41 Abs. 2 SGB X bis zur Beendigung der letzten Tatsacheninstanz nachgeholt werden.

21 Bei der Begründung des Bescheides ist zwischen dem Pflichtverstoß einerseits und der Disziplinarmaßnahme andererseits zu differenzieren. Innerhalb der **Begründung bezüglich des Pflichtverstoßes** muss dargelegt werden, warum der Betroffene gegen seine vertragsärztlichen Pflichten verstoßen hat. Es müssen dabei zum einen die Vorschriften genannt werden, gegen die verstoßen worden ist, ferner die „Tathandlung" aus der sich der Verstoß selbst ergibt. Ein Ermessen bei der Feststellung des Pflichtverstoßes gibt es

---

[72] BSG SozR 3–2500 § 81 Nr. 9.

[73] BSG SozR 3–2500 § 81 Nr. 7 m. w. N.

[74] Zu diesem Sonderfall SG Hannover, 15. 5. 2002 – S 16 KA 349/98 – unveröffentlicht.

[75] Vgl. *Peters-Hencke,* § 81 SGB V, Rdn. 45.

[76] LSG Celle, 13. 12. 1995 – L 5 Ka 69/94 – unveröffentlicht; *Peters-Hencke,* SGB V, § 81 Rdn. 45 unter Bezugnahme auf LSG Nordrhein-Westfalen, 7. 11. 1990 – L 11 Ka 133/89 –; *Heinemann/Liebold,* SGB V, § 81 Rdn. C 81–36; *Becker,* a. a. O., S. 198 f.

[77] 28. 8. 1996 – 6 BKa 22/96 – unveröffentlicht.

[78] BSG SozR 3–1300 § 63 Nr. 10.

[79] BSG SozR 3–1300 § 63 Nr. 4.

[80] *Heinemann/Liebold* § 81 Rdn. C 81–44.

nicht,[81] insoweit liegt eine gebundene Entscheidung der Verwaltung vor. Eine Bezugnahme auf bereits bestandskräftig abgeschlossene Verwaltungsverfahren – z. B. Wirtschaftlichkeitsprüfung – ist zulässig.[82] Bei der Begründung der **Höhe der Disziplinarmaßnahme** steht dem Disziplinarausschuss Ermessen zu.[83] Daher muss dort ausführlich begründet werden, welche Gesichtspunkte für und gegen den Betroffenen bei der Entscheidungsfindung über die Höhe der Disziplinarmaßnahme eine Rolle gespielt haben. Der Abwägungsprozess ist unter Beachtung des Grundsatzes der Verhältnismäßigkeit innerhalb des Bescheides umfassend darzulegen und nachvollziehbar zu begründen (§ 35 SGB X). Für den Fall, dass ein Ruhen der Zulassung angeordnet wird, muss auch der Termin, ab wann das Ruhen der Zulassung eingreifen soll, innerhalb des Bescheides angegeben werden, da sonst das Ruhen mit der Bekanntgabe des Disziplinarbescheides wirken würde, was letztlich unverhältnismäßig wäre und eine ordnungsgemäße Versorgung der Versicherten beeinträchtigen würde.[84]

IV. Gerichtliches Verfahren

22 Ein **Vorverfahren** nach der Entscheidung des Disziplinarausschusses/der K(Z)V findet nach § 81 Abs. 5 Satz 4 SGB V nicht statt. Die Klage ist gegen die K(Z)V, nicht gegen den Disziplinarausschuss zu richten.[85] **Klagebefugt** ist nur der vom Disziplinarbescheid Betroffene, die Krankenkassen haben kein eigenes Klagerecht, da sie am Verfahren nicht beteiligt sind. Wird durch den Disziplinarausschuss die Einleitung eines Disziplinarverfahrens abgelehnt, so kann der Vorstand einer K(Z)V hiergegen Klage erheben.[86] Die Klage hatte bis 1. 1. 2002 keine aufschiebende Wirkung (§ 97 Abs. 1 SGG a. F.), daher wurde grundsätzlich die Disziplinarmaßnahme nach ihrer Bekanntgabe ungeachtet einer später möglichen Aufhebung zunächst wirksam; aufgrund des 6. SGGÄndG hat die Anfechtungsklage nunmehr wegen § 86a Abs. 1 SGG aufschiebende Wirkung,[87] sofern nicht die sofortige Vollziehung nach § 86a Abs. 2 Nr. 5 SGG angeordnet wurde. Das Rechtsschutzbedürfnis entfällt nicht dadurch, dass der Status des Vertragsarztes weggefallen ist, dies insbesondere dann nicht, wenn die Wiederzulassung bereits betrieben wird[88] bzw. wenn ein Rehabilitationsinteresse des Klägers besteht.[89]

23 Ob ein „öffentliches Interesse" nach § 86a Abs. 2 Nr. 5 SGG vorliegt, hat der Disziplinarausschuss gesondert zu prüfen. Hierbei muss berücksichtigt werden, dass der Gesetzgeber ausdrücklich davon ausgeht, dass die Klage aufschiebende Wirkung hat. Daher müssen bei der Bejahung des „öffentliches Interesses" noch weitere Gesichtspunkte hinzutreten, die über den Ausspruch der Disziplinarmaßnahme hinausgehen. Es muss dargelegt werden, warum es gesondert geboten ist, sofort die Wirkungen der Disziplinarmaßnahme in Kraft zu setzen.[90] Ist die sofortige Vollziehung ausgesprochen worden, kann nach § 86b Abs. 1 Nr. 2 SGG das Gericht die aufschiebende Wirkung der Klage ganz oder teilweise anordnen.

---

[81] BSGE 62, 127, 129 f. = SozR 2200 § 368m Nr. 3.

[82] LSG Hessen, 18. 11. 1998 – L 7 Ka 645/98 – unveröffentlicht.

[83] BSG SozR 3–2500 § 81 Nr. 6 m. w. N.

[84] *Till* SGb 1990, 179 (181 f.); a. A. LSG Hessen, 18. 11. 1998 – L 7 KA 645/98 – unveröffentlicht.

[85] *GKV-Komm-Wiegand* § 81 Rdn. 15b m. w. N.; vgl. im Übrigen BSG SozR Nr. 3 zu § 368m RVO.

[86] BSG SozR 4–1500 § 70 Nr. 1; *Harenburg* GesR 2004, 407 ff.

[87] BSG, 20. 10. 2004 – B 6 KA 67/03 R – Rdn. 25.

[88] LSG Nordrhein-Westfalen MedR 1985, 286.

[89] BSG SozR 3–2500 § 81 Nr. 6.

[90] Vgl. zum öffentlichen Interesse bei der sofortigen Vollziehung bei Zulassungssachen *Reinhold* in: Ehlers (Hrsg.), Disziplinarrecht und Zulassungsentziehung, Rdn. 573–583. Die dort angestellten Überlegungen sind insoweit übertragbar.

Bei der **gerichtlichen Kontrolldichte** ist zu differenzieren: Während bei der Frage, ob ein Pflichtverstoß vorliegt, die Gerichte eine umfassende Kontrolle haben,[91] gilt dies bei der Frage der Auswahl der Disziplinarmaßnahme nicht. Hier gilt wegen des bestehenden Ermessens nur eine eingeschränkte Kontrolldichte.[92] Das Gericht hat insbesondere zu prüfen, ob die Behörde von einem vollständig ermittelten Sachverhalt ausgegangen ist und sich von sachgerechten Erwägungen hat leiten lassen; daher ist es in der Prüfung auf die im Verwaltungsakt angeführten Ermessensabwägungen beschränkt.[93] Auch ist zu prüfen, ob der Grundsatz der Verhältnismäßigkeit beachtet wurde. Selbst wenn im gerichtlichen Verfahren sich herausstellen sollte, dass nicht sämtliche dem Bescheid zugrunde liegenden Pflichtverstöße tatsächlich vorliegen, kann die ausgesprochene Disziplinarmaßnahme dennoch rechtmäßig sein, wenn nämlich die verbliebenen Pflichtverstöße die Disziplinarmaßnahme in einer Gesamtbetrachtung rechtfertigen.[94] **24**

Die Ausschlussregelung des § 144 Abs. 1 Satz 1 Nr. 1 SGG gilt nicht für Disziplinarangelegenheiten, weil in diesem Zusammenhang keine Geldleistung, sondern das Hinwirken auf ein zukünftig ordnungsgemäßes Verhalten des Vertragsarztes im Vordergrund steht.[95] **25**

---

[91] LSG Bayern, 29. 11. 2000 – L 12 KA 504/99 – unveröffentlicht.

[92] BSGE 62, 127 (129) = SozR 2200 § 368m RVO Nr. 3.

[93] BSG SozR 3–2500 § 81 Nr. 9.

[94] BSG, a. a. O., 2. 4. 1998 – B 6 KA 22/97 – unveröffentlicht.

[95] BSG SozR 3–2500 § 81 Nr. 8.

§ 19 Die Arzneimittelversorgung im Vertragsarztrecht

Schrifttum: *Biter,* Zulässigkeit und Inhalt von Kooperationsvereinbarungen zwischen pharmazeutischer Industrie und GKV, PharmR 2004, 141 ff.; *Dierks/Nitz,* Rechtsfragen der Bildung von Festbetragsgruppen der Stufe 2, PhamR 2004, 143 ff.; *Dietrich/Kehne,* Klinische Prüfpräparate: Neue Regelungen in Europa und in Deutschland, Pharm. Ind. 2005, 271 ff.; *Ehlers/Sunde,* Premarketing für zulassungspflichtige, aber noch nicht zugelassene Arzneimittel im Rahmen von individuellen Heilversuchen, Pharm. Ind. 2005, 419 ff.; *Glaeske,* Zur Kosten-Nutzen-Bewertung von Arzneimitteln, SF 2004, 229 ff.; *Hase,* Verfassungsrechtliche Bewertung der Normsetzung durch den Gemeinsamen Bundesausschuss MedR 2005,391 ff.; *Hasskarl,* Zulassungspflicht für Nachnahmerrezepturarzneimittel?, PharmR 2005, 132 ff.; *Hess,* Darstellung der Aufgaben des Gemeinsamen Bundesausschusses MedR 2005, 385 ff.; *Koenig/Meurer/Hentschel,* Empfehlungen Kassenärztlicher Vereinigungen im Spannungsfeld zwischen Wirtschaftlichkeitsprüfung und Therapiefreiheit des Vertragsarztes, PharmR 2004, 207 ff.; *Krüger,* Rechtliche Grundlagen der klinischen Prüfung von Arzneimitteln am Menschen, KHuR 2005, 24 ff.; *Lindner,* Reguläre Krankenversorgungskosten im Rahmen von Arzneimittelstudien nicht zu Lasten des Sponsors, DGPharMed News 2005, 5 ff.; *May/Frank,* Grenzen der Nutzenbewertung von Arzneimitteln – Eine Analyse unter Berücksichtigung wissenschaftstheoretischer Aspekte Teil 1, Pharm. Ind. 2005, 517 ff.; *Niemann,* Die Verordnung eines Arzneimittels außerhalb der zugelassenen Indikation – „Off-Label-Use", NZS 2004, 254 ff.; *Nitz/Dierks,* Nochmals: Rechtsfragen der Bildung von Festbetragsgruppen der Stufe 2, PharmR 2004, 260 ff. und Rechtsschutz gegen die Festbetragsgruppen- und Vergleichsgrößenbildung PharmR 2004, 161 ff.; *Otto,* Verfassungsmäßigkeit des Ausschlusses nicht verschreibungspflichtiger Arzneimittel aus der Erstattungspflicht durch das Gesundheitsmodernisierungsgesetz, PharmR 2005, 91 ff.; *Pfortner,* Die Arzneimitteländerungsrichtlinie 2004/27/EG: Neue Impulse bei der Abgrenzung zwischen „dual use" Produkten und Arzneimitteln? (Teil 1), PharmR 2004, 388 ff.; *Posser/Müller,* Arzneimittelmarkt 2004 – EuGH, Nutzenbewertung und Leistungsausschlüsse, NZS 2004, 247 ff.; *Reese/Gaßner,* Bildung von Festbetragsgruppen der Stufe 2 für patentgeschützte Arzneimittel, PharmR 2004, 428 ff.; *Reese/Posser,* Festbeträge für patentgeschützte Wirkstoffe im GKV- Modernisierungsgesetz, NZS 2005, 244 ff.; *Sawicki,* Qualität steht an erster Stelle, Die Krankenversicherung 2005, 68 ff.; *ders.,* Aufgaben und Arbeit des Institutes für Qualität und Wirtschaftlichkeit im Gesundheitswesen MedR 2005, 389 ff.; *Schickert,* Arzneimittelerstattung und Herstellerrechte 1. Teil: Nationale Ebene, PharmR 2004, 10 ff.; *Schomburg,* in: Brackmann (Hrsg.), Handbuch der Sozialversicherung, 12. Aufl. 2005, Band 1/1, Kap. 2- 196 ff.; *Schrinner,* Normsetzung durch den Gemeinsamen Bundesausschuss aus Sicht der Krankenkassen, MedR 2005, 397 ff.; *Hase,* Verfassungsrechtliche Bewertung der Normsetzung durch den Gemeinsamen Bundesausschuss MedR 2005, 391 ff.; *Schulz,* in: Figge (Hrsg.), Sozialversicherungs-Handbuch Leistungsrecht: Das Leistungsrecht der Kranken- und Pflegeversicherung, Kap. 6, 2 ff.; *Sommer,* in: Jahn (Hrsg.), SGB V 2004, § 34 ff.; *Wigge,* Zur Vorgreiflichkeit der Arzneimittelzulassung in der GKV–Verordnungsrechtliche Konsequenzen aus der BSG-Entscheidung zum sog. „Off-Label-Use", PharmR 2002, S. 305–309 (Teil 1) u. S. 348–355 (Teil 2)

Übersicht

I. Leistungsanspruch auf die Versorgung mit Arzneimittel

1 Die Verordnung von Arzneimitteln zulasten der gesetzlichen Krankenkassen unterliegt zahlreichen Regelungen. Nach den allgemeinen Regeln des Leistungsrechts gemäß § 27 Abs. 1 SGB V umfasst der Leistungsanspruch jede Pharmakotherapie, wenn sie notwendig ist, um eine Krankheit zu erkennen, sie zu heilen, ihre Verschlimmerung zu verhüten oder Beschwerden zu lindern. Durch die Regelungen der §§ 12 Abs. 1, 31 Abs. 1, 34 Abs. 1 und Abs. 3, 92 Abs. 1 Satz 2 Nr. 6 SGB V wird der Leistungsanspruch des Versicherten aber erheblich begrenzt. Insbesondere das am 1. Januar 2004 in Kraft getretene Gesetz zur Modernisierung der gesetzlichen Krankenversicherung (GKV-Modernisierungsgesetz) hatte auch auf den Arzneimittelmarkt erhebliche Auswirkungen, nicht nur durch den Ausschluss der nicht-verschreibungspflichtigen Arzneimittel aus der Erstattung, sondern auch durch die Festbetragsregelung für Patentarzneimittel und die Nutzenbewertung durch das Institut für Qualität und Wirtschaftlichkeit im Gesundheitswesen.[1] Der Gesetzgeber genießt aus verfassungsrechtlicher Sicht jedoch ein weites Ermessen, welche Behandlungsmaßnahmen in den Leistungskatalog der GKV einbezogen und welche ausgenommen und damit der Eigenverantwortung der Versicherten (§ 2 Abs. 1 Satz 1 SGB V) zugeordnet werden. Ein Gebot zu Sozialversicherungsleistungen in einem bestimmten sachlichen Umfang lässt sich dem Grundgesetz nicht entnehmen.[2] Der Gesetzgeber ist deshalb nicht gehindert, zur Erhaltung der Finanzierbarkeit der Krankenversicherung bestimmte Leistungen oder Leistungsbereiche ganz aus der gesetzlichen Krankenversicherung auszugliedern.[3]

1. Arzneimittelbegriff des SGB V

2 Eine Definition des **Arzneimittels** fehlt im SGB V gänzlich. Nach der bisherigen Rechtsprechung sind Arzneimittel Substanzen, deren bestimmungsgemäße Wirkung darin

[1] Vgl. zu der Entwicklung im Jahre 2004: *Posser/Müller,* NZS 2004, 247.
[2] Vgl. BVerfG NJW 1997, 3085; BSGE 76, 40 (42f.); 86, 54 (65); BSG, SozR 3–2500 § 30 Nr. 5 S. 14, BSG, SozR 3–2500 § 135 Nr. 14 S. 71; BVerfG NJW 1997, 3085.
[3] LSG NRW Urt. v. 3. 3. 2005 – L 5 KR 169/04.

liegt, Krankheitszustände zu heilen oder zu bessern.[4] Es muss zudem mit den Arzneimitteln ein Behandlungszweck i.S. des § 27 Abs. 1 Satz 1 SGB V angestrebt werden. Daher sind abgesehen von bestimmten Behandlungszwecken vor allem solche Präparate ausgeschlossen, die dem allgemeinen Lebensbedarf und nicht der Einwirkung auf eine Krankheit dienen. Durch keine der beiden Definitionen ist eine nennenswerte Konkretisierung des Arzneimittelbegriffes zu erreichen, insbesondere nicht in Abgrenzung zu den Lebensmittel und Medizinprodukten. Auch die Nahrungsergänzungsmittel und Mittel zu bilanzierten Diäten als Untergruppe der Lebensmittel und die Medizinprodukte können der Behandlung von Krankheiten dienen, das heißt deren Linderung, Beseitigung, Verhütung und Heilung. Auch die Arzneimitteilrichtlinien des Gemeinsamen Bundesausschusses verzichten auf eine Definition und setzen den Bedeutungsinhalt des Begriffs „Arzneimittel" voraus. Die Rechtsprechung hat in Folge dessen die Regel aufgestellt, dass Präparate, die von der Grunddefinition des § 2 Abs. 1 AMG erfasst werden, regelmäßig zugleich Arzneimittel iSd §§ 27, 31 SGB V seien.[5] Zwar hatte das BSG in einem Urteil zur Diät- und Krankenkost aus dem Jahre 1997[6] klargestellt, dass die GKV grundsätzlich nicht für die Ernährung von unterernährten gesetzlich Versicherten aufkomme, selbst dann, wenn die künstliche Ernährung sich positiv auf deren Krankheit auswirke. Die Kosten, die durch die Verabreichung von Krankenkost entständen, seien, so das BSG, der allgemeinen Lebenshaltung zuzurechnen und müssten daher durch die GKV nicht getragen werden. Der generelle Grundsatz, dass sämtliche Lebensmittel, also z.B. auch die Nahrungsergänzungsmittel, in der GKV nicht erstattungsfähig seien, kann aus diesem Urteil, welches sich auf die Krankenkost bezog, nicht abgeleitet werden.[7]

3 Bereits durch das 2. GKV Neuordnungsgesetz vom 23. 6. 1997[8] wurde jedoch die Apothekenpflichtigkeit, die sich nach den §§ 43ff. AMG[9] richtet, Voraussetzung für die Erstattung von Arzneimitteln (vgl. § 31 Abs. 1 Satz 1 SGB V). Da die Apothekenpflicht nach § 43 Abs. 1 AMG ausschließlich für diejenigen Mittel greift, die Arzneimittel im Sinne des § 2 Abs. 1 u. Abs. 2 AMG sind, wird nach allgemeiner Auffassung hieraus geschlussfolgert, dass der Arzneimittelbegriff des SGB V nun auch dem des AMG entspricht.[10] Ob dieses systematische Argument überzeugt, bleibt jedoch fraglich. Apothekenpflichtig können auch Medizinprodukte sein, so dass es sich um keinen rein arzneimittelrechtlichen Begriff handelt. Ob der Gesetzgeber mit der Einführung der Apothekenpflicht den Begriff des Arzneimittels abschließend der Definition des AMG zuführen wollte, kann auch bezweifelt werden. Zwar trifft es zu, dass im Regelfall, wenn ein Arzneimittel i.S. des § 2 AMG vorliegt, auch der Arzneimittelbegriff des SGB V erfüllt sein dürfte. Dennoch gehen die Zielsetzungen des SGB V als Bestandteil der Sozialversicherung und des AMG als Gefahrenabwehrrecht auseinander. Es ist daher auch weiterhin geboten bei der Interpretation des sozialversicherungsrechtlichen Begriffes der Arzneimit-

---

[4] BSG SozR 2200 § 182 Nr. 32; BSGE 81, 240 = SozR 3–2500 § 27 Nr. 9.

[5] BSGE 86,54 = SozR 3–2500 § 135 Nr. 14.

[6] BSGE 81, 240. Ob der Arzneimittelbegriff des SGB V dem des AMG entspricht, hatte das BSG in diesem Urteil offengelassen.

[7] Ebenso *Sachs,* LMuR 2004, 13ff., (14).

[8] BGBl I S. 1520.

[9] Ausnahmen von der Apothekenpflichtigkeit bestehen für so genannte freiverkäufliche Arzneimittel, die auch außerhalb der Apotheke, also in Drogerien und Supermärkten abgegeben werden dürfen. Was freiverkäufliche Arzneimittel sind, wird in §§ 44ff. AMG geregelt, allerdings besteht hier ein relativ unübersichtliches Regel-Ausnahme-Prinzip. Sollte die Freiverkäuflichkeit eines Arzneimittels festgestellt worden sein (z.B. über § 44 Abs. 1 und Abs. 2 AMG), muss kontrolliert werden, ob anderen Orts nicht wieder die Apothekenpflicht festgelegt wurde. Dies kann zu einem dadurch begründet sein, dass eine Krankheit geheilt werden soll, die sich nicht zur Selbstmedikation eignet oder das Arzneimittel eine gefährliche Stoffzubereitung oder einen Stoffzusatz enthält.

[10] Vgl. *von Wulffen,* Bonner Ärztliche Nachrichten, 1999, S. 29; BSG SozR 3–2500, § 27 Nr. 10 S. 34; LSG NRW Urteil v. 4. 3. 2004 – L 16 KR 84/04.

tel auch die Besonderheiten dieses Versicherungszweiges zu beachten, insbesondere muss der Begriff der Krankheit i. S. des § 27 SGB V als Versicherungsfall bei der Interpretation dieses Begriffes Berücksichtigung finden.[11] Dies kann dazu führen, dass der Begriff des Arzneimittels i. S. des § 31 SGB V einmal weiter (z. B. Präparate zur Milbenerkennung und Vernichtung als Arzneimittel i. S. d. SGB V),[12] mal enger zu interpretieren ist (Heilwasser[13] oder empfängnisverhütende Mittel[14] als Arzneimittel i. S. d. AMG, aber nicht als Arzneimittel i. S. des SGB V).

4 **a) Arzneimittelbegriff des AMG.** Durch die Begriffsbestimmung des Gesetzes über den Verkehr mit Arzneimitteln (AMG) lässt sich weitgehend festlegen, welche Mittel in den Versorgungsanspruch des Versicherten miteinbezogen sind. Nach § 2 Abs. 1 AMG sind Arzneimittel „Stoffe und Zubereitungen aus Stoffen, die dazu bestimmt sind, durch Anwendung am oder im menschlichen Körper oder tierischen Körper Krankheiten, Leiden, Körperschäden oder krankhafte Beschwerden zu heilen, zu lindern, zu verhüten oder zu erkennen, oder die Beschaffenheit, den Zustand oder die Funktion des Körpers oder seelische Zustände zu beeinflussen." In § 4 Abs. 2 AMG werden auch Blutzubereitungen, das heißt aus Blut gewonnene Blut-, Plasma oder Serumkonserven usw., im Sinne des Patientenschutzes ausdrücklich als Arzneimittel bezeichnet. Umgekehrt sind im Wege der Gegendefinition bestimmte andere Stoffe, wie z. B. Lebensmittel, Tabakerzeugnisse und kosmetische Mittel, ausdrücklich aus dem Anwendungsbereich des AMG ausgeschlossen, vgl. § 2 Abs. 3 AMG. Darüber hinaus erläutert das Gesetz den von ihm verwendeten Begriff des „Stoffs" in nahezu umfassender Weise, wenn dazu chemische Elemente und chemische Verbindungen sowie deren natürlich vorkommende Gemische und Lösungen, Pflanzen, Tierkörper und Mikroorganismen gehören, vgl. § 3 AMG. Der Terminus „Arzneimittel" umfasst begrifflich sowohl Erkennungs- als auch Heil- und Vorbeugemittel. Die Unterscheidung zwischen Vorbeugung bzw. Erkennung oder Heilung gewinnt nur eine praktische Bedeutung hinsichtlich der Feststellung der Apothekenpflichtigkeit (vgl. §§ 43 ff. AMG). Solange ein Mittel nach dem Arzneimittelgesetz als Arzneimittel zugelassen oder registriert oder durch Rechtsverordnung von der Zulassung oder Registrierung freigestellt ist, gilt es zudem aufgrund der gesetzlichen Fiktion des § 2 Abs. 4 AMG als Arzneimittel. Hat die zuständige Bundesoberbehörde die Zulassung oder Registrierung eines Mittels mit der Begründung abgelehnt, dass es sich um kein Arzneimittel handelt, so gilt es nicht als Arzneimittel.

5 **b) Abgrenzungsschwierigkeiten.** Es bestehen aber insbesondere auch nach dem Arzneimittelrecht Schwierigkeiten, Arzneimittel von den **Lebensmitteln**[15] abzugrenzen. Lebensmittel dienen im Gegensatz zu Arzneimitteln der Ernährung und dem Genuss. Das Lebensmittel- und Bedarfsgegenständegesetz (LMBG) definiert Lebensmittel als „Stoffe, die dazu bestimmt sind, in unverändertem, zubereitetem oder verarbeitetem Zustand von Menschen verzehrt zu werden; ausgenommen sind Stoffe, die überwiegend dazu bestimmt sind, zu anderen Zwecken als zur Ernährung oder zum Genuss verzehrt zu werden" (vgl.: LMBG § 1 Abs. 1). Nach dem LMBG liegt also dann ein Arzneimittel vor, wenn andere Zwecke als die der Ernährung oder des Genusses überwiegen. Nach § 2 Abs. 3 Nr. 1 AMG sind Lebensmittel im Sinne des § 1 LMBG keine Arzneimittel. Derselbe Stoff kann daher nicht gleichzeitig Lebensmittel und Arzneimittel sein. Die überwiegende Zweckbestimmung des Stoffes ist daher nach LMBG und AMG entscheidend, wobei angesichts dessen, dass Ernährung heute

---

[11] So auch *Kassler-Kommentar-Hess*, Sozialversicherungsrecht, § 31 SGB V Rdn. 9.

[12] Diese wurden in den Arzneimittelbegriff des SGB V miteinbezogen, obwohl sie keine Arzneimittel i. S. d. AMG darstellen. Vgl. BSG SozR 3–2200 § 182 Nr. 11.

[13] BSGE 61, 1 (5).

[14] BSGE 87, 95 (101).

[15] Bei den Lebensmitteln unterscheidet man nach Zweck und Zusammensetzung die traditionellen Lebensmittel, die diätetischen Lebensmittel, die Ernährungsergänzungsmittel, die funktionellen Lebensmitteln und Novel Foods.

auch zur Mangelbeseitigung, also zur Beseitigung körperlichen Leidens, und zur Krankheitsprävention erfolgt, keine scharfe Abgrenzung mehr erreicht werden kann.[16]

6 Stoffe und Zubereitungen aus Stoffen, die dazu bestimmt sind, die Beschaffenheit, den Zustand oder die Funktion des menschlichen Körpers oder seelische Zustände zu beeinflussen (§ 2 Absatz 1 Nr. 5 AMG) können Arzneimittel oder **Medizinprodukte** sein. Welchem Bereich sie zuzuordnen sind, hängt davon ab, ob ihre, nämlich der Stoffe oder Zubereitung aus Stoffen, „bestimmungsgemäße Hauptwirkung im oder am Körper durch pharmakologisch oder immunologisch wirkende Mittel" oder „durch Metabolismus" erreicht wird.[17] Medizinisch ist der Begriff „pharmakologisch" definiert als eine Wechselwirkung zwischen Arzneistoff und Körper. Als Abgrenzungsmerkmal zwischen Medizinprodukten und Arzneimittel ist der Begriff aber dahingehend zu konkretisieren, dass die pharmakologische Wirkung eine Wechselwirkung zwischen Molekülen des betreffenden Stoffes und einem gewöhnlich als Rezeptor bezeichneten Zellbestandteil ist, die entweder zu einer direkten Wirkung führt oder die Wirkung auf einen anderen Wirkstoff blockiert. Als „immunologisch" ist eine Wirkung definiert, die die Bildung spezifischer Antikörper zum Gegenstand hat, die ihrerseits eine veränderte Reaktionsbereitschaft des Körpers auf Antigene und einen Schutz vor Infektionen herbeiführen.[18] Als „Metabolismus" wird die Metabolisierung, die Umsetzung eines Stoffes in einen oder mehrere andere Stoffe in einem biochemischen Prozess während der Körperpassage verstanden. Dass aber ein Stoff selbst „verstoffwechselt" wird, bedeutet nicht, dass die beabsichtigte Hauptwirkung auf metabolische Art und Weise erreicht wird.

7 **c) Pluralismus der Arzneimittelmethoden.** Das Arzneimittelgesetz (AMG) geht zudem von einem Pluralismus der Arzneimittelmethoden aus: Naturheilmittel und synthetische Medikamente sollten nebeneinander angeboten werden.[19] Der Ausschluss der Naturheilmittel vom offiziellen Arzneimittelmarkt würde einen Parallelmarkt begünstigen und widerspräche der mehrheitlichen Auffassung der Bevölkerung.[20] Zu den besonderen Therapierichtungen im Arzneimittelgesetz gehören die **phytotherapeutische,** die **ho-**

---

[16] Die europäische Lebensmittelbasis-Verordnung Nr. 178/2002 vom 28. 1. 2002 (Basis-VO) definiert als Lebensmittel „alle Stoffe oder Erzeugnisse, die dazu bestimmt sind oder von denen nach vernünftigen Ermessen erwartet werden kann, dass sie in verarbeitetem, teilweise verarbeitetem oder unverarbeitetem Zustand von Menschen aufgenommen werden". Die Basis-VO enthält somit weder eine Zweckbestimmung des Lebensmittels noch Abgrenzungskriterien zum Arzneimittelbegriff. Allerdings enthält Art. 2 Abs. 3 BasisVO ein negatives Abgrenzungskriterium, indem bestimmt wird: „Nicht zu den Lebensmitteln gehören ...d) Arzneimittel nach der Richtlinie 65/65/EWG und 92/73/EWG des Rates". Gemäß Art. 1 Abs. 2 der Richtlinie 65/65/EWG handelt es sich bei Stoffen oder Stoffzubereitungen um Arzneimittel, wenn diese „dazu bestimmt sind, im menschlichen Körper... zur Wiederherstellung, Besserung oder Beeinflussung der menschlichen physiologischen Funktionen angewandt zu werden..." (sogenannte Funktionsarzneimittel) oder/und „...die als Mittel zur Heilung oder zur Verhütung menschlicher Krankheiten bezeichnet werden" (sogenannte Präsentationsarzneimittel). Anders als bei den Bestimmungen des LMBG verläuft daher die Grenze zu den Arzneimitteln nach der BasisVO bereits dort, wo einer der beiden Arzneimittelbegriffe (Präsentations- oder Funktionsarzneimittel) per Definition erfüllt ist. Am 6. 11. 2001 wurde die Richtlinie 2001/83/EG zur Schaffung eines Gemeinschaftskodex für Humanarzneimittel verabschiedet. Diese Richtlinie ließ die bestehende Arzneimitteldefinition aus der Richtlinie 65/65/EWG unberührt, fügte sie lediglich in einen einheitlichen Rahmen von Reglungen für Arzneimittel ein. Die Richtlinie 2004/27/EG vom 31. 3. 04 modifizierte die Richtlinie 2001/83/EG ein weiteres Mal und enthält insbesondere für Zweifelsfälle in Art. 2 Abs. 2 eine Regelung, die von dem Grundsatz *„in dubio pro Arzneimittel"* ausgeht. vgl. hierzu auch EuGH Urt. v. 9. 6. 2004, Rs.: 211/03, C-316/03 bis C C-318/03 in A&R, 2004, 84ff. mit Urteilsanmerkung *Wille.*

[17] Vgl.: Richtlinie 90/385/EWG und 93/42/EWG; vgl.: *Kloesel/Cyran,* AMG Kommentar (77. Erg. Lief.) § 2 AMG, Rdn. 92). und *Hill/Schmidt,* WiKo (Lfg. 1. 7. 2003), § 3 Nr. MPG, Rdn. 8).

[18] Vgl.: *Kloesel/Cyran,* AMG Kommentar (92. Erg. Lief.) § 2 AMG, Rdn. 94.

[19] *Kloesel,* NJW *76, 1771; Franz,* Naturheilmittel und Recht (1992).

[20] Vgl. *Noelle-Neumann,* Arzneimittelprüfung in der öffentlichen Meinung, 17f.

möopathische und die **anthroposophische Therapierichtung.** Erst durch die 14. AMG Novelle werden homöopathische und pflanzliche Arzneimittel in den § 4 Abs. 26 und 29 AMG einer Definition zugeführt.[21] Auch das SGB V knüpft aufgrund der Vorgabe des § 2 Abs. 1 Satz 2 an diesen Pluralismus an, was an vielen Stellen des Gesetzes deutlich wird. So hat der Gemeinsame Bundesausschuss in seinen Richtlinien nach § 92 Abs. 1 Satz 2 Nr. 6 SGB V der therapeutischen Vielfalt Rechnung zu tragen (vgl. § 34 Abs. 1. Satz 3 SGB V). Auch der Verordnungsgeber nach § 34 Abs. 3 Satz 1 SGB V hat bei der Beurteilung von Arzneimitteln der besonderen Therapierichtungen wie homöopathischen, phytotherapeutischen und anthroposophischen Arzneimitteln die besondere Wirkungsweise dieser Arzneimittel zur berücksichtigen. Auch im Rahmen der OTC-Ausnahmeliste (Over the counter),[22] als Bestandteil der Arzneimittelrichtlinie, ist in Nr. 16.5. AMR vermerkt „Für die in diesen Richtlinien im Abschnitt F aufgeführten Indikationsgebiete kann der Arzt bei schwerwiegenden Erkrankungen auch Arzneimittel der Anthroposophie und Homöopathie verordnen, sofern die Anwendung dieser Arzneimittel für diese Indikationsgebiete nach dem Erkenntnisstand als Therapiestandard in der jeweiligen Therapierichtung angezeigt ist. Der Arzt hat zur Begründung der Verordnung die zugrunde liegende Diagnose in der Patientendokumentation aufzuzeichnen."

Bei der Frage, ob bzw. inwieweit leistungsrechtliche Besonderheiten für die besonderen Therapierichtungen gelten,[23] kommt es vor allem darauf an, wie das – auch von den Beteiligten kontrovers beurteilte – Verhältnis von § 2 Abs. 1 Satz 2 SGB V zu § 2 Abs. 1 Satz 3 SGB V zu sehen ist: Nach § 2 Abs. 1 Satz 2 SGB V sind Behandlungsmethoden, Arznei- und Heilmittel der „besonderen Therapierichtungen" vom Leistungsrahmen der gesetzlichen Krankenversicherung „nicht ausgeschlossen"; eine solche Hervorhebung machte wenig Sinn, wenn die allgemeinen Grundsätze des Leistungsrechts darauf ohnehin nahtlos anzuwenden wären.[24] Wenn § 2 Abs. 1 Satz 3 SGB V bestimmt, dass Qualität und Wirksamkeit der Leistungen dem „allgemein anerkannten Stand der medizinischen Erkenntnisse" zu entsprechen haben, könnte dies allerdings die Annahme rechtfertigen, sämtliche Leistungen, das heißt auch diejenigen der besonderen Therapierichtungen, dürften nur bei entsprechender wissenschaftlicher Nachprüfbarkeit[25] und nachfolgend ergangener entsprechender Rechtsprechung des Senats[26] gewährt werden.[27] Darüber, wie das Spannungsverhältnis beider Regelungen zueinander aufzulösen ist, gibt das Gesetz indessen keinen endgültigen Aufschluss. So wurde auch im Gesetzgebungsverfahren auf die anzuerkennenden „besonderen Wirkprinzipien" der hervorgehobenen Therapierichtungen verwiesen und immerhin ausgeführt, dass eine schulmedizinische Sichtweise nicht

---

[21] § 4 Abs. 26 und 29 in der Fassung der 14. AMG-Novelle: „Homöopathisches Arzneimittel ist ein Arzneimittel, das nach einem im Europäischen Arzneibuch oder, in Ermangelung dessen, nach einem in den offiziell gebräuchlichen Pharmakopöen der Mitgliedstaaten der Europäischen Union beschriebenen homöopathischen Zubereitungsverfahren hergestellt worden ist. Ein homöopathisches Arzneimittel kann auch mehrere Wirkstoffe enthalten." und „Pflanzliche Arzneimittel sind Arzneimittel, die als Wirkstoff ausschließlich einen oder mehrere pflanzliche Stoffe oder eine oder mehrere pflanzliche Zubereitungen oder eine oder mehrere solcher pflanzlichen Stoffe in Kombination mit einer oder mehreren solcher pflanzlichen Zubereitungen enthalten."

[22] Als OTC-Produkt bezeichnet man Arzneimittel, die nicht der Arzt verschreiben muss, sondern ohne ärztliches Rezept vom Patienten quasi über die "Verkaufstheke" gekauft werden können, was den Begriff erklärt. Es handelt sich also um nicht verschreibungspflichtige Arzneimittel.

[23] Vgl. *Höfler* in: Kasseler Kommentar, § 12 SGB V Rdnr 13 m. w. N., Stand April 2002; vgl. auch *Peters* in: ebenda, § 2 SGB V Rdnr 4, Stand Dezember 2004.

[24] Ähnlich *Noftz* in: *Hauck/Noftz*, SGB V, K § 2 RdNr 52, Stand Oktober 2002 m. w. N.; *Zuck* NJW 1991, 2935.

[25] Im Sinne des Remedacen (R)-Urteils von 1995, BSGE 76, 194 = SozR 3–2500 § 27 Nr. 5.

[26] Insbesondere das Urteil vom 28. März 2000 – B 1 KR 11/98 R, BSGE 86, 54, 62 = SozR 3–2500 § 135 Nr. 14.

[27] Hierfür spricht die textliche Abfolge der Regelungen in Satz 2 und Satz 3, nach der auch die besonderen Therapierichtungen unter dem Vorbehalt des Wissenschaftlichkeitsgebots stehen könnten

alleiniger Bewertungsmaßstab für die krankenversicherungsrechtliche Leistungspflicht sein dürfe.[28] Was insoweit konkret zu gelten hat, wird trotz vereinzelter Befassung des BSG mit dem Gesamtkomplex durch eine gesicherte höchstrichterliche Rechtsprechung bislang nicht beantwortet. Ungeklärt ist insbesondere, inwieweit der Erlaubnisvorbehalt des Gemeinsamen Bundesausschusses für neue Untersuchungs- und Behandlungsmethoden nach § 135 Abs. 1 Satz 1 SGB V für die besondere Therapierichtungen einschlägig ist.[29] Während manche Stimmen in der Literatur zum Teil keinerlei Unterschiede zu den für die konventionelle Behandlung geltenden Grundsätzen über die Leistungspflicht sehen,[30] wird von anderen Autoren darauf abgestellt, dass außerhalb der Schulmedizin eine „Plausibilität" oder „Vertretbarkeit" der Behandlung[31] oder eine gewisse Ernsthaftigkeit der Methode mit nicht ganz geringer Erfolgsaussicht[32] ausreichten bzw. dass therapieimmanente Kriterien maßgeblich sein müssten.[33] In Bezug auf Leistungen der besonderen Therapierichtungen sind selbst in der gerichtlichen Praxis teilweise Rechtsauffassungen vertreten worden, die deutlich im Gegensatz zur Rechtsprechung des 1. Senats des BSG stehen.[34]

Über die dargestellten Streitfragen hinaus wird dem Gemeinsamen Bundesausschuss im Übrigen zum Teil überhaupt die Befugnis abgesprochen, Festlegungen über die Leistungspflicht für neue Untersuchungs- und Behandlungsmethoden sowie Heilmittel im Bereich der besonderen Therapierichtungen zu treffen. Das gilt insbesondere für den Bereich der Homöopathie, weil diese als Pharmakotherapie bereits an anderer Stelle des SGB V und im Arzneimittelrecht eine ausdrückliche Anerkennung erfahren habe.[35] Diesem Einwand könnte vor allem unter dem Blickwinkel Bedeutung zukommen, dass auf der Grundlage der jüngeren Rechtsprechung des 1. Senats des BSG Pharmakotherapien dem Erlaubnisvorbehalt des § 135 Abs. 1 SGB V nur dann unterfallen, wenn die dabei eingesetzten Präparate (z.B. als Rezepturarzneimittel) keine arzneimittelrechtliche Zulassung benöti-

---

[28] Vgl. Bericht des Ausschusses für Arbeit und Sozialordnung zum Entwurf des GRG, BT-Drucks 11/3480 S. 34.

[29] Auch keine abschließende Klärung durch das jüngste BSG Urteil vom 22. 3. 2005 -B 1 A 1/03 R.

[30] Vgl. z.B. *Biehl/Ortwein*, SGb 1991, 529, 537; *Krauskopf* in: ders, Soziale Krankenversicherung/Pflegeversicherung, § 2 SGB V Rdnr 6; wohl auch: *Fastabend/Schneider*, a.a.O., Rdn. 72, 76.

[31] So *Estelmann/Eicher*, SGb 1991, 247, 256.

[32] So Schulin, ZSR 1994, 546, 565.

[33] So *Noftz* in: a.a.O, K § 2 RdNr 52 S. 20 und K § 12 RdNr 39; *Murawski* in: GKV-LPK, 2. Aufl. 2003, § 135 RdNr 4; vgl. auch § 135 Abs. 1 Satz 1 Nr. 1 SGB V: "nach dem jeweiligen Stand der wissenschaftlichen Erkenntnisse in der jeweiligen Therapierichtung". Ferner: *Busse*, SGb 2000, 61; *Katzenmeier*, NVersZ 2002, 537; *Noftz*, VSSR 1997, 393, 431 f; *Schlenker*, BKK 1997, 517 und NZS 1998, 411; *Quaas/Zuck*, Medizinrecht, 2004, § 2 RdNr 70 ff und § 11 RdNr 116 ff; *Sewing*, NJW 1995, 2400; *Spoerr*, NJW 1999, 1773; *Süßmuth* in: Wissenschaftlicher Beirat für Biologische Medizin, Besondere Therapierichtungen und Gesundheitswesen, 1992, S 22 ff sowie Wissenschaftlicher Beirat, ebenda, S 47 ff; *Wiesmann*, BKK 1998, 187 und SozVers 1999, 121; *Wigge* in: Geschäftsführender Ausschuss der Arbeitsgemeinschaft Medizinrecht im DAV/Luxenburger, Fehlerquellen im Arzthaftungsprozess – Bundesausschuss der Ärzte und Krankenkassen, 2001, S 83 ff; *von Wulffen*, SGb 1996, 250 mwN in Fußnote 2; *Zuck* in: Zentrum zur Dokumentation für Naturheilverfahren e.V., Dokumentation der besonderen Therapierichtungen und natürlichen Heilweisen in Europa, Bd I 1. Halbbd, 1991, S. 103 ff; ders. NJW 1991, 2933, NZS 1999, 313 und NJW 2001, 869, *Roters*, Die gebotene Kontrolldichte bei der gerichtlichen Prüfung der Richtlinien des Bundesausschusses der Ärzte und Krankenkassen, Diss, 2003; *Steck*, Strittige Behandlungsmethoden in der gesetzlichen Krankenversicherung nach dem 2. GKV-Neuordnungsgesetz, Diss, 1998; *Pentek*, Die Leistungspflicht der gesetzlichen Krankenversicherung bei der Anwendung von Außenseitermethoden in der Medizin, Diss, 1996; *Schmidt-Rögnitz*, Die Gewährung von alternativen sowie neuen Behandlungs- und Heilmethoden durch die gesetzliche Krankenversicherung, Diss, 1996.

[34] Vgl. BSG – 14a. Senat – BSGE 73, 66 = SozR 3–2500 § 2 Nr. 2 – Amalgam; LSG Niedersachsen, NZS 1996, 74.

[35] So *Zuck*, Homöopathie und Verfassungsrecht, 2004, Rdnr 42 ff, 75, 116 ff, 15.

gen; bei zulassungspflichtigen Fertigarzneimitteln regelt demgegenüber schon das Arzneimittelrecht die wesentlichen Voraussetzungen auch für die krankenversicherungsrechtliche Leistungspflicht, weil der Bundesausschuss insoweit zu einer „Zweitprüfung" nicht befugt ist.[36] Da homöopathische Fertigarzneimittel arzneimittelrechtlich (vgl. § 38 AMG) und europarechtlich (vgl. Art 1 Nr. 5, Art 14 und 15 der EG-Richtlinie 2001/83 vom 6. November 2001, ABl L 311/67) eine Privilegierung erfahren haben – insbesondere in Bezug auf eine bloße Registrierungspflicht anstelle des Zulassungserfordernisses –, erscheint es zumindest fraglich, ob und inwieweit der Gemeinsame Bundesausschuss über das Arzneimittelrecht hinaus in seinen Richtlinien Einzelheiten zu homöopathischen Behandlungsmethoden festlegen dürfte. Allerdings hat die Frage durch die zum 1. Januar 2004 mit dem GKV-Modernisierungsgesetz eingeführten Leistungsausschlüsse für nicht verschreibungspflichtige Arzneimittel in § 34 Abs. 1 SGB V an Bedeutung verloren. Fraglich ist zudem, nach welcher Beurteilungs-Methodik der Gemeinsame Bundesausschuss die besondere Therapierichtungen beurteilen müsste. So sind Vertreter dieser Therapierichtungen, insbesondere aus dem Bereich der Homöopathie, der Auffassung, dass randomisierte kontrollierte Studien, die bei der Bewertung einer neuen Untersuchungs- und Behandlungsmethode durch den Bundesausschuss nach § 9 Abs. 2 und 3 BUB-RL einen besonders hohen Stellenwert haben, von vornherein ungeeignet seien, um die Qualität und Wirksamkeit solcher Therapien zu beurteilen.[37]

8 **d) Notwendigkeit einer ärztlichen Verordnung.** Die Konkretisierung des Anspruchs auf die Versorgung mit Arzneimitteln nach § 27 Abs. 1, 31 Abs. 1 SGB V erfolgt auf Grundlage des in § 15 Abs. 1 SGB V vorgesehenen Arztvorbehalts und der ärztlichen Verordnung (vgl. § 73 Abs. 2 Nr. 7 SGB V). Die Rechtsprechung schließt hieraus, dass die ärztliche Verordnung eine zusätzliche Anspruchsvoraussetzung ist. Auch in Nr. 4 der Arzneimittelrichtlinien des G-BA ist die Notwendigkeit einer vertragsärztlichen Verordnung vermerkt.[38] *Höfler*[39] kritisiert insoweit zu Recht, dass aus dem funktionellen Zusammenhang des § 73 Abs. 2 Nr. 7 und § 15 Abs. 1 SGB V zu weitreichende rechtliche Rückschlüsse gezogen werden. In der Konsequenz bedeutet diese zu kritisierende Auffassung, dass, soweit ein Vertragsarzt die Verordnung eines Arzneimittels ablehnt, der Versicherte nicht unmittelbar gegen die Krankenkasse auf Zahlung klagen kann, sondern den Vertragsarzt gerichtlich verpflichten müsste, das Rezept auszustellen. Abgesehen von der Erschwerung des Rechtschutzes für den Betroffenen entspricht dies nicht dem Klagesystem des SGG, welches von einer Bescheidung durch Verwaltungsakt ausgeht und direkte Klage gegen den Kostenträger vorsieht.[40] Praxisrelevant ist dieser Meinungsstreit wohl kaum, da es dem Versicherten freisteht, nach der Ablehnung seines Arzneimittels einen anderen Arzt aufzusuchen, bzw. es nur selten vorkommen wird, dass ein Vertragsarzt ein i. S. des § 12 Abs. 1 SGB V notwendiges Arzneimittel ablehnen wird. Den Regelfall stellt vielmehr die Konstellation dar, dass ein Arzneimittel mit Hinweis auf die ungeklärte Erstattungsfähigkeit privatärztlich verordnet wird, aber die Krankenkasse im Nachhinein die Erstattung unter Verweis auf §§ 13, 12 SGB V ablehnt. Auch die Leistungsklage auf die zukünftige Gewährung eines Arzneimittels ist gemäß § 258 ZPO i. V. mit § 202 SGG zulässig.[41]

Ob die Grenzen des ärztlichen Fachgebietes eingehalten worden sind, ist für die Arzneimittelversorgung dagegen unschädlich.[42]

---

[36] Vgl. BSGE 89, 184, 185, 191 = SozR 3–2500 § 31 Nr. 8 – Sandoglobulin (R); Urteil des Senats vom 19. 10. 2004 – B 1 KR 27/02 R – Visudyne (R), zur Veröffentlichung vorgesehen.

[37] Vgl. z. B. *Zuck,* Homöopathie und Verfassungsrecht, RdNr 147 ff.

[38] BSGE 73, 271, 277 = SozR 3–2500 § 13 Nr. 4 S 16; BSGE 79, 257 = SozR 3–2500 § 13 Nr. 13.

[39] *Kass-Komm-Höfler,* SGB V, § 31 SGB V, Rdn. 5.

[40] *Kass-Komm-Höfler,* SGB V, § 31 SGB V, Rdn. 5.

[41] BSG SozR 3–2200 § 182 Nr. 13.

[42] BSG SozR 3–2500 § 12 Nr. 2.

2. Konkretisierung des Leistungsanspruches durch § 31 Abs. 1 SGB V

9 § 31 SGB V konkretisiert den Leistungsanspruch des Versicherten auf die Versorgung mit Arzneimitteln gemäß § 27 Abs. 1 Satz 2 Nr. 3 SGB V.[43] Dennoch handelt es sich auch hier noch um konkretisierungsbedürftiges Rahmenrecht. Insbesondere durch die Arzneimittelrichtlinie des G-BA und die Verordnung des BGMS nach § 34 Abs. 3 wird dieses Rahmenrecht weiter ausgefüllt.

10 **Nicht-Arzneimittel,** wie z. B. Nahrungsmittel oder kosmetische Präparate, sind damit nicht zulasten der GKV verordnungsfähig, da sie nicht unter §§ 27 Abs. 1, 31 Abs. 1 Satz 1 SGB V fallen.[44] Das BSG hat insoweit entschieden, dass solche Substanzen keine Arzneimittel sind, die dem allgemeinen Lebensbedarf dienen und deren objektiver Zweck nicht in der Einwirkung auf eine Krankheit liegt,[45] und hat sich insoweit an einer Abgrenzung des Arzneimittelbegriffes vom Lebensmittel versucht. Nach § 2 Abs. 3 Nr. 1 AMG sind Lebensmittel i. S. des Lebensmittel- und Bedarfsgegenständegesetzes (LMBG) keine Arzneimittel. Dennoch werden in **§ 31 Abs. 1 Satz 2 SGB V** genannten Produkte, die als Lebensmittel zu charakterisieren sind, ungeachtet ihrer Eigenschaften ausnahmsweise in die Arzneimittelversorgung miteinbezogen. Zu der einen Sonderstatus genießenden Produktgruppe gehören wegen ihrer Bedeutung in der medizinischen Versorgung **Aminosäuremischungen, Eiweißhydrolysate, Elementardiäten** und **Sondennahrung.** Der G-BA hat insoweit in den Richtlinien nach § 92 Abs. 1 Satz 2 Nr. 6 SGB V festzulegen, in welchen medizinisch notwendigen Fällen diese in die Versorgung mit Arzneimitteln einbezogen werden können. Die gesetzliche Regelung der ausnahmsweise erstattungsfähigen Lebensmittel steht in dieser Fassung seit dem 1. 1. 1999 unverändert im Gesetz. Mit ihr sollten Unsicherheiten geklärt werden, die durch das BSG-Urteil vom 9. 12. 1997[46] zur Verordnungsfähigkeit von Sondennahrung entstanden waren. Das BSG hatte entschieden, dass Nahrungsergänzungsmittel rechtlich nicht als Arzneimittel angesehen werden könnten,[47] so dass die Erstattungsfähigkeit dieser und anderer medizinisch notweniger Lebensmittel angesichts des Wortlautes des § 31 SGB V fraglich war. Das BSG verdeutlichte insofern, dass die GKV grundsätzlich nicht für die Ernährung von unterernährten gesetzlich Versicherten aufkomme, selbst dann, wenn die künstliche Ernährung der Versicherten sich positiv auf deren Krankheit auswirke. Dieses begründete das BSG damit, dass es nicht Aufgabe des SGB V sei, den Versicherten vor krankheitsbedingten Nachteilen umfassend zu schützen. Die Leistungspflicht der Krankenkassen sei daher auf Maßnahmen begrenzt, die der Krankheitsbekämpfung dienen.[48] Die Kosten, die durch die Verabreichung einer krankheitsangepassten Ernährungsweise entständen, seien der allgemeinen Lebenshaltung zuzurechnen und müssten daher durch die GKV nicht getragen werden. Der generelle Grundsatz, dass sämtliche Lebensmittel über die Krankenkost hinausalso z. B. auch Nahrungsergänzungsmittel und ergänzend bilanzierte Diäten- in der GKV nicht erstattungsfähig seien, kann aus diesem Urteil aber nicht abgeleitet werden.[49] Als Reaktion auf diese höchstrichterlichen Entscheidung schaffte der Gesetzgeber in § 31 Abs. 1 Satz 2 SGB V eine neue Rechtsgrundlage für die ausnahmsweise Verordnungsfähigkeit von Produkten zur enteralen Ernährung. Den Grundsatz des Urteils, dass Aufwendungen, die den allgemeinen Lebenshaltungskosten zu zurechnen sind, nicht erstattungsfähig sind, wollte er aber nicht angreifen.[50] Die aus der damaligen Sicht medizinisch notwendige Trink- und

---

[43] *Kass-Komm-Höfler*, SGB V, § 31 SGB V, Rdn. 2.

[44] Vgl. Handbuch der Sozialversicherung- *Schomburg*, Band 1/1, 12. Auflage, Kap. 2–188.

[45] BSG 67, 36 = SozR 3–2500 § 27 Nr. 2 m. w. N.

[46] BSGE 81, 240.

[47] *Kass-Komm-Höfler*, SGB V, § 31 SGB V, Rdn. 21.

[48] BSGE 81, 240 (243).

[49] ebenso *Sachs*, LMuR 2004/S. 13 ff., (14).

[50] Zur Gesetzesbegründung des § 31 Abs. 1 Satz 2 heißt es "Die Vorschrift klärt Unsicherheiten, die nach dem Urteil des BSG vom 9. 12. 1997 (1RK 23/95) entstanden waren. Im Bundesausschuss der Ärzte und Krankenkassen waren Zweifel daran entstanden, ob insbesondere Sondennahrung

Sondennahrung sollte daher Bestandteil des GKV-Leistungsrechtes bleiben. Aus der Sicht des Jahres 2005 sind aber weit mehr als die in § 31 Abs. 1 Satz 2 SGB V genannten Lebensmittel medizinisch zur Behandlung einer Krankheit bzw. einer Unterernährung als Folge der Krankheit sinnvoll bzw. notwendig. Entgegen des Patientenwohles wird in dieser Norm aber der Zustand des im Jahre 1999 medizinisch Notwendigen konserviert. Der medizinische Fortschritt – eine auch nach § 2 Abs. 3 SGB V in der GKV wesentlicher Aspekt – bleibt insofern außen vor.[51] Mit der Beschlussfassung vom 15. 2. 2005 hat der G-BA zur Ergänzung der Arzneimittel-Richtlinien einen Entwurf der **Anlage 7** („Enterale Ernährung") zur weiteren Konkretisierung des § 31 Abs. 1 Satz 2 SGB V vorgelegt, diese wurde aber seitens des BMGS beanstandet.[52] Einer Abänderung der Richtlinie innerhalb der vom BMGS gesetzten Frist kam der Gemeinsame Bundesausschuss nicht nach. Nun hat am 25. August 2005 das BMGS mittels einer Ersatzvornahme im Wege der Rechtsaufsicht die Arzneimittelrichtlinie zur enteralen Ernährung verabschiedet. Die geänderte Richtlinie tritt zum 1. Oktober 2005 in Kraft und listet in deutlicher weniger Sätzen auf, welche Produkte unter welchen Voraussetzungen verordnet werden können.[53]

11 Hintergrund des durch das 2. MPG-Änderungsgesetz eingeführten **§ 31 Abs. 1 Satz 3 SGB V**, der die Erstattungsfähigkeit **arzneimittelähnlicher Medizinprodukte** regelt, ist das dem SGB V die eigenständige Leistungsart „Medizinprodukte" fehlt. In der Praxis hatte dies für einige Produkte, die nach der Einführung des Medizinproduktegesetzes am 2. 8. 1994 ihren Produktstatus vom Arzneimittel zum Medizinprodukt gewechselt hatten, erhebliche Bedeutung, da die Krankenkassen deren Verordnungsfähigkeit unter Verweis aus § 27 Abs. 1 Satz 2 SGB V verneinten. Um Rechtsklarheit zu schaffen, fügte der Gesetzgeber daher einen Satz 3, nach welchem nunmehr bestimmte Medizinprodukte sozialversicherungsrechtlich als Arzneimittel gelten, in die Vorschrift ein. Die Erstattung der Kosten für die arzneimittelähnlichen Medizinprodukte richtet sich daher nach den Vorschriften über die Erstattung der Arzneimittelkosten, mit Ausnahme der Regelungen über die Festbetragsregelungen und des § 33a SGB, der vormals die sogenannte Positivliste für

---

weiterhin zu Lasten der Krankenkassen verordnungsfähig ist. Durch die neue Vorschrift wird eine Rechtsgrundlage für die Aufrechterhaltung der bisherigen Ausnahmeregelungen in den Arzneimittelrichtlinien geschaffen. Es bleibt daher bei dem Grundsatz, dass Aufwendungen, die den allgemeinen Lebenshaltungskosten zuzurechnen sind, nicht von den Krankenkassen übernommen werden dürfen." (vgl. BT Drs. 14/157, Seite 33).

[51] Aus diesem Grund hat auch das SG Aurich in einem Urteil vom 8. 2. 2005, AZ.: S. 8 KR 84/04, den Regelungsinhalt des § 31 Abs. 1 Satz 2 SGB V im Wege der Analogie erweitert und dem klagenden Versicherungsnehmer einen Anspruch auf die Erstattung von Lorenzos Öl als medizinisch notwenige Krankenkost zugesprochen. Ob die Ausnahmevorschrift des § 31 Abs. 1 Satz 2 SGB V aber analogiefähig ist, mithin also eine planwidrige Unvollständigkeit des Gesetzes darstellt, ist zweifelhaft.

[52] Der Umfang des Beanstandungsrechtes, welches der Rechtsaufsicht zuzuordnen ist, ist im Gesetz nicht definiert (vgl. § 94 Abs. 1 SGB V) und es bleibt unklar, inwieweit eine Auslegung des Begriffes der Wirtschaftlichkeit durch das BGMS beanstandet werden darf. Sicherlich darf das BGMS sein Ermessen nicht an die Stelle des vom Gemeinsamen Bundesausschusses ausgeübten Ermessen setzten, sondern die Beanstandung bleibt entsprechend ihres Charakters auf eine Rechtsmäßigkeitsprüfung beschränkt.

[53] Die Richtlinie stellt klar, dass die medizinisch notwendige enterale Ernährung auch bei einer eingeschränkten Fähigkeit zu einer ausreichenden normalen Ernährung verordnet werden kann und nicht nur bei vollständig fehlender Fähigkeit zur normalen Ernährung. Ergänzend bilanzierte Diäten werden demnach grundsätzlich in die Erstattungsfähigkeit miteinbezogen, und zwar auch nur dann, wenn sie sich rechtmäßig nach der DiätVO in Verkehr befinden. Dies gilt aber nur für Menschen mit angeborenen, seltenen Defekten im Kohlenhydrat- und Fettstoffwechsel und anderen diätpflichtigen Erkrankungen, die unbehandelt zu schwerer geistiger und körperlicher Beeinträchtigung führen und bei denen eine diätetische Intervention mit ergänzend bilanzierten Diäten notwendig ist. Nach den geänderten Arzneimittelrichtlinien schließen sich auch die enterale Ernährung und andere Maßnahmen zur Verbesserung der Ernährungssituation nicht aus, sondern können bei medizinischer Notwendigkeit auch kombiniert werden.

Arzneimittel enthielt, aber mittlerweile gestrichen wurde. Letztendlich hat diese Regelung die hier bestehende Rechtsunsicherheit nicht beseitigen können. Unklar ist z. B. wie hier der Begriff der Apothekenpflichtigkeit zu bestimmen ist.[54]

12 Die vom GSG 1993 in § 33 SGB V vorgesehene Beschränkung des Anspruchs auf Arzneimittel, die in eine **Positivliste** aufgenommen worden sind, ist nie in Kraft getreten. Durch das GKV-Modernisierungsgesetz wurde die entsprechende Reglung wieder aus dem Gesetzestext gestrichen. Der Gesetzgeber hielt die Einführung der Positivliste im Hinblick auf die neu geschaffenen Instrumentarien zur Steuerung des Verordnungsverhaltens für entbehrlich.[55]

13 Gemäß **§ 31 Abs. 1 Satz 1 SGB V** haben Versicherte Anspruch auf die Versorgung mit apothekenpflichtigen Arzneimitteln, soweit diese nicht nach § 34 SGB V oder durch Richtlinie nach § 92 Abs. 1 Satz 2 Nr. 6 SGB V ausgeschlossen sind. Die Arzneimittelversorgung in der GKV war schon seit längerem nur auf apothekenpflichtige Arzneimittel i. S. des §§ 43 ff. AMG beschränkt. Durch das GKV-Modernisierungsgesetz sind nun gemäß § 34 Abs. 1 S. 1, 5 Nr. 1 und Nr. 2 SGB V nicht **verschreibungspflichtige Arzneimittel** von der Versorgung der gesetzlich Versicherten nach § 31 SGB V ausgeschlossen, mit Ausnahme von Kinder bis zum 12. und Jugendlichen mit Entwicklungsstörungen bis zum 18. Lebensjahr. Auch durch die Einführung dieser Regelung sollte die GKV vor Kosten für Arzneimittel geschützt werden, deren Verordnung nicht dem Gebot der Wirtschaftlichkeit entsprochen hätte oder deren Übernahme durch den Versicherten wegen der geringen Kosten zumutbar ist. Die Zumutbarkeit wurde letztendlich auch deshalb bejaht, weil diese Arzneimittel üblicherweise nur bei geringfügigen Gesundheitsstörungen verordnet werden oder im Rahmen der Selbstmedikation selbstständig in der Apotheke gekauft werden. Zwar hat das GK-Modernisierungsgesetz zu einer Ausgabensenkung im Bereich der gesetzlichen Krankenversicherung und auch im Bereich der Arzneimittelausgaben geführt.[56] Ob hierfür aber die Liberalisierung der Preise für nicht verschreibungspflichtige Medikamente mitursächlich gewesen ist, ist umstritten. Die Preise im OTC-Segment kann der Apotheker nun der Höhe nach selbständig bestimmen, da er nicht an die Arzneimittelpreisverordnung gebunden ist. Der Gesetzgeber war insofern davon ausgegangen, dass die Apotheker die Kunden mit Angeboten in ihre Verkaufsräume locken würden. Allerdings ist bis Anfang 2005 ein Preiskampf weitgehend ausgeblieben. Der Grund hierfür könnte sein, dass die Apotheker wegen des geringen Warenumsatzes in diesem Bereich die Preise nicht senken wollten oder konnten, der Kunde aber gleichzeitig aber nicht bereit war, einen umfassenden Preisvergleich für das (dringend) benötige Arzneimittel anzustellen. Zwischenzeitlich wurde wegen einer medizinischen Unterversorgung von Jugendlichen ohne Entwicklungsstörungen bis zum 18 Lebensjahr, insbesondere im Bereich der Allergien, über eine Auflockerung der OTC-Regelung beraten.[57]

14 Die **Verfassungsmäßigkeit des Ausschlusses von nicht-verschreibungspflichtigen Arzneimitteln** aus der Erstattungspflicht wurde bisher in der Literatur kontrovers diskutiert. Soweit diese verneint wurde, wurde diese Ansicht weitgehend auf die Begründung gestützt, die Anknüpfung der Erstattungsfähigkeit an die arzneimittelrechtliche Ver-

---

[54] Vgl. *Anhalt/Dieners-Burgardt/Clausen/Wigge*, Handbuch des Medizinprodukterechts 2003, § 23 Rdn. 144.

[55] FraktEntw-Drucks 15/1525 S. 84 zu § 33 a SGB V.

[56] Eine Milliarde Euro Überschuss sollen die gesetzlichen Kassen nach Auskunft des BMGS im ersten Quartal des Jahres erwirtschaftet haben. Um 15,4 Prozent gesunkene Arzneimittelausgaben sollen dabei eine große Rolle gespielt haben. Der Anteil nicht verschreibungspflichtiger Arzneimittel am gesamten Arzneimittelmarkt beträgt nach aktuellen Zahlen mehr als zehn Prozent, vgl. *Schwabe/Paffrath-Schwabe*, Arzneiverordnungsreport 2003 S. 1) Man geht demgegenüber von einem geschätzten Verlust der Pharmazeutischen Industrie durch den OTC-Ausschluss von 1,2 bis 1,5 Milliarden Euro aus, vgl. Pressemittelung des IMS HEALTH vom 27. 4. 2004. Vgl. zur der wirtschaftlichen Problematik insgesamt *Otto*, PharmR 2005, 91.

[57] AZ 16. 5. 2005 Nr. 20, 8.

schreibungspflicht sei sachwidrig und es fehle an dem erforderlichen Legimitationszusammenhang.[58] Anderweitig wird von einer Verfassungsmäßigkeit des OTC-Ausschlusses ausgegangen.[59] Zumindest dürfte die Verfassungsmäßigkeit des OTC-Ausschlusses anhand der Berufsfreiheit des pharmazeutischen Unternehmers angesichts der Ausführungen des BVerfG in seinem Urteil vom 17. 12. 2002 zur Festbetragsregelung nicht zu bezweifeln sein.[60] Hier wurden die Auswirkungen der Festbetragsregelungen nur als eine Reflexwirkung des Systems – also mittelbarer Eingriff – angesehen und eine Berührung von Art. 12 Abs. 1 GG verneint. Das Urteil begegnete insbesondere im Hinblick auf die bisherige Rechtsprechung des BVerfG[61] und die allgemeine Grundrechtsdogmatik[62] jedoch in der Literatur starker Kritik. Der dem Gesetzgeber bei Berufsausübungsregelungen zustehende erhebliche Beurteilungs- und Gestaltungsspielraum, insbesondere bei der Verfolgung wirtschafts-, arbeitsmarkt- oder sozialpolitischer Ziele[63] und die nur mittelbare Grundrechtsberührung dürften jedoch für einen verfassungsmäßigen Eingriff in die Berufsausübungsfreiheit sprechen.[64]

15 Nicht-verschreibungspflichtige Arzneimittel können nur als seitens des Gemeinsamen Bundesausschusses anerkannte **Standardtherapeutika zur Behandlung schwerwiegender Erkrankungen** der Erstattungsfähigkeit zugeführt werden. Der Gemeinsame Bundesauschuss hat in den Arzneimittelrichtlinien[65] (AMR) nach § 92 Abs. 1 Satz 2 Nr. 6 erstmalig zum 31. 3. 2004 festgelegt, welche nicht verschreibungspflichtigen Arzneimittel dies bei welcher Erkrankung sind **(OTC-Ausnahmeliste).**[66] Eine Krankheit gilt nach Nr. 16.2. AMR als schwerwiegend, wenn sie lebensbedrohlich ist oder wenn sie aufgrund der Schwere der durch sie verursachten Gesundheitsstörung die Lebensqualität auf Dauer nachhaltig beeinträchtigt. Ein Arzneimittel gilt als Therapiestandard, wenn der therapeutische Nutzen zur Behandlung der schwerwiegenden Erkrankung dem allgemein anerkannten Stand der medizinischen Erkenntnisse entspricht (vgl. Nr. 16.3. AMR). Unter 16.4. der AMR werden schwerwiegende Erkrankungen und Standardtherapeutika nach Wirkstoffgruppen grundsätzlich abschließend aufgezählt (vgl. 16.7. AMR). Der Arzt kann auch Mittel der Anthroposophie und Homöopathie verordnen, sofern die Anwendung dieser Arzneimittel für diese Indikationsgebiete nach dem Erkenntnisstand als Therapiestandard in der jeweiligen Therapierichtung angezeigt ist (vgl. 16.5. AMR). Die Verordnung des Vertragsarztes bedarf in diesen Fällen einer entsprechend zu dokumentierenden Begründung mit Angabe der Indikation für die Verordnung des jeweiligen Mittels (16.6. AMR).[67]

16 Der neu gefasste **§ 34 Abs. 1 Satz 9 SGB V** ermächtigt den Gemeinsamen Bundesausschuss nur einen ohnehin schon vorgesehenen gesetzlichen Ausschluss bestimmter

---

[58] *Schwerdtfeger,* PharmR 2003, 346; *Gassner* in: Machtzuwachs der Krankenkassen?, 2004, S. 170 (173).

[59] *Otto* PharmR 2005, 91 (105).

[60] BVerfG Urt. v. 17. 12. 2002 – 1 BvL 28/95 = BVerfGE 106, 275.

[61] BVerfG Urt. v. 25. 2. 1999- 1 BVR 1472/91, 1510/91 = NJW 1999, 3404 ff. (zur Negativliste); BVerfG Urt. v. 1. 9. 1999 1 BvR 264/95 = NJW 2000, 1781 (zum Preisabschlag); BVerfG Urt. v. 20. 9. 1991 – 1 BVR 879/90 = NJW 1992, 735 ff., 736. In diesem Urteil wurden ein Eingriff in den Schutzbereich der Berufsausübungsfreiheit noch bejaht.

[62] Kritische Stimmen sprechen von einer Abkopplung von den Erkenntnissen der allgemeinen Grundrechtsdogmatik: *Manssen in: Mangoldt/Klein/Starck,* GG, 4. Auflage 1999, Art. 12 Rdn. 71.

[63] BVerfG Urt. v. 25. 20. 1977 – 1 BvR 173/75 = BVerfGE 46, 246 (257); BVerfG Urt. v. 15. 12. 1976–1 BvR 563/582/85, 974/86, 1 BvL 3/86 = BVerfGE 77, 308 (332).

[64] So auch *Otto,* PharmR 2005, 91 (94).

[65] Zuletzt geändert am 20. Juli 2004 veröffentlicht im Bundesanzeiger 2004, Nr. 182: S. 21 086 in Kraft getreten am 26. September 2004.

[66] Die OTC-Ausnahmeliste des G-BA enthält um die 40 Wirkstoffe und die dazugehörigen Erkranklungen, bei denen die Erstattungsfähigkeit weiterhin gegeben sein soll. Dennoch bleibt es gegenüber den vorherigen Verordnungsmöglichkeiten bei einen ca. 90%igen Erstattungsausschluss für die Arzneimittel, vgl. *Otto* PharmR 2005, 91.

[67] Vgl. hierzu auch *Jahn-Sommer,* SGB V, § 34 Anm. 8.

Arzneimittel näher zu konkretisieren (sogenannte **Lifestyle-Arzneimittel,** vgl. § 31 Abs. 1 Satz 7 SGB V), was alleine der Wortlaut belegt („Das Nähere regelt die Richtlinien nach § 92 Abs. 1 Satz 2 Nr. 6") Der gesetzliche Ausschluss dieser Arzneimittel zur Erhöhung der Lebensqualität soll der Rechtssicherheit der Vertragsärzte dienen und erfasst im wesentlichen Mittel zur Behandlung der erektilen Dysfunktion und Mittel zur Steigerung der Potenz.[68] Da die Finanzierung dieser Mittel durch die „Art der persönlichen Lebensführung" bedingt ist, soll diese nicht die Versichertengemeinschaft belasten.[69] Diese Gesetzesbegründung geht jedoch an der Sache vorbei, soweit die **erektile Dysfunktion** betroffen ist: Die Ausübung der Sexualfunktionen ist keine Frage der Art der persönlichen Lebensführung oder der individuellen Bedürfnisbefriedigung, sondern ein selbstverständlicher Teil menschlichen Seins.[70] Gleichwohl hat das LSG NRW diese gesetzliche Ausschlussregelung angesichts der von Verfassung wegen bestehenden weiten Gestaltungsfreiheit des Gesetzgebers und der grundsätzlich gegebenen Behandlungsalternativen bei dieser Krankheit[71] nicht beanstandet. Ebenso wurde durch das Gericht in einer anderen Entscheidung wegen des weiten Verordnungsausschlusses in § 34 Abs. 1 Satz 8 SGB V die Erstattung einer **Schwellkörper-Autoinjektions-Therapie** abgelehnt.[72] Auch insoweit sah das Gericht keinen Verstoß gegen das Verfassungsrecht, insbesondere Art. 3 GG. Es führte aus, dass der Gleichheitssatz in erster Linie eine ungerechtfertigte Verschiedenbehandlung von Personen verhindern wolle, so dass der Gesetzgeber bei einer Ungleichbehandlung von Personengruppen regelmäßig einer strengen Bindung unterliege. Es sei dem Gesetzgeber aber überlassen, so das Gericht, welche Entscheidungsmerkmale er hier wähle. Erst wenn der Grad seiner Ungleichbehandlung in keinem angemessenen Verhältnis mehr zum Rechtfertigungsgrund stehe, ist die Grenze überschritten.[73] Bei der Regelung des § 34 Abs. 1 S. 8 SGB V kann sich der Gesetzgeber nach Auffassung des LSG NRW darauf berufen, dass die Wirtschaftlichkeit der ärztlichen Verordnungen bei Arzneimitteln zur Behandlung der erektilen Dysfunktion nicht oder doch nur sehr eingeschränkt überprüfbar wäre. Dieser Rechtsprechung ist allerdings entgegen zu halten, dass nach dem Verhältnismäßigkeitsgrundsatz alleine die hier teilweise bestehende Missbrauchsgefahr dieser Arzneimittel als Lifestyle-Droge[74] nicht vorschnell den Ausschluss dieser Arzneimittelgruppe insgesamt zur Behandlung der erektilen Dysfunktion rechtfertigen kann. Dies gilt um so mehr, als bei der letztgenannten Therapie wegen einer schmerzhafte Behandlung ein Missbrauch nahezu ausgeschlossen ist.

17 Für Versicherte, die das achtzehnte Lebensjahr vollendet haben, sind von der Versorgung nach § 31 SGB V auch folgende verschreibungspflichtige Arzneimittel bei Verordnung in den genannten Anwendungsgebieten ausgeschlossen (vgl. **§ 34 Abs. 1 Satz 6 SGB V**): (1) Arzneimittel zur Anwendung bei Erkältungskrankheiten und grippalen Infekten einschließlich der bei diesen Krankheiten anzuwendenden Schnupfenmittel, Schmerzmittel, hustendämpfende und hustenlösende Mittel, (2) Mund- und Rachentherapeutika, ausgenommen bei Pilzinfektionen, (3) Abführmittel, (4) Arzneimittel gegen Reisekrankheit. Man spricht insoweit von den **Bagatellarzneimitteln.** Die Beurteilung, ob eine Bagatellerkrankung in diesen Sinne vorliegt, obliegt dem behandelnden Arzt. Bei Diagnose einer schwerwiegenden Erkrankungen durch den Arzt können diese also weiterhin erstattungsfähig sein.[75]

---

[68] *Jahn-Sommer*, SGB V, § 34 Anm. 12.

[69] BT-Drs. 15/1525S. 86f.

[70] So das LSG NRW in einem Urt. v. 3. 3. 2005 L 5 KR 169/04.

[71] Das LSG NRW, a. a. O., verwies insofern auf mechanische Hilfsmittel (Vakuum-Erektionshilfe) oder gegebenenfalls Schwellkörperimplantate.

[72] LSG NRW Urt. v. 24. 2. 2005 – L 16 KR 313/04 – Revision anhängig.

[73] Vgl. z.B. BVerfGE, SozR 3–2500 § 5 Nr. 42 S. 184 m. w. N.

[74] Vgl. insoweit zur SKAT BSG, SozR 3–2500 § 27 Nr. 11.

[75] *Jahn-Sommer*, SGB V, § 34 Anm. 10.

Gemäß § 93 Abs. 1 SGB V soll der Gemeinsame Bundesausschuss in regelmäßigen Zeitabständen die nach § 34 Abs. 1 oder durch Rechtsverordnung auf Grund des § 34 Abs. 2 und 3 ganz oder für bestimmte Indikationsgebiete von der Versorgung nach § 31 ausgeschlossenen Arzneimittel in einer **Übersicht** zusammenstellen. Die Übersicht ist im Bundesanzeiger bekanntzumachen. Kommt der Gemeinsame Bundesausschuss seiner Pflicht nach Absatz 1 nicht oder nicht innerhalb einer vom Bundesministerium für Gesundheit und Soziale Sicherung gesetzten Frist nach, kann dieses die Übersicht zusammenstellen und im Bundesanzeiger bekannt machen (vgl. § 93 Abs. 2 SGBV). Nach Auffassung des BSG hat der Hersteller eines Arzneimittels die Möglichkeit einer Anfechtungsklage gegen die nach § 93 SGB V zu erstellende Übersicht.[76]

3. Zuzahlung

18 § 31 Abs. 3 SGB V regelt die Einzelheiten der von dem Versicherten zu tragenden Zuzahlung. Es handelt sich um eine Selbstbeteiligung der Versicherten, welcher alle Versicherten und Familienversicherten mit vollendetem 18. Lebensjahr mit Ausnahme derjenigen, die wegen einer Überschreitung der Belastungsgrenze von der Zuzahlung befreit wurden, unterliegen. Das Gesetz modifiziert damit das Solidarprinzip des § 1 SGB V mit dem Ziel, das Ausgaben- und Preisbewußtsein des Versicherten zu stärken und damit einen überhöhten Verbrauch von Arzneimitteln zu verhindern.[77] Trotz der Eigenbeteiligung der Versicherten werden Arzneimittel weiterhin als Sachleistungen gewährt.[78] Zuzahlungen müssen nicht für im Rahmen des Praxisbedarfes verwandte Arzneimittel und solche, die im Rahmen der stationären Behandlung angewandt werden, geleistet werden.[79] Die Berechung der Zuzahlungshöhe erfolgt seit dem 1. Januar 2004 nicht mehr nach Packungsgröße, sondern nach dem Abgabepreis (vgl. § 61 S. 1 SGB V). Es fällt demnach eine Zuzahlung von 10 v. H. des Abgabepreises, mindestens jedoch fünf Euro und höchstens 10 Euro an, allerdings nicht mehr als die Kosten des Mittels.

4. Bedeutung der Arzneimittelzulassung

19 Das Krankenversicherungsrecht verzichtet bei der Arzneimittelversorgung, anders als bei den übrigen Leistungen der Krankenbehandlung (vgl. §§ 135 bis 139 SGB V), weitgehend auf eigene Vorschriften zur Sicherung der Qualität. Das Arzneimittelrecht schreibt dagegen zugunsten der Arzneimittelsicherheit für Fertigarzneimittel eine staatliche Zulassung vor, deren Erteilung vom Nachweis der **Qualität, Wirksamkeit** und **Unbedenklichkeit** des Medikaments nach § 21 Abs. 2 AMG abhängt.[80] Damit knüpft das Arzneimittelrecht an dieselben Kriterien an, an welchen auch die Leistungen der Krankenversicherung nach § 2 Abs. 1 Satz 3, 12 Abs. 1 SGB V gemessen werden. Dies impliziert, dass bei Vorliegen der arzneimittelrechtlichen Zulassung davon ausgegangen werden kann, dass damit zugleich die Mindeststandards einer wirtschaftlichen und zweckmäßigen Arzneimittelversorgung nach dem SGB V erfüllt sind. Die Zulassung nach § 21 AMG kennzeichnet daher nach der Rechtsprechung des Bundessozialgerichtes den **„Mindeststandard“**, der an die Verordnungsfähigkeit eines zulassungspflichtigen Arzneimittels nach dem SGB V zu

[76] BSG SozR 3–2500 § 34 Nr. 5.
[77] RegE-GRG S. 138f.
[78] BSG SozR 2200 § 372 Nr. 1 S. 3.
[79] *Kass-Komm-Höfler*, SGB V, § 31 SGB V, Rdn. 36.
[80] § 22 Abs. 1 AMG enthält nur mittelbar den Inhalt der Zulassung, wenn die Angaben für den Antrag auf Zulassung beschrieben werden. Dazu gehören, was das Arzneimittel angeht, seine Bezeichnung, seine Bestandteile, die Darreichungsform, die Wirkungen, die Anwendungsgebiete, die Gegenanzeigen, die Nebenwirkungen, die Wechselwirkungen mit anderen Mitteln und die Dosierung; andere zweckdienliche Angaben und Unterlagen, ob günstig oder ungünstig, sind beizufügen. Die Zulassung eines Arzneimittels ist daher produktbezogen.

stellen ist.[81] Soweit das Bundesinstitut für Arzneimittel und Medizinprodukte (BfArM) ein Arzneimittel zugelassen hat, sind die gesetzlichen Krankenkassen hieran gebunden, und der Gemeinsame Bundesausschuss kann diese Zulassung auch keiner erneuten Überprüfung unterwerfen.[82] Ein zulassungspflichtiges Arzneimittel muss daher grundsätzlich die Zulassung nach § 21 AMG erhalten haben, um zulasten der GKV verordnet werden zu können.[83] Im Umkehrschluss folgt daraus, dass im Grundsatz für zulassungspflichtige Arzneimittel die Abrechnungs- und Erstattungsfähigkeit in der GKV bis zum Erhalt einer bestandskräftigen Zulassung nicht gegeben ist. Man kann insoweit von der **Vorgreiflichkeit der Arzneimittelzulassung** sprechen, wonach die Funktionsträger der gesetzlichen Krankenversicherung an die Wirksamkeitsbeurteilung nach dem AMG gebunden sind, soweit nicht der Gesetz- und Verordnungsgeber nach § 34 SGB V ausdrücklich eine andere Entscheidung getroffen hat.[84]

Als Teil des Gefahrenabwehrrechts ist das AMG vorrangig sicherheitsorientiert. Der Nachweis der **Wirksamkeit,** angemessene pharmazeutische **Qualität** und **Unbedenklichkeit** des Arzneimittels muss durch analytische, pharmakologisch-toxikologische und klinische Prüfungen erbracht werden. Allerdings definiert das AMG den Wirksamkeitsbegriff negativ. So darf die Zulassung nicht versagt werden, weil therapeutische Ergebnisse nur in einer beschränkten Zahl von Fällen erzielt worden sind (vgl. § 25 Abs. 2 AMG). Nur wenn keine therapeutischen Ergebnisse nachgewiesen werden, ist der Wirksamkeitsnachweis misslungen. Der therapeutische Wert eines Arzneimittels – auch im Vergleich zu Behandlungsalternativen – wird im Zulassungsverfahren nur sehr eingeschränkt berücksichtigt. Die Hauptschwierigkeit des Zulassungsverfahren ist die Beurteilung der therapeutischen Wirksamkeit.[85] Allgemein anerkannt ist, dass der angemessene Wirksamkeitsnachweis nach den Umständen des Einzelfalles zu beurteilen ist.[86] Die Probleme werden vom Gesetz noch dadurch verstärkt, dass die Zulassung nicht deshalb versagt werden darf, weil therapeutische Ergebnisse nur in einer beschränkten Zahl von Fällen erzielt worden sind. Jedoch fehlt die therapeutische Wirksamkeit, wenn der Antragsteller nicht entsprechend dem jeweils gesicherten Stand der wissenschaftlichen Erkenntnisse nachweist, dass sich mit dem Arzneimittel therapeutische Ergebnisse erzielen lassen, vgl. § 25 Abs. 2 AMG. Die Beweislast hinsichtlich des Versagungsgrundes liegt insoweit nicht vollumfänglich beim BfArM liegt. Schon der Nachweis einer geringfügigen Wirkung bei einer beschränkten Zahl von Fällen im Vergleich zum Placebo genügt für die Zulassung und bezieht sich zudem konzeptionell und praktisch auf die Behandlung unter optimierten Studienbedingungen (**Nutzen-Risikoanalyse,** vgl. 25 AMG). Klinische Studien, die der Arzneimittelzulassung zu Grunde liegen, spiegeln eher die **Idealwirksamkeit** (Efficacy) eines Arzneimittels wieder und weniger die community effectiveness -verstanden als Wirksamkeit unter Alltagsbedingungen. Im Regelfall erfolgt keine Überprüfung der Wirksamkeit des Arzneimittels in Bezug auf bereits bestehende Therapien. Dies ist von Bedeutung für die spätere Nutzenbewertung des Arzneimittels durch das Institut für Qualität und Wirtschaftlichkeit im Gesundheitswesen (IQWIG).

Die Zulassung ist vom pharmazeutischen Unternehmer zu beantragen (vgl. § 21 Abs. 3 Satz 1 AMG). Welchen Inhalt die von dem pharmazeutischen Unternehmer einzureichenden **Unterlagen** haben müssen, ist in § 22 Abs. 1 und 2 AMG geregelt. Es sind insbesondere die Ergebnisse physikalischer, chemischer, biologischer oder mikrobiologischer

---

[81] Vgl. BSGE 72, 252 (256) – Goldnerz; BSG SozR 3–2500 § 31 Nr. 5 = PharmR 1996, S. 54.

[82] LSG Nds-Bremen Urt. v. 5. 5. 2004-L 4 KR 127/02 (nicht rechtskräftig), NZS 2004, 593.

[83] Vgl. auch Ziff. 3 AMR des Gemeinsamen Bundesausschusses.

[84] Vgl. *Schwerdtfeger,* Die Bindungswirkung der Arzneimittelzulassung, 1983, S. 36 ff; *Wigge* PharmR 2002, 305 (348 ff.).

[85] *Schwerdtfeger,* Die Bindungswirkung der Arzneimittelzulassung, *40 ff.; Han u. a.,* Recht des Arzneimittelmarktes, *65 ff.*

[86] OVG Berlin PharmaR *91, 362.*

Versuche und die zu ihrer Ermittlung angewandten Methoden (Nr. 1, analytische Prüfung), und die Ergebnisse der pharmakologischen und toxikologischen Versuche (Nr. 2, pharmakologisch-toxikologische Prüfung), und die Ergebnisse der klinischen oder sonstigen ärztlichen, zahnärztlichen oder tierärztlichen Erprobung (Nr. 3, klinische Prüfung) einzureichen. Dem Antrag sind gemäß § 22 Abs. 2 Satz 3 u. 4 AMG alle für die Bewertung des Arzneimittels zweckdienlichen Angaben und Unterlagen, ob günstig oder ungünstig, beizufügen. Dies gilt auch für unvollständige oder abgebrochene toxikologische oder pharmakologische Versuche oder klinische Prüfungen zu dem Arzneimittel.

20 **a) Zulassungspflicht nach dem AMG.** Die Vorgreiflichkeit der Arzneimittelzulassung kann jedoch dann nicht bestehen, wenn keine Zulassungspflicht nach dem AMG besteht. § 21 Abs. AMG geht von einer Zulassungspflicht des **Inverkehrbringens von Fertigarzneimitteln**[87] aus. Es besteht daher keine Zulassungspflicht für Rezepturarzneimittel, da diese nicht im Voraus hergestellt sind, wie es ein Fertigarzneimittel erfordert, vgl. § 4 Abs. 1 AMG. Einer Zulassung bedarf es zudem nicht für die in § 21 Abs. 2 Satz 1 AMG normierten Arzneimittel, z. B. Arzneimittel, die zur Anwendung bei Menschen bestimmt sind und auf Grund nachweislich häufiger ärztlicher oder zahnärztlicher Verschreibung in den wesentlichen Herstellungsschritten in einer Apotheke in einer Menge bis zu hundert abgabefertigen Packungen an einem Tag im Rahmen des üblichen Apothekenbetriebs hergestellt werden und zur Abgabe in dieser Apotheke bestimmt sind (sogenannte Defekturarzneimittel oder auch sog. verlängerte Rezeptur nach der „Hunderter“ -Regel des § 21 Abs. 2 Nr. 1 AMG), oder Arzneimittel, die zur klinischen Prüfung bei Menschen bestimmt sind (vgl. § 21 Abs. 2 Nr. 2 AMG). Soweit ein Arzt ein Arzneimittel selbst herstellt und im Rahmen der ärztlichen Behandlung anwendet, liegt begrifflich kein Inverkehrbringen vor, so dass keine Zulassungspflicht besteht.[88]

21 Formalrechtlich führt die Vorgreiflichkeit der arzneimittelrechtlichen Zulassung zu einer Antizipation der Verwaltungskompetenzen der Zulassungsbehörden des AMG mit bindender Wirkung für die Behörden der GKV, indem die Überprüfung der „therapeutischen Wirksamkeit“ im Bereich zulassungspflichtiger Arzneimittel dem Bundesinstitut für Arzneimittel und Medizinprodukte (BfArM)[89] als zuständiger Bundesoberbehörde zugewiesen und dem Bundesausschuss die Kompetenz abgesprochen wird, zulassungspflichtige Arzneimittel für den Einsatz in der vertragsärztlichen Versorgung einer nochmaligen, gesonderten Begutachtung zu unterziehen und die arzneimittelrechtliche Zulassung durch eine für den Bereich der gesetzlichen Krankenversicherung geltende Empfehlung zu ergänzen oder zu ersetzen.[90] Für die Zulassung von Sera, Impfstoffen, Testallergenen, Testsera und Testantigenen sowie für Blutzubereitungen ist das Paul-Ehrlich-Institut in Langen die zuständige Bundesoberbehörde (vgl. § 77 Abs. 2 AMG). Auch das BVerfG hat hiergegen unter verfassungsrechtlichen Gesichtspunkten keine Einwände erhoben, da die Zulassungsentscheidung als eindeutiges und zugängliches Kriterium nach §§ 21 ff. AMG auf Grundlage aufwendiger Zulassungsunterlagen des Antragstellers mit sachgemäßer behördlicher Kompetenz erging.[91]

22 **b) Erlaubnisvorbehalt nach § 135 SGB V.** Nach § 135 Abs. 1 Satz 1 SGB V dürfen **neue Untersuchungs- und Behandlungsmethoden** in der vertragsärztlichen Versor-

---

[87] Nach dem Entwurf der 14. AMG-Novelle sind Fertigarzneimittel „Arzneimittel, die im voraus hergestellt und in einer zur Abgabe an den Verbraucher bestimmten Packung in den Verkehr gebracht werden oder andere zur Abgabe an Verbraucher bestimmte Arzneimittel, bei deren Zubereitung in sonstiger Weise ein industrielles Verfahren zur Anwendung kommt oder die ausgenommen in Apotheken gewerblich hergestellt werden“.

[88] BSG SozR 3–2500 § 31 Nr. 7 S. 26.

[89] In bestimmten Fällen ist auch das Paul-Ehrlich-Institut (PEI) zuständig. Ferner kann noch § 25 Abs. 5 b und 5 c AMG relevant sein (Verfahren der gegenseitigen Anerkennung von Zulassungen in der EU sowie Zentralzulassungen der EMEA).

[90] Vgl.: *Wigge* PharmR 2002, 305 (348 ff.).

[91] Vgl. BVerfG, NZS 1997, 225 (226).

gung zu Lasten der Krankenkassen nur abgerechnet werden, wenn der Gemeinsame Bundesausschuss nach § 91 SGB V i. d. F. des GKV-Modernisierungsgesetzes vom 14. November 2003 in Richtlinien nach § 92 Abs. 1 SGB V eine positive Empfehlung über den diagnostischen und therapeutischen Nutzen der Methode abgegeben hat[92] Wurde eine Methode (noch) nicht in dieser Weise anerkannt, können Versicherte eine darauf bezogene Sachleistung oder Kostenerstattung für selbst beschaffte Behandlungsmaßnahmen (z. B. nach § 13 Abs. 3 Satz 1 Alt 2 SGB V) regelmäßig nicht beanspruchen.[93] Darauf, dass der Ausschuss eine Methode ausdrücklich negativ beurteilt hat, kommt es mithin nicht an. Eine Leistungsgewährung auch ohne positive Empfehlung des Bundesausschusses ist nur ausnahmsweise statthaft, nämlich dann, wenn die Krankenkasse wegen eines Mangels des gesetzlichen Leistungssystems nicht zur Leistungserbringung in der Lage ist. Ein solcher **Systemmangel** liegt vor, wenn die fehlende Anerkennung der neuen Methode darauf zurückzuführen ist, dass das Verfahren vor dem Bundesausschuss von den antragsberechtigten Stellen bzw. dem Bundesausschuss selbst überhaupt nicht bzw. nicht zeitgerecht oder nicht ordnungsgemäß durchgeführt wurde. Zur Feststellung einer durch Untätigkeit hervorgerufenen Versorgungslücke sind allerdings nicht die Krankenkassen befugt, vielmehr dürfen allein die Gerichte eine etwaige Unvereinbarkeit der genannten Richtlinien mit höherrangigem Recht feststellen und daraus die gebotenen Konsequenzen ziehen, wobei insoweit eine rechtskräftige gerichtliche Entscheidung zu fordern sein dürfte.[94] Eine in den Grenzen der Rechtsetzungsbefugnisse des Bundesausschusses getroffene Entscheidung, mit der er eine neue Methode von der Anwendung zu Lasten der GKV ausgeschlossen hat, unterliegt ansonsten grundsätzlich keiner inhaltlichen Überprüfung durch Verwaltung und Gerichte.[95] Diese Grundsätze gelten für die Leistungspflicht der Krankenkassen gegenüber ihren Versicherten für ärztliche bzw. ärztlich verordnete Behandlungsmethoden, das heißt medizinische Vorgehensweisen, denen ein eigenes theoretisch-wissenschaftliches Konzept zu Grunde liegt, das sie von anderen Therapieverfahren unterscheidet und das ihre systematische Anwendung in der Behandlung bestimmter Krankheiten rechtfertigen soll.[96] **Neu** ist eine Methode, wenn sie nicht als abrechnungsfähige ärztliche Leistung im EBM-Ä enthalten ist.[97]

23 Die Wirksamkeitsprüfung, die der Bundesausschuss für neue Untersuchungs- und Behandlungsmethoden nach § 135 Abs. 1 SGB V vornimmt und die auch die Prüfung beinhaltet, ob der diagnostische oder therapeutische Nutzen der Methode im Vergleich zu bereits etablierten Methoden belegt ist, wird für **zulassungspflichtige Arzneimittel** mit Wirkung für die gesetzliche Krankenversicherung durch die Prüfung des BfArM im Rahmen des arzneimittelrechtlichen Zulassungsverfahrens nach § 21 ff. AMG ersetzt. Das heißt, dass bezogen auf die von der Zulassung erfassten Merkmale des Arzneimittels wie Anwendungsgebiet,

---

[92] Vgl. z. B.: BSGE 81, 54, 59 ff. = SozR 3–2500 § 135 Nr. 4; BSGE 86, 54, 56 = SozR 3–2500 § 135 Nr. 14 mwN; BSG SozR 3–2500 § 92 Nr. 12 S. 69 – Colon-Hydro-Therapie; BSG SozR 4–2500 § 135 Nr. 1 Rdn 7 – Bioresonanztherapie; zuletzt Senatsurteil vom 19. Oktober 2004 – B 1 KR 27/02 R – Photodynamische Therapie.

[93] Vgl. zur Verbindlichkeit der RL für die Versicherten ab 1. Januar 2004 vgl. § 91 Abs. 9 SGB V i. d. F. des GKV-Modernisierungsgesetzes, a. a. O.

[94] Vgl.: BSG Urteil vom 22. 3. 2005, B 1 A 1/03 R.

[95] Vgl. zum Ganzen z. B.: BSGE 81, 73, 85 = SozR 3–2500 § 92 Nr. 7; BSGE 86, 54, 61 = SozR 3–2500 § 135 Nr. 14 mwN; BSG SozR 3–2500 § 92 Nr. 12 S 69; BSG SozR 4–2500 § 135 Nr. 1 Rdn 7; s dazu z. B. die Gesamtdarstellungen bei *Fastabend/Schneider*, Das Leistungsrecht der gesetzlichen Krankenversicherung, 2004, Rdn 66 ff sowie bei *Quaas/Zuck*, Medizinrecht, 2005, § 11 Rdn 106 ff., jeweils mit umfangreichen Rechtsprechungsnachweisen.

[96] So zum Begriff der Behandlungsmethode: BSGE 82, 233, 237 = SozR 3–2500 § 31 Nr. 5 – Jomol; vgl. auch BSGE 88, 51, 60 = SozR 3–2500 § 27 a Nr. 2 m. w. N.; BSG SozR 3–5533 Nr. 2449 Nr. 2 S. 9 f.

[97] BSGE 81, 54, 58 = SozR 3–2500 § 135 Nr. 4; BSGE 81, 73, 75 f = SozR 3–2500 § 92 Nr. 7; vgl. § 2 Abs. 1 BUB-R.

Beschaffenheit und Darreichungsform[98] von der Verordnungsfähigkeit zulasten der gesetzlichen Krankenversicherung auszugehen ist, da nach der Rechtsprechung des Bundessozialgerichts die durch die Zulassung vorgenommene Kontrolle der pharmazeutischen Qualität, der Wirksamkeit und der Unbedenklichkeit auch mit Wirkung für das Krankenversicherungsrecht die Qualität des Arzneimittels ausreichend gewährleistet.

24 Zulassungspflichtige Arzneimittel können jedoch aufgrund der medizinischen Erkenntnisse oder aufgrund der Vorgaben im Einheitlichen Bewertungsmaßstab (EBM) nach § 87 SGB V gebührenordnungsmäßig **Teil eines ärztlichen Behandlungskonzeptes** sein, für dessen Beurteilung prinzipiell der Bundesausschuss nach § 135 Abs. 1 SGB V zuständig ist. Nach der „Off-Label-Use" Entscheidung des BSG blieb die Frage offen, welche Anforderungen an Arzneimitteltherapien zu stellen sind, die als Teil einer ärztlichen Behandlung oder eines medizinisch-technischen Verfahrens zur Anwendung kommen.[99] Bereits für den Hilfsmittelbereich hatte das BSG aber entschieden, dass allein die Aufnahme eines Hilfsmittels in das Hilfsmittelverzeichnis nach §§ 128, 139 SGB V den Vertragsarzt nicht ermächtigt, auch die entsprechende therapeutische Behandlung durchzuführen, solange es an einer Empfehlung des Bundesausschusses nach § 135 Abs. 1 SGB V mangelt.[100] Das BSG hatte zuvor auch stets betont, dass als Behandlungsmethoden i. S. v. § 135 Abs. 1 SGB V solche Verfahren anzusehen sind, denen „ein eigenes theoretisch-wissenschaftliches Konzept, das sie von anderen Therapieverfahren unterscheidet und das ihre systematische Anwendung in der Behandlung bestimmter Krankheiten rechtfertigen soll",[101] zugrunde liegt. In diesem Zusammenhang stellt sich der Begriff der Methode i. S. des § 135 Abs. 1 Satz 1 SGB V im Verhältnis zu dem der ärztlichen Leistung i. S. des § 87 SGB V als der umfassendere dar,[102] so dass es Leistungen gibt, die vom Bewertungsausschuss im Rahmen seiner Entscheidungsfreiheit als im Rahmen der vertragsärztlichen Versorgung abrechenbare Leistungen neu in den Einheitlichen Bewertungsmaßstab (EBM) aufgenommen werden können, ohne dass es einer vorherigen Entscheidung des Bundesausschusses bedarf.[103] Diese offene Rechtsfrage hat das BSG jedoch in einer Entscheidung vom 19. Oktober 2004[104] endgültig geklärt, in dem es ausgeführt hat, dass, soweit eine ärztliche Behandlung über die schlichte Verabreichung eines Arzneimittels hinausgeht und sie selbst wegen des besonderen Aufwandes eine neue Behandlungsmethode darstellt, eine Leistungspflicht nach dem SGB V nur dann in Betracht kommen kann, wenn die leistungsrechtlichen Mindestvoraussetzungen für ein neues Arzneimittel und diejenigen für eine neue Behandlungsmethode kumulativ erfüllt sind. Das verwendete Arzneimittel darf daher weder von dem arzneimittelrechtlichen Verkehrsverbot erfasst sein noch von dem krankenversicherungsrechtlichen Erlaubnisvorbehalt des § 135 Abs. 1 SGB V. Dies gilt nach dem BSG insbesondere dann, wenn die ärztliche Handlung maßgeblich mit über den Erfolg der Arzneimitteltherapie entscheidet. Eine Ausnahme hiervon ist aber dann zu machen, wenn trotz des hohen Aufwandes des Arztes **keine Behandlungsmethode** vorliegt. Der Erlaubnisvorbehalt nach § 135 Abs. 1 SGB V für neue Therapien in der vertragsärztlichen Versorgung gilt nach dem BSG nur für Behandlungsmaßnahmen, die der Arzt bei einem bestimmten Krankheitsbild systematisch anwendet und zu deren therapeutischem Nutzen infolgedessen generelle Aussagen möglich sind. Die Vorgehensweise bei einer **einmalig auftretenden Krankheit** stellt daher nach Auffassung des BSG keine Behandlungsmethode dar.[105]

---

[98] Vgl. § 29 Abs. 3 AMG.
[99] Wie z. B. der Positronen-Emissions-Tomographie (PET), vgl. DÄBl. 99 (2002), A-1703.
[100] BSG SozR 3–2500 § 139 Nr. 1, S. 7 – Magnetfeldtherapie.
[101] BSG SozR 3–2500 § 31 Nr. 5, S. 19; BSG SozR 3–2500 § 135 Nr. 11, S. 50.
[102] BSG SozR 3–2500 § 31 Nr. 5, S. 19; BSG SozR 3–2500 § 135 Nr. 11, S. 50.
[103] BSG SozR 3–2500 § 87 Nr. 14, S. 49; BSG SozR 3–2500 § 135 Nr. 11, S. 51.
[104] BSG Urt. v. 19. 10. 2004 – B 1 KR 27/02 R.
[105] BSG Urt. v. 19. 10. 2004 – B 1 KR 27/02 R.

25 Soweit die Verabreichung des Arzneimittels zwingend eine begleitende ärztliche Leistung voraussetzt, die inhaltlich über die bloße Verabreichung des Arzneimittel hinausgeht, ist der Bewertungsausschuss nach § 87 SGB V nicht nur berechtigt, sondern verpflichtet, eine entsprechende Gebührenposition für das Verfahren im EBM zu schaffen. Zulassungspflichtige Arzneimittel, die dagegen durch den Arzt ohne zusätzlichen Aufwand bloß verabreicht werden bzw. die durch den Kassenpatienten selbst eingenommen werden, unterliegen nicht der Prüfungskompetenz des Bundesausschusses nach § 135 Abs. 1 SGB V, sondern in diesen Fällen wird der Wirksamkeits-, Unbedenklichkeits- und Qualitätsnachweis durch die arzneimittelrechtliche Zulassung geführt.

II. Ausschluss von Arzneimitteln nach der Negativliste

26 Negativlisten gibt es nicht nur in Deutschland, sondern auch in anderen europäischen Mitgliedstaaten.[106] Sie legen fest, welche Arzneimittel nicht zulasten der gesetzlichen Krankenversicherung verordnet werden dürfen. Der Ausschluss nach § 34 Abs. 3 SGB V ist durch das BVerfG als verfassungskonform anerkannt worden.[107] Der Begriff der Unwirtschaftlichkeit hat sich hierbei an § 12 Abs. 1 SGB V zu orientieren.[108] Arzneimittel, die auf der in Deutschland existierenden Negativliste nach § 34 Abs. 3 SGB V stehen, werden als unwirtschaftlich angesehen, weil sie entweder für das Therapieziel oder zur Minderung von Risiken nicht erforderliche Bestandteile enthalten oder die Wirkungen des Arzneimittels wegen der Vielzahl der enthaltenen Wirkstoffe nicht mit ausreichender Sicherheit beurteilt werden können oder der therapeutische Nutzen nicht nachgewiesen ist. Es handelt sich insofern um drei gesetzlich definierte **Fallgruppen.** Diese Einstufung gründet sich auf das Vorliegen sogenannter Negativmonographien, die bis zum Jahr 1994 beim ehemaligen Bundesgesundheitsamt erstellt worden sind. Die Verordnung des BMGS nach § 34 Abs. 3 SGB V ist wirkstoff- bzw. wirkstoffkombinationsbezogen und enthält somit eine Auflistung bestimmter Fertigarzneimittel.[109] Der Gemeinsame Bundesausschuss ist nach § 93 Abs. 1 SGB V aufgefordert, eine Übersicht über die durch die Verordnung ausgeschlossenen Arzneimittel zu erstellen. Dieser Verpflichtung ist der Gemeinsame Bundesausschuss auch durch die Verabschiedung der **Anlage 3** zur Arzneimittelrichtlinie nachgekommen.[110] Um zu verhindern, dass Arzneimittel der **besonderen Therapierichtungen** wegen ihrer andersartigen Zusammensetzung und eines nach den strengen Kriterien der Schulmedizin nicht möglichen Wirksamkeitsnachweises von der Verordnungsfähigkeit zulasten der GKV ausgeschlossen werden, ist für alle Negativlisten eine Verpflichtung des Verordnungsgebers in das Gesetz aufgenommen worden, der besonderen Wirkungsweise dieser Arzneimittel bei der Festlegung von Verordnungsausschlüssen Rechnung zu tragen.[111]

27 In der Rechtsprechung bestand Unklarheit darüber, ob der Richtliniengeber selbstständig zu einem Leistungsausschluss aufgrund des Wirtschaftlichkeitsgebotes befugt sein sollte und ob diese Befugnis konkurrierend oder parallel zu der Befugnis des BMGS gestaltet

---

[106] Unter anderem Großbritannien, Irland, Niederlande.

[107] BVerfG SozR 3–2500 § 34 Nr. 1 = NJW 1992, 735.

[108] *Jahn-Sommer*, SGB V, § 34, Anm. 13.

[109] Eine erste Verordnung über unwirtschaftliche Arzneimittel ist vom 21. Februar 1990 (BGBl. I S. 301). Das BGMS hat die Liste zuletzt geändert durch Verordnung vom 9. Dezember 2002, veröffentlicht im Bundesgesetzblatt I Nr. 86, S. 4554.

[110] Vgl.: Arzneimittelübersicht zu der Verordnung über unwirtschaftliche Arzneimittel in der gesetzlichen Krankenversicherung vom 21. Februar 1990 (BGBl. I S. 301), zuletzt geändert durch Verordnung vom 9. Dezember 2002 (BGBl. I S. 4554) im BAnz. Vom 18. 10. 2003, Nr. 195 a.

[111] AusBer-GRG BT Drucks 11/3480 S. 53.

sein sollte.[112] Die Übersicht nach § 93 Abs. 1 SGB V ist nur ein zusammenstellender Bericht über kraft Gesetz (schon) ausgeschlossene Arzneimittel.[113] Durch das GKV-Modernisierungsgesetz hat der Gesetzgeber jedoch § 34 Abs. 3 SGB V einen weiteren Satz angehängt, der lautet: „Für nicht durch Rechtsverordnung nach Satz 1 ausgeschlossene Arzneimittel bleibt § 92 unberührt". Dadurch wollte er ausweislich der Gesetzesbegründung sicherstellen, dass subsidiär zur Befugnis des Verordnungsgebers, Arzneimittel nach § 34 Abs. 3 SGB V von der Verordnungsfähigkeit in der gesetzlichen Krankenversicherung auszuschliessen, auch der Richtliniengeber nach § 92 SGB V selbständig Ausschlüsse aufgrund seiner Befugnis zur Regelung der wirtschaftlichen Verordnungsweise der Arzneimittel treffen kann.[114]

III. Verordnungseinschränkung aufgrund des Wirtschaftlichkeitsgebotes

28 Abgesehen von den Anforderungen gemäß § 31 Abs. 1 SGB V müssen die Leistungen der GKV ausreichend, zweckmäßig und wirtschaftlich sein (vgl. § 12 Abs. 1 Satz 2 SGB V). Sie dürfen insbesondere das Maß des Notwendigen nicht überschreiten **(Wirtschaftlichkeitsgebot).** Leistungen, die nicht notwendig oder unwirtschaftlich sind, darf der Versicherte nicht beanspruchen, Vertragsärzte nicht bewirken und Krankenkassen nicht bewilligen (vgl. § 12 Abs. 1 Satz 2 SGB V).[115] Auch der Anspruch des versicherten Mitglieds umfasst nach §§ 2 Abs. 1, 12 Abs. 1 SGB V nur solche Leistungen, die zweckmäßig und wirtschaftlich sind und deren Qualität und Wirksamkeit dem allgemein anerkannten Stand der medizinischen Erkenntnisse entsprechen. Der Gesichtspunkt der Gewährleistung optimaler Arzneimittelsicherheit gebietet es darüber hinaus, dass Qualität, Wirksamkeit und Unbedenklichkeit, also die Einhaltung der Mindestsicherheits- und Qualitätsstandards in einem dafür vorgesehenen Verfahren nachgewiesen worden sind.[116] Dies geschieht durch die Zulassung durch die im Arzneimittelrecht zuständigen Bundesoberbehörden (Stichwort: Vorgreiflichkeit der Arzneimittelzulassung). Die Einhaltung des Wirtschaftlichkeitsgebots liegt im Interesse sowohl des versicherten Patienten als auch der Versichertengemeinschaft als Solidargemeinschaft. Das Wirtschaftlichkeitsgebot ist entsprechend dieser Doppelnatur daher anspruchsbegründend und zugleich anspruchsbegrenzend: Sie gewährleistet einerseits den notwendigen Leistungsstandard, verhindert aber anderseits auch Leistungen im Übermaß.[117] Die Wirtschaftlichkeit der Leistung muss bei jeder Prüfung des Leistungsanspruches als konkretes Tatbestandsmerkmal geprüft werden, es sei die Anspruchsnorm enthält speziellere Reglungen (z.B. § 33 SGB V). Hierbei ist nach Auffassung des BSG der Gemeinsame Bundesausschuss gesetzlich dazu bestellt, durch die Richtlinien zur Sicherung der vertragsärztlichen Versorgung abstrakt-generelle Maßstäbe aufzustellen, nach denen das im Einzelfall medizinisch Notwendige sowie dessen Wirtschaftlichkeit, Zweckmäßigkeit und Erforderlichkeit zu beurteilen ist.

29 Aus dem Wirtschaftlichkeitsgebot als unbestimmtem Rechtsbegriff kann insoweit die Verpflichtung des Arztes folgen, ein Arzneimittel zu verordnen, welches genauso ausreichend ist, dabei aber weniger kostenintensiv. Normzweck des Wirtschaftlichkeitsgebotes

---

[112] BSG Urt. v. 18. 11. 1999 – B 1 KR 9/97 R u. Urt. v. 30. 9. 1999 – B 8 Kn 9/98 KR R = SozR 3–2500 § 27 SGB V Nr. 11, S. 35ff. –SKAT.

[113] Vgl.: *Hauck/Noft-Vahldiek* , SGB V, § 93, Rdn. 7; *Jahn-Sommer,* SGB V, § 34, Anm. 14.

[114] *Kass-Komm-Höfler,* SGB V, § 34 SGB V, Rdn. 5; BT Drs. 15/1525 S. 87.

[115] Vgl. BSG, Pharma Recht 1996, 54 (56).

[116] Vgl. dazu bereits die Entscheidung des Senats im Urt. v. 28. 02 2002 – L 14 KR 455/00 –; BSG, Urt. v. 18. 5. 2004 – B 1 KR 21/02 R –; SGb 2004, S. 415; ZfS 2004, S. 209; KrV 2004, S. 189.

[117] *Kass-Komm-Höfler,* SGB V, § 12 SGB V, Rdn. 2.

ist die **Rationalisierung der Leistungen**[118] unter dem Aspekt der Effizienz und Effektivität, das heißt: es sollen die medizinischen Leistungen zur Verfügung gestellt werden und die Leistungen be- und ausgegrenzt werden, auf die ohne Beeinträchtigung einer bedarfsgerechten Versorgung verzichtet werden kann.

30 Inwieweit bei der Ausfüllung dieses Rechtsbegriffes ein Beurteilungsspielraum verbleibt oder nicht,[119] insbesondere ein ärztlicher,[120] ist nicht ganz geklärt. Die neuere Rechtsprechung des BSG nimmt eine Beurteilungsermächtigung an, die durch die untergesetzlichen Normen des Vertragsarztrechtes, z.B. in den Verträgen und Richtlinien konkretisiert werden.[121] Gerade im Bereich der Arzneimitteltherapien wird dem Arzt angesichts der Regelungsfülle der bisherigen Arzneimittelrichtlinien und der nun auch hinzukommenden Nutzenbewertung des Institut für Qualität und Wirtschaftlichkeit im Gesundheitswesen (IQWIG), welche ebenfalls als Entscheidungsgrundlage für eine weitere Richtlinie des Gemeinsamen Bundesausschusses dient, nur ein geringer Spielraum verbleiben. Das Wirtschaftlichkeitsgebot konkretisiert sich für den Vertragsarzt ein weiteres Mal durch die unzähligen Arzneimittelinformationen der Krankenkassen, Spitzenverbände der Krankenkassen, KBV und KVen, insbesondere aufgrund des § 73 Abs. 8 SGB V, die teilweise massiv versuchen, sein Verordnungsverhalten zu beeinflussen.

31 Die vertragsärztliche Leistung ist ausreichend, wenn sie nach Art und Umfang hinreichende Chancen für einen Heilerfolg bietet.[122] Hiermit soll ein Leistungsmindeststandard geboten werden, der sowohl mit dem allgemeinen Standard der medizinischen Erkenntnisse und den Regeln der ärztlichen Kunst übereinstimmt, als auch den wirtschaftlichen Fortschritt berücksichtigt (§§ 2 Abs. 1 Satz 3, 28 Abs. 1 SGB V). Nach dem Teilgebot der Zweckmäßigkeit der Versorgung sollen ärztliche Leistungen dem allgemeinen anerkannten Stand der medizinischen Erkenntnisse entsprechen,[123] wirksam sein,[124] den medizinischen Fortschritt berücksichtigen sowie in Einklang mit den Regeln der ärztlichen Kunst stehen.[125] Eine ärztliche Leistung ist daher zweckmäßig, wenn der Arzt die BUB-Richtlinien[126] nach § 135 Abs. 1 SGB V oder andere Richtlinien des Gemeinsamen Bundesausschusses beachtet und die gewählten Therapien auch im konkreten Behandlungsfall zur Erreichung des Erfolgs geeignet und zweckgerichtet sind.[127] Insoweit werden Leistungsrecht und Leistungserbringerrecht verbunden. Notwendig im Sinne einer Obergrenze der vertragsärztlichen Versorgung sind nur die Leistungen und Verordnungen, die nach Art und Umfang unentbehrlich, unvermeidlich und unverzichtbar sind.[128] Die Wirtschaftlichkeit im engeren Sinne bzw. Kosten-Nutzen-Abwägung des § 12 SGB V ist jedoch nicht nur eine rein ökonomische, „kaufmännische". In die Abwägung in Form einer – auf

[118] Vgl.: *Hauck/Haines-Noftz,* § 2 Rdn. 16 m. w. N.

[119] Kein Beurteilungsspielraum: *Igl* in GK-SGB V, § 12 Rdn. 12; *KassKomm-Höfler* § 12 Rdn. 5, so auch die frühere Rechtsprechung des BSG, z.B. in BSGE 19, 123; a. A.: *Eicher* DOK 1989, 757.

[120] BSG USK 8919.

[121] BSGE 73, 271; BSGE 78, 70; BSGE 81, 73; BSG USK 97 149.

[122] Vgl.: BSGE 55, 188.

[123] BSGE 76, 194 = SozR 3–2500, § 27 Nr. 5.

[124] BSG vom 6. 10. 1999, Az.: B 1 KR 13/97 R, BSGE 70, 24.

[125] Zum Verhältnis von Leistungsstandards zum Wirtschaftlichkeitsgebot *Ulsenheimer,* MedR 1995, 438.

[126] Die Richtlinien über Neue Untersuchungs- und Behandlungsmethoden (NUB-Richtlinien) wurden mit Beschluss vom 10. Dezember 1999 durch die Richtlinien über die Bewertung ärztlicher Untersuchungs- und Behandlungsmethoden gemäß § 135 Abs. 1 SGB V (BUB-Richtlinien) abgelöst. Die Anlagen 1, 2 und 3 der NUB-Richtlinien wurden in die Anlagen A und B der BUB-Richtlinien überführt. Mit Beschluss vom 1. Dezember 2003 wurden die BUB-Richtlinie neugefasst und umbenannt in „Richtlinie zur Bewertung medizinischer Untersuchungs- und Behandlungsmethoden".

[127] BSGE 84, 90, BSGE 81, 54.

[128] BSG SozR 2200 § 182b Nr. 26.

Effizienz ausgerichteten – Gesamtbilanz[129] sind vielmehr auch qualitative medizinische Gesichtspunkte, insbesondere Art, Dauer und Nachhaltigkeit des Heilerfolges einzubeziehen.[130]

32 Nach der BSG-Rechtsprechung unterliegen ambulant durchgeführte Pharmakotherapien dem **Erlaubnisvorbehalt des § 135 Abs. 1 SGB V** aber nur dann, wenn die eingesetzten Präparate keine Zulassung nach dem AMG benötigen, wie das beispielsweise bei Rezepturarzneien[131] oder anderen Arzneimitteln der Fall ist, die für den einzelnen Patienten auf besondere Anforderung hergestellt werden.[132] Nach einem jüngeren Urteil des BSG[133] kann eine ärztliche Behandlung, die über die schlichte Verabreichung eines Arzneimittels hinausgeht und selbst wegen des besonderen Aufwandes eine neue Behandlungsmethode darstellt, eine Leistungspflicht nach dem SGB V nur dann begründen, wenn die leistungsrechtlichen Mindestvoraussetzungen für ein neues Arzneimittel *und* diejenigen für eine neue Behandlungsmethode kumulativ erfüllt sind. Es müssen also in diesem Fall das arzneimittelrechtliche Verkehrsverbot nach § 21 Abs. 1 AMG und der Erlaubnisvorbehalt des § 135 Abs. 1 SGB V beachtet werden. Insofern kann die BUB-Richtlinie ausnahmsweise auch für Fertigarzneimittel relevant sein, deren Anwendung nur unter einem besonderen Aufwand des Arztes möglich ist. Entscheidend zur Bestimmung des besonderen Aufwandes i. d. S. ist auch, ob für den Erfolg der medikamentösen Behandlung das Verhalten des Arztes mitverantwortlich bzw. mitursächlich ist.[134]

33 Das Wirtschaftlichkeitsgebot hat auch den Gemeinsamen Bundesausschuss bewogen, unwirtschaftliche Arzneimittel durch die Arzneimittelrichtlinie (AMR) von der Versorgung der gesetzlich Versicherten explizit auszunehmen. In Abschnitt G Nr. 20.1 der AMR („Verordnungseinschränkungen aufgrund §§ 2 Abs. 1 Satz 3, 12, 70 SGB V und zugelassene Ausnahmen") befinden sich daher aufgrund der §§ 2 Abs. 1 Satz 3, 12, 70 SGB V für bestimmte Arzneimittel Verordnungseinschränkungen, andere dürfen erst unter der Voraussetzung, dass zuvor allgemeine nicht medikamentöse Maßnahmen genutzt wurden (z. B. diätetischer oder physikalischer Art, Lebensführung, körperliches Training etc.), verordnet werden (vgl. G. Nr. 20.2 AMR). In den AMR ist zudem in Abschnitt I. („Berücksichtigung des Arzneimittelpreises") ausgeführt, dass der Vertragsarzt bei der Verordnung von Arzneimitteln im Rahmen der Wirtschaftlichkeit auch den Preis des Arzneimittels berücksichtigen soll. In Abschnitt I. Nr. 28 heißt es zudem „Zur wirtschaftlichen Verordnung gehört auch die Verpflichtung des Vertragsarztes, sich im Rahmen des Möglichen über die Preise der von ihm verordneten Arzneimittel zu unterrichten. Der Vertragsarzt soll auch unterhalb von Festbeträgen Preisvergleiche vornehmen. Der Preis eines Festbetragsarzneimittels allein ist kein Aufgreifkriterium für die vertragsärztliche Wirtschaftlichkeitsprüfung im Einzelfall."

34 Als Ausfluss dieses Prinzips sind auch Arzneimittel der **OTC-Ausnahmeliste** dann unter dem Gesichtspunkt der Verpflichtung des Vertragsarztes zur wirtschaftlichen Verordnungsweise nicht erstattungsfähig, wenn zur Behandlung der Erkrankung des Versicherten auch ein nicht verschreibungspflichtiges Arzneimittel zur Verfügung steht, welches zweckmäßig und ausreichend ist (16.8 AMR). Aus diesen Gründen kann der Vertragsarzt gleichwohl, wenn ein bestimmtes Mittel als Bestandteil der OTC-Ausnahmeliste erstattungsfähig ist, zur Verordnung eines nicht erstattungsfähigen Arzneimittels verpflichtet sein. Der Vertragsarzt hat daher sehr genau zu vergleichen, ob für die zu behandelnde Krankheit ein nicht erstattungsfähiges Arzneimittel auf dem Markt ist, so

---

[129] BSGE 52, 134 (139).

[130] BSGE 52, 79, 74 f.; 52, 134 (138 f); 64, 255 (257).

[131] Fertigarzneimittel i. S. des § 4 Abs. 1 AMG sind keine Rezepturarzneimittel.

[132] BSGE 82, 233 = SozR 3–2500 § 31 Nr 5 – Jomol; BSGE 86, 54 = SozR 3–2500 § 135 Nr 14 – ASI.

[133] BSG Urt. v. 19. 10. 2004 – B 1 KR 27/02 R.

[134] BSG Urt. v. 19. 10. 2004 – B 1 KR 27/02 R.

dass er aus wirtschaftlichen Erwägungen heraus auf die OTC-Ausnahmeliste nicht zurückgreifen braucht. Zahlreiche Arzneimittel, die ein bestimmtes Krankheitsbild heilen sollen, sind sowohl als verschreibungspflichtiges und damit als erstattungsfähiges Präparat auf dem Markt, als auch als nicht verschreibungspflichtige Version. Hier hat der Arzt im Sinne seiner Verpflichtung aus § 12 SGB V nicht nur eine Kosten-Nutzen Analyse anzustellen, sondern auch die möglicherweise unterschiedlichen Nebenwirkungen zu berücksichtigen.[135]

35 Im Zusammenhang mit dem Ausschluss der **Lifestylearzneimittel** von der Versorgung der gesetzlich Versicherten und des gemeinhin unter diese Produktgruppe subsumierte Präparats Viagra hat der Gemeinsame Bundesausschuss aber einen Rückschlag erlitten, weitere Einsparungen in Bereich der Arzneimittelversorgung zu realisieren. Der insoweit einschlägige 27.1f der AMR, welcher noch vom dem Vorgänger des Gemeinsamen Bundesausschusses, dem Bundesausschuss der Ärzte und Krankenkassen, verfasst wurde, ist nach Auffassung des LSG Nds-Bremen nichtig.[136] Weiter führte das Gericht in diesem Urteil aus, dass das Wirtschaftlichkeitsgebot dort zurückzustehen habe, wo die Pflicht zur humanen Krankenbehandlung (§ 70 Abs. 2 SGB V) verletzt werde. Ein Verweis des Versicherten auf Injektionsmittel und mechanische Hilfsmittel sei insofern unzumutbar. Diese Ausführungen sind jedoch nur für das Jahr 2003 beachtlich. Ab dem 1. Januar 2004 hat der Gesetzgeber, wie oben bereits ausgeführt, durch das GKV-Modernisierungsgesetz diese Produktgruppe aus den verordnungsfähigen Arzneimitteln herausgenommen (vgl. § 34 Abs. 1 Satz 7 u. 8 SGB V). Diese Neuregelung ist nach Auffassung des LSG NRW[137] einer einschränkenden Auslegung nicht zugänglich. Zwar bezeichne § 34 Abs. 1 Satz 7 SGB V die vom Ausschluss umfassten Arzneimittel als solche, bei deren Anwendung eine Erhöhung der Lebensqualität im Vordergrund steht. Diese Formulierung sei vor dem Hintergrund, dass grundsätzlich in der GKV Leistungen nur bei Krankheit beansprucht werden können (§ 27 Abs. 1 Satz 1 SGB V), zwar unverständlich. Gleichzeitig hat der Gesetzgeber in Satz 8 jedoch die vom Ausschluss umfassten Arzneimittel bezeichnet und in diesem Zusammenhang ausdrücklich auch die Medikamente zur Behandlung der erektilen Dysfunktion genannt. Auch in der Gesetzesbegründung wird ausgeführt, dass die Regelung des § 34 Abs. 1 Satz 7 SGB V nur der „Klarstellung" diene, dass die heute schon in den Arzneimittelrichtlinien ausgeschlossenen Medikamente nicht zum Leistungskatalog der GKV zählten.[138]

IV. Preisvergleichsliste

36 Die Richtlinien nach § 92 Abs. 1 Satz 2 Nr. 6 haben Arznei- und Heilmittel unter Berücksichtigung der Festbeträge nach § 35 SGB V oder § 35a SGB V so zusammenzustellen, dass dem Arzt der Preisvergleich und die Auswahl therapiegerechter Verordnungsmengen ermöglicht wird (Vgl. § 92 Abs. 2 Satz 1 SGB V). Die Zusammenstellung der Arzneimittel ist nach Indikationsgebieten und Stoffgruppen zu gliedern. Um dem Arzt eine therapie- und preisgerechte Auswahl der Arzneimittel zu ermöglichen, sind zu den einzelnen Indikationsgebieten Hinweise aufzunehmen, aus denen sich für Arzneimittel mit pharmakologisch vergleichbaren Wirkstoffen oder therapeutisch vergleichbarer Wirkung eine Bewertung des therapeutischen Nutzens auch im Verhältnis zum jeweiligen Apothekenabgabepreis und damit zur Wirtschaftlichkeit der Verordnung ergibt; § 73 Abs. 8 Satz 3 bis 6 gilt entsprechend. Um dem Arzt eine therapie- und preisgerechte Auswahl der

[135] Vgl. hierzu: *Koenig/Meurer/Hentschel* PharmR 2004, 207ff.

[136] LSG Nds. Bremen, Urt. v. 16. 7. 2003 – L 4 KR 162–01.

[137] LSG NRW Urt. v. 3. 3. 2005 – L 5 KR 169/04; a. A. SG Duisburg, Urt. v. 28. 1. 2005 – S. 9 KR 215/04.

[138] BT-Drucks. 15/1525, 86.

Arzneimittel zu ermöglichen, können ferner für die einzelnen Indikationsgebiete die Arzneimittel in folgenden Gruppen zusammengefasst werden: Erstens Mittel, die allgemein zur Behandlung geeignet sind, zweitens Mittel, die nur bei einem Teil der Patienten oder in besonderen Fällen zur Behandlung geeignet sind und drittens Mittel, bei deren Verordnung wegen bekannter Risiken oder zweifelhafter therapeutischer Zweckmäßigkeit besondere Aufmerksamkeit geboten ist.

37 Sachverständigen der medizinischen und pharmazeutischen Wissenschaft und Praxis, den Arzneimittelherstellern und den Berufsvertretungen der Apotheker ist **Gelegenheit zur Stellungnahme** zu geben; bei der Beurteilung von Arzneimitteln der besonderen Therapierichtungen sind auch Stellungnahmen von Sachverständigen dieser Therapierichtungen einzuholen (vgl. § 92 Abs. 2 Sätze 4 u. 5). Die Stellungnahmen sind in die Entscheidung einzubeziehen.

38 Die letzte aktualisierte Fassung der Preisvergleichsliste stammt vom 1. April 1992 und wurde als Anlage zu den Arzneimittelrichtlinien 1999 vom Bundesausschuss aufgenommen. Die teilweise überholten Marktdaten der Preisvergleichsliste zeigen nach Auffassung von *Francke*[139] das **Problem der unterschiedlichen nebeneinanderstehenden arzneimittelrechtlichen Informations- und Transparenzinstrumente des SGB V**. Die heute geltende Regelung des § 92 Abs. 2 und 3 SGB V wurde ursprünglich durch die Bestimmungen des Gesundheitsstrukturgesetz (GSG) über die Positivliste für Arzneimittel nach §§ 34a, 92a SGB V i. d. F. des GSG aufgehoben, weil neben dieser für die Preisvergleichsliste kein Raum gesehen wurde.[140] Durch die Aufhebung der Regelungen über die Positivliste durch das 5. SGB V-ÄndG vom 18. Dezember 1995 lebte die Regelung des § 92 Abs. 2 SGB V wieder auf. Der ehemalige Bundesausschuss der Ärzte und Krankenkassen und heutige Gemeinsame Bundesausschuss bereitet seitdem eine neue Preisvergleichliste vor. Durch das GKV-Gesundheitsreformgesetz aus dem Jahre 2000 wurde wieder eine Rechtsgrundlage für eine Positivliste in Form des § 33a SGB V geschaffen, so dass bezweifelt wurde, dass es überhaupt noch zu der Verabschiedung einer überarbeiteten Preisvergleichsliste kommen würde. Das GKV-Modernisierungsgesetz hat jedoch die Regelung des § 33a SGB V ersatzlos gestrichen.[141] In der Gesetzesbegründung heißt es hierzu, dass „neue im Rahmen der Gesundheitsreform zur Förderung von Qualität und Wirtschaftlichkeit in der Arzneimittelverordnung vorgesehene Regelungen die Einführung einer Positivliste" entbehrlich mache.

39 Die Preisvergleichsliste ergeht gemäß § 92 Abs. 2 SGB V in der **rechtlichen Form einer Richtlinie des Gemeinsamen Bundesausschusses.** Bereits mit der Methadon-Entscheidung[142] aus dem Jahre 1997 hatte das BSG seine alte Rechtsprechung noch zur Reichsversicherungsordnung, nach welcher den Richtlinien keine normative Bedeutung zukam und daher von einer bloß mittelbaren Wirkung der Richtlinien auf das Leistungsrecht über die Selbstbindung der Krankenkassen auszugehen war,[143] aufgegeben. Der 6. Senat des BSG führte in dieser Entscheidung aus, dass seine bisherige Sichtweise, nach welcher die Richtlinien keine Auswirkung auf das Leistungsrecht hätten, unter Geltung des SGB V nicht mehr aufrecht erhalten werde könne. Die Zuweisung der Normsetzungsbefugnis an den Bundesausschuss sei Bestandteil eines generellen Regelungskonzeptes, das die Rechtssetzung durch untergesetzliche Normen der Gemeinsamen Selbstverwaltung von Ärzten und Krankenkassen übertragen habe. Zu demselben Ergebnis kam auch wenig später der 1. Senat, wenn auch mit anderer Begründung,[144] indem er ausführ-

---

[139] *Francke* in: LdA, Grundwerk 2001, Preisvergleichsliste, Rdn. 2.

[140] *Francke* in: LdA, Grundwerk 2001, Preisvergleichsliste, Rdn. 2.

[141] Amtl. Begründung des Entwurfes des GKV-Modernisierungsgesetztes zu § 33a SGB V.

[142] BSGE 78, 70 (74 ff.) = MedR 1997,123 (Methadon-Urteil).

[143] BSGE 35, 10, 14; BSGE 63, 163, 166.

[144] Während der 6. Senat von einem Bundesausschuss als einer Anstalt des öffentlichen Rechts mit begrenzter Rechtsfähigkeit sprach, wiederholte der 1. Senat diese These nicht. Er ging vielmehr von

te, dass mit den Richtlinien der Bundesausschüsse nicht nur Recht gegenüber den Vertragsärzten, sondern auch gegenüber den Versicherten gesetzt werde.[145] Seine Rechtsprechung bestätigte der 6. Senats zudem im Jahre 1998, indem er in einem Urteil zu den Bedarfsplanungsrichtlinien ausführte, dass es sich bei den Richtlinie um **generelle abstrakte Regelungen** handele, die nicht nur für diejenigen verbindlich seien, die bereits an der vertragsärztlichen Versorgung teilnehmen (und dadurch durch in den Selbstverwaltungsgremien repräsentiert sind), sondern auch normative Wirkung gegenüber weiteren Betroffenen entfalten (**„Außenseitererstreckung"**)[146] Zusammenfassend kann nach der Rechtsprechung des BSG an der Verbindlichkeit der Richtlinien des Gemeinsamen Bundesausschuss kein Zweifel bestehen, gleichwohl hat der Gesetzgeber durch den neu geschaffenen § 91 Abs. 9 SGB V, nach welchen die Richtlinienbeschlüsse für die Versicherten, die Krankenkassen und die an der ambulanten ärztlichen Versorgung teilnehmenden Leistungserbringer und zugelassenen Krankenhäuser verbindlich sind, wohl letzte Zweifel beseitigen wollen. Die Kritiker dieser Rechtsprechung,[147] die auf die fehlende demokratische Legimitation der Richtlinien hinweisen, dürften hierdurch aber auch nicht besänftigt sein.

Die Rechtmäßigkeit der Preisvergleichliste wurde bereits für die vorhergehende Regelung nach § 368p Abs. 1 Satz 2 RVO bejaht.[148] Für Klagen gegen die Zusammenstellung der Arzneimittel nach Absatz 2 gelten die Vorschriften über die Anfechtungsklage entsprechend. Es handelt sich insoweit um eine stark kupierte Normkontrollklage. Wegen ihres nicht gänzlich klaren Charakters bleibt jedoch fraglich, inwieweit Verfahrensfehler – wie eine Nichteinhaltung der § 92 Abs. 2 Sätze 4 u. 5 SGB V – gerügt werden können.[149] Die Klagen, die sich nur auf eigene Arzneimittel, nicht aber auf Konkurrenzprodukte beziehen können,[150] haben keine aufschiebende Wirkung. Ein Vorverfahren findet nicht statt (vgl. § 92 Abs. 3 Satz 1 u. 3 SGB V). Eine gesonderte Klage gegen die Gliederung nach Indikationsgebieten oder Stoffgruppen nach § 92 Abs 2 Satz 2 SGB V, die Zusammenfassung der Arzneimittel in Gruppen nach § 92 Abs 2 Satz 4 SGB V oder gegen sonstige Bestandteile der Zusammenstellung nach § 92 Abs 2 SGB V ist unzulässig. Es kann folglich nur die Preisvergleichliste als solche in beschlossener Form angegriffen werden. Die Anfechtungsklage führt insofern zur Aufhebung der Einteilung, eine Einteilung in eine andere Gruppe ist nicht möglich.[151] Klagebefugt sind die betroffenen pharmazeutischen Unternehmer.[152] Eine Anordnung der aufschiebenden Wirkung kommt nach § 86b SGG, welcher im wesentlichen § 80 V VwGO entspricht,[153] in Betracht.[154] Für Ärzte und Versicherte ist eine gerichtliche Incidenter–Prüfung z.B. im

---

einem Regelungsinstrumentarium eigener Art aus, welches eine lange, vorkonstitutionelle Tradition zurückgreifen könne. vgl. hierzu mit Kritik: *Wannagat*, SGB V (71. Lfg.),, § 92 SGB V, Rdn. 81.

[145] BSGE 81, 54; 81, 73.

[146] BSGE 82, 4; vgl. zur Rechtsprechung des BSG zur den Richtlinien insgesamt *Schrinner*, MedR 2005, 397ff. (399).

[147] Vgl. *Wannagat*, SGB V (71. Lfg.), § 92 SGB V, Rdn. 81 m.w.N.; Verteidigend: *Hase*, MedR 2005, 391ff.

[148] LSG NW, MedR 1988, 109.

[149] Für eine Anfechtbarkeit bei substantiiertem Vortrag des Mangels: *Hauck/Noftz-Vahldiek*, SGB V, § 92 SGBV, Rdn. 12.

[150] BSGE 67, 251 = SozR 3–2500 § 92 Nr. 2.

[151] *Hauck/Noftz-Vahldiek*, SGB V, § 92 SGBV, Rdn. 10.

[152] BVerwGE 71, 183 (189).

[153] Mit dem zum 1. 1. 2001 in Kraft getretenen §§ 86a und 86b SGG hat der Gesetzgeber den vorläufigen Rechtsschutz im sozialgerichtlichen Verfahren nach dem Vorbild der VwGO neu geregelt. Davor war der vorläufige Rechtschutz im sozialgerichtlichen Verfahren nur lückenhaft geregelt, vgl. hierzu *Krasney/Udsching*, Handbuch des sozialgerichtlichen Verfahrens, 4. Auflage. S. 169.

[154] *Kass-Komm-Hess*, SGB V, § 92 SGB V, Rdn. 16; *Meyer-Ladewig*, SGG, 7. Auflage 2002, § 86b Rdn. 5ff.

Rahmen einer Wirtschaftlichkeitsprüfung oder eine Klage auf Erstattung einer bestimmte Leistung gegen die Krankenkassen möglich. Da die Arzneimittelrichtlinie Bestandteil der Bundesmantelverträge sind, gilt für den klagenden Arzneimittelhersteller hier die besondere Zuständigkeitsregelung des § 57a SGG (Sozialgericht mit Sitz im Bezirk der KBV).[155]

40 Von Bedeutung ist in diesem Zusammenhang ein **Urteil des LSG Nordrhein-Westfalen** (NRW) vom 19. 1. 2005,[156] in welchem das Gericht zu einem entschieden hat, dass die Therapiehinweise des Gemeinsamen Bundesausschusses mit einer Anfechtungsklage auf ihre Rechtmäßigkeit hin überprüfbar sind, da sie verbindlich sind und tendenziell in die Verordnungsmöglichkeiten eines Arzneimittels eingreifen. Zum anderen hat das LSG NRW entschieden, dass es der in den Therapiehinweisen enthaltenen **Kosten-Nutzen-Bewertung des Gemeinsamen Bundesausschusses** an einer gesetzlichen Grundlage fehle. § 92 Abs. 1 Satz 2 Nr. 6 SGB V stellt nach Auffassung des Gerichts lediglich eine Konkretisierung der in § 92 Abs. 1 Satz 1 übertragenen Richtlinienkompetenz dar. Ebenso wenig fänden die Therapiehinweise eine ausreichende Legitimation in § 92 Abs. 2 SGB V, welcher sich nur auf die Zusammenstellung von Arzneimitteln nach Indikationsgebieten und Stoffgruppen zum Preisvergleich (sog. Preisvergleichsliste) bezieht. Auch ist nach Auffassung des LSG eine Legimitation nicht über § 92 Abs. 2 Satz 3 Halbsatz 2 SGB V, der auf § 73 Abs. 8 Satz 3 – 6 SGB V verweist, möglich, da Adressat der Regelungen nicht der **Beklagte** als eigenständiges Rechtssubjekt ist. § 92 Abs. 1 Satz 1 3. Halbsatz SGB V scheidet als taugliche Rechtsgrundlage ebenfalls aus, da er Inhalt, Zweck und Ausmaß der Richtlinienkompetenz nicht festlegt. Es handele sich insoweit um eine zu allgemein gehaltene Ermächtigung im Sinne einer Generalklausel. Das Urteil ist als Rückschlag für die Bemühungen des Bundesausschusses, seinerseits durch Therapiehinweise nach Nr. 14 AMR auf die Verordnungsweise der Vertragsärzte zu informieren, zu werten. Ob dieses Urteil der nächsten Instanz standhalten wird oder ob der Gesetzgeber bis dahin hinsichtlich der Richtlinienkompetenz des Gemeinsamen Bundesausschussrs nachgebessert hat, bleibt abzuwarten.

V. Festbeträge für Arzneimittel

41 Auf dem deutschen Arzneimittelmarkt gibt es eine Vielzahl von Arzneimitteln in vergleichbarer Qualität, mit vergleichbarer Wirkung und zum Teil auch identischer Zusammensetzung, deren Preise aber sehr unterschiedlich sind. Das dem GKV-System immanente Wirtschaftlichkeitsgebot gebietet jedoch, die gesetzliche Krankenversicherung zumindest dann nicht mit den Kosten teurer Arzneimittel zu belasten, wenn preisgünstige und qualitativ gleichwertige Präparate zur Verfügung stehen. Deshalb gibt es seit 1989 Arzneimittelfestbeträge, die zu Gunsten der Versichertengemeinschaft überhöhte Arzneimittelpreise verhindern soll.[157] Zweck der Einführung des § 31 Abs. 2 SGB V war es, Anreize für die Verwendung preisgünstiger Arzneimittel zu schaffen, den Preiswettbewerb zwischen Herstellern von Arzneimitteln stärken und damit letztendlich die Kosten für die Arzneimittelversorgung in der GKV bei Erhalt der gleichen Qualität zu senken.[158] Das BSG hatte ursprünglich gegen die Zulässigkeit der Festsetzung von Festbetragsgruppen Bedenken gehabt, die aber dann vom BVerfG nicht geteilt wurden.[159] Das GKV-Modernisierungsgesetz hat durch die Neufassung des § 35a SGB V die Möglichkeit wiedereröffnet, Festbeträge für patentgeschützte Arzneimittel festzusetzen, wobei patentge-

---

[155] *Hauck/Noftz-Vahldiek*, SGB V, § 92 SGB V, Rdn. 10.
[156] LSG NRW, Urt. v. 19. 1. 2005 – L 11 KA 103/03.
[157] AusBer-GRG BT Drucks 11/3480S 24 zu 2b).
[158] Reg-E GRG S. 173 Begr zu § 31 Abs. 2 S. 138f.
[159] BVerfG Urt. v. 17. 12. 2002 = NJW 2003, 1232.

schützte Wirkstoffe, die eine therapeutische Verbesserung, wenn auch nur wegen geringer Nebenwirkung, bedeuten, festbetragsfrei bleiben.

42 Für ein Arzneimittel, für das ein Festbetrag nach § 35 oder § 35a SGB V festgesetzt wird, trägt die Krankenkasse die vollen Kosten bis zur Höhe des Betrages, für andere Arzneimittel die vollen Kosten, jeweils abzüglich der vom Versicherten zu zahlenden Zuzahlung und der Abschläge nach §§ 130, 130a und dem Gesetz zur Förderung von Abschlägen der pharmazeutischen Großhändler (vgl. § 31 Abs. 2 SGB V).[160] Vereinfacht gesagt definieren die Festbeträge, bis zu welchem Betrag die gesetzlichen Krankenkassen die Kosten eines Arzneimittels übernehmen. Sie stellen damit eine **Erstattungsobergrenze** dar. Sie werden für Gruppen vergleichbarer Arzneimittel auf der Höhe der Kosten für die preisgünstigen Arzneimittel innerhalb der entsprechenden Gruppe festgesetzt. So hat der Arzt, der ein Medikament verschreiben will, die Wahl zwischen mehreren therapeutisch gleichwertigen Präparaten, die er dem Patienten auf Kosten der Krankenkasse verschreiben kann. Die nach § 35 Abs. 1 Satz 2 Nr. 2 und 3 SGB V gebildeten Festbetragsgruppen müssen aber gewährleisten, dass Therapiemöglichkeiten des Arztes nicht eingeschränkt werden und medizinisch notwendige Verordnungsalternativen zur Verfügung stehen. Die Festbeträge sind insbesondere so festzusetzen, dass sie im Allgemeinen eine ausreichende, zweckmäßige und wirtschaftliche sowie in der Qualität gesicherte Versorgung gewährleisten. Sie haben Wirtschaftlichkeitsreserven auszuschöpfen, sollen einen wirksamen Preiswettbewerb auslösen und haben sich deshalb an möglichst preisgünstigen Versorgungsmöglichkeiten auszurichten (vgl. § 35 Abs. 5 Satz 1 und 2 SGB).Verordnet der Arzt dennoch ein Arzneimittel, dessen Preis über dem Festbetrag liegt, so muss der Patient diesen Differenzbetrag zusätzlich zur gesetzlichen Zuzahlung entrichten; das gilt auch für Patienten, die von der Zuzahlung befreit sind. Der Arzt ist verpflichtet, den Patienten in diesem Fall vorher darüber zu informieren.

1. Bildung der Festbetragsgruppen

43 Gemäß § 35 Abs. 1 Satz 1 SGB V bestimmt der Gemeinsame Bundesausschuss in den Arzneimittelrichtlinien nach § 92 Abs. 1 Satz 2 Nr. 6 SGB V, für welche Gruppen von Arzneimitteln Festbeträge festgesetzt werden können **(Bildung der Festbetragsgruppen).** In den Gruppen sollen Arzneimittel mit (1) denselben Wirkstoffen (Stufe 1), (2) pharmakologisch-therapeutisch vergleichbaren Wirkstoffen, insbesondere mit chemisch verwandten Stoffen (Stufe 2), (3) therapeutisch vergleichbarer Wirkung, insbesondere Arzneimittelkombinationen (Stufe 3), zusammengefasst werden. Unterschiedliche Bioverfügbarkeiten wirkstoffgleicher Arzneimittel sind zu berücksichtigen, sofern sie für die Therapie bedeutsam sind (vgl. § 35 Abs. 1 Satz 2 SGB V). Die Dreistufigkeit der Gruppenbildung nach Satz 2 legt keine zeitliche Abfolge fest. Der Schwierigkeitsgrad der Bildung der Festbetragsgruppen gibt jedoch einen Vorrang des § 35 Satz 1 Nr. 1 SGB V vor.[161] Der Gemeinsame Bundesausschuss ermittelt auch die nach § 35 Abs. 3 SGB V notwendigen rechnerischen mittleren Tages- oder Einzeldosen oder anderen geeigneten Vergleichsgrößen.[162]

---

[160] Bis zum 31. 12. 1992 ging die Regelung des § 31 Abs. 2 SGB V von einer Zweiteilung aus. Die Gruppe der Arzneimittel mit identischer oder vergleichbaren Wirkstoffen bzw. mit vergleichbarer Wirkung für die Festbeträge festgesetzt waren, und die Gruppe Arzneimittel, für die keine Festbeträge bestanden. Bei letzteren fand eine volle Kostenübernahme seitens der Krankenkassen mit Ausnahme der Zuzahlung der Versicherten statt. Bei ersterer Gruppe bestand dagegen keine Zuzahlungspflicht der Versicherten. Seit dem 1. 1. 1993 kennt man diese Unterscheidung jedoch nicht mehr und geht von einer einheitlichen Zuzahlungspflicht der Versicherten für alle Arzneimittel aus.

[161] *Kass-Komm-Hess*, SGB V, § 35 SGB V, Rdn. 3.

[162] Vgl. hierzu: Entscheidungsgrundlage des G-BA v. 15. 2. 2005, S. 10ff.

44 Sachverständigen der medizinischen und pharmazeutischen Wissenschaft und Praxis sowie der Arzneimittelhersteller und der Berufsvertretungen der Apotheker ist vor der Entscheidung des Gemeinsamen Bundesausschusses zur Festlegung der Arzneimittelfestbetragsgruppen Gelegenheit zur **Stellungnahme** zu geben. Bei der Beurteilung von Arzneimitteln der besonderen Therapierichtungen sind auch Stellungnahmen von Sachverständigen dieser Therapierichtungen einzuholen. Die eingeholten Stellungnahmen sind in die Entscheidung miteinzubeziehen (vgl. § 35 Abs. 2 SGB V), welche genaue Bedeutung ihnen zukommt, ist aber gesetzlich nicht abschließend geklärt. Bei der Bildung der Festbetragsgruppen ist der Gemeinsame Bundesausschuss – wie auch später die Spitzenverbände der Krankenkassen bei der Festsetzung der Festbeträge – aber an die Vorgaben des geltenden Rechtes gebunden (Art. 20 Abs. 3 GG). Die pharmazeutischen Unternehmer sind ohnehin verpflichtet, die zur Herstellung einer pharmakologisch-therapeutischen und preislichen Transparenz im Rahmen der Richtlinien nach § 92 Abs. 1 Satz 2 Nr. 6 SGB V und die zur Festsetzung von Festbeträgen nach § 35 Abs. 1 und 2 SGB V oder zur Erfüllung der Aufgaben nach § 35a Abs. 1 Satz 2 u. Abs. 5 SGB V notwenigen Informationen dem Gemeinsamen Bundesausschuss sowie den Spitzenverbänden der Krankenkassen zu übermitteln und auf Verlangen weitere notwendige Auskünfte zu erteilen. Kritisiert wird trotz dieses Anhörungsrechtes seitens der pharmazeutischen Industrie aber, dass die Entscheidungen des Gemeinsamen Bundesausschusses mangels Transparenz der Beurteilungs- und Entscheidungskriterien teilweise nicht nachvollziehbar seien. Der Gemeinsame Bundesausschuss hat – wohl auch in Reaktion auf diese Kritik aber am 15. 2. 2005 eine sogenannte „**Entscheidungsgrundlage**[163]“ verabschiedet. Diese soll ein einheitliches Verfahren bei der Bildung von Festbetragsgruppen nach § 35 Abs. 1 Satz 2 Nr. 2 SGB V unter Berücksichtigung der Ausnahmeregelungen nach § 35 Abs. 1 Satz 3 2. HS und Abs. 1a SGB V auf der Grundlage des allgemein anerkannten Standes der medizinischen Erkenntnisse i. S. d. § 2 Abs. 1 Satz 3 SGB V sichern, insbesondere ein objektives, transparentes und nachprüfbares Verfahren der Festbetragsgruppenbildung auch unter Berücksichtigung der evidenzbasierten Medizin.[164] Die seitens des Gemeinsamen Bundesausschusses verabschiedete Entscheidungsgrundlage ist aber in der juristischen Literatur[165] nicht ohne Grund auf Kritik gestoßen, worauf noch einzugehen sein wird.

45 Die **Festbetragsgruppen der Stufe 1** werden aus Arzneimitteln mit denselben Wirkstoffen gebildet. Die galenische Zubereitung dieser Arzneimittel mit chemisch identischem Wirkstoff muss aber nicht gleich sein, auch wenn eine unterschiedliche Bioverfügbarkeit unter Umständen beachtlich sein kann.[166] Bei diesen soll der Festbetrag den höchsten Abgabepreis des unteren Drittels des Intervalls zwischen dem niedrigsten Preis und dem höchsten Preis einer Standardpackung nicht übersteigen. Eine Festbetragsgruppenbildung ist auch für Kombinationspräparate zulässig, soweit es sich um identische Kombinationen handelt.[167] **Festbetragsgruppen der Stufe 2** betrifft die Arzneimittel, deren Wirkstoffe pharmakologisch, insbesondere chemisch und therapeutisch vergleichbar sind. Nach der Gesetzessystematik erfolgt die Gruppenbildung auf der Ebene von Wirkstoffen. Als Ausgangspunkt für die Feststellung der Vergleichbarkeit von Wirkstoffen eignet sich nach Auffassung des Gemeinsamen Bundesausschusses die anatomisch-therapeutisch-chemische Klassifikation der WHO (ATC-Code) nach Maßgabe des § 73 Abs. 8 S. 5 SGB V.[168]

---

163 Entscheidungsgrundlagen des Unterausschusses Arzneimittel zur Festbetragsgruppenbildung nach § 35 Abs. 1 Satz 2 Nr. 2 SGB V und zur Konkretisierung des Ausnahmetatbestandes nach § 35 Abs. 1 Satz 3 2. HS SGB V zur Gruppenbildung unter Einbeziehung von Arzneimitteln mit patentgeschützten Wirkstoffen nach § 35 Abs. 1 Satz 2 Nr. 2 i. V. m. § 35 Abs. 1 Satz 3 und Abs. 1a SGB V vom 15. 2. 2005, im folgenden "Entscheidungsgrundlage G-BA".

164 Vgl. Entscheidungsgrundlage G-BA v. 15. 2. 2005, S. 2.

165 *Resse/Posser* NZS 2005, 244.

166 *Kass-Komm-Höfler*, SGB V, § 34 SGB V, Rdn. 4.

167 *Kass-Komm-Hess*, SGB V, § 35 SGB V, Rdn. 4.

168 So Entscheidungsgrundlage G-BA vom 15. 2. 2005, S. 4.

Danach können Festbetragsgruppen gebildet werden für Wirkstoffe, die einem Wirkprinzip zugeordnet sind, auch wenn sie sich in übergeordneten Klassifikationsmerkmalen unterscheiden. Allerdings ist bei auf dieser Grundlage vorgeschlagenen Festbetragsgruppen ergänzend zu prüfen, ob unter pharmakologisch-therapeutischen Gesichtspunkten bestimmte Wirkstoffe auch wegen einer relevanten therapeutischen Verbesserung oder wegen therapeutisch relevanter geringerer Nebenwirkungen von der Gruppenbildung auszuschließen oder in Untergruppen zusammenzufassen sind. Maßgebend für die Prüfung der pharmakologisch-therapeutischen Vergleichbarkeit von Wirkstoffen, insbesondere unter dem Gesichtspunkt der chemischen Verwandtschaft, sind die Kriterien der pharmakologischen Vergleichbarkeit, der Pharmakokinetik, der Pharmakodynamik, der chemischen Verwandtschaft und der pharmakologisch-therapeutischen Vergleichbarkeit.[169]
Festbetragsgruppen der Stufe 3: Diese werden aus Arzneimitteln gebildet, die nicht hinsichtlich ihrer Wirkstoffe, aber hinsichtlich ihrer therapeutischen Wirkung vergleichbar sind.

2. Festsetzung der Festbeträge

46 In einem zweiten Verfahrensschritt werden von den Spitzenverbänden der Krankenkassen als Maßnahme des Verwaltungsvollzuges die **Festbeträge** festgesetzt.[170] Die Landes- und Bundesverbände der Krankenkassen erfüllen dabei als Körperschaften des öffentlichen Rechtes (§ 207 Abs. 1, 212 Abs. 4 SGB V) im Rahmen von Selbstverwaltung ihnen zukommende originäre Verwaltungsaufgaben.[171] Die Verbände der Ersatzkassen handeln hierbei als beliehene juristische Personen des Privatrechts. Die Zweistufigkeit des Verfahrens gibt eine Bindung der Spitzenverbände der KK an die Festbetragsgruppenbildung des Gemeinsamen Bundesausschusses vor, zumindest dann, wenn das BMGS auf der Grundlage des § 94 Abs. 1 SGB V die als Bestandteil der Arzneimittelrichtlinie beschlossenen Festbetragsgruppen nicht beanstandet hat. Zu den von den GKV-Spitzenverbänden ermittelten Festbeträgen wird – wie beim Gruppenbildungsverfahren – den Sachverständigen der medizinischen und pharmazeutischen Wissenschaft und Praxis, den Arzneimittelherstellern und den Verbänden der Apotheker Gelegenheit zur Stellungnahme gegeben. Die Festbeträge sind so festzusetzen, dass sie im allgemeinen eine ausreichende, zweckmäßige und wirtschaftliche sowie in der Qualität gesicherte Versorgung gewährleisten. Sie haben Wirtschaftlichkeitsreserven auszuschöpfen, sollen einen wirksamen Preiswettbewerb auslösen und haben sich deshalb an möglichst preisgünstigen Versorgungsmöglichkeiten auszurichten; soweit wie möglich ist eine für die Therapie hinreichende Arzneimittelauswahl sicherzustellen (vgl. § 35 Abs. 5 Satz 1–3). Bei der Anwendung dieser unbestimmten Rechtsbegriffe kommt den Spitzenverbänden der KK ein Beurteilungsspielraum zu.[172] Die Festbeträge sind mindestens einmal im Jahr zu überprüfen; sie sind in geeigneten Zeitabständen an eine veränderte Marktlage anzupassen (§ 35 Abs. 5 Satz 4 SGB V).

3. Rechtmäßigkeit der Festbetragsregelung

47 Die **Rechtmäßigkeit der Festbetragsregelung** in §§ 35 ff. SGB V wurde bereits vom BVerfG und vom EuGH bestätigt, so dass vorerst ein Angriff der Festbetragregelung mit kartell- und verfassungsrechtlichen Argumenten nicht mehr erfolgversprechend ist, auch wenn die Urteile in der Literatur auf starke Kritik gestoßen sind.[173] Das BVerfG hat bereits am 17. 12. 2002 ausgeführt, dass die in den §§ 35 und 36 SGB V enthaltene Er-

[169] Vgl. Entscheidungsgrundlage des G-BA v. 15. 2. 2005, S. 5.
[170] *Jahn-Sommer*, SGB V, § 35, Anm. 18.
[171] *Jahn-Sommer*, SGB V, § 35, Anm. 18.
[172] *Kass-Komm-Hess*, SGB V, § 35 SGB V, Rdn. 13.
[173] Vgl. z. B.: *Hohmann* PharmR 2004, 174 (175).

mächtigung der Krankenkassenverbände, für Arznei- und Hilfsmittel Festbeträge festzusetzen, mit dem Grundgesetz vereinbar sei.[174] Insbesondere die Verbände der pharmazeutischen Industrie sahen aber in diesen Regelungen einen Verstoß gegen das europäische Wettbewerbsrecht.[175] Der EuGH urteilte am 16. 3. 04[176] in einer Vorabentscheidung,[177] dass die gesetzlichen Krankenkassen nicht als Unternehmen und die Spitzenverbände der Krankenkassen nicht als Unternehmensvereinigungen im Sinne des EG-Vertrages (Art. 81 Abs. 1 EGV) anzusehen seien, wenn sie Festbeträge für Arzneimittel festsetzen. Er folgte insofern nicht dem Schlussantrag des Generalsanwalts Jacobs vom 22. Mai 2003. Die Krankenkassen nähmen vielmehr, so der EuGH, eine soziale Aufgabe ohne jede Gewinnabsicht wahr. Auch bei den Festbeträgen verfolgten die Kassen keine eigenen Interessen, vielmehr erfüllten sie Verwaltungsaufgaben, die ihnen vom Gesetzgeber auferlegt seien. Ein Verstoß gegen den EG-Vertrag lag daher nach Auffassung des EuGH nicht vor. Wegen des rechtlichen Streits hatte von 2001 bis 2003 vorübergehend das BMGS die Festpreise bestimmt (§ 35a SGB V). Dadurch sollte verhindert werden, dass im Fall einer Niederlage vor dem EuGH die Festpreise rückwirkend gekippt werden können. Auch das BSG[178] hatte bereits nach Einführung des § 69 SGB V[179] durch das GKV-Gesundheitsreformgesetz 2000 die Anwendbarkeit des nationalen Wettbewerbsrechtes auf Rechtsstreitigkeiten zwischen Leistungserbringern und Krankenkassen verneint. Letztendlich hat diese Rechtsprechung dazu geführt, dass sich die Rechtsstreitigkeiten nun vornehmlich auf die Auslegung und Anwendung der Festbetragsregelungen konzentrieren, insbesondere auf die Rechtschutzmöglichkeit des pharmazeutischen Unternehmers.[180] Auch im Hinblick auf eine mögliche verfassungsrechtliche Überprüfung der Einführung der Festbetragsregelung für patentgeschützte Wirkstoffe durch das GKV-Modernisierungsgesetz wird eine Verfassungsbeschwerde wohl kaum Erfolg haben.[181] Während sowohl Stimmen in der Literatur, als das BSG kein Zweifel an der objektiv berufsregelnden Tendenz der Festbetragsfestsetzung ließen, verneinte das BVerfG unter Verweis auf eine „bloße Reflexwirkung" in seinem Urteil vom 17. 12. 2002 einen Eingriff in die Berufsfreiheit.[182]

48 Die Festbeträge sind im Bundesanzeiger bekanntzumachen. **Klagen gegen die Festsetzung der Festbeträge** haben keine aufschiebende Wirkung (§ 35 Abs. 7 Satz 1 SGB V), gleichwohl kann jedoch beim Sozialgericht ein Antrag auf den Erlass einer einstweiligen Anordnung der aufschiebenden Wirkung gestellt werden.[183] Ein Vorverfahren findet nicht statt. Die Festsetzung der Festbeträge erfolgt nach dem BVerfG und dem BSG

---

[174] BVerfG, Urt. v. 17. 12. 02–1 BvL 28/95 = BVerfGE 106, 275.

[175] Vgl. hierzu: *Schickert* PharmR 2004, 10 (11).

[176] C-264/01.

[177] Vorgelegt hatten das OLG Düsseldorf und der BGH zu Fragen der Art. 81, 82 und 86 EG.

[178] Vgl.: BSGE 87/95 = MedR 2001, 530.

[179] Wortlaut des § 69 SGB V: „Dieses Kapitel sowie die §§ 63 und 64 regeln abschließend die Rechtsbeziehungen der Krankenkassen und ihrer Verbände zu Ärzten, Zahnärzten, Psychotherapeuten, Apotheken sowie sonstigen Leistungserbringern und ihren Verbänden, einschließlich der Beschlüsse des Gemeinsamen Bundesausschusses und der Landesausschüsse nach den §§ 90 bis 94. Die Rechtsbeziehungen der Krankenkassen und ihrer Verbände zu den Krankenhäusern und ihren Verbänden werden abschließend in diesem Kapitel, in den §§ 63, 64 und in dem Krankenhausfinanzierungsgesetz, dem Krankenhausentgeltgesetz sowie den hiernach erlassenen Rechtsverordnungen geregelt. Für die Rechtsbeziehungen nach den Sätzen 1 und 2 gelten im Übrigen die Vorschriften des Bürgerlichen Gesetzbuches entsprechend, soweit sie mit den Vorgaben des § 70 und den übrigen Aufgaben und Pflichten der Beteiligten nach diesem Kapitel vereinbar sind. Die Sätze 1 bis 3 gelten auch, soweit durch diese Rechtsbeziehungen Rechte Dritter betroffen sind."

[180] Vgl. *Posser/Müller* NZS 2004, 247.

[181] Vgl. hierzu weiter: *Nitz/Dierks* PharmR 2004, 161 (163).

[182] BVerfG Urt. v. 17. 12. 2002–1 BvL 28, 29, 30/95- Festbeträge = BVerfGE 106, 275 = SozR 3–2500 § 35 Nr. 2.

[183] AusBer GRG BT-Drucks 11/3480 S. 16 zu § 35 Abs. 7; jetzt § 86b Abs. 1 Nr. 2 SGG.

durch Verwaltungsakt in Form einer Allgemeinverfügung.[184] Wegen der gesetzlich ausdrücklich eröffneten Klagemöglichkeit ist die Allgemeinverfügung mit einer Rechtsmittelbelehrung zu versehen.[185] Eine gesonderte Klage gegen die Gruppeneinteilung nach Absatz 1 Satz 1 bis 3, gegen die rechnerischen mittleren Tages- oder Einzeldosen oder anderen geeigneten Vergleichsgrößen nach Absatz 1 Satz 4 oder gegen sonstige Bestandteile der Festsetzung der Festbeträge ist unzulässig (vgl. § 35 Abs. 7 Satz 2 u. 3 SGB V). Die Teilschritte zur Findung der Festbeträge sind daher nicht selbstständig mit der Klage anfechtbar, sondern stellen lediglich vorbereitende Maßnahmen dar.[186] Neben diesen prozessualen Beschränkungen wird nach der Festbetragsentscheidung des BVerfG[187] sogar bezweifelt, ob einem Arzneimittelhersteller überhaupt Rechte, insbesondere aus Art. 12 Abs. 1 GG, gegen die Festsetzung der Festbeträge zustehen.[188] In dieser hatte das BVerfG ausgeführt, dass die Erstreckung des Preiswettbewerbes auf den Arzneimittelmarkt der gesetzlichen Krankenversicherung eine vom gesetzgeberischen Willen zwar umschlossene Folgewirkung der Festbeträge, nicht aber eigenständiges Ziel des Gesetzes sei.[189] Das LSG Berlin hält Klagen gegen die Festbeträge nach § 35a SGB V für unzulässig.[190] In seiner Entscheidung hat das Gericht auf der Grundlage der Festbetragsentscheidung nicht nur jeden Grundrechtschutz versagt, sondern auch einfach-gesetzliche Rechte aus § 35a SGB V verneint, obwohl § 35a Abs. 7 SGB V[191] ausdrücklich davon ausgeht, das juristische Personen gegen die Festbeträge oder ihre Anwendungen klagen können.[192] Das in diesem Rechtstreit angerufene BSG hat am 24. November 2004 demgegenüber entschieden, dass, auch wenn durch die Festsetzung von Arzneimittelfestbeträgen im Allgemeinen das Grundrecht der Berufsfreiheit des Arzneimittelherstellers nicht berührt wird, er gerichtlichen Rechtsschutz in Anspruch nehmen kann, wenn das von ihm hergestellte Arzneimittel durch eine unzutreffende Einstufung seiner Wirksamkeit im Wettbewerb benachteiligt wird.[193] § 35a SGB V lasse in verfassungskonformer Auslegung die Anrufung der Gerichte durch Arzneimittelhersteller jedenfalls dann zu, wenn geltend gemacht werde, dass die Festbetragsfestsetzung sie in Grundrechten verletze. Dafür reicht es wie für jedes andere sozialgerichtliche Rechtsschutzbegehren aus, dass die Rechtsverletzung generell möglich ist und im Einzelfall nachvollziehbar dargelegt wird.[194] Das BVerfG führte

---

[184] BVerfG NJW 2003, 1232; BSG SozR 3–2500, § 35 Nr. 1.

[185] *Kass-Komm-Hess*, SGB V, § 35 SGB V, Rdn. 15.

[186] AusBer GRG BT Drucks 11/3480 S. 16 zu § 35 Abs. 7.

[187] BVerfG Urt. v. 17. 12. 2002–1 BvL 28, 29, 30/95- Festbeträge = BVerfGE 106, 275 = SozR 3–2500.

§ 35 Nr. 2.

[188] Vgl. *Schickert* PharmR 2004, 10 (11).

[189] BVerfG, a. a. O., Rdn. 123.

[190] LSG Berlin Urt. v. 17. 9. 2003 – Az.: L 9 KR 2/03 NV.

[191] § 35a Abs. 7 SGB V lautet: „Über die Gültigkeit einer Verordnung nach Absatz 1 Satz 1 entscheidet auf Antrag das Landessozialgericht Berlin. Den Antrag kann jede natürliche oder juristische Person, die geltend macht, durch die Rechtsvorschrift oder deren Anwendung in ihren Rechten verletzt zu sein oder in absehbarer Zeit verletzt zu werden, innerhalb von zwei Jahren nach Bekanntmachung der Rechtsvorschrift stellen. Er ist gegen die Bundesrepublik Deutschland, vertreten durch das Bundesministerium für Gesundheit, zu richten. Das Gericht entscheidet durch Urteil. Kommt das Gericht zu der Überzeugung, dass die Rechtsvorschrift ganz oder teilweise ungültig ist, so erklärt es sie in entsprechendem Umfang für nichtig; in diesem Fall ist die Entscheidung allgemein verbindlich und die Entscheidungsformel vom Antragsgegner ebenso zu veröffentlichen, wie die Rechtsvorschrift bekannt gemacht wurde. Das Gericht kann auf Antrag eine einstweilige Anordnung erlassen, wenn dies zur Abwehr schwerer Nachteile oder aus anderen wichtigen Gründen dringend geboten ist. Die Klage hat keine aufschiebende Wirkung. § 160 des Sozialgerichtsgesetzes findet Anwendung."

[192] So *Schickert* PharmR 2004, 10 (11).

[193] BSG Urt. v. 24. 11. 2004 – B 3 KR 10/04 R.

[194] Vgl. *Meyer-Ladewig*, SGG 7. Aufl 2002, Vor § 51 Rdn. 16f; § 54 Rdn. 12f.

im Übrigen aus, dass nach ständiger Rechtsprechung[195] zwar kein grundrechtlich geschützter Anspruch der Marktteilnehmer auf unveränderte Beibehaltung der gesetzlichen Rahmenbedingungen des Wettbewerbs, die für alle Marktteilnehmer gleichmäßig gelten, bestehe, wohl aber ein Anspruch auf Einhaltung gleicher Wettbewerbsbedingungen bzw. ein grundrechtlich eingeräumter Abwehranspruch gegen gesetzliche oder verwaltungsmäßige Maßnahmen, die den Wettbewerb der Marktteilnehmer untereinander verfälschen.

4. Festbeträge für patentgeschützte Arzneimittel

49 **Patentgeschützte Arzneimittel** waren bislang von der Festbetragsregelung weitgehend ausgenommen, um die Entwicklung innovativer Arzneimittel zu fördern. Der deutsche Patentschutz greift aber auch für solche Arzneimittel, die zwar als Innovation patentiert werden, zugleich aber keinen oder nur einen minimal erkennbaren therapeutischen Fortschritt bringen. Solche so genannten "**Schritt-**" oder „**Scheininnovationen**" oder auch „**Me-too-Präparate**" haben die Festbetragsregelung nach Auffassung der Spitzenverbände der Krankenkassen und KBV zunehmend ausgehöhlt und stützen sich hierbei auf Schätzungen, nach welchen nur 15 bis 30 Prozent aller neuen Wirkstoffe einen wirklichen therapeutischen Fortschritt beinhalten. Die Patentlaufzeit für neu entwickelte Arzneimittel beträgt in der Bundesrepublik zwanzig Jahre,[196] wobei für den pharmazeutischen Hersteller, der seine Forschungs- und Entwicklungskosten über einen hohen Preis wieder abdecken möchte, vor allem die Patentrestlaufzeit nach Zulassung des Arzneimittels entscheidend ist. Die Patentrestlaufzeit ist gegenüber der eigentlichen Schutzfrist von zwanzig Jahren stark verkürzt, teilweise beträgt sie weniger als die Hälfte. Ist der Patentschutz abgelaufen, darf dieser Wirkstoff auch von anderen Herstellern vermarktet werden, was diesen größtenteils – mangels übermäßiger Forschungs- und Entwicklungskosten - zu einem günstigeren Preis gelingt. Von Bedeutung ist insoweit aber, dass auch Arzneimittel, die lediglich Molekülvarianten bereits bekannter Wirkstoffe enthalten und pharmakologisch gleiche oder ähnliche Wirkungen besitzen wie das Originalpräparat, patentiert werden können, obgleich sie nicht unbedingt eine therapeutische Verbesserung darstellen. Diese Lücke wurde bislang von einzelnen pharmazeutischen Unternehmern dahingehend genutzt, als dass die Arzneimittel, deren Patentschutz abgelaufen war, vom Markt genommen wurden, und die vermeintlich neuen – leicht veränderten – Arzneimittel mit nun neuem Patentschutz auf den Markt gebracht wurden. Im Ergebnis hat dies nach Auffassung der Spitzenverbände der Krankenkassen und der KBV zu überproportional wachsenden Arzneimittelausgaben geführt.[197] Durch das GKV-Modernisierungsgesetz wurde deshalb festgelegt, dass auch patentgeschützte Arzneimittel in die Festbetragsstufe 2 einbezogen werden können (vgl.: § 35 Abs. 1a Satz 1 SGB V). Ausgenommen sind hiervon aber weiterhin Arzneimittel mit patentgeschützten Wirkstoffen, deren Wirkungsweise neuartig ist und die eine therapeutische Verbesserung, auch wegen geringerer Nebenwirkungen, bedeuten (vgl.: § 35 Abs. 1a Satz 2 SGB V). Als neuartig gilt ein Wirkstoff, so-

---

[195] Vgl.: BVerfGE 86, 28, 37; BSGE 87, 95, 97 = SozR 3–2500 § 35 Nr 1; *Jarass/Pieroth-Jarass*, GG, 7. Aufl 2004, Art 12 Rdn. 15.

[196] Sie beginnt allerdings bereits mit der Erteilung des Patents. Der Vertrieb des Arzneimittel ist jedoch erst nach der Zulassung nach §§ 21 AMG möglich. Die effektive Patentrestlaufzeit nach Arzneimittelzulassung, die einen wesentlichen Beitrag zur Refinanzierung der Forschungsaufwendungen liefert, beträgt demnach durchschnittlich sieben bis acht Jahre. Aufgrund der immer längeren Entwicklungszeiten und der sich verkürzenden Restlaufzeit wurde 1992 von der EU ein ergänzendes Schutzzertifikat für Arzneimittel (SPC = Supplementary Protection Certificate) verabschiedet, das die effektive Patentrestlaufzeit unter bestimmten Voraussetzungen um bis zu fünf zusätzliche Jahre verlängert.

[197] Allein die Kosten für Arzneimittel, die nicht den Festbetragsregelungen unterliegen, sein von acht Milliarden Euro (1997) auf 15 Milliarden Euro (2002) gestiegen.

lange derjenige Wirkstoff, der als erster dieser Gruppe in Verkehr gebracht worden ist, unter Patentschutz steht.

50 Was unter einer therapeutischen Verbesserung zu verstehen ist, wird trotz der Bedeutung des Begriffes nicht im SGB V definiert, sondern erst bei der Festbetragsgruppenbildung durch den Gemeinsamen Bundesausschuss entschieden. Dieser hat zu diesem Zwecke die bereits oben angesprochenen „**Entscheidungsgrundlagen**" verabschiedet, in welcher er die einzelnen Begriffe im Rahmen der Festbetragsreglung für patentgeschützte Arzneimittel einer Konkretisierung zuführen will. Inhaltlich wurde kritisiert, dass der Gemeinsame Bundesausschuss insoweit davon ausgeht, die **Festbetragsfreiheit für patentierte Wirkstoffe sei die Ausnahmeregelung,** im Gegensatz zu deren Einbeziehung in die Festbetragsgruppe.[198] Diese Einstufung hat rechtsdogmatisch Konsequenzen für die Auslegung und für die Beweislast. Teilweise wird insoweit aus der systematischen Struktur der Norm auf das Vorliegen einer sogenannte "negativen Geltungsanordnung" in Form einer sachlichen Begrenzung des Tatbestandes geschlossen.[199] Teilweise hat die Annahme einer Ausnahmebestimmung aber auch Zustimmung erfahren und demnach auch der Grundsatz, dass der Hersteller darlegen müsse, dass sein Arzneimittel eine therapeutische Verbesserung darstelle.[200] Ob dies der Anlass für den Gemeinsamen Bundesausschuss war, fortlaufend in den Entscheidungsgrundlagen die Festbetragsfreiheit patentgeschützter Arzneimittel zu begrenzen, ist unklar. Auch Ausnahmeregelungen dürfen nicht unbegrenzt, insbesondere nicht über den Wortlaut hinaus, einschränkend ausgelegt werden.[201] Das BMGS hat die Entscheidungsgrundlage vom 15. Juni 2004 nicht beanstandet, allerdings ausgeführt, dass diese Formalien enthalten, die vom Gesetz nicht gedeckt seien.[202]

51 Als **neuartig** gilt ein Wirkstoff, solange derjenige Wirkstoff, der als erster dieser Gruppe in Verkehr gebracht worden ist, unter Patentschutz steht. Die Neuartigkeit der Wirkungsweise ist nur relevant für Festbetragsgruppen nach § 35 Abs. 1 Satz 2 Nr. 2 SGB V i.S. des § 35 Abs. 1 Satz 3 und 4 SGB V.[203] Dem liegt erkennbar die Vorstellung zu Grunde, dass es für eine Gruppenbildung nach § 35 Abs. 1a SGB V nicht auf die Frage der Neuartigkeit ankommt und insoweit lediglich die Frage der „therapeutischen Verbesserung" zu beantworten ist.[204] Die Rechtsfolge des § 35 Abs. 1a SGB V, wonach eine Einbeziehung von patentgeschützten Arzneimitteln, die nicht neuartig sind, grundsätzlich möglich ist, wird somit durch die in § 35 Abs. 1a SGB V angeordnete Rechtsfolge der Festbetragsfreiheit für patentgeschützte Arzneimittel der Gruppe 2, die eine therapeutische Verbesserung bedeutet, im Wege der Spezialität verdrängt.[205]

52 Ein Arzneimittel mit einem patentgeschützten Wirkstoff zeigt im Vergleich zu anderen Arzneimitteln derselben Festbetragsgruppe eine **therapeutische Verbesserung** i.S. des § 35 Abs. 1 Satz 3 und Abs. 1a Satz 2 SGB V, wenn in dem (den) gemeinsamen Anwendungsgebiet(en) ein Zusatznutzen mit einem therapeutisch relevanten Ausmaß nach dem allgemein anerkannten Stand der medizinischen Erkenntnisse besteht. Eine therapeutische Verbesserung kann sich insbesondere daraus ergeben, dass (a) das Arzneimittel eine überlegene Wirksamkeit gegenüber Standardmitteln in der Vergleichsgruppe nach dem allgemein anerkannten Stand der medizinischen Erkenntnisse zeigt, (b) das Arzneimittel über besondere Leistungsmerkmale verfügt, z.B. Wechsel des Applikationsortes (z.B. systemisch, topisch),Wechsel des Applikationsweges (z.B. oral, parenteral) oder für die Thera-

---

[198] *Reese/Posser* NZS 2005, 244.

[199] So *Reese/Posser* NZS 2005, 244, die hier eine einschränkende Tatbestandsvoraussetzung der Norm erkennen wollen.

[200] *Kass-Komm-Hess*, SGB V, § 35 SGB V, Rdn. 12.

[201] *Larenz*, Methodenlehre der Rechtswissenschaft, 6. Auflage (1991), S. 355.

[202] Schreiben des BMGS v. 12. 8. 2004.

[203] Entscheidungsgrundlage des G-BA v. 15. 2. 2005, S. 6.

[204] Vgl.: *Reese/Gaßner* PharmR 2004, 428 (429).

[205] Vgl.: *Reese/Gaßner* PharmR 2004, 428 (432).

pie bedeutsame andere Galenik (z. B. retardiert/normal freisetzend) (c) das Arzneimittel geringere Nebenwirkungen aufweist.[206] Als Nebenwirkungen i. S. der Entscheidungsgrundlage sind Reaktionen, die schädlich und unbeabsichtigt sind, und bei Dosierungen auftreten, wie sie normalerweise beim Menschen zur Prophylaxe, Diagnose oder Therapie von Krankheiten oder für die Änderung einer physiologischen Funktion verwendet werden, beschrieben.[207]

53 Diese Nebenwirkungen müssen jedoch nach der Entscheidungsgrundlage über den Wortlaut des § 35 Abs. 1 a SGB V hinweg „schwerwiegend"[208] sein und die Verringerungen des Häufigkeitsgrades „erheblich"[209] sein. Ob dies eine noch zulässige Konkretisierung des Wortlautes des § 35 Abs. 1 a SGB darstellt, der lediglich von „geringen Nebenwirkungen" spricht, ist fraglich.[210] Feststeht zumindest, dass eine geringe Nebenwirkung nur dann eine therapeutische Verbesserung darstellt, wenn ihr überhaupt eine therapeutische Bedeutung zukommt. Dies ist wohl dem Sinn und Zweck nach mehr als ein jeder Vorteil, der feststellbar ist, was der Wortlaut für sich aber auch hergeben würde, da er keinerlei Qualitätsanforderungen an die therapeutische Verbesserung stellt. Besonders das Kriterium der schwerwiegenden Nebenwirkungen ist nur schwer aus dem Wortlaut des § 35 Abs. 1 a Satz 2 SGB V herleitbar, kann doch auch eine nicht schwerwiegende Nebenwirkung in Form einer leichten Komplikation für den Patienten eine deutliche therapeutische Verbesserung der Arzneimitteltherapie darstellen. Maßstab für die Beurteilung einer therapeutischen Verbesserung ist der allgemein anerkannte Stand der medizinischen Erkenntnisse gemäß § 2 Abs. 1 Satz 3 SGB V (**Nachweis der therapeutischen Verbesserung),** wobei nach der Entscheidungsgrundlage darüber hinaus Konsens über die Zweckmäßigkeit der therapeutischen Verbesserung bestehen muss.[211] Letzteres stellt eine erhebliche Erschwerung zulasten des pharmazeutischen Unternehmers dar, insbesondere aber auch in Kombination mit obigen materiellen Erfordernissen.

54 Die Festgruppenbildung nach § 35Abs. 1 a SGB V (patentgeschützte Arzneimittel ohne therapeutische Verbesserung) muss mindestens drei Arzneimittel enthalten. Da der Gesetzgeber mit mindestens drei Arzneimitteln nicht das Originalpräparat nebst mehreren Importarzneimitteln desselben Wirkstoffes meint, sondern drei verschiedene Wirkstoffe,[212] zielt die Regelung auf die Möglichkeit, das Inverkehrbringen von Analogarzneimitteln mit dem Nachteil zu versehen, dass für sie nun trotz Patentschutz auch vor Ablauf des Patentschutzes des ersten Wirkstoffes ihrer Gruppe eine Festbetragsgruppe gebildet werden kann.[213] Trotz ihres Patentschutzes können Analogpräparate, die keine therapeutische

---

[206] Entscheidungsgrundlage G-BA v. 15. 2. 2005, S. 6.

[207] Entscheidungsgrundlage G-BA v. 15. 2. 2005, S. 7.

[208] Geringere Nebenwirkung i. S. des § 35 Abs. 1 Satz 3 und Abs. 1 a SGB V ist im Vergleich zu den anderen Wirkstoffen der Vergleichsgruppe der Wegfall oder die erhebliche Verringerung des Häufigkeitsgrades einer therapierelevanten Nebenwirkung. Eine Nebenwirkung ist therapierelevant, wenn sie schwerwiegend ist oder ein Wirkstoff aufgrund des Ausmaßes der Verringerung von Nebenwirkungen regelmäßig über den Einzelfall hinaus zweckmäßige Therapie im Sinne des § 12 SGB V ist und deshalb aus Gründen der therapeutischen Notwendigkeit den anderen Wirkstoffen vorzuziehen ist, vgl. Entscheidungsgrundlage G-BA v. 15. 2. 2005, S. 7.

[209] Geringere Nebenwirkung i. S. des § 35 Abs. 1 Satz 3 und Abs. 1 a SGB V ist im Vergleich zu den anderen Wirkstoffen der Vergleichsgruppe der Wegfall oder die erhebliche Verringerung des Häufigkeitsgrades einer therapierelevanten Nebenwirkung, vgl. Entscheidungsgrundlage G-BA v. 15. 2. 2005, S. 7.

[210] Verneinend: *Reese/Posser* NZS 2005, 244.

[211] Darüber hinaus kann eine therapeutische Verbesserung dem allgemein anerkannten Stand der medizinischen Erkenntnisse entsprechen, wenn sie von der großen Mehrheit der einschlägigen Fachleute (Ärzte, Wissenschaftler) befürwortet wird. Von einzelnen, nicht ins Gewicht fallenden Gegenstimmen abgesehen, muss über die Zweckmäßigkeit der therapeutischen Verbesserung Konsens bestehen, vgl. Entscheidungsgrundlage G-BA v. 15. 2. 2005, S. 8.

[212] Vgl. *Rücker* Pharm. Ztg. v. 29. 1. 2004 S. 10.

[213] *Dierks/Nitz* PharmR 2004, 145 (146).

Verbesserung aufweisen, damit seit diesem Jahr zwei verschiedenen Arten der Festbetragsgruppenbildung unterworfen werden: Entweder zusammen mit mindestens zwei weiteren patentgeschützten Arzneimitteln (1. Alternative) oder, nach Ablauf des Patentschutzes für den ersten Wirkstoff einer Gruppe, auch zusammen mit nicht-patentgeschützten Arzneimitteln, den Generika des ersten Wirkstoffes (2. Alternative). Letzteres bedeutet, dass, sobald der Patentschutz für eines der Arzneimittel der Gruppe ausläuft und zu diesem Arzneimittel preiswerte Generika verfügbar sind, diese ebenfalls in die Festbetragsgruppe einbezogen werden können. Die preisgünstigen Generika können daher bei der Festsetzung der Höhe des Festbetrags für die Wirkstoffe mitberücksichtigt werden. Von den Verbänden der pharmazeutischen Industrie werden diese Regelungen stark angegriffen, insbesondere der Verband der forschenden Arzneimittelhersteller lehnt die Bildung von Festbetragsgruppen aus patentgeschützten und patentfreien Arzneimitteln (so genannte Jumbo-Gruppen) ab.

VI. Bewertung des Nutzens von Arzneimitteln durch das IQWiG

55 Die Nutzenbewertung von Arzneimitteln wird zukünftig eine entscheidende Rolle spielen, dennoch hat der Gesetzgeber den Begriff der Nutzenbewertung nicht legaldefiniert, weder in § 35b SGB V noch in einer anderen Vorschrift. Die Entwicklung der heutigen Nutzenbewertung ohne Kostenaspekte und die Schaffung der entsprechenden Kompetenz für das neu geschaffene „**Institut für Qualität und Wirtschaftlichkeit im Gesundheitswesen**[214]" (IQWiG) war ein langer Prozess. Noch im Jahre 2002 hatte man die Begriffe Pharmakoökonomie, vierte Hürde sowie Kosten-Nutzen-Analyse diskutiert.[215] Die heutige Nutzenbewertung von Arzneimitteln nach § 35b SGB V umfasst **keine Kosten-Nutzenbewertung.** Allerdings spielen die Kosten der Arzneimitteltherapie in der den Vertragsarzt treffenden Wirtschaftlichkeitsprüfung wieder eine erhebliche Rolle. Bei dieser wird nach § 106 Abs. 5b SGB V auch die Nutzenbewertung des IQWiG miteinbezogen, zumindest soweit aufgrund dieser eine Verordnungseinschränkung oder -ausschluss in den Arzneimittelrichtlinien erging. Auch in den europäischen Nachbarländern sind Nutzenbewertungen der Arzneimittel üblich. Als Pionier in Europa gilt das britische National Institut for Clinical Excellence (NICE), das aber im Gegensatz zum IQWiG die Kosten miteinbezieht. Das IQWiG kann die Nutzenbewertung jedoch nicht aus eigener Initiative vornehmen, sondern wird erst bei Beauftragung nach § 139b Abs. 1 und 2 SGB V tätig (§ 35b Abs. 1 Satz 1 SGB V). Am 18. Januar 2005 hat der Gemeinsame Bundesausschuss als Auftragsgeber neben dem BGMS dem IQWiG bereits den Auftrag erteilt, bis zum Herbst die Bedeutung neuer Arzneimittel in der Therapie von sieben großen Krankheitsbildern zu bewerten. Weitere Aufgaben des nicht nur im Bereich der Arzneimittelversorgung tätigen IQWiG sind u. a. die Evidenzbewertung diagnostischer und therapeutischer Verfahren bei ausgewählten Krankheiten, die Evaluierung medizinischer Leitlinien und die Bereitstellung von Patienteninformationen zur Qualität und Effizienz in der Gesundheitsversorgung. Dieser Ansatz bietet für das IQWiG die Möglichkeiten, einen umfassenden Blick auf den Nutzen von Arzneimitteln für die Patientenversorgung zu werfen und die Therapiechancen innovativer Arzneimittel für die Patienten und das Gesundheitssystem insgesamt sachgerecht zu diskutieren.

---

[214] IQWiG ist durch den Gemeinsamen Bundesausschuss nach § 139a SGB V als fachlich unabhängiges, rechtsfähiges wissenschaftliches Institut gegründet worden (Errichtung als Stiftung des privaten Rechts). Im Sommer 2004 hat der Gemeinsame Bundesausschuss die „Stiftung für Qualität und Wirtschaftlichkeit im Gesundheitswesen" als Trägerin des IQWiG gegründet (vgl. 139a Abs. 1 SGB V).

[215] Vgl. *May/Münchberg,* Pharmind 67 (2005), Nr. 5, 517 ff.; *Sawicki* Die Krankenversicherung, 2005, 64 ff. und 68 ff. *Posser/Müller* NZS 2004, 247.

56 Nutzenbewertungen nach § 35b Abs. 1 Satz 1 SGB V können für **jedes erstmals verordnungsfähige Arzneimittel mit patentgeschützten Wirkstoffen sowie für andere Arzneimittel, die "von Bedeutung" sind,** erstellt werden. Ersteres soll nach der Gesetzesbegründung dazu dienen, "echte Innovationen mit therapeutischem Mehrwert" aus den neuen Arzneimitteln mit patentgeschützten Wirkstoffen herauszufiltern und positiv zu bewerten.[216] Hier wird ein inhaltlicher Zusammenhang zu der Festbetragsgruppenregelung des § 35a SGB V deutlich: Arzneimittel mit "therapeutischer Verbesserung" werden auch in die Festbetragsgruppen nicht einbezogen. Was Gegenstand des "von Bedeutung sein" i.S. des § 35 Abs. 1 Satz 1 SGB V sein soll, ist dem Gesetz nach unklar. **Der medizinisch-therapeutische Nutzen eines Arzneimittel** kann sich neben der verbesserte Wirksamkeit gegenüber bestehenden Therapien auch durch niedrigere Nebenwirkungen oder durch die Vermeidung von invasiven Therapien ausdrücken. Das IQWiG will sich bei seiner Nutzenbewertung an **patientenrelevanten Ergebnissen** orientieren, das heißt neben klinisch relevanten Ereignissen wie Mortalität, Morbidität und unerwünschten Nebenwirkungen können auch andere Umstände, die im Patienteninteresse liegen, von Bedeutung sein (z.B. Aufwand der Behandlung). Ein sozialer (Zusatz-)Nutzen eines Arzneimittels kann auch in einem günstigeren Behandlungsort, einem geringerem Zeitaufwand oder einer vereinfachten Verabreichung des Arzneimittels bestehen. Der ökonomische Zusatznutzen einer Arzneimitteltherapie besteht u.a. in einem kostengünstigeren Gesamtverlauf der Krankheit (z.B. sektorübergreifend). Das IQWIG will im Rahmen des Nachweises des therapeutischen Zusatznutzens des Arzneimittels in erster Linie auf **Studien der Evidenzklasse I** zurückgreifen (RCTs – randomisierte, kontrollierte Studien). Dem ist entgegenzuhalten, dass so nicht unbedingt eine Überprüfung der Alltagstauglichkeit des Arzneimittels **(effectiveness)** möglich ist. Die Ergebnisse einer nicht-interventionelle Studien über die längerer Anwendung des Arzneimittels sind erst einige Jahre nach der Zulassung des Arzneimittels gewinnbar und damit nicht zum Zeitpunkt der geplanten Nutzenbewertung durch das IQWiG, die sich im Bezug auf die geplante Nutzenbewertung aller neu verordnungsfähigen Arzneimittel zwangsläufig zeitnah an die arzneimittelrechtliche Zulassung anschließt. Eine bloße erneute Begutachtung der Zulassungsunterlagen ist nicht unbedingt sinnvoll, da hier das Risiko-Nutzen-Verhältnis bewertet wurde und nicht der therapeutische Zusatznutzen der Arzneimitteltherapie gegenüber bereits bestehenden Therapien.

Das Institut hat gemäß § 35b Abs. 1 Satz 3 SGB V **einheitliche Methoden für die Erarbeitung der Bewertungen** zu bestimmen und veröffentlicht diese abruffähig im Internet. Hierdurch sollen die Bewertungskriterien transparent gemacht und zugleich die notwenigen Mitwirkungs- und Anhörungsrechte gewahrt werden.[217] Das Gesetz überlässt dem IQWiG insofern einen großzügigen Gestaltungsspielraum. Die ursprünglich dreistufige Bewertung von Arzneimitteln nach Stufe A bis D[218] hat letztendlich keinen Eingang in das Gesetz gefunden, wenn sie sich auch in der Gesetzesbegründung wiederfindet.[219] In jedem Falle muss das Institut die Übereinstimmung der von ihm bestimmten Methoden mit den wissenschaftlichen Erkenntnissen auf diesem Gebiet belegen können.[220] Im Hinblick auf das Verfahren der Nutzenbewertung ist von Bedeutung, dass das Gesetz dem betroffenen Arzneimittelhersteller keinerlei Beteiligungsrechte einräumt. Nach den Ge-

---

[216] Vgl. BT-Drucks. 15/1525 S. 88.

[217] Vgl. BT Drucks 15/1525 S. 245.

[218] *Klaus/Fricke* veröffentlichen seit 1982 im sogenannten *Arzneimittelverordnungsreport* ausführliche Darstellungen pharmakologischer u. klinischer Daten der nach 1978 in den Markt eingeführten neu Arzneimittel: 4 stufiges Klassifikationsmodell: A = innovative Struktur, B = Verbesserung pharmadynamischer oder pharmakoknetischer Eigenschaften bereits bekannter Wirkprinzipien, C= Analogpräparate mit keinen oder nur marginalen Unterschied zu bereits eingeführten, Präparaten, D= nicht ausreichend gesichertes Wirkprinzip oder unklarer Stellenwert.

[219] Vgl. BT Drucks 15/1525 S. 245.

[220] *Kass-Komm-Hess*, SGB V, § 35b SGB V, Rdn. 6.

setzgebungsmaterialien sind die Bewertungskriterien den Beteiligten lediglich transparent zu machen und eine Beteiligung durch entsprechende Mitwirkungs- und Anhörungsrechte sicherzustellen[221]

57 Die Rechtmäßigkeit und Zweckmäßigkeit dieser Nutzenbewertung durch das IQWiG ist nicht nur durch die pharmazeutische Industrie kritisiert worden. *Posser/Müller* sehen insofern einen Verstoß gegen den Parlamentvorbehalt und verweisen nicht ganz zu Unrecht darauf, dass gesetzliche Regelungen um so bestimmter sein müssten, je gravierender und weitreichender der jeweilige Freiheitsbereich betroffen sei.[222] Die zentralen Begriffe und der Verfahrensablauf sind aber vom IQWiG selbst zu definieren und festzulegen und damit gerade nicht durch ein formales Gesetz vorgegeben. Die Nutzenbewertung des IQWiG geht zwar nur als "Empfehlung zur Beschlussfassung" an den Gemeinsamen Bundesausschuss. Der ganze mühsame Verfahrensablauf macht aber nur Sinn, wenn diese Empfehlung schon eine gewisse Vorentscheidung impliziert. Die bloße Möglichkeit zur Stellungnahme erscheint angesichts dessen, dass sich die Leistungsausschlüsse auch auf einzelne Produkte beziehen können, verfahrensrechtlich verkürzt.

58 Die Nutzenbewertungen nach § 35 Abs. 1 SGB V werden dem Gemeinsamen Bundesausschuss als **"Empfehlung zur Beschlussfassung"** nach § 92 Abs. 1 Satz 2 Nr. 6 zugeleitet, welcher aufgrund dieser Bewertung Leistungsausschlüsse oder –einschraenkungen in den Arzneimittelrichtlinien vornehmen kann. Ihrer Rechtsnatur nach ist diese Empfehlung als gutachterliche Stellungnahme an den Gemeinsamen Bundesausschuss zu sehen. Sie bindet den Gemeinsamen Bundesausschuss nicht, entfaltet aber aufgrund der Regelung in Satz 1 eine erhebliche Tatbestandswirkung.[223] Dieser wird sich der Gemeinsame Bundesausschuss nur durch die Darlegung gewichtiger Gründe entziehen können. Divergenzen können insoweit auftreten, als der Gemeinsame Bundesausschuss im Gegensatz zu dem IQWiG auch Aspekte des Wirtschaftlichkeitsgebots zu beachten hat, also den Kosten-Nutzen-Faktor nicht unberücksichtigt lassen kann, auch wenn eine Therapie einen Zusatznutzen besitzt. In einem solchen Falle hat das IQWiG aber keine eigene Klagemöglichkeit. Auch der belastete Arzneimittelhersteller kann bei einer Abweichung von der gutachterlichen Stellungnahme nur die Arzneimittelrichtlinie gerichtlich überprüfen lassen.[224] Ein Arzneimittel ohne Zusatznutzen kann durch den Gemeinsamen Bundesausschuss nach § 34 Abs. 1 SGB V von der Verordnungsfähigkeit ausgeschlossen werden.

59 **Gesonderte Klagen** gegen Bewertungen nach den § 35b Abs. 1 sind **unzulässig** (vgl. § 35b Abs. 4 SGB V).Vielmehr soll deren Überprüfung erst anhand der umsetzenden Entscheidung erfolgen.[225] Der Gemeinsame Bundesausschuss übernimmt mit der Aufnahme der Nutzenbewertung in seine Richtlinie die alleinige Verantwortung. Die Arzneimittelhersteller sind durch diese in den Arzneimittelrichtlinie enthaltene Nutzenbewertung auch nachhaltig in ihren Grundrechten aus Art. 12 Abs. 1 und Art. 14 Abs. 1 GG betroffen. Es bleibt abzuwarten, wie das BSG in diesen Fällen die Prüfungsdichte beurteilt. *Posser/Müller*[226] gehen von einer vollinhaltlichen Überprüfbarkeit der Richtlinie aus, also sowohl der übernommenen Nutzenbewertung als auch des darauf aufbauenden Leistungsausschlusses aus, da der allgemein anerkannte Stand der medizinischen Erkenntnisse grundsätzlich durch die Gerichte ohne Einschränkungen überprüfbar sei, was hinsichtlich der naturwissenschaftlichen Erkenntnis richtig ist. Hinsichtlich der auf § 12 SGB V beruhenden Gesichtspunkte ist der Beurteilungs- und Gestaltungsspielraum des Gemeinsamen Bundesausschusses zu beachten.[227] In einem Rechtstreit ist das IQWiG bzw. das betroffene

---

[221] Vgl. BT-Drs. 15/1525 S. 88.
[222] *Posser/Müller* NZS 2004, 247.
[223] *Kass-Komm-Hess*, SGB V, § 35b SGB V, Rdn. 7.
[224] *Kass-Komm-Hess*, SGB V, § 35b SGB V, Rdn. 14.
[225] Vgl. BT-Drs. 15/1525 S. 89.
[226] *Posser/Müller* NZS 2004, 247 (250).
[227] BSGE 81, 73, 85; 132, 142.

Institut beizuladen, weil die Arzneimittelrichtlinie auf seiner Entscheidung basiert und weil mit einer Aufhebung von Teilen der Arzneimittelrichtlinien auch die ihr zu Grunde liegenden Empfehlungen aufgehoben sind.[228]

60 Wegen der Bedeutung der Nutzenbewertung für die Arzneimittelversorgung in der GKV ist diese in geeigneten Abständen zu überprüfen und erforderlichenfalls anzupassen (vgl. § 35b Abs. 2 Satz 2 und 3 SGB V). Insoweit bedarf es keiner gesonderten Beauftragung durch den Gemeinsamen Bundesausschuss.[229] Der Rechtschutz gegen diese Abänderungen ist gesetzlich nicht gesondert erläutert, so dass hier obiges entsprechendes gelten dürfte. Bei Vorliegen neuer wissenschaftlicher Erkenntnisse ist die Nutzenbewertung auf Antrag der Hersteller zu überprüfen.

61 Die Empfehlungen können als Hinweise zu Indikationen und therapeutischem Nutzen in die Informationen an die Vertragsärzte nach § 73 Abs. 8 SGB V übernommen werden. Darüber hinaus beeinflusst die Nutzenbewertung die Wirtschaftlichkeitsprüfung nach § 106 Abs. 5b SGB V. Insofern kann aus der Nutzenbewertung im Rahmen der Richtgrößenprüfung entweder ein Indiz für die unwirtschaftliche Verordnungsweise des Vertragsarztes abgleitet werden (häufige Verordnungsweise) oder als ein solches für Praxisbesonderheiten gewertet werden (Behandlung einer Patientengruppe, für die ein teures Arzneimittel empfohlen wird).[230]

VII. Off-Label- und compassionate use

62 Der Grundsatz, dass die Kosten eines zulassungspflichtigen, aber nicht zugelassenen Arzneimittels in der GKV nicht erstattet werden dürfen (Stichwort: Vorgreiflichkeit der Zulassung), gilt jedoch nicht ausnahmslos. Als von der Rechtsprechung anerkannte Ausnahmen sind insoweit der compassionate-use, welcher auch als individueller Heilversuch bezeichnet wird, und der off-label-use als zulassungsüberschreitende Verordnung eines Arzneimittels festzuhalten. Ein großer Anteil der von den Ärzten verschriebenen Arzneimittel, gerade im Bereich der Onkologie, haben für die zu therapierende Erkrankung keine arzneimittelrechtliche Zulassung. Stationär erfolgen bis zu 90% aller Arzneimittelverordnungen bei Kindern und Jugendlichen außerhalb („off-label“) oder ohne eine formale Zulassung („unlicensed-use“). Arzneimittel, die bei Kindern zulassungsüberschreitend angewandt worden sind, werden jedoch in naher Zukunft wegen der erhöhten gesundheitlichen Risiken aus dem Bereich des off-label-use herausgezogen. Am 29. 9. 04 hat die EG-Kommission eine Verordnung über Kinderarzneimittel beschlossen, die für die pharmazeutischen Unternehmer Anreize schafft, das Zulassungsverfahren in Angriff zu nehmen.

63 Unter **off-label-use** versteht man die Verordnung eines zugelassenen Fertigarzneimittels außerhalb des in der Zulassung beantragten[231] und von den nationalen oder europäischen Zulassungsbehörden genehmigten Gebrauchs, z.B. hinsichtlich der Anwendungsgebiete (Indikationen), der Dosierung oder der Behandlungsdauer. Bereits mit Urteil vom 19. 03. 2002 hat das BSG im Sandoglobulin-Urteil[232] den off-label-use als zulassungsüberschreitende Einsatz eines Arzneimittels unter bestimmten Umständen als erstattungsfähig

---

[228] *Kass-Komm-Hess*, SGB V, § 35b SGB V, Rdn. 14.

[229] *Kass-Komm-Hess*, SGB V, § 35b SGB V, Rdn. 9.

[230] *Kass-Komm-Hess*, SGB V, § 35b SGB V, Rdn. 9.

[231] § 22 Abs. 1 AMG enthält nur mittelbar den Inhalt der Zulassung, wenn die Angaben für den Antrag auf Zulassung beschrieben werden. Dazu gehören, was das Arzneimittel angeht, seine Bezeichnung, seine Bestandteile, die Darreichungsform, die Wirkungen, die Anwendungsgebiete, die Gegenanzeigen, die Nebenwirkungen, die Wechselwirkungen mit anderen Mitteln und die Dosierung; andere zweckdienliche Angaben und Unterlagen, ob günstig oder ungünstig, sind beizufügen. Die Zulassung eines Arzneimittels ist daher produktbezogen.

[232] BSG Urt. v. 19. 3. 2002; Besprechung von *Wigge* PharmR 2002, 305 ff. u. 348 ff.; *Niemann* NZS 2002, 361 ff. und 2004, 254 ff. *Schroeder-Printzen/Tadayon* SGb 2002, 664 ff.

anerkannt, und zwar dann, wenn es sich erstens um die Behandlung einer schwerwiegenden Erkrankung handelt, für die zweitens keine andere Therapie verfügbar ist und drittens auf Grund der Datenlage die begründete Aussicht auf einen Behandlungserfolg besteht. Davon kann ausgegangen werden, wenn entweder die Erweiterung der Zulassung bereits beantragt ist, oder die Ergebnisse einer klinischen Prüfung der Phase III veröffentlicht sind und einen klinisch relevanten Nutzen bei vertretbaren Risiken belegen oder außerhalb eines Zulassungsverfahrens gewonnene Erkenntnisses veröffentlicht sind, die über die Qualität und Wirksamkeit des Arzneimittels in dem neuen Anwendungsgebiet zuverlässige, wissenschaftlich nachprüfbare Aussagen zulassen und auf Grund derer in den einschlägigen Fachkreisen Konsens über einen voraussichtlichen Nutzen in dem vorgenannten Sinne besteht. Das BSG bezog sich in seinem Urteil auch auf ein Urteil des BVerfG, in welchem letzteres festgestellt hatte, dass es aus verfassungsrechtlicher Sicht nicht bedenklich ist, die Verordnungsfähigkeit eines Arzneimittels zu verneinen, wenn die arzneimittelrechtliche Zulassung fehle. Zugleich stellte es aber fest, dass die unmittelbare Anwendung eines Arzneimittels am Patienten keine Abgabe i.S. des AMG sei.[233]

64 Damit werden erstattungsrechtlich zulassungspflichtige Arzneimittel gegenüber Rezepturarzneien oder anderen Arzneimitteln, die keine Zulassung nach dem AMG benötigen, im Bereich des zulassungsüberschreitenden Einsatzes privilegiert, da sie anders als diese nicht dem Erlaubnisvorbehalt des § 135 Abs. 1 SGB V und damit nicht dem Zuständigkeitsbereich des Gemeinsamen Bundesausschusses unterfallen. Diese Privilegierung rechtfertigt sich nach Auffassung des BSG dadurch, dass bei einem off-label-use das Arzneimittel für die bereits zugelassenen Indikationen eine klinische Prüfung durchlaufen habe. Auch wenn sich die klinische Prüfung nur auf die im Zulassungsantrag genannten Anwendungsgebiete bezogen habe, sei damit zumindest die Basis für eine ausreichende Arzneimittelsicherheit geschaffen worden und damit einem Grundanliegen des AMG und des Krankenversicherungsrechts Rechnung getragen. Hieraus folgt, dass sich ein absolutes Verordnungsverbot, wie in § 135 Abs. 1 SGB V, für den Bereich des off-label-use nicht begründen lässt.

65 Um die Grundsätze des off-label-use-Urteils rasch umzusetzen, hat das BMGS mit Erlass vom 17.09.02 die Expertengruppe „off-label" beim Bundesinstitut für Arzneimittel und Medizinprodukte (BfArM) eingerichtet (vgl. § 35b Abs. 3 SGB V). Durch das GKV-Modernisierungsgesetz ist sichergestellt worden, dass diese Nutzungsbewertungen der Expertengruppe dem Gemeinsamen Bundesausschuss zugeleitet werden, welcher diese als Teil der für die Krankenkassen verbindlichen Arzneimittelrichtlinie nach § 91 Abs. 1 SGB V verabschiedet. Bisher ist es jedoch der Expertengruppe nur gelungen, einen minimalen Teil der im off-label-use verwendeten Arzneimittel zu beurteilen. Eine entsprechende Bewertung des Expertengremiums soll nur mit Zustimmung des pharmazeutischen Unternehmens erstellt werden (vgl. § 35b Abs. 3 SGB V). Dieses Zustimmungsbedürfnis beruht auf der arzneimittelrechtlichen Haftung des pharmazeutischen Unternehmers, da dieser nur für den bestimmungsgemäßen Gebrauch des Arzneimittels haftet. Gesonderte Klagen gegen Bewertungen nach § 35b Abs. 3 sind aber unzulässig (vgl. § 35b Abs. 4 SGB V).

66 Im Rahmen von Auseinandersetzungen mit der Krankenkasse über die Erstattungsfähigkeit von Arzneimitteln im off-label-use nutzen die Patienten oftmals die Vorteile des einstweiligen Rechtschutzes, um schnell in den Genuss einer (vorläufigen) Entscheidung zu kommen. Die Gerichte haben hier im Wege einer Folgenabwägung nicht nur die Erfolgsausichten in der Hauptsache abzuwägen, sondern auch den Eintritt eines bloßen finanziellen Schadens bei der Krankenkasse als Antragsgegner mit verfassungsrechtlich normiertem Schutz von Leben und Gesundheit und der körperlichen Unversehrtheit des Antragstellers. Die Abwägung hat dann zugunsten des Antragsstellers zu erfolgen, wenn

[233] BVerfG Beschluss v. 5. 3. 1997, BvR 1071/95.

nicht zweifelsfrei auszuschließen ist, dass im Hauptsacheverfahren der Anspruch letztendlich verneint wird.[234]

67 Als weitere Ausnahmefall des Grundsatzes „Keine Erstattung ohne Zulassung" ist der **compassionate-use** anerkannt. Der compassionate-use ist von Therapieoptimierungsstudien als klinischen Studien im Sinne von §§ 40ff. AMG dadurch abzugrenzen, dass er nicht zum Zwecke des Erkenntnisgewinnes über das Arzneimittel erfolgt, sondern zu Gunsten eines Heilerfolges im Rahmen einer individuellen Therapie des Patienten. Nach gefestigter Rechtsprechung ist es nicht Sache der gesetzlichen Krankenversicherung, klinische Studien zu finanzieren, so dass bei einer solchen eine Erstattungsfähigkeit ohnehin nicht in Betracht käme.[235]Nach allgemeiner Auffassung ist über die Notstandsregelung des § 34 StGB die Verabreichung eines nicht zugelassenen und damit nicht verkehrsfähigen Arzneimittels im Ausnahmefall zulässig.[236] Auch in den Arzneimittel-Richtlinien i. d. F. vom 8. Januar 1999 heißt es unter 4.1.: „Im Rahmen eines individuellen Heilversuches ist auf Basis des wissenschaftlichen Erkenntnismaterials die Verordnung von Mitteln, die nach arzneimittelrechtlichen Vorschriften nicht verkehrsfähig sind ..., auf den Einzelfall beschränkt und bedarf der Zustimmung der Krankenkasse." Mit **Urteil vom 18. Mai 2004** hat das **BSG** entschieden, dass ein weder durch die zuständige Bundesoberbehörde noch durch europäische Institutionen zugelassenes Arzneimittel wegen Fehlens jedweder Qualitätskontrollen mit einem unkalkulierbaren Risiko für die Gesundheit behaftet und daher nicht erstattungsfähig sei.[237] Es sei insoweit zu befürchten, dass es anderenfalls zu einer gezielten Unterlaufung der kostspieligen Zulassung durch die pharmazeutischen Unternehmer kommen könnte. Mit dem jüngsten Urteil vom 19. Oktober 2004[238] wurden diese strengen Grundsätze des BSG zwar wieder etwas aufgeweicht. Das Urteil betraf die Erstattungsfähigkeit eines Arzneimittels, welches zum Behandlungszeitpunkt selbst nicht in Deutschland zugelassen war, wohl aber in der Schweiz und den USA. Das BSG hat der Klage jedoch nur vor dem Hintergrund stattgeben, dass es sich um eine singuläre Krankheit handele und somit keine Umgehung der §§ 21ff. AMG zu befürchten war. Für den compassionate-use, der im Rahmen der 14. AMG-Novelle nun auch einer gesetzlichen Grundlage zugeführt wird, wird das Urteil vom 19. Oktober 2004 jedoch nur geringe Relevanz haben, da das BSG die Hürden für den Ausnahmetatbestand sehr hoch gelegt hat: Betroffen sind nur Krankheiten, die sehr selten sind und daher wegen ihrer Seltenheit überhaupt keiner systematischen Untersuchung zugänglich sind. In § 21 Abs. 2 Nr. 6 AMG in der Fassung durch den Entwurf der 14. AMG-Novelle[239] wird es zukünftig heißen: „ Einer Zulassung bedarf es nicht für Arzneimittel, die .... unter den in Art. 83 der Verordnung (EG) Nr. 767/2004 genannten Voraussetzungen für eine Anwendung bei Patienten zur Verfügung gestellt werden, die an einer zur Invalidität führenden chronischen und schweren Krankheit leiden oder deren Krankheit lebensbedrohend ist, und die mit einem zugelassenen Arzneimittel nicht zufriedenstellend behandelt werden können (compassionate use); Verfahrensreglungen werden in einer Rechtsverordnung nach § 80 bestimmt."

68 Ergänzt werden soll hier noch, dass weder das Arzneimittelrecht noch das ärztliche Berufsrecht die therapeutische Freiheit des Arztes in der Weise einschränken können, die den Einsatz eines Arzneimittels, das für die konkrete Indikation nicht zugelassen ist, verbietet.[240] Bei einer Verordnung außerhalb der zugelassenen Indikation hat der Arzt allerdings

[234] Vgl. LSG Berlin, Beschl. v. 28. 1. 2003, L 9 B 20/02 KR ER WO2I.; vgl. auch Urteilsanmerkung *Niemann* NZS 2004, 254 (255).

[235] Vgl. BSG Urt. v. 22. 7. 2004 – B 3 KR 21/03 R; BSG SozR 3–2500 § 31 Nr. 3 – Edelfosin-Entscheidung.

[236] Vgl. *Deutsch*, Medizinrecht, 5. Auflage (2002), Rdn. 962, 852.

[237] BSG Urt. 18. 5. 2004 – B 1 KR 21/02 R.

[238] BSG Urt. 19. 10. 2004 -B 1 KR 27/02, Entscheidungsgründe liegen noch nicht vor.

[239] Referentenentwurf für ein 14. Gesetz zur Änderung des AMG v. 8. 2. 2005.

[240] OLG Köln, VersR 1991, 186, BGH NJW 1996, 1593; BSG Urt. V. 19. 3. 2002 – B 1 KR 37/00.

nicht nur das allgemeine Haftungsrisiko, sondern auch ein Haftungsrisiko für unerwünschte Nebenwirkungen zu tragen.[241] Entsprechend der Aufklärungspflicht über Behandlungsalternativen bei der Verordnung oder Anwendung noch nicht zugelassener Arzneimittel[242] obliegt dem Arzt in diesem Fall eine erhöhte Aufklärungs-, Dokumentations- und Begründungspflicht gegenüber dem Patienten über die gewählte off-label-Therapie, alternative Arzneimitteltherapien, Erfolgsaussichten und etwaige unbekannte Nebenwirkungen.

VIII. Anwendungsbeobachtungen und klinische Prüfungen

69 Bevor ein Arzneimittel zugelassen wird, sind oftmals 60–70 klinische Prüfungen erforderlich, bis die Zulassungsbehörde davon ausgeht, dass das Arzneimittel wirksam und unbedenklich ist. Bei der Planung und Durchführung von klinischen Studien sind nicht nur die in Deutschland gültigen Gesetze, Verordnungen, Richtlinien und Empfehlungen inhaltlich voll einzuhalten, sondern auch internationale, insbesondere EG-rechtliche Vorschriften.[243] Rechtsquellen sind insofern die Deklaration von Helsinki, die Richtlinie 2001/20/EG und 2005/28/EG,[244] die Good-Clinical-Practices Guideline des ICH, EG-Guidances, das Arzneimittelgesetz sowie Bekanntmachungen der zuständigen Bundesbehörden (BfArM u. PEI). Insbesondere durch die 12. AMG-Novelle[245] mit der zugehörigen, aufgrund von § 42 AMG zu erlassenden Good-Clinical-Practice-Durchführungsverordnung[246] (GCP-V) ist es hier zu weitgreifenden Veränderungen gekommen. Unter der klinischen Prüfung von Arzneimitteln, ein Begriff, welcher bisher gesetzlich nicht definiert war, wird jede am Menschen durchgeführte Untersuchung verstanden, die dazu bestimmt ist, klinische oder pharmakologische Wirkungen von Arzneimitteln zu erforschen oder nachzuweisen oder Nebenwirkungen festzustellen oder die Resorption, die Verteilung, den Stoffwechsel oder die Ausscheidung zu untersuchen, mit dem Ziel, sich von der Unbedenklichkeit oder Wirksamkeit der Arzneimittel zu überzeugen (vgl. § 4 Abs. 23 AMG, eingeführt durch die 12. AMG–Novelle). Keine klinischen Prüfungen sind nicht-

---

[241] *Wemhöner/Frehse* PharmR 2004/432ff., 433.

[242] BGH Urt. v. 29. 6. 1995 – 4 StR 760/94 – Surgibone.

[243] Vgl. *Witte/Schenk/Schwarz/Kori-Lindne-Schwarz*, Ordnungsgemäße klinische Prüfungen, 4. Auflage (1995), S. 114.

[244] Die Richtlinie 2001/20/EG vom 4. 4. 2001 hat die Angleichung der Rechts- und Verwaltungsvorschriften der Mitgliedstaaten über die Anwendung der guten klinischen Praxis (Good Clinical Practice = GCP) bei der Durchführung von klinischen Prüfungen mit Humanarzneimitteln zum Ziel und musste bis spätestens 1. Mai 2004 in nationales Recht implementiert sein. Die GCP geht auf eine ICH Guideline For Good Clinical Practice vom 1. 5. 1996 zurück. Die EU-Kommission hat zudem die Richtlinie 2005/28/EG vom 8. April 2005 zu den GCP-Prinzipien am 9. April 2005 im Amtsblatt der Europäischen Union veröffentlicht. Diese sieht vor, dass die nationale Umsetzung bis spätestens 29. Januar 2006 erfolgen muss. Sie komplimentiert die Richtlinie 2001/20/EG zur klinischen Prüfung und beschreibt u. a. die Durchführung und das Berichtswesen klinischer Studien am Menschen, die Herstellungs- und Importerlaubnis für klinische Prüfpräparate sowie die Dokumentation, Archivierung, Qualifikation der Inspektoren und das Inspektionsverfahren.

[245] Der 12. AMG-Novelle stellt die Durchführung der klinischen Prüfung unter den Genehmigungsvorbehalt der zuständigen Bundesoberbehörde (§ 40 Abs. 3). Der Umfang der Probandenversicherung ist auf der Grundlage einer Risikoabschätzung festzulegen (§ 40 Abs. 5). Die Regelungen zu klinischen Prüfungen bei Kindern wurden präzisiert (§ 40 Abs. 6).

[246] Weitergehende Regelungen zum Verfahren bei der Ethikkommission und der zuständigen Bundesoberbehörde bleiben einer Rechtsverordnung vorbehalten (§ 42 AMG). Der Entwurf einer Verordnung über die Anwendung der Guten Klinischen Praxis bei der Durchführung von klinischen Prüfungen mit Arzneimitteln zur Anwendung beim Menschen (GCP-V) ist am 21. Juni 2004 vorgelegt worden.

interventionelle Prüfungen[247] i. S. von Art. 2 lit. c) der Richtlinie 2001/20/EG, Anwendungsbeobachtungen (vgl. 67 Abs. 6 AMG), experimentelle Einzellfall-Behandlungen, Grundlagenforschung, Präklinik-Forschungen und Tierarzneimittelprüfungen.[248] Die klinische Prüfung eines Arzneimittels bei Menschen darf vom Sponsor nur begonnen werden, wenn die **zuständige Ethik-Kommission** diese nach Maßgabe des § 42 Abs. 1 zustimmend bewertet und die zuständige Bundesoberbehörde sie nach Maßgabe des § 42 Abs. 2 genehmigt hat (vgl. § 40 Abs. 1 Satz 1 u. 2 AMG). Die klinische Prüfung eines Arzneimittels darf bei Menschen nur durchgeführt werden, wenn und solange ein Sponsor oder ein Vertreter des Sponsors vorhanden ist, der seinen Sitz in einem Mitgliedstaat der EU oder im Europäischen Wirtschaftsraum[249] hat. Zudem müssen die vorhersehbaren Risiken und Nachteile gegenüber dem Nutzen für die betroffene Person und die voraussichtliche Bedeutung des Arzneimittels für die Heilkunde ärztlich vertretbar sein (vgl. § 40 Abs. 1 Satz 3 Nr. 1 u. 2 AMG). Des Weiteren muss die betroffene Person volljährig und in der Lage sein, Wesen, Bedeutung und Tragweite der klinischen Prüfung zu erkennen und ihren Willen hiernach auszurichten, nach § 40 Abs. 1 Satz 3 Nr. 3 AMG aufgeklärt worden sein und schriftlich eingewilligt haben.[250] Die klinische Prüfung eines Arzneimittels darf bei Menschen nur durchgeführt werden, wenn und solange eine dem jeweiligen Stand der wissenschaftlichen Erkenntnisse entsprechende pharmakologisch-toxikologische Prüfung des Arzneimittels durchgeführt worden ist, jeder Prüfer durch einen für die pharmakologisch-toxikologische Prüfung verantwortlichen Wissenschaftler über deren Ergebnisse und die voraussichtlich mit der klinischen Prüfung verbundenen Risiken informiert worden ist und eine Versicherung nach Maßgabe des § 40 Abs. 3 AMG besteht (vgl. § 40 Abs. 1 Satz 3 Nr. 6, 7 und 8).

70 Üblicherweise wird die Prüfung eines Arzneimittels in **vier Phasen** eingeteilt: In Phase I erfolgt die erste Anwendung am Menschen, üblicherweise eine geringe Anzahl gesunder Probanden. Das Ziel der Prüfungen ist die Ermittlung einer vertretbaren Dosierung. In Phase II werden fast ausschließlich an Kliniken an einer noch begrenzten Zahl an Patienten die Wirksamkeit des Arzneimittels, die Neben- und Wechselwirkungen erforscht. Erst in Phase III wird das Arzneimittel an einer großen Zahl von Patienten in Kliniken oder freien Praxen ertestet. Als Phase IV wird die Überwachung des Arzneimittels nach seiner Zulassung bezeichnet. In dieser sollen durch Langzeiterfahrungen weitere Erkenntnisse über die therapeutischen Effekte und gesundheitliche Risiken erworben werden.[251] Oftmals wird diese Art der klinischen Studie als Auflage zur Zulassung gemacht (als Nebenbestimmung zum Verwaltungsakt).

71 **Prüfpräparate** werden nun auch in § 3 Abs. 3 der E-GCP-Durchführungsverordnung legal-definiert. § 47 Abs. 1 Nr. 2g AMG erlaubt die direkte Abgabe von Arzneimitteln an

---

[247] Die Studien der Phase I bis IV sowie die Therapieoptimierungsstudien werden aufgrund der Tatsache, dass ihnen ein Prüfplan zugrunde liegt und auf dessen Basis in die Behandlung des Patienten eingegriffen wird, als interventionelle Prüfungen bezeichnet. Im Unterschied dazu werden Studien, die sich auf die Sammlung von Erkenntnissen beziehen, die im Rahmen eines üblichen ärztlichen Vorgehens ermittelt werden, als nicht-interventionelle Prüfungen bezeichnet.

[248] *Deutsch/Spickhoff,* Medizinrecht, 5. Aufl., 2003, Rdn. 909; *Kloesel/Cyran,* AMG, § 40 Nr. 1b; *Krüger* KHuR 2005, 24 (25).

[249] Zum EWR gehören derzeit die 25 Mitgliedstaaten der Europäischen Union (EU) – Belgien, Dänemark, Deutschland, Estland, Finnland, Frankreich, Griechenland, Großbritannien, Irland, Italien, Lettland, Litauen, Luxemburg, Malta, Niederlande, Österreich, Polen, Portugal, Schweden, Slowakei, Slowenien, Spanien, die Tschechische Republik, Ungarn und Zypern – und drei der vier EFTA-Staaten, nämlich Liechtenstein, Island und Norwegen.

[250] Auf eine klinische Prüfung bei einer volljährigen Person, die an einer Krankheit leidet, zu deren Behandlung das zu prüfende Arzneimittel angewendet werden soll, findet § 41 AMG als lex specialis Anwendung. Auch für die klinische Prüfung an Minderjährigen gelten zu deren Schutz Sondervorschriften.

[251] *Deutsch/Spickhoff,* a. a. O., Rdn. 918.

die Krankenhäuser und Ärzte nur, wenn diese Arzneimittel zur klinischen Prüfung bestimmt sind und kostenlos zur Verfügung gestellt werden. Grundsätzliches zur Kostentragungspflicht der GKV im Bereich der klinischen Studien lassen sich aus dieser Vertriebswegsregelung nicht ableiten. Sie ist vielmehr systemwidrig, da Fragen der Abrechung zu Lasten Dritter nicht zum Regelungsauftrag des AMG zählen.[252] Ungeachtet dessen existiert diese Regelung seit dem 17. August 1994 im AMG. Zwischenzeitlich wurde die Vorschrift infolge einer eingelegten Verfassungsbeschwerden ausgesetzt.[253] Für die klinischen Prüfungsphasen I–III stellen die pharmazeutischen Hersteller die Prüfpräparate im Regelfall kostenlos zur Verfügung. Bei klinischen Studien der Phase IV wird, obwohl diese ihrer Definition nach als eine klinische Prüfung i.S. der §§ 40f. AMG angesehen werden, je nachdem was Hauptzweck der Behandlung ist, differenziert. **§ 47 Abs. Nr. 2g AMG** wird insoweit einschränkend ausgelegt. Steht nicht die Heilbehandlung, sondern der wissenschaftliche Zweck im Vordergrund, werden die Prüfpräparate weiterhin kostenlos zur Verfügung gestellt bzw. seitens der GKV nicht erstattet.[254] In der Arzneimittelrichtlinie vom 31. August 1993 war insoweit festgelegt, dass eine Erprobung von Arzneimitteln (vor und nach der Zulassung) auf Kosten des Versicherungsträgers unzulässig ist,[255] obwohl nach § 2 Abs. 1 SGB V die Qualität und Wirksamkeit der Leistungen (der gesetzlichen Krankenkassen) dem allgemeinen anerkannten Stand der medizinischen Erkenntnisse zu entsprechen und den medizinischen Fortschritt zu berücksichtigen haben. Nach dem BSG bezieht sich der Leistungsanspruch des § 2 Abs. 1 Satz 3 SGB V aber nur auf neue Methoden oder Medikamente, die eine ausreichende Phase der wissenschaftlichen Erprobung bereits abgeschlossen haben.[256] Nach einem umstrittenen Urteil des **BSG vom** 22. Juli 2004[257] **ist darüber hinaus keine** Leistungspflicht der GKV für eine im Krankenhaus durchgeführte klinische Studie insgesamt – also auch nicht für die stationären Behandlungskosten – anzunehmen. Konsequenterweise müsste hiernach der Sponsor für diese aufkommen. Klinische Studien sind aber keine Standardbehandlung und können damit auch nicht dem Qualitätsmaßstab des § 2 Abs. 1 Satz 3 SGB V entsprechen, was sowohl durch das SGB V als auch das KHEntG belegt wird. Zwar ermächtigt § 137c SGB V den Gemeinsamen Bundesausschuss, Untersuchungs- und Behandlungsmethoden durch Richtlinien zu untersagen, soweit diese für eine ausreichende, zweckmäßige und wirtschaftliche Versorgung des Versicherten unter Berücksichtigung des allgemein anerkannten Standes der medizinischen Erkenntnisse nicht notwendig sind. Nach § 137 Abs. 1 Satz 2 2. Halbsatz SGB V sind von dieser Bewertung des Gemeinsamen Bundesausschusses klinische Studien ausgenommen. Nach dem BSG ist die Beteiligung der GKV an klinischen Studien aber auf die Anwendung von Untersuchungs- und Behandlungsmethoden beschränkt, und erfasst nicht klinische Studien mit nicht-zugelassenen Arzneimitteln.[258] Dem ist aber entgegenzuhalten, dass nach § 8 I 2 KHEntgG bei Patienten, die im Rahmen einer klinischen Studie behandelt werden, die allgemeinen Krankenhausleistungen zu

---

[252] *Sander*, Arzneimittelrecht Kommentar, 41. Nachlieferung der Gesamtausgabe, § 47 AMG Rdn. 11.

[253] Eine gegen diese Vorschrift eingelegte Verfassungsbeschwerde führte zunächst bis zum 31. 4. 2001 zu einer befristeten Aussetzung der Vorschrift durch das BVerfG (vgl. BGBl. I S. 1474 v. 31. 10. 2000). Mit Beschluss vom 14. 3. 2001 (Az.: 1 BvR 1651/94) nahm das BVerfG eine weitere Verfassungsbeschwerde nicht an, so das zugleich der Antrag auf Verlängerung der einstweiligen Anordnung gegenstandslos wurde.

[254] Vgl. *Deutsch/Spickhoff*, a. a. O., Rdn. 921.

[255] Vgl. Nr. D. 12 dieser Richtlinie.

[256] BSG Urt. v. 8. 3. 1995 – 1 RK8/95.

[257] BSG Urt. v. 22. 7. 2004 – B 3 KR 21/03 R.

[258] Als Untersuchungs- und Behandlungsmethoden seien zwar alle professionellen heilkundlichen – medizinischen – Verrichtungen anzusehen, die zur Erreichung der Behandlungsziele nach § 27 I 1 SGB V vorgenommen werden – nicht aber klinische Prüfungen von noch nicht zugelassenen Arzneimitteln. (vgl. BSG Urt. v. 22. 7. 2004 – B 3 KR 21/03 R).

berechnen sind. Abzuziehen sind lediglich gemäß § 17 III Nr. 2 KHEntgG die Kosten für wissenschaftliche Forschung und Lehre, die über den normalen Krankenhausbetrieb hinausgeht. § 47 Abs. 1 Nr. 2g) AMG trifft über die Verpflichtung die Kosten einer stationären Unterbringung zu tragen keine Regelung. Das BMGS hat auf die vom BSG geschaffene, politisch jedoch nicht gewollte Situation zwischenzeitlich reagiert und mittels der **14. AMG-Novelle** eine gesetzliche Klarstellung in die Wege geleitet. Das Urteil hat dennoch zur Verunsicherung geführt. So wurden als Konsequenz aus diesem Urteil in einer deutschen Universitätsklinik bereits Ende 2004 alle Klinik- und Institutsdirektoren angewiesen, laufende Arzneimittelstudien der Phase I bis III umgehend einzustellen.[259] In der 14. AMG-Novelle sind „im Interesse der klinischen Forschung" Änderungen des Krankenhausentgeltgesetzes und der Bundespflegesatzverordnung vorgesehen, welche die Finanzierung des Versorgungsanteils durch die Krankenkassen auch bei klinischen Studien mit Arzneimitteln sicherstellen werden.[260] In der Begründung zu diesen Änderungen zeigt sich das Unverständnis des Gesetzgebers für das in Rede stehende Urteil mehr als deutlich, so dass der gefällte Richterspruch – zum Leidwesen der Krankenkassen [261] – als Einzelfallentscheidung zu bewerten ist.

72 Unter **Anwendungsbeobachtungen** (AWB), die nicht unter die §§ 40ff. AMG fallen, versteht man Beobachtungsstudien, die dazu bestimmt sind, Erkenntnisse bei der Anwendung verkehrsfähiger Arzneimittel zu sammeln. Diesen nicht interventionellen Therapiebeobachtungsstudien liegt im Gegensatz zu den klinischen Studien keine konstruierte Studiensituation zugrunde.[262] Bei der Anwendungsbeobachtung sind dementsprechend die §§ 10, 40, 41 und 42 AMG nicht zu berücksichtigen, so dass keine Patientenversicherung und keine Genehmigung durch die zuständige Bundesoberbehörde (BfArM oder PEI) erforderlich ist. Bei den Arzneimitteln handelt es sich folglich auch nicht um Prüfmuster, sondern um Handelsware. Allerdings besteht für die Anwendungsbeobachtung nach § 67 Abs. 6 AMG eine Pflicht zur unverzüglichen Anzeige bei der K(Z)BV und der zuständigen Bundesoberbehörde.[263] Das besondere Charakteristikum der AWB ist die weitestgehende Nichtbeeinflussung des behandelnden Arztes in Bezug auf Indikationsstellung sowie Wahl und Durchführung der Therapie im Einzelfall. Die innerhalb einer AWB verwandten Arzneimittel gehen erstattungsrechtlich zulasten der GKV. Ziel ist die Beobachtung von Behandlungsmaßnahmen in der routinemäßigen Anwendung durch Arzt und Patient (im Rahmen dieser Empfehlungen sind hierunter auch gesunde Personen zu verstehen, etwa bei AWB von Impfungen). Eine AWB kann ohne Vergleichsgruppe, z.B. arzneimittelorientiert, oder mit zwei oder mehr zu vergleichenden Gruppen, z.B. indikationsorientiert, angelegt sein. Soweit Indikationsvorgaben gemacht werden, müssen diese der zugelassenen Indikation entsprechen. Die Beteiligung an einer AWB ist eine ärztliche Tätigkeit. Ein über die Regelversorgung hinaus durch die AWB entstehender Aufwand ist

---

[259] Vgl. *Lindner* DGPharMed News 2005, 5.

[260] Vgl. Begründung zu Art. 4, 5 der 14. AMG-Novelle, www.bmgs.bund.de/download/gesetze/entwuerfe/Regierungsentwurf14AMGAendG.pdf.; So soll an § 8 Abs. 1 Satz 2 Krankenhausentgeltgesetz der Halbsatz eingefügt werden: „dies gilt auch bei klinischen Studien mit Arzneimitteln". § 10 Bundespflegesatzverordnung soll ein Absatz 3 angehangen werden der lautet: Bei Patienten, die im Rahmen einer klinischen Studie behandelt werden, sind die Entgelte für allgemeine Krankenhausleistungen nach den Absätzen 1 und 2 zu berechnen; dies gilt auch für klinische Studien mit Arzneimitteln.

[261] In einer gemeinsamen Stellungnahme vom 12. 4. 2005 gaben die Spitzenverbände der GKV bekannt, für die Einführung der in Art. 4 und 5 der 14. AMG-Novelle vorgesehenen Änderungen keine gesetzgeberische Notwendigkeit zu sehen, da die (Nicht-) Beteiligung der GKV an den Kosten klinischer Studien infolge der BSG-Entscheidung hinreichend geklärt sei.

[262] *Krüger* KHuR 2005, 24 (25).

[263] Dadurch soll für die Behörden nachvollziehbar sein, welche Ärzte sich an welchen AWB beteiligen, Im Gegensatz zu der früheren Rechtslage ist nun eine anonyme Teilnahme an diesen nicht mehr möglich.

in Anlehnung an die ärztliche Gebührenordnung zu honorieren. Die Honorierung des Arztes soll sich am Zeitaufwand für zusätzlich erforderliche Dokumentations- und andere Maßnahmen orientieren. Erstattungsfragen dürfen die wissenschaftliche Zielsetzung und die Auswahl der einzubeziehenden Patienten nicht beeinflussen.

IX. Aut-idem und Rahmenvertrag über die Arzneimittelversorgung

73 „**Aut idem**" bedeutet aus dem lateinischen kommend: „oder das Gleiche", wodurch sich das Wesen der Regelung vorab erklärt: Durch die Aut-idem Reglung wird dem Apotheker die Möglichkeit gegeben, statt eines vom Arzt verordneten Medikaments ein anderes, wirkstoffgleiches Präparat an den Patienten abzugeben. Dies gilt zumindest, soweit der Arzt ein Arzneimittel nur unter seiner Wirkstoffbezeichnung verordnet hat oder die Ersetzung des Arzneimittels durch ein wirkstoffgleiches Arzneimittel nicht ausgeschlossen hat (vgl. § 129 Abs. 1 SGB V). Durch die Abgabe preisgünstiger, wirkstoffgleicher Arzneimittel sollen bedeutende Einsparungen im Bereich der Arzneimittelversorgung in der GKV erzielt werden. Zudem muss das Präparat in Wirkungsstärke und Packungsgröße mit dem verordneten Arzneimittel identisch und für das gleiche Krankheitsbild zugelassen sein sowie die gleiche oder eine austauschbare Darreichungsform haben (zum Beispiel Tabletten/Dragees). Entscheidend für die Vergleichbarkeit sind die arzneilich wirksamen Bestandteile des Arzneimittels. Der Gemeinsame Bundesausschuss gibt in den Arzneimittelrichtlinien nach § 92 Abs. 1 Satz 2 Nr. 6 SGB V unverzüglich Hinweise zur Austauschbarkeit von Darreichungsformen unter Berücksichtigung ihrer therapeutischen Vergleichbarkeit (§ 129 Abs. 1a SGB V).

74 Zudem sind die Apotheken bei der Abgabe verordneter Arzneimittel an Versicherte nach Maßgabe des **Rahmenvertrags nach § 129 Abs. 2 SGB V** verpflichtet zur Abgabe von preisgünstigen importierten Arzneimitteln, deren für den Versicherten maßgeblicher Arzneimittelabgabepreis mindestens 15 vom Hundert oder mindestens 15 Euro niedriger ist als der Preis des Bezugsarzneimittels. In diesem Rahmenvertrag können zusätzliche Regelungen vereinbart werden, die weitere Wirtschaftlichkeitsreserven erschließen. Der Rahmenvertrag nach Absatz 2 hat Rechtswirkung für Apotheken, wenn sie einem Mitgliedsverband der Spitzenorganisation angehören und die Satzung des Verbandes vorsieht, dass von der Spitzenorganisation abgeschlossene Verträge dieser Art Rechtswirkung für die dem Verband angehörenden Apotheken haben (Nr. 1), oder wenn sie dem Rahmenvertrag beitreten (Nr. 2) (vgl. § 129 Abs. 3 SGB V). Darüber hinaus ist der Apotheker nach § 129 Abs. 1 zur Abgabe von wirtschaftlichen Einzelmengen (Nr. 3) und zur Angabe des Apothekenabgabepreises auf der Arzneimittelpackung (Nr. 4) verpflichtet. Gemäß § 129 Abs. 5 SGB V können auf Landesebene den Rahmenvertrag ergänzende Verträge geschlossen werden. Wer hier im einzelnen Vertragspartner neben den Landesverbänden der Krankenkassen und den verbänden der Ersatzkassen und den auf Landesebene gebildeten Apothekervereinen sein kann, ist umstritten.[264]

X. Sprechstundenbedarf

75 Die regionalen Kassenärztlichen Vereinigungen schließen Vereinbarungen über die ärztliche Verordnung von Sprechstundenbedarf mit den Landesverbänden der Krankenkassen und den Verbänden der Ersatzkassen. Oftmals enthalten auch die Gesamtverträge, welche gem. § 95 Abs. 3 Satz 2 und Abs. 4 Satz 2 SGB V für die zugelassenen Vertrags(zahn-)ärzte, Psychotherapeuten und ermächtigen Ärzte verbindlich sind, in den

[264] Vgl. *Hauck/Noftz-Kranig*, § 129 SGB V, Rdn. 18; *Koenig/Klahn* GesR 2005/245 ff.

Anlagen Regelungen über die Verordnung von Sprechstundenbedarf. Als Sprechstundenbedarf gelten nur solche Artikel, die ihrer Art nach bei mehr als einem Berechtigten im Rahmen der vertragsärztlichen Behandlung angewendet werden oder die zur Notfallbzw. Sofortbehandlung im Rahmen der vertragsärztlichen Behandlung erforderlich sind. Zur länger andauernden Therapie ist nur die Einzelverordnung auf den Namen des Patienten zulässig. Entsprechende Definitionen befinden sich oftmals in den Sprechstundenbedarfsvereinbarungen der regionalen Kassenärztlichen Vereinigungen. Sprechstundenbedarf sind üblicherweise bestimmtes Verband- und Nahtmaterial, Mittel zur Narkose und Anästhesie, auch zur akuten Schmerztherapie, Desinfektions- und Hautreinigungsmittel zur Anwendung am Patienten, Reagenzien und Schnellteste, Mittel zur Diagnostik bzw. Akuttherapie, z. B. Gels, Kegel, Lösungen, Puder, Pulver, Salben, Sprays, Styli, Tinkturen, Arzneimittel für Notfälle und zur Sofortanwendung, z. B. Antibiotika, Mittel zur Blutstillung, Mittel zur Geburtshilfe, Mittel zur psychiatrischen Notfallbehandlung, schmerzstillende, krampflösende und beruhigende Mittel, und Kontrastmittel.

76 Der vom Vertragsarzt verordnete Sprechstundenbedarf hat den Bedürfnissen seiner vertragsärztlichen Praxis zu entsprechen und muss zur Zahl der Behandlungsfälle bzw. zur Zahl der erbrachten Leistungen in einem angemessenen Verhältnis stehen. Sind von einem Mittel größere Mengen zu ersetzen, sind preisgünstige Großpackungen, Anstalts- oder Bündelpackungen zu verordnen. Die von der Apothekenpflicht oder von der Vertriebsbindung über die Apotheken ausgenommenen Mittel (z. B. Röntgenkontrastmittel, Verbandmittel, Infusionsnadeln und -bestecke, Nahtmaterial etc.) sollen direkt vom Hersteller oder Großhandel bezogen werden, wenn ein solcher Direktbezug bei der benötigten Menge in wirtschaftlicher Hinsicht sinnvoll ist.

77 Der Sprechstundenbedarf ist grundsätzlich **kalendervierteljährlich als Ersatz für zulässig verbrauchte Artikel zu beziehen** und unter Beachtung des Wirtschaftlichkeitsgebotes sowie ggf. relevanter Verfallsdaten zu verordnen, spätestens bis zum 14. des 1. Monats des Folgequartals. Die zu Beginn der vertragsärztlichen Tätigkeit erforderliche Beschaffung der Grundausstattung der Praxis darf nicht als Sprechstundenbedarf verordnet werden. Die erstmalige Verordnung von Sprechstundenbedarf darf deshalb erst zum Ende des ersten Abrechnungsquartals als Ersatzbeschaffung der in diesem Quartal verbrauchten Mittel vorgenommen werden.[265]

78 Nicht zulässig ist die Verwendung von Sprechstundenbedarf u. a. für Privatpatienten bzw. Mitglieder der privaten Krankenversicherung, Personen, die betreut werden nach dem Bundesversorgungs-, dem Bundesentschädigungs-, dem Häftlingshilfe-, dem Heimkehrer-, dem Opferentschädigungs- oder Soldatenversorgungsgesetz, Anspruchsberechtigte nach dem Bundessozialhilfegesetz und Personen, bei denen Zahlungspflicht eines Unfallversicherungsträgers besteht. Betäubungsmittel als Sprechstundenbedarf werden mit dem besonderen Betäubungsmittel-Verordnungsblatt (BTM-Rezept) bezogen. Auch hinsichtlich der verordnungsfähigen Impfstoffe gilt eine separate Vereinbarung. Die Verordnung des Sprechstundenbedarfs geschieht auf einem eigens hierfür entworfenen Sprechstundenbedarfsverordnungsmuster, welches den Vertragsärzten zur Verfügung gestellt wird.

79 Die Regelung des **§ 106 SGB V** umfasst die gesamte Tätigkeit des Vertragsarztes. **Gegenstand** der Wirtschaftlichkeitsprüfung kann demnach auch der Sprechstundenbedarf des Vertragsarztes sein. Haushaltet der Vertragsarzt mit seinem Sprechstundenbedarf besonders verschwenderisch, hat er unter Umständen mit einer Wirtschaftlichkeitsprüfung zu rechnen. Als Maßnahme der Prüfgremien ist hier ein Regress in Höhe eines bestimmten Prozentsatzes der Verordnungskosten gegen den Arzt denkbar. Durch das GKV-Modernisierungsgesetz wurde der Druck auf die Prüfgremien Maßnahmen der Wirtschaftlichkeitsprüfung auch konsequent zu ergreifen, auch verstärkt.

80 Der Sprechstundenbedarf ist in letzter Zeit zudem vermehrt in Zusammenhang mit der Annahme von Vorteilen durch den Vertragsarzt, welche seitens der pharmazeutischen

[265] Vgl. z. B. Sprechstundenvereinbarung der KV Nordreihn v. 1. 7. 2001.

Industrie gewährt wurden, Gegenstand von **strafrechtlichen Gerichtsentscheidungen** gewesen. Jüngst ist das Urteil des OLG Hamm vom 22. Dezember 2004[266] zu beachten. Das Gericht war in diesem der Auffassung, dass der Vertragsarzt bei der Verordnung von Arzneimitteln, so auch bei der Verordnung des kassenärztlichen Sprechstundenbedarfs, als Vertreter der Krankenkassen auftrete. Verpflichtet er hierbei die Krankenkasse zur Zahlung überhöhter Rechungsbeträge, liegt hierin ein Verstoß gegen die ihm aufgrund seiner Stellung im kassenärztlichen Abrechungssystem gegenüber der Krankenkasse obliegenden Vermögensbetreuungspflicht. Dieses Verhalten erfüllt nach Ansicht des Gerichtes den Tatbestand der Untreue in der Variante des Missbrauches der Vertretungsmacht. Weiterhin führte das Gericht aus, dass aus der Verpflichtung des Vertragsarztes zum wirtschaftlichen Handeln gemäß § 12 Abs. 1 SGB V sich die Verpflichtung ergebe, seitens der pharmazeutischen Unternehmer für die Arzneimittelverordnung erhaltenen Schmiergelder gegenüber der Krankenkasse offenzulegen. Kommt der Vertragsarzt dieser Verpflichtung nicht nach, begeht er, so das OLG Hamm, einen Betrug durch Unterlassen, da eine Pflicht zum Handeln bestehe. Bereits in einer Entscheidung vom 25. November 2003[267] hatte der BGH eine Vermögensbetreuungspflicht des Vertragsarztes im Sinne des § 266 StGB gegenüber den Krankenkassen bejaht. Zur Begründung führte der BGH aus, dass der Vertragsarzt nach den Prinzipien des kassenärztlichen Abrechnungssystems bei Ausstellung einer Verordnung von Arzneimitteln als Vertreter der Krankenkasse handele, indem er an ihrer Stelle das Rahmenrecht des einzelnen Versicherten auf medizinische Versorgung konkretisiere. Darin komme eine Vermögensbetreuungspflicht des Arztes zum Ausdruck. In einer späteren Entscheidung vom 27. April 2004[268] hat der BGH sodann entschieden, dass im Falle von umsatzbezogenen Rückvergütungen (**„kick-backs"**) das Verhalten des Arztes den Tatbestand der Untreue gemäß § 266 Abs. 1 StGB erfüllen könne. In dem entschiedenen Fall hatten die Ärzte von den Pharmaunternehmen für die Verordnung von Arzneimitteln im Rahmen des Praxisbedarfes Vergünstigungen erhalten, hier in Form von Rabattanteilen. Der BGH war der Ansicht, dass die für den Praxisbedarf den gesetzlichen Krankenkassen in Rechnung gestellten Beträge um den Rabattanteil der Ärzte überhöht gewesen seien. Unter Berufung auf seine Entscheidung vom 25. November 2003 stützte der BGH seine Begründung des Untreuevorwurfs auf die besondere Stellung der angeklagten Ärzte als „Vertragsärzte der gesetzlichen Krankenkassen". In einem Urteil[269] zur strafrechtlichen Vorteilsannahme (§ 331 StGB) hatte der BGH demgegenüber zum Vorwurf der Untreue gem. § 266 StGB ausgeführt, dass nicht jede Zuwendung im Zusammenhang mit dem Vertrieb von Arzneimitteln oder Medizinprodukten als umsatzbezogene Rückvergütung bezeichnet werden könne. Entscheidend sei vielmehr, ob der Angeklagte – wenn auch mittelbar – dazu beigetragen habe, überhaupt überhöhte Preise zu akzeptieren.

XI. Arzneimittelinformation der KBV und der Krankenkassen

81 Die steigenden Arzneimittelkosten in der GKV haben die Krankenkassen und die Kassenärztliche Bundesvereinigung bewogen, mittels Arzneimittelinformationen auf die Verordnungsweise des Arztes einzuwirken. Die Gründe für das **Ansteigen der Arzneimittelausgaben der GKV** sind vielfältig. Zu nennen sind hier u. a. die veränderte Alters- und Morbiditätsstruktur in der Bundesrepublik Deutschland, die Bewerbung von Arzneimitteln in den Medien, eine in die Arzneimittelmedikation aktiv agierende Patientenstruktur, eine geänderte Auffassung dessen, was als Krankheit empfunden wird (Stichwort:

[266] OLG Hamm Urt. 22. 12. 2004 – 3 Ss 431/04 – MedR 2005, 236 mit Anm. *Steinhilper.*
[267] BGH Urt. v. 25. 11. 2003 – 4 StR 239/03.
[268] BGH Urt. v. 27. 4. 2004 – 1 StR 165/03.
[269] Urt. v. 23. 5. 02 – 1 StR 372/01, BHGSt 43, 295.

Life-Style-Arzneimittel), teilweise höhere Arzneimittelpreise in Kombination mit der Entwicklung innovativer neuer Arzneimittel, kurze Verweildauer in den Krankenhäusern (Stichwort: Einführung der DRG als leistungsorientiertes pauschalisiertes Preissystem für Krankenhäuser) und die gestiegenen Ansprüche an die medizinische Therapie im Allgemeinen. Einsparpotential wird vor allem bei den Lifestyle-Präparaten, den Analogpräparaten, den vergleichsweise teuren Generika, bei den in ihrem therapeutischen Nutzen umstrittenen Arzneimitteln, den Me-too-Präparaten[270] und bei den Bagatellarzneimitteln gesehen. Die Kassenärztlichen Bundesvereinigungen (KBV), die Spitzenverbände der Krankenkassen, die kassenärztlichen Vereinigungen, die Landesverbände der Krankenkassen bzw. Verbände der Ersatzkassen und der Gemeinsame Bundesausschuss versuchen demnach auf das Verordnungsverhalten des Vertragsarztes einzuwirken, um die Arzneimittelausgaben zu begrenzen. Dies geschieht nicht nur über die gesetzlichen Vorgaben zur Arzneimittelversorgung und über die Verträge zur Arzneimittelversorgung, sondern auch über die pharmakologisch-fachlichen und statistischen Informationen an die Ärzte. Gemäß **§ 84 Abs. 4a SGB V** kann ein **Betrag als Vomhundertsatz der in den Gesamtverträgen vereinbarten Vergütung** bestimmt werden, der für zwischen den Vertragspartnern abgestimmte Maßnahmen zur Information und Beratung der Vertragsärzte verwendet wird. Aus diesem Betrag sollen auch Bonuszahlungen an die Vertragsärzte verteilt werden, die nach den Schnellinformationen nach § 84 Abs. S. 4 SGB V das Richtgrößenvolumen nicht überschreiten. Zur Sicherung der wirtschaftlichen Verordnungsweise haben die Kassenärztlichen Vereinigungen und die Kassenärztlichen Bundesvereinigungen sowie die Krankenkassen und ihre Verbände die Vertragsärzte auch vergleichend über preisgünstige verordnungsfähige Leistungen, einschließlich der jeweiligen Preise und Entgelte zu informieren sowie nach dem allgemeinen anerkannten Stand der medizinischen Erkenntnisse Hinweise zu Indikation und therapeutischem Nutzen zu geben (vgl. **§ 73 Abs. 8 Satz 1 SGB V**). § 73 Abs. 8 SGB V ist daher Rechtsgrundlage für die an die Vertragsärzte versandten Mitteilungsblätter und Rundschreiben der KV, KBV und KK bzw. Verbände der KK. Auf diese Weise soll es zu mehr Transparenz im Bereich der Arzneimittelversorgung der gesetzlich Versicherten kommen.[271] Durch die Informationen und Hinweise soll das in § 12 Abs. 1 SGB V abstrakt normierte **Wirtschaftlichkeitsgebot** konkretisiert werden, um so dem einzelnen Vertragsarzt eine Orientierung bei der Behandlung und Arzneimittelverordnung zu bieten. Wirtschaftlich in diesem Sinne ist eine Leistung immer dann, wenn sie ausreichend und zweckmäßig ist und das Maß des Notwendigen nicht überschreitet (vgl. § 12 Abs. 1 SGB V).[272] Allerdings haben die Krankenkassen, KBV und KVen auch darauf zu achten, dass sie sich mit ihren Informationen noch innerhalb der Ermächtigungsgrundlage der Norm bewegen. Daher ist nicht jede im Sinne einer Kosteneinsparung sinnvolle Mitteilung zu einzelnen Wirkstoffen möglich, insbesondere nicht unter Androhung von Maßnahmen der Wirtschaftlichkeitsprüfung.[273] Letzteres führt insbesondere dazu, dass die **Therapiefreiheit des Arztes** untergraben wird. Die Informationen für die Verordnung von Arznei-, Verband- und Heilmitteln sollen zwar nur „insbesondere auf der Grundlage der Preisvergleichsliste nach § 92 Abs. 2, der Rahmen-

---

[270] Hierunter werden begrifflich die unter Patentschutz stehenden Arzneimittel verstanden, die neue Moleküle mit analogen, das heißt mit pharmakologisch ähnlichen oder gleichartigen Wirkungen ohne (nennenswerten) zusätzlichen medizinischen Nutzen verstanden.

[271] Vgl. *Francke* VSSR 2002, 299, 306f; *Mühlhausen/Grühn* SGb 2003/5, 248–253.

[272] Vgl. *Wahl,* Kooperationsstrukturen im Vertragsarztrecht, 2001, S. 55.

[273] So heißt es auszugsweise in einem Schreiben der KBV an die KVen zur weiteren Mitteilung an die Vertragsärzte vom 21. 4. 2004: „Antihistaminika auf der Ausnahmeliste schließen nicht die Indikationen saisonale oder perenniale allergische Rhinitis ein! Weicht der Arzt hier auf verschreibungspflichtige Alternativen aus, ist mit einem Antrag auf sonstigen Schaden zu rechnen. Falls eine Neurodermitis mit einem schwerwiegenden anhaltenden Pruritus einhergeht, sind nicht-verschreibungspflichtige Antihistaminika erstattungsfähig." Dieser Hinweis ist, wie *Koenig/Meurer/Hentschel* in PharmR 2004, 207ff. mit Recht ausführen, sicherlich rechtlich bedenklich.

vorgaben nach § 84 Abs. 7 Satz 1 und der getroffenen Arzneimittelvereinbarungen nach § 84 Abs. 1" erfolgen (vgl. § 73 Abs. 8 Satz 2 SGB V). Der Wortlaut der Norm ("insbesondere") verdeutlicht insofern, dass auch über den Inhalt der Preisvergleichliste nach § 92 Abs. 2 SGB V, die Rahmenvorgaben nach § 84 Abs. 7 Satz 1 SGB V und die Arzneimittelvereinbarungen nach § 84 Abs. 1 SGB V hinaus Informationen zusammengestellt werden dürfen. Aber auch das Wirtschaftlichkeitsgebot, welches dem § 73 Abs. 8 SGB V zu Grunde liegt, verankert nicht das Gebot, in jedem Falle die kostengünstigste Alternative zu wählen. Vielmehr sollen im Sinne eines optimalen Preis-Leistungsverhältnisses die zur Gesundheitsversorgung erforderlichen und notwendigen Maßnahmen zu den geringsten hierfür notwendigen Kosten ergriffen werden.[274] Deshalb kann auch im Einzelfall die Anwendung eines erstattungsfähigen Präparats geboten sein, wenn dieses durch einen innovativen Wirkstoff weniger Nebenwirkungen beinhaltet als ein nicht erstattungsfähiges Arzneimittel. Eine diese Grundsätze nicht berücksichtigende Arzneimittelinformation, die den Vertragsarzt massiv unter Druck setzt, kann unter Umständen ermessensfehlerhaft sein und gegen das Grundrecht der Berufausübungsfreiheit aus Art. 12 Abs. 1 GG verstoßen.[275]

82 In den Informationen und Hinweisen sind Handelsbezeichnung, Indikationen und Preise sowie weitere für die Verordnung von Arzneimitteln bedeutsame Angaben insbesondere auf Grund der Richtlinien nach § 92 Abs. 1 Satz 2 Nr. 6 in einer Weise anzugeben, die unmittelbar einen Vergleich ermöglicht; dafür können Arzneimittel ausgewählt werden, die einen maßgeblichen Anteil an der Versorgung der Versicherten im Indikationsgebiet haben. Die Kosten der Arzneimittel je Tagesdosis sind nach den Angaben der anatomisch-therapeutisch-chemischen Klassifikation anzugeben (§ 73 Abs. 8 Satz 2 SGB V). Es gilt die vom Deutschen Institut für medizinische Dokumentation und Information im Auftrage des Bundesministeriums für Gesundheit und Soziale Sicherung herausgegebene Klassifikation in der jeweils gültigen Fassung. Die Übersicht ist für einen Stichtag zu erstellen und in geeigneten Zeitabständen, im Regelfall jährlich, zu aktualisieren.

83 Zudem erstellen die Spitzenverbände der Krankenkassen gemäß § 84 Abs. 5 Satz 3 SGV V gemeinsam und einheitlich für jede Kassenärztliche Vereinigung **monatliche Berichte über die Entwicklung der Ausgaben von Arznei- und Verbandmitteln** und übermitteln diese Berichte als Schnellinformationen den Landesverbänden der Krankenkassen, den Verbänden der Ersatzkassen und den Kassenärztlichen Vereinigungen insbesondere für Abschluss und Durchführung der Arzneimittelvereinbarung sowie für die Informationen nach § 73 Abs. 8 SGB V. Letztendlich führen die Therapiehinweise des Gemeinsamen Bundesausschusses, die Mitgliederzeitschriften der Kassenärztlichen Vereinigungen und die Arzneimittelinformationen der Kassenärztlichen Bundesvereinigung zu einer Informationsüberflutung der Ärzte und Krankenkassenmitarbeiter. Eine Informationsaufnahme ist hier kaum noch zu bewältigen. Aufgrund dessen bieten das BMGS, die Spitzenverbände der gesetzlichen KK, die KBV und die Bundesvereinigung Deutscher Apothekerverbände (ABDA) ab dem 18. 5. 2005 eine **gemeinsame internetbasierte Informationsplattform** an.[276] Ziel ist die Steuerung der Arzneimittelausgaben, wobei erst einmal Informationen zum Bereich Lipidsenker und Antirheumatika bereitgestellt werden. Die Internetplattform[277] enthält keine eigenen Arzneimittelbewertungen der Beteiligten, sondern nur eine Ansammlung von Informationen des BfArM, der europäischen Arzneimittel-Agentur (EMEA),[278] der Arzneimittelkommission der Ärzteschaft, des Gemeinsamen Bundesausschusses und des Instituts für Qualität im Gesundheitswesen.

---

[274] Vgl. *Hauck/Noftz-Noftz*, § 12 SGB V, Rdn. 23.

[275] Vgl. *Koenig/Meurer/Hentschel* PharmR 2004, 207 ff.

[276] Klartext (Informationsbroschüre d.KBV) Ausgabe v. 1. 4. 2005 u. AZ v. 23. 5. 2005 (Nr. 21), S. 3.

[277] Bis jetzt unter der Domain www.kbv.de/AmFo zu erreichen.

[278] Die Europäische Arzneimittel-Agentur (EMEA) ist eine dezentrale Einrichtung der Europäischen Union mit Sitz in London. Ihre Hauptaufgabe besteht im Schutz und in der Förderung der

XII. Arzneimittel als Bestandteil ärztlicher Leistungen nach dem Einheitlichen Bewertungsmaßstab (EBM)

84 Der vom Bewertungsausschuss, einem Gremium der gemeinsamen Selbstverwaltung von Kassenärztlicher Bundesvereinigung und Spitzenverbänden der Krankenkassen, als Bestandteil des Bundesmantelvertrages vereinbarte **einheitliche Bewertungsmaßstab (EBM)** bestimmt den Inhalt der abrechnungsfähigen Leistungen und ihr wertmäßiges, in **Punkten** ausgedrücktes Verhältnis zueinander. Der Bewertungsmaßstab ist „einheitlich", weil er gleichermaßen für Primärkassen und Ersatzkassen anzuwenden ist. Die EBM-Leistungen sind aufgrund gesetzlicher Regelung nach hausärztlichen Leistungen und fachärztlichen Leistungen gegliedert. Bis zum 30. Juni 2003 hatte der EBM die Vergütung vieler Arztleistungen einer besonderen Budgetierung je Behandlungsfall und Quartal unterworfen, danach haben einige KVen die Budgetierung fortgesetzt, andere haben im Rahmen der Honorarverteilung andere Instrumente der Mengenbegrenzung, wie Individualbudgets, eingeführt. In den abrechnungsfähigen Leistungen sind, soweit nichts anderes bestimmt ist, nicht enthalten u. a. die Kosten für Arzneimittel, Verbandmittel, Materialien, Instrumente, Gegenstände und Stoffe, die nach der Anwendung verbraucht sind oder die der Kranke zu weiteren Verwendung behält und die Kosten für Einmalfusionsbestecke, Einmalfusionskatheter, Einmalinfusionsnadeln und Einmalbiopsienadeln (vgl. EBM A. I. 4). Teilweise bestimmen die einzelnen EBM-Positionen jedoch auch, dass ein bestimmter Stoff mit der Gebühr abgegolten ist (z. B. Abdecktuch, bestimmte Desinfektionsmittel, bestimmte Kontrastmittel).[279]

85 Des Weiteren ist durch einen Beschluss der Arbeitsgemeinschaft Ärzte/Ersatzkassen vom 1. Oktober 1997[280] festgelegt worden, dass Arzneimittel, die nicht im E-GO enthalten sind und auch nicht in den Sprechstundenbedarf bezogen werden können, gesondert abgerechnet werden. Diese Arzneimittel sind nach dem Gebot der Wirtschaftlichkeit auszuwählen. Der Vertragsarzt ist verpflichtet, die tatsächlich realisierten Preise in Rechnung zustellen und ggf. vom Hersteller bzw. Lieferanten gewährte Rückvergütungen, wie Preisnachlässe, Rabatte, Umsatzbeteiligungen, Bonifikationen und rückvergütungsgleiche Gewinnbeteiligungen mit Ausnahme von Barzahlungsrabatten weiterzugeben. Die Partner der Gesamtverträge können jedoch abweichende Regelungen treffen, insbesondere für einzelne gesonderte berechungsfähige Materialien Maximal- oder Pauschalbeträge vereinbaren.

86 Die genannten Kosten für Arznei- und Verbandmittel, Materialien, Instrumente und andere Gegenstände, die nach Anwendung in der Praxis oder beim Besuch verbraucht sind oder die der Kranke vom Arzt zur weiteren Verwendung im Anschluss an die Konsultation/den Besuch erhält, werden zu einem großen Teil von den Kassen in natura nach Verbrauch dem Arzt als sogen. Sprechstundenbedarf/Pro-statione-Bedarf über eine Apotheke oder einen speziellen Lieferanten ersetzt. Die gesonderten vertraglichen Sprechstundenbedarfsregelungen der einzelnen KVen listen die anforderungsfähigen Artikel – leider etwas abweichend voneinander – auf. Insoweit entfällt ein Anspruch auf Kostenersatz.

Gesundheit von Mensch und Tier durch die Evaluierung und Überwachung von Human- und Tierarzneimitteln. Die EMEA koordiniert die Evaluierung und Überwachung von Arzneimitteln in der gesamten Europäischen Union. Die Agentur vereint die wissenschaftlichen Ressourcen der 25 EU-Mitgliedstaaten in einem Netzwerk von 42 zuständigen nationalen Behörden. Sie arbeitet eng mit internationalen Partnern zusammen und verstärkt so den Beitrag der EU zur weltweiten Harmonisierung. Die EMEA wird von ihrem Direktor geleitet und hat im Jahr 2004 ein Sekretariat von etwa 360 Mitarbeitern. Der Verwaltungsrat ist das Aufsichtsorgan der EMEA, das insbesondere für Haushaltsangelegenheiten zuständig ist.

[279] *Wezel/Liebold*, Handkommentar, BMÄ, E-GO und GoÄ, 6. Auflage, Kapitel 8, S. 15.

[280] Beschluss Nr. 837.

Soweit ein Mittel verbraucht wird, das nicht als Sprechstundenbedarf bezogen werden kann, wird der umständliche Kostenersatz, der genaue Berechungen durch den Arzt bedingt, meistens durch die Möglichkeit des Einzelbezuges auf den Namen des Patienten zu Händen des Arztes (ad manum medici) zur Wiederauffüllung des Praxisvorrats ersetzt.

87 Seit 1998 wird eine EBM-Weiterentwicklung unter dem Arbeitstitel **„EBM 2000plus“** durchgeführt. Erstmalig wurden dabei die Bewertungen auf Grundlage einer betriebswirtschaftlichen Kostenrechnung ermittelt; ferner mussten die Forderungen des Gesetzgebers nach Bildung von Leistungskomplexen und Fachgruppenspezifität des EBM umgesetzt werden. Der EBM 2000plus ist zum 01. April 2005 in Kraft treten. Die Grundstruktur des neuen EBM geht dahin, dass im wesentlichen nicht mehr nur Einzelleistungen existieren; vielmehr wurden vielfach **Leistungskomplexe** geschaffen. Ferner wird eine klare Zuordnung der Leistungen zu der jeweiligen Fachgruppe vorgenommen, es gibt daher drei Gruppen von Leistungen: Erstens die arztgruppenübergreifenden allgemeinen Leistungen, zweitens die arztgruppenspezifischen Leistungen und drittens die arztgruppenübergreifenden speziellen Leistungen. Außerdem müssen nach dem EBM 2000plus überall dort, wo Dokumentationspflichten bestehen, diese auch vollständig erfüllt werden, damit eine vollständige Leistungserbringung und damit eine Abrechenbarkeit besteht. Einige Grundsätze, wie dies des Kapitel A. I. 4. des EBM, gelten aber weiterhin. So unterscheidet man auch im EBM 2000plus zwischen den Materialien, deren Kosten mit dem EBM-Gebühren abgegolten sind, die in Einzelfällen auf den Namen des Patienten verordnet werden können, deren Kosten gesondert berechnet werden können oder die zum Sprechstundenbedarf gehören.

XIII. Bedeutung und Verbindlichkeit von Entscheidungen des Gemeinsamen Bundesausschusses und dessen Beziehung zum IQWiG

88 **Der Gemeinsame Bundesausschuss** (§ 91 SGB V) hat im Wesentlichen die Aufgabe des Erlasses von Richtlinien auf Bundesebene (vgl. § 92 SGB V). Zudem übernimmt er die Aufgaben des vormaligen Ausschusses Krankenhaus des § 137 c SGB V und des Bundesausschusses Ärzte und Krankenkassen, die mit dem GKV-Modernisierungsgesetz abgeschafft wurden. Nach dem neugefassten § 91 Abs. 1 Satz 2 SGB V ist er **rechtsfähig,** wobei seine Rechtsform unklar bleibt (Anstalt des öffentlichen Rechts[281] oder ein Aliud). Er setzt sich aus Mitgliedern und Vertretern der KBV'en, der Deutschen Krankenhausgesellschaft, den Bundesverbänden der Krankenkassen, der Bundesknappschaft und den Verbänden der Ersatzkassen zusammen. Damit ist der Gemeinsame Bundesausschuss sowohl für die ambulante als auch für die stationäre Versorgung zuständiger Richtliniengeber. Nach § 92 Abs. 1 Satz 1 SGB V beschließt er die zur Sicherung der (zahn)ärztlichen Versorgung erforderlichen Richtlinien über die **Gewähr für eine ausreichende, zweckmäßige und wirtschaftliche Versorgung der Versicherten.** Sie sollen nach § 72 Abs. 2 SGB V der Gewährleistung der Versorgung der Versicherten dienen unter Berücksichtigung des allgemein anerkannten Standes der medizinischen Erkenntnisse und einer angemessenen Vergütung der (zahn)ärztlichen Leistungen. Die Richtlinienkompetenz des Gemeinsamen Bundesausschusses, die in § 92 Abs. 1 Satz 2 Nr. 1 bis 12 SGB V nicht abschließend aufgezählt ist („insbesondere“), umfasst **nahezu alle Bereiche der GKV.** Der Gemeinsame Bundesausschuss ist das Machtzentrum der GKV,[282] wobei auch teilweise formuliert wird, er sei der eigentliche **Gesetzgeber innerhalb der GKV.** Seine Beschlüsse richten sich unmittelbar verbindlich auch an die Versicherten, die einzelnen Krankenkassen, die an der vertragsärztlichen Versorgung teilnehmenden Leistungserbringer und die einzelnen zugelassenen Krankenhäuser (§§ 91 Abs. 9, 137 Abs. 2 S. 1 SGB V).

---

[281] Nach der Rechtsprechung des BSG ist der G-BA eine Anstalt des öffentlichen Rechts, vgl. BSGE 78, 70 (79 ff.); 81, 55 (63 f.); 91, 73 (80 ff.); BSG NZS 2001, 590 (590 f.).

[282] *Schnapp/Wigge-Schimmelpfeng-Schütte*, Handbuch des Vertragsarztrechts 2002, S. 167, Rdn. 48.

Seine Macht wird noch größer durch den Umstand, dass der er nicht den Kontrollen unterliegt wie der parlamentarische Gesetzgeber, seine Richtlinien nach der Rechtsprechung des BSG Rechtsnormqualität haben und er durch das BMGS nur in Form einer **Rechtsaufsicht** kontrolliert wird (§ 91 Abs. 10 SGB V). Das BMGS kann die ihm vorzulegenen Richtlinien des Gemeinsamen Bundesausschusses innerhalb von zwei Monaten beanstanden (§ 94 Abs. 1 SGB V). Kommen die für die Sicherstellung der Versorgung erforderlichen Beschlüsse nicht oder nicht innerhalb einer vom BMGS gesetzten Frist zu Stande oder werden Beanstandungen des BMGS nicht innerhalb der gesetzten Frist behoben,[283] erlässt das BMGS die Richtlinien (Möglichkeit der Ersatzvornahme).

Der Gemeinsame Bundesausschuss hat eine Geschäftsordnung[284] (GeschäftsO G-BA) erlassen, die das Verfahren und die Zusammensetzung der Ausschüsse regelt. So ist in dieser in § 18 festgelegt, dass die Beratungen und Beschlussfassungen nicht öffentlich sind und der Hergang der Beratungen sowie das Stimmenverhältnis bei der Beschlussfassung von allen Beteiligten vertraulich zu behandeln sind. Der Gemeinsame Bundesausschuss kann gemäß § 21 GeschäftsO G-BA zur Vorbereitung seiner Beratungen und Beschlussfassungen auch Unterausschüsse einsetzen. Er kann den Unterausschuss insbesondere beauftragen, Beschlussempfehlungen oder –entwürfe, Berichte, Gutachten oder Antworten auf Einzelfragen zu erstellen. An den Beratungen dieser Unterausschüssen kann auch den Mitarbeitern des IQWIG ein Teilnahmerecht eingeräumt werden. Die Zusammenarbeit mit dem IQWiG ist zudem detailliert in § 23 GeschäftsO G-BA geregelt. Auch das BMGS kann an den Sitzungen der Unterausschüsse teilnehmen oder Beauftragte entsenden. Die am 15. März 2005 verabschiedete Verfahrensordnung des Gemeinsamen Bundesausschusses regelt vor allem methodische Anforderungen an die wissenschaftliche Bewertung des Nutzens, der Notwendigkeit und der Wirtschaftlichkeit von Maßnahmen als Grundlage für Beschlüsse. Weiterhin werden hier Regelungen für Anforderungen an den Nachweis der fachlichen Unabhängigkeit von Sachverständigen und das Verfahren der Anhörung zu den jeweiligen Richtlinien, insbesondere die Feststellung der anzuhörenden Stellen, die Art und Weise der Anhörung und deren Auswertung getroffen. Sie soll nach der Genehmigung durch das BMGS am 1. Juli 2005 in Kraft treten. Ein Ziel der Gesundheitsreform zum 1. 1. 2004 war es, die Patientenorientierung im Gesundheitswesen zu verbessern. Aus diesem Grunde sind seit Beginn des Jahres 2004 Patientenvertreter im Gemeinsamen Bundesausschuss beratend mittätig. Ein eigenes Stimmrecht kommt ihnen dabei aber nicht zu. Ihr Status ist in der Geschäftsordnung des Gemeinsamen Bundesausschusses noch nicht abschließend geklärt.[285] Die Organisationen und Selbsthilfeverbände nach § 140f Abs. 2 Satz 1 SGB V benennen hierzu sachkundige Personen. Die Zahl der sachkundigen Personen soll höchstens der Zahl der von den Spitzenverbänden der Krankenkassen entsandten Mitglieder in diesen Gremien entsprechen (vgl. § 140f Abs. 2 Satz 3 SGB V). Die sachkundigen Personen werden einvernehmlich von den in der Verordnung nach § 140g SGB V genannten oder nach der Verordnung anerkannten Organisationen benannt. Bei Beschlüssen des Gemeinsamen Bundesausschusses nach § 91 Abs. 4 bis 7 SGB V erhalten die Organisationen das Recht, Anträge zu stellen. Nach der Geschäftsordnung des Gemeinsamen Bundesausschusses gilt für die Benennung der sachkundigen Personen die Verordnung zur Beteiligung von Patientinnen und Patienten in der GKV (Patientenbeteiligungsverordnung). Gemäß § 92 Abs. 3a SGB V hat der Gemeinsame Bundesausschuss

[283] Das BMGS ist mit seinem Beanstandungsrecht im Rahmen des Entwurfs der Richtlinie zur Enteralen Ernährung (Anlage 7 der AMG) recht engagiert vorgegangen. Bezüglich der Entscheidungsgrundlage des Gemeinsamen Bundesausschusses zur Festbetragsgruppenbildung sah es trotz Rechtsbedenken aber von einer Beanstandung ab. Allgemeine Grundsätze wie das BGMS dieses Beanstandungsrecht interpretiert, lassen sich daher nicht aufstellen. Möchte der Gemeinsamen Bundesausschuss der Beanstandung wie bei der Anlage 7 der AMR nicht nachkommen, bleibt ihm das Recht zur Klage.

[284] V. 13. 1. 2004 (BAnz Nr. 67, S. 7246 v. 6. 4. 2004) zuletzt geändert am 15. 6. 2004 (BAnz Nr. 164, S. 19 566 v. 1. 9. 2004).

[285] Vgl. zur Patientenbeteiligung im G-BA *Etgeton/Oldiges* u. a., Die Krankenversicherung 2005, 70ff.

vor der Entscheidung über die Arzneimittelrichtlinien den für die Wahrnehmung der wirtschaftlichen Interessen gebildeten maßgeblichen Spitzenorganisationen der pharmazeutischen Unternehmer und der Apotheker sowie den maßgeblichen Dachverbänden der Ärztegesellschaften der besonderen Therapierichtungen auf Bundesebene Gelegenheit zur Stellungnahme zu geben; die Stellungnahmen sind in die Entscheidung einzubeziehen. Bei seinen Leistungsausschlüssen nach § 91 Abs. 1 Satz 2 Nr. 6 SGB V hat der Gemeinsame Bundesausschuss nach *Posser/Müller*[286] auch die Vorgaben der Transparenzrichtlinie 89/105/EWG zu beachten. Diese Richtlinie wurde in Deutschland nicht umgesetzt, so dass die dort genannten Rechte unmittelbar gelten.[287] Ziel dieser Richtlinie ist es, die Transparenz von Maßnahmen zur Regelung der Preisfestsetzung bei Arzneimitteln sicherzustellen sowie diese Maßnahmen in die staatlichen Krankenversicherungssysteme miteinzubeziehen. Art. 7 der Richtlinie sieht daher unter anderem vor, dass die Entscheidung, ein Arzneimittel aus der Positivliste der unter das staatliche Krankenversicherungssystem fallenden Arzneimittel zu streichen, eine auf objektiven und überprüfbaren Kriterien beruhende Begründung enthalten muss.

89 Im Einzelnen umfasst die Richtlinienkompetenz des Gemeinsamen Bundesausschusses insbesondere folgende, die Arzneimittelversorgung betreffende Bereiche: nicht verschreibungspflichtige Arzneimittel (§ 34 Abs. 1 Satz 2), Lifestyle-Arzneimittel (§ 34 Abs. 1 Satz 9), unwirtschaftliche Arzneimittel (§ 34 Abs. 3 Satz 4), Heil- und Hilfsmittel (§ 34 Abs. 4 Satz 5), Arzneimittelfestbeträge (§ 35 Abs. 1, 1 a und 2), Zuzahlungs-Belastungsgrenze (§ 62 Abs. 1 Satz 4), Hinweise zur Austauschbarkeit v. Darreichungsformen v. Arzneimitteln (§ 129 Abs. 1 a), Bewertung von neuen Untersuchungs- und Behandlungsmethoden (§ 135 Abs. 1 Satz 1), Bewertung von Untersuchungs- und Behandlungsmethoden im Krankenhaus (137 c Abs. 1). Auf die herausgehobene Stellung der Richtlinien weist bereits der gesetzliche Sicherstellungsauftrag mit der Bestimmung hin, dass die vertragsärztliche Versorgung „im Rahmen der gesetzlichen Vorschriften und der Richtlinien" zu regeln sei.[288] Zu der Arzneimittelrichtlinie wurden bisher 7 **Anlagen** verabschiedet, die weitere Einzelfragen zur Erstattungsfähigkeit klären bzw. Arzneimittelverordnungsausschlüsse konkretisieren, so zur Preisvergleichsliste (Anlage 1), Festbetragsgruppenbildung (Anlage 2), Fertigarzneimittelübersicht (zur „Negativliste", Anlage 3), Therapiehinweise zu ausgewählten Wirkstoffen (Anlage 4), Hinweise zur Austauschbarkeit von Darreichungsformen (Aut idem, Anlage 5), Hinweise zu sogenannten Analogpräparaten (Anlage 6), zur enteralen Ernährung (bisher nur Entwurf), Ausschluss von Lifestyle-Arzneimitteln (Anlage 8). Der Gemeinsame Bundesausschuss hat insofern die Kompetenz, die Arzneimittelversorgung in der GKV entscheidend zu steuern.

90 Die bis zum 31. Dezember 2003 bestehenden Bundesausschüsse haben eine Fülle von Richtlinien erlassen.[289] Sie gelten über den 31. Dezember 2003 hinaus weiter und können vom Gemeinsamen Bundesausschuss geändert oder aufgehoben werden (Art. 35 § 6 Abs. 4 GKV-Modernisierungsgesetz). Die **Verbindlichkeit der Richtlinien** wird dadurch realisiert, dass sie gemäß § 92 Abs. 8 SGB V Bestandteil der Bundesmantelverträge sind, die auch über § 81 Abs. 3 SGB V (Satzungsbestimmungen der KVen) gegenüber den Mitgliedern Verbindlichkeit entfalten. Gegenüber Vertrag(zahn-)ärzten, Krankenkassen und Versicherten handelt es sich um unmittelbares, außenwirksames Recht. Die unmittel-

[286] *Posser/Müller* NZS 2004, 247 (252).

[287] In der Rechtssache C-296/03 (Vorabentscheidungsersuchen des Conseil d'État (Belgien) hat der EuGH entschieden, dass die in Artikel 6 Nummer 1 Unterabsatz 1 der Richtlinie 89/105/EWG des Rates vom 21. Dezember 1988 betreffend die Transparenz von Maßnahmen zur Regelung der Preisfestsetzung bei Arzneimitteln für den menschlichen Gebrauch und ihre Einbeziehung in die staatlichen Krankenversicherungssysteme festgesetzte Frist eine Ausschlussfrist ist, die von den Mitgliedstaaten nicht überschritten werden darf.

[288] § 72 Abs. 2 SGB V.

[289] Vgl. *Schnapp/Wigge-Schimmelpfeng-Schütte*, Handbuch des Vertragsarztrechtes 2002, S. 161 f.

bare Verbindlichkeit der Beschlüsse des Gemeinsamen Bundesausschusses für die Versicherten, die zugelassenen Krankhäuser, die Krankenkassen und für die an der ambulanten ärztlichen Versorgung teilnehmenden Leistungserbringer ergibt sich zudem aus § 91 Abs. 9 SGB V. Auch der Anspruch der Versicherten wird über § 31 Abs. 1 Satz 1 SGBV auf die nicht vom Bundesausschuss nach § 92 Abs. 1 Satz 2 Nr. 6 ausgeschlossene Arzneimittel beschränkt. Insoweit ist auch der Einwand, dass eine fehlende Kostenübernahme seitens der Krankenkassen den Versicherten unzumutbar belaste, untauglich. Es ist mittlerweile ganz herrschende Rechtsprechung, dass derartige Gründe nicht zu berücksichtigen sind. Soweit das BSG in seiner Rechtsprechung zu § 182 Reichsversicherungsordnung auch die finanzielle Belastung der Versicherten berücksichtigte, hat es diese Auffassung mit Inkrafttreten des SGB V aufgegeben.[290] Die gegen eine Richtlinie gerichtete Klage einer Kasse, einer KV, eines anderen Leistungserbringers oder eines Versicherten ist, da das SGG eine Normkontrolle nicht vorsieht, in der Regel unzulässig.[291] Etwas anderes gilt nur dann, wenn die Richtlinie unmittelbar in die Rechtssphäre des Klägers eingreift und es für ihn unzumutbar ist, etwa im Wege der Anfechtungsklage das Gericht zu veranlassen, die beanstandete Richtlinie inzidenter zu überprüfen.[292]

91 Bis zum Inkraftreten des SGB V zum 1. Januar 1989 hat das BSG den Richtlinien keine normative Bedeutung beigemessen, sondern war nur von einer Selbstbindung der Krankenkassen ausgegangen. Einschränkungen des Leistungsanspruches des Versicherten waren infolge dieser Rechtsprechung durch die Richtlinien nicht möglich, sondern mussten sich aus dem Gesetz ergeben.[293] Diese Rechtsprechung hat das BSG, eingeleitet durch das Methadon-Urteil v. 20. März 1996,[294] zwischenzeitlich aufgegeben und den **Richtlinien als Bestandteil der Bundesmantelverträge Rechtsnormqualität** zugesprochen, was vor allem für die Außenstehenden, wie Arzneimittelhersteller, Nicht-Vertragsärzte und Heilmittellieferanten von Bedeutung ist, da diese von der autonomen Satzungsgewalt der Selbstverwaltungskörperschaft von vornherein nicht erfasst werden können.[295] Wesentliches Argument für das BSG ist die Gewährleistung einer wünschenswerten Symmetrie zwischen dem Leistungs- und dem Leistungserbringerrecht.[296] Die Verpflichtungen des Vertragsarztes, der Krankenkasse und der Leistungsanspruch des Versicherten sollen sich sowohl inhaltlich als auch dem Umfang nach decken. Formal-juristisch verwies der 6. Senat des BSG insofern auf den Charakter des Bundesausschusses als Anstalt des öffentlichen Rechts mit damals noch begrenzter Rechtsfähigkeit, während der 1. Senat die Richtlinien als Regelungsinstrumentarium eigener Art und als Teil eines gesamten Systems kollektivvertraglicher Normsetzung verstand.[297] Die Außenseitererstreckung der Richtlinien ist nach dem BSG zulässig, weil den Richtlinienbestimmungen gesetzliche Regelungen zugrunde lägen, die deren Inhalt, Zweck und Ausmaß vorgäben und in denen die wesentlichen Fragen geregelt sein.[298] Der Gesetzgeber spricht insoweit von einem „Normsetzungsprogramm" des Gemeinsamen Bundesausschusses und von einer "sektorenübergreifenden Rechtsetzungseinrichtung der gemeinsamen Selbstverwaltung".[299] Wegen der fehlenden demokratischen Legimitation des Gemeinsamen Bundesausschusses ist diese Rechtsnormqualität der Richtlinien in der Literatur auf

---

[290] Vgl.: BSG, SozR 3–2500 § 27 Nr. 10, S. 34 m. w. N.

[291] Vgl.: BSGE 72, 15; BSG v. 28. 2. 1996, SGb 1996, 323; LSG Berlin MedR 1997, 381.

[292] Vgl.: BSGE 78, 91; *Noftz* VSSR 1997, 393 (429).

[293] BSGE 35, 10 (14); 63, 163 (166).

[294] BSG Urt. v. 20. 3. 1996 – 6 RKa 62/94 – BSGE 78, 70 ff.

[295] BVerfGE 33,125 (156); 12, 319 (325); 10, 20 (49 f.).

[296] Vgl.: BSGE 81,73; BSGE 52, 134 (137); BSGE 63, 163; *KassKomm-Hess,* § 82 SGB V, Rdn. 4.

[297] Verbindlichkeit der Richtlinie in ständiger Rechtsprechung des BSG: BSGE 73, 271 (280), 78, 70 (85); 81, 73 (78 f.); 81, 245 (248), BSG MedR 1998, 230 (233).

[298] BSG Urt. v. 18. 3. 1998 – B 6 KA 37/96 R= BSGE 82, 41 (Erstreckung der Bedarfsplanungsrichtlinie auch auf Nicht-Vertragsärzte).

[299] Vgl. Begründung des Entwurfs des GKV-Modernisierungsgesetzes zu §§ 91 u. 92 SGB V, Drucksache 15/1525 v. 8. 9. 2003.

Kritik gestoßen.[300] Nach der Rechtsprechung des BVerfG muss das Volk gemäß Art. 20 Abs. 2 GG stets hinreichenden Einfluss auf die Ausübung der Staatsgewalt durch die entsprechenden Organe haben.[301] In den Organen des Gemeinsamen Bundesausschuss sind die pharmazeutischen Unternehmer nicht präsentiert und auch verfahrensrechtlich partizipieren sie wenig effektiv. Die **Patientenvertreter** sitzen jetzt zwar nach § 140f Abs. 2 SGB V mitberatend im Gemeinsamen Bundesausschuss, jedoch ohne Stimmrecht. Insoweit ist fraglich, inwieweit sie als außenstehende Dritte durch das Satzungsrecht des Gemeinsamen Bundesausschusses überhaupt beeinträchtigt werden dürfen.[302] Eine Geltungserstreckung von Satzungsgewalt auf außenstehende Dritte kann allenfalls dann zulässig sein, wenn sie im engen Zusammenhang mit der Sachaufgabe der jeweiligen autonomen Körperschaft steht und von ihrem Gewicht für den betroffenen Personenkreis von nachrangiger Bedeutung,[303] was für die Leistungsausschlüsse des Gemeinsamen Bundesausschusses im Bezug auf die pharmazeutischen Unternehmer nicht geltend dürfte. Fraglich ist auch, ob der Gesetzgeber einen autonomen Satzungsgeber durch eine gesetzliche Kompetenzzuweisung zu Grundrechtseingriffen bei Außenstehenden ermächtigen kann.[304] Weder das für die Satzungsgewalt wesentliche Demokratieprinzip noch die Voraussetzungen einer allgemeinverbindlichen Rechtsverordnung dürfen vom Gesetzgeber unterlaufen werden. Die Wesentlichkeitstheorie gebietet, alle wesentlichen Entscheidungen in grundrechtsrelevanten Bereichen dem Parlament vorzubehalten.[305]Auch das LSG Niedersachsen-Bremen vertritt seit Jahren die Auffassung, dass die Richtlinien des Bundesausschusses keine normative Wirkung für die Versicherten haben.[306] Durch das GKV-Modernisierungsgesetz und den neugefaßten § 92 Abs. 1 Satz 1 SGB V wollte der Gesetzgeber zumindest den Forderungen nach engmaschigeren Gesetzesvorgaben für die Normsetzungskompetenz des Bundesausschusses nachkommen und hat insofern den letzten Halbsatz durch die Worte „er kann die Erbringung und Verordnung von Leistungen oder Maßnahmen einschränken oder ausschließen, wenn nach dem allgemein anerkannten Stand der medizinischen Erkenntnisse der diagnostische oder therapeutische Nutzen, die medizinische Notwendigkeit oder die Wirtschaftlichkeit nicht nachgewiesen ist" ergänzt. Bezweifelt wird aber auch hier, dass diese unbestimmten Rechtsbegriffe mehr Rechtsklarheit gegenüber dem bereits vorher bestehenden § 91 Abs. 1 Satz 1 SGB V gebracht hat, zumal auch die Begriffe ausreichend, zweckmäßig und wirtschaftlich zuvor in diesem Sinne ausgelegt wurden.[307]

92 Abgesehen von der **Rechtschutzmöglichkeit** des § 92 Abs. 3 SGB V (Anfechtungsklage gegen die Zusammenstellung nach § 92 Abs. 2 SGB V) ist gegen die Richtlinie kein gesonderter Rechtsbehelf möglich. Das LSG NRW hat in einem Urteil vom 19. 1. 2005 eine Anfechtungsklage in entsprechender Anwendung des § 92 Abs. 3 SGB V zugelassen, um eine Klage eines Herstellers gegen die unzulässige Kosten-Nutzen-Bewertung des Gemeinsamen Bundesausschusses zu ermöglichen.[308] Dies war aber vor allem durch einen Zusammenhang dieser Bewertungen mit der Preisvergleichliste begründet. Die Möglichkeit einer Normkontrollklage gegen untergesetzliche Normen, wie in der Verwaltungsgerichtsbarkeit, ist hier nicht vorgesehen. Im Rahmen eines sozialgerichtlichen Verfahrens ist aber eine Inzidenter-Prüfung möglich.[309] Leistungserbringer können zudem ausnahms-

---

[300] Vgl. *Schimmelpfennig-Schütte*, NZS 1999, 530 (535); *Wimmer*, NJW 1995, 1577 (1579); *Di Fabio* NZS 1998, 449 (451.); *Ossenbühl* NZS 1997, 497.

[301] BVerfGE 83, 60, 72; 93, 37, 66; BverfG DVBl. 2003, 923, 926.

[302] *Wimmer* NZS 1999, 113, 115f.

[303] *Isensee/Kirchhof-Ossenbühl,* Handbuch des Staatsrechts, Bd. III 1988, § 66, Rdn. 33.

[304] *Posser/Müller*, NZS 2004, 247 (253).

[305] BVerfGE 49, 89 (126f.); 61, 260 (275).

[306] LSG Niedersachsen-Bremen, Urteil vom 15. 2. 2005 – L 4 KR 44/01.

[307] *Posser/Müller* NZS 2004, 247 (252).

[308] LSG NRW Urt. v. 19. 1. 2005 – L 11 KA 103/03 = A&R 2005, 36 (37).

[309]Vgl. zu den Rechtschutzmöglichkeiten gegen die Richtlinien: *Axer* NZS 1997, 10; BSGE 72, 15; *Meyer-Ladewig*, SGG, 7. Auflage (2002), § 55 Rdn. 10a.; *Wigge* NZS 2001, S. 578–583 und S. 623–629.

weise die Gültigkeit des Richtlinienrechts im Wege einer Feststellungsklage überprüfen, wenn die Voraussetzungen für eine Verfassungsbeschwerde gegen eine untergesetzliche Norm unmittelbar vorliegen. Im Hinblick auf die **Klagebefugnis** hatte das BSG früher vertreten, dass Leistungsanbieter, die nicht Adressaten der betreffenden Regelung sind, durch die Bestimmungen in ihren Grundrechten allgemein nicht berührt sind.[310] Nunmehr steht das BSG jedoch auf dem Standpunkt, dass die Richtlinien des Bundesausschusses zumindest dann in die Berufsfreiheit aus Art. 12 GG eingreifen, wenn sie die rechtlichen Rahmenbedingungen der Betätigung ändern und insofern objektiv berufsregelnde Tendenz haben.[311]

93 Von dem Gemeinsamen Bundesausschuss ist nach § 139a SGB V ein fachlich unabhängiges, rechtsfähiges wissenschaftliches **Institut für Qualität und Wirtschaftlichkeit im Gesundheitswesen** gegründet worden. Es soll bei Fragen von grundsätzlicher Bedeutung für die Qualität und Wirtschaftlichkeit der im Rahmen der gesetzlichen Krankenversicherung erbrachten Leistungen tätig werden, vgl. § 139a Abs. 3 SGB V. Auf dieses Institut hat das BMGS aufgrund seines Rechtes zur Bestellung der Institutsleitung einen erheblichen Einfluss. Nach der amtlichen Begründung[312] ist Ziel dieses Instituts, den dynamischen Prozess der Fortentwicklung der medizinischen und pflegerischen Leistungen zu sichern und die kontinuierliche Einbeziehung neuer wissenschaftlicher Erkenntnisse in eine qualitativ gesicherte Leistungserbringung zu gewährleisten. Teilweise wird das Recht des Instituts auch vertragsärztliche Leitlinien zu erstellen und damit auf die medizinische Behandlung für knapp 90% der Bevölkerung einzuwirken, als verfassungsrechtlich bedenklich angesehen.[313] Die berufsständische Kompetenz der Ärzteschaft werde hierdurch eingeschränkt.

94 Dennoch bedeutet die Errichtung des IQWiG für den Gemeinsamen Bundesausschuss einen weiteren erheblichen Machtzuwachs. Das Qualitätsinstitut ist nicht geschaffen worden, um dem Gemeinsamen Bundesausschuss die Arbeit zu erleichtern, sondern folgt dem Ziel, medizinische Wissenschaft und Forschung sowie das öffentliche Gesundheitswesen in Deutschland zu steuern. Die Aufgaben des Instituts beziehen sich auf die Erstellung von themenbezogenen Berichten auf Anforderung des Gemeinsamen Bundesausschusses sowie des BMGS sowie – nach Zustimmung des Vorstandes – auf die Initiierung, Koordination und Publikation von wissenschaftlichen Untersuchungen in Bereichen, die einer Vervollständigung des versorgungsrelevanten medizinischen Wissens bedürfen.[314] Wegen der ihm hier gegebenen Kontrollfunktion wird die Machtposition des Gemeinsamen Bundesausschusses über seinen bisherigen Aufgabenbereich hinaus erheblich erweitert. Er hat insofern jetzt auch Einfluss auf Wissenschaft und Forschung im öffentlichen Gesundheitswesen. Im Sommer 2004 hat der Gemeinsame Bundesausschuss die Stiftung mit dem Namen **„Stiftung für Qualität und Wirtschaftlichkeit im Gesundheitswesen"** gegründet und die Satzung vom 17. 6. 2004 beschlossen. Die Stiftung ist Trägerin des IQWiG nach § 139a Abs. 1 SGB V. Organe der Stiftung sind der Gemeinsame Bundesausschuss (für Beschlüsse zur Änderung der Satzung und zur Aufhebung der Stiftung), der Stiftungsrat und der Vorstand (§ 4 Abs. 1 Satzung).

XIV. Rahmenverträge der pharmazeutischen Industrie

95 § 131 SGB V, welcher zum 1. 1. 1989 in das Gesetz eingefügt wurde, ergänzt die in §§ 129, 130 SGB V enthaltenen Regelungen über die Beziehungen der Krankenkassen und Apotheken um Regelungen über das Verhältnis des pharmazeutischen Unternehmers

[310] Vgl.: BSGE 67, 251 (252f.).
[311] BSG NZS 2001, 590 (592).
[312] BT-Drs 15/1525, S. 127.
[313] *Schimmelpfeng-Schütte* GesR 2004, 1 (5).
[314] *Sawicki* MedR 2005, 389ff. (389).

zu den Krankenkassen. Die Spitzenverbände der Krankenkassen und die für die Wahrnehmung der wirtschaftlichen Interessen gebildeten maßgeblichen Spitzenorganisationen der pharmazeutischen Unternehmer auf Bundesebene können gemäß § 131 Abs. 1 SGB V einen Rahmenvertrag über die Arzneimittelversorgung in der gesetzlichen Krankenversicherung schließen. Der Vertrag kann sich erstrecken auf (1) die Bestimmung therapiegerechter und wirtschaftlicher Packungsgrößen und die Ausstattung der Packungen, (2) Maßnahmen zur Erleichterung der Erfassung und Auswertung von Arzneimittelpreis-, Arzneimittelverbrauchsdaten und Arzneimittelverordnungsdaten einschließlich des Datenaustausches, insbesondere für die Ermittlung der Preisvergleichsliste (§ 92 Abs. 2 SGB V) und die Festsetzung von Festbeträgen. Dieser dem öffentlichen Recht zuzuordnende Rahmenvertrag entspricht den in §§ 125, 127 und 129 SGB V geregelten Verträgen. Nach § 131 Abs. 3 i. V. mit § 129 Abs. 3 SGB V gilt der Rahmenvertrag für die pharmazeutischen Unternehmer, die der vertragschliessenden Spitzenorganisation angehören, sofern deren Satzung dies vorsieht, dass von der Spitzenorganisation abgeschlossene Verträge dieser Art Rechtswirkung haben für die dem Verband angehörenden pharmazeutischen Unternehmer, sowie für Unternehmer, die dem Vertrag beigetreten sind.[315] Für diesen im Ermessen der Vertragspartner stehenden Vertrag gilt ebenfalls die Rechtswegzuweisung des § 51 Abs. 2 S. 1 Nr. 3 SGG.[316]

XV. Rabatte und Abschlagszahlungen der pharmazeutischen Unternehmen

96 Der Grundsatz der Privatautonomie ist im deutschen Arzneimittelrecht stark eingeschränkt. Dies zeigen besonders die unterschiedlichen Regelungen zur Festlegung und Begrenzung der Arzneimittelpreise (z. B.: Festbetragsregelungen für Arzneimittel, die aut-idem-Regelung, Zwangsrabattierung nach § 130 Abs. 1 SGB V u. § 130 a SGB V). Der Hintergrund ist auch hier die Finanzknappheit in den Kassen der GKV. Hersteller, Großhändler und Apotheken sind auf unterschiedliche Weise von den Regelungen betroffen. Ein Beispiel hierfür sind die. § 130 SGB V regelt die Pflicht der Apotheken, den Krankenkassen einen Rabatt auf den Arzneimittelabgabepreis einzuräumen. Bereits nach früherem Recht wurde die Verfassungsmäßigkeit der Rabattregelung festgestellt,[317] wobei die soziale Verpflichtung der Apotheken über deren günstige Stellung in der Arzneimittelversorgung begründet würde.

97 Konkret erhalten die Krankenkassen von den Apotheken für verschreibungspflichtige Fertigarzneimittel einen Abschlag von 2 Euro je Arzneimittel, für sonstige Arzneimittel einen Abschlag in Höhe von fünf vom Hundert auf den für den Versicherten maßgeblichen Arzneimittelabgabepreis (vgl. § 130 Abs. 1 SGB V). Ist für das Arzneimittel ein Festbetrag festgesetzt, bemisst sich der Abschlag nach dem Festbetrag. Liegt der maßgebliche Arzneimittelabgabepreis nach Absatz 1 unter dem Festbetrag, bemisst sich der Abschlag nach dem niedrigeren Abgabepreis (vgl. § 130 Abs. 2 SGB V). Nach § 130 Abs. 3 S. 1 setzt die Gewährung des Abschlages voraus, dass die Rechung des Apothekers innerhalb von 10 Tagen nach Eingang bei den Krankenkassen beglichen wird.

98 Die Krankenkassen erhalten nach § 130 a Abs. 1 u. 3 Satz 1 SGB V von den Apotheken für ab dem 1. Januar 2003 zu ihren Lasten abgegebene Arzneimittel einen Abschlag in Höhe von 6 vom Hundert des Herstellerabgabepreises (HAP). Die Apotheken erhalten also seitens der Krankenkassen eine verminderte Erstattung. Die pharmazeutischen Unternehmen bzw. Großhändler sind nach § 130 a Abs. 1 u. 5 Satz 1 SGB V sind jedoch wie-

---

[315] *Hauck/Noftz-Kranig*, § 131, Rdn. 9.

[316] *Hauck/Noftz-Kranig*, § 131, Rdn. 4.

[317] BGH 5. 6. 1970, USK 7068, BGHZ 54, 115= NJW 1970, 1965 und Beschluss des BVerfG v. 1. 4. 1971, DOK 1971, 371 ff.

derum verpflichtet, den Apotheken den Abschlag zu erstatten. Diese Zwangsrabatte gelten jedoch nicht für Arzneimittel, die einer Festbetragsreglung unterworfen sind (vgl. § 130a Abs. 3 SGB V). Die Norm ist somit ein Auffangtatbestand für die Arzneimittel, deren Preise nicht bereits durch die Festbetragsregelung begrenzt sind. Die Kassen können sich auf diese Weise in jedem Falle eine Kostenersparnis sichern. Im Jahr 2004 betrug abweichend von diesen Regelungen der Abschlag für verschreibungspflichtige Arzneimittel 16 von Hundert (vgl. § 130a Abs. 1a SGB V).[318] Zum Nachweis des Abschlags übermitteln die Apotheken die Arzneimittelkennzeichen der abgegebenen Arzneimittel sowie das Abgabedatum auf der Grundlage der den Krankenkassen nach § 300 Abs. 1 SGB V übermittelten Angaben maschinenlesbar an die pharmazeutischen Unternehmen oder, bei einer Vereinbarung nach § 130a Abs. 5 SGB V, an die pharmazeutischen Großhändler.

99 Der Abschlag erhöhte sich für das Kalenderjahr 2004 um den Betrag einer Erhöhung des Herstellerabgabepreises gegenüber dem Preisstand vom 1. Oktober 2002. Für Arzneimittel, die nach dem 1. Oktober 2002 erstmals in den Markt eingeführt werden, gilt dies mit der Maßgabe, dass der Preisstand der Markteinführung Anwendung findet (vgl. hierzu § 130a Abs. 2 SGB V). Das BMGS hat zudem nach einer Überprüfung der Erforderlichkeit der Abschläge nach den Absätzen 1 und 2 nach Maßgabe des Artikels 4 der Richtlinie 89/105/EWG des Rates vom 21. Dezember 1988[319] die Abschläge durch Rechtsverordnung mit Zustimmung des Bundesrates aufzuheben oder zu verringern, wenn und soweit diese nach der gesamtwirtschaftlichen Lage, einschließlich ihrer Auswirkung auf die gesetzliche Krankenversicherung, nicht mehr gerechtfertigt sind (vgl. § 130a Abs. 4 SGB V).

100 Die Krankenkassen oder ihre Verbände können nach § 130a Abs. 8 SGB V mit pharmazeutischen Unternehmen zusätzlich zu den Abschlägen nach den § 130a Abs. 1 u. 2 SGB V **Rabatte für die zu ihren Lasten abgegebenen Arzneimittel** vereinbaren. Dabei kann auch ein jährliches Umsatzvolumen sowie eine Abstaffelung von Mehrerlösen gegenüber dem vereinbarten Umsatzvolumen vereinbart werden. Rabatte in diesem Sinne sind von den pharmazeutischen Unternehmen an die Krankenkassen zu vergüten. Die Regelung ist bisher jedoch nicht besonders praxisrelevant geworden. Rabattregelungen kommen für Krankenkassen vor allem dort in Frage, wo keine Festbeträge und keine aut-idem-Preislinie vorgesehen sind. Genau dafür gestattet die gesetzliche Regelung ausdrücklich diese zusätzlichen Rabatte. Im Gegenzug für eine Rabattgewährung ist es denkbar, dass die Krankenkasse dem pharmazeutischen Unternehmer anbietet, auf das Verordnungsverhalten der Vertragsärzte einzuwirken, z.B. in der Weise, dass ein bestimmtes Generikum – denn nur hier lohnt sich die Vereinbarung für alle Seiten – öfter verschrieben wird. Die Barmer Ersatzkasse hat als erste gesetzliche Krankenkasse zum 1. Juni 2005 einen Rabattvertrag nach § 130a Abs. 8 SGB mit fünf großen Generikaherstellern abgeschlossen. Die firmenindividuellen Verträge sehen Preisabschläge für einen Strukturkostenbeitrag und einen umsatzabhängigen Rabatt vor.[320]

101 Möglich erscheint eine Rabattvereinbarung auch im Zusammenhang mit den **neuen Versorgungsformen,** insbesondere den Modellvorhaben und der Integrierten Versorgung. Die pharmazeutische Industrie könnte sich auf diese Weise zumindest mittelbar an diesen Versorgungsmodellen beteiligen. Fraglich ist jedoch, ob der Gesetzgeber außerhalb der Regelungen über die neuen Versorgungsformen ein Rechtsinstitut schaffen wollte, das Vertragsinhalte mit dem Ziel ermöglicht, dass die Versicherten der GKV mit den Arzneimitteln eines bestimmten Herstellers zu versorgen sind. Bei einer Auslegung des § 130a Abs. 8 SGB ist die Entwurfsbegründung der SPD/Grünen-Fraktion des Beitragssiche-

---

[318] Vgl. zur Verfassungsmäßigkeit der Ausweitung des Zwangsrabattes *Posser/Müller* NZS 2004, 178 (179); s.a. *Schnapp*, VSSR 2004, 343.

[319] Richtlinie 89/105/EWG des Rates v. 21. 12. 1988 betreffend die Transparenz von Maßnahmen zur Regelung der Preisfestsetzung bei Arzneimitteln für den menschlichen Gebrauch und ihre Einbeziehung in die staatlichen Krankenversicherungssysteme.

[320] Vgl. AZ v. 13. 6. 2005, Nr. 24, S. 1.

rungsgesetzes zu § 130a Abs. 8 SGB V[321] zu beachten, in welcher die Stärkung des Vertragsprinzips hervorgehoben ist. Zwar kann § 130a Abs. 8 SGB V aus systematischen Gründen wohl nicht als eigenständige Ermächtigungsgrundlage für derartige Vereinbarungen zwischen pharmazeutischer Industrie und Krankenkassen herangezogen werden, wohl aber sind Verträge möglich, die die pharmazeutische Industrie mittelbar an diesen Verträgen durch Rabattvereinbarungen beteiligen. Es ist davon auszugehen, dass die Vorschriften der §§ 63ff. SGB V (Modellvorhaben) und §§ 140a ff. SGB V abschließend regeln, wer als Vertragspartner in Betracht kommt, so dass nicht über § 130a Abs. 8 die pharmazeutische Industrie mit in das "Boot" geholt werden kann. Möglich wäre insofern ein Vertrag mit der Krankenkasse über Rabattgewährungen. Die Krankenkasse könnte diese Vereinbarungen wieder zum Anlass nehmen, mit den Vertragspartnern der neuen Versorgungsformen Regelungen über die Arzneimittelversorgung zu treffen, welche diese Rabattvereinbarungen berücksichtigen.[322] Erste Verträge in dieser Hinsicht wurden bereits geschlossen.[323] Teilweise wird aber im Hinblick auf den Wortlaut des § 129 Abs. 5b SGB V,[324] welcher anders als § 130a Abs. 8 SGB für die pharmazeutischen Unternehmern eine weiterreichende Beteiligung von Apothekern an vereinbarten Versorgungsformen vorsieht, eine derartige Möglichkeit ausgeschlossen.[325]

XVI. Arzneimittelpreisverordnung und Apothekenabgabepreis

102 Der Arzneimittelpreis ergibt sich in Deutschland nicht aus den Gesetzen des Marktes, sondern aus den Regulierungen des § 78 AMG und der aufgrund dieser Norm erlassenen Arzneimittelpreisverordnung. Zweck der Arzneimittelpreisverordnung ist die Festlegung eines einheitlichen Apothekenabgabepreises. Auf diese Weise soll verhindert werden, dass der erkrankte Patient vor dem Kauf einen Preisvergleich zwischen verschiedenen Apotheken anstellen muss.[326] Demgemäß legt die Arzneimittelpreisverordnung die Margen des Großhandels und der Apotheken verbindlich fest. Ziel der Arzneimittelpreisverordnung ist es darüber hinaus die Arzneimittelpreise im Sinne eines funktionierenden, finanzierbaren Gesundheitssystems möglichst niedrig zu halten[327] und die Verhinderung eines ruinösen Preiswettbewerbs unter den Apotheken. Letzteres soll eine flächendeckende, mithin zeit- und ortsnahe Versorgung der Bevölkerung mit Arzneimitteln sicherstellen.[328] Die Preisbildung geschieht in der Weise, dass zunächst der Herstellerabgabepreis vom Hersteller be-

---

[321] Dort heißt es: „Zur Stärkung des Vertragsprinzips in der gesetzlichen Krankenversicherung erhalten Krankenkassen und pharmazeutische Unternehmen zudem die Möglichkeit zu direkten vertraglichen Vereinbarungen." Vgl.: http://www.spdfraktion.de/rs_datei/0,,1691,00.pdf.

[322] Vgl.: *Biter* PharmR 2004, 141 (144).

[323] Vertrag zwischen Barmer Ersatzkasse, Deutschem Hausarztverband u. Apothekerverband v. Dezember 2004, abrufbar unter: http://www.barmer.de/barmer/web/Komponenten/Komponenten 20 Pressecenter/pdf-Dokumente/HA-Vertrag,property=Data.pdf.

[324] § 129 Abs. 5b SGB V lautet: „Apotheken können an vertraglich vereinbarten Versorgungsformen beteiligt werden; die Angebote sind öffentlich auszuschreiben. In Verträgen nach Satz 1 sollen auch Maßnahmen zur qualitätsgesicherten Beratung des Versicherten durch die Apotheke vereinbart werden. In der integrierten Versorgung kann in Verträgen nach Satz 1 das Nähere über Qualität und Struktur der Arzneimittelversorgung für die an der integrierten Versorgung teilnehmenden Versicherten auch abweichend von Vorschriften dieses Buches vereinbart werden."

[325] Vgl.: *Biter* PharmR 2004, 141 (144).

[326] Vgl. Begründung des Gesetztes über die Regelung auf dem Arzneimittelmarkt vom 24. 8. 1976, BT-Drs. 7/4557, abgedruckt in *Kloesel/Cyran*, M 32; vgl. auch *Dettling*, PharmR 2003, 401 ff.

[327] Vgl. Begründung des Gesetztes über die Regelung auf dem Arzneimittelmarkt vom 24. 8. 1976, BT-Drs. 7/4557, abgedruckt in *Kloesel/Cyran*, M 32.

[328] Vgl. Begründung des Gesetztes über die Regelung auf dem Arzneimittelmarkt vom 24. 8. 1976, BT-Drs. 7/4557, abgedruckt in *Kloesel/Cyran*, M 32; BVerwGE 45, 331 (339f.); VGH Baden-Württemberg NJW 1995, 1631f.

stimmt und veröffentlicht wird. Anschließend tritt die Großhandelsmarge (durchschnittlich 6%) hinzu.[329] Auf diesen Preis berechnen die Apotheken einen Festzuschlag in Höhe von 3% zzgl. 8,10 Euro. Dies ergibt den Apothekenabgabepreis. Der Festzuschlag von 8,10 Euro je Packung ist das Honorar für die Beratung der Kunden und die Abgabe der Arzneimittel in der Apotheke. Der Großhandel erhält weiterhin prozentuale Aufschläge zur Vergütung der Beschaffung, Bevorratung und Verteilung von Arzneimitteln von Herstellern an Apotheken. Die Höhe dieser Zuschlagssätze wurde etwa um die Hälfte abgesenkt, da auch die Kosten des Großhandels durch erhebliche Fortschritte in der Technik der Warenbewirtschaftung entsprechend gesunken sind. Die Festsetzung der Preisspannen des Großhandels und der Apotheken in der Arzneimittelpreisverordnung kann einheitliche Abgabepreise jedoch nur gewährleisten, wenn auch der Herstellungsabgabepreis als Ausgangspreis der Berechung einheitlich ist. Dieser wird in der Praxis nach der sogenannten Lauertaxe, einer deutschen Spezialitätentaxe, berechnet. Umstritten ist allerdings, ob die Abrechung nach der Lauertaxe auch dann mit dem geltenden Rechtvereinbar ist, wenn die pharmazeutischen Herstellen den Apotheken großzügige Rabatte gewähren.[330] Der BGH geht bisher davon aus, dass im Regelfall der Listenpreis der Lauertaxe, und nur bei einer tatsächlichen Preisabweichung im beachtlichen Umfang, der tatsächliche überwiegende verlangte durchschnittlich Herstellerpreis gelte.[331]

103 **OTC-Präparate und freiverkäufliche Arzneimittel** sind seit dem 1. Januar 2004 von der Arzneimittelpreisverordnung nicht mehr betroffen. Jeder Apotheker entscheidet dann selbst, wie preiswert er seine Produkte anbietet. In den Fällen, in denen rezeptfreie Arzneimittel noch von der Krankenkasse erstattet werden, gelten die Zuschlagssätze der Arzneimittelpreisverordnung mit Stand des Jahres 2003. Bisher hat sich jedoch kein besonderer Preiskrieg unter den Apotheken im OTC-Bereich gezeigt.

104 Für verschreibungspflichtige Arzneimittel und für nicht verschreibungspflichtige Arzneimittel, die zulasten der gesetzlichen Krankenversicherung abgegeben werden (vgl. § 78 Abs. 2 Satz 3 AMG, § 129 Abs. 5a SGB V), gilt aber weiterhin ein einheitlicher Apothekenabgabepreis.[332] Dem Urteil des Saarländischen OLG vom 26. November 2003,[333] in dem es um die Gewährung von Arzneimittelrabatten durch pharmazeutische Unternehmer an Apotheker geht, kommt deshalb weiterhin eine besondere Bedeutung zu. In dem Gerichtsverfahren wurde ein pharmazeutisches Unternehmen, das sich darauf spezialisiert hat, Arzneimittel aus europäischen Ländern, zu importieren in denen die Preise staatlich reglementiert und damit erheblich niedriger liegen als in Deutschland, durch einen Wettbewerbsverein auf Unterlassung verklagt. Anlass hierfür war der Umstand, dass das beklagte Pharmaunternehmen Apotheken für den Bezug seiner Medikamente großzügige Rabatte anbot. Die Rabatte gewährte die Beklagte auf den Apothekeneinkaufspreis bzw. sog. Herstellerabgabepreis, sodass dieser erheblich unterschritten wurde. In diesem Verhalten sah der klagende Wettbewerbsverein einen Verstoß gegen § 78 AMG und die Arzneimittelpreisverordnung. Das Gericht vertraten jedoch die Auffassung, dass die Rabattgewährungspraxis der Beklagten nach der bisherigen und derzeitigen Gesetzes- und Rechtslage weder verboten noch wettbewerbsrechtlich zu beanstanden sei. Ein Verstoß gegen § 78 AMG sei nicht feststellbar, da der mit dem Preisbestimmungssystem bezweckte

---

[329] Bei den in § 2 Abs. 1 AMPreisVO genannten Großhandelszuschlägen bei der Abgabe von Fertigarzneimitteln, die zur Anwendung bei Menschen bestimmt sind, handelt es sich um *Höchst*zuschläge auf den Herstellerabgabepreis ohne Umsatzsteuer.

[330] Vgl. BGH NJW 1986, 1544 (1546); Saarl. OLG in WRP 2004, 255 (258); *Meyer* NJW 1986, 1522 (1523f.).

[331] Vgl. BGH NJW 1986, 1544 (1546). Diese Argumentation des BGH, seinerzeits nur als Hilfserwägung gedacht, enthielt aber keine detaillierten Ausführungen dazu, wie diese tatsächliche Preisermittlung stattfinden solle. Faktisch wird eine deutschlandweite, tagesaktuelle Ermittlung der tatsächlichen Preise nicht oder nur schwer möglich sein.

[332] Siehe hierzu *Reinhart/Meisterernst/Meyer*, Recht der Apothekenpraxis, S. 24.

[333] Saarl. OLG Urt. 26. 11. 2003– 1 U 249/03 = WRP 2004, 255 (258).

einheitliche Apothekenverkaufspreis durch die beanstandeten Rabatte nicht berührt werde. Ziel dieses Preisbestimmungssystems ist nach Auffassung des Gerichts die Sicherstellung einheitlicher Apothekenverkaufspreise, ohne die Festsetzungsbefugnis des jeweiligen Herstellers des Arzneimittels einzuschränken. Die Arzneimittelpreisverordnung wende sich nicht unmittelbar an den Hersteller, sondern lege Preisspannen auf den ansonsten variablen Herstellerabgabepreis fest. Eine Bindung des Herstellers an den von ihm selbst festgelegten und veröffentlichten Herstellerabgabepreis der Lauertaxe lasse sich nicht feststellen. Durch die beanstandeten Rabatte werde der einheitliche Apothekenverkaufspreis, wie er für den Endverbraucher maßgeblich ist, gerade nicht berührt. Lediglich die internen Gewinnspannen der Apotheken könnten über die nach der Arzneimittelpreisverordnung möglichen Preisspannen hinaus im Einzelfall vergrößert werden. Weiterhin führte das Gericht aus, dass der Gesetzgeber zudem durch die Neufassung des § 7 HWG im Zuge der Abschaffung des Rabattgesetzes die Rabattgewährung gegenüber Apotheken gestattet habe. Lediglich bei Gewährung genereller Rabatte auf sämtliche von dem Hersteller vertriebenen Produkte könne angenommen werden, dass es sich bei den in der Lauertaxe veröffentlichten Herstellerabgabepreisen nur noch um fiktive Preise handle, die mit dem Prinzip der Preiswahrheit nicht mehr zu vereinbaren seien.[334] Denkbar ist aber ein Weiterleiten solcher Rabatte an die Krankenkassen, wenn dies entsprechend vertraglich geregelt ist.[335]

---

[334] Vgl. hierzu BGH NJW1986, 1544 (1546); OLG Frankfurt WRP 1999, 549 (551); OLG Schleswig NJWE-WettbR 1997, 36 (36); Meyer NJW 1986, 1522 (1523 f.); Mand GRUR Int. 2005, 637 (638).

[335] Vgl. *Reinhart/Meisterernst/Meyer,* Recht der Apothekenpraxis, S. 2.

§ 20 Wirtschaftlichkeitsprüfung

Schrifttum: *Baader,* Beweiswert und Beweisfolgen des statistischen Unwirtschaftlichkeitsbeweises im Kassenrecht, in: Schriftenreihe Recht und Medizin, 1985; *ders.,* „Praxisumstände" beim statistischen Beweis der Unwirtschaftlichkeit im Kassenarztrecht, SGb 1985, 446f.; *Ehlers* (Hrsg.)/*Hesral/Reinhold/Steinhilper/v. Strachwitz,* Praxis der Wirtschaftlichkeitsprüfung, 2. Auflage 2002; *Engelhard,* Die Richtgrößenprüfung im Vertragsarztrecht, NZS 2004, 572f.; *Gaus,* Prüfung der Wirtschaftlichkeit der Behandlungs- und Verordnungsweise des Kassenarztes, in: Schriftenreihe MedR, 1988; *Hauck/Haines,* Gesetzliche Krankenversicherung, Band 2, Stand: August 2004; *Kasseler Kommentar,* Sozialversicherungsrecht, Band 1, Stand: August 2004; *Luckhaupt,* Wann tritt Verjährung bei Rückforderung durch die Kassenärztliche Vereinigung ein?, Der Arzt und sein Recht, 1991, S. 20; *Oehler,* Der Zahnarzt in der Wirtschaftlichkeitsprüfung, 2. Aufl. 2000; *Peikert,* Richtgrößen und Richtgrößenprüfungen nach dem ABAG, MedR 2003, 29ff.; *Rieger,* Lexikon Arztrecht, Stand Oktober 2004; *Schneider G.,* Die Prüfung der Kassenärzte auf Wirtschaftlichkeit, SGb 1984, 329f.; *ders.,* Handbuch des Kassenarztrechts, 1994; *Schneider H.,* Gesetzgebung, 2. Aufl. 1991; *Spellbrink,* Die „intellektuelle Wirtschaftlichkeitsprüfung", MedR 1996, 125f.; *ders.,* Neue Methoden der Wirtschaftlichkeitsprüfung im Kassenarztrecht durch § 106 SGB V?, NZS 1993, 298f.; *ders.,* Wirtschaftlichkeitsprüfung im Kassenarztrecht, 1994; *Spiolek,* Das Wirtschaftlichkeitsgebot des SGB V und die beiden neuen Formen der Wirtschaftlichkeitsprüfung – Stichproben und Richtgrößenprüfung – nach § 106 II 1 SGB V, ZSR 1992, 209f.; *Steinhilper,* Aufschiebende Wirkung von Widerspruch und Klage im Vertragsarzt – zu einigen Auswirkungen des 6. SGG-ÄndG, MedR 2003, 433f.; *ders.,* Aufschiebende Wirkung von Widerspruch und Klage im Vertragsarztrecht, MedR. 2004, 253ff.; *Wiegand,* Kassenarztrecht, 3. Aufl. 1995.

Übersicht

I. Historie

1 Die **Entstehungsgeschichte** der Wirtschaftlichkeitsprüfung geht zurück auf § 368n Abs. 5 RVO[1] und wurde inhaltlich im Wesentlichen durch das Gesundheitsreformgesetz (GRG)[2] übernommen, allerdings ausführlicher ausgestaltet durch die Aufnahme der Regelprüfmethoden, die Aufnahme eines Antragserfordernisses und die Verpflichtung, ein Verfahren bei Überschreitung der Richtgrößen zu vereinbaren.[3] Weitere Veränderungen erfolgten durch das Gesundheitsstrukturgesetz (GSG)[4] mit Aufnahme der Stichprobenprüfung und der einheitlichen Prüfung über alle Kassenarten, durch Artikel 4 Nr. 7 des Pflegeversicherungsgesetzes,[5] das 2. GKV-Neuordnungsgesetz (GKV-NOG),[6] Art. 1 Nr. 20 des GKV-Solidaritätsstärkungsgesetzes (GKV-Sol.),[7] das GKV-Gesundheitsreformgesetz 2000 (GKV-GRG 2000) mit erheblichen Konkretisierungen zur Stichprobenprüfung und der Veränderung der Aufgreifkriterien für die Richtgrößenprüfungen.[8] Weitergehende Veränderungen, insbesondere für die Richtgrößenprüfungen, erfolgten durch das Gesetz zur Ablösung des Arznei- und Heilmittelbudgets (ABAG).[9] Ihren vorläufigen Abschluss mit nahezu vollständiger Neuformulierung des § 106 SGB fand die gesetzgeberische Tätigkeit durch das **GKV-Modernisierungsgesetz (GMG).**[10]

II. Inhalt und Zweck der Vorschrift

2 § 106 SGB V konkretisiert inhaltlich und zum Teil verfahrensrechtlich das Wirtschaftlichkeitsgebot, welches sich durch das gesamte Recht der gesetzlichen Krankenversicherung zieht. Das **Wirtschaftlichkeitsgebot** des SGB V richtet sich gleichermaßen an Vertragsärzte wie an Vertragszahnärzte.[11]

1. Der Wirtschaftlichkeitsbegriff

3 Die Ansprüche der Versicherten auf der einen Seite und die theoretischen Möglichkeiten der Leistungserbringer auf der anderen Seite finden ihr gesetzliches Korrektiv im

---

[1] Eingeführt durch das Krankenversicherung-Kostendämpfungsgesetz vom 27. 6. 1977.
[2] BGBl. I S. 2477.
[3] Vgl. BT-Drucks. 11/2237 S. 122 zu § 114; Änderungsempfehlung des 11. Ausschusses BT-Drucks. 11/3480 S. 60 und des Bundesrats BT-Drucks. 11/2493 S. 28 zu § 114.
[4] S. GSG Art. 1, Nr. 63 BGBl. I S. 2266, 2283; vgl. Begründung Fraktionsentwurf der CDU/CSU, SPD und FDP, BT-Drucks. 12/3608 S. 100 zu § 106.
[5] Begr. BT-Drucks. 12/5920 S. 51 f.
[6] V. 23. 6. 1997 BGBl. I S. 1520, 1527; vgl. BT-Drucks. 13/6087 S. 28 zu § 106 Abs. 3.
[7] V. 19. 12. 1998 BGBl. I S. 3853, 3857.
[8] V. 22. 12. 1999 BGBl. S. 2626, 2635.
[9] V. 19. 12. 2001 BGBl. I S. 3773.
[10] V. 14. 11. 2003 BGBl. I S. 2190.
[11] Ausführlich eingehend auf die unterschiedlichen Interessenlagen der am Verfahren Beteiligten *Steinhilper* in: Ehlers (Hrsg.)/Hesral/Reinhold/v. Strachwitz, Das Verfahren aus Sicht der Kassenärztlichen Vereinigungen und Prüfinstanzen, S. 91 ff.

Wirtschaftlichkeitsgebot. Die tatbestandlichen Grundbegriffe des Wirtschaftlichkeitsbegriffes sind überwiegend von der Rechtsprechung des BSG im Leistungsrecht erarbeitet worden.[12] Blieb nach dieser Rechtsprechung noch die Frage der Wechselwirkungen der verschiedenen Wirtschaftlichkeitsgebote im SGB V, nämlich der Begrenzung des Sachleistungsanspruches des Versicherten auf der einen Seite (§ 12 Abs. 1) und den im 4. Kapitel des SGB V enthaltenen Konkretisierungen des Wirtschaftlichkeitsgebotes gegenüber den Leistungserbringern auf der anderen Seite, so hat die Rechtsprechung dies grundlegend dahingehend entschieden, dass das **Leistungsrecht dem Leistungserbringerrecht** folge.[13] Auf eine Leistung, die der Leistungserbringer, beispielsweise aufgrund der Konkretisierung des Wirtschaftlichkeitsgebotes in den Arzneimittelrichtlinien, nicht erbringen darf, hat der Versicherte danach keinen Anspruch. Als besondere normative Regelung für die Vertragszahnärzte ist die Richtlinie des Bundesausschusses der Zahnärzte und Krankenkassen für eine ausreichende, zweckmäßige und wirtschaftliche vertragszahnärztliche Versorgung zu nennen.

2. Inhalte der Wirtschaftlichkeitsprüfung

4 Die Regelung des § 106 SGB V umfasst die gesamte Tätigkeit des Vertragsarztes. **Gegenstand** der Wirtschaftlichkeitsprüfung sind die Überprüfung der Honoraranforderung des Arztes, seine Verordnungstätigkeit im Hinblick auf Arzneien, Sprechstundenbedarf, veranlasste physikalisch-medizinische Leistungen, Feststellungen von Arbeitsunfähigkeit sowie die Überprüfung seines Überweisungsverhaltens.

3. Verfassungskonformität

5 Die Notwendigkeit der Wirtschaftlichkeitsprüfung als Folge der Strukturentscheidung des Gesetzgebers, die gesetzliche Krankenversicherung mit dem Sachleistungsprinzip auszustatten, ist allgemein anerkannt. Die zur Deckung der Kosten der gesetzlichen Krankenversicherung zur Verfügung stehenden Mittel durch die Beiträge der Versicherten sind begrenzt. Es bedarf gesetzlicher Vorschriften zur Aufrechterhaltung der Funktions- und Leistungsfähigkeit des Systems der Krankenversicherung, wozu auch die Wirtschaftlichkeitsprüfung zu zählen ist, die auf **sachgerechten und vernünftigen Erwägungen des Gemeinwohls** beruht.[14]

4. Leistungsdaten

6 Für die zu verwendenden **Daten innerhalb der Prüfmethoden** enthält das Gesetz Regelungen in den §§ 294ff. SGB V, insbesondere § 296 für die Auffälligkeitsprüfung und § 297 für die Zufälligkeitsprüfung. Soweit ersichtlich wurden in der Vergangenheit von der gemeinsamen Selbstverwaltung die geforderten Datenübermittlungen umgesetzt und zur Grundlage des Wirtschaftlichkeitsprüfungsverfahrens gemacht. Da durch das GMG die §§ 296, 297 SGB V erheblich verändert wurden, Prüfverfahren aus dem Jahr 2004 hingegen – und auch nur im Honorarbereich – noch bei den Prüfungsausschüssen anhängig sind, kann zur konkreten Umsetzung der gesetzgeberischen Vorgaben noch keine Position bezogen werden. Die Tendenz des Gesetzgebers, mit ausschließlich elektronisch verwertbaren Daten die Wirtschaftlichkeitsprüfung durchführen zu lassen, bedarf

---

[12] Vgl. BSGE 17, 79, (84) = BSG SozR, SGG, § 114 Bl. Da 5 Nr. 16; BSGE 63, 102; BSGE 64, 255 = BSG SozR 2000 § 182 Nr. 114.

[13] BSGE 81, 86 (94); BSG SozR 3–2500 § 87 Nr. 18.

[14] BVerfG Beschl. v. 24. 2. 1978 – 1 BvR 935/77 –; BVerfG Beschl. v. 29. 5. 1978 – 1 BvR 951/77 –, beide Beschl. abgedruckt bei *Raddatz/Szidat,* Die Wirtschaftlichkeit der kassenärztlichen und kassenzahnärztlichen Versorgung in der Rechtsprechung, WKR 9, 1978.

aber jetzt schon der Kritik, da insbesondere im Bereich der Verordnungsregresse die tatsächliche Inanspruchnahme durch den Versicherten, sei es dem Grunde, sei es der Höhe nach, nicht mehr überprüfbar ist. Bei den häufig von den Ersatzkassenverbänden verwendeten Images können darüber hinaus konkrete Zuordnungen zum Patienten nicht mehr nachvollzogen werden, so dass potentielle Fehlerquellen für den Betroffenen kaum substantiierbar sind.

7 Kann für den Abschluss einer Prüfvereinbarung zwischen den Vertragsparteien keine Einigung über den Umfang des Datenmaterials erzielt werden, ist diese vom Schiedsamt festzusetzen. Bei den Regelungen der §§ 296 und 297 SGB V handelt es sich entweder um Ansprüche der Krankenkassen gegen die Kassenärztliche Vereinigung (§§ 296 Abs. 1 und 297 SGB V) oder um Ansprüche der Kassenärztlichen Vereinigungen gegen die Krankenkassen (§ 296 Abs. 3 SGB V).

8 Da das Gesetz den **Arzt nicht als Anspruchsberechtigten** aufführt, kann dieser Ansprüche aus §§ 296 und 297 SGB V nicht geltend machen. Handelt es sich aber um Daten, die mittels eines verhältnismäßigen Aufwandes entweder seitens der Kassenärztlichen Vereinigung oder der Krankenkassenverbände beizubringen wären, haben sich die Prüfgremien zu bemühen, diese Daten zu beschaffen. Weitergehende, eigene Ermittlungen sind von den Prüfgremien nicht zu verlangen, da diesen die Daten selbst nicht zur Verfügung stehen und daher die manuelle Datenermittlung – abgesehen vom zu hohen Aufwand – nicht möglich ist. Im Hinblick auf die Bindungswirkung der Prüfvereinbarung für die Prüfgremien können diese die Durchführung der Wirtschaftlichkeitsprüfung nicht verweigern.

5. Verfahren vor den Prüfungs- und Beschwerdeausschüssen

9 Gem. § 106 Abs. 3 SGB V vereinbaren die Krankenkassen und die Kassenärztliche Vereinigung **gemeinsam und einheitlich** die **Verfahren** zur Prüfung der Wirtschaftlichkeit. Die **Besetzung der Prüfgremien** ergibt sich aus § 106 Abs. 4 SGB V. Durch das GMG (§ 106 Abs. 4 Satz 2 SGB V) sind die Ausschüsse dergestalt erweitert worden, dass neben der paritätischen Besetzung zwischen Vertretern der KVen und der Krankenkassenverbände ein **unparteiischer Vorsitzender** zu bestellen ist, über den sich die Parteien der gemeinsamen Selbstverwaltung einigen sollen. Seine Amtszeit beträgt zwei Jahre (§ 106 Abs. 4 Satz 3 SGB V). Gem. § 106 Abs. 4a SGB V werden die Ausschüsse durch eine **Geschäftsstelle** unterstützt, die **mit eigenem Personal und Sachmitteln** auszustatten ist. Die Geschäftsstelle bereitet die für die Prüfungen erforderlichen Daten und weiteren Unterlagen auf, trifft Feststellungen für die Beurteilung und legt dies den Ausschüssen, verbunden mit einem Entscheidungsvorschlag, vor. Das Nähere zur Geschäftsführung der Ausschüsse wird durch Rechtsverordnung geregelt.[15]

Neu eingeführt durch das GMG wurde auch § 106 Abs. 4b SGB V, wonach eine **persönliche Haftung** der zuständigen **Vorstandsmitglieder** der Krankenkassenverbände und der Kassenärztlichen Vereinigung für eine ordnungsgemäße Umsetzung der Wirtschaftlichkeitsprüfung normiert wurde.

Sowohl die **Entscheidung über die Einleitung eines Prüfverfahrens** als auch die Auswahl liegt weiterhin bei den Prüfgremien. § 106 Abs. 3 SGB V wurde dahingehend ergänzt, da in den Prüfvereinbarungen vorzusehen ist, dass der Prüfungsausschuss auf Antrag der Kassenärztlichen Vereinigung, der Krankenkasse oder ihres Verbandes Einzelfallprüfungen durchführen muss. Gemeint sind hier offensichtlich Fälle der Abrechnungsprüfung trotz statistischer Unauffälligkeit gem. § 106a SGB V.

10 Inwieweit sich die Prüfgremien dabei **fachkundiger Hilfe Dritter,** in der Regel durch Gebietsärzte, bedienen, ist nicht mehr allein der Entscheidung der Prüfgremien vorbehalten. Gem. § 106 Abs. 4d können Sachverständige auch zu den vorbereitenden

[15] Wirtschaftlichkeitsprüfungs-Verordnung – WiPrüfVO v. 5. 1. 2004, BGBl. I S. 29f.

Entscheidungen der Geschäftsstelle der Prüfgremien, allerdings nur mit Genehmigung der Aufsichtsbehörde, herangezogen werden. Nach diesseitigem Verständnis dürfte es den Prüfgremien in besonderen Fällen unbenommen bleiben, ebenfalls Sachverständige bei der Durchführung des Verfahrens hinzuzuziehen. Ein Anspruch des Arztes auf einen Fachgebietskollegen, so sinnvoll dies ggf. erscheinen mag, bestand auch vor der Gesetzesänderung nicht.[16] Auch sind die Prüfgremien an die Darstellung eines Referenten nicht gebunden. Jedoch, da die Ergebnisse des Referenten Gegenstand der Prüfakte werden, wird es besonderer Darlegungen bedürfen, insbesondere wenn in tatsächlicher Hinsicht vom Vortrag des Referenten abgewichen werden soll.

11 **Keinesfalls** hat der Prüfreferent die Rolle eines **Sachverständigen** im Sinne der Vorschriften der §§ 402ff. ZPO, so dass dem Referat auch ein solcher Beweiswert nicht zugestanden werden kann.

12 In vielen Prüfvereinbarungen fand sich eine Vorschrift, die bei Widerspruch des Arztes eine erneute Entscheidung durch den Prüfungsausschuss (sog. **Abhilfeverfahren**) vorsieht. Derartige Regelungen verstoßen gegen § 85 SGG, da nach dieser Vorschrift die nächsthöhere Behörde, hier also der Beschwerdeausschuss, über den Widerspruch entscheidet, so dass ein Fristversäumnis gegen die Entscheidung im Abhilfeverfahren nicht eintreten kann.[17]

13 Im Übrigen gilt auch im Verfahren der Wirtschaftlichkeitsprüfung das Verbot der **refomatio in peius,** so dass in Verfahren vor dem Beschwerdeausschuss eine Schlechterstellung des Vertragsarztes nur dann eintreten kann, wenn einer der übrigen Beteiligten Widerspruch erhoben hat.[18]

III. Voraussetzungen und Inhalte der Wirtschaftlichkeitsprüfung

1. Prüfvereinbarungen

14 Bei den Prüfvereinbarungen handelt es sich um **öffentlich-rechtliche** Verträge, denen **Rechtsnormcharakter** zukommt.[19] Sie sind **schiedsamtfähig** im Sinne des § 90 SGB V. Den Vertragsarzt binden sie gem. § 95 Abs. 3 SGB V. Aufgrund des Rechtsnormcharakters sind die Verträge **für die Prüfgremien verbindlich.** Grundsätzlich bindet die Prüfvereinbarung die Vertragsparteien untereinander. Eine Bindungswirkung gegenüber Leistungserbringern kommt nur dann in Betracht, wenn dem **Publizitätsgebot** entsprochen wird.[20]

15 Im Verhältnis zu den allgemeinen Vorschriften des SGB X ist zu beachten, dass nach § 106 Abs. 3 S. 1 SGB V nur noch das Verfahren zur Überprüfung der Wirtschaftlichkeit in der Prüfvereinbarung zu regeln ist, während § 368n Abs. 5 S. 3 RVO noch bestimmt hatte, dass die Vertragsparteien des Gesamtvertrages das Verfahren zu überwachen haben und die Prüfung der Wirtschaftlichkeit **sowie das Verfahren vor den Ausschüssen** vereinbaren. Damit ist klargestellt, dass das Verwaltungsverfahren selbst nicht mehr in der Regelungsdisposition der Vertragspartner liegt. Folglich gelten insoweit **vorrangig** die Vorschriften des **SGB X.**[21] Dies wird gestützt durch die Gesetzesbegründung, wonach die gesetzlichen Vorschriften Vorrang vor öffentlich-rechtlichen Verträgen haben sollen.[22] Im

---

[16] BSG SozR 3–2200 § 368n Nr. 19, Nr. 13 und Nr. 43.

[17] BSGE 72, 214 (220).

[18] BSGE 53, 284 (285) = BSG SozR 5500 § 15 Nr. 1; BSG, Urt. v. 27. 6. 2001 – B 6 KA 66/00 R –; *Raddatz/Szidat,* WKR 9–2001.

[19] *Hauck/Haines-Engelhard,* SGB V, § 106 Rdn. 432; LSG Berlin GesR 2003, 214.

[20] *Hauck/Haines-Engelhard,* SGB V, § 106 Rdn. 432; LSG Berlin GesR 2003, 214.

[21] *Hauck/Haines-Engelhard,* SGB V, § 106 Rdn. 525; *KassKomm-Hess,* SGB V, § 106 Rdn. 55; *Wiegand,* Kassenarztrecht, SGB V, § 106 Rdn. 48.

[22] BT-Drucks. 11/2493 S. 28.

Einzelfall bleibt das Verhältnis von SGB X und Prüfvereinbarung problematisch. Es wird darauf ankommen, ob es sich um eine Regelung zum Verfahren vor den Prüfungsausschüssen handelt oder eine Regelung, die dem allgemeinen Verwaltungsverfahren zuzuordnen ist. Soweit die Vereinbarungen nicht gegen höherrangiges Recht verstoßen, enthalten sie – auch – subjektiv-öffentliche Rechte des Vertragsarztes. Sofern nicht innerhalb der Prüfungsvereinbarungen übernommen, gehen die Vorschriften über die Leistungsdaten gem. §§ 294 ff. SGB V etwaigen abweichenden Vereinbarungen vor. Die Rechtsprechung hatte sich bisher mit Einzelfragen auseinandergesetzt. So ist es als zulässig anzusehen, den Begründungszeitraum für die Abfassung eines Prüfbescheides gegenüber der gesetzlichen Ausgangslage strenger zu fassen.[23] Zweifelhaft erscheint die Vereinbarung eines **Abhilferechts** durch den Prüfungsausschuss.[24] Wirksam ist ein Ausschluss der Beschränkung der Wirtschaftlichkeitsprüfung auf **bestimmte Kassenarten.**[25] Unwirksam ist die Beschränkung der Wirtschaftlichkeitsprüfung auf **bestimmte Prüfmethoden,**[26] ebenso die Vereinbarung einer anderen Rangfolge gegenüber den gesetzlichen Regelprüfmethoden.[27] Zulässig ist die Vereinbarung von **Aufgreifkriterien** für den Beginn des Auswahlverfahrens, nicht hingegen die Festlegung **fester Grenzwerte** für das offensichtliche Missverhältnis.[28] Ohne den Abschluss einer Prüfvereinbarung sollen Wirtschaftlichkeitsprüfungen grundsätzlich nicht stattfinden dürfen.[29] Die inhaltliche Anforderung an einen wirksamen Prüfantrag unterliegt nicht gesamtvertraglicher Vereinbarung, sondern ist dem sozialrechtlichen Verwaltungsverfahren des SGB X zugeordnet.[30] Darüber hinaus ist eine Regelung über die Zusammensetzung der Vergleichsgruppen statthaft, da ohne festgelegte **Vergleichsgruppen** weder das Datenmaterial zugeordnet werden kann noch ein Auswahlverfahren durchzuführen ist. Nach diesseitiger Auffassung obliegt die Entscheidung darüber, welche Vergleichsgruppen gebildet werden, den Parteien der gemeinsamen Selbstverwaltung gemeinsam, nicht hingegen der Kassenärztlichen Vereinigung oder – wie zum Teil geschehen – deren Vorstand. Daneben muss den Prüfgremien ein Beurteilungsspielraum für notwendige Abweichungen zur Durchführung einer effizienten Wirtschaftlichkeitsprüfung bleiben.

2. Prüfantrag

16 Die Frage nach Inhalt und Umfang von **Prüfanträgen** kann nach dem GKV-GRG 2000 zukünftig dahinstehen, da die Durchführung der Wirtschaftlichkeitsprüfung einen Antrag nicht länger voraussetzt. Die Rechtsprechung hat dem Antragserfordernis bis zum 31. 12. 1999 keine besondere Bedeutung beigemessen. Es genügte, wenn das Prüfgremium aus eigener Initiative tätig geworden war, soweit ein Prüfantrag im Laufe des weiteren Verfahrens wirksam nachgeholt wurde. Der Antrag sei bloße Verfahrensvoraussetzung und materiell-rechtlich ohne Bedeutung. Ihm komme kein solches Gewicht zu, dass ein Fehlen dem erlassenen Verwaltungsakt von vornherein jede Wirksamkeit nehme. Bis zum Ablauf der Antragsfrist könne der Antrag jederzeit nachgeholt werden.[31] Im Übrigen wurde schon für die Zeit vor dem Inkrafttreten des GRG den Krankenkassen, ihren Verbänden und den Kassenärztlichen Vereinigungen ein eigenes Antragsrecht zugestanden.[32] Soweit innerhalb der **Prüfvereinbarung Antragsfristen** vereinbart waren, kann sich der

[23] BSG SozR 3–1300 § 35 Nr. 5.
[24] BSG SozR 3–1300 § 35 Nr. 5.
[25] BSG SozR 2200 § 386 n RVO Nr. 6.
[26] BSGE 75, 220 (222) = BSG SozR 3–2500 § 106 Nr. 24.
[27] BSGE 77, 53 (60) = BSG SozR 3–2500 § 106 Nr. 33.
[28] BSG SozR 3–2500 § 106 Nr. 25.
[29] BSG SozR 3–2500 § 106 Nr. 40.
[30] BSG, Urt. 27. 6. 2001 – B 6 KA 66/00 R –.
[31] BSG SozR 3–2500 § 106 Nr. 28.
[32] BSGE 68, 93 (96) = BSG SozR 3–2500 § 106 Nr. 4.

Vertragsarzt jedenfalls dann, wenn innerhalb einer solchen Frist überhaupt keine auf Überprüfung abzielende Erklärung eingeht, die als Antrag ausgelegt werden kann, auf die mangelnde Rechtzeitigkeit der Antragstellung berufen.[33]

3. Verjährung

17 Auch Prüfansprüche unterliegen der **Verjährung.** Allerdings sind die Honorarforderungen der Ärzte keine Sozialleistungen und unterliegen damit nicht den Einschränkungen des § 45 SGB X.[34] Dabei wurde zunächst davon ausgegangen, dass es sich bei der Wirtschaftlichkeitsprüfung um einen Anspruch gegen den Leistungserbringer handele, der die Prüfung zu dulden habe. In analoger Anwendung von § 196 BGB a.F. unterliege dieser Anspruch der zweijährigen Verjährung.[35] Dieser Anspruch entstehe mit der Einreichung der Abrechnung des Arztes bei seiner KV. Von diesem Zeitpunkt an sei zwei Jahre lang eine Prüfung möglich. Ergehe innerhalb dieses Zeitraums kein Prüfbescheid, der gem. § 52 SGB X die Verjährung unterbreche, so verjähre der Anspruch. An dieser Rechtsprechung wurde auch unter Geltung des GRG (Einführung des Prüfantrages) festgehalten.[36] Für die Fälle verzögerter Antragstellung machte das BSG deutlich, dass eine willkürliche Verzögerung nicht zu akzeptieren ist und insoweit über eine verspätete Antragstellung die Verjährung des Prüfanspruches nicht hinausgeschoben werden kann. Nach 6 Monaten werde definitiv – also auch ohne Antrag – die Verjährung zu laufen beginnen.[37] Zu Recht weist das LSG NW[38] darauf hin, dass bereits **Bedenken** gegen die Existenz eines gegen den Arzt gerichteten **Prüfanspruches** bestehen. Die KV schuldet dem Arzt einen Anteil an der Gesamtvergütung nur insoweit, als die Leistungen des Arztes dem Wirtschaftlichkeitsgebot entsprechen. Die jüngere Rechtsprechung des BSG, der sich auf Anfrage der 6. Senat angeschlossen hat,[39] lehnt daher die Deutung des Prüfungsrechtes als einen der Verjährung unterliegenden Anspruch ab. Dennoch kann der dem Arzt erteilte Honorarbescheid zeitlich nicht unbegrenzt aufgehoben werden. Dem rechtsstaatlichen Gebot der Rechtssicherheit aus Art. 20 Abs. 3 GG ist insoweit **eine zeitliche Begrenzung** auch des Prüfverfahrens zu entnehmen. Insoweit wird heute davon ausgegangen, dass der die Wirtschaftlichkeitsprüfung abschließende Bescheid spätestens vier Jahre nach der vorläufigen Honorarabrechnung dem Arzt zugestellt sein muss. Diese Frist ist auch dann gewahrt, wenn der Prüfungsausschuss einen Antrag auf Kürzung ablehnt. Diese Rechtsprechung ist auch auf gegen den Arzt gerichtete Regresse anzuwenden.

18 Im Einzelfall kann eine **Verwerfung des Prüfanspruchs** auch dann in Betracht kommen, wenn aufgrund längerer Verzögerung der betroffene Arzt wegen des Verhaltens der am Prüfverfahren Beteiligten ein schutzwürdiges Vertrauen in Anspruch nehmen kann, das die spätere Weiterverfolgung eines längere Zeit nicht betriebenen Prüfverfahrens als treuwidrig erscheinen lässt.[40] Davon zu unterscheiden sind Sachverhalte, in denen die am Prüfverfahren Beteiligten **vertragliche Fristen** für die Durchführung des Prüfverfahrens vereinbart haben. Diese Fristen, soweit sie nicht über den Vier-Jahres Zeitraum hinausgehen, gehen vor.

---

[33] BSG SozR 5500 § 17 Nr. 1.

[34] BSGE 68, 97 (98) = BSG SozR 3–2500 § 106 Nr. 4.

[35] BSGE 68, 97 (101) = BSG SozR 3–2500 § 106 Nr. 4.

[36] BSGE 69, 147 (152) = BSG SozR 3–2500 § 106 Nr. 7, jedoch, da ein Prüfanspruch nur vorstellbar ist, wenn ein entsprechender Antrag vorliegt, die Regel aufgestellt ist, dass 2 Jahre nach Antragstellung ein Prüfbescheid vorliegen muss.

[37] BSGE 69, 147 (152) = BSG SozR 3–2500 § 106 Nr. 7; zur Kritik der Literatur vgl. z.B. *Spellbrink,* Die Wirtschaftlichkeitsprüfung, Rdn. 80ff.; *Luckhaupt,* Der Arzt und sein Recht, 1991, S. 20.

[38] Urt. v. 24. 4. 1991 – L 11 KA 117/90 –.

[39] BSGE 72, 271 (274) = BSG SozR 3–2500 § 106 Nr. 19.

[40] BSGE SozR 5548, § 3 Nr. 2.

4. Amtsermittlungsgrundsatz

19 Der **Amtsermittlungsgrundsatz** gem. § 20 SGB X gilt auch für die Wirtschaftlichkeitsprüfung. Eine Abgrenzung ist notwendig zum Umfang des Amtsermittlungsgrundsatzes der Prüfgremien und zu den Mitwirkungspflichten des § 21 SGB X des Vertragsarztes.

20 Grundsätzlich haben die Prüfgremien den **offenkundigen und den geltend gemachten Besonderheiten** einer Praxis nachzugehen.[41] Im Hinblick auf die verschiedenen zur Verfügung stehenden Prüfmethoden und das Fehlen weitergehender gesetzlicher Vorgaben zu den Inhalten einer Wirtschaftlichkeitsprüfung kann die Frage, welche konkreten Maßnahmen die Prüfgremien von Amts wegen vorzunehmen haben, nur im Einzelfall beurteilt werden. Unzweifelhaft umfasst der Untersuchungsgrundsatz die Beiziehung und Bewertung der Leistungsdaten, die von den Beteiligten (Verbänden der Krankenkassen und Kassenärztlicher Vereinigung) gem. §§ 294ff. SGB V zu liefern sind.

21 Regelmäßig umstritten in gerichtlichen Verfahren ist hingegen der **Grenzbereich** zwischen weitergehender Forschungs- und Aufklärungspflicht der Prüfgremien auf der Basis des Untersuchungsgrundsatzes und den Mitwirkungspflichten des Arztes. Dabei sind die Voraussetzungen der verschiedenen **Prüfmethoden zu reflektieren.** So wird innerhalb der **strengen Einzelfallprüfung** das Prüfgremium sämtliche tatbestandlichen Voraussetzungen dieser Prüfung von Amts wegen zu ermitteln haben. Dieser Prüfung immanent ist auch die Einbeziehung derjenigen Patientenunterlagen, welche der Arzt üblicherweise nicht mit seiner Abrechnung zur Verfügung stellt. Hier treffen den Arzt insoweit **Mitwirkungspflichten,** als er diese Unterlagen auf Anforderung für die Prüfung zur Verfügung zu stellen hat. Das Nichtbefolgen – abgesehen von dem Verstoß gegen vertragsärztliche Pflichten – führt zur Beweisvereitelung. Innerhalb des **statistischen Fallkostenvergleiches** unterfallen dem Amtsermittlungsgrundsatz mindestens die Überprüfung der ordnungsgemäßen Vergleichsgruppenbildung und die Entscheidung über die Homogenität einer Vergleichsgruppe. **Aufklärungsmühe und Aufklärungsgewinn** sind gegeneinander **abzuwägen.**[42] Die Prüfgremien müssen nicht jedem noch so unbedeutenden Hinweis nachgehen.

22 **Praxisbesonderheiten und kompensatorische Einsparungen** sind nur dann von Amts wegen zu ermitteln, sofern diese Umstände offenkundig bekannt oder ohne weitere Mühe aus den der Prüfung zugrunde liegenden Leistungsdaten ablesbar sind. Hier beginnen in der Regel die Mitwirkungspflichten.[43] Insbesondere diejenigen Umstände, die den betroffenen Vertragsarzt in atypischer Art und Weise vom Durchschnitt seiner Fachgruppe unterscheiden, sind substantiiert darzulegen.[44] Innerhalb der kompensatorischen Einsparungen ist zu differenzieren. Ergeben sich Minderaufwendungen aus dem **statistischen Material,** sind sie vom Amtsermittlungsgrundsatz umfasst. Die **Kausalität** hingegen unterliegt der Darlegungspflicht des Betroffenen. Zum Teil werden **Kausalvermutungen** als Beweiserleichterung für den Vertragsarzt zugelassen.[45]

23 Bei Kausalzusammenhängen, für welche statistisches Material nicht vorhanden ist, wie beispielsweise eine Statistik über das Überweisungsverhalten der Ärzte der Vergleichsgruppe, bleibt im Zweifel der Vertragsarzt beweisfällig, mit der Konsequenz, dass eine Entscheidung zu seinen Lasten zu treffen wäre. Es ist im Einzelfall zu beurteilen, inwieweit, sofern eine manuelle Auswertung möglich ist, Aufklärungsmühe und Aufklärungsgewinn noch in einem Verhältnis stehen, welches die Anforderungen an den Untersuchungsgrundsatz nicht überspannt. Sofern den Krankenkassen und/oder den Kassenärztlichen Vereinigungen solches Material hingegen zur Verfügung steht, kann Beweisvereitelung vorliegen. Aufgrund der normativen Bindung der Prüfgremien an das Gesetz und an die

---

[41] BSG, Urt. v. 23. 5. 1984 – 6 RKA 1/83 –; *Raddatz/Szidat* WKR 9-1984.

[42] BSG SozR 3–2500 § 106 Nr. 13.

[43] BSGE 17, 79 (85); BSG USK 85190.

[44] BSGE 17, 79 (85); BSG USK 85190.

[45] LSG Berlin, Urt. v. 30. 1. 1995 – L 7 Ka 4/83 –.

Prüfvereinbarung wird in der Regel entweder über die mangelnde Vollziehbarkeit der Kürzungsentscheidung oder Sekundäransprüche nachzudenken sein.

24 Im Einzelnen ist folgende **Kasuistik** zu nennen: Bei angenommener Kausalität zwischen Mehraufwand und Minderaufwand muss der gesamte Minderaufwand gegenüber dem Mehraufwand in der strittigen Sparte berücksichtigt werden.[46] Zur vollständigen Sachverhaltsaufklärung zählt auch die Bewertung der Ergebnisse einer vergleichenden Analyse der Abrechnungswerte des geprüften Zahnarztes mit derjenigen der Gesamtheit der Zahnärzte aus einem bestimmten regionalen Bereich.[47] Das bloße Bestreiten mit Nichtwissen bezüglich der Richtigkeit statistischer Leistungsdaten ist unzureichend.[48] Es gibt keinen allgemeinen Erfahrungssatz, der Beweiserleichterungen im Sinne einer Vermutung rechtfertigen könnte.[49] Die Aufklärung sog. „Nullfälle" ist Sache der Prüfgremien, da die hierfür erforderlichen Abrechnungsunterlagen die Kassenzahnärztliche Vereinigung besitzt und diese den Prüfgremien zugänglich sind.[50] Der Betroffene hat konkret und nachvollziehbar darzulegen, in welchen Fällen sein Mehraufwand Überweisungen erspart haben soll.[51] Ihn trifft keine Substantiierungspflicht für Umstände in den Vergleichspraxen.[52]

25 Umstritten ist auch, inwieweit dem Nachkommen von Mitwirkungspflichten erst im gerichtlichen Verfahren **„Präklusionswirkung"** zukommt. Weder das SGB X noch das SGG enthalten ausdrückliche Verspätungsvorschriften. Die Instanzrechtsprechung geht ersichtlich von der Verpflichtung aus, den Mitwirkungspflichten bereits im Verwaltungsverfahren nachzukommen, so dass neues Vorbringen im gerichtlichen Verfahren nicht berücksichtigt werden kann.[53] Nach Rechtsprechung des BSG sollen die Beteiligten nicht gehindert sein, auch im gerichtlichen Verfahren neue Tatsachen anzugeben,[54] andererseits verstoße es gegen Treu und Glauben, die Nicht-Berücksichtigung von nicht bekannt gewesenen Praxisbesonderheiten als Mangel des Verwaltungsverfahrens gerichtlich geltend zu machen.[55] Besteht hingegen Anlass zur Annahme, dass der Betroffene seinen Vortrag ergänzen kann, so muss ihm dazu unter Fristsetzung und mit dem Hinweis, dass verspätetes Vorbringen keine Berücksichtigung mehr findet, Gelegenheit gegeben werden. Ausgeschlossen ist eine Präklusion dann, wenn erstmals im Beschwerdeverfahren eine Einzelfallprüfung durchgeführt wird.[56]

IV. Methoden der Wirtschaftlichkeitsprüfung

26 Die **Verpflichtung zur Prüfung der Wirtschaftlichkeit** hat sich durch die gesetzliche Normierung der Prüfmethoden nicht verändert. Wie unter der Reichsversicherungsordnung bleiben die Prüfgremien verpflichtet, die Wirtschaftlichkeit vollumfänglich zu überprüfen. Die dazu notwendigen Methoden sind ggf. von den Prüfinstanzen zu entwickeln. Dabei hat das Bundessozialgericht bereits zu Beginn seiner Rechtsprechung sowohl die Einzelfallprüfung als auch statistische Verfahren für grundsätzlich zulässig erkannt, ebenso wie die vertikale Prüfung.[57]

[46] SG Hannover, Urt. v. 5. 6. 1991 – 10 KA 377/89 –.
[47] BSGE 77, 53 (60) = BSG SozR 3–2500 § 106 Nr. 33.
[48] SG Dortmund, Urt. v. 18. 1. 1996 – S 9 KA 291/92 –.
[49] LSG NW, Urt. v. 24. 4. 1996 – L 11 KA 82/95 –.
[50] BSG SozR 3–2500 § 106 Nr. 13.
[51] LSG NW, Urt. v. 3. 3. 1993 – L 11 KA 38/92 –.
[52] BSG ArztR 1986, 45.
[53] LSG NW, Urt. v. 19. 9. 1990 – L 11 KA 43/89 –; LSG NW, Urt. v. 3. 3. 1993 – L 11 KA 38/92 –; LSG NW, Urt. v. 24. 4. 1996 – L 11 KA 82/95 –; LSG BW MedR 1996, 139, (142).
[54] BSG, Urt. v. 23. 5. 1984 – 6 A KA 1/84 –.
[55] BSG ArztR 1986, 45.
[56] BSG, Urt. v. 20. 9. 1989 – 6 A KA 22/87 –.
[57] BSGE 11, 102 (117) = BSG SozR, SGG, § 144 Bl. Da 5 Nr. 16; BSGE 17, 79 (85) = BSG SozR, RVO, § 368n Bl. Aa 6 Nr. 5.

1. Strenge Einzelfallprüfung

27 Diese Prüfmethode[58] verlangt eine **direkte Tatsachenfeststellung,** die bei der Erkrankung des Patienten zum Zeitpunkt seiner Behandlung anzusetzen hat. Bereits aus diesem Grunde spielt die Methode in der Prüfpraxis keine Rolle mehr, da die Feststellung dessen, was in der Vergangenheit medizinisch indiziert war, einen **unverhältnismäßigen Aufwand** durch Heranziehung und Nachuntersuchung der Patienten mit sich bringt und darüber hinaus die tatsächlichen Möglichkeiten der Aufklärung der Vergangenheit äußerst zweifelhaft erscheinen. Soweit diese Methode im zahnmedizinischen Bereich wegen § 6 der Anlage 4 zum Bundesmantelvertrag-Zahnärzte (§ 22 Abs. 6 BMV-Zahnärzte, a. F.) Bedeutung erlangte, ist dies durch § 106 SGB V als überholt zu betrachten. Neben der Untersuchung des Patienten kommen als taugliche Beweismittel nur Röntgenuntersuchungen und andere bildgebende Verfahren in Betracht, die einen unmittelbaren Schluss auf den Zustand des Patienten zum Zeitpunkt der Behandlung zulassen. Alle übrigen Mittel, insbesondere die ärztlichen Aufzeichnungen, einschließlich Behandlungsausweise, Verordnungen etc. geben ihrer Natur nach keinen unmittelbaren Aufschluss über die medizinische Indikation zum Zeitpunkt der erfolgten Behandlung.[59]

2. Repräsentative Einzelfallprüfung und Einzelfallprüfung mit Hochrechnung

28 Abzugrenzen von der strengen Einzelfallprüfung ist die sog. **eingeschränkte Einzelfallprüfung.** Hier untersuchen die Prüfinstanzen die Behandlungsfälle aufgrund der Behandlungsangaben und der Behandlungsunterlagen des Arztes. Dabei wird die Indikation als Beurteilung des geprüften Arztes zugrunde gelegt. Es handelt sich insoweit um eine bloße **Schlüssigkeitsprüfung.**[60] Das Ergebnis einer eingeschränkten Einzelfallprüfung ist seiner Aussagekraft nach begrenzt. Da bei ihr die Angaben des zu prüfenden Arztes zugrunde gelegt werden, kann mit dieser Methode nur der Nachweis der unwirtschaftlicher Behandlung geführt werden. Die **Einzelfallprüfung mit Hochrechnung** ist als Unterfall der eingeschränkten Einzelfallprüfung anzusehen, da sie methodisch an die obigen Voraussetzungen anknüpft, aber nicht alle Fälle eines Quartals heranzieht, sondern nur einen prozentualen Anteil von mindestens 20% der abgerechneten Fälle, der jedoch zugleich mindestens 100 Behandlungsfälle umfassen muss, verlangt.[61] Die Methode zählt zu den Mitteln logischer Schlussfolgerungen, die auch in anderen Rechtsbereichen zugrunde gelegt werden.[62] Auch dieser Methode kommt in der Praxis nur eine untergeordnete Bedeutung zu.

3. Statistischer Fallkostenvergleich

29 Dem statistischen Fallkostenvergleich als Unterfall der Auffälligkeitsprüfung gem. § 106 Abs. 2 Nr. 1 SGB V kam nach der Aufnahme ins Gesetz durch das GRG die Funktion der **Regelprüfmethode**[63] zu, welche nach dem GMG nunmehr der Richtgrößen- und Stichprobenprüfung zukommt. Damit sind gleichzeitig die dogmatischen Schwierigkeiten in der Abgrenzung zur Einzelfallprüfung überholt. Das BSG begründete unter der Geltung

---

[58] BSGE 62, 18 (20) = BSG SozR 2200 § 368 Nr. 54.

[59] Zu den weiteren Schwierigkeiten dieser Methode siehe auch *Spellbrink,* Die Wirtschaftlichkeitsprüfung, Rdn. 754 ff.

[60] BSGE 70, 246 (254) = BSG SozR 3–2500 § 106 Nr. 10.

[61] BSGE 70, 246 (254 f.) = BSG SozR 3–2500 § 106 Nr. 10.

[62] BGHSt 36, 320 ff. = NJW 1990, 1549 ff. m. w. N.

[63] BSGE 62, 18 (19) = BSG SozR 2200 § 368 n Nr. 54; BSGE 76, 53 (54) = BSG SozR 3–2500 § 106 Nr. 26; BSG, Urt. v. 5. 11. 2003 – B 6 KA 55/02 R –; BSG, Urt. v. 16. 7. 2003 – B 6 KA 14/02 R –; BSG, Urt. v. 16. 7. 2003 – B 6 KA 44/02 R –.

des § 368n Abs. 5 RVO den Vorrang des statistischen Fallkostenvergleiches mit dem Amtsermittlungsgrundsatz des § 20 SGB X und dem Verhältnismäßigkeitsgrundsatz.[64] In der Vergangenheit hatten sich im Wesentlichen zwei Prüfungsarten, welche beide vom BSG[65] toleriert wurden, herausgebildet, einerseits die Methode anhand des Vergleiches arithmetischer Mittelwerte, andererseits die Normalverteilung nach Gaus.[66] In der jüngeren Praxis hat sich, soweit ersichtlich, die Mittelwertmethode zwischenzeitlich durchgesetzt.

30 Der Methode immanent ist die Annahme, dass die Gesamtheit aller Ärzte im **Durchschnitt** gesehen **wirtschaftlich behandelt,** jedenfalls das Maß des Notwendigen und Zweckmäßigen nicht unterschreitet und deshalb der durchschnittliche Behandlungsaufwand einer Arztgruppe ein geeigneter Maßstab für die Wirtschaftlichkeitsprüfung eines Angehörigen dieser Arztgruppe ist. Die arztbezogene Prüfung nach Durchschnittswerten basiert auf einer **Gegenüberstellung der durchschnittlichen Fallkosten** einerseits des geprüften Arztes und andererseits der Gruppe vergleichbarer Ärzte.[67] Grundlegender Maßstab ist eine Gruppe vergleichbarer Ärzte. Dies wirft Fragen nach einer hinreichenden Größe der Vergleichsgruppe, nach dem Leistungsspektrum der Mitglieder der Vergleichsgruppe einschließlich solcher Mitglieder, die bestimmte Leistungen nicht erbringen, sowie der Homogenität des Leistungserbringungsverhaltens der Mitglieder der Gruppe untereinander, aber auch des geprüften Arztes zu seiner Vergleichsgruppe auf. Aufgrund der Systematik der arztbezogenen Prüfung nach Durchschnittswerten ist die Beurteilung dieser Kriterien am Einzelfall notwendig. Die Besonderheit der Wirtschaftlichkeitsprüfung in Form von statistischen Fallkostenvergleichen liegt in seiner **beweisrechtlichen Funktion.** So muss ein erheblicher Teil der früheren Rechtsprechung seit den Entscheidungen des BSG vom 9. 3. 1994[68] als überholt angesehen werden. Durch die Klarstellung, dass alle denkbaren Einwendungen, die entweder aufgrund des Amtsermittlungsgrundsatzes von den Prüfgremien selbst zu erarbeiten sind oder den Mitwirkungspflichten des Arztes unterliegen, auf der ersten Verfahrensstufe zu prüfen sind, bedarf es einer komplexen Betrachtung jedes einzelnen Falles, ob ein offensichtliches Missverhältnis angenommen werden kann, welchem die Wirkung eines Anscheinsbeweises zukommt. Dazu gehört die Kontrolle der statistischen Inhalte bezogen auf den Prüfgegenstand, die Ermittlung der ggf. durch Vorwegabzug zu berücksichtigenden Praxisbesonderheiten sowie die sog. **ergänzende intellektuelle Prüfung.** Letztere Begrifflichkeit wurde aus einem Gutachten von Prof. Gaus zum erstinstanzlichen Urteil des SG Stuttgart übernommen. Intellektuelle Prüfung bedetutet, wie bereits das Bundessozialgericht in früherer Rechtsprechung mit dem Begriff der individuellen Prüfung zum Ausdruck gebracht hat,[69] dass eine **allein statistische Prüfung** für die Annahme der beweisrechtlichen Folgen des offensichtlichen Missverhältnisses **unzureichend** ist. Der Umfang der intellektuellen Prüfung selbst entzieht sich, wie das offensichtliche Missverhältnis, einer allgemein verbindlichen Festlegung und bedarf der Betrachtung am konkreten Einzelfall. Die Kernfrage jedes statistischen Fallkostenvergleiches ist, wann die Grenze zum offensichtlichen Missverhältnis überschritten.

31 Eine intellektuelle Reflektion der zugrunde liegenden Tatsachen bezieht sich ebenso auf die Zusammensetzung des statistischen Materials wie die Untersuchung der medizinisch-ärztlichen Gegebenheiten. Wie eine Statistik zu beurteilen ist, die sich aus fünf, zwanzig

---

[64] BSG SozR 2200 § 368n Nr. 49.

[65] LSG NW, 12. 6. 1996 – L 11 Ka 42/95 –.

[66] *Gaus,* Prüfung der Wirtschaftlichkeit der Behandlungs- und Verordnungsweise des Kassenarztes; *Spellbrink,* Die Wirtschaftlichkeitsprüfung, Rdn. 554 ff.

[67] BSGE 74, 70 (71) = BSG SozR 3–2500 § 106 Nr. 23.

[68] BSG SozR 3–2500 § 106 Nr. 23; *Raddatz/Szidat* WKR 9–1994.

[69] BSGE 11, 102 (117) = BSG SozR, SGG, § 144 Bl. Da 5 Nr. 16; BSGE 17, 79 (85) = BSG SozR, RVO, § 368n Bl. Aa 6 Nr. 5.

oder mehreren hundert Anwendern zusammensetzt, ist ebenso eine Frage des Einzelfalls wie die Betrachtung von prozentualen Grenzwerten. Ob im einzelnen Fall beurteilungsfehlerfrei von einem offensichtlichen Missverhältnis ausgegangen werden kann, ist mit der Frage vergleichbar, inwieweit nach richterlicher Überzeugungsbildung ein Sachverhalt als bewiesen anzusehen ist. Insoweit mag die Terminologie des Bundessozialgerichts, dass dem **offensichtlichen Missverhältnis „praktisch die Wirkung eines Anscheinsbeweises** zukommt", als unglücklich betrachtet werden, jedoch führt auch jede abweichende Betrachtungsweise, jedenfalls im beweisrechtlichen Sinne, zum gleichen Ergebnis. Bei Zerlegung der Gesamtschau in seine einzelnen Elemente mag dies auf Basis der Vorschrift des § 368n Abs. 5 RVO noch durchaus eine Rolle gespielt haben. Dabei lag die rechtliche Problematik nicht in der Statistik selbst. Seinerzeit wie heute führt eine auf der Tatsachenseite falsche Statistik dazu, dass eine statistische Prüfung nicht durchgeführt werden kann. Das Problem lag in der dem statistischen Vergleich immanenten Aussage, der Durchschnitt einer Fachgruppe behandele wirtschaftlich. Durch die Aufnahme dieser Methode als Regelprüfmethode in den § 106 SGB V hatte der Gesetzgeber dies anerkannt. Es handelt sich nicht um eine gesetzliche Fiktion.[70]

Eine Fiktion[71] liegt nur dann vor, wenn gerade feststeht, dass die Grundaussage nicht mit der Wirklichkeit übereinstimmt, also der Durchschnitt der Fachgruppe gerade nicht wirtschaftlich behandelt. Vielmehr handelt es sich um eine **gesetzliche Vermutung.** In einer jüngeren Entscheidung weist das BSG[72] darauf hin, dass es nicht darauf ankomme, ob es sich um eine gesetzliche Fiktion, eine widerlegbare Vermutung oder lediglich eine Annahme handele, da in der Sache eine Funktionsbedingung der Wirtschaftlichkeitsprüfung in Form des Vergleiches ärztlicher Leistungen nach Durchschnittswerten benannt werde. Nach diesseitigem Verständnis ist jedenfalls bei einer Annahme die beweisrechtliche Konsequenz der Methode dogmatisch – beim statistischen Fallkostenvergleich – nicht mehr zu begründen. Da der statistische Fallkostenvergleich nach dem GMG auch keine gesetzliche Regelprüfmethode mehr darstellt, entfällt zukünftig für diese Prüfmethode die gesetzliche Vermutung, dass der Durchschnitt der Fachgruppe wirtschaftlich handelt, so dass im Zweifel die Beweislast dafür den Prüfgremien obliegt.

Zu beachten ist in diesem Zusammenhang, dass die arztbezogene Prüfung nach Durchschnittswerten und der Vertikalvergleich sich in der Regel gegenseitig ausschließen, jedenfalls bezogen auf die Prüfung des Gesamtfallwertes und des Spartenfallwertes. Für einzelne Leistungsziffern hat das BSG ein Nebeneinander von statistischen Fallkostenvergleich oder Vertikalvergleich befürwortet.[73] Denn ist die Vermutung, dass der Durchschnitt der Fachgruppe wirtschaftlich behandelt, widerlegt, kann eine arztbezogene Durchschnittswertprüfung nicht stattfinden.

32 Dahingestellt bleiben kann, ob das vom BSG angenommene Institut der praktischen Wirkung des Anscheinsbeweises dogmatisch korrekt ist oder ob nicht, wie Baader[74] annimmt, ein **Typikbeweis** vorliegt oder sogar ein **Vollbeweis;** für den Betroffenen ist ersteres beweisrechtlich die günstigste Position.

33 Problematisch erscheinen die Rechtsfolgen des statistischen Fallkostenvergleiches aber insoweit, als dass sprachliche Unklarheiten in der Rechtsprechung zu vermeintlichen Widersprüchlichkeiten führen.[75] So formuliert das BSG in einer jüngeren Entscheidung,[76] dass die intellektuelle Prüfung geeignet ist, den sich nach rein statistischer Betrachtungs-

---

[70] BSG SozR 3–2500 § 106 Nr. 24.

[71] *Schneider,* Gesetzgebung, Rdn. 369.

[72] BSG, Urt. v. 12. 12. 2001 – B 6 KA 7/01 R –.

[73] BSG, Urt. v. 12. 12. 2001 – B 6 KA 7/01 R –.

[74] *Baader,* Beweiswert und Beweisfolgen des statistischen Unwirtschaftlichkeitsbeweises im Kassenrecht, S. 14.

[75] *Spellbrink,* a. a. O., Rdn. 306ff.; MedR 1996, 125ff.

[76] BSG ArztR 1996, 273 (274); BSG SozR 3–2500 § 106 Nr. 31.

weise ergebenden Anschein einer unwirtschaftlichen Behandlungsweise zu widerlegen. Danach wäre das offensichtliche Missverhältnis also nicht das Ergebnis einer Gesamtschau, sondern das vorläufige Ergebnis einer rein statistischen Betrachtungsweise mit der beweisrechtlichen Folge eines Anscheinsbeweises, der durch intellektuelle Prüfung widerlegt werden kann. Nach diesseitiger Auffassung ist, auch unter Berücksichtigung des Amtsermittlungsgrundsatzes, von einer Gesamtschau aller Umstände auf einer Prüfungsstufe auszugehen.

34 **a) Vergleichsgruppenbildung.** Ein Vergleich von ärztlichen Leistungen ist nur dann statthaft, wenn **die wesentlichen Leistungsbedingungen** des geprüften Arztes mit den wesentlichen Leistungsbedingungen der verglichenen Ärzte übereinstimmen.[77] Dies erfordert eine Reflexion der wesentlichen Praxisumstände des geprüften Arztes einerseits sowie der Mitglieder der Fachgruppe andererseits. Die Anforderungen an die Übereinstimmung dürfen nicht überzogen werden. Eine vollständige Übereinstimmung erscheint bereits denkgesetzlich unmöglich.[78] Wann eine Vergleichbarkeit besteht, ist letztlich einer **Einzelfallbetrachtung** vorbehalten. Die Prüfgremien haben insoweit einen Beurteilungsspielraum. Die Rechtsprechung hat eine Vergleichbarkeit toleriert, wenn sich die Fachgruppeneinteilungen am ärztlichen Berufsrecht – sei es nach Fachgebieten, sei es nach Schwerpunkten – orientiert.[79] Die Bildung einer engeren Vergleichsgruppe auf der Basis von Zusatzbezeichnungen kann zweckmäßig sein,[80] ein Anspruch darauf besteht nicht.[81]

35 Es erscheint wenig sachgerecht, zwingend engere Vergleichsgruppen vorzuschreiben, da die Größe einer Fachgruppe, aber auch das unter einer Zusatzbezeichnung tatsächlich erbrachte Leistungsspektrum, die Aussagen verfälschen können. Im Übrigen besteht ein adäquates Korrektiv durch den Einfluss der Homogenität auf den Grenzwert zum offensichtlichen Missverhältnis, sowie die Berücksichtigung von Praxisbesonderheiten. Letztlich ist auch zu reflektieren, inwieweit der Aufwand zur Bildung immer engerer Vergleichsgruppen noch verhältnismäßig ist. Daneben setzt ein statistischer Fallkostenvergleich eine hinreichende **Gruppengröße** voraus, da andernfalls ein Durchschnittswert nicht zu ermitteln ist.[82] Die Rechtsprechung hat sich bisher nur mit Einzelfällen beschäftigt und eine Gruppe von 9 Internisten mit gleicher Röntgenzulassung als ausreichend erachtet,[83] ebenso wie 8 ambulant operativ tätige Gynäkologen[84] und 15 chirurgische Ärzte beim Vergleich der Gesprächsleistungen.[85] Sinn und Zweck einer hinreichenden Vergleichsgruppengröße ist die Vermeidung zufälliger Ergebnisse. Insoweit wird der Begriff der Vergleichsgruppengröße auch beeinflusst durch die Homogenität der in die Vergleichsgruppenbildung einfließenden Ärzte einerseits sowie die Übereinstimmung der wesentlichen Merkmale der Vergleichsgruppe mit dem geprüften Arzt[86] andererseits.

36 Ähnliches gilt für den Begriff der **Homogenität** einer Vergleichsgruppe. Die mathematische Wahrscheinlichkeit ist naturgemäß umso höher, je mehr Ärzte mit gleicher Fachrichtung in eine Vergleichsgruppe einfließen, so dass diese Gruppe insgesamt als homogen betrachtet werden kann. Letztlich ist auch dies eine Frage des Einzelfalles. Des

---

[77] St. Rspr., zuletzt LSG NW, Urt. v. 17. 7. 1996 – L 11 Ka 32/96 –; *Baader* SGB 1985, 46; *Spellbrink*, a. a. O., Rdn. 483.

[78] S. a. *Schneider*, Handbuch des Kassenarztrechts, Rdn. 1054.

[79] BSGE 17, 79 (85) = BSG SozR, RVO, § 368 n Bl. Al 6 Nr. 5; 46, 135 (136); BSGE 46, 145 (150); 50, 84 (87) = BSG SozR 2200 § 368 c Nr. 4; BSGE 61, 143 (144 f.) = BSG SozR 2000 § 368 n Nr. 45; BSGE 62, 24 (27) = BSG SozR 2000 § 368 Nr. 48.

[80] BSGE 50, 84 (87); BSG ArztR 1982, 60 f.

[81] BSG, SGB 2003, S. 543 ff.

[82] BSGE 50, 84 (87) = BSG SozR 2200 § 368 e Nr. 4; *Schneider*, a. a. O., Rdn. 1053.

[83] BSG USK 82, 196; BSG SozR 5500 § 14 Nr. 2.

[84] SG Dortmund, 22. 5. 1980 – S 22 Ka 11/78 –.

[85] BSG, Urt. v. 16. 7. 2003 – B 6 KA 14/02 R –.

[86] Zur Vergleichsgruppengröße bei der Methode Randlage in der Normalverteilung, vgl. *Spellbrink*, a. a. O., Rdn. 596 f.

weiteren ist das Problem der sog. **„Null-Abrechner“** beachtenswert, soweit – was in den meisten Kassenärztlichen Vereinigungen zwischenzeitlich der Fall ist – nicht bereits durch verfeinerte Statistiken die Null-Abrechner beim Vergleich der prozentualen Häufigkeiten der Einzelziffern unberücksichtigt geblieben sind. Hier verlangt die Rechtsprechung eine genauere Untersuchung, inwieweit diese „Null-Abrechner“ das statistische Bild derart verfälschen, dass mangels Homogenität des gewählten Vergleichsmaßstabes eine statistische Prüfung nicht in Betracht kommt.[87]

37 Davon zu unterscheiden ist der Fall, da er nicht die Rechtmäßigkeit der Vergleichsgruppenbildung selbst betrifft, in welchem der Arzt ein **Leistungsspektrum** anbietet, welches von der Mehrzahl der Fachgruppe nicht erbracht wird und dieses kausal zu seiner Überschreitung ist. Im Einzelfall ist die Abgrenzung schwierig, ob eine zu berücksichtigende Praxisbesonderheit vorliegt oder die wesentlichen Leistungsbedingungen seiner Vergleichsgruppe übereinstimmen. Stimmen die wesentlichen Leistungsbedingungen der Vergleichsgruppe nicht überein, können sich die Prüfgremien nicht allein darauf zurückziehen, dass der Betroffene für ein bestimmtes Fachgebiet zugelassen und allein deshalb ein Vergleich mit dieser Fachgruppe beurteilungsfehlerfrei sei, da eben gerade die wesentlichen Vergleichstatbestände nicht übereinstimmen. Es bedarf in solchen Fällen ausdrücklicher Feststellungen im Bescheid der Prüfgremien. Andererseits kann allein das Vorhalten und Erbringen von Leistungsmethoden, die innerhalb einer Vergleichsgruppe nicht erbracht werden, nicht dazu führen, von einer fehlerhaften Vergleichsgruppe zu sprechen. Die Wirtschaftlichkeitsprüfung und damit auch die Auswahl einer adäquaten Vergleichsgruppe muss immer unter dem Wirtschaftlichkeitsbegriff gesehen werden, also zweckmäßig, notwendig und ausreichend sein. Erbringt der Arzt also „nur“ bestimmte, besonders teure Leistungsmethoden, die innerhalb seiner Arztgruppe – bei gleicher Patientenklientel – mit weniger kostenintensiven Maßnahmen ausreichend behandelt werden, kann weder von einer fehlerhaften Vergleichsgruppe noch von einer Praxisbesonderheit die Rede sein.

38 **b) Offensichtliches Missverhältnis.** Ein **offensichtliches Missverhältnis** liegt vor, wenn der Fallwert des geprüften Arztes so erheblich über dem Vergleichsgruppendurchschnitt liegt, dass sich die Mehrkosten nicht mehr durch Unterschiede in der Praxisstruktur und den Behandlungsnotwendigkeiten erklären lassen und deshalb zuverlässig auf eine unwirtschaftliche Behandlungsweise als Ursache der erhöhten Aufwendungen geschlossen werden kann.[88] Das offensichtliche Missverhältnis charakterisiert also letztlich den Abschluss der Bemühungen der Prüfgremien. Die Feststellung, dass ein offensichtliches Missverhältnis vorliegt oder nicht vorliegt, ist **das Ergebnis der Prüfung und gleichzeitig die beweisrechtliche Konsequenz.** Daraus folgt, dass die arztbezogene Prüfung nach Durchschnittswerten, genauso wie die eingeschränkte Einzelfallprüfung, nicht in der Lage ist, den Beweis für die Wirtschaftlichkeit der Behandlungsweise zu erbringen. Sie kann lediglich den Beweis für die Unwirtschaftlichkeit der Behandlungsweise erbringen, im Übrigen die Konsequenz beinhalten, dass eine Kürzung auf Basis dieser Prüfmethode nicht möglich ist. Da die jüngere Rechtsprechung des BSG etwaige Praxisbesonderheiten bereits auf der ersten Stufe, also bei der Feststellung des offensichtlichen Missverhältnisses, berücksichtigt hat, folgt nunmehr die praktische Wirkung, nämlich die **Umkehr der Beweislast.**

39 Dabei ist der **Gegenbeweis am Einzelfall** innerhalb dieser Prüfmethode, jedenfalls im Regelfall, abzulehnen.[89] Wird die arztbezogene Prüfung nach Durchschnittswerten als Regelprüfmethode angesehen, da die Einzelfallprüfung mit unverhältnismäßigen Schwierigkeiten verbunden ist, gelten diese Schwierigkeiten auch für einen etwaigen Gegenbeweis durch den geprüften Arzt. Aber auch hier gilt, dass dort, wo der Nachweis am Ein-

[87] LSG Schleswig-Holstein, Urt. v. 19. 12. 1989 – L 6 Ka 14/88 –; SG Mainz, Urt. v. 18. 3. 1993 – S 1 a Ka 152/91 –.

[88] BSG SozR 2500 § 106 Nr. 23, st. Rspr. seit BSGE 11, 102 (114).

[89] LSG NW, Urt. v. 24. 4. 1985 – L 11 Ka 100/83 –.

zelfall durch Bildbefunde möglich ist, dieser Nachweis dem Arzt gestattet sein muss, wobei ihn dafür die volle Darlegungs- und Beweislast trifft.

40 Die **Grenzwertbestimmung** selbst ist ebenfalls einer allgemeinen Festlegung nicht zugänglich. Bisher wurden, unter Berücksichtigung der obigen Kriterien, Entscheidungen, je nach Einzelfall, zwischen 40% und 100% Überschreitung zum Durchschnitt der Fachgruppe bzw. der doppelten Standardabweichung hingenommen.[90] Ob unter 40% ebenfalls ein offensichtliches Missverhältnis vorliegen kann, hat die Rechtsprechung bisher offen gelassen.[91] Bezüglich etwaiger Grenzfälle zwischen Übergangszone und offensichtlichem Missverhältnis hat die Rechtsprechung nicht alleine auf die Fallwerte abgestellt, sondern auch das Abrechnungsverhalten des Arztes in zeitlich benachbarten Quartalen herangezogen.[92] Jedenfalls rechtfertigen Überschreitungen um 50% in der Regel die Annahme des offensichtlichen Missverhältnisses.[93] Diese Rechtsprechung ist nicht nur zum **Gesamtfallwert,** sondern auch zu einzelnen **Spartenfallwerten**[94] und zu **Verordnungsregressen**[95] ergangen. Ebenso ist diese Rechtsprechung auch zu Kürzungen einzelner Leistungsziffern heranzuziehen.[96] Auch zwei Leistungspositionen können im Einzelfall einen Spartenvergleich und keinen Einzelleistungsvergleich darstellen.[97] Bei Einzelzifferkürzungen ist aber zu beachten, dass die übrigen Voraussetzungen einer **Einzelzifferkürzung** vorliegen müssen. Das BSG hat in seinen bisherigen Entscheidungen darauf abgestellt, dass bei Einzelzifferkürzungen, da ihnen die Gefahr eben gerade aufgrund der Betrachtung einer einzelnen Ziffer immanent ist, die Statistik fälschlicherweise zur Vermutung der Unwirtschaftlichkeit führen kann. Erstaunlicherweise hat das BSG diese Rechtsprechung auch unter der intellektuellen Prüfung fortgeführt.[98] Nach diesseitiger Auffassung kommt vom theoretischen Ansatz her eine Prüfung bei jeder Einzelziffer in Betracht. Die Feststellung, inwieweit dann aber von einem offensichtlichen Missverhältnis ausgegangen werden kann, bedarf wiederum der Betrachtung am Einzelfall, insbesondere von Darlegungen im Bescheid zur Vergleichsgruppenbildung, zur Homogenität, zum Behandlungsverhalten bei dieser Ziffer sowohl durch den Arzt als auch durch das Vergleichskollektiv, zur Gesamtwirtschaftlichkeit und zu möglichen Kompensationen, da gerade bei einer Einzelziffernprüfung der Therapiefreiheit – unter den o. g. Einschränkungen – eine besondere Bedeutung zukommt.[99] Insoweit hat die Kürzung von Einzelziffern in der Rechtsprechung bisher nur dort Bedeutung erlangt, wo es sich um für die Fachgruppe typische Ziffern handelte.

41 Bisher nicht ausdrücklich entschieden ist die mögliche Problematik, dass im Rahmen der intellektuellen Prüfung die statistische Auffälligkeit bereits auf der ersten Verfahrensstufe durch **medizinisch-ärztliche Gesichtspunkte** widerlegt ist. Abgesehen davon, dass solche Darlegungen im Bescheid ebenfalls nachvollziehbarer Begründungen bedürfen, wird es sich hier nicht um die Darlegung einzelner Fälle handeln können. Das BSG nennt unter den medizinisch-ärztlichen Gesichtspunkten beispielhaft das Behandlungsverhalten

---

[90] BSGE 74, 70 (74f.) = BSG SozR 3–2500 § 106 Nr. 23; BSG SozR 3–2500 § 106 Nr. 25; BSGE 76, 53 (56f.) = BSG SozR 3–2500 § 106 Nr. 26; BSG SozR 3–2500 § 106 Nr. 27; BSG SozR 3–2500 § 106 Nr. 41.

[91] BSG SozR 3–2500 § 106 Nr. 41.

[92] BSGE 46, 136 (140) = BSG SozR 2200 § 368n Nr. 14; 46, 145 (150f.) = BSG SozR 5533 § 45 Nr. 1.

[93] BSG SozR 3–2500 § 106 Nr. 41; BSG, Urt. v. 16. 7. 2003 – B 6 KA 44/02 R – (auch v. 16. 7. 2003 – B 6 KA 45/02 –).

[94] BSG Urt. v. 30. 11. 1994 – 6 RKa 23/93 –; BSG Urt. v. 16. 7. 2003 – B 6 KA 44/02 R – (auch v. 16. 7. 2003 – B 6 KA 45/02 –); BSG Urt. v. 21. 5. 2003 – B 6 KA 32/02 –.

[95] BSG, st. Rspr., zuletzt BSG SozR 3–2500 § 106 Nr. 41.

[96] BSG SozR 3–2500 § 106 Nr. 36.

[97] BSG, Urt. v. 16. 7. 2003 – B 6 KA 14/02 R –.

[98] BSGE 74, 70 (73f.) = SozR 3–2500 § 106 Nr. 23.

[99] So wohl auch BSG, Urt. v. 16. 7. 2003 – B 6 KA 14/02 R –.

und die unterschiedlichen Behandlungsweisen innerhalb einer Arztgruppe, sowie ggf. vorhandene Praxisbesonderheiten.[100] Tatsächlich handelt es sich also um Gesichtspunkte, anhand derer auf Basis medizinischen Sachverstandes das rein statistisch-mathematisch vorhandene Ergebnis der Auffälligkeit sachkundig überprüft wird, in erster Linie also um Tatsachen, die bereits unter den Fragen einer ordnungsgemäßen Vergleichsgruppenbildung, der Homogenität der Fachgruppe und der Praxisbesonderheiten diskutiert wurden. Konsequenterweise wirft dies – von Praxisbesonderheiten einmal abgesehen – die Frage auf, inwieweit die Verpflichtung der Prüfgremien besteht, wenn entweder die Vergleichsgruppe fehlerhaft gebildet wurde oder die Gruppe nicht hinreichend homogen ist, entsprechende Korrekturen, ggf. eigene Ermittlungen, vorzunehmen, um festzustellen, ob denn nun ein offensichtliches Missverhältnis vorliegt oder nicht. Also wird – zumindest solange mit dem BSG vom Vorrang des § 106 Abs. 1 SGB V gegenüber den weiteren Absätzen der Vorschrift auszugehen ist – allein mit der Feststellung der Inhomogenität die Prüfung nicht zu beenden sein.

42 Unterhalb der Grenze von 40% Überschreitung gibt es weitere Bereiche, die sich in den Bereich der **normalen Streuung,** der bis 20% Überschreitung anzusiedeln ist, und die sog. **Übergangszone,** in der Regel zwischen 20 und 40% Überschreitung,[101] unterteilen. In diesen Bereichen findet eine arztbezogene Prüfung nach Durchschnittswerten nicht statt. Zulässig ist in diesem Bereich die strenge Einzelfallprüfung, im Bereich der Übergangszone auch die eingeschränkte Einzelfallprüfung.[102] Auch die Einzelfallprüfung mit Hochrechnung wird in der Übergangszone für zulässig erachtet,[103] ebenso der Vertikalvergleich.

43 **c) Praxisbesonderheiten.** Praxisbesonderheiten sind auf der ersten Verfahrensstufe geltend zu machen und zu berücksichtigen.[104] **Praxisbesonderheiten** werden zum einen in Umstände, die außerhalb der Beeinflussbarkeit des Arztes liegen, wie eine atypische Patientenklientel,[105] und zum anderen in Umstände, die ihrer Art nach für die Vergleichsgruppe atypisch sind oder von ihrer Häufigkeit her so wesentlich über dem Durchschnitt der Vergleichsgruppe liegt, dass allein die große Zahl ein Qualitätsmerkmal darstellt,[106] unterschieden. Letzteres ist verfehlt. Die Tatsache, in welcher Häufigkeit Leistungen erbracht werden, ist bei der Bildung der Vergleichsgruppe und der Übereinstimmung der Leistungsbedingungen zwischen Arzt und Vergleichsgruppe zu berücksichtigen. In welcher Häufigkeit bestimmte Leistungen in der Arztpraxis erbracht werden, begründet für sich keine Praxisbesonderheit. **Abgrenzungsschwierigkeiten** treten dort auf, wo entweder der Arzt eine abweichende Patientenklientel aufweist, diese aber über das Maß des Notwendigen hinaus behandelt, oder wo der Arzt zwar eine typische Patientenklientel seiner Fachgruppe behandelt, innerhalb dieser Behandlung aber eigenständig Leistungen erbringt, die im Regelfall seitens der Fachgruppe von anderen Fachärzten angefordert wird. Im ersteren Fall werden die Prüfgremien dem durch Bildung einer homogenen Vergleichsgruppe oder anderweitigen Prüfmethoden zu begegnen haben; im letzteren Falle wird das Überweisungsverhalten der Fachgruppe von Amts wegen aufzuklären sein. Insbesondere das Erfahrungswissen der sachverständig besetzten Ausschüsse wird hier zu berücksichtigen sein. Im Zweifel, wenn alle von Amts wegen zur Verfügung stehenden Erkenntnisquellen ausgeschöpft sind, wird die **Nichterweislichkeit zugunsten des Arztes** zu berücksichtigen sein. Denn mit der Berücksichtigung aller Umstände auf der ersten Verfahrensstufe zur

[100] BSGE 74, 70 (73f.) = BSG SozR 3–2500 § 106 Nr. 23.

[101] Zu den Einzelheiten vgl. *Spellbrink,* a. a. O., Rdn. 620ff.

[102] BSGE 19, 123 (128) = BSG SozR, RVO, § 368n Bl. Aa 10 Nr. 7; BSGE 46, 136 (138) = BSG SozR 2200 § 368n Nr. 14.

[103] Vgl. dazu BSGE 70, 246 (254) m. w. N. = BSG SozR 3–2500 § 106 Nr. 10.

[104] A. A. wohl *Spellbrink,* a. a. O., Rdn. 638.

[105] BSG NZS 1996, 583f.

[106] BSG NZS 1996, 583f.

Feststellung des offensichtlichen Missverhältnisses sind Darlegungs- und Beweisschwierigkeiten zu Lasten des Arztes nur am Maßstab der Mitwirkungspflichten gem. § 21 SGB X zu messen. Da aber erst der Feststellung des offensichtlichen Missverhältnisses die Wirkung eines Anscheinsbeweises mit der daraus resultierenden Umkehr der Beweislast zukommt, liegt zu diesem Verfahrenszeitpunkt die Beweislast noch bei den Prüfgremien.

44 Im Übrigen ist die Frage, ob eine Praxisbesonderheit in Betracht kommt, nicht ohne Betrachtung des Vergleichskollektives zu lösen. Inwieweit atypische Umstände vorliegen, hängt auch von der gewählten Vergleichsgruppe und deren Homogenität ab. Insoweit ist die im nachfolgenden genannte Kasuistik unter dem Vorbehalt zu betrachten, dass die konkreten Umstände des zugrunde liegenden Falles für die einzelne Entscheidung zu berücksichtigen sind. Es gibt nicht **die** Praxisbesonderheit. Darüber hinaus ist zu beachten, soweit Entscheidungen vor Einführung der intellektuellen Wirtschaftlichkeitsprüfung ergangen sind, dass diese notwendigerweise von einer abweichenden Beweislastverteilung für die Frage der Anerkennung einer Praxisbesonderheit ausgegangen sind. Im Einzelnen sind folgende **Entscheidungen** ergangen: Diabetiker,[107] Risikoschwangerschaften,[108] Proktologie/Phlebologie,[109] antroposophische Medizin,[110] Ausstattung einer Arztpraxis,[111] schwere und schwerste Fälle,[112] Rentneranteil,[113] Besonderheiten in der Person und der Praxisführung,[114] „großes Labor" bei Internisten,[115] Homöopathie,[116] Ausländeranteil,[117] Bobath-Methode,[118] Chirotherapie,[119] internistische und kinderärztliche Praxisausrichtung eines Allgemeinmediziners,[120] Otoneurologie in HNO-Praxis,[121] erhöhter Anteil zahnprothetischer Versorgungsfälle/systematische Parodontosebehandlung,[122] Sterilitätsverordnungen bei Gynäkologen,[123] Onkologie,[124] Heimbewohner/Altenheim,[125] Naturheilverfahren,[126] sportmedizinische Betreuung,[127] Neuraltherapie,[128] Leistungen mit geringer Anwenderfrequenz,[129] atypische Operationstätigkeit.[130]

45 Besonderheiten zu beachten sind auch bei der Frage, inwieweit der **Praxisanfänger** per se eine Besonderheit darstellt. Zu Recht weist die Rechtsprechung darauf hin, dass dies dann möglich sein kann, wenn nachgewiesen ist, dass bei bis dahin unbekannter Klientel ein erhöhter diagnostischer – nicht therapeutischer – Aufwand anfällt;[131] die sub-

[107] SG München, Urt. v. 10. 8. 1972 – S 29 KA 108/71 –.
[108] SG Hannover, Urt. v. 13. 10. 1976 – S 10 KA 40/75 –.
[109] SG Dortmund – S 14 KA 56/76 –.
[110] BSGE 50, 84 (86f.) = BSG SozR 2200 § 368n Nr. 4.
[111] SG Hannover, Urt. v. 13. 1. 1982 – S 10 KA 23/80 –.
[112] BSG USK 82221, BSG ArztR 83, 174.
[113] BSG USK 82218, BSG ArztR 83, 289.
[114] BSGE 55, 95 (96f.) = BSG SozR 2200 § 368e Nr. 18.
[115] BSG ArztR 1985, 40.
[116] LSG, NW Urt. v. 21. 8. 1991 – L 11 KA 139/89 –.
[117] BSGE 76, 300 (302).
[118] BSG, Urt. v. 19. 11. 1985 – 6 RKa 13/84 –.
[119] SG Dortmund, Urt. v. 25. 9. 1979 – S 22 KA 8/79 –.
[120] LSG NW, Urt. v. 30. 4. 1980 – L 11 (1) KA 1/77 –.
[121] LSG Bayern, Urt. v. 6. 5. 1992 – L 12 KA 34/90 –.
[122] LSG Baden-Württemberg, Urt. v. 22. 1. 1986 – L 1 KA 2896/84 –.
[123] BSG NZS 1996, 583f.
[124] LSG NW, Urt. v. 21. 8. 1991 – L 11 KA 139/89 –.
[125] LSG NW, Urt. v. 24. 4. 1985 – L 11 KA 100/83 –.
[126] LSG Hessen, Urt. v. 9. 7. 1986 – L 7 KA 575/84 –.
[127] SG Mainz, Urt. v. 29. 7. 1993 – S 1b KA 169/90 –.
[128] SG Hamburg, Urt. v. 12. 1. 1994 – 3 KA 98/91 –.
[129] SG Dortmund, Urt. v. 24. 2. 1994 – S 9 KA 124/92 –.
[130] LSG NW, Urt. v. 12. 6. 1996 – L 11 KA 42/95 –.
[131] BSGE 62, 24 (31) = BSG SozR 2200 § 368n Nr. 48; BSGE 63, 6 (8f.) = BSG SozR 2200 § 368n Nr. 52.

jektive Unerfahrenheit des Praxisanfängers hingegen stellt keine Praxisbesonderheit dar, kann in den ersten Quartalen aber durch eine geringere Kürzungshöhe Berücksichtigung finden.[132]

46 **d) Kompensatorische Einsparungen.** Bei den kompensatorischen Einsparungen handelt es sich um einen Einwand des Arztes, die festgestellte Überschreitung sei ursächlich dafür, dass in anderen Leistungsbereichen, sei es im Honorarbereich, sei es im Verordnungsbereich, er sich kostengünstiger verhalten habe.[133] Dieser von der Rechtsprechung bereits frühzeitig gebilligte Ansatz[134] verlangt, dass der Mehraufwand ursächlich für die Ersparnis ist. Dabei ordnet die Rechtsprechung diesen Einwand dogmatisch nach der Feststellung des offensichtlichen Missverhältnisses ein, mit der Konsequenz, aufgrund der praktischen Wirkung des Anscheinsbeweises, dass der Arzt darlegungs- und beweispflichtig ist. Allerdings kommt auch hier das bereits oben beschriebene Verhältnis zwischen Amtsermittlungsgrundsatz und Mitwirkungspflichten des Arztes zum Tragen. Unter der intellektuellen Prüfung ist nur schwer verständlich, aus welchem Grunde kompensatorische Einsparungen nicht bereits auf der ersten Verfahrensstufe zu berücksichtigen sind. Ein Grund für die unterschiedliche Behandlung von Praxisbesonderheiten und kompensatorischen Einsparungen zur Feststellung des offensichtlichen Missverhältnisses ist jedenfalls nicht erkennbar.[135] Der z.T. vertretenen Theorie von Kausalvermutungen in einzelnen Leistungsbereichen[136] tritt das BSG entgegen.[137] Allerdings sollten unter bestimmten Konstellationen dem geprüften Arzt Beweiserleichterungen insbesondere dort zugestanden werden, wo der ursächliche Zusammenhang, gegründet auf ärztlichem Sachverstand, auf der Hand liegt. Eine solche Interpretation entspricht letztlich dem Sinn und Zweck der ergänzenden Betrachtungsweise aufgrund medizinisch-ärztlicher Gesichtspunkte. Im Einzelnen hat sich die Rechtsprechung bisher mit folgenden **„Kompensationspaaren"** auseinandergesetzt: Mehr Beratung zu weniger Besuchen,[138] mehr Röntgendiagnostik zu weniger Arbeitsunfähigkeitsbescheinigungen und Krankenhauskosten,[139] mehr kleine Sonderleistungen zu weniger Arbeitsunfähigkeiten und Arzneiverordnungen,[140] mehr Injektionen zu weniger Arzneimitteln,[141] mehr Sprechstundenbedarf zu weniger Arzneimittel,[142] mehr Besuche zu weniger Krankenhauseinweisungen,[143] mehr vorstationäre Diagnostik zu weniger Krankenhaustagen,[144] mehr Beratungen und Besuche zu weniger Krankenhaus- und Arzneiverordnungen,[145] eigene physikalisch-medizinische Leistungen zu veranlassten Leistungen,[146] Arzneiverordnungen zu weniger Krankenhauseinweisungen,[147] GNR 61 zu GNR 4 oder 8 EBM,[148] mehr Gespräche zu weniger Arzneimitteln,[149]

---

[132] BSGE 76, 300 (302); 62, 24 (31) = BSG SozR 2200 § 368n Nr. 48; BSGE 63, 6 (8f.) = BSG SozR 2200 § 368n Nr. 52.

[133] *Schneider* SGb 1984, S. 329 (341).

[134] BSGE 17, 79 (86ff.) = BSG SozR RVO § 368n Bl. Aa 6 Nr. 5.

[135] Zu den möglicherweise bestehenden Unklarheiten bei der Einordnung von Praxisbesonderheiten vgl. *Spellbrink* MedR 1996, 125ff.

[136] LSG Baden-Württemberg, 27. 11. 1985 – L 1 Ka 1707/84 –.

[137] BSGE 17, 79 (86ff.) = BSG SozR, RVO, § 368n Bl. Aa 6 Nr. 5.

[138] SG Hannover, Urt. v. 24. 4. 1974 – S 10 KA 50/73 –.

[139] BSG, Urt. v. 27. 4. 1982 – 6 RKa 7/79 –.

[140] SG Dortmund, Urt. v. 22. 6. 1982 – S 22 KA 71/81 –.

[141] LSG Berlin, Urt. v. 30. 1. 1985 – L 7 KA 4/83 –.

[142] BSG SozR 2200 § 368n Nr. 36; BSG ArztR 1986, 62.

[143] BSG SozR 2200 § 368n Nr. 43; BSG NJW 1987, 1511.

[144] BSG, Urt. v. 23. 5. 1985 – 6 RKA 1/93 –.

[145] SG Dortmund, Urt. v. 19. 4. 1988 – S 22 KA 48/87 –.

[146] LSG NW, Urt. v. 20. 5. 1992 – L 11 KA 70/91 –.

[147] SG Dortmund, Urt. v. 5. 10. 1993 – S 10 (22) KA 37/91 –.

[148] SG Dortmund, Urt. v. 8. 7. 1994 – S 22 KA 56/99 –.

[149] SG Dortmund, Urt. v. 8. 8. 1995 – S 10 KA 104/93 –.

hoher Behandlungsaufwand zu geringen Arzneimittelkosten,[150] mehr Infusionen zu weniger Krankenhauseinweisungen,[151] erhöhter Behandlungsaufwand zu weniger Überweisungen.[152]

4. Vertikalvergleich

47 Der **Vertikalvergleich** beschreibt den Vergleich der Honoraranforderungen des Arztes in dem geprüften Quartal mit seinen eigenen Abrechnungswerten früherer Quartale.[153] Diese im Grundsatz bereits früh von der Rechtsprechung anerkannte Methode[154] wird dann als statthaft angesehen, wenn die vom Gesetz vorgegebene Regelprüfmethode der arztbezogenen Prüfung nach Durchschnittswerten deshalb nicht zur Anwendung gelangt, da die Gesamtheit der Ärzte einer **Vergleichsgruppe** im Durchschnitt gesehen **nicht wirtschaftlich handelt** und andere, ggf. vereinbarte Methoden am unverhältnismäßigen Aufwand scheitern. Dies gilt auch, wenn die Prüfung nach anderen Prüfungsarten wegen der **Unvergleichbarkeit des Leistungsspektrums** ausscheidet.[155] Feststellungen, die eine Abweichung von der Regelprüfmethode notwendig machen, sind im Bescheid zu dokumentieren, wie auch **die Anforderungen,** die dem Vertikalvergleich immanent sind: Sowohl Patientengut als auch Behandlungsstruktur haben sich nicht wesentlich geändert. Für die Bildung des Durchschnittswertes sind mindestens vier aufeinander folgende Quartale zugrunde zu legen. Es darf sich nicht um ein einzelnes aus der Reihe fallendes „Spitzenquartal" handeln.[156] Die verglichenen Leistungstatbestände müssen, jedenfalls weitgehend, identisch sein.[157] Sind diese Voraussetzungen erfüllt, kommt ihnen die **Wirkung des Anscheinsbeweises** zu. Konsequenterweise sind Streuungsbreiten, Gesamtwirtschaftlichkeit, Praxisbesonderheiten und kompensatorische Einsparungen zu vernachlässigen, da diese Kriterien letztlich in die Überprüfung des Patientengutes und der Behandlungsstruktur einfließen. Auch diese Methode ist um eine **intellektuelle Prüfung** zu ergänzen. Probleme im Einzelfall können sich stellen bei der Durchschnittsbetrachtung von vier aufeinander folgenden Quartalen, wenn es sich um Leistungen handelt, die **saisonalen Schwankungen** unterliegen, wie beispielsweise bei der Allergologie. Hier ist auf eine andere Zusammensetzung der Vergleichszeiträume zurückzugreifen. Der Vertikalvergleich ist auch anwendbar bei **Änderungen des EBM,** wobei es dann gesonderter Darlegungen bezüglich der wesentlichen Übereinstimmungen der Leistungstatbestände bedarf. Die Methode ist grundsätzlich auch bei vertikaler Prüfung von **Sparten- und Einzelziffern** geeignet, auch wenn an diese Prüfungen höhere Anforderungen als an den Gesamtfallwertvergleich zu stellen sind, mit der Maßgabe, dass besondere Begründungen im Hinblick auf die möglicherweise zum Ausdruck kommende Therapiefreiheit des Arztes, wobei in der Regel auch dieser Gesichtspunkt unter das Behandlungsverhalten des Arztes zu subsumieren wäre, zu erwarten sind. In der Regel ungeeignet ist die Methode bei Sparten- und Ziffernvergleichen, soweit der geprüfte Arzt **neue Leistungen** in sein Behandlungskonzept aufnimmt. Problematisch ist die Statthaftigkeit der vertikalen Prüfung **bei Ziffernvergleichen, bei kumulativer horizontaler Prüfung** anderer Ziffern. Es mag im Einzelfall, bei besonders sorgfältiger Darlegung, denkbar sein, dass einzelne Leistungen, oder auch um die vertikal geprüften Ziffern bereinigte Sparten noch einen Aussagewert beinhalten, der die Vermutung der wirtschaftlichen Behandlungsweise der Ver-

[150] LSG Baden-Württemberg, Urt. v. 6. 9. 1995 – L 5 KA 2283/94 –.
[151] BSG SozR 3–1300 § 106 Nr. 1.
[152] LSG Baden-Württemberg, Urt. v. 22. 5. 1996 – L 5 KA 3283/95 –.
[153] BSG SozR 3–2500 § 106 Nr. 24.
[154] Vgl. BSGE 11, 102 (114ff.); BSGE 17, 79, (86).
[155] BSG SozR 3–2500 § 106 Nr. 24.
[156] BSG SozR 3–2500 § 106 Nr. 24.
[157] BSGE 84, 85 (86f.) = BSG SozR 2500 § 106 Nr. 27.

gleichsgruppe in diesen Bereich rechtfertigt; dies wird aber besonders exakter Darlegung sowohl im Hinblick auf die vertikal geprüften als auch die horizontal geprüften Ziffern bedürfen, da bei der horizontalen Prüfung sämtliche Aspekte der Gesamtwirtschaftlichkeit zu reflektieren sind. Denn der zur Verfügung stehende „Restfallwert", ohne die vertikal gekürzten Ziffern, ist mindestens dann zweifelhaft, wenn die der Vertikalprüfung zugeführten Leistungsziffern im Zusammenhang mit den horizontal geprüften „Restziffern" stehen, so dass eine gesamtwirtschaftliche Betrachtung mangels aussagefähiger Daten nicht mehr möglich ist.[158]

5. Stichprobenprüfung

48 Diese, durch das GRG[159] eingeführte, „Methode" unterstreicht das Ziel einer **flächendeckenden Wirtschaftlichkeitsprüfung.** Es sollen gerade die unauffälligen Ärzte, jedenfalls stichprobenweise, überprüft werden. Umstritten ist bereits, ob es sich um eine **Prüfungsmethode** handelt **oder** lediglich die Beschreibung eines **gesetzgeberischen Zieles,** welches durch Umsetzung in den Prüfvereinbarungen mittels geeigneter Kriterien zur Durchführung gelangen soll.[160] Die Aufnahme des § 106 Abs. 2 lit. a durch die Gesundheitsreform 2000[161] bringt für die Entscheidung nur wenig Erleichterungen, da der Gesetzgeber dort, jedenfalls ausweislich seiner Gesetzesbegründung, die Ziele der Stichprobenprüfung beschreibt.[162] Aufgrund der vorgenommenen Einschränkungen gegenüber dem Regierungsentwurf[163] lässt die Vorschrift wegen des Halbsatzes „soweit dafür Veranlassung besteht" keinen abschließenden Regelungsgehalt erkennen. Der Halbsatz dient der Klarstellung, dass nicht sämtliche Kriterien Gegenstand der Prüfung sein müssen.[164] Auch die ursprünglich im Regierungsentwurf vorgesehene Streichung des Abs. 2 S. 3, wonach andere, arztbezogene Prüfungen vereinbart werden können, wurde im Laufe des Gesetzgebungsverfahrens aufgegeben.

49 Es dürfte sich daher bei der **Stichprobenprüfung nicht** um eine **abschließend definierte Prüfmethode** handeln. Vielmehr obliegt es den Vertragspartnern, geeignete Kriterien unter Berücksichtigung der gesetzgeberischen Ziele in Abs. 2 lit. a zu entwickeln. Vorgegeben wird lediglich die Verpflichtung der Vertragsparteien Zufälligkeitsprüfungen, arztbezogen für Ärzte und ärztlich verordnete Leistungen, durchzuführen. Im Übrigen besteht ein Beurteilungsspielraum für den Prüfungsausschuss, nicht für die Vertragsparteien, von den Prüfvereinbarungen abweichende Gruppen nach ausgewählten Leistungsmerkmalen zu bilden. Damit ist keine neue Vergleichsgruppenbildung gemeint, sondern die Einbeziehung des Sachverstandes der gemeinsamen Selbstverwaltung für die relevanten Tätigkeitsmerkmale, die einer Stichprobenprüfung unterzogen werden. **Auszuscheiden** ist zunächst die **Auffälligkeitsprüfung** gem. Abs. 2 Nr. 1, da nach dem Verständnis des Gesetzgebers gerade die dort nicht auffälligen Ärzte in die Stichprobenprüfung einzubeziehen sind. Ebenso wenig sind **Plausibilitätsprüfungen** gemeint, da diese, als Unterfall der sachlich-rechnerischen Richtigstellung, in die Kompetenz der Kassenärztlichen Vereinigungen fallen und daher nicht Gegenstand von Wirtschaftlichkeitsprüfungen sind,[165] ferner **Vertikalvergleiche,** auch wenn es sich bei dieser Prüfmethode nicht um eine arztbezogene Prüfung nach Durchschnittswerten handelt. Damit bleiben, abgesehen von

---

[158] A. A. BSG, Urt. v. 12. 12. 2001 – B 6 KA 7/01 R –, das die kumulierte Prüfung grundsätzlich als zulässig erachtet.

[159] BGBl. I S. 2477.

[160] Im letzteren Sinne *Spellbrink* NZS 1993, 298 (303 ff.); *Spiolek* ZSR 1992, S. 209, 216 ff.

[161] V. 22. 12. 1999, BGBl. S. 2626, 2635.

[162] BT-Drucks. 14/2369 S. 12 zu § 106.

[163] BT-Drucks. 14/1245 S. 16 zu § 106.

[164] BT-Drucks. 14/1977 S. 166 zu § 106.

[165] BSG SozR 3–2500 § 106 Nr. 1.

möglichen Innovationen bei der Entwicklung von Prüfmethoden, noch die verschiedenen Arten der Einzelfallprüfung übrig. Der unverhältnismäßige Aufwand bei der Durchführung einer strengen Einzelfallprüfung wird der praktischen Relevanz dieser Methode auch künftig entgegen stehen. Im Übrigen wird in der Literatur[166] zu Recht darauf hingewiesen, dass die gem. § 297 SGB V zur Verfügung zu stellenden Leistungsdaten bei der Zufälligkeitsprüfung für eine strenge Einzelfallprüfung nicht ausreichen. Realistischerweise verbleiben dann die eingeschränkte Einzelfallprüfung und die Einzelfallprüfung mit anschließender Hochrechnung. Der Maßnahmenkatalog ist insoweit verwirrend, da er Begriffe wie ausreichend, zweckmäßig, notwendig und wirtschaftlich verwendet, die ohnehin bei Überprüfung des Wirtschaftlichkeitsgebotes zu berücksichtigen sind. Nach diesseitigem Verständnis dient die Aufzählung allein der **Zielbeschreibung** der Überprüfung bei den unauffälligen Ärzten. Damit ist die praktische Relevanz der Stichprobenprüfung allerdings in Frage gestellt. Die verbleibenden Methoden der Einzelfallprüfung kommen nach der bisherigen Rechtsprechung nur in der sog. Übergangszone zur Anwendung. Im Bereich der normalen Streuung sowie bei Leistungserbringung unter dem Fachgruppendurchschnitt würde eine Überprüfung der Wirtschaftlichkeit scheitern. Daraus resultieren zwei denkbare Konsequenzen. Zum einen könnte der Gesetzgeber eine **Kompetenzverlagerung** von bestimmten Maßnahmen der sachlich-rechnerischen Richtigstellung an die Prüfgremien im Sinn gehabt haben. Die im Einzelfall ohnehin schwer abgrenzbare Trennung von sachlich-rechnerischer Richtigstellung und Unwirtschaftlichkeit innerhalb des konkreten Einzelfalles mag für einen sachverständig besetzten Prüfungsausschuss leichter erfassbar sein als für den mit der Abrechnung befassten Sachbearbeiter der Kassenärztlichen Vereinigung. Zum anderen ist aber auch denkbar, dass der Gesetzgeber die der eingeschränkten Einzelfallprüfung immanente **Schlüssigkeitsprüfung** auf unterhalb der Übergangszone angesiedelte Sachverhalte angewendet wissen will. Eine solche Betrachtung ist hingegen systemwidrig. Es unterliegt sicherlich keinem Zweifel, dass, um am Beispiel der fehlenden Indikation zu bleiben, sowohl die eingeschränkte Einzelfallprüfung als auch die Einzelfallprüfung mit anschließender Hochrechnung grundsätzlich geeignet sind, zur Überzeugung feststehende Erkenntnisse über etwaig gefundene Unwirtschaftlichkeiten zu belegen und zu quantifizieren. Dies allein wird beweisrechtlich aber nicht ausreichend sein. Ist und bleibt dem statistischen Fallkostenvergleich die gesetzliche Vermutung immanent, dass der Durchschnitt der Fachgruppe wirtschaftlich behandelt, spricht diese Vermutung auch für den unauffälligen Arzt. Dann ist aber gem. § 292 ZPO der volle Gegenbeweis durch die Prüfgremien erforderlich, so dass letztlich eine Begründung in jedem Einzelfalle erforderlich ist. Insoweit werden die Handlungsalternativen innerhalb der Zufälligkeitsprüfung beschränkt bleiben müssen; sie sind allerdings geeignet statistisch verdeckte Unwirtschaftlichkeiten aufzudecken, wobei die Prüfgremien die gesetzliche Vermutung zu widerlegen haben.

Gem. § 106 Abs. 2b – i.d.F. des GMG – vereinbaren nunmehr die KBV und die Spitzenverbände der Krankenkassen gemeinsam und einheitlich **Richtlinien zum Inhalt und zur Durchführung der Stichprobenprüfung,** insbesondere zu den Beurteilungsgegenständen des Abs. 2a. Diese Richtlinien wären zum 31. 12. 2004 dem zuständigen Bundesministerium vorzulegen gewesen, was bislang nicht geschehen ist. In der Praxis spielt diese Methode bislang nach wie vor keine Rolle.

6. Richtgrößenprüfungen

50 Gem. § 106 Abs. 2 Nr. 1 SGB ist die arztbezogene Prüfung ärztlich verordneter Leistungen bei Überschreitung der Richtgrößenvolumina nunmehr die gesetzliche Regelprüfmethode. Bereits der Hinweis auf § 84 SGB V belegt, dass zunächst zwischen Richtgrößenvereinbarung und Richtgrößenprüfung zu unterscheiden ist.

---

[166] *Spellbrink* NZS 1993, 298 (303).

a) Richtgrößenvereinbarungen. Gem. § 84 Abs. 6 SGB V vereinbaren die Landesverbände der Krankenkassen und die Kassenärztliche Vereinigung zur Sicherstellung der vertragsärztlichen Versorgung für das auf das Kalenderjahr bezogene Volumen der je Arzt verordneten Arznei- und Verbandmittel **(Richtgrößenvolumen)** arztgruppenspezifische fallbezogene Richtgrößen als Durchschnittswerte unter Berücksichtigung der nach Abs. 1 getroffenen Arzneimittelvereinbarung.

In die Festsetzung der Richtgrößen ist daher die **Arzneimittelvereinbarung** einzubeziehen. Diese umfasst gem. § 84 Abs. 1 Nr. 1 SGB V das Ausgabenvolumen insgesamt, aber auch – durch **Zielvereinbarungen** – Versorgungs- und Wirtschaftlichkeitsziele und auf diese Ziele ausgerichtete Maßnahmen. Infolgedessen sind die diesbezüglich getroffenen Vereinbarungen bei der Festsetzung der Richtgröße zu berücksichtigen, beschränken aber darüber hinaus potentielle Einwendungen des Arztes gegen das Zustandekommen der Richtgrößen. Denn die Vertragspartner haben nicht nur den originären Beurteilungsspielraum für die Richtgröße selbst, sondern auch für die zuvor genannten Vereinbarungen.

Die **Richtgröße soll** den Vertragsarzt bei seinen Entscheidungen **leiten** (§ 84 Abs. 6 Satz 3 SGB V). Überschreitungen des Richtgrößenvolumens lösen eine Wirtschaftlichkeitsprüfung nach § 106 Abs. 5a SGB V aus.

Richtgrößen sollen zusätzlich nach **altersgemäß gegliederten Patientengruppen** und darüber hinaus nach **Krankheitsarten** unterteilt werden (§ 84 Abs. 6 Satz 2 SGB V).

Gem. § 84 Abs. 7 SGB V beschließen die Spitzenverbände der Krankenkassen und die KBV mit verbindlicher Wirkung für die Vereinbarung der Richtgrößen die **Gliederung der Arztgruppen** und das Nähere zum Fallbezug. Ebenfalls mit verbindlicher Wirkung sollen diese Vertragspartner die altersgemäße Gliederung der Patientengruppen und unter Berücksichtigung der Beschlüsse des Koordinierungsausschusses die **Krankheitsarten** bestimmen. Letztlich können sie darüber hinaus Empfehlungen für das Richtgrößenvolumen beschließen. Am 31. 1. 2002 wurden **Rahmenvorgaben** veröffentlicht.[167] Im Bereich der Arzneiverordnungen wurden 13 Arztgruppen gebildet, im Bereich der Heilmittelverordnungen 6 Arztgruppen. Gem. Anlage 1 der Rahmenvorgabe sind weitere Untergliederungen unter bestimmten Voraussetzungen möglich. Die Untergliederung der Altersgruppen sieht 4 verschiedene Bereiche vor. Diesbezügliche Umsetzungen sind bei den Richtgrößenvereinbarungen in den einzelnen KV-Bezirken bislang nicht erfolgt. Über Gründe könnte hier nur spekuliert werden. Eine Untergliederung nach Krankheitsarten ist ebenfalls bisher nicht erfolgt, was wohl auf die fehlenden Beschlüsse des Koordinierungsausschusses zurückzuführen sein dürfte. Ob diese Nichtumsetzungen für den betroffenen Arzt rechtliche Konsequenzen haben könnten, erscheint eher zweifelhaft und würde ohnehin nur zur Nichtdurchführbarkeit der Richtgrößenprüfung führen mit der Konsequenz, dass eine andere Prüfmethode anzuwenden wäre. Auch erscheint es zweifelhaft, ob derartige Verfeinerungen tatsächlich die Wirtschaftlichkeitsprüfung verbessern. Wird eine Fachgruppe in 4 Altersgruppen unterteilt und wird vom Koordinierungsausschuss nur eine Krankheitsart bestimmt, ergeben sich pro Arztgruppe schon 8 verschiedene Richtgrößen. In diese wären nicht nur mathematische Werte (z. B. Durchschnittswerte), sondern auch die Zielsetzungen aus der Arzneimittel- und Zielvereinbarung zu berücksichtigen.

51 **b) Richtgrößenprüfung.** Wie aber wird eine Richtgrößenprüfung durchgeführt? Handelt es sich um eine besondere Prüfmethode oder sind sämtliche zuvor diskutierten Prüfmethoden anwendbar? Das Gesetz enthält hierzu wenig Hinweise. Einerseits wird vertreten, dass es sich bei der Richtgrößenprüfung um eine **eigene Prüfmethode** mit einer im Gesetz festgelegten Rechtsfolge handelt,[168] während andererseits die Auffassung geäußert wird, die Überschreitung der Richtgrößen löse lediglich die Einzelfallprüfung

[167] DÄBl. 2002, A-1540 ff.

[168] *Schneider,* a. a. O., Rdn. 1068 ff.

aus.[169] Festzustellen ist lediglich, dass die Richtgrößen dem **Zweck** dienen, die Verordnungsausgaben zu begrenzen und den Grundsatz der Beitragsstabilität zu wahren. Gem. § 84 Abs. 3 SGB V vereinbaren die Vertragspartner des § 84 Abs. 1 SGB V einheitliche, arztgruppenspezifische Richtgrößen für das Volumen der je Arzt verordneten Leistungen. Kommen derartige Vereinbarungen nicht zustande, sind sie **vom Schiedsamt festzusetzen.** Aufgrund der Schiedsamtsfähigkeit ist der Schluss zu ziehen, dass es sich bei den Richtgrößenvereinbarungen ebenfalls um **Normverträge** handelt, die für den Vertragsarzt gem. § 95 Abs. 3 SGB V verbindlich und von den Prüfgremien aufgrund des Normcharakters zu beachten sind. Das Merkmal **„arztgruppenspezifisch"** lässt, wie bei der Vergleichsgruppenbildung der arztbezogenen Prüfung nach Durchschnittswerten, einen Beurteilungsspielraum der Vertragspartner zu.

Der Gesetzgeber hat durch das GMG klargestellt, dass nicht die Überschreitung der Richtgröße, sondern die **Überschreitung der Richtgrößenvolumina** geprüft wird. Im Übrigen scheint der Gesetzgeber sich vorzustellen, dass elektronisch eingelesene und verarbeitete Daten ermittelt werden und eine daraus resultierende Überschreitung letztlich zum Regress führt. Ob ein derartiges Verfahren rechtstaatlichen Anforderungen zur Begründung eines Schadensersatzanspruches genügt, wird letztendlich von der Rechtsprechung zu beurteilen sein. Anders als beim statistischen Fallkostenvergleich wird jedenfalls der Raum für die **Berücksichtigung individueller Umstände eingeschränkt.**

Offensichtlich geht der Gesetzgeber idealtypischerweise von der Vernunft der Vertragsparteien aus, dass jedenfalls der Höhe nach Richtgrößenvereinbarungen geschlossen werden, die einerseits dem leistungsrechtlichen Anspruch des Versicherten und andererseits dem haftungsrechtlichen Maßstab des medizinischen Standards genügen. Dafür spricht zunächst, dass die Vertragsparteien gem. § 72 Abs. 1 SGB V zur Sicherstellung zusammenwirken und gem. § 72 Abs. 2 SGB V die vertragsärztliche Versorgung durch Verträge so zu regeln haben, dass eine ausreichende, zweckmäßige und wirtschaftliche Versorgung der Versicherten, unter Berücksichtigung des allgemeinen anerkannten Standes der medizinischen Erkenntnisse, gewährleistet ist. Unter diesen Gesichtspunkten sind Richtgrößen jedenfalls **nicht völlig frei vereinbar.** Allerdings stellt sich die Frage, wie der Beurteilungsspielraum im Einzelnen auszuschöpfen ist, insbesondere welche Überprüfungsmöglichkeiten dem betroffenen Arzt im Hinblick auf die Gewährung **effektiven Rechtsschutzes** gem. Art. 19 Abs. 4 GG noch zustehen. Einwendungen des Arztes gegen die Festsetzung der Richtgröße selbst, von möglichen Praxisbesonderheiten einmal abgesehen, müssen theoretisch bleiben, denn er Arzt wird weder in der Lage sein, durch substantiierte Darlegungen die Vereinbarung zu erschüttern, noch gar den Beweis zu erbringen, dass die Richtgröße nicht beurteilungsfehlerfrei zustande gekommen ist. Die Effektivität von Rechtsschutz wird darüber hinaus dadurch gefährdet, dass die Prüfgremien aufgrund des normativen Charakters den Vertrag zu beachten haben und die **Klage** des Vertragsarztes gem. § 106 Abs. 5 lit. a letzter Satz **keine aufschiebende Wirkung** hat.

Ob sich die Richtgrößenvereinbarungen **am bisherigen Durchschnittswert** der jeweiligen Vergleichsgruppe orientieren, ist nicht bekannt. Ein solches Vorgehen erschiene beurteilungsfehlerfrei. Soweit *Spellbrink*[170] die Systematik der arztbezogenen Prüfung nach Durchschnittswerten gefährdet sieht, ist dem entgegenzuhalten, dass sich die gesetzliche Vermutung, dass der Durchschnitt der Fachgruppe wirtschaftlich behandelt, allein auf die arztbezogene Prüfung nach Durchschnittswerten bezieht und keinen generell geltenden Erfahrungssatz darstellt.[171]

52 Problematisch bleibt der dogmatische Ansatz des Gesetzgebers auch insoweit, als erstmals ein Normvertrag eingeführt wird, der **keinen ausdrücklichen Normbefehl** im

---

[169] *KassKomm-Hess,* § 106 SGB V, § 106 Rdn. 10.

[170] *Spellbrink,* a.a.O., Rdn. 499.

[171] Wie hier, mit unterschiedlichen Begründungen *Schneider,* a.a.O., Rdn. 1067; *Hauck/Haines-Engelhard* § 106 Rdn. 170ff.

Einzelfall enthält, sondern die Einhaltung eines bestimmten Ausgabenvolumens insgesamt verlangt. Sanktionen sollen nur dort erfolgen, wo unwirtschaftliches Verhalten festgestellt wird, wobei der Richtgröße selbst das, was als wirtschaftlich anerkannt wird, immanent ist. Wegen der Verbindlichkeit der vereinbarten Größe ist es dem Arzt nicht gestattet, die Wirtschaftlichkeit seiner Behandlungsweise nachzuweisen. Gemildert wird dies bestenfalls dadurch, dass die Rechtsfolge, Regress, erst bei einer Überschreitung von mehr als 25% eintritt. Der einzig mögliche **Einwand ist derjenige der Rechtswidrigkeit** der Vereinbarung selbst. Daneben bleibt nach der Vorstellung des Gesetzgebers noch die Darlegung von Praxisbesonderheiten; **kompensatorische Einsparungen** erwähnt das Gesetz nicht.[172]

Die Richtgrößenvereinbarung stellt einen **öffentlich-rechtlichen Normenvertrag** dar. Dafür spricht bereits die Verbindlichkeitsanordnung der Rahmenvorgabe durch den Gesetzgeber. Konsequenz daraus ist, dass den Vertragsparteien ein **normativer Gestaltungsspielraum** zuzugestehen ist, der gerichtlich nur eingeschränkt überprüfbar ist. Richtgrößenvereinbarungen werden daher in erster Linie am Maßstab des Willkür- und Übermaßverbotes, dem Gleichheitssatz und dem Grundsatz der Verhältnismäßigkeit zu messen sein. Zusätzliche Schwierigkeiten bereiten die Einbeziehung der Arzneimittel- und der Zielvereinbarung. Infolgedessen wird selbst das Bestreiten der Datenvollständigkeit und Datenrichtigkeit kaum weiterhelfen. Soweit sich Richtgrößenvereinbarungen an den bisherigen Durchschnittswerten orientieren, werden eklatante Abweichungen möglicherweise noch auf ihre Rechtmäßigkeit untersucht werden. Werden die Richtgrößen aber weiter differenziert, ist selbst eine **willkürliche Festsetzung** wahrscheinlich **nicht zu erkennen.** Wesentliche Bedeutung für den betroffenen Arzt wird daher das Vorhandensein etwaiger **Praxisbesonderheiten** haben. Diese Praxisbesonderheiten werden aber zukünftig (§ 106 Abs. 5a Satz 5 SGB V) **in Vereinbarungen** durch die Vertragspartner festgesetzt. Infolgedessen entsteht hier ein weiterer Spielraum für die Vertragspartner, der gerichtlich nur eingeschränkt überprüfbar ist; zweifelhaft erscheint es auch, ob und inwieweit es überhaupt denkbar ist, sämtliche möglichen Besonderheiten über eine Vereinbarung zu erfassen. Gem. der Gesetzesbegründung sind Besonderheiten beispielsweise die **Kosten spezieller Arzneimittel** sowie **statistische Besonderheiten** der Arztpraxis, insbesondere aufgrund eines überdurchschnittlichen Anteils bestimmter, **besonders kranker Patienten.**[173]

Interpretationsbedürftig in diesem Zusammenhang scheint auch die Durchführung einer sog. **„Vorab-Prüfung“** (§ 106 Abs. 5a Satz 1 SGB V). Ist dies eine innerbehördliche Maßnahme der Prüfgremien oder ein Verwaltungsakt?

§ 106 Abs. 5a Satz 1 SGB V bestimmt nunmehr, dass **Beratungen** nach Abs. 1a ab einer Überschreitung des Verordnungsvolumens von 15% stattzufinden haben.

Eine Regressierung erfolgt bei einer Überschreitung des Volumens von mehr als 25%, es sei denn, es liegen Praxisbesonderheiten vor. Vor seiner Entscheidung soll der Prüfungsausschuss auf eine **Vereinbarung** mit dem Vertragsarzt hinwirken, die eine **Minderung des Erstattungsbetrages bis zu einem Fünftel** zum Inhalt haben kann (§ 106 Abs. 5a Satz 4 SGB V).

Festgesetzte Regresse sind gem. § 106 Abs. 5c SGB V von der Gesamtvergütung durch die einzelne Krankenkasse in Abzug zu bringen. Die Kassenärztliche Vereinigung hat in der jeweiligen Höhe Rückforderungsansprüche gegen den Vertragsarzt. Soweit der Vertragsarzt eine **wirtschaftliche Gefährdung** durch die Rückforderung nachweist, kann die Kassenärztliche Vereinigung diese entsprechend § 76 Abs. 2 Nrn. 1 und 3 SGB IV **stunden oder erlassen.** Ein Erlass kommt nach dieser Vorschrift aber nur dann in Betracht, wenn die Einziehung unbillig wäre. Das Element der Unbilligkeit wiederum setzt

---

[172] A. A. wohl *Hauck/Haines-Engelhard,* SGG V, § 106 Rdn. 193, der kompensatorische Einsparungen als Unterfall der Praxisbesonderheit ansehen will.

[173] BT-Drucks. 15/1525 S. 116.

voraus, dass **kein eigenes Verschulden** des Vertragsarztes vorliegt, was bei festgestellter Unwirtschaftlichkeit wohl kaum vorliegen kann.

Gem. § 106 Abs. 5d SGB V wird ein Erstattungsbetrag dann nicht festgesetzt, wenn der Prüfungsausschuss mit dem Arzt eine **individuelle Richtgröße** vereinbart, die eine zukünftig wirtschaftliche Verordnungsweise gewährleistet. Diesem Instrument dürfte in der Praxis zukünftig große Bedeutung zukommen.

53 Warum die Instrumentarien der Stundung, des Erlasses und der individuellen Richtgrößen nur auf Richtgrößenprüfungen Anwendung finden sollen, bleibt auch unter Gleichbehandlungsgesichtspunkten unerfindlich.

V. Rechtsfolgen der Wirtschaftlichkeitsprüfung

1. Beratung vor Kürzung

54 Aus § 106 Abs. 5 S. 2 SGB V ergibt sich, dass gezielte **Beratungen** weiteren Maßnahmen in der Regel vorangehen sollen. Diese **Soll-Vorschrift** interpretiert das BSG dahingehend, dass jedenfalls bei festgestelltem offensichtlichen Missverhältnis grundsätzlich eine Kürzung und nicht eine Beratung zu erfolgen habe.[174] Diese pauschale Betrachtungsweise durch das BSG steht im Widerspruch zu den gesetzgeberischen Wertungen. Insbesondere wenn die arztbezogene Prüfung nach Durchschnittswerten die Regelprüfmethode ist, finden sich in der Regel auch nur Maßnahmen aufgrund festgestelltem offensichtlichen Missverhältnis. In der Regel wird daher gekürzt und nicht beraten. Es soll nicht bestritten werden, dass in Einzelfällen beurteilungsfehlerfrei nur die Kürzung als Maßnahme verbleibt. Die Regel muss, jedenfalls bei erstmaligen Auffälligkeiten, jedoch die Beratung bleiben. Das BSG ist darüber hinaus auch der **Bindungswirkung einer ausgesprochenen Beratung** bei Kürzung in unmittelbar an die Beratung anschließenden Quartalen, entgegen getreten.[175]

55 Die Beratung selbst stellt einen **Verwaltungsakt** dar, der demgemäß entsprechend bekannt zu machen und zu begründen ist. Als Maßnahme der Wirtschaftlichkeitsprüfung ist die Beratung in Form des Verwaltungsaktes nur dann zulässig, wenn Unwirtschaftlichkeiten festgestellt sind, was wiederum die Konsequenz beinhaltet, dass auch die Beratung disziplinarrechtliche, allerdings nicht als Einzelmaßnahme, Bedeutung haben kann. Die Funktion der Beratung geht dahin, dem Arzt mittels eines milderen Mittels gegenüber der härteren Sanktion, Kürzung, die Konsequenzen seines Verhaltens aufzuzeigen und ihn zu wirtschaftlichem Verhalten zu veranlassen. Dieser Funktion kann die Beratung aber nur dann gerecht werden, wenn ihr eine gewisse Bindungswirkung, jedenfalls in dem Zeitraum bis zu ihrer Bekanntgabe zugestanden wird. Der Sinn und Zweck wird dann nicht erfüllt, wenn der Prüfungsausschuss die Beratung als Maßnahme bekannt gibt und in einem weiterem Quartal, welches zeitlich vor Bekanntgabe der Beratung angesiedelt ist, Kürzungsmaßnahmen ausspricht.[176]

Eine Aufwertung hat die Beratung durch das GMG erhalten. Gem. § 106 Abs. 1 SGB V wird die Wirtschaftlichkeit nunmehr durch Beratung und Prüfungen überwacht. Durch den neuen Abs. 1a der Vorschrift i.V.m. Abs. 5a gewinnt das Beratungselement – nunmehr im Aufgabenbereich der Geschäftsstellen der Prüfungsausschüsse – eine völlig neue Qualität. Der Gesetzgeber verfolgt die Intention, über umfangreiche Beratungen die Wirtschaftlichkeit des Vertragsarztes mittel- und langfristig zu sichern, so dass das Beratungselement spätestens seit dem GMG gegenüber der Kürzung vorzugswürdig sein dürfte.

---

[174] BSGE 87, 278 (280f.).

[175] BSG, Urt. v. 18. 6. 1997 – 6 RKa 95/96 –.

[176] A.A. BSG, Urt. v. 18. 6. 1997 – 6 RKa 95/96 –.

2. Kürzungshöhe

56 Die Rechtsfolge festgestellter Unwirtschaftlichkeit ist in der Regel eine Kürzung. Bezüglich der Kürzungshöhe wird den Prüfgremien ein **Ermessenspielraum** zugestanden.[177] Bei der arztbezogenen Prüfung nach Durchschnittswerten sind Kürzungsmaßnahmen unter das offensichtliche Missverhältnis nur mit besonderer Begründung möglich.[178] Bei den Verordnungsregressen kommt die Besonderheit hinzu, dass jedenfalls soweit die Kürzungsmaßnahme an das offensichtliche Missverhältnis heran reicht, nur der den Krankenkassen tatsächlich entstandenen Schaden regressfähig ist, also **Selbstkostenanteile** der Versicherten und **Apothekenrabatt** zu berücksichtigen sind.[179]

§ 106 Abs. 2 Satz 3 letzter Halbsatz SGB V weist darauf hin, dass honorarwirksame Begrenzungsregelungen keinen Einfluss auf die Prüfungen haben, jedoch bleibt nach dem Wortlaut noch unklar, ob dies nur für die Durchführung der Prüfverfahren selbst sowie für die Aufbereitung des statistischen Materials gilt. Das BSG hat in zwei Entscheidungen klargestellt, dass Budgetierungsmaßnahmen nicht von der Festsetzung und Realisierung von Kürzungsbeträgen befreien.[180]

3. Inhalt und Form des Kürzungsbescheides

57 Bezüglich **Inhalt und Form des Kürzungsbescheides** gelten die §§ 35ff. SGB X. Die Begründungsanforderungen richten sich nach dem Einzelfall, also der konkret gewählten Prüfmethode und den festgestellten Ergebnissen. Da die Begründungsanforderungen letztlich das Korrelat zu den gegebenen Beurteilungs- und Ermessungsspielräumen darstellen, sind in der Regel dort, wo die Beurteilung eingesetzt und/oder das Ermessen ausgeübt wurde, entsprechende Darlegungen im Bescheid zu erwarten.[181] Dies kann allerdings nicht dazu führen, dass sämtliche Umstände im Bescheid darzulegen sind, insbesondere nicht diejenigen, die sich bereits aus dem Arzt bekannten statistischen Material ohne weiteres entnehmen lassen.[182] Im Übrigen gilt für die Absetzung der Bescheide, damit sie noch als ordnungsgemäß begründet angesehen werden können, die **Fünf-Monatsfrist.**[183]

4. Fälligkeit der Kürzungssumme

58 Die Frage, inwieweit eine ausgesprochene Kürzung oder ein ausgesprochener Regress **aufschiebende Wirkung** hat, ist einerseits in § 106 SGB V selbst und andererseits in §§ 86, 97 SGG geregelt.[184] In der Praxis erlangt die durch das Gesetz angeordnete aufschiebende Wirkung des Widerspruches bei Honorarkürzungen keine Bedeutung. Ein Vergütungsanspruch des Arztes entsteht erst durch Festsetzung seines Honorars durch den Honorarbescheid. Bis zu diesem Zeitpunkt liegen lediglich Honoraranwartschaften auf Teilnahme an der Verteilung der vertragsärztlichen Vergütung vor. Die Honorarverteilungsmaßstäbe der KVen enthalten dem entsprechend Regelungen, dass die Festsetzung der Vergütung im Honorarbescheid unter dem Vorbehalt der Wirtschaftlichkeit erfolgt. Rein praktisch werden aber Prüfanträge und auch die erstinstanzlichen Kürzungsmaßnahmen durch die Prüfungsausschüsse bereits vor Bekanntgabe des Honorarbescheides ausge-

---

[177] BSGE 76, 300 (302) st. Rspr.; BSG, Urt. v. 21. 5. 2003 – B 6 KA 32/02 R –.

[178] BSG SozR 3–2500 § 106 Nr. 35.

[179] BSG SozR 3–2500 § 106 Nr. 38.

[180] BSG, Urt. v. 15. 5. 2002 – B 6 KA 30/00 R –; BSG Urt. v. 5. 11. 2003 – B 6 KA 55/05 R –.

[181] Grundlegend dazu BSG, Urt. v. 21. 5. 2003 – B 6 KA 32/02 R – sowie Urt. v. 16. 7. 2003 – B 6 KA 14/02 R –.

[182] BSG, Urt. v. 9. 3. 1994 – 6 RKa 9/92 –.

[183] BSGE 76, 300 (302).

[184] Vgl. im Einzelnen *Frehse* § 23 Rdn. 135ff.; *Steinhilper* MedR 2003, 433ff.

sprochen. Die Möglichkeiten des Vertragsarztes zum Prüfantrag zum Zwecke der Ausübung seines rechtlichen Gehörs Stellung zu nehmen, sind rein theoretischer Art, da dass zugrunde liegende statistische Material frühestens mit dem Honorarbescheid versandt wird. Im Honorarbescheid wird sodann die Vergütung unter Abzug der vom Prüfungsausschuss festgesetzten „Unwirtschaftlichkeiten" festgesetzt. Da dem Widerspruch gegen den Honorarbescheid von Gesetzes wegen (§ 85 Abs. 4 Satz 9 SGB V) keine aufschiebende Wirkung zukommt, wird folglich die vom Gesetzgeber vorgesehene aufschiebende Wirkung umgangen. Die Instanzrechtsprechung, von einer Ausnahme wohl abgesehen, toleriert dies.[185] Diese Vorgehensweise verstößt gegen das Gesetz. Der **Widerspruch** in Honorarkürzungsverfahren **hat aufschiebende Wirkung** (§ 106 Abs. 5 S. 4 SGB V). Diese Vorschrift ist voranging gegenüber § 85 Abs. 4 Satz 9 SGB V. Die Wertentscheidung des Gesetzgebers, diese Sofortvollziehbarkeit von Maßnahmen der Prüfgremien zu suspendieren, ist zu beachten. Dem kann insbesondere nicht die erstinstanzliche Maßnahme des Prüfungsausschusses vor Festsetzung des Vergütungsanspruches entgegen gehalten werden. Der dieser praktischen Vorgehensweise immanente Verstoß gegen das rechtliche Gehör ist zwar ausnahmsweise gem. § 41 Abs. 1 Nr. 3 SGB X heilbar; in Honorarkürzungsverfahren ist diese Vorgehensweise allerdings die Regel. Trotz der Bindung der öffentlich-rechtlichen Körperschaften an Recht und Gesetz wird bewusst gegen den Grundsatz des rechtlichen Gehörs und auch der Waffengleichheit im Verwaltungsverfahren temporär verstoßen, allein mit dem Ziel die vom Gesetzgeber angeordnete aufschiebende Wirkung zu unterlaufen. Diese Verhaltensweise kann nicht heilbar sein, sondern machen den Verwaltungsakt **gem. § 40 SGB X nichtig,** denn mit der Möglichkeit der Heilung einer Verletzung rechtlichen Gehörs wollte der Gesetzgeber ein **Regel-/Ausnahmeverhältnis** tolerieren, nicht hingegen die Ausnahme zur Regel machen.

5. Erstattung von Vorverfahrenskosten

59 Ist der Widerspruch des Vertragsarztes erfolgreich, sind ihm seine zur notwendigen Rechtsverfolgung entstandenen Aufwendungen gem. **§ 63 SGB X** zu erstatten. Die Vorschrift ist nicht über eine Prüfvereinbarung abdingbar.[186] Sie ist analog anzuwenden auf die Abwehr von Widersprüchen anderer Verfahrensbeteiligter.

6. Anderweitige Rechtsfolgen bei permanenter Unwirtschaftlichkeit

60 Bei regelmäßiger, permanenter Unwirtschaftlichkeit können festgestellte Unwirtschaftlichkeiten sowohl **Disziplinarverfahren** als auch **Entziehungsmaßnahmen** auslösen.

---

[185] LSG NW, Urt. 27. 5. 1981 – L 11 Ka 2/81 –; LSG Berlin, 3. 4. 1986 – 7 Ka 6/76 –; a. A. LSG Schleswig-Holstein MedR 1994, 415.

[186] S. BSG, Urt. v. 14. 5. 1997 – 6 RKa 10/96 –.

§ 21 Qualitätssicherung in der vertragsärztlichen Versorgung

Schrifttum: *Axer,* Neue Rechtsinstrumente der Qualitätssicherung in der ambulanten und stationären Versorgung unter Einbeziehung des Koordinationsausschusses, VSSR 2002, S. 215ff.; *Baumberger,* Managed Care. Anspruch und Wirklichkeit der integrierten Versorgung, 2001; *Deppe/Friedrich/Müller,* Qualität und Qualifikation im Gesundheitswesen, 1995; *Dressler,* Die Bedeutung von ärztlichen Leitlinien im Rechtsstreit, in: Hart (Hrsg.), Ärztliche Leitlinien. Empirie und Recht professioneller Normsetzung, 2000, S. 161ff.; *Engelmann,* Das Rechtskonkretisierungskonzept des SGB V und seine dogmatische Einordnung durch das Bundessozialgericht, in: Hart (Hrsg.), a.a.O., S. 199ff.; *Francke,* Leitlinien ärztlichen Handelns und Sozialrecht, in: Hart (Hrsg.), a.a.O., S. 171ff.; *Haas,* Dienstleistungsqualität aus Kundensicht, 1998; *Hellbrück,* Qualität und Ausgaben in der medizinischen Versorgung, 1997; *Jung,* Leitlinien aus der Sicht des Bundesausschusses der Ärzte und Krankenkassen, in: Hart, (Hrsg.), a.a.O., S. 221ff.; *Kolkmann,* Leitlinien und Qualitätssicherung, in: Hart (Hrsg.), a.a.O., S. 49ff.; *Laufs,* Arzt, Patient und Recht am Ende des Jahrhunderts, NJW 1999, S. 1758ff., 1766f.; *Laufs/Uhlenbruck,* Handbuch des Arztrechts, 2. Aufl. 1999; *Lauterbach/Schnappe* (Hrsg.), Gesundheitsökonomie, Qualitätsmanagement und Evidence-Based-Medicine, 2. Aufl., 2004; *Meinhold,* Qualitätssicherung und Qualitätsmanagement in der sozialen Arbeit, 3. Aufl. 1994; *Neumann,* Ärztliche Berufsfreiheit und Qualitätssicherung, in: Wienke/Lippert/Eisenmenger (Hrsg.), Die ärztliche Berufsausübung in den Grenzen der Qualitätssicherung, 1998, S. 101ff.; *Schneider,* Konfliktlösung: ärztliche Berufsfreiheit versus Regelungen der Qualitätssicherung – Vorschläge aus juristischer Sicht, MedR 1998, S. 151ff.; *Seewald,* Juristische und verwaltungswissenschaftliche Maßstäbe in der Kommunalen Gebietsreform, Die Verwaltung, 1973; *ders.,* Wirtschaftlichkeit und Sparsamkeit – aus der Sicht des Bundessozialgerichtes, SGb 1985, S. 51ff.; *ders.,* Auswahl der Vertragspartner durch Versicherungsträger in Deutschland, in: Jabornegg/Resch/Seewald (Hrsg.), Der Vertragsarzt im Spannungsfeld zwischen gesundheitspolitischer Steuerung und Freiheit der Berufsausübung, 1999, S. 101ff.; *ders.,* in: Schnapp (Hrsg.), Probleme der Rechtsquellen im Sozialversicherungsrecht, Teil II, 1999, S. 99ff.; *ders.,* Neue Zusammenarbeitsformen und Honorierungsmodelle als Mittel der Kostensenkung, in: Jabornegg/Resch/Seewald, Ökonomie und Krankenversicherung, 2001 (Tagungsband 3 der „Deutsch-österreichischen Sozialrechtsgespräche"); *ders./Plute,* Rechtliche Grundlagen der Gesundheitsförderung für Krankenversicherungs- und Unfallversicherungsträger, in: Müller/Rosenbrock (Hrsg.), Betriebliches Gesundheitsmanagement, Arbeitsschutz und Gesundheitsförderung – Bilanz und Perspektiven, 1998, S. 62ff.; *ders.,* Prävention im Sozialrecht, Festschrift BSG 2004, S. 284ff.; *Straub,* Ziele, Normsetzungsprozesse und Implementation von Leitlinien in der Medizin, in: Hart (Hrsg.), a.a.O., S. 61ff.; *Vosteen,* Leitlinien der wissenschaftlichen Fachgesellschaften, in: Hart (Hrsg.), a.a.O., S. 23ff.; *Werner,* Maßnahmen zur Qualitätssicherung in der vertragsärztlichen Versorgung auf dem Prüfstand der Rechtsprechung, NZS 2002, S. 1ff.

Übersicht

I. Herkunft und Idee der Qualitätssicherung

1. Herkunft

1 Als Rechtsbegriff, Regelungsauftrag und Handlungsmaßstab tritt der Begriff der Qualitätssicherung an verschiedenen Stellen des SGB V[1] auf. Mit dem GKV-Gesundheitsreformgesetz 2000 ist mittlerweile[2] eine bemerkenswerte **Regelungsdichte** erreicht, die sämtliche Leistungsbereiche umfasst und ein gewisses System erkennen lässt; der Bereich der vertragsärztlichen Versorgung[3] wird dabei vergleichsweise besonders eingehend geregelt.[4]

2 Der Gesetzgeber hat mit diesen Regelungen offensichtlich auf eine Idee und daraus abgeleiteten Vorstellungen zurückgegriffen, die in der **Produktionswirtschaft** entwickelt worden sind und von dort ausgehend eine erstaunliche Verbreitung in wohl praktisch allen Bereichen der Wirtschaft, vor allem auch im **Dienstleistungsbereich** gefunden

[1] Diesem Beitrag liegt die seit 1. 1. 2004 geltende Rechtslage zugrunde gemäß den Änderungen durch Art. 1 Gesetz zur Modernisierung der gesetzlichen Krankenversicherung (GKV-Modernisierungsgesetz – GMG) v. 14. 11. 2003, BGBl. I, S. 2190.

[2] Die Entwicklungsgeschichte der Qualitätssicherung – Regelungen im SGB V soll hier nicht geschildert werden; das Gesundheits-Reformgesetz – GRG (v. 20. 12. 1988, BGBl. I, S. 2477) befasste sich in seinem Art. 1 (SGB V) mit der Qualität der Leistungen und ihrer Sicherung in § 2 Abs. 1 S. 3, § 35 Abs. 5 S. 1, § 70 (seinerzeit nur im Titel), § 112 Abs. 2 S. 1 Nr. 3, § 113 Abs. 1 S. 1 und Abs. 4, § 132 Abs. 1, §§ 135–139 SGB V; einen erheblichen „Schub" sollte das Gesetz zur Reform der gesetzlichen Krankenversicherung ab dem Jahr 2000 (GKV-Gesundheitsreformgesetz 2000) v. 22. 12. 1999, BGBl. I, S. 2626, bringen.

[3] Einschließlich der vertragszahnärztlichen Versorgung, vgl. § 136 b SGB V.

[4] Vgl. im Einzelnen die Übersicht 2 „SGB V. Das Regelungssystem der Qualitätssicherung (QS) – Überblick –".

hat.[5] Ein Blick auf die dortigen Vorstellungen zeigt, worin die Besonderheit der sog. **Qualitätssicherung** liegt gegenüber **traditionellen Verfahren,** die ebenfalls das Ziel verfolgen, Leistungen und Produkte qualitativ auf einem erreichten Stand zu halten sowie auch ständig zu verbessern; mit diesem Blick auf die Herkunft der Qualitätssicherung erschließen sich die **grundlegenden Vorstellungen** des Gesetzgebers zu diesem Regelungsbereich; außerdem wird auch für den Bereich der Leistungserbringung nach dem SGB V deutlich, in welcher **Richtung** und von welchen **Personen** die dort geregelten Sach- und Dienstleistungen[6] qualitativ gesichert und fortentwickelt werden sollen und inwieweit dabei auf **bisherige** diesbezügliche **Aktivitäten** zurückgegriffen werden kann.

2. Die Entwicklung der Qualitätssicherung in der Produktionswirtschaft

3 Die Sicherung (und Perfektionierung) der Qualität hat in der Produktionswirtschaft eine lange **Tradition; Qualitätskontrolle** und **Qualitätsprüfung** waren und sind etablierte Einrichtungen in praktisch wohl allen Betrieben. Ein diesbezügliches systematisch angelegtes und institutionalisiertes Qualitätsmanagement[7] war (und ist) in Industriebetrieben mit ihrer typischen und weitgehenden Arbeitsteilung vorzufinden. Dabei ist bemerkenswert, dass Überlegungen zur Qualitätssicherung im heutigen Sinn in gewisser Weise anknüpfen konnten an arbeits- und organisationswissenschaftliche Vorstellungen, die als **„Arbeitsstudium"** der systematischen Analyse (und Synthese) von Arbeitsvorgängen dienen; diese werden sorgfältig, bis ins Detail geplant, um die Produktionsfaktoren optimal einzusetzen zur Erzielung der bestmöglichen Produktivität;[8] Überlegungen zur Verbesserung der Arbeitsvorgänge beruhten schwerpunktmäßig auf **nachträglicher Qualitätsprüfung und -kontrolle,**[9] jedoch auch unter Auswertung der Erfahrungen der Personen, die mit den produktbezogenen Arbeitsvorgängen vertraut sind.[10]

4 Bis vor nicht allzu langer Zeit (Anfang der 80-Jahre des vorigen Jahrhunderts) hat man allerdings **Qualitätssicherung** – erstens – nahezu gleichgesetzt mit **Qualitätsprüfung und -kontrolle;**[11] außerdem – zweitens – wurden mit dieser Tätigkeit Personen und Institutionen betraut, die nicht selbst für die Durchführung der Arbeit – also auch für das Erzeugen dabei auftretender **Fehler** – verantwortlich waren; vielmehr wurden mit der Qualitätssicherung und -verbesserung zumeist eigens dafür geschaffene Abteilungen innerhalb eines Betriebes betraut, die aus der Sicht der derart überwachten und kontrollierten Personen (und Stellen) als eine Art **Fremdüberwachung** – in der heutigen Terminologie als sog. externe Qualitätssicherung[12] – wahrgenommen wurden.

---

[5] Vgl. z. B. *Meinhold,* Qualitätssicherung und Qualitätsmanagement in der sozialen Arbeit; zur Zertifizierung des MDK in Hessen für sein Qualitätsmanagement (nach DIN EN ISO 9001) vgl. *Hübner u. a.,* Gesundheit und Gesellschaft, 1999, S. 22; für den Bereich der deutschen Hochschulen und die „Qualitätssicherung als Maß aller Dinge" vgl. *Zöllner,* Forschung-Mitt. der DFG 3/98, S. X; *Haas,* Dienstleistungsqualität aus Kundensicht; BMin für Familie, Senioren, Frauen und Gesundheit (Hrsg.), Qualitätsmanagement in der Caritas-Jugendhilfe GmbH Köln, 1998.

[6] Sie entsprechen den Produkten im erwerbswirtschaftlichen Bereich.

[7] Hier verstanden als umfassender Begriff, vgl. auch *Hansen,* in: Handwörterbuch der Produktionswirtschaft, 2. Aufl. 1996, Sp. 1713–1716.

[8] Vgl. *Rühl,* Arbeitsstudien, in: Grochla (Hrsg.), Handwörterbuch der Organisation, 2. Aufl. 1980, Sp. 127 ff., 129.

[9] Beispiel: die früher sehr aufwändige und kostspielige sog. Endkontrolle in der Automobilwirtschaft.

[10] Vgl. hierzu auch die diesbezüglichen Aktivitäten renommierter Forschungsinstitute, z. B. des „REFA-Instituts" (hervorgegangen aus dem „Reichsausschuss für Arbeitsstudien"), das „Rationalisierungskuratorium der Deutschen Wirtschaft" (RKW) oder das „Forschungsinstitut für Rationalisierung" an der TU Aachen.

[11] So z. B. noch *Botta,* Handwörterbuch der Produktionswirtschaft, 1. Aufl. 1984, „Qualität und Qualitätsüberwachung", Sp. 1747 ff., 1753.

[12] Vgl. dazu auch *Hellbrück,* Qualität und Ausgaben in der medizinischen Versorgung, S. 25 m. w. N.

Mittlerweile hat sich offensichtlich die **Vorstellung** von optimaler Qualitätssicherung **gewandelt;**[13] dass in gewisser Weise unabhängige, mehr oder weniger fremde Prüfer Fehler zuverlässiger entdecken als diejenigen Personen, die unmittelbar im Arbeitsprozess tätig sind, hat sich als eine zumindest ergänzungsbedürftige Sichtweise erwiesen; denn mit der Installierung von Fremdkontrolle, also mit **„externer Qualitätssicherung"** verzichte der Unternehmer auf die frühestmögliche **Vermeidung** oder Beseitigung von **Fehlerursachen;** außerdem werde die motivierende Wirkung für den Mitarbeiter hinsichtlich der Einhaltung von vorgegebenen Qualitätsstandards sowie im Hinblick auf die Verbesserung der Produktionsabläufe und somit der Produkte[14] nicht genutzt, die als **selbstfunktionierendes Anreizsystem** wirke; dabei sollen allerdings Abweichungen von festgelegten Vorgaben – also objektive Fehler – nicht als Verschuldenstatbestände angekreidet werden. Beachte man diese Erkenntnisse, so könne damit **Selbstprüfung** und **Selbstverantwortung** in sinnvoller Weise miteinander verbunden werden, übrigens auch gleichsam als Rückkehr zu den ursprünglichen Tugenden des Fachhandwerkers.[15] **5**

Diese gleichsam strategische **Grundeinschätzung** des **Menschen** im **Arbeitsprozess** und im Hinblick auf potentielle Schwachstellen bei seiner Arbeit kann man als die gedankliche Keimzelle für ein systematisches, in gewisser Weise rigoroses Qualitätsmanagement und eine durchgreifende Qualitätssicherung im Sinne **„interner Qualitätssicherung"** verstehen. Nach dem heutigen, wohl vorhersehenden Verständnis in der Produktionswirtschaft steht die Idee dieser Art von interner Qualitätssicherung deutlich im Vordergrund der Aktivitäten mit dem Ziel der Sicherung und Verbesserung der Qualität; ein Grund hierfür dürfte im Übrigen darin liegen, dass damit erhebliche **Kosten eingespart** werden können. Die bisherigen Wege der Qualitätskontrolle und -sicherung werden – daneben – weiterhin gegangen. Zudem werden die weiteren Voraussetzungen für qualitätsvolles Handeln, z. B. die notwendigen **persönlichen** qualitativen **Anforderungen** an bestimmte Tätigkeiten (und deren Anforderungsprofil entsprechend) bewusst gemacht; Gleiches gilt für die übrigen **Bedingungen organisatorischer** und **struktureller** Art. **6**

Wesentlich für das heute gepflegte Verständnis von Qualitätssicherung ist weiterhin, dass einerseits alle im Vorangegangenen angesprochenen Aktivitäten in einer systematisierenden **Gesamtschau** von **Qualitätssicherung** zusammengefasst werden, andererseits gedanklich in die drei wesentlichen **Teilaspekte** – und insoweit analysierend – der **Strukturqualität, Prozessqualität** und **Ergebnisqualität** aufgeteilt werden. Diese partiellen Gesichtspunkte sind wiederum einer weiter gehenden Konkretisierung zugänglich; ihnen ist jeweils gemeinsam eine spezifische Blickrichtung und darauf beruhende konkrete Handlungsanweisungen und Vorstellungen von Qualitätssicherung, die sämtlich auf das **Gesamtziel** der **Qualitätssicherung** ausgerichtet sind. **7**

3. Qualitätssicherung im Dienstleistungsbereich

Das gleichsam **integrative,** bisherige Qualitätssicherungsvorstellungen einbeziehende Verständnis von **Qualitätssicherung** mit dem **neuen Schwerpunkt** der internen Qualitätssicherung hat auch im Dienstleistungsbereich weite Verbreitung gefunden, und zwar sowohl in der Privatwirtschaft als auch im öffentlich-rechtlich geregelten Bereich. Das kann darauf zurückgeführt werden, dass die intensive Kultivierung insbesondere der **Prozessqualität,** aber **auch** der **Strukturqualität** insoweit, als die Handlungsabläufe – die **8**

[13] Und im deutschsprachigen Raum gleichsam dokumentiert durch die neue, zweite Auflage des „Handwörterbuchs der Produktionswirtschaft" auf dem Jahr 1996.

[14] Traditionell ist dies Gegenstand des sog. betrieblichen Vorschlagswesens, das auch der öffentlichen Verwaltung geläufig ist, vgl. *Kübler,* Organisation und Führung in Behörden, Bd. 2, 4. Aufl. 1980, Abschn. 840 ff.; vgl. auch *Eichhorn u. a.* (Hrsg.), Verwaltungslexikon, 2. Aufl. 1991, S. 680.

[15] Vgl. *Hansen,* a. a. O., Sp. 1715.

Entscheidungsprogramme – untersucht und optimiert werden, im **Dienstleistungssektor** als besonders ertragreich und in vielen Fällen wohl als die einzige Möglichkeit erscheint, den Nachweis von qualitätsvollem Handeln zu erbringen. Dort nämlich, wo das Ergebnis einer Dienstleistung selbst entweder nur schwer messbar ist und vor allem nur bedingt auf die Dienstleistung selbst zurückgeführt werden kann,[16] ist es vor allem der Nachweis von Prozess- und Strukturqualität, der gleichsam **indiziell für** die **Qualität** auch der **Ergebnisse** entsprechender Dienstleistungen ist.

9 Aber auch dort, wo ein einleuchtender **Wirkungszusammenhang** zwischen Dienstleistung und Erfolg besteht oder zumindest als nahe liegend betrachtet werden kann, ist die Kultivierung von Prozess- und Strukturqualität selbstverständlich nicht unbedeutsam; im Gegenteil – unter solchen Bedingungen ist es gerade aufschlussreich zu wissen, in welcher Weise die **Ergebnisqualität** gleichsam automatisch **indiziert** wird durch eine Gestaltung von Strukturen und Prozessen, deren Optima im Übrigen auch im Prozess einer **Rückkoppelung** gewonnen wird, bei der die **Ergebnisse analysiert** werden und dabei aufgefundene Fehler (Schwachpunkte) als Erkenntnismaterial für die **Verbesserung** von **Strukturen** und **Prozessen** dient.

10 Dass **Qualitätssicherung** nach diesen Vorstellungen auch im Bereich des **Gesundheitswesens** möglich und unter einer Vielzahl von Gesichtspunkten sinnvoll ist, darüber dürften seit dem Jahresgutachten 1989 des **Sachverständigenrates** für die konzertierte Aktion im Gesundheitswesen[17] keine ernsthaften Zweifel bestehen. Die Bundesregierung hat diese Vorstellungen in ihrem Entwurf zum **Gesundheits-Reformgesetz** (GRG)[18] aufgenommen, die in den §§ 135–139 SGB V Gesetz geworden sind;[19] das GKV-Gesundheitsreformgesetz 2000[20] hat diese Regelungen nicht unerheblich verbreitert.

11 Festzuhalten ist an dieser Stelle, dass der **Gesetzgeber** auf begriffliche Erläuterungen **(Legaldefinitionen)** der von ihm z. T. ausdrücklich verwendeten, z. T. notwendigerweise vorausgesetzten Schlüsselbegriffe (z. B. Qualitätssicherung und management; Struktur, Prozess- und Ergebnisqualität; evidenz-basierte Leitlinie; case-management; Standard u. ä.) **verzichtet** hat.[21] Gleichwohl ist davon auszugehen, dass die einschlägigen Begriffe so zu verstehen sind, wie sie sich inhaltlich im Bereich der Wirtschaft entwickelt haben; bei methodologischer Betrachtungsweise folgt das aus der Tatsache, dass der **Gesetzgeber** die Vorstellungen des **Sachverständigenrates** (im Jahresgutachten) im Wesentlichen rezipiert hat, der wiederum seine Erkenntnisse aus dem Bereich der (Privat-)Wirtschaft in das Gesundheitswesen transponiert hat[22] – insoweit führt die **historische Auslegungsmethode**[23] der einschlägigen Bestimmungen des SGB V zum wirtschaftswissenschaftlichen Verständnis der betreffenden Begriffe; zum **gleichen Ergebnis** gelangt man über die anerkannte Grundregel der juristischen Auslegung, wonach am Beginn jeglicher juristischer **Interpretation** von Gesetzesbegriffen der **Wortlaut** steht – das ist die sog. grammatikalische

---

[16] Das dürfte z. B. der Fall sein sowohl bei pädagogischen als auch bei manchen medizinischen Bemühungen.

[17] Mit dem Titel „Qualität, Wirtschaftlichkeit und Perspektiven der Gesundheitsversorgung", vgl. dort Text A I 3.

[18] Entwurf eines Gesetzes zur Strukturreform im Gesundheitswesen v. 29. 4. 1988, BR-Drucks. 200/88, insb. §§ 144–148 (Sicherung der Qualität der Leistungserbringer).

[19] Zu den zwischenzeitlichen Änderungen vgl. *KassKomm-Hess,* §§ 135–139 SGB V, jeweils Rdn. 1, sowie Fn. 1.

[20] Vgl. Fn. 1.

[21] Dass es auch anders geht, zeigen z. B. die Legaldefinitionen im Umweltrecht, vgl. z. B. § 3 BImSchG, § 3 KrW/AbfG oder anderen Bereichen des Verwaltungsrechts, z. B. § 3 TKG, § 2 EuWG, § 4 AWG.

[22] Diese Bezugnahme im Jahresgutachten 1989, A I, S. 34 ff. ist offensichtlich.

[23] Diese Auslegungsmethode, vgl. dazu übrigens *Larenz,* Methodenlehre der Rechtswissenschaft, 6. Aufl. 1991, S. 320 ff. sowie BVerfG seit E 1, 117 (127), Bezugnahme in E 53, 135 (147); vgl. auch BVerfGE 64, 261 (275), ist vor allem bei jüngeren Gesetzesregelungen zielführend.

Auslegung oder Wortinterpretation, mit der das allgemeine, noch nicht typisch juristisch geprägte Verständnis zu erschließen ist.[24]

Somit ist das **grundlegende Verständnis** von „Qualität", ihrer „Sicherung" sowie der im Zusammenhang mit diesen Oberbegriffen und Zielsetzungen stehenden weiteren Begriffe auch im Bereich des **Gesundheitswesens** maßgeblich geprägt durch das entsprechende wirtschaftswissenschaftliche Verständnis.[25] **12**

II. Begriff. Terminologisches

1. Qualität

Qualität bedeutet Beschaffenheit[26] und somit **Eigenschaft,**[27] jedoch nicht irgendeiner Art und Güte. Dies bringen die offensichtlich allgemein anerkannten Definitionen zum Ausdruck, in denen Qualität z. B. als „die Beschaffenheit einer Einheit bezüglich ihrer Eignung, festgelegte und **vorausgesetzte Erfordernisse** zu erfüllen"[28] oder als „die Gesamtheit von Merkmalen einer Einheit (entity) bezüglich ihrer Eignung, festgelegte und vorausgesetzte Erfordernisse zu **erfüllen**"[29] erläutert wird. Damit kennzeichnet Qualität „die **Relation** realisierter Beschaffenheit zu geforderter Beschaffenheit".[30] **13**

Mit dieser Definition ist das **Grundprinzip** der Qualitätssicherung bereits vorgegeben; es beruht auf zwei Aspekten, nämlich – erstens – der **Festlegung** bestimmter Anforderungen an Dienstleistungen und Produkte **(Qualitätsanforderungen)** sowie – zweitens – auf **Maßnahmen,** mit denen die **Beachtung** dieser Anforderungen gesichert wird. Somit sind logisch vorrangig die Qualitätsanforderungen zu bestimmen; die **Teilaspekte** der Struktur-, Prozess- und Ergebnisqualität[31] verweisen in die Richtung und auf die Parameter, nach denen die Qualitätsanforderungen bestimmt, objektiviert und damit messbar gemacht, also operationalisiert werden.[32] Zur Qualitätssicherung in jedem dieser Teilbereiche – und das gilt auch für das Gesundheitswesen[33] – gehört also zunächst die Festlegung der Qualitätsanforderungen, die **Grundlage** insb. der – jeweils internen, aber auch externen – **Qualitätskontrollen,** qualitätssichernder Maßnahmen und Qualitätssicherungsprogramme[34] sind. **14**

Für derartige Festlegungen werden verschiedene Begriffe verwendet, mit denen z. T. auch Hinweise auf die u. U. nur vermeintliche rechtliche (Un)Verbindlichkeit gegeben werden sollen: **Richtlinien,**[35] **Leitlinien,**[36] **Empfehlungen;**[37] als **Oberbegriff** empfiehlt sich die insbesondere auch im Hinblick auf eine eventuelle rechtliche Bedeutung – neu- **15**

---

[24] Vgl. für alle *Larenz,* a. a. O.

[25] Vgl. dazu z. B. *Deppe/Friedrich/Müller,* Qualität und Qualifikation im Gesundheitswesen, 1995.

[26] So die Wortübersetzung aus dem Lateinischen.

[27] Zur Bedeutung und Verwendung des Begriffs der Qualität in der abendländischen Philosophie (Aristoteles, Demokrit, Scholastik, Locke, Descartes, Hobbes, Kant, Hegel) vgl. *Hansen,* a. a. O., Sp. 1711/1712.

[28] DIN 55350 Teil 11 (1987).

[29] So die DIN-Übersetzung der (internationalen) ISO 8402 (1994); darauf Bezug nehmend *Hansen,* a. a. O., Sp. 1713.

[30] *Hansen,* a. a. O., Sp. 1713 mit Hinweis auf *Geiger* (1994).

[31] Vgl. z. B. auch Sachverständigenrat, Jahresgutachten 1989, A I 3.2, Ziff. 29, S. 38.

[32] Zur Operationalisierung unbestimmter Rechtsbegriffe vgl. *Seewald,* Die Verwaltung, S. 389 ff.

[33] Vgl. für das SGB V *KassKomm-Hess,* vor §§ 135 ff. SGB V, Rdn. 2–5.

[34] Vgl. Sachverständigenrat, a. a. O.

[35] Mit dieser Bezeichnung ist im Zusammenhang mit der Leistungserbringung im Gesundheitswesen zumeist § 92 SGB V gemeint.

[36] Vgl. *Kolkmann,* Leitlinien und Qualitätssicherung, in: Hart (Hrsg.), Ärztliche Leitlinien, S. 49 ff.

[37] Z. B. des Wissenschaftlichen Beirates der Bundesärztekammer; ein Überblick zu diesen Empfehlungen der Jahre 1984–1995 bei *Kolkmann,* a. a. O., S. 51 f.

trale Bezeichnung als **Standard;**[38] allerdings kann Standard **auch** als bereits denkbar **konkrete Handlungsanweisung** verstanden werden, so z. B. das Verständnis von Standards im Krankenhaus-Pflegebereich.[39]

2. Sicherung der Qualität

16 Was die **„Sicherung"** der Qualität angeht, so besteht offensichtlich Einigkeit darüber, da darunter **nicht** nur die Gewährleistung eines – zuvor zu ermittelnden und festzuschreibenden bereits vorhandenen **Zustandes** zu verstehen ist, sondern dass damit stets auch das Ziel einer **ständigen Verbesserung** (Förderung) von Strukturen, Prozessen und Ergebnissen verfolgt wird.[40]

17 Somit sollte man unter **Standard** im ärztlichen Bereich eine allgemeine Norm zur ärztlichen **Handlungsanleitung** verstehen, die dem jeweiligen Stand der medizinischen **Entwicklung** (Wissenschaft und Praxis) entspricht und der in der Form von Richtlinien, Leitlinien und Empfehlungen umgesetzt wird.[41]

3. Qualitätsmanagement

18 Qualitätssicherung und **Qualitätsmanagement** stehen in engem Zusammenhang. Nach dem vom DIN[42] empfohlenen Verständnis ist Qualitätssicherung der Oberbegriff für „die Gesamtheit der Tätigkeiten des Qualitätsmanagements, der Qualitätsplanung, der Qualitätslenkung und der Qualitätsprüfung";[43] dem international anerkannten Verständnis entspricht es demgegenüber, mit dem Begriff des Qualitätsmanagements den **organisatorisch-institutionellen Aspekt** anzusprechen,[44] nämlich in dem Sinn, dass die Organisationsstruktur, Verantwortlichkeiten, Verfahren, Prozesse und die erforderlichen Mittel hierzu zählen und die **Qualitätssicherung** dabei als Sammelbezeichnung für **alle geplanten** und **systematischen Tätigkeiten** innerhalb des (umfassend zu verstehenden) Qualitätsmanagementsystems dient.[45]

19 Die Übersicht 1 („Aspekte der Qualitätssicherung") zeigt die erwähnten Zusammenhänge unter Einbeziehung von medizinisch-ärztlichen Tatbeständen in den Qualitätssicherungsbereichen der Struktur-, Prozess- und Ergebnisqualität.

---

[38] Eine andere Terminologie pflegt die Bundesärztekammer (vgl. ZS für ärztliche Fortbildung und Qualitätssicherung 1997, S. 376), mitgeteilt und kritisiert von *Jung,* in: Hart (Hrsg.), a. a. O., S. 234.

[39] Vgl. z. B. Leitfaden zur Einführung pflegerischer Arbeit im Operationsdienst, April 1996, S. 46 (Patientenlagerung), S. 48 (chirurgische Händedesinfektion und Einkleiden der instrumentierenden Person), dazu Übersichten 2–4 bei *Seewald,* in: Schnapp (Hrsg.), Probleme der Rechtsquellen im Sozialversicherungsrecht, Teil II, 1999, S. 132 f.

[40] Für das ärztliche Handeln wird das von allen an der Gesundheitsversorgung Beteiligten gefordert, Sachverständigenrat, a. a. O., A 3.1, Ziff. 23, S. 37; ebenso z. B. § 135 a Abs. 1 S. 1 („Weiterentwicklung") und Abs. 2 S. 1 („Ergebnisqualität ... verbessern").

[41] *Hart,* in: ders., a. a. O., Ärztliche Leitlinien und Haftungsrecht, S. 137 ff. (140).

[42] Deutsches Institut für Normung.

[43] DIN 55350 Teil 11.

[44] Vgl. *Hansen,* a. a. O., Sp. 1715 unter Hinweis auf die deutsche Übertragung der Neufassung der Begriffsnorm JSO 8402.

[45] Zu den praktizierten Qualitätsmanagement-Konzepten vgl. *Müller-Böling,* Qualitätsmanagement, in: Wittmann u. a. (Hrsg.), Handwörterbuch der Betriebswirtschaft, 5. Aufl., Teilband 2, 1992, S. 3625 ff., 3636 ff.

Übersicht 1

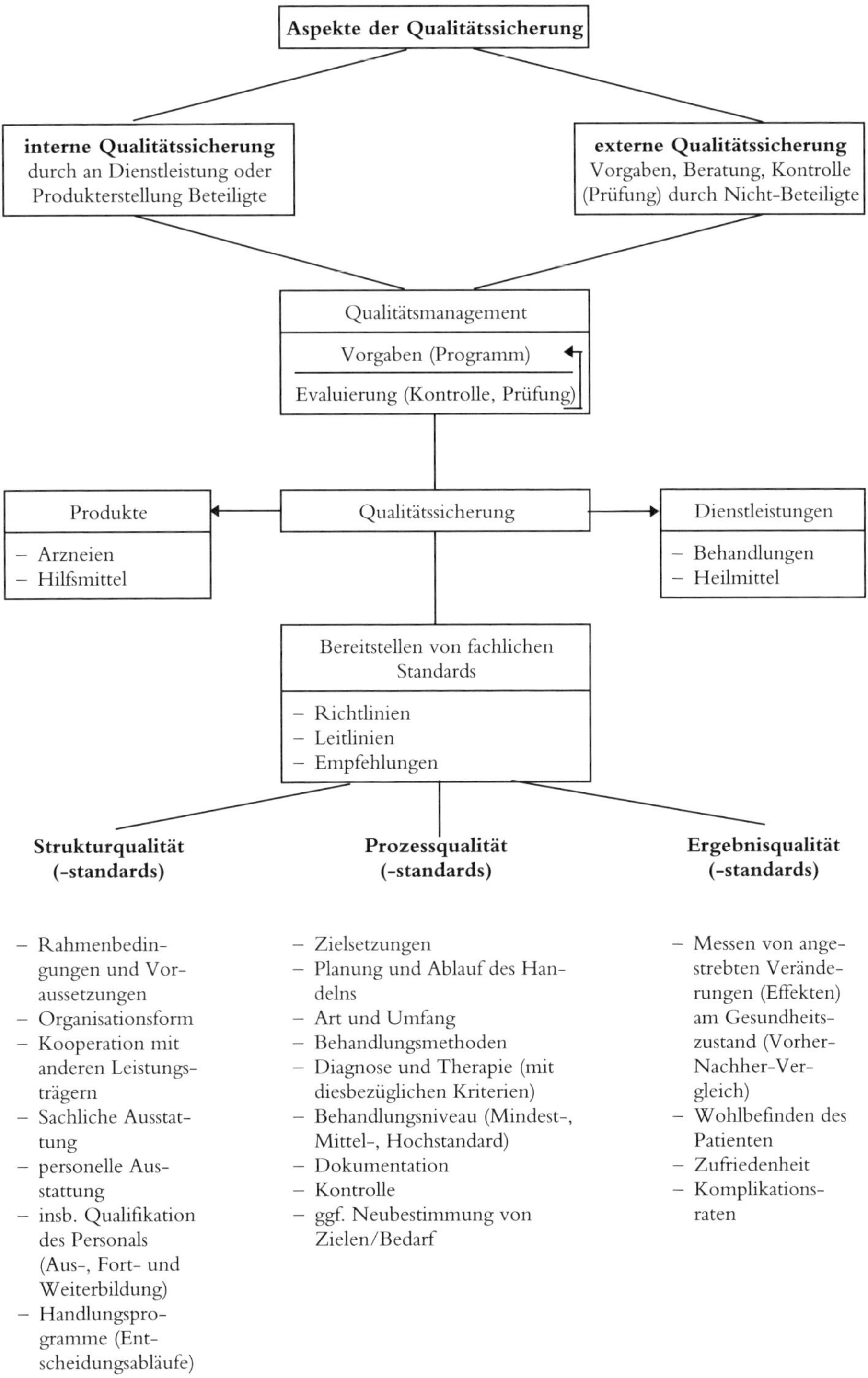

Aspekte der Qualitätssicherung

interne Qualitätssicherung
durch an Dienstleistung oder Produkterstellung Beteiligte

externe Qualitätssicherung
Vorgaben, Beratung, Kontrolle (Prüfung) durch Nicht-Beteiligte

Qualitätsmanagement

Vorgaben (Programm)

Evaluierung (Kontrolle, Prüfung)

Qualitätssicherung

Produkte
- Arzneien
- Hilfsmittel

Dienstleistungen
- Behandlungen
- Heilmittel

Bereitstellen von fachlichen Standards
- Richtlinien
- Leitlinien
- Empfehlungen

Strukturqualität (-standards)
- Rahmenbedingungen und Voraussetzungen
- Organisationsform
- Kooperation mit anderen Leistungsträgern
- Sachliche Ausstattung
- personelle Ausstattung
- insb. Qualifikation des Personals (Aus-, Fort- und Weiterbildung)
- Handlungsprogramme (Entscheidungsabläufe)

Prozessqualität (-standards)
- Zielsetzungen
- Planung und Ablauf des Handelns
- Art und Umfang
- Behandlungsmethoden
- Diagnose und Therapie (mit diesbezüglichen Kriterien)
- Behandlungsniveau (Mindest-, Mittel-, Hochstandard)
- Dokumentation
- Kontrolle
- ggf. Neubestimmung von Zielen/Bedarf

Ergebnisqualität (-standards)
- Messen von angestrebten Veränderungen (Effekten) am Gesundheitszustand (Vorher-Nachher-Vergleich)
- Wohlbefinden des Patienten
- Zufriedenheit
- Komplikationsraten

III. Qualitätssicherung im SGB V

1. Sozialversicherung und Qualitätssicherung. Verhältnis zum Berufsrecht

20 Mit den Regelungen des SGB V zur Qualitätssicherung im Bereich der gesetzlichen Krankenversicherung hat der Gesetzgeber praktisch den **gesamten Bereich der Leistungserbringung**[46] diesbezüglichen Verpflichtungen unterworfen. Die entsprechenden Bestimmungen, die in der Übersicht 2 (SGB V. Das Regelungssystem der Qualitätssicherung) aufgeführt sind, verpflichten **alle** an dem Leistungsgeschehen **Beteiligten**[47] in mehr oder weniger konkreter Weise. Soweit die **Ärzte** Adressaten dieser Regelungen sind, wird deren Berufsausübung geregelt (vgl. Art. 12 Abs. 1 S. 2 GG). Es stellt sich somit grundsätzlich die Frage, ob sich der **Bundesgesetzgeber** insoweit auf Art. 74 Abs. 1 Nr. 12 GG[48] (Kompetenztitel **Sozialversicherung**)[49] sowie auf Art. 74 Abs. 1 Nr. 1966 – (Kompetenztitel Zulassung zu ärztlichen Heilberufen) berufen kann; dieser Frage soll hier nicht im Einzelnen nachgegangen werden.

21 Allerdings ist in diesem Zusammenhang zu bemerken, dass die **Qualitätssicherung** als im Bereich des ärztlichen **Berufsrechts** angesiedelt und somit als Tätigkeitsfeld der Ärztekammer angenommen worden ist; über die diesbezüglichen Aktivitäten hat das BMG bereits im Jahre 1994 berichtet.[50] Die diesbezüglichen Bindungen des Arztes – wie immer man sie auch im Einzelnen aus rechtlicher Sicht zu bewerten hat – entfallen nicht dadurch, dass er als Vertragsarzt in ein – weiteres – öffentlich-rechtlich verfasstes System eingetreten ist. Hinsichtlich der Qualitätssicherung wirkt z.B. **§ 135 a Abs. 1 SGB V** als gleichsam **normatives Bindeglied** zwischen **Vertragsarztrecht** und ärztlichem **Berufsrecht:** Mit dieser Vorschrift hat der Gesetzgeber allen Leistungserbringern – also auch den Vertragsärzten – die Verantwortung für die Sicherung und Fortentwicklung der Qualität ihrer Leistungen übertragen und vorgeschrieben, dass ihre Leistungen auf dem jeweils neuesten wissenschaftlichen Erkenntnisstand beruhen sowie in der **fachlich gebotenen Qualität** erbracht werden müssen.

22 Nach dem gesetzgeberischen Willen ist mit dieser Qualitätssicherungs-**Generalklausel** klargestellt, dass jeder Leistungserbringer **auch** dann zur Qualitätssicherung verpflichtet ist, **wenn** hierüber **keine näheren Vereinbarungen** bestehen; ferner wird klargestellt, dass die **Sicherung** der Qualität einer Entwicklung unterworfen ist und die Leistungserbringer die **Qualität** ihrer Leistungen **ständig** zu **verbessern** haben.[51]

23 Damit wird der Sache nach eine **dynamische Verweisung** des Vertragsarztrechts in das ärztliche Berufsrecht vorgenommen, soweit dort verbindliche und valide Maßstäbe nach den Anforderungen des § 135 a Abs. 1 SGB V entwickelt worden sind.[52]

---

[46] SGB V. Viertes Kapitel. §§ 69–140 h.

[47] Vgl. dazu auch Übersicht 3.

[48] I. V. m. Art. 72 Abs. 2 GG.

[49] Diesbezügliche Bedenken bei *Schneider,* MedR 1998, S. 151 (152), jedoch nicht bei *Neumann,* Ärztliche Berufsfreiheit und Qualitätssicherung, in: Wienke/Lippert/Eisenmenger, Die ärztliche Berufsausübung in den Grenzen der Qualitätssicherung, 1998, allerdings wohl mit Reduzierung der Qualitätssicherung auf die Strukturqualität, a. a. O., S. 107.

[50] Maßnahmen der Medizinischen Qualitätssicherung in der Bundesrepublik Deutschland – Bestandsaufnahme. Projekt. Im Auftrag des Bundesministeriums für Gesundheit, 1994 (Bd. 38 Schriftenreihe des BMG).

[51] BT-Drucks. 14/1245, S. 86 (zu Nr. 76, Abs. 1).

[52] Zur Bindung des Arztes an berufsrechtliche Qualitätsanforderungen/medizinische Standards vgl. *Uhlenbruck,* in: Laufs/Uhlenbruck, Handbuch des Arztrechts, 2. Aufl. 1999, § 39 Rdn. 9.

2. System der Qualitätssicherung. Allgemeine und bereichsspezifische Regelungen

Die Regelungen der Qualitätssicherung des SGB V lassen sich in verschiedener Weise systematisieren. Dem **Gesetzgeber** hat folgende **Ordnung**[53] vor Augen gestanden:[54] **Allgemeine Bestimmungen** für alle Bereiche des Leistungsrechts mit allgemeinen Anforderungen für alle **Leistungserbringer** sowie diesbezüglichen Verpflichtungen der **Leistungsträger;** danach folgen **bereichsspezifische Bestimmungen** für die SGB V-Leistungsbereiche. 24

Innerhalb dieser Regelungskomplexe finden sich jeweils Regelungen, die über auffallende **Gemeinsamkeiten** verfügen; das betrifft vor allem die Verpflichtung, verbindliche **Maßstäbe** für die Qualitätssicherung zu schaffen, wobei alle Aspekte (Struktur-, Prozess- und Ergebnisqualität) angesprochen werden. 25

Mit dem GMG sind auch **frühere** deutliche **Unterschiede** beseitigt worden. Während die Pflicht zur Beteiligung an **einrichtungsübergreifenden Maßnahmen** für alle Leistungserbringer in allgemeiner Form normiert war, bestand zunächst eine **Ungleichheit** hinsichtlich der Frage, ob als verbindliches Ziel der Qualitätssicherung ein **einrichtungsinternes Qualitätsmanagement** vorgegeben ist,[55] was ursprünglich auch für den Bereich der ambulanten Versorgung, also auch für Vertragsärzte und die ambulante Erbringung von Vorsorge- und Rehabilitationsleistungen vorgesehen war.[56] Die Neufassung des § 135 a Abs. 2 SGB V (sowie des § 137 d Abs. 2 SGB V) hat – m. W. v. 1. 1. 2004 – dieses frühere Ziel nunmehr umgesetzt. 26

Eine gewisse **Verzahnung** der Leistungsbereiche findet im Hinblick auf die Qualitätssicherung wird seit dem 1. 1. 2004 durch den **Gemeinsamen Bundesausschuss** (nach § 91 SGB V) bewirkt. Dieses Ausschuss hat die Funktionen spezieller Institutionen (**Organisationen;** Arbeitsgemeinschaften,[57] Ausschuss), die bereichsübergreifend tätig werden sollten. Damit sind die seit 1. 1. 2000 vorgesehene „Arbeitsgemeinschaft zur Förderung der Qualitätssicherung in der Medizin" (gem. § 137 b SGB V) sowie der „Koordinierungsausschuss" (gem. § 137 e SGB V) nicht mehr gesetzlich vorgesehen.[58] Nicht entfallen sind die gesetzgeberischen Vorstellungen von der Gewinnung von Qualitätsstandards im medizinischen Bereich, insbesondere durch die Erarbeitung von **Kriterien** auf der Grundlage evidenzbasierten **Leitlinien**[59] für Bereiche, in denen nach Ansicht des Gesetzgebers fehlerhaft, unzureichend oder übermäßig versorgt wird; dass damit auch Qualitätssicherungsziele verfolgt werden, ergibt sich aus allgemeinen inhaltlichen Erwägungen sowie einer gesetzessystematischen Einbeziehung der Regelungen zur **Entwicklung** und **Zulassung** von **strukturierten Behandlungsprogrammen** (gem. §§ 137 f und g SGB V), dort – in § 137 f Abs. 1 S. 2 Nr. 3 SGB V – wird nach wie vor auf **evidenzbasierte Leitlinien** im Hinblick auf chronische Krankheiten zurückgegriffen. Allerdings ist zu bemerken, dass nach der **früheren Rechtslage** diese Leitlinien die Grundlage der in der Krankenbehandlung anzuwendenden Kriterien aufgrund eines entsprechenden **Entwicklungsauftrages** des Koordinierungsausschusses sein sollten, während nach der geltenden Rechts- 27

---

[53] Vgl. dazu auch die Übersicht 2.

[54] Die sich allerdings nicht durchweg in einer entsprechenden gesetzestechnischen Anordnung der Regelungen niedergeschlagen hat.

[55] So für Krankenhäuser (§ 137 Abs. 1 S. 3 Nr. 1 SGB V) und stationäre Vorsorge- und Rehabilitationseinrichtungen (§ 137 d Abs. 1 a. E. SGB V).

[56] Vgl. § 136 Abs. 2 Nr. 1 und § 136 a Abs. 1 Nr. 1 E, BT-Drucks. 14/1977 S. 54 sowie BT-Drucks. 14/1245 S. 86 (Begründung zu Abs. 2 des § 136 E).

[57] Gem. § 137 b und § 137 e – eine Arbeitsgemeinschaft, die als (Koordinierungs-)Ausschuss bezeichnet wird – SGB V; entfallen m. W. v. 1. 1. 2004.

[58] S. nunmehr § 139 a SGB V.

[59] § 137 e Abs. 3 S. 1 Nr. 1 SGB V, aufgehoben m. W. v. 1. 1. 2004; vgl. nunmehr § 137 f Abs. 1 S. 2 Nr. 3, Abs. 2 S. 2 Nr. 1 sowie § 139 a Abs. 3 Nr. 3 SGB V.

(und vor allem bei chronischen Krankheiten) abgestellt wird. Auch in der Aufgabenstellung des m. W. v. 1. 1. 2004 vorgesehenen **„Instituts für Qualität und Wirtschaftlichkeit im Gesundheitswesen"** (gem. § 139a SGB V) wird diese letztlich wohl zurückgenommene Bedeutung von evidenzbasierten Leitlinien ersichtlich. Man wird gleichwohl davon ausgehen können, dass dem Gesetzgeber auch für das sonstige Krankheitsgeschehen bewusst ist, dass es „**anerkannte Leitlinien** für eine wissenschaftlich gesicherte, zweckmäßige und wirtschaftlich sinnvolle Diagnostik und Behandlung" gibt,[60] die auch allgemein in der vertragsärztlichen Versorgung im Rahmen von Maßnahmen zur Qualitätssicherung heranzuziehen sind,[61] auch wenn diese Vorstellungen nicht im zunächst vorgesehenen Umfang Gesetz geworden sind.

3. Systematisierung nach Gesichtspunkten der Qualitätssicherung. Strukturqualität

28 Entsprechend der allgemein anerkannten Einteilung in **Struktur-, Prozess- und Ergebnisqualität** lassen sich auch die Regelungen des SGB V diesen Gesichtspunkten zuordnen; dabei wird deutlich, in welchen Bereichen der Qualitätssicherung der **Gesetzgeber** einen Regelungsbedarf und damit **realistische Möglichkeiten** einer zielführenden Qualitätssicherung gesehen hat. Außerdem wird bei einer derartigen Betrachtung deutlich, in welcher Beziehung diese verhältnismäßig neuen Vorschriften zu **traditionellen Regelungen** stehen, mit denen – der Sache und gleichsam dem Grunde nach – ebenfalls Qualitätssicherung betrieben worden ist; weiterhin zeigt sich bei einer solchen Zuordnung auch, inwieweit bisherigen Regelungen und Vorstellungen ergänzungsbedürftig sind; dies soll am **Beispiel** der **Qualifikation** der Ärzte dargestellt werden.

29 Die Krankenversicherungsträger müssen den Großteil ihrer **Leistungen** zwingend **durch Ärzte** erfüllen,[62] also durch Personen, denen diese Tätigkeit nur unter bestimmten **berufsrechtlichen Voraussetzungen** insbesondere der Ausbildung und Fortbildung gestattet ist.[63] Die Zulassung zur vertragsärztlichen Tätigkeit erfolgt – was die ärztliche Qualifikation angeht – auf der Grundlage der bis dahin erbrachten Zeugnisse und Bescheinigungen; die **Qualifikation** eines **Leistungserbringers** ist ein Gesichtspunkt der **Strukturqualität** – aus diesem Blickwinkel ist die Frage zu beantworten, ob und in welcher Weise ein Optimum an Qualität gewährleistet wird.

30 **a) Berufsrechtliche Voraussetzungen und Strukturqualität.** Betrachtet man dabei zunächst die berufsrechtlichen Qualifikationsanforderungen, so zeigt sich, dass die Zeugnisse, die eine Aussage über die in der Aus- und Weiterbildung erworbenen Kenntnisse und Fertigkeiten machen, hinsichtlich des qualitativen Umfangs der erworbenen **Fähigkeiten keine differenzierte Aussage** erlauben. Damit bescheinigen diese Zeugnisse lediglich einen am Ende der Aus- und Fortbildung insgesamt erreichten Mindeststand an persönlicher Qualifikation.[64] Außerdem ist zu bedenken, dass die – bislang lediglich berufsrechtlich gesteuerte – ärztliche Fortbildung[65] nicht als Garantie dafür betrachtet werden kann, dass Kenntnisse und Fähigkeit bei Aufnahme der beruflichen Tätigkeit erhalten

[60] Vgl. § 136 Abs. 3 E (BT-Drucks. 14/1977, S. 54) sowie die Begründung hierzu in BT-Drucks. 14/1245, S. 87.

[61] Vgl. § 136a Abs. 1 Nr. 2 E, BT-Drucks. 14/1977 S. 55 sowie die Begründung hierzu, BT-Drucks. 14/1245, S. 87.

[62] Vgl. § 27 Abs. 1 S. 2 Nr. 1 i. V. m. § 28 Abs. 1 SGB V.

[63] Vgl. dazu *Seewald,* Auswahl der Vertragspartner durch Versicherungsträger in Deutschland, in: Jabornegg/Resch/Seewald (Hrsg.), Der Vertragsarzt im Spannungsfeld zwischen gesundheitspolitischer Steuerung und Freiheit der Berufsausübung, S. 101 ff., 104 ff.; *Laufs,* a. a. O., §§ 7, 8, 11.

[64] Vgl. *Seewald,* a. a. O., S. 109.

[65] Dieses Thema wurde im „Handbuch des Arztrechts", von *Laufs,* a. a. O., mit zwei Druckseiten Text behandelt.

Übersicht 2: SGB V – Das Regelungssystem der Qualitätssicherung (QS)

– Überblick –[1]

Allgemeine Anforderungen an alle Leistungserbringer	
– § 2 Abs. 1 S. 3	Qualität gem. dem anerkannten Stand der medizinischen Erkenntnisse und dem medizinischen Fortschritt
– § 63 Abs. 1	Verbesserung der Qualität; Aufgabe der Krankenkassen und ihrer Verbände
– § 70 Abs. 1 S. 2	Pflicht zur Versorgung in der fachlich gebotenen Qualität
– § 135 a Abs. 1	Sicherung und Weiterentwicklung gem. Stand der wissenschaftlichen Erkenntnisse und fachlich gebotener Qualität
– § 137 b	Empfehlungen zur Förderung der Qualitätssicherung in der Medizin
– § 135 a Abs. 2 Nr. 1	Beteiligung an einrichtungsübergreifenden Maßnahmen
– § 135 a Abs. 2 Nr. 2	Verpflichtung zur Einführung und Weiterentwicklung eines internen Qualitätsmanagements

Vertragsärztlicher Bereich	Versorgung im Krankenhaus (zumeist stationär)	Vorsorge- und Rehabilitationsleistungen	integrierte Versorgung	Hochschulambulanzen	Arzneimittel
– § 72 Abs. 2 – § 73 a Abs. 1 S. 1 – § 73 b Abs. 2 – § 73 c – § 84 Abs. 2 S. 6 – § 106 Abs. 2 a Nr. 3 – § 115 b Abs. 1 S. 1 Nr. 3 – § 135 Abs. 1 S. 1 Nr. 2 – § 135 Abs. 2 – § 135 a – § 136 Abs. 1, S. 2 iVm § 92 – § 136 a iVm §§ 92 und 135 a Abs. 2 – § 136 b iVm §§ 92 und 135 a Abs. 2 – § 137 f Abs. 1, 2	– § 137 Abs. 1 – § 137 Abs. 2 – § 112 Abs. 2 S. 1 Nr. 3 – § 113 Abs. 1 S. 1 – § 115 a Abs. 2 S. 4, 7 – § 115 b Abs. 1 S. 1 Nr. 3; S. 3, Abs. 2 S. 5 – § 136 Abs. 2 – [§ 137 c]	– § 111 b S. 2 Nr. 6 – § 137 d Abs. 1 – § 137 d Abs. 2–4, z. T. iVm § 135 a Abs. 2	– § 140 a Abs. 3 – § 140 b Abs. 3 S. 1 – § 140 b Abs. 4 S. 1	– [§ 117 Abs. 2 S. 1] **psychiatrische Institutsambulanzen; sozialpädagogische Zentren** – § 113 Abs. 4 iVm § 136 – [§ 119 Abs. 1, 2] **Heilmittel** – § 125 Abs. 1 S. 4 Nr. 2 – § 138 iVm § 92 Abs. 1 S. 2 Nr. 6 **Hilfsmittel** – § 127 Abs. 2 S. 1 – § 128 S. 1 iVm § 139 Abs. 1 – § 139	– § 35 [Abs. 2], Abs. 5 S. 1 – § 139 a Abs. 3 Nr. 5 **Haushaltshilfe** – § 132 Abs. 1 S. 2 **Häusliche Krankenpflege** – § 132 a Abs. 1 S. 4 Nr. 3 **Soziotherapie** – [§ 132 b] **Sozialmedizinische Nachsorgemaßnahmen** – [§ 132 c] **Krankentransportleistungen** – [§ 133 Abs. 1 S. 1]

[1] Eckige Klammern = QS nicht ausdrücklich, aber der Sache nach.

Organisationen mit Aufgaben der Qualitätssicherung

- Gemeinsamer Bundesausschuss (§§ 135 Abs. 1, 136 Abs. 2 S. 2, 136 a, 136 b, 137, 137 b, 137 c, 137 f, 138, 139 a Abs. 1)
- Institut für Qualität und Wirtschaftlichkeit im Gesundheitswesen (§ 139 a)
- Kassenärztliche Vereinigungen (§ 136 Abs. 1, Abs. 2 S. 1)
- Vertragspartnerschaften (§ 137 d Abs. 1, 1 a, 2)

lage auf die **Verfügbarkeit** evidenzbasierter Leitlinien als zu berücksichtigende Kriterien sowie im notwendigen Umfang angepasst werden. Auf die bisherigen Unzulänglichkeiten bei der **fachlichen Fortbildung** hat der Gesetzgeber für die Vertragsärzte mit einer diesbezüglichen **generellen Verpflichtung** reagiert, die bei Nichterfüllung als **Sanktionen** nicht nur Honorarkürzungen, sondern u. U. auch die Entziehung der Zulassung vorsehen.[66]

31 Auf dieser Grundlage werden Ärzte zur **vertragsärztlichen Versorgung** zugelassen; die dabei im Hinblick auf die **persönliche Eignung** maßgeblichen materiellen Kriterien,[67] wonach „ungeeignet für die Ausübung der Kassenpraxis ... ein Arzt mit geistigen oder sonstigen in der Person liegenden schwerwiegenden Mängeln (ist), insbesondere ein Arzt, der innerhalb der letzten fünf Jahre vor seiner Antragstellung rauschgiftsüchtig oder trunksüchtig war", sind lediglich (auch im rechtstechnischen Sinne) **negative Voraussetzungen** für die Zulassung[68] und eines diesbezüglichen Anspruchs;[69] im Übrigen kann auch die Entziehung der Zulassung[70] – hinsichtlich der persönlichen Voraussetzungen – praktisch nicht auf das Fehlen fachlicher ärztlicher Kompetenz gestützt werden.[71]

32 Zur qualitätsgesicherten Durchführung von **Früherkennungsmaßnahmen** sieht § 25 Abs. 5 SGB V (m. W. v. 1. 1. 2004) vor, dass die teilnahmewilligen Ärzte nicht nur die Einhaltung bestimmter Strukturqualitätsanforderungen und eine bestimmte Praxisausstattung nachweisen müssen. Darüber hinaus ist wegen der besonderen Art und Weise der durchzuführenden Untersuchungen die Berechtigung zur Leistungserbringung auf eine **begrenzte Anzahl** von **Ärzten** oder Kooperationseinheiten zu beschränken; die Notwendigkeit zu einer derartigen Berufsausübungsregelung, die auf eine **Mindestzahl von Untersuchungen** abstellt, hat sich insbesondere bei der Umsetzung des Mammographie-Screenings in den Leistungskatalog der GKV gezeigt.[72]

33 **b) Besondere fachliche Anforderungen.** Dass mit diesen Regelungen bezüglich der **allgemein** an die (auch vertrags-)ärztliche Tätigkeit zu stellenden fachlichen Anforderungen eine **Qualitätssicherung** mit dem Ziel einer optimalen Struktur dieses Leistungsbereichs wohl nur ansatzweise betrieben wird, dürfte unmittelbar einsichtig sein. Die Betrachtung der bisherigen Rechtslage ist allerdings dahingehend zu ergänzen, dass es auch bislang **Vertragsärzte** gab, an die unter dem Gesichtspunkt der **Strukturqualität** besonderen Anforderungen gestellt werden; sie müssen über besondere Kenntnisse und Erfahrungen sowie u. U. zusätzlich auch über eine besondere (ebenfalls definierte) apparative Ausstattung verfügen. Im Bereich der gesetzlichen **Krankenversicherung** war diese Erscheinung allerdings bislang relativ **schwach ausgeprägt.**

34 Die sog. **Großgeräte**-Mediziner[73] mussten eine besondere Qualifikation gegenüber der Kassenärztlichen Vereinigung ausweisen;[74] dabei handelte es sich bereits um einen durch

---

[66] Vgl. im Einzelnen den m. W. v. 1. 1. 2004 geltenden § 95 d SGB V.

[67] Vgl. dazu im Einzelnen §§ 95 a, 98 SGB V, § 21 ÄrzteZV.

[68] Rechtsprechung dazu bei *Seewald,* a. a. O., S. 123–125.

[69] Dazu *Seewald,* a. a. O., S. 121–123 m. w. N.

[70] Dazu ermächtigt § 95 Abs. 6 SGB V.

[71] Vgl. dazu *Felix,* Kündigungsschutz für freiberufliche Vertragsärzte in Deutschland, in: Jabornegg/Resch/Seewald, a. a. O., S. 171 ff. (176 ff.).

[72] BT-Drucks. 15/1525, S. 83 mit Hinweis auf die einschlägige europäische Leitlinie für die Qualitätssicherung des Mammographie-Screenings (Stand 2001); dort ist vorgesehen, dass ein in der Screening-Einheit tätiger Arzt mindestens 3000 Frauen unter Supervision oder 5000 Frauen ohne Supervision befundet.

[73] Vgl. § 122 SGB V, aufgehoben durch Art. 1 Nr. 44 des 2. GKV-NOG v. 23. 6. 1997, BGBl. I S. 1520, 1528.

[74] Gem. § 135 Abs. 2 SGB V; das war nach der Vorgängerregelung in § 368 n Abs. 8 RVO nicht erforderlich; vgl. hierzu auch die „Kernspintomographie-Entscheidung" des BSG v. 31. 1. 2001 (SozR 3–2500 § 135 Nr. 16 = MedR 2001, 535), in der die Geltung der Anforderungen der Kernspintomographie-Vereinbarung an die Qualifikation zur Durchführung und Abrechnung von MRT-Untersuchungen auch für Orthopäden gelten.

den Gesetzgeber selbst geforderten **Fachkundenachweis** i.S.d. § 135 Abs. 2 SGB V.[75] Weiterhin können **besonders qualifizierte Krankenhausärzte** mit Facharztanerkennung im Wege der Ermächtigung an der vertragsärztlichen Versorgung beteiligt werden.[76] Vergleichbar ist die Teilnahme an der vertragsärztlichen Versorgung mit **bestimmten ärztlichen Leistungen,**[77] z.B. der **zytologischen Diagnostik** von Krebserkrankungen oder mit ambulanten Untersuchungen und Beratungen der Geburtsleitung im Rahmen der **Mutterschaftsvorsorge.**[78] In diese Gruppe fallen unter dem hier erörterten Gesichtspunkt auch die § 121a SGB V-Ärzte, die bei Maßnahmen zur Herbeiführung einer Schwangerschaft nachweislich nach „wissenschaftlich anerkannten Methoden arbeiten" und Gewähr für eine – u.a. – leistungsfähige Durchführung dieser Maßnahmen bieten;[79] die Verpflichtung, bei der **Auswahl** zwischen mehreren entsprechend geeigneten **Bewerbern** dem die Genehmigung zu geben, der diesen Anforderungen „**am besten** gerecht werden" wird,[80] macht struktur-qualitätsbezogene Erwägungen erforderlich.

35 **c) Fachkundenachweis wegen der besonderen fachlichen Anforderungen.** Aus diesem Blickwinkel wird deutlich, welche Bedeutung eine Vorschrift hat, derzufolge – u.a. – „für ärztliche ... Leistungen wegen der Anforderungen an ihre Ausführung ... besonderer Kenntnisse und Erfahrungen **(Fachkundenachweis)** sowie besonderer **Praxisausstattung** oder weiterer **Anforderungen** an die **Strukturqualität** bedürfen", damit diese Leistungen ausgeführt und abgerechnet werden dürfen – so § 135 Abs. 2 S. 1 SGB V. Damit wird die Notwendigkeit von besonderen Anforderungsprofilen ärztlicher Tätigkeit gesehen; freilich ist damit zunächst nur der **Soll-Zustand** struktur-qualitativer Voraussetzungen in die Vertragskompetenz der Partner der Bundesmantelverträge gegeben. Eine dadurch gleichsam automatisch eintretende Qualitätssicherung oder –Verbesserung hängt von der **Ausgestaltung** dieser Voraussetzungen **im Einzelnen** und – selbstverständlich – davon ab, dass die Ärzte und ihre Tätigkeit diesen Maßgaben gerecht werden.

36 Frühe **Beispiele** für Vereinbarungen nach § 135 Abs. 2 SGB V sind die **Arthroskopie-**Vereinbarung,[81] die **Ultraschall-Vereinbarung,**[82] die Vereinbarung zur Strahlendiagnostik und -therapie;[83] der Sache nach gehört in diesen Zusammenhang auch die „Vereinbarung zur Qualitätssicherung beim ambulanten Operieren ...".[84]

37 **d) Fachkundennachweis wegen der Neuheit des Verfahrens.** Besondere Erwähnung bedarf der gem. § 135 Abs. 2 S. 1 SGB V zu vereinbarende Fachkundenachweis bei **neuen Untersuchungs- und Behandlungsmethoden;** damit werden die diesbezüglichen Verfahren, deren Anwendung nur nach Maßgabe der in **Richtlinien**[85] abgegebenen **Empfehlungen** zulässig ist,[86] durch Vereinbarungen zu den notwendig erscheinenden, besonderen struktur-qualitativen Anforderungen ergänzt.

38 Ein unmittelbarer **Regelungszusammenhang** mit den Richtlinien besteht insoweit, als bereits dort die „notwendige **Qualifikation** der Ärzte" und „die **apparativen Anfor-**

---

[75] Vgl. nunmehr – als Regelung eines Teilbereichs der Großgeräte-Problematik – die Kernspintomographie-Vereinbarung v. 10. 2. 1993 i.d.F. v. 17. 9. 2001 (DÄBl. Nr. 39 v. 28. 9. 2001) mit ihren besonderen „Anforderungen an die fachliche Betätigung" (in § 4 und 4a) und „... an die apparative Ausstattung" (in § 5).

[76] Vgl. § 95 Abs. 1 SGB V, § 31a Abs. 1 S. 2 Ärzte-ZV.

[77] Gem. § 31 Abs. 2 Ärzte-ZV.

[78] S. § 5 Abs. 2 Ziff. 1, 2 BMV-Ä.

[79] § 27a Abs. 1 SGB V.

[80] § 121a Abs. 3 S. 2 a.E. SGB V.

[81] V. 8. 9. 1994, zuletzt geändert durch Vereinbarung m.W.v. 1. 10. 1994.

[82] V. 10. 2. 1993, zuletzt geändert durch Vereinbarung m.W.v. 31. 1. 2003.

[83] V. 10. 2. 1993, zuletzt geändert durch Vereinbarung m.W.v. 1. 4. 2002.

[84] Gem. § 14 des Vertrages nach § 115b Abs. 1 SGB V v. 13. 6. 1994, zuletzt geändert m.W.v. 1. 1. 2004.

[85] Gem. § 92 Abs. 1 S. 2 Nr. 5 SGB V.

[86] § 135 Abs. 1 S. 1 SGB V.

derungen" festzulegen sind,[87] was in den Anlagen zu den NUB-Richtlinien[88] **beispielsweise** wie folgt geschehen ist: Hinsichtlich der „ambulanten Durchführung der **LDL**[89]-**Elimination** als extrakorporales Hämotherapieverfahren" werden „die Anforderungen an die fachliche Qualifikation ... von Ärzten erfüllt, die zur Durchführung von extrakorporalen Blutbehandlungsverfahren berechtigt sind und die über besondere Kenntnisse des Fettstoffwechsels verfügen"; „die technischen Voraussetzungen sollen sich an denen zur Durchführung von Hämodialysen orientieren";[90] eine **Methadon-Substitutionsbehandlung** kann von der Kassenärztlichen Vereinigung nur genehmigt werden, wenn „der Arzt sowohl über das für den Umgang mit Methadon erforderliche pharmakologische Wissen als auch über Kenntnisse der Drogensucht selbst verfügt";[91] die Genehmigung für die „Durchführung (und Abrechnung) der Diagnostik und Therapie der **Schlafapnoe**"[92] ist durch „eine entsprechende Qualifikation nachzuweisen"; sie „wird unterstellt bei Lungenfachärzten, bei Internisten mit der Teilgebietsbezeichnung Lungen- und Bronchialheilkunde (Pneumologie) oder bei Ärzten mit vergleichbarer Qualifikation";[93] genauere Anforderungen zur Qualifikation der durchführenden Ärzte in den NUB-Richtlinien selbst werden für die **Stoßwellenlithotripsie**[94] bei Harnsteinen genannt,[95] während die Richtlinien zur Bestimmung der **otoakustischen**[96] **Emissionen** die apparativen Anforderungen vergleichsweise sorgfältig umschreiben.[97]

39 Anstelle von Vereinbarungen zu – personenbezogenen – Voraussetzungen hinsichtlich der **Strukturqualität** kann auf **bundeseinheitlich** geltende **berufsrechtliche Anforderungen** in den einschlägigen landesrechtlichen Regelungen verwiesen werden, die den an sich zu vereinbarenden Qualifikationen lediglich gleichwertig sein müssen;[98] außerdem kann auf eine an sich erforderliche besondere Qualifikation übergangsweise verzichtet werden, wenn zumindest dem „Kenntnis- und Erfahrungsstand der **facharztrechtlichen Regelungen**" entsprochen wird.[99]

40 Mit diesen Regelungen bewegt der Gesetzgeber sich letztlich im Rahmen **traditioneller Vorstellungen** von Qualitätsanforderungen struktureller Natur; man kann von einer eher vorsichtigen Fortentwicklung sprechen. Ob damit – unter strukturell-qualitativen Gesichtspunkten – eine Leistungserbringung sichergestellt ist, die dem anerkannten **Stand** der medizinischen **Erkenntnisse** und dem medizinischen **Fortschritt** entspricht[100] sowie – im Hinblick auf die persönlichen und sächlichen Voraussetzungen – die fachlich gebotene Qualität aller ärztlichen Leistungserbringer nicht nur gewährleistet,[101] sondern außerdem zu einer **Verbesserung** der Qualität der Versorgung beiträgt[102] und ihre Weiterent-

---

[87] § 135 Abs. 1 S. 1 Nr. 2 SGB V.

[88] So bereits die Richtlinien der Bundesausschüsse der Ärzte und Krankenkassen über die Einführung neuer Untersuchungs- und Behandlungsmethoden v. 4. 12. 1990 (BArbBl. Nr. 2/1991 S. 33).

[89] Low density lipoproteins: Lipoproteine mit einer geringen Dichte, die Cholesterin in periphere Zellen transportieren; das führt zu Stoffwechselstörungen, vgl. Pschyrembel, Klinisches Wörterbuch: LDL, Hyperlipoproteinämien.

[90] Anlage 1 zu den NUB-Richtlinien, Ziff. 1, 1.6 und 1.7.

[91] NUB-Richtlinien Anlage 1 Ziff. 2.8.

[92] Atemstillstand während des Schlafens, vgl. Pschyrembel, Klinisches Wörterbuch: Apnoe, Schlafapnoe-Syndrom.

[93] Anlage zu den NUB-Richtlinien, Ziff. 3.1.

[94] Pschyrembel, a. a. O.: Lithotripsie = Zertrümmerung von Harnsteinen.

[95] Anlage 1 zu den NUB-Richtlinien, Ziff. 4.2–4.4.

[96] Pschyrembel, a. a. O.: Ot-/Oto- = Wortteil mit der Bedeutung Ohr.

[97] Anlage zu den NUB-Richtlinien, Ziff. 5.3.

[98] § 135 Abs. 2 S. 2 SGB V.

[99] § 135 Abs. 2 S. 3 SGB V.

[100] Vgl. § 2 Abs. 1 S. 3 SGB V.

[101] Vgl. § 70 Abs. 1 S. 1 SGB V.

[102] Was der Gesetzgeber offenbar in § 63 Abs. 1 SGB V als erstrebenswertes und erreichbares Ziel betrachtet.

wicklung fördert, soll hier nicht geprüft werden; damit sollen auch unerörtert bleiben die Fragen, insoweit die Kompetenz zur Regelung der **Sozialversicherung**[103] **spezielle,** über das Berufsrecht hinausgehende normative **Anforderungen** an die (vertrags-)ärztliche Tätigkeit gestattet oder auch fordert und ob nicht bereits in anderen Bereichen des Sozialversicherungsrechts sich solche Bestimmungen bewährt und zu einer Verbesserung der Versorgung geführt haben; dabei ist vor allem an die ärztliche Leistungserbringung im Bereich der gesetzlichen **Unfallversicherung** zu denken.[104]

41 **e) Besondere Anforderungen in Fachgebietskernen.** M.W.v. 1. 1. 2004 wird es den Partnern der Bundesmantelverträge ermöglicht, die Erbringung bestimmter medizinisch-technischer Leistungen solchen **Fachärzten** vorzubehalten, für die diese Leistungen zum **Kern** ihres **Fachgebiets** gehören.[105] Damit hat der Gesetzgeber eine **zweifache Entkopplung** vorgenommen: Erstens – es gilt insoweit nicht § 135 Abs. 2 S. 1, 2 SGB V, wonach die besondere Strukturqualität und Praxisausstattung sowie die notwendigen Kenntnisse und Erfahrungen (entsprechend den landesrechtlichen Vorgaben mit bundeseinheitlichem Inhalt) notwendige, aber auch ausreichende Voraussetzung für den Nachweis der erforderlichen Qualität sind und einen selektiven Ausschluss seitens der Vertragspartner praktisch verhindert; diese enge **Bindung an** das landesrechtliche **Weiterbildungsrecht** ist **entfallen.** Zweitens – mit dieser Regelungskompetenz wird den Vertragspartnern eine Leistungssteuerung ermöglicht, die eine **Trennung** zwischen **Diagnosestellung und Befundbewertung** durch den therapeutisch tätigen Arzt einerseits und der **Durchführung der diagnostischen Maßnahmen** (medizinisch-technische Leistungen) durch den lediglich diagnostisch tätigen Facharzt andererseits bewirkt.[106]

42 Die Konzentration dieser Leistungen auf derartig besonders befähigte Fachärzte soll der Gesundheit der Versicherten dienen, also positive Effekte unter dem Gesichtpunkt der **Ergebnisqualität** zeitigen. Wie mit den Maßnahmen zur Qualitätssicherung allgemein geht es dem Gesetzgeber auch hier zugleich um die **finanzielle Stabilität** und Funktionsfähigkeit der GKV, und zwar in diesem Fall in der Weise, dass die **Diagnose unabhängig** von einem eventuellen Interesse an der **Therapie** erfolgt und damit nicht nur der optimalen Patientenversorgung, sondern auch dem sparsamen Einsatz der Leistungsressourcen dienen soll.[107]

43 **f) Einrichtungsinternes Qualitätsmanagement.** Der **Strukturqualität** wird man auch das **einrichtungsinterne Qualitätsmanagement** zuzuordnen haben. Damit sollen die Qualität der Arbeit systematisch und umfassend hinterfragt und Anstrengungen unternommen werden, die Qualität zu verbessern;[108] dabei wird unter **Qualitätsmanagement** eine Managementmethode verstanden, die – vor allem auf die **Mitwirkung** der Mitarbeiter gestützt – die **Qualität** in den **Mittelpunkt** ihrer Bemühungen stellt und kontinuierlich bestrebt ist, die **Bedürfnisse** der **Patienten,** deren Angehörigen, aber auch der Mitarbeiter selbst sowie beispielsweise auch der zuweisenden Ärzte zu berücksichtigen. Besondere Bedeutung wird in diesem Zusammenhang der fachübergreifenden **Zusammenarbeit** sowie der stetigen internen, systematischen Bewertung des erreichten Standes der Qualitätssicherungsanstrengungen beigemessen; als wesentliches Instrument eines solchen kontinuierlichen und zielgerichteten **Verbesserungsprozesses** wird die interne **Dokumentation** der durchgeführten Maßnahmen betrachtet. Darüber hinaus soll die Anwendung von anerkannten **Leitlinien** gefördert werden.

44 Nach **geltendem Recht** ist die Verpflichtung zur Einführung eines einrichtungsinternen **Qualitätsmanagements nunmehr** für **alle Bereiche** der Leistungserbringung nor-

---

[103] Art. 74 Abs. 1 Nr. 12 GG.

[104] Vgl. dazu *Seewald,* a. a. O., S. 139 ff.

[105] § 135 Abs. 2 S. 4 SGB V, eingeführt durch Art. 1 Nr. 99 b GMG.

[106] BT-Drucks. 15/1525, S. 124.

[107] BT-Drucks. 15/1525, S. 124.

[108] Vgl. hierzu und zum Folgenden die amtliche Begründung zu § 136 Abs. 2 E SGB V, BT-Drucks. 14/1245 S. 86.

miert worden.[109] Ausdrücklich verbindlich gemacht war es schon bisher für die zugelassenen **Krankenhäuser**[110] und die **stationären Vorsorge-** und **Rehabilitationseinrichtungen;**[111] weiterhin wurden diesbezügliche **Mindestanforderungen** in Rahmenvereinbarungen zur **integrierten Versorgung** gefordert.[112]

45 M. W. v. 1. 1. 2004 ist auch für die **vertrags(zahn-)ärztliche Tätigkeit** die Einrichtung und (wohl ständige) Weiterentwicklung eines einrichtungsinternen Qualitätsmanagements vorgeschrieben.[113] Auch für den Verbund haus- und fachärztlicher Tätigkeit in sog. **Praxisnetzen**[114] ist ein einrichtungsinternes Qualitätsmanagement **somit verpflichtend** vorgesehen, zusätzlich zu der besonders normierten Pflicht zur Gewährleistung von Qualität (und Wirtschaftlichkeit) in vernetzten Praxen.[115]

46 **g) Einrichtungsübergreifende Maßnahmen der Qualitätssicherung.** Dem Qualitätsmanagement (in einem weiteren Sinn) lässt sich auch die für **Vertragsärzte,** zugelassene **Krankenhäuser** sowie Erbringer von Vorsorge- und Rehabilitationsmaßnahmen festgelegte **Beteiligung** an einrichtungsübergreifenden Maßnahmen der Qualitätssicherung[116] zuordnen. Ziel dieser Regelungen und der darauf beruhenden Maßnahmen ist es, die Qualität der Arbeit auch im **Vergleich** zu **anderen Leistungserbringern** zu beurteilen und so Qualitätsdefizite zu erkennen und abzustellen. Mit solchen einrichtungsübergreifenden Maßnahmen sind insbesondere Maßnahmen gemeint, die **vergleichende Prüfungen** ermöglichen und zum Ziel haben, die **Ergebnisqualität** zu **verbessern.**[117]

4. Prozessqualität

47 **a) Allgemeines.** Im Bereich der **Medizin** wird die Prozessqualität – erstens – durch Anforderungen an die Begründung (im Sinn von Indikation) von Behandlungsmethoden der Diagnostik und **Therapie** und an deren Durchführung im Einzelnen[118] definiert und – zweitens – gesichert durch die Beachtung (Qualitätsprüfung oder -beurteilung)[119] der dazu entwickelten Kriterien und Programme[120] (neuerdings auch im Rahmen der **Wirtschaftlichkeitsprüfung**).[121]

---

[109] S. auch Übersicht 2; § 135 a Abs. 2 Nr. 2 SGB V i. V. m. § 136 a S. 1 Nr. 1 (für Vertragsärzte), § 136 b Abs. 1 S. 1 Nr. 1 (für Vertragszahnärzte), § 137 Abs. 1 S. 3 Nr. 1 (für Krankenhäuser), § 137 d Abs. 1, 1 a, 2 (für stationäre und ambulante Vorsorge- und Rehabilitationseinrichtungen sowie für Einrichtungen mit § 111 a-Vertrag) SGB V.

[110] § 135 a Abs. 2 S. 2 a. F. i. V. m. § 137 Abs. 1 S. 3 Nr. 1 SGB V.

[111] § 135 a Abs. 2 S. 2 a. F. i. V. m. § 137 d Abs. 1 a. E. SGB V – hinsichtlich der „grundsätzlichen Anforderungen"; § 137 d Abs. 1 verwies – ebenso wie Abs. 2 – zunächst auf § 135 a Abs. 2 insgesamt, meinte wahrscheinlich aber nur dessen S. 1 (was auch aus einem gesetzessystematischen Vergleich der Abs. 1 und 2 des § 137 d SGB V folgt).

[112] § 140 b Abs. 3 S. 1 SGB V (Verpflichtung zur – u. a. – qualitätsgesicherten Versorgung der Versicherten) wurde durch § 140 d Abs. 1 S. 2 Nr. 2 i. V. m. § 135 a (insgesamt!) SGB V (jeweils a. F.) konkretisiert.

[113] § 135 a Abs. 2 SGB V; vgl. zu den diesbezüglichen Bemühungen im Hinblick auf das Gesundheitsreformgesetz 2000 die Synopse in BT-Drucks. 14/1977 mit dem Vorschlag zu § 137 Abs. 2 Nr. 1 E sowie § 136 a Abs. 1 S. 1 Nr. 1 E, Begründung hierzu in BT-Drucks. 14/1245 S. 86 f.

[114] § 73 a SGB V.

[115] § 73 a Abs. 1 S. 1 a E SGB V.

[116] § 135 a Abs. 2 Nr. 1 SGB V.

[117] BT-Drucks. 14/1245, S. 86 (zu § 135 a Abs. 2 E).

[118] Vgl. Sachverständigenrat, Jahresgutachten 1989, S. 38, Ziff. 29.

[119] So die Terminologie z. B. des § 136 Abs. 2 SGB V, ähnlich § 106 SGB V.

[120] Vgl. § 136 Abs. 1 S. 2 a. F., nunmehr Abs. 2 S. 2 SGB V und die dazu erlassenen Richtlinien über Kriterien zur Qualitätsbeurteilung, z. B. in der radiologischen Diagnostik (Qualitätsbeurteilungs-RL v. 17. 6. 1992), zuletzt geändert durch Beschluss v. 17. 12. 1996, BAnz Nr. 49 v. 12. 3. 1997, S. 2946.

[121] § 106 Abs. 2 a Nr. 3 SGB V.

48 Im Hinblick auf das **Zustandekommen** dieser **Kriterien,** zumeist für einen bestimmten **Versorgungsbereich** ermittelt, wird traditionell auf die Notwendigkeit einer **Konsensfindung** hingewiesen, in deren Rahmen **Werte** ermittelt und damit eine (gute und verbesserungsbedürftige) **Qualität definiert** wird;[122] das entspricht der Erkenntnis, dass die Medizin in weiten Bereichen (auch) eine Erfahrungswissenschaft ist und eine (Quasi-)-Objektivierung praktisch nur im Wege der Herbeiführung von intersubjektiver Übereinstimmung möglich ist. Der Vorteil dieses (nicht selten allein gangbaren) Weges besteht darin, dass **Ergebnisse** in **Kooperation** von Beteiligten gefunden werden, die im Prinzip sowohl über interne Detailkenntnisse medizinisch-fachlicher Kenntnisse verfügen als auch mit der Problematik der Umsetzung (Anwendung) dieser Kenntnisse vertraut sein müssten; damit wird der modernen, zeitgemäßen Idee von Qualitätssicherung[123] gefolgt.[124]

49 **b) Leitlinien.** In neuerer Zeit gewinnen bei der Frage nach der Qualitätssicherung ärztlichen Handelns zunehmend die **Leitlinien** der wissenschaftlichen Fachgesellschaften an Bedeutung. Es handelt sich dabei um **Handlungsempfehlungen** für den (sorgfältig behandelnden) Arzt für bestimmte Situationen;[125] sie beschreiben nicht (nur) das „Wie", sondern das „Was" seines Handelns und sollen grundsätzlich befolgt werden, aber auch ein Abweichen zulassen, u. U. auch gebieten; Leitlinien bezwecken die Sicherung der **guten Qualität** ärztlichen Handelns. Damit werden den **Standard** feststellende **medizinische Normen** als Orientierung für ärztliches Handeln festgelegt.[126] Mit diesen Regeln für die medizinisch-ärztliche Tätigkeit (von Ärzten und anderem medizinischen Personal) werden für **definierte Behandlungssituationen** eine Abfolge diagnostischer und therapeutischer **Behandlungsschritte** formuliert, erklärt und begründet, wobei – angesichts der Gegebenheiten **individueller Behandlung** – wohl nicht selten letztlich nur ein **(Be-)Handlungskorridor** eröffnet werden kann.[127]

50 Das **Zustandekommen** von Leitlinien lässt sich aus diesbezüglichen Verfahrensregelungen ersehen; z. B. wird in den **„Beurteilungskriterien für Leitlinien** in der medizinischen Versorgung" der Bundesärztekammer und der Kassenärztlichen Bundesvereinigung[128] von einem „definierten, transparent gemachten Vorgehen" und dem dabei „erzielten **Konsens mehrerer Experten** aus verschiedenen Fachbereichen und Arbeitsgruppen (gegebenenfalls unter Berücksichtigung von Patienten)zu bestimmten ärztlichen Vorgehensweisen" gesprochen; als „Methodische Instrumente zur Erstellung von Leitlinien" werden „u. a. Konsensuskonferenzen, Delphi-Analysen, Therapiestudien und Meta-Analysen" genannt.[129]

51 Dass **Leitlinien** selbst von unterschiedlicher **Qualität** und demnach von u. U. begrenzter Brauchbarkeit sein können, ist nicht ausgeschlossen; die Vorstellung von einer evidenzbasierten Medizin (evidence-based medicine, EBM)[130] habe insoweit eine wesentliche Schubkraft entfaltet; der **Gesetzgeber** hat für die sozialversicherungsrechtlich rele-

---

[122] Sachverständigenrat, a. a. O., A I 3.2, S. 38, Ziff. 30.

[123] Vgl. dazu oben I. 2.

[124] Der Sache nach ebenso der Sachverständigenrat, a. a. O., A I 3.4, S. 38, Ziff. 31 a. E.

[125] Vgl. hierzu und zum Folgenden *Vosteen,* Leitlinien der wissenschaftlichen Fachgesellschaften, in: Hart (Hrsg.), Ärztliche Leitlinien. Empirie und Recht professioneller Normsetzung, S. 24.

[126] *Hart,* in: ders., a. a. O., S. 9, dort und bereits zu den Problemen hinsichtlich Therapiefreiheit des Arztes und Wahlfreiheit des Patienten.

[127] *Francke,* Leitlinien ärztlichen Handelns und Sozialrecht, in: Hart, a. a. O., S. 172; *Plagemann,* Vertragsarztrecht. Psychotherapeutengesetz, Rdn. 70; *Jung,* Leitlinien aus der Sicht des Bundesausschusses der Ärzte und Krankenkassen, in: Hart, a. a. O., S. 234.

[128] DÄBl. 1997, A-2154–2155.

[129] Vorsichtig kritisch hierzu *Francke,* a. a. O., S. 181 f.

[130] Grundlegend *Sackett/Richardson/Rosenberg/Haynes,* Evidence-based Medicine – How to practice and teach, EBM, 1997; *Perleth/Antes* (Hrsg.), Evidenz-basierte Medizin – Wissenschaft im Praxisalltag, 1998.

vanten **Leitlinien**[131] diese Entwicklung in das **Sozialversicherungsrecht integriert.** M.W.v. 1. 1. 2004 sind **evidenzbasierte Leitlinien** zu berücksichtigen bei der Entwicklung von strukturierten Behandlungsprogrammen bei **chronischen Krankheiten**[132] sowie bei Antworten des „Instituts für Qualität und Wirtschaftlichkeit im Gesundheitswesen"[133] auf Fragen von grundsätzlicher Bedeutung im Hinblick auf „die epidemiologisch wichtigsten Krankheiten".[134]

52 Die ursprüngliche weitergehende **Zielsetzung,** wonach **Vertragsärzten,** Krankenhäusern und Erbringern von Vorsorge- und Rehaleistungen allgemein und somit umfassend die „Verpflichtung zur Qualitätssicherung"[135] auferlegt werden sollte, bei ihren Leistungen die **wissenschaftlich fundierten Leitlinien** zu Grunde zu legen, die den Kriterien **evidenz-basierter Medizin** entsprechen,[136] ist so nicht Gesetz geworden. Allerdings hat die Begründung zu dem Entwurf der entsprechenden Regelungen nicht nur die hohe Bedeutung solcher Richtlinien für eine wissenschaftlich fundierte Versorgung hervorgehoben, sondern auch bemerkt, dass die zu beachtenden Leitlinien „auf die erforderliche **Anzahl** beschränkt" bleiben sollen.[137] Damit sollte einer (möglichen) Leitlinieninflation[138] entgegengetreten werden; zugleich wird aber auch zum Ausdruck gebracht, dass EMB-gestützte Leitlinien kein Widerspruch in sich selbst sind.[139]

5. Ergebnisqualität

53 **a) Allgemeines.** Die **Leistungen** der gesetzlichen **Krankenversicherung** zielen darauf ab, den **Gesundheitszustand** der **Versicherten** wiederherzustellen, zu bessern und – im Rahmen der Präventionsmaßnahmen – zu erhalten;[140] **dementsprechend** dienen auch die Maßnahmen der **Qualitätssicherung** diesen Hauptzielen, also in der Terminologie der Qualitätssicherung, der Sicherung sowie Verbesserung des gesundheitlichen Zustandes der Versicherten, im Regelfall der Patienten. Damit ist das **eigentliche Ziel** sämtlicher Qualitätssicherungsmaßnahmen die Erzielung eines möglichst günstigen Behandlungsergebnisses; so betrachtet sind Maßnahmen im Bereich von Struktur- und Prozessqualität kein Selbstzweck, sondern ausgerichtet auf bestmögliche **Ergebnisse.**

54 Die Qualität der Ergebnisse soll man **am Patienten „ablesen"** können und zwar im Hinblick auf Erscheinungen wie „Letalität, Heilungsdauer, Lebensqualität, therapiebedingte Komplikationen etc."[141] Der **Gesetzgeber** spricht diesen Aspekt – **Verbesserung** der **Ergebnisqualität** – ausdrücklich an im Rahmen der Verpflichtung, sich an einrichtungsübergreifenden Maßnahmen zu beteiligen.[142]

55 Dadurch, dass diese Beteiligung nach **Maßgabe** der **bereichsspezifischen Verpflichtungen** zur Qualitätssicherung für den vertragsärztlichen und -zahnärztlichen Bereich, den Krankenhausbereich sowie die Bereiche Vorsorge und Rehabilitation[143] zu geschehen hat,

---

[131] Vgl. § 137e Abs. 3 Nr. 1 a.F. SGB V, entfallen und gewisser Weise ersetzt m.W.v. 1. 1. 2004 durch § 139a Abs. 3 Nr. 3 SGB V.

[132] § 137f Abs. 1 S. 2 Nr. 3, Abs. 2 S. 2 Nr. 1 SGB V.

[133] Gem. dem m.W.v. 1. 1. 2004 eingefügten § 139a SGB V.

[134] § 139a Abs. 3 Nr. 3 SGB V.

[135] Nunmehr in § 135a SGB V geregelt.

[136] Zum § 135 Abs. 3 E vgl. BT-Drucks. 14/1245, S. 87; zu § 136a Abs. 1 Nr. 2 (u.a. Festsetzung von diagnosebezogenen Leitlinien für aufwändige medizinische Leistungen in der vertragsärztlichen Versorgung durch Richtlinien gem. § 92 SGB V) E vgl. BT-Drucks. 14/1245, S. 87.

[137] BT-Drucks. 14/1245, S. 67 zu § 136 Abs. 3 E.

[138] *Kolkmann,* Leitlinien und Qualitätssicherung, in: Hart, a.a.O., S. 57.

[139] So jedoch *Kolkmann,* a.a.O., S. 57; dagegen *Jung,* a.a.O., S. 235.

[140] Vgl. z.B. § 1 S. 1, 2, § 20, §§ 21–24 SGB V sowie § 1 S. 1, § 11, § 27 SGB V.

[141] So die Formulierung des Sachverständigenrates, a.a.O., A I. 3.2, Ziff. 29, S. 38.

[142] § 135a Abs. 2 Nr. 1 SGB V; s. auch Übersicht 2 sowie § 136 Abs. 1 S. 2 SGB V.

[143] Ausweislich des Verweises in § 135a Abs. 2 auf §§ 136a, 136b, 137, 137d SGB V.

hat der Gesetzgeber zum Ausdruck gebracht, dass er **nicht nur** die in den bereichsspezifischen Verpflichtungen ausdrücklich genannten Maßnahmen fordert, sondern auch davon ausgeht, dass diese der Verbesserung der **Ergebnisqualität dienen;** überdies wird die Bezugnahme auf die bereichsspezifischen Vorschriften und die Anordnung, dass nach deren Maßgabe die Beteiligung an einrichtungsübergreifenden Maßnahmen der Qualitätssicherung stattzufinden hat, dahingehend zu verstehen sein, dass in den in Bezug genommenen Leistungsbereichen auch **ergebnisbezogene Qualitätskriterien** zu entwickeln sind; denn andernfalls ist die bereichsübergreifende Beteiligung an Maßnahmen, die insbesondere der Ergebnisqualität dienen sollen, kaum als sinnvoll vorstellbar.

56 **b) Probleme der Messung von Ergebnisqualität im medizinischen Bereich.** Auch bei der „Messung" der **Ergebnisqualität** geht es darum, einen **„Soll-Ist-Vergleich"** vorzunehmen. Anders als im Bereich der Produktionswirtschaft – und wohl typisch für Dienstleistungen überhaupt – ist dieser Vergleich im Bereich der Patientenbehandlung schwieriger; es stellen sich hierbei zwei **grundsätzliche Probleme,** die zu entsprechenden Schwierigkeiten bei der Feststellung der (am Patienten „abzulesenden")[144] Ergebnisqualität führen.

57 Im **Automobilbau** beispielsweise ist **Vergleichsmaßstab** für die Qualität eines fertiggestellten – oder eines in der Fertigung befindlichen – Kraftfahrzeugs[145] eine planerisch voll entwickelte, meist als Prototyp auch real existierende Vorgabe, deren **Eigenschaften** in den Einzelheiten sowie im Ganzen in denkbar großem Umfang **objektiv** festgelegt sind.[146] Somit lassen sich (Ist-)Abweichungen vom Soll-Zustand prinzipiell in allen Phasen des **Produktionsprozesses** und auch an dessen **Ende** grundsätzlich **sicher bestimmen**; und auch die Zurechnung der positiven (und negativen) Anteile am (u. U. fehlerhaften) Produkt ist grundsätzlich mit **relativ hoher Sicherheit** möglich, allerdings mit zunehmender Arbeitsteilung im Produktionsprozess tendenziell schwieriger.

58 Auf **ähnlich günstige** methodologische **Bedingungen** zur Beurteilung von Ergebnisqualität stößt man im **Medizinbereich** dort, wo eine Sachleistung zu erbringen ist oder ein objektivierbares Werk im Vordergrund der geschuldeten Tätigkeit steht. Beispielsweise müsste man bei der Entwicklung von Qualitätsstandards für **Hilfsmittel**[147] sowohl hinsichtlich ihrer **Funktionstauglichkeit** als auch – in untrennbarem Zusammenhang damit – im Hinblick auf ihren **therapeutischen Nutzen**[148] vergleichsweise geringe Schwierigkeiten haben. Ähnliches darf man bei der Bewertung der **Leistungsfähigkeit** von Einrichtungen oder Unternehmen des **Rettungsdienstes** und anderer Krankentransporte annehmen.[149] Auch im **zahnärztlichen Bereich** könnte z. B. für Füllungen und Zahnersatz die Ergebnisqualität[150] verhältnismäßig sicher zu beurteilen sein.

59 Anders stellt sich die Lage dar, die regelmäßig im Medizinbereich zu beurteilen ist. Das Problem liegt – in diesem Zusammenhang – weniger darin, dass der augenblickliche Gesundheitszustand nicht mit Sicherheit beurteilt werden kann; vielmehr gibt es beim **Patienten** – anders als in der Produktionswirtschaft – **nicht** einen einzigen Vergleichsmaßstab für die Qualitätssicherung, gleichsam den (idealen) **Standard-Norm-Menschen.** Sondern es ist jeweils der **individuelle Patient** mit seiner entsprechenden, veranlagten Konstitution zu betrachten, und zwar – bei der im Rahmen der Qualitätsbeurteilung

---

[144] Sachverständigenrat, a. a. O., A I 3.2 Ziff. 29, S. 38.

[145] Der in der – internen oder externen – Endkontrolle oder der produktionsbegleitenden Kontrolle angelegt wird.

[146] Z. B. durch Konstrukteure und Designer.

[147] Vom Gesetzgeber für bestimmte Hilfsmittel verpflichtend vorgeschrieben, § 139 Abs. 1 S. 1 SGB V.

[148] Vgl. § 139 Abs. 1 S. 1 sowie Abs. 2 S. 1 SGB V.

[149] Vgl. § 133 Abs. 1 S. 1 SGB V, wo zwar nicht ausdrücklich, aber der Sache nach („geeignete Einrichtungen") Qualität gefordert wird.

[150] *KassKomm-Hess* spricht u. a. diesen Bereich hinsichtlich der Ergebnis-Qualitätssicherung an, vor §§ 135 ff. SGB V Rdn. 5.

notwendigen vergleichenden Beurteilung – in seiner (individuellen) **Idealverfassung.** Damit hat die Antwort auf die Frage, ob ein **gesundheitliches Defizit** vorliegt, eine Indikation gegeben und Maßnahmen der Diagnose und Therapie angezeigt sind, von **zwei Bezugspunkten** auszugehen, nämlich sowohl von einem Standard, der in der Wirklichkeit eher selten vorkommt – gleichwohl als normative Idealvorstellung und als (objektivierter) Maßstab auch medizinischer Bemühungen wohl notwendig ist – als auch von einem individuellen Idealzustand des jeweils zu behandelnden Patienten.

60 Die **Beurteilung des Ergebnisses** ärztlicher und sonstiger (medizinischer) Bemühungen stößt **ebenfalls** auf dieses **Problem;** erforderlich ist dabei ein Vergleich von vorherigem und späterem (jetzigem) Zustand sowie – außerdem – eine Antwort auf die Frage, ob und inwieweit die derzeitige Situation von sowohl dem **objektivierten** als **auch** von dem **individuellen** gesundheitlichen Ideal-**(Soll-)Zustand** abweicht.

61 Das **zweite** grundsätzliche **Problem** der Beurteilung der Ergebnisqualität im medizinischen Bereich liegt darin, dass der Anteil z. B. der **ärztlichen Bemühungen** an der Änderung des Gesundheitszustandes u. U. schwer bestimmbar ist; in diesem Sinn kann der Hinweis des Sachverständigenrates verstanden werden, wonach die Qualitätssicherung auch das wachsende Bewusstsein und Wissen darum einzubeziehen hat, dass ärztliches Handeln unvollkommen sein kann.[151] Die Schwierigkeiten bei der Ermittlung und Bewertung dieser **Kausalbeziehung** sind aus **rechtlicher Sicht** bekannt, vor allem in den Fällen, in denen eine **Verschlechterung** des **Gesundheitszustandes** im (äußeren) Zusammenhang mit ärztlichen Bemühungen aufgetreten ist und sich die Frage der zivilrechtlichen **Haftung**[152] oder auch der strafrechtlichen **Verantwortlichkeit**[153] stellt.

62 Aussagen über die Ergebnisqualität im medizinischen Bereich stehen somit vor dem Problem der **Zurechenbarkeit** von Maßnahmen (ärztliches Handeln, Medikation, Wirkung von Heil- und Hilfsmitteln) zu **Änderungen** des **Gesundheitszustandes;** denn dieser ist das Ergebnis, das idealerweise in Richtung einer Verbesserung beeinflusst werden soll; aber auch die Stabilisierung einer gefährdeten gesundheitlichen Verfassung oder die günstige Beeinflussung einer unvermeidbaren Verschlechterung kann im Hinblick auf das Ergebnis entsprechender Bemühungen optimiert werden.

63 Vor dem Hintergrund dieser grundsätzlichen **Probleme** werden die **Methoden** verständlich, mit denen die Ergebnisqualität beurteilt wird, z. B. statistische Vergleiche gleichartig strukturierter Versorgungseinrichtungen hinsichtlich Verweildauer, Letalität, Nebenwirkungen alternativer Untersuchungs- und Behandlungsmethoden;[154] es muss wohl davon ausgegangen werden, dass die direkte, auf den **Einzelfall** bezogene Beurteilung von Ergebnisqualität zwar im medizinisch-ärztlichen Alltag – sowohl in positiver als auch in negativer Hinsicht – ein wichtiges Anliegen von Arzt und Patient ist; diesbezügliche **systematische Ermittlungen** und die daraus gezogenen **Schlussfolgerungen** müssen vor dem Hintergrund der dargelegten Probleme betrachtet werden.

64 Aus den dargelegten **Schwierigkeiten,** die in vergleichbarer Weise auch in anderen **Dienstleistungsbereichen** anzutreffen sind – z. B. bei nahezu sämtlichen pädagogischen Bemühungen – folgt im Übrigen nicht, dass die Maßnahmen und Voraussetzungen im Hinblick auf Struktur- und Prozessqualität angesichts der **Probleme** der Beurteilung von **Ergebnisqualität** von deren Ungewissheiten gleichsam infiziert sind und deshalb dem Grunde nach fragwürdig sein müssen. An dieser Sichtweise ist zutreffend, dass es einen

---

[151] Sachverständigenrat, a. a. O., A I 3.1, Ziff. 23, S. 37 und A I 3.5, Ziff. 49–51, S. 42.

[152] Hinweise hierzu *Uhlenbruck,* Arzt und Berufshaftpflichtversicherung, in: Laufs/Uhlenbruck, a. a. O., § 22, S. 189 ff. sowie *Dressler,* Die Bedeutung von ärztlichen Leitlinien im Rechtsstreit, in: Hart (Hrsg.), a. a. O., S. 161 ff.

[153] Hierzu – auch zum Verhältnis zur zivilrechtlichen Haftung – *Ulsenheimer,* Zivilrechtlicher Haftungsprozess und strafrechtliche Verantwortung, in Laufs/Uhlenbruck, a. a. O., § 112, S. 914 ff.

[154] Beispiele bei *KassKomm-Hess,* vor §§ 135–139 SGB V, Rdn. 10.

inneren Zusammenhang dergestalt gibt, dass **Struktur- und Prozessqualität** notwendige Voraussetzung für Prozessqualität sind und diese – positiv sowie negativ – beeinflussen.

65 Die **Schwierigkeit,** insbesondere im Einzelfall diesen **Kausalzusammenhang** (möglichst „objektiv") nachzuweisen, kann diesen Zusammenhang nicht tatsächlich aufheben; hieraus ist eher die **Forderung** abzuleiten, der Struktur- und Prozessqualität **besondere Sorgfalt** angedeihen zu lassen. Die derzeitige Rechtslage ist z. B. im Hinblick auf **chronische Krankheiten** in diesem Sinne zu verstehen, wenn einerseits die Ausgestaltung diesbezüglicher **Behandlungsprogramme** u. a. evidenzbasierte Leitlinien nach der jeweils besten Verfügbarkeit sowie durchzuführende Qualitätssicherungsmaßnahmen vorsieht,[155] andererseits eine (interne) **Bewertung** und externe **Evaluation** u. a. auch der **Wirksamkeit** der Programme – man darf wohl vermuten: für die Volksgesundheit – vorgesehen ist.[156] Auch die **allgemeine Pflicht** der Kassenärztlichen Vereinigungen zur Dokumentation und jährlichen Veröffentlichung der **Ergebnisse** ihrer **Qualitätssicherungsmaßnahmen** beruht offensichtlich auf der Überzeugung von einer objektiv nachweisbaren Ergebnisqualität.

66 Die Forderung nach einer unerbittlichen Beachtung von Struktur- und Prozessqualität hat übrigens noch einen weiteren, tiefergehenden Grund: Der menschliche **Körper** ist nur bedingt mit einer **Maschine** vergleichbar, deren **Schwachstellen** repariert oder durch Austausch funktionsuntüchtiger Teile abgestellt werden können und die bei signifikantem Nachlassen ihrer Leistungsfähigkeit i. d. R. gänzlich beseitigt werden. Viele negative **gesundheitliche Prozesse** führen zu irreversiblen **Schäden**; ihre **Vermeidung** ist zudem und in jedem Fall auch eine Forderung der Humanität. So gesehen können die Maßnahmen im Rahmen der Sicherung und Verbesserung von **Struktur-** und **Prozessqualität** insgesamt als Maßnahmen der **Prävention**[157] in dem Sinn verstanden werden, dass medizinisch-ärztlich vermeidbare Verschlechterungen der gesundheitlichen Verfassung im Rahmen einer derartigen **Vorsorge** verhindert werden.

6. Kontrolle. Überprüfung der Qualitätssicherung

67 Die Maßnahmen der **Qualitätssicherung** zugunsten der Versicherten in der gesetzlichen Krankenversicherung sollen bestehende Versorgungsdefizite beseitigen und auch die zukünftige **Versorgung optimieren;** sie **selbst** können aber ebenfalls entweder von vornherein defizitär sein, indem sie Handlungsanweisungen oder Empfehlungen enthalten, die nicht dem Stand der wissenschaftlichen Erkenntnisse und dem fachlich gebotenen Leistungsstandard entsprechen; oder ihr Vollzug kann abweichen von den Vorstellungen, die mit ihrer Anwendung verbunden sind. Demgemäß ist – auch im SGB V – die **Prüfung der Qualitätssicherung** vorgesehen, insbesondere auch hinsichtlich der vertragsärztlichen Versorgung.[158]

68 **a) Maßstäbe zur Qualitätssicherung.** Hinsichtlich der **Kriterien**, die bei der **Überprüfung** von **Qualitätssicherungsmaßnahmen** als Prüfungsmaßstab anzulegen sind, ist im Hinblick auf die vertragsärztliche (einschließlich der belegärztlichen) Versorgung zunächst auf § 136 Abs. 2 S. 2 SGB V hinzuweisen; danach entwickelt der **Gemeinsame Bundesausschuss** Kriterien zur Qualitätsbeurteilung.[159] Man sollte meinen, dass diese spezifischen Kontroll- und Prüfungskriterien eine weitestgehende **Konvergenz** mit den

---

[155] § 137 f Abs. 1 S. 2 Nr. 3, Abs. 2 S. 2 Nr. 1, 2 SGB V.

[156] § 137 Abs. 2 S. 2 Nr. 6, Abs. 4 SGB V.

[157] Ausführlich dazu *Seewald/Plute,* Rechtliche Grundlagen der Gesundheitsförderung für Krankenversicherungs- und Unfallversicherungsträger, in: Müller/Rosenbrock (Hrsg.), S. 62 ff. sowie *Seewald,* Prävention im Sozialrecht, Festschrift – BSG 2004, S. 289 ff.

[158] § 136 Abs. 2 SGB V.

[159] Damit ist auch diese Aufgabe den Kassenärztlichen Vereinigungen entzogen worden, die entsprechenden Vorgaben im bisherigen Recht „sehr unterschiedlich" nachgekommen sind (BT-Drucks. 15/1525, S. 124).

Regelungen aufweisen, die den Vertragsärzten inhaltlich als verpflichtende Maßnahme der Qualitätssicherung gem. § 136a SGB V aufgegeben sind; diese als Richtlinien gefassten **Behandlungsstandards** sollten zugleich auch die **materiellen Prüfungsmaßstäbe** abgeben, mit denen die ärztliche Tätigkeit – kontrollierend – gemessen wird; die für das Prüfungsgeschehen **zusätzlich** erforderlichen **Regeln** sind solche **institutioneller** und **verfahrensbezogener Art.**[160] Insoweit gilt das Gleiche wie bei der Wirtschaftlichkeitsprüfung in der vertragsärztlichen Versorgung,[161] die im Übrigen inzwischen auch die Prüfung der Qualität einbezieht, soweit diesbezügliche Kriterien durch Richtlinien verbindlich gemacht worden sind;[162] denn auch die Wirtschaftlichkeitsprüfung führt **keine neuen Maßstäbe** für die vertragsärztliche Versorgung ein, sondern kontrolliert anhand der verbindlichen Handlungsanweisungen,[163] die (auch) für die ärztliche Tätigkeit „direkt“ gelten; lediglich das Verfahren[164] und die Prüfungsinstitutionen[165] waren zusätzlich zu regeln.

69 Damit steht und fällt die Prüfung (Kontrolle) der Qualitätssicherung mit der **Güte der** materiellen **Regelungen** zur **Qualitätssicherung.** Diese Güte wird nicht bereits dadurch gleichsam „automatisch“ erzielt, dass derartige Regelungen in Form von Richtlinien[166] verbindlich gemacht worden sind.[167] Letztlich wird damit der Blick wiederum auf das **ärztliche Fachwissen** gewendet, das sich – anwendungsbezogen – traditionell auch signifikant in **Leitlinien** niederschlägt. Die **Problematik** guter Leitlinien ist bekannt;[168] das Verfassen von Leitlinien für Diagnose und Therapie ist mühsam, zeitraubend, aber auch sehr verantwortungsvoll;[169] ob der **Gesetzgeber** jedoch das Konzept einer „evidence-based-medicine“ in die **medizinisch-praktische Routine** gleichsam flächendeckend umsetzen wird und um damit die Verbreitung gesicherter Erkenntnisse sowie – daraus folgend – mehr Sicherheit für Ärzte und Patienten bewirken[170] wird, ist derzeit schwer abzuschätzen. Man wird jedenfalls festhalten dürfen, dass die Prüfung der Qualitätssicherung Schwächen diesbezüglicher inhaltlicher Vorgaben nicht ausgleichen kann.

70 **b) Qualitätssicherung durch Beteiligung an Maßnahmen.** Am **Beispiel** des § 135a Abs. 2 Nr. 1 SGB V – Verpflichtung zur **Beteiligung** an **einrichtungsübergreifenden Maßnahmen** – lässt sich zeigen, in welcher Weise eine solche Beteiligung qualitätssichernd wirkt und ob eine diesbezügliche Kontrolle oder Prüfung sinnvoll erscheinen kann. Der Gesetzgeber will den Leistungserbringern damit – verpflichtend – die **Möglichkeit** geben, die Qualität der eigenen Arbeit auch im **Vergleich** zu anderen Leistungserbringern zu beurteilen und so mögliche **Leistungsdefizite** zu erkennen und abzustellen. Damit wird zunächst auf die Schaffung von äußeren organisatorisch-institutionellen Gegebenheiten hingewirkt; weiterhin wird die **Zielsetzung** entsprechender Kooperationen **vorgegeben;** das Weitere wird der **Gestaltungsfreiheit** und dem guten Willen der Beteiligten anheim gegeben. Eine diesbezügliche (externe) Kontrolle ist, soweit ersichtlich,

---

[160] Vgl. z. B. § 136 SGB V für die vertragsärztliche Qualitätsprüfung.

[161] § 106 SGB V.

[162] § 106 Abs. 2a Nr. 3 SGB V, eingefügt durch Art. 1 Nr. 44c) GKV-Gesundheitsreformgesetz 2000 m. W. v. 1. 1. 2000.

[163] Vgl. § 2 Abs. 4, § 12, § 27 Abs. 1 S. 1, § 70 Abs. 1 S. 2 SGB V.

[164] Z. B. Auffälligkeits- oder Zufälligkeitsprüfung, Höhe der Stichprobe, Prüfungsfrequenz, vgl. § 106 Abs. 1, 2 SGB V.

[165] Vgl. § 106 Abs. 4 SGB: Gemeinsame Prüfungs- und Beschwerdeausschüsse.

[166] Gem. § 92 SGB V.

[167] Missverständlich insoweit *Kolkmann,* a. a. O., S. 56, der die tatsächliche, aus fachlicher Sicht empfohlene Steuerungswirkung und die rechtliche Verbindlichkeit wohl nicht unterscheidet.

[168] Auch der Sachverständigenrat spricht dies an, a. a. O., A I 3.1 Ziff. 28, S. 38.

[169] *Vosteen,* Leitlinien der Wissenschaftlichen Fachgesellschaften, in: Hart (Hrsg.), a. a. O., S. 23 (25).

[170] Vgl. *Straub,* Ziele, Normsetzungsprozesse und Implementation von Leitlinien in der Medizin, in: Hart (Hrsg.), a. a. O., S. 61.

nicht vorgesehen; sie käme wohl auch nur in Form von verfahrensbegleitender Beteiligung in Betracht.

71 **c) Anwendung der Maßstäbe zur Qualitätssicherung.** Ein **Hauptproblem** der Qualitätssicherung im medizinischen Dienstleistungsbereich dürfte mit der Frage zu skizzieren sein, in welcher Weise die zu Maßnahmen der Qualitätssicherung Verpflichteten zur **Beachtung** und **Anwendung** der sie verpflichtenden **Regeln** und damit zur Verfolgung der **Qualitätssicherungsziele** angehalten werden können; das führt – in engem Zusammenhang damit – zur weiteren Frage nach **Sinn** und **Wirkung** von diesbezüglicher (kontrollierender) **Überprüfung.**

72 Der **Gesetzgeber** hat diese Fragen praktisch im positiven Sinne und dadurch beantwortet, dass er bislang[171] den Kassenärztlichen Vereinigungen entsprechende Befugnisse eingeräumt hat und damit sowohl von der **Praktikabilität** als auch von der **Sinnhaftigkeit** derartiger Prüfungen ausgeht.[172] Inzwischen ist die schon früher vom Gesetzgeber als möglich erachtete **Verbindung** einer derartigen Prüfung mit der **Wirtschaftlichkeitsprüfung** (nach § 106 SGB V)[173] im Gesetz ausdrücklich vorgesehen.[174] Es ist anzunehmen, dass ohne einen grundsätzlichen **Konsens** hinsichtlich der Bedeutung von **Qualitätssicherung** und der **Beteiligung** an entsprechenden Maßnahmen aus einer **inneren Überzeugung** heraus Prüfung und Kontrolle nur bedingt zielführend sind, und zwar bereits angesichts ihrer (übrigens auch ohne die im Gesetz ausdrücklich angeordneten) notwendigen Beschränkung auf Einzelfälle.

73 Die **Überprüfung** der Qualität der in der vertragsärztlichen Versorgung erbrachten Leistungen[175] werden durch die Kassenärztlichen Vereinigungen vorgenommen; dabei sind lediglich **Stichproben** zulässig, deren Auswahl, Umfang und Verfahren besonderen **Richtlinien** gem. **§ 92 SGB V** vorbehalten sind, die vom Gemeinsamen Bundesausschuss zu entwickeln sind.[176]

7. Institutionen und deren Funktionen. Verfahren

74 Mit der Einführung und der Weiterentwicklung der Qualitätssicherung hat der Gesetzgeber auch diesbezügliche **institutionelle** und **verfahrensorganisatorische Regelungen** getroffen. Dabei werden zum einen **bisherige** Organisationen mit **zusätzlichen Aufgaben** und Befugnissen ausgestattet; zum anderen sind neue **Einrichtungen** vorgesehen worden, die **speziell** mit Aufgaben der **Qualitätssicherung** betraut worden sind.

75 Außerdem bestand (und besteht weiterhin) ein **Regelungsbedarf** hinsichtlich der verschiedenen **Teilfragen,** deren Beantwortung für ein Funktionieren der Qualitätssicherung insgesamt Voraussetzung ist: die „Herstellung" der **Qualitätsmaßstäbe,** z.B. der Qualifikationsvoraussetzungen des medizinischen Personals, der angemessenen sächlichen (insbesondere apparativen) Ausstattung, der „richtigen" Leitlinien; dabei: die Sichtung und Kontrolle, u.U. Abgleichung entsprechender, bereits vorhandener Regelungen; die Abstimmung der **sektorenübergreifenden Qualitätssicherungsmaßnahmen;** die **Umsetzung** der aus fachlicher Sicht erforderlichen Maßstäbe in **rechtsverbindliche Regelungen;** die Beauftragung mit **Prüfungs- und Kontrollfunktionen;** die Erteilung von

---

[171] Mit Inkrafttreten des GRG zum 1. 1. 1989.

[172] *Krauskopf-Knittel* § 136 Rdn. 2 weist auf die gem. § 136 Abs. 1 S. 2 SGB V erlassene „Richtlinie über Kriterien zur Qualitätsbeurteilung in der radiologischen Diagnostik" hin, KassKomm-*Hess,* § 136 SGB V Rdn. 2 erwähnt zusätzlich die Qualitätsbeurteilungsrichtlinie für die Kernspintomographie.

[173] Vgl. BT-Drucks. 11/2237, S. 207 (zu § 145 E).

[174] § 106 Abs. 2a Nr. 3 SGB V, m.W.v. 1. 1. 2000.

[175] Gem. § 136 Abs. 2 S. 1 SGB V.

[176] § 136 Abs. 2 S. 2, 3 SGB V.

Befugnissen zur Sanktionierung defizitärer Qualitätssicherung[177] oder ihrer Förderung durch Belohnungen.[178]

a) Herstellung von Qualitätsmaßstäben. Betrachtet man **alles** das, was unter den Gesichtspunkten der Struktur-, Prozess- und Ergebnisqualität **relevant** ist **für** die **Sicherung** und **Verbesserung** der **Qualität** medizinischer Versorgung insoweit, als diese letztlich durch die **gesetzliche Krankenversicherung** gewährleistet werden soll, so tut sich ein sehr weites Feld auf, das nur **zum Teil** in der direkten, unmittelbaren **Verantwortlichkeit** dieses **Sozialversicherungsbereichs**[179] liegt. Dementsprechend ist wohl auch die Verantwortlichkeit für die Herstellung der diesbezüglichen fachlichen Empfehlungen, Leitlinien, Richtlinien und Standards[180] begrenzt; außerhalb dieser Grenzen verbleibt es bei der **Zuständigkeit** z. B. der **Länder** hinsichtlich der Gestaltung der **universitären Ausbildung** und hinsichtlich der **Fort- und Weiterbildung**[181] bei der Verantwortung der ärztlichen **Selbstverwaltung.** Damit ist rechtlich an sich die Landesebene gleichsam zuständig. Daneben ist, insbesondere im Hinblick auf die Normierung der einschlägigen Maßgaben, außerdem an die **Bundesärztekammer**[182] und deren Aktivitäten zu denken, die im Übrigen auch in gesetzlichen institutionellen Qualitätssicherungsnormen genannt wird und dadurch zu einer Rangerhöhung gelangt sein soll, wenn auch wohl mit abnehmender Tendenz.[183] **76**

Hinsichtlich des sozialversicherungsrechtlich notwendigen **Fachkundenachweises** für neue Untersuchungs- und Behandlungsmethoden[184] geht der Gesetzgeber ausdrücklich von einer diesbezüglichen Anerkennungsfähigkeit der **landesrechtlich** erworbenen ärztlichen und fachärztlichen **Qualifikation** aus, wobei zu unterstellen ist, das damit die notwendigen **Kenntnisse und Erfahrungen** für diesen Teil der vertragsärztlichen Tätigkeit nachgewiesen sind. **77**

Auch die zahlreichen **Leitlinien** der **medizinischen Fachgesellschaften**[185] sind potientiell auch sozialversicherungsrechtlich verbindliche Regelungen im Sinne von Handlungsempfehlungen, die zur **Umsetzung** in das **Sozialrecht** einer Beurteilung durch die dort zuständigen Institutionen bedürfen, wobei die Bundesärztekammer und die Kassenärztliche Bundesvereinigung eine gewisse Normierung dieses Beurteilungsvorganges dadurch zu erreichen suchen, dass sie diesbezügliche „**Beurteilungskriterien** für **Leitlinien** in der medizinischen Versorgung" formuliert haben,[186] erarbeitet von dem „Ärztlichen Zentrum für **78**

---

[177] § 137 Abs. 1 S. 4 Nr. 4 SGB V (Vergütungsabschläge).

[178] § 136 b Abs. 2 S. 8 SGB V (fakultative Vergütungszuschläge für längere Gewährleistungsfristen für Füllungen und Zahnersatz).

[179] Letztlich ist dies auch ein Problem der – begrenzten – Gesetzgebungskompetenz des Bundes gem. Art. 74 Abs. 1 Ziff. 12, 19, neuerdings auch Ziff. 26 GG.

[180] Vgl. *Jung,* a. a. O., S. 234.

[181] Zu den Mängeln in der Aus-, Weiter- und Fortbildung von Ärzten und Vorschlägen zur Verbesserung: Sachverständigenrat, a. a. O., B IV, Ziff. 361 ff.; vgl. dazu nunmehr den ab 1. 1. 2004 geltenden § 95 d SGB V („Pflicht zur fachlichen Fortbildung") sowie die diesbezüglichen gesetzgeberischen Erwägungen in BT-Drucks. 15/1525, S. 109–111.

[182] Vgl. dazu *Narr,* Ärztliches Berufsrecht, 1973, S. 144 ff.

[183] Vgl. einerseits die früher eingeräumte Beteiligung gem. § 137 b S. 1, § 137 c Abs. 1 S. 1, Abs. 2, § 137 e Abs. 2, § 137 Abs. 1 SGB V – alles a. F. mit der seit 1. 1. 2004 verbliebenen Mitwirkung gem. § 136 a S. 2 (in der vertragsärztlichen Versorgung: Stellungnahme zu Richtlinien-Entwürfen) und § 137 Abs. 1 (Beteiligung an Maßnahmen der Qualitätssicherung bei zugelassenen Krankenhäusern) SGB V.

[184] § 135 Abs. 2 SGB V.

[185] Die Arbeitsgemeinschaft der Wissenschaftlichen Medizinischen Fachgesellschaft (AWMF) veröffentlicht ihren „Gesamtindex Leitlinien und Empfehlungen" im Internet (http://www.uni-duesseldorf.de/AWMF/); Anfang Juni 1999 waren 829 Leitlinien vorhanden, *Vosteen,* a. a. O., S. 23.

[186] Juni 1997, DÄBl. 1997, A 2154–2155; Näheres dazu bei *Ollenschläger/Oesingmann/Thomeczek/Kolkmann,* Die „Leitlinie für Leitlinien" der Bundesärztekammer und der Kassenärztlichen Bundesvereinigung, in: Hart (Hrsg.), a. a. O., S. 41 ff.

Qualität in der Medizin" (früher: „**Zentralstelle** der Deutschen **Ärzteschaft** zur **Qualitätssicherung** in der Medizin – **ÄZQ**)";[187] darin werden die für das **SGB V-Leistungsrecht** maßgeblichen **Kriterien**, auch hinsichtlich der **Qualitätssicherung** zwar nicht ausdrücklich, aber der Sache nach **berücksichtigt.**[188] Somit ist es folgerichtig, dass der Gesetzgeber die Integration der Aufgabe dieser Institution als Leitlinien-Clearingstelle in das „Institut für Qualität und Wirtschaftlichkeit im Gesundheitswesen" (gem. § 139 a SGB V) erwägt.[189]

79 Letztlich muss gewährleistet sein, dass die **rechtsverbindlich** gemachten **Leitlinien selbst** eine **bestmögliche Qualität** aufweisen,[190] so dass ein **Clearingverfahren** – in dessen Rahmen die z.B. von Fachgesellschaften entwickelten Leitlinien überprüft werden – die Einhaltung diesbezüglicher Kriterien sichert;[191] dabei ist zu bedenken, dass der **Gesetzgeber** offenbar eine grundsätzliche Weichenstellung zugunsten einer **evidenz-basierten Medizin** vorgenommen hat,[192] womit gewisse Probleme,[193] aber sicherlich auch bestimmte **qualitative Anforderungen** an Leitlinien verbunden sind.

80 So gesehen ist die Schaffung rechtsverbindlicher **Qualitätsmaßstäbe** ein zumeist wohl mehrstufiger Prozess, in dem die **Entscheidungsebene** – früher der **Bundesausschuss** der Ärzte und Krankenkassen, nunmehr der Gemeinsame Bundesausschuss[194] – zumeist in der Funktion einer **Supervisionsinstanz** tätig wird; diese Überlegung wird bestätigt durch die Existenz und Aufgabenstellung des **„Instituts für Qualität und Wirtschaftlichkeit im Gesundheitswesen"**, das vom Gemeinsamen Bundesausschuss gegründet wird und diesem zuzuarbeiten hat; relativiert wird diese Feststellung durch die Rechtsaufsicht des Bundesministeriums für Gesundheit und soziale Sicherung über dem Gemeinsamen Ausschuss in allen Richtlinien-Angelegenheiten,[195] die somit einer obersten Staatsbehörde die letztverbindlich-maßgebliche Kompetenz auch in allen Aufgabenbereichen des Gemeinsamen Ausschusses hinsichtlich der Qualitätssicherung nach dem SGB V zuordnet. Ob eine ausdrückliche **Zertifizierung** von Richtlinien erforderlich ist,[196] mag hier unentschieden bleiben; denn die Umsetzung in (sozialversicherungs-)rechtliche **Verbindlichkeit** gemäß **§ 92 SGB V**[197] ist zumindest auch als förmliche Anerkennung zu bewerten.

81 **b) Neue Einrichtungen.** An **besonderen Institutionen** des SGB V zur dortigen Qualitätssicherung hatte der Gesetzgeber m.W.v. 1. 1. 2000 die **„Arbeitsgemeinschaft zur Förderung der Qualitätssicherung in der Medizin"**,[198] einen **„Ausschuss Krankenhaus"** zur Bewertung von Untersuchungs- und Behandlungsmethoden im Krankenhaus[199] sowie den **„Koordinierungsausschuss"**,[200] eine Arbeitsgemeinschaft

---

[187] Frühere Kurzbezeichnung: „Ärztliche Zentralstelle Qualitätssicherung", vgl. *Hauser/Ollenschläger,* DÄBl. 1996 A 1646–1648; zur Arbeit dieser Institution vgl. *Kemnitz,* Empirische Untersuchung medizinischer Normsetzungsprozesse durch ärztliche Leitlinien in medizinischen Institutionen, in: Hart (Hrsg.), a. a. O., S. 89 (101–104).

[188] *Francke,* Leitlinien ärztlichen Handelns und Sozialrecht, in: Hart (Hrsg.), a. a. O., S. 171 (181).

[189] Vgl. die gesetzgeberischen Überlegungen zu § 139 a Abs. 3 SGB V, BT-Drucks. 15/1525, S. 128.

[190] Die diesbezüglichen Schwierigkeiten und derzeitigen Mängel schildert eindrucksvoll *Straub,* a. a. O., S. 71.

[191] Konstruktive Eckpunkte eines Leitlinien-Clearingverfahrens bei *Straub,* a. a. O., S. 68 ff.

[192] Vgl. § 137 e Abs. 3 Nr. 1 SGB V a. F.; der in dieser Vorschrift steckende Optimismus ist freilich nicht völlig verflogen, hat sich allerdings m. W. v. 1. 1. 2004 relativiert: Vgl. § 137 f Abs. 1 S. 2 Nr. 3, Abs. 2 S. 2 Nr. 1 sowie § 139 a Abs. 3 Nr. 3 SGB V.

[193] Vgl. *Straub,* a. a. O., S. 65.

[194] Nach § 91 SGB V.

[195] Gem. § 94 und § 137 c Abs. 2 SGB V.

[196] Diesbezügliche Überlegungen bei *Francke,* a. a. O., S. 181 (183) mit Hinweis auf *Lauterbach/Lubecki/Oesingmann/Ollenschläger/Richard/Straub,* Konzept eines Clearingverfahrens für Deutschland, ZaeFQ (91) 1997, S. 283 ff.

[197] Vorgesehen in § 135 Abs. 1 S. 1 (vor Nr. 1), § 136 a, § 136 b, § 137 c Abs. 1 S. 3, § 138 SGB V.

[198] § 137 b SGB V a. F.

[199] § 137 c Abs. 2 SGB V a. F.

[200] § 137 e.

von Kassen und Ärzten, deren Aufgabe insbesondere in der Entwicklung von Versorgungskriterien auf der Grundlage evidenzbasierter Leitlinien. Damit wurde eine organisatorische **Verzahnung** der SGB V-Institutionen mit dem ärztlich-berufsrechtlichen Bereich, dem Krankenhausbereich, der privaten Krankenversicherung und weiteren Bereichen vorgenommen. Die Berufsorganisationen der **Krankenpflegeberufe** waren – verpflichtend – nur nach §§ 137b und 137 Abs. 1 SGB V[201] zu beteiligen. Die **Patienten** waren im Übrigen nur fakultativ gemäß § 137b SGB V[202] einbezogen, was möglicherweise diesen Bereich als Quelle für **Informationen** nicht ausschöpfte;[203] ein Vergleich mit der Wirtschaft, auch in ihren Dienstleistungsbereichen, würde wohl insoweit einen beträchtlichen (auch normativen) **Nachholbedarf** zeigen.

82 Als (neue) **Einrichtung** kann auch eine gesetzlich angeordnete **Vertragspartnerschaft** ohne zusätzliche institutionelle Bezeichnung betrachtet werden.[204]

83 Mit Inkrafttreten des **GKV-Modernisierungsgesetzes**[205] hat der Gesetzgeber auch die **Qualitätssicherung institutionell neu** geordnet. Der „neuen sektorübergreifenden Rechtsetzungseinrichtung der gemeinsamen Selbstverwaltung" – dem **Gemeinsamen Bundesausschuss** – wurden auch die Normsetzungsbefugnisse der gemeinsamen Selbstverwaltung im Bereich der Qualitätssicherung übertragen.[206] Die „Arbeitsgemeinschaft zur Förderung der Qualitätssicherung in der Medizin", der „Ausschuss Krankenhaus" sowie die Arbeitsgemeinschaft „Koordinierungsausschuss" sind entfallen. Um den Gemeinsamen Bundesausschuss gleichwohl mit der erforderlichen fachlichen Kompetenz zu versorgen, ist gleichsam an die Stelle der aufgehobenen Einrichtungen das (neue) **„Institut für Qualität und Wirtschaftlichkeit im Gesundheitswesen"** getreten.[207]

Diesem Institut soll künftig die Aufgabe der unabhängigen wissenschaftlichen Bewertung des medizinischen Nutzens, der Qualität sowie auch der Wirtschaftlichkeit der Leistungen im GKV-Gesundheitswesen zukommen;[208] wohl in einem gewissen inneren Zusammenhang damit soll das Institut auch die Bewertungen evidenzbasierter Leitlinien für die epidemiologisch wichtigsten Krankheiten vornehmen.[209]

84 Eingerichtet wird das Institut vom Gemeinsamen Bundesausschuss. Das **Bundesministerium** für Gesundheit und Soziale Sicherung hat lediglich ein **Mitwirkungsrecht** bei der Bestellung der Institutsleitung, das auch in dem Fall gilt, in dem die gesetzlich vorgesehene Option einer Organisation dieses Instituts als Stiftung des privaten Rechts gewählt wird.[210]

85 **c) Erweiterung bisheriger Einrichtungen.** Anlässlich der Einführung der Qualitätssicherung in die gesetzliche Krankenversicherung ist nicht nur der **Aufgabenbereich bisheriger Organisationen erweitert** worden,[211] sondern es sind auch sachlich-fachlich notwendigerweise **Beteiligte** einbezogen worden. So sind bei der Festlegung von Qualitätskriterien für Zahnersatz die Stellungnahme des **Verbandes Deutscher Zahntechniker-Innungen** in die Entscheidungen des Bundesausschusses der Zahnärzte und Krankenkassen einzubeziehen. Auch der Vertragspartnerschaft gemäß § 111a SGB V wird im

[201] Jeweils a. F.

[202] Wiederum a. F.

[203] Z. B. hinsichtlich der Ergebnisqualität.

[204] Vgl. § 137 Abs. 1 SGB V.

[205] Also m. W. v. 1. 1. 2004; zur zuvor geltenden Rechtslage *Seewald,* Definitionen und Ziele der medizinischen Qualitätssicherung in Deutschland, in: Jabornegg/Resch/Seewald, Qualitätssicherung für Leistungen in der GKV, 2003, S. 11–34.

[206] Zu den Erwägungen des Gesetzgebers vgl. BT-Drucks. 15/1525, S. 106, 107.

[207] § 139a SGB V; vgl. dazu im Einzelnen BT-Drucks. 15/1525, S. 127, 128.

[208] § 139a Abs. 3 Nr. 2 SGB V.

[209] § 139a Abs. 3 Nr. 3 SGB V.

[210] § 139 Abs. 2 SGB V; dazu auch BT-Drucks. 15/1525, S. 127.

[211] Vgl. z. B. § 92 i. V. m. § 136 Abs. 2 S. 2, § 136a, § 136b, § 138; § 106 Abs. 2a Nr. 3; § 132a Abs. 1 S. 4 Nr. 3 SGB V.

Rahmen der Verträge nach § 137 d SGB V die **Bundesärztekammer** und die **Deutsche Krankenhausgesellschaft** als Beteiligte (mit Gelegenheit zur Stellungnahme) zugeordnet.[212]

86 Die **Vertragspartnerschaft** der **Spitzenverbände der Krankenkassen** untereinander[213] wird im Rahmen der Qualitätssicherung bei Heilmitteln zu obligatorischer Zusammenarbeit mit dem Medizinischen Dienst verbunden.[214]

87 **d) Verfahren.** Zu erwähnen sind auch die verfahrensrechtlichen Regelungen, die das Vorgehen **innerhalb** der **Qualitätssicherungs-Institutionen** sowie deren **Beziehungen** zu **Außenstehenden** festlegen. Nach heutiger Einschätzung sind Verfahrensregelungen **nicht (nur)** die notwendige, also unvermeidbare **Ergänzung** aufbauorganisatorischer Bestimmungen, sondern sie sind ein wesentlicher innerer **Legitimationsgrund** für Entscheidungen.[215] Die damit erreichbare **Erweiterung der Rationalität** des Verwaltungshandelns durch Verfahrensrationalität[216] ist im Bereich Qualitätssicherung notwendig und zielführend; dies folgt nicht zuletzt aus der Tatsache, dass selbst bei evidenzbasiertem Ansatz eine **Grenze** objektiver **Wahrheitsfindung** besteht und – ein fachlich fundierter – **Konsens** intersubjektiver Übereinstimmung hierfür gleichsam Ersatz leisten muss.

88 Die **Verfahrensbestimmungen** für die Maßnahmen der Qualitätssicherung sollen hier nicht im Einzelnen geschildert werden; das Gesetz gibt hierzu im Wesentlichen Ermächtigungen an die Institutionen;[217] manche Einzelfragen sind verbindlich bereits im Gesetz normiert.[218] Weiterhin ist für das Tätigwerden des Gemeinsamen Bundesausschusses dessen **Verfahrensrecht** zu beachten,[219] das auch im Bereich der Richtlinienerstellung zur Qualitätssicherung zu beachten ist. Als Nachfolgeeinrichtung der früheren Bundesausschüsse wird er wahrscheinlich auch in deren Verfahrensregelungen eintreten; die **Verfahrensrichtlinie** des Arbeitsausschusses „Ärztliche Behandlung" des Bundesausschusses der Ärzte und Krankenkassen legt z.B. fest, dass alle zur Diskussion gestellten medizinischen Methoden nach einem an **EBM-Kriterien** orientierten Verfahren zu bewerten sind.[220]

8. Sektorübergreifende Qualitätssicherung

89 Als eine Schwachstelle des Gesundheitssystems wird die traditionell strikte, mittlerweile ein wenig aufgelockerte[221] **Trennung** zwischen **ambulanter** und **stationärer Versorgung** gesehen.[222] Im Rahmen der Qualitätssicherungsmaßnahmen wird – neben der sehr

---

[212] § 137 d Abs. 3 S. 2 SGB V; die organisatorische Gleichstellung mit der Vertragspartnerschaft gem. § 137 Abs. 1 SGB V wird hier nicht vorgenommen wegen ihres über die Qualitätssicherung (vgl. § 111 a S. 2 Nr. 6 SGB V) hinausgehenden Aufgabenbereichs.

[213] Vgl. zu deren Aufgaben z.B. § 126 Abs. 2, § 128 SGB V.

[214] § 139 Abs. 2 SGB V.

[215] Grundsätzlich hierzu *Luhmann,* Legitimation durch Verfahren, 1969/1978 passim.

[216] Dazu *Becker*, Öffentliche Verwaltung, 1989, § 28, 1.2, S. 464 f. m. w. N.

[217] Z.B. § 136 Abs. 1 und Abs. 2, § 136 a, § 136 b, § 137 Abs. 1, § 137 b, § 137 c, § 137 f, auch § 139 a Abs. 1 SGB V.

[218] Z.B. in § 137 g Abs. 1 SGB V.

[219] Vgl. § 92 Abs. 1 a, 1 b, 3 a–7 a SGB V.

[220] *Straub,* a. a. O., S. 64.

[221] Vgl. § 115 a (vor- und nachstationäre Behandlung im Krankenhaus), § 115 b (ambulantes Operieren im Krankenhaus), § 116–§ 116 b (ambulante Behandlung durch Krankenhausärzte und im Krankenhaus), § 121 (belegärztliche Leistungen) SGB V einerseits und das ambulante Operieren außerhalb des Krankenhauses.

[222] So z.B. *Busse* (Europäisches Observatorium für Gesundheitssysteme) auf Grund des Vergleichs von 31 Ländern Europas, Frankfurter Rundschau, 15. 12. 2000, S. 1, vgl. auch dpa v. 14. 12. 2000; ausführlich *Seewald,* Neue Zusammenarbeitsformen und Honorierungsmodelle als Mittel der Kostensenkung, in: Jabornegg/Resch/Seewald, Ökonomie und Krankenversicherung, 2001, S. 35–81.

speziellen Regelung für die nachstationäre Behandlung bei Organübertragungen[223] – ein **sektorenübergreifendes Vorgehen** angestrebt. Dies geschieht durch die **Abstimmung** bereichsspezifischer Ergebnisse,[224] vor allem jedoch durch entsprechende, bereichsübergreifend zusammengesetzte Gremien, die hinsichtlich der Maßnahmen in den einzelnen Versorgungsbereichen[225] eine koordinierende Funktion wahrnehmen, ausdrücklich für **einrichtungsübergreifende Maßnahmen** zuständig sind und in ihrer Arbeit auch auf eine **Harmonisierung** der Qualitätsvorstellungen zwischen den Versorgungsbereichen hinzuwirken haben,[226] z. B. durch strikt verbindliche (evidenz-basierte) **Leitlinien,** die in allen Versorgungsbereichen gelten[227] sowie durch **Empfehlungen** in sonstigen sektorenübergreifenden, auf die Qualitätssicherung bezogenen Angelegenheiten des Gemeinsamen Bundesausschusses. Der (frühere) Koordinierungsausschuss hatte u. a. die Aufgabe, Empfehlungen in sektorenübergreifenden Angelegenheiten der (früheren) Bundesausschüsse und des (ehemaligen) Ausschusses Krankenhaus zu geben.[228] Diese Angelegenheiten sollen nunmehr wohl dem Institut für Qualität und Wirtschaftlichkeit im Gesundheitswesen obliegen.[229]

90 Als ebenfalls nicht ideal muss man wohl die **Konzeption** und **Praxis** der **ambulanten Versorgung** betrachten.[230] Eine gewisse Abhilfe könnte der Verbund haus- und fachärztlich tätiger Vertragsärzte **(vernetzte Praxen)**[231] schaffen; hierzu fordert der Gesetzgeber ausdrücklich die Gewährleistung (auch) der **Qualität** der vertragsärztlichen Versorgung, die wohl im Sinne einer spezifischen Versorgungsverantwortung verstanden werden muss;[232] vorgeschlagen werden insoweit z. B. **Fachkonferenzen** und **Qualitätszirkel** und – insbesondere für chronisch oder langwierig Erkrankte – koordinierende Strukturen (Stichworte: „disease-management“, „case-management“, „managed-care“).[233]

91 Das Anliegen der Qualitätssicherung im ambulanten Bereich hat mit dem **Gesundheitsmodernisierungsgesetz** einen erheblichen Schub bekommen. Über die nunmehr auch in diesem Bereich geltende allgemeine Verpflichtung zur Einführung und Weiterentwicklung eines einrichtungsinternen Qualitätsmanagements[234] hinaus hat der Gesetzgeber im Hinblick auf die **„hausarztzentrierte Versorgung“** sowie bei **„besonderen Versorgungsbedürfnissen“** den Vertragspartnern die Möglichkeit eingeräumt, jeweils spezifische Qualitätsanforderungen zu vereinbaren.

Zur Wahrnehmung der Verpflichtung der Krankenkassen zu einer **besonders hoch stehenden hausärztlichen Versorgung**[235] wird ihnen ein Gestaltungsspielraum eingeräumt, der über die allgemein geltenden Regelungen hinausgeht. Die Ausgestaltung der hausarztzentrierten Versorgung gem. § 73b SGB V soll nach dem Willen des Gesetzgebers

---

[223] § 115a Abs. 2 S. 4, 7 SGB V.

[224] Die frühere Aufteilung der Zuständigkeiten auf mehrere Bundesausschüsse und den Ausschuss Krankenhaus machte eine Regelung wie § 135 Abs. 1 S. 4 SGB V a. F. erforderlich; formell-rechtlich ist diese Notwendigkeit mit der Konzentration der Zuständigkeiten auf den Gemeinsamen Bundesausschuss einschließlich der Anforderungen an die Qualitätssicherung für zugelassene Krankenhäuser entfallen, tatsächlich wird ein derartiger Abstimmungsbedarf nach wie vor bestehen.

[225] § 136a, § 136b, § 137 SGB V.

[226] Vgl. § 135a SGB V zu diesem Begriff und § 137b SGB V.

[227] Der frühere § 137e Abs. 3 S. 1, 2 SGB V sah das vor.

[228] § 137e Abs. 4 SGB V.

[229] Vgl. § 139a Abs. 3 Nr. 1–6 SGB V – bei allen dort genannten Tätigkeitsfeldern lassen sich Empfehlungen als sinnvoll und zielführende Arbeitsergebnisse vorstellen.

[230] Vgl. auch bereits Sachverständigenrat, Jahresgutachten 1987, Nr. 330ff., Jahresgutachten 1989, B I, Ziff. 287 sowie *Seewald,* a. a. O., (Fußn. 222) passim.

[231] Gem. § 73a SGB V („Strukturverträge“).

[232] S. § 73a Abs. 1 S. 1 SGB V sowie *KassKomm-Hess,* § 73a SGB V Rdn 6.

[233] *KassKomm-Hess,* a. a. O.

[234] Gem. § 135 Abs. 2 Nr. 2 SGB V.

[235] BT-Drucks. 15/1525, S. 79 (zu § 73b SGB V).

vor allem durch die Erarbeitung (und Vereinbarung) sachgerechter und leicht überprüfbarer **Kriterien** zur Beschreibung der notwendigen **Qualität dieser besonderen Versorgung** vorgenommen werden. Damit sollen die Anforderungen festgelegt werden, die unmittelbar diese hausärztliche Behandlung betreffen; dies kann geschehen z.B. durch Ausrichtung der ärztlichen Behandlung an evidenzbasierten **Leitlinien** (einschließlich einer rationalen Pharmakotherapie), durch die Verpflichtung zur Teilnahme an **Qualitätszirkeln,** insbesondere Fallkonferenzen, zum **interprofessionellen Austausch,** zur **Dokumentation** weniger, aber aussagekräftiger **Qualitätsindikatoren,** zur Einführung eines **zertifizierten** praxisinternen **Qualitätsmanagements,** zur Fortbildung in patientenzentrierter **Gesprächsführung** und der **psychosomatischen Grundversorgung** sowie – insbesondere wegen des in einer Hausarztpraxis besonderen hohen Anteils älterer und hoch betagter Menschen – zur **Fortbildung** z.B. in Grundkenntnissen der Palliativmedizin, der **Schmerztherapie,** der Behandlung von **Alterserkrankungen** und geriatrischer Krankheitsbilder; bezüglich der sächlichen Ausstattung ist z.B. an eine EDV-Ausstattung zu denken.[236]

92 Eine **weitere Möglichkeit** der Vereinbarung (und somit Durchsetzung) von **besonderen Anforderungen** an die **Qualität** der Leistungserbringung eröffnet § 73c SGB V. Danach können zur Lösung besonderer Versorgungsprobleme **spezielle Versorgungsaufträge** im Rahmen der vertragsärztlichen Versorgung vereinbart werden, die sich von der Regelversorgung unterscheiden. Die dabei festzulegenden (besonderen) Anforderungen können von bundesmantelvertraglichen Regelungen (z.B. Richtlinien des Gemeinsamen Bundesausschusses) abweichen; es können eigenständige Regelungen für noch nicht geregelte oder **höhere Anforderungen** an die **Qualität** der Leistungserbringung getroffen werden. Die **Erfüllung** derartiger Anforderungen muss von den Vertragsärzten ihren Kassenärztlichen Vereinigungen gegenüber **nachgewiesen** werden.[237]

93 Bemerkenswert ist, dass sowohl über die Regelung der hausarztzentrierten Versorgungsaufträge in der **Gesamtheit** der **Vertragsärzte Gruppen** gebildet werden (können), deren Mitglieder unter den Gesichtspunkten der **Qualitätssicherung** in der Leistungserbringung in besonderer Weise positiv **hervorgehoben** sind, während die übrigen Vertragsärzte lediglich den allgemein geltenden Anforderungen genügen müssen. Eine derartige Sonderstellung lässt sich **auch** über Verträge zu **integrierten Versorgungsformen** ermöglichen, soweit darin eine von den allgemeinen Vorschriften abweichende, und zwar **verbesserte Qualität** vereinbart ist.[238]

94 Hinsichtlich der **„integrierten Versorgungsstruktur“**[239] wird die **Qualitätssicherung** allgemein insoweit Impulse erhalten, als ein die verschiedenen **Leistungssektoren übergreifendes,** koordiniertes Vorgehen bei der Versorgung der Versicherten auch unter den Gesichtspunkten von Struktur-, Prozess- und Ergebnisqualität[240] auf allgemein geltende Qualitätskriterien und -standards angestrebt werden muss. Dabei sind – selbstverständlich – die **bereichsspezifischen Anforderungen** an die Qualitätssicherung zu Grunde zu legen; für die **Teilnahme** einer **integrierten Versorgungsstruktur** an der vertragsärztlichen Versorgung waren bislang **Rahmenvereinbarungen** (die Bestandteil der Bundesmantelverträge sind) vorgesehen, nach denen allerdings nur **Mindestanforderungen** zu gewährleisten waren;[241] in dieser Regelung war praktisch – erstens – die Feststellung enthalten, dass derzeit die Versorgung nicht unbedingt den notwendigen Qualitätsstandards

---

[236] Hinweise des Gesetzgebers zu § 73b SGB V, BT-Drucks. 15/1525, S. 97.

[237] Arg. aus § 73c Abs. 2 S. 1 SGB V.

[238] Vgl. § 140b Abs. 4 S. 1 SGB V.

[239] Gem. §§ 140a – 140h SGB V; dazu auch *Seewald,* a.a.O. (Fußn. 222).

[240] Die Teilnahme der Versicherten ist freiwillig (§ 140a Abs. 2 S. 1 SGB V), kann zu einem Beitrags-Bonus führen (§ 140g SGB V) und dürfte von der – erwarteten – Ergebnisqualität der integrierten Versorgungsstruktur abhängen.

[241] § 140d Abs. 1 S. 2 Nr. 2 SGB V a.F.

entspricht, dass – zweitens – die Qualitätssicherungs-Richtlinien[242] wohl einen (noch vertretbaren) Qualitätsstandard ausweisen und dass – drittens – der **Gesetzgeber** sich (einstweilen) auch mit diesem **Standard zufrieden** gibt, in einem **Gegensatz** zu den klaren Forderungen nach einer – nicht in dieser Art relativierten – Verpflichtung zur Qualitätssicherung.[243]

95 Mit dem Inkrafttreten des **Gesundheitsmodernisierungsgesetzes** sind die Regelungen zur integrierten Versorgung neu gefasst und in wesentlichen Gesichtspunkten geändert worden;[244] davon betroffen sind auch die Bestimmungen zur Qualitätssicherung. Mit der (klar stellenden) Ablösung vom Sicherstellungsauftrag an die Kassenärztlichen Vereinigungen und der **Lösung von** einem kollektivvertraglich vereinbarten **Normensystem** ist auf die Anbindung an (von dritter Seite gesetzte) Rahmenbedingungen verzichtet worden. Im Rahmen der organisatorischen Zielsetzung der integrierten Versorgung – Beseitigung der bisherigen Abschottung der einzelnen Leistungsbereiche – verfolgt der **Gesetzgeber** die **Absicht,** die **medizinische Orientierung** des Leistungsgeschehens **prioritär** zu fördern, und zwar durch vermehrte Anstrengungen zur Qualitätssicherung einschließlich einer optimalen, die Leistungssektoren übergreifenden Arbeitsteilung unter Wirtschaftlichkeits- und Qualitätsgesichtspunkten.[245]

9. Rechtliche Verbindlichkeit der Qualitätssicherungsmaßnahmen

96 **a) Allgemeines.** Die **Verpflichtung** zur Sicherung und Weiterentwicklung der Qualität nach dem jeweiligen Stand der wissenschaftlichen Erkenntnisse ist **vorbehaltlos** normiert; sie betrifft **alle Leistungserbringer.**[246] Diese Pflicht besteht für **Vertragsärzte** – als Teil ihres mitgliedschaftlichen **Status** als Mitglied einer Kassenärztlichen Vereinigung – zunächst gegenüber ihrer Kassenärztlichen Vereinigung, deren diesbezügliche **Prüfungsbefugnis** in § 136 Abs. 1 S. 1 SGB V konsequent ist.[247]

97 Darüber hinaus besteht diese Pflicht auch **gegenüber** den **Krankenkassen;** dies folgt aus der Verantwortung eines **jeden Arztes** im Rahmen der **Wirtschaftlichkeitsprüfung,**[248] die sich auch auf die „Übereinstimmung der Leistungen mit den anerkannten Kriterien für ihre fachgerechte Erbringung **(Qualität)**" erstreckt; m. W. v. 1. 1. 2004 ist eine diesbezügliche **Beratungspflicht** seitens des Prüfungsausschusses vorgesehen, mit der eine Schwachstelle des bisher geltenden Rechts – das organisatorisch-institutionelle Auseinanderfallen von Arztinformation und -beratung einerseits und Wirtschaftlichkeitsprüfung andererseits – beseitigt werden soll;[249] damit wird eine „weiche" Einflussnahme auf die Einhaltung von Qualitätskriterien eröffnet.[250]

98 Für die Wirkung dieser Verpflichtung gegenüber den Patienten (Versicherten) ist Folgendes zu bedenken: Geht man davon aus, dass zwischen Arzt und Patient ein **privatrechtlicher** (Behandlungs-)**Vertrag nicht** zustande kommt,[251] so kommt bei Pflichtverletzungen jedenfalls eine **deliktische Haftung**[252] in Betracht,[253] wobei die Rechtswidrigkeit des

---

[242] Gem. §§ 135 a, 136 a, 136 b und 137 e Abs. 3 SGB V, alles a. F.

[243] Gem. § 135 a Abs. 1 und (für neue Methoden) § 135 Abs. 1 S. 1 konkretisiert z. B. durch die Richtlinien gem. §§ 135 a und 135 b sowie § 135 Abs. 1 S. 1 SGB V.

[244] §§ 140 a–140 d SGB V i. d. m. W. v. 1. 1. 2004 geltenden Fassung des GMG.

[245] BT-Drucks. 15/1525, S. 130.

[246] § 135 a Abs. 1 SGB V; s. auch Übersicht 2.

[247] § 136 Abs. 2 SGB V.

[248] § 106 Abs. 2–5 SGB V.

[249] § 106 Abs. 1 a (neu) SGB V; dazu: BT-Drucks. 15/1525, S. 113.

[250] Soweit Veranlassung dafür besteht, § 106 Abs. 2 a Nr. 3 SGB V.

[251] So die überwiegende Meinung im sozialversicherungsrechtlichen Schrifttum und der Rechtsprechung, so *Krauskopf,* a. a. O. § 76 SGB V, Rdn. 10.

[252] Gem. §§ 823 ff. BGB; vgl. auch *Dressler,* a. a. O.

[253] Nach verbreiteter Ansicht bewirkt § 76 Abs. 4 SGB V auch einen Verweis auf das vertragliche Schadensersatzrecht, z. B. *KassKomm-Hess,* § 76 SGB V Rdn. 24.

Verhaltens im **Unterlassen** der gebotenen **Qualitätsmaßnahmen** liegt; die bisherige zivilrechtliche Rechtsprechung gibt hierzu ein reiches Anschauungsmaterial;[254] nimmt man das Vorliegen eines privatrechtlichen Behandlungsvertrages[255] an,[256] so tritt die Vertragshaftung hinzu. Auch aus dem Gesichtspunkt der **Strafbarkeit** ärztlichen Handelns dürften Qualitätssicherungsregeln Maßstab der rechtlichen Zulässigkeit – als objektive Sorgfaltsstandards[257] – sein.

99 **b) Qualitätssicherung durch Richtlinien.** Der Gesetzgeber sieht vor, dass die vertragsärztliche (und vertragszahnärztliche) Versorgung durch **Richtlinien** des **Gemeinsamen Bundesausschusses** festgelegt wird;[258] Gleiches gilt für die Kriterien der „Qualitätsbeurteilung in der vertragsärztlichen Versorgung" („Qualitätsprüfung im Einzelfall").[259] Daraus lässt sich allerdings **nicht** schließen, dass **erst mit** der Schaffung dieser **Richtlinien** die **Verpflichtung** zu entsprechenden Maßnahmen der Qualitätssicherung einsetzt; gegen diese Vermutung spricht der **Wortlaut** des **§ 135 a Abs. 1 SGB V,** der – übrigens ebenso wie §§ 2 Abs. 1 S. 3, 70 Abs. 1 S. 2 SGB V – **vorbehaltlos** zur Qualitätssicherung verpflichtet; der Sache nach ist diese Verpflichtung auch in § 72 Abs. 2 SGB V[260] enthalten.

100 Weiterhin ergibt sich aus § 72 Abs. 2–1.HS – SGB V, dass die vertragsärztliche Versorgung sich nicht allein an Maßstäben in den Richtlinien der Bundesausschüsse ausrichtet, sondern dass die **gesetzlichen Vorschriften unmittelbare Wirkung** entfalten und bei Auslegungsstreitigkeiten Vorrang haben.[261] Dass es **Schwierigkeiten** für die **Verwaltungspraxis** gibt, wenn es an einer Konkretisierung der gesetzlichen Bestimmungen – z. B. auch durch Richtlinien – fehlt,[262] schließt diese Normwirkungen nicht aus. Gegen diese Ansicht lässt sich auch **nicht** die **Rechtsprechung** des **BSG** anführen, nach deren „Rechtskonkretisierungskonzept"[263] bestimmte im Gesetz als solche bezeichnete sog. **Richtlinien**[264] **Rechtsnormqualität** haben.[265] Der damit bezweckte **Ausschluss** von neuen Untersuchungs- und **Behandlungsmöglichkeiten** ohne eine einschlägige Ermächtigung durch Bundesausschuss-Richtlinie[266] zielt auf eine Begrenzung der Verpflichtung der Krankenkassen und der für sie tätig werdenden Ärzte ab; im Übrigen **kann** eine derartige Ausgrenzung durchaus auch **gesetzwidrig** sein, was mittlerweile für den Arzneimittel- sowie für den Heil- und Hilfsmittelbereich anerkannt ist.[267]

---

[254] Vgl. z. B. *Palandt-Thomas,* § 823 BGB Rdn. 45–55 zu den Verkehrs(sicherungs)pflichten, 134–164 zur Arzthaftung, § 831 BGB Rdn. 12–18 zum Entlastungsbeweis hinsichtlich der Pflichtverletzung.

[255] Dienst- oder Werkvertrag, vgl. z. B. *Wiegand,* Kassenarztrecht, 2. Aufl. 1991, § 76 Rdn. 19.

[256] So das zivilrechtliche Schrifttum (vgl. z. B. *Natter,* Der Arztvertrag mit dem Sozialversicherungspatienten, 1987, S. 37 ff.) und der BGH, z. B. BGHZ 47, 75; 76, 259; 89, 250; nach BGHZ 97, 273 kann u. U. auch ein Vertrag zwischen Arzt und Krankenkasse mit Schutzwirkung zugunsten des Patienten (§ 328 BGB) vorliegen.

[257] Vgl. dazu *Ulsenheimer,* in: Laufs/Uhlenbruck, a. a. O., § 112 Rdn. 10, S. 916.

[258] §§ 135 (Abs. 1 S. 1 Nr. 2), 136 Abs. 2 S. 2, 136 a, 136 b SGB V.

[259] § 136 Abs. 2 S. 2 SGB V.

[260] „... Versorgung der Versicherten unter Berücksichtigung des allgemein anerkannten Standards der medizinischen Erkenntnisse ...".

[261] *Krauskopf,* a. a. O., § 72 SGB V Rdn 5; BSG SozR 3–2500 § 92 Nr. 9 – (teilweise) Unwirksamkeit von Arzneimittel-Richtlinie; BSG SozR 3–2500 § 92 Nr. 10 – (teilweise) Unwirksamkeit von Heil- und Hilfsmittel-Richtlinie.

[262] Darauf weist *Krauskopf* zu Recht hin, a. a. O., Rdn. 5.

[263] *Engelmann,* Das Rechtskonkretisierungskonzept des SGB V und seine dogmatische Einordnung durch das Bundessozialgericht, in: Hart (Hrsg.), a. a. O., S. 199 ff.

[264] Zur Vieldeutigkeit dieses Begriffs innerhalb des SGB V – i. d. F. vor Inkrafttreten des GKV-Gesundheitsreformgesetzes 2000 – *Engelmann,* a. a. O., S. 210; vgl. *Hebeler,* DÖV 2002, S. 936 ff., *Borchert,* NZS 2004, S. 287 ff.

[265] Zuletzt BSG SozR 3–2500 § 92 Nr. 8.

[266] Gem. § 135 SGB V i. d. F. des GRG (m. W. v. 1. 1. 1989); dazu *Schimmelpfeng-Schütte,* NZS 1999, S. 530 ff.

[267] BSG SozR 3–2500 § 92 Nr. 9, 10.

101 Die **Qualitätssicherung** verfolgt demgegenüber ein **anderes Ziel**, nämlich im Rahmen definitiv – nicht selten konkretisierend durch Richtlinien – geregelter Indikationen die **bestmögliche Ausführung** der geschuldeten Leistung zu sichern. Angesichts der vorhandenen Aktivitäten und Ergebnisse in diesem Bereich wäre es geradezu **unverständlich,** eine diesbezügliche **Verpflichtung** zur Qualitätssicherung in der vertragsärztlichen Versorgung **erst** eintreten zu lassen, wenn sie – was nicht selten der Fall sein dürfte[268] – durch **Richtlinien** der Bundesausschüsse normativ-konkretisierend **festgestellt** worden sind.

102 Demnach entfalten z. B. **Leitlinien** auch in den vertragsärztlichen Beziehungen Rechtswirkungen,[269] deren Bewertung als (antezipierte) **Sachverständigengutachten**[270] oder als **widerlegbare Vermutung**[271] vorgenommen werden kann. Damit ist zugleich auch gesagt, dass z. B. ein **Gericht** eine derartige „Begutachtung" **nicht ungeprüft übernehmen** darf, sondern im Rahmen seiner tatrichterlichen Würdigung, der eigenen Sachkunde und der allgemeinen Lebenserfahrung eine eigenverantwortliche Überprüfung wahrzunehmen hat, insbesondere dann, wenn es angesichts von offenen Mängeln oder Widersprüchen dazu Anlass gibt.

103 Auf eine **Besonderheit** im Zusammenhang mit der Richtliniengebung durch den Gemeinsamen Ausschuss sei an dieser Stelle hingewiesen. Die Bewertung von **Untersuchungs- und Behandlungsmethoden im Krankenhaus** wird in den Fällen des § 137 c SGB V (einer Regelung inmitten der Vorschriften zur „Sicherung der Qualität der Leistungserbringung") ebenfalls vom Gemeinsamen Bundesausschuss vorgenommen. Solange die Anwendung einer Methode nicht wirksam – und zwar in Form einer Richtlinie – untersagt ist,[272] ist ihre Finanzierung durch die GKV zulässig.[273] Diese rechtstechnisch als **„Erlaubnis mit Verbotsvorbehalt"** gestaltete Regelung nennt als **Verbotskriterien** ausdrücklich **nicht** eine gleichsam übermäßige **Qualität;** und sie steht nach Ansicht des Gesetzgebers in einem grundlegenden Unterschied zur Rechtslage im niedergelassenen Bereich, in dem sich die Zulässigkeit der **Leistungserbringung** nach dem Prinzip des sog. Verbots mit Erlaubnisvorbehalt richten soll.[274]

104 Bislang sind derartige Überlegungen (auch) unter dem Gesichtspunkt von (u. U. nicht zu finanzierenden Maßnahmen[275] der) **Qualitätssicherung** nicht angestellt worden. Dass die im Zusammenhang mit Finanzierungsproblemen zwangsläufig angesprochene **Beitragsstabilität** kein absolut vorrangiges Ziel sein muss, zeigt z. B. die Regelung zu Verträgen zu integrierter Versorgungsform, derzufolge der Grundsatz der Beitragsstabilität nicht gilt, wenn in Integrationsverträgen u. a. die Qualität der Versorgung verbessert wird.[276] Insgesamt bedarf die Problematik eines denkbaren Spannungsverhältnisses zwischen Qualitätssicherung und Finanzierbarkeit wohl noch eingehender Überlegungen.

105 **c) Qualitätssicherung durch Beschlüsse.** Die Vorgaben für die Qualitätssicherung bei zugelassenen Krankenhäusern[277] wurden nach **früherer Rechtslage** durch **Verein-**

---

[268] Zum Verhältnis von ärztlichen Leitlinien zu den Richtlinien des Bundesausschusses vgl. auch *Jung,* a. a. O., S. 233.

[269] Vgl. dazu *Hart,* in: ders. (Hrsg.), a. a. O., S. 137 ff. sowie *Dressler,* a. a. O., passim.

[270] Diese Bezeichnung hat einen prozessualen Einschlag; im Verwaltungs(umwelt)recht ist sie wohl von *Breuer* bekannt gemacht (AÖR 101, 1976, S. 46 [82] sowie DVBl. 1978, S. 28, 34 ff.) und vom BVerwG (E 55, S. 250, 256, 258 f. = NVwZ 1988, 824 f.) aufgenommen worden.

[271] Vgl. Breuer, a. a. O., S. 66.

[272] Vgl. im Einzelnen § 137 c Abs. 1 S. 2, SGB V; darauf wird in § 140 b Abs. 3 S. 4 SGB V Bezug genommen.

[273] BT-Drucks. 15/1525, S. 126.

[274] BT-Drucks. 15/1525, S. 126.

[275] Vgl. § 71 SGB V – Grundsatz und Ziel der Beitragsstabilität in der GKV.

[276] § 140 b Abs. 4 S. 1, 2 SGB V.

[277] Vgl. § 108 SGB V.

barungen festgelegt.[278] Mit Inkrafttreten des **Gesundheitsmodernisierungsgesetzes** ist auch diese Aufgabe dem Gemeinsamen Bundesausschuss übertragen. Als **Handlungsinstrument** kommen Richtlinien gem. §§ 92, 94 SGB V nicht in Frage, da als Adressaten nicht nur die Mitglieder der Institutionen betroffen sind, die in der gemeinsamen Selbstverwaltung zusammen gefasst sind; der Gesetzgeber hat hier die **Rechtsform** des **Beschlusses** vorgesehen.

106 Für zugelassene Krankenhäuser sind derartige Beschlüsse unmittelbar verbindlich; sie haben Vorrang vor Verträgen gem. § 112, es sei denn, dass diese Regelungen zur Qualitätssicherung enthalten.[279] Damit stattet der Gesetzgeber diese Beschlüsse gleichsam mit **Allgemeinverbindlichkeit** aus, eine letztlich wohl **nicht** völlig **unproblematische** Regelung;[280] sie sollen Richtlinien in ihren Rechtswirkungen offenbar nicht nachstehen.

107 **d) Qualitätssicherung durch Verträge.** Verträge sind ein **traditionell** vorgesehenes Instrument im Leistungserbringungsrecht; sie werden auch zur (einvernehmlichen) Festlegung von Qualitätsanforderungen verwendet, z.B. bei der **hausarztzentrierten Versorgung,**[281] hinsichtlich **besonderer Versorgungsaufträge**[282] und im Hinblick auf die Qualitätssicherung bei der ambulanten und stationären **Vorsorge** oder **Rehabilitation.**[283]

108 **e) Qualitätssicherung durch Empfehlungen, Anordnungen, sonstige Maßnahmen.** Das Gesetz kennt als Handlungsinstrument im Bereich der Qualitätssicherung auch die **Empfehlung,** z.B. hinsichtlich einer an einheitlichen Grundsätzen ausgerichteten sowie sektoren- und berufsgruppenübergreifenden Qualitätssicherung im Gesundheitswesen.[284] Zur Frage nach der **rechtlichen Bedeutung** dieses Handlungsinstruments äußert sich der Gesetzgeber dahingehend, dass der in dieser Angelegenheit zuständige Gemeinsame Bundesausschuss nicht nur die Kenntnisse über den Stand der Qualitätssicherung bündelt und den Qualitäts- und Weiterentwicklungsbedarf ermittelt und benennt, sondern dass dieser Ausschuss „damit auch die **übergeordneten Entscheidungen** trifft und … eine **einheitliche Gestaltung** der Qualitätssicherung in der gesetzlichen Krankenversicherung erleichtert".[285] Diese Einschätzung spricht für eine beabsichtigte normative Wirkung solcher Empfehlungen.

109 **Empfehlungen** gibt der Gemeinsame Bundesausschuss auch im Hinblick auf neue **Heilmittel;** dies geschieht allerdings in **Richtlinien** gem. § 92 Abs. 1 S. 2 Nr. 6 SGB V;[286] es ist nicht erkennbar, dass der Gesetzgeber für diesen Regelungsbereich die Rechtswirkungen einer Richtlinie abschwächen wollte. Die Weigerung des Ausschusses, in einem förmlichen Verfahren über die Aufnahme einer Therapie in die Heilmittel- und Hilfsmittel-Richtlinien zu entscheiden, beeinträchtigt die betroffenen Berufsangehörigen in ihrer Berufsfreiheit.[287]

110 Auch die **Spitzenverbände der Krankenkassen** sind zu Empfehlungen befugt, und zwar im Hinblick auf die Qualitätssicherung der Leistungserbringung im Bereich der

[278] § 137 SGB V a.F., m.W.v. 1. 1. 2000 z.T. geändert durch G v. 23. 4. 2002 (BGBl. I S. 1412) m.W.v. 30. 4. 2002, insbesondere im Hinblick auf verpflichtende Maßnahmen der Qualitätssicherung.

[279] § 137 Abs. 2 S. 1 SGB V.

[280] KassKomm-*Hess* bewertet die in der Rechtsfolgenanordnung gleiche Vorläuferregelung als erstaunlich, § 137 SGB V Rdn. 9; der verbliebene Hinweis in § 137 Abs. 2 S. 3 SGB V auf die „Vereinbarung nach Abs. 1" ist wohl ein versehentliches Relikt der früheren Rechtslage.

[281] § 73b Abs. 2 S. 1, Abs. 3 SGB V.

[282] § 73c SGB V.

[283] § 137d Abs. 1, 1a und 2 SGB V.

[284] § 137b S. 1 SGB V.

[285] BT-Drucks. 15/1525, S. 126.

[286] S 138 SGB V.

[287] BSGE 86, S. 223 = SozR 3-2500 § 138 Nr. 1.

Hilfsmittel.[288] Deren **Rechtsnatur** (oder rechtlich-tatsächliche) Wirkung dürfte sich anlässlich der Aufnahme von Hilfsmitteln in das Hilfsmittelverzeichnis erweisen.

111 **Empfehlungen** gibt der Gemeinsame Bundesausschuss gleichsam **organisationsintern** auch dem Bundesministerium für Gesundheit und Soziale Sicherung im Hinblick auf für strukturierte Behandlungsprogramme geeignete chronische Krankheiten;[289] das Ministerium gibt dem Gemeinsamen Ausschuss bekannt, für welche dieser Krankheiten **verbindliche Empfehlungen** ausgesprochen werden sollen;[290] auch bei diesen Vorgängen und Maßnahmen kommt den Aspekten der Qualitätssicherung Bedeutung zu.[291] Diese Bekanntgabe des Ministeriums wird man als verwaltungsinterne **Anordnung** zu bewerten haben.

112 Als **sonstige Maßnahme** der Qualitätssicherung mit erheblichen Auswirkungen für die betroffenen Leistungserbringer ist die **Veröffentlichung** von **Qualitätsstandards** im **Hilfsmittelverzeichnis** gem. § 128 SGB V sowie die **Aufnahme** eines (neuen) Hilfsmittels in dieses Verzeichnis zu bewerten.[292] Diese Entscheidungen erzeugen **nicht bloße Rechtsreflexe,** haben also nicht lediglich verwaltungsinterne Wirkungen; vielmehr besteht ein **Anspruch** eines Herstellers von Hilfsmitteln, der deren Funktionstauglichkeit, therapeutischen Nutzen und Qualität nachweist, auf Aufnahme der Hilfsmittel in das Hilfsmittelverzeichnis.[293]

10. Qualitätssicherung und Wirtschaftlichkeit

113 Die **Ziele** von Wirtschaftlichkeit und Qualitätssicherung, jeweils im Hinblick auf die Versorgung der in der GKV Versicherten, sind **nicht** grundsätzlich **gegenläufig** oder sich – auch nur zum Teil – widersprechend; dies ergibt sich aus dem Verständnis von „Wirtschaftlichkeit" (auch im Bereich der öffentlichen Verwaltung) und der diesbezüglichen gesetzgeberischen Gesamtkonzeption des SGB V.

114 Das Prinzip der „Wirtschaftlichkeit" enthält zwei Grundsätze,[294] die beide das Verhältnis von Zweck(erreichung) und Mittel(einsatz) betreffen: Nach dem sog. **Minimalprinzip,** zuweilen auch gleichgesetzt mit dem Spar(samkeits)prinzip,[295] wird die Erledigung einer Aufgabe (z.B. die Erfüllung der Ansprüche der Versicherten gegenüber ihrer Krankenkasse) mit einem möglichst geringen Aufwand (an Personal-, Sach- und somit auch Finanzmitteln) angestrebt; nach dem sog. **Maximalprinzip** sind die Mittel (also der – vor allem finanzielle – Aufwand) vorgegeben, mit denen ein größtmöglicher (maximaler) Nutzen erzielt werden soll.

115 Demgemäß gibt es nicht „das" Wirtschaftlichkeitsprinzip, sondern **zwei grundsätzlich verschieden** konzipierte **Kategorien.** In der **Rechtsordnung** ist es Sache des **Gesetzgebers,** die ihm angemessen und praktikabel erscheinende Wirtschaftlichkeitsvorstellung zu normieren. Welches der beiden Prinzipien im Recht der GKV verwirklicht ist, soll hier nicht erörtert werden.[296] Es spricht manches dafür, dass vom konzeptionellen Ansatz her **ursprünglich** die Vorstellung maßgebend gewesen ist, derzufolge ein krankenversicherungsrechtlicher **Anspruch** und damit auch eine – z.B. ärztliche – **Leistung** definierbar ist, dass also entsprechende Vorgaben an Art und Umfang sowie Güte und Zeitumfang festlegbar sind; daran anknüpfend verfolgt das **Wirtschaftlichkeitsprin-**

---

[288] § 139 Abs. 3 SGB V.

[289] § 137f Abs. 1, 2 SGB V.

[290] § 137f Abs. 2 S. 3 SGB V.

[291] Vgl. § 137f Abs. 1 S. 2 Nr. 2, 3, Abs. 2 S. 2 Nr. 1, 2 SGB V.

[292] § 139 Abs. 1, 2 SGB V.

[293] BSGE 87, S. 105 = SozR 3-2500 § 139 Nr. 1.

[294] Vgl. hierzu und zum Folgenden *Seewald,* SGb 1985, S. 51ff.

[295] Das öffentliche Haushaltsrecht trennt freilich insoweit, vgl. § 6 Abs. 1 HGrG und § 69 Abs. 2 SGB IV.

[296] Vgl. hierzu den Beitrag von *Peikert,* § 20.

zip – in seiner Ausformung als Minimalprinzip – das Ziel, den einzusetzenden Aufwand möglichst gering zu halten.[297] Man darf wohl annehmen, dass dieses Vorgehen **nicht Erfolg versprechend** gewesen ist und es auch nicht sein konnte angesichts des Fehlens der genannten Voraussetzungen für die Anwendbarkeit dieser Wirtschaftlichkeits-Kategorie.

116 In neuerer und **jüngster Zeit** scheint das **Maximalprinzip** bevorzugt zu werden, insbesondere wenn demzufolge im Wege von **Budgets** Geldmengen zur Verfügung gestellt[298] werden, mit denen möglichst viel an Leistungen erbracht und die gesetzlichen Ansprüche erfüllt werden.

117 Im Rahmen des Minimalprinzips wirkt die Zielsetzung „Sicherung und Verbesserung der Qualität" mit ihren daraus entwickelten Vorgaben als Handlungsanweisungen, mit denen letztlich und insgesamt betrachtet die Güte der Versorgung und damit deren Ergebnis **optimiert** wird; damit wird die **Art** und **Weise,** auch der Umfang der **Aufgabenwahrnehmung** konkretisiert; ein Gegensatz zu dieser Kategorie des Wirtschaftlichkeitsprinzips ist nicht ersichtlich.

118 Geht man davon aus, dass im Bereich der GKV zunehmend das **Maximalprinzip** verwirklicht werden soll,[299] so käme innerhalb einer solchen **gesetzgeberischen Konzeption** der Qualitätssicherung die Aufgabe zu, den z. B. für einen Behandlungsfall kalkulatorisch zur Verfügung stehenden Finanzrahmen in einer Weise zu nutzen, die zu einem bestmöglichen Behandlungserfolg führt.

119 Somit sind es die **Wirtschaftlichkeits-Kategorien,** die in gewisser Weise **primär** die medizinischen **Handlungsmöglichkeiten,** und zwar aus ökonomischer Sicht, regeln; die Handlungsanweisungen zur Sicherung und Verbesserung der Qualität sind in diese wirtschaftlichen Gegebenheiten einzupassen. Die **Begrenzung** des finanziellen **Aufwandes** kann freilich zu **Problemen** hinsichtlich der **Qualität** der Leistungserbringung führen; diese Situation tritt jedoch erst dann ein, wenn nachgewiesenermaßen die gegebenen Qualitäts-Standards nicht mehr eingehalten werden können. Dem Gesetzgeber dürfte die **Spannungslage** zwischen den Anforderungen an eine optimale Qualitätssicherung und die Einhaltung eines finanziellen Rahmens bekannt. Das damit aufgeworfene Problem wird nicht dadurch gelöst, dass die Gesichtspunkte von **Wirtschaftlichkeit** und **Qualitätssicherung** als rechtsverbindliche Vorgaben für die die Verwaltungen nicht selten „in einem Atemzug" genannt werden.[300]

IV. Besonderheiten der Qualitätssicherung für Vertragsärzte

120 Qualitätssicherung im medizinischen und insbesondere im **ärztlichen Bereich** ist grundsätzlich **nicht** eine Angelegenheit, die **spezifisch** unterschiedlich zu handhaben ist im Hinblick oder mit Rücksicht auf den **Status** des Arztes, entweder als niedergelassener **Vertragsarzt** oder als angestellter **Krankenhaus**-(Anstalts-)**arzt.** Das kommt im Übrigen auch in den gesetzlichen Regelungen zum Ausdruck, die dementsprechend allgemein, z.B. alle Leistungserbringer und damit – z.T. mittelbar – alle Ärzte in gleicher Weise verpflichten zu **Leistungen** entsprechend dem jeweiligen **Stand** der **wissenschaftlichen**

---

[297] So sind wohl die zahlreichen Bemühungen – auch des Gesetzgebers – um eine sog. Kostendämpfung im Gesundheitswesen zu interpretieren.

[298] Vgl. § 85 SGB V.

[299] Durch entsprechende Festsetzung von Kostenrahmen global für die gesamte GKV für einzelne Versorgungsbereiche, für Bereiche innerhalb der vertragsärztlichen Versorgung, für einzelne Ärzte (Praxisbudgets).

[300] Vgl. z. B. §§ 2 Abs. 1, 70, 73a Abs. 1 S. 1, 112 Abs. 2 S. 1 Nr. 3, 113 Abs. 1 S. 1, Abs. 4, 135 Abs. 1 S. 1, Abs. 2 S. 4, 137c Abs. 1 S. 1, 139a, vgl. die Bezeichnung des Instituts (!) sowie Abs. 3 S. 1 vor Nr. 1, in Nr. 2, 140b Abs. 4 SGB V.

Erkenntnisse und in der **fachlich gebotenen Qualität;**[301] das gilt dem Grunde nach **auch** angesichts der Tatsache, dass z. B. ein niedergelassener Internist regelmäßig ein anderes Patientengut zu versorgen hat als sein gebietsärztlicher Kollege im Krankenhaus[302] oder angesichts der betrieblich-strukturellen Unterschiede zwischen (Einzel-)Praxis und Krankenhaus. Zum Ausdruck kommt das **z. B.** auch durch die einheitlichen Maßstäbe, die für **ambulantes Operieren** im Krankenhaus und in der Praxis(-Klinik) zu vereinbaren sind, und zwar hinsichtlich der Maßnahmen zur **Sicherung der Qualität,**[303] bei denen die qualitätssicherungsbezogenen Voraussetzungen für bisherige sowie für neue Untersuchungs- und Behandlungsmethoden,[304] die Vereinbarungen zur Qualitätssicherung für Krankenhäuser[305] sowie die Qualitäts-Richtlinien für die vertrags-(zahn-)ärztliche Versorgung[306] in einem Vertragswerk und sicherlich auch **inhaltlich zusammengeführt** werden sollen.[307]

121 Gleichwohl sind Besonderheiten tatsächlicher Art denkbar und in gewissem Umfang rechtlich berücksichtigungsfähig; sie liegen im Wesentlichen wohl in der derzeitigen **Struktur** der ambulanten Versorgung durch – zumeist noch – in der Einzelpraxis tätigen Vertragsärzte.[308] Nach dem seit 1. 1. 2004 geltenden Recht wird der vertragsärztliche Bereich nicht mehr von der Verpflichtung zur Einführung und Weiterentwicklung eines **internen Qualitätsmanagements** ausgenommen; auch davon abgesehen werden die gleichen allgemeinen Anforderungen gestellt.[309] Die gleichsam **bereichsspezifischen Regelungen** für den vertragsärztlichen Bereich[310] zeigen – im Vergleich mit den entsprechenden Normen für die anderen Leistungserbringer, insb. für den **Krankenhausbereich** – einige **Unterschiede.** Ob und in welchem Umfang diese Unterschiede gerechtfertigt sind, soll hier nicht beantwortet werden.

---

[301] So die Qualitätssicherungs-Generalklausel des § 135 a Abs. 1 SGB V.

[302] Vgl. dazu *Arnold,* Das Krankenhaus, 1998, S. 98 ff.

[303] § 115 b Abs. 1 S. 1 Nr. 3 SGB V.

[304] Nach § 135 Abs. 2 SGB V.

[305] § 137 SGB V.

[306] §§ 136 a, 136 b SGB V.

[307] § 115 b Abs. 1 S. 3 SGB V.

[308] Zur bisherigen und zukünftig vorstellbaren Verzahnung (Integration) sowohl innerhalb des vertragsärztlichen Bereichs als auch mit anderen Leistungserbringern vgl. *Seewald,* a. a. O.

[309] Vgl. Übersicht 2.

[310] Vgl. Übersicht 2 und Übersicht 3 (die sich auf die gesamte ambulante Tätigkeit erstreckt).

Übersicht 3: SGB V Spezielle Regelungen der Qualitätssicherung (QS)

– Ambulante Versorgung –

QS bei neuen Untersuchungs- und Behandlungsmethoden	durch Vertragsärzte und -zahnärzte (§ 72 Abs. 1 S. 2) allgemein	bei Verbund haus- und fachärztlicher tätiger Ärzte (vernetzte Praxen, Strukturverträge)	Vorsorge, Rehabilitation	Qualitätsprüfung	Qualitätsvoraussetzungen bei ambulantem Operieren im Krankenhaus	Qualität der Versorgung durch Hochschulambulanzen, Institutsambulanzen u. ä.
§ 135 Abs. 1 S. 1 Nr. 1: Nutzen, Notwendigkeit, Wirtschaftlichkeit Nr. 2: Anforderungen an „Maßnahmen der QS“, Qualifikation von Ärzten, apparative Anforderungen Abs. 2: Fachkundenachweis (bes. Kenntnisse und Erfahrungen, bes. Praxisausstattung, (weitere) Anforderungen an „Strukturqualität“; Bezugnahme auf fachärztliche Regelungen	§ 73 b Abs. 2 S. 1, 2 Hausarztzentrierte Versorgung § 73 c Besondere Versorgungsaufträge § 136 a, § 136 b – (verpflichtende) Maßnahmen der Qualitätssicherung – Qualitätskriterien für Diagnostik und Therapie § 115 b Abs. 1 S. 1 Nr. 3 Ambulantes Operieren **durch Vertragszahnärzte speziell** § 136 b Abs. 1 Richtlinienkompetenz des Gemeinsamen Ausschusses § 136 b Abs. 2 Qualitätskriterien für Füllungen und Zahnersatz	§ 73 a Abs. 1 S. 1 – Qualität (und Wirtschaftlichkeit) der vertragsärztlichen Versorgung – und der ärztlich verordneten und veranlassten Leistungen **bei integrierter Versorgung** § 140 a Abs. 3 – Versicherteninformation hinsichtlich Qualitätsstandards § 140 b Abs. 3, 4 – Beachtlichkeit der Qualitätssicherung bei Integrations-Verträgen	§ 111 b S. 2 Nr. 6 Rahmenempfehlungen zu – Versorgungsabläufen – Behandlungsergebnissen § 137 d Abs. 2 i. V. m. § 135 a Abs. 2 Vereinbarung von Maßnahmen der Qualitätssicherung für – Vorsorgeleistungen gem. § 23 Abs. 2 – Rehabilitationsmaßnahmen gem. § 40 Abs. 1	§ 136 Abs. 2 S. 1 im Einzelfall insb. der ambulanten Versorgung Vertrags- und Belegärzten gem. § 92 – Richtlinien zur Qualitätsbeurteilung § 135 Abs. 1 S. 2 bezüglich neuer Untersuchungs- und Behandlungsmethoden **nicht** unter Gesichtspunkten der Qualitätssicherung § 106 Abs. 2 a Nr. 3 im Rahmen der Wirtschaftlichkeitsprüfung § 136 Abs. 3 Prüfung von im Krankenhaus ambulant erbrachten Leistungen	§ 115 b Abs. 1 S. 1 Nr. 3, S. 3 i. V. m. §§ 135 Abs. 2, 137 Abs. 1, 136 a, 136 b Abs. 1 und 2 Maßnahmen zur Qualitätssicherung; Berücksichtigung der Qualitätsvoraussetzungen und der Richtlinien	vgl. § 117 Abs. 2 S. 1 Gewährleistung der fachlichen Qualifikation hinsichtlich psychotherapeutischer Behandlung im Rahmen vertragsärztlicher Versorgung § 113 Abs. 4 i. V. m. § 136 Prüfung der Qualität der Versorgung durch psychiatrische Institutsambulanzen vgl. § 119 Abs. 1, 2 Gewähr für leistungsfähige Behandlung; besondere Eignung des Personals

§ 22 Besonderheiten der vertragszahnärztlichen Versorgung

Schrifttum: *Andreas,* Chefarztrelevante Neuerungen durch das Gesetz zur Modernisierung der gesetzlichen Krankenversicherung (GMG), ArztR 2004, 38; *Axer,* Der Grundsatz der Honorarverteilungsgerechtigkeit im Kassenarztrecht – Zur neuen Judikatur des BSG, NZS, 1995, 536ff.; *ders.,* Neue Rechtsinstrumente der Qualitätssicherung in der ambulanten und stationären Versorgung unter Einbeziehung des Koordinierungsausschusses, VSSR 2002, 215ff.; *Axer/Heinze,* Soziale Sicherheit vor neuen Grenzziehungen zwischen öffentlichem und privatem Recht, in: Soziale Sicherheit durch öffentliches und Privatrecht, 2003, 111; *Boecken,* Vertragsärztliche Bedarfsplanung aus rechtlicher Sicht, NZS 1999, 417ff., *ders.,* Art. 14 GG und die Entziehung der vertragsärztlichen Zulassung wegen Erreichens der Altersgrenze, in Der Wandel des Staates vor den Herausforderungen der Gegenwart, (Festschrift für Brohm) 2002, 231ff.; *ders.,* Festzuschüsse bei Zahnersatz insbesondere zu den Fragen ihrer Einbeziehung in die Gesamtvergütung und ihre Budgetierung; *Borutta/Künzel/Micheelis/Müller,* Dringliche Mundgesundheitsprobleme im vereinten Deutschland, 1991; *Breyer/Zweifel,* Gesundheitsökonomie, 1997; *Cassel/Wilke,* Das Saysche Gesetz im Gesundheitswesen – Schafft sich das ärztliche Leistungsangebot seine eigene Nachfrage?, ZfG 2001, 331ff.; *Dalichau,* Wesentliche Neuerungen des GKV-Modernisierungsgesetzes aus der Sicht der Rechtsprechung, MedR 2004, 197ff.; *Dudda,* Vergütungsanpassungen bei Zahnersatz und kieferorthopädischer Behandlung unter Berücksichtigung vorgreiflicher vertraglicher Regelungen, NZS 1996, 211ff.; *Einwag,* Zahnärztliche Praxis 1992, 126; *Flossmann/Baumert,* Vergütungsanpassungen bei Zahnersatz und kieferorthopädischer Behandlung unter Berücksichtigung vorgreiflicher vertraglicher Regelungen, NZS 1996, 421f.; *Gülzow/Bamfaste/Hoffmann,* Kariesbefunde an bleibenden Zähnen von 7- bis 15jährigen Hamburger Schülern, Deutsche zahnärztliche Zeitung Nr. 1991, 488ff.; *Hase,* Verfassungsrechtliche Anforderungen an die staatliche Gewährleistung sozialer Sicherheit, in Soziale Sicherheit durch öffentliches und Privatrecht, 2003, 7; *Hasselwander,* Versorgung mit Zahnersatz als Vertragsgegenstand zwischen kassenzahnärztlicher Vereinigung und Krankenkassen, NJW 1974, 1447; *ders.,* Kostenerstattung oder Sachleistung mit Sonderleistung für Zahnersatz und Zahnkronen in der gesetzlichen Krankenversicherung, SGb 1977, 339; *Hess/Venter,* Das Gesetz über Kassenarztrecht, 1955; *Hiddemann/Muckel,* Das Gesetz zur Modernisierung der gesetzlichen Krankenversicherung, NJW 2004, 7ff.; *IDZ,* Amalgam – Pro und Contra, 1988; *Igl,* Mengensteuerung im Gesundheitswesen durch Begrenzung des Zugangs für die Leistungserbringer am Beispiel der ambulanten und stationären „Bedarfsplanung", MedR 2000, 157ff.; *Institut für Funktionsanalyse im Gesundheitswesen,* Arbeitswissenschaftliche Messung des Zeitbedarfs bei der Erbringung zahnärztlicher Leistungen, 2002; *Isensee,* Das Recht des Kassenarztes auf angemessene Vergütung, VSSR, 1995, 321ff.; *Kasseler Kommentar,* Sozialversicherungsrecht, 1997ff.; *Koch,* Amalgam – Toxikologische Unbedenklichkeit des Füllungswerkstoffs vor Gerichten widerlegt, MedR 1998, 551; *Krauskopf,* Krankenversicherung, Pflegeversicherung, 1989ff.; *Laufs/Uhlenbruck,* Handbuch des Arztrechts, 2. Auflage 1999; *Liebold/Raff/Wissing,* Kommentar zum BEMA mit GOZ, 1999ff.; *Maaß,* Wieviel Reform braucht die gesetzliche Krankenversicherung?, ZRP 2002, 462ff.; *Maibach-Nagel, Prchala,* Dicke Bretter gebohrt, ZM 2003, 30; *Meydam,* Zum Sachleistungsprinzip in der gesetzlichen Krankenversicherung, SGb 1977, 92ff.; *Micheelis, Meyer,* Arbeitswissenschaftliche Beanspruchungsmuster zahnärztlicher Dienstleistungen (BAZ-II), 2002, *Pitschas,* Die Weiterentwicklung der sozialen Krankenversicherung in Deutschland im Gegenlicht europäischer Gesundheitsreform, VSSR 1994, 85ff.; *ders.,* Reform des Gesundheitswesens und Strukturwandel des Arztberufs am Beispiel des ärztlichen Unternehmertums, in Festschrift für Boujong, 1966, 613ff.; *ders.,* Neue Versorgungs- u. Vergütungsstrukturen in der gesetzlichen Krankenversicherung im Wirkfeld der Gesundheitsverfassung, VSSR 1998, 253; *Plagemann,* Keine Disziplinarmaßnahmen bei Verwendung von Kunststoff anstelle von Amalgam nach erfolgter Beratung des Patienten, SGb 1994, 532; *Pohl,* Vertragszahnarzt darf nicht diszipliniert werden, wenn er Amalgam verwendet, ZM 1994, 24; *ders.,* Darf ein Zahnarzt Rabatte entgegennehmen, muss er sie weitergeben und versteuern?, ZM 1982, 2085/2090; *Richter,* Das Gesetz zur Modernisierung der gesetzlichen Krankenversicherung, DStR 2004, 320; *Rüfner,* Das Gesetz zur Strukturreform im Gesundheitswesen (Gesundheitsreformgesetz), NJW 1989, 1001; *Saekel,* Zahnmedizin an der Schwelle zur Jahrhundertwende, BKK 1993, 93ff.; *Schallen,* Zulassungsverordnung Vertragsärzte, Vertragszahnärzte und Psychotherapeuten, 4. Auflage 2004; *Schimmelpfeng-Schütte,* Gesundheitsmodernisierungsgesetz (GMG) und Gestaltungsspielraum des Gesetzgebers, GesR 2004, 1; *Schirmer,* Das Kassenarztrecht im 2. GKV-Neuordnungsgesetz, MedR 1997, 431 ff.; *Schnapp,* Die Stellung der Zahntechniker im Leistungssystem der gesetzlichen Krankenversicherung, SGb 1989, 361 ff.; *ders.,* Der Apothekenrabatt – eine Sonderabgabe sui generis?, VSSR 2003, 343 ff.; *ders.,* Das Sterbegeld – eine auslaufende Leistung?, SGb 2004, 451 ff.; *ders.,* Von der (Un-)Verständlichkeit der Juristensprache, JZ 2004, 473 ff.; *Scholz,* Neuerungen im Leistungserbringungsrecht durch das GKV-Modernisierungsgesetz, GesR 2003, 369 ff.; *Schulin* (Hrsg.), Handbuch des Sozialversicherungsrechts, Band I, Krankenversicherungsrecht, 1994; *Sodan,* Zur Verfassungsmäßigkeit der Ausgliederung von Leistungsbereichen aus der gesetzlichen Krankenversicherung, NZS 2003, 393–401; *ders.,* Freie Berufe, 1997, 221 ff.; *ders.,* Die Relativität des Grundsatzes der Beitragssatzstabilität nach SGB V, Verfassungs- u. Europarecht, NZS 1998, 497; *ders.,* Das Beitragssicherungsgesetz auf dem Prüfstand des Grundgesetzes, NJW 2003, 1761 ff.; *ders.,* Verfassungsrechtsprechung im Wandel – am Beispiel der Berufsfreiheit, NJW 2003, 257; *ders.,* Zur Verfassungsmäßigkeit der Ausgliederung von Leistungsbereichen aus der gesetzlichen Krankenversicherung, NZS 2003, 393 ff.; *Staehle,* Gesundheitsstörungen durch chronische Giftexposition – Amalgam, Der Kassenarzt, 1998, 44 ff.; *Steinhilper,* Die Kassenärztlichen Vereinigungen ab 01.01. 2005 – Zu einigen Grundzügen der Organisationsänderungen nach dem GMG, GesR 2003, 374; *Tadsen,* Die Zahnarztdichte beeinflußt die Ausgaben nicht, ZM 1997, 216 ff.; *Taupitz,* Rechtliche Bindungen des Arztes, NJW 1986, 2851 ff.; *Tettinger,* Zu den verfassungsrechtlichen Grenzen insbesondere von Zertifizierungs- u. Rezertifizierungsverfahren, GesR 2003, 1; *Tiemann,* Wandel vom Kassenarzt zum Vertragsarzt – Definition oder Statusänderung? Der zahnärztliche Versorgungssektor, VSSR 1994, 407 ff.; *ders.,* Die Abrechnung bei Prothetik und Kieferorthopädie, ZM 1997, 1504 ff.; *Tiemann, Klingenberger, Weber,* System der zahnärztlichen Versorgung in Deutschland, 2003; *Walther/Micheelis/Kerschbaum,* Evidence-Based Dentistry, Band 23, Köln 2000; *Wigge,* Zur Verfassungsmäßigkeit der Altersgrenze von 55 Jahren im Vertrags(zahn-)arztrecht bei erstmaliger Zulassung, SGb 1994, 310 ff.

Übersicht

I. Einführung

Zwischen der vertragsärztlichen Versorgung einerseits und der vertragszahnärztlichen Versorgung[1] andererseits existiert eine Vielzahl von z.T. **grundsätzlichen Unterschieden,** die im Nachfolgenden dargestellt werden. Diese sind zum wesentlichen Teil auf tatsächliche Unterschiede zwischen der ärztlichen und der zahnärztlichen Behandlung zurückzuführen, die in unterschiedlich starker Ausprägung in den gesetzlichen Bestimmungen ihren Niederschlag gefunden haben. Hinsichtlich näherer Details der historischen Entwicklung eines eigenständigen Vertragszahnarztrechtes im Allgemeinen und der dabei erfolgten Umorientierung von einer Ausweitung des Leistungsumfanges zu einer Kostendämpfungspolitik wird auf die diesbezüglichen Ausführungen in der Vorauflage[2] verwiesen. 1

Die Sozialpolitik ist danach seit jeher durch eine Orientierung an der jeweiligen finanziellen Situation der GKV geprägt. Nach einer Phase der **Leistungsausweitung** verfolgt der Gesetzgeber zwischenzeitlich bereits seit Jahrzehnten eine Politik der **Kostendämpfung,** durch die Beitragssatzerhöhungen nach Möglichkeit ausgeschlossen werden sollen.[3] Diese Zielsetzung liegt grundsätzlich auch den aktuellen Neufassungen des SGB V durch das „GKV-Modernisierungsgesetz" (GMG)[4] zugrunde, wonach insbesondere weiterhin hinsichtlich der Vergütungen für Leistungserbringer der absolute Primat des **Grundsatzes der Beitragssatzstabilität** gem. § 71 Abs. 3 SGB V Gültigkeit behält.[5] Auch weitere Mechanismen zur Ausgabenbegrenzung der GKV wie z.B. im Bereich der Wirtschaftlichkeitsprüfungen[6] oder in den Bestimmungen zum degressiven Punktwert[7] werden fortgeführt und weiter ausgestaltet.[8] 2

Ausweislich der Darstellung der finanziellen Auswirkungen in der Begründung des Gesetzentwurfes[9] sollen im Jahre 2004 mit dem **GKV-Modernisierungsgesetz (GMG)**[10] insgesamt Einsparungen von ca. 10 Mrd. € erzielt werden, die wesentlich durch Leistungsausgrenzungen im Bereich des Sterbegeldes oder der Arzneimittelversorgung, die Finanzierung versicherungsfremder Leistungen durch die Anhebung der Tabaksteuer, aber auch durch sogenannte „Struktureffekte" erzielt werden sollen. Charakteristisch ist in diesem Zusammenhang zum einen die Bildung **neuer Regulierungs- und Kontrollmechanismen** bzw. -instanzen und andererseits ein nahezu allumfassendes System der 3

[1] Vgl. die umfassende Systemdarstellung bei *Tiemann, Klingenberger, Weber,* System der zahnärztlichen Versorgung in Deutschland, 2003.

[2] § 20 Rdn. 2–10.

[3] Vgl. zu dieser Entwicklung und den damit verbundenen Risiken grundsätzlich *Pitschas,* VSSR 1994, 85; *ders.,* Festschrift für Boujong, 1966, 613; *ders.,* VSSR 1998, 253; *Boecken,* NZS 1999, 417; *ders.,* Festschrift für Brohm 2002, 231; *Axer,* NZS 1995, 536; *ders.,* VSSR 2002, 215; *Isensee,* VSSR 1995, 321; *Sodan,* Freie Berufe, 1997, 221ff.; *ders.,* NZS 1998, 497; *ders.,* NJW 2003, 1761; *ders.,* NJW 2003, 257; *Igl,* MedR 2000, 157.

[4] BGBl. I, 2190 v. 19. 11. 2003.

[5] Grundsätzlich zu den Regelungsinhalten des GMG z.B. *Scholz,* GesR 2003, 369; *Steinhilper,* GesR 2003, 374; *Richter,* DStR 2004, 320; *Andreas,* ArztR 2004, 38; *Schimmelpfeng-Schütte,* GesR 2004, 1; *Hiddemann, Muckel,* NJW 2004, 7.

[6] §§ 106, 106a SGB V.

[7] § 85 Abs. 4b ff. SGB V.

[8] Zur verfassungsrechtlichen Einordnung der verschiedenen Kostendämpfungsmaßnahmen im Bereich der vertragszahnärztlichen Versorgung vgl. z.B. BSGE 68, 102; LSG Niedersachsen Urt. v. 26. 11. 1990 L 5 S (Ka) 248/90; SG Köln Urt. v. 13. 6. 1990 S 19 Ka 13/90; SG Hannover Beschl. v. 5. 9. 1990 S 21 Ka 491/90 eA; SG Kiel Urt. v. 28. 6. 1989 S 8 KA 30/89; SG Reutlingen Urt. v. 10. 1. 1990 S 1 Ka 1924/89; BSG SGb 1996, 375; BSG SGb 1996, 537; SG Karlsruhe Urt. v. 31. 8. 1984 S 1 Ka 876/94.

[9] BT-Drucks. 15/1525 v. 8. 9. 2003, 171ff.

[10] BGBl. I, 2190 v. 19. 11. 2003.

Prüfung und der Ersatzvornahme durch die Aufsichtsbehörden. Lediglich beispielhaft soll in diesem Zusammenhang auf die umfangreichen Neuregelungen zur Wirtschaftlichkeitsprüfung in den §§ 106f. SGB V sowie zur Datentransparenz in den §§ 303a ff. SGB V verwiesen werden. Selbsteintrittsrechte der Aufsichtsbehörden sind beispielhaft in den §§ 87 Abs. 6 Satz 2, 89 Abs. 1 Satz 5, 94 Abs. 1 Satz 2, 106 Abs. 2b Satz 4 oder 303a Abs. 1 Satz 2 SGB V vorgesehen. Im Gegensatz zu der diesbezüglichen Begründung des GMG[11] wird durch dieses daher keinesfalls Bürokratie abgebaut, sondern im Gegenteil das bereits jetzt übermäßig stark ausdifferenzierte Regelungsgeflecht des Vertragszahnarztrechtes mit einer Vielzahl ineinander verschachtelter Institutionen mit verschiedenen Kompetenzen noch weiter ausgebaut und verkompliziert.

II. Neufassung der Richtlinien des Gemeinsamen Bundesausschusses und des Bewertungsmaßstabes für die zahnärztlichen Leistungen zum 1. 1. 2004

4 Leistungsinhalt und -umfang werden sowohl hinsichtlich des Leistungsrechts als auch hinsichtlich des Leistungserbringungsrechts durch die **Richtlinien des Bundesausschusses** der Zahnärzte und Krankenkassen gem. § 92 SGB V[12] und den Einheitlichen Bewertungsmaßstab für zahnärztliche Leistungen gem. § 87 SGB V[13] näher eingegrenzt. Gem. § 87 Abs. 2d SGB V hatte der Bewertungsausschuss für die zahnärztlichen Leistungen den Bewertungsmaßstab bis zum 31. 12. 2001 erneut umzustrukturieren. Ohne eine konkrete Fristsetzung war in § 92 Abs. 1a SGB V ein entsprechender Auftrag zur Neufassung der Richtlinien gegenüber dem Bundesausschuss der Zahnärzte und Krankenkassen ergangen. Ausweislich der Begründung zur „GKV-Gesundheitsreform 2000",[14] wonach der Bewertungsmaßstab „z.B. zu Lasten von prothetischen Leistungspositionen umstrukturiert werden" könnte, verbindet der Gesetzgeber damit erneut die Vorstellung einer weiteren Reduzierung der Vergütungen für zahnprothetische Leistungen, obwohl diese durch die verschiedenen Kostendämpfungsgesetze seit Beginn der achtziger Jahre in mehreren Stufen insgesamt um ca. 35% reduziert worden sind.[15]

5 Seinem gesetzlichen Auftrag ist zunächst der Bundesausschuss der Zahnärzte und Krankenkassen durch eine völlige Neufassung der allgemeinen Behandlungs-Richtlinien der Individualprophylaxe-Richtlinien, der Früherkennungsuntersuchungs-Richtlinien, der Kieferorthopädie-Richtlinien und der Zahnersatzrichtlinien,[16] sowie durch eine Neufassung der Richtlinien für die parodontologische Behandlung[17] nachgekommen. Darauf aufbauend ist auch der **Bewertungsmaßstab** für die zahnärztlichen Leistungen (BEMA) durch Beschlussfassung des Erweiterten Bewertungsausschusses umfassend neu gestaltet worden.[18] Der Erweiterte Bewertungsausschuss hat seiner Beschlussfassung die Ergebnisse zweier **arbeitswirtschaftlicher Studien** zugrunde gelegt, die von KZBV[19] und den Spitzenverbänden der GKV[20] in Auftrag gegeben worden sind. Durch diese Studien wurden der Zeitaufwand sowie im unterschiedlichen Umfang die Beanspruchungsdaten zu

[11] BT-Drucks. 15/1525, 71.

[12] BSGE 78, 70.

[13] BSG Urt. v. 20. 3. 1996 6 RKa 51/95.

[14] BT-Drucks. 14/1245, 73.

[15] *Liebold/Raff/Wissing* Band I Einführung Nr. 10.12.

[16] Beschluss v. 4. 6. 2003.

[17] Beschluss v. 24. 9. 2003.

[18] Beschlussfassungen v. 4. 6. 2003 und 5. 11. 2003.

[19] *Micheelis, Meyer,* Arbeitswissenschaftliche Beanspruchungsmuster zahnärztlicher Dienstleistungen (BAZ-II), 2002.

[20] Institut für Funktionsanalyse im Gesundheitswesen, Arbeitswissenschaftliche Messung des Zeitbedarfs bei der Erbringung zahnärztlicher Leistungen, 2002.

ausgewählten zahnärztlichen Leistungen bzw. Arbeitsverrichtungen ermittelt. Auf der Grundlage der Studienergebnisse und unter Anwendung eines **betriebswirtschaftlichen Eckwerte-Modells** wurden den einzelnen Leistungen Punktzahlen zugeordnet, die in Verbindung mit den jeweils vereinbarten Punktwerten eine betriebswirtschaftliche Erbringbarkeit der Leistungen sicherstellen sollen. Dabei ist der Erweiterte Bewertungsausschuss allerdings davon ausgegangen, dass eine Umrelationierung des BEMA nicht zu einer Erhöhung der Gesamtpunktmenge führen dürfe, da dies zu Ausgabensteigerungen der gesetzlichen Krankenkassen geführt hätte, für die angesichts des absoluten Primats des Grundsatzes der Beitragssatzstabilität kein Spielraum gesehen wurde. Andererseits sollte durch die Beschlussfassung sichergestellt werden, dass die Umrelationierung bei gleichbleibendem Gesamthonorarvolumen keine zusätzlichen Leistungsanforderungen für die Vertragszahnärzte beinhalten sollte.[21]

6 Sowohl die Neufassung der Richtlinien des Bundesausschusses der Zahnärzte und Krankenkassen[22] als auch der Bewertungsmaßstab für die zahnärztlichen Leistungen sind fristgerecht am 1. 1. 2004 in Kraft getreten.[23] Damit sind die gesetzlichen Aufgaben gem. § 87 Abs. 2d und § 92 Abs. 1a SGB V erfüllt mit der Folge, dass die in § 87a SGB V vorgesehene Begrenzung des Zahlungsanspruches des Vertragszahnarztes bei der Abrechnung von Mehrkosten gem. den §§ 28 Abs. 2 Satz 2 und 30 Abs. 3 Satz 2 SGB V unter Zugrundelegung der GOZ auf das 2,3-fache bzw. das 3,5-fache des Gebührensatzes der GOZ entfallen ist.[24]

III. Sonderformen der Honorargestaltung im Vertragszahnarztrecht

1. Eigenbeteiligung bei kieferorthopädischen Leistungen gem. § 29 SGB V

7 § 29 Abs. 2 SGB V bestimmt, dass Versicherte zu den Kosten einer **kieferorthopädischen Behandlung** im Rahmen der vertragszahnärztlichen Versorgung einen Kostenanteil von 20% selbst zu tragen haben. Dieser Kostenanteil reduziert sich bei der Behandlung von mindestens zwei versicherten Kindern, die bei Beginn der Behandlung das 18. Lebensjahr noch nicht vollendet haben und mit ihren Erziehungsberechtigten in einem gemeinsamen Haushalt leben, für das zweite und jedes weitere Kind auf 10%. Der **Eigenanteil** ist vom Versicherten unmittelbar an den Vertragszahnarzt zu zahlen, während dieser gem. § 29 Abs. 3 SGB V den jeweiligen Kassenanteil unmittelbar mit der KZV abzurechnen hat. Der Versicherte erhält den von ihm geleisteten Eigenanteil gem. § 29 Abs. 3 Satz 2 SGB V zurück, wenn die Behandlung in dem durch den Behandlungsplan bestimmten medizinisch erforderlichen Umfang abgeschlossen worden ist. Im Hinblick auf die sich regelmäßig über mehrere Jahre erstreckende kieferorthopädische Behandlung soll damit die notwendige Mitarbeit des Patienten durch einen finanziellen Anreiz sichergestellt werden.

8 Diese Regelungen stellen den vorläufigen Endpunkt einer langjährigen Entwicklung dar, bei denen in unterschiedlicher Ausprägung jeweils Eigenanteile der Versicherten an den Behandlungskosten für kieferorthopädische Leistungen vorgesehen waren.[25] Nachdem zeitweise[26] eine teilweise **Kostenerstattung** durch die Krankenkasse vorgesehen war, die diese Geldleistungen unmittelbar an den Versicherten auszuzahlen hatte, während sich der Honoraranspruch des Vertragszahnarztes in voller Höhe gegen den Versicherten richtete,[27]

---

[21] *Maibach-Nagel, Prchala,* ZM 2003, 30.
[22] Bundesanzeiger Nr. 226 v. 3. 12. 2003, S. 24966.
[23] Vgl. dazu *Liebold/Raff/Raff/Wissing,* Bd. I, Allgemeine Bestimmungen, 1.
[24] § 87a Satz 4 und 5 SGB V.
[25] Zur historischen Entwicklung vgl. die Vorauflage, § 20 Rdn. 12ff.
[26] Fassung des § 29 durch das 2. NOG v. 23. 6. 1997, BGBl. I, 1518.
[27] Vgl. dazu *Tiemann,* ZM 1997, 1504/1507.

ist mit der nunmehr vorliegenden Fassung durch das GKV-SolG[28] wiederum eine Einordnung auch der kieferorthopädischen Leistungen in das allgemeine Sachleistungsprinzip erfolgt.

2. Festzuschusssystem bei Zahnersatz

9 Durch das GMG[29] sind die bisherigen Regelungen in § 30 SGB V, die eine prozentuale Eigenbeteiligung des Versicherten an den Behandlungskosten bei Zahnersatz und Zahnkronen vorsahen,[30] zum 1. 1. 2005 in den §§ 55 bis 57, 87 Abs. 1a SGB V durch ein System **befundorientierter Festzuschüsse** ersetzt worden. Die Höhe der Festzuschüsse orientiert sich weiterhin an 50% der Kosten für eine bestimmte **Regelversorgung.** Unverändert bleiben auch die Erhöhungen der Festzuschüsse, wenn der Versicherte in den letzten 5 bzw. 10 Jahren die Mundgesundheitsuntersuchungen in Anspruch genommen hat sowie im Ergebnis die bisherigen Bestimmungen zur zusätzlichen teilweisen oder vollständigen Übernahme der Behandlungskosten in Härtefällen. Der Zuschussbetrag ist auch in solchen Fällen grundsätzlich auf das Doppelte des Festzuschusses beschränkt. Der Festzuschuss gem. § 55 Abs. 1 SGB V steht dem Versicherten immer dann zu, wenn er sich bei einem vorgegebenen Befund für eine diesbezüglich vorgesehene Regelversorgung entscheidet. Dies gilt gem. § 55 Abs. 4 SGB V ebenfalls, wenn der Versicherte einen über die Regelversorgung hinausgehenden gleichartigen Zahnersatz wählt. In diesem Falle hat er die **Mehrkosten** der über die Regelversorgung hinausgehenden Versorgung selbst zu tragen. Gemäß § 55 Abs. 5 SGB V haben die Krankenkassen eine Erstattung der bewilligten Festzuschüsse in den Fällen vorzusehen, in denen eine von der Regelversorgung abweichende, andersartige Versorgung durchgeführt wird.

10 Der Versicherte hat insofern nicht mehr Anspruch auf bestimmte, vertragszahnärztliche Leistungen beim Zahnersatz im Rahmen des Sachleistungssystems, sondern lediglich auf die Auszahlung des jeweiligen Festzuschusses, der ihm nach näherer Maßgabe von § 55 Abs. 4 und 5 SGB V grundsätzlich unabhängig davon zusteht, für welche konkrete Versorgungsform er sich entschieden hat. Dies korrespondiert auch mit der Begründung des Gesetzentwurfes zu § 55 Abs. 1 SGB V,[31] in der ausgeführt wird, unabhängig von der tatsächlich durchgeführten Versorgung würden Versicherte zukünftig einen Festzuschuss erhalten, der sich auf die vom Gemeinsamen Bundesausschuss festgelegten Befunde beziehe. Auf diesem Wege werde sichergestellt, dass sich Versicherte **für jede medizinisch anerkannte Versorgungsform** mit Zahnersatz entscheiden könnten, ohne den Anspruch auf den Kassenzuschuss zu verlieren.

11 Der Gemeinsame Bundesausschuss hat gem. § 56 SGB V diejenigen Regelversorgungen festzusetzen, auf die sich die Festzuschüsse beziehen, und die hierfür erforderlichen zahnärztlichen Leistungen gem. § 56 Abs. 2 Satz 10 SGB V aufzulisten. Auf dieser Grundlage sind von den Bundesmantelvertragspartnern gem. § 57 Abs. 1 SGB V die zahnärztlichen Vergütungen festzusetzen, die abschließend die Honoraransprüche der Vertragszahnärzte im Bereich der Regelversorgungen definieren. Gemäß §§ 27 Abs. 1 Satz 2 Nr. 2a, 28 Abs. 2 SGB V gehört die Versorgung mit Zahnersatz weiterhin zum Leistungsbestandteil der Krankenkassen. Die Festzuschüsse gem. § 55 Abs. 1 SGB V beziehen sich gemäß der eindeutigen Bezugnahme auf § 135 Abs. 1 SGB V in § 55 Abs. 1 Satz 1 SGB V auf Versorgungsformen, die vom Gemeinsamen Bundesausschuss anerkannt worden sind. Der Gemeinsame Bundesausschuss hat auch weiterhin gem. § 136b Abs. 2 SGB V insofern Qualitätskriterien zu beschließen, und die Vergütungen für die Regelversorgungen sind

---

[28] V. 19. 12. 1998, BGBl. I, 3853.

[29] Gesetz zur Modernisierung der gesetzlichen Krankenversicherung (GKV-Modernisierungsgesetz) v. 14. 11. 2003, BGBl. I, 2190.

[30] Vgl. dazu die Vorauflage, § 20 Rdn. 12ff.

[31] BT-Drucks. 15/1525, 91f.

gem. § 87 Abs. 1a Satz 8 SGB V obligatorisch über die KZVen abzurechnen. Auch ist gem. § 106 Abs. 2a Nr. 5 SGB V weiterhin eine grundsätzliche Einbeziehung auch dieser Versorgungsformen in die allgemeinen Wirtschaftlichkeitsprüfungen vorgesehen.

12 Bisher ist die Rechtsprechung des BSG[32] davon ausgegangen, der Unterschied zwischen dem Sachleistungssystem und einem Kostenerstattungssystem bestehe darin, dass im Sachleistungssystem der Vergütungsanspruch des Vertragszahnarztes offen sei, wohingegen sich im Kostenerstattungssystem der Vergütungsanspruch alleine gegen der Versicherten richte. In dem Festzuschusssystem bei Zahnersatz wird von der Krankenkasse dem Versicherten gegenüber aber tatsächlich keine Sachleistung in der Form einer bestimmten vertragszahnärztlichen Versorgung, sondern lediglich eine **Geldleistung** in der Form des leistungsunabhängigen Festzuschusses erbracht. Daran ändert auch der Ansatz des BSG in seiner Entscheidung vom 28. 4. 2004 zur rechtlichen Einordnung des Festzuschusssystems bei Zahnersatz gem. § 30 SGB V i. d. F. des 2. NOG[33] nichts, mit dem allein auf den formalen Gesichtspunkt abgestellt wird, dass die zahnprothetische Versorgung im SGB V an verschiedener Stelle weiterhin als Bestandteil der vertragszahnärztlichen Versorgung benannt war. Im Gegensatz zur seinerzeitigen Fassung von § 30 Abs. 1 Satz 1 SGB V, wonach Versicherte Anspruch auf einen Festzuschuss zu der „im Rahmen der vertragszahnärztlichen Versorgung durchgeführten medizinisch notwendigen Versorgung mit Zahnersatz" hatten, bezieht sich der Anspruch des Versicherten gem. § 55 Abs. 1 SGB V im Rahmen des befundbezogenen Festzuschusssystems generell auf eine „medizinisch notwendige Versorgung mit Zahnersatz einschließlich Zahnkronen und Suprakonstruktionen" und damit ausdrücklich auch auf solche Versorgungsformen, die bereits bisher nicht Gegenstand der vertragszahnärztlichen Versorgung waren. Im Festzuschusssystem ist bei Regelversorgungen der Vergütungsanspruch des Vertragszahnarztes durch die Festzuschüsse gem. § 56 Abs. 2 SGB V abschließend bestimmt und dieser Vergütungsanspruch richtet sich gem. § 87 Abs. 1a Satz 1 SGB V unmittelbar gegen den Versicherten, demgegenüber diese Versorgungen abzurechnen sind. Gleichartige Versorgungen gem. § 55 Abs. 4 SGB V sind gem. § 87a Satz 1 SGB V unter Zugrundelegung der Gebührenordnung für Zahnärzte gegenüber dem Versicherten abzurechnen. Dies trifft ebenso auf andersartige Versorgungen gem. § 55 Abs. 5 SGB V zu[34]. Dies wird auch dadurch bestätigt, dass mit Inkrafttreten des Festzuschusssystems bei Zahnersatz die Punktmengengrenzen gem. § 85 Abs. 4b Satz 1 SGB V um 25% abgesenkt worden sind. Diese Maßnahme ist ausdrücklich damit begründet worden[35], es handele sich um eine notwendige Folgeregelung aufgrund der Umstellung auf befundbezogene Festzuschüsse beim Zahnersatz. Die Gesamtpunktmengen je Vertragszahnarzt, ausgenommen die der Kieferorthopäden, würden um den auf den Zahnersatz entfallenden Anteil in Höhe von 25% bereinigt. Da sich die Punktmengen im Rahmen des degressiven Punktwertes gem. § 85 Abs. 4b Satz 9 SGB V auf alle vertragszahnärztlichen Leistungen im Sinne des § 73 Abs. 2 Nr. 2 SGB V beziehen ist damit klargestellt, dass die Leistungen der Krankenkassen im Rahmen des Festzuschusssystems nicht mehr Gegenstand der Gesamtvergütungen sind und daher als Geldleistungen außerhalb des Sachleistungssystems erbracht werden.

13 Die **Regelversorgungen** waren nach näherer Maßgabe des § 56 SGB V vom Gemeinsamen Bundesausschuss erstmalig bis zum 30. 6. 2004 festzusetzen. Obwohl § 56 Abs. 2 SGB V insofern weitgehende Vorgaben des Gesetzgebers zur inhaltlichen Ausgestaltung der Befunde und der Regelversorgung beinhaltet, ist dem Gemeinsamen Bundesausschuss insofern ein **weiter Gestaltungsspielraum** eingeräumt worden, da der Gemeinsame Bundesausschuss von diesen Vorgaben gem. § 56 Abs. 2 Satz 12 SGB V abweichen und die Leistungsbeschreibung fortentwickeln kann. Diesem gesetzlichen

---

[32] BSG, SozR 3-555 § 12 Nr. 3; BSGE 66, 284.
[33] GesR 04, 397.
[34] BT-Drucks. 15/1525, 104.
[35] BT-Drucks. 15/1525, 153.

Auftrag ist der Gemeinsame Bundesausschuss durch Beschlussfassungen vom 23./30. 6. 2004 hinsichtlich der Befunde und vom 14. 7. 2004 hinsichtlich der Regelversorgungen nachgekommen. Er hat dabei für acht Befundgruppen insgesamt 50 Einzelbefunde festgesetzt. Diese weitgehende Ausdifferenzierung der festgesetzten Befunde, die sich an verschiedenen Versorgungsformen orientiert, führt im Ergebnis dazu, dass es sich bei dem nunmehr vorliegenden Festzuschusssystem weniger um ein befund- als um ein therapieorientiertes System handelt. Wesentliche Steuerungswirkungen im Sinne einer Anreizsetzung zur Inanspruchnahme möglichst wirtschaftlicher Versorgungsformen dürften damit nicht erzielt werden können.

14 Auf der Grundlage der vom Gemeinsamen Bundesausschuss festgelegten Regelversorgungen und der Auflistung der hierfür erforderlichen Leistungen sind von den Bundesmantelvertragspartnern im Bereich der vertragszahnärztlichen Versorgung gem. § 57 Abs. 1 SGB V bundeseinheitliche **Vergütungen** zu vereinbaren. Dabei ist weiterhin von Leistungsbeschreibungen und Punktwerten im einheitlichen Bewertungsmaßstab gem. § 87 SGB V auszugehen.[36] Erstmalig ist bis zum 30. 9. 2004 ein **bundeseinheitlicher Punktwert** für das Jahr 2004, gewichtet nach der Zahl der Versicherten zu ermitteln. Dieser ist unter Anwendung der durchschnittlichen Veränderungsrate gem. § 71 Abs. 3 SGB V für das Jahr 2005 fortzuschreiben. Dieser Punktwert ergibt gemeinsam mit dem Punktzahlen für diejenigen zahnärztlichen Leistungen, die vom Gemeinsamen Bundesausschuss für die Regelversorgungen gem. § 56 Abs. 2 Satz 10 SGB V festgesetzt worden sind, einen Gesamtbetrag, der unter Anwendung der prozentualen Zuschussbeträge gem. § 55 Abs. 1 SGB V vom Gemeinsamen Bundesausschuss zu dem jeweiligen befundorientierten Festzuschuss auszubilden ist.

15 Die Vergütungen für **zahntechnische Leistungen** werden gem. § 57 Abs. 2 SGB V demgegenüber weiterhin auf Landesebene vereinbart, wobei allerdings ebenfalls von einem bundseinheitlichen durchschnittlichen Preis auszugehen ist, der jedoch auf Landesebene um bis zu 5% unter- bzw. überschritten werden kann. Während somit für zahnärztliche Leistungen nunmehr bundeseinheitliche Vergütungen gelten, existieren für zahntechnische Leistungen weiterhin unterschiedliche Vergütungshöhen, die allerdings von den Landesvertragspartnern gem. § 57 Abs. 2 SGB V dem Bundesausschuss zu melden sind. Der Gemeinsame Bundesausschuss hat daher diese regional **unterschiedlichen Vergütungen** für zahntechnische Leistungen ebenfalls in die von ihm bundeseinheitlich festzulegenden Festzuschüsse einzubeziehen.[37]

16 Für beide Leistungssektoren ist in § 57 Abs. 1 Satz 5, bzw. Abs. 2 Satz 6 SGB V bestimmt, dass bei den Vergütungsvereinbarungen ab dem Jahre 2006 § 71 Abs. 1 bis 3 SGB V anwendbar bleibt. Damit gilt auch insofern weiterhin der allgemeine **Grundsatz der Beitragssatzstabilität,** dem nach der ständigen Rechtsprechung des BSG[38] Vorrang gegenüber allen anderen Vergütungskriterien in der Form zukommt, dass unabhängig von dem vereinbarten Vergütungssystem eine **feste Obergrenze** des Volumens der von der einzelnen Krankenkasse zu leistenden Gesamtvergütung zu bestimmen ist. Eine solche Obergrenze kann von den Gesamtvertragspartnern aber nur hinsichtlich der Gesamtvergütungen vereinbart werden. Im Festzuschusssystem existieren demgegenüber bundeseinheitliche Vergütungen, die lediglich eine Grundlage für den Geldanspruch des Versicherten gegenüber seiner Krankenkasse sind. Eine Übertragung der o. g. Rechtsprechung des BSG auf das Festzuschusssystem ist daher **nicht möglich.**[39] Dies erscheint auch sachlich gerechtfertigt, da die Festzuschüsse vom Gemeinsamen Bundesausschuss befundbezogen und orientiert allein am medizinisch erforderlichen Leistungsniveau festgelegt werden. Da diese Festzuschüsse den Versicherten unabhängig von der im Einzelfall tatsächlich gewähl-

---

[36] BT-Drucks. 15/1525 v. 8. 9. 2003, 93.

[37] Vgl. dazu die diesbezüglichen Ausführungen im Bericht des Ausschusses für Gesundheit und Soziales, BT-Drucks. 15/1600.

[38] BSGE 86, 126.

[39] *Boecken,* VSSR 2005, 1.

ten Versorgungsform zustehen, können sich Ausgabensteigerungen für die GKV insgesamt in einem solchen System nur durch eine gesteigerte Inanspruchnahme zahnprothetischer Versorgungen durch die Versichertengemeinschaft ergeben. Daher sind Ausgabensteigerungen in Folge der Erbringung besonders aufwändiger Leistungen bzw. Versorgungsformen durch die Vertragszahnärzte ausgeschlossen.

17 Der allgemeine Grundsatz, wonach dem Versicherten unabhängig von der tatsächlich gewählten Versorgungsform lediglich der Festzuschuss zusteht, erfährt einige **Ausnahmen.** Zunächst sieht § 55 Abs. 2 und 3 SGB V verschiedene Bestimmungen hinsichtlich zusätzlicher Leistungen bei **Härtefällen** vor. Danach erhält der Versicherte dann, wenn er ansonsten unzumutbar belastet würde, zusätzliche Leistungen, die höchstens nochmals die Höhe des jeweiligen Festzuschusses, angepasst an die Höhe der tatsächlich entstandenen Kosten, erreichen können. Der Gesetzgeber geht dabei davon aus, dass jedenfalls durch die Auszahlung des **doppelten Festzuschusses** eine vollständige Übernahme der Kosten der jeweiligen Regelversorgung erreicht wird.[40] Dabei ist allerdings zu berücksichtigen, dass gem. § 55 Abs. 2 Satz 1 SGB V der dem Versicherten zusätzlich zustehende Betrag einerseits an die Höhe der tatsächlich entstandenen Kosten anzupassen ist, der Anspruch andererseits durch die Höhe der nach § 57 Abs. 1 und 2 SGB V abrechnungsfähigen Kosten begrenzt ist. Der Gesamtanspruch des Versicherten ist daher auch in Härtefällen auf diejenigen Vergütungen begrenzt, die für zahnärztliche und zahntechnische Leistungen bei Regelversorgungen abrechnungsfähig sind. Diese Leistungen werden jedoch vom Gemeinsamen Bundesausschuss gem. § 56 Abs. 2 Satz 3 SGB V orientiert an demjenigen Leistungsumfang bestimmt, der nach dem allgemein anerkannten Stand der zahnmedizinischen Erkenntnisse zu einer ausreichenden, zweckmäßigen und wirtschaftlichen Versorgung mit Zahnersatz gehört. Im Rahmen einer **typisierenden Betrachtung** hat der Gemeinsame Bundesausschuss sich dabei an regelmäßig anfallenden Leistungen und nicht an ungewöhnlich aufwändigen Behandlungsfällen zu orientieren. Soweit im Einzelfall für Regelversorgungen zusätzliche Leistungen medizinisch erforderlich sind, die vom Gemeinsamen Bundesausschuss bei der Festsetzung der Festzuschüsse nicht berücksichtigt wurden, sind somit auch in Härtefällen gem. § 55 Abs. 2 SGB V finanzielle Belastungen des Versicherten nicht in jedem Falle ausgeschlossen. Auch die gem. § 57 Abs. 2 SGB V regional in unterschiedlicher Höhe zu vereinbarenden Vergütungen für zahntechnische Leistungen können auch bei Gewährung des doppelten Festzuschusses zu einem verbleibenden Eigenanteil des Versicherten in Härtefällen führen. In einer Protokollerklärung zu den Festzuschuss-Richtlinien vom 14. 7. 2004 haben die Partner des Gemeinsamen Bundesausschusses dazu unter Bezugnahme auf ein Schreiben des BMGS vom 21. 6. 2004 erklärt, dass sie mit der darin beschriebenen Verfahrensweise übereinstimmen, wonach der Härtefallversicherte in derartigen Fallgestaltungen Anspruch auf eine vollständige Kostenübernahme hat, sofern er Regelversorgungen in Anspruch nimmt.

18 In § 55 Abs. 4 SGB V ist ergänzend bestimmt, dass der Versicherte seinen Anspruch auf den jeweiligen Festzuschuss auch dann nicht verliert, wenn er nicht die Regelversorgung, sondern **„gleichartigen Zahnersatz"** in Anspruch nimmt. Danach haben die Versicherten in diesem Falle lediglich die Mehrkosten gegenüber den in § 56 Abs. 2 Satz 10 SGB V aufgelisteten Leistungen selbst zu tragen. Die Regelung entspricht daher im Wesentlichen der bisherigen sog. **„Mehrkostenvereinbarung"** auf der Grundlage von § 30 Abs. 3 Satz 2 SGB V a. F. In der diesbezüglichen Begründung[41] wird hierzu ausgeführt, ein gleichartiger Zahnersatz liege dann vor, wenn dieser die Regelversorgung umfasse, jedoch zusätzliche Versorgungselemente wie z. B. zusätzliche Brückenglieder sowie zusätzliche und andersartige Verankerungs- bzw. Verbindungselemente aufweise. Die Mehrkosten für diese zusätzlichen Leistungen seien nach der Gebührenordnung für Zahnärzte abzurechnen.

[40] Vgl. die diesbezügliche Begründung zum GMG, BT-Drucks. 15/1525, 92.
[41] BT-Drucks. 15/1525, 92.

19 Ferner haben gem. § 55 Abs. 5 SGB V im Falle der Wahl einer sogenannten **„andersartigen Versorgung“** die Krankenkassen eine Erstattung der bewilligten Festzuschüsse vorzusehen. In der diesbezüglichen Begründung des Gesetzentwurfes[42] wird hierzu ausgeführt, eine in diesem Sinne abweichende, andersartige Versorgung liege z. B. dann vor, wenn der Gemeinsame Bundesausschuss als Regelversorgung eine Modellgussprothese festgelegt hat, jedoch eine Brückenversorgung vorgenommen wird. In solchen Fallgestaltungen hätten Versicherte Anspruch auf Erstattung der bewilligten Festzuschüsse. Eine Abrechnung der konkret gewählten Versorgungsform über die KZV finde in diesen Fällen nicht statt. Daraus folgt, dass immer dann, wenn der Versicherte sich für eine Versorgungsform entscheidet, die nicht der Regelversorgung für den jeweiligen Befund entspricht und diese auch nicht unter Hinzutreten weiterer Leistungen beinhalten, eine Auszahlung des Festzuschusses durch die Krankenkasse an den Versicherten im Rahmen einer **Kostenerstattung** erfolgt und die konkret gewählte Versorgungsform vom Vertragszahnarzt gegenüber dem Versicherten als vollständige **Privatleistung** erbracht und unter Zugrundelegung der GOZ abgerechnet wird.[43]

20 Der Leistungsanspruch des Versicherten bezieht sich gemäß § 55 Abs. 1 Satz 1 SGB V auf Festzuschüsse bei einer medizinisch notwendigen Versorgung mit Zahnersatz einschließlich Zahnkronen und **Suprakonstruktionen.** Bis zum 31. 12. 2004 bestand gemäß § 30 Abs. 1 Satz 4 SGB V demgegenüber ein Anspruch bei Suprakonstruktionen nur in den vom Bundesausschuss in Richtlinien nach § 92 Abs. 1 SGB V festgelegten **Ausnahmefällen.**[44] Diese Begrenzung des Anspruches bei Suprakonstruktionen auf wenige Ausnahmefälle entfällt im Rahmen des befundorientierten Festzuschusssystems. Damit ist somit eine nicht unerhebliche **Ausweitung des Leistungsanspruches** des Versicherten verbunden. Hierzu sehen die allgemeinen Bestimmungen unter A. 6 der Festzuschuss-richtlinien des Gemeinsamen Bundesausschusses vom 14. 7. 2004 vor, dass Suprakonstruktionen in den in den Zahnersatz-Richtlinien beschriebenen Fällen Gegenstand der Regelversorgung sind. Der Versicherte hat in derartigen Fällen Anspruch auf die Gewährung der Festzuschüsse, die zur Versorgung der Befundsituation, die vor dem Setzen der Implantate bestand, festgelegt worden sind. Die Festzuschüsse werden auch in den Fällen gewährt, in denen Suprakonstruktionen außerhalb der in den Zahnersatz-Richtlinien genannten Fällen gewählt werden. In einer Protokollerklärung haben die Vertragspartner zudem festgelegt, dass zum 1. 1. 2006 in den Zahnersatz-Richtlinien Suprakonstruktionen beschrieben werden, die zu einer Verbesserung der Kaufunktion im Vergleich zu anderen Versorgungsformen führen. Bis dahin werden entsprechende Positionen zur Abrechnung von Suprakonstruktionen in den Bewertungsmaßstab für die zahnärztlichen Leistungen und das bundeseinheitliche Verzeichnis der abrechnungsfähigen zahntechnischen Leistungen gem. § 88 Abs. 1 SGB V aufgenommen. Vor dem Hintergrund der Tatsache, dass auf die insofern zu vereinbarenden Vergütungen gem. § 57 Abs. 1 Satz 5, Abs. 2 Satz 6 SGB V der Grundsatz der Beitragsstabilität gem. §§ 71, Abs. 1 bis 3 bzw. 85 Abs. 3 SGB V anwendbar ist,[45] wird dabei in besonderer Weise der ständigen Rechtsprechung des BSG Rechnung getragen werden müssen, wonach die verschiedenen Rechtsnormen des Vertragszahnarztrechtes so ineinander greifen müssen, dass die Kriterien des § 72 Abs. 2 SGB V und damit unter anderem auch einer Gewährleistung einer angemessenen Vergütung ausgewogen berücksichtigt werden.[46]

21 Die Festzuschüsse beziehen sich gem. § 55 Abs. 1 Satz 1 SGB V ausschließlich auf **Regelversorgungen,** die einer Methode entsprechen müssen, die gem. **§ 135 Abs. 1**

---

[42] BT-Drucks. 15/1525, 92.

[43] Vgl. dazu die Begründung zu § 87 Abs. 1 a SGB V, BT-Drucks. 15/1525, 104.

[44] Vgl. hierzu D. V. 44. ff. der Richtlinien des Bundesausschusses der Zahnärzte und Krankenkassen für eine ausreichende, zweckmäßige und wirtschaftliche vertragszahnärztliche Versorgung mit Zahnersatz und Zahnkronen v. 4. 6. 2003 in der ab 1. 1. 2004 gültigen Fassung.

[45] Vgl. dazu oben unter Rdn. 16.

[46] Vgl. z. B. BSGE 67, 337; 78, 98; BSG, NZS 2003, 51; NZS 2002, 222.

SGB V anerkannt sind. Diese Begrenzung bezieht sich allerdings nur auf die Fallgestaltungen, in denen der Versicherte tatsächlich eine Regelversorgung in Anspruch nimmt. Soweit er demgegenüber gleichartige bzw. andersartige Versorgungen im Sinne von § 55 Abs. 4 und 5 SGB V wählt, ist er insofern nicht auf vom Gemeinsamen Bundesausschuss **anerkannte Methoden** beschränkt. Ausweislich der Begründung[47] dürfen die Krankenkassen allerdings für nicht nach § 135 Abs. 1 SGB V anerkannte Versorgungsformen keine Festzuschüsse gewähren. Im Falle **gleichartiger Versorgungsformen** werden Festzuschüsse jedoch nur für Regelversorgungen gewährt, und der Versicherte hat lediglich darüber hinausgehende Leistungen selbst zu tragen, die vom Vertragszahnarzt als privatrechtliche Leistungen abzurechnen sind und die daher von vorneherein nicht den Anforderungen des § 135 Abs. 1 SGB V unterfallen. Dies gilt entsprechend auch für **andersartige Versorgungsformen** im Sinne von § 55 Abs. 5 SGB V, die vollständige als Privatleistung zu erbringen sind und für die die Krankenkassen auch keine Festzuschüsse gewähren. In diesen Fallgestaltungen hat der Versicherte vielmehr lediglich einen **Erstattungsanspruch** gegen seine Krankenkasse. In derartigen Fallgestaltungen kommt eine Anerkennung der Methode durch den Gemeinsamen Bundesausschuss auch bereits deshalb nicht in Betracht, weil sich diese gem. § 135 Abs. 1 Satz 1 Nr. 1 SGB V lediglich auf Verfahren bezieht, die innerhalb der GKV in Anspruch genommen werden können. In seiner Rechtsprechung zum sogenannten „Systemversagen" hat das BSG hervorgehoben,[48] dass der Gemeinsame Bundesausschuss sein Verfahren so zu gestalten hat, dass der Anspruch des Versicherten, grundsätzlich auch neue medizinische Verfahren innerhalb der GKV in Anspruch nehmen zu können, zeitnah realisiert werden kann. Nur soweit die Anwendung einer neuen Methode im Rahmen der GKV, d.h. vorliegend im Rahmen der Regelversorgung in Frage steht, kommen daher Entscheidungen des Gemeinsamen Bundesausschusses gem. § 135 Abs. 2 SGB V in Betracht. Dies ist bei Versorgungen gem. § 55 Abs. 4 und 5 SGB V, die den Bereich der Regelversorgung überschreiten, gerade nicht der Fall.

22 Gemäß § 87 Abs. 1a Satz 10 SGB V ist ein **Heil- und Kostenplan** für die Planung von Zahnersatzversorgungen im Bundesmantelvertrag zu vereinbaren. Dieser ist vom Vertragszahnarzt vor Beginn der Behandlung kostenfrei zu erstellen und muss den Befund, die Regelversorgung und die tatsächliche geplante Versorgung auch in den Fällen des § 55 Abs. 4 und 5 SGB V nach Art, Umfang und Kosten beinhalten. Nur in den Fällen des § 55 Abs. 4 und 5 SGB V, also bei gleichartigen oder andersartigen Versorgungsformen, sind im Heil- und Kostenplan **alternative Angaben** aufzunehmen. Zum einen muss in solchen Fallgestaltungen die Regelversorgung dargestellt werden. Zum anderen muss der Heil- und Kostenplan die tatsächlich geplante Versorgungsform und die hierfür geplanten Behandlungskosten beinhalten. Die in § 87 Abs. 1a Satz 3 SGB V geforderte Dokumentation der Versorgungsform nach Art, Umfang und Kosten bezieht sich allerdings lediglich auf die jeweils tatsächlich geplante Versorgung, so dass in derartigen Fallgestaltungen **nicht zwei vollständig alternative Heil- und Kostenpläne** auch mit fiktiven Kostenberechnungen für eine tatsächlich nicht geplante Regelversorgung zu erstellen sind. Im Gegensatz zu dem bis zum 31. 12. 2004 geltenden System prozentualer Zuschüsse sind derartige Angaben für die Krankenkasse auch nicht mehr zur Berechnung ihres Zuschussbetrages erforderlich, da sie unabhängig von der geplanten tatsächlichen Versorgungsform und den damit verbundenen Kosten in jedem Falle lediglich den Festzuschuss für die Regelversorgung zu übernehmen hat.

23 Der Heil- und Kostenplan ist vor Beginn der Behandlung der jeweiligen Krankenkasse zuzuleiten, die diesen gem. § 87 Abs. 1a Satz 5 SGH V insgesamt zu prüfen und ggf. zu bewilligen hat. Anders als in dem bisherigen System prozentualer Zuschüsse hängt nun-

[47] BT-Drucks. 15/1525, 92.

[48] BSGE 81, 54; 86, 54 mit zustimmender Anmerkung von *Groß-bölting*, SGb 2001, 442; BSG, SGb 1999, 30.

mehr die Höhe des Kassenzuschusses nicht mehr von Art und Umfang der tatsächlich geplanten bzw. durchgeführten Leistungen ab. Zudem steht dem Versicherten grundsätzlich die Wahl unter allen Versorgungsformen nach näherer Maßgabe der §§ 55ff. SGB V offen. Daher entfällt eine Begutachtung der Behandlungsplanung durch die Krankenkasse im Sinne einer vorgezogenen Wirtschaftlichkeitsprüfung. Denn der Versicherte kann sich gegebenenfalls auch für besonders aufwändige oder unwirtschaftliche Versorgungsformen entscheiden, da insofern nur er und nicht die Krankenkasse die hiermit verbundenen zusätzlichen Kosten zu tragen hat. Die in § 87 Abs. 1a Satz 5 bis 7 SGB V vorgesehene **Prüfung durch die Krankenkasse** kann sich daher nur darauf beziehen, dass der im Heil- und Kostenplan angegebene Befund auch tatsächlich vorliegt, so dass der korrekte, befundbezogene Festzuschuss bestimmt werden kann. Ferner muss geprüft werden, dass tatsächlich eine Versorgungsnotwendigkeit beim Versicherten besteht und dass bei der Planung einer Regelversorgung im Sinne von § 55 Abs. 1 SGB V nur die hierfür vom Gemeinsamen Bundesausschuss gem. § 56 Abs. 2 Satz 10 SGB V aufgelisteten Leistungen, bzw. bei der Planung gleichartigen Zahnersatzes gem. § 55 Abs. 4 SGB V auch diese Leistungen vorgesehen sind.

24 Gemäß § 87 Abs. 1a Satz 4 SGB V sind im Heil- und Kostenplan Angaben zum Herstellungsort des Zahnersatzes zu machen. Soweit solche Angaben bereits in der Planungsphase gefordert werden, kann es sich nur um Angaben eines geplanten Herstellungsortes handeln, da zu diesem Zeitpunkt noch keine Festlegung des Zahnarztes auf ein bestimmtes zahntechnisches Labor gefordert ist.

25 In § 55 SGB V in der ursprünglichen Fassung des GMG war vorgesehen, die Leistungen bei Zahnersatz und Zahnkronen aus dem Leistungskatalog der GKV auszugliedern und in eine Satzungsleistung zu überführen.[49] Hierfür sollte von den Krankenkassen ein bundeseinheitlich ausgestalteter und vom Versicherten alleine zu tragender Beitrag gem. § 58 SGB V i.d.F. des GMG erhoben werden. Gemäß § 58 Abs. 2 SGB V i. d. F. des GMG sollten die Versicherten alternativ die Möglichkeit haben, eine entsprechende Absicherung in einem Unternehmen der privaten Krankenversicherung vorzunehmen.

26 Diese Bestimmungen sind allerdings vor ihrem Inkrafttreten durch das Gesetz zur Anpassung der Finanzierung von Zahnersatz[50] vom 15. 12. 2004 wieder beseitigt worden. Die Leistungen im Rahmen des Festzuschusssystems werden daher weiterhin aus dem allgemeinen Beitragsaufkommen finanziert. Ergänzend wurde allerdings gem. § 241a SGB V mit Wirkung ab dem 1. 7. 2005[51] bestimmt, dass für Mitglieder ein zusätzlicher, von diesen alleine zu tragender Beitragssatz in Höhe von 0,9 v. H. gilt. In der diesbezüglichen Begründung[52] wird insofern ausgeführt, die Erhebung eines festen Beitrags in einer eigenen Zahnersatzversicherung mit Wahlmöglichkeiten zwischen der gesetzlichen und der privaten Krankenversicherung würde zu erheblichen praktischen Schwierigkeiten führen. Daher würde der Zahnersatz im Leistungskatalog der gesetzlichen Krankenversicherung beibehalten und eine Anhebung des zusätzlichen Beitragssatzes für Mitglieder der Krankenkassen auf 0,9% zum 1. 7. 2005 erfolgen. Verfassungsrechtliche Spielräume einer (Teil-)Ausgliederung von Leistungsbereichen aus der GKV, wie sie im Vorfeld des GMG hinsichtlich des Zahnersatzes politisch diskutiert worden sind[53], bleiben danach ungenutzt.

---

[49] BT-Drucks. 15/1525, 76.

[50] BGBl. I, 3445.

[51] Art. 37 Abs. 8a GMG i. d. F. des Gesetzes zur Anpassung der Finanzierung von Zahnersatz.

[52] BT-Drucks. 15/3681 und 3834.

[53] Vgl. dazu z.B. *Sodan* NZS 2003, 393; *Hase,* Verfassungsrechtliche Anforderungen an die staatliche Gewährleistung sozialer Sicherheit, in Soziale Sicherheit durch öffentliches und Privatrecht, 2003, 7; *Waltermann,* Gegenwärtige Stellung des Privatrechts bei der Gewährleistung sozialer Sicherheit, in Soziale Sicherheit durch öffentliches und Privatrecht, 2003, 55; *Axer/Heinze,* Soziale Sicherheit vor neuen Grenzziehungen zwischen öffentlichem und privatem Recht, in Soziale Sicherheit durch öffentliches und Privatrecht, 2003, 111; *Maaß,* ZRP 2002, 462.

3. Mehrkostenvereinbarungen bei der Füllungstherapie

27 Zahnmedizinische Behandlungen sind durch die Besonderheit geprägt, dass für einen vorgegebenen Befund regelmäßig eine Vielzahl **unterschiedlicher Versorgungsformen** existiert, mit denen völlig unterschiedliche Aufwendungen verbunden sind. Dies gilt z. B. für den Bereich der kieferorthopädischen Leistungen und der zahnärztlichen Füllungstherapie. Aufwändigere Versorgungsformen erfüllen somit regelmäßig die gleiche Funktion wie wirtschaftlichere Versorgungsformen, sind für den Patienten – zumindest subjektiv – aber mit Komfortvorteilen (z. B. bei festsitzendem Zahnersatz gegenüber herausnehmbarem Zahnersatz) oder ästhetischen Vorteilen (z. B. vollständig zahnfarbene Zahnfüllungen) verbunden. Da die Versicherten im Rahmen des im SGB V grundsätzlich geltenden Sachleistungsprinzips[54] keine aufwändigeren Leistungen in Anspruch nehmen können, ohne ihren Sachleistungsanspruch gegenüber der gesetzlichen Krankenkasse zu verlieren und für solche Leistungen auch keine Zuzahlungen vereinbart werden dürfen,[55] sah sich z. B. bereits der Gesetzgeber der RVO in § 182c Abs. 5 RVO a. F. veranlasst, eine so genannte „Mehrkostenvereinbarung" hinsichtlich zahnprothetischer Versorgungsformen vorzusehen, wonach der Versicherte, der aufwändigeren Zahnersatz als notwendig wählte, die Mehrkosten selbst zu tragen hatte.

28 § 28 Abs. 2 Satz 2–5 SGB V sieht eine Mehrkostenregelung hinsichtlich alternativer Formen der **Zahnfüllungen vor.** Auch in diesem Versorgungsbereich existiert eine Vielzahl unterschiedlicher Versorgungsmöglichkeiten (z. B. Füllungen mit Amalgam, Kunststoffen, Keramik- und Goldfüllungen), die mit erheblich unterschiedlichen Aufwendungen und Kosten verbunden sind. Insbesondere die in der Öffentlichkeit immer wieder aufflammende Diskussion über eine angebliche Toxizität des Füllungswerkstoffes **Amalgam,**[56] die sogar das Bundessozialgericht[57] veranlasst hat, die Verwendung von Kunststoffen als Füllungsmaterial in die Nähe naturheilkundlicher Behandlungsformen zu rücken und in der Folge die Aufnahme bestimmter Kunststofffüllungen im Seitenzahnbereich in seltenen Ausnahmefällen in die Richtlinien des Bundesausschusses der Zahnärzte und Krankenkassen[58] verdeutlicht das Bedürfnis der Versicherten, auch im Bereich der Füllungstherapie eine echte Wahlmöglichkeit auch hinsichtlich aufwändigerer Versorgungsformen auszuüben.

29 Der Bundesausschuss hat durch eine Neufassung der Bestimmungen in Abschnitt B II 4 der Richtlinien für eine ausreichende, zweckmäßige und wirtschaftliche vertragszahnärztliche Versorgung entschieden, dass nur anerkannte und erprobte **plastische Füllungsmaterialien** (z. B Amalgam, Komposits) gemäß ihrer medizinischen Indikation verwendet werden sollen. In einer Protokollnotiz hierzu ist festgelegt worden, dass alle hiernach indizierten plastischen Füllungen auch im Seitenzahnbereich im Rahmen der vertragszahnärztlichen Versorgung zu erbringen sind. In den Bewertungsmaßstab sind in der Folge besondere Leistungspositionen für Kompositfüllungen im Seitenzahnbereich aufgenommen worden. Nach den diesbezüglichen Leistungsbeschreibungen in den Positionen 13e–g Bema sind diese Leistungen jedoch nur dann abrechenbar, wenn die Füllungen entsprechend der Adhäsivtechnik gelegt wurden und wenn eine Amalgamfüllung absolut kontraindiziert ist. Eine solche absolute Kontraindikation liegt dann vor, wenn der Nachweis einer Allergie gegenüber Amalgam bzw. dessen Bestandteilen gemäß den Kriterien der Kontaktaller-

---

[54] § 2 Abs. 2 i. V. m. § 13 Abs. 1 SGB V.

[55] BSGE 88, 20; BSG, MedR 2002, 42 mit Anm. von *Peikert;* SozR 3–5533 Nr. 2449 Nr. 2; Beschluss vom 14. 3. 2001, B 6 KA 77/00 B.

[56] IDZ (Hrsg.), Amalgam – Pro und Contra, 1988, *Staehle* Kassenarzt 18/1998, 44; *Koch* MedR 1998, 551.

[57] BSG NZS 1994, 125, dazu *Pohl* ZM 3/1994, 24; *Plagemann* SGb 1994, 532.

[58] LSG NRW Beschl. v. 16. 12. 1996, L 11 Ka 59/96; SG Köln Beschl. v. 8. 7. 1996, S 19 Ka 38/96.

giegruppe der Deutschen Gesellschaft für Dermatologie erbracht wurde bzw. wenn die Patienten mit schwerer Niereninsuffizienz neue Füllungen gelegt werden müssen.[59]

30 Eine Mehrkostenvereinbarung ist gemäß § 28 Abs. 2 Satz 5 SGB V dann ausgeschlossen, wenn auf Wunsch des Versicherten intakte plastische Füllungen ausgetauscht werden. Ausweislich der diesbezüglichen Begründung zum Achten SGB V-Änderungsgesetz vom 31. 10. 1996[60] soll durch diese Bestimmung eine medizinisch nicht indizierte **Erneuerung intakter Füllungen** verhindert werden, die unnötige Verluste von Zahnhartsubstanz zur Folge hat und die Versichertengemeinschaft unnötig belasten würde. Wird eine Mehrkostenvereinbarung geschlossen, hat der Versicherte gem. § 28 Abs. 2 Satz 2 SGB V die Mehrkosten selbst zu tragen. Diese sind ihm somit nach Behandlungsabschluss vom Zahnarzt unter Zugrundelegung der Gebührenordnung für Zahnärzte (GOZ) in Rechnung zu stellen. Diese hat sich sowohl auf die Leistungen der unmittelbaren Kavitätenpräparation und -füllung als auch auf so genannte Begleitleistungen zu beziehen (z. B. Anästhesien, besondere Maßnahmen beim Präparieren, Anlegen von Spanngummi usw.), die einen weiteren Bestandteil der einheitlichen zahnmedizinischen Behandlung darstellen. In diesen Fällen ist von den Kassen die vergleichbare preisgünstigste plastische Füllung als Sachleistung abzurechnen. Der Vertragszahnarzt hat somit eine entsprechende Füllung im Rahmen der vertragszahnärztlichen Versorgung über seine KZV abzurechnen und den ihm daraus zufließenden Betrag von seiner GOZ-Rechnung gegenüber dem Versicherten in Abzug zu bringen.

4. Degressiver Punktwert gem. § 85 Abs. 4 b–f SGB V

31 **a) Begrenzung der Punktmengen.** Das GKV-Modernisierungsgesetz hat mit Wirkung zum 1. 1. 2005 differenzierte Punktmengengrenzen im Rahmen des so genannten „degressiven Punktwertes“ in § 85 Abs. 4 b SGB V eingeführt. Die **ursprünglichen Punktmengengrenzen** je Vertragszahnarzt von 350 000, 450 000 und 550 000 Punkten sind zunächst bereits zum 1. 1. 2004 nur für Kieferorthopäden auf 280 000, 360 000 und 440 000 Punkte je Kalenderjahr **abgesenkt** worden. Ab dem 1. 1. 2005 sind die Punktmengengrenzen für Vertragszahnärzte allgemein auf 262 500, 337 500 und 412 500 abgesenkt worden. Ausweislich der Begründungen[61] zum GSG sollten durch diese Bestimmungen ursprünglich die Krankenkassen an Kostenvorteilen und **Rationalisierungsmöglichkeiten** in umsatzstarken Praxen beteiligt werden, da bei größeren Leistungsmengen die Fixkosten einer Praxis einen degressiven Verlauf hätten und die Mitarbeiter produktiver eingesetzt werden könnten.

32 Gegen diese Bestimmungen sind bereits grundsätzlich in erheblichem Umfange **verfassungsrechtliche Bedenken** geltend gemacht worden,[62] denen sich das BSG in verschiedenen Entscheidungen[63] im Ergebnis nicht angeschlossen hat. Es hat dabei im Wesentlichen ausgeführt, es handele sich bei diesen Bestimmungen zwar um eine singuläre Belastung der Zahnärzteschaft durch den Gesetzgeber, die jedoch in ein Gesamtkonzept zur Kostendämpfung eingebettet sei. Da vergleichbare Degressionsbestimmungen bisher nur im Bereich der vertragsärztlichen, nicht jedoch der vertragszahnärztlichen Honorarverteilung gegolten hätten, sei der Gesetzgeber zur Sicherung der **finanziellen Stabilität der gesetzlichen Krankenversicherung** berechtigt gewesen, auch unmittelbar in die im Übrigen geltende Regelungszuständigkeit der Selbstverwaltung einzugreifen.

33 Auch wenn im Ansatz der Argumentation des BSG gefolgt wird, dass die Zielsetzung einer Stützung der finanziellen Stabilität der gesetzlichen Krankenversicherung auch weit-

---

[59] Nr. 4 der Protokollnotiz zum Beschluss des Erweiterten Bewertungsausschusses vom 17. 4. 1996.

[60] BTDrucks. 13/3695 vom 6. 2. 1996.

[61] BT-Drucks. 12/3608; 12/3937.

[62] SG Stuttgart Urt. v. 6. 12. 1995, S 10 KA 3458/94, *Liebold/Raff/Wissing* Bd. I Einführung B 1.3.2; zur verfassungsrechtlichen Einordnung allgemein *Schnapp,* VSSR 2003, 343 (352 ff.).

[63] BSGE 80, 223; SGb 1998, 309; Urt. v. 3. 12. 1997, 6 RKa 79/96; Urt. v. 28. 8. 1996, RKa 41/95; MedR 2000, 49; ebenso BVerfG, NJW 2000, 3413.

gehende Eingriffe in die Berufsfreiheit der betroffenen Leistungsträger rechtfertigen kann,[64] muss vorliegend berücksichtigt werden, dass bei der erstmaligen Einführung der Bestimmungen zum degressiven Punktwert durch das GSG im Jahre 1993 zeitgleich **weitere Vergütungsreduzierungen** durch die Anbindung der Gesamtvergütungen an die Entwicklung der Grundlohnsumme[65] und einer Reduzierung der Punktwerte für Zahnersatz und kieferorthopädische Leistungen[66] eingeführt wurden, mit denen die Vergütungen für die betroffenen zahnärztlichen Leistungen im Einzelfall um über 50% reduziert wurden, ohne dass dies für die betroffenen Vertragszahnärzte zuvor ersichtlich gewesen wäre oder sie sich durch die Einräumung entsprechender Übergangszeiträume auf die veränderten Bedingungen hätten einstellen können. In der Vergangenheit sind zwar vergleichbare Vergütungsstaffeln innerhalb der Honorarverteilung der Kassenärztlichen Vereinigungen bereits als grundsätzlich geeignet bewertet worden, die kassenärztliche Tätigkeit einzuschränken und damit gleichzeitig eine zweckmäßige und ausreichende kassenärztliche Versorgung zu fördern.[67] Als Voraussetzung wurde dabei verfassungsrechtlich aber stets herausgehoben, den betroffenen Kassenärzten müsse die Möglichkeit eingeräumt werden, ihre Tätigkeit im Voraus in der erforderlichen Weise einzuschränken.

34 Nicht nur wegen der kurzfristigen Einführung der Bestimmungen zum degressiven Punktwert, sondern gerade angesichts der Tatsache, dass im Bereich der vertragszahnärztlichen Versorgung das Phänomen der sogenannten **„angebotsinduzierten Nachfrage"** nicht nachweisbar ist,[68] fehlt es jedoch an diesem Erfordernis. Die vertragszahnärztliche Tätigkeit ist durch die jeweilige Befundsituation vorgegeben und kann vom Vertragszahnarzt nicht beliebig gesteuert werden. Im Gegenteil wird der Leistungsumfang der einzelnen Praxis sehr wesentlich vom Nachfrageverhalten der jeweiligen Klientel bestimmt.

35 Die mit einer eventuellen **Einschränkung der Versorgungstätigkeit**[69] verbundenen Auswirkungen auf die gesetzlich Krankenversicherten sind z. B. dann offensichtlich, wenn in einem unterversorgten Gebiet die Versorgung von einer geringen Anzahl entsprechend umsatzstarker Praxen sichergestellt werden muss. Auch derartige sinnwidrige Auswirkungen des degressiven Punktwertes hat das Bundessozialgericht jedoch ausdrücklich gerechtfertigt.[70] Danach konnte der Gesetzgeber im Rahmen seiner Typisierungs- und Schematisierungsberechtigung auch derartig atypische Fälle dann unberücksichtigt lassen, wenn auf diese seine Regelungsmotive tatsächlich nicht zutreffen. Mit dieser Argumentation bleibt nicht nur das Erfordernis der Sicherstellung einer ausreichenden, flächendeckenden zahnmedizinischen Versorgung unberücksichtigt, sondern ebenso die Tatsache, dass der Gesetzgeber die Einführung eines degressiven Punktwertes ausdrücklich mit „angeblichen Kostenvorteilen und Rationalisierungsmöglichkeiten in umsatzstarken Praxen" gerechtfertigt hat.[71] Es ist aber widersprüchlich, dem Vertragszahnarzt einerseits eine freie unterneh-

---

[64] Z. B. BVerfGE 68, 193; 70, 1; BSG SGb 1996, 375; BSGE 80, 223.

[65] § 85 Abs. 3 a und b SGB V.

[66] § 85 Abs. 2 b SGB V; dazu BSG, USK 96152, wonach die Punktwertabsenkung trotz der ausdrücklich vorgesehenen Befristung bis zum 31. 12. 1993 zeitlich unbegrenzt gilt. Zur Auslegungspraxis im anderen Zusammenhang *Schnapp,* SGb 2004, 451, sowie zum juristischen Sprachgebrauch *Schnapp,* JZ 2004, 473.

[67] BVerfG NJW 1972, 1509; BSG SozR 2200 § 368 f RVO Nr. 3; MedR 1994, 376.

[68] *Wigge,* SGb 1994, 310; *Tadsen,* ZM 1997, 216; *Cassel/Wilke,* ZfG 2001, 331; *Breyer/Zweifel,* Gesundheitsökonomie, 1997; a. A. BSG, MedR 1997, 134; LSG NRW, MedR 1998, 282 mit Anm. von *Schiller,* MedR 1998, 288.

[69] Eine solche Reaktion des Vertragszahnarztes auf abgestaffelte Vergütungsgrenzen ist von der Rechtsprechung ausdrücklich als zulässig bewertet worden, z. B. BSG, USK 8364; SozR 2200 § 368 f RVO Nr. 8; MedR 1994, 376; BVerfG, NJW 1972, 1509.

[70] BSG, MedR 2000, 49.

[71] BT-Drucks. 12/3609, 88.

merische Betätigung durch Verweisung auf staatlich festgesetzte Vergütungen zu verwehren, eine Vergütungsreduzierung aber gerade mit seinen angeblichen unternehmerischen Möglichkeiten zu rechtfertigen, obwohl ihm diese wegen der Nachfrageabhängigkeit seiner Leistungen insgesamt tatsächlich nicht zur Verfügung stehen.

36 Ebenso wenig kann die teilweise geäußerte Vermutung überzeugen, ab der Überschreitung bestimmter Punktmengengrenzen seien die zugrunde liegenden **Leistungen eventuell qualitativ minderwertig** erbracht, und für diese werde daher eine überhöhe Vergütung ausgekehrt.[72] Derartige Annahmen lassen sich epidemiologisch und systemvergleichend nicht bestätigen.[73] Ungeachtet dessen hat auch das Bundesverfassungsgericht in einem Kammerbeschluss vom 21. 6. 2001[74] eine diesbezügliche Verfassungsbeschwerde nicht zur Entscheidung angenommen. Es hat dabei ausgeführt, die vorliegende Berufsausübungsregelung sei durch die Ziele einer Verbesserung der Qualität der vertragszahnärztlichen Leistungen und der Sicherung der Beitragssatzstabilität und damit der Funktionsfähigkeit der gesetzlichen Krankenversicherung gerechtfertigt. Insbesondere habe der Gesetzgeber zulässigerweise von seiner Einschätzungs- und Gestaltungsprärogative Gebrauch gemacht und aus plausiblen und nachvollziehbaren Gründen die umsatzstärksten Praxen zur Kostendämpfung herangezogen.

37 Als problematisch erweisen sich auch die zwischenzeitlich zum 1. 1. 2004 bzw. 1. 1. 2005 erfolgen weiteren **Absenkungen** der Punktmengengrenze **durch das GMG.** Ausweislich der diesbezüglichen Begründung[75] soll die Absenkung der Punktmengengrenzen für Vertragszahnärzte zum 1. 1. 2005 die gleichzeitig erfolgte Umstellung der bisherigen Ansprüche der Versicherten auf zahnprothetische Versorgung im Rahmen des Sachleistungssystems auf **befundbezogene Festzuschüsse** gem. den §§ 55 ff. SGB V[76] nachvollziehen. Da auf diese Leistungen bisher ca. 25% der insgesamt abgerechneten Punktmengen entfielen, ist eine entsprechende Absenkung der Punktmengengrenzen erfolgt. Die Punktmengengrenzen bei **Kieferorthopäden** sollen demgegenüber deswegen unverändert bleiben, da von diesen grundsätzlich keine Zahnersatzleistungen erbracht werden. Die für sie geltenden Punktmengengrenzen sind demgegenüber bereits zum 1. 1. 1004 um 20% abgesenkt worden, wobei damit ausweislich der diesbezüglichen Begründung[77] die zum diesem Zeitpunkt in Kraft getretene Punktzahlreduzierung für kieferorthopädische Leistungen durch den Bewertungsausschuss für die zahnärztliche Leistungen[78] nachvollzogen werden.

38 Der bisher vom Gesetzgeber herangezogene und von der o.g. Rechtsprechung akzeptierte Ansatzpunkt, dass die Krankenkasse an Kostenvorteilen und Rationalisierungsmöglichkeiten in umsatzstarken Praxen beteiligt werden könnten, da bei größeren Leistungsmengen die Kosten einer Praxis einen degressiven Verlauf hätten und die Mitarbeiter produktiver eingesetzt werden könnten, steht zur Rechtfertigung der Absenkung der Punktmengengrenzen jedenfalls für Kieferorthopäden ab dem 1. 1. 2004 nicht zur Verfügung.

39 Die Reduzierung der Punktzahlen für kieferorthopädische Leistungen infolge der **Bema-Umstrukturierung** lassen die Kostenstruktur für die Erbringung dieser Leistungen in der vertragszahnärztlichen Praxis zunächst unberührt. Es kann daher nicht davon ausgegangen werden, dass infolge dieser Punktezahlreduzierung auch die vom Gesetzgeber

---

[72] So BSGE 80, 223/229; BSG, MedR 2004, 168; SG Reutlingen NZS 1995, 565; *Saekel* BKK 1993, 93.

[73] *Einwag,* Zahnärztliche Praxis Nr. 4/1992, 126; *Borutta/Künzel/Micheelis/Müller,* Dringliche Mundgesundheitsprobleme im vereinten Deutschland, 1991; *Heinrich* et al., Swiss-Dent Nr. 11/1994, 9; *Gülzow/Bamfaste/Hoffmann,* Deutsche zahnärztliche Zeitung Nr. 7/1991, 488.

[74] 1 BvR 1762/00.

[75] BT-Drucks. 15/1525, 153.

[76] Vgl. dazu die Ausführungen oben unter Rdn. 9 ff.

[77] BT-Drucks. 15/1525, 102.

[78] Vgl. dazu die Ausführungen oben unter Rdn. 4–6.

unterstellten Rationalisierungspotentiale nunmehr bereits bei niedrigeren Leistungsmengen als bisher in Erscheinung treten. Davon ist der Gesetzgeber des GMG bei der Neufassung von § 85 Abs. 4b SGB V ausweislich der Begründung auch ersichtlich nicht ausgegangen. Er hat vielmehr, ebenso wie bei der ab 1. 1. 2005 geltenden weiteren Reduzierung der Punktmengengrenzen infolge der Einführung der Festzuschusssystems unterstellt, dass in kieferorthopädischen Praxen bereits infolge der Bema-Umstrukturierung geringere Leistungsmengen anfallen, daher auch geringere Praxiskosten entstehen und die Punktmengengrenzen des degressiven Punktwertes entsprechend der Punktzahlreduzierung für kieferorthopädische Leistungen abgesenkt werden müssten, um im Rahmen des degressiven Punktwertes ein identisches Ergebnis wie zuvor zu erzielen. Diese Vorstellung ist allerdings unzutreffend.

40 Im Gegensatz zu den zahnprothetischen Leistungen, die ab 1. 1. 2005 nicht mehr Bestandteil der Gesamtvergütungen sind, verbleiben die kieferorthopädischen Leistungen in vollem Umfange im Bereich der vertragszahnärztlichen Versorgung. Die infolge der Bema-Umstrukturierung geringeren Punktzahlen stehen aber im Grundsatz zur Vergütung identischer Leistungen zur Verfügung, für deren Erbringung weiterhin **identische Praxisaufwendungen** erforderlich sein werden. Die zusätzliche Absenkung der Punktmengengrenzen im degressiven Punktwert führt daher zu einer vom Gesetzgeber nicht beabsichtigten zusätzlichen und überproportionalen Belastung der Kieferorthopäden.

41 Entgegen den erklärten Zielsetzungen des Gesetzgebers führt die Reduzierung der Punktmengengrenzen für Kieferorthopäden bei diesen daher zu einer zusätzlichen und **überproportionalen Reduzierung der Vergütungen,** soweit die Punktmengengrenzen überschritten werden. Der damit auch nach der o. g. Rechtsprechung grundsätzlich verbundene Eingriff in die Berufsausübungsfreiheit der betroffenen Kieferorthopäden war vom Gesetzgeber nicht beabsichtigt und ist daher verfassungsrechtlich auch nicht mit der Zielsetzung einer Sicherung der finanziellen Stabilität der gesetzlichen Krankenversicherung zu rechtfertigen. Es kommt hinzu, dass die isolierte Absenkung der Punktmengengrenzen nur für Kieferorthopäden diese gegenüber anderen Leistungserbringern **offenkundig ungleich behandelt.** Eine solche Ungleichbehandlung wäre unter dem Gesichtspunkt des allgemeinen Gleichheitssatzes nur dann gerechtfertigt, wenn für die vorgesehene Differenzierung Gründe von solcher Art und solchem Gewicht bestehen würden, dass diese die ungleichen Rechtsfolgen rechtfertigen könnten.[79]

42 Ersichtlicher Anknüpfungspunkt für den Gesetzgeber war vorliegend die Absenkung der Vergütungen für kieferorthopädische Leistungen im Rahmen der Bema-Umstrukturierung. Diese trifft in der Tat ohne eine entsprechende Kompensationsmöglichkeit durch die Erbringung anderer, infolge der Bema-Umstrukturierung höher vergüteter Leistungen im Wesentlichen ausschließlich Fachzahnärzte für Kieferorthopädie. Aus den oben genannten Gründen bietet dieser Umstand aber **keinen sachlichen Grund** für die vorgenommene Sonderregelung gerade für den Bereich der Kieferorthopäden gegenüber allen anderen Zahnarztgruppen. Infolge der Reduzierung der Vergütungen für die weiterhin im Rahmen der vertragszahnärztlichen Versorgung zu erbringenden Leistungen sinkt bei gleichem Leistungsvolumen und ansonsten gleicher Kostenstruktur die Kostenbelastung für die einzelne Leistung nicht ab, sondern steigt im Gegenteil an. Die vom Gesetzgeber bei der Einführung des degressiven Punktwertes unterstellten degressiven Verläufe bei größeren Leistungsmengen werden dadurch also nicht erhöht, sondern im Gegenteil reduziert. Zu der vom Gesetzgerber ausweislich der Begründung zum GMG beabsichtigten Beibehaltung der bisherigen Steuerungseffekte des degressiven Punktwertes gerade in diesem Leistungsbereich wäre daher nicht eine Absenkung, sondern im Gegenteil eine Erhöhung der Punktmengengrenzen erforderlich gewesen. Die tatsächlich vorgenommene Neuregelung lässt sich daher nicht durch sachliche Gründe rechtfertigen.

---

[79] Vgl. z. B. BVerfGE 55, 72 (88); 88, 96; BVerfGE 95, 39 (45); u. a. BSG, NJW 1991, 1130 (1131).

43 In einer vergleichbaren Situation befinden sich auch einzelne Zahnarztgruppen, die von der **Absenkung der allgemeinen Punktmengengrenzen zum 1. 1. 2005** in Folge der Einführung des Festzuschusssystems beim Zahnersatz betroffen sind. Der grundsätzliche und auf die Vertragszahnärzteschaft insgesamt bezogene Ansatz des Erweiterten Bewertungsausschusses bei der Neurelationierung des Bewertungsmaßstabes zum 1. 1. 2004, wonach die Punktsummen zwar in den einzelnen Leistungsbereichen variieren, insgesamt aber gleich geblieben sind,[80] trifft auf einzelne Zahnarztgruppen in dieser Form nicht zu. Daher sind diese auch durch die Ausgliederung der bisherigen Leistungen für zahnprothetische Versorgungen nicht oder nur in geringem Umfange betroffen, da diese, wie z. B. Mund-, Kiefer- und Gesichtschirurgen bzw. Oralchirurgen, diese Leistungen bereits in der Vergangenheit nicht oder nur in äußerst geringem Umfange erbracht haben. Auch bezüglich solcher Zahnarztgruppen ist die Annahme des Gesetzgebers, mit der Herausnahme des Zahnersatzes aus den Gesamtvergütungen sei eine entsprechende Reduzierung der abgerechneten Punktmengen verbunden, unzutreffend.

44 Die **Punktmengen** nach § 85 Abs. 4b Satz 1 SGB V stehen jedem Vertragszahnarzt auch dann zu, wenn er seine Tätigkeit im Rahmen einer **Praxisgemeinschaft** oder einer **Gemeinschaftspraxis** ausübt, wobei letzterer Fall in § 85 Abs. 4b Satz 3–8 SGB V einschränkend geregelt ist. Danach richten sich die Punktmengengrenzen nach der Zahl der gleichberechtigten zahnärztlichen Mitglieder einer Gemeinschaftspraxis. Nicht erforderlich ist dabei eine gleiche finanzielle Beteiligung aller Vertragszahnärzte oder ein identischer Arbeitsaufwand bzw. Behandlungsumfang. Entscheidend ist vielmehr, dass in dem Gemeinschaftsvertrag allen Vertragszahnärzten gleiche Rechte und Pflichten hinsichtlich der Berufsausübung und der Praxisführung eingeräumt werden.

45 Diese Bestimmungen zur Gemeinschaftspraxis werden allerdings durch die weiteren Bestimmungen in § 101 Abs. 1 Satz 1 Nr. 4 letzter Halbsatz SGB V relativiert, wonach die Bestimmungen in § 85 Abs. 4b Satz 3 SGB V nicht gelten, sofern die **Gemeinschaftspraxis** infolge einer ausnahmsweisen Zulassung eines Vertragszahnarztes in einem Planungsbereich, für den **Zulassungsbeschränkungen** angeordnet worden sind, gebildet wird. In diesem Falle ist damit nicht nur die Beschränkung des Leistungsumfanges der Gemeinschaftspraxis im Wesentlichen auf den bisherigen Praxisumfang als Zulassungsvoraussetzung erforderlich, sondern der zusätzlich zugelassene Vertragszahnarzt wird auch bei der Ermittlung des Versorgungsgrades nicht mitgerechnet, und die Praxis wird auch im Rahmen des degressiven Punktwertes weiterhin wie eine Einzelpraxis behandelt. Unverändert anwendbar ist § 85 Abs. 4b Satz 3 SGB V aber weiterhin auf Gemeinschaftspraxen, die entweder nach altem Recht vor dem 1. 7. 1997 gebildet worden sind oder die nach diesem Zeitpunkt in solchen Planungsbereichen gebildet wurden, die nicht von Zulassungsbeschränkungen betroffen waren.

46 Die Punktmengen gem. § 85 Abs. 4b Satz 1 SGB V erhöhen sich gem. Satz 7 weiterhin je ganztägig **angestelltem Zahnarzt** im Sinne des § 32b Abs. 1 ZV-Z um 70% und je **Entlastungs-, Weiterbildungs- und Vorbereitungsassistenten** um 25%. Die Vorbereitungszeit gem. § 3 Abs. 2 ZV-Z endet nicht notwendig mit der Ableistung der mindestens geforderten zwei Jahre. Auch eine darüber hinausgehende Tätigkeit ändert somit nichts an dem Status als Vorbereitungsassistent. Auch diese Erhöhungen der Punktmengengrenzen werden durch die Bestimmungen in § 101 Abs. 1 Satz 1 Nr. 5 SGB V relativiert, wonach diese für angestellte Zahnärzte nicht gelten, die nach dem Inkrafttreten dieser Bestimmungen am 1. 7. 1997 angestellt worden sind. Insofern ist nämlich bestimmt, dass Voraussetzung für die Genehmigung eines angestellten Zahnarztes die Verpflichtung des Vertragszahnarztes ist, den bisherigen Praxisumfang nicht wesentlich zu überschreiten. Im Gegensatz zu der vergleichbaren Bestimmung in § 101 Abs. 1 Satz 1 Nr. 4 SGB V hinsichtlich der ausnahmsweisen Gründung von Gemeinschaftspraxen gilt diese Voraussetzung unabhängig davon, ob die Anstellung des Zahnarztes in einem Planungsbereich

---

[80] *Maibach-Nagel, Prchala,* ZM 2003, 30.

erfolgen soll, der von Zulassungsbeschränkungen betroffen ist, oder in einem offenen Planungsbereich. Demgemäß ist in der Begründung zu § 101 SGB V i. d. F. des GKV-SolG[81] ausgeführt, die Gemeinschaftspraxispartner und die angestellten Zahnärzte würden bei der Bedarfsplanung nicht mitgerechnet. Die Abstaffelungsregelungen des § 85 Abs. 4b SGB V für die zahnärztlichen Leistungen, wonach sich die Punktzahlgrenzen je nach der Zahl der in der Praxis tätigen Zahnärzte erhöhen, seien damit nicht vereinbar. Sie könnten nur für die Zahnärzte gelten, die bei der Bedarfsplanung berücksichtigt würden. Infolgedessen ist die Erhöhung der Punktmengengrenzen gem. § 85 Abs. 4b Satz 7 SGB V nur auf solche angestellten Zahnärzte anzuwenden, die vor Inkrafttreten der Neufassung des § 101 Abs. 1 SGB V durch das 2. NOG am 1. 7. 1997 angestellt worden sind.

47 **b) Berechnung der Punktmengen.** Gem. § 85 Abs. 4b Satz 9–10 SGB V beziehen sich die Bestimmungen zum degressiven Punktwert auf alle vertragszahnärztlichen Leistungen im Sinne von § 73 Abs. 2 Nr. 2 SGB V einschließlich der Versorgung mit Zahnersatz und der kieferorthopädischen Behandlung. Für die Berechnung der Punktmengen ist es daher irrelevant, ob und ggf. in welcher Höhe der Patient an den Behandlungskosten einen Eigenanteil gem. den §§ 29, 30 SGB V zu tragen hat. Die Degressionsbestimmungen beziehen sich weiterhin nur auf vom Vertragszahnarzt abgerechnete Punkte, nicht jedoch auf ihm entstandene und von den Krankenkassen zu ersetzende Kosten, z. B. für zahntechnische Leistungen. Dadurch sollte sichergestellt werden, dass vom Zahnarzt nicht oder nur bedingt beeinflussbare Faktoren, die sich im Zeitablauf ändern, wie z. B. die Preise für zahntechnische Leistungen, keinen Einfluss auf die Gestaltung des degressiven Punktwertes haben.[82]

48 **c) Ermittlung der Gesamtpunktmengen.** Gem. § 85 Abs. 4c SGB V sollen die KZVen sämtliche Punktmengen zahnarzt- und krankenkassenbezogen nach dem **Leistungsquartal** erfassen, mit den Punktmengenmeldungen für Kostenerstattungen nach § 13 Abs. 2 SGB V zusammenführen und auf dieser Grundlage die jeweilige Gesamtpunktmenge jedes Vertragszahnarztes ermitteln. Ausweislich der diesbezüglichen Begründung[83] soll dies eine enge Bindung des degressiven Punktwertes an den Zeitpunkt der tatsächlichen Leistungserbringung gewährleisten. Die jeweiligen Punktzahlen sollen daher unabhängig vom Zeitpunkt ihrer Abrechnung demjenigen Quartal zugerechnet werden, in dem sie tatsächlich erbracht worden sind. Dies ist bei konservierend-chirurgischen Leistungen ohne weiteres möglich, da diese quartalsweise abgerechnet werden. Demgegenüber werden Versorgungen mit Zahnersatz und Zahnkronen in der Regel monatlich oder in noch kürzeren Zeitabschnitten abgerechnet. Insbesondere prothetische und kieferorthopädische Leistungen erstrecken sich zudem regelmäßig über einen längeren Zeitraum, so dass eine **Überschreitung von Quartalsgrenzen** eintreten kann, ohne dass dies aus den Abrechnungen ersichtlich ist. Vor diesem Hintergrund ist eine exakte Umsetzung des § 85 Abs. 4c SGB V nicht möglich.

49 **d) Mitteilung des Überschreitungszeitpunktes.** Gem. § 85 Abs. 4d SGB V haben die KZVen den Krankenkassen bei jeder Rechnungslegung mitzuteilen, welche Vertragszahnärzte eine Punkmengengrenze nach Abs. 4b überschritten haben und dabei den jeweiligen Überschreitungszeitpunkt zu benennen. Diese Meldungen beziehen sich somit nur auf solche Vertragszahnärzte, die tatsächlich eine Punktmengengrenze überschritten haben. Aus den oben genannten Gründen ist jedoch eine **exakte Bestimmung** des Zeitpunktes, ab dem die Überschreitung der Punktmengengrenzen eingetreten ist, **nicht möglich.** Daran würde auch eine teilweise[84] geforderte datumsmäßige Zuordnung der einzelnen Leistungen in der Abrechnung nichts ändern. Ungeachtet der damit verbundenen datenschutzrechtlichen Problematik wäre eine entsprechende zeitliche Zuordnung jedenfalls hinsichtlich der ver-

---

[81] BT-Drucks. 14/24, 90.
[82] BT-Drucks. 12/3608.
[83] BT-Drucks. 12/3934.
[84] SG Mainz Urt. v. 25. 10. 1995, S 1 KA 252/94.

schiedenen, im Bema vorgesehenen Komplexgebühren (z. B. der Position 119, 120 Bema bei kieferorthopädischen Behandlungen oder Position P 200 bei parodontologischen Behandlungen) nicht möglich, und zur exakten Eingrenzung des Überschreitungszeitpunktes müsste zudem auch innerhalb der Tage noch eine Unterscheidung erfolgen.

50 **e) Durchführung der Vergütungsminderung.** Auch § 85 Abs. 4e SGB V stellt hinsichtlich der Durchführung der Vergütungsminderung auf den Zeitpunkt der jeweiligen Grenzwertüberschreitung nach Abs. 4b ab. Danach sollen die vertraglich vereinbarten **Punktwerte** nach dem für die jeweilige Punktmengenklasse gem. Abs. 4b gültigen Prozentsatz ab diesem Zeitpunkt **abgesenkt** werden. Nach S. 3 sollen die abgesenkten Punktwerte ab dem Zeitpunkt der Grenzwertüberschreitung den darauf folgenden Abrechnungen gegenüber den Krankenkassen zugrunde gelegt werden. Die Punktwertabsenkung bezieht sich daher auch bei zahnprothetischen und kieferorthopädischen Leistungen nur auf den jeweiligen **Kassenanteil.** Der vom Patienten bereits vorab zu zahlende Eigenanteil in unterschiedlicher Höhe nach § 29 SGB V bleibt von eventuellen nachträglichen Punktwertsenkungen unberührt. Dementsprechend erfolgt auch keine Reduzierung von Punktmengen aus Kostenerstattungen im Sinne von § 13 Abs. 2 SGB V. Diese Punktmengen werden zwar bei der Ermittlung der Gesamtpunktmenge nach § 85 Abs. 4c SGB V mitberücksichtigt und tragen insofern zu einer eventuellen Überschreitung von Punktmengengrenzen bei, unterliegen aber selbst nicht einer Absenkung der Punktwerte.

51 Da eine exakte zeitliche Fixierung der Überschreitung von Punktmengengrenzen nicht möglich ist, haben die Gesamtvertragspartner Regelungen getroffen, die im Grundsatz übereinstimmend davon ausgehen, dass die KZVen bei Überschreitung einer Punktmengengrenze einen einheitlichen Prozentsatz zu ermitteln haben, um den der vertragliche Punktwert der Quartalsabrechnung verringert wird. Um diesen **Abzugsprozentsatz** werden sämtliche gegenüber den Krankenkassen abgerechneten Punkte reduziert und die Abrechnung entsprechend gekürzt. Obwohl dieses Verfahren nicht den Vorgaben von § 85 Abs. 4e SGB V entspricht, ist dieses zwischenzeitlich von der Rechtsprechung mit der Begründung als rechtmäßig angesehen worden, es handele sich dabei um eine mit dem Gesetzeswortlaut noch vereinbare Regelung.[85]

52 **f) Verhältnis zur Honorarverteilung.** Zum Teil wird die Auffassung vertreten,[86] bei den Bestimmungen des § 85 Abs. 4b–f SGB V handele es sich um unmittelbar verbindliche Normen zur Honorarverteilung in der vertragszahnärztlichen Versorgung, von denen durch Bestimmungen im HVM nicht abgewichen werden könne. Dabei ist allerdings zu berücksichtigen, dass die Bestimmungen zum degressiven Punktwert sowohl nach ihrem Wortlaut als auch nach der diesbezüglichen Begründung nicht darauf abzielen, die Vergütungen des einzelnen Zahnarztes endgültig zu definieren, sondern die GKV um einen weiteren Betrag finanziell zu entlasten. Dementsprechend ist in den Materialien zum Gesundheitsstrukturgesetz[87] auch für das Jahr 1993 ein **finanzielles Entlastungsvolumen** von 300 Millionen DM zu Lasten der Vertragszahnärzte mit der Begründung eingeplant worden, die Krankenkassen sollten an Kostenvorteilen und Rationalisierungsmöglichkeiten in umsatzstarken Praxen beteiligt werden. Diese Zielsetzung wird auch durch die durch das GKV-SolG eingeführte Bestimmung des § 85 Abs. 4e Satz 1 SGB V, wonach die KZVen die **Honorareinsparungen** aus den Vergütungsminderungen nach Abs. 4b an die Krankenkassen weiterzugeben haben, bestätigt. In der diesbezüglichen Begründung[88] wird unter Hinweis auf die Rechtsprechung des BSG[89] ausgeführt, Honorarabsen-

---

[85] BSGE 80, 223; BSG, NZS 2003, 333; LSG Baden-Württemberg Urt. v. 20. 5. 1995, L 5 KA 2099/94; LSG NRW Urt. v. 12. 2. 1997, L 11 KA 76/96; a. A. SG Mainz Urt. v. 25. 10. 1995, S. 1 KA 252/94.

[86] *KassKomm-Hess* § 85 Rdn. 67 ff.; a. A. SG Stuttgart Urt. v. 6. 12. 1995, S. 10 KA 3458/94.

[87] BT-Drucks. 12/3608, 88.

[88] BT-Drucks. 14/157, 48.

[89] Urt. v. 28. 8. 1996, 6 RKa 14/95.

kungen bei umsatzstarken Praxen sollten den Krankenkassen zugute kommen, die Einsparungen somit auch die einer eventuell geltenden Budgetierung nicht in den Gesamtvergütungen verbleiben, sondern diese zusätzlich verringern.

53 Auch unter der Geltung des § 85 Abs. 4b–f SGB V besteht für die Gesamtvertragspartner weiterhin die Möglichkeit, die **Gesamtvergütung** nicht nach Einzelleistungen, sondern nach einer anderen **Berechnungsart** gem. § 85 Abs. 2 Satz 2 SGB V festzulegen. Wenn somit bereits die Gesamtvertragspartner durch die Bestimmungen zum degressiven Punktwert in ihrer Vertragsfreiheit nicht eingeschränkt werden, so gilt dies um so mehr für die Kompetenzen der KZVen hinsichtlich der Honorarverteilung gem. § 85 Abs. 4 SGB V. Dies ist auch sachlich erforderlich, da der Honorarverteilungsmaßstab gem. § 85 Abs. 4 SGB V völlig andere und weitergehende **Zielsetzungen** zu verfolgen hat als die Bestimmungen zum degressiven Punktwert in § 85 Abs. 4b–f SGB V. Diese dienen jedenfalls nicht einer gleichmäßigen Verteilung der Gesamtvergütung auf das ganze Jahr gem. § 85 Abs. 4 Satz 4 SGB V und können zudem den Grundsätzen der Verteilungsgerechtigkeit widersprechen.

54 Wenn infolge massiver Punktwertabsenkungen die Wirtschaftlichkeit der vorhandenen Praxisstruktur in Frage gestellt wird und der Vertragszahnarzt bemüht ist, diese zumindest mittelfristig entsprechend zu reduzieren, wozu er nach ständiger Rechtsprechung des BSG ggf. auch unter Verwendung des groben Mittels der Zurückweisung von Patienten berechtigt ist,[90] würde damit nicht nur den Zielsetzungen des § 85 Abs. 4b–f SGB V einer zusätzlichen finanziellen Entlastung der GKV nicht Rechnung getragen, sondern zudem in dem betroffenen Planungsbereich die Sicherstellung der vertragszahnärztlichen Versorgung konkret gefährdet. In solchen Fällen ist es daher sachlich erforderlich, ggf. im Honorarverteilungsmaßstab die Möglichkeit zu erhalten, von den Bestimmungen des § 85 Abs. 4b–f SGB V **abweichende Regelungen** zu treffen, solange nur die sich rechnerisch ergebenden Kürzungsbeträge den Krankenkassen tatsächlich zufließen. Dementsprechend ist auch von der Rechtsprechung[91] ausführt worden, die Degressionsbestimmungen seien gegenüber Bestimmungen im Honorarverteilungsmaßstab insofern vorrangig, als diese die von der KZV zu verteilende Gesamtvergütung mindere. Die Degressionsbestimmungen erfassen danach die gesamte vom Vertragszahnarzt abgerechnete Punktmenge bzw. das gesamte Honorar ohne Berücksichtigung von HVM-bedingten Punktmengen- bzw. Honorarminderungen. Das vom Zahnarzt geltend gemachte Abrechnungsvolumen ist danach zunächst um den Degressionsabzug zu reduzieren. Danach dürfen auf den Zahnarzt aber weitere HVM-Bestimmungen angewendet werden. Bereits unter dem Gesichtspunkt der Honorarverteilungsgerechtigkeit ist dabei aber der zuvor erfolgte Abzug infolge der Punktwertdegression zu berücksichtigen und dieser ggf. mit einem ansonsten erfolgenden Honorarabzug infolge des HVM zu verrechnen.

IV. Rechtsbeziehungen bei der Erbringung zahntechnischer Leistungen

55 Die Erbringung (auch) zahntechnischer Leistungen hat historisch stets zum **Berufsbild des Zahnmediziners** gezählt. So umfasst die Ausübung der Zahnheilkunde gem. § 1 Abs. 3 ZHKG die berufsmäßige, auf zahnärztlich-wissenschaftlicher Erkenntnis begründete Feststellung und Behandlung von Zahn-, Mund- und Kieferkrankheiten. Da hierzu teilweise auch die Erbringung zahntechnischer Leistungen gehört, ist auch diese vom Berufsbild des Zahnarztes nach dem ZHKG umfasst. Dies folgt auch bereits aus der Tatsache, dass bestimmte zahntechnische Leistungen, wie z.B. die Herstellung provisorischer Kronen und

[90] BSGE 80, 223.
[91] BSG, MedR 2004, 168.

Brücken, in § 1 Abs. 5 ZHKG ausdrücklich als an dafür entsprechend qualifiziertes Personal delegationsfähig definiert worden sind. Auch die auf Grund von § 3 ZHKG ergangene Approbationsordnung für Zahnärzte sieht in § 50 eine Prüfung in der Zahnersatzkunde und als deren Bestandteil die Anfertigung und Eingliederung sowohl herausnehmbaren wie festsitzenden Zahnersatzes vor. Dementsprechend umfasst die vertragszahnärztliche Versorgung auch unter Geltung des Festzuschusssystems gem. §§ 55ff. SGB V[92] weiterhin die Versorgung mit Zahnersatz (§ 27 Abs. 1 Satz 2 Nr. 2a SGB V). § 15 Abs. 1 SGB V bestimmt ergänzend, dass Hilfsleistungen anderer Personen nur erbracht werden dürfen, wenn sie vom Zahnarzt angeordnet und von ihm verantwortet werden.

56 Da die zahnprothetische Behandlung regelmäßig sowohl zahnmedizinische als auch zahntechnische Leistungen voraussetzt, liegt insofern eine **einheitliche Leistung des Zahnarztes** vor,[93] für die dieser haftungsrechtlich auch in vollem Umfange, somit auch hinsichtlich der zahntechnischen Leistungen, gegenüber dem Patienten die Verantwortung zu tragen hat.[94] Soweit der Zahnarzt im Zusammenhang mit seiner zahnärztlichen Praxis ein zahntechnisches Labor nur für diese Praxis betreibt, liegt ein sogenanntes Praxislabor vor, bei dem es sich nicht um einen handwerklichen Nebenbetrieb handelt, da kein Absatz von zahntechnischen Leistungen an Dritte, sondern nur an die Praxis selber stattfindet.[95] Die in diesem Praxislabor erbrachten zahntechnischen Leistungen sind der zahnärztlichen Tätigkeit unterzuordnen.[96]

57 Der Gesetzgeber ist davon ausgegangen, dass sich die historisch gewachsene Kompetenzverteilung zwischen Zahnarzt und Zahntechniker bewährt hat[97] und zwischen gewerblichen zahntechnischen Laboratorien und Praxislaboratorien nur geringfügige Unterschiede bestehen,[98] die eine Neuordnung der Kompetenzen als nicht erforderlich erscheinen lassen. Eine nähere rechtliche Ausgestaltung der Voraussetzungen, der **Erbringung und Vergütung zahntechnischer Leistungen** ist nur im Rahmen des SGB V erfolgt. Sowohl bei der Ausgestaltung der diesbezüglichen Bestimmungen in § 88 SGB V als auch in der diesbezüglichen Rechtsprechung[99] wird die Erbringung von zahntechnischen Leistungen durch niedergelassene Vertragsärzte auch in Praxislaboratorien vorausgesetzt, die auch verfassungsrechtlich anerkannt ist.[100]

58 Soweit zahntechnische Leistungen zu einer bestimmten zahnmedizinischen Behandlung gehören, liegt insofern hinsichtlich der zahntechnischen Anfertigung des jeweiligen Werkstückes ein **Werkvertrag** vor,[101] während der Behandlungsvertrag im Übrigen grundsätzlich nach Dienstvertragsrecht zu beurteilen ist.[102] Dem Zahnarzt, der diese Leistungen selbst erbringt, steht gegenüber seinem Patienten somit unmittelbar ein werkvertraglicher Vergütungsanspruch gem. § 632 BGB zu. Werden die zahntechnischen Leistungen von einem gewerblichen Laboratorium erbracht, liegt dem ein entsprechender Werkvertrag des Zahnarztes mit diesem Laboratorium zu Grunde, mit dem der Zahnarzt im Auftrage und im Interesse seines Patienten für diesen die zahntechnischen Leistungen besorgt. Im Verhältnis des Zahnarztes zu seinem Patienten liegt daher ein **Auftragsverhältnis** im Sinne von §§ 662ff. BGB vor. Dem Zahnarzt steht gegenüber dem Patienten daher ein Aufwendungsersatzanspruch gem. § 670 BGB zu.[103] Da der Zahnarzt ggf. hinsichtlich der zahntechnischen Kosten

---

[92] Vgl. dazu die Ausführungen oben unter Rdn. 9ff.
[93] BVerwG NJW 1980, 1349.
[94] BGHZ 8, 138; 63, 306.
[95] BVerwG, NJW 1980, 1349.
[96] BGH NJW 1975, 305; 1980, 1337.
[97] BT-Drucks. 13/3881.
[98] BT-Drucks. 9/811.
[99] Vgl. z.B. BSG SozR 2200 § 368g Nrn. 15, 16; LSG Schleswig-Holstein SGb 1995, 495.
[100] BVerwG, NJW 1980, 1349.
[101] BGHZ 63, 306.
[102] BGH NJW 1975, 305.
[103] BSGE 72, 15.

in Vorlage treten muss, steht ihm in zumindest analoger Anwendung von § 669 BGB ein Anspruch auf einen Auslagenvorschuss gegenüber seinem Patienten zu.[104]

59 Die **Vergütung** für die zahntechnischen Leistungen ist grundsätzlich zwischen Zahnarzt und gewerblichem Laboratorium frei auszuhandeln. Im Bereich der gesetzlichen Krankenversicherung (mit Ausnahme der zahntechnischen Leistungen beim Zahnersatz einschließlich Zahnkronen und Suprakonstruktionen) gelten gem. § 88 Abs. 2 SGB V die zwischen den Verbänden der Krankenkassen und der Zahntechniker-Innungen auf Landesebene diesbezüglich vereinbarten **Höchstbeträge.** Diese stellen im Übrigen keine Taxe im Sinne von § 632 Abs. 2 BGB dar und können somit allenfalls ergänzend unter dem Gesichtpunkt einer üblichen Vergütung herangezogen werden.[105]

60 Diese Höchstbeträge beziehen sich auf das zwischen den Spitzenverbänden der Krankenkassen und dem Verband Deutscher Zahntechniker-Innungen (VDZI) im Benehmen mit der KZBV gem. § 88 Abs. 1 SGB V zu vereinbarende **Bundeseinheitliche Verzeichnis** der abrechnungsfähigen zahntechnischen Leistungen (BEL). Nur die darin vorgesehenen Leistungen können bei der Behandlung gesetzlich krankenversicherter Patienten abgerechnet werden. In diesem Zusammenhang können gewerbliche zahntechnische Laboratorien auch **Barzahlungsrabatte** gewähren.[106] Diese dienen der Abgeltung zusätzlicher, mit der Einschaltung des gewerblichen zahntechnischen Labors für den Zahnarzt verbundener Aufwendungen, z. B. für die Vorfinanzierung der Kosten der zahntechnischen Leistungen. Daher müssen jedenfalls Barzahlungsrabatte in der üblichen Höhe nicht an den Patienten weitergeleitet werden.[107]

61 Abweichend von dem oben dargestellten Verfahren sind die Höchstpreise für solche zahntechnischen Leistungen, die sich auf **Regelversorgungen bei Zahnersatz** und Zahnkronen einschließlich Suprakonstruktionen gem. § 56 Abs. 2 Satz 2 SGB V beziehen, von den Landesverbänden der Krankenkassen und den Verbänden der Ersatzkassen gemeinsam und einheitlich mit den Innungsverbänden der Zahntechniker-Innungen zu vereinbaren.[108] Hierdurch werden nicht nur die Berechnungsgrundlagen für die Festlegung der Festbeträge durch den Gemeinsamen Bundesausschuss gem. § 56 SGB V geschaffen, sondern zugleich die maximal abrechenbaren Vergütungen für die betreffenden zahntechnischen Leistungen auf Landesebene definiert. Dabei sind diese Vergütungen gem. § 57 Abs. 2 Satz 7 SGB V weiterhin um 5% zu vermindern, soweit die zahntechnischen Leistungen von Zahnärzten erbracht werden.

62 Die **Begrenzungen der zahntechnischen Vergütungen** auf Höchstpreise ist als verfassungsrechtlich ebenso zulässig qualifiziert worden,[109] wie die Absenkung dieser Vergütungen durch den Gesetzgeber, z. B. durch das KVEG[110] unter dem Gesichtspunkt einer Stützung der finanziellen Stabilität der gesetzlichen Krankenversicherung. Entsprechend sind die Bestimmungen des § 88 Abs. 3 SGB V hinsichtlich der Preise für zahntechnische Leistungen, die von einem Zahnarzt erbracht werden, beurteilt worden, wonach diese die Preise für gewerbliche Laboratorien um mindestens 5% zu unterschreiten haben.[111]

63 Bei der Abrechnung zahntechnischer Leistungen sind in jedem Falle die **allgemeinen Bestimmungen** des BEL zu beachten.[112] Die diesbezüglichen Bestimmungen sowie die auf dieser Grundlage vereinbarten Höchstpreise gelten auch dann, wenn zahntechnische Leis-

---

[104] OLG München OLG-Rp München 1995, 198.

[105] BSGE 72, 15.

[106] BSG NZS 1993, 35.

[107] *Pohl* ZM 1982, 2085, 2090; *Liebold/Raff/Wissing* Band II A/1 ff.; vgl. hierzu auch *Schnapp* SGb 1989, 361; zum Umfang des Erstattungsanspruches gem. § 670 allgem. z. B. BGHZ 8, 222 (229).

[108] § 57 Abs. 2 Satz 1 SGB V, vgl. dazu die Ausführungen oben unter Rdn. 15.

[109] BVerfGE 70, 1; BSG SozR 2200 § 368 g Nr. 16; BSGE 72, 15.

[110] BSG USK 88185.

[111] BSG Urt. v. 20. 11. 1985, 6 RKa 7/86.

[112] BSGE 72, 15.

tungen zulässigerweise bei einem ausländischen zahntechnischen Laboratorium in Auftrag gegeben werden. Insbesondere muss gemäß den allgemeinen Bestimmungen des BEL in jedem Falle die Rechnung des zahntechnischen Labors der Abrechnung beigefügt werden, und Fremdleistungen dürfen dabei nicht als Eigenleistungen ausgewiesen werden.[113]

64 Die Vereinbarungen gem. §§ 57 Abs. 2, 88 SGB V erlangen Geltung nur für den Bereich der gesetzlichen Krankenversicherung. Bei der Erbringung zahntechnischer Leistungen für **Privatpatienten** verbleibt es insofern bei dem Auslagenersatzanspruch des Zahnarztes gem. § 9 GOZ in Höhe der ihm tatsächlich entstandenen angemessenen Kosten. Dementsprechend ist auch in der Rechtsprechung[114] anerkannt, dass bei Privatpatienten keine Bindung an das BEL besteht.[115]

65 Die Tätigkeit des Zahntechnikers zielt auf die mängelfreie Herstellung des in Auftrag gegebenen zahntechnischen Werkstückes und daher nicht auf eine Behandlung am menschlichen Körper. Diese erfolgt vielmehr erst mit der Eingliederung des zahntechnischen Werkstückes, die durch den Zahnarzt erfolgt. Die Haftung des Zahntechnikers für **eventuelle Mängel** richtet sich somit nach dem Werkvertragsrecht gem. den §§ 633 ff. BGB. Eventuelle Mängelansprüche verjähren gem. § 634 a Abs. 1 Nr. 1 BGB grundsätzlich in zwei Jahren. Demgegenüber haftet der Zahnarzt seinem Patienten aus dem Behandlungsvertrag für die von ihm durchgeführte zahnmedizinische Behandlung insgesamt und damit auch für eventuelle Mängel des Werkstückes.[116] Dieser Anspruch richtet sich nach Dienstvertragsrecht und unterliegt der regelmäßigen Verjährungsfrist gem. § 195 BGB von drei Jahren. Nur für den Bereich der GKV ist in § 136 b Abs. 2 SGB V ergänzend bestimmt, dass der Zahnarzt für Füllungen und die Versorgung mit Zahnersatz eine **zweijährige Gewähr** zu übernehmen hat. Identische und Teilwiederholungen von Füllungen sowie die Erneuerung und Wiederherstellung von Zahnersatz einschließlich Zahnkronen sind in diesem Zeitraum vom Zahnarzt kostenfrei vorzunehmen. Diese Bestimmungen beziehen sich ausdrücklich nur auf den Zahnarzt, nicht jedoch auf den Zahntechniker, dessen Gewährleistungspflichten dadurch nicht entsprechend ausgeweitet werden.[117] Da der Zahnarzt bereits wegen der Unvorhersehbarkeit der Reaktionsweisen des menschlichen Organismus nicht für einen bestimmten Erfolg der zahnmedizinischen Behandlung einstehen kann, kommt insofern nur eine **verschuldensabhängige Haftung** in Betracht.[118] Dementsprechend hat das Bundesschiedsamt für die vertragszahnärztliche Versorgung durch Beschluss vom 13. 3. 1993 einen Ausnahmekatalog zu § 135 Abs. 4 Satz 5 SGB V a. F. festgesetzt, der eine Klärung der Verschuldensfrage durch den Prothetik-Einigungsausschuss vorsieht.[119]

V. Sonderaspekte im Prüfungsverfahren hinsichtlich vertragszahnärztlicher Leistungen

1. Bedeutung der Einzelfallprüfung

66 Im Vergleich mit dem Bereich der vertragsärztlichen Behandlungen spielen diagnostische Leistungen sowie Arznei- und Hilfsmittelverschreibungen, stationäre Behandlungen oder Krankschreibungen bei vertragszahnärztlichen Behandlungen eine untergeordnete Rolle. In weiten Leistungsbereichen, so insbesondere im Bereich der Füllungstherapien sowie der zahnprothetischen Versorgungsformen sind die erbrachten Leistungen auch unmittelbar am

---

[113] LSG Brandenburg Urt. v. 23. 8. 1994, L 5 Ka S 4/94.

[114] AG Nürnberg BZB 1995, 57; AG Dortmund Urt. v. 26. 5. 1991, 125 C 625/91; AG Frankfurt Urt. v. 27. 10. 1995, 31 C 1221/93–10.

[115] Vgl. zu den Einzelheiten *Liebold/Raff/Wissing,* Band II A/1 ff.

[116] BGHZ 63, 306.

[117] BT-Drucks. 11/2493.

[118] BGHZ 8, 138; 63, 306.

[119] *Liebold/Raff/Wissing,* Bd II A 20 f.

Patienten im Nachhinein zu überprüfen. Während im Bereich der vertragsärztlichen Versorgung bereits frühzeitig eine Überprüfung der Wirtschaftlichkeit der Behandlungsweise auf der Grundlage verschiedener statistischer Vergleichszahlen erfolgte,[120] sieht § 6 Abs. 2 der Anlage 4 zum BMV-Z vor, dass grundsätzlich eine Prüfung anhand einzelner Behandlungsfälle zu erfolgen hat, sofern eine solche Prüfung ohne unverhältnismäßige Schwierigkeiten und Aufwendungen durchgeführt werden kann.[121]

67 Eine Überprüfung des Einzelfalles ist vom BSG[122] aber nur unter der Voraussetzung als zulässige Prüfmethode qualifiziert worden, dass durch eine Vergegenwärtigung der konkreten Erkrankung des Patienten eine direkte Feststellung der medizinisch indizierten Leistungen erfolgen müsse, wofür die objektiven Befundunterlagen alleine nicht ausreichten. Demgegenüber führe die statistische Vergleichsprüfung zu objektiven Erkenntnissen, da der Zahnarzt einer entsprechenden homogenen Vergleichsgruppe gegenübergestellt werden könne. Auch wenn in der Folge eine beschränkte Einzelfallprüfung zur Ergänzung des statistischen Kostenvergleiches[123] ebenso als mögliche Prüfungsmethode qualifiziert wurde wie eine repräsentative Einzelfallprüfung mit anschließender Hochrechnung,[124] ist schließlich die so genannte eingeschränkte Einzelfallprüfung, ausgehend von der Indikationsbeurteilung des zu prüfenden Zahnarztes und dessen Abrechnungsunterlagen als gegenüber sämtlichen anderen Prüfmethoden subsidiär qualifiziert und die Auswahlkompetenz der Prüfgremien hinsichtlich der ihnen als geeignet erscheinenden Prüfmethoden insofern beseitigt worden.[125]

68 Diese Entwicklung ist durch die Neufassung des § 106 SGB V durch das GMG aber korrigiert worden. Die dort in Abs. 2 Satz 1 Nr. 1 bisher im Rahmen der Auffälligkeitsprüfung obligatorisch vorgesehene Prüfung nach Durchschnittswerten ist nunmehr beseitigt worden. Ein derartiges Prüfverfahren kann nach der Neufassung von § 106 Abs. 2 Satz 4 SGB V nur noch auf der Grundlage einer gesamtvertraglichen Vereinbarung über die in § 106 Abs. 2 Satz 1 SGB V vorgesehenen Prüfungen hinaus vereinbart werden. Im Übrigen ist das Prüfungsverfahren weiterhin gem. § 106 Abs. 3 SGB V in Vereinbarungen näher zu regeln. Dabei ist unter anderem festzulegen, dass der Prüfungsausschuss auf Antrag der KZV, der Krankenkasse oder ihres Verbandes Einzelfallprüfungen durchführt. Während bisher, ausgehend von den Verhältnissen im Bereich der vertragsärztlichen Versorgung und der darauf aufbauenden Rechtsprechung des BSG, die Prüfung auf der Grundlage statistischer Vergleichswerte als vorrangige Prüfmethode bewertet war, ist damit eine Schwerpunktverschiebung zur Einzelfallprüfung erfolgt, die zumindest auf Antrag eines Vertragspartners obligatorisch durchzuführen ist. In den diesbezüglichen Materialien[126] wird insofern ausgeführt, bei der Durchschnittsprüfung handele es sich um ein qualitativ minderwertiges Prüfungsverfahren, da es ausschließlich auf satistischen Auffälligkeiten basiere und verdeckte Unwirtschaftlichkeiten nicht erkannt werden könnten. Insbesondere könnten die einzelnen Arztgruppen durch ihr Leistungs- und Verordnungsverhalten die Höhe der Durchschnittswerte nachhaltig beeinflussen.[127] Damit hat der Gesetzgeber auf die Kritik an dem bisherigen Verfahren reagiert und wiederum die Möglichkeit eröffnet, die überlegenen Erkenntnismöglichkeiten der Einzelfallprüfung gerade im Bereich der vertragszahnärztlichen Leistungen zu nutzen.

2. Vertraglich vereinbartes Gutachterverfahren

69 Weite Bereiche der vertragszahnärztlichen Versorgung, so insbesondere diejenigen der parodontologischen, kieferorthopädischen und zahnprothetischen Behandlungen, sind

---

[120] Z. B. BSG USK 7131.
[121] BSGE 11, 102, 113; BSG SozR 2200 § 368 n Nrn. 33 u. 48.
[122] BSGE 62, 18.
[123] BSG SozR 2200 § 368 n Nr. 57.
[124] BSGE 70, 246.
[125] BSGE 77, 53.
[126] BT-Drucks. 15/1525, 113.
[127] Zu den Neuregelungen insgesamt *Dalichau,* MedR 2004, 197.

dadurch geprägt, dass es sich um besonders **aufwändige Versorgungsformen** handelt, die regelmäßig nicht nur mit erheblichen finanziellen Aufwendungen verbunden sind, sondern bei denen sich die Behandlung auch über einen längeren Zeitraum, bei kieferorthopädischen Behandlungen regelmäßig über mehrere Jahre, erstreckt. Auch vor dem Hindergrund, dass die Versicherten bei kieferorthopädischen und zahnprothetischen Behandlungen gemäß den §§ 29, 55ff. SGB V einen zum Teil nicht unerheblichen Eigenanteil tragen müssen, besteht bei allen Beteiligten ein berechtigtes Interesse daran, bereits vor Beginn der Behandlung abschließend zu erfahren, ob die vorgesehenen Behandlungsmaßnahmen den Wirtschaftlichkeitskriterien des SGB V entsprechen.

70 Die voraussichtlichen Kosten für kieferorthopädische, zahnprothetische und parodontologische Behandlungen sind in den entsprechenden Behandlungsplanungen bzw. den **Heil- und Kostenplänen** vorauszuschätzen. Im Rahmen dieser Vorausschätzung sind die Behandlungskosten nach einer entsprechenden Bewilligung durch die Krankenkassen einer nachträglichen Wirtschaftlichkeitsprüfung gem. § 106 SGB V entzogen.[128] Bei Zahnersatzversorgungen findet eine solche in Folge des Festzuschusssystems der §§ 55, 87 Abs. 1a ff. SGB V ohnehin nur noch in eingeschränkter Form statt.[129] Eine sachlich-rechnerische Richtigstellung durch die KZV ist aber auch insofern möglich.[130] Ebenso haben sich die vertraglich vereinbarten Verfahren zur Überprüfung eventueller Mängel einer zahnprothetischen Versorgung[131] auch auf die Material- und Laborkosten erstreckt. Darüber hinaus kann auch ein öffentlich-rechtlicher Erstattungsanspruch der Krankenkassen gegenüber den KZVen hinsichtlich tatsächlich nicht verauslagter Kosten bestehen.[132] In den Bundesmantelverträgen ist für diese Versorgungsformen somit jeweils eine vorherige Behandlungsplanung vorgesehen, verbunden mit der Möglichkeit für die Krankenkasse, ein vertraglich vereinbartes Gutachterverfahren einzuleiten.[133] Der Gutachter hat danach unter Wahrung der Therapiefreiheit des behandelnden Zahnarztes unter fachlichen Gesichtspunkten zu der Frage Stellung zu nehmen, ob die vorgesehenen therapeutischen Maßnahmen in einem sinnvollen Verhältnis zur Prognose und zur erreichbaren Verbesserung des Gesundheitszustandes des Patienten stehen.

71 Gegebenenfalls auf der Grundlage entsprechender gutachterlicher Stellungnahmen entscheidet die Krankenkasse sodann über ihre, ggf. anteilige Kostenübernahme und teilt ihre Entscheidung dem Vertragszahnarzt mit. Bei dieser **Kostenübernahmeerklärung** handelt es sich um einen Verwaltungsakt der Krankenkasse gegenüber ihrem Versicherten, nicht jedoch gegenüber dem Vertragszahnarzt, da der Krankenkasse insofern keine Regelungskompetenz zusteht.[134] Es tritt jedoch eine Selbstbindung der Krankenkasse auch gegenüber dem Vertragszahnarzt ein,[135] soweit diese bestimmte Behandlungsmaßnahmen bzw. Aufwendungen für zahntechnische Leistungen mit einer Kostenübernahmeerklärung versieht. Eine ergänzende, **nachträgliche Wirtschaftlichkeitsprüfung** ist nur insoweit zulässig, als die tatsächlich abgerechneten Leistungen die geplanten und mit einer Kostenübernahmeerklärung der Krankenkasse versehenen Behandlungsmaßnahmen übersteigen, bzw. Mängel einer zahnprothetischen Versorgung geltend gemacht werden.[136] Die Bun-

---

[128] BSG SozR 3–5555 § 12 Nr. 3; NZS 1993, 178.

[129] Vgl. dazu die Ausführungen oben unter Rdn. 23.

[130] SG München Urt. v. 1. 2. 1983, S 33/KA 16/81 Z.

[131] § 4 Abs. 1 der Anlage 12 zum BMV-Z.

[132] BSG NZS 1993, 326; BSGE 69, 158; BSG SozR 2200 § 368f Nr. 11.

[133] § 2 Abs. 3 i.V.m. den Anlagen 6, 9 u. 12 BMV-Z; §§ 22–26 i.V.m. den Anlagen 5–6c KZBV-VdAK/AEV-Vertrag.

[134] BSG SozR 3-5555 § 12 Nr. 3; SGb 1998, 109; LSG NRW Urt. v. 27. 11. 1985, L 11 KA 72/84; SG Münster Urt. v. 23. 3. 1982, S 12 (16)KA 169/81.

[135] BSG NZS 1993, 178.

[136] BSG SozR 3–5555 § 12 Nr. 3; Urt. v. 16. 1. 1991, 6 RKa 25/89; NZS 1993, 178; LSG Niedersachsen Urt. v. 12. 4. 1989, L 5 Ka 24/86; LSG NRW Urt. v. 27. 11. 1985, L 11 Ka 72/84.

desmantelvertragspartner haben durch diese Bestimmungen von ihrer Kompetenz zur Regelung auch des Prüfungsverfahrens zulässigerweise Gebrauch gemacht.[137]

72 Dem stehen auch die näheren Bestimmungen des § 275 SGB V nicht entgegen.[138] Danach kommt dem **Medizinischen Dienst der Krankenkassen** keine generelle Begutachtungskompetenz zu, sondern diese ergibt sich nur in den gesetzlich besonders geregelten Fallgestaltungen. Für zahnprothetische Behandlungen sieht § 275 Abs. 2 Nr. 5 SGB V eine Überprüfung darauf vor, ob die Versorgung mit Zahnersatz aus medizinischen Gründen ausnahmsweise unaufschiebbar ist. Bereits in den Materialien zum GRG[139] wird darauf hingewiesen, dass das „zwischen Krankenkassen und Kassenzahnärzten vereinbarte Gutachterverfahren Vorrang vor einer Prüfung nach Abs. 1 Satz 2 haben" soll. Die Kompetenz zur Regelung der Wirtschaftlichkeitsprüfungen ist zudem weiterhin den Gesamtvertragspartnern nach näherer Maßgabe des § 106 SGB V übertragen worden.

73 Daher kommt auch eine Kompetenz des Medizinischen Dienstes gem. § 275 Abs. 1 Nr. 1 SGB V nicht in Betracht. Danach sind die Krankenkassen in den gesetzlich bestimmten Fällen oder wenn es nach Art, Schwere, Dauer oder Häufigkeit der Erkrankung oder nach dem Krankheitsverlauf erforderlich ist, verpflichtet, bei Erbringung von Leistungen, insbesondere zur Prüfung von Voraussetzung, Art und Umfang der Leistung, eine **gutachterliche Stellungnahme des Medizinischen Dienstes** einzuholen. Nach der Art und der Dauer der Erkrankungen bei Versorgung mit Zahnersatz und kieferorthopädischen Behandlungen ist eine solche gutachterliche Stellungnahme aber nicht erforderlich, da die Vertragspartner nicht nur zur Überprüfung der Voraussetzungen, sondern auch der Wirtschaftlichkeit der geplanten Leistungen zulässigerweise das Gutachterverfahren vereinbart haben. Hierzu hat das BSG mit Urteil vom 18. 5. 1989[140] bezüglich eines zahnärztlichen Beratungsdienstes einer Krankenkasse entschieden, dass es dieser zwar unbenommen sei, sich bei medizinischen Fragestellungen von Dritten beraten zu lassen, dass sie deren gutachterliche Äußerungen aber nicht zum Gegenstand einer den Antrag des Versicherten förmlich ablehnenden Entscheidung machen darf. Vor einer derartigen Entscheidung muss die Krankenkasse danach vielmehr den einvernehmlich bestellten Gutachter einschalten.

74 Im Ergebnis kommt daher eine Einschaltung des Medizinischen Dienstes nur in Ausübung seiner allgemeinen Beratungsfunktion gemäß § 275 Abs. 4 SGB V in Betracht. Dann besteht aber auch keine generelle Verpflichtung der Vertragszahnärzte, dem Medizinischen Dienst **Behandlungsunterlagen** auf Anforderung zur Verfügung zu stellen. Unabhängig davon, ob die hier in Frage stehenden Behandlungsunterlagen (in Betracht kommen insbesondere Röntgenaufnahmen und Kiefermodelle) dem Begriff der Sozialdaten im Sinne von § 276 Abs. 2 SGB V unterfallen, beschränkt Satz 1 Halbsatz 2 dieser Bestimmung eine entsprechende Vorlagepflicht auf die Fälle, in denen die Krankenkassen nach § 275 Abs. 1–3 SGB V eine gutachterliche Stellungnahme oder eine Prüfung durch den Medizinischen Dienst veranlasst haben. Soweit es sich lediglich um eine Beratungstätigkeit des Medizinischen Dienstes im Rahmen des § 275 Abs. 4 SGB V handelt, ist nach dieser ausdrücklichen Bestimmung eine Übermittlung von Sozialdaten seitens der Leistungserbringer an den Medizinischen Dienst unzulässig.[141]

3. Sachliche Grenzen einer Plausibilitätsprüfung

75 Gemäß § 106a Abs. 1 SGB V haben die KZVen und Krankenkassen die Rechtmäßigkeit und Plausibilität der Abrechnungen in der vertragszahnärztlichen Versorgung zu prü-

---

[137] BSGE 65, 94; LSG NRW, ZM 1974, 120; ZM 1983, 2758; Urt. v. 11. 5. 1983, L 11 Ka 56/81; SGb 1989, 267.

[138] A. A. LSG Baden-Württemberg, MedR 1995, 335, mit kritischer Anm. von *Boni*.

[139] BT-Drucks. 11/2237; 11/2493.

[140] BSGE 65, 94.

[141] Bay LSG NZS 1999, 553; vgl. auch LSG Rheinland-Pfalz, MedR 1996, 269; a. A. LSG Baden Württemberg MedR 1995, 335; 97, 331; SG Freiburg Urt. v. 27. 10. 1994, S 1 Ka 403/94.

fen. Hierzu gehört gem. § 106a Abs. 2 SGB V auch die arztbezogene Prüfung der Abrechnungen auf Plausibilität, wobei insbesondere der Umfang der je Tag abgerechneten Leistungen im Hinblick auf den damit verbundenen **Zeitaufwand** des Vertragszahnarztes zugrunde zu legen ist. Es können auch Zeitrahmen für die in längeren Zeitperioden höchstens abrechenbaren Leistungsvolumina zugrunde gelegt werden. Die KBVen und die Spitzenverbände der Krankenkassen haben gem. § 106a Abs. 6 SGB V erstmalig bis zum 30. 6. 2004 Richtlinien zum Inhalt und zur Durchführung der Prüfungen zu vereinbaren.

76 Dieses Prüfinstrument, das für den Bereich der vertragsärztlichen Versorgung entwickelt worden ist,[142] kann auf den Bereich der vertragszahnärztlichen Versorgung **nicht übertragen** werden, da die vertragszahnärztlichen Leistungen in einer Vielzahl von Fällen regelmäßig nicht in Gänze an dem Tag erbracht werden können, zu dem sie in der Abrechnung erscheinen. So werden beispielsweise zahnprothetische Versorgungen regelmäßig mit dem Tag der Eingliederung insgesamt abgerechnet. Die damit erfassten Leistungen erstrecken sich regelmäßig über einen Zeitraum von Tagen oder Wochen, ohne dass dies aus der Angabe des bloßen Abrechnungstages ersichtlich wäre. Daran ändert auch die in § 106a Abs. 2 Satz 3 SGB V fakultativ vorgesehene zusätzliche Orientierung an in längeren Zeitperioden höchstens abrechenbaren Leistungsvolumina nichts Grundsätzliches, da auch insofern eine konkrete Zuordnung der Zeitaufwendungen für bestimmte Leistungen innerhalb des jeweiligen Prüfungszeitraumes nicht möglich ist. Hier ist die Bestimmung des § 106a SGB V nicht nur praktisch nicht umsetzbar, sondern zur Erreichung der damit verfolgten Zielsetzung auch inhaltlich ungeeignet. Dieses Prüfungsverfahren bezieht sich nicht auf die Überprüfung der Wirtschaftlichkeit, sondern auf die Feststellung eventueller betrügerischer Abrechnungen in der Unterform einer Abrechnung tatsächlich nicht erbrachter Leistungen. Die dabei vorausgesetzten Annahmen hinsichtlich des Zeitbedarfes für die abgerechneten Leistungen fordern geradezu dazu auf, Abrechnungen an derartigen Durchschnittswerten zu orientieren und ggf. zu „optimieren“. Tatsächliche Betrugsfälle können durch dieses Instrumentarium daher nicht erkennt werden, bzw. werden dadurch noch zusätzlich erleichtert.

77 In diesem Zusammenhang ist auch bemerkenswert, dass durch das GMG in § 106 Abs. 2 Satz 1 Nr. 1 SGB V die bisherigen **Durchschnittsprüfungen** im Rahmen der allgemeinen Wirtschaftlichkeitsprüfung **beseitigt** worden sind. Dies ist mit der Bewertung begründet worden,[143] dass eine in diesem Zusammenhang erfolgende Abstellung auf durchschnittliche Abrechnungswerte nicht effizient sei. Dieser Aspekt trifft aber auch auf eine bloße statistische Betrachtung der in einem bestimmten Zeitraum von einem Vertragszahnarzt erbrachten Leistungen auf der Grundlage theoretisch bestimmter, durchschnittlicher Leistungszeiten zu.

VI. Sonderaspekte des Vertragszahnarztrechtes im Zulassungsrecht

1. Zulassungsverordnung für Zahnärzte

78 Im SGB V und in der Zulassungsverordnung für Zahnärzte (ZV-Z) ist die weniger weitgehende Ausdifferenzierung verschiedener Fachgebiete der zahnärztlichen Tätigkeit zum Anlass genommen worden, in §§ 95 Abs. 2 Satz 3 Nr. 2 SGB V, 3 Abs. 2b ZV-Z nicht eine abgeschlossene Weiterbildung, sondern die Ableistung einer zumindest zweijährigen **Vorbereitungszeit** als Voraussetzung für die Eintragung in das Zahnarztregister vorzusehen. Gemäß § 3 Abs. 3 ZV-Z müssen von dieser Vorbereitungszeit mindestens sechs Monate als Assistent oder Vertreter eines oder mehrerer Vertragszahnärzte absolviert

[142] Dazu z. B. BSGE 73, 234; 74, 44; 86, 30.
[143] BT-Drucks. 15/1525, 113 f.

werden.[144] Die Vorbereitungszeit muss „mindestens" einen Zeitraum von zwei Jahren umfassen. Sie kann sich daher auch über diesen Zeitraum hinaus erstrecken. Die Beschäftigung eines Vorbereitungsassistenten bedarf jedoch gem. § 32 Abs. 2 Satz 1 ZV-Z der Genehmigung durch die KZV. Da die Ableistung der Vorbereitungszeit Voraussetzung für die Tätigkeit als Vertragszahnarzt ist, besteht auf die Erteilung einer solchen Genehmigung grundsätzlich ein Anspruch. Die Anerkennung tatsächlich geleisteter Vorbereitungszeiten kann daher auch nicht deshalb verweigert werden, weil keine Genehmigung gem. § 32 Abs. 2 Satz 1 ZV-Z vorgelegen hat.[145] Dementsprechend wird die Beschäftigung eines Vorbereitungsassistenten im Rahmen des degressiven Punktwertes in § 85 Abs. 4b Satz 7 SGB V durch eine Erhöhung der jeweiligen Punktmengengrenzen um 25% berücksichtigt.

2. Bestimmungen der Bedarfsplanungsrichtlinien des Bundesausschusses

79 Gegenüber dem Bedarfsplanungsrecht im Bereich der vertragsärztlichen Versorgung sind in den Bedarfsplanungsrichtlinien des Bundesausschusses der Zahnärzte und Krankenkassen[146] lediglich **Verhältniszahlen** für die allgemeine vertragszahnärztliche Versorgung einerseits und für die kieferorthopädische Versorgung andererseits festgelegt worden. Ebenso hat es der Bundesausschuss der Zahnärzte und Krankenkassen nicht für erforderlich erachtet, unterschiedliche Verhältniszahlen für insgesamt 10 verschiedene Raumgliederungsformen festzusetzen. Vielmehr sind gemäß der Anlage 6 der Bedarfsplanungsrichtlinien lediglich bestimmte Gebiete, regelmäßig solche in großstädtischen Bereichen, aufgeführt, für die besondere Verhältniszahlen in der zahnärztlichen Versorgung festgelegt worden sind. Es gelten danach z. Z. folgende Verhältniszahlen:
- im Bereich der zahnärztlichen Versorgung,
- für die in der Anlage 6 aufgeführten Gebiete 1:1280,
- für die übrigen Gebiete 1:1680,
- für den Bereich der kieferorthopädischen Versorgung 1:16000.

80 Die Bestimmungen in den Richtlinien zu den in § 101 Abs. 1 Nrn. 4 u. 5 SGB V vorgesehenen Leistungsbegrenzungen als Voraussetzung für die Anstellung eines angestellten Zahnarztes bzw. der ausnahmsweisen Zulassung eines Zahnarztes zur gemeinsamen vertragszahnärztlichen Tätigkeit in einem Planungsbereich, für den Zulassungsbeschränkungen angeordnet sind, beinhalten **keine Fortschreibung der individuellen Gesamtpunktzahlvolumen** in Orientierung an der Entwicklung des jeweiligen Fachgruppendurchschnitts des Vorjahresquartals. Es ist dabei davon ausgegangen worden, dass unterschiedliche Fachgruppen im vertragszahnärztlichen Bereich in wesentlich kleinerer Zahl existieren, als im Bereich der vertragsärztlichen Versorgung. Zudem hätte eine ständige Anpassung der Obergrenzen an die Entwicklung des jeweiligen Fachgruppendurchschnitts zur Folge gehabt, dass die jeweiligen Praxen erst im Nachhinein hätten erfahren können, welche konkreten Punktmengengrenzen für sie in den zurückliegenden vier Quartalen tatsächlich gegolten haben.

VII. Qualitätssicherung im Bereich der vertragszahnärztlichen Versorgung

81 Die Bestimmungen zur Qualitätssicherung in der vertragszahnärztlichen Versorgung in § 136b SGB V entsprechen im Wesentlichen denjenigen in § 136a SGB V hinsichtlich der Qualitätssicherung in der vertragsärztlichen Versorgung. Die darin vorgesehenen ver-

---

[144] Dazu BSGE 65, 89; BSG NZS 1997, 139.

[145] *Schallen* § 3 ZV-Z Rdn. 67.

[146] In der am 21. 9. 1999 geänderten und ab 9. 12. 1999 gültigen Fassung.

pflichtenden Maßnahmen der Qualitätssicherung nach § 135a Abs. 2 SGB V und die Kriterien für die indikationsbezogene Notwendigkeit und Qualität aufwändiger diagnostischer und therapeutischer Leistungen sind bisher durch den Bundesausschuss nicht bestimmt worden.[147] Bereits § 135 Abs. 4 Satz 3 SGB V i.d.F. des GRG (jetzt § 136b Abs. 2 Satz 3) verpflichtete den Zahnarzt zur Übernahme einer zweijährigen Gewähr für Füllungen und die Versorgung mit Zahnersatz und sah die Möglichkeit der Vereinbarung längerer Gewährleistungsfristen und diesbezüglicher Vergütungszuschläge vor. Ausweislich der diesbezüglichen Begründung[148] ließ sich der Gesetzgeber dabei von der Vorstellung leiten, bei sorgfältiger zahnärztlicher Arbeit müsse grundsätzlich von einer mindestens zweijährigen Haltbarkeit von Füllungen und Zahnersatz ausgegangen werden. Von diesen Bestimmungen sei eine qualitätssteigernde Wirkung zu erwarten. Demgegenüber haben diese Bestimmungen in der Vergangenheit aber keine praktische Relevanz erlangt.

82 Das Bundesschiedsamt für die vertragszahnärztliche Versorgung hat einen **Ausnahmekatalog** festgesetzt, der nicht nur einzelne Ausnahmetatbestände festlegt, die nicht einer Gewährleistung gem. § 136b Abs. 2 Satz 3 SGB V unterfallen, sondern darüber hinaus eine entsprechende Gewährübernahme von der konkreten Feststellung eines Verschuldens im Einzelfalle abhängig macht. Damit wurde die Konsequenz aus der Rechtslage gezogen, wonach der Zahnarzt auch bei der Versorgung mit Zahnersatz nicht nach Werkvertragsrecht für unverschuldete Mängel haftet.[149] Wie bei jeder Heilbehandlung, ist auch bei der Versorgung mit Zahnersatz und der Füllungstherapie die Übernahme einer **Garantie** hinsichtlich des Erfolges der zahnärztlichen Behandlung wegen der Unvorhersehbarkeit der Reaktionsweisen des menschlichen Organismus nicht möglich.[150] Nicht nur wegen des damit für den Zahnarzt verbundenen unübersehbaren Haftungsrisikos,[151] sondern auch wegen der Besonderheiten der zahnärztlichen Behandlung ist die Übernahme einer Erfolgsgarantie durch den Zahnarzt daher ausgeschlossen. Zudem sind klinisch kontrollierte Studien nur schwer oder gar nicht durchzuführen.[152] Infolge des durch das Bundesschiedsamt festgelegten Ausnahmekatalogs ist die hinsichtlich § 135 Abs. 4 Satz 3 SGB V a.F. noch umstrittene Frage, inwiefern der Gesetzgeber dabei von einer verschuldensunabhängigen Garantieverpflichtung des Zahnarztes ausgegangen ist,[153] entschieden.

84 Auch zu der in § 136b Abs. 2 Satz 7 SGB V vorgesehenen Einräumung **längerer Gewährleistungsfristen** bzw. diesbezüglichen Verträgen ist es bisher nicht gekommen. Ein auf der Grundlage des § 135 Abs. 4 SGB V a.F. formulierter Mustervertrag konnte nicht umgesetzt werden, da er neben der Vereinbarung längerer Gewährleistungsfristen und diesbezüglicher Vergütungszuschläge auch weitere Regelungen wie die Vereinbarung einer verschuldensunabhängigen Haftung, eines Gutachterverfahrens sowie eine Bindung des Patienten an den jeweils behandelnden Zahnarzt vorsah. Er ging damit über die Ermächtigungsgrundlage des § 135 Abs. 4 SGB V a.F. hinaus.[154]

---

[147] Zu den verfassungsrechtlichen Grenzen insbesondere von Zertifizierungs- und Rezertifizierungsverfahren vgl. *Tettinger* GesR 2003, 1.

[148] BT-Drucks. 11/2493.

[149] Z.B. BGHZ 8, 138; 63, 306.

[150] Z.B. *Laufs/Uhlenburck,* Handbuch des Arztrechts, § 39 Rdn. 10 m.w.N.; *Taupitz* NJW 1986, 2851.

[151] *Deutsch,* ArtzR und ArzneimittelR, Rdn. 38

[152] Z.B. *Walther/Micheelis* (Hrsg.)/*Kerschbaum,* Evidence-Based Dentistry, 2000, 154f.

[153] *Schulin/Henninger* Band I § 39 Rdn. 112; a.A. *Krauskopf* § 135 Rdn. 9; *Liebold/Raff/Wissing* Band II A/19ff.

[154] LSG NRW Urt. v. 22. 5. 1996, L 11 KA 61/95.

§ 23 Sozialgerichtliches Verfahren und Vertragsarztrecht

Schrifttum: *Bader/Hohmann/Klein,* Die ehrenamtlichen Richterinnen und Richter beim Arbeits- und Sozialgericht; 11. Auflage, 2004; *Baumbach/Lauterbach/Albers/Hartmann,* Zivilprozessordnung, 2004, 62. Auflage; *Eyermann,* Verwaltungsgerichtsordnung, 11. Aufl. 2000; *Gerold/Schmidt/von Eicken/Madert,* Bundesgebührenordnung für Rechtsanwälte, 14. Auflage, 1999; *Hartmann,* Kostengesetze, 30. Auflage, 2001; *Hartmann,* Kostengesetze, 2002, 31. Auflage; *Hartmann,* Kostengesetze, 34. Auflage, 2004; *Jansen* (Hrsg), Berliner Kommentare, Sozialgerichtsgesetz, 1. Auflage, 2003; *Kissel,* Gerichtsverfassungsgesetz, 3. Auflage, 2001; *Kopp/Schenke,* Verwaltungsgerichtsordnung, 12. Auflage, 2000; *Krasney/Udsching,* Handbuch des sozialgerichtlichen Verfahrens, 3. Aufl. 2002; *Kummer,* Das sozialgerichtliche Verfahren, 2. Auflage, 2004; *Meyer-Ladewig,* Sozialgerichtsgesetz mit Erläuterungen, 7. Aufl., 2002; *Peters,* Handbuch der Krankenversicherung, Sozialgesetzbuch V, 19. Auflage, Stand 1. 11. 2000; *Peters/Sautter/Wolff,* Kommentar zur Sozialgerichtsbarkeit, 4. Aufl., Stand: 4/2003; *Redeker/von Oertzen,* Verwaltungsgerichtsordnung, 13. Auflage, 2000; *Rohwer-Kahlmann,* Aufbau und Verfahren der Sozialgerichtsbarkeit, Kommentar zum SGG, 4. Aufl., Stand: Juli 2000; *Schnapp* (Hrsg.), Handbuch des sozialrechtlichen Schiedsverfahrens, 2003; *Schulin,* Handbuch der Sozialversicherungsrechts, Band 1, Krankenversicherungsrecht, 1994; *Wenner/Terdenge/Martin,* Grundzüge der Sozialgerichtsbarkeit, 2. Aufl. 1999; *Schallen,* Zulassungsverordnung für Vertragsärzte, Vertragszahnärzte, Psychotherapeuten, 3. Aufl. 2000; *Zeihe,* Das Sozialgerichtsgesetz und seine Anwendung, Stand: 1. 5. 2004.

Übersicht

I. Vorbemerkung

1 Seit Erscheinen der 1. Auflage dieses Werkes im Jahre 2002 ist der Gesetzgeber nicht nur hinsichtlich des materiellen Rechts in heftigen Aktionismus verfallen. Das Verfahrensrecht ist gleichermaßen betroffen. Darüber hinaus steht die gesamte durch Art. 95 Abs. 1 GG „gesicherte" Struktur der Gerichtsorganisation auf dem Prüfstand. Nach heftigen politischen Auseinandersetzungen[1] ist ab dem 1. 1. 2005 das Gesetz zur Einordnung des Sozialhilferechts in das Sozialgesetzbuch vom 27. 12. 2003[2] sowie das Vierte Gesetz für moderne Dienstleistungen am Arbeitsmarkt vom 24. 12. 2003[3] in Kraft treten. Bislang waren Streitigkeiten nach dem Bundessozialhilfegesetz (BSHG) den Verwaltungsgerichten zugewiesen. Beide Gesetze sehen nunmehr vor, dass die Rechtswegzuständigkeit auf die Sozialgerichtsbarkeit übergeht.[4] Allerdings hat die Bundesregierung in den Beratungen des Vermittlungsausschusses am 16. 12. 2003 folgende Protokollnotiz abgeben:

> „Um den Ländern zu ermöglichen, Auslastungsunterschiede zwischen der Verwaltungsgerichtsbarkeit und der Sozialgerichtsbarkeit auszugleichen, wird die Bundesregierung – vorbehaltlich einer verfassungsrechtlichen Prüfung – bis zum 30. 6. 2004 einen Gesetzentwurf vorlegen, der folgende Eckpunkte enthält:
> a) Den Ländern wird gestattet, die Sozialgerichtsbarkeit durch besondere Spruchkörper der Verwaltungsgerichte und der Oberverwaltungsgerichte auszuüben.
> b) Für die so gebildeten besonderen Spruchkörper der Verwaltungsgerichte und Oberverwaltungsgerichte gelten die gerichtsverfassungsrechtlichen und verfahrensrechtlichen Vorschriften des Sozialgerichtsgesetzes."

2 Nunmehr ist das Siebte Gesetz zur Änderung des Sozialgerichtsgesetzes (7. SGG-ÄndG) vom 9. 12. 2004 in Kraft getreten.[5] Dadurch wird den Ländern mittels einer **Optionsklausel** ermöglicht, zeitweise Aufgaben der Sozialgerichtsbarkeit von besonderen Spruchkörpern der Verwaltungsgerichte und der Oberverwaltungsgerichte wahrnehmen zu lassen (§ 50 a).[6] Nicht alle Länder wollen von der Option Gebrauch machen. Daher wird sich eine **Rechtswegzersplitterung** ergeben. Während in einigen Bundesländern die Verwaltungsgerichte zuständig sein werden, ist in anderen Bundesländern (u. a. Nordrhein-Westfalen) die Zuständigkeit der Sozialgerichte gegeben. Das Vertragsarztrecht scheint hiervon nicht betroffen. Das täuscht indessen. Denn parallel zu der Frage, welcher Gerichtsbarkeit die Zuständigkeit für die Grundsicherung für Arbeitsuchende durch das Vierte Gesetz für moderne Dienstleistungen am Arbeitsmarkt vom 24. 12. 2003 und die

---

[1] Vgl. nur die Stellungnahmen unter www.drb.de und www.rivsgbnrw.de
[2] BGBl. I, S. 3022; vgl. auch BT-Drucksachen 15/1514, 15/1636, 15/1734, 15/1761, 15/1995 und 15/2260.
[3] BGBl. I, S. 2954; vgl. auch BT-Drucksachen 15/1516, 15/1638, 15/1728, 15/1749, 15/1994 und 15/2259.
[4] Kritisch *Geiger* NJW 2004, 1850 ff.
[5] BGBl. I, 2004, S. 3302 ff.
[6] Zur verfassungsrechtlichen Problematik *von Renesse* in NZS 2004.

Zuständigkeit für Streitigkeiten über Sozialhilfeangelegenheiten durch das Gesetz zur Einordnung des Sozialhilferechts in das Sozialgesetzbuch zugewiesen wird, hat der Bundesrat u. a. auf Initiative des Landes Baden-Württemberg den Entwurf eines Zusammenführungsgesetzes mit dem Ziel eingebracht, den Ländern zu ermöglichen, die in ihrem Bereich errichteten Gerichte der Verwaltungs-, Sozial- und Finanzgerichtsbarkeit zu einer **einheitlichen öffentlich-rechtlichen Gerichtsbarkeit** zusammenzulegen.[7] Dies bedarf allerdings einer Änderung der Art. 95, 108 des Grundgesetzes, die nur mit einer Zweidrittel-Mehrheit des Bundestages möglich ist.[8] Wir sehen, die Achterbahnfahrt des Gesetzgebers[9] betrifft auch das Vertragsarztrecht. Das Ende ist offen. Überraschungen sind jederzeit möglich.

II. Die Gerichtsverfassung

1. Fachspruchkörper

3 Die Sozialgerichtsbarkeit wird durch unabhängige, von den Verwaltungsbehörden getrennte, **besondere Verwaltungsgerichte** ausgeübt (§ 1 SGG). Durch Artikel 1 des 7. SGG-ÄndG wird ein Satz 2 dergestalt hinzugefügt, dass die Sozialgerichtsbarkeit auch durch besondere Spruchkörper der Verwaltungsgerichte und Oberverwaltungsgerichte ausgeübt werden kann. Die Sinnhaftigkeit dieses Vorhabens soll hier nicht diskutiert werden.[10] Dennoch sei angemerkt, dass die terminologische „Qualität" des § 1 Satz 2 erstaunt. Begrifflich umschreibt „Sozialgerichtsbarkeit" die Rechtsprechung durch Sozialgerichte auf den ihnen nach § 51 zugewiesenen Gebieten und die sonst den Sozialgerichten zugewiesenen Aufgaben wie Selbstverwaltung und Geschäftsverteilung.[11] Auf der Grundlage von § 1 Satz 2 des Entwurfs würde die gesamte Rechtsprechung der Sozialgerichte, also auch das Vertragsarztrecht, zukünftig durch die Verwaltungsgerichte ausgeübt werden, sofern das jeweilige Bundesland von dieser Option Gebrauch macht. Das aber ist gar nicht gemeint. Denn nach § 50a SGG n. F. wird den Ländern nur die Befugnis dahin eingeräumt, dass die Sozialgerichtsbarkeit in Angelegenheiten der Sozialhilfe und des Asylbewerberleistungsgesetzes (§ 51 Abs. 1 Nr. 6a des Entwurfs) sowie in Angelegenheiten der Grundsicherung für Arbeitsuchende durch **besondere Spruchköper der Verwaltungsgerichte und Oberverwaltungsgerichte** ausgeübt wird.

4 Der sozialgerichtliche **Rechtszug** ist dreistufig aufgebaut. Hierzu sind in den Ländern Sozialgerichte und Landessozialgerichte und im Bund das Bundessozialgericht errichtet (§ 2 SGG). Beim Sozialgericht wird die Kammer grundsätzlich in der Besetzung mit einem Vorsitzenden und zwei ehrenamtlichen Richtern tätig (§ 12 SGG). Die Senate beim Landessozialgericht (§ 31 SGG) und Bundessozialgericht (§ 40 SGG) bestehen aus drei Berufsrichtern und zwei ehrenamtlichen Richtern. Es gilt das Prinzip der **Fachspruchkörper.** Hierzu sind beim Sozialgericht Spezialkammern für Angelegenheiten der Sozialversicherung (das sind: Kranken-, Pflege-, Unfall- und Rentenversicherung, vgl. § 4 Abs. 2 SGB I), der Arbeitsförderung einschließlich der übrigen Aufgaben der Bundesanstalt für Arbeit sowie des sozialen Entschädigungsrechts und des Schwerbehindertenrechts gebildet (§ 10 Abs. 1 Satz 1 SGG). Infolge des 7. SGG-ÄndG sind Kammern für Angelegenheiten der Grundsicherung für Arbeitsuchende und für Angelegenheiten des § 51 Nr. 6a (das sind Angelegenheiten der Sozialhilfe und des Asylbewerberleistungsgesetzes) hinzukommen. Bei Bedarf sind darüber hinaus für Angelegenheiten der Knappschaftsversi-

---

[7] BT-Dr. 15/4109.

[8] Kritisch hierzu *Kruschinsky* Recht und Politik, 2004, 73ff, *Jung* DRiZ 2004, 39, *Roller* DRiZ 2004, 53ff.; vgl. aber *Heister-Neumann* Recht und Politik 2004, 67ff.; *de Maiziere* DRiZ 2004, 38.

[9] So *Gerhards* im NJW-Editorial 22/2004.

[10] Hierzu u. a. die Nachweise unter Fußnote 8.

[11] *Meyer-Ladewig,* § 1 Rdn. 1.

cherung einschließlich der Unfallversicherung für den Bergbau eigene Kammern einzurichten (§ 10 Abs. 1 Satz 2 SGG).

5 Auch für Streitigkeiten aufgrund der Beziehungen zwischen Krankenkassen und Vertragsärzten, Psychotherapeuten, Vertragszahnärzten einschließlich ihrer Vereinigungen und Verbände sind eigene Kammern zu bilden (§ 10 Abs. 2 SGG). Hieraus ergeben sich zwei Problemfelder, nämlich handelt es sich im jeweiligen Streitfall um eine Angelegenheit, die den nach § 10 Abs. 2 SGG zu bildenden besonderen Spruchkörpern zugewiesen ist und – bejahendenfalls – mit welchem ehrenamtlichen Richter ist zu entscheiden.

2. Vertragsarztrecht im Sinn des SGG

6 Begrifflich vollzieht das SGG seit Inkrafttreten des 6. SGG-ÄndG zum 1. 1. 2002 nunmehr nach, was bereits durch das GSG Art. 1 Nr. 30 vom 21. 12. 1992[12] vorgegeben war. Die vormalige Aufspaltung in kassenärztliche und vertragsärztliche Versorgung hatte bereits das GSG beseitigt. Folgerichtig hat der GSG-Gesetzgeber den Begriff des **„Kassenarztes"** durch den des **„Vertragsarztes"** ersetzt. Das SGG hat diese Terminologie aufgenommen, indem es von Vertragsärzten bzw. vom **Vertragsarztrecht** (§ 10 Abs. 2, § 31 Abs. 2) spricht. Soweit in der Gesetzesbegründung allerdings darauf hingewiesen wird, die Änderung der Bezeichnung „Kassenarzt" in „Vertragsarzt" sei durch die Einführung des SGB V erforderlich geworden,[13] ist dies unzutreffend, denn das Sozialgesetzbuch 5. Buch (SGB V) ist nach Art 79 in seinen wesentlichen Teilen bereits am 1. 1. 1989 in Kraft getreten.[14]

7 Die **Zuständigkeit** der **Kammern für Vertragsarztsachen** wurde bis zum In-Kraft-Treten des 6. SGG-ÄndG durch Verweisung des § 10 Abs. 2 SGG auf § 51 Abs. 2 Satz 1 SGG bestimmt. Infolge Änderung des § 51 durch das 6. SGG-ÄndG ist dies gesetzestechnisch nicht mehr möglich. Nunmehr enthält § 10 Abs. 2 SGG eine eigenständige **Definition des Vertragsarztrechts,** die mit dem Vertragsarztrecht im Sinn des SGB V nicht deckungsgleich ist. Das SGB V versteht das Vertragsarztrecht als Teil des im Vierten Kapitel (§§ 69–140h) geregelten **Leistungserbringerrechts.**[15] Materiell-systematisch bilden allein die Vorschriften über die Beziehungen der Krankenkassen zu den Ärzten, Zahnärzten und Psychotherapeuten (§§ 72 bis 106 SGB V) das eigentliche Vertragsarztrecht. Alle Streitverfahren, die aus den „Beziehungen zu Krankenhäusern und anderen Einrichtungen" (§§ 107ff SGB V) resultieren, wären demnach solche der gesetzlichen Krankenversicherung und damit der Sozialversicherung im Sinn des § 10 Abs. 1 SGG mit der Folge, dass die **Kammern für Sozialversicherung** zuständig wären. Ein solches Verständnis ist jedoch verfehlt.

8 Ausgangspunkt jeglicher Erwägungen zur **Abgrenzung** der Frage, ob der jeweilige Rechtsstreit dem Bereich der Krankenversicherung (KR-Sache) oder dem Vertragsarztrecht (KA-Sache) zuzuordnen ist, können nur §§ 10, 31 SGG sein. Hierdurch wird die Zuständigkeit der Spruchkörper gesetzlich umrissen. Ein Geschäftsverteilungsplan eines Gerichtspräsidiums kann und darf hieran nichts ändern.[16] Das Gerichtspräsidium ist lediglich für die Besetzung der Spruchkörper, die Vertretungsregelung und Geschäftsverteilung zuständig (§ 21e Abs. 1 GVG). Gesetzliche Zuständigkeitsbestimmungen kann es nicht ändern. Nach der Legaldefinition des § 10 Abs. 2 SGG wird das Vertragsarztrecht als Streitigkeit aufgrund u.a. der Beziehung zwischen Krankenkassen und Vertragsärzten bestimmt. Der Wortlaut ist eindeutig: Erfasst werden **alle** Streitigkeiten zwischen Krankenkassen und Vertragsärzten.[17] Für den Berufungsrechtszug ergibt sich nichts anderes.

---

[12] BGBl. I S. 2266ff.

[13] Gesetzentwurf der Bundesregierung a.a.O. S. 21; Stellungnahme des Bundesrates a.a.O. S. 42.

[14] BGBl. I S. 2477ff.

[15] Hierzu *Funk* in *Schulin,* § 32 Rdn. 3.

[16] *Meyer-Ladewig,* § 10 Rdn. 4.

[17] *Meyer-Ladewig* a.a.O.

Nach § 31 Abs. 2 SGG ist für Angelegenheiten des Vertragsarztrechts ein eigener Senat zu bilden. Auch insoweit gilt, dass die Zuständigkeit des Senats gesetzlich umrissen ist und nicht durch einen Geschäftsverteilungsplan geändert werden kann.[18] Aus den Regelungen des Sozialgesetzbuchs 5. Buch (SGB V) kann für die Zuständigkeit der Spruchkörper nichts hergeleitet werden, weil diese durch das Prozessrecht und nicht durch materielles Recht bestimmt wird. Dies ergibt sich auch aus folgender Überlegung: Sozialversicherung ist nach § 4 SGB I die Kranken-, Pflege-, Unfall- und Rentenversicherung. Gerichtsorganisatorisch wäre hierfür ein Spruchköper für Angelegenheiten der Sozialversicherung zuständig. Das Vertragsarztrecht ist im SGB V geregelt und damit Bestandteil der Gesetzlichen Krankenversicherung, mithin auch der Sozialversicherung. Das würde bedeuten, dass sämtliche Rechtsstreitigkeiten, die auf dem SGB V gründen, also auch vertragsärztliche Angelegenheiten, einem solchen Spruchkörper für Angelegenheiten der Sozialversicherung zugewiesen wären. Der Gesetzgeber hätte sich hiermit begnügen können. Er ist jedoch einen anderen Weg gegangen. Aus dem Bereich der Sozialversicherung hat er einen „Abschnitt", nämlich Angelegenheiten des Vertragsarztrechts, herausgelöst und vorgeschrieben, dass insoweit eigene Spruchkörper zu bilden sind. Rechtstechnisch stehen §§ 30 Abs. 2, 10 Abs. 2 SGG zum jeweiligen Absatz 1 daher in einem Verhältnis der Spezialität in dem Sinn, dass die spezielle Norm (§§ 31 Abs. 2, 10 Abs. 2 SGG) die allgemeine Norm (§§ 31 Abs. 1, 10 Abs. 1 SGG) verdrängt. Dies bedeutet z. B. für die Frage, ob ein Rechtsstreit, in dem es um die „Zulassung" zu einem **Modellvorhaben** nach §§ 63ff. SGB V geht: Zwar sind die §§ 63ff. SGB V materiell Teil der gesetzlichen Krankenversicherung und damit der Sozialversicherung. Zuständig wäre insoweit an sich ein Spruchkörper für Angelegenheiten der Sozialversicherung (§§ 30 Abs. 1, 10 Abs. 1 SGG). Der Gesetzgeber hat diese Zuständigkeit durch §§ 31 Abs. 2, 10 Abs. 2 SGG durchbrochen. Für alle sozialversicherungsrechtlichen Streitigkeiten, also auch solche, die materiell dem Bereich gesetzlichen Krankenversicherung zuzuordnen sind, hat er eine **Sonderzuständigkeit** begründet, sofern es sich nur um einen Streit u. a. aufgrund der Beziehung zwischen Krankenkassen und Vertragsärzten handelt. M. a. W.: Nicht das materielle Recht bestimmt die Spruchkörperzuständigkeit; entscheidend ist allein das Prozessrecht (hier: §§ 10, 31 SGG).[19]

9 Entscheidet ein unzuständiger Spruchkörper, wird gegen das **Gebot des gesetzlichen Richters** verstoßen. Über den Streitfall hätten sowohl andere Berufsrichter als auch andere ehrenamtliche Richter befinden müssen. Dies begründet einen wesentlichen Verfahrensmangel und führt zu einem absoluten Revisions- sowie einem Wiederaufnahmegrund.[20]

3. Die ehrenamtlichen Richter

10 In den Kammern für **Angelegenheiten des Vertragsarztrechts** wirken je ein ehrenamtlicher Richter aus den Kreisen der Krankenkassen und der Ärzte, Zahnärzte und Psychotherapeuten mit (sog. paritätische Besetzung, § 12 Abs. 3 Satz 1 SGG). In **Angelegenheiten der Ärzte, Zahnärzte und Psychotherapeuten** wirken als ehrenamtliche Richter nur Ärzte, Zahnärzte und Psychotherapeuten mit (sog. gemischte Besetzung, § 12 Abs. 3 Satz 2 SGG); das sind solche Streitverfahren, die das Verhältnis der Ärzte, Zahnärzte oder Psychotherapeuten zur vertrags(zahn)ärztlichen Selbstverwaltung betreffen. Durch § 12 Abs. 3 SGG wird klargestellt, dass **Psychotherapeuten** in Kammern für Angelegenheiten des Vertragsarztrechts und Angelegenheiten der Vertragsärzte, Vertragszahnärzte und Psychotherapeuten mitwirken können.[21]

---

[18] *Meyer-Ladewig* a. a. O. § 31 Rdn. 3.
[19] So LSG NRW vom 9. 7. 2004 – L 10 B 6/04 KA ER – GesR 2004, 418ff.
[20] *Meyer-Ladewig* a. a. O § 10 Rdn. 4b.
[21] Hierzu oben Rdn. 6.

11 Die **Zuordnung im Einzelfall** kann schwierig sein.[22] Das BSG sieht als entscheidend an, wie die im Verwaltungsverfahren zuständigen Instanzen, insbesondere die Beschwerdeinstanz besetzt gewesen sind, nämlich entweder ausschließlich mit Vertragsärzten oder auch mit stimmberechtigten Vertretern der Krankenkassen.[23] Dabei kommt es nicht darauf an, in welcher Besetzung die Verwaltungsstellen tatsächlich entschieden haben, maßgebend ist vielmehr, wie sie zu besetzen gewesen wären.[24]

12 Streitigkeiten in **Zulassungssachen** und **Wirtschaftlichkeitsprüfungen** sind hiernach Angelegenheiten des Vertragsarztrechts, denn dem Berufungsausschuss (§ 97 Abs. 2 SGB V) und Beschwerdeausschuss (§ 106 SGB V) gehören jeweils stimmberechtigte Vertreter der Ärzte und Krankenkassen an. Hingegen sind Angelegenheiten des **Disziplinarrechts, sachlich-rechnerische Berichtigungen,** jegliche **Honorarstreitigkeiten** und Streitigkeiten darum, ob die **Qualitätsanforderungen** erfüllt sind, um eine Genehmigung zur Erbringung und Abrechnung spezieller Leistungen zu erhalten (§ 135 Abs. 2 SGB V), Angelegenheiten der Ärzte, Zahnärzte und Psychotherapeuten. Die hierüber entscheidende Verwaltungsstelle ist nur mit Vertretern der Ärzte besetzt. Dies gilt auch für Angelegenheiten, bei denen das **Einvernehmen** mit den Krankenkassen erforderlich ist, hierüber aber nur eine mit Vertragsärzten besetzte Stelle entscheidet[25] oder das **Benehmen** herzustellen ist.[26]

13 Die Spruchkörperbesetzung in **aufsichtsrechtlichen Streitigkeiten** richtet sich danach, ob Gegenstand der Aufsichtsmaßnahme eine Entscheidung ist, die allein von Mitgliedern der Kassenärztlichen Vereinigung (KV) getroffen worden ist, oder ob ihr Gegenstand ein paritätisch, d.h. unter Mitwirkung zumindest auch eines Vertreters der Krankenkassen gefasster Beschluss ist.[27]

14 Geht es um die Teilhabe eines Vertragsarztes an **Modellvorhaben** im Sinn der §§ 63ff. SGB V, ist der Spruchkörper schon deswegen gemischt zu besetzen, weil hierüber die Krankenkassen befinden.

15 Nach Auffassung des BSG entscheidet der Spruchkörper in der **Besetzung** mit einem Vertragsarzt und einem Kassenvertreter, wenn **zweifelhaft** ist, welcher Art die Angelegenheit ist.[28] Diese Ansicht ist nicht bedenkenfrei. Denklogisch ist ein Rechtsstreit entweder dem einen oder dem anderen Bereich zuzuordnen. Nötigenfalls müsste der Vorsitzende daher vor der Ladung eingehend prüfen, welchem Rechtsbereich der Rechtsstreit angehört und anschließend die ehrenamtlichen Richter laden.[29] Dennoch dürfte dem BSG zuzustimmen sein. Bei der Anwendung von Besetzungsvorschriften muss der Gesichtspunkt der **Rechtssicherheit** und **Rechtsklarheit** im Vordergrund stehen. Über die Besetzung der Richterbank muss schon bei der Ladung der ehrenamtlichen Richter Klarheit herrschen. Welches im konkreten Fall der gesetzliche Richter ist, muss sich deshalb ohne Schwierigkeiten feststellen lassen und darf nicht von der vorherigen Lösung tatsächlicher oder rechtlicher Streitfragen unter Bewertung unübersichtlicher Interessenlagen abhängen.[30]

16 Bei der Bildung und Besetzung von Fachkammern nach §§ 10 Abs. 2, 12 Abs. 3 SGG in der Fassung des Psychotherapeutengesetzes umfasst der Begriff der Ärzte auch die **Psychotherapeuten** einschließlich der psychologischen Psychotherapeuten. Insoweit wird die Gruppe der psychologischen Psychotherapeuten und der Kinder- und Jugendpsycho-

---

[22] Hierzu *Engelhard* NZS 1999, 491.

[23] BSG 28. 6. 2000 – B 6 KA 26/99 R –; BSG SozR 3–2500 § 75 Nr. 11; BSG SozR 3–1300 § 63 Nr. 12.

[24] BSG 24. 3. 1971 – 6 RKa 16/67 – DÄ 1971, 2972.

[25] BSG SozR 3–2500 § 122 Nr. 3; LSG Niedersachsen NZS 1996, 3034.

[26] *Zeihe* § 12 Anm 22a.

[27] BSG SozR 3–2500 § 274 Nr. 1.

[28] BSG SozR 3–2500 § 95 Nr. 20 m.w.N.

[29] *Zeihe* § 12 Anm 22e.

[30] BSG SozR 3–5520 § 31 Nr. 8.

therapeuten der Gruppe der Ärzte zugeordnet.[31] Im Ergebnis führt dies dazu, dass die Spruchkörper in allen Verfahren und demgemäß bei allen Streitgegenständen statt mit Ärzten nunmehr auch mit Psychotherapeuten besetzt sein können.[32]

17 **Leitende Beschäftigte** und **Vorstandsmitglieder** sind von der Mitwirkung als ehrenamtliche Richter ausgeschlossen, wenn die von ihnen vertretene Krankenkasse am Rechtsstreit beteiligt ist (§ 70 SGG) und das Verwaltungsverfahren durch Stellung eines Prüf- oder Zulassungsentziehungsantrags in Gang gebracht hat, im gerichtlichen Verfahren selbst Kläger oder Beklagter ist oder als Beigeladene ein gerichtliches Verfahren durch Einlegung von Rechtsmitteln in die nächste Instanz getragen hat.[33] Vertrags(zahn)ärzte sind von der Mitwirkung als ehrenamtliche Richter nicht deshalb ausgeschlossen, weil sie als **Mitglied der Vertreterversammlung** der K(Z)V an einem Beschluss mitgewirkt haben, auf dessen Rechtmäßigkeit es im Gerichtsverfahren ankommt.[34] Andererseits sind ehrenamtliche Richter ausgeschlossen, wenn sie an der angefochtenen Verwaltungsentscheidung mitgewirkt haben.

18 Die Amtsperiode der **ehrenamtlichen Richter** beträgt seit dem Inkrafttreten des 6. SGG-ÄndG (2. 1. 2002) nunmehr in Anlehnung an § 20 Abs. 1 ArbGG fünf Jahre (§§ 13 Abs. 1, 35 Abs. 1 SGG). Die Voraussetzungen für die Abberufung eines ehrenamtlichen Richters regelt § 22 Abs. 1 SGG. Drei Fallgestaltung sind zu unterscheiden. War das Berufungsverfahren fehlerhaft[35] oder wird das Fehlen einer Voraussetzung für seine Berufung oder der Eintritt eines Ausschließungsgrundes bekannt, ist der ehrenamtliche Richter seines Amtes zu **entbinden.** Verletzt er grob seine Amtspflichten, ist er seines Amtes zu **entheben.**[36] Eine Amtsentbindung für den Fall, dass bei einem ehrenamtlichen Richter eine Voraussetzung für seine Berufung im Laufe seiner Amtszeit wegfällt, ist nicht mehr zwingend vorgeschrieben. Schließlich bestimmt § 22 Abs. 1 Satz 4, dass in der **Nichtdurchführung einer Amtsentbindung** kein die Zurückweisung oder Revision begründender Verfahrensmangel liegt. Nach Rechtslage vor Inkrafttreten des 6. SGG-ÄndG lag ein absoluter Revisionsgrund vor, wenn ein fehlerhaft berufener ehrenamtlicher Richters an der Entscheidung mitwirkte.[37] Die Änderung ist auf Vorschlag des Bundesrates eingefügt worden und soll danach in ihren Auswirkungen den §§ 65 und 73 Abs. 2 ArbGG entsprechen.[38] Abgesehen davon, dass sich dies angesichts des unterschiedlichen Wortlauts des § 22 Abs. 1 Satz 4 SGG zu §§ 65 und 73 Abs. 2 ArbGG nicht ohne weiteres erschließt, ist die Neuregelung interpretationsbedürftig. Die Nichtdurchführung der Amtsentbindung ist auch nach der Neufassung des § 22 Abs. 1 SGG ein **Verfahrensmangel.** Ausgeschlossen wird nunmehr nur zweierlei, nämlich einerseits die Zurückverweisung durch das LSG an das SG bzw. durch das BSG an das LSG und andererseits die Revision wegen dieses Verfahrensmangels. Nicht ausgeschlossen ist es, einen solchen Verfahrensmangel mittels **Nichtzulassungsbeschwerde** (§ 145 SGG) geltend zu machen und auf diesem Wege in das Berufungsverfahren zu gelangen. Das LSG ist dann wegen § 22 Abs. 1 Satz 4 SGG an einer Zurückverweisung gehindert, wird die Berufung zulassen und das zweitinstanzliche Verfahren durchführen müssen.

19 Die **Mitwirkung sachkundiger ehrenamtlicher Richter** ist ein **grundlegendes Element** des sozialgerichtlichen Verfahrens.[39] Die möglichst umfassende Information der

---

[31] BSG SozR 3–1500 § 12 Nr. 13.

[32] Vgl. *Engelhard* NZS 1999, 491 ff.

[33] BSG SozR 3–1500 § 17 Nr. 3; BSGE 78, 175 = SozR 3–5407 Art 33 § 3a Nr. 1; BSGE 40, 130 = SozR 1750 § 41 Nr. 1; *Wenner/Terdenge/Martin* Rdn. 101.

[34] BSGE 82, 150 = SozR 3–1500 § 60 Nr. 4.

[35] Vgl. BSG 26. 9. 1985 – 1 S 12/85 –.

[36] Hierzu LAG Hamm DB 1993, S. 47 ff.; *Frehse* NZA 1993, 915.

[37] BSG 5. 8. 1992 – 14a/6 RKa 30/91 – zur Berufung des Geschäftsführers einer KZV zum ehrenamtlichen Richter.

[38] BR-Drucksache 132/01.

[39] *Bader/Hohmann/Klein* S. 1 ff.

ehrenamtlichen Richter ist notwendig und geboten. Ehrenamtliche Richter haben allerdings **keinen Anspruch** auf **Akteneinsicht** oder sonstige **Vorabinformationen.**[40] Ob und inwieweit ehrenamtliche Richter im Einzelfall vor der jeweiligen Sitzung, zu der sie geladen worden sind, über den Sach- und Streitstand unterrichtet werden, unterliegt der alleinigen Kompetenz des Spruchkörpervorsitzenden.[41] Im Regelfall ist der **Sachvortrag** in der mündlichen Verhandlung ggf. verbunden mit Ergänzungen in einem Gespräch vor der Sitzung oder während der Beratung ausreichende Grundlage für die Sachinformation der ehrenamtlichen Richter.[42] Dennoch mag es im Einzelfall durchaus sinnvoll sein, ehrenamtliche Richter schon vor dem Sitzungstag über den Sach- und Streitstand zu unterrichten. Eine Verpflichtung hierzu besteht indes nicht.[43] Für den Berufungsrechtszug wird es sich beispielsweise anbieten, ehrenamtlichen Richtern am Sitzungstag eine Kopie des vom jeweiligen Berichterstatter gefertigten Sachberichts zugänglich zu machen. Das komplette Votum, also Sachbericht und rechtliche Würdigung, sollte den ehrenamtlichen Richtern hingegen nicht vorgelegt werden. Denn zur juristischen Aufbereitung und Klärung der Streitsache können sie im Normalfall nichts beitragen.[44] Untunlich ist es auch, ihnen mit schon mit der Ladung lediglich eine Kopie des angefochtenen Urteils zu übersenden. Eine solch **selektive Information** geht einseitig zu Lasten des Berufungsführers und vermittelt den Eindruck, der Vorsitzende sei befangen.

III. Rechtsschutzgewährung durch das Sozialgericht

1. Rechtsweg

20 Öffentlich-rechtliche Streitigkeiten sind drei Gerichtsbarkeiten zugewiesen, nämlich der allgemeinen Verwaltungsgerichtsbarkeit sowie (als besondere Verwaltungsgerichtsbarkeiten) der Sozialgerichts- und der Finanzgerichtsbarkeit. Welcher Rechtsweg eröffnet ist, wird abstrakt durch die jeweiligen Prozessordnungen (§ 40 VwGO, § 51 SGG und § 33 FGO) und konkret durch Art des anspruchsbegründenden Rechtsverhältnisses auf der Grundlage von **Klagevorbringen und Klageantrag** bestimmt.[45] Diese historisch gewachsene[46] und grundgesetzlich durch Art. 95 GG abgesicherte Struktur steht derzeit auf dem Prüfstand. Auf das von einer Reihe von Bundesländern betriebene Vorhaben, die öffentlich-rechtlichen Gerichtsbarkeiten zusammenzulegen, wird verwiesen.[47] Durch das 7. SGG-ÄndG sind die Rechtswegzuständigkeiten modifiziert worden. Nunmehr ist den den Sozialgerichten auch die Zuständigkeit für Angelegenheiten der Grundsicherung für Arbeitsuchende, der Sozialhilfe und des Asylbewerberleistungsgesetzes übertragen.

21 Während § 51 Abs. 2 Satz 1 SGG a.F. kassenärztliche Streitverfahren ausdrücklich, wenngleich in einer sprachlich äußerst unglücklichen und zudem unübersichtlichen Weise den Sozialgerichten zugewiesen hat, findet sich hierzu in der **Rechtswegzuweisung** des § 51 in der Fassung des 6. SGG-ÄndG mit Wirkung vom 2. 1. 2002 nichts mehr. Dass die Gerichte der Sozialgerichtsbarkeit weiterhin für das Vertragsarztrecht zuständig sind, lässt sich nur – mittelbar – aus der Zuweisung von **Angelegenheiten der gesetzlichen**

---

[40] BFH vom 27. 10. 2003 – VII B 196/03 –; OVG NRW vom 27. 9. 1989 – 6 E 158/89 –; BAG vom 13. 5. 10 981 – 4 AZR 1080/78 –; LSG Thüringen vom 10. 12. 2001 – L 6 B 46/00 SF –.

[41] *Kissel* GVG, § 1 Rdn. 54.

[42] BFH vom 27. 10. 2003 – VII B 196/03 –.

[43] LSG Thüringen vom 10. 12. 2001 – L 6 B 46/00 SF – m. w. N.

[44] Vgl. OVG NRW vom 27. 9. 1989 – 6 E 158/89 –.

[45] BVerwG NVwZ 1993, 359; OLG Köln NJW-RR 1993, 639; LSG NRW 9. 7. 2004 – L 10 B 6/04 KA ER – GesR 2004, 418 ff.

[46] Hierzu auch *Zeihe* § 1 Rdn. 1 d.

[47] Vgl. Abschnitt I sowie Abschnitt II 1.

Krankenversicherung durch § 51 Abs. 1 Nr. 2 SGG herleiten. Das SGG definiert diesen Rechtsbereich nicht, setzt ihn vielmehr als gegeben voraus. Alle Streitverfahren, die nach Klagevorbringen und Klageantrag[48] durch die Regelungen des SGB V (Sozialgesetzbuch Fünftes Buch – Gesetzliche Krankenversicherung) bestimmt werden, sind solche der gesetzlichen Krankenversicherung und damit den Sozialgerichten zugewiesen. Hierzu rechnen weiterhin alle **vertragsärztlichen Rechtsbeziehungen.** Ausgenommen hiervon sind nur Streitigkeiten nach § 110 SGB V aufgrund einer Kündigung von Versorgungsverträgen, die für Hochschulkliniken oder Plankrankenhäuser gelten. Hier ist der Verwaltungsrechtsweg gegeben.[49]

22 Durch § 51 Abs. 2 Satz 1 werden den Sozialgerichten auch **privatrechtliche Streitigkeiten** zugewiesen, sofern diese Angelegenheiten der gesetzlichen Krankenversicherung sind und auch soweit Dritte betroffen sind. Insofern ist es grundsätzlich unerheblich, ob es um öffentlich-rechtliche oder zivilrechtliche Streitigkeiten geht. Wesentlich ist allein, ob es sich um eine Angelegenheit der gesetzlichen Krankenversicherung handelt. Die Sozialgerichte sind jedenfalls seit der zum 1. 1. 1989 in Kraft getretenen Regelung des Art 32 des Gesetzes zur Strukturreform im Gesundheitswesen vom 20. 12. 1988[50] (Gesundheitsreformgesetz – GRG –) selbst dann zuständig, wenn Privatunternehmen gegen eine Krankenkasse oder deren Verbände **kartellrechtliche** oder **wettbewerbsrechtliche** Ansprüche nach dem UWG bzw. GWB auf Unterlassung geltend machen.[51] Trotz Neufassung des GRG hat der BGH zunächst weiterhin den ordentlichen Rechtsweg für kartellrechtlicher Ansprüche bejaht,[52] diese Auffassung aber auf Grund des zum 1. 1. 2000 in Kraft getretenen GKV-Gesundheitsreformgesetzes 2000[53] und der damit verbundenen Änderungen des § 51 Abs. 2 Satz 2 SGG sowie § 87 Abs. 1 GWB aufgegeben.[54] Durch § 51 Abs. 2 Satz 2 SGG wird die Anwendbarkeit der §§ 87, 96 GWB, die eine Zuständigkeit der Landgerichte begründen, ausdrücklich ausgeschlossen. Damit und durch weitere Änderungen des GWB steht auch fest, dass statt der Landgerichte nunmehr die Sozialgerichte für zivilrechtliche Kartellsachen aus den in § 69 SGB V geregelten Rechtsbeziehungen zuständig sind. Allerdings ändert die Zuweisung an die Sozialgerichte nichts daran, dass diese in den jeweiligen Streitverfahren materiell-rechtlich auch UWG, GWB und ggf. auch europäisches Kartellrecht prüfen und anwenden müssen.[55] Auch soweit um **Festbeträge** nach § 35 SGB V gestritten wird, greift der Sozialrechtsweg.[56]

23 Die Sozialgerichte haben **von Amts wegen** zu prüfen, ob der **Rechtsweg** zu ihnen eröffnet ist. Hat das Sozialgericht den zu ihm beschrittenen Rechtsweg rechtskräftig für zulässig erklärt, sind andere Gerichte hieran gebunden (§ 17a Abs. 1 GVG). Ist zweifelhaft, ob der Sozialrechtsweg gegeben ist, kann das Sozialgericht hierüber vorab entscheiden (§ 17a Abs. 3 Satz 1 GVG). Rügt ein Beteiligter den Sozialrechtsweg, hat das Sozialgericht hierüber vorab entscheiden (§ 17a Abs. 3 Satz 2 GVG). Sofern es den Rechtsweg als zutreffend ansieht, entscheidet es hierüber durch Beschluss. Verneinendenfalls verweist es den Rechtsstreit durch Beschluss an das zuständige Gericht. Der Beschluss ist mit der **Beschwerde** anfechtbar.[57] Im Rechtmittelverfahren gegen die Entscheidung in der Hauptsache kommt eine Überprüfung nicht mehr in Betracht.[58] Eine **weitere Be-**

---

[48] Vgl. oben Rdn. 44·

[49] Hierzu *Zeihe* § 51 Rdn. 25a; vgl. auch *Quaas* NJW 1989, 2935ff.

[50] BGBl. I S. 2477.

[51] BSG SozR 1500 § 51 Nr. 51; *Meyer-Ladewig* § 51 Rdn. 25.

[52] BGH NJW 1992, 1561; vgl. auch *Wenner/Terdenge/Martin* Rdn. 119.

[53] BGBl. I S. 2626.

[54] BGH NJW 2000, 2749; hierzu auch BSG 28. 6. 2000 – B 6 KA 26/99 R –; *Knispel* NZS 2001, 466ff.

[55] Vgl. *Knispel* NZS 2000, 441, 444 und NZS 2001, 466, 470; a. A. *Boecken* NZS 2000, 269, 271.

[56] *Engelmann* NZS 2000, 213, 216.

[57] BSG 16. 8. 2000 – B 6 SF 1/00 R –; LSG NRW 17. 10. 2000 – L 10 B 3/00 V –.

[58] BSG 6. 11. 2002 – B 6 KA 39 (01 R –; LSG Rheinland-Pfalz 12. 3. 2002 – L 2 U 320/01 –.

schwerde an das BSG kommt im Fall von grundsätzlicher Bedeutung oder Divergenz in Betracht, wenn das LSG sie zulässt (§ 17a Abs. 4 Satz 4 GVG).[59]

24 Missverständlich ist die Regelung des § 57a SGG. Die Vorschrift gab bislang eine **besondere Zuständigkeitsregelung** für alle in § 51 Abs. 2 Satz 1 SGG geregelten Fälle, insbesondere auch für Angelegenheiten des Vertragsarztrechts. Durch das 6. SGG-ÄndG ist Absatz 1 Satz 1 redaktionell geändert und Satz 2 neu gefasst worden. Nunmehr wird in Absatz 1 Satz 1 u.a. die Formulierung „des § 51 Abs. 2 Satz 1" durch die Wörter „der gesetzlichen Krankenversicherung" ersetzt. Vorrangig wird dann zwar gleichwohl die örtliche Zuständigkeiten in Vertragsarztsachen bestimmt, indessen im Übrigen, soweit durch Landesrecht nichts Abweichendes bestimmt ist, das Sozialgericht für zuständig erklärt, in dessen Bezirk die Landesregierung ihren Sitz hat. Da das Vertragsarztrecht gesetzessystematisch Teil der gesetzlichen Krankenversicherung ist, kann „im Übrigen" an sich nur dahin verstanden werden, dass für alle Streitverfahren aus der **gesetzlichen Krankenversicherung,** die nicht dem Vertragsarztrecht zuzuordnen sind, nunmehr eine **zentrale Gerichtszuständigkeit** bestimmt worden ist. Aus Gesetzesbegründung und Entstehungsgeschichte der Vorschrift lässt sich ein derartiger Regelungswille des Gesetzgebers indes nicht herleiten. Entsprechende Willensbekundungen der am Gesetzgebungsverfahren beteiligten Verfassungsorgane existieren nicht. Für eine so weitgehende Zuständigkeitsbestimmung ist auch kein Bedarf ersichtlich. Die Gesetzesbegründung der Bundesregierung belegt zudem, dass die Vorschrift lediglich an die Neufassung des § 51 redaktionell angepasst werden sollte.[60] Die Vorschrift muss daher angesichts des zu weit gefassten Wortlauts nach Sinn und Zweck dahin **reduziert** werden, dass sie einerseits eine besondere Zuständigkeit für vertragsarztrechtliche Streitverfahren festlegt und „im Übrigen" bestimmt, dass für Streitverfahren, in denen es um **Entscheidungen und Verträge** auf Landesebene geht, das SG zuständig ist, in dessen Bezirk die Landesregierung ihren Sitz hat.[61]

2. Klage

25 **a) Vorverfahren. Rechtmäßigkeit** und **Zweckmäßigkeit** des Verwaltungsaktes sind grundsätzlich vor Erhebung der Anfechtungsklage in einem förmlichen Verwaltungsvorverfahren zu prüfen (§ 78 SGG). Dieses beginnt mit der Erhebung des Widerspruchs (§ 83 SGG) und endet mit dem abschließenden Bescheid. Aus § 84 Abs. 1 SGG folgt, dass der Widerspruch **keine Begründung** enthalten muss, indes ist eine solche dringend anzuraten.

26 Das Vorverfahren ist **Prozessvoraussetzung.** Ohne Vorverfahren ist die Klage unzulässig. Diese Frage ist in jeder Lage des Verfahrens von Amts wegen zu prüfen.[62] Ob das **Vorverfahren** während eines anhängigen Rechtsstreits **nachgeholt** werden kann, ist umstritten,[63] aber wohl zu bejahen. Denn für die Frage, ob die Sachurteilsvoraussetzungen vorliegen, sind die tatsächlichen und rechtlichen Verhältnisse zum **Schluss der mündlichen Verhandlung** maßgebend.[64] Nicht überzeugend ist allerdings die Auffassung, das Gericht sei verpflichtet, das Verfahren analog § 114 Abs. 2 SGG auszusetzen, um den Beteiligten Gelegenheit zu geben, das Vorverfahren nachzuholen; weise es die Klage als unzulässig ab, liege hierin ein Verfahrensfehler.[65] Dabei wird verkannt, dass die vom BSG

---

[59] Hierzu vertiefend BSG 1. 8. 2002 – B 3 SF 1/01 R –.

[60] BT-Drucks. 14/5943 S. 24.

[61] So auch *Meyer-Ladewig* § 57a Rdn. 6.

[62] BSG 9. 4. 2002 – B 4 RA 64/01 R –.

[63] Bejahend: BSG SozR 5540 Anlage 1 § 10 Nr. 1; BSG SozR 1500 § 78 Nr. 15; BSG *Breithaupt* 1985, 876; *Kummer* S. 38; *Wenner/Terdenge/Martin-Wenner* Rdn. 132; verneinend: OVG Rheinland-Pfalz 5. 2. 1998 – 12 A 10 391/97 – für Rechtsstreitigkeiten nach dem BSHG; *Zeihe* § 78 Rdn. 6a.

[64] BVerwG NVwZ 1993, 889; *Eyermann-Happ* § 42 Rdn. 23, 38; *Wenner/Terdenge/Martin-Wenner* Rdn. 132; *Redeker/von Oertzen* § 109 Rdn. 3.

[65] BSGE 20, 199; *Meyer-Ladewig* § 78 Rdn. 3a m.w.N.

geforderte **Aussetzung des Verfahrens** ursprünglich nur zwei besondere prozessuale Situationen betraf, nämlich von vornherein fehlendes Vorverfahren bei vorzeitiger Klageerhebung infolge Unkenntnis des Klägers[66] und separate Aufhebung des Widerspruchsbescheides wegen selbständiger Beschwer im Vorverfahren.[67] Auf andere Fälle eines fehlenden Vorverfahrens darf diese vom Gesetz nicht vorgesehene Verfahrensweise nicht unnötig ausgedehnt werden.[68] Auch prozessökonomische Erwägungen können eine solche Handhabung nicht rechtfertigen. Im SGG ist an keiner Stelle im Sinne einer alles dominierenden Generalklausel normiert ist, dass vorgegebene Verfahrensregelungen durch prozessökonomische Gründe verdrängt werden können. Im Übrigen ist die Behauptung, diese Vorgehensweise sei prozessökonomisch, ohnehin unzutreffend. Obgleich ggf. zwei Prozesse erforderlich werden, sind die Verhältnisse viel schneller klar, wenn eine **Klage a limine abgewiesen** wird, als wenn ein Verfahren noch aus der Revisionsinstanz zurückverwiesen wird.[69]

27 Geht man davon aus, dass das **Vorverfahren** nachgeholt werden kann, bleibt fraglich, ob die Beteiligten auf dessen Durchführung **verzichten** können, wenn die beklagte Behörde beantragt, die Klage als unbegründet abzuweisen. Für einen solchen Fall wird angenommen, dass in der Klageerwiderung ein Widerspruchsbescheid gesehen werden kann.[70] Teilweise wird diese Möglichkeit jedenfalls dann bejaht, wenn Klagegegner und Widerspruchsbehörde identisch sind.[71] Ersichtlich wird diese Auffassung nur von **prozessökonomischen Gründen** getragen. Diese allein rechtfertigen es indes nicht, sich über die Verfahrensregeln des SGG hinwegzusetzen und diese bei Bedarf aus ökonomischen Gründen als obsolet anzusehen. Zutreffend hat der 6. Senat des BSG entschieden, dass jedenfalls dann, wenn die Behörde sich weigert, einen Widerspruchbescheid zu erlassen oder sich mit dem Widerspruch auch nur zu befassen, ein Widerspruchbescheid nicht entbehrlich wird, sie hierzu vielmehr nötigenfalls durch Zwischenurteil verurteilt werden muss.[72] Hat die Behörde eine Ermessensentscheidung getroffen und auf den Widerspruch hin zu überprüfen, scheidet eine Ersetzung des Widerspruchbescheides durch die Klageerwiderung schon deswegen aus, weil Ermessenserwägungen im Klageverfahren nicht nachgeholt werden können.[73]

28 Das Verfahren vor dem **Berufungsausschuss** ist kein Widerspruchsverfahren im Sinn des § 78 SGG, sondern gilt gem. § 97 Abs. 3 Satz 1 SGB V nur als solches. § 44 Ärzte-ZV weicht von § 84 Abs. 1 SGG ab. Der Zulassungsausschuss hat keine Abhilfebefugnis, deshalb ist der Widerspruch beim Berufungsausschuss einzulegen.[74] Der Widerspruch ist **mit Gründen** zu versehen. Dies wird damit gerechtfertigt, dass es dem typischerweise von Entscheidungen der Zulassungsgremien betroffenen Personenkreis zuzumuten ist, binnen Monatsfrist Gründe anzugeben.[75] Diese Erwägung ist fragwürdig. Zwar ist das Verfahren vor dem Berufungsausschuss kein Widerspruchsverfahren im Sinne von §§ 78, 83ff. SGG, sondern **ein besonderes Verwaltungsverfahren.**[76] Eine andere Ausgestaltung dieses besonderen Verwaltungsverfahrens als die des Widerspruchsverfahrens nach

---

[66] BSG SozR 1300 § 45 Nr. 12; BSG SozR 1500 § 78 Nr. 8.

[67] BSG SozR 3–1300 § 24 Nr. 13.

[68] LSG NRW 22. 2. 2000 – L 6 SB 238/99 –.

[69] *Zeihe* § 78 Anm. 6c.

[70] BSG *Breithaupt* 1999, 36, 38; vgl. auch BGH 3. 11. 2004 – RiZ (R) 2/03-; *Meyer-Ladewig* § 78 Rdn. 3c; dagegen *Zeihe* § 78 Anm. 2b.

[71] Vgl. *Meyer-Ladewig* § 78 Rdn. 3c m. w. N.; *Wenner/Terdenge/Martin-Wenner* Rdn. 135.

[72] BSG 3. 3. 1999 – B 6 KA 10/98 R –; BSG SozR 5540 Anlage 1 § 10 Nr. 1; dagegen *Meyer-Ladewig* § 78 Rdn. 3c.

[73] Vgl. BSG, SozR 1300 § 35 Nr. 4; *Jung* in: Jansen § 54 Rdn. 34.

[74] LSG NRW *Breithaupt,* 1992, 174; *Schallen* Rdn. 808.

[75] LSG NRW a. a. O.; *Schallen* Rdn. 813.

[76] BSG, Urteil vom 17. 1. 1993 – 6 RKa 40/91 – in: SozR 3–2500 § 96 SGB V Nr. 1; Urteil vom 9. 6. 1999 – B 6 KA 76/97 R –.

§§ 78, 83ff. SGG ist deshalb möglich. Ungeachtet dessen müssen die Vorschriften der Zulassungsordnung das Verfahren vor den Ausschüssen entsprechend den Grundsätzen des Vorverfahrens in der Sozialgerichtsbarkeit regeln. Hieraus kann hergeleitet werden, dass Abweichungen zulässig sind, sofern sie durch Besonderheiten des Verfahrens vor den Ausschüssen gerechtfertigt sind. Soweit es die **Widerspruchsbegründungspflicht** anlangt, ist das zu bezweifeln. Das ergibt sich aus Folgendem: Der Begründungszwang des § 164 Abs. 2 SGG (Revisionsbegründung) erklärt sich dadurch, dass die Prüfkompetenz des Revisionsgerichts grundsätzlich auf eine Rechtsprüfung beschränkt ist (§ 162 SGG). Auch § 124a VwGO liegt zugrunde, dass die zweitinstanzliche Tatsachenprüfung nur in bestimmten Fällen eröffnet ist (§ 124 Abs. 2 Ziffer 1 und 3 VwGO). Die Begründung des Rechtsmittels hat sich hieran auszurichten. Folgerichtig werden Vorschriften, die im Verwaltungsverfahren eine Widerspruchsbegründung verlangen (z.B. § 336 Abs. 3 Lastenausgleichsgesetz, auch nur als **Ordnungsvorschrift** eingestuft, deren Verletzung keinerlei rechtliche Konsequenzen nach sich zieht, so dass der Widerspruch nicht wegen fehlender Begründung zurückgewiesen werden darf.[77] Es spricht viel dafür, dem auch § 44 Ärzte-ZV zuzuordnen. Denn eine Regelung dahin, das der Widerspruch Gründe zu enthalten hat und diese bestimmten Mindestanforderungen genügen müssen, ist nur dann sachlich gerechtfertigt, wenn sie dazu dient, die Überprüfung auf die – zulässig – vorgebrachten Gründe zu beschränken. Das trifft für das Widerspruchsverfahren vor dem Berufungsausschuss jedoch nicht zu, denn aus § 45 Abs. 3 Ärzte-ZV folgt, dass dem Berufungsausschuss eine vollständige Überprüfung des tatsächlichen und rechtlichen Sachverhalts auferlegt ist (§§ 39 Abs. 1, 40 Satz 4 Ärzte-ZV). Soweit das BSG den sachlichen Grund für die Widerspruchsbegründungspflicht darin sieht, dass wegen der Besonderheit des typischerweise von Entscheidungen in Zulassungsangelegenheiten betroffenen Personenkreises die im Vergleich zu § 84 SGG einschränkende Regelung des § 44 Ärzte-ZV gerechtfertigt ist,[78] vermag dies die Bedenken nicht auszuräumen. Dass Ärzte/Psychotherapeuten eher als die ansonsten in sozialrechtlichen Verfahren beteiligten Personen in der Lage sein sollen, den Widerspruch (innerhalb der Rechtsbehelfsfrist) zu begründen, ist eine fiktive Annahme. Zweifelhaft ist überdies die Erwägung, dass die in Zulassungssachen beteiligten Ärzte/Psychotherapeuten rechtskundiger sind als die Personen, zu deren Schutz der Gesetzgeber auf eine Begründungsfrist in § 84 SGG verzichtet hat.

29 Selbst wenn die Begründungspflicht des § 44 Ärzte-ZV in Abweichung von § 84 SGG sachlich gerechtfertigt sein sollte, stellt sich die Frage, ob nicht schon allein aus der Tatsache der Einlegung des Widerspruchs in Verbindung mit dem Vorbringen im Verfahren vor dem Zulassungsausschuss zu entnehmen ist, dass der Kläger mit der Entscheidung des Zulassungsausschusses nicht einverstanden ist. Das wäre dann bereits die Widerspruchsbegründung. Da § 44 Ärzte-ZV keinerlei **Begründungsintensität** vorgibt, würde eine Formulierung des Inhalts „ich bin mit dem Bescheid nicht einverstanden", oder eine schlichte Bezugnahme auf das Vorbringen im Verfahren vor dem Zulassungsausschuss bereits ausreichen.[79] Nichts anderes gilt, wenn der Kläger darauf verweist, den Widerspruch später noch begründen zu wollen. Hierauf käme es nicht an, sofern aus dem Gesamtzusammenhang ersichtlich ist, wogegen sich der Widerspruchsführer aus welchem Grund wendet.[80]

30 Wird der Widerspruch nicht innerhalb der Rechtsbehelfsfrist mit Gründen versehen, ist er nach Auffassung des BSG unzulässig.[81] Ob ein Kläger mit einem im Widerspruchsverfahren unterlassenen Vorbringen im nachfolgenden Gerichtsverfahren **präkludiert** ist, erscheint bei diesem Ansatz in entsprechender Anwendung der §§ 295, 296 ZPO als er-

[77] *Lehmann* JZ 1998, 18, 19 m.w.N. auf die Rechtsprechung des Bundesverwaltungsgerichts.
[78] BSG 9. 6. 1999 – B 6 KA 76/97 R –.
[79] Vgl. LSG NRW vom 20. 7. 2001 – L 11 B 62/01 KA ER –.
[80] So LSG NRW vom 10. 7. 2002 – L 10 KA 3/02 –.
[81] BSG vom 9. 6. 1999 – B 6 KA 76/97 R – SozR 3–5520 § 44 Nr. 1.

wägenswert.[82] Damit im Zusammenhang steht ein weiteres Problem: In der Rechtssprache wird zwischen **„Begründung“** und **„Gründen“** unterschieden.[83] Verlangt das Gesetz bei der Einlegung eines Rechtsmittels eine „Begründung", kann diese nur innerhalb der dafür vorgesehenen Frist abgegeben werden, anschließend ist der Rechtsmittelführer mit weiterem Sachvortrag ausgeschlossen.[84] Wird dagegen – wie in § 44 Abs. 1 Ärzte-ZV – nur von der Angabe von „Gründen“ im Zusammenhang mit einer Rechtsmitteleinlegung gesprochen (vgl. § 124a Abs. 1 Satz 4 VwGO), muss der Widerspruchsführer zwar die Gründe angeben, die ihn zur Einlegung des Widerspruchs bewogen haben, er kann seine Ausführungen aber auch noch **nach** Ablauf der Rechtsmittelfrist ergänzen; solche Ergänzungen sind bei der Entscheidungsfindung zu berücksichtigen.[85] Ein **Anschlusswiderspruch** eines weiteren Beteiligten ist unzulässig.[86]

31 Verwaltungsentscheidungen, die von **Kollegialorganen** mit quasijustiziellen Funktionen (z. B. Beschwerdeausschuss, Berufungsausschuss) in Ausfüllung von Beurteilungs- und/oder Ermessensspielräumen getroffen werden, müssen binnen **fünf Monaten** nach der Entscheidung vollständig abgesetzt, unterschrieben und zum Zwecke der Zustellung herausgegeben bzw. zur Post gegeben werden. Anderenfalls ist der Bescheid nicht im Sinne des § 35 Abs. 1 SGB X mit Gründen versehen und im Falle einer Anfechtung allein aus diesem Grunde aufzuheben.[87] Wird der Beschluss mündlich verkündet, kann bereits vor Zustellung des schriftlichen Bescheides Widerspruch eingelegt werden.[88]

32 **b) Klagearten.** Wendet sich der Vertragsarzt gegen die Entziehung der Zulassung, ist sein Begehren darauf gerichtet, diesen Eingriff mittels **isolierter Anfechtungsklage** zu beseitigen (§ 54 Abs. 1 Satz 1 1. Halbsatz SGG). Will der Arzt hingegen zur vertragsärztlichen Versorgung zugelassen werden und lehnen die Zulassungsgremien seinen Antrag ab, muss er einen kombinierten Antrag stellen, gerichtet auf Aufhebung des negativen Bescheides und Verpflichtung, den Zulassungsantrag positiv zu bescheiden (**kombinierte Anfechtungs- und Verpflichtungsklage,** § 54 Abs. 1 Satz 1 3. Halbsatz SGG). Soweit in der gerichtlichen Praxis so verfahren wird, dass das Gericht den Kläger unter Aufhebung des angefochtenen Bescheides durch Urteil unmittelbar selbst zu vertragsärztlichen Versorgung zulässt, dürfte dies weder mit dem Rechtsschutzsystem des SGG noch mit dem Gewaltenteilungsgrundsatz in Einklang zu bringen sein.[89]

33 Wird dem Vertragsarzt infolge einer sachlich-rechnerischen Berichtigung das Honorar nicht ausgezahlt, muss er sowohl den Berichtigungsbescheid beseitigen als auch die KV verpflichten, das Honorar zu zahlen (**kombinierte Anfechtungs- und Leistungsklage,** § 54 Abs. 4 SGG). Besteht auf die begehrte Leistung kein Rechtsanspruch, steht es vielmehr im Ermessen der Verwaltung zu leisten, kommt nur eine **Bescheidungsklage** mit dem Ziel in Betracht, den negativen Bescheid aufzuheben und die Beklagte zu verurteilen, unter Beachtung der Rechtsauffassung des Gerichts erneut zu entscheiden (vgl. § 131 Abs. 3 SGG). Das gilt auch im Fall eines Antrags auf Zulassung im Wege des Sonderbedarfs. Unmittelbar, d. h. ohne vorangehendes Verwaltungs- und Vorverfahren auf Leistung

[82] Zur Anwendung des § 295 Abs. 1 ZPO im sozialgerichtlichen Verfahren: BSG SozR 5070 § 9 Nr. 9; BSG SozR ZPO § 295 Nrn. 3, 4, 8; vgl. auch *Zeihe* vor § 103 Anm. 2; einschränkend *Meyer-Ladewig* § 103 Rdn. 13.

[83] Hierzu ausführlich LSG Schleswig-Holstein vom 18. 12. 2002 – L 4 KA 25/01 –.

[84] Vgl. für das sozialgerichtliche Verfahren die §§ 160a Abs. 2, 164 Abs. 2 SGG sowie Meyer-Ladewig, a. a. O., Rdnr. 13d zu § 160a, für das verwaltungsgerichtliche Verfahren die §§ 133 Abs. 2, 139 Abs. 3 VwGO und *Kopp/Schenke,* a. a. O., Rdn. 11 zu § 139.

[85] *Kopp/Schenke,* a. a. O., Rdn. 7 zu § 124a; LSG Schleswig-Holstein vom 18. 12. 2002 – L 4 KA 25/01 –.

[86] BSG 16. 7. 2003 – B 6 KA 30/03 B –.

[87] BSG SozR 3–1300 § 35 Nr. 8.

[88] LSG NRW 11. 11. 1992 – L 11 S (Ka) 16/92 – zu § 44 Ärzte-ZV.

[89] Vgl. auch LSG NRW vom 10. 7. 2002 – L 10 KA 3/02 –.

kann geklagt werden, wenn hierauf ein Rechtsanspruch besteht und kein Verwaltungsakt ergehen muss (**echte Leistungsklage,** § 54 Abs. 5 SGG).

34 Die **Feststellungsklage** (§ 55 SGG) ist nur zulässig, wenn neben den allgemeinen Prozessvoraussetzungen einer der in § 55 Abs. 1 Nr. 1 bis 4 und Absatz 2 aufgeführten Streitgegenstände vorliegt, ein Feststellungsinteresse[90] gegeben ist und der Kläger sein Ziel nicht mit der Anfechtungs- und/oder Leistungsklage verfolgen kann (Subsidiarität der Feststellungsklage).[91]

35 Der Feststellungsklage steht ihre **Subsidiarität** gegenüber der Leistungsklage nicht entgegen, wenn sie gegen juristische Personen des öffentlichen Rechts gerichtet ist, weil anzunehmen ist, dass diese angesichts ihrer Bindung an Gesetz und Recht eine gerichtlich festgestellte Verpflichtung auch ohne die bei Leistungsklagen bestehenden Vollstreckungsmöglichkeiten erfüllen werden.[92]

36 Eine auf **Klärung abstrakter Rechtsfragen** gerichtete Feststellungsklage ist nicht zulässig. Gegenstand der Feststellungsklage ist die Feststellung des Bestehens oder Nichtbestehens eines Rechtsverhältnisses. Unter einem **Rechtsverhältnis** ist eine aus einem konkreten Tatbestand entstandene Rechtsbeziehung von Personen untereinander oder aber einer Person zu einer Sache zu verstehen; hierzu zählen auch einzelne Rechtsbeziehungen oder Verpflichtungen eines weitergehenden Rechtsverhältnisses, wenn das Interesse sich gerade auf sie bezieht.[93] Eine bindungsfähige Regelung liegt dagegen nicht vor, wenn nur einzelne Faktoren, Elemente oder Vorfragen eines Rechtsverhältnisses geklärt werden; auch eine darauf gerichtete Feststellungsklage ist unzulässig.[94] Derartige Feststellungen sind allerdings der Bindung fähig, wenn sie im Gesetz vorgesehen sind. Anzuerkennen ist ferner ein berechtigtes Interesse an der verbindlichen Feststellung von Vorfragen, Elementen oder Faktoren eines Rechtsverhältnisses, wenn damit ein Streit unter den Beteiligten im Ganzen bereinigt werden kann.[95]

37 Auch eine **Normenkontrollklage** ist nicht vorgesehen. Demgemäß kann ein Normadressat untergesetzliche Rechtsvorschriften (z.B. HVM) grundsätzlich nicht losgelöst von einem konkreten Sachverhalt zur gerichtlichen Überprüfung stellen.[96] Da das SGG – anders als die Verwaltungsgerichtsordnung (§ 47 Abs 1 VwGO) – eine (abstrakte) Normenkontrolle nicht kennt, ist eine darauf gerichtete Klage auch dann unzulässig, wenn sie nicht gegen den Normgeber, sondern gegen die zur Ausführung berufene Verwaltungsbehörde gerichtet und der Feststellungsantrag so formuliert wird, dass die Gültigkeit der Norm formal nur Vorfrage für die Beantwortung einer anderen Frage ist, die jedoch ihrerseits ebenfalls keine Beziehung zu einem konkreten Anwendungsfall der Norm aufweist.[97]

38 Das BSG hat die **Klage einer Zahntechniker-Innung** als zulässig angesehen, das auf die Feststellung gerichtet war, sie – die Klägerin – sei berechtigt, an den Verhandlungen über die Vergütung zahntechnischer Leitungen teilzunehmen und Vergütungsvereinbarungen zu schließen.[98] Begehrt der Vertragsarzt eine Erhöhung des ihm zugesprochenen **individuellen Leistungsbudgets** aufgrund von Ausnahmeregelungen des jeweiligen HVM, ergibt sich: Der Zulässigkeit der Klage steht nicht entgegen, dass letztlich auch die Frage nach einer Ausnahmeregelung der **Inzidenterkontrolle** aufgrund Anfechtung des

---

[90] Hierzu BSG 11. 12. 2002 – B 6 KA 21/01 R –; zum Begriff des Rechtsverhältnisses im Sinn des § 55 Abs. 1 Nr. 1 vgl. BSG 11. 6. 1986 – 6 RKa 13/85 –.

[91] Hierzu u.a. BSG 26. 1. 2000 – B 6 KA 47/98 R –.

[92] BSG 26. 1. 2000 – B 6 KA 47/98 R –.

[93] Vgl BSG SozR 2200 § 1385 RVO Nr. 3.

[94] BSG SozR § 55 SGG Nr 53.

[95] BSGE 41, 113, 115 = SozR 4100 § 41 AFG Nr. 22; BSGE 31, 235.

[96] BSG 25. 8. 1999 – B 6 KA 34/98 R –.

[97] BSG 24. 9. 1968 in BSGE 28, 224 = SozR Nr. 45 zu § 55 SGG; BSG 20. 3. 1996 – 6 RKA 55/95 –.

[98] BSG 11. 12. 1002 – B 6 KA 21/01 R –.

jeweiligen Honorarbescheides unterliegt. Jedenfalls dann, wenn die KV über die Frage, ob ein eine Ausnahmeregelung rechtfertigender Tatbestand vorliegt, einen Bescheid erlässt, kommt dieser Regelung eine eigenständige Bedeutung zu. Der Streit darüber wird nicht gegenstandslos, wenn nachfolgend Honorarbescheide ergehen.[99] Für einen darüber hinausgehenden Anspruch des Vertragsarztes, die Anwendung einzelner Berechnungsregelungen des HVM für seine Praxis von vornherein auszuschließen bzw. die Rechtmäßigkeit einzelner **HVM-Regelungen** überprüfen zu lassen, besteht indes kein Rechtsschutzbedürfnis. Der Rechtsschutz des von einem HVM betroffenen Vertragsarztes wird in verfassungsrechtlich zulässiger Weise (Artikel 19 Abs. 4 GG) dadurch gewahrt, dass er in einem konkreten Abrechnungsfall inzidenter die als rechtswidrig angesehene Regelung des HVM gerichtlich unter Berücksichtigung der konkreten Auswirkungen bzw. der im Einzelfall bestehenden Beschwer überprüfen lassen kann. Ansonsten liefe das Verfahren auf eine vom konkreten Sachverhalt losgelöste abstrakte Normenkontrolle hinaus, die das sozialgerichtliche Verfahrensrecht nicht vorsieht.[100] Auch soweit ein Vertragsarzt geltend macht, aufgrund dieses Status über den 31. 12. 1995 hinaus ungeachtet etwaiger **Genehmigungen** der KV berechtigt zu sein, bestimmte psychiatrische Leistungen zu erbringen, steht dem die Subsidiarität der Feststellungsklage nicht entgegen.[101] Ohnehin kann in **Ausnahmefällen** wegen Art. 19 Abs. 4 GG Rechtsschutz gegen untergesetzliche Normen im Rahmen einer Feststellungsklage dann gewährt werden, wenn andernfalls die von untergesetzlichen Rechtsnormen betroffenen Personen oder Institutionen keinerlei Rechtsschutz erhalten könnten bzw. gezwungen wären, unmittelbar gegen die von ihnen beanstandete untergesetzliche Rechtsnorm Verfassungsbeschwerde zu erheben.[102] So hat das BSG ein Feststellungsinteresse in einem Fall angenommen, in dem die KV die Zulässigkeit der Erbringung von O I-Leistungen durch Laborärzte zu Lasten der vertragsärztlichen Gesamtvergütung bestritten hat und der Vertragsarzt auf andere zumutbare Weise **keinen wirksamen Rechtsschutz** erlangen kann. Da eine unmittelbare Klagebefugnis gegen die normativen Regelungen in § 25 Abs. 2 BMV-Ä und § 28 Abs. 2 EKV-Ä nicht besteht, könnte die angestrebte gerichtliche Klärung nur im Rahmen eines Abrechnungsstreits erfolgen. Der Vertragsarzt müsste dazu entgegen dem Wortlaut der genannten Bestimmungen O I-Leistungen erbringen und abrechnen, um anschließend im Honorarberichtigungsverfahren seine Berechtigung zur Leistungserbringung geltend zu machen. Aufträge für derartige Leistungen könnte er aber bei Befolgung des Überweisungsverbots durch die anderen Vertragsärzte gar nicht erhalten. Gerichtlicher Rechtsschutz wäre deshalb nur zu erlangen, wenn das Verbot von beiden am Überweisungsverkehr beteiligten Ärzten nicht beachtet und damit **gegen geltende Rechtsvorschriften verstoßen** würde. Auf diese Möglichkeit kann ein Vertragsarzt im Hinblick auf die Rechtsschutzgarantie des Art 19 Abs 4 Satz 1 GG nicht verwiesen werden.[103]

39 **Erledigt** sich der ursprüngliche **prozessuale Anspruch** durch Rücknahme des Bescheides oder infolge Zeitablaufs, hatte der Kläger bis zum Inkrafttreten des 6. SGG-ÄndG zum 1. 1. 2002 zwei Möglichkeiten. Er konnte die Klage zurücknehmen und beantragen, dass über die außergerichtlichen Kosten durch Beschluss entschieden wird. In der Kostenentscheidung berücksichtigt das Gericht u. a. die Erfolgsaussichten der nunmehr erledigten Klage. Sofern das Gericht die außergerichtlichen Kosten des Klägers dem Beklagten auferlegte, konnte der Kläger dem entnehmen, dass er voraussichtlich obsiegt hätte. Diese Möglichkeit ist nunmehr entfallen, denn die Klagerücknahme führt nach § 192a SGG

---

[99] Vgl. BSG 21. 10. 1998 – B 6 KA 65/97 R – und B 6 KA 71/97.

[100] BSG SozR Nr. 6 zu § 368g RVO; SozR 2200 § 245 Nr. 2; SozR Nr. 1 zu VertragsO f Kassenzahnärzte Allg.; SozR 3–2500 § 87 Nr. 4; vgl. auch LSG NRW 21. 5. 2003 – L 10 KA 86/02 –.

[101] BSG 15. 5. 2002 – B 5 KA 22/01 R –.

[102] BSG 28. 6. 2000 – B 6 KA 26/99 R –; BSG 28. 4. 1999 – B 6 KA 52/98 R – SGb 1999, 402; *Meyer-Ladewig* § 55 Rdn. 10a.

[103] BSG vom 20. 3. 1996–6 RKA 55/95 –.

i. V. m. § 155 Abs. 2 VwGO zwingend dazu, dass der Kläger die Kosten trägt. Allenfalls mit einer Erledigungserklärungserklärung kann der Kläger nunmehr noch eine bewirken, dass das Gericht nach billigem Ermessen, also unter Berücksichtigung der Erfolgsaussichten, entscheidet. Für künftige, vergleichbare Fälle kann er hieraus allerdings wenig herleiten. Deswegen kann er die Klage als **Fortsetzungsfeststellungsklage** i. S. d. § 131 Abs. 1 Satz 3 SGG mit dem Ziel fortführen, die Rechtswidrigkeit des Bescheides feststellen zu lassen, sofern hierfür ein **Fortsetzungsfeststellungsinteresse** vorhanden ist. Das ist dann der Fall, wenn die hinreichend bestimmte (konkrete) Gefahr besteht, dass die Behörde in absehbarer Zeit unter im Wesentlichen unveränderten tatsächlichen und rechtlichen Gesichtspunkten einen gleichartigen Bescheid erlassen wird.[104]

40 Erledigt sich eine **Ermächtigung,** kann ein Fortsetzungsfeststellungsinteresse unter dem Gesichtspunkt der **Wiederholungsgefahr** nur mit Erfolg geltend gemacht werden, wenn Änderungen in den bedarfsrelevanten Tatsachenumständen ausgeschlossen erscheinen und die Ermächtigungsentscheidung maßgeblich von Rechtsfragen abhängt, die voraussichtlich künftig wieder relevant werden,[105] oder wenn der Rechtsstreit die Rechtsfrage betrifft, nach welchen rechtlichen Kriterien die Bedarfsbeurteilung vorzunehmen ist.[106] In einer neueren Entscheidung hat das BSG diese Rechtsprechung etwas modifiziert. Danach besteht ein Feststellungsinteresse unter dem Gesichtspunkt der Wiederholungsgefahr bereits dann, wenn sich die entscheidungserhebliche Rechtsfrage mit einiger Wahrscheinlichkeit bei Folgeermächtigungen erneut stelle.[107] Endet die Ermächtigung während des Rechtsstreits und bestehen keine Anhaltspunkte für eine mögliche „Wiederzulassung", entfällt das Feststellungsinteresse.[108] Der Übergang auf einen Fortsetzungsfeststellungsantrag ist im übrigen auch noch im Revisionsverfahren möglich.[109]

41 **c) Beschwer.** Die Klage ist nur zulässig, wenn der Kläger behauptet **beschwert** zu sein (§ 54 Abs. 1 Satz 1 SGG). Das ist dann der Fall, wenn er in einer Rechtsposition beeinträchtigt ist und die Behörde rechtswidrig gehandelt hat. Sinn und Zweck der Regelung ist der **Ausschluss von Popularklagen.** Nach dem Vortrag des Klägers muss die Beeinträchtigung einer ihm zustehenden Rechtsposition und die Rechtswidrigkeit des Verwaltungsakts möglicherweise in Betracht kommen **(Möglichkeitstheorie).** Ob und inwieweit eine Beschwer tatsächlich besteht, ist in der Begründetheitsprüfung zu klären. Der Kläger muss die Beschwer nicht ausdrücklich vortragen. Andererseits reicht es nicht aus, wenn er sich für beschwert hält und dies behauptet, obwohl eine Beschwer aber unter keinem rechtlichen Gesichtspunkt in Betracht kommt.[110] Die **Anfechtungsbefugnis Dritter,** die nicht Adressat des Verwaltungsaktes sind, setzt voraus, dass die Rechtsnorm, die dem angefochtenen Verwaltungsakt zugrunde liegt, nicht nur im Interesse der Allgemeinheit erlassen worden, sondern – zumindest auch – dem Schutz der Interessen einzelner Bürger zu dienen bestimmt ist.[111] Eine Anfechtungsbefugnis eines niedergelassenen Vertragsarztes gegen die einem Krankenhausarzt erteilte Ermächtigung hat das BSG verneint, weil die Ermächtigungsvorschriften keine Schutzwirkung zugunsten des einzelnen niedergelassenen Arztes entfalten. Lediglich für den Fall willkürlich erteilter Ermächtigungen hat das BSG eine Anfechtungsbefugnis des niedergelassenen Vertragsarztes anerkannt.[112] Diese Auffassung kann angesichts der Entscheidung des Bundesverfassungsge-

---

[104] BSG 5. 11. 1997 – 6 RKa 10/97 –; *Zeihe* § 131 Anm. 13; *Humpert* in: Jansen, SGG, § 131 Rdn, 27 ff.

[105] BSG 29. 9. 1999 – B 6 KA 29/98 R – SGb 1999, 697; BSG SozR 3–2500 § 116 Nr. 14.

[106] BSG 1. 7. 1998 – B 6 KA 64/97 – ArztuR 1999, Nr. 3, 96; BSGE 74, 257 = SozR 3–5540 § 5 Nr. 1.

[107] BSG 30. 1. 2002 – B 6 KA 12/01 R –.

[108] BSG SozR 3–1500 § 54 Nr. 40.

[109] BSG 11. 12. 2002 – B 6 KA 32/01 R –.

[110] *Jung* in: Jansen, SGG, § 54 Rdn. 18.

[111] BSG 29. 9. 1999 – B 6 KA 29/98 R –.

[112] BSG 29. 9. 1999 – B 6 KA 29/98 R – und 29. 9. 1999 – B; BSG SozR 3–1500 § 54 Nr. 30.

richts vom 17. 8. 2004 nicht mehr aufrechterhalten werden.[113] Hinsichtlich der Einzelheiten ist auf die Ausführungen zur „Beiladung" zu verweisen.

d) Einbeziehung von Folgebescheiden (§ 96 SGG). Wird nach Klageerhebung der Verwaltungsakt durch einen neuen abgeändert oder ersetzt, wird auch der neue Verwaltungsakt im Wege der **Klageänderung** Gegenstand des Verfahrens (§ 96 SGG). Eines Widerspruchsverfahrens bedarf es nicht. Das Gericht und die Beteiligten sind an diese kraft Gesetzes eintretende Rechtsfolge gebunden. Das Gericht ist verpflichtet, über das insoweit **fingierte Klagebegehren** zu entscheiden.[114] **42**

Sämtliche Verwaltungsakte, die den Streitstoff beeinflussen können, d.h. mit ihm in innerem Zusammenhang stehen, werden ohne Durchführung eines Vorverfahrens in das Klageverfahren einbezogen.[115] Das ist insbesondere dann der Fall, wenn es bei dem ursprünglichen und dem späteren Bescheid **„im Kern"** um **dieselbe Rechtsfrage** geht[116] bzw. die maßgeblichen tatsächlichen und rechtlichen Umstände im streitbefangenen Bescheid und in den nachfolgenden Zeiträumen in der Weise identisch sind, dass mit der Entscheidung über den ursprünglichen Streitgegenstand der Sache nach auch abschließend über Folgebescheide entschieden wird.[117] Demgemäß besteht für eine entsprechende Anwendung des § 96 Abs. 1 SGG dann kein Raum, wenn zwar die Rechtsgrundlagen der Bescheide und die umstrittenen Rechtsfragen übereinstimmen, aber die rechtlich erheblichen Sachverhaltsumstände und Tatsachengrundlagen in den verschiedenen (Abrechnungs)zeiträumen nicht oder nur teilweise deckungsgleich sind[118] oder die Einbeziehung eines Bescheides die Prüfung zusätzlicher rechtlicher Fragen zur Folge hätte, also ein **neuer Streitstoff** in das Streitverfahren eingeführt wird.[119] Auch soweit ein teilbarer Verwaltungsakt nur hinsichtlich seines nicht streitbefangenen Teils durch einen späteren Verwaltungsakt abgeändert wird, kommt ein Einbeziehung des später ergangenen Verwaltungsaktes in ein den ursprünglichen Verwaltungsakt betreffendes Verfahren nicht in Betracht.[120] **43**

Bescheide der Zulassungsgremien, mit denen die **Ermächtigung** für einen späteren als den ursprünglich streitbefangenen Zeitraum geregelt wird, werden nicht in entsprechender Anwendung des § 96 Abs. 1 SGG Gegenstand des Rechtsstreits.[121] **Honorarkürzungsbescheide** wegen übermäßiger Ausdehnung der vertragsärztlichen Tätigkeit werden für Folgequartale nur dann Gegenstand des Verfahrens, wenn sie auf dieselben Rechtsgründe wie die Erstbescheide gestützt sind und mit entsprechender Begründung angefochten werden.[122] Entsprechendes gilt für Bescheide in **Wirtschaftlichkeitsprüfungsverfahren** und sonstige **Honorarbescheide;** diese werden zum Verfahrensgegenstand nur im Fall von identischen Berichtigungsverfügungen der KV.[123] **44**

Nicht von § 96 SGG erfasste Folgebescheide können jedoch, wenn die übrigen Beteiligten einwilligen, im Wege der Klageänderung (§ 99 Abs. 1 SGG) in den bereits anhängi- **45**

---

[113] BVerfG 17. 8. 2004 – 1 BvR 378/00 – in GesR 2004, 470–473; MedR 2004, 680–682; NJW 2005, 273–275; SGb 2005, 59–63.

[114] BSG SozR 3–2400 § 18b Nr. 1.

[115] BSG SozR 1500 § 96 Nr. 13; BSGE 47, 201 = SozR 2200 § 165 Nr. 32.

[116] BSG SozR 3–2500 § 85 Nr. 8.

[117] Z.B. BSG 18. 10. 1995 – 6 RKa 12/95 – und 7. 2. 1996 – 6 RKa 42/95 –; vgl. auch LSG Niedersachen NZS 1997, 47 zu Alg-Bewilligungsbescheiden.

[118] BSGE 77, 279 = SozR 3–2500 § 85 Nr. 10; BSG ArztR 1997, 34 = ZfS 1996, 16; BSG SozR 3–1500 § 96 Nr. 3; einschränkend: BSGE 79,133 = SozR 3–2500 § 240 Nr. 27; BSG SozR 3–2400 § 18b Nr. 1; vgl. auch BSG 21. 11. 2002 – B 3 KR 13/02 R –.

[119] BSG SozR Nr. 22 zu § 96 SGG; LSG NRW 5. 12. 1996 – L 7 Vs 107/96 –; ohne jegliche Diskussion der Problematik und im Ergebnis unzutreffend: BSG 10. 12. 2003 – B 9 SB 15/03 B –.

[120] BSG 25. 3. 1997 – 4 RA 23/95 –.

[121] BSG SozR 3–2500 § 97 Nr. 2; BSG SozR 3–2500 § 116 Nr. 6; BSG SozR 3–2500 § 116 Nr. 12.

[122] BSG SozR 3–2500 § 85 Nr. 8.

[123] BSG SozR 3–1500 § 96 Nr. 3.

gen Prozess einbezogen werden, ohne dass es eines weiteren Vorverfahrens bedarf. Voraussetzung ist allerdings, dass die Folgebescheide im Zeitpunkt der Klageerweiterung nicht bindend geworden sind.[124]

3. Beiladung

46 Beteiligte am Verfahren sind Kläger und Beklagter als **Hauptbeteiligte** sowie der **Beigeladene** (§ 69 SGG).[125] Das Gericht kann von Amts wegen oder auf Antrag andere beiladen, deren berechtigte Interessen durch die Entscheidung berührt werden (§ 75 Abs. 1 SGG). Der Beigeladene kann innerhalb der Anträge der anderen Beteiligten selbstständig Angriffs- und Verteidigungsmittel stellen machen und alle Verfahrenshandlungen wirksam vornehmen. Abweichende Sachanträge sind nur im Fall einer notwendigen Beiladung möglich. Nicht verhindern kann der Beigeladene, dass die Hauptbeteiligten den Rechtsstreit ohne seine Zustimmung beenden.[126] Ein rechtskräftiges Urteil bindet auch den Beigeladenen (§ 141 SGG). Ein Beigeladener kann deswegen – losgelöst von den Hauptbeteiligten – ein **Rechtsmittel** einlegen. Dies setzt allerdings voraus, dass der Beigeladene durch das Urteil materiell beschwert ist, mithin durch das Urteil in eigenen Rechten (§ 54 Abs. 2 Satz 1 SGG) beeinträchtigt wird. Sofern nur der Beigeladene nur geltend macht, dass seine berechtigten Interessen verletzt werden, genügt dies nicht.[127] Allerdings ist der Beigeladene befugt, trotz zwischenzeitlich eingetretener Erledigung der Hauptsache Rechtsmittel einlegen, wenn er (nur) ein berechtigtes Interesse an der Klärung der Rechtmäßigkeit des erledigten Verwaltungsaktes hat.[128] Auf eine Beschwer kommt es dann nicht an, denn diese ist durch die Erledigung entfallen.

47 Berechtigte Interessen können solche rechtlicher, wirtschaftlicher oder ideeller Art sein. Während es im Fall einer **einfachen Beiladung** im Ermessen des Gerichts steht, den Dritten beizuladen,[129] muss die Beiladung in den Fällen des § 75 Abs. 1 Satz 2 SGG bzw. § 75 Abs. 2 SGG vorgenommen werden. **Notwendig beizuladen** ist dann, wenn Dritte an dem streitigen Rechtsverhältnis derart beteiligt sind, dass die Entscheidung ihnen gegenüber nur einheitlich ergehen kann. Das ist dann zu bejahen, wenn die zu erwartende Entscheidung über das streitige Rechtsverhältnis zwischen Kläger und Beklagtem zugleich in die Rechtssphäre des Dritten unmittelbar eingreift.[130]

48 Beigeladen werden kann der Dritte auch dann noch, wenn das Urteil bereits erlassen, aber noch nicht rechtskräftig und noch kein Rechtsmittel eingelegt ist.[131]

49 Die **Bundesausschüsse** (§ 91 SGB V) sind beteiligtenfähig und damit auch beiladungsfähig.[132] Soweit bislang die Auffassung vertreten wurde, der **Bewertungsausschuss** (§ 87 SGB V) könne nicht beigeladen werden, weil es sich dabei um eine nicht rechtsfähige, lediglich zum Zweck der Vereinbarung des EBM rechtlich verselbstständigte Einrichtung der gemeinsamen Selbstverwaltung von Ärzten und Krankenkassen handele,[133] kann dies nicht aufrechterhalten werden. Das BSG hat dem Bewertungsausschuss nunmehr Beteiligtenfähigkeit zugesprochen; er sei ein gemeinsames Entscheidungsgremium von

---

[124] BSG SozR 3-2500 § 85 Nr. 12; BSG SozR 3-2500 § 85 Nr. 16; dagegen: *Zeihe* § 96 Anm. 1e wegen Umgehung des Vorverfahrenszwangs.

[125] Zur Beteiligtenfähigkeit des Disziplinarausschusses BSG 28. 1. 2004 – B 6 KA 4/03 R – GesR 2004, 422 mit Anmerkung *Harenburg* GesR 2004, 407 ff.

[126] *Krasney/Udsching* V Rdn. 23 ff.

[127] BSG 13. 8. 2002 – B 2 U 33/01 R –.

[128] BSG SozR 3-1500 § 131 Nr. 5.

[129] BSG 8. 7. 1970 – 3 RK 33/70.

[130] *Krasney/Udsching* V Rdn. 11; *Kummer* Rdn. 96.

[131] BSG SozR 3-5420 § 3 Nr. 2; *Kummer* Rdn. 95; weitergehend: *Meyer-Ladewig* § 75 Rdn. 5b; *Zeihe* § 75 Anm. 4b.

[132] BSGE 73, 131 = SozR 3-2500 § 85 Nr. 4; BSGE 64, 78 = SozR 1500 § 51 Nr. 50.

[133] LSG NRW 15. 4. 1997 – L 11 Ka 91/96 –; LSG NRW vom 30. 5. 2001 – L 11 KA 184/99 –.

Leistungserbringern und Krankenkassen im Sinn des § 70 Abs. 4 SGG in der Fassung des 6. SGG-ÄndG.[134] Für die **erweiterten Bewertungsauschuss** (§ 87 Abs. 4 SGB V) war sei jeher anerkannt, dass er beteiligtenfähig ist.[135] Eine Beiladung der an Normsetzungsakten im Vertragsarztrecht beteiligten **Selbstverwaltungseinrichtungen** oder von staatlichen Stellen, die im Rahmen der Normsetzung mit Regelungsbefugnis ausgestattet sind, ist grundsätzlich nicht notwendig,[136] insbesondere auch dann nicht, wenn über die **Gültigkeit** einer die vertragsärztliche Versorgung betreffenden **kollektiv-vertraglichen Regelung** mit normativer Wirkung gestritten wird;[137] eine einfache Beiladung ist indes zulässig.[138]

50 Zum Verfahren der **Wirtschaftlichkeitsprüfung** sind grundsätzlich die **Landesverbände** der Krankenkassen und die Kassen, die die Rechtsstellung eines Landesverbandes haben, notwendig beizuladen, insbesondere wenn der Prüfungsantrag des Kassenverbandes auch in ihrem Namen gestellt wurde.[139] Erstreckt sich das Verfahren der Wirtschaftlichkeitsprüfung hingegen ausschließlich auf Sonderbereiche wie die Einhaltung der Parodontose-Richtlinien oder die Feststellung eines Schadensersatzanspruchs wegen eines Behandlungsfehlers, sind notwendig nur die Krankenkassen beizuladen, die als **Kostenträger** der Behandlungsfälle betroffen sind. Haben sich diese Kassen jedoch zu einem Kassenverband u.a. für ihre Beteiligung am Prüfungsverfahren zusammengeschlossen, so können ihre Rechte im Prüfungsverfahren vom Kassenverband im Wege der **Prozessstandschaft** wahrgenommen werden. Es genügt dann die notwendige Beiladung des Kassenverbandes.[140] In **Zulassungs-** und **Ermächtigungssachen** sind die Verbände der Krankenkassen notwendig beizuladen.[141] Von besonderem Interesse ist der Beschluss des BVerfG vom 17. 8. 2004 – 1 BvR 78/00 – zur **defensiven Konkurrentenklage.**[142] Die Entscheidung betrifft die Frage des Rechtsschutzes für niedergelassene Vertragsärzte gegen die einem Krankenhausarzt erteilte **Ermächtigung** zur Teilnahme an der vertragsärztlichen Versorgung. Das BSG hat die Klagebefugnis eines Vertragsarztes gegen eine solche Ermächtigung in ständiger Rechtsprechung verneint.[143] Begründet wurde dies damit, dass die Vorschriften über die Ermächtigung von Krankenhausärzten nicht dazu bestimmt sind, den Interessen der niedergelassenen Ärzte zu dienen, und dem objektiv-rechtlichen Grundsatz des Vorrangs der niedergelassenen Ärzte bei der ambulanten Versorgung der Versicherten keine **Schutzwirkung** zu Gunsten der niedergelassenen Ärzte immanent ist.[144] Eine Anfechtungsbefugnis bereits zugelassener Vertragsärzte gegen Ermächtigungen hat das BSG nur dann anerkannt, wenn sich die Entscheidung des Berufungsausschusses als willkürlich darstellt.[145] Aus vergleichbaren Gründen waren niedergelassene Vertragsärzte nicht befugt, die Zulassung eines Arztes wegen **Sonderbedarfs** anzufechten, da die Vorschriften über die Sonderbedarfszulassung nicht den Interessen der im betroffenen Planungsbereich bereits zugelassenen Ärzte dienen.[146] Lediglich für die Sonderzulassung für **belegärztliche Tätigkeiten** hat das BSG den niedergelassenen Vertragsärzten die Rüge zugebilligt, a) die Belegarztstelle sei nicht ordnungsgemäß ausgeschrieben, sie seien nach

---

[134] BSG 11. 9. 2002 – B 6 KA 34/01 R –; so auch BGH NJW 2002, 1793, 1795.

[135] Vgl. BSGE 71, 42 und 678, 1991, vgl. auch *Hencke* in Peters, Handbuch der Krankenversicherung, § 87 Rdn. 23.

[136] BSG SozR 3–2500 § 106 Nr. 12.

[137] BSGE 79, 239 = SozR 3–2500 § 87 Nr. 14.

[138] BSGE 70, 240 = SozR 3–5533 Allg Nr. 1.

[139] BSGE 69, 147 = SozR 3–2500 § 106 Nr. 7.

[140] BSG SozR 3–2500 § 106 Nr. 12.

[141] BSG SozR 3–2500 § 116 Nr. 14.

[142] MedR 2004, 680ff. mit Anmerkung von *Steinhilper* a.a.O., 682ff.

[143] BSG 15. 5. 1991 – 6 RKa 22/90 –; BSG 10. 5. 2000 – B 6 KA 9/99 R –.

[144] BSG 10. 5. 2000 – B 6 KA 9/99 R –.

[145] BSG 10. 5. 2000 – B 6 KA 9/99 R –.

[146] BSG 14. 3. 2001 – B 6 KA 35/00 R –.

ihrer Qualifikation, ihrer Schwerpunktsetzung und der räumlichen Lage der Praxis grundsätzlich geeignet und persönlich willens, unter den üblichen Bedingungen im Krankenhaus belegärztlich tätig zu werden, und b) die Entscheidung des Krankenhausträgers, mit ihnen einen Belegarztvertrag nicht abzuschließen, sei auch unter Beachtung der dem krankenhausträger insoweit zukommenden Auswahl- und Abschlussfreiheit im Hinblick auf den Vorrang der bereits niedergelassenen Ärzte nicht sachgerecht.[147] Das BVerfG teilt dieses Verständnis nicht. Es hat ausgeführt, dass niedergelassene Vertragsärzte einen Anspruch auf eine gerichtliche Prüfung haben, wenn einem Krankenhausarzt die Ermächtigung zur Teilnahme an der vertragsärztlichen Versorgung erteilt wird. Die grundrechtsrelevante Einbindung der Vertragsärzte in das System der gesetzlichen Krankenversicherung, das ihnen einen Vorrang gegenüber anderen Ärzten gebe, korreliere mit dem Anspruch auf Rechtsschutz bei der Vernachlässigung der gesetzgeberischen Entscheidung durch die Zulassungsgremien. Die verfahrensmäßige Absicherung setzte nicht erst bei Willkür ein. Die entgegenstehende Rechtsaufassung des BSG überspanne die vom Vertragsarzt geforderte Darlegungslast zum Nachweis der Klagebefugnis.[148] Dem Einwand, dass Anträge auf Ermächtigung bei einer solch exzessiven Beiladungspflicht kaum jemals binnen des vom Zulassungsgremiums bestimmten Ermächtigungszeitraums bestandskräftig beschieden werden, begegnet das BVerfG mit Hinweis auf die Beiladungsmöglichkeiten in **Massenverfahren** (§ 75 Abs. 2a SGG). Das geht fehl. Von der Möglichkeit der Massenbeiladung, kann das Gericht naturgemäß erst Gebrauch machen, wenn es festgestellt, dass von der Ermächtigung „Massen" betroffen sind. Das SGG grenzt diesen Kreis – im Gegensatz zu § 65 Abs. 3 VwGO (mehr als fünfzig Personen) – auf mehr als 20 Personen ein. Indessen ändert dies nichts daran, dass das Gericht klären muss, ob eine solche „relative Masse" anfechtungsbefugt ist. Vage Vermutung reichen nicht.[149] Hierzu sind entsprechende Ermittlungen durchzuführen. Zwar folgt aus der Entscheidung des BVerfG, dass nunmehr schon die Zulassungsgremien gehalten sind, niedergelassene Vertragsärzte nach den Kriterien des § 12 Abs. 2 SGB X zum Verfahren hinzuzuziehen. Dass der anfechtungsbefugte Kreis von den Zulassungsgremien allerdings zutreffend und abschließend erfasst worden ist, kann das Gericht nicht unbesehen unterstellen. Insoweit muss es eine eigene Prüfung durchführen und den Sachverhalt aufklären. Hinzu kommt, dass das Gericht im **Bundesanzeiger** einen Beschluss dergestalt veröffentlichen muss, dass nur solche Personen beigeladen werden, die dies innerhalb von drei Monaten beantragen. Dies kann das Verfahren erheblich verzögern. Im Ergebnis mag der Entscheidung des BVerfG hinsichtlich der Anfechtungsbefugnis drittbetroffener Vertragsärzte unter verfassungsrechtlichen Aspekten zugestimmt werden können. Der Hinweis des BVerfG auf § 75 Abs. 2a SGG hingegen ist wenig durchdacht. Die Vorschrift ist nicht praktikabel. Die parallele Regelung des § 65 Abs. 3 VwGO wird in verwaltungsrechtlichen Streitverfahren aus diesem Grund nicht genutzt.[150] Rechtsprechung hierzu ist nicht bekannt geworden.[151] Überdies gilt nunmehr: Bis zu 20 anfechtungsbefugte Vertragsärzte müssen beigeladen werden (§ 75 Abs. 2 SGG). Auch dies wird zu erheblichen **Verfahrensverzögerungen** führen. Letztlich hat das BVerfG diese Problematik auch gesehen, allerdings unter Hinweis auf die Möglichkeit des einstweiligen Rechtsschutzes abgetan. Das ist schon deswegen unbefriedigend, weil der Rechtsschutzanspruch des ermächtigten Arztes in der Hauptsache nunmehr umso mehr unterminiert werden kann. Der Hinweis auf einstweiligen Rechtsschutz belegt, dass ein ermächtigter Arzt zeitnahen Rechtsschutz in der Hauptsache kaum noch wird erreichen können.[152]

---

[147] BSG 14. 3. 2001 – B 6 KA 35/00 R –.

[148] BVerfG 2004, 680, 682.

[149] *Redeker/von Oertzen* § 65 Rdn. 28.

[150] *Eyermann/Schmidt,* § 65 Rdn. 33.

[151] *Redeker/von Oertzen* § 65 Rdn. 35.

[152] Zum einstweiligen Rechtsschutz des ermächtigten Arztes wegen willkürlicher Ausnutzung von Rechtspositionen seitens der KV vgl. LSG NRW 30. 6. 2003 – L 10 B 9/03 KA ER –.

Die Entscheidung des BVerfG zur defensiven Konkurrentenklage bezieht sich unmittelbar nur auf das Anfechtungsrecht des niedergelassenen Vertragsarztes gegenüber der Ermächtigung eines Krankenhausarztes. Die Annahme ist nicht fernliegend, dass sie auch bei **Sonderbedarfszulassungen** (§ 101 Abs. 1 Nr. 3 SGB V) bzw. Zulassungen von **Medizinischen Versorgungszentren** (§ 95 Abs. 1 SGB V) bedeutsam wird.[153]

51 Eine unterlassene notwendige Beiladung begründet einen **Verfahrensfehler,** der im Revisionsverfahren – abgesehen von § 168 Satz 2 SGG – zur Aufhebung und Zurückverweisung berechtigt.[154]

4. Verfahren bis zur mündlichen Verhandlung

52 Die Klage ist binnen eines Monats nach Bekanntgabe des Verwaltungsaktes zu erheben (§ 87 Abs. 1 SGG). Die Vorschrift bezieht sich nur auf die Anfechtungs- und Verpflichtungsklage. Sie gilt nicht für Feststellungs- und Leistungsklagen. Hat ein Vorverfahren stattgefunden, beginnt die Frist mit der Bekanntgabe des Widerspruchsbescheides (§ 87 Abs. 2 SGG). Fehlt die **Rechtsmittelbelehrung** oder ist sie unrichtig erteilt, verlängert sich die Frist auf ein Jahr;[155] lautet die Belehrung dahin, dass ein Rechtsbehelf nicht gegeben ist, läuft überhaupt keine Frist (§ 66 Abs. 2 SGG). Gleichermaßen läuft keine Frist, wenn die Belehrung bewusst unterbleibt, um Bescheidadressaten von Widersprüchen abzuhalten. Dann ist es der Behörde wegen **missbräuchlichen Verhaltens** versagt, sich auf die Jahresfrist des § 66 Abs. 2 Satz 1 SGG zu berufen. Die Klage muss nicht unterschrieben sein (§ 92 SGG). Es reicht aus, wenn sich die Identität des Verfassers aus den Umständen ergibt und deutlich wird,[156] dass er das Gericht anruft, um Rechtsschutz zu erlangen.

53 Nach § 106 Abs. 2 SGG hat der Vorsitzende bereits vor der mündlichen Verhandlung alle Maßnahmen zu treffen, die notwendig sind, um den Rechtsstreit möglichst in einer mündlichen Verhandlung zu erledigen. Es gilt der **Untersuchungsgrundsatz** (§ 103 SGG), d.h. das Gericht ermittelt von Amts wegen alle nach seiner Auffassung entscheidungserheblichen Umstände. Der Untersuchungsgrundsatz ist in **Wirtschaftlichkeitsprüfungsverfahren** eingeschränkt. Infolge des den Prüfgremien eingeräumten **Beurteilungsspielraums** beschränkt sich die Kontrolle der Gerichte auf die Prüfung, ob das Verwaltungsverfahren ordnungsgemäß durchgeführt worden ist, ob der Verwaltungsentscheidung ein richtig und vollständig ermittelter Sachverhalt zu Grunde liegt, ob die Verwaltung die durch Auslegung des unbestimmten Rechtsbegriffs ermittelten Grenzen eingehalten und ob sie ihre Subsumtionserwägungen so verdeutlicht und begründet hat, dass im Rahmen des Möglichen die zutreffende Anwendung der Beurteilungsmaßstäbe erkennbar und nachvollziehbar ist.[157] Zudem wird die Rechtmäßigkeit der Verwaltungsentscheidung in diesen Fällen nur bezogen auf den Zeitpunkt des Erlasses geprüft.[158] Vergleichbares gilt in Streitverfahren um eine **Ermächtigung**[159] oder **Sonderbedarfszulassung.**[160] Hinsichtlich der Frage, ob eine quantitav-allgemeiner oder ein qualitativ-spezieller Bedarf für die Ermächtigung vorliegt, haben die Zulassungsgremien einen gerichtlich nur einge-

---

[153] Vgl. auch *Steinhilper* a. a. O.

[154] Vgl. BSG 11. 12. 2002 – B 6 KA 21/01 R –.

[155] Vgl. LSG NRW 10. 7. 2002 – L 10 KA 3/02 – und LSG Schleswig-Holstein 18. 12. 2002 – L 4 KA 25/01 – zu unrichtigen Rechtsbehelfsbelehrungen nach § 44 Ärzte-ZV.

[156] LSG NRW 25. 6. 2003 – L 11 KA 243/01 – zu § 151 SGG.

[157] BSGE 77, 53 = SozR 3–2500 § 106 Nr. 33; BSG SozR 3–1300 § 16 Nr. 1; BSG SozR 3–2500 § 106 Nr. 31; *Kummer* Rdn. 172.

[158] BSG SozR 2200 § 368n RV0 Nr. 57; LSG Baden-Württemberg MedR 1996, 142: LSG NRW 19. 9. 1990 – L 11 Ka 43/89 – und 12. 6. 1996 – L 11 Ka 42/95 –; BSG SozR 3–2500 § 101 Nr. 1 sowie LSG NRW 18. 2. 1998 – L 11 Ka 152/97 – für Sonderbedarfszulassungen.

[159] BSG 12. 9. 2001 – B 6 KA 86/00 R –.

[160] LSG NRW 9. 7. 2003 – L 11 KA 52/03.

schränkt überprüfbaren Beurteilungsspielraum.[161] Dies bedeutet für den Umfang der Sachaufklärung durch das Gericht, dass es nur innerhalb der ihm eingeräumten Prüfbefugnis ermitteln darf.[162]

54 Auch im Übrigen erfährt der Untersuchungsgrundsatz **Einschränkungen.** Das Gericht ist zwar verpflichtet, den Sachverhalt erschöpfend zu ermitteln, doch endet die Sachaufklärungspflicht jedenfalls da, wo weitere Bemühungen im Verhältnis zum Erfolg nicht mehr vertretbar und zumutbar sind. Allgemeines Vorbringen ohne konkrete Angaben reicht nicht aus, um Ermittlungen des Gerichts zu veranlassen.[163] Andererseits ist eine „ungefragte" gerichtliche Fehlersuche im Zweifel dann nicht sachgerecht, wenn sie das Rechtsschutzbegehren des Klägers aus dem Auge verliert.[164] Die Gerichte sind ferner nicht verpflichtet, von sich aus alle Umstände zu ermitteln, die geeignet sein könnten, die Voraussetzungen für eine Zulassungsentziehung zu erfüllen.[165]

55 Die Aufklärungspflicht des Gerichts wird schließlich durch die Pflicht der Beteiligten begrenzt, am Rechtsstreit mitzuwirken.[166] Eine Verletzung der **Mitwirkungspflicht** kann nach Belehrung[167] zweierlei Konsequenzen nach sich ziehen. Vorrangig führt dies in der Beweiswürdigung dazu, dass die anspruchsbegründenden Tatsachen nicht als erwiesen anzusehen sind und der Kläger den Rechtsstreit wegen des Grundsatzes der **objektiven Beweislast** verliert.[168] Sodann ist zu erwägen, dem Kläger nach § 192 SGG Kosten wegen **Verschleppung** des Rechtsstreits aufzuerlegen. Infolge Änderung des Kostenrechts durch das 6. SGG-ÄndG besteht letztgenannte Möglichkeit allerdings nur noch für sog. Altverfahren, d. h. solche, die vor dem 2. 1. 2002 beim SG anhängig geworden sind. Für alle seither anhängig gewordenen Verfahren ist § 192 SGG wegen § 197 a Abs. 1 Satz 1 SGG nicht anzuwenden. Dennoch kommt auch in einem solchen Fall eine Kostenauferlegung in Betracht. Denn nach § 197 a Abs. 1 Satz 1 Halbsatz 3 SGG sind die §§ 154 bis 162 VwGO entsprechend anzuwenden. Verursacht ein Beteiligter schuldhaft Kosten, können ihm diese auf der Grundlage von § 155 VwGO auferlegt werden.[169]

56 Wird eine **Ermessensentscheidung** der gerichtlichen Prüfung unterzogen, ist die Zuständigkeit des Gerichts darauf beschränkt, einen ermessensfehlerhaften Verwaltungsakt aufzuheben (§ 54 Abs. 2 Satz 2 SGG), denn es kann nicht sein Ermessen an die Stelle des behördlichen Ermessens setzen. Eigene Ermittlungen darf es insoweit nicht durchführen.[170] Nicht gehindert ist das Gericht allerdings daran, die tatsächlichen Grundlagen der Ermessensbetätigung der Behörde zu überprüfen und diese zu ermitteln.[171]

57 Hält der Vorsitzende den Rechtsstreit für **entscheidungsreif,** bestimmt er Ort und Zeit der mündlichen Verhandlung. Der Termin ist aufzuheben bzw. zu verlegen, wenn einer der Beteiligten einen erheblichen Grund vorträgt und glaubhaft macht (§ 227 Abs. 1 Satz 1 ZPO iVm § 202 SGG).[172] Das Gericht sollte hier schon wegen des Grundsatzes des **rechtlichen Gehörs** (§ 62 SGG, Art. 101 GG) großzügig sein. Im Übrigen liegt bei Verstoß gegen diesen Grundsatz ein Verfahrensmangel vor, der zur Zulassung der Berufung nach § 144 Abs. 2 Nr. 3 SGG oder Revision nach § 160 Abs. 2 Nr. 3 SGG führt,

---

[161] BSG 12. 9. 2001 – B 6 KA 86/00 R –.

[162] Vgl. BSG 28. 6. 1998 – 6 RKa 37/95 –: eingeschränkt überprüfbarer Beurteilungsspielraum in Zulassungssachen hinsichtlich Versorgungslage und Bedarfsermittlung.

[163] Vgl. *Krasney/Udsching* III Rdn. 12.

[164] BVerwG 17. 4. 2002 – 9 CN 1/01 –.

[165] BSG 20. 10. 2004 – B 6 KA 67/03 R –.

[166] *Zeihe* vor § 103 Anm. 2; vgl. auch *Rehborn* GesR 2004, 403 ff. zum Arzthaftungsrecht.

[167] BSG SozR 1500 § 103 Nr. 23.

[168] Vgl. *Krasney/Udsching* III Rdn. 18.

[169] Zu den Einzelheiten vgl. *Berendes* SGb 2002, 315 ff.

[170] *Zeihe* vor § 103 Anm. 18; vgl. aber BVerfGE 61, 82, 111 ff.; BSG 30. 10. 1998 – B 6 KA 39/98 B.

[171] LSG NRW 18. 2. 1998 – L 11 Ka 152/97 –.

[172] Vgl schon BSGE 11, 165, 166.

wenn die angefochtene Entscheidung hierauf beruhen kann.[173] Ggf. kommt dann auch Zurückverweisung in Betracht.[174] Kündigt z.B. ein Beteiligter seine Teilnahme an einem Termin zur mündlichen Verhandlung an, so ist die mündliche Verhandlung erst zu eröffnen, wenn der Beteiligte erschienen oder nach Ablauf einer Wartefrist von 15 Minuten davon auszugehen ist, dass trotz der **prozessualen Fürsorgepflicht** des Gerichts wegen der legitimen Interessen der anderen Verfahrensbeteiligten und des Gerichts an einer zeitgerechten und zügigen Durchführung des Sitzungstages ein weiteres Warten nicht mehr vertretbar ist. Ist dem Gericht bekannt, dass der Beteiligte unter besonderen Schwierigkeiten versucht, den Termin wahrzunehmen, darf die Wartezeit 30 Minuten nicht unterschreiten. Es muss nämlich sichergestellt werden, dass jedermann „vor Gericht" rechtliches Gehör erhält, wenn er es erkennbar in Anspruch nehmen will.[175] Daher muss ein Gericht einem **Vertagungsantrag** des Betroffenen entsprechen, wenn in der mündlichen Verhandlung keine Äußerung abgegeben werden kann, etwa weil Tatsachen oder neue wesentliche rechtliche Gesichtspunkte aufgetreten sind, zu denen sich die Beteiligten noch nicht äußern konnten.[176] Dabei hat das Gebot der Gewährung rechtlichen Gehörs Vorrang gegenüber dem in § 106 Abs. 2 SGG verankerten Gebot, den Rechtsstreit möglichst in einer mündlichen Verhandlung zu erledigen.[177] Ob eine Äußerungsmöglichkeit angemessen ist oder nicht, richtet sich regelmäßig nach den Umständen und der Bedeutung des Einzelfalles.[178] Das **Verfahrensgrundrecht** „rechtliches Gehör" wird nunmehr durch § 178a SGG gesondert geschützt. Die Vorschrift ist mit Wirkung ab dem 1. 1. 2005 in das SGG eingefügt worden.[179]

58 In der Regel entscheidet das Gericht den Rechtsstreit auf Grund **mündlicher Verhandlung** (§ 124 SGG). Der Vorsitzende eröffnet und leitet die mündliche Verhandlung. Sie beginnt mit dem Aufruf der Sache und der Darstellung des Sachverhalts. Der Sachvortrag dient vornehmlich der Information der ehrenamtlichen Richter, soll allerdings den Beteiligten gleichermaßen deutlich machen, welchen Sachverhalt das Gericht als entscheidungserheblich ansieht. Sodann erhalten die Beteiligten das Wort. Das Sach- und Streitverhältnis wird mit ihnen erörtert. Der Vorsitzende wirkt darauf hin, dass sie sich über erhebliche Tatsachen vollständig erklären und sachdienliche Anträge stellen (§ 112 Abs. 2 Satz 2 SGG). Wie für das gesamte sozialgerichtliche, im Übrigen aber auch für jedes Verfahren gilt auch hier der **Grundsatz des fairen Verfahrens.** Das Gericht ist verpflichtet, auf die konkrete Situation der Verfahrensbeteiligten Rücksicht zu nehmen.[180] Die Beteiligten dürfen nicht nur Objekt des Verfahrens sein. Sie müssen die Möglichkeit haben, sich in einem Rechtsstreit und namentlich auch in der mündlichen Verhandlung mit tatsächlichen und rechtlichen Argumenten zu behaupten. Eine mündliche Verhandlung von wenigen Minuten Dauer, genügt diesen Anforderungen nicht und rechtfertigt eine Zurückverweisung nach § 159 Abs. 1 Nr. 2 SGG.[181]

59 Mit Einverständnis der Beteiligten kann das Gericht **ohne mündliche Verhandlung** entscheiden (§ 124 Abs. 2 SGG). Die Einverständniserklärung kann bis zum Eingang der

---

[173] *Meyer-Ladewig,* § 62 Rdn. 11.

[174] LSG NRW 7. 1. 2004 – L 12 AL 129/03 –.

[175] BSG 31. 3. 2004 – B 4 RA 126/03 –; vgl. auch BSG 28. 5. 2003 – B 3 KR 33/02 R –.

[176] Vgl *Meyer-Ladewig* § 62 Rdn. 8, 8a, 10 mwN, § 110 Rdn. 5 mwN; BSG SozR § 62 SGG Nr 6.

[177] So BSG SozR Nr. 13 zu § 106 SGG; SozR 3–1500 § 128 Nr. 14 S 28; SozR 3–1500 § 62 Nr. 5 S 8; BSG 11. 12. 2002 – B 6 KA 8/02 R –; zum Überraschungsurteil vgl. BSG 19. 9. 2002 – B 11 AL 83/01 R – und 21. 3. 2002 – B 7 AL 64/01 R –.

[178] Vgl. BSG 21. 8. 2002 – B 9 VJ 1/02 R –.

[179] BGBl. I 2004, 3220.

[180] BSG 5. 12. 2001 – B 7 AL 2/01 R – m. w. N.; hierzu auch BVerfG 17. 9. 2004 – 2 BvR 2122/03 –, BVerfG 14. 6. 2004 – 2 BvR 1136/03 –; LSG Thüringen 31. 3. 2003 – L 6 RJ 1036/02 –.

[181] LSG Thüringen 31. 3. 2003 – L 6 RJ 1036/02 –; vgl. auch BSG 31. 3. 2004 – B 4 RA 126/03 – zu einer fünfminütigen Verhandlung in der Berufungsinstanz.

Einverständniserklärungen der übrigen Beteiligten widerrufen werden, im Übrigen nur, wenn sich die Prozesslage wesentlich geändert hat. Das Einverständnis ist verbraucht, wenn das Gericht anschließend weitere Sachermittlungen nach § 106 Abs. 3 Nr. 1 bis 5 durchführt.

5. Abschluss des Verfahrens

60 Das erstinstanzliche Streitverfahren kann durch Urteil (§ 125 SGG), Gerichtsbescheid (§ 105 SGG) oder auf andere Weise abgeschlossen werden. Das SGG sieht verschiedene Möglichkeiten vor, um das Verfahren ohne gerichtliche Entscheidung zu beenden. Hierzu rechnen der gerichtliche Vergleich (§ 101 Abs. 1 SGG), das angenommene Anerkenntnis (§ 101 Abs. 2 SGG). Darüber hinaus kommt eine beidseitige Erledigungserklärung (§ 202 SGG i.V.m. § 91a ZPO) sowie eine Klagerücknahme in Betracht (§ 102 SGG). Der außergerichtliche Vergleich beendet das Verfahren hingegen nicht. Hierzu bedarf es gesonderter Prozesserklärungen.

61 Nach § 125 SGG wird über die Klage, soweit nichts anderes bestimmt ist, durch **Urteil** entschieden. Etwas anderes bestimmt ist beispielweise in § 105 SGG insofern, als das Gericht statt durch Urteil mittels Gerichtsbescheid den erstinstanzlichen Rechtsstreit zum Abschluss bringen kann. Welchen Inhalt das Urteil haben muss, regelt § 136 SGG.[182] Das Gericht kann von einer weiteren Darstellung der Entscheidungsgründe absehen, soweit es der Begründung des Bescheides oder des Widerspruchsbescheides folgt. Neue Tatsachen oder Auffassungen müssen berücksichtigt werden.[183] Ein Urteil gilt nicht als mit Gründen versehen, wenn Tatbestand und Entscheidungsgründe nicht **binnen fünf Monaten** nach Verkündung schriftlich niedergelegt, von den Richtern unterschrieben und der Geschäftsstelle übergeben worden sind.[184]

62 Nach § 105 SGG kann das Gericht statt durch Urteil auch durch **Gerichtsbescheid** entscheiden, wenn die Sache keine besonderen Schwierigkeiten tatsächlicher oder rechtlicher Art aufweist. Bei Streitsachen von normaler durchschnittlicher Bedeutung ist ein Gerichtsbescheid nicht zulässig. Insbesondere bei strittigen Rechtsfragen oder wenn der Rechtsstreit grundsätzliche Bedeutung hat, ist ein Gerichtsbescheid ausgeschlossen. Etwas anderes gilt nur dann, wenn das Gericht bei gleicher Sach- und Rechtslage in einem anderen Verfahren bereits entschieden hat und darum jedes weitere Parallelverfahren keine besonderen Schwierigkeiten tatsächlicher oder rechtlicher Art aufweist.[185] Der Sachverhalt muss geklärt sein. Das kann sich auch auf Grund einer Beweisaufnahme ergeben. Entscheidet das SG durch Gerichtsbescheid, obgleich die Voraussetzungen nicht vorliegen, liegt ein wesentlicher Verfahrensfehler vor, der ggf. eine Zurückverweisung rechtfertigt (§ 159 Abs. 1 Nr. 2 SGG).[186] Der Fehler wiegt dabei besonders schwer, denn der Gerichtsbescheid ergeht ohne Beteiligung der **ehrenamtlichen Richter.** Damit wird der für das sozialgerichtliche Verfahren außerordentlich bedeutsame Grundsatz, dass die Kammern in der Besetzung mit einem Vorsitzenden und zwei ehrenamtlichen Richtern tätig werden (§ 12 Abs. 1 Satz 1 SGG) unterlaufen.

63 Als Ausfluss des Grundsatzes des rechtlichen Gehörs (§ 62 SGG) sind die Beteiligten gem. § 105 Abs. 1 Satz 1 SGG vorher zu hören **(Anhörungsmitteilung).**[187] Eine formu-

---

[182] Hierzu eingehend LSG NRW vom 22. 1. 2003 – L 10 SB 111/02 – und vom 20. 2. 2002 – L 10 SB 141/01 –.

[183] *Zeihe* § 136 Anm. 27b; *Meyer-Ladewig* § 136 Rdn. 7d.

[184] GmSOGB NJW 1993, 2603; vgl. auch BVerwG NVwZ 2001, 1150; LSG NRW 10. 8. 1995 L 7 Vs 97/95.

[185] LSG NRW 4. 9. 2000 – L 10 AR 24/00 AB –.

[186] Vgl. auch Bayerisches LSG 8. 3. 2000 – L 18 SB 110/99 –; LSG NRW 15. 5. 1998 – L 7 SB 146/97 –.

[187] Hierzu ausführlich *Eschner* in Jansen § 101 Rdn. 9ff.

larmäßige Mitteilung ohne Bezug auf den konkreten Fall genügt nicht.[188] Das Gericht muss darlegen, wie es zu entscheiden beabsichtigt. Hiervon kann allenfalls dann abgewichen werden, wenn sich für die Beteiligten aus dem Sach- und Streitstand nur eine Entscheidung aufdrängt.[189] Seine Rechtsauffassung muss das Gericht nicht mitteilen.[190] Andererseits soll die Anhörungsmitteilung sicherstellen, dass die Beteiligten sachgerechte Einwendungen erheben können.[191] Deswegen muss aus der Anhörung jedenfalls deutlich werden, dass die Beteiligten die Gelegenheit haben, Gründe für die Anberaumung einer mündlichen Verhandlung vorzubringen oder Beweisanträge zu stellen.[192] Will das Gericht vom Ergebnis der Beweisaufnahme abweichen, indem es beabsichtigt, dem Vorschlag eines Sachverständigen nicht zu folgen, muss es die Beteiligten hiervon vorab unterrichten, um eine **Überraschungsentscheidung** zu vermeiden.[193] Äußert sich der Kläger nach Zustellung der ersten Anhörung ausführlich mit **neuem Sachvortrag** zur Sach- und Rechtslage, ist eine erneute Anhörung geboten.[194] Eine förmliche **Zustellung der Anhörungsmitteilung** ist nicht vorgeschrieben. Zuzustellen sind gerichtliche Anordnungen und Entscheidungen nur dann, wenn hierdurch eine Frist in Lauf gesetzt wird (§ 63 Abs. 1 SGG). Das ist bei einer Anhörungsmitteilung nicht der Fall. Dennoch ist es notwendig, auch die Anhörungsmitteilung zuzustellen, denn lässt sich der Zugang nicht nachweisen, liegt ein wesentlicher Verfahrensfehler vor, wenn das SG dennoch entscheidet.[195]

64 Der Gerichtsbescheid ergeht **ohne mündliche Verhandlung** und ohne Mitwirkung der ehrenamtlichen Richter. Die Beteiligten können das Rechtsmittel einlegen, das zulässig wäre, wenn das SG durch Urteil entschieden hätte. Ist die Berufung nicht statthaft, kann mündliche Verhandlung beantragt werden. Erfolgt dies rechtzeitig, gilt der Gerichtsbescheid als nicht ergangen. Alternativ kann nach § 145 SGG Beschwerde wegen Nichtzulassung der Berufung zum Landessozialgericht (LSG) eingelegt werden.[196]

65 In § 102 Satz 1 SGG in der Fassung des 5. SGG-ÄndG war geregelt, dass der Kläger die **Klage** bis zum Schluss der mündlichen Verhandlung **zurücknehmen** kann. Nach Satz 2 hatte dies die Erledigung des Rechtsstreits in der Hauptsache zur Folge. Das 6. SGGÄndG schiebt den Zeitpunkt, bis zu dem die Klage noch (spätestens) zurückgenommen werden kann, bis zum **Eintritt der Rechtskraft** hinaus. Die Neufassung entspricht nach der Gesetzesbegründung dem § 92 Abs. 1 Satz 1 VwGO sowie der Rechtsprechung des BSG im Beschluss vom 27. 9. 1983 – 8 BK 16/82 –.[197] Beides trifft zu, indessen verstößt die Auffassung des BSG a. a. O. ersichtlich gegen den Wortlaut des § 102 SGG alter Fassung.[198] Namentlich die herangezogenen **prozessökonomischen Gründe** lassen es a priori nicht zu, sich über den eindeutigen Wortlaut eines Gesetzes hinwegzusetzen.[199] Eine nennens-

---

[188] BVerwG DVBl. 1991,156; LSG NRW vom 17. 9. 1993 – L 4 J 109/93 – und vom 20. 2. 2002 – L 10 SB 54/01 –; *Krasney/Udsching* VI Rdn. 220; *Kummer* Rdn. 207.

[189] LSG NRW 23. 1. 2002 – L 10 SB 142/01 – und 20. 2. 2002 – L 10 SB 54/01 –.

[190] BSG 16. 3. 1994 – 9 BV 151/93 – zu § 153 Abs. 4 SGG; eingehend LSG NRW 5. 9. 2001 – L 10 SB 70/01 –; *Meyer-Ladewig* § 105 Rdn. 10 a m. w. N.

[191] LSG NRW 5. 9. 2001 – L 10 SB 70/01 –; *Niesel* Rdn. 328; *Kummer* Rdn. 207.

[192] *Meyer-Ladewig* § 105 Rdn. 10 a m. w. N.

[193] BSG 9. 3. 1988 – 9/9 a RVs 14/86 –; LSG NRW 16. 12. 1998 – L 10 SB 20/98 –; LSG Schleswig-Holstein 28. 6. 2000 – L 8 U 77/99 –.

[194] LSG Schleswig-Holstein 28. 6. 2000 – L 8 RA 18/00 –.

[195] BVerwG NJW 1980,1810; vgl. auch BSG 8. 11. 2001 – B 11 AL 37/01 R – und 2. 5. 2001 – B 2 U 29/00 – zu § 153 Abs. 4 SGG.

[196] So die h. M., vgl. *Peters-Sautter-Wolff,* § 105 Rdn. 61; *Pawlak* in: Henning, § 105 Rdn. 78, 95 ff.; *Meyer-Ladewig* § 105 Rdn. 16; *Eschner* in: Jansen § 105 Rdn. 19; a. A. Zeihe § 105 Rdn. 14 b.

[197] Gesetzentwurf a. a. O. S. 54.; hierzu auch *Eschner* in: Jansen § 102 Rdn. 1.

[198] Vgl. auch *Peters-Sautter-Wolff* § 102 Anm. 3; *Zeihe* § 102 Rdn. 1.

[199] So im Ergebnis auch *Zeihe* § 102 Rdn. 1; zutreffend auch *Wollenschläger/Löcher* Die Sozialversicherung 2001, 257, 260: prozessökonomische Gründe sind kein Auslegungskriterium für prozessuale Willenserklärungen.

werte Verfahrensvereinfachung ist hiermit nicht verbunden. Fälle, in denen der Kläger nach Urteilsverkündung noch die Klage zurücknimmt, dürften äußerst selten sein.

66 Das angenommene **Anerkenntnis** erledigt den Rechtsstreit in der Hauptsache (§ 101 Abs. 2 SGG). Das Anerkenntnis ist das ausdrückliche oder konkludente Zugeständnis, dass der Klageanspruch besteht.[200] Ein Teilanerkenntnis ist möglich, soweit ein Teilurteil ergehen könnte.[201] Anerkenntnis und Annahme des Anerkenntnisse sind als Prozesshandlung **bedingungsfeindlich.** Wird ein Anerkenntnis nicht angenommen, besteht für die Fortführung des Rechtsstreits kein Rechtsschutzbedürfnis. Das Gericht erlässt dann ein Anerkenntnisurteil. Ein Antrag ist nicht erforderlich.[202] Aus dem Anerkenntnis kann vollstreckt werden (§ 199 Abs. 1 Nr. 3 SGG).

67 Die Beteiligten können den Rechtsstreit auch durch gerichtlichen oder außergerichtlichen Vergleichs beenden. Der **gerichtliche Vergleich** ist Vollstreckungstitel (§ 199 Abs. 1 Nr. 3 SGG), der außergerichtliche Vergleich nur, wenn er zusätzlich durch das Gericht protokolliert wird. Enthält der Vergleich keine Regelung über die **Kosten,** gilt § 195 SGG, d. h. jeder Beteiligte trägt seine Kosten selbst. Beenden die Beteiligten den Rechtsstreit durch übereinstimmende Erledigungserklärung auf der Grundlage eines außergerichtlichen Vergleichs, richtet sich die Entscheidung, ob und in welchem Umfang einander Kosten zu erstatten haben, nach § 193 Abs. 1 Halbs. 2 SGG. Die Sonderregelung des § 195 SGG findet auf außergerichtliche Vergleiche nach herrschender Meinung keine Anwendung.[203]

68 Einigen sich die Vertragspartner eines **gerichtlichen Vergleichs**[204] nicht über die Kostentragung, ist umstritten, ob sie eine Entscheidung des Gerichts nach § 193 SGG beantragen können oder aber § 195 SGG dies ausschließt. Überwiegend wird die Auffassung vertreten, § 195 SGG lasse eine Bestimmung der Parteien über die Kosten in der Weise zu, dass darüber das Gericht entscheiden solle,[205] andererseits wird davon ausgegangen, die Rechtsfolge des § 195 SGG trete zwingend ein, sofern die Beteiligten nicht ausdrücklich eine abweichende Kostenregelung treffen.[206] Hierfür spricht, dass die Beteiligten über den Regelungsgehalt des § 195 SGG **nicht disponieren** können. Sie haben nur die Möglichkeit, selbst eine sachliche Kostenvereinbarung in den Vergleich aufzunehmen; unterbleibt dies, werden die Kosten durch Gesetz aufgehoben. Überlassen die Beteiligten die Entscheidung dem Gericht, so treffen nicht sie, sondern – contra legem – das Gericht eine Bestimmung über die Kosten.[207]

69 Die **Klagerückname** erledigt den Rechtsstreit gem. § 102 Satz 2 SGG in der Hauptsache. Aus der entsprechenden Erklärung muss **eindeutig** und **unzweifelhaft** auf den Willen, die Klage zurückzunehmen, zu schließen sein.[208] Unklarheiten sind ggf. durch Nachfrage zu klären. In einer Beschränkung des Antrags kann eine teilweise Rücknahme liegen. Eine spätere Wiedererweiterung ist dann unzulässig. Die Rücknahme ist **bedingungsfeindlich.** Sie kann nicht angefochten werden. Allenfalls ein Widerruf kommt dann in Betracht, wenn die Voraussetzungen für eine Wiederaufnahmeklage vorliegen.[209]

---

[200] BSG vom 21. 11. 1961 – 9 RV 374/60 –.

[201] BSGE 21, 13.

[202] *Niesel* Rdn. 304.; *Meyer-Ladewig* § 101 Rdn. 19; *Eschner* in: Jansen § 101 Rdn. 37 ff.

[203] BSG SozR 3–1500 § 193 Nr. 10; LSG Niedersachsen *Breithaupt* 1988, 167; *Zeihe* § 195 Rdn. 1 a; *Meyer-Ladewig* § 195 Rdn. 4 m. w. N.; *Straßfeld* in: Jansen § 195 Rdn. 6 m. w. N.; a. A. *Redeker/von Oertzen,* § 160 Rdn. 7.

[204] Zum Vergleich in Wirtschaftlichkeitsprüfungsverfahren BSG 28. 4. 2004 – 6 KA 8/03 R – GesR 2004, 473 mit Anmerkung *Luckhaupt* GesR 2004, 464 ff.

[205] LSG Baden-Württemberg *Breithaupt* 1993, 342–343; *Meyer-Ladewig* § 195 Rdn. 3 a; *Peters/Sautter/Wolff* § 195 m. w. N.; *Kummer* Rdn. 387; *Krasney/Udsching* XII Rdn. 71.

[206] LSG NRW 6. 1. 2000 – L 10 B 19/99 P –; LSG NRW E-LSG B-087; *Zeihe* § 195 Rdn. 5 a m. w. N.

[207] Vgl. *Frehse* SGb 2001, 659.

[208] BGH SGb 1997, 249; LSG NRW 17. 3. 1999 – L 10 V 51/98 –.

[209] LSG NRW 26. 10. 2000 – L 16 P 86/00 –; *Meyer-Ladewig* § 156 Rdn. 2.

IV. Rechtsschutz durch das Berufungsgericht

1. Beschwer

70 Als Grundsatz bestimmt § 143 SGG, dass gegen die Urteile des SG die Berufung an das LSG stattfindet, sofern sich aus den §§ 144ff. SGG nichts anderes ergibt. Nach § 144 Abs. 1 Satz 1 SGG ist die Berufung **nicht zulässig,** wenn der Wert des Beschwerdegegenstandes 1. bei einer Klage, die eine Geld- oder Sachleistung oder einen hierauf gerichteten Verwaltungsakt betrifft, 500 € oder 2. bei einer Erstattungsstreitigkeit zwischen juristischen Personen des öffentlichen Rechts oder Behörden 5000 € nicht übersteigt. Die Berufung ist **generell statthaft,** wenn sie wiederkehrende oder laufende Leistungen für mehr als ein Jahr betrifft (§ 144 Abs. 1 Satz 2 SGG). Die Berufung ist stets ausgeschlossen, wenn es sich um die **Kosten des Verfahrens** handelt (§ 144 Abs. 4 SGG). Verfolgt ein Beteiligter lediglich das Ziel, eine andere Kostenentscheidung zu erreichen, ist die Berufung nicht statthaft. Beschränkt sich ein Beteiligter im Rahmen einer **unselbstständigen Anschlussberufung** darauf, die ihn belastende Kostenentscheidung des SG anzufechten, ist ihm auch dies verwehrt.[210] Geht es hingegen um die Kosten des **isolierten Widerspruchsverfahrens,** ist die Berufung statthaft, denn § 144 Abs. 4 SGG bezieht sich allein auf die Kosten des laufenden Rechtsstreits, nicht hingegen auf die eines anderen Verfahrens.[211]

71 Der **Wert des Beschwerdegenstandes** ist inhaltlich der Wert des Rechtsmittelgegenstandes und daher besser als Rechtsmittelstreitwert zu bezeichnen.[212] Er ist nicht mit dem Wert der Beschwer gleichzusetzen.[213] Beschwer ist das, womit der Rechtsmittelführer in der Vorinstanz unterlegen ist. Der Rechtsmittelstreitwert ist hingegen derjenige Teil der Beschwer, dessen Beseitigung mit dem Rechtsmittel erstrebt wird.[214] Dieser entspricht dem Unterschied zwischen dem Antrag des Kläger vor dem SG und dem, was ihm das SG zugesprochen hat, im Ergebnis mithin dem, was der Kläger beantragt und das SG versagt hat.[215] Für das Rechtsmittel des **Klägers** kommt es auf die **formelle Beschwer** an; diese liegt vor, wenn die vorinstanzliche Entscheidung dem Begehren nicht oder jedenfalls nicht in vollem Umfang entsprochen hat.[216] Das Rechtsmittel des **Beklagten** und des **Beigeladenen** verlangt eine materielle Beschwer. Diese ergibt sich weder allein aus der Stellung als Beteiligter eines Verfahrens noch aus der damit verknüpften Bindung an ein über den Streitgegenstand erlassenes rechtskräftiges Urteil.[217] Die **materielle Beschwer** setzt voraus, dass der Rechtsmittelführer auf Grund der Bindungswirkung des vorinstanzlichen Urteils **unmittelbar in eigenen Rechtspositionen** beeinträchtigt sein kann.[218] Soweit die Auffassung vertreten wird, die Beeinträchtigung wirtschaftlicher Interessen ohne Eingriff in bestehende Rechtspositionen reiche für die Annahme einer Beschwer aus,[219] ist dem nicht zuzustimmen. Zwar hat das BSG – missverständlich – formuliert, dass eine Beeinträchtigung allein **wirtschaftlicher Interessen** ohne Eingriff in bestehende Rechtspositionen als Voraussetzung der Zulässigkeit eines vom beigeladenen Dritten eingelegten

[210] LSG NRW 19. 3. 1997 – L 11 Ka 112/96 –.

[211] BSG SozR 3–1500 § 144 Nr. 13; LSG NRW 29. 4. 1998 – L 11 KA 182/97; *Rohwer-Kahlmann* § 144 Rdn. 78; *Peters/Sautter/Wolff* § 144 Rdn. 165.

[212] *Peters-Sautter-Wolff,* SGG, § 144 Rdn. 21.

[213] Hierzu *Jauernig* NJW 2001, 3027, 3028.

[214] *Fischer* NJW 2002, 1551ff.

[215] LSG NRW 15. 8. 2000 – L 16 P 49/99 –; *Peters/Sautter/Wolff* § 144 Rdn. 21.

[216] BSG 29. 9. 1999 – B 6 KA 45/98 R –; BSG SozR 3–1500 § 54 Nr. 9; BSG 31. 7. 2002 – B 4 RA 20/01 R –.

[217] BSG SozR 3–1500 § 54 Nr. 9; BSG 13. 12. 2000 – B 6 KA 2/00 R –.

[218] BSG SozR 3–2500 § 101 Nr. 2 m. w. N.; BSGE 78, 98 = SozR 3–2500 § 87 Nr. 12.

[219] Vgl. *Meyer-Ladewig* § 75 Rdn. 19 m. w. N.

Rechtsmittels genügen mag; es hat allerdings gleichermaßen klargestellt, dass dies keine rechtliche Beschwer im Sinne des § 54 Abs. 1 Satz 2 SGG ist.[220] Im Übrigen eröffnet auch im sozialgerichtlichen Verfahren nur ein **subjektives Recht** die Möglichkeit, individuelle Interessen mit den Mitteln des Rechts durchzusetzen.[221]

72 Fehlt es an einer materiellen Beschwer, stellt sich die Frage, ob das Rechtsmittel **unzulässig**[222] oder **unbegründet**[223] ist. Der Begriff „materielle Beschwer" ist doppeldeutig. Einerseits wird hierdurch die Klagebefugnis als die Sachurteilsvoraussetzung bezeichnet, die die Prozessordnungen an die schlüssige Behauptung des Klägers knüpfen, in eigenen Rechten verletzt zu sein (§ 54 Abs 1 Satz 2 SGG; § 42 Abs 2 VwGO; § 40 Abs 2 FGO). Andererseits regeln § 113 Abs 1 Satz 1 VwGO, § 100 Abs 1 Satz 1 FGO, dass ein objektiv rechtswidriger Verwaltungsakt nur dann aufzuheben ist, wenn die Rechtswidrigkeit den Kläger in eigenen Rechten betrifft. In diesem Zusammenhang meint der Begriff „materielle Beschwer" die Begründetheit des Rechtsbehelfs. Für das sozialgerichtliche Verfahren gilt trotz der abweichenden Fassung des § 131 SGG nichts anderes.[224] Zulässig ist ein Rechtsmittel des **Beigeladenen** danach nur, wenn er die Möglichkeit einer Verletzung eigener Rechte schlüssig behauptet. Das ist zu verneinen, wenn subjektive Rechte der Beigeladenen „offensichtlich und eindeutig" unter keinem rechtlichen Gesichtspunkt verletzt sind.[225]

73 Durch ein **Bescheidungsurteil** (§ 131 Abs. 3 SGG) kann der Kläger beschwert sein, wenn die Rechtsauffassung, die die Beklagte nach der Vorgabe des Gerichts bei der Neubescheidung zu beachten hat, nicht derjenigen des Klägers entspricht und sich diese Abweichung für ihn negativ auswirkt.[226]

74 Wird im Rahmen eines anhängigen **Honorarstreits** über die **Gültigkeit** von **EBM-Bestimmungen** gestritten, ist die beigeladene KBV materiell beschwert.[227] Sieht das Gericht Bestimmungen als unwirksam an, die die Vertragspartner des BMV-Ä gem. § 72 Abs. 2 i.V.m. § 82 Abs. 1 Satz 1 SGB V vereinbart haben, folgt die materielle Beschwer daraus, dass in die **Regelungshoheit eines Beteiligten** eingegriffen wird.[228] Anders verhält es sich, z.B. wenn Gegenstand des Rechtsstreits unmittelbar der Honoraranspruch einer KZV gegen eine Ersatzkasse für zahnärztlich-prothetische Leistungen eines Vertragszahnarztes und mittelbar die Auslegung des § 85 Abs. 2b SGB V ist. Die zu treffende Entscheidung berührt **rechtlich geschützte Positionen** der beigeladenen KZBV nicht, weil die Höhe der Punktwerte gesamtvertraglich zwischen den einzelnen KZVen und den Kranken- und Ersatzkassenverbänden vereinbart wird.[229]

75 Im Übrigen gilt, dass im Zusammenhang mit Zulassungssachen und Wirtschaftlichkeitsprüfungen die **KVen** auf Grund des **Sicherstellungsauftrags** gemäß § 75 Abs. 1 SGB V eine **Gesamtverantwortung** für die ordnungsgemäße Durchführung der vertrags(zahn)-ärztlichen Versorgung haben und deshalb Entscheidungen in Angelegenheiten des Zulassungswesens und der Wirtschaftlichkeitsprüfung die KVen stets und unmittelbar in dem ihnen zugewiesenen Verantwortungsbereich betreffen. Dies begründet ihre Befugnis, unabhängig vom Nachweis eines konkreten Interesses im Einzelfall, die Entscheidungen der Ausschüsse anzufechten und Rechtsmittel einzulegen.[230]

76 Sind in Verfahren der **Wirtschaftlichkeitsprüfung** Landesverbände der Krankenkassen beigeladen, ist deren Rechtsmittelbefugnis differenziert zu beurteilen. Der Gesetzgeber hat

---

220 BSGE 56, 45 = SozR 2100 § 70 Nr. 1; BSG SozR 3–1500 § 54 Nr. 9.
221 BSG SozR 3–1500 § 75 Nr. 31.
222 BSG SozR 3–2500 § 101 Nr. 2.
223 BSGE 56, 45 = SozR 2100 § 70 Nr. 1; BSG SozR 3–2500 § 168 Nr. 1.
224 BSG SozR 3–1500 § 75 Nr. 31.
225 BSG SozR 3–1500 § 75 Nr. 31.
226 BSG 28. 1. 2004 – B 6 KA 53/03 R – m. w. N.
227 BSGE 78, 98 = SozR 3–2500 § 87 Nr. 12.
228 BSG 8. 3. 2000 – B 6 KA 12/99 R – NZS 2000, 577.
229 BSG SozR 3–2500 § 85 Nr. 15.
230 BSG SozR 3–5520 § 44 Nr. 1; BSGE 85, 1 ff = SozR 3–2500 § 103 Nr. 5.

in § 106 Abs. 5 Satz 3 SGB V bestimmt, dass die „betroffenen" Landesverbände der Krankenkassen die Beschwerdeausschüsse anrufen können; er hat damit an einem eigenständigen Beschwerderecht der **Landesverbände** festgehalten.[231] Soweit sich jedoch die Prüfung der Wirtschaftlichkeit der Behandlungsweise auf **konkrete Einzelfälle** (zB Verordnungen und Schadensersatz) bezieht, sind nur die betroffenen Krankenkassen und nicht an ihrer Stelle oder zusätzlich die entsprechenden Landesverbände rechtsmittelbefugt. Der einzelne Behandlungsfall steht dabei so sehr im Mittelpunkt der Prüfung, dass die Verantwortung der Landesverbände der Krankenkassen für die Wirtschaftlichkeitsprüfung als solche eine von den betroffenen Kassen unabhängige Interessenwahrnehmung durch eigene Rechtsmittelbefugnisse nicht rechtfertigen kann.[232]

2. Verfahren

77 Inhalt und Ablauf des **Berufungsverfahrens** werden grundsätzlich durch die Vorschriften über das erstinstanzliche Verfahren bestimmt (§ 153 Abs. 1 SGG). Die Berufung ist beim LSG innerhalb eines Monats nach Zustellung des Urteils schriftlich oder zur Niederschrift des Urkundsbeamten der Geschäftsstelle einzulegen (§ 151 Abs. 1 SGG). Im Falle einer **Auslandszustellung** beträgt die Berufungsfrist drei Monate (§ 153 Abs. 1, § 87 Abs. 1 Satz 2). Die Frist ist auch dann gewahrt, wenn die Berufung bei dem SG eingelegt wird, dessen Entscheidung angefochten wird (§ 151 Abs. 2 SGG). Die Frist beginnt mit Zustellung der vollständigen Urteilsausfertigung. Eines bestimmten **Antrags** bedarf es nicht. Das Rechtsschutzziel ist mittels Auslegung aus den Gründen der angefochtenen Entscheidung und der Bezugnahme auf Anträge und Vorbringen in der ersten Instanz auszulegen.[233] **Schriftform** verlangt einen unterschriebenen Schriftsatz (vgl. § 126 Abs. 1 BGB). Die telefonische oder mündliche Einlegung der Berufung genügt nicht. Die **Unterschrift** ist ein individueller, sich als Namensunterschrift darstellen der Schriftzug, durch den die Identität bestimmt wird.[234] Auf die Lesbarkeit der Unterschrift kommt es nicht an. Diesen Anforderungen wird auch dann Rechnung getragen, wenn der fragliche Schriftsatz keine **eigenhändige Namensunterschrift** trägt, sich aber aus anderen Anhaltspunkten eine der Unterschrift vergleichbare Gewähr für die Urheberschaft und den Rechtsverkehrswillen ergibt.[235] Entscheidend ist immer, ob der Schriftsatzes authentisch ist und sichergestellt ist, dass das Schriftstück nicht nur als Entwurf, sondern mit Wissen und Wollen des Verfassers bei Gericht eingegangen ist.[236] So spricht für ein bewusstes und gewolltes Inverkehrbringen, wenn die Berufung durch einen Schriftsatz mit dem Briefkopf der Anwaltskanzlei des klägerischen Prozessbevollmächtigten einschließlich E-Mail-Adresse und Durchwahl der seines Sekretariats eingelegt worden ist, sofern sich keinerlei Anhaltspunkte für ein eigenmächtiges Handeln des Kanzleipersonals ergeben.[237] Die Berufung kann – wie die Klage – auch mittels **technischer Medien** wie Telegramm, Telefax oder Computerfax[238] oder per **E-Mail**[239] eingelegt werden.

---

[231] BSG SozR 3–2500 § 106 Nr. 18.

[232] BSG SozR 3–2500 § 106 Nr. 18.

[233] VGH Mannheim NJW 2003, 80.

[234] Vgl. BSG, SozR 1500 § 151 Nr. 3 und BSG, SozR § 151 Nr. 12.

[235] BVerwG, NJW 1989, 1175; LSG NRW 10. 4. 2000 – L 10 B 1/00 VG –; *Meyer-Ladewig,* § 151 Rdn. 5 m. w. N.; OVG Koblenz, NVwZ 1997, 593 f.; a. A. *Zeihe* § 151 Rn. 5 c.

[236] GemS-OGB, NJW 2000, 2340; vgl. auch LSG NRW 8. 11. 2000 – L 10 V 11/00 – und 25. 3. 2003 – L 11 KA 243/01 –.

[237] LSG NRW 25. 6. 2003 – L 11 KA 243/01 –.

[238] Hierzu GemS-OGB, NJW 2000, 2340, 2341 m. w. N.; *Pape/Notthoff,* NJW 1996, 417, 418; *Meyer-Ladewig,* § 151 Rn. 3 b m. w. N., kritisch *Düwell* NJW 2000, 3334; zum Nachweis des Zugangs bei elektronischen Erklärungen vgl. *Mankowski* NJW 2004, 1901 ff., *ders.,* NJW 2002, 2822 ff. sowie *Heidemann* NJW 2004, Heft 35, XXII.

[239] *Mankowski,* NJW 2002, 2822, 2827; *Meyer-Ladewig* § 151 Rdn. 3 d; *Rossnagel/Pfitzmann,* NJW 2003, 1209 ff; *Heidemann,* NJW 2004, Heft 35, Seite XXII.

78 Im Fall einer zulässigen Berufung prüft das Berufungsgericht als **zweite Tatsacheninstanz** den Streitfall rechtlich und tatsächlich in vollem Umfang. Dabei muss es neue Tatsachen und Beweismittel berücksichtigten (§ 157 SGG).

79 Nach § 153 Abs. 4 SGG kann das Berufungsgericht eine Berufung durch **Beschluss** zurückweisen, wenn es sie einstimmig für unbegründet und eine mündliche Verhandlung nicht für erforderlich hält. Das LSG darf von dieser Möglichkeit nur Gebrauch machen, wenn das SG durch Urteil entschieden hat. Das gilt aber dann nicht, wenn das SG verfahrensfehlerhaft ohne mündliche Verhandlung oder ohne Beteiligung eines nicht ordnungsgemäß geladenen Beteiligten entschieden hat.[240] Die Zurückweisung ist nicht auf die Fälle beschränkt, in denen die fehlende Erfolgsaussicht offensichtlich ist.[241] Den Beteiligten ist ausreichend rechtliches Gehör zu gewähren.[242] In der **Anhörung** ist mitzuteilen, dass das Gericht beabsichtigt, eine Entscheidung durch Beschluss ohne mündliche Verhandlung zu treffen, weil es die Berufung einstimmig für unbegründet hält.[243] Eine ordnungsgemäße Anhörung zum Vorhaben, die Berufung durch Beschluss zurückzuweisen, liegt nicht vor, wenn der Berichterstatter dem Kläger nur mitteilt, es komme „eine Entscheidung durch Beschluss nach § 153 Abs. 4 SGG in Betracht".[244] Etwas anderes kann gelten, wenn der Kläger rechtskundig vertreten ist.[245] Eine **zeitliche Begrenzung,** innerhalb der ein die Berufung zurückweisender Beschluss des LSG ergehen kann, besteht nicht.[246] Eine **erneute Anhörung** ist erforderlich, wenn nach Zustellung[247] einer (ersten) Anhörungsmitteilung eine Berufungsbegründung vorgelegt und darin ein Beweisantrag gestellt wird, das Berufungsgericht aber auch unter Würdigung des neuen Vortrags des Berufungsführer an seiner Absicht festhalten will, über die Berufung durch Beschluss ohne mündliche Verhandlung zu entscheiden und dem neuen Vorbringen nachzugehen.[248] Im Übrigen ist auf die Ausführungen zum Gerichtsbescheid zu verweisen.

80 **Folgebescheide** werden über die Verweisungsnorm des § 153 Abs. 1 SGG kraft Gesetzes in das Berufungsverfahren einbezogen. Das Berufungsgericht wird insoweit nicht auf Berufung, sondern erstinstanzlich **„auf Klage"** tätig.[249] Das Berufungsgericht kann über Folgebescheide nicht durch Beschluss nach § 153 Abs. 4 SGG entscheiden, denn hiernach kann nur die Berufung zurückgewiesen, nicht jedoch die Klage abgewiesen werden.[250] Entscheidet das Gericht über einen zum „Gegenstand" des Berufungsverfahrens gewordenen Verwaltungsakt nicht, liegt ein wesentlicher Verfahrensmangel vor,[251] ggf. kommt eine Urteilsergänzung (§ 140 SGG) in Betracht.[252]

81 Eine unzulässige Berufung ist zu **verwerfen;** dies kann durch Beschluss geschehen (§ 158 Satz 2 SGG). Eine Anhörungsmitteilung entsprechend § 153 Abs. 3 Satz 2 SGG ist nicht vorgeschrieben, denn ist zuvor rechtliches Gehörs nach allgemeinen Grundsätzen

---

[240] BVerwG NJW 1998, 2377; *Meyer-Ladewig* § 153 Rdn. 14.

[241] Vgl. auch BVerfG NJW 2003, 281 zu § 522 Abs. 2 Satz 2 Nr. 1 ZPO.

[242] BSG 1. 9. 1999 – B 9 SB 7/98 R –.

[243] BSG SozR 3–1500 § 193 Nr. 10.

[244] BSG SozR 3–1500 § 153 Nr. 7.

[245] BSG SozR 3–1500 § 153 Nr. 8.

[246] BSG SozR 3–1500 § 153 Nr. 1.

[247] Hierzu *Rohwer-Kahlmann* § 153 Rdn. 29; *Peters/Sautter/Wolff* § 153 Rdn. 49.

[248] BSG 28. 7. 1999 – B 9 SB 6/98 R –; BSG SozR 3–1500 § 153 Nr. 4; *Peters/Sautter/Wolff* § 153 Rdn. 51.

[249] BSG SozR 3–2400 § 18b Nr. 1; *Krasney/Udsching* VII Rdn. 89.

[250] *Eschner* in: Jansen § 96 Rdn. 18; *Meyer-Ladewig* § 96 Rdn. 7 und § 153 Rdn. 14; a. A. LSG Baden-Württemberg *Breithaupt* 1998, 761.

[251] *Eschner* in: Jansen § 96 Rdn. 23 m. w. N.

[252] BSG SozR 3–1500 § 96 Nr. 9; *Peters/Sautter/Wolff* § 160 Rdn. 394; *Meyer-Ladewig* § 96 Rdn. 12; a. A *Zeihe* § 96 Anm. 1 c cc.

zu gewähren.[253] Bei einer zulässigen Berufung entscheidet das Berufungsgericht in der Sache. Hat das Sozialgericht durch Prozessurteil statt durch Sachurteil entschieden oder leidet das erstinstanzliche Verfahren an einem wesentlichen Verfahrensmangels, kann das Berufungsgericht den Rechtsstreit an das Sozialgericht **zurückverweisen** (§ 159 SGG).

82 Auch die **Berufung** kann bis zur **Rechtskraft des Urteils** oder eines urteilsersetzenden Beschlusses (§ 153 Abs. 4 bzw. § 158 Satz 2 SGG) **zurückgenommen** werden. Einschränkend verlangt § 156 Abs. 1 Satz 2 SGG allerdings bei einer Rücknahme nach Schluss der mündlichen Verhandlung die **Einwilligung** des Berufungsbeklagten. Dies entspricht § 126 Abs. 1 VwGO.

3. Nichtzulassungsbeschwerde

83 Die nach § 144 Abs. 1 SGG an sich nicht statthafte Berufung kann dennoch statthaft werden, wenn sie vom SG im Urteil (§ 144 Abs. 1 SGG) oder auf Grund **Nichtzulassungsbeschwerde** vom LSG durch Beschluss zugelassen (§§ 144 Abs. 1, 145 SGG) wird. Soweit das SG die Berufung nach alter Rechtslage nachträglich auf Beschwerde hin durch Abhilfebeschluss zulassen konnte, ist diese Möglichkeit durch das 6. SGG-ÄndG mit Wirkung ab dem 2. 1. 2002 entfallen. Die Nichtzulassungsbeschwerde ist nunmehr unmittelbar beim LSG einzulegen (§ 145 Abs. 1 SGG). Das SG kann der Beschwerde nicht abhelfen (§ 145 Abs. 2 Satz 1 SGG). Zuvor hatte das Sozialgericht eine Nichtabhilfeentscheidung zu treffen. Hierauf verzichtet der Gesetzgeber nunmehr, denn der „zeit- und arbeitsaufwendige Umweg über die Sozialgerichte“ sei entbehrlich, da ohnehin nur in wenigen Fällen abgeholfen worden sei.[254] Diese Begründung überzeugt nicht. Ihr ist nicht zu entnehmen, aus welchen Quellen der Gesetzgeber seine Erkenntnis hat. Ob dem statistische Daten zugrunde liegen, ist zu bezweifeln. Ohnehin kann mit dieser gesetzgeberischen Begründung sogleich die **Abhilfevorschrift** des § 174 SGG beseitigt werden. Denn auch im Übrigen sind (positive) Abhilfeentscheidungen selten.

84 Die **Zulassungsentscheidung** des SG muss entweder im **Tenor** oder in den **Gründen** aufgenommen sein. Unzureichend ist es, wenn die Zulassung der Berufung nur aus der Rechtsmittelbelehrung folgt.[255] Die bei zulässiger Berufung übliche Rechtsmittelbelehrung lässt sich nicht als positive Entscheidung über die Zulassung der Berufung interpretieren,[256] denn sie dokumentiert, dass das SG sich über die Frage, ob die Berufung zugelassen werden soll, gerade keine Gedanken gemacht hat. Die Zulassung ist dann weder – wie geboten – tenoriert, noch deuten die Entscheidungsgründe auf einen entsprechenden Willen des Gerichts hin. Stattdessen belegt die von Tenor und Entscheidungsgründe abweichende **Rechtsmittelbelehrung,** dass sie falsch ist.

85 Sofern sich der Tenor nicht dazu verhält, ob die Berufung zugelassen ist, kann nicht auf die **Entscheidungsgründe** zurückgegriffen werden. Selbst wenn diesen Hinweise dafür zu entnehmen sind, dass das Gericht die Berufung zulassen wollte, führt dies nicht weiter. Dem lässt sich allenfalls entnehmen, dass das Gericht die Berufung zulassen wollte, dies indessen – versehentlich – unterblieben ist. Im Übrigen: Ergibt sich aus den Gründen unmissverständlich, dass das Gericht die Berufung zulassen wollte, handelt es sich um eine Unvollständigkeit im Tenor, die unter den Voraussetzungen des § 138 SGG berichtigt werden kann.[257] Sofern in diesem Fall trotz der nicht tenorierten Zulassung Berufung ein-

[253] *Meyer-Ladewig* § 158 Rdn. 8.

[254] Gesetzentwurf a. a. O.

[255] BSG, NZS 1997, 388; BVerwG NJW 1986, 862; *Meyer-Ladewig* § 144 Rdn. 40.

[256] BSG SozR 3–1500 § 158 Nr. 1; *Kummer* Rdn. 274; *Krasney/Udsching* VIII Rdn. 29; *Rohwer-Kahlmann* § 144 Rdn. 17.

[257] *Meyer-Ladewig,* § 138 Rdn. 3b; eingehend: *Zeihe* § 144 Rdn. 3h.

gelegt wird, ist diese nicht statthaft. Angesichts der fehlerhaften Rechtsmittelbelehrung läuft allerdings die Frist des § 145 Abs. 1 SGG noch nicht.[258]

86 Nach § 154 Abs. 1 SGG haben Berufung und Nichtzulassungsbeschwerde **aufschiebende Wirkung,** soweit die Klage nach § 86a SGG Aufschub bewirkt. Damit wird die notwendige Kongruenz zwischen Klage- und Rechtsmittelverfahren hergestellt. Die Beschwerdeeinlegung hemmt mittels Suspensiveffekts die Rechtskraft des Urteils. Das LSG entscheidet über die Beschwerde durch **Beschluss** (§ 145 Abs. 4 SGG). Mit der Zulassung der Berufung durch das LSG geht das Beschwerdeverfahren kraft Gesetzes in das Berufungsverfahren über. Einer gesonderten Berufungseinlegung bedarf es nicht. Das LSG hat hierauf hinzuweisen. Die Zulassung bedarf keiner Begründung (§ 145 Abs. 4 Satz 3 SGG). Der Beschwerdegegner hat ohnehin keine Anfechtungsmöglichkeit. Wird die Beschwerde hingegen „abgelehnt",[259] soll (also im Regelfall) dem Beschluss eine kurze Begründung beigefügt werden. Das LSG kann die Zulassung hiernach mit einer Begründung versehen, wenn es dies als zweckmäßig ansieht. Andererseits folgt aus dem nicht obligaten „soll" in § 145 Abs. 4 Satz 4 SGG, dass das LSG die negative Beschwerdeentscheidung grundsätzlich mit einer Begründung versieht und hiervon in Ausnahmefällen Abstand nimmt.[260] Mit der „Ablehnung" der Beschwerde wird das Urteil rechtskräftig, d.h. bis zu diesem Zeitpunkt kann die Klage zurückgenommen werden (§ 102 Satz 1 SGG).

V. Rechtsschutz durch das Revisionsgericht

87 Neben der **Rechtskontrolle** im Einzelfall soll die Revision die einheitliche Rechtsanwendung und insbesondere die **Einheitlichkeit der Rechtsfortbildung** sichern.[261] Das Bundessozialgericht (BSG) ist grundsätzlich an die tatsächlichen Feststellungen des Berufungsgerichts oder – im Falle einer Sprungrevision – des erstinstanzlichen Gerichts gebunden (§ 163 SGG). Kommt es im konkreten Streitfall nach der Rechtsauffassung des BSG auf tatsächliche Feststellungen an, die das Berufungsgericht unterlassen oder auf der Grundlage seiner Rechtsauffassung nicht getroffen hat und auch nicht hat treffen müssen, ist der Rechtsstreit an das Berufungsgericht zur weiteren Sachaufklärung zurückzuverweisen (§ 170 Abs. 2 Satz 2 SGG).[262]

88 Die Revision an das BSG ist nur kraft **Zulassung** statthaft. Die Revision wird entweder vom LSG (§ 160 Abs. 1 SGG) oder als Sprungrevision vom SG (§ 161 SGG) oder auf Nichtzulassungsbeschwerde vom BSG zugelassen (§ 160 Abs. 1 SGG). Über die Zulassung oder Nichtzulassung entscheidet das Berufungsgericht von Amts wegen. Auf die nicht zugelassene Revision kann innerhalb eines Monats **Beschwerde** eingelegt werden, die innerhalb von zwei Monaten nach Zustellung des Urteils zu begründen ist (§ 160a Abs. 1 Satz 2 SGG). Die Beschwerde hemmt die Rechtskraft (§ 160a Abs. 3 SGG). Die Revision wird nur zugelassen, wenn der Streitfall grundsätzliche Bedeutung hat, die vorinstanzliche Entscheidung von einer Entscheidung des BSG, des BVerfG oder des GemsOGB abweicht und auf dieser Abweichung beruht oder ein Verfahrensmangel geltend gemacht wird, auf dem die angefochtene Entscheidung beruhen kann (§ 160 Abs. 2 SGG).

89 Die Revision ist **binnen eines Monats nach Zustellung** der angefochtenen Entscheidung beim BSG einzulegen und innerhalb von zwei Monaten zu begründen. Es besteht Vertretungszwang (§ 166 SGG). Die Begründung muss einen bestimmten Antrag

[258] *Zeihe,* § 144 Rdn. 3b.

[259] Ein weiteres Beispiel für die Oberflächlichkeit des Gesetzgebers, denn Anträge werden abgelehnt, Beschwerden hingen zurückgewiesen.

[260] Hierzu *Meyer-Ladewig* § 145 Rdn. 8.

[261] BVerfG SozR 1500 § 160a Nr. 48; BGH NJW 2003, 65 und NJW 2003, 754.

[262] Zur Nichtzulassungsbeschwerde eingehend: *Kummer,* Die Nichtzulassungsbeschwerde – Das Beschwerdeverfahren nach der FGO, VwGO und dem SGG, 1990.

enthalten, die verletzte Rechtsnorm und, soweit Verfahrensmängel gerügt werden, die Tatsachen bezeichnen, die den Mangel ergeben (§ 164 Abs. 2 Satz 3 SGG). Revisibel sind nur Vorschriften des **Bundesrechts.** Auf eine landesrechtliche Vorschrift kann die Revision nur gestützt werden, wenn deren Geltungsbereich sich über den Bezirk des Berufungsgerichts hinaus erstreckt.[263] Innerbezirkliches Satzungsrecht wie Satzungsnormen landesunmittelbarer Körperschaften[264] oder der Kassenärztlichen Vereinigungen[265] sind mithin nicht revisibel. Die Auslegung einer Vereinbarung zwischen den Heilmittelerbringern und den Krankenkassen durch das LSG ist nach § 162 SGG für das Revisionsgericht bindend, wenn die Vereinbarung als nur im Bezirk des Berufungsgerichts geltendes Regelungswerk zum Bereich des revisionsrechtlich grundsätzlich nicht überprüfbaren Landesrechts gehört.[266]

90 Die **Nichtzulassung der Revision** kann selbstständig durch Beschwerde angefochten werden (§ 160a SGG). Die Nichtzulassungsbeschwerde ist ein **Rechtsmittel.** Sie entfaltet Suspensiv- und Devolutiveffekt. Das LSG kann der Beschwerde nicht abhelfen. Folgerichtig ist sie deswegen beim BSG einzulegen. Die Einlegungsfrist beträgt einen Monat seit Zustellung des Urteils. Die Beschwerde ist innerhalb von zwei Monaten nach Urteilszustellung zu begründen. Die **Begründungsfrist** kann vom Senatsvorsitzenden einmal bis zu einem Monat verlängert werden. In der Begründung muss die grundsätzliche Bedeutung der Rechtssache dargelegt oder die Entscheidung, von der das Urteil des LSG abweicht, oder der Verfahrensmangel bezeichnet werden. Das BSG prüft bei Verfahrensrügen grundsätzlich nur den vorgetragenen Zulassungsgrund. Werden andere Zulassungsgründe geltend gemacht, kann auch dann zugelassen werden, wenn ein anderer als der vorgetragene Zulassungsgrund vorliegt.[267] Die Umdeutung einer auf Divergenz gestützten Beschwerde in eine Grundsatzbeschwerde ist ggf. möglich.[268] Das BSG entscheidet über die Nichtzulassungsbeschwerde mit ehrenamtlichen Richtern durch Beschluss, der eine kurze Begründung enthalten soll. Mit der Ergänzung des § 160a Abs. 4 Satz 2 um den Halbsatz „§ 169 gilt entsprechend" soll sichergestellt werden, dass die Beschwerde, mit der die Nichtzulassung der Revision angefochten wird, nicht anderen Anforderungen unterliegt als die Revision selbst.

91 Das Urteil des LSG wird rechtskräftig, wenn nicht rechtzeitig Nichtzulassungsbeschwerde eingelegt oder die Beschwerde durch das BSG zurückgewiesen wird. Hat die Beschwerde Erfolg, beginnt mit der Zustellung der Entscheidung die Revisionsfrist. Im Weiteren ist nach § 164 SGG zu verfahren.

92 Die Anfügung des Absatz 5 zu § 160a durch das 6. SGG-ÄndG verfolgt entsprechend § 133 Abs. 6 VwGO das Ziel, die Einleitung eines **Revisionsverfahrens** dann zu **vermeiden,** wenn von vornherein feststeht, dass dieses ohnehin nur zur Aufhebung des angefochtenen Urteils und zur Zurückverweisung[269] des Rechtsstreits an die Vorinstanz führen kann. Nunmehr kann das BSG, wenn ein Verfahrensmangel im Sinn des § 160 Abs. 2 Nr. 3 SGG vorliegt, das angefochtenen Urteil unmittelbar durch den auf Nichtzulassungsbeschwerde ergehenden Beschluss aufheben und die Sache zurückverweisen. Die Neuregelung gilt nach Art. 17 Abs. 2 des 6. SGGÄndG nicht in den Fällen, in denen die angefochtene Entscheidung vor dem 2. 1. 2002 verkündet, zugestellt oder bekannt gegeben wurde.

93 Für das Verfahren in der Revisionsinstanz gelten grundsätzlich die Vorschriften für das Berufungsverfahren (§ 165 SGG). **Klageänderungen** oder **Beiladungen** sind, abgesehen

[263] Z. B. überbezirkliches Satzungsrecht BSGE 31, 47.
[264] BSGE 38, 28.
[265] BSGE 21, 116, 237.
[266] BSG 17. 4. 1996 – 3 RK 19/95 – SozR 3–2500 § 19 Nr. 2.
[267] Zu den Einzelheiten vgl. *Meyer-Ladewig* § 10a Rdn. 19f.
[268] BSG 5. 11. 2003 – B 6 KA 70/03 B –.
[269] Hier spricht der Gesetzentwurf a. a. O. fälschlich von „Zurückweisung".

vom Fall des § 75 Abs. 1 Satz 2 SGG, grundsätzlich unzulässig, es sei denn, der notwendig Beizuladende stimmt einer Beiladung zu (§ 168 SGG). Neue Tatsachenfeststellungen sind dem Revisionsgericht verwehrt (§ 163 SGG). Dies gilt allerdings dann nicht, wenn vom Amts wegen zu beachtende **Tatsachen** zu berücksichtigen sind. Hierzu rechnen z. B. solche, die Prozessvoraussetzungen, z. B. die Prozessfähigkeit, betreffen. Sowohl für die Nichtzulassungsbeschwerde als auch das Revisionsverfahren besteht im Gegensatz zum erst- und zweitinstanzlichen Verfahren Vertretungszwang (§ 166 SGG).

94 Eine nicht statthafte oder sonst unzulässige Revision wird ohne mündliche Verhandlung durch Beschluss verworfen (§ 169 SGG). Die unbegründete Revision wird zurückgewiesen (§ 170 Abs. 1 SGG). Reichen die Tatsachenfeststellungen des LSG nicht aus, um abschließend zu entscheiden, wird das angefochtene Urteil aufgehoben und der Rechtsstreit zur erneuten Verhandlung und Entscheidung zurückverwiesen (§ 170 Abs. 2 SGG).

VI. Einstweiliger Rechtsschutz

95 Den einstweiligen Rechtsschutz hat der Gesetzgeber mit Wirkung ab dem 2. 1. 2002 mittels des 6. SGG-ÄndG völlig neu gestaltet und in zwei Vorschriften konzentriert.[270] Hierin werden gesetzliche Grundlagen für den einstweiligen Rechtsschutz **außerhalb** gerichtlicher Entscheiden (§ 86a SGG) und **durch** die Gerichte der Sozialgerichtsbarkeit (§ 86b SGG) geschaffen. Geregelt wird insbesondere, in welchen Fällen Widerspruch und Klage aufschiebende Wirkung haben und in welchen Fällen diese entfällt. Die Neuregelung beseitigt die unübersichtlichen und lückenhaften Vorschriften der §§ 86 Abs. 2 bis 4, 97 a. F. und übernimmt im Wesentlichen die Grundsätze der VwGO.[271]

1. Die Regelung des § 86a SGG

96 Als Grundregel bestimmt § 86a Abs. 1 Satz 1 SGG, dass Widerspruch und Anfechtungsklage **aufschiebende Wirkung** haben, also mittels **Suspensiveffekts** bewirken, dass die Bindung des angefochtenen Bescheides hinausgeschoben wird. Der Gesetzgeber hat einen grundsätzlichen **Vorrang des Vollzugsinteresses** angeordnet.[272] Eine hiermit vergleichbare Regelung findet sich in 96 Abs. 4 Satz 2 SGB V, wenn der Berufungsausschuss angerufen wird. Sonach gilt, dass die Verwaltung den angefochtenen Bescheid vollziehen darf, solange und soweit nicht durch aufschiebende Wirkung ein **Schwebezustand** geschaffen wird.[273] Die Neuregelung entspricht § 80 Abs. 1 VwGO.

97 Die **Bedeutung der aufschiebenden Wirkung** ist streitig. Deren verwaltungsrechtliches Verständnis wird angesichts der Angleichung des SGG an die VwGO zunehmend Einfluss gewinnen und auch die aufschiebende Wirkung in Zulassungssachen nach § 96 Abs. 4 Satz 2 SGB V berühren.[274] Streitig ist insbesondere die Frage, ob die **Aufrechnung** als **Vollstreckungssurrogat** ebenfalls vom Suspensiveffekt erfasst wird. Das Bundesverwaltungsgericht (BVerwG) entscheidet in ständiger Rechtsprechung, dass die Aufrechnung mit einer Gegenforderung keine Vollziehung eines die betreffende Forderung konkretisierenden Leistungsbescheides (Rückforderungsbescheides) darstellt.[275] Nach Auffassung

---

[270] Hierzu ausführlich *Steinhilper* MedR 2003, 433 ff. und MedR 2004, 253 ff. sowie *Großbölting* MedR 2001, 132 ff.

[271] *Krodel* NZS 2001, 449, 452; BT-Drucks. 14/5943, S. 1.

[272] Vgl. LSG NRW 26. 2. 2003 – L 10 B 2/03 KA ER –; vgl. auch BVerfG vom 10. 10. 2003 – 1 BvR 2025/03 und VG Oldenburg NJW 2004, 2323 zu § 80 VwGO.

[273] *Meyer-Ladewig* § 86a Rdn. 4; *Düring* in: Jansen § 86a Rdn. 1; eingehend hierzu auch LSG NRW 16. 4. 2003 – L 10 B 21/02 KA ER –: Aufrechnungserklärung als Vollziehung.

[274] Hierzu *Bracher* MedR 2001, 452 ff.

[275] BVerwG vom 27. 10. 1982 – 3 C 6/82 – E 66, 218 ff. und vom 27. 1. 1994 – 2 C 19/92 – E 95, 94; VGH Baden-Württemberg vom 9. 3. 1992 – 2 S 3215/91 –; OVG für das Saarland vom

des LSG Berlin[276] sowie des LSG Nordrhein-Westfalen[277] schließt hingegen die aufschiebende Wirkung des Rechtsbehelfs die Aufrechnung (z.B. der KV) mit einem Rückforderungsanspruch aus. Dem dürfte zuzustimmen sein. Die Aussetzung der Vollziehung eines Bescheides bewirkt ebenso wie der Suspensiveffekt (§ 86a Abs. 1 SGG) die aufschiebende Wirkung des gegen den Bescheid eingelegten Rechtsbehelfs.[278] Teilweise wird die aufschiebende Wirkung als **Wirksamkeitshemmung,**[279] teilweise als **Vollziehbarkeitshemmung**[280] verstanden. Das BVerwG hat sich auf den Standpunkt gestellt, die aufschiebende Wirkung beseitige nicht die Wirksamkeit des Verwaltungsaktes, habe vielmehr nur zur Folge, dass der angefochtene Verwaltungsakt vorläufig nicht vollzogen werden dürfe und ist damit von einer Vollziehbarkeitshemmung ausgegangen. Dies bedeutet, dass der Behörde jegliches Gebrauchmachen von den Wirkungen des Verwaltungsaktes einstweilen untersagt ist.[281] Dann aber ist auch die Aufrechnung als Vollziehung anzusehen. Denn eine Aufrechnung ist, ohne dass vom materiellen Regelungsinhalt des Verwaltungsaktes Gebrauch gemacht wird, nicht möglich. Erst durch den materiellen Regelungsgehalt werden entsprechend § 387 BGB die notwendigen Voraussetzungen für eine Aufrechnung – u.a. Fälligkeit der Forderung – geschafft bzw. herbeiführt.[282] Dass die erklärte Aufrechnung keine hoheitliche Maßnahme, sondern die rechtsgeschäftliche Ausübung eines Gestaltungsrechts darstellt, steht dem nicht entgegen. Insoweit verkennt die verwaltungsgerichtliche Rechtsprechung, dass als „Vollziehung" nicht nur die zwangsweise Durchsetzung, sondern **jedes Gebrauchmachen vom Regelungsinhalt** eines Verwaltungsaktes anzusehen ist.[283] Das ist auch verfassungsrechtlich zwingend. Unter Zugrundelegung der verwaltungsgerichtlichen Rechtsprechung würde nämlich die Bitte um vorläufigen Rechtsschutz ins Leere gehen, denn auch wenn das Gericht die aufschiebende Wirkung des Widerspruchs feststellen oder anordnen würde, könnte das eigentliche Ziel des Verfahrens, nämlich die Auszahlung der vertragsärztlichen Vergütung infolge der Aufrechnung nicht erreicht werden. Soweit also das BVerwG seine Auffassung damit begründet, dass die Aufrechnungserklärung die Ausübung eines schuldrechtlichen Gestaltungsrechts darstelle und für sich allein kein Verwaltungsakt sei, mithin der die betreffende Forderung konkretisierende Leistungsbescheid nicht vollzogen werde, wird der durch Art. 19 Abs. 4 GG zu gewährleistende **Rechtsschutz unangemessen verkürzt.** Daher ist die Aufrechnung mit einer Forderung, die in dem angefochtenen Verwaltungsakt ihren Grund hat, ausgeschlossen.[284]

98 **a) Die Regelung des § 86a Abs. 1 SGG.** Nach § 86a Abs. 1 Satz 2 SGG dürfen auch **rechtsgestaltende** und **feststellende Verwaltungsakte** sowie solche mit **Drittwirkung** im Fall eines Widerspruchs bzw. einer Anfechtungsklage nicht umgesetzt werden. Der Grundsatz der aufschiebenden Wirkung von Widerspruch und Anfechtungsklage wird in § 86a Abs. 2 Nr. 1 bis 5 SGG durchbrochen. Kraft Gesetzes ist in diesen – abschließenden – Fällen die aufschiebende Wirkung aufgehoben. Dennoch ist der Bescheid-

---

24. 2. 1989 – 1 W 36/89 – OVG Bremen vom 16. 6. 1999 – 2 B 93/99 –; a.A. VGH Hessen vom 14. 3. 1975 – VII TH 91/74 –.

[276] Urteil vom 30. 3. 1998 – L 7 Ka-SE 12/98 –.

[277] Beschluss vom 29. 6. 1988 – L 11 S (Ka) 10/98; so auch BFH vom 31. 8. 1995 – VII R 58/94 – E 178, 306; BFH vom 24. 10. 1996 – V II B 122/96 –; 14. 11. 2000 VII R 85/99 – E 193, 254; FG Düsseldorf vom 16. 3. 1998 – 14 V 9110/97 –; FG Hamburg vom 15. 7. 1999 – IV 56/99 –.

[278] BFH vom 31. 8. 1995 – VII R 58/94 –.

[279] *Eyermann/Schmidt* § 80 Rdn. 6 m.w.N.

[280] *Redeker/von Oertzen* § 80 Rdn. 4 m.w.N.

[281] So auch BSG 5. 2. 2003 – B 6 KA 42/02 R –; BVerfGE 76, 363, 303; *Kopp/Schenke* (12. A) § 80 Rdn. 22ff.

[282] Zutreffend BFH vom 31. 8. 1995 – VII R 58/94 –.

[283] Vgl. *Meyer-Ladewig* § 86a Rdn. 4 m.w.N.

[284] LSG Berlin 30. 3. 1998 – L 7 Ka-SE 12/98 –; LSG NRW 16. 4. 2003. – L 10 B 21/02 KA ER –; so auch Meyer-Ladewig a.a.O § 86a Rdn. 4 m.w.N.

adressat nicht schutzlos gestellt, denn er kann in den Fällen des § 86a Abs. 2 SGG **behördlichen** (§ 86a Abs. 3 SGG) oder **gerichtlichen Rechtsschutz** (§ 86b Abs. 1 SGG) in Anspruch nehmen. Nr. 4 erlaubt dem Gesetzgeber den Grundsatz der aufschiebenden Wirkung über die Fälle der Nr. 1 bis Nr. 3 hinaus durch Bundesgesetz im Einzelfall aufzuheben. Die Vorschrift hat rein **deklaratorischen Charakter,** denn dem Bundesgesetzgeber bleibt es unbenommen, das SGG durch gleichrangige Gesetze zu modifizieren. Hiervon hat der Gesetzgeber sogleich Gebrauch gemacht. So wird § 85 Abs. 4 Satz 9 SGB V durch Art. 4 des 6. SGGÄndG dahin ergänzt, dass Widerspruch und Klage gegen die **Honorarfestsetzung** sowie ihre Änderung oder Aufhebung keine aufschiebende Wirkung haben.

99 Werden sowohl der **Honoraraufhebungsbescheid** als auch der nachfolgende **Honorarrückforderungsbescheid** mit Widerspruch bzw. Klage angefochten, entfalten diese Rechtsbehelfe jeweils keine aufschiebende Wirkung.[285] Entsprechendes gilt bei der Klage gegen einen **Arzneimittelregress** aufgrund einer Einzelfallprüfung,[286] nicht jedoch bei einem hiergegen gerichteten Widerspruch.[287]

100 Darüber hinaus versagt Art. 4 des 6. SGG-ÄndG auch Klagen gegen Festsetzungen des **Schiedsamtes** (§ 89 Abs. 1 und 1a SGB V)[288] oder gegen eine vom Beschwerdeausschuss festgesetzte Honorarkürzung (§ 106 Abs. 5 Satz 7 bzw. § 106 Abs. 5a Satz 9 SGB V)[289] die aufschiebende Wirkung. Andererseits tritt aufschiebende Wirkung ein, wenn sich der Widerspruch gegen einen **Bescheid des Prüfungsausschusses** richtet (§ 106 Abs. 5 Satz 4 SGB V). Das hat zur Folge, dass der Vertragsarzt bis zur Entscheidung des Beschwerdeausschusses über den Widerspruch eines Anspruch auf (vorläufige) Auszahlung des ungekürzten Honorars gegen die KV hat.[290] Einschränkend: Wird die **Wirtschaftlichkeit nach Durchschnittswerten** quartalsgleich geprüft, entfällt die aufschiebende Wirkung des Widerspruchs, weil die Kürzung insoweit Teil der Honorarfestsetzung wird.[291]

101 **b) Die Regelung des § 86a Abs. 2 SGG.** Nach § 86a Abs. 2 Nr. 5 SGG entscheidet die Stelle, die den Verwaltungsakt erlassen oder über den Widerspruch zu entscheiden hat, im Einzelfall, ob die aufschiebende Wirkung entfallen soll. Eine solch generelle Befugnis der Behörde war bis zum Inkrafttreten des 6. SGG-ÄndG unbekannt[292] und nur in speziellen Fallgestaltungen vorgesehen (z.B. § 97 Abs. 1 Nr. 4, 5 und 6 SGG a.F.) oder spezialgesetzlich geregelt (§ 97 Abs. 4 SGB V). Auf eine detaillierte Aufzählung der Interessenlagen, in denen die aufschiebende Wirkung entfällt, hat der Gesetzgeber verzichtet. Die Interessen im Einzelfall sind abzuwägen.[293] Es bietet sich an, hierzu auf die für den Erlass einer einstweiligen Anordnungen durch das Gericht maßgebenden Kriterien zurückzugreifen. Dabei bleibt allerdings die **gesetzgeberische Grundentscheidung,** bei Honorarstreitigkeiten die aufschiebende Wirkung des Widerspruchs auszuschließen und damit der sofortigen Vollziehbarkeit des Verwaltungsaktes ein gesteigertes öffentliches Interesse beizumessen, zu berücksichtigen.[294]

---

[285] LSG NRW 15. 1. 2003 – L 10 B 22/02 KA ER – MedR 2003, 598 = GesR 2003, 115f.; so auch *Steinhilper* MedR 2003, 433, 434; a.A. *Dahm* MedR 2003, 600.

[286] LSG NRW 11. 3. 2003 – L 11 B 6/03 KA ER – MedR 2003, 476; vgl. auch *Wenner* SozSich 2001,424; a.A. *Kuhlen* NJW 2002, 3155f.

[287] *Steinhilper* MedR 2003, 437.

[288] Hierzu *Schnapp* in Handbuch des sozialrechtlichen Schiedsverfahrens, Kapitel B, Rdn. 154.

[289] Hierzu LSG NRW 11. 2. 2003 - L 10 B 11/02 KA –.

[290] LSG Schleswig-Holstein 5. 12. 2001 – L 6 B 83/01 KA ER – MedR 2002, 269.

[291] Hinsichtlich der weiteren Einzelheiten zur Frage, wann und unter welchen Voraussetzungen Widerspruch und Klage bei der Wirtschaftlichkeitsprüfung aufschiebende Wirkung entfalten, ist auf die ausführliche Darstellung von *Steinhilper* in MedR 2004, 253ff. insbesondere auch zu den ab 1. 1. 2004 durch das GMG eingeführten Änderungen zu verweisen.

[292] Vgl. *Bernsdorff* SGb 2001, 465, 470.

[293] Gesetzentwurf a.a.O. S. 25.

[294] LSG NRW 11. 2. 2003 – L 10 B 11/02 KA – und 26. 2. 2003 – L10 B 2/03 KA ER –.

102 Der vollziehenden Behörde ist ausdrücklich eine **besondere Begründungspflicht** auferlegt worden (§ 86a Abs. 2 Nr. 5 SGG), denn hierbei handelt es sich um eine Ausnahmeerscheinung.[295] Demzufolge darf die sofortige Vollziehung nur mit schriftlicher Begründung des besonderen Interesses an der sofortigen Vollziehung angeordnet werden.

103 Dabei ist streng zwischen dem Interesse zu unterscheiden, das den Verwaltungsakt als solchen rechtfertigt und dem darüber hinausgehenden **Vollzugsinteresse.** Das öffentliche Interesse an sofortiger Vollziehung ist mehr als das für den Erlass des Verwaltungsaktes erforderliche Interesse, so dass die gesetzlichen Voraussetzungen für den Erlass des Verwaltungsaktes nicht zur Begründung der Anordnung der Vollziehung ausreichen.[296] Im Gegensatz zu § 86a Abs. 2 Nr. 5 SGG schreibt § 97 Abs. 4 SGB V zwar nicht ausdrücklich vor, dass die vom Berufungsausschuss angeordnete sofortige Vollziehung seiner Entscheidung besonders zu begründen ist. Dennoch muss das geschehen. Die gesteigerte Begründungspflicht ist kein Selbstzweck. Den Beteiligten soll nicht nur deutlich gemacht werden, warum die Behörde den Verwaltungsakt erlässt;[297] für sie soll darüber hinaus nachvollziehbar sein, von welchen Erwägungen die Behörde sich bei der Anordnung der sofortigen Vollziehung hat leiten lassen. Genügt die Begründung diesen Anforderungen nicht, stellt das Gericht die aufschiebende Wirkung gem. § 86b Abs. 1 SGG wieder her.[298]

104 Eine besondere Begründung ist nur dann **entbehrlich,** wenn sich bereits aus dem Inhalt des zu vollziehenden Bescheides die besondere Dringlichkeit ergibt und die von der Behörde getroffene Interessenabwägung klar und erkennbar ist.[299]

105 **c) Die Regelung des § 86a Abs. 3 SGG.** Ergänzend bestimmt § 86a Abs. 3 SGG, dass in den Fällen des Absatzes 2 die Stelle, die den Verwaltungsakt erlassen hat oder über den Widerspruch zu entscheiden hat, die **sofortige Vollziehung** ganz oder teilweise **aussetzen** kann. Entgegen dem bisherigen Recht ist die Befugnis der zuständigen Verwaltungsbehörde zur Wiederherstellung der aufschiebenden Wirkung nach Satz 1 der Vorschrift sachlich weder eingegrenzt noch auf die Widerspruchsstelle beschränkt. Nunmehr kann auch die Behörde, die den angefochtenen Verwaltungsakt erlassen hat, über die Wiederherstellung der aufschiebenden Wirkung entscheiden.[300] Hiernach kann also die Behörde die Kraft Gesetzes zulässige sofortige Vollziehung (§ 86a Abs. 2 Nr. 1–4) oder die behördlich angeordnete sofortige Vollziehung (§ 86a Abs. 2 Nr. 5) aussetzen. Soweit § 86a Abs. 3 Satz 2 SGG regelt, dass in den Fällen des Absatz 2 Nr. 1 die Aussetzung erfolgen soll, wenn **ernstliche Zweifel an der Rechtmäßigkeit** des angegriffenen Verwaltungsakts bestehen oder wenn die Vollziehung eine unbillige, nicht durch überwiegende öffentliche Interessen gebotene Härte zur Folge hätte, mutet diese Vorgabe befremdlich an. Der Gesetzgeber bestimmt hier selbst die maßgebenden Kriterien für die Aussetzungsentscheidung der Behörde. Die Gesetzesbegründung verweist hierzu nur darauf, dass Absatz 3 Satz 2 entsprechend § 80 Abs. 4 Satz 3 VwGO eine Regelung („Soll-Vorschrift") für die Aussetzung der Vollziehung in den Fällen des Absatz 2 Nr. 1 enthält.[301] Es liegt nahe, diese Kriterien auch auf die Aussetzungsentscheidung nach § 86a Abs. 2 Nr. 2 bis 4 SGG zu übertragen. Andererseits hat der Gesetzgeber die vorgenannten Fälle ausdrücklich nur auf Nr. 1 bezogen; dies spricht dafür, diese Kriterien in den Fällen der Nrn. 2 bis 4 für nicht anwendbar zu halten. Damit dürfte aber die Absicht des Gesetzgebers **überinterpretiert** werden. In den Fällen der Nrn. 2 bis 4 können diese Kriterien

---

[295] BVerfGE 40, 179; 62, 233.

[296] LSG NRW 11. 11. 2003 – L 10 B 15/03 KA ER –, 14. 4. 2003 – L 10 B 8/03 KA ER –, 6. 1. 2004 – L 11 B 17/03 KA ER –; vgl. auch BVerfG 62, 233; *Meyer-Ladewig,* § 86a Rdn. 20; *Düring* in: Jansen § 86a Rdn. 3; *Kopp,* VwGO, 12. Auflage, § 80 Rdn. 84ff.

[297] Hierzu die durch § 35 SGB X vorgegebene Begründungspflicht.

[298] Z.B. in LSG NRW 11. 11. 2003 – L 10 B 15/03 KA ER –.

[299] LSG NRW 14. 4. 2003 – L 10 B 8/03 KA ER – und 20. 1. 2004 – L 10 B 19/03 KA ER –; *Kopp* § 80 Rdn. 86 m. w. N.; *Meyer-Ladewig* § 86a Rdn. 21 m. w. N.

[300] Gesetzentwurf a. a. O.

[301] Gesetzentwurf a. a. O.

herangezogen werden, die Behörde ist aber nicht gehindert, weitere Gesichtspunkte zu berücksichtigen, um dann trotz der Kriterien des Absatzes 3 Satz 2 die Aussetzung abzulehnen.

106 Nach § 86a Abs. 3 Satz 4 SGG kann die behördliche Aussetzungsentscheidung nunmehr mit **Auflagen** (z.B. Sicherheitsleistung § 232 BGB, §§ 108f. ZPO) versehen oder **befristet** bzw. jederzeit geändert oder aufgehoben werden.

107 **d) Das Verhältnis des § 97 Abs. 4 SGB V zu § 86a SGG.** Keine Kollisionen ergeben sich im Bereich von **Verpflichtungssachen.** Der Regelungsbereich des § 86a SGG ist auf Anfechtungssachen beschränkt, hingegen ist der Berufungsausschuss nach 97 Abs. 4 SGB V befugt, sowohl statusbeseitigende (Zulassungsentziehung) als auch statusbegründende (Zulassung) Entscheidungen für sofort vollziehbar zu erklären. In **Anfechtungssachen** dürfte die spezialgesetzliche Regelung des § 97 Abs. 4 SGB V der Regelung des § 86a Abs. 3 SGG vorgehen. Rechtsgrundlage für eine vom Berufungsausschuss angeordnete sofortige Vollziehung kann demnach nur § 97 Abs. 4 SGB V sein.

108 Damit stellt sich die weitere Frage, ob auch der **Berufungsausschuss** befugt ist, seine Vollziehbarkeitsentscheidung mit **Auflagen** zu versehen oder zu **befristen** und ob er sie jederzeit ändern oder aufheben kann. Unter den Voraussetzungen des § 20 Abs. 3 Ärzte-ZV und ggf. des § 32 SGB X sind auch die Zulassungsgremien berechtigt, ihre Zulassungsentscheidung mit Nebenbestimmungen zu versehen.[302] Geht es um die Vollziehbarkeitsentscheidung dürfte nichts anderes gelten. Angesichts der Grundrechtsrelevanz der **Zulassung** ist eine Nebenbestimmungen jedenfalls dann zulässig, wenn es erst hierdurch ermöglicht wird, die Zulassungsentscheidung zugunsten des Arztes im (besonderen) öffentlichen Interesse für sofort vollziehbar zu erklären. Im Fall einer Zulassungsentziehung stellt sich die Sachlage anders dar. Die **Entziehung** stellt einen schwerwiegenden Eingriff in die Existenz des Vertragsarztes dar.[303] Ihre Anordnung vor Rechtskraft des Beschlusses setzt wiederum ein besonderes öffentliches Interesse voraus, welches über dasjenige hinausgehen muss, das den Verwaltungsakt selbst rechtfertigt. Demgemäß kann eine Nebenbestimmung nur in Betracht kommen, wenn sie dazu führt, dass die Auswirkungen der angeordneten sofortigen Vollziehung gemildert werden.[304]

109 Schließlich stellt sich die Frage, ob auch die Zulassungsgremien ihre Entscheidung – jederzeit – auch von Amts – oder nur dann aufheben können, wenn die Voraussetzungen für den Sofortvollzug entfallen sind. Wird der Sofortvollzug nach § 86a Abs. 3 SGG angeordnet, ist die Behörde befugt, die Entscheidung **„jederzeit"** zu **ändern** oder **aufzuheben.** Begrifflich deutet dies darauf hin, dass die Behörde die Entscheidung selbst dann korrigieren kann, wenn die Voraussetzungen für den Sofortvollzug fortbestehen. Die Gesetzesbegründung zu § 86a SGG verhält sich hierzu nicht, führt allerdings zu § 86b SGG aus, dass das **Abänderungsrecht des Gerichts** nach Abs. 1 Satz 4 nicht beschränkt ist und eine Änderung der Sach- und Rechtslage nicht voraussetzt.[305] Für das Abänderungsrecht der Behörde kann angesichts der identischen Begrifflichkeit „jederzeit" nichts anderes gelten. Dafür spricht auch die nach § 80 VwGO maßgebende Rechtslage. Denn die Behörde kann ihre Aussetzungsentscheidung (§ 80 Abs. 4 VwGO) – insoweit über den Wortlaut hinaus – jederzeit auf Antrag oder von Amts wegen ändern oder aufheben.[306] Das wird insbesondere dann in Betracht kommen, wenn die Behörde ernstliche Zweifel an der Rechtmäßigkeit

---

[302] Zur Befristung: BSG 27. 1. 1993 – 6 RKa 40/91 – SozR 3–2500 § 96 Nr. 1; BSG 5. 2. 2003 – B 6 KA 26/02 R –; eingehend hierzu BSG 5. 2. 2003 – B 6 KA 22/02 R –; zu Auflagen: LSG NRW 21. 8. 2002 – L 10 KA 23/02 –.

[303] *Henke* in: *Peters* § 97 Rdn. 10.

[304] Vgl. OVG Saarlouis 21. 1. 2004 – 1 W 29/03 –: Einschränkung der ärztlichen Tätigkeit während des Approbationsentzugsverfahrens.

[305] Gesetzentwurf a.a.O. S. 25; einschränkend OVG Münster NVwZ 1999, 894 und *Eyermann/Schmidt* § 80 Rdn. 102 zu § 80 Abs. 5 VwGO.

[306] *Redeker/von Oertzen* § 80 Rdn. 34.

des angegriffenen Verwaltungsaktes hat oder die Vollziehung eine unbillige, nicht durch ein überwiegendes öffentliches Interesse gebotene Härte zur Folge hätte.[307]

110 Fraglich ist weiter, ob der **Zulassungsausschuss** die sofortige Vollziehung seiner Entscheidung auf der Grundlage von § 86a Abs. 3 SGG anordnen kann. §§ 96, 97 SGB V gestehen dem Zulassungsausschuss eine solche Befugnis nicht zu. Angesichts der Grundrechtsrelevanz der statusbegründenden und statusentziehenden Entscheidung auch des Zulassungsausschusses spricht einiges dafür, dem Zulassungsausschuss die Befugnis einzuräumen, seine Entscheidungen auf der Grundlage von § 86a Abs. 3 SGG für **sofort vollziehbar** erklären zu können. Dies gilt umso mehr, als § 86a Abs. 3 SGG in Abweichung zur bisherigen Rechtslage nunmehr ausdrücklich vorgibt, dass auch die Stelle, die den Verwaltungsakt erlassen hat, die sofortige Vollziehung anordnen kann. Im Ergebnis scheitert diese Lösung aber am spezialgesetzlichen Charakter des Verhältnisses von § 96 Abs. 4 SGB V zu § 86a Abs. 3 SGG.[308] Bis zum Inkrafttreten des 6. SGG-ÄndG zum 2. 1. 2002[309] war umstritten, ob das Gericht auf Antrag auch **Entscheidungen der Zulassungsausschüsse** für sofort vollziehbar erklären konnte.[310] Für einen einstweiligen Rechtsschutz in Zulassungs- und Ermächtigungssachen auch schon vor einer Entscheidung des Berufungsausschusses spreche das Gebot des Art. 19 Abs. 4 GG, effektiven Rechtsschutz zu gewähren.[311] Die verneinende Ansicht hielt dem entgegen, dass kraft Gesetzes der einstweilige Rechtsschutz erst mit und nach einer Entscheidung des Berufungsausschusses eröffnet sei. Der Gesetzgeber habe es in Kenntnis der Lückenhaftigkeit der Regelungen zum einstweiligen Rechtsschutz im SGG versäumt, diese Lücken zu schließen und die Lückenfüllung weiterhin der Rechtsprechung überlassen. Soweit er – wie in §§ 96 Abs. 4, 97 Abs. 4 SGB V – nicht nur untätig geblieben, sondern den einstweiligen Rechtsschutz umreißende gesetzliche Regelungen getroffen habe, seien die Gerichte der Sozialgerichtsbarkeit daran gebunden.[312] Dem ist zuzustimmen. Es unterliegt grundsätzlich nicht der Kompetenz der Gerichte, den einstweiligen **Rechtsschutz contra legem** zu erweitern.[313] Vielmehr trifft den Gesetzgeber die Pflicht, etwaige Unzulänglichkeiten im einstweiligen Rechtsschutz durch entsprechende Neuregelungen aufzufangen. Unterlässt er dies, obgleich ihm bekannt ist bzw. sein muss, dass insbesondere Ermächtigungen wegen ihrer Befristung durch mehr oder weniger routinemäßig erhobene Widersprüche und Klagen jeweils über einen längeren Zeitraum blockiert werden können,[314] bestünde an sich gesetzgeberischer Handlungsbedarf. Unterbleibt eine Gesetzesänderung dennoch, kann nur von einem **bewussten Nichttätigwerden** der für das Gesetzgebungsverfahren zuständigen Organe ausgegangen werden. Das 6. SGG-ÄndG ändert hieran nichts. Der Gesetzgeber hatte die Möglichkeit, die Rechtslage dahingehend klarzustellen, dass einstweiliger Rechtsschutz auch schon vor der Entscheidung des Berufungsausschusses gewährt werden kann. Das ist nicht geschehen, obgleich es vornehmlich das Ziel des 6. SGG-ÄndG war, den einstweiligen Rechtschutz zu verbessern und umfassend zu regeln.[315] Zwar könnte aus der Absicht des Gesetzgebers, das im SGG zuvor unzulänglich normierte Verfahren der Anordnung des Sofortvollzugs umfassend zu regeln, auch ge-

---

[307] *Eyermann/Schmidt* § 80 Rdn. 50 unter Hinweis auf § 80 Abs. 4 Satz 3 VwGO.

[308] Gesetzentwurf BReg BT-Drucks. 14/5943.

[309] BGBl. I S. 2144 ff.

[310] Bejahend: LSG Baden-Württemberg vom 25. 2. 1997 – L 5 Ka 252/97 eA-B; LSG Schleswig-Holstein vom 14. 10. 1999 – L 4 B 60/99 KA ER; *Stock* in NJW 1999, 2702, 2704; verneinend: LSG Nordrhein-Westfalen vom 14. 7. 1999 – L 11 B 37/99 KA –; vom 15. 3. 1994 – L 11 S 42/93 – sowie 26. 1. 1994 – L 11 S 25/93 –; hierzu auch *Schiller* in: Schnapp/Wigge, 2002, § 5 Rdn. 133 ff.

[311] *Stock* a.a. O. m. w. N.

[312] SG Köln vom 23. 6. 1999 – S 19 KA 43/99 –.

[313] Eine Ausnahme mag dann gerechtfertigt sein, wenn ansonsten der Justizgewährungsanspruch verletzt wird, hierzu LSG NRW 30. 6. 2004 – L 10 B 9/03 KA ER –.

[314] Vgl. auch *Schiller* a. a. O. Rdn. 134.

[315] Vgl. Gesetzentwurf der Bundesregierung BT-Drucks. 14/5943 unter Ziffer A und B.

schlossen werden, §§ 86a, 86b SGG seien schon deswegen anzuwenden, weil § 97 SGB V nur die Rechtsstellung des Berufungsausschusses, seine Zusammensetzung und das geltende Verfahren bestimme. Richtig hieran ist, dass der Gesetzgeber bei diesem Verständnis auf eine Änderung des § 97 Abs. 4 SGG verzichten könnte bzw. diese Regelung dann hinfällig geworden wäre.[316] Dem steht jedoch entgegen, dass das Verfahren vor dem Berufungsausschuss kein Vorverfahren i. S. d. §§ 78–85 SGG ist.[317] Die Regelungen der §§ 86a, 86b SGG können deswegen nicht unbesehen auf die Verfahren vor den Zulassungsgremien übertragen werden. Vielmehr gilt auch insoweit, dass den für die Gesetzgebung zuständigen Organen der Unterschied zwischen dem Widerspruchsverfahren nach §§ 78ff SGG und dem Verfahren vor den Zulassungsgremien bekannt sein musste, es mithin einer Aufhebung oder Änderung des § 97 Abs. 4 SGB V bedurft hätte, um die §§ 86a, 86b SGG jedenfalls mittelbar für anwendbar zu erklären. Das ist nicht geschehen. Eine **analoge Anwendung** der §§ 86a, 86b SGG auf das Verfahren vor den Zulassungsgremien scheidet aus. Eine **planwidrige Lücke**[318] liegt nicht vor. Dem Gesetzgeber musste bekannt sein, dass in der obergerichtlichen Rechtsprechung wegen § 97 Abs. 4 SGB V a. F. umstritten war, ob und ggf. unter welchen Voraussetzungen einstweiliger Rechtsschutz schon vor der Entscheidung des Berufungsausschusses gewährt werden konnte. Unterlässt er es dennoch, die umstrittene Rechtslage – eindeutig – zu regeln, kann nur gefolgert werden, dass er den einstweiligen Rechtsschutz in Zulassungs- und Ermächtigungssachen nicht ändern und insbesondere auch nicht verbessern wollte. Die Gerichte sind hieran gebunden. Dennoch können und müssen sie nötigenfalls einstweiligen Rechtsschutz über die abschließenden gesetzlichen Regelungen hinaus dann gewähren, wenn eine Verletzung des Gebotes, effektiven Rechtsschutz gem Art. 19 Abs. 4 GG zu gewähren, zu besorgen ist[319] oder Grundrechte beeinträchtigt werden. Nur dann und nur in einem solchen Ausnahmefall kann es zulässig sein, einstweiligen Rechtsschutz über das abschließende gesetzliche Regelwerk hinaus zur Verfügung zu stellen.[320] Insgesamt muss von der Absicht des Gesetzgebers ausgegangen werden, § 86a Abs. 3 SGG nicht auf Zulassungsverfahren anzuwenden.

2. Einstweiliger Rechtsschutz durch das Gericht (§ 86b SGG)

111 **a) Überblick.** Sofern der Bescheidadressat die Vollziehung eines belastenden Verwaltungsaktes nicht verhindern kann, weil entweder Widerspruch und Anfechtungsklage zwar aufschiebende Wirkung haben (§ 86a Abs. 1 Satz 1 SGG), die Behörde aber die sofortige Vollziehung angeordnet (§ 86a Abs. 2 Nr. 5 SGG) und diese auch nicht ausgesetzt hat (§ 86a Abs. 3 SGG) oder Widerspruch und Anfechtungsklage keine aufschiebende Wirkung haben (§ 86a Abs. 2 Nr. 1 bis 4 SGG) und die Behörde die sofortige Vollziehung auch nicht ausgesetzt hat, verbleibt ihm nur die Möglichkeit, gerichtlichen Rechtsschutz nach § 86b Abs. 1 SGG in Anspruch zu nehmen. Die Vorschrift nennt keinerlei materiellrechtliche Voraussetzungen für die Entscheidung über die Gewährung von einstweiligem Rechtsschutz,[321] sondern regelt allein die verfahrensrechtlichen Anforderungen.

112 **b) Die Regelung des § 86b Abs. 1 SGG.** Nach § 86b Abs. 1 Nr. 1 SGG kann das Gericht in den Fällen, in denen Widerspruch oder Anfechtungsklage **aufschiebende Wirkung** haben, die sofortige Vollziehung ganz oder teilweise anordnen. Nr. 1 betrifft auch Verwaltungsakte mit **Drittwirkung;**[322] legt ein Dritter einen Rechtsbehelf gegen

---

[316] So *Hollich* in MedR 2002, 235, 239.

[317] BSG vom 27. 1. 1993 – 6 RKa 40/91 – und vom 9. 6. 1999 – B 6 KA 76/97 R–; LSG NRW vom 21. 8. 2002 – L 10 KA 3/02 –.

[318] Hierzu auch BSG vom 16. 4. 2002 – B 9 VG 1/01 R – m. w. N.

[319] Vgl. LSG NRW vom 23. 8. 2002 – L 10 B 12/02 KA ER – „Zwischenregelung“; vom 20. 3. 2002 – L 10 B 29/01 SB – „Untätigkeitsbeschwerde“; vgl. auch BVerfGE 46, 166ff.

[320] Eingehend LSG NRW 4. 9. 2002 – L 10 B 2/02 KA ER – zum Fall einer Ermächtigung.

[321] Hierzu eingehend *Krodel* NZS 2001, 449ff.

[322] Gesetzentwurf der Bundesregierung a. a. O. S. 25.

den an einen anderen gerichteten, diesen begünstigenden Verwaltungsakt ein und hat der Rechtsbehelf nach § 86a Abs. 1 SGG aufschiebende Wirkung, so kann das Sozialgericht auf Antrag des Begünstigten die sofortige Vollziehung anordnen.[323] In Nr. 2 regelt das Gesetz den umgekehrten Fall. Haben Widerspruch oder Anfechtungsklage **keine aufschiebende Wirkung,** kann das Gericht auf Antrag die aufschiebende Wirkung ganz oder teilweise anordnen. Da die Vorschrift nach dem Willen des Gesetzgebers ausdrücklich auch die Fälle der Drittwirkung erfasst, kann der belastete Dritte die aufschiebende Wirkung durch das Gericht herstellen lassen. Auch Nr. 3 bezieht sich auf Verwaltungsakte mit Drittwirkung. Sofern der belastete Dritte vorläufigen Rechtsschutz nicht schon kraft Gesetzes, sondern erst durch eine behördliche Aussetzung der Vollziehung (§ 86a Abs. 3 SGG) erlangt, kann der Begünstigte diese durch das Sozialgericht beseitigen und die sofortige Vollziehung **wiederherstellen** lassen. Begrifflich unzutreffend spricht das Gesetz hier von „wiederherstellen", meint in der Sache indessen die Anordnung der sofortigen Vollziehung.[324]

113 § 86b Absatz 1 Satz 2 stellt sicher, dass das Gericht einem Bestreben, vollendete Tatsachen zu schaffen, entgegenwirken kann. Dabei werden vollzogene und freiwillig befolgte Verwaltungsakte gleich behandelt.[325] Hierzu kann das Gericht die **Aufhebung der Vollziehung** anordnen. Die Entscheidung des Gerichts kann mit Auflagen oder Befristungen versehen werden.[326] Das Abänderungsrecht ist nicht beschränkt. Eine Änderung der Sach- und Rechtslage wird nicht vorausgesetzt.[327]

114 Entzieht der Zulassungsausschuss einem Vertragsarzt die Zulassung, hat dessen Widerspruch hat aufschiebende Wirkung (§ 86a Abs. 1 SGG). Ordnet der Berufungsausschuss die **sofortige Vollziehung der Zulassungsentziehung** an (§ 97 Abs. 4 SGB V), muss der Vertragsarzt versuchen, dies zu beseitigen. Dieses Ziel wird von § 86b Abs. 1 SGG nicht unmittelbar erfasst. Um einen Fall der Nr. 1 handelt es sich nicht, weil der Antragsteller nicht sofortige Vollziehung der Entscheidung angeordnet wissen will; auch Nr. 3 greift nicht, denn es geht ihm auch nicht darum, die sofortige Vollziehung ganz oder teilweise wiederherzustellen. Er verfolgt das Gegenteil. Er will die aufschiebende Wirkung seines Widerspruchs wiederherstellen. Das kann er auch in unmittelbarer Anwendung des § 86b Abs. 1 Nr. 2 SGG nicht erreichen. Hiernach kann das Gericht der Hauptsache auf Antrag in den Fällen, in denen Widerspruch oder Anfechtungsklage keine aufschiebende Wirkung haben, die aufschiebenden Wirkung ganz oder teilweise anordnen. Die aufschiebende Wirkung des Widerspruchs kann das Gericht nicht anordnen, da diese Rechtsfolge bereits kraft Gesetzes eintritt (§ 86a Abs. 1 SGG). Zu klären ist in solchen Konstellationen vielmehr, ob die Anordnung der sofortigen Vollziehung, durch die die aufschiebende Wirkung des Widerspruchs des Vertragsarztes suspendiert wird, aufzuheben ist und damit die aufschiebende Wirkung wiederhergestellt wird. Losgelöst vom Wortlaut sind auch solche Fälle der Regelung des § 86b Abs. 1 Nr. 2 SGG zuzuordnen. Denn im Ergebnis macht es keinen Unterschied, ob die aufschiebende Wirkung eines Widerspruchs angeordnet wird oder der die aufschiebende Wirkung beseitigende Sofortvollzug aufgehoben wird. Im ersten Fall wird die aufschiebende Wirkung erstmals hergestellt, im zweiten Fall hingegen wiederhergestellt. Mit der (Wieder)Herstellung der aufschiebenden Wirkung wird jeweils bezweckt, die Durchsetzbarkeit des Verwaltungsaktes zu hemmen.[328]

---

[323] *Bernsdorff* SGb 2001, 465, 471.
[324] *Bernsdorff* SGb 2001, 465, 471.
[325] Gesetzentwurf der Bundesregierung a. a. O. S. 25.
[326] Vgl. LSG NRW 6. 1. 2004 – L 11 B 17/03 KA ER –: Sicherheitsleistung.
[327] Gesetzentwurf a. a. O.; *Bernsdorff* SGb 2001, 465, 471; Vgl. aber OVG Münster NVwZ 1999, 894; einschränkend auch *Eyermann* § 80 Rdn. 102.
[328] LSG NRW 16. 4. 2003 – L 10 B 21/02 KA ER – und vom 20. 1. 2004 – L 10 B 19/03 KA ER –.

115 Auch soweit die KV versucht, die aufschiebende Wirkung ihres Widerspruchs (§ 96 Abs. 4 Satz 2 SGB V) gegen die anderslautende Entscheidung des Berufungsausschusses wiederherzustellen, ist nach § 86b Abs. 1 Nr. 2 SGG zu verfahren.[329]

116 Das Gericht entscheidet im Rahmen des § 86b Abs. 1 Nr. 2 SGG nach **Ermessen** aufgrund einer **Interessenabwägung.**[330] Insoweit auf auf die für die Entscheidung nach § 86b Abs. 2 SGG maßgebenden Kriterien zurückgegriffen werden.[331]

117 **c) Die Regelung des § 86b Abs. 2 SGG.** Das Bundesverfassungsgericht hat mit Beschluss vom 19. 10. 1977[332] entschieden, dass Art. 19 Abs. 4 GG bei Vornahmesachen jedenfalls dann vorläufigen gerichtlichen Rechtschutz verlangt, wenn ohne solchen Rechtsschutz schwere und unzumutbare, anders nicht abwendbare Nachteile entstehen, zu deren nachträgliche Beseitigung die Entscheidung in der Hauptsache nicht mehr in der Lage ist. Hiernach können in Vornahmesachen einstweilige Anordnungen in entsprechender Anwendung des § 123 VwGO erlassen werden. In Anfechtungssachen ist der vorläufige Rechtsschutz hingegen durch Aussetzung der Vollziehung des angefochtenen Bescheides im Sinn des § 80 Abs. 5 VwGO durch Wiederherstellung oder durch die Anordnung der aufschiebenden Wirkung der Anfechtungsklage oder des ihr vorangegangenen Widerspruchs zu gewährleisten.[333]

118 Rechtsgrundlage für den **Erlass einstweiliger Anordnungen** ist seit Inkrafttreten des 6. SGG-ÄndG die subsidiäre Regelung des § 86b Abs. 2 SGG. Durch § 86 Abs. 2 Satz 1 SGG wird bestimmt, dass eine einstweilige Anordnung nur statthaft ist,[334] wenn vorläufiger Rechtsschutz nach Absatz 1 nicht möglich ist. Die in Satz 1 genannten Voraussetzungen für den Erlass einer **Sicherungsanordnung**[335] entsprechen § 123 Abs. 1 Satz 1 und Abs. 5 VwGO. **Eine Regelungsanordnung** kommt unter den Voraussetzungen des Satzes 2 in Betracht.[336]

119 Voraussetzung für den Antrag ist u. a. das Vorliegen eines **Rechtsschutzbedürfnisses,**[337] denn jedes Rechtsschutzgesuch ist nur dann zulässig, wenn der Kläger a) behauptet, durch den Verwaltungsakt oder durch Ablehnung oder Unterlassung eines Verwaltungsakts beschwert zu sein und b) nach seinem Vortrag die Beeinträchtigung einer ihm zustehenden Rechtsposition und die Rechtswidrigkeit des Verwaltungsakts zumindest möglicherweise in Betracht kommt. **Popularklagen** sollen ausgeschlossen werden. Insoweit gelten die gleichen Anforderungen wie im Verwaltungsprozess (vgl. § 42 Abs. 2 VwGO). M. a. W.: Der Kläger muss zwar die Beschwer nicht ausdrücklich vortragen. Es reicht aber nicht aus, wenn er sich für beschwert hält und dies behauptet, obwohl eine Beschwer unter keinem rechtlichen Gesichtspunkt in Betracht kommt.[338]

120 Ein **Anordnungsgrund** liegt vor, wenn die Gefahr besteht, dass durch eine Veränderung des bestehenden Zustands die Verwirklichung eines Rechts des Antragstellers vereitelt oder wesentlich erschwert werden könnte. Der **Anordnungsanspruch** kann auf die Sicherung von Rechten (Sicherungsanordnung) oder Regelung eines vorläufigen Zustandes (Regelungsanordnung) gerichtet sein. Anordnungsgrund und Anordnungsanspruch

---

[329] LSG NRW 11. 11. 2003 – L 10 B 15/03 KA ER –.

[330] *Meyer-Ladewig* § 86b Rdn. 12.

[331] LSG NRW 15. 1. 2003 – L 10 B 22/02 KA ER –; vgl. auch Begründung zum 6. SGG-ÄndG BT-Drucks. 14/5943.

[332] BVerfGE 46, 166 = SozR 1500 § 198 Nr. 1; eingehend hierzu *Großbölting* MedR 2001, 132 ff.

[333] LSG Berlin MedR 1998, 429–431; LSG Baden-Württemberg MedR 1997, 563–565; *Niesel* Rdn. 639; *Großbölting* a. a. O., 132, 134 ff.

[334] Vgl. *Bernsdorff* SGb 2001, 465, 471.

[335] Hierzu Bayer. LSG 28. 9. 1994 – L 12 B 189/94 –; VGH Baden-Württemberg 7. 12. 1978 – VI 3797/78 –; vgl. auch *Düring* in: Jansen § 86b Rdn. 10.

[336] Hierzu auch OVG Hamburg 8. 9. 1993 – Bs IV 35/93 –; LSG Berlin 21. 12. 1981 – L 9 Kr-SE 75/81 –. vgl. auch *Düring* in: Jansen § 86b Rdn. 11.

[337] *Düring* in: Jansen § 86b Rdn. 9.

[338] *Jung* in: Jansen § 54 Rdn. 18 ff.

müssen **glaubhaft** gemacht sein. Lässt sich der Sachverhalt innerhalb eines überschaubaren Zeitraums nicht klären, ist der Erlass einer einstweiligen Anordnung nach den Grundsätzen der **Beweislastverteilung** abzulehnen. Im Übrigen wird vielfach darauf verwiesen, dass lediglich eine **summarischen Prüfung** der Erfolgsaussichten durchzuführen ist.[339] Ob diese Handhabung aufrechterhalten bleiben kann, ist fraglich. Droht dem Antragsteller z. B. bei Versagung des einstweiligen Rechtsschutzes eine erhebliche, über Randbereiche hinausgehende **Verletzung in seinen Grundrechten,** die durch eine der Klage stattgebende Entscheidung in der Hauptsache nicht mehr beseitigt werden kann, so ist hiernach – erforderlichenfalls unter **eingehender** tatsächlicher und rechtlicher **Prüfung** des im Hauptverfahren geltend gemachten Anspruchs – einstweiliger Rechtsschutz zu gewähren, es sei denn, dass ausnahmsweise überwiegende, besonders gewichtige Gründe entgegenstehen.[340]

121 Das Gericht entscheidet nach **Ermessen** aufgrund einer **Interessenabwägung.**[341] Die Ermessenausübung erfordert angesichts von Art. 19 Abs. 4 GG eine sorgfältige und umfassende Interessenabwägung.[342] Sämtliche erkennbaren Interessen der Beteiligten sind zu berücksichtigen und gegeneinander abzuwägen. Dabei ist zu beachten, dass der Gesetzgeber einen grundsätzlichen Vorrang des Vollziehungsinteresses angeordnet hat und es deshalb besonderer Umstände bedarf, um eine hiervon abweichende Entscheidung zu rechtfertigen.[343] Hiernach ist die aufschiebende Wirkung anzuordnen, wenn das Interesse des belasteten Adressaten überwiegt. Anderenfalls verbleibt es beim Ausschluss der aufschiebenden Wirkung. Abzuwägen sind dabei die **Folgen,** die eintreten würden, wenn die aufschiebende Wirkung angeordnet wird und der Rechtsbehelf letztlich doch keinen Erfolg hätte gegenüber den Nachteilen, die entstehen, wenn die aufschiebende Wirkung nicht angeordnet wird und der Rechtsbehelf letztlich Erfolg hätte. In die Abwägung ist auch einzubeziehen, ob und inwieweit die Anordnung der aufschiebenden Wirkung irreparable oder sonstige schwere Folgen hat. Ferner sind die mit dem Gesetz verfolgten Ziele einzubeziehen und mit den Interessen des Betroffenen abzuwägen.[344] Schließlich sind auch die **Erfolgsaussichten** des Rechtsbehelfs zu berücksichtigen. Bestehen ernstliche Zweifel an der Rechtmäßigkeit des Verwaltungsaktes, kann dies für die Anordnung der aufschiebenden Wirkung sprechen. An der Vollziehung offensichtlich rechtswidriger Verwaltungsakte besteht kein öffentliches Interesse, vielmehr überwiegt dann das Interesse an der Herstellung der aufschiebenden Wirkung. Anderseits liegt ein überwiegendes öffentliches Interesse am Ausschluss der aufschiebenden Wirkung dann vor, wenn der angefochtene Verwaltungsakt ersichtlich rechtmäßig ist.[345] Seit der Neuregelung des einstweiligen Rechtsschutzes kann der Antragsteller nicht mehr auf die Inanspruchnahme von **Sozialhilfe** verwiesen werden. Soweit die Gewährung einstweiligen Rechtsschutzes zuvor davon abhängig gemacht wurde, dass dem Antragsteller schwere irreparable und unzumutbare Nachteile drohten,[346] kann diese restriktive Handhabung nunmehr nicht mehr aufrechterhalten bleiben.[347]

---

339 LSG Berlin 2. 3. 1998 – L 7 Ka-SE 5/98 –; LSG Bremen 29. 8. 1997 – L 5 BR 29/97 –; LSG Schleswig-Holstein 22. 5. 1997 – L 6 Sb/Ka 32/97 –; LSG NRW 22. 5. 1997 – L 11 SKa 80/96 –; *Niesel* Rdn. 644; *Wenner/Terstenge/Martin-Wenner* Rdn. 571, *Krasney/Udsching* IV 124; *Zeihe* § 97 Anm 22p.

340 BVerfGE 79, 69 ff.

341 *Meyer-Ladewig,* § 86 b Rdn. 12

342 Vgl. auch LSG Niedersachsen-Bremen 30. 9. 2002 – L 4 KR 122/02 ER – NZS 2003, 333, 334 f. zu § 86 a Abs. 2 Nr. 5 SGG.

343 BVerfG 10. 10. 2003 – 1 BvR 2025/03 – zu § 80 Abs. 2 VwGO.

344 Vgl. *Meyer-Ladewig* a. a. O. § 86 a Rdn. 20.

345 LSG NRW 15. 1. 2003 – L 10 B 22/02 KA ER – und 14. 4. 2003 – L 10 B 8/03 KA ER –; vgl. auch Begründung zum 6. SGG-ÄndG BT-Drucks. 14/5943 zu Nr. 34.

346 Z. B. LSG NRW 27. 11. 1997 – L 11 SKa 35/91 – und 15. 5. 1996 – L 11 SKa 21/96 –.

347 LSG NRW 25. 2. 2002 – L 5 B 3/02 KR ER – *Breithaupt* 2002, 765, 767 ff.; LSG NRW L 10 B 21/02 KA ER –.

122 Die Gerichte sind zu einer Einzelfallbetrachtung grundsätzlich nur hinsichtlich solcher Umstände angehalten, die von den Beteiligten vorgetragen werden und die Annahme rechtfertigen können, dass im konkreten Fall von der gesetzgeberischen Grundentscheidung ausnahmsweise abzuweichen ist. Sind in diesem Sinne qualifizierte Argumente nicht vorgetragen, sind die **Abwägungsanforderungen,** die die Gerichte nach Art. 19 Abs. 4 GG im Rahmen ihrer Entscheidung zu erfüllen haben, regelmäßig nur gering.[348]

123 Ob der vom Antragsteller behauptetet Anordnungsgrund vorliegt, bedarf einer **genauen Prüfung.** Trägt er vor, in seiner Existenz gefährdet zu sein, muss er eine entsprechende wirtschaftliche Situation glaubhaft machen und nachvollziehbar darlegen, dass diese – kausal – auf die angegriffenen Maßnahme zurückzuführen ist, d. h. die Gründe für die behauptete Existenzgefährdung müssen geklärt sein.[349] Keinesfalls reicht es aus, wenn der Antragsteller defizitäre Salden ausweisende steuerliche Bilanzen oder Gewinn- und Verlustrechnungen vorlegt. In der Regel muss hinzu kommen, dass er glaubhaft macht, interne personelle und organisatorische **Effizienzsteigerungsmaßnahmen** ausgeschöpft zu haben,[350] unmittelbar von **Insolvenz** bedroht zu sein oder die Schließung oder doch **nennenswerte Einschränkung** seines Praxisbetriebs befürchten zu müssen.[351] Macht der Antragsteller erhebliche **Zahlungsverpflichtungen** geltend, fehlt es am Anordnungsgrund, wenn diese nicht **kausal** durch den Betrieb der Arztpraxis entstanden sind.[352]

124 Soweit die Auffassung vertreten wird, dass an den Anordnungsgrund dann weniger strenge Anforderungen zu stellen sind, wenn das **Obsiegen in der Hauptsache sehr wahrscheinlich** ist,[353] ist dem nur für den Fall zuzustimmen, dass erhebliche, über Randbereiche hinausgehende Grundrechtsverletzungen geltend gemacht werden.[354] Im Übrigen bleibt zu berücksichtigen, dass eine Rechtsverletzung allein keinen Anordnungsgrund begründet.[355] Anderenfalls würde jedes nicht rechtmäßige Handeln einer Behörde einen Anordnungsgrund erfüllen, mithin zu einer **konturenlosen Ausuferung** des vorläufigen Rechtsschutzes führen. Ob und welches Recht verletzt ist, bleibt vielmehr bei der Frage zu prüfen, ob ein Anordnungsanspruch vorliegt. Ist das der Fall, ist der Anordnungsanspruch gegeben; ob auch ein Anordnungsgrund vorliegt, ist damit allerdings weder geklärt noch entschieden, unterliegt vielmehr den aufgezeigten eigenständigen Prüfkriterien. Eine Verknüpfung von Anordnungsgrund und Anordnungsanspruch besteht nur insofern, als schon kein wesentlicher Nachteil vorliegt, wenn die Hauptsache keine Aussicht auf Erfolg bietet.[356]

125 Ein Anordnungsgrund besteht trotz behaupteter oder auch glaubhaft gemachter Illiquidität dann nicht, wenn behauptete „schwere und nicht anders abwendbare Nachteile" erst als Folge von **eigenverantwortlichen Dispositionen** der betroffenen Bürger eintreten, die der Auffassung sind, ihre Beurteilung der Anspruchs- und Rechtslage werde sich trotz

---

[348] BVerfG 10. 10. 2003 – 1 BvR 2025/03 –.

[349] LSG Berlin MedR 1997, 341; LSG NRW 27. 11. 1991 – L 11 SKa 35/91 – und 15. 5. 1996 – L 11 SKa 21/96 –.

[350] Vgl. LSG NRW 24. 6. 1997 – L 11 SKa 20/97 –.

[351] LSG NRW 18. 7. 1997 – L 11 SKa 27/97 –, 22. 2. 1996 – L 11 SKa 55/95 –; im Ergebnis auch Bayer. LSG 28. 9. 1994 – L 12 B 189/94 Ka-VR – und 21. 11. 1995 – L 12 B 211/95 – MedR 1996, 93, 94; Hess. LSG 27. 7. 1988 – L 7 Ka 274/88-A –; einschränkend LSG Baden-Württemberg 20. 7. 1994 – L 5 Ka 1198/94A –; LSG Schleswig-Holstein 14. 10. 1999 – L 4 B 60/99 KA ER –.

[352] LSG Niedersachsen *Breithaupt* 1998, 344.

[353] LSG Niedersachsen 26. 6. 1992 – L 5 Ka 17/92 eA –; 16. 4. 1996 – L 5 Ka 23/96 eA; 23. 10. 1996 – L 5 Ka 70/96 eA – NZS 1997, 137 ff.; LSG Schleswig-Holstein 14. 10. 1999 – L 4 B 60/99 KA ER –; *Meyer-Ladewig* § 97 Rdn. 13 d.

[354] BVerfGE 79, 69 ff.

[355] LSG NRW *Breithaupt* 1997, 487; LSG NRW 26. 5. 1997 – L 11 SKa 22/97 –; a. A. *Großbölting* MedR 2001, 132, 137.

[356] Vgl. Bayer. LSG 26. 10. 2000 – L 12 B 205/00 KA ER –.

entgegenstehender gesetzlicher und vertraglicher Regelungen im Ergebnis durchsetzen.[357] Das Vertrauen auf eine nicht gesicherte (künftige) Rechtsposition ist nicht geschützt.[358]

126 Soweit hinsichtlich des Anordnungsgrundes bislang hohe Anforderungen gestellt worden sind,[359] wird sich dies allerdings unter Geltung des 6. SGG-ÄndG nur schwerlich aufrecht erhalten lassen. Setzt das Gesetz für den Erlass einer einstweiligen Anordnung nunmehr (nur) voraus, dass ein **wesentlicher Nachteil** abgewendet werden soll oder die Gefahr besteht, dass die Verwirklichung eines Rechts des Antragstellers wesentlich erschwert werden könnte, so ist dies schon sprachlich weniger als die zuvor geforderten „schweren und unzumutbaren Nachteile".[360]

127 Streitet der Vertragsarzt um **höheres Honorar** und kommt es hierbei auch auf die Frage an, ob der HVM rechtmäßig ist, kann ein Antrag auf Erlass einer einstweiligen Anordnung kaum Erfolg haben. Es fehlt am Anordnungsanspruch. Der Vertragsarzt hat grundsätzlich keinen individuellen subjektiven Anspruch auf höheres Honorar.[361] Zudem ist die Rechtsfrage, ob ein HVM rechtswidrig ist, soweit es zu einer Kürzung wegen übermäßiger Ausdehnung gekommen ist, im Hauptsacheverfahren zu klären. Die Gültigkeit einer Norm kann grundsätzlich nicht Gegenstand der Prüfung in einem Verfahren auf Erlass einer einstweiligen Anordnung sein.[362]

128 Hat das Gericht **in der Hauptsache entschieden,** ist ein Antrag auf Erlass einer einstweiligen Anordnung unzulässig. Die einstweilige Anordnung, die grundsätzlich nur mit Rücksicht auf eine noch nicht mögliche Hauptsacheentscheidung erlassen wird, könnte und dürfte inhaltlich nicht anders lauten als das Urteil.[363]

129 In **Ermächtigungssachen** fehlt es vielfach am Anordnungsgrund. Nicht jeder Bedarf an ärztlichen Leistungen rechtfertigt den Erlass einer einstweiligen Anordnung zu dessen sofortiger Sicherstellung.[364] Entscheidend ist, ob ein vorhandener und nicht gedeckter Bedarf zu schweren und unzumutbaren Beeinträchtigungen für die Versicherten führt; das ist beispielsweise dann der Fall, wenn das Leistungsangebot des Arztes nicht von anderen Ärzten abgedeckt werden kann und für die Versorgung der Versicherten eine **Notsituation** einzutreten droht, weil diese notwendigerweise auf die Leistungen des betreffenden Arztes angewiesen sind.[365] Eine **Unterversorgung** allein rechtfertigt in der Regel keine einstweilige Anordnung, vielmehr nur die Ermächtigung als solche. Etwas anders würde dem Ausnahmecharakter dieses Rechtsinstituts[366] nicht gerecht und letztlich darauf hinauslaufen, dass jedes Zulassungs- und Ermächtigungsverfahren mittels einer einstweiligen Anordnung unterlaufen und die Hauptsache vorweggenommen werden könnte. Deswegen ist in **Zulassungs- und Ermächtigungssachen** der Erlass einer einstweiligen Anordnung zwar nicht schlechthin ausgeschlossen sei, indes auf besonders gelagerte **Ausnahmefälle** beschränkt.[367] So mag z. B. eine einstweilige Anordnung bezüglich einer

---

[357] Bayer. LSG MedR 1996, 93 ff. und 5. 9. 1995 – L 12 B 141/95 Ka-VR; LSG Niedersachsen *Breithaupt* 1992, 961, 963; LSG Niedersachsen 28. 8. 1991 – L 5 Ka 14/91 eA –; LSG NRW 30. 9. 1992 – L 11 S (Ka) 24/92 –; *Meyer-Ladewig* § 97 Rdn. 23 a.

[358] LSG Hamburg *Breithaupt* 1992, 164, 166; LSG NRW 30. 5. 1996 – L 11 SKa 34/96 –.

[359] Vgl. Vorauflage Fußnote § 21 Rdn. 68 ff.

[360] Vgl. *Eyermann/Happ* § 123 Rdn. 23 u. a. zur Abgrenzung des wesentlichen Nachteils zum schweren Nachteil.

[361] LSG NRW 9. 3. 1998 – L 11 Ka 161/97 – m. w. N und 21. 10. 1998 – L 11 B 35/98 KA –.

[362] LSG Berlin *Breithaupt* 1997, 830 ff.; LSG NRW 18. 11. 1998 – L 11 B 28/98 KA –.

[363] LSG NRW 14. 11. 1984 – L 11 S 35/84 –.

[364] LSG NRW 13. 1. 1999 – L 11 B 3/99 KA –, 13. 2. 1996 – L 11 SKa 7/95 –, 14. 2. 1996 – L 11 SKa 29/95 –.

[365] LSG NRW 23. 9. 1998 – L 11 B 25/98 KA –, 30. 10. 1998 – L 11 B 47/98 KA – und 20. 5. 1996 – L 11 SKa 3/96 –.

[366] LSG NRW 28. 5. 1986 – L 11 S 8/86 –.

[367] LSG NRW 14. 5. 1997 – L 11 SKa 15/97 –; 24. 9. 1997 – L 11 Ka 88/97 –; 23. 9. 1998 – L 11 B 28/98 KA, 13. 1. 1999 – L 11 B 3/99 KA –.

vorläufig befristeten Zulassung eines älteren Arztes zur vertragsärztlichen Versorgung in Betracht kommen.[368] Auch die Auffassung, wesentliche Nachteile in Zulassungssachen seien auch solche finanzieller Art, die dem Antragsteller drohen, wenn er sein Recht in einem lang dauernden Hauptsacheverfahren erstreite, erscheint erwägenswert.[369] Eine „vorläufige" Ermächtigung kommt wegen Art. 19 Abs. 4 GG dann in Betracht, wenn es sich angesichts des Verfahrensablaufs aufdrängt, dass die KV ihr formal eingeräumte Rechtspositionen im Verwaltungs- und Gerichtsverfahren nur dazu nutzt, die erteilte Ermächtigung zu „unterlaufen".[370]

130 Geht es um eine **Ermächtigung,** kann ein privates Interesse an der Anordnung der sofortigen Vollziehung regelhaft nicht dargetan werden. Da ein Krankenhausarzt in erster Linie für die stationäre Behandlung der Patienten in seiner Krankenhausabteilung verantwortlich ist, wird ihm durch Art. 12 Abs. 1 GG kein grundrechtlicher Schutz dafür vermittelt, bestimmte Leistungen im Rahmen der ambulanten vertragsärztlichen Versorgung auf Dauer zu erbringen oder eine derartige Befugnis eingeräumt zu bekommen.[371] **Pekuniäre Interessen** sind im Rahmen der Abwägung verschiedener Interessen jedenfalls dann grundsätzlich unbeachtlich sind, wenn es in der Sache – wie hier – um die Ermächtigung eines Krankenhausarztes geht.[372] Auch auf die **Interessen von Patienten** kann sich ein Vertragsarzt oder eine Ermächtigung begehrender Krankenhausarzt grundsätzlich regelhaft nicht berufen, denn verfahrensrechtlich er kann nur eigene Rechte geltend machen.[373]

131 Zur Frage, ob eine einstweilige Anordnung in Zulassungssachen schon nach der **Entscheidung des Zulassungsausschusses** oder erst gegen die Entscheidung des Berufungsausschusses in Betracht kommt, wird auf die Ausführungen zu § 86a SGG verwiesen.

132 Die Vorschriften der ZPO über Arrest und einstweilige Verfügung sind ergänzend heranzuziehen. Ob und inwieweit die einstweilige Anordnung durch Beschluss **geändert** oder wieder **aufgehoben** werden kann, ist zu § 123 VwGO umstritten.[374] An sich ist dies ausgeschlossen, da sowohl § 123 VwGO als auch § 86b Abs. 2 SGG die hierfür maßgebende Vorschrift (§ 927 ZPO) aus der jeweiligen Verweisungskette ausdrücklich ausnehmen. Der Ausschluss des § 927 ZPO bezieht sich indes nur auf die darin geregelten verfahrensrechtlichen Fragen und stellt keine generelle Absage an das Abänderungsverfahren dar.[375] Entsprechend der zu § 123 VwGO vertretenen Rechtsauffassung bietet es sich daher an, § 86b Abs. 1 Satz 4 SGG analog anzuwenden.

133 Zweifelhaft war nach der vor Inkrafttreten des 6. SGG-ÄndG maßgebenden Rechtslage, ob Anträge auf Erlass einer einstweiligen Anordnung schon **vor der Klageerhebung** statthaft waren.[376] Durch § 86b Abs. 3 SGG ist jetzt klargestellt, dass Anträge auf Sofortvollzug bzw. aufschiebende Wirkung (§ 86b Abs. 1) sowie Anträge auf Erlass einer einstweiligen Anordnung auch dann statthaft sind, wenn eine Hauptsacheklage noch nicht anhängig ist. Die Regelung erscheint zunächst als fragwürdig. Denn derartige Anträge setzen ausweislich des Wortlauts und aus systematischen Gründen im Regelfall voraus, dass die Hauptsache bereits anhängig ist, damit die aufschiebende Wirkung dieses Rechtsbehelfs wiederhergestellt oder angeordnet werden kann.[377] Im Ergebnis macht § 86 Abs. 3 iVm § 86 Abs. 1 SGG dennoch Sinn. Absatz 3 lässt es nur zu, dass **Anträge** nach Absatz 1 bereits **vor Erhebung**

---

[368] LSG Rheinland-Pfalz Breithaupt 1994, 349.

[369] LSG Schleswig-Holstein 14. 10. 1999 – L 4 B 60/99 KA ER –.

[370] Hierzu eingehend LSG NRW 30. 6. 2003 – L 10 B 9/03 KA ER –.

[371] LSG NRW 4. 9. 2002 – L 10 B 2/02 KA ER –; vgl. auch BSG vom 18. 6. 1997 – 6 RKA 45/96 –.

[372] LSG NRW 20. 1. 2004 – L 10 B 19/03 KA ER –.

[373] LSG NRW 20. 1. 2004 – L 10 B 19/03 KA ER – und 30. 6. 2003 – L 10 B 9/03 KA ER –.

[374] Vgl. *Eyermann/Happ* § 123 Rdn. 77 ff. m. w. N.

[375] Vgl. *Eyermann/Happ* a. a. O.

[376] Dafür *Meyer/Ladewig* § 97 Rdn. 14 mwN; dagegen *Zeihe* § 97 Rdn. 20 b; vgl. auch LSG NRW vom 11. 12. 1996 – L 11 SKa 81/96 – zur einstweiligen Anordnung.

[377] *Bernsdorff* SGb 2001, 465, 471.

von Widerspruch oder Anfechtungsklage erhoben werden. Der Antrag wird hierdurch kraft Gesetzes bereits in diesem frühen Stadium für **statthaft** erklärt. Hierauf beschränkt sich der Regelungsgehalt. Keinesfalls ermöglicht es die Vorschrift, dass das Gericht bereits vor Erhebung der Anfechtungsklage deren aufschiebende Wirkung herstellt. Denn eine gerichtliche Entscheidung über einen Antrag auf einstweiligen Rechtsschutz kann vor Erhebung der Klage, deren aufschiebende Wirkung festgestellt werden soll, denklogisch nicht ergehen.[378] Auch ein Rechtsbehelf kann nur gegen eine ergangene und nicht (vorsorglich) gegen eine **künftige Entscheidung** eingelegt werden.[379] Ist die Klage bei Stellung des Antrags noch nicht erhoben, wird das Gericht ggf. einen Hinweis mit Fristsetzung geben müssen.[380] Nötigenfalls kann das Gericht dem Antragsteller auf Antrag des Gegners aufgeben, den erforderlichen Hauptsacherechtsbehelf zu erheben (§ 926 ZPO).

134 Anfechtungsklagen in **Zulassungssachen** haben gemäß § 86a Abs. 1 SGG aufschiebende Wirkung. Für Berufungen folgt dasselbe aus § 154 Abs. 1 SGG. Beides gilt unabhängig davon, ob sich ein Vertragsarzt oder ein ermächtigter Arzt gegen die Entziehung der Zulassung oder **Einschränkung** der Ermächtigung wehrt, oder ob eine Kassenärztliche Vereinigung eine Zulassung oder Ermächtigung angreift. Eine Ausnahme vom Grundsatz der aufschiebenden Wirkung sieht § 86a Abs. 2 Nr. 4 i. V. m. § 97 Abs. 4 SGB V SGG nur für den Fall vor, dass der Berufungsausschuss die **sofortige Vollziehung** seiner Entscheidung angeordnet hat. Zu einer solchen Anordnung ist der Berufungsausschuss „im **öffentlichen Interesse**" berechtigt. An der Frage, ob die Vollziehung einer Entscheidung in Zulassungssachen im öffentlichen Interesse liegt, hat sich auch die gerichtliche Entscheidung auszurichten. Wegen des Grundsatzes der aufschiebenden Wirkung der Rechtsbehelfe muss die Anordnung der Vollziehung die Ausnahme bleiben[381] und hierfür das Vorliegen eines **besonderen öffentlichen Interesses** gefordert werden, welches über dasjenige hinausgeht, das den Verwaltungsakt rechtfertigt.[382] Insoweit sind **strenge Anforderungen** zu stellen.[383] Das gilt insbesondere in Ermächtigungsangelegenheiten, weil hier in aller Regel nicht angenommen werden kann, dass durch die Erteilung oder Versagung einer Ermächtigung **konkrete Gefahren** für **wichtige Gemeinschaftsgüter** wie etwa das System der kassenärztlichen Versorgung oder eine den gesetzlichen Anforderungen entsprechende Versorgung der Versicherten der gesetzlichen Krankenversicherung verursacht werden können.[384] Dementsprechend kommt sogar in Betracht, dass das Gericht die Anordnung der Vollziehung einer Entscheidung des Berufungsausschusses in Ermächtigungsangelegenheiten ablehnt, in denen es selbst durch Urteil die Entscheidung des Berufungsausschusses in der Sache für rechtmäßig gehalten, wegen grundsätzlicher Bedeutung der zu entscheidenden Rechtsfragen aber die Revision zugelassen hat.[385] Andererseits ist es nicht ausgeschlossen, den Sofortvollzug anzuordnen, weil ansonsten ein Versorgungsdefizit entsteht oder aber nicht beseitigt werden kann, das die **Gesundheit der Versicherten** konkret zu gefährden droht.[386]

135 Keinen Aufschub bewirkt die Klage, wenn sie gegen **Honorarkürzungen** auf Grund einer Wirtschaftlichkeitsprüfung oder gegen einen Regressbescheid gerichtet ist.[387] Ein

---

[378] *Krodel* NZS 2001, 449, 457 m. w. N.

[379] LSG NRW vom 30. 3. 2001 – L 10 B 1/01 SB –; OLG Koblenz NJW-RR 1986, 935.

[380] Vgl. *Krodel* NZS 2001, 449, 457 m. w. N.

[381] Vgl. BVerfG 10. 10. 2003 – 1 BvR 2025/03 – zu § 80 Abs. 2 Nrn. 1–3: grundsätzlicher Vorrang des Vollzugsinteresses.

[382] Vgl. BSG 19. 12. 1991 – 6 RKa 52/91 – USK 92 138; LSG NRW 13. 1. 1999 – L 11 B 3/99 KA – und 23. 9. 1998 – L 11 B 25/98 KA –, 21. 3. 1994 – L 11 S 48/93 –.

[383] LSG NRW 6. 6. 1994 – L 11 Ka 63/94 –.

[384] BSG 19. 12. 1991 – 6 RKa 52/91 – USK 92 138.

[385] LSG NRW 26. 6. 1993 – L 11 Ka 35/93 –.

[386] LSG NRW 24. 11. 2004 – L 10 B 14/04 KA –.

[387] BSGE 60, 112ff. = SozR 1500 § 97 Nr. 6; LSG Hamburg 6. 11. 1968 – II KABs 18/68 – DOK 1969, 230; *Kummer* Rdn. 227; *Krasney/Udsching* VI Rdn. 64f.

Regress wegen unwirtschaftlicher Verordnung von Arzneien greift nicht in eine geschützte Rechtsposition des Vertragsarztes ein; in derartigen Fällen kann vorläufiger Rechtsschutz nur über § 123 VwGO vermittelt werden.[388]

136 Entscheidungen der Sozialgerichte über den Erlass oder die Ablehnung einer einstweiligen Anordnung sind mit der **Beschwerde** anfechtbar. Ist hingegen in analoger Anwendung des § 80 Abs. 5 VwGO in Anfechtungssachen die Vollziehung eines Verwaltungsaktes ausgesetzt worden, ist diese Entscheidung analog § 97 Abs. 2 Satz 4 SGG **unanfechtbar.**[389]

VII. „Rechtsschutz" gegen unanfechtbare Entscheidungen

137 Die Vorschriften über Rechtsmittel und ordentliche Rechtsbehelfe sind aus Gründen der Rechtssicherheit und Normenklarheit grundsätzlich abschließend. Ist ein Rechtsmittel nicht statthaft, können Beschlüsse und Urteile nicht angefochten werden. Sofern der hierdurch Beschwerte glaubte, die gerichtliche Entscheidung sei unter Verletzung von Verfahrensgrundrechten (Art. 101 Abs. 1, Art 103 Abs. 1 GG) zustande gekommen, war nur die **Verfassungsbeschwerde** gegeben.[390] Diese setzt allerdings voraus, dass der Beschwerdeführer im Ausgangsverfahren alle prozessualen Möglichkeiten ausschöpft, um eine Korrektur der geltend gemachten Verfassungsverletzung zu erwirken.[391] Sofern er von einem zulässigen Rechtsmittel keinen Gebrauch gemacht hat oder sein Rechtsmittel aus formellen Gründen zurückgewiesen wurde, war der Rechtsweg i. S. des § 90 Abs. 2 BVerfGG nicht erschöpft.[392] Der Beschwerdeführer musste mithin nicht nur regelmäßig Nichtzulassungsbeschwerde erheben, sondern diese auch ausreichend begründen.[393] Zudem war er vor Erhebung einer Verfassungsbeschwerde gezwungen, auch von jedem **nicht offensichtlich aussichtslosen Rechtsbehelf** Gebrauch zu machen.[394] Dies beruhte darauf, dass die Rechtsprechung außerordentliche Rechtsbehelfe geschaffen hat, mit deren Hilfe unter engen Voraussetzungen eine Entscheidung, gegen die kein Rechtsmittel mehr statthaft ist, dennoch aufgehoben oder abgeändert werden konnte. Damit sollte verhindert werden, dass die Unanfechtbarkeit der Entscheidung zu einem anders nicht zu beseitigenden **groben prozessualen Unrecht** führt und nur mittels Verfassungsbeschwerde korrigiert werden kann. Außerordentliche Rechtsbehelfe in diesem Sinne sind **Gegenvorstellung** sowie die **außerordentliche Beschwerde** wegen greifbarer Gesetzwidrigkeit.[395] Dies ist mit Wirkung ab dem 1. 1. 2002 durch § 321 a ZPO in der Fassung des ZPO-RG vom 27. 1. 2001 geändert worden.[396] Nunmehr ist es demjenigen möglich, der durch ein nicht berufungsfähiges Urteil beschwert ist, eine entscheidungserhebliche Verletzung des Anspruchs auf rechtliches Gehör binnen zwei Wochen beim erstinstanzlichen Gericht geltend zu machen.[397] Die Vorschrift ist über § 202 SGG auf das erstinstanzliche Verfahren vor dem SG anzuwenden.[398] Durch das am 1. 9. 2004 in Kraft getretene

---

[388] LSG Niedersachsen 24. 10. 1996 – L 5 Ka 54/96 –.

[389] LSG Niedersachsen 3. 9. 1999 – L 6 U 282/99 ER –; *Niesel* Rdn. 653 m. w. N.

[390] Vgl. BVerfG NJW 2002, 3387.

[391] BVerfGE 84, 203, 208.

[392] BVerfG NJW-RR 1995, 916 = SGb 1995, 606.

[393] Vgl. BVerfG, SozR 3–1500 § 62 Nr. 13; BVerfGE 83, 216, 228; BVerfGE 16, 1 ff.

[394] BVerfG NJW 2004, 3029; BVerfG NJW 2003, 575 zur Gegenvorstellung; BVerfG NJW 2002, 3387 zur Erschöpfung des Rechtswegs durch Gegenvorstellung.

[395] LSG NRW 23. 11. 2000 – L 10 AR 25/00 AB –; vgl. auch BFH, BFH/NV 1992, 509 und BFH, BFH/NV 1995, 791; BGH NJW 1993, 1865.

[396] BGBl. I S, 1887.

[397] *Müller* NJW 2002, 2743 ff., *Greger* NJW 2002, 3049 ff.; BbgVerfG NJW 2004, 3259 f.

[398] *Baumbach/Lauterbach/Albers/Hartmann* § 321 a Rdn. 4.

1. Justizmodernisierungsgesetz[399] ist Absatz 5 der Vorschrift dahin geändert worden, dass das Gericht der Rüge abhilft, wenn es sie begründet ansieht, indem es den Prozess fortführt, soweit dies auf Grund der Rüge geboten ist. Damit wird bezweckt, dass das Verfahren im Falle einer erfolgreichen Rüge nicht vollständig wiederholt werden muss, sondern nur soweit sich die Gehörsverletzung auswirkt.[400] Die Regelung des § 321 a ZPO ist auch im Berufungs- und Revisionsrechtszug anzuwenden.[401] Dies folgt aus § 202 ZPO und Nr. 7400 des Kostenverzeichnisses, da insoweit nicht nach Rechtszügen differenziert wird. Der BGH entnimmt der Vorschrift des § 321 a ZPO den allgemeinen Rechtsgrundsatz, dass die Beseitigung schweren Verfahrensunrechts nach Ergehen einer mit einem förmlichen Rechtsmittel nicht mehr anfechtbaren Entscheidung durch das entscheidende Gericht selbst erfolgen müsse.[402] Danach ist eine außerordentliche Beschwerde nicht mehr statthaft und der Beschwerdeführer auf eine Gegenvorstellung zu verweisen. Das BSG hat dies bislang offen gelassen.[403]

138 Nunmehr hat das Bundesverfassungsgericht festgestellt, dass es gegen das **Rechtsstaatsprinzip** in Verbindung mit Art. 103 Abs. 1 GG verstößt, wenn eine Verfahrensordnung keine fachgerichtliche Abhilfemöglichkeit für den Fall vorsieht, dass ein Gericht in entscheidungserheblicher Weise den **Anspruch auf rechtliches Gehör** verletzt.[404] Dieses Verfahrensgrundrecht schaffe die Voraussetzungen für eine willkürfreie gerichtliche Entscheidung auf hinreichend sicherer Tatsachengrundlage. Eine solche Prüfung könne nicht der Verfassungsbeschwerde oder eher zufälligen Zulassung eines außerordentlichen Rechtsmittels überlassen bleiben.[405] Der nach dieser Entscheidung gebotene Rechtsschutz bei Verletzung des Anspruchs auf rechtliches Gehör muss folgenden Mindestanforderungen genügen:

- Der Rechtsbehelf muss bei den Fachgerichten eingerichtet werden. Die Möglichkeit der Verfassungsbeschwerde genügt nicht.
- Der Rechtsbehelf muss Verstöße in jeder gerichtlichen Instanz erfassen, also auch den Fall, dass der Anspruch auf rechtliches Gehör erstmals in einem Rechtsmittelverfahren verletzt wird.
- Der Rechtsbehelf muss in der geschriebene Rechtsordnung (ausdrücklich) geregelt und in seinen Voraussetzungen für den Bürger erkennbar sein. Ein Rückgriff auf nur durch die Rechtsprechung entwickelt außerordentliche Rechtsbehelfe genügt den verfassungsrechtlichen Anforderungen an das Gebot der Rechtsmittelklarheit nicht.

139 Ausgehend hiervon ist zum 1. 1. 2005 das Gesetz über Rechtsbehelfe bei Verletzung des Anspruchs auf rechtliches Gehör (Anhörungsrügengesetz) in Kraft getreten.[406] Der neu eingefügte § 178 a soll den Vorgaben des Bundesverfassungsgerichts für das sozialgerichtliche Verfahren Rechnung tragen. Soweit Rechtsbehelfe nicht (mehr) zur Verfügung stehen, wird mit der Anhörungsrüge ein eigenständiger **außerordentlicher Rechtsbehelf** geschaffen. § 178 a Abs. 1 SGG enthält die Voraussetzungen, unter denen die Rüge der Verletzung des rechtlichen Gehörs statthaft und begründet ist. Die Anhörungsrüge ist bei dem Gericht zu erheben, das die gerügte Entscheidung erlassen hat.[407] Absatz 2 trifft Regelungen zur Frist, innerhalb deren die Rüge erhoben werden kann, und zur Form, in der

[399] BGBl. I, 2198.
[400] Hierzu *Knauer/Wolf* NJW 2004, 2863.
[401] *Müller* a. a. O S. 2746; OLG Celle NJW 2003, 906; dagegen nur für das erstinstanzliche Verfahren: OLG Oldenburg NJW 2003, 149, 150; OLG Rostock NJW 2003, 2105; *Baumbach/Lauterbach/Albers/Hartmann* § 321 a Rdn. 4.
[402] BGH NJW 2002, 1577; so auch BFH NJW 2003, 919, 920 und BVerwG NJW 2002, 2657.
[403] BSG 12. 3. 2002 – B 11 A 11 5/02 S –, 28. 11. 2002 – B 9 V 3/02 – und 18. 9. 2003 – B 9 SB 11/03 SB –.
[404] BVerfG 30. 4. 2003 – 1 PBvU 1/02 – NJW 2004, 1924 ff.
[405] NJW 2003, 1924 ff.
[406] BGBl. I Nr. 66, S. 3220.
[407] Hierzu *Nasall* ZRP 2004, 164 ff.

die Rüge zu erheben ist. Satz 4 und 5 stellen für den Sozialgerichtsprozess klar, dass die Rüge, sofern nicht nach § 166 Abs. 1 SGG Vertretungszwang besteht, auch zur Niederschrift des Urkundsbeamten der Geschäftsstelle erhoben werden kann. Die Absätze 3 und 5 entsprechen § 321 a Abs. 3 bis 5 ZPO in der Neufassung. Absatz 6 berücksichtigt, dass die Anhörungsrüge die Rechtskraft der angegriffenen Entscheidung unberührt lässt und damit die Vollstreckung nicht hindert. Das Gericht hat jedoch die Möglichkeit, die Vollziehung der angegriffenen Entscheidung auszusetzen, wenn und soweit dies nach den jeweiligen Umständen geboten ist.[408]

VIII. Kosten des Verfahrens

1. Überblick

140 Das Kosten- und Gebührenrecht ist durch das 6. SGGÄndG grundlegend umgestaltet worden. Nunmehr existieren **zwei Kostensysteme.** Für den in § 183 Satz 1 SGG ausdrücklich aufgeführten Personenkreis verbleibt es **grundsätzlich** bei der **Gebührenfreiheit** des sozialgerichtlichen Verfahrens. Ansonsten fallen Gerichtskosten nach Maßgabe des GKG an.

2. Gerichtskostenfreiheit

141 Das Verfahren vor den Sozialgerichten ist für Versicherte, Leistungsempfänger einschließlich Hinterbliebenenleistungsempfängern sowie Behinderten und deren Sonderrechtsnachfolgern (§ 56 SGB I) kostenfrei, soweit sie in dieser Eigenschaft als Kläger oder Beklagter beteiligt sind (§ 183 Satz 1 SGG). Durch Satz 3 wird ferner derjenige **kostenrechtlich privilegiert,** der im Fall des Obsiegens oder teilweisen Obsiegens zu dem Kreis der kostenrechtlich Begünstigten der Sätze 1 und 2 gehören würde.[409] Kläger und Beteiligte, die nicht zu den in dieser Vorschrift genannten Personen gehören – das sind vornehmlich Körperschaften oder Anstalten des öffentlichen Rechts – haben für jede Streitsache eine Pauschgebühr zu entrichten (§ 184 Abs. 1 SGG), deren Höhe sich auf 150 Euro (1. Instanz), 225 Euro (2. Instanz) und 300 Euro (3. Instanz) beläuft. § 2 GKG gilt entsprechend. Danach sind der Bund und die Länder sowie die nach Haushaltsplänen des Bundes oder eines Landes verwalteten öffentlichen Anstalten und Kassen von der Zahlung der Kosten befreit. Eine Beteiligung als **Beigeladener** führt zu keiner Pauschgebührenpflicht, denn diese ist nur den Hauptbeteiligten (= Kläger und Beklagte, § 69 Nr. 1 und Nr. 2 SGG) auferlegt. Losgelöst hiervon können auch kostenrechtlich privilegierte Personen mit Kosten belastet werden, nämlich nach § 93 Satz 3 SGG für Abschriften von Schriftsätzen, nach § 109 Abs. 1 Satz 2 SGG für ein Sachverständigengutachten, nach § 120 Abs. 2 Satz 1 SGG für Aktenabschriften für die Beteiligten sowie nach § 192 SGG für eine schuldhaft verfahrensverzögernde oder mutwillige Prozessführung.

3. Gerichtskosten

142 **a) Grundregeln.** Für vertragsärztliche **Streitverfahren** wird das bisherige Kostensystem der §§ 183 bis 195 SGG durch § 197 a SGG ausgeschlossen. Diese Regelung bestimmt als **Ausnahme vom Grundsatz der Gebührenfreiheit,** unter welchen Voraussetzungen das GKG und die §§ 154 bis 162 VwGO zur Anwendung gelangen. Das ist grundsätzlich immer dann der Fall, wenn Personen verfahrensbeteiligt sind, die nicht eines besonderen sozialen Schutzes in Form eines kostenfreien Rechtsschutzes bedürfen. Die

---

[408] Zu den Einzelheiten des § 178 a SGG vgl. *Frehse* SGb 2005, 265 ff.
[409] Gesetzentwurf a. a. O. S. 28.

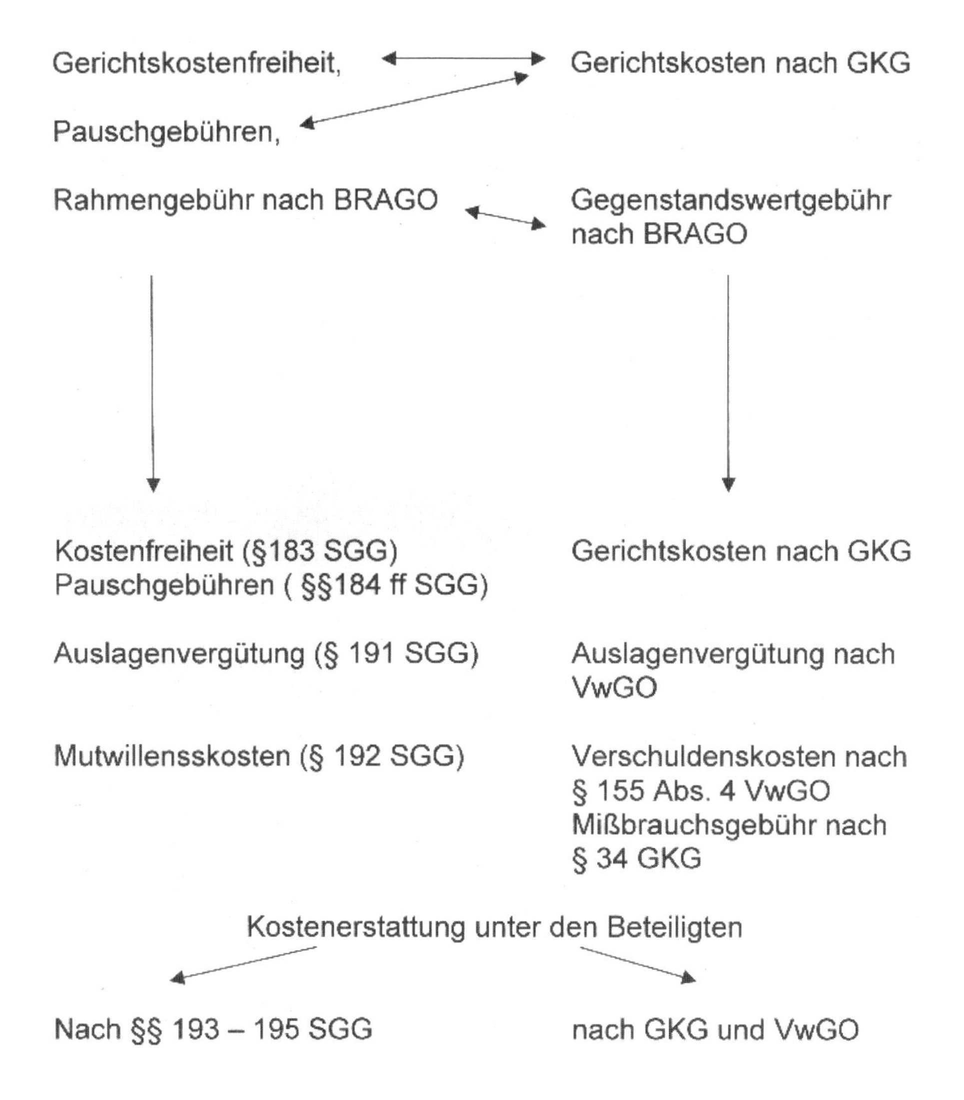

Gesetzesbegründung nennt hierzu ausdrücklich Streitigkeiten der Sozialleistungsträger untereinander oder Streitigkeiten zwischen Sozialleistungsträgern und Arbeitgebern sowie Vertragsarztverfahren.[410] Hinsichtlich § 192 SGG (Mutwillenskosten) ist dies schon deswegen konsequent, weil diese Vorschrift bislang als **Schadensersatzregelung** einen notwendigen Ausgleich für die Kostenfreiheit des sozialgerichtlichen Verfahrens darstellte[411] und in modifizierter Form diese Funktion auch weiterhin erfüllt.[412] Dennoch können auch im Anwendungsbereich des § 197a SGG einem Beteiligten **Kosten wegen Verschuldens** auferlegt werden. Rechtsgrundlage hierfür ist § 155 Abs. 5 VwGO. Entstehen

[410] Gesetzentwurf a. a. O. S. 61.
[411] Vgl. *Meyer-Ladewig* § 192 Rdn. 1 zum Zweck des § 192 a. F.
[412] Hierzu eingehend *Berendes* SGb 2002, 315 f.

demnach durch vorsätzliches oder fahrlässiges Verhalten eines Beteiligten oder seines Bevollmächtigten vermeidbare Mehrkosten, können sie dem Beteiligten auch dann auferlegt werden, wenn er obsiegt.[413] Ferner kann das Gericht in Fällen der mutwilligen Verzögerung des Rechtsstreits eine dem Kläger oder dem Beklagten von Amts wegen eine besondere Gebühr in Höhe einer Gebühr auferlegen (sog. Missbrauchsgebühr, § 34 GKG).

143 Das **Kostentragungsprinzip** des § 193 Abs. 1 SGG wird aufgegeben.[414] Die Kostenlast bestimmt sich nunmehr grundsätzlich allein nach dem Verfahrensausgang. Der unterliegende Teil trägt die Kosten des Verfahrens (§ 154 Abs. 1 VwGO). Wenn ein Beteiligter teils obsiegt, teils unterliegt, sind die Kosten gegeneinander aufzuheben oder verhältnismäßig zu teilen (§ 155 Abs. 1 VwGO). Die Kostenregelung für den Fall eines sofortigen Anerkenntnisses (§ 156 VwGO) durchbricht wiederum das **Unterliegensprinzip** und folgt dem auch für § 193 SGG maßgebenden **Veranlassungsprinzip.**[415]

144 Einem **Beigeladenen** können Kosten auferlegt werden, soweit er verurteilt worden ist (§ 197a Abs. 2 Satz 1, § 75 Abs. 5 SGG) bzw. wenn er Anträge gestellt bzw. Rechtsmittel eingelegt hat (§ 197a Abs. 2 Satz 1 SGG iVm § 154 Abs. 3 VwGO). Werden in einem Verfahren nach § 197a Abs. 1 SGG allerdings kostenrechtlich durch § 183 SGG privilegierte Personen beigeladen, können dieser grundsätzlich keine Kosten auferlegt werden (§ 197a Abs. 2 Satz 2 SGG). Folgerichtig erklärt der Gesetzgeber für solche Fälle § 192 SGG für anwendbar.

145 Wird die **Klage zurückgenommen,** gilt der Rechtsstreit in der Hauptsache als erledigt (§ 102 Satz 2 SGG). Durch § 197a Abs. 1 Satz 2 SGG wird die **Kostenfolge** des § 161 Abs. 2 VwGO ausgeschlossen. Nach dieser Vorschrift entscheidet das Gericht unter Berücksichtigung des bisherigen Sach- und Streitstandes nach billigem Ermessen über die Kosten des Verfahrens durch Beschluss, wenn der Rechtsstreit in der Hauptsache erledigt ist.[416] Stattdessen gilt § 155 Abs. 2 VwGO. Hiernach hat derjenige, der einen Antrag, eine Klage, ein Rechtsmittel oder einen anderen Rechtsbehelf zurücknimmt, die Kosten zu tragen.

146 Die **einseitige Erledigungserklärung** führt zur Beendigung des Rechtsstreits in der Hauptsache. Im Gegensatz zur Rechtslage nach § 91a ZPO und § 161 Abs. 2 VwGO hat sie keine eigenständige prozessuale Bedeutung, sondern ist entweder als **Klagerücknahme bzw. Berufungsrücknahme** oder als Annahme eines abgegebenen Anerkenntnisses zu werten.[417] Dieses Verständnis ist allerdings nicht zwingend und bedarf einer Überprüfung, denn infolge Inkrafttretens des 6.SGG-ÄndG kann dies zu nicht angemessenen kostenrechtlichen Konsequenzen in den Angelegenheiten des § 197a SGG führen. Während zuvor im Falle einer einseitigen Erledigungserklärung (= Rücknahme des Rechtsbehelfs) über die Kosten **nach billigem Ermessen** zu entscheiden war (§ 193 SGG), müsste nunmehr nach § 155 Abs. 2 VwGO verfahren werden. Hiernach trägt derjenige die Kosten des Rechtsstreits, der einen Rechtsbehelf zurücknimmt. Das Gesetz unterstellt dabei, dass der Zurücknehmende der Klageabweisung oder Rechtsmittelzurückweisung zuvorkommen will.[418] Diese insoweit zwingende Rechtsfolge entspricht indes vielfach nicht der einer einseitigen Erledigungserklärung zugrundeliegenden Interessenlage. Um dem gerecht zu werden, bietet es sich an, die einseitige Erledigungserklärung kostenrechtlich § 161 Abs. 2 VwGO zuzuordnen. Das Gericht hat dann die Möglichkeit, die Kostenentscheidung nach billigem Ermessen unter Berücksichtigung des bisherigen Sach- und Streitstandes zu treffen.[419] Eine vergleichbare Problematik stellt sich im Falle der verfahrensbeen-

---

[413] *Berendes* SGb 2002, 315, 319 m. w. N.

[414] Vgl. auch oben Rdn. 78ff.

[415] Hierzu auch *Eyermann/Rennert* § 156 Rdn. 2, 3.

[416] Vgl. auch oben Rdn. 78ff.

[417] BSG 20. 12. 1995 – 6 RKa 18/95 – und 9. 6. 1994 – 6/14a RKa 3/93 –.

[418] *Eyermann/Rennert* § 155 Rdn. 6.

[419] Zu den Kriterien für eine Kostenentscheidung nach billigem Ermessen vgl. *Redeker/von Oertzen* § 161 Rdn. 5; *Zeihe* § 193 Rdn. 7ff.; auch *Eyermann/Schmidt* § 161 Rdn. 15ff.; hierzu auch LSG

denden **übereinstimmenden Erledigungserklärung.** Auch insoweit sollte kostenrechtlich nach § 197a Abs. 1 Satz 1 SGG i.V.m. § 161 Abs. 2 VwGO vorgegangen werden, also eine Kostenentscheidung nach billigem Ermessen getroffen werden.[420]

147 In Abweichung zu § 195 SGG gilt für die Kostenregelung bei einem **Vergleich** in vertragsärztlichen Streitverfahren § 160 VwGO. Erledigen die Beteiligten den Rechtsstreit durch Vergleich und treffen sie keine Bestimmung über die Kosten, so fallen die Gerichtskosten hiernach jedem Teil zur Hälfte zur Last; die außergerichtlichen Kosten trägt jeder Beteiligte selbst. Die Vorschrift betrifft im Gegensatz zu § 195 gerichtliche und außergerichtliche Vergleiche.[421] Hinsichtlich der **Kosten des Beigeladenen** ist nach § 154 Abs. 3 VwGO i.V.m. § 197a Abs. 3 SGG zu befinden, wenn er sich nicht am Vergleich beteiligt oder die darin getroffene Regelung oder die Kostenregelung nach § 160 VwGO nicht gebilligt hat.[422] Welche Rechtsfolge sich ergibt, wenn die Beteiligten den Vergleich lediglich auf die Hauptsache beschränken und die Kostenentscheidung dem Gericht überlassen, ist entsprechend § 195 SGG[423] auch unter Geltendung des § 160 VwGO umstritten.[424]

148 Beigeladene natürliche Personen erhalten im Regelfall die Erstattung ihrer Kosten zugesprochen, wenn sie sich mit Ausführungen, die die Erörterung des Streitstoffs fördern können, am Verfahren beteiligt haben, z.B. wenn sie Anträge gestellt und sich mit ihrem Rechtsstandpunkt durchgesetzt haben.[425] Etwas anderes gilt, wenn der **Beigeladene** lediglich die Zurückweisung einer Klage oder Beschwerde beantragt und den Streitstoff fördernde Ausführungen unterblieben sind.[426]

149 Das durch den **Antrag auf Anordnung der Vollziehung** eines angefochtenen Bescheides in Zulassungssachen eingeleitete Verfahren löst unabhängig vom Verfahren der Hauptsache eigenständig einen prozessualen Kostenerstattungsanspruch der Beteiligten gegeneinander aus.[427]

150 Streitig ist, ob die Entscheidung des SG über die Kosten unanfechtbar ist, wenn **in der Hauptsache keine Entscheidung** ergangen ist. Hierfür spricht die Regelung des § 197a SGG i.V.m. § 158 Abs. 2 VwGO.[428]

151 Art. 17 des 6. SGGÄndG bestimmt, unter welchen Voraussetzungen die bisherigen Gebühren- und Kostenvorschriften auch nach dem 1. 2. 2002 weiter anzuwenden sind. Hiernach gilt § 197a nur für die ab dem 2. 1. 2002 rechtshängig werdenden Verfahren (§ 94 SGG).

152 **b) GKG in der Fassung des 6. SGG-ÄndG.** Die Neuregelung des Kostenrechts durch das 6. SGG-ÄndG führt zu einer Vielzahl von **Folgeänderungen im GKG.**[429] Die Kostenpflicht wird durch § 1 Abs. 1 Ziffer d) GKG begründet. Wiederum sind die in § 2 GKG genannten Institutionen (Bund, Länder usw.) von Kosten befreit. Die Gebühren sind nach den Gebührentatbeständen des Kostenverzeichnisses (Anlage I zum GKG) zu

---

NRW 16. 8. 1999 – L 10 B 11/99 P –, 13. 9. 1999 – L 10 B 15/99 P – und 17. 1. 2003 – L 10 B 20/02 KA –.

[420] Insoweit zutreffend LSG Berlin, Beschl. vom 28. 4. 2004, L 6 B 44/03 AL ER mit Anmerkung *Krasney* in jurisPR-SozR 43/2004 vom 21. 10. 2004.

[421] *Redeker/von Oertzen* § 160 Rdn. 6; *Eyermann/Geiger* § 160 Rdn. 7; *Straßfeld* in: Jansen § 197a Rdn. 72.

[422] *Redeker/von Oertzen* § 160 Rdn. 4; *Meyer-Ladewig* § 197a Rdn. 24.

[423] Hierzu *Frehse* SGb 2001, 659ff.

[424] Vgl. *Eyermann/Geiger* § 160 Rdn. 9 m.w.N.; *Redeker/von Oertzen* § 160 Rdn. 3 m.w.N.; *Kopp/Schenke* § 160 Rdn. 6.

[425] BSG 10. 2. 1999 – B 6 KA 39/98 B –.

[426] BVerwG NJW 1995, 2867.

[427] BSG SozR 3–1500 § 193 Nr. 6.

[428] LSG NRW 9. 4. 2003 – L 10 B 6/03 KA –; a.A. LSG Berlin 28. 4. 2004 – L 6 B 44/03 AL ER –.

[429] GKG in der Fassung der Bekanntmachung vom 15. 12. 1975 (BGBl. 3047, zuletzt geändert durch Art. 2 des 6. SGG-ÄndG vom 17. 8. 2001 (BGBl. 2144).

berechnen. Kostenschuldner ist grundsätzlich derjenige, der das Verfahren erster Instanz beantragt hat (§ 49 GKG). Neben ihm haftet nach §§ 54, 58 GKG derjenige als Gesamtschuldner, dem das Gericht die Kosten durch eine unbedingte Entscheidung auferlegt hat oder der sie durch Erklärung im Prozess oder durch eine Regelung im gerichtlichen Vergleich übernommen hat.[430] Gebühren und Auslagen werden fällig, wenn die Kostengrundentscheidung ergangen oder Verfahren in der Instanz beendet ist (§ 63 GKG). Gebühren für Schreibauslagen und Auslagen der Aktenversendung werden sofort fällig (§ 64 GKG). Ansprüche auf Zahlung von Kosten verjähren in vier Jahren (§ 10 Abs. 1 GKG). Die Verjährung richtet sich nach §§ 194ff. BGB. Sie wird nicht von Amts wegen berücksichtigt, sondern gibt dem Schuldner ein Leistungsverweigerungsrecht (§ 214 Abs. 1 BGB).

153 Die **Gebührenhöhe** bemisst sich nach dem Streitwert. Der Streitwert ist nach § 25 GKG von Amts wegen durch Beschluss festzusetzen. Für die Höhe des Streitwertes maßgebend ist die sich aus dem Antrag des Klägers für ihn ergebende Bedeutung der Sache (§ 13 Abs. 1 Satz 1 GKG) zum Zeitpunkt des instanzeinleitenden Antrags (§ 15 GKG).[431] Eine Beweiserhebung zur Ermittlung des Streitwertes ist nicht zulässig.[432] Hilfsweise ist ein Streitwert von 4000 Euro anzunehmen (§ 13 Abs. 1 Satz 2 GKG). Hierbei handelt es sich nicht um einen Regelstreitwert. Es handelt sich statt dessen um einen **Auffangstreitwert,** der immer nur dann festzusetzen ist, wenn eine individuelle Bemessung nicht möglich ist, weil hinreichende Anhaltspunkte fehlen.[433] Betrifft demgegenüber der Antrag des Klägers eine bezifferte Geldleistung oder einen hierauf gerichteten Verwaltungsakt, ist deren Höhe maßgebend ist.[434]

154 Das **wirtschaftliche Interesse** wird vielfach durch eine im Antrag bezifferte Geldleistung oder einen hierauf gerichteten Antrag konkretisiert. In diesen Fällen wird der Streitwert hierdurch bestimmt (§ 13 Abs. 2 GKG). Wird die Klage oder der Antrag nach Rechtshängigkeit **erweitert,** kann dies zu einem neu und anders zu beziffernden wirtschaftliche Interesse führen. Grundsätzlich ist der Streitwert für alle Verfahrensbeteiligten identisch. Hiervon wird allerdings dann abgewichen, wenn der Rechtsstreit für einen der Beteiligten eine erheblich geringere wirtschaftliche Bedeutung als für die Hauptbeteiligten hat.[435] Im Rechtsmittelverfahren wird der Streitwert durch die **Anträge des Rechtsmittelführers** bestimmt (§ 14 GKG).

155 In Angelegenheiten nach § 197a Abs. 1 SGG kann der Streitwert beträchtliche Höhen erreichen. Um den Rechtsschutz hieran nicht scheitern zu lassen,[436] hat der Gesetzgeber den für die Höhe der Gerichtsgebühren maßgebenden Streitwert auf 2,5 Millionen Euro **begrenzt** (§ 13 Abs. 7 GKG). Nach der Gesetzesbegründung soll hiermit zwar nur das Kostenrisiko der Sozialversicherungsträger begrenzt werden,[437] indessen gilt die Vorschrift nach Wortlaut und Systematik auch in allen vertragsärztlichen Streitverfahren.

156 Das **Verfahren bei der Streitwertfestsetzung** regelt § 25 GKG. Der Streitwert wird für jede Instanz gesondert festgesetzt. Das Rechtsmittelgericht kann den Beschluss binnen sechs Monaten von Amts wegen ändern (§ 25 Abs. 2 Satz 2 GKG). Gegen den Beschluss des erstinstanzlichen Gerichts ist die Beschwerde statthaft, wenn der Beschwerdewert 50 Euro übersteigt (§ 25 Abs. 3 Satz 1 GKG). Das Beschwerdeverfahren ist gebührenfrei (§ 25 Abs. 4 Satz 1 GKG). Die Beschwerdefrist beläuft sich auf sechs Monate nach Erledi-

---

[430] *Hartmann* § 49 GKG Rdn. 1.

[431] *Hartmann,* Kostengesetze, 2002, 31. Auflage, § 13 GKG Rdn. 9ff.

[432] *Hartmann* a. a. O § 13 Rdn. 16.

[433] *Nill* NJW 1976, 221; *Hartmann* a. a. O. § 13 Rdn. 17.

[434] Gesetzentwurf a. a. O. S. 30.

[435] *Wenner/Bernard* NZS 2001, 58 w. w. N.

[436] Hierzu BVerfG NJW 1997, 311ff.; BVerfG NJW 1992, 1673ff.; LSG NRW 21. 2. 1997 – L 11 SKa 48/96 –.

[437] Gesetzentwurf a. a. O.

gung der Hauptsache. Ist der Streitwert später als einen Monat vor Ablauf dieser Frist festgesetzt worden, so kann sie noch innerhalb eines Monats nach Zustellung oder Mitteilung des Streitwertbeschlusses eingelegt werden (§ 25 Abs. 3 Satz 3 GKG). Der Streitwertbeschluss des Rechtsmittelgerichts ist unanfechtbar.

157 Setzt das Gericht einen Streitwert fest, ist dieser auch für die Gebühren eines bevollmächtigten Rechtsanwalts maßgebend (§ 9 Abs. 1 BRAGO). Der Rechtsanwalt kann **aus eigenem Recht** die Festsetzung des Wertes beantragen und rechtsmittel gegen die Festsetzung einlegen (§ 9 Abs. 2 Satz 1 BRAGO). Da die (höhere) Festsetzung des Streitwertes den kostenpflichtigen Beteiligten beschwert, muss das Gericht diesem den Kostenantrag zur Gewährung **rechtlichen Gehörs** (§ 62 SGG) vor der Entscheidung übermitteln. Für die **Streitwertbeschwerde** des Rechtsanwalts gilt ein eigenständiges Rechtsbehelfssystem. Während die Kostenentscheidung als Teil der Hauptsacheentscheidung weder isoliert getroffen werden kann (§ 136 Abs. 1 Nr. 4) noch isoliert anfechtbar ist (§ 144 Abs. 4), gelten für die Streitwertbeschwerde die Voraussetzungen des § 25 Abs. 3 GKG. Das Gericht kann den Streitwert auf einen Betrag festsetzen, der über den Antrag des die Beschwerde führenden Bevollmächtigten hinausgeht. Die Bezifferung des Streitwertes durch einen Beteiligten ist nur als Anregung zu verstehen.[438] Die subjektive Bewertung durch den Auftraggeber ist ohne Bedeutung.[439] Maßgebend ist der **objektive Geldwert** des Gegenstandes. Ein bestimmter Streitwert braucht nicht genannt zu werden,[440] da das Gericht ohnehin von Amts wegen entscheidet.

158 **c) Überblick über das RVG.** Infolge des Inkrafttretens des Rechtsanwaltsvergütungsgesetzes (RVG) zum 1. 7. 2004[441] ergeben sich weitere Neuerungen. Das RVG ist u. a. anzuwenden, wenn der unbedingte Auftrag zur Erledigung derselben Angelegenheit im Sinn des § 16 RVG nach dem 30. 6. 2004 erteilt wurde, oder der Rechtsanwalt nach dem 30. 6. 2004 Rechtsmittel in einem Verfahren eingelegt hat, in dem er schon vor dem 1. 7. 2004 tätig war. Sofern keine diese Voraussetzungen erfüllt ist, verbleibt es bei der Anwendung der BRAGO. In Verfahren nach § 197a SGG fallen Wertgebühren an, deren Höhe sich nach dem Gegenstandswert bestimmen. Dieser wiederum richtet sich nach den für die Gerichtsgebühren geltenden Wertvorschriften (§ 23 Abs. 1 Satz 1 RVG). Hieraus folgt: Setzt das Gericht den Streitwert fest, ist damit auch die Höhe des Gegenstandswertes für die anwaltliche Tätigkeit konkretisiert. Die Höhe der Wertgebühren wird sodann mittels der Gebührentabelle des § 13 RVG aus der jeweilige Streitwertstufe ermittelt und mit dem jeweiligen Gebührensatz multipliziert. Die Gebühren decken die gesamte Tätigkeit des Rechtsanwalts ab (§ 15 Abs. 1 RVG). Er kann die Gebühren im Rechtszug in derselben Angelegenheit nur einmal fordern (§ 15 Abs. 2 RVG). Der Begriff „dieselbe Angelegenheit" wird für das sozialgerichtliche Verfahren durch § 16 RVG definiert und über § 17 RVG zu „verschiedenen Angelegenheiten" abgegrenzt. Gebührentypen sind im Wesentlichen Tätigkeitsgebühren, Verfahrensgebühren, Geschäftsgebühren, Einigungs-/Erledigungsgebühren und Beratungsgebühren.

159 **d) Änderungen des GKG.** Das Kostenrechtsmodernisierungsgesetz vom (KostRMG) vom 5. 5. 2004[442] hat nicht nur die für die Rechtsanwaltsvergütung maßgebende BRAGO durch das RVG abgelöst. Auch das GKG ist wiederum eine Reihe von Änderungen unterworfen worden. Dessen Neufassung ist auf ab dem 30. 6. 2004 an rechtshängig (§ 94 SGG) werdenden Verfahren anzuwenden, ferner auf Rechtsmittel, die ab dem 1. 7. 2004 eingelegt werden (§ 72 Nr. 1 GKG). Im Übrigen gilt das GKG in der bis zum 30. 6. 2003 maßgebenden Fassung weiter. Gebühren und Auslagen werden nach dem Kostenverzeichnis der Anlage 1 zu § 3 Abs. 2 GKG erhoben, wobei das Kostenverzeichnis völlig

---

[438] LSG NRW 25. 6. 2003 – L 10 B 1/03 KA –.
[439] LSG Berlin, 18. 2. 1997 – L 7 Ka-S 52/96 –; *Gerold/Schmidt-Madert* § 7 Rdn. 2.
[440] *Gerold/Schmidt-Madert* § 10 Rdn. 6.
[441] BGBl. I S. 718ff.
[442] BGBl. I S. 717ff.

neu gegliedert worden ist. Die Gebührenhöhe bemisst sich nach dem Wert des Streitgegenstandes und dem Kostenverzeichnis der Anlage 1 zum GKG. Für das Verfahren vor den Gerichten der Sozialgerichtsbarkeit sind Teil 7 (Gebühren) und Teil 9 (Auslagen) des Kostenverzeichnisses maßgebend. Das Gebührensystem ist auf **Pauschgebühren** umgestellt worden. Nunmehr wird das gesamte Verfahren durch eine Verfahrensgebühr abgegolten. Die **Verfahrensgebühr** beträgt im ersten Rechtszug 3,0 (KV Nr. 7110). Entscheidungsgebühren werden nicht mehr erhoben. Die Verfahrensgebühr ermäßigt sich im **ersten Rechtszug** auf 1.0, wenn das gesamte Verfahren durch Rücknahme des Klage-, Rechtsmittels- oder sonstigen Antrags, durch angenommenes Anerkenntnis, Anerkenntnisurteil, gerichtlichen Vergleich oder durch Erledigungserklärungen bis zu einem bestimmten Verfahrensstadium beendet wird (KV Nr. 7111). Im **Berufungsrechtszug** beträgt die Verfahrensgebühr 4.0 (KV Nr. 7120). Die Gebühr ermäßigt sich auf 1.0 der Gebühr, wenn die Berufung oder Klage zurückgenommen werden, bevor die Berufungsbegründung bei Gericht eingegangen ist oder vor Ablauf des Tages, an dem die den Beteiligten gesetzte Frist zur Äußerung abgelaufen ist (KV Nr. 7121). Die Verfahrensgebühr ermäßigt sich auf 2.0, wenn das gesamte Verfahren durch Zurücknahme der Klage oder Berufung vor dem Schluss der mündlichen Verhandlung oder vor Ablauf des Tages, an dem ein Urteil ohne mündliche Verhandlung oder ein Beschluss in der Hauptsache (§§ 158, 153 Abs. 4 SGG) der Geschäftsstelle übergeben wird beendet wird (KV Nr. 7122). Entsprechendes gilt bei einem Anerkenntnisurteil, gerichtlichen Vergleich oder angenommen Anerkenntnis ohne eigenständige gerichtliche Kostenentscheidung oder Erledigungserklärung nach § 197a Abs. 1 SGG i. V. m. § 161 Abs. 2 VwGO (KV Nr. 7122). Im **Revisionsverfahren** beläuft sich die Verfahrensgebühr auf 5.0 (KV Nr. 7130, 7131, 7132). Sie kann sich auf 1.0 bzw. 3.0 entsprechend den Ermäßigungstatbeständen des Berufungsverfahren verringern. Im Verfahren über den Antrag auf Erlass/Aufhebung einer einstweiligen Anordnung werden gesonderte Gebühren erhoben (KV Nr. 7210–7220). Die Verfahrensgebühr beläuft sich auf 1.5 und kann sich infolge von Ermäßigungstatbeständen auf 0.5 verringern. Die Verfahrensgebühr im Beschwerdeverfahren beträgt 2.0 (KV Nr. 7220); auch hier kommt unter bestimmten Voraussetzungen eine Ermäßigung auf 1.0 in Betracht (KV Nr. 7221).

160 Die Verfahrensgebühr wird mit der Einreichung des Rechtsschutzgesuches bei Gericht **fällig** (§ 6 Abs. 1 Nr. 4 GKG). Der Streitwert ist sodann vorläufig festzusetzen. Soweit es sich bei der Klageforderung auf eine bestimmte Geldsumme in Euro handelt, ist für die vorläufige Streitwertbestimmung der Kostenbeamte zuständig. Soweit ein anderer Anspruch geltend gemacht wird, setzt das Gericht den Streitwert vorläufig durch Beschluss fest (§ 65 Abs. 1 Satz 1 GKG). Nunmehr wird der Antragsteller zu einer Wertangabe verpflichtet, die dem Gericht einen Anhalt für die Wertfestsetzung vermittelt (§ 63 GKG).

161 Im Verlauf des Verfahrens kann sich der **Streitwert ändern.** Eine endgültige Festsetzung erfolgt durch Beschluss, sobald die Entscheidung über den gesamten Streitstand vorliegt oder das Verfahren sich anderweitig erledigt (§ 62 Abs. 2 Satz 1 GKG). Unterscheidet sich die endgültige von der vorläufigen Streitwertfestsetzung, ist eine neue Kostenrechnung aufzustellen (Nachforderung oder Rückzahlung). Tritt z. B. während des Verfahrens ein Ermäßigungstatbestand ein, werden bereits gezahlte Kosten erstattet (§ 30 Satz 2 GKG).

162 Gegen die **vorläufige Streitwertfestsetzung** ist eine Beschwerde nicht statthaft (§ 63 Abs. 3 GKG). Gegen die abschließende Streitwertfestsetzung ist die Beschwerde statthaft, wenn der Beschwerdegegenstand 200 Euro übersteigt (§ 68 Abs. 1 GKG) oder das SG sie wegen grundsätzlicher Bedeutung zugelassen hat. Das LSG ist an die Zulassung gebunden; die Nichtzulassung ist unanfechtbar (§§ 68 Abs. 1 Satz 4, 66 Abs. 3 Satz 4 GKG). Die Beschwerdefrist beläuft sich auf 6 Monate nach rechtskräftiger Hauptsacheentscheidung oder Hauptsacheerledigung, hilfsweise ein Monat nach Streitwertfestsetzung (§ 68 Abs. 1 Satz 3 GKG). Eine Wiedereinsetzung ist möglich (§ 68 Abs. 2 GKG). Eine Beschwerde an das BSG gegen den Beschluss des LSG ist nicht statthaft (§§ 68 Abs. 1 Satz 4, 66 Abs. 3 Satz 3 GKG). Das Beschwerdeverfahren ist gebühren- und kostenfrei (§ 68 Abs. 3 GKG).

163 Der **Streitwert** ist weiterhin nach der sich aus dem Antrag des Klägers für ihn ergebenden Bedeutung zu bestimmen (§ 52 Abs. 1 GKG). Der Auffangstreitwert wird auf 5000 Euro erhöht (§ 52 Abs. 2 GKG). Wird eine bezifferte Geldleistung geltend gemacht, ist diese für den Streitwert maßgebend (§ 52 Abs. 3 GKG). Im sozialgerichtlichen verfahren bleibt der Streitwert auf maximal 2500000 Euro begrenzt. Diese Maßstäbe gelten auch für Verfahren nach § 86b SGG auf Anordnung des sofortigen Vollzugs (§ 53 Abs. 3 Nr. 4 GKG).

164 Der **Kostenausgleich** findet inter partes zwischen dem Antragsschuldner (§ 22 Abs. 1 GKG) und dem Entscheidungs- oder Übernahmeschuldner (§ 29 Nr. 1 und 2 GKG) nach den Grundsätzen der §§ 421ff. BGB statt. Lediglich wenn dem Entscheidungsschuldner Prozesskostenhilfe bewilligt worden ist, sind vom Antragsschuldner bereits gezahlte Gerichtskosten durch die Staatskasse zurückzuerstatten.

4. Der Streitwert

165 Grundsätzlich kann zur Höhe des Streitwertes auf die Kriterien zurückgegriffen werden, die von der Rechtsprechung zum **Gegenstandswert** herausgearbeitet worden sind. Auch der Gegenstandswert war nach der sich aus dem **Antrag** des Klägers für ihn ergebende **Bedeutung der Sache** zu bemessen.[443] Maßgebend sind in objektiver Beurteilung die rechtliche Tragweite der Entscheidung und die Auswirkungen, die ein Obsiegen für die **wirtschaftliche Lage** des Klägers hat.[444]

166 Fehlt es an Anhaltspunkten, um den wirtschaftlichen Belangen der Parteien angemessen Rechnung zu tragen, ist das hinter **Klageantrag** und **-vorbringen** stehende wirtschaftliche Interesse als Auslegungs- und Korrekturprinz zur Ermittlung der „Bedeutung der Sache" heranzuziehen.[445] Auch wenn der Klageantrag aus verfahrensrechtlichen Gründen als **Bescheidungsantrag** formuliert wird, lässt sich das wirtschaftliche Interesses durch das **Klagevorbringen** präzisieren.[446] Ergibt sich dabei, dass das aus dem Klagevorbringen abzuleitende wirtschaftliche Interesse über das durch den formalen Bescheidungsantrag bestimmte wirtschaftliche Interesse hinausgeht, ist das Klagevorbringen maßgeblich.[447]

167 In **Wirtschaftlichkeitsprüfungsverfahren** ist ungeachtet des Bescheidungsantrags das wirtschaftliche Interesse anhand des Klage- und Beschwerdevorbringen zu bestimmen. Dies wird in der Regel dahingehen, die belastende Entscheidung des Prüfgremiums, die entweder auf einen konkreten Betrag lautet oder aber jedenfalls bestimmbar ist, zu beseitigen.[448] Soweit hiervon abweichend die Auffassung vertreten wird, maßgebend sei, in welchem Umfang eine Verurteilung zur Neubescheidung unter Beachtung der Rechtsauffassung des Gerichtes den Kläger ein Stück näher zu dem angestrebten Ziel bringe,[449] bleibt unberücksichtigt, dass es bei der Bestimmung des wirtschaftlichen Interesses des Klägers nicht auf das Ergebnis der gerichtlichen Entscheidung ankommt. Der Streitwert eines Klageverfahrens wegen unwirtschaftlicher Verordnungsweise entspricht der vollen Höhe des streitigen Regressbetrags.[450]

---

443 BSG SozR 3–1930 § 8 Nr. 1; LSG NRW 6. 1. 2000 – L 11 B 45/99 KA –; LSG NRW 14. 5. 2003 – L 10 B 7/03 KA –; *Wenner/Bernhard* NZS 2001, 57, 58.

444 BSG SozR 3–1930 § 8 Nr. 2; LSG NRW 21. 2. 1997 – L 11 SKa 48/96 – E-LSG B-098; LSG NRW *Breithaupt* 1995, 155 m.w.N.

445 BSG SozR 3–1930 § 8 Nr. 1; BSG 30. 11. 2000 – B 3 KR 20/99 R –.

446 LSG NRW 18. 9. 1996 – L 11 SKa 60/96 –.

447 LSG NRW 21. 2. 1997 – L 11 SKa 48/96 – E-LSG B-098.

448 Bayerisches LSG MedR 2000, 104; LSG NRW 6. 1. 2000 – L 11 B 45/99 KA –; *Wenner/Bernhard* NZS 2001, 57, 64.

449 LSG Hessen 1. 9. 1998 – L 7 B 19/98 KA –; LSG Baden-Württemberg 27. 3. 1996 – L 5 Ka 524/96 W-A –.

450 Bayerisches LSG 11. 11. 1999 – L 12 KA 94/98 – MedR 2000, 494.

168 In **Zulassungssachen** ist das wirtschaftliche Interesse in der Regel in der Höhe der Einnahmen anzusetzen, die ein Arzt im Falle seiner Zulassung innerhalb der nächsten fünf Jahre erwarten kann.[451] Nach anderer Auffassung ist ein 3-Jahres-Zeitraum zugrunde zu legen.[452] Schließlich wird die Ansicht vertreten, der Streitwert innerhalb eines Zeitrahmens von fünf bis zehn Jahren mittels eines abgestuften Systems je nach Lebensalter und zu erwartender Praxistätigkeit zu bestimmen.[453] Die hiernach bestimmten erzielbaren Einkünfte sind um die durchschnittlichen Praxiskosten in der jeweiligen Arztgruppe zu reduzieren.[454] Wird um die **erstmalige Zulassung** gestritten, ist auf den durchschnittlichen Umsatz der betreffenden Fachgruppe abzustellen.[455] In die Ermessenabwägung sind fixierbare individuelle Besonderheiten einzubeziehen.[456] Dabei ist zu erwägen, von voraussichtlich zu erwartenden niedrigeren Umsätzen für die **Anfängerquartale** auszugehen.[457] Im Fall einer **Praxisneugründung** wird teilweise für die ersten 2½ Jahre ein pauschaler Abschlag von ca. 50% von den durchschnittlichen Honorareinnahmen der Fachgruppe gemacht. Dies wird mit den zu erwartenden Anfängerschwierigkeiten und der daraus resultierenden geringeren Umsätze für diesen Zeitraum begründet.[458] Zwar wird das wirtschaftliche Interesse des die Zulassung betreibenden Arztes regelhaft darauf gerichtet sein, möglichst schnell zumindest den durchschnittlichen Umsatz seiner Fachgruppe zu erreichen, was es nahe legt, keinen Abschlag für Anfängerquartale vorzunehmen.[459] Andererseits kann für den Streitwert ein zwar existentes, dennoch aber irreales Interesse niemals entscheidend sein. Da im Fall einer Praxisneugründung regelhaft zunächst nicht die durchschnittlichen Umsätze der Fachgruppe erreicht werden, muss dies bei der Streitwertfestsetzung berücksichtigt werden. Maßgebend für die Bestimmung des Streitwertes sind nicht Wunschvorstellungen des Klägers (subjektive Bedeutung – Affektionsinteresse), sondern der Wert der Sache bei **objektiver Betrachtung** hat.[460]

169 Geht es um den **Entzug** der Zulassung, ist auf die Umsatzzahlen der vergangenen Jahre, bereinigt um den fachgruppentypischen durchschnittlichen **Betriebskostenanteil,** zurückzugreifen.[461] Schwerpunktbezeichnungen bleiben unberücksichtigt.[462] Sofern die jeweilige Kassenärztliche Vereinigung bezirksbezogen Umsatzzahlen veröffentlicht hat, können diese zugrundegelegt werden. Sind z.B. Internisten mit der Schwerpunktbezeichnung Pneumologie nach der Prüfvereinbarung – Wirtschaftlichkeit der Fachgruppe der Lungenärzte zuzurechnen, ist es gerechtfertigt, das zu erwartende Umsatzvolumen eines Internisten mit der Schwerpunktbezeichnung Pneumologie anhand der veröffentlichten Umsatzzahlen für Lungenärzte zu bestimmen.[463]

---

[451] BSG 28. 1. 2000 – B 6 KA 22/99 R – BSG MedR 1998, 198, BSG MedR 1986, 85; LSG NRW 1. 12. 1999 – L 11 B 28/99 KA –; SG Reutlingen 19. 12. 2001 – S 1 KA 2387/00 W-A; *Wenner/Bernhard* NZS 2001, 57, 59.

[452] LSG Niedersachsen vom 7. 6. 2001 in Breithaupt 2001, 827; LSG Niedersachsen *Breithaupt* 1996, 699; LSG Berlin 1. 12. 1988 – L 7 Ka-SE 6/88 –.

[453] LSG Bremen 7. 1. 2002 – L 1 AR 36/00 KA –; LSG Schleswig-Holstein 22. 7. 1980 – L 6 Ka 13/78 –.

[454] BSGE 78, 291 ff. = SozR 3–5520 § 32b Nr. 2; hierzu die jährlich von der KBV veröffentlichten Grunddaten zur kassenärztlichen Versorgung in der Bundesrepublik Deutschland.

[455] BSG 7. 1. 1998 – 6 RKA 84/95 – und 28. 1. 2000 – B 6 KA 22/99 R –; *Wenner/Bernhard* NZS 2001, 57, 59.

[456] LSG NRW 15. 9. 1999 – L 11 B 62/98 KA –.

[457] Hierzu LSG Berlin 18. 5. 2000 – L 7 B 28/00 KA ER – in Breithaupt 2000, 686.

[458] LSG NRW 15. 9. 1999 – L 11 B 62/98 KA –; LSG NRW 22. 12. 1998 – L 11 B 49/98 KA –.

[459] *Wenner/Bernard* NZS 2001, 59.

[460] *Hartmann,* Kostengesetze, 34. Auflage, 2004, § 52 GKG Rdn. 9; VGH Mannheim NJW 1977, 827.

[461] BSGE 78, 291 ff. = SozR 3–5520 § 32b Nr. 2; LSG NRW 1. 12. 1999 – L 11 B 28/99 KA –; vgl. auch Rdn. 182.

[462] LSG NRW 14. 5. 2003 – L 10 B 7/03 KA –.

[463] LSG NRW 14. 5. 2003 – L 10 B 7/03 KA –.

In Zulassungssachen **Psychologischer Psychotherapeuten** setzt das LSG Nordrhein-Westfalen den Streitwert grundsätzlich auf 120 000 Euro fest.[464] Allerdings ist ein Unterschreiten der auf die typischerweise in Zulassungssachen anzunehmenden Grenzen von fünf Jahren dann veranlasst, wenn von vornherein feststeht, dass die vertragspsychotherapeutische Tätigkeit nur für einen kürzeren Zeitraum ausgeübt werden kann.[465] Auch soweit die begehrte Zulassung als Vertragspsychotherapeut nicht zu einer Praxisneugründung sondern zu einer Praxiserweiterung führt, kann bei der Streitwertberechnung nicht auf den durchschnittlichen 5-Jahres-Umsatz abzüglich Kosten abgestellt werden. Auszugehen ist dann vielmehr von der auf fünf Jahre hochgerechneten individuell angestrebten Umsatzsteigerung (abzüglich Kosten).[466] **170**

Ist das Begehren auf eine **vorläufige bedarfsunabhängige Zulassung** als Psychologischer Psychotherapeut bis zum rechtskräftigen Abschluss des Hauptsacheverfahrens gerichtet, gilt: Zugrunde zu legen sind die Einnahmen, die in der Vergangenheit aus der Tätigkeit im Bereich der gesetzlichen Krankenversicherung nach Abzug der Kosten unter Berücksichtigung einer zu erwartenden Verfahrensdauer von bis zu drei Jahren erzielt worden sind.[467] Hingegen stellt das SG Hannover nicht auf die Ertragssituation in der Vergangenheit ab, da diese angesichts der Streitigkeiten um einen angemessenen Punktwert nicht hinreichend aussagekräftig war. Stattdessen legt es zugrunde, dass der Gewinn einer voll ausgelasteten Praxis bei einem Punktwert von 10,0 Pf. (5,112 Cent) mit rund 70 000 Euro angenommen werden kann.[468] Angesicht der tatsächlich ausgezahlten Punktwerte und der nicht immer angestrebten oder erreichbaren Vollauslastung hat es das SG diesen Wert sodann mittels Schätzung auf 40 000 Euro gerundet.[469] Diese Vorgehensweise mag in Sondersituationen – wie vom SG beschrieben – vertretbar sein. In Fällen eine konsolidierter Punktwerte sollte es hingegen dabei verbleiben, dass auf die Ertragssituation in der Vergangenheit abgestellt wird.[470] Geht es um die Erteilung einer **Approbation** kommt ein Streitwert von 33 233,97 Euro (= 65 000 DM) in Betracht.[471] Bei einer Streitigkeit um eine Eintragung in das Psychotherapeutenregister ist es nach Auffassung des SG Kiel angemessen, den Gegenstandswert auf den fünffachen Auffangstreitwert festzusetzen.[472] Demgegenüber differenziert das LSG Nordrhein-Westfalen in solchen Fällen. Beschränkt sich das Begehren eher darauf, eine ideelle Position zu schaffen, kann auf den Auffangstreitwert von 4000 Euro zurückgegriffen werden. Geht es hingegen um die **Arztregistereintragung** als Vorstufe einer späteren Zulassung, erscheint es gerechtfertigt, den Streitwert deutlich höher, nämlich auf 25 000 Euro festzusetzen.[473] Für die Bemessung des Streitwertes in einem Rechtsstreit um die **Ermächtigung zur Nachqualifikation** sind die geschätzten Praxiseinnahmen für einen Zeitraum von fünf Jahren zugrunde zu legen.[474] **171**

Begehrt der Kläger die **Feststellung,** dass sein **Widerspruch** gegen die Zulassung eines anderen Arztes **aufschiebende Wirkung** hat, ist die wirtschaftliche Bedeutung anhand des Zeitraumes zu bestimmen, für den die aufschiebende Wirkung gelten soll. Dauert das Widerspruchverfahren vor dem Berufungsausschuss erfahrungsgemäß z. B. drei Monate, ist für den Gegenstandswert ungefähr $^1/_4$ des Jahresumsatzes zugrunde zu legen.[475] **172**

---

[464] LSG NRW 13. 9. 2001 – L 11 B 73/01 KA –.
[465] SG Mainz 18. 2. 2003 – S 8 KA 53/00 –.
[466] Hess. LSG 8. 7. 2004 – L 7 KA 1261/03 –.
[467] LSG NRW 28. 10 1999 – L 11 B 36/99 KA –.
[468] Hierzu BSG 25. 8. 1999 – B 6 KA 14/98 R –.
[469] SG Hannover 23. 7. 2002 – S 16 KA 521/01 –.
[470] Vgl. auch LSG Niedersachen 24. 1. 2002 – L 3 B 6/02 KA –.
[471] OVG Nordrhein-Westfalen 20. 3. 2003 – 13 A 4805/01 –.
[472] SG Kiel – S 14 KA 686/99 –, das insoweit allerdings fälschlich von Regelstreitwert spricht.
[473] LSG NRW 9. 8. 2004 – L 10 B 8/04 KA –; vgl. auch *Wenner/Bernard* NZS 2001, 60.
[474] LSG Schleswig-Holstein 9. 1. 2002 – L 4 B 82/01 SF SG –; SG Münster 17. 12. 2001 – S 2 KA 25/00 –.
[475] LSG NRW 22. 12. 1998 – L 11 B 49/98 KA –.

173 Geht es um die **Genehmigung einer Praxisverlegung** ist das wirtschaftliche Interesse kaum konkretisierbar. Die Praxisverlegung muss nicht zwingend zu Umsatz- oder Einkommenssteigerungen führen. Demgemäß kann der Regelstreitwert, ggf. angemessen erhöht, herangezogen werden.[476] Wird allerdings die Berechtigung des Arztes, seine Praxis zu verlegen, auch mit Gesichtspunkten bestritten, die im Zulassungsverfahren relevant sind, kann auf die im Entzugsverfahren maßgebenden Grundsätze zurückgegriffen werden.[477]

174 Begehrt der Arzt die **Genehmigung zur Erbringung und Abrechung spezieller Leistungen,** können an sich die für das Zulassungsverfahren geltenden Grundsätze herangezogen werden, sofern das wirtschaftliche Interesse anhand des prognostisch zu erwartenden partiellen Umsatzes hinreichend präzise festgesetzt werden kann. Da dies in den seltensten Fällen in Betracht kommt, muss das wirtschaftliche Interesse in der Regel nach **billigem Ermessen** bestimmt werden. Anhaltspunkte hierfür kann der zeitliche und finanzielle Aufwand sein, den der Antragsteller betrieben hat, um die begehrte Genehmigung zu erhalten. Erhebliche Weiterbildungszeiten indizieren ein beachtliches wirtschaftliches Interesse.[478]

175 In Verfahren auf Teilnahme an der vertragsärztlichen Versorgung im Wege der **Ermächtigung** gelten dieselben Grundsätze wie für die eigentlichen Zulassungssachen. Angesichts des zeitlich limitierten Charakters einer Ermächtigung ist statt eines Zeitraumes von fünf Jahren indessen nur eine Zeitspanne von zwei Jahren zugrunde zulegen.[479]

176 Ist die Genehmigung der **Anstellung eines Arztes** in der vertragsärztlichen Praxis des Vertragsarztes streitig, ist zu unterscheiden. Eine nichtvermögensrechtliche Streitigkeit liegt vor, wenn der anstellende Arzt den Umfang der Tätigkeit nicht ausweiten darf (§ 101 Abs. 1 Nr. 4 SGB V), sondern nur anders zu verteilen beabsichtigt. In nicht überversorgten Planbereichen wird hingegen vielfach auch eine Umsatzausweitung gewollt sein. Dann bemisst sich das wirtschaftliche Interesse nach dem Volumen der Umsatzausweitung.[480] Dieser Wert ist auf **zwei Jahre** zu erstrecken.[481] Die zu erwartende Umsatzsteigerung durch einen anzustellenden Arzt kann sich auf 80 Prozent des konkreten Umsatzes des anstellenden Arztes belaufen; von diesem Bruttoumsatz sind das dem anzustellenden Arzt zu zahlende Gehalt sowie Praxiskostenanteile abzusetzen, die sich für die jeweilige Fachgruppe aus dem von der KBV[482] ermittelten Betriebskostenanteil ergeben.[483]

177 Im Fall einer **Untätigkeitsklage** ist das wirtschaftliche Interesse angesichts des verfolgten begrenzten Zieles (§ 88 SGG) mit einem Bruchteil des Wertes der eigentlichen Hauptsache zu bemessen.[484]

178 Wird um die **Höhe des vertragsärztlichen Honorars** gestritten, bemisst sich das wirtschaftliche Interesse regelmäßig nach dem Differenzbetrag zwischen dem zugestandenen und dem vom Kläger beanspruchten oder bestrittenen Honorar.[485] Dies gilt auch, wenn die Höhe des Honorars in Verfahren auf Prüfung der Wirtschaftlichkeit der Behandlungsweise oder Verordnungsregress streitig ist.[486] Ein Abzug von Praxiskosten kommt nicht in Betracht.[487] Begehrt der Kläger jedoch lediglich Neuberechnung des

[476] LSG Baden-Württemberg 8. 10. 1997 – L 5 Ka 1034/96 –.

[477] LSG NRW 13. 10. 1998 – L 11 B 31/98 KA –.

[478] LSG NRW 9. 9. 1997 – L 11 SKa 32/97 –.

[479] BSG SozR 3–1500 § 193 Nr. 6; BSG 22. 2. 1993–6 RKa 24/91 –.

[480] Vgl. auch LSG NRW 12. 3. 1996 – L 11 SKa 79/95 –.

[481] BSG MedR 1998, 116; *Wenner/Bernhard* NZS 2001, 57, 60.

[482] Vgl. Rdn. 185, Rdn. 182.

[483] BSG MedR 1998, 186; LSG Baden-Württemberg MedR 1996, 379.

[484] LSG NRW JurBüro 1998, 318; LSG Rheinland-Pfalz *Breithaupt* 1995, 561–564; *Wenner/Bernhard* NZS 2001, 57, 62; a. A. LSG Berlin *Breithaupt* 1988, 977–980.

[485] LSG NRW 19. 9. 1995 – L 11 SKa 52/95 –.

[486] LSG Baden-Württemberg JurBüro 1998, 146; LSG NRW 6. 1. 2000 – L 11 B 45/99 KA –; Bayerisches LSG 11. 11. 1999 – L 12 KA 94/98 – MedR 2000, 494.

[487] BSG 25. 9. 1997 – 6 RKa 65/91 –.

Honorars für ein Quartal und **Neubescheidung,** kann das wirtschaftliche Interesse nicht die Höhe des vollen Differenzbetrages, sondern nur ein Bruchteil dieses Betrages sein, wenn es ihm nach seinem im Antrag zum Ausdruck gebrachten Begehren vorrangig um eine **Stützung des Punktwertes** bei ambulanten operativen Leistungen und nicht eine völlige Gleichstellung mit dem Punktwert für die übrigen Leistungen geht.[488]

179 In **Disziplinarverfahren** dürfte für den Verweis der Regelgegenstandswert von 4000 Euro anzusetzen sein. Bei der Verwarnung wäre ein Abschlag zu machen. Die Geldbuße wiederum kann schwerlich mit ihrem Betrag bemessen werden,[489] da sie gegenüber dem Verweis die schwerwiegendere Maßnahme darstellt. Sachgerecht ist es deswegen, im Fall einer Geldbuße vom Regelstreitwert, erhöht um den Betrag der Geldbuße, auszugehen. Wird das Ruhen der Zulassung angeordnet, wird der Streitwert durch den zu erwartenden Umsatzausfall für den Ruhenszeitraum abzüglich der Praxiskosten bestimmt.[490]

180 Wendet sich der Arzt gegen die **Heranziehung zum Notfalldienst,** kommt es zunächst darauf an, ob im Klageverfahren ein wirtschaftliches Interesse daran zum Ausdruck gebracht wird, freigestellt zu werden. Ist das nicht der Fall, kann auf den Regelstreitwert von 4000 Euro abgestellt werden, wenn der Arzt zu drei Notfalldiensttermінen herangezogen werden soll und er die Notfallpatienten in seiner Praxis ambulant behandeln durfte.[491] Andersartige Fallgestaltungen mögen zu anderen Streitwerten führen.

181 In Verfahren auf **Anordnung der Vollziehung eines Bescheides** ist der Streitwert gesondert festzusetzen. Der Gegenstandswert für den Antrag auf Anordnung der Vollziehung kann mit 25 v. H. der Hauptsache bestimmt werden.[492]

182 Das wirtschaftliche Interesse für die einzelnen Verfahrensbeteiligten kann **unterschiedlich** sein. Klagen der anzustellende und der anstellende Arzt auf **Genehmigung der Anstellung,** so richtet sich, unter Zugrundelegung eines zweijährigen Zeitraums, der Streitwert für den anstellenden Arzt nach seinem zu erwartenden Bruttoumsatz abzüglich des von der Kassenärztlichen Bundesvereinigung (KBV) für die jeweilige Arztgruppe mitgeteilten durchschnittlichen Betriebskostenanteils[493] sowie des in Aussicht genommenen Jahresgehalts für den anzustellenden Arzt. Demgegenüber bestimmt sich das wirtschaftliche Interesse für den angestellten Arzt – gleichermaßen für zwei Jahre – nach seinem Bruttogehalt.[494] Ferner kann das wirtschaftliche Interesse von Kläger und Beklagtem einerseits und dem **Beigeladenem** andererseits divergieren.[495]

183 Maßgebend für den Streitwert in Verfahren auf **Erlass einer einstweiligen Anordnung** ist das Interesse des Antragstellers am Erlass der einstweiligen Anordnung.[496] Dieses kann dem wirtschaftliche Interesse der Hauptsache entsprechen, dann nämlich, wenn – ausnahmsweise – die Entscheidung in der Hauptsache durch die einstweilige Anordnung vorweggenommen wird. Das ist in Zulassungssachen – vorbehaltlich der kürzeren Bemessungszeitraums – der Fall, denn der einstweilen zugelassene Arzt wird mit allen Rechten und Pflichten zugelassen. Unterliegt er in der Hauptsache, wirkt dies insoweit lediglich ex nunc. Im Übrigen ist ein **Bruchteil** des Streitwertes in der Hauptsache zu Grunde zu legen. Bei Geldleistungen kann von den Aufwendungen ausgegangen werden, die der

---

[488] LSG NRW 19. 9. 1995 – L 11 SKa 52/95 –; vgl. auch LSG Hessen JurBüro 1996, 314.

[489] Vgl. *Wenner/Bernhard* NZS 2001, 57, 65; so aber LSG NRW 22. 12. 1995 – L 11 SKa 75/95 –.

[490] Bayer. LSG 23. 6. 1993 – L 12 B 163/92 –.

[491] LSG NRW 19. 9. 1995 – L 11 SKa 43/95 –; a. A. LSG Rheinland-Pfalz 29. 8. 1977 – L 6 Ka 5/76 –.

[492] BSG SozR 3–1500 § 193 Nr. 6.

[493] Vgl. die jährlich von der KBV herausgegebenen Grunddaten für die kassenärztliche Versorgung in der Bundesrepublik Deutschland.

[494] BSG MedR 1998, 186.

[495] BSG SozR 3–1930 § 8 Nr. 2; BSG SozR 3–1930 § 8 Nr. 1; LSG NRW 22. 8. 1990 – L 11 Ka 72/89 –; *Wenner/Bernhard* NZS 2001, 57, 58.

[496] *Hartmann* Kostengesetze, § 20 GKG Rdn. 2.

Antragsteller (ungefähr) hätte, um den streitigen Betrag für die voraussichtliche Dauer des Verfahrens als Kredit zu erhalten.[497]

184 Geht es dem Kläger in der Hauptsache hingegen darum, eine ihn kostenmäßig belastende Regelung des Beklagten endgültig zu beseitigen, so bestimmt sich das wirtschaftliche Interesse u. a. danach, von welchen Kostenbelastungen er freigestellt bleibt, wenn die Maßnahme vollends unterbleibt. Versucht er hingegen im Verfahren auf Erlass einer einstweiligen Anordnung das Wirksamwerden der Maßnahme zunächst auf Zeit hinauszuzögern, so realisiert sich das wirtschaftliche Interesse darin, dass die kostenträchtige Maßnahme auf begrenzte Zeit, insoweit aber endgültig, nicht umgesetzt wird. Die hierdurch erzielte **unwiderrufliche Kosteneinsparung** ist sodann der Gegenstandswert.[498] In anderen Fallkonstellationen mag es hingegen gerechtfertigt sein, für das einstweilige Verfahren einen Abschlag von 50 v. H.[499] oder von 57,5 v. H.,[500] von zwei Dritteln[501] oder von 25 v. H.[502] zu machen.

185 Nicht zu verkennen ist, dass der Streitwert in Zulassungssachen beachtliche Höhen erreichen kann. Dies mag vor In-Kraft-Treten des 6. SGG-ÄndG unbedenklich gewesen sein. Da seither aber auch erhebliche Gerichtskosten anfallen, erscheint es als erwägenswert, die Ansätze für die Streitwertbestimmung in Zulassungssachen vor dem Hintergrund des Pflicht, **effektiven Rechtsschutz** zu gewähren zu überdenken. Nach der Rechtsprechung des Bundesverfassungsgerichts ist Art. 19 Abs 4 GG zwar nur dann verletzt, wenn durch die Streitwertfestsetzung der Zugang zu den Gerichten in unzumutbarer, aus Sachgründen nicht mehr zu rechtfertigender Weise erschwert wird.[503] Indessen kann nicht ausgeschlossen werden, dass ein solcher Fall in Zulassungssachen auftritt. Um dem zu begegnen, könnte statt des 5-Jahres-Zeitraums auf einen Zeitraum von noch drei Jahren zurückgegriffen werden. Auch soweit Anfängerquartale berücksichtigt werden, wird die potentielle Kostenlast des Klägers abgeschwächt.

---

[497] LSG NRW 14. 6. 1989 – L 11 S (Ka) 25/88 –; LSG NRW *Breithaupt* 1987, 335, 338; vgl. auch LSG Berlin NZS 1998, 542.

[498] LSG NRW 21. 2. 1997 – L 11 SKa 48/96 – E-LSG B-098; LSG Bremen 27. 7. 1990 – L 5 BR 15/89 –.

[499] LSG NRW 9. 9. 1992 – L 11 S (Ka) 2/92 –; VGH Hessen 16. 5. 1986 – 9 TG 749/86 –.

[500] LSG NRW 16. 7. 1995 – L 11 S 33/94 –.

[501] LSG NRW 25. 10. 1994 – L 11 S 31/94 –.

[502] BSG SozR 3–1500 § 193 Nr. 6.

[503] BVerfG 26. 3. 1999 – 1 BvR 1431/90 –, 11. 2. 1987 – 1 BvR 475/85 – BVerfGE 74, 228, 234; hierzu auch SG Hannover 23. 7. 2002 – S 16 KA 521/01 – sowie LSG Niedersachsen 24. 1. 2002 – L 3 B 6/02 KA –.

§ 24 Staatsaufsicht über die Kassen(zahn)ärztlichen Vereinigungen

Schrifttum: *Andrick,* Grundlagen der Staatsaufsicht über juristische Personen des Öffentlichen Rechts, JA 1987, 546; *Becher,* Die staatliche Aufsicht bei der Selbstverwaltung der Versicherungsträger, BKK 1973, 178; *Borchert,* Legalitätsprinzip oder Opportunitätsgrundsatz für die Kommunalaufsicht, DÖV 1978, 721; *Bull,* Maßstäbe und Verfahrensvorschriften für die Tätigkeit der Aufsichtsbehörden nach dem Sozialgesetzbuch, VSSR 1977, 113; *Christmann,* Zum Verhältnis von Staatsaufsicht und Selbstverwaltung, BG 1977, 221; *Degenhart/Schulze-Fielitz/Schäfer/Ruch,* Kontrolle der Verwaltung durch Rechnungshöfe, VVDStRL 55 (1996), S. 190 ff.; *Friauf,* Das Verhältnis zwischen Selbstverwaltung und Aufsicht, DRV 1982, 113; *Funk,* Die Rechtsprechung des BSG zum Aufsichtsrecht, VSSR 1990, 261; *Gleitze/Schneider,* Aufsicht und Rechtsprechung – Wirkung und Rückwirkung, in: Deutscher Sozialgerichtsverband/Wannagat (Hrsg.), Entwicklung des Sozialrechts – Aufgabe der Rechtsprechung, Festgabe aus Anlaß des 100jährigen Bestehens der sozialgerichtlichen Rechtsprechung, 1984, S. 575; *Haltenberger,* Die Selbstverwaltung in ihrer Stellung zur Aufsichtsbehörde und zum Verband Deutscher Rentenversicherungsträger, DRV 1982, 425; *Harenburg,* Fachaufsicht durch Rechtsaufsicht? Zum Einfluß fachlicher Gesichtspunkte bei der Rechtmäßigkeitsprüfung körperschaftlichen Handelns, in: Merten (Hrsg.), Die Selbstverwaltung im Krankenversicherungsrecht unter besonderer Berücksichtigung der Rechtsaufsicht über Kassenärztliche Vereinigungen, 1995, S. 41; *Hess,* Die Rechtsaufsicht über die Kassenärztlichen Vereinigungen aus der Sicht der Praxis – Bundesebene, in: Merten (Hrsg.), Die Selbstverwaltung im Krankenversicherungsrecht unter besonderer Berücksichtigung der Rechtsaufsicht über Kassenärztliche Vereinigungen, 1995, S. 47; *Hopf,* Das Verhältnis von Selbstverwaltung und Aufsicht aus der Sicht der berufsgenossenschaftlichen Praxis, BG 1982, 354; *Kaltenborn,* Richtliniengebung durch ministerielle Ersatzvornahme – Zur Aufsicht des Bundesministers für Gesundheit über die Bundesausschüsse der (Zahn-)Ärzte und Krankenkassen gem. § 94 SGB V, VSSR 2000, 249; *Kluth,* Kassenärztliche Vereinigungen – Körperschaften des öffentlichen Rechts, MedR 2003, 123; *Krause,* Aufsicht in der Sozialversicherung, in: Sozialrechtsprechung – Verantwortung für den sozialen Rechtsstaat, Festschrift zum 25jährigen Bestehen des Bundessozialgerichts, Band 1, 1979, S. 185; *Krebs,* Kontrolle in staatlichen Entscheidungsprozessen, 1984; *Schirmer/Kater/Schneider,* Aufsicht in der Sozialversicherung, 1991 ff.; *Schmidinger,* Die Rechtsaufsicht gemäß §§ 87, 89 SGB IV oder vom Berufe der Aufsichtsbehörden, die Auslegung verbindlich anzuordnen, SozVers 1989, 113; *Schnapp,* Die Einheitsfunktion der Aufsichts- und Versicherungsbehörden, SDSRV 31 (1988), S. 116; *ders.,* Rechtsaufsicht und Wirtschaftsaufsicht über Kassenärztliche Vereinigungen – ein systemwidriges Steuerungsinstrument? in: Merten (Hrsg.), Die Selbstverwaltung im Krankenversicherungsrecht unter besonderer Berücksichtigung der Rechtsaufsicht über Kassenärztliche Vereinigungen, 1995, S. 27; *ders.,* Probleme der Selbstverwaltung, SGb 1996, 621; *ders.,* Der Haushaltsgrundsatz der Wirtschaftlichkeit und Sparsamkeit – im Sozialrecht und in anderen Rechtsgebieten, in: Sozialrecht und Sozialpolitik in Deutschland und Europa, Festschrift für Bernd Baron von Maydell, 2002, S. 621; auch abgedruckt in: Butzer (Hrsg.), Wirtschaftlichkeit durch Organisations- und Verfahrensrecht, 2004, S. 109; *ders.,* Die vorgreifliche Anordnung der Aufsichtsbehörde in der Sozialversicherung, BKK 1969, 97; *ders.,* Zum Funktionswandel der Staatsaufsicht, DVBl. 1971, S. 480; *ders.,* Die Ersatzvornahme in der Kommunalaufsicht, 1972; *ders.,* Gesamtverträge und Schiedsverfahren mit Ersatzkassenbeteiligung – Rechtsschutzprobleme und Aufsichtskonfusionen, NZS 2003, 1; *ders.,* Rechtsetzung durch Schiedsämter und gerichtliche Kontrolle von Schiedsamtsentscheidungen, in: ders. (Hrsg.), Probleme der Rechtsquellen im Sozialversicherungsrecht, Teil II, 1999, S. 77; *F. Schneider,* Müssen Aufsichtsbehörden von Sozialversicherungsträgern ihre Opportunitätserwägungen beim Einsatz von Aufsichtsmitteln schriftlich darlegen? SGb 1991, 128; *M. Schröder,* Grundfragen der Aufsicht in der öffentlichen Verwaltung, JuS 1986, 371; *Schuppert,* Staatsaufsicht im Wandel, DÖV 1998, 831; *Steinhilper,* Die Rechtsaufsicht über die Kassenärztlichen Vereinigungen aus der Sicht der Praxis – Landesebene, in: Merten (Hrsg.), Die Selbstverwaltung im Krankenversicherungsrecht unter besonderer Berücksichtigung der Rechtsaufsicht über Kassenärztliche Vereinigungen, 1995, S. 59; *ders.,* Aufschiebende Wirkung von Widerspruch und Klage im Vertragsarztrecht – Zu einigen Auswirkungen des 6. SGG-ÄndG, MedR 2004, 433; *ders./Schil-*

ler, Maulkorb für KVen und Vertragsärzte?, MedR 2003, 661; *Stößner,* Die Staatsaufsicht in der Sozialversicherung, 2. Aufl. 1978; *Wolff/Funk,* Bundessozialgericht und Aufsichtsrecht, SGb 1990, 309.

Übersicht

I. Rechtsgrundlagen

1 Die normativen Grundlagen für die Aufsicht über die Kassenärztlichen Vereinigungen[1] finden sich in § 78 SGB V, der für die allgemeine Rechtsaufsicht die entsprechende Anwendung der §§ 88 und 89 SGB IV anordnet. **Entsprechende Anwendung** bedeutet dabei mehr als die bloße Ersetzung des Ausdrucks „Krankenkasse" durch „Kassenärztliche Vereinigung". Durch die entsprechende Anwendung der in Bezug genommenen Rechtssätze sollen unsachgemäße Gleichsetzungen vermieden und Differenzierungen, die von den zu regelnden Verhältnissen her geboten erscheinen, nicht ausgeschlossen werden.[2] Für das Haushalts- und Rechnungswesen einschließlich der Statistik werden einige der für die Sozialversicherungsträger geltenden Bestimmungen des Vierten Buches in Bezug genommen; Ähnliches gilt für das Vermögen. Da sich dem **Begriff der Staatsaufsicht** – ebenso wenig wie dem der Selbstverwaltung – keine verlässlichen Konturen abgewinnen lassen,[3] kommt es ganz auf die sachbereichsspezifische Ausgestaltung durch die einschlägigen Rechtssätze an. Im Übrigen hat es Staatsaufsicht in der Sozialversicherung seit ihren Anfängen gegeben; sie begegnet als solche keinen verfassungsrechtlichen Bedenken.

2 Das Bundessozialgericht hat für das **Verhältnis von Selbstverwaltung und Staatsaufsicht** den Terminus des „naturgegebenen Spannungsverhältnisses" geprägt,[4] der so oder ähnlich auch in der Literatur wiederzufinden ist.[5] Aus dieser Qualifizierung resultieren jedoch keinerlei rechtliche Folgen.

II. Begriffliches

1. Rechts- und Fachaufsicht

3 § 78 Abs. 3 Satz 1 SGB V macht deutlich, dass die Aufsicht über die Kassenärztlichen Vereinigungen Rechtsaufsicht ist. **Beurteilungsmaßstab** für die Betätigung der beaufsichtigten Körperschaften sind daher **allein Rechtssätze,** einschließlich solcher, die die sog. Körperschaftszwecke festlegen.[6] Somit kommen Zweckmäßigkeitserwägungen nicht in Betracht. Der Unterschied zwischen diesen beiden Spielarten der Staatsaufsicht ist jedoch relativ. In der Praxis liegen die Wirkungen beider Aufsichtsformen nicht selten nahe beieinander. Denn zum einen lassen sich Zweckmäßigkeitsgesichtspunkte verrechtlichen, zum anderen können die maßstabbildenden Rechtsnormen eine so hohe Regelungsdichte aufweisen, dass Zweckmäßigkeitserwägungen keinen Platz finden.[7] Die Gefahr, dass sich

---

[1] In Anlehnung an § 72 Abs. 1 Satz 1 SGB V sind bei dem Terminus „Kassenärztliche Vereinigung(en)" die Kassenzahnärztliche(n) Vereinigung(en) mitgemeint, sofern nichts Abweichendes vermerkt ist.

[2] *Larenz,* Methodenlehre der Rechtswissenschaft, 2. Aufl. 1969, S. 199. Ausführlicher als hier: *Schnapp,* in: Merten (Hrsg.), Die Selbstverwaltung im Krankenversicherungsrecht, 1995, S. 27 (30f.).

[3] Vgl. schon *Anschütz,* Die Reichsaufsicht, in: *Anschütz/Thoma* (Hrsg.), Handbuch des Deutschen Staatsrechts, 1. Band, 1930, S. 363.

[4] BSGE 31, 247 (257).

[5] Siehe etwa *Harald Bogs,* Die Sozialversicherung im Staat der Gegenwart, 1973, S. 187: „spannungsvolle Kooperation". Ähnlich BSGE 67, 85 (87): „partnerschaftliche Kooperation".

[6] Zur Begrenzung auf den Körperschaftszweck siehe bereits *Forsthoff,* Lehrbuch des Verwaltungsrechts, 9. Aufl. 1966, S. 448; ferner *Wolff/Bachof/Stober,* Verwaltungsrecht Bd. 2, 6. Auflage 2000, S. 279 m.w.N. Zu möglichen Konsequenzen siehe LSG Berlin, MedR 2002, 370. Zur Abgrenzung von allgemein-politischem und standespolitischem Mandat: LSG NRW, Breith 1979, 393 (Nr. 104). S.a. unten Rdn. 13f.

[7] *Schnapp,* Die Ersatzvornahme in der Kommunalaufsicht, S. 29ff.; *ders.,* HS-KV, § 52 Rdn. 11–13.

Zweckmäßigkeitserwägungen Raum schaffen, eröffnet insbesondere der Haushaltsgrundsatz der Wirtschaftlichkeit und Sparsamkeit.[8]

2. Dienstaufsicht

4 Während Staatsaufsicht sich als **Körperschaftsaufsicht** darstellt, bedeutet Dienstaufsicht die Beaufsichtigung des persönlichen Verhaltens von Amtswaltern durch vorgesetzte Stellen.[9] Voraussetzung der Dienstaufsicht ist also stets ein Verhältnis der Über- und Unterordnung mit Weisungsbefugnissen. Die Kassenärztlichen Vereinigungen stehen aber zu den Aufsichtsbehörden in keinem derartigen Verhältnis dienstlicher Nachordnung, so dass für eine Dienstaufsicht hier kein Raum ist.[10]

3. Staatliche Mitwirkungsrechte

5 Unter dem Begriff der Mitwirkungsrechte werden vor allem **Zustimmungen** zu **und Genehmigungen** von Organisations- und Rechtsetzungsakten durch die staatlichen Aufsichtsbehörden verstanden. Ihre Regelung haben sie nicht an einer zentralen Stelle gefunden, die sich über die Befugnisse der Aufsicht (Aufsichtsmittel) verhält, sondern an dem je einschlägigen Ort. Nach einer Ansicht stellt diese Form staatlicher Mitwirkung sich als präventive Staatsaufsicht dar,[11] während die ganz überwiegende Meinung davon ausgeht, dass es sich hier um besondere Mitwirkungshandlungen des Staates außerhalb der Aufsicht handelt.[12] Mehr als auf die begriffliche Zuordnung kommt es allerdings darauf an, unter welchen Voraussetzungen und nach welchen Maßstäben diese Befugnisse ausgeübt werden.[13] Für den Bereich der Kassenärztlichen Vereinigungen ist hier an erster Stelle die **Genehmigung der Satzung** nach § 81 Abs. 1 Satz 2 SGB V zu nennen,[14] während Erteilung, Versagung und Widerruf der Zustimmung nach § 77 Abs. 1 und 2 SGB V durch Zeitablauf obsolet geworden sind. Spezialgesetzlich geregelt ist z. B. die **Beanstandung bei Vergütungsvereinbarungen** (§ 71 Abs. 4 SGB V) und bei **Entscheidungen der Schiedsämter** (§ 89 Abs. 5 SGB V), die aus diesem Grund gesondert abgehandelt wird (unten sub VII und VIII). Nicht der Rechtskontrolle, sondern der Aufrechterhaltung der Funktionsfähigkeit des vertragsärztlichen Versorgungssystems dienen sog. **Selbsteintrittsrechte** wie die Bestellung eines Beauftragten (§ 79a SGB V),[15] der ersatzweise Erlass von Richtlinien nach § 94 Abs. 1 Satz 3 SGB V[16] oder die ersatzweise Anrufung des Schiedsamtes (§ 89 Abs. 1a SGB V).[17]

6 Auch soweit die Aufsichtsbehörde im Bereich der Mitwirkungsrechte nicht auf eine reine Rechtmäßigkeitskontrolle beschränkt ist,[18] darf sie doch ihr Ermessen nicht nach

---

[8] S. dazu etwa BSGE 86, 203 = MedR 2001, 95 mit Anm. von *Schnapp* MedR 2001, 269; *Steinhilper,* Rechtsaufsicht über die Kassenärztlichen Vereinigungen, S. 62f., 64f.; *Schnapp* SGb 1996, 621 (625).

[9] *Rudolf,* in: Erichsen (Hrsg.), Allgemeines Verwaltungsrecht, 12. Auflage 2002, § 53 Rdn. 48; *Maurer,* Allgemeines Verwaltungsrecht, 14. Auflage 2002, § 22 Rdn. 32.

[10] S. a. *Schnapp/Düring* NJW 1988, 738f.

[11] *Stößner* S. 40; *Schirmer/Kater/Schneider* 100 S. 1.

[12] BSGE 37, 272 (276); BSG SozR 3–2400 § 41 Nr. 1 S. 3 mit weiteren Nachweisen; *Hauck,* in: Hauck-Haines, SGB IV, § 87 Rdn. 5; *Schirmer/Kater/Schneider* 500 S. 1.

[13] *Schnapp,* HS-KV, § 52 Rdn. 16.

[14] Anderes autonomes Recht ist nicht genehmigungspflichtig: BSGE 44, 252; *Auktor,* in: LPK-SGB V, 2. Aufl. 2003, § 81 Rdn. 3.

[15] Dazu BSGE 88, 193 = SozR 3–2500 § 79a SGB V Nr. 1.

[16] Dazu *Kaltenborn* VSSR 2000, 249.

[17] Dazu *Düring,* in: Schnapp (Hrsg.), Handbuch des sozialrechtlichen Schiedsverfahrens, 2004, Kap. F, Rdn. 579f.

[18] So die mittlerweile h. M.: BSGE 23, 206 (209); 37, 272 (276); *Funk* VSSR 1990, 261 (264); *Emde,* Die demokratische Legitimation der funktionalen Selbstverwaltung, 1991, S. 171; *Kaltenborn* VSSR 2000, 249 (255).

Belieben ausüben. Damit würde sie die Feststellung des Bundesverfassungsgerichts beiseite schieben, wonach das Prinzip der Selbstverwaltung „nicht ernst genug genommen" würde, „wenn der Selbstgesetzgebung autonomer Körperschaften so starke Fesseln angelegt würden, dass ihr Grundgedanke, die in den gesellschaftlichen Gruppen lebenden Kräfte in eigener Verantwortung zur Ordnung der sie besonders berührenden Angelegenheiten heranzuziehen, nicht genügend Spielraum fände."[19] Daher ist das Ermessen der Aufsichtsbehörde durch die konkreten Zwecke begrenzt, um deretwillen ihr das Mitwirkungsrecht eingeräumt ist.[20] Dabei ist stets auch die Primärkompetenz der Selbstverwaltung zu respektieren.[21]

7 Im Bereich von **Satzungsgenehmigungen** bei Kranken- und Pflegekassen hat das Bundessozialgericht allerdings – ungeachtet der neutral gehaltenen Bestimmungen in § 195 Abs. 1 SGB V, § 47 Abs. 2 SGB XI – festgestellt, dass die Genehmigung nur aus Rechtsgründen versagt werden darf.[22] Dann kann im Bereich der Kassenärztlichen Vereinigungen (§ 81 Abs. 1 Satz 2 SGB V) insoweit nichts anderes gelten.

III. Die Aufsichtsbehörden

8 Aus dem föderativen Staatsaufbau der Bundesrepublik Deutschland und den konkretisierenden Bestimmungen der Art. 83ff. GG für den Gesetzesvollzug resultiert ein **bipolares Bund-Länder-Verteilungsmodell** im Hinblick auf die Aufsichtsführung. Dem entspricht auch die einfach-gesetzliche Ausgestaltung der Zuständigkeiten in § 78 Abs. 1 und 2 SGB V.[23] Die Tätigkeit der Kassenärztlichen Vereinigungen entspricht dem „Regeltypus" des Art. 83 GG. Sie selbst sind Einrichtungen der (mittelbaren) Landesverwaltung und führen Bundesrecht (v.a. SGB V) als eigene Angelegenheit aus.[24] Die Ingerenzbefugnisse des Bundes, einschließlich seiner Aufsichtsbehörden in diesem Bereich, sind in Art. 84 GG abschließend geregelt.[25] Ansonsten gilt die Zuständigkeitsverteilung so, wie sie § 78 SGB V vorgenommen hat. Sie entspricht dem Verteilungsmuster in § 90 SGB IV.

---

[19] BVerfGE 33, 125 (159).

[20] BSG SozR 3–2400 § 41 Nr. 1 S. 5 f.; *Schirmer/Kater/Schneider* 530 S. 4; *Salzwedel,* SDSGV Bd. 1, 1966, S. 53, 61: *P. Krause,* in: Entwicklung des Sozialrechts, Aufgabe der Rechtsprechung, Festgabe aus Anlaß des 100jährigen Bestehens der sozialgerichtlichen Rechtsprechung, 1984, S. 601; *Kaltenborn,* VSSR 2000, 249 (255); *Kranast,* Der Umfang der Genehmigungs-, Zustimmungs- und Bestätigungsrechte der Aufsichtsbehörden gegenüber den Trägern der Sozialversicherung, Diss. Köln 1962, S. 114 m.w.N.; *Wallerath,* Rechtsetzungsbefugnis der Berufsgenossenschaften und Fachaufsicht, 1997, S. 43.

[21] *P. Krause,* in: Festschrift 25 Jahre Bundessozialgericht, 1979, Band 1, S. 185ff. (200f.).

[22] BSGE 70, 149 (150); BSG SozR 3–3300 § 47 Nr. 1 S. 3; BSG NZS 2003, 374 (376).

[23] Abs. 2 dieser Vorschrift ist derzeit ohne Anwendungsbereich, da es keine gemeinsamen Kassenärztlichen Vereinigungen gibt.

[24] Behörden im Sinne von Art. 84 GG sind nicht nur Verwaltungseinheiten der unmittelbaren, sondern auch der mittelbaren Staatsverwaltung auf der Länderebene: BVerfGE 77, 288 (299).

[25] BVerfGE 63, 1 (39); BVerwG, DVBl. 1995, 808; *Stern,* Das Staatsrecht der Bundesrepublik Deutschland, Band II, 1980, S. 797; *Broß,* in: von Münch/Kunig, Grundgesetz-Kommentar, Band 3, 4./5. Aufl. 2003, Art. 84 Rdn. 24–26, Art. 85 Rdn. 11; *Gerner* BayVBl. 1955, 193 (195); *Lerche,* in: Maunz/Dürig, GG, Art. 83 Rdn. 84; *Ossenbühl,* Verwaltungsvorschriften und Grundgesetz, 1968, S. 373f., 425f.; *Köttgen* JöR 11 (1962), 173 (187f.); *Tiemann,* Gemeinschaftsaufgaben von Bund und Ländern in verfassungsrechtlicher Sicht, Berlin 1970, S. 75; *Trute,* in: von Mangoldt/Klein/Starck, Das Bonner Grundgesetz, Band 3, 4. Aufl. 2001, Art. 84 Rdn. 2ff.; *W. Weber* DRV 1969, S. 121 (131); *Loeser,* Theorie und Praxis der Mischverwaltung, 1976; S. 209f.; a.A. *H. Bogs,* Die Sozialversicherung im Staat der Gegenwart, 1973, S. 266; *Sendler* DÖV 1981, 409ff. S.a. die Auflistung bei *Maurer,* Staatsrecht, 1999, S. 620ff.; zur Unzulässigkeit eines Durchgriffs von der Bundes- auf die Landesebene siehe *Schnapp* NZS 2003, 1ff.; *Düring,* in: Schnapp (Hrsg.), Handbuch des sozialrechtlichen Schiedsverfahrens, 2004, Kap. F, Rdn. 573.

IV. Der Aufsichtsmaßstab

1. Gesetz und sonstiges Recht

9 Eingreifende Maßnahmen, wie sie die Akte der Staatsaufsicht darstellen, bedürfen einer sondergesetzlichen **Ermächtigung,** welche die Befugnis zum Einschreiten auf ebendiese Art und Weise begründet. Bloße Zuständigkeits- und Aufgabenzuweisungsnormen geben keine taugliche Ermächtigung in diesem Sinne ab.[26] Das bedeutet, dass jede nicht gesetzlich fundierte Ingerenz des Staates in den Selbstverwaltungsbereich rechtswidrig ist.[27] Nach § 78 Abs. 3 Satz 1 SGB V erstreckt sich die Aufsicht auf die Beachtung von Gesetz und sonstigem Recht. Es besteht Einigkeit darin, dass hierunter das **Gesetz im materiellen Sinne** zu verstehen ist.[28] Keine endgültige Klarheit herrscht allerdings in der Frage, welche Arten von Rechtssätzen im Einzelnen unter diese Kategorie zu subsumieren sind. Von vornherein untauglich sind allerdings in ungebundener Rechtsfindung hervorgebrachte Figuren wie „Strukturen des Sozialversicherungsrechts“[29] oder ähnliches.

10 **a) Verfassungsrecht.** Die Kassenärztlichen Vereinigungen als Körperschaften des öffentlichen Rechts (§ 77 Abs. 5 SGB V) sind Teil der vollziehenden Gewalt im Sinne von Art. 1 Abs. 3, 20 Abs. 2 und 3 GG und als solche gehalten, „Gesetz und Recht“ (Art. 20 Abs. 3 GG) zu beachten, was die Verfassung selbst mit ihren Staatsstruktur- und Staatszielbestimmungen, aber auch Grundrechtsbestimmungen (Art. 1 Abs. 3 GG) einschließt.[30] Diejenigen Ausprägungen des Rechtsstaatsprinzips sowie die Grundrechte, die Gesetzgebung und vollziehende Gewalt im Verhältnis zum Vertragsarzt binden, haben auch die Kassenärztlichen Vereinigungen gegenüber ihren Mitgliedern zu beachten. Insofern kann auf die Darstellung in § 4 Rdn. 24ff. verwiesen werden.

11 Von der Pflicht, Verfassungsrecht zu beachten, ist die Verwerfungskompetenz zu unterscheiden, d.h. die Befugnis, für verfassungswidrig gehaltenes (!) Recht nicht anzuwenden. Es ist gesicherte Meinung, dass die vollziehende Gewalt **keine** derartige **Verwerfungskompetenz** hat,[31] also Rechtssätze nicht wegen (angeblichen) Widerspruchs zu höherrangigem Recht unangewendet lassen darf.

12 **b) Gesetz.** Gesetz im formellen Sinne sind alle im verfassungsrechtlich vorgesehenen Gesetzgebungsverfahren (Art. 76ff. GG) zustande gekommenen Rechtsvorschriften. Sie gehen dem sonstigen Recht im Range vor. Für Kassenärztliche Vereinigungen sind vor allem bedeutsam die einschlägigen Bücher des Sozialgesetzbuchs (SGB I, IV, V und X). Hinzuweisen ist in diesem Zusammenhang auf die Bestimmungen, die den Körperschaftszweck, d.h. den Aufgabenkreis festlegen, also vor allem § 72 SGB V in Verbindung mit § 75 Abs. 1 SGB V (Sicherstellungsauftrag) und § 75 Abs. 2 SGB V (Wahrnehmung der Rechte der Vertragsärzte). In Bezug auf die Aufsicht entfalten diese Bestimmungen aber nur insoweit rechtliche Relevanz, als sie Überschreitungen des Aufgabenkreises untersagen. Hingegen eignen sie sich nicht als Grundlagen für Aufsichtsanordnungen, mit denen ein ganz bestimmtes Verhalten verlangt wird (vgl. näher unten V. 3. b). Gesetzeskraft kommt auch den **Entscheidungen des BVerfG** nach Maßgabe des § 31 Abs. 2 BVerfGG zu.

---

[26] *Schenke,* Polizei- und Ordnungsrecht, in: Steiner (Hrsg.), Besonderes Verwaltungsrecht, 7. Aufl. 2003, Abschn. II. Rdn. 20; *Schnapp* BKK 1969, 97 mit Nachweisen in Fußn. 7; *ders.*, SDSRV 31 (1988), 116 (123f. mit Nachweisen in Fußn. 28 und 52ff.).

[27] *Stern,* Bonner Kommentar, Art. 28 Rdn. 13.

[28] *Schnapp* SDSRV 31 (1988), S. 131 m.w.N.

[29] BSG vom 13. 11. 1974 (SozR 2200 § 368e Nr. 1 = NJW 1975, 1478), aufgehoben von BVerfGE 54, 224 = SGb 1982, 240 mit zust. Anm. von *Schnapp* SGb 1982, 242.

[30] Zur Bedeutung der Formel „Gesetz und Recht“ siehe *Schnapp,* in: von Münch/Kunig (Hrsg.), Grundgesetz-Kommentar Band 2, 4./5. Aufl. 2001, Art. 20 Rdn. 42ff.

[31] *Ossenbühl* Die Verwaltung 1969, 393ff.; s.a. *Maurer,* Allgemeines Verwaltungsrecht, 14. Aufl. 2002, § 4 Rdn. 44f.

13 Insbesondere die Frage, wie weit eine Kassenärztliche Vereinigung bei der **Interessenvertretung** zugunsten ihrer Mitglieder gehen und welcher Mittel sie sich dabei bedienen darf, hat in der Vergangenheit Aufsichtsbehörden und Gerichte beschäftigt. So haben beispielweise Aktionsprogramme, Informationstage und Plakataktionen aufsichtsbehördliches Einschreiten evoziert.[32] Folgende Leitlinien lassen sich dabei ausmachen: Da Kassenärztliche Vereinigungen sich nach der – allerdings nicht unumstrittenen – Rechtsprechung des Bundesverfassungsgerichts nicht auf Grundrechte berufen können,[33] ist ihnen der Rekurs auf die Meinungsäußerungsfreiheit (Art. 5 Abs. 1 Satz 1 GG) verschlossen. Gleichwohl hat sich in Ansätzen eine Dogmatik entwickelt, die eine gewisse Ähnlichkeit mit der Grundrechtsdogmatik erkennen lässt. Dabei gilt: Die Wahrnehmung von Mitgliederinteressen ist eine Aufgabe der Kassenärztlichen Vereinigungen, die bereits aus der körperschaftlichen Verfassung folgt und gleichsam deren Reflex ist.[34] Daher greift die gesetzliche Formulierung in § 75 Abs. 2 SGB V zu kurz;[35] sie erweckt – bei isolierter Lektüre – den Eindruck, die Interessenvertretung gegenüber anderen Stellen als den Krankenkassen gehöre nicht zur Aufgabe der Kassenärztlichen Vereinigungen. Schon die Verwaltungspraxis bietet ein anderes Bild, ohne dass hiergegen rechtliche Bedenken geäußert worden wären. Des Weiteren ist festzuhalten, dass Aufgabenzuweisungen eine Berechtigungs- und Verpflichtungskomponente aufweisen: Eine Kassenärztliche Vereinigung ist nicht frei darin, ob sie die Interessen ihrer Mitglieder wahrnehmen will oder nicht.[36] Ausgemacht ist ferner, dass der Kassenärztlichen Vereinigung **kein allgemeinpolitisches Mandat** zukommt.[37] Die Grenze zum gesundheitspolitischen und standespolitischen Mandat ist dabei allerdings nicht einfach zu ziehen.[38] Die in diesem Rahmen zulässige Öffentlichkeitsarbeit muss allerdings sachlich und informativ sein, was nach Teilen der Rechtsprechung bedeuten soll, dass sie nicht polemisch und plakativ sein dürfe.[39] Bei einer Öffentlichkeitsarbeit, die der Wahrnehmung von Interessen dient, ist jedoch ein gewisses Maß an Polemik nicht zu vermeiden; und Plakataktionen sind nun einmal „plakativ".

14 Insbesondere in Vorfeld von **Gesetzgebungsvorhaben,** von deren Auswirkungen Vertragsärzte, aber auch Versicherte betroffen sein können, ergibt sich aus der Sicht der Kassenärztlichen Vereinigungen die Notwendigkeit, hierzu Stellung zu beziehen, zumal im förmlichen Gesetzgebungsverfahren Einwendungen dieser Art ausgeschlossen sind und eine Korrektur eines beschlossenen Gesetzes illusorisch erscheint.[40] In einer solchen Situation darf die Aufsichtsbehörde gegen unwahre oder in der Form diffamierende Äußerungen vorgehen, ebenso ist jedoch darauf zu achten, dass die Aufsicht nicht parteipolitisch instrumentalisiert wird oder als **politisches Steuerungsinstrument** missbraucht wird.[41] Die Entscheidung darf also nicht davon abhängen, ob sich eine Kassenärztliche Vereinigung „obrigkeitskonform" verhält oder die Regierungspolitik bekämpft.[42]

---

[32] Ein Überblick bei *Steinhilper/Schiller* MedR 2003, 661 mit Fußn. 2 und 3.

[33] BVerfGE 62, 354 (369); s. a. den Überblick bei *Krebs,* in: von Münch/Kunig, Grundgesetz-Kommentar 1, 5. Auflage 2000, Art. 19 Rdn. 41 ff.

[34] *Kluth* MedR 2003, 123 (126).

[35] *Steinhilper/Schiller* MedR 2003, 661 (662). Zu eng daher *Clemens,* Festschrift 50 Jahre BSG, 2004, S. 373 (394 f.).

[36] Vgl. BSGE 86, 126 (132); *Schnapp* SGb 1985, 89 (94).

[37] Allgemein dazu BVerwGE 64, 115 (117); s. a. Landessozialgericht Schleswig-Holstein, Breith 2000, 995 (997 f.); umfassende Nachweise bei *Kunig,* in: von Münch/Kunig (Hrsg.), Grundgesetz-Kommentar Bd. 1, 5. Auflage 2000, Art. 2 Rdn. 29, Stichwort „Zwangsverband".

[38] Dazu etwa LSG NRW, Breith 1979, 393 (Nr. 104). Siehe ferner LSG Berlin, MedR 2002, 370 sowie *Clemens,* Festschrift 50 Jahre BSG, 2004, S. 373 (391 ff.).

[39] So etwa LSG NRW, Breith 1979, 393 (Nr. 104).

[40] *Steinhilper/Schiller* MedR 2003, 661.

[41] *Steinhilper/Schiller* MedR 2003, 661 (664).

[42] Vgl. dazu BVerwGE 59, 231 (239).

15 Überschreitet eine Kassenärztliche Vereinigung die ihr so gezogenen Grenzen, ist das nicht nur ein Anlass zu aufsichtsbehördlichem Einschreiten; auch dem einzelnen Mitglied steht in diesem Fall ein **Unterlassungsanspruch** zu,[43] **nicht** jedoch das Recht zur **Beitragsverweigerung** oder -reduzierung.[44]

16 **c) Rechtsverordnung.** Die Rechtsverordnung als das „Gesetz der vollziehenden Gewalt" hat im Vertragsarztrecht keine überragende Bedeutung. Zu nennen sind einmal organisationsrechtliche Rechtsverordnungen im Bereich der Schiedsämter sowie der Landes- und Bundesausschüsse, zum anderen die Zulassungsverordnungen auf der Grundlage von § 98 SGB V, also die Ärzte-ZV[45] und die Zahnärzte-ZV. Daneben gibt es Ermächtigungen zum ersatzweisen Erlass von Rechtsverordnungen für den Fall, dass Gremien der gemeinsamen Selbstverwaltung ihrem Regelungsauftrag nicht rechtzeitig nachkommen (→ § 9 Rdn. 8f.).[46]

17 **d) Autonomes Recht.** Mit dem Selbstverwaltungsrecht (→ § 5a Rdn. 28) ist auch bei den Kassenärztlichen Vereinigungen die Befugnis verbunden, autonomes Recht zu setzen. Dabei kann man unterscheiden zwischen der Satzung im formellen Sinne (§ 81 SGB V), für die der Mindestinhalt vorgeschrieben ist, und sonstigem autonomem Recht, wie es etwa der Honorarverteilungsmaßstab (siehe aber sogleich Rdn. 19), die Disziplinarordnung oder die Notfalldienstordnung darstellen.[47] Wichtig ist, dass auch das autonome Recht einen Maßstab für das Verhalten der Kassenärztlichen Vereinigungen abgibt, an dem sich auch die Aufsichtsbehörde orientieren kann. Für Geschäftsordnungsrecht gilt dies jedenfalls insoweit, als es Bestimmungen enthalten kann, die Aussagen über das ordnungsgemäße Zustandekommen autonomen Rechts machen.[48]

18 **e) Verwaltungsvorschriften.** Diese Rechtsnorm-Kategorie erlangt hinsichtlich der Kassenärztlichen Vereinigungen Bedeutung nur im Rahmen des Haushaltsrechts und des Rechnungswesens. Daher sei auf die Ausführungen unter VI. verwiesen.

19 **f) Normenverträge.** Zu nennen sind hier der Bundesmantelvertrag, die Gesamtverträge, dreiseitige Verträge, der ab 1. Juli 2004 anzuwendende, mit den Kassenverbänden zu vereinbarende Verteilungsmaßstab (§ 85 Abs. 4 Satz 2 SGB V) und weitere Vereinbarungen (→ § 7 Rdn. 14ff.).[49] Sie sind allesamt für die Kassenärztlichen Vereinigungen verbindlich und geben damit grundsätzlich einen Maßstab für aufsichtsbehördliche Maßnahmen ab.

20 **g) Richtlinien.** Die Richtlinien vor allem des (jetzt) Gemeinsamen Bundesausschusses der Ärzte und Krankenkassen (§§ 92, 135, 136 Abs. 2 Satz 2, 136a, 136b SGB V), deren Verbindlichkeit „auf verschlungenen Wegen"[50] angeordnet wird, sind für Kassenärztliche Vereinigungen (und ihre Mitglieder) bindend und damit ebenfalls prinzipiell maßstäblich für aufsichtsbehördliches Einschreiten. Die Richtlinien nach § 92 SGB V sind nach dessen Absatz 8 Bestandteil der Bundesmantelverträge und teilen somit deren Vertragscharakter (s. Rdn. 19). Zu nennen sind auch die sog. Abrechnungs-Richtlinien gem. § 106a Abs. 6 Satz 1 SGB V.[51] Ihr Inhalt ist allerdings gem. § 106a Abs. 5 Satz 3 SGB V Bestandteil der

---

[43] Grundlegend BVerwGE 34, 69 (74ff.); 59, 231 (233ff.); 64, 298 (301ff.); weitere Nachweise bei *Clemens,* Festschrift 50 Jahre BSG, 2004, S. 373 (395).

[44] BVerwGE 59, 242 (245ff.).

[45] Sie hat nach Ansicht des Bundessozialgerichts wegen der Änderungen durch das GSG selbst den Rang eines förmlichen Gesetzes: BSGE 91, 164 = SGb 2004, 235 mit. Anm. *Pawlita* SGb 2004, 241.

[46] Siehe auch *Ebsen* HS-KV, § 7 Rdn. 175ff.

[47] Näher dazu *Funk* HS-KV, § 32 Rdn. 32ff.; → § 5a Rdn. 47ff.; → § 10 Rdn. 15f. Die Notfalldienstordnung bedarf nach Ansicht des BSG keiner Genehmigung: BSGE 44, 252.

[48] So auch *Stößner* S. 61. Siehe ferner *Schirmer/Kater/Schneider* 270 S. 1ff.

[49] Siehe ferner *Funk* HS-KV, § 32 Rdn. 14ff.

[50] → § 10 Rdn. 20.

[51] Vom 1. 7. 2004 (DÄBl. 2004, A 2555).

Prüfvereinbarungen nach § 106 Abs. 3 SGB V, er hat daher Normqualität[52] und ist somit den Normenverträgen (Rdn. 19) zuzuordnen.

21 **h) Sonstige Rechtsquellen.** Im Kanon der allgemeinen Rechtsquellenlehre werden darüber hinaus noch aufgelistet: **Gewohnheitsrecht, allgemeine Rechtsgrundsätze** sowie das **Richterrecht.** Sie spielen – soweit ersichtlich – in dem hier abgehandelten Bereich keine praktische Rolle.[53] Allen Rechtssatzkategorien ist gemeinsam, dass sie nur dann als Aufsichtsmaßstab in Betracht kommen, wenn sie hinreichend konkrete **Verhaltensanordnungen** für Kassenärztliche Vereinigungen aufweisen.

2. Insbesondere: Wirtschaftlichkeit und Sparsamkeit

22 § 78 Abs. 3 Satz 3 SGB V verweist für das Haushalts- und Rechnungswesen der Kassenärztlichen Vereinigungen auf die §§ 67 bis 70 Abs. 1 und 3, §§ 72 bis 77 Abs. 1, §§ 78 und 79a Abs. 1 und 2 in Verbindung mit Abs. 3a,[54] für das Vermögen auf die §§ 80 und 85 des Vierten Buches und für die Verwendung der Mittel der Kassenärztlichen Vereinigung auf § 305b (des Fünften Buches) und ordnet ihre entsprechende Anwendung an.[55] Damit ist u.a. § 69 Abs. 2 SGB IV in Bezug genommen, der den **Haushaltsgrundsatz** der Wirtschaftlichkeit und Sparsamkeit aufstellt.[56] Um ihn operationabel zu machen, hat man eine Anleihe beim ökonomischen Prinzip der Betriebswirtschaftslehre genommen und ihr die Unterelemente dieses Prinzips, nämlich das Maximal- und das Minimalprinzip entlehnt: Das Wirtschaftlichkeitsprinzip verlangt entweder, vorhandene Mittel so einzusetzen, dass sie die bestmögliche Aufgabenerfüllung bewirken **(Maximalprinzip)** oder bei festgelegtem Aufgabenumfang sowenig Mittel wie möglich zu verwenden (**Minimalprinzip** = Grundsatz der Sparsamkeit).[57] So einfach diese Grundsätze zunächst anmuten, so „anspruchsvoll an Voraussetzungen"[58] ist ihre Handhabung im Einzelfall. Beide Unterprinzipien stellen sich nämlich einmal die Mittel, ein anderes Mal die Aufgaben als feste Größe vor. Das wird in der Verwaltungswirklichkeit der öffentlichen Haushalte aber entweder nicht oder doch nur in Teilbereichen anzutreffen sein. Eine verlässliche Feststellung, ob das Ausgabeverhalten eines Trägers öffentlicher Verwaltung wirtschaftlich ist oder nicht, setzt aber voraus, dass beide Seiten – Mittel und Aufgaben – mit hinreichender Deutlichkeit feststehen, im haushälterischen Idealfall: mathematisierbar sind. Die Gewissheit schwindet in dem Maße, in welchem beide Größen variabel sind.[59] Am Beginn jeder

---

[52] BSGE 61, 146. Nach dieser Entscheidung sind die Prüfvereinbarungen schiedsamtsfähig. Dazu auch *Schnapp,* in: ders. (Hrsg.), Handbuch des sozialrechtlichen Schiedsverfahrens, 2004, Kapitel B Rdn. 31 m.w.N.

[53] Siehe im Übrigen dazu *Schnapp* HS-KV, § 52 Rdn. 54ff. m.w.N.; *ders.,* SDSRV 31 (1988), 116 (131ff.).

[54] Die Nennung von § 79a ist ein redaktioneller Fehler, da es eine solche Bestimmung im SGB IV nicht gibt; gemeint ist § 79 SGB IV. Vgl. zu den Gründen *Vahldiek,* in: Hauck/Haines, SGB V, K § 78 Rdn. 2.

[55] Hierzu → § 5a Rdn. 38.

[56] Grundlegend dazu: *v. Arnim,* Wirtschaftlichkeit als Rechtsprinzip, 1988; *Burgi,* Der Grundsatz der Wirtschaftlichkeit im Verwaltungsrecht, in: Butzer (Hrsg.), Wirtschaftlichkeit durch Organisations- und Verfahrensrecht, 2004, S. 53ff.; *Butzer,* Wirtschaftlichkeit im Verwaltungsrecht, in: Blanke/Bandemer/Nullmeier/Wewer (Hrsg.), Handbuch zur Verwaltungsreform, 3. Auflage 2005, S. 392ff.; *J. Schmidt,* Wirtschaftlichkeit in der öffentlichen Verwaltung, 6. Auflage 2002: *Schnapp,* Festschrift für von Maydell, 2002, S. 621.

[57] Näher dazu *Cromme* DVBl. 2001, 757 (759); *Gersdorf,* Öffentliche Unternehmen im Spannungsfeld zwischen Demokratie- und Wirtschaftlichkeitsprinzip, 2000, S. 411ff.; *Grupp* DÖV 1983, 661 (662); *Schuppert* VVDStRL 42 (1984), 216 (259). Der Sparsamkeitsgrundsatz ist also neben einem richtig gehandhabten Wirtschaftlichkeitsprinzip entbehrlich; ebenso *Grupp* JZ 1982, 231 (234); *Schuppert* VVDStRL 42 (1984), 216 (259).

[58] *Greifeld,* Der Rechnungshof als Wirtschaftlichkeitsprüfer, 1981, S. 10.

[59] *Krebs,* Kontrolle in staatlichen Entscheidungsprozessen, 1984, S. 185.

Wirtschaftlichkeitsprüfung hat also eine Vergewisserung über Aufgaben und Mittel derjenigen Kassenärztlichen Vereinigung zu stehen, die dieser Prüfung unterzogen wird.[60] Den Einstieg dafür bildet der Haushaltsplan, der sich über die Mittel verhält, die zur Erfüllung der Aufgaben der Kassenärztlichen Vereinigung im Haushaltsjahr voraussichtlich erforderlich sind (§ 68 Abs. 1 SGB IV).

23 Was die **Aufgaben** der Kassenärztlichen Vereinigungen anbelangt, so obliegt ihnen nach dem Gesetz (§ 75 SGB V) vor allem die Sicherstellung der vertragsärztlichen Versorgung und die Gewährleistung für die Einhaltung der gesetzlichen und vertraglichen Erfordernisse; ferner haben sie die Interessen der Vertragsärzte gegenüber den Krankenkassen wahrzunehmen und die Erfüllung der vertragsärztlichen Pflichten zu überwachen. Diese Aufgabenumschreibung ist höchst diffus und vage; vor allem aber: es sind kaum Konturen für eine rechnerische oder sonstige größenmäßige Quantifizierung auszumachen, die es erlaubten, eine Kosten-Nutzen-Relation im Sinne des Wirtschaftlichkeitsgebots herzustellen. Dem Minimierungsgrundsatz kann aber nur entsprochen werden, wenn das Ausmaß der Aufgabenerfüllung hinreichend bestimmt ist. Hier erweist sich, dass das Wirtschaftlichkeitsgebot situationsbedingt ist; es kommt darauf an, wie hinreichend Mittel einerseits, Zwecke andererseits heteronom vordeterminiert und wie verlässlich sie feststellbar sind. Zudem gibt es angesichts dieser offenen Normen die Möglichkeit der schlechten, der mäßigen, der guten und der optimalen Aufgabenerfüllung.

24 Die einzige Bestimmung, die sich über die „gegebenen Mittel" (im Sinne des Maximalprinzips) verhält, ist § 81 Abs. 1 Nr. 5 SGB V. Danach muss die Satzung Bestimmungen enthalten über Aufbringung und Verwaltung der **Mittel.** Inhaltliche Vorgaben über Bemessungsparameter und Verwendungszweck fehlen völlig. Das heißt nichts anderes, als dass der **Vertreterversammlung** bei der Frage danach, was die „gegebenen Mittel" im Sinne des Maximalprinzips sind und zu welchen Zwecken sie – im Rahmen gesetzlicher Vorgaben – zu verwenden sind, die **Definitionskompetenz** zukommt.[61] Das ist anders bei den gesetzlichen Krankenkassen, bei denen der Gesetzgeber die Definitionskompetenz für Aufgaben (s. etwa § 194 Abs. 2 SGB V) und Mittel (§ 21 SGB IV) selbst in Anspruch genommen hat. Das erweist sich im Übrigen als systemkonform, wenn man einen Blick auf die Herkunft der Mittel wirft. Die Versicherungsträger ziehen Beiträge ihrer Versicherten ein und verwalten diese gleichsam treuhänderisch, um mit ihnen auf der anderen Seite die Versicherungsleistungen bestreiten zu können. Wiederum anders die Kassenärztlichen Vereinigungen: Sie führen keine Versicherung durch, erheben also keine Beiträge, um Sozialleistungen erbringen zu können, sie treten überhaupt nicht in Kontakt zu den Versicherten. Vielmehr resultiert das Beitragsaufkommen aus Honoraren, die den Ärzten endgültig als eigene zustehen. Suchte man nach einer Kurzformel, so verwalten die Krankenkassen Fremdmittel,[62] die Kassenärztlichen Vereinigungen dagegen Eigenmittel.[63]

25 Juristische Brisanz erlangt das Wirtschaftlichkeitsgebot dadurch, dass es seine normative Wirksamkeit erst in einem **Kontrollgefüge** entfaltet. Für die wirtschaftende Stelle stellt es eine Verhaltens- oder Bindungsnorm dar, für Rechnungsprüfungs- und Aufsichtsbehörden eine Kontrollnorm. Da aufsichtsbehördliche Maßnahmen wie beispielsweise die Beanstandung von Haushaltsansätzen ihrerseits zur gerichtlichen Kontrolle gestellt werden können,

---

[60] Verfehlt daher der Ansatz des Bundessozialgerichts, wenn es bei der Frage der Entschädigung des Vorstandsvorsitzenden einer Kassenärztlichen Vereinigung einen Vergleich mit Besoldungsgruppen des Beamtenrechts anstellt: *BSGE* 86, 203 ff. Dazu *Schnapp* MedR 2001, 269 (271). Zutreffend dagegen OVG NRW, ZFSH/SGB 2005, 79 (80).

[61] Siehe auch *Dudda,* Die Binnenstruktur der Krankenversicherungsträger nach dem Gesundheitsstrukturgesetz, 1996, S. 114 ff.; *Hencke,* in: Peters, Handbuch der Krankenversicherung (Loseblatt, Stand: Januar 2004), § 78 SGB V Rdn. 4.

[62] Dass aus diesen die sächlichen und personellen Kosten bestritten werden (müssen), ist selbstverständlich.

[63] So auch *Hencke,* in: Peters, Handbuch der Krankenversicherung (Loseblatt, Stand: Januar 2004), § 78 SGB V Rdn. 4; *Hess,* Die Rechtsaufsicht über die Kassenärztlichen Vereinigungen, S. 54.

erlangt der Grundsatz aber ebenso Bedeutung für die Nachprüfung dieser Maßnahmen durch die Rechtsprechung. Ein Problem dabei ist das der sog. „Kontrolldichte", die Chiffre für die damit verbundenen rechtsdogmatischen Probleme der unbestimmte Rechtsbegriff. Nach wohl einhelliger Meinung in Rechtsprechung und Literatur ist „Wirtschaftlichkeit und Sparsamkeit" ein solcher **unbestimmter Rechtsbegriff** (näher dazu unten IV. 4). Was die Überprüfung der Einhaltung dieses Maßstabs und die Ersetzung der Verwaltungsentscheidung durch Aufsichtsbehörden angeht, so hat das Bundessozialgericht ausgeführt: *„Schon die sachbedingten Schwierigkeiten einer Erfolgskontrolle fordern, daß dem einzelnen Versicherungsträger bei der Beurteilung der Wirtschaftlichkeit und Sparsamkeit einer Maßnahme ein Beurteilungsspielraum in Gestalt einer ‚Einschätzungsprärogative' verbleiben muß. Dieses ‚Vorrecht' des Versicherungsträgers wird durch das ihm zustehende Selbstverwaltungsrecht noch verstärkt. Der Grundsatz maßvoller Ausübung der Rechtsaufsicht verlangt bei der Handhabung derart unbestimmter Rechtsbegriffe wie derjenigen der Wirtschaftlichkeit und Sparsamkeit, daß der Verwaltung im allgemeinen ein ‚gehöriger Bewertungsspielraum' verbleibt."*[64] Damit bewegt es sich auf einer Linie, die im Kommunalrecht schon seit geraumer Zeit als Gemeingut gilt.[65]

26 Entschließt sich die Aufsichtsbehörde dazu einzuschreiten, weil sie den Haushaltsgrundsatz verletzt sieht, dann ist zwischen zwei Konstellationen zu unterscheiden: hat die der Aufsicht unterliegende Kassenärztliche Vereinigung etwas „ins Werk gesetzt", das nach Ansicht der Aufsichtsbehörde gegen maßstabbildendes Recht verstößt, also rechtswidrig ist,[66] dann kann diese nach vorheriger **Beratung**[67] die Kassenärztliche Vereinigung verpflichten, „die Rechtsverletzung zu beheben" (§ 89 Abs. 1 Satz 2 SGB IV). Dem entspricht im Arsenal der kommunalrechtlichen Aufsichtsmittel die **Beanstandung.** Kommt die Kassenärztliche Vereinigung dem Aufhebungsverlangen nicht nach, so kann die Aufsicht zur (ersatzweisen)[68] Aufhebung schreiten. Die Struktur des Rechtsgewinnungsprozesses ist bei dieser Konfiguration eher einfach, da hier ein Rechtsakt (Beschluss, Satzungsbestimmung, Verwaltungsakt, rechtsgeschäftliche Willenserklärung) vorhanden ist, der sich anhand der Dichotomie rechtmäßig/rechtswidrig beurteilen lässt – tertium non datur.

27 Schwieriger ist die Situation, wenn die Kassenärztliche Vereinigung das Recht durch Unterlassen verletzt. Dann bekommt der Verpflichtungsbescheid – um im Bild des Kommunalrechts zu bleiben – die Gestalt einer **Anordnung.** Ein dahingehendes Verlangen der Aufsichtsbehörde setzt voraus, dass die beaufsichtigte Körperschaft eine ihr kraft Gesetzes obliegende Verpflichtung nicht erfüllt.[69] Nun ergibt sich die „praktisch wichtigste Problematik der Staatsaufsicht"[70] daraus, dass manche der an die Selbstverwaltungskörperschaften gerichteten Vorschriften dem Wortlaut nach positiv formulierte Pflichten enthalten, sich aber gleichwohl nicht dazu eignen, der Körperschaft ein ganz bestimmtes Verhalten im Aufsichtswege abzuverlangen, und zwar aus folgendem Grunde: Die Anordnung schafft kein neues Recht, der Versicherungsträger ist nicht erst aufgrund ihrer verpflichtet zu handeln, sondern schon aus dem Gesetz. Die Anordnung setzt die gesetzliche Verpflichtung bereits voraus. Deshalb und dabei muss die angesonnene Verpflichtung im Gesetz derart ausgestaltet sein, dass die Kassenärztliche Vereinigung schon aus diesem selbst

---

[64] BSGE 71, 108, 110.

[65] Siehe etwa *Salzwedel* VVDStRL 22 (1965), S. 206ff. (237ff.); *Schnapp,* Die Ersatzvornahme in der Kommunalaufsicht, 1972, S. 51ff.

[66] Eine Legaldefinition der Rechtswidrigkeit eines Verwaltungsaktes enthält § 44 Abs. 1 S. 1 SGB X. Vgl. dazu *Schnapp* SGb 1993, 1 (2).

[67] Zu den Anforderungen an die Intensität der Beratung siehe BSGE 67, 78, 83f.; *Funk* VSSR 1990, 261, 266f.

[68] Zur Abgrenzung von unmittelbarem Zwang und Ersatzvornahme im Vollstreckungsrecht siehe *Maurer,* Allgemeines Verwaltungsrecht, 14. Aufl. 2003, § 20 Rdn. 18 m.w.N.

[69] *Baier,* in: Krauskopf (Hrsg.), Soziale Krankenversicherung/Pflegeversicherung, 3. Aufl. 1989, § 89 SGB IV, Rdn. 2; *Schnapp* DÖV 1979, 659 (660).

[70] So *Salzwedel* VVDStRL 22 (1965), 206 (237).

muss ersehen können, wozu sie im Einzelnen verpflichtet ist, damit sie sich entsprechend verhalten kann. Das ist hier nicht anders als sonst in der staatlichen Eingriffsverwaltung: Konkrete verpflichtende Akte der vollziehenden Gewalt müssen durch Gesetz derart zugelassen sein, dass die Voraussetzungen für den eingreifenden Akt tatbestandsmäßig normiert sind.[71] Auch für die Staatsaufsicht gilt, „daß der Beaufsichtigte ohnehin schon weiß oder doch zu wissen rechtlich in der Lage ist, was rechtlich von ihm verlangt ist."[72]

28 Nun ist zwar das Gebot der wirtschaftlichen und sparsamen Haushaltsführung kein unverbindlicher Programmsatz, gleichwohl weist es **keinen unmittelbar realisierbaren Gehalt** in der Weise auf, dass es die Verpflichtung speichern würde, gleichsam eine administrative Punktlandung auf einem ziffernmäßig festgelegten Betrag zu absolvieren. Das Wirtschaftlichkeitsgebot führt **nicht** in die **Alternativlosigkeit.** Das gilt jedenfalls dort, wo die Zweck-Mittel-Relation sich nicht mehr eindeutig isolieren lässt. Lassen sich Zwecke und Mittel nicht in ein rein monetäres Verhältnis bringen, erweist sich die Suche nach der „einzig richtigen Entscheidung" als Illusion.[73] Deshalb ist hier eine Art **„Umkehrinterpretation"**[74] vorzunehmen, mit welcher die positive sprachliche Formulierung auf ihren negativen Aussagegehalt zurückgeführt wird. Das gilt insbesondere dort, wo die fachliche Autonomie von Selbstverwaltungskörperschaften ins Spiel kommt.[75] Dabei gibt es nach allgemeinem Haushaltsrecht drei Grundkonstellationen:[76] Entweder das überprüfte Verhalten fällt in den Bereich der fachlichen Autonomie. Dann ist es der Beanstandung weitgehend entzogen. Oder es handelt sich um reine Verwaltungsroutine, die zudem noch zahlenmäßig zu fixieren ist. Dann ist die Handlungsweise tendenziell voll überprüfbar. Zwischen den Polen bewegt sich eine Vertretbarkeitsprüfung.[77] Es können nur offenbar unwirtschaftliche Entscheidungen gerügt werden. Das entspricht der gefestigten Auffassung im Kommunalrecht, wonach der Aufsichtsbehörde die Befugnis einzuschreiten grundsätzlich erst dann eröffnet ist, wenn gemeindliche Maßnahmen „mit den Grundsätzen vernünftiger Wirtschaft schlechterdings unvereinbar" sind.[78]

29 Da nun die Grundsätze vernünftigen Wirtschaftens nicht so offen auf der Hand liegen und die Einhaltung des ökonomischen Prinzips „hinsichtlich der Art, des Umfangs und der Qualität der ... Aufgabenerfüllung in aller Regel objektiv nicht messbar ist,[79] fragt es sich, wo der vom Bundessozialgericht angesprochene **„gehörige Bewertungsspielraum"** seine Schranken findet, mit deren Hilfe ein unkontrolliertes Abgleiten in subjektive Beliebigkeit oder Willkür verhindert werden kann. Einleuchtend und systemkonform

---

[71] BayVGH, DVBl. 1955, 253 ff.; *Wolff,* in: ders./Bachof, Verwaltungsrecht I, 9. Aufl. 1974, § 30 III b 2 (S. 184 f.); *Maurer,* Allgemeines Verwaltungsrecht, 14. Aufl. 2002, § 6 Rdn. 12 a. E. (S. 112); *Wallerath,* Allgemeines Verwaltungsrecht, 4. Aufl. 1992, S. 121. Siehe bereits die Andeutung bei *Otto Mayer,* Deutsches Verwaltungsrecht, 2. Band, 2. Aufl. 1917, S. 720.

[72] *Bullinger* VVDStRL 22 (1965), 264 (291).

[73] Vgl. auch *Schulze-Fielitz* VVDStRL 55 (1996), 231 (256 m. w. N. in Fn. 140).

[74] So *Salzwedel* VVDStRL 22 (1965), 206, 237.

[75] Zum Folgenden siehe BVerwGE 74, 58, 62; *Trute,* Die Forschung zwischen grundrechtlicher Freiheit und staatlicher Institutionalisierung, 1994, S. 479 f.; *Hoffmann-Riem,* Finanzierung und Finanzkontrolle der Landesmedienanstalten, 1993, S. 146; *Böning,* Finanzkontrolle im repräsentativ-demokratischen System, in: ders./von Mutius (Hrsg.), Finanzkontrolle im repräsentativ-demokratischen System, Heidelberg 1990, 39 (43 f.); *Haverkate,* Prüfungsfreie Räume, in Zavelberg (Hrsg.), Die Kontrolle der Staatsfinanzen: Geschichte und Gegenwart 1714–1989. Festschrift zur 275. Wiederkehr der Errichtung der Preußischen General-Rechen-Kammer, 1989, S. 197, 213.

[76] Vgl. *Schulze-Fielitz* VVDStRL 55 (1996), 231 (262 m. w. N.).

[77] Dazu auch *Merten,* in: ders. (Hrsg.), Die Selbstverwaltung im Krankenversicherungsrecht, 1995, S. 11 (23 ff.).

[78] So OVG Rheinland-Pfalz, AS 3, 47 (50); 13, 412 (414); ebenso *Salmen,* Das Wirtschaftlichkeitsprinzip in der kommunalen Finanz- und Haushaltsplanung, 1980, S. 148 ff.; *Schmidt-Jortzig,* Kommunalrecht, 1982, S. 222 (Rdn. 663); *Seewald,* Gemeinderecht, in: Steiner (Hrsg.), Besonderes Verwaltungsrecht, 5. Aufl. 1995, S. 123 (Rdn. 308).

[79] OVG NRW, NVwZ-RR 1991, 509.

erscheint hier die Rechtsprechungslinie des OVG Münster: Die Aufsichtsbehörde kann von einem Verstoß gegen den Wirtschaftlichkeitsgrundsatz ausgehen, wenn die Entscheidung unter keinem Gesichtspunkt vertretbar erscheint. Das ist der Fall, wenn es für die inkriminierte Maßnahme an zureichenden Gründen fehlt. Die Art, wie dieses letztere Merkmal entfaltet wird, weist einen Anklang an die so genannte „Neue Formel" des Bundesverfassungsgerichts auf: Je mehr Haushaltsmittel für die getroffene Maßnahme im Vergleich zu einer anderen Aufgabenlösung aufzuwenden sind, „desto gewichtiger und überzeugender müssen die Gründe hierfür sein".[80] Dies bedeutet, dass der wirtschaftenden Verwaltungseinheit eine Art Darlegungslast aufgebürdet wird: Sie muss nachvollziehbare Gründe dafür vorbringen können, warum sie diese und nicht eine andere Entscheidung getroffen hat. Am fiktiven Beispiel verdeutlicht: Eine Kassenärztliche Vereinigung wird keine überzeugenden Gründe für dafür angeben können, warum sie den Auftrag vergeben hat, die Wasserhähne im Verwaltungsgebäude zu vergolden, wohl jedoch dafür, dass sie sich dazu entschlossen hat, die Büros mit Kommunikationsmitteln nach dem neuesten Stand der Technik auszustatten.

30 Und schließlich: Die erwähnte Relationalität des Wirtschaftlichkeitsbegriffes, seine Situationsbezogenheit und mangelnde Mathematisierbarkeit führen dazu, dass es eine gewisse „Bandbreite" von Entscheidungsmöglichkeiten gibt, die gleichermaßen vom ökonomischen Prinzip abgedeckt sind.[81] Das bringt es zugleich mit sich, dass aus dem Arsenal der Aufsichtsmittel in aller Regel nur die Beanstandung gegenüber bereits getroffenen Maßnahmen zum Zuge kommen kann. Dagegen sind nur wenige Fallgestaltungen denkbar, in denen eine Anordnung am Platze wäre; denn der Grundsatz der Wirtschaftlichkeit und Sparsamkeit verlangt **keine administrative Punktlandung.**

3. Aufsicht bei Ermessensentscheidungen

31 Bis in die 60er Jahre des vorigen Jahrhunderts hinein wurde der Begriff des Ermessens zunächst umfassend als jede Art von Entscheidungsfreiheit der Verwaltung verstanden, die im Bereich der gesetzesfreien Verwaltungstätigkeit ebenso wie beim Gesetzesvollzug sowohl auf der Tatbestandsseite als auch auf der Rechtsfolgenseite einer Norm angesiedelt war. Diese Unterscheidung zwischen Tatbestandsermessen (kognitivem Ermessen) und Rechtsfolgenermessen (volitivem Ermessen) hat sodann einer differenzierenden Betrachtung und Terminologie Platz gemacht.[82] Heute besteht Einmütigkeit dahingehend, dass die Figur des Ermessens die **Rechtsfolgenseite** einer gesetzlichen Regelung betrifft. Ermessen ist immer dann gegeben, wenn bei verwirklichtem Tatbestand das Gesetz der Verwaltung die Wahl zwischen verschiedenen Verhaltensweisen einräumt.[83] Dabei kann sich das Ermessen darauf beziehen, *ob* die Verwaltung *überhaupt* tätig werden will **(Entschließungsermessen),** oder darauf, *welche* der vom Gesetz an sich zugelassenen Maßnahmen sie treffen will **(Auswahlermessen).** Insbesondere bei der Betätigung des Auswahlermessens entfaltet der **Verhältnismäßigkeitsgrundsatz** (Übermaßverbot) dirigierende Kraft, aber auch die Grundrechte, hier vor allem der allgemeine Gleichheitssatz (Art. 3 Abs. 1 GG).

32 **Ermessensentscheidungen** der Kassenärztlichen Vereinigungen sind im Rahmen der Rechtsaufsicht auf Rechtsfehler hin **überprüfbar.** Als solche kennt die tradierte Ermessensfehlerlehre den **Ermessensmangel** (Ermessensnichtgebrauch, Ermessensunterschrei-

---

[80] Ebd., S. 510.

[81] Ebenso *Merten,* in: ders. (Hrsg.), Die Selbstverwaltung im Krankenversicherungsrecht, 1995, S. 11 (23 ff.).

[82] Dazu *Ossenbühl,* in: Erichsen (Hrsg.), Allgemeines Verwaltungsrecht, 12. Aufl. 2002, § 10 Rdn. 10; *Pache,* Tatbestandliche Abwägung und Beurteilungsspielraum, 2001, S. 22.

[83] Vgl. stellv. *Maurer,* Allgemeines Verwaltungsrecht, 14. Aufl. 2002, § 7 Rdn. 7; *Pache,* Tatbestandliche Abwägung und Beurteilungsspielraum, 2001, S. 22 f.

tung), der idR darin besteht, dass sich die entscheidende Stelle irrtümlich dort für gebunden hält, wo ihr vom Gesetz Ermessen eingeräumt ist. **Ermessensüberschreitung** liegt vor, wenn die Verwaltung eine Rechtsfolge wählt, die von der Ermessensvorschrift nicht vorgesehen ist.[84] Von **Ermessensfehlgebrauch** (Ermessensmissbrauch) schließlich spricht man dann, wenn sich die Behörde von anderen Zwecken als denen der Ermessensvorschrift lenken lässt.[85]

33 Bei bestimmten Fallkonstellationen kann sich die „Wahl"-Möglichkeit der Verwaltung auf nur eine einzige Alternative reduzieren, die als allein rechtmäßig erscheint. In diesem Fall spricht man von Ermessensschrumpfung oder **Ermessensreduzierung auf Null.**[86] Diese Figur ist zunächst im Recht der Gefahrenabwehr entwickelt worden.[87] Ob eine solche Reduzierung anzunehmen ist, hängt vor allem von der Einzelfallkonstellation ab und ist insbesondere gegeben, wenn durch das Untätigbleiben der Verwaltung erhebliche Gefahren für wesentliche (Grund-)Rechtsgüter Dritter heraufbeschworen werden. Eine Pflicht zum Tätigwerden schon bei jeder Rechtsverletzung anzunehmen, wie dies manche tun,[88] würde jedoch die grundsätzliche Ermessenseinräumung leerlaufen lassen. Praktische Bedeutung könnte dies etwa erlangen, wenn eine Kassenärztliche Vereinigung es unterlässt, bei erheblicher Verletzung vertragsärztlicher Pflichten, die „Drittwirkung" entfaltet, Maßnahmen nach § 81 Abs. 5 SGB V zu ergreifen.

34 Eine Einschränkung des Ermessens kann sich auch bei einer **Selbstbindung der Verwaltung** ergeben. Eine solche wird angenommen, wenn sich die Verwaltung durch eine längere, gleichmäßige Praxis gewissermaßen selbst „Fesseln anlegt". Dann verlangt das aus Art. 3 Abs. 1 GG resultierende Gebot der Gleichbehandlung, dass sie sich in gleichgelagerten Fällen dieser Praxis entsprechend verhält. Das gilt nur dann nicht, wenn für eine Abweichung von der bisherigen Übung triftige Gründe vorliegen, so etwa, wenn mit der abweichenden Entscheidung eine neue Verwaltungspraxis eingeleitet werden soll.[89] Eine rechtswidrige Verwaltungspraxis ist jedoch nicht in der Lage, eine Selbstbindung herbeizuführen. Anders gewendet: Es gibt keine „Gleichheit im Unrecht"; niemand hat einen Anspruch auf Fehlerwiederholung.[90]

4. Aufsicht bei der Anwendung unbestimmter Rechtsbegriffe

35 Der Ausdruck „unbestimmter Rechtsbegriff" unterstellt ungesagt, dass es auch das Pendant dazu, nämlich den bestimmten Rechtsbegriff gibt. Das wäre jedoch ein voreiliger Schluss; denn allen in der Rechtssprache auftauchenden Ausdrücken eignet ein mehr oder weniger großer Grad an Vagheit.[91] Es gibt also keine zwei voneinander abgeschotteten Kategorien „bestimmter" und „unbestimmter" Rechtsbegriff; vielmehr bewegen sich alle rechtlichen Termini auf einer Skala, die von relativer **Bestimmtheit bis** zu hoher **Vag-**

---

[84] Bei Lichte betrachtet, liegt hier ein Subsumtions-, also ein Ergebnisfehler vor.

[85] Zusammenfassend zur Ermessensfehlerlehre: *Maurer,* Allgemeines Verwaltungsrecht, § 7 Rdn. 19ff. Zur Harmonisierung der tradierten Ermessensfehlerlehre mit den Vorschriften der Verwaltungsverfahrensgesetze s. *Schnapp/Henkenötter* JuS 1998, 524, 624 (629).

[86] Eingehend dazu *Hain/Schlette/Schmitz* AöR Bd. 122 (1997), 32ff.

[87] Grundlegend BVerwGE 11, 95.

[88] Z.B. *Knemeyer,* Bayerisches Kommunalrecht, 4. Aufl. 1982, S. 222; *Borchert* DÖV 1978, 721; *W. Weber,* in: Aktuelle Probleme der Kommunalaufsicht (Schriftenreihe der Hochschule Speyer, Bd. 19), 1963, S. 20f. Näher dazu *Schnapp* HS-KV, § 52 Rdn. 77f.

[89] BVerfGE 73, 280 (300).

[90] *Ossenbühl* (Fußn. 34), § 10 Rdn. 20.

[91] Vagheit (Unbestimmtheit) darf nicht – wie das gelegentlich im juristischen Schrifttum geschieht – verwechselt werden mit Mehrdeutigkeit. Bei dieser steht fest, dass der Terminus mehrere Bedeutungen hat, bei der Unbestimmtheit ist ungewiss, welche Sachverhalte unter diesen Ausdruck subsumiert werden können. Es ist eine Frage des „Mehr oder Weniger". Zutreffend *Klein* AöR Bd. 82 (1957), S. 75ff.; *Ickler,* Die Disziplinierung der Sprache, 1997, S. 45 m.w.N. S. a. *Schnapp* JZ 2004, 473 (475).

heit reichen.[92] Dem Gesetzgeber ist es also nicht nur gestattet, Generalklauseln und unbestimmte Rechtsbegriffe zu verwenden[93] – er kann gar nicht anders. Lange Zeit sind Rechtsprechung und Literatur von der Vorstellung ausgegangen, ein unbestimmter Rechtsbegriff ermögliche im konkreten Fall nur eine einzige richtige Entscheidung. Das klingt zunächst plausibel: Ein Verhalten kann nur wirtschaftlich oder unwirtschaftlich, ein Antragsteller nur zuverlässig oder unzuverlässig, eine staatliche Maßnahme nur rechtmäßig oder rechtswidrig sein – tertium non datur. In einem Kontrollgefüge wird aber die Formel von der „einzig richtigen Entscheidung" bedeutungslos.[94] Angesichts des Umstandes, dass die in Rechtsvorschriften auftauchenden Termini – wie gesagt, einen mehr oder minder hohen Grad an Unbestimmtheit aufweisen, sind zwei Aspekte auseinander zu halten: Die Frage, welche Anwendungsbreite (Extension) ein im Gesetz vorfindlicher Terminus besitzt, ist nicht identisch mit der, ob eine Kontrollinstanz befugt ist, die Anwendung dieses Begriffs durch den Rechtsanwender „an der Front" nachzuprüfen und dessen Entscheidung durch eine eigene abweichende Entscheidung *zu ersetzen*.[95] Die materiell-rechtliche Frage nach der „richtigen" Entscheidung mündet in die kompetenzrechtliche Frage nach der Zuständigkeit für die letztverbindliche Entscheidung.[96] Beanspruchen Kontrollinstanzen diese Zuständigkeit für sich, dann erscheint die Formel vom unbestimmten Rechtsbegriff, der nur eine richtige Entscheidung ermögliche, als dogmatische Abbreviatur für diesen Umstand. So gesehen, ist der „unbestimmte Rechtsbegriff" nur als polemischer Begriff verstehbar[97] und erweist sich als „fromme Lebenslüge der Verwaltungsgerichtsbarkeit".[98] Wegen seiner Vagheit ermöglicht der unbestimmte Rechtsbegriff eben unterschiedliche Entscheidungen, die gleichermaßen rechtmäßig sein können. Aufsichtliche Kontrolle ist aber Kontrolle (nur) auf Rechtsverletzungen.[99]

36 Die Diskussion um die gerichtliche Ersetzung von Verwaltungsentscheidungen im Bereich unbestimmter Rechtsbegriffe kann nicht ohne weiteres auf das Verhältnis einer Selbstverwaltungskörperschaft zur Aufsichtsbehörde übertragen werden. Angesichts von Art. 19 Abs. 4 GG, der auf einen effektiven Individualrechtsschutz angelegt ist, kann es angezeigt sein, wenn Gerichte in grundrechtssensiblen Bereichen die Letztentscheidungsbefugnis für sich reklamieren. Diese Konstellation fehlt jedoch im Aufsichtsrecht: Aufsichtsbehörden sind keine Rechtsschutzinstanzen, weder für die Kassenärztlichen Vereinigungen noch für die Versicherten. Vielmehr geht es hier um die **Freiheit von** staatlicher **Ingerenz** in die Selbstverwaltungssubstanz. Daher endet die Kontrollbefugnis der Aufsichtsbehörden früher als die der Gerichte.[100]

---

[92] *Maurer,* Allgemeines Verwaltungsrecht, § 7 Rdn 29; *Krebs,* Kontrolle in staatlichen Entscheidungsprozessen, 1984, S. 75; *Schnapp,* Festschrift für von Maydell, S. 627.

[93] Zu den Grenzen s. *Schnapp,* in: v. Münch/Kunig (Hrsg.), Grundgesetz-Kommentar, Band 2, 4./5. Aufl. 2001, Art. 20 Rdn. 29.

[94] *Wolff/Bachof,* Verwaltungsrecht I, 9. Aufl. 1974, § 31 I c 4 ä (S. 194) mit Nachweisen; *Schnapp,* Festschrift für von Maydell, S. 627 f.

[95] *Krebs,* Kontrolle in staatlichen Entscheidungsprozessen, 1984, S. 97.

[96] *Erichsen* VerwArch Bd. 63 (1972), S. 337; *Ossenbühl* DVBl. 1974, 309 (310); *Schnapp,* Amtsrecht und Beamtenrecht, 1977, S. 178 mit weiteren Nachweisen; *ders.*, Festschrift für von Maydell, S. 627 f.

[97] *W. Schmidt,* Gesetzesvollziehung durch Rechtsetzung, 1969, S. 135.

[98] *H. Meyer* NVwZ 1986, 513 (521).

[99] Vgl. zur gerichtlichen Kontrolle unter dem Vorzeichen von Art. 19 Abs. 4 GG: *Erichsen* VerwArch Bd. 63 (1972), S. 337.

[100] BSGE 71, 108 (110); *Schirmer/Kater/Schneider,* Aufsicht in der Sozialversicherung, 220 S. 4; *Schnapp,* Bitburger Gespräche 1996, S. 33 (44 f.); *Kaltenborn* VSSR 2000, 249 (251 f.).

V. Die Aufsichtsmittel

1. Allgemeines

37 Die ältere Lehre und Rechtsprechung gingen noch von der Ansicht aus, die Staatsaufsicht könne – das folge aus ihrem Wesen,[101] Begriff oder Zweck – mit jeder ihr geeignet erscheinenden Maßnahme einschreiten. Diese Auffassung erblickt in einer Aufgabenzuweisung bereits die implizite Zuweisung der erforderlichen Mittel, stellt also den **Schluss von der Aufgabe auf die Befugnis** an.[102] Diesen Schluss hat bereits *Otto Mayer* als „Folgerungsweise des Polizeistaates" gekennzeichnet und verworfen.[103] Ihm steht auch ein Standardsatz des allgemeinen Verwaltungsrechts entgegen, wonach aus der Zuweisung einer Aufgabe nicht schon die Zulässigkeit jedes zu ihrer Erfüllung erforderlich scheinenden Mittels folgt.[104] Eine Aufsichtsbehörde hat also kein ungebundenes „Mittelfindungsrecht": Jede nicht gesetzlich fundierte Ingerenz in den Selbstverwaltungsbereich ist rechtswidrig. Die Grundsatzdiskussion hat sich mit Inkrafttreten des SGB IV erledigt. Seitdem stehen der Aufsichtsbehörde für die repressive Aufsicht die in § 89 SGB IV normierten Aufsichtsmittel zur Verfügung; sie ist allerdings auch auf diese beschränkt.

38 Bei der Frage, ob die Aufsichtsbehörde einschreiten soll, gilt das **Opportunitätsprinzip.** Ansichten, die dahin gehen, bei einer Rechtsverletzung durch die beaufsichtigte Körperschaft stehe der Aufsichtsbehörde wegen des Prinzips der Gesetzmäßigkeit der Verwaltung kein Ermessen zu,[105] haben sich zu Recht nicht durchgesetzt.[106]

2. Prüfung und Unterrichtung

39 Das Prüfungsrecht (§ 88 Abs. 1 SGB IV) erstreckt sich auf die gesamte Geschäfts- und Rechnungsführung. Geschäftsführung meint dabei die gesamte Verwaltungstätigkeit,[107] während Rechnungsführung auf das Haushalts- und Rechnungswesen zielt. Die Unterrichtung nach § 88 Abs. 2 SGB IV dient, wie der Wortlaut zu erkennen gibt („zur Ausübung des Aufsichtsrechts"), ebenso wie die Prüfung dazu, ein aufsichtsbehördliches Einschreiten ggf. vorzubereiten. Überprüfungen ohne Anlass sind damit ebenso wenig zu vereinbaren wie Prüfungen „zur Unzeit".[108]

3. Die Aufsichtsmittel des § 89 SGB IV

40 **a) Beratung.** Bevor die Aufsichtsbehörde zu repressiven Aufsichtsmitteln greift, soll sie zunächst beratend darauf hinwirken, dass die Kassenärztliche Vereinigung die – von der Aufsichtsbehörde angenommene – Rechtsverletzung behebt (§ 89 Abs. 1 Satz 1 SGB IV). Von einer derartigen Beratung im Vorfeld weiterer Aufsichtsmittel darf nur – wie die gesetzliche Formulierung („soll") deutlich macht – ausnahmsweise abgesehen werden. Das kann etwa dann der Fall sein, wenn die Angelegenheit wegen der Gefahr irreparabler Schäden keinen Aufschub duldet oder die Kassenärztliche Vereinigung trotz Erörterung zu

---

[101] Zu dem „Wesens"-Argument siehe *Scheuerle* AcP 163 (1964), 429.

[102] Ausführlich zum Problem *Schlink,* Die Amtshilfe, 1982, S. 85ff.; s.a. die Fundstellen-Nachweise bei *Knemeyer* VVDStRL 35 (1977), S. 221ff. (225ff.).

[103] *Otto Mayer,* Deutsches Verwaltungsrecht, 1. Band, 1. Aufl. 1895, S. 283f. Anm. 20.

[104] *Schnapp* WissR 1987, 97 (104).

[105] *Knemeyer,* Bayerisches Kommunalrecht, 4. Aufl. 1982, S. 222; *Borchert* DÖV 1978, 721.

[106] Näher dazu *Schnapp* HS-KV, § 52 Rdn. 78f.

[107] *Schirmer,* BlStSozArbR 1977, 105 (107).

[108] *Gleitze,* in: Gleitze/Krause/von Maydell/Merten, GK-SGB IV, 1992, § 88 Rdn. 4. Siehe auch BVerfGE 32, 54 (77) für Prüfungen und Besichtigungen im Gewerberecht. Ausführlicher: *Schnapp* HS-KV, § 52 Rdn. 103ff.

erkennen gibt, sie halte an ihrem Standpunkt fest, so dass die Beratung einen bloßen Formalismus darstellen würde.

41 Inhaltliche Ausgestaltung und Umfang der Beratung haben sich am Zweck dieses Instituts zu orientieren. Mit ihm sollen nach Möglichkeit aufsichtsbehördliche Anordnungen und sich daran anschließende gerichtliche Auseinandersetzungen vermieden werden.[109] Deshalb reicht regelmäßig der bloße Hinweis auf eine nach Ansicht der Aufsichtsbehörde vorliegende Rechtsverletzung nicht aus. Vielmehr sind unter Berücksichtigung des Einzelfalls und der Verhältnisse der Kassenärztlichen Vereinigung zugleich auch **Abhilfemöglichkeiten aufzuzeigen.**[110] Das Fehlen einer diesen Anforderungen genügenden Beratung führt regelmäßig zur Rechtswidrigkeit des nachfolgenden repressiven Aufsichtsmittels.[111]

42 Im Anschluss an die Beratung ist der Kassenärztlichen Vereinigung eine angemessene **Frist** zur Behebung der Rechtsverletzung einzuräumen (§ 89 Abs. 1 Satz 2 SGB IV). Was als angemessen anzusehen ist, richtet sich nach den Umständen des Einzelfalls. Bei der erforderlichen Abwägung sind der Aspekt der Gesetzmäßigkeit der Verwaltung, die Schwere der Rechtsverletzung und die Belange der betroffenen Kassenärztlichen Vereinigung in die Entscheidungsfindung mit einzubeziehen.

43 **b) Der Verpflichtungsbescheid.** Da eine Rechtsverletzung sowohl durch Handeln als auch durch Unterlassen begangen werden kann, ist bei dem Verpflichtungsbescheid zu differenzieren. Verletzt eine Kassenärztliche Vereinigung das Recht durch positives Tun, etwa durch eine Beschlussfassung oder den Erlass eines Verwaltungsakts, so richtet sich der Verpflichtungsbescheid darauf, dieses „Produkt" wieder aus der Welt zu schaffen. In diesem Fall hat der Verpflichtungsbescheid die Gestalt einer **Beanstandung.** Diese stellt eine Rüge dar, verbunden mit der Aufforderung, die Rechtsverletzung zu beheben.[112] Soll der Beanstandung eine weitergehende Wirkung beigemessen werden, so muss dies ausdrücklich statuiert werden, etwa durch eine gesetzliche Anordnung des Inhalts, dass eine beanstandete Maßnahme nicht vollzogen werden darf.[113] Die Anordnung der sofortigen Vollziehung (§ 86 a Abs. 2 Nr. 5 SGG) kann einen solchen Effekt ebenfalls nicht bewirken; sie beseitigt lediglich die aufschiebende Wirkung von Rechtsbehelfen.[114]

44 Anders ist die Situation, wenn die Kassenärztliche Vereinigung eine Rechtsverletzung durch Unterlassen begeht, also eine ihr kraft Gesetzes obliegende öffentlich-rechtliche Verpflichtung nicht erfüllt.[115] Dann bekommt der Verpflichtungsbescheid die Gestalt einer **Anordnung.** Die „praktisch wichtigste Problematik der Staatsaufsicht"[116] ergibt sich hierbei – wie gesagt – daraus, dass manche der an die Selbstverwaltungskörperschaft gerichteten gesetzlichen Vorschriften dem Wortlaut nach positiv formulierte Verpflichtungen enthalten, sich gleichwohl aber nicht dazu eignen, der Körperschaft ein ganz bestimmtes Verhalten im Aufsichtwege abzuverlangen. Die Anordnung schafft nämlich nicht die Verpflichtung, sondern setzt diese bereits voraus. Deshalb muss die angesonnene Verpflichtung bereits im Gesetz derart ausgestaltet sein, dass die beaufsichtigte Körperschaft schon aus diesem selbst muss ersehen können, wozu sie im einzelnen verpflichtet ist, damit sie sich entsprechend verhalten kann. Ein ausreichendes Maß an Bestimmtheit weist z. B. § 81 SGB V auf, der den Erlass einer Satzung mit einem Mindestinhalt vorschreibt. Den

---

[109] *Wolff/Funk,* SGb. 1990, 309 (311).

[110] *Funk* VSSR 1990, 261 (266); *Wolff/Funk* SGb 1990, 309 (311).

[111] BSGE 56, 197 (198); 67, 85. Die Beratung selbst ist jedoch mangels Regelungsgehalts keine anfechtbare Aufsichtsmaßnahme: BSGE 61, 254.

[112] *Düring,* in: Schnapp (Hrsg.), Handbuch des sozialrechtlichen Schiedsverfahrens, 2004, Kap. F, Rdn. 576. S. a. unten VIII 1.

[113] S. a. den Text unter X 2.

[114] *Schenke,* Verwaltungsprozessrecht, 8. Aufl. 2002, Rdn. 974.

[115] Dazu *Baier,* in: Krauskopf (Hrsg.), Soziale Krankenversicherung/Pflegeversicherung, 3. Aufl. 1989, § 89 SGB IV, Rdn. 2; *Schnapp* DÖV 1979, 659 (660).

[116] *Salzwedel* VVDStRL 22 (1965), 206 (237).

Anforderungen genügen wohl auch die §§ 81a und 197a SGB V, die den Kassenärztlichen Vereinigungen bzw. den Krankenkassen die Einrichtung von Stellen zur Bekämpfung von Fehlverhalten im Gesundheitswesen auferlegen.[117]

45 Da das aufsichtsrechtliche Verfahren ein **Verwaltungsverfahren** im Sinne von § 8 SGB X darstellt,[118] gilt auch hier insbesondere § 35 SGB X: Die Aufsichtsbehörde muss den Verpflichtungsbescheid begründen und erkennen lassen, welche Gesichtspunkte für die Ausübung des Ermessens maßgeblich waren.[119]

46 **c) Vollstreckungsmittel.** Ist der Verpflichtungsbescheid durch Ablauf der Rechtsmittelfrist unanfechtbar geworden, durch rechtskräftiges Urteil bestätigt worden oder hat die Aufsichtsbehörde seinen sofortigen Vollzug gem. § 86a Abs. 1 Nr. 5 SGG angeordnet, so kann er mit den Mitteln der **Zwangsvollstreckung** durchgesetzt werden, wie sie in den Verwaltungsvollstreckungsgesetzen des Bundes und der Länder niedergelegt sind. Das sind im Einzelnen das Zwangsgeld, der unmittelbare Zwang und die Ersatzvornahme (§§ 10, 11, 12 VwVG Bund). § 17 VwVG (Bund), wonach grundsätzlich Zwangsmittel gegen juristische Personen unzulässig sind, steht dem nicht entgegen, weil § 89 SGB IV „etwas anderes" im Sinne jener Vorschrift bestimmt. Die Ersatzvornahme im Vollstreckungsrecht ist – anders als im eigentlichen Aufsichtsrecht – immer die Durchführung durch einen Dritten auf Kosten des Pflichtigen im Auftrag der Behörde. Sie kommt nur bei vertretbaren Handlungen in Betracht, also nicht bei sog. höchstpersönlichen Maßnahmen sowie bei Unterlassungen und Duldungen. Der Einsatz von Zwangsmitteln setzt immer Androhung und Festsetzung voraus.[120]

4. Sonstige Aufsichtsmittel

47 Die Aufsichtsmittel sind in § 89 SGB IV nicht abschließend geregelt, sondern finden sich auch an anderen Stellen des Sozialgesetzbuches. Zu nennen sind hier etwa die **Bestellung eines Beauftragten** nach § 79a SGB V,[121] die ersatzweise Anberaumung und **Einberufung von Sitzungen** (§ 89 Abs. 3 SGB IV), die **Anrufung des Schiedsamtes** nach § 89 Abs. 1a SGB V oder der ersatzweise **Erlass von** sog. **Abrechnungs-Richtlinien** (§ 106a Abs. 6 Satz 4 SGB V).

5. Grenzen der Aufsicht

48 **a) Privatrechtliche Verpflichtungen.** Das Selbstverwaltungsrecht steht den Kassenärztlichen Vereinigungen zu, damit sie öffentliche Aufgaben erfüllen.[122] Daher bilden zivilrechtliche Obligationen keinen tauglichen Gegenstand für ein aufsichtliches Einschreiten. Grundlage für einen Verpflichtungsbescheid können daher nur Vorschriften sein, welche die Kassenärztlichen Vereinigungen als Träger öffentlicher Verwaltung ansprechen.

49 **b) Die sog. vorgreifliche Anordnung.** Mit diesem Ausdruck wird eine Aufsichtsanordnung bezeichnet, mittels derer in ein zwischen der beaufsichtigten Körperschaft und einem Dritten streitiges Rechtsverhältnis eingegriffen und damit einer möglichen gerichtlichen Entscheidung vorgegriffen wird. Das BSG vertritt insoweit die Ansicht, eine solche Anordnung verstoße gegen das Rechtsprechungsmonopol der Gerichte (Art. 92 GG) und sei auch prozessual bedenklich: Suche der Dritte gerichtliche Hilfe nach und klage die beaufsichtigte Körperschaft zugleich gegen die Aufsichtsanordnung, dann bestehe die

---

[117] Dazu *Steinhilper* MedR 2005,

[118] Amtl. Begr. zu § 8 SGB X, BT-Drucks. 8/2034; *Schneider,* SGb 1991, 126 (127).

[119] *Schneider,* SGb 1991, 126 (130). S.a. BSG, Breithaupt 1986, 787 (791).

[120] *Gleitze* GK-SGB IV, § 89 Rdn. 23.

[121] Dazu BSGE 88, 193.

[122] Das ist im Kommunalrecht seit der Rechtsprechung des preußischen OVG anerkannt. Vgl. etwa OVG Münster, DVBl. 1963, 862; *Schnapp,* Die Ersatzvornahme in der Kommunalaufsicht, 1972, S. 47ff.; kritisch *Hassel* DVBl. 1985, 697 (699).

Gefahr divergierender gerichtlicher Entscheidungen.[123] Diese Ansicht beruht auf der Überlegung, dass eine Aufsicht im Interesse Dritter regelmäßig mit der **Reservefunktion der Staatsaufsicht** nicht zu vereinbaren ist.[124] Keinesfalls reichen Verstöße gegen Rechtsvorschriften aus, die nur dem Schutz des Privatrechtsverkehrs dienen. Andere Ansichten gehen dahin, der Aufsichtsbehörde ein Einschreiten auch im Interesse Dritter dann zuzugestehen, wenn ein gewisser „Schwellenwert" überschritten ist.[125]

VI. Die Haushaltsaufsicht

50 § 78 Abs. 3 SGB V verweist für das Haushalts- und Rechnungswesen einschließlich der Statistiken auf einige einschlägige Bestimmungen des SGB IV.[126] Die einzige in Bezug genommene Bestimmung, welche der Aufsichtsbehörde unmittelbar eine Befugnis zum Einschreiten verleiht, ist § 70 Abs. 3 SGB IV, wonach der Haushaltsplan spätestens am 1. Oktober vor Beginn des Kalenderjahres, für das er gelten soll, der Aufsichtsbehörde von Amts wegen vorzulegen ist. Die **Aufsichtsbehörde kann** den Haushaltsplan oder einzelne Ansätze innerhalb von sechs Wochen nach Vorlage **beanstanden.** Voraussetzung ist, dass ein Rechtsverstoß vorliegt oder die Leistungsfähigkeit der Kassenärztlichen Vereinigung zur Erfüllung ihrer Verpflichtungen gefährdet ist. Das letztere Merkmal (Leistungsfähigkeit) ist allerdings ein spezifisch auf die Verhältnisse der gesetzlichen Krankenkassen hin entwickeltes Kriterium (s. etwa §§ 145 Abs. 1 Nr. 1, 146a Satz 1 SGB V);[127] wegen der nur entsprechenden Anwendung der Haushaltsvorschriften auf das Haushalts- und Rechnungswesen der Kassenärztlichen Vereinigungen dürfte es bei diesen nicht zum Zuge kommen. Ein förmlicher Beanstandungsbescheid kommt allerdings erst in Betracht, wenn nach sorgfältiger Interessenabwägung die festgestellten Mängel schwer wiegen und eine Beratung der Kassenärztlichen Vereinigung fehlgeschlagen ist.[128]

51 Die übrigen in Bezug genommenen Vorschriften (§§ 72 Abs. 2 Satz 1, 73 Abs. 2, 75 Abs. 1 Satz 3 und 79 SGB IV)[129] statuieren dagegen **Anzeige- und Vorlagepflichten.** Allerdings können auch diese mit den Mittel der allgemeinen Aufsicht (§ 89 SGB IV) durchgesetzt werden.

52 § 85 SGB IV statuiert die Mitwirkung der Aufsichtsbehörde bei bestimmten, dort näher genannten **Vermögensanlagen.**[130] Das Gesetz spricht zwar von Genehmigung, richtiger Ansicht nach ist hier aber die Zustimmung im Sinne von § 183 BGB gemeint.[131]

53 Neben diesen formell-gesetzlichen Rechtsgrundlagen sind noch zu beachten: die **Verordnung über das Haushaltswesen** in der Sozialversicherung vom 21. 12. 1977[132] (SVHV), die wegen ihres § 34 auch auf Kassenärztliche Vereinigungen anwendbar ist[133]

---

[123] BSGE 25, 224 (226); ferner BSG, Breith 1971, 85. Ebenso, aber mit anderer Begründung, *Schnapp* BKK 1969, 97 (103); wie hier *Schmidinger* SozVers 1989, 113 mit weiteren Nachweisen. Offengelassen in BSG SozR 2200 § 627 Nr. 7, s. a. BSGE 63, 173 (176); 83, 126 (127).

[124] So auch *Gönnenwein,* Gemeinderecht, 1963, S. 188; *Stein,* Die Wirtschaftsaufsicht, 1967, S. 192; *Schnapp* DVBl. 1971, 480 (483).

[125] *Müller-Heidelberg* DVBl. 1963, 863. Noch weitergehend *Bull* VSSR 1977, 113 (123). Vgl. auch Wannagat-*Marschner,* SGB IV (Stand: August 1997), § 87 Rdn. 23. Gegen eine Subsidiarität der Staatsaufsicht *Schirmer/Kater/Schneider* 230 S. 5f.

[126] Siehe auch den Überblick bei *Hencke,* in: Peters, Handbuch der Krankenversicherung (Loseblatt, Stand: Januar 2004), § 78 SGB V Rdn. 7ff.

[127] Aus der Rechtsprechung: BSG SozR 2200 § 250 RVO Nr. 10; BSGE 83, 118.

[128] *Gleitze* GK-SGB IV; § 70 Rdn. 10; *Schirmer/Kater/Schneider* 360 S. 2.

[129] S. dazu oben Fußn. 54.

[130] Dazu etwa *Jacumeit* DRV 1982, 379; *Mahnke* DRV 1987, 619.

[131] *Gleitze* GK-SGB IV, § 85 Rdn. 2; *Schnapp* HS-KV § 52 Rdn. 131.

[132] In der Fassung der 1. SVHV-ÄndVO vom 30. 10. 2000 (BGBl. I S. 1485).

[133] S. *Fischer/Steffens,* Das Haushaltsrecht der Krankenkassen (Loseblatt, Stand: März 2001), 3–55.

sowie die Verordnung über den Zahlungsverkehr, die Buchführung und die Rechnungslegung in der Sozialversicherung (**Sozialversicherungs-Rechnungsverordnung** – SVRV) vom 15. 7. 1999[134] mit der Sondervorschrift des § 20 Abs. 5 für Kassenärztliche Vereinigungen. Die Verordnungsermächtigung findet sich in § 78 SGB IV. Ferner stellen die Kassenärztlichen Bundesvereinigungen gem. § 75 Abs. 7 Satz 1 Nr. 3 SGB V Richtlinien über die Betriebs-, Wirtschafts- und Rechnungsführung auf. Diese Richtlinien sind vom Verordnungsgeber als „Besonderheiten" im Sinne von § 78 Satz 2 SGB IV zu beachten.[135]

54 Für **Statistiken** gilt § 79 SGB IV. Nach dessen Absatz 2 erlässt das Bundesministerium für Gesundheit und Soziale Sicherheit die erforderlichen **Verwaltungsvorschriften.** Insoweit ist auf die neuere Rechtsprechung des Bundesverfassungsgerichts hinzuweisen,[136] das in Abweichung von seiner früheren Judikatur[137] festgestellt hat, die Befugnis zum Erlass allgemeiner Verwaltungsvorschriften habe nur die Bundesregierung als Kollegium, nicht ein einzelner Minister. Ausdrücklich ist die Entscheidung zwar nur zu Art. 85 Abs. 2 Satz 1GG ergangen, es ist aber kein Grund dafür ersichtlich, dass bei Art. 84 Abs. 2 GG etwas anderes gelten sollte,[138] zumal im Bereich von Art. 84 GG die Länder dem Bund „ferner" stehen als bei der Auftragsverwaltung. Dasselbe gilt für die Verwaltungsvorschrift nach § 274 Abs. 3 SGB V, die das Nähere für die Durchführung der Prüfungen nach Abs. 1 dieser Vorschrift regelt.[139]

VII. Staatsaufsicht bei Gesamtverträgen

55 Nach § 71 Abs. 4 Satz 1 SGB V sind die **Vergütungsvereinbarungen** nach den §§ 83 und 85 SGB V den für die Vertragsparteien[140] zuständigen Aufsichtsbehörden[141] vorzulegen. Diese können die Vereinbarungen bei einem Rechtsverstoß innerhalb von zwei Monaten nach Vorlage beanstanden. Da für die Vorlage keine Frist bestimmt ist, haben es die Parteien in der Hand, den Ablauf der Beanstandungsfrist zu bestimmen, was nicht zur Rechtssicherheit beiträgt.

56 Die **Beanstandung** hat keine rechtshemmende Wirkung, d.h. die Wirksamkeit der Vergütungsvereinbarung wird von ihr nicht berührt. Das ergibt sich aus einem Vergleich mit der bis zum 31. 12. 1995 geltenden Rechtslage: Während des Zeitraums der strikten Budgetierung der Ausgaben der gesetzlichen Krankenversicherung in den Jahren 1993 bis 1995 (§ 85 Abs. 3a–c SGB V) sollten Vergütungsvereinbarungen, die aufsichtsrechtlich beanstandet wurden, keine Wirksamkeit entfalten, um so möglichen Budgetüberschreitungen vorbeugen zu können. Für den Anschlusszeitraum hat es der Gesetzgeber hingegen nicht für erforderlich gehalten, die vorläufige Unwirksamkeit von beanstandeten Vergütungsvereinbarungen festzuschreiben.[142] Dementsprechend gilt § 71 Abs. 2 SGB V ab dem 1. Januar 1996 idF des Art. 1 Nr. 29 GSG. Danach bleibt es zwar bei der Vorlagepflicht der Vertragsparteien (Satz 1) sowie dem Beanstandungsrecht der Aufsichtsbehörden (Satz 2). Die Regelung des § 71 Abs. 2 Satz 4 SGB V idF des Art 33 § 8 GSG, wonach

[134] BGBl. I S. 1627.

[135] *Klückmann,* in: Hauck/Haines, SGB V (Loseblatt, Stand: IV/98), K § 75 Rdn. 15.

[136] BVerfGE 100, 249 (259ff.).

[137] BVerfGE 26, 338.

[138] Hierzu auch *Hänlein,* Rechtsquellen im Sozialversicherungsrecht, 2000, S. 120ff.; *Dittmann,* in: Sachs (Hrsg.), Grundgesetz, 3. Auflage 2003, Art. 85 Rdn. 13.

[139] Siehe auch *Kruse,* LPK-SGB V, 2. Auflage 2003, § 274 Rdn. 6.

[140] Die mangelnde Konsistenz in der Terminologie – einmal ist von Vertragsparteien, ein andermal von Vertragspartnern die Rede (vgl. nur § 85 Abs. 2c einerseits, Abs. 3 andererseits) – ist kein Kennzeichen handwerklich zuverlässiger Gesetzgebung.

[141] Näheres dazu oben unter III.

[142] Vgl. Begründung des Gesetzentwurfs zum GSG, BT-Drucks 12/3608 S. 158 zu Art 31, zu § 8.

beanstandete Vereinbarungen nicht gelten, ist jedoch seit dem 1. Januar 1996 nicht mehr in Kraft.[143] Demnach hat die Beanstandung **nur** den Charakter einer Rüge des Rechtsverstoßes, verbunden mit der **Aufforderung, den Rechtsverstoß zu beheben.**[144] Soll der Beanstandung eine darüber hinausgehende Wirkung beigelegt werden, bedarf es einer besonderen gesetzlichen Anordnung. Dass eine fruchtlose Beanstandung unterschiedliche Rechtsfolgen auslösen kann, zeigt etwa § 94 Abs. 1 Satz 3 SGB V.[145]

57 In der jüngsten Vergangenheit hat sich das Bundesversicherungsamt der Befugnis berühmt, wegen seiner Zuständigkeit für die Ersatzkassenverbände (§ 214 Abs. 2 SGB V) Entscheidungen von Landesschiedsämtern zu beanstanden, wenn an den Verfahren **Ersatzkassen** beteiligt waren. Eine solche Ingerenz des Bundes in die (mittelbare) Landesverwaltung verstößt gegen die Art. 83 und 84 GG.[146]

VIII. Staatsaufsicht über Gremien der gemeinsamen Selbstverwaltung

1. Aufsicht über die Schiedsämter

58 Während sich die Aufsicht über die (Landes- und Bundes-)Schiedsämter nach § 89 SGB V ursprünglich auf die Geschäftsführung beschränkte, ist durch das Gesundheitsstrukturgesetz vom 21. 12. 1992[147] die Aufsicht auch auf die Entscheidungen der Schiedsämter ausgedehnt worden.[148] Die Zuständigkeiten folgen der Aufteilung in Bundes- und Landesschiedsämter. Dieses **Kompetenzgefüge** ist **nicht disponibel.** Versuche der Bundesebene, im Wege der allgemeinen Aufsicht über eine Gesamtvertragspartei auf ein Landesschiedsamt „durchzugreifen", sind einfach-gesetzlich und verfassungsrechtlich unzulässig.[149]

59 Gem. § 89 Abs. 5 Satz 4 SGB V sind die Entscheidungen der Schiedsämter der Schiedsämter über die Vergütung der Leistungen nach § 57 Abs. 1 und 2, § 83 SGB V den zuständigen Aufsichtsbehörden vorzulegen. Diese Verpflichtung trifft nach wohl richtiger Ansicht die Schiedsämter selbst.[150] Diese **Vorlagepflicht** soll dazu dienen, die Beachtung des Grundsatzes der Beitragssatzstabilität (§ 71 SGB V) sicherzustellen.[151]

60 Als einziges Aufsichtsmittel – neben dem Antragsrecht nach § 89 Abs. 1a – steht der Aufsichtsbehörde die **Beanstandung** zu. Das Beanstandungsrecht muss binnen zwei Monaten nach der Vorlage[152] ausgeübt werden, und zwar gegenüber dem Schiedsamt, nicht gegenüber den Gesamtvertragsparteien; denn diese haben keine Möglichkeit, selbst auf den Schiedsspruch unmittelbar einzuwirken.[153] Die Beanstandung hat nur verpflichtende Wirkung und steht der (vorläufigen) Wirksamkeit der Schiedsamtsentscheidung nicht entgegen. Ebenso wenig hat die Anordnung des Sofortvollzugs rechtshemmende Wirkung.[154] Sie beseitigt nur den Suspensiveffekt einer späteren Anfechtungsklage.[155] Auch bei

---

[143] BSG SozR 3–2500 § 71 Nr. 1, S. 3.
[144] *Schnapp* NZS 2003, 1 (3 m. w. N.).
[145] Hierzu *Kaltenborn* VSSR 2000, 249.
[146] *Schnapp* NZS 2003, 1 ff.
[147] BGBl. I S. 2266.
[148] Dazu BT-Drucks. 12/3608 Art. 1 Nr. 44 Buchst. e (S. 90).
[149] *Düring,* in: Schnapp (Hrsg.), Handbuch des sozialrechtlichen Schiedsverfahrens, 2004, Kap. F, Rdn. 573.
[150] *Düring,* wie vorstehend, Rdn. 574.
[151] BT-Drucks. 12/3608 S. 83.
[152] BSG SozR 3–2500 § 85 Nr. 37.
[153] *Düring,* in: Schnapp (Hrsg.), Handbuch des sozialrechtlichen Schiedsverfahrens, 2004, Kap. F, Rdn. 576.
[154] *Hencke,* in: Peters, Handbuch der Krankenversicherung, § 89 Rdn. 25.
[155] *Schnapp* NZS 2003, 1 (4).

der Beanstandung ist in Betracht zu ziehen, dass dem Schiedsamt für seine Bewertung und Beurteilungen insbesondere im Bereich der unbestimmten Rechtsbegriffe und Prognosen eine Einschätzungsprärogative zukommt, die es gebietet, die aufsichtliche – wie die gerichtliche – Kontrolle darauf zu beschränken, ob das Schiedsamt die ihm gesetzten rechtlichen Vorgaben beachtet, den entscheidungserheblichen Sachverhalt zutreffend ermittelt und in einem fairen und willkürfreien Verfahren zu einem vertretbaren Ergebnis gelangt ist.[156]

61 Das Recht, bei ausbleibendem Antrag der Gesamtvertragsparteien an deren Stelle das Schiedsamt anzurufen, ist durch das GSG in § 89 Abs. 1a SGB V eingefügt worden.[157] Hierdurch soll verhindert werden, dass durch säumiges Verhalten der Gesamtvertragsparteien die Sicherstellung der vertragsärztlichen Versorgung gefährdet wird. Diesem Zweck dienst auch die Befugnis der Aufsichtsbehörde, den Vertragsinhalt selbst festzusetzen, wenn innerhalb der Regelfrist von drei Monaten kein Vertrag durch Schiedsspruch zu Stande kommt und das Schiedsamt auch innerhalb einer von der Aufsichtsbehörde gesetzten (weiteren) Frist keinen Vertragsinhalt festsetzt (§ 89 Abs. 1 Satz 5 SGB V). Diese Maßnahmen haben den Charakter einer **Ersatzvornahme,** was bedeutet, dass die ersatzweise Festsetzung des Vertragsinhalts dieselbe Janusköpfigkeit aufweist wie der Schiedsspruch selbst: Gegenüber den Vertragsparteien ist sie Verwaltungsakt, gegenüber deren Mitgliedern ist sie eine abstrakt-generelle Regelung. Die Festsetzung der Aufsichtsbehörde ist also ein vertragsstiftender und normsetzender Verwaltungsakt.[158]

62 Schließlich kann die Aufsichtsbehörde nach § 4 Abs. 1 der Schiedsamtsverordnung[159] von der Möglichkeit der **Abberufung unparteiischer Mitglieder** des Schiedsamts Gebrauch machen. Verfahrensvoraussetzung ist die vorherige Anhörung der beteiligten Körperschaften; materielle Voraussetzung, dass ein **wichtiger Grund** vorliegt.[160]

2. Aufsicht über den Gemeinsamen Bundesausschuss

63 Zentrale Vorschrift – neben der des § 93 SGB V[161] – ist § 94 SGB V. Diese statuiert zunächst hinsichtlich der Richtlinien des Gemeinsamen Bundesausschusses eine **Vorlagepflicht.** Innerhalb von zwei Monaten kann das Ministerium für Gesundheit und Soziale Sicherung die Richtlinien beanstanden. Es kann auch erklären, dass es nicht beabsichtige, sie zu beanstanden. In diesem Fall verkürzt sich die Zeitspanne bis zum Inkrafttreten.[162] Im Fall der **Beanstandung** fordert das Ministerium den Gemeinsamen Bundesausschuss unter Setzung einer Frist auf, die beanstandeten Mängel zu beheben. Kommt der Gemeinsame Bundesausschuss dieser Aufforderung nicht innerhalb der gesetzten Frist nach, steht dem Ministerium das Recht der **Ersatzvornahme** zu. Nach dem Wortlaut der Bestimmung kommt das Recht der Ersatzvornahme dem Ministerium auch zu, wenn der Gemeinsame Bundesausschuss seiner Verpflichtung zum Erlass von Richtlinien nicht nachkommt, ohne dass das Gesetz erkennen lässt, welcher Zeitraum hierfür anzusetzen ist. Ob das aufsichtsführende Ministerium tatsächlich ohne Aufforderung und Fristsetzung zur Ersatzvornahme schreiten darf, ist zweifelhaft: Nicht nur könnte dergestalt das Ministerium die Kompetenz

---

[156] Vgl. BSGE 86, 126 (135); ferner BVerwGE 108, 47 (53); OVG NRW, ZFSH/SGB 2005, 97 (80).

[157] Hierzu und zum Folgenden *Düring,* in: Schnapp (Hrsg.), Handbuch des sozialrechtlichen Schiedsverfahrens, 2004, Kap. F, Rdn. 579ff.

[158] S.a. *Ebsen* HS-KV § 7 Rdn. 151.

[159] Vom 28. 5. 1957 (BGBl. I S. 570), zuletzt geändert durch die VO vom 7. 4. 1998 (BGBl. I S. 719) sowie durch Gesetz vom 23. 10. 2001 (BGBl. I S. 2702).

[160] Ausführlicher dazu *Düring,* in: Schnapp (Hrsg.), Handbuch des sozialrechtlichen Schiedsverfahrens, 2004, Kap. F, Rdn. 581; *Schnapp* ebda. Kapitel B, Rdn. 76.

[161] Dazu BSGE 79, 41; BVerfG, NJW 1999, 3404; *Axer* NZS 2001, 225; *Knispel* NJW 2002, 871. Zu beachten ist, dass die §§ 33a und 92a SGB V entfallen sind.

[162] *Hermann* GK-SGB V (Loseblatt, Stand: Februar 1995), § 94 Rdn. 4.

des Gemeinsamen Bundesausschusses nach § 92 SGB V jederzeit unterlaufen,[163] ein solches Vorgehen wäre auch kaum mit dem Grundsatz der Verhältnismäßigkeit zu vereinbaren.[164]

64 Was den **Aufsichtsmaßstab** angeht, so votiert ein Teil des Schrifttums für eine reine Rechtskontrolle,[165] während eine Mindermeinung[166] Zweckmäßigkeitserwägungen für zulässig hält. In Anbetracht des Umstandes, dass sich die Prüfung darauf erstreckt, ob die Richtlinien Gewähr für eine ausreichende, zweckmäßige und wirtschaftliche Versorgung der Versicherten bieten (§ 92 Abs. 1 Satz 1 SGB V), wird man hier davon sprechen müssen, dass die beiden Maßstäbe ineinander verschwimmen.[167] Ungeachtet dessen ist der Beurteilungsspielraum des Gemeinsamen Bundesausschusses hierbei zu respektieren.[168]

3. Aufsicht über die Prüfeinrichtungen

65 Mit dem am 1. 1. 2004 in Kraft getretenen GKV-Modernisierungsgesetz (GMG) vom 14. 11. 2003 (BGBl. I S. 2190) ist die Wirtschaftlichkeitsprüfung in der vertragsärztlichen Versorgung neu gestaltet worden.[169] In diesem Zuge wurden auch die Befugnisse der Aufsichtsbehörden erweitert. Nach § 106 Abs. 7 SGB V führen die für die Sozialversicherung zuständigen obersten Verwaltungsbehörden der Länder die Aufsicht über die Prüfungs- und Beschwerdeausschüsse einschließlich der Geschäftsstellen. Ihnen ist die **Aufstellung** über die Zahl der durchgeführten Beratungen und Prüfungen sowie über die festgesetzten Maßnahmen **vorzulegen,** die von den Prüfeinrichtungen zu erstellen ist. Werden Wirtschaftlichkeitsprüfungen nicht entsprechend den Vorgaben gemäß § 106 Abs. 4b Satz 1 SGB V durchgeführt, haften die zuständigen Vorstandsmitglieder der Krankenkassen und der Kassenärztlichen Vereinigungen ggf. für den aus der Pflichtverletzung entstandenen Schaden. Die Aufsichtsbehörde hat nach näherer Maßgabe von § 106 Abs. 4b Satz 3 SGB V Vertreterversammlung bzw. Verwaltungsrat zu veranlassen, das Vorstandsmitglied auf Ersatz dieses Schadens in Anspruch zu nehmen, falls sie nicht bereits von sich aus ein **Regressverfahren** eingeleitet haben. Die Aufsichtsbehörde entscheidet auch ersatzweise über die in § 106 Abs. 4 SGB V genannten Angelegenheiten (Berufung des Vorsitzenden und seines Stellvertreters sowie Sitz der Ausschüsse). Ob mit der Neuregelung die vom Gesetzgeber angestrebten Ziele erreicht werden (können), muss die Entwicklung zeigen.[170]

IX. Zum Rechtscharakter der Aufsichtsmaßnahmen

66 Es ist seit geraumer Zeit gefestigte Ansicht in Rechtsprechung und Literatur, dass die Maßnahmen der repressiven Aufsicht – von Unterrichtung und Beratung abgesehen, die als solche keinen rechtlichen Regelungsgehalt aufweisen – **Verwaltungsakte** darstellen. Auch die Mitwirkungshandlungen, so etwa die Satzungsgenehmigung, aber auch die

[163] *Hermann* GK-SGB V, § 94 Rdn. 6; KassKomm-*Hess* § 94 Rdn. 4.
[164] *Kaltenborn* VSSR 2000, 249 (250).
[165] *Hencke,* in: Peters, Handbuch der Krankenversicherung (Loseblatt, Stand: Februar 2002), § 94 Rdn. 4; *Kaltenborn* VSSR 2000, 249 (267 mit umfangreichen Nachweisen in Fußn. 81); *Vahldieck,* in: Hauck/Haines, SGB V, K § 94 Rdn. 4.
[166] *Schwerdtfeger* NZS 1998, 49 (52).
[167] → § 10 Rdn. 11; *Hermann* GK-SGB V, § 94 Rdn. 8.
[168] *Auktor* LPK-SGB V, § 94 Rdn. 7; *Hencke,* in: Peters, Handbuch der Krankenversicherung (Loseblatt, Stand: Februar 2002), § 94 Rdn. 4.
[169] Ein Überblick bei *Filler* GesR 2004, 502.
[170] S.a. *Filler* GesR 2004, 502 (505).

Zustimmung zu Vermögensanlagen im Sinne des § 85 SGB IV,[171] sind als Verwaltungsakte zu qualifizieren.[172]

X. Rechtsschutz gegen Aufsichtsmaßnahmen

1. Die Aufsichtsklage

67 Seit BSGE 29, 22 wird die sog. Aufsichtsklage nach **§ 54 Abs. 3 SGG** vielfach so gehandhabt, als habe diese Vorschrift konstitutiven Charakter.[173] Das ist jedoch unzutreffend. Die Aufsichtsklage ist vielmehr eine Spielart der Anfechtungsklage nach § 54 Abs. 1 SGG. Erklärbar ist ihre Erwähnung in Abs. 3 dadurch, dass zum Zeitpunkt der Einführung des SGG Unklarheit in der Frage bestand, ob die beaufsichtigte Körperschaft auch im Verhältnis zur Trägerkörperschaft der Aufsichtsbehörde eigenständiges Rechtssubjekt ist oder sich – so anfänglich das OVG Münster[174] – in der Position einer nachgeordneten Behörde befindet. Um hier Klarheit zu schaffen, hat der Gesetzgeber die Aufsichtsklage in § 54 Abs. 3 SGG „zur Vermeidung von Zweifeln ausdrücklich geregelt".[175] Das wäre unter Rechtsschutzgesichtspunkten nicht erforderlich gewesen; denn juristischen Personen des öffentlichen Rechts steht jedenfalls das Klagensystem der allgemeinen und der besonderen Verwaltungsgerichtsbarkeit im gleichen Umfang zur Verfügung wie Privatpersonen. Das folgt aus Art. 19 Abs. 4 GG, der bei Rechtsverletzungen durch die öffentliche Gewalt effektiven Rechtsschutz garantiert. An dieser Garantie partizipieren auch – entgegen einer insoweit vereinzelt gebliebenen Ansicht des Bundesverfassungsgerichts[176] – juristische Personen des öffentlichen Rechts und somit auch die Kassenärztlichen Vereinigungen; denn „in seinen Rechten verletzt" sein kann jeder, der Träger von Rechten ist.[177] In richtiger Erkenntnis dieses Umstandes hat daher auch der sog. Speyerer Entwurf § 54 Abs. 3 SGG nicht übernommen.[178] Dieser Bestimmung kommt folglich – im Hinblick auf die Klageart – nur **deklaratorischer Charakter** zu.[179]

68 Lässt man dies außer Betracht, dann kommt es zu ungelenken und schwer nachvollziehbaren Konstruktionen, die zudem überflüssig sind. So hat das Bundessozialgericht[180] bei der Klage einer Betriebskrankenkasse auf **Genehmigung einer Satzungsänderung** § 54 Abs. 3 SGG analog angewendet, obwohl richtige Klageart die Verpflichtungsklage gewesen wäre.[181] Eine entsprechende Anwendung dieser Vorschrift hat es auch vorgenommen bei der Klage einer Kassenärztlichen Vereinigung gegen die Beanstandung eines Gesamtvertrages durch das – unzuständige – Bundesversicherungsamt.[182] Hierbei handelte es sich jedoch um eine Anfechtungsklage nach § 54 Abs. 1 SGG.[183]

---

[171] Das Gesetz spricht zwar von Genehmigung, richtiger Ansicht nach ist hier aber die Zustimmung im Sinne von § 183 BGB gemeint: *Gleitze* GK-SGB IV, § 85 Rdn. 2; Wannagat-*Hassenkamp,* SGB IV (Stand: April 2003), § 85 Rdn. 5.

[172] Ausführlich zum Ganzen: *Schnapp* HS-KV § 52 Rdn. 123 ff.

[173] S. etwa BSGE 29, 21; BSG SozR 3–2500 § 71 Nr. 1.

[174] OVGE 7, 62 (64); aufgegeben in OVGE 15, 87 (88); dazu *Schnapp* DÖV 1971, 659 (661 ff.).

[175] So die Amtl. Begründung, BT-Drucks. I/4357, S. 23 zu § 3 SGG-Entwurf.

[176] BVerfGE 39, 302 (314). Offengelassen in BVerfGE 61, 82 (109).

[177] *Friedrich Klein* VVDStRL 8 (1950), S. 67 (102).

[178] Schriftenreihe der Hochschule Speyer, Band 40, 1969, S. 199.

[179] Vgl. *Beuster* BKK 1958, Sp. 65; *Kummer,* Das sozialgerichtliche Verfahren, 1996, Rdn. 69 m. w, N.; *Rohwer-Kahlmann,* Aufbau und Verfahren der Sozialgerichtsbarkeit, § 54 Rdn. 8; *Schnapp* BKK 1969, 194 (201); *dens.* HS-KV, § 52 Rdn. 123, 135 m. w. N.

[180] BSGE 29, 22.

[181] Ausführlich dazu *Schnapp* BKK 1969, 194 ff.

[182] BSG SozR 3–2500 § 71 Nr. 1.

[183] Hierzu *Schnapp* NZS 2003, 1 mit Fußn. 5.

69 § 54 Abs. 3 SGG ist gleichwohl nicht funktionslos. Vielmehr regelt er die **Klagebefugnis,** wie aus den Worten „wenn sie behauptet" deutlich wird, die einen deutlichen Anklang an § 42 Abs. 2 VwGO aufweisen („wenn der Kläger geltend macht"). Das ist hier ähnlich wie bei denjenigen Vorschriften in den Gemeindeordnungen (z.B. § 122 nrw GO), die den Rechtsweg zu eröffnen oder eine Klageart zu bestimmen scheinen, in Wahrheit aber nur das Vorverfahren für entbehrlich erklären.[184]

70 Neben der Anfechtungsklage kommt die **Verpflichtungsklage** nach § 54 Abs. 1 Satz 1 SGG in Betracht, und zwar dort, wo es um Mitwirkungshandlungen der Aufsichtsbehörde geht (Genehmigung, Zustimmung). Gegen eine (förmliche) Ablehnung oder ausdrückliche Versagung einer solchen Maßnahme muss nicht die Anfechtungsklage erhoben werden, da in diesen Fällen der Verpflichtungsklage eine Doppelfunktion zukommt.[185] In der Praxis werden allerdings meist beide Anträge gestellt („die Beklagte zu verpflichten, unter Aufhebung des ablehnenden Bescheides die beantragte Genehmigung zu erteilen"); die Gerichte tenorieren dementsprechend.

71 Im Falle der Beanstandung einer Schiedsamtsentscheidung durch die Aufsichtsbehörde ist die **Sondervorschrift** des **§ 89 Abs. 5 Satz 6 SGB V** zu beachten. Danach gelten für Klagen der Vertragspartner gegen Beanstandungen die Vorschriften über die Anfechtungsklage entsprechend, so dass insoweit keine konstruktiven Schwierigkeiten wie bei der Aufsichtsklage entstehen können. Die alleinige Benennung der „Vertragspartner" kann nicht als gesetzlicher Ausschluss des Schiedsamtes selbst gewertet werden.[186] Die gegenteilige Ansicht des Bundessozialgerichts kann nicht überzeugen; denn dem Schiedsamt ist – ungeachtet seiner Eigenschaft als Vertragshilfeeinrichtung – die Kompetenz zur Durchführung des Schlichtungsverfahrens als eigene und alleinige Aufgabe zugewiesen. Rechtswidrige Eingriffe in diesen Kompetenzbereich muss es daher auch aus eigenem Recht abwehren können.[187]

72 Bei Klagen gegen Entscheidungen des Schiedsamts ist ein **Vorverfahren** nicht vorgesehen.[188]

2. Vorläufiger Rechtsschutz

73 Der vorläufige (einstweilige) Rechtsschutz ist durch das 6. SGG-ÄndG nach dem Vorbild der VwGO in den §§ 86a und 86b SGG neu geregelt worden.[189] Gem. § 86a Abs. 1 SGG hat die Klage vor dem Sozialgericht grundsätzlich aufschiebende Wirkung.[190] Diese kann durch Gesetz oder dadurch beseitigt werden, dass die Behörde die sofortige Vollziehung anordnet. Insofern kommt hier § 86a Abs. 2 Nr. 5 SGG in Betracht, wonach die Aufsichtsbehörde die sofortige Vollziehung anordnen kann.[191] Dabei ist das besondere Interesse an der sofortigen Vollziehung schriftlich zu begründen. Das allgemeine öffent-

---

[184] Siehe im Einzelnen *Schnapp,* Die Ersatzvornahme in der Kommunalaufsicht, 1972, S. 92ff.

[185] *Kopp/Schenke,* Verwaltungsgerichtsordnung, 11. Aufl. 1998, § 42 Rdn. 29; ungenau KassKomm-*Maier,* § 85 SGB IV Rdn. 2. Wie hier Wannagat-*Hassenkamp,* SGB IV (Stand: April 2003), § 85 Rdn. 5.

[186] So aber BSG SozR 3–2500 § 85 Nr. 37; KassKomm-*Hess,* § 89 SGB V Rdn. 29.

[187] Ebenso *Düring* → 9 Rdn. 66; *dies.,* in: Schnapp (Hrsg.), Handbuch des sozialrechtlichen Schiedsverfahrens, Kapitel F Rdn. 583; *Liebold/Zalewski,* Kassenarztrecht, C 89–41; *Schnapp,* in: ders. (Hrsg.), Probleme der Rechtsquellen im Sozialversicherungsrecht, Teil II, 1999, S. 77 (97); s.a. BSG, MedR 1998, 340 (341) zum Landesausschuss der Ärzte und Krankenkassen; ferner *Redeker/von Oertzen,* Verwaltungsgerichtsordnung, 11. Auflage 1994, § 61 Rdn. 4a.

[188] Einhellige Meinung; statt aller siehe *Schnapp,* in: ders. (Hrsg.), Handbuch des sozialrechtlichen Schiedsverfahrens, Kapitel B Rdn. 141 mit allen Nachweisen.

[189] Zum Gesamtkomplex jüngst *Krodel,* Das sozialgerichtliche Eilverfahren, 2005.

[190] Ausführlich dazu und zu den Auswirkungen im Vertragsarztrecht *Steinhilper* MedR 2004, 433.

[191] Näher dazu *Grigoleit,* Die Anordnung der sofortigen Vollziehbarkeit gem. § 80 Abs. 2 Nr. 4 VwGO als Verwaltungshandlung, 1997; *Schenke* VerwArch Bd. 91 (2000), 587ff.

liche Interesse an der Herstellung gesetzmäßiger Zustände reicht dafür ebenso wenig aus wie die Wiederholung des Gesetzeswortlauts oder das Vorbringen formelhafter Wendungen.[192]

3. Die Aufsichtsbeschwerde

74 Aufsichtsbeschwerde ist die **formlose Anregung** Dritter, mit der die aufsichtsbehördliche Überprüfung von Maßnahmen oder Verhaltensweisen einer Kassenärztlichen Vereinigung verlangt wird. Ein Anspruch auf ein bestimmtes Tätigwerden der Aufsichtsbehörde gibt es allerdings nach einhelliger Meinung nicht. Die Eingabe eines Beschwerdeführers begründet lediglich den Anspruch auf einen Bescheid der zuständigen Aufsichtsbehörde, der erkennen lässt, dass die Eingabe zur Kenntnis genommen worden ist und wie sie erledigt werden soll.[193]

---

[192] *Kaltenborn* DVBl. 1999, 828 (832). Zum Ganzen auch *Meyer-Ladewig,* Sozialgerichtsgesetz, 7. Aufl. 2002, § 86 a Rdn. 20; *Schenke,* Verwaltungsprozessrecht, 9. Aufl. 2004, Rdn. 980 ff.

[193] Nähere Einzelheiten bei *Schnapp* HS-KV § 52 Rdn. 150 f.

§ 25 Gemeinschaftsrechtliche Einwirkungen auf das Vertragsarztrecht

Schrifttum: *Axer,* Europäisches Kartellrecht und nationales Krankenversicherungsrecht, NZS 2002, 57 ff.; *Bach,* Wettbewerbsrechtliche Schranken für staatliche Maßnahmen nach europäischem Gemeinschaftsrecht, 1991; *Becker,* Voraussetzungen und Grenzen der Dienstleistungsfreiheit, NJW 1996, 179 ff.; *ders.,* Gesetzliche Krankenversicherung zwischen Markt und Regulierung, JZ 1997, 534 ff.; *ders.,* Brillen aus Luxemburg und Zahnbehandlung in Brüssel – Die Gesetzliche Krankenversicherung im Europäischen Binnenmarkt, NZS 1998, 359 ff.; *ders.,* Zur verfassungsrechtlichen Stellung der Vertragsärzte am Beispiel der zulassungsbezogenen Altersgrenzen, NZS 1999, 526 ff.; *ders.,* Gesetzliche Krankenversicherung im Europäischen Binnenmarkt, NJW 2003, 2272 ff.; *Bélanger,* Droit communautaire – européen de la santé, Revue générale de droit médical 2003, 189 ff., 235 ff.; *Berg,* Neue Entscheidungen des EuGH zur Anwendung des EG-Kartellrechts im Bereich der sozialen Sicherheit, EuZW 2000, 170 ff.; *Bieback,* Die Kranken- und Pflegeversicherung im Wettbewerbsrecht der EG, EWS 1999, 361 ff.; *ders.,* Etablierung eines Gemeinsamen Marktes für Krankenbehandlung durch den EuGH, NZS 2001, 561 ff.; *ders.,* Die Stellung der Sozialleistungsträger im Marktrecht der EG, RsDE 2001, 1 ff.; *Boecken,* Rechtliche Schranken für die Beschaffungstätigkeit der Krankenkassen im Hilfsmittelbereich nach der Publizierung des Vertragsrechts – insbesondere zum Schutz der Leistungserbringer vor Ungleichbehandlungen, NZS 2000, 269 ff.; *Cabral,* The internal market and the right to cross-border medical care, ELRev. 2004, 673 ff.; *Ebsen* (Hrsg.), Europarechtliche Gestaltungsvorgaben für das deutsche Sozialrecht, 2000; *Eichenhofer,* Richtlinien der gesetzlichen Krankenversicherung und Gemeinschaftsrecht, NZS 2001, S. 1 ff.; *ders.,* Sozialrecht der Europäischen Union, 2. Aufl. 2003; Frankfurter Kommentar zum Kartellrecht, Loseblattwerk; *Frenz,* Grenzüberschreitende medizinische Leistungen und Grundfreiheiten im Spiegel der EuGH-Rechtsprechung, MedR 2004, 296 ff.; *Fuchs,* Das neue Recht der Auslandskrankenbehandlung, NZS 2004, 225 ff.; *Gassner,* Der Einfluß des Europäischen Gemeinschaftsrechts in Rechtsetzung und Rechtsprechung auf die freien Heilberufe, ZfSH/SGB 1995, 470 ff.; *Giesen,* Sozialversicherungsmonopol und EGV, 1995; *ders.,* Die Vorgaben des EG-Vertrages für das Internationale Sozialrecht, 1999; *Goldberg/Lonbay* (Hrsg.), Pharmaceutical Medicine, Biotechnology and European Law, 2000; *Haage,* Die Weiterbildung in der Allgemeinmedizin im Hinblick auf die Richtlinie 2001/19/EG, MedR 2002, 301 ff.; *Hänlein/Kruse,* Einflüsse des Europäischen Wettbewerbsrechts auf die Leistungserbringung in der gesetzlichen Krankenversicherung, NZS 2000, 165 ff.; *Hakenberg,* Europarechtliche Perspektiven der ärztlichen Berufsausübung, MedR 2000, 55 ff.; *Hatzopoulos,* Killing national health and insurance systems but healing patients? The European market for health care services after the judgments of the ECJ in Vanbraekel and Peerboms, CMLR 2002, 683 ff.; *Haverkate/Huster,* Europäisches Sozialrecht, 1999; *Heinemann,* Grenzen staatlicher Monopole im EGV, 1996; *Hollmann/Schulz-Weidner,* Der Einfluß der EG auf das Gesundheitswesen der Mitgliedstaaten, ZIAS 1998, 180 ff.; *Immenga/Mestmäcker* (Hrsg.), EG-Wettbewerbsrecht, 1997; *Jorens/Schulte* (Hrsg.), Die Bedeutung der Urteile Decker und Kohll für die grenzüberschreitende Gesundheitsfürsorge, Grenzüberschreitende Inanspruchnahme von Gesundheitsleistungen im Gemeinsamen Markt; 2003; *Kaufmann* Die Ausübung medizinischer Berufe im Lichte des EG-Vertrags, MedR 2003, 82 ff.; *Kingreen,* Die Struktur der Grundfreiheiten des Europäischen Gemeinschaftsrechts, 1999; *ders.,* Zur Inanspruchnahme von Gesundheitsleistungen im Binnenmarkt, NJW 2001, 3382 f.; *ders.,* Das Sozialstaatsprinzip im europäischen Verfassungsverbund, 2003; *ders.,* Das Leistungserbringungsrecht der gesetzlichen Krankenversicherung nach dem EuGH-Urteil Müller-Fauré/van Riet, ZESAR 2003, 199 ff.; *ders.,* Vergaberechtliche Anforderungen an die sozialrechtliche Leistungserbringung, SGb 2004, 659 ff; *ders.,* Wettbewerbsrechtliche Aspekte des GKV-Modernisierungsgestzes, MedR 2004, 188 ff.; *Knispel,* EG – Wettbewerbswidrige Festbetragsfestsetzungen und Arzneimittelrichtlinien?, NZS 2000, 379 ff.; *Koenig/Engelmann/Hentschel,* Die Anwendbarkeit des Vergaberechts auf die Leistungserbringung im Gesundheitswesen, MedR 2003, 562 ff.; *Kötter,* Die Entscheidung des EuGH in den Rechtssachen Müller-Fauré/van Riet – Harmonisierung der sozialen Sicherung im Krankheitsfall durch die Rechtsprechung des EuGH?, ZESAR 2003, 301 ff.; *Krajewski,* Festbetragsregelung, Krankenkassen und europäisches Wettbewerbsrecht, EWS 2004, 256 ff.; *Kröck,* Der Einfluß der europäischen Grundfreiheiten am Beispiel der Ärzte und Arzneimittel, 1998; *Lackhoff,* Die Niederlassungsfreiheit des EGV, 2000; *Linzbach/Lübking/Scholz/*

Schulte (Hrsg.), Die Zukunft der sozialen Dienste vor der Europäischen Herausforderung, 2005; *Maydell, von,* Auf dem Wege zu einem gemeinsamen Markt für Gesundheitsleistungen in der Europäischen Gemeinschaft, VSSR 1999, 3 ff.; *ders./Schnapp* (Hrsg.), Die Auswirkungen des EG-Rechts auf das Arbeits- und Sozialrecht der Bundesrepublik, 1992; *Mühlenbruch/Schmidt,* Zur Einordnung der Tätigkeit von Krankenkassen hinsichtlich europäischem Wettbewerbsrecht und Dienstleistungsfreiheit, ZESAR 2004, 171 ff.; *D. Neumann,* Kartellrechtliche Sanktionierung von Wettbewerbsbeschränkungen im Gesundheitswesen, 1999; *V. Neumann,* Solidarische Wettbewerbsordnung statt Vertragsarztrecht?, NZS 2002, 561 ff.; *ders./Nielandt/Philipp,* Erbringung von Sozialleistungen nach Vergaberecht?, 2004; *Nowak,* Zur grundfreiheitlichen Inanspruchnahme von Gesundheitsleistungen im europäischen Binnenmarkt, EuR 2003, 644 ff.; *Nowak/Schnitzler,* Erweiterte Rechtfertigungsmöglichkeiten für mitgliedstaatliche Beschränkungen der EG-Grundfreiheiten, EuZW 2000, 627 ff.; *Pitschas,* Die Weiterentwicklung der sozialen Krankenversicherung in Deutschland im Gegenlicht europäischer Gesundheitspolitik, VSSR 1994, 111 ff.; *Ratzel,* Grenzüberschreitender Gesundheitsmarkt innerhalb der EU, MedR 1999, 510 ff.; *Reich,* Rechtfertigung der Festbetragsregelung durch GVK-Spitzenverbände nach Art. 86 EG?, EuZW 2000, 653 ff.; *Rixen,* Abschied vom Sachleistungsprinzip?, ZESAR 2003, 69 ff.; *Schenke,* Die AOK-Bundesverband-Entscheidung des EuGH und die Reform der gesetzlichen Krankenversicherung, VersR 2004, 1360 ff.; *Schirmer,* Transnationale Tätigkeit und Kooperation von Ärzten zur Erbringung von freiberuflichen Dienstleistungen im Gesundheitswesen auf der Grundlage des europäischen Gemeinschaftsrechts, WiVerw 2002, 256 ff.; *Schneider-Danwitz,* Freizügigkeit der Versicherten in der Krankenversicherung, SGb 2000, 354 ff.; *Schulte,* „Zur Kur nach Abano Therme, zum Zahnarzt nach Antwerpen?" – Europäische Marktfreiheiten und nationales Krankenversicherungsrecht, ZfSH/SGB 1999, 269 ff.; *ders.,* EG-rechtliche Rahmenbedingungen für nationale Sozialpolitik, in: *Schmähl* (Hrsg.), Möglichkeiten und Grenzen einer nationalen Sozialpolitik in der EU, 2001, 9 ff.; *Schwarze,* Der Staat als Adressat des europäischen Wettbewerbsrechts, EuZW 2000, 613 ff.; *Steinmeyer,* Wettbewerbsrecht im Gesundheitswesen, 2000; *Süß,* Die Zulassung von Zahnärzten aus dem EG-Bereich zur deutschen Kassenarztpraxis, 1988; *Winterstein,* Nailing the Jellyfish: Social Security and Competition Law, European Competition Law Review 1999, 324 ff.; *Wollenschläger,* Die Bindung gesetzlicher Krankenkassen an das Vergaberecht, NZBau 2004, 655 ff.; *Zechel,* Die territorial begrenzte Leistungserbringung der Krankenkassen im Lichte des EG-Vertrages, 1995.

Übersicht

I. Allgemeines

1. Das Verhältnis zwischen Gemeinschaftsrecht und nationalem Recht

a) Gemeinschafts- und Unionsrecht. Europäisches **Gemeinschaftsrecht** als Recht der Europäischen Gemeinschaften kann in primäres und sekundäres Recht unterteilt werden. Mit primärem Gemeinschaftsrecht[1] werden die Bestimmungen der Gemeinschaftsverträge (einschließlich Anhängen und Protokollen), insbesondere des EGV, das Gewohnheitsrecht und die allgemeinen Rechtsgrundsätze der EG (ungeschriebenes Primärrecht, wozu auch die vom EuGH entwickelten gemeinschaftsrechtlichen Grundrechte gehören)[2] sowie Vertragsergänzungen und -anpassungen bezeichnet. Sekundäres Gemeinschaftsrecht sind die Rechtsakte, die von den Organen der EG gemäß den im EGV vorgesehenen Kompetenzen erlassen werden, also Verordnungen, Richtlinien und Entscheidungen (Art. 249 EGV) sowie sonstige verbindliche Rechtsakte (etwa Beschlüsse eigener Art), aber auch unverbindliche Maßnahmen (vor allem Empfehlungen und Stellungnahmen).[3] 1

Durch den Maastrichter Vertrag ist die EG Bestandteil der **Europäischen Union** geworden (vgl. Art. 1 EUV). Ob damit die Gemeinschaften und die Union zu einer neuen Rechtsgemeinschaft verschmolzen wurden oder die Union lediglich einen institutionellen Rahmen für die Gemeinschaften bildet, ist umstritten, ebenso wie die Völkerrechtsfähig- 2

[1] Vgl. dazu *Ipsen,* Europäisches Gemeinschaftsrecht, 1/5 u. 5/8.

[2] Grundl. EuGH Rs. 29/69 (Stauder), Slg. 1969, 4265; EuGH Rs. 11/70 (Internationale Handelsgesellschaft), Slg. 1970, 1135; EuGH Rs. 4/73 (Nold), Slg. 1974, 507; allg. *Rengeling,* Grundrechtsschutz in der Europäischen Gemeinschaft; vgl. im Zusammenhang mit der Diskussion um die Grundrechtscharta nur *Schwarze,* EuR Beiheft 1/2000, 20ff. Die Grundrechtscharta wurde auf dem Gipfel vom 7.–9. 12. 2000 in Nizza vom Europäischen Rat „begrüßt". Damit fehlt es ihr noch an rechtlicher Verbindlichkeit. Der Verfassungsvertrag übernimmt mit einigen Modifikationen die Charta als Teil II, wurde jedoch noch nicht ratifiziert.

[3] Vgl. *Oppermann,* Europarecht, Rdn. 510ff.

keit der EU.[4] Primäres und sekundäres Unionsrecht bleibt im hier interessierenden Zusammenhang aber schon deshalb ohne Bedeutung, weil es keine unmittelbar wirkenden Vorgaben für das nationale Vertragsarztrecht enthält.

3 **b) Geltung und Rang.** Die Besonderheit des Gemeinschaftsrechts im Vergleich zum Völkerrecht[5] besteht zumindest grundsätzlich zunächst in dem Umstand, dass sowohl primäres als auch sekundäres Gemeinschaftsrecht ohne weiteren Anwendungsbefehl in den Mitgliedstaaten **gelten.** Eines Transformationsaktes, also einer Mitwirkung des nationalen Gesetz- oder Verordnungsgebers, bedarf es dafür nicht.

4 Die große Bedeutung des Gemeinschaftsrechts für die Rechtsordnung der Mitgliedstaaten ergibt sich aus seiner **Höherrangigkeit.** Nicht nur primäres, sondern auch sekundäres Gemeinschaftsrecht geht nationalem Recht aller Stufen, also auch dem nationalen Verfassungsrecht, vor. Dabei kann dahinstehen, ob dieser Vorrang aus der Eigenständigkeit der gemeinschaftsrechtlichen Rechtsordnung[6] oder aus der verfassungsrechtlichen Ermächtigung zur Einwirkung des Gemeinschaftsrechts (Art. 24 a.F. bzw. 23 n.F. GG) begründet wird. Diese Frage ist zwar insofern relevant, als sie auf unterschiedlichem Weg eine Begrenzung der gemeinschaftsrechtlichen Kompetenzen erlaubt.[7] Das BVerfG hat auf der Grundlage seines Ansatzes versucht, gewisse verfassungsrechtliche Reserven offen zu halten. Jedoch sind diese durch den sog. Solange II-Beschluss[8] so gefasst, dass konkrete Konfliktsituationen zwischen dem BVerfG als Hüter der nationalen Verfassung und dem EuGH als Hüter des Gemeinschaftsrechts (Art. 220 EGV) nicht zu erwarten sind. Daran waren zwar durch den sog. Maastricht-Beschluss des BVerfG[9] Zweifel aufgekommen.[10] Das BVerfG selbst hat aber mittlerweile klargestellt, dass diesem Beschluss keine Änderung der früheren Rechtsprechung zu entnehmen ist.[11] Deshalb kann, zumindest solange der EuGH den von ihm gewährten Grundrechtsschutz generell sicherstellt, Gemeinschaftsrecht nicht am Maßstab der Grundrechte des GG überprüft werden.[12] Diese im Sinne der einheitlichen Geltung und Anwendung des Gemeinschaftsrechts grundsätzlich begrüßenswerte Zurückhaltung dürfte wohl auch gelten, wenn es um die Beurteilung einer möglichen Kompetenzüberschreitung geht. Die Kontrolle der Tätigkeit der Gemeinschaftsorgane obliegt insoweit dem EuGH. Diesem gegenüber wird das BVerfG, die Wirksamkeit eines verfassungsrechtlichen Vorbehalts unterstellt, höchstens in Extremfällen die aus nationalem Recht abgeleiteten Grenzen entgegenhalten wollen.[13]

5 Aus der Höherrangigkeit folgt, dass sich im Konfliktfall das Gemeinschaftsrecht gegenüber entgegenstehendem nationalen Recht durchsetzt. Anders als im Verhältnis zwischen Bundes- und Landesrecht (vgl. Art. 31 GG) wird aber nationales Recht nicht „gebro-

---

[4] Vgl. dazu nur *Pechstein/Koenig,* Die Europäische Union, Rdn. 1ff., 56ff.; zur Natur als „supranationale Föderation" *v. Bogdandy,* Integration 1999, 95ff.; dazu krit. *Busse,* EuR 2000, 686ff.; vgl. zur Diskussion auch *Stumpf,* in: Schwarze (Hrsg.), EU-Kommentar (2000), Art. 1 EUV Rdn. 6ff.

[5] Vgl. Art. 59 II GG, aber auch die unmittelbare Einbeziehung der allgemeinen Regeln des Völkerrechts durch Art. 25 GG.

[6] Grundl. EuGH Rs. 6/64 (Costa/ENEL), Slg. 1964, 1251, 1270.

[7] Vgl. dazu auch *Nicolaysen,* Europarecht I (2002), S. 75f.

[8] BVerfGE 73, 339 (378); vgl. auch zuvor den sog. Solange I- und den sog. Vielleicht-Beschluss, BVerfGE 37, 231 (280ff.); 52, 187 (202f.).

[9] BVerfGE 89, 155; vgl. auch *Kirchhof,* EuR Beiheft 1/1991.

[10] Vgl. nur *Schwarze,* NJ 1994, 1ff.; *Hirsch,* NJW 1996, 2457ff.; *Nicolaysen,* EuR 2000, 495ff.; zu dem dahinter stehenden Konflikt *Mayer,* Kompetenzüberschreitung und Letztentscheidung, 2000.

[11] Beschluss v. 7. 6. 2000, 2 BvL 1/97, NJW 2000, 3124 = EuR 2000, 799 = JZ 2000, 1155 m. Anm. *Classen.* Auch die Entscheidung des BVerfG vom 18. 7. 2005 (Az 2 BvR 2236/04) zum Europäischen Haftbefehl hat in dieser Frage keine Neuerungen gebracht.

[12] Vgl. aber auch zu den verschiedenen Interpretationen der Rspr. des BVerfG *v. Mangoldt/Klein/Starck-Classen,* GG Bd. II (4. Aufl. 2000), Art. 23 Rdn. 64.

[13] Insbesondere ist das vom BVerfG betonte „Kooperationsverhältnis" zum EuGH so zu verstehen, dass in jedem Fall zunächst der EuGH über die Vereinbarkeit sekundären Gemeinschaftsrechts mit primärem Gemeinschaftsrecht zu entscheiden hat.

chen", es ist m. a. W. nicht unwirksam. Vielmehr darf es nur nicht mehr angewendet werden,[14] da es genügt, unterschiedliche Rechtsfolgen durch die Anwendung des nationalen Rechts und des Gemeinschaftsrechts auszuschließen. Der Vorrang des Gemeinschaftsrechts lässt sich deshalb als **Anwendungsvorrang** bezeichnen.

2. Einwirkungsmöglichkeiten des Gemeinschaftsrechts

6 **a) Anwendbarkeit und Beachtung im Verfahren. Unmittelbar anwendbar** ist Gemeinschaftsrecht immer dann, wenn es inhaltlich hinreichend genau und unbedingt gefasst ist. Das gilt nicht nur für Bestimmungen des EGV[15] und Verordnungen (vgl. Art. 249 Abs. 2 EGV), sondern ebenso für Richtlinien, obwohl diese grundsätzlich der Umsetzung in das nationale Recht bedürfen (Art. 249 Abs. 3 EGV) und damit regelmäßig nur als Vorgabe für das unmittelbar anzuwendende nationale Umsetzungsrecht zu beachten sind.[16] Bei Richtlinienbestimmungen setzt die unmittelbare Anwendbarkeit aber wegen des Umsetzungserfordernisses neben der inhaltlichen Bestimmtheit auch eine unterbliebene Umsetzung durch die Mitgliedstaaten voraus.[17] Nationales Recht kann hinreichend bestimmte und unbedingte Vorschriften nicht verdrängen.[18] Unmittelbare Anwendbarkeit im hier verwendeten Sinn meint zunächst (nur), dass Behörden und Gerichte Gemeinschaftsrecht anzuwenden haben, ohne dass es nationaler Ausführungsbestimmungen bedürfte.[19] Flankiert wird die Pflicht zur Anwendung durch die Verpflichtung zur loyalen Zusammenarbeit gemäß Art. 10 EGV (auch als Gemeinschaftstreue bezeichnet).[20]

7 Gemeinschaftsrecht wird in den seltensten Fällen durch Gemeinschaftsorgane selbst vollzogen. Es muss vielmehr regelmäßig von nationalen Behörden und nationalen Gerichten angewendet werden. Dann wird von **indirektem Vollzug des Gemeinschaftsrechts** gesprochen,[21] wobei noch zwischen unmittelbarem und mittelbarem Vollzug unterschieden werden kann.[22] Der indirekte Vollzug selbst ist weitgehend nicht gemeinschaftsrechtlich geregelt,[23] sondern erfolgt in der Regel auf der Grundlage nationalen Verfahrensrechts. Auch bei der Anwendung dieses Rechts entfaltet aber Gemeinschaftsrecht seine Bedeutung. In keinem Fall darf nämlich die praktische Wirksamkeit gemeinschaftsrechtlicher Normen beeinträchtigt (Vereitelungsverbot bzw. Effizienzgebot)

---

[14] Mittlerweile allg. M., vgl. nur *Oppermann,* Europarecht, Rdn. 632 ff.; *Streinz,* Europarecht, Rdn. 200. Anders noch (Geltungsvorrang) *Grabitz,* Gemeinschaftsrecht bricht nationales Recht, 1966.

[15] Grundl. EuGH Rs. 62/62 (Van Gend & Loos), Slg. 1963, 1, 25.

[16] Vgl. zur Annäherung der Regelungsinstrumente nur *Hilf,* EuR 1993, 19 ff.; *Schwarze/Becker/Pollak,* Die Implementation von Gemeinschaftsrecht, S. 33.

[17] Vgl. nur *Biervert,* in: Schwarze (Hrsg.), EU-Kommentar (2000), Art. 249 Rdn. 29; zu einer Unterscheidung zwischen „Verpflichtung", „Geltung" und „Wirkung" von RL-Bestimmungen *Streinz,* Europarecht, Rdn. 388 ff.

[18] Vgl. zur Unanwendbarkeit widersprechender Umsetzungsmaßnahmen zuletzt EuGH Rs. C-109/99 (Association basco-béarnaise des opticiens indépendants), Slg. 2000, I-7247 Rdn. 65. Aus der Geltung einer RL ergibt sich i. Ü., dass sich Umsetzungsmaßnahmen auch im Rahmen der nicht mit unmittelbarer Wirkung (unmittelbare Anwendbarkeit und subjektives Recht, vgl. Rdn. 9) versehenen RL-Bestimmungen halten müssen, so jetzt EuGH Rs. C-287/98 (Linster), Slg. 2000, I-6917 Rdn. 32 ff.

[19] Oft wird das mit der (unmittelbaren) Geltung, vom EuGH aber auch vielfach mit der Begründung subjektiver Rechte gleichgesetzt; vgl. zur Begrifflichkeit *Bleckmann,* in: ders., Europarecht, Rdn. 1152 f.; *v. Danwitz,* Verwaltungsrechtliches System und Europäische Integration, S. 104 ff.

[20] Vgl. dazu nur die Berichte für den XIX. FIDE-Kongress, Helsinki 2000.

[21] Vgl. *Rengeling,* Rechtsgrundsätze beim Verwaltungsvollzug des Europäischen Gemeinschaftsrechts; *Schwarze,* Europäisches Verwaltungsrecht, S. 33 ff.; *Streinz,* HdbStR VII, § 182.

[22] Je nachdem, ob Gemeinschaftsrecht unmittelbar anwendbar ist oder der Umsetzung bedarf, vgl. *Oppermann,* Europarecht, Rdn. 646 ff.; *Schweitzer/Hummer,* Europarecht, Rdn. 427 f.

[23] Wichtigste Ausnahme ist der Zollkodex, der Zollverfahrensrecht normiert.

oder für die Beurteilung von Sachverhalten mit Bezug zu ausländischen Unionsbürgern von strengeren Voraussetzungen ausgegangen werden (Diskriminierungsverbot).[24] Bei Konflikten zwischen Gemeinschaftsrecht und nationalem Verfahrensrecht wird überwiegend von indirekten Kollisionen gesprochen,[25] sofern die gemeinschaftsrechtlichen Vorgaben selbst keine verfahrensrechtliche Regelungen enthalten. Nach anderer Ansicht ist auch in diesen Fällen der allgemeine Anwendungsvorrang des Gemeinschaftsrechts (Rdn. 5) entscheidend,[26] Art. 10 EGV entfaltet dann nur mehr eingeschränkte Relevanz. Unabhängig von der dogmatischen Herleitung darf beispielsweise der Durchsetzung gemeinschaftsrechtlich begründeter Forderungen nicht eine nationale verfahrensrechtliche Fristbestimmung entgegengehalten werden.[27] Andererseits verlangt das Gemeinschaftsrecht keineswegs eine Nichtanwendung aller Fristbestimmungen, sofern diese für interne und grenzüberschreitende Sachverhalte gleichermaßen gelten und die Durchsetzung von auf Gemeinschaftsrecht beruhenden Ansprüchen nicht verhindern.[28]

8 Will ein **nationales Gericht** Gemeinschaftsrecht unberücksichtigt lassen, weil es an dessen Wirksamkeit zweifelt, so muss es **dem EuGH vorlegen.** In diesen Fällen besteht nicht nur die Befugnis, sondern die Verpflichtung zur Einholung einer Vorabentscheidung gemäß Art. 234 EGV, und zwar unabhängig davon, ob das Gericht als letzte Instanz über einen konkreten Rechtsstreit zu entscheiden hat oder nicht.[29] Das gilt auch in Verfahren des vorläufigen Rechtsschutzes. Eine Aussetzung der Vollziehung des sekundären Gemeinschaftsrechts ist nur unter bestimmten Voraussetzungen zulässig.[30]

9 **b) Verleihung subjektiver Rechte.** Der EuGH trennt in seiner Rechtsprechung nicht zwischen unmittelbarer Anwendbarkeit und der Verleihung subjektiver Rechte.[31] Normen, die unbedingt und hinreichend bestimmt sind, können dementsprechend den Unionsbürgern Rechte einräumen, ohne dass es – wie im deutschen Verwaltungsrecht – auf den Schutzzweck dieser Normen ankäme. Es genügt, wenn Individuen durch diese Normen begünstigt werden.[32] Zum Teil wird die Einräumung subjektiver Rechte auch als unmittelbare Wirkung[33] oder – in Anlehnung an den englischen Sprachgebrauch – als Direkteffekt bezeichnet. Subjektive Rechte verbürgen vor allem die Grundfreiheiten (vgl.

---

[24] Vgl. EuGH Rs. 205–215/82 (Deutsche Milchkontor), Slg. 1983, 2633 Rdn. 17. Ausführlich *Scheuing,* in: Hoffmann-Riem/Schmidt-Aßmann (Hrsg.), Innovation und Flexibilität des Verwaltungshandelns, 1994, S. 289 ff.

[25] Weil bei der Anwendung nationalen Verfahrensrechts das Gemeinschaftsrecht nur nicht in seiner Wirksamkeit beeinträchtigt werden darf, vgl. *Huthmacher,* Der Vorrang des Gemeinschaftsrechts bei indirekten Kollisionen.

[26] Sofern Vereitelungs- und Diskriminierungsverbot für unmittelbar anwendbar gehalten werden, so vor allem *Hatje,* Die gemeinschaftsrechtliche Steuerung der Wirtschaftsverwaltung, 1998, S. 264 f.; *ders.,* in: Holoubek/Lang (Hrsg.), Das EuGH-Verfahren in Steuersachen, 2000, S. 138 ff.; vgl. auch *Niedobitek,* VerwArch 92 (2001), 74 ff.; a. A. *Classen,* JZ 1997, 725.

[27] Vgl. nur zu den Fristen für die Rücknahme von Verwaltungsakten (§ 48 VwVfG) EuGH Rs. C-24/95 (Alcan), Slg. 1997, I-1591.; dazu sehr krit. *Scholz,* DÖV 1998, 261; vgl. aber auch *Winkler,* DÖV 1999, 148. Zu den Grenzen EuGH Rs. C-404/97 (Kommission/Portugal), Slg. 2000, I-4897.

[28] EuGH Rs. C-231/96 (Edis), Slg. 1998, I-4951 Rdn. 19 ff.

[29] EuGH Rs. 314/85 (Foto-Frost), Slg. 1987, 4199 Rdn. 13 ff.

[30] Erhebliche Zweifel an der Gültigkeit des Rechtsakts, Dringlichkeit der Entscheidung wegen der Befürchtung eines erheblichen Schadens für den ASt., Berücksichtigung der Gemeinschaftsinteressen und Vorlage an den EuGH, vgl. EuGH Rs. C-143/88 (Zuckerfabrik Süderdithmarschen), Slg. 1991, I-415; EuGH Rs. C-465/93 (Atlanta), Slg. 1995, I-3761.

[31] Ebenso wenig wie zwischen Geltung und unmittelbarer Anwendbarkeit; vgl. dazu nur EuGH Rs. 106/77 (Simmenthal), Slg. 1978, 629, Rdn. 14/16. Zur notwendigen Differenzierung *Klein,* Unmittelbare Geltung, Anwendbarkeit und Wirkung von europäischem Gemeinschaftsrecht, 1988, S. 16.

[32] Vgl. nur *Wahl,* in: Schoch/Schmidt-Aßmann/Pietzner, VwGO (Stand Sept. 2004), Vorb § 42 Abs. 2, Rdn. 127 f.

[33] Vgl. auch *Nicolaysen,* Europarecht I, S. 82: „unmittelbare Wirksamkeit".

Rdn. 25ff.), aber auch unmittelbar anwendbare Bestimmungen in Verordnungen und Richtlinien.[34]

c) Gemeinschaftsrechtskonforme Auslegung. Die Beachtung des Gemeinschaftsrechts bei der Anwendung nationalen Rechts kann und muss erforderlichenfalls durch eine gemeinschafstrechtskonforme Auslegung sichergestellt werden.[35] Dabei ist zu berücksichtigen, dass die **Auslegung des Gemeinschaftsrechts** wiederum autonom erfolgt, d.h. nach den gemeinschaftsrechtlich anerkannten Regeln.[36] Neben der Wortlautinterpretation spielt nach der Rechtsprechung des EuGH vor allem der „*effet utile*" eine Rolle, d.h. die Wirksamkeit des Rechts.[37] Bei Sekundärrecht kann auch auf die den Rechtsakten vorangestellte Zielsetzung zurückgegriffen werden.[38] Unbestimmte Rechtsbegriffe sind in der Regel nicht durch eine Bezugnahme auf ein nationales, sondern auf ein gemeinschaftsrechtliches Begriffsverständnis zu konkretisieren.[39] Besondere Bedeutung entfaltet der Grundsatz der gemeinschaftsrechtskonformen Auslegung dann, wenn durch nationales Recht die Rechtsbeziehungen zwischen Privaten geregelt sind. Während die Drittwirkung der Grundfreiheiten nicht zuletzt wegen der dogmatischen Unbekümmertheit des EuGH zumindest zweifelhaft ist (vgl. Rdn. 30), gilt bis jetzt der Grundsatz, dass unmittelbar anwendbare Richtlinienbestimmungen (vgl. Rdn. 6) keine Rechte zwischen Privaten entfalten, eine horizontale Wirkung des sog. Direkteffekts also ausscheidet.[40] Jedoch ist es möglich, durch eine richtlinienkonforme Auslegung des nationalen Rechts, das Privatrechtsbeziehungen gestaltet, eine ähnliche Wirkung zu erzielen, indem die aus dem Privatrecht fließenden Verpflichtungen in Übereinstimmung mit den gemeinschaftsrechtlichen Vorgaben gebracht werden.[41] **10**

d) Staatshaftung. Der EuGH hat die Verpflichtung der Mitgliedstaaten sowohl zur Umsetzung von Richtlinien als auch zur Beachtung des Gemeinschaftsrechts dadurch **11**

---

[34] Vgl. nur EuGH Rs. 8/81 (Becker), Slg. 1982, 53 Rdn. 20ff.

[35] Zur Maßgeblichkeit der Richtlinienbestimmungen bei der Anwendung nationalen Umsetzungsrechts EuGH Rs. 14/83 (Colson u. Kamann), Slg. 1984, 1891 Rdn. 28. De facto besteht zwischen richtlinienkonformer und gemeinschaftsrechtskonformer Auslegung kein Unterschied, a.A. *Ehricke,* RabelsZ 1995, 598ff.; die richtlinienkonforme Auslegung noch gänzlich ablehnend *Götz,* NJW 1992, 1894.

[36] Wobei auf die streitige Frage, ob auf Art. 31ff. der Wiener Vertragsrechtskonvention zurückgegriffen werden kann, nicht eingegangen werden muss, vgl. zusammenfassend nur *Oppermann,* Europarecht, Rdn. 680ff.

[37] Vgl. nur *Schwarze,* Die Befugnis zur Abstraktion im europäischen Gemeinschaftsrecht, 1976; *Potacs,* Auslegung im öffentlichen Recht, 1994; *Anweiler,* Die Auslegungsmethoden des Gerichtshofs der Europäischen Gemeinschaften, 1997; *Streinz,* ZEuS 2004, 387ff.

[38] Vgl. etwa aus jüngster Zeit nur EuGH Rs. C-373/00 (Adolf Truley GmbH), Slg 2003, I-1931 Rdn. 35; EuGH Rs. C-287/98 (Linster), Slg. 2000, I-6917 Rdn. 53; EuGH Rs. C-381/98 (Ingmar GB), Slg. 2000, I-9305 Rdn. 23; EuGH Rs. C-312/98 (Warsteiner Brauerei), Slg. 2000, I-9187 Rdn. 46.

[39] Vgl. etwa EuGH Rs. 66/85 (Lawrie-Blum), Slg. 1986, 2121 Rdn. 16 (zum Begriff des Arbeitnehmers i.S.v. Art. 39 EGV); EuGH Rs. C-41/90 (Höfner und Elser), Slg. 1991, I-1979 Rdn. 23 (zum Begriff des Unternehmens i.S.v. Art. 81 EGV). Zum Sekundärrecht etwa EuGH Rs. C-357/98 (Yiadom), Slg. 2000, I-1255 Rdn. 26 (zur RL 64/221) unter Hinweis auf die „einheitliche Anwendung des Gemeinschaftsrechts und den Gleichheitsgrundsatz".

[40] Vgl. nur EuGH Rs. C-91/92 (Faccini Dori), Slg. 1994, I-3325 Rdn. 20; zur Abgrenzung auch EuGH Rs. C-443/98 (Unilever Italia), Slg. 2000, I-7535 Rdn. 49ff., wo formal an der Ablehnung der horizontalen Wirkung des Direkteffekts festgehalten wird, der Notifizierungsrichtlinie 83/189 (ABl. L 109/8) aber entsprechende Wirkung zuerkannt wird; die Entscheidungsgründe von *Unilever Italia* könnten durchaus auf die Auslegung anderer Richtlinien übertragbar sein; zu dieser Problematik auch *Jarass/Beljin,* EuR 2004, 714ff; *Frenz,* EWS 2005, 104ff.

[41] Vgl. zur Auslegung bereits bestehenden nationalen Rechts anhand einer Richtlinie EuGH, Rs. C-397–403/01 (DRK), n.v., Rdn. 107ff; EuGH Rs. C-106/89 (Marleasing), Slg. 1990 I, 4135 Rdn. 9ff.; zur Unterscheidung der Auslegung nationalen Rechts von der horizontalen Direktwirkung EuGH Rs. 177/88 (Dekker), Slg. 1990, I-3941 Rdn. 10ff., 19ff.

verstärkt, dass er in bestimmten Fällen eine Pflicht des eine Pflichtverletzung begehenden Mitgliedstaats zum Schadensersatz begründet hat. Als zusätzliche Rechtsgrundlage dient Art. 10 EGV.[42] Auf diese Weise wird die Durchsetzung des Gemeinschaftsrechts gefördert. Sanktioniert werden Verstöße gegen die Verpflichtung zur Umsetzung einer Richtlinie, wenn diese dem einzelnen Rechte verleihen will und dafür das Tätigwerden des Mitgliedstaats verlangt, aber wegen verschiedener Umsetzungsmöglichkeiten den begünstigten Personen noch keine subjektiven Rechte einräumt (vgl. Rdn. 9),[43] sowie Verstöße gegen die Beachtung der bereits durch das Gemeinschaftsrecht verliehenen subjektiven Rechte, etwa aus den Grundfreiheiten.[44] Gemeinschaftsrechtliche Voraussetzungen der Haftung sind daneben ein hinreichend qualifizierter Verstoß gegen das Gemeinschaftsrecht[45] und ein dadurch unmittelbar kausal herbeigeführter Schaden. Diese Voraussetzungen sind im Rahmen der Staatshaftungsansprüche zu berücksichtigen[46] und modifizieren damit das nationale Haftungsrecht.[47]

3. Räumlicher und personeller Geltungsbereich

12 **a) Grundsätze.** Europäisches Gemeinschaftsrecht gilt grundsätzlich nur im Gebiet der EU-Mitgliedstaaten und einiger anderer Hoheitsgebiete (sog. abhängige Gebiete).[48] Zudem können sich auf die meisten der durch Gemeinschaftsrecht eingeräumten Rechte nur Unionsbürger berufen (vgl. Rdn. 29). Der **räumliche und personale Geltungsbereich** kann aber durch völkerrechtliche Abkommen erweitert werden. Von praktischer Bedeutung sind dabei vor allem das EWR-Abkommen sowie die weiteren, von der Gemeinschaft und den Mitgliedstaaten geschlossenen Assoziationsabkommen.

13 **b) EWR-Abkommen, Schweiz.** Das Abkommen über die Schaffung eines Europäischen Wirtschaftsraumes vom 2. 5. 1992[49] ist ein (gemischtes) Assoziationsabkommen und sollte ursprünglich das Verhältnis zu den EFTA-Staaten auf eine neue rechtliche Grundlage stellen. Vertragsparteien sind mittlerweile neben den EU-Mitgliedstaaten nur noch **Island, Norwegen und Liechtenstein.** Inhalt des EWR-Abkommens ist u.a. eine Erstreckung der Grundfreiheiten des EGV auf den gesamten EWR. Hinsichtlich der Freizügigkeit sind damit die Staatsangehörigen Islands, Norwegens und Liechtensteins den Unionsbürgern weitgehend gleichgestellt. Die EG hat mit der **Schweiz** nach deren gescheiterten EWR-Beitritt sieben sektorielle Abkommen geschlossen, zu denen auch ein Abkommen über die Freizügigkeit gehört.[50] Damit werden seit dem Inkrafttreten der

---

[42] Als Rechtsgrundlage verweist der EuGH auf einen „aus dem Wesen des Vertrages" folgenden Grundsatz, vgl. nur EuGH Rs. C-242/97 (Haim II), Slg. 2000, I-3421 Rdn. 26f. m.w.N.

[43] Grundl. EuGH Rs. C-6/90 u. 9/90 (Francovich), Slg. 1991, I-5357.

[44] Grundl. EuGH Rs. C-46/93 u. 48/93 (Brasserie du Pêcheur), Slg. 1996, I-1029.

[45] Gemeint ist damit ein offenkundiges und erhebliches Überschreiten der Regelungsbefugnis, ohne dass es auf eine darüber hinausgehende subjektive Vorwerfbarkeit (fahrlässiges oder vorsätzliches Handeln) ankäme, vgl. nur EuGH Rs. C-127/95 (Norbrook Laboratories), Slg. 1998, I-1531 Rdn. 109. Die Voraussetzung des hinreichend qualifizierten Verstoßes greift aber nur für den Fall, dass der Mitgliedsstaat weites Ermessen bei der Umsetzung der gemeinschaftsrechtlichen Maßnahme hat *(Brasserie du Pêcheur)*. Ansonsten ergibt sich eine Haftung des Staates auch ohne Vorliegen eines hinreichend qualifizierten Verstoßes *(Francovich)*.

[46] Vgl. EuGH Rs. C-242/97 (Haim II), Slg. 2000, I-3421 Rdn. 30ff. Zur deutschen Rspr. etwa BGHZ 134, 30 (Brasserie du Pêcheur); krit. zu der Entscheidung *Hatje,* EuR 1997, 297ff.

[47] Näher nur *Ossenbühl,* Staatshaftungsrecht, 5. Aufl. 1998, 15. Teil; *Detterbeck/Windthorst/Sproll,* Staatshaftungsrecht, 2000, §§ 6 und 7.

[48] Vgl. näher Art. 299 EGV.

[49] BGBl. 1993 II, S. 266; ABl. L 1/1994, S. 1.

[50] Abkommen v. 21. 6. 2000; Fundstelle: http://www.europa.admin.ch/ba/d/index.htm. Die Abkommen wurden von der Schweiz am 16. 10. 2000 ratifiziert, in Kraft getreten sind sie am 1. 6. 2002.

Verträge am 1. 6. 2002 die Grundfreiheiten zwar nicht vollständig, aber doch weitgehend auf Schweizer Staatsangehörige erstreckt[51]– wenngleich längere Übergangsfristen vorgesehen sind.[52] Das Abkommen soll unter Übernahme des *acquis communautaire* zum freien Personenverkehr (Arbeitnehmerfreizügigkeit, Niederlassungsfreiheit und Dienstleistungsfreiheit) durch die Schweiz die Freizügigkeit für Arbeitnehmer, Selbständige und Personen ohne Erwerbstätigkeit sowie Familienangehörige, Rentner und Studenten herstellen;[53] ergänzt wird es u. a. durch Regelungen über die gegenseitige Anerkennung von Berufsdiplomen.[54]

Von der EG abgeschlossene völkerrechtliche Abkommen stehen als integrierender Bestandteil[55] der Gemeinschaftsrechtsordnung im Rang zwischen primärem und sekundärem Gemeinschaftsrecht und sind nach dem Grundsatz des *effet utile* (s. o. Rdnr. 10) auszulegen. Ihnen kommt deshalb wie dem übrigen Gemeinschaftsrecht gegenüber dem innerstaatlichen Recht der EG-Mitgliedstaaten Anwendungsvorrang zu. Davon ist auf der Grundlage der bundesgerichtlichen Rechtsprechung zu völkerrechtlichen Abkommen auch in der Schweiz auszugehen.[56] Soweit das Abkommen über die Freizügigkeit den Staatsangehörigen der Vertragsparteien ausdrücklich Rechte einräumt, ist darüber hinaus auch seine unmittelbare Anwendbarkeit anzunehmen.[57]

14 **c) Assoziationsabkommen.** Für einige frühere Kolonialgebiete der Mitgliedstaaten (sog. außereuropäische Länder und Hoheitsgebiete) gilt gem. Art. 299 Abs. 3 EGV das Assoziierungssystem der Art. 182ff. EGV.[58] Dieses System besitzt entwicklungspolitische Zielsetzungen, ebenso wie die Lomé-Abkommen mit den sog. AKP-Staaten, die auf die allgemeine Rechtsgrundlage des Art. 310 EGV gestützt sind. Mit anderen europäischen Staaten wurden Assoziationsabkommen zur Vorbereitung eines Beitritts geschlossen. Dazu gehören das Assoziationsabkommen mit der Türkei[59] und die Europaabkommen mit Rumänien und Bulgarien.[60] Außerdem bestehen Abkommen mit den Mittelmeeranrainerstaaten, darunter Algerien, Marokko und Tunesien. Die Abkommen werden z.T. durch Zusatzprotokolle und Beschlüsse ergänzt. Der Inhalt der Abkommen ist unterschiedlich. Ihnen ist prinzipiell gemein, dass sie den jeweiligen Staatsangehörigen keine Freizügigkeit gewähren, aber ein Diskriminierungsverbot und bestimmte Sonderbehandlungen vorsehen.[61] Dadurch können Drittstaatsangehörige begünstigt werden. Das gilt für das Aufenthaltsrecht türkischer Arbeitnehmer,[62] wie auch für die Gleichbehandlung tür-

---

[51] Vgl. dazu *Kahil-Wolff/Mosters,* EuZW 2001, 5ff.; *Petersen/Nagel,* DAngVers 2002, 81ff.; *Bergmann,* NZS 2003, 175ff.

[52] So besteht etwa nach Art. 10 des Freizügigkeitsabkommens für die Schweiz die Möglichkeit, während eines Zeitraums von fünf Jahren ab Inkrafttreten Höchstzahlen für den Zugang zu einer Erwerbstätigkeit festzulegen.

[53] Vgl. Art. 1 des Freizügigkeitsabkommens.

[54] Vgl. Anhang III des Freizügigkeitsabkommens.

[55] EuGH Rs. 181/73 (Haegeman), Slg. 1974, 449, Rdn. 2/6; EuGH Rs. 12/86 (Demirel), Slg. 1987, 3719, Rdn. 7; EuGH Rs. C-321/97 (Andersson), Slg. 1999, I-3551, Rdn. 26.

[56] BGE 125 II, S. 425.

[57] *Kahil-Wolff/Mosters,* EuZW 2001, 5, 7.

[58] Vgl. zu den erfassten außereuropäischen Ländern und Hoheitsgebieten Anhang II zum EGV. Zur Niederlassung von Ärzten in überseeischen Gebieten EuGH Rs. 263/88 (Kommission/Frankreich), Slg. 1990, I-4611.

[59] Vom 12. 9. 1963, ABl. 1964, S. 3687. Am 3. 10. 2005 haben die EU-Außenminister mit der Türkei ergebnisoffene Beitrittsverhandlungen eröffnet. Ein Beitritt der Türkei wird frühestens 2014 möglich sein.

[60] Vgl. insofern zum Grundsatz der Inländergleichbehandlung *Pitschas,* JahrbSozRdGgw. 15 (1993), 325.

[61] Die Abkommen sind Bestandteil der Gemeinschaftsrechtsordnung, vgl. EuGH Rs. 181/73 (Haegeman), Slg. 1974, 449, Rdn. 2/6 (Fußn. 55).

[62] Auf der Grundlage des Beschlusses 1/80 des Assoziationsrats für das Assoziationsabkommen EWG/Türkei EuGH Rs. C-192/89 (Sevince), Slg. 1990, 3461.

kischer Staatsangehöriger im Hinblick auf soziale Vergünstigungen[63] oder die Gleichbehandlung algerischer, marokkanischer und tunesischer Staatsangehöriger.[64]

15 **d) Übergangsvorschriften.** Im Zusammenhang mit Beitritten zu den Europäischen Gemeinschaften bzw. der EU (Art. 49 EUV) werden oftmals Übergangsregelungen vereinbart. Diese sind Bestandteil der Beitrittsakte und damit des Primärrechts (vgl. Rdn. 1). Sie können für einen begrenzten Zeitraum Abweichungen von den Vorschriften des Gemeinschaftsrechts, insbesondere auch von der Anwendbarkeit der Grundfreiheiten, vorsehen.[65] Anlässlich des Beitritts der zwölf neuen Mitgliedstaaten im Rahmen der EU-Osterweiterung am 1. 5. 2004 wurden – insbesondere auf Druck von Deutschland und Österreich – Übergangsfristen[66] für die Bereiche der Arbeitnehmerfreizügigkeit und der Dienstleistungsfreiheit eingefügt. Die bisherigen Mitgliedstaaten dürfen nun den Zugang von Arbeitnehmern aus den Beitrittsstaaten während einer Übergangsfrist von insgesamt 7 Jahren umfassend beschränken. Im Gegensatz dazu betreffen die Übergangsregelungen im Bereich der Dienstleistungsfreiheit nur bestimmte Wirtschaftszweige und können nur von Deutschland und Österreich in Anspruch genommen werden.[67] Die Dienstleistungsfreiheit gilt daher uneingeschränkt in allen Bereichen außer dem Baugewerbe und bestimmten anderen handwerklichen Betätigungsfeldern.[68]

II. Sekundärrechtliche Bestimmungen zur Erleichterung der Freizügigkeit von Ärzten

1. Zweck und Inhalt der RL 93/16/EWG und der BQ-RL 2005/36/EG

16 **a) Entwicklung und Rechtsgrundlage.** Bereits 1975 hatte die EG eine Richtlinie zur Anerkennung der Diplome, Prüfungszeugnisse und sonstigen Befähigungen der Ärzte (AnerkennungsRL)[69] und eine Richtlinie zur Koordinierung der Rechts- und Verwaltungsvorschriften für Ärzte (KoordinierungsRL)[70] erlassen. Nach mehrfacher Änderung erfolgte unter Einbeziehung der Richtlinie über eine spezifische Ausbildung in der Allgemeinmedizin[71] eine Neufassung der bestehenden Vorschriften. Seitdem gilt die RL 93/16 vom 5. 4. 1993 zur Erleichterung der Freizügigkeit für Ärzte und zur gegenseitigen Anerkennung ihrer Diplome, Prüfungszeugnisse und sonstigen Befähigungen.[72] Diese RL verfolgt den Ansatz der berufsspezifischen Harmonisierung und stellt eine sektorale Vorschrift als spezielle Ergänzung der RLen 89/48[73] und 92/51[74] über die Anerkennung be-

---

[63] Vgl. zur unmittelbaren Anwendbarkeit von Art. 3 des Beschlusses 3/80 des Assoziationsrats für das Assoziationsabkommen EWG/Türkei EuGH Rs. C-262/96 (Sürül), Slg. 1999, I-2685 Rdn. 48 ff.

[64] Vgl. zum Kooperationsabkommen EWG/Algerien EuGH Rs. C-103/94 (Krid), Slg. 1995, I-719; EuGH Rs. C-113/97 (Babahenini), Slg. 1998, I-183; zum Kooperationsabkommen EWG/ Marokko EuGH Rs. C-18/90 (Kziber), Slg. 1991, I-199; EuGH Rs. C-58/93 (Yousfi), Slg. 1994, I-1353; zuletzt EuGH Rs. C-416/96 (El Yassini), Slg. 1999, I-1209.

[65] Dazu, zu den bisherigen Beitritten und zur Zulässigkeit der Abweichungen näher *Becker,* EU-Erweiterung und differenzierte Integration, 1999.

[66] Geregelt in Art. 24 der Beitrittsakte (ABl. L 236, S. 33), in Verbindung mit den Anhängen V–XIV für die jeweiligen Beitrittsländer, dort unter der Rubrik *Freizügigkeit* in Nrn. 1–12, 13 und 14.

[67] Näher dazu *Nowak,* EuZW 2003, 101; *ders.,* Die Beiträge 2004, 385; *Pechstein/Kubicki,* EuZW 2004, 167; *Adinolfi,* CMLR 2005, 469, 485 ff.

[68] *Pechstein/Kubicki,* EuZW 2004, 167, 168.

[69] RL 75/362 v. 16. 6. 1975, ABl. L 167, S. 1.

[70] RL 75/363 v. 16. 6. 1975, ABl. L 167, S. 14.

[71] RL 86/457 v. 15. 9. 1986, ABl. L 267, S. 26.

[72] ABl. L 165, S. 1, geändert durch RL 1999/46 v. 21. 5. 1999, ABl. L 139, S. 25.

[73] V. 21. 12. 1988, ABl. L 1989/19, S. 16.

[74] V. 18. 6. 1992, ABl. L 209, S. 25.

ruflicher Befähigungsnachweise dar. Sie wurde zuletzt durch die RL 2001/19/EG vom 14. 5. 2001[75] geändert.[76] Inzwischen ist die RL 93/16 durch die RL 2005/36/EG vom 7. 9. 2005 über die Anerkennung von Berufsqualifikationen abgelöst worden.[77] Mit der neuen RL werden die sektionellen RLen ersetzt und wird das Ziel verfolgt, durch eine erleichterte Anerkennung die Freizügigkeitsrechte zu stärken.[78]

Da die Umsetzungsfrist für die Migliedstaaten gem. Art. 63 der RL 2005/36/EG bis 20. 10. 2007 läuft, wird im Folgenden weiter auf die RL 93/16 Bezug genommen, zugleich aber auf die Änderungen durch die BQ-RL hingewiesen. Das empfiehlt sich auch deshalb, weil sowohl die grundsätzliche Zielrichtung als auch die wesentlichen Inhalte beider RLen übereinstimmen und sich die Neuerungen nur auf einzelne Punkte beziehen.

17 **Ziel** der RLen ist es, den Ärzten die tatsächliche Ausübung der Freizügigkeit, des Niederlassungsrechts und des Rechts auf freien Dienstleistungsverkehr zu erleichtern. Zu diesem Zweck soll die gegenseitige Anerkennung von Aus- und Weiterbildungsnachweisen sichergestellt und eine Reihe von Voraussetzungen der Berufstätigkeit geregelt werden.[79] Dementsprechend ist die RL 93/16 auf ex-Art. 49, 57 Abs. 1 und 2 sowie Art. 66 EGV (jetzt Art. 40, 47 Abs. 1 und 2, 55 EGV) gestützt worden, d. h. auf die Ermächtigungen zur **Rechtsangleichung für den Bereich der einschlägigen drei Grundfreiheiten** (Arbeitnehmerfreizügigkeit, Niederlassungs- und Dienstleistungsfreiheit). Nichts anderes wird für die BQ-RL gelten. Dementsprechend muss das Sekundärrecht im Lichte der Grundfreiheiten ausgelegt werden.[80]

18 **b) Anwendungsbereich.** Sowohl die RL 93/16 (Art. 1) als auch die BQ-RL (Art. 2)[81] gelten für **angestellte und freiberuflich tätige Ärzte** in der EU und im EWR.[82] Sie lassen die nationalen Vorschriften, nach denen **Gesellschaften** die Ausübung ärztlicher Tätigkeit verboten oder von bestimmten Auflagen abhängig gemacht wird, unberührt.[83] Für **Zahnärzte** sind zunächst weiterhin die RL 78/686 vom 25. 7. 1978 für die gegenseitige Anerkennung der Diplome, Prüfungszeugnisse und sonstigen Befähigungsnachweise des Zahnarztes zur Erleichterung der tatsächlichen Ausübung des Niederlassungsrechts und des Rechts auf freien Dienstleistungsverkehr[84] und die RL 78/687 vom 25. 7. 1978 zur Koordinierung der Rechts- und Verwaltungsvorschriften für die Tätigkeiten des Zahnarztes[85] anwendbar.[86] Deren Inhalt ist mit den ersten beiden Teilen der RL 93/16 vergleichbar.[87] Auch

---

[75] ABl. L 206, S. 1.

[76] Wegen unvollständiger Umsetzung hat die Kommission gegen Deutschland am 22. 12. 2004 ein Vertragsverletzungsverfahren eingeleitet. Vgl. zum Umsetzungsbedarf *Haage*, MedR 2002, 301 ff., und zum Vertragsverletzungsverfahren a. a. O., 305 f.

[77] Abl. L 225, S. 22; ursprünglicher Vorschlag v. 7. 3. 2002, KOM (2002) 119 endg. Vgl. zum Gesetzgebungsverfahren Änderungsbeschluss des EP Plenarsitzungsdokument v. 15. 12. 2003, A5–0470/2003; geänderter RL-Vorschlag v. 20. 4. 2004, KOM (2004) 317 endg.; Gemeinsamer Standpunkt des Rates v. 21. 12. 2004, ABl. C. 2005/58, S. E/1; Legislative Entschließung des EP v. 11. 5. 2005, A6–0119/2005; Stellungnahme zu den Abänderungen am Gemeinsamen Standpunkt, KOM (2005) 248 endg.

[78] Vgl. dazu und zu dem vefolgten Ansatz *Henssler*, EuZW 2003, 229 ff.; *Mann*, EuZW 2004, 615 ff.

[79] Vgl. Erwägungsgründe zur RL 93/16.

[80] EuGH Rs. C-16/99 (Erpelding), Slg. 2000, I-6821 Rdn. 30.

[81] Die BQ-RL gilt für alle in einem „reglementierten Beruf" Tätigen, vgl. zur Begriffsbestimmung Art. 3 Abs. 1 lit. a) BQ-RL.

[82] ABl. L 1/1994, S. 1.

[83] Erwägungsgrund 11 zur RL 93/16.

[84] ABl. L 233, S. 1 m. Änd.

[85] ABl. L 233, S. 10 m. Änd.

[86] Ebenfalls geändert durch RL 2001/19/EG (vgl. Rdn. 16).

[87] Vgl. dazu, dass Mitgliedstaaten eine anerkennungsfähige Zahnarztausbildung vorsehen müssen, EuGH Rs. C-40/93 (Kommission/Italien), Slg. 1995, I-1319 Rdn. 18 ff.; zum Verbot eines zweiten, nicht richtlinienkonformen Ausbildungsgangs EuGH Rs. C-202/99 (Kommission/Italien), Slg. 2001, I-9319.

die genannten sektoriellen RLen für Zahnärzte werden durch die BQ-RL abgelöst[88] (zum neuen Harmonisierungsansatz Rdn. 16).

19 **c) Inhalt. aa)** Die Mitgliedstaaten haben die im Anhang A aufgeführten **Diplome, Prüfungszeugnisse und Befähigungen (Ausbildungsnachweise) anzuerkennen** und diesen hinsichtlich Aufnahme und Ausübung der ärztlichen Tätigkeit die gleiche Wirkung zu verleihen wie inländischen Diplomen, Prüfungszeugnissen und Befähigungen (Art. 2 RL 93/16).[89] Ebenfalls gegenseitig anzuerkennen sind nach Maßgabe der RL Diplome, Prüfungszeugnisse und sonstige Befähigungsnachweise des Facharztes (Art. 4 ff. i.V.m. Anhängen B und C RL 93/16). Da keine inhaltliche Harmonisierung der Aus- und Weiterbildung erfolgt ist,[90] sind die Ärzte zum Führen der Ausbildungsbezeichnung in der Form berechtigt, die im Heimat- oder Herkunftsstaat vorgesehen ist, evtl. mit einem erklärenden Zusatz zur Angabe der Ausbildungsstelle. Besteht die Gefahr einer Verwechselung mit einer weitergehenden Ausbildung im Inhalt, kann der Aufnahmestaat die Form der Bezeichnung festlegen (Art. 10 RL 93/16).[91] Die BQ-RL enthält besondere Bestimmungen für Ärzte (Art. 21 f., 24 ff. BQ-RL) und Zahnärzte (Art. 21 f., 34 ff. BQ-RL) mit dem Grundsatz der „automatischen Anerkennung" (Art. 21 BQ-RL)[92] und einem Schutz spezifisch erworbener Rechte (Art. 23 BQ-RL) (vgl. auch Rdn. 21). Anzuerkennen sind Ausbildungsnachweise in Bezug auf die Aufnahme und Ausübung der beruflichen Tätigkeiten allgemein wie auch im Hinblick auf die Ausübung des Berufes als praktischer Arzt im Rahmen von Sozialversicherungssystemen; zum Führen der Berufsbezeichnung und von akademischen Titeln Art. 52 und 54 BQ-RL.

20 **bb)** Zur **Erleichterung der Niederlassung** sollen Zuverlässigkeitsnachweise und Gesundheitszeugnisse anerkannt (Art. 11, 13 RL 93/16) und soll das Verfahren für die Zulassung zur ärztlichen Tätigkeit zügig durchgeführt werden (Art. 15 RL 93/16).[93] Der Heimat- oder Herkunftsstaat hat dem Aufnahmestaat vorliegende Auskünfte über Maßnahmen und Sanktionen, welche die Ausübung des Berufs betreffen, zu übermitteln (Art. 12 RL 93/16);[94] vgl. zu den Anerkennungsbedingungen auch den subsidiär geltenden Art. 13 BQ-RL und zum Verfahren nach der BQ-RL Art. 50 und 51. Eine allgemein vorgesehene Genehmigung oder Eintragung der Mitgliedschaft bei einem Berufsverband oder einer Berufskörperschaft darf nicht von Ärzten verlangt werden, die **Dienstleistungen** erbringen und sich deshalb nur vorübergehend (vgl. Rdn. 39) in einem Mitgliedstaat aufhalten.[95] Das befreit allerdings nicht von den beruflichen und administrativen Pflichten. Zudem kann eine Anzeige der ärztlichen Tätigkeit, der Nachweis der rechtmäßigen Niederlassung und der Befähigung vorgeschrieben werden (Art. 17 RL 93/16; in der Sache ebenso Art. 6 und 7 BQ-RL). Unter bestimmten Bedingungen können bei der ärztlichen

---

[88] Zur Eigenständigkeit des Zahnarztberufs Erwägungsgrund 22 der BQ-RL.

[89] Diese Bestimmungen sind unmittelbar wirksam (Rdn. 9), verleihen also den Begünstigten subjektive Rechte auf Anerkennung, vgl. EuGH Rs. 246/80 (Broekmeulen), Slg. 1981, 2311 Rdn. 18 ff.; EuGH Rs. C-16/99 (Erpelding), Slg. 2000, I-6821 Rdn. 24.

[90] Die BQ-RL enthält insofern nur einige allgemeine Punkte: die Ermöglichung der Ausbildung auf Teilzeitbasis und die Ausrichtung der Weiterbildung an der beruflichen Entwicklung (Art. 22).

[91] Diese Vorschrift verbietet nicht, dass der Aufnahmemitgliedstaat das Führen einer Ausbildungsbezeichnung oder einer gleichwertigen Bezeichnung in einer anderen Sprache als der des Heimat- und Herkunftsstaates in seinem Gebiet nicht gestatten darf, EuGH Rs. C-16/99 (Erpelding), Slg. 2000, I-6821 Rdn. 32.

[92] Vgl. zu diesem Ansatz auch Erwägungsgrund 19 der BQ-RL.

[93] Durch die RL 2001/19/EG wurden insofern Entscheidungsfristen (3 Monate ab Antragstellung) und Begründungspflichten eingeführt, Art. 42 c und 42 d RL 93/16.

[94] Zur umgekehrten (fakultativen) Information Art. 11 Abs. 3. Offensichtlich hatte der Rat Zweifel, ob die Mitteilungspflichten eingehalten werden, vgl. Entschließung 97/807 v. 24. 7. 1997, ABl. C 241, S. 1.

[95] Das gilt also gerade nicht für eine Niederlassung, vgl. zur Unterscheidung Rdn. 39; missverständlich insoweit *Hollmann/Schulz-Weidner*, ZIAS 1998, 203.

Tätigkeit die Berufsbezeichnungen verwendet werden, die im Aufnahmestaat der jeweiligen Berufsausbildung entsprechen (Art. 19 RL 93/16). Die Mitgliedstaaten sollen Informationen über ihre Gesundheits-, Sozial- und Standesvorschriften geben (Art. 20 Abs. 1 und 2 RL 93/16) und dafür Sorge tragen, „dass die Begünstigten gegebenenfalls, in ihrem Interesse und im Interesse der Patienten, die Sprachkenntnisse erwerben, die sie für die Ausübung ihrer Berufstätigkeit brauchen" (Art. 20 Abs. 3 RL 93/16).[96] Nichts anderes gilt nach der BQ-RL (Art. 53), in der es allerdings jetzt nur noch heißt: „Personen, deren Berufsqualifikation anerkannt wird, müssen über die Sprachkenntnisse verfügen, die für die Ausübung ihrer Berufstätigkeit im Aufnahmemitgliedstaat erforderlich sind." Diese RL verpflichtet ferner die Mitgliedstaaten zur Verwaltungszusammenarbeit und zur Einrichtung von Kontaktstellen (Art. 56f.). Die Absolvierung einer Vorbereitungszeit darf nicht mehr verlangt werden (Art. 21 RL 93/16, Art. 55 BQ-RL).

21 **cc)** Für die **ärztliche Tätigkeit** werden bestimmte Vorgaben festgelegt: Sie muss vom Erhalt und Nachweis einer Ausbildung abhängig gemacht werden, die Mindestanforderungen entspricht (Art. 23 RL 93/16, Art. 24 BQ-RL). Ebenso werden Mindestanforderungen[97] an die Weiterbildung gestellt (Art. 24–29 RL 93/16, Art. 25 BQ-RL).[98] Die Mitgliedstaaten haben eine spezifische Ausbildung in der Allgemeinmedizin einzuführen, die den in der RL niedergelegten Voraussetzungen entspricht (Art. 30–41 RL 93/16, Art. 28 BQ-RL).[99]

2. Bedeutung für das nationale Vertragsarztrecht

22 RL 93/16 lässt – ebenso wie RL 78/686 und die BQ-RL – die **Befugnis der Mitgliedstaaten** zur Regelung ihrer sozialen Sicherungssysteme unberührt. Insbesondere bleibt den Mitgliedstaaten grundsätzlich weiterhin vorbehalten, die Tätigkeiten festzulegen, die im Rahmen dieser Systeme ausgeübt werden können.[100] Jedoch wird der nationale Gestaltungsspielraum durch die Notwendigkeit der **Anerkennung ausländischer Abschlüsse** auch im Hinblick auf das Vertragsarztrecht eingeschränkt.[101] Gemäß der

[96] Eine weitergehende Regelung der sprachlichen Voraussetzungen scheiterte, vgl. nur *Kröck,* Der Einfluss der europäischen Grundfreiheiten am Beispiel der Ärzte und Arzneimittel, S. 65.

[97] Die Einführung von Mindestvoraussetzungen hat den Sinn, eine Basis für die Freizügigkeit zu schaffen, indem den Mitgliedstaaten die Inanspruchnahme von Rechtfertigungsmöglichkeiten und damit die Beschränkung der Freizügigkeit wegen der Sperrwirkung der RL abgeschnitten wird, ohne aber auszuschließen, dass auf dem eigenen Hoheitsgebiet strengere Anforderungen gestellt werden, vgl. zu dieser und anderen Harmonisierungsstrategien nur *Grabitz/Illiopoulos,* in: Grabitz (Hrsg.), Abgestufte Integration, 1984, S. 33ff.; *Becker,* Der Gestaltungsspielraum der EG-Mitgliedstaaten im Spannungsfeld zwischen Umweltschutz und freiem Warenverkehr, S. 104ff. Das Ergebnis der Freizügigkeitserleichterung ist deshalb wenig überraschend, vgl. aber *Hollmann/Schulz-Weidner,* ZIAS 1998, 207.

[98] Die Weiterbildung ist gem. Anhang I RL 93/16 angemessen zu vergüten; vgl. zur unmittelbaren Wirkung EuGH Rs. C-131/97 (Carbonari), Slg. 1999, I-1103; EuGH Rs. C-371/97 (Gozza), Slg. 2000, I-7881; vgl. auch EuGH Rs. C-277/93 (Kommission/Spanien), Slg. 1994, I-5515 Rdn. 9ff. Zu den spezifisch erworbenen Rechten Art. 27 BQ-RL. Im Gesetzgebungsverfahren zur BQ-RL (vgl. Rdn. 16) hatte die Kommission zunächst die automatische Anerkennung davon abhängig machen wollen, dass eine Bezeichnung in allen Mitgliedstaaten anerkannt war, das EP hat sich aber für die (früher schon bestehende) einfachere Lösung entschieden: Genügen der schon bestehenden Anerkennung in zwei Mitgliedstaaten; bei neuen Fachrichtungen Abstellen auf die Rechtslage in $^2/_5$ der Mitgliedstaaten mit der Möglichkeit, zusätzliche (zwischenstaatliche) Vereinbarungen über eine Anerkennung zu treffen.

[99] Vgl. zur Begründung für die entsprechenden Regelungen Erwägungsgründe 16ff. zur RL 93/16. Zum Zugang zur Ausbildung EuGH Rs. C-93/97 (Fédération belge des chambres syndicales de médecins), Slg. 1998, I-4837 Rdn. 22ff. Zu den erworbenen Rechten Art. 30 BQ-RL.

[100] Erwägungsgrund 22 zur RL 93/16; Erwägungsgrund 38 zur BQ-RL.

[101] Vgl. auch *Pitschas,* JbSozRdGgw. 15 (1993), 321.

Präambel der RL 93/16 ist ein Aufnahmemitgliedstaat „nicht berechtigt, von Ärzten, die ein in einem anderen Mitgliedstaat erteiltes und gemäß der genannten Richtlinie anerkanntes Diplom besitzen, für die Ausübung des ärztlichen Berufs im Rahmen eines Sozialversicherungssystems eine zusätzliche Ausbildung zu verlangen, selbst wenn eine solche Ausbildung für die Inhaber des in seinem Gebiet erworbenen Arztdiploms erforderlich ist."[102] Diese Grundsätze sind insbesondere bei den Anforderungen, die an die Eintragung in das Arztregister gestellt werden (vgl. §§ 95 Abs. 2 S. 1, 95a SGB V, § 3 Ärzte-ZV), zu berücksichtigen,[103] und wirken sich mittelbar auch auf berufsrechtliche Regelungen aus.[104] Für vertragsärztliche Tätigkeiten ist keine Vorbereitungszeit mehr vorgesehen, für vertragszahnärztliche hingegen grundsätzlich schon (§ 95 Abs. 2 S. 3 Nr. 2 SGB V), worauf aber für Zahnärzte aus einem anderen EU- oder EWR-Mitgliedstaat verzichtet wird (§ 3 Abs. 4 Zahnärzte-ZV). Vgl. zur Bedeutung der Grundfreiheiten auch Rdn. 46.

23 Für die **Einbindung von Dienstleistungserbringern** besteht eine Sondervorschrift (Art. 18 RL 93/16): „(1) Wird in einem Aufnahmestaat zur Abrechnung mit einem Versicherer für Tätigkeiten zugunsten von Sozialversicherten die Mitgliedschaft in einer Körperschaft des öffentlichen Rechts im Bereich der sozialen Sicherheit verlangt, so befreit dieser Mitgliedstaat im Falle der Erbringung von Dienstleistungen, für die der Begünstigte den Ort wechseln muss, die Staatsangehörigen der Mitgliedstaaten, die sich in einem anderen Mitgliedstaat niedergelassen haben, von diesem Erfordernis. (2) Der Begünstigte unterrichtet jedoch zuvor oder in dringenden Fällen nachträglich diese Körperschaft von der Erbringung seiner Dienstleistung." Eine entsprechende Regelung enthält auch die BQ-RL (Art. 6). Die RLen begründen aber selbst kein Recht auf die Einbindung in nationale Sozialversicherungssysteme (vgl. Rdn. 53). Zur Umsetzung des § 18 RL 93/16 wurde in § 8 BMV-Ä (bzw. § 10b BMV-Z) die Möglichkeit einer Ermächtigung vorgesehen (vgl. § 98 Abs. 2 Nr. 14 SGB V, § 31 Abs. 5 Ärzte-ZV).[105]

24 Ab dem 1. 1. 1995 müssen die Mitgliedstaaten grundsätzlich[106] die Ausübung des ärztlichen Berufs als **praktischer Arzt** im Rahmen ihrer Sozialversicherungssysteme davon abhängig machen, dass ein Befähigungsnachweis über die spezifische Ausbildung in der Allgemeinmedizin (vgl. Rdn. 21) vorgelegt wird (Art. 36 RL 93/16; vgl. § 95a Abs. 3 SGB V; Art. 29 BQ-RL i. V. m. Anhang V 5.1.4). Entsprechende Nachweise aus anderen Mitgliedstaaten sind anzuerkennen (Art. 37 RL 93/16 und Art. 21 Abs. 2 BQ-RL; zu den erworbenen Rechten Art. 30 BQ-RL). Möglich bleibt die Zulassung von praktischen Ärzten, die eine Ausbildung in einem Drittstaat nachweisen (Art. 36 Abs. 5 RL 93/16).

III. Die Bedeutung der Grundfreiheiten für das nationale Vertragsarztrecht

1. Dogmatische Struktur der Grundfreiheiten

25 **a) Einteilung.** Der EGV gewährt verschiedene wirtschaftliche Freiheiten, die wegen ihrer grundlegenden Bedeutung als Grundfreiheiten bezeichnet werden. Sie werden in der Regel **nach ihrem Anknüpfungspunkt** in vier Bereiche eingeteilt:[107] Die Freiheit des

---

[102] Erwägungsgrund 24 zur RL 93/16; die Tätigkeit als praktischer Arzt ist auch im Rahmen von Sozialversicherungssystemen von einem Nachweis über die spezifische Ausbildung in der Allgemeinmedizin abhängig zu machen.

[103] Vgl. in diesem Zusammenhang § 95a Abs. 3 S. 1 SGB V, § 3 Abs. 4 S. 1 Ärzte-ZV sowie § 95a Abs. 4 und 5 SGB V.

[104] Näher zur Umsetzung des Sekundärrechts in dieser Hinsicht *Gassner,* ZfSH/SGB 1995, 472f.; dazu und zu den Weiterbildungsanforderungen *Haage,* MedR 2002, 303f., 305f.

[105] Die offensichtlich praktisch keine große Rolle spielt, so *KassKomm-Hess,* § 98 SGB V Rdn. 54.

[106] Unbeschadet bereits erworbener Rechte, vgl. Art. 36 Abs. 2 RL 93/16 und Art. 28 BQ-RL.

[107] Vgl. nur *Schweitzer/Hummer,* Europarecht, Rdn. 1074.

Warenverkehrs (Art. 9ff. EGV), die Freizügigkeit für Arbeitnehmer (Art. 39ff. EGV) und für Selbständige in Form der Niederlassungsfreiheit (Art. 43ff. EGV), die Dienstleistungsfreiheit (Art. 49ff. EGV) sowie die Freiheit des Kapital- und Zahlungsverkehrs (Art. 56ff. EGV). Diese Einteilung darf allerdings nicht darüber hinwegtäuschen, dass die Trennung nach der Anknüpfung nicht eindeutig ist. So besitzt die Dienstleistungsfreiheit eine freizügigkeitsspezifische Komponente: Ein Anbieter von Dienstleistungen muss sich, um seine Tätigkeit ausüben zu können, auch in das Hoheitsgebiet anderer Mitgliedstaaten begeben dürfen. Zudem wird man die Freizügigkeit der Unionsbürger im Allgemeinen (Art. 18 EGV) künftig zu den Grundfreiheiten zu rechnen haben.[108] Andererseits weist die Niederlassungsfreiheit insofern engere Verbindungen zur Dienstleistungsfreiheit als zur Arbeitnehmerfreizügigkeit auf, als in ihren Genuss nur die selbstständig Erwerbstätigen kommen.

26 **Bezogen auf das Vertragsarztrecht** sind nicht alle Grundfreiheiten gleichermaßen von Bedeutung. Vernachlässigt werden kann die Kapital- und Zahlungsverkehrsfreiheit. Zwar unterfällt nach der Systematik des EGV der materielle Transfer von Vermögenswerten der Kapitalverkehrsfreiheit, weshalb die im Zusammenhang mit Waren und Dienstleistungen stehenden Zahlungen nicht von der Warenverkehrs- und Dienstleistungsfreiheit erfasst werden.[109] Jedoch ergeben sich daraus keine Besonderheiten für das Recht der Vertragsärzte. Ebenfalls keine spezifische Relevanz im hier interessierenden Sachzusammenhang besitzt die Warenverkehrsfreiheit. Nach ihr richtet sich die Frage, ob gemeinschaftsrechtliche Vorgaben für die Einbeziehung eingeführter[110] bzw. im Ausland erworbener[111] Arznei-, Heil- und Hilfsmittel in das Leistungsspektrum der Gesetzlichen Krankenversicherung bestehen. Jedoch berührt dies die Tätigkeit der Vertragsärzte nur am Rande. Nähere Betrachtung verdienen die Arbeitnehmerfreizügigkeit im Hinblick auf eine unselbstständige Tätigkeit von Vertragsärzten (als angestellte Ärzte), die Niederlassungsfreiheit mit Blick auf die Eröffnung einer Praxis in Deutschland und die Dienstleistungsfreiheit, sofern Ärzte ohne feste Einrichtung in Deutschland tätig oder im Ausland von in die deutsche Gesetzliche Krankenversicherung einbezogenen Patienten aufgesucht werden (vgl. zu den Voraussetzungen näher Rdn. 53f.). Die europäischen Grundrechte (vgl. Rdn. 1) enthalten neben den Grundfreiheiten keine eigenständige Verbürgung subjektiver Freiheitsrechte.[112]

27 Betrachtet man nicht die jeweils erfassten Betätigungen, sondern Struktur und Funktion der Grundfreiheiten, so weisen diese Ähnlichkeiten auf, die erlauben, deren Dimensionen, Träger und Adressaten im Sinne einer **allgemeinen Grundfreiheitsdogmatik** (entsprechend der allgemeinen Grundrechtsdogmatik im nationalen Recht) zusammenzufassen. Dabei darf allerdings nicht übersehen werden, dass die Rechtsprechung des EuGH sehr viel weniger als jene der deutschen Gerichte auf die Herausarbeitung dogmatischer Grundsätze abzielt. Systematische Zusammenhänge können erst durch eine analytische Betrachtung gewonnen werden, und in mancher Hinsicht ist nach wie vor umstritten, ob die für einzelne Grundfreiheiten ergangenen Entscheidungen auf andere Grundfreiheiten übertragbar sind.

28 **b) Berechtigte, Verpflichtete, Funktionen.** Die maßgeblichen Bestimmungen der Grundfreiheiten (Art. 28, 39, 43 und 49f. EGV) verpflichten nicht nur die Mitgliedstaa-

---

[108] Vgl. zur Entwicklung der Freizügigkeit nur *Becker,* EuR 1999, 522ff.; *Scheuing,* EuR 2003, 744ff.

[109] EuGH Rs. C-358/93 (Bordessa u.a.), Slg. 1995, I-361 Rdn. 13f.

[110] Vgl. EuGH Rs. 238/82 (Duphar), Slg. 1984, 523 Rdn. 15ff.

[111] Dazu EuGH Rs. C-120/95 (Decker), Slg. 1998, I-1831 Rdn. 24ff.

[112] Sie binden die Mitgliedstaaten bei der Ausführung des Gemeinschaftsrechts und wirken im Rahmen der Grundfreiheiten vor allem als Grenze für die Berufung auf Rechtfertigungsgründe, vgl. etwa EuGH Rs. C-368/95 (Bauer – Familiapress), Slg. 1997, I-3689 Rdn. 24ff.; dazu *Becker,* Studium iuris 2000, 771f.; zu weitgehend *Süß,* Die Zulassung von Zahnärzten aus dem EG-Bereich zur deutschen Kassenarztpraxis, S. 31f.

ten, sondern berechtigen zugleich die Unionsbürger. Sie enthalten, da sie hinreichend präzise und unbedingt sind (vgl. Rdn. 9), **subjektive Rechte** und können wegen ihrer grundlegenden Bedeutung für den rechtlichen Schutz wirtschaftlicher Betätigung als grundrechtsähnliche Rechte bezeichnet werden.

29 **Träger** dieser Rechte sind hinsichtlich der Warenverkehrsfreiheit Personen, die im freien Verkehr befindliche Waren in den Mitgliedstaaten vermarkten oder von einem Mitgliedstaat in den anderen transportieren wollen,[113] im Übrigen – also hinsichtlich der Arbeitnehmerfreizügigkeit, der Niederlassungsfreiheit und der Dienstleistungsfreiheit – die Unionsbürger, d. h. die Staatsangehörigen der EU-Mitgliedstaaten (Art. 17 EGV). Ferner sind die in der Gemeinschaft ansässigen juristischen Personen zur Niederlassung[114] und Erbringung von Dienstleistungen berechtigt (Art. 48, 55 EGV). Durch das EWR-Abkommen (Rdn. 13) wird praktisch gesehen der Kreis der Träger auf die Staatsangehörigen der EWR-Staaten ausgedehnt. Ferner ist zu beachten, dass durch sekundärrechtliche Bestimmungen auch den Familienangehörigen der bereits in einem Mitgliedstaat ansässigen Unionsbürger Rechte auf Freizügigkeit und wirtschaftliche Betätigung eingeräumt werden.[115]

30 **Adressaten** der Grundfreiheiten sind die Mitgliedstaaten, d. h. alle mitgliedstaatlichen Einrichtungen, die Hoheitsgewalt ausüben. Dazu zählen neben dem Bund, den Ländern und den Kommunen auch sonstige Verwaltungsträger mit eigener Rechtspersönlichkeit, insbesondere die Sozialversicherungsträger, oder verselbstständigte Behörden[116] wie die vertragsärztlichen Zulassungsgremien. Nicht ganz geklärt ist die Drittwirkung der Grundfreiheiten. Soweit nationales Recht privatrechtlich organisierten Verbänden oder anderen Einheiten Regelungsspielräume überlässt, hat der EuGH deren Bindung angenommen.[117] Eine Zurechnung zum Staat kann auch in Fällen erfolgen, in denen das Handeln von Privatrechtssubjekten staatlich gesteuert wird.[118] Im Übrigen aber erscheint es richtiger, eine unmittelbare Bindung von Privatpersonen abzulehnen,[119] wenn auch der EuGH jüngst für das Diskriminierungsverbot anderes angenommen haben dürfte.[120] Neben nationalen Stellen sind die Gemeinschaftsorgane an die Grundfreiheiten gebunden;[121] das ergibt sich aus der gemeinschaftsrechtlichen Normenhierarchie, nach der Vertragsvorschriften einen höheren Rang als Sekundärrecht (Rdn. 1) besitzen. Soweit Gemeinschafts-

---

[113] Vgl. *Becker,* in: Schwarze (Hrsg.), EU-Kommentar (2000), Art. 28 Rdn. 6f.

[114] Vgl. dazu EuGH Rs. 81/87 (Daily Mail), Slg. 1988, 5483.

[115] Vgl. Art. 10 u. 11 VO 1612/68 über die Freizügigkeit der Arbeitnehmer innerhalb der Gemeinschaft v. 15. 10. 1968 (ABl. L 257, S. 2 m. Änd.).

[116] Vgl. dazu nur *Schuppert,* Die Erfüllung öffentlicher Aufgaben durch verselbstständigte Verwaltungseinheiten, 1981.

[117] Vgl. in dieser Hinsicht EuGH Rs. 36/74 (Walrave), Slg. 1974, 1405 Rdn. 16/19; jetzt zur Festlegung von Krankenhausgebührensätzen durch den Verband der luxemburgischen Krankenhäuser im Hinblick auf das in Art. 12 EGV enthaltene Diskriminierungsverbot EuGH Rs. C-411/98 (Ferlini), Slg. 2000, I-8081 Rdn. 50; zur Regelung der Zusammenarbeit zwischen Rechtsanwälten und anderen Freiberuflern durch eine Rechtsanwaltskammer hinsichtlich Art. 43 und 49 EG EuGH Rs. C-309/99 (Wouters), Slg. 2002, I-1577 Rdn. 120; vgl. auch *Vieweg/Röthel,* ZHR 2002, 6ff.

[118] Dazu nur *Becker,* in: Schwarze, EU-Kommentar (2000), Art. 28 Rdn. 86f.

[119] Ablehnend *Jaensch,* Die unmittelbare Drittwirkung der Grundfreiheiten, 1997, S. 140ff.; *Kluth,* AöR 122 (1997), 557ff.; zur Rspr. des EuGH auch *Roth,* in: FS Everling, 1995, S. 1231ff. Eine zumindest eingeschränkte Drittwirkung bejahend *Schaefer,* Die unmittelbare Wirkung des Verbots der nichttarifären Handelshemmnisse (Art. 30 EWGV) in den Rechtsbeziehungen zwischen Privaten, 1987; *Steindorff,* in: FS Lerche, 1993, S. 575ff.; *Parpart,* Die unmittelbare Bindung Privater an die Personenverkehrsfreiheiten im europäischen Gemeinschaftsrecht, 2003 (unter dem Vorbehalt einer umfassenden Gesamtabwägung).

[120] EuGH Rs. C-281/98 (Angonese), Slg. 2000, I-4139 Rdn. 31ff., 36; dazu *Streinz/Leible,* EuZW 2000, 459ff.; *Frenz,* EWS 2005, 104ff.

[121] Vgl. näher nur *Scheffer,* Die Marktfreiheiten des EG-Vertrages als Ermessensgrenze des Gemeinschaftsgesetzgebers, 1997.

organe durch Sekundärrecht ein Schutzniveau festlegen wollen, um nationale Beschränkungen zu verhindern, besitzen sie allerdings einen Ermessensspielraum.[122]

31 Die Grundfreiheiten gewähren ihren Trägern **Abwehrrechte,** die von den nationalen Behörden zu beachten und vor den nationalen Gerichten durchsetzbar sind. Nach einer grundlegenden Entscheidung des EuGH[123] sind ihnen zudem, in Verbindung mit Art. 10 EGV, **Schutzpflichten** zu entnehmen.[124] Auch durch Unterlassen können die Grundfreiheiten verletzt werden, weshalb die Mitgliedstaaten bei gravierenden Beeinträchtigungen trotz Anerkennung einer Einschätzungsprärogative zum Einschreiten gegen das Handeln der Rechtsverletzer gezwungen sein können.

32 **c) Inhalte bzw. Eingriffe.** Alle Grundfreiheiten enthalten **Diskriminierungsverbote.** Abweichend von dem in Deutschland üblichen Sprachgebrauch meint Diskriminierung zunächst nur Ungleichbehandlung. Dementsprechend ist, unbeschadet einer Möglichkeit zur Rechtfertigung, die ungleiche Behandlung von eigenen Staatsangehörigen und anderen Unionsbürgern bzw. der im Ausland und der im Inland ansässigen Personen[125] verboten **(formelle Diskriminierung).** Nach der Rechtsprechung bedürfen aber auch solche mitgliedstaatliche Maßnahmen einer Rechtfertigung, die zwar nicht auf eine Diskriminierung abzielen, diese aber in der Sache bewirken. Gemeint sind vor allem Regelungen, die auf andere Merkmale als die Staatsangehörigkeit abstellen und insofern formal unterschiedslos anwendbar sind, im Ergebnis aber die eigenen Staatsangehörigen gegenüber jenen eines anderen Mitgliedstaates begünstigen.[126] Dabei handelt es sich um **mittelbare Diskriminierungen,** ohne dass es auf der Ebene des Schutzbereichs eine Rolle spielen würde, ob die tatsächlichen Folgen bezweckt werden (sog. versteckte Diskriminierung)[127] oder nicht (rein faktische Diskriminierung).[128] Nach dem Ansatz des EuGH liegt eine solche Diskriminierung nicht vor, wenn die mittelbar zu tatsächlichen Ungleichbehandlungen führenden nationalen Regelungen auf objektiven Merkmalen beruhen und ohne Rücksicht auf die Staatsangehörigkeit der Betroffenen angewendet werden,[129] wobei die Trennlinie zwischen Eingriff (Bejahung der mittelbaren Diskriminierung) und Rechtfertigung allerdings nicht immer ganz klar ist.

33 Für die Warenverkehrsfreiheit[130] und für die Dienstleistungsfreiheit[131] ist anerkannt, dass sie auch für unterschiedslos anwendbare Maßnahmen – also Maßnahmen, die nicht zwischen in- und ausländischen Produkten bzw. in- und ausländischen Personen differenzieren – gelten. Diese Grundfreiheiten enthalten ein **Beschränkungsverbot.** Demnach sind, unabhängig von einem Vergleich zur Behandlung der Inländer, alle Maßnahmen rechtfertigungsbedürftig, welche die Inanspruchnahme der Freiheit beschränken. Der EuGH hat

---

122 Vgl. zuletzt zur Niederlassungsfreiheit EuGH Rs. C-168/98 (Luxemburg/Parlament u. Rat), Slg. 2000, I-9131 Rdn. 32.

123 EuGH Rs. C-265/95 (Kommission/Frankreich), Slg. 1997, I-6959 Rdn. 30–32.

124 Vgl. *Barnard/Hare,* MLR 1997, 406ff.; *Dubouis,* RFD admin. 1998, 120ff.; *Meurer,* EWS 1998, 196ff.; *Schwarze,* EuR 1998, 53ff.; *Szczelka,* DVBl. 1998, 219ff.

125 Vgl. auch *Jarass,* EuR 2000, 709.

126 So bereits EuGH Rs. 152/73 (Sotgiu), Slg. 1974, 153 Rdn. 11; EuGH Rs. 1/78 (Kenny), Slg. 1978, 1489 Rdn. 16/17.

127 EuGH Rs. 237/78 (Toia), Slg. 1979, 2645 Rdn. 12; zu „verschleierten Diskriminierungen" EuGH Rs. 313/86 (Lenoir), Slg. 1988, 5391 Rdn. 14.

128 Diese Differenzierung wird nur z. T. vorgenommen und lässt sich in der Rspr. des EuGH nicht durchgängig nachweisen; vgl. dazu *Schlag,* in: Schwarze (Hrsg.), EU-Kommentar (2000), Art. 43 Rdn. 35ff.

129 EuGH S. Rs. 1/78 (Kenny), Slg. 1978, 1489 Rdn. 18/20.

130 Auf der Grundlage der weiten *Dassonville*-Formel (EuGH Rs. 8/74, Slg 1974, 837 Rdn. 5) vor allem durch EuGH Rs. 120/78 (Cassis de Dijon), Slg. 1979, 649, klargestellt.

131 Angedeutet bereits in EuGH Rs. 33/74 (van Binsbergen), Slg. 1974, 1299 Rdn. 10/12; vgl. auch *Randelzhofer/Forsthoff,* in: Grabitz/Hilf, EUV, EGV (Stand der Bearb. 2001), Art. 49 EWGV Rdn. 88ff.

diesen Ansatz auf die Arbeitnehmerfreizügigkeit übertragen,[132] und es gibt Anhaltspunkte in der Rechtsprechung für eine parallele Behandlung der Niederlassungsfreiheit.[133] Vor allem die Frage, ob Art. 43 EGV ein allgemeines Beschränkungsverbot enthält, ist aber im Schrifttum nach wie vor umstritten.[134] Nicht zuletzt die Neufassung der Vorschrift durch den Amsterdamer Vertrag spricht für ihre Bejahung.[135]

34 Allerdings sind in der Rechtsprechung des EuGH gewisse **Verfeinerungen und Korrekturen** angelegt, um die Funktion der Grundfreiheiten angemessen zu berücksichtigen und die Gestaltungsmöglichkeiten der Mitgliedstaaten nicht zu sehr einzuschränken.[136] Geeignet ist dafür die Übertragung einiger zunächst für die Warenverkehrsfreiheit entwickelter Grundsätze. Auch wenn prinzipiell mittelbare und potentielle Beeinträchtigung Eingriffscharakter aufweisen, stellen zum einen lediglich entfernt mittelbar und ungewiss wirkende Maßnahmen keine Eingriffe in die Grundfreiheiten dar.[137] Zum anderen sind nach dem Grundgedanken der *Keck*-Entscheidung[138] solche Maßnahmen nicht rechtfertigungsbedürftig, die keinen Bezug zum Zugang zu den nationalen Märkten aufweisen.[139] Zumindest im Hinblick auf den letztgenannten Gesichtspunkt ist noch einmal hervorzuheben, dass die konkrete Reichweite der einzelnen Grundfreiheiten durchaus unterschiedlich sein kann und dass allgemeine Aussagen eine Präzisierung der verschiedenen Schutzbereiche nicht ersetzen.

35 **d) Prüfungssystematik und Rechtfertigungsmöglichkeiten.** Ob eine Grundfreiheit verletzt wird, lässt sich **in drei Schritten** prüfen: (1) Zunächst muss der **Anwen-**

---

[132] EuGH Rs. C-415/93 (Bosman), Slg. 1995, I-4921; EuGH Rs. C-190/98 (Graf), Slg. 2000, I-493 Rdn. 23.

[133] EuGH Rs. 107/83 (Klopp), Slg. 1984, 2971; EuGH Rs. C-55/94 (Gebhard), Slg. 1995, I-415 Rdn. 37.

[134] Dafür etwa *Lackhoff,* Die Niederlassungsfreiheit des EGV, 2000, S. 209 ff. mit umfassender Darstellung der Rspr.; abwägend *Tiedje/Troberg,* in: Groeben/Schwarze, EUV/EGV (6. Aufl. 2003), Art. 43 Rdn. 96 ff.; allgemein ablehnend *Jarass,* EuR 2000, S. 711.

[135] Vgl. *Bröhmer,* in: Calliess/Ruffert (Hrsg.), EUV/EGV (2002), Art. 43 Rdn. 29, der aber dann wiederum eine zumindest mittelbare Benachteiligung fordert (Rdn. 32); klarer *Scheuer,* in: Lenz/Borchardt (Hrsg.), EUV/EGV (3. Aufl. 2003), Art. 43 Rdn. 7 ff.; *Schlag,* in: Schwarze (Hrsg.), EU-Kommentar (2000), Art. 43 Rdn. 45 ff.

[136] Vgl. auch zu einer Reduzierung des Beschränkungsverbots auf „Kernbereichseingriffe" *Jarass,* EuR 2000, 710 ff.; hingegen für eine Rückführung auf ein (weit verstandenes) Diskriminierungsverbot *Kingreen,* Die Struktur der Grundfreiheiten des Europäischen Gemeinschaftsrechts, 1999. Krit. zu Korrekturansätzen über „Eingriffs- oder Schutzfunktionslehren" *Hoffmann,* Die Grundfreiheiten des EG-Vertrags als koordinationsrechtliche und gleichheitsrechtliche Abwehrrechte, 2000, S. 120 ff. u. 180 ff.

[137] Vgl. etwa zu Art. 28 EGV EuGH, Rs. C-379/92 (Peralta), Slg. 1994, I-3453 Rdn. 24; EuGH Rs. C-266/96 (Corsica Ferries France), Slg. 1998, I-3949 Rdn. 31; zur Bedeutung nach *Keck* vgl. *Becker,* in: Schwarze (Hrsg.), EU-Kommentar (2000), Art. 28 Rdn. 41. Zu Art. 39 EGV EuGH Rs. C-190/98 (Graf), Slg. 2000, I-493 Rdn. 25.

[138] EuGH Rs. 267 u. 268/91, Slg. 1993, I-6097. Im Anwendungsbereich bleiben aber alle mitgliedstaatlichen Maßnahmen, die diskriminierend ausgeübt werden, vgl. dazu auch EuGH Rs. C-418/93 u. a. (Semeraro Casa Uno), Slg. 1996, I-2975 Rdn. 24.

[139] Vgl. zu dieser Interpretation unter Ablehnung eines Spürbarkeitserfordernisses *Becker,* EuR 1994, 172 f.; zur Übertragbarkeit auf die Dienstleistungsfreiheit *Becker,* NJW 1996, 180 f. Allerdings ist die Übertragbarkeit der *Keck*-Rspr. auf die Freizügigkeitsrechte str., weil bei diesen eine ähnlich formale Abgrenzung zwischen unbeachtlichen Beeinträchtigungen und Eingriffen wie bei der Warenverkehrsfreiheit schwierig ist (vgl. aber für den hier interessierenden Zusammenhang auch *Kröck,* Der Einfluss der europäischen Grundfreiheiten am Beispiel der Ärzte und Arzneimittel, 1998, S. 33 ff. und 118 ff.; *Feiden,* Die Bedeutung der „Keck"-Rechtsprechung im System der Grundfreiheiten, Diss. Bonn 2003. Es darf aber nicht übersehen werden, dass auch die Unterscheidung zwischen Produktbezug einerseits und Vermarktungsbezug andererseits ohne Rückgriff auf den dahinterstehenden Ansatz keine Erfassung aller relevanten mitgliedstaatlichen Maßnahmen ermöglicht, vgl. *Becker,* in: *Schwarze* (Hrsg.), EU-Kommentar (2000), Art. 28 Rdn. 48 f.

dungsbereich der Grundfreiheit in persönlicher und sachlicher Hinsicht eröffnet sein. Für Arbeitnehmerfreizügigkeit sowie Niederlassungs- und Dienstleistungsfreiheit sind die Ausnahmen für die Beschäftigung in der öffentlichen Verwaltung bzw. die Ausübung öffentlicher Gewalt zu beachten (Art. 39 Abs. 4, 45, 55 EGV). (2) Es muss ein **Eingriff** – in Form einer Diskriminierung oder relevanten Beschränkung – durch einen Adressaten der Grundfreiheit erfolgt sein. (3) Dieser Eingriff darf nicht gerechtfertigt werden können. Demnach ist zu prüfen, ob **Rechtfertigungsgründe** erfüllt sind, sofern nicht der Gemeinschaftsgesetzgeber durch abschließende Harmonisierungsmaßnahmen die Berufung auf bestimmte Rechtsgüter ausgeschlossen hat (sog. Sperrwirkung).[140] Sind Rechtfertigungsgründe einschlägig, müssen die rechtlich geschützten Güter durch den **Verhältnismäßigkeitsgrundsatz** zum Ausgleich gebracht werden.[141]

36 Als **Rechtfertigungsgründe** kommen zunächst die im EGV ausdrücklich genannten in Betracht. Man könnte insofern auch von geschriebenen Schranken sprechen. Das sind für die Warenverkehrsfreiheit Art. 30 EGV, für die Arbeitnehmerfreizügigkeit, die Niederlassungs- und Dienstleistungsfreiheit Art. 39 Abs. 3, 46, 55 EGV. Es ist allerdings fraglich, ob sich Art. 39 Abs. 3 EGV auch auf das in Art. 39 Abs. 2 EGV enthaltene Diskriminierungsverbot bezieht.[142] Der Sache nach handelt es sich vor allem um Gründe der öffentlichen, Ordnung, Sicherheit und Gesundheit. Diese sind nicht weit zu verstehen[143] (insbesondere nicht i. S. der polizeirechtlichen Generalklausel). Dementsprechend müssen Beschränkungen der Freizügigkeit aus Gründen der öffentlichen Ordnung „auf eine tatsächliche und hinreichend schwere Gefährdung, die ein Grundinteresse der Gesellschaft berührt", gestützt werden.[144] Für die Freizügigkeitsrechte ergibt sich zudem eine Begrenzung aus der RL 64/221 bzw. demnächst aus RL 2004/38/EG.[145] Deren Art. 2 Abs. 2 bestimmt, dass sich der *ordre public*-Vorbehalt nicht auf „wirtschaftliche Zwecke" bezieht, und nach Art. 3 Abs. 1 setzt die Berufung auf die öffentliche Ordnung und Sicherheit ein Anknüpfen an das „persönliche Verhalten" des Betroffenen voraus.[146]

37 Daneben existieren als ungeschriebene Rechtfertigungsgründe[147] die sog. **zwingenden Interessen des Allgemeinwohls** (oder zwingenden Erfordernisse).[148] Gemeint sind damit Rechtsgüter, deren Schutz in der EU anerkannt ist. Sie lassen sich nicht abschließend

---

140 Vgl. etwa EuGH Rs. C-421/98 (Kommission/Spanien – Befähigungsnachweise für Architekten), Slg. 2000, I-10375 Rdn. 42ff.; näher *Furrer,* Die Sperrwirkung des sekundären Gemeinschaftsrechts auf die nationalen Rechtsordnungen, 1994, S. 105ff.; i. Ü. muss auch in diesem Zusammenhang der „praktischen Wirksamkeit" von nicht harmonisierendem Sekundärrecht Rechnung getragen werden, vgl. EuGH Rs. C-193 u. 194/97 (Freitas u. Escallier), Slg. 1998, I-6747 Rdn. 23.

141 Vgl. dazu nur *Schwarze,* Europäisches Verwaltungsrecht Bd. II, S. 661ff.; *Pollak,* Verhältnismäßigkeitsprinzip und Grundrechtsschutz in der Judikatur des EuGH und des Österreichischen Verfassungsgerichtshofs, 1991; zuletzt *Kischel,* EuR 2000, 380ff.

142 Vgl. dazu nur *Becker,* EU-Erweiterung und differenzierte Integration, S. 33f. m. w. N.

143 Zur engen Auslegung etwa EuGH Rs. 36/75 (Rutili), Slg. 1975, 1219, Rdn. 26/28.

144 EuGH Rs. 30/77 (Bouchereau), Slg. 1977, 1999, LS 4; EuGH Rs. 115 u. 116/81 (Adoui u. Cornuaille), Slg. 1982, 1665, Rdn. 8.

145 RL zur Koordinierung der Sondervorschriften für die Einreise und den Aufenthalt von Ausländern, soweit sie aus Gründen der öffentlichen Ordnung, Sicherheit und Gesundheit gerechtfertigt sind, v. 25. 2. 1964, ABl. L 56, S. 850. Diese Richtlinie wird durch die RL 2004/38/EG, ABl. L 158, S. 77, zwei Jahre nach deren Inkrafttreten am 30. 4. 2004 ersetzt. Die genannten Regelungen finden sich dann in Art. 27 Abs. 1 S. 2 und Abs. 2 der RL 2004/38/EG.

146 Zur unmittelbaren Anwendbarkeit der letztgenannten Bestimmung nur EuGH Rs. 41/74 (van Duyn), Slg. 1974, 1337 Rdn. 13/14.

147 Die dogmatische Einordnung ist allerdings für die Warenverkehrsfreiheit str., vgl. dazu nur *Becker,* EuR 1994, 165ff.

148 Zur Warenverkehrsfreiheit EuGH Rs. 120/78 (Cassis de Dijon), Slg. 1979, 649 Rdn. 8; zur Arbeitnehmerfreizügigkeit EuGH Rs. C-415/93 (Bosman), Slg. 1995, I-4921 Rdn. 96; zur Dienstleistungsfreiheit EuGH Rs. 110 u. 111/78 (van Wesemael), Slg. 1979, 35 Rdn. 28.

aufzählen. Zu ihnen gehören, neben etwa dem Verbraucher- und Umweltschutz,[149] auch der Schutz der Sozialordnung[150] oder die Gefährdung des finanziellen Gleichgewichts von sozialen Sicherheitssystemen.[151] Ausgeschlossen ist eine Geltendmachung aus rein wirtschaftlichen Gründen. Der EuGH hat die ungeschriebenen Rechtfertigungsgründe kreiert, um einen gewissen Ausgleich für die Ausweitung des Anwendungsbereichs der Grundfreiheiten zu schaffen.[152] Dementsprechend entfalten sie unbestritten Relevanz für Eingriffe in Form von Beschränkungen (vgl. Rdn. 33), also für unterschiedslos anwendbare Maßnahmen. Ferner sollten sie zur Rechtfertigung mittelbarer Diskriminierungen (vgl. Rdn. 32) herangezogen werden. In diese Richtung scheint auch die allerdings keineswegs eindeutige Rechtsprechung des EuGH zu gehen,[153] und in der Sache spricht dafür die oftmals schwere Unterscheidbarkeit von mittelbarer Diskriminierung und Beschränkung auf Eingriffsebene.[154] Überwiegend abgelehnt wird hingegen eine Anwendung der ungeschriebenen Rechtfertigungsgründe auf formelle Diskriminierungen.[155] Es ist allerdings nicht zu verkennen, dass der EuGH in seiner Rechtsprechung insofern nicht immer konsequent ist.[156] Im Sinne größerer Klarheit wäre es deshalb vorzugswürdig, bei allen diskriminierenden Maßnahmen eine Rechtfertigung durch zwingende Allgemeininteressen zu ermöglichen.[157] Darauf wird im Zusammenhang mit der vertragsärztlichen Tätigkeit noch zurückzukommen sein (Rdn. 54).

2. Anwendbarkeit der Grundfreiheiten

38 **a) Sachliche Voraussetzungen.** In den Genuss der **Arbeitnehmerfreizügigkeit** kommen alle Personen, die eine nicht nur völlig untergeordnete und deshalb unwesentliche Tätigkeit ausüben,[158] wobei diese dadurch charakterisiert sein muss, dass während einer bestimmten Zeit für einen anderen nach dessen Weisungen Leistungen erbracht werden, für die als Gegenleistung eine Vergütung gezahlt wird.[159] Ob unentgeltliche Tätigkeiten einbezogen sind, wenn es um Beschäftigungsverhältnisse zu Ausbildungszwecken geht, erscheint fraglich, wäre aber mit einem allgemeinen Arbeitnehmerbegriff durchaus zu vereinbaren.[160]

39 In Abgrenzung zur Freizügigkeit der Arbeitnehmer setzen **Niederlassungsfreiheit** und **Dienstleistungsfreiheit** eine selbstständige Erwerbstätigkeit voraus. Weitere Anforderungen an Inhalt oder Umfang der Tätigkeit werden nicht gestellt. Niederlassungs- und Dienstleistungsfreiheit lassen sich voneinander nach dem Kriterium der Dauerhaftigkeit

---

[149] Vgl. nur EuGH Rs. 178/84 (Kommission/Deutschland), Slg. 1987, 1227 Rdn. 53f.; EuGH Rs. 302/86 (Pfandflaschen), Slg. 1988, 4607 Rdn. 9.

[150] Vgl. EuGH Rs. C-275/92 (Schindler), Slg. 1994, I-1039 Rdn. 58.

[151] EuGH Rs. C-158/96 (Kohll), Slg. 1998, I-1931 Rdn. 41f.

[152] Vgl. auch *Streinz,* Europarecht, Rdn. 699ff.

[153] Vgl. aber zu den insoweit feststellbaren Ungenauigkeiten und Widersprüchen mit anderem Ergebnis *Nowak/Schnitzler,* EuZW 2000, 628f.

[154] Vgl. *Kluth,* in: Calliess/Ruffert (Hrsg.), EUV/EGV (2002), Art. 50 Rdn. 57; *Schneider/Wunderlich,* in: *Schwarze* (Hrsg.), EU-Kommentar (2000), Art. 39 Rdn. 37. Krit. hingegen *Holoubek,* in: *Schwarze* (Hrsg.), EU-Kommentar (2000), Art. 49 Rdn. 99.

[155] Vgl. nur EuGH Rs. C-242/97 (Haim II), Slg. 2000, I-3421 Rdn. 57; wohl a.A. *Hakenberg,* in: Lenz/Borchardt (Hrsg.), EUV/EGV (3. Aufl. 2003), Art. 49/50 Rdn. 25.

[156] Vgl. EuGH Rs. C-2/90 (Kommission/Belgien), Slg. 1992, I-4431 Rdn. 34f.

[157] Vgl. *Becker,* in: Schwarze (Hrsg.), EU-Kommentar (2000), Art. 30 Rdn. 43; nach a.A. entsprechen verschiedene Rechtfertigungsgründe einer Abstufung zwischen diskriminierenden und unterschiedslos anwendbaren Maßnahmen.

[158] Vgl. EuGH Rs. 53/81 (Levin), Slg. 1982, 1035 Rdn. 17.

[159] EuGH Rs. 66/85 (Lawrie-Blum), Slg. 1986, 2121 Rdn. 17; vgl. auch Art. 1 Abs. 1 VO 1612/68.

[160] Vgl. nur *Wölker/Grill,* in: Groeben/Schwarze, EUV/EGV (6. Aufl. 2003), vor Art. 39 bis 41 EG, Rdn. 33.

der Tätigkeit abgrenzen.[161] Von Dienstleistungen ist nur zu sprechen, sofern mit ihrer Erbringung ein vorübergehender Aufenthalt in einem anderen Mitgliedstaat verbunden ist, während das Vorhandensein einer bestimmten Infrastruktur keine Bedeutung hat.[162] Eine Niederlassung erfordert nach Ansicht des EuGH demgegenüber eine „stetige und dauerhafte Teilnahme am Wirtschaftsleben".[163] Im Einzelfall muss unter Berücksichtigung von Dauer, Häufigkeit, Periodizität und Kontinuität der Tätigkeit unterschieden werden.[164] Die Niederlassungsfreiheit umfasst die Aufnahme und Ausübung selbstständiger Tätigkeiten jeder Art, die Gründung und Leitung von Unternehmen und die Errichtung von Agenturen, Zweigniederlassungen oder Tochtergesellschaften im Hoheitsgebiet jedes anderen Mitgliedstaats.[165]

b) Grenzüberschreitende Sachverhalte. Die Grundfreiheiten gelten nur für grenzüberschreitende Sachverhalte, auf **rein innerstaatliche Sachverhalte** finden sie **hingegen keine Anwendung.** Das ist aber nicht gleichbedeutend mit einer Beschränkung des Anwendungsbereichs auf ausländische Unionsbürger. Den Schutz der Freizügigkeitsrechte genießen z. B. auch Inländer, die im Ausland arbeiten, wenn diese Tätigkeit zu Nachteilen im Inland führt,[166] ebenso wie Inländer, die nach Abschluss einer Ausbildung in einem anderen Mitgliedstaat im Inland eine Erwerbstätigkeit aufnehmen wollen.[167] Die Niederlassungsfreiheit verbietet auch, dass ein Mitgliedstaat die Niederlassung seiner Staatsangehörigen oder anderer in ihm ansässigen Unionsbürger in einem anderen Mitgliedstaat behindert.[168] **40**

Es entspricht dem Erfordernis eines grenzüberschreitenden Sachverhalts, dass die Grundfreiheiten grundsätzlich keine Vorgaben für die Behandlung von Inländern enthalten. Folgen etwa aus Niederlassungs- und Dienstleistungsfreiheit Abwehrrechte für ausländische Unionsbürger, stehen diese nicht zugleich inländischen Staatsangehörigen zu. Das kann zu einer Schlechterstellung führen, die als **umgekehrte Diskriminierung** *(discrimination à rebours)* oder Inländerdiskriminierung bezeichnet wird. Eine solche Ungleichbehandlung könnte am nationalen Verfassungsrecht (Art. 3 Abs. 1 GG) gemessen werden.[169] Jedoch beruht die Ungleichbehandlung auf dem Verhalten unterschiedlicher Normgeber. Nur wenn aus dem Verfassungsrecht das Erfordernis abgeleitet wird, der nationale Gesetzgeber müsse sich die Einwirkungen des Gemeinschaftsrechts wie eigenes Handeln zurechnen lassen (woran wegen der Autonomie des Gemeinschaftsrechts sehr zu zweifeln ist), **41**

---

[161] Vgl. etwa EuGH Rs. 196/87 (Steymann), Slg. 1988, 6159, LS 2; näher *Wetzel,* Die Dienstleistungsfreiheit nach den Artikeln 59–66 des EWG-Vertrages, Diss. Münster 1992, S. 52 ff.

[162] EuGH Rs. C-3/95 (Reisebüro Broede), Slg. 1996, I-6511 Rdn. 21. Das Vorhandensein einer festen Einrichtung ist damit kein Abgrenzungskriterium, vgl. nur *Schlag,* in: Schwarze (Hrsg.), EU-Kommentar (2000), Art. 43 Rdn. 17.

[163] EuGH Rs. 2/74 (Reyners), Slg. 1974, 631 Rdn. 21; EuGH Rs. C-70/95 (Sodemare), Slg. 1997, I-3395 Rdn. 24.

[164] EuGH Rs. C-3/95 (Reisebüro Broede), Slg. 1996, I-6511 Rdn. 22. Die Kommission wollte in der BQ-RL (vgl. Rdn. 16) eine zeitliche Abgrenzung vornehmen (Art. 5 des 1. Entwurfs, KOM (2002) 119 endg.: höchstens 16 Wochen pro Jahr); diese schematische Abgrenzung wurde aber abgelehnt (vgl. Gemeinsamer Standpunkt im Hinblick auf die BQ-RL, ABl. C 2005/58, S. E/1, Art. 5 Abs. 2 UAbs. 2: Beurteilung im Einzelfall, „insbesondere anhand der Dauer, der Häufigkeit, der regelmäßigen Wiederkehr und der Kontinuität der Dienstleistung").

[165] Vgl. EuGH Rs. C-55/94 (Gebhard), Slg. 1995, I-4165 Rdn. 23.

[166] Vgl. EuGH Rs. C-18/95 (Terhoeve), Slg. 1999, I-345.

[167] Vgl. EuGH Rs. C-19/92 (Kraus), Slg. 1993, I-1663.

[168] Vgl. nur EuGH Rs. C-251/98 (Baars), Slg. 2000, I-2787 Rdn. 28 f.

[169] So die jetzt wohl überw. M. im Schrifttum, vgl. *Dreier-Heun,* GG, Bd. I, 2004, Art. 3 Rdn. 11 m. w. N.; *Sachs-Osterloh,* GG, 3. Aufl., 2003, Art. 3 Rdn. 71; näher *Hammerl,* Inländerdiskriminierung, 1997, S. 176 ff.; vgl. zu Art. 12 GG *Epiney,* Umgekehrte Diskriminierungen, 1995, S. 359 ff.; im hier interessierenden Zusammenhang *Süß,* Die Zulassung von Zahnärzten aus dem EG-Bereich zur deutschen Kassenarztpraxis, 1988, S. 90 ff. Zu Recht aber zurückhaltend *Isensee,* in: HStR V, § 111 Rdn. 127.

bietet das nationale Recht eine Handhabe zur Beurteilung der Frage, ob die Ungleichbehandlung sachlich gerechtfertigt ist. Eine andere Möglichkeit besteht darin, umgekehrte Diskriminierungen für unvereinbar mit der Weiterentwicklung der europäischen Integration, vor allem dem Wettbewerbsprinzip[170] und der schrittweisen Verwirklichung des Binnenmarktes[171] zu halten. Jedoch ändert auch der Wegfall der Binnengrenzen für die wirtschaftlichen Freiheiten nichts daran, dass die Grenzen der Mitgliedstaaten aufrechterhalten bleiben und sich der Sinn gemeinschaftsrechtsrechtlicher Vorgaben gerade aus der auf das Hoheitsgebiet beschränkten staatlichen Hoheitsgewalt ergibt. Sollen im Wege positiver Integration gemeinschaftsweit geltende Regelungen geschaffen werden, bedarf es dafür eigener gesetzgeberischer Maßnahmen.[172]

42 **c) Ärztliche Tätigkeit.** Zunächst ist festzuhalten, dass ärztliche Tätigkeiten[173] zwar in vielen Mitgliedstaaten wegen ihres besonderen Charakters speziellen Regulierungen unterworfen sind, dessen ungeachtet aber wirtschaftliche Tätigkeiten darstellen, weshalb auf sie alle Grundfreiheiten anwendbar sind.[174] Das gilt auch zugunsten der einbezogenen Familienangehörigen (vgl. Rdn. 9).[175]

43 Dementsprechend können sich **unselbstständig tätige Ärzte** (vgl. Rdn. 38) auf die Arbeitnehmerfreizügigkeit berufen. Daraus folgt ein Recht auf Gleichbehandlung in Bezug auf Beschäftigung, Entlohnung und sonstige Arbeitsbedingungen (Art. 39 Abs. 2 EGV). Ferner besteht ein Recht auf Bewerbung, Einreise und Aufenthalt sowie Verbleib nach Beendigung der Arbeitnehmertätigkeit in den anderen Mitgliedstaaten (Art. 39 Abs. 3 EGV).

44 **Selbstständig tätige** Ärzte dürfen in den anderen Mitgliedstaaten Dienstleistungen erbringen (sog. aktive oder positive Dienstleistungsfreiheit). Art. 50 Abs. 3 EGV bestimmt, dass jeder Leistende seine Tätigkeit vorübergehend in dem Staat ausüben kann, in dem die Leistung erbracht wird, und zwar unter den Voraussetzungen, die dieser Staat für seine eigenen Angehörigen vorschreibt, wobei die Vorschriften über die Niederlassungsfreiheit unberührt bleiben. Daraus folgt ein Recht auf Einreise und Aufenthalt zum Zweck der Leistungserbringung, sofern damit kein auf Dauer gerichteter Aufenthalt verbunden ist (vgl. Rdn. 39). Daneben entfaltet die passive oder negative Dienstleistungsfreiheit Bedeutung, mit der gemeint ist, dass ein Dienstleistungsnehmer den Ortswechsel vornimmt.[176] Träger der Grundfreiheit ist dann der Patient, der Arzt hat aber das Recht, grenzüberschreitend für seine Dienstleistung zu werben (näher Rdn. 52).[177] Ebenfalls unter die Dienstleistungsfreiheit fällt eine telefonische Beratung, sofern diese grenzüberschreitend erfolgt.[178] Schließlich ist selbstständig tätigen Ärzten auch das Recht auf Niederlassung (vgl. Rdn. 39) eingeräumt, also auf Aufnahme und Ausübung der Tätigkeit in einer ärztlichen Praxis. Das gilt für alle Unionsbürger, selbst wenn sie in einem Drittstaat ansässig sind.[179] Dieses Recht kann nicht

---

[170] Vgl. *Nicolaysen,* Europarecht I, S. 134.

[171] Vgl. nur *Meier,* Cassis-Rechtsprechung (Loseblattwerk), A.3./6.

[172] Differenzierend *Epiney,* Umgekehrte Diskriminierungen, 1995, S. 179ff., wonach zumindest bei ausdrücklichen oder faktisch differenzierenden mitgliedstaatlichen Maßnahmen auch innerstaatliche Sachverhalte von den Grundfreiheiten erfasst werden und ein Ausgleich mit den „berechtigten Interessen" der Mitgliedstaaten vorzunehmen ist; für ähnliche Ergebnisse bei einer Auslegung des Wortlauts i. S. v. Auswirkungen auf den Wettbewerb der nationalen Märkte *Weyer,* EuR 1998, S. 455ff.; vgl. auch *Graser,* DÖV 1998, 1009f.

[173] Nicht gemeinschaftsrechtlich geregelt ist, welche Tätigkeiten einem Arzt vorbehalten bleiben, vgl. EuGH Rs. C-61/89 (Bouchoucha), Slg. 1990, I-3551.

[174] Vgl. EuGH Rs. 96/85 (Kommission/Frankreich), Slg. 1986, 1475 Rdn. 10f.

[175] EuGH Rs. 131/85 (Guel), Slg. 1986, 1573 Rdn. 18.

[176] Grundl. EuGH Rs. 286/82 u. 26/83 (Luisi und Carbone), Slg. 1984, 377; ausführlich dazu *Völker,* Passive Dienstleistungsfreiheit im Europäischen Gemeinschaftsrecht, 1990.

[177] Zur Werbung EuGH Rs. C-275/92 (Schindler), Slg. 1994, I-1039 Rdn. 22, 37.

[178] Vgl. zur Grenzüberschreitung der Dienstleistung selbst EuGH Rs. C-384/93 (Alpine Investments), Slg. 1995, I-1141, Rdn. 26ff.

[179] Vgl. *Schweitzer/Hummer,* Europarecht, Rdn. 1166.

mit pauschalem Hinweis auf die bereits in einem anderen Mitgliedstaat existierende Niederlassung ausgeschlossen werden;[180] eine **Zweigniederlassung** darf im Hinblick auf den Verhältnismäßigkeitsgrundsatz nur dann versagt werden, wenn die konkrete ärztliche Tätigkeit eine bestimmte Nähe zum Patienten erfordert und diesem Erfordernis bei einer Zweigniederlassung nicht ausreichend Rechnung getragen würde.[181]

3. Zulassungs- und tätigkeitsbezogene Regelungen

45 **a) Keine öffentliche Gewalt.** Die Ausübung einer vertragsärztlichen Tätigkeit stellt keine Ausübung öffentlicher Gewalt dar und ist deshalb nicht vom Anwendungsbereich der Grundfreiheiten ausgenommen (vgl. Rdn. 35). Nach der Rechtsprechung des EuGH ist diese Ausnahmeregelung nämlich eng auszulegen und muss sich auf Tätigkeiten beschränken, die als solche eine unmittelbare und spezifische Teilnahme an der Ausübung öffentlicher Gewalt darstellen.[182] Insofern bedarf es einer Beurteilung der einzelnen, konkret ausgeübten Tätigkeiten; der Gesundheitsbereich ist nicht allgemein ein Ausnahmebereich.[183] Mit der Einbindung in das System der vertragsärztlichen Leistungserbringung ist ungeachtet der damit verbundenen Regulierungen aber grundsätzlich keine Übertragung von Hoheitsbefugnissen verbunden.[184]

46 **b) Fachliche und allgemeine Kenntnisse.** Das einschlägige Sekundärrecht, insbesondere die RL 93/16 und die BQ-RL (Rdn. 16ff.), legt bereits Bedingungen über die **Anerkennung** einer in einem anderen Mitgliedstaat erworbenen Aus- und Weiterbildung fest.[185] Wenn die Gleichwertigkeit nicht sekundärrechtlich festgestellt ist,[186] folgt aus den Grundfreiheiten aber auch allgemein eine Bindung der Mitgliedstaaten. Diese haben grundsätzlich bei der Beurteilung, ob die im nationalen Recht aufgestellten Anforderungen an theoretische und praktische Kenntnisse erfüllt sind, die in einem anderen Mitgliedstaat erworbene Berufserfahrung zu berücksichtigen.[187]

47 Im Rahmen der allgemeinen Zulassungsvoraussetzungen werden von einem Bewerber auch **Sprachkenntnisse** verlangt, ohne dass dies ausdrücklich vorgeschrieben wäre.[188] Dabei handelt es sich um eine mittelbare Diskriminierung, weil ausländische Bewerber stärker als inländische betroffen sind. Jedoch ist eine entsprechende, formal in nichtdiskriminierender Weise ausgeübte Verwaltungspraxis nicht in jedem Fall vertragswidrig.[189] Die Verständigung des Arztes mit Patienten und Behörden liegt im zwingenden

---

[180] Vgl. (zu einer allerdings auch diskriminierend angewandten Regelung) EuGH Rs. 96/85 (Kommission/Frankreich), Slg. 1986, 1475 Rdn. 11ff.; ähnlich EuGH Rs. C-351/90 (Kommission/Luxemburg), Slg. 1992, I-3945 Rdn. 11ff.; allg. auch schon EuGH Rs. 107/83 (Klopp), Slg. 1984, 2971 Rdn. 18ff. (zu Rechtsanwälten). Dementsprechend darf die Verlegung des Wohnsitzes nicht automatisch zu einer Streichung aus dem Arztregister führen, vgl. EuGH Rs. C-162/99 (Kommission/Italien), Slg 2001, I-541.

[181] Diesen Grundsätzen dürfte das Standesrecht genügen, vgl. *Ratzel,* MedR 1999, 512; zu allgemein *Nauta,* Das Recht der freien Berufe, 1998, S. 189. Vgl. zur Genehmigungspflicht für eine weitere Zweigniederlassung in Deutschland *Gassner,* ZsfH/SGB 1995, 479.

[182] EuGH Rs. 2/74 (Reyners), Slg. 1974, 631, Rdn. 45.

[183] EuGH Rs. 131/85 (Guel), Slg. 1986, 1573 Rdn. 17.

[184] Der Vertragsarzt ist kein Amtsarzt, vgl. *Becker,* JZ 1997, 542; *v. Maydell/Pietzcker,* Begrenzung der Kassenarztzulassung, 1993, S. 19ff.

[185] Zum Erfordernis weitergehender Übergangsvorschriften EuGH Rs. C-69–79/96 (Garofalo u.a.), Slg. 1997, I-5603 Rdn. 28ff.

[186] Das gilt auch für in einem Drittstaat durch einen Unionsbürger erworbene Kenntnisse, vgl. EuGH Rs. C-238/98 (Hocsman), Slg. 2000, I-6623 Rdn. 34.

[187] EuGH Rs. C-340/89 (Vlassopoulou), Slg. 1991, I-2357 Rdn. 19ff.; EuGH Rs. C-319/92 (Haim), Slg. 1994, I-425 Rdn. 27 (zur vertragszahnärztlichen Vorbereitungszeit); zu haftungsrechtlichen Folgen EuGH Rs. C-242/97 (Haim II), Slg. 2000, I-3421.

[188] Vgl. dazu auch *Krauskopf,* Soziale KV/PflV, § 95 SGB V Rdn. 20.

[189] Zu dem Fehlen sekundärrechtlicher Vorgaben Rdn. 20.

Allgemeininteresse (vgl. Rdn. 37). Entscheidend ist damit, ob der Verhältnismäßigkeitsgrundsatz gewahrt bleibt. In diesem Zusammenhang hat der EuGH ausgeführt, es sei zu beachten, „dass sprachliche Anforderungen, die gewährleisten sollen, dass sich der Zahnarzt mit seinen Patienten, deren Muttersprache die Sprache des betreffenden Mitgliedstaats ist, sowie mit den Verwaltungsbehörden und den Berufsorganisationen dieses Staates angemessen verständigen kann, nicht über das zur Erreichung dieses Zieles Erforderliche hinausgehen dürfen. Es liegt im Interesse der Patienten, deren Muttersprache nicht die Amtssprache ist, dass es eine gewisse Zahl von Zahnärzten gibt, die sich mit ihnen auch in ihrer eigenen Sprache verständigen können.“[190]

48 **c) Zulassung und ihre Beschränkungen.** Der Umstand, dass überhaupt eine **Zulassung oder Ermächtigung erforderlich ist,** um im Inland als Vertragsarzt tätig zu werden (vgl. auch Rdn. 23), verletzt nicht Gemeinschaftsrecht.[191] Zwar handelt es sich um einen Eingriff, der aber der Sicherstellung einer ordnungsgemäßen vertragsärztlichen Versorgung dient und verhältnismäßig ist. Die **doppelte Pflichtmitgliedschaft** in Kammern ist zulässig, sofern das Allgemeininteresse dies erfordert und damit eigenständige Vergünstigungen verbunden sind.[192] Wegen der Zuständigkeit der Mitgliedstaaten für die Einhaltung der berufsrechtlichen Voraussetzungen und die Ausgestaltung der Sozialversicherungssysteme ist das unter Berücksichtigung der territorial beschränkten Hoheitsgewalt grundsätzlich zu bejahen.[193]

49 Im SGB V sind Zulassungsbeschränkungen für den Fall einer **Überversorgung** bzw. bei Überschreitung der Verhältniszahl vorgesehen (§§ 101 ff. SGB, vgl. näher § 5 b). Unter den dort genannten objektiven Voraussetzungen ist also eine Zulassung als Vertragsarzt ausgeschlossen. Die Regelungen verhindern zwar nicht gänzlich die ärztliche Tätigkeit, wirken sich aber wegen der Bedeutung der Gesetzlichen Krankenversicherung zugleich auf die Möglichkeit zur Aufnahme dieser Tätigkeit aus. Obwohl Art. 43 EGV keine Leistungsrechte vermittelt, beschränkt deshalb die Versagung der Zulassung als Vertragsarzt die Niederlassungsfreiheit. Insofern gilt nichts anderes als für Art. 12 I GG hinsichtlich der deutschen Bewerber.[194] Da diese Beschränkung in unmittelbarem Zusammenhang mit der Aufnahme der Berufstätigkeit steht, ist sie auch als Eingriff in Art. 43 EGV zu qualifizieren (vgl. Rdn. 34).[195] Damit ist aber noch nicht gesagt, dass Zulassungsbeschränkungen gemeinschaftsrechtswidrig sind. Gerechtfertigt werden können Zulassungsbeschränkungen durch die sog. zwingenden Gründe des Allgemeininteresses (Rdn. 37), zu denen auch die Aufrechterhaltung, insbesondere die finanzielle Sicherung der Gesetzlichen Krankenversicherung zählt. Entscheidend ist somit, ob die Eingriffe verhältnismäßig sind. Hier kann man zu keinen anderen Ergebnissen als bei der Überprüfung der Verfassungsmäßigkeit auf der Grundlage von Art. 12 GG gelangen, weil sich die entscheidenden Argumente auf dieselben Umstände beziehen.[196]

50 Nach den vorstehenden Grundsätzen sind auch **andere Zulassungsbeschränkungen** zu beurteilen, wie insbesondere die Höchstaltersgrenzen für Vertragsärzte.[197] Sie stellen

---

[190] EuGH Rs. C-242/97 (Haim II), Slg. 2000, I-3421 Rdn. 60.

[191] Zu wenig differenzierend *Hollmann/Schulz-Weidner,* ZIAS 1998, 197.

[192] Vgl. zu dem parallelen Problem der Zahlung von Beiträgen für mitgebrachte Arbeitnehmer durch den Dienstleistungserbringer EuGH Rs. C-369 u. 376/96 (Arblade), Slg. 1999, I-8453 Rdn. 39.

[193] Sofern die Niederlassung betroffen ist, vgl. Rdn. 39, ferner EuGH Rs. C-58/98 (Corsten), Slg. 2000, I-7919 Rdn. 38 ff. (Eintragung in die Handwerksrolle).

[194] Zu grundrechtsdogmatischen Fragen nur *Becker,* NZS 1999, 526 m. w. N.; *Pitschas,* in: 40 Jahre Landessozialgerichtsbarkeit, 1994, S. 230.

[195] Wie hier allgemein für Bedürfnisprüfungen *Streinz,* Europarecht, Rdn. 679; im Ergebnis auch *Haverkate/Huster,* Europäisches Sozialrecht, Rdn. 620.

[196] Wie hier für die Zulässigkeit der Beschränkungen *Kingreen,* Das Sozialstaatsprinzip im europäischen Verfassungsverbund, S. 546 (m. abw. Begründung).

[197] Dazu BSG SozR 3–2500 § 98 Nr. 4; SozR 3–5520 § 25 Nr. 3; vgl. auch BVerfG (Kammer), NJW 1998, S. 1776 ff., und BVerfGE 103, 172; näher *Becker,* NZS 1999, 523 ff.

Eingriffe dar, die unter Berücksichtigung des Verhältnismäßigkeitsgrundsatzes der Rechtfertigung bedürfen.

51 **d) Vergütungsfragen, Regelung der Tätigkeit.** Die **Vergütung** der vertragsärztlichen Tätigkeit wird durch verschiedene gesetzliche und untergesetzliche Normen geregelt, wobei ein subjektiver Anspruch auf eine angemessene Vergütung (vgl. § 72 Abs. 2 SGB V) zumindest nicht klar umrissen ist.[198] Prüfungsmaßstab für Restriktionen wie etwa die Budgetierungen (vgl. näher § 15) ist deshalb nach nationalem Recht vor allem der Gleichheitssatz. Denkbar wäre es, in den Regelungen – ebenso wie in den **tätigkeitsbezogenen Vorschriften** über Präsenzpflichten oder die Pflicht zur persönlichen Leistungserbringung – Eingriffe in die Niederlassungsfreiheit zu erblicken. Da diese aber lediglich die ärztliche Tätigkeit steuern, ohne in einem ausreichenden Zusammenhang zur Aufnahme der Beschäftigung zu stehen, ist schon die Eingriffsqualität zu verneinen (vgl. Rdn. 34). Einer Rechtfertigung bedarf es danach nicht mehr, sie wäre jedoch durchaus möglich, weil eine Berufung auf zwingende Gründe des Allgemeininteresses zulässig ist.[199] Dem Gemeinschaftsrecht stattdessen pauschal Liberalisierungstendenzen entnehmen zu wollen,[200] erweist sich als voreilig, wenn dieser Feststellung nicht eine nähere Beschäftigung mit den Grundfreiheiten und eine Überprüfung einzelner mitgliedstaatlicher Maßnahmen vorausgeht.

52 Berufsrechtlich beschränkt sind ferner die Möglichkeiten der Vertragsärzte, für ihre Tätigkeit zu werben.[201] Diese **Werbebeschränkungen** stellen nur dann einen Eingriff in die Dienstleistungsfreiheit dar,[202] wenn sie sich auf den Zugang zu nationalen Märkten auswirken, also auch Informationen für die Möglichkeit einer grenzüberschreitenden Tätigkeit unterdrücken.[203]

4. Territoriale Beschränkung der Leistungserbringung

53 **a) Anwendbarkeit der Grundfreiheiten.** Seit den Entscheidungen des EuGH[204] in den Sachen *Kohll* und *Decker*[205] wird verstärkt diskutiert,[206] ob der nur durch einige Ausnahmebestimmungen, zwischenstaatliche Abkommen sowie Art. 22 VO 1408/71[207]

---

[198] Vgl. nur BSGE 73, 111; 75, 187; SozR 3–2500 § 85 Nr. 30; SozR 3–2500 § 85 Nr. 35; SozR 3–2500 § 83 Nr. 1; vgl. aber auch *Isensee,* VSSR 1995, 321 ff.

[199] A. A., aber mit sehr engem Verständnis der Rechtfertigungsmöglichkeiten, *Pitschas,* VSSR 1994, 111.

[200] Vgl. *Sodan/Gast,* NZS 1998, 505 f.

[201] Vgl. § 27 MBO; zur Entwicklung der Rspr. BVerfGE 71, 162; 71, 183; 85, 248; vgl. auch EuGMR, EuGRZ 1985, 170; näher *Ring,* Werberecht der Ärzte, 2000.

[202] Vgl. in diesem Zusammenhang EuGH Rs. C-159/90 (Grogan), Slg. 1991, I-4733. Für nur vermarktungsbezogene Werbung hingegen EuGH Rs. C-292/92 (Hünermund), Slg. 1993, I-6787.

[203] Vgl. näher *Gassner,* ZfSH/SGB 1995, 480 f.; weitergehend ohne nähere Begründung *Ratzel,* MedR 1999, 512.

[204] Bereits zuvor ausf. zu der Problematik *Zechel,* Die territorial begrenzte Leistungserbringung der Krankenkassen im Lichte des EG-Vertrages, 1995; noch früher *Lichtenberg,* VSSR 1978, 125 (145 ff.); *v. Maydell,* in: v. Maydell/Schnapp (Hrsg.), Die Auswirkungen des EG-Rechts auf das Arbeits- und Sozialrecht der Bundesrepublik, 1992, S. 25 (32 ff.); *Bieback,* EuR 1993, S. 150 (163); *Everling,* DOK 1993, 584 (588); *Pitschas,* ZSR 1993, 468 (478 f.); *ders.,* VSSR 1994, 112; *Kötter,* in: *Scholz* (Hrsg.), Deutschland auf dem Weg in die EU – Wieviel Eurozentralismus, wieviel Solidarität, 1994, S. 269 (275); *Plute,* DOK 1994, 421 ff.; vgl. auch *Godry,* ZfSH/SGB 1997, S. 416 (419 ff.); *Heine/Füßer,* ArbuSozPol. 1997, S. 9 ff., 30 ff.

[205] EuGH Rs. C-120/95 (Decker), Slg. 1998, I-1831 = NZS 1998, 283 = NJW 1998, 1769 = EuR 1998, 502; EuGH Rs. C-158/96 (Kohll), Slg. 1998, I-1931 = NZS 1998, 280 = NJW 1998, 1771 = EuR 1998, 508 = JZ 1998, 1166.

[206] Umfassende Nachweise dazu bei *Lorff/Maier-Rigaud,* SGb 2000, 394 Fn. 9; vgl. auch *Giesen,* Die Vorgaben des EG-Vertrages für das Internationale Sozialrecht, 1999, S. 100 ff.

[207] Demnächst Art. 19 ff. VO 883/2004 zur Koordinierung der Systeme der sozialen Sicherheit (ABl. L 166/2004, S. 1), die allerdings nicht vor Ende 2006 in Kraft treten wird.

durchbrochene Ausschluss der Leistungserbringung im Ausland (vgl. §§ 16ff. SGB V) mit Gemeinschaftsrecht vereinbar ist. Selbst wenn davon auszugehen sein sollte, dass die Tätigkeit von Sozialversicherungen gegenüber den Versicherten nicht in den Anwendungsbereich der Dienstleistungsfreiheit fällt,[208] wäre dies zunächst für die Beziehung zwischen den Sozialversicherungsträgern und den Leistungserbringern nicht entscheidend. Diese Rechtsverhältnisse sind nicht durch Zwang und Solidarität, sondern durch wirtschaftliche Gesichtspunkte geprägt, wie auch die unbestrittene Anwendbarkeit der Niederlassungs- und Dienstleistungsfreiheit auf die Ärzte, die vertragsärztliche Leistungen in Deutschland erbringen wollen, zeigt. Zudem ist für die Bestimmung des Anwendungsbereichs der Grundfreiheiten der Grundsatz von Bedeutung, demzufolge die Schaffung und Gestaltung sozialer Sicherheitssysteme und der in ihrem Rahmen gewährten Sozialleistungen in die Zuständigkeit der Mitgliedstaten fällt. Denn das Innehaben einer Kompetenz befreit im Gemeinschaftsrecht, ebenso wenig wie im Verfassungsrecht, von der Beachtung allgemeiner rechtlicher Vorgaben.[209] Jedoch geht es in der hier interessierenden Konstellation nicht unmittelbar um den Zugang zur vertragsärztlichen Versorgung, sondern um die Freiheit der Versicherten, Krankenversicherungsleistungen im Ausland nachzufragen. In diesem Zusammenhang fragt sich, welche Bedeutung dem Sachleistungsprinzip zukommt. Der EuGH hatte die Frage zunächst nicht entschieden; die Rs. *Kohll* und *Decker* betreffen ein auf Kostenerstattung basierendes Sozialversicherungssystem.[210] Da die Inanspruchnahme der im Ausland ansässigen Ärzte als Sachleistung zugleich das Leistungsverhältnis zwischen Gesetzlicher Krankenversicherung und Versichertem berührt und der Leistungsanspruch durch die Regulierungen des Leistungserbringungsrechts gewissen Beschränkungen unterliegt,[211] vertraten einige die Ansicht, die Grundfreiheiten sollten in der deutschen GKV nicht zur Anwendung gelangen.[212] Jedoch fehlt es nicht bereits deshalb an einem Entgelt für die Dienstleistung, weil im Ergebnis die Krankenversicherung die Kosten des Arztbesuchs trägt. Der Verzahnung der ärztlichen Tätigkeit mit Versicherungsverhältnis und Regulierung der Leistungserbringung kann in einem Sozialleistungssystem, das die Sicherstellung der Versorgung nicht selbst übernimmt und dem Versicherten die Freiheit der Arztwahl belässt, auf der Ebene der Rechtfertigung in ausreichendem Maße Rechnung getragen werden.[213] Dieser Ansatz wird in den neueren grundlegenden Entscheidungen (Rs. *Smits* und *Peerbooms* sowie Rs. *van Riet* und *Müller-Fauré*) im Ergebnis auch vom EuGH geteilt.[214]

---

[208] Dafür *Heinemann,* Grenzen staatlicher Monopole im EGV, 1996, S. 119f.; *Becker,* JZ 1997, 540; dagegen *Giesen,* Sozialversicherungsmonopol und EGV, 1995, S. 151ff.; *Roth,* in: Dauses (Hrsg.), Handbuch des EG-Wirtschaftsrechts, E.I Rdn. 132.

[209] Vgl. aber auch den SA des GA *Saggio* v. 18. 5. 2000, Rs. C-368/98 (Vanbraekel), Rdn. 17ff.

[210] Hingegen betrifft EuGH Rs. C-411/98 (Ferlini), Slg. 2000, I-8081, nur die Bindung eines Verbands von Krankenhäusern an Art. 12 EGV bei der Festsetzung der Gebühren für nicht dem nationalen System der sozialen Sicherheit angeschlossene Personen, die weder auf nationalen Rechtsvorschriften noch auf Kollektivabkommen im Bereich der sozialen Sicherheit beruhte. Von Interesse ist auch Rs. C-68/99 (Kommission/Deutschland – Abgaben zur Künstlersozialversicherung), Slg. 2001, I-1865; dazu SA des GA *Ruiz-Jarabo Colomer* v. 24. 10. 2000; zur Rspr. auch *Schneider-Danwitz,* SGb 2000, 355f.

[211] Vgl. *Bieback,* RsDE 1999, 51f.

[212] So vor allem der Bericht der gemeinsamen Arbeitsgruppe der Länder Brandenburg, Baden-Württemberg, Bayern, Nordrhein-Westfalen, der Spitzenverbände der Krankenkassen und des BMG zu den Auswirkungen der Rechtsprechung des EuGH, ZfSH/SGB 1999, 622.

[213] A.A. aber SA des GA *Ruiz-Jarabo Colomer* v. 18. 5. 2000, Rs. C-157/99 (Geraets-Smits), Rdn. 41ff.

[214] EuGH Rs. C-157/99 (Smits und Peerbooms), Slg. 2001, I-5473, vgl. auch Rs. C-368/98 (Vanbraekel), Slg. 2001, I-5363, jeweils zur stationären Behandlung; dazu *Kingreen,* NJW 2001, 3382f.; *Bieback,* NZS 2001, 561ff.; EuGH Rs. C-385/99 (van Riet und Müller-Fauré), Slg. 2003, I-4509; dazu *Becker,* NJW 2003, 2272ff.; *Frenz,* NVwZ 2003, 947ff.; *Kingreen,* ZESAR 2003, 199ff.; *Kötter,* ZESAR 2003, 301ff.; *Nowak,* EuZW 2003, 474ff.

54 **b) Rechtfertigung.** Der Ausschluss der Kostenübernahme für eine zuvor nicht genehmigte Auslandsbehandlung stellt einen Eingriff in die Dienstleistungsfreiheit dar.[215] Der EuGH lässt dafür nicht nur eine Rechtfertigung durch Berufung auf den Gesundheitsschutz (Art. 55 i. V. m. 46 EGV), sondern auch auf zwingende Allgemeininteressen zu. Ob der Grund dafür die Annahme ist, es handle sich nicht um eine diskriminierende Maßnahme,[216] oder ein großzügigerer Ansatz bei der Prüfung von Beschränkungen mit Bezug zu sozialen Sicherungssystemen,[217] kann dahingestellt bleiben (vgl. Rdn. 37). Während im Hinblick auf die sekundärrechtlichen Bestimmungen zur ärztlichen Ausbildung (vgl. Rdn. 21) kaum eine Gesundheitsgefährdung der Krankenversicherten bei Behandlung im Ausland behauptet werden kann,[218] kommt als Rechtfertigungsgrund vor allem eine erhebliche Gefährdung des finanziellen Gleichgewichts von sozialen Sicherheitssystemen in Betracht.[219] Dann ist zum einen schlüssig darzulegen, dass Beschränkungen diesem Zweck dienen.[220] Zum anderen muss der Verhältnismäßigkeitsgrundsatz eingehalten werden. Dabei sollte die Prüfungsdichte wegen der Zuständigkeit der Mitgliedstaaten auf eine Vertretbarkeitskontrolle begrenzt werden. Nach der jüngeren Rechtsprechung[221] unterscheidet der EuGH zwischen ambulanter und stationärer Versorgung; bei der Letztgenannten sollen nationale Genehmigungsvorbehalte grundsätzlich gerechtfertigt sein, weil insofern Planungssicherheit gewährleistet werden müse.[222] Allerdings müssen auch die Genehmigungsvorbehalte im Lichte der Grundfreiheiten ausgelegt werden.[223]

Unabhängig davon bleibt zu klären, in welchem Umfang vertragsarztrechtliche Regelungen im Allgemeinen und Honorarbegrenzungsmaßnahmen im Besonderen auf im Ausland ansässige Ärzte übertragen werden können.[224] Nach Ansicht des EuGH gilt als Grundsatz, dass einem Versicherten „bei einer Versorgung in einem anderen Mitgliedstaat als dem der Versicherungszugehörigkeit auch die Voraussetzungen für eine Leistungsgewährung entgegengehalten werden“ können, „soweit sie weder diskriminierend sind noch die Freizügigkeit behindern“.[225] Zulässig ist dementsprechend das Festhalten an dem sog. Arztvorbehalt.[226] Die Kostenübernahme darf auf die im Inland gezahlten Tarife begrenzt werden.[227] Auch ein grundsätzlicher Zwang zur Einführung eines Kostenerstattungsver-

---

[215] Vgl. dazu *Becker,* NZS 1998, 362 f.

[216] So *Becker,* NZS 1998, 361.

[217] So *Nowak/Schnitzler,* EuZW 2000, 631.

[218] So auch *Pitschas,* in: Ebsen (Hrsg.), Europarechtliche Gestaltungsvorgaben für das deutsche Sozialrecht, 2000, S. 99 f.

[219] EuGH Rs. C-158/96 (Kohll), Slg. 1998, I-1931 Rdn. 41 f.; vgl. dazu *Berg,* EuZW 1999, 591.

[220] Das hat der EuGH jetzt in seinen Entscheidungen v. 12. 7. 2001 grundsätzlich angenommen, bezogen auf den Genehmigungsvorbehalt für im Ausland vorgenommene stationäre Behandlungen; allerdings sind die Genehmigungsvoraussetzungen an internationalen Standards auszurichten. Für ärztliche Auslandsbehandlungen liegt bisher keine Rechtsprechung vor.

[221] Oben, Fußn. 216.

[222] Näher zu der relativ pauschal gehandhabten Abgrenzung, die auf den zweiten Blick keineswegs überzeugt, *Becker,* NZS 2005 (i. E.). In gewisser Weise „umgesetzt“ ist die Rspr. in § 13 SGV i. d. F. durch das GMG, krit. dazu *Becker,* a. a. O.

[223] Vgl. näher EuGH Rs. C-385/99 (van Riet und Müller-Fauré), Slg. 2003, I-4509 Rdnr. 76 ff.

[224] Bemerkenswerterweise ist dies bis jetzt nicht der Fall, weil keine Budgetbereinigung stattfindet, vgl. § 85 II 8 SGB V. Vgl. zur Vermeidung eines Missbrauchs BSGE 93, 94 = SGb 2005, 293 m. Anm. *Fuchs.*

[225] EuGH Rs. C-385/99 (van Riet und Müller-Fauré), Slg. 2003, I-4509 Rdnr. 106 (für das Erfordernis, vor einem Facharzt zunächst einen Allgemeinarzt zu konsultieren).

[226] In diesem Sinne BSG v. 13. 7. 2004, B 1 KR 33/02 R.

[227] Bei Sachleistungssystemen kann der besondere Aufwand einer Kostenerstattung in Rechnung gestellt werden, EuGH Rs. C-385/99 (van Riet und Müller-Fauré), Slg. 2003, I-4509 Rdn. 107. Begrenzt wird der Anspruch nach richtiger Ansicht zudem durch die Höhe der tatsächlichen Kosten, zur Begründung *Becker,* NJW 2003, 2272, 2275. Zur fehlenden Anrechenbarkeit von Leistungen aus einer privaten KV *Rixen,* ZESAR 2004, 24, 26.

fahrens besteht nicht.[228] Selbst die Notwendigkeit von Qualitäts- und Wirtschaftlichkeitskontrollen erfordert im Übrigen keinen Ausschluss der im Ausland ansässigen Ärzte von der Leistungserbringung. Denkbar wäre, auch diesen Ärzten die Teilnahme am vertragsärztlichen Leistungserbringungssystem zu ermöglichen.[229] Jedoch wird man eine verpflichtende vertragliche Einbindung in die deutsche GKV, ganz unabhängig von Praktikabilitätserwägungen, nicht rechtfertigen können.[230] In jedem Fall müssen ausländische Leistungserbringer nicht in das in ihrem Betätigungsstaat existierende Gesundheitssystem (GKV oder Gesundheitsdienst) einbezogen sein.[231]

5. Zur Bedeutung des Vergaberechts

55 Vergaberecht steht an der Schwelle zwischen Wettbewerbsrecht und den Grundfreiheiten. Einerseits hat es in gewisser Weise die Funktion, unzulässiges Handeln der öffentlichen Hand bei der Vergabe von Aufträgen zu unterbinden, wobei sich die Anwendungsbereiche der vergabe- und der wettbewerbsrechtlichen Vorschriften überschneiden. Andererseits dient es in erster Linie dazu, den Marktzugang und damit die wirtschaftliche Tätigkeit von Anbietern zu ermöglichen bzw. zu schützen. Das in Deutschland geltende Vergaberecht beruht in wesentlichen Teilen auf gemeinschaftlichem Sekundärrecht,[232] wobei dieses das Erreichen bestimmter Schwellenwerte voraussetzt. Insgesamt ergibt sich damit eine gewisse Gemengelage,[233] die aber hier nicht näher aufzuklären ist.[234] Denn ungeachtet der Frage nach der Wirkung des § 69 SGB V[235] und des Umstandes, dass wegen der nur sehr beschränkten Vorgaben des Sekundärrechts im Bereich der Gesundheitsleistungen[236] im Ergebnis (autonomes) nationales Recht die entscheidende Rolle spielt, sind die Anwendungsvoraussetzungen auf beiden Regelungsebenen deckungsgleich. Im Mittelpunkt der hier relevanten Diskussion stehen zwei Fragen: Sind die Krankenkassen

---

[228] Wohl a.A. *Lorff/Maier-Rigaud,* SGb 2000, 396. Wie hier *v. Maydell,* VSSR 1999, 14. Rechtspolitisch argumentierend *Muschallik,* MedR 2000, 219. Jetzt ist darauf hinzuweisen, daß der EuGH sogar das Sachleistungsprinzip als möglichen Rechtfertigungsgrund anerkannt hat, EuGH Rs. C-385/99 (van Riet und Müller-Fauré), Slg. 2003, I-4509 Rdn. 73, 99.

[229] Rechtlich ist jedenfalls der Abschluss von Verträgen zulässig, vgl. § 140e SGB V und dazu *Rixen,* ZESAR 2004, 24, 29f. Für eine vertragliche Einbindung *Kingreen,* Das Sozialstaatsprinzip im europäischen Verfassungsverbund, S. 534ff. Enger *Zechel,* Die territorial begrenzte Leistungserbringung der Krankenkassen im Lichte des EG-Vertrages, 1995, S. 68ff., nach dessen Ansicht nur eine Kombination aus Sachleistungs-, Vertrags- und Kostenerstattungsprinzip verhältnismäßig ist.

[230] Vgl. *Becker,* NJW 2003, 2272, 2275.

[231] *Becker,* NJW 2003, 2272, 2276.

[232] RL 2004/18/EG v. 31. 3. 2004 über die Koordinierung der Verfahren zur Vergabe öffentlicher Bauaufträge, Lieferaufträge und Dienstleistungsaufträge, ABl. L 2004/134, S. 14; die Umsetzung muss bis zum 31. 1. 2006 erfolgen. Abgelöst werden damit die jetzt noch geltenden Richtlinien, insbesondere die RL 92/50/EWG v. 18. 6. 1992 über die Koordination der Verfahren zur Vergabe öffentlicher Dienstleistungsaufträge, ABl. L 1992/209, S. 1.

[233] Vgl. etwa *Giesen,* Wettbewerbsrecht, Vergaberecht und soziale Dienste, in: Linzbach/Lübing/Scholz/Schulte (Hrsg.), Die Zukunft der sozialen Dienste vor der Europäischen Herausforderung, 2005, S. 424, 440.

[234] Guter Überblick über die europäischen Vorgaben bei *Mestmäcker/Schweitzer,* Europäisches Wettbewerbsrecht, 2. Aufl. 2004, §§ 36ff.

[235] Dazu einen Ausschluss verneinend *Koenig/Engelmann/Hentschel,* MedR 2003, 562, 563f.; *Kingreen,* MedR 2004, 188, 192; in jedem Fall könnten Ausnahmen von gemeinschaftsrechtlichen Vorgaben nicht durch das SGB V begründet werden.

[236] Die Regeln über die Auswahl und Zuschlagserteilung sind nicht anwendbar, so dass in einem vereinfachten Verfahren lediglich technische Spezifikationen anzugeben sind und eine Bekanntmachung über die Zuschlagserteilung zu veröffentlichen ist, vgl. Art. 9, 14, 16, Anhang I B Kategorie 25 RL 92/50 bzw. Art. 21, 23, 35 IV i.V.m. Anhang II Teil B Kategorie 25 zur RL 2004/18/EG; zur Begründung auch *Prieß,* Handbuch des europäischen Vergaberechts, 2. Aufl. 2001, S. 84, näher *Steinberg,* NZBau 2005, 85, 86.

öffentliche Auftraggeber und stellt die Zulassung der Vertragsärzte einen Dienstleistungsauftrag dar? Die Eigenschaft des öffentlichen Auftraggebers setzt voraus, dass Aufgaben nichtgewerblicher Art im Allgemeininteresse erledigt, die Einrichtungen dementsprechend entweder durch Gebietskörperschaften finanziert oder kontrolliert werden.[237] Ob die Krankenkassen diese Voraussetzung erfüllen, ist umstritten;[238] ohne das im Einzelnen ausführen zu können, sprechen gute Argumente dafür.[239] Jedoch stellt die Zulassung von Vertragsärzten keinen Vertrag über entgeltliche Dienstleistungen[240] dar.[241] Diskutabel ist die Annahme eines Beschaffungsvorgangs nur dann, wenn weitere Auswahlentscheidungen seitens der Leistungsträger getroffen werden, vor allem im Rahmen der integrierten Versorgung (§§ 140 a ff. SGB V). Aber selbst hier wird nur eine (besondere) Möglichkeit zur Leistungserbringung eröffnet, in diesem Sinne eine Konzession erteilt, während die Entscheidung über die Inanspruchnahme der Dienstleistung durch die Versicherten getroffen wird.[242] Insofern sind dem Vergaberecht keine über die Grundfreiheiten hinausgehenden (vgl. Rdn. 48 ff.) Rechtswirkungen zu entnehmen.

IV. Wettbewerbsrechtliche Vorgaben für das nationale Vertragsarztrecht

1. Anwendbarkeit

a) Unternehmen. Kartellverbot (Art. 81 EGV) und Verbot des Missbrauchs einer beherrschenden Stellung (Art. 82 EGV) sind grundsätzlich universell anwendbar und gelten unabhängig von der Rechtsform[243] und der Art der Finanzierung für alle Personen und Einrichtungen, die sich in der relevanten Rechtsbeziehung als **Unternehmen** betätigen[244] (funktionaler Unternehmensbegriff), d. h. wirtschaftlich handeln, ohne dass eine Gewinnerzielungsabsicht bestehen müsste.[245] Die Unternehmenseigenschaft fehlt umgekehrt, wenn eine hoheitliche Tätigkeit ausgeübt wird, wofür die Einräumung von Befugnissen 56

---

[237] Vgl. zum Begriff Art. 1 lit. b) RL 92/50/EWG bzw. Art. 1 II lit. d) RL 2004/18/EG.

[238] Abl. BayObLGZ 2004, 122 = NZS 2005, 26 = MedR 2005, 687; krit. dazu *Byok/Jansen,* NVwZ 2005, 53 ff.

[239] Weil die Aufsichtsbefugnisse eine ausreichende staatliche Einflussnahme sichern, vgl. näher *F. Wollenschläger,* NZBau 2004, 655, 657 ff. m. w. N. (allerdings mit unzutreffendem Hinweis auf die Bedeutung des RSA), und der Kassenwettbewerb in seiner gegenwärtigen Gestalt für die Charakterisierung nichts hergibt, vgl. sehr knapp *Koenig/Steiner,* ZESAR 2003, 98, 100 f.; a. A. und für eine Verneinung der nichtgewerblichen Tätigkeit i. S. v. § 98 GWB *Kingreen,* MedR 2004, 188, 193 ff.; *ders.,* SGb 2004, 659, 662 ff.

[240] Vgl. dazu näher für die Einbeziehung von Einrichtungen *Kingreen,* SGb 2004, 659 ff. (je nach Inhalt differenzierend); *Neumann/Nielandt/Philipp,* Erbringung von Sozialleistungen nach Vergaberecht?, 2004, S. 56 ff.

[241] So zu Recht *Koenig/Engelmann/Hentschel,* MedR 2003, 562, 567 f.; unter Bezugnahme auf die Handlungsform (VA) *Stelzer,* ZESAR 2005, 21, 26 (zur Heilmittelerbringung); ebenso *Giesen,* Wettbewerbsrecht, Vergaberecht und soziale Dienste, in: Linzbach/Lübking/Scholz/Schulte (Hrsg.), Die Zukunft der sozialen Dienste, 2005, S. 424, 450; a. A. für die Zulassung von Krankenhäusern durch „Feststellungsbescheid und Versorgungsvertrag" *Koenig/Steiner,* ZESAR 2003, 150 ff.

[242] *Koenig/Engelmann/Hentschel,* MedR 2003, 562, 568 f., mit dem Vorbehalt, dass die konkrete Ausgestaltung dem Versicherten Wahlmöglichkeiten lässt; grds. *Kingreen,* SGb 2004, 659, 664 (wegen der mangelnden Einflussmöglichkeiten des Staates).

[243] Vgl. bereits EuGH Rs. 123/83 (Clair), Slg. 1985, 391 Rdn. 17.

[244] Vgl. EuGH Rs. C-41/90 (Höfner und Elser), Slg. 1991, I-1979 Rdn. 21; EuGH Rs. C-159/91 und C-160/91 (Poucet und Pistre), Slg. 1993, I-637 Rdn. 17.

[245] Eine wirtschaftliche Tätigkeit ist jede Tätigkeit, die darin besteht, Güter oder Dienstleistungen auf einem bestimmten Markt anzubieten, so EuGH Rs. 118/85 (Kommission/Italien), Slg. 1987, 2599 Rdn. 7; EuGH Rs. C-35/96 (Kommission/Italien), Slg. 1998, I-3851 Rdn. 36.

und Möglichkeit der zwangsweisen Durchsetzung sprechen.[246] Sie fehlt ferner bei Tätigkeiten mit ausschließlich sozialem Charakter,[247] etwa wenn Sozialversicherungsträger gegenüber Versicherten innerhalb eines durch Versicherungszwang und Solidarausgleich geprägten Leistungssystems tätig werden.[248] Wesentliche Bedeutung kommt dabei dem Merkmal der Finanzierung im Umlageverfahren zu.[249] Einer Vereinigung fehlt die Unternehmenseigenschaft, sofern sie überwiegend aus Vertretern der öffentlichen Gewalt besteht und bei der Entscheidung eine Reihe von Kriterien des Gemeinwohls beachtet.[250] Für diese Ausnahme genügt es aber nicht, dass die Vereinigung ohne Vorhandensein dieser speziellen Merkmale nur die Aufgabe hat, die wirtschaftlichen Interessen einer bestimmten Ärztegruppe im Gesundheitswesen zu vertreten.[251]

57 **b) Verbotene Handlungen.** Verboten sind Vereinbarungen zwischen Unternehmen, Beschlüsse von Unternehmensvereinigungen und aufeinander abgestimmte Verhaltensweisen, die eine Verhinderung, **Einschränkung oder Verfälschung des Wettbewerbs** bezwecken oder bewirken (Art. 81 EGV). Nicht darunter fallen die im Rahmen von Tarifverhandlungen zwischen den Sozialpartnern geschlossenen Verträge zur Verbesserung der Beschäftigungs- und Arbeitsbedingungen.[252] Ebenfalls verboten ist die missbräuchliche Ausnutzung einer marktbeherrschenden Stellung[253] eines Unternehmens oder eines Oligopols[254] – auch der durch gesetzliches Monopol eingeräumten[255] –, soweit dies dazu führen kann, den Handel zu beeinträchtigen (Art. 82 EGV). Das wettbewerbsschädigende Verhalten muss in beiden Fällen innerhalb des Gemeinsamen Marktes eintreten und den zwischenstaatlichen Handel **spürbar beeinträchtigen.**[256]

---

[246] Vgl. EuGH Rs. C-364/92 (SAT/Eurocontrol), Slg. 1994, I-43 Rdn. 19ff.

[247] Vgl. EuGH Rs. C-159 u. 160/91 (Poucet u. a./Assurances générales de France u. a. – Sozialversicherung für Selbständige), Slg. 1993, I-637 Rdn. 8, 10, 13, 18; freiwillige Zusatzsicherungen sind hingegen, auch wenn ihre Gestaltung solidarische Elemente enthält wie einen risikounabhängigen Beitrag, als Unternehmen anzusehen, EuGH Rs. C-244/94 (Fédération française des sociétés d'assurances/Ministère de l'Agriculture et de la Pêche – Zusatzalterssicherung), Slg. 1995, I-4013 Rdn. 19. Ob sozial und wirtschaftlich begrifflich ein Gegensatzpaar darstellen (verneinend *Weiß,* in Calliess/Ruffert (Hrsg.), EUV/EGV (2002), Art. 81 Rdn. 36), hängt natürlich davon ab, wie soziale Tätigkeit definiert wird; sicher genügt nicht die allgemeine Zurechnung zum Bereich der sozialen Sicherung.

[248] Ablehnend zur entsprechenden Beschränkung des Anwendungsbereichs *Giesen,* Sozialversicherungsmonopol und EGV, 1995, S. 125f.; *Mestmäcker,* in: Immenga/Mestmäcker (Hrsg.), EG-Wettbewerbsrecht, 1997, Art. 90 Abs. 2 Rdn. 37; *Roth/Ackermann,* Frankfurter Kommentar zum Kartellrecht (Stand 2003), Art. 81 EGV Grundfragen, Rdn. 49; *Kapp,* ebenda, Art. 86 EGV, Rdn. 15; *Winterstein,* ECLR 1999, 330f.; *Berg,* EuZW 2000, 171; zust. hingegen *Heinemann,* Grenzen staatlicher Monopole im EGV, 1996, S. 119f.

[249] In Abgrenzung vom bloßen Fehlen einer Gewinnerzielungsabsicht, der Pflichtmitgliedschaft und bestimmten Solidaritätsgesichtspunkten, so EuGH Rs. C-67/96 (Albany), Slg. 1999, I-5751 Rdn. 81–84; EuGH Rs. C-115–117/97 (Brentjens'), Slg. 1999, I-6025 Rdn. 81–84; EuGH Rs. C-219/97 (Drijvende Bokken), Slg. 1999, I-6121 Rdn. 71–74; EuGH Rs. C-180–184/98 (Pavlov), Slg. 2000, I-6451 Rdn. 113ff.

[250] EuGH Rs. C-96/94 (Centro Servizi Spediporto), Slg. 1995, I-2883 Rdn. 23–25; EuGH Rs. C-35/96 (Kommission/Italien), Slg. 1998, I-3851 Rdn. 41–44.

[251] EuGH Rs. C-180–184/98 (Pavlov), Slg. 2000, I-6451 Rdn. 86, 88.

[252] EuGH Rs. C-67/96 (Albany), Slg. 1999, I-5751 Rdn. 64; EuGH Rs. C-115–117/97 (Brentjens'), Slg. 1999, I-6025 Rdn. 61; EuGH Rs. C-219/97 (Drijvende Bokken), Slg. 1999, I-6121 Rdn. 51.

[253] Zur Marktabgrenzung Bekanntmachung der Kommission, ABl. C 1997/372, S. 5.

[254] Vgl. EuGH Rs. C-179/90 (Merci convenzionali porto di Genova), Slg. 1991, I-5889 Rdn. 14; EuGH Rs. C-18/88 (GB-Inno-BM), Slg. 1991, I-5491 Rdn. 17.

[255] Vgl. EuGH Rs. C-393/92 (Almelo), Slg. 1994, I-1477 Rdn. 41ff.

[256] Zum Spürbarkeitserfordernis zusammenfassend Bekanntmachung der Kommission, ABl. C 1997/372, S. 13. An diesem Erfordernis (und nicht am unternehmerischen Handeln) fehlte es im Hinblick auf die Pflichtmitgliedschaft in einem Zusatzrentenfonds für Fachärzte in den Niederlanden,

In Verbindung mit Art. 10 EGV (vgl. Rdn. 6) verbietet Art. 81 EGV nicht nur bestimmtes Handeln von Unternehmen, sondern mittelbar auch gesetzgeberisches Handeln der **Mitgliedstaaten.**[257] Diese dürfen keine Kartellabsprachen vorschreiben, erleichtern oder deren Auswirkungen verstärken, ebenso wenig einer eigenen Regelung dadurch ihren staatlichen Charakter nehmen, dass sie die Verantwortung für in die Wirtschaft eingreifende Entscheidungen privaten Wirtschaftsteilnehmern übertragen.[258] Das schließt die Allgemeinverbindlicherklärung von Tarifverträgen (vgl. Rdn. 56) nicht aus.[259] **58**

Nach der Rechtsprechung des EuGH ist die **Schaffung einer beherrschenden Stellung** durch die Gewährung ausschließlicher Rechte i.S.v. Art. 86 Abs. 1 EGV nur dann mit Art. 82 EGV unvereinbar, wenn das betreffende Unternehmen durch die bloße Ausübung der ihm übertragenen ausschließlichen Rechte seine beherrschende Stellung missbräuchlich ausnutzt oder wenn durch diese Rechte eine Lage geschaffen werden könnte, in der dieses Unternehmen einen solchen Missbrauch begeht.[260] **59**

c) Ausnahmen bzw. Rechtfertigung nach Art. 86 Abs. 2 EGV. Unternehmen, die mit Dienstleistungen von allgemeinem wirtschaftlichen Interesse betraut sind, sind von der Einhaltung der Vorschriften des EGV befreit, wenn die Beachtung der Vertragsvorschriften die Erfüllung der ihnen übertragenen besonderen Aufgabe rechtlich oder tatsächlich verhindert. Die Befreiung bezieht sich nicht nur auf Wettbewerbsverstöße, sondern ebenso auf die Grundfreiheiten.[261] Als **im allgemeinen Interesse liegende Dienstleistung** ist auch die Erfüllung einer sozialen Aufgabe anzusehen.[262] Art. 86 Abs. 2 EGV ermöglicht den Einsatz besonderer Unternehmen als Instrument der Wirtschafts- oder Sozialpolitik nach eigener politischer Einschätzung der Mitgliedstaaten.[263] Die dem Unternehmen eingeräumten Sonderrechte müssen **erforderlich** sein und dürfen nur soweit reichen, wie es durch das allgemeine Interesse gerechtfertigt ist.[264] Das ist aber nicht mit einer sonst eintretenden Gefährdung des Unternehmens gleichzusetzen. Vielmehr genügt es, wenn ohne die Ausnahmen die Erfüllung der dem Unternehmen übertragenen besonderen Aufgaben gefährdet wäre oder wenn die Ausnahmen erforderlich sind, um dem Unternehmen die Erfüllung seiner im allgemeinen wirtschaftlichen Interesse liegenden Aufgaben zu wirtschaftlich tragbaren Bedingungen zu ermöglichen.[265] Bezogen auf Aus- **60**

---

weil sich die beschränkende Wirkung nur auf einen einzigen, relativ wenig bedeutsamen Kostenfaktor der von den selbstständigen Fachärzten angebotenen Dienstleistungen bezog, EuGH Rs. C-180–184/98 (Pavlov), Slg. 2000, I-6451 Rdn. 95ff.

[257] Vgl. zu einer abweichenden Konstruktion (Bindung von Hoheitsträgern an das Wettbewerbsrecht über die europäischen Grundrechte) *Haverkate/Huster,* Europäisches Sozialrecht, Rdn. 601ff.

[258] EuGH Rs. C-2/91 (Meng), Slg. 1993, I-5751 Rdn. 14; EuGH Rs. C-35/96 (Kommission/Italien), Slg. 1998, I-3851 Rdn. 53 u. 54; EuGH Rs. C-266/96 (Corsica Ferries France), Slg. 1998, I-3949 Rdn. 35ff.; EuGH Rs. C-35/96 (Kommission/Italien), Slg. 1998, I-3851 Rdn. 51ff.; vgl. zur Entwicklung der Rspr. auch *Schwarze,* EuZW 2000, 617ff.

[259] EuGH Rs. C-219/97 (Drijvende Bokken), Slg. 1999, I-6121 Rdn. 56ff. (unter Hinweis auf die Bestimmungen zur Sozialpolitik).

[260] EuGH Rs. C-41/90 (Höfner und Elser), Slg. 1991, I-1979 Rdn. 29ff.; EuGH Rs. C-260/89 (ERT), Slg. 1991, I-2925 Rdn. 37; EuGH Rs. C-323/93 (Centre d'insémination de la Crespelle), Slg. 1994, I-5077 Rdn. 18; EuGH Rs. C-163/96 (Raso), Slg. 1998, I-533 Rdn. 27.

[261] Vgl. näher nur *v. Burchard,* in: Schwarze (Hrsg.), EU-Kommentar (2000), Art. 86 Rdn. 54ff.

[262] EuGH Rs. C-67/96 (Albany), Slg. 1999, I-5751 Rdn. 103ff.; EuGH Rs. C-180–184/98 (Pavlov), Slg. 2000, I-6451 Rdn. 118.

[263] Vgl. EuGH Rs. C-202/88 (Frankreich/Kommission), Slg. 1991, I-1223 Rdn. 12; EuGH Rs. C-157/94 (Kommission/Niederlande), Slg. 1997, I-5699 Rdn. 39.

[264] Das kann als Ausdruck des Verhältnismäßigkeitsprinzips angesehen werden, so *Bach,* Wettbewerbsrechtliche Schranken für staatliche Maßnahmen nach europäischem Gemeinschaftsrecht, 1991, S. 48f.; *Mestmäcker,* in: Immenga/Mestmäcker (Hrsg.), EG-Wettbewerbsrecht, 1997, Art. 90 Abs. 2 Rdn. 48.

[265] EuGH Rs. C-320/91 (Corbeau), Slg. 1993, I-2533 Rdn. 14ff.; EuGH Rs. C-157/94 (Kommission/Niederlande), Slg. 1997, I-5699 Rdn. 53.

gestaltung der sozialen Sicherheit besteht eine Zuständigkeit der Mitgliedstaaten,[266] so dass diese selbst über das Niveau des Schutzes und damit, ungeachtet der allgemeinen Einschränkungen (vgl. Art. 86 Abs. 2 S. 2 EGV), auch über den Umfang der erforderlichen Ausnahmen entscheiden dürfen.[267]

61 **d) Verhältnis zum nationalen Wettbewerbsrecht.** Das gemeinschaftsrechtliche Wettbewerbsrecht betrifft nur **zwischenstaatlich wirkende Wettbewerbsbeschränkungen.** Gemeint sind damit hinreichend konkrete Behinderungen des grenzüberschreitenden Verkehrs von Waren oder Dienstleistungen.[268] Es genügt allerdings, wenn sich das Verhalten nur in einem Mitgliedstaat abspielt, aber für eine auch nur mittelbare oder potentielle Beeinträchtigung geeignet ist. Dasselbe Verhalten kann zugleich durch **nationales Wettbewerbsrecht** erfasst werden. Dessen Bestimmungen dürfen angewendet werden, wenn Effizienz und einheitliche Wirkung des Gemeinschaftsrechts dadurch nicht gefährdet sind.[269]

2. Bedeutung für das Vertragsarztrecht

62 **a)** Durch das **Zulassungssystem** für Vertragsärzte wird der Wettbewerb insofern beschränkt, als den nicht zugelassenen Ärzten die Abrechnung mit den Krankenkassen und damit ein Zugang zu dem Markt der Gesundheitsleistungen für in der Gesetzlichen Krankenversicherung versicherte Personen versagt bleibt. Jedoch handeln die Zulassungsgremien hoheitlich, sie nehmen eine öffentliche Aufgabe entsprechend den gesetzlichen Vorgaben wahr, ohne dass die betreffende Tätigkeit wegen des Austausches von Leistung und Gegenleistung wirtschaftlich geprägt wäre.[270] Zwar ist der Anwendungsbereich der Art. 81 f. EGV eröffnet, doch fehlt den Zulassungsgremien mangels wirtschaftlicher Tätigkeit die Unternehmereigenschaft, so dass das gemeinschaftsrechtliche Wettbewerbsrecht nicht eingreift.

63 **b)** Schwieriger ist die Beurteilung der **Handlungen im Rahmen der Leistungserbringung.**[271] Die Erbringung von Gesundheitsleistungen kann, unabhängig von der Rechtsform der Beteiligten, grundsätzlich auch im Rahmen eines Sozialversicherungssystems eine wirtschaftliche Tätigkeit darstellen (vgl. auch Rdn. 53), da sie als solche nicht durch einen Solidarausgleich geprägt ist.[272] Dennoch bedarf es für die Feststellung von Wettbewerbsbeschränkungen einer näheren Betrachtung, wobei die konkrete Ausgestaltung der relevanten Rechtsbeziehungen Bedeutung entfaltet. In diesem Zusammenhang genügt es für die Annahme einer hoheitlichen Tätigkeit noch nicht, wenn nach nationalem Recht öffentlich-rechtlich gehandelt wird.[273] Zwar ließe sich aus dem Zusammenhang

---

[266] Vgl. nur EuGH Rs. C-70/95 (Sodemare), Slg. 1997, I-3395 Rdn. 27.

[267] EuGH Rs. C-219/97 (Drijvende Bokken), Slg. 1999, I-6121 Rdn. 112.

[268] *Brinker,* in: Schwarze (Hrsg.), EU-Kommentar (2000), Art. 81 Rdn. 59 ff.

[269] EuGH Rs. 14/68 (Walt Wilhelm), Slg. 1969, 1.

[270] Vgl. allgemein zu den Abgrenzungskriterien auch *Schwarze,* EuZW 2000, 615 m. w. N.

[271] Vgl. zu einzelnen Wettbewerbsbeschränkungen näher *Giesen,* Die Vorgaben des EG-Vertrages für das Internationale Sozialrecht, S. 124 f.

[272] Die Diskussion bezog sich vor allem auf die Festbetragsregelung für Hilfs- und Arzneimittel; für die Anwendbarkeit des Wettbewerbsrechts OLG Düsseldorf, EuZW 1999, 188 (Hilfsmittel); OLG Düsseldorf, PharmaR 1999, 283 m. Anm. *Berg,* (Arzneimittel); *Hänlein/Kruse,* NZS 2000, 167 ff.; *Boecken,* NZS 2000, 272 f.; a. A. *Knispel,* NZS 2000, 381 ff., und mit dem Argument, es handle sich nicht um eine Preisfestsetzung SG Köln S 9 KR 83/96 v. 2. 11. 1999. Entschieden ist sie zwischenzeitlich durch den EuGH (vgl. Rdn. 63). Vgl. zum Bundesausschuss der Ärzte und Krankenkassen auch LG Hamburg, MedR 1999, 268 (Arzneimittelrichtlinien); *Schwerdtfeger,* NZS 2000, 70 ff.; a. A. *Knispel,* NZS 2000, 443 f. Zum nationalen Kartellrecht LG Düsseldorf, PharmaR 2000, 41. Auf die Diskussion um die Bedeutung des § 69 Abs. 4 SGB V kann nicht eingegangen werden, vgl. nur BSGE 86, 223, 229 f. = NZS 2001, 590; BSGE 89, 24, 32 ff. = SGb 2002, 688.

[273] Vgl. nur *Neumann,* WuW 1999, 964; wohl a. A. aber *Stelzer,* ZfS 2000, 303 ff.

mit einer sozialen Aufgabe und den für deren Durchführung eingeräumten Befugnissen gegenüber den jeweiligen Mitgliedern schließen, sowohl die Verbände der Krankenkassen als auch die KÄVen seien als mit einer hoheitlichen Aufgabe betraute Einrichtungen anzusehen,[274] die nicht zuletzt beim Abschluss der Gesamtverträge[275] lediglich für eine wirtschaftliche Erbringung von Gesundheitsleistungen sorgen und insoweit nicht wirtschaftlich handeln.[276] Dagegen spricht aber, dass zwischen den beteiligten Einrichtungen Verhandlungsprozesse stattfinden[277] und sich typisch hoheitliche Befugnisse darauf nicht unmittelbar beziehen.[278] Insofern handeln die Beteiligten wirtschaftlich; die Unternehmenseigenschaft ist folglich zu bejahen. Auch stellen die Verhandlungsergebnisse Vereinbarungen i. S. des Art. 81 EGV dar, die grundsätzlich geeignet sind, den Handel zwischen den Mitgliedstaaten zu beeinträchtigen. Andererseits hat der Gesetzgeber hier gerade durch ein enges gesetzliches Korsett praktisch keinen Raum mehr für wettbewerbliches Handeln überhaupt gelassen. Demnach ließe sich annehmen, es werde durch die staatliche Regulierung des Verhandlungssystems ein Ausnahmebereich geschaffen, innerhalb dessen marktförmiges Handeln ausscheide.[279] Dagegen spricht allerdings, dass den Parteien immer noch gewisse Spielräume verbleiben; insofern verlangt das Gemeinschaftsrecht Konsequenz, und es wäre bedenklich, wenn ein Mitgliedstaat durch gesetzliche Regulierung ein oder mehrere Unternehmen vor den Folgen des Art. 81 EGV bewahren könnte. Soweit es hingegen tatsächlich an Handlungsspielräumen fehlt, dürfte das Tatbestandsmerkmal der „Vereinbarung" nicht erfüllt sein.

In seiner Festbetrags-Entscheidung[280] ist der EuGH allerdings der Trennung zwischen solidarisch geprägtem Versicherungsverhältnis und wirtschaftlich geprägtem Leistungserbringungsverhältnis nicht gefolgt. Ohne jedenfalls die vorstehend angedeuteten Überlegungen, die Differenzierungen ermöglichen würden, näher nachzuvollziehen, hat der Gerichtshof die Ausnahmen von der Anwendbarkeit des Wettbewerbsrechts weit gefasst; es soll nämlich an einer unternehmerischen Tätigkeit selbst bei der Beschaffung von Leistungen fehlen, wenn diese nach den nationalen Vorschriften Teil der sozialen Tätigkeit ist.[281] Entscheidend ist danach, ob die Kassen lediglich ihre gesetzlichen Aufgaben verfolgen oder Raum „für ein eigenes Interesse" bleibt, was sinnvollerweise nur so verstanden

---

[274] Während für diese eine Ausnahme von den Wettbewerbsvorschriften analog der Rspr. zu den Tarifvereinbarungen (vgl. Rdn. 56) nicht in Betracht kommt, vgl. auch *Gassner,* VSSR 2000, 132ff.

[275] Der Abschluss der BMVe dürfte wegen der in diesen enthaltenen allgemeinen Vorgaben zu keinen Wettbewerbsbeschränkungen führen.

[276] So allgemein für das Verhältnis zwischen Vertragsärzten und Krankenkassen *Bieback,* EWS 1999, 367; unter Hinweis auf Art. 86 Abs. 1 EGV für die Spitzenverbände der KK im Rahmen der Festbetragsregelungen auch *Reich,* EuZW 2000, 655f. (mit dem begrifflich nicht passenden Ausdruck des „beliehenen Unternehmers": die Träger mittelbarer Staatsgewalt werden gerade für die Erledigung hoheitlicher Aufgaben geschaffen); ähnlich *Knispel,* NZS 2000, 382ff.

[277] Anders wäre die Lage wohl bei Einschaltung einer neutralen Stelle, vgl. EuGH Rs. C-153/93 (Delta), Slg. 1994, I-2517 Rdn. 14ff. (Tarife in der Binnenschifffahrt).

[278] Grundsätzlich hoheitliches Handeln bei der Leistungserbringung ablehnend *Gassner,* VSSR 2000, 139ff.

[279] Vgl. *Brinker,* in: *Schwarze* (Hrsg.), EU-Kommentar, 2000, Art. 81 EGV, Rdnr. 26; unter diesem Aspekt für eine Ausnahme von der Anwendung nationalen Wettbewerbsrechts *Neumann,* Kartellrechtliche Sanktionierung von Wettbewerbsbeschränkungen im Gesundheitswesen, 1999, S. 133ff.

[280] EuGH v. 16. 3. 2004, Rs. C-264, 306, 354, 355/01 (AOK Bundesverband u. a.), n.v.; diesen Ansatz verfolgend schon EuG Rs. T-319/99 (Fenin), Slg. 2003, S. II-357. Dazu *Neumann,* EuGH EWiR Art. 81 EG 2/04, 435f.; *Koenig/Engelmann,* EuZW 2004, 682ff.; *Krajewski,* EWS 2004, 256ff.; *Mühlenbruch/Schmidt,* ZESAR 2004, 171ff.; *Schenke,* VersR 2004, 1360ff.

[281] EuGH, a. a. O., Rdnr. 63: „Daraus ergibt sich, dass die Kassenverbände bei der Festsetzung dieser Festbeträge kein eigenes Interesse verfolgen, das sich vom rein sozialen Zweck der Krankenkassen trennen ließe. Vielmehr kommen die Kassenverbände mit dieser Festsetzung einer Pflicht nach, die vollständig zur Tätigkeit der Krankenkassen im Rahmen der deutschen gesetzlichen Krankenversicherung gehört."

werden kann, dass die gesetzlichen Grundlagen einen Raum für wettbewerbliches Handeln lassen. Das gilt für die Mitgliederwerbung im Verhältnis zu privaten Versicherungsunternehmen, grundsätzlich aber gerade nicht mehr für die Sicherstellung der Leistungserbringung. Offen ist, ob hier aber die Schaffung von Wahlmöglichkeiten und entsprechenden Konkurrenzsituationen gegenüber anderen Krankenkassen (also die Einführung des sog. Vertragswettbewerbs) zur Anwendbarkeit des Wettbewerbsrechts führt. Grundsätzlich wäre das im Sinne einer angemessenen rechtlichen Steuerung zu begrüßen, wenn auch das Verhalten insgesamt in den sozialen Zweck der GKV einbezogen bleibt.

64 **aa)** In den Gesamtverträgen werden Preise für ärztliche Leistungen festgesetzt. Darin könnte eine Wettbewerbsbeeinträchtigung liegen. Regelmäßig wird bei einer Preisfestsetzung unterstellt, sie bezwecke die Beeinträchtigung des Wettbewerbs und verstoße daher prima facie gegen Art. 81 Abs. 1 EGV. Bedenkenswert wäre eine Abweichung von diesem Grundsatz, weil die Festsetzung gesetzlich vorgeschrieben ist und sich in einem vorgegebenen Rahmen zu bewegen hat. Deshalb müsste zumindest zusätzlich zu untersuchen sein, ob die Preisfestsetzung faktisch zu einer Wettbewerbsbeeinträchtigung führt. Nach der vorstehend erwähnten Rechtsprechung des EuGH (Rdn. 63) ist aber ohnehin die Anwendbarkeit des Wettbewerbsrechts hier von vornherein ausgeschlossen.

Im Übrigen bliebe die Möglichkeit einer Rechtfertigung nach Art. 86 Abs. 2 EGV. Die Einräumung besonderer Rechte erfolgt in nicht diskriminierender Weise zu Zwecken der Kostenbegrenzung und damit zur Sicherung des finanziellen Gleichgewichts der GKV, womit die Voraussetzungen des Art. 86 Abs. 2 EGV vorlägen.[282] Teilweise wird zusätzlich eine Rechtfertigung aufgrund unbenannter Belange entsprechend der *Cassis-de-Dijon*-Rechtsprechung zu Art. 28 EGV für möglich gehalten.[283] Gestützt werden könnte diese hier auf die Aufrechterhaltung der Funktionsfähigkeit des Krankenversicherungssystems.[284] Diese keineswegs allgemein anerkannte dogmatische Konstruktion, die auf eine parallele Auslegung der Art. 81 ff. EGV einerseits und der Grundfreiheiten andererseits zielt, erscheint deshalb als passend, weil der Mitgliedsstaat Einfluss auf die Tätigkeit der Unternehmen nimmt, es also in der Sache um die Beeinträchtigung des gemeinsamen Marktes durch staatliches Handeln geht.

Bezüglich des Art. 82 EGV steht der Missbrauch einer marktbeherrschenden Stellung schon deshalb in Frage, weil die beiden Verhandlungspartner gegenläufige Interessen vertreten. Soweit die Beteiligten gleichläufige Interessen verfolgen, etwa beim Ausschluss bestimmter Leistung aus dem Leistungskatalog, kann ein Missbrauch nicht a priori ausgeschlossen, sondern muss im Einzelfall geprüft werden. Wie bei Art. 81 EGV kommt eine Rechtfertigung des Verstoßes gegen Art. 82 EGV nach Art. 86 Abs. 2 EGV (sowie eventuell aufgrund unbenannter Belange) in Betracht.

65 **bb)** Soweit Krankenkassen unmittelbar mit den Leistungserbringern Verträge abschließen können, ist auch unter Berücksichtigung der neueren Rechtsprechung des EuGH deren Qualifizierzung als Unternehmen im wettbewerbsrechtlichen Sinn nicht völlig ausgeschlossen (vgl. allg. Rdn. 63). Dies müsste jedenfalls für die **integrierte Versorgung** (§§ 140 a ff. SGB V) gelten; mit ihr werden zwar gesetzliche Aufgaben erfüllt, jedoch bleibt den Kassen die Wahl der Versorgungsform und der Vertragspartner. Deshalb steht der Eröffnung des persönlichen Anwendungsbereichs des Wettbewerbsrecht nichts entge-

---

[282] Vgl. zu den Anforderungen jüngst ausf. EuGH v. 25. 10. 2001, Rs. C-475/99 (Ambulanz Glöckner), Slg. 2001, I-8089, Rdn. 51 ff. Näher *Giesen,* Die Vorgaben des EG-Vertrages für das Internationale Sozialrecht, 1999, S. 125 ff. Allgemein für die Rechtfertigung von Beschränkungen im Verhältnis Kassen/Leistungserbringer *Bieback,* EWS 1999, 369; sehr viel enger *Gassner,* VSSR 2000, 142 f.; a. A. im Ergebnis *Pitschas,* VSSR 1999, 233, 236. Rechts- und zugleich systemvergleichend (Sachleistung/Kostenerstattung) zu den Funktionen der Preissteuerung *Kötter,* Die Steuerung der ambulanten ärztlichen Versorgung im Recht der gesetzlichen Krankenversicherung, 2000, S. 541 ff.

[283] Craig/De Búrca, EU Law, S. 975 f.

[284] Unter der Voraussetzung der Einhaltung des Verhältnismäßigkeitsgrundsatzes.

gen, auf die Rechtsform der vertraglichen Beziehungen kommt es auch hier nicht an. Ob der zwischenstaatliche Handel auf dem Gemeinsamen Markt berührt sein kann, ist aber zu prüfen (vgl. Rdn. 61). Anderenfalls ist nicht das gemeinschaftsrechtliche, sondern höchstens das nationale Wettbwerbsrecht[285] anzuwenden.[286] In der Sache wird in erster Linie im Einzelfall zu prüfen sein, ob ein Missbrauch einer marktbeherrschenden Stellung (Art. 82 EGV) vorliegt.

66 **c)** Was die Richtlinien der Bundesausschüsse angeht,[287] bewahrt deren Rechtsnormcharakter allein wiederum nicht vor der Anwendung des Wettbewerbsrechts. Auch hier muss aber gelten, dass durch sie erst der Leistungsrahmen der Gesetzlichen Krankenversicherung konkretisiert wird, insoweit also hoheitliches Handeln vorliegt, das den Rahmen für wirtschaftliche Tätigkeiten festlegt, aber seinerseits nicht wettbewerbsbeeinträchtigend wirken kann. Nach den Grundsätzen der Festbetrags-Entscheidung (oben Rdn. 63) führt schon die Erfüllung gesetzlicher Aufgaben zur Annahme einer sozialen Tätigkeit und zum Ausschluß des Wettbewerbsrechts. Nach a. A. bliebe zu überlegen, ob die Bundesausschüsse mit der Rahmensetzung betraut werden dürfen oder ihrerseits „Marktteilnehmer" sind.[288] Zu diesem institutionellen Aspekt hoheitlicher Tätigkeit[289] ist auf die gemischte Zusammensetzung der Bundesausschüsse hinzuweisen: Sie repräsentieren verschiedene Interessen, stehen also nicht – wie die Spitzenverbände der Krankenkassen bei einheitlichem Handeln – ausschließlich auf einer Seite des „Marktes". Die damit begründbare Orientierung an Gemeinwohlaspekten der durch die Bundesausschüsse erlassenen Richtlinien und die – wenn auch auf eine Rechtskontrolle beschränkte – staatliche Aufsicht lassen eine ausreichende Distanz zu bestimmten Marktpositionen erkennen: Den Beteiligten geht es darum, die von der Krankenversicherung zu erbringenden Leistungen zu bestimmen, nicht aber die Modalitäten festzulegen.[290] Insofern scheidet in jedem Fall die Anwendbarkeit des Wettbewerbsrechts aus.

---

[285] Vgl. dazu bereits *Schultz,* NZS 1998, 272f.; auch *Steinmeyer,* Wettbewerbsrecht im Gesundheitswesen, 2000, S. 116.

[286] Das allerdings wiederum durch § 69 SGB V ausgeschlossen wird, vgl. nur BSGE 86, 223, 229f. = NZS 2001, 590; BSGE 89, 24, 32ff. = SGb 2002, 688.

[287] Dazu auch *Eichenhofer,* NZS 2001, S. 1ff.

[288] Was dazu führen müsste, dass das Gesundheitsministerium oder ein von diesem eingesetztes und kontrolliertes, neutrales Gremium handeln müsste.

[289] Vgl. in diesem Zusammenhang EuGH Rs. C-96/94 (Centro Servizi Spediporto), Slg. 1995, I-2883 Rdn. 23–25; EuGH Rs. C-35/96 (Kommission/Italien), Slg. 1998, I-3851 Rdn. 41–44.

[290] Zugegebenermaßen können dann Zweifel bestehen, wenn bestimmte Mittel oder bestimmte Berufsgruppen betroffen werden; diesen müssen Beteiligungs- und Anfechtungsmöglichkeiten, also ausreichende Verfahrensrechte zur Kontrolle der Gemeinwohlorientierung zugestanden werden.

Sachverzeichnis

Bearbeiterin: ***Kerstin Meyer***

Die halbfettgedruckten Zahlen verweisen auf die Paragraphen, die dahinter stehenden mageren Zahlen auf die Randnummern.